河北省精神文明建设年鉴

(2008)

《河北省精神文明建设年鉴》编辑委员会　编

河北人民出版社

图书在版编目(CIP)数据

河北省精神文明建设年鉴. 2008/白石主编.—石家庄：河北人民出版社，2009.11

ISBN 978-7-202-05420-8

Ⅰ. 河… Ⅱ. 白… Ⅲ. 精神文明建设—河北省—2008—年鉴 Ⅳ.D648.3-54

中国版本图书馆 CIP 数据核字 (2009) 第 193785 号

书　　名 **河北省精神文明建设年鉴(2008)**
编　　者《河北省精神文明建设年鉴》编辑委员会
责任编辑　解京宁　王云弟
美术编辑　吴书平
责任校对　丁　清

出版发行　河北人民出版社(石家庄市友谊北大街 330 号)
印　　刷　石家庄北方印刷厂
开　　本　889×1194 毫米 1/16
印　　张　60.5
字　　数　2269000
版　　次　2009 年 11 月第 1 版
　　　　　2009 年 11 月第 1 次印刷
印　　数　1-1000
书　　号　ISBN 978-7-202-05420-8/Z·139
定　　价　150.00 元

版权所有　翻印必究

《河北省精神文明建设年鉴》编辑委员会

主　任：白　石

副主任：杨能斌

编　委：

史建伟　梁志忠　纪鸿鸣　刘魁栋　封春哲

杨日明　刘继章　张清会　安立新　荀莺歌

郭贵岭　张　勇　张军虎　顾维敏　王爱臣

韩俊兰　鲍继宏　冯玉库　王国章　齐树平

贺建平　陈占京　冯韶慧　高春秋　张志逊

史育红　焦新华　何振虎　李成章　钱晓钟

范万廷　郭东海　李宗民　张泽峰　裴世馨

王志恒　薛建廷　董　宇　逯存云　申　哲

李秀存　王建平　王淑彦　李建华　史建岭

刘焕典　郭秋堂

《河北省精神文明建设年鉴》编辑部

总 编 辑：白　石

副总编辑：杨能斌

特约编辑：

李新亮	汪　莉	刘爱民	杨造成	韩春英
李　睿	王晓娜	杨勤有	边玉金	高　杨
赵小远	梁小宁	孙素巧	安　礼	陈更生
魏东霁	王秀恩	尹保平	张旭东	高德生
刘志柯	高　军	王　慧	韩德强	宋　靖
杨奇峰	刘永政	冯进国	刘素兰	师文岭
田晓燕	郭大冬	韩小蔷	陈　东	任继明
韩长松	刘柳岐	弓少勇	陈凤娥	

执行编辑：安立新　齐文进

出版说明

《河北省精神文明建设年鉴》(以下简称《年鉴》)是系统汇集我省精神文明建设重要文献和基本情况的资料性年刊。2008卷收集的是2007年全省精神文明建设的信息资料。

《年鉴》的编辑宗旨是:广泛宣传中国特色社会主义精神文明建设理论和党中央以及省委、省政府关于精神文明建设的方针、政策,全面反映我省精神文明建设的总体进展情况,充分展示成果,总结推广经验,提供可靠信息,为全省的精神文明建设服务。

《年鉴》的编委会由省文明办、各市文明办及省直有关厅局负责同志组成。编委会下设编辑部,由上述单位参加编辑工作的人员组成。鉴于以上原因,本《年鉴》保持了一贯追求的权威性、系统性、准确性、实用性,能够起到了解全面情况、借鉴先进经验、指导实际工作和保存历史资料的作用。

《年鉴》内容侧重于思想道德建设,特别是群众性精神文明创建活动。《年鉴》体例与上年相同,在九大部分(领导讲话、文件摘编、概况综述、创建活动、先进典型、经验交流、理论成果、大事记和附录)的基础上,更加重视图片宣传。这几个部分基本涵盖了各市、有关厅局精神文明建设的各个方面,系统反映了我省2007年度精神文明建设的实际进展情况。

《年鉴》2008卷稿件由省文明办、各市文明办、省直有关厅局文明办负责组稿、撰写或选编。编辑部组织相关人员对与本市、本系统相关稿件进行了审核,保证了信息的准确性。全部稿件由白石同志最后审定。

《年鉴》2008卷的编辑出版工作,得到了省文明委、文明办领导同志的关心和指导,得到了各市、各厅局文明委和文明办的大力支持,同时,还得到了河北人民出版社的热情帮助,在此一并表示诚挚的感谢!

《河北省精神文明建设年鉴》编辑部

2008年12月

出版说明

总目

COMPREHENSIVE TABLE OF CONTENTS

河北省精神文明建设年鉴

目录

领导讲话

文件摘编

概况综述

创建活动

先 进 典 型

先进个人

先进单位

经验交流

理论成果

理论文章摘要

图书简介

专题片简介

大 事 记

附 录

先进名录

组织机构

全省深入推进创建文明生态村工作会议在石家庄市隆重召开

2007年4月24日，河北省深入推进创建文明生态村工作会议在石家庄召开。会议的主要内容是，围绕建设沿海经济社会发展强省和社会主义新农村，认真分析面临的形势和任务，总结交流创建活动经验，研究完善工作措施，对先进单位和个人进行表彰，深入推进创建文明生态村工作。省委书记白克明作了重要讲话，省委副书记、省长郭庚茂主持会议，省委副书记张毅宣读了《中共河北省委、河北省人民政府关于表彰2006年度推进社会主义新农村建设先进单位和创建文明生态村先进单位、创建文明生态村工作先进乡（镇）、先进个人的决定》。省委常委，省政协主席，省人大常委会主持日常工作的副主任、分管农业农村和文化工作的副主任，省政府副省长，省政协分管农业农村和文化工作的副主席出席会议。

我省召开“学讲话、学模范推进文明河北和谐河北建设”座谈会

中央文明办、全国总工会、共青团中央、全国妇联对全国道德模范进行隆重表彰，胡锦涛总书记亲切会见全国道德模范并发表重要讲话，在我省上下引起强烈反响。2007年9月25日，省文明委召开“学讲话、学模范，推进文明河北、和谐河北建设”座谈会，省委书记张云川参加座谈会并作了重要讲话，省委常委、宣传部长、省文明委常务副主任聂辰席主持会议。参加会议的有荣获全国道德模范称号的林秀贞、尚金锁，荣获全国道德模范提名奖称号的赵渭忠、常玉珍、李文英、田永生、王更庆、郑久强、刘国、徐长霞等8位同志，以及省委宣传部、省文明办、省总工会、团省委、省妇联、省直工委、有关市负责同志，各市文明办主任及群众代表。

①省委书记张云川会见道德模范

②省领导张云川、聂辰席与道德模范合影留念

③座谈会会场

④参加座谈会的道德模范交流学习体会

全省“文明服务奥运、和谐彰显河北”动员大会在秦皇岛市举行

为深入贯彻中央文明委“迎奥运讲文明树新风”活动的有关部署，推动全省“迎奥运、建强省、促和谐”活动的进一步展开，向北京奥运会奉献河北各行各业热情、优质、周到的服务，向世界展示河北人民好客、礼貌、文明的形象，2007年8月8日，省文明委在秦皇岛市奥林匹克体育中心广场举行了全省“文明服务奥运、和谐彰显河北”动员大会，在全省服务行业的全国、省、市级文明单位、文明“窗口”中推出了100个“引领文明、服务奥运”示范单位，号召全省各行各业、每一名公民围绕文明礼仪、公共秩序、社会服务、城乡环境四个方面，从我做起、从身边事做起，自觉做助人为乐、诚信友善、礼貌待客的模范，充分展示河北人民良好的道德风范和精神面貌。

①省委常委、宣传部长聂辰席讲话

②省委宣传部常务副部长杨汭主持启动仪式

③省委宣传部副部长、省文明办主任白石宣读省文明委《关于在全省推出100个“引领文明、服务奥运”示范单位的决定》

④出席启动仪式的领导向部分“引领文明、服务奥运”示范单位颁发牌匾

⑤启动仪式主席台

⑥启动仪式现场

我省举办县级宣传文化中心和“村民中心”主任培训班

为了进一步提高我省县级宣传文化中心和“村民中心”管理人员的业务素质和岗位技能，加强农村公共文化服务体系建设，推动我省农村宣传文化阵地管理工作的科学化、规范化和经常化，2007年12月3日至5日，省委宣传部、省文明办在石家庄市举办了全省县级宣传文化中心、“村民中心”主任培训班，全省33个县级宣传文化中心主任和100个“村民中心”主任参加了培训。培训期间，学员们学习了组织群众性文化活动，文化信息资源共享工程设备的管理、维护和使用等方面的知识和技能，交流工作经验，并实地参观了鹿泉市宣传文化中心和部分“村民中心”。省委宣传部副部长、省文明办主任白石与学员们座谈，省委宣传部副巡视员、省文明办副主任杨能斌做了开班动员。

2

① 培训班学员在北故城村观看“三农信息网”的演示
② 学员代表发言
③ 培训班会场
④ 培训班学员参观南故城村“村民中心”

石家庄市

2007年，省会文明办认真学习贯彻党的十七大精神，按照《石家庄市2007年精神文明创建工作要点》的安排部署，认真谋划、狠抓落实、力求创新，积极有效地开展了市民素质提升工程，市民文明素质大幅提高；开展了文明生态村创建活动，社会主义新农村建设扎实推进；开展了文明城市创建活动，城市文明程度和品位全面提升；开展了未成年人道德建设工作，未成年人道德素质明显提高；广泛开展道德实践活动，城市的人文环境更加文明和谐。

① 市民文明素质提升工程规划专家论证会。
② 市未成年人心理维护中心揭牌仪式。
③ 市桥西区电业局师范街社区居民正在打太极拳。
④ 市桥西区电业局师范街社区的优美环境。
⑤ 支持“村民中心”示范点器材发放仪式。

承德市

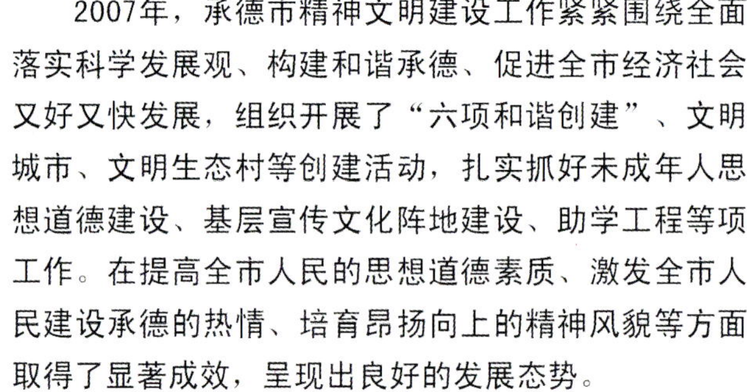

2007年，承德市精神文明建设工作紧紧围绕全面落实科学发展观、构建和谐承德、促进全市经济社会又好又快发展，组织开展了“六项和谐创建”、文明城市、文明生态村等创建活动，扎实抓好未成年人思想道德建设、基层宣传文化阵地建设、助学工程等项工作。在提高全市人民的思想道德素质、激发全市人民建设承德的热情、培育昂扬向上的精神风貌等方面取得了显著成效，呈现出良好的发展态势。

①武烈河是承德市市民的母亲河。为了更好地保护母亲河、关心母亲河，激发广大市民热爱家乡、建设承德的热情，增强环保意识，承德市在全市机关、学校和广大市民中开展了“饮水思源头，保护母亲河”大型公益主题实践活动。图为活动启动仪式现场。

②2005年以来，我市整合各类志愿者组织，成立了承德市志愿者总会，组织开展了大量的社会志愿服务活动。图为保护母亲河志愿者在行动。

③承德市开展的“同心迎奥运、文明伴我行”启动仪式万人签字现场。

④为了提升广大市民文明素质和城市文明程度，承德市文明办组织编写了《承德市民文明礼仪手册》一书，免费发放给广大市民，图为赠书现场。

⑤为了在全市全面兴起“迎接奥运、情系奥运、参与奥运、服务奥运”的新热潮，为奥运会的成功举办营造文明和谐的社会环境，承德市举办了迎奥运倒计时一百天展示表演大会。

张家口市桥东区

张家口市桥东区从群众最关心的问题入手，完善志愿者管理和服务网络，丰富志愿者服务内容，广泛开展特色鲜明的志愿服务，推出品牌服务项目，全面打响了“助老、助少、助弱、助邻”四大品牌，使居民切实享受到了志愿者带来的贴心服务。目前，全区注册志愿者28000余名，广大志愿者在扶贫帮困、敬老助残、社区服务、环境保护等方面均发挥了积极作用，成为和谐桥东建设中的一支重要力量。2007年8月，桥东区被全国志愿者工作委员会指定为河北省志愿者工作试点地区。

2007年12月5日，桥东区做为全国开展红围巾主题活动的12个城区之一举行了盛大的庆祝活动，同日，在全国志愿服务表彰会上，桥东区获得“全国社区志愿服务活动示范城区”称号。

① 在红围巾主题活动现场，桥东区志愿者协会向工作突出的志愿者分协会和志愿者队伍颁奖。

② 胜利路街道办事处志愿者协会组织开展的“公交爱心使者”志愿服务活动。

③ 胜利路街道办事处“公交爱心使者”集体宣誓。

④ 2007年12月5日，桥东区做为全国开展红围巾主题活动的12个城区之一举行了盛大的庆祝活动。

⑤ 街道办事处志愿者协会开展义诊、免费理发、就业服务等志愿服务活动。

秦皇岛市

2007年，秦皇岛市精神文明建设工作紧紧围绕科学发展、和谐发展、提速发展和建设实力、活力、魅力秦皇岛的工作主题，在全局中定位，在大局下行动，自我加压，主动作为，各项创建活动高潮迭起、亮点纷呈，呈现出强势推进、蓬勃发展的良好态势。其中以迎奥运为主题的“迎讲树”活动和“市民素质提升工程”更是独具特色，起到了应有的效果。

① 2007年3月27日迎奥500天“十二个一”启动仪式现场。
② “跑向2008”秦皇岛大学生志愿者以迎奥运长跑表达自己的喜悦心情。
③ 迎奥500天“十二个一”启动仪式 万人签名。
④ “弘扬雷锋精神，军民共建文明城市”专题文艺演出，展示了我市学雷锋和军民共建取得的丰硕成果。
⑤ 秦皇岛通过开展“邻里节”活动 进一步推进市民道德素质，弘扬邻里团结、互助和睦的传统美德。
⑥ 在秦皇岛各学校开展的以“迎讲树”为主题的乒乓球比赛活动。
⑦ 市民素质提升工程，倡导文明行车、文明走路行为。

邯郸市

2007年，邯郸市在文明城市创建中努力创新规划理念，塑造城市特色，不断完善水网体系，营造城市秀美水景；不断完善绿网体系，提升城市宜居环境；不断搞好城市特色塑造，发掘城市人文内涵；实现了一流的城市规划编制、实施和管理，打造了一流的冀南魅力名城。

① 邯郸学院校景
② 联纺路高开区段绿化
③ 沁河沿岸康乐园
④ 人民路景色
⑤ 滏阳公园

河北省发展和改革委员会

省发改委党组十分重视机关精神文明建设，以健康向上的文体活动为载体，努力营造富有特色、积极进取的机关氛围。先后组织开展了2007年春节团拜会、元宵节游艺活动、爬山、野外拓展训练、健身、到爱国主义教育基地参观学习等活动。在省直第三届运动会上，他们派出102名运动员参加了广播体操、拔河、田径、羽毛球、乒乓球、保龄球、游泳7个大项、69个小项的比赛。取得了广播体操一等奖、保玲球男子团体赛第一名，并有7人获得个人单项比赛前八名的好成绩。同时，委属机关团委被评为“省直优秀团委”，省建投团支部被评为“红旗团支部”，并有3名同志获得省直优秀团干部光荣称号。省建投世纪大饭店等四个岗位被授予“省直巾帼文明示范岗”，宏苑宾馆雅间班组被授予省级“三八红旗集体”光荣称号。曹满贵一家被评为全国“五好文明家庭”。

① 开展急救知识讲座
② 党日活动
③ 女同志“三八”节活动
④ 十佳党建活动评选
⑤ 义务植树

河北省民政厅

2007年，全省各级民政部门紧紧围绕省委、省政府和各级党委、政府的中心任务，进一步加强社会救助体系建设，加强基层民主政治建设、加强优抚安置保障、加强社会福利服务、加强社会行政事务管理工作，全面完成了既定的工作目标，有力地推动了现代民政事业的发展，为全省经济和社会发展做出了新的贡献。

河北省总工会

2007年，全省各级工会组织坚持以邓小平理论和“三个代表”重要思想为指导，深入学习贯彻党的十七大精神，全面落实科学发展观，在省委的领导和全国总工会的指导下，以围绕中心、服务大局为根本，以丰富工作内容、创新工作方式为途径，坚定不移地贯彻全心全意依靠工人阶级的指导方针，按照“组织起来、切实维权”的总要求，开展好群众性精神文明创建活动，最广泛地调动各方面的积极性，自觉为建设沿海强省和和谐河北建功立业，在推动全省精神文明建设中充分发挥了工人阶级的主力军作用。

① 全总经审主任张秋俭，省委常委、省纪委书记、省总工会主席臧胜业出席河北省年度AAA级劳动关系和谐企业新闻发布会暨授牌仪式。
② 省总工会燕赵职工欢歌晚会，歌舞《盖楼的哥们》。
③ 省总工会组队参加省直机关第三届运动会，图为正在进行广播体操比赛。
④ 省总工会在石家庄市人民会堂举办企业文化建设专题讲座。

河北省妇联

2007年，在河北省委、全国妇联的领导下，河北省妇联紧紧围绕中心，服务大局，履行职能，开拓创新，团结动员广大妇女群众积极投身全面建设小康社会和沿海经济社会发展强省的伟大实践，围绕全省精神文明建设的总体部署，坚持把精神文明建设工作作为一项重要任务，取得了新的成绩。尤其是春蕾女童、先心病救助、为孤残儿童编织毛衣“恒爱行动”等项目更是被社会广泛关注。

① 7月25日至27日，与卓达集团联合举办了首届“卓舒优秀高中春蕾女生夏令营”，来自全省15个贫困县的23名优秀“卓舒高中春蕾女生”代表以及15位来自项目县妇联或学校的带队人员参加了本届夏令营，孩子们度过三天意义非凡的、快乐健康的假期。

② 5月29日，省妇联与团省委、省教育厅、河北电视台联合主办以“共享阳光·共建和谐”为主题的全省庆祝“六一”电视晚会。省人大副主任白润璋、省政府副省长龙庄伟、省政协副主席刘健生来到晚会现场，与孩子们共庆“六一”。

③ 11月22日，省儿基会联合省内报纸、电视、网络等四家媒体单位以及省民间收藏家协会，共同启动“2007年恒爱行动——寻找百万爱心父母为孤残儿童编织毛衣”活动。

④ 4月27日，省妇联、省儿基会与省工商联、省企业家协会共同发起“燕赵工商企业爱心救心大行动”大型慈善募捐活动，设立专项基金，接受来自企业、个人、商会及其他社会各阶层的捐款129万余元。捐款全部用于我省先心病儿童的救助。

河北电台生活频道

“5·8”世界红十字日，由河北电台生活广播承办的大型公益晚会“爱与心相连”在省会石家庄举办，生活频道组织了强大的报道、直播阵容，全程直播了晚会盛况，此举作为省内上半年备受瞩目的重要活动提升了频道的知名度和美誉度。

6月1日，生活频道组织18名党团员前往灵寿县河北第一机械厂启航学校，慰问第一批由生活频道员工捐献的“爱心格子”的受助对象。为接受“爱心格子”捐助的25名小学生带去了学习用具，并详细了解了这些孩子的学习和生活情况，与他们联袂演出了精彩的文艺节目。

2007年适逢中国人民解放军建军80周年，“八一”节期间，河北电台生活频道组织30多名员工先后走进绿色军营和武警部队，为解放军指战员和武警官兵送去了慰问品，并与他们欢聚一堂，共迎“八一”建军节，共庆解放军建军80华诞。

2007年7月12日至7月18日，由共青团中央和河北省人民政府共同主办的“冀台心·两岸情”——第二届两岸青年联欢节河北行动在我省张家口、承德、唐山、保定举办。河北电台生活频道精心策划、抽调骨干成立了五路特别报道组，从现场发回了十余篇录音报道。其中专题《海峡两岸的亲情日记》在中央人民广播电台对台广播《新闻广场》栏目中播出。

以繁荣校园文化、展示当代大学生风采、发掘校园音乐人才为宗旨的“菁菁校园，动感地带”第五届河北省大学生校园歌手大赛，9月22日迎来了活动的最高潮—颁奖盛典。本届大赛由共青团河北省委、省教育厅等单位联合主办，河北电台生活频道承办。

领导讲话

LEADERS' SPEECHES

领导讲话

白克明：在全省深入推进创建文明生态村工作会议上的讲话（摘要）

（2007年4月24日）

我省文明生态村创建活动已经开展4年了，在实践中取得了明显成效，并积累了许多成功经验，很有必要认真总结。中央对社会主义新农村建设作出了全面部署，省第七次党代会提出了建设沿海经济社会发展强省的奋斗目标，如何更好地适应新形势新任务的要求，更好地把创建活动深入健康地开展下去，也需要我们进一步研究和明确。下面，我围绕深入推进文明生态村创建活动讲几点意见。

一、文明生态村创建活动使我省农村面貌发生了变化，给广大农民群众带来了实实在在的利益

党的十六大以后，省委、省政府根据十六大有关精神，从河北省情出发，在全省农村开展了文明生态村创建活动。2003年，这项工作在唐山率先启动，其他市也相继进行了试点工作。2004年，在总结试点经验的基础上，我们对创建工作作出了全面部署，创建活动在全省开展起来。2005年，召开了创建文明生态村工作经验交流大会，提出了把创建活动向广度和深度推进的要求。2006年，召开了创建工作观摩会议，展示了创建活动取得的成果，促进了各地的交流。经过广大干部群众的共同努力，目前全省已有四分之一的行政村进入创建先进行列，农村面貌发生了可喜变化。

——农民群众的生活环境明显改善了。几年来，全省农村新建各种道路4.5万公里，1万多个村的主要街道和入户街巷实现了硬化，基本改变了“晴天一身土、雨天两脚泥”的状况；村庄周围、街道两侧、房前屋后植树共计1亿多株，相当一部分村实现了“村在林中、院在树中、人在绿中”的目标。大力实施环境整治和“一建四改”等措施，农村“五乱”现象得到有效治理，千百年来落后的生活方式正在逐步改变。这是创建活动带来的最直观的变化。

——农民群众的文明程度显著提高了。许多村建起了村民中心、综合文化室等一批活动场所，广泛开展了多种形式的文体活动，农民群众的精神文化生活日益丰富。普遍成立了道德评议会、红白理事会、禁赌会等自治组织，广大农民破除陈规陋习、崇尚文明新风的意识明显增强，家庭和谐、邻里和睦、诚实守信、遵纪守法的村风民风，正在逐步形成。特别是在现代文明气息的感染下，广大农民观念转变了，视野开阔了，摆脱贫穷落后、追求美好生活的激情点燃了。这是更具深远意义的变化。

——农民群众的生活更加殷实了。许多村在创建过程中，找到了符合自身实际的致富路子。有的积极调整产业结构，大力发展特色农业；有的发挥资源优势，着力培育支柱产业；有的把经济发展与生态建设紧密结合，兴办观光旅游业；有的组织劳务输出，广开就业门路，等等。农村经济的发展，农民收入的增加，使农民群众的衣食住行发生了可喜的变化，向宽裕型小康生活迈出了扎实的一步。

——农民群众的心更齐、气更顺了。各地在创建工作中，建立健全了一系列民主管理制度，无论制定创建规划，还是具体组织实施，都交给群众讨论，动员群众广泛参与，民主的氛围更加浓厚。基层干部真心实意为群众办实事办好事，基层组织的凝聚力和号召力明显增强。广大群众感受到了创建活动带来的变化，对集体的事情更关心了，对基层干部更信任了，党群干群关系更密切了。去年我省村级“两委”换届选举中，创建文明生态村的班子成员再次当选率达到90%以上，就是一个有力证明。

几年来文明生态村创建活动，不仅取得了扎扎实实的成效，而且在实践中创造和积累了许多有益的经验。概括起来，有这样五点非常重要：

第一，坚持把解决事关群众切身利益的迫切问题，作为推进创建工作的着力点。

第二，坚持把一切从实际出发，作为推进创建活动的思想方法和工作方法。

第三，坚持把突出重点、统筹兼顾，作为推进创建工作的重要原则。

第四，坚持把依靠群众、发动群众，作为推进创建活动的根本动力。

第五，坚持把动员各方面力量帮扶帮建，作为推进创建活动的重要举措。

文明生态村创建活动，作为落实科学发展观、构建社会主义和谐社会、全面推进农村小康社会建设的生动实践，正在我省广大农村引发一场具有深远意义的变革，正在引导广大农民走向富裕文明的现代生活。省委、省政府的这一决策部署，赢得了全省上下的广泛赞同和积极响应，也得到了中央领导同志的充分肯定和高度评价。去年，中共中央政治局常委、国家副主席曾庆红同志来河北视察工作时指出，文明生态村创建活动，是建设社会主义新农村的一个很好的载体和抓手，是在实践中摸索出的有河北特色的建设社会主义新农村的好路子。他还要求我们总结经验，保持特色，进一步把建设社会主义新农村的规定动作同文明生态村创建的自选动作结合起来，扎实稳步地推进全省社会主义新农村建设。我们一定要把干部群众的期望和中央领导的嘱托，化为做好工作的责任和动力，把创建工作不断推向前进。

二、文明生态村创建活动符合建设社会主义新农村的基本要求，具有鲜明的河北特色

新中国成立以来，我们党对建设社会主义新农村进行了不懈探索。早在1954年，就提出建设社会主义新农村的概念。改革开放以后，1984年中央1号文件、1987年中央5号文件、1991年中央21号文件，都曾提出建设社会主义新农村的任务。进入新世纪新阶段，建设社会主义新农村的内涵不断丰富和发展。2005年召开的党的十六届五中全会，确定了建设社会主义新农村的重大历史任务，明确了指导方针、总体要求和重要举措。这与中央以往提出的建设社会主义新农村的号召，既有历史的连续性，又有新形势新阶段鲜明的新内涵、新要求。这是以胡锦涛同志为总书记的党中央，在深刻分析当前国际国内形势、全面把握我国经济社会发展阶段性特征的基础上，从党和国家事业发展的全局出发，提出的新的重大战略思想。

我省是农业大省，60%以上的人口生活在农村。建设社会主义新农村，对我省来讲，意义尤为重大而深远。党的十六大以来，省委、省政府对如何推进农村小康建设，改变农村落后面貌进行了深入思考。我们深刻地认识到，我省农村经济社会虽然有了长足发展，农民生活水平虽然有了明显提高，但总的说，农村经济仍不发达，文化建设、社会建设等相对滞后，特别是千百年形成的落后生活方式、陈旧的思想观念、脏乱差的生活环境没有根本改变，严重影响和制约着农村小康社会建设进程。为了有效解决这些问题，我们顺应广大群众要求改变居住环境、追求文明生活的迫切愿望，明确提出以发展经济为基础，以改善人居环境为突破口，在全省普遍开展了创建文明生态村活动。

创建文明生态村与建设社会主义新农村在本质要求上是完全一致的。文明生态村创建活动，坚持以科学发展观为指导，贯彻以人为本的方针，集三个文明建设为一体，融汇人与人的和谐发展、人与环境的和谐发展于一身，把服务农民、造福农民同教育农民、提高农民结合起来，促进农村经济社会全面协调可持续发展，充分体现了建设社会主义新农村的要求。创建文明生态村就是朝着社会主义新农村的目标迈进的，最终目的是为了让广大农民群众过上幸福美好的生活。因此，我们在思想认识和工作摆布上，不应把创建文明生态村与建设社会主义新农村分割开来，而应当自觉地把他们统一起来。

同时，如果认为在河北推进社会主义新农村建设，就只是搞文明生态村创建活动，也是不尽全面的。文明生态村创建活动，是我们推进社会主义新农村建设的一个重要载体和抓手。应当看到，建设社会主义新农村涵盖了农村经济、政治、文化、社会建设和党的建设，以及“三农”工作的所有方面，是一项宏大的系统工程，是一项长期的重大历史任务。在推进新农村建设的进程中，又必须从农民最关心、要求最迫切、最容易见效的事情抓起，不断让农民群众得到实实在在的好处。创建文明生态村，一开始就从解决行路难、脏乱差等事关农民切身利益的问题入手，突出“文明”和“生态”两个重点，这就既体现了现阶段社会主义新农村建设的主要要求，又找到了符合我省农村现在实际的新农村建设工作着力点和突破口。再进一步讲，“文明”和“生态”，是伴随新农村建设乃至现代化建设整个过程的，也始终是须臾不可放松的，并且随着经济发展和社会进步，其地位和作用将越来越突出。因此，我们应更加自觉地把创建文明生态村纳入社会主义新农村建设的总体布局中，一方面坚持不懈地用好文明生态村这个载体和抓手，一方面自觉地按照社会主义新农村建设的要求来推进农村的整体工作。按照这样的思路，持之以恒地抓下去，我省社会主义新农村建设就一定能够不断取得新的成绩。

当前，全省上下正在为建设沿海经济社会发展强省而努力奋斗。应当鲜明地指出，建设沿海经济社会发展强省，是一个统筹经济社会全面发展、统筹城乡协调发展的目标。因此，没有农业的高度发展，没有农村的全面进步，没有农民的极大富裕，就不可能建成真正意义上的强省。各级党委、政府和各级领导干部，一定要在这一点上统一思想、提高认识，更加重视“三农”工作，更加重视文明生态村创建工作，以全面推进社会主义新农村建设。

三、切实把握好下一步工作的目标要求，把文明生态村创建活动不断引向深入

目前，全省文明生态村创建活动保持了良好的势头。按照下一步的工作安排，今年的任务主要有两项：一是启动第三批创建工作，参与这批创建的村大约3000个，约占全省行政村总数的6%。二是抓好第一二批的巩固提高，通过建立长效机制，提高创建活动的质量和水平。同时，要积极推进创建活动向更大范围拓展。

建设社会主义新农村，对文明生态村创建活动提出了新的更高的要求。深入推进创建工作，重点要抓好四个方面。

一是突出发展农村经济这个中心。发展是首要，增收是关键。如果只重视村容村貌的改造，而没有产业支撑，创建工作就没有生命力。因此，要紧紧抓住发展农村生产力和农民增收这个核心，不断提高农村经济实力和农民收入水平，夯实建设新农村的物质基础。要加快发展现代农业，重点抓好用现代科学技术改造传统农业、培育壮大以农产品加工为主的龙头企业和各类农业专业合作组织三件大事。要加强生态建设，发展循环经济和文化、旅游等相关产业，培育农村新的经济增长点。邯郸县以绿治理“空心村”，用废弃旧宅基地种植经济林，既美化了村容村貌，又促进了农民增收，值得各地借鉴。

二是着力促进农村社会和谐。促进社会和谐是创建文明生态村的应有之义，“文明”是人与人的和谐，“生态”是人与环境的和谐，抓好了这两个方面，农村社会和谐就有了坚实的基础。要进一步扩大农村基层民主，健全民主管理制度，切实维护好农民群众的民主权利。要依法管理农村事务，妥善处理各种利益关系，及时化解各种矛盾纠纷，引导农民以理性合法的方式表达利益诉求。要加强社会治安综合治理，推进“平安乡村”建设，努力营造安居乐业的社会环境。要广泛开展和谐村组、和谐家庭等群众性创建活动，形成邻里和睦、团结互助、礼让宽容、安定有序的人际关系。人可以改造环境，环境也可以塑造人。要始终把整治村庄环境、改善村容村貌，作为创建工作的内容来抓，不断提高村路硬化、村容净化、环境绿化水平，大力推动农村沼气、秸杆气化、太阳能等可再生清洁能源的利用，着力推进饮水卫生、污水排放、垃圾处理、街道照明等基础设施建设，努力创造更加舒适卫生的人居环境。

三是加快构建农村公共服务体系。建立健全公共服务体系，是新农村建设的必然要求，是广大农民群众的迫切愿望，也是文明生态村创建活动的重要内容。要抓住当前社会公共服务资源向农村覆盖的有利时机，加快建设步伐，切实解决关系群众利益的实际问题。要把农村义务教育作为整个教育的重点，全面纳入公共财政保障范围，确保每个农村孩子都能上得起学。要进一步扩大农村新型合作医疗覆盖范围，加快推进农村卫生基础设施建设，健全农村医疗救助体系，让农民看得起病。要加强农村文化设施建设，加快广播电视“村村通”和农村文化信息资源共享工程建设步伐，丰富农民文化生活。要进一步完善农村最低生活保障等制度，探索建立多种形式的农村养老保险制度，不断提高农村社会保障水平。“村民中心”搭建了一个为农民提供公共服务的新平台，各地要结合实际搞好建设，使之成为农村公共服务体系的重要组成部分。

四是抓住提高农民素质这个根本。没有新农民，就没有新农村。提高农民素质，培育新型农民，是促进农村经济社会持续发展的重要保证，也是创建工作的重要任务。要把服务农民同教育农民结合起来，努力提高农民的各方面素质。要积极开展以“八荣八耻”为核心内容的社会主义荣辱观教育，大力弘扬新时期河北人文精神，不断提高农民群众的思想道德水平。要加强法制宣传教育，引导农民自觉遵纪守法，增强依法行使权利的能力和履行义务的自觉性。要广泛开展实用农业科技和经营管理等知识培训，引导农民掌握先进适用的农业科技知识和技能，增强开放意识、市场意识，切实提高创业致富的本领。总之，就是要努力把广大农民培养成有知识的文化人、讲道德的文明人、懂技术的内行人、会经营的明白人。

为了更好地完成下一步的工作任务，要注意研究解决创建活动中出现的新情况新问题，引导各地有针对性地做好工作。一要防止出现畏难情绪。相对于第一二批来讲，参与第三批创建活动的村，基础条件确实差一些，推进创建工作遇到的问题可能会更多一些。但应当明确，创建活动从一开始，我们就没有制定硬性的统一标准，就“村容整洁”这一条说，不存在哪里可以搞、哪里不能搞的问题。比如道路硬化，条件好一点的村可以修水泥路、柏油路，条件差一点的村可以修灰渣路，再没有条件的，也可以整修一下街道，让老百姓感到方便就可以了。总之，只要行动起来了，有变化、有提高、有发展，就是有成效。二要防止出现急躁情绪。对基层干部推动创建活动的积极性，我们应当加以肯定和保护，同时又要引导他们坚持实事求是，从自身条件出发搞创建，一步一步地走，一件一件地抓，集小成为大成。绝不能举债搞建设，加重农民群众的负担，否则，就会背上包袱，而且也背离了我们搞创建活动的初衷。三要防止出现懈怠情绪。一二批创建活动的成果来之不易，一定要十分珍惜。需要强调的是，文明生态村不仅要“建”好，更需要“管”好，而且从长远来看，“管”的任务更重。如果满足于现状，不注意抓管理，不注意抓提高，创建工作就会出现滑坡。因此，要引导一二批创建村在巩固提高上下功夫，继续走在全省创建活动的前列。

四、适应文明生态村创建活动的新形势新任务，切实加强和改进对创建工作的领导

文明生态村创建活动，事关全局，影响深远。各级党委、政府和各级领导干部，一定要不断深化对创建活动重要意义的认识，进一步把思想统一到省委、省政府的要求与部署上来，切实把创建活动紧紧地抓在手上。各地要认真总结创建工作经验，分析存在的问题，根据新形势新任务的要求，对下一步工作做出具体安排部署，并协调和动员方方面面的力量抓好落实。各级党政主要负责同志要继续切实负起责任，推进创建的决心不动摇，推动创建的力度不减弱，形成一级带一级、层层抓创建的工作格局。

要进一步完善领导体制。随着社会主义新农村建设任务的深入推进，对文明生态村创建工作，必须加强组织领导和统筹协调。为此，省委决定，文明生态村创建工作由省农村工作领导小组全面负责，省文明办作为农村工作领导小组的成员单位，继续承担具体组织协调的责任。省农村工作领导小组要切实加强对创建工作的指导，认真研究谋划创建活动的工作思路和政策措施，及时解决创建工作中的重要问题，协调有关方面贯彻落实好省委、省政府的决策部署。省文明办在这几年的创建活动中，做了大量卓有成效的工作，要继续发挥好职能作用，一如既往地把工作抓实抓好。省农村工作领导小组其他成员单位，都要在新农村建设和文明生态村创建工作中找准角色、明确任务，积极主动地做好工作。涉农部门、科教文卫以及交通、民政等部门，要研究完善促进农业农村发展的具体政策，进一步加大支持力度。各市县创建工作领导体制，省里不做统一要求，无论哪个部门牵头，都要进一步加强领导，切实负起责任，尽职尽责地抓好工作。

农村基层党组织是文明生态村创建活动的直接组织者和推动者，没有坚强有力的基层党组织，创建工作就不可能有声有色地开展起来。要把创建活动与基层党组织建设紧密结合起来，以加强党组织建设为创建工作提供保证，以创建工作检验党组织建设的成效。要继续开展好农村党的建设“三级联创”活动，加强以党支部为核心的村级组织配套建设，加大后进支部整顿转化力度。要通过选派机关干部和大中专毕业生到农村任职等方式，改善班子结构，提高整体素质。要把培训农村支部书记作为一项紧迫任务，增强他们抓好创建工作、推进新农村建设的本领。要不断巩固和扩大保持共产党员先进性教育活动的成果，引导广大农村党员在创建中发挥先锋模范作用。

（白克明时任中共河北省委书记、省人大常委会主任）

供稿：省文明办

聂辰席：在“文明河北、和谐河北”创建活动启动仪式上的讲话（摘要）

（2007年2月27日）

开展“文明河北、和谐河北”创建活动，是我们深入贯彻党的十六届六中全会精神，组织和动员社会各界、各行各业和广大群众广泛参与和谐文化建设的重要载体；是我们落实省第七次党代会精神，为建设沿海经济社会发展强省提供坚实的思想基础、强大的精神动力、良好的道德支撑的重要举措；是我们迎接党的十七大和2008年北京奥运会的重要行动。这项活动既继承了优秀传统文化脉系，又体现了现代文明意识。同志们要充分认识这一活动的重大意义，以高度的政治责任感和认真负责的态度，满腔热忱、卓有成效地抓好这项工作。在此，我提出几点要求：

一、要突出活动主题，文明和谐共进。这一活动的主题是讲文明、促和谐。开展“文明河北、和谐河北”创建活动，就是要把和谐创建同精神文明创建活动有机结合起来，一并加以推进。一方面，我们要把和谐创建的各项要求贯穿到精神文明创建活动之中；另一方面，充分利用精神文明创建活动这个有效载体推进和谐创建，促进人与人、人与社会、人与自然的和谐。文明铸就和谐、和谐升华文明，实现文明与和谐的互相促进，产生积极的社会效果和经济效益。

二、要着眼群众需要，激活创建主体。精神文明创建活动源于群众、根基在群众、主体是群众、目的也是为了群众。开展“文明河北、和谐河北”创建活动，就要充分发挥精神文明创建活动在组织群众、动员群众中的特有作用，引导广大群众共建和谐社会。共建是为了共享，共享才能更好的共建。要从群众在社会风尚、人际关系上最关心、最直接、最现实的问题入手，选准突破口，加以推动。让广大群众不仅在活动中受到教育、得到提高，而且看到实惠、分享成果，使活动具有持久地动员力和广泛地参与度，推动单体个人行为自觉讲文明，群体之间相互规范促和谐，形成人人崇尚文明和谐、追求文明和谐、促进文明和谐的生动局面。

三、要加强协调联动，形成创建合力。“文明河北、和谐河北”创建活动点多、线长、面广，是一项系统工程。各市文明委要做好组织协调工作，推动方方面面的力量都行动起来，确保活动既形成一定声势，又扎实有效的进行；要搞好活动的整合，将开展和已经开展的各种单项和谐创建活动纳入到这一总的活动中来，不仅要保护好各方面的积极性，还要防止活动过多过滥。省直各有关部门、行业协会、群众团体、慈善组织，要加强对本系统创建活动的组织指导，推动活动在各行各业、各界群众中广泛展开。上下之间，条块之间要紧密联系，相互衔接，协调推进，形成整体效应。

四、要强化舆论引导，形成舆论强势。加强思想道德建设，树立良好的社会风尚，关键是要引导人们明辨是非荣辱、追求文明向上，这就需要形成强有力的舆论导向。省、市各主要新闻媒体要开辟“文明河北、和谐河北”专栏，特别是要对“帮一帮、让一让”体验活动进行跟踪采访，不间断地报道活动开展情况和活动中涌现出来的先进典型、感人事迹。对文明生态村先进村回访、文明城市创建活动巡礼、诚信河北千里行、和谐机关文明公务员采风、爱心暖河北寻访等五个专题的采访报道，都要分别做出专项方案，组织规模宣传，营造出讲文明、促和谐的浓厚舆论氛围。

以我们这个启动仪式为标志，“文明河北、和谐河北”创建活动就要在全省城乡展开了，希望全省社会各界、各行各业和广大干部群众，积极行动起来，共建文明、和谐河北，共享文明、和谐成果。

（聂辰席时任中共河北省委常委、宣传部长）

供稿：省文明办

聂辰席：在全省社会志愿服务指导委员会成立大会上的讲话（摘要）

（2007年3月6日）

44年前的今天，毛泽东等老一辈革命家为雷锋同志题词，号召全国人民向雷锋同志学习。雷锋同志身上所体现的中华民族的传统美德、社会主义的思想道德情操，与我们所倡导的志愿者精神是一脉相承的。选择这个光辉的日子，成立省社会志愿服务指导委员会，表明了我们将把各界群众更多地组织到社会志愿服务活动中来，传承雷锋精神、弘扬雷锋精神、实践雷锋精神，这是我们对毛泽东等老一辈革命家为雷锋同志题词44周年的最好的纪念。

多年来，在省文明委的大力倡导下，在青年志愿者的示范带动下，我省各种形式的志愿者组织不断涌现，志愿者队伍不断壮大，志愿服务领域不断拓展，在扶贫济困、促进就业和社会发展的方方面面，特别是在对困难群众和贫困地区的帮扶中发挥了积极作用，受到各级党委、政府的充分肯定，赢得广大人民群众的普遍欢迎。随着各界群众、各种形式、各个领域志愿服务活动的广泛开展，整合社会志愿服务资源势在必行。成立社会志愿服务指导委员会，是推动我省社会志愿服务全民化、社会化的一个实际步骤。省委、省政府对指导委员会的成立十分关心、高度重视。

一、提高认识，把社会志愿服务作为构建“文明河北、和谐河北”的一项重要工作来抓

前不久，省文明委启动的“文明河北、和谐河北”创建活动，是我们贯彻落实党的十六届六中全会和省第七次党代会精神，在我省推进和谐文化建设，构建社会主义和谐社会，为建设沿海经济社会发展强省提供强有力的精神动力和道德支撑的一个重要举措。搞好社会志愿服务活动，对于深入推进“文明河北、和谐河北”创建有着十分重要的意义。志愿者所倡导的“奉献、友爱、互助、进步”精神，体现了人与人之间的相互关爱、人与社会之间的相互融洽，广泛开展社会志愿服务活动，对于树立文明向上的社会道德风尚、建立团结友善的和谐人际关系，必将产生积极的带动作用。社会志愿服务活动，是组织和动员广大群众参与社会公益事业的一个有效载体，大力开展社会志愿服务活动，为那些有志于服务人民、奉献社会的有识之士提供了广阔的平台，必将为共建“文明河北、和谐河北”汇聚起一支强大的社会力量。我们要以高度的责任心和使命感，卓有成效地做好这一工作，不辜负省委、省政府和全省人民对我们的期望。

二、开拓创新，进一步提高我省的社会志愿服务工作水平

社会志愿服务指导委员会的成立，标志着我省社会志愿服务进入一个新的发展阶段，跨入一个新的起点。新阶段、新起点就要有新思路、新举措。在这方面，我们要积极探索，锐意创新。一要拓宽服务领域。围绕更好更快发展、构建“和谐河北”两大主要任务和建设沿海经济社会发展强省的奋斗目标，扣紧“相互关爱、服务社会”这个主题，从“政府所急、群众所需和志愿者所能”的事情入手，不断扩展志愿服务的社会覆盖面，推动志愿服务在助残帮困、救灾赈灾、支教助学、科学普及、社会公益等各个领域展开，延伸到社会生活的方方面面，做到哪里有需要，哪里就有志愿者。二要打造服务品牌。对已经开展的助残行动、扶助下岗职工、助学工程、金晖行动、光彩事业等，进行筛选、整合、完善、提升，打造一批我省的志愿服务品牌。同时，要精心谋划形式多样的新型项目，使项目既有具体的内容，又有便于操作的形式，形成新的亮点。三要创新工作方式。要引入科技手段，借助互联网开展网上招募志愿者、网络咨询服务、网上救助等，为社会志愿服务广泛开展开辟新的渠道。要探索建立激励机制，通过“功德录”、“道德银行”、“向奉献者奉献”等形式，使志愿者得到社会尊重和回报，进一步激发人们参与志愿服务的热情。要学会用民主的方式加以推进，总结和借鉴在群众性精神文明创建活动中形成的民主参与、大家协商、自我管理等好经验、好做法，并运用到社会志愿服务活动中去，吸引和动员城乡群众广泛参与，使社会志愿服务活动生动活泼、广泛深入地开展起来。

三、加强领导，推动社会志愿服务工作持续健康发展

社会志愿者服务事业，是一项崇高的社会事业。各级党委、政府要切实关心、大力支持社会志愿服务工作，将其摆上重要工作日程，纳入当地经济社会发展的总体规划，为这项工作的开展创造有利条件。省社会志愿服务指导委员会要按照《工作条例》的各项规定，迅速展开工作；委员会的每个成员和成员单位，要认真履行职责，落实工作任务。各市都要参照省里的做法，成立市一级社会志愿服务指导委员会，未成立的要抓紧成立，并指导和推动各县（市、区）把这一机构尽快建立起来。各类志愿者主管部门要加强志愿者队伍建设，各级团组织要指导青年志愿者进一步发挥主力军作用，人事、妇联、民政、老龄委等部门，要建立和完善公务员志愿者、巾帼志愿者、社区志愿者、夕阳红志愿者等组织指导机构，把各界群众广泛地组织到社会志愿服务活动中来。要通过大家的努力，在全省形成健全的工作体系。

（聂辰席时任中共河北省委常委、宣传部长）

供稿：省文明办

聂辰席：在全省“文明服务奥运、和谐彰显河北”动员大会上的讲话（摘要）

（2007年8月8日）

在北京奥运会倒计时一周年之际，省精神文明建设委员会在这里隆重举行动员大会，号召全省各行各业、社会各界和广大干部群众迅速行动起来，以文明的素质，优质的服务，良好的形象，迎接北京奥运会。这是我省贯彻中央文明委“迎奥运、讲文明、树新风”活动部署的一个重大步骤，也是全省开展“迎奥运、建强省、促和谐”宣传教育活动的一项重要内容，非常必要、很有意义。

河北环绕北京，在北京办奥运，就是在河北“中心”办奥运。做好迎奥运工作，我省责任重大，使命光荣。省委对这项工作高度重视，前不久省委书记白克明同志作出重要批示，明确要求加大宣传力度，让所有河北人关心奥运、支持奥运、参与奥运，努力提高公民文明素质和城乡文明程度，向世界展示中国人的良好形象。各级党委、政府，特别是各级精神文明建设委员会，都要以高度的政治责任心和使命感抓好这项工作，按照中央文明办和北京奥组委电视电话会议的部署，围绕文明礼仪、公共秩序、社会服务、城乡环境四个方面，精心谋划、认真组织，把各方面的力量动员起来，将各项任务落到实处。

各服务行业处在迎接奥运的最前沿，在办好北京奥运会中肩负重要责任。今天推出的100个“引领文明、服务奥运”示范单位要发挥带动作用，旅游景区、主要交通沿线、商场宾馆饭店、城市公交和出租汽车等行业要率先行动起来，各服务行业都要加强从业人员培训、规范服务内容、完善服务措施、全面提升服务水平，使全省的服务行业、服务单位都成为宣传奥运、服务奥运、展示河北的靓丽窗口。

奥运会既是体育盛会，也是检验东道国文明程度的大舞台。每一个河北公民都要树立“我就是中国、我就是河北、我就是文明使者”的强烈意识，从现在做起、从身边事做起、从一言一行做起，争做助人为乐、诚信友善、礼貌待客的模范，自觉文明乘车、文明出行、文明观赛，充分展示河北人民良好的道德风范和精神面貌。

北京奥运会的脚步越来越近，“迎奥运、讲文明、树新风”的任务越来越重。让我们深入贯彻落实科学发展观，用实际行动共创文明和谐社会，为北京奥运会的成功举办和党的十七大的胜利召开，为建设沿海经济社会发展强省，实现更好更快发展和构建和谐河北，做出积极的贡献。

（聂辰席时任中共河北省委常委、宣传部长）

供稿：省文明办

白石：在全省文明办主任会议上的讲话（摘要）

（2007年1月4日）

2006年，全省各级精神文明建设工作部门认真学习贯彻党的十六届六中全会精神，全面落实科学发展观，围绕实现河北更快更好发展和构建和谐河北两大主要任务，抓住机遇，迎接挑战，创造性地开展工作，取得了可喜成绩。

一、创建文明生态村活动扎实开展，推进了社会主义新农村建设

筹备召开了全省创建文明生态村工作观摩会议，明确了创建文明生态村活动是建设社会主义新农村的重要载体，实现创建工作与新农村建设的对接。着眼整合以文化阵地为重点的农村公共服务资源，集中力量抓了“村民中心”建设，支助5000个村建设了阅报栏，为200个村配备了文化信息资源共享工程设备和文体器材，全省已有3780个村展开了“村民中心”建设，建成并投入使用的有1500多个，提高了农村公共服务水平。大力推进“三化”建设，各级财政和社会帮建单位投入资金13.7亿元、新硬化村内道路1.2万多公里、植树4865万株、建起卫生厕所20多万个、建设沼气池16万个，组织了新农村民居建筑设计大赛，征集了400多个民居建设设计方案，在进一步改善农村人居环境上开辟了新的途径。为加强基层创建工作的组织领导，组织了对全省农村党支部书记创建文明生态村培训工作，目前已有三万多个村党支部书记参加了培训，大大地提高了农村基层干部组织创建工作的本领。经过近一年的努力，又有4900多个村进入创建先进村行列，使先进村达到全省行政村总数的25%，为到2010年完成40%的目标奠定了坚实的基础。

二、以社会主义荣辱观为主题的各种形式的道德实践活动陆续展开，推动了公民道德建设各项工作的进一步落实

开展了“文明铸就和谐”活动：在各城市大力倡导文明行车、文明乘车、文明走路、文明游园、文明观演，促进了市民良好行为习惯的养成；利用重大纪念日和民族传统节日，引导人们文明和谐过双节、文明祭祀、敬老孝老、为奉献者奉献，弘扬了中华民族传统美德。开展了“知荣辱、树新风、促和谐”主题实践活动：组织城乡群众广泛参与“‘我与我的祖国’社区歌咏”大赛、“‘知荣明耻、从我做起’校园演讲”、“燕赵书画名家捐赠助困”、“百万网民文明上网”、“争创百佳诚信单位”、“共享和谐、敬老爱老助老”、“河北十大爱心人物评选”等一系列活动，受众3500万人次，使广大群众在参与中受到教育、得到提高。秦皇岛、邢台、唐山、邯郸、保定积极组织企业义购书画，邯郸、唐山、保定、秦皇岛、石家庄精心组织“十大爱心人物”投票，保证了这一活动取得成效。未成年人思想道德建设工作扎实推进：组织省重点专项工作联席会成员单位，对全省各地两年来贯彻落实中央8号文件和省委21号文件精神情况进行了督查，推动了各地工作的落实；围绕纪念红军长征胜利70周年，以“扬长征精神、做红军传人”为主题，在全省中小学生中组织开展了“长征精神永放光芒——我所经历的长征”专题报告会、举办了“翰墨丹青写长征——全省未成年人纪念红军长征胜利70周年”书画大赛等系列活动。石家庄、秦皇岛、廊坊、沧州、邯郸、唐山市组织中小学生积极参与，全省创作报送书画作品2000多件；邯郸、石家庄、唐山、廊坊、沧州市推荐的案例入围全国未成年人思想道德创新案例初选市，我省获优秀案例总数全国第一；充分发挥重点专项工作联席会议作用，督促落实了100多项重点专项工作，推动了未成年人思想道德建设在社会、学校、家庭的进一步展开。

三、各种形式的精神文明创建活动持续推进，促进了城乡文明程度的提高和经济社会的全面进步

创建文明城市新一轮工作逐步展开：大部分市按照《文明城市测评体系》规定的内容，结合本市实际，制定了2006年——2008年创建文明城市规划，其中唐山、廊坊、邯郸、秦皇岛市委、市政府印发了文件，并对照《测评体系》，对创建工作中存在的问题和不足逐条列出，出台改进措施，明确完成时间和责任部门，创建工作向纵深推进；承德、石家庄、衡水、邢台、张家口、石家庄市文明委印发了文件，各项工作陆续展开。文明城区竞赛活动在一些市得到落实，唐山、秦皇岛、石家庄、保定、邯郸市制定了工作方案，认真加以推动，增强了创建工作的活力，推动了各项任务在基层的落实。环京津文明小城镇群创建活动在廊坊、唐山、保定、秦皇岛、沧州、承德、张家口七个市全面展开，唐山市与环京津的一些城镇开展起了联手创建，整合资源，连线成片地加以推进，收到较好效果。创建文明行业活动不断深入：组织了59.5万群众对全省32个参与“文明执法杯”、“便民利民杯”、“优质服务杯”竞赛活动的行业进行了民主评议，其中保定、秦皇岛、邢台、衡水、邯郸、张家口市认真负责，组织严密，效果显著。工商、卫生、交通、海事等行业主管部门，制定措施、表彰先进，组织广大干部职工开展活动，走在全省前列。创建文明单位活动进一步深化：有1376个单位被省委、省政府命名为2004-2005年度省级文明单位。创建文明单位活动领域不断拓展，有56个新经济组织和新社会组织榜上有名，一大批农村、企业、学校、社区进入文明单位行列，体现了创建活动的群众性和广泛性。

四、特色创建活动丰富多彩、生动活泼，推动了精神文明建设工作不断向更大范围拓展

基层宣传文化阵地管理使用工作进一步规范：“百县千乡宣传文化工程”2005年度资助建设的6个县级宣传文化中心全部建成并投入使用，2006年度资助建设的3个县级宣传文化中心已完成建设任务。这些阵地的作用日益发挥出来，今年已投入使用的33个县宣传文化中心和150个宣传文化站围绕荣辱观教育、创建文明生态村、未成年人思想道德建设等，开展政策宣传14200多场次、道德教育15500多场次、科技培训24900多场次、文艺演出16900多场次。“助学工程”的示范带动作用进一步增强：省直接资助贫困大学生150名、高中生100名，组织各市增加开办“宏志班”22个，资助贫困高中生1200名。在“助学工程”的示范带动下，由机关、企事业单位、群众团体组织的“文明单位助学”、“福彩助学”、“春蕾计划”、“爱心助学”、“金秋助学”、“圆梦行动”等各种形式的社会助学活动广泛开展。今年以来，社会各界义务捐献助学资金9000多万元，资助贫困大学生9000多名，中、小学生50多万人。继续组织开展营造城市森林大型公益活动：大力宣传城市森林七大好处，“城市森林、生态城市”的观念逐步深入人心。开展了营造城市森林公益活动第七次春季战役，全省11个设区市动员城市居民及驻军726万人次，筹集社会资金5497万元，在城市的市区及周边公益造林9.8万亩，进一步优化了城市生态环境。诚信河北活动有新的进展：全省11个市和工商、税务、技术监督等系统普遍建立了政府信用网站，推开了诚信档案建设。成立了有400家企业参加的河北省“企业诚信联盟”，建立了全省企业信用分类监管体系。省工商局、省个体劳动者协会、省私营企业协会下发了《在全省个体私营企业中开展文明诚信经营创建活动的意见》，推动了文明诚信经营活动在私营企业、个体工商户和各类市场中陆续开展起来。

2007年是深入贯彻党的十六届六中全会和省第七次党代会精神，全面构建社会主义和谐社会，建设沿海经济社会发展强省，迎接党的十七大召开的重要一年。面对新的形势和任务，要搞好精神文明建设工作，就必须更加自觉坚持以邓小平理论和“三个代表”重要思想为指导，全面贯彻落实科学发展观和构建社会主义和谐社会重大战略思想，充分运用精神文明创建活动这一有效工作载体，引导和组织社会各界、各行各业和广大人民群众广泛参与以社会主义核心价值体系为根本的和谐文化建设，在提高公民文明素质和社会现代文明程度上迈出新步伐，取得新成效。根据这一指导思想和总的要求，明年全省精神文明建设工作要突出三个重点活动、抓好四项日常工作、提高五种工作能力。

一、突出三个重点活动

（一）广泛开展“文明燕赵、和谐河北”创建活动。落实中央文明委关于以讲文明、促和谐为主题广泛开展群众性创建活动的部署，在全省组织开展“文明燕赵、和谐河北”创建活动，以此为载体，整合和统揽各地、各行业、各部门开展的各类和谐创建和精神文明创建活动。1、整个活动以“五争做、五推动”为主要内容。即：在广大农村引导人们争做新型农民，推动创建文明生态村活动开创新局面；在各个城市引导人们争做文明市民，推动创建文明城市活动形成新热潮；在各行各业引导人们争做诚实守信员工，推动创建文明行业活动迈出新步伐；在党政机关引导人们争做文明公务员，推动创建文明机关活动提高新水平；在全社会引导人们争做热心友善好公民，推动爱心暖燕赵活动广泛开展。2、实行条块结合，协调联动。为做好整个创建活动的组织领导和协调工作，省文明委要专门制定《“文明燕赵、和谐河北”创建活动实施方案》。根据《方案》要求，一方面各市要结合本地实际，制定具体的实施办法，推动活动在广大城乡既有声有势又扎实有效地开展起来。另一方面，省直各有关部门、各行业协会、各群众团体和慈善组织，要分别制定落实措施，推动活动在各有关行业、各界群众中广泛展开，形成条块结合、城乡互动、群众广泛参与的工作局面。3、加强舆论引导，形成舆论强势。组织省直主要新闻单位，开展对活动的跟踪采访，不间断地报道活动开展情况及涌现出来的感人事迹。实施创建文明生态村先进村回访、文明城市创建活动巡礼、诚信河北千里行、文明机关文明公务员采风、爱心暖燕赵寻访等五大系列专题采访报道活动，营造促进人与人和谐、人与社会和谐、人与自然和谐的浓厚舆论氛围。

（二）推动创建文明生态村活动开创新局面。按照产业强村、文化兴村、生态建村、民主治村的总要求，发动广大农民群众、动员社会力量广泛参与，充分发挥这一创建活动在建设社会主义新农村中的重要载体作用。1、抓住重点，体现特色。一是要大力建设“村民中心”，整合以文化阵地为重点的公共服务资源，引导村民广泛参与政策学习、科技培训、信息服务等，增强农民致富能力，提高农村经济发展水平。二是大力推广“十星级”文明农户、群众移风易俗自治组织建设、“村民功德录”等活动，规范活动的章程、制度，吸引群众广泛参与乡风文明建设，树立良好的道德风尚，建立和谐的人际关系。三是大力推进人居环境改善，加大道路硬化、村庄绿化、庭院净化力度，吸引群众用自己的双手建设美好家园，建立科学文明健康的生产、生活方式，促进人与自然的和谐。2、抓好第三批创建村的启动工作和第一、二批创建村的巩固提高。按照全省6%的比例确定创建村，尽快把活动搞起来。广泛动员社会力量开展帮建，确保每个创建村都有一个帮建单位。第一、二批创建村都要按要求制定完善制度，查漏补缺，巩固成果，提高水平。3、加强工作指导，防止松懈情绪。召开第四次全省创建工作大会，总结部署工作，提出新的措施和要求。省和市都要组织有关部门参加的文明生态村创建工作督导团，对各市第一批、第二批创建村的巩固提高工作和第三批创建村的启动、工作开展及活动普及情况进行督导，推动创建活动持续深入开展。

（三）掀起创建文明城市活动热潮。以迎接全国文明城市第三轮评选为契机，加大文明城市创建活动力度，促进我省城镇化战略的实施，为打造沿海隆起带，推动环渤海城市群发展贡献力量。1、突出三个工作着力点。一是广泛开展“文明十个一”活动。引导市民文明乘车、文明游园、文明观演、文明行车、文明走路、文明就餐、文明购物、文明待客、文明过节、文明养犬，组织市民志愿者义务劝阻不文明行为，加大舆论引导和依法管理力度，促进市民文明素质的不断提高。二是开展“爱我社区”周末联谊活动。利用社区文化阵地，组织社区居民和物业管理人员广泛参与，使邻里之间、业主与物业管理人员之间在恳谈交流、文艺联欢、体育健身中增进了解、加深友谊、改善服务、化解矛盾，努力营造礼让宽容、理性平和、邻里互助、积极向上的新型社区关系，推进和谐社区建设。三是开展营造“城市森林”大型公益活动。继续加大营造“城市森林”七大好处的宣传力度，引导有关部门树立以人为本、以森林为主导的城市绿化理念；精心组织好第八次春季战役，动员党政机关、企事业单位、居民群众踊跃参与城市植树造林，引导人们树立关心生态、保护环境的公德意识，改善城市生态环境，建设宜居城市。2、组织创建文明城市初评工作。成立省文明城市初评委员会，协调省有关职能部门按照《文明城市测评体系》，对各市新一轮创建工作情况及城市文明程度进行评议，综合评议结果，公布各市排名，按照40%分值计入2008年总评。3、把创建文明城市活动与“迎奥运、讲文明、树新风”活动有机结合起来。围绕解决文明礼仪、公共秩序、社会服务、城乡环境、旅游出行等方面存在的突出问题，出实招、办实事、见实效。奥运会分赛场秦皇岛市、省会石家庄市和首都周边的廊坊、唐山、保定、承德、张家口市都要做出专门部署，力争奥运会前有明显进步，以此为机遇，提高我省城市的知名度和吸引力。

二、抓好四项日常工作

（一）以社会主义荣辱观为主要内容的道德实践工作。继续利用重大纪念日、民族传统节日，策划主题活动，弘扬爱国主义精神和中华民族的传统美德。进一步建立健全志愿者组织，扩大服务领域，成立协调青年志愿者、巾帼志愿者、夕阳红志愿者、社区志愿者、公务员志愿者活动的全省社会志愿服务指导委员会，整合各方面志愿者力量，推动建立与政府服务、市场服务相衔接的社会志愿服务体系。大力支持红十字会、残疾人联合会、慈善总会工作，充分发挥工会、妇联、共青团等群团组织的作用，建立由帮建单位、慈善组织、群众团体参加的联席会，动员广大群众和社会各界广泛开展对困难群众、困难家庭、困难地区的群众互助和社会援助活动。进一步发挥“助学工程”的示范作用，带动各种形式社会助学活动的广泛开展，使更多贫困学子得到帮助，完成学业。进一步加大公益广告工作力度，落实中央文明办、国家工商总局关于公益广告占媒体广告播出量的3%的规定，推动公益广告的创作、生产、展映、展播、展示工作。精心组织第五个“公民道德宣传日”和纪念《公民道德建设实施纲要》六周年纪念活动，积极营造推动落实公民道德基本规范的社会环境和社会氛围。

（二）未成年人思想道德建设工作。着力加强学校德育工作，在健全符合素质教育要求的学生综合素质和学校教育质量考核评价体系方面想办法、出措施，推动学校德育向家庭教育、社会教育延伸，继续完善学校、家庭、社会“三结合”的教育网络。探索加强“留守儿童”、“流浪儿童”教育和管理办法，总结推广“留守儿童之家”、农村寄宿学校、委托监护人、结对帮扶等成功做法，努力解决这些特殊群体儿童的教育问题。把群众反映强烈的网吧、网络、网游问题作为整治工作的重点，切实加大管理力度，集中整治色情、暴力软件，努力为青少年创造良好的生活环境。加强公益性电子阅览中心和“绿色网吧”建设，推进网吧连锁化经营，深化“文明办网、文明上网”活动，最大程度满足青少年文明上网的需求。不断完善爱国主义教育基地和公益性文化设施对未成年人免费优惠开放的政策措施，落实未成年人校外活动场所的公益性原则，实现学校教育与校外活动的有效衔接，推动公益性活动场所更好地为广大未成年人服务。坚持完善联席会议制度，建立健全未成年人思想道德建设的工作机制、考评机制和激励机制，推动重点工作的落实。

（三）提升中国公民旅游文明素质行动计划工作。今年中央文明委在全国启动了提升中国公民旅游文明素质行动计划，要求明年这项活动要取得阶段性成果。有关部门要按照《中国公民出境旅游文明行为指南》要求，对出国人员有针对性地进行涉外礼仪知识的培训，尊重旅游目的地国家的文化传统、风俗习惯和言行禁忌，文明旅游，维护国格。旅游主管部门要抓好《中国公民国内旅游文明公约》的落实，加强对旅行社、导游员以及景区工作人员的文明礼仪教育，提高旅游从业人员的文明素质，规范导游讲解，提高导游质量和导游水平，劝阻游人的不文明行为，引导人们做文明游客。要继续深化创建文明风景旅游区活动，山海关、避暑山庄、野三坡、西柏坡等著名旅游区，要加大创建力度，力争进入全国文明风景旅游区行列。明年，要评选表彰一批省级文明导游员、文明游客、文明旅行社、文明风景旅游区，推动这项活动深入开展。

（四）各种形式的精神文明创建工作。下功夫抓好创建文明行业活动：政府各行业主管部门要对各行业精神文明建设工作负起责任，做到年初有安排、年中有督导、年底有总结，解决一些行业创建工作滞后的问题。要特别注意抓好涉农服务、食品供应、房产家装、商业零售行业创建活动，引导企业经营者和广大员工主动抵制制假售假、价格欺诈、商业贿赂等违背职业道德的行为，自觉做到以德经营、诚信立业、文明生财。继续推进创建文明小城镇活动：以“四优一满意”为主要内容，着力抓好城镇环境改造、“窗口”单位服务、文化设施建设和进城农民向市民转化等工作，以市为单位，在县城、大的建制镇开展创建文明小城镇竞赛活动，表彰先进，敦促落后，力争使这项工作出现一个新的局面。要以迎奥运为契机，适应加快京津冀城市群的发展需要，精心组织好环京津文明小城镇群创建活动，与京津地区加强联系，充分利用城镇及其周边的文化设施、旅游景点、农家游等吸引京津物质、文化资源向我省流动，促进京津周边城镇的经济发展和群众致富。广泛开展创建文明单位活动：推动这一活动向企业、学校，特别是向新经济组织和新社会组织拓展。要探索创建活动与提高企业、社会组织的品牌效应和社会公信度挂钩的办法、措施，充分调动他们创建积极性，解决创建工作重评比、轻活动的问题，体现创建活动的广泛性、群众性和经常性。

三、提高五种工作能力

（一）提高善于学习的能力。精神文明建设是一个庞大的系统工程，这一工程以提高公民素质为根本任务，涉及到思想建设、道德建设、文化建设等诸多领域的工作，不善于学习，没有相应的知识，难以承担这项工作。作为精神文明建设战线的同志，特别是各级文明办主任，起码要学好“三门课程”：一是专业课，即精神文明建设理论。二是专业基础课，包括马克思主义基本理论、伦理学、社会学。三是基础课，涉及到哲学、经济学、管理学等等。大家要抽些时间，或多或少地学习一些这方面的知识，使其有宽广的眼界，提高认识和分析问题的能力，工作起来才能更加自觉、得心应手。

（二）提高善于谋划的能力。精神文明建设既是建设中国特色社会主义、构建和谐社会的重要组成部分，又要服务于经济建设和社会发展，为其提供精神动力、智力支持和思想保证。要善于谋划，就是一方面作为“组成部分”，我们要能够在党委、政府部署全局工作时，主动、及时地把精神文明建设工作纳入进去，一同部署，做不到这一点，是我们的失职。另一方面，作为“提供服务”，我们要能够围绕党委、政府的中心工作策划精神文明建设，找准切入点，把我们的工作渗透到中心工作中去，有机结合，融为一体。只要我们能抓住这两个方面去谋划工作，就会得到党委、政府的重视和支持，就能摆上全局工作的重要位置，发挥其应有的作用。

（三）提高善于协调的能力。文明办是文明委的办事机构，负责精神文明建设的日常工作。精神文明建设的领域十分广泛，涉及到广大城乡、各行各业的方方面面的工作，只有依靠社会各方面的力量才能抓起来，这就需要学会做协调工作。搞协调要抓好几个环节：一是抓策划，把上级精神和本地实际、群众需要结合起来综合思考，理出摸得着、看得见、有目标、能做到的几件实事。二是抓分工，把谋划的每一件实事中包含的各方面任务分解到有关部门，明确责任、目标。三是抓督导，分配了任务，就要搞调研、听汇报、抓检查、做总结、表扬批评、通报情况。通过这些办法，把全社会的力量组织起来，把各方面的积极性调动起来，形成群策群力建设精神文明的生动局面。

（四）提高善于抓典型的能力。典型引路、典型示范，是我们党的一个重要、有效的工作方法。善于抓典型要注意两个方面的问题：一方面典型要具有普遍性，大家都能够学。如果推出的典型条件很高，大部分单位学不了，这样的典型只能束之高阁，摆摆样子，对推动工作不起作用。另一方面要进行推广，不能只是给领导、检查团看，而要向基层、向群众宣传和推广，使人们从中看到好处，得到激励，学到办法，愿意这样做，能够这样做。我们抓的典型只要具有普遍意义，又能积极加以推广，就能把星星之火变成燎原之势，大面积地推动工作，取得事半功倍的效果。

（五）提供运用舆论的能力。精神文明建设主要是抓思想、道德领域的工作，要引导人们明辨是非荣辱，追求文明向上，摒弃愚昧落后，就必须营造强有力的舆论环境。一方面，要形成舆论强势。展开重大活动，要组织相应的宣传战役，大力讴歌新人、新事、新气象，鞭挞丑恶行为和现象，产生冲击效应，发挥积极的引导作用。另一方面，要学会运用好各类媒体。一是要运用好党报、广播、电视等主流媒体，形成声势；二是要运用好都市报、晚报等生活类媒体，使我们的舆论宣传更贴近广大群众；三是要运用好互联网这一新兴媒体，扩大受众面，产生更大的社会效益。

（白石时任中共河北省委宣传部副部长、省文明办主任）

供稿：省文明办

白石：在全省文明办主任座谈会上的讲话（摘要）

（2007年7月10日）

几个月来，各市较好地贯彻了省文明委2007年安排，各项工作按计划推进。今年下半年，将召开党的十七大，这是全党和全国人民政治生活中的一件大事。北京奥运会日益临近，河北环绕北京，担负的责任很重。我们要按照总书记提出的坚持“四个坚定不移”，充分发挥精神文明创建活动的优势，为迎接党的十七大和北京奥运会营造良好的社会环境。当前，要重点做好以下几项工作：

一、关于文明生态村创建活动

一是抓好全省深入推进创建文明生态村工作会议的落实。这次会议是省委、省政府召开的一次非常重要的会议。会议的主要精神就是，朝着全面建设小康社会的目标，把文明生态村创建活动持之以恒地抓下去。经过几年的努力，群众在实践中看到了好处，积极性普遍调动起来。在这个当口，如果我们的工作力度跟不上，或者温度降下来，就会让群众失望，群众就会说我们搞形式主义，刮风，这样就可能损害党和政府的公信度。有的同志说：“在一些地方，过去是上面热、下面冷；现在是下面热、上面冷。”我们要防止这个问题，要本着对党、对人民高度负责的精神，坚持不懈把这一活动抓下去。二是创建活动要坚持围绕中心，服务大局。围绕中心就是围绕农村经济建设需要展开工作：抓提高人的素质，不断激活农村生产力中的最活跃要素；抓改善人居环境和乡风民风，优化农村发展环境。服务大局就是服务新农村建设：运用这一载体组织群众用自己的双手建设美好家园，动员社会力量以城带乡，支持农村；大力抓好农村的思想、道德、文化建设，并将其贯穿于农村的经济、政治、社会建设之中，为新农村建设提供精神动力、智力支持和思想保证。三是创建活动要突出重点、保持特色。其中包括改善农村人居环境、提高农民素质、动员社会力量支持农村、实行分类指导。文明生态村创建活动之所以能取得成效，被各方面拥护，就是因为抓住了这个重点，体现了这个特色。文明生态村创建活动是新农村建设的重要组成部门和一个重要工作抓手，我们要注意把握有度，不能越俎代庖，做到“帮忙不添乱”，使活动得到广泛的支持。四是各级文明办要搞好具体组织协调。与文明城市、文明行业创建活动一样，文明生态村创建活动也是一项系统工程，需要方方面面的共同努力才能抓好，不是任何一个部门能够单独抓起来的。在今年召开的深入推进创建工作会议上，省委、省政府再次要求，各级党委、政府要加强领导，文明办要做好具体组织协调工作。我们要认真贯彻。同时，文明办是文明委的办事机构，在组织创建工作中要注意依靠文明委，发挥成员单位作用。文明委成员单位由党政有关部门和群众团体的一把手组成，很多事情通过他们都能办到。文明办只有依靠文明委，发挥成员单位作用，才能履行好职责，才能做好文明生态村创建活动的具体组织协调工作。五是要加强督导。省里准备9、10月份组织督导团，对各市的创建工作进行督导和评议。省里督导前，各市、各县（市、区）也要搞一次督导，要层层进行督促，级级加强指导。各市是否对所辖县（市、区）进行督导，将作为省对各市督导评议的一项内容。

二、关于文明城市创建工作

（一）要增强紧迫感。环渤海发展战略的实施，京津冀城市群的崛起，对我省城市建设和发展提供了新的机遇，我们要把创建文明城市活动做为我省实施城镇化战略的一个推进器，纳入各市建设沿海经济社会发展强省的重要工作认真来抓。我省的城市建设水平较之先进省区还有不小的差距，我们搞创建文明城市更要注意抓“软件”，以弥补“硬件”上的不足。明年就要评选全国文明城市，我省今年8月初评，明年上半年总评，排名前列的城市推荐参加全国评选。时间紧迫，各市要抓紧各项有关工作的落实。（二）要引起市委、市政府的重视。创建文明城市关系城市建设和发展的全局，是一项综合性很强的工作。只有市委、市政府特别是一把手的高度重视才能搞好，这是多年来的实践证明了的，凡是文明城市抓得好的，都是这样做的。各市文明办要在这方面给市委、市政府当好参谋和助手，使他们更加重视和关心这项工作，运用这个抓手组织起各方面力量，推动城市全面协调可持续发展。（三）要抓好文明城市的初评工作。创建文明城市搞得怎样？一看所做的工作；二看实际发展水平。今年的初评主要是看前者，即看工作是否积极，从三个方面进行评价：一是市委、市政府主要领导对这项工作的认识程度和做的工作；二是按《测评体系》任务分解是否到位；三是承担责任的各部门是否措施得力，工作有力。这个初评结果按40%比例计入明年的总评。这样做，目的是鼓励做工作的。一些城市原来基础比较差，按发展水平来讲肯定是不行的，但只要是工作上来了，拿到这40%的分，明年总评后也可能进入先进行列。一些城市基础条件本来就好，但只凭实力而不做工作，这40%的分就会丢掉，即使明年总评的60%的分都拿到，也进不了先进行列。所以，不怕基础差，就怕工作不努力。只有大家都实实在在地做工作，我们的城市就能更好更快地发展。

三、关于“迎奥运、讲文明、树新风”活动

第一，要有高度的责任感。河北环绕北京，在北京办奥运，就是在河北中心办奥运，我省责任特殊而重大，一方面，要为奥运搞好服务，另一方面，通过服务奥运展示、宣传河北。在“迎、讲、树”活动中，协办城市秦皇岛、省会石家庄是重中之重，环首都的廊坊、唐山、保定、承德、张家口市是前沿城市，其他城市要紧紧跟上。每个城市都要从实际出发，采取有力措施，把活动卓有成效地搞起来。第二，要突出重点。主要的交通通道、旅游景区、公共场所和服务窗口都要动起来，都要成为宣传奥运、服务奥运、展示文明的地方。各市、各有关行业和部门，都要围绕这三个方面策划、实施一些有影响、见实效的工作。第三，要进行再发动。省文明委准备在奥运倒计时一周年前后开个推进会，向全省发出倡议，相关部门提要求和具体措施，省有关领导讲话，推动“迎、讲、树”活动在全省进一步展开。

（白石时任中共河北省委宣传部副部长、省文明办主任）

供稿：省文明办

杨能斌：在全省县级宣传部长培训班上的讲话（摘要）

（2007年8月20日）

按照这次宣传部长培训班的安排，今天由我与大家共同学习探讨群众性精神文明创建活动有关情况。我想主要从五个方面来讲：一是精神文明创建活动的地位和作用；二是精神文明创建活动的主要内容和工作原则；三是我省精神文明创建活动的主要做法和成效；四是今后一个时期我省精神文明创建活动的重点；五是县级宣传部长如何组织好精神文明创建工作。

一、精神文明创建活动的地位和作用

讲到精神文明创建活动时，先给大家介绍一个概念——精神文明。所谓精神文明，是指人们改造主观世界的社会精神生活积极成果的总和。我们平时讲的社会主义精神文明建设包括两大部分，即科学教育文化建设和思想道德建设。这是相对物质文明来讲的。同样，相对经济建设来讲，精神文明也就是文化建设。文化建设也分为大文化——也就是人们改造主观世界的社会精神生活积极成果的总和。中文化一方面是指教育、科学、文学艺术、新闻出版、广播电视、卫生体育、图书馆、博物馆等各项的发展和人民群众知识水平的提高，也包括健康、愉快、生动活动、丰富多彩的群众性娱乐活动。另一方面还指思想道德建设、包括革命的理想、道德、纪律。这也就是我们讲的社会主义精神文明建设。小文化——也就是指具体的文学艺术，包括文化产业和文化事业，如文学艺术、新闻出版、广播电视等。现在，我们再回到精神文明创建活动这个问题上来。创建活动作为社会主义精神文明建设的重要内容，它是人民群众移风易俗、改造社会的伟大创造，是人民群众在党的领导下为自己创造美好生活的伟大实践，是把三个文明与和谐社会建设有机结合落实到基层的有效途径。群众性精神文明创建活动以其特有的生机和活力，吸引亿万人民群众广泛参与，在提高公民素质、社会文明程度和群众生活质量，创造文明健康和谐的社会环境方面日益显示出巨大的作用，受到人民群众的热烈欢迎和衷心拥护。改革开放以来，各种群众性精神文明创建活动在全国城乡蓬勃开展，形成了以“讲文明树新风”为主要内容，以创建文明城市、文明村镇、文明行业为主体，以创建文明单位为基础，多种形式创建活动共同发展的工作格局。

（一）精神文明创建活动是伴随着改革开放的深入而不断发展的新生事物

群众性精神文明创建活动，始于上个世纪80年代初全国各地开展的“五讲四美三热爱”活动。党的十一届三中全会以后，随着党和国家的工作重心转移到经济建设上来，各项事业的稳步发展，大力整顿被“文革”破坏的社会风气和社会秩序，改善人际关系，营造安定团结的社会环境，成为广大人民群众的迫切要求和愿望。在这种情况下，我们党及时提出了在建设高度的社会主义物质文明的同时，建设高度的社会主义精神文明。1981年2月，全国总工会、共青团中央、全国妇联等9个部门、团体发出倡议，在全国人民特别是青少年开展以“五讲四美”为主要内容的文明礼貌活动，1982年2月，中共中央办公厅转发了中宣部《关于深入开展“五讲四美”活动的报告》。

1981年11月，我省保定驻军51034部队某部与新城县（现为高碑店市）崔中旺村群众率先搞起了军民共建文明村活动（从这一点上讲，我省是精神文明创建活动的发源地一点也不过讲）。1983年4月，中共中央办公厅、国务院办公厅、中央军委办公厅联合发文指出：“保定地区军民开展这项活动比较早，效果比较好”！“希望各地党委政府、驻军学习他们的经验，结合白石的实际情况，把建设文明村、文明街、文明县、文明市活动有领导、有步骤、开展起来。”同年8月，邓小平、叶剑英、徐向前、聂荣臻、杨尚昆等中央领导同志为保定军民共建活动题词。

1984年1月，中共中央办公厅下发了《关于转发〈全国文明村（镇）建设座谈会纪要〉的通知》，对建设文明村活动给予充分肯定。1984年6月，中央“五讲四美三热爱”活动委员会在福建省三明市召开全国“五讲四美三热爱”活动工作会议，总结活动情况，推广三明建设文明城市的经验。1995年10月，中宣部、国务院办公厅在江苏省张家港市召开全国精神文明建设经验交流会，推广张家港“一把手抓两手”经验。1996年召开的十四届六中全会，专门研究了精神文明建设主要是思想道德和文化建设问题，做出了《关于加强社会主义精神文明建设若干重要问题的决议》，第一次在中央全会文件上出现“群众性精神文明创建活动”这一规范提法，第一次概括地提出了创建文明城市、文明村镇、文明行业三大创建活动，在全国迅速掀起了三大创建活动的热潮，人民群众在精神文明创建活动中的主动性、积极性空前高涨，以三大创建活动为核心的各种形式的精神文明创建活动从内容、形式和领域都有了新的发展，呈现出蓬勃的生机和活力。

（二）精神文明创建活动是人民群众创造自己美好生活的伟大实践

群众性精神文明创建活动，是党全心全意为人民服务的根本宗旨，与人民群众为自己创造美好的强烈愿望有机统一的生动体现。创建活动源于群众，根基在群众，主体在群众，目的也是为了群众。在我省的创建活动中，我们始终按照中央和省委、省政府的安排部署，始终把活动的目标、任务同人民群众的切身利益紧密结合，同人民群众追求美好生活的愿望紧密结合，人民群众在一系列的创建活动中安居乐业、生活和谐，深切感受到实实在在的好处，深刻认识到群众性精神文明创建活动是为了维护和代表群众的根本利益，比如创建文明城市，有效地改善城市生产生活环境；创建文明生态村，有效地改善了人居环境，促进了农村经济社会的发展，从而激发出参与创建活动的巨大积极性，公民文明素质和社会文明程度在越来越广泛的创建活动中得到提高。

（三）精神文明创建活动是促进三个文明与和谐社会建设全面发展的有效途径

群众性精神文明创建活动的显著特点，就是他的综合性。创建活动虽然是精神文明建设的一种工作手段、一个载体，但它的活动内容不仅仅包含精神文明建设，而是具有丰富的内涵。无论是创建文明城市、文明村镇、文明行业，还是创建文明社区、文明单位，都把三个文明与和谐社会建设的总任务、总目标分解为一个城市、一个单位、一个村镇的具体任务、具体目标。通过创建，既树立了城市、单位、乡村的良好形象，提高了广大市民、职工、农民的综合素质，又促进了经济建设、政治建设、文化建设和社会建设的发展，使“两手抓，两手都要硬”的方针得以在实际中落实。这就是一条途径、多管齐下，一种载体、多方收效，也是精神文明创建活动能够得到各方认可的关键所在。

（四）精神文明创建活动是党的群众工作和思想政治工作的新方式

重视做好群众工作和思想政治工作，是我们党的优良传统和政治优势。群众性精神文明创建活动紧紧抓住解决思想问题同解决实际问题相结合这个重要环节，在有效加强和改进党的群众工作和思想工作方面具有鲜明的特点和独特的优势。由于创建活动具有鲜明的思想主题，能够较好地体现人民群众的共同理想、共同信念和共同利益，因而具有强大的号召力和吸引力；由于创建活动具有贴近群众生活实际的特点，能够较好地体现尊重人、理解人、关心人，使群众在参与中得到实惠，感受到党和政府的温暖，因而密切了党和政府与人民群众对党和政府的信任；由于创建活动具有喜闻乐见、丰富多彩的形式，能够吸引群众广泛参与，因而使群众在参与中实现了自我服务、自我管理、自我教育。

二、精神文明创建活动的主要内容和工作原则

培育有理想、有道德、有文化、有纪律的社会主义公民，提高全民族的思想道德素质和科学文化素质，是精神文明建设的根本目标和任务，也是群众性精神文明创建活动的主题。各项创建活动都是紧紧围绕这一主题，根据形势的发展和群众的需要，不断充实活动内容，完善工作措施，坚持不懈地抓下去。

（一）精神文明创建活动的主要内容

主要内容就是“讲文明树新风”，就是提高人们的文明素质，形成良好的社会风尚。围绕“讲文明树新风”主题，按照中央文明委的部署，围绕省委、省政府中心工作的开展，省文明委先后组织开展了一系列具有我省鲜明特色的创建活动，受到广大群众的热烈欢迎和衷心拥护。1981年开展的军民共建文明村活动，标志着我省精神文明创建活动的开端；1986年开展的红白事理事会等群众自治组织建设活动；1991年开始组织的以“四职一纠”为主要内容创建文明行业活动；1993年开始组织的文明城市创建活动；1996年开始组织的“十星级”文明农户创建活动；1998年开始组织文明小城镇创建活动；2000年开始组织的营造城市森林大型公益活动；2002年开始组织的太行山革命老区宣传文化工程；2003年组织的“讲文明、树新风，群策群力抗非典”活动、创建文明生态村活动和环京津文明小城镇群创建活动；2005年组织的“文明铸就和谐”系列创建活动；2006年组织的“知荣辱、树新风、促和谐”主题实践活动，今年组织的“文明河北、和谐河北”创建活动。这些活动都紧紧围绕“讲文明树新风”这一主题，每年都有新的重点，较好地把握了时代的特点和要求，有助于依靠群众进行思想道德教育，有助于运用群众的力量推动全社会文明程度的提高。

（二）精神文明创建活动的工作原则。1、始终坚持把思想道德建设贯穿于各项创建活动之中。社会主义思想道德建设是整个精神文明建设的核心内容和中心环节。创建活动作为吸引和组织广大群众参与精神文明建设的基本形式和重要载体，必须把思想道德建设突出出来，贯穿始终。因此，我省在组织开展创建活动时，在工作安排和内容设计上，都始终注意体现社会主义思想道德建设的要求，使活动的过程成为灌输正确思想、弘扬社会新风的过程。通过丰富多彩的创建活动，把广大群众的思想引导到建设积极向上的生活中来，从而把正确的理想信念，把党的基本理论、基本路线、基本纲领、基本经验教育，爱国主义、集体主义、社会主义教育，社会公德、职业道德、家庭美德教育，通过通俗易懂、易于群众接受的方式渗透到群众的思想中，体现到群众参与创建的实际行动中，从而引导人们树立正确的世界观、人生观、价值观，坚定中国特色社会主义信念，打牢全党全国人民团结奋斗的共同思想基础。2、始终坚持从群众最关心的问题入手。创建活动从解决群众最关心的问题入

手，有利于广泛动员群众，集中社会力量，推动一些重点、难点问题的解决。在创建活动组织过程中，我们始终坚持这一原则，比如1998年为保证国有企业改革的顺利进行，配合各级政府实施好再就业工程，动员社会力量为下岗职工排忧解难，省文明委在全省组织开展了“扶助下岗职工、弘扬社会新风活动”；2001年为推动农村小康建设，省文明办组织了“双千扶贫”活动，在全省选择了1000个省、市级文明单位与1000个贫困村结成对子开展帮扶攻坚，帮助贫困村脱贫致富，实现两个文明的共同进步；2002年为解决太行山革命老区文化设施严重不足的状况，提高老区人民的科学文化素质和致富能力，丰富群众精神文化生活，省文明委组织了“太行山革命老区宣传文化工程”，共投资6000多万元在太行山区资助建设了18个县级宣传文化中心、50个乡镇宣传文化站、125个村宣传文化室；2003年为解决我省农村环境脏乱差的状况，省委、省政府在全省组织开展了创建文明生态村活动，并确定由省文明委具体组织，活动开展4年多来，对于改善农村人居环境、提高农民素质和农村文明程度、促进文明向上的行风的形成、推动农村公共设施建设等方面发挥了重要作用。由于这些活动都关系到广大人民群众的切身利益，解决了他们关心的实际问题，使群众充分享受创建活动带来的实实在在的成果，因此受到广大农民群众的热烈欢迎和衷心拥护，不断吸引更多的群众参与到创建活动中来，使创建活动充满生机和活力。3、始终坚持“统筹规划，分步实施，整体推进”的方针。群众性精神文明创建活动，包含的内容十分丰富，涉及社会生活的方方面面，是一个庞大的社会系统工程。要使这一活动有条不紊地进行，并产生应有的社会效益，就必须统筹规划，分步实施，整体推进。一是要抓好示范，实行滚动发展。近几年，我省文明城市、文明生态村、文明行业等各种形式的精神文明创建活动蓬勃开展，涌现出了一大批全国、省、市、县级创建工作先进单位，这些单位在创建活动中走在前列，为全社会树立了榜样。要大力宣传它们的先进事迹，推广它们的先进经验，通过典型的示范作用，把全社会的创建活动带动起来，使一批又一批的城市、农村、单位进入精神文明建设先进行列，从而推动创建活动的广泛开展。二是搞好规划，分阶段推进。与做任何工作一样，精神文明创建活动，也必须本着循序渐进的原则，一步一步地加以推进。无论是一个地区，还是一个行业、一个单位，都要对创建活动做出长期、中期、短期规划，明确创建活动的长远目标和阶段性目标，订出一个大盘子，使创建活动有计划、按步骤、积极稳妥地开展起来。三是条块结合，协调联动。随着经济社会的发展和精神文明建设的不断深入，各项创建工作呈现出互相交融、相互渗透的趋势。适应形势的发展，精神文明创建活动也要发挥联系面广的优势，把各项创建活动融为一体、统筹谋划、整体推进，发挥创建活动的整体效应，大面积提高城乡的文明程度。四是各方配合，共同努力。群众性精神文明创建活动牵涉面广，因此，必须动员社会各方面力量齐抓共管、形成合力。要在党委、政府的统一领导下，发挥好党政各部门、各人民团体、社会各界的作用，做到既分工负责，又协调联动，整体推进创建活动的开展。4、要始终坚持在“巩固、提高、延伸、辐射”上下功夫。“巩固、提高、延伸、辐射”是在群众性精神文明创建活动过程中形成，并被实践证明符合创建活动发展规律的基本工作思路，要长期坚持下去。抓巩固，就是要认真总结创建经验，对于被实践证明切实有效，广大群众满意欢迎的活动和做法，要保持相对稳定，并长期坚持下去，使其发挥更大的社会效益。抓提高，就是要适应新形势，研究新情况，探索新路子，以不断提高创建水平，力争取得新的突破。抓延伸，就是由点到线、由线到面，推动创建活动向深度和广度发展；就是要面向广大群众、基层单位和城乡各地，把创建活动逐步引入到社会生活的各个领域。抓辐射，就是要充分发挥先进个人、先进单位、先进地区的示范作用，大力宣传他们的先进事迹，推广他们的成功经验，进而带动创建活动的广泛开展。

三、我省群众性精神文明创建活动的主要经验和成效

我省作为群众性精神文明创建活动主要发源地，改革开放特别是近几年来，省委、省政府高度重视这项工作，按照中央文明委有关决策和部署，坚持围绕中心、服务大局，围绕全面建设小康社会这一奋斗目标，不断调整工作思路、创新载体和手段，推动了创建活动的不断普及和深入，产生了广泛的社会影响，积累了丰富的经验，取得了丰硕的成果。逐步形成了以“讲文明树新风”为主题，以创建文明城市、文明村镇、文明行业、文明单位和各种道德实践活动为基本载体，以各类特色活动为突破口的工作格局。在提高全省人民思想道德和科学文化素质、城乡文明程度和群众生活质量，促进经济社会发展、维护社会稳定，推动三个文明协调发展等方面发挥了积极有效的作用。

（一）围绕提高市民素质和城市文明程度，大力开展创建文明城市活动。创建文明城市活动是社会主义精神文明建设的重要内容，是群众性精神文明创建活动的龙头工程，在各种创建活动中居于主导地位。我省创建文明城市活动从治理“脏、乱、差”入手，发展到现在的以思想道德建设为中心环节，营造优美环境、维护公共秩序、改善城市服务、丰富群众文化生活等各个方面，在增强市民公德意识、建设社区文明、改善城市面貌上取得了积极成果，形成了以提高市民思想道德素质教育为核心、创建文明社区为基础、营造优美环境为重点的工作局面。1．深入开展思想道德教育。市民是城市的主体，市民素质的高低决定着城市的发展和城市的现代化水平。为了引导广大市民对日常生活，特别是公共交往中的行为标准形成共识，达成契约，按照大家共同认可的标准来规范自己的行为，在全省各设区市组织群众广泛开展民主制定《市民文明公约》、《市民行为规范》活动，并把民主制定出的《公约》、《规范》制作成公益广告牌在公共场所和各个社区广为悬挂，印制成《市民随身卡》发到居民家庭。中央公布《公民道德建设实施纲要》以后，又组织广大市民群众，按照《纲要》的要求，重新修订和完善了《公约》和《规范》。为了把《公约》和《规范》落到实处，组织全省各城市开展了群众性的对不文明行为义务劝阻和道德评议活动。对一些扰乱公共秩序、破坏公益设施的典型事例，在报刊、广播、电视上开辟专栏，发动市民发表看法，抨击不道德行为。组织各市依托街道办事处、社区居委会普遍建立了市民学校。全省11个设区市共建立了有领导机构、有场地、有培训计划、有学习制度、有档案的各类市民学校1000多所，为加强市民素质教育发挥了重要作用。组织各市编印发放《文明市民教育读本》100多万册，并分期分批组织市民进行培训考试。同时，在各城市广泛开展争做文明市民活动。今年，我们又在各市组织开展了“文明十个一”活动，引导广大市民文明乘车、文明游园、文明行车、文明走路、文明就餐、文明购物、文明待客、文明养犬，不断增强文明意识，提高文明素质。2．大力开展创建文明社区活动。社区是现代城市的基础，是城市居民生活的重要场所。随着社会主义市场经济的深入发展，社区在加强城市管理、服务市民生活、促进社会进步等方面的作用越来越大。因此，在创建文明城市活动中，我们始终坚持以创建文明社区为重点，制定了《河北省创建文明社区实施意见》，把创建文明社区的任务确定为六个方面（社区教育、社区环境、社区治安、社区服务、社区文化、社区设施）。组织各市结合实际，每年都突出抓一至两项重点工作，循序渐进地加以推进。近年来，按照中央文明委的要求，根据这“六项任务”，广泛开展“四进社区”活动，组织科技人员、文体工作者、法律工作者、医务人员深入社区开展科普、文体、义诊、法律讲座等活动。据统计，最近三年来，全省参加“四进社区”活动的科技人员18000人，文体工作者37800人，法律工作者9232人，医务工作者40000多人。各级宣传、文化、体育、卫生、科协部门还为社区提供配备了一批文化、体育、卫生、科普设施。组织开展以尊老爱幼、男女平等、夫妻和睦、勤俭持家、邻里团结为内容的创建“五星级”文明家庭活动，这一活动已在全省设区市的大部分社区中开展起来。广泛开展创建文明楼道、文明楼院活动，使创建活动进楼、入户、到人。为了抓好各项工作任务的落实，按照有关部门的工作职责，我们把创建文明社区的“六项任务”分别落实到各级宣传、文化、民政、园林、综治、城建部门，由这些部门制定各方面的创建标准和工作措施，实行责任分工。教育、工商、公安、卫生和工会、科协、共青团、妇联等部门积极配合。同时，充分发挥社区党团员和“五老”的模范带头作用，建立了一大批社区文体活动、科普宣传、治安防范、帮困助残、环境保护和未成年人思想道德教育的“志愿者”服务队伍，组织群众自我教育、自我管理、自我服务。截止目前，全省已建成省级文明社区30个、市级文明社区450个、区级文明社区1791个。全省5000多个社区有2800多个达到了环境优美、秩序良好、服务优质的要求。为进一步调动各城区的创建积极性，从1998年开始，我省组织各市制定了创建文明城区竞赛办法，在各城区之间广泛开展创建文明城区竞赛活动，推动创建文明社区活动的开展。今年，我们又在社区开展了“爱我社区”周末联演活动，引导居民和物业人民积极参与，使邻里之间、业主与物业人员之间增进了解，加深友谊，改善服务、化解矛盾、构建和谐社区。3．努力营造优美的城市环境。良好的环境是一个城市文明程度的重要标志。近几年来，我省在城市环境建设方面作了大量工作，取得了显著的效果。组织各市对500多个重要公共场所，进行了集中整治，经过努力，使这些公共场所基本达到了环境优美、秩序优良、服务优质、管理优化。组织各市集中治理了占道市场、乱搭乱建、滥设摊点、不规范停车等不文明行为，清理了各类户外广告，规范了各类商店的店名、牌匾，使城市的脏、乱、差，户外广告不文明、不规范、店名带有封建、殖民文化和不健康色彩等问题得到了有效治理。组织各市推进了城市文化工程，建设了一批展示城市红色文化和历史文化的标志性设施，形成了新的文化景观群落，提高了城市的文化品位。连续8年组织开展了营造城市“森林”大型公益活动，动员社会力量改善城市生态环境。这一活动采取政府行为与群众参与相结合的方式进行。通过“公仆林”、“青年林”、“巾帼林”、“八一林”、“家庭纪念林”等形式，组织各界群众广泛参与。据统计，几年来，全省参与营造城市“森林”公益活动的人员达到2500万人次，群众自愿捐款捐物1.8亿元，在城区和周边植树42.8万亩，城市生态环境正在发生明显改善，同时，还提高了市民关心生态、保护环境的公德意识。为提高文明城市创建工作水平，中央文明委于2004年印发了《全国文明城市测评体系》，从一个城市的政务环境、法制环境、市场环境、人文环境、生活环境、生态环境、创建活动七个方面设定测评指标和测评标准，制定了测评办法，并于2005年组织了首次全国文明城市评选工作。以全国文明城市评选为契机，按照中央《测评体系》要求，我们组织各市制定了2006年～2008年创建文明城市规划和具体的工作方案，并组织各市对照《测评体系》进行自评，针对自评中筛选出来的问题，将目标任务逐项分解到单位、落实到责任人，开展了各种专项治理活动，推动了创建文明城市活动的进一步深入。截止目前，石家庄、秦皇岛、唐山、廊坊市先后被评为全国创建文明城市工作先进市。

（二）着眼提高农民素质，建设社会主义新农村，广泛开展创建文明村镇活动。我省创建文明村镇活动，内容不断丰富，涉及到农村的思想道德建设、科技教育事业、社会秩序治理、村容镇貌改造、移风易俗和建立文明科学健康生活方式等方面；活动载体逐步完善，已形成了以创建文明生态村为总揽、创建“十星级”文明农户为基础、创建文明小城镇为重点、社会帮建为助力的工作局面。1．全面开展创建文明生态村活动。多年来，在创建文明村活动中，我们坚持抓村容村貌，改善农民的生活环境；抓文化阵地建设，满足群众的精神文化需求；抓群众移风易俗自治组织建设，组织人们抵制陈规陋习，在促进农村经济和社会全面进步方面取得了一定的成效。2003年以来，为了深入贯彻落实党的十六大精神，加快我省农村小康社会建设步伐，根据省委书记白克明同志的提议，省委、省政府提出，从改善农村人居环境入手，以协调推进农村物质文明、政治文明、精神文明建设和可持续发展为目标，在全省农村组织开展了创建文明生态村活动。以唐山市为重点，在全省11个设区市的部分农村组织了试点。2004年4月，省委、省政府召开了全省创建文明生态村工作会议，总结了一年来全省创建文明生态村试点工作经验，对在全省农村广泛开展这一活动进行了动员部署。按照这一部署，全省近50000个行政村中，到2005年把10%左右的的行政村建成文明生态村，到2010年再使20%左右的行政村进入文明生态村行列，到2020年实现全省农村基本建成文明生态村。活动开展4年多来，我们始终坚持从实际出发，实施分类指导、紧紧依靠群众，组织广大农村制定村庄规划、硬化道路、绿化村庄、治理“五乱”、建设文化设施、开展有益活动，我省农村人居环境正在发生根本性的变化，农民素质和农村文明程度进一步提高，文明向上的乡风逐步形成，农村的公共设施建设得到加强，有效地促进了农村物质文明、政治文明与和谐农村建设。事实证明，省委、省政府开展创建文明生态村的决策是正确的，经受了实践的检验，得到了广大农民群众的拥护，创建文明生态村活动已成为我省建设社会主义新农村的重要内容和重要载体，为建设具有河北特色的社会主义新农村探索了一条好路子。经过4年多的努力，全省已有12292个行政村进入创建文明生态村的先进行列，占全省行政村总数的25%。2．积极推进创建“十星级”文明农户活动。为了更好地把农村两个文明建设任务落实到农户，便于指导和管理，1997年在总结各地经验的基础上，把组织广大农民创建文明农户做为创建文明村镇活动的基础性工作来抓，逐步把各种形式的文明农户创建活动统一到创建“十星级”（致富星、守法星、计生星、养教星、和睦星、科技星、文化星、义务星、卫生星、新风星）文明农户活动上来，组织各市、县，根据本地实际有针对性地确定各个“星”的具体内容和标准，完善创建活动的工作机制，引导农民群众广泛参与。在创建活动中，逐步完善了民主评议、三榜定星，实施动态管理和实行部门“包星”的三大创建机制，保证了活动的顺利开展。在这一创建活动，遵化市、邱县是做出过巨大贡献的。目前全省已有70%的农村普遍开展起了这一活动。通过创建活动，调动了农民学技术、闯市场、脱贫致富的积极性，提升了农民的思想道德水准，为活跃农村文化生活、建立新的生活方式、推动农村经济建设起到了积极的促进作用。3．扎实推进创建文明小城镇活动。为落实中央提出的“小城镇、大战略”部署，1998年省文明委启动了创建文明小城镇活动，确定了104个乡镇作为首批开展活动的重点镇，并根据小城镇的特点，明确了三个方面的工作重点：一是抓素质教育，增强小城镇居民的城市意识；二是抓文化建设，提高小城镇的文化品位；三是抓环境建设，塑造良好的小城镇形象。特别是近几年来，按照农村小康社会建设的要求，随着“城镇化战略”的实施，我们不断充实创建内容，把创建内容调整为“四优一满意”（优美环境、优良秩序、优质服务、优秀文化，全社会满意），并组织各市在广泛调研的基础上，对全省800多个小城镇创建工作情况进行分类排队，区别情况，确定了创建目标任务，实施分类指导，加强督导检查，创建活动呈现出积极的发展态势。2003年又在廊坊市启动了创建文明小城镇群活动。在总结廊坊市成功经验的基础上，按照京津冀一体化的发展要求，2004年组织廊坊、唐山、保定、沧州、张家口、承德、秦皇岛七个环京津市，结合本地实际，制定和完善专项工作方案，确定创建重点乡镇，全面展开了创建工作。活动开展几年来，环京津的7个市都已形成了富有本地特色的小城镇发展模式，创建活动已经在7个市的所有县城和重要建制镇全面展开，在京津周围形成了一条文明小城镇带，促进了这一地区文明程度的整体提高和经济社会的全面进步。

（三）坚持服务人民、奉献社会的宗旨，深入开展创建文明行业活动。深入开展创建文明行业活动，对于提高行业职工素质，提高行业服务质量，纠正行业不正之风，促进精神文明建设任务落到实处，实现行业物质文明、政治文明、精神文明建设协调发展，具有重大作用。我省在创建文明行业活动中，始终坚持以服务人民、奉献社会为宗旨，采取积极措施，推动这一创建活动由点到面，从“窗口”行业逐步发展到各行各业，形成了以职业道德建设为重点、“窗口”单位达标活动为基础、行业之间夺杯竞赛为动力的工作局面。1．抓职业道德教育，培育良好的行业风尚。职业道德是职业行为所应遵循的基本规范，开展职业道德教育，是创建文明行业的基础性工作。近几年来，我省根据行业特点，针对存在的突出问题，主要做了以下几方面的工作：一是制定职业规范。组织各地、各有关部门制定了包括党政机关、商业服务、交通、邮电、卫生、教育、新闻、出版等16个行业的全省统一的职业道德规范。二是在“窗口”行业开展使用“服务用语”、不说“服务忌语”活动。从抓行业文明用语入手，推进职业道德建设，使活动在全省“窗口”行业的基层单位广泛展开。三是开展评选职业道德标兵活动。全省先后评选出各级各类职业道德标兵11000多名。2．抓“窗口”单位，把创建文明行业活动真正落实到基层。“窗口行业”、“窗口单位”与人民群众接触面广，有着很强的辐射作用，往往体现着一个地方和行业的形象，对整个社会和行业的精神文明建设具有重要影响。近年来，围绕“窗口”单位创建，主要做了以下几方面工作：一是组织“窗口”单位开展“创文明、树形象”系列活动。重点抓了出租汽车这个难点行业，制定了以争做文明使者为主题的活动方案，引导出租汽车司机努力做到“语言文明、仪表文明、车容文明、经营文明、行车文明”。中宣部、交通部、全国总工会向全国推广了石家庄市出租汽车行业开展争做文明使者活动的经验，推动了整个活动向纵深发展。二是确定和宣传了一批“窗口”示范单位。在16个“窗口”行业择优确定了206个省级“窗口”示范单位，并通过新闻媒介向社会公开了他们的文明服务标准，组织新闻单位进行大规模的宣传报道，推广了他们的经验，使各“窗口”行业有了各自的学习榜样。三是组织“窗口”单位开展服务质量等级达标活动。确定了16个行业、68类“窗口”单位的服务质量等级评价标准。每年组织这些行业的省、市、县（市、区）主管部门，围绕服务质量、环境建设、效益效率、科学管理和组织领导等五个方面的内容，按一星级、二星级、三星级的等级评价标准，逐一对直接面向社会、服务群众的全省2.8万个“窗口”单位进行等级评定。目前，全省服务质量三星级单位达到2327个，二星级单位4531个，一星级单位6533个，有效地把创建文明行业活动进一步落到了实处。3．抓行业主管部门，在各行业之间组织开展竞赛活动。深入开展创建文明行业活动，行业主管部门的参与面是关键，必须把他们参与创建的积极性调动起来。为此，我省根据行业特点，以“三职一优”（职业道德、职业技能、职业纪律、优质服务）为主要内容，设立了“文明执法杯”、“优质服务杯”、“便民利民杯”，分别在行政执法、社会服务、垄断性行业开展，目前，参与竞赛活动的行业达到32个，基本涵盖了省内主要行业部门。省文明委组织市、县（市、区），每年向全省印发“群众评议卡”30～50万张，通过市、县（市、区）文明办组织各界群众，对参赛行业“三职一优”情况进行评议，综合群众评议结果，对各行业排出名次，通报全省，并通过新闻媒介向社会公布，在各行业之间形成了比学赶超的竞赛局面。

（四）为促进三个文明建设有机结合并落实到基层，扎实开展创建文明单位活动。单位是一个社会中最具凝聚力和活力的基层组织。创建文明单位活动，是广大基层单位努力把物质文明建设和精神文明建设的任务有机结合并进一步具体化，落到实处的有效途径和基础性工程。近年来，我省创建文明单位活动内容不断丰富，领域逐步扩大，在促进物质文明、政治文明和精神文明建设任务的有机结合并落实到基层方面产生了积极效果。1．明确创建目标和工作标准。省委、省政府明确规定，文明单位称号是我省三个文明建设的最高荣誉称号。围绕这个目标，确定了6条基本标准。通过组织基层单位围绕这一目标和标准开展创建活动，有效地促使了思想、道德、文化等方面的建设与各单位的业务工作有机结合起来。2．积极推动文明单位创建活动的普及和深化。随着改革的深入和经济文化的发展，社会经济成分、组织形式、就业方式、利益关系和分配方式日益多样化，人们的流动性大大增强。面对这种新形势，近几年我们重点研究解决了创建活动覆盖不到位、辐射力不强的问题。一是抓宏观覆盖，使这一创建活动扩展到社会的各个领域。参与活动的单位不仅包括党政机关、群众团体、国有企业、居民委员会以及中央和国家机关驻河北的企业、事业单位。近年来，逐步向民营企业、合资企业、等新经济组织和中介组织延伸。近两届命名的省级文明单位中，民营企业、合资企业等新经济组织达到106个，增强了文明单位的影响力和代表性。二是抓微观深化，引导各类基层单位把活动深入到各个岗位和广大职工中去，在单位内部组织开展创建文明科（处）室、文明车间、文明班组、文明职工活动，促进创建活动向基层岗位延伸。今年，我们在全省各机关组织开展引导人们争做文明公务员，深化拓展创建文明和谐机关活动，将评选表彰和谐机关、和谐处室和文明公务员。3.充分发挥文明单位示范带动作用，为经济社会发展和稳定大局服务。文明单位不仅要在引领社会新风方面发挥示范带动作用，还应当立足自身职能，主动为经济社会发展作贡献，自觉地做到“三个带头”。一是带头参加社会公益活动。组织文明单位配合各级政府实施再就业工程，积极参与“弘扬社会新风、扶助下岗职工”活动，先后主动安置和协助安置下岗职工30000多人。组织各级文明单位开展“双千扶贫”活动，全省先后有2000多个文明单位参与这项活动，对口帮扶了2800多个贫困村。二是带头弘扬社会新风。在各级文明单位广泛开展了“三德三做”（讲社会公德，在社会上做好公民；讲职业道德，在单位做好职工；讲家庭美德，在家里做好成员）活动。目前，绝大部分省级文明单位都开展了这项活动，并带动了其他许多单位这一活动的开展。三是带头维护社会稳定。组织文明单位教育职工弘扬家庭美德，搞好邻里团结，主动参与创建文明社区活动，积极参加各地组织的社会治安联防工作。

（五）认真贯彻《公民道德建设实施纲要》，

着力推进道德实践活动。1．“诚信河北”活动。从2002年开始，我省以“社会管理公平公正、经济交往履约践诺、人际之间真诚相待”为主题，确定以行政执法、生产流通、社会服务、中介组织、教育文化等行业为重点，实施了包括开展诚信教育、建立信用规范、强化社会监督等一系列工作措施。近年来，我们主要在五个方面加以深化。一是利用大众传媒、各类公益广告，把活动主题叫响。二是组织政府有关部门、执法部门、生产企业、服务行业、中介组织围绕诚信合作、诚信经营、诚信服务制定具体措施，建立适合本部门、本行业的信用制度，规范政府工作人员、执法人员、经营管理人员、社会服务和中介服务人员的信用行为。三是在各市政府有关部门设立信用网站，定期公布有关行业、企业、部门、单位的信用状况。截止目前，全省已有唐山、承德、秦皇岛、廊坊、保定、沧州、邢台、邯郸8个市分别建立了政府信用网站（页）。四是开展“诚信河北千里行”活动，组织省直新闻单位对各地、各行业进行采访，大力褒扬诚信单位，给不讲诚信、坑蒙拐骗、假冒伪劣现象曝光，使诚信者光荣，赢得社会信赖，得到发展壮大；使失信者可耻，信誉扫地，失去市场。五是开展建设“河北诚信联盟活动”，组织成立了有400多家企业参加的“河北省企业诚信联盟”，通过了河北省企业《诚信宣言》，从加强诚信教育、强化信用意识、完善信用机制等方面向全社会做出承诺。以此为依托，首先在全省私营企业、个体工商户和各类市场中开展了文明诚信经营创建活动，推动了企业诚信建设向深度广度拓展。目前，正在组织新闻单位进行“诚信河北千里行”宣传报道活动。2．各种形式的“志愿者”活动。从1994年开始，我省就在全省城乡、各行各业开展起“志愿者”活动。2002年5月，省文明委发出了《关于在全省广泛开展“志愿者”活动的通知》，采取措施强力推进。通过各级团委、妇联、老龄委、机关工委以及街道办事处，组织建立起了青年、巾帼、夕阳红、公务员、社区等各种形式的志愿者队伍，吸引了大量群众积极参与到志愿者行列中。近几年来，在全省上下的共同努力下，我省志愿者组织不断健全，全省11个设区市普遍建立了志愿者协会。志愿者服务领域不断扩大，由助残帮困不断向救灾赈灾、支教助学、科学普及等各类公益活动中延伸和拓展，志愿者活动已经遍布城乡各地，志愿服务已经延伸到社会生活的方方面，特别是在2003年抗击非典斗争等重大活动、突发事件中，发挥了重要作用，受到社会各界的好评。今年3月，省文明委召开大会，成立了河北省社会志愿服务指导委员会，制定了《河北省各级社会志愿服务指导委员会工作条例》，整合了社会志愿服务资源，进一步推动了我省志愿服务活动的深入开展。3．“三德三做”活动。在这一活动中，各级文明单位充分发挥带头作用，在这些文明单位的带动下，近几年来，我们在全社会大力倡导社会公德，引导人们在社会上做个好公民，与创建文明城市、争做文明市民活动结合起来，着力规范市民公共行为；大力倡导职业道德，引导人们在单位做个好职工，与创建文明行业、文明单位、文明“窗口”结合起来，进一步遏制职业活动中的不道德行为。大力倡导家庭美德，引导人们在家里做个好成员，与创建文明社区、文明家庭结合起来，进一步促进长幼、夫妻、邻里之间的和睦。各地、各行业通过深入开展这一活动，进一步调整了人际关系、改善了社会风气、化解了社会矛盾、稳定了社会秩序。4．组织实施助学工程。根据中宣部、中央文明办、教育部关于组织实施“西部开发助学工程”的要求，从2001年开始，我省组织实施了助学工程，先后资助大学生780名，开办了六届12个高中“宏志班”，已经毕业和在校学生达600人。按照省里的统一要求，11个市也开办了高中“宏志班”22个，资助贫困大学生1200多名。在“助学工程”的示范带动下，关心、帮助困难家庭子女入学在我省蔚然成风，一些机关，如总工会、团委、民政等部门，众多的企业、社团组织和个人纷纷参与到捐资助学活动中来，采取各种形式对贫困学生进行资助，截止到2006年底，我省开展的各类社会助学活动达到30多种，其中“文明单位助学”、“新闻单位助学”、“福彩助学”、“春蕾计划”、“爱心助学”、“金秋助学”、“圆梦行动”等主要社会助学活动已连续开展多年，共筹集资金9000多万元，资助贫困大学生12000多名，中、小学生50多万人，得到受助学生和家长的热烈拥护，受到社会各方面的广泛赞誉，产生了良好的社会影响。5．开展扶助贫困农村和下岗职工活动。从2001年开始，我们组织开展了“双千扶贫”活动，组织1000个省、市级文明单位扶助1000个贫困村。几年来，参与这项活动的文明单位达2000个，被帮扶的村达2800个，先后捐资1.2亿元，资助经济技术项目1000多个。全省工会系统开展了“三个一”再就业援助行动，在每个县都建立了一个职业介绍所，一个再就业培训中心，一个安置下岗职工的生产自救基地，全省各行业、基层单位建成职业介绍所177个，再就业培训中心170个，生产自救基地347个，筹集送温暖基金300多万元，培训下岗职工和失业人员5万名，介绍安置5万多名。全省妇联系统开展了“下岗女工再就业援助行动”，帮助下岗女工进一步转变择业观念，培训下岗女工2591人次，为下岗女工提供就业岗位5123个。全省工商联系统开展了光彩事业活动，组织非公有制企业为贫困地区捐赠经济项目43个、金额3445.65万元，帮助1322名下岗失业人员实现再就业，帮助2154名贫困农民脱贫。这些活动的开展，展示了时代风貌，体现了社会主义大家庭的温暖，把党和政府的关怀送到千家万户，推动道德实践活动的深入开展。6. 开展“知荣辱、树新风、促和谐”主题实践活动。去年，按照中央文明委关于深入开展社会主义荣辱观宣传教育活动的要求，省文明委在全省组织开展了“知荣辱、树新风、促和谐”主题实践活动，先后组织开展了“‘我与我的祖国’社区歌咏”、“‘知荣明耻、从我做起’校园演讲”、“燕赵书画名家捐赠助困”、“百万网民文明上网”、“争创百家诚心单位”、“共享和谐、敬老爱老助老”、“河北十大爱心人物评选”等系列活动。其中“‘我与我的祖国’社区歌咏”活动参与演出群众14万人次，观众800多万人；“河北十大爱心人物评选”活动，40多万群众踊跃投票，使活动过程成为群众接受荣辱观教育的过程。

四、今后一个时期我省精神文明创建活动的重点

去年召开的省第七次党代会，做出了建设沿海经济社会发展强省的战略部署。今年，党的十七大将胜利召开。下一步，我省精神文明创建工作将围绕学习宣传贯彻省第七次党代会精神、迎接贯彻党的十七大这条主线，在创建活动广度深度上下功夫，进一步提高公民文明素质和社会现代文明程度，为推动我省更好更快发展和构建“和谐河北”，为建设沿海经济社会发展强省提供强大精神动力，创造良好社会环境。按照省文明委年初的工作部署，今后一个时期我省精神文明创建工作的重点是：

（一）着眼于构建“和谐河北”，突出和谐内涵，精心组织开展“文明河北、和谐河北”群众性创建活动。按照中央文明委关于以讲文明、促和谐为主题广泛开展群众性创建活动的部署，今年省文明委在全省组织开展了“文明河北、和谐河北”创建活动，以此为载体，整合和统揽各地、各行业、各部门开展的各类和谐创建和精神文明创建活动。这项活动主要包括5方面内容，即：在农村，引导人们争做新型农民，深化拓展创建文明生态村活动；在城市，引导人们争做文明市民，深化拓展创建文明城市活动；在企业，引导人们争做守信经营者，深化拓展创建和谐企业活动；在机关，引导人们争做文明公务员，深化拓展创建和谐机关活动；在社会，引导人们争做热心好公民，开展“爱心暖河北活动”。按照活动的整体安排，各市和省直有关部门分别制定了具体的实施办法和落实措施，各项活动正在按计划进行当中。

（二）着眼于建设社会主义新农村，统筹城乡发展，推动创建文明生态村活动不断求深化。按照4月省委、省政府召开的全省深入推进创建文明生态村工作会议的部署，今年的创建工作主要抓好以下几个方面：一是抓深化和普及，推动创建活动不断向深度广度拓展。启动第三批村的创建工作，力争到2007年底再有6%的行政村进入创建先进行列，使全省创建文明生态村先进村达到全省行政村总数的31%。引导第一、二批创建村，建立健全长效管理机制，协调推进三个文明建设，构建和谐乡村。总结推广连线成片创建经验，推动有条件的地方进一步向文明生态乡（镇）、文明生态县拓展。引导没有行动起来的村克服“等靠要”思想，因地制宜地把创建活动开展起来。二是抓“三化”建设，进一步推动农村人居环境改善。组织列入创建规划的第三批创建村大力推进道路硬化、村庄绿化、街院净化，不断提高人居环境水平。引导没有列入创建规划、经济条件较差的村，从净化街院、治理“五乱”、平整道路、植树绿化做起，量力而行搞“三化”。推动有条件的市、县，把农村公路“村村通”延伸到村内主要街道，使村口的公路与村内主要街道联为一体。三是抓提高农民素质和农村文明程度，在培育新农民上下功夫。以环境陶冶农民，引导村民自觉维护创建成果，摒弃落后生产、生活习惯，追求科学健康文明生产、生活方式。以阵地教育农民，利用文化阵地，在广大群众中传播新的观念、学习科学技术、开展文体活动，打破人们的思想束缚、提高农民的致富本领、丰富群众的精神生活。以活动感染农民，普及深化十星级文明户创建活动，推广“村民功德录”，健全道德评议会、红白事理事会、禁赌会等自治组织，引导村民自我教育、自我提高，建立和谐的人际关系，形成文明的乡风民风。四是抓以文化阵地为重点的公共服务资源整合，大力推进“村民中心”建设。加大建设力度，引导第一、二、三批创建村和其他有条件的村，按照“一个宗旨、八项服务”的要求，积极稳妥地加以推进。管理工作要及时跟上，逐步做到有制度、有经费、有机制、有骨干、有队伍、有载体。面向农民群众用好这一阵地，切实为村民提供教育、科技、文体、卫生、信访、法律、信息、保障等综合性服务。

（三）着眼于加快城市化进程，建设宜居城市，推动创建文明城市工作形成新热潮。明年，中央文明委将组织全国文明城市评选工作，目前中央文明办正组织对《文明城市测评体系》进行修订完善。为做好迎接评选工作，推动我省创建文明城市工作掀起新一轮热潮，我们将于近期组织各市进行初评，9月份还将组织省直有关部门组成创建文明城市评审委员会，对全省11个市进行初评，综合评议结果，公布各市排名，按照40%分值计入2008年总评。为此，下一步要重点做好以下几方面工作：一是组织各市按照修订后的《文明城市测评体系》，进一步充实和谐创建内容，完善创建工作规划，搞好自查和整改，推动各项创建任务落实。二是广泛开展“文明十个一”活动，引导市民文明乘车、文明游园、文明观演、文明行车、文明走路、文明就餐、文明购物、文明待客、文明过节、文明养犬，组织市民志愿者义务劝阻不文明行为，加大舆论引导和依法管理力度，促进市民文明素质不断提高，养成良好行为习惯。三是广泛开展和谐社区、和谐校园、和谐单位、和谐家庭创建活动，促进不同利益群体和不同阶层的人们和谐共处，推动形成男女平等、尊老爱幼、扶贫济困、礼让宽容的人际关系。利用社区文化阵地，以文化活动为载体，开展“爱我社区”周末联谊活动，引导居民之间、警民之间、业主和物业管理人员之间，增进了解、加深友谊、改善服务、化解矛盾，建设和谐社区。四是继续开展营造城市森林大型公益活动，加大城市森林“七大好处”宣传力度，引导各级党政领导树立以人为本、以森林为主导的城市绿化理念。动员党政机关、企事业单位和居民群众踊跃参与城市公益造林，引导人们树立关心生态、保护环境的公德意识，改善城市生态环境，促进人与自然和谐。五是以“四优一满意”为主要内容，扎实开展创建文明小城镇活动。以市为单位，在县城、大的建制镇开展创建文明小城镇竞赛活动，在环境改造、“窗口”单位服务、文化设施建设和进城农民转化等方面取得新进展。以迎奥运为契机，精心组织环京津文明小城镇群创建活动，利用城镇及周边文化设施、旅游景点等，吸引京津物资、文化资源向我省流动，促进京津周边城镇经济发展和群众致富。

（四）着眼于建设“诚信河北”，改进公共服务，推动创建文明行业工作形成新局面。一是深入推进“共铸诚信”活动，大力加强政务诚信、商务诚信和社会诚信建设。以社会管理公平公正为目标，积极推进机关诚信建设。在党政机关紧密结合行政权力公开透明运行、加强机关效能建设等活动，促进机关工作人员行为规范，不断提高服务质量和工作效率，创建和谐机关。组织创建和谐机关观摩交流活动，评选表彰和谐机关、和谐处室和文明公务员。以经济交往履约践诺为目标，积极推进企业诚信建设。突出抓好涉农服务、食品供应、房产家装、商业零售等行业的诚信建设，完善信用体系，规范服务行为，创建和谐企业。进一步加强河北企业诚信联盟建设和深化个私企业文明诚信经营创建活动，探索创建活动与提高企业的品牌效应和社会公信度挂钩的办法措施，引导各企业以德经营、诚信立业、和谐生财。以人与人之间真诚相待为目标，积极推进社会诚信建设。进一步加强公民的诚信教育，引导人们在公共生活、职业活动和人际交往中真诚友善、诚实守信，树立全民诚信意识。组织开展第二次“诚信河北千里行”活动，宣传一批推进政务诚信、商务诚信、社会诚信建设的先进典型。加强信用网站建设，推动各级政府和有关职能部门做好网站规范和整合工作。二是以“三杯”竞赛活动为载体，大力促进行业公共服务水平提高。继续开展“文明执法杯”、“优质服务杯”、“便民利民杯”竞赛活动，调动各行各业积极性和主动性，自觉解决一些部门和单位服务意识差、工作效率低、政策不透明、办事不规范的问题。充分发挥政府各行业主管部门和各行业协会在创建活动的组织指导作用，做到年初有安排、年中有督导、年底有总结，解决一些行业创建工作滞后问题。建立行业文明评估体系，围绕群众需要、行业职能，明确评估重点，规范评估内容；按照公平、公正的原则，完善由有关综合协调部门、城乡统计单位和各界群众参与的评价系统，加强社会监督，推动各行业的优质规范服务，树立行业新风。

*（五）着眼于营造喜庆热烈的奥运会氛围，展示文明形象，深入开展“迎奥运、讲文明、树新风”活动。*为迎接2008年北京奥运会的胜利召开，中央文明委部署开展了“迎奥运、讲文明、树新风”活动，最近，中央文明办、北京奥组委又专门召开电视电话会议，对做好这项工作进行了专门部署。按照中央文明委的部署，8月8日，省文明委在秦皇岛市召开了“文明服务奥运、和谐彰显河北”活动动员大会，在全省推出了100个“引领文明、服务奥运”示范单位，号召全省各行各业、社会各界和全省人民积极行动起来，以文明的言行、优质的服务、良好的环境，迎接北京奥运会的到来。为切实做好我省的迎奥运工作，奥运会协办城市秦皇岛市和省会石家庄市，要针对在文明礼仪、公共秩序、社会服务、环境面貌、文化市场、互联网管理等方面存在的突出问题，制定方案，落实责任，有针对性地开展工作，力争在奥运会前取得明显进步。环首都周围的廊坊、保定、唐山、承德、张家口等市，也要做出专门部署，以此为契机，提高城市文明程度，展示良好的城市形象，增强城市的知名度和吸引力。旅游景区、主要交通沿线、商场宾馆饭店、城市公交和出租汽车等行业要率先行动起来，各服务行业要加强从业人员培训、规范服务内容、完善服务措施、全面提升服务平，使全省的服务行业、服务单位都成为宣传奥运、服务奥运、展示河北的窗口。要把“迎奥运、讲文明、树新风”活动与实施提升中国公民旅游文明素质行动计划结合起来，以与北京相连的旅游线路为重点，治理沿途环境面貌，改善公路服务区、宾馆饭店服务。组织各旅行社按照《中国公民国内旅游文明行为公约》要求，加强游客教育管理，引导游客文明旅游。深化文明风景旅游区创建活动，引导各景区、景点完善管理工作，文明经营、热情服务，营造文明和谐的旅游环境。

五、县级宣传部长在精神文明创建工作中的职责和作用

在座的各位既是常委宣传部长，又是文明委的副主任，在精神文明创建工作中担负着重要职责，应当发挥出应有的作用。具体工作中，要注意把握好以下几点：

*（一）要切实负起领导责任。*文明委是在同级党委领导下，专门指导和协调精神文明建设工作（当然也包括创建工作）的机构。各位部长作为文明委日常工作的具体负责，要增强政治意识、大局意识和责任意识，切实把精神文明创建工作摆上重要议事日程，纳入工作全局，统筹考虑和安排。要加强工作的谋划和指导，主动、及时把精神文明创建工作向党委、政府主要领导汇报，争取党委、政府的支持，使精神文明创建工作能够纳入党委、政府工作全局，一同部署，一起落实。要善于围绕党委、政府的中心工作谋划精神文明创建工作，找准切入点，把精神文明创建工作渗透到中心工作中去，有机结合，融为一体。以我们积极主动的工作，争取党委、政府的重视和支持，摆上全局工作的重要位置，推动精神文明建设工作特别是创建工作的开展。

*（二）要加强组织协调。*精神文明建设的领域十分广泛，涉及到广大城乡、各行各业的方方面面的工作，只有依靠社会各方面的力量共同来抓，才能推动各项工作的顺利开展。精神文明创建活动的组织更是如此，没有有关部门和社会各界的参与，活动就不可能开展起来。因此，在精神文明创建工作中，就要学会做好组织协调工作。一是抓好策划，把上级精神和本地实际、群众需要结合起来综合考虑，理出摸得着、看得见、有目标、能做到的几件实事。二是抓好分工，把谋划的每一件实事中包含的各方面任务分解到有关部门，明确责任、目标。三是抓好督导，任务明确了以后，要加强调研和督促检查，对于任务完成好的部门进行表彰，任务完成不好的要通报批评。通过这些办法，把全社会的力量组织起来，把各方面的积极性调动起来，

形成群策群力开展精神文明创建工作的生动局面。

（三）要积极推动创建活动的制度化、法制化建设。经过多年的实践，我省在精神文明建设方面创造和积累了许多好的经验和做法，要力争用制度、法规的形式固定下来，使其长期坚持下去。近年来，省文明办在这方面作了一些工作，取得了一些成效，先后制定完善了《河北省各级精神文明建设委员会工作条例》、《河北省文明单位管理办法》、《河北省创建文明社区实施意见》等制度规定，在推动全省精神文明建设工作中发挥了重要作用。下一步，我们将继续研究制定创建文明城市、文明小城镇、文明行业等方面的制度、办法，使各项制度相互衔接和配套，促进创建活动的顺利开展。在落实好省里的有关制度规定的同时，大家也要加强这方面的工作，结合本地实际研究制定精神文明建设工作的制度和办法。通过全省的共同努力，推动精神文明建设工作逐步走上制度化、法制化轨道。

（四）要切实加强精神文明建设队伍建设。据我们了解的情况看，各级文明办普遍存在任务重、人员少的问题，特别是各县（市、区）文明办，人员更少，有的只有一名同志。有的地方人员老化、素质偏低，不能胜任新形势下的精神文明建设工作。在座的各位作为当地文明委的领导，也是本单位文明办的直接领导，关心和支持精神文明创建工作，就要从关心和支持文明办队伍抓起。要积极向当地党委、政府争取，健全县级文明办的组织机构，配齐、配强文明办人员，保证做到有人管事。要加强对现有人员的培训，组织他们学习和掌握精神文明建设的基本知识，学习和掌握组织开展精神文明创建活动的方法手段，做精神文明建设工作的行家里手，努力造就一支高素质的精神文明建设工作队伍，为全省精神文明创建工作的开展提供坚强的组织保证。

今天我就将这些，不妥之处请大家批评指正。谢谢。

（杨能斌时任中共河北省委宣传部副巡视员、省文明办副主任）

供稿：省文明办

杨能斌：在全省县级宣传文化中心、村民中心主任培训班结束时的讲话（摘要）

（2007年12月5日）

刚刚闭幕的党的第十七次代表大会和省委七届三次全会，对加强农村特别是贫困地区农村公共文化体系建设提出了明确要求，做出了具体部署。我们举办这次培训班，目的就是从提高我省农村宣传文化阵地管理人员的综合素质和岗位技能入手，从而提高我省宣传文化阵地管理水平，推进我省农村公共文化体系管理使用工作的科学化、规范化和经常化。因此，从这个意义上讲，这次培训，实际上是学习贯彻党的十七大和省委七届三次全会精神的具体举措。

近几年来，我省在“百县千乡宣传文化工程”、“太行山革命老区宣传文化工程”中，共建设了33个县级宣传文化中心和150个乡镇宣传文化站。从去年开始，随着创建文明生态村活动的深入推进，我们在全省农村兴起了建设“村民中心”的热潮，据不完全统计，截至目前全省共建设“村民中心”13000多个，覆盖了全省11个市170多个县（市、区）的广大农村。今年，省委宣传部、省文明办又在全省启动了“河北省公共文化扶贫工程”，将继续资助全省扶贫开发工作重点县和张家口、承德两市建设31个县级宣传文化中心。这些宣传文化阵地的建设，已经在全省初步构筑起了比较完善的宣传文化阵地网络，是我省重要的文化资源和财富。在座的各位都是基层宣传文化中心和“村民中心”的负责人，处在我省农村文化建设的最前线，担负着重要职责，应当不断提高自身素质，管好用好这些阵地，为促进农村文化的发展和繁荣作出自己应有的贡献。

一、充分认识农村宣传文化阵地的性质和在公共文化服务体系建设中的重要地位和作用

关于农村宣传文化阵地的性质，中央在有关领导讲话和文件中都有过明确表述。省文明委于2005年制定下发的《关于进一步加强基层宣传文化中心（站、室）管理使用工作的意见》，根据中央精神和我省实际，又作了比较详尽的阐述。我理解，主要体现在“三性”上。

一是公益性。县级宣传文化中心和乡镇宣传文化站属于国有资产，“村民中心”属于村集体资产，都是由国家或集体投资建设的宣传文化设施，是公益性的文化事业，它必须把社会效益放在第一位。也就是说，这些宣传文化阵地的主要任务，是为党委、政府中心工作服务，为促进当地经济发展和社会进步服务，为丰富群众精神文化生活服务，不能以赢利为目的，开展经营性活动，通俗的讲就是不允许用这些设施来挣钱。

二是先进性。这些宣传文化阵地不同于其它经营性的文化娱乐设施，它担负着宣传群众、引导群众、凝聚人心的作用，是农村重要的精神文明建设阵地。因此，这些宣传文化阵地必须坚持先进文化的前进方向，坚持健康高尚的风格品位，决不能为庸俗错误东西的传播提供渠道。特别需要提醒大家注意的是，在我们这些阵地上，决不能允许有封建迷信、黄赌毒现象的存在。通过开展健康向上的活动，把广大群众团结到自己周围，起到引领社会风尚、净化社会风气的作用。

三是群众性。这批中心建起来以后，关键是要体现群众性，要有群众的广泛参与，这是宣传文化中心和“村民中心”的生命力所在，也是这些阵地管理使用是否成功的根本标志。如果你这个中心建起以后，整天冷冷清清，没有人来，就说明你这个中心没有管理好，没有发挥好作用，中心的管理者就没有尽到责任。因此，工作中应想方设法丰富活动内容、创新活动形式、注重活动实效，广泛吸引群众参与，努力获得群众认同，使群众都乐意到中心来。

关于农村宣传文化阵地的地位和作用，根据党的十七大和省委七届三次全会精神，我认为，主要体现在以下几个方面：

1．农村宣传文化阵地是农村公共文化服务体系的主体。中央办公厅、国务院办公厅下发的《关于加强公共文化服务体系建设的若干意见》，明确提出公共文化服务体系建设要以政府为主导、以公益性文化单位为骨干，逐步形成覆盖城乡、结构合理、功能健全、实用高效的公共文化设施网络，特别强调要把加强农村宣传文化阵地建设作为健全公共文化设施网络的重点。因此，在农村公共文化服务体系建设中，县级宣传文化中心、乡镇宣传文化站、“村民中心”处于主体地位，应当发挥出主体作用。在服务对象上，要体现“公共”性，面向农村广大农民群众；在工作内容上，要体现“服务”性，积极为农民群众生产生活提供优质高效的服务；在工作覆盖面上，要努力构建完整的服务“体系”，相互之间要加强交流和协作，组成一个有机整体，在服务农民群众中发挥出整体效益。近几年来，全省各县级宣传文化中心、乡镇宣传文化站和“村民中心”，围绕当地发展需要和群众需求，组织开展了许多健康向上、丰富多彩的活动，在服务基层、服务群众中发挥了重要作用。在建设社会主义新农村、推进农村和谐社会建设的大背景下，在推进农村公共文化服务体系建设的新形势下，农村宣传文化阵地应进一步增强主体意识，担负起自己的职责，发挥出重要作用。

2．农村宣传文化阵地是构建农村公共文化服务体系的重要支撑。要建立完善这个服务体系，硬件设施是基础。就我省农村来说，比较完善的县、乡、村三级宣传文化阵地网络，是我省公共文化服务体系的重要硬件支撑。目前，从整体上讲，这一重要支撑尚未建立起来，然而，我们已建立起来的县、乡、村宣传文化阵地，要很好地发挥支撑作用。就一个县来说，县级宣传文化中心是龙头，在推进公共文化体系建设中要发挥综合功能，在加强自身管理，组织开展好活动的同时，要发挥自身规模大、辐射面广的优势，经常在制度和队伍建设、活动开展等方面对乡镇宣传文化站和“村民中心”进行指导，帮助这些基层阵地管理好、使用好，发挥好作用。乡镇宣传文化站要发挥桥梁纽带的作用，自觉接受县宣传文化中心的工作指导，及时把上级要求传达到各“村民中心”，组织和指导他们开展好各项活动。“村民中心”是整个服务体系中的具体服务点，触角延伸到广大农村各个角落，具有联系群众广泛、群众活动方便的优势，要在宣传文化中心的指导下开展工作，自觉加强与县宣传文化中心的联系，以更好服务农民群众。总之，通过县宣传文化中心的辐射带动作用，使我省的农村宣传文化阵地形成一个有机联系的整体，构建起网络健全、运营高效、服务优质、覆盖农村的的公共文化服务体系，最大程度上满足农民群众的精神文化需求。

3．农村宣传文化阵地承担着农村文化建设的主要职能。构建农村公共文化服务体系的根本目的，就是为农民群众提供优质高效、普遍均等的公共文化服务。我省建设的县级宣传文化中心、乡镇宣传文化站和“村民中心”，应当承担起农村文化建设的任务，通过组织开展丰富多彩的活动，把群众吸引到自己周围，真正发挥出自己在服务群众中的作用。县级宣传文化中心在组织好日常活动开展的同时，要发挥自身场地大、人才多、技术力量雄厚、掌握的文化资源丰富的优势，围绕政策宣传、思想道德教育、科技知识普及、文化娱乐等内容，组织开展一些有影响的活动，带动全县各项活动的开展。“村民中心”要牢固树立服务村民的宗旨意识，围绕八个方面内容，根据农民群众的生产生活需要，多提供一些群众急需、能够为群众带来实实在在利益的服务，并根据农民需求的新变化，不断完善服务内容，创新服务手段。只有积极开展活动，才能使这些宣传文化设施高效运转起来，才能把单个的中心连接成为一个有机整体，才能使我省公共文化服务体系不断完善，自身也在服务群众中得到发展。

二、认真履行职责，不断提高素质，切实把农村宣传文化阵地管理好

在座的各位都是县宣传文化中心和“村民中心”的主任，据我所知，大部分县宣传文化中心主任是由县文明办主任兼任，“村民中心”主任是由村党支部书记兼任。在各自的本职岗位上都有许多工作，平时工作都很忙。但是既然大家担任了这个职务，就应当履行好主任的职责。按照省文明委《关于进一步加强基层宣传文化中心（站、室）管理使用工作的意见》，根据当前形势发展需要，大家要在不断提高自身素质的同时，加强对宣传文化阵地的管理，做好以下几项工作：

一是要加强资物资管理。宣传文化中心是由政府财政投资建设的，为国家所有。就我省“村民中心”来说，投资来源可能要复杂一些，有上级部门支持资金、村集体积累，有的还有村民集资或是村里富裕户的捐赠，但总的来说村集体投资占大多数，属于村集体资产。这些都是我省宝贵的文化资源和财富，我们都有责任和义务把这笔财产管理好。具体工作中要特别注意以下两点：一要防止资产流失。对于宣传文化设施的房屋、设备器材、图书等资产，各单位要切实管好用好，确保不能流失。对于现有的资产，都要严格登记造册，县级宣传文化中心资产还要报县委宣传部备案。“村民中心”的资产应当向全体村民予以公布。宣传文化阵地的所有器材和设施，只能由本中心管理和使用，禁止挪作他用。需要明确，县宣传文化中心的产权归县（市）委宣传部、文明办所有，“村民中心”的产权归村集体所有，各产权单位具体负责资产的管理，担负着资产维护和保全的责任。二要防止资产闲置。在县宣传文化中心和“村民中心”建设中，省、市、县都配备了大量的文体器材和图书，省里支持建设的200个“村民中心”中，都配备了文化资源共享工程设备和部分文体器材，设备到位后，部分村并没有充分利用，甚至有些村把设备、器材和图书锁在房间里，根本没有利用起来，造成很大的资源浪费。这个问题一定要彻底解决。过后我们将进行检查，如果发现存在这个问题，说明你们不需要，我们将予以收回，并对相关单位进行通报批评。

二是要加强人员管理。县宣传文化中心也好，“村民中心”也好，要想发挥好作用，人员队伍是保障。省文明委《意见》明确规定，县宣传文化中心要配备3～5名专职工作人员，编制可从本县宣传文化系统正式人员编制中调剂解决，同时还可以聘请老干部、老党员以及志愿者做兼职人员；参照村宣传文化室的标准，“村民中心”至少要配备1名兼职工作人员，有条件的村也可以配备1名专职工作人员。要切实解决好管理人员的工资待遇问题，县宣传文化中心专职人员工资要列入县财政予以解决，“村民中心”专职管理人员工资也要参照当地村干部待遇，有所在村予以保障。在人员配备中，要注意把那些有较强的组织协调能力和文化水平，有一定的宣传文化专长，热爱宣传文化工作的同志充实进来。要加强管理人员政治思想素质、爱岗敬业精神教育和业务技能培训，提高他们的工作能力，调动他们的工作积极性。要发展农村业余宣传文化队伍，主动把农村宣传文化积极分子吸收进来，在农村造就一大批业余宣传文化队伍，不断巩固和扩大农村宣传文化工作的群众基础。

三是探索投入机制。宣传文化阵地要正常运转并发挥作用，必须有可靠的工作经费作保证。从目前情况看，宣传文化阵地的工作经费可以借鉴以下三种渠道。一是财政补贴。县宣传文化中心的日常经费和人员开支列入县财政，“村民中心”上述两项费用由村集体负担，每年由县财政和村集体补贴一定的费用，保证中心的正常运转。这应当作为县宣传文化中心和“村民中心”投入的主渠道。二是整合资源。一种形式是县级宣传文化中心将图书馆、文化馆、博物馆等的功能充实到宣传文化中心中来，把各种设施的有关资金统一纳入宣传文化中心使用。一种形式是县宣传文化中心和“村民中心”利用宣传文化阵地的场地和设备，为有关部门开展活动提供场所，把他们的资金拿来为我所用，拓展资金投入渠道。三是以服务补文。利用宣传文化阵地的文化资源优势和信息优势，为有关机关、企业单位进行人员培训、提供信息服务、开展对外宣传，互惠互利，从中争取一些单位在财力、物力上的支持。以上我简单介绍了几种投入方式，各中心可根据本地和自身实际，积极探索新的投入方式，走出一条自己造血、自我发展的好路子来。但要提醒大家注意的是，千万不要忘记宣传文化阵地的公益性文化设施的性质，坚决不搞商业性经营活动，确保中心的精神文明建设阵地的性质。

四是要健全并落实好各项规章制度。宣传文化中心、“村民中心”管理得好不好，关键的一点要看各项制度是不是健全，能不能很好的落实。各宣传文化中心和“村民中心”都要建立健全包括产权归属、器材设施管理、图书借阅、队伍建设等方面的管理制度，并根据形势和实际工作需要不断进行改进，实现各项管理制度的规范化、系统化。要抓好各项管理制度的落实，经常进行检查督导，发现问题及时解决。

三、精心谋划安排，广泛组织动员，千方百计把农村宣传文化阵地使用好

建设好、管理好宣传文化阵地的目的就是为了使用，宣传文化阵地得不到很好的利用，建设宣传文化阵地就失去了应有的意义。因此，各地一定要利用建设好的宣传文化阵地，组织开展形式多样、丰富多彩的活动，把宣传文化阵地的作用真正发挥出来。

第一，要大力宣传党的方针政策。县级宣传文化中心和“村民中心”，是开展党的路线方针政策教育的重要阵地。各中心都要把加强党的基本理论、基本路线、基本纲领、基本经验教育，作为一项基本工作职责，列入日程工作安排，通过宣传教育活动，增强广大群众对党的基本方针政策的理解。要针对党的各个时期的工作重点，通过板报、文艺宣传等形式，把党的中心工作、重要工作部署传达到广大群众之中，促进党的各项方针政策的落实。当前，要特别抓好党的十七大和省委七届三次全会精神的宣传，使落实科学发展观、构建和谐社会、建设社会主义新农村等党的重大工作部署走入千家万户，深入广大群众心中，促进各项工作任务的落实。

第二，要加强对群众的思想道德教育。对农民的思想教育，不仅要进行理想信念等方面的教育，更重要的一点是要引导群众解放思想、更新观念，通过我们不间断的宣传教育，使农民群众了解外部世界、了解市场，引导他们开阔眼界，用市场经济的办法发展经济、增加收入。就当前农村的实际情况看，加强农民的道德教育，要特别注意引导群众移风易俗，破除封建迷信、婚丧事大操大办、赌博等陈规陋习，帮助农民树立科学、健康、文明的生活方式。要加强未成年人的思想道德建设，利用“五一”、“十一”等重大纪念日和“春节”、“中秋节”等民族传统节日，开展多种形式的道德实践活动，培养他们热爱社会主义、爱国主义的情感，弘扬中华民族的传统美德。我们要不断改进工作方法，从农村和农民群众的实际出发，运用群众喜闻乐见的形式开展工作，防止空对空，不搞形式主义，确保取得实际效果。

第三，要提高农民的科学文化素质。农业剩余劳动力过多，是影响农民收入提高的重要因素。把农民从土地中解放出来，进入二、三产业，是增加农民收入的必由之路。县级宣传文化中心和“村民中心”都要加强这方面的工作，对农民要开展市场经济知识教育，为他们提供各方面的就业信息，教给他们外出务工的技术技能，使他们能够走出去、站得住。“村民中心”要切实把文化资源信息共享工程设备利用好，多为农民群众提供农产品销售、劳动就业、种养殖技术等方面的信息，为农民致富服好务。要利用场地和资源优势，对农民企业家要进行工商管理、市场营销、物流管理等方面知识的培训，帮助他们了解和掌握进行市场经营应具备的必要知识，为发展农村二、三产业提供帮助和支持。同时，要加强对农民的种植、养殖等方面实用技术的培训，为农村培养一批农业技术能手和致富带头人，为农村经济发展注入生机和活力。

第四，要搞好群众性的文化娱乐活动，推动农村文化产业发展。以宣传文化中心和“村民中心”为依托，帮助发展农村文化、体育社团、协会，培育农村文艺骨干，壮大农村文艺队伍，组织开展积极向上、丰富多彩的文化体育活动，充实农民精神文化生活，提高农民生活质量。我省有着丰厚的民间文化艺术形式，如蔚县剪纸、井陉拉花、昌黎地秧歌、武安平调落子、徐水狮子舞等，这些民间艺术大多沉积在广大农村，是我省宝贵的传统文化资源。宣传文化中心和“村民中心”要注意发掘这方面的优秀人才，组织他们开展活动，使我省优秀的传统文化在我们的积极工作下得到传承和发扬，为促进我省文化事业和文化产业的发展壮大做出应有的贡献。

第五，要不断总结新经验，进一步探索和拓展服务农民的新形式。宣传文化中心和“村民中心”都要树立开放意识，实行资源共享。比如，我们可以利用自身的阵地优势，吸引科技人员、大学生入驻，将宣传文化中心和“村民中心”办成科技推广站和大学生实习基地，利用他们的技术优势，组织开展活动，普及科学知识，把科学技术带给农村，从而带动农村经济的发展。“村民中心”要围绕农民群众生产生活需求，积极为他们提供教育、科技、文体、法律、卫生、信访、法律、信息、保障等多种服务，使“村民中心”真正成为农村的服务中心、学习中心、活动中心和政务中心。宣传文化中心和“村民中心”都要围绕构建和谐社会、建设社会主义新农村特别是创建文明生态村活动的开展，认真研究开展工作的新方式、新方法，有针对性地开展宣传、组织培训，通过我们的有效工作，推动农村和谐社会与新农村建设，把创建文明生态村活动不断推向一个新的阶段。

总之，宣传文化中心和“村民中心”主任要切实负起责任，真正发挥作用，把我省的宣传文化阵地管理好、使用好。要认真落实党的十七大和省委七届三次全会精神，通过我们的积极努力的工作，为构建和谐社会、建设社会主义新农村做出我们应有的、实实在在的贡献。

（杨能斌时任中共河北省委宣传部副巡视员、省文明办副主任）

供稿：省文明办

吴显国：在省会文明委四届一次全委（扩大）会议上的讲话（摘要）

（2007年3月18日）

一、以建设繁荣文明和谐的新石家庄为目标，理解精神文明建设工作要有新高度

第一，在认识省会精神文明建设的内涵上要有新高度。省第七次党代会提出了建设沿海经济社会发展强省的新思想、新观念、新目标。作为省会城市，我们就要围绕这一新目标，克服原有的“内陆”心态，树立争创一流、率先发展的理念，增强沿海意识、省会意识、省域中心城市意识，高站位、高起点谋划工作，高质量、高标准完成各项任务。我们的精神文明建设工作必须及时地与石家庄这一新的定位相适应，实现奋斗目标对接、理念思路对接、任务举措对接，配套政策对接。要在大力弘扬“坚韧质朴、重信尚义、宽厚包容、求实创新”为主要内容的新时期河北人文精神的同时，充实调整石家庄人文精神，把沿海意识融入进去、体现出来。

第二，在认识精神文明建设对于促进经济社会又好又快发展上要有新高度。为了改善我市软环境、提升城市竞争力，上个月我市启动了“四个中心”的建设，这同样也是两个文明一起抓的典范。加强精神文明建设，不仅是促进经济社会又好又快发展的重要手段，而且是社会主义现代化建设的重要内容，是“软实力”的重要体现。仅仅从“手段”、“条件”、“保证”上看待精神文明建设，就不能正确把握它在现代化建设全局中的地位，就可能出现新的“一手硬、一手软”。实践表明，凡是坚持“两手抓，两手硬”、高度重视精神文明建设的地方，经济社会就会健康快速协调发展；凡是不重视精神文明建设、忽视软环境的地方，即使一时把经济搞上去了，许多问题的出现也会扯发展的后腿，所谓的发展也不会长久。可以说，推动经济社会更好更快发展，精神文明是应有之举、题中之义，既是“好”的重要内容、重要体现，也是“快”的重要条件、重要支撑。

第三，在认识精神文明建设对于构建“和谐石家庄”的作用上要有新高度。构建“和谐石家庄”，包括促进人与人、人与社会、人与自然的和谐，这是我市“十一五”规划确定的经济社会发展两大主要任务之一，也是关系到人民群众切身利益的重大问题。一个社会是否和谐，很大程度上取决于全体社会成员的思想道德素质。无论是实现社会公平正义，还是维护社会安定团结；无论是处理人与人之间的关系，还是协调人与自然的关系，都离不开全社会文明程度和公民思想道德素质的提高。只有进一步突出精神文明建设的地位，大力加强思想道德建设，在全社会形成共同的理想信念和道德规范，才能为构建“和谐石家庄”提供强大的精神动力和良好的社会环境。

二、以提高市民素质、改善公共场所秩序为重点，实施市民素质提升工程要有新突破

第一，在开展市民培训上要有新突破。今年是《2007-2010年市民文明素质提升工程规划》实施的第一年。打实基础、做好今年的启动工作对于圆满完成三年规划具有十分重要的促进作用。“讲文明”，首先要“知文明”。我们要按照《市民文明素质提升工程规划》的要求，充分依托市民学校、村民学校、社区活动中心、职工培训中心、党校、团校等阵地，通过授课、赠送教材、举办竞赛等多种形式，分期分批对市民进行教育培训。要组建市、区、街三级市民教育师资队伍，经培训后到市民学校授课。要组织编写《市民公共道德常识》和《市民文明礼仪常识》等教材，并发放到市区每个家庭，使市民在社会公德、文明礼仪、遵纪守法等方面自觉实践、自我规范。

第二，在组织市民开展实践活动、改善公共场所秩序上要有新突破。实践活动能够把外部的道德教育转化为每个公民内在的道德品质，能够实现道德认知与道德行为的有机统一。因此，我们要把实践活动作为市民素质提升工程的重要环节来抓，按照一年一个新内容、一个新形式的工作思路，以讲公德、知荣辱、树新风为主题，精心设计丰富多彩、形式多样的实践活动，引导人们从自己做起、从身边做起、从具体事情做起，从日常交往做起，自觉摒弃各种陋习和不良习惯。公共场所秩序体现着城市的管理水平和市民素质的高低。针对公共场所人员混杂、流动性强、管理难度大的特点，要建立健全各类公共场所的文明行为守则，集中治理乱摆、乱放、乱涂、乱画等不文明行为，使城市的广场、机场、商店、旅游景点等场所秩序明显好转，形成文明礼让、井然有序的新面貌。要继续开展以文明乘车、文明行车、文明走路、文明观演、文明游园为内容的“五个文明”道德实践活动，重点抓好行人和自行车闯红灯、乱穿马路的专项整治活动。在社区要继续开展以文明装修、文明娱乐、文明停放和文明养宠物为内容的“四个文明”道德实践活动，重点解决好违规养犬、家庭娱乐扰民以及城中村红白事乱放鞭炮等问题。要充分发挥“学雷锋协会”、各种志愿者协会等协会组织的引导作用，形成广大市民自我实践、自我教育、自我提高的良好道德风尚。通过开展实践活动，要使市民素质提升工程的基本要求渗透到人们的日常工作生活学习之中，贯穿到各行各业的生产、经营、管理之中。

第三，在舆论宣传引导上要有新突破。正确的道德观念，只有广为宣传，才能使广大群众在潜移默化中逐步接受，并在全社会形成良好的道德风尚。因此，我们要进一步做好宣传引导工作。一是要充分发挥大众传媒的推动作用，进一步加大对公民道德规范的宣传引导。要大力宣传道德知识，普及道德规范，倡导文明新风，使市民素质提升工程的基本内容家喻户晓，深入人心。互联网、手机短信作为一种新兴的传播媒体，在思想道德建设中的地位和作用越来越重要。我们要认真研究，积极探索，努力把互联网、手机短信建设成为传播先进文化的新载体，开展道德建设的新阵地。二是要充分发挥大众传媒的监督作用，进一步加强对道德热点问题的引导。坚持以正面宣传为主的同时，对违背社会公德、职业道德、家庭美德言行要进行坚决反对和严厉批评，引导人们明辨是非，摒弃陋习，弘扬新风。三是要加大对先进典型的宣传力度，用身边的事教育身边的人。今年，要继续组织开展“感动省城”年度十大人物评选活动，集中宣传一批文明公民标兵，在全市树立道德楷模、文明先锋。

三、以讲文明、促和谐为主题，开展群众性精神文明创建活动要有新成效

第一，在落实全国文明城市测评体系上要有新成效。在新的《全国文明城市测评体系》考核指标中，有相当一部分内容考核的是城市管理工作水平，涉及城市基础设施、市民的文明素质等方面的基础性工作。从我市目前的现状来看，无论是在硬件方面还是在软件方面都还存在一些薄弱环节，有的问题还比较突出，如城市主要街道和重点地区的环境面貌问题，沿街店铺和交通站点的管理、公共设施维护、车辆停放问题，城中村居民、进城务工人员的素质问题等等。要想解决好这些问题，任务还相当艰巨。虽然正式评选要在明年进行，但能不能重新跻身于创建全国文明城市工作先进城市的行列，做好今年的工作至关重要，也可以说今年是迎接新一轮创评的关键之年。现在全省各地都在加油提速，力争取得好的成绩。可以肯定地说，明年的第二届全国文明城市评选，将是一场更加激烈的群雄角逐。从现在起，我们就要树立高标杆，排出时间表，细化目标，分解任务，搞好自查和整改，做到“千斤重担大家挑，人人肩上有指标”。在工作中，要对照《全国文明城市测评体系》标准找差距，咬定目标不放松，抓重点，攻难点，一件一件抓落实。要紧扣标准，扎扎实实地抓好创建文明城市的各项基础工作，在市民教育的针对性、实践性和实效性上动脑筋，在推进城市管理法制化、规范化和精细化上下功夫，力争在全国文明城市评选和省文明城市初评中取得好成绩。否则，我们就无法向省委、省政府交代，无法向全市人民交代，也无从谈起在建设沿海经济社会强省中担当重任。

第二，在文明生态村“村民中心”建设上要有新成效。要按照“村民中心”的八大服务功能标准,抓住建设、管理、使用三个主要环节，以整合资源、完善服务为重点，分期分批推进“村民中心”建设，使其成为文明生态村建设中城乡结对共建的新成果、倡导文明风尚的新窗口、服务农民生产生活的新平台、推进城乡互动发展的新载体、规范民主管理的新阵地。一是要抓建设进度。今年要引导有条件的第一、二批创建村，整合公共资源，统一标识，建成200个“村民中心”。在建设过程中，要从农村特点和农民需要出发，科学规划，合理布局，既要扩大覆盖面，又要防止重复建设。既要方便实用，使群众用得上、用得起、愿意用，又要防止贪大求洋、盲目攀比，加重农民负担。要进一步加大帮建力度，引导更多的机关、企事业单位和社会各界，支持农村文明生态村建设工作。二是要抓管理服务。要主动与农民需求接轨，真心实意地帮助他们管理好、运用好这一新载体、新平台，积极寻找适合基层特点、适应群众需要的新的文化服务方式，千方百计地提高“村民中心”的吸引力和利用率，使村民能来、愿来、常来。三是要抓作用发挥。要摸清群众的需求底数，及时向村民提供教育、科技、文体、卫生、信访、法律、信息、保障等综合性服务，哪一方面群众需求多，就要加强哪一方面的工作，让广大农民真正从中受益。

第三，在创建文明行业、诚信铸品牌上要有新成效。诚信是服务之本。失去这个根本，服务态度、服务技能都失去了意义。因此，我们要按照“打造诚信体系，构建诚信石家庄”的要求，在各行各业深入开展“万家窗口创文明、诚信服务铸品牌”等活动。涉农服务、家庭装修、食品安全、医疗卫生、商业零售等与群众日常生活密切相关的行业和单位，要走在全社会的前列，切实增强诚信观念和规则意识，带头讲诚信，引领全社会的诚信体系建设。要建章立制，完善社会信用体系，对企业和个人要分阶段、分层次建立“信用档案”，对失信行为进行记录、披露、预警和惩戒，努力营造“违规失信、处处制约，诚实守信、处处畅通”的社会氛围。

四、以优化成长环境、强化基地管理和使用为抓手，推动未成年人思想道德建设要上新台阶

第一，在治理不良社会文化环境上要上新台阶。社会文化环境对未成年人的健康成长至关重要。我们要坚持已有的成熟做法，一手抓打击、一手抓防范，加大执法力度，加强日常监管，强力净化青少年健康成长的社会文化环境。要继续加大对网吧的监管力度，坚持总量控制，提倡连锁经营，实行集中监控，堵塞管理漏洞，重点整治背街小巷、城乡结合部和农村集镇的违法违规网吧，严管重罚接纳未成年人、超时营业等行为，坚决取缔“黑网吧”。要深入开展“扫黄打非”斗争，加大对淫秽光盘、有害卡通画册和淫秽“口袋本”的专项治理。同时，要加强对营业性歌舞娱乐场所、电子游艺厅等社会文化场所的管理，进一步优化校园周边环境。要继续净化荧屏声频，避免播出对未成年人产生不良影响的节目和广告。

第二，在阵地建设、管理和使用上要上新台阶。爱国主义教育基地、红色旅游项目、公益性文化设施以及各类校外活动场所是未成年人参与实践、接受教育的重要活动阵地。我们一定要进一步把这些阵地建设好、管理好、使用好。一要加大建设力度。要把校外活动场所的建设和管理纳入经济社会发展规划，坚持公益性原则，面向基层，重点向农村和社区倾斜，多办普及型的活动场所。二要发挥实践功能。在项目设计、活动组织、运作模式等工作机制上要进行探索，在普及推广、兴趣培养、体验实践等方法手段上要进行创新，在主题教育、文体娱乐和公益服务等活动内容上要进行拓展，在生产劳动、军事训练、素质拓展等活动项目上要进行提升，在与学校教育、家庭教育、社会教育的有效衔接上要进行强化。今年要有计划地组织中小学生到各基地学习、参观，开展道德实践活动，让孩子们学到知识，增强能力，提高德育水平。三要加强管理使用。要坚持公益性原则，重点落实好免费开放、校馆衔接等工作。今年要对桥东区栗新社区、西柏坡纪念馆、石家庄市青少年环保教育基地等50个第一批未成年人道德实践基地，进行公益性评估，完善标准，促进管理工作的规范化、制度化。

第三，在心理健康咨询服务上要上新台阶。要在全市全面开展心理健康教育活动，积极培养心理教师和心理咨询志愿者，定期开展心理教育培训。要健全心理咨询网络，以市未成年人心理维护中心为依托，在全市首批建设100个心理咨询点，建成市、区、学校三级心理咨询网络。要注重人文关怀和心理疏导，广泛开展各种形式的警示教育，引导未成年人远离不良诱惑，树立是非、善恶、美丑观念，促进未成年人的心理健康和心理和谐。

五、以完善机制、狠抓落实为着力点，深化精神文明建设要有新举措

第一，在调控机制上要有新举措。推动精神文明建设工作规范、有序、协调发展，就必须建立健全相应的调控机制。一是要健全领导机制。目前，精神文明建设的领导机制和工作机制虽然都已经建立起来，但只能说是初步的，党委统一领导、形成工作合力的优势还没有得到充分发挥，一些部门和群众的积极性还没有充分调动起来，一些工作还没有真正落到实处。今后，文明委各成员单位要把精神文明建设作为自己份内工作，同业务工作一起规划、一起部署、一起落实，形成精神文明建设的强大合力。二是要健全协调机制。精神文明建设不是哪一个部门、哪几个单位的事情，而是各级各部门、全民全社会的共同任务。要按照齐抓共管的要求，动员和组织更多的力量，相互支持，相互配合，做到齐抓抓得实，共管管得住，形成全社会共同关心支持精神文明建设的整体合力。社团、行业协会、中介机构等新兴社会组织，具有自我管理、自我教育、自我服务的功能，在开展创建活动中有着独特的优势。我们要加强对他们的引导，让他们通过提供服务、反映诉求、规范行为等方式，认真做好本单位的精神文明建设工作。三是要健全责任机制。要明确任务，强化责任，把目标分解细化，把任务落实到单位、落实到个人，防止职责不清、任务不明、推诿扯皮。对于完不成任务、精神文明建设工作搞不上去的，我们一定要有一个说法。

第二，在动力机制上要有新举措。一是要建立制度管理机制。精神文明建设如果没有一系列与之相配套的、行之有效的管理制度，就不能收到好的效果。要健全和完善各种规章制度，依靠制度的原则性和规定性，调节和约束人们的行为，用制度来约束、管理人，促进精神文明建设工作的健康发展。二是要建立目标管理机制。精神文明建设是一项长期性的任务，决非一朝一夕之功，必须克服工作中的随意性和活动中的盲目性。要做到工作安排项目化、工作考核台账化、工作绩效数字化、工作手段网络化。各项目标任务要细化量化，使软指标硬起来。三是要构建城乡共建机制。要加大城市支持和帮扶农村的力度，带着责任和感情，带着政策和资金，带着项目和点子，每年抓几件起作用、有影响的实事，逐步建立起工业反哺农业、城市支持农村的新机制。

第三，在保障机制上要有新举措。一是要完善投入保障机制。各级党委、政府要按照“政府主导、社会参与、市场运作”的原则，进一步拓宽投入渠道，切实把精神文明建设基础设施纳入经济与社会发展规划，纳入政府财政预算，保证对精神文明建设的投入能够随着经济的发展而增加。要积极探索多渠道投资、多元化投入的有效途径，积极鼓励和引导社会各界对精神文明建设给予财力和物力的支持，不断完善精神文明建设的物质保障体系。二是要完善检查监督机制。要改进检查评比方法，多看日常工作，多考察常态指标，不搞突击检查，使精神文明创建评比活动更加真实可信。要畅通群众监督、社会监督和舆论监督渠道，让群众评价创建成效，查找存在的问题，征集各界的意见和建议，及时改进我们的工作。三是要完善表彰激励机制。对做出突出贡献的单位和个人要进行表彰和奖励，特别是要加大对见义勇为、助人为乐、热心公益的先进典型的奖励力度，弘扬正气，激励人们增强道德荣誉感，激发广大群众参与精神文明创建活动的积极性、主动性和创造性。

（吴显国时任中共河北省委常委、石家庄市委书记）

供稿：省会文明办

整理：刘素兰

吴显国：在石家庄市委常委会议上关于对文明生态村创建工作的讲话（摘要）

（2007年4月30日）

创建文明生态村工作，文明办已做了安排，一、二、三批怎么抓，文明生态圈339个村，西柏坡红色旅游线路和18个环县城片、线等如何抓好，都作了安排，我看可以。另外还要重点抓好三个方面的工作。

1．我们要把县城“做美”。纳入文明生态村创建达到示范性建设要求。乡（镇）政府机关大院，乡（镇）政府所在地软硬环境建设，乡（镇）政府门口一堆粪、垃圾，自己还没搞清，怎能带领群众创文明生态村。乡（镇）政府院内树少、路坑洼不平，自己不明白，如何引导文明生态村建设。下次开动员会，把县城做美，把乡镇机关大院和所在地软硬环境改善，作为牵动创建文明生态村的示范工程。

2．1+4组团已成为城区的规划，组团的四县（市）要较其他县（市）早走一步，都要动起来，都要搞环境卫生，不能入圈的村搞，不入圈的村就不搞，应按市区标准要求建设，不入圈的村也要动起来搞创建。

3．所有进市出入口、高速路引线、机场出入口等，视觉所到之处，凡影响对石家庄市城市印象的（包括县城），按行政区划，各负其责，都要净化、美化。还要解决城乡结合部垃圾遍地、建设无序状态。陪郭庚茂省长视察，走“五七”路，沿线环境很差，建筑无序，沿线的这些村镇都要进入文明生态村创建行列。

开会问题，五月份是无会月，可开一个小会，宣传部长、文明办主任等50～60人，不要大规模报道。同时，再筹备一个大会，规格高点，把刚才讲的内容放进来，四组团的创建、市、县出入口创建、乡镇机关大院及所在地的创建都要纳入进来。大会在6月初召开，进行总结、表彰和再动员。

农村财富积累内容要放进来，改变石家庄农村公共财富积累的机制。村路灯电费、村委办公电话费、街道净化保洁人员的工资都要解决好。这是新农村建设的重要内容，搞好农村的公共财富积累是个好办法，也是我市新农村建设的特色。

（吴显国时任中共河北省委常委、石家庄市委书记）

供稿：省会文明办

整理：刘素兰

吴显国：在石家庄市委常委会上关于落实《石家庄市2007—2010年市民文明素质提升工程规划》的讲话（摘要）

（2007年5月31日）

一个城市就是一所大学，市民素质的高低，决定这所大学的品牌。大学有北大、河大等不同层次的大学，教师不同、生源不同，教学效果就不同，品牌就不一样。市民包括在座的各位市委常委和各级领导干部、企业家、外来务工人员等，都是城市市民中的普通一员。我们石家庄做为省会，从保定搬来不足四十年，大力提升市民综合素质，担当起建设沿海经济社会发展强省省会城市的重任，是要动一番脑筋的。不是说我们的市民素质低，不要给市民造成这样的印象。市民素质是一座城市综合实力的重要组成部分。有些民营企业家，靠机遇、胆大发了财，但由于自身素质差，垮台的、销声匿迹不少。因此，我们要把提升市民素质做为我们城市发展的长远大计来抓。在我们城市街道的路口，多数人见到红灯能停下来，但每个路口都有闯红灯的，有骑车的、有行人。还有乱贴小广告等不文明现象比比皆是，与省会城市很不相称。

这个《规划》仅仅是个纲要，是个大框架。下来后，再把操作性搞强点。我们要围绕提高市民素质，每年拿出100个科目，四年就是400个科目。此外，每年干点什么，如07年能不能抓公共场所，弄10件事，如不闯红灯、排队上车，公共场所不大声喧哗，交费遵守一米线等。如：交管局要抓文明驾驶、要在十字路口架摄像机，抓住闯红灯的在媒体曝光，让街坊邻居都看到这些人的不文明行为。每天播几个，连续抓几年，就会有成效。上海市抓了一个女硕士生闯红灯曝光，影响很大，效果很好。

提升市民素质怎么抓，抓什么？一是发动群众，二是运用媒体。要抓具体，抓小事，如在公共场合交谈不大声喧哗；打电话、乘电梯不大声说话；上楼梯应靠右边走，不要将楼梯全堵住；见面怎么握手？宴请敬酒要四目对视，不要左顾右盼等。这些方面教育不够、修养不够。还有各单位的洗手间，机关大院等，一年抓它几件事，非常具体的事，比如出租车座套要及时更换，在出租车行业能不能搞一个“七一”晚会。把那些助人为乐的、拾金不昧的事都拿出来，以身边的先进人、事教育感染大家，总之要有人管事。提升市民文明素质要抓两手，一手抓正面典型，大力弘扬；一手抓反面典型，如对闯红灯、翻跃隔离栏的进行拍照、摄像，予以曝光。同时，运用媒体要注重方法，如报道多数规规矩矩守红灯的，宣传10个正面的，曝光一个闯红灯的，就说具体事，以正面引导为主，以曝光手段为辅。

要强化三个意识。一是强化市民意识。市民要有行为规范。由农民变成市民需要一个过程。市民相互服务，互相遵守共同的游戏规则。市民出行遵守交通规则、红灯停、绿灯行、市民垃圾处理有分类、遵守公共规则。凡是规矩性的事情，比如说上车排队、窗口排队，这些公共文明活动，不排队虽然不是违法的，但起码应该秩序化。二是强化公民意识。公民与市民、公民与老百姓有什么区别呢？老百姓的概念是一个姓氏的老百姓的组合，没有义务和权利的意思，公民既有权利又有义务，公民的义务和公民的权利，通过市民文明素质的提升，通过法律普及，把公民的权利告诉大家。如出问题被抓的时候，问的时候，有保持沉默的权利，罚的时候有申诉的权利，判的时候有上诉的权利，把公民的权利告诉大家。与此同时，还需把他的义务告诉他，请些专家介绍，强化公民意识就是把公民权利与义务告诉他。三是强化省会意识。就是石家庄是省会，要比其他城市做的更好。如出租车司机，我就是省会，我就是河北，这就是省会意识。石家庄应该担当起建设沿海经济社会发展强省的重任，也是每个市民应有的责任。省会石家庄是河北的门面，省会应该带头，出租车是窗口，医院是窗口，每一个市民都是一个窗口，市民的一言一行对外地人来讲影响很大。提升省会市民文明素质是建设新石家庄的要求。

提高市民素质是个长期任务，不是三年五年的事，如在公共场所禁止吸烟，抓了20年，才基本解决。所以说，提升市民素质，我看至少要抓到2020年。同时，这件事还是个系统工程，各单位、各部门如何抓、抓什么?要抓具体、抓实。一个《规划》，发下去了还需要落实。方案出来后，操作性分为纵向的和横向的。纵向的2007年～2010年每年干点什么?今年干什么?比如，今年一年级、明年二年级、后年三年级，这样排下去。横向的：2007年团市委志愿者活动、律师的服务、安全监督局对安全知识普及、卫生局对健康知识普及、煤气泄漏了突然着火了怎么办?老人突然犯心脏病了怎么办?这些知识都需要普及教育，小册子印100万册，发放下去。各部门做点什么?这就是横向的市民意识，如不能私搭乱建、楼下乱建小房等，这都是不允许的，都是有规划的，建筑都是经过审批的，涉及非常小的具体事。再如：教育局从孩子抓起，未来四年怎么抓，抓什么?文化局这四年干什么?城管局抓什么?交管局抓什么?工、青、妇这四年干什么?窗口行业抓什么?媒体干什么?交通局就给我抓出租车司机，出租车司机对客人说，您好，欢迎乘坐出租车，您到哪儿?等抓几句话，几个小事，由交通局制定具体意见。总之有一个总的纲要，要有几十个附件，各局都要有具体事，抓什么，怎么抓。要把此《规划》送各部门，由各部门制订具体意见，收集上来后，修订规划，再上常委会讨论。

（吴显国时任中共河北省委常委、石家庄市委书记）

供稿：省会文明办

整理：刘素兰

吴显国：在石家庄市委常委会上关于建立文明生态村创建长效机制的讲话（摘要）

（2007年7月12日）

文明生态村创建，特别是“村民中心”建设问题，要与农村村级财富积累机制结合起来，这是综合解决农村一系列问题的一把钥匙。农村财富积累机制搞的好，能解决文明生态村创建资金问题，如硬化道路、打井、办电，建设“村民中心”等。村有了钱，如何支出，集中在一起讨论，再把村务公开搞好，即促进了农村干部廉洁，有助于提高民主议事能力训练，也有利于农村农民民主意识的提高，这是个很好的方式，是一个抓手，能一揽子解决问题。要从此处着手，建设文明生态村创建工作长效机制。此事要向省委宣传部、省文明办汇报一下。

目前，我市农村财富积累机制已取得初步成效。如赞皇县有一个村，通过搞村级财富积累机制，一年收了28万元。因此，下一步要研究农村财富积累使用延伸的机制。如农村要建一所学校，需100万元左右。要研究用每一年度收上来的积累资金，作抵押的办法来贷款。如一个村每年可收20万元，这样把5年的收费权抵押给农村信用社，一次贷款100万元，用此搞“村民中心”建设，搞卫生室、文化活动设施建设等。要在全市农村抓一批典型。每个县要选几个村支部书记不错的，抓一个乡、一个村作试点。目前，贷款利息大约在8厘左右，每个村贷50万元，抓50个村，共2500万元，年息为200万元，市、县财政各补贴利息100万元，搞好了，村有积极性，信用社有利愿意做，这也是金融搞活的问题。一次投入，当年马上见效。文明办要与市农村信用联社协调研究一下，制定具体的办法，市、县两级政府给予贴息，连续搞5年，新农村建设有了抓手，村民中心建设档次上去了。采用抵押贷款、政府贴息的办法，用很少钱能把“村民中心”建设和文明生态村创建活动这件事撬起来。

（吴显国时任中共河北省委常委、石家庄市委书记）

供稿：省会文明办
整理：刘素兰

吴显国：在石家庄市启动市民文明素质提升工程会议上的讲话（摘要）

（2007年8月30日）

（一）加强组织领导，形成市民素质提升工程齐抓共管的强大合力。一是确保领导责任到位。各级党委、政府要把市民素质提升工程作为关系全局的重要任务，加强组织领导，摆上重要议程，及时研究解决创建工作中的困难和问题，扎扎实实地把各项工作推向前进。要实行严格的领导责任制，主要领导要亲自抓，分管领导要靠上抓，确保精力到位、工作到位、措施到位。要把创建工作纳入决策目标、执行责任、考核监督“三个体系”，将各项任务指标逐级逐单位分解落实，做到层层有人抓，事事有人管，一级促一级，全面抓落实。二是确保经费投入到位。要建立以政府投入为主、社会资助为辅的多元化投入机制。将市民教育经费列入各级政府年度财政预算，用于市民学校设施配套、教材编印、培训考试和授课教师补贴及表彰奖励等。三是确保组织协调到位。各县（市）区、各部门、各单位，包括中央和驻石单位、企业以及驻军，都要在省会文明委和创建领导小组的统一指挥和统筹协调下，积极主动开展工作。各县（市）区要按照“两级政府、三级管理、四级网络”的要求，切实承担起属地管理责任，紧紧依靠办事处和社区，紧密协同市各职能部门，高标准、高质量完成各项工作任务。市各职能部门要积极发挥指导、协调和服务作用，支持配合各县（市）区的创建工作。要把各方面的积极性充分调动起来，形成条块结合、上下联动、各方参与、全民动手的良好工作局面。总之，各级各部门要分工协作，各司其职，在全市上下形成强有力的组织领导体系，确保市民素质提升工程高效有序运转。

（二）加强宣传发动，大力营造市民素质提升工程的舆论氛围。一是抓好新闻舆论宣传工作。各新闻媒体要坚持团结、稳定、鼓劲，从正反两个方面作好新闻舆论宣传，调动群众参与的积极性，切实发挥应有作用，要在重要时段、重要版面开辟专题和专栏，大力宣传市民素质提升工程的新举措和新实践，及时报道各县（市）区、各单位和广大干部群众在实践中创造的新经验和新成果。同时，各新闻媒体要根据各自的特点，褒扬文明行为，点评不文明现象，在全社会形成强有力的舆论氛围。二是抓好社会宣传工作。要开展对市民素质提升工程的宣传，提高市民对此项工作的知晓率和支持率，调动广大干部群众参与工作的积极性和创造性。市委宣传部要制定宣传工作方案，统筹全市宣传资源，准确把握宣传工作的重点和节奏。要在利用手机短信、移动电视等新兴传播手段和在城市主要街区、大型公共场所树立标语牌、设置公益广告、宣传橱窗等营造浓厚的社会舆论氛围的同时，借助互联网这个载体，以更便捷、更直观、更生动的方式，增强宣传工作的时代感和吸引力，扩大宣传的覆盖面和影响力。各县（市）区、各部门、企事业单位和群众团体，要因地制宜组织开展丰富多彩的群众性创建活动和多种形式的宣传活动，让广大市民在各项活动中真正得到实惠、受到教育、提高素质。同时，注重加强对外宣传，提升石家庄的文明形象。三是抓好弘扬先进典型工作。结合市民素质提升工程的实施，我市要宣传一批在“建设石家庄、宣传石家庄”中做出突出贡献的单位和个人；授予一批石家庄市“文明公民标兵”；推出一批真心实意为民服务、廉洁高效为民办事、受群众爱戴和拥护的公务员群体；表彰一批市民教育的先进单位、先进街道和先进个人，用群众身边的先进人物和典型事例教育群众，让广大市民从先进典型身上汲取力量，不断提升自身素质。

（三）强化检查督导，确保市民素质提升工

程各项任务落到实处。一是强化工作落实。按照“做精做细做实”的要求，狠抓工作落实。要按照“课题式设计、项目式管理、工程式推进、台帐式监督”的方法，对每一项工作都要建立完整的管理责任链，做到事事有人管、件件有着落。二是强化检查督导。各级宣传部、文明办和各牵头部门要增强检查督促职能，要认真履行监督检查职责，深入调查研究，注重分类指导，加强巡查抽查，强化督办机制。对检查中发现的突出问题，要即时向责任单位发出限期整改通知书，并加强对整改工作的监督。各区也要加强对本辖区各项工作的检查督导。三是强化群众监督。群众是创建的主体，同时也是监督的主体。我们要发动群众参与，突出群众监督的重点，要把提市民素质提升工程的进展情况，纳入群众监督的视野，充分发挥市长热线电话和城管热线等投诉电话的作用，收集整理群众的呼声和意见，主动采纳群众提出的各种合理化建议，真正做到急群众所需、帮群众所困、解群众所难。要发挥市民文明素质巡访团的监督作用，组织巡访团成员对在城市主要街道、公共场所对开展的道德实践活动的效果和窗口单位的服务状况进行明察暗访、量化评估，并将检查结果公布，接受群众监督。四是强化考核奖惩。要把“分级负责、条块结合、双向考评”的要求落到实处，增强考评工作透明度，及时公布考评结果。市将实施市民素质提升工程的成效，纳入创建文明机关、文明单位、文明行业、文明社区、文明村镇的考核，并作为各级领导班子年度考核的一项内容。同时，要把群众满意不满意、高兴不高兴作为评判工作成效的标准，使广大群众切身感受到此项工作的实际成效。

（吴显国时任中共河北省委常委、石家庄市委书记）

供稿：省会文明办

整理：刘素兰

孙万勇：在石家庄市市民文明素质提升工程启动仪式暨创建文明城市动员会上的讲话（摘要）

（2007年8月30日）

夯实基础，大力实施市民文明素质提升工程

（一）认清形势，切实提高对市民文明素质提升工程重要意义的认识。市民文明素质提升工程是一项长期的、艰巨的任务，要做好这项工作必须统一思想、提高认识。首先，实施市民文明素质提升工程是落实科学发展观，建设繁荣、文明、和谐新石家庄的需要。市第八次党代会提出了建设繁荣、文明、和谐新石家庄的奋斗目标，这是新一届市委的行动纲领，也是向全市人民作出的庄严承诺。建设繁荣、文明、和谐的新石家庄，其中最基础的工作是提升人的素质。最近，显国书记在市委理论学习中心组（扩大）学习会议上再次指出，今后三年，石家庄将是城市和产业布局的重大调整期、基础设施建设的攻坚期、生态环境恢复的关键期，是为2010年～2020年加速发展打基础的时期。显国书记的讲话客观分析了省会所处的发展阶段和坐标定位，描绘了石家庄未来的发展前景。能否把这个美好前景变成现实，人的素质是个关键因素。只有通过大力实施市民文明素质提升工程，加强思想道德建设和科学文化建设，倡导文明和谐的新风尚和良好的道德规范，全面提高公民素质和社会文明程度，才能更好地担当起建设繁荣、文明、和谐新石家庄的重任。其次，实施市民文明素质提升工程是塑造石家庄市新形象的需要。石家庄作为省会城市，是全省的政治、经济、文化中心，是全省的第一窗口、第一形象、第一门面，省委要求石家庄要在沿海经济社会发展强省中担当重任，特殊的地位和责任对我市提升市民素质提出了更高的要求。我们要通过大力实施市民文明素质提升工程，不断增强广大市民的公民意识、市民意识，特别是省会意识，展示出沿海强省省会市民的新形象，使市民素质与省会城市的发展相适应。再次，实施市民文明素质提升工程是改善我市投资环境的需要。建国50多年来，特别是改革开放以来，石家庄由一个十几万人口的城市，发展成为拥有230万人口的特大型城市，但应该看到在最近几年新一轮经济增长中，省内的其它市经济发展都非常快，我市面临的发展形势非常严峻。要想在今后的市场竞争中立于不败之地，一个重要因素就是营造良好的环境，靠环境留住人才，靠环境招商引资，靠环境发展经济，而这些都离不开市民素质的提升。

（二）抓住重点，大力开展百万市民学习培训和道德实践活动。开展市民学习培训活动是提升市民文明素质的一个重要途径。按照市委、市政府制定的《石家庄市2007-2010年市民文明素质提升工程规划》，我们计划用四年时间，围绕提高广大市民的思想道德素质、科学文化素质、法律素质和身心健康素质等方面内容，对市民进行全面、系统、持续不断地学习培训，使全体市民的综合素质不断得到提升，进而使广大市民在公民意识、市民意识、省会意识上有大的提高。强化公民意识，就是通过法律普及，不仅把公民的权利告诉大家，使大家懂法、知法、守法，依法维护自身的合法权益，还要让大家知道公民的义务，做到依法办事、依法律己，以理性、合法的形式表达利益诉求。强化市民意识，就是市民要有行为规范，要有相互服务、相互遵守的共同行为规则，使大家更加适应城市规则和现代生活方式，讲规矩、讲秩序。强化省会意识，就是要引导广大市民充分认识到石家庄是河北的门面，不仅党政机关是窗口、服务行业是窗口、出租车是窗口，而且每一个市民都是一个窗口，市民的一言一行代表着省会的形象，要引导全体市民树立我代表省会、我代表河北的意识，人人争做文明使者。

提升市民素质，要坚持知行合一，扎实开展百万市民道德实践活动。继续在公共场所开展“五个文明”道德实践活动，争做文明公民；在社区开展“四个文明”道德实践活动，促进邻里和睦；在党政机关开展争创文明机关、争当“人民满意公务员”活动；在未成年人中大力开展“五小”道德实践活动，养成健康人格；在进城务工人员中开展各项服务活动，引导他们提高自身素质，自觉为建设新石家庄贡献力量。各区、各单位还可根据本单位实际，组织一些群众乐于参与的活动，引导广大市民在参与中受到教育，得到提高，分享创建成果。这其中党政机关文明创建是重点，没有机关公务员文明就没有全社会文明，公务员必须起到带头作用。社会公德是基础性要求，代表城市的形象。要从治理行人、非机动车闯红灯、乱穿马路等现象入手，通过采取交警严格执法、交通协管员认真劝阻、志愿者上街宣传引导、新闻媒体曝光等多种措施，引导市民养成文明礼让、遵章守纪的习惯，营造安全有序、畅通和谐的社会公共秩序。积极开展“志愿服务”活动，大力弘扬“奉献、友爱、互助、进步”的志愿精神，建立一支以市民群众为主体、社会各界参与、具有较高服务水平、乐于奉献的志愿者队伍。广泛开展维护公共秩序、保护生态环境、深化社区服务、进行文明宣传等各类社会公益活动，逐步形成我为人人、人人为我、和谐相处、共同发展的新型人际关系，促进和谐石家庄建设。

（三）整合资源，通过多种渠道和载体推进市民文明素质提升工程。提升市民素质是一项综合工程，需要社会方方面面的共同努力。要按照“共驻、共有、共享”的原则，充分整合各类社会资源，形成遍布全市的市民文明素质教育网络。一要充分利用博物馆、图书馆、爱国主义教育基地等，开展生动活泼的宣传教育活动。二要发挥机关、企事业单位、学校、社区的作用。充分利用党校、团校、职工培训中心等教育阵地，对广大干部职工进行提升市民文明素质的教育培训，并按照“一校多能、一室多用”的原则，在节假日向社区居民开放图书阅览室、文体活动场所等，实现社会财富的全民共享，为市民文明素质的提升尽义务、做贡献。三要注意抓好师资队伍建设。选拔、吸引一批政治觉悟高、热心社会公益、有一定专业素养的“五老”队伍、志愿者，组建区、街、居三级市民教育师资队伍。四要充分发挥新闻媒体舆论引导作用。市民文明素质提升工程规划，是市委、市政府在深思熟虑、反复论证的基础上制定出来的，是今后一个时期精神文明建设的指导性文件。要用三、四年时间，有计划有步骤地开办专题、专栏，按照市民素质提升工程要求，分期分类别地进行文明素质的普及宣传。同时，要坚持正面宣传为主，创新宣传形式、宣传手段和宣传内容，在报刊、广播、电视和新闻网站等大众传媒，大力宣传市民文明素质提升工程的重要意义，宣传文明常识，宣传各地涌现出来的先进典型和先进经验。继续组织开展“感动省城”年度十大人物评选活动，树立道德楷模。对于社会普遍关注的社会热点问题，要及时组织开展深度报道，进行有针对性的大讨论，引导人们明辨是非，提升素质。

加大工作力度，努力争创全国创建文明城市工作先进城市

（一）提高思想认识，进一步增强责任感、使命感。党中央非常重视文明城创建工作。中央文明委号召以提高市民素质、城市文明程度和群众生活质量为工作目标，按照整体规划、分步实施、循序渐进、滚动发展和巩固、提高、延伸、辐射的工作思路，努力建设环境优美、秩序优良、服务优质、管理优化、文化优秀、经济繁荣、社会进步的现代文明城市，并要求到2010年，直辖市、省会城市、自治区首府和计划单列市要力争基本建成文明城市。据此，中央文明委分别于1999年、2002年和2005年，搞了三次创建全国文明城市评选表彰活动。2008年，中央文明委将进行第四次“全国文明城市”评选活动。省文明委将于今年8月底至9月初对全省各市文明城市创建工作进行检查初评。我市曾连续二次获全国创建文明城市工作先进城市称号。但由于各种原因，在2005年全国文明城市测评中，未能进入全国创建文明城市工作先进城市行列。我市的创建目标是在2008年争创全国创建文明城市工作先进城市，这次省初评结果如何，直接关系到明年我市的创建目标能否实现。可以说，这次初评对我们的创建工作开展情况是一次全面的检验。我们要以高度的责任感和紧迫感、攻坚克难的拼搏精神、真抓实干的优良作风，狠抓各项创建工作的落实，推动我们的工作再上新台阶。

（二）对标达标，认真查找克服创建工作中存在的薄弱环节。中央文明办制定的《全国文明城市测评体系》，共有“廉洁高效的政务环境、公正公平的法治环境、规范守信的市场环境、健康向上的人文环境、安居乐业的生活环境、可持续发展的生态环境、扎实有效的创建活动”等七个方面37条119项测评内容，涵盖了城市工作的全部，超出了传统意义上的创建内容，任务重，要求高。我市于2006年3月，根据《全国测评标准》制定了《石家庄市创建全国文明城市工作先进城市规划》和《石家庄市创建全国文明城市工作先进城市测评标准及责任分解》，并多次召开创建文明城市调度会，部署创建工作任务目标。近年来，我市以创建工作为抓手，坚持三个文明一起抓，市民的文明素质和城市文明程度有了很大提高，人们的精神面貌和城市形象焕然一新。但对照《全国文明城市测评体系》，还存在一定差距。如：“空气污染指数”每年二级以上的天数还未能达到292天的标准；区文化馆有编制、无馆舍的状况未能改变；百城万店无假货示范街的创建数量未达到两条以上；小餐饮、小美发店、小食品店、小浴池、小书刊影像制品店等“五小”经营摊点违规经营依然存在；城郊结合部及小街小巷卫生状况没有实现根本改观；居住小区特别是老小区技防、人防、消防水平还未达到要求；户外公益广告占户外广告总量没有达到20%的比例要求；城市乱贴乱画的问题依然存在；一些人闯红灯、随地吐痰等不文明现象依然存在；服务窗口的总体形象和服务水平还须提高等。这十项指标是目前我市创建工作中的薄弱环节，能否按要求达到测评标准，关系到创建工作的大局。各级、各有关部门一定要高度重视，把这十个方面作为创建工作的重点，采取有效措施，全力加以解决，争取明年6月份前全面达标。其它各责任部门要按照《石家庄市创建全国文明城市工作先进城市责任分解》高标准抓落实，对目前已基本达到标准的109项指标，要实行分类管理，切不可马虎松懈，继续抓好巩固提高。

（三）采取措施，抓好三项重点工作。一是开展六大集中整治行动，重点治理不文明现象。集中整治交通秩序。依法治理行人乱穿马路、自行车闯红灯、机动车驾驶员酒后驾车、出租车乱调头、乱停乱放等现象。集中整治背街小巷、城乡接合部环境卫生，清理死角死面，改善人居环境。集中治理窗口行业劣质服务，重点解决窗口行业失信经营，服务人员态度冷、横、硬和党政机关、执法部门“门难进、脸难看、事难办”的问题。集中治理公共场所市民不文明行为，依法加大对公共场所损坏设施、随地吐痰、乱扔脏物行为的处罚力度，促进市民文明行为养成。集中整治市场环境秩序，整治市场环境卫生，打击假冒伪劣和黄赌毒现象、打击欺行霸市、强买强卖、欺诈经营等各种违法违章行为，营造良好市场环境。集中整治“五小”场所，进一步规范经营秩序。二是深化文明社区创建。社区是城市的基础，社区思想道德建设、社区党建和民主建设、社区公共图书馆覆盖面、室内文化活动场所、社区卫生服务中心、普法民调和居住小区技防、人防、消防水平等都是文明城市检查的重要内容。近几年，我市本着整体规划，逐步推进的原则，分批开展创建活动。虽然现在已有150个社区基本达标，但还存在标准不高的问题，仍需进一步巩固、提高、完善。其它社区也要克服畏难情绪和等、靠、要思想，按照文明城市测评标准，对标达标。三是建立完善长效机制。创建全国文明城市是当前的一项紧迫任务，在集中力量攻克薄弱环节的同时，必须把建立完善长效机制作为关键环节来抓，为巩固发展创建成果、确保实现创建目标提供机制保证。当前，要突出抓好城市管理长效机制的建立和完善，积极探索现代城市管理规律，推动城市管理由粗放型向精细化转变，由突击整治向依法长效治理转变。要坚持以人为本的管理理念，把为市民服务贯穿于城市管理的全过程，进一步健全完善便民、利民的各项措施，千方百计办好涉及群众切身利益的事情，让市民群众生活得更舒适、更方便。

精心组织实施，切实加强对提升市民文明素质、创建文明城市工作的领导

提升市民文明素质、创建文明城市是一项艰巨复杂的社会系统工程，要把二者有机结合起来，加强领导，精心组织，明确分工，落实责任，为各项任务的落实提供坚强组织保证。

（一）确保领导责任到位。提升市民文明素质工程、创建文明城市活动分别有56个和98个责任单位，工作任务重，涉及面广，各区和责任单位都要把市民文明素质提升工程和创建文明城市工作作为“一把手”工程来抓，列入重要议事日程，制定具体工作方案，狠抓工作落实。各区对本地的市民文明素质提升工程和创建文明城市负总责。市直机关工委、国资委、农工委和市公安、城管、教育、交通、工商、商务、房管、建设、中小企业局等单位，既要抓好本单位创建工作的落实，还要抓好本系统、本行业有关创建工作的指导和落实。为推动市民文明素质提升工程和创建文明城市工作深入开展，各区、各行业、各单位都要建立相应的工作机构，明确主管领导、主管处室，实行专人负责，按《规划任务分解》和《文明城市责任分解》的要求，细化分解任务，将各项目标责任落实到部门、落实到人，形成层层抓落实的工作格局。

（二）确保组织协调到位。各区、各部门、各单位，包括中央和驻石单位、企业以及驻军，都要在省会文明委的统一协调指导下，积极主动开展工作。对于那些职责不清晰的工作任务，要做到明确是谁的责任由谁来抓，杜绝由于职能交叉、互相推诿形成的教育管理盲区，造成工作不落实的问题发生。市各职能部门要积极发挥指导、协调和服务作用，支持配合各区的创建工作，形成条块结合、上下联动、各方参与、全民动手的创建工作局面。

（三）确保检查督促到位。提升市民文明素质、创建文明城市任务很重，标准要求很高。各级宣传部、文明办和各牵头部门要按照“课题式设计、项目式管理、工程式推进、台账式监督”的方法，依据两个《任务分解》的要求，认真履行监督检查职责，深入调查研究，注重分类指导，加强巡查抽查，强化督办机制。对检查中发现的突出问题，要及时向责任单位发出限期整改通知书，并加强对整改工作的监督。要以严格的检查督促促进真抓实干，推进各项工作，增强创建实效。

（四）确保舆论宣传到位。群众是创建活动的主体，要加强宣传引导，吸引群众广泛参与。全市各主要新闻媒体要结合自身特点，发挥舆论主阵地作用，长期开设专栏、专题节目，不间断地进行普及宣传，传播文明知识、颂扬文明行为、评议不文明现象。在城市主要街区设立公益广告、宣传橱窗和宣传栏，要利用多种载体和手段，宣传先进文化、倡导文明新风。要借助互联网这个载体，以更便捷、更直观、更生动的方式，扩大宣传的覆盖面和影响力，提高市民对此项工作的知晓率和支持率，在全社会形成强有力的舆论氛围。各单位要因地制宜组织开展丰富多彩的群众性创建活动和多种形式的宣传活动，让广大市民在各项活动中真正受到教育、提高素质、得到实惠。

（五）确保考核奖惩到位。要把市民文明素质提升工程和创建文明城市工作纳入对各县（市）区的精神文明建设目标管理考核范围，纳入创建文明机关、文明单位、文明行业、文明社区、文明村镇的考核，对成绩突出的单位和个人，给予表彰奖励。对行动迟缓、推诿扯皮，影响全市创建工作整体进度的单位和个人进行通报批评。对情节严重、带来恶劣影响的，要给予严肃处理。各级领导干部

要深入创建工作第一线，认真总结和推广先进经验，推动各项创建工作深入开展。同时，要把群众满意不满意、高兴不高兴作为评判工作成效的标准，作为考核奖惩的标准，使广大群众切身感受到创建工作的实际成效。

（孙万勇时任中共石家庄市委常委、宣传部长）

供稿：省会文明办

整理：刘素兰

蒋洪江：在石家庄市出租汽车行业文明使者事迹报告暨文艺联欢会上的讲话（摘要）

（2007年7月17日）

一、要发扬成绩、保持荣誉，努力塑造文明使者的良好形象

市委在全市开展的“石家庄市2007年～2010年市民素质提升工程规划”活动，目的就是要通过提高市民素质，提升社会文明程度，树立城市品牌和城市形象。出租汽车既是城市化进程的重要标志，又是城市文明的“流动窗口”，其形象的好坏直接代表着城市形象，影响着石家庄市在全省乃至全国的地位。广大出租汽车司机在“争做文明使者”活动开展以来，为省会争得了很多荣誉。希望你们发扬成绩、继续努力，树立“车车是窗口、人人是形象”的意识。要珍惜文明使者称号加强政治理论、法律法规和行业规范的学习，牢固树立“三个意识”，自觉践行“五个文明先进学习的活动，踊跃参与社会公益活动，以实际行动使自己真正成为人民群众心中的“文明使者”。

二、要加强教育，提高素质，不断提升服务质量和服务水平

出租汽车行业是个重要的行业，也是一个特殊敏感的行业，它关系到城市的功能，关系到社会的稳定，也关系到社会舆论的传播，是体现城市文明程度的重要窗口。交通主管部门和广大出租司机，在建设和谐社会，推进社会进步，创建全国文明城市的进程中，担负极其重要的责任，发挥着重要的导向作用。只有广大出租汽车司机队伍整体素质的提高，才能使行业文明程度得到提升。因此，要走在城市文明建设的前列，发挥好带头作用，就要把提高广大出租汽车司机的综合素质作为抓好文明行业创建工作的着眼点和落脚点，充分发挥党、团、协会和工会组织的作用，要通过岗前培训、例会培训和违章培训等形式，对广大出租汽车司机进行文明经营、职业道德、行为准则和法律法规教育，实现静态的约束性教育与流动的自我性教育和典型的激励性教育相结合，不断增强广大出租汽车司机的服务意识和法制观念，实现“要我文明”向“我要文明”的转变，从而，提高整个行业的文明程度。

三、要加强领导，强化管理，确保“争做文明使者”活动深入、扎实开展

出租汽车行业在快速发展的同时，积弊甚多，解决难度较大。面对经济体制改革，社会结构、思想观念深刻变化，利益格局不断调整，深层次矛盾逐步显现，影响社会和谐问题日益增多的复杂局面。交通部门要深入进行调查研究、听取各方面意见，开拓创新，勇于实践，逐步理顺管理体制，加快法制建设，加强宏观调控，完善行业法规。要探索符合行业实际的经营模式和行业管理的长效机制，把出租汽车行业科学经营、科学管理和建设环保型、节约型行业作为文明创建的亮点来抓。完善行业管理责任机制、宣传教育机制、快速反应机制、监督检查机制。要联合公安、城管、工商等部门，开展经常性的联合整治活动，力口大对无证上岗、违章行驶、拒载宰客、车容不整等现象的治理力度。寓管理于服核子之中，减少办事环节，尽最大努力，为出租汽车创造好的经营环境，把管理者和被管理者之间的关系变为服务与被服务的关系，切实把活动深入持久抓下去，并不断取得新成效。

四、要加强宣传、树立典型，营造学先进、当标兵的良好氛围

榜样的力量是无穷的，先进的出租汽车司机应该成为城市和行业的形象大使。要培养有代表性、有一定影响的出租汽车司机典型，把展现出租汽车司机工作价值、精神情操和时代风采，作为行业和城市的旗帜。善于发现和挖掘活动中涌现出的先进典型，对见义勇为、拾金不昧、助人为乐、扶贫济困等先进事例和先进典型要大张旗鼓的进行宣传，给予奖励。要充分发挥先进典型在“争做文明使者光荣、文明、和谐”新石家庄活动中的示范带头作用，做到“城市文明、的士先行”。同时，对严重违纪违规、服务态度差、职业道德败坏的驾驶员要作为反面典型加以曝光，情节严重的取消其从业资格。通过发挥正反两方面典型的教育作用，在全市出租汽车行业中形成学先进、当标兵的良好氛围。

（蒋洪江时任中共石家庄市委常委、副市长）

供稿：省会文明办

整理：刘素兰

赵文鹤：在承德市创建文明城市暨“六项和谐创建”活动工作会议上的讲话（摘要）

（2007年4月20日）

抓住关键，突出重点，推动文明和谐创建工作取得新突破

创建文明城市和“六项和谐创建”是一项复杂的系统工程和长期的奋斗目标，都属精神文明建设的范畴，关系到全市经济社会发展全局，内容对象互相涵盖，又各有侧重。所以，抓好这两项工作，概括起来是：围绕一个目标，把握五个原则，突出六个方面重点。

围绕一个目标：以邓小平理论和“三个代表”重要思想为指导，以科学发展观为统领，围绕“立足赶超、跨越发展”、实现承德经济社会更好更快发展的宏伟目标，采取营造氛围、教育引导、主题实践、重点整治等方法，动员全社会力量，从社会基础单元抓起，从亟待解决的问题入手，从能够做到的事情做起，着力提高市民文明素质、提高城市文明程度，倡导和谐理念、培育和谐精神，夯实社会和谐的基础，形成共同的理想信念和道德规范，不断增强全市人民的凝聚力、向心力，为推进和谐承德建设、促进经济社会协调发展创造良好的人文环境和社会环境。

把握五个原则：一要围绕落实科学发展观来谋划。把以人为本、突出发展、重在建设、促进和谐的要求贯穿到创建全过程，从人民群众的根本利益出发，努力解决人民群众反映强烈的突出问题；二要围绕中心工作来推进。坚持两手抓，两手硬，努力为全市经济社会发展统一思想、凝聚力量、营造良好思想舆论氛围。做到创建工作与中心工作一起安排部署，一起组织实施，一起总结考核；三要围绕构建和谐承德来展开。全面准确理解建设社会主义核心价值体系的内涵，培育文明道德风尚，建设和谐文化，加强社会管理，健全长效机制，为和谐承德建设提供精神支撑和良好环境。四要围绕提高市民素质、提升城市整体文明程度来深化。加强公民思想道德建设，弘扬承德人文精神，优化城市环境，完善城市功能，提升城市品位。五要围绕广泛发动群众来进行。坚持面向基层、面向群众、城乡并举、协调联动、齐抓共管、齐抓共建、全员参与，创造广大群众喜闻乐见的活动载体，确保活动取得实实在在的效果。

突出六个方面工作：一是突出发展第一要务，增强经济综合实力。社会要和谐，首先要发展。要按照落实科学发展观的内在要求，把握“立足赶超，跨越发展”主基调，深化“工业立市、农业强市、旅游旺市”思路，突出结构调整和项目建设两大重点，在培育支撑产业、打造特色城市、改善基础设施条件、建设新农村、打造和谐发展环境等方面实现新突破，实现地区生产总值增长13%，全社会固定资产投资增长20%，全部财政收入增长14%，城镇居民人均可支配收入增长8.5%，农民人均纯收入增长10%。经济社会的发展促进“六项和谐创建”和文明城市创建活动，以文明和谐创建活动推动各项事业的发展。二是突出公民思想道德建设，培育文明道德风尚。加强市民素质教育。要着眼于建设社会主义核心价值体系，抓好全市人民的理想信念教育、社会主义荣辱观教育、民族精神和时代精神教育，打牢全体人民团结奋斗的思想道德基础。要着眼于增强公民的社会道德水平和社会责任意识，认真贯彻《公民道德建设实施纲要》，加强和改进未成年人思想道德建设，开展社会公德，职业道德、家庭美德教育，引导广大市民树立正确的世界观、人生观和价值观，深化“公民道德进万家”活动，推动道德行为、和谐理念进机关、进企业、进农村、进社区、进学校、进家庭，开展“做文明市民，当文明家庭，创文明单位，建文明城市，树文明新风”活动。要着眼于促进人际和谐，培育和弘扬爱岗敬业、求实创新、公平正义、团结友善、诚实守信、尊老爱幼、扶贫济困、礼让宽容的道德风尚和文明素质。要着眼于促进人的心理和谐，注重人文关怀和心理健康教育，引导人们正确对待自己、他人和社会，正确对待困难、挫折和荣誉。要着眼于促进人于自然的和谐，引导人们树立科学发展、可持续发展的意识，倡导科学文明健康的生活方式。三是突出基础设施建设，塑造城市优美环境。加快城市化进程。按照“南扩、西进、北延、中疏”发展战略，拓展城市规模、优化城市功能、展现城市魅力、提升城市品位、增强城市竞争力。进一步加强城镇基础设施建设，全市城镇基础设施投资31.8亿元，重点搞好城镇公共交通、园林绿化、污水和垃圾处理设施建设，加强道路、供水、供热、燃气等地下管网的建设和改造，着力解决人民群众生产生活中的突出问题。实施好武烈河七至十二道橡胶坝建设；实施好道路桥梁照明、武烈河景观照明、建筑物照明、中心区和园林绿化系统亮化工程；实施好“市区栽植本地大树”、“环城山体绿廊”、“城市披绿”等绿化工程。在优化市民的居住环境、交通环境、就业环境和生活环境上下功夫，开展城市环境综合整治，开展好违法占地搭建专项整治工作，加强大气污染治理，解决市区脏乱差问题，落实长效保洁机制，保持市容市貌的整洁有序，努力打造“天蓝、地绿、山青、水秀、气爽、路畅、城洁、人和”的城市环境。四是突出关注民生问题，大力实施民心工程。继续抓好民心工程，高度重视人民群众的住房、上学、看病、就业、养老等实际问题。2007年全市将筹资4000万元，扩大城镇就业；筹资10亿元，提高社会保障能力；落实农村惠农政策，加大扶贫工作力度，解决3万贫困人口的温饱问题，实现3.5万人稳定脱贫；安排财政资金584万元，解决困难家庭住房问题；投资1.09亿元解决199个村行路难问题；筹资8617万元，开展济困助学活动；筹资8047万元，推行农村新型合作医疗，解决农民看病难问题。各级各部门要倾听民声，了解民意，千方百计解决人民群众的实际困难。要按照职能分工，扎实抓好市容市貌的整治，妥善解决市民反映强烈的的热点、难点问题，使和谐创建过程成为服务群众的过程。五是突出群众性创建，把着力点放在基层。创建活动要着眼于基层，不断创新形式、创新内容，使群众乐于参与、便于参与，富有吸引力、感染力。深入开展“创文明机关，做优秀公务员”活动，努力转变机关工作作风，加强机关效能建设，实行政务公开，确保行政权力公开透明运行；有针对性开展民主评议行业活动，在与人民群众生产生活密切相关的行政执法部门和“窗口行业”，推行优质规范化服务，丰富服务内容，提高服务质量；深入开展“共铸诚信”活动和“百城百店无假货”活动，加强行业企业商务诚信、社会诚信建设，培养诚信观念，推动社会信用体系建设；继续开展科教、文体、法律、卫生、道德“五进社区”活动，突出抓好社区建设、社区服务、社区教育、社区管理、社区文化，并把工作延伸到居民小区、庭院楼道、居民家庭，不断提高市民自我教育，自我管理、自我服务的水平；广泛开展文明行车、文明乘车、文明行走、文明游园、文明过节、文明观演等主题教育实践活动，积极组织市民志愿者义务劝阻各种不文明行为；深化拓展文明生态村创建活动，突出产业强村、生态建村、文化兴村、民主治村，提高农民素质，倡导文明乡风。六是突出城市长效管理机制，优化社会秩序。创建工作是不断发展、不断探索的实践活动，必须持之以恒、常抓不懈，建立科学管理、长效管理的创建机制，由突击式、运动式转到经常化、制度化和规范化。要完善领导机制，实行一把手负责制，配齐领导力量，形成上下联动、整体协调的创建机制，保证创建工作有序推进，有效落实。要完善投入机制，坚持从全局出发，把精神文明创建活动纳入经济社会发展的总体规划，建立有效的投入机制，确保创建活动的硬件和软件建设同步进行。要完善共建机制，创建文明城市和“六项和谐创建”面对的是利益、文化、思想多元化的人群，必须整合社会资源，联合有关部门，做到协同作战。尤其是创建文明城市工作，涉及到全市几十个部门、单位，为此，各部门、各单位要牢固树立“一盘棋”思想，加强沟通协调，互相配合，互相支持，形成整体合力。

加强领导，强化责任，确保文明和谐创建活动取得明显成效

知易行难，行重于言。文明和谐创建工作关键在领导重视，成效在真抓实干。各级各部门要认真履行职责，落实创建任务，努力开创精神文明创建工作新局面。

第一，要切实加强领导。各级党委、政府，有关部门，要把组织开展两项创建活动，作为落实科学发展观、构建和谐承德的重要内容，列入重要议事日程，摆上重要位置，切实加强领导，精心组织实施。要建立健全一级抓一级、层层抓落实的创建工作责任制，真正做到认识、责任、组织、措施、工作“五到位”。要紧密结合各县区、各部门实际，注重实效，在解决实际问题上下功夫，防止形式主义，不搞“一阵风”，不做表面文章。要树立全局观念，强化工作责任，搞好协调配合，努力完成创建任务。市直有关部门、市、县（区）两级文明办一定要发挥其组织、协调、指导、督促的作用，创造性地开展工作，推动创建活动广泛、深入、持久地开展。

第二，要强化督促检查。市文明办制定了《文明城市测评标准》，将七大内容116项任务分解到了各相关单位和部门，明确了责任人和完成时间，各级各部门对创建工作要进行认真研究并做出具体部署，确保抓得快、抓得实；对关键环节和重要部位，要加强力量，重点协调，组织调度和督导；对涉及部门多、落实难度大的问题，要通过联席会议、专题调度、现场办公等形式督办落实；对创建活动中存在的突出问题，要分析原因，对症下药，及时通报，督促整改；发现典型，及时总结，大力推广，成绩显著的给予表彰奖励；对工作不力、影响全市整体创建工作的单位领导和责任人进行批评教育，从而形成一个不甘落后、争创一流的浓厚氛围，实现文明和谐创建工作整体推进、全面提升、持续发展。

第三，要注重加强宣传引导。各级各部门要加大宣传引导力度，让广大干部群众充分认识到开展两项创建活动的重要意义，动员和组织广大干部群众积极参与到创建活动中去，激发广大人民群众的责任感和集体荣誉感。要加大舆论宣传力度，充分运用各种宣传媒介，广泛宣传先进典型、新鲜经验和创建成果，积极营造人人崇尚文明、人人创建文明、人人享受文明的良好社会氛围。

（赵文鹤时任中共承德市委书记）

供稿：承德市文明办

整理：刘金生 刘惠芙 师文岭

郭群：在承德市省级文明单位现场观摩会议上的讲话（摘要）

（2007年1月17日）

回顾近几年来的文明单位创建工作，主要有五点经验需要我们在今后的工作中坚持和发扬：一是必须坚持两手抓，两手硬，做到文明单位创建工作与中心工作一起规划部署，一起组织实施，一起总结考核；二是必须坚持围绕中心、服务大局，努力为全市经济社会发展统一思想、凝聚力量、营造氛围；三是必须坚持以人为本、服务群众，从人民群众的根本利益出发，努力为群众办好事、办实事；四是必须坚持协调联动、齐抓共管、齐抓共建，动员广大干部职工全员参与，形成合力；五是必须坚持改革创新、与时俱进，牢牢把握时代脉搏，不断提出新目标、探索新思路、推出新举措、总结新经验、丰富新内容，不断增强创建工作的生机与活力。

在充分肯定创建工作成绩的同时，也要看到，我们的精神文明创建工作还存在一些问题和不足，主要表现在：组织领导还需要进一步加强，创建领域还需要进一步拓展，创建层次和水平还需要进一步提升，管理长效机制还需要进一步深化和完善。这些问题有待于在今后的文明单位创建工作中逐步加以解决。

今后一个时期文明单位创建工作的指导思想和总体要求是：围绕一个主题，突出六项重点，强化两项管理，实现四个目标，达到六个标准。

围绕一个主题：坚持以邓小平理论和“三个代表”重要思想为指导，以科学发展观为统领，以“文明铸就和谐”为主题，以“六项和谐创建”活动（和谐乡村、和谐校园、和谐机关、和谐企业、和谐社区、和谐家庭）为载体，围绕服务承德经济社会发展大局，深入开展各项群众性精神文明创建活动，不断提高文明单位创建的质量和水平，为推动我市经济社会更好更快发展发挥更大作用。

突出六项重点：一是突出思想道德教育。坚持从教育入手，并贯穿创建工作全过程。当前和今后一个时期，要重点抓好以社会主义核心价值体系为主要内容的教育实践活动，把社会主义核心价值体系贯穿于精神文明创建活动的全过程，大力倡导和谐理念，培育和谐精神，形成全社会共同的理想信念和道德规范，打牢思想道德基础，提高文明道德素质。二是突出发展第一要务。保持业务工作处于领先水平，全面提高经济效益和社会效益，实行文明经营、诚信经营，增强改革创新能力和安全生产能力。三是突出服务奉献为民。结合本职工作，丰富服务内容，改进服务作风，提高服务质量，纠正部门行业不正之风；突出为群众办实事好事，让群众感受到创建带来的变化；围绕中心工作、重点任务和社会公益事业，竭诚奉献。四是突出环境设施建设。抓好卫生、文化、制度、风气建设，搞好绿化、美化，改善工作生活条件。五是突出拓展创建领域。单位内部要延伸到职工家庭，服务领域要拓展到农村、学校、社区。搞好扶贫济困、爱心助学、帮建文明生态村工作，积极参与文化、科技、卫生“三下乡”活动，增强辐射带动作用。六是突出典型培育宣传。把握精神文明建设的特点和规律，注重研究新情况，解决新问题，力争每个行业都能涌现出有一定影响力的典型。具体到每个行业系统来说：行政执法部门主要围绕执法意识、执法行为、工作程序、工作效率方面开展创建活动；党政机关主要围绕增强执政为民、服务群众、服务大局的责任感，建立快捷、优质、高效的工作效率，培养严、细、深、实的工作作风方面开展创建活动；窗口行业单位主要围绕诚信经营、守法经营、质量信誉、优质服务、文明服务方面开展创建活动。

强化两项管理：一是强化文明单位考评管理。制定完善文明单位考核办法。在文明单位的考核方法上，改变以往单纯按单位分指标、上报命名的粗放考核模式，建立单位自评、社会参评、文明委考核的“两评一考”评估机制。制定完善《承德市文明单位考核评估细则》，加大社会、群众、相关部门及文明单位社会监督员参评的分量，突出群众普遍关注的焦点问题，突出社会反映强烈的行风问题，努力增强文明单位考评效果。二是强化文明单位日常管理。加强文明单位的动态管理，纠正“牌子到手、创建到头”的问题，对已命名的文明单位实行经常性跟踪督查，对文明单位日常工作出现反弹、产生负面影响的单位，及时进行通报批评、直至摘牌处理。聘请文明单位社会监督员，加强文明单位社会形象监督，组织各文明单位走进新闻媒体，接受群众咨询，展示文明形象。对各文明单位开展创建活动进行检查评比，表彰先进，激励后进，推动创建工作健康发展。

实现四个目标：一是文明单位的布局范围更加合理；二是文明单位的档次质量明显提高；三是文明单位的管理机制逐步完善；四是文明单位的影响力、幅射力更加明显。

达到六个标准：通过开展创建活动，每个文明单位要达到：一是组织领导有力，创建工作扎实；二是思想教育深入，道德风尚良好；三是业务工作领先，工作实绩突出；四是管理科学规范，社会秩序安定；五是环境整洁优美，文体卫生先进；六是特色活动明显，服务社会满意。

文明单位创建工作关键在领导重视，成效在持之以恒。各级各部门要认真履行职责，落实创建任务，努力开创文明单位创建工作新局面。

首先，要切实加强领导。文明单位创建是精神文明建设的重要内容，是促进经济、政治、思想和文化协调发展的系统工程，是涵盖物质、精神和政治三大文明的综合体系。要进一步树立科学创建理念，整体谋划创建工作，以观念创新推动创建工作的与时俱进。要把文明单位创建工作放在更加突出的位置，进一步健全党委统一领导、主要领导亲自抓、班子成员分工抓、职能部门组织协调、业务部门分类负责、党政群团齐抓共管、全行业积极参与的领导体制和工作机制，要切实把创建工作与中心工作一同谋划、一同部署、一同实施、一同检查考核。各级文明单位要接受市县（区）两级文明委的指导，尽职尽责地做好工作。要抓好队伍建设，提高工作能力，落实创建责任。市县（区）两级文明办一定要发挥其组织、协调、指导、督促的作用，创造性地开展工作。各级要不断加大对精神文明创建工作的保障和投入，提供必要的经费保证。

其次，要完善长效机制。要建立和完善文明单位创建活动的制度体系。现有的规章制度要认真梳理，已经过时的要及时修订，在群众性创建活动中发现并行之有效的做法要及时总结。要建立文明单位创建工作联席会议制度，加强创建工作主管、主抓、主体及相关部门间的协调配合，形成齐抓共管的合力。要进一步完善文明单位创建工作的标准体系、管理体系、考核体系和监督评价体系，特别要进一步严格标准，涉及到“六个一票否决”的人和事要严格执行。要加强平时监督管理，注重群众意见。要把文明单位创建工作纳入各级干部和各个单位的政绩考评指标之中，促进创建活动不断向纵深发展。

第三，要学习先进经验。各级文明单位对前一段创建工作，要进行一下“回头看”，看经验、看成效、找问题；对下步创建工作要“向前看”，看形势、看任务，确定创建重点措施和创建载体，下力量抓好创建工作落实。全社会、各行业、各部门、各单位要把市委、市政府《关于开展向省级文明单位学习，扎实推进文明单位创建活动的通知》落实到行动上，学习文明单位，争做文明单位，特别是要学习省级文明单位团结务实的工作精神，奋发进取的工作作风，创新求实的工作标准，立足本单位、本部门实际，深入扎实地开展创建活动，在全市掀起一个学先进、讲文明、树新风、促和谐的创建热潮，推动我市三个文明建设协调发展。

（郭群时任中共承德市委副书记）

供稿：承德市文明办

整理：刘金生 刘惠芙 师文岭

郭群：在承德市直机关企事业单位帮建文明生态村工作会议上的讲话（摘要）

（2007年4月29日）

关于第三批文明生态示范村的帮建工作，市委、市政府两办已正式下发了通知，针对帮建工作存在的问题和面临的工作任务，下面，我对今年的帮建工作提几点要求。

第一、要进一步增强搞好帮建工作的责任感和紧迫感。4月24日，省委、省政府召开了全省深入推进创建文明生态村工作会议，对进一步深入开展创建工作进行了部署，市委、市政府对“六项和谐创建”活动作出了具体安排，无论是文明生态村创建或是“和谐乡村”创建都是推进社会主义新农村建设的有效载体和抓手。我市有2557个行政村，多数村经济发展比较滞后，农民的生活水平比较低，生态环境比较差，新农村建设任重而道远。通过创建文明生态村活动，广泛动员社会力量支持农村建设，进而实现城乡协调发展，是各级各部门义不容辞的责任。各帮建单位一定要站在讲政治、顾大局、全面推进新农村建设的高度，进一步增强搞好帮建工作的责任感和紧迫感，为我市的新农村建设做出应有的贡献。

第二，要切实加强调查研究，帮助创建村制定好创建规划。我市各个自然村的条件差异较大，确保文明生态村创建有特色、有水平、有成效，必须贴近实际，注重实效。要认真总结、借鉴先进村的创建经验，深入研究，帮助创建村制定出科学的、符合农民意愿的创建规划。特别是市建设局、规划局、交通局、农业局、林业局、畜牧局、文化局、体育局等部门，要着眼长远，指导创建村抓好第三批创建村的规划。要抽调技术人员帮助指导创建村的道路建设、“一建四改”，抓好技术培训，提供技术指导服务，确保各项建设的质量。

第三，要加大投入力度，加强创建村基础设施建设。创建文明生态村，关键是改善农村人居环境，促进农村经济社会发展。在财政投入有限的情况下，完成村庄基础设施建设任务，迫切需要社会各方面的支持帮助。今年，我们市160个村展开创建任务，这些村的基础条件比较差，其中有57个创建示范村，需要57个单位和创建村结成对子。为此，各部门、单位要继续发扬识大体、顾大局的奉献精神，研究好帮扶办法，加大对创建村的投入，尽可能地为帮建村解决一些实际问题，在资金、物资方面给予大力支持。

第四，要统筹兼顾，全方位帮建。要帮班子，帮助创建村按照农村党支部建设要求，切实抓好农村基层组织建设和基层民主政治建设。要帮发动，做好群众再宣传、再发动工作，充分调动广大农民参与创建的积极性、主动性，真正使农民群众成为创建活动的主体。要帮农民提高素质，通过多种形式的培训，培养有文化、懂技术、会经营的新型农民，提高农村的文明程度。要帮助创建村发展经济。找准制约经济发展和农民增收的难点问题，研究提出解决问题的具体措施。要结合本单位实际，帮助创建村引资金、引技术、引项目，转移输出劳动力，促进农民增收。

第五，要切实加强对帮建工作的领导。要强化领导责任。各单位要把帮建工作列入重要议事日程，坚持主要领导亲自抓，明确一名班子成员具体负责，确保帮建工作正常开展。市文明办要加大对帮建工作的督导，对帮建工作力度大、效果明显的要宣传表彰，任务完不成的要予以通报批评。要注重加强宣传引导。充分运用各种宣传媒介，广泛宣传创建工作的意义、成果，宣传创建工作的先进典型和新鲜经验，积极营造方方面面支持创建的良好氛围。

（郭群时任中共承德市委副书记）

供稿：承德市文明办

整理：刘金生 刘惠芙 师文岭

郭群：在承德市创建文明城市暨“六项和谐创建”活动专题会议上的讲话（摘要）

（2007年7月18日）

一、正确看待创建工作的成绩和问题，持之以恒地抓好两项创建活动

这两项创建活动是年初经过市委、市政府研究部署，在全市开展的群众性精神文明创建活动，是着眼构建社会主义和谐社会的大背景，贴近“文明河北、和谐河北”创建活动的实际，根据我市经济社会发展的现状，适应创建文明城市的要求，动员组织全市广大干部群众建设文明承德、和谐承德的重要途径和具体行动。总体上看，这两项创建活动在市文明办的统一组织协调下，经过各级各部门的扎实努力，取得了较好的效果，为促进我市经济社会又好又快发展奠定了良好的基础。具体表现在以下几个方面。一是领导重视，发动深入。从各部门的汇报和市文明办对各单位进行督导了解的情况看，市直各部门认真贯彻全市动员大会精神，按照市委、市政府《实施方案》的要求，及时召开本级党委会议进行专题研究部署，成立了“一把手”负总责的领导机制，结合本部门、本单位的实际，制定落实意见，召开动员大会，明确了创建活动的意义、目标、要求和方法步骤。特别是市直工委、团市委、妇联、国资委、教育局、公安局、城管局、双桥区委等单位，行动迅速，措施有力，结合本单位的实际，及时做出安排部署，在本部门、本系统形成了一定声势。二是宣传到位，氛围浓厚。市文明办协调《承德日报》、《承德电视台》，开设了《文明铸就和谐》专栏和专题节目。市文明办、市直工委开办了“六项和谐创建”活动简报，定期刊登各部门、各相关单位开展活动的经验做法，加大教育引导力度。特别是在创建文明城市的宣传方面，市文明办与交警部门联合，利用公交车、出租车、交通路口的电子屏幕，突出创建文明城市和提高市民素质的宣传，进一步提高了全体市民对创建文明城市的知晓率、支持率和参与度。利用互联网、手机短信等新兴媒体适时制作编发市民道德规范、文明行为等内容的信息，加大了宣传密度，营造了强大的舆论声势。三贴近实际，注重实践。一些市直机关把“和谐机关”创建与“学讲话、转作风、办实事、促发展”结合起来，转变了工作作风，提高了办事效率。市总工会、国资委及劳动和社会保障局注重在困难企业和小企业中有针对性地开展和谐创建活动，保护了职工合法权益，解决了职工中存在的实际问题，促进了企业发展。隆化县在“和谐家庭”创建中，大力开展“万名妇女学习培训工程”，提高了广大妇女的整体素质。平泉县以“做孝顺儿女，建和谐家庭”为主题，开展的“百名孝顺儿女”评选活动，为弘扬家庭美德，推进和谐家庭创建起到了示范作用。四是重点突出，效果明显。围绕倡导和谐理念，培育和谐精神，坚持以建设促发展，以发展促和谐，突出培育文明道德风尚，努力增强公民的社会道德水平和社会责任意识；突出文化建设，充分发挥文化在和谐创建中的育人功能和独特作用，大力开展了机关文化、社区文化、企业文化、乡村文化、校园文化、家庭文化建设。市检察机关按照“文化育检升品位，和谐创检促品质，科技强检创品牌”的思路，创造性地开展先进检察文化建设，有效促进了检察机关的建设。在创建文明城市方面，双桥区环卫局实行了流动车上门宣传和回收垃圾制度，对改善沿街卫生环境发挥了重要作用。

在肯定成绩的同时，我们应该清醒地认识到，目前开展的两项创建活动无论是广大干部群众参与的程度还是创建工作取得的成果都是初步的，与市委、市政府制定的《实施方案》的要求，与文明城市《测评体系》的标准，与人民群众的需求和我们城市的定位还有很大差距。在文明城市创建工作方面：一是市民整体素质要进一步提升，一些影响旅游文化名城的不文明行为、不和谐因素还需要教育引导和督导。二是城市基础设施条件较差，起点低、标准低，缺少有说服力的硬件设施精品。三是城市管理需要进一步加强。特别是城市环卫保洁标准和城市秩序需要提高。四是组织领导不够有力，有的部门对分解的任务不明确，没有行动，有的单位落实的标准低、效果差。在“六项和谐创建”活动方面：一是有些单位创建活动组织领导不够有力，没有把群众的积极性调动起来。二是创建活动的针对性、实效性不强，活动停留在表面上，立足本部门本单位实际研究解决影响和谐的问题不够。三是创建活动的方法不活，载体需要进一步拓展。

以上这些问题有待在下步工作中认真加以解决。希望各部门、各单位要正视问题，研究对策，按照创建标准和工作部署，积极行动起来，做到各就各位、各司其职，加大力度，抓好落实，持之以恒地推进两项创建工作取得新成绩。

二、突出工作重点，推动两项创建工作取得新成效

城市文明与社会和谐是互补互动的辨证关系，其最终要求是完全一致的，就是以文明升华和谐，用和谐彰显文明。所以，在创建文明城市工作和“六项和谐创建”活动的内容、对象上要搞好结合，抓住重点。

关于创建文明城市工作：今年下半年省要组织初评，2008年奥运会前举行最后评选。下一步的创建工作要着重把握六个方面。

1．要正确看待我们城市现状。无论是全国文明城市还是全省文明城市，都是对一个城市的形象和综合素质的最高褒奖。去年，在中央文明委公布的首批“9个全国文明城市”名单中，一些历史名称如“天堂杭州”、“古都南京”、“天府成都”等名城纷纷落选，这给以历史文化名城自居的城市敲响了警钟，同时也给我们的创建工作带来了反思和启示。我们也是历史文化名城，前人的历史文化沉淀给承德创造了得天独厚的先天优势。但是，“名城”犹如一把双刃剑，它既可以让一座城市拥有较高的发展起点，也可以让一座城市安逸地抱着前人创造的财富“吃老本”。我们暂且不和争创全国文明城市中有名气的大的历史名城比，就省内而言，我们与省内兄弟城市比较，城市的综合实力和城市的影响力还不够强，创建文明城市的舆论基础、物质基础、工作基础、群众基础还不够扎实，城市的基础设施、市民素质、城市管理、城市综合环境与其他城市相比差距很大。无论是从哪一个环节来讲，我们要做的工作很多，任务非常繁重。因此，我们一定要保持清醒的头脑，克服自暴自弃、自我迁就的满足心理，切实增强紧迫感和责任感，以勇于进取、务求必胜的决心和不甘人后、敢为人先的精神，坚定不移地推进承德的文明城市创建工作。

2．要准确把握创建工作内涵。论高楼大厦、宽阔马路、休闲广场、城市规模，我们比不过其他城市。我们有的其他城市都有。当城市的外延建设趋于雷同时，提高城市的内涵成了文明城市“一比高下”的决定因素。没有文明的市民，就没有文明的城市。假如一个城市像垃圾乱丢、乱停乱放、随地吐痰、市民交通行为不文明、经营环境不讲诚信等市民群众反映强烈的问题得不到有效解决，创建文明城市就是一句空话。所以，人文素质就是城市内涵的集中体现，提高市民素质是创建文明城市活动的核心和关键。中央文明委颁发的《全国文明城市测评体系》，对市民整体素质，包括思想道德、科学文化、身心健康素质、文明行为和公德行为都提出了明确要求，制定了具体标准，并在整个《测评体系》中占有相当大的比重，充分体现了以人为本的思想。年初，河北省社会发展蓝皮书课题组在11个地级城市市民公共生活文明素养调查中，承德市排在了首位。尽管有偶然的因素，也说明我们承德市民的素质在悄然发生变化。因此，只有让市民对“文明城市”的概念建立起科学、准确的认识，对自己所在城市的创建目标认同了，创建工作才有坚实的思想基础和群众基础。

3．要坚持统筹推进创建工作。文明城市涵盖了经济、政治、文化和社会建设等各个方面，可以说是四位一体建设的一个总揽。因此，在文明城市创建过程中，我们一定要坚持统筹推进，努力增强创建工作的实效。一是要以全新的视野来谋划。要将文明城市创建置于实现承德“立足赶超，跨越发展”的大局中来定位，置于提升承德形象、增强承德实力、扩大承德影响的视野中来思考，置于为民解忧、为民谋利、为民造福的要求中来运筹，把文明城市创建与推进发展、提升形象、改善民生、促进和谐高度统一起来，实现互动多赢。二是要以整体的思维来布置。文明城市创建是一项复杂的系统工程，涉及全市53个机关、企事业单位，119项测评内容，258条测评标准。不论是哪一个部门、哪一个方面、哪一个环节出了问题，都可能给整个创建工作造成严重的影响。因此，各单位、各部门必须牢固树立创建“一盘棋”的思想，统一安排部署，步调一致实施，整体协调推进。三是要以务实的精神来推进。创建工作没有捷径可走，如果把创建文明城市成功的希望寄托在搞突击、拉关系、弄虚作假上，不但会失去文明创建意义，而且会败坏风气。因此，各级各部门一定要大力弘扬真抓实干、务求实效的工作作风，舍得下大力气、花真功夫，把文明创建成果建立在通过扎扎实实工作，取得实实在在成效的基础上。

4．要广泛吸引群众参与创建。人民群众既是文明城市的创建者，也是创建文明城市的受益者。今年对文明城市测评采用“暗访”的形式,这就要求文明城市的各项工作必须常规化、制度化,靠的是平时的工作让百姓满意。要把文明创建的过程，当作为群众办实事、让群众得实惠的过程，坚持用共同的目标追求，来吸引群众、鼓舞群众和凝聚群众，在全市上下形成“人人是文明形象、个个有创建责任”的共同意志。一是要造浓氛围，增强认同感。充分利用电视、广播、网络等多种媒体，精心组织策划一系列声势浩大的集中宣传活动，展开强大的宣传舆论攻势，使文明创建家喻户晓，深入人心。二是要拓展载体，提高参与度。要不断创新活动形式，在机关、学校、社区、行业、市民群众、各类志愿者中设计丰富的活动载体，搭建群众广泛参与文明创建的平台。要注重载体的多样性，增强活动的实效性，使每次活动都成为我们展示文明、树立形象的亮点。三是要全面覆盖，扩大影响力。要将文明城市创建覆盖到社会每个层面，落实到工作每个环节，延伸到全市机关、企业、学校、社区等每个角落，使广大市民树立良好的社会公德、职业道德和家庭美德，养成文明行为习惯，在全市上下形成崇尚文明、倡导文明、展示文明的良好社会风尚。

5．要夯实创建文明城市的基础。在创建活动中，要立足更高的起点，对已经达标的，要抓巩固；基本达标的，要抓提高；没有达标的，要抓落实。使整体创建工作水平提高一个档次，跃上一个台阶。一是要完善基础设施。基础设施是城市物质文明建设成果的展示。除市政府统一组织实施的城市基础设施建设项目外，与各部门有关的公共设施建设要抓紧完善、改造提质。据市文明办统计，在119项测评内容中，涉及软硬件设施的23项内容需要下大力进行完善和建设，无论涉及到那个部门，都要按时完成任务。二是要提升市民素质。要以教育塑造人，以舆论引导人，以典型示范带动人，努力提高市民的思想道德素质。要广泛开展文明行车、文明乘车、文明行走、文明游园、文明观演、文明就餐、文明购物、文明待客、文明过节、文明养犬等“市民文明行为”系列主题实践活动，规范公共场所秩序，提高市民文明素质。同时，要切实加强舆论监督，对创建过程中发现的“不文明”现象，及时予以公开曝光。三是要狠抓城市管理。要加强环卫管理，扩大城市环卫保洁覆盖面，提高城市环卫保洁质量标准。要加强环境整治，组织开展一系列专项整治行动，治理公共场所不文明行为，切实解决乱搭乱建、乱贴乱挂、乱堆乱扔等突出问题。要加强文明示范街道建设，规范店内外秩序。要加强交通管理，规范路面交通秩序，提高城市的通畅能力。要加强治安管理，切实加强治安隐患排查，对重点场所进行重点清理，对重点人群进行重点监管。要深入开展“平安承德”创建活动，完善社会治安防控网络，严厉打击违法犯罪行为，消除“黄、毒、赌”等社会丑恶现象，增强广大市民的安全感。要加强社区管理。深入推进社区管理模式改革，完善基础设施，改善人居环境，健全活动阵地，丰富文生活。

关于“六项和谐创建”活动：针对内容多，范围广、持续时间长的特点，要注意抓好五个方面工作。

1．抓好社会主义核心价值体系教育。思想是行动的先导，没有科学发展的理念，没有和谐社会的理念，就不可能有促进科学发展、构建和谐社会的行为。只有全体社会成员都知荣辱、讲文明、树新风，整个社会才能走向和谐。因此，在整个创建活动中，要把建设社会主义核心价值体系四个方面的内容贯穿到两项创建活动的实践中，坚持用社会主义核心价值体系教育和引领群众，打牢坚实的思想道德基础。

2．抓好单位内部的和谐。和谐包含人与人之间要和谐，人与社会要和谐，人与自然要和谐。搞好和谐创建，最基本、最首要是搞好本单位内部关系的和谐，提高单位内部和谐的质量。要加强领导班子成员的和谐相处，上下级之间工作上的交流沟通，部门之间的工作配合，做到团结共事，互相合作，共同发展，努力形成心齐风正劲足的良好局面。

3．抓好民生问题的协调解决。必须把解决人民群众最关心、最直接、最现实的劳动就业、社会保障、医疗卫生、食品安全、教育收费、收入分配、企业改制、环境污染等民生问题作为和谐创建的重点，统筹协调利益关系，妥善处理各种矛盾。在机关重点解决好依法行政、服务群众过程中存在的问题；在乡村围绕创建文明生态村活动抓好民风乡风方面存在的不和谐、不文明行为；在企业主要抓诚信体系建设和企业改制过程中职工利益出现的实际问题；在社区主要通过“市民讲坛”，抓好市民素质教育，并通过优化社区生活环境，加强社区管理和文化建设，营造平安文明和谐的社区氛围；在校园抓好师生德育教育、组织开展增强青少年道德修养素质系列活动，开展“知恩感恩”、“文明礼仪”教育活动，实施校园文化建设工程，培育良好的校风、学风和教风；在家庭主要按照遵纪守法、勤劳致富、敬老爱幼、睦邻友善、崇尚科学、以德育子的标准要求，开展好“平安家庭”、“五好家庭”、“十星级文明户”、“好婆婆”、“好儿息”等评选活动和“婚育新风进万家”健康行动，引导广大家庭追求健康、文明、科学的生活方式。

4．抓好各种形式的主题创建活动。按照有利于把工作任务落实到基层，有利于广大干部群众普遍参与，有利于持续推进和谐社会创建的原则，积极开展好各种形式的创建活动。一是大力开展“迎奥运、讲文明、树新风”活动，提升文明素质，为迎奥运创造良好的文明环境。二是广泛开展社会志愿活动，要引导公务员志愿者、青年志愿者、学生志愿者在参与活动中增强服务社会的意识和能力。三是开展“名城百店文明诚信创建活动”，抓好诚信体系建设，引导人们讲诚信、重信誉。

5．抓好先进典型的示范宣传。围绕“六项和谐创建”活动，广泛开展“六个十佳”系列评选表彰活动。年底在全市范围内评选“十佳优秀公务员”、“十佳文明生态创建村”、“十佳和谐社区”、“十佳和谐校园”、“十佳和谐企业”、“十佳和谐家庭”等评选活动，并进行命名表彰。充分发挥典型的示范带头作用，在全市形成一个学习先进典型、弘扬社会公德、共促文明和谐的良好风尚。

（郭群时任中共承德市委副书记）

供稿：承德市文明办

整理：刘金生 刘惠芙 师文岭

郭群：在承德市开展“同心迎奥运，文明伴我行”主题活动启动仪式上的讲话（摘要）

（2007年8月8日）

开展“同心迎奥运，文明伴我行”主题活动，是为我国成功举办奥运会创造良好环境、实现人文奥运目标的迫切需要，是推进精神文明建设、提高公民文明素质和社会文明程度的有效载体，是促进和谐承德建设、迎接党的十七大胜利召开的重要举措。现在，奥运会已进入倒计时一周年的关键阶段，扎实推进“同心迎奥运，文明伴我行”主题活动，就是要突出讲文明、树新风这一主题，围绕文明礼仪、公共秩序、社会服务、城乡环境等重要方面，大力开展各种实践活动，联系实际，狠抓落实，着力解决人民群众反映强烈的社会道德建设中存在的突出问题，使公民文明素质和社会文明程度得到进一步提高。要认真组织开展文明礼仪宣传普及活动，把文明礼仪的基本要求贯穿到各项经济社会文化活动之中，融入到人们的工作、学习和生活之中，在全社会进一步形成明礼尚德的良好氛围。要认真组织开展文明礼仪优质服务活动，开展具有行业特色、职业特点的文明服务活动，大力推进诚信服务、优质规范服务，提高窗口行业单位和行政执法部门的文明优质服务水平。要认真组织开展“全民健身与奥运同行”群众健身活动，掀起“全民健身与奥运同行”活动热潮，进一步提高市民身心健康水平。要认真组织开展奥运志愿服务活动，组织全市志愿者开展以弘扬社会公德、宣传公共理念、维护公共秩序、优化公共环境为重点的志愿服务活动，通过志愿者的文明服务与引导，提升广大群众的文明素质。要认真组织开展“市民文明行为”系列主题实践活动，组织市民开展“文明行车、文明乘车、文明行走、文明游园、文明观演、文明就餐、文明购物、文明待客”等系列实践活动，养成良好的文明习惯。要认真组织开展各类先进典型评选表彰活动，结合全国道德模范评选表彰活动和“六项和谐创建”活动，抓好“助人为乐、见义勇为、诚实守信、敬业奉献”及“十个十佳”等方面典型的评比表彰活动，在全市形成一个学习先进典型、弘扬社会公德、共促文明和谐的良好风尚。

全市各级各部门要加强对“同心迎奥运会，文明伴我行”主题活动的组织领导，坚持“以人为本，立足基层、面向大众”的原则，使“迎奥运、讲文明、树新风”活动开展的过程成为群众自愿参与、共享成果的过程。要把“同心迎奥运，文明伴我行”主题活动与群众性和谐创建活动结合起来，与创建文明城市、文明村镇、文明行业、文明单位活动结合起来，把活动扎扎实实地推向深入。各责任单位和部门要认真负起责任，带头抓好落实。全体市民和各级志愿者，要关注奥运、支持奥运，从我做起，从小事做起，倡导良好的文明行为，为建设文明和谐的承德贡献力量。

（郭群时任中共承德市委副书记）

供稿：承德市文明办

整理：刘金生 刘惠芙 师文岭

宋太平：在张家口市“两提一优”动员大会上的讲话（摘要）

（2007年3月23日）

市委、市政府决定在全市广泛开展以提高工作效率、提升服务质量、优化发展环境为主题的“两提一优”活动，是基于对全市政务环境状况的深入分析，着眼加快发展作出的一项重大决策。

开展“两提一优”活动是一项复杂的系统工程，既要着眼长远，按照既定的工作部署整体推进；又要立足当前，善于抓住主要矛盾，抓住带有根本性、关键性的重点环节和问题。具体讲，要突出“三抓”。

一抓突出问题。在前一阶段调研的基础上，我们初步梳理出涉及服务意识、办事程序、机关管理、涉企检查收费、治安环境等五个方面的问题。这些问题既是广大群众关注的焦点，企业、客商反映的热点，也是需要解决的重点。有些问题尽管发生在少数单位和个别地方，但影响很大、影响很坏。对此，市成立了专项工作组，分别由市委常委和副市长牵头，痛下决心，集中整治。具体到各个部门，由于工作性质和职能不同，存在的问题也不尽相同，一定要从实际出发，哪些问题突出就重点解决哪些问题。

二抓关键环节。以关键环节的突破，带动重点问题的解决。比如解决部门利益至上、本位主义严重、服务意识差的问题，要在转变观念上下功夫，深入开展“建设沿海经济社会发展强省，张家口怎么办”，“优化发展环境，部门、科室、机关干部怎么办”的大讨论，引导全体机关干部牢固树立“政府就是服务”的理念；解决工作程序繁杂、运转缓慢的问题，要抓住行政服务中心这个重点，着力推行并联审批，突出解决两头受理、体外循环的问题，进一步简化审批程序，减少中间环节。在解决其它问题上，也要抓重点问题、抓关键环节，推动“两提一优”活动深入扎实有效地开展。

三抓重点部位。对于重点部门、重点岗位，要坚持高标准、严要求。特别是直接服务企业和客商的窗口单位，既是各专项工作组的主要成员单位，又是整改问题、完成具体工作任务的重要责任单位，在“两提一优”活动中要先行一步。按照专项工作组的要求，结合各自工作实际，制定活动方案，认真进行整改，切实解决问题。同时，发挥好牵头协调作用，与相关单位搞好协调配合，确保各项工作落到实处。

开展“两提一优”活动，绝不是喊口号，更不能图形式，关键是要真正解决一些突出问题，改善和优化我市发展环境，用实实在在的成果取信于基层、取信于企业、取信于客商、取信于社会。

一要分类施治。开展“两提一优”活动，涉及到不同行业、不同部门和不同人员，情况千差万别，问题各不相同。要根据行业、部门、人员的工作性质和特点，分门别类，区别对待，采取灵活多样、切合实际的措施和方法，有针对性地解决问题。比如，行政职能部门要集中解决在审批过程中存在的“卡”、“压”、“繁”、“慢”的问题；直接服务于社会的窗口单位要集中解决“冷”、“横”、“硬”、“拖”的问题；经济主管部门要集中解决“职能转变滞后、服务不到位”的问题；政法部门要集中解决执法方式简单粗暴、随意执法，甚至以权代法、以情代法的问题。

二要分步实施。“两提一优”活动是一个动态的、长期的过程，要区分轻重缓急，根据实际情况，分阶段、有步骤地制定工作方案，力争每个月、每个季度、每年都能解决一、两个突出问题。通过持续滚动，不断取得阶段性成果，推动整体工作的进展。绝不能搞成一种短期行为。

三要规范管理。按照规范化的要求，各职能部门都要依据本系统、本行业的工作特点，制定完善各自的工作规范和服务标准，将工作职责和服务要求分解到岗、到人，并向全社会公布。同时，要在认真总结以往经验的基础上，进一步完善服务承诺制、首问责任制、限时办结制、AB岗工作制和投诉查处制、执法回执制等行之有效的工作制度，全面规范每个系统、每个行业和每个岗位的服务行为、管理行为和工作行为。

开展“两提一优”活动重在抓好落实

首先，责任要明确。各级各部门要把开展“两提一优”活动纳入重要日程，作为“一把手”工程，与招商引资、项目建设等工作同研究、同部署、同落实。主要领导要靠前抓，真正做到领导指挥在一线，措施落实在一线，解决问题在一线。按照管理权限和职能划分，各行业主管部门要制定本行业具体的活动方案，并把责任分解到各个单位、各个工作环节，使人人身上有压力，个个肩上有责任。每个单位都要按照市里和行业的要求，安排好“两提一优”活动的具体实施计划，确保“两提一优”的要求和措施落实到所有层面和各个环节。

其次，督查要严格。加强对各部门、各单位“两提一优”活动开展情况的阶段性督查，并对重点部门、重点行业、重点岗位开展暗访活动。对那些群众意见集中、反映强烈的部门和单位，实行重点督查督办。对重大破坏发展环境的问题，要跟踪调查，公开处理。坚持做到哪里工作难推动就把主要精力投放到哪里，哪里不落实就跟踪督查到哪里。

第三，监督要到位。重视发挥群众的监督主体作用，广泛动员人民群众开展多种形式的“下评上”活动，特别要进一步畅通信息反馈渠道，及时受理、认真查处群众举报投诉的案件；继续深入开展民主评议行风活动，经常性地组织人大代表、政协委员、企业经营者、外来客商、行风监督员等进行查访；充分发挥新闻媒体的监督作用，公开批评反面典型，形成浓厚的舆论监督氛围。各部门、各单位的整改结果要及时向社会公布，主动接受监督，以人民群众满意作为衡量优化环境的根本标准。

第四，奖惩要严明。进一步完善考核办法，把单位、部门的工作作风、服务态度、服务质量和服务效率作为政绩考核和干部选拔任用的重要依据。对在“两提一优”活动中做出突出贡献的单位和个人，要大力表彰和奖励。建立和完善责任追究机制，对典型案件要重点查处并公开曝光，对有关领导和责任人要依法依纪严肃追究，决不姑息迁就。

（宋太平时任中共张家口市委书记）

供稿：张家口市文明办

整理：田晓燕

曹英忠：在张家口市深化文明生态村创建工作会议上的讲话（摘要）

（2007年7月25日）

2004年开展创建活动以来，到2006年底，全市已有737个村基本完成了创建任务，成绩是明显的，农村面貌变化是可喜的。

工作中要注意把握四条原则，突出四个重点。

四条原则是：

第一，分类指导，体现特色。坚持因地制宜、因村制宜，尽力而为，量力而行，不搞“一刀切”。第二，“软硬”并重，统筹推进。在加强基础设施建设的同时，更加注重在提高农民素质上下功夫，在帮助农民发展生产、增加收入上下功夫，在建立新的管理制度上下功夫。第三，以城带乡，以点带面。在充分发挥村民创建主体作用的同时，组织动员更多的机关、单位和社会各界，加大帮扶帮建力度；注重发挥重点村的示范作用，带动各村整体推进。第四，摆正关系，搞好结合。要把创建活动作为建设社会主义新农村的一个重要方面、一项有效举措，纳入新农村建设的总体工作，适应其总体要求；要同先进基层党组织创建活动、精神文明创建活动紧密结合。

四个重点是：

第一，坚持生态建村，切实改善人居环境。要进一步推进道路硬化，重点搞好通村公路、村内主街道的硬化，有条件的地方要逐步向小街小巷拓展延伸。要高度重视绿化、美化，在通村道路和村庄周围荒地大量植树，形成道路绿化带和环村林带；在街道两旁、农户庭院、房前屋后植树播绿，优化生态。要下大力抓好街院净化，推广沼气、改水改厕、小区养殖等，从源头上解决“五乱”问题。

第二，突出文化兴村，着力提高农民素质。加强文化室、图书室、农民学校等文化设施建设，加快推进广播电视“村村通”，为农民群众享受文化生活、开展文化活动提供舞台。深入开展“十星级”文明农户评选及群众性文体活动，深化道德建设，活跃农民群众的精神文化生活。广泛开展实用农业科技等相关知识培训，力争使每户都有一个致富“明白人”。

第三，实施产业强村，大力发展农村经济。加强农业基础设施建设，加快发展现代农业，按照“一村一品”、“一村多策”模式，引导农民充分发挥本村资源优势，拓宽致富门路，增加经济收入。

第四，深化民主治村，努力建设和谐农村。进一步健全农村党组织领导下的村民自治机制，完善落实民主选举、民主决策、民主管理、民主监督制度。进一步强化督导检查，切实把各项惠农政策落到实处。认真搞好“村民中心”建设，努力搭建为农民提供公共服务的新平台。

强化领导，完善机制，切实形成创建活动的强大合力：

一是完善领导体制。根据市委意见，创建文明生态村工作由市农村工作领导小组全面负责。市文明办作为农村工作领导小组的成员单位，继续承担具体组织协调的责任。涉农、科教文卫以及交通、民政等部门，要研究完善促进农业农村发展的具体政策，进一步加大对创建工作的支持力度。

二是完善投入机制。市、县两级财政都要建立文明生态村创建专项资金并列入预算。要盘活村集体闲置资产和土地，拓展集体收入渠道，增强公益事业建设力量。广泛动员和吸纳社会资金，鼓励和引导广大民营企业及在外创业大户投资家乡建设，同时充分借助各项支农工程推动创建活动。坚持用“一事一议”的办法，组织发动广大农民群众积极参与到创建活动中来，用自己的双手建设美好家园。

三是完善帮扶机制。继续完善和落实市县区领导联系示范村，市县区直部门、企事业单位帮扶共建联系点制度。认真组织开展好专业技术人员“进万村、兴百业”活动，积极有效地搞好帮扶和服务。充分发挥工、青、妇等群团组织的作用，努力形成全社会关注、各方面参与的局面。

四是完善督导激励机制。市委、市政府督查室和市创建办要加强对各县区创建活动情况的检查督导。要把创建活动的实际成效作为县区、乡镇党政班子和领导干部考核的内容之一。市、县区每年都要评选一批创建工作先进集体和先进个人，并予以表彰。对那些创建工作不力或管理机制落实不好的，要予以批评，责令整改。

五是完善长效管理机制。要指导各创建村制定完善一套适合村情民情的长效管理办法，将管护主体固定下来，把管理责任明确下来，形成易于操作、约束力强的长效机制，做到卫生经常打扫、道路经常维护、树木经常管护、“村民中心”经常开展活动，努力维护和扩大创建成果。

（曹英忠时任中共张家口市委副书记、市纪委书记）

供稿：张家口市文明办

整理：田晓燕

王三堂：在第二届河北省城市森林论坛上的演讲（摘要）

（2007年7月17日）

秦皇岛发展正站在新的历史起点上。围绕全面落实科学发展观，我们提出率先建设富有实力、充满活力、独具魅力的沿海经济社会发展强市的奋斗目标。建设“实力、活力、魅力”秦皇岛，实力是基础、是支撑，壮大实力必须靠经济社会发展；活力是前提、是保障，增强活力必须靠改革开放和创新；魅力是特色、是内涵，彰显魅力必须靠生态、靠人文。生态是城市的表色和形象，人文是城市的底色和内蕴。我们要推动科学的发展、促进社会和谐，必须注重统筹实力、活力、魅力三大要素，从生态入手促进人与自然的和谐，从人文入手促进人与人的和谐。在今后的工作中，要坚持以造林绿化和生态建设为突破口，充分发挥区域、生态、资源和产业优势，努力构建一个经济繁荣、社会文明、环境优美、亲水亲绿、适宜人居、适宜创业的现代化生态港口城市。

一、关于森林文化

秦皇岛有着优越的自然生态和资源条件，理应把生态环境建设得更好。对照先进查找不足，我感到工作上的差距，若向深层次去追寻，其主要根源在文化，突出表现在环境保护、生态文明作为一种文化意识和价值观念，还没有真正在全社会树立起来、弘扬开来。“十年树木，百年树人”。“树木”和“树人”之间有着密不可分的关系，树木首先树人，数人才能树木。而树人主要是树文化，主要是转变观念。因为环保最重要是心灵的环保，森林首先应该栽植在“心地”上，特别是栽植在地方决策者的“心地”上。就是说，如果你的心不重视，没有愿望、蓝图和决心，那么这个地方的环境建设就不会好到哪里去。因此，只有从文化的层次上提高全社会对绿化建设的认识，城市森林建设才能真正拥有永续的动力，城市建设才会永久保持特色和魅力。

森林作为人类的摇篮，是人类文化形成的基础和源泉。人类在进化成为人之前，“尊天地，敬父母”，一直生活在森林里，形成以自然为中心的原始文化和文明。当人类走出森林以后，开始忘记森林和大自然曾经赐予的恩典，奉行以人类发展、自我生存为中心的文化思想，某种程度走上了一条异化的道路。由于人类以征服自然、挥霍资源为目的，大肆砍伐森林和破坏环境，遭到了人类“母亲”大自然毫不留情的报复。其实说大自然“报复”我们，那是小觑了她的“觉悟”。大自然才没那么狭隘呢，她是在警醒、教育人类，让你变得理智、清醒点。人是大自然这棵树上结出的果实，现在总体上还处于幼年时期，好像一个“爱捣乱的孩子”，而大自然这个“母亲”通过各种方式在警策我们。但如果人类不吸取教训的话，她应该还有更严厉的教育方式。历史上许多因森林消失、气候变化而导致人类迁移甚至国家衰亡的例证并不鲜见。这些都充分的警示我们，人类必须重新认识大自然，反思自身的价值观念，培育森林文化，尽快实现人与自然和谐本质的文化回归，否则人类将走上一逐影而奔、饮鸩止渴、漏脯疗饥的不归之路。

中国自古就有“不涸泽而渔、不焚林而猎”的保护自然的朴素思想，强调孝敬为先。这种孝敬不仅是孝敬父母、祖先，包括敬天孝地。中国传统文化的本质就是和谐，和谐大致可归纳为三种，即人与自然和谐、人与人的和谐和每个人身与心的和谐。三种和谐的最高境界可归纳为“合天人、同人我、一内外”，其中“合天人”是基础和前提。在构建和谐社会、促进人与自然和谐相处的今天，我们必须继承和发扬中国优秀传统文化精髓，充分认识到森林的重要，像保护身体一样爱惜她。自然界是人的身体的外展和延伸，破坏大自然就是在破坏人类自己，就是在破坏我们的身体。要在全社会培育和倡导森林文化，把征服自然、猎守自然，转为尊畏大自然、爱护大自然、奉养大自然，人类这个“万物之灵”应该有这点灵性。我们不仅要保护环境不受破坏，而且要建设城市森林，恢复自然生态，合理利用资源，保证资源的永续利用，实现人类与森林，与大自然的和谐共荣，这应当成为新时期培育森林文化的思想基础，为此全社会进行森林文化教育，培育人们对森林的情感，陶冶情操，净化灵魂，提高国民素质和对森林文化的感悟力。因此我们呼吁，人人都来复兴、传承和弘扬森林文化，不断增强建设森林、保护森林的自觉性，自觉参与到城市森林建设中来，为此建立新型的人与自然和谐相处的关系。

二、关于生态道德

尊重和保护自然环境，重视和加强生态建设，是衡量一个地区文明程度的重要标准。植树造林，爱林护木，其基础是培育人的文明素养和生态道德。“天地不言，四时行焉，万物自化”。有了好的生长环境，树木自有积极性；有了好的生态环境，生物自有多样性。天宝才能物华，不地灵何谈人杰。当前我们强调以人为本，把解决人的生存与发展作为价值观的核心，就是需要坚持生态优先。自然是生育天地万物的本原，人类作为迄今为止地球上唯一的道德主体，应该遵循自然规律，协调阴阳，顺应自然，保持和谐。

我认为，对我们秦皇岛来说，目前应从三个方面上，重新构建环境理论，培育人与自然环境“天人合一、天人相通”的道德关系——生态道德。

第一，相对于全社会而言，最高层面的生态道德，是正确处理人与自然、人类与其他生命包括人类自己身与灵之间的关系，即建立新型的生态伦理观。现今生态的破坏和环境的污染，并非主要出自科学上的无知或技术上的缺失，而是与人类道德水平直接相关。应当把生态道德作为城市森林建设重点在全社会进行推广。环境是无数个环重叠组成的生态系统和链条，环境保护就是保证这种环不被弱化和不破、不断。我们应该倡导热爱自然、尊重自然、保护自然、师法自然的思想观念和价值取向。这其中包括三方面内涵：一是大力造林绿化，建设城市森林，为植物提供良好的生长环境，促使绿化后的植物群落融入到地域性生态体系之中。二是全社会共同建设、共同享有造林绿化和生态建设的成果，也使其他生物与人类共享该善了的生态环境。三是造林绿化是人类改善生态、回报自然、惠及后代的长期行为，我们当代人应当让后人同样公平地享受自然生态环境。

第二，相当于一个地区的党政组织而言，中间层次的生态道德，是树立执政为民的宗旨观、科学发展观和正确政绩观。为政一方，就应对这个地方经济社会发展的整体利益、最广大人民群众的根本利益和可持续发展的长远利益负责，就应对这一方的水土和生态高度负责，这是最基本、最重要的执政理念问题。生态良好、环境优美是秦皇岛最大的品牌，是市民幸福感的主要来源，也是最主要的优势和魅力所在。我们有让这个品牌更加亮丽的义务，而没有让她减色的任何理由。虽然现在经济发展任务繁重，需要我们毫不动摇地加快发展、但越是这样，越需要我们树牢科学发展、和谐发展的意识，更加坚定不移地抓好造林绿化和生态建设。

第三，相当于每个人而言，最基础层面的生态道德，就是基于身体健康和生活环境需要下的道德认同，我们必须学会与自然共栖共生、和谐共处，从而内在地生成对待自然界的友好态度和积极实践。每个人都应当从我做起，从小事做起，节制欲望、勤俭节约、适度消费、自觉履行人类对自然和生命的道德义务与责任，养成关爱生物、善待生命、不折花木、爱护环境的行为习惯，自觉地摒弃破坏自然和环境的不道德行为。通过持续开展生态道德教育，全面弘扬生态道德理念，使爱绿、护绿、增绿成为普遍的社会风尚。人的生活分为物质生活、精神生活、信仰生活三个层次，人的幸福感不只是来源于物质生活。人生在世，真的应当做到物质生活要俭朴，精神生活要充实，信仰生活要纯洁。

三、关于和谐发展

造林绿化是环境保护、生态建设问题，但归根到底是科学发展、和谐发展问题，是树立和落实科学发展观的问题。发展是时代的主题，是科学发展观的第一要义；和谐是我们追求的社会理想，是构建和谐社会的核心要求。离开发展，和谐将失去保障；离开和谐，发展将无法持续。我们在城市森林建设中，应当辩证看待和谐与发展的内在联系，牢固树立和谐发展理念，以经济发展为基础，以壮大实力为保障，统筹推动城乡、区域、经济社会、人与自然、国内发展和对外开放的和谐发展，营造和谐的人文生态和自然生态。这既是科学发展观的出发点和归宿，也是构建和谐社会的题中应有之义。

秦皇岛是宜居和旅游城市，是中国的夏都，一方面在环境生态方面有着特殊要求，一方面在经济发展和富民增收上面临更大的压力。要实现更好更快发展，必须妥善处理好环境保护、生态绿化与工业立市、经济发展的关系。不走工业化立市的路子、经济实力不壮大不行，但是环境和生态遭到了污染破坏更不行。因此，我们在坚定不移的加快经济发展的同时，必须更加注意环境保护和生态建设，真正实现科学理性发展、和谐统筹发展。如果秦皇岛的经济发展不上去，我们就是现实的庸人；如果秦皇岛的环境遭到破坏，我们就是历史的罪人。我们既不能做现实的庸人，更不能做历史的罪人。这个问题很难两全，但能够两全，也必须两全。生态建设力度要加大，经济发展速度要加快、质量要提高，经济、社会、生态发展的协同度要增强，努力实现环境保护和经济社会发展的互促共赢。

我感到就一个地区和城市来说，资金、技术、项目、人才都是可以引进和流动，唯有环境只能靠自己创造。生态环境引不进来、带不出去，是这个地区和城市所独有的资源和特色，是真正或最能实现“共享”的资源和成果。生态环境是城市发展的基础，是对外开放和招商引资的重要条件，是人民幸福的基本要素，是最重要而且越来越重要的发展竞争力。如果发展危及生态和生存环境的话，发展将失去其根本意义，人民生活幸福也无从谈起。我们必须把生态和经济作为不可分割的有机整体，既要金山银山，更要绿水青山；有了绿水青山，才有金山银山；在金山银山和绿水青山发生矛盾和冲突的情况下，我们宁要绿水青山，也不要金山银山。以良好的生态环境和城市形象，增强城市竞争力和凝聚力，更好地聚集一切有利于发展的要素，全面推动秦皇岛更好更快发展和致力于人民的更加幸福。

（王三堂时任中共秦皇岛市委书记）

供稿：秦皇岛市文明办

王三堂：在“扮靓秦皇岛、盛装迎奥运”暨实施“双十工程”动员大会上的讲话（摘要）

（2007年12月10日）

明确目标要求，高标准组织实施迎奥运“双十工程”

总的要求是：以展示秦皇岛开放、文明、靓丽形象为着力点，以促进又好又快发展和满足群众对城市功能环境的更高要求为切入点，全党动员，全民动手，点线面结合，大气精细、人文生态并重，统筹全面、突破重点，坚持高起点规划、高水平建设、高强度投入、高效能管理，全力推动秦皇岛基础设施、环境面貌和文明程度的大提升、大变化。

总的目标是：利用半年多时间，也就是确保在明年8月奥运会之前，力争在明年7月暑期之前，高标准完成重点基础设施和交通路网工程，提升城市保障和市区通行能力；造林绿化、生态建设实现大的提升，巩固天蓝地绿水清的优美环境品牌；加快实施城镇建设和景区改造工程，形成“宜居宜业宜游”滨海城市的新形象、新精品和新亮点；全面推动区域环境综合整治及民生改善，提供高质量的社会公共产品，城乡环境面貌显著改观，工程成果更多地惠及广大人民群众；扎实做好迎奥运筹备工作，以高效率赛事组织和高素质文明形象，为北京成功举办“有特色、高水平”的奥运会做出贡献。有关“双十工程”的具体安排部署，市委、市政府已逐一明确了联系市领导和工程内容、标准、时限及责任者。会后，大家要按照承前启后、承上启下、纵向协调、横向统筹的要求，根据责任分工，抓紧制定完善每项工程的具体实施方案，不折不扣地抓好落实。（一）坚持以一流的要求进行规划，努力打造国内领先水平的现代滨海城市。首先要以国内领先为标尺，努力提高规划水平。“法乎其上，得乎其中；法乎其中，得乎其下”。树立国内一流的目标，可能有些方面一时达不到；但规划起点低，建设的肯定是二流、三流城市。要按照“百年规划、百年负责、百年不落后”的要求，高标准搞好总体规划、控制性详规和城市设计，并把有关要求延伸到社区、街道和县城。其次要高度重视城市设计和工程设计问题，注意借鉴外地先进理念和一流标准，把城市可看到的一切东西、工程涉及的各个方面都作为设计要素，进行统筹合理配置、精心规划设计，注重体现出形象风格、建筑风格、人文风格、生态风格。要通过城市设计，使建筑、道路、绿化、广告、灯光等各类要素合理、协调配置，打造秦皇岛的文化底蕴和个性魅力。风格定位、园林绿化设置、街头店面、标识标牌、城市雕塑等都要反复论证、精心规划、严格把关。一时拿不准的规划设计，宁可暂时放一放，也不能为后人留下遗憾。第三要增强规划执行力。规划设计一经确定，必须加大执行力度，凡是违规违法建筑和设施，都要坚决予以拆除或叫停，切实维护规划的权威性和严肃性。（二）坚持以一流的标准进行建设，做优做美做精城市形象。一要按照大气加精细的要求，确立“高质量、高品位、高水平、精细化、创一流”的建设指导思想，不干则已，干就干好，把“一流标准、一流质量、一流水平”贯彻到所有工程、项目的各个环节中去，真正做到“出亮点、出精品、出形象、上品位”，绝不允许出现豆腐渣工程和低品位建筑。二要努力关注城市建设的“细节”，认真解决大气有余、精细不足的粗放型建设、粗放型工作问题，注重从细微之处入手，从一件件具体项目抓起，大到一个工程，小到一条街道、一盏路灯、一块铺路石都要体现高标准、高水平、精细化的建设要求，每个建设项目都要力求干好、干出水平，打造成标志性建筑或设施。三要坚持以人为本，注重从更好地满足群众生产生活需求、解决群众实际问题做起，把生态文明和人文关怀体现在城市建设的方方面面，努力使生产、生活、生态“三生”得到更好地统筹，努力建设更加宜居、更加宜业、更加宜游的“三宜”之城。（三）坚持以一流的理念进行管理，集中整治提升城市环境面貌。城市规划、建设重要，管理同样重要。要把我市城市管理水平偏低的问题，作为“双十工程”的重中之重加以解决。一要牢固确立“重视城市管理就是促进社会和谐”的理念和“大城管”意识，完善城市长效管理机制，探索城乡一体化模式，积极推动城市管理和环境建设提升工程向机关、学校、企业、宾馆、商店、部队和街道社区、城中村、乡镇农村延伸。二要实行节点管理，以绿化、美化、亮化、净化和秩序化为目标，抓住群众反映强烈的重点区域、关键节点和突出部位，全面推动各项治理工作。三要坚持依法治理、严管重责。认真落实属地管理、按线分包、各负其责、全民共建、全面行动的原则，推动联合执法稽查，全方位监控，全天候管理，坚决打好环境综合整治这场硬仗。定了的任务，就要拒绝理由，保证完成，否则该换人的换人，该处理的处理。要避免各种违规执法行为，注意方法和带着感情做好群众工作。（四）坚持以一流的水平塑造特色，不断彰显城市活力和魅力。一个城市不怕有缺点，就怕没特点；有了特色，城市才更具活力、魅力和竞争力。秦皇岛城市建设和发展的最大特色，就是要坚持以人为本、生态优先，努力建设宜居宜业宜游之城，突出“人文＋生态”，彰显绿化和文化两大主题，以文化为底色，以绿化为表色，培育城市个性，深化城市内涵。在实施“双十工程”中，一定要按照上述理念，集思广益，博采众长，搞好谋划和建设。一要巩固全国绿化模范城市创建成果，继续开展大规模造林绿化和生态建设。把生态文明摆上更加重要的位置，全方位培育生态文化，弘扬生态道德，促进天人合一，建设生态文明。要抓住今冬明春时机，通过规划建绿、拆墙透绿、河岸增绿、庭院添绿、广场铺绿、城乡布绿，进一步掀起全民植树造林的热潮，努力建设“无处不文化、在在讲生态”的人居环境，打造“城在林中、路在绿中、房在园中、人在景中”的城市生态系统。二要加强城市文化建设，提升市民文明素质和城市文化品位。加快总结和提炼城市人文精神，促进文化事业和文化产业大发展、大繁荣。以深化“双学、双守、双做”教育实践活动为总牵引，全面开展“百万市民进课堂”和文明新风、文明礼仪、文明道德、文明服务、文明秩序、青年志愿者等实践活动，增强全民思想道德素养，焕新精神风貌，努力争创全国文明城市。（五）坚持以一流的投入开发建设，搭建更加广阔的城市建设融资平台。组织实施好“双十工程”，解决建设资金问题是基础和关键。“双十工程”的哪项工程，没有足够的投入也是不会出效果的，但是这个投入决不能单纯依靠财政，很多投入要通过市场机制运作来解决。当然，必要的财政投入要得到保证，同时注意发挥财政投入的杠杆和引导作用。一要通过市场化运作，多途径解决资金问题。实施优势资源捆绑推介，加强与国家开发银行和商业银行的合作，争取明年完成商业银行50～70亿元的信贷融资。注意加强市县政府之间的城建融资合作，扶持县城和重点镇建设。进一步盘活市县两级土地资产，搞活土地经营，实行经营性土地与基础设施整体打包出让、招商，以地生财，解决好配套建设资金。认真研究和包装特色项目，采取BOT、TOT等方式，吸纳市县城建资金。二要动员全市所有部门、所有力量和所有资源，参与到“双十工程”建设中来。不管是市直还是县区、驻秦单位还是企业院校，都要站在全局的高度，有钱出钱、有力出力、有资源出资源，切实按照职责分工完成任务，努力为迎奥运、为扮靓我们共同的家园作出贡献。部门、单位之间要开展竞赛，奋勇争先。三要提高投资效益，力争用尽可能少的投入建最好的工程、办更多的事情。我们的财力还很不宽余，而这些工程又必须按时按质按量做好，这就要求大家一定要打紧开支，精打细算，把钱用好，确保一分钱能做出一分钱工程，力争用出两分钱的效果。

强化措施保障，确保迎奥运“双十工程”各项任务落到实处

“双十工程”各项目标、任务已经明确，能否如期完成，关键在领导，关键在落实。全市各县区、各部门一定要高度重视，加强领导，集中精力，协同作战，确保“双十工程”见大成效、出大效果。第一，领导必须到位。市委、市政府决定，成立“双十工程”推进领导小组，由我和瑞亭同志任组长，陈贵、志欣、誉峰、洪卫同志任副组长，其他市领导及相关县区、相关部门主要负责人任成员。领导小组下设综合协调、资金调度、规划建设、环境整治、工程督导五个专业工作组，综合协调组由志欣同志负责，资金调度组由誉峰同志负责，规划建设组由洪卫同志负责，环境整治组由泰安、晓峰、秦生、洪卫、刘成同志按各自分工展开，工程督导组由留逮同志负责。在市领导既有分工的基础上，每项工程都明确两名市级领导联系，以齐抓共管、形成合力。各县区、各部门也要抓紧成立相应机构，抓好工程建设的谋划、组织和实施工作。特别是各单位一把手要亲自挂帅，亲历亲为，靠前指挥。每项任务都要明确分管领导盯办，统筹调度和安排力量，在全市范围抽调精兵强将，专门组织开展好“双十工程”。组织人事部门要抓紧研究，抽调一批公选后备干部和有培养前途的年轻干部投入到“双十工程”中来。第二，责任必须到位。“双十工程”要建立严格的责任制，每个工程和项目都要制定详细具体的实施方案，促进工作任务细化到子项目、量化到最基层，责任和压力逐级有效传递到人头。要层层做到定领导、定任务、定标准、定责任、定时限，环环紧扣，压死责任，跟踪问效，一抓到底。市委、市政府对“双十工程”实行统一指挥、统一协调。同时按照属地管理、按线分包、各负其责的原则，各县区对辖区内的城建和环境整治负总责，市直各牵头部门对所负责的全市性相关任务推进负总责。全市各级各部门和中省属驻秦单位、部队、院校，都要树立大局观和全局观，站好位、选准点，全力支持和主动融入到“双十工程”建设中来。第三，协调必须到位。“双十工程”涉及面广，是一项繁杂艰巨的系统工程，需要各级各部门紧密配合，通力协作。全市上下都要强化横向统筹、上下协调，搞好各项工程和项目之间的衔接配合、分工合作，打好总体仗、攻坚战。各级各相关部门要各司其职，各负其责，加强与专业工作组、牵头部门和各县区的沟通衔接。协调才能形成合力，才能完成任务。分管市领导、各专业组、牵头部门都要敢于协调，善于协调，适时协调；各相关部门、人员都要服从协调、服务全局，决不允许强调客观、各自为政、我行我素，出现类似问题的要严肃处理。第四，督查必须到位。推进领导小组要加大组织推进力度，对每项工程和子项目都要倒排工期，挂图作战，锁定时间，提出明确要求，把工作做实、做细。要建立领导小组例会制度，每月召开1～2次例会，掌握工程进度，阶段通报情况，及时协调解决各种问题。要加强对“双十工程”的督促检查，根据工程进度安排及时调度、认真督导，强力推动工作落实。各牵头部门和各县区领导小组，要定期向市领导小组报送工程进展情况，市“双十工程”综合协调组要定期编印工作简报，反映动态，交流经验，鞭策落后。第五，奖惩必须到位。要把“双十工程”落实情况纳入领导班子和领导干部考核内容，与单位评先和干部考核结合起来，与考察、发现、识别和使用干部结合起来，建立起有效的检查跟踪督办制度。对在“双十工程”建设中成绩突出的单位和个人，予以表彰和奖励乃至重用；对推诿扯皮，工作不力，影响全市整体进度的责任单位，要通报批评、公开曝光、限期赶上，三次通报仍无大进展的，将坚决追究其领导责任。第六，舆论和动员必须到位。要采取多种形式营造舆论声势，动员社会力量，形成强大合力。各新闻单位要制定专项宣传报道方案，开辟专题专栏，进行全方位、多层次、多角度的宣传发动，大力宣传迎奥运“双十工程”的重要意义、任务要求和主要标准，做到家喻户晓，深入人心。要把乡镇、村街和社区都动员起来，把各家各户、每个居民都动员起来，党员干部特别是领导干部要自觉带头，形成建我家园、人人有责、全民参与的浓厚氛围。要注重搞好典型报道，发挥新闻监督作用，及时反映群众关心的热点问题，表扬“双十工程”和爱护城市的先进事迹，曝光后进单位和反面典型，树立改善城市环境、提升文明素质的鲜明导向。

(王三堂时任中共秦皇岛市委书记)

供稿：秦皇岛市文明办

时晓峰：在秦皇岛市深入推进创建文明生态村暨典型示范村工作会议上的讲话（摘要）

（2007年6月15日）

要找准着力点，按照新农村建设要求搞好典型示范村建设

建设典型示范村只有坚持高标准、务求新特色，才能充分发挥示范引领作用。各县区、乡镇、村要找准路子、迈开步子、大胆探索、积极推进。

一是要全面加强软硬件建设，提高品位。硬件建设要坚持规划先行，做到长短兼顾，既要考虑眼前，又要兼顾长远。在建设标准上，要坚持高站位、大手笔，向全省乃至全国的先进村看齐；在建设方向上，要优先加强村民中心、活动广场、文化墙等设施建设。村民中心要健全功能，通过为农民提供技术、信息、医疗等项服务，让农民得到实惠。软件建设要从农村精神文明建设入手，注重开展科技培训，培育新型农民。要抓好群众性文体活动和移风易俗活动，弘扬先进文化，树立文明乡风。要抓好基层民主政治建设，进一步健全村民大会、村民代表大会、村务公开等制度，发挥好党组织和党员的战斗堡垒和先锋模范作用，促进党群、干群关系不断改善。

二是要坚持从实际出发，形成特色。我们现在建设的典型示范村，包括去年的8个市级试点村，在经济总量、生产水平、文明程度上与省内外一些先进典型相比，还有较大差距，尤其是缺少特色。因此，在建设过程中，要从村子实际出发，充分挖掘现有土地、技术、产品、设施、文化等资源优势，打好特色牌，做好特色文章。目前看，我们初步确定的14个市级典型示范村都具备一定的资源条件，我们要坚持因地制宜，把优势做大，把特色做强，以特色取胜。

三是要大力发展农村经济，创出效益。要坚持以发展经济为中心，加快农业产业结构调整步伐。加快产业结构调整的关键在于培植优势主导产业和优势产品，核心之举是坚持不懈地加快项目建设。各县区、各帮建企业一定要认真帮助创建村研究各自的产业和产品定位，优选具备技术、成本、市场等潜在优势的新产业、新项目，重点培育，加快发展，使潜在优势变成现实优势。要对现有产业进行合理调整，靠优势产品来壮大优势产业，扩大规模、提升档次、形成品牌。

四是要加强对外宣传，扩大影响。俗话说，“女在深闺人不识。”“全国有名、全省一流”的目标，要靠扎实的工作去创造，也需要我们认真总结、推广、宣传。各县区、乡镇、村要认真总结创建成功经验，大力宣传成功做法、典型人物、特色产品、龙头企业，把我们的产品推出去，把我们的名声打出来；各级宣传部门要及时报道、推广，要把我们自己的典型宣传出去、推广开来。

要坚持高效率，确保典型示范村建设任务不折不扣落实

从现在开始到暑期前只有不到两个月的时间，典型示范村建设要抓出成果，就必须打破常规、讲求效率、抓好落实。

首先，必须加强组织领导。各县区委、政府要抓紧研究、抓紧部署，不断强化组织领导。市委、市政府已经做出决定，由14位市级领导同志分别联系一个村，各县区、各乡镇、各帮建企业也要明确单位主要领导负责这项工作。各级各部门党政一把手作为“第一责任人”，要亲自研究、亲自推动，确保工作落实。市直有关部门要全力配合，最大限度地向14个典型示范村倾斜政策。各县区要立即着手制定创建方案，特别是硬件基础设施、“三化”改造要及早动手，确保不误工期。

其次，必须加大资金投入。典型示范村建设需要大量资金投入，要继续坚持群众捐一点、集体出一点、政府补一点、社会帮一点的办法筹集资金。各帮建企业要千方百计给予资金扶持，相关部门的涉农资金要更多地投向典型示范村。市财政将拿出一定专项资金予以支持，但市里资金主要用于奖补，数量有限，希望各县区主要依靠自身力量解决投入问题。要调动各村和广大农民群众的积极性，把政府和社会扶持同发挥农民的主体作用更好地结合起来。

三是必须加快帮扶共建。今天，14个帮建企业与14个典型示范村结成了帮扶对子。这些企业是我市民营、私营企业的优秀代表，对我市的经济发展作出了很大贡献，也长期关心、支持着我市农村的发展。在帮建过程中，要从企业优势出发，有钱出钱，有力出力，尽最大力量，把创建村班子建设、“三化”建设、村民中心建设、精神文明建设提高到新水平。除帮建企业外，典型示范村建设还需要各方面支持，要动员全社会各界力量支持参与创建工作。农业、科技、教育、卫生、文化等部门要采取切实措施，强化指导和服务。规划、土地、建设等部门要抽调得力人员协助各村搞好规划编制，并在有关政策上予以支持。林业、水务、交通等部门要在绿化、河道治理、村庄道路建设等工作中给予具体帮助。电力、电信、广播电视等部门要负责帮助对村内各种网线进行改造，能入地的入地，实在不能入地的也要合理整合。

四是必须加紧环境整治。整治环境包括村内环境和周边环境。村内当务之急是抓紧时间绿化、美化，要坚持多栽树、栽大树，做到见缝插绿、立体绿化，要坚持环村植树，改善生态环境。在此基础上要提高村内外道路硬化、净化水平，按方案要求实现村容整洁。要做好村际环境的整治，沿线各村都要按市级示范村标准打造，以此推动连片创建活动的开展，提高整体创建水平。

(时晓峰时任中共秦皇岛市委常委、宣传部长)

供稿：秦皇岛市文明办

时晓峰：在秦皇岛市迎接创建全国文明城市工作初评调度会上的讲话（摘要）

（2007年8月31日）

一、扎实推进，突出特色，我市创建文明城市工作开局良好

近年来，我市以创建全国文明城市为契机，紧扣加快发展主题，突出以人为本理念，坚持与时俱进原则，弘扬求真务实精神，狠抓政务环境、法治环境、市场环境、人文环境、生活环境、生态环境建设，推动了三个文明的协调发展，城市文明程度明显增强，市民素质明显提高，人居环境明显改善，城乡面貌焕然一新，社会事业全面进步，城市综合竞争力全面提升，2005年10月我市荣膺“全国创建文明城市工作先进城市”称号。

立足这个新起点，2006年以来，市委多次召开常委会进行专题研究，确定了“高点定位、自我加压、奋力拼搏，力争2008年创建全国文明城市”的工作目标。市委、市政府成立了由市委书记王三堂任组长，市委副书记、市长管瑞亭任第一副组长，市委副书记王志欣任常务副组长的创建全国文明城市工作领导小组，各职能部门主要领导为成员，为我市争创全国文明城市打下了坚实的基础。市委、市政府制定出台了《秦皇岛市争创全国文明城市工作规划》，将《全国文明城市测评体系》7大测评项目37项测评指标119项测评内容，以“七加强，七优化”为重点，细化为50项工作目标，逐一分解到了50余个责任部门。同时，抓住我市承办2008年北京奥运会足球分组赛的有利契机，把实施“人文奥运”工程与创建文明城市紧密结合，在全市范围内开展了“同迎奥足赛、共创文明城”活动，市民文明素质和城市文明程度明显提升。我们的做法得到中央和省文明办的充分肯定，人民日报、光明日报、工人日报、河北日报等主流媒体对此进行了报道。

二、把握形势，提高认识，进一步增强做好争创全国文明城市工作的紧迫感

2008年，中央文明委将重新洗牌，评选新一届的“全国文明城市”和“全国创建文明城市工作先进城市”。届时，我市要与省内廊坊、唐山、石家庄、邯郸等城市展开竞争，力保“全国创建文明城市工作先进城市”荣誉称号。在此基础上，还要与2005年度评选出的12个全国文明城市（区）、57个全国创建文明城市工作先进城市角逐，以期实现确保进入全国创建文明城市工作先进城市，力争成为全国文明城市的目标。可以说，形势不容乐观，机遇与挑战并存。从面临的机遇来看，一是市委、市政府高度重视，针对创建工作实际制定出台了新一轮的创建规划，同时积极开展了创建全国绿化模范城、全国环保模范城等活动，为创建提供了强有力的基础条件。二是我市经济、政治、文化和社会建设全面推进，富士康等一大批大项目相继落户港城，城市综合竞争力将明显提升，这些既为优化我市人文环境带来新的机遇，同时也为创建工作提供了坚实的物质基础。三是我市提出了建设富有实力、充满活力、独具魅力的沿海经济社会发展强市的奋斗目标，创建全国文明城市作为实现和完成这个目标的有效载体，必将得到全社会的广泛关注和大力支持。四是我市作为2008年北京奥运会赛区市，强力打造人文奥运品牌，必将进一步推动我市迎奥与创城工作的有机结合。五是我市近年来各种创建活动高潮迭起、异彩纷呈，创建品牌得到推广和普及，创建成果给广大人民群众带来了越来越多的实惠，创建基础越来越扎实，为我们向全国文明城市目标奋进提供了广阔空间和无穷动力。从面临的挑战来看，一是市民素质有待进一步提高。我市外来人口多，流动性大，随地吐痰、乱丢垃圾、乱涂乱画、排队加塞儿等不文明行为还大量存在。二是城市基础设施建设缺口较大。《全国文明城市测评体系》要求的市级群艺馆、科普设施和区级文化馆、图书馆、档案馆、青少年活动中心等硬件设施缺项较多，火车站、长途汽车站档次较低，周边环境较差，老旧小区改造任务艰巨。三是城市管理存在薄弱环节。比如：交通秩序不尽人意，市区主要道路和交通路口行人横穿马路、乱闯红灯、跨越栏杆、车辆无序停放等现象仍然屡禁不止；沿街店铺侵街占道、跨门经营现象时有发生，“门前五包”制度落实不到位；小餐馆、小浴池、小超市、小食品店、小理发店等五小行业环境卫生、诚信经营还存在诸多问题。四是创建氛围还不够浓厚。与其他先进城市相比，目前我市还没有形成创建工作的强大合力与浓厚的宣传氛围。五是创建工作机制还不够完善。目标考评机制、长效管理机制、资金投入机制、监督约束机制和表彰激励机制等还不健全。都需要我们在下步工作中认真解决。

三、明确责任，突出重点，高水平做好全省文明城市初评迎检工作

预计从下周四开始，省创建文明城市工作初评小组就将来到我市，进行大约为期2天的检查考核。据悉，本次全省文明城市初评满分1200分，其中省文明办日常考核成绩占400分，省创建文明城市工作初评小组实地考察成绩占400分，省直有关厅局对我市相关工作的评价占400分。届时，将调阅相关档案资料，查看市民行为和城市环境、秩序、服务、管理等，评估我市创建工作成效。为此，各城区和市直各责任单位一定要明确责任，突出重点，高质量做好各项迎检准备工作。（一）要大力开展综合整治。文明城市初评小组将深入街道社区、五小行业、城乡结合部等进行实地考察，对城市环境、秩序、服务、管理等状况做出量化评估。各区、市直各责任部门要及早动手，切实加强综合整治工作，以优美环境、优良秩序、优质服务、优化管理迎接全省文明城市初评，确保各个方面不出任何纰漏。其中主要包括：1．抓好五小行业整治工作。重点整治小旅馆、小餐馆、小食品店、小美发店、小浴室、足疗店、歌舞厅、棋牌室、网吧的食品卫生、公共安全与环境秩序。卫生防疫部门要严格将从业人员持《经营许可证》、《卫生许可证》、《从业人员健康证》、卫生知识培训证明上岗，“五病”调离率100％，公共用具定期定时消毒，不出售过期、变质、伪劣食品等各项要求落到实处；工商部门要依法检查、清理小门店，坚决取缔无证经营；公安部门要坚决查处聚众赌博、色情服务、吸毒贩毒等违法行为；文化部门要全面规范网吧管理，严格各项从业规定，坚决查处容留未成年人上网等违规经营行为。2．抓好交通秩序整治工作。交管部门要加大对机动车违法交通行为的处罚力度，对闯红灯、酒后驾车、违章调头、不系安全带等不文明行为逢违必究，逢违必查；要切实发挥交通协管员和各类交通志愿者对不文明交通行为的劝导作用，使广大市民群众自觉遵守交通法规；要加强停车场的建设与管理，加大机动车乱停乱放处罚力度，确保道路畅通无阻。交通运管部门要在出租车行业深入开展“同迎奥足赛、共创文明城”“六个一”活动，切实改善出租车车容车貌、服务质量、文明形象等，确保无非法营运车辆和争抢客源现象，车辆停靠安全规范。3．抓好市容环境综合整治工作。市政建设与管理部门要认真实施背街小巷达标工程，确保无明显坑洼积水；完善街巷排水设施，确保无露天排水沟渠，并消除污水异味；加强街巷路灯维护，确保无破损，功能完好；合理增设垃圾箱、桶，确保整洁规范，无散放垃圾，使街巷路面、排水、路灯达到《全国文明城市测评体系》要求，满足市民群众生活需要；要采取有效举措，切实落实“门前五包”，使绿化、美化、净化、亮化等各项要求落到实处，并重点清理沿街楼体、墙面、广告设施、电线杆等处办假证件等非法小广告。4．抓好重点部位实地考察达标工作。文化部门要深入网吧、影剧院、练歌房、图书馆等场所，逐一摸排与清理整顿，防止各类无证上岗、违规经营等现象的发生；建设部门要加强对建筑工地的监管，特别关注农民工生活条件与工资发放；民政、公安等部门要加大工作力度，坚决清理太阳城商业街、金原商厦门前、商城门前、鑫园商厦门前、劝业场等处贩卖佛珠饰品、打卦算命、收售旧手机、流浪乞讨等人员。5．抓好服务质量提升工作。各服务行业处在迎检的最前沿，肩负重要责任。旅游景区、城市公交、出租汽车、医院、金融、邮政、电信和商场宾馆饭店等窗口单位都要率先行动起来，加强从业人员培训、规范服务内容、完善服务措施、全面提升服务水平，使全市的服务行业、服务单位都成为秦皇岛的靓丽窗口。要进一步加强软硬环境建设，包括一米线、规章制度、便民用品等设置，确保营业厅整洁美观、制度健全、挂牌上岗、秩序井然，并精心维护公用电话、邮箱、报栏、座椅、窨井等公共设施，充分展示秦皇岛整体文明形象。6．抓好社区软硬环境建设工作。各城区要切实加强社区基础工作，按照文明和谐社区创建标准，提高社区建设水平。要按标准设置科普宣传栏、消防器材，并扎实做好市民教育、文体活动、会议记录、创建活动、志愿者队伍建设等相关文字与图片资料整理归档工作。要深入开展文明楼道、文明家庭创建活动，抓紧补齐文明楼道、文明家庭标牌，确保活动100％覆盖到每栋居民楼。（二）要主动应对实地考察。这次文明城市初评，实地考察是其中的一个重要环节，是重要的评分点。每一个涉及到的实地考察地点达标与否，都事关创建大局，任何一个细微的疏忽与失误，都可能给我市创建工作带来影响。各区和各责任单位一定要定人、定岗、定责任，做到事事有人抓，件件有落实，坚决防止大轰大嗡，坚决杜绝死角死面。要从今天开始都要全面进入临战状态，在大力开展综合整治工作的基础上，逐一摸排辖区或责任范围内的各类公共场所，对不合格的小旅馆、小餐馆、小食品店、小美发店、小浴室、足疗店、歌舞厅、棋牌室、网吧等，要坚决予以取缔或停业整顿。同时，各城区和各责任部门要精心选择各类优秀公共场所和商业门店至少5个以上，以备省初评小组检查之用。（三）要积极争取上级支持。为科学评估候选城市经济社会等各方面的整体发展水平，评委会将就某些重点问题征求相关主管部门的意见。省直有关厅局对我市相关工作评价的好坏，将直接影响我市的总评成绩。为此，各责任部门要立即着手，积极主动地做好与上级主管部门的沟通工作，力争取得条条主管部门对相应工作的认可和肯定，确保涉及条条工作的评估指标不失分、得高分。哪个部门的工作没做好，由哪个部门的一把手负责向市委做出解释。涉及到的部门是：工商、公安、交通、环保、教育、公用、旅游、城管、林业、民政、卫生、统计、建设、商务、海关、发改委、监察局、综治办、技术监督局、劳动和社会保障局。这些部门的一把手要亲自抓这项工作，必要时要亲自带队到省局做工作。这项工作务必于下周一之前完成，并于当天下班前将有关情况反馈市文明办。

(时晓峰时任中共秦皇岛市委常委、宣传部长)

供稿：秦皇岛市文明办

时晓峰：在“秦皇岛市推进精神文明建设工作座谈会”上的讲话（摘要）

（2007年12月4日）

一、要切实加强社会主义核心价值体系建设，着力巩固全市人民团结奋斗的思想基础。胡锦涛总书记在党的十七大报告中突出强调了加强文化建设、提高国家文化软实力的极端重要性，对兴起社会主义文化建设新高潮、推动社会主义文化大发展大繁荣作出全面部署。这充分反映了我们党对当今时代发展趋势和我国文化发展方位的科学把握，体现了我们党在新的历史条件下加强精神文明建设的高度自觉。我们一定要认真贯彻中央部署，深入贯彻落实科学发展观，切实加强精神文明建设，使人民精神风貌更加昂扬向上。推动社会主义文化大发展大繁荣，必须把社会主义核心价值体系建设作为第一位的任务。文化软实力在很大程度上表现为民族凝聚力，而这种凝聚力主要来自于人们对社会核心价值的认同。要坚持不懈地用马克思主义中国化最新成果武装全党、教育人民，广泛开展中国特色社会主义理论体系宣传普及活动，推动当代中国马克思主义大众化，引导干部群众始终坚持马克思列宁主义、毛泽东思想、邓小平理论和“三个代表”重要思想，深入贯彻落实科学发展观，更好地用发展着的马克思主义指导新的实践。要坚持不懈地用中国特色社会主义共同理想凝聚力量，广泛开展理想信念教育、国情教育和形势政策教育，引导广大干部群众深刻认识中国特色社会主义伟大旗帜是当代中国发展进步的旗帜、是全党全国各族人民团结奋斗的旗帜，进一步增强对中国共产党领导、社会主义制度、改革开放事业、全面建设小康社会目标的信念和信心。要坚持不懈地用以爱国主义为核心的民族精神和以改革创新为核心的时代精神鼓舞斗志，大力弘扬爱国主义、集体主义、社会主义思想，增强全社会改革创新意识，引导广大干部群众自觉把个人价值追求融入民族振兴、国家发展的伟大实践，把个人理想抱负化作励志图强、创造崭新业绩的实际行动。要坚持不懈地用以“八荣八耻”为主要内容的社会主义荣辱观引领风尚，广泛开展世界观、人生观、价值观宣传教育，引导干部群众自觉遵守社会基本道德规范，推动形成知荣辱、讲正气、促和谐的良好社会风尚。

二、要努力建设和谐文化，着力形成良好人文环境和文化生态。和谐文化是实现社会和谐的文化源泉，是全体人民团结进步的重要精神支撑，对于提高文化软实力具有重要作用。推动社会主义文化大发展大繁荣，必须适应构建社会主义和谐社会的要求，深入推进和谐文化建设，努力形成良好的人文环境和文化生态。要着力增强责任意识，加强社会公德、职业道德、家庭美德、个人品德建设，引导人们正确对待自己、他人和社会，自觉履行法定义务、社会责任、家庭责任。充分利用春节、清明节、端午节、七夕节、中秋节、重阳节等民族传统节日，开展与文明同行、为奉献者奉献和中华优秀文化传统宣传教育活动，引导人们敬仰先辈、移风易俗、增进亲情、敬老孝亲，弘扬中华民族传统美德。要大力增强道德意识，按照重在实际行动、重在持之以恒、重大形成机制的要求，大力倡导爱国、敬业、友善等道德规范。不断丰富“文明港城、和谐港城”创建活动内涵，积极开展“帮一帮、让一让”体验活动，继续组织“千家文明单位服务千村送温暖活动”、“用爱心托起明天的太阳”文明单位助学活动，推动形成良好社会风尚。要致力增强诚信意识，深入开展“诚信秦皇岛”活动，加强政务诚信、商务诚信、社会诚信建设，培养诚信观念和规则意识，推动建设社会信用体系，形成诚信为本、操守为重、守信光荣、失信可耻的社会氛围。要充分发挥道德模范榜样作用，善于总结和发现各方面先进典型，特别是来自普通群众、平凡之中见伟大的典型，广泛开展向道德楷模学习活动，让全体社会成员学有榜样、赶有目标、见贤思齐。要广泛开展社会志愿服务、送温暖献爱心、百城万店无假货、提升中国公民旅游文明素质等活动，推动形成新一轮精神文明创建热潮。

三、要争创全国文明城市，着力提升市民文明素质和城市文明程度。文明城市创建活动是推进城市精神文明建设的重要平台，是推动和谐社会建设的有效载体。2008年，争创全国文明城市是全市精神文明建设工作的重中之重，必须抓紧抓好。要强化基层工作。继续开展文明城区竞赛活动，通过文明城区竞赛推动文明城市创评工作。深化文明和谐社区创建活动，进一步加强办公用房、文体活动场所、安全防范设施、绿化美化净化亮化等建设，集中力量打造一批“全省一流、全国有名”的典型社区。充分利用社区文化阵地，推动“邻里节”活动的不断深化，并广泛开展文明楼道、文明家庭等创建活动，促进新型社区关系的形成。要细化基础工作。认真研究修订后的《全国文明城市测评体系》，对创城工作进行全面细致的自检自查，进一步充实内容，改进不足，提升水平。继续开展“七加强、七优化”活动，建立健全城中村、背街里巷、集贸市场等重点部位责任区制度，临建点、停车点、早餐点等关键节点管理办法，认真解决影响创城工作的重点、难点问题。要深化宣传工作。在城区重点部位增设公益广告宣传牌，在新闻媒体开辟专题专栏，并通过举办争创全国文明城市图片展、组织文明城市论坛等多种形式，在全市形成创城迎检的强势氛围。将迎办奥足赛事与创建文明城市迎检工作一并安排部署，制定一个周密的迎检方案，完善一套协调联动的机制，组建一支精干的迎检队伍，制作一份精美的迎检档案，高标准做好迎检各项工作。

四、要深入开展“迎、讲、树”活动，着力协办好北京奥运会。现代奥运作为体育与文化完美结合的庆典，既是一场体育赛事，又是一次文化盛宴。承办好一届高水平的足球赛，是历史赋予我们的重要使命。要深入开展“迎奥运、讲文明、树新风”主题活动，突出抓好文明礼仪、公共秩序、社会服务、城乡环境4个方面，努力把绿色奥运、科技奥运、人文奥运的理念转化为干部群众的自觉行动。在全市继续开展月评“感动秦皇岛的十件文明事”和年评“十大文明秦皇岛人标兵”等活动，集中宣传树立一批在日常公共生活和平凡小事中展现良好道德风尚的普通市民典型。要持续开展公民道德实践“十二个一”活动，以畅通行动、优雅行动、新风行动为重点，编辑《市民文明“十二个一”知识读本》，借助市民学校、村民学校、职工学校等阵地形成长效宣教机制，为迎办奥运会营造文明和谐的社会环境。开展文明礼仪进社区、进农村、进机关、进学校、进企业、进工地等活动，大力倡导崇尚文明、讲究礼仪、遵守秩序、爱护环境的社会风尚。要继续深化“文明观赛、文明观演”教育实践活动，加强奥林匹克教育，编印《奥林匹克知识市民读本》和《奥林匹克项目规则和礼仪》，普及奥林匹克知识，宣传奥运会比赛项目和竞赛规则、比赛看点和观赛礼仪。抓住2008年前举办各种体育赛事和文艺演出的机会，通过开展着力培养热情、懂行、文明的观众队伍。

五、要积极推进农村精神文明建设，着力培育新型农民。着眼于社会主义新农村建设的全局，结合文明生态村创建活动，在提高农民素质、改善人居环境、培育文明新风上下功夫做文章。要突出抓好“两树”建设。紧紧围绕“文明”建设，做好“树人”文章。充分利用农村村民中心、活动广场、文化墙、阅报栏、科普宣传栏等文化阵地，广泛开展“支部书记进课堂，致富党员上讲台，农村妇女学科技”等多种活动，努力培养有文化、懂技术、会经营，具有经济头脑、法制观念、创新精神、效率意识，能适应新农村建设的现代农民；紧紧围绕“生态”建设，做好“树木”文章。利用春、秋、冬季有利时节，搞好村庄绿化，多栽树，栽大树，栽好树，在农村建立起更适于人居的生态家园。要深化文明生态村创建。着重谋划落实好全面深入开展农村精神文明建设的新目标，组织开展“文明和谐村庄”、“文明和谐家庭”创建活动。及早谋划开展全市第三次创建文明生态村冬春行动，启动第四批文明生态村创建工作。同时，紧紧抓住发展农村经济和农民增收这个核心，着力以项目建设带动文明生态村创建，促进文明生态村上档次、上水平、出实效。要培树一批创建典型。从各县区、各乡镇、各创建村实际出发，适当加大投入，提高创建标准档次水平，培育和推出一批可学、有推广价值的创建文明生态村工作的先进县区、乡镇、创建村典型，示范引导带动创建文明生态村活动不断取得新进展、新变化、新成效。进一步完善创建文明生态村工作的组织领导、宣传发动、财力物力人力投入、预防创建成果反弹等长效机制，巩固、扩大和提高创建成果。

(时晓峰时任中共秦皇岛市委常委、宣传部长)

供稿：秦皇岛市文明办

时晓峰：在秦皇岛市“千家文明单位扶贫济困送温暖”活动启动仪式上的讲话（摘要）

（2007年12月28日）

一要真知责任。长期以来，“文明单位”在各条战线发挥了很好的表率作用。近年来，全市党政单位、企事业单位围绕中心，服务大局，深入开展创建文明单位活动，在改进中加强，在创新中发展，为促进全市又好又快发展、构建和谐秦皇岛作出了应有贡献。全市涌现出国家级文明单位12个，省级文明单位78个，市级文明单位标兵208个，市级文明单位356个，成为全市各条战线上的领头雁和排头兵。特别是去年“两节”期间，全市1000多个文明单位积极参加“服务千村送温暖”活动，出实招、动真情，真心帮助困难群众解决生产生活困难，为全市各级各部门和社会各界树立了榜样，发挥了很好的模范带头作用。

目前我市还有部分困难群众急需社会各界的关心帮助。今年以来，我市先后发生了较严重的干旱、风雹、霜冻等自然灾害，给人民群众的生产生活造成了一定困难。眼下正值天寒地冻，部分城市低保户、农村贫困户的生产生活面临诸多困难。由于各种原因，我市还有部分群众生产生活比较困难；一些群众缺乏科技文化知识，经济发展比较缓慢；个别群众仍存在因病返贫、因病致贫问题。市委、市政府对此高度重视，投入了大量的物力、财力，帮助群众克服困难，增强了生活的信心和勇气。社会各界也积极响应号召，先后开展了多种形式的扶贫济困送温暖活动，他们的这些爱心行动都极大地缓解了贫困群众的生活困难。尽管如此，目前仍有一些困难群众存在生活难、住房难、就医难、科技知识缺乏、文化生活单一等问题，还没有完全摆脱困难。

“扶贫济困送温暖”活动将再次成为文明单位参与和谐社会建设的广阔舞台。市文明委组织开展“千家文明单位扶贫济困送温暖”活动，是落实科学发展观、构建社会主义和谐社会的一次生动实践，是体现扶贫济困、团结友爱，一方有难、八方支援传统美德的一项重大平台，也是在社会上彰显各级文明单位形象的公益之举。全市各级文明单位一定要再接再厉，按照建设“富庶文明和谐、宜居宜业宜游”新秦皇岛的目标要求，按照“贴近实际、贴近群众、贴近生活”的原则，进一步统一思想，提高认识，真知责任，积极投身到这项活动中来，进一步彰显各级文明单位在精神文明建设与构建和谐社会中的典型引领作用。

二要真抓落实。这次活动的形式和去年相比有所不同，主要采取“一对一”结对帮扶的方法，即每个文明单位和一个困难家庭组成帮扶对子，目标清楚，任务明确，钉是钉铆是铆，使扶贫济困活动更加深入细致，更富针对性，更能解决实际问题。要注意搞好四方面结合，即与本县区、本部门、本单位工作谋划相结合，与全市“送温暖、献爱心”活动相结合，与日常扶贫机制建设相结合，与公民道德教育实践活动相结合。一是抓紧全面启动。按照活动要求，市文明办已经为市直五大工委所属200余个各级文明单位与贫困家庭结成了“1+1”帮扶对子。各县区也要统筹安排好辖区范围内文明单位与贫困家庭结成对子，确保全市所有文明单位都参与到活动中来，同步推进，全面展开。二是加强协调联动。各相关部门之间要加强协作，按照市委、市政府的统一部署，民政、劳动等部门和工、青、妇等群团组织对此项工作都做出了相应的安排部署。在活动开展过程中，一定要统筹考虑，整合资源，确保各项工作合理衔接、有序推进、形成合力，使各种资源的作用达到最大化。三是重在取得实效。各级文明单位要按照总体安排部署，制定细致的活动方案，明确一位领导亲自抓，一个科室具体管，一名专人负全责，做到责任到位、部署到位、资金到位和物资到位。要充分发挥自身优势，与送科技、送医疗、送戏下乡相结合，既保证困难群众的基本生活，又要变输血为造血，不断提高他们的致富能力和水平。

三要真诚奉献。雪中送炭胜于锦上添花。当群众面临困难的时候，献出爱心，伸出援手，帮助困难群众渡过难关，这种帮助犹如雪中送炭，更显珍贵。我们开展“千家文明单位扶贫济困送温暖”活动，不是一种施舍，而是对社会的回报。我们付出了劳动、提供了服务，得到的是亲情，是党和政府在百姓中的形象和威信。对广大文明单位来说，不是额外的负担，而是一种政治责任，是一次增强同人民群众感情的难得机会。我们一定要带着感情做好这项工作，真正体现党和政府对人民群众的关爱和温暖，在全社会进一步营造文明和谐、互帮互助的人际关系。我们特别提倡在年节期间，组织本单位干部职工走进帮扶对象家中，送去鸡蛋肉类、蔬菜水果等节日物品，和帮扶对象家庭成员们一起放鞭炮、包饺子、吃团圆饭。或邀请他们到城里，和干部职工、家属子女开展联谊活动，让其感受社会主义大家庭的温暖。大家一定要牢记三句话：展示我们的热情，鼓励父老乡亲战胜困难的勇气；拿出我们的真诚，凝聚社会大家庭的温暖；奉献我们的爱心，体现党和政府的关怀。

（时晓峰时任中共秦皇岛市委常委、宣传部长）

供稿：秦皇岛市文明办

赵勇：在唐山市创建全国文明城市动员大会上的讲话（摘要）

（2007年3月11日）

一、全市上下必须站在“抢抓新机遇，建设新唐山”战略高度，充分认识创建全国文明城市的重大意义

创建全国文明城市是全面提升城市整体文明程度，全面促进经济、政治、文化、社会“四位一体”现代化建设的综合载体。全力推进创建全国文明城市工作，对于我市全面贯彻落实科学发展观，构建社会主义和谐社会，实现好、维护好、发展好最广大人民群众的根本利益，推动我市向着文化名城、经济强城、宜居靓城、滨海新城方向迈进，具有关系全局、关系长远的重大意义。

创建全国文明城市是全面贯彻落实科学发展观的重大举措。文明城市，指的是在全面建设小康社会、推进社会主义现代化建设进程中，经济和社会各项事业全面进步，物质文明、政治文明、精神文明、社会和谐协调发展，市民整体素质和城市文明程度全面提升的城市。文明城市的这一定位，立足于为人的全面发展开辟广阔的道路，涉及经济建设、政治建设、文化建设、社会建设各个领域，充分体现了科学发展观的本质要求。应该看到，城市发展的历史不仅是创造和集聚物质财富的历史，而且是创造和积累文明成果的历史。城市文明的升华，是城市科学发展的必然要求。在我市纪念抗震30周年之际，胡锦涛总书记亲临唐山视察时强调：“曹妃甸是一张白纸，在白纸上要画最新、最美的图画。新就新在科学发展，美就美在科学发展，要把它建成科学发展示范区、样板区。”总书记的重要指示既是对曹妃甸新区建设的总要求，也是对唐山整体工作的总要求。建设曹妃甸科学发展示范区、创造唐山科学发展的新经验，是我们肩负的光荣而重大的历史使命。我们把创建全国文明城市的工作整体推向前进，必将有力促进唐山经济社会发展切实转入以人为本、全面协调可持续发展的轨道。

创建全国文明城市是构建和谐社会的重要载体。文明与和谐息息相关、相辅相成，有着不可分割的内在联系。城市文明程度越高，城市社会就越和谐。文明城市必然是人与人和谐相处、人与社会、人与自然和谐发展的城市。创建全国文明城市，就是要积极营造民主法治的政务环境、公平有序的社会环境、规范诚信的市场环境、品位高尚的人文环境、安全舒适的生活环境和优美良好的生态环境，充分体现了构建和谐社会的总体要求。我们推动创建全国文明城市工作取得实实在在的成效，就是为构建和谐社会添砖加瓦。

创建全国文明城市是实现好、维护好、发展好最广大人民群众根本利益的重要途径。实现好、维护好、发展好人民群众的根本利益，不断提高人民群众的幸福指数，是我们一切工作的出发点和落脚点，也是创建全国文明城市的根本要求。前不久我市组织开展的大调研和献计献策活动，社会各界人士提出了近万条有价值的意见和建议，内容涉及经济社会怎样更好更快发展，城市建设怎样更优更美更宜人居，和谐唐山怎样增加市民的幸福指数等方方面面。每一条意见和建议，都充满了对唐山改革开放的热切期望，饱含着热爱家乡的赤子深情，蕴藏着人民群众的无限智慧，彰显着唐山人民建设家乡的强烈责任。把唐山建设成为经济发达、政治清明、文化繁荣、社会和谐、秩序井然、生态优良的文化名城、经济强城、宜居靓城、滨海新城，是全市人民的共同心愿。创建全国文明城市，就是要从人民群众的根本利益出发，顺应全体市民建设幸福家园、共享美好生活的强烈愿望，按照人民的意愿，建好人民的城市，以坚持不懈的努力，为市民营造“适宜创业发展、适宜生活居住”的城市环境，不断提高市民生活质量，不断增强市民的安全感、归宿感和自豪感，使城市科学发展、文明进步、和谐建设的成果惠及全市人民。

创建全国文明城市是当好建设沿海经济社会发展强省的领头羊的具体行动。河北省第七次党代会确定了河北建设沿海经济社会发展强省的奋斗目标。白克明书记明确要求唐山当好建设沿海经济社会发展强省的领头羊，具体说就是在打造沿海经济隆起带中发挥带头作用，在冀东城市群建设中发挥龙头作用，在建设社会主义新农村中发挥示范作用。省委对我们的新要求，充满着对唐山人民、对唐山发展的信任和重托，这就要求我们不仅要把唐山建设好、发展好，走在全省最前列，而且要在河北建设沿海强省进程中起带头和示范作用。其中，唐山在河北率先创建成为全国文明城市，就是唐山在建设沿海强省中提高贡献率，当好领头羊的具体行动。

创建全国文明城市是落实市委“抢抓新机遇、建设新唐山，在科学发展道路上实现新跨越”战略部署的重要内容。当前，唐山正处于经济社会加速转型、全面小康和现代化建设加速推进的新阶段，工业化进入转型期，城市化进入加速期，市场化进入完善期，国际化进入跨越期。唐山面临着千金难求、千载难逢的发展机遇。为此，市委八届三次全会和市十二届人大五次会议作出了“抢抓新机遇，建设新唐山，在科学发展道路上实现新跨越”的战略部署，提出了“我们要经过五至十年的努力，把唐山建设成为经济强城、文化名城、宜居靓城、滨海新城”的宏伟目标。今年是落实市委战略部署的起步之年，全市上下必须首先要把思想认识、工作部署、具体行动真正统一到市委八届三次全会的精神上来。切实提高对创建全国文明城市重大意义的认识，动员全市人民参与文明城市创建，努力使人民群众的精神世界更加充实、文化生活更加丰富，力争早日跻身全国文明城市行列，本身就是对市委战略部署的具体落实。

二、全市上下必须以提高人民群众幸福指数为根本，确保创建全国文明城市各项任务落到实处

创建全国文明城市是市委、市政府多年来坚持不懈的努力方向，也是全市人民共同的追求和向往。市委八届三次全会提出“我们要建设的新唐山，是以人为本、全面协调、和谐安宁的新唐山，是全民学习、全民创新、全民创业的新唐山，是面向大海、面向世界、面向未来的新唐山，是全市人民感到幸福、引以自豪、热切向往的新唐山”。围绕这个目标，我们要以提高人民群众幸福指数为根本，以解决人民群众最关心、最直接、最现实的利益问题为重点，以《全国文明城市测评体系》为导向，全党动员，全民动手，举全市之力，把各项创建工作抓深、抓实、落到实处。

（一）要立足于提升城市整体文明程度，进一步加大“五城”联创力度。创建全国文明城市是一项艰巨复杂的社会系统工程，必须在巩固已有优势的基础上，加大对薄弱环节的突破力度，从整体上把握和提升城市文明程度。要把创建全国文明城市和创建国家卫生城市、国家环境保护模范城市、国家园林城市、全国双拥模范城有机结合起来。一方面，以创建全国文明城市为“龙头”，总揽和带动其他“四城”创建工作；另一方面，以其他“四城”创建为支撑，为创建全国文明城市创造必要条件。“五城”创建既有不同内容的指标体系，又有目标一致的必然联系。必须加强统筹协调，在“联”字上狠下功夫，促进“五城”创建工作形成有机整体，实现全面提升。各项创建工作要狠抓重点，突破难点，整体推进，在以优异成绩迎接国家考核验收的同时，努力取得人民群众共同享有、普遍满意的实际成果，从而为创建全国文明城市奠定更加坚实的基础。

（二）要立足于建设适宜人居和创业的现代化滨海城市，着力解决市民群众普遍关心的突出问题。城市是人民群众生活和创业的家园。营造“两个适宜”的城市环境，是创建全国文明城市的内在要求，也是以人为本、造福于民的重要体现。当前，我们的城市建设与经济发展水平还不相适应，与先进城市相比还有较大差距，与人民群众的要求还有距离。下一步，我们要把城市规划建设管理作为一个战略重点来抓，按照文化名城、经济强城、宜居靓城、滨海新城的定位来规划和建设我们的城市。要坚持发展为了人民、发展依靠人民、发展成果由人民共享，把推动文明创建和解决民生问题紧密结合起来，把宝贵的资源更多地用于提高人民群众的生活质量。坚持从解决人民群众最关心、最直接、最现实的利益问题抓起，从人民群众最不满意的地方改起，从与人民群众切身利益关系最密切的实事做起，使创建全国文明城市成为广大市民满意的“民心工程”。要突出城市规划的科学性、时代性和前瞻性，按照“组团发展、西进东连、南扩北延、改造老区、建设新区、两带（南部沿海城市带、北部山前城市带）隆起”的总体布局，引入国内外一流城市建设理念，聘请国内外一流规划设计单位，搞好城市总体设计规划以及城市景观、历史文化、交通、网络、绿化、水系等六个专项规划。要提升城市品位，把中国气派、冀东风格、唐山特色融为一体，在城市建设中，注重延续唐山的历史文脉、彰显城市的个性。要充分体现唐山的文化特色，把唐山人文历史景观进行恢复建设，把唐山的历史文化遗产和“五种精神”变成城市符号，写在城市建设中，写在唐山的大地上。要本着因地制宜、体现特色，设计新颖、建设精良的原则，打造城市亮点。充分利用自然和人文资源，建设精品工程，打造城市靓点。要切实改善城市环境，加大城市环境综合整治力度，深入推进“治违”、“治脏”、“治乱”，还净于民、还清于民、还畅于民、还绿于民，优化城市环境秩序，不断提高市民满意度。要坚持不懈治理环境污染，不断提高水污染、大气污染、土壤污染、噪声污染综合治理水平，确保市民饮用干净的水、呼吸清洁的空气、食用放心的食品，生活在良好的环境中。要把市民安全感作为“两个适宜”的重要基准线，全力推进社会治安综合治理，强化治安防控体系，保持对严重刑事犯罪的严打高压态势，更大幅度压减“两抢一盗”发案率，不断增强市民安全感。要毫不松懈地整顿仍然存在的行业不正之风，推进职业道德，倡导便民利民，规范市场秩序，强化行风监督，健全诚信体系，着力提高窗口行业服务水平，使市民广泛享有优质、高效、文明、诚信的服务。

（三）立足于普遍提高市民文明素质，扎实开展“文明唐山，和谐唐山”活动。城市的文明程度归根到底取决于市民的文明素质。创建文明城市必须坚持以思想道德建设为核心，以提高人的文明素质为根本，使城市的活力、魅力和文明程度在市民崭新的精神风貌中得到充分体现。要围绕建立社会主义核心价值体系，以树立社会主义荣辱观为导向，以迎奥运为契机，精心策划、全面启动“文明唐山，和谐唐山”活动，充分激发广大市民的主人翁责任感和荣誉感，形成“人人争做文明人，全民共建文明城”的生动局面。要坚持大力宣传和弘扬抗震精神和曹妃甸精神，用自己城市的精神教育自己城市的人民，真正使唐山精神成为创建全国文明城市活动的灵魂，成为唐山发展的强大精神动力。要紧紧依靠广大市民的广泛参与和自觉行动，着力解决日常生活、社会生活、社会风气中存在的突出问题，尤其是公共场所存在的不文明行为。要扎实开展市民文明礼仪规范年活动，广泛开展“文明十个一”活动，引导广大市民从我做起、从现在做起，文明乘车、文明游园、文明观演、文明行车、文明走路、文明就餐、文明购物、文明待客、文明国界、文明养犬，自觉遵守社会公德，维护公共秩序，养成文明习惯。要紧密围绕唐山实际，在打造特色品牌、开展精彩活动、吸引群众参与方面上水平。要通过组织“抢抓新机遇，建设新唐山”献计献策活动、“百万市民学礼仪”、“文明城市标准大家学”、“文明单位风采大赛”、“文明标兵在身边”系列评选等丰富多彩的活动，最大限度地吸引全民参与创建，打造群众参与创建的品牌，推动城市文明品位的提升。要充分发挥先进人物和模范典型的示范带动作用，在全社会营造浓厚舆论氛围，使广大市民在创建实践中不断提高思想道德素质，树立唐山人现代文明新形象。

（四）立足于夯实创建全国文明城市的基础，切实加强文明和谐城区（县城）、文明和谐社区和文明生态村镇创建工作。创建文明城市，基础在基层、活力在基层。要立足基层、面向群众，把创建文明和谐城区（县城）、创建文明和谐社区和文明生态村镇作为创建全国文明城市的三大基础性工作，不断引向新的深度和广度。按照《全国文明城市测评体系》标准和测评办法，组织开展创建文明县城（城区）竞赛。创建文明和谐社区要按照“自治好、管理好、服务好、治安好、环境好、风尚好”的要求，建立健全新型社区管理和服务体制，完善居民自治，搭建社区服务综合平台，健全社区治安防控网络，推进科教、文体、法律、卫生“四进社区”，深入开展群众性共建文明活动，积极有序推进“城中村”改造，提高物业管理、出租屋管理和流动人口服务管理水平，把社区建设成为管理有序、服务完善、文明祥和的社会生活共同体。文明生态村镇建设要结合社会主义新农村建设，从农民群众迫切需要解决的切身利益问题抓起，完善基础设施，改善村容村貌，绿化净化环境，发展公益服务，普及科教文化，引领移风易俗，把改变农村面貌与培养新型农民紧密结合起来，充分发挥广大农民在新农村建设中的主体作用。构建以文明城市为龙头，辐射带动文明城区（县城）、文明和谐社区和文明生态村镇创建格局。

（五）立足于提高人民群众幸福指数，全面组织实施好十项幸福工程。创建全国文明城市，出发点和落脚点都是要为老百姓谋利益、谋幸福，离开了老百姓的利益和幸福谈发展是没有意义的。当前和今后一个时期，全市上下要按照市委八届三次全会要求，从解决群众最关心、最直接、最现实的利益问题入手，认真组织实施好十项幸福工程。要通过实施扩大就业工程，确保城市登记失业人口再就业率>70%；要通过实施社保扩面工程，实现应保尽保；要脱实施安居工程，努力实现居者有其屋；要通过实施教育扶助工程，努力实现教育公平；要通过实施全民健康工程，努力实现人人享有良好医疗保障服务；要通过实施文化繁荣工程，丰富群众文化生活；要通过实施蓝天碧水工程，改善城乡人居环境；要通过实施政务创优工程，加快转变政府职能，建设服务型政府；要通过实施诚信平安创建工程，建设诚信平安唐山；要通过实施民主参与工程，全面提高民主政治建设水平。十项幸福工程，每一项具体工作都是创建全国文明城市的具体要求，都与全市创建全国文明城市工作大局密切相关，都关系群众的切身利益。各级各部门一定要高度重视、明确目标，落实责任、强力执行，力求通过幸福工程的实施，使全市人民共享改革发展成果，共沐幸福和谐阳光。

三、全市上下必须以“事事争高，处处争好”为标准，以奋发有为的精神状态，推动创建全国文明城市工作迈上新水平

唐山创建全国文明城市的战略方向已经确定，战略部署已经明确。全市上下要以省委书记白克明同志提出的“事事争高，处处争好”为标准，以充满激情的工作态度、思路清晰的工作举措、敢闯敢试的工作魄力，百折不挠的坚强韧劲，全面推进创建全国文明城市关键阶段的工作向更高水平迈进。为此，必须切实做到：

（一）强化组织领导，形成强大合力。全市

各级党委政府必须从全局和战略的高度，把创建全国文明城市作为全面落实科学发展观、构建社会主义和谐社会的重大举措摆上重要议事日程，纳入经济社会发展总体规划和领导干部任期目标，建立健全党委统一领导、党政协调一致，主要领导负总责、分管领导具体抓的领导体制和领导有力、职责明确、分工严密、关系协调、运作高效的组织协调机制。要进一步健全各级各部门创建领导机构及其日常工作机构，强化对创建工作的统筹、协调和指导。要着力健全创建目标责任制，按照《唐山市2006年～2008年创建全国文明城市工作规划》和《全国文明城市测评体系及重点工作任务责任分工》，把责任分解落实到市直各职能部门和各区（县、市），形成“统一领导，分级负责，以块为主，条块结合，社会监督”的责任制体系。各区（县、市）班子要有新思路、新风貌、新创造、新作为，切实担负起在创建工作全局中承上启下的重要责任，认真制定和实施与全市工作规划相衔接的各区（县、市）创建方案，为一方百姓谋利益，为创建大局作贡献。市直各职能部门既要各负其责，紧密协作，又要为各区（县、市）创建工作提供有力支持和保证，从而形成强大的合力。各级人大、政协要积极发挥依法监督和民主监督职能，认真组织人大代表和政协委员对创建工作进行专项督查和视察，推动各项工作上新水平。

（二）充分依靠群众，调动全社会的积极性。“人民城市人民建，建好城市为人民。”创建全国文明城市，必须始终坚持党的群众观点和群众路线，一切为了群众，一切相信群众，一切依靠群众，顺应民心，仰仗民力，发挥群众主体作用，充分调动全市人民的积极性、主动性和创造性，着力把市民对幸福家园和美好生活的憧憬和向往转化为建设现代化大都市的巨大物质力量。要善于把动员群众和服务群众融为一体，充分发挥工会、共青团、妇联等人民团体的优势和作用，兴起群众性精神文明创建的热潮，让广大市民在实际参与中真正得到实惠、受到教育、提高素质。尊重群众首创精神，及时总结推广基层群众创造的好做法、好经验。自觉接受群众监督，广泛开展群众评议，使每一项创建工作都成为“阳光工程”，让群众知道究竟，乐于参与，便于监督，把群众满意度作为衡量创建成效的最高标准。要充分调动社会各方面积极性，整合社会资源，实现政府主导与社会参与良性互动，把创建全国文明城市的全部工作都建立在最广泛、最深厚的群众基础和社会基础之上。

（三）切实转变作风，狠抓工作落实。作风就是形象，就是号召力、凝聚力、战斗力。全市各级党委、政府和领导干部，必须把立党为公、执政为民的本质要求贯穿于创建全国文明城市的整个过程和全部工作，牢记“两个务必”，坚持求真务实，以艰苦实践促进作风转变，以优良作风促进工作落实。对待工作要有激情，谋划工作要有思路，推进工作要有魄力，落实工作要有韧劲。要坚持一切从实际出发，力戒形式主义、官僚主义，讲实话、重实干、办实事、求实效，深入基层、深入群众、深入第一线，狠抓落实，取信于民。要持科学态度，按规律办事，善于在纷繁复杂的工作头绪中找准主要矛盾和关键环节，综合协调，统筹兼顾，增强决策和工作的科学性、系统性、原则性和预见性。要发扬奉献拼搏精神，迎难而上，敢于碰硬，只争朝夕，雷厉风行，全力以赴打好关键阶段攻坚战。要心系群众，凡是涉及千家万户的事情，都要慎之又慎，兼顾好群众的长远利益和当前利益。切实珍惜民力、珍惜财力，既加大投入力度，又坚持勤俭办一切事业，使每一项投入都能体现节约原则、实现效益最大化。

（赵勇时任中共河北省委常委、唐山市委书记）

供稿：唐山市文明办

杨永山：在唐山市创建全国文明城市工作第三次调度会议上的讲话（摘要）

（2007年8月31日）

一、统一思想，认清形势，增强做好迎查工作的责任感和紧迫感

大家知道，从1988年开始，创建全国文明城市始终是市委、市政府和全市人民的不懈追求。1999年、2002年、2005年我市连续三届获得并保持了全国创建文明城市工作先进城市称号，为唐山进军创建全国文明城市的目标奠定了坚实的基础。特别是近两年来，市委、市政府坚持科学发展、坚持与时俱进、坚持为民造福，全面推进创建工作深入开展，各项创建任务取得长足进步。城市建设和管理现代化水平得到提高，环境保护和生态建设整体推进，“人人争做文明人，全民共创文明城”的社会氛围日趋浓厚，市民整体素质和城市文明程度不断提升。但是，对照《全国文明城测评体系》要求，和先进城市相比，我市存在的一些问题也不容忽视。主要表现在以下六个方面：（1）市容环境死角死面较多，管理不到位，特别是集贸市场、居民小区、城乡结合部、背街小巷的卫生死角比较突出；果皮箱等城市环卫基础设施投入不足，有的设置不合理，不便民，群众反映强烈。不仅是老社区和城乡结合部有死角死面，在有些部门单位内部、窗口单位内部也存在卫生状况差的现象。特别是城乡结合部的一些郊区村，杂草丛生，垃圾清运不及时。（2）城市长效管理机制建立步伐慢。城市管理的一些深层次问题还未得到彻底解决。主要大街和重点地区乱张贴非法小广告现象还未完全杜绝；厅外、路上乱摆摊设点没有根治，秩序较乱。夜市扰民、污染环境现象有反弹势头。（3）个别行业规范化服务不到位。个别营业网点存在工作人员不主动使用文明用语、服装不统一、不佩带胸卡、职工脱岗等现象。有些网点的投诉机制建立不完善。出租车、长途高客仍存在卫生状况差、服务态度蛮横等现象。特别是出租车对讲系统聊天、说脏话现象依然没能有效控制。中小型餐厅、饭店服务员不主动用文明用语、不掌握规范化服务技能的现象还很普遍。（4）城市交通秩序有待提高。机动车侵占自行车道，乱停乱靠乱调头现象时有发生。非高峰期市民乱穿马路、乱闯红灯现象普遍存在。特别是道路改造后，交通堵塞现象经常发生。（5）个别市民文明素质亟待提高。公共场所乱扔垃圾、随地吐痰、讲脏话粗话、损坏公物等不文明现象依然存在。婚丧事大操大办现象呈现反弹趋势。（6）对照《全国文明城市测评体系》严格对标达标，119项指标中，还有一些方面的量化指标存在较大差距。主要是图书馆、群艺馆、文化馆建设、卫生服务中心(站)纳入城镇职工医疗保险定点机构、社会保险基金征缴率等等。以上这些存在问题，都是全国文明城市检查测评的内容，都直接影响着我市城市的形象，影响着群众的切身利益，必须引起各单位高度重视，下大力整治，彻底转变提高。

为此，市委、市政府要求各级各单位要切实增强紧迫感和使命感，大力强化四环素个方面的意识。第一，增强机遇意识。通过多年创建，我们已经打下了坚实的创建基础。按照中央文明委的安排，2008年全国将评选、命名第二批全国文明城和全国创建文明城市工作先进城市。9月上旬，河北省开始组织创建文明城市工作初评，对各市新一轮的创建工作情况及城市文明程度进行评议，综合评议结果，公布各市排名，按照40%的分值计入2008年总评。时间紧迫，任务艰巨，我们能否抓住机遇，推进工作，继续保持先进城市称号，努力争取早日实现全国文明城市目标已经迫在眉睫。第二，增强一流意识。我们必须清醒看到：全国文明城市和创建先进城市的比例小、标准高、审批严。2008年中央文明委对上届全国文明城市和创建文明城市工作先进城市将重新检查验收和命名。2005年首届获得全国文明城市称号的城市也要重新申报，参加第二届评选，使竞争更加激烈。所以我们的每一项创建任务必须高起点、高标准、严要求，精益求精。第三，增强责任意识。面对严峻形势和紧迫任务，各级各单位要按照市创建全国文明城市领导小组提出的的要求，增强责任心和事业心，扎扎实实作好本职工作。特别是对差距较大的问题，各责任单位一定要尽职尽责，认真研究对策，加大工作力度，切实解决问题。第四，增强协作意识。在迎查工作中涉及的许多创建任务，不是一个单位和部门自己能够完成的，各部门之间必须讲大局、讲团结，加强协作，形成合力。

二、突出重点，强化措施，把各项迎查工作落到实处

为保证迎查工作圆满完成，全市各单位要迅速行动，强力推进，扎扎实实地做好迎查的每一项具体工作，这是当务之急，是创建工作的重中之重。下面，我就整体迎查工作任务讲四点要求：

（一）大力净化市容环境。一是城管局、爱卫会、工商局、公安局要协调联动，严格检查督导市中心区主次干道、公共场所全面落实单位“门前三包”和全天保洁责任制，所有影响市容、欺街占道的市场外溢、零散摊点和乱停乱放、露天烧烤等要全部予以清理、清除；背街小巷、城乡结合部、集贸市场私搭乱建、乱贴乱画、乱扔乱倒、乱堆乱放、乱摆摊点现象和卫生死角要进行彻底清理；特别是沿街绿带、绿地和树上的白色垃圾要随时清理。市爱卫办、城管局、卫生局和六区对申报的各类实地考察点和沿途，要重点解决好环境卫生，确保没有死角死面。各区要以保持城市良好环境为目的，对本辖区内的环境卫生进行一次全面检查，发动广大干部群众集中开展一次环境卫生的全面整治活动，不留死角死面。同时，还要对单位周边和院内环境进行重点治理，确保环境整治有序。二是美化主次干道街景。市规划局要对主要街道和公共场所设置悬挂的各类牌匾、亮化设施、宣传橱窗、标语进行全面检查，清理不规范和破损广告；市城管局要负责保证沿街墙体、便道板、道路隔离带等完好美观，破损陈旧的要全部修复或更新，特别是街面的办证小广告要全面清除。市教育局、团市委要发动组织中小学生和团员青年、广大志愿者利用假期走上街头开展环境卫生清扫活动，对主要路口护栏、候车亭、宣传橱窗、各种标志牌要清洗干净。三是加强亮化管理。沿街各单位要对陈旧坏损的亮化设施进行维修和更换，从今天开始，所有亮化设施要按时开启，确保夜景亮化效果。市规划局、城管局要负责督导。四是整治交通秩序和交通环境。市公安局要加强警力，并发动志愿者和交通协管员，重点治理行人乱穿马路和机动车违章现象，下大力解决交通拥堵问题。市城管局、交通局要对公交车、出租车和三轮车的内外环境进行清理，并负责做好公交车司乘人员、出租车司机的文明素质教育，切实提高服务水平。五是认真治理好污染源。环保部门要加强市中心区环保综合治理，目前重点是下大力治理二次扬尘和冒黑烟的问题。爱卫办要在下周对各个重点部位的环境进行一次全面检查，督导各区认真落实环境卫生整治的各项任务。

（二）大力提高各窗口服务水平。各窗口行业主管部门，要对照“五种规范标准”认真抓好自查达标，保证在检查测评期间以一流的优质服务、优美环境、优良秩序展示唐山窗口行业的面貌。特别是卫生行业、商贸行业作为必查行业，更要高标准、严要求，确保不出纰漏。商业、餐饮、医疗卫生、公交汽车、出租汽车、文化娱乐、交警等等，要以检查测评为契机，开展一次全员教育整顿，特别是对出租司机要强调文明礼貌、热情服务、坚决杜绝利用对讲系统讲不文明用语、聊天现象。各服务行业要大力加强对每一名员工公民道德基本规范知识、文明服务规范的教育，做到熟知理解并合理运用，从文明用语、礼貌待客等具体小事抓起，提高服务水平，美化服务环境，为唐山争光，不能出现任何有损唐山形象的问题。

（三）要切实做好社会治安和社会稳定工作。这次检查测评工作，要把稳定放在第一位。各区要加强市民的教育引导，宣传创建应知应会的明白纸、公开信要做到入家入户，同时各区、各单位要结合创建及时解决实际问题，理顺市民情绪，引导支持参与创建。市综治办、市公安局要做好主要街道、公共场所的社会治安工作，确保不发生任何治安事件。交警和交通管理部门要做好主要街道和街口的交通秩序管理工作，特别要保证畅通，不发生交通事故。路南区、路北区和公安、城管部门要密切配合，重点抓好建国路街心花园、火车站广场、百货大楼附近、云天广场、南湖公园、凤凰山公园等公共场所算命、乞讨和乱摆摊点的治理工作，市内六区、市民政局要加大对婚丧事大操大办的治理力度，确保不发生各类有损唐山形象的问题。市信访局和各区、各单位要提前做好矛盾排查，做好各类上访人员的说服教育工作，保证不发生上访事件，特别要保证市委、市政府门口和检查组驻地不发生集体访和上访现象。各区要维护好本辖区内的社会秩序和社会治安，在发挥各有关部门和有关单位作用的同时，还要发挥群众联防联治的作用，保证不发生任何影响社会治安和社会秩序的事件。同时各单位要严格值班制度，保证不漏岗、不空岗、值班人员随叫随到。各种公开的法律热线电话、公开承诺电话等便民热线电话，特别是这次申报档案中提交给中央测评组的各类热线电话，要本着谁主管谁负责的原则保证有人接听，六区和市纠风办要经常检查通报。

（四）加强宣传，把握导向。市直各新闻单位要大容量、多层次、多角度、多种形式地宣传报道全党全民万众一心争创全国文明城，宣传通过扎实创建唐山发生的巨大变化，人民群众幸福指数得到的提高等。要充分发挥《创文明城市，建幸福家园》专题、专栏作用，利用《新闻50分》《城市文明热线》《行风热线》《共创文明城》等栏目，报道创建工作中涌现出的先进典型和成功经验。从现在开始，曝光性、批评性报道一律采用内参形式上报宣传部。市直各新闻单位要坚持正面宣传报道，大力营造积极向上的舆论氛围。

三、加强领导，严格纪律，为做好迎查工作提供保证

1．切实加强对创建迎查工作的领导。各单位要按照这次会议的安排落实责任，实行一把手负总责，主管领导具体负责，班子成员分工负责，要深入一线，深入基层指导开展工作，确保各个方面、各个环节工作万无一失，不出问题。

2．加强协调，抓好落实。市创建全国文明城市领导小组办公室作为迎查工作的总牵头，要通盘考虑，统一协调，既要安排好总体方案的落实，又要抓好各项具体工作任务的全面督导。各区、各有关单位要树立大局意识，遇事要多请示汇报，多联系沟通，服从服务大局，严防不负责任地推诿、扯皮。

3．强化纪律，落实责任追究。创建全国文明城市意义重大，责任重大，各责任单位要站在讲政治的高度，高起点、高质量、高标准做好迎查工作，保证迎查任务圆满完成。对因主观原因影响创建工作并造成影响的单位，实行责任追究制，市委、市政府将采取一票否决的形式取消其文明单位等先进称号，单位领导和主要责任人要向市委、市政府有交待，在新闻媒体向全市人民把事情说清楚。

4．要确保信息畅通，反应迅速。各单位主要领导和负责人要保证能够随时联系。要建立健全及时、高效的信息反馈机制，遇有突发事件能够迅速有效的予以解决。

5．加强与上级主管部门的沟通，争取支持。这次全省初评检查，不仅仅是对各市的现场考察，还要有省直各部门对各市创建工作日常情况的综合评价。市创建全国文明城市100个责任部门，特别是一些重点部门都要主动积极地向主管部门汇报工作，争取支持。

6．提高工作效率，高标准做好各项迎查工作。现在迎查工作时间紧迫，任务繁重，特别是这次检查还要走访部分公共场所、社区和窗口单位，也有可能以暗访的方式检查一些单位，希望大家都要增强紧迫感和责任感，全面发动、重点督导，防止出现疏漏，把工作做得实而又实，细而又细。通过我们高效率、高标准的工作，保证迎查工作圆满成功。

（杨永山时任中共唐山市委副书记）

供稿：唐山市文明办

杨永山：在唐山市“文明出行 绿色交通”活动启动仪式上的讲话（摘要）

（2007年9月21日）

开展“文明出行，绿色交通”活动，是为积极响应建设部开展“中国城市公共交通周及无车日活动”倡议，深入贯彻落实全市创建全国文明城市再动员大会精神，进一步推进交通秩序和交通环境专项整治行动，努力改善市民出行环境，实现城市交通科学、和谐和可持续发展而举行的。

“文明出行，绿色交通”活动是贯彻落实科学发展观，坚持以人为本，实现城市交通发展战略转变，提高交通资源利用效率，解决城市交通拥堵，节能减排，保护环境的重要举措，对促进我市“文明城”建设、科学发展示范区建设和“四城”建设具有现实而深远的意义。

我们要积极倡导“文明出行，绿色交通”理念，要通过公共交通的优先发展，实现城市交通发展战略的转变，要始终把人民群众利益作为城市交通发展的立足点和落脚点，要坚持公共交通的社会公益性和政府主导的发展原则。要更新城市空间资源分配观念，提高道路使用效率，要从根本上摒弃小汽车是现代交通文明象征的错误观点，发展“通达、有序、安全、舒适、低能耗、低污染”的“绿色交通”。

要通过广泛的宣传发动，营造良好的舆论氛围，使“文明出行”、“绿色交通”、“公交优先”理念深入人心，吸引广大市民积极参与此项活动。全市机关、事业单位人员要率先垂范，做出表率。要继续深入开展“交通整治行动”，还路于民，顺畅交通。要积极开展“青年志愿者交通协勤活动”，倡导文明行车和文明行路，进一步巩固和扩大交通协勤活动成果。要改进城市交通结构，改善道路交通环境，落实节能减排目标，保护人民身体健康。积极营造“文明出行，从我做起”的大环境，促进社会和谐发展，城市文明进步。

（杨永山时任中共唐山市委副书记）

供稿：唐山市文明办

郭彦洪：在唐山市创建全国文明城市汇报会上的讲话（摘要）

（2007年1月12日）

一、要珍惜已有荣誉，不断巩固创建成果

创建全国文明城市，是市委、市政府历届班子矢志不渝的奋斗目标，是全市700万人民的共同追求。从1988年开始，近二十年来，市委、市政府始终把创建摆在突出位置，领导全市上下团结协作，共同奋斗，不断进取，1999年、2002年、2005年我市连续三届获得全国创建文明城市工作先进城市称号，在全省独树一帜。

特别是近几年，我们把文明城市创建作为推动三个文明建设协调发展的龙头工程，坚持依靠群众创建，立足为民造福，注重创建过程，服务唐山发展，长抓不懈推进，形成了我市的创建文明城市的基本经验，取得了令人瞩目的成就。

一是人民群众参与创建的热情日益高涨。全市上下通过广泛开展“请群众为文明城市找问题提建议”活动、“纪念抗震三十周年”群众性建功献礼，市民文明论坛活动、社区文化艺术节系列活动、创建文明家庭、文明楼道、文明楼院、志愿者

活动和文明城市宣管员、文明行业监督员等丰富多彩的创建活动，极大地激发了群众的积极性。今年市委在全市广泛开展的“抢抓新机遇，建设新唐山”献计献策活动，极大地强化了群众的主人翁意识，“人人争做文明人，全民共创文明城”的生动局面进一步形成。

二是创建文明城市的氛围日趋浓厚。多年来，各级宣传部门和新闻媒体通过开设城市文明热线、“创建全国文明城、优化环境促发展”等专题、专栏，强化宣传、借势造势，营造了良好的舆论氛围。社会各界积极参与，协调联动，群策群力，建立起了城市主要出入口大型广告塔，候车亭公益广告栏等多种创建宣传载体，社会宣传力度不断加大，营造了浓厚的社会氛围。

三是创建文明城市的工作品牌不断涌现。我们在坚持不懈地深入开展月评学雷锋十佳事迹、帮孤助残志愿服务、推行“三德三做”的基础上，不断创新，创建文明生态村、诚信唐山、创建文明和谐社区、创建文明行业夺杯竞赛、文明窗口规范化服务、文明单位认管公益服务等活动，先后得到了中央、省文明办的肯定，丰富壮大了唐山精神文明建设的品牌群。

四是科学的工作机制不断完善。近两年，我们坚持全面落实《全国文明城市测评体系》，组织对标达标，并在不断摸索和总结借鉴中，逐步形成了创建长远规划与年度推进相结合、对标达标与特色创建相结合、内宣与外宣相结合、重点强力督导与普遍责任创建相结合等创建全国文明城市的目标管理和工作推进机制，保证创建工作卓有成效地推进。

五是城市环境面貌发生了较大变化。我们坚持从唐山实际出发，以文明城市为核心，“五城”同创。通过国家园林城、卫生城的创建，在市容市貌、绿化美化、旧小区改造、“五小”行业和集贸市场治理等各个方面取得新突破，得到群众拥护。特别是去年我们抓住纪念唐山抗震30周年有利契机，大力优化城市建设和城市管理，群众参与之广、创建效果之明显，是多年来前所未有的。

六是城乡统筹发展不断迈出新步伐。我们坚持以城带乡，统筹城乡协调发展，用文明城市建设辐射带动文明县城、文明小城镇建设，初步形成了以文明城市为核心，向文明县城、文明小城镇延伸的文明城镇群创建格局。目前，我市乐亭县、滦县已经建成省级文明县城，乐亭县率先成为全国文明县城。三年来，我们还大力推进创建文明生态村活动，使农村精神文明建设焕发出新的生机与活力。

以上有目共睹的变化和成绩，是我市常年深入开展创建全国文明城市活动的成果，是全市700万人民群众心血和智慧的结晶。我们积累的宝贵的经验，取得的创建成果，就是我们申报全国文明城市工作的资本和条件。对这些来之不易的创建成果，我们一定要倍加珍惜，要不断总结提炼深化，不断巩固扩大提高，使之成为唐山进军全国文明城市的坚实基础。

二、要认清严峻形势，切实增强创建紧迫感

回顾我市的创建工作，取得了一定成果，我们自己和自己比，有了很大进步和提高。但是面向2008年全国文明城市申报，和全国先进城市相比，和文明城市的标准要求相比，目前我们的工作中还有很多差距，确实存在一些问题。主要表现在以下几个方面：一是市容环境死角死面较多，管理不到位，特别是集贸市场、居民小区、城乡结合部、背街小巷的卫生死角比较突出。果皮箱等城市环卫基础设施投入不足，设置不合理，不便民，群众反映强烈。二是城市长效管理机制建立步伐慢。城市管理的一些深层次问题还未得到彻底解决。主要大街和重点地区乱张贴非法小广告现象还未完全杜绝。三是个别行业规范化服务不到位的现象依然存在。部分窗口单位、执法部门服务滑坡。中小餐厅规范化服务意识差、出租车司机讲不文明用语等现象仍然没有彻底根治。四是城市交通秩序有待提高。出租车乱停乱靠乱调头现象时有发生。一些市民乱穿马路、乱闯红灯现象依然存在。五是市民文明素质亟待提高。公共场所乱扔垃圾、随地吐痰、讲脏话粗话、损坏公物等不文明现象依然存在。婚丧事大操大办现象呈现反弹趋势。六是对照《全国文明城市测评体系》严格对标达标，119项指标中，还有一些方面的量化指标存在较大差距。主要是图书馆、群艺馆、文化馆建设、卫生服务中心(站)纳入城镇职工医疗保险定点机构、社会保险基金征缴率等。七是个别单位存在认识模糊、工作松劲问题。部门之间交叉扯皮、部门内部管理机制和责任不到位、有畏难情绪工作被动等问题不同程度地存在。这些问题的存在，直接影响着我市城市的形象，影响着全国文明城市创建工作，影响着群众的切身利益，必须引起各单位高度重视，下大力整治，力争尽快转变提高。

为此，市委要求各级各单位要切实增强紧迫感和使命感，大力强化五个方面的意识。第一，增强机遇意识。通过多年创建，我们已经打下了坚实的创建基础。按照中央文明委的安排，2008年全国将评选、命名第二批全国文明城和全国创建文明城市工作先进城市。2007年，河北省还要在全省组织创建文明城市工作初评，对各市新一轮的创建工作情况及城市文明程度进行评议，综合评议结果，公布各市排名，按照40%的分值计入2008年总评。时间紧迫，任务艰巨，我们能否抓住机遇，推进工作，继续保持先进城市称号，努力争取全国文明城市，促进唐山的发展已经迫在眉睫。第二，增强一流意识。我们必须清醒看到：全国文明城市比例小、标准高、审批严。一是2008年中央文明委对上届全国文明城市和创建文明城市工作先进城市将重新检查验收和命名。2005年首届获得全国文明城市称号的城市也要重新申报，参加第二届评选，使竞争更加激烈。二是中央文明委对全国文明城市的考评工作，将委托国家统计局等专业机构依据《全国文明城市测评体系》来进行，没有捷径，不容虚假。这就要求我们的每一项创建任务必须高起点、高标准、严要求，精益求精。第三，增强竞争意识。目前，全国、全省竞争形势激烈。从全国形势来看，在符合第二批全国文明城市申报资格的70个城市中，都把创建全国文明城市作为提高城市知名度，加强对外扩大开放，改善投资环境，增强吸引力、竞争力，加快发展的战略目标。其中首批9个文明城市实力雄厚、条件优越，保持领先位置；在先进城市中，三明、苏州、杭州、桂林、郑州、武汉、成都、威海、烟台、温州、绍兴、茂名、石河子等城市快速发展，也先后得到全国集中宣传或中央文明委领导的肯定。特别是苏州、郑州、杭州、成都等城市已经明确提出了暂争全国文明城市的口号，并得到中央文明网的宣传，决心很大。从我省形势来看，廊坊市在首批落选后，充分发挥地域优势，进一步加大了创建力度，创建成效比较显著。秦皇岛市快速发展，异军突起。在河北，廊坊、秦皇岛已成为我们强劲的竞争对手。在这里我要强调，各行各业要充分认识到：在激烈的竞争中，既有同等城市实力的竞争，更是同级行业之间的竞争，每一个行业部门的工作质量都是决定城市竞争成败的砝码，各行各业必须放眼全局，努力争先。第四，增强责任意识。面对严峻形势，各级各单位要按照市委提出的“抢抓新机遇，建设新唐山”的要求，立党为公、执政为民，围绕全市确定的创建奋斗目标，增强责任心和事业心，扎扎实实做好本职工作。特别是对差距较大的问题，各责任单位一定要尽职尽责，认真研究对策，加大工作力度，切实解决问题。第五，增强协作意识。创建全国文明城市是一项复杂的社会系统工程，其中的许多创建任务，不是一个单位和部门自己能够完成的，必须各部门之间讲大局、讲团结，加强协作，形成合力。

三、要加大工作力度，全面提高创建水平

面向2008年申报，我市希望与挑战并存，形势严峻，任务艰巨。为此，2007年创建工作质量如何，意义重大。我们必须从现在开始，迎难而上，扎实工作，固强补弱，努力推进创建工作取得新进展。今后一个时期，我们要重点抓好以下六项工作。

（一）统一思想，进一步提高对创建工作的认识。大家都知道，唐山现在面临千载难逢的机遇。“当好河北打造沿海经济隆起带的领头羊”和“抢抓新机遇、建设新唐山”，是省委和市委给我们提出的要求，是当前和今后一段时期的我们工作的中心和大局。创建全国文明城，既要在全国争牌子，更要为唐山人民造福谋利，就是我们围绕中心和大局的具体实践。创建全国文明城，既要抓好城市基础设施建设，又要抓好市容市貌的整治，还要促进市民文明习惯的养成，也是树立和落实科学发展观、促进经济社会协调发展，建设和谐社会的重要举措。创建全国文明城，根本目的就是要努力营造市民文明、关系和谐、道德高尚、秩序良好、社会稳定、环境优美的社会环境，这也是构建社会主义和谐社会的重要内容。我们必须从这样的高度认识创建工作，统一思想，坚定信心，深入扎实地做好各项工作。

（二）高度重视，切实加强对创建工作的领导。创建全国文明城市形势严峻、任务艰巨、责任重大，必须有强有力的组织指挥体系做保障。市委、市政府近期将进一步加强创建全国文明城市领导小组的力量。省委常委、市委书记赵勇同志在市委宣传部调研时，明确表态要主动担任全市创建全国文明城市领导小组的组长，这充分说明领导对创建工作的的重视和支持。为此市委要求，各创建责任单位要切实落实“一把手”工程，加强对创建工作的领导，主要领导为第一责任人，对本单位创建任务负总责，要亲自抓创建，深入一线指导创建，真正把创建工作摆上日程。市创建全国文明城领导小组办公室也将进一步充实力量，届时各单位要确保全力支持，要人给人，要车给车，保证工作。各区（市、县）、各责任单位也要尽快建立完善创建全国文明城市指挥机构，健全组织、配强人员，加大投入。要努力在全市形成上下贯通、高效有力的创建工作领导指挥系统。

（三）对标达标，切实把各项创建任务落到实处。《全国文明城市测评体系》是评价和考核文明城市创建成效的“风向标”，更是长期指导文明城市创建工作的“指示器”。各责任单位一是要认真落实《全国文明城市测评体系及我市创建任务责任分解》，准确把握测评标准和主要指标，明确创建任务。要对照标准，认认真真搞自查。对已达标的指标要继续巩固提高，对没达标的项目和动态指标要客观地、实事求是地分析，做到心中有数，制定有力措施，尽快达标。二是在对标达标中，既要重视量化指标达标，更要重视其他创建任务达标，尤其是要注重提高人的文明素质，这是全部指标达标的基础。有了较高的人员素质，就会有较高的创建质量。要做到量化指标与其他创建任务同步达标，力争全面达标。三是各单位要积极主动争取中央、省上级对口主管部门对达标工作的指导，增进感情，求得支持。避免自己认为达标，上级主管部门不认可等影响创建全局的现象发生。

（四）全民动员，大力推进创建活动扎实开展。创建文明城市从开始到现在，从内容到形式，始终与人民群众的切身利益密切相关，根基在群众，主体是群众，目的也是为了群众。因此在工作中，要把提高人民群众的幸福指数作为创建工作的出发点和落脚点，发挥人民群众的创建主体作用，充分调动并保护好群众参与精神文明建设的积极性。针对当前形势，我们要着力把握两个方面：一是要认真组织好2007年省文明办部署的三项主题活动，确保全省领先。（1）广泛开展“文明十个一”活动，引导市民文明乘车、文明游园、文明观演、文明行车、文明走路、文明就餐、文明购物、文明待客、文明过节、文明养犬，养成文明习惯。（2）深入开展“爱我社区”周末联谊活动，努力营造新型社区人际关系，推进和谐社区建设。（3）继续开展好营造城市森林大型公益活动，植树育林，改善城市生态环境。二是要紧密围绕唐山实际，在打造特色品牌、开展精彩活动、吸引群众参与方面上水平。要坚持大力宣传和弘扬抗震精神和曹妃甸精神，用自己城市的精神教育自己城市的人民，真正使唐山精神成为创建全国文明城市活动的灵魂，成为唐山发展的强大精神动力。要继续坚持不断深化我市创造形成的“月学雷锋十佳事迹”、“志愿者行动”“三德三做”等知名活动品牌，并进一步积极探索群众喜闻乐见、行之有效的新的创建载体。要通过组织“百万市民学礼仪”“文明城市标准大家学”知识竞赛、“创建和谐社区”原创歌曲大赛、文明城市论坛、文明单位风采大赛、“文明标兵在身边”系列评选等丰富多彩的活动，创造群众参与的渠道，最大限度地吸引全民参与，打造群众参与的品牌，推动城市文明品位的提升。

（五）突出重点，下大力提高城市管理水平。创建全国文明城市工作千头万绪，特别是在面临河北省随时都可能暗访明察的关键时刻，必须明确重点，狠抓关键，下大力解决好以下突出问题。首先，重点解决市容市貌脏、乱、差的问题。市容市貌是一个城市的形象，是衡量整体环境卫生水平的标志。城管、公安等部门要密切配合，下大力整治，把乱摆摊点、乱停乱放、乱堆乱挂、乱贴乱画等问题重点解决好，切实保证城市容貌整洁。工商、卫生防疫、城管部门要加强市场管理，坚决打击自发夜市、早市，坚决取缔街头和路边各类摊点，特别是对“五小”行业，要提高门槛、规范管理。各区要重点解决居民小区和城乡结合部环境卫生治理。居民小区的重中之重是平房区、城中村和未改造的小区，以及改造后还没有实行物业管理的小区。城乡结合部的重点是解决好垃圾围城、围村问题。市区两级创卫指挥部负责检查监督，对发现的问题，要明确时间和责任人，限期整改。其次，要大力整治社会秩序，提高市民文明素质。公安交警部门要开展交通秩序治理活动，强力规范市民交通行为，严格管理出租车乱掉头、乱停靠、自行车闯红灯和行人乱穿马路等现象。要继续组建创建文明城市联合执法队，加大公共场所不文明现象的治理。民政、公安要密切配合，疏堵结合，强力遏止婚丧事大操大办反弹的势头。其三全面推行五种规范，切实提高窗口服务水平。继续在全市窗口行业组织开展规范化服务竞赛，其中对医疗卫生、商业零售、城市公共交通（公交车和出租车）、宾馆餐饮、金融保险、汽车修理等行业，开展重点创建和集中治理，奖优罚劣，确保行业服务水平得到提高。

（六）加强宣传，把握正确舆论导向。（1）要把握好新闻舆论的导向。各级宣传部门和市直新闻媒体要围绕全市创建工作的整体安排，突出重点，有序宣传报道。要坚持正面宣传为主，大力宣传创建工作中涌现出的先进典型和经验，用典型引路，推进工作。对发现的问题，要强化监督，侧重改进过程。对监督批评性的曝光要严格执行审批制度，控制比例。（2）要大力加强社会宣传。各级各单位要通过广泛征求群众意见和建议、举办宣传活动和公益性活动等形式，加强社会宣传，扩大覆盖面，让老百姓知道文明城市是干什么的,是为谁创建的,进一步提高群众对创建全国文明城市知晓率、支持率，努力形成全民创建文明城市的社会氛围。（3）要不断加大外宣工作力度。要组织力量在全国、全省主要新闻媒体多宣传我市的三个文明建设成就和各方面涌现的先进典型，提高唐山的知名度。

（郭彦洪时任中共唐山市委常委、宣传部长）

供稿：唐山市文明办

郭彦洪：在唐山市“文明市民标兵”和“优秀文明市民”表彰大会上的讲话（摘要）

（2007年2月6日）

一、广泛学习宣传文明市民标兵和优秀文明市民的高尚精神和崇高品德，为“抢抓新机遇，建设新唐山”营造文明和谐的良好社会氛围

着眼于选树先进典型，发挥先进典型的示范带动作用，进而提高广大公民的文明素质和整个社会的文明程度，从去年底开始，市文明办在全市组织开展了文明市民标兵和优秀文明市民评选活动。经过广大群众投票评选，结合组织审定，最后评选出了12名文明市民标兵和30名优秀文明市民。在这些同志当中，有的常年如一日，舍小家为大家，以帮助他人为乐，以热心社会公益事业为己任，默默地无私奉献，成为奉献社会、温暖他人的道德楷模；有的以党和人民的事业为重，殚精竭虑，忘我工作，立足本职，事争一流，在构建繁荣文明和谐新唐山中建功立业，成为三个文明建设工作中的先锋和表率；有的致富不忘回报社会，在“义”与“利”面前深明大义，做出了正确抉择，在资助社会弱势群体、安置社会下岗失业人员、带领群众共同发家致富等方面作出了突出贡献，成为重信尚义的榜样；有的长期坚持工作在基层，工作在一线，工作在各方面条件都十分艰苦的地方，甚至抱病痛之躯，鞠躬尽瘁，在最平凡的工作岗位上做出了不平凡的业绩，成为众口称赞、有口皆碑的模范；有的在关键时刻挺身而出，不顾自己生命安危而保护他人的生命财产安全，做出英雄壮举，成为人们敬仰的英雄人物；有的尊老爱幼，夫妻和睦，勤俭持家，邻里团结，为家庭美满幸福和社会和谐安定播撒爱心，成为家庭的好成员，如此等等，言不足尽。总之，所有这些感人事迹及其折射出的高尚精神和崇高品德，都为广大群众所交口称赞，都为我们社会各行各业和广大群众树立了很好的学习榜样。应当说，这些文明市民标兵和优秀文明市民，是我市公民文明素质和社会文明程度日益提高的集中体现，是我市社会公德、职业道德、家庭美德建设的丰硕成果，是我市公民道德建设中的一道靓丽风景。

与这些文明市民标兵和优秀文明市民的感人事迹、高尚精神和崇高品德一样，“帮一点”的故事、“帮一点”的精神，也是我市700多万人民以实际行动追求文明、弘扬中华民族优秀传统美德的缩影。“帮一点”的故事发生在我们唐山，是唐山人民的骄傲，继续弘扬、传承“帮一点”精神，更是我们唐山人民义不容辞的责任与要求。因此，在这次会议上，市文明办向全市人民发出了“人人都来‘帮一点’，共建文明和谐大家庭”的倡议书，要求全市人民积极踊跃地加入到“帮一点”的队伍中来，为共建文明和谐大家庭作贡献。在此，我也真诚地希望全市人民积极响应，迅速行动起来，把倡议书的要求落到实处，使“帮一点”的爱心在我们这座城市中永远涌动、持久升腾。

总之，我们要采取多种形式，依托各种宣传阵地，广泛学习宣传文明市民标兵和优秀文明市民的高尚精神、崇高品德，广泛学习宣传“帮一点”精神，并使之成为践行社会主义荣辱观、加强公民道德建设的重要内容，使之成为我们公民道德建设的榜样与楷模，以此促进公民文明素质和社会文明程度的不断提高，为“抢抓新机遇，建设新唐山”营造文明和谐的良好社会氛围。

二、继续深入扎实地组织实施公民道德建设工程，为培养造就更多更好的文明市民标兵和优秀文明市民奠定坚实的社会基础

文明市民标兵和优秀文明市民的涌现，不是偶然的，而是长期培养教育的结果。换句话说，是全市各地各单位不断加强公民道德建设，公民文明素质和社会文明程度不断提高的结果。因此，我们要继续深入扎实地组织实施公民道德建设工程，全面贯彻落实《公民道德建设实施纲要》，为培养造就更多更好的文明市民标兵和优秀文明市民奠定坚实的社会基础。

首先，要大力倡导公民基本道德规范，使之成为广大公民的自觉实践。“爱国守法、明礼诚信、团结友善、勤俭自强、敬业奉献”的公民基本道德规范，既包含了中华民族的传统美德、革命道德的内容，又体现了时代精神、时代特色，是对社会主义道德精神的科学概括和高度凝炼，是每一个公民都必须遵守的基本行为准则。因此，要采取多种形式，广泛深入持久地进行“20字”公民基本道德规范的宣传，使之家喻户晓、人人皆知。同时，要通过制定和完善职业道德、岗位职责、市民公约、乡规民约、学生守则等行为规范，把基本道德规范的内容和要求进一步具体化，使各行各业和社会各界在日常生活和工作学习中都有所遵循。

其次，要广泛开展道德教育和道德实践活动，使教育和实践相得益彰。公民道德建设的过程，是教育和实践相结合的过程。因此，要以活动为载体，吸引群众广泛参与，使群众在参与中受到教育、得到提高。要坚持从实际出发，把道德建设与行业管理结合起来，把提高道德素质与提高业务水平结合起来，从群众反映强烈的热点问题入手，广泛开展形式多样的道德实践活动，促进公民道德建设稳步向前发展。

第三，要注重选树先进典型，促进和带动良好社会风尚的形成。运用典型力量，抓好示范引导，是我们党的优良传统，也是新时期加强道德建设的重要途径。因此，要把视野投向最基层，善于发现、总结和宣传群众身边的先进典型，在他们默默无闻的日常工作中、奋发向上的现实生活中，挖掘感人事迹和道德素材，让人们感到先进典型可亲、可敬、可信、可学。要继续坚持组织开展文明市民标兵和优秀文明市民评选表彰活动，并不断完善评选办法，提高评选质量，使受到表彰的文明市民标兵和优秀文明市民更加具有广泛的群众基础，更加具有先进性、典型性和时代性，更能发挥他们在提高公民文明素质和社会文明程度中的示范带动作用。

第四，要建立健全社会道德监督机制，实现道德自律与他律的有机统一。加强道德建设，既要引导公民提高自身修养，严于律已，自觉养成良好的行为习惯，又要注重加强道德监督，通过卓有成效的监督机制，规范和约束人们的行为。具体地讲，要加强舆论监督，正确引导社会普遍关注的道德热点问题，揭露和批评背离社会主义道德的错误言行和丑恶现象。要加强社会监督，通过开展道德评议等形式，引导群众自我监督、自我管理。要加强组织纪律、行政规章、法律法规的监督，对公民的不道德行为给予适当的处罚和必要的谴责。此外，还要通过建立个人信用档案，加强信用监管，共同营造扶正祛邪、扬善惩恶的社会风气。

三、加强领导，完善机制，促进公民文明素质和社会文明程度不断提高

公民文明素质和社会文明程度的不断提高，是产生和涌现越来越多文明市民标兵和优秀文明市民、“帮一点”的故事及其精神的社会基础和群众基础。因此，要围绕提高公民文明素质和社会文明程度，不断加强组织领导，不断完善工作运行机制，不断加强督导检查，狠抓贯彻落实。

首先，各级党委要把加强公民道德建设作为提高公民文明素质和社会文明程度，培育良好社会风尚的一项重点工作、一项基础性工作紧紧抓在手上，切实加强组织领导。要充分认识到，加强公民道德建设，提高社会文明程度，是构建社会主义和谐社会、建设繁荣文明和谐新唐山的重要内容，是抢抓新机遇，建设新唐山，在科学发展的道路上实现新跨越的重要条件。因此，要坚持党政一把手亲自抓、负总责，把贯彻落实《公民道德建设实施纲要》与深化改革、加快发展有机地结合起来，精心部署，抓好检查落实，以此促进广大公民文明素质和整个社会文明程度的不断提高，为“抢抓新机遇，建设新唐山”提供有力的道德支撑。

其次，各有关部门要各司其职，各负其责，自觉承担起公民道德建设的任务。各级宣传思想文化部门要把握好舆论导向，积极传播先进文化，努力营造有利于道德建设的社会舆论氛围；各行业主管部门要认真负责地抓好本系统、本行业的道德建设工作，讲行业文明，树行业新风；各级工会、共青团、妇联等群众团体要把社会各界群众组织起来，广泛参与道德实践活动；各级文明办要充分发挥好协调指导作用，推动公民道德建设不断向纵深发展。就当前来讲，全市各地各单位要把响应市文明办发出的关于组织开展“人人都来‘帮一点’，共建文明和谐大家庭”的倡议，作为加强公民道德建设的一项重要工作任务来抓，积极打造“爱心唐山”名片，使相互关爱成为人们的一种自觉实践，成为构建和谐社会的重要内容和催化剂。

（郭彦洪时任中共唐山市委常委、宣传部长）

供稿：唐山市文明办

郭彦洪：在唐山市“建宜居靓城，做文明使者”社会各界代表座谈会上的讲话（摘要）

（2007年4月17日）

一、识大体，顾大局，人人为打造宜居靓城、建设美好家园作贡献

多年来，历届市委、市政府高度重视城市建设工作，带领全市人民大力弘扬唐山抗震精神，以勤劳的双手建设美好家园，在一片地震废墟上建起了一座崭新的城市，并于1990年在全国首次荣获联合国颁发的“人居环境奖”。但我们也必须清醒地看到，与胡锦涛总书记提出的建设繁荣文明和谐新唐山的要求相比，与省委提出的在建设冀东城市群中发挥龙头作用的要求相比，与实现城市化、工业化和现代化的要求相比，与人民建设美好家园、提高幸福指数的目标要求相比，我们在城市规划、建设、管理和推进城市化进程中还有大量艰苦的工作要做。也就是说，推进城市建设，加快城市化进程，改善人居环境，已经势在必行。不仅如此，加快城市建设步伐，实施城市化发展战略，提升城市品位和城市形象，也已经具备了现实基础和条件。为什么这么说呢？因为随着环渤海地区的快速崛起，随着京津冀都市圈规划的即将实施，随着城市的转型和生产力布局的调整，尤其是随着曹妃甸新区的产业聚集和我市经济实力的日益增强，加快我市城市建设步伐，打造适宜人居住和创业的美好家园，可谓水到渠成，恰逢其时。所以说，市委市政府做出的加快推进城市建设步伐这一重大决策部署，既顺应时代发展潮流，又符合百姓利益要求，它不仅事关唐山的现实发展，而且必将深刻影响唐山的未来和长远发展；它不仅关系到唐山良好城市形象的树立和城市品位的提升，而且关系到广大百姓切身利益的谋求和维护，所以我们全市上下都要积极行动起来，把思想认识迅速统一到市委、市政府的重大决策部署上来，并以实际行动支持、参与城市建设，为打造宜居靓城，建设美好家园，作出自己应有的贡献。

二、讲文明，重实践，以公民文明素质的提高

推进城市建设，巩固和提升城市建设成果

人民城市人民建，建好城市为人民。推进城市建设，需要广大群众的积极参与和大力支持配合，巩固和提升城市建设成果，同样需要广大群众的积极参与和大力支持配合。大家可以试想，一个城市尽管有现代化的建筑，有靓丽的外观，而居民的文明素质低，随地吐痰、乱扔杂物、满口脏字、坦胸露背，这样的城市再靓丽也称不上宜居靓城，因此说，群众既是城市的建设者，又是城市建设成果的受益者，还应是城市建设成果的维护者和巩固提高者。因此，要求全市广大干部群众都要以强烈的主人翁责任意识，积极投身到城市建设暨震后危旧平房改造这场总体战和攻坚战当中来，并以自身文明素质的提高推进城市建设，巩固、完善和提高城市建设的成果，提高城市的文明水平，争取早日实现宜居靓城的美好目标。

首先，要当好市委、市政府重大决策部署的宣传员。城市建设是一项系统工程，涉及到社会的方方面面，同时，也是一项长期任务，涉及到当前和长远。因此，城市建设需要全社会的关心、理解、支持和参与，我们每一个人都有责任、有义务对城市建设的重要意义、目标内容、方法步骤进行广泛的宣传、讲解，以此统一思想，达成共识，凝聚力量，推动市委、市政府重大决策部署的贯彻实施。

其次，要当好城市建设这场总体战和攻坚战的战斗员。推进城市建设，打造宜居靓城，共建美好家园，需要全社会的共同努力。因此，我们每一个人都要以各种方式积极投入到这场总体战和攻坚战中来，当一名出色的战斗员；每一个单位、部门也要从自身的工作职能出发，积极融入到这场总体战和攻坚战中来，为政府担责任，为百姓谋幸福。特别是那些分担创建全国文明城市测评体系任务的责任单位和部门，要以此次战役为契机，积极对标达标，在推进城市建设的进程中推进全国文明城市的创建。

第三，要当好打造宜居靓城的文明使者。不论打造宜居靓城，还是创建全国文明城市，都需要广大公民文明素质有一个大的提高。因为，只有人人讲文明，人人实践文明，才能营建文明和谐的家园，才能创建文明和谐的城市。刚才，荣获2006年度文明市民标兵和优秀文明市民称号的代表，向全社会发出了“建宜居靓城，做文明使者”的倡议，希望全市广大干部群众积极响应，勇于实践，争当打造宜居靓城的文明使者。其中，广大共产党员、共青团员和机关干部要率先垂范，以身作则，带头实践；全体文明市民标兵和优秀文明市民要继续保持荣誉，再接再厉，在打造宜居靓城中当好骨干，再立新功；广大群众也要积极参与，讲文明，树新风，比贡献，为建设美好家园贡献力量。总之，要通过人人讲文明，人人争当文明使者，使宜居靓城更加靓丽，更加名副其实，更加具有长久的生命力。

三、夯基础，建机制，不断赋予宜居靓城以丰富的精神文明内涵

随着城市建设进程的日益推进，随着城市建设成果的日益显现，随着宜居靓城的不断打造和完善，人们的精神面貌、文明素质也要与之相适应、相匹配，需要有一个大的改善和提高。因此，在抓好城市基础设施等“硬件”建设的同时，必须抓好城市的“软件”即公民的思想道德和文明素质建设，不断赋予宜居靓城以丰富的精神文明内涵。为此，应突出做好以下三点：

一是在全社会大力倡导、实践公民基本道德规范，不断夯实宜居靓城的社会文明基础。“爱国守法、明礼诚信、团结友善、勤俭自强、敬业奉献”的公民基本道德规范，既包含了中华民族的传统美德、基本道德的内容，又体现了时代精神、时代特色，是对社会主义道德精神的科学概括和高度凝炼，是每一个公民都必须遵守的基本行为准则。因此，要采取多种形式，广泛深入持久地进行“20字”公民基本道德规范的宣传教育。同时，结合制定和完善职业道德、岗位职责、市民公约、乡规民约、学生守则等行为规范，把基本道德规范的内容和要求进一步具体化；要以活动为载体，广泛开展道德教育和道德实践活动，吸引群众广泛参与，使群众在参与中受到教育、得到提高；要运用典型力量，注重选树先进典型，促进和带动良好社会风尚的形成。

二是进一步建立健全公民道德建设的激励约束机制和组织领导机制，为打造宜居靓城提供强有力的机制保证。公民文明素质的提高，良好道德习惯的养成，既靠严于律己，又靠外部监督，是自律与他律的有机统一。因此，制定实施激励约束机制，要努力弘扬正气，树立典型，我们要继续坚持开展月评学雷锋十佳事迹、年度评选文明市民标兵和优秀文明市民、每三年评选一届学雷锋十大杰出人物等行之有效的活动和做法，以此表彰先进，弘扬正气。同时，加大管理和处罚力度，对那些随地吐痰、乱扔垃圾、不遵守交通规则及破坏公物等不文明行为实施舆论监督、社会监督以及组织纪律、行政、法律法规的监督，给予适当的处罚和必要的谴责。此外，我们还要组织发动和依靠社会力量，形成党政一把手亲自抓、各有关部门各司其职、全社会积极参与的公民思想道德建设的工作格局，进一步建立健全组织领导机制，确保公民文明素质和社会文明程度的不断提高，赋予宜居靓城以鲜活的灵魂。

三是运用各种手段和载体，在全社会大力营造打造宜居靓城的舆论强势。各地各单位要通过多种渠道，广泛深入地宣传市委、市政府打造宜居靓城的重大举措，使之家喻户晓，尽人皆知。同时，要不断畅通社情民意的渠道，注意听取来自基层群众的意见、建议和看法，对那些带有苗头性、倾向性的问题要及早发现、及早解决，深入细致地做好群众的思想政治工作，切实做到相信群众、依靠群众、教育引导群众，把好事办好。要紧密结合自身的工作职能，主动与城市建设工作对接，不当旁观者，要当参与者、实践者。各级新闻单位和各种新闻媒体要充分发挥好自身优势，加大宣传报道力度，真正做到全程关注、滚动播出、地毯式覆盖，为全市城市建设，提高市民文明素质，为打造宜居靓城营造强大的正面舆论强势，以实际行动贯彻落实市委、市政府的重大决策部署。

（郭彦洪同志时任中共唐山市委常委、宣传部长）

供稿：唐山市文明办

郭彦洪：在唐山市优秀文明市（村）民先进事迹首场报告会上的讲话（摘要）

（2007年5月27日）

一、广泛学习宣传先进典型，为抢抓新机遇、建设新唐山营造健康向上的社会舆论氛围

广泛学习宣传先进典型，是加强和改进党的思想政治工作的一个行之有效的方法，是加强精神文明建设、弘扬社会正气的一条重要途径。在报告团成员当中，有的常年如一日，舍小家为大家，以帮助他人为乐，以热心社会公益事业为己任，默默地无私奉献，成为奉献社会、温暖他人的道德楷模；有的以党和人民的事业为重，殚精竭虑，忘我工作，立足本职，事争一流，在构建繁荣文明和谐新唐山中建功立业，成为三个文明建设工作中的先锋和表率；有的致富不忘回报社会，在“义”与“利”面前深明大义，做出了正确抉择，在扶助社会弱势群体、安置社会下岗失业人员、带领群众共同发家致富等方面作出了突出贡献，成为重信尚义的榜样；有的长期坚持工作在基层，工作在一线，工作在各方面条件都十分艰苦的地方，在最平凡的工作岗位上做出了不平凡的业绩，成为众口称赞、有口皆碑的模范；有的尊老爱幼，夫妻和睦，勤俭持家，邻里团结，成为家庭美满幸福和社会和谐安定播撒爱心的使者，他们的感人事迹及其折射出的高尚精神和崇高品德，都为广大群众所交口称赞，都为我们社会各行各业和广大群众树立了很好的榜样。

要通过先进典型的学习宣传，促进当前全市正在开展的科学发展观学习教育活动不断向纵深发展，引导广大党员干部对照先进典型查思想、找差距，比干劲、作贡献，以此丰富充实科学发展观学习教育活动的内容，提高和增强科学发展观学习教育活动的成效。总之，要通过先进典型的学习宣传，努力在全社会形成崇尚先进、学习先进、争当先进的良好风气，为抢抓新机遇，建设新唐山，扎实推进唐山科学发展示范区建设，提供坚实的思想基础和强有力的道德支撑。

二、大力培养选树先进典型，通过先进典型的示范带动不断提升全社会的文明程度

用先进典型的事迹、精神和思想教育群众，要比一般的讲道理更具有说服力、感染力、号召力。因此，我们在通过巡回报告等多种形式对优秀文明市（村）民的先进典型事迹进行广泛学习宣传的同时，还要注重加强各类新典型的培养选树工作，并真正依靠先进典型的示范不断提升全社会的文明程度。

一是要大力加强公民思想道德建设，不断夯实各类先进典型的社会基础。公民文明素质和社会文明程度的不断提高，是各类先进典型成长的“摇篮”。因此，我们要继续深入扎实地组织实施公民道德建设工程，全面贯彻落实《公民道德建设实施纲要》，坚持以各种形式的活动为载体，吸引广大群众广泛参与道德实践活动，使群众在参与中受到教育、得到提高，以此提高全社会的文明程度，催生各类先进典型。

二是要坚持“三贴近”原则，确保各类典型可亲、可敬、可信、可学，得到广大群众的认可。培养选树先进典型，要坚持把视野投向最基层，善于发现、总结和宣传群众身边的先进典型，在他们默默无闻的日常工作中、奋发向上的现实生活中，挖掘感人事迹，总结典型经验；要深入调查，广泛听取各方面意见，真正使选树的各类先进典型经得起历史检验；要从实际出发，选准角度，体现典型的时代性和不同特点，真正使每个典型都能启人心扉，动人情怀，激人奋进。

三是要立足推广，注重实效。培养选树先进典型，根本目的是为了发挥先进典型的示范带动作用。因此，要把培养选树先进典型和宣传推广先进典型有机地结合起来，通过先进典型的辐射和带动作用，推动和促进各项实际工作的深入开展。就当前来讲，我们要在打造“文化名城、经济强城、宜居靓城、滨海新城”以及科学发展观学教活动和唐山科学发展示范区建设等市委市政府中心工作中，以先进典型为榜样，感悟崇高，净化心灵，文明修养，以实际行动为建设繁荣文明和谐新唐山贡献力量。

三、真诚关心爱护先进典型，确保先进典型示范带动作用的长久发挥

各类先进典型是时代的先锋，社会的典范，群众的楷模，尽管他们的岗位不同，具体事迹也不一样，做法、经验各具特点，但思想内涵和精神实质是一致的，都反映了人民的意愿，体现了时代精神，代表着社会的前进方向。无论什么时候，开展什么工作，都需要先进典型，都离不开先进典型的示范、引导和带动。因此，我们各级党组织要满腔热情地关心和爱护先进典型，政治上引导他们不断进步，工作、学习和生活中存在的各种实际困难要给予及时帮助和解决，努力为他们充分发挥示范带动作用创造良好的环境。各地要建立健全先进典型库，对先进典型的相关材料进行归档管理，积累典型资源，对先进典型实施动态管理。先进典型自身也要正确对待荣誉，谦虚谨慎，不骄不躁，与时俱进，始终保持自身的先进性，在各自的岗位上不断发挥示范带动作用，永远成为广大群众的学习榜样。

同志们，我们唐山是一座具有崇尚道德、追求文明的城市，也是一座英雄辈出、各类先进典型层出不穷的城市。因此，我们要以此次报告会为契机，在全社会继续大力营造学习先进典型、培养选树先进典型、关心爱护先进典型的浓厚氛围，并充分发挥好各类先进典型在建设繁荣文明和谐新唐山中的示范带动作用，促进全市经济社会实现更好更快发展，在科学发展的道路上实现新跨越！

（郭彦洪时任中共唐山市委常委、宣传部长）

供稿：唐山市文明办

郭彦洪：在唐山市首届“宏志班”毕业总结暨爱心助学仪式上的讲话（摘要）

（2007年8月22日）

一、希望“宏志班”的同学们，树立远大理想，勤学报国本领，立志为推进经济社会更好更快发展，构建和谐唐山多作贡献。生逢盛世图壮志，任重道远当自强。今年市委召开的八届三次全会，明确了“抢抓新机遇，建设新唐山，在科学发展的道路上实现新跨域”的主题，提出了经过三至五年的努力，把唐山建设成为文化名城、经济强城、滨海新城、宜居靓城的新目标，这是全市人民的共同理想和奋斗目标。目前，全市经济快速增长，社会事业全面进步，人民生活水平不断提高。去年我市地区生产总值达到2362亿元，同比增长14.6%；全部财政收入264.3亿元，同比增长16.7%，均占到全省的1/5。特别是曹妃甸新区建设和唐山南堡大油田的开发，为唐山未来发展提供了强大动力。可以说，唐山的发展是欣欣向荣的，社会进步是有目共睹的。同学们，正值青春年少，风华正茂。未来几十年的人生足迹，将与繁荣文明和谐新唐山的建设和中华民族的伟大复兴同行，这是难得的历史机遇，这是重大的历史责任。首届高中“宏志班”的同学们即将毕业，同学们中大多数将进入大学继续深造，希望你们在新的人生道路上不辜负党和人民的重托，只争朝夕、奋发学习、不断进取、勇攀高峰、早日成为国家栋梁之才，勇敢地担负起建设中国特色社会主义事业的历史重任。高二、高一的同学们，要向首届“宏志班”的大哥哥、大姐姐们学习，珍惜这一难得的机会，刻苦努力完成学业，健康身心。要相信党和政府是不会忘记这些困难家庭和困难学生的；要相信社会主义制度能够为同学们的成长、成才提供广阔的平台和舞台；要相信在党和政府的培养下，有这么多的叔叔阿姨们关注着你们、支持着你们、帮助着你们，你们人生道路上的一切坎坷都会迈过去的。当然，也应当看到，我们的国家、我们唐山市目前还不够富裕，社会各方面的助学资金还很有限，能够得到“助学工程”的资助到“宏志班”来学习是你们的幸运。所以要珍惜党和政府给予的宝贵资助，始终保持高昂的学习热情和旺盛的求知欲望，把党和政府的关怀化作奋发努力的精神动力，树雄心、立壮志，做德智体美全面发展的优秀学生。

二、希望承办“宏志班”的学校和老师们，全身心投入，创造性、有针对性地开展工作，为受助学生全面健康成长创造良好的条件。要把“宏志班”学生的培养和教育列入重要议事日程，纳入学校整体工作规划，围绕学生的全面成长，强化思想道德教育，关注学生的身心健康，培育学生的优秀品格，无微不至地关心孩子们的生活，为孩子们营造良好学习环境。要加强对新入学学生的心理健康教育，要教育他们永远不忘党和政府的支持、帮助，教育他们无论在多么艰苦的环境里，无论在人生的道路上遇到多大的挑战，都能够做到正确对待。要按照德智体美全面发展的要求，对学生的学习基础、心理状况、卫生习惯等进行认真研究，有针对性地做好工作，确保收到实实在在的效果。要充分发挥教书育人的主渠道作用，选配优秀班主任和授课教师，因材施教、诲人不倦，进一步加强受助学生的人格培养，使他们树立起正确的世界观、人生观、价值观，使他们真正成为社会主义现代化事业的合格建设者和可靠接班人。

三、希望各级党委、政府和职能部门，强化责任意识，加倍努力工作，进一步把“助学工程”办实办好。“助学工程”是一项长期而艰巨的任务。各级党委、政府，各级宣传部、文明办和教育行政部门，一定要从讲政治、讲大局的高度，以对党和人民高度负责的精神，充分认识这项工作的重要意义，加强领导、精心组织，把工作做深、做细、做实。要认真总结、全面推广开办高中“宏志班”三年来的成功经验，推动各类社会助学活动的深入开展。要组织力量认真挖掘提炼“宏志班”同学们的思想上进取、学习上争优、生活上节俭、纪律上从严的可贵精神。要协调有关部门，采取有效措施，动员社会各界，进一步强化知恩感恩、回报社会、奉献他人的思想意识，进一步弘扬患难与共、扶贫济困、乐善好施的“帮一点”精神，使唐山这张最美的爱心名片，成为我们播洒爱心、共铸和谐的有力支撑。各级文明单位，要广泛开展各种形式的社会助学活动，努力使全市每一个家庭贫困、品学兼优的学生都能入学深造，不辍学。各级新闻单位要进一步加强对我市“助学工程”特别是“宏志班”的宣传报道，宣传各级党委、政府对家庭困难、品学兼优学子的亲切关怀，宣传社会各界对“宏志班”的重视和支持，宣传受助学生刻苦学习、立志成才的动人事迹，在全社会形成重教文教、尊重知识、尊重人才、尊重劳动、尊重创造和扶贫济困、助人为乐的良好风尚。

（郭彦洪时任中共唐山市委常委、宣传部长）

供稿：唐山市文明办

王增力：在廊坊市创建全国文明城市暨城市管理年动员大会上的讲话（摘要）

（2007年4月20日）

一、认清形势，坚定信心，进一步增强争创全国文明城市的责任感和紧迫感

全国文明城市是一个城市“三个文明”建设整体水平的集中体现。从最初的创建全省文明城市起，我市的创建工作已经坚持了十多年，创建的内容不断丰富，市民的文明素质不断提高，支撑经济社会更好更快发展的能力进一步增强，城市品位和文明程度明显提升。这是全市广大干部群众有目共睹的。实践证明，创建全国文明城市，既是一个发展的有效载体，又是一个提高城市文明水平的过程；既是对城市“硬件”的完善，又是对市民素质的提升；全国文明城市既是一张靓丽的城市名片，又是城市发展水平的重要标志。所以，我们对于创建全国文明城市，必须坚定不移，锲而不舍！应该看到，现在我们争创全国文明城市已经具备了新的基础和有利条件。主要表现在：一是创建文明城市的物质基础日益增强。通过落实科学发展观，实行“全党抓经济，重点抓工业，集中精力上项目”，全市经济社会发展呈现质量提高、增速加快、后劲增强、协调并进、健康发展的良好态势。2006年地区生产总值、财政收入、城镇固定资产投资等多项经济指标增速跃升到全省第二位。特别是随着富士康、华为、京东方等一批高科技大项目落户廊坊，标志着我市对大项目的承载能力跃上了更高层次，发展环境进一步优化，城市的综合竞争力有了新的提升。二是创建文明城市的基础性工作更加扎实。经过不懈努力，我市已连续两次获得“全国创建文明城市工作先进城市”称号，去年又被评为国家园林城市、国家环保模范城市、全国绿化模范城市。探索建立了一套城市文明创建、规范管理的工作机制和加强城市社区建设的工作机制，使已经取得的创建成果不断得到巩固和发展，使创建文明城市工作保持了良好的发展态势。这些都为我们今后的创建工作打下了良好基础。三是广大市民的创建热情进一步高涨。我们坚持以思想道德教育和社会主义荣辱观教育引领文明创建工作，深入开展创建文明行业、文明窗口、文明生态村等群众性精神文明建设活动，塑造廊坊“城市精神”，大力推进和谐文化建设，广大市民在参与文明创建工作中，受到了教育，提高了素质。同时，通过实施城市“十大工程”、加强社会保障体系建设和为群众办实事，使广大市民在加快发展中得到了更多的实惠，从而进一步激发了热爱廊坊、建设家乡的的热情，增强了广大市民支持创建、参与创建的主动性和积极性，必然会促进创建任务在基层的落实。这些，都成为我们开展创建工作的有利条件，也是我们的信心所在。

但是，我们也要清醒地看到，我市尽管经历了十年的努力，但争创全国文明城市难度仍然不小，任务艰巨。压力主要来自于两个方面：一是工作差距。《全国文明城市测评体系》包括7方面、37项指标、119个测评项目，其中既有经济指标，又包括政务环境、法治环境、市场环境、人文环境、生态环境等多方面指标要求。对于这些测评体系要求，我们确实还存在一定的差距，创建工作还有不少薄弱环节，还需要我们做大量艰苦细致的工作。二是外部竞争。从全国来看，目前全国已有58个城市跻身全国创建文明城市工作先进市行列。这些城市中，一些经济实力强、基础条件好的城市都在加大工作力度，志在必得，显示出很强的竞争力。因此，2008年争创全国文明城市竞争将更加激烈，我们面临的形势将更加严峻。对于这些工作上的差距和城市间的激烈竞争，我们切不可掉以轻心，切不可丧失斗志，要有更高的定位、更高的水准、更高的要求。要牢固树立创建工作“只有起点，没有终点”的观念，进一步增强创建工作的紧迫感和责任感，发扬知难而上、敢于争先的精神，以坚定的信心、决心和强劲有力的工作，创造各项工作的综合优势，不断提升我市在“先进城市”中的位次，力争2008年跻身全国文明城市行列。

二、突出重点，真抓实干，扎实开展文明城市创建工作

根据中央文明委的工作安排，2008年将组织评选第二批全国文明城市。因此，2007年已成为争创全国文明城市的关键之年，工作成效如何直接关系2008年文明城市创建的成败。市委、市政府确定今年我市创建全国文明城市工作的总体要求是：坚持以科学发展观为统领，着眼于“服务发展、造福百姓”，以解决“百姓急需、社会难点、历史欠账”三方面问题为重点，以开展“城市管理年”活动为突破口，努力抓基层、打基础，抓养成、促提高，抓重点、促突破，通过深入扎实的创建工作，为建设“实力廊坊、效率廊坊、和谐廊坊”营造更好的城市环境，推动全市各项事业实现更好更快发展。

做好今年的文明城市创建工作，必须把握好以下几个方面：

1．抓创建必须着眼发展。创建文明城市不是一项孤立的工作，不能就创建论创建、就创建抓创建，我们希望得到这张城市名片，但更重要的在于通过创建来提高环境水平、改善群众生活。创建是载体，是过程，而不是目的。所以我们抓创建必须着眼发展，既要“为了发展、服务发展”，又要依靠发展。物质文明和精神文明是紧密联系的，物质文明是精神文明建设的基础，精神文明为物质文明建设提供动力支撑。创建全国文明城市，首先要有强大的经济实力作保证。所以，抓创建的根本在于抓发展，离开了发展，创建就会变成一纸空谈。我们第一次争创之所以没有成功，根本原因在于经济实力不强。首批获得全国文明城市称号的城市，不论在整体实力上还是在人均水平上都远远超过廊坊。所以，在推进文明城市创建过程中，我们必须牢牢抓住发展不放松，按照“突出好、追求快，好中求快”的发展理念，努力抓工业、上项目，培育主导产业，发展民营经济，不断增强整体实力，从而把城市创建建立在雄厚的经济基础之上，用发展保创建，用创建促发展，使发展与创建互促互动、相得益彰。

2．抓创建必须造福百姓。社会和谐，民生是基础。让百姓得到更多实惠，是发展的根本目的，也是我们创建工作的基本着眼点。只有抓住了“服务发展、造福百姓”这个核心，我们的创建工作才能有坚实的工作基础和群众基础。创建全国文明城市，必须始终坚持一切为了群众，一切相信群众，一切依靠群众，充分调动广大人民群众参与文明创建的积极性、主动性和创造性。要把创建文明城市与实施城市“十大工程”结合起来，与解决“百姓急需、社会难点、历史欠账”三方面问题、18件实事结合起来，把群众满意作为衡量工作成效的首要标准。要畅通与群众的沟通渠道，认真听取群众的意见和要求，真心实意地为群众办好事、办实事，进一步激发广大人民群众的创建热情，引导群众积极主动地投身到创建工作中来。

3．抓创建必须切实解决问题。创建工作内容广泛，涉及方方面面，但最重要的还是抓好基础性工作，切实解决存在问题，特别要在建立长效机制上下功夫。城市管理工作要以开展“城市管理年”为载体，把握工作规律，提高工作标准，重点要实现“三个转变”，一是实现由粗放管理到精细管理的转变，树立精细管理的新理念，做到管理标准、管理范围、管理责任精细定位，在每一个网格、每一个环节、每一个细节上下功夫，精雕细刻，让城市因细节而精美；二是实现由静态管理到动态管理的转变，建立和完善责任明确、激励到位、行动迅速、处置高效的管理新模式；三是实现由分散管理到综合管理的转变，整合管理资源，建立强有力的指挥和监督体系，统一调度，统一执法，发挥协同效应，形成综合管理、强势推进的整体合力。要坚持突击整治与长效管理相结合，既要通过突击整治，扩大阶段性成果，又要通过长效管理，扎实推进工作，不断巩固和扩大创建成果。要切实转变城市管理模式，创新城市管理手段，强化城管执法服务功能，真正做到城市管理规范化、精细化、常态化。与此同时，要大力加强社区建设。完善社区服务功能，创新工作机制，加强平安社区建设，开展创建文明社区活动，引导市民积极参与文明城市创建，通过各个社区的工作和全体市民的共同努力，使文明城市创建的各项工作更加扎实，使其在任何时候都经得起上级的检验，经得起群众的检验。

4．抓创建必须扎实做好基础性工作。中央文明委2004年9月印发的《全国文明城市测评体系（试行）》，是全国文明城市的评选考核依据。《测评体系》有量化的指标，有全面的测评内容，有完整的测评标准，我们必须逐条扎实地抓到位。创建全国文明城市，首先要通过河北省的验收测评。所以廊坊要想取得“出线”资格，首先要通过“省考”。今年下半年，省文明委将组织有关部门根据《全国文明城市测评体系》内容要求，对各市近两年来创建文明城市工作进行综合测评，根据测评结果择优推荐申报参评全国文明城市，并将40%分数计入2008年总评。为认真做好迎接省初评工作，各部门要对照《测评体系》指标，认真制定实施计划，细化每一阶段的工作任务，确定每一阶段的工作重点，把每一阶段的工作做细、做深、做好，巩固达标项目，发展优势项目，加强薄弱项目。这些是创建文明城市的基础性工作，其中有不少是技术性工作，做好这些工作关键是精细严谨，衔接配套。希望大家进一步振奋精神，以不怕辛苦、拼搏奋斗的精神状态确保目标任务的完成。

5．抓创建必须注重提高市民的文明素质。市民既是享受文明创建成果的主体，也是创建文明城市的主体。在解决“硬件”建设、健全城市管理机制的同时，提高市民的文明素质也要同时提上工作日程。要始终坚持以人为本，通过强化社会公德、职业道德、家庭美德教育，不断提高市民的思想道德水平。要充分运用教育、宣传、文化等多种资源，加强全体市民特别是外来务工人员的思想道德和科学文化教育，增强市民的文明意识，养成文明行为习惯。要广泛开展诚信教育活动，加强政务诚信、商务诚信、社会诚信建设。以行风评议活动为载体，在窗口服务行业广泛开展文明优质服务竞赛活动，推行规范化服务，树立行业新风，提升服务质量。要坚持从具体事情抓起，精心设计各种有效的活动载体，广泛深入地开展创建文明社区、文明楼院、文明家庭等公民道德实践活动，倡导文明言行、普及礼仪知识，提高市民文明素质，向世人展示廊坊“开放、包容、进取、高效”的城市新形象和市民文明向上的精神风貌。

三、加强领导，合力攻坚，确保创建的各项目标任务落到实处

创建全国文明城市是一项庞大的系统工程，涉及面广，任务艰巨。全市各级各部门要站在全局和战略的高度，加强领导，落实责任，精心组织，合力推进，切实把创建全国文明城市的各项工作落到实处，确保取得实实在在的成效。

一要明确责任，分解任务。明确责任，首先是明确领导责任，明确职责分工，建立工作机构和工作机制。根据工作需要，市委、市政府设立了创建全国文明城市工作办公室，具体负责整个创建工作的组织协调和督导检查。市创建办要按照《廊坊市2006年～2008年创建文明城市规划》要求，认真做好目标任务分解工作，指导各部门、各责任单位制定和完善创建方案，明确工作任务、工作标准、具体要求和完成时限，并逐一分解落实到各分管领导和相关部门，落实到机关、企业、学校、社区等每一个基层单位，使每个部门、每个基层单位都知道自己所承担的任务、标准和进度要求。市直有关部门和广阳区、安次区、廊坊开发区要建立健全党政主要领导负总责、分管领导具体抓的领导机制，把创建全国文明城市和“城市管理年”活动有机结合起来，统筹安排，切实担负起在创建中的重要职责，研究制定具体工作方案，把任务分解落实到班子成员、科室和具体责任人，形成上下协调、整体联动的创建工作机制和网络，确保各项任务的完成。

二要加强督导，狠抓落实。实干才会有实效。要加强对文明创建工作的协调、指导和工作调度、督导检查。根据阶段性工作重点、进度要求倒排工期、列出日程，开展经常性的督导检查，定期通报工作进度，特别是对重点督办事项要紧紧抓住不放，确保完成，以重点突破促进全面提高。要按照创建工作的总体安排，坚持每月一调度，每季一观摩，及时了解和掌握进展情况，解决创建工作中实际困难和问题。各级领导干部要发挥表率作用，进一步转变作风，大力推行“一线工作法”，经常到困难大、问题多的地方去，用最“笨”、最“实”的办法解决最难的问题，用扎扎实实的工作把创建工作向纵深推进。

三要全民动员，形成合力。创建文明城市要坚持打人民战争。创建的过程，既是发动群众、组织群众、加快发展的过程，也是更好地让创建成果惠及百姓、为民谋利、为民造福的过程。要广泛宣传发动群众。通过现场教育、媒体宣传、典型带动、实地参观等方式，提高群众的认识，统一群众的思想，充分调动广大群众参与创建工作的积极性、主动性，让群众真正成为创建工作的主体，营造齐心协力求发展、万众一心搞创建的浓厚氛围。要尊重群众的首创精神。对于群众在创建工作中形成的好做法、好经验，要给予充分肯定，并加以推广；对于群众在创建过程中提出的意见和建议，要认真研究，积极采纳；对于群众在创建过程中反映出来的问题，要高度重视，及时解决，让群众在创建中得实惠、见成效。要齐抓共管形成合力。各职能部门都要按照市委、市政府统一部署，紧密结合各自工作实际，协调联动，充分发挥创建工作的职能作用。工会、共青团、妇联等群众团体要充分发挥桥梁纽带作用，引导和发动群众积极投身创建活动。部队、武警、中省直单位和大专院校，都要充分发挥各自的优势，广泛开展军民共建、警民共建、社会共建、单位联手共建。以此，凝聚创建工作的强大合力，推动创建工作不断上水平，把我们的创建目标一步一步、扎扎实实地变为创建成果。

（王增力时任中共廊坊市委书记）

供稿：廊坊市文明办

整理：陈东 邵凤霞

王爱民：在“迎奥运盛会、创文明城市、建和谐廊坊”活动启动仪式上的讲话（摘要）

（2007年8月7日）

一、提高认识，迅速行动，掀起主题实践活动高潮

中央决定在全国广泛开展“迎奥运、讲文明、树新风”活动，对于大力倡导社会主义荣辱观，倡导社会主义基本道德规范，培育和弘扬良好的社会风气，对于实现人文奥运理念，提升人民文明素质和社会文明程度，对于全面贯彻落实科学发展观，建设社会主义和谐社会，具有重大的现实意义。

深入开展“迎奥运盛会、创文明城市、建和谐廊坊”主题实践活动，是实现廊坊“置身沿海，借势京津，加快崛起”目标的迫切需要，是推进精神文明建设、提高公民文明素质和社会文明程度的有效载体，是促进社会和谐、迎接党的十七大胜利召开的重要举措。举办北京2008年奥运会是推动精神文明建设、提高公民文明素质和社会文明程度的难得机遇。当前，我市正在全力推进新一轮创建全国文明城市工作，我们要以迎奥运为契机，突出讲文明、树新风这一主题，围绕文明礼仪、公共秩序、社会服务、城乡环境等方面组织开展系列活动，大力弘扬“开放包容、诚信务实”的廊坊城市精神，进一步提高市民文明素质和城市文明程度，充分展示廊坊人民文明礼貌、热情友好、奋发向上的精神风貌。

各地、各部门要从深入贯彻落实科学发展观、构建社会主义和谐社会的高度，深刻认识开展这项活动的重大意义，进一步统一思想、提高认识，切实把此项活动作为推动科学发展，促进社会和谐的一项重要工作抓紧抓好，为实现廊坊加快崛起营造文明和谐的社会环境。

二、广泛动员，全民参与，共创文明和谐的社

会环境

按照中央和省、市的工作要求，各部门各单位要把深入开展“迎奥运盛会、创文明城市、建和谐廊坊”主题实践活动作为我市创建全国文明城市的一项重要内容，广泛动员，全民参与，着力抓好以下四个方面的工作：

一是广泛开展公共道德实践活动，培育文明社会风尚。要广泛开展各种文明礼仪知识宣传教育，帮助人们增强文明意识，增长礼仪知识，遵守礼仪规范。各级党政部门及公务员要率先垂范，大力倡导文明言行。各机关团体、街道社区、企业等基层单位，要综合运用多种载体、多种形式，把文明礼仪的基本要求融入到人们的工作、学习和生活之中，引导人们增长礼仪知识，遵守公共秩序，从不随地吐痰、不乱丢垃圾、排队上车这些小事做起，从一言一行做起，摒弃各种不文明现象，树立文明风尚。

二是切实加强社会管理，维护良好公共秩序。社会公共秩序是检验社会文明程度的重要标志。各级政府部门要强化管理意识，明确管理责任，提高管理能力，针对公共秩序中存在的突出问题，标本兼治，抓出成效。要通过加强宣传教育，在全社会树立起公德意识、秩序意识，引导人们自觉遵守行为规范，养成文明礼貌的习惯，形成文明和谐、安全有序的社会公共秩序。

三是推进行业文明建设，提高社会服务水平。各行各业都要结合自身的业务工作，开展具有行业特色、职业特点的文明服务活动，大力推进诚信服务、优质规范服务和奥运志愿服务，树立诚信、热情、优质的服务形象。要继续深化文明行业、文明窗口创建活动，进一步规范行业行为，提高服务质量，树立行业新风，为迎奥运盛会、创文明城市、建和谐廊坊增光添彩。

四是切实整治环境卫生，改善城乡环境面貌。改善城乡环境面貌是迎奥运、创建文明城市的一项基础性工作。要不断提高人们的环保意识，使保护环境、爱护家园成为全社会的自觉行动。加强城市环境的综合治理，不仅要搞好主要街道、车站、商业区等公共场所的保洁工作，同时也要加强治理背街小巷、城乡结合部等薄弱环节的脏乱问题，使迎奥运的过程真正成为为群众办实事、办好事、造福百姓的过程。

三、加强领导，精心组织，确保活动收到实效

各级党委政府要切实加强组织领导，抓好统筹协调，精心部署，迅速行动，形成热潮。各级文明委要做好协调指导和督促检查工作，各有关部门和工青妇等群众组织，要发挥各自优势，各负其责，密切配合，共同把主题实践活动引向深入。

要坚持以人为本，立足基层、面向大众，使“迎奥运盛会、创文明城市、建和谐廊坊”的过程成为群众自愿参与、共享成果的过程。要利用新闻媒体、社会宣传等多种形式，加大宣传力度，形成强大的舆论氛围。各地各部门要组织动员广大干部职工、城乡居民、部队官兵积极参与到活动中来，共创文明城市，共建美好家园。

要坚持贴近实际、贴近生活、贴近群众，真抓实干、务求实效。要把“迎奥运盛会、创文明城市、建和谐廊坊”活动与社会主义荣辱观教育实践活动结合起来，与创建文明城市、文明村镇、文明行业、文明单位活动结合起来，与群众性和谐创建活动结合起来，深入推进各项工作，确保活动取得实效。

（王爱民时任中共廊坊市委副书记、市长）

供稿：廊坊市文明办

整理：陈东 邵凤霞

栗建华：在廊坊市创建文明社区动员大会上的讲话（摘要）

（2007年6月20日）

一、总结经验，分析形势，切实增强文明社区创建的紧迫感和责任感

社区是城市各项管理工作的基础平台，是创建文明城市的重要载体，社区的文明水平直接体现城市的文明程度。近年来特别是去年以来，市委、市政府高度重视文明社区创建工作，围绕我市争创全国文明城市目标要求，把社区建设摆到更加突出的位置，以社区党建为龙头、社区服务为核心、社区自治组织为主体，全力推进社区建设，各项工作呈现出全面发展的良好态势。主要表现在：一是社区工作摆上了党委、政府的重要议事日程。去年市委、市政府搞了几个月的调研，对社区进行了全方位的摸底，结合我市实际，制定了《关于进一步推进市区社区建设的实施意见》，对城市社区工作进行了全面规划和部署。今年以来，市委、市政府主要领导多次深入社区调查研究，听取社区工作的意见和建议，面对面地指导工作，为社区建设解难题、办实事，特别是把社区建设纳入今年政府18件实事之一，着重解决历史欠账问题，有力地推动了社区工作的开展。二是社区体制改革逐步推进。针对原有居民区规模太小、设置不合理、社区资源分割等问题，按照“管辖区域适当、区划界线清楚、资源配置合理、功能相对齐全”的原则，撤并了原来的居委会，建立了新的社区，扩大了社区规模，增加了街道办事处。随着城市化的推进，对部分城中村实行了“村改居”，新建了一批城市社区，理顺了体制，转变了职能。三是以社区党建为核心的组织建设明显加强。各级党委把加强社区党建工作作为推进社区建设、加强和巩固党在城市执政基础的重要内容来抓，去年下半年市委专门就社区党建工作进行部署，进一步健全了社区组织，社区队伍明显加强，党组织在社区中的领导核心作用得到较好的发挥。各地还充分发挥社区居委会、社区议事协商委员会等基层自治组织在基层民主政治建设中的作用，有力地促进了社区民主管理。四是社区的服务功能不断强化。各级党委、政府坚持以人为本、服务居民的宗旨，把社区服务作为社区工作的基础和核心来抓，在服务内容上，积极探索社区服务网络化、社会化的路子，通过多渠道投入，改建和新增了一批社区办公、活动用房，设置了警务室、卫生服务站、市民学校，社区的基础设施和服务功能不断完善，以构建“15分钟生活圈”为目标，初步形成了比较完善的社区服务网络。五是文明社区创建活动蓬勃开展。以创建文明社区为契机，组织开展丰富多彩的创建活动，进一步提高了社区居民的素质和社区的文明程度。近年来先后在社区组织开展了科教、文体、法律、卫生“四进社区”、创建“平安社区”、“营造城市森林，建设文明生态社区”、“全民健身与奥运同行”等系列活动，涌现出安次区“夕阳红”宣传队等一批先进典型。目前，我市有11个社区被评为市级文明社区，6916社区被命名为省级文明社区，康乐社区被命名为全国创建文明社区示范点。

但我们也要清醒地看到，我市城市社区工作尚处于起步阶段，发展不平衡，整体水平有待进一步提高。一是有些地方和部门的领导，包括从事社区工作的同志，还存在对社区工作的重要性认识不足，责任感不强，工作中存在着重“硬件”建设、轻“软件”建设的现象；二是社区基础设施建设总体上还比较落后，历史欠账较多，特别是办公用房等基础设施还不能适应社区和广大居民的需要，与城市的经济社会发展相比相对滞后；三是社区治安环境有待加强，人防技防措施不到位，社区治安防范措施还不健全；四是社区党建、廉政教育等在内容和形式还有待进一步创新；五是有的社区公共服务体系不健全，服务档次、质量还不高，居民生活不方便，服务水平有待进一步提高；六是社区环境卫生需要进一步治理，特别是垃圾处理问题，乱搭乱建、乱停乱放问题需要重点加大治理力度。这些问题必须引起我们的高度重视，并在今后的工作中认真加以解决。

二、统一思想，坚定信心，进一步提高对创建文明社区重要意义的认识

社区是城市的“细胞”。社区是整个城市经济社会发展的“晴雨表”，是规划、建设、管理城市的重要抓手，城市管理的基层基础工作就在社区。在推进现代化建设进程中，社区在加强城市管理、服务市民生活、提升文明程度等方面的作用越来越突出，在城市改革发展稳定中的地位越来越重要。

首先，创建文明社区是全面落实科学发展观，构建和谐社会的必然要求。随着市场经济体制改革的不断深入和城区属地管理机制的快速推进，城市居民与所在社区的关系越来越密切，社区承担的各种职能越来越多，居民群众对社区服务的要求也越来越高。可以说，在市场经济条件下，社区的作用比以往任何时候都要显得突出。而且，由于社会经济成分、组织形式、利益格局、就业方式的多样化，使城市社会还面临着许多新情况、新问题。如：下岗职工的再就业问题，社会弱势群体的生活问题，流动人口的管理问题等。这些问题如果处理不好，势必增加城市的不稳定因素。因此，以创建文明社区活动为抓手，不断提高基层社区综合管理能力，已经成为构建和谐社会的时代要求。

第二，创建文明社区是深化城市管理体制改革，维护社会稳定的需要。一是随着社会主义市场经济的发展，社会成员的“单位”属性逐渐减弱，大量“单位人”转为“社会人”，以农村进城务工人员为主的社会流动人口急剧增加，迫切要求建立城市社区，加强城市管理。二是随着政府职能转变和管理方式的改革，原来由政府承担的许多职能，如退休职工管理、住房、医疗、就业等将逐渐由社区来承担，从而实现国家行政管理和社会自治管理的互动共进，建构“小政府、大社会”的管理格局。三是随着城市化进程的加快，大量农村人口涌入城市，随之而来的教育、社会治安、户籍等一系列的城市管理问题，很容易引发社会矛盾，影响社会稳定，迫切需要建立一种新的社区式管理模式，适应城市发展的需要。通过创建文明社区活动，进一步增强社区的功能和责任，依托社区，把影响社会稳定的矛盾和问题及时有效的化解在萌芽状态，强化社区维护社会稳定“第一道防线”的作用，对于发展城市经济具有深远的意义。

第三，创建文明社区是提高居民生活质量，满足社区居民需求的需要。随着人们生活水平的不断提高和住房、医疗、养老就业等各项制度改革的深入，城市居民与社区的关系越来越密切，他们不仅关注社区发展，参与社区活动，而且对社区的服务管理、居住环境、文化娱乐、医疗卫生等方面提出多层次、多样化的要求。因此，通过建立社区社会保障体系和社会化服务网络，可以有效的推进社会保障社会化；通过开发、利用社区资源，可以有效的组织、引导社区成员之间的交流、沟通和融合，形成健康和谐的社会氛围；通过开展多种形式的便民、利民服务，可以满足社区成员多样化的物质需求；通过开展文化、教育、卫生、环保、绿化以及社会治安的综合治理等服务，可以满足社区成员精神生活的各种需要。总之，开展文明社区创建，就是要提升社区服务和管理水平，不断满足群众多方面、多层次的需求，提高市民生活质量，为社区居民创造一个安全、舒适、整洁、方便的生活环境，让百姓共享改革发展成果。

今年市委、市政府把加强社区建设列入政府工作报告，充分表明了市委、市政府对这项工作的重视程度。我们一定要从全面落实科学发展观、构建和谐社会的高度，从服务改革发展稳定大局、维护人民群众根本利益的高度，深刻认识创建文明社区活动的重要意义，进一步增强做好社区工作的责任感和紧迫感，切实把社区建设抓紧抓好，抓出成效。

三、突出重点，真抓实干，全面推进文明社区创建工作

按照中央文明委的工作部署，2008年将评选表彰第二批全国文明城市。今年8月份省里将进行初评。2007年是我市争创全国文明城市的关键一年，也是社区建设的攻坚年。根据《全国文明城市测评体系》和《廊坊市2006年～2008年创建文明城市规划》要求，按照全面部署、突出重点、分步推进、分批达标和以硬件带软件、以规范带提高、以试点带全面的工作思路，力争今年内80%以上的社区建成区级以上文明社区。为此，当前要重点抓好以下六个方面的工作：

1．集中力量，提升社区基础设施水平。社区的基础设施建设是开展工作和服务的平台，社区办公用房更是社区建设的基础工程。社区基础设施建设滞后，一直是制约我市社区发展的“瓶颈”问题。因此，我们把社区办公用房建设作为今年社区建设的重点，政府工作报告中明确提出到今年年底前69％的社区工作用房达到“三个一百”标准。从目前来看，要完成这一目标，时间紧迫，任务艰巨，必须进一步加快建设进度。广阳区、安次区和廊坊开发区作为责任主体，对于应开发商提供办公用房的要尽快协商，抓紧落实；新建的居委会办公用房装修不要追求豪华。各职能部门要顾全大局，主动配合，为社区建设开“绿灯”，形成推进工作的强大合力。这里强调，作为一条纪律，社区居委会一律不准在社区经商做买卖，违者将严肃追究责任。

2．加强社区治安综合治理，打造平安和谐治安环境。社区治安是维护社会治安的基础，也是文明社区创建的工作重点，市委、市政府高度重视，老百姓也很关注，到今年年底，社区治安要有明显好转。在文明社区创建中，要重点做好五个方面的工作。一是社区警务室到位后，要抓紧“警力下沉”和“一区一警”的落实；二是要加大社区安全技术防范硬件建设力度，充分利用科技手段，维护社区治安；三是建立健全社区治安综合治理网络，完善群防群治组织建设，加强对流动人口的管理；四是加强对社区治安的督导检查，力争2007年底前，市区内封闭小区有门卫值班，新建住宅有楼宇对讲电控防盗设施，老式住宅安装简易防火、防盗装置；五是认真做好人民调解工作，积极疏导化解各种矛盾纠纷。同时要进一步加大工作力度，严厉打击各种违法犯罪行为，重点解决好当前居民反映强烈的入户盗窃、偷盗自行车等突出问题，进一步增强居民的安全感。

3．加强社区居民教育，全面提升社区居民整体素质。社区教育要以市民学校为主阵地，广泛开展社区教育活动，有计划地对社区居民进行培训。要加强社区党建工作，加强爱国主义、集体主义、社会主义思想教育和艰苦奋斗精神教育，引导居民爱祖国、爱城市、爱社区，齐心协力共建美好家园。加强社会公德、职业道德、家庭美德教育，树立良好的社会道德风尚，形成团结互助、平等友爱、和谐融洽的新型人际关系。加强科学知识、科学思想、科学精神和科学方法的宣传教育，在社区内形成崇尚科学、反对迷信的良好氛围。要不断创新教育内容和形式，要借鉴“市民大讲堂”的做法，积极组织开展一些适应居民需要、群众喜闻乐见的活动，吸引群众广泛参与，在参与中受到教育，提高素质，得到实惠。

4．提高社区管理和服务水平，营造方便舒适的生活环境。要充分认识社区管理的性质，明确管理的职责，健全物业机构，依托物业搞好服务。同时，要充分发挥社区居委会组织协调作用，充分了解居民的需要和困难，创新服务方式方法，开辟服务渠道，提供人性化的管理和服务。要采取有力措施，推进社区“15分钟生活圈”建设，切实为市民提供便捷服务。重点是加强社区就业、社会保障、司法调解与救助、社区卫生与计划生育、社区文化与教育体育、社区流动人口管理等系列服务；有条件的街道要建立健全社区服务中心，社区要设立社区服务站，建立社区服务热线和网络平台，开展便民服务；积极倡导“青年和巾帼志愿者”等社区志愿者服务；依托社区建立资源共享管理服务体系，逐步形成“属地管理、单位负责、居民自治社区服务”的管理体制。

5．扎实推进“四进社区”活动，丰富居民业余文化生活。各级有关部门要广泛开展科教、文体、法律、卫生“四进社区”活动。在科普进社区方面，要加强科普教育基地建设，健全完善社区科普设施，通过社区科普画廊、科普宣传栏宣传科普知识，定期组织社区科普宣传教育活动。在文体进社区方面，要建设和开辟更多的面向广大居民、便于居民参与的公益性文体活动场所，充分利用社区文化中心、文化广场等文体阵地，组织开展体育进社区、文艺演出进社区活动等群众喜闻乐见的文化体育活动，丰富居民文化生活，增强社区文化的凝聚力，形成科学文明健康的生活方式。要加强社区群众业余文化活动与辅导员队伍建设，力争在年底前，市区80%以上的社区有业余辅导员。在司法进社区方面，要充分发挥法律援助中心的作用，积极为弱势群体提供法律援助，定期组织法律工作者深入社区开展普法宣传和法律服务。在卫生进社区方面，要进一步加强社区卫生服务机构的规范化建设，完善医疗、预防、保健、康复、健康教育、计生技术服务“六位一体”服务功能，依托社区卫生服务机构，广泛宣传卫生保健知识，为居民进行健康教育、常见病诊疗和慢性病的咨询。要加强社区文化娱乐场所、网吧的管理，加大“扫黄打非”力度，净化社区文化市场，促进社区文化健康发展。

6．整治社区环境，营造优美生活空间。加大社区环境卫生综合治理力度，强化社区环境管理和工作责任制，积极组织社区内单位和居民开展爱国卫生运动，引导广大居民群众树立保护生态和环境的意识，广泛发动群众，治理和改善社区环境。坚决处理好生活垃圾问题，拆除各种违章建筑，清除乱停乱放、乱贴乱画现象。大力提倡植树种草，养绿护绿，提高社区绿化覆盖率，努力实现社区环境的“净、绿、亮、美”，营造优美的社区环境。同时要正确处理好居委会与物业之间的矛盾，努力在工作上达成一致，形成合力，推动创建工作的扎实深入开展。

四、加强领导，健全机制，为创建工作提供强有力的组织保障

文明社区创建活动涵盖内容很多，涉及面广，工作量大、难度也不小。今年，市委、市政府把社区建设纳入“百姓急需、社会难点、历史欠账”18件实事之一列入政府工作报告。各级各有关部门要进一步提高思想认识，切实把创建文明社区作为创建全国文明城市的一项重要内容，真抓实干，务求实效。

1．加强领导，精心组织。各级党委、政府和有关部门要把社区建设放在更加突出位置，在组织领导、资金投入、设施建设等方面，为社区工作创造良好条件，提供有力保障。要切实加强对创建文明社区工作的领导，形成主要领导亲自抓、分管领导具体抓、职能部门齐抓共管的领导体制和工作机制。各街道办事处要把主要精力放在社区建设上，社区居委会要主动工作，落实责任。要把创建文明社区工作成效列入区委、区政府和各街道、社区的年度工作考核内容，对创建成效显著的单位和个人，要给予表彰奖励。对措施不力、行动迟缓、问题突出的单位，要给予批评教育，限期整改，确保创建活动收到实效。

2．协调联动，形成合力。创建文明社区是党委、政府领导，部门配合、社会各界和居民群众参与的一件大事，是全社会的事情，有关部门和单位要在推进社区建设中找到自身工作的结合点和切入点，积极投身文明社区创建。当前我市正在全力争创全国文明城市，大量工作都必须通过社区配合才能稳步推进，各职能部门的很多业务工作也需要社区配合才能得以落实。因此，各有关部门要充分利用社区建设这个平台，全力支持文明社区创建工作。驻社区机关、团体、部队、事业单位等组织要共同参与文明社区创建，形成强大合力。

3．分步实施，有序推进。由于各个社区基础条件存有差异，在创建活动中，要根据各地基础条件、社会资源的差异，区分不同情况，分清轻重缓急，加强分类指导，逐步推进。对软件建设过硬，硬件设施完善的先进社区，要坚持高标准、严要求，争取打造成为精品社区；对中间层次的，要采取激励和帮促措施，找准薄弱环节，做好补缺工作，促其尽快达标；对综合实力较弱的社区，要集中力量进行攻坚，促其转变提高。要积极探索社区工作的规律，不断延伸工作领域，拓展工作内容，重在建立良好的工作机制，重在长效管理，重在持之以恒，全面提高文明社区创建水平。

4．强化宣传，全民参与。社区群众是创建工作的参与者、支持者，又是创建成果的直接受益者。要充分利用新闻媒体、市民学校、宣传栏、黑板报等宣传阵地，进一步加大宣传力度，广泛宣传创建文明社区活动的意义、任务和要求，要充分尊重群众的首创精神，及时总结推广基层好的做法，以点带面，不断深化创建工作，推动全局工作的深入开展，使广大居民切身感受到创建文明社区的实际效果，从而进一步调动广大群众参与文明社区创建的积极性，努力形成人人关心创建、人人支持创建、人人参与创建的良好氛围。

（栗建华时任中共廊坊市委副书记、纪委书记）

供稿：廊坊市文明办

整理：陈东 邵凤霞

肖双胜：在廊坊市创建文明行业经验交流会上的讲话（摘要）

（2007年1月17日）

一、总结经验，查找差距，进一步增强创建文明行业的责任感和紧迫感

我市文明行业创建活动已开展多年，积累了丰富的经验，特别是去年以来，在市委、市政府的高度重视下，在市文明委的组织指导下，全市行业单位积极参与，创建活动高潮迭起，整体水平不断提高，做到了创建主题更加突出，形式不断创新，内容不断深化，范围不断拓展，成效不断凸现。通过创建，全市文明行业服务水平不断提高，窗口形象得到提升，为建设实力廊坊、效率廊坊、和谐廊坊营造了良好环境。归纳起来，主要有三个方面的特点：

一是主题突出，深化创建，服务发展的意识不断增强。各行业紧紧围绕推动廊坊更好更快发展这一主题，始终把文明行业创建与市委、市政府中心工作紧密结合，融入到本系统、本行业的具体业务中去，是全市创建文明行业的主要特点。去年以来，全市各参创行业坚持围绕中心、服务大局，做到服务承诺“一诺千金”，服务经济“一路绿灯”，服务项目“一呼百应”。为企业、为客商、为群众提供快捷高效的服务，已成为各行业在创建文明行业中的自我追求。市国税、地税、财政等行业，通过推行“电话报税”、“网上报税”、“预约服务”、“短信平台”等手段，不断提升服务能力和服务水平；市工行、建行、中行等金融单位牢固树立“廊坊发展我发展，我与廊坊共发展”的理念，积极为全市建设筹资、融资；市建设、交通等行业的干部职工牢记“服务人民、奉献社会”的宗旨，加班加点赶进度、保质量、保工期，保证了各项重点工程建设的顺利完成；市国土、电力、网通、工商、技术监督等行业积极开辟“绿色通道”，全面提高办事效率，倾力支持园区发展和大项目建设；市公安、检察、劳动、环保等单位不断强化窗口建设，简化办事程序，提高办事效率。这些服务群众、服务发展的新举措给企业和群众带来了便利和实惠，为全市经济发展和社会稳定作出了贡献。

二是创新载体，创优争先，文明服务水平全面提升。在创建活动中，市文明办组织37个行业开展了推行行业承诺、争创服务品牌、岗位练兵、群众评议、观摩交流、督导检查等系列活动。各行业把塑造廊坊“城市精神”与弘扬行业精神、企业精神结合起来，与制度创新、解决实际问题结合起来，与推动行业自身发展结合起来，以提高员工素质、加强诚信建设、提升行业管理水平为重点，着力在拓展创建内涵，扩大创建效果上下功夫。市国土、环保、法院、公安等执法部门积极推行“阳光政务”，重点解决滥用职权、以权谋私、执法不公等失信于民的问题；市商业、卫生等公用事业单位组织开展了治理商业贿赂活动，建立了“诚信联盟”，重点解决乱收费、态度生硬、虚假承诺、以次充好、价格欺诈等失信于顾客的问题；市邮政、金融系统开展了“文明窗口”和“文明标兵”评选活动；财政系统开展了“创建‘六型’财政机关，争做‘四型’财政干部”活动；市联通公司开展了员工“三语”（汉语、英语、手语）竞赛活动；市明珠大厦开展了“放心购物在明珠”活动；廊坊开发区地税局实施了“阳光税务”工程，推行“五零标准”服务；从全市看，行业的文明执法和文明服务的水平明显提升。

三是服务群众，措施扎实，创建成果日益凸现。在创建活动中，市文明办聘请了100名文明创建督导员，制定创建文明行业督导考核办法，同时在新闻媒体推出了37个参赛行业的服务承诺，把文明创建的评判权交给群众，开展了群众评议活动，近期还要开展督导员评议和行业互评活动，目的是让群众当裁判，竞赛结果让群众说了算，从而确保创建活动扎实推进。市委对“六项工程”进展情况进行了公示、体现了市委、市政府求真务实的工作精神，我们搞文明创建也要有求真务实的精神，让老百姓真正享受创建成果。一年来，各行业坚持求真务实，不做表面文章，坚持高标准，不再满足于提供一杯热水、一副老花镜、一句文明用语，切实把“群众受益、社会满意”作为创建工作的根本出发点和立足点，把群众呼声作为创建工作的“第一信号”，把群众需要作为第一选择，把群众满意作为第一标准，把服务触角延伸到城乡社区和居民家庭，尽心尽力为基层、为群众办实事、办好事，做到“文明与执法同行，业务与服务同在”。安次区公安局实施“民意主导警务工程”，着力打造和谐辖区；市交通局在“村村通油路”工程中，急群众生产生活之所需，克服资金不到位等诸多困难，完成1110公里的建设改造任务，是省下达任务的2.3倍；市国税局建立了58个纳税辅导站，免费为企业培训会计人员；市电力系统建立了“一口对外，分头处理”的客户服务体系，从而简化了报装程序；市卫生系统实施了“医疗惠民工程”，收治贫困病人4546人；网通公司引进开发了“农村实用信息平台”传输系统，为农民学科技、用科技提供了便利。在此基础上，各行业积极打造优质服务品牌，涌现出了电力“光明行”、“税企金桥”、“爱心驿站”、“皮鞋专家王红阁”等一批服务品牌和西小区派出所、市环卫清扫队、廊坊开发区地税局等一批先进集体。为强化典型示范作用，市文明办先后在新闻媒体推出了28个文明窗口典型，有力地推动了创建文明行业工作的深入开展。

总的看，一年来我市文明行业创建工作取得了很大成绩，各参创行业和督导组、联络员付出了很大心血，在此我代表市文明委表示感谢。但我们也要清醒地认识到，我市创建文明行业工作与经济社会的发展要求，与人民群众的需求相比，还存在一些亟待改进的问题。一是创建工作发展还不平衡，有的行业参与创建的积极性不高，全员发动、全员参与的意识还有待加强；二是对基层、群众关注的难点、投诉的热点，一些行业处理不够及时，解决问题的办法不多，还需要进一步健全监督考评机制；三是培育和打造的精品亮点还不多，典型的示范作用、辐射作用和带动作用有待增强。因此，各行业要认真分析形势，充分认识深入开展创建文明行业工作的重要性，把广大干部职工的思想统一到市委、市政府的工作部署上来，统一到建设“实力廊坊、效率廊坊、和谐廊坊”的具体实践上来，进一步增强责任感和紧迫感，切实把这项工作抓紧抓好，抓出更大成效。

二、围绕中心，服务大局，推动文明行业创建工作再上新台阶

2007年，是我市经济社会发展进入关键时期的重要一年，也是我市创建全国文明城市的关键一年。市委、市政府明确提出要坚持以科学发展观为统揽，按照“突出好、追求快，好中求快”的发展理念，乘势而上，率先发展，全力推进“项目质量提高年”，更加注重经济增长质量，更加注重环境质量，更加注重人民生活质量，进一步加快“实力廊坊、效率廊坊、和谐廊坊”建设步伐，努力为建设沿海经济社会发展强省多作贡献。这既是今年经济工作的主题，也对我市创建文明行业工作提出了新的更高要求。为此，各行业要紧紧围绕市委、市政府的工作大局，以“服务人民、奉献社会”为宗旨，以群众满意为根本标准，强化行业道德建设，提升行业服务水平，彰显行业文明风采，努力为我市率先发展提供最优的软环境。根据市文明委的工作部署，今年要着力抓好四个方面的工作：

1．抓好主题教育，提高员工素质。各行业要以“讲文明、树新风、促和谐”为主题，组织干部职工认真学习十六届六中全会和省第七次党代会、市第四次党代会精神，牢固树立和认真落实科学的发展观。要把创建文明行业与深化社会主义荣辱观教育结合起来，深入贯彻《公民道德建设实施纲要》，大力抓好职业道德、职业理想、职业纪律、职业技能等教育，引导干部职工确立创业意识、敬业意识、勤业意识和精业意识，树立崇高的职业理想，养成良好的职业道德，掌握精湛的职业技能，遵守严格的职业纪律。与此同时，各行业要以塑造和弘扬廊坊“城市精神”为重点，组织职工大力开展以“讲文明、树新风、促和谐”为主题的道德实践活动，引导职工积极参与各项文明城市创建活动，以自己的实际行动为创建全国文明城市作出贡献。要加强对员工的业务培训，不断增强为群众服务的本领，切实提高服务水平，以适应时代发展的要求。要通过组织开展文明礼仪大赛、技能操作比赛、才艺技能展示等生动活泼的形式，吸引职工广泛参与，不断扩大教育面，营造全员参与创建活动的良好氛围。

2．深化“三杯”竞赛，提升创建水平。加强软环境建设，提升行业文明程度，是推动廊坊更好更快发展的必然要求。为此，各行业要以打造“诚信廊坊”为目标，把诚信建设作为今年创建文明行业的重点来抓，进一步拓展延伸创建文明行业“三杯”（文明执法杯、便民利民杯、优质服务杯）竞赛活动，深化诚信教育和实践，切实解决突出问题，全面推进我市诚信建设。一是在党政机关着重抓好以“依法行政”为主题的诚信建设。对面向社会、面向群众、面向基层承诺的事项，要做到不折不扣，有诺必践，诚信服务，诚信办事；要以“提速、提质，为人民、促发展”为主要内容，不断加强机关效能建设，推进权力公开透明运行和民主评议活动，努力提高办事效率和服务质量。二是在执法部门着重抓好以“公正执法”为主题的诚信建设。坚持公正、公平、公开的原则，公正执法、廉洁自律，提高办事透明度和办事效率，切实解决以权谋私、办事不公、执法不严等群众反映较为强烈的问题。三是在服务行业着重抓好以“规范服务”为主题的诚信建设。坚持诚信经营，全面推行服务行业规范化服务，制定落实简明具体、易于操作、便于考核的规范化服务标准和保证措施，抓好各项制度的规范化建设。与此同时，要在各参创行业开展“三比”（比服务环境、比服务效率、比群众满意）竞赛活动。比服务环境，重点要比行业的硬环境和软环境建设，突出行业的服务设施配套（包括便民措施落实）、行业规范管理；比服务效率，重点要比行业服务的办事效率和社会效率，突出服务经济、服从中心的措施和成效，为民办实事的结果；比群众满意，重点要比行业的诚信度和服务质量，突出承诺兑现和行风转变，以综合满意率来衡量群众的满意度。今年下半年，要结合创建文明行业和全国文明城市省级初评，对各参赛行业进行社会问卷调查和群众满意度测评，并以此作为申报省级文明单位、文明行业的重要条件。今年是创建全国文明城市的攻坚年，省文明委对文明城市创建工作要进行初评，初评成绩纳入总评，占总成绩的40%。从全省各地的创建工作看，竞争对手更多了，实力更强了，压力很大，创建文明行业是创城的重要内容，因此今年的文明行业创建任务会更重。

3．抓好典型示范，打造精品亮点。榜样的力量是无穷的。深化文明行业创建工作，必须贴近实际、贴近群众、贴近生活，通过开展主题鲜明、内涵深刻的活动，打造精品、营造亮点，不断提升创建水平，实现人民满意，社会公认。各行业在创建活动中，要注意发现、培养、树立一批先进典型，发挥他们的示范、引导、带动作用。通过典型以点带线、以点带面，扎实推动创建文明行业活动深入开展。要学习借鉴邮政、金融系统的做法，加强对基层单位创建工作的分类指导，在系统内营业窗口、基层所站分别组织开展创建文明窗口和文明班组活动，评选文明服务标兵，把评先工作向基层窗口倾斜，不断扩大基层的先进面，增强先进典型的示范效应、群体效应和社会效应，不断提升全市文明行业创建水平。各行业要继续广泛开展“争星级、创品牌”活动，进一步树立精品意识，结合本行业的实际，进一步挖掘行业文化内涵，将一流的服务窗口做成品牌、将劳模（服务标兵）做成品牌，努力打造一批在全省乃至全国叫得响的优质服务品牌，形成行行有品牌、处处有亮点的创建局面。

4．对照《测评体系》，抓好考评达标。行业的文明程度是城市文明程度的重要标志之一，广泛深入地开展文明行业创建工作，是创建全国文明城市的一项重要任务。各行业特别是文明城市测评的重点窗口行业，要认真对照《全国文明城市测评体系》要求，排找差距，落实措施，抓好整改，确保全面达标。工作基础较好的行业要认真总结经验，积极发挥优势，加强薄弱环节，进一步提高创建水平，起好示范作用；工作起步较晚，甚至尚未加入创建行列的部门和系统，要加快步伐、加大力度，采取切实有效的措施，把创建活动扎扎实实开展起来，确保全市文明行业创建活动的覆盖率达到100%。各行业要适应改革发展的要求，结合各自的实际，制订和完善职业、行业规范，建立和健全岗位责任制，制定和完善各种服务守则和便民、利民、为民的措施。要从“窗口”单位和重点部位抓起，从基层单位、基础管理、基本素质抓起，把各项工作落到实处，使人民群众对行业的服务态度、服务质量、服务效率、服务环境等综合满意度高于

90%，确保行业创建工作全面达到全国文明城市考评要求，为我市争创全国文明城市打下坚实的基础。

三、加强领导，健全机制，努力开创文明行业创建工作的新局面

创建文明行业既是党和政府的要求，也是行业自身发展的迫切需要，更是人民群众的热切期盼，是得民心、顺民意的“民心工程”。各级党政组织要从贯彻落实科学发展观和十六届六中全会精神的高度，充分认识创建文明行业在构建和谐社会中的重要意义，切实加强领导，精心组织实施，确保文明行业创建工作的目标任务顺利实现。

一要加强领导，精心组织。行业是政府服务基层、服务群众的纽带，是城市文明的“窗口”。创建文明行业是争创全国文明城市的基础工程，行业文明程度直接影响到政府的形象，影响到城市发展环境，影响到人民群众的生活质量。各行业要按照这次会议精神，结合本行业本地区的实际，对深化文明行业创建工作进行深入研究。要根据当前创建全国文明城市的新形势、新要求，结合本行业的工作职能、业务特点等，本着着眼长远、立足当前、标本兼治、纠建并举的原则，认真制定新一轮文明行业创建的实施方案，对当前和今后一个时期的创建工作进行认真谋划和部署。要按照市委、市政府的工作部署，明确目标，落实措施，强化责任，切实加强组织领导，形成主要领导亲自抓，分管领导具体抓，各业务部门共同抓的工作格局。同时要加强行业管理和制度建设，积极创新管理模式，全面落实管理责任制，完善工作机制，健全创建的目标责任机制、检查监督机制、评价考核机制，确保各项创建任务的落实。为了加大创城工作的协调和督导，经过增力、爱民同意，市里在“六城联创”指挥部统一领导下，建立了联席会议制度，春节前专门成立了创城办，从文明办、市委办和创建责任部门抽调力量组成，目的是加大对创城工作的协调和督导。春节后，对创城工作每月调度一次，目的是通过抓巩固、抓提高、抓养成、抓细节，全面提升创建水平，更重要的是为全市的中心工作服务，让群众得实惠、享便利，从创建中受益。

二要创新载体，动员全民参与。创建文明行业活动，是群众性精神文明建设活动的重要内容，也是推动各项经济社会工作的重要抓手。创建活动要做到既有针对性，又有实际效果，需要广大职工群众积极参与和大力支持，需要精心策划一些主题鲜明、目标明确、社会影响大、群众参与广的创建活动载体，才能始终保持旺盛的生命力。各行业要结合本行业、本单位的工作实际，紧紧围绕廊坊率先发展这一主题，以我市争创全国文明城市为契机，积极探索和创造性地开展群众喜闻乐见、具有个性化的创建活动。如我们已经开展的“践行城市精神、展示行业风采”、“民主评议行风”、文明督导员检查点评等行之有效的做法，要继续坚持和发扬，并加以深化。要把文明岗位、文明窗口、文明班组、文明单位、文明行业等创建活动作为一个创建体系来抓，充分调动广大干部群众参与的积极性，不断扩大创建活动的覆盖面和群众参与度，真正达到通过文明创建提高干部员工素质，促进行业发展，广大群众得到实惠和便利的目的。

三要加强宣传，形成良好的舆论氛围。新形势下加强文明行业创建的一条成功经验，就是充分发挥新闻媒体的舆论导向和监督作用。各文明行业的参创单位要主动将自身的服务规范、服务标准、投诉渠道通过新闻、宣传媒体公示出来，广泛听取社会各界以及广大市民群众的意见。各新闻单位要加强对全市文明行业创建工作的宣传，及时反映各行业创建的新做法和新成效，大力宣传各行各业涌现出来的先进人物和先进集体。要进一步加强新闻舆论监督力度，今年市文明委将结合创建全国文明城市组织新闻单位对各参创行业进行明察暗访，对不文明、不道德的行为和问题较多的行业、单位进行曝光、批评，为推动全市文明行业创建工作创造良好的社会氛围。

（肖双胜时任中共廊坊市委常委、宣传部长）

供稿：廊坊市文明办

整理：陈东 邵凤霞

肖双胜：在廊坊市精神文明建设委员会全体会议上的讲话（摘要）

（2007年5月30日）

一、统一思想，提高认识，进一步增强做好创建全国文明城市工作的积极性和主动性

全国文明城市的称号是一项很高的荣誉，是一个城市三个文明建设成果的集中反映。争创全国文明城市，是全面落实科学发展观，加强物质文明、政治文明和精神文明建设，推进全市经济社会更快更好发展的一项重大举措，对于深入贯彻落实省第七次党代会和市第四次党代会精神，进一步凝聚人心，鼓舞士气，加快建设“实力廊坊、效率廊坊、和谐廊坊”具有重大意义。

首先，创建全国文明城市，是全面落实科学发展观，加快建设“实力廊坊、效率廊坊、和谐廊坊”的重要举措。创建全国文明城市涉及到政治、经济、文化、社会发展各个领域，突出经济社会和人的全面发展，着力改善城市的发展环境，促进经济社会的持续快速健康发展；加强资源环境保护，保障可持续发展；协调发展各项社会事业，促进社会全面进步；加强社会治安综合治理，维护社会稳定；全面改善人居环境，提高人民群众的生活质量；加强精神文明建设，促进城乡文明程度和人的素质的提高，等等。创建全国文明城市是全面落实科学发展观、构建和谐社会的有效载体。我们要紧紧围绕实现廊坊乘势而上、率先发展这一主题，着眼于服务发展抓创建，在全市上下努力营造加快发展的浓厚氛围，为推动廊坊经济社会更好更快发展发展提供强大的精神动力、思想保证和良好环境。

其次，创建全国文明城市，是坚持以人为本，关注民生，造福百姓，实现共建共享的客观要求。通过深入开展创建全国文明城市活动，全面提高市民文明素质和城市文明程度，体现了以人为本和科学发展观的要求，是统筹三个文明协调发展的组成部分和根本所在。通过创建全国文明城市，连续实施城市建设“十大工程”，大力发展文化、体育、卫生等社会事业，不断完善城市功能，改善人居环境，方便了市民生活。通过创建全国文明城市，以解决群众现实需要为重点，突出抓好“百姓急需、社会难点、历史欠账”三方面问题，办好低收入家庭住房、孤儿救助、食品药品安全等18件实事，体现了以人为本、执政为民、关注民生、关爱弱势群体的执政理念。创建全国文明城市，就是要把壮大整体经济实力和解决民生问题作为工作的“两条主线”，下大力解决社会现实问题，推进经济与社会、城市与乡村的统筹协调发展，让人民群众充分享受文明创建成果，从而实现在共建中共享，在共享中共建。

第三，创建全国文明城市，是进一步树立廊坊良好形象，增强城市综合竞争力的有效途径。一个城市的文明程度，是城市综合竞争力的重要组成部分，也是城市形象、品牌和发展水平的集中体现。“全国文明城市”这个荣誉称号，既体现了一个城市的综合实力和社会进步程度，又体现了一个城市市民的综合素质和文明水平。现在，各个地区、各个城市之间的竞争已不仅仅是经济实力的竞争、区位优势的竞争，同时也是文明环境的竞争、市民素质的竞争。加快建设“实力廊坊、效率廊坊、和谐廊坊”，要求城市要跃升到一个更高的发展平台。特别是随着富士康等一批大项目落户廊坊，项目对城市的综合承载力提出了新的更高要求。通过深化创建活动，改善城市环境，加强城市管理，提高市民素质，促进人与自然的和谐，必将进一步优化人居环境、创业环境、投资环境和发展环境，树立廊坊良好形象，努力增创新优势，实现新发展。

各级各部门一定要站在全局和战略的高度，充分认识争创全国文明城市的重大意义，把思想统一到市委、市政府的决策部署上来，集中精力，加强领导，进一步增强紧迫感和责任感，切实把创建全国文明城市作为一项全局性的重点工作全力推进，务求实效。

二、明确重点，突破难点，进一步提高创建全国文明城市工作的整体水平

2007年是我市争创全国文明城市的关键一年。4月20日，市委、市政府召开了全市创建全国文明城市暨“城市管理年”动员大会，按照市委、市政府的工作部署，当前要突出抓好以下几项工作：

1．加强市容环境管理，努力提升城市整体形象。要在不断完善城市基础设施的同时，把市容环境管理放到更加突出的位置来抓。从目前情况看，城中村、城乡结合部、背街里巷、铁路沿线、车站、集贸市场的脏乱差现象还没有根本解决。安次、广阳两区的城中村、城郊建制村和两区总体环境面貌需进一步治理。市区主要大街和重点地区基本没有违章搭建，但无证摊点和乱张贴现象时有发生。市区银河北路、解放道、新开路、银河南路、建设路、光明东道、永丰道等道路两侧的店铺有店外售货现象，有些店铺门前乱倒污水，乱扔杂物，卫生状况较差。市区各主要大街非机动车道上和重点地段还存在机动车违章停车现象，沿街商店门前自行车停放也比较乱。为此，各有关部门要以“城市管理年”为契机，进一步加强城市常态化管理，努力提高环卫保洁工作作业质量，全力抓好市区主干道全天候保洁，突出抓好街巷里弄、居民小区、集贸市场、公共场所和城郊接合部、城市出入口等地区的环卫保洁工作。要高度重视各类建筑工地管理，严格规章制度，规范作业行为，严格查处运输中的抛洒滴漏问题。对严重影响市容环境的无证摊点、店外设摊、占道经营、破墙开店、车辆乱停放、乱涂写乱张贴、街头不规范用字等突出问题，要有组织有步骤地开展专项整治，并认真落实长效管理措施。要抓好城市管理专业队伍建设，健全制度，强化考核，努力提高执法水平和管理效能，认真解决城市管理中存在的突出问题，进一步提升城市整体形象。

2．加强交通秩序整治，努力营造文明有序、安全顺畅的城市交通环境。要全面深化“文明交通工程”活动，综合运用建设、教育、管理、法制等手段，集中开展交通秩序综合治理，使我市的交通秩序有明显改观。要大力开展“文明交通”宣传教育，全面普及“文明交通”基本规范，增强市民“文明交通，从我做起”的社会责任感。要严格路面管理，加大纠违力度，通过依法严管促进形成良好的路面交通秩序。要继续广泛开展“文明交通”道德实践活动，组织志愿者和广大市民积极参与维护交通秩序的协勤活动。要科学合理地组织好城市交通，积极完善、推广和应用科技手段，提高交通秩序的科学管理水平，提高执法工作效率。要抓好停车场地的建设和完善，缓解停车难矛盾。要继续优先发展公共交通，优化运行线路，方便市民出行，为营造良好交通秩序提供重要保障。

3．加强公民道德教育，努力提高市民文明素质。提高市民素质是创建全国文明城市的重要目标，要把这项工作贯穿在创建工作的始终，渗透到各个环节。要进一步贯彻落实中央颁布的《公民道德建设实施纲要》，组织开展“公民道德宣传月”、“道德规范进万家”、“和谐廊坊·市民文化大讲堂”、“多彩廊坊”等特色活动。要组织群众积极参与文明城区、文明社区、文明行业（机关）、文明村镇、文明单位和军警民共建、“百城万店无假货”等基层精神文明创建活动，广泛宣传“二十字”公民基本道德规范和廊坊市民文明公约，教育引导人们从一件件小事做起，从身边的具体事情做起，养成良好的道德行为习惯。要以加强机关作风建设为切入口，重点抓好机关干部的思想道德建设，为全社会作出表率。要继续组织好塑造廊坊“城市精神”主题实践活动。要以“服务人民，奉献社会”为主题，继续深入开展创建文明行业活动。要深入开展以“迎奥运、讲文明、树新风”为主题的公民道德实践活动，精心设计一批吸引力强、群众参与度高、教育引导效果好的创建活动，以特色活动提高群众对创建活动的知晓率、参与率和支持率。

4．加强重点难点问题攻坚，努力迎接省文明委初评。创建全国文明城市是一个动态的过程。我们要牢固树立创建工作“只有起点，没有终点”的观念，按照市委书记王增力在操作方案上的重要批示：“要抓实，把有问题的单拉出来重点抓；要攻难点，把需加大投入的单拉出来早下手。”拉出创建工作中各地各部门的重点和难点，合力攻坚，以重点难点问题的突破推动整体工作水平的提高。巩固达标项目，加强薄弱项目，全面提升各项创建工作水平，为创建全国文明城市打下坚实基础。我市创建全国文明城市，首先要通过省级验收测评。所以，廊坊要想取得“出线”资格，首先要通过“省考”。今年下半年，省文明委将组织有关部门根据《全国文明城市测评体系》测评要求，对各市近两年来创建文明城市工作进行综合测评，根据测评结果择优推荐申报参评全国文明城市，并将40%分数计入2008年总评。为认真做好迎接省初评工作，各地、各部门要认真对照测评体系，研究制定迎检方案，细化每一阶段的工作任务，确定每一阶段的工作重点，把每一阶段的工作做细、做深、做好，严格对照测评体系规定的考核要求，一项一项进行自测，对薄弱环节抓好整改，确保创建工作部署的有序推进和全面落实。要立足治本，在落实长效管理上下功夫，切实改变“整治、回潮、再整治、再回潮”的被动局面，使我们的工作能经得起随时随机检查，经得起群众评判。

三、强化责任，改进作风，进一步加强对创建全国文明城市工作的组织领导

创建全国文明城市，关键是加强领导。全市各级党委和政府要把思想和行动高度统一到市委、市政府确定的工作部署和目标要求上来，以高度的政治责任感，切实加强对创建工作的领导，明确任务，落实责任，创新机制，扎实工作，努力实现创建目标。

一要加强领导，建立机制。深入推进创建全国文明城市工作，必须在党委和政府的统一领导下，建立一个坚强有力、运作高效的组织指挥系统，形成有效的工作机制。为切实加强对创建工作的组织、协调和指导，今年年初，市委、市政府组建了市创建全国文明城市工作办公室，建立了工作班子和工作制度。各区、各部门要根据市委、市政府的要求，进一步加强创建工作的领导力量，尽快完善相应的领导体制，建立健全工作制度，形成上下协调、整体联动的创建工作机制和网络。市直有关部门和广阳区、安次区、廊坊开发区要建立健全党政主要领导负总责、分管领导具体抓的领导机制，把创建全国文明城市工作纳入工作日程，统筹安排，切实担负起在创建中的重要职责。各级创建领导小组及其工作班子要不辱使命，努力工作，切实担负起规划部署、协调指导、检查督促等重要职责，在创建全国文明城市工作中充分发挥组织指挥作用。

二是明确目标，分解任务。为深化创建全国文明城市工作，去年以来，市文明委组织有关部门开展专题调研，对照《全国文明城市测评体系》7个方面、37项测评指标、119项测评内容，逐项对标，查找差距，进行自测评估。在认真搞好自测评估的基础上，市委、市政府制定了《廊坊市2006年～2008年创建文明城市规划》，进一步明确了创建工作的指导思想、工作重点、保障措施。今年，市委、市政府制定了《廊坊市2007年创建全国文明城市操作方案》。各地各部门要按照工作任务、责任分工、具体要求，制定和完善本地、本部门的创建方案，将承担的创建任务逐一分解落实到各分管领导和相关部门，落实到机关、企业、学校、社区等每一个基层单位。创建全国文明城市是市文明委成员单位责无旁贷的工作，工作的第一责任人是我们成员单位的主要负责同志。市直有关部门和广阳区、安次区、廊坊开发区要研究制定具体工作方案，把任务分解落实到班子成员、科室和具体责任人，形成配合密切、协调联动的创建工作机制和网络，确保各项任务的完成。在这里特别强调，各单位要确定一名副职为直接责任人，具体负责创建工作，并直接对市创城办负责。今年要把创城工作纳入全市精神文明考核的重要内容，凡是不能完成创城工作任务的部门，一律不能评为文明单位。

三是强化督导，及时整改。要加强对文明创建工作的协调、指导和工作调度、督导检查。根据阶段性工作重点、进度要求倒排工期、列出日程，开展经常性的督导检查，定期通报工作进度，特别是对重点督办事项要紧紧抓住不放，确保完成，以重点突破促进全面提高。要按照创建工作的总体安排，坚持每月一调度，每季一观摩，及时了解和掌握进展情况，解决创建工作中存在的实际困难和问题。各地、各部门和各级创建领导组织都要建立健全督查考核制度，把督查考核工作贯穿在创建工作的各个环节、贯穿在各项具体工作中，做到一级督查一级、一级考核一级，把全面考核和重点考核结合起来，把工作考核和民意测评结合起来，通过经常性的督查考核，了解情况，总结经验，发现问题，落实整改，促进创建工作的不断深入。广阳区、安次区要组织开展文明城区创建活动，制定具体工作方案，落实措施，促进城乡文明程度的全面提升。市创建全国文明城市工作办公室要加强对文明创建工作的组织、协调、指导和督导检查，下一阶段市创城办将组织新闻单位和文明创建督导员，对各专项工作组织明查暗访，强化督查力度，对工作不得力、成效不明显、群众不满意的地区和部门，要进行批评曝光，督促整改，推动创建任务的落实。

四要落实责任，形成合力。创建全国文明城市是一项涉及面很广的社会系统工程，是各地各部门的共同责任，需要全社会的共同努力。各级党委和政府要把创建全国文明城市工作摆上重要议事日程，建立健全工作机制，保障必要的资金投入，切实承担起本地区、本部门创建工作的领导责任。各级宣传部门和新闻单位要切实抓好宣传发动、思想道德教育、基层群众性精神文明创建活动、舆论宣传等工作，要精心制定宣传方案，及时报道创建工作动态，大力宣传先进典型，为创建文明城市营造浓厚的舆论氛围。政府各有关职能部门是创建全国文明城市的主体力量，要充分发挥职能优势，努力抓好达标项目的巩固提高工作，对目前尚未达标或比较薄弱的项目，采取有力措施，力争年内达到考核要求。工青妇等人民团体要充分发挥自身优势，发动和组织广大群众积极开展创建活动，努力把创建任务落实到基层。同时，市直、中省直驻廊有关部门都要站在全市“一盘棋”的高度，按照市委、市政府的统一部署和要求，切实担起在创建中的重要职责，积极主动投身到创城工作中来。工作中既要各司其职，又要加强协作，密切配合，相互支持，决不允许推诿扯皮。对工作不力、造成严重影响的单位，要追究领导责任。各级各部门要坚持深入群众、深入基层，从群众最关心、最直接、最现实的利益问题入手，从最需要关心帮助的困难群众做起，解决实际问题，使创建过程成为为民谋利、为民造福的过程。各级领导干部要身体力行“一线工作法”，即：领导到一线调研、问题在一线解决、典型在一线发现、经验在一线总结，到工作难度大、问题多的地方攻坚克难，把工作往深里做、往实里做，推动各项目标任务的落实。

（肖双胜时任中共廊坊市委常委、宣传部长）

供稿：廊坊市文明办

整理：陈东 邵凤霞

肖双胜：在廊坊市创建文明行业调度会上的讲话（摘要）

（2007年6月28日）

一、客观总结过来工作，进一步增强创建文明行业工作的责任感和紧迫感

2近年来，特别是去年以来，在市委、市政府的正确领导下，各行业系统紧紧围绕全市中心工作，积极开展了创建文明行业“三杯”竞赛活动。创建活动高潮迭起，形式不断创新，内容不断深化，经济效益、社会效益获得双丰收，得到了社会各界的认可，领导的肯定，群众的好评，在建设“实力廊坊、效率廊坊、和谐廊坊”的实践中功不可没。但是我们在充分肯定成绩的同时，更要清醒地认识到我们在创建工作中存在的问题和不足。创建文明行业工作与我市当前经济社会发展的要求，与人民群众的需求相比，还存着一定的差距。主要表现在以下几个方面：一是有些行业部门领导层还存在认识不足的问题。如在工作中重视“硬指标”达标，忽视“软指标”建设；创建工作“说起来重要，干起来不要”；开展创建工作的积极性、主动性不强，有的部门至今还在等市里给发操作方案，还在等着照搬照抄等等。二是个别行业的创建工作还没有与本职工作真正的融合在一起，工作中还存在“两张皮”的现象；三是对经济社会发展提出的新要求、对广大人民群众关注的难点问题，一些行业反应不够迅速，解决问题的办法不多，处理不到位；四是各行业的创建活动特色不够鲜明、影响力不强、缺乏群体效应，典型示范、带动作用有待进一步增强；五是个别单位的创建活动还存在表面化、流于形式的现象。

针对上述存在的问题，各行业要认真做好分

析总结，进一步提高对深化创建文明行业工作重要性的认识。把文明行业创建工作提高到影响和决定行业生存、发展的高度来认识，努力把广大干部职工的思想统一到建设“实力廊坊、效率廊坊、和谐廊坊”的具体实践上来，进一步增强责任感和使命感，以实际行动，推动全市创建文明行业工作再上新水平。

二、明确当前创建重点，扎实推进创建文明行业工作

今后一段时期，我市文明行业创建工作要以邓小平理论和“三个代表”重要思想为指导，紧紧围绕推动全市经济社会更好更快发展这一主题，以“强化服务、提质提速、优化经济发展环境、方便人民群众”为目标，从行业的实际出发，从解决群众最关心、发展最需要的问题抓起，努力抓出特色，抓出成效。当前及今后一个时期重点应做好以下几项工作：

1．抓好主题教育，提高员工素质。创建文明行业工作的主体是广大员工，员工的综合素质直接影响和决定着行业的文明程度。因此，各行业在创建工作中要把员工的思想道德教育、文化技能的培养放在首要位置，突出抓好“人”的工作。各行业要以“讲文明、树新风、促和谐”为主题，组织干部职工认真学习十六届六中全会和省七次党代会、市四次党代会精神，牢固树立和落实科学发展观。要把创建文明行业与深化社会主义荣辱观教育结合起来，大力抓好职业道德、职业理想、职业纪律、职业技能等教育，引导干部职工树立崇高的职业理想，养成良好的职业道德，掌握精湛的职业技能，严格遵守职业纪律。同时，各行业要延伸教育链，强化员工8小时以外的教育和管理，要以塑造和弘扬廊坊“城市精神”为重点，组织员工大力开展以社会公德、职业道德、家庭美德为主要内容的道德实践活动，引导广大员工在单位争做文明职工，在社会争做文明公民，在家庭争做合格成员，切实解决“两面人”、“多面人”的问题。要通过组织开展丰富多彩的业余文化活动，陶冶干部职工的情操，培养健康情趣，为构建和谐社会作出贡献。

2．创新活动载体，提高文明行业创建水平。创建文明行业活动的目的就是要最大限度地发挥行业部门的作用，为经济社会发展和百姓生活搞好服务。今年的行业创建要在践诺守信、诚信服务、取信于民、打造诚信廊坊的基础上，以提高服务质量和水平为重点，大力推广“全天候、全覆盖、零缺陷”的“富士康服务模式”，把亲商、安商、富商与便民、利民、富民有机结合起来，组织开展“比服务环境、比服务效率、比群众满意”三比竞赛。比服务环境，重点比行业规范化服务、软硬件环境，包括绿化美化、服务设施和门前“十包”责任制落实情况等；比服务效率，重点比行业服务的经济效益和社会效益。突出服务经济发展、服从中心工作的措施和成效，为民办实事的结果；比群众满意，重点比行业在社会上的诚信度和综合满意率，突出承诺兑现和行风建设。在竞赛活动中，各行业要坚持做到“三个结合”、“三个深化”，即：思想教育与业务培训相结合，在提高员工素质上求深化；文明创建与行业发展相结合，在改进作风和规范服务上求深化；解决问题与规范管理相结合，在与时俱进、开拓创新上求深化。各行业要围绕提高服务水平这个主题，精心策划，创新载体，开展各具特色的创建活动，教育和引导群众广泛参与。新闻媒体要开设“文明行业看窗口”、“文明服务品牌展示”等专栏，配合竞赛宣传，形成浓厚的舆论氛围。市文明委将在全年的文明创建竞赛活动中评选表彰“三杯”竞赛的优胜单位和一批“文明示范窗口”、“文明服务标兵”，以弘扬先进，推动竞赛活动的深入开展。

3．对照《全国文明城市测评体系》，抓好考评达标。创建文明行业是文明城市创建的一项重要内容。各行业特别是文明城市测评的重点窗口行业，要认真对照《全国文明城市测评体系》要求，排找差距，落实措施，抓好整改，保证全面达标。工作基础较好、已经达标或基本达标的行业要认真总结经验，巩固创建成果，再立新功，进一步提高创建水平，发挥示范带动作用；工作起步晚、与测评体系要求差距较大、创建效果不明显的部门和系统，要进一步提高认识，加快步伐、加大力度，采取切实有效的措施，把创建活动扎扎实实开展起来，确保全市文明行业创建活动的覆盖率达到100%。各行业要结合各自的实际，制订和完善服务规范，建立健全岗位责任制，从基层“窗口”单位和重点部位抓起，把各项工作落到实处，使人民群众对行业服务的综合满意度高于90%，确保行业创建工作全面达到全国文明城市考评标准，为我市争创全国文明城市打下坚实的基础。

4．抓好典型示范，打造服务品牌。各行业在创建活动中，要注意发现、培养、树立一批先进典型，通过典型带动，提高文明行业创建水平。要加强对基层单位创建工作的指导，在系统内对外窗口、基层所站广泛组织开展争创“文明窗口”、“文明班组”等活动，要把评优选先工作向基层倾斜，把那些直接为群众办实事，办好事，群众满意的班组和个人评为先进，让我们的创建活动真正深入群众，深入人心。各行业要进一步树立精品意识、品牌意识，深入开展“争星级、创品牌”活动，结合行业的实际，进一步挖掘行业文化内涵，对有行业特色、群众欢迎、经济社会效益具佳的精品服务项目、经验做法进行整理、归纳、提炼、升华，努力打造一批在全市、全省乃至全国叫得响的文明服务品牌。

三、建立创建文明行业工作的长效机制，促进常态化管理

1．要建立长效机制。创建文明行业是一项长期的、系统的工作，各行业在创建过程中要增强主动性，把创建工作与本职工作融为一体，一同部署、一同落实、一同检查、一并考核，做到常态化管理。今年1月份，在全市行业创建经验交流会上我就讲过，创建文明行业工作，是一项常规性工作，市文明委今后不再单独制定实施方案，也不再进行动员部署。各行业主管部门要紧紧围绕市委、市政府的中心工作，紧密结合行业本职工作，常抓不懈，常抓常新。要彻底改变过去那种等部署、靠督导的工作方法，变被动为主动。各行业主管部门要建立健全创建文明行业工作的长效机制，成立相应的领导机构，切实担负起日常创建工作，及时了解掌握本行业创建活动进展情况，反馈创建工作动态。要把创建力量用在平时，把创建工作抓在平时，解决好平时不真抓，面临检查弄虚作假、突击应付，劳民伤财，越抓群众越反感的问题。

2．要强化日常管理。要进一步强化创建文明行业工作的日常监督和管理。市文明办要建立和完善各行业创建工作日常管理台账，将各行业日常创建工作进展情况、深化创建的新举措、新方法、模范典型的培养总结、服务品牌的树立、工作完成情况、信息反馈以及参加相关会议活动的情况等分别进行统计计分，年终计算综合得分，与群众评议结果一并作为评判创建文明行业工作成绩的主要依据。各行业也要加强对本系统所辖单位及基层所站创建工作的日常管理，明确专人负责，及时反馈工作进展情况，完善创建档案，促进创建工作逐步走上规范化、常态化轨道。

3．要加强社会监督。要充分发挥舆论监督和社会监督的作用，市属各新闻媒体要深入基层开展专题采访、明察暗访等活动，广泛征求和反馈市民群众的意见和需求，督促各行业将创建工作落到实处。各行业主管部门要公布投诉举报电话，及时受理群众投诉、举报，认真解决群众关心的热点难点问题。要继续发挥文明创建督导员的日常监督作用，市文明委今年还要在社会各届聘请100名文明创建督导员，定期组织他们通过调研、暗访等多种形式，及时发现各行业、各窗口创建活动的好经验、好做法以及工作中存在的问题和不足，提出整改意见和建议。通过建立健全社会监督机制，促进各行业进一步树立行业新风，为推动廊坊更好更快发展作出新贡献。

（肖双胜时任中共廊坊市委常委、宣传部长）

供稿：廊坊市文明办

整理：陈东 邵凤霞

肖双胜：在廊坊市创建全国文明城市责任对接工作会议上的讲话（摘要）

（2007年6月29日）

一、关于我市创建全国文明城市工作面临的形势和任务

近几年，我市把创建全国文明城市工作作为推进又好又快发展、全力为民谋利益的重要举措，始终坚持目标不变、力度不减、精力不散的态势，从工作谋划、组织推动等方面不断加大力度，取得了明显成效。

1．连续多年的创建工作促进了全市经济社会发展，群众得到实惠，整体实力得到增强。一是为经济社会发展创造了良好环境。几年来，不断加大投资力度，建成了一大批城市基础设施，提升了城市的承载力，完善了城市功能；实施环保“五大工程”，人与自然和谐共生的宜居环境成为城市的突出亮点，优良的软硬环境吸引了大批项目落户廊坊。2005年以来，全市共引进千万元以上项目2500多个，特别是引进了华为、富士康、京东方等一批高科技超大项目，单体总投资均在几十亿上百亿元，初步形成了一批高新技术产业集群。全市经济社会发展呈现出整体质量提高、增速加快、后劲增强、协调并进的良好态势。二是为群众带来了实惠。按照“让市民成为创建主体，让创建成果反哺市民”的思路，通过实施便民、利民、惠民、为民工程，先后投入上百亿元加快市区建设，大力发展社会事业，市民居住、出行、安全、卫生、医疗、文化、教育等生产生活条件全面改善和提高，一批长期困扰城市发展、市民生活的老大难问题得以顺利解决，由政府主导、各界参与、涉及群众衣食住行方面的救助保障机制、服务网络已经形成，群众真正享受到了文明城市创建的成果。三是城市的综合竞争力进一步提高。几年来，我市先后荣获了中国最佳人居范例奖、中国优秀旅游城市、全国绿化模范城市、国家园林城市、全国双拥模范城市、全国投资环境诚信安全区等多项荣誉，并成为全国首家全辖区整体通过ISO14001环境管理体系认证的中等城市、全国首个全市域ISO14000国家示范区。创建全国文明城市为加快推进“壮县、强市、富民”，建设实力廊坊、效率廊坊、和谐廊坊注入了新的活力，市民素质明显提升，城市综合竞争力明显增强，群众满意度及幸福指数位居全省前列。

2．今年以来，我市继续加大力度，健全组织，完善机制，各项创建工作稳步推进。上半年，市委、市政府、市文明委先后组织召开了创建全国文明城市暨“城市管理年”动员会、文明委全体会、创建文明社区动员会和创建文明行业调度会等不同类型的会议，对创建文明城市工作从不同层次、不同角度分别做了具体的安排部署。市委、市政府主要领导对创建工作提出了指导意见和殷切希望。这些都说明市委、市政府对创建全国文明城市工作非常重视，切实摆到了推动经济社会又好又快发展、满足群众现实需求的重要位置。同时，建立了一整套工作机制。依据《全国文明城市测评体系》，我们制定了《廊坊市2007年创建全国文明城市操作方案》以及创建文明社区、文明行业等一系列实施方案，将创建工作的各项目标任务分解到市直70多个部门和广阳区、安次区、市开发区，明确了操作方法、工作内容和标准，确定了完成时限，使各单位、各部门在开展创建活动中有章可循，有据可依；建立了协调联动的创建机制，创建全国文明城市工作领导小组下设办公室，由综合协调组、城市设施组、城市管理组、社区创建组、行业创建组五个专项工作组按照各自的职责，组织、协调、督导各项创建工作，安次、广阳两区也分别成立了由区委主要领导挂帅的创城领导小组及工作机构，形成了分工负责、上下协调联动的工作局面。半年来，各级各部门按照市委、市政府的工作部署，进一步增强责任感和使命感，以高昂的斗志、坚定的信念、务实的作风投入到创建工作中，城市重点工程建设取得突破，城市环境、社会秩序明显优化，行业部门依法行政和服务水平进一步提高，社区创建工作扎实推进，市民教育有声有色，营造了全民共建、合力攻坚的良好氛围。

3．我们的创建工作还面临严峻挑战。全面审视近几年的创建工作，可以说我们有基础，有优势，但也有不足，有弱项，面临着严峻挑战。

一方面是全国文明城市的标准高，名额少，竞争非常激烈。全国文明城市是涵盖方方面面、反映城市整体文明水平的综合性荣誉称号。包括廉洁高效的政务环境、公正公平的法治环境、规范守信的市场环境、健康向上的人文环境、安居乐业的生活环境、可持续发展的生态环境、扎实有效的创建活动等7个方面、37项指标、119项测评内容，每项测评标准分为A、B、C三个等级，共255条测评标准，其中有22项问卷调查、46项实地考查，测评结果具有很大不确定性，而且我们的竞争对手都具有很强的竞争实力，从全国来看，我们面对的是中央文明委命名表彰的58个“全国创建文明城市工作先进城市”；从省内来看，石家庄、唐山、保定、秦皇岛4个市都在全力筹备，在有些方面这些城市比我们有优势。

另一方面，对照创建标准，我们还有很大差距。从自测评估的结果看，我们有87项测评内容达到或超过A级标准，仍有19项测评内容没有达到A级标准。在硬件建设方面，广阳区、安次区在青少年宫、文化馆、档案馆、图书馆、社区室内活动场所、“一门式”行政审批服务大厅建设方面都存在严重欠账；市群艺馆未达到国家一级馆标准；市区主要商业大街无障碍设施、城中村小街巷基础设施、城市公共消防基础设施、老式住宅小区防火、防盗设施还不健全、不完善；每百名老年人口的社会福利床位、纳入城镇医疗保险定点机构的社区卫生服务中心以及社区居委会建设标准都还比较低。在软件指标方面，我市没有国家级“百城万店无假货”示范街，主要市政工程履约率、高中阶段教育毛入学率还未达标；文化遗产保护专项经费、个人信用征信体系、社区业余文化辅导员注册登记制度尚未全面落实。此外，还有13项测评内容存在薄弱环节，具体表现为：市容环境卫生存在死角死面；主要大街、重点地区、经营性公共场所的经营秩序、卫生状况较差，公民道德教育的任务还很重；“窗口”行业规范化服务在硬件环境、服务态度、投诉处理机制等方面还有差距，需要加大投入予以完善和改进。

今年8月份，省里就要组织创建全国文明城市的初评，我们的任务还很重，时间也很紧，需要我们进一步坚定全力争创的信心，调动方方面面的力量，进一步加大创建工作力度，迅速掀起“在共建中共享、在共享中共建”的全民创建热潮。

二、关于各部门、各相关人员的工作责任

今天在座的，有各单位负责创建文明城市工作的直接责任人，有文明创建督导员，还有创建工作信息联络员。虽然大家的社会分工不同，工作性质不同，但在创建全国文明城市工作中，都同样肩负着重要的责任，工作目标是一致的。因此，希望大家一定摆正自己的位置，明确自己的责任，瞄准目标，以争创一流的信心和只争朝夕的干劲，巩固优势，弥补不足，推动创建文明城市工作不断深入。

1．直接责任人要真正负起责任，上下协调抓好落实。为了加强领导、落实责任，我们建立了领导抓、抓领导的工作指挥和责任机制，各单位的党政一把手为第一责任人，分管领导为直接责任人。今天来的直接责任人，主要任务就是对上充分领会市委、市政府的工作意图，承接各项应完成的工作任务指标，结合工作实际制定切实可行的实施方案；对下全面了解工作现状，认真查找存在问题，及时调整工作方法，组织开展本系统、本单位的创建活动，把承担的创建任务落到实处。今天发给大家的《创建全国文明城市工作任务清单》写得很清楚，每个单位责任人是谁，工作任务是什么，完成时限截止到什么时间。这是目前我们必须达到的最低工作底线，各位直接责任人一定要深刻领会，及时向主要领导汇报，尽快拿出方案，按规定的工作任务和时限抓好落实。由于工作职能不同，有的单位任务较重，有的单位任务相对较轻。任务重的，要抓紧制定对策，倒排工期，加快进度。对于重点难点问题，要整合力量全力攻坚，保证按时完成任务。任务较轻的，也要作为大事来抓，要树立“没有最好只有更好”的理念，摒弃一劳永逸的错误思想，不断完善长效机制，巩固创建成果，为创建工作作出新的贡献。

2．创建督导员要切实履行监督职能，关注细节促进整改。创建全国文明城市，归根到底是让广大市民的生活越过越好。工作完成的效果如何，最终还要落实在完成指标上，反映在群众满意度上。因此，我们从市人大代表、政协委员、离退休老干部、街道社区干部、新闻记者和普通市民中聘请了100名文明创建督导员。督导员队伍作为市委推行“用成果说话、让群众来评”工作机制的具体实践者，作为创建工作与市民需求的纽带和桥梁，作为各创建单位、创建活动的智库、顾问团、督导推进队，职责光荣，任务艰巨。希望各位督导员，处理好本职工作与督导工作的关系，切实履行监督职能。第一，以高度的责任感和使命感投身文明创建督导工作。要把自己定位为广大百姓的传声筒和代言人，以对群众高度负责的态度，全面了解社情民意，广泛收集群众的呼声和需求，征求群众的意见建议以及所思、所想、所盼，为各级各部门提供决策参考；要学习创建全国文明城市的相关文件精神，围绕各阶段的创建工作重点，及时参加专题调研和各项创建活动，认真完成市创城办交办的各项督导任务。各督导组要按照创建方案的要求，本着日常督导与集中督导相结合、随机抽查与全面检查相结合、群众评议与听证质询相结合的原则，采取材料审核、听取汇报、随机问讯、实地考察的方法，深入到市区和市直各部门进行督导。第二，充分发挥自身优势，全面履行督导职责。督导工作中，各位督导员要充分发挥身在基层接触面广、信息灵通、专业知识和社会经验丰富、看问题深刻等优势，善于发现问题，研究问题，面对各种不文明行为和现象，深入分析其形成原因，研究解决办法，坦诚地对创建责任部门提出整改意见和建议；要坚持深入基层，深入创建第一线，听取群众意见，发现不足，查找问题，大到整体创建思路，小到卫生死角、经营秩序，都可以向市创建全国文明城市办公室以及创建责任部门提出创建和整改建议；要注意总结督导区域或行业部门的好做法、好经验，在督导中发现典型，推广经验，指导和推动整体工作；要及时沟通信息，对创建活动中出现的全局性问题要及时报告，并结合实际提出意见和建议，形成书面材料，为市委决策当好参谋；要消除思想顾虑，排除干扰，大胆工作，敢于对文明创建工作不力的单位或领导干部提出批评，敢于同各种不文明行为和现象作斗争。第三，文明督导，相互支持，共同推进创建工作。各级各部门要密切配合，全力支持督导员的工作，除为督导员开展工作提供必要的服务、支持和保障外，还要主动与督导员联系，主动汇报创建工作，实事求是地介绍创建情况，积极协助督导组做好督导检查工作；要积极征求督导员的意见，认真听取建议，对督导组提出的整改意见，一定要认真分析原因，深入查找症结，结合行业实际，迅速整改，做到件件抓落实，事事有回声。即使有一定困难、有一些理由的问题也必须千方百计认真解决，不得敷衍塞责，更不准以任何理由推诿、扯皮或拒绝执行。对于无正当理由拒不执行整改要求的，市创城办将向市委如实做出汇报，由市委立项督查。同时，各位督导员也要严格要求自己，尊重被督导单位及工作人员，遵守工作纪律，以自身高尚文明的人格魅力带动和影响督导对象，以严谨务实的作风推进督导对象单位的创建工作。

3．信息联络员要提高工作标准，及时反馈保证质量。信息联络员主要负责本单位与市创城办的联系与沟通，及时按要求搜集、整理、提供相关的审核材料，反馈创建动态以及工作中的经验做法等。其中要求上报的审核材料是国家、省创建文明城市评估组进行审核评估的硬性要求，我们的创建做法、成效以及达到的标准，很大程度上是通过这些材料进行说明和佐证的。所以，保证审核材料的规范化、标准化和真实性、实效性是创建全国文明城市非常重要、非常具体的一项工作内容，对于全面、系统地展示各地区各部门的创建工作成效，相互间交流和推广工作思路和成功经验，推动创建文明城市的深入开展，也具有十分重要的意义。各单位各部门具体提供哪些材料，《创建全国文明城市工作任务清单》已经讲得很明确，信息联络员一定要从现在开始，认真学习、研究市委、市政府对创建文明城市的总体部署和对各区域、各阶段的工作安排，紧扣当前工作重点，结合本单位实际深入思考具体内容，有针对性地做好相关材料的搜集、整理工作；要把最能反映本单位创建经验和成果的材料组织起来，分类汇总，标注清楚，让人一目了然。要在做好审核材料报送工作的同时，不断加大动态信息报送力度，提升信息报送质量。特别要注重创建经验的提炼，及时总结出本地本部门有特色、有创新、有成效的好思路、好做法、好经验，推出好典型，充分反映创建工作的成效。要重视加强调查研究，通过对文明创建、和谐创建、道德建设、未成年人教育、文明素质教育等各个领域，进行深入的思考和分析，说明现状、辨析问题、提出对策，为创建全国文明城市工作的开展提供及时、准确的参考依据。

三、关于我市争创全国文明城市的保证措施

创建全国文明城市是一项庞大的系统工程，综合性非常强。各级各部门必须统一思想，协同作战，抓好自身，配合大局，确保12月底前把今年的各项创建任务全部落实到位。

1．强化主体责任。各级各部门要按照《廊坊市2007年创建全国文明城市操作方案》的要求，对照《全国文明城市测评体系》和《廊坊市创建全国文明城市工作任务清单》，精心组织，认真抓好各项目标任务的层层分解和落实。各专项工作组要强化牵头协调作用，根据目标任务，排出具体工作进度时间表；要进一步量化、细化方案，做到目标明确、工作细致、责任落实，确保任务到人、责任到人。承担创建工作的各级各部门和单位，要由直接责任人具体牵头，协调其相关部门、科室，认真履行职责，做到密切配合，协调联动，形成合力，保证整体目标的实现。创建督导员要本着对创建单位负责、对我们全市创建整体工作负责的态度，认真履行好督促指导的职责，为提高创建水平多作贡献。信息联络员要把信息报送工作作为硬指标，把最有用的信息全面及时、不折不扣的组织好、反馈好。

2．健全工作机制。市创城办要抓紧制定《创建督导员、信息联络员管理办法》，进一步明确创建督导员和信息联络员的权利、义务和责任，为推动信息报送和督导检查工作提供依据和保证。认真落实督导组长月例会制度，每月由督导组长汇总本组督导内容和整改意见、建议，研究更深一步的解决对策。市创城办梳理后统一向市创建全国文明城市领导小组汇报。加强信息工作的报送力度，各单位的信息联络员，每月报送信息不少于5篇（条），其中经验、调研类信息占报送信息总篇数的比例应不低于30%。市创城办将进一步加强对信息报送工作的督促和指导，定期召开信息联络员工作例会，沟通情况，交流经验，改进工作。建立考评激励机制。市创城办将以简报形式，定期对各单位信息报送和用稿情况进行通报，对督导组及督导员开展督导活动、提出整改意见、建议等情况进行统计，发布督导及整改情况报告。年底，根据累积的业绩进行综合考评，对文明创建督导工作和信息反馈工作突出、成效显著的单位和个人给予表彰，并将各单位的信息工作情况作为各类基础性文明创建评选的参考内容。

3．强化督导检查。一是定期组织督导检查。市创建全国文明城市领导小组和各专项工作组要及时组织听取有关部门关于创建工作进展情况的汇报，定期组织督导员对创建文明城市工作进行视察、巡访。对创建工作中一些难度较大、涉及单位较多的难点问题及时进行现场调度，对任务完成好的给予表扬，对工作不力的单位进行通报批评。二是加强新闻舆论监督。市“一报两台”要设立有关创建文明城市的栏目，组织新闻记者对创建工作进行跟踪采访，对创建典型要及时推广，对存在问题严重、整改进展不力的单位给予批评曝光。三是加强与中央文明办、省文明办的联系和沟通。主动汇报创建工作进展，了解与其他地市的差距，争取上级支持和具体指导，确保创建活动沿着正确轨道向纵深发展。

（肖双胜时任中共廊坊市委常委、宣传部长）

供稿：廊坊市文明办

整理：陈东 邵凤霞

肖双胜：在廊坊市创建文明城市暨文明行业观摩调度会议上的讲话（摘要）

（2007年12月6日）

一、总结工作，查找差距，进一步增强创建工作的责任感和紧迫感

今年以来，市委、市政府、市文明委先后组织召开了创建全国文明城市暨“城市管理年”动员会、文明委全体会、创建文明社区动员会和创建文明行业调度会等不同类型的会议，对创建文明城市工作进行了全面部署。市委、市政府制定下发了《廊坊市2007年创建全国文明城市操作方案》、《廊坊市2007年“城市管理年”实施方案》、《廊坊市创建全国文明城市工作任务清单》等，将创建工作的各项目标任务分解到市直各部门和广阳区、安次区、廊坊开发区，明确了工作内容、标准和完成时限，在全市上下形成了分工负责、协调联动的创建工作格局。各级各部门按照市委、市政府的工作部署，深入推进创建文明城市工作，连续组织开展了“城市管理年”和创建文明社区、文明行业、“迎奥运盛会、创文明城市、建和谐廊坊”等系列活动，取得了明显成效。

1．城市基础设施进一步完善。包括路网建设、综合市场改造、经济适用住房、市区水系等在内的关系市民生活、改善人居环境的城市建设“十大工程”取得阶段性成果，开竣工项目总数达到80%，城市功能进一步完善，城市承载力不断提升。11月初，“中国人居环境奖”国家验收组对我市进行了认真严格的考核验收，认为廊坊基本达到了“中国人居环境奖”评选标准，其中，规定的14个定量考核指标均达到或者优于指标要求。

2．城市环境秩序明显改善。以实施“城市管理年”为契机，组织开展了“大拆违”专项行动，累计拆除违法建筑物6.6万平方米；对户外广告进行统一规范设置，拆除1446块大型户外广告和5530块门店招牌广告，形成了“布局合理、设置有序、管理规范”的户外广告新格局。实施街景立面美化包装工程，对市区占道市场、店外经营、“五小”行业秩序进行集中整治，市容市貌得到进一步改善；全面推行“门前十包”责任制，与道路两侧临街单位签订责任书落实共管责任；强化城市管理，建立城市管理长效机制，在市区启动“数字化管理”新模式，城市管理效率和水平进一步提升。

3．行业服务水平进一步提高。各行业坚持围绕中心，服务大局，以服务项目建设、提高服务质量为重点，在全市44个重点行业组织开展了创建文明行业“三杯”（文明执法杯、优质服务杯、便民利民杯）和“三比”（比服务环境、比服务效率、比群众满意）竞赛活动，全面推广“全天候、全覆盖、零缺陷”的服务富士康模式，努力为企业、为客商、为群众提供快捷高效的服务。工商、综合执法、公安等部门不断强化“依法行政、执法为民”理念，积极开展社会公德、职业道德教育和“大练兵”、“大比武”活动，增强了干部职工的组织纪律观念、规范执法意识，努力打造廉洁公正、文明规范的执法队伍；国税、地税、财政等行业大力推进依法征管、精细征管、人本征管，通过推行“联合办公”、“电话报税”、“网上报税”等创新服务，不断提升服务水平；商行、工行、建行等金融单位创新服务理念，积极推出上门服务、预约服务、网上服务等措施，有效解决了银行“排队长”问题；电力、建设、交通等行业的干部职工以服务廊坊发展为己任，加班加点赶进度、保质量、保工期，各项重点工程建设如期推进；卫生、劳动、环保等单位不断强化窗口建设，简化办事程序，提高办事效率。这些服务发展、服务群众的新举措给企业和群众带来了便利和实惠，有力地推动了全市经济社会发展。

4．文明社区创建工作扎实推进。在社区建设用房方面，目前市区已有48个社区用房达到300平方米标准，另有6个社区用房正在建设或装修，年底前可交付使用。预计年底前将有54个社区用房达到300平方米标准，占全部社区的69%。与此同时，社区组织进一步健全，社区工作人员系统培训全面展开；推行《社区工作准入制度》、制定出台《社区工作人员管理办法》，初步实现了社区管理的规范化、制度化；社区服务进一步完善，“15分钟服务圈”在全市逐步推广；社区文化、体育活动丰富多彩，电影进社区、体育进社区、科普进社区有序推进，受到了广大市民的欢迎。

总的看，一年来，各部门、各单位在创建文明城市中做了大量工作，取得了明显成效。但与《全国文明城市测评体系》要求相比，与广大群众的需求和愿望相比，还有很大差距，主要表现在：一是城市基础设施还不完善。市级和区级文化设施等硬件还有缺项，老旧小区、城中村改造任务艰巨。二是城市管理还存在薄弱环节。比如：城乡结合部、城中村等重点部位环境卫生还存在脏乱现象、“门前十包”制度落实不到位等问题还比较突出；“五小”行业环境卫生、规范经营还存在诸多问题；马路市场占道经营现象没有从根本上得到改观；三是市民文明素质有待进一步提高。各类创建活动群众参与面还不够广泛，舆论宣传引导不够，全社会的创建氛围还不够浓厚等等。这些问题都需要我们在下步工作中认真解决。为此，各部门、各单位要进一步提高思想认识，对照先进城市找差距，努力破除盲目乐观、畏难怵头情绪和敷衍应付思想，按照责任分工，进一步增强责任感和紧迫感，切实把分管工作抓紧抓好。

二、明确责任，突出重点，高标准完成创建文明城市各项工作任务

胡锦涛总书记在党的十七大报告中明确提出：“要提高国家文化软实力。”对于一个城市而言，软实力的强弱，归根到底，取决于城市文明程度的高低。而创建文明城市以提高市民素质、培育文明风尚、发展先进文化、营造优美环境、构建和谐社会为主要内容，肩负着提升城市文明程度的重任。毫无疑问，以创建文明城市为抓手，是提升城市软实力的重要途径。为此，各级各部门要以学习贯彻十七大精神为动力，认真对照《廊坊市创建全国文明城市工作任务清单》确定的目标任务进行梳理，逐项对照检查，看哪些工作已经完成，哪些工作尚未完成，围绕工作中存在的突出问题，积极制定和完善各项工作措施，加大工作推进力度，确保各项既定目标任务的顺利完成。当前要突出抓好以下几方面工作：

一是要着力解决重点难点问题。对照《全国文明城市测评体系》要求，我市在基础设施、环境综合整治、市场治理、“五小”行业治理等方面还存在着较大差距。按照市委、市政府主要领导批示精神，最近，市委、市政府召开了创建全国文明城市重点工作调度会，对创建工作重点难点问题进行了部署。各部门要按照市委办公室、市政府办公室印发的《关于着力解决创建文明城市工作难点问题的实施方案》要求，抓住重点，集中突破。市直有关部门和安次区、广阳区要抓紧在年底前组织开展专项战役，集中整治市容市貌、社会秩序、文化市场、“五小”行业、流动人口管理等方面存在的难点问题，切实改变银河南路、城中村、集贸市场、城乡结合部等重点部位“脏乱差”现象，努力形成和谐有序的局面。要着力纠正交通违章现象，改善交通拥堵状况，创造安全、文明、畅通的交通环境。要针对群众反映强烈的突出问题，集中力量进行整治，务必取得实实在在的效果。同时要着力建立长效机制，使整治成果不断巩固，城市形象不断改观，力争使创建文明城市工作中的难点成为城市管理工作的亮点，在创造优美环境中不断提升城市形象软实力。

二是要广泛开展多种形式的创建活动。创建文明城市，群众是主体。在构建社会主义和谐社会的新形势下，要在全市上下形成认识统一、团结一致的强大的凝聚力和向心力，不仅需要发动市民群策群力、共同建设美好家园，更要把发展成果最大限度地惠及百姓，让市民共同享有。实现共建共享，这既是构建社会主义和谐社会的基本要求，也是创建文明城市的根本目标。因此，我们要围绕群众的各种需求，把群众得实惠、真受益作为工作的出发点，把解决群众关注的热点难点问题作为工作的着力点，把群众认可、群众满意作为工作的落脚点，继续广泛深入地组织开展群众性精神文明创建活动，让市民在共建文明城市中共享文明成果，在共享文明成果中共建文明城市。但从目前掌握的情况看，有的部门还没有真正行动起来，组织的创建活动影响力还不够强，群众的参与度还不够高。这就需要各项活动的牵头单位和责任单位，按照方案要求，迅速行动起来，精心组织实施，细化工作举措，在全市掀起创建工作的新高潮。

三是认真组织好创建文明行业“三杯”竞赛群众评议。今年以来，各行业坚持以人为本，以“服务人民、奉献社会”为宗旨，紧紧围绕推动廊坊经济社会更好更快发展这一主题，深入开展创建文明行业“三杯”竞赛活动，不断创新服务手段，全面提高服务质量，涌现出了一批具有行业特色的先进典型。比如，我们今天现场参观的移动公司营业厅在创建过程中开展了“诚信服务、满意100”活动，群众满意度不断提升；市商业银行营业部在实行亲情化服务的基础上，还推出上门服务、设立弹性窗口等新举措，赢得客户的好评。像这样的典型和经验还有许多，就不一一列举了。这里需要强调的是，创建文明行业是一项贯穿全年、经常性的工作，开展“三杯”竞赛是创建工作的重要载体，要把功夫下在平时，抓好日常创建，把创建工作与本部的业务工作融为一体，不能到年终评议时，再临时搞突击，更不能为争个金杯银杯而弄虚作假。从前一阶段掌握的工作情况来看，有个别部门的领导对创建工作重视不够，“说起来重要，忙起来不要”，工作缺乏主动性、创造性，只是推推动动、拨拨转转，甚至有的个别部门单位推都不动。所以今年的评议活动增加了一项重要内容，就是日常工作评议。我们这次评议活动就是把评判权交给群众，真正做到“用成果说话，让百姓来评”。群众评议不是目的，是促进工作的手段。各部门不要怕揭短、露丑，要通过评议看到差距，切实解决群众最关心、最现实、最直接的问题，实实在在的为群众办实事做好事。通过组织开展现场观摩、重点抽查、互评互查，鼓励先进，鞭策后进，推动文明行业整体水平的提高。当前，各部门各单位要按照市文明委制定的《廊坊市“迎奥运盛会、创文明城市、建和谐廊坊”主题实践活动实施方案》要求，继续深化六大方面、30项具体活动，要从“迎奥运、讲文明、树新风”做起，在讲究文明礼仪、维护公共秩序、改善社会服务、争创服务品牌等方面走在前列。

四是要大力加强文化建设。党的十七报告对兴起社会主义文化建设新高潮、推动社会主义文化大发展大繁荣做出了全面部署。各级各部门要从提高国家文化软实力的战略高度充分认识文化建设的重要性和紧迫性，切实加强社会主义核心价值体系建设。要把社会主义核心价值体系建设转化为人们的自觉行动，融入日常工作和生产生活。要以社会主义核心价值体系为指导，积极建设和谐文化，围绕增强诚信意识和责任意识，深入开展公民道德实践活动，切实加强社会公德、职业道德、家庭美德、个人品德建设。要充分发挥道德模范榜样作用，及时总结和发现各方面的典型，广泛开展向道德楷模学习活动，让广大干部群众学有榜样、赶有目标、见贤思齐。要围绕丰富社会文化生活，广泛组织开展群众乐于参与的文化活动，大力发展社区文化、校园文化、企业文化、家庭文化、军营文化，让人们在多彩的文化活动中享受美好生活。

三、加强领导，落实责任，确保创建全国文明城市工作取得实效

今年9月份，省文明委组织测评组对各市创建文明城市工作进行了初评，明年上半年省文明委还要组织一次更加全面细致的总评，综合两次测评结果，择优确定河北省参评全国文明城市的城市。省里的初评只是“小考”，明年省里的总评及全国测评才是“中考”和“大考”。我们面临的形势不容乐观，任务还十分艰巨。为此，各级各部门要切实负起责任，加强领导，精心组织，形成合力，确保各项工作任务落到实处。

一要强化协同作战。文明城市创建涉及多个部门，需要全市上下协调配合，整体联动。各部门各单位要细化创建任务，定责任单位，定责任人，定工作要求，定完成时限，实行目标化管理。各创建主要职能部门要认真履行职责，勇挑重担，雷厉风行，杜绝推诿扯皮，疲沓拖拉。与此同时，全市各行各业、各单位要认真组织开展本系统、本单位的创建工作，做到广泛发动，全民参与，注重实效。各级工会、共青团、妇联、科协等人民团体要在党委、政府的领导下，充分发挥在创建文明城市中的示范带动作用。职能有交叉的部门之间要加强协作，主动补位，增强合力。各级各部门要积极组织开展多种形式的同创共建活动，广泛吸引群众参与，努力形成人人参与、为争创全国文明城市做贡献的良好局面。

二要强化舆论宣传。要充分运用报刊、网络、电视等多种方式，加大对创建文明城市的宣传力度，及时宣传各地各部门采取的措施、出现的变化、取得的成效，宣传人民群众对文明创建的支持、参与以及愿望、意见和建议，宣传活动中涌现出来的好人好事、典型经验，通过广泛深入的宣传，树立先进典型，引导广大群众积极参与到这项活动中来。要精心制作、刊播一批公益广告，进一步扩大社会影响。要利用各种形式和手段在全社会广泛进行文明礼仪宣传教育，兴起学习实践文明礼仪的热潮，引导人们树立热情友好、文明礼貌的良好形象，为我市争创全国文明城市营造更为浓厚的舆论氛围。

三要强化责任督查。市纪委、监察局要强力推进2007年“百姓急需、社会难点、历史欠账”18件实事专项效能监察工作，以确保市委、市政府年初部署的工作任务圆满完成。市创城办要对重点地区、重点部位的综合治理情况进行督促检查，同时邀请部分人大代表、政协委员实地查访，及时了解工作进展情况，发现和解决出现的问题。要严格实行创建工作的责任追究制，对创建工作不得力、无起色的单位，在文明单位和“三杯”竞赛评比中一律不予评为先进单位。

（肖双胜时任中共廊坊市委常委、宣传部长）

供稿：廊坊市文明办

整理：陈东 邵凤霞

宋长瑞：在保定市创建全国文明城市暨推进深化文明生态村工作会议上的讲话（摘要）

（2007年3月18日）

我市是群众性创建精神文明建设的发祥地，是全省最早开展创建文明城市活动的城市之一。2002年，被中央文明委授予“全国创建文明城市工作先进单位”称号。

2006年～2008年新一轮创建周期已进入攻坚阶段。省里马上要进行初评，占总分的40%，明年二三月份组织总评，占总分的60%，根据结果向国家文明委申报“全国文明城市”候选城市，明年奥运会前后，国家将推出一批“创建全国文明城市工作先进城市”和“全国文明城市”。申报“全国文明城市”的条件之一是连续两届获得创建先进市的城市。鉴于此，我市的奋斗目标：是重返“创建全国文明城市先进城市”行列，争创“全国文明城市”。总的创建原则是：以市区为重点，以其他县（市）城所在地为重要创建单元，城乡同创文明城市（镇、区），各行各业争创文明单位，文明行业、文明生态村、乡（镇）。具体把握以下几点。

1．围绕第一要义，狠抓建设“京南近海强市名城”的发展环境。发展是第一要义。创建文明城市活动，都要自觉服从和服务于经济社会发展，紧密联系工作实际，找准结合点和切入点，努力为经济社会发展营造廉洁高效的政务环境、公平公正的法治环境、规范守信的市场环境、健康向上的人文环境、安居乐业的生活环境、可持续发展的生态环境。这就要求各个部门、各个单位认真对照《全国文明城市测评体系》搞好达标创建活动，同时搞好对县（市、区）系统创建的指导。各县（市、区）所在的城镇，要认真按照市文明办下达的《保定市文明城（区）测评体系》认真创建，确保收到实效。

2．坚持以人为本，不断创新各类群众性精神文明创建活动。文明城市（区、镇）创建的根本在于提高人的素质，促进人的全面发展。人的素质的提高不是一朝一夕的事，要通过反复的宣传教育，规章制度的规范强制，还要通过多种形式的活动潜移默化的熏陶同时进行。一要大力开展“做文明保定人”教育实践活动。深入开展文明礼仪和公民基本道德规范教育，不断提高广大群众的文明素质，努力形成讲究文明、注重礼仪、团结友善、热情好客的社会风尚。二要深入开展优质规范服务活动。机关进一步改善工作作风，树立公务员的文明形象，创建学习型、廉洁型、服务型的文明机关；“窗口”行业要以明礼、诚信为重点，以培养热情周到、文明待客的良好职业道德。三要积极开展志愿服务活动。继续建立健全志愿者服务制度，完善志愿者网络，组织引导广大公务员志愿者、巾帼志愿者、社区志愿者、青年志愿者积极投身到争创全国文明城市活动中来。

3．实行重点突破，主攻文明城市创建的薄弱环节。文明城市创建涉及面之广、考核内容之多，是前所未有的。在全面提质的同时，对薄弱环节要重点突破。一是结合城乡环境综合整治百日行动和拆违第二战役，彻底改变城乡环境。以“增绿色、治污染、整脏乱”为重点，以打造“洁、美、绿、亮、序”的城市环境为主题，组织广大群众积极参与环境保护和绿化美化工作，对生活垃圾、户外广告、河道、排污等方面进行集中整治，加大拆除违章建筑、违法建筑的力度，改善生态环境，提升城乡形象。二是全面实施“市容美化工程”。对关系群众切身利益、有碍观瞻、影响城市形象的突出问题，组织开展集中整治活动。重点抓好社区、城中村、背街小巷的环境、秩序、“脏乱差”、“牛皮癣”等问题的整治，加强待建地段、地块的围墙美化。要体现严管重罚的原则，把管理、教育、处罚有机结合起来，及时发现问题、解决问题，不断培育和强化城市各类服务功能，提高对生产要素的聚集能力。三是加大交通秩序的整治力度。全面实施“文明交通工程”，完善必要的交通设施，规范运行线路和秩序。在主要道路两侧、公共场所、重点部位，分别划定机动车和非机动车的停车位置，解决道路交通混乱问题，查处乱停乱放行为。加大对市区车辆随意调头、闯红灯、无牌无证车和报废车上路以及不按规定行驶等违反交通管理规定行为的查处力度。出租车要入位停靠，长途客车禁止在站外停车上下乘客或招揽乘客。严禁畜力车、农用车不按规定随意在市区道路行驶。杜绝行人闯红灯、乱穿马路、横跨交通护栏等现象。使交通环境和秩序有一个大的改观。四是加大入城口、城郊结合部的整治力度。改变目前违章建筑多、乱堆乱放多、生活垃圾和建筑垃圾多的“三多”现象，加强城区建设和管理，树立宽敞、整洁、亮丽的城市门面的新形象。五要加大社会治安的整治力度。政法部门要加强社会治安综合治理，深入开展打黑除恶和反盗抢、禁赌毒、扫黄打非、打击传销、打击非法宗教活动等专项治理，维护良好的社会秩序和人民群众生命财产安全。目前，车站、城区行乞人员多，严重影响城市形象，有关部门要采取有效措施加强治理。六是加大市场秩序的整治力度。采取整治与疏导相结合的方式，取缔市区主要街道乱设的摊点，整治乱摆乱卖现象，在条件许可的部位定点布局临时性市场。结合“共铸诚信”活动，有力打击假冒伪劣违法行为，整治各类专业市场，规范经营秩序。工商、公安等职能部门要督促市场主办单位积极开展创星级文明规范市场活动。在加强专项治理的同时，更要建章立制，实行长效管理，做到标本兼治。要整合城管力量，尽快推行城市管理相对集中联合执法制度，形成城市管理的合力，积极探索综合执法的新机制、新办法。七是抓好城市管理，营造文明环境。在管理理念上，坚持执法与服务相结合，处罚与教育相结合，让老百姓由抵制管变为配合管。在管理重点上，突出解决环境卫生、公共交通、文化市场、城乡环境等重点领域，确保城市文明环境有重大改观。八是开展创建“全国环保示范城”、“中国优秀旅游城”、“全国双拥模范城”等“十城联创”活动，确保各项指标达到国家规范要求。

4．坚持统筹兼顾，推进文明城市创建活动健康持续协调发展。创建文明城市，要通过城市形态、文化神态、市民“心态”的内外和谐，实现经济实力、城市活力、文明魅力刚柔相济，进而开创全面、协调、可持续发展的和谐局面。要实现这个目标，需要在四个方面下功夫：一要大力弘扬和谐文化。要把社会主义核心价值体系融入创建全国文明城市的全过程，大力倡导和谐理念，营造和谐氛围。下大力按照保定文化大市建设的“一纲四目”要求，全力抓好。二要加快构建和谐社会。坚持从维护民生、民利入手，着力解决好城乡人民群众的生活难、看病难、上学难等问题，并重点抓好城市社区和农村社区建设，解决群众不断增长的物质文化需要。三要统筹推进和谐创建。在整体部署上，要将生态、文明、平安、诚信、和谐保定统一起来，总体谋划，精心组织，与经济社会发展同步推进，全面提升城乡文明程度。四要积极营造和谐环境。加快建立和完善重大行政决策专家论证和评估制度、重大事项社会公示和听证制度、决策反馈纠偏机制和决策责任追究制度，实现政府决策的民主化和科学化。大力推行政务公开，实行重大事项和公共管理事项新闻发布制度。放宽对具体经济事务管制，降低准入门槛，鼓励全民创业，营造法治、和谐、宽松的发展环境，使我市成为最具活力和最富创新创造的城市。

5．加强领导，不断完善工作机制。全国文明城市的考评是对一个城市创建工作的大展示、大评比、大检阅。因此，思想要重视，组织要严细，工作要精彩。市里以精神文明建设委员会为主体，成立了创建工作协调领导小组，由市委、市政府领导担任正副组长，市直有关部门和市区主要领导为成员，牵头协调有关工作的开展，同时建立工作例会、检查督促、重要工作商办会制度，下设办公室与文明办合署办公，具体指导和协调全市文明城市创建工作。各县（市、区）、各部门、各单位都要成立相应机构，明确专门领导和工作人员。党政一把手要负总责，投入足够精力，做到亲自研究、亲自动员、亲自部署、亲自检查、亲自督导。特别是各县（市、区）要加强文明办的力量，提供充足的人力、物力、财力保障。

创建文明城市是一项硬任务。硬任务就要有硬指标，更要有硬措施。一要建立健全规范科学的目标考核机制。各级各部门各单位要对照《全国文明城市测评体系》的指标要求，把各自承担的任务指标细化、量化，制定具体实施方案，把事落实到人上，定任务、定责任、定进度。二要建立考核激励机制。将创建工作实绩纳入市委、市政府对部门、单位年度工作考核内容。组织部门要把创建工作纳入干部考核的内容，作为奖惩和干部使用的重要依据。对创建成绩显著的单位和个人，要给予表彰和奖励；对措施不力、行动迟缓、问题突出的单位和领导，要给予批评教育，限期整改。三要建立健全监督约束机制。对创建工作，市委、市政府要加强经常性督查，市人大、政协要组织代表、委员视察，新闻单位要加强舆论监督。市纪检监察部门要把开展创建工作情况列入纪律检查和效能监察范围，对推诿扯皮、工作不力、影响全市创建工作整体效果和整体进度的责任单位主要领导和主管领导，追究其失职或渎职责任。还要组织市民巡访团进行督察暗访，并以“创建文明城市建议书”等形式反馈给各相关单位，及时解决问题，以充分发挥人民群众的监督作用。四要建立多元投入机制。按照“政府主导、社会参与、市场运作”的原则，积极鼓励和引导社会各界对文明城市创建给予财力和物力支持，进一步拓宽投入渠道。五要建立健全长效管理机制。要将工作中一些经过实践证明了的行之有效的好办法、好经验用制度形式确定下来，形成机制。使文明城市创建走上经常化规范化轨道。

宣传舆论部门要制定具体的宣传报道计划，利用一切宣传阵地，运用一切宣传手段，增强宣传工作的渗透力和影响力，广播、电视、报纸可开设专题专栏，让创建全国文明城市的目标、标准、要求和文明规范家喻户晓，人人皆知，形成浓厚的创建氛围，引导广大群众积极投身到创建活动中来。工、青、妇等群众团体要发挥桥梁和纽带作用，广泛开展多种形式的宣传教育。驻保部队（武警）也要充分发挥自身优势，积极参与创建活动，不断提高军（警）民共建水平。通过广泛的宣传发动和扎实有序的工作落实，形成人人关心创建、人人支持创建、人人参与创建的格局，推动创建工作出成果、见成效。

市文明办要成立专门督导小组，定期组织各单位负责同志对城区间、部门之间创建工作进度进行互查评比，通报情况。市文明办每季度向市委报告一次创建进展情况。

要进一步提高认识，切实增强做好创建工作的责任感、紧迫感。我市农村人口占80%，尽管全市的经济近年取得较快发展，但2006年全市农业总产值和增加值增幅均低于全省平均水平。没有农村的提速发展，保定市就摆脱不了小马拉大车的局面，就实现不了全市的提速发展，“京南近海强市名城”的目标就将永远是空中楼阁。我们还不能在一点点成绩面前沾沾自喜，盲目乐观，应该看到我们面临的困难和差距，目前取得的成绩在新农村建设的长征中也只是迈开的第一步。我们应该充分利用当前的大好形势，扩大群众的热情，挖掘蕴藏在群众中的潜力，对照建设社会主义新农村的要求，对照市委九届二次全会提出的目标，对照先进单位、先进个人找差距，进一步增强创建工作的责任感和紧迫感。

进一步深化内涵，切实把文明生态村建设作为新农村建设的有效载体来抓。要按照科学发展观、构建和谐社会和社会主义新农村建设“20字”方针的总要求，结合保定实际，在现有发展和经验的基础上，进一步丰富文明生态村建设的内容，深化内涵，提升综合创建水平，切实使文明生态村建设从经济、政治、文化等各个方面惠及广大农民群众。一是要把放手调整经济结构、发展农村生态循环经济、增加农民收入，作为文明生态村建设的中心任务。要积极开展产业强村、文化兴村、生态建村、民主治村活动，鼓励和引导农民充分利用自然资源，大力发展绿色、环保、无公害农业，发展乡村旅游，挖掘民间传统文化，培育农村经济发展新的增长点；切实抓好培训农民工作，提高农民群众的科技文化素质和转移就业能力；认真落实好各项支农惠农政策，让农民充分享受经济社会发展成果。二是要进一步突出抓好农村文化建设。文化建设是长远性、基础性工程，是最终决定农村发展速度和后劲的工作，不能因为见效慢而简单应付。要利用“村民中心”等场所，整合各种资源，继续抓好广播电视“村村通”工程、宣传文化中心(室)建设工程，村镇图书室、广播电视网、电影放映点等阵地建设，切实解决农民看书难、看戏难、看电影难、收听收看广播电视难等问题。帮建单位在物质帮扶的基础上，要加大智力帮扶力度。三是要建立健全长效机制。结合实际，不断建立和完善创建机制、管理机制，用机制来保障创建活动的不断深入和成果的巩固。四是要进一步加大农村基层组织建设和民主政治建设工作在文明生态村建设中的分量。要切实加强以党支部为核心的村级组织建设，增强村党支部的凝聚力、战斗力；加强农村各项民主制度建设，进一步规范村务公开制度，确保基层干部廉政办公。五是要进一步增强创建活动综合解决农村农民实际问题的功能，促进农村社会和谐。要把积极推进土地、新型合作医疗、社会保障等制度改革，把落实计划生育政策、维护农村社会稳定等纳入文明生态村创建活动，进一步加大创建工作向问题村、难点村、贫困村延伸的力度。当然，这五个方面的要求是就全市而言的，各县（市、区）、各乡村在具体创建工作中，还是要坚持一切从实际出发，因地制宜，本地、本村哪些问题突出就把哪些问题作为重点，群众最关注最急需解决哪些问题，就着力解决哪些问题。

抓住关键环节，巩固和扩大创建成果。文明生态村建设内涵丰富，涉及面广，但如果我们面面俱到，眉毛胡子一把抓，就会贪多嚼不烂，什么都干不好，工作中必须有所侧重，抓住主要矛盾。文明不文明，首先看环境，首要的还是优化人居环境。我们讲农村落后，最直观的反映就是环境问题。前段时间，我们开展了一次城乡环境综合整治活动，很有成效，但还不彻底，部分村庄很快就又反复到原来程度。创建活动中，要集中精力，抓好道路硬化、街道净化、村庄美化三件大事，使村庄面貌首先有一个大的改观，让农民群众生活在干净、整洁、舒适的环境中。其次是大力提高农民思想素质。通过村民中心等场所，不断完善文化、体育基础设施，大力开展文化、科技培训，宣传社会主义核心价值观和《公民道德建设纲要》等内容，提升群众的软实力。

（宋长瑞时任中共保定市委书记）

供稿：保定市文明办

司存喜：在“文明河北、和谐河北”电视电话会议保定分会场上的讲话（摘要）

（2007年4月18日）

具体安排以下几项活动：

1．深入开展“爱心暖保定”活动

开展文明单位帮贫济困活动。广泛动员广大群众和社会各界特别是各级文明单位，广泛开展对贫困村、低保户、残疾人、鳏寡孤独老人、贫困学生、社会福利院等的救助慰问活动。要以涞源白石口村福利院举行的“爱心暖保定”启动仪式为契机，倡导社会各界承担社会责任，共建和谐保定的精神；深入开展“红飘带”活动。保定人民广播电台要发挥组织者、引导者的作用，加强对“红飘带”活动的策划和运作，制定详细可行的活动办法，工会、共青团、妇联等社会各界积极参与，营造出文明和谐氛围，使“车挂红飘带”、“爱心签字”、“爱心留言”系列活动的影响不断扩大，形成“古城飞舞红飘带，传递真情和友爱”的强大声势；开展“讲述身边的好人好事”活动。新闻单位要组织记者积极开展“寻找好人”采访活动，各级文明办要协调群团组织，动员城乡群众通过写信、投稿、打电话等方式把自己看到、听到和感受到的好人好事提供给新闻媒体。日报、晚报、电台、电视台要开设专栏、专题，刊播广大群众身边的好人好事。讴歌保定大地上涌现出的见义勇为、扶贫助困、团结友善、诚实守信、文明礼让、尊老爱幼、勤俭节约的新人、新事、新风尚，唱响团结友爱的主旋律，营造出积极向上的社会风尚；扎实开展各种形式的志愿者献爱心活动。协调各有关部门和团体，动员和组织青年志愿者、巾帼志愿者、社区志愿者、公务员志愿者等各类志愿者和广大干部群众在全市城乡广泛开展尊老助残、扶贫帮困、保护环境、维持秩序、医疗保健、法律援助等活动，实实在在地帮助弱势群体解决生产和生活中的实际问题，用实际行动促进社会和谐。

2．组织开展“争做文明市民、创建文明城市”活动

开展“文明十个一”活动。引导市民继续深入开展文明乘车、文明游园、文明观演、文明行车、文明走路、文明就餐、文明购物、文明待客、文明过节、文明养犬活动，组织志愿者义务劝阻不文明行为；开展“爱在社区活动”。协调有关部门以社区为单位，组织引导居民利用业余时间开展文艺联欢、体育比赛、恳谈交流等联谊活动，使邻里之间、业主与物业管理人员之间增进了解、加深友谊，化解内部矛盾、促进社区和谐；继续开展营造城市森林大型公益活动。组织召开营造城市森林第八次春季战役动员大会，印发介绍营造城市森林好处多的宣传画，树立宣传营造城市森林好处的公益广告牌，在新闻媒体发出倡议、刊播言论消息、公示进展，提高人们关心生态、保护环境的公德意识。加强规划指导，加大督导力度，使营造城市森林活动按照“城在中林、林在城中”的要求不断深化；开展创建文明城市达标活动。按照文明城市测评体系的内容分解任务，落实部门责任，组织督查组对各责任部门的工作进行督促指导，做好迎接省文明委组织开展的对创建文明城市工作的初评准备工作；开展“迎奥运、讲文明、树新风”活动，一是抓好环境卫生的综合整治，落实门前三包规定，组织人大代表、政协委员、新闻记者对保定城乡环境卫生情况进行不间断地督查，确保城乡环境卫生面貌有较大改观。二是抓好软环境的治理，协调有关部门着力解决文明礼仪、公共秩序、社会服务、旅游出行方面的问题。

3．扎实开展“争做人民满意的公务员，创建文明机关”活动

继续推行“文明办公五步曲”和文明用语，树立公务员的文明形象。在所有机关推行“一起立、二让座、三倒水、四办事、五送客”的文明办公五步曲，提倡说普通话和文明用语，严禁服务忌语，引导公务员讲究礼仪、礼貌，着装整洁，挂牌服务；加强机关办公环境和设施建设。着力抓好机关大院的绿化工作，实施破硬建绿，建设林荫型停车场。合理划分卫生区，落实卫生保洁责任，定期检查。搞好办公室的环境卫生，室内保持窗明几净，物品摆放有序；加强制度建设，改进机关工作作风。建立完善机关规章制度，并认真抓好落实，确保公务员遵守党纪政纪，坚持依法行政，形成优良的机关秩序。实行政务公开、阳光作业，整治“门难进、脸难看、话难听、事难办”等不良作风；深入开展创建“学习型、服务型、廉洁型”机关活动。在全市各机关全面展开创建“学习型、服务型、廉洁型”机关活动，经常检查，每周通报，每月讲评，每季度组织一次文明公务员风采大赛，每半年召开一次创建文明机关观摩交流大会，年底评选表彰文明公务员、文明处（科）室、文明机关，培育风清气正的机关作风，打造团结和谐、勤政廉洁的干部队伍和干事、创业、为民的机关，营造规范、高效、公正、廉洁的政务环境。

4．广泛开展“做诚信经营者、创建诚信企业”活动

加强诚信规范建设，深入开展诚信教育活动。各企业要结合行业和单位实际组织广大员工在认真讨论的基础上，制定诚信经营守则，并制成匾牌悬挂于会议室和生产、营业场所，提醒广大员工特别是经营者时刻注意诚信经营；继续深入开展诚信教育。在运用新闻媒体大力开展普遍教育引导的同时，在企业内部通过班前会、座谈会、演讲、征文、板报、专栏等形式深入开展诚信教育，使“以德经营、诚信立业、文明生财”的理念在企业员工的内心深处扎根；评选表彰“诚信经营者”和“诚信企业”，光大诚信企业形象。有关部门要建立企业的诚信档案，制定创建评选标准，加强对创建活动的督导。组织广大消费者和全市广大群众，按行业对企业进行诚信度测评，对每个行业中诚信度前3名的企业或经营者授予“诚信企业”和“诚信经营者”称号，颁发匾牌，并在市新闻媒体上进行大力宣传。

5．开展“争做新型农民、创建文明生态村”活动

建设村民中心。整合公共服务资源，突出发扬村民中心作为文化阵地的作用，组织引导村民积极参加学习文化、科技、法律等知识，增强致富能力，提高经济发展水平；积极开展农村精神文明创建活动，促进文明乡风形成。全面开展“十星级”文明农户创建、群众自治组织建设和“村民公德录”等活动，制定活动章程，规范活动程序，提高活动水平，增强活动实效。通过开展活动，建立和谐的人际关系，树立良好的道德观念，形成文明的乡风；推进人居环境建设，促进人与自然和谐。加强村镇建设规划工作，狠抓道路、村庄、庭院的硬化、净化、绿化工作，组织动员群众用自己的双手建设美好家园，形成科学、文明、健康的生产、生活方式。

（司存喜时任中共保定市委常委、宣传部长）

供稿：保定市文明办

郭华：在沧州市“五城同创”迎“两节”动员大会上的讲话（摘要）

（2007年9月10日）

一、充分认识开展“五城同创”工作的重要性

在建设沿海经济社会发展强市的起步年里，市委、市政府提出开展“五城同创”工作，就是要充分利用创建全国文明城市、卫生城市、园林城市、环保模范城市、双拥模范城市这五个载体，集合全市方方面面的力量，调动社会各界的积极性，共同建设现代化的中心城市，打造知名沧州，打造魅力沧州。

大家知道，目前我们面临着一个共同的任务，就是建设沿海经济社会发展强市。实现这一奋斗目标，实际上可以划分两条战线：一条战线就是要举全市之力发展临海经济、县域经济和中心城市经济，大力提高城市的综合经济实力，夯实发展基础；另一条战线就是要凝聚民众之心，努力提高城市文明程度和市民的文明素质，构建文明和谐的新沧州。前一条战线是城市的“硬实力”，后一战线是城市的“软实力”。只有两个方面的实力都增强了，我们才能称得上是沿海强市。

纵观世界城市文明发展的历史轨迹，无一例外都印证了这样一个道理，经济的繁荣是先决条件，社会繁荣才是真正的标志。没有代表城市精神的文化的积淀和进步，城市发展就缺乏灵魂和内在动力，也不可能真正发展起来。恩格斯在论述欧洲文艺复兴时说过这样的话：“没有十六世纪文艺复兴的闪电，就没有欧洲城市工业革命的火花，也就没有欧洲城市经济的复兴。”随着时代的发展，这种被马列主义经典理论所阐述的经济发展与社会文化的互动作用越来越明显。一个国家需要核心竞争力，一个地方也需要核心竞争力。而这种核心竞争力，不仅来自于综合实力的加强，很大程度上来自于城市环境、城市文明以及公民的素质。比如，苏州就是凭借把古老的东方文化与现代文明结合起来，以独特的文化内涵，吸引了许多国家和地区的大量投资，世界500强企业之中有113家入驻，成为近年来苏州快速发展的重要支撑；“生态园林、环保模范、人居范例”三张城市名片扮靓了威海的形象，吸引了国际社会特别是韩国的投资，奠定了威海对韩经贸的“桥头堡”地位。现在，韩国在威海投资的项目个数、合同外资、实际外资已占在中国投资总数的7.2%、6.9%和7.6%。可见软实力在

提高城市竞争力、促进经济快速发展中的分量。因此，在建设沿海强市的过程中，我们不仅要高度重视经济发展，还必须高度重视城市建设、发展社会事业，提高城市的文化品位，增强城市的吸引力和竞争力。“五城同创”涵盖了城市建设、管理和精神文明的各个方面，是增强城市综合竞争力的有效载体，从一定意义上讲，抓“五城同创”也就是抓招商引资，就是抓经济发展。

“五城同创”也是构建和谐沧州的重要载体。这些年我们有一个深切的体会，构建和谐社会固然需要做多方面的工作，但是如果没有一个能够鼓舞和激励人民群众的目标，没有吸引广大群众广泛参与的活动载体，构建和谐社会就没有内在动力。革命战争年代，正是我们党通过各种各样的形式，把群众组织起来，发动起来，使全党全民达到了空前的和谐与团结，形成了强大的力量，才战胜了形形色色的敌人，取得了全国的胜利。比如在延安时期，我们党就在敌后根据地，大规模地开展了扫盲活动，办夜校、识字班。当时延安有一个秧歌剧，叫《夫妻识字》，就是当时这方面的十分生动的写照。这种为群众所喜闻乐见的形式，反映了革命斗争的需要，也反映了人民群众的愿望。一个识字扫盲活动，把每个家庭成员和革命斗争的大目标联系在一起，这是我们党实行群众路线的一个重要经验。因此，在建设时期，能不能把广大群众有效地组织起来，发动起来，也是对我们执政能力的考验。目前，我们的社会发展速度还不能做到与经济发展速度完全同步，社会保障体系还不完善，社会各种利益群体的诉求和愿望也不尽相同。能不能在新形势下保持社会和谐，很重要的一条，就是创建有效载体，吸引广大群众积极参与。“五城同创”活动既是群众创建的载体，又是群众共享的内容，我们必须把它作为促进社会和谐发展的好形式大力巩固和发展下去。

推进“五城同创”，我们具有很多有利的条件。一是有较好的经济基础。“仓廪实而知礼节。”近年来，沧州经济发展较快，GDP包括各县市区的财政收入都达到了历史的最高水平，虽然我们还不能用最高标准把资金投入到社会文化事业，但毕竟经济综合实力不断增强，为加大城市基础设施和社会事业建设提供了物质保障。我们从近两年不断增长的城市建设投入也会感受到这一点。二是有特色的文化底蕴。特别是杂技、武术文化为我们“五城同创”提供了独特的人文优势，迎接杂技节回家、举办好2009年杂技、武术节也为“五城同创”提供了强劲动力。三是有强烈的群众愿望。随着人们生活水平的不断提高，广大群众对生活环境和精神文化等公共产品的需求越来越多，要求也越来越高，生活在环境整洁、绿树成荫、秩序井然的城市人居环境里是每一位群众的梦想。我们从近年来群众对城市环境治理的积极参与、大力支持和交口称赞中也能感受到群众对改善城市人居环境的迫切愿望。四是有经验可资借鉴。近年来，我们开展城市“五乱治理”、创建双拥模范城、活跃群众文化生活等一系列工作，在实践中摸索和积累了一些行之有效的方法，为我们全面开展“五城同创”工作打下了基础。同时，一些先进地区和周边城市先于我们开展了文明、卫生、环保、双拥等城市同创工作，也为我们提供了可资借鉴的经验，市内外的这些经验是我们做好“五城同创”工作的有利条件。因此，我们完全有基础、有条件大力推进“五城同创”工作，并取得实效。

二、抓住重点，突出特色，扎实推进“五城同创”工作

推进“五城同创”工作，要突出“两个服务于”，一个是服务于建设沿海强市这一总体目标，各项创建活动都要立足建设沿海强市来开展；一个是服务于改善民生、造福百姓这一根本利益，把创建过程作为人民共享发展成果的过程，努力实现城市形象与群众生活质量同步提升。为此，要围绕重点和特色，抓好以下几个方面。

其一，要着眼于打造城市品牌，树立城市形象。城市品牌是一个城市综合竞争实力的标志，是最大的无形资产，塑造得好，不仅可以提高城市品位，唤起广大市民的自信心和自豪感，而且能使城市增值，置换出更大的环境效益。过去我们沧州的一个主要品牌就是“林冲发配之地”，这一品牌始终让沧州人觉得低人一等。其实早在1987年，沧州就被国务院列为沿海开放城市，但由于有海无港以及其他一些原因，“沿海开放城市”的品牌从未真正树立起来。当前，区域间的竞争主要表现为城市的竞争，而城市间的竞争主要表现为环境的竞争、品牌的竞争、形象的竞争。而我们恰恰在塑造城市品牌、城市形象方面是弱项。“五城同创”正是打造城市品牌的有效载体。因此，我们必须加快推进“五城同创”，早日争下这几块“金字招牌”，塑造和提升正面城市形象。

其二，要着眼于完善基础设施，增强城市功能。基础设施是一个城市的基石，是城市的骨骼和动脉。“五城同创”必须从基础抓起，以超前的眼光和魄力，打造一批一流的基础设施，使城市总体形象和品位有明显提高。要围绕提高城市文化功能和文化品位，突出沧州的武术、杂技等特色文化，加快博物馆、城市雕塑等文化设施建设。要围绕改善居住环境，加快城市绿化和景观建设，进一步改进城市、重点部位、主要节点及进出口的绿化景观，不断提升城市公园、广场、街头绿化及住宅景观建设的档次和品位，把我们的城市装扮得更绿、更美、更亮。

其三，要着眼于提高市民综合素质。一方面，市民素质体现着一个城市的文明程度；另一方面，“五城同创”的主体是广大市民，没有高素质的市民，创建“五城”就是空谈。因此，开展“五城同创”首先要提高市民的文化素质。创建文明城市也好，卫生城市、环保模范城市、园林城市、双拥模范城市也好，归根到底需要全社会文明程度的提高，其核心就是广大市民素质的提高。我们必须广泛动员人民群众自觉投入到“五城同创”活动中来，在提高城市文明程度的同时，自身的文明也得到升华。

其四，要着眼于凝聚合力、鼓舞斗志。建设沿海强市需要凝聚方方面面的合力，集中社会各界的智慧，而“五城同创”正是我们凝聚合力、集中智慧的重要活动载体。我们搞“五城同创”，并不单单是为了搞几次活动、创几块牌子，更主要的是以此为契机，把广大干部群众的注意力、创造力吸引到建设美好家园上来，共同把沧州建设得更美好、更文明，切实增强我们每位市民作为沧州人的自豪感，为建设沿海强市营造出发展氛围，提供精神支持。

其五，要着眼于提高各级各部门建设和管理现代城市的能力水平。建设和管理现代城市是一门实践性很强的学问。开展“五城同创”，正是我们学习现代城市建设和管理知识的机会。我们要坚持在干中学，在学中干，在创建过程中积累城市建设和管理的经验，增强城市建设和管理的本领。

（郭华时任中共沧州市委书记）

供稿：沧州市文明办

刘学库：在沧州市“五城同创”迎“两节”动员大会上的讲话（摘要）

（2007年9月10日）

总的指导思想是：以邓小平理论和“三个代表”重要思想为指导，深入贯彻落实科学发展观，围绕沧州更好更快发展和建设和谐沧州两大任务，以“五城同创”迎“两节”为有效载体，全面提升城市功能，做优城市结构，做大城市空间，做靓城市形象，做美城市环境，彰显城市精神，实现城市实力快速壮大，城市活力充分迸发，城市动力不断增强，城市亲和力更加突出，树立起生态、实力、宜居、和谐沿海沧州的崭新形象，全面加快建设沿海经济社会发展强市进程。工作的基本原则是：深入发动群众，全社会广泛参与，共创共建的原则；工作在一线，推动在一线，落实在一线的原则；舆论强攻，入脑入心的原则；党员在先，领导带头、机关带头，取信于民的原则；抓重点，抓关键，攻坚克难，带动全局的原则；从实际出发，讲究策略与方法的原则；体制、机制创新的原则；阶段性与连续性相结合，着眼长远、抓紧当前的原则；建、创、管并举的原则。按照“三个三”的具体要求，加大推进力度，努力实现“一年一变样，三年大变样，五年再造一个新狮城”的目标。“三个三”，即“三个提高、三个突破、三个改造”。“三个提高”就是提高城市规划水平，提高城市经营水平，提高城市管理水平；“三个突破”就是城市建设环境要突破，城市服务业要突破，城市美化、绿化、亮化水平要突破；“三个改造”就是改造城中村，改造旧城平房区，改造沿街门面。重点抓好六个方面的工作：

（一）抓规划，高起点、大手笔构筑城市发展新格局。建设生态、实力、宜居、和谐的现代化城市，必须有一部既着眼长远，又符合实际的科学规划做指导。要抓住新一轮城市规划修编的契机，结合“五城同创”测评体系标准，加快城市总体规划和各项详规编制，使我市城市规划符合建设沿海经济社会发展强市的需要。一是城市总体规划要更具科学性、前瞻性。要用全面、系统、发展的观点抓好总体规划的修编，超前预测、研究和分析城市各种发展要素，最大程度地减少主观上的随意性、盲目性。通过这一轮修编，要进一步明确城市发展定位，突出中心城市作为全市政治经济文化中心的地位，为城市发展预留足够空间。二是突出特色抓详规。详规是总规的基础和具体化，没有详规的制定和实施，总规就成了空中楼阁。过去，受技术、资金的制约，我市城市建设详规编制工作相对滞后，形式单一，覆盖范围小，难以适应“五城同创”迎“两节”和更好更快发展的需要。要按照突出特色、彰显风格的要求，加快推进道路交通、配套管网、园林绿化、城市景观等各项详规编制。道路交通、城市区街规划要坚持科学合理、适度超前的原则，满足城市产业、人口未来发展的实际需要。管网配套是城市发展的必然要求，要立足当前，着眼长远，超前规划好城市给排水、供气、供热、光缆、通讯等管网设施，最大限度地节约资源。创建园林城市，我们的任务最重，困难也最大，要从编制园林发展规划这项基础工作做起，根据国家级园林城市绿化标准，提出绿化工作的重点、突破的方向和阶段性目标、要求。景观规划要着眼城市总体布局，突出地上建筑设施的造型风格、色彩轮廓和整体视觉，特别是市区重要街道、重点小区、重点河渠水系和公众地段标志性建筑，都要从“定性、定位、定量、定形、定调”五要素提出明确要求，努力形成“一区片一特色，一街道一格调，一条路一景色”，营造丰富多彩的城市景观。三是进一步强化规划的权威性。坚持规划一张图、审批一支笔、建设一盘棋，做到一张蓝图管到底、建到底，坚决防止执行规划的随意性，切实维护规划的权威性、严肃性。加大规划的宣传力度，让广大市民都了解规划，遵守规划，并成为推动城市建设、发展的共同心愿。

（二）抓建设，完善和提升城市载体功能。“五城同创”迎“两节”，最终都要落实到每一个具体项目，特别是到2009年10月“两节”落户，一些大的建筑工程必须确保届时投入使用。一是加快道路交通、配套管网及大型标志性工程建设。要加快主干道畅通、改造步伐，进一步完善城市交通主体框架，在此基础上，协调推进城区小街小巷疏通和整治。抓好地下管网、污水和垃圾处理等基础设施建设，提高城市供排水、供热、供气和环境净化能力。道路交通、配套管网及承办“两节”的大型标志性建筑工程，是今后一个时期城市建设的重中之重，要高度重视，既保证工期，又确保质量。同时，尽快谋划、确定明后两年的城市建设重点工程。二是抓好绿化、亮化、美化工程，下大力改善城市环境。建设富有活力、充满时代气息的现代化城市，必须从绿化、亮化、美化抓起，在较短的时间内形成绿化有层次、亮化有特色、美化有品位的新风貌。绿化工程，要坚持乔、灌、花、草相结合，注重造型、色彩、层次的合理搭配和协调；加快公共绿地建设，打造园林精品，扩大绿化面积，加快城市绿化达标步伐；加快实施环城绿化，构筑城市外围的绿色屏障。亮化工程，要提高设计能力和水平，注重街区亮化色彩协调，使市区主要街道和大型商业、娱乐场所都能够在规定的时段亮起来、美起来，以五光十色扮靓狮城夜景。美化工程，要充分利用武术、杂技等传统文化元素，全方位、多角度展示厚重的历史文化，提升城市文化品位；重视城区水系建设，利用市区运河水道及湖泊、坑塘淀洼等资源条件，实施城市水系设计改造工程，努力营造温馨、舒适、富有亲水特色的城市景观；注重区域协调和个体景观相统一，以富有个性的单体建筑和统一协调的整体色调与风格装扮狮城景色，美化狮城环境。三是不断改善城市居住条件。按照住宅建设小区化、规模化、物业化的要求，抓好经济适用住房和廉租住房建设，为中低收入者提供住房保障；开发建设特色小区，满足不同消费者的住房需求。搞好公交、学校、医院、商业网点、休闲娱乐等配套设施建设，使城市人居环境更舒适、更便利。四是加快城中村和旧城平房区改造步伐。这既是中心城市发展的现实需要，也是绝大多数市民的迫切要求。要抓紧制定推进城中村和旧城平房区改造的实施意见，出台拆迁居民安置和投资商开发建设的优惠政策，按照“整体规划、分期拆迁、分片推进、综合安置”的原则和政府主导、市场化运作的方式，用3～5年时间，全面完成47个城中村和老城区平房拆迁改造任务。在具体操作过程中要坚持“三个一”原则，处理好“四个关系”。“三个一”，即让拆迁居民有一套比原来大一点的房子；有一套能够解决就业问题的办法；上一个能够使拆迁居民安度晚年的养老保险。“四个关系”就是要处理好统一规划与多样化改造的关系，政府主导与市场化运作的关系，拆旧建新与全面提升的关系，加快推进与维护稳定的关系。在改造过程中，要突出抓好城区沿街门面改造，在拆迁陈旧落后、有碍观瞻建筑的同时，本着少花钱、少扰民的原则，对沿街建筑进行“洗脸、穿衣、戴帽”等合理整修，使其整旧如新，与周围环境相协调。五是推进传统商业设施改造，加快发展现代服务业。要抓紧编制、完善城区商业发展规划，着眼“两节”落户，全面推进商住、购物、餐饮、会展、旅游等大型商业设施建设，着眼改善城市形象，方便市民生活，加快市区大型农贸批发市场、便民连锁超市建设，引进外地开发商、建筑商，参与城市商业整体开发，构筑功能齐全、布局合理的中心城区商业服务体系。

按照上述思路和要求，要加大2007年“十大城建工程”建设力度。（1）投资1.3亿元的市体育馆工程，要在已完成风洞实验、“三通一平”和桩基施工的基础上，抓紧完成基础工程，严格按设计标准施工，确保工期和质量。（2）总投资6亿元的两个五星级国际酒店工程。这是举办“两节”、提高沧州接待水平的关键工程，要抓紧完成土地出让及相关手续，确保10月1日前开工建设，2009年7月投入试运营。（3）总投资约3.9亿元的道路畅通工程。其中，永安大道要在9月15日前全部完成拆迁扫尾工作，抓紧路面及管道设施施工，年底前确保全线贯通。学院路道路排水工程，9月15日前要完成补偿清偿工作，10月底完成排水系统。纬三路道路排水工程，要多渠道做好村民工作，抓紧完成征地组卷，确保如期开工建设。（4）总投资8000余万元的管网和路灯市政设施配套工程，要在保证施工安全、施工质量的前提下，加快工程进度，确保按期完工。（5）运河综合治理改造工程。要在选定规划单位、完成现场踏勘的基础上，抓紧资料分析，年底前完成设计方案，为早日开工创造条件。（6）城市绿化工程。要在完成全年绿化任务的基础上，按照创建园林城市的要求，抓巩固，上质量，并早谋划，为明年、后年更大规模更高水平绿化奠定基础。（7）总投资4.9亿元的高层建筑物工程。其中，中心医院内科大楼、南门步行街上海广场、电教信息中心等要加强现场施工监理工作，气象局预警中心要抓紧完成开工手续，都要确保完成施工目标。（8）老城区和城中村改造工程。要在市政府统一出台相关意见、政策的基础上，由运河、新华两区会同规划、建设、房管部门抓紧拿出具体实施方案，确保既定工程项目签约和顺利开工。（9）总面积164万平方米的十个精品小区建设工程。其中，“阿尔卡迪亚”、“一城风景”等7个小区要在完成即期工程的同时，抓紧办理新的开工手续，“鼓楼广场”等3家小区要抓好开工准备，做好基础工程。十个精品小区，都要建成沧州的精品工程，中国的鲁班工程。（10）总投资4亿元的垃圾发电工程，要在与省建投签署合作框架协议的基础上，抓紧可研报告、环评报告编制并通过省核准，年底开工，2008年投入使用。在抓紧抓好2007年城建十大工程的同时，抓紧谋划、及早启动2008年～2009年新建、续建“城建十大工程”。主要是体育馆、杂技馆、武术馆“三馆工程”，城中村和旧平房区“双改工程”，华润热电、垃圾发电“两电”工程，以“三片、十一条线、九个点”为主的亮化、美化工程及新开主干道绿化工程；特色小吃街、地下人防商业街、颐合广场商业街“三街”工程；植物园、水上公园、杂技园、武术园、休闲园“五园”工程；迎宾大道综合景观建设工程；主干道容貌整治工程；五星级酒店工程；现代商贸城工程。通过实施上述“十大工程”，使沧州城市面貌有一个巨大的变化！

（三）抓管理，塑造良好的城市形象。城市发展三分建、七分管。“五城同创”迎“两节”，必须加大城市管理力度。要继续加强对单位和个人私搭乱建、摊点乱摆乱设、垃圾乱扔乱倒、车辆乱停乱行、广告乱贴乱挂等“五乱”的整治，坚决防止反弹。同时，围绕当前突出矛盾和问题，深入开展“五大整治”活动。一是加大市容环境整治力度。加强对城市主次干道、出入口、城郊结合部的整治，坚决遏制违章建筑、乱倒垃圾、占道经营现象反弹。抓好社区、城中村、小街小巷环境改善，彻底扭转“脏乱差”状况。二是加大交通秩序整治力度。全面实施文明交通工程，完善必要的交通设施，规划、开辟一批车辆停放场所，规范运行线路，严禁乱停乱行、占道行驶和违章、违规驾驶，使市区交通环境和秩序根本好转。三是加强社会治安综合整治。深入开展打黑除恶和反盗抢、禁赌禁毒、扫黄打非等专项治理，维护良好的社会秩序。四是加大市场环境整治力度。坚持疏堵结合，在条件许可的部位开辟新的市场，提倡和推行“净菜进城”。取缔市区主次干道乱设摊点，取缔所有占道经营。搞好市场卫生监督检查，严厉打击假冒伪劣违法行为，确保人民群众食品安全。五是加大环境违法整治力度。大力实施“碧水蓝天工程”，着力改善运河、南湖、人民公园、一号排干、北排河、沧浪渠等重点河湖水环境质量，做好引黄线路环境监管，确保水源地水质稳定达标。加大城区燃煤烟尘、工业粉尘、施工扬尘和机动车尾气“三尘一气”治理力度，加强噪声污染执法检查。通过“五大整治”活动，使城市管理由主次干道、闹市区向小街小巷延伸，向小区和城中村延伸，每个环节、每个部位都得到加强。

（四）抓窗口，打造快捷高效、亲民利民的服务环境。窗口单位和行业，是城市形象、城市品位最重要的标志。要着重擦亮“三个窗口”。一是为促进生产力发展优化环境，擦亮“政务服务窗口”。所有综合执法部门、政务服务部门，都要简化办事程序，彻底转变工作作风，充分发挥窗口示范作用。要以热情的态度温暖人，以优质、周到的服务打动人，以自身良好的政务服务，影响和带动社会环境的持续好转。二是为人民群众提供优质高效服务，擦亮“公用事业窗口”。教育、医疗、卫生、环卫、公交、园林、供排水、供热、供气、供电等单位，虽然有的实行了企业化管理，但每一项工作都事关千家万户，关系广大人民群众切身利益。大家都必须像关心自己的眼睛一样关心自己的荣誉，确保每一项服务、每一个公共产品都让服务对象满意，把本行业建设成为沧州的形象大使、流动大使。三是擦亮“社会服务窗口”。全市所有商店、宾馆、饭店、汽车出租等服务行业，都直接反映着市民素质，代表着城市文明程度，必须对所有从业人员坚持不懈地进行职业道德、行为规范教育，加强行业监管，养成视顾客为上帝、视服务为天职的职业操守，为宣传沧州、推介沧州作出应有的贡献。

（五）抓社区，夯实各项创建活动基础。社区是城市的细胞，创建文明城市，必须把文明社区创建作为最重要的载体。要大力开展“五城同创”进社区活动，使“五城同创”迎“两节”的各项要求、各种安排进入社区，进入家庭，做到家喻户晓、妇幼皆知。一要创新社区工作机制。全面落实《市政府关于加强社区工作的实施意见》，进一步理顺政府、部门与社区的关系，落实好支持社区建设发展的政策措施，形成“五有”共建工作机制和全社会关心社区建设、参与社区活动、支持社区创建的良好氛围。二要加强社区基础设施建设，完善服务功能。坚持把社区建设经费纳入政府年度预算，多种形式筹集社区建设专项资金。通过资源整合和购、租、借、建、无偿提供等方式，全面落实社区组织办公用房、综合警务及公益性服务用房。今后，新建小区必须同步提供必备的基础设施，并逐步使市区所有小区配套安全防范设施。同时，加强社区道路、绿化、亮化等硬件方面的修建和改善，提升就业、救助、养老、法律、文体、卫生、公共安全等软件方面的服务水平。三要进一步加强社区工作者队伍建设。努力建设一支数量充足、结构合理、素质较高的社区工作者队伍，解决落实好工资、补贴、社会保险等实际待遇。积极发展社区中介组织，壮大志愿者队伍，实现居民自我教育、自我管理、自我服务。

（六）抓素质，全面提高社会文明水平。“五城同创”是一项长期的工作任务，必须全面夯实创建基础。要以实施“市民素质工程”为载体，把思想教育与整治环境、德治人心与法治社会有机结合起来，使创建文明城市的每一项工作，都成为陶冶人、教育人、提高人的活动。要深入贯彻落实《公民道德建设纲要》和《公民基本道德规范》，强化社会公德、职业道德、家庭美德教育，开展公民道德实践活动，引导人们在社会做个好公民，在单位做个好干部、好职工，在家庭做个好成员。深入开展“改陋习、树新风”活动，宣传落实《沧州市文明市民公约》和《市民守则》，倡导“讲科学、讲卫生、讲文明”的社会新风，教育引导广大市民不断增强文明意识、卫生意识、环境保护意识，养成健康文明的行为习惯。长期以来，广大市民对少数人露天烧烤、光膀裸背、随地便溺、散养宠物、乱闯红灯等不文明行为深恶痛绝，也严重影响着作为一个中等城市的形象和品位。要加大教育、治理和惩戒力度，坚决破除这些与现代城市格调极不相称的陈规陋习。通过持续不断的教育整治活动，使我们的每一名在校学生、每一名机关干部、每一名普通群众都能够自觉地从自身做起，从爱护一草一木、不乱丢垃圾、不随地吐痰等具体小事做起，致力改善城市环境，提升文明水平。继续大力推进双拥模范城建设，按照“四实五化”要求，深入开展拥军优属、拥政爱民活动，巩固“同呼吸、共命运、心连心”的军政军民关系，动员全体驻沧部队官兵积极参与“五城同创”迎“两节”各项活动，为加快沧州发展作出新贡献。

“五城同创”迎“两节”活动，在沧州城市建设进程中是史无前例的，绝不能满足于一般的完成任务和检查验收，要以更严的要求、更高的标准、更突出的成果，实现“三个冲击”，即要向精致冲击，把工作做精、做细、做到位；向时限冲击，强化时效意识，能快则快，把握创建工作主动权；向惊喜冲击，创造一大批令人为之一振、眼睛为之一亮的新成果。要努力做到“四个创新”。

一是创新领导保障机制。要重点完善领导体制和工作机制。整个创建活动，要由市文明委总牵头，五大部门具体抓，新闻舆论紧跟上，各相关部门主动参与，密切配合。要根据各项创建活动的总特点和阶段性特征，分清轻重缓急，分门别类做好细致入微的安排，充分利用时间，合理利用空间，做到层次分明，环环紧扣，目标常新，波澜起伏，一浪高一浪地推进。要坚持党政一把手亲自抓、分管领导具体抓、其他领导共同抓的创建机制；完善共建共创机制，层层分解任务，抓好薄弱环节。要强化“三个一线”意识，即，各级主要领导一线调研，掌握情况；一线办公，解决难题；一线指挥，督导落实。要完善目标责任制和考核评估机制。根据总目标、总任务，分别提出具体目标、具体任务，完善具体措施，制定工作细则，倒排工期，挂图作战。同时把创建工作目标与领导干部任期责任目标结合起来，加强考核考评，力促各项工作多、好、快地完成。

二是创新城市管理体制。要坚决支持两区一县在“五城同创”迎“两节”中发挥更大作用，以此为契机，进一步向两区下放城建资金、人事和城市管理权限，实行人随事走，钱随事拨，做到有权有责，权责统一。坚持以市、区两级综合执法部门为基础，理顺城市管理行政执法体制，树立执法权威，形成城市管理的合力。借鉴先进地区“两级政府、三级管理”的经验，努力形成以街道为基础，专业管理部门为骨干，社区服务网络和居民广泛参与的街道管理新体制。

三是创新市场运作机制。加快城市建设，说到底是要解决怎么干、特别是钱从哪里来的问题。要按照“政企分开、政事分开、建管分开，市场运作”的思路，开放作业市场，引入竞争机制，走专业化、企业化经营的路子。创新城建理念，打开城门搞建设，学会“花别人的钱，圆自己的梦；花明天的钱，圆今天的梦”，变“政府有多少钱，干多少事”为“政府有多少事，筹多少钱”，走多元化、市场化建设的路子。认真总结去年在迎宾大道绿化中引进外地公司、节约绿化资金的经验，在确保政府公共职能不丢失的前提下，探索把道路保洁、垃圾清运、公厕管理、绿地养护等作业任务，以委托、招标、租赁、承包等形式，交由企业、社区和私人机构，形成统一管理、分级负责、多家经营、有序竞争的运作机制。特别要加强与大集团、大公司和金融机构的合作，加大城建市场开发开放力度，以政府掌握和可以调控的资本、资源、资产，搭建融资平台，盘活城市资产，搞活城市经营，增强城市活力。

四是创新社会参与机制。“五城同创”迎“两节”，关键是全民动员，共建、共创、共管，使广大群众真正懂得，“五城同创”迎“两节”，是繁荣城市经济之路，是共享现代文明之路，是造福子孙后代之路，自觉地、全身心地投入到创建活动中来。广泛开展全民义务劳动，工农商学兵，一齐动员，各尽所能，为创建活动出力、奉献。使大家更加懂得，创建连着你、我、他，大干有利于自己，贡献是为了收获。要建立群众监督机制，通过投诉电话、投诉信箱和群众接待日，随时接受全社会的监督。要建立舆论督导机制，在报纸、广播、电视、互联网开设专栏，掀起强大的舆论攻势，及时报导先进事迹，揭露丑恶现象和不文明行为。

（刘学库时任沧州市人民政府市长）

供稿：沧州市文明办

石锡贵：“公民道德实践月”启动暨首批“沧州好人”典型代表表彰仪式上的讲话（摘要）

（2007年9月20日）

一、从推进沧州经济社会全面协调发展的高度，深刻认识公民道德实践活动的重要意义

“百行德为首”，在源远流长的中华文明中，对道德情操的完善和不懈追求是值得我们骄傲的优良传统和宝贵财富。在当前全面落实科学发展观、经济大发展快发展的新形势下，开展道德实践活动，对于打造文明沧州、和谐沧州，促进沧州又好又快发展有着特殊的意义。最近，市委、市政府提出开展迎“两节”“五城同创”活动，出发点和落脚点就是提升城市品位，提升城市档次，提升城市承载力，提升市民素质。开展公民道德实践活动是时代的客观要求。作为建设沿海经济发展强省的前沿城市，省委把沧州提升到重要增长极和隆起带的位置。市委、市政府确定了建设沿海经济发展强市的宏伟任务目标。要发展，就离不开强大的精神动力和智力支持。在新形式下开展公民道德实践活动，就是为了凝聚人心、鼓舞士气，形成心齐气顺、万众一心、团结奋斗建设美好家园的局面，给沧州又好又快发展奠定良好的思想道德基础，营造浓厚的经济发展氛围，打造良好的经济发展环境。

二、采取教育与实践相结合的方法，增强公民道德实践活动效果

道德建设的过程，是教育和实践相结合的过程，是知行统一的过程。人们在实践中道德境界的提高，意味着社会整体道德水平的提高和整个社会道德的进步。要使先进思想观念和道德入心入脑，体现在人们的社会行为中，既要不断加强教育力度，还要从社会关注的问题入手，广泛开展各种形式的道德实践活动，达到提高市民道德水平和社会文明程度的目的。

在开展公民道德实践月活动中，首先要着力抓好三个重点人群的思想道德教育。加强公民思想道德建设，党员干部的模范带头作用十分重要，要着重突出“为政之德”教育，引导广大党员干部牢固树立全心全意为人民服务的思想和真心实意对人民负责的精神，做到心里装着群众，凡事想着群众，工作依靠群众，一切为了群众。城市（镇）形象是展示一个地区经济发展和文明道德水平的标志，城镇居民文明道德素养决定了城镇的文明程度。要充分利用市民学校、机关党校、市民公益讲座等宣传教育阵地和载体，有计划地对机关干部和社区居民进行社会公德、职业道德、家庭美德等方面的教育培训。未成年人是祖国未来的希望，“抓教育要从娃娃抓起”，尤其是道德教育，要构建学校、家庭、社会“三位一体”的教育网络，组织他们深入系统地学习课内外教辅读物和古今楷模的先进事迹，使他们明辨是非、美丑、善恶，努力追求高尚的道德情操。

在开展“公民道德实践月”活动中，要积极培育、宣传先进典型。道德建设过程中涌现出来的先进集体和先进人物，是实践社会主义道德的榜样。近年来，由市文明委牵头，组织开展了十佳百星、文明市民、十佳孝顺子女、沧州好人、道德模范等宣传评选活动，涌现出了包括今天受表彰的谢清洁、葛建军等一大批先进典型，这些典型的事迹都非常感人，可信、可敬、可亲、可学。树立和宣传了这么一批人们身边的榜样，见贤思齐，他们的高尚情操有形无形地影响带动着周边乃至全社会的人，从他们身上汲取力量，进而努力进取，为社会创造更大的价值。培育、宣传先进典型，起到了引导社会正气的重要作用，是推进思想道德建设的好方法。各级各部门各单位都要进一步加强典型培育和宣传工作，树立一批具有鲜明时代特点和广泛群众基础的、平凡中见精神的生动典型，用这些先进典型、用群众身边的事例，教育和影响广大群众，增强公民道德建设的说服力、吸引力和感染力。

三、用务实的作风和扎实有效的工作，推进公民道德实践活动不断深入

思想道德实践作为社会主义精神文明建设的重要组成部分，与物质文明建设相辅相成。开展道德实践活动，必须与城乡经济发展和各行各业的业务工作相结合，将其融入本行业、本单位的发展目标和业务工作中，以解决群众普遍关心的问题为切入点，制定具体方案，采取切实措施，创新方法形式，让人们在实践中进行自我教育，在实践中强化教育效果。

要适应时代要求，不断创新工作形式。公民道德建设是一项长期任务，同时也是一个不断深化的过程，只有与时俱进，与社会的发展同步，不断创新工作形式，才能始终保持强大的生机和活力。

开展好“公民道德实践月”活动要加强领导，协调联动。公民道德建设是一项复杂的社会系统工程，要靠各级各部门和社会各方面力量协调配合，要靠教育、法律、政策和规章制度综合发挥作用。各级党委、政府要提高认识，高度重视，把深入开展“道德实践月”活动做为落实“五城同创”和“和谐沧州”建设的一个重要抓手，做到指导有力，措施到位，保证活动顺利开展，取得实效。教育、民政、工会、妇联、青年团等有关职能部门要充分发挥协调指导作用，积极组织各类志愿者队伍，开展好各类公益活动和志愿服务，把党委、政府和社会的温暖送到千家万户、送到最需要的群众之中。各县（市、区）文明办，要履行好组织、协调、指导职责，组织各部门对群众进行道德教育培训，开展形式多样的道德实践活动。报刊、广播、电视等新闻媒体要充分发挥作用，形成舆论强势，营造浓厚氛围，推动公民道德实践活动深入开展。

（石锡贵时任中共沧州市委副书记、纪委书记）

供稿：沧州市文明办

景春华：在衡水市精神文明建设工作会议上的讲话（摘要）

（2007年5月10日）

2006年，全市精神文明建设工作坚持以邓小平理论和“三个代表”重要思想为指导，全面贯彻落实科学发展观，紧紧围绕全市工作大局，坚持贴近实际、贴近生活、贴近群众，不断创新形式、创新内容、创新手段，在倡导社会主义荣辱观、深化文明创建活动、推进文明生态村建设等方面做了大量卓有成效的工作，在促进社会和谐稳定、展示衡水良好形象、优化发展环境、提高公民素质等方面发挥了显著作用，呈现出主题鲜明、导向正确、特色突出、工作扎实的良好局面。新的一年里，希望我们再接再厉，把工作推向一个新台阶。

今年全市精神文明建设工作，要坚定不移地坚持以邓小平理论和“三个代表”重要思想为指导，全面落实科学发展观，按照“创新实干、跨越发展”的总要求，着眼于干部群众素质和城乡文明程度的提高，进一步开拓创新，扎实工作，切实在思想作风建设、公民道德建设、和谐文化建设、社会主义新农村建设等重点领域取得新突破。

第一，要紧紧抓住社会主义核心价值体系这个根本，打牢全市人民团结奋斗的共同思想基础。党的十六届六中全会明确提出，要建设以马克思主义指导思想、中国特色社会主义共同理想、以爱国主义为核心的民族精神和以改革创新为核心的时代精神、社会主义荣辱观建设四个方面为主要内容的社会主义核心价值体系，这是我们党在思想文化建设上的一个重大理论创新，也是我们党对新形势下思想文化建设提出的一项重大任务。社会主义核心价值体系的提出，抓住了社会主义和谐文化建设的关键，体现了时代的要求，是我们党在新的历史条件下，凝聚和统一社会各阶层、各利益群体思想的有力武器。各级各部门一定要全面准确地理解社会主义核心价值体系的深刻内涵，牢牢把握和谐文化建设的正确方向，努力把建设社会主义核心价值体系融入国民教育和精神文明建设全过程，贯穿到理论武装、新闻宣传、广播电视、思想道德、文学艺术、社会科学等工作的实践中，以更多更好的体现社会主义核心价值体系的精神文化产品推进和谐文化建设,为实现跨越发展、构建和谐衡水提供强大的精神动力和良好的思想舆论氛围。要更加坚定地坚持马克思主义的指导地位不动摇，用马克思主义思想整合和引领多元化的社会思潮，牢牢把握意识形态领域的指导权、主动权、话语权。要加强对改革发展中现实问题的研究，科学回答人们普遍关心的深层次思想问题，不断增强对党的信任、对社会主义的信心。要大力弘扬以爱国主义为核心的民族精神和以改革创新为核心的时代精神，使全市人民始终保持奋发进取、昂扬向上的精神状态。要以践行社会主义荣辱观为重点，大力推进思想道德建设，通过广泛深入地开展“五创”活动（创建文明生态村、创建劳动关系和谐企业、创建文明和谐社区、创建文明和谐家庭、创建文明和谐单位），广泛深入地学习宣传林秀贞精神、王晓勋精神，在全社会形成知荣辱、讲正气、促和谐的良好风尚。总之，要不断创新思路，改进方法，努力把社会主义核心价值体系建设渗透到经济社会生活的一切方面、所有环节和全部过程，构筑全市人民团结奋斗的共同思想基础。

第二，以提高广大干部群众的凝聚力和创造性为重点，引领解放思想大讨论活动深入开展。思想是行动的先导。实现衡水的跨越式发展，既需要统一思想，也需要解放思想。思想不统一，就形不成共识、形不成合力；思想不解放，就拿不出新举措、迈不开新步伐。当前正在全市上下深入开展的解放思想大讨论活动，就是要着力解决各级干部群众中存在的思想观念问题，切实把全市人民的思想统一起来，把思想解放开来。精神文明建设具有感染人、影响人、塑造人、鼓舞人的积极作用，可以发掘干部群众积极进取、奋发向上的巨大能量。因此，在解放思想大讨论活动中，精神文明战线要带头统一思想、解放思想。要围绕经济社会发展中的热点难点问题深入研究，紧密结合干部群众的思想实际和生产生活实际，回答干部群众关心的问题，不断增强理论指导实践的针对性和说服力，引导广大党员干部在统一思想中解放思想，在解放思想中统一思想，为跨越发展奠定坚实的思想基础。要结合全省开展的“为民、务实、清廉”主题教育活动，切实加强作风建设，大力弘扬八个方面的良好风气，努力营造“干事、创业、为民”和风清气正的良好氛围。要积极培树一批先进人物和先进典型，使这些典型成为吸引、鼓舞、引导人民奋发向上的巨大精神力量。要坚持团结稳定鼓劲、正面宣传为主，唱响主旋律，打好主动仗，认真组织好鼓舞人心、催人奋进的宣传报道，在跨越发展中发挥加油鼓劲的作用。

第三，要以实施“新农民工程”为抓手，进一步深化文明生态村创建活动。创建文明生态村活动是改善农村人居环境、提高农民素质的有效形式，是社会主义新农村建设的重要载体和抓手，是实践证明了的民心工程和德政工程。在前不久召开的全省深入推进创建文明生态村工作会议上，省委书记白克明同志对四年来全省创建工作取得的经验进行了认真总结，对以文明生态村创建为载体和抓手推进社会主义新农村建设进行了深入阐述，强调要从发展农村经济、促进农村社会和谐、构建农村公共服务体系、提高农民素质四个方面，进一步把文明生态村创建活动引向深入。各级各部门一定要认真学习领会全省会议精神，切实抓好贯彻落实。今年，我们既要把规划的第三批创建任务完成好，又要大力实施“新农民工程”，着力抓好创建活动的深化提高。各级政府财政要设立文明生态村创建专项资金，纳入年度预算，切实保证政府对文明生态村活动的资金投入。各帮建单位要按照帮资金、帮思路、帮谋划、帮增收、帮班子的“五帮”要求，积极主动地做好帮建工作，特别是对于文明生态村不少于3万元的帮建资金一定要落实到位。同时，要采取切实措施推动文明生态区域建设，今年市里确定了沿106国道文明生态示范带重点建设项目，桃城区、冀州市要加大工作力度，落实配套资金，确保如期完成建设任务。

农民群众是农村经济社会发展的主体，发展现代农业，发展农村经济和农村各项社会事业，都离不开广大农民群众的积极参与，都离不开农民素质提高这一关键。没有新农民，就没有新农村。提高农民素质、培育新型农民，是促进农村经济社会持续发展的重要保证，也是创建工作的重要任务。衡水是农业大市，全市有300多万农业人口，随着农村经济社会发展形势的变化，农民素质不高、发展意识不强、思想道德落伍等问题显得越来越突出，严重制约着我市农村经济社会的更好更快发展。特别是当前我们正在大力实施“农业强市”战略，这就更需要把提高农民素质、培养新型农民作为头等大事着力抓好。今年要在全市大力实施“新农民工程”，并将其作为深化文明生态村创建、全面推进农村经济社会发展的重要内容，作为深化“三下乡、三扎根”工作的重要措施，紧紧围绕培养有文化、懂技术、会经营、讲文明、守法纪、能致富的新型农民目标，积极培育具有时代精神和现代技能的新农民,全面提高农民的思想道德和科学文化素质。总之，要努力把广大农民培养成有知识的文化人、讲道德的文明人、懂技术的内行人、会经营的明白人。

第四，要以提高市民素质和城市文明程度为目标，推动创建文明城市工作的规范化、制度化。一个城市的文明程度是一个地方外在形象的重要标志，提高城市文明程度不仅仅是基础设施的改善、城市功能的完善，更重要的是市民素质的提高，这是一个文明城市的灵魂所在。衡水是在一个镇的基础上发展起来的新兴城市，撤地建市也不过短短十年的时间，还远没有形成自己独特的人文形象，城市的文明状况与时代的要求和人民的愿望相比也还有很大差距，各种各样的不文明行为时有发生，与我们中等城市的地位极不相称。因此，我们必须把提高市民素质作为建设文明城市、推进精神文明建设进程的根本性举措，牢牢抓在手上。要从衡水市情出发，采取切实措施，坚决杜绝各种不文明行为发生，努力争创全省创建文明城市工作先进市。各有关部门、单位、社区要严格履行职责，认真落实创建文明城市的各项任务，创造性地开展工作。创建文明城市总指挥部各成员单位要充分发挥职能作用，搞好组织协调，以提高市民素质为重点，在强化市民文明意识、摒弃不文明行为上着力，从小事、具体事抓起，设计一些灵活多样的形式，加强对市民的文明教育。要继续深入开展文明社区、文明行业、文明单位、文明市民标兵评选等创建活动和市容市貌综合整治活动，不断提高城市文明程度，改善城市形象。

同时，要大力发展文化产业。文化产业是国民经济的重要组成部分，是21世纪的新型朝阳产业、绿色产业，与其他诸多产业相比，文化产业是最具有可持续发展能力的产业，是发展潜力巨大的经济增长点。算经济账，可谓一本万利，算长远账，可以增强文化内涵，积淀文化底蕴。发展文化产业无疑是我们在更高层次上推进衡水跨越发展的现实选择。各级各部门对此要高度重视，切实把发展文化产业摆在突出位置，努力提高我市文化产业的竞争力，打造成为我市新的经济增长点和新的主导产业，不断增强我市的发展力、辐射力、带动力、创造力、影响力和凝聚力。要深入挖掘历史文化资源，对那些具有浓郁的区域文化色彩、有较高知名度和影响力，有较高开发价值的文化资源、文化现象，要进行提炼、加工、逐步开发。要以文化体制改革为动力，积极借鉴国内外成功经验，走出一条文化产业发展的新路子，进一步把我市的内画鼻烟壶、剪纸、武强年画、侯店毛笔、乐器等产业做大做强。要坚持市场化的方向，积极鼓励文化产业投入多元化，进一步加大文化产业招商引资力度，鼓励和引导非公经济进入文化产业领域，引导社会资本对文化的投资。

精神文明建设战线长，领域宽，涉及部门多，是一项复杂的系统工程。各级党委要自觉地把精神文明建设放到突出位置，作为重要政治责任，把精神文明建设的各项工作统筹好、协调好，以饱满的热情、创新的精神、务实的作风，创造性地开展工作，确保精神文明建设各项工作取得实实在在的效果。

第一，要强化领导责任。党管意识形态是我们党在长期实践中形成的重要原则和制度，是坚持党的领导的一个重要方面。各级党委要切实担负起加强精神文明建设工作的领导责任，把做好精神文明建设工作纳入考核目标，作为考核各级党委领导班子、领导干部工作水平和政绩的重要依据。要把精神文明建设工作摆上重要议事日程，定期研究和部署，定期督促检查落实情况。要建立健全精神文明建设领导责任制。党委“一把手”要亲自抓精神文明建设工作，认真听取工作汇报，深入调查研究，了解动态，分析形势，有针对性地提出加强和改进工作的意见，帮助解决好精神文明建设中遇到的困难和问题。

第二，要勇于探索创新。现在形势发展很快，新情况新问题层出不穷，创新比以往任何时候都显得更为重要和急迫。要紧紧抓住那些影响精神文明建设发展的“瓶颈”问题，迎难而上，不等不靠，采取切实有效措施，有针对性地加以解决，力求取得实实在在的成果。要按照“三贴近”要求，不断拓展工作内容，积极创新工作形式，努力丰富工作手段。要善于吸取群众的智慧，尊重群众的首创精神，及时发现和总结群众的新鲜经验，使精神文明建设更加符合科学发展观的要求，符合经济社会发展的需要，符合人民群众的利益和意愿。要认真研究国际化、城市化、信息化发展给精神文明建设提出的新课题，着重在非公经济组织、新社会阶层、流动务工人员、各种社会服务组织、城市化进程中的新居民等工作内容方面取得新突破。

第三，要发动群众积极参与。加强精神文明建设，离不开广大群众的积极参与。要把群众摆在精神文明建设的主体地位，多听取群众意见，多体察群众的需求，多采用群众喜闻乐见的形式，吸引群众积极参与，使精神文明建设真正热在基层、热在群众、热在实效上。要充分发挥先进典型的示范引领作用，大力宣传受各级表彰的先进集体的业绩，大力宣传先进工作者努力探索实践的事迹，大力宣传各项评选活动反映出来的好思想、好作风，在全社会兴起学习先进、争创先进、赶超先进的热潮。要把各项创建活动置于群众监督之下，通过民意测验、媒体公示等方式，让群众广泛参与评定。要从具体事情抓起，抓群众看得见、摸得着、享受得到的事情，真心实意为群众办好事、办实事，让群众从精神文明建设中看到成效、得到实惠、增强信心。

（景春华时任中共衡水市委书记）

供稿：衡水市文明办

整理：刘柳岐

景春华：在衡水市公民道德实践活动经验交流暨道德模范表彰大会上的讲话（摘要）

（2007年10月10日）

运用榜样力量引领人们思想行动，是我们党的优良传统和宝贵经验。从8月中旬开始，市文明办、总工会、团委、妇联在全市组织开展了道德楷模评选活动。经群众推荐、组织审核、媒体公示、群众投票、评委评选、综合评定等程序，评选出10名全市道德楷模、20名全市道德模范。在前不久举行的全国、全省道德模范评选表彰活动中，我市枣强县南臣赞村普通农民、共产党员林秀贞同志荣获“全国助人为乐模范”、“全省十大道德模范”称号，受到中央、省委的表彰。这次评选出的全市道德楷模和道德模范，自觉践行社会主义荣辱观，模范遵守公民基本道德规范，在助人为乐、见义勇为、诚实守信、敬业奉献、孝老爱亲等方面事迹特别突出，社会形象好、群众认可度高。他们用自己的平凡举动，用包容天下的同情心，显示人生价值的所在，用爱和付出奏响了社会和谐的主旋律。他们有的用鲜血和生命将灾难和危机化解，演奏出人民至上、他人至上的英雄壮举。他们用宽广的心胸标定了人间的公平，把困苦留给自己，把幸福送给他人，一诺千金，无怨无悔，彰显了中华文明代代相传的高尚品格。他们几年、十几年、几十年如一日，服务人民，尽心尽力，在自己的岗位上，默默无闻、兢兢业业、认认真真地做好每一件事情，构筑了推进社会发展进步的坚实根基。他们对亲人的爱、对国家的忠、对事业的诚来践行和见证生生不息、薪火相传的伟大中华文明。他们来自不同的岗位、不同的阶层，从事着不同的工作，面对着不同的困难，但他们在用行动来印证社会主义道德的丰富内涵，来弘扬中华民族的传统美德，来体现改革开放的时代风范。我们要崇敬这些模范、关爱这些模范、学习这些模范、宣传这些模范，并要大力培养和树立更多这样的模范，充分展现当代共产党人立党为公、执政为民的政治本色，展现我市跨越发展、生机勃勃的大好局面，展现好人多、好事多的社会主流，使我们倡导的价值观念变得生动形象，让先进的思想道德变得可学可行，引导干部群众在推进衡水跨越发展的的伟大实践中，把社会主义核心价值体系的要求，不断转化为群体意识和自觉行动。

9月18日下午，胡锦涛总书记在接见全国道德模范时发表重要讲话，深刻阐明了道德力量是国家发展、社会和谐、人民幸福的重要因素，高度评价了道德模范的优秀品质和在引领社会文明风尚、提高公民道德素质中的重要作用，对以道德模范为榜样、加强社会主义道德建设提出了更高要求，号召全国人民向他们学习。市委提出的三大战略和创新实干、跨越发展的目标，这其中就包括了道德的力量。公民道德建设事关社会和谐：构建和谐社会既要实现人与自然的和谐，更要做到人与人的和谐，道德是调整人际关系的，搞好公民道德建设对形成良好的社会风气、促进社会稳定意义重大。公民道德建设事关人民幸福：在发展经济、提高人民生活水平的同时，通过社会公德、职业道德、家庭美德建设，使社会服务更加优质、公共秩序得到维护、人与人之间互相关爱，就能全面提高人民群众的幸福指数。胡总书记的讲话高屋建瓴、内涵深刻，是指导我们公民道德建设的纲领性文件。9月25日，省委召开“学讲话、学模范，推进文明河北、和谐河北建设”座谈会，省委书记张云川同志代表省委对学习贯彻胡总书记重要讲话、推动全省公民道德建设工作讲了重要意见。我们要认真学习胡总书记的重要讲话精神，按照省委的要求，高度重视和切实加强社会主义道德建设，抓住全国重视和加强公民道德建设的有利时机，在全市大力宣传和弘扬道德模范的先进事迹，迅速掀起学习道德模范的热潮，引导广大干部群众以道德模范为榜样，积极倡导爱国、敬业、诚信、友善等道德规范，形成男女平等、尊老爱幼、扶贫济困、礼让宽容的人际关系，培育文明道德风尚，扎扎实实地推进公民道德建设，努力在全市形成知荣辱、讲文明、树新风、促和谐的良好社会风尚，提升我市的精神文明建设水平，为实现衡水经济社会的跨越发展创造良好的社会环境。

在建设富强、文明、和谐新衡水的伟大进程中，树立文明和谐社会风尚，就是在全市建立以马克思主义指导思想、中国特色社会主义共同理想、以爱国主义为核心的民族精神和以改革创新为核心的时代精神、社会主义荣辱观建设四个方面为主要内容的社会主义核心价值体系；就是在全市形成爱国守法、明礼诚信、团结友善、勤俭自强、敬业奉献的基本道德规范；就是在全市建设以文明礼貌、助人为乐、爱护公物、保护环境、遵纪守法为主要内容的社会公德；以爱岗敬业、诚实守信、办事公道、服务群众、奉献社会为主要内容的职业道德；以尊老爱幼、男女平等、夫妻和睦、勤俭持家、邻里团结为主要内容的家庭美德，教育引导人们在社会做一个好公民，在单位做一个好建设者，在家庭做一个好成员，在全社会提倡尊重人、理解人、关心人，热爱集体，热心公益，扶贫帮困，形成团结互助、平等友爱、共同前进的社会氛围和人际关系。

自党中央、国务院颁布《公民道德建设实施纲要》以来，市委、市政府始终坚持把公民道德建设作为大事来抓，定期研究，认真谋划，一年一个重点，一步一个脚印，不断创新载体，精心组织实施，狠抓工作落实，先后在全市开展了“学讲树”、“改树建”、“育优建”等一系列主题鲜明、针对性强的道德教育实践活动，做到了持久抓、连续抓，常抓常新，坚持不懈，有效地提升了我市整体文明程度。

今年，新一届市委在全市开展以“创新实干、跨越发展”为主题的解放思想大讨论活动的基础上，紧紧抓住全国道德模范评选活动这一有利契机，结合纪念中共中央、国务院印发《公民道德建设实施纲要》六周年和第五个“公民道德宣传日”活动，以学习林秀贞助人为乐无私奉献精神、实践公民道德基本规范、践行社会主义荣辱观为主要内容，组织开展了“公民道德实践月”活动。9月1日，举行了“爱心奉献日”暨“公民道德实践月”活动启动仪式，市区干部群众和各类社会志愿者1万多人参加启动仪式，并参与了以服务他人、奉献社会为宗旨的“送温暖、解民忧、献爱心”活动，集中开展扶贫帮困，走访慰问困难职工，帮扶贫困家庭，关心孤寡老人，义务清理公共环境卫生，开展各类志愿服务，以自己的实际行动体现立党为公、执政为民的本质要求，认真实践全心全意为人民服务的宗旨，极大震撼了人们的心灵。进入9月份以来，全市公民道德实践活动高潮迭起，社会各界纷纷参与，组织开展了各具特色的道德实践活动。在农村，广泛开展了“关爱老人、关爱留守儿童”系列活动；在社区，开展了社会志愿者“送温暖、献爱心”活动；在学校，组织开展了中小学生“爱心传递、奉献社会”读书征文、演讲比赛活动和“远离网吧、健康成长”、“学雷锋精神、做道德标兵”、“小手拉大手”等教育实践活动；在企业，广泛开展了“公司关爱职工生活，职工关心企业发展”和“共铸诚信”活动；在机关，开展了“争创文明诚信机关、争当人民满意公务员”活动。此外，举办“敬老节”、“邻居节”等丰富多彩的活动，组织开展了不文明行为劝阻活动。一系列道德实践活动的开展，把衡水市的公民道德宣传与实践活动推向了高潮，有力推动了全市的公民道德建设，提升了全市人民的思想道德水平，涌现出一批像林秀贞、王晓勋、王小芬等一批享誉全国、全省的道德典型，我市作为全国公民道德建设的先进典型，得到中宣部、中央文明办的肯定，市委连续4年受中宣部邀请出席全国公民道德论坛，在全国是唯一获此殊荣的地级市。

同时，我们应当清醒地认识到，随着经济社会的发展、社会结构的变化，在社会的个别领域和一些地方仍然存在着一些道德失范现象，这些问题的存在，必然影响我市经济社会的跨越发展。因此，我们要充分认识新形势下加强公民道德建设的重要性、艰巨性、长期性和紧迫性，按照胡总书记的要求，始终把公民道德建设作为精神文明建设的中心环节，持之以恒地抓下去，深入扎实地加以推进。当前和今后一个时期，要着力抓好以下几个方面的工作：

一是大力宣传道德典型，广泛开展“学模范、比奉献、讲贡献、建设新衡水”主题宣传活动，进一步掀起公民道德建设的热潮。要通过大力宣传林秀贞等道德典型的先进事迹、组织先进事迹报告团巡回演讲、座谈会、举办文艺晚会、在新闻媒体开设专题专栏等多种形式，大力弘扬中华民族优秀传统美德和与创新实干、跨越发展相适应的时代精神，在全社会唱响道德颂歌、奉献者之歌，唱响热爱衡水、美化衡水、建设衡水的时代强音，年底前，要在全市开展“十大爱岗敬业奉献模范”评选表彰活动，努力在全社会形成讲贡献比奉献、崇尚先进典型、学习先进典型、建设美好衡水的浓厚氛围。要广泛开展“为奉献者奉献，以爱心回报爱心”活动，各级党委、政府要关怀、关心道德典型，千方百计为他们的工作生活提供便利，形成有利于典型涌现的政策机制，发挥好政策的导向作用。广大干部群众要关注、关爱先进模范人物，为他们做一些力所能及的好事、实事，提供一些实实在在的帮助。通过开展活动，让干部群众近距离接触先进典型，更直观、更深刻、更全面地了解先进典型，把为先进典型办实事、奉献爱心的过程作为学习先进典型的过程，进一步增强学习先进典型、建设衡水的自觉性。

二是以开展争做人民满意的公务员、争做优秀人民公仆等活动为主要载体，切实加强党政机关的思想作风建设。党政干部是公民道德建设的示范群体。党政机关的职业道德和思想作风建设，对良好社会风气的形成具有至关重要的引领作用。各级党委政府要巩固前一段解放思想大讨论的成果，以学道德模范活动为契机，以落实职业道德规范为重点，以增强服务意识、奉献意识、务实精神、提高工作效率和服务质量为核心内容，广泛组织开展争做人民满意的公务员、争做优秀人民公仆等活动，切实加强各级党政机关干部职工的思想道德建设，进一步改善思想作风、工作作风，牢固树立服务人民、奉献社会的宗旨，努力践行立党为公、执政为民的要求。要带头向先进模范人物学习，加强党性修养，升华思想境界，陶冶道德情操，全心全意为人民服务，以自身良好形象走在道德建设前列，以党政机关的思想道德建设，带动提升全社会公民道德建设。

三是广泛开展形式多样的群众性道德实践活动，有效提高全市公民道德素质和城乡文明程度。道德建设的过程，是教育和实践相结合的过程。以活动为载体，吸引群众参与，是新形势下加强公民道德建设的重要途径。人民群众是道德建设的主体，既是道德建设的参与者，也是道德建设成果的受益者。要通过组织开展各种行之有效的群众性公民道德实践活动，使“爱国守法、明礼诚信、团结友善、勤俭自强、敬业奉献”的基本道德规范成为每个公民的自觉行动。全市各行各业都要按照市委年初工作部署和公民道德实践月活动安排，联系实际学习道德模范事迹，践行道德模范精神，不断深化公民道德实践月活动，把公民道德建设进一步引向深入。在城市，要以评选十佳文明市民标兵，争做文明市民活动和创建文明单位、创建文明社区为主要载体，以提高城市建设和管理水平手段，以提升广大市民道德素质和城市文明程度为目标，加强对市民的文明教育，提高他们的城市意识；广泛开展五星级文明家庭、文明和谐楼院、文明和谐邻居创建和社区志愿者服务等活动；加强城市建设与管理，不断完善城市功能，提高城市管理水平，努力把我们的城市建设成为经济繁荣、功能齐备、管理科学、环境优美、秩序良好的现代都市，把创建文明城市活动引向深入。在农村，要以实施“新农民工程”、深入推进文明生态村创建为主要载体，不断深化创建文明村镇活动。坚持以培育新农民、倡导新风尚、建设新环境、发展新文化为着力点，大力实施“新农民工程”，扎实开展好三下乡活动，广泛开展十星级文明农户创建活动，不断改善农村软硬环境，加强农村文化设施建设，健全群众自治组织，完善农民教育机制，强化对农民的科技文化和思想道德教育。要突出家庭美德建设，广泛开展文明和谐家庭、“美德在农家”、“关爱老人、关爱留守儿童”等系列活动，组织广大农民广泛参与，使他们在活动的参与中实现自我管理、自我教育、自我提高，促进乡风文明，进一步夯实社会主义新农村建设的道德基础。在行业，要以创建星级文明窗口为主要载体，以诚信建设和文明优质服务为重点，在各窗口服务行业和政府执法部门广泛开展创建文明行业活动。各行业要广泛开展职业道德标兵、文明优质服务明星等评选活动，开展“公司关爱职工生活，职工关心企业发展”活动，努力形成学习先进找不足、立足岗位作贡献的浓厚氛围。要广泛开展“共铸诚信”活动，大力倡导诚信立业、诚信经营、诚信服务理念，推进诚信衡水建设，不断深化文明行业创建活动，推动行业精神文明建设。

各级党委、政府要切实把公民道德建设纳入工作大局，要坚持两手抓、两手硬，把精神文明建设与物质建设、政治文明建设同部署、同安排。要在全市建立社会主义核心价值体系，引导全市干部群众树立正确的世界观、价值观，充分发挥道德楷模和道德模范的引领作用，用道德的力量振奋精神、凝聚民心、构建和谐，教育和引导全市人民树立强烈的拼搏进取意识，争做文明的衡水人、可爱的衡水人、奉献的衡水人，有效提高全市精神文明建设水平，推动衡水经济社会的跨越发展。

（景春华时任中共衡水市委书记）

供稿：衡水市文明办

整理：刘柳岐

李晓明：在衡水市精神文明建设工作会议上的讲话（摘要）

（2007年5月10日）

一、围绕中心、服务大局，精神文明建设取得了新成效

2006年，在市委的正确领导下，全市精神文明建设工作以科学发展观为指导，紧紧围绕市委、市政府工作大局，牢牢抓住实现衡水又好又快发展和构建和谐衡水两大任务，始终贯穿加强公民道德建设这条主线，以文明城市创建和文明生态村创建统揽城乡精神文明建设，以“知荣辱、树新风、促和谐”活动推进公民道德建设，全年工作重点突出，特色鲜明，为全市经济社会发展营造了良好的思想文化和社会环境。

一是文明生态村创建深入开展。按照“六化进村、两化出特、三措促动”的总体思路，坚持组织推动，宣传发动，机制促动，一批抓巩固，二批抓运行，三批抓启动，创建活动不断向广度和深度拓展。全市累计投入资金1.6亿元，504个二批创建村基本完成了“六化”建设任务，如期实现了市委年初确定的创建目标。重点抓了10个文明生态乡镇和沿106国道文明生态示范带建设，区域带动效应凸显。建成了155个村民中心，在服务农民群众生产生活、促进农村经济社会发展上发挥了重要作用。

二是“三下乡”工作继续领先。在不断加强送技术、信息、服务下乡的同时，狠抓了农村科技带头人、文化热心人培养，以及劳动技能、实用技术培训，举办各类培训班15600期，累计培训农民群众超过100万人次。利用“三下乡”网站、科技服务直通车、专家服务团等形式，把服务直接送到田间地头和农民群众的家门口。围绕社会主义新农村建设，新建了一批高标准的卫生室、图书室、文化活动室、科技服务室，帮建了60多个农业科技进村服务站，扶持了农民专业技术协会、文艺团体140多个。去年，我们的工作得到了中宣部、省委宣传部的充分肯定。中宣部还邀请我市作为特邀代表，参加了中国第三届公民道德论坛；在全省“三下乡”工作会议上，我市第一个做了典型发言。

三是文明城市创建顺利推进。制定了《衡水市2006年～2008年创建文明城市规划》、《衡水市创建文明城市目标分解及考评办法》，以提高市民素质和城市文明程度为着力点，坚持“三化”并举（绿化、亮化、美化），“四城”同创（文明城市、卫生城市、园林城市和环保模范城市），着力优化“六大环境”（政务环境、治安环境、市场环境、人文环境、生活环境和生态环境），加大了城市综合整治力度，创建文明城市取得了阶段性成果。以评选文明市民标兵、文明家庭、文明社区等群众性精神文明系列创建活动为抓手，广泛开展市民教育、道德教育，进一步提高了市民文明素质和城市文明程度。

四是社会主义荣辱观教育广泛深入。充分发挥全国重大典型林秀贞的示范作用，开展了“学秀贞、知荣辱、树新风、促和谐”主题道德实践活动，通过举办“扬八荣、抑八耻”演讲竞赛、座谈会、报告会、研讨会等，形成了弘扬中华民族传统美德和时代精神的良好社会氛围。“育优建”工程扎实推进，广泛开展了“五老队伍百场报告进校园”活动，举办各类形式的报告会500余场。组织了全市未成年人纪念红军长征胜利70周年书画大赛、“扬长征精神、做红军传人”演讲比赛等，践行社会主义荣辱观在全市蔚然成风。

此外，文化设施建设、群众性文化活动、文化产业发展也取得了突破性进展，满足了群众日益增长的精神文化需求，升华了人们的精神境界，提高了人们的文明素质和城市文明程度。

当前，我市精神文明建设工作任务繁重，充满希望。全面贯彻科学发展观，切实用市二次党代会精神统一思想、凝聚力量，推进全市经济社会又好又快发展的任务非常紧迫；构建社会主义核心价值体系，和谐文化建设的任务还很繁重；抓住有利机遇，发展壮大文化产业的任务还很艰巨。这就需要我们从服务发展、维护稳定、促进和谐的政治高度、全局高度来审视精神文明建设工作，不断增强责任意识和创新意识，扑下身子，迎难而上，不断开创各项工作的新局面。

二、明确重点，真抓实干，圆满完成精神文明建设的各项任务

今年是深入贯彻党的十六届六中全会精神、全面落实科学发展观、推进社会主义和谐社会建设的重要一年。大事喜事多，敏感问题多，我们将迎来党的十七大召开，迎来香港回归10周年、迎来奥运筹备的攻坚阶段。同时，今年也是新一届市委推进衡水跨越发展的关键一年，新班子、新形象、新作为，对精神文明建设工作提出了新的更高要求。

今年全市精神文明建设总的指导思想是，坚持以邓小平理论和“三个代表”重要思想为指导，全面贯彻落实科学发展观和构建社会主义和谐社会重大战略思想，积极构建社会主义核心价值体系，大力推进和谐文化建设，广泛开展群众性精神文明创建活动，教育引导广大群众解放思想，更新观念，不断提高公民思想道德素质和城乡文明程度，为实现衡水跨越发展提供强大的精神动力和思想保证。总的工作布局是：坚持“1233”工作思路，即高扬“创新实干、跨越发展”这一主旋律，紧紧围绕实现更好更快发展和构建和谐衡水两大任务，突出“三个统揽”（以创建文明生态村活动统揽农村精神文明建设；以创建省级文明城市统揽城市精神文明建设；以“知荣辱、树新风、促和谐”活动统揽公民道德建设），重点抓好三个方面的工作：

1. 以文明生态村创建、新农民工程为抓手，大力加强农村精神文明建设。创建文明生态村，提高农民素质，是当前社会主义新农村建设的两大任务，关乎农村的和谐稳定，关乎广大农民群众根本利益的实现和发展。特别是我市“三农”特征比较明显，这两方面的任务尤为繁重和紧迫，必须抓紧抓好，真正抓出成效。

一要全面推进文明生态村创建活动。文明生态村创建不能简单理解为村容村貌的改变，必须紧紧抓住农村生产力发展和农民增收这个核心，提高农村经济综合实力和农民收入水平，为农村面貌的根本改变作支撑，为创建工作的持续发展打基础。要按照产业强村、文化兴村、生态建村、民主治村的总要求，突出围绕发展农村经济搞创建、围绕建设生态环境搞创建、围绕发展先进文化搞创建、围绕推进民主政治建设搞创建，围绕激活家庭细胞搞创建，围绕构建农村公共服务体系搞创建，以创建活动的新成效全面推进新农村建设。当前，要认真抓好第三批创建村的启动和第一、二批创建村的巩固提高。对确定的第三批293个创建村，广泛动员社会力量开展帮扶帮建，采取多种方式筹措资金，破解创建工作中遇到的难题；第一、二批创建村要完善制度，查漏补缺，巩固成果，提高水平。要本着连线成片、区域建设的原则，积极打造沿106国道文明生态示范带。每个县市区都要确定一至两个重点线路或区域，制订扶植政策，实施重点倾斜，大力推动文明生态乡镇、文明生态村区域、文明生态带建设。要把农村义务教育、农村新型合作医疗、农村文化设施建设、农村社会保障等作为创建活动的重要内容，在创建中探索规律和方法，以切实解决关系农民群众利益的实际问题。要把建设“村民中心”作为创建活动的重要内容，充分整合农村各类文化资源，增加文体设施，完善服务功能，充实服务项目，强化对农民的教育培训，开展丰富多彩的群众性精神文明创建活动。要以改善城乡结合部、重要集市和乡镇所在地环境卫生为重点，在全市广大农村普遍开展环境卫生综合治理活动，搞好村庄绿化、净化、美化，引导广大农民群众建立科学文明健康的生产、生活方式，实现人与自然的和谐。

二要继续做大做强“三下乡”工作品牌。“三下乡”是我市精神文明建设领域的一块“名牌”，是促进各种社会优势资源流向农村，推进新农村建设的重要桥梁。要坚持“重乡情村情民情、重长效机制建设、重实际实事实效”的原则，创新方法，深化主题，丰富内容，提高水平，不断激发工作的生机和活力。要切实加强工作机制建设，按照《衡水市“三下乡”年度工作项目化管理实施意见》，对各级“三下乡”部门实行全年目标任务量化管理责任制，强化工作的系统性、制度性和实效性。大力实施“包点共建工程”，认真落实各类下乡人员包村包点责任制，组织开展“百名医师支持农村医生”活动，帮建、扶持农村各类设施、人才、示范项目建设。在做好经常性下乡的同时，也要充分利用各种节日、纪念日，抓好“六进农村”、暑期大学生“三下乡”社会实践、“百场文艺演出下基层”等下乡服务活动，不断浓厚氛围，扩大影响，增强实效。

三要大力实施“新农民工程”，提高农民素质、培养新型农民。建设新农村离不开新农民，新农民要有高素质。离开提高农民素质这个基础和根本，去破解“三农”问题、建设新农村，就会事倍功半，难以收到好的效果。当前，要教育引导广大农民破除“小富即安”、“小进即满”的思想障碍，树立敢于创业、善于创业、跨越发展的新观念。要本着抓骨干、带队伍的原则，组织开展“一帮十、千带万”活动，加大农村骨干人才、“十员”队伍建设和农村文化社团、各类经济组织、农村经纪人队伍的培养扶持力度，更好地发挥示范带动作用。同时，积极开展“培养新农民、建设新农村”百万农民大培训活动，帮助群众掌握一技之长，切实打造一支“有文化、懂技术、会经营”的新型农民队伍。要积极推进“新农村新农民”示范村建设，在基层组织建设、基层文化建设、农民队伍建设、特色经济建设、乡村环境建设等方面进行完善和提高，努力转变农村生产生活方式，推动形成文明和谐的新风尚。

2．以优化发展环境、提高市民素质为目标，全力打好创建省级文明城市攻坚战。文明城市是对一个城市综合实力的综合评价，是一个城市的品牌。有了这块“金字招牌”，对于提高城市知名度、招商引资、加快发展都会带来难以估量的促进作用。创建文明城市，是关乎所有衡水人切身利益的大事，人人都是衡水形象，每一个在衡水居住的居民，不论隶属于哪一级单位、哪个部门，不论仕农工商、男女老幼，都要尽一份责、出一份力，积极主动地投入到创建活动中来。今年，省文明委将对各市文明城市的创建工作进行检查，对各市新一轮创建工作情况及城市文明程度进行评议，综合评议结果，公布各市排名，并按照40％的分值计入2008年总评。2008年将进行全国文明城市第三轮评选。按照中央文明委制定的“文明城市测评体系（地级市）”，共有7方面37项指标119个测评项目。从我市目前情况看，对照测评体系的要求还有相当大差距，必须以只争朝夕的精神强力推进，务求实效。

一是要层层分解《测评体系》，严格落实目标责任。各级各部门要认真对照《创建文明城市规划》中的任务项目、标准要求，进行专题研究，尽快制定出各自的创建工作方案，逐条逐项的落实到部门领导、责任单位、责任人，特别是各级一把手是第一责任人，必须履行好职责，承担起责任，一抓到底。要建立工作进度台账，及时掌握工作进展情况，切实解决工作中遇到的问题，倒排工期，明确时限，勤督严查，落实奖惩。

二是要紧紧抓住城市环境秩序整治这个突破口。衡水是新兴城市，近年来，在城市规模迅速膨胀、城建水平日益提高的同时，也对城市管理提出了更高的要求。针对当前我市城市环境秩序差、管理不到位等突出问题，要坚持标本兼治，治管并举，堵疏并重的原则，使市区的环境秩序有一个明显的改观。一方面，由政府牵头，联合执法，集中整治城市公共环境、公共秩序和公共卫生活动，下猛药，治顽疾，解难题。桃城区、冀州市、衡水经济技术开发区、衡水湖自然保护区也要积极参与，密切配合有关部门的整治活动，共同把市区的环境治理好。另一方面，要着力加强制度建设，制订出台城市管理相关文件，加强规范化、法治化建设。要创新思维，牢固树立经营城市的理念，吸引社会力量共同参与，破解资金难题，加快城市建设步伐，努力把衡水建设成为人文城市、宜居城市。

三是要始终突出文明教育这个主题。衡水由于建市晚、基础差，不同程度地存在文明水平不高、市民意识不强等问题，这也直接制约创建文明城市的步伐。解决这些问题，主要靠教育，靠引导，必须坚持不懈地长期抓、持久抓，才能收到比较好的工作效果。要坚持分层施教的原则，抓好重点人群、重点战线，不断优化投资环境，改善发展环境，改进服务环境。在党政机关，要以开展解放思想大讨论活动为契机，进一步加强机关效能建设，大力推行公示制、首问负责制、当面回复制、责任追究制，提高办事效率。积极推行“阳光政务”，提倡主动服务、简约化服务、跟踪服务，有对外服务职能的部门要设立便民服务厅，集中多个职能部门和社会服务单位，实行“一个窗口”对外、“一个大厅”办理和“一站式”、“一条龙”并联式服务，努力实现“提质提速为人民、促发展、创和谐”的目标。要对照优化发展环境的要求，抓紧清理各种规定、条例、办法等文件，该废止的坚决废止，该合并的坚决合并，该公开的马上公开，该完善的限时办结。在执法执纪部门，广泛开展文明执法、公正执法教育和岗位技能培训，不断提高执法人员的思想道德素质和执法能力水平，特别是对窗口行业，继续开展文明行业优质服务杯、文明执法杯、便民利民杯竞赛活动和文明单位创建活动，达到以竞赛转作风、促服务、优环境的目的。在企业，要积极推动商务诚信体系建设，建立并完善市企业诚信联盟，以“十城百家无假货”活动为载体，深入开展文明诚信教育，引导广大企业经营者增强守法意识、诚信意识和回报社会意识，促进经济的繁荣发展。在社区，要强化基础建设，完善文化、体育等公益性设施，增强服务功能。广泛开展创建文明和谐社区、文明家庭、文明楼院活动，加强道德教育，促进形成和谐友善的社区人际关系，建成一批文化繁荣、环境优美、管理规范、服务完善、关系和睦、秩序良好的现代文明社区。要切实加强市民教育，提高市民素质，继续深入开展“学《纲要》、讲文明、树形象”活动，精心组织第五个“公民道德宣传日”和纪念《公民道德建设实施纲要》六周年纪念活动，在全市广泛开展以引导市民文明乘车、文明游园、文明观演、文明行车、文明走路、文明就餐、文明购物、文明待客、文明过节、文明养犬为主要内容的“文明十个一”活动，着力解决文明礼仪、公共秩序、社会服务、城乡环境、旅游出行等方面存在的突出问题，促进衡水整体文明水平的提高。

3．以“文明衡水、和谐衡水”创建活动为载体，促进共建和谐、共享和谐局面的形成。建设和谐文化，是构建和谐社会的灵魂。广泛开展和谐创建活动，形成人人促进和谐的局面，是建设和谐文化的主要内容。在公民道德建设中，要以“文明衡水、和谐衡水”系列创建活动为主要载体，大力宣传倡导和谐理念，引导人们用和谐的思维看待问题，用和谐的方式处理人际关系，使崇尚和谐、维护和谐成为全社会的共同追求。

一是做好林秀贞精神的学习宣传。林秀贞先进事迹是践行社会主义荣辱观的生动教材，是社会主义核心价值观的集中体现。要抓好林秀贞精神的集中性、连续性、经常性宣传，通过举办“林秀贞式的好人”图片巡回展、展演现代评剧《大爱无声》等多种形式，扩大教育覆盖面，促进学习林秀贞活动的持续广泛深入开展。组织开展“学习林秀贞精神、做和谐社会建设者”和谐创建活动，教育引导广大干部群众立足本职学模范，促进和谐作贡献。根据省文明委开展“帮一帮”、“让一让”活动的倡议，在全市社区居民中广泛开展户帮户、人让人爱心服务“七个一”活动，即高扬一面旗（学习林秀贞）、发放一套题（道德教育读本）、互串一次门（邻里互动）、见面一句礼让词（文明问候）、共扫门前一块地（保持共用地卫生）、同心维护一片林（认领公共绿地）、评选一批文明礼让人（促进和谐），营造和谐的邻里关系。要大力培养、宣传、树立一大批林秀贞式的模范人物和先进典型，激发干部群众讲和谐、促和谐建设的积极性。

二是进一步深化“五创”活动。不断拓展领域，扩大范围，在全市广泛开展以创建“和谐城乡、和谐村庄、和谐胡同、和谐楼院、和谐科室、和谐医院、和谐商场、和谐公交、和谐路口、和谐驾驶”为主要内容的和谐创建“十个一”活动，推动“五创”活动向社会各个层面、基层单元延伸覆盖，把构建和谐社会的任务更好地落实到基层。

三是以未成年人思想道德建设为重点，大力开展“和谐文化进校园”活动。坚持和完善未成年人思想道德建设工作联席会议制度，抓好专兼职德育队伍建设、家长学校建设和“五老”队伍建设。广泛开展“一校一周日”、“百场报告进校园”、“四老两亲家长学校”、“校园精神特区”、“家长学校联系卡”等各具特色的社会道德实践活动，调动广大中小学生参与的积极性。有关部门要加大出版、音像、网吧、电子游戏厅市场整治力度，为未成年人健康成长创造良好的社会环境。要充分利用6月1日颁布实施《中华人民共和国未成年人法》的有利时机，组织开展声势浩大的宣传教育活动，营造全社会都来关心关注未成年人思想道德建设的浓厚氛围。

四是广泛开展“送温暖、献爱心、促和谐”活动。以解决民生难题为突破口，紧紧围绕就业再就业、社会低保、医疗保障、农村养老等热点难点问题，加大工作力度，最大限度地消除社会不和谐因素。进一步实施“助学工程”，使更多寒门学子得到及时帮助，完成学业。充分发挥工会、妇联、共青团等群团组织的作用，广泛动员社会各界开展对困难群众、困难家庭、困难地区的群众互助和社会援助活动，形成团结互助的良好社会风尚。

三、切实加强组织领导，确保各项工作落到实处

建设高度的精神文明，是衡水实现跨越发展的重要内容和保证。各级各部门要进一步提高对加强精神文明建设重要性的认识，切实加强组织领导，健全工作机制，全面落实精神文明建设的各项任务目标。

一是领导责任要到位。要加强领导体制建设，健全文明委领导机构，定期研究和解决精神文明建设中的突出问题，真正把精神文明建设摆上重要日程。要健全更加科学合理有效的考核体系，全面落实精神文明建设工作目标管理责任制，把精神文明建设工作纳入各级领导班子和每个领导干部的届期目标责任制之中。组织部、宣传部和文明办要做好考核工作，建立层层负责的工作机制，实现责任主体明晰化、目标任务具体化、工作指标定量化、监督检查日常化、责任追究制度化。

二是组织协调要到位。精神文明建设工作是一项社会系统工程，需要全市上下统一步调、密切配合，方方面面力量共同参与。各级文明办既是规划、指导、协调的重要部门，又是直接组织和参与各项活动的办事机构，必须切实负起组织、协调、指导、督促的责任。市直各部门、各县市区都要树立全市“一盘棋”的思想，将精神文明建设工作与本地本部门工作有机结合，统筹推进。要建立行政、群众、舆论监督网络，运用社会监督、明察暗访、群众测评等手段，抓好工作的落实。

三是群众参与要到位。精神文明建设的广度和深度，最终取决于人民群众的参与程度。各级各部门要把宣传动员工作做深做细，精心设计群众易于接受、便于参与的活动载体，增强吸引力和感召力。要把教育群众同服务群众结合起来，找准群众迫切要求解决、经过努力又可以解决的问题，每年办几件群众喜欢、社会赞成的好事、实事，使精神文明建设真正为广大干部群众所支持、所拥护。

四是经费投入要到位。各级党委政府要统筹考虑社会事业发展，建立以财政投入为主渠道，社会集资、群众捐资、吸引外资相结合的投入机制，为精神文明建设提供物质保障。要认真落实文化产业政策，放宽市场准入条件，研究制定文化体制改革涉及的财政投入、税收优惠等方面的配套政策，进一步增强政策的可操作性，用良好的政策环境调动民营企业投资文化产业的积极性，培育一批重点民营文化企业。

(李晓明时任中共衡水市委副书记)

供稿：衡水市文明办

整理：刘柳岐

李晓明：在衡水市“新农民工程”建设工作会议上的讲话（摘要）

（2007年9月17日）

一、进一步统一思想，提高认识，真正把“新农民工程”工作摆在突出位置

新一届市委、市政府对加强农业农村工作非常重视，提出了“工业立市、农业强市、商贸兴市”三大主体战略。特别是“农业强市”战略，对大力发展现代农业、提高农民素质、推进农村经济和社会跨越发展，提出了具体任务目标。今年4月，市委、市政府下发了《关于组织实施“新农民工程”、促进社会主义新农村建设的意见》（衡发[2007]8号）。《意见》要求，要把“新农民工程”作为当前和今后一段时期农村宣传思想工作核心内容来抓，并将其列为全市“深入农村、服务农民”七大推进行动之一。首先，实施“新农民工程”，提高农民素质，是建设社会主义新农村的根本要求。其次，实施“新农民工程”，培养新型农民，是整合和扩大我市农业资源优势、加速实现“农业强市”目标的内在要求。第三，实施“新农民工程”，是新形势下宣传思想工作贴近中心、服务大局的重要举措。总之，“新农民工程”是一项得民心、顺民意的工作，是一件兴市富民的实事。各级党委、政府，各有关部门要切实把这项工作摆在更加突出的位置，在前一段工作的基础上，加大力度，狠抓落实，切实做好各项组织协调工作，真正把这项工作抓实抓好，抓出成效。

二、求真务实，开拓创新，不断把“新农民工程”工作推向深入

深入开展“新农民工程”工作，必须适应新形势要求，认真落实科学发展观，按照市委、市政府的部署，坚持一切从衡水实际出发、一切从农民需要出发，解放思想，求真务实，不断创新，把工作往深里做、往实里做。要重点把握好以下三个方面：

第一，要进一步丰富内涵，不断增强“新农民工程”的吸引力。当前，农村最突出的事情是加快农村经济社会发展，最紧迫的问题是帮助农民尽快富裕起来，但最关键的环节还是提高农民素质，这也是“新农民工程”永远不变的宗旨。因此，要扎实推进这项工作，就要准确把握现阶段农村发展的特点，深入研究广大农民群众想什么、盼什么，进一步拓宽思路，丰富内涵，明确工作目标。要注重把党委政府的关注点与农民群众的需求点有机结合起来，农村需要什么就送什么，农民需要什么就帮什么，农业需要什么就发展什么。要紧紧围绕农村中心工作和农民群众的现实需求，重点在普遍培训、教育群众，在完善阵地、服务群众等方面多动脑筋，在营造氛围、发动群众，在典型引导、带动群众上下大气力。要准确把握新农村建设的要求，在送文化、科技、卫生、教育、法律等下乡的同时，把可持续发展、循环经济、和谐理念、环境保护、节约型社会、信息运用、资本运作、金融管理等新知识、新技术、新观念送给农民，不断增强“新农民工程”的吸引力和影响力。

第二，要在“结合”上做文章，协调推进“新农民工程”各项工作。开展“新农民工程”活动，不能“单打一”、唱“独角戏”。要按照“创新实干、跨越发展”的总体要求，把“新农民工程”同其他工作紧密结合，使之相互促进，协调推进。一是要与解放思想大讨论活动紧密结合。解放思想是发展的基础，永恒的主题，也是新农民的重要标志。因此，“新农民工程”一定要把帮助农民群众解放思想放在重要位置，主动引导农民破除小农意识、封闭意识、落实意识，树立勇于进取、敢为人先、创业发展的新观念。二是与和谐农村建设紧密结合。要认真贯彻市委构建和谐衡水的要求，坚持不懈地把法律政策和法律服务送下乡，教育引导农民群众不断增强法律意识。要积极推进农村民主政治建设，进一步健全村民自治机制，完善民主决策、民主监督制度。要进一步加强农村法制建设，认真搞好农村矛盾纠纷排查调处工作，妥善调节各种利益关系，加强农村社会治安综合治理，确保农村社会稳定。三是与促进农村经济发展紧密结合。要围绕农业产业结构调整和产业化经营，围绕民营经济和特色产业发展，积极送政策、送信息、送技术、送管理，促进农民增收、农业增效、农村经济发展。四是与提高农村道德建设水平紧密结合。要在广大农村认真落实《公民道德建设实施纲要》，广泛开展形式多样的公民道德实践活动和精神文明创建活动，不断提高农民群众的道德素质。

第三，要建立健全长效机制，为“新农民工程”活动深入开展提供重要保障。“新农民工程”能不能坚持经常、能不能取得实效，始终保持其生机和活力，关键在有没有一套行之有效的制度做保障。各级各部门要认真研究“新农民工程”工作的新特点，准确把握农民教育、农民培训的内在规律，把行政推动与机制建设结合起来，努力实现“新农民工程”工作的经常化、制度化。要进一步完善激励约束机制，将其列入对各县市区、各部门年度考核的重要内容，制定工作目标，严格进行考核，认真落实责任；要引入市场驱动机制，积极引导专业人员，通过科技承包、技术入股等形式，与农民结成联合经营、风险共担的利益共同体，互惠互利、合作双赢；要进一步完善社会参与和社会监督机制。要通过大张旗鼓的宣传，营造社会氛围，吸引更多的部门、企业和社会团体积极参与全市“新农民工程”工作，让广大农民群众监督指导我们的工作，真正形成党委政府组织领导、宣传部门统筹协调、有关部门共同实施、社会各界广泛参与的工作机制。

三、加强领导，协调联动，为“新农民工程”的顺利实施提供保障

实施“新农民工程”，培养新型农民，是市委、市政府推进农业农村工作、加快实现“农业强市”战略目标的一项重大部署，是今年乃至今后一段时期的重点工作。各级党委、政府和有关部门一定要高度重视，加强领导，精心组织，周密安排，努力把“新农民工程”工作提高到一个新水平。

第一，要加强领导，精心组织。各级各部门要自觉站在全市工作大局的高度，不断增强做好工作的主动性和责任感。要进一步加强组织领导力量，主管负责同志要靠前指挥，有关职能部门积极参与。要保证“新农民工程”建设必要的人力、物力、财力支持，特别是在资金上要舍得投入，市、县（市区）两级财政要划拨专项经费，保证工程建设和相关奖励资金的使用，努力做到人员落实，资金落实，制度落实，任务落实。

第二，要改进作风，增强实效。“新农民工程”活动开展的好与坏，质量如何，效果怎样，直接影响着党和政府的形象，影响党群干群关系。各级各有关部门一定要进一步强化宗旨意识，按照“解放思想、为民、务实、清廉”的总要求，积极出实招、办实事、求实效、重实绩，切实改进工作作风。要把群众需求作为第一信号，把群众评价作为第一标准，把实际效果放在第一位置，不断增强“新农民工程”工作的针对性和实效性。广大专业技术人员要树立大局思想、务实观念，充分认识建设社会主义新农村的重大意义，自觉参加“新农民工程”活动，真正做到亲民、为民、富民、不扰民。要通过扎实有效的工作，真正让群众在“新农民工程”工作中得到实惠，使更多的农民群众支持“新农民工程”、受益“新农民工程”。

第三，要协调联动，形成合力。“新农民工程”工作，是一项具有长期性、艰巨性、综合性的系统工程，而且随着农村形势的发展，工作任务将会更加繁重，必须充分调动和组织社会各方面的力量广泛参与。各级宣传文化部门要集中优势，整合三下乡三扎根、文明生态村创建、农村精神文明建设、农村文化建设等工作资源，与“新农民工程”同步安排，捆绑推进；农业、科技部门要整合农业综合开发、扶贫开发、产业化经营、民营经济等各类社会资源，在人员、资金等方面统一调配，打捆使用，发挥最大效益；教育、劳动部门要集中教育资源，向农村倾斜；团委、妇联等部门要结合实际推进相关工作；计生、民政、司法、交通、工商、环保、税务、电力、质监、石油、通信等部门要广泛开展有关法规、知识的教育、培训、服务活动。总之，各部门之间既要分工负责，更要密切配合，努力形成各部门一齐动手、各方面协调联动、多手段综合运用、全社会齐抓共管的良好局面，共同推动“新农民工程”的深入开展。

（李晓明时任中共衡水市委副书记）

供稿：衡水市文明办

整理：刘柳岐

解晓勇：在冀州市调研106国道文明生态示范带建设时的讲话（摘要）

（2007年6月26日）

今年是我市开展创建文明生态村活动的第四个年头，对于创建活动抓什么、怎么抓，各级都立足自身实际进行了成功的实践，形成了自己的思路，创出了自己的特色，取得了显著效果。但是，对于在建设社会主义新农村的新形势下，如何把创建文明生态村活动推向深入，发挥好创建活动的载体作用，仍然是一个需要我们认真探索的课题。

一、要深刻认识实施新农民工程的重大意义，进一步增强工作的自觉性和主动性

创建文明生态村，建设社会主义新农村，发展农村经济和农村各项社会事业，农民素质的提高是关键。我们讲新农村，到底心在哪里，我理解，新农村之新，当然要有新环境、新房子、新道路、新设施、新制度、新风貌等，但最起主导作用的一新，还是新农民，必须是由新农民建设新农村。从这个意义上讲，没有新农民，就没有新农村，提高农民素质、培育新型农民，是促进农村经济社会持续发展的重要保证，也是创建工作的重要任务。第一，农民群众是新农村建设的主体，新农村建设离不开广大农民群众积极参与。打造新型农民既是建设社会主义新农村的重要手段，也是重要目标。广大农民群众是建设社会主义新农村的主力军，但是没有适应现代社会发展的高素质的新型农民，新农村建设就成为无本之木、无源之水。因此，建设新农村，首要的任务就是要培育高素质的农民，为新农村建设提供有力的思想保障和智力支持。第二，农民素质问题已经成为制约农村经济社会事业跨越发展的主要因素之一。目前农村的经济社会发展滞后问题已经非常突出，究其原因，根本的还是群众素质问题。无论是农村经济发展速度缓慢、农民致富难，还是农村存在的一些社会问题，在很大程度上都要归结于农民的科技文化素质和思想道德素质。如果不努力提高农民的整体素质，让农村劳动力的知识水平、技术技能、精神风貌等有一个根本性的转变，建设新农村只能是一句空话。第三，培养新型农民，是整合和扩大我市农业资源优势、加速实现“农业强市”目标的内在要求。与其他地方相比，我市地处平原，农业基础条件好，农业资源禀赋好，但要进一步提高我市的农业生产效率，提高农产品竞争力，发展农村生产力，促进农村发展和社会进步，根本上还要依靠新技术的推广和新设备的应用，要靠高素质的农民群众。因此，只有把农民培养成掌握和运用现代科技的新型农民，才能使农业科技成果真正转化为现实生产力，进而带动全市农业资源整体发挥最大的作用，形成推动“农业强市”战略、建设新农村的力量源泉。各级党委政府一定要充分认识培育新型农民的重大意义，进一步增强工作的自觉性，把这项工作纳入重要工作日程，采取有力措施扎实做好，把创建文明生态村活动推向深入。

二、切实加强阵地、设施、队伍、机制建设，把新农民培训工作落到实处

培育新农民，就是要通过我们各级党委政府有效的教育、组织引导，使农民成为有文化、懂技术、会经营、讲文明、守法纪、能致富和具有时代精神、高尚品德和现代技能的社会主义新型农民。要实现这一目标，就必须落实培训农民的阵地、设施、队伍机制建设。做好四个方面的工作：一是引导农民树立创业发展的新观念。要紧密结合解放思想大讨论活动，通过宣讲、教育培训、典型引导等手段，在广大农民群众中大力破除因循守旧、消极保守的小农意识和落后思想观念，改变传统的思维方式和行为习惯，树立敢闯敢干、敢为人先的市场经济观念，树立强烈的进取意识、竞争意识，通过思想观念的转变促进农民群众精神面貌的改变。二是帮助农民群众掌握发展经济、快速致富的新技能。要加大农民培训力度，特别是要强化科技培训和技能培训，要在贴近农村、贴近群众上创新形式，强化措施，提高广大农民群众的科技应用能力、自主创业能力和职业技能，帮助群众拓展更为宽广的发展空间。同时，要通过宣传培训、政策引导，逐步强化农民群众的市场经济意识，使他们能够主动把握市场规律，自觉按照市场发展要求开阔思路，组织生产，发家致富。三是提高农民的文化水平，打造“学习型”、“知识型”农民。提高农民的整体素质，最基础的是提高农民的文化素质、丰富农民的文化知识。没有农民文化水平的提高，提高农民素质就无从抓起，无从谈起。各地要通过政府投资、部门帮建、社会资助、群众自筹等渠道，大力加强农村文化活动室、农民夜校、图书室、广播室、电教室、宣传栏等文化教育阵地建设，积极为广大农民提供平台，创造良好的学习条件和文化氛围，向农民群众进行方针政策、法律法规、民主政治、科学技术等方面的教育，引导农民群众树立适应生产、生活实际的学习意识、文化理念，增强农民群众主动学习、自觉学习、学以致用的能力和水平。四是规范农民日常行为，形成文明和谐新风尚。下大力对农民群众进行社会公德、家庭美德教育和社会主义民主法制教育、社会主义荣辱观教育，广泛开展多种形式的文明创建、道德实践、科学健身以及群众文化活动等，并通过制度规范、社会监督、舆论约束、典型带动等方法，帮助群众树立遵纪守法意识和良好的文明生活理念，养成健康科学的生活习惯和道德规范的行为习惯，转变群众生产生活方式，使广大农民群众能够具备和保持良好的日常行为，促进和谐农村建设。

三、抓好示范引导，把创建文明生态村的各项任务落到实处

典型带动，示范引导，是我们做好各项工作的重要工作方法。做好农村工作、农民工作，这一方法更为有效。前几年我们抓文明生态村创建之所以进展如此顺利，首批创建村示范作用的充分发挥是一个非常重要的原因。在今年5月召开的全市精神文明建设工作会议上，市委明确提出了重点打造沿106国道文明生态示范带的任务，并要求各县市区都要重点建设1～2个文明生态区域，目的就是通过建设高标准的示范村、示范区域，为全市的文明生态村创建树立样板，引导好全市的创建活动，进一步提高全市的文明生态村创建水平。

从今天和上周五我对沿106国道文明生态示范带的调研来看，示范带建设，冀州市和桃城区都做了大量的工作，在改善村庄环境面貌上取得了显著成效。下一步，一是要进一步完善“村民中心”建设。村民中心建设作为培育新农民的主要阵地，是示范带建设的重点。客观地说，就目前我市的农村现状来看，由于我们的基础条件和财力情况限制，我们的村庄面貌与发达地区相比有一定的差距，而我们的优势和可塑性强的，主要还应该是在完善教育阵地和教育设施、教育机制，在培育农民、提高农民素质上。像北苏闸、北内漳、彭村这样，他们的村民中心阵地完善，设施健全，开放度高，活动经常，农民教育效果显著，这应该是我们每个示范村建设的方向。下一步，两区市要把帮助各村完善村民中心作为工作重点，组织力量深入各村，按照各村的产业特色、农民需求、文化习俗等，帮助他们规划设计好村民中心的布局、各类文化设施的添置，帮助他们建立和完善教育培训、文体活动等各项制度，力争实现一村一品，各具特色。对于村民中心的布局，我想起码应该有这么几项，一个是综合活动室，有一套供村民开展活动必备的锣鼓、乒乓球台、象棋、扑克和适合的乐器等设施器材；一个是村民培训中心，有一套电教器材，包括放像设备和必需的光盘、录像带等，有至少40套桌椅板凳，有黑板、粉笔等讲课用具，有年度农民群众培训计划；一个是图书室，有至少5个书橱、2000册图书，有必要的桌椅，有完善的图书借阅制度；一个是广播室，有专门的广播员，有必要的广播器材；一个是群众自治组织活动室，有健全的组织机构，完善的活动制度和活动记录；一个是三农信息室，有一台电脑并能上网，有专门的信息员，有信息发布栏。另外要有政策宣传栏、阅报栏等，并经常性的更换内容。当然，以上我讲的这“六室”，不一定就得独立布局，有条件的村独立布局当然最好，但条件达不到的，也可以一室多用，重要的是这些内容和功能一定要全。

二是切实加强队伍建设。农村队伍建设是农村工作的重要环节，对于组织农民群众开展各类健康有益的活动、提高农民的整体素质具有至关重要的作用。各村要进一步建立和健全农村道德评议会、红白理事会、妇女禁赌会等群众自治组织，并能充分发挥监督评议作用；要建立专业经济组织（技术服务组织）和农村文化团体，每个村至少要有一个协会组织，有锣鼓队和秧歌队；要建立健全“十员队伍”，包括政策宣传员、法律咨询员、科技推广员、道德评议员、计生协理员、信息传递员、卫生服务员、环境监督员、文艺辅导员、社会治安员等。

三是组织开展丰富多彩的群众性活动。开展多种形式的群众性活动，陶冶他们的情操，让群众在参与中实现自我管理、自我教育，是提高农民素质的有效途径。要组织群众广泛开展十星级文明农户、文明和谐家庭等精神文明创建活动，坚持评星挂牌、张榜公布和动态管理。要经常性的组织开展各类有益身心健康的文体活动。要从本村实际出发组织一些像技术能手、致富状元、孝子贤媳等形式多样的群众性评选活动，以此促进文明、向上、和谐村风民风的形成。

四是要采取有效措施，加快工作进度。沿106国道文明生态示范带建设，是市委确定的今年创建文明生态村活动的一项重点工作，要进一步强化措施，加强指导，落实资金，落实责任，确保在7月底前圆满完成市委确定的工作目标。

(解晓勇时任中共衡水市委常委、宣传部长)

供稿：衡水市文明办

整理：刘柳岐

赵常福：在衡水市区环境卫生整治“集中活动日”协调会上的讲话（摘要）

（2007年9月17日）

这次环境卫生整治“集中活动日”的主题是“迎国庆、迎十七大、讲文明、讲卫生”，通过组织全民参与进行环境卫生集中整治，优化城市环境，为城市长期整洁有序管理打下良好基础。

整治工作的总体要求是全民动手、全员参与、全天行动、全方位覆盖，不留卫生死角。我们要从最薄弱的环节入手，从最关键的问题突破，从群众最关注的地方抓起，突出重点区域、重点行业、重点地段、重点部位的整治，以集中整治促进长效管理，努力营造干净、整洁、文明、有序的城市环境。

工作重点是：

一是要重点做好市领导参加活动的组织工作。要组织好人员，合理划分责任区域，在规定时间、规定地点开展卫生清扫。

二是组织好市区街道卫生清扫保洁。环卫处要加大保洁力度，对市区主次干道的环境卫生进行全日制保洁，对市民反映强烈的报社街、问津街、自强街、康复街等地点要重点整治，清除路面暴露垃圾和卫生死角，确保市区环境卫生的干净、整洁。

三是各级各部门要做好部门责任区和机关内部的卫生清扫工作。市直工委、桃城区委、经济开发区要制定各自负责的环境卫生清扫实施方案，特别是要划分好路段，划分好责任区，做好各项组织协调工作。

四是要做好临街门店、商铺、集贸市场的卫生清扫工作。市爱卫会要严格落实单位、门店“门前四包”责任制。工商局要重点整治市场秩序和店容店貌，坚决取缔摊外摊、店外店和流动摊点，保证市场秩序整治规范，店容店貌清洁有序。

五是认真组织好小街小巷、社区、市内建制村、城乡结合部自然村的环境卫生清扫工作。桃城区要召开专门会议研究落实，组织人员全面清扫。

六是要认真组织好青少年学生、志愿者到公共场所、主要干道进行卫生清扫。市教育局要按照分工重点在人民路等干道场所活动，团市委要组织青年志愿者在火车站等地点开展活动。

七是各相关部门要按照责任分工严格划分区域，落实责任，不折不扣地完成卫生清扫任务。

环境卫生整治工作是一项社会系统工程，涉及的领域广、内容多，需要社会各界的共同努力才能做好，要切实加强领导，强化措施，逐步建立工作长效管理机制，推动全市环境卫生整治工作向纵深发展。

一是加强组织领导。各级各部门要进一步加强对环境卫生整治工作的领导，建立和完善领导机制，实行一把手负总责，亲自组织，督促落实，分管领导具体抓。要按照市里的总体部署，统一步调、统一行动，形成环境卫生整治的强大合力。

二是加大宣传力度。各级各部门要充分运用各种宣传形式对开展环境卫生整治进行大力宣传，在全市形成全民皆知、全民动员、全民参与、全民行动的良好氛围。市直新闻媒体要制定详细的宣传方案，宣传活动开展中涌现出的好的典型、好的经验、好的做法，曝光脏乱差现象和不文明行为，力争家喻户晓，人人皆知，使广大群众提高卫生意识，规范自己的行为。

三是实行效能问责制度。市委督查室、市政府督查室要加大对活动的督查力度，制定工作考核标准，对不履行或不能正确履行职责，开展工作不重视、不努力、不作为的单位和个人要追究责任。

(赵常福时任衡水市副市长)

供稿：衡水市文明办

整理：刘柳岐

陈会新：在邢台市学习全国道德模范尚金锁先进事迹座谈会上的讲话（摘要）

（2007年9月24日）

由中央文明办、全国总工会、共青团中央、全国妇联举办的全国道德模范评选表彰活动，历时两个多月，是新中国成立以来规模最大、规格最高、评选范围最广的道德评选活动。广大群众积极响应，热心参与，社会各界反响强烈。在全国31个省市自治区推荐的道德模范候选人中，尚金锁同志凭着过硬的事迹、高额的选票，脱颖而出光荣当选全国诚实守信模范。这是我市精神文明建设成果的集中体现，是我市精神文明建设史上的一件大事、喜事，是全市人民的骄傲和自豪。

多年来，尚金锁领导柏乡粮库一班人恪守“经商如做人、诚信为本”的经营之道，凭着对国家讲诚信的精神，对农民讲诚信的热情，对客户讲诚信的理念、对银行讲诚信的态度打造了企业的金字招牌，赢得了客户信任，掌握了营销的主动权，企业步入良性发展的轨道，主要效益连续20年盈利上台阶；人均创利、人均经营量、吨经营量费用开支3项主要经济指标连续10年稳居全国同行业前列；企业规模由全省最小的基层粮站发展成为全国同级库中最大的粮库。先后荣获全国文明单位、全国五一劳动奖状、全国粮食系统先进集体等称号。尚金锁同志被授予河北省优秀中青年专家、优秀人民公仆、全国劳动模范等称号，获得全国五一劳动奖章，并连续当选九届、十届全国人大代表。

在党的十七大即将召开之际，集中表彰全国道德模范，体现了全国人民构建社会主义和谐社会的共同心愿，体现了时代精神与中华传统美德的紧密结合。胡锦涛总书记会见道德模范时的重要讲话，真情饱蘸、意味深远，既是对全国道德模范的高度赞扬和充分肯定，也为全国精神文明和思想道德建设指明了方向。这次评选出的道德模范，由千百万群众直接投票、点击评选，受到广泛的认同和爱戴。在他们身上，集中体现了中国人民的优秀品质，集中表达了人民群众的道德追求，集中反映了社会进步的时代潮流。他们是道德模范的优秀代表，是精神文明建设结出的硕果，是社会向上的力量。他们以无私的奉献为我们树立了新时代的道德标杆。因此，学习尚金锁先进事迹，是时代和现实的需要，具有十分重要的意义。

学习尚金锁同志的先进事迹，最主要的是学

习他爱岗敬业，敢为人先的宝贵精神。柏乡粮库在尚金锁同志的带领下，由一个名不见经传的基层小粮站发展成为三项主要经济指标稳居全国同行业第一的国内知名企业，并成为全国粮食企业的一面旗帜，靠的就是这种敬业奉献精神，这种敢争第一的勇气。因此，我们要发扬这种不甘落后的精神，在广大党员干部特别是党员领导干部中形成一种“无功便是过，平庸就是错，小进即是退”的正确导向，形成人人自加压力，积极进取，事争一流的好风气，围绕建设沿海经济社会发展强省和“富民、强县、兴市”目标，抓住发展这个主题，不辱使命，勤奋工作，为实现邢台更快更好发展、构建和谐邢台贡献力量。

学习尚金锁同志的先进事迹，最关键的是要学习他履约践诺，诚实守信的优良品质。在长期的经营实践中，尚金锁一班人始终恪守“经商如做人”，“诚信为本”的理念，视信誉为企业生命，把承诺作为义不容辞的职责。因此，我们要学习他这种优良品质，自觉将其落实到工作生活中。要采取灵活多样的形式，开展有针对性的宣传教育活动，教育广大干部群众从我做起，从现在做起，从身边小事做起，时时处处讲诚信，精心打造邢台诚信形象，营造良好的投资环境。

学习尚金锁同志的先进事迹，最重要的是要学习他知荣明耻，明礼守信的高尚情操。要适应发展市场经济新形势的需要，广泛开展以提高公民道德素质、提高社会文明程度为主要内容的群众性精神文明创建活动。通过行之有效的活动载体，教育广大群众自觉践行社会主义荣辱观，在家庭做个好成员，在单位做个好员工，在社会做个好公民，尊老爱幼，明礼守信，诚实做人。进一步形成知荣辱、讲正气、促和谐的良好风尚，把全市人民的道德素质提升到一个新水平。

学习尚金锁同志的先进事迹，贵在认真重在落实，各级各部门要认真学习领会胡锦涛总书记在会见全国道德模范时的重要讲话精神，坚持以邓小平理论和“三个代表”重要思想为指导，深入贯彻科学发展观，以社会主义核心价值体系为根本，以《公民道德建设实施纲要》为遵循，以树立社会主义荣辱观为主线，以增强诚信意识与公民责任为重点，大力推进公民道德建设工程，使公民道德建设各项任务真正落在实处。要积极关心、爱护、宣传全国道德模范，深入开展向全国道德模范学习活动。要以道德模范为榜样，见贤思齐，择善而从，从每一个人做起，展示邢台人的高尚道德风范。要充分发挥先进典型的示范引导作用，进一步推动我市精神文明建设工作再上新台阶，为全市经济社会又好又快发展提供强有力的思想道德保障，以崭新的精神风貌迎接党的十七大胜利召开。

（陈会新时任中共邢台市委副书记）

供稿：邢台市文明办

整理：弓少勇

张力红：在邢台市社会主义新农村建设暨创建文明生态村工作调度会上的讲话（摘要）

（2007年6月1日）

一、准确把握社会主义新农村建设与创建文明生态村工作的密切关系，进一步强化整体意识

中央提出的建设社会主义新农村的总体要求，覆盖了农村经济、政治、文化以及各项农村社会事业，是一项宏大的系统工程，指出了未来中国农村的发展方向，是一项长期的重大历史任务。创建文明生态村活动，坚持以科学发展观为指导，集三个文明建设为一体，融人与人、人与环境的和谐发展于一身，把服务农民、造福农民同教育农民、提高农民结合起来，促进农村经济社会全面协调可持续发展，这都充分体现了建设社会主义新农村的内在要求。所以说，创建文明生态村与建设社会主义新农村在本质要求上是完全一致的。建设社会主义新农村是总目标、总任务，而创建文明生态村活动则是实现这个目标任务的重要载体和有力抓手。因此，我们在思想认识和具体工作中，不能把二者割裂开来，既不能因为搞新农村建设而放松和淡化创建文明生态村工作，也不能使创建文明生态村工作脱离了新农村建设的总目标而单纯搞创建。要把二者作为一个密不可分的统一体，强化整体意识，在市新农村建设领导小组的领导下，统筹安排，协调一致，以不断取得创建活动的新成就，有力推动社会主义新农村建设地顺利开展。

二、突出重点，体现特色，切实增强创建活动效果

当前，邢台市的创建工作要紧紧围绕抓重点、抓特色、重实效的原则要求，巩固和发展一、二批村的创建成果，迅速启动第三批村创建工作。围绕这一工作要求，要着重抓好以下几项工作。

首先，集中搞好“村民中心”建设。“村民中心”建设是进一步深化创建活动和充分体现创建实效的重要举措，是创建活动直接服务村民的有效形式和方法。实践证明，“村民中心”在服务农民、教育农民，推动创建活动有效开展中，具有着不可替代的重要作用。因此，在今后的创建活动中，还要继续把“村民中心”建设作为工作重点认真抓好。一要制定具体方案，狠抓工作落实。各创建村都要制定“村民中心”建设工作的具体方案，努力做到“村民中心”建设工作“四落实”。即落实场所、落实硬件设施、落实服务内容、落实管理人员。要本着迅速、高效、实用原则，切实做好“村民中心”建设的各项基础性工作。二要不断创新形式，增强服务效果。要在充分利用“村民中心”，切实发挥“村民中心”作用上下功夫，要精心确定农民易于接受的服务内容，整合利用各种服务资源，依托“村民中心”这个阵地和场所，向农民提供科技文化、政策法律、参政议项、致富信息、卫生保健等内容的全方位一站式服务，要通过各种有效形式和方法，不断丰富服务内涵，拓展服务空间，真正把“村民中心”建设成为村民的政务中心、培训中心、信息中心、服务中心，精心构筑成设施齐全，功能完善，服务良好，使农民真正受益的综合性服务平台。

其次，大力推进连片创建。实施连片创建，是注重发挥农村的区域优势，不断拓展创建区域范围，吸引和调动更多农民参与，增强创建活动整体规模效应的好形式。要通过继续实施连片创建，推动创建活动向更加广阔的领域拓展。一要科学制定规划，统一组织实施。要从实际出发，依据不同的县情、乡情、村情，充分考虑创建村的地域特点、产业区域优势、历史沿革和生活习俗等因素，科学规划，合理确定连片创建区域，统一组织实施，推动连片创建活动有计划有步骤地全面展开。二要以点带面，发挥辐射作用。要把基础条件好，创建成效显著的村作为样板村、示范点，充分发挥其对周边村的带动作用。努力形成示范点带动、纵向成线、横向成片的连片创建格局，推动全市的创建工作迅速向纵深和更广泛的领域发展。

第三，精心打造农村文化品牌。邢台市广大农村具有着深厚的历史文化积淀和底蕴，在创建活动中，要注意深入挖掘农村的历史文化资源，进一步丰富创建内涵，提高文化品位，精心打造一批具有鲜明地方特点的特色文化村。

一要精心选好特色文化村。要在历史文化源远流长，具有独特的地域优势和经济开发潜力，群众性文化活动较为普及等特点鲜明的农村，大力开展特色文化村建设。要通过开展特色文化村建设，引导人们缅怀科技文化先贤，传承历史文化，追求现代文明，推动当地迅速把特色文化优势变为经济优势，进一步丰富农村的群众性文化活动，努力以特色文化建设为突破口，推动农村政治、经济、文化各项建设事业同步协调发展。二要大力扶持，打造农村特色文化精品。各级各部门的文化建设专项资金。要优先用于特色文化村建设。要通过财政支持和社会捐资等途径，加大特色文化村建设的投入。各帮建单位。要把农村的特色文化建设作为一项重要帮建内容，在资金、人才等方面予以大力支持和帮助。要通过多方努力，打造一村一品、一村一景的高品位、高质量的特色文化精品。三要组织开展好特色文化活动，要充分利用特色文化村建设，积极组织开展丰富多彩的群众性特色文化活动，克服一些村存在的建起了特色而没有充分利用特色的现象，要通过正确引导和健全制度等方法，使特色文化村的特点更鲜明，活动更丰富，效果更显著。

第四，着力提高农民素质。提高农民素质，大力培养与社会主义新农村建设相适应的一代新型农民，是创建文明生态村活动的一项重要任务。在创建活动中，要始终坚持“以人为本”的原则，把提高广大农民的综合素质、培养一代新型农民放在重要位置来抓，以农民素质的不断提高促进创建成果的巩固和创建活动的不断深化。一是阵地教育人。充分发挥“村民中心”各类服务室的作用，各创建村都要选派思想道德水平和科技文化素质较高并有专业技术特长的人员担任“村民中心”的专兼职教员，对广大农民进行民主政治、思想道德、政策法律、农业科技、卫生保健等内容的教育培训。要注意发挥各类文化场所和文体组织的作用，充分利用农村文化中心、文化站、图书阅览室、文化活动广场和文化大院等文体活动场所，以及农民艺术团或戏曲、书法、绘画、棋牌等文化艺术协会组织，组织开展丰富多彩的文体活动，使广大农民在参与中受到启迪和教育。要充分发挥各类农民培训基地的作用。充分利用原有的农民技校、夜校、基层党校等基地，不断改善办学条件，充实师资力量，对培训的农民、提高农民素质方面发挥了主渠道作用。二是活动感染人。各创建村要坚持开展经常性的精神文明创建活动，增强对农民群众的吸引力和感染力。要通过组织开展“十星级”文明农户、好村民、好媳妇、好妯娌、好邻居评选等活动，进一步加强对广大农民的思想道德素质教育；通过建立健全红白理事会、道德评议会、妇女禁赌会等群众自治组织，对广大农民施以移风易俗、树立社会新风教育；要通过组织举办颁发绿色证书、争当创业致富能手、评选科技能人等专项活动，培养农民良好的现代文明行为，提高农民的科技水平和致富能力。三是环境改变人。要以硬化、绿化、净化“三化”为突破口，进一步加大农村的生产环境和人居环境建设力度，促进农村卫生状况和人居条件的明显改善，以此来增强广大农民维护良好环境的自觉性，引导他们逐步养成积极向上、健康文明的行为习惯。

三、加强组织协调，不断巩固和发展创建成果

创建文明生态村活动开展以来，在市委、市政府和各级党委、政府的正确领导下，在各有关部门的大力支持和社会各界的积极参与下，使我市的创建工作取得了显著成效，走在了全省创建工作的前列。我们要珍惜这个来之不易的成果，努力保持好这个优势和荣誉，不断巩固和扩大创建成果。

各级党委、政府，要在市新农村建设领导小组的统一领导下，进一步加强对创建工作的组织领导，毫不松懈地继续把创建工作抓紧抓好。市、县文明办，要进一步加强对创建活动的组织协调，要不断完善规划，逐步建立健全各项工作制和长效机制，正确引导创建活动的深化和发展。各有关部门和单位，特别是参与创建村帮建工作的单位，要以更加认真负责的态度积极做好帮建工作，为农民多办实事、办好事，切实增强帮建工作的实际效果。要进一步加大创建活动的宣传力度，积极动员党政机关、企事业单位、民营企业和个体工商业主等社会各界，继续关心支持和积极参与到创建活动中来，为创建活动出力献策。要借新农村建设和全省创建工作先沿的强劲东风，进一步坚定信心，再鼓干劲，不断巩固和扩大创建成果，努力使创建文明生态村活动在推动全市新农村建设工作的顺利开展中，发挥出越来越大的积极作用。

（张力红时任中共邢台市委常委、宣传部长）

供稿：邢台市文明办

整理：弓少勇

孙瑞彬：在邯郸市“四大”建设表彰暨优化发展环境大会上的讲话（摘要）

（2007年3月5日）

有一个鲜明的主题，那就是着眼于建设沿海经济社会发展强省的新背景，围绕建设四省交界区域经济中心的新目标，紧紧抓住“四大”建设这个更好更快发展的重要载体，优化环境这个关系邯郸发展的“命门之穴”，动员全党，发动全民，突出重点，加快发展，举全市之力把邯郸经济社会发展推向新阶段。

一、坚定不移地推进“四大”建设，为建设区域经济中心提供坚强有力的支撑

要旗帜鲜明地推进“四大”建设。以发展大产业、培育大基地、做强大园区、建设大项目为主要内容的“四大”建设，是市委、市政府作出的一项重大战略决策，是邯郸全面贯彻落实中央和省委一系列决策部署，实现科学发展的有力举措。

二、紧紧扣住发展环境这个“命门之穴”，为建设区域经济中心提供环境保障

发达地区的发展历程表明，一个地方发展的快慢，取决于这个地方对各种生产要素的聚集能力。把邯郸这样的老工业基地和沿海省份的内陆城市，建设成为四省交界区域经济中心，必须有大量的外来资本在一个阶段内迅速聚集，必须有良好的政务环境、法制环境、人文环境、治安环境等做保障。近几年来，我们致力于抓环境建设，取得了一定成效。但是，发展环境仍然是企业反映最强烈、群众意见最集中的问题，一些干部思想错位，心中无全局，部门利益至上，一事当前，先替自己和部门打算；一些单位置市委、市政府的规定于不顾，进企业检查不审批、不备案，企业不景气时没人管，一旦经营好起来，前来检查、处罚的人就多了，把企业当成“摇钱树”；一些部门“门好进，事难办”，“中梗阻”、“下梗阻”现象依然存在，部分审批部门虽然进了行政审批中心，但“人进权不进”，工作方式没有改变，审批程序没有简化，只是起到一个“门诊挂号”的作用，老百姓办事反而多了一道程序；一些部门擅自雇用工作人员，其工资及福利主要靠单位罚没收入负担，形成“罚款就是创收、执法就是罚款”的恶性循环。对此，人民不高兴，投资者不满意，经营者有意见。这些问题虽然发生在少数单位和个别人身上，但影响极坏，严重败坏了党和政府的形象，疏远了市委、市政府、县委、县政府与人民群众的感情距离。当前，省内及周边各市发展势头迅猛，区域竞争日趋激烈，各地都把发展环境作为参与竞争的关键因素。在这种情况下，我们必须具备更加优于、更加好于外地的发展环境，资本才有可能进入邯郸，否则，不仅外边的生产要素吸纳不进来，就是邯郸自己的企业也会跑到外边去。这绝不是危言耸听！而打造发展环境的主动权，完全掌握在我们邯郸人自己手里。我们一定要像爱护自己的眼睛一样爱护发展环境，畅开胸怀拥抱以资本为核心的外来生产要素，让它们既有安全的保障，又有预期的回报，在邯郸这片热土上生根开花、成长壮大。

要进一步加强机关效能建设。行政审批是机关效能建设的关键环节。新的行政审批服务中心投用后，市直部门所有许可事项、审批事项、服务事项及收费事项，原则上要全部纳入“中心”办理。凡纳入“中心”办理的服务事项，各部门要以书面形式充分授权，从咨询、受理到作出许可决定、发放证照，必须在“中心”办理完结。所有在“中心”办理的事项，要将办事条件、所需资料、办事程序、服务时限、办事结果、收费标准等事项，以印制明白卡、上网公布等形式进行公开，实行通透式办公，最大限度地接受社会监督。同时，开辟项目审批“绿色通道”，对“四大”项目、省市重点项目以及外商投资项目全部纳入“绿色通道”，特别是对投资亿元以上的项目，由市监察局全程代办审批手续，协调解决具体问题。要进一步深化“行政提速、服务提质”和“创优评差”活动。“双提”活动要向规范化、制度化、经常化推进，健全和完善岗位责任制、限时办结制、首问负责制、失职追究制等配套制度，严格以制度管人、按规定办事。“创优评差”活动要以执法执纪、审批收费部门的窗口处室为重点，着力解决“中梗阻”、“下梗阻”问题，进一步畅通办事渠道，提高办事效率。要通过全年不间断地组织“效能督察行”和“优化发展环境督访行”活动，切实加大环境建设督查力度，促进机关效能的明显提高。

切实加大专项整治力度。要重点围绕企业、群众关注的热点、难点问题，组织开展好三大专项整治：一是开展公路秩序专项整治。针对上路检查收费过多、过乱问题，以优化行车环境为重点，抓实抓好纠风治乱，狠抓一批反面典型，公开处理，公开曝光。实行无重大交通违章不处罚制度，特别是对在邯外商车辆一律发放“绿色通行证”，创造一个更加人性化、更具有亲和力的交通环境。二是开展企业周边环境专项整治。针对扰乱企业正常生产经营秩序、阻碍项目建设等问题，严厉打击强买强卖、强揽工程、盗窃物资、干扰施工等不法行为。三是开展执法执纪行为专项整治。严格实行文明执法、规范执法，重点查处执法执纪过程中存在的乱收费、乱罚款、乱摊派、“吃拿卡要”行为；随意、多头、重复、粗暴执法行为；办事久拖不决、刁难当事人行为；不给好处不办事、给了好处乱办事行为，对此，要发现一起，查处一起，严肃处理，绝不姑息迁就。同时，要严格规范涉企检查，对检查、督查活动实行统一归口、集中管理，防止多头布置、重复检查，进一步减少企业外部干扰，保护企业的合法权益，维护企业正常的生产经营秩序。

继续大力推进公务公开透明运行。以“规范落实年”活动为载体，进一步突出重点，强化措施，完善机制，推动全市公务公开透明运行工作向纵深开展。除涉密事项外，市、县、乡三级所有行政权力要全部予以公开，重点围绕“人、财、物”等群众关注的事项，以及权力运行的主要环节、重点部位实行全过程公开；要进一步加强公开载体建设，基本普及传统公开形式，充分运用现代信息化技术手段，使人民群众可以通过多种途径了解政务信息；乡级要普遍建立“群众事务办理中心”，使涉民事项公开到基层、服务到基层；要通过我们的工作，把“立党为公、执政为民”的宗旨转化为实际行动，最大限度地为人民群众提供便利。

优良的环境需要人人参与，需要铁的纪律。环境建设没有旁观者，每一个邯郸人都是环境建设的参与者、维护者、监督者。环境建设无小事，一言一行，一举一动，一句不恰当的话，一个不雅观的动作，一份不妥当的处罚书，一个不好的服务态度，看起来是平常小事，却可能引发非常严重的后果，轻则让投资商感到不快，重则会导致项目“远走高飞”，影响邯郸发展。要在全市各行各业深入开展“知荣辱、讲诚信、爱邯郸”主题教育活动，让全市人民认识到，环境是邯郸发展的“高压线”，谁也碰不得；是全市人民的“金饭碗”，谁也砸不得；是邯郸的品牌和形象，谁也损害不得；是每个干部群众的硬任务，谁都推卸不得。要拿出“重典治乱”的决心，敢于跟破坏环境的现象“叫板”，敢于跟破坏环境的人“较真”。凡是影响投资者办事效率，影响项目建设进程，影响企业、商户经营效益的，都要视为邯郸人民的罪人，在社会舆论上受到谴责，让“维护环境为荣、破坏环境为耻”成为全市上下的共识和自觉行动，使邯郸成为全省乃至全国最安全、最适宜资本成长、最适合人民创业、最具发展活力的城市！

（孙瑞斌时任中共邯郸市委书记）

供稿：邯郸市文明办

整理：陈凤娥

杨慧：在邯郸市文明委第五次全委（扩大）会议上的讲话（摘要）

（2007年4月20日）

一、总结成绩，查找差距，切实增强做好精神文明建设工作的责任感和紧迫感。2006年，全市精神文明建设工作紧紧围绕市委、市政府中心工作，以创建文明生态村、创建文明卫生城“双创”活动为重点，坚持在重点工作上求突破、在创新载体上求实效，精神文明创建工作亮点纷呈，成效显著，为推动全市经济社会更好更快发展作出了积极贡献。

一是以践行社会主义荣辱观为重点，公民思想道德建设水平不断提高。坚持把社会主义荣辱观教育与“文明铸就和谐”各项活动相结合，广泛开展了道德实践、文明礼仪知识竞赛、“十大爱心人物评选”、“知荣辱、爱邯郸”大型演讲竞赛、“创建美好邯郸、争做文明邯郸人”万人签名等一系列教育活动，使“八荣八耻”更加深入人心，进一步提高了市民的素质。同时，在全市还组织开展了集中清理城区环境卫生、万名党员干部志愿者美化邯郸和营造城市森林活动，进一步增强了人们的公益意识，美化了邯郸的城市形象。深入开展了“诚信邯郸”建设，强化了全体市民的诚信意识，优化了发展环境。2006年，由香港“中国城市竞争力研究会”发布的“中国城市诚信政府排行榜”，在281个参评城市中我市位列第27位，进一步提高了邯郸的影响力和知名度。

二是实施战役攻坚，文明城市创建工作再上新台阶。去年初，市委做出创建文明卫生城的工作部署后，全市上下迅速行动，突出整治环境卫生、提高城区文明程度两个重点，进行了大力度推进。先后组织实施了几大战役：①整治市容环境卫生。重点对大街小巷、城市出入口、沿街摊点、广告牌匾、重点部位、重要景点等进行了综合治理，使城市环境更加整洁，文化氛围更加浓厚。②创建文明交通。重点对车辆乱停乱放、交通违规、交通设施错乱陈旧和不文明交通行为等进行了整治，全市的交通秩序得以明显改观。③创建文明服务窗口。重点加大了对公交车、出租车、银行、车站、商场等服务行业人员的上岗培训，开展了“做文明使者、树窗口形象”系列活动，涌现出一大批文明服务示范窗口。④创建文明社区。在全市确定了26个精品社区示范点，广泛开展体育型、生态型、服务型、学习型、文化型等特色社区创建活动，建成50多个特色社区，建立了510多支社区文体队伍，使群众的精神文化生活更加繁荣，邻里之间的关系更加和谐，社区的文明程度明显提高。去年，邯山区农林三社区和丛台区广厦社区被命名为全国先进文化体育社区。

三是丰富创建内涵，文明生态村创建水平进一步提高。按照社会主义新农村建设“生产发展、生活宽裕、乡风文明、村容整洁、管理民主”的总要求，以明生态村创建工作为抓手，大力推进新农村建设。去年以来，全市先后投入上亿元资金用于支持创建工作，800多个省、市级文明单位开展了对口帮扶活动，第二批1149个示范村全部达到创建工作要求，全市形成了特色鲜明的“六线十片”创建格局。为全面提升农村社会管理和公共服务水平，按照统一标识、统一规章、统一运行机制的要求，第一批创建村全部建起了“村民中心”，开通了“三电合一”三农信息平台，部分“村民中心”安装了文化信息资源共享工程，通过建立新农民业校、健全文体设施、完善群众自治组织等，形成了“村民中心服务村民”的邯郸品牌，农民素质不断提升，村风民风进一步好转。中央八大媒体相继报道了我市“村民中心”建设情况，中宣部长刘云山、省委书记白克明等领导都给予了批示肯定。全省创建文明生态村现场观摩会于去年4月份在我市召开，与会代表分四路对我市9个县（市）48个创建村进行了观摩，创建工作成效受到了省领导和与会人员的广泛好评。会后，有近两万名省内外人员来我市观摩学习文明生态村创建工作，进一步扩大了邯郸影响。

在着力推进重点工作的基础上，其他各项常规性工作也都取得了新的成效。在未成年人思想道德建设工作方面，组织开展的“四点钟课堂”、“阳光课堂”、“英雄中队”等活动受到了中央、省文明委的肯定，两个创新案例（丛台区隔辈亲家长学校、邯山区四点钟课堂）被中央文明委评为二、三等奖。连续三年开办了高中“宏志班”，为150名贫困学子解除了后顾之忧。开展了三次大规模的科教、文体、法律、卫生“四进社区”活动，在给社区居民带去丰富文艺节目的同时，还向社区捐赠了价值几十万元的文体活动器材，进一步丰富了居民的文体生活。

在充分肯定取得成绩的同时，也要清醒地认识到，就我市的精神文明建设工作来讲，还存在很多不尽人意的问题。从城乡环境面貌上看，城市环境卫生还有脏、乱、差死角，城中村改造任务还很艰巨；大部分农村“晴天一身土，雨天两脚泥”的情况没有根本改变。从公民道德素质上看，市政公共设施遭人为损坏现象还时有发生，乱丢、乱扔垃圾等还都不同程度地存在。从思想观念上看，部分干部群众开放意识、诚信意识不强，加快发展的紧迫感还不够，与建设四省交界区域经济中心的要求还不相适应。尤其是文明城市创建竞争异常激烈，今年，省还将进行文明城市初评、明年进行总评，面对新一轮文明城市测评，如果我们走在其他城市的后面，将会直接影响我们建设区域经济中心，这对于我们来讲，既是机遇更是压力。因此，各级各部门一定要充分提高对精神文明建设工作重要性的认识，进一步增强抓好精神文明建设工作的责任感和紧迫感。

二、夯实基础，突出重点，全面提升精神文明创建工作整体水平。今年，是全市争创全国创建文明城市工作先进城市的重要一年。各级各单位一定要以创城工作统揽精神文明建设全局，为建设四省交界区域经济中心提供强大的精神动力和智力支持。

2007年精神文明创建工作的总体要求是：以邓小平理论和“三个代表”重要思想为指导，全面贯彻落实科学发展观和构建社会主义和谐社会重大战略思想，围绕中心，服务大局，以建设社会主义核心价值体系为根本，大力推进和谐文化建设，广泛开展“文明城乡、和谐邯郸”创建活动，进一步提高公民文明素质和城乡文明程度，动员各方面力量以实际行动迎接党的十七大，实现我市更好更快发展、构建和谐邯郸，为全面提升四省交界区域经济中心地位提供强大的精神动力和良好社会环境。按照这一总体要求，今年精神文明创建工作，要坚持“夯实基础、突出重点、创新载体、注重实效”的工作思路，围绕“文明城乡、和谐邯郸”这一主题，在“争做新型农民，提升文明生态村创建水平；争做文明市民，提升文明城市品位；争做文明公务员，提升和谐机关创建效果；争做诚信企业，提升经济发展的竞争力；争做热心好公民，提升构建‘温馨邯郸’的社会亲和力”上下功夫、做文章，突出抓好文明城市创建、文明生态村创建两项重点工作，着力在特色社区创建、“村民中心”建设、未成年人思想道德建设三个方面打造特色亮点。重点抓好以下几个方面的工作：

一是要广泛开展“文明城乡，和谐邯郸”活动，全面提升公民文明素质。围绕“文明城乡、和谐邯郸”这个主题，着力培育新型农民、文明市民、热心公民。突出抓好“四个深化”：首先，要深化拓展社会主义荣辱观教育活动。把树立社会主义荣辱观贯穿到思想道德建设的各个方面，扎实开展社会主义荣辱观教育进机关、进单位、进农村、进社区、进学校、进家庭活动，引导人们特别是广大党员干部和青少年，从自己做起、从点滴做起、从身边小事做起，以吸引群众参与的活动载体，践行社会主义荣辱观。其次，要深化拓展争做文明市民活动。要通过多种形式，教育引导市民开辟思想观念新境界，适应不断发展的新形势、新要求，把思想创新贯穿于建设区域经济中心的全过程。要不断深化十个文明（文明乘车、文明走路、文明行车、文明观演、文明游园、文明购物、文明就餐、文明待客、文明养犬、文明过节）系列活动，以良好的市民素质提升城市整体形象。第三，要深化拓展“诚信邯郸”教育活动。要从加强诚信教育入手，培养全市公民的信用意识，努力使“诚信邯郸”的观念深入人心。要从建设诚信政府做起，以政府诚信带动和促进社会诚信建设。各行各业都要制定行业诚信自律公约，并按照自律公约规范经营行为，用诚信赢得市场、赢得客户。第四，要深化拓展“温馨邯郸”活动。动员广大干部群众和社会各界，广泛开展“见难相助帮一帮、宽容礼仪让一让、道德行为评一评、不良陋习管一管”“四个一”道德体验活动，营造互帮互爱、宽容礼让的社会环境，推动“温馨邯郸”活动开展。

二是要坚持整体推进，大力加强文明城市创建活动。文明城市既是一个城市的品牌，又是一种发展机遇、一种精神文化，要以省文明城市检查验收为契机，通过创建凝聚人心，把广大群众的积极性调动起来；通过创建把文明城市的测评细则转化为日常工作标准，把测评机制转化为长效管理机制，不断提高城市管理水平；通过创建提升公民的文明素质，进一步光大邯郸形象。2005年省文明委按照中央文明委《文明城市检查测评体系》对我市进行了全方位检查验收，我们有14项硬性指标不达标，有一些动态性反复性强的指标也被扣了分。今年省文明委要进行初评，所得分数将占明年总评的40%。各级各单位一定要高度重视，狠抓落实，按照《邯郸市创建文明城市实施方案》中的目标任务要求，强化工作措施，压死创建责任，提高创建标准，为全省文明城市检查评比的资料审核、随机抽查等做好充分准备。在此基础上，要突出实施“三项行动”：一是实施市容市貌整治行动。以洁净街路为重点，通过建立长效管理机制，变突击治理为强化管理，出台具体治理标准，严格区分责任，把责任落实到具体单位、具体人员，努力把百条街路打造成靓丽的文明街路。二是实施创建文明窗口行动。围绕“硬件提档次，服务提品位”这一主题，以“优美环境、优良秩序、优质服务、行为文明”为标准，重点抓100个示范窗口，通过文明服务标兵、服务窗口争创活动，促进服务水平的不断提高。三是实施温馨社区创建行动。坚持以人为本，从居民需要出发，通过“六大工程”建设，做到探头工程保民安（建社区安全技控网）、协会工程使民乐（琴、棋、书、画、秧歌、读书等文体协会）、救助工程解民忧（下岗职工和贫困学生救助）、保障工程排民难（医务室、社保站建设，为下岗职工提供保障）、设施工程与民便（安装健身路径，搞好绿化、小游园建设等）、中心工程供民享（居民中心建设）。

三是要注重体现特色，扎实开展文明生态村创建活动。大力推进文明生态村创建活动向深度和广度拓展，不仅是落实省委、省政府工作部署的具体行动，更是建设社会主义新农村的必然要求。在这方面，要抓好三项重点工作：①要把建好管好用好“村民中心”作为创建重点，为更好地服务村民建好主阵地。要按照市文明委制定的《关于在全市农村建设“村民中心”的安排意见》，以“村民中心，服务村民”为宗旨，在建设“村民中心”上下功夫，在用好“村民中心”上做文章，力争2007年底前，第一、二批创建村全部建成能为农民群众提供“八项服务”的“村民中心”。②要拓展创建规模，加快创建步伐。在抓好第一批、第二批创建村巩固发展的基础上，根据河北省第七次党代会提出的2010年40%行政村跨入创建文明生态村工作先进村行列的奋斗目标，启动第三批880个村的创建工作，力争2007年全市再有6%的村跨入创建工作先进村行列。要广泛开展“五坚持（坚持规划先行、坚持硬化突破、坚持文化兴村、坚持突出特色、坚持完善机制）、五治理（治理无序发展、治理街路不畅、治理环境卫生、治理不良陋习、治理封建迷信）、五进家（生态文化进农家、整洁环境进农家、清洁能源进农家、健康生活进农家、欢乐和谐进农家）”活动，着力建设10片文明生态村集群，打造10条文明生态走廊，营造100个文明生态魅力家园，不断加快文明生态村创建步伐。③要在“培育新农民、构建和谐文化、促进文明乡风”上下功夫，激发新农村建设的源动力。提高农民素质，丰富文化生活，加强道德建设，是构建和谐农村的基础工作。要创新培训内容和方式，充分利用职业教育、远程教育、农科教联盟等手段，提高培训效果，力争使每家都有一个致富“明白人”，每个村都有一批致富带头人，为新农村建设提供技术支撑和人才保障，持续推动创建工作深入开展。要依托“村民中心”这一阵地，积极组建各类兴趣协会，壮大各类文体队伍，各县（市、区）、各有关部门要积极提供指导帮助，打造出一批各具特色的文化专业村，推动精神文明建设有形化、具体化。要建立健全红白理事会、道德评议会、妇女禁赌会等群众自治组织，结合“十星级文明户”创评活动，对一些不道德、不文明的事定期进行评议，逐步形成尊老爱幼、互助友爱、少生快富、丧事简办、婚事新办等文明新风。

四是要健全组织网络，切实加强和改进未成年人思想道德建设。要在完善机制上下功夫，在创新载体上求突破，努力营造学校、家庭、社会三位一体的未成年人思想道德建设网络。第一，要完善工作体系。把完善推进未成年人思想道德建设联席会制度作为一项基础工作，对联席会议参加部门明确工作任务，强化工作责任。要把未成年人思想道德建设工作作为文明单位、文明城区、文明乡镇、文明家庭的评选依据，通过建立和完善考评机制、激励机制，形成全方位齐抓共管未成年人工作的良好局面。要强化中小学德育教育，把德育教育作为重要的考核内容实化、强化。第二，要努力解决农村“留守儿童”、“流浪儿童”等特殊群体儿童的教育问题。在城市社区普及“四点钟课堂”，大力推广邯山区农林三社区经验，采取灵活办学的方式，充分发挥社区教育阵地和教育资源的优势，着力解决学校教育与家庭教育的衔接问题，加强城市未成年人教育和管理。在农村创建“阳光课堂”，大力推广大名县加强“留守儿童”教育经验，通过建档立案、加强联系、搞好心理辅导、定期开展教育等手段，为留守儿童健康成长提供强有力的保障。第三，要营造有利于未成年人健康成长的社会环境。要把群众反映强烈的网吧、网络、网游问题作为整治工作的重点，切实加大管理力度；要加强公益性电子阅览中心和“绿色网吧”建设，推进网吧连锁化经营，深化“文明办网、文明上网”活动；要加强未成年人活动阵地建设，各县（市、区）都要单独或依托其他公共设施，建设未成年人活动中心，并不断完善教育基地和公益性文化设施对未成年人免费优惠开放的政策措施，实现学校教育与校外活动的有效衔接，推动公益性活动场所更好地为广大未成年人服务。

（杨慧时任中共邯郸市委副书记）

供稿：邯郸市文明办

整理：陈凤娥

徐亚平：在邯郸市社会志愿服务指导委员会成立大会上的讲话（摘要）

（2007年3月20日）

成立社会志愿服务指导委员会，既是省、市文明委的工作部署，又是我市精神文明创建活动的要求。多年来，在市文明委的大力倡导下，在党员干部志愿者、青年志愿者、巾帼志愿者的示范带动下，全市各种形式的志愿者组织不断涌现，志愿者队伍不断壮大，志愿服务领域不断拓展，在扶贫济困、促进就业和社会发展的方方面面，特别是在对困难群众和贫困地区的帮扶中发挥了积极作用，受到各级党委、政府的充分肯定，赢得广大人民群众的普遍欢迎。随着各界群众、各种形式、各个领域志愿服务活动的广泛开展，整合社会志愿服务资源势在必行。成立社会志愿服务指导委员会，是推动全市社会志愿服务全民化、社会化的一个实际步骤。

社会志愿服务指导委员会的成立，标志着我市社会志愿服务进入一个新的发展阶段，跨入一个新的起点。新阶段、新起点就要有新思路、新措施。在这方面，要积极探索，锐意创新。一要拓宽服务领域。围绕构建“文明和谐邯郸”、建设四省交界区域经济中心的奋斗目标，扣紧“相互关爱、服务社会”这个主题，从“政府所急、群众所需和志愿者所能”的事情入手，不断扩展志愿服务的社会覆盖面，推动志愿服务在助残帮困、救灾赈灾、支教助学、科学普及、社会公益等各个领域开展，延伸到社会生活的方方面面，做到哪里有需要，哪里就有志愿者。二要打造服务品牌。对已经开展的助残行动、扶助下岗职工、助学工程等，进行筛选、整合、完善、提升，打造一批我市的志愿服务品牌。同时，要精心谋划形式多样的新型项目，使项目既有具体的内容，又有便于操作的形式，形成新的亮点。三要创新工作方式。首先要引入科技手段，借助互联网开展网上招募志愿者、网络咨询服务、网上救助等；其次是广泛开展结对互助行动，设置爱心卡等形式为社会志愿服务广泛开展开辟新的渠道；再次开展多类型、多层面的社会志愿服务，如组织青年志愿者、巾帼志愿者、公务员志愿者等多种队伍，在“争做新型农民，提升文明生态村创建水平；争做文明市民，提升文明城市品位；争做文明公务员，提升和谐机关创建效果；争做诚信企业，提升经济发展的竞争力；争做热心好公民，提升构建‘温馨邯郸’的社会亲和力”上下功夫、做文章；最后要探索建立激励机制，通过“功德录”、“道德银行”、“向奉献者奉献”等形式，使志愿者得到社会最终回报，进一步激发人们参与志愿服务的热情。要学会用民主的方式加以推进，总结和借鉴在群众性精神文明创建活动中形成的民主参与、大家协商、自我管理等好经验、好做法，并运用到社会志愿服务活动中去，吸引和动员城乡群众广泛参与，使社会志愿服务活动生动活泼、广泛深入地开展起来。

三、加强领导，推动社会志愿服务工作持续健康发展。社会志愿服务事业，是一项崇高的社会事业。各级党委、政府要切实关心、大力支持社会志愿服务工作，为这项工作的开展创造有利条件。市社会志愿服务委员会要按照《工作条例》的各项规定，迅速展开工作；各县（市、区）都要参照市里的做法，于3月底之前普遍成立县一级社会志愿服务指导委员会，把机构尽快建立起来，按照志愿者队伍不少于辖区总人口8%的要求，把方方面面的队伍组织起来，围绕“见难相助帮一帮，宽容礼仪让一让，道德行为评一评，不良陋习管一管”的“四个一”道德体验活动，推进群众性精神文明创建活动深入扎实开展。各类志愿者主管部门要加强志愿者队伍建设，各级团组织要指导青年志愿者进一步发挥主力军作用，人事、妇联、民政、老龄委等部门，要建立和完善公务员志愿者，巾帼志愿者、社区志愿者、夕阳红志愿者等组织指导机构，把各界群众广泛地组织到社会志愿服务活动中来。要通过大家的努力，在全市形成健全的工作体系。

(徐亚平时任中共邯郸市委常委、宣传部长)

供稿：邯郸市文明办

整理：陈凤娥

蒋繁忠：在全省“文明河北、和谐河北”创建活动启动仪式上的发言（摘要）

（2007年2月26日）

各级党政机关是经济、政治、文化和社会生活的组织者、管理者，是改革开放和现代化建设的指挥部、参谋部，是创建“文明河北、和谐河北”活动的中坚和骨干。党政机关的认识高不高、作风好不好、氛围浓不浓、措施实不实、行动快不快，都直接关系着创建活动的成效。因此，必须有一个很高的认识、积极的行动，在创建活动中带好头、作表率。

带好头作表率，必须着力提高思想认识。开展“文明河北、和谐河北”创建活动，是全面贯彻落实科学发展观的客观要求，是贯彻落实省第七次党代会精神的重大举措，是高扬“树正气、讲团结、求发展”主旋律的继续和深入。因此，各级党政机关要把创建活动列入重要议程，纳入党建规划，融入干部职工工作和生活之中，引导大家满腔热情地积极参与，全身心地投入到创建活动中来，努力形成“百舸千帆竞风流”的良好局面。

带好头作表率，必须大力推进机关文明建设。要把“建设服务型机关，强化社会管理和公共服务职能”作为创建活动的“抓手”，积极推行政务公开，形成行为规范、运转协调、公正透明、廉洁高效的行政管理体制；以“提速、提质、为人民、促发展”为核心内容，按照“严、细、深、实、快”的要求，不断提高工作效能，增强机关的执行力；以诚信为本、操守为重、守信光荣为基本准则，培养干部职工诚信观念和规则意识，努力增强机关的公信力。要全面加强思想作风、学风、工作作风、领导作风、生活作风建设，弘扬新风正气，抵制歪风邪气，在树立机关良好形象上下功夫，在解决涉及人民群众切身利益问题上下功夫，在规范干部职工言行上下功夫，在营造优美机关环境上下功夫。

带好头作表率，必须积极促进和谐机关建设。要以营造和谐环境为重要目标，以知荣明耻、团结友爱、心和气顺、安定有序，奋发有为、勇于创新为主要内容，开展形式多样、喜闻乐见的机关文化活动，运用传媒网络、典型示范、参观交流等载体，倡导和谐理念，培育和谐精神，形成基于共同理想、严明纪律、高尚追求之上的紧密团结，建立彼此信任、坦诚相待，平等融洽、相互关爱的深厚感情，营造心齐气顺、风正劲足的浓厚氛围。

(蒋繁忠时任中共河北省委省直工委副书记)

供稿：省直文明办

整理：郑建忠 李新亮

冯玉库：在全省建设系统党风廉政建设精神文明建设行风建设工作会议上的讲话（摘要）

（2007年1月30日）

2006年精神文明建设向深度和广度拓展。以开展社会主义荣辱观教育活动为重要载体，高扬“树正气、讲团结、求发展”的主旋律，拓宽思路，拓展领域，大力推动行业精神文明建设。

一是认真抓好服务热线建设。我省率先在全国开设了96116便民服务热线，经过近8年的建设推广，现在已成为城市居民家喻户晓的热线，成为政府部门与人民群众的连心线，在服务广大群众、为群众排忧解难、给政府提供决策咨询方面发挥了积极的作用。据统计，仅去年全省建设系统服务热线就接到群众来电176万次，反映事项办结率为98.83%。按照建设部和省建设厅的要求，各级各部门积极稳妥地将96116服务热线改为全国统一特服号12319服务热线，并以“改号”为契机，进一步拓宽服务范围，提升服务质量和服务水平。截止去年底，全省已有9个设区市开通12319建设事业服务热线。廊坊市12319热线服务范围已覆盖建设系统各局。

二是深入开展“三下乡、五服务”活动。全省建设系统以县（市、区）为单位，组织工程技术服务小分队，分片包干，深入农村巡回指导服务，送图送技术下乡，指导村庄规划建设、盖房修路、环境绿化、改水改厕、沼气推广等工作，为社会主义新农村建设和文明生态村创建工作作出了积极贡献。

三是大力开展“三优杯”竞赛和“讲文明、树新风”活动。各级各部门通过开展各种服务竞赛活动，着力为广大人民群众做实事、办好事、解难事，树立起良好的形象。完善城市环境整治“燕赵杯”竞赛标准和规划，着力解决影响市容市貌、有碍观瞻的马路市场、垃圾围城等脏乱差问题，大大改善了居民的工作生活条件，提高了人居环境质量。

2007年要广泛开展“文明行业，和谐行业”创建活动，全面加强精神文明建设。积极响应省文明委号召，结合建设系统工作实际，广泛开展“文明行业，和谐行业”创建活动，把精神文明建设不断引向深入。

一是开展文明行业创建活动。公交、供热、供水、供气等“窗口”行业，要建立和修订文明行业标准，积极开展文明行业创建活动。要进一步完善服务体系，整合服务资源，提高服务质量，选树行业标兵。继续推行社会服务承诺制、生产经营信誉制，不断提高服务质量和社会信誉。做好国家级、省级“青年文明号”评选和复查工作。认真做好12319服务热线的推广和建设工作，逐步扩大覆盖面和服务范围，适当时机，召开现场交流会，推广先进经验及做法。

二是开展“法律八进”活动。在建设系统掀起学法用法热潮，让法律进机关、进村镇、进企业、进市场、进工地、进社区、进学校、进公共场所，教育广大干部职工自觉守法律、讲权利、讲义务、讲责任，依法管理、依法办事，进一步提高全行业法治化管理水平，努力维护改革发展稳定大局，为建设事业健康和谐发展营造良好的法治环境。

三是开展文明机关创建活动。把以“八荣八耻”为主要内容的社会主义荣辱观教育和社会主义核心价值体系融入文明机关建设，按照“优良作风、优质服务、优美环境”的要求，进一步提高机关办事效率和服务质量，推行执法责任制，规范机关办事行为，营造机关优美有序的工作环境。

四是开展文明工地创建活动。努力把建筑工地建设成为建筑行业和城市文明的窗口要树立“以人为本”的理念，不断改善施工现场生产作业与生活环境的卫生、文明状况，为职工创造一个安全的作业条件。关心和重视农民工的身心健康，激发广大职工的荣誉感和责任感。不断提升建筑行业的社会形象，为营造优美、整洁、和谐的市容环境增光添彩。

五是开展优秀物业管理住宅小区评比活动。积极引导物业部门加强小区管理、改善小区环境、提高服务质量。采取多种方式和手段，增进物业人员和居民以及邻里之间的沟通了解，化解矛盾纠纷，共建文明和谐小区。

（冯玉库时任省建设厅纪检组长、监察专员）

供稿：省建设厅文明办

刁厚枝：在全省交通行业精神文明建设工作会议上的讲话（摘要）

（2006年11月28日）

认清新形势，把握新要求，扎实推进行业精神文明建设工作再上新台阶

党中央历来对精神文明建设高度重视，强调社会主义精神文明是社会主义社会的重要特征，是现代化建设的重要目标和重要保证。党的十六大以后，党中央陆续提出了一些新理念、新要求。无论是全面贯彻落实科学发展观，还是构建和谐行业，都必须坚定不移地推进行业精神文明建设工作。

“十一五”时期全省交通行业精神文明建设工作的指导思想是：坚持以邓小平理论和“三个代表”重要思想为指导，以科学发展观为统领，紧紧围绕交通发展这个中心，服务交通工作大局，以创建人民群众满意的文明行业为主线，突出和谐行业建设和交通文化建设两个重点，抓实抓好“学树创”活动这个载体，努力提高交通职工队伍素质和行业文明水平，为推动交通事业更快更好发展提供强有力的精神动力和思想政治保障。

“十一五”时期全省交通行业精神文明建设工作的主要目标是：实现交通职工思想道德素质、科学文化素质和业务技能明显提高，交通职业道德风尚更加良好，交通行业精神深入人心，凝聚力进一步增强，使交通行业真正成为人民群众满意的行业；精神文明建设长效机制进一步完善，创建文明行业工作取得新的成果，全省90%以上的市、县交通主管部门、80%以上的事业单位建成市级以上文明单位，培养和树立一批有较强影响力的先进单位和模范人物，建立一批文化示范单位。

（一）加强科学理论武装，大力提高广大职工思想道德素质

要继续组织广大职工深入学习邓小平理论、“三个代表”重要思想，提高践行“三个代表”重要思想的自觉性；进一步深化社会主义荣辱观学教活动，深入学习科学发展观，不断提高领导水平和发展交通的能力；要深入学习贯彻党的十六届六中全会精神，充分认识构建社会主义和谐社会的重大意义，切实把构建和谐社会、和谐行业作为今后交通工作的指导原则和重要任务。要通过科学系统的学习，使中央提出的重大理论、重要理念深入人心，使广大干部职工的思想更加明确，“服务人民、奉献社会”的宗旨观念更加牢固。

（二）建设交通文化，增强行业发展软实力

建设行业精神文化。要把焦彦龙厅长提出的“奋发有为、争创一流，求真务实、真抓实干，学习进取、团结和谐，廉洁高效，正气昂然”32个字作为全行业的精神价值理念，贯穿到全省交通行业的方方面面和各项工作的全过程，成为广大职工的自觉尊崇和共同追求，成为激励广大交通职工干事、干成事的精神动力。

建设行业制度文化。要进一步完善交通职业道德规范、岗位行为规范、文明服务标准等，组织编写职工行业手册，建立科学、规范的内部制度体系。努力将各项制度转化为自觉遵守的行为准则，精心打造一批新的知名服务品牌。

建设行业物质文化。要精心打造以人文关怀为主要内涵的亲情服务品牌，同类的窗口单位要尽可能地推行标准化，形成整体形象，努力实现几个

统一：统一标志色，统一标识，统一服务程序和标准。公路建设和管理部门要努力打造“文明示范路”和“爱心驿站”两个品牌，更加注重以人为本，发展人文交通，在公路沿线增设文化标识标牌，增设人性化的功能设施，做到温情提示，体现人文关怀；要注重公路环境建设，加强绿化、美化，打造更安全、更便捷、更通畅、更和谐的现代公路文化，切实把公路通道建设成为文化长廊。交通大中型企业要以自身经营发展为中心，积极培育符合市场经济体制要求，体现现代管理理念和经营思想，反映职工价值取向，代表自身特点和形象的企业文化品牌。

（三）抓实抓好“学树创”这一重要载体，深入开展四大实践活动

在交通行政管理领域，继续开展争创文明机关、争当“人民满意公务员”活动。要进一步加强效能建设，围绕“提速工作过程、提高工作质量”的总体要求，努力把各级交通机关建设成为全行业的表率。县级以上交通行政机关“十一五”时期必须全部建成市级以上文明单位。

在交通基础设施建设领域，开展“建人民满意工程”活动。建人民满意工程，包括几个方面：建优质工程，保证全省交通重点建设项目全部达到优质水平；建效益工程，保证各项工程按期开工、如期竣工，非特殊情况工程投资不超概算；建和谐工程，按照建设资源节约型、环境友好型社会的要求，继续促进交通发展与资源、环境相协调；建廉政工程，力争交通建设领域不出现腐败案件。

在交通服务领域，以“服务人民，奉献社会”为宗旨，广泛开展创建“文明服务示范窗口”活动。参加创建的范围包括公路通行费收费站、道路客运汽车站、高速公路服务区、一般公路服务站点、港口码头、长途客车、出租汽车、维修场站等，同时要按照交通部的部署，开展好文明样板路、文明样板航道创建活动。服务窗口要按照“三优三化”（优美环境、优良秩序、优质服务，服务过程程序化、服务管理规范化、服务质量标准化）的总体要求，不断改善服务条件，营造功能完备、整洁美化、舒适便利的交通服务环境；要着力解决态度生硬、服务粗糙等问题，倡导以人为本、精细服务，规范服务行为，提高服务质量。

在交通行政执法领域，全面深入开展创建“文明执法示范窗口”活动。参加创建的范围包括路政、运政、征稽、地方海事四个执法门类的基层执法单位及综合性的交通业务大厅等。对执法部门总的要求是规范执法、文明执法。文明执法是建立在规范执法基础之上的，省厅继规范执法车辆、执法证件之后，即将印发交通执法规范，重点是对执法程序、执法文书进行规范。厅属各执法部门要结合本执法门类的具体特点，制定详细的工作制度和文明执法规范，并认真抓好教育培训，提高执法人员素质，提高文明执法水平。各市交通部门要认真抓好执法方式的转变，大力推行综合执法、联合执法，并全面加大执法监督力度，更好地向社会展现交通执法形象。

（四）培养树立先进典型，发挥示范导向作用

树典型首先要注重挖掘和培养典型，对那些工作业绩突出、职工队伍素质高、整体形象好的集体以及思想基础好、奉献意识强、严于律己、积极向上的个人，要善于发现、培养和引导，帮助他们进行规范和提高。要加大先进典型的宣传推广力度。各级交通宣传机构要高度重视新闻宣传工作对精神文明建设的重要推动作用，精心组织策划好重大主题宣传和重点活动报道。要尊重、关心、爱护先进典型，从政治上、工作上、生活上为他们创造良好的条件，落实好劳动模范、先进工作者各项待遇。

（五）坚持纠建并举、标本兼治，改进行业风气

交通工作与群众的生产生活息息相关，社会各界对交通行业非常关注。我们要牢记服务人民、奉献社会的行业宗旨，紧紧抓住各级机关、交通执法及服务窗口、交通建设等重点部位和关键环节，有针对性地解决好存在的突出问题，从根本上改进行业风气。各级交通机关要重点解决效率不高、作风浮躁的问题，努力提速工作过程，提高服务质量；交通执法领域要重点解决粗暴执法、随意执法的问题，倡导执法为民、文明服务；窗口服务领域要重点解决交通客运倒客宰客甩客、黑车运营、态度生硬、服务粗糙的问题，倡导以人为本、精细服务。交通建设领域要重点解决商业贿赂、转借资质、虚假投标、偷工减料以及公路养护不及时、不到位、影响畅通和安全等问题。通过解决这些突出问题，

进一步改进交通行业风气，树立行业良好形象。

（六）加强思想政治工作，推进诚信和谐行业建设

要进一步加强和改进思想政治工作，为构建诚信和谐行业打牢共同思想基础。要在全行业大力倡导诚信负责的交通新风尚。通过打造诚信交通，把诚信建设的要求内化为职工素质，外化为行业形象，固化为制度规范。

要在交通行业大力倡导和谐的思想价值观念，引导大家学会用和谐的思想认识事物、用和谐的态度对待问题、用和谐的方法处理矛盾，使崇尚和谐、维护和谐的理念成为广大干部职工的共同追求和重要的价值取向。要以文明铸就和谐，摆正交通部门与群众的位置，在交通建设、运输发展、交通执法等方面，要设身处地为群众着想，努力创造人与人、人与社会共同和谐，处处体现人文关怀。

各级领导干部要坚持以人为本，关心爱护干部职工，满腔热情地帮助他们解决在工作、生活中遇到的困难和问题，尊重他们在交通实践中所表现出来的创新精神和工作成果。要在全体干部职工中大力倡导以诚信做人、和谐相处、团结协作为主要内涵的阳光心态，提倡团结协作、乐于助人；提倡宽容并欣赏别人，多看同志的长处，多学习他人的优点；提倡共荣共赢、互帮互助、共同进步。

要加强思想政治工作研究。思想政治工作说到底是做人的工作，而一切工作都是靠人去做的。因此，思想政治工作也是做好一切工作的基础和保障。思想政治工作本身也是一个工作体系，有其科学性和规律性，只有不断总结和研究，才能更好地把握时代主旋律和职工思想动态，不断增强思想政治工作的针对性和时效性。当前面临的新形势、新任务，需要进一步发挥思想政治工作研究会的职能作用。政研会要加强自身建设，不断拓展研究领域，增强服务功能，创新工作机制和方法，力争形成更多的高质量、高水平的研究成果，为推动行业精神文明建设工作作出应有的贡献。

加强领导，完善措施，为行业精神文明建设各项工作任务的落实提供有力保障

行业精神文明重在建设，贵在落实。要使行业精神文明建设真正取得实效，就必须有坚强的组织领导，完善的运行机制，高素质的政工队伍。

（一）进一步加强对行业精神文明建设工作的领导。各级交通部门主要领导要认真负起精神文明建设“第一责任人”的责任，带头做好工作，要在精神文明建设上投入更多精力，亲自部署、亲自督促、亲自落实。继续推行“一岗双责”，领导班子成员既要抓好业务工作，也要抓好分管部门的精神文明建设工作，形成主要领导亲自抓、分管领导重点抓、党政工团齐抓共管、全行业积极参与的组织领导机制。领导机关、领导班子、领导干部要带好头，做表率，积极支持和参加各项群众性文明创建活动。要加强宣传引导，努力营造“人人是创建主体、处处是创建窗口”的良好氛围。要充分发挥社团组织的桥梁纽带作用，鼓励广大交通从业人员积极投身行业精神文明建设。

（二）进一步完善行业精神文明建设长效机制。要认真研究社会主义市场经济条件下行业精神文明建设的特点和规律，结合我省交通工作的实际情况，着力构建五个机制：一是要完善目标责任机制。要把精神文明建设纳入交通发展的总体规划，逐级分解任务、落实责任，与业务工作统一部署、统一落实、统一考核、统一奖惩。二是要完善检查考评机制。要研究制定科学、规范的精神文明建设工作考评标准体系，把集中考评与日常考评结合起来，把考评工作量与考评实际效果结合起来，促进行业精神文明建设扎实进行。三是要完善表彰激励机制。要规范评选表彰条件和程序，定期开展评选表彰活动，褒奖为交通事业发展作出突出贡献的先进单位和个人。四是要完善监督和责任追究机制。要采取邀请群众评议、设立投诉渠道等途径和方式，充分发挥人民群众的监督作用，同时严格责任追究。五是要完善物质保障机制。要根据行业精神文明建设的客观需要和财力状况，逐步增加对行业精神文明建设的投入，将行业精神文明建设工作所需经费纳入年度财务预算。要通过健全行业精神文明建设工作的长效机制，推动行业精神文明建设向制度化、规范化、科学化发展。

(三)进一步加强交通政工队伍建设。行业精神文明建设大有可为，政工干部作为其工作主体，应该大有作为。要按照政治强、业务精、作风正的要求，加强政工队伍自身建设。要健全精神文明建设工作机构，配齐配强专兼职政工干部，给政工干部

足够的地位、足够的权利、足够的保障。要真正重视、真情关怀、真心爱护政工干部，支持和帮助他们解决困难、开展工作。广大政工干部要自觉加强思想作风建设，增强政治意识、大局意识、责任意识；不断加强学习，广泛开展调查研究，提高工作能力。

（刁厚枝时任省交通厅纪检专员、监察组长）

供稿：省交通厅文明办

汪康：在全省国税系统税务文化建设现场会上的讲话（摘要）

（2007年5月30日）

加强税务文化建设，是实现河北国税事业跨越发展的基础。各级国税机关要高度重视税务文化建设，坚持“两手抓，两手硬”，将文化建设与业务工作紧密结合起来，一起研究，一起部署，一起落实。要与税收管理三年规划相配套，制定税务文化建设的三年规划，有计划、分步骤地抓好落实。年内，各市局要选择三分之一的单位启动税务文化建设工作。

（一）加强税务精神文化建设。精神文化是税务文化的核心，是税务文化的高度浓缩和集中反映，是加强税务文化建设的重点。要坚持以科学的理论武装人、以正确的舆论引导人、以高尚的精神塑造人、以优秀的作品鼓舞人，使全体干部明确价值取向，提高精神境界，增强综合素质，共同为国税事业发展而努力。一是牢固树立共同的理念和愿景。这是广大国税干部的灵魂，是推动国税事业发展的强大精神动力。根据总局党组的要求和河北国税的实际，我们要共同遵循的核心价值理念是“聚财为国，执法为民”，我们要共同追求的愿景是构建“和谐国税”。各级要围绕这一共同理念和愿景，广泛、深入、耐心细致地教育引导，努力使全体干部认知、认同并自觉实践。二是深化教育效果。要使共同理念和愿景真正深入人心，必须运用各种行之有效的形式和载体，进行潜移默化的渗透引导。要积极创作文化作品，通过各种艺术形式将落实共同理念和愿景的成果体现出来。要充分利用互联网、报刊、书籍、音像、文化墙等媒介载体进行宣传，使干部职工在耳濡目染中受到熏陶教育。要深入开展创建文明单位、青年文明号、争当“优秀税务工作者”等精神文明创建活动，积极开展文艺演出、读书演讲、书画摄影、体育比赛等文体活动，使干部职工在参与过程中，思想感情得到熏陶，精神生活得到充实，道德境界得到升华。三是树立先进典型。先进典型是国税精神的现实化身，其理想、信念和追求影响着周围的干部。加强税务文化建设，要重视发挥先进典型的示范带动作用。要加大对先进典型的选拔培养力度，树立一批具有行业特色、体现先进思想和时代精神的先进典型。大力宣传先进典型的优秀事迹、高尚品格和精神风貌，形成学习先进、争当先进的良好氛围。四是注重领导带头。领导干部的思想理念、一言一行，对广大干部职工产生着巨大影响。搞好税务文化建设，关键要发挥领导干部的表率作用。各级领导特别是一把手要做先进文化理念的倡导者、示范者。要充分发扬民主，鼓励群众积极参与决策和管理，营造群策群力、共谋发展的局面。要坚持以人为本、以情带队，怀着真挚的爱心、带着深厚的感情做好群众工作，积极为群众排忧解难，调动群众的工作积极性。要加强自身修养，用自身的人格力量影响、带动群众。五是强化干部学习。加强学习，是树立先进文化理念、提升文化素质的必然选择。要大力加强学习型组织建设，引导干部职工树立学习是生存和发展需要的理念，工作学习化、学习工作化的理念，终身学习、团队学习、全程学习的理念，自觉、经常、不间断地进行学习，把学习作为一种神圣职责，一种精神境界，一种终身追求。按照“注重综合素质、提升岗位技能、创新培训方式、实施全员培训、促进终身学习”的要求，分类、分层次地对干部进行全员培训，做到人人学习、合格上岗、不合格待岗再学习。开展多样化、经常性的学习活动，完善学习制度和奖惩机制，增强学习效果。

（二）加强税务制度文化建设。税务制度文化建设的作用在于通过制定和完善各项制度，使之成为税务干部自觉遵循的行为规范。各级要大力加强制度文化建设，形成用制度规范从政行为、靠制度办事、靠制度管人的良好机制。一是按照先进文化理念的要求设计制度。在设计制度时，要以群众普遍认同的先进文化理念为指导，特别是要将体现严格管理的要求与体现“以人为本”的人性化要求有机结合起来，使各项制度充分反映和体现先进文化理念，做到先进文化理念与制度规范的协调统一。这样制定出来的制度，能够有效地促进制度落实。二是按照与时俱进的要求完善制度。要适应形势的发展变化，对已经制定的制度进行全面梳理，修订完善不科学不合理的制度，归纳整合零散的制度，形成一整套科学合理、针对性和操作性较强的制度体系，确保各项工作有章可循、有据可依，保持良好的工作秩序，做到行为规范、运转协调、公正透明、廉洁高效。三是按照严格管理的要求抓好制度落实。要对各项制度的落实情况进行严格检查、严格考核，对落实得力的通报表彰，对落实不力的批评惩诫，对违反制度的严肃查处，做到令行禁止、违者必纠，充分发挥制度的规范作用和激励、约束作用。

（三）加强税务行为文化建设。任何行为都贯穿着一定的文化理念和文化精神，体现和反映着一定的文化意识形态。税务文化在很大程度上是通过国税机关和国税干部的行为来体现的。各级要大力加强行为文化建设，用行为体现出较高的文化素养和丰富的文化内涵，让社会公众感受到优秀的税务文化。重点要规范“四种行为”。一是规范税收执法行为。牢固树立依法治税是税收工作灵魂的理念，坚持严格、公正、文明执法。在面临收入压力时，要严格坚持组织收入原则，不能因为任务紧张就收“过头税”，也不能因为任务宽松就有税不收；在有的地方以优化投资环境为由提出违反税法的要求时，要积极做好解释、协调工作，不得以放弃原则为代价谋求部门和个人利益；在受到纳税人拉拢腐蚀及人情关系困扰时，要廉洁自律、秉公执法，不能贪图一时利益造成终生痛苦。二是规范纳税服务行为。牢固树立为纳税人服务的理念，努力减轻纳税人负担，为纳税人提供文明、便捷、经济、高效、透明的服务，做到“阳光操作、优化流程、提升手段、丰富措施”。阳光操作，就是全面推行办税公开，自觉接受纳税人和社会各界监督，使税收工作更加规范、透明；优化流程，就是重组税收业务，完善岗责体系，简化办税程序，深化“一窗式”服务，实现“统一受理、内部流转、限时办结、窗口出件、信息共享”的“一站式”办税服务模式。提升手段，就是充分运用信息化手段，实现纳税人涉税事宜的网上办理。丰富措施，就是采取税收宣传、咨询辅导、预约服务、延时服务、提醒服务、零距离服务等一系列服务措施。要通过努力，变被动服务为主动服务，变局部服务为全方位服务，变浅层次服务为深层次服务，变一般性群体服务为个性化服务，全面提升纳税服务水平。三是规范税收管理行为。牢固树立科学化、精细化管理的理念，创新管理制度、管理机制和管理方式，强化上下之间、部门之间的协调联动，发挥信息化手段的支撑作用，努力实现从重任务向重管理的转变，从粗放式管理向精细化管理的转变，从经验式管理向科学化管理的转变，从封闭式管理向开放式管理的转变，从单一型管理向互动型管理的转变，切实提高税收管理的质量和效率。四是规范日常生活行为。引导干部职工牢固树立维护国税形象的意识，做到着装整洁，举止优雅，言语文明，注重礼节，廉洁自律，诚实守信，时时处处展现出国税机关和国税干部的良好精神风貌。

（四）加强税务物态文化建设。税务物态文化是反映税收实践活动的物质形式，蕴含和折射出丰富的税收思想、管理理念、审美意识和价值观念。要按照简朴实用、美观大方、注重文化内涵的原则，大力加强物态文化建设，全面展示文化理念、行为准则和取得的成绩、荣誉，对内熏陶、感染干部职工，对外树立良好的国税形象。一是加强办公环境建设。要对机关和基层的基础设施、办公条件进行一次全面清理，有计划地进行改造、完善。既要努力改善那些办公条件较差的单位，为干部职工创造一个较好的工作环境，又要勤俭节约、讲求实效，坚决杜绝奢侈豪华和盲目追求高标准、高档次。办公环境建设要努力做到“整齐划一、洁净优美、设施齐全、品位高雅”。整齐划一，就是统一各类国税形象标识，统一办公及生活用品的配备和摆放；洁净优美，就是保持办公场所的绿化、美化、亮化、净化；设施齐全，就是健全荣誉室、图书室、党员活动室、文化展览室、文体活动室等设施；品位高雅，就是通过设置文化墙、文化走廊、文化宣传栏等，营造健康高雅的文化氛围，提升文化品味。二是加强办税服务厅建设。办税服务厅是树立国税形象的重要窗口。各级要按照省局《关于进一步统一和规范办税服务厅管理的意见》，改造完善办税服务厅，做到“八个统一”。即：统一名称和标识；统一办税功能分区；统一设置办税窗口；统一岗位职责和工作流程；统一标语、资料、文明用语；统一公示公告的内容；统一配置服务设施；统一办税制度和纪律。三是加强信息化建设。信息化建设体现着先进的管理文化，是提升工作效率的支撑、反映先进水平的标志，也是沟通纳税人和社会各界的桥梁。各级要以“大集中、大网络、大平台”为目标，加快信息化建设步伐。大集中，即实现管理数据集中、软件开发集中和运行维护集中。管理数据集中，就是把全省数据集中起来，把各方面信息集中起来。软件开发集中，就是应用软件的开发由省局集中管理，按项目审批，避免多头开发，造成浪费。运行维护集中，就是应用系统管理和技术维护，由省局统一协调调度，确保各个系统的正常运行。大网络，即逐步将信息化网络覆盖所有税种、税收工作所有重要环节和各级国税机关，并努力实现与外部相关部门的联网。大平台，即建立统一规范的数据应用平台和纳税服务平台，建成“网上河北国税”，强化数据应用，使管理层和操作层都能充分利用现有数据指导、管理税收工作。

同志们，加强税务文化建设是一项长期任务，是一项系统工程，需要系统上下统一认识、协调联动、齐抓共管。要将税务文化建设贯穿到各项工作之中，渗透到每个工作环节。通过加强税务文化建设凝聚人心，形成共同的愿景和价值理念，使全体干部团结一致、齐心协力地做好各项工作，推动河北国税事业实现跨越发展。

（汪康时任省国税局局长）

供稿：省国税局文明办

聂瑞平：在开展学习孟庆余同志先进事迹活动动员会议上的讲话（摘要）

（2007年8月21日）

孟庆余同志33年如一日，以对党无限忠诚、对体育事业无比热爱、对本职工作高度负责的精神，扎根基层，默默奉献，淡薄名利，无怨无悔，把所有的时间、精力、金钱都用在了训练中，在平凡的岗位上做出了不平凡的业绩。孟庆余同志不愧是广大基层体育工作者艰苦创业、无私奉献、顽强拼搏、勇于攀登的杰出代表，不愧是我们每一名体育工作者学习的榜样。

动员会前，局党组会议就此进行了专题研究，机关党委印发了《关于开展学习孟庆余同志先进事迹活动的通知》，对学习活动提出了要求。借此机会，我再讲三点意见：

一、深入开展学习活动，在全局掀起学先进赶先进当先进热潮

孟庆余同志是我们体育战线上的一个典型，是我们广大体育工作者中的杰出代表，他的事迹具有鲜明的时代特征。当前，我们正致力于沿海体育强省建设，各方面工作任务都很繁重，备战奥运会、全运会也进入关键时期，迫切需要许许多多孟庆余式的体育工作者。今天，我们这样大规模的观看报告会录像，广泛宣传和学习他的先进事迹，这对于鼓舞和鞭策全体干部职工以孟庆余同志为榜样，振奋精神，激励斗志，开拓进取，圆满完成各项工作任务，取得更加优异的成绩，加快推进沿海体育强省建设，具有很强的现实意义。在此，局党组号召全局各级党组织切实把学习孟庆余同志先进事迹作为当前和今后一个时期的重要任务，以孟庆余同志先进事迹为生动教材，广泛深入扎实地开展学习宣传活动，在全体干部职工中掀起学先进赶先进当先进的热潮。学习孟庆余同志，就要像国家体育总局刘鹏局长指出的，学习他热爱祖国、为国争光的坚定信念，学习他勇于登攀、敢于超越的拼搏精神，学习他爱岗敬业、争创一流的进取意识，学习他不畏困难、艰苦奋斗的革命精神，学习他同舟共济、团结协作的大局观念，学习他淡泊名利、默默奉献的崇高品质。全体干部职工都要充分认识学习孟庆余同志先进事迹的重要性，深刻领会孟庆余同志先进事迹的重大现实意义，自觉、主动地投入到学习活动中来，各级干部和共产党员要身体力行，努力做学习孟庆余先进事迹活动的表率，推动全局的学习活动不断向更深层次发展，在全局、在备战队伍中形成一种人人学习先进、人人争当先进的浓厚氛围，在全局涌现出许许多多像孟庆余同志这样的体育工作者。

二、以孟庆余同志先进事迹为标尺，切实查找和解决备战训练工作中存在的突出问题

孟庆余同志作为一个基层的教练员，为国家培养输送了包括扬扬、王濛在内的近百名优秀运动员，仅此一点就值得我们特别是广大教练员深思。当前，我们正在进行紧张的备战训练，学习孟庆余同志先进事迹，一个重要方面就是要对照自己，查找和解决我们自身备战训练工作中存在的问题。今天，各运动管理中心负责同志和许多教练员参加会议，借此机会我想就近一段调研时发现的训练备战中的一些问题谈四点意见。第一，关于树立必胜信念的问题。竞技体育，不仅是比技术，更是比心态、比信念。实力弱的一方，以勇猛精神、必胜信念发挥出超常水准从而取胜对手，这种例子在竞技体育项目中可谓普遍存在。必胜信念是一种无形的精神动力，是形成意志和激发毅力的必备条件。我们从事竞技体育的同志特别是广大教练员，必须坚定这种必胜的信念，必须有奋力搏杀的锐气、不服输的霸气、敢于胜利的胆气，并贯穿到日常备战训练中，体现到运动员身上。对于落后项目，要在正视现实、承认差距、做好工作的同时，更要有一股不服输的韧劲，要敢于争胜，敢于向金牌发起冲击。第二，关于解放思想的问题。竞技体育是一个周期性的工作，但也是一个常新的工作。如果我们总是沉溺于周期性的以往的经验之中，就会裹足不前，就会禁锢思想。竞技体育没有思想观念上的突破，不能打破传统思维和经验的束缚，就不可能实现成绩上的突破。每个运动管理中心都要有“超常规思维，跨越式发展”的战略思考和气魄，每一个项目都要有“解放思想，正视差距，夯实基础，创造奇迹”的工作要求。第三，关于把握运动项目规律的问题。竞技体育项目有其自身的规律，主动、积极地去掌握竞技运动项目的客观规律和发展趋势，并运用到实际备战训练工作之中，是对竞技体育工作者特别是广大教练员的基本要求。运动训练是一个各个要素、矛盾和关系交织的复杂过程，认识项目特征及其训练规律是一个说起来容易、做起来很难的事情。我们一些教练员认为，只要在训练中进行一些测试、跟踪录像，然后根据测试结果提供的数据分析进行训练就是科学训练了。其实这是片面的、浅层次的，还不是真正意义上的科学训练。真正的科学训练，首先是训练思维上的科学化，是动态理解和把握项目的本质特征及其训练规律，并在继承的基础上对传统训练理念和方法手段进行扬弃和创新。从实际工作上看，我们许多落后项目长期上不去，往往不是功夫下得不够，而是对实践经验的总结不深刻，对项目规律的认识不到位，对“三从一大”、“训科医一体化”等训练方法没有真正科学的理解和运用。第四，关于加强备战队伍管理的问题。发展竞技体育，提高竞技体育水平，说到底是一个队伍的管理问题。我们的竞技体育工作，不仅要让运动员出成绩，更要对运动员全面发展、顺利走向社会负责；不仅要抓好运动员的技战术、身体素质的提高，更要抓好运动员理想信念、思想作风、文化素质、道德修养的提升。因此，我们竞技体育工作者要放眼长远、放眼未来，坚持一手抓技战术和体能训练工作，一手抓运动队思想政治工作，真正做到“两手抓，两手都要硬”。省体育局党建工作会议上安排部署的运动队文化建设，就是为全面加强运动队管理，加强思想政治工作而采取的一个重要措施，希望各中心高度重视，后天机关党委还要召开运动队文化建设座谈会。以上四点，只是个人一点思考，与大家交流。总之，希望各运动管理中心和备战队伍要以这次学习活动为契机，有重点、有针对性地查找和解决工作中存在的不足，切实采取有力措施，全面提高备战训练工作水平。

三、以学习孟庆余同志先进事迹为动力，推动

各项工作再上新台阶

开展学习孟庆余同志先进事迹活动，最根本的是见贤思齐，联系实际找差距，针对问题定措施，明确目标建机制，推动工作上台阶，取得实实在在的成效。这次学习活动要注意做好“五个紧密结合”，即要与中心工作紧密结合，把学习先进体现到中心工作中、渗透到业务工作里、落实到工作岗位上；要与转变工作作风、加强干部队伍建设、提升能力水平紧密结合，树立体育行业的良好形象；要与查找问题和差距紧密结合，进一步明确努力方向，制定改进措施；要与学习身边先进典型紧密结合，在全局范围内挖掘和表彰一批我们身边那些不图虚名、埋头苦干、踏实干事的典型，营造学先进赶先进当先进的浓厚氛围；要与当前正在开展的“为民务实清廉”主题教育活动紧密结合，相互促进，取得实效。现在，离年底只有四个多月的时间了，机关各处室、各单位工作任务都很重，全体干部职工要把这次学习活动作为动力，以与时俱进、奋发有为的精神状态和求真务实、真抓实干的工作作风，扎扎实实地做好本职工作，圆满完成全年各项目标任务。

（聂瑞平时任省体育局局长）

供稿：省体育局文明办

整理：魏东霁

聂瑞平：在运动队文化建设座谈会上的讲话（摘要）

（2007年8月23日）

要深刻认识开展运动队文化建设的重要性。局党组提出开展运动队文化建设有着深刻的用意。当前社会，人们的思想呈现多元化，人们的行为呈现差异化、个性化，在这种情况下，运动队的管理遇到许多新的问题。为切实加强运动队的管理，推动2008年奥运会、2009年全运会备战工作，促进运动员的全面发展，经过调查研究和分析，我们在去年党建工作会议上首次明确提出运动队文化建设这一课题并进行了安排部署。简单讲，运动队文化是运动队在长期训练比赛中形成的运动队物质财富和精神财富的总称，主要表现为一个运动队的精神价值取向和队风队貌。良好的运动队文化具有强大的凝聚力和吸引力，可以进一步促进训练和管理工作，可以使运动队生活得到丰富，可以使每个运动员的精神得以振奋和升华，可以调节和激励运动员的思想行为，可以促进运动员的自我约束、自我管理和自我完善。总之，开展运动队文化建设，有利于加强运动队的管理，有利于促进竞技运动水平的提升、有利于实现运动员的全面发展。

要准确理解和把握运动队文化建设的内涵。运动队文化相对于大文化来讲是一个狭义的概念，但就运动队本身而言，运动队文化又是一个广义的概念，有丰富的内涵。作为运动队，首先要明确肩负的奋斗目标，那就是要争金夺银拿成绩，培养优秀人才。要实现这个奋斗目标，就需要有相应的组织架构，也就是要有能够承载这个奋斗目标的载体，而文化就是灵魂。运动队文化建设的核心是一个理念的问题，落脚点是一个运动队管理的问题。我想，如果我们运动队文化建设抓好了，运动队团队精神形成了，那么我们运动队管理的水平也就上去了，我们的运动成绩也就会有一个大的提高。

要大力推进运动队文化建设。通过这次座谈会，大家对运动队文化建设的重要性、内涵等都有了更清晰的认识和更深刻的理解，希望各中心切实重视起来，进一步加大工作力度，不断总结经验，争取能够出一批先进典型，以运动队文化建设为抓手，推进运动队伍建设，推进训练备战工作。借此机会，我还要强调一下当前全局正在开展的学习孟庆余同志先进事迹活动。开展学习孟庆余先进事迹活动，是局党组根据形势发展特别是备战工作需要，审时度势而作出的一项重要举措。这次学习活动不是一般的学习，不能只看一看录像，知道这样一个人、这样一回事就满足了。我们要借这个学习活动，把备战工作扎扎实实地、深入地开展下去，切实找准问题、解决问题、促进工作。各运动管理中心对因赛事外出没有观看录像的，要及时补课，保证一个不漏地观看到孟庆余先进事迹报告会录像。我还将以个人名义给各位中心主任写封信，强调开展学习孟庆余同志先进事迹活动的重要性，督促各中心真正重视起来，扎扎实实地开展学习活动，取得实实在在的效果，确保备战工作顺利进行。

（聂瑞平时任省体育局局长）

供稿：省体育局文明办

整理：魏东霁

杜金卿：在新闻出版系统开展整治“四假”专项行动电视电话会议上的讲话（摘要）

（2007年8月31日）

一、采取有力措施，狠抓工作重点，扎扎实实推动专项行动深入开展

按照全国“扫黄”办和新闻出版总署的通知精神，这次专项行动，将采取打击“四假”行为与规范报刊出版发行秩序相结合的做法，重点开展好五项工作，即全面清查报刊发行市场，坚决查缴各类非法报刊，严厉打击非法采编活动，坚决杜绝虚假新闻的产生传播，清理纠正报刊出版单位违规出版行为。可以说，这次专项行动任务十分明确，要求非常具体。按照这个通知，我们结合河北实际，制定了《整治“四假”行动方案》，细化了各个阶段的工作任务和要求，各单位、各部门要认真贯彻落实，扎实推进实施，特别是要重点抓好以下几项工作：

一是全面查缴各类非法报刊。整治“四假”，坚决取缔非法报刊是重点。非法报刊既是虚假新闻的重要载体，又是假记者、假记者站的寄生体，清除、取缔非法报刊，不但可以铲除虚假新闻产生的重要土壤，也将使假记者、假记者站失去招摇撞骗的依托，因此，必须依法取缔，决不手软。全省各级“扫黄打非”、新闻出版行政部门要会同公安、工商等部门，对辖区内各报刊批发机构、零售单位、投放场所进行一次全面清查，重点查处已经下发的《非法报刊目录》内提供的非法报刊，以及其他假冒、依靠国内刊名刊号或无刊号出版的报刊，利用境外注册刊号在境内非法出版的报刊，以“一号多刊”形式非法出版的报刊，利用广告印刷品非法出版的报刊，以及通知中规定的其他类非法报刊。对批发、邮发、夹带、销售、传播非法报刊的行为要立即纠正，全数收缴。同时，要顺藤摸瓜，彻底清除省内假报刊出版窝点，从根本上杜绝假报假刊的出版发行。

二是严厉打击假冒记者。假记者是制造虚假新闻和扰乱社会秩序的主体。他们依托假报假刊，以非法报刊名义冒充记者身份，伪造记者证件进行“采访”，敲诈勒索，聚敛钱财。据有关调查，多数假记者不会写稿，他们从事的是买卖伪造记者证件，冒充记者强买强卖等活动，严重扰乱新闻采访秩序、扰乱社会治安，败坏记者形象。各地要认真调查研究，掌握假记者的活动区域、活动规律和诈骗手段，对重点对象实施有效监控。要建立群众举报机制，对于群众举报的记者非法采访活动，要认真受理，并及时开展调查。对以非法报刊名义、冒充记者身份、仿造记者证件进行采访的，或以正规报刊名义招摇撞骗、聚敛钱财的假记者，要依法严厉打击。省新闻出版局将研究建立记者数据库和假记者黑名单，方便群众查询和监督。

三是坚决取缔非法记者站。非法记者站一般是假记者非法成立、对外宣称的新闻采访机构，也不排除是一些境内外新闻媒体在未经批准的情况下擅自成立的采编机构。无论是哪一种情况，凡未经新闻出版部门审核、批准的都违反了《报社记者站管理办法》，必须坚决依法予以取缔。近期，我们不断接到群众举报，有所谓“国际日报”驻河北办事处、“国际新闻社”驻河北办事处、“中国现代企业报”驻河北记者站等所谓的新闻媒体公开进行非法采访活动，已造成恶劣影响。各级、各部门要广泛发动群众，掌握非法采编机构的窝点，坚决予以严厉查处，并及时移交司法部门，追究其刑事责任。同时，要进一步加强记者站管理，严格落实

《报社记者站管理办法》各项要求，凡是报社不能给记者站经费保障的，将取消在河北的登记。各记者站的记者不得从事与新闻采访无关的活动，采访必须适合规定的范围，不得跨行业、跨省区采访。无新闻出版总署颁发的“新闻记者证”不得进行任何采访活动，实习人员必须要有正式记者带领方可进行采访。对于违反有关规定的，也将给予严肃处理。这里需要特别强调的是，对于被辞退人员，报刊社必须及时收缴记者证，并登报上网声明予以注销，否则，如果已辞退人员仍持原单位记者证进行采访活动，一经发现，将严肃追究原单位责任。

四是彻底杜绝虚假新闻。虚假新闻违背了新闻最基本的原则，即真实性原则。这类现象虽然只发生在少数媒体，且数量不多，但是社会危害性很大，人民群众深恶痛绝，是新闻宣传工作中的一颗“毒瘤”，必须下决心彻底铲除。中央领导对这次北京电视台发生“纸馅包子”假新闻事件高度重视，有关领导同志分别作了重要指示，足以表明虚假报道的危害之深、影响之恶劣，也足以表明制止虚假新闻形势之紧迫、任务之重要。前不久，省委宣传部召开全省新闻工作座谈会，专题部署打击假新闻工作，各报刊出版单位要将贯彻此次会议精神纳入到打“四假”专项行动之中，严格落实中宣部、广电总局、新闻出版总署下发的《关于进一步加强新闻宣传有关问题管理的通知》，建立完善内部管理制度，切实把握好新闻从业人员的入口关、严把信息来源和新闻内容的审核关、坚决把好新闻报道的刊播关，确保新闻报道的真实性、准确性。

五是切实抓好自查自纠工作。各报刊出版单位要在自查自纠阶段，认真完成《通知》中规定的各项任务要求，进一步规范出版行为。重点检查是否存在“买卖刊号”、“一号多刊”的问题，是否存在未经允许擅自设立记者站或工作站的问题，是否存在本单位无采访资格人员开展采访活动的问题，是否存在新闻报道把关不严的问题，是否存在有偿新闻问题，等等。要通过自查自纠，不断提高本单位的内部管理水平，确保不再出类似问题。同时，要大力加强队伍建设，通过加强队伍教育培训、加强作风建设、强化责任意识，建立起一支政治过硬、业务精通、作风优良、纪律严明的新闻出版队伍，为推进全省新闻出版业的健康发展提供坚实的组织保障。

二、切实加强领导，形成工作合力，务使专项行动取得实实在在的效果

(一)健全组织机构、加强组织领导，高标准高质量开展好这次专项治理行动。为了切实加强对打“四假”活动的领导，省专门成立了由省委宣传部、省新闻出版局、省公安厅、省工商局等有关部门领导参加的整治“四假”领导小组及其办公室，明确了职责任务，制定了工作方案。全省各级扫黄打非、新闻出版、公安、工商等部门要把这次打击“四假”专项整治行动摆上突出位置、列入重要日程，做到思想认识到位，组织落实到位。各设区市、各扩权县(市)扫黄办和新闻出版部门，也要按照“属地管理”和“谁主管谁负责”的原则，做出精心部署，成立相应组织机构，加强组织领导，狠抓工作落实，结合当地实际，制定实施方案，迅速开展工作。

(二)广泛宣传，造成声势，争取广大群众的支持和参与。人民群众是开展整治“四假”专项行动的坚实基础。全省各地要充分利用报刊、电视、广播、网络等主要新闻媒体积极开展宣传活动，通过上街宣讲、散发有关宣传品等形式。积极宣传“四假”行为给国家文化安全、公共利益、新闻出版秩序、新闻出版者形象带来的危害，宣传“四假”行为给社会和广大人民群众造成的危害，宣传开展打击“四假”行为的重大意义，充分发动广大人民群众揭发检举“四假”行为，形成“老鼠过街、人人喊打”的强势局面。全省各级扫黄办和新闻出版行政部门都要向社会公布举报电话，认真受理群众举报。

(三)分工负责，协同配合，形成强大的打击力量。全省各级有关部门既要各负其责，又要密切配合，要统筹执法力量，形成打击合力，确保专项行动取得实效。一是全省各级“扫黄打非”协调办和扫黄办要认真履行部署、指导、协调、督察的职能，加强对专项行动的工作指导，组织、协调新闻出版、公安、工商等部门，按照职责分工和联合工作机制，严厉打击“四假”行为。发现一起，查处一起，处理一起，报道一起。务求彻查、彻究、彻办，不留后患。二是全省各级新闻出版行政部门要认真履行对报刊出版单位依法管理和对报刊市场依法监管的职责，组织、领导所辖报刊社认真开展自查自纠，切实解决实际问题。要组织足够的人力，严密清查出版物市场，坚决查缴各类非法出版物尤其是非法报刊。三是全省各报刊主管主办部门对所办报刊社的违规违法行为负有不可推卸的领导和监督责任。按照“谁主管谁负责”的原则，各报刊主管主办部门，要建立和完善各项规章制度，加强对所办报刊社的领导和监督。四是整治“四假”专项行动要注意政策和策略，严格依法行政，稳妥把握政策界限，既要坚决打击“四假”犯罪行为，又要维护好党和政府及新闻媒体的社会公信力，维护好新闻出版工作者的良好形象。

(四)及时总结经验，巩固治理成果。全省各级整治“四假”，专项行动领导小组办公室要边整治边总结，要总结各地好的经验和好的做法，对工作突出的地方和部门要给予表彰。各地要做好长期打击“四假”行为的思想准备，注意研究打击“四假”行为的长效机制，不断巩固专项治理的成果。省打击“四假”领导小组办公室将及时掌握全省专项行动进展情况，通过《打击“四假”专项治理快报》及时交流情况，总结经验，把专项行动不断引向深入。

(杜金卿时任省新闻出版局局长)

供稿：省新闻出版局文明办

曹素英：在全省家庭教育工作经验交流会上的讲话（摘要）

(2007年11月13日)

一、正确估价我省家庭教育的新成绩新问题

近些年来，我省经济社会发展取得了巨大成就，各项社会事业全面进步，人民的受教育程度不断提高，家庭教育事业也随之迈上了新台阶。广大家长以身作则，树立学习观念，增强自身素养，逐渐提高对家庭教育的重视，身教言传，不断更新教育理念，提高家庭教育水平。社会各界广泛参与，重视、关心、支持家庭教育的社会环境不断优化。党和政府重视发展家庭教育，采取一系列重大举措加强领导，制定法规和政策，在新修订的未保法中明确规定了家庭教育的有关内容，提升了家庭教育的法律地位，优化了家庭教育的法制环境。各级妇联组织充分履行牵头指导和推进家庭教育的职责，坚持开拓创新，与相关部门通力合作，深化理论研究，加强阵地建设，拓展传播渠道，探索指导模式，扩大科学家庭教育覆盖面，使家庭教育取得了长足的进步。

但是我们要清醒地认识到，在国际国内形势深刻变化、我国经济社会加速转型的大背景下，家庭教育工作也面临着许多新情况、新矛盾和新问题。

从社会环境来看，随着社会主义市场经济的发展，一些腐朽思想和低速文化沉渣泛起，都给家庭教育带来不可忽视的负面影响。特别是信息化时代的到来，通过网络媒体等多种手段传播，侵蚀儿童的心灵，带来的负面影响不可低估。

从家长来看，家长普遍提高了对子女未来的期望，更加重视对子女教育的投入，但是传统的价值观念和成才观念发生变化，带来家庭教育理念和方式的变化。许多家长受到以分数为导向的教育思想影响，把上大学作为孩子的唯一出路和成才标准，只重视孩子的学习成绩，忽视孩子的道德建设、意志锤炼、创新能力和技术技能的学习。不少孩子离开家长在生活上就束手无策。家长权威地位的丧失，使家长在实施家庭教育中产生了许多新的困惑。不少家长缺乏对新知识、新技术的了解，在与子女沟通时感到力不从心。家长监护责任的缺失，出现了留守儿童、流动儿童、特殊困境家庭儿童缺少照顾、疏于管理的问题。

面对新的形势和任务，家庭教育工作还存在许多不适应的地方的亟待加强的薄弱环节。一些地方和部门的领导对这项工作认识不足，重视不够，没有真正担负起领导责任；家庭教育工作重宣传动员，而缺少个性指导；教育理念陈旧，缺少说服力。这些问题，都应当引起足够重视，并采取有效措施加以解决。

二、深刻分析新时期家庭教育的发展趋势

21世纪现代家庭与传统家庭相比之下，已经发生了显著变化，家庭结构更为简单，规模进一步变小，人际关系趋于平等，生活方式不断改进，对外交流越来越多，这已成为现代家庭的主要特征，因此21世纪家庭教育的趋势具体体现在以下6个方面：

素质教育成为家庭教育的主旋律。联合国教科文组织的国际21世纪教育委员会曾提出“终生学习是21世纪的通行证”，而“终生学习”又特指“学会求知、学会做事、学会共处、学会做人”。这是教育的四大支柱，其核心是学会做人。这是21世纪家庭的新理念。

道德教育成为家庭教育的主要内容。道德教育将成为21世纪家庭教育的内容，并在体系和内容上实现新的突破。在体系上并不单单只注重调整人与人之间的关系的“社会道德”，而且要新增调节人与自然关系的“生态道德”；在内容上从爱国主义、集体主义、国际主义、社会公德、职业道德、家庭美德方面向健康心理、较强的社会性适应能力、文明的社会生活方式、自觉的生态环保等方面延伸。

社区家庭教育是家庭教育新的增长点。素质教育把家长的注意力转移到子女的全面发展和能力的培养上。包括与人相处能力的培养。21世纪的家庭教育将带领独生子女走出家门，融入社区、借助社区同辈群体的作用，实施家庭教育，特别是0～3岁儿童社区家庭教育是一种发展趋势。

家庭教育文化教育呈现多元化。随着改革开放、社会发展和社会主义市场经济体制的建立，我国的家庭文化从传统、封闭、单一的模式，秘现代、开放、多样转型。家庭文化的多元化导致了21世纪家庭教育文化的多元化，家庭成员间形成尊重、平等的人际关系，亲子之间形成开放、互动的相互学习关系，家庭生活中消费、娱乐等到开支占消费的比例越来越大。

家庭教育中更注重个性化。新世纪家庭教育以德育为核心，以培养创新精神和实践能力为重点，注重因材施教，实行个性化教育。

更加注重家庭中儿童的参与。儿童参与是《儿童权利公约》明确规定的儿童应享有的权利。让儿童参与到经济和社会生活中来，平等、尊重倾听儿童的声音，要贯穿家庭教育的全过程。

三、树立新理念，进一步提高家庭教育指导和服务水平

面对新的形势和任务，要树立新世纪家庭教育的新理念，具体包括以下3个方面：

确立现代化的家庭教育观念。家庭教育，起决定作用的是家长的教育观念。观念正确了，就可以使每个家庭找到正确的教育方法。现代化的家庭教育观念是，家长要认识到儿童是成长中的人，是必须走向社会、能够独立生活的人，因此，要平等地对待儿童、尊重儿童，要根据儿童发展的不同时期的特点科学施教，最终把儿童培养成一个有益于社会的人。

发挥家长有家庭教育中主体作用。过去是妇联、教育等部门和单位全力开展家庭教育指导工作。今后，要确立家长的主体意识，只有在家长主体化的家庭教育氛围中，树立“儿童为本”的理念，才能与孩子建立平等、相互尊重、理解、双向沟通的亲子关系。

探索多样化的家庭教育模式。未来社会是开放的社会、密切合作的社会、要发挥社区的优势，带领孩子走出家庭，走向社会，走进大自然，在活动中开发孩子的潜能，培养孩子的能力和合作精神。

（曹素英时任河北省妇联主席）

供稿：省妇联文明办

整理：何颖玉

河北省精神文明建设年鉴

文件摘编

DOCUMENTARY EXTRACTS

文件摘编

中共河北省委
河北省人民政府
关于表彰2006年度推进社会主义新农村建设先进单位和创建文明生态村先进单位、创建文明生态村工作先进乡（镇）、先进个人的决定（摘要）

（2007年4月19日）

去年以来，特别是全省推进社会主义新农村建设工作会议和全省创建文明生态村工作观摩会议后，各级党委、政府和农村广大干部群众认真贯彻落实科学发展观和构建社会主义和谐社会重大战略思想，以创建文明生态村活动为重要载体，大力推进社会主义新农村建设，有力地促进了农村经济、政治、文化、社会的协调发展，涌现出了一大批先进集体和先进个人。为了表彰先进、树立榜样，激励各级党委政府和农村广大干部群众更加积极踊跃地参与创建文明生态村活动，促进社会主义新农村建设，省委、省政府决定，对晋州市等20个县（市），辛集市王口镇王口村等100个村，藁城市九门乡等60个乡镇，宋炳虎等100名个人予以表彰，并分别授予“河北省2006年度推进社会主义新农村建设先进单位”、“河北省创建文明生态村先进单位”、“河北省创建文明生态村工作先进乡（镇）”和“河北省创建文明生态村工作先进个人”荣誉称号。

省委、省政府希望，受表彰的先进集体和先进个人，要珍惜荣誉、谦虚谨慎，开拓进取、奋发有为，在深入推进创建文明生态村活动，建设社会主义新农村中取得新成绩，发挥示范作用。

省委、省政府号召，全省各级党委政府、农村基层组织和广大干部群众，要以受表彰的先进集体和先进个人为榜样，认真贯彻落实党的十六届六中全会和省第七次党代会精神，按照生产发展、生活富裕、乡风文明、村容整洁、管理民主的社会主义新农村建设的总要求，紧紧围绕发展农村生产力和促进农民增收这个中心，加快发展现代农业和农村二三产业，全面提升县域经济发展水平；大力推进公共财政向农村倾斜，基础设施向农村延伸，公共服务向农村覆盖。要充分运用创建文明生态村活动这一有效载体，组织和动员广大农民群众、社会各方面力量广泛参与农村建设，进一步改善农村人居环境、不断提高农民素质和农村文明程度，促进农村经济建设、民主政治建设、和谐社会建设，推动农村经济社会的协调发展，全面建设社会主义新农村，为实现我省更好更快发展和构建和谐河北两大任务，建设沿海经济社会发展强省作出新的贡献。

（名单见先进名录）

供稿：省文明办

河北省精神文明建设委员会

关于“文明河北、和谐河北”创建活动的实施方案（摘要）

（2007年1月18日）

为落实中央文明委关于以讲文明、促和谐为主题广泛开展群众性创建活动的部署，省文明委决定，在全省城乡、各行各业组织开展“文明河北、和谐河北”创建活动。现制定如下实施方案：

一、指导思想

以邓小平理论和“三个代表”重要思想为指导，全面贯彻落实科学发展观和构建社会主义和谐社会重大战略思想，紧紧围绕宣传贯彻党的十六届六中全会和省第七次党代会精神、迎接宣传贯彻党的十七大这条主线，把建设“和谐河北”的各项要求贯穿于各类群众性精神文明创建活动之中，突出和谐文化内涵，调整创建活动思路，充实创建活动内容，组织动员全省人民和社会力量广泛参与，推动形成人人崇尚文明和谐、追求文明和谐、促进文明和谐的良好局面，为建设沿海经济社会发展强省提供强大的精神动力。

二、内容、方法

1．在农村，引导人们争做新型农民，深化拓展创建文明生态村活动。围绕产业强村、文化兴村、生态建村、民主治村的总要求，总结经验、研究政策、加强指导，全面推进创建文明生态村活动向深度广度拓展，积极构建和谐乡村。继续加大道路硬化、村庄绿化、庭院净化力度，推进人居环境进一步改善，引导群众建立科学文明健康的生产、生活方式，促进人与自然的和谐。以提高农民素质和农村文明程度为重点，突出抓好培育新农民工作，大力推广“十星级”文明户、群众移风易俗自治组织建设、“村民功德录”等活动，吸引村民广泛参与，树立良好的道德风尚，建立和谐的人际关系，形成文明和谐的乡风、民风。整合以文化阵地为重点的公共服务资源，大力加强“村民中心”建设和管理，吸引村民广泛参与政策学习、科技培训、信息服务、文体活动等，增强致富能力，丰富文化生活。召开第四次全省创建文明生态村工作会议，总结部署工作；组织省直新闻单位开展创建文明生态村先进村回访活动，宣传、展示创建活动对建设新农村、构建和谐河北的作用和成果；组织对各市第一、二批创建村的巩固提高工作和第三批创建村的启动、工作开展及活动普及情况的督导和评议。

2．在城市，引导人们争做文明市民，深化拓展创建文明城市活动。把和谐理念贯穿创建文明城市活动各个环节，运用多种形式的精神文明创建载体，广泛开展和谐社区、和谐校园、和谐家庭、和谐单位等创建活动，为2008年全国文明城市评选奠定基础。广泛开展“文明十个一”活动，引导广大市民文明乘车、文明游园、文明观演、文明行车、文明走路、文明就餐、文明购物、文明待客、文明过节、文明养犬，增强文明意识，提高文明素质，培养文明习惯。广泛开展“爱我社区”周末联谊活动，引导居民和物业人员积极参与，使邻里之间、业主与物业人员之间增进了解、加深友谊、改善服务、化解矛盾，构建和谐社区。广泛开展营造城市森林大型公益活动，引导人们树立关心生态、保护环境的公德意识，动员党政机关、企事业单位、居民群众踊跃参与城市植树造林，改善城市生态环境，建设宜居城市。把创建文明城市活动与“迎奥运、讲文明、树新风”活动有机结合起来，着力解决文明礼议、公共秩序、社会服务、城乡环境等方面的突出问题。组织各市对照2006～2008年度创建文明城市规划分解任务、落实部门责任、全面展开工作；组织省直新闻单位开展创建文明城市活动巡礼，对活动搞得好的市进行集中宣传；依据《文明城市测评体系》对各市新一轮创建活动进行初评，公布各市排名，按40%分值计入2008年总评。

3．在企业，引导人们争做守信经营者，深化拓展创建和谐企业活动。以经济交往履约践诺、建立和谐商务关系为目标，以涉农服务、食品供应、房产家装、商业零售等行业为重点，积极推动商务诚信体系建设。深化个体私营企业文明诚信经营创建活动，推动活动在私营企业、个体工商户和各类市场中广泛展开。加大优质服务杯、文明执法杯、便民利民杯竞赛活动力度，引导各企业以德经营、诚信立业、和谐生财。扩大省企业诚信联盟；完善各市及工商、税务、技术监督等系统的政府信用网站，健全企业信用分类监督体系；开展文明经营单位和个人评选；组织省直新闻单位开展第二次诚信河北千里行活动，宣传诚信先进事迹，鞭挞失信行为和现象。

4．在机关，引导人们争做文明公务员，深化拓展创建和谐机关活动。紧密结合行政权力公开透明运行、加强机关效能建设等活动，开展文明和谐创建，促进机关工作人员行为规范，进一步发扬“严、细、深、实、快”的作风，不断提高服务质量和工作效率。开展营造优美环境活动，促进机关大院绿化、美化、净化，办公场所清洁有序，工作人员衣冠整洁庄重。组织创建和谐机关观摩交流活动；评选表彰和谐机关、和谐处室和文明公务员；组织省直新闻单位开展和谐机关、文明公务员采风活动，在全省党政机关形成文明和谐、争创一流的浓厚氛围。

5．在全社会，引导人们争做热心好公民，开展“爱心暖河北”活动。动员广大群众和社会各界，广泛开展对贫困学生、农民工、残疾人、低保户、贫困农村等困难群众、困难家庭、困难地区的群众互助和社会援助。以助学工程为龙头，加大各种形式的社会助学力度。扩大青年志愿者、巾帼志愿者、夕阳红志愿者、社区志愿者、公务员志愿者等队伍，拓展服务领域，使更多的困难群众得到帮助。大力支持红十字会、残疾人联合会、慈善总会工作，推动全省慈善事业发展。充分发挥工会、共青团、妇联等群众团体的作用，组织各界群众广泛参与到“献爱心、送温暖”活动中来。成立全省社会志愿服务指导委员会，整合各方面志愿者力量，健全社会志愿服务体系；建立由帮建单位、慈善组织、群众团体参加的联席会，加强对社会慈善活动的指导；组织省直新闻单位“爱心暖河北”寻访活动，大力讴歌各地涌现出的团结友善、助人为乐的新人、新事、新气象，形成有利于增强社会亲和力的浓厚舆论环境。

三、组织领导

1．此项活动由各级文明委统一组织。各市要根据本方案的要求，结合本地实际，制定实施办法。搞好宣传发动，协调好各方力量，推动方方面面都行动起来，确保活动既形成声势，又扎实有效。加强统筹工作，将正在开展和已经开展的各种单项和谐创建活动纳入这一总的活动中来，既要保护好各方面的积极性，又要防止活动过多过滥。

2．实行部门分工，做到协调联动。省直工委、省各行业主管部门及行业协会，省总工会、团省委、省妇联等群众团体，省红十字会、省残疾人联合会、省慈善总会等社会慈善组织，要就本方案安排的相关工作分别制定落实措施，推动活动在各行业、各界群众中广泛展开。各部门之间要加强联系，互通信息，把各项具体活动衔接起来，协调推进，形成合力。

3．加强舆论引导，营造舆论氛围。省直各主要新闻媒体，要开辟“文明河北、和谐河北”专栏，对活动进行跟踪采访，不间断报道各地、各部门活动的开展情况及涌现出来的感人事迹。对创建文明生态村先进村回访、文明城市创建活动巡礼、诚信河北千里行、和谐机关文明公务员采风、“爱心暖河北”寻访等五个专题的采访报道分别制定方案，认真组织实施，形成舆论强势。

供稿：省文明办

河北省精神文明建设委员会
2006年工作情况和2007年工作安排（摘要）

（2007年1月31日）

一、关于2006年工作情况

2006年全省精神文明建设工作坚持以邓小平理论和“三个代表”重要思想为指导，全面落实科学发展观，认真贯彻党的十六届五中、六中全会和省委六届八次、九次全会、省七次党代会精神，思想道德建设和文化建设全面推进，精神文明创建活动扎实深入，城乡文明程度和公民现代文明素质进一步提高，为实现更好更快发展和构建“和谐河北”两大任务，提供了强大动力，创造了有利条件。

1．围绕促进更好更快发展，全面加强思想文化建设，为“十一五”规划开好局、起好步提供了强大的精神动力

用党的最新理论成果武装干部群众，在指导实践、推动工作上取得新的进展。组织开展学习科学发展观经验交流会，进一步增强了领导干部统筹意识、和谐意识。以“三个代表”重要思想和科学发展观为指导，深刻总结党的十六大以来的工作经验，科学分析我省的历史方位，鲜明地提出建设沿海经济社会发展强省的奋斗目标。围绕我省经济社会发展的重大问题和干部群众普遍关心的热点难点问题，推出了建设秦唐沧环渤海开放型经济隆起带、城乡统筹与县域经济发展、河北人文精神研究等一批应用价值较高的研究成果。

加强理想信念和民族精神宣传教育，形成人心思进、团结奋进、开拓前进的良好局面。围绕落实“十一五”规划，组织开展“回顾‘十五’辉煌成就，展望‘十一五’美好前景”规模宣传活动。围绕迎接和学习贯彻省第七次党代会，开展大型主题宣传活动，组织了“迎接党代会，我为河北科学发展、和谐发展献一计”活动。开展“英雄河北”大型主题宣传活动，完成了董振堂事迹陈列馆建设。推出重大典型“好人林秀贞”，形成了学习林秀贞、践行荣辱观的热潮。组织开展建党85周年、长征胜利70周年系列纪念活动，进一步弘扬了民族精神和时代精神。

启动全省文化体制改革工作，文化事业和文化产业进一步繁荣发展。制定《河北省文化体制改革试点工作实施方案》，召开全省文化体制改革和文化产业发展工作会议，确定了两个综合试点市和19个试点单位。组织全省48个文化产业项目参加第二届中国（深圳）国际文博会，签约金额22亿元。编制《河北省文化产业“十一五”发展规划》，确定和着手开发重点发展的文化产业项目230多个。举办“2006河北省文化艺术展演”活动，创作23个体现燕赵特色、原创舞台艺术精品，组织文艺团体演出3000多场次，直接服务群众1300多万人次。组织第三届“太行情·老区行”文艺巡演活动，为贫困地区群众演出180多场，观众200多万人次。彩色周末、社区群众性文化活动丰富多彩，举办广场文化活动8000多场次，观众1000多万人次。

2．围绕践行社会主义荣辱观，大力加强公民道德建设，为科学发展、和谐发展提供了坚实的道德基础

大力开展“文明铸就和谐”活动，公民道德建设进一步加强。积极倡导文明行车、文明乘车、文明走路、文明游园、文明观演，促进市民良好行为习惯养成。组织开展过文明和谐双节、文明祭祀、敬老孝老等群众性道德实践活动，移风易俗，弘扬中华民族优良传统。组织“向奉献者奉献”大型笔会和“雷锋与我们同行”电视专题文艺晚会，表彰12位全省学雷锋先进典型，进一步倡导了关心支持公益事业、义务从事公益活动的良好风尚。开展“河北省首届‘七夕情侣节’”系列活动，弘扬中华民族传统美德，增强传统节日影响力，打响了“七夕”传统节庆品牌。广泛开展志愿者活动，全省各类志愿者协会发展到835个，志愿者队伍达100多万人，服务领域不断向帮助困难群众、支援贫困地区、服务公益事业等方面拓展。大力开展“送温

暖、献爱心”活动，省直单位和个人向受灾地区捐款924.41万元，全省建立“爱心超市”185个，累计发放物品折款300多万元。

广泛开展“知荣辱、树新风、促和谐”主题实践活动，社会主义荣辱观宣传教育不断深入。下发《关于在全省组织开展“知荣辱、树新风、促和谐”主题实践活动的意见》，组织开展“‘我与我的祖国’社区歌咏”、“‘知荣明耻、从我做起’校园演讲”、“燕赵书画名家捐赠助困”、“百万网民文明上网”、“争创百佳诚信单位”、“共享和谐、敬老爱老助老”、“河北十大爱心人物评选”等系列活动。“‘我与我的祖国’社区歌咏”活动参与演出群众14万人次，观众800多万人；“河北十大爱心人物”评选活动，40多万群众踊跃投票，使活动过程成为群众接受荣辱观教育的过程。

深入开展诚信经营活动，促进“诚信河北”建设向更广范围拓展。加强互联网的诚信监督，全省11个市和工商、税务、技术监督、金融、劳动保障、人才、建筑等系统建立了诚信网站，社会信用信息量明显加大。推进企业信用档案和信用机制建设，建立河北企业信用分类监管体系，成立了有400家企业参加的河北省“企业诚信联盟”。召开全省个体私营企业文明诚信经营工作座谈会，下发《关于在全省个体私营企业中开展文明诚信经营创建活动的意见》，推动文明诚信经营活动向私营企业、个体工商户和各类市场延伸。

扎实推进未成年人思想道德教育，未成年人思想道德建设工作逐步深入。坚持和完善重点专项工作联席会制度，督促落实了设立德育专项经费、建成河北科技馆、启动“千万家长育英才”工程、建设青少年校外场所等100多项重点专项工作。全省创办各类家长学校2万多所，315个社区建立了少工委，新建、改建社区未成年人活动场所1000多个，进一步推动了“三结合”教育网络的形成。组织了对全省各地两年来贯彻中央8号文件、省委21号文件情况的全面督查，推动未成年人思想道德建设各项工作落实。以“扬长征精神、做红军传人”为主题，组织开展“长征精神永放光芒——我所经历的长征”专题报告会、“翰墨丹青写长征——全省未成年人纪念红军长征胜利70周年”书画大赛和展览等系列活动，使全省广大未成年人受到一次深刻的革命传统教育。石家庄、邯郸、沧州、唐山、廊坊等市不断创新活动载体，创造了新鲜经验。在第二届全国未成年人思想道德建设创新案例评选中，我省9个创新案例分获一、二、三等奖，取得全国第一名的好成绩。

3．围绕建设社会主义新农村，不断深化拓展创建文明生态村活动，促进了农村三个文明与和谐社会建设

精心组织第二批创建村活动，在推进新农村建设中发挥了积极作用。一是以创建活动为载体，动员农民群众和社会力量广泛参与。筹备召开了全省创建文明生态村工作观摩会议、创建工作先进单位和先进个人座谈会，宣传推广先进典型，激发广大群众的创建热情。实施“八个百”工程，组织6945个单位与第二批村结对共建，筹集社会资金13.7亿元，支持创建村基础设施建设。组织工程设计专家开展新农村民居设计大赛，征集具有河北民居文化风格、节能宜居设计方案499个，引导新农村民居建设。二是强力推进人居环境改善和农民素质、农村文明程度提高。新硬化村内道路1.2万多公里，植树4865万株，建起卫生厕所20多万个，建设沼气池16万个，一大批村的村容村貌明显改观。又有2300多个村建起了综合文化活动室和室外文化场所，3000多个村分别配置了电脑、快易通、文化资源共享等信息设施，利用建起的文化阵地培训农民210.7万人次，提高了农民素质。又有4000多个村开展起了“十星级”文明户和群众性移风易俗自治组织建设活动，推动了乡风文明建设。三是有效地推进了农村经济发展和民主政治建设。通过提高农民素质、改善村容村貌、引导农民民主搞创建，增强了农民的致富能力、优化农村发展环境、改善了党群干群关系，第二批创建村中有2100多个村引进了项目，2600多个村搞起了畜—沼—果、畜—沼—菜一体化的循环经济，600多个村搞起了文化生态旅游经济，1152个村建成了“五好支部”，90%的创建村两委班子在换届选举中当选，促进了农村经济社会的协调发展。全年新进入文明生态创建先进村4920个，占全省行政村总数10%。

立足于整合农村公共服务资源，启动了“村民中心”建设。在邯郸试点的基础上，印发了《关于在全省农村建设“村民中心”的通知》，按照“一个宗旨、八项服务”要求，对中心标识、服务设施

和服务内容进行了规范，在全省推开“村民中心”建设工作。选择200个功能完善、管理规范、发挥作用好、示范作用强的“村民中心”，配备了文化信息资源共享工程设备和文体器材。全省11个设区市都制定了《“村民中心”建设方案》，建设工作陆续展开。全年有3780个村展开了“村民中心”建设，已建成具有教育、科技、文体、卫生、信访、法律、信息、保障等八项服务功能，并投入使用的1500多个。

着眼于提高农村基层组织创建工作水平，开展了全省党支部书记培训活动。制定了全省培训方案，对全省农村党支部培训工作做出安排。省里举办全省农村党支部书记示范性培训班，培训了100名村党支部书记，推动培训工作广泛开展。组织各市运用党校、行政学院等培训机构，对所有行政村的党支部书记普遍开展集中培训，进一步提高了组织创建工作的能力和水平。

4．围绕构建“和谐河北”，深入开展群众性精神文明创建活动，促进了城乡文明程度提高和经济社会全面进步

创建文明城市活动新一轮工作逐步展开。组织各市按照《文明城市测评体系》，制定2006年～2008年创建文明城市规划。其中，唐山、廊坊、邯郸、秦皇岛市委、市政府，承德、衡水、邢台、张家口、石家庄市文明委出台了新的工作方案。督导各市结合落实创建规划，针对解决创建工作中存在的问题和薄弱环节，明确责任部门和改进时限，一项一项抓落实，推动了创建活动的进一步深入。组织各市制定创建文明城区竞赛办法，在各城区之间广泛开展创建文明城区竞赛活动，进一步调动各城区创建积极性。创建文明社区活动深入开展，表彰了20个省级文明社区。

创建文明小城镇活动扎实推进。组织11个设区市按照“四优一满意”要求，制定和完善创建文明小城镇活动实施办法，确定创建重点城镇，展开创建工作。廊坊、唐山、保定、沧州、承德、张家口等七个环京津市，结合本地实际，制定专项工作方案。廊坊市在每个县确定1至2个示范点，分别制定创建规划，形成具有不同特色的小城镇发展模式。唐山市与环京津一些城镇开展联手创建，连线连片加以推进。承德市开展七镇两乡试点工作，实施“农民进镇、工业进园、住宅进区、商业进市”四进工程。环京津文明小城镇创建活动的开展，在推进京津冀一体化发展中发挥了重要作用。

创建文明行业活动不断深入。进一步推广服务承诺制、行政执法公示制、生产经营信誉制，组织36个重点行业制定规范化服务标准。动员59.5万群众对全省32个参与“三杯”竞赛活动的行业进行民主评议，组织各行业根据群众意见制定整改措施。全省工商系统开通企业登记咨询服务热线、交通系统开展“树交通新风，建廉政行业”活动，工会系统开展“创建学习型组织，争做知识型职工”活动，促进了行业精神文明建设。邢台市“行风热线”栏目，成为对行业精神文明建设进行监督的品牌。石家庄市“万家窗口创文明，诚信服务铸品牌”、张家口市“提升服务水平，展示文明形象”等，对加强行业精神文明建设发挥了重要作用。

创建文明单位活动进一步深化。组织开展2004～2005年度省级文明单位推荐工作，省委、省政府表彰1376个省级文明单位。56个新经济组织和新社会组织被命名为省级文明单位，增强了文明单位的影响力和代表性。广泛开展创建文明车间、文明班组、文明科室、文明校园活动，促进创建活动向基层岗位延伸。在省直各单位广泛开展创建文明处室活动，评选出文明处室135个，进一步提高了机关精神文明建设水平。

5．围绕服务基层、服务群众，积极组织开展形式多样的特色创建活动，精神文明建设工作不断向更大范围拓展

坚持建管用并重，进一步发挥了基层宣传文化阵地在新农村建设中的作用。扎实推进“百县千乡宣传文化工程”，2005年度资助建设的6个县级宣传文化中心全部建成并投入使用，2006年度资助建设的3个县级宣传文化中心已完成建设任务。按照《关于进一步加强基层宣传文化中心（站、室）管理使用工作的意见》，加强督导检查，推动宣传文化阵地步入规范化、制度化轨道。今年投入使用的33个县宣传文化中心和150个宣传文化站，开展政策宣传14200多场次，道德教育15500多场次，科技培训24900多场次，文艺演出16900多场次。

发挥“助学工程”示范带动作用，推动了社会助学活动广泛开展。推荐确定省“助学工程”2006年度资助对象，新增资助贫困大学生150名、高中生100名。组织各市增办“宏志班”22个，资

助贫困高中生1200名。组织2005年度150名受助大学生集中开展暑期活动。充分发挥“助学工程”示范带动作用，引导社会各界广泛开展“文明单位助学”、“福彩助学”、“春蕾计划”、“爱心助学”、“金秋助学”、“圆梦行动”等各种形式的社会助学活动。社会各界捐助资金9000多万元，资助贫困大学生9000多名，中小学生50多万人。

继续组织开展营造城市森林大型公益活动，促进了城市生态环境的进一步改善。组织各市通过媒体宣传、公益广告等形式，加大城市森林“七大好处”宣传力度，进一步转变了各级政府绿化理念，增强了市民关心生态、保护环境的公德意识。在廊坊市召开首届营造城市森林合作论坛，“城市森林”观念逐步深入人心。以建设宜居城市为目标，以道路、社区和机关、企事业大院绿化为重点，组织第七次春季战役，11个市动员城市居民及驻军726万人次，筹集社会资金5497万元，在市区及周边公益造林9.8万亩，进一步优化了城市生态环境。

二、关于2007年工作安排

2007年是深入贯彻党的十六届六中全会精神、迎接党的十七大召开、建设沿海经济社会发展强省的重要一年。精神文明建设工作要坚持以邓小平理论和“三个代表”重要思想为指导，全面贯彻落实科学发展观和构建社会主义和谐社会的重大战略思想，紧紧围绕深入学习宣传贯彻党的十六届六中全会和省第七次党代会精神、迎接贯彻党的十七大这条主线，大力加强以社会主义核心价值体系为根本的和谐文化建设，广泛深入开展群众性和谐创建和精神文明创建活动，进一步提高公民文明素质和社会现代文明程度，为推动我省更好更快发展和构建“和谐河北”，为建设沿海经济社会发展强省提供强大精神动力，创造良好社会环境。

按照这一指导思想和总体要求，重点做好八个方面工作：

1．着眼于建立社会主义核心价值体系，加强思想道德建设，为建设沿海经济社会发展强省提供强有力精神支撑

用科学发展观武装干部群众头脑，为建设沿海经济社会发展强省凝心聚力。以科学发展观和构建社会主义和谐社会重大战略思想为主要内容，以县以上党委（党组）中心组理论学习为重点，扎实推进党员领导干部理论学习。深入宣传省第七次党代会精神，通过规模报道、理论教育、巡回宣讲、应用研究等形式，引导广大干部群众打破“内陆”心态，树立沿海意识，更新发展理念，为建设沿海经济社会发展强省奠定坚实思想基础。全面宣传展示五年来河北改革发展的重大成就，拍摄电视新闻记录片《答卷》，举办“新世纪、新河北”改革发展成就大型展览，引导广大干部群众解放思想、坚定信心，群策群力谋发展，同心同德干事业，为党的十七大召开营造良好的思想舆论氛围。

大力弘扬新时期河北人文精神，激励全省人民共谋发展、共创和谐。开展以弘扬新时期河北人文精神为主要内容的主题实践活动，召开弘扬新时期河北人文精神研讨会，创作生产反映新时期河北人文精神的剧目，集中宣传一批体现新时期河北人文精神的先进典型，带动和影响全社会积极践行这一精神。运用重大纪念日、民族传统节日，发挥文化阵地和载体作用，把河北人文精神融入进去、体现出来，使热爱河北、关心河北、建设河北成为全省人民的自觉行动。

以践行社会主义荣辱观为核心，广泛开展多种形式的道德实践活动。精心组织第五个“公民道德宣传日”，积极营造落实公民道德基本规范的良好社会氛围。深入开展“知荣辱、树新风、促和谐”主题实践活动，推动“八荣八耻”要求有机融入公民日常行为规范。深入开展城乡社会志愿者服务活动，成立全省志愿者指导委员会，推动形成与政府服务、市场服务相衔接的社会志愿服务体系。建立由帮建单位、慈善组织、群众团体参加的联席会，动员广大群众和社会各界广泛参与群众互助和社会援助活动。进一步发挥“助学工程”示范作用，带动多种形式社会助学活动广泛开展。开展以构建和谐社会和践行社会主义荣辱观为主题的思想道德公益广告征集及展播展示活动。

以落实工作措施、完善长效机制为着力点，扎实推进未成年人思想道德建设。进一步加强和改进学校德育工作，推动建立符合素质教育要求的学生综合素质和学校教育质量考核评价体系，切实加强辅导员、班主任队伍建设。以净化网吧、网络、网络游戏为重点，强力推进有利于青少年健康成长的文化环保工程。认真落实少儿文化产品税收优惠政策，促进少儿文化产品创作生产，为青少年提供更

多健康的文化产品。进一步加强青少年校外活动场所建设，改进建设布局和活动方式，建立校馆联系制度，为广大青少年提供基本、普遍和均等的公共服务。进一步加强农村及特殊群体未成年人的教育和管理，探索“留守儿童”、“流浪儿童”教育和管理办法，制定完善进城务工人员子女就地入学的具体措施，开展以关爱“留守儿童”为主题的道德实践活动。加强联席会制度建设和未成年人专门机构建设，把重点专项工作做深做实。指导各地区各部门以及各类学校对贯彻落实中央8号文件和省委21号文件的情况普遍进行一次“回头看”，查找存在问题，明确整改方向，不断完善提高。

2．着眼于构建“和谐河北”，突出和谐内涵，精心组织开展“文明河北、和谐河北”群众性创建活动

把握总体要求，突出重点内容。认真落实中央文明委关于以讲文明、促和谐为主题，广泛开展群众性创建活动的部署，把“和谐河北”的各项要求贯彻到精神文明创建活动中，突出和谐文化内涵，调整创建活动思路，充实创建活动内容，组织动员全省人民和社会力量广泛参与，推动形成人人崇尚文明和谐、追求文明和谐、促进文明和谐的生动局面。在农村，引导人们争做新型农民，深化拓展创建文明生态村活动；在城市，引导人们争做文明市民，深化拓展创建文明城市活动；在企业，引导人们争做守信经营者，深化拓展创建和谐企业活动；在机关，引导人们争做文明公务员，深化拓展创建和谐机关活动；在全社会，引导人们争做热心好公民，开展“爱心暖河北”活动。

实行条块结合，做到协调联动。制发《“文明河北、和谐河北”创建活动实施方案》，将正在开展和已经开展的各种单项和谐创建活动纳入这一总的活动中来，既保护好各方面积极性，又要防止活动过多过滥。组织各市根据《方案》要求，制定实施办法，搞好宣传发动，协调各方力量，确保活动既形成声势，又扎实有效。组织省直工委、行业主管部门、行业协会、群团组织、社会慈善组织等，就《方案》安排的相关工作分别制定落实措施，推动活动在各行业、各界群众中广泛展开。加强部门之间联系沟通，相互衔接，协调推进，形成合力。

加强舆论引导，营造浓厚氛围。组织省直各主要新闻媒体，开辟“文明河北、和谐河北”专栏，对活动进行跟踪采访，不间断报道各地、各部门活动的开展情况及涌现出来的感人事迹。分别制定创建文明生态村先进村回访、文明城市创建活动巡礼、诚信河北千里行、文明机关文明公务员采风、爱心暖河北寻访等五个专题的采访报道方案，认真组织实施，形成舆论强势。

3．着眼于建设社会主义新农村，统筹城乡发展，推动创建文明生态村活动不断求深化

抓深化和普及，推动创建活动不断向深度广度拓展。围绕产业强村、文化兴村、生态建村、民主治村的总要求，总结经验、研究政策、加强指导。启动第三批村的创建工作，力争到2007年底再有6%的行政村进入创建先进行列，使全省创建文明生态村先进村达到全省行政村总数的31%，为2010年实现40%的目标奠定基础。引导第一、二批创建村，建立健全长效管理机制，协调推进三个文明建设，构建和谐乡村。总结推广连线成片创建经验，推动有条件的地方进一步向文明生态乡（镇）、文明生态县拓展。引导没有行动起来的村克服“等靠要”思想，因地制宜地把创建活动开展起来。筹备召开全省深入推进创建文明生态村工作会议，总结经验，表彰先进，部署工作。适时组织对第一、二批创建村巩固提高、第三批创建村工作展开、各地农村活动普遍开展情况的全面督导。

抓“三化”建设，进一步推动农村人居环境改善。组织列入创建规划的第三批创建村，明确要求，细化措施，搞好发动，大力推进道路硬化、村庄绿化、街院净化，不断提高人居环境水平。引导没有列入创建规划、经济条件较差的村，从净化街院、治理“五乱”、平整道路、植树绿化做起，量力而行搞“三化”。推动有条件的市、县，把农村公路“村村通”延伸到村内主要街道，使村口的公路与村内主要街道联为一体。进一步加大帮建力度，确保列入规划的每个创建村有一个帮建单位，引导更多的机关、团体、单位和社会各界，支持农村“三化”建设。

抓提高农民素质和农村文明程度，在培育新型农民上下功夫。以环境陶冶农民，引导村民自觉维护创建成果，摒弃落后生产、生活习惯，追求科学健康文明生产、生活方式。以阵地教育农民，利用文化阵地，在广大群众中传播新的观念、学习科学技术、开展文体活动，打破人们的思想束缚、提

高农民的致富本领、丰富群众的精神生活。以活动感染农民，普及深化十星级文明户创建活动，推广“村民功德录”，健全道德评议会、红白事理事会、禁赌会等自治组织，引导村民自我教育、自我提高，建立和谐的人际关系，形成文明的乡风民风。

抓以文化阵地为重点的公共服务资源整合，大力推进“村民中心”建设。加大建设力度，引导第一、二、三批创建村和其他有条件的村，按照“一个宗旨、八项服务”的要求，积极稳妥地加以推进。建设规模因村而宜、设施不重复配置，防止形式主义和资源浪费。管理工作要及时跟上，逐步做到有制度、有经费、有机制、有骨干、有队伍、有载体。面向农民群众用好这一阵地，切实为村民提供教育、科技、文体、卫生、信访、法律、信息、保障等综合性服务，以村民愿不愿意来、能不能受益，作为检验“村民中心”建设成功与否的最终标准。

4．着眼于加快城市化进程，建设宜居城市，推动创建文明城市工作形成新热潮

用和谐思维谋划创建工作，提高文明城市创建水平。把和谐理念贯穿创建文明城市活动各个环节，动员广大市民、各行各业、各有关部门广泛参与，掀起新一轮创建热潮。组织各市按照《文明城市测评体系》，进一步充实和谐创建内容，完善创建工作规划，搞好自查和整改，推动各项创建任务落实。开展创建文明城市初评，成立省文明城市初评委员会，协调省有关职能部门重点对各市推动新一轮的创建工作进行评议，综合评议结果，公布各市排名，按照40%分值计入2008年总评。

增强市民和谐意识，培育现代文明市民。广泛开展“文明十个一”活动，引导市民文明乘车、文明游园、文明观演、文明行车、文明走路、文明就餐、文明购物、文明待客、文明过节、文明养犬，组织市民志愿者义务劝阻不文明行为，加大舆论引导和依法管理力度，促进市民文明素质不断提高，养成良好行为习惯。加强心理健康教育，健全心理咨询网络，注重人文关怀和心理疏导，促进人的心理和谐。

以共创共享和谐为目标，广泛开展和谐社区、和谐校园、和谐单位、和谐家庭创建活动。着眼于增强公民、企业、各种组织的社会责任，把和谐理念、和谐精神融入群众喜闻乐见的活动中，促进不同利益群体和不同阶层的人们和谐共处，推动形成男女平等、尊老爱幼、扶贫济困、礼让宽容的人际关系。利用社区文化阵地，以文化活动为载体，开展“爱我社区”周末联谊活动，引导居民之间、警民之间、业主和物业管理人员之间，增进了解、加深友谊、改善服务、化解矛盾，建设和谐社区。继续深化科教文体法律卫生“四进社区”活动和“全民健身与奥运同行”活动。

围绕建设生态环境良好的宜居城市，继续开展营造城市森林大型公益活动。继续加大城市森林“七大好处”宣传力度，引导各级党政领导树立以人为本、以森林为主导的城市绿化理念。精心组织营造城市森林第八次春季战役，动员党政机关、企事业单位和居民群众踊跃参与城市公益造林，引导人们树立关心生态、保护环境的公德意识，改善城市生态环境，促进人与自然和谐。

以“四优一满意”为主要内容，扎实开展创建文明小城镇活动。以市为单位，在县城、大的建制镇开展创建文明小城镇竞赛活动，在环境改造、“窗口”单位服务、文化设施建设和进城农民转化等方面取得新进展。以迎奥运为契机，精心组织环京津文明小城镇群创建活动，利用城镇及周边文化设施、旅游景点等，吸引京津物资、文化资源向我省流动，促进京津周边城镇经济发展和群众致富。

5．着眼于建设“诚信河北”，改进公共服务，推动创建文明行业工作形成新局面

深入推进“共铸诚信”活动，大力加强政务诚信、商务诚信和社会诚信建设。以社会管理公平公正为目标，积极推进机关诚信建设。在党政机关紧密结合行政权力公开透明运行、加强机关效能建设等活动，促进机关工作人员行为规范，进一步发扬“严、细、深、实、快”的作风，不断提高服务质量和工作效率，创建和谐机关。组织创建和谐机关观摩交流活动，评选表彰和谐机关、和谐处室和文明公务员。以经济交往履约践诺为目标，积极推进企业诚信建设。突出抓好涉农服务、食品供应、房产家装、商业零售等行业的诚信建设，完善信用体系，规范服务行为，创建和谐企业。进一步加强河北企业诚信联盟建设和深化个私企业文明诚信经营创建活动，探索创建活动与提高企业的品牌效应和社会公信度挂钩的办法措施，引导各企业以德经

营、诚信立业、和谐生财。以人与人之间真诚相待为目标，积极推进社会诚信建设。进一步加强公民的诚信教育，引导人们在公共生活、职业活动和人际交往中真诚友善、诚实守信，树立全民诚信意识。组织开展第二次“诚信河北千里行”活动，宣传一批推进政务诚信、商务诚信、社会诚信建设的先进典型。加强信用网站建设，推动各级政府和有关职能部门做好网站规范和整合工作。

以“三杯”竞赛活动为载体，大力促进行业公共服务水平提高。继续开展“文明执法杯”、“优质服务杯”、“便民利民杯”竞赛活动，调动各行各业积极性和主动性，自觉解决一些部门和单位服务意识差、工作效率低、政策不透明、办事不规范的问题。充分发挥政府各行业主管部门和各行业协会在创建活动的组织指导作用，做到年初有安排、年中有督导、年底有总结，解决一些行业创建工作滞后问题。建立行业文明评估体系，围绕群众需要、行业职能，明确评估重点，规范评估内容；按照公平、公正的原则，完善由有关综合协调部门、城乡统计单位和各界群众参与的评价系统，加强社会监督，推动各行业的优质规范服务，树立行业新风。

6．着眼于营造喜庆热烈的奥运会氛围，展示文明形象，深入开展“迎奥运、讲文明、树新风”活动

重点抓好协办地、省会城市和首都周边城镇的活动开展。组织协办地秦皇岛市、省会石家庄市，针对在文明礼仪、公共秩序、社会服务、环境面貌、文化市场、互联网管理等方面存在的突出问题，制定方案，落实责任，有针对性地开展工作，力争在奥运会前取得明显进步。环首都周围的廊坊、保定、唐山、承德、张家口等市，都要做出专门部署，以此为契机，提高城市文明程度，展示良好的城市形象，增强城市的知名度和吸引力。

把“迎奥运、讲文明、树新风”活动与实施提升中国公民旅游文明素质行动计划结合起来。以与北京相连的旅游线路特别是京秦、京承、京张、京保、京唐线为重点，治理沿途环境面貌，改善公路服务区、宾馆饭店服务。开展文明旅游宣传教育活动，组织各旅行社按照《中国公民国内旅游文明行为公约》要求，加强游客教育管理，引导游客维护公共秩序、爱护名胜古迹、保护生态环境、尊重当地风俗、待人文明礼貌。深化文明风景旅游区创建活动，引导各景区、景点完善管理工作，文明经营、热情服务，营造文明和谐的旅游环境。评选表彰一批文明导游员、文明游客、文明旅行社、文明风景区。

7．着眼于满足人民群众精神文化需求，建设文化大省，推动文化建设不断迈出新步伐

继续深化文化体制改革，促进文化事业、文化产业协调发展。加大力度、加快进度，推动综合试点市和试点单位的文化体制改革取得实质性进展。抓好培训和试点经验推广工作，出台支持文化体制改革和文化产业发展相关政策。支持省直大型文化集团深化内部体制改革。抓好文化产业重点项目，培育龙头企业，鼓励民营文化企业创业发展。打造与旅游相结合的舞台艺术精品，组织河北文化艺术北京展演，实施“冀版精品出版工程”，继续推动红色文化旅游发展。

积极实施面向基层、服务群众的宣传文化惠民工程，大力加强基层文化阵地建设。在城市，积极协调有关部门抓好社区文化设施建设，审批待建居民生活区，要确保文化设施符合规定；投入使用的新型社区，保证规划建设的文化设施不被挪用；动员财政和社会资金，加强对老旧小区文化设施投入，解决一些社区居民公共文化场所不足的问题。在农村，加强对“百县千乡宣传文化工程”和“太行山革命老区宣传文化工程”管理、使用工作的指导，继续实施农村广播电视“村村通”工程、农村电影放映“2131”工程、文化信息资源共享工程，结合创建文明生态村，进一步加强村级综合文化室和体育健身场地建设，为进一步改善广大农民精神文化生活创造条件。

不断丰富群众文化活动，活跃基层文化生活。继续抓好彩色周末、太行情·老区行、“高雅艺术下基层”、民工广场等公益性文化活动。培育一批“民间艺术之乡”、“特色文化之乡”，扶持优秀民营艺术院团、基层文化活动大院和文化个体户等，开展群众性创作和演出。依托社区文化站、乡镇宣传文化站和村综合文化活动室，加强群众文化队伍建设，带动基层群众文化活动开展。

8．着眼于完善工作机制，推动工作落实，努力提高精神文明建设水平

进一步落实“党委统一领导、党政群齐抓共

管、文明委组织协调、有关部门各负其责、全社会积极参与”的领导体制和工作机制。推动各地新一届党委、政府把建设和谐文化、加强精神文明建设摆上重要议事日程，切实加强对精神文明建设的领导。加强和规范各级文明委、文明办机构，强化行业主管部门责任，形成精神文明建设的强大合力。建立健全检查、考评、激励机制，把各级领导班子、领导干部抓精神文明建设的成效纳入政绩考核。充分发挥各级文明委及其办事机构的综合协调作用，抓好对各类和谐创建工作和文明创建的统筹工作，确保创建活动的有序进行，推动精神文明建设各项任务落实到城乡基层。

积极开拓创新，不断提高工作水平。加强调查研究和信息反馈，探索工作规律，建立完善与现代文明相适应的创建工作方式。借鉴实践中形成的成功经验和做法，在主要工作领域逐步建立比较完备的指标体系，促进精神文明建设规范化、制度化。进一步加强精神文明网站建设，充分利用互联网、手机等现代手段和最新科技成果，创新活动载体，增强工作影响力。

切实加强精神文明工作队伍建设。提高善于学习的能力、善于谋划的能力、善于协调的能力、善于抓典型的能力、善于运用舆论的能力，增强做好工作的本领。大力弘扬与时俱进、争创一流的精神，大力弘扬真抓实干、求真务实之风，努力开创精神文明建设工作新局面。

供稿：省文明办

河北省精神文明建设委员会

河北省各级社会志愿服务指导委员会工作条例（试行）（摘要）

（2007年3月5日）

第一章 总 则

第一条 社会志愿服务指导委员会是整合全省社会志愿服务资源，推动社会志愿服务事业全民化、社会化的组织协调机构。

第二条 社会志愿服务指导委员会在邓小平理论和“三个代表”重要思想，科学发展观和构建社会主义和谐社会重要战略思想指导下展开工作。

第三条 社会志愿服务指导委员会对精神文明建设委员会负责。

第二章 委员会的设置

第四条 省、市、县（市、区）设社会志愿服务指导委员会。

第五条 各级社会志愿服务指导委员会由主任、副主任、委员组成。指导委员会主任由同级精神文明建设委员会有关领导担任，副主任由指导委员会有关组成部门的主要领导担任，委员由指导委员会组成部门的有关负责同志担任。

第三章 委员会的主要职责和工作制度

第六条 各级社会志愿服务指导委员会的主要职责是：

（一）制定社会志愿服务活动发展规划，部署阶段性社会志愿服务工作；

（二）指导各类志愿者组织的工作，协调各类志愿者组织的活动；

（三）总结推广社会志愿服务经验，宣传表彰社会志愿服务中的先进典型和个人；

（四）开展省、市、县间和与国际间的社会志愿服务交流。

第七条 各级社会志愿服务指导委员会全体会议由指导委员会主任或副主任召集，不定期召开。全体会议主要是总结、部署工作，研究和决定本地社会志愿服务的重大问题。

第八条 各级社会志愿服务指导委员会闭会期间，由主任或副主任主持委员会日常工作。

第四章 委员会办公室

第九条 各级社会志愿服务指导委员会下设办

公室。办公室主任由同级文明办有关负责同志担任，副主任及成员由委员会成员单位相关部门负责同志担任。

第十条 各级社会志愿服务指导委员会办公室的主要职责是：

（一）根据指导委员会的部署，制定相应措施，督导落实工作；

（二）了解和掌握各类志愿者组织活动情况，研究分析社会志愿服务出现的新情况、新问题，向指导委员会报告并提出工作意见和建议；

（三）负责指导委员会的文秘、会务工作；

（四）完成指导委员会主任、副主任交办的其他工作。

第十一条 根据工作需要，召开主任办公会议，研究办公室重要事宜。适时召开有关会议，通报情况，协调工作。

第十二条 下一级社会志愿服务指导委员会办公室每年向上一级社会志愿服务指导委员会办公室书面报告一次工作。

第五章 附 则

第十三条 各市、县（市、区）社会志愿服务指导委员会参照本条例制定具体实施细则。

第十四条 下一级社会志愿服务指导委员会及其办公室的设置和调整情况，应及时报上一级社会志愿服务指导委员会备案。

第十五条 本条例由省社会志愿服务指导委员会负责解释。

第十六条 本条例自公布之日起试行。

供稿：省文明办

河北省精神文明建设委员会

河北省社会志愿服务指导委员会成员名单（摘要）

（2007年3月8日）

主 任：

聂辰席（省委常委、宣传部长、省文明委副主任）

常务副主任：

白 石（省委宣传部副部长、省文明办主任）

副主任：

田向利（省人事厅厅长）

夏玉祥（省民政厅厅长）

王晓栋（团省委副书记）

曹素英（省妇联主席）

李 民（省残联理事长）

委 员：

杨能斌（省委宣传部副巡视员、省文明办副主任）

赵新喜（省人事厅副厅长）

王保珍（省民政厅副厅长）

葛素梅（省教育工委副书记）

赵秀淼（省司法厅政治部主任）

彭卫国（省文化厅副厅长）

高春秋（省卫生厅副厅长）

杨智明（省环保局副局长）

李成章（省体育局纪检组长）

李宗民（省科协副主席）

刘进昌（省总工会副主席）

韩俊兰（团省委副书记）

常丽虹（省妇联副主席）

姜文汇（省老龄委副主任）

郗建华（省关工委办公室主任）

办公室主任：

杨能斌（省委宣传部副巡视员、省文明办副主任）

常务副主任：

冯增利（团省委青年志愿者行动指导中心主任）

副主任：

纪鸿鸣（省文明办协调处处长）

高自林（省人事厅政策法规处调研员）

范玉卯（省民政厅基层政权和社区建设处处

长）

杜爱荣（省妇联城乡部部长）

崔振启（省老龄委老年基金会主任）

供稿：省文明办

河北省精神文明建设委员会
关于在全省推出100个“引领文明、服务奥运”示范单位的决定(摘要)

（2007年8月8日）

河北环绕首都北京，成功举办北京奥运会我省责任重大。为深入贯彻中央文明委“迎奥运、讲文明、树新风”活动的有关部署，推动全省“迎奥运、建强省、促和谐”活动的进一步展开，向北京奥运会奉献河北各行各业热情、优质、周到的服务，向世界展示河北人民好客、礼貌、文明的形象，值此奥运会倒计时一周年之际，省精神文明建设委员会决定，在全省服务行业的全国、省、市级文明单位、文明“窗口”中推出100个“引领文明、服务奥运”示范单位。

省精神文明建设委员会希望，各示范单位要不辱使命，大力发扬多年来形成的好经验、好做法，按照人文奥运要求全面提升工作标准，精益求精、高效优质地搞好各项服务。要切实发挥示范带动作用，做引领文明的旗帜、服务奥运的标兵。

省精神文明建设委员会号召，全省各行各业要积极行动起来，模范践行社会主义职业道德规范，热情待客、诚信经营、文明服务。要发扬崇高的爱国主义精神，为祖国争光、为河北添彩。

(河北省“引领文明、服务奥运”示范单位名单见先进名录)

供稿：省文明办

河北省精神文明建设委员会
关于表彰“河北省十大道德模范”的决定（摘要）

（2007年9月16日）

党的十六大以来，全省各地认真贯彻落实《公民道德建设实施纲要》，广大干部群众积极践行社会主义荣辱观，社会主义道德实践活动全面推进，在社会公德、职业道德、家庭美德建设上涌现出了一大批先进模范人物，赢得了社会的普遍赞誉。为了表彰先进、树立榜样，进一步推进全省城乡和各行各业的社会主义道德建设，在全省人民广泛推荐、评选的基础上，省精神文明建设委员会决定，授予林秀贞、赵渭忠、常玉珍助人为乐模范，李文英、田永生见义勇为模范，尚金锁、王更庆诚实守信模范，郑久强、刘国敬业奉献模范，徐长霞孝老爱亲模范荣誉称号。

省精神文明建设委员会要求，各级宣传思想和精神文明建设部门，要大力宣传道德模范人物的先进思想和感人事迹，充分发挥道德模范人物的示范作用，推动知荣辱、讲正气、树新风、促和谐的文明风尚在全社会形成，进一步促进社会主义核心价值体系建设。省精神文明建设委员会希望，各地、各行各业要联系实际学习道德模范事迹，践行道德模范精神，把创建和谐机关、诚信企业、文明社区等活动进一步引向深入，推动全省广大城乡、各行各业文明程度的不断提高，为建设沿海经济社会发展强省创造良好社会环境。省精神文明建设委员会号召，全省人民要以道德模范为榜样，见贤思齐、择善而从，从每一个人做起，展示河北人的高尚道德风范，用实际行动建设文明河北、和谐河北，以崭新的精神面貌迎接党的十七在胜利召开。

供稿：省文明办

河北省文明办

关于全国第二届未成年人思想道德建设创新案例征集评选活动有关情况的通报（摘要）

（2007年1月29日）

各市文明办，省直有关单位文明办：

开展第二届未成年人思想道德建设工作创新案例征集评选活动，是中央文明办部署的一项重要工作。自2005年10月这项工作开展以来，各地、各部门按照省文明办的部署，明确专人负责，深入社区、乡村、学校进行具体指导，积极挖掘有创意、有成效、有推广价值的典型，发动基层单位及时报送。至申报截止日期2006年3月20日，全省各地基层单位共上报创新案例105个，充分体现了各地在加强和改进未成年人思想道德建设方面的最新成果。特别是石家庄、廊坊、邯郸、唐山、秦皇岛等市重视程度高，发动广泛，把关严格，所申报的案例数量较多、质量较高。

在各地、各部门的积极参与下，我省申报的创新案例有9个入围。近日，中央文明办下发了《关于表彰第二届未成年人思想道德建设工作创新案例的通知》，表彰了90个获奖案例，我省入围的9个案例全部获奖。其中，一等奖1个、二等奖3个、三等奖5个，占获奖总数的10%，取得全国第一名的好成绩。这充分表明，我省各地、各部门结合实际，贯彻落实中央8号文件和省委21号文件精神，开拓进取，勇于创新，在加强和改进未成年人思想道德建设工作中，创造了一批具有鲜明时代特征，针对性和可操作性强的新做法和新经验。

为了鼓励先进，促进工作，省文明办决定对班级“心理委员”等9个获奖案例予以表彰。

希望受表彰的单位要切实发挥好示范带动作用，珍惜荣誉，再接再厉，巩固成果，常抓不懈，不断创造新的经验，作出新的成绩。希望各地、各部门按照中央关于改进创新未成年人思想道德建设工作的要求，学好用好获奖案例的经验，坚持贴近实际、贴近生活、贴近未成年人的原则，结合实际，举一反三，不断创新形式、创新内容、创新手段，使各项工作措施更加突出思想教育内涵，体现和谐文化建设要求，把未成年人思想道德建设工作进一步引向深入。

附：

1．各地申报的创新案例数目（略）

2．我省申报案例获奖名单（略）

供稿：省文明办

河北省文明办等十部门

关于组织“全国‘六一’儿童节计算机表演赛”和“中国首届‘让每个孩子成功’美术赛、艺术表演赛”河北赛区赛事活动的通知(摘要)

(2007年2月12日)

各市文明办、文化局、信息产业局、教育局、广电局、总工会、团委、妇联、残联、关工委:

为贯彻落实科学发展观，大力实施科教兴国和人才强国战略，更好地关心广大未成年人的健康成长，加强精神文明建设，构建和谐社会，国家文化部、全国总工会、全国妇联、全国残联、中国优生优育协会、中央电视台等部门将联合举办“全国‘六一’儿童节计算机表演赛”和“中国首届‘让每个孩子成功’美术赛、艺术表演赛”两项大赛。这两项赛事首次运用人类脑科学研究成果及儿童发展的有关理论，对婴幼儿、青少年及其家庭进行艺术启蒙指导和早期教育推广，以艺术的形式和孩子进行交流，提倡和强调通过家庭及集体的智慧与协作，共同创作出极具创意的艺术作品，考量孩子创造力与想象力的最大发挥空间，并加以科学的、符合儿童发展规律的引导，对儿童及其家庭起到艺术启蒙、指导和规范作用，将在儿童家庭及少儿艺术启蒙指导领域产生积极影响。

根据省委主要领导指示精神，为认真组织全省广大未成年人参加上述两项大赛活动，现就有关事项通知如下:

一、成立河北赛区组委会

为加强对两项大赛活动的组织指导，决定成立河北赛区组委会，具体名单如下:

名誉主任

张　毅 省委副书记

主　任

孙士彬 省政府副省长

副主任

白　石 省委宣传部副部长、省文明办主任

刘忠昌 省委副秘书长

李同亮 省政府副秘书长

委　员

彭卫国 省文化厅副厅长

王福强 省信息产业厅副厅长

何振虎 省广电局副巡视员

葛素梅 省教育工委副书记

魏世岭 省教科文卫工会主席

梅世彤 团省委副书记

裴世馨 省妇联副主席

杨俊民 省残联副理事长

郇建华 省关工委办公室主任

组委会下设办公室，负责赛事活动的具体组织与实施。

组委会办公室负责人

主　任:张 炜 石家庄市青少年素质拓展中心主任

副主任:胡 倩 石家庄市青少年素质拓展中心副主任

二、成立赛区评审委员会

为确保大赛公开、公平、公正，经组委会同意，成立赛区评审委员会，具体名单如下:

李　江 原省音协副主席

张建钢 河北省音协副主席、省交响乐团党组书记

白朝晖 河北省音协副主席

成露霞 河北师大音乐学院副院长

刘明华 河北省舞协副主席

李　驰 河北省舞协副主席

王建华 河北省交响乐团艺术中心主任

王占英 民乐类国家级考官

王署亮 民乐类国家级考官

吴顺章 民乐类国家级考官

李倩瑜 普通话国家级考官（原省电视台播音科主任）

李卫红 石家庄市艺术师范学院舞蹈科主任

三、制定河北赛区两项赛事活动的实施方案

根据国家有关部门大赛组委会的安排，结合我省实际，主办单位制定了《实施方案》，对两项赛事活动进行了具体安排部署（附后）。

四、几点要求：

1．各市接此通知后，要由文明办牵头，组织成立相应的赛事活动组委会，加强对活动的组织指导。

2．各有关部门要根据省主办单位的要求，按省《实施方案》安排分工负责，认真搞好组织、宣传和动员，扎扎实实把两项公益性赛事组织好。

3．大赛赛事活动多，涉及部门广，衔接环节复杂，各部门要加强联系沟通，相互支持，共同努力，保证各项比赛顺利进行。通过比赛，引导全社会更加重视未成年人的早期教育，更加重视未成年人的校外辅导，更加重视有利于未成年人健康成长的社会环境建设，把未成年人思想道德教育的各项工作要求真正落到实处。

附：《“全国‘六一’儿童节计算机表演赛”和“中国首届‘让每个孩子成功’美术赛、艺术表演赛”河北赛区赛事活动实施方案》(略)

供稿：省文明办

河北省文明办

河北省建设厅

关于对河北省新农村民居建筑设计大赛入围方案进行修改完善的通知（摘要）

（2007年3月2日）

各市文明办、建设局（规划局），有关设计单位及个人：

河北省文明办、河北省建设厅《关于开展河北新农村民居设计大赛的通知》（冀文明办〔2006〕8号）发出后，各市认真组织，省内外有关设计单位、技术人员积极参与，此次大赛共收到新农村民居建筑设计申报方案499个。经过专家委员会评审，共评选出100个入围方案。为更好地彰显燕赵特色，传承河北人文历史文化，指导新农村民居建设，做好下一阶段新农村民居“十佳方案”评选以及全部优秀方案的编印发放推广工作，现将有关修改完善事宜通知如下：

一、进行技术处理修改。请各位入围方案作者按照评审专家意见（具体修改意见与文件一并下发），对原方案存在的建筑结构、组合布局不够合理，保温节能、采光等细部处理欠妥当，新工艺、新技术使用不足等问题进行修改完善，力求设计方案更加科学合理。

二、突出燕赵文化特征和河北地域特色。屋檐样式、门窗造形、墙体色调等，要反映出燕赵民俗及历史文化的建筑符号（不是原样照搬，而是反映河北民居的民俗特征和历史文化文脉）。设计要与冀东、冀中、冀南及平原、山区、坝上、沿海、湖泊、湿地等自然环境相呼应，体现山村风格、田园风格、牧区风格、水乡风格（见河北民居参考资料）。

三、规范设计方案的资料图纸。所有方案要严格按照《河北省新农村建筑设计方案征集启示》，对申报方案的资料内容、图纸格式作进一步规范，并提供全套申报资料的电子光盘一张。

四、及时反馈报送修改方案。各有关单位和个人务于2007年4月15日前将修改后方案上报河北省小城镇规划建设协会。

通信地址：河北省石家庄市桥西区工农路230号

河北省小城镇规划建设协会（收）

邮政编码：050051

联系人：盖文生、王亚波

电话：0311—83850848

供稿：省文明办

河北省文明办

关于做好未成年人思想道德建设“回头看”工作的通知(摘要)

（2007年4月10日）

各市精神文明建设委员会办公室：

根据中央文明办《关于做好未成年人思想道德建设“回头看”工作的通知》要求，为进一步巩固我省未成年人思想道德建设督查工作成果，推动各项整改措施的落实，建立完善的长效工作机制，省文明办决定，自4月中旬至5月底，利用近两个月的时间，开展未成年人思想道德建设“回头看”工作。现就有关事项通知如下：

一、总体要求

围绕贯彻落实中发〔2004〕8号和冀发〔2004〕21号文件，认真总结两年多来未成年人思想道德建设的成功经验，系统梳理去年督查工作中发现的问题，明确整改措施，狠抓工作落实，加强薄弱环节，完善长效机制，提高全省未成年人思想道德建设整体水平。

二、主要内容

1．贯彻落实中发〔2004〕8号、冀发〔2004〕21号文件和冀办发〔2006〕21号文件的情况。包括加强学校德育工作、实施文化环保工程、为未成年人提供优秀文化产品和优质文化服务、未成年人校外活动场所的建设和管理、构建学校家庭社会“三结合”教育网络、加强和改进农村及特殊群体未成年人思想道德建设、健全完善领导体制和长效工作机制等方面的情况。

2．各地落实去年省文明委督查组反馈意见的情况。

3．联席会成员单位贯彻落实《关于贯彻落实中央文件精神、推进青少年思想道德建设督查情况汇报会议纪要》（中办白头〔2006〕17号）和省文明委转发《中央文明委关于进一步推进未成年人思想道德建设的任务分工》的通知(冀文明〔2007〕2号)的情况。

三、工作方式和时间安排

1．各地各有关部门开展自查。自下发通知之日起，各市和联席会成员单位要迅速开展未成年人思想道德建设“回头看”工作，着力查找问题，制定整改方案，限期进行整改。

2．对各地“回头看”情况进行调研。在各市自查的基础上，5月中下旬，省文明办将组织调研组，对部分市开展“回头看”情况进行调研。

3．总结汇报。5月底前，各市和联席会成员单位将开展“回头看”情况的书面报告报省文明办。由省文明办汇总形成全省未成年人思想道德建设“回头看”工作情况报告，上报省文明委领导和中央文明办。

四、工作要求

1．统一思想，高度重视。各市和联席会成员单位要把这次“回头看”工作作为今年精神文明建设的一项重要工作，作为检验工作成果、查找工作差距、推动工作落实的重要契机，摆上重要位置，明确领导责任，切实抓好落实。

2．认真负责，严密组织。各市和联席会成员单位要认真制定“回头看”工作方案，组织精干力量，深入实际、深入基层、深入群众，严格按照方案规定的程序开展工作，确保“回头看”工作深入扎实、不走过场。

3．查找问题，推动工作。要以去年督查要求为重点，认真查找当前未成年人思想道德建设存在的问题，通过“回头看”工作，把情况摸透、把问题找准、把改进措施定好，把中央和省委确定的各项任务真正落到实处。

4．加强宣传，营造氛围。要运用报刊、广播、电视、网络等多种形式，大力宣传未成年人思想道德建设取得的成效和经验。对于违背中央和省委精神，长期影响本地未成年人思想道德建设的突出问题，也要组织媒体进行曝光。

供稿：省文明办

河北省文明办
河北省农业厅

河北省“廉政文化进农村”活动实施方案（摘要）

（2007年4月10日）

为落实中央纪委和省纪委开展廉政文化建设“六进”活动的有关部署，搞好“廉政文化进农村”活动，形成尊廉崇廉的乡俗民风，推进农村廉政文化建设，现就我省组织开展“廉政文化进农村”活动，制定实施方案如下：

一、指导思想

以邓小平理论和“三个代表”重要思想为指导，全面贯彻落实科学发展观和构建社会主义和谐社会重大战略思想，按照反腐倡廉和社会主义新农村建设的总体要求，将加强农村廉政文化建设作为文明生态村创建工作中的重要内容，以农村基层党员干部和农民群众为重点，以培育健康、文明、廉洁的乡风为目标，采取多种措施，在农村逐步形成“以廉为荣、以贪为耻”的社会风尚，为构建和谐社会，建设社会主义新农村奠定良好的基础。

二、活动内容

（一）结合文明生态村创建活动的宣传，搞好“廉政文化进农村”宣传。积极引导报刊、广播、影视、网络等宣传媒体，运用各种宣传手段和形式，将廉政文化建设传播到农村的千家万户。协调各级媒体的有关文明生态村创建的专题专栏，加大有关农村廉政文化建设宣传的内容。在今年省文明办组织的新闻单位进行创建文明生态村先进村回访、对文明生态村创建的成功经验和先进典型进行专题报道中，将农村廉政建设中涌现出的各类典型作为宣传的重要内容。在开展科技、文化、卫生“三下乡”活动中，有计划地将廉政图书、报刊、资料、影视作品送到农村。积极鼓励文艺职能部门、文艺工作者多创作以廉政文化建设为内容的文学艺术作品，用优秀先进文化占领农村文化市场，努力提升广大农村群众的精神境界。

（二）结合“村民中心”建设，开辟好廉政文化建设阵地。利用在文明生态村创建中已经建设好和正在建设的“村民中心”的图书室，开辟“廉政读书角”、“廉政书架”、“廉政专栏”，充分利用现有的村务公开栏、政务公开栏、宣传画、黑板报等现有宣传阵地，加大廉政文化的宣传力度。

（三）结合深化“十星级”文明农户创建，搞好廉政文化教育。将廉政文化建设与社会公德、职业道德、家庭美德教育结合起来，在农村“十星级”文明农户评比中，将廉政建设纳入评比内容，使廉政文化建设寓于农村精神文明建设之中。抓好群众移风易俗自治组织建设和村民功德录等活动，力争通过这些活动的开展，做到持之以恒、常抓不懈。在今年组织有关部门参加的文明生态村创建工作督导、观摩活动中，将各地农村廉政文化建设作为督导、观摩内容，以便于总结工作，推广经验。

三、机构设置

按照省纪委提出的要求，由省文明办牵头，省农业厅协助，认真抓好“廉政文化进农村活动”。建立省“廉政文化进农村”活动领导小组：

组　长：杨能斌　省委宣传部副巡视员、省文明办副主任

副组长：黄学林　省纪委驻省农业厅纪检组

长、监察专员

成　员：

刘魁栋　省文明办调研处处长

刘继章　省文明办调研处调研员

符振强　省纪委驻省农业厅纪检组主任科员

省“廉政文化进农村”活动领导小组办公室设在省文明办调研处。

四、工作要求

（一）加强领导。充分认识廉政文化建设是全党全社会的共同任务，各级文明办、创建办和各级农业部门要将农村廉政文化建设纳入创建工作的总体安排部署之中，制定具体的农村廉政文化建设的总体目标和计划，分解任务，落实责任，抓好落实。

（二）加强协调。各级文明办、创建办和各级农业部门要整合力量，协调有关部门落实责任，强化监督。同时将农村开展廉政文化建设情况作为文明村镇评选的重要条件之一，对表现突出的部门和单位予以表彰和激励。

供稿：省文明办

中共河北省委宣传部

河北省文明办

河北省教育厅

关于做好我省2007年度“助学工程”组织实施工作的通知(摘要)

（2007年5月8日）

各市委宣传部、文明办、教育局，各有关高校：

根据中央宣传部、中央文明办、教育部《关于切实做好2007年度“西部开发助学工程”组织实施工作的通知》（文明办〔2007〕5号）精神，按照省文明委年度工作安排，现就做好我省2007年度“助学工程”组织实施工作通知如下：

一、进一步提高对实施“助学工程”重要意义的认识

党的十六届六中全会从中国特色社会主义事业总体布局和全面建设小康社会的全局出发，对构建社会主义和谐社会做出了全面部署。省第七次党代会站在全面实施“十一五”规划、加快推进河北现代化建设新的起点上，提出了建设沿海经济社会发展强省的宏伟目标。坚持教育优先发展，实施科教兴冀战略，是实现河北更好更快发展和构建和谐河北两大主要任务、建设沿海经济社会发展强省的迫切需要。继续组织实施“助学工程”，帮助贫困家庭子女就学，是党和政府解决人民最关心、最直接、最现实利益问题的生动体现，是促进教育公平、促进教育统筹发展的一项实际举措，是为我省培养建设人才的有效手段。各市委宣传部、文明办、教育局和相关学校，要坚持以邓小平理论和“三个代表”重要思想为指导，从落实科学发展观、构建社会主义和谐社会的高度，进一步提高对组织实施“助学工程”重要性的认识，切实增强做好这项工作的积极性和主动性。要以对党和人民高度负责的态度，强化责任意识，周密安排，精心组织，切实把各项工作落到实处，真正把这项深受群众欢迎的好事办实办好。

二、认真做好受助学生的推荐审核工作

根据中央宣传部、中央文明办、教育部《关于切实做好2007年度“西部开发助学工程”组织实施工作的通知》（文明办〔2007〕5号）精神，今年中央继续资助我省“西部开发助学工程”大学生80名，资助我省开办两个高中“宏志班”，每班学生50名；我省“助学工程”继续资助大学生70名。这150名受助大学生和100名高中生的资助条件、资助标准、资助程序不变（名额分配见附表），大学生每人资助2万元，按4个学年陆续拨付；高中生每人资助9000元，分三个学年陆续拨付高中“宏志班”承办学校。中央资助的80名大学生和两个高中“宏志班”的学生同时享受减免学费的有关政策。

各市委宣传部、文明办、教育局要认真总结经验，坚持“助学工程”实施以来逐步形成的考前预选、逐级申报、考核公示三项制度和反馈、制约、激励三个机制，使确定资助对象的工作更加主动，过程更加公开，程序更加规范。要认真做好资助对象的遴选、确定工作，对拟推荐的受助学生，要全部入户进行走访调查；要充分利用公示监督的手段，重点做好学生所在学校和所在村镇范围的公示，使一些容易产生争议的问题通过正当途径得到有效反应并及时解决，确保资助对象品学兼优、家庭贫困。确定资助大学生时，要注意结合我省经济社会发展的实际情况，有意识地向我省发展迫切需要的专业倾斜，切实培养一批用得上、留得住、养得起的本土人才。对于符合我省“助学工程”大学生资助条件、品行良好、有培养前途的省高中“宏志班”学生，将优先予以资助。对于少数收费过高、学制时间过长的专业如体育、艺术类专业大学生，原则上不予推荐。对于违反计划生育政策超生的大学生和高中生，不列入资助范围。有条件的市要继续开办高中“宏志班”。

对已确定的受助学生，要及时向他们介绍“助学工程”的目的、意义以及对学生的管理原则等情况，并在入学报到前将领取的资助证书、银行资助卡和相关材料发放到受助学生手中，确保他们能够顺利入学。同时，请各市文明办于9月5日前，将2007年度工程实施情况书面报省文明办秘书处。各市要注意跟踪了解、掌握毕业生的就业、毕业去向，抓紧收集2003级受助大学生毕业去向等资料，并于9月15日前报省文明办秘书处。

三、切实加强对受助学生的教育管理

要注重对受助学生进行思想道德教育。各有关高校、高中“宏志班”承办学校，要认真贯彻中共中央、国务院及省委、省政府有关加强和改进大学生思想政治教育、加强和改进未成年人思想道德建设文件精神，充分发挥主阵地作用，在受助学生中广泛开展理想信念教育和以“八荣八耻”为主要内容的社会主义荣辱观教育，引导他们自觉践行爱国、敬业、诚信、友善等道德规范。要充分发挥和谐校园建设的载体作用，组织开展内容丰富、形式新颖、参与性强的思想道德实践和学术科技、文化体育等活动，吸引受助学生积极参与，把思想教育渗透到他们学习、生活的各个环节，帮助他们提高文明素质，养成知荣辱、讲正气、作贡献的良好品德。

要加强对受助学生的动态管理。严格执行受助学生减免学费的有关政策，对于我省接受中央“西部开发助学工程”资助的受助大学生，按照受助学生的综合测评成绩分层次减免学费，即：受助大学生第一学年按照中央有关部门规定由所在高校免收全部学费；从第二学年开始，由所在学校根据受助大学生上一年综合测评成绩，决定本学年学费减免等级：综合测评成绩排名在本专业本年及全体学生前30%的学费全免，排名在31%～70%的学费减免一半，排名在71%以后的学费不予减免。对于不思进取、成绩不好的受助学生，有关市要及时发现、有针对性地做好教育工作，不再符合资助条件的学生，要及时上报省委宣传部、省文明办、教育厅，取消其受助资格。各有关高校要严格执行中央关于减免学费的有关规定，不能随意变更中央的政策规定，确保中央有关学费减免的政策落到实处。

要继续组织2006级受助大学生开展暑期活动。以“牢记党恩、增长才干，奉献社会、建设强省”为主题，突出志愿服务、义务劳动等内容，引导他们在参与和奉献中开阔视野、了解社会、认识人生，培养他们的感恩意识和社会责任感，锻炼和增强回报社会、服务人民的能力。各市文明办要及时通知受助学生参加省里组织的集中活动，如确有特殊情况不能回来参加活动的，学生本人要写出书面申请，并加盖学校学生处公章。暑期活动的具体事项另行通知。各市要加强对前几届受助学生活动的指导，组织引导他们在家乡开展多种形式的暑期活动。

四、积极有效地做好宣传报道工作

各市委宣传部、文明办、教育局以及各级新闻媒体要高度关注各种形式助学活动的开展，把宣传报道我省组织实施“助学工程”的做法、成效和经验作为一项重要任务，明确主题、加强策划，制定专门宣传报道方案。要宣传党和政府对贫困地区、对人民群众的亲切关怀，宣传党和政府大力发展农村教育事业，着力解决贫困家庭子女、进城务工人员子女入学难的各项政策措施，营造全社会重视教育、关注贫困家庭子女就学问题、参与扶助贫困学生的浓厚氛围。特别要着力宣传受助大学生毕业后自觉服务西部、投身基层、建设家乡，到祖国和人民最需要的地方建功立业的典型事例，在全社会形成良好的舆论导向。

附：1．河北省2007年度“西部开发助学工程”受助学生名额分配表(略)

2．河北省2007年度“助学工程”受助大学生名额分配表(略)

供稿：省文明办

中共河北省委宣传部

河北省文明办等五部门

关于举办“迎奥运、讲文明、树新风”公益广告征集比赛的通知(摘要)

（2007年5月16日）

各市委宣传部、文明办、工商局、广电局、新闻出版局，省直有关单位：

根据中央宣传部、中央文明办、国家工商总局、国家广电总局、新闻出版总署、北京奥组委等部门《关于举办全国“迎奥运、讲文明、树新风”公益广告征集比赛的通知》（文明办〔2007〕4号）要求，为充分发挥公益广告在传播奥运精神、倡导社会新风中的重要作用，推动我省“迎奥运、讲文明、树新风”活动深入开展，省委宣传部、省文明办、省工商局、省广电局、省新闻出版局决定，在全省举办“迎奥运、讲文明、树新风”公益广告征集比赛。现将有关事项通知如下：

一、作品主题

公益广告作品要紧紧围绕“迎奥运、讲文明、树新风”主题，形象生动地宣传“绿色奥运、科技奥运、人文奥运”理念，激发全省广大人民群众的爱国情感，积极参与倡导文明礼仪、维护公共秩序、优化社会服务、改善城乡环境等活动，全面提高公民文明素质和社会现代文明程度，为奥运会营造文明和谐的社会氛围。

二、组织机构

为加强组织领导，主办单位设立省“迎奥运、讲文明、树新风”公益广告征集比赛组织委员会，由省委宣传部、省文明办、省工商局、省广电局、省新闻出版局有关领导组成。

组委会主任：杨能斌（省委宣传部副巡视员、省文明办副主任）

委员：李继红（省工商局副局长）

何振虎（省广电局副巡视员）

范万廷（省新闻出版局副局长）

组委会下设办公室。

办公室主任：纪鸿鸣（省文明办协调处处长）

副主任：李卫东（省工商局商广处副调研员）

石文新（省广电局总编室副主任）

闫慧明（省新闻出版局报刊处副调研员）

三、奖项设立

为鼓励省直有关单位和各市征集、推出优秀作品，比赛设立一、二、三等奖，对优秀作品进行奖励。同时，设立组织奖，奖励组织工作出色的省直有关单位和市委宣传部、文明办、工商局、广电局、新闻出版局。

四、作品分类

参赛作品分为影视、平面、广播三类。同时，征集群众性的DV作品。

五、征集办法

1．省直有关单位和各市委宣传部、文明办、工商局、广电局、新闻出版局，要积极组织相关广告制作单位和广大群众踊跃参与这次征集比赛活动。在保证质量的前提下，河北日报、河北电台、河北电视台各报送参赛作品5件；各市报送参赛作品不得少于8件。

2．符合作品主题要求的公益广告均可参赛。其中影视广告和DV作品每条最短不少于30秒，最长不超过2分钟。全部参赛作品均不得在画面、语音或标版中显示报送人、制作人、投资人等信息，并按要求另填写登记表（见附件），由省直有关单位和各市文明办于2007年6月10日前统一报送省“迎奥运、讲文明、树新风”公益广告征集比赛组织委员会办公室（邮编：050052；联系人：纪鸿鸣；电话：0311—87907727）。各制作单位自留底稿，以备修改。

3．组委会将组织专家对报送的参赛作品进行评审，评出一、二、三等奖，并将获奖作品报送中央文明办，参加全国“迎奥运、讲文明、树新风”公益广告征集比赛。

4．在全国比赛中获奖的作品将在确保相关权利人法定权益的基础上，列入“全国思想道德公益广告作品库”，无偿提供全国各级各类媒体刊播。

5．省直有关单位和各市要事先告知投资人、制片人、创作人、演员等有关方面，所有参赛作品要明确肖像权、著作权、商标权、名称权等相关法定权利义务，凡涉及侵权等问题的一律不得报送。获奖DV作品经作者书面同意后，著作权归主办方，作者同时放弃署名要求；主办单位可将该短片作为基本素材，另行组织修改、改编等非商业性再创作活动。

六、展播及奖励

1．对在全省比赛中获得一、二、三等奖的作品，主办单位将分别给予一定的物质奖励。其中影视公益广告设一等奖1名、奖励5000元，二等奖2名、各奖励3000元，三等奖3名、各奖励1000元；广播、平面公益广告和DV作品各设一等奖1名、各奖励2000元，二等奖各2名、各奖励1000元，三等奖各3名，各奖励500元。

2．主办单位将组织省直主要新闻单位对获奖作品进行展播（刊）。

3．省直主要新闻单位和各市要按照中宣部、国家工商总局、国家广电总局、新闻出版总署《关于做好公益广告宣传的通知》中明确的“广播、电视、报纸、期刊等媒介发布公益广告的时间和版面应不少于全年发布商业广告时间或版面的3%，电视媒介在19点至21点时间段每套节目发布公益广告时间应不少于该时段发布商业广告时间的3%”的要求，认真做好获奖作品的展播（刊）工作，以进一步扩大“迎奥运、讲文明、树新风”公益广告在社会上的影响。

供稿：省文明办

河北省文明办
河北省人口计生委

关于在创建文明生态村活动中进一步加强计划生育工作的通知（摘要）

（2007年6月19日）

各市文明办（创建办）、市人口计生委：

开展文明生态村创建活动以来，各地将计划生育工作作为创建活动一项重要内容，认真加以推进，在保证我省低生育水平的稳定上发挥了积极作用。但也应看到，由于有些农村计生工作管理不严，出现了不达标的问题。各地在组织开展创建活动中，要高度重视并促进解决好这一问题。为此，现将有关事宜通知如下：

一、认真落实冀发〔2004〕10号文件精神，把计划生育工作摆到创建活动的重要位置切实抓好。

严格按照省委、省政府印发省文明委《〈关于在全省农村广泛开展创建文明生态村活动的意见〉的通知》（冀发〔2004〕10号文件）中的有关要求，把计划生育工作列入创建规划一起布置，一起落实。第一、二批创建村要结合巩固创建成果，对计划生育工作进行一次认真的“回头看”，发现计划生育工作没有达到标准的村，要组织制定改进措施。第三批创建村，要在推进其他创建工作的同时，抓好计划生育任务的落实，确保符合政策生育率达到90%以上。今年下半年在组织的全省文明生态村创建工作督导评议中，把计划生育作为重要内容，促进农村计生工作进一步提高水平。

二、深入开展“婚育新风进万家”活动，加强婚育新风及先进典型宣传。充分运用“村民中心”以及宣传栏、文化墙等阵地，大力宣传婚育新风，加强农村新型生育文化建设，引导群众进一步树立科学文明进步的婚育观。充分发挥人口和计划生育管理服务体系的独特优势，普及计划生育法律法规，大力弘扬家庭美德，促进生育文明和人口素质提高。在创建文明生态村的新闻报道中，注意宣传在创建活动中计划生育工作搞得好的先进典型，加大舆论引导力度。

三、推荐表彰创建文明生态村先进单位，要严把计划生育关。各市、县在推荐表彰创建文明生态村先进过程中，都要认真征求同级人口计生部门的意见，未征求同级计划生育部门意见的，不得向上呈报。对于计划生育工作不达标的，实行一票否决，一律不准进入创建文明生态村先进单位行列。

供稿：省文明办

河北省文明办等四部门

关于我省评选推荐全国道德模范的实施方案（摘要）

（2007年7月30日）

为充分展示广大公民践行社会主义荣辱观的精神风貌，切实发挥道德模范在公民道德建设中的示范引导作用，进一步推动全社会形成知荣辱、讲正气、树新风、促和谐的文明风尚，为党的十七大胜利召开营造良好社会氛围，中央文明办、全国总工会、共青团中央、全国妇联决定在第五个“公民道德宣传日”（2007年9月20日）评选表彰全国道德模范。根据中央有关部门的要求，结合我省实际，现就我省评选推荐全国道德模范提出如下实施方案：

一、指导思想

坚持以邓小平理论和“三个代表”重要思想为指导，全面贯彻科学发展观，贯彻落实《公民道德建设实施纲要》，以建设社会主义核心价值体系为根本，以践行社会主义荣辱观为主要内容，以社会公德、职业道德、家庭美德、个人品德建设为重点，广泛发动群众推荐和学习身边的道德典型，在全省形成学习、宣传道德先进和争做道德模范的热潮，为建设沿海经济社会发展强省、构建和谐河北营造良好社会风尚。

二、评选推荐内容

按照公民基本道德规范的要求，结合我省社会生活实际，评选推荐全国道德模范分为“助人为乐模范”、“见义勇为模范”、“诚实守信模范”、“敬业奉献模范”和“孝老爱亲模范”五大类。中央将在各地推荐的基础上，评选出“全国十大助人为乐模范”、“全国十大见义勇为模范”、“全国十大诚实守信模范”、“全国十大敬业奉献模范”和“全国十大孝老爱亲模范”，其余入围人选授予全国道德模范提名奖。

三、评选推荐标准

评选推荐为全国道德模范的基本标准是：凡从2001年中央印发《公民道德建设实施纲要》以来，自觉践行社会主义荣辱观，模范遵守公民基本道德规范，在助人为乐、见义勇为、诚实守信、敬业奉献、孝老爱亲方面表现突出，社会形象好、群众认可度高的我省公民，可评选推荐为全国道德模范。其中，事迹特别突出，社会反响巨大，赢得群众高度赞誉，能够在引领社会文明风尚中发挥重大影响的，还可参评“全国十大助人为乐模范”、“全国十大见义勇为模范”、“全国十大诚实守信模范”、“全国十大敬业奉献模范”和“全国十大孝老爱亲模范”。

四、评选推荐步骤

（一）成立组织机构

成立河北省全国道德模范评选推荐活动组委会。

组委会主任：

白 石 省委宣传部副部长、省文明办主任

组委会副主任：

杨能斌 省委宣传部副巡视员，省文明办副主任

刘进昌 省总工会副主席

梅世彤 团省委副书记

裴世馨 省妇联副主席

成 员：

纪鸿鸣 省文明办协调处处长

金树生 省总工会宣教文体部部长

刘红军 团省委宣传部部长

王雪梅 省妇联宣传部部长

组委会办公室设在省文明办协调处。组委会具体负责全省群众推荐，征求意见、审核把关、媒体公示、上报等工作。各市同时成立由文明办牵头，工会、共青团、妇联等群团组织参加的评选推荐活动组委会。

（二）发动群众推荐

1．8月初，省活动组委会在省内主要媒体发布公告，公布评选标准和推荐办法，广泛发动群众推荐。各市文明办按照属地管理原则，组织和接受广大群众和单位推荐候选人。群众可以向所在市活动组委会推荐人选，也可直接向全省、全国活动组委会推荐人选。既可以通过网络推荐，也可以写信推荐。全国活动组委会以及文明办、工会、共青团、妇联向社会公开接受群众推荐的专用电子邮箱和收信地址是：

中央文明办协调组电子邮箱：wmbxtz@yahoo.com.cn，地址：北京市西城区西长安街5号，邮编：100806。

全国总工会电子邮箱：niyanfang@acftu.org.cn，地址：北京市西城区复兴门外大街10号，邮编：100865。

共青团中央电子邮箱：85212199@163.com，地址：北京市崇文区前门东大街10号，邮编：100051。

全国妇联电子邮箱：fulianjyc@yahoo.com.cn，地址：北京市东城区建国门内大街15号，邮编：100730。

全省活动组委会以及文明办、工会、共青团、妇联向社会公开接受群众推荐的专用电子邮箱和收信地址是：

省文明办协调处电子邮箱：wmbxtc@163.com，地址：石家庄市维明南大街46号，邮编：050052。

省总工会电子邮箱：gj@hebgh.org，地址：石家庄市裕华西路16号，邮编：050081。

团省委电子邮箱：xcb@54heb.com，地址：石家庄市裕华西路377号，邮编：050051。

省妇联电子邮箱：hbfulian@tom.com，地址：石家庄市裕华西路377号，邮编：050051。

群众推荐截止日期为8月20日。

各地群众直接向全国、全省活动组委会和文明办、工会、共青团、妇联推荐的人选，全部反馈给被推荐人所在省、市组委会筛选。省文明委成员单位可以向省文明办推荐本行业、本系统基层涌现出来的道德先进人物（推荐截止日期为8月20日）。这些推荐人选也由省文明办反馈给被推荐人所在市组委会筛选。

各设区市评选推荐名额为每类人选1名，五类人选合计不超过5名。

2．8月上旬开始，省内主要新闻媒体和各地主要新闻媒体紧密配合推荐工作，开辟专栏，对近些年来涌现的道德建设先进典型集中进行回顾宣传，充分展现各地道德建设的成效、经验和各类道德模范的风采，使道德建设先进典型的感人事迹和高尚品德深入人心。

（三）审核公示上报

各市活动组委会要对群众评选推荐的候选人进行审核把关，将候选人首先在本人单位或所在城乡社区公示，并征求当地相关部门意见（如防范办、计划生育、基层公安机关等，党员和公职人员还应征求组织、纪检、监察部门意见，从事经济活动人员，还应征求工商、税务部门意见），报请市文明委审定后，按分类填写《推荐表》（附后），每

人附1000字左右的事迹材料，并附一寸免冠彩照3张，加盖市文明办、工会、团委、妇联公章，于8月23日前上报省组委会办公室。省组委会在征求有关部门意见后，在省主要媒体公示各市推荐人选，接受社会监督。公示结束后报经省文明委审定，于2007年8月28日前上报全国活动组委会办公室。

（四）积极参加全国投票

9月初，全国活动组委会将会把正式候选人的基本情况和主要事迹在《人民日报》、《光明日报》、《工人日报》、《中国青年报》、《中国妇女报》等平面媒体和人民网、新华网、光明网、央视国际、中国文明网等网站上刊登，请公众投票评选。公众可填写报纸刊登的“全国道德模范”选票寄至组委会办公室，也可从相关网站上投票参与评选。各市文明办、工会、团委、妇联和省文明委成员单位要组织各界群众积极参加投票。

五、工作要求

1．精心组织，重在推动工作。各市要充分认识评选推荐道德模范的重要意义，加强组织领导，作出周密部署，把开展道德模范评选推荐活动作为加强公民道德建设的有效抓手，把组织评选推荐道德模范的过程变成深入宣传和践行社会主义荣辱观、大力推进精神文明建设的过程。

2．群众为本，重在自我教育。评选推荐工作要充分体现群众性，立足社区、企业、村镇、机关、学校等基层单位，突出群众评、评群众、群众学、学群众，着重推选群众身边看得见、摸得着、学得到的先进人物，使推出的道德模范可敬、可信、可亲、可学，使推荐评选成为群众进行自我教育、自我提高的有效载体。

3．加强宣传，重在深入人心。要把宣传贯穿评选推荐活动始终，大力宣传近年来本地公民道德建设的进展和经验，宣传我省公民良好的精神风貌，宣传公民道德建设中涌现的先进人物的事迹和思想，在全省形成追求先进、崇尚先进、学习先进的良好道德风尚。要从实际出发，讲求工作实效，充分发挥道德模范的示范带动作用，运用典型力量，抓好示范引导，注重推广实践，使道德模范的高尚行为逐步成为广大公民的自觉行动，促进全社会文明程度和道德水平进一步提高。

供稿：省文明办

中共河北省委宣传部
河北省文明办
河北省教育厅

关于确定我省2007年度“助学工程”受助大学生名单的通知（摘要）

（2007年8月24日）

各市委宣传部，市文明办、教育局：

根据省委宣传部、省文明办、省教育厅《关于做好我省2007年度“助学工程”组织实施工作的通知》（冀文明办〔2007〕9号）的有关规定，按照学生本人申请、所在中学初审、县（市、区）审查、市申报等有关程序，经省委宣传部、省文明办、省教育厅研究审批，同意王海蛟等80名大学生为我省2007年度“西部开发助学工程”受助大学生，王飞杰等70名大学生为我省2007年度“助学工程”受助大学生。

各市委宣传部、市文明办、市教育局要及时将受资助情况告知受助学生本人，并在学生入学前将资助证书、银行卡、受助学生须知等材料发放到学生手中，并有针对性地对他们进行一次集中教育辅导，向受助大学生讲明我省组织实施“助学工程”的目的意义和有关政策规定，对他们入学后的学习、生活提出要求；要与受助大学生保持经常性联系，加强对受助学生的教育和管理，引导他们树立正确的世界观、人生观、价值观，培养他们热爱家乡、建设家乡的情感，引导他们发奋学习，努力成才，为将来建设祖国和家乡作贡献。要在当地主要新闻媒体进行广泛宣传，宣传党和政府对贫困群众的关心，宣传贫困大学生对党和政府的感激之情，宣传受助大学生立志成才、报效祖国的远大志向。通过宣传，进一步扩大我省“助学工程”的社会影响，带动各类社会助学活动的广泛开展，通过社会各方面的共同努力，最大程度解决我省贫困家庭子女的入学问题。

附：1. 河北省2007年度“西部开发助学工程”受助大学生名单(略)

2. 河北省2007年度“助学工程”受助大学生名单(略)

供稿：省文明办

中共河北省委宣传部
河北省文明办
河北省教育厅

关于确定我省2007年度“西部开发助学工程”高中“宏志班”受助学生名单的通知(摘要)

（2007年8月24日）

各市委宣传部，市文明办、教育局：

根据省委宣传部、省文明办、省教育厅《关于做好我省2007年度“助学工程”组织实施工作的通知》（冀文明办〔2007〕9号）的有关规定，按照学生本人申请、所在中学初审、县（市、区）审查、市申报等有关程序，经省委宣传部、省文明办、省教育厅研究审批，同意尹笑等100名同学为我省2007年度“西部开发助学工程”高中“宏志班”受助学生。

各市委宣传部、市文明办、市教育局要及时将受资助情况告知受助学生本人，并于入学前将受助学生的资助证书、录取通知书、入学须知等有关材料发放到学生手中。要在学生入学前有针对性地对他们进行一次集中教育辅导，向受助学生讲明我省组织实施“助学工程”的目的意义和有关政策规定，有针对性地对他们进行一次集中的思想道德和心理健康辅导，引导他们树立正确的世界观、人生观、价值观，帮助他们快乐将康成长，并对他们入学后的学习、生活提出要求。要在当地主要新闻媒体进行广泛宣传，进一步扩大我省“助学工程”的社会影响，充分发挥其示范引导作用。

附：河北省2007年度“西部开发助学工程”高中“宏志班”受助学生名单(略)

供稿：省文明办

中共河北省委宣传部
河北省文明办

河北省公共文化扶贫工程实施方案(摘要)

（2007年11月15日）

近年来，我省先后组织实施了“百县千乡宣传文化工程”和“太行山革命老区宣传文化工程”，资助建设了一批县级宣传文化中心，在建设社会主义核心价值体系，推动农村思想道德建设、传播科学文化知识、丰富群众精神文化生活、促进农村经济社会发展方面发挥了重要作用。为了认真贯彻落实党的十七大关于推动社会主义文化大发展大繁荣的精神，按照省委七届三次全会关于建立健全公共文化服务体系、大力发展公益性文化事业的有关部署，省委宣传部、省文明办决定在全省组织实施“河北省公共文化扶贫工程”。

一、指导思想

以邓小平理论和“三个代表”重要思想为指导，深入贯彻落实科学发展观，着眼于建设和谐文化，培育文明风尚，以统筹城乡、促进区域文化协调发展和丰富农村特别是经济欠发达地区农民群众精神文化生活为出发点，加强基层宣传文化阵地建设，构筑我省农村公共文化服务体系，满足基层群众精神文化需求，为促进农村经济发展和社会进步提供精神动力和智力支持，推进和谐社会建设。

二、资助对象

张家口、承德两市所辖县和其他市的国家级、省级扶贫开发工作重点县。在“百县千乡宣传文化工程”和“太行山革命老区宣传文化工程”中，已经资助建设宣传文化中心的县不再重复资助。

三、实施步骤

此项工程于2007年11月开始启动，2010年国庆节前完工。整个工程按年度审批组织施工。

2007年，从全省国家和省级扶贫开发工作重点县中选择4个县建设宣传文化中心，2008年至2010年，每年资助建设10个左右县级宣传文化中心。

四、标准办法

资助建设的县级宣传文化中心为公益性、综合性宣传文化设施，按照以下标准和办法组织实施：

1．设施标准：县级宣传文化中心建筑面积不低于2000平方米，设有图书室、阅览室、综合教室、展览室、文化活动室、室外宣传橱窗等。各功能区占总面积的比例为：图书、阅览室20%；综合教室20%；展览室10%；文化活动室40%；管理及其他用房等10%。县中心需配有必要的设备，一般要求配套建设室外活动广场。中心设计从当地实际出发，兼顾地方历史文化特色和群众生产生活需求。建成后悬挂全省统一标识。

2．建设要求：县级宣传文化中心施工实行项目法人责任制、工程监理制，采取公开招标的办法选择施工单位。施工单位必须具备国家二级以上施工资质，不符合条件的不得参与招标，坚决杜绝人情工程和工程承包中的不正之风。

3．资金安排：每个县级宣传文化中心投入200万元左右，采取省资助一部分和市、县分别按比例配套一部分的方法解决，省资助资金从省文化事业建设费等有关经费中支出。

五、工程立项与审批

工程实行项目申报制度，各有关市按照省里总体安排，按年度向省文明办申报定点立项报告，省里审查合格后按计划审批立项。

资助建设的县级宣传文化中心的审批条件是：①所在县（市）属于国家或省级扶贫开发工作重点县；②尚没有建设县级宣传文化中心；③县领导班子重视精神文明建设，对建设宣传文化阵地积极性高；④有一定的经济基础和群众文化条件；⑤属于新建项目；⑥有已经由政府征用的建设用地；⑦配套资金有保障；⑧管理人员工资和基本的活动经费纳入财政予以保障。

六、工程实施

工程由省文明办负责实施，各市文明办具体落实。在工程实施过程中，应建立健全工程建设领导责任制，有关县（市）的党委、政府主要领导亲自抓，县（市）委常委宣传部长为工程建设的第一责任人，文明办主任为工程建设的直接责任人，全程负责工程的施工和督促检查工作。

供稿：省文明办

河北省文明办
河北省建设厅

关于“河北新农村民居建筑设计大赛”评奖结果的通报（摘要）

（2007年11月22日）

各市文明办、建设局（规划局），扩权县（市）文明办、建设局（规划局）：

为深入推进社会主义新农村建设，引导广大农村提高民居建设水平，进一步体现乡村特色、地方特色、文化特色和民族特色，更好地满足农民生产、生活需要，去年9月，省文明办、省建设厅组织开展了河北新农村民居建筑设计大赛。这次大赛在省内外引起了强烈反响，我省及北京、天津、山东等地1500多名设计人员踊跃参赛，大赛组委会共收到参赛作品499个。

为搞好河北新农村民居建筑设计大赛评选工作，去年12月下旬，省文明办、省建设厅组织有关专家成立新农村民居建筑设计大赛评审委员会，对参赛作品进行了认真评审，从中评选出100个入围的优秀方案，提出具体修改意见，请作者依据评委会意见进行修改完善；评选出符合大赛设计原则和技术要求给予成本补贴的方案153个。今年5月，主办单位再次组织专家评审委员会对有关作品进行评审，评选出“十佳设计方案”10个、优秀设计方案90个。

为表彰奖励此次民居大赛中作出突出贡献的先进个人和集体，省文明办、省建设厅决定，对“河北新农村民居建筑设计大赛十佳设计方案”颁发证书，每件奖励2万元；对90个优秀设计方案颁发证书，每件奖励2000元；对153个符合大赛设计原则和技术要求方案每件补贴成本500元；对石家庄市文明办等17个组织工作先进单位和李志新等22个先进个人予以通报表彰。“十佳设计方案”和90个优秀设计方案汇编成册，免费下发全省农村，供农民群众选用。

希望受到表彰奖励的个人和单位，要谦虚谨慎、戒骄戒躁、发扬成绩、再接再厉，为农民群众设计出更多更好的作品。各市文明办、建设局（规划局）要积极推广这些十佳和优秀设计方案，分别确定2～4个村开展新农村民居建设试点工作，取得经验后在全省推开，为改善农民群众生产生活环境，建设社会主义新农村，实现建设沿海经济社会发展强省目标作出新的贡献。

附件：河北新农村民居建筑设计大赛获奖名单（见先进名录）

供稿：省文明办

中共河北省委宣传部
河北省文明办

关于做好“河北省公共文化扶贫工程”2007年度资助建设项目实施工作的通知(摘要)

(2007年12月19日)

承德、张家口、邢台、邯郸市委宣传部、市文明办:

根据省委宣传部、省文明办《关于印发〈河北省公共文化扶贫工程实施方案〉的通知》(冀文明办〔2007〕17号)有关要求,经有关县申报、市审核推荐并报省委宣传部、省文明办批准,平泉、康保、威县、大名4个县,被确定为“河北省公共文化扶贫工程”2007年度县级宣传文化中心受资助建设单位。现就有关实施工作提出如下要求:

一、要认真做好工程选址工作。被确定为2007年度资助建设项目的县,务必在2008年1月中旬前完成县级宣传文化中心的选址工作。要把中心选建在县城的中心地段,交通便利,建成后要便于群众参加活动。已完成选址工作的,要抓紧做好开工前的各项准备工作,为工程早日开工创造条件。在有条件的情况下,县中心要配套建设文化广场或开放式公园。在中心选址工作中,各有关市文明办要组织专人进行现场督导,帮助做好中心的选址定点工作,市里验收合格后将选址情况于2008年2月15日前书面报省文明办秘书处。省文明办将适时组织检查。

二、要抓紧落实好建设资金。按照冀文明办〔2007〕17号文件要求,每个县中心投资200万元左右,其中,省里资助每个县中心100万元,其余需有关市、县配套。为保证工程的顺利实施,市、县配套资金必须在2008年3月底前拨付到位,不留资金缺口。为支持工程早日开工,确保工程顺利实施,省里资助款的90%(90万元)通过省财政直接拨付有关县,10%(10万元)通过省财政拨付到有关市文明办,待工程全部完工后,省里组织第二次验收,符合要求的,由有关市文明办负责集中采购有关设备器材和图书。有关市、县要加大资金监管力度,对于建设资金,要设立专门账户,专款专管,专款专用,不允许截留或挪作他用。

三、要严格工程建设标准。省委宣传部、省文明办联合下发的《实施方案》,要求县中心建筑面积不能低于2000平方米,并对各功能区的设置及各功能区占总面积的比例做出了明确规定。各有关县要按照《方案》规定的标准和功能区比例设计建图纸,保证工程建筑面积不低于2000平方米,各功能区划分符合省里规定,并严格按照设计图纸组织施工。图纸设计单位必须具备国家二级以上资质,图纸设计完成后要报省文明办批准备案。各有关县在设计图纸和组织施工时,应充分考虑到当地的历史文化特色,赋予中心更多的文化内涵,做到外观大方、美观,使之成为当地的标志性建筑和文化景观。为保证“河北省公共文化扶贫工程”的品牌性特征,所有县宣传文化中心都要在正面醒目位置张挂省统一设计的“河北省公共文化扶贫工程”标识,横向张挂统一的“**县宣传文化中心”大字名称。

四、要确保工程建设质量。各级宣传部、文明办要对工程实施全过程进行跟踪检查,切实把好质量关,坚决杜绝“豆腐渣”工程。县中心施工单位必须具备国家二级以上施工资质,建设要严格实行项目法人责任制、工程监理制、招投标制,防止不正之风。各级文明办要确保县级宣传文化中心独立建设,不与办公楼、住宅楼、招待所等其他用房混建。对于没有按照省里要求组织施工的,一经发现,省里将通知有关市、县限期进行改正;没有按时改正的，省里将视情况进行通报批评；情况严重的，省里将追回资助款，调整资助点。

五、要加快工程建设进度。按照《方案》要求，县级宣传文化中心的建设周期一般不超过一年。我省2007年度资助建设的4个县级宣传文化中心，主体务必于2008年10月1日前完工，2008年12月底前建成投入使用。有关县要加快工程建设进度，抓紧做好相关准备工作，确保按时完工。各有关市文明办要及时掌握工程进度，督促有关县加快施工进度，确保工程按时完工。工程建设的各个阶段，省里将及时进行督促和检查。整个工程竣工后，省里将组织检查验收。

六、要加强工程建设的组织领导。有关县要成立由宣传部、文明办和财政、土地、建设等有关部门组成的工程建设领导小组，由常委宣传部长担任领导小组组长，文明办负责牵头做好工程施工的有关组织协调工作。要实行工程建设领导责任制，县委常委宣传部长为工程建设的第一责任人，县文明办主任为直接责任人，具体负责工程的实施工作。县委、政府主要领导和主管领导要经常过问工程建设情况，帮助解决工程建设过程中遇到的实际问题，组织协调有关部门积极配合好工程建设，确保工程的顺利实施。

供稿：省文明办

河北省文明办

关于征集评选河北省首届未成年人思想道德建设工作创新案例的通知（摘要）

（2007年12月31日）

各市精神文明建设委员会办公室：

为深入贯彻党的十七大和省委七届三次全会精神，展示我省未成年人思想道德建设工作的新创造、新经验、新成果，推动未成年人思想道德建设工作进一步解放思想，创新理念、创新思路、创新举措、创新方法。根据中央文明办《关于第三届未成年人思想道德建设工作创新案例征集评选的通知》精神，省文明办决定在全省范围内开展河北省首届未成年人思想道德建设工作创新案例征集评选活动。现将有关事项通知如下：

一、申报时间

2008年1月～2008年3月底

二、申报范围

以各市和市以下基层单位的活动为主。凡是与未成年人思想道德建设有关的各类活动均可申报，可以是一个地方、一个系统、一条战线开展的活动；可以是党政部门、人民团体、社会有关方面开展的活动；可以是一个学校、一个乡镇、一个社区（村）等单位组织开展的活动，也可以是基层干部群众在实践中形成的创新做法。

三、申报条件

1．申报案例要充分体现党的十七大对未成年人思想道德建设提出的新要求，时代性、针对性和可操作性强，吸引力和感染力大，群众认可，孩子欢迎，效果显著。

2．申报案例要符合“新”、“实”的标准，遵循未成年人认知规律，尊重未成年人主体地位，适应未成年人信息接受渠道的变化，主题突出，创意新颖；措施具体，特色鲜明；形式生动，真实感人。

3．申报案例应是已经开展了一段时间，在实践中见到明显成效，现在仍在进行的活动。

4．申报案例要陈述清晰，避免套话，一招一例，案例材料2000字以内，案例简介500字以内，说明产生背景、主要做法、基本成效、推广普及、社会反响等情况。

四、奖项设置

本次评选设一、二、三等奖。其中一等奖需是在县（市、区）级以上范围开展或推广，并具有良好发展态势和应用前景的活动。

另设“推广奖”，凡参加过中央文明办第一、二届未成年人思想道德建设工作创新案例评选并获奖的案例不再参加本届创新案例评选，但对在县（市、区）级以上范围推广往届获奖案例的经验，可申报推广奖（申报名单和推广情况介绍材料与创新案例同时报送，并提供电子版）。

五、案例评审

省文明办对申报的案例进行筛选，提出初选名单。邀请有关领导和专家组成评审委员会进行评审，评出一、二、三等奖和推广奖。经征求创意实施单位所在市或所属部门意见后，在河北文明网公布（网址：http://www.hbjswm.gov.cn），择优推荐参加中央文明办第三届未成年人思想道德建设工作创新案例征集评选。

六、活动要求

1．要高度重视。各市、各成员单位要结合学习贯彻党的十七大和省委七届三次全会精神，切实把创新案例申报工作，当成动员社会各方面做好未成年人思想道德教育的重要工作来抓。各市要召开未成年人思想道德建设工作联席会议进行专门部署，动员各部门积极组织申报工作。各市至少要推荐上报10个案例，多报数量不限。联席会成员单位可以组织基层单位参加各市的申报，也可以直接向省文明办申报。

2．要精心组织。各市文明办、各成员单位要明确一名负责同志分管案例申报工作。各市未成年人思想道德教育科（处）长是申报工作直接责任人，要深入社区、乡村、学校，进行具体指导，把具有鲜明特色、符合未成年人思想道德建设要求的创新案例挖掘出来，推荐上来。

3．要务求实效。各市、各成员单位要结合本市、本部门实际，认真总结以往申报参加中央文明办未成年人思想道德建设工作创新案例征集评选的成功经验，突出案例的创新性和实效性，坚持实事求是、把握标准、保证质量、宁缺毋滥，确保创新案例的质量。

4．要加强宣传。各市、各成员单位要抓住征集评选未成年人思想道德建设工作创新案例的有利契机，发现树立一批有影响力、说服力的典型，并组织当地媒体进行宣传，推动未成年人思想道德教育各项工作落到基层、落到实处，不断引向深入。省文明办将组织省级新闻媒体对获奖案例进行宣传。

各市、各成员单位务于2008年3月底前将案例申报表和文字材料（含电子文档）上报省文明办教育处（联系人：肖振军、张军虎；电话：0311-87905376；邮箱：wmbxzj@yahoo.com.cn）。申报材料样式请登陆河北文明网参阅。

评选工作结束后，省文明办将对组织申报未成年人思想道德建设创新案例工作成绩突出的市和有关部门颁发优秀组织奖。

供稿：省文明办

中共石家庄市委

石家庄市人民政府

石家庄市2007年～2010年市民文明素质提升工程规划（摘要）

（2007年8月29日）

按照一年有起色、两年见成效、三年上台阶、四年大提升的工作思路，用四年时间，实现市民学校基础设施基本完善，百万市民学习培训任务基本完成；广大市民的公民意识、市民意识、省会意识明显增强，自觉遵守法律法规，自觉维护城市公共秩序、爱护城市公共设施，自觉维护省会形象；城区主要街道路口、影剧院、公园广场等公共场所秩序和卫生状况明显改观，乱穿马路、乱扔垃圾、随地吐痰现象明显减少；党政机关、窗口行业为民服务的观念进一步强化，城市发展的软环境进一步优化，市民对政府的满意度进一步提高，争创全国文明城市。

——2007年工作目标：以迎接党的十七大和石家庄解放60周年为契机，以“迎奥运、讲文明、树新风”活动为载体，广泛开展公共文明道德实践活动，征集提炼“新石家庄人文精神”，修订完善《市民文明公约》。编印《文明常识大学堂》60万册，免费发到市民家庭。以“文明路口”创建和“排队日”活动为重点，着力解决闯红灯、乱穿马路等问题。同时，利用市民学校等场所开展学习培训，市民培训率达30%以上。

——2008年工作目标：以迎接2008年北京奥运会和全国文明城市评选为契机，继续抓好公共文明道德实践活动。以文明礼仪教育为重点，编印《文明礼仪常识》60万册，免费发到市民家庭，大力普及社会礼仪、生活礼仪、涉外礼仪、职业礼仪常识，组织文明礼仪大赛。进一步完善社区市民学校建设，实现每个社区都建有市民学校，市民培训率达70%以上。制定与提升市民文明素质密切相关的法规、条例，进一步规范市民行为。

——2009年工作目标：大力加强市民科学素质建设，围绕促进科学发展观在全社会的树立和落实，编印《科学常识与市民生活》60万册，重点宣传普及节约资源、保护生态、改善环境、安全生产、应急避险、健康生活、合理消费、循环经济等观念和知识，倡导建立资源节约型、环境友好型社会，形成科学、文明、健康的生活方式和工作方式。研究制定市民文明素质测评指标，对各区各系统开展市民教育和市民文明素质提升工程落实情况进行量化测评。

——2010年工作目标：编印《法律法规与市民生活》60万册，广泛开展法律法规常识和城市管理规章的学习教育，市民培训率达90%以上。根据经济和社会发展形势需要，研究制定“十二五”时期市民文明素质提升工程的目标、任务和措施，推动市民文明素质提升工程持续健康发展。

二、基本内容、主要任务和主要活动

（一）基本内容

1．提高市民的思想道德素质。围绕建设社会主义核心价值体系，大力宣传社会主义荣辱观，在全社会逐步形成知荣辱、讲文明、促和谐的社会风尚；大力倡导爱国、敬业、诚信、友善等道德规范，逐步形成尊老爱幼、男女平等、扶贫济困、礼让宽容的人际关系；大力普及礼仪教育，使广大市民在衣、食、住、行、娱和人际交往中，逐步养成文明礼貌、尊重他人、举止文雅的文明习惯。

2．提高市民的科学文化素质。广泛开展马克思主义唯物论、无神论的宣传教育，引导市民崇尚科学文明、反对愚昧迷信、抵制歪理邪说，形成健康风气和良好生活氛围；大力推动《全民科学素质行动计划纲要》的落实，强化市民的节约资源、保护生态、应急避险、健康生活、合理消费等意识，在全社会形成科学、文明、健康的生活方式和工作方式；大力推进职业教育，拓展成人教育、终身教育，继续推进“全民读书活动”，创建学习型家庭、学习型社区、学习型单位、学习型城区，在全社会营造浓厚的学习氛围。

3．提高市民的身心健康素质。深入推动面向市民的“全民健身工程”，大力开展医疗卫生、身心健康、体育健身等知识的普及教育，推进社区医疗卫生服务体系建设，健全社区卫生和计划生育服务网络，建立居民健康档案，为社区居民提供疾病预防、保健、康复、计划生育服务，加强人文关怀和心理疏导，引导人们正确对待自己、他人和社会，正确对待困难、挫折和荣誉，塑造自尊自信、理性平和、积极向上的社会心态。

4．提高市民的法律素质。发挥司法部门、律师队伍的作用，开展面向市民的法律法规常识的普及教育，使市民了解与自己工作和生活相关的法律法规，懂得公民的权利和义务，依法办事、依法律己，依法维护自身的合法权益，以理性合法的方式表达利益诉求，不断增强遵纪守法意识和民主法制观念。

（二）主要任务

围绕“建设繁荣、文明、和谐新石家庄”，叫响“一个口号”，强化“三个意识”。即：叫响“做文明新石家庄人”口号。强化公民意识，引导市民懂得作为公民既享有宪法和法律规定的权利，又要积极履行宪法和法律规定的义务；强化市民意识，引导市民自觉遵守城市规章制度，维护城市公共秩序，爱护城市公共设施；强化省会意识，引导市民从一言一行做起，维护省会形象，为省会争光。同时，根据不同人群，区分层次、突出特点，扎实推进市民文明素质提升工程。

1．党政机关建设公务文明。党政机关要在进行“立党为公、执政为民”教育的基础上，按照服务文明、依法行政的要求，实行“文明办公四要四不”，即：“要热情礼貌接待来访、要虚心诚恳听取意见、要耐心和蔼回答问题、要认真高效反馈意见，不生硬傲慢、不冷淡懈怠、不推诿扯皮、不敷衍应付”。通过改进工作作风，提高办事效率，提高党政机关干部的社会公信力。

2．企事业单位建设职业文明。企事业单位和非公有制企业要承担起市民教育的社会责任。对企业管理人员进行以人为本、创建和谐劳动关系的教育培训，提高用先进的企业文化引领企业健康发展的本领。对在职员工进行职业道德、职业技能、安全生产、文明行为教育，培养创新意识和职业文明意识。

3．社区居民建设社区文明。各区要充分发挥社区在市民文明素质教育中的主导作用，市民学校要根据居民需求科学安排市民教育授课计划，吸引社区居民积极参与。要有计划地对社区居民进行提升文明素质的学习培训，大力营造邻里和睦、团结互助、礼让宽容、安定有序的人际关系，建设文明社区。

4．各类学校建设校园文明。各大专院校要认真进行理想信念、爱国主义、基本道德规范和素质教育，大力开展社会实践和志愿服务活动。各中小学校要结合青少年身心发展特点，进行行为规范、安全常识、心理健康、文明礼仪等方面的养成教育，大力普及“请、您好、谢谢、对不起、再见”十字文明用语；组织开展“小手拉大手、同做文明人”活动，带动影响家庭成员讲文明、讲公德、守秩序；建立健全学校、社会、家庭三结合的教育网络，净化未成年人成长环境。教师要在建设校园文明中发挥表率作用。

5．个体工商户建设经营文明。工商行政管理部门和个体工商者协会、私营企业协会、消费者协会等要在个体经商人员中，开展依法经营、诚实守信、善待员工的教育，树立“文明生财、诚信立业”的经营理念，开展诚信市场、诚信经营户评选活动，着力解决欺诈、售假等不诚信行为，为广大人民群众提供放心食品、合格产品。

6．外来置业、务工人员建设城市文明和生活文明。来石投资、兴业、经商、务工人员都是“新石家庄人”，要通过开展学习培训活动，引导他们树立“住在石家庄、热爱石家庄、建设石家庄、美化石家庄”的观念，共同建设城市文明。对外来务工人员要在子女教育、计划生育、卫生防疫等方面，提供与城市户籍人口同等的服务，并有针对性地进行文明生活、行为规范教育，使之树立遵纪守法、依法维权、优生优育、健康生活等观念。

（三）主要活动

1．公共文明道德实践活动。一是文明行车、文明走路活动。以遵守红灯停、绿灯行、横穿马路走斑马线等交通法规为内容，开展“文明路口”创建。同时，选择一主要路口，采取设置摄像头和大屏幕，定格显示路口行人是否遵守交通信号的办法，褒扬文明行为，曝光不文明现象，引导市民养成“不乱穿马路”、“不闯红灯”等文明出行习惯。二是文明乘车、主动让座活动。通过宣传引导和“爱心玫瑰”接力活动等，在公交车上，大力营造为老、幼、病、残、孕让座的社会氛围。三是文明观演活动。在影剧院、体育场馆，要引导观众“把自己丢在座位下的废弃物捡起来”，做到人走场净。四是文明游园活动。在公园广场和旅游景点，要采取设置文明游园提示标志、加大垃圾筒摆放密度、发挥管理人员职能作用等措施，引导游客不乱扔垃圾、做文明游客。要抓好旅行社、导游人员的文明诚信经营教育和旅行社对游客出行中的社会公德教育。五是排队日活动。将每月1日定为全市“排队日”，各窗口单位要设置提示标志，各单位、各社区要加大宣传力度，使之人人皆知，人人自觉遵守。市组织志愿者到公共场所开展“排队日”宣传引导活动。在金融、邮政、通信、医院等交费窗口单位，继续推行“一米线”和序号服务制度。在火车站、长途汽车站、城市公交站台和交通路口等公共场所，开展排队礼让活动，引导市民养成自觉排队购票、排队乘车的习惯。

2．百万市民学习培训活动。依托市民学校、党校、团校、职工培训中心等，对广大市民进行提升文明素质的学习培训。一是进行提高思想道德素质的学习培训，重点学习社会主义荣辱观、公民基本道德规范、公共文明道德常识等，使广大市民树立爱党、爱祖国、爱社会主义的意识。二是进行热爱石家庄的学习培训，使市民重点了解石家庄概况、石家庄历史文化、革命文化、现代文化，石家庄建设成就和石家庄未来发展前景等内容，增强市民“住在石家庄、热爱石家庄、建设石家庄、美化石家庄”的意识。三是进行文明礼仪学习培训，重点学习社会礼仪、生活礼仪、职业礼仪等常识，提高自我修养，展示石家庄市民形象。四是进行科学文化素质的学习培训，强化市民节约资源、保护生态、应急避险、健康生活等观念，引导市民养成科学、文明、健康的生活方式。五是进行法律常识的学习培训，重点学习宪法、物权法、行政诉讼法及城市管理规章等与市民工作生活密切相关的法律法规常识，提高遵纪守法、依法办事的自觉性。六是进行心理健康知识的普及教育，提高市民的自我心理调节能力，塑造自尊自信、理性平和、积极向上的社会心态。在学习培训中，要根据广大市民的需求科学安排学习内容，力争在四年内，使90%以上的市民接受市民文明素质的学习培训。

3．社区“四个文明”道德实践活动。在社区继续深化文明养犬、文明装修、文明娱乐、文明停放“四个文明”道德实践活动，引导社区居民停车不碍人、装修不扰人、娱乐不烦人、养犬不伤人。公安部门要加强管理，使养犬纳入依法管理范围。各区要结合文明社区创建，搞好文明养犬的宣传引导和管理工作，着力解决养犬伤人和宠物在公共场所随地便溺而主人不予清理等问题。

4．万家窗口创文明活动。在各行业的基层窗口单位，继续开展“万家窗口创文明、诚信服务铸品牌”活动。各行业主管部门要在大力开展职业理想、职业道德、职业纪律、职业技能教育培训的基础上，从细微处入手，简化办事程序，提高办事效率和服务质量，提高群众满意度。在出租汽车行业继续深化“争做文明使者”活动，强化“三个意识”，落实“五个文明”，在展示石家庄市民素质、提高石家庄文明程度方面再立新功。

5．全社会“志愿服务”活动。大力弘扬“奉献、友爱、互助、进步”的志愿精神，建立一支以市民群众为主体、社会各界参与、具有较高服务技术水平、乐于奉献的志愿者队伍，广泛开展维护公共秩序、保护生态环境、深化社区服务、进行文明宣传等各类社会公益活动。在全社会大力倡导团结友善、助人为乐，“帮一帮、让一让”等社会风尚，引导广大市民宽容礼让，处处尊重和方便他人，逐步形成我为人人、人人为我、和谐相处、共同发展的新型人际关系，促进和谐石家庄建设。

三、保障措施

（一）加强组织领导。市成立市民文明素质提升工程领导小组。由市委副书记王增明同志任组长，市委常委、宣传部长孙万勇同志任常务副组长，市政府副市长王刚同志任副组长，市直有关部门主要负责同志为成员。领导小组下设办公室，负责市民文明素质提升工程的整体规划、督促检查、考核评估、总结推广经验等，办公室设在市委宣传部，主任由市委常委、宣传部长兼任；实行分块分系统管理。市民文明素质提升工程的实施，按照以块为主、条条配合的办法，各区对本地的市民文明素质提升工程负全责。市直机关工委、市国资委、市委农工委、市中小企业局、市工商局、市教育局、市公安局、市城管局、市交通局、市房管局、市建设局等11个单位，对本系统、本行业的市民文明素质提升工程负全责；明确专人负责。各区和市直各系统、各部门要建立相应的工作机构，明确主管领导、主管处室，实行专人负责，按《规划》要求，细化分解任务，制定具体措施，确保落到实处。藁城、鹿泉、正定、栾城四县（市）的市民文明素质提升工程与市区同步进行。其他县（市）和矿区要按《规划》部署，结合实际，认真抓好本地的市民文明素质教育和道德实践活动。

（二）夯实基础工作。完善市民学校建设。市、区依托党校建立市民学校总校和分校，各街道建立市民学校中心校，各社区要按照整合设施、资源共享的办法完善市民学校。市、区依托党校、社科院成立市民文明素质教育讲师团。各区从教育系统选调一批政治素质好、工作能力强的教师，以挂职锻炼的形式，进驻街道（乡镇）担任社区市民教育指导员。每个社区要配备3～5名以“五老”志愿者为主体的市民教育兼职教师队伍。各级党政机关、各企事业单位、各行业协会，要充分利用党校、团校、职工培训中心等教育阵地，搞好本系统、本单位、本行业干部职工的市民文明素质培训；编印市民文明素质教育教材。市编写《市民文明常识读本》、《市民文明礼仪常识》、《科学知识与市民生活》、《法律法规与市民生活》等市民文明素质培训的教材，免费发放到市民学校和市民家庭，作为进行市民文明素质学习培训的教材。

（三）强化目标管理。各级各部门要按《规划》的任务分解，对各有关重点任务按工程式推进、项目式管理、台账式监督的方法来管理和运行。制定具体的落实方案，细化工作措施，实行专人负责，做到事事有人管，件件有着落。从制度上保障市民文明素质提升工程各项任务的落实。

（四）加大经费投入。建立以政府投入为主、社会资助为辅的多元化投入机制。市、区两级财政要按市级每人每年1元、区级每人每年0.5元的标准，将市民教育经费列入各级政府年度财政预算，用于市民学校设施配套、教材编印、培训考试和授课教师补贴及表彰奖励等。各有关部门和人民团体、各企事业单位要根据承担的工作任务，统筹考虑落实市民教育经费。

（五）强化宣传引导。全市各主要新闻媒体要发挥舆论主阵地作用，坚持正面宣传为主，创新宣传形式、宣传手段与宣传内容，开展舆论监督，结合自身特点，长期开设专栏、专题节目，传播文明知识、颂扬文明行为、评议不文明现象。在城市主要街区设立公益广告、宣传橱窗和宣传栏，利用多种载体和手段，宣传先进文化、倡导文明新风，营造广泛参与的社会氛围。做好先进典型的评选、表彰、管理、监督和宣传工作，努力形成崇尚先进、争先创优的育人氛围。

（六）完善考核机制。加强检查督导。各级宣传部、文明办要充分发挥组织、协调、指导和监督的职能，主动掌握各相关部门和各区市民文明素质提升工程工作动态，及时通报有关情况、总结先进做法和典型经验；搞好群众监督。市成立市民文明素质巡访团，对在城市主要街道、公共场所开展道德实践活动的效果和窗口单位的服务状况，进行明察暗访、量化评估，并将检查结果公布，接受群众监督；加强考核奖励。市将实施市民文明素质提升工程的成效，纳入创建文明机关、文明单位、文明行业、文明社区、文明村镇的考核，把实施这一工程的成效，作为干部年度考核、评先选优、提拔使用的重要依据，作为部门年终目标考核的重要内容。对工作扎实、成效显著的，予以物质和精神奖励，对工作进展迟缓的单位进行通报批评。

供稿：省会文明办

整理：刘素兰

省会精神文明建设委员会

关于在公务员队伍中开展志愿服务活动的通知（摘要）

（2007年3月5日）

各县（市）委宣传部、文明办、团委，市直机关各部门：

河北省省会精神文明建设委员会决定在全市公务员队伍中开展志愿服务活动。现通知如下：

一、工作目标

2007年底前，各单位注册志愿者人数达到本单位、本系统人数的40%，实现《全国文明城市测评体系》关于“注册志愿者人数占城市人口总数的8%以上”的要求，并要成立相应的志愿服务组织，建立志愿服务基地，开展具有自身特色的志愿服务项目，长期开展志愿服务活动。

二、工作任务

1．成立志愿者服务组织。各工委、各系统要由一名副职负责成立相应的志愿者协会分会，各单位成立公务员志愿者服务队（总队），并确定专人负责志愿服务的日常组织协调工作，工作上接受市志愿者协会指导。在健全组织的基础上，建立一套招募、培训、注册、管理、资金筹措等工作机制。

2．确定志愿者服务项目。各单位要紧紧围绕人民群众的实际需求、党和政府关注的事项，结合本单位工作职能、行业优势和人员实际，确定具有自身特色的志愿服务项目，为群众“办万件难事，解万家难题”。

3．确立志愿者服务基地和服务对象。每个单位都要依托公共场所、社区、社会福利机构等建立自己的志愿服务基地，以军烈属、孤寡老人、残疾人以及下岗职工、特困家庭等弱势群体作为志愿服务对象，签定志愿服务协议，结成志愿帮扶对子。

4．建立一支稳定的志愿者服务队伍。各单位要以本单位公务员为主体，建立志愿者服务队伍，并大力吸收所联系的离退休干部、人大代表、政协委员、律师、心理咨询师等参与到志愿服务中来，充分发挥他们懂政策、懂法律、有经验、有影响、有专业知识的优势，开展志愿服务。选拔事业心强、有一定组织能力的志愿者担任管理工作，使这些志愿者成为开展志愿服务的中坚力量。各单位要结合志愿者专长，组建植绿护绿、治安联防、“一助一”、卫生保洁、文化娱乐、科普宣传、法律援助、医疗保健、心理咨询、维修维护等多种类型的志愿者服务队。

供稿：省会文明办

整理：刘素兰

省会精神文明建设委员会
2007年精神文明创建工作要点（摘要）

（2007年3月19日）

2007年精神文明创建工作的指导思想是：以邓小平理论和“三个代表”重要思想为指导，全面贯彻落实科学发展观和构建社会主义和谐社会的重大战略思想，紧紧围绕深入学习宣传贯彻党的十六届六中全会、市第八次党代会精神、迎接党的十七大这条主线，大力加强以社会主义核心价值体系为根本的和谐文化建设，广泛开展群众性精神文明创建活动，进一步提高公民文明素质和城乡文明程度，为建设繁荣、文明、和谐新石家庄提供强大精神动力，创造良好的社会环境。

一、着眼于建立社会主义核心价值体系，大力加强思想道德建设

大力弘扬石家庄人文精神。树立建设沿海经济社会发展强省的新思想、新观念，引导广大干部群众打破“内陆”心态，树立沿海意识、省会意识、省域中心城市意识，找准发展定位，实现奋斗目标对接、理念思路对接、任务举措对接，配套政策对接。明确发展方向，群策群力谋发展，同心同德干事业，促进石家庄更好更快发展。在大力弘扬“坚韧质朴、重信尚义、宽厚包容、求实创新”为主要内容的新时期河北人文精神的同时，讨论征集石家庄人文精神，发挥文化阵地和载体作用，把石家庄人文精神融入进去、体现出来，使热爱石家庄、建设石家庄、美化石家庄、宣传石家庄成为全市人民的自觉行动。

开展百万市民文明素质大培训活动。制定《石家庄市2007年～2010年市民文明素质提升工程规划》，组织编写《文明市民知识读本》、《文明礼仪读本》和《法律常识读本》等教材，组建市、区、街、居四级市民教育师资队伍，经培训后到市民学校对居民进行讲授。期间，组织全市性的考试，开展知识竞赛，拍摄一批电视教育片，选树一批典型。全市党政机关、企事业单位要利用党校、职工培训中心等阵地开展在职培训；各街道办事处和社区居委会，要充分利用市民学校，分期分批对辖区居民进行培训，通过大规模的教育培训活动，使市民在文明礼仪、公共秩序、社会服务、城乡环境、旅游出行等方面有较大改观。

开展多种形式的道德实践活动。精心组织第五个“公民道德宣传日”，积极营造落实公民道德基本规范的良好社会氛围。深入开展“知荣辱、树新风、促和谐”主题实践活动，推动“八荣八耻”要求有机融入公民日常行为规范。在公共场所继续开展以文明行驶、文明走路、文明乘车、文明观演、文明游园为内容的“五个文明”道德实践活动。重点抓好行人、自行车闯红灯、乱穿马路的专项整治活动，力争有所突破。在社区继续开展以文明装修、文明娱乐、文明停放和文明养犬为内容的“四个文明”道德实践活动，促进邻里和睦。重点解决好文明养犬、家庭文明娱乐以及城中村红白事乱放鞭炮等问题。积极组织各类志愿者，开展宣传劝阻、引导活动，营造氛围、倡导文明。

深入开展“迎奥运、讲文明、树新风”活动。开展文明旅游宣传教育活动，组织各旅行社按照《中国公民国内旅游文明行为公约》要求，加强游客教育管理，引导游客维护公共秩序、爱护名胜古迹、保护生态环境、尊重当地风俗、待人文明礼貌。深化文明风景旅游区创建活动，引导各景区、景点完善管理工作，文明经营、热情服务，营造文明和谐的旅游环境。评选表彰一批文明导游员、文明旅行社、文明风景区。

开展“全民心理健康教育”活动。充分发挥石家庄市心理健康教育指导中心的作用，形成全民心理健康教育与咨询网络，普及心理健康知识，提高市民的自我心理调节能力；发挥石家庄市未成年人心理维护中心的作用，建立三级咨询网络，维护和促进未成年人心理健康成长和发展；依托市第三医院积极筹建石家庄市心理危机干预中心，化解心理危机，促进心理康复，恢复心理平衡，提高应激水平。

开展城乡社会志愿者服务活动。大力弘扬“奉献、友爱、互动、进步”的志愿精神，动员广大群众和社会各界广泛参与群众互助和社会援助活动。全市各级党政机关公务员要充分认识志愿者行动的重要意义，自觉投身到志愿服务的行列，争做全市志愿者的楷模。要围绕解万家难题，以市民服务中心为依托，发挥公务员、律师、离退休干部、人大代表、政协委员、心理咨询师的专长，为群众提供切实有效的服务，做好解决难题、化解矛盾、理顺情绪等工作；要围绕提高公民思想道德素质，组织各类专家志愿宣讲团，深入农村、企业、社区、部队、学校，开展党的科学理论、方针政策宣传，积极帮助广大群众了解党的政策，提高理论素质，增强走中国特色社会主义道路的自觉性；围绕建设和谐社区和加强城市管理，积极建设社区志愿服务站，认真组织社区文化、社区教育、社区环保、社区治安、社区邻里互助等服务项目。同时要积极建立健全志愿服务的长效工作机制，推动志愿者行动长期有效发展。

二、着眼于建设宜居环境，大力推进文明城市创建活动

对标达标深化文明城市创建活动。按照《全国文明城市测评体系》、《石家庄市创建全国文明城市工作先进城市测评标准及责任分解》，围绕廉洁高效的政务环境、公正公平的法治环境、规范守信的市场环境、健康向上的人文环境、安居乐业的生活环境、可持续发展的生态环境、扎实有效的创建活动，协调督促各部门进一步落实创建工作任务，迎接全省文明城市初评。搞好文明城区竞赛活动，按照《石家庄市创建文明城区实施方案》协调市城管、园林、公安、规划、民政、卫生、劳动、文化等部门对各区的创建活动进行检查，结合市民文明素质提升工程落实情况、文明和谐社区创建活动开展情况和市直有关部门的评价，综合对各区排出名次。

继续开展文明和谐社区创建活动。以管理有序、服务完善、环境优美、治安良好、生活便利、人际关系和谐为标准，在第一、二、三批参创的152个社区继续完善文明社区“十个一”标准的同时，抓巩固、抓提高、创特色，每个区创建2个文明示范社区。启动第四批50个社区的创建活动，市、区两级各筹资150万元，为50个参创社区的文化活动室配备图书、乐器等设施，年底达标。大力开展文明楼道、文明家庭创建活动和“社区艺术节”、“邻里节”、“爱我社区”文艺展演等活动，引导居民和物业管理人员积极参与，使邻里之间、业主与物业人员之间在文艺联欢、体育健身、恳谈交流中增进了解、加深友谊、改善服务、化解矛盾，营造礼让宽容、理性平和、邻里互助、积极向上的新型社区人际关系，推进和谐社区建设。继续深化科教、文体、法律、卫生“四进社区”活动。

组织好“营造城市森林”第八次大型公益活动。继续加大城市森林七大好处宣传力度，引导各级党政领导树立以人为本、以森林为主导的城市绿化理念。围绕实现“城在林中”、“林在城中”的目标，实施滹沱河生态整治工程、西北部水利防洪水系生态工程、城区道路绿化、居民社区绿化美化等项工程。组织省会干部群众、驻军官兵及社会各界群众，积极参加营造城市森林第八次春季战役，引导市民树立关心生态、保护环境的公德意识，改善城市生态环境，促进人与自然和谐。继续开展创建绿色社区活动，年内再有25个社区达标。

三、着眼于社会主义新农村建设，“连线成片”推进文明生态村创建

抓深化和普及，推动创建活动不断向深度广度拓展。围绕产业强村、文化兴村、生态建村、民主治村的总要求，总结经验，研究政策、加强指导。启动第三批村的创建工作，力争在2007年底再有6%的行政村进入创建先进行列，使全市创建文明生态村先进村达到全市行政村总数的31%，为2010年实现40%的目标奠定基础。组织列入创建规划的第三批创建村，明确要求，细化措施，搞好发动，大力推进道路硬化、村庄绿化、街院净化，不断提高人居环境水平。引导没有列入创建规划、经济条件较差的村，落实“五个一”从净化街院、治理“五乱”平整道路、植树绿化做起，量力而行搞“三化”。进一步加大帮建力度，确保列入规划的每个创建村有一个帮建单位，引导更多的机关、团体、单位和社会各界，支持农村“三化”建设。

连线成片深化文明生态村创建。引导第一、二批1200个创建村，建立健全长效管理机制，协调推进三个文明建设，构建和谐乡村。继续深化环省会文明生态圈创建活动，总结推广连线成片创建经验，推动有条件的地方进一步向文明生态乡（镇）、文明生态县（市）拓展。大力推进平山、鹿泉沿西柏坡红色旅游生态线，赵县、无极、高邑、深泽、灵寿、行唐、赞皇、矿区等8个环县城文明生态圈，藁城市丘头镇、藁城市岗上镇、藁城市开发区、鹿泉市高新技术开发区、栾城县郄马镇、正定县正定镇、晋州市周家庄乡、晋州市东宿乡、赞皇县张楞乡、赵县前大章乡、赵县梨区片、元氏县西部山区生态庄园片、平山县省会饮用水源地岗南水库生态片等13个文明生态乡（镇）创建；大力推进晋州元氏107国道、无极正饶线、无极县定魏线、新乐市北楼线、元氏县石元线、辛集市安新线、井陉县307国道、行唐县下湾河生态线等10条沿国道、省道旅游线的文明生态示范线路的文明生态村创建工作。

大力推进“村民中心”建设。根据全市《关于在全市农村建设“村民中心”的实施意见》的精神，抓以文化阵地为重点的公共服务资源整合，大力推进“村民中心”建设，按照“村民中心”建设的“一个宗旨、八项服务”的要求，抓住建设、管理、使用三个主要环节，整合资源、完善服务、高标准建成首批100个“村民中心”，逐步做到有制度、有经费、有机制、有骨干、有队伍、有载体，积极向村民提供教育、科技、文体、卫生、信访、法律、信息、保障等综合性服务，使“村民中心”真正用起来，让广大农民真正受益。引导有条件的第一、二批创建村，整合公共资源，启动第二批200个村的“村民中心”建设。进一步加大帮建力度，引导更多的机关、团体、单位和社会各界，支持农村文明生态村创建活动和“村民中心”建设。

切实抓好乡风文明建设。一是大力推广藁城市岗上村以《村民功德录》涵养村风、民风、培育新型农民的经验，在全市农村继续开展《公民道德新风录》普及活动，进一步深化“十星级文明户”创建活动和好公婆、好媳妇、好邻里评选活动，推进乡风文明建设。二是按照“八荣八耻”的内容，组织广大农民群众广泛讨论，村村修订完善村规民约，并上墙公布。继续搞好红白理事会、道德评议会等群众自治组织建设，并做到人员、章程、活动三落实，大力推进移风易俗，引导村民自我教育、自我提高，营造文明和谐的乡风民风。三是在全市农村大力推进“五个一”工程，即每村建设一个好人好事宣传栏、建设一个图书室、建设一个文体活动广场、建设一条文明宣传示范街、建设一支文体活动队伍，使之成为宣传党的政策、科技知识、健康文明生活方式、传播先进文化的载体。

大力加强农村基层文化阵地建设。加强鹿泉、灵寿、行唐、赞皇、井陉、平山等6个宣传文化中心和井陉威州镇等23个乡镇文化站的管理使用，依托县宣传文化中心、乡镇宣传文化站和村综合文化活动室，加强群众文化队伍建设，培养一批基层文体骨干，带动基层群众文化活动开展。

四、着眼于完善长效工作机制，扎实推进未成年人思想道德建设

着力抓好未成年人思想道德教育阵地的建设。充分发挥石家庄市中小学生校外活动综合实践基地、石家庄市未成年人心理维护中心在未成年人思想道德建设中的龙头作用，提高石家庄市流动儿童保护教育中心教育、保护、培训流浪儿童的职能。利用石家庄市中小学生军事训练中心、石家庄市少年炮校，组织未成年人体验部队生活，增强国防观念、纪律观念、集体观念，培养独立学习、生活的能力。加强桥东区栗新社区、西柏坡纪念馆、石家庄市青少年环保教育基地等第一批50个未成年人道德实践基地建设管理和使用工作，有计划的组织中小学生到各基地学习参观，开展道德实践活动，让孩子们在玩中学到知识，增长能力，提高德育水平。

关爱未成年人健康成长。以市未成年人心理维护中心“一网两话八室”为依托，在全市建设首批100个心理咨询点，建成市、区、学校三级心理咨询网络。以网吧、网络、网游整治为重点，强力推进有利于未成年人健康成长的文化环保工程。积极探索农村“留守儿童”和对学校管不了、家长管不好的特殊群体的未成年人进行思想和行为矫正的教育管理办法。进一步加强联席会制度建设，以办实事为着力点，把重点专项工作做深做实。督导市直有关部门、各县（市）区对贯彻落实中央8号、省委21号和石发〔2004〕16号文件情况，普遍进行一次“回头看”。推广市第27中学“班级心理委员”、桥西区在中小学生中以“道德论坛”的形式加强道德建设的经验。

继续深化“五小”道德实践活动。着力构建学校、家庭、社会“三位一体”的未成年人思想道德教育网络。在全市中小学生中，继续开展争做合格小公民、“五小”道德实践活动（在家庭做孝敬父母、热爱劳动的“小帮手”、在学校做团结友爱、善于合作的“小伙伴”、在社区和公共场所做爱护公物、保护环境的“小卫士”、在社会做文明礼貌、遵纪守法的“小标兵”、在独处时做勤奋自立、胸怀开阔的“小主人”），把中小学生在活动中涌现出来的孝敬父母、团结友爱、诚实守信、扶残助困等好人好事，通过校园小广播、网站、板报、橱窗等多种形式进行大力弘扬。结合开展“五小”道德实践活动，每半年评选一批“文明小公民、文明小公民标兵”。

五、着眼于提高群众满意度，大力推进文明行业创建工作

继续深化“三杯”竞赛活动。继续开展“文明执法杯、优质服务杯、便民利民杯”竞赛活动，调动各行各业积极性和主动性，自觉解决一些部门和单位服务意识差、工作效率低、政策不透明、办事不规范的问题。充分发挥政府各行业主管部门和各行业协会在创建活动的组织指导作用，做到年初有安排、年中有督导、年底有总结，解决一些行业创建工作滞后问题。建立行业文明评估体系，围绕群众需要、行业职能，明确评估重点，规划评估内容；按照公平、公正的原则，完善由有关综合协调部门、城乡统计单位和各界群众参与的评价系统，加强社会监督，推动各行业的优质规范服务，树立行业新风。

继续深化“万家窗口创文明、诚信服务铸品牌”活动。在各窗口行业和基层单位，结合市民文明素质提升工程，普遍开展礼仪教育。通过开展全员培训、完善岗位服务规范，建立奖惩机制等措施，不断改进行业从业人员的服务态度、服务技能，提高服务质量，优化服务环境。本着宣传文明、引导文明有实招，服务群众、服务社会有实效的要求，宣传一批“服务品牌”。在与人民群众生活工作密切相关的窗口单位，继续开展十佳文明窗口、十佳文明岗台、十佳服务明星评选活动。以社会管理公平公正为目标，积极推进机关诚信建设。在党政机关强化“执政为民、文明服务”意识，提高办事效率，提高群众满意度。在执法执纪部门建立健全工作标准和程序，规范行政行为，完善便民措施。以经济交往履约践诺为目标，积极推进企业诚信建设。

六、着眼于推动工作落实，努力提高群众性精神文明创建水平

完善领导机制和工作机制。进一步健全完善“党委统一领导、党政群齐抓共管、文明委组织协调、有关部门各负其责、全社会积极参与”的领导体制和工作机制。加强和规范各级文明委及文明办机构建设，强化行业主管部门责任，形成精神文明建设的强大合力。建立健全检查、考评、激励机制，把各级领导班子、领导干部抓精神文明建设的成效纳入政绩考核。按照中央要求，发挥办事机构作用，统筹和谐创建工作，把创建任务落实到城乡基层。

积极开拓创新，不断提高工作水平。加强调查研究和信息反馈，探索工作规律，建立完善与现代文明相适应的创建工作方式。借鉴实践中形成的成功经验和做法，在主要创建工作领域逐步建立比较完备的指标体系，促进精神文明建设规范化、制度化。充分利用互联网、手机等现代手段和最新科技成果，创设活动载体，增强工作影响力。

切实加强精神文明工作队伍建设。加强对从事精神文明建设的工作人员的学习培训，提高善于学习的能力、善于谋划的能力、善于协调的能力、善于抓典型的能力和运用舆论的能力，增强做好工作的本领。大力弘扬与时俱进、争创一流的精神，大力弘扬真抓实干、求真务实之风，努力开创精神文明建设工作新局面。

供稿：省会文明办

整理：刘素兰

省会精神文明建设委员会
2007年创建文明和谐社区活动实施方案（摘要）

（2007年7月20日）

为进一步深化文明城市创建活动，省会文明委决定，在市内五区开展第四批创建文明和谐社区活动。具体实施方案如下：

一、总体要求

按照“分类指导、整体推进”的方针开展创建活动。具体要求是：前三批获文明社区称号的122个社区，在抓巩固、抓提高的同时，要在树特色上下功夫，各区要在“绿色型、文化型、科普型、学习型、服务型”等方面各抓出1～2个示范社区；第四批新参创50个社区和第三批30个继续参创社区，要对照标准抓达标、办实事；其余150个社区要不等不靠，本着能干什么干什么的原则，主动开展创建活动。

二、工作重点

第四批创建文明和谐社区，要在全面落实“十个一”标准（见附件）的基础上，突出抓好以下五个方面工作：

1．以人为本，全面提升社区服务功能。搞好社区绿化，开展绿色社区创建活动，新建社区绿化率要达到35%以上，老社区要见缝植绿；搞好社区环境卫生，及时清理垃圾，保持楼道、社区环境整洁；方便群众购物，每个社区都要开一个便利店，方便群众购买日常生活用品；加强社区餐饮业建设，让居民不出社区就能吃上卫生可口、丰富多样的饭菜；搞好社区医疗卫生服务，每个社区都要建一个卫生所，做到小病不出社区，大病能够得到及时诊治；健全社区文化体育娱乐活动场所，方便群众健身娱乐活动；加强社区治安，为居民营造一个和谐平安的生活环境。

2．提高素质，大力开展“百万市民文明素质培训”活动。结合实施《石家庄市2007年～2010年市民文明素质提升工程》，依托市民学校，对广大居民进行社会主义荣辱观、法律法规、公共道德、文明礼仪、科普知识、卫生保健等知识的学习培训，着力培育市民的公民意识、市民意识、省会意识，进一步提高市民综合素质。已经开展创建活动的200个社区，要采取资源共享的办法，今年底建成50～100平方米的市民学校，并配有电教设施和桌椅，其余150个社区要因地制宜建设市民学校，为市民文明素质培训工作提供场地。各社区要立足实际，网络人才，建立以“五老”志愿者为主体的市民教育师资队伍，负责对社区居民提高文明素质的教育培训。

3．重在养成，深入开展公共文明道德教育实践活动。要以“迎奥运、讲文明、树新风”为主题，精心组织针对性、参与性、实效性强的特色活动，激发广大居民群众的参与热情。要围绕我市正在开展的文明乘车、文明行车、文明走路、文明观演、文明游园为内容的“五个文明”道德实践活动，教育引导市民做到乘公交车主动让座、排队上下车，行车遵守交通法规，走路不闯红灯、不乱穿马路、不跨越路栏，观演不大声接打手机，不随意丢弃垃圾，游园不乱扔杂物、不踩踏草皮、不攀枝折花。在社区广泛开展以文明养犬、文明装修、文明娱乐、文明停放为主要内容的社区行为“四个文明”道德实践活动，引导居民规范自身行为，提高自身修养，和睦邻里关系，做到装修不扰民、养宠物不吓人、车辆停放不碍人、娱乐活动不烦人。

4．关注未来，加强未成年人思想道德建设。各社区居委会要有一名专职干部负责未成年人思想道德教育工作，依托市民学校等场所，建设“课外驿站”，为未成年人下午放学后、周日和假期，提供学习、娱乐活动场所，各社区要有一支3人以上的“五老”志愿者队伍，在假期组织未成年人开展道德实践等活动。

三、保障措施

1．落实工作目标责任制。各区、街道和社区党支部、居委会是创建文明和谐社区的主要组织者和实施者，各单位要切实担负起责任，把这次创建活动列入重要议事日程；市直各职能部门要按照“十个一”标准，制定具体的保障措施，明确专人负责，定期对创建活动进行督导检查，推动创建活动的深入开展。

2．加大资金投入力度。全市投入300万元，其中市委宣传部、省会文明办按每个社区投入3万元，共出资150万元，各区按每个社区配套资金3万元，并于8月底前到位，用于改善社区硬件建设和对文明和谐社区高标准文化活动室建设的投入；各区还要结合实际，组织辖区有条件的部门和单位与创建文明和谐社区的居委会进行结对帮扶。各街道、社区要充分利用各种条件、通过多种渠道广泛筹集资金，为达标活动的正常开展提供财力支持。

3．加强舆论宣传引导。各社区要利用宣传栏、有线广播和闭路电视等载体，进行社会主义荣辱观、公共场所（社会行为“五个文明”、社区行为“四个文明”）道德实践活动等方面内容进行广泛宣传。各新闻单位要通过多角度、多种形式大力宣传创建文明和谐社区活动中的典型人物和先进事迹，积极营造舆论氛围，促进创建文明和谐社区工作的健康发展。

4．搞好检查考核。市、区要对第四批参创社区开展活动情况，进行检查督导，明年6月份对创建活动进行表彰，对已获得文明社区荣誉称号的社区进行复查并实行动态管理，对已命名和挂牌的文明社区，创建工作缺乏延续性或群众意见大，不能保持创建成果的，将取消其荣誉称号。同时，将创建文明和谐社区工作列入对各区精神文明建设考核内容。

供稿：省会文明办

整理：刘素兰

省会精神文明建设委员会

关于组织开展第三批文明生态村创建活动的通知（摘要）

（2007年6月19日）

各县（市）区精神文明建设委员会：

为进一步深化文明生态村创建活动，扎实推进社会主义新农村建设，根据省、市关于搞好第三批文明生态村创建活动的有关要求，经各县（市）区推荐，我市确定了301个村作为全市第三批文明生态村创建村，现就做好全市第三批文明生态村创建工作的有关事宜通知如下：

创建文明生态村是建设社会主义新农村的重要内容，各级各部门要进一步加强组织领导，确保创建活动扎实、深入开展。第一、二批创建村要在完善、提高上下功夫，发挥优势，创出特色；要在建立长效机制上下功夫，坚持边创建边总结，建立文明生态村建设、管理、维护相统一的保障机制，推进创建工作不断走向经常化、规范化、制度化。第三批创建村，要按照创建方案要求，以抓好“三化”建设为重点，认真落实“十有”标准，从治理环境卫生落实“五个一”做起，扎扎实实做好创建工作，确保2008年6月底第三批创建村达到文明生态村标准。

附：石家庄市第三批文明生态村创建村及帮建单位名单（略）

供稿：省会文明办

整理：刘素兰

省会精神文明建设委员会

关于开展“迎奥运、讲文明、树新风”活动的实施方案（摘要）

（2007年7月20日）

一、主要内容

1．开展百万市民素质培训活动。

活动内容：制定出台《石家庄市2007年～2010年市民文明素质提升工程规划》。在全市建设百所市民学校。市依托市委党校建立市民学校总校，各区依托区委党校建立市民学校分校，各街道建立市民学校中心校，各社区建立市民学校，并配有电教设施和桌椅。组织编写《市民文明读本》、《市民礼仪读本》、《文明观演常识》、《图说文明礼仪》等，作为市民学校开展市民文明素质教育的教材，各印60万本，发放到市区居民中进行学习培训。

责任单位：各内五区、市直各部门

2．开展“文明使者迎奥运、提升素质树形象”活动。

活动内容：通过加强对从业人员素质培训、落实服务质量信誉考核制度、建立司机满意度测评指标体系、开展“月查百辆出租汽车”活动等工作措施、进一步树立“我就是河北、我就是省会、我就是文明使者”意识，真正做到语言、仪表、车容、经营、行车五个文明，实现行业整体素质的普遍提高。在奥运会召开前，要确保出租汽车司机文明用语使用率达到95%以上，车容车貌清洁率达到95%以上，星期座套使用率达到100%，座套整洁率达到95%以上，行车文明率达到98%，经营文明率达到98%以上。

责任单位：市交通局、市运管处、省会文明办

3．开展“五个文明”道德实践活动。

活动内容：以文明乘车、文明行车、文明走路、文明观演、文明游园为主要内容，引导人们自觉养成文明礼貌的习惯，营造良好的社会公共秩序。一是在公交车上开展“爱心玫瑰”接力活动，营造为老、幼、病、残、孕让座的社会氛围。在火车站、长途汽车站、城市公交站台和交通路口等公共场所，开展排队礼让活动，引导市民养成自觉排队购票、排队乘车的习惯。二是在主要路口开展“文明路口”创建和交通违法“亮丑”行动，通过采取教育、管理、惩戒、褒扬文明行为，曝光不文明现象等多种措施，着力解决“乱穿马路”、“闯红灯”、翻越护栏、乱停放车辆等现象。三是对剧院、体育馆等场所，通过制作“文明观演”宣传牌（册）、播放“文明观演”幻灯片、字幕和广播词、不定时巡查等办法，解决大声喧哗、拨打手机、随意走动、鼓倒掌、喝倒彩、乱扔废弃物、随地吐痰等不文明现象。四是通过在全市所有公园、广场、旅游景区开展园林职工与市民互动活动、加大管理教育力度、发挥管理和保洁人员劝阻引导作用以及完善各公园、广场《游园守则》、宣传牌、导游图等各种文明游园警示标牌等措施，重点解决踩踏绿地、攀枝摘花、随地吐痰、乱扔杂物、损坏公物、乱刻乱画等现象。

责任单位：市城管局、市公安交管局、市文化局、市体育局、市园林局、市旅游局、省会文明办

4．开展“万家窗口创文明、诚信服务铸品牌”活动。

活动内容：以服务人民奉献社会为宗旨，以提高人民群众对窗口行业的满意度为目标，继续深化“万家窗口创文明、诚信服务铸品牌”活动。在窗口行业开展“七比七看”活动。即：比品德素质，看宗旨意识是否增强；比言行举止，看服务工作是否规范；比服务技能，看工作流程是否便捷；比服务环境，看软硬件设施是否到位；比公道诚信，看服务是否实现零投诉；比奉献社会，看公益事业贡献大小；比满意程度，看社会各界的整体评价。

在全市评选“十佳文明窗口、十佳文明岗台、十佳服务明星”。在金融、邮政、交通、通信、医院及公用事业等收费窗口单位，继续推行“一米线”制度，引导市民在公共场所养成自觉排队礼让习惯。不定期组织专业调查机构，对全市窗口行业的服务水平进行一次群众满意调查。

责任单位：市商务局、市工商局、市交通局、市卫生局、省会文明办

5．深化文明风景旅游区创建活动。

活动内容：组织各旅行社按照《中国公民国内旅游文明公约》要求，搞好文明旅游的宣传教育，引导游客维护公共秩序、爱护名胜古迹、保护生态环境、尊重当地风俗、待人文明礼貌。举办旅游景区培训班，对景区干部职工进行服务培训和岗位大练兵，引导各景区、景点完善管理工作，文明经营、热情服务，营造文明和谐的旅游环境。定期评选表彰一批文明导游员、文明旅行社、文明风景区。

责任单位：省会文明办、市旅游局

6．开展文明社区道德实践活动。

活动内容：开展以文明装修、文明娱乐、文明停放、文明养宠物为主要内容的社区行为“四个文明”道德实践活动，引导居民规范自身行为，提高自身修养，和睦邻里关系，做到装修不扰民、养宠物不吓人、车辆停放不碍人、娱乐活动不烦人。

责任单位：市内五区、省会文明办

7．开展全社会“志愿服务”活动。

活动内容：大力弘扬“奉献、友爱、互动、进步”的志愿精神，动员广大群众和社会各界广泛参与群众互助和社会援助活动。全市建立一支以公务员、律师、离退休干部、人大代表、政协委员、心理咨询师等市民群体为主体，社会各界参与、具有较高服务技术水平、乐于奉献的志愿者队伍，为群众提供切实有效的社会公益服务。积极建设社区志愿服务站，组织社区文化、社区教育、社区环保、社区治安、社区邻里互助等服务项目。建立健全志愿服务的长效工作机制，推动志愿者行动长期有效发展。

责任单位：市委宣传部、团市委、省会文明办

8．开展“让城乡清洁起来”环境综合整治活动。

活动内容：以增绿、整脏、治乱为重点，组织全市开展创卫生城市、文明社区、文明生态村、十星级文明户等活动，努力改善全市城乡的环境面貌。对于进市所有出入口、高速路沿线、铁路交通沿线、机场、城乡结合部等重点部位，突出抓好环境治理，彻底清除“五乱”现象。沿路两侧全部绿化，建成以道路为骨架的绿化带；对西柏坡红色旅游沿线的重点村庄，集中整治道路两侧有碍观瞻的违章建筑、乱搭乱建、垃圾遍地、各类商业广告牌等问题，并搞好硬化、绿化、净化等“三化”建设，达到环境洁齐美。

责任单位：各县（市）区、市直各部门、省会文明办

供稿：省会文明办

整理：刘素兰

省会文明办等三部门

关于组织志愿者在全市开展“平安春节·和谐社区”竞赛活动的通知（摘要）

（2007年1月29日）

市内五区文明办：

春节是中华民族最重要的传统节日之一，为让全体市民过一个平安、团圆、祥和的春节，并藉此佳节促进邻里交流，推动文明和谐社区建设。省会文明办、石家庄市公安局、《燕赵晚报》决定从今年2月1日～3月5日期间，在全市组织志愿者开展以“平安春节·和谐社区”为主要内容的竞赛活动。

一、活动范围：

社区居委会、物业公司、城中村村（居）委会。

二、活动内容：

一是参赛社区通过组织志愿者利用各种方式，积极引导社区居民遵守市政府春节期间限放烟花爆竹的《公告》规定，在春节期间不但自己要依法文明放炮，而且还要配合公安机关对违规放炮的行为进行监督和劝阻。

二是参赛社区要组织志愿者在社区内分时、分片值班，积极落实市政府《公告》精神，对无人监管孩童的危险燃放行为及时予以制止；对因燃放烟花爆竹而对社区公共设施形成安全隐患的予以劝阻；对恶意燃放或造成恶劣影响的行为向有关部门予以监督举报。

三是倡导社区居民，不在楼间距小于40米的地方燃放烟花爆竹；不在老人聚居的生活区域内深夜燃放；不在高层住宅下燃放；不在阳台上燃放；不在生活区的停车场附近或停放的汽车旁燃放；不在生活区的树木、花丛上悬挂燃放。

四是倡导开展各种节日社区联欢会、社区运动会、单元茶话会、单元座谈会等健康高雅的文化娱乐活动，密切邻里关系，增进居民情感，活跃社区气氛。

五是倡导以各种方式开展为老弱孤残、低保家庭送温暖活动，力所能及地帮他们解决一些生活上的困难。

三、报名办法：

各社区直接向《燕赵晚报》编辑部报名参加（联系电话：88629259）活动，并在报名的时候畅谈本社区开展志愿者竞赛活动的创意方案。《燕赵晚报》将从全市报名者中筛选20个社区（每区4个社区），直接招募志愿者，组织志愿者在本社区开展活动，并对各社区落实情况进行报道。

四、奖励办法：

3月5日活动结束后，由《燕赵晚报》从直接参赛的20个社区中评选出5个先进单位和20个先进个人，获奖者将获得主办单位颁发的荣誉证书和一定的物质奖励。

供稿：省会文明办

整理：刘素兰

省会文明办

关于规范净化石家庄市广告的通知（摘要）

（2007年2月8日）

市城管局、市工商局、市卫生局、市公交总公司，各县(市)区文明办：

2007年2月5日河北日报以《公交车“露骨广告”惹非议》为题，对我市公交车车体刊发内容不雅的广告进行了报道。省、市领导高度重视，对此都做了重要批示。为搞好广告市场整治，特通知如下：

一、限期清除。市城管局、市公交总公司要按照省、市领导的要求，对公交车车体及车箱内、扶手吊环上刊登的类似内容的广告，限期在2007年2月15日前予以清除。今后不得再刊登类似广告。

二、依法规范广告审批。市工商局、市卫生局要严格按照国家新闻出版总署关于“从2006年11月1日起，禁止刊发梅毒等性病治疗广告和无痛人工流产广告”的规定和省、市领导的批示精神，对我市现已审批的类似广告进行一次彻底清查，摸清底数，坚决予以取缔。今后不得再审批有关类似广告。

三、扩大清理范围。市城管局、市工商局、市卫生局要对市区内所有公共场所的广告进行一次集中清查整治，如有类似问题一并清除。各县(市)区文明办，要组织相关部门对本地广告进行一次集中整治，彻底清除此类广告。

四、及时反馈信息。市工商、城管、卫生、公交公司等单位要将目前市区内公共场所有关类似广告内容的地点、数量和整治结果及今后如何防止此类问题发生的具体措施，于2007年2月15日17时前，各县(市)区文明办于2月28日前将整治情况，书面报省会文明办。

五、搞好检查督导。春节后，省会文明办将组织力量对广告整治情况进行检查，如再发现此类现象，将进行公开通报批评，并取消有关单位的文明单位称号。

供稿：省会文明办

整理：刘素兰

石家庄市委宣传部

省会文明办

石家庄市教育局

关于成立石家庄市未成年人心理维护中心决定（摘要）

（2007年4月2日）

各县（市）区文明办、教育局，市直各部门：

为贯彻落实中央8号文件和省21号文件的精神，切实加强石家庄市未成年人思想道德建设，石家庄市委宣传部、省会文明办、市教育局决定，依托石家庄心理咨询师培训中心，成立公益性机构石家庄市未成年人心理维护中心，免费为未成年人提供心理咨询服务。

石家庄市未成年人心理维护中心主任：马宏伟

供稿：省会文明办

整理：刘素兰

石家庄市教育局
石家庄市委宣传部
省会文明办

2007年未成年人三级心理维护体系建设方案(摘要)

（2007年4月2日）

一、建设标准

(一)一级心理维护网络建设

1．机构名称：石家庄市未成年人心理维护中心。

2．人员配备：专业人员20人以上，轮流值班，专家团人员达10人以上。

3．主要功能：负责全市专业师资的培训、普及心理健康教育知识，开展个别咨询和团体辅导活动。

4．设施标准：在已完成八室建设基础上建设二期生物减压室、物理诊疗室。

(1)生物减压室：面积则平方米；配备：荷兰Spirit无线蓝牙24Bits十通道生物反馈仪。

(2)物理诊疗室：面积60平方米；配备：物理诊疗仪、监测仪。

(二)二级心理维护网络建设

1．机构名称：石家庄市未成年人心理维护中心xx区(县、市)分中心(26个)。

2．人员配备：专业师资6～8人，轮流值班。

3．主要功能：负责本县(市)、区的中小学生咨询和团体辅导，开展初步的研究调查。

4．设施标准：每个分中心设立五个功能室。

(1)心理咨询室：面积20平方米；配备：复合木地板、沙发、茶几一套，咨询椅四张、电话一部、录音录像设备一套；

(2)心理活动室：面积60平方米；配备：复合木地板、投影仪一台、幕布一张电脑一台、移动白板一块、一面大镜子、坐椅(或墩)60把。

(3)档案室兼办公室：面积20平方米；配备：档案柜四组、电脑一台、档案管理系统软件一套、办公桌椅一套。

(4)放松室：面积60平方米；配备：沙袋(或橡皮人)二个、消音板一块、发泄板(或墙)一块、音响一套、放松椅一把。

(5)心理测量室：面积60平方米；配备：易得优综合测评系统(测评器、安装光盘、蓝牙发射器)一套、坐椅60把、背投电视一台、电脑一台、打印机一台)。

(三)三级心理维护网络建设

1．机构名称：石家庄市未成年人心理维护中心xx区xx中学“心灵家园”(100个)。

2．人员配备：专业师资按师生1:500配备。

3．主要功能：向本校和周边学校的中小学生提供咨询和辅导服务。

4．设施标准：每个站点设立三个功能室。

(1)心理咨询室：面积20平方米；配备：复合木地板、沙发、茶几一套，咨询椅四张、电话一部、录音录像设备一套。

(2)心理活动室：面积60平方米；配备：复合木地板、投影仪一台、幕布一张、电脑一台、移动白板一块、一面大镜子、坐椅(或墩)60把。

(3)档案室兼办公室：面积20平方米；配备：档案柜四组、电脑一台、档案管理系统软件一套、办公桌椅一套。

三、建设资金

一级心理维护中心二期工程建设资金，由市委宣传部、省会文明办、市教育局、维护中心共同筹措。

二级26个分中心建设资金，由各县(市)、区自筹解决。(可依托一所条件好的学校).

三级100个站点建设资金共390万元，由市委宣传部、省会文明办资助50万元，市教育局配套50万元，共100万元，对每个站点支持1万元(资金或物品)，其余资金由学校自筹。

四、工作要求

(一)提高认识，加强领导，明确责任建立三级未成年人心理维护体系是市委、市政府贯彻落实中央8号文件，为青少年创造健康和谐成长环境的重要举措，各县(市)区、教育局和被确定为分中心(站点)的学校，要高度重视并指定专人负责此项工作，严格按照《方案》要求保质按时完成建设任务。

(二)加强师资培训，提高专业化水平

各县(市)区要把专业师资的培训作为一项重要任务，2007年按要求完成300名专业师资的培训。

(三)严格管理，做好检查验收工作

在各分中心筹建过程中，各县(市)、区教育局和市未成年人心理维护中心要充分发挥指导作用，帮助各分中心(站点)按要求规范建设，对建设过程中出现的问题给予帮助。

2007年年底，市教育局将对三级心理维护体系建设及专业师资的培训工作进行专项检查，并将检查结果作为考核各县(市)、区教育工作的重要依据。

供稿：省会文明办

整理：刘素兰

省会文明办

关于做好未成年人思想道德建设“回头看”工作的通知（摘要）

（2007年4月10日）

各县（市）区文明办、市直各有关部门：

根据中央文明办《关于做好未成年人思想道德建设“回头看”工作的通知》和省冀文明〔2007〕6号文件要求，为进一步巩固我市未成年人思想道德建设督查工作成果，推动各项整改措施的落实，建立完善的长效工作机制，省会文明办决定，自4月中旬至5月中旬，利用近一个月的时间，开展未成年人思想道德建设“回头看”工作。现就有关事项通知如下：

一、总体要求

围绕贯彻落实中发[2004]8号、冀发[2004]21号、石发〔2004〕16号文件，认真总结两年多来未成年人思想道德建设的成功经验，系统梳理去年督查工作中发现的问题，明确整改措施，狠抓工作落实，加强薄弱环节，完善长效机制，提高全市未成年人思想道德建设整体水平。

二、主要内容

1．贯彻落实中发[2004]8号、冀发[2004]21号文件和冀办发[2006]21号和石文明[2004]13号文件的情况。包括加强学校德育工作、实施文化环保工程、为未成年人提供优秀文化产品和优质文化服务、未成年人校外活动场所的建设和管理、构建学校家庭社会“三结合”教育网络、加强和改进农村及特殊群体未成年人思想道德建设、健全完善领导体制和长效工作机制等方面的情况。

2．各地落实去年省文明委督查组反馈意见的情况。

3．联席会成员单位贯彻落实省文明委转发《中央文明委关于进一步推进未成年人思想道德建设的任务分工》的通知(冀文明[2007]2号)的情况。

三、工作方式和时间安排

1．各县（市）区文明办各有关部门开展自查。自下发通知之日起，各县（市）区和联席会成员单位要迅速开展未成年人思想道德建设“回头看”工作，着力查找问题，制定整改方案，限期进行整改。

2．对各地“回头看”情况进行调研。在各审自查的基础上，5月初，省会文明办将组织调研组，对部分县（市）区开展“回头看”情况进行调研。

3．总结汇报。4月29日前，各县（市）区和联席会成员单位将开展“回头看”情况的书面报告报省会文明办。由省会文明办汇总形成全市未成年人思想道德建设“回头看”工作情况报告，迎接省检查。

四、工作要求

1．统一思想，高度重视。各县（市）区和联席会成员单位要把这次“回头看”工作作为今年精神文明建设的一项重要工作，作为检验工作成果、查找工作差距、推动工作落实的重要契机，摆上重要位置，明确领导责任，切实抓好落实。

2．认真负责，严密组织。各县（市）区和联席会成员单位要认真制定“回头看”工作方案，组织精干力量，深入实际、确保“回头看”工作深入扎实、不走过场。

3．查找问题，推动工作。要以去年督查要求为重点，认真查找当前未成年人思想道德建设存在的问题，通过“回头看”工作，把情况摸透、把问题找准、把改进措施定好，把中央、省委和我市确定的各项任务真正落到实处。

供稿：省会文明办

整理：刘素兰

省会文明办

石家庄市农工委

关于开展“廉政文化进农村”活动的实施方案（摘要）

（2007年4月25日）

各县（市）区文明办、农工委：

为落实中央纪委和省、市纪委开展廉政文化建设“六进”活动的有关部署，搞好“廉政文化进农村”活动，形成尊廉崇廉的乡俗民风，推进农村廉政文化建设，现就我市组织开展“廉政文化进农村”活动，制定实施方案如下：

一、活动内容

（一）结合全市文明生态村创建活动的宣传，搞好“廉政文化进农村”的宣传工作。在石家庄日报、石家庄电视台的文明生态村专题、专栏中，加大有关农村廉政文化建设的相关内容，在文明生态村创建的成功经验和先进典型的专题报道中，将农村廉政建设中涌现出的各类典型作为宣传的重要内容。在开展科技、文化、卫生“三下乡”活动中，协调有关部门有计划地将廉政图书、报刊、资料、影视作品送到农村。对创作以廉政文化建设为内容的文学艺术作品予以大力支持，用优秀先进文化占领农村文化市场，提升广大农村群众的精神境界。

（二）结合“村民中心”建设、开辟好廉政文化建设阵地。利用农村宣传文化示范街和“村民中心”的图书室、阅报栏、开辟“廉政读书角”、“廉政书架”、“廉政专栏”加大廉政文化的宣传力度，利用2007年5月份全市100个“村民中心”创建村党支部书记培训班的机会，对村党支部书记进行廉政文化教育，把鹿泉市大河镇曲寨村、藁城市丘头镇徐村、辛集市新垒头镇新垒头村、新乐市邯邰镇赤堠村、晋州市马于镇西队村、栾城县窦妪镇南赵村、平山县平山镇东曲堤村、行唐县上闫庄乡上闫庄村、无极县东堠坊乡东丰庄村、新华区大郭镇大郭村等10个“村民中心”作为首批示范村，以点带面，全面推动“廉政文化进农村”的全面开展。

（三）结合深化文明生态村创建，将廉政文化教育，纳入考核。将廉政文化教育与社会公德、职业道德、家庭美德教育结合起来，纳入文明生态村创建评比考核中，以“创清廉、树新风”为主题，将廉政文化融入到农村乡风文明建设之中。通过村民功德录等活动，从正面引导广大农村干部群众，把廉政文化传播到农村的千家万户。

二、机构设置（略）

供稿：省会文明办

整理：刘素兰

省会文明办

石家庄市交通局

石家庄市运输管理处

关于在全市出租汽车行业开展“文明使者迎奥运、提升素质树形象”活动的实施方案（摘要）

（2007年8月8日）

为迎接2008年北京奥运会，贯彻落实“石家庄市2007年～2010年市民文明素质提升工程规划”，进一步深化“争做文明使者”活动，省会精神文明办公室、市交通局、市运输管理处决定在全市出租汽车行业开展“文明使者迎奥运、提升素质树形象”活动，实施方案如下：

一、工作目标

通过开展“文明使者迎奥运、提升素质树形象”活动，进一步强化“我就是河北、我就是省会、我就是文明使者”意识，真正做到语言、仪表、车容、经营、行车五个文明，实现行业整体素质的普遍提高。

具体目标为：出租汽车司机文明用语使用率达到95%以上，车容车貌清洁率达到95%以上，星期座套使用率达到100%，座套整洁率达到95%以上，行车文明率达到98%，经营文明率达到98%以上。

三、活动安排：

2007年8月8日开始至2008年9月30日结束。

（一）宣传发动阶段（2007年8月8日～9月8日）8月8日上午市召开“文明使者迎奥运、提升素质树形象”动员大会，各出租汽车公司通过例会等形式，传达学习市动员大会精神，进行再动员。

（二）集中培训阶段（2007年9月9日～11月8日）。

（三）组织实施阶段（2007年11月9日～2008年8月31日）。

（四）总结表彰阶段（2008年9月1日～9月30日）。

四、主要内容

强化“五个文明”，树立“三个意识”，抓好十六项规范行为。

（一）强化“语言文明”。做到乘客上车说“您好”，付费说“谢谢”，下车说“再见、请带好您的随身物品”，不说粗话、脏话。

（二）强化“仪表文明”。做到衣着整洁、举业端庄，不留长发、长须，不在营运中吸烟。

（三）强化“车容文明”。做到车辆内外干净整洁、车内空气清新，星期座套按时清洗更换，不向车外抛扔杂物，脚垫下无沙土。

（四）强化“经营文明”。做到按规定使用计价器、主动出具发票，不拒载、不宰客。

（五）强化“行车文明”。做到遵守交通法规，不抢道行驶、不乱停乱放、不随意调头。

五、保障措施

（一）加强组织领导。开展文明使者迎奥运、提升素质树形象活动，是落实市委2007年～2010年市民文明素质提升工程的具体行动，各有关科室、出租汽车公司要提高认识，牢固树立责任意识、大局意识，把“文明使者迎奥运、提升素质树形象”活动组织好，落实好。为切实加强对竞赛活动的组织领导，市成立活动领导小组，并每月召开一次调度会，了解活动开展情况，协调解决问题，布置下一阶段工作。各出租汽车公司也要成立活动领导小组，制定好实施细则，抓好活动的开展。

（二）深入动员发动。召开全市出租汽车行业“文明使者迎奥运、提升素质树形象”活动动员大会，并通过电视台、电台、报纸等媒体，大力宣传活动的目的、意义，动员广大出租车从业才人员积极参与到活动中来。各公司要搞好宣传发动，为营造良好的活动氛围，在出租汽车后视窗和车内适当位置，设置张贴“文明使者迎奥运、提升素质树形象”活动公益广告，扩大社会效应。搞好“文明使者迎奥运、提升素质树形象”活动和植树节、助残日、学雷锋日、高考、“七一”、“八一”、教师节、“十一”等活动和时机的结合，做到月月有活动，经常抓、抓经常。

（三）规范行业行为。一是建立从业人员能进能退的用人机制。严格落实从业人员服务质量信誉考核制度，依托石家庄市出租汽车行业社会满意度测评研究软件，建立社会满意度测评指标体系和司机满意度测评指标体系，每半年测评一次，并将评价结果作为评估出租汽车服务的重要依据，不断推进职业化进程。二是规范火车站、长途客运站等重点部位的经营秩序，配合公安交警部门进行专项治理，使从业人员自觉遵守交通法规和停车秩序。三是规范出租汽车车载电台使用，教育司机合法、规范使用电台，不在电台说脏话、聊天，不利用电台处理个人纠纷。

（四）搞好素质培训。一是加强对从业人员的培训教育。组织好岗前培训和例会培训，学习文明用语使用规程，纠正文明用语不会说、不想说、不愿说现象。二是加强夹语口语培训。进行简单日常用语教育，实现部分司机能够与乘客简单英语对话。三是加强对违章司机的教育。通过对违章司机进行行业法律、法规和政策的教育培训，使其深刻认识不文明行为的危害性，从而提高按政策规定办事的自觉性。

（五）培养树立典型。大力弘扬学雷锋车队、爱心车队、爱心互动助残车队和“文明使者”标兵车、星级车的奉献精神，以先进典型激励、感染和带动广大出租汽车司机，不断增强他们的责任感和使命感。2008年9月召开“文明使者迎奥运、提升素质树影象”活动总结表彰大会，对在活动中表现突出的司机、出租汽车公司及有关人员进行大力表彰，并给予一定的物质奖励，推动“争做文明使者”活动的深入开展。

（六）加强监督检查。一是充分利用投诉电话“83622882”对投诉举报的违规行为及时查处，并在新闻媒体曝光。二是通过日常检查和开展“月查百辆出租汽车”活动，对文明用语、车容车貌、仪容仪表、不主动出示发票、不找零等50项内容进行记分考核，对累积达到一定分值的司机进行培训教育，直至取消从业资格。三是强化重点部位监督力度，通过采取管理队查处和聘请出租汽车行风监督员，进行明察暗访等形式，严肃查处拒载、宰客、不使用计价器、故意绕道等各种违规经营行为，保护乘客利益。四是严厉打击无证营运的“黑车”及出租车异地营运，净化市场环境，保障合法经营者权益。

供稿：省会文明办

整理：刘素兰

省会文明办

关于在文明单位中开展捐书活动建设农村“文明书屋”的通知（摘要）

（2007年9月5日）

各县（市）区文明办，各省、市级文明单位：

我市在文明生态村创建活动中，在100个村建设的“村民中心”主体建筑基本竣工。但其中图书室无图书或藏书太少，不能满足广大农民群众的文化生活需求。为此，省会文明办号召各级文明单位，与已建好的“村民中心”开展结对帮扶，发动广大干部职工开展捐书活动，帮助农村建设一批“文明书屋”，改变农村缺书现象，丰富农民群众文化生活。

一、捐书种类

政治理论、农业科技、文学艺术、生活常识、科普知识、医疗保健等知识性、趣味性、实用性较强的图书。

二、捐书数量

各级文明单位捐书数量如下：市直机关处级、科级和一般干部每人捐书分别不少于20册、10册和5册；中小学生每人捐2册以上；国有企业、民营企业可按职工人数每人捐书1册以上，多捐不限。省级文明单位要在捐建“文明书屋”活动中发挥示范带头作用。

三、奖励办法

1．留名纪念。捐书者可在图书扉页上注明捐书者单位名称和个人姓名。

2．署名挂牌。凡捐书3000册以上的单位，在帮建村“村民中心”挂有署名帮建单位的“文明书屋”标牌。党政机关干部职工人数较少的单位，可由3个单位联合帮建一个“村民中心”的“文明书屋”，并署名挂牌。

3．宣传奖励。凡捐书1000册以上者，在《石家庄日报》刊登单位、个人名单，并由省会文明委颁发荣誉证书。

4．分配办法。各县（市）区组织捐书活动所捐图书，原则上赠与本地的“村民中心”，市各工委、市区省级文明单位所捐图书，由省会文明办统一进行分配。

四、具体要求

1．加强组织领导。各县（市）、各工委要把此事作为城市支持农村的一项大事来抓。要广泛发动干部、职工、学生积极开展捐书活动。各县（市）区、各单位9月20日前，将捐书单位名称、捐书数量，报省会文明办农村处。各单位收到干部职工捐书后，可将图书分类打捆暂时存放。

2．文明书屋标准。已建成的“村民中心”图书室面积不少于50平方米，有专人负责，捐建书量不少于3000册。各县（市）区要从第一、二批“村民中心”建设示范村中选择1～2个符合条件的帮建村，并将名单于9月15日前报省会文明办农村处。

3．统一制作标志。省会文明办统一制作“文明书屋”标志，随图书发放一并到村。

4．举行捐赠仪式。省会文明办将于9月底举行捐书仪式，帮建单位和受助村同时参加。

供稿：省会文明办

整理：刘素兰

中共承德市委

承德市人民政府

关于在全市开展“六项和谐创建”活动的意见（摘要）

（2007年1月15日）

党的十六届六中全会通过了《中共中央关于构建社会主义和谐社会若干重大问题的决定》，这是党中央从全面建设小康社会、开创中国特色社会主义新局面的全局出发提出的一项重大战略任务。《决定》明确提出在全国广泛开展和谐创建活动，把和谐社区、和谐家庭等和谐创建活动同群众性精神文明创建活动结合起来，形成人人促进和谐的局面，这为精神文明建设活动提出了新的目标和要求。为了贯彻十六届六中全会精神，推进和谐承德建设，市委、市政府决定，从现在起在全市广泛开展“六项和谐创建”活动，具体实施意见如下：

一、指导思想和基本原则

以十六届六中全会决定为指导，按照民主法制、公平正义、诚信友爱、充满活力、安定有序、人与自然和谐相处的总要求，从机关、乡村、企业、社区、校园、家庭六个层面入手，组织开展系列群众性的和谐创建活动，加大公民道德建设力度，着力解决人民群众最关心、最直接、最现实的利益问题，不断健全完善管理制度和长效机制，大力推动创建文明城市、文明村镇、文明单位、文明行业活动不断深入，促进承德经济建设、政治建设、文化建设和社会建设协调发展。

开展和谐创建活动要坚持以人为本，为民服务的原则，按照胡锦涛总书记视察承德重要指示精神，把维护广大人民群众的利益作为活动的出发点和落脚点，注重解决人民群众最关心、最直接、最现实的利益问题，切实为群众服务；坚持同各项创建活动相结合的原则，充分利用现有活动载体，突出创建工作重点，发挥示范作用；坚持教育与管理并重的原则，把教育贯穿活动全过程，把实践活动作为关键环节，同时健全完善创建工作的管理制度，促进成果延伸和转化。

二、创建内容和具体要求

1．创建和谐机关。以培育创新务实的工作作风，健全高效有序的工作机制，树立公正廉洁的社会形象，打造整洁规范的工作环境和健康向上的文化环境为基本要求，以创建文明机关、争做文明公务员活动为主要载体，重点围绕提高工作效率和服务质量，坚持依法行政，落实政务公开；讲究文明礼貌，使用文明用语；完善规章制度，积极推行“一站式”服务；建立优良秩序，营造优美环境，确保办公场所整洁有序。组织创建文明机关观摩交流活动，评选表彰文明机关、文明处室和文明公务员。组织新闻单位开展文明机关、文明公务员风采展示活动，展现党政机关服务社会、服务群众的良好形象。

2．创建和谐乡村。按照“生产发展、生活宽裕、乡风文明、村容整洁、管理民主”的要求，以创建文明生态村活动为主要载体和抓手，推进新农村建设。改善人居环境，抓好创建村道路硬化、村庄绿化、街院净化和美化等工程；建设“村民中心”，整合公共服务资源，建立科技、文化、卫生、法律、信息、保障等服务性组织和场所，提高村民素质，增强致富能力；深入开展“十星级”文明农户评比活动，健全道德评议会、红白理事会、妇女禁赌会等自律组织，推行“村民功德录”、“道德墙”以及长效卫生管护机制，引导村民树立良好的道德风尚，争做新型农民。同时抓好小城镇建设和文明生态示范乡镇的试点工作，通过成线连片创建，进一步巩固和扩大创建成果。

3．创建和谐企业。按照增强企业活力、发展循环经济、健全诚信体系、理顺劳动关系、服务奉献社会的要求，以创建和谐企业为载体，重点从劳动合同、工资福利、社会保险、安全保障、纠纷调解、工会活动、民主管理、依法经营等8个方面采取切实措施，引导企业依法诚信经营，树立诚信经营、文明服务的形象。进一步加强对涉农行业、食品供应、房产家装、商品零售行业经营的检查督导，加大对不法行为的打击力度；扩大市内企业诚信联盟，组织新闻单位和社会公众开展诚信企业评议活动，加强对诚信企业、和谐企业的宣传。

4．创建和谐社区。按照“居民自治、管理有序、服务完善、治安良好、环境优美、文明祥和”的要求，进一步加强和改进社区服务工作，采取切实有效措施大力推进社区就业服务体系、社会保障服务体系、社会救助服务体系、计划生育服务体系、安全服务体系、文体服务体系和环境保护体系等工作；加强对社区的管理督导，充分发挥居委会的作用，积极鼓励和支持各类组织、企业、个人开展社区服务；加强市民素质教育，广泛开展文明行车、文明乘车、文明行走、文明游园、文明过节、文明观演等主题教育实践活动，积极组织市民志愿者义务劝阻各种不文明行为，加大舆论引导和依法管理力度；坚持不懈地抓好城市社区环境综合治理，广泛开展“爱我社区”联谊共建活动，动员驻区单位积极参与和支持社区建设；继续组织营造城市森林和社区绿化活动，动员组织广大市民群众踊跃参与城市植树造林，建设宜居城市；结合2008年北京奥运会，积极开展迎奥运、讲文明、树新风活动，引导人们争做文明市民。

5．创建和谐校园。以实施素质教育为核心，以促进学生、教师和学校发展为目标，按照“人文的民主管理、高尚的师德情操、健康向上的校园文化、安全有序的校园环境、和谐的教学氛围、融洽的家校协作关系”的要求，充分发挥学校育人的主阵地作用，深入抓好德育课改革；发挥共青团、少先队组织功能，组织开展丰富多彩的主题教育活动；下力抓好师德教育，和谐师生关系；实施校园文化建设工程，组织开展青少年道德修养素质读书活动；加强大学生和未成年人思想道德建设，坚持抓好民族精神、时代精神和社会主义荣辱观教育，开展创建平安校园活动，加大对校园周边环境整治力度；加强对学生的法制教育、安全教育和健康教育，加强维护学校安全稳定快速反映体系的基础建设，统筹抓好校园的安全稳定工作。

6．创建和谐家庭。按照遵纪守法、勤劳致富、敬老爱幼、睦邻友善、崇尚科学、以德育子的标准要求，进一步深化城乡“五星级文明家庭”和“十星级文明农户”评选活动，积极培树学习型家庭、平安家庭及勤劳致富、科学育子、敬老睦邻等方面先进典型；加大市民和家长学校建设力度，进一步扩大覆盖面，提高培训质量，推出一批新典型；举办各种家庭才艺展示活动，继续推进巾帼文明生态庭院活动，引导广大家庭追求健康、文明、科学的生活方式，争创文明和谐家庭。

三、组织领导和保证措施

1．加强领导，分工负责。全市“六项和谐创建”活动由市文明委统一领导，成立由市纪检委、市委宣传部、市委农工委、市文明办、市直工委、教育工委、市教育局、国资委、民政局、劳动和社会保障局、妇联等职能部门组成的责任制领导小组，分工负责，抓好落实。其中，市纪检委会同市直工委负责抓好和谐机关创建活动；市委农工委和市文明办负责和谐村镇创建活动；市总工会、市国资委、市劳动和社会保障局负责和谐企业创建活动；市民政局负责和谐社区创建活动；市教育工委和市教育局负责和谐校园创建活动；市妇联负责和谐家庭创建活动；市委宣传部、市文明办负责“六项和谐创建”活动整体协调工作；团市委、文化局、广播电视局、承德日报社及其他活动相关部门，都要依据自身职能，在各项创建活动中作好相应服务工作。各县区、各部门、各单位要制定具体活动方案及标准，精心设计选择好活动载体，要通过召开动员大会、试点示范等有效措施，抓好落实，确保活动掀起高潮，整体推进。

2．加强宣传，营造氛围。和谐创建活动是一项长期性工作，活动开始阶段及重点工作实施过程中，要加大宣传力度，市内各新闻媒体要根据活动开展情况开设专栏，加强对活动进展的宣传报道，营造浓厚的舆论宣传氛围。

3．开展活动，增强实效。要以“文明铸就和谐”为主题，适时举办“六项和谐创建”成果展示、交流、征文、观摩活动，在全市开展评选职业道德、社会公德、家庭美德“三德”建设十佳集体和个人活动。各县区、各部门要充分发挥典型的示范带动作用，从机关、乡村、企业、社区、校园、家庭等各层面培树先进典型。市文明委将分层次开展评选表彰和宣传活动，进一步扩大典型的示范作用和影响力。要把“六项和谐创建”活动同中心工作、业务工作结合起来，同各项精神文明创建活动结合起来，使创建活动贴近实际，体现特色。

4．严格督查，抓好落实。各级党委要加强对和谐创建活动的组织领导，市委宣传部、市文明办要会同有关职能部门加强对活动的督导检查和情况通报，各县区、各有关部门要认真做好检查指导工作，同时及时反馈活动进展情况，确保“六项和谐创建”活动扎实深入开展。

供稿：承德市文明办

整理：刘金生 刘惠芙 师文岭

承德市精神文明建设委员会

关于开展“六项和谐创建”活动实施方案（摘要）

（2007年4月16日）

为了贯彻市委、市政府《关于在全市开展“六项和谐创建”活动的意见》精神，积极推进全市“六项和谐创建”活动，为构建和谐承德奠定良好基础。经市文明委研究决定，特制定2007年全市

“六项和谐创建”活动具体实施方案。

一、总体安排

全市“六项和谐创建”活动重点从促进人与人、人与社会、人与自然的和谐三方面入手，按照“民主法治、公平正义、诚信友爱、充满活力、安定有序、人与自然和谐相处”的总要求，在机关、乡村、企业、学校、社区、家庭六个层面展开，分“宣传发动、学习教育、创建整改、总结提高”四个步骤，通过采取宣传教育、实践整改、整章建制等系列措施，在全市上下营造一个浓厚的和谐创建活动舆论氛围，形成一个广泛参与的和谐创建活动局面，解决一些群众关注的实际问题，建立完善一套长效管理机制，为构建和谐承德、营造全市经济社会协调发展环境奠定坚实的基础。

二、活动步骤

（一）宣传发动阶段：从4月初到4月中旬。在认真谋划、制定方案的基础上，市、县（区）和市直“六项和谐创建”牵头部门分别召开动员大会，进行宣传发动和安排部署，并利用新闻媒体和各种舆论工具，营造舆论氛围。

（二）学习教育阶段。从4月中旬起到4月底。利用党委中心组、党团活动日和职工学习日，组织广大干部职工群众学习中央、省委关于构建和谐社会的有关文件精神，结合本地、本单位和个人实际，查摆在和谐创建方面存在的差距和问题，讨论交流解决问题的措施；利用报告会、演讲会以及文艺演出等形式推进学习教育；同时，推出一批不同层面的创建典型，为创建活动提供示范引导。

（三）创建整改阶段：从5月初到11月份。在组织学习讨论的同时，发动干部群众围绕六个创建层面的重点任务，组织开展群众性实践服务活动，针对和谐创建方面存在的问题和薄弱环节，健全完善各项制度和保障机制。组织开展相关的整顿治理工作，继续开展社会公德环境四项治理，切实解决一些实际问题，每个行业系统及部门要从领导到职工、教育与管理、内部与外部、软件与硬件等重点环节上进一步健全完善相关的管理制度及保障措施。要把学习教育与整改结合起来，努力增强活动实效。

（四）总结提高阶段。在12月份进行。主要是总结全年创建活动的经验、成果，认真查找存在的差距和问题，研究改进措施，部署下一步创建活动。

三、重点工作

（一）宣传教育

由市委宣传部负责制定活动宣传方案，组织协调编印和谐创建工作宣讲提纲。报社、电台、电视台等新闻单位要采取多种形式搞好活动宣传；由六个层面牵头部门负责，分别展开和谐创建大讨论，并采取主题教育、演讲、征文等形式推动创建活动开展；由市文明办负责，会同市教育局、市民政局分别实施市民、学生文明素质读书活动。编印有关学习材料发放到社区、学校。

（二）实践整改

1．由市文明办负责，以“帮一帮、让一让”为主题，联系实际，组织社会各界从文明行车、文明乘车、文明行走和建立和谐人际关系等方面入手，开展“互帮互让”实践活动，努力营造良好的公共秩序。

2．“五一”黄金周前夕，由志愿者总会牵头，林业、环卫等部门负责，以志愿者队伍为主体，以绿化、净化城乡环境为重点，组织开展志愿服务系列活动。9月份，围绕公民道德宣传月和“十一”黄金周，再次掀起公民奉献服务活动高潮。

3．结合创建文明城市工作，城管、公安、文化、教育等部门针对和谐创建方面存在的突出问题，发挥城市文明督导队的作用，继续抓好城市环境的专项整治。

4．各县区和“六项和谐创建”的牵头部门，分别按照各自创建的重点，抓好既定活动的落实。

（三）整章建制

由各个相关部门负责，建立和制定文明旅游、文明会风、文明观演、文明出行等道德规范，评树市民公德典型，组建社会公德监督员队伍，健全完善职能部门、新闻舆论和社会群众道德监督管理机制。

四、组织领导

（一）建立联席会议制度。由部分市文明委领导和成员单位负责同志组成。主要负责：统筹谋划部署活动任务；实施部门分工责任制；对创建活动的重点部位、重点环节、重点任务进行协调调度；对各级部门的创建活动情况进行检查督导、情况通报和总结评议。联席会议原则上每月召开一次。遇有重要事宜随时召开，联席会议的办事机构设在市文明办，具体负责联席会议的日常协调组织、调查研究和信息反馈工作。

（二）实行部门成员分工负责制。市纪检委、市直工委负责抓好和谐机关创建活动；市总工会牵头、市国资委和市劳动和社会保障局负责和谐企业创建活动；市委农工委和市文明办负责和谐乡村创建活动；市教育工委和市教育局负责和谐校园创建活动；市民政局负责和谐社区创建活动；市妇联负责和谐家庭创建活动。各系统行业主管部门在率先抓好自身和谐创建活动的同时，认真抓好本系统本行业创建活动。

（三）认真抓好典型示范。在普遍发动的基础上，从市到各县区分别按六个层面选择一批示范点。各部门、各单位要树立和培养一批有特色的集体和个人典型。年中要召开全市创建经验交流会，年末进行总结表彰。各县区和市直活动责任部门要深入调查研究，及时把握活动进展情况、重点经验和存在问题，加强检查指导。对每个阶段活动开展情况进行调度和检查，重点工作随时调度，随时督导，随时通报。

供稿：承德市文明办

整理：刘金生 刘惠芙 师文岭

承德市文明办

关于在清明节开展弘扬传统美德 倡导文明祭祀活动的通知（摘要）

（2007年3月18日）

一、总体安排

围绕落实市委“六项行动计划”中的“市民素质提升工程”，抓住清明节列入法定假日的契机，从倡导“文明祭祀”入手，对广大群众开展文明风尚教育，切实加强对陈规陋习的整治和监督，把节日祭祀活动引入健康、文明、规范的轨道，为搞好移风易俗，提高市民素质，优化社会风气提供示范引导。

二、主要活动内容

1．悼念革命先烈，弘扬民族精神。组织广大群众特别是青少年到烈士陵园、革命纪念馆、先烈故居参观，举行入党、入团、入队、成人宣誓仪式等主题活动，追忆革命先烈的丰功伟绩，激励人们在党的领导下，艰苦创业、奋斗不息。

2．倡导文明祭祀，破除陈规陋习。结合植树节，组织中小学生、青年志愿者以及广大市民开展群众性的植树造林活动，绿化城乡、美化家园。引导人们用鲜花、种植纪念树等文明、生态的方式表达对家族先人的怀念之情，推广手机短信、网上扫墓和家庭追思会等新型祭奠方式，引导人们不在规定区域乱烧香烛、纸钱，不非法售购冥币、迷信用品，形成文明健康的祭祀新风。

3．强化管理监督，解决重点问题。一是对野外上坟烧纸问题实施全面监控，坚决防止上坟引发火灾问题；二是对城镇路街店外无照流动经营封建迷信用品摊点和商贩进行巡查，取缔迷信用品泛滥成灾的问题。

三、重点措施和责任分工

1．4月初，《承德日报》、市电台、电视台及《紫塞明珠网》要围绕清明节“文明祭祀”主题，充分利用自身栏目、节目宣传有关政策规定，推广先进典型，刊播公益公告。

2．各县区充分利用社区、村镇、橱窗、板报和各种会议进行活动教育，有关部门组织志愿者深入街道、社区进行专题宣传。

3．民政部门和各县区选择重点公墓设立“文明祭扫”示范点、制定和宣传“文明祭扫”方面具体制度和程序，推介“文明祭扫”服务新项目，并组织服务管理人员劝阻不文明祭扫行为。

4．清明节期间，各级党团组织和教育行政部门继续组织广大党团员和青少年学生开展“弘扬民族精神，共铸道德丰碑”主题教育活动，存瑞陵园、热河革命烈士纪念馆等县区爱国主义教育基地要搞好配合协作。与此同时，教育部门还要发动各学校对学生开展“文明祭扫”专题教育，引导青少年除陋习，树新风。

5. 林业部门依照春季护林防火政策法规，充分利用现行防护体系和工作机制，对城乡野外墓区上坟烧纸现象进行严密监控，对于违规者坚决依法查处。

6. 工商城管部门进一步加大对城乡丧葬用品市场的巡查力度，对于街头、店外摆放、叫卖封建迷信用品的商贩，依据有关规定予以查处。

四、组织领导

1. 各县区文明办、市直有关部门要把弘扬传统美德、倡导文明祭祀这一活动作为在全省“运用传统节日，共建精神家园”活动的重要战役来抓，作为全市落实“六项行动计划”，实施市民素质工程的重要举措，切实加强组织领导，认真搞好协调，把好事办好。

2. 建立承德市“文明祭扫”活动联席会制度。由市文明委负责召集，市民政、林业、教育、共青团、城管、工商、广播电视及承德日报社等部门作为成员单位，每年清明、春节前夕集中开会，专题研究部署推进“文明祭扫”活动问题。

供稿：承德市文明办

整理：刘金生 刘惠芙 师文岭

承德市文明办

关于利用村民中心开展农村未成年人思想道德教育工作的通知（摘要）

（2007年4月3日）

一、指导思想

以邓小平理论和“三个代表”重要思想为指导，以村民中心为阵地，拓展村民中心服务功能，加强和改善未成年人的思想道德建设，为未成年人健康成长提供有利的活动场所和良好的社会环境。

二、具体要求

1. 组织未成年人开展校外活动。目前，我市中小学生校外活动场所建设还不完善，尤其是农村学生几乎没有固定的校外活动场所。村民中心的建立，弥补了学生校外活动场所的不足，为未成年人校外活动提供了良好的空间。因此，要求凡是建立村民中心的地方，都要建立未成年人活动中心，充分利用村民中心这块阵地开展未成年人思想道德建设活动。

2. 开展未成年人思想道德教育。（1）充分利用村民中心的多媒体教育网络，组织广大学生观看爱国主义教育片、科教专题片等、开展有关未成年人思想道德方面的广播电视讲座，弘扬和培育未成年人以爱国主义为核心的民族精神和以改革开放为核心的时代精神，教育和引导广大学生摒弃各种陈规陋习，倡导文明、健康、科学的生活方式；（2）利用村民中心阅览室、图书室、文体活动室，定期开展美术、书画、棋牌等各种文娱活动，培养未成年人各种良好的兴趣和爱好，提高未成年人综合素质；（3）利用村民中心综合活动室开办家长学校，提高家长科学育儿素质；利用文化健身广场，组织开展各种文体活动，锻炼未成年人各种活动能力，增强未成年人体质，为国家培养德智体全面发展的新一代接班人。

3. 对留守儿童进行心里关怀和道德教育。针对留守儿童长期不在父母身边，缺少父母关爱，性格比较孤僻甚至冷漠的特点，对这些留守儿童进行心里关怀教育。村民中心管理人员和学校有关人员，要组织这些孩子积极参加村民中心组织的校外文体活动，使他们在村民中心这个大课堂里同其他儿童一样享受到温暖和关怀。要组织他们读书、看报，提高他们对各种文化知识的兴趣，引导他们读一本有意义的书籍，提高道德修养和综合能力，使村民中心真正成为留守儿童的第二课堂和精神乐园。

三、组织领导

各县（区）文明办要认真重视这项工作，要结合本地实际，在加强和完善村民中心建设的同时，制定出利用村民中心开展农村未成年思想道德建设的工作计划和工作试点，同时，要和教育部门取得联系，责成专人抓好此项工作的落实，并将取得的工作成果和出现的问题及时向市文明办反馈。

各县区文明办要将落实情况于5月底市文明办。

供稿：承德市文明办

整理：刘金生 刘惠芙 师文岭

承德市文明办
承德市文化局
承德市教育局

关于进一步做好“四进社区”文艺、优秀健身项目展演活动的通知（摘要）

（2007年6月4日）

近些年来，全国“四进社区”文艺、优秀健身项目展演活动每年举行一届，至2006年，文艺展演已连续举办五届，优秀健身项目也已举办两届。根据中央文明办《关于调整全国“四进社区”文艺、优秀体育健身项目展演活动举办时间的通知》和省文明办、省文化厅、省体育局通知要求，为认真总结展演活动经验，进一步提高我市参赛活动水平和质量，活跃和丰富社区文化生活，做好和谐社区建设，现就我市参加全国“四进社区”文艺、优秀健身项目展演活动有关事项通知如下：

1．全国“四进社区”文艺和优秀健身项目展演活动今后每两年举办一次，两项展演活动交错进行。

2．根据今年“迎奥运、讲文明、树新风”活动的安排，为推进“全民健身与奥运同行”，今年下半年中央将举办全国第三届“体育进社区”项目展演。明年举行全国第六届“四进社区”文艺展演活动。

3．市直及各县区文化部门要进一步加强对社区文化工作的领导，大力开展以贯彻落实科学发展观、构建和谐文明社区为主题的社区群众文化活动，通过形象、具体、生动的艺术形式，传播先进文化、活跃群众生活，密切邻里关系、增强社区活力，形成健康向上、邻里团结、良好和谐的社会风尚，促进精神文明建设协调发展。同时，要组织广大文艺工作者深入社区，创作、辅导、排练一批贴近实际、贴近生活、贴近群众的社区题材文艺节目，为参加2008年“和谐之声——河北省第四届社区文化艺术优秀节目展演”和全国第六届“四进社区”文艺展演活动储备作品，打造精品，做好充分准备。

4．各级体育部门要以“全民健身与奥运同行”为主题，在社区大力开展群众喜闻乐见的健身项目，使健身活动经常化，在参与人员数量和活动的质量上下功夫，创作出更多的健身项目精品，选择最优秀的健身项目参加全国“四进社区”优秀健身项目展演活动，进而促进社区体育更广泛地开展，提高人民群众的身体素质和健康水平。

5．各县区文明办要加强组织协调，进一步与文化、体育等部门密切协作，适时调整和安排各项工作，通过各种形式，加大工作力度，采取有力措施，在搞好社区群众性文艺、体育活动的同时，下功夫推出参加全国展演的精品力作，不断丰富社区的文化体育生活，为发展先进文化，提高全民思想道德素质、科学文化素质和身体素质，努力建设文明承德、魅力承德、和谐承德，为构建和谐社会作出积极贡献。

供稿：承德市文明办

整理：刘金生 刘惠芙 师文岭

承德市文明办

关于推荐申报2007年度全市六项和谐创建活动“十佳”和谐单位（家庭）的通知（摘要）

（2007年12月29日）

一、表彰指标

按照和谐机关、乡村、企业、学校、社区、家庭六个层面，各表彰10个，共计60个，具体分配指标附后。

二、推荐申报基本条件

1．和谐机关、乡村、企业、社区和学校五个层面单位：领导重视、措施有力、全员参与、氛围浓厚、坚持经常、成效显著、特色突出。

2．和谐家庭方面是家庭内部敬老爱幼、勤俭持家、科技致富，外部睦邻友善、遵纪守法、助人为乐。

三、推荐申报程序和要求

1．提前预报推荐对象名单。各县区文明办和市直活动主管部门接到本通知后，按照分配指标，及时会同相关部门进行研究，确定推荐对象，并经本县区文明委或市直本部门党组织批准同意。预报名单于2008年1月7日前报市文明办。

2．市文明办根据各县区和市直各部门所报名单按照参评单位性质不重叠、布局合理的原则进行初审，结果于1月9日返回各县区文明办和市直有关部门。

3．各县区和市直有关部门按照市文明办返回名单，填报有关表格，撰写事迹材料，并经申报对象上级主管部门党组织研究同意、县区文明委审核把关后，务于1月15日前报市文明办，联系人：刘惠芙，电话：2025771。

4．市文明办会同市直活动六个层面牵头部门进行研究讨论，结果报市文明委领导审批，由市文明委分别授予2007年度全市“六项和谐创建”活动“十佳单位”称号并在2008年全市宣传思想工作会上进行表彰。

5．每名推荐对象填表一式3份，并撰写2000字左右事迹材料3份。

供稿：承德市文明办

整理：刘金生 刘惠芙 师文岭

中共张家口市委
张家口市人民政府
关于2007年创建文明生态村活动的实施意见（摘要）

（2007年1月17日）

为了推动创建文明生态村活动进一步拓展内容、提高水平，更好地发挥在建设社会主义新农村中的支撑作用，根据《省委、省政府关于推进社会主义新农村建设的指导意见》（冀发[2006]10号），现就深入推进2007年创建文明生态村工作，制定如下实施意见。

一、指导思想

以“三个代表”重要思想和党的十六届六中全会、省七次党代会和市九次党代会精神为指导，认真落实科学发展观，围绕实现经济跨越式发展和构建和谐社会奋斗目标，按照“生产发展、生活宽裕、乡风文明、村容整洁、管理民主”的总要求，以改善人居环境、提高农民生活质量为突破口，以发展农村经济、促进农民增收为根本，以精神文明建设为动力，以基层民主政治建设为保证，在创建活动中缩短战线、合力攻坚，巩固成果、不断完善，全面提高文明生态村创建工作的整体水平，为全市的社会主义新农村建设发挥有力的支撑作用。

二、创建工作的总体目标

1．对列入年内创建规划的150个重点村，集中人力、物力，重点在“三化”（硬化、绿化、净化）、文化资源整合提高和加强精神文明创建活动上下功夫，确保年底前全面完成创建任务。

2．对已基本完成创建任务的737个村，按照建管并重原则，重点在建立健全长效机制上下功夫，进一步抓好查漏补缺、巩固提高工作，不断深化和扩大创建成果，充分发挥其在创建活动中的示范引导作用。

3．对其他创建村，以治理“五乱”为重点，在全面发动、整体推进上下功夫，做到村村有行动、村村有变化、村村有提高，实现创建工作的全覆盖。

三、创建工作的主要任务

1．坚持生态建村，大力推进村容村貌建设。紧紧抓住改善人居环境这个突破口，把生态理念贯穿创建工作始终，继续抓好以“三化”为主的村庄环境建设。硬化要与“村村通”工程相结合，重点搞好通村公路、村内主街道的硬化，并逐步向小街小巷拓展延伸。主街道要建水泥路或柏油路，并安装路灯；小街巷可建成砂石路或砖砌路等。绿化要按照生态和社会效益相统一的要求，在通村道路和村庄周围荒地大量植树，形成环村林带；在村内街道、空地植树，形成村内绿荫带；在农户庭院、房前屋后植树种花，实现全方位绿化。净化要坚持标本兼治，把“一建三改”作为治本之策。以推广使用节能环保太阳灶和新型沼气池为主要内容，组织开展创建“循环经济示范村”和“节能环保示范户”活动，每个县区选树一批各具特色的循环经济示范村和节能环保示范户。着力抓好改水、改厕、改圈和养殖小区建设，从源头上解决柴草乱垛、垃圾乱倒、污水乱泼、粪土乱堆、禽畜乱跑“五乱”问题。

2．突出文化兴村，大力加强精神文明建设。充分利用公共资源向农村覆盖的有利时机，加强农村基础文化设施建设。着力搞好“村民中心”建设，重点扶持省支持建设的19个“村民中心”，各县区要分别抓好2～3个示范中心。认真组织实施文化建设“五个一”工程，按照“因村制宜、方便适用”原则，在已基本完成创建任务村和年内规划创建的重点村，每村建设一个综合活动广场、配备一套适用健身器材、建设一面宣传文化墙、组建一支文艺宣传队，培养一批文艺骨干。组织群众深入开展健康文明、积极向上的文体活动，丰富和活跃群众文化生活。切实抓好“三会一户”活动，建立健全道德评议会、红白理事会、妇女禁赌会等群众自治组织，深入开展“十星级”文明户创评等群众性精神文明创建活动。大力加强以“八荣八耻”为主要内容的社会主义荣辱观宣传教育，引导农民群众知荣辱树新风，改变落后生活方式，形成良好的村风民风。

3．围绕产业强村，大力发展农村经济。着力在促进经济发展和农民增收上下功夫。稳步加强农业基础建设，突出抓好农田水利、乡村道路、农村电网、生态环境等基础设施建设，不断改善农村生产生活条件。加快农业结构调整步伐，按照“一村一品”、“一村多策”模式，积极发展种植、养殖、林果、加工等特色经济，不断发展壮大集体经济实力。大力培育文化旅游产业，积极发展冰雪游、休闲游、农业观光游、采摘游等特色旅游，以创建强旅游，以旅游促发展。结合“双万人培训”和“阳光工程”，积极对农民进行市场知识、经营管理、实用技术等专业化培训，培养一批观念新、有文化、懂技术、会管理的新型农民，为新农村建设提供技术支撑和人才保障。要广辟农民就业增收渠道，大力发展劳务经济，引导富余劳动力向非农产业转移，不断增加农民务工收入，夯实新农村建设的物质基础。

4．实行民主治村，努力构建和谐村庄。着眼于管理民主和群众当家做主，引导村党支部、村委会把创建活动作为“最大的村务”来抓。进一步健全党组织领导下的村民自治机制，完善落实民主决策、民主监督、民主管理制度，深化村务公开，提高农村基层干部民主管理和服务能力，发动农民群众积极投身创建活动，增强自我服务、自我教育、自我管理的本领。要高度重视和关心民生问题，逐步推进农村社会保障制度建设，进一步完善农村“五保户”供养、特困户生活救助、灾民补助等社会救助体系；积极推进新型农村合作医疗试点扩面工作，关心和保护好妇女、儿童的合法权益。要切实加强农村法制建设，深入开展普法教育，增强农民的法制观念，创造安居乐业的社会环境，形成和谐融洽的人际关系。

四、推进创建工作的主要措施

1．进一步强化创建工作的组织领导。创建文明生态村是现阶段我市建设社会主义新农村的龙头工程和主要抓手。要继续坚持和完善“党委、政府统一领导，有关部门齐抓共管，文明委组织协调”的领导体制。各级党委、政府要切实加强对创建工作的领导，把创建活动真正当作“一把手”工程，摆上全局工作的突出位置，统筹谋划、精心组织。县区、乡镇党委、政府“一把手”作为第一责任人，要认真负责、靠前指挥，统揽创建工作全局。要进一步落实职能部门责任，各有关部门，特别是农业、林业、交通、水利、财政、教育、文化等与创建工作紧密联系的部门，要积极履职尽责，经常深入基层，开展对口服务。要切实加强各级文明生态村创建办公室的建设，充实人员，保障经费，进一步加大工作力度，做好综合协调、检查督导、信息调研工作，及时掌握创建动态，确保各项工作落到实处。

2．进一步加强创建活动的物质投入。文明生态村创建资金是关键。要进一步健全融资体系，形成多元化的资金投入机制。各级财政要建立文明生态村专项创建资金。同时要运用市场运作的办法，通过拍卖、租赁等方式，盘活村集体闲置资产，拓展增加集体收入的渠道，用于公益事业建设。要积极创造条件，争取上级投入，引进项目和外来资金，在发展经济的同时带动创建工作的开展。要广泛动员和吸纳社会资金，鼓励和吸引广大民营企业及在外创业大户投资家乡建设，对捐助贡献大的可以为其冠名、授予荣誉称号，进一步调动他们为群众办好事的积极性。要用“一事一议”等民主的办法，引导群众自我投入，多途径筹资投劳，用自己的双手建设美好家园。要充分借助国家、省、市各项支农工程推动创建。对农业、交通、林业、教育、文化、卫生等部门的专项资金，在保证渠道不变、用途不乱的前提下，捆绑使用，集中投入，滚动推进，切实提高资金的使用效益。

3．进一步加大创建活动的帮扶力度。创建文明生态村是涉及全社会方方面面的一项系统工程，是全市人民的共同事业。要积极整合帮建力量，拓展帮建主体和领域，引导更多的党政机关、人民团体、企事业单位和社会各界，以多种方式与创建村进行结对帮扶。要继续完善和落实市县区领导联系示范村、市县区直部门、企事业单位帮扶共建联系点制度。按照新的帮扶联系点安排，市县区领导要亲自入村指导工作，及时协调解决创建工作中的实际问题，发挥示范带头作用。各级帮扶单位要把帮建文明生态村列入单位总体工作的重要内容，选派得力干部驻村开展工作，兑现承诺、解决难题、真帮真扶、取得实效。要充分发挥工会、共青团、妇联等群团组织的作用，广泛发动职工、青年、妇女及各方面志愿者，深入基层一线，开展帮建活动。要通过各种激励办法，引导更多的民营企业与创建村结对共建，形成全社会关注、各方面参与的强大合力。

4．进一步强化创建工作的督导考核。强化督导考核是推动工作落实的有效手段。市、县区和有关职能部门要进一步加大检查督导力度，依据创建标准和要求，市委督查室、市政府督查室每半年要对各县区创建工作进行一次督查，并将结果通报全市。各级创建办要不定期深入创建村进行检查督导，发现问题及时协调解决，同时要认真做好各项准备工作，迎接省文明生态村创建工作督导团对我市进行的督查。各级党委要将创建工作列入领导班子、领导干部实绩考核目标；纳入创建“五好”农村党支部、乡镇党委和基层组织先进县的重要内容；纳入文明单位、文明村镇的评选内容，作为评先创优的重要依据。市、县每年要评选一批创建工作先进村和先进个人，给予表彰和物质奖励，同时要表彰奖励一批建立长效机制、巩固成果好的乡镇及典型村，并组织新闻媒体进行大力宣传，营造争先创优的浓厚氛围。

5．进一步健全完善创建工作的长效机制。创建文明生态村是个动态的、发展的过程，必须建立一套切实可行的长效机制，保障创建活动长期开展，创建成果不断巩固。要坚持建管并重，注重累积效应。每个创建村都要制定完善一套适合村情民情的《村规民约》、《“村民中心”管理制度》、《卫生保洁、道路维护、绿化管护制度》、《十星级文明农户评选办法》及各类群众自治组织活动《章程》等规章制度，形成易于操作、约束力强的长效管理机制，做到卫生有人经常打扫、道路有人经常维护、树木有人经常管护、“村民中心”经常开展活动，形成人人维护创建成果的良好氛围。要实施动态管理，督促指导创建村随着经济社会的深入发展，不断确立新目标，取得新进步，用创建工作的新成效推动新农村建设不断迈出新步伐。

供稿：张家口市文明办

整理：田晓燕

张家口市文明办
2007年工作要点（摘要）

（2007年2月28日）

一、围绕社会主义新农村建设，深入推进文明生态村创建活动

按照产业强村、文化兴村、生态建村、民主治村的总要求，突出抓好今年150个重点创建村达标及第一、二批737个创建达标村的巩固提高工作。主要抓好以下工作：一是以市委、市政府名义制定《2007年创建文明生态村活动实施意见》，对今年创建工作做出安排部署；二是继续实施“三化”（硬化、绿化、净化）、“一建三改”（建沼气池、改圈、改厕、改水）和“十个一”建设工程（一张创建规划图、一个村规民约、一个创建“十星级”文明户动态公布栏、一个村务公开栏、一个文体活动场所、一个医疗卫生室、一套卫生保洁机制、一个红白理事会、一个道德评议会、一个妇女禁赌会），突出文化内涵，加强文化基础设施建设，有条件的创建村建设文化墙；三是重点在坝上四县文明生态创建村推广节能环保太阳能灶，改变农村生活方式，提高农民生活质量；四是加强村民中心建设，整合以文化阵地为重点的公共服务资源，吸引村民广泛参与科技学习、法律援助、信息服务等，增强致富能力，提高农村经济发展水平；五是加强对各县区文明生态创建活动的督查考核，组织开展创建工作观摩活动，对全市第三批创建村进行考核验收。加强典型宣传，建立全市文明生态创建村典型库。

二、以讲文明、促和谐为主题，深入开展各种

形式的精神文明创建活动

认真落实省文明委关于组织开展“文明河北、和谐河北”创建活动的安排部署，结合张家口实际，深入开展社会公德、职业道德、家庭美德教育，在城市引导人们争做文明市民，在农村引导人们争做新型农民，在企业引导人们争做守信经营者，在机关引导人们争做文明公务员，在全社会引导人们争做热心友善好公民，以此统揽各县区、各行业、各部门组织开展的各种形式的精神文明创建活动。

1．以迎接全国文明城市第三轮测评为契机，推进文明城市创建活动开展。一是广泛开展“文明十个一”活动。即：引导市民文明乘车、文明游园、文明观演、文明行车、文明走路、文明就餐、文明购物、文明待客、文明过节、文明养犬。在市直新闻媒体开设专栏、专题，开展“我心目中的张家口形象”建言献策活动，同时组织青年志愿者义务劝阻不文明行为，促进市民文明素质的提高，把全省“迎奥运、讲文明、树新风”活动落到实处；二是在城区广泛开展文明诚信示范街、星级文明社区（小区）、文明家庭创建活动。进一步深化“四进社区”活动，不断创新形式，丰富居民的业余文化生活；三是继续开展营造“城市森林”大型公益活动，精心组织好第八次春季战役，动员全社会力量积极参与城市植树造林活动，改善生态环境，引导人们树立关心生态、保护环境的公德意识；四是协调市爱卫办，于5月份在全市开展环境卫生整治活动，对铁路、公路沿线，公共场所，大街小巷卫生环境进行一次彻底集中清理，迎接6月旅游旺季的到来；五是协调公安、交警、交通、城建等单位，大力整顿市内交通秩序，重点治理车辆乱停乱放、闯红灯、乱设摊点等问题；六是组织第五届十佳文明市民评选表彰活动，电台、电视台开设“文明30秒”专题，张家口日报开辟“文明张家口人”栏目，对好的典型进行大力宣传，对不文明行为进行曝光。做好省对我市文明城市测评的各项准备工作。

2．以“提升服务水平，展示文明形象”活动为载体，深入开展文明行业创建活动。一是继续抓好“共铸诚信”活动，深入进行诚信教育，切实加强政务诚信、商务诚信、社会诚信建设；二是广泛开展诚信服务、文明服务活动，继续组织好“文明执法杯”、“优质服务杯”、“便民利民杯”三杯竞赛群众评议工作；三是在各行业系统继续深入开展技术比武、岗位练兵活动及文明礼仪教育，特别要对出国出境人员有针对性地进行涉外礼仪知识的培训，做到文明旅游；四是与张家口移动公司联合举办“倡导文明、传递爱心”公益短信大赛；五是在张家口日报、张家口电台、张家口电视台、张家口新闻网设立专栏、专题，深度报道创建活动情况和活动中涌现出的先进单位和先进个人，营造浓厚的舆论氛围。

3．深入开展文明单位创建活动。一是树立先进典型，在市新闻媒体开设专题、专栏，组织“文明单位形象展示”活动；二是组织文明单位举办第三届“文明杯”乒乓球大赛活动，为迎奥运、讲文明、树新风营造浓厚的氛围；三是组织有关文明单位主管领导外出学习考察；四是拓宽渠道，推动文明单位创建活动向新经济组织、新社会组织拓展。认真落实《张家口市文明单位管理暂行办法》，进一步加强对文明单位的管理，推动创建活动的深入开展。

三、加强社会主义荣辱观教育，突出抓好未成年人思想道德建设

认真落实《公民道德建设实施纲要》，深入开展以“八荣八耻”为主要内容的社会主义荣辱观教育，组织开展形式多样、丰富多彩的主题实践活动，构建学校、家庭、社会三位一体的教育格局。

1．以建军80周年为契机，组织全市100个英雄中队，继续开展“寻学做”主题实践活动，加强对未成年人进行革命传统教育和爱国主义教育。

2．协调文化、工商、公安等部门，净化中小学校周边环境，对全市互联网、网吧、书报刊音像市场进行整治，营造健康、文明的学校周边环境和社会文化环境。

3．进一步完善“联动、减负、净化、精品创作”四个长效机制，即完善联动机制，构建学校、家庭、社会三结合网络；完善减负机制，营造轻松愉快的学校育人环境；完善净化机制，营造良好的社会文化环境；完善精品创作机制，提供丰富的精神食粮。在全市中小学组织开展未成年人思想道德建设“创新案例”评选活动，调动各学校开展主题实践活动的积极性。

四、进一步做好西部助学等项工作

1．认真做好中央文明办2007年“西部开发助学工程”在我市的实施工作。按照公开、透明的原则，做好2007年受助学生的推荐申报工作，办好张家口市第四届“宏志班”。组织2006年度受助大学生暑期社会实践活动。

2．继续做好信息工作。办好《精神文明建设简报》和《文明生态村简报》，加强对基层的工作指导。积极向中央文明办、省文明办反馈我市精神文明创建工作信息，充分调动县区文明办做好信息工作的积极性，推动我市信息工作再上新台阶。

3．建立全市精神文明建设考评机制，制定《精神文明建设工作考核细则》，加大对县区和市直单位精神文明创建活动的督查考核力度，推动全市精神文明建设工作深入开展。

供稿：张家口市文明办

整理：田晓燕

张家口市文明办

关于组织评选第五届“十佳文明市民”的通知（摘要）

（2007年4月17日）

一、评选范围

凡是在桥东区、桥西区、宣化区、下花园区、高新区有常住户口，年满18周岁以上的居民，或有合法居住权，连续工作满三年以上的暂住人员，均可参加评选。已获得过国家级、省级劳动模范，曾被评为我市“十佳文明市民”和“见义勇为先进个人”的，不在本次评选、推荐范围之内。

二、评选标准和条件

1．政治素质高，模范执行党和国家的各项方针政策，在热爱祖国、热爱张家口、建设张家口方面表现突出。

2．具有高尚的社会公德、职业道德、家庭美德，文明礼貌、团结友善，爱护公物、保护环境，尊老爱幼、邻里和睦，勤俭持家、艰苦奋斗，在模范遵守《张家口市市民文明守则》方面表现突出。

3．遵纪守法，坚持正义，主持公道，见义勇为，在同违法行为和不文明现象作斗争方面表现突出。

4．崇尚科学，反对迷信，努力学习科学技术和文化知识，在革除陈规陋习，追求文明健康生活方式方面表现突出。

5．积极参加创建文明城市的各项活动，在创造优美环境、优良秩序，提供优质服务等方面表现突出。

6．有高度的劳动热情和忘我的奉献精神，积极参加社会公益活动，助残济困，奉献爱心，在社会上有较高威信和较大影响。

三、评选方法和步骤

1．民主推荐（4月20日～5月31日）。各区文明办组织有关部门、单位及街道办事处、居委会进行层层选拔和推荐，在多层推荐、优中选优的基础上，确定本区第五届“十佳文明市民”候选人3～5人。每位候选人要填写《张家口市第五届“十佳文明市民”候选人申报表》一式2份，撰写个人事迹材料（2000字以内）一份，连同个人3张2寸彩色照片及身份证复印件，于5月31日前报市文明办。

2．群众评议（6月1日～6月30日）。在《张家口日报》刊登20名候选人照片、事迹材料简介及选票，公开投票推选。

3．命名表彰。市文明办根据群众投票结果，综合各方面情况，确定第五届“十佳文明市民”人选，报请市文明委领导审定，适当时候，以市文明委名义进行表彰并给予一定物质奖励。

四、有关工作要求

1．加强领导。评选表彰第五届“十佳文明市民”是创建文明城市，构建和谐社会的重要举措。各区要高度重视，精心组织，确保通过评选活动，切实增强市民文明意识，提高城市文明程度，为我市在2008年全国文明城市测评中再创佳绩创造良好条件。

2．认真推选。要严格依照评选标准和程序，认真做好评选推荐工作。要注意从近年来涌现出的，在一线和基层工作岗位上成绩显著、影响广泛并为经济发展和和谐社会建设作出突出贡献的先进个人中选拔。要坚持公开、公平、公正原则，确保候选人先进事迹的真实性、典型性和可靠性。

3．搞好宣传。要加大宣传力度，组织广大市民积极参与评选活动，评选揭晓后，要对本届“十佳文明市民”进行深入宣传报道，大力营造学习先进、崇尚文明的社会氛围。

供稿：张家口市文明办

整理：田晓燕

秦皇岛市精神文明建设委员会

关于评选2006年度“十大文明秦皇岛人标兵”的通知（摘要）

（2007年1月5日）

一、评选标准

“十大文明秦皇岛人标兵”是我市授予在精神文明建设工作中作出突出贡献的先进个人的最高荣誉称号，是具有较高声望，被广大群众普遍认可的各类先进典型中的杰出代表。具体评选标准是：

1. 坚持党的基本路线，拥护党的路线、方针和政策，树立和贯彻科学发展观，爱祖国、爱人民、爱社会主义。热爱秦皇岛，建设秦皇岛，在秦皇岛市精神文明建设中作出突出贡献。

2. 自觉执行党的各项政策、法令、法规，积极践行社会主义荣辱观，模范遵守《文明秦皇岛人行为规范》。

3. 具有高尚的职业道德，对工作满腔热情，有无私奉献精神。认真履行职责，干一行、爱一行、钻一行，立足本职，业绩突出。

4. 具有高尚的社会公德，在团结友爱、助人为乐、扶危济困、见义勇为等方面事迹突出。

5. 具有高尚的家庭美德，在孝敬父母、尊老爱幼、互敬互助、邻里和睦、正确处理婚恋、倡导科学文明健康的生活方式、和谐社会建设方面事迹突出。

二、评选范围

在秦皇岛市学习、生活、工作的所有人员。包括秦市居民、驻秦部队指战员、外埠驻秦单位的职工和家属、在秦学习的外籍学生及进城务工人员等均可参加推荐、评选。

三、评选步骤

1. 推荐阶段：1月15日前，由各县区、各工委、军分区及各有关单位，本着优中选优、严格掌握标准、确保评选质量的原则，按所辖范围，向市文明办推荐1-2名文明秦皇岛人标兵候选人。

2. 筛选阶段：市文明办对推荐名单进行筛选，在征求有关部门意见后，确定20名候选人。

3. 评选、投票阶段：1月20日前，在《秦皇岛日报》刊登20名候选人名单及简要事迹，同时印发选票，组织群众投票评选。

4. 命名、表彰阶段：1月30日前，由市文明办综合群众评选情况，拟定得票最多的10人为2006年度的“十大文明秦皇岛人标兵”。在此基础上，经市文明委审定通过，进行隆重的命名、表彰。届时，各新闻媒体对受表彰的“十大文明秦皇岛人标兵”进行专题采访报道。

四、评选要求

1. 在评选过程中，要严格掌握标准，坚持实事求是，不人为拔高。对弄虚作假、徇私舞弊的，一经查实，即取消评选资格。

2. 各级新闻媒体、精神文明建设网站要及时刊播2006年度“十大文明秦皇岛人标兵”表彰名单，大张旗鼓地宣传报道他们的先进事迹，营造学先进、赶先进的浓厚氛围，号召全市广大人民群众以他们为榜样，弘扬社会风气，为我市争创全国文明城市营造浓厚的舆论氛围。

3．推荐2006年度“十大文明秦皇岛人标兵”候选人采取条块结合的方式，也可以从月评“感动秦皇岛十件文明事”结果中推荐产生。但要征求被推荐人所在街道和社区及县区党委的意见，确保被推荐人的群众基础和社会信誉度。

4．推荐2006年度“十大文明秦皇岛人标兵”候选人，要填写《2006年度“十大文明秦皇岛人标兵”推荐表》，并附主要事迹（2500字左右）以及简要事迹（500字以内）。

供稿：秦皇岛市文明办

秦皇岛市精神文明建设委员会

2007年精神文明创建工作要点(摘要)

（2007年3月5日）

要突出“一三三五六”的工作格局：始终坚持“做文明秦皇岛人，建文明秦皇岛市”这条主线；全力打造“三项品牌”（人文奥运品牌、精神文明建设品牌、文明生态村创建品牌）；积极实施“三项工程”（全民读书工程、培育和弘扬城市精神工程、有利于未成年人健康成长的环境整治工程），深入开展“五项活动”（公民道德实践活动、“文明港城、和谐港城”活动、“诚信秦皇岛”活动、第二次创建文明生态村冬春行动、“知家乡、爱家乡、建家乡”主题实践活动），切实加强“六项建设”（创建文明城市机制建设、城市文化设施建设、文明生态村项目建设、“村民中心”建设、农村精神文明建设、校园德育建设）。

根据上述指导思想和工作格局，全年精神文明创建工作要重点抓好以下五个方面的工作：

一、顺势而为，强化教育，着力打造人文奥运品牌

要以“迎奥运、讲文明、树新风”活动为契机，着眼于提升市民素质和社会文明程度，把人的素质培养与和谐文化建设有机结合，优化人文环境，筑牢思想道德基础。

（一）以全民读书工程为先导，深化思想道德教育。要以促进人的全面发展为目标实施全民读书工程，抓好市民教育。按照党政机关是精神文明建设工作第一窗口的要求，进一步完善理论学习中心组制度，并把精神文明建设列入党政干部学习培训重要内容。在用科学理论武装广大党员干部头脑，深入开展形势政策教育基础上，广泛开展“百万市民进课堂”培训活动，进一步宣传贯彻《公民道德建设实施纲要》，修订《文明秦皇岛人行为规范》，抓好对机关干部、青少年、个体户、进城务工人员等社会群体的思想道德教育。制定出台《关于在全市城市社区配备专职教师的意见》，使市民学校教育逐步走上科学化、规范化、制度化的轨道。把全民读书提到重要日程，印发《秦皇岛市全民读书工程的实施意见》，不断完善学习机制。建立市、区、街道三级学习网络，完善以社区内中小学校、市民学校、企业职工学校以及社会办学机构为基础的社区教育网络。举办“全民读书月”活动，开展“我最喜爱的一本书”、“双学、双守、双做”（学党章、守党规、做合格好党员、学宪法、守法律、做合格好公民）等主题活动，评选“书香家庭”、“书香社区”和“书香连队”，营造全民学习、终身学习的良好氛围。

（二）以公民道德实践活动为载体，推进社会主义荣辱观教育。切实加强社会主义荣辱观的宣传教育，在深入人心、联系实际上下功夫。要抓好党员干部的学习教育，促进各级领导干部以身作则、率先垂范，营造良好社会风气。要紧紧抓住青少年这个重点，让社会主义荣辱观进校园、进教材、进课堂，使广大青少年成为实践社会主义荣辱观最活跃的群体。同时，通过开展“争当人民满意公务员”活动、“知荣辱、树新风”主题活动和“诚实守信、奉献社会”活动等，推动社会主义荣辱观教育进机关、进社区、进农村、进企业。要把社会主义荣辱观教育寓于公民道德实践活动之中，组织

"文明就在脚下、文明就在手中、文明就在嘴边"主题活动，举办"街头DV抓拍大赛"、"我最讨厌的十大驾驶陋习、十大行人交通陋习"评选等活动；开展"车让人，让出一份安全；人让车，让出一份文明；车让车，让出一份畅通；人让人，让出一份爱心"四让活动；广泛开展"文明十二个一"活动，引导市民文明待客、文明行车、文明乘车、文明停车、文明走路、文明游园、文明观演、文明观赛、文明祭扫、文明就餐、文明购物、文明养犬，促进市民文明素质的提高。年底前在全市命名表彰一批在公民道德实践活动中涌现出的先进集体和先进个人。

（三）以"迎奥运、讲文明、树新风"活动为抓手，打造人文奥运品牌。在全市广泛开展"迎奥运、讲文明、树新风"活动，着力解决文明礼仪、公共秩序、社会服务、城乡环境、旅游出行等方面的突出问题，为把秦皇岛建成一流的北京奥运赛区市作出积极贡献。在全市广泛开展"我为奥运做什么"大讨论活动并制定活动方案，组织动员全市上下积极参与到迎奥运活动中来。要把提升市民文明素质作为迎奥运的核心环节来抓，重点加强文明礼仪培训和文明观赛教育，广泛开展奥运志愿者服务活动，积极营造文明和谐的奥运氛围。要努力打造人文奥运品牌，以"新港城、新奥运"为主题，通过举办奥林匹克宣传周、文化节、全民健身活动周等活动，打造实力、活力、魅力秦皇岛靓丽名片。

（四）以培育和弘扬城市精神为支撑，构建和谐秦皇岛。大力宣传和实践"新时期河北人文精神"，使全社会保持昂扬向上的精神状态。在此基础上，在全市范围征集、提炼新时期"秦皇岛人文精神"，在暑期前召开"秦皇岛人文精神"新闻发布会。引导广大市民积极参与城市精神践行活动，继续开展月评"感动秦皇岛十件文明事"和年评"文明秦皇岛人十大标兵"等活动，培树、宣传、表彰各行各业先进典型，引导广大党员和群众向李家庚、郭文香、赵爱彬、田金芳等先进模范人物学习，并力争在中央媒体推出重大典型报道。

（五）以"文明港城、和谐港城"活动为依托，营建温馨秦皇岛。落实省文明委关于开展"文明河北、和谐河北"创建活动部署，以"文明港城、和谐港城"为主题，广泛开展和谐社区、和谐校园、和谐家庭、和谐单位等群众性和谐创建活动，推动形成促进和谐人人有责、和谐社会人人共享的生动局面。创建活动要注意突出思想教育内涵，通过开展"帮一帮、让一让"体验活动，组织"千家文明单位服务千村"送温暖活动，深化"用爱心托起明天的太阳"文明单位助学等活动，依托重大纪念日和民族传统节日举行主题教育活动，推动形成良好社会风尚和人际关系。继续组织好"雷锋精神伴我行"活动，通过召开"雷锋精神延续在港城"事迹报告会和集中服务日活动，推动学雷锋活动的深入开展。同时，要特别关注进城务工人员、城乡贫困人群、残疾人等困难群体和零就业家庭就业、大学毕业生就业、贫困家庭子女入学、就医等社会热点，帮助群众排忧解难。把促进人的心理和谐作为创建活动的重要内容，积极塑造自尊自信、理性平和、积极向上的社会心态。进一步建立健全志愿者组织，成立协调青年志愿者、公务员志愿者、夕阳红志愿者、巾帼志愿者、社区志愿者活动的全市志愿者指导委员会，大力开展城乡志愿服务活动，努力形成人人参与和谐创建的生动格局。

（六）以实施精神文明建设品牌战略为突破，带动服务水平提升。认真总结我市"十五"期间精神文明建设工作经验，及时出台全市"十一五"精神文明建设规划。以打造全省乃至全国精神文明建设知名品牌为抓手，带动全社会服务水平提升，彰显精神文明建设成果。针对行政效率低下等突出问题，在全市广泛开展"创服务品牌、树港城形象"活动，在创建服务品牌上实现新突破。围绕建设沿海经济社会发展强市的奋斗目标，在全市政府系统全面实施转变职能、规范审批、政务公开、依法行政、效能监督"五项工程"，创建学习型、创新型、务实型、服务型"四型机关"，大力推行"政府行政流程再造"，力争年内有50%以上的行政机关创立"政务服务品牌"，实现"三快一提高"（快办理、快审批、快落实，提高办事效率）的目标。在服务行业做大做强供水"晓静亲情无限"、电力"红马甲爱心永恒"、公交"巾帼标准线"等品牌。在各城区积极培树、打造便民服务型社区、绿色环保型社区、廉政文化型社区等基层服务品牌，凸显文明港城新亮点。

二、全民动员，乘势而上，举全市之力争创全

国文明城市

要围绕市委全会提出的到2008年力争将我市创建成全国文明城市的奋斗目标，坚持把测评指标变为城市管理目标，把测评方法转化为城市常态管理办法，把测评体系转化为长效机制，全面提升文明城市创建水平。

（一）加强机制建设，落实创建任务。进一步统一思想、凝聚力量，切实把创建文明城市口号叫响、氛围造浓、工作做实。要围绕《秦皇岛市争创全国文明城市工作规划》目标要求，按照“七加强七优化”落实各项创建任务。召开全市争创全国文明城市活动动员大会，对创城工作做出安排部署。组织文明城市论坛，广泛开展“我为创城献一计”活动，邀请文明城市相关领导和专家来秦介绍经验，以进一步提高认识、统一思想、凝聚力量、推动工作。重点加强创建文明城市机制建设：一是建立重点责任部门联席会制度，切实研究解决工作中存在的突出问题；二是建立文明城市巡访团巡访结果专报制度，通过召开通报调度会、扩大巡访团规模、开通热线电话等形式，督导解决存在问题；三是建立创建工作“一把手”问责制度，将创建文明城市纳入各级各部门和各行各业重点工作任务，充分调动全市上下的积极性；四是健全社会监督机制，充分发挥人大、政协、新闻舆论、人民群众的监督作用，形成监督的强势；五是完善创建资金投入机制，要加大各级财政对创建文明城市的投入力度，切块安排资金，实行捆绑式管理和使用。今年，省文明委将成立省文明城市初评委员会，对各市新一轮创建工作情况进行评议，评议结果按照40%分值计入2008年总评，我市要及早动手，做好迎接初评的各项准备工作。

（二）强化基层创建，丰富创建载体。以创建全国文明城市为平台，大力实施城乡联动、军民共建和典型示范工程，推进群众性精神文明创建活动。创建文明城区要重视加强基础设施建设，继续开展文明城区竞赛活动，确保创建工作常抓不懈、常创常新。创建文明和谐社区要确保社区办公用房、文体活动场所、安全防范设施、绿化美化净化亮化等方面达到要求，集中力量打造一批“全省一流、全国有名”的典型社区。同时要充分利用社区文化阵地，组织开展“爱我社区”周末联谊活动，通过文艺联欢、体育健身和恳谈交流等促建新型社区关系。以“创服务品牌、树港城形象”为载体，在“三杯”竞赛行业开展文明和谐创建活动，提高“四优一满意”创建水平。要把文明单位创建活动向企业、学校特别是新经济组织和新社会组织延伸，在开展“讲责任、做表率、比贡献”活动基础上，评选文明机关、文明科室、文明车间、文明班组、文明公务员、文明职工、文明军人等，切实提高党政机关整体文明程度。积极推动《提升中国公民旅游文明素质行动计划》落实，继续开展“万名游客评景区”及“文明景区（点）竞赛”活动，打造“文明风景旅游景区”品牌。创建文明小城镇活动要注重提高居民素质，着力抓好城镇环境改造、“窗口”单位服务、文化设施建设和进城农民向市民转化等工作。适时集中对文明城区、文明城镇、文明和谐社区、文明行业、文明单位、文明景区创建活动进行总结表彰。

（三）抓好诚信建设，打造诚信秦皇岛。围绕政府公开、公正、公平地行使社会管理职能，完善“诚信港城”网站，建立健全电子政务信息网络平台，全面完成各县区和市直各部门的政务网站链接，形成社会对政府部门承诺的监督网络。突出抓好政府、企业、个人诚信建设。以政府信用、企业信用、个人信用为主体，实现工商、税务、公安、质监、海关、银行等部门各自的企业信用信息数据库间的宽带互联，全面开通“12315”网络，加大对商业失信行为的惩戒力度，坚决纠正偷逃漏税等违法行为，营造公平有序的市场经济秩序。在各行业开展“职工诚信示范岗”、“诚信民间组织”、“擦亮迎奥窗口，争做诚信使者”、“导游文明形象大使”、“诚信私营企业”、“诚信工商户”、“文明经营示范市场”、建立“诚信联盟”等诚信活动，引导这些行业树立“以德经营、诚信立业、文明生财”的经营观念。同时，要特别注意抓好涉农服务、食品供应、房产家装、商业零售行业的教育活动，引导企业经营者和职工自觉抵制制假售假、价格欺诈、商业贿赂等违背职业道德的行为。

（四）开展绿化活动，建设生态秦皇岛。采取群众性公益活动与政府规划工程相结合的形式，大力营造城市森林，形成以城市区及周边绿化为重点、市域绿化系统全面推开的大格局。建立城市

“绿线”管理制度，逐步将城市绿线内用地全部建成各类绿地。精心组织营造“城市森林”活动第八次春季战役，加大营造“城市森林”七大好处的宣传力度，组织社会各界认种认养各种纪念林、纪念树，组织各级文明单位以“创文明城、做文明人、造文明林”为主题栽种各种公益林，因地制宜落实好市内主干道“2+2”模式植树造林，切实抓好居民小区、机关、企事业单位院内的植树活动，确保春季栽植各种公益林达2000亩以上。

（五）狠抓薄弱环节，提高创建水平。针对测评中发现的薄弱环节，借鉴先进城市的成功做法，设计有效载体，重点加以整治，力争在落实测评体系上实现新突破。协调交管部门进一步健全交通协勤员、协管员组织，改善交通秩序，提升交通形象。深入开展“城市管理年”活动，加强街巷路面、排水设施、路灯以及生活垃圾管理，通过市场化运作方式有效解决“门前五包”、“垃圾广告”等问题。推动卫生、防疫、工商、公安、文化等部门加大处罚力度，重点整治小旅馆、小餐馆、小食品店、小美发店、小浴室、歌舞厅、网吧等小门店的公共卫生和安全秩序。

（六）加强设施建设，彰显文化底蕴。要切实加强城市文化基础设施建设，确保年底前全面达到测评体系提出的目标要求。加快文化大厦、图书大厦、青少年宫、山海关长城博物馆二期、五峰山李大钊纪念馆改陈等文化设施建设，落实市委关于加强县区文化设施建设的意见要求，各县区特别是三个城市区到年底前要全部完成文化馆、图书馆、档案馆、青少年活动中心的新建和改扩建工作。这是一项刚性要求，各县区特别是三个城市区都要不折不扣地认真抓好落实。10月底，市里将对此次项工作进行全面检查验收，凡达不到规定要求的，年底精神文明建设考核实行一票否决。协调有关部门在奥体中心和人民广场等处推出一批反映优秀历史文化的城市雕塑和景观，在城区主要路口、社区广场设置永久性、文化品位内涵丰富、高档次的公益广告宣传牌，彰显秦皇岛文化底蕴。

三、拓展内容，创新载体，确保文明生态村创建工作见实效显特色

按照省第七次党代会关于“产业强村、文化兴村、生态建村、民主治村”的要求，侧重“文明、生态”，着力改善人居环境、提高农民素质、促进经济发展，不断把文明生态村创建活动推向深度和广度。

（一）着眼于农村经济发展和促进农民增收，大力推进农村项目建设。把加强农村项目建设作为发展农村经济和促进农民增收致富的重要举措和有力抓手，以此促进县域经济发展，为率先建设沿海现代农业强市助力。适时召开全市文明生态村项目建设观摩推进会，指导各创建村依托本地资源，调整产业结构，确定主打项目。同时筛选一批符合条件的现代农业项目，积极争取银行资金支持。要多渠道筹措资金，尽可能把各创建村中集体建设用地及其他闲散土地、山场、荒滩等折成股份，解决项目建设瓶颈问题。要协调有关部门优化项目建设环境，做到审批上让路、资金上扶持、经营上保护、政策上倾斜。在此基础上，加强对农民的技术培训，为项目建设储备好人才。切实推进全市农业产业化、标准化、国际化进程。

（二）着眼于巩固创建成果和扩大创建覆盖面，认真组织第二次创建文明生态村冬春行动。利用冬春季节，在全市范围内组织开展以“治环境、强素质、抓项目、促和谐”为主题的第二次文明生态村冬春行动。“治环境”就是在春节前后开展净化攻坚月等活动，治理全市农村的生产生活环境；“强素质”就是加大农民培训力度，提高综合素质；“抓项目”就是通过项目建设和“能人”带动战略，实现产业强村，促进经济发展；“促和谐”就是以和谐文化建设为抓手，推进农村精神文明建设，培育文明乡风。这项活动市委、市政府已经召开全市会议做出了专门部署，各县区要高度重视，采取各种有力措施，确保冬春行动的各项要求落到实处。在活动中，要着力抓好首批、二批村的巩固提高，建立长效机制，重点解决生产发展问题；要抓好全面铺开工作，把所有计划外行政村都动员起来，使创建覆盖面达到100%；要抓好连片创建，集中力量打造一批文明生态村群落、走廊和文明生态乡镇；要普遍开展村务公开、民主议政活动，并因地制宜地组织农民群众开展喜闻乐见的文体活动，丰富农民群众的业余文化生活。

（三）着眼于提升创建水平和打造创建品牌，扎实推进第三批文明生态村创建。继续加大文明生态村创建工作力度，使文明生态村在建设社会主义新农村中的载体功能和品牌效应最大化。今年，每个县区选择2个村作为第二批市级试点村，5个村作为第二批县区级试点村，按照“全国有名、全省一流”的要求实施创建。市财政将为每个市级试点村奖补资金20万元，各县区、乡镇进行1:1配套,确保每个市级试点村奖补资金不少于60万元。县区级试点村各地也要按不少于20万元安排。同时，要扎实推进第三批创建。认真落实创建方案，搞好创建规划，确保“五一”之前完成“两图一书”的制作。抓好“三化建设”和“一建四改”，做到早谋划、早动手、早见效。加大各级财政投入力度，市财政要确保千万元资金及时到位，县区严格按1:1比例投入配套资金，并加强涉农资金的捆绑使用。加强考核督导工作，并坚持每月一次巡回督查、每季一次现场调度、半年一次拉练观摩、一年一次考核验收“四个一”督导机制，确保第三批213个创建村年底前基本完成创建任务。今年，省、市文明委将组织有关部门参加的文明生态村创建工作督导团，对各市及县区第一批、第二批创建村的巩固提高工作和第三批创建村的启动、工作开展及活动普及情况进行督导和评议，我市要提前谋划，确保在省督导评议中受好评。

（四）着眼于完善服务设施和发挥服务功能，切实加大“村民中心”建设力度。要严格按照村民中心建设“八个一”要求，逐步完善设施和服务，确保村民中心尽快建起来、活起来、亮起来。在抓好首批、二批示范村村民中心建设的同时，要求各优胜村也要参照“一场、一厅、四栏、十室”标准进行建设，市文明委将在暑期前对此项工作进行全面检查验收。要加大村民中心建设的投入力度，通过建立专项资金、以奖代补、部门帮扶、社会捐助等多种渠道，形成多元投入机制。加强对已建成村民中心的管理，落实村民中心管理制度和章程。要利用村民中心积极开展教育、科技、文体、卫生、信访、法律、信息、保障等方面服务，努力把村民中心建成提高农民群众整体素质、为农民群众提供全方位服务的综合性场所，充分发挥村民主体作用的坚实平台，农村基层组织践行“立党为公、执政为民”执政理念的综合性载体。同时，根据农民需求不断完善服务内容，通过建立“农村信息网络服务平台”等有效载体，把村民中心建成农村文化信息资源共享工程的基层服务点。

（五）着眼于落实“以工补农、以城带乡”方针政策，着力加强文明生态村帮建工作。要按照工业反哺农业、城市支持农村的方针，把帮建工作纳入帮建单位领导班子、领导干部考核目标，切实落实“五帮”要求。推动各级帮建单位把帮建落脚点放到发展农村经济和提高农民群众增收致富本领上，重点是帮助谋划、引进项目。要开辟帮建工作新思路、新办法，落实好全省统一组织的“八个百”工程，重点开展好百种图书送农村、百台大戏下农村、百个局办帮农村、百名专家兴农村、百家企业服务农村、百个强镇带农村、百个“村民中心”服务农村、百种房屋设计方案送农村活动，努力形成全社会支持参与创建的工作格局。要加强对第三批帮建单位的调度和督导，保证以城带乡、反哺农村政策的贯彻落实。

（六）着眼于培育新型农民和促进乡风文明，积极推进农村精神文明建设。要围绕培育新农民，突出抓好发展新文化、树立新乡风、建设新环境。抓好农村文化建设，通过开展“百万农民进课堂”活动、文化墙建设、读书活动和各种文体活动，丰富广大农民群众的精神文化生活。加大农民培训力度，通过“支部书记进课堂、致富党员上讲台、农村妇女学科技”等活动，提高农民综合素质。举办农村党支部书记培训示范班，指导各县区开展致富党员、农村妇女等培训活动。首批、二批、三批创建村的培训率要达到100%以上，计划外村要达到80%以上。要认真组织“十星级”文明农户评比，推进群众移风易俗自治组织建设，组织开展好村民、好儿媳、好公婆评选和文明农家乐旅馆、饭店评选，促进乡风文明。在全市农村广泛开展生态文化、整洁环境、卫生厕所、清洁能源、绿色用品“五进农家”活动，改善人居环境。

四、突出重点，培育亮点，切实加强和改进未成年人思想道德建设工作

进一步贯彻落实《秦皇岛市关于加强和改进未成年人思想道德建设工作的意见》，继续坚持和完善联席会议制度，强化学校、家庭、社会三位一体工作网络，不断创新工作思路和方法，设计独具特色、富有实效的载体，带动整体工作上水平、出亮点。

（一）以发展校园文化为切入点，推动德育教育的创新和丰富。优化校园环境，利用雕塑、标语、画廊、草坪和花木，打造校园人文景观，营建优美和谐校园。总结提炼和培育校园精神，并通过校徽、校歌、校刊、校树、校花等载体加以体现，增强学校的凝聚力和向心力。依托校园广播台、文艺活动室、网络中心、图书室等活动场所，开展丰富多彩的校园文化活动，让每一名学生都融入学校的团队活动。完善德育教育课程体系，建立健全符合素质教育要求的学生综合素质和学校教育质量考核评价体系。加强校园德育队伍建设，继续评选优秀德育教师和优秀法制副校长。年内总结推广一批校园德育建设的先进典型。

（二）以家长学校为主要载体，扩大家庭教育覆盖面。要在各中小学和社区普及家长学校，建立健全由妇联干部、学校教师、社区工作人员和志愿者组成的家长学校教师队伍。进一步规范和完善家长学校的管理，加大培训力度，充分发挥作用。加强家庭教育网站建设、管理和使用，积极发挥电视家长学校、网络家长学校等现代传媒作用。通过举办家庭教育报告会、开展家庭教育骨干培训等活动，帮助家长掌握科学的教育知识和方法。组织开展家庭教育现状调查，研究制定新形势下家庭教育的新方法、新举措。

（三）以环境整治为突破口，营造有利于未成年人健康成长的良好社会氛围。落实中央、省、市关于加强网络文化建设和管理的相关要求，在不良文化环境整治中，要把网吧、网络、网游作为工作重点。开展好“扫黄打非”和网吧、歌舞娱乐场所整治工作，抓好校园周边环境治理。深化“创文明网吧、做文明业主”活动，年内推出一批市级文明网吧和文明业主典型。抓好社区绿色网吧建设试点工作，制订《绿色网吧管理制度》，为未成年人提供健康有益的绿色上网空间。建立健全由少先队辅导员、“五老”队伍、义务网吧监督员等组成的一支专兼职相结合的社区教育工作队伍。协调新闻媒体制作一批未成年人思想道德建设公益广告。协调有关部门成立少儿文艺作品专兼职创作队伍，积极推进我市少儿文艺的创新和繁荣。大力推进农村电影放映工程，开展“百部图书送百村”活动，着力解决和丰富农村未成年人的课余文化生活。探索加强“留守儿童”、“流浪儿童”教育和管理办法，制定完善进城务工人员子女就地入学的具体措施，总结推广“留守儿童之家”、农村寄宿学校、委托监护人、结对帮扶等成功做法，努力解决特殊群体儿童的教育问题。

（四）以社区和农村为重点，抓好未成年人校外活动场所的建设和管理。认真贯彻落实中央文明委《关于加强和改进未成年人校外活动场所建设和管理工作的意见》，从坚持公益性原则、落实免费开放、完善基础设施、实现校馆衔接入手，切实加强校外活动场所的建设、管理和使用。督促落实已立项的市青少年宫和正在建设的文化广场早日达到使用要求，加强各县区新建、改建的未成年人校外活动场所的管理和规范。全面落实建设部、民政部关于新建社区配套建立未成年人活动场所的要求。协调有关部门，在全市建设一批科普教育体验基地。加强农村未成年人校外活动场所建设，在完成首批8个市级和27个县区级试点村村民中心未成年人校外活动场所建设的基础上，年内市级示范村都要完成未成年人校外活动场所建设工作并确保投入使用。

（五）以“知家乡、爱家乡、建家乡”为主题，开展丰富多彩的社会实践活动。以“知家乡、爱家乡、建家乡”为主题，组织开展爱家乡、爱社会、爱学习、爱环境、爱自然、爱他人系列活动，切实加强未成年人思想道德教育。结合迎奥运和争创全国文明城市活动，通过编制《我的家乡秦皇岛》乡土教材，组织“创建文明城市从我做起”演讲比赛和有奖征文活动、“我是迎创小主人，我为迎创作贡献”歌咏活动、“小手拉大手，共创文明城”社会实践活动等，引导未成年人热爱家乡、关注家乡。在此基础上，充分利用节假日和课余时间，依托社区、农村校外活动场所和各类教育基地，组织开展道德、科技、劳动、文体“四个实践”主题教育活动，通过科普、体育、读书、网络、文艺和公益服务活动，丰富未成年人的校外生活。深化“少年小虎子”活动，强化宣传推介力度，打出我市特色品牌。

（六）以健全和完善工作机制为核心，形成未成年人思想道德建设的强大合力。建立和完善统筹协调机制，定期召开联席会、协调会、专题研讨会和座谈会，确保工作部署的贯彻落实。建立和完善目标导向机制，在工作部署和精神文明各项创建活动中，都要突出育人目标，并把未成年人思想道德建设工作的成效作为重要考核内容。建立和完善投入保障机制，各级财政未成年人思想道德建设专项资金要随着财政收入的增长而增长，没有专项资金的县区要从今年起列入财政预算。建立和完善督促检查机制，各级文明委和各相关部门都要定期汇报未成年人思想道德建设工作开展情况，并加强对本级和本部门工作的督促检查。

供稿：秦皇岛市文明办

秦皇岛市精神文明建设委员会

关于开展“同迎奥足赛、共创文明城”道德教育实践“十二个一”活动的实施方案（摘要）

（2007年3月5日）

一、活动内容

以畅通行动、优雅行动、新风行动为重点，组织开展道德教育实践“十二个一”活动。

（一）开展畅通行动，塑造良好的交通秩序。

1．文明行车。继续开展“五进”活动，广泛宣传交通法和交通安全常识;逐个单位签订交通安全责任状，宣传推广“驾驶员行为规范”；加大对交通违法行为的处罚力度，使机动车违章率符合《全国文明城市测评体系》的标准。此项工作由市交警支队负责落实。

2．文明停车。科学设置安装各类交通标志，从源头解决公交车、出租车停车占路问题；强化停车秩序整治，使各种车辆停靠整齐、摆放有序。此项工作由市交警支队、市公用局、市交通局等单位负责落实。

3．文明乘车。分期分批对公交车司乘人员进行培训，不断强化其当好文明乘车监督员和宣传员的责任意识;继续开展“文明乘车、爱心让座”活动，使排队候车、文明礼让蔚然成风。此项工作由市公用局负责落实。

4．文明走路。增设必要的人行横道及信号灯等设施；组织“我最讨厌的十大行人交通陋习”评选和不文明走路行为DV抓拍大赛，加大对行人不文明交通行为的教育处罚力度，使“文明走路光荣、不文明走路可耻”成为社会风尚。此项工作由市交警支队负责落实。

（二）开展优雅行动，塑造良好的文化品位。

5．文明待客。完善“党政机关公务人员行为规范”，开展公务礼仪培训；印发《日常接待实用英语》手册，推行文明用语“双语化”，使政务环境得到进一步的优化。此项工作由市直机关工委负责落实。

6．文明游园。为游客提供更加便捷的服务，减少其做出不文明行为的可能性；搞好对导游员和景区工作人员的培训，使其能及时发现并纠正游客的不文明游园行为；大力宣传《旅游文明行为公约》，使文明游园意识深入人心。此项工作由市旅游局负责落实。

7．文明观演。演出场所悬挂、张贴“文明观演”宣传标语和《文明观众行为规范》，配备1至2名“文明督导员”，随时纠正观演中的不文明行为，使观演秩序得到明显改善。此项工作由市文化局负责落实。

8．文明观赛。邀请体育专家举行奥运知识和观赛礼仪“公益大讲堂”，切实提高广大市民的观赛水平；在各类比赛中，以发放“观赛指南”、志愿者宣讲观赛礼仪等形式引导观众文明观赛；开展“垃圾不落地、文明在手中；口不吐国骂、文明在嘴边”宣传教育活动，使奥运赛场成为展示文明风尚的舞台。此项工作由市体育局负责落实。

（三）开展新风行动，塑造良好的民俗风尚。

9．文明祭扫。疏堵结合，积极推广献花、植树、写祭文、网络拜祭、召开家庭追思会等文明祭扫方式，并通过行政手段和法律手段禁售烧纸和禁绝沿街烧纸行为，使文明祭扫成为港城新时尚。此项工作由市城管局、市民政局、市工商局等部门负责落实。

10. 文明就餐。指导餐饮行业积极设置和推行小份菜碟，主动提醒客人理性消费，适量点餐、剩菜打包、文明饮酒；餐饮门店悬挂、张贴倡导文明用餐的标语和宣传画，使节约消费、文明就餐成为港城新名片。此项工作由市商务局、市烹饪协会等部门负责落实。

11. 文明购物。宣传推广文明购物“行为规范”，引导市民群众自尊自爱，杜绝带宠物进入商场、在百货区吃东西、吸烟、光膀子逛商场等不文明购物行为，使购物环境日益改善。此项工作由市消费者协会负责落实。

12. 文明养犬。严厉查处违规养犬行为，做好收容安置流浪犬工作；设置“禁止遛犬”警示牌，提醒警示携犬人员遵守公共道德；加强日常管理，使防疫和监管要求得到有效落实。此项工作由市公安局负责落实。

二、实施步骤

紧紧围绕奥运会倒计时500天、一周年、100天以及“全国文明城市”迎检等重要时段，组织开展形式多样、群众广泛参与、社会影响力大的道德教育实践活动，充分体现“同迎奥足赛、共创文明城”的主题，前后连贯、高潮迭起。大体分为四个阶段进行：

第一阶段制定方案、部署动员。2007年3月底前，各县区、各责任单位要根据开展“同迎奥足赛、共创文明城”道德教育实践“十二个一”活动的要求，及早制定具体实施方案，提出明确工作措施，做好部署动员，做到家喻户晓、深入人心。

第二阶段全面展开、积极推进。从2007年4月初开始至8月底，各县区、各有关单位要全面启动“同迎奥足赛、共创文明城”道德教育实践“十二个一”活动，以人为本精心设计活动载体，积极推进各项活动向深度和广度拓展。市文明委组织文明指数测试和文明城区竞赛检查考核，筹备迎接“全国文明城市”初评检查。

第三阶段集中力量、形成高潮。从2007年9月开始至2008年9月，要把全社会力量动员起来，统一步调，集中行动，以一流的精神风貌、一流的社会风尚、一流的文化氛围迎接四海宾客，为办好奥运赛事和创建全国文明城市增光添彩。

第四阶段总结经验、巩固成果。2008年年底前，认真总结经验，评比表彰先进，形成长效工作机制，把取得的成果巩固下来，把良好的态势保持下去，推动我市精神文明建设深入持续发展。

供稿：秦皇岛市文明办

秦皇岛市精神文明建设委员会

关于“文明港城、和谐港城”创建活动的实施方案（摘要）

（2007年4月10日）

为落实中央和省文明委关于以讲文明、促和谐为主题广泛开展群众性创建活动的部署，市文明委决定，在全市城乡、各行各业组织开展“文明港城、和谐港城”创建活动。现制定如下实施方案：

1. 在农村，引导人们争做新型农民，推动创建文明生态村活动开创新局面。按照“产业强村、文化兴村、生态建村、民主治村”的要求，侧重“文明、生态”，着力改善人居环境、提高农民素质、促进经济发展，不断把文明生态村创建活动推向深度和广度。着眼于农村经济发展和促进农民增收，大力推进农村项目建设。着眼于巩固创建成果和扩大创建覆盖面，认真组织第二次创建文明生态村冬春行动。着眼于提升创建水平和打造创建品牌，扎实推进第三批文明生态村创建。着眼于完善服务设施和发挥服务功能，切实加大“村民中心”建设力度。着眼于落实“以工补农、以城带乡”方针政策，着力加强文明生态村帮建工作。重点围绕培育新型农民，突出抓好发展新文化、树立新乡风、建设新环境。广泛开展“百万农民进课堂”活动、文化墙建设、读书活动和各种文体活动，丰富广大农民群众的精神文化生活。加大农民培训力度，通过“支部书记进课堂、致富党员上讲台、农村妇女学科技”等活动，提高农民综合素质。认真组织“十星级”文明农户评比，推进群众移风易俗自治组织建设，组织开展好村民、好儿媳、好公婆评选和文明农家乐旅馆、饭店评选，促进乡风文明。在全市农村广泛开展生态文化、整洁环境、卫生厕所、清洁能源、绿色用品“五进农家”活动，改善人居环境。

2．在城市，引导人们争做文明市民，推动创建文明城市活动掀起新热潮。把提升市民文明素质作为迎奥运和争创全国文明城市的核心环节来抓，运用多种形式的精神文明创建载体，广泛开展和谐社区、和谐校园、和谐家庭、和谐单位等创建活动，为2008年争创全国文明城市奠定坚实基础。抓住迎奥运契机，深入开展“迎奥运、讲文明、树新风”活动，组织“我为奥运做什么”大讨论，打造“新港城、新奥运”人文奥运品牌，动员全市上下积极参与到迎奥运活动中来。广泛开展“文明十二个一”活动，增强文明意识，提高文明素质，培养文明习惯。一是文明出行包括文明走路、文明行车、文明停车、文明乘车。加大对不文明交通行为的教育、处罚力度，深化拓展“文明乘车、爱心让座”活动内涵；二是文明迎奥运包括文明待客、文明游园、文明观演、文明观赛。倡导市民诚实守信，礼貌待客，维护景观秩序，宣传观演常识，倡导赛场文明，禁止“国骂”，树立良好国民形象；三是移风易俗包括文明就餐、文明养犬、文明购物、文明祭扫。杜绝公款吃喝和铺张浪费，倡导文明饮酒，引导市民自尊自爱、文明购物，对市民养犬做到监管有力、防疫及时，倡导文明祭祀新风。通过组织“文明十二个一”系列实践日，开展文明指数测评，评比表彰公民道德实践活动先进集体和先进个人，推动活动的深入开展。深化文明和谐社区创建活动，充分利用社区文化阵地，组织开展“爱我社区”周末联谊活动，通过文艺联欢、体育健身和恳谈交流等促建新型社区关系。大力培育和弘扬新时期秦皇岛人文精神，引导广大市民积极参与秦皇岛人文精神践行活动，广泛开展“我为创城献一计”活动，继续开展月评“感动秦皇岛十件文明事”和年评“十大文明秦皇岛人标兵”等活动。广泛开展营造城市森林大型公益活动，引导人们树立关心生态、保护环境的公德意识，组织动员社会各界踊跃参与植树造林公益活动，建设生态秦皇岛。以促进人的全面发展为目标实施全民读书工程，广泛开展“百万市民进课堂”培训活动，进一步宣传贯彻《公民道德建设实施纲要》，修订《文明秦皇岛人行为规范》，进一步抓好市民教育。重点开展“双学、双守、双做”教育实践活动，在全体党员尤其是党员干部中开展“学党章、守党规、做合格好党员”活动，在全市公民尤其是干部、工人、学生中开展“学宪法、守法律、做合格好公民”活动，切实提高党员干部和公民的整体素质。举办“全民读书月”活动，开展“我最喜爱的一本书”和“书香家庭”、“书香社区”、“书香连队”评选活动，营造全民学习、终身学习的良好氛围。围绕《秦皇岛市争创全国文明城市工作规划》目标要求，按照“七加强七优化”落实各项创建任务，重点加强创建文明城市机制建设。今年，省文明委将成立省文明城市初评委员会，对各市新一轮创建工作情况进行评议，评议结果按照40%分值计入2008年总评，我市要及早动手，做好迎接初评的各项准备工作。

3．在企业，引导人们做守信经营者，推动创建和谐企业活动迈出新步伐。围绕“诚信秦皇岛”建设，突出抓好政府、企业、个人诚信建设。以政府信用、企业信用、个人信用为主体，实现工商、税务、公安、质监、海关、银行等部门各自的企业信用信息数据库间的宽带互联，全面开通“12315”网络，加大对商业失信行为的惩戒力度，坚决纠正偷逃漏税等违法行为，营造公平有序的市场经济秩序。在各行业开展“职工诚信示范岗”、“诚信民间组织”、“擦亮迎奥窗口，争做诚信使者”、“导游文明形象大使”、“诚信私营企业”、“诚信工商户”、“文明经营示范市场”、建立“诚信联盟”等诚信活动，引导这些行业树立“以德经营、诚信立业、文明生财”的经营观念。突出抓好涉农服务、食品供应、房产家装、商业零售行业的教育活动，开展“百城万店无假货示范街”活动和“诚实守信、奉献社会”活动，引导企业经营者和职工自觉抵制制假售假、价格欺诈、商业贿赂等违背职业道德的行为。组织新闻单位宣传诚信先进事迹，鞭挞失信行为和现象。

4．在机关，引导人们争做文明公务员，推动“创服务品牌、树港城形象”活动拓展新领域。针对行政效率低下等突出问题，在全市广泛开展“创服务品牌、树港城形象”活动，在创建服务品牌上实现新突破。围绕率先建设沿海经济社会发展强市的奋斗目标，在全市政府系统全面实施转变职能、规范审批、政务公开、依法行政、效能监督“五项工程”，创建学习型、创新型、务实型、服务型“四型机关”，大力推行“政府行政流程再造”，力争年内有50%以上的行政机关创立“政务服务品牌”，实现“三快一提高”（快办理、快审批、快落实，提高办事效率）的目标。在服务行业做大做强供水“晓静亲情无限”、电力“红马甲爱心永恒”、公交“巾帼标准线”等品牌。在各城区积极培树、打造便民服务型社区、绿色环保型社区、廉政文化型社区等基层服务品牌，凸显文明港城新亮点。

5．在中小学校，引导未成年人争做文明学生，深化未成年人思想道德教育。坚持全员育人、全程育人、全方位育人，以发展校园文化为切入点，着力打造文明和谐校园，推动学校德育教育的创新和丰富。优化校园环境，利用雕塑、标语、画廊、草坪和花木，打造校园人文景观，营建优美和谐校园。总结提炼和培育校园精神，并通过校徽、校歌、校刊、校树、校花等载体加以体现，增强学校的凝聚力和向心力。依托校园广播台、文艺活动室、网络中心、图书室等活动场所，开展丰富多彩的校园文化活动，让每一名学生都融入学校的团队活动。完善德育教育课程体系，建立健全符合素质教育要求的学生综合素质和学校教育质量考核评价体系。积极开展丰富多彩的社会实践活动，以“知家乡、爱家乡、建家乡”为主题，结合迎奥运和争创全国文明城市活动，组织“创建文明城市从我做起”演讲比赛和有奖征文活动、“我是迎创小主人，我为迎创作贡献”歌咏活动、“小手拉大手，共创文明城”等社会实践活动，深化“少年小虎子”品牌活动，促进未成年人思想道德素质的提高。

6．在全社会，引导人们做争热心友善好公民，营建温馨秦皇岛。突出思想教育内涵，通过开展“帮一帮、让一让”体验活动，组织“千家文明单位服务千村”送温暖活动，深化“用爱心托起明天的太阳”文明单位助学等活动，依托重大纪念日和民族传统节日举行主题教育活动，推动形成良好社会风尚和人际关系。深化“雷锋精神伴我行”活动，通过召开“雷锋精神延续在港城”事迹报告会和组织集中服务日，开展多种形式的爱心服务活动，把学雷锋活动融入和谐创建贯穿全年。特别关注进城务工人员、城乡贫困人群、残疾人等困难群体和零就业家庭就业、大学毕业生就业、贫困家庭子女入学、就医等社会热点，帮助群众排忧解难。把促进人的心理和谐作为创建活动的重要内容，积极塑造自尊自信、理性平和、积极向上的社会心态。进一步建立健全志愿者组织，成立协调青年志愿者、公务员志愿者、夕阳红志愿者、巾帼志愿者、社区志愿者活动的全市志愿者指导委员会，大力开展城乡志愿服务活动，努力形成人人参与和谐创建的生动格局

供稿：秦皇岛市文明办

秦皇岛市精神文明建设委员会

关于做好全市未成年人思想道德建设“回头看”工作的实施方案（摘要）

（2007年4月24日）

为贯彻落实中央[2004]8号和冀发[2004]21号文件，深化未成年人思想道德教育工作，进一步巩固我市未成年人思想道德建设工作成果，推动各项整改措施的落实，迎接省文明委对我市未成年人思想道德建设“回头看”工作的督导检查，特制定未成年人思想道德建设“回头看”工作实施方案如下：

一、主要内容

（一）加强学校德育工作情况

1．建立健全符合素质教育要求的学生综合素质和学校教育质量考核评价体系，营造全面推进素质教育的社会环境和氛围情况；加强中小学班主任和德育师资队伍建设，解决德育教师和班主任的专业技术职务评聘及班主任津贴标准等问题的情况。

责任单位：市教育局

2．积极探索实践教学和学生参加社会实践、社区服务的有效机制，建立科学的学生思想道德行为综合考评制度的情况。

责任单位：市教育局、团市委、市妇联、市民政局

3．拓宽素质教育的思路，积极开展各种富有趣味性的课外文化体育活动、怡情益智课余兴趣小组活动和力所能及的公益性劳动，培养劳动观念和创新意识，丰富课外生活的情况。

责任单位：市教育局、市文化局、市体育局、市科技局、市科协、团市委、市妇联

4．编印具有地方特色的德育教材，开设专门的心理和生理健康教育课程，普及文明礼仪课的情况。

责任单位：市教育局

5．减轻中小学生课业负担等方面新措施的情况。

责任单位：市教育局

6．是否设立了学校德育专项经费。

责任单位：市教育局

（二）重视和发展家庭教育情况

1．市级家庭教育指导中心队伍建设和工作开展情况；学校家长学校、社区家长学校、网络家长学校队伍建设和工作开展情况。

责任单位：市妇联、市教育局、市民政局、市关工委

2．“百万家长育英才”和“阳光暖童心、爱心妈妈助成长”等家庭教育活动开展情况。

责任单位：市妇联

3．发挥各类家庭教育学术团体的作用，积极开展家庭教育科学研究情况；举办大型家庭教育讲座情况。

责任单位：市妇联

4．社区未成年人教育队伍、团队组织建设情况；选派专职社区教师，社区少工委建立情况。

责任单位：市民政局、市妇联、团市委

（三）强力净化社会文化环境情况

1．中小学校校园周边200米内不得开办网吧、电子游戏、歌舞娱乐、棋牌、台球等场所的规定落实及成效情况。

责任单位：市文化局、市公安局、市工商局

2．禁止未成年人进入网吧、电子游戏厅、营业性歌舞厅、酒吧、夜总会等文化娱乐场所采取的有效手段和方法，收到的成效情况。

责任单位：市文化局、市公安局、市工商局、市文明办、市教育局

3．危害未成年人身心健康的有害信息；清理淫秽口袋书、黄色卡通画、粗口歌、暴力游戏软件和恐怖、流氓玩具的情况。

责任单位：市文化局、市公安局、市工商局

（四）为未成年人提供优秀文化产品和优质文化服务情况

1．制作出版少儿图书、歌曲和音像制品以及少儿文艺队伍建设方面的举措，工作成效情况。

责任单位：市文化局、市新闻出版局、市工商局

2．各级爱国主义教育基地和公益性文化设施免费对未成年人开放，改进展览内容和展示手段，增强对未成年人吸引力方面所采取的措施情况。

责任单位：市文化局、市民政局、市科协、市妇联、团市委

3．公益性文化设施被挤占、挪用、租借的情况，建筑物上放置与场馆内容无关的商业性广告情况。

责任单位：市文化局、市民政局、市科协、市妇联、团市委

4．建立面向未成年人的公益性上网服务场所，向未成年人免费开放，鼓励和引导中小学生健康文明上网情况。

责任单位：市文化局、市教育局、团市委

5．坚持正确的导向，严格广播节目的审查标准，少儿频道落地，继续净化荧屏声频情况。

责任单位：市广电局

（五）未成年人活动场所的建设、管理和使用情况

1．市、县两级把未成年人活动场所建设纳入当地国民经济和社会事业发展的总体规划，对场所的建设和运行所需的资金落实情况。

责任单位：市发改委、市建设局、市规划局、市财政局

2．建设部、民政部关于新建社区配套建设未成年人活动场所具体规划和实际措施落实情况。

责任单位：市建设局、市规划局、市财政局

3．市、县两级青少年宫、少年宫、青少年学生活动中心、儿童活动中心、科技馆等校外活动场所，开展公共服务和普及性活动，特色品牌活动情况。

责任单位：团市委、市教育局、市妇联、市科协

（六）加强和改进农村及特殊群体未成年人思想道德建设情况

1．加强农村文化执法队伍建设，积极有效地管理农村文化市场情况。

责任单位：市文化局、市广电局

2．加强特殊群体未成年人的教育和管理，开展专项调研，加强“留守儿童”、“乞讨儿童”、服刑人员未成年人子女教育和管理，进一步解决农民工子女就地入学的具体措施和办法，对操纵流浪儿童乞讨牟利和教唆流浪儿童犯罪行为进行严厉打击情况。

责任单位：市教育局、市公安局、市民政局、团市委、市妇联

3．农村“留守儿童”思想道德建设方面的新思路、新举措；流浪儿童救助保护机构建设和工作情况；单亲家庭、困难家庭、流动人口家庭的未成年人子女教育情况。

责任单位：市民政局、市妇联、市教育局

4．农村离校返乡的未成年人和辍学学生的教育管理情况。

责任单位：市妇联、市关工委

（七）未成年人思想道德建设的领导体制和工作机制建设情况

1．三年来，县区委专门研究未成年人思想道德建设工作情况，县区主要领导对这项工作的重要批示。

责任单位：县区文明办

2．“五句话”领导体制和工作机制落实情况，各县区级设立专门的未成年人思想道德教育工作机构，人员编制和经费落实情况。

责任单位：县区文明办

3．各县区级建立由相关部门参加的未成年人思想道德建设联席会议制度，办好事、办实事情况。

责任单位：县区文明办

4．构建学校、家庭、社会“三位一体”教育网络的举措和成型的经验情况。

责任单位：县区文明办

5．加强“五老”队伍建设，发挥“五老”队伍在未成年人思想道德建设中作用的新举措和工作成效情况。

责任单位：市关工委

二、督查方法

（一）听汇报。听取各县区文明委和市直主

要责任部门关于三年来加强和改进未成年人思想道德建设工作总体情况汇报（包括主要做法、工作成效、存在问题和原因及下一步改进措施等）。

（二）实地查看。按照督导检查内容，首先查看各县区未成年人思想道德建设的文件资料（包括文件、会议记录、工作简报、制度规划等）；然后，采取随机抽样的方式，实地查看部分县区的学校、社区、家庭教育机构、未成年人活动场所和网吧等文化娱乐场所。

（三）交换意见。对于督导检查中发现的问题，由督导检查组向县区文明委和市直有关责任部门反映，并提出整改建议。

三、工作步骤

（一）自查阶段。自下发通知之日起，各县区和市直有关责任单位要迅速展开未成年人思想道德建设"回头看"工作，按照市文明办"回头看"工作实施方案，着力查找问题，制定整改方案，限期进行整改。各县区和市直有关责任单位务于5月15日前将自查报告报市文明办未成年人教育科。

（二）督导检查阶段。在各县区、市直有关责任单位自查的基础上，自5月中旬开始，市未成年人思想道德建设工作督导检查组将赴各县区进行督导检查。

（三）总结阶段。整个督导检查工作结束后，由市文明办汇总整理，形成全市未成年人思想道德建设"回头看"工作情况报告，上报市文明委领导和省文明办，为省检查组来秦检查做好充分准备。

供稿：秦皇岛市文明办

秦皇岛市精神文明建设委员会

关于成立全市社会志愿服务指导委员会进一步加强社会志愿服务的通知（摘要）

（2007年7月5日）

一、全市社会志愿服务指导委员会的机构性质和主要职责。全市社会志愿服务指导委员会是整合全市社会志愿服务资源，推动社会志愿服务事业全民化、社会化的组织协调机构。委员会主任由市委常委、宣传部长、市文明委副主任时晓峰担任，副主任由市文明办主任、市直机关工委常务副书记、市人事局局长、市民政局局长、团市委书记、市妇联主席、市残联理事长担任，市直各有关单位主管领导任委员会委员（具体名单附后）。其主要职责是：制定社会志愿服务活动发展规划，部署阶段性社会志愿服务工作；指导各类志愿者组织的工作，协调各类志愿者组织的活动；总结推广社会志愿服务经验，宣传表彰社会志愿服务中的先进典型和个人等。

二、要把社会志愿服务作为构建"文明港城、和谐港城"的一项重要工作来抓。前不久，市文明委启动的"文明港城、和谐港城"创建活动，是我们贯彻落实党的十六届六中全会和省第七次党代会精神，在我市推进和谐文化建设，构建社会主义和谐社会，为建设沿海经济社会发展强市提供强有力的精神动力和道德支撑的一个重要举措。搞好社会志愿服务活动，对于深入推进"文明港城、和谐港城"创建有着十分重要的意义。志愿者所倡导的"奉献、友爱、互助、进步"精神，体现了人与人之间的相互关爱、人与社会之间的相互融洽，广泛开展社会志愿服务活动，为那些有志于服务人民、奉献社会的有识之士提供广阔的平台，必将为共建"文明港城、和谐港城"汇聚起一支强大的社会力量，对于树立文明向上的社会道德风尚、建立团结友善的和谐人际关系，必将产生积极的带动作用。

三、要进一步提高我市的社会志愿服务工作水平。社会志愿服务指导委员会的成立，标志着我市社会志愿服务进入一个新的发展阶段，跨入一个新的起点，要积极探索，锐意创新。一要拓宽服务领域。围绕更好更快发展、构建"和谐秦皇岛"两大主要任务和建设沿海经济社会发展强市的奋斗目标，扣紧“相互关爱、服务社会”这个主题，从“政府所急、群众所需和志愿者所能”的事情入手，不断扩展志愿服务的社会覆盖面，推动志愿服务在助残帮困、救灾赈灾、支教助学、科学普及、社会公益等各个领域展开，延伸到社会生活的方方面面，做到哪里有需要，哪里就有志愿者。二要打造服务品牌。对已经开展的助残行动、扶助下岗职工、助学工程、光彩事业等，进行筛选、整合、完善、提升，打造一批我市的志愿服务品牌。同时，要精心谋划形式多样的新型服务项目，做到既有具体的内容，又有便于操作的形式，形成新的亮点。三要创新工作方式。要引入科技手段，借助互联网开展网上招募志愿者、网络咨询服务、网上救助等，为社会志愿服务的广泛开展开辟新的渠道。要探索建立激励机制，通过“功德录”、“道德银行”、“为奉献者奉献”等形式，使志愿者得到社会尊重和回报，进一步激发人们参与志愿服务的热情。要学会用民主的方式加以推进，总结和借鉴在群众性精神文明创建活动中形成的民主参与、大家协商、自我管理等好经验、好做法，并运用到社会志愿服务活动中去，吸引和动员城乡群众广泛参与，使社会志愿服务活动生动活泼、广泛深入地开展起来。

四、要推动社会志愿服务工作持续健康发展。社会志愿服务工作，是一项崇高的事业。各级党委、政府要切实关心、大力支持社会志愿服务工作，将其摆上重要工作日程，纳入本地本部门经济社会发展的总体规划，为这项工作的开展创造有利条件。市社会志愿服务指导委员会要按照《河北省各级社会志愿服务指导委员会工作条例（试行）》的各项规定，迅速展开工作；委员会的每个成员和成员单位，要认真履行职责，落实工作任务。各县区都要参照市里的做法，尽快成立县区一级社会志愿服务指导委员会。各类志愿者主管部门要加强志愿者队伍建设，各级团组织要指导青年志愿者进一步发挥主力军作用，市直机关工委、人事局、妇联、民政、老龄委等部门，要尽快建立和完善公务员志愿者、巾帼志愿者、社区志愿者、夕阳红志愿者等组织指导机构，把各界群众广泛地组织到社会志愿服务活动中来，在全市形成健全的社会志愿服务工作体系。

供稿：秦皇岛市文明办

秦皇岛市精神文明建设委员会

关于做好2006～2007年度市级文明单位、市级文明单位标兵推荐工作的通知（摘要）

（2007年11月5日）

一、推荐标准

（一）“市级文明单位”要符合《秦皇岛市文明单位管理办法》第二章第七条第一款规定的八项标准。

（二）“市级文明单位标兵”要符合《秦皇岛市文明单位管理办法》第二章第七条第二款规定的标准。即：

1．符合文明单位的各项标准。

2．连续获得两届以上“市级文明单位”称号。

3．年度考核领导班子实绩突出。

4．在全市公益性活动中作出较大贡献。

5．在当年度符合上述条件的“市级文明单位”候选单位中择优选拔。数额占当年度“市级文明单位”的30%左右。

（三）凡有下列问题之一的单位一律不得推荐：

1．与“法轮功”邪教组织斗争不力和有非法宗教活动的单位。

2．不积极参加各种公益活动的单位。

3．违反计划生育政策的单位。

4．群众集体上访并造成恶劣影响的单位。

5．环境卫生脏乱的单位。

5．发生重大刑事案件以及涉及有关安全生产一票否决的重大事故和问题的单位。

5．单位班子成员触犯了党纪国法，受到严肃处理或正在审查之中的单位。

5．没有完成环境保护任务和污染物排放不达标、超过国家规定标准的单位。

9．偷、漏税或拖欠社会统筹费用的单位。

二、安排步骤

1．2007年11月底前，以县区、工委为单位进行初评、推荐，并组织各被推荐单位打印简要事迹材料，填写文明单位申报表（样表见附件，自行打印），将推荐名单和相关材料统一报市文明办。市直各工委机关、五大院校、四大企业、军分区要求参加市级文明单位推荐、评选的，要直接向市文明办申报。

2．2007年12月底前，市文明办负责对推荐单位进行抽查考核，根据考核结果择优产生2006～2007年度市级文明单位和市级文明单位标兵候选名单。

3．2008年1月10日前，市文明办协调新闻单位公示市级文明单位、市级文明单位标兵候选名单，接受社会广泛监督。

4．2008年1月底，市文明办负责将本年度市级文明单位和市级文明单位标兵推荐名单报市文明委审批。然后，以市委、市政府的名义对获得市级文明单位、市级文明单位标兵的单位进行命名表彰。

三、几点要求

1．严格履行评选程序。按照《秦皇岛市文明单位管理办法》第四章有关规定进行评选。

2．保证质量，限制数量，落实动态管理。原则上按上一年度市级文明单位及文明单位标兵表彰的名额进行推荐；工作停滞不前、无新起色的原文明单位和标兵单位不再推荐，淘汰率不低于20%。

3．充分体现群众性和广泛性。这次评比要向基层企事业单位倾斜，要注意推荐符合条件的新经济组织和民营企业，适当减少党政机关和执法部门所占比例。

4．按时推荐上报。各县区、各工委和有关单位要根据本通知要求，于11月底前将初评名单、报表、事迹材料、工作报告报市文明办。

供稿：秦皇岛市文明办

秦皇岛市精神文明建设委员会

秦皇岛市迎奥运全民素质提升工程实施方案（摘要）

（2007年12月14日）

良好的市民素质是我市成功承办北京奥运赛事和争创全国文明城市的重要前提和有力保障。为进一步提升全民素质，根据市委、市政府关于实施“扮靓秦皇岛，盛装迎奥运”双十工程的总体安排部署，现就在全市范围内实施迎奥运全民素质提升工程制定方案如下：

一、主要任务

1．育人行动——开展“百万市民进课堂”活动。以创建文明城市为平台，以市民群众为主体，依托社区市民学校等教育资源，深入开展“百万市民进课堂”活动。建立和完善市、区、街道、社区四级学习网络，出台加强社区师资队伍建设的相关规定，编印《市民教育读本》，以宣传党的十七大精神、社会主义核心价值体系和普及科学文化知识为重点，抓好对市民群众的轮训和培训，坚定理想信念，提高市民思想道德素质和科学文化素质。扎实深入推进文明单位、文明家庭、文明和谐社区和学习型组织创建活动。

2．新风行动——开展“十二个一”道德教育实践活动。继续开展文明行车、文明停车、文明乘车、文明走路、文明待客、文明游园、文明观演、文明观赛、文明祭扫、文明就餐、文明购物、文明养犬道德教育实践活动，通过组织“排队宣传日”、“有奖爱心让座”、“小手拉大手、文明路上走”征文演讲等多种形式，规范市民行为养成，培育遵守秩序、讲究礼仪、热情好客、言行优雅的文明新风。

3．普及行动——开展文明礼仪“十百千万”培训活动。在全市评选“十大文明礼仪形象大使”，开展“百场文明礼仪宣讲演示”，组织“千场文明礼仪培训讲座”，评出万名“文明礼仪之星”。举办“人文奥运和谐港城”征文大赛，编印“奥林匹克知识读本”和“奥林匹克项目规则和礼仪知识读本”，普及奥林匹克知识，宣传奥运会比赛项目和竞赛规则、比赛看点和观赛礼仪，培养热情、懂行、文明的观众队伍。

4．阳光行动——开展“创服务品牌、树港城形象”竞赛活动。以职业道德教育为抓手，在各级党政机关组织实施转变职能、规范审批、政务公开、依法行政、效能监督“五项工程”，创建学习型、创新型、务实型、服务型“四型机关”，大力推行“政府行政流程再造”，不断增强责任意识和机遇意识，提高服务质量和服务效率，创建更多“政务品牌”。

5．微笑行动——开展“双百服务竞赛”活动。以窗口单位、服务行业为重点，搭建各种平台，利用举办服务技能大比武、擂台赛、观摩赛等形式，练绝活，增技能，评选“百个服务窗口”、“百个服务明星”，进一步掀起比学习、比技能、比服务、比效益，争做一流员工、争当岗位服务能手、争创文明行业的热潮。

6．温馨行动——开展“与爱同行、共铸和谐”志愿服务活动。加强志愿服务的社会动员，完善志愿者服务网络系统，健全志愿者服务的各项制度，组织青年志愿者、大学生志愿者、巾帼志愿者、公务员志愿者、社区志愿者、夕阳红志愿者积极参与服务奥运赛事、植树造林、环境整治、扶危济困、维护交通秩序等志愿服务活动，打造一批具有秦皇岛特色的志愿服务品牌。

二、实施步骤

紧紧围绕奥运会倒计时200天、100天、30天等重要时段，组织开展形式多样、群众广泛参与、社会影响力大的活动，使全民素质提升活动常年不断线，月月有活动，既体现“迎奥运全民素质提升工程”的主题，又做到前后连贯、形成高潮。

第一阶段制定方案、部署动员。2007年年底前，各县区、各工委及有关部门要根据“迎奥运全民素质提升工程”的要求，及早制定具体实施方案，提出明确工作措施，做好部署动员。在全市范围内运用各种形式，广泛深入做好实施“迎奥运全民素质提升工程”的宣传发动，做到家喻户晓、深入人心。

第二阶段全面展开、积极推进。从2008年1月开始至2008年7月奥运会举办前，各县区、各工委及有关部门要从实际出发，围绕活动主题，积极开展丰富多彩的教育实践活动。通过深入实施“迎奥运全民素质提升工程”，全面提高市民文明素质和城市文明程度。

第三阶段集中力量、形成高潮。奥运会举办期间，要把全社会力量动员起来，统一步调，集中行动，以一流的市民面貌、一流的服务水平、一流的社会风尚、一流的文化氛围迎接四海宾客，为奥运会顺利进行增光添彩。

第四阶段总结经验、巩固成果。奥运会结束后，认真总结经验，形成长效工作机制，把取得的成果巩固下来，把良好的态势保持下去，推动我市精神文明建设深入持续发展。

供稿：秦皇岛市文明办

秦皇岛市创建文明生态村领导小组

关于在创建文明生态村工作中加强项目建设的意见（摘要）

（2007年1月9日）

创建文明生态村活动的成功开展，使我市广大农村发生了翻天覆地的变化。为进一步拓展创建内涵，提高创建水平，巩固创建成果，不断提高农村经济对全市经济发展的贡献率，加快建设沿海经济社会发展强市步伐，实现城乡统筹发展，扎实有效地推进社会主义新农村建设，经研究，现就在创建文明生态村活动中加强项目建设工作，提出如下意见：

加强项目建设要重点把握好以下原则：

1. 依靠群众、以人为本原则。加强项目建设是发展农村经济的重大举措，因此要尊重群众，充分发挥群众主体作用，调动他们在项目建设中的积极性和创建性。凡涉及项目选择、资金投入、经营管理等重大事宜，都要组织群众广泛参与、充分讨论，形成一致意见。同时，要把项目建设的落脚点放在实现农民就业、增收上，使项目建设惠及广大群众。

2. 因地制宜、分类指导原则。项目建设要从实际出发，坚持具体问题具体分析。要立足特定资源，力求一村一品，突出发展具有本地特色的种、养、加优势产业和重点项目，宜农则农，宜工则工，通过整合特色项目，逐步形成特色产业。要做到不盲目攀比、贪大求全，不乱铺摊子、乱上项目。

3. 依靠科技、打造品牌原则。把项目建设与现代农业发展结合起来，用现代科学技术装备改造农业，对科技含量较高的现代农业项目要优先立项。要加大现有农业生物技术、信息技术、食品生物工程技术等高技术的推广力度，特别要在先进种养技术集成配套、农产品精深加工、资源高效利用和生态保护等方面取得新进展。继续实施品牌战略，培育壮大龙头企业，推广龙头带基地、公司连农户、产加销一条龙等多种模式，发展一批特色鲜明的品牌项目。要注重树立和运用大市场理念，充分利用农村市场和城市市场、国内市场和国际市场，把集发果菜、昌黎干红、山海关大樱桃等知名品牌做大做强，引导项目建设向产业集群发展。

4. 以城带乡、以工补农原则。农村资源少，底子薄，项目建设必须借助于外部力量。各级各部门要围绕项目建设向创建村倾斜政策，能够立项的要尽快立项，能够提供资金支持的要千方百计予以支持。要着力加强帮建工作，各帮建单位要积极帮助村里完善项目建设思路，消除干群畏难情绪和“等、靠、要”思想，增强村“两委”班子决心和信心。要把筹资金、帮项目作为帮建的重点工作来抓，确保每个被帮建村都有一个项目落地。

5. 党政主导、守土有责原则。在农村，项目建设是新生事物。各级党委和政府及相关部门要主动作为，落实责任。在项目的立项、申报、审批等环节中，要始终坚持政府主导、部门协作，做到在审批上让路、在资金上扶持、在经营上保护，积极协调帮助进村投资者解决融资、人才、信息、技术、立项等方面的难题，确保项目建设有组织、有计划地进行。

一、落实加强项目建设的目标和任务

1. 加强项目建设的主要目标是：每年建成一批经济效益高、增收效果好的惠农项目，其中，投资50～100万元的项目，每个县区每年要力争落实20个以上；投资100～500万元以上的项目，每个县区每年要力争落实15个以上；投资500万元以上的项目，每个县区每年要力争落实10个以上；投资在1000万元以上的项目每个县区每年要力争落实2个以上。同时，在落实5000万元以上、亿元以上大项目上，每年也都要有新突破。到“十一五”末，力争使有区位和资源优势的创建村至少有一个项目落地。

加强项目建设的具体任务是：

2．实施资源普查登记。从现在起，各县区乡镇要组织专门力量对计划内创建村进行资源状况调查，重点搞清每个创建村的人力、土地、资金和基础设施等方面的资源状况，并及时造册登记，暑期前报市创建办备案。计划外创建村的资源普查也要适时展开，从而为项目建设规划、论证创造条件。

3．编制和修订经济发展规划。要依托本地特有资源，认真研究本地发展模式，规划好产业结构和主打项目。要把项目建设作为村庄规划一项重点内容来对待，已经编制规划的创建村，要结合新形势、新要求，对原定发展目标、任务、措施进行必要调整，镇域、村域规划都要明确产业分区，引导各类产业项目向优势地区集中发展。对于城市及县城规划区范围内的村庄，项目建设必须与城市及县城总体规划相协调，重点抓好对未来城市发展没有影响的农业项目，避免二次拆迁和违法建设。

4．搞好可行性论证。投资项目初步确定后，必须进行严谨的可行性论证。要在群众广泛讨论基础上，认真进行市场调查，征求各级各部门意见。重点项目要请专家学者进行专门考察论证，确保项目的可行性。不经可行性论证的项目一般不予报批。

5．广辟项目招商渠道。要重视项目包装和推介，采取有效措施增强项目的吸引力。要主动作为，抓好项目推介工作，采取以商招商、专题招商、网上招商、“请进来”招商、“走出去”招商等多种方式招商。要通过农村经济合作组织或电视、网络等媒体，宣传资源特征和有关项目的市场潜力，扩大招商视野，提高招商质量。

6．着力落实项目服务。在项目建设中，政府服务至关重要。各级政府部门要抓紧抓好项目引进、立项、审批等工作，尽可能降低项目资金准入门槛，优化项目建设环境。要重点制定、研究符合本地实际的各种快捷、方便、优惠的政策措施，确保留得住客商，留得住项目。要继续加大对村内环境建设力度，为投资者营造良好的投资环境。每年组织一批年轻农民参加科技培训，不断增强他们的综合素质和能力，为农村项目建设储备好人才。

7．着力解决项目资金。要搞好专项资金整合。财政局、农业局、农开办、发改委以及国土、林业、畜牧、水务、水产、供销、蔬菜等部门要按照“集中力量办大事”的原则，建立重点项目融资机制，通过项目载体，把财政支农资金、农业综合开发资金等捆绑使用，并向重点项目倾斜。有关部门要推广以集体建设用地入股形式招商引资的成功经验，吸引外资入股，主管部门要有针对性地搞好政策指导。要落实政府服务，解决好前期投入，尽快实现项目落地。要定期筛选一批符合条件的建设项目，积极向商业银行推荐，争取银行的资金支持，力促项目落地。

二、强化项目建设保障措施

1．加强组织领导。项目建设作为市委、市政府一项重点工作，由市创建文明生态村领导小组统一领导，各县区、乡镇、村班子“一把手”是第一责任人。各级各部门要及时明确主管领导、主抓部门和具体工作人员，真正把农村项目建设作为一项全局性的工作来抓，使项目建设形成层层有责任、一级抓一级的领导格局。要定期召开项目建设调度会，研究解决项目建设中遇到的各种问题。适时组织全市性的观摩拉练活动和项目建设现场会，促进各级责任落到实处。

2．实施奖补政策。从2007年开始，市财政将在创建文明生态村专项资金中切出部分资金用以奖补项目建设成绩突出的创建村。具体奖补办法，市创建文明生态村领导小组将专门制发文件。各县区也要参照市里做法设专项资金。

3．营造宣传氛围。要深入宣传项目建设的重要意义和任务要求，帮助城乡干部群众摆正项目建设与创建文明生态村、建设社会主义新农村的关系，把干部群众的力量引导到项目建设中来。各级新闻媒体要强化跟踪报道，推出各类先进典型。各级要成立专门队伍下村宣讲，提高群众对项目建设的认知度，形成加快农村经济社会发展的浓厚氛围。

4．纳入目标考核。文明生态村项目建设纳入市委、市政府对各县区年度项目建设考核总体目标，一并推进，一并考核。对项目建设措施有力、成效显著的县区、部门和镇、村，市委、市政府将予以表彰奖励，对工作不力、成效较差的县区和部门将予以批评，并视情况追究相关责任。

供稿：秦皇岛市文明办

秦皇岛市文明办

关于在全市城乡广泛开展“雷锋精神伴我行”活动的通知（摘要）

（2007年2月28日）

一、活动主题

开展“雷锋精神伴我行”活动的主题是“弘扬雷锋精神，参与志愿服务，争创全国文明城市”。

二、活动内容

认真贯彻落实《中央关于加强公民思想道德教育纲要》，总结全市学雷锋活动的成绩和经验，宣传雷锋事迹和雷锋精神，开展公民思想道德教育和实践活动。主要包括：组织“雷锋精神延续在港城”先进事迹报告会；组织“弘扬雷锋精神，军民共创文明城市”文艺专场演出；组织“帮一帮、让一让”体验活动；组织“爱心暖港城”活动；组织“寻找雷锋足迹、弘扬志愿精神”主题团队日活动；组织“志愿者服务一条街”活动；组织“弘扬雷锋精神，参与志愿服务”等主题系列活动。

三、活动安排

1．各县、区（开发区）参照本意见，结合当地实际，作出具体活动安排；驻秦部队由军分区政治部负责统一安排并组织实施。

2．市直各相关部门要组织开展好形式多样的实践活动。

（1）3月2日，市文明办负责组织“雷锋精神延续在港城”先进事迹报告会。树立和宣传一批“爱岗敬业、助人为乐、艰苦奋斗”的“新时代雷锋”典型，在全市形成“人人学雷锋、天天学雷锋、时时有雷锋”的良好氛围；

（2）3月5日，市文明办、市军分区政治部、市文化局负责组织“弘扬雷锋精神，军民共创文明城市”文艺专场演出；

（3）3月5日，团市委负责组织“志愿者服务一条街”活动。通过便民服务、政策咨询、公益劳动等方式，大力倡导“奉献、友爱、互助、进步”的志愿者精神，引导群众踊跃投身精神文明创建活动中来；

（4）从3月1日开始，市教育工委组织“寻找雷锋足迹、弘扬志愿精神”主题团队日活动。通过成立爱心小分队、“一助一”结对、“学雷锋、见行动、献真情”、捡拾白色垃圾、植绿护绿等活动，让雷锋精神之花开遍港城；

（5）从3月1日开始，市文明办牵头组织开展好“帮一帮、让一让”体验活动。发动广大市民群众从身边做起，乘坐交通工具要主动为老人、孕妇、儿童让座；与他人发生纠纷时应礼让三分，出行、驾车做到车让人、人让车、车让车；在职业生活中，当同事、乡亲工作、生产遇到困难时，主动伸出援助之手；名誉、利益面前，多为他人着想；在家庭邻里之间，主动承担家庭负担，当邻里有困难时应主动给予帮助；在家庭成员、邻里之间产生矛盾时，谦和谦让，不伤和气；

（6）3月4日～10日，团市委负责组织“弘扬雷锋精神，志愿服务”活动。发动市民为社区、为争创文明城市做一件好事。组织宣传学雷锋典型人物和先进事迹，以典型教育人、以典型引导人，以典型鼓舞人，进一步提高市民思想道德素质；

（7）从3月1日开始，市工会、团市委、市妇联负责组织开展好“爱心暖港城”活动。动员广大团员青年和社会各界，广泛开展对贫困学生、农民工、残疾人、低保户、贫困农村等困难群众、家庭、地区的群众互助和社会援助。扩大青年志愿者、巾帼志愿者、夕阳红志愿者、社区志愿者、公务员志愿者等队伍，拓展服务领域，使更多的困难群众得到帮助。充分发挥工会、共青团、妇联等群众团体的作用，组织各界群众广泛参与到“爱心暖港城”活动中来。

供稿：秦皇岛市文明办

秦皇岛市文明办等六部门

关于组织全市未成年人广泛开展“知家乡、爱家乡、建家乡，迎奥运争做合格小公民”主题教育活动的通知（摘要）

（2007年3月22日）

各县区（市开发区）文明办、教育局、文化局、团委、妇联、文联：

为了深入贯彻落实市委“双学、双守、双做”教育实践活动要求，进一步加强和改进未成年人思想道德建设工作，增强未成年人了解家乡、热爱家乡、建设家乡和迎接奥运的责任感和使命感，全面推进“文明港城、和谐港城”创建活动，为争创全国文明城市和迎奥运营造良好氛围，市文明办、市教育局、市文化局、团市委、市妇联、市文联决定联合在全市未成年人中广泛开展的“知家乡、爱家乡、建家乡，迎奥运争做合格小公民”主题教育活动，并制定了活动《实施方案》，特提出如下要求：

一、高度重视，精心组织

各级文明办、教育、文化、文联、共青团等部门要把这次主题教育实践活动作为学习实践社会主义荣辱观、加强和改进未成年人思想道德教育的重要举措，作为构建实力、活力、魅力秦皇岛，创建全国文明城市的一项重点工作，摆上议事日程，精心组织，一级抓一级，层层抓落实。要结合实际制定好具体活动实施方案，组织好教育实践活动，并及时反馈活动进展情况。市文明办将把活动开展情况纳入全年未成年人思想道德建设工作考核目标之中，并对活动中涌现出的先进典型进行表彰宣传。

二、把握基调，加强指导

各县区、市直各有关部门在活动中要紧紧把握健康向上、生动活泼、团结奋进的主基调，将主题教育实践活动的组织、形式落实到责任单位、责任人，把引导广大青少年践行社会主义荣辱观贯穿活动的始终。各教育主管部门对基层学校的活动开展情况，要分阶段进行检查和指导，发现总结推广典型经验，确保活动广泛进行、深入开展，努力形成特色、形成规模、形成声势。

三、突出重点，务求实效

这次活动的对象是广大青少年。各县区、市直各有关部门要坚持贴近未成年人思想实际、贴近未成年人生活、贴近未成年人群体的原则，要注重活动形式的多样性、参与性，要增强活动内容的趣味性、体验性，要保持活动效果的持久性、渗透性。通过多种途径，在青少年中大力弘扬爱国主义、集体主义、社会主义思想，激励他们勤奋学习，快乐生活，全面发展，树立为中华民族伟大复兴而奋斗的远大志向，使这一活动收到实实在在的效果。

附：《关于在全市未成年人中广泛开展“知家乡、爱家乡、建家乡，迎奥运争做合格小公民”主题教育活动的实施方案》（略）

供稿：秦皇岛市文明办

秦皇岛市文明办
秦皇岛市旅游局
秦皇岛市风景办

关于开展迎奥运“优化发展环境、争创文明景区、争做文明游客”活动的实施方案（摘要）

（2007年4月19日）

为树立和落实科学发展观，以精神文明建设成果促进全市旅游经济和风景名胜区事业的全面发展，落实市委当前开展的“提、创、展、促”活动的安排部署，进一步促进全市经济社会又好又快发展，切实提高市民群众旅游文明素质，为迎办北京奥运会足球分组赛、创建全国文明城市、建设沿海经济社会发展强市创造良好的社会环境和道德风尚，市文明办、市旅游局、市风景办决定，在全市广泛开展迎奥运“优化发展环境，争创文明景区、争做文明游客”活动。制定实施方案如下：

一、活动内容

1．开展从业人员教育培训。各景区（点）和旅行社要制定和实施全员奥运培训计划，开展职业道德、职业礼仪、职业技能和服务规范，以及必要的外语知识教育培训，努力构建一支训练有素、服务一流的职工队伍。集中培训时间要达到3天以上，培训率要保证100%。培训后进行严格考核，考核不合格者不准上岗。在此基础上，开展“文明待客标兵”和“文明服务示范岗”评选活动，引导从业人员敬业爱岗，热情服务，普遍使用文明用语，杜绝文明忌语，服务对象满意率达到90%以上。

2．开展“文明游园”教育实践活动。各景区（点）要制作一批永久性、人性化的文明游园和社会主义荣辱观宣传牌（栏），宣传倡导文明游园，鞭挞不文明行为；各景区（点）和旅行社要教育员工和导游主动参与文明游园的执勤与宣传，及时劝阻不文明行为，并积极组织成立文明游园志愿者队伍，建立“景区、员工、导游、志愿者”四位一体的管理模式。要积极探索“文明游园”教育引导新方法，通过评选文明游客，向主动践行保护环境资源、尊老爱幼、拾金不昧等文明行为的游客赠送纪念品、参观券等形式，引导广大市民群众和中外游客积极参与到“文明游园”活动中来，使各种不文明游园行为真正得到有效遏制，使各景区（点）成为展示市民文明素质和城市文明形象的重要窗口，为打造人文奥运品牌创造良好的社会环境和道德风尚。

3．开展“万名游客评景区”活动。以“迎奥运、讲文明、树新风”为主题，以提高服务水平为重点，以让广大游客满意为目标，继续把“万名游客评景区”活动往深里做，往实里做。组织青年志愿者在各主要景区（点）出入口向游客发放选票，或通过开展网上评选，让游客根据切身感受，对景区服务、环境、秩序、管理等各方面给予综合评价，提出意见或建议。评议结果将作为评选文明景区的重要依据之一。

4．开展“创建文明景区达标竞赛”活动。以治理环境卫生、提高服务质量、整顿旅游秩序、加强硬件建设为基本内容，深入开展“创建文明景区达标竞赛”活动，集中解决市民群众普遍关心、与广大游客切身利益密切相关的突出问题，全面提升各景区（点）的文明程度，提供一流的旅游服务、打造一流的旅游环境、塑造一流的旅游形象，全面展示我市旅游建设的成果，不断增强我市的美誉度、影响力和吸引力，进一步优化发展环境。通过量化考核，挂牌表彰一批“文明景区”。

二、活动范围

全市范围内的重要旅游景区（点）。其中包

括：天下第一关、老龙头景区、孟姜女庙景区、森林公园、燕塞湖景区、长城博物馆、长城奇观园、海洋水族馆、乐岛、望峪山庄、鲍子沟、葡萄沟、秦皇求仙入海处（秦皇岛游船有限公司）、新澳海底世界（兴澳海豚表演馆）、野生动物园、联峰山公园、鸽子窝公园、怪楼公园、碧螺塔公园、老虎石公园、集发农业观光园、北戴河海上游船公司、南戴河国际娱乐中心、海上乐园、仙螺岛景区、天马山景区、天马湖景区、国际滑沙中心、翡翠岛生态游乐园、华夏长城葡萄工业园区、朗格斯酒庄、桃林口水库、祖山森林公园、碣石山、板厂峪、董家口。

三、实施步骤

1．4月下旬，为宣传发动阶段。全市召开动员大会，正式启动迎奥运“优化发展环境，争创文明景区、争做文明游客”活动。

2．5月上旬至8月上旬，为组织实施阶段。各旅游景区（点）要层层制定活动方案，根据要求安排好各阶段工作，开展好各项活动，有的放矢地解决景区（点）建设管理中的实际问题。要以全心全意为游客服务为主题，采取多种形式，在景区之间开展各具特色的优质服务竞赛活动，使景区的服务水平有更快更大的提高。通过各种形式新颖的有效载体，教育引导广大市民群众模范遵守《中国公民国内旅游文明行为公约》、《中国公民出境旅游文明行为指南》的有关要求，争做文明游客。在此期间，市文明办、市旅游局、市风景办将组织开展“万名游客评景区”活动，并对各景区（点）活动开展情况进行不定期的明察暗访。

3．8月中旬至9月上旬，为检查考核阶段。市文明办、市旅游局、市风景办将联合组成检查组，对活动开展情况进行检查考核，并向有关的景区（点）反馈检查情况，对存在问题的景区（点）提出整改意见并限期整改。

4．9月中旬，为整改提高阶段。各景区（点）要针对存在问题和不足，在巩固成果的基础上，进一步明确创建工作措施，解决问题，弥补不足，切实提高软硬件建设水平。

5．9月下旬，根据检查考核及整改情况，命名表彰全市首批“文明景区（点）”和“创建文明景区（点）工作先进单位”。

供稿：秦皇岛市文明办

秦皇岛市文明办等六部门
关于深入开展迎奥运畅通行动的实施方案（摘要）

（2007年5月6日）

为进一步提高城市交通管理水平和市民交通文明素质，按照市文明委“关于开展‘同迎奥足赛、共创文明城’公民道德教育实践‘十二个一’活动”的有关部署，市文明办、市公安局、市公用局、市教育局、团市委等5部门决定，在全市深入实施迎奥运畅通行动，广泛开展“文明行车、文明停车、文明走路、文明乘车”教育实践活动。为保证此项活动扎实开展，制定本实施方案。

一、目标任务

以畅通行动为主题，通过开展文明行车、文明停车、文明走路、文明乘车教育实践活动，切实提高市民交通文明素质，打造文明、和谐、有序、礼让的交通环境，最终实现交通陋习减少、交通秩序改善、文明礼让之风大兴的目标。主要工作任务包括：

(一)开展“文明行车，礼让为先”教育实践活动。开展“我最讨厌的十大驾驶陋习评选”，大造文明行车舆论声势；结合行车安全“五进”活动，深入机关、学校、农村、企业、社区宣传交通安全知识，签订交通安全责任状；加大对机动车违法交通行为的处罚力度，对闯红灯、酒后驾车、违法调头、不系安全带等不文明行为逢违必究，逢违必查；借助媒体开辟“曝光台”，对斑马线前不礼让行人、交通路口互不相让的车辆牌号予以曝光；面向全社会招募交通文明志愿者（或将主要交通路口、学校门前等重点区域划分给各机关、企事业单位、社区，由这些单位组织人员协助维持交通秩序），开展每天奉献一小时交通协勤活动，于交通高峰时段在主要交通路口、学校门前等重点区域指挥、疏导车辆通行，确保交通安全畅通。

(二)开展“文明停车，方便你我”教育实践活动。科学设置安装各类交通标志，增设停车泊位，从源头上解决机动车特别是出租车停车占路问题；加大对机动车辆乱停乱放的处罚力度，严管重罚，形成执法威慑力；开辟曝光台，对违法停车牌号予以曝光。同时，开展“文明停车，方便你我”志愿者上街宣传活动，对车辆乱停乱放行为进行劝阻，努力在全社会形成文明停车的良好道德氛围。

(三)开展“小手拉大手，文明路上走”教育实践活动。开展“我最讨厌的行人交通陋习”评选活动，大造文明走路的舆论声势；在临街的学校、厂企门口增设必要的人行横道及标志、信号灯等设施，进一步提高市民出行的安全系数；开展“鲜花敬献文明行路人”活动，组织志愿者向不闯红灯、走人行道的文明行路人敬献鲜花，营造文明走路光荣的良好社会氛围；开展“小手拉大手”活动，印发“文明交通从我做起——致广大学生家长的一封公开信”，组织开展“交通安全主题班队会”、“交通法规知识竞赛”、“文明交通演讲比赛”、“争当文明交通小使者”等教育实践活动。

（四）开展“文明乘车，爱心让座”教育实践活动。制订市民文明乘车公约，在公交车、公交站点悬挂张贴，开展乘车礼仪宣传教育，倡导人人争做“文明型”、“优雅型”乘客；加强对公交车司乘人员的教育培训，强化其当好文明乘车宣传员和监督员的责任意识；开展“文明乘车推动日”活动，组织机关干部和各类志愿者成立“公交文明，你我同行”志愿者服务小分队，在公交站点引导乘客排队上车、文明礼让；开展“爱心让座”有奖赠卡活动，乘客在乘坐指定线路公交车时主动给老幼病残孕乘客让座，即可获赠“爱心让座卡”一张（此卡可由当班乘务员赠送，也可将其提前发放至社区经常乘坐公交车的老弱病残孕手中，由这些人在乘车时赠给为其主动让座的乘客）。各“爱心让座卡”持有者在次月的25日以前，将“爱心让座卡”投入指定的专用回收箱。每月的最后一个星期日上午10：00，组织一次现场抽奖活动，抽取一等奖1名、二等奖2名、三等奖3名、幸运奖若干，并当场发放奖品。

二、实施步骤

第一阶段：宣传发动(2007年5月8日～5月12日)。各相关部门要结合分工职责，搞好内部发动，统一思想，制定措施，形成合力。公安交警支队、市公用局、市公交公司等单位运用报刊、电视、电台、网络、社会公共场所等宣传资源和宣传阵地，大力开展文明交通宣传，积极营造活动声势。

第二阶段：组织实施(2007年5月13日～2007年底)。5月13日，组织相关部门干部职工和各类志愿者走上街头，开展“文明行车、文明停车、文明走路、文明乘车”集中宣传日活动，全面启动迎奥运畅通行动；5月14日～5月18日，由文明办牵头，公安交警支队和公用局、公交公司等单位配合，借助新闻媒体，按照《交通文明指数测试办法》对我市行车、停车、走路、乘车文明指数进行量化评估；从5月19日开始，针对交通文明指数测试反映出的问题，在全市范围内深入开展“文明行车、文明停车、文明走路、文明乘车”教育实践活动，将各项要求落到实处。

第三阶段：总结表彰(2008年初)。对“文明行车、文明停车、文明走路、文明乘车”教育实践活动情况进行总结，表扬先进、批评后进，部署开展2008年“迎奥运畅通行动”。

供稿：秦皇岛市文明办

秦皇岛市文明办等四部门

关于开展迎奥运文明待客、文明观赛、文明观演教育实践活动的实施方案（摘要）

（2007年5月23日）

为进一步彰显讲究礼仪、崇尚文明的社会风尚，不断优化政务环境和人文环境，按市文明委“关于开展‘同迎奥足赛、共创文明城’公民道德教育实践‘十二个一’活动”的有关部署，市文明办、市直机关工委、市体育局、市文化局等部门决定，深化推进迎奥运优雅行动，广泛开展“文明待客、文明观赛、文明观演”教育实践活动。为保证此项活动扎实开展，制定本实施方案。

一、活动内容

（一）开展“以礼待宾客，用爱暖港城”教育实践活动。制订机关文明待客公约；制发文明待客礼仪知识光盘、学习资料，组织全员培训；印发《日常接待实用英语手册》，搞好培训，推行文明用语“双语化”；组织党政机关和执法部门“文明待客”教育实践成果展示大赛；组织明察暗访，通过拨打某单位电话或直接到某单位模拟办理业务等方式，查看该单位公务人员文明待客素质，曝光不文明待客行为；面向社会各界聘请“文明待客监督员”，对党政机关的践行“文明待客”政务规范情况进行监督评判。（牵头单位：市直机关工委）

（二）开展“文明观赛事，理智对输赢”教育实践活动。邀请有关专家举办奥运知识和观赛礼仪“公益大讲堂”，切实提高广大市民的观赛水平；在各类比赛开始前，以发放“观赛指南”、广播《文明观众公约》等形式引导观众文明观赛；组织志愿者在赛场开展“垃圾不落地、文明在手中；口不吐国骂、文明在嘴边”宣传教育活动；利用电视、网络等媒体，开展“如何欣赏体育比赛”大讨论，搭建市民交流的平台；组织文明观赛啦啦队，使其成为引领赛场文明的中坚力量，发挥示范带动作用。（牵头单位：市体育局）

（三）开展“摒弃观演陋习，争做文明观众”教育实践活动。印发《倡议书》，向全市人民提出倡议，倡导文明观演；在各经营性演映场所悬挂《观众须知》和《文明观众行为规范》；组织志愿者协助演出场所设立“文明观演督导员”，随时纠正观演中的不文明行为，使观演秩序得到明显改善；录制“摒弃观演陋习，争做文明观众”公益宣传短片，在各种演出开场前播放，促使观众反省自身行为，自主规避不文明观演行为；邀请有关专家举办音乐会、歌舞剧、戏曲等观演知识讲座，并制成光盘在全市播放，逐步提高市民群众的观演水平。（牵头单位：市文化局）

二、实施步骤

第一阶段：宣传发动（2007年5月15日～5月底）。各相关部门结合分工职责，搞好内部发动，统一思想，制定措施，形成合力。市直机关工委、市体育局、市文化局等单位运用报刊、电视、电台、网络、社会公共场所等宣传资源和宣传阵地，大力开展文明待客、文明观赛、文明观演宣传，积极营造活动声势。

第二阶段：组织实施（2007年6月初～2007年底）。5月底或6月初，市直机关工委、市体育局、市文化局分别举行文明待客、文明观赛、文明观演教育实践活动启动仪式，全面启动迎奥运优雅行动；6月上旬，由市直机关工委、市体育局、市文化局牵头，借助新闻媒体，按照《待客、观赛、观演文明指数测试办法》（附后）对我市党政机关待客文明指数和文体活动场馆观演、观赛文明指数进行量化评估；从6月中旬开始，针对文明指数测试反映出的问题，深入开展“文明待客、文明观赛、文明观演”教育实践活动，将各项要求落到实处。

第三阶段：总结表彰（2008年初）。对“文明待客、文明观赛、文明观演”教育实践活动进行总结，表扬先进、批评后进，部署开展2008年“迎奥运优雅行动”。

供稿：秦皇岛市文明办

秦皇岛市文明办等五部门

关于开展首届“秦皇岛市文明形象使者”选拔大赛活动的通知（摘要）

（2007年5月13日）

各县区、文明办、工会、团委、妇联、省市属各大中专院校：

为落实市委、市政府“同迎奥足赛、共创文明城”的要求，市精神文明建设办公室、秦皇岛市总工会、共青团秦皇岛市委员会、秦皇岛市妇女联合会、秦皇岛市广播电视局决定在全市范围内开展“秦皇岛市文明形象使者”选拔大赛。其目的是，通过文明形象使者的公开选拔赛，营造创建文明城市，争做文明市民的浓厚氛围。选拔出来的文明形象使者，将参加市里举办的各类大型活动，做各种宣传资料的封面人物等。各有关单位、各县区要认真做好组织发动工作，积极配合评选活动。具体活动安排如下：

一、组织机构：

（一）主办单位：市文明办、市总工会、团市委、市妇联、市广播电视局

（二）承办单位：秦皇岛电视台

二、大赛基本内容：

（一）参赛选手条件：本次大赛参赛范围为秦皇岛籍公民或在本市就读的大中院校在校学生、本市打工的外籍务工人员。参赛条件：1. 热爱祖国、热爱家乡、热心公益事业，富有较强的工作能力和弘扬正气的激情；2. 思想健康向上，道德品质优秀，言行举止大方，自觉遵守《秦皇岛人文明公约》，具有一定的文化素养；3. 女性身高1.62米以上，男性身高1.70米以上，年龄15岁～35岁，形象端正，气质高雅，健康活泼。

（二）比赛项目

1. 形象气质；

2. 才艺展示；

3. 文明素质知识；

4. 对秦皇岛历史、地理、人文、经济的了解和见解；

5. 综合知识。

（三）比赛环节

1. 比赛程序：

①报名：在市广电中心或各县区广播电视局报名。

②海选：在全市范围内选出50名选手进入复赛。

③复赛：选出10名选手进入决赛。

④总决赛：选出冠、亚、季军及单项奖（最佳礼仪奖、最佳上镜奖、最佳智慧奖、最佳人气奖、最佳媒体印象奖等）。

⑤获奖选手进行大型拉街活动。

2. 比赛成绩评判

采取评委打分与场外投票相结合的方式（具体比例待定）。

3. 场外投票

①网上投票：在秦皇岛广播电视网上发布选手照片、资料，由市民投票。

②民意评分：在《视听之友》报上刊登选手照片、资料，刊发选票，由市民投票。

③短信投票：通过发送短信的方式为选手投票，编辑选手的编号发送至指定号码，系统自动记录选手得票情况。

三、奖项设置

（一）获得冠、亚、季军的选手颁发证书和奖品，作为秦皇岛市外宣的形象代表，参加市里对外宣传、招商引资、接待外宾等大型活动；参与制作我市对外宣传的各种平面、影视作品。

（二）进入决赛的十名选手获得“秦皇岛市文

明形象使者”荣誉称号；颁发证书和奖品。

（三）各单项奖选手颁发证书和奖品。

四、比赛安排

（一）6月4日为启动仪式，召开由各相关单位负责人参加的动员会暨新闻发布会。

（二）6月4日～6月22日报名，市区报名地点：市广电中心，报名电话：3613520；各县区报名地点在各县区广电局。

（三）6月23日～7月1日海选，海选出共50名选手进入复赛。海选安排：抚宁6月23日；昌黎6月24日；卢龙6月25日；青龙6月26日；三个城市区：6月28日、29日、30日、7月1日。

（四）7月2日～11日，50名选手宣传活动（秦皇岛电视台《今日服务车》《视听之友》等媒体介绍和举行公益活动）、群众集中投票（短信投票留言）。

（五）7月12日复赛，50进10比赛。

（六）7月13日～19日，对10名入选选手进行宣传活动（媒体介绍和举行公益活动）、群众集中投票（短信投票留言）。

（六）7月20日决赛，10进3比赛。

（七）7月22日，10名选手进行大规模拉街游行活动。

五、其他事宜

（一）为大奖得主打分或参与投票者均可获得抽奖机会。

（二）设置优秀组织奖、奖励在活动中积极组织报名、协调活动的单位。

（三）本次活动秦皇岛电视台全程跟踪报道，复赛、总决赛及颁奖晚会、大型拉街活动由秦皇岛电视台现场直播或录播。

（四）比赛期间将举行系列文明宣传等公益活动。

供稿：秦皇岛市文明办

秦皇岛市文明办

关于进一步加强诚信体系建设的工作方案（摘要）

（2007年6月15日）

一、任务要求

1．在行政执法部门中：进一步转变工作作风、增强政务透明度、严格行政执法、强化表率和服务意识，以行为规范、公正透明、严格执法、廉洁高效的形象取信于民。重点解决行政执法不公、弄虚作假、吃拿卡要、蛮横粗暴等失信于民的问题。

2．在生产流通领域中：进一步做到依法生产经营、信守合同、恪守商业道德，确保商业生产经营质量，以诚信立业、以德经营的形象取信于用户。重点解决不讲信用、违法生产经营、欺骗欺诈、制售假冒伪劣商品等失信于用户的问题。

3．在服务行业中：进一步提高服务质量、践行承诺、公平竞争，以文明、规范、优质服务的形象取信于顾客。重点解决态度生硬、虚假承诺、以次充好、价格欺诈等失信于顾客的问题。

4．在中介组织中：进一步规范信息发布、中介收费、纠纷处置、执业程序，以规范服务、守法经营的形象取信于服务对象。重点解决信息误导、违规收费、违反程序、提供伪证等失信于服务对象的问题。

5．在科教文化领域中：进一步倡导诚实劳动、团结协作、严谨治学、尊重知识产权，以开拓创新、为人师表、德艺双馨的形象取信于社会。重点解决抄袭剽窃、侵权盗版、有偿新闻、教风艺风不正等失信于社会的问题。

6．在广大公民中：进一步倡导以诚相待、与人为善、童叟无欺、助人为乐、人人争做诚实守信的身体力行者。重点解决信义淡漠、以邻为壑、见难不助等失信于人的问题。

二、重点内容

（一）广泛开展诚信宣传教育活动，大力营造诚信建设的浓厚氛围。各级各部门要围绕诚信主题，广泛开展丰富多彩、各具特色的宣传教育活动，在全社会营造“有信者荣、失信者耻、无信者忧”的浓厚氛围。

1．开展诚信大家谈活动。要通过召开座谈会、讨论会、理论征文、研讨会和开设新闻专题节目等多种形式，组织专家学者及广大干部群众围绕进一步加强诚信建设开展讨论，加深对加强诚信建设重大意义的认识和理解，明确诚信建设的重点、难点，提出对策和建议。

2．开设诚信大讲堂。各县区党政机关、企事业单位、市直各有关部门要以社区学校、职工培训中心、业余党校和农村宣传文化活动室等为阵地，开设诚信讲堂，对广大干部群众进行深入浅出、生动形象的诚信宣传教育。各级各类学校要把诚信教育列入德育课内容，培养学生从小养成诚实守信的良好习惯。为配合诚信教育，市文明办将编写《诚信教育知识读本》，作为对全市广大干部群众进行诚信意识和诚信观念培养教育的学习培训教材。适时组织一次有全市副县级以上领导干部参加的诚信建设报告会，邀请专家学者就加强诚信建设的意义、现状、问题与对策进行专题辅导。

3．加强诚信典型培树。要通过正反两个方面典型事例宣传教育群众。年内，在市主要新闻媒体和其他宣传媒介开设“诚信光荣榜”，定期宣传介绍诚信典型事例和典型经验。全年选树推介40～50个诚信典型。同时，对严重失信行为予以曝光。

（二）深入开展各种形式的社会诚信创建活动，不断提高诚信建设水平。要突出抓好诚信政府（机关）、诚信行业（窗口）和诚信企业的创建及评选活动，不断提高全社会的诚信建设水平。

1．开展创建诚信政府（机关）活动。要通过“秦皇岛文明在线”在广泛政府各部门深入开展创文明机关、做人民满意公务员活动的基础上，以“依法行政”为主题，围绕“促进政府公开、公平、公正行使社会管理职能”的要求，加快政府诚信体系建设，继续推行服务承诺制、政务公示制、首问负责制和限时办结制，以实际行动取信于民。要在市主要新闻媒体公示各单位诚信承诺内容，实施社会监督。市直机关要把政务诚信建设作为优化政务环境的主要内容，以党政机关的诚信服务带动全社会的诚信建设。

2．开展创建诚信行业（窗口）活动。要以“诚信服务”为主题，围绕行业开展的争先创优活动，在全市电力、工商贸、交通、旅游、税务、卫生、房管、邮政、电信、移动、网通、联通及金融等各窗口行业开展“诚信职工示范岗”、“擦亮迎奥窗口，争做诚信使者”、“文明经营示范市场”等诚信行业创建活动。各窗口行业主管部门要从自身职能和工作实际出发，制定出本行业本系统诚信创建工作实施方案，对创建诚信行业的内容、标准、组织领导等作出具体安排。开展创建诚信行业（窗口）活动。各行业主管部门一方面要着力建立健全行业信用规范，加强行业自律；一方面要着力完善社会监督措施，通过公开设立监督电话、聘请社会监督员、群众评议行风等方式，建立与群众畅通的联系渠道，认真受理群众的举报投诉，广泛听取群众的意见和建议，自觉接受社会监督。

3．开展创建诚信企业活动。要以“诚信企业”为主题，围绕行业开展的争先创优活动，与扎实开展“百城万店无假货”活动结合起来，在各类企业主管部门开展的“诚信企业”创建及评选活动的基础上，由市文明办协同各企业主管部门统一、规范全市诚信企业创建评选。诚信企业创建及评选活动，要以增强企业“以德经营、诚信立业、文明生财”生产经营意识，熟悉国家有关法律、法规，依法组织生产经营服务活动为目标，服从经济综合监督部门监管，积极参与社会信用体系建设。

4．开展创建诚信示范街活动。要以“诚信”为主题，围绕结合开展行业创优竞赛活动，为发挥典型示范带动作用，激励引导全社会重视、关心、支持和参与诚信建设，各县区要在人流、物流比较集中的街道开展诚信示范街创建活动。创建诚信示范街要以为民服务好、遵纪守法好、文明经营好、诚实守信好及无经销假冒伪劣商品行为为目标，切实发挥好诚信示范街对全社会诚信建设的示范、带动和辐射作用。创建诚信示范街活动，相互配合，相互促进，共同提高。

（三）加强社会信用制度建设，推动诚信建设深入开展。社会信用制度建设包括健全的信用法律规范和高效的信用管理体系、规范的征信服务机构和市场化运作机制、发达的信用交易和消费市场，以及有效的失信惩戒和守信受益机制等内容，至关重要。

1．严格行业诚信监管，提高行业诚信管理水平。各经济综合监督部门要充分发挥自身职能，在严格遵守行业法规的基础上，研究制定本行业本系统诚信管理规范，把提高各行各业从业人员素质与完善行业管理的规章制度结合起来，把集中整治与长效管理结合起来，使教育和管理在内容上相互衔接，在效应上相互补充。财税部门要积极推行纳税信用等级评定管理办法，建立诚信纳税的激励机制，推进税收诚信机制建设；工商行政管理部门要对工作对象实施信用分类监管制度，探索建立以现代化信息手段实施长效管理的机制；质检部门要充分运用质量监督、检验、检疫、认证等各项行政监管和执法手段，建立完善企业质量信用档案；物价部门要进一步完善落实价格信用体系建设的有关规定，强化监管，进一步完善信誉等级评价制度；金融、海关、劳动保险等部门也要结合各自实际制定落实有关行业诚信管理规范，加强诚信运行机制建设。

2．建立社会联合征信服务系统，整合社会信用信息资源。一是按照政府主导、市场运作的模式建立面向企业、个人乃至全社会的联合征信服务系统，并迅速开展征信业务。征信范围可首先从企业开始，待取得一定成果和经验后再逐步向个人征信业务延伸拓展。二是加强信用信息的归集、整合和管理。首先，各经济综合监督部门、行业管理部门和行业组织机构要在社会诚信体系建设的统一框架下，在各自职责范围内，建立起针对市场主体和经营行为的信用管理和服务体系，建设信用信息管理系统，使信用信息和评价信息及时记录并纳入联合征信服务系统，同时做好相关数据的维护和更新工作，实现全社会的共享。联合征信服务机构要做好信用信息的加工整理工作。对整合后的信用信息在经过筛选处理后，面向社会公布，同时确保个人隐私和商业秘密不受侵犯。三是广泛使用信用产品。各级行政管理部门、公共服务机构和行业组织要结合深化行政审批制度改革，逐步对信用报告的使用作出必要的制度安排。各级政府部门要带头在政府采购、土地交易、财政投资项目招投标、人事聘用等环节使用信用报告，切实发挥信用报告在经济交往和经济活动中的重要作用。四是建立失信行为惩戒制度。积极探索综合运用教育、经济、行政、法制等多种手段解决诚信缺失问题的方法和途径，努力形成“一处失信、处处制约；处处守信、事事方便”的良好氛围，使个人和企业处于法规、道德和价值的三维制约当中，即对那些有严重失信行为的行业和单位由政府监管部门做出行政性惩戒，金融、商业和社会服务机构做出市场性惩戒，通过信用报告的广泛使用形成社会性惩戒，提高其失信行为成本，并责令限期整改。

3．加强社会诚信监督，规范社会信用行为。要建立有效的社会监督机制，把加强行业自律与社会监督结合起来，多措并举。一是实施群众监督。要通过聘请专门的监督员、群众评议行风、企业评议管理部门、基层单位评议上级机关、消费者投诉举报等多种途径和方式发动群众给予监督，激发和调动广大群众参与诚信建设的积极性。二是实施舆论监督。新闻媒体要充分发挥自身职能，对诚信建设实施舆论监督，设立“曝光台”，揭露和鞭挞各种失信行为。三是实施行政监督。各经济综合监督部门要以优化发展环境为己任，对失信行为实施行政监督，努力创造良好的市场经济秩序和发展环境。

供稿：秦皇岛市文明办

秦皇岛市文明办等三部门

关于在全市广泛开展未成年人暑期社会实践活动的实施方案（摘要）

（2007年7月3日）

为继续深入贯彻落实《中共中央国务院关于进一步加强和改进未成年人思想道德建设的若干意见》和《秦皇岛市委、市政府关于加强和改进未成年人思想道德建设的实施意见》的精神，紧紧围绕市委、市政府“同迎奥足赛、共创文明城市”，的工作目标，推进落实未成年人思想道德建设工作，积极营造良好的暑期育人环境。市文明办、团市委、市教育局决定联合组织开展未成年人暑期社会实践活动。制定方案如下：

一、活动主题

融入奥运，践行文明

二、活动时间

2007年7月1日～9月10日

三、活动对象

全市中、小学生

四、活动内容

（一）开展小虎子主题夏令营活动

围绕走进清华科普行、走进草原环保行、走进革命老区红色之旅、走进东方明珠看世界四大主题，精心设计北京、承德、保定、上海等四条活动线路，带领小虎子队员代表走出家门，在集体活动中拓展视野、增长知识和才干、提高团队意识和综合素质。同时通过开展优秀营员评选等活动，调动队员参与活动的积极性。（责任单位：团市委）

（二）组织宏志班学生开展“知家乡、爱家乡、建家乡”立志成材参观教育活动

利用暑假期间，组织宏志班学生参观我市的爱国主义教育基地、知名厂矿企业、历史古迹，并邀请我市曾在逆境中立志成才的成功人士做报告、搞讲座。通过参观、学习使学生们体会我市改革开放以来的发展进步，给人民生活带来的变化，特别是汲取前辈智慧力量和自强不息地奋斗精神，激发他们树立热爱学习，立志成才，做合格接班人的远大抱负。（责任单位：市文明办）

（三）开展“文明奥运伴我行”主题征文活动

充分利用我市举办奥足赛的有利时机，围绕“文明奥运伴我行”这个主题，通过组织未成年人创作诗歌、小说、散文、杂文、剧本等文学作品，生动展现他们期盼奥运、参与奥运、奉献奥运的良好精神风貌，切实提高他们的文明素养和文学修养，激励他们争做社会主义事业的合格建设者和接班人（征文活动具体事宜另发文件）。（责任单位：市文明办、团市委、市社科联）

（四）开展“回顾建军80年辉煌历程”和庆祝香港回归10周年为主题的教育活动

结合庆祝建军80周年、香港回归10周年举办书画大赛、摄影比赛、专题晚会、座谈会和报告会等形式多样、青少年儿童喜闻乐见的主题活动，丰富革命传统和爱国主义教育活动内容。邀请“五老”为中小学生作革命传统报告，组织参观全市重点建设工程、高新技术企业及城市建设等领域和社会主义新农村建设成就。让他们了解中国人民解放军在中国共产党领导下从无到有、从小到大、从弱到强，从一个胜利走向又一个胜利，战胜一个个艰难险阻，跨过一道道沟沟坎坎的光荣历程。赞美、讴歌香港回归祖国10来以其自身的繁荣与活力走出一条令世人叹服的道路。（责任单位：市教育局、团市委、市关工委）

（五）开展“垃圾不落地，文明在手中”活动

围绕保护环境建生态家园这一主题，广泛发动青少年学生组成志愿者队伍，开展以“清洗公共设施、清理街路绿地、清理村镇周边、清理居民小区、清理大街小巷、清除非法张贴物”为主要内容的“六清”活动。形成我参与、我动手、我快乐氛

围。组织他们动手分类回收废品、劳动技能比拼、争做劳动小能手等，从而提高劳动能力，增强劳动意识。（责任单位：市教育局、团市委）

（六）开展科技实践活动

本着就近的原则，充分利用城市社区和农村村民中心教育资源，开展科技实践活动。继续开展以科技小调查、小发明、小改造、小研究、小设计、小实验、小园艺、小种植、小养殖、小论文为主要内容的“科技十小”活动，开阔少年儿童知识视野，培养他们理论与实践相结合、动脑与动手相结合的能力和研究探索的科学精神。（责任单位：市科协）

（七）开展文体实践活动

充分利用城市社区和农村村民中心资源，组织开展少年乒乓球、篮球、足球等体育比赛和联欢会等文艺表演活动，帮助学生培养特长，陶冶情操，增强体质，提高文化素质，满足中小学生暑假参加文体活动的愿望，同时帮助中小学生在参与活动中增长特长，陶冶情操，增强体质，提高文化素质。（责任单位：市文明办、市体育局、市文化局）

（八）开展法律、国防实践活动

1．开展法律讲座、模拟法庭、参观学习、自制法律小报等活动，教育少年儿童知法、懂法、守法，让他们深刻体会到在当前法制社会里法律的重要性与严肃性，让他们学会通过法律手段维护自己的合法权益，使中小学生维权工作和预防未成年人犯罪工作取得实效。（责任单位：市文明办、市教育局、市司法局）

2．组织学生到军营参观、体验，对军人、军属等进行慰问，通过这些活动，使他们了解我国国防建设情况，热爱军营生活，从小树立保卫祖国的决心，增强爱祖国责任感和使命感。（责任单位：市文明办、市教育局、市国教办）

五、实施步骤

（一）部署启动阶段（7月1日～7月15日）

市文明办牵头，召开由各县区文明办、教育局、团委负责人，社区代表、学校代表、教师代表、学生代表参加的全市未成年人暑期社会实践活动启动会议。部署全市未成年人暑期社会实践活动任务。各县区、市直各责任部门要按照活动方案要求，拿出切实可行的安排计划，作好部署动员，营造浓厚的活动氛围。

（二）推进活动阶段（7月15日～8月27日）

各县区、市直各责任部门要真正负起责任，按照职责分工，认真组织暑期未成年人社会实践活动，使这一活动高潮迭起，收到成效。市里将组成督导检查组，不定期对全市未成年人暑期社会实践活动情况进行督导检查，发现亮点，认真宣传推广，促进整个活动扎实有效开展。

（三）评比表彰阶段（8月28日～9月25日）

暑假结束后，各学校要召开活动总结会，组织学生交流暑期社会实践活动中感受和收获，学校团、队组织要根据各班级评比情况评出班级团队、个人活动标兵，通过广播、校报、宣传栏等进行公开表彰。文明办将对“文明奥运伴我行”征文作品进行评审，评出特等奖、一等奖、二等奖、三等奖和“园丁奖”，并将获奖作品上报省有关部门，参加全省的评比。

供稿：秦皇岛市文明办

秦皇岛市文明办
秦皇岛市旅游局
秦皇岛市风景办

关于开展“万名游客评景区（点）”活动的通知（摘要）

（2007年7月30日）

一、活动内容

景区服务、景区环境、景区秩序、景区管理。

二、评议方式

1．由各县区文明办与旅游局、风景办协作，组织青年志愿者在辖区范围内各参评景区（点）出入口发放《评议表》，组织广大游客现场填写并及时收回；

2．由市文明办协调秦皇岛晚报刊发《评议表》，组织全市广大市民填写；

3．通过“文明秦皇岛在线网”刊登《评议表》，由广大游客网络评议。

三、评议时间

1．现场评议时间为8月3日；

2．报纸评议截止日期为8月10日（以寄出邮戳日期为准）；

3．网络评议截止日期为8月10日。

四、参评景区

全市范围内的重要旅游景区（点）。其中包括：天下第一关、老龙头景区、孟姜女庙景区、森林公园、燕塞湖景区、长城博物馆、长城奇观园、海洋水族馆、乐岛、望峪山庄、鲍子沟、葡萄沟、秦皇求仙入海处（秦皇岛游船有限公司）、新澳海底世界（兴澳海豚表演馆）、野生动物园、联峰山公园、鸽子窝公园、怪楼公园、碧螺塔公园、老虎石公园、集发农业观光园、北戴河海上游船公司、南戴河国际娱乐中心、海上乐园、仙螺岛景区、天马山景区、天马湖景区、国际滑沙中心、翡翠岛生态游乐园、华夏长城葡萄工业园区、朗格斯酒庄、桃林口水库、祖山森林公园、碣石山、板厂峪、董家口。

五、几点要求

1．各县区文明办要按照所辖景区（点）数量与发放《评议表》数额要求足量印制《评议表》。

2．各县区文明办要与旅游局、风景办密切协作，认真组织青年志愿者开展好现场评议活动，做好现场《评议表》和报刊《评议表》的收集汇总工作，并于8月10日前报送市文明办协调科。

3．各县区文明办要一丝不苟地组织好评议活动，坚决杜绝弄虚作假、欺上瞒下等不良现象，一经发现，通报批评。

4．各景区（点）要密切配合，为评议活动提供必要的服务，坚决防止推诿扯皮、拖沓延误现象的发生。

5．市文明办将于8月3日活动当天，由主任、副主任亲自带队，到各县区现场督导“万名游客评景区”活动。

供稿：秦皇岛市文明办

秦皇岛市文明办

关于做好全省文明城市初评迎检工作的实施方案（摘要）

（2007年8月15日）

一、实施步骤和工作重点

今年，我市迎接全省文明城市初评检查工作分四个阶段进行：

（一）规划部署、宣传发动阶段（8月15日～24日）

各区和市直各责任部门要对照《秦皇岛市争创全国文明城市工作规划》（秦字2006第73号）责任分工，拟订具体《实施方案》，于8月17日前以文字版和电子版两种形式报送市文明办（电子邮箱：qhdwmb@126.com）。收集整理本级创建档案，包括实施方案、信息简报、新闻报道、会议纪要、管理台账、领导讲话、图片资料、数据统计等，于8月24日前报送文明办检查审核。同时召开会议，层层发动，广泛参与。

（二）重点整治、整体推进阶段（8月25日～31日）

各区、市直各责任部门对照《秦皇岛市争创全国文明城市工作规划》责任分工，特别是承担的实地考察项目，进一步搞好自查、整改工作，对已达标的项目进一步巩固成果，对存在明显差距和不足的项目查找原因，对薄弱环节进行重点整治，全面推进创建工作。

（三）明察暗访、组织迎检阶段（9月1日～9月底）

市文明办抽调人员成立督导组，对各区、市直各责任部门的创建工作特别是承担的实地考察项目进行明察暗访，发现问题限期整改。各区和市直各责任部门根据责任分工，继续抓好各类遗留问题的整改，严阵以待，死看死守，大力抓好交通秩序、城市容貌、文化市场、五小行业、建筑工地、街道社区、市民文明行为和营造创建氛围等工作，确保迎检万无一失。

（四）立足长效、巩固提高阶段（10月1日～年底）

各区和市直各责任部门总结经验教训，进一步凝聚各界力量，调动一切积极因素，巩固已有成果，弥补各项不足，探索长效工作机制，推动我市创建活动再上新台阶，再创新业绩，为2008年争创全国文明城市打下坚实的基础。

二、保障措施

（一）加强组织领导。全市迎检工作由市文明委统一领导，市文明办统筹协调有关工作。各区和市直各责任部门也要参照市里的组织领导架构，组建相应的工作班子，由主要领导牵头，逐项落实责任人，切实抓好各项工作的落实。

（二）加强协调督办。各区和市直各责任部门要认真履行职责，多挑重担，雷厉风行，力戒推诿扯皮，疲沓拖拉；要各司其职，守土有责，积极主动地做好与上级主管部门的沟通工作，力争取得条条主管部门对相应工作的认知和肯定，确保相关测评指标不失分、得高分。同时，充分发挥人大代表、政协委员和新闻记者的监督作用，深入社区、工地、五小行业等搞好明察暗访，发现问题督办解决。

（三）强化责任追究。严格实行创城迎检工作责任追究制，对工作认真负责、成绩显著的单位予以表扬；对迎检工作不得力的单位，年终精神文明建设考核不能进入优秀行列，并追究相关人员的责任，同时取消各类评先资格。

供稿：秦皇岛市文明办

秦皇岛市文明办

关于在创建文明生态村过程中加强饮用水源地环保工作的报告（摘要）

（2007年8月15日）

一、对全市水源地周边文明生态村水质安全情况开展调查，采取了相应举措

市文明办在开展文明生态村创建工作中，为防止创建村内及周边搞破坏性开发，对各创建村特别是水源地周边村确保饮用水水质安全也提出了相关要求，在各创建村中倡导退耕还林、节约灌溉取水，保护水库周边地区的生态环境；对各创建村畜禽养殖、含磷洗涤用品等可能影响水质安全的行为督导各县区进行了先期预防和坚决制止；配合市有关部门对个别创建村的淀粉加工废水外排、造纸行业废水偷排偷放、危险固体废物违规处置等一批危及水源的突出问题进行了集中整治；在文明生态村考核验收中，对影响水质安全行为实行一票否决。经调查，截止现在，还没有发现因创建文明生态村影响水质安全的现象。

二、新建村水源地水质安全情况及采取的相应措施

新建村是我市首批文明生态村示范村，也是新农村建设试点村。该村位于山海关区北部，石河水库上游，现有63户，200人，耕地159亩，2006年人均纯收入6000元。近年来，该村采取五项措施处理生产生活污水，确保石河水质安全。

1．实施田园清洁工程。一是推广无公害投入品管理及物理防治、生物防治、测土配方施肥、增施有机肥、无公害标准化生产等生产技术，减少农药、化肥的使用量。从区农业局、林业局聘请技术人员为顾问，长期对主产业进行跟踪服务。二是以清洁田园环境为目标，整个种植业集中经营，在田园出入口各设置有害垃圾收集箱3个，定期收集清运，解决田间塑料薄膜、农药包装等无机垃圾问题。三是变秸秆为饲料，对秸秆进行清贮。

2．实施家园清洁美化工程。一是针对农村生活垃圾，街道建垃圾收集箱40个、户配1个垃圾收集桶，并安排专人负责每天清运、定点填埋。村建垃圾沤肥站，有机肥料用于集中经营的大田、果园、体验田。二是环境绿化，每户门前规划绿化美化地，栽植树木花草。三是在停车场设置电池回收箱，制定废旧电池奖励回收制度。

3．实施水源清洁工程。对生活污水采取户设污水回收池，村建污水处理总池和生物净化池的措施进行处理。由村统一配备污水运送车，定期进行收集，统一到污水处理总池进行无害化处理，对排入植物净化池进行二次处理，最后回田利用，浇灌30亩体验农业田。

4．建立物业综合管理站。为保证上述三项工程同步实施，统一管理，村里已建成物业综合管理站一座，主要负责垃圾清运、分类、处理、花木管护。

5．建立长效管理机制。签订田园清洁责任书，雇用专职保洁员。制定村民卫生和美德公约，对景区及村民生活居住区的“五乱”现象进行防控，堵住污染源。通过板报、发放资料、文明户和优秀农家饭庄评选等形式，对村民进行教育，提高自觉性和主动性。聘请老党员、老干部、退休教师等为义务监督员、发挥舆论监督、群众监督作用。

三、下一步主要工作

饮用水源地保护是一项复杂的系统工程，涉及面广，影响因素多。因此，市文明办作为市委、市政府创建文明生态村综合协调部门，在下一步创建文明生态村工作中，我们有责任尽全力采取过硬措施，确保全市饮用水源地水质安全。

一是加强教育。在创建文明生态村活动中，市文明办将结合公民思想道德教育、精神文明创建活动，运用“村民中心”等精神文明阵地，通过会议及各种新闻媒体等途径，进行积极宣传引导。强力宣传保护水源地水质安全的重要意义、主要内容和基本途径，增强各级各部门和广大人民群众保护水源地水质安全的责任意识；引导水源地周边各创建村广大村民树立起保护水源地的主体责任意识，并积极参与到保护水源地活动中来。

二是加强督导。饮用水源地保护涉及到水利、环保、农业、林业、矿业等多个行政主管部门，在创建文明生态村工作中，市文明办将进一步协调督导各有关部门落实“生态建村”的基本要求，加强水源地上游及周边创建村的流域治理，深入水源地上游及周边创建村对没有稳定达标的工业项目实施限期治理；督导各县区加强对畜禽养殖污染和文明生态村项目建设的环境监管，禁止乱采滥挖，防止生态破坏；引导创建村农民大力开展造林绿化、调整种植结构，促进农产品加工向规模化发展。

三是加大考核。在加强城乡精神文明建设过程中，将把关注和保护水源地水质安全作为全市城乡精神文明创建及文明单位、文明行业、文明乡镇、文明生态村等评比的重要内容，明确具体的考核责任、目标和任务。对保护水源地水质安全作出贡献的先进典型单位和个人进行大力宣传表彰，在同等条件下实行评先优先；对因工作不到位、责任不落实、有破坏水源地水质安全行为的单位和个人实行各类创建评先一票否决，连续三年不得参与各类先进评选，并通过新闻媒体给予曝光。

供稿：秦皇岛市文明办

秦皇岛市文明办

关于收集全市未成年人思想道德建设工作创新案例的通知（摘要）

（2007年11月2日）

一、征集时间

2007年11月6日～2007年12月6日。

二、征集范围

全市各级责任单位、教育主管部门，各中小学校（含幼儿园），社区、未成年人校外活动场所、爱国主义教育基地等，从事未成年人教育工作教师（包括社区教师）、家长均可参加。案例以活动为主，可以是一个地方、一条战线开展的活动，可以是一个学校、一个社区等单位开展的活动，也可以是教师、家长自己的新创造。

三、征集内容及要求

（一）案例以未成年人道德素质养成特别是道德行为习惯养成为主题，重点介绍在培养学生或孩子明礼、诚信、仁爱、勤俭、公正、爱国等基本道德品质，道德习惯培养上的成功经验。案例必须是已经开展了一段时间，而且现在进行时的活动，并具有良好的发展态势。

（二）报送的案例内容要突出“新”、“实”、“效”。每个案例3000字以内。案例格式大致分为两部分：

1．对案例内容的叙述。主要包括目的、过程或做法、效果等。要求叙述过程形象生动，避免空话套话；措施具体，特色鲜明，创意新颖，成效明显。案例要符合未成年人道德养成规律，灵活运用未成年人喜闻乐见的活动方式和载体实施养成教育，可操作性强，便于学习借鉴。

2．体会与思考。该部分主要内容是活动总结、体会或评价、思考建议等。

（三）各县区和市直部门所申报案例数量不限。

四、征集办法

市直部门案例创意单位可直接发送邮件，县区（市开发区）案例由各县区文明办收集，并统一报送。

供稿：秦皇岛市文明办

唐山市精神文明建设委员会
关于“文明唐山、和谐唐山”创建活动的实施方案（摘要）

（2007年3月6日）

一、指导思想

以邓小平理论和“三个代表”重要思想为指导，全面贯彻落实科学发展观和构建社会主义和谐社会重大战略思想，紧紧围绕宣传贯彻党的十六届六中全会和省第七次党代会、市委八届三次全会精神，迎接宣传贯彻党的十七大这条主线，把建设“文明和谐唐山”的各项要求贯穿于各类群众性精神文明创建活动之中，突出文明和谐文化内涵，调整创建活动思路，充实创建活动内容，组织动员全市人民和社会力量广泛参与，推动形成人人崇尚文明和谐、追求文明和谐、促进文明和谐的良好局面，为抢抓新机遇、建设新唐山，在科学发展的道路上实现新跨越，为建设沿海经济社会发展强省提供强大的精神动力。

二、内容、方法

1．在农村，深入开展创建文明和谐村镇、文明和谐家庭活动，深化拓展文明生态村创建活动成果。围绕产业强村、文化兴村、生态建村、民主治村的总要求，全面推进创建文明生态村活动向深度广度拓展，积极构建和谐乡村。继续加大道路硬化、村庄绿化、庭院净化力度，推进人居环境进一步改善，引导群众建立科学文明健康的生产、生活方式，促进人与自然的和谐。以提高农民素质和农村文明程度为重点，突出抓好培育新农民工作。大力加强“十星级”文明户评选和群众移风易俗自治组织建设，广泛开展文明和谐村镇、文明和谐家庭创建活动。组织开展“新唐山、新农村、新农民”风采大赛、“十星级”文明家庭争冠赛、“孝亲敬老”楷模评选等活动，吸引村民广泛参与，树立良好的道德风尚，建立和谐的人际关系，形成文明和谐的乡风、民风。整合以文化阵地为重点的公共服务资源，大力加强“村民中心”建设和管理，吸引村民广泛参与政策学习、科技培训、信息服务、文体活动等，增强致富能力，丰富文化生活。年内争取建设较高标准的“村民中心”1000个。筹备好第四次全省创建文明生态村工作会议，组织开展创建文明生态村先进典型的宣传，展示创建活动对建设新农村、构建和谐唐山的作用和成果；结合农工委、创建办等部门做好2003年以来各创建村的巩固提高、2007年创建村的启动工作以及督导检查工作。

2．在城市，深入开展创建全国文明城、争做文明市民活动，全面提高城市文明水平。把和谐理念贯穿创建文明城市活动各个环节，运用多种形式的精神文明创建载体，广泛开展和谐社区、和谐校园、和谐家庭、和谐单位等创建活动，为2008年全国文明城市评选奠定基础。广泛开展“文明十个一”活动，引导广大市民文明乘车、文明游园、文明观演、文明行车、文明走路、文明就餐、文明购物、文明待客、文明过节、文明养犬，增强文明意识，提高文明素质，培养文明习惯。广泛开展“爱我社区”周末联谊活动，引导居民和物业人员积极参与，使邻里之间、业主与物业人员之间增进了解、加深友谊、改善服务、化解矛盾，构建和谐社区。广泛开展营造城市森林大型公益活动，引导人们树立关心生态、保护环境的公德意识，动员党政机关、企事业单位、居民群众踊跃参与城市植树造林，改善城市生态环境，建设宜居城市。把创建文明城市活动与“迎奥运、讲文明、树新风”活动有机结合起来，着力解决文明礼议、公共秩序、社会服务、城乡环境等方面的突出问题。组织各责任单位对照2006～2008年度创建文明城市规划分解任务、落实部门责任、全面展开工作；配合省直新闻单位开展创建文明城市活动巡礼，对活动搞得好的单位进行集中宣传。

3．在企业，深入开展创建和谐企业、诚信企业活动，大力推进诚信建设。以经济交往履约践诺、建立和谐商务关系为目标，以涉农服务、食品供应、房产家装、商业零售等行业为重点，积极推动商务诚信体系建设。深化个体私营企业文明诚信经营创建活动，推动活动在私营企业、个体工商户和各类市场中广泛展开。加大优质服务杯、文明执法杯、便民利民杯竞赛活动力度，引导各企业以德经营、诚信立业、和谐生财。加强唐山诚信网站建设，打造诚信建设的阵地与平台。开展文明经营单位和个人评选活动，宣传诚信先进事迹，鞭挞失信行为和现象。

4．在机关，深入开展创建和谐机关、争做文明公务员活动，不断提高机关建设水平。紧密结合行政权力公开透明运行、加强机关效能建设等活动，开展文明和谐创建，促进机关工作人员行为规范，进一步发扬“严、细、深、实、快”的作风，不断提高服务质量和工作效率。开展营造优美环境活动，促进机关大院绿化、美化、净化，办公场所清洁有序，工作人员衣冠整洁庄重。

5．在全社会，深入开展“人人都来帮一点，共建文明和谐大家庭”活动，引导人们争做热心好公民，继续宣传和大力弘扬“帮一点”精神。结合省文明委提出的“帮一帮、让一让”体验活动，动员广大群众和社会各界，进一步弘扬“帮一点”精神，广泛开展对贫困学生、农民工、残疾人、低保户、贫困农村等困难群众、困难家庭、困难地区的群众互助和社会援助。以助学工程为龙头，加大各种形式的社会助学力度。扩大青年志愿者、巾帼志愿者、夕阳红志愿者、社区志愿者、公务员志愿者等队伍，拓展服务领域，使更多的困难群众得到帮助。大力支持红十字会、残疾人联合会、慈善总会筹委会工作，推动慈善事业发展。充分发挥工会、共青团、妇联等群众团体的作用，组织各界群众广泛参与到“献爱心、送温暖”活动中来。组织新闻单位开展道德先锋赞宣传活动，大力讴歌各地涌现出的团结友善、助人为乐的新人、新事、新气象，形成有利于增强社会亲和力的浓厚舆论环境。

三、组织领导

1．此项活动由各级文明委统一组织。各地要根据本方案的要求，结合本地实际，制定实施办法。搞好宣传发动，协调好各方力量，推动方方面面都行动起来，确保活动既形成声势，又扎实有效。加强统筹工作，将正在开展和已经开展的各种单项和谐创建活动纳入这一总的活动中来，既要保护好各方面的积极性，又要防止活动过多过滥。

2．实行部门分工，做到协调联动。市直工委、市各行业主管部门及行业协会，市总工会、团市委、市妇联等群众团体，市红十字会、市残疾人联合会、市慈善总会筹委会等社会慈善组织，要就本方案安排的相关工作分别制定落实措施，推动活动在各行业、各界群众中广泛展开。各部门之间要加强联系，互通信息，把各项具体活动衔接起来，协调推进，形成合力。

3．加强舆论引导，营造舆论氛围。市直各主要新闻媒体，要对此项活动进行跟踪采访，不间断报道各地、各部门活动的开展情况及涌现出来的感人事迹，营造浓厚的社会舆论氛围。

供稿：唐山市文明办

整理：韩小蔷

唐山市文明办

关于下发《迎奥运、讲文明，践行“十个一”道德实践活动实施方案》的通知（摘要）

（2007年2月18日）

为进一步彰显崇尚文明、讲究礼仪、遵守秩序、爱护环境的社会风尚，为迎接奥运会和创建全国文明城市营造健康向上的人文环境，市文明办决定，在全市范围内广泛开展“迎奥运、讲文明，践行‘十个一’”道德实践活动。制定实施方案如下：

一、指导思想

以邓小平理论和“三个代表”重要思想为指导，以科学发展观为统领，按照建设社会主义核心价值体系和我市正在开展的“文明唐山、和谐唐山”实践活动的有关要求，以提升市民文明素质和城市文明程度为核心，深化“迎奥运、讲文明、树新风”活动，在已有工作的基础上，加大力度、充实内容、扩大范围，深入开展文明“十个一”公民道德教育实践活动，大力倡导崇尚文明、讲究礼仪、遵守秩序、爱护环境的社会风尚，为迎接奥运会和创建全国文明城市营造文明和谐的社会环境。

二、活动内容

文明“十个一”道德实践活动的主要内容：

1．文明行车。广泛宣传交通法和交通安全常识；逐个单位签订交通安全责任状，宣传推广“驾驶员行为规范”；加大对交通违法行为的处罚力度，使机动车违章率符合《全国文明城市测评体系》的标准。科学设置安装各类交通标志，从源头解决公交车、出租车停车占路问题；强化停车秩序整治，使各种车辆停靠整齐、摆放有序。此项工作由市交警支队、市交通局等单位负责落实。

2．文明乘车。分期分批对公交车司乘人员进行培训，不断强化其当好文明乘车监督员和宣传员的责任意识；广泛开展“文明乘车、爱心让座”活动，使排队候车、文明礼让蔚然成风。此项工作由市公用局负责落实。

3．文明走路。增设必要的人行横道及信号灯等设施；继续开展“闯红灯者，红灯为你脸红”道德评议活动和“我最讨厌的十大交通陋习”评选活动，加大对行人不文明交通行为的教育处罚力度，使“文明走路光荣、不文明走路可耻”成为社会风尚。此项工作由市交警支队负责落实。

4．文明待客。开展“百万市民学礼仪”活动，编印《唐山市市民文明礼仪手册》，依托“市民文明学校”、道德课堂等阵地开展文明礼仪教育培训。重点加强“党政机关公务人员行为规范”，开展公务礼仪培训；推行窗口文明用语，使政务环境和服务环境得到进一步的优化。此项工作由各县市区文明办和市直机关工委负责落实。

5．文明游园。为游客提供更加便捷的服务，减少其做出不文明行为的可能性；搞好对导游员和景区工作人员的培训，使其能及时发现并纠正游客的不文明游园行为；大力宣传《旅游文明行为公约》，使文明游园意识深入人心。此项工作由市旅游局负责落实。

6．文明观演。以举办省运会为契机，开展文明观演活动。在赛场和演出场所悬挂、张贴“文明观演”“文明观赛”宣传标语和《文明观众行为规范》，配备“文明督导员”，随时纠正观演、观赛中的不文明行为，使观演秩序得到明显改善，使赛场成为展示文明风尚的舞台。此项工作由市文化局、市体育局负责落实。

7．文明就餐。指导餐饮行业积极设置和推行小份菜碟，主动提醒客人理性消费，适量点餐、剩菜打包、文明饮酒；餐饮门店悬挂、张贴倡导文明用餐的标语和宣传画，使节约消费、文明就餐成为港城新名片。此项工作由市商务局、市烹饪协会等部门负责落实。

8．文明购物。宣传推广文明购物“行为规范”，引导市民群众自尊自爱，杜绝带宠物进入商场、在百货区吃东西、吸烟、光膀子逛商场等不文明购物行为，使购物环境日益改善。此项工作由市消费者协会负责落实。

9．文明祭扫。疏堵结合，积极推广献花、植树、写祭文、网络拜祭、召开家庭追思会等文明祭扫方式，并通过行政手段和法律手段禁售烧纸和禁绝沿街烧纸行为，使文明祭扫成为港城新时尚。此项工作由市城管局、市民政局、市工商局等部门负责落实。

10．文明养犬。严厉查处违规养犬行为，做好收容安置流浪犬工作；设置“禁止遛犬”警示牌，提醒警示携犬人员遵守公共道德；加强日常管理，使防疫和监管要求得到有效落实。此项工作由市公安局负责落实。

三、实施步骤

活动大体分为四个阶段进行：

第一阶段：制定方案、部署动员。2007年3月15前，各县（市）区、各责任单位要根据市文明办《“迎奥运、讲文明，践行‘十个一’”道德实践活动实施方案》的要求，及早制定具体实施方案，提出明确工作措施，做好部署动员，做到家喻户晓、深入人心。

第二阶段：全面展开、积极推进。从2007年3月16日开始至8月底，各县（市）区、各有关单位要全面启动“同迎奥足赛、共创文明城”道德教育实践“十二个一”活动，以人为本精心设计活动载体，积极推进各项活动向深度和广度拓展。市文明办将组织文明指数测试和文明城区竞赛检查考核，迎接“全国文明城市”初评检查。

第三阶段：集中力量、形成高潮。从2007年9月开始至2008年9月，要把全社会力量动员起来，统一步调，集中行动，以一流的精神风貌、一流的社会风尚、一流的文化氛围迎接奥运会召开，为办好奥运赛事和创建全国文明城市增光添彩。

第四阶段：总结经验、巩固成果。2008年年底前，认真总结经验，评比表彰先进，形成长效工作机制，把取得的成果巩固下来，把良好的态势保持下去，推动我市精神文明建设深入持续发展。

四、保障措施

1．此项活动由各级文明办统一组织。各县（市）区要根据本方案的要求，结合本地实际，制定实施办法。要搞好宣传发动，协调好各方力量，并充分发挥文明城市宣管员的监督作用，形成强大的活动声势。

2．实行部门分工，做到协调联动。市直工委、市体育局、市文化局、市旅游局、市商务局、市交通局、市公安局、市交警支队、市消费者协会、市烹饪协会等单位，要就本方案安排的相关工作分别制定落实措施，推动活动在各行各业、各界群众中广泛展开。各部门之间要加强联系，互通信息，把各项具体活动衔接起来，协调推进，形成合力。

3．加强舆论引导，营造舆论氛围。市直新闻单位要对活动进行跟踪采访，不间断报道各县区、各部门活动的开展情况及涌现出来的感人事迹。

供稿：唐山市文明办

整理：韩小蔷

唐山市文明办

关于组织开展“弘扬‘帮一点’精神，共建文明和谐新唐山”学雷锋主题实践活动的通知（摘要）

（2007年2月27日）

今年3月5日，是毛泽东等老一辈无产阶级革命家向雷锋同志学习题词44周年。市文明办决定在全市组织开展“弘扬‘帮一点’精神，共建文明和谐新唐山”学雷锋主题实践活动。现将有关要求通知如下：

一、指导思想

认真贯彻落实党的十六届六中全会和省七次党代会、市委八届三次全会精神，围绕“弘扬‘帮一点’精神，共建文明和谐新唐山”这个主题，组织全市城乡广大干部群众广泛开展、参与各种形式的学雷锋主题实践活动。通过这一活动的开展，在全社会推动文明向上道德风尚的形成，增强社会的亲和力，促进人与人之间的和谐，进而提高广大公民的思想道德素质和全社会的文明程度，为建设“文明河北、和谐河北”，为“抢抓新机遇、建设新唐山”奠定良好的思想道德基础。

二、活动安排

1．各地各单位要结合实际，采取召开座谈会、研讨会、报告会等形式，认真总结开展学雷锋活动的经验，研究和探讨在新形式下开展学雷锋活动的新思路、新途径、新形式，特别是要结合“帮一点”精神的学习宣传，大力总结、宣传、表彰那些常年坚持学雷锋、爱心奉献、热心社会公益活动的先进集体和先进个人的典型事迹，努力营造文明、和谐的社会氛围。

2．各级志愿者组织要动员和组织青年志愿者、巾帼志愿者、“夕阳红”志愿者、社区志愿者、公务员志愿者等各类志愿者队伍，在城乡各地广泛开展“弘扬‘帮一点’精神，共建文明和谐新唐山”为主题的志愿服务活动，围绕敬老助残、扶贫帮困、环境保护、医疗保健、法律援助、文化娱乐等方面内容开展志愿者服务活动，实实在在地帮助群众解决生产和生活中的实际困难，为群众提供切实有效的服务。

3．各地各单位要采取多种形式，积极动员广大干部群众和社会各界投入到学雷锋活动中来。党政机关要结合加强机关效能建设、窗口行业结合规范化服务达标竞赛活动、企事业单位结合加强诚信建设、农村结合创建文明生态村镇及社会主义新农村建设、各类学校结合加强青少年思想道德建设，本着求新、求实、求活的原则，精心组织，周密安排，选好载体，扎实开展各种活动，推动全社会学习雷锋活动的深入开展。

三、组织领导

各地各单位要加强对此项活动的组织领导。各级文明办要加强组织协调，精心组织，确保活动落到实处，取得实效。各新闻媒体要加强对此次活动的宣传报道，营造强有力的社会舆论氛围。

供稿：唐山市文明办

整理：韩小蔷

唐山市文明办

关于发布公益公告暂行管理办法（摘要）

（2007年4月5日）

一、为了进一步规范公益广告行为，充分发挥公益广告在社会教育、文化传播、舆论导向等社会主义精神文明建设方面的功能，特制定此暂行管理办法。

二、公益广告发布载体分为户外广告载体和新闻媒介载体两种。

三、户外广告载体发布公益广告的数量要不少于广告总数的10%，其中，主要公共场所的公益广告发布数量不得小于广告总数的20%；广播、电视、报纸、期刊等新闻媒介载体也要发布一定数量的公益广告，其中广播、电视媒介每套节目用于发布公益广告的时间不得少于全年发布商业广告时间的3%，电视媒介在19:00～21:00时间段每套节目发布公益广告的时间不得少于该时段发布商业广告时间的3%，报纸、期刊媒介每年刊出公益广告的版面不得少于发布商业广告的版面的3%。

四、公益广告的内容必须符合国家法律、法规、政策规定和社会主义道德规范要求，否则，不得发布。

五、不得以公益广告的形式发布商业广告。

六、对于企业出资设计、制作、发布的公益广告，可以标注企业名称，但不得标注企业产品名称和商标标识，不得涉及与该企业商品或提供的服务有关的内容。

七、电视公益广告标注企业名称显示时间不得超过五秒，标注面积不超过电视广告画面的1/5。报刊、户外公益广告标注企业名称面积不超过报刊、户外广告版面的1/10。

八、市规划局负责户外公益广告设施地址的选定及户外公益广告数量、比例的掌控及其方案的审核；市城管局负责户外公益广告设施设置的市容审核及其监督管理；市工商局负责户外公益广告经营资格的审查和户外公益广告内容的登记管理；市文明办负责公益广告发布的组织、协调、监督及内容的审定。

九、此暂行管理办法自发布之日起执行。

供稿：唐山市文明办

整理：韩小蔷

唐山市文明办

“唐山市优秀文明市（村）民事迹报告团”巡回演讲报告的实施方案（摘要）

（2007年5月17日）

一、目的要求

通过组织开展“唐山市优秀文明市（村）民事迹报告团”巡回演讲报告，大力宣传全市各行各业在贯彻落实《公民道德建设实施纲要》及践行社会主义荣辱观进程中涌现出来的先进人物和典型事迹，在新形势下进一步弘扬雷锋精神及唐山抗震精神、“帮一点”精神，为贯彻市委八届三次全会精神，构建繁荣文明和谐新唐山，营造积极健康向上的社会舆论氛围。

二、方法步骤

（一）选拔典型，确定演讲报告人员。着眼典型类型的多样性、典型事迹的代表性和典型岗位分布的广泛性，从荣获2006年度全市“文明市（村）民标兵”和“优秀文明市（村）民”称号的同志中，选拔出11名同志（名单及其主要事迹附后）组成“唐山市优秀文明市（村）民事迹报告团”。

（二）统一组团，分头演讲报告。按照集中统一组团、分地区分头巡回演讲报告的原则，将统一组建的巡回演讲报告团划分成两个巡回演讲报告小组，深入到全市所有县（市）区及有关单位进行巡回演讲报告。

（三）有关单位密切配合，共同组织。市文明办负责组织协调工作，在此基础上，负责演讲报告会议程的确定，负责提供统一的报告会主持词；听取报告会的所在地或单位负责会场的组织工作，其中包括会议的主持、会场的布置、参会人员范围的确定及其人数（最少不得少于300人）。

三、有关要求

1．要求各地各单位高度重视，把此次演讲报告活动作为深化典型宣传，在新形势下进一步弘扬雷锋精神及唐山抗震精神、“帮一点”精神，提高全民文明素质的有效载体，精心组织，确保取得圆满成功。

2．要求各级新闻媒体对此次演讲报告活动予以高度关注，及时报道演讲报告会的基本情况及其社会反响，营造浓厚的舆论氛围。

3．要求各地各单位以此次演讲报告活动为契机，总结、挖掘、选树、宣传一批发生在身边的各类先进典型，充分发挥好先进典型的示范带动作用，把本地本单位的精神文明建设工作再提高到一个新水平。

供稿：唐山市文明办

整理：韩小蔷

唐山市文明办
唐山市文明生态村镇建设领导小组办公室

关于进一步加强“村民中心”建设的意见（摘要）

（2007年5月18日）

一、加大力度，积极推进“村民中心”建设。

“村民中心”是在创建文明生态村活动实践中探索的成功经验，是为农村、农民服务的新形式、新载体、新平台。按照市委关于要用一到两年的时间，在全市5000多个村普遍建立“村民中心”的要求，各县（市）区要进一步加大“村民中心”建设工作力度。一是要加快建设进度。在总结推广“村民中心”建设经验的基础上，要结合各自实际，制定“村民中心”建设的具体规划。到今年年底之前，全市已经开展文明生态村创建活动的村，要全部完成“村民中心”建设任务；二是要进一步完善“村民中心”的各项服务功能。要按照市文明办、市创建办《关于建设“村民中心”的实施意见》（唐生态办字[2006]6号）文件要求，对照“村民中心”建设标准，完善“村民中心”统一标识，进一步健全服务室的各项功能，根据村民需求，制定“村民中心”活动制度和活动计划，提出教育、科技、文体、卫生、信访、法律、信息、社会保障等“八大服务”的具体措施，确保“村民中心”发挥服务功能；三是进一步加强“村民中心”管理。要进一步建立健全“村民中心”管理机制。“村民中心”主任原则上由村民中具有较高的政治文化素质，有较强的责任心，热心为群众服务的村民担任。按照“村民中心”管理章程对“村民中心”进行管理。要建立和健全活动场所、活动设施、文体器材的使用管理制度，建立活动档案，明确专人负责，根据村民需求组织开展各项服务活动，使“村民中心”成为服务村民的有效平台。

二、发挥职能部门作用，建立上下贯通的“村民中心”服务体系。

各县（市）区要切实发挥职能部门作用，强化各职能部门的服务意识，积极构建上下贯通的“村民中心”服务体系。一是整合涉农服务资源，建立市、县、乡专业技术服务团。由各级文明办、创建办牵头，协调农业、林业、畜牧、水产、教育、科技、卫生、司法、社保等各职能部门，组建“农村实用技术服务专家团”、“农村法律服务团”等涉农服务团队，直接与村街的服务组织对接，利用“村民中心”这个平台，由专业技术人员根据农民需求深入农村开展信息咨询、技术指导、互动授课等活动，实现农民和专家面对面或通过信息平台、热线电话直接交流。同时，根据农民的实际需求，把各类涉农信息、技术服务、劳动力就业培训服务等公共资源和能向农村提供的其他公共产品、公共服务进行有效整合，创建“农村实用信息平台”，与“村民中心”对接。二是建立乡（镇）服务中心，将服务延伸到村。以乡（镇）机关职能部门为依托，建立与“村民中心”各项服务相对应的乡（镇）服务中心，成立“村民中心”协调办公室，对上联系市、县职能部门和专家服务团，对下做好“村民中心”服务内容的统筹安排和各项工作的协调运转和具体指导，形成上下联动的工作机制，确保“村民中心”各项服务职能长效运转。三是整合村级组织和村民自我服务资源。把村街党支部、村委会、民兵连、治保会、妇联、共青团等组织的职能整合到“村民中心”，转变村级组织的工作方式和干部作风，实现由传统管理型向服务型的过渡。同时，将村街红白理事会、道德评议会、妇女禁赌会、农技协会、文体协会、民调会等各种群众性团体分别安排在相应服务室开展活动，如“十星级文明户”评比、移风易俗宣传、致富技能培训、文体娱乐等，发挥村民中的能人和热心公益事业的志愿者的作用，使“村民中心”成为村民进行自我教育、自我管理、自我服务的平台。

三、依托“村民中心”，培育文明和谐的乡风民风。

充分发挥“村民中心”在教育培育新型农民中的阵地作用，以阵地教育人、以活动感染人，提高农民素质，培育文明乡风。一是要搭建文化平台，培养知识型农民。利用“村民中心”的文化阵地，吸引村民广泛参与政策学习、科技培训、文化培训、思想道德培训、市场经济知识培训、健康卫生知识培训等活动，培养知识型农民。二是要搭建科技平台，培养技能型农民。依托“村民中心”的设施和场地，组织专业技术人员送技术下乡入村，围绕农业产业结构调整和“一村一品”等特色产业发展开展科学实用技术培训和劳动技能、就业技能培训，提高农民的科技素质和技能水平，增强就业能力。三是要搭建信息平台，培养开放型农民。畅通信息网络，充分利用文化信息共享工程、远程教育等现代化设施，围绕农民生产提供产前、产中、产后系列化服务和就业信息、致富信息、农产品销售信息等服务，拓展农民的视野，更新农民观念，促进农村劳动力向二、三产业转移。四是要建立文体队伍，丰富村民的文化生活。积极发展群众性文体队伍，如农民剧团、秧歌队、篮球队、健身舞蹈队等，也可建立农民读书协会、诗词协会、书法协会等群众性文化组织，引导村民发展先进文化，活跃文化生活；要广泛开展丰富多彩的群众性文化体育活动，利用传统节日和农闲时节，编排文艺节目，组织文艺演出和体育比赛，以活动感染人、教育人，寓教于乐，使广大村民在参与活动中增进交往、融洽感情，构建和谐村庄。五是要移风易俗，培育文明和谐的村风民风。要进一步健全群众移风易俗自治组织建设，把“道德评议会”、“红白理事会”、“妇女禁赌会”的建设纳入村级考核，引导“三会”普遍开展道德教育和评议活动，广泛开展“十星级”文明农户创建活动和文明和谐村镇、文明和谐家庭创建活动。利用农村广播、宣传橱窗、文化墙等宣传形式对村民中的道德模范人物、典型事迹进行宣传。树立良好的道德风尚，建立和谐的人际关系，形成文明和谐的乡风、民风。

四、加强协调督导，确保“村民中心”建设取得实效。

1．加强组织领导，落实责任分工。各级各部门要进一步加强对“村民中心”建设工作的领导，切实把“村民中心”建设作为推进文明生态村创建活动的重要内容列入议事日程。各地农工委、文明生态村镇创建办公室要重点抓好“村民中心”的活动场所、服务室建设和活动设施建设；各地文明办要认真抓好“村民中心”的各项制度建设、群众自治组织建设和文体队伍建设，积极组织开展多种形式的教育培训活动和群众文体活动，并协调有关部门组织开展“三下乡”活动。文明办、创建办要组织协调各级宣传、科技、文化、体育、卫生、信访、司法、民政、劳动等职能部门，主动为“村民中心”的建设、管理、使用工作给予指导、提供帮助。

2．加强检查督导，落实建设任务。“村民中心”建设时间紧，任务重，各地要高度重视，抓紧实施。市文明办、市创建办将联合组织开展对“村民中心”建设工作的检查督导，并适时召开“村民中心”建设观摩会、调度会。“村民中心”建设工作情况将列入文明生态村考评之中。各地也要加强对“村民中心”建设工作的检查督导，确保按期完成建设任务。

3．探索建设规律，总结推广经验。各地要认真研究“村民中心”在服务村民和促进农村经济、政治、文化、社会发展中的作用，及时总结“村民中心”在建设、管理和使用工作中的好经验、好做法。要尊重群众的首创精神，鼓励基层大胆创新，注意发现先进典型，推广先进经验，推动“村民中心”建设工作健康顺利进行。

供稿：唐山市文明办

整理：韩小蔷

唐山市文明办

关于以良好的精神风貌“迎陶博盛会 做文明市民 建和谐唐山”的通知（摘要）

（2007年6月5日）

一、全市各级、各单位要以迎接省运会为契机，进一步加强机关效能建设和职业道德建设，进一步深化文明和谐机关、文明和谐企业、文明和谐社区创建活动，提高办事效率，树立文明形象，以优质服务、优美环境、优良秩序为省运会召开创造良好条件。要在干部职工中大力宣传普及“二十字”基本道德规范和文明礼仪常识，教育干部职工讲文明、树新风，当好东道主，以良好的精神风貌迎接全省第十二届运动会胜利召开。

二、全市各窗口服务行业要搞好规范化服务，展示窗口文明形象。要进一步深化“迎盛会，展风采，争当文明服务明星，争创文明服务窗口”规范化服务达标竞赛活动。宾馆接待、餐饮服务、商贸服务、公共交通、文化旅游、医药卫生、金融服务、执法管理等窗口行业，要大力推行语言、仪表、行为、服务、环境五种基本规范，强化规范服务意识，加大文明礼仪教育培训力度。全市各行各业窗口服务人员要积极行动起来，从自身做起，从岗位做起，从一言一行做起，牢固树立“在来宾面前，我代表唐山”的主人翁意识，讲文明，讲礼仪，讲规范，争当文明服务明星，争创文明服务窗口，全面提升文明窗口的创建水平，展示唐山人文明礼貌、积极向上的精神风貌。

三、全市广大市民要提高自身素质，讲文明、懂礼貌、知礼仪、重诚信，当好东道主，办好省运会。要文明乘车，做到候车排队，不拥挤、讲秩序，尊老爱幼，主动让座；要文明观演，热情为运动员鼓掌加油，不起哄、不喧哗。要保持公共场所的卫生环境和良好秩序，不乱扔果皮、纸屑、烟头，不乱停乱放车辆；要文明行车，礼让三先，自觉遵守交通规则，听从工作人员指挥；要文明走路，不横穿马路、不抢红灯；要文明就餐，不挥霍浪费，不强行劝酒、逼酒；要文明购物、文明经商，讲公平诚信，不强买强卖；要文明待客，对外地宾客要做到宾至如归、热情主动、周到服务。要大力弘扬“帮一点”精神，主动“帮一帮”“让一让”，积极参加志愿服务，自觉支持盛会，主动服务盛会，热情为来唐宾客送温暖，为办好盛会作贡献。在全市真正形成办省运，迎奥运，人人讲文明，行行树新风，全民共建文明和谐新唐山的生动局面。

供稿：唐山市文明办

整理：韩小蔷

廊坊市精神文明建设委员会

关于开展“文明城乡，和谐廊坊”创建活动的实施方案（摘要）

（2007年2月6日）

一、重点活动

1．深化拓展创建文明城市活动，引导人们争做文明市民。把和谐理念贯穿创建文明城市活动各个环节，运用多种形式的精神文明创建载体，广泛开展和谐社区、和谐校园、和谐家庭、和谐单位等创建活动，为2008年全国文明城市评选奠定基础。广泛开展“文明十个一”活动，引导广大市民文明乘车、文明游园、文明观演、文明行车、文明走路、文明就餐、文明购物、文明待客、文明过节、文明养犬，增强文明意识，提高文明素质，培养文明习惯。组织开展廊坊市第二届文明社区评选活动，使区级以上文明社区达到35家，使全市区级以上文明社区比例达到70%；以加强社区文化阵地为重点，全面构建社区教育网络，抓好市民学校、文化活动室、图书阅览室和室外文化活动场地等“一校两室一场”的建设；广泛开展“爱我社区”周末联谊活动，引导居民和物业人员积极参与，使邻里之间、业主与物业人员之间增进了解、加深友谊、改善服务、化解矛盾，构建和谐社区。广泛开展营造城市森林大型公益活动，引导人们树立关心生态、保护环境的公德意识，动员党政机关、企事业单位、居民群众踊跃参与城市植树造林，改善城市生态环境，建设宜居城市。把创建文明城市活动与“迎奥运、讲文明、树新风”活动有机结合起来，着力解决文明礼议、公共秩序、社会服务、城乡环境等方面的突出问题。按照省文明办2007年工作部署，省文明城市初评委员会将对我市创建工作及城市文明程度进行考评，并计入2008年总评。为做好迎检工作，按照市委、市政府《关于以全国文明城市测评为起点建立长效管理机制的实施意见》，组织协调有关部门制定城市管理专项办法，突出抓好城市主干道、背街里巷、城中村、城乡结合部、集贸市场、铁路沿线等重点部位责任区制度，在市区各机关、企事业单位、商业门店继续推行“门前十包”责任制，实施城市建设“三年大变样”十项工程，落实领导干部“十个一”督导检查制度；组织人大代表、政协委员、各督导组，新闻媒体等有关部门开展“文明城市创建督导点评”活动，通过点评，集中反映问题，公开揭露问题，分清责任，抓好落实，使城市管理逐步形成规范化、常态化，全面提高文明城市创建水平。

2．大力加强“村民中心”建设和管理，深化拓展创建文明生态村活动，引导人们争做新型农民。围绕产业强村、文化兴村、生态建村、民主治村的总要求，总结经验、研究政策、加强指导，全面推进创建文明生态村活动向深度广度拓展，积极构建和谐乡村。继续加大道路硬化、村庄绿化、庭院净化力度，推进人居环境进一步改善，引导群众建立科学文明健康的生产、生活方式，促进人与自然的和谐。以提高农民素质和农村文明程度为重点，突出抓好培育新农民工作，大力推广“十星级”文明户、群众移风易俗自治组织建设、“村民功德录”等活动，吸引村民广泛参与，树立良好的道德风尚，建立和谐的人际关系，形成文明和谐的乡风、民风。在继续巩固提高首批110个“村民中心”的同时，再重点规范、建设100个“村民中心”。一是整合各级部门的公共资源、公共产品、公共服务，分别建立市级配送中心、县级配送服务中心、乡镇配送服务站。由市科协、市网通公司、市农业局、市司法局、市卫生局、市供销社和邮政局牵头，协调其他相关部门，分别建立信息、农技、法律、卫生、日用品及农资等五个配送中心，通过各县（市、区）二级配送中心、各乡镇配送服务站，将分散在各部门的整合涉农服务的公共资源、公共产品、公共服务集中整合，送进“村民中心”，形成市、县、乡、村四级联动的配送服务体系。二是整合村街的经济资源，为“村民中心”正常运转提供物质保证。指导各村街整合自身拥有的资金、资产、资源，通过发展股份合作经济，经营、拍租土地，发展农家游，招商引资等手段，发展壮大村街经济。同时，通过“三资”（资金、资产、资源）委托代理服务制度，有效管理、使用村街“三资”，既坚持民主管理，确保群众自己当家做主，又坚持专业管理，保证“三资”管理规范运行，不断增加集体收入，壮大集体经济实力，推进“村民中心”建设。三是强化“村民中心”服务管理人员培训。采取分散与集中相结合、培训授课与外出学习参观相结合的方式，举办“村民中心”负责人、具体管理人员培训班，壮大服务队伍，提高“村民中心”建设和管理的科学化、规范化水平。

3．组织开展创建文明行业活动。以提高党政机关、执法部门、窗口单位的办事效率和服务质量为重点，组织全市重点行业继续开展创建文明行业“三杯”（文明执法杯、优质服务杯、便民利民杯）竞赛活动，以“三职一优”（职业道德、职业技能、职业纪律，优质服务）为重点评议内容，组织开展“三杯”竞赛群众评议，强化社会监督，促进各行业树立行业新风；以诚信建设为重点，在全市参创窗口行业和执法部门中开展“共铸诚信，擦亮窗口”活动，增强干部职工的诚信意识、服务意识和规则意识。大力推行社会服务承诺制、行政执法公示制、生产经营信誉制，建立文明服务品牌申报考核制度，培树文明创建典型，为文明城市创建提供重要支撑；以“满意服务在窗口”为重点，以政务诚信、商务诚信、社会诚信建设为主题，组织协调市属新闻媒体开展“行业诚信万人评”活动和文明窗口示范单位跟踪活动，宣传一批诚信典型，同时加强对文明示范窗口单位的社会监督和新闻舆论监督；在城建、公交、出租车、医疗、商业、旅游等重点窗口行业开展“争星级、创品牌”活动，按照环境整洁、设施齐全、管理规范、办事高效、诚实守信、服务优质等六个方面的标准，评选推出一批具有行业特色的优质服务品牌，在全市营造出亲商、近商、安商、富商的社会环境。

4．以弘扬和践行廊坊“城市精神”为核心，深入开展“社会主义荣辱观”实践教育活动。以社会公德、职业道德、家庭美德建设和创建优美环境、建立优良秩序、搞好优质服务为重点，在全市城乡广泛开展“文明铸就和谐”活动。运用新闻媒体、社会宣传、公益广告等多种形式，大力宣传“二十字”公民基本道德规范，动员和组织各类志愿者及社会各界广泛开展以“情满廊坊，爱心飞扬”为主题的公民道德实践活动，积极推动“希望工程”、“助学工程”、“春蕾行动”等社会公益活动，大力弘扬扶贫济困、助人为乐的道德风尚。以“5·18”、“10·18”等重大活动为契机，在全市各级党政机关、企事业单位、学校组织开展文明礼仪教育活动，编写新的《廊坊市市民思想道德教育读本》和《市民文明礼仪读本》，普及礼仪知识，制定礼仪规范，促进礼仪养成，让文明礼仪进机关、进社区、进校园。组织好第四个“公民道德宣传日”和纪念《公民道德建设实施纲要》五周年纪念活动，积极营造推动落实公民基本道德规范的社会氛围。针对环境卫生、公共秩序等方面存在的不文明行为，开展“我深恶痛绝的十大生活陋习”公众评点文明行为专项治理行动，使广大群众受到教育、陶冶情操，促进文明礼仪习惯的养成，着力塑造廊坊人讲文明、重礼仪、团结友善、热情好客的良好形象。

5．深入开展创建文明单位、文明村镇活动，充分发挥文明单位、文明村镇在精神文明建设中的示范带动作用。推动文明单位创建活动在党政机关、企事业单位、新经济组织中的普遍展开，充分体现其广泛性和群众性。出台《廊坊市文明单位、文明村镇管理实施细则》和《廊坊市文明单位、文明村镇测评体系》，举办文明单位、文明村镇创建工作培训班。对各级文明单位、文明村镇实行动态管理，加强动态考评，强化文明单位档案管理。特别是对中央、省表彰的单位、村镇进行年度检查，对发生问题的限期整改，丧失条件的坚决撤销称号，确保各级文明单位发挥示范作用。

6．加强舆论引导，加大信息反馈力度。积极参加省文明委组织的创建文明生态村先进村回访、文明城市创建活动巡礼、诚信河北千里行、文明机关文明公务员采风、爱心暖燕赵寻访等五大系列专题采访报道活动，特别是结合新一轮创建文明城市工作，组织市属新闻单位开展“文明城市创建活动巡礼”，对创建活动跟踪采访，深入报道各地各行业的创建动态，进一步营造“全民参与携手共建”的创建氛围。要加强典型调研和信息反馈工作，组织力量对各级文明单位进行巡访，全面总结、宣传我市在文明单位创建、文明城市创建中创造出来的好经验、好做法。各县（市、区）、各文明单位要高度重视精神文明建设信息工作，明确专人负责，及时反馈本地、本部门创建工作的经验、做法。参创市级以上文明单位的单位，在创建年度内应创造出在本区域有影响的创建经验，信息工作将按照市文明办《关于认真做好精神文明建设信息工作的通知》（廊文明办字[2006]2号）明确的记分办法，所得分数将记入2006～2007年度市级以上文明单位百分考核评比。

二、组织领导

此项活动由各级精神文明建设委员会统一领导，各级精神文明建设委员会办公室负责具体组织协调工作。

各县（市、区）、廊坊开发区、市直有关部门、各群众团体、各行业主管部门要切实加强对活动的组织领导，结合本地、本部门实际，制定具体措施，抓好各项工作落实。

供稿：廊坊市文明办

整理：陈东 邵凤霞

廊坊市精神文明建设委员会

关于进一步加强文明社区创建工作的意见（摘要）

（2007年6月19日）

一、创建文明社区工作的基本目标

根据市委、市政府《廊坊市2006～2008年创建文明城市规划》和《关于进一步推进市区社区建设的实施意见》要求，在重新调整街道、社区范围，理顺社区管理体制，完善社区基础设施，健全社区组织，强化社区服务的工作基础上，在全市所有社区进一步深化文明社区创建活动。力争2007年底前将市区80%的社区建成区级文明社区，30%的社区建成市级文明社区。

二、创建文明社区工作的主要任务

（一）开展社区教育，加强思想道德建设。社区教育要以市民学校、家长学校为主阵地，要普遍建立市民学校总校，各辖区企事业单位和居委会分别建立分校，形成多层次、全方位的社区教育网络，有计划地对社区居民进行培训。要突出思想道德教育这个核心，根据社区不同群体的特点，有针对性地开展教育宣传活动。要抓好《公民道德建设实施纲要》宣传教育工作，要认真制定《社区居民文明公约》，积极宣传《廊坊市民文明公约》和《廊坊市民行为规范》，大力宣传普及科学知识，在社区内树立良好道德风尚，形成团结互助、平等友爱的新型人际关系和崇尚科学、破除迷信的良好氛围。

（二）完善社区服务功能，提高市民生活质量。要积极发展方便居民的供水、供电、供气、购物、邮电、清洁等生活服务，努力实现“15分钟生活服务圈”的全覆盖。扎实推进社区就业服务、社区社会保障服务、社区司法调解服务、社区救助服务、社区卫生与计划生育服务、社区文化与教育体育服务、社区流动人口管理与服务、社区安全服务等政务服务，街道要建立健全社区服务中心，居委会要设立社区服务分中心（站），市、区、街、居四级机构要分别建立社区服务救助热线电话网络并实行电脑联网。建立完善社区志愿者组织，热心参与群众性互助服务。

（三）开展社区文体活动，丰富市民文化生活。加强社区公益性文体活动场所建设，依托社区资源和人才优势，组建群众性业余文体活动队伍，广泛开展健康向上、群众喜闻乐见的文体活动，遏制不良文化在社区的传播。各级文化、体育部门要建立和实施文体辅导员进社区包片辅导制度，不断加强对社区群众业余文体活动的管理和指导。各类专业文化团体要积极参与社区文化建设，提高社区文化品位。要加大“扫黄打非”力度，净化社区文化市场，保障社区文化健康发展。

（四）深化社区环境治理，营造社区优美环境。进一步加强社区基础设施建设，环卫、服务、交通、通讯等基础设施完善，布局合理，社区功能健全。健全保洁队伍、保洁制度，实行生活垃圾袋装化、密闭中转、日产日清，无噪音污染。环境综合整治和净化绿化美化工作成效显著，主要考核指标达到全省或全市先进水平，社区环境整洁优美。

（五）加强社会治安综合治理，维护社区优良秩序。各社区要广泛开展民主法制教育，积极协助有关部门认真落实社会治安综合治理的各项防范和管理措施，建立社区治安综合治理网络，完善群防群治体系。认真做好人民调解工作，积极疏导化解各种矛盾纠纷。严厉打击各种违法犯罪行为，无重大刑事案件、重大安全事故和群体上访事件，无“黄赌毒”等社会丑恶现象和封建迷信活动。社区管理规范、秩序稳定，群众安居乐业。

（六）整合社会资源，开展文明创建活动。以“倡导文明新风，共建美好家园”为主题，广泛开展争做文明市民、创建文明家庭、文明楼院和文明小区活动。扎实推进科教、文体、卫生、法律“四进社区”活动，力争使其覆盖面达到100%。增强社区居民和成员单位的社区意识，社区内的党政机关、人民团体、部队、学校、企事业单位要积极参加文明社区创建活动。要按照“自觉自愿、互利互惠”的原则，开展街企共建、街校共建、军民共建、警民共建等多种形式的共建文明社区活动，努力实现资源共享。

三、文明社区的申报考评和表彰

（一）市级文明社区采取申报制的办法进行。申报市级文明社区，必须在县（市、区）级文明社区的基础上产生，同时必须达到市级计划生育、环境卫生、社会治安、服务工作、文化生活、市民学校等方面工作考核合格要求。由各县（市、区）直接申报，在县（市、区）级文明社区的基础上严格掌握标准，择优申报。

（二）市级文明社区考评标准由市文明委根据中央、省文明委和市委、市政府有关文件精神制定具体实施办法。文明社区考核工作在市文明委统一领导下开展，由市文明委成员单位组成文明社区考核组进行考核。检查验收采取明察与暗访相结合，组织检查与群众评议相结合的方法进行，重点查看工作实绩。

（三）市级文明社区每两年命名一次，实行动态管理。年审合格的保留市级文明社区荣誉称号，年审不合格的，撤销“文明社区”荣誉称号。

四、创建文明社区工作的保障措施

（一）加强组织领导。各级党委、政府要切实加强对创建文明社区工作的领导，把文明社区创建工作摆上议事日程，作为文明城市建设的重要载体和基础工程抓实抓好。要建立和完善文明社区创建的领导体制和工作机制。针对社区调整重组后的新情况、新变化，按照“属地管理、条块结合、区域共建、落实基层”原则，制定创建文明社区的目标规划。各街道要建立创建文明社区领导小组，所在社区的机关、团体、部队、企事业单位都要积极参与，共同创建文明社区。

（二）严格落实责任。各级各有关部门要根据创建目标任务要求，制定创建文明社区专项规划和实施方案，将创建任务层层分解落实，责任到岗，落实到人。切实采取有效措施，有计划、有重点、有步骤地开展文明社区创建工作。要建立具体的考核激励机制，把创建文明社区工作的成效作为考核领导班子和领导干部政绩的重要依据，作为评选文明单位的一项重要内容。

（三）多渠道增加投入。要采取各级政府拨一点、共建单位筹一点、受益单位出一点、有关职能部门支持一点的方式，多方筹集资金，加大创建文明社区的投入。要进一步理顺城市管理体制，规范街道、社区居委会的设置，解决好街道、居委会办公用房和活动用房，落实好街道、社区居委会所需的人员和经费。要加强社区精神文明活动阵地建设，建立和完善综合活动室、图书室、科普画廊、阅报栏、黑板报等宣传文化阵地。

（四）广泛宣传发动。充分发挥新闻媒体和舆论宣传的重要作用，市属新闻媒体要开辟专题、专栏，广泛宣传创建文明社区活动的意义和目标任务，及时宣传报道创建过程中涌现出来的典型经验和居民主动参与社区建设的感人事迹，组织和动员社区居民、驻区单位和社会各界积极参与创建文明社区工作，努力形成人人支持创建、人人参与创建的良好氛围。

供稿：廊坊市文明办

整理：陈东 邵凤霞

廊坊市精神文明建设委员会

关于在重阳节期间开展“敬老爱老助老 共享和谐”活动的实施方案（摘要）

（2007年10月16日）

一、活动内容和责任分工

1．集中服务咨询活动。10月18日上午，在时代广场举办老年教育、养老政策、养老社会救助制度、社保、老年健身、老年人维权、专家义诊和保健等集中服务咨询活动。

责任单位：市文明办、市委老干部局、市民政局、市老龄办、市劳动和社会保障局、市体育局、市司法局、市卫生局

2．走访慰问贫困老年人活动。走访慰问贫困老党员、孤寡老人及优抚对象困难户，发放慰问金和节日礼品，深入细致地了解老年人生活状况，解决老年人的实际困难，让老年人感受到党和政府的温暖和关怀。

责任单位：市老龄办、市民政局

3．敬老爱老文体活动。编排和演出弘扬民族精神，反映社会进步和老人们喜闻乐见的文艺节目，组织文体活动下乡、进社区、养老院，通过文艺晚会、联谊会、才艺展示会、茶话会等形式，举办老人节大型庆祝联欢活动，向老人们宣传健康、科学、文明的生活方式，丰富老人们的文化生活，营造欢乐祥和、宁静和谐的生活氛围。

责任单位：市文化局、市民政局

4．关爱老年人健康活动。组织医院专家、医务工作者开展卫生志愿服务义诊活动，深入街道、社区、福利院、敬老院、光荣院等地“送医上门”，对困难老人进行免费体检。通过发放健康教育处方、合作医疗宣传单、开展健康咨询等形式，向老人介绍养生和保健的有关常识，帮助老人增强身体素质。

责任单位：市卫生局、市老龄办

5．法律援助、社保咨询服务活动。组织法律援助机构的工作人员和律师、公证员等法律服务人员及社保中心工作人员进社区、进农村，积极为老年人提供诉讼代理及法律、代书、调解、办理公证等各种非诉讼代理和社保知识咨询等服务。

责任单位：市司法局、市劳动和社会保障局

6．心理、精神慰藉服务活动。组织青少年学生、志愿者开展“走进敬老院，关爱老年人”、“一助一帮扶”等活动，积极为孤寡、贫困老人做好事、送温暖，如为老人们打扫和整理房间，帮助老人们梳理头发，清洗衣物，与老人共同做一件事情，同老人度过一次传统节日，帮助老人解决心理、精神上的困惑和生活中的难题，让老人们感受到家的温暖。

责任单位：团市委、市教育局、市妇联

7．参观考察全市经济社会发展情况活动。组织老年人参观市区经济社会发展亮点、市直各部门社会文化事业发展成果，让他们亲眼目睹全市经济社会发展成就，亲身感受全市发展活力。各县（市、区）可根据各自实际情况，自行安排。

责任单位：市民政局、市老龄办

二、活动要求

1．高度重视，加强领导。敬老爱老是中华民族的传统美德，也是贯彻落实胡锦涛总书记关于树立社会主义荣辱观的讲话精神的重要举措。各地各部门要深刻认识本次活动的重要意义，认真组织，加强领导，制定详细的实施方案，明确责任，抓好落实。

2．结合实际，注重实效。各部门各单位要依据就近就便、力所能及、注重实效的原则，设计和开展一些主题突出、特色鲜明、形式多样、效果显著的集中性、示范性重点活动，切实将关爱老年人活动落在实处，使广大老年人在活动中得到实惠，使活动收到实效。

3．加强宣传，营造氛围。要协调新闻媒体，充分利用网络、报纸、广播、板报、电视等手段，深入报道敬老爱老助老活动中涌现出的先进典型，在全市大力宣传中华民族的传统美德，吸引和带动广大干部群众、社会各界人士广泛参与，营造建设和谐社会的良好氛围。

供稿：廊坊市文明办

整理：陈东 邵凤霞

廊坊市精神文明建设委员会

廊坊市文明社区创建管理办法（摘要）

（2007年10月31日）

总则

第一条 为推动文明社区创建活动的深入发展，不断提高文明社区创建水平，加强文明社区管理，使创建文明社区活动经常化、制度化、规范化和科学化，特制定本管理办法。

第二条 文明社区是以社区居委会为辖区单位，按照文明社区创建标准，组织驻区所有单位和居民群众共同参与社区文明创建活动，成效显著，社会认可，居民群众满意，并经市有关主管部门严格考核，由市委、市政府命名表彰的综合性荣誉称号。

第三条 创建文明社区，要以邓小平理论和“三个代表”重要思想为指导，以构建社会主义和谐社会、提高社区文明程度和居民文明素质为目标，以群众满意为根本标准。

第四条 创建文明社区要在各级党委和政府的统一领导下进行，坚持“条块结合、以块为主”的原则，体现“政府主导、社会支持、群众参与”的要求，形成在共享中共建、在共建中共享的工作格局。

第二章 文明社区标准

第五条 市级文明社区标准：

（一）社区组织健全，领导坚强有力。社区党组织和居民委员会等基层组织健全，达到“五好”标准（领导班子好、党员干部队伍好、工作机制好、工作业绩好、群众反映好）；整合社区资源，发挥党员作用；加强社区流动党员管理；重视创建文明社区工作，制定创建文明社区规划，创建工作制度健全，目标责任明确，创建活动经常化、制度化；积极推进社区居委会民主建设，建立社区居民代表会议、社区议事委员会等自治组织，有条件的社区要依法实行社区居委会直选制度，80%以上的社区居民参与选举；完善社区民主监督制度，社区居委会、物业公司、公共服务机构对涉及居民的事务实行公开，接受社区居民监督。

（二）社区基础设施完善，环境整洁优美。社区内道路、供水、供电、供气、通信、环卫等基础设施配套，无人为损坏，常年完好率达95%以上；社区内道路通畅、无违章搭建、无乱停车辆现象；社区居委会办公用房达到300平方米以上；社区内建有图书阅览室、社区文体活动室、社区劳动保障工作站、社区捐助站、社区卫生服务站、市民学校等服务设施；社区内路灯及居民楼道亮灯率达到95%以上；广泛开展爱国卫生运动，社区内卫生管理制度健全，“门前十包”管理责任制落实，垃圾袋装化率100%；居民区宠物管理规范，无随地便溺现象；社区环境整洁；社区绿化覆盖率达到40%以上。

（三）社区管理规范，治安秩序良好。协调落实有关职能部门对辖区进行管理，做到制度完善，任务明确，责任到位，建立社区居务公开与民主管理制度，将物业管理纳入文明社区建设，物业管理和服务行为规范。社会治安综合治理责任制落实，建有社区警务室，抓好“一社区一警制”的落实；社区技防、人防、消防设施完善，小区实现全封闭，有门卫值班和安全巡逻等防范制度；社区内住宅安装楼宇对讲电控防盗装置（老式住宅小区安有简易防火防盗装置）；建立集人民调解、法制宣传、法律服务为一体的社区矛盾调处组织，民事纠纷调处及时；出租房屋管理规范、外来人口登记率达到100%；社区治安秩序良好，无重大治安事故发生，居民对社区治安的满意率达90%以上。

（四）社区服务方便快捷，群众满意度高。加强社区服务体系建设，逐步完善社区福利服务、便民利民服务、行政事务服务和社会保障等多种服务，努力打造“十五分钟服务圈”；社区内服务设施齐全，物业管理、卫生、金融、商业等营业网点服务规范高效，居民群众满意率达到85%以上；多渠道解决再就业问题，努力做好扶贫济困工作；建立社区志愿者服务队伍和管理制度，登记注册志愿者人数占社区总人数的的8%以上，经常开展志愿者服务活动，完善对老年人、残疾人、优抚对象和困难群体的服务网络；建立社区医疗卫生机构，形成以社区卫生中心为主的社区医疗服务网络，为居民提供方便快捷的健康咨询、医疗保健服务。

（五）社区文化繁荣，居民生活丰富多彩。加强社区文化阵地建设，社区内建有综合性文化活动中心、图书阅览室、健身场所等文化体育设施，社区建有宣传栏并定期刊登精神文明创建内容。建立社区居民业余文化活动辅导员注册登记制度和培训制度，积极组建社区群众性文化体育队伍，每个社区有3支以上经常开展活动的文体团队，推动广场文化、社区文化、家庭文化等群众性文娱活动深入开展，丰富居民业余文化生活，全年集中组织的文体活动至少在8次以上。积极组织开展科教、文体、法律、卫生“四进社区”活动，活动覆盖面达到80%以上。

（六）创建工作扎实深入，社区风尚良好。加强社区市民学校、基层党校等教育阵地建设，充分发挥工青妇等组织的作用，建立健全社区教育网络。大力推进社会主义核心价值体系建设，认真贯彻《公民道德建设实施纲要》和《廊坊市民文明公约》，深入开展社会主义荣辱观教育，社区居民对公民基本道德规范的知晓率达到80%以上；加强社会公德、职业道德、家庭美德、个人品德建设，广泛开展文明小区、文明楼院、文明楼道、文明家庭等群众性创建活动，社区团结友爱、尊老爱幼、互帮互助，人际关系和谐。建立共建文明社区组织协调机构，制定章程，明确任务，根据社区实际，广泛开展军民共建、警民共建、区域共建等各种形式的社区共建活动，做到资源共享，优势互补，社区共建参与率达到60％以上。

第三章 文明社区的评选、命名和表彰

第六条 市级文明社区每两年评选一次。每届期满后，获得荣誉称号的社区重新参加申报评选。

第七条 凡符合市级文明社区标准，并已获得上一评选年度县（市、区）级文明社区荣誉称号的社区，可以申报廊坊市文明社区。

第八条 文明社区创建实行公示制度，自觉接受社会监督。有下列情况之一的，不得参加该年度文明社区的评选：

1．领导班子成员严重违法违纪，造成不良影响的；

2．发生经济案件、重大治安及刑事案件，性质严重或当地影响较大的；

3．违反计划生育政策，计划生育工作不达标的；

4．出现与市级文明社区称号极不相符的事件与行为，造成恶劣社会影响的。

第九条 廊坊市文明社区的申报按照自愿申报和组织推荐相结合的原则进行。申报程序是：要求参评的社区根据文明社区创建标准做好自我评估，并征得所属街道办事处同意后，向县（市、区）文明办提出申请；经县（市、区）精神文明建设委员会审定后向市文明委推荐。

第十条 申报廊坊市文明社区须提交以下材料：（一）廊坊市文明社区申报登记表；（二）近两年来创建文明社区工作总结及主要成果；（三）县（市、区）精神文明建设委员会的推荐报告；（四）要求提供的其他材料。

第十一条 市文明办会同市有关部门对各县（市、区）推荐的文明社区进行考核验收，主要采取听取汇报、材料审核、实地考察、问卷调查、征求有关部门意见、新闻媒体公示等方法进行，根据考核结果，提出廊坊市文明社区推荐名单，由市精神文明建设委员会审核后，报市委、市政府审批，由市委、市政府予以命名表彰，并授予文明社区牌匾和证书。文明社区可对本社区干部职工进行适当的物质奖励。

第十二条 申报省级、全国文明社区，由市文明办从市级文明社区中择优推荐、考核，报市精神文明建设委员会审定后上报。

第四章 文明社区的管理

第十三条 各级党委和政府要进一步加强对创建文明社区工作的领导。各级精神文明建设委员会及其办公室，负责创建文明社区活动的组织、协调、监督、指导工作及文明社区的检查、验收、评选、表彰和日常管理工作。

第十四条 廊坊市精神文明建设委员会委托文明社区所在的县（市、区）精神文明建设委员会对其进行日常指导和管理。

第十五条 文明社区建设的日常管理工作包括：

（一）制定本地文明社区标准、创建规划和实施方案，组织、协调本地各职能部门和企事业单位积极参与创建工作，推动本地创建文明社区活动不断深入发展；

（二）指导社区建立健全创建活动组织，检查创建活动的进展情况；

（三）总结推广创建文明社区的先进经验和先进典型，有针对性的进行分类指导；

（四）加强创建文明社区工作的横向联系，协调有关部门帮助社区解决实际困难；

（五）加强基础工作管理，建立文明社区档案。主要包括：社区概况、创建规划、创建文件、主要会议材料、检查考核记录、年终工作总结、奖惩记录、群众与社会各界的反映等。

第十六条 各级精神文明建设委员会及办公室，要加强对文明社区的检查考核。要在各社区进行自查的基础上，进行必要的复查。

第十七条 文明社区要实行动态管理。主管部门对所命名的文明社区应进行跟踪监督和检查，发生重大问题和水平严重滑坡的，应根据情节轻重，给予批评、警告、限期整改、撤销荣誉称号等处理，并通报处理结果。

第五章 附则

第十八条 本办法由廊坊市精神文明建设委员会负责颁布实施，各县（市、区）文明委可根据本办法制定实施细则。

第十九条 本办法由廊坊市精神文明建设委员会办公室负责解释。

第二十条 本办法自公布之日起实施。

供稿：廊坊市文明办

整理：陈东 邵凤霞

廊坊市精神文明建设委员会

廊坊市文明单位管理办法（摘要）

（2007年10月31日）

第一章 总则

第一条　为加强对文明单位的日常管理，充分发挥文明单位的示范作用，使文明单位创建活动规范化、制度化、常态化，根据中央精神文明建设指导委员会《关于评选表彰全国文明城市、文明村镇、文明单位的暂行办法》和《河北省文明单位管理办法》的有关规定，制定本实施细则。

第二条　文明单位是由党委、政府授予积极开展创建文明单位活动，物质文明、政治文明、精神文明、生态文明建设协调发展，精神文明建设成绩突出，能够发挥示范作用的单位的综合性荣誉称号。

第三条　创建文明单位的范围系本市境内经济独立核算，建有共产党基层组织的单位：党政机关，社会团体，企事业单位，各级各类学校，中省直机关驻我市的单位。机关、企事业单位内部的科处室、车间等参加单位内部的创建活动，一般不予命名文明单位。

第四条　文明单位建设工作要纳入机关、企事业单位目标责任制，作为考核领导班子政绩和干部奖惩、选拔使用的重要依据。

第二章 文明单位评选标准

第五条　文明单位是在社会主义精神文明建设中取得突出成绩，经过群众评议和主管部门推荐，由县以上(含县，下同)党委和政府审核批准、命名的单位。

第六条　文明单位的级别分为：全国文明单位、省级文明单位、市级文明单位、县(市、区)级文明单位。

第七条　文明单位必须具备下列基本条件：

（一）领导班子坚强有力。单位党组织能够认真学习贯彻邓小平理论和“三个代表”重要思想，深入贯彻落实科学发展观，坚决执行党的路线、方针、政策，自觉坚持三个文明协调发展的方针，党政一把手亲自抓精神文明建设工作，将精神文明建设融于整体工作之中，与本单位的中心工作一起谋划，一起部署，一起督导落实，一起考核评比，健全各项工作制度，建立长效工作机制，认真落实文明委交办的工作任务。领导干部勤政廉政，作风民主，在群众中威信高，在创建活动中发挥模范带头作用。

（二）思想道德风尚良好。深入开展中国特色社会主义理论体系宣传普及活动，用马克思主义中国化最新理论成果教育干部职工。积极开展社会主义荣辱观教育，大力弘扬爱国主义、集体主义、社会主义思想，弘扬和践行“包容开放、务实诚信”的廊坊城市精神，认真贯彻落实《公民道德建设实施纲要》，把加强社会公德、职业道德、家庭美德、个人品德建设贯穿于全员的工作、学习和生活之中，深入开展群众性精神文明创建活动，热心支持社会公益事业，形成良好的风尚。

（三）文化体育卫生先进。以建设社会主义核心价值体系为根本，建设和谐文化。坚持对干部职工进行科学理论、文化知识和业务技能培训，形成全员学习、终身学习、自觉学习的良好风尚。崇尚科学，反对迷信，倡导科学、健康、文明的生活方式。认真做好人口与计划生育工作，计划生育率100%。文化、体育、卫生等设施完善，广泛开展群众性文体活动，群众精神文化生活丰富多彩、健康向上。

（四）民主管理规范有序。健全民主管理制度，落实厂务、政务、校务公开等公开办事制度，坚持和完善职工代表大会和其他形式的企事业民主管理制度，保障职工的合法权益。社会治安综合治理措施落实，治安防范网络健全，民主法制教育经常化、制度化。单位内部治安状况良好，工作纪律严明，安全教育和安全生产落实。领导干部无违法违纪案件，职工中无严重违法违纪案件及刑事案件，单位无特大安全责任事故，无“黄、赌、毒”等丑恶现象，无邪教活动。

（五）整体环境优美达标。内务管理规范有序，内外环境清洁整齐，无脏、乱、差现象，搞好绿化、美化，为职工创造良好的工作生活环境。环保制度健全、措施落实。积极为群众改善工作生活条件，基础设施完善，内外环境清洁卫生，绿化美化好，无脏、乱、差现象。环保制度健全，措施落实。工业企业建立了切实有效的环境管理体系，环境宣传教育工作成效明显，环境污染控制指标达到国家环保标准，内外环境绿化美化水平居同行业前列。

（六）业务工作实绩显著。生产经营单位积极适应社会主义市场经济发展的要求，改革进取，诚信经营，科学管理，经济效益和社会效益稳步提高，主要经济指标居于本行业或本省同类型单位前列。党政机关和执法部门廉洁高效、办事公道、依法行政、执政为民，重大决策民主公开，群众满意率高。教育科研单位成果优异。服务性单位大力推行优质高效的规范化服务，业务实绩和服务水平处于当地同行业领先水平。

第八条　在评选年度有下列情况之一的，不得参加当年评选：

（一）领导班子成员受警告以上处分的(含警告)；中层干部和直属单位领导班子成员受严重警告以上处分的(含严重警告)；一般干部出现开除党籍、开除公职的。

（二）发生严重经济案件、重大治安及刑事案件和安全责任事故的。

（三）违反计划生育政策，计划生育工作不达标的。

（四）发生“法轮功”等邪教和非法宗教活动的。

（五）发生破坏生态、污染环境问题的。

（六）有其他严重损害文明单位声誉的行为，造成恶劣社会影响的。

第三章 文明单位的申报、评选和命名

第九条　文明单位每两年评选表彰一次。每届期满后，获得荣誉称号的单位须重新参加申报、评选。

第十条　文明单位的评选按照自愿申报、逐级推荐、提前公示、择优评选、命名表彰的程序进

行。

（一）自愿申报。凡符合文明单位基本条件的单位要求参加文明单位评选的，按照党的隶属关系向所在地的精神文明建设委员会提出书面申请。文明单位的申报和审批，必须由申报单位对照文明单位所列条件和有关规定进行自查，填写文明单位申报表，按照文明单位的不同级别逐级申报。

（二）逐级推荐。各级文明委按照文明单位的标准和申报资格对申报单位进行审核，本着优中选优的原则，逐级向上一级文明委推荐，拟推荐名单须在本辖区内以适当方式进行为期一周的公示，并经同级党委、政府和有关部门统一审核后上报。

（三）择优评选。文明委办公室对各地、各有关部门的推荐报告进行审核，以适当方式征求纪委、政法委、公安、检察、法院、计生等主管部门的意见后，组织文明委成员单位有关人员组成考核组，对推荐的单位逐一考核，提出文明单位建议名单。市级文明单位由市文明委办公室统一组织考核，并综合审查考核情况，提出市级文明单位建议名单。

（四）进行公示。文明单位建议名单在新闻媒体或以适当方式进行为期一周的公示，接受群众的评议和监督。公示期满后，正式报文明委审核。市级文明单位建议名单由市文明委办公室在市新闻媒体进行公示，并经市精神文明建设委员会审核后，报请市委、市政府批准命名。

第十一条 各级文明单位的报批程序：

(一)县(市、区)级文明单位：由乡镇或相当于这一级的主管部门从申请单位中择优推荐，经县(市、区)精神文明建设委员会审核后，报请县(市、区)委、政府批准。

(二)市级文明单位：由各县(市、区)精神文明建设委员会从提出申请的县(市、区)级文明单位中择优推荐，经市精神文明建设委员会审核后，报请市委、市政府批准。

(三)省级文明单位：由市精神文明建设委员会从提出申请并连续两年享有市级文明单位荣誉称号的单位中择优推荐，经省精神文明建设委员会审核后，报请省委、省政府批准。

(四)市直机关精神文明建设委员会为县（市直）级文明单位命名机关，参照有关报批程序，在所属单位中组织实施文明单位的评选命名工作，并可向市精神文明建设委员会推荐市级文明单位。

第十二条 申报文明乡(镇)的单位，其所辖行政村必须有60%以上的是县(市、区)级文明单位，申报后由县(市、区)以上精神文明建设委员会审核和党委、政府批准。

第十三条 国家级文明单位评选表彰年度，由市精神文明建设委员会从省级文明单位中择优推荐，批准命名后，在市精神文明建设委员会办公室备案。

第四章 文明单位的表彰和奖励

第十四条 各级文明单位由同级党委、政府或文明委予以命名表彰，颁发奖牌和证书并给予适当奖励。

第十五条 根据《河北省文明单位管理暂行办法》和市文明委《关于对省、市级文明单位奖励办法的暂行规定》（廊文明[1996]11号），对获得省、市级文明单位称号的单位，可按照规定标准给所在单位在职人员一次性物质奖励。

（一）省级文明单位，可增发一个月全员月平均工资的奖金。其中，省级文明乡镇，只奖励党委、政府领导班子成员和直接负责精神文明建设工作的人员，受奖人数不超过10人。

（二）市级文明单位，可增发半个月全员月平均工资的奖金。其中，市级文明乡镇，只奖励党委、政府领导班子成员和直接负责精神文明建设工作的人员，受奖人数不超过10人。

（三）获省、市级文明村称号的，可奖励村党支部和村委会成员；奖金额参照上述标准，由乡镇党委确定。

（四）党政部门增发的奖金，可在年度节余经费中列支；事业单位增发的奖金，可在包干经费或创收收入（税后）中列支；企业单位增发的奖金，可在职工奖励基金或工资基金中列支；村、乡镇科在集体经济收益中列支。

（五）凡同时获省、市级文明单位（乡镇、村）称号的，只能享受最高一级的奖励，不得重复计奖。

第五章 文明单位的日常管理

第十六条 文明单位实行动态管理，不搞终身制。文明单位的日常管理工作包括：

(一)建立文明单位档案制度。主要内容为：单位概况；创建规划及年度创建工作总结；重大创建活动记录；各类检查考核及奖惩情况；公示制实施情况报告；申报、审批表。

(二)建立文明单位年报制度。市级及市级以上文明单位每年应如实将创建工作的进展情况、各项奖惩及有关情况填表报至所在地文明办，由各级文明办汇总报市文明办。

(三)监督和指导文明单位开展创建活动，及时总结推广文明单位的工作经验；

(四)市文明办组织有关部门，对市级及市级以上文明单位创建工作进行检查和督促。

(五)对违反文明单位条件或发生严重问题的，提出警告、批评、通报，直至撤销文明单位称号。凡属被取销荣誉称号的，要查清原因，并根据文明单位的级别，向同级精神文明建设委员会写出报告，经核实报请命名机关审批后，收回匾牌和证书，并予以通报。

第十七条 推荐和评选工作要坚持客观公正，实事求是的原则。对于隐瞒事实、弄虚作假的，经查实，即取消申报资格，撤销荣誉称号。

第十八条 对文明单位的荣誉称号，在届期内实行动态管理。各县（市、区）和市直文明委每年要对获得文明单位荣誉称号的单位进行一次复查，并向市文明办提出复查报告。省级以上文明单位的复查由市精神文明建设委员会办公室负责。

第十九条 被撤销文明单位称号的，不得参加下一届评选。经过认真整改，符合条件的，可参加以后的评选。

第二十条 文明单位如变更名称、变动隶属关系，应及时向县（市、区）和市文明委备案；重划、重组、撤销、分立、合并的，文明单位荣誉称号自行终止。以上情况均应及时报市精神文明建设委员会办公室。

供稿：廊坊市文明办

整理：陈东 邵凤霞

廊坊市精神文明建设委员会

关于申报、评选2006～2007年度市级文明单位、乡镇、村（街）有关事项的通知（摘要）

（2007年11月16日）

一、申报推荐条件和数额

1．申报市级文明单位、文明乡镇、文明村（街）必须连续保持两年以上县（市、区）级文明单位荣誉称号；2004～2005年度市级文明单位（被调整下去的除外）需重新申报。

2．市级文明单位、文明乡镇、文明村（街）的申报指数原则上不变，新申报年度更新比例不低于10%，并在申报时说明。

3．各县（市、区）、市直、开发区可在本年度申报时增加1个企业、特别是非公企业试点，不占原申报指数。

二、申报评选程序

1．单位自查申报。凡廊坊市辖区内党政机关、企业事业单位和乡镇村街，对照《廊坊市文明单位管理办法》进行自查，自认符合条件者均可申报。

2．县（市、区）文明委、市直文明委、廊坊开发区工委把关、推荐。一是严格申报推荐标准，坚持“条块结合、严格标准、好中选优”的原则。二是拟推荐名单须征求同级纪检、监察、公安、检察、法院、计生等部门意见，并在本辖区内以适当方式进行为期一周的公示。三是驻廊中省直单位申报时，要经驻地县级文明委同意盖章后方可直接上报市文明委。县（市、区）直部门、乡镇、村街由县（市、区）文明委负责推荐；市直单位的申报工作由市直文明委负责推荐；廊坊开发区辖区单位申报工作由市开发区工委负责推荐。

3．市文明办对上报的推荐单位汇总后进行初评。组织文明委成员单位有关人员组成考核组，对推荐的单位进行考核。

4．初评结果征求同级纪检、监察、公安、检察、法院、计生等部门及市文明委成员单位意见后，提交市文明委审定，并在《廊坊日报》对初评单位进行为期一周的公示。

5．公示期满后，报请市委、市政府批准、命名。

三、申报内容

结合本次申报，将组建廊坊市文明单位档案，各申报单位须同时提供以下材料：

1．申报表和申报材料一式3份。

2．单位营业执照、事业单位登记证、法人登记证等证件的复印件。

3．申报单位在2006～2007年度获得的市以上各类先进集体荣誉称号原件（审核后带回）和复印件。

4．申报单位在2006～2007年度省级以上刊发的反映本单位精神文明创建工作的稿件原件（审核后带回）和复印件。

四、几点要求

1．各县（市、区）文明委、市直文明委、廊坊开发区工委要加强对这项工作的组织领导。坚持高标准，严把质量关，确保文明单位先进性。

2．县（市、区）实行等额推荐、排列顺序上报，对考评和公示中发现一票否决问题的单位被取消后，一律不再增补。对把关不严，造成申报推荐被否决单位达到3个以上的组织者，市文明委将对其进行通报批评并追究领导责任。

3．县（市、区）文明委要以推荐评选市级文明单位的工作作为深入开展文明单位创建活动的有利契机和具体措施，广泛发动，扎实推进，形成全市创建活动的热潮。

供稿：廊坊市文明办

整理：陈东 邵凤霞

廊坊市精神文明建设委员会

关于在元旦春节期间开展“文明和谐‘帮’与‘让’”活动的实施方案（摘要）

（2007年12月27日）

一、活动重点内容

开展“文明和谐‘帮’与‘让’”活动，要在整合各部门已有工作基础上，紧紧围绕现阶段基层群众特别是困难群众最关心、最直接、最现实的问题展开，突出重点，增强活动针对性和实效性，通过活动的开展，让基层困难群众切实感受到党和社会各界的关心、关爱，让社会各界群众在参与中提高文明素质，享受文明成果。

（一）开展“爱心暖廊坊”志愿服务活动。引导广大市民踊跃参与结对助困、“博爱一日捐”、无偿献血、志愿奉献等活动，向弱势群体提供力所能及的帮助，营造充满温情的社会氛围。

1．开展“周末奉献日”活动。组织全市广大志愿者和市民利用周末时间深入村街、社区帮助孤残病困人员解决生活难题，积极参与维护交通秩序、制止不文明行为、开展义务劳动等各类社会公益活动。

责任单位：团市委、市总工会、市民政局、市劳动和社会保障局、各县（市、区）、廊坊开发区

2．开展“结对救助弱势群体”活动。组织各级文明单位和广大干部群众积极参与到“送温暖、献爱心”活动中来，对弱势群体、困难群众采取结对帮扶的办法，开展扶贫助困活动。协调各有关部门在开展“春蕾计划”、“助学工程”、再就业“十个一工程”等工作的基础上，整合力量，通过思想引导、技能培训、提供就学和就业机会等，帮助有一定能力的弱势群体自立自强，自我救助，形成长效救助机制。

责任单位：市总工会、市民政局、市妇联、市教育局、市劳动和社会保障局

3．开展“同在一方土，牵手新市民”活动。组织开展“我为外来人员做点什么”等思考与体验活动，引导广大市民不歧视、不排斥外地来廊坊人员，组织各级有关部门主动为外地来廊坊务工人员提供劳动技能培训、务工介绍、法律维权、子女就学等项服务，让外来人员的权益得到有效保障，营造“同在一方热土，共建美好家园”的和谐氛围。

责任单位：市公安局、市劳动和社会保障局、市司法局、市教育局

4．开展“温馨驿站”创建活动。在国省干道沿线、火车站、长途汽车站、旅游宾馆等窗口单位中开展“爱心驿站”、“温馨候车厅”、“温馨之家”创建活动，不断完善服务设施和功能，改善服务态度和服务环境，救助途中有受困旅客和人员，使途经廊坊的群众切身感受到廊坊的关爱与温馨。

责任单位：市交通局、市旅游局、市火车站、市长途汽车站

（二）开展“清洁城乡、美化家园”环境整治活动。集中解决城镇村街公共场所、背街里巷、铁路沿线、城乡结合部、集贸市场等脏乱问题，全民动员，综合治理，消除死角，搞好城乡环境秩序综合整治活动，营造整洁、清新、优美的生活环境。

1．开展“让城市更清洁，让生活更美好”义务劳动。“两节”期间，组织党政机关干部、青年志愿者、中小学生中广泛开展义务劳动，集中清理公共场所卫生死角，规劝随地吐痰、乱扔垃圾、公共场所吸烟等不文明行为，净化城乡环境。

责任单位：市爱卫办、市综合执法局、团市委、市教育局、各县（市、区）、廊坊开发区

2．开展“清洁家园”环境卫生治理活动。引导广大社区、村街居民树立讲卫生、爱清洁的意识，自觉整理好个人卫生、个人形象。在社区、村街做到不乱倒垃圾、不乱泼脏水、不随地吐痰、不乱堆杂物，形成居民自我参与、自我管理、自我监督的环境卫生管理长效机制，提升群众居住区环境卫生水平。

责任单位：市爱卫办、市社区办、各县（市、区）、廊坊开发区

（三）开展“争做文明廊坊人”道德实践活动。加强对全体市民的文明礼仪、科普知识、法律常识、卫生健康知识等方面的宣传教育，引导广大干部群众自觉遵守社会公德、职业道德、家庭美德，弘扬社会正气，共建和谐廊坊。

1．开展“文明交通伴我行”实践活动。在全市机动车驾驶员中开展“文明驾驶、安全行车”活动，做到不飚车、不抢道、不开车吸烟、不接打电话等。在全市出租车、公交车行业开展“创建文明城市、争做文明使者”活动，做到车容干净整洁，服务文明规范。开展“文明路口”创建活动，在全市主要路口，通过设置摄像头和大屏幕，提示行人自觉遵守交通法规，创造“人人参与、人人礼让、安全畅通”的交通环境。

责任单位：市公安局、市交通局、各县（市、区）、廊坊开发区

2．开展“文明游园、文明观演”活动。引导广大市民在广场、公园、旅游景点、文化活动场所、体育场馆等公共场所，自觉做到不大声喧哗、不随地吐痰、不乱扔垃圾、不拥挤起哄，遵守公共秩序，爱护公共财物，争做文明游客、文明观众。

责任单位：团市委、市旅游局、市文化局、市体育局、各县（市、区）、廊坊开发区

3．开展“排队推动日”活动。每月12日定为“排队推动日”，引导全体市民在火车站、长途汽车站、公交站台、交通路口以及电影院、金融、邮政、通信、医院等公共场所自觉排队，培育市民的排队意识，使自觉排队、文明礼让成为市民的自觉行动。

责任单位：团市委、各县（市、区）、廊坊开发区

二、工作要求

1．加强领导，抓好协调。开展“文明和谐‘帮’与‘让’”活动，是提升城乡整体文明程度，促进社会和谐的有效载体，各级各部门要高度重视这项活动，积极行动起来，采取有效措施，切实抓紧抓好。各县（市、区）文明委要根据本地实际，制定具体操作方案，组织协调相关部门、社会各界群众积极参与实施。

2．广泛宣传，狠抓落实。市“一报两台”、市各相关网站等媒体要开设专栏、专题，广泛宣传活动的内容、意义，使活动家喻户晓，深入人心，引导全市人民了解、支持、参与到各项活动中来，确保每项活动都有明显成效。市文明办要定期通报各地各有关单位的活动开展情况，同时发挥新闻媒体的宣传、监督作用，对活动中涌现出先进典型进

宣传表彰，对工作不力、进展缓慢、效果不明显的单位进行通报、曝光。

供稿：廊坊市文明办
整理：陈东 邵凤霞

中共廊坊市委办公室
廊坊市人民政府办公室

廊坊市2007年创建全国文明城市操作方案（摘要）

（2007年4月9日）

中央文明委将于2008年评选表彰第二批全国文明城市。2007年是我市争创全国文明城市的关键一年，省文明委将组织文明城市初评验收。按照市委、市政府的工作部署，根据中央文明办印发的《全国文明城市测评体系》和市委、市政府制定的《廊坊市2006年～2008年创建文明城市规划》，结合我市实际，特制定此方案。

一、总体要求

以邓小平理论和“三个代表”重要思想为指导，全面落实科学发展观，深入贯彻党的十六届六中全会和市第四次党代会精神，按照“突出好、追求快，好中求快”的发展理念，突出“乘势而上，率先发展”的主题，围绕市委、市政府确定的突出抓好“百姓急需、社会难点、历史欠账”三方面问题的工作要求，按照硬件抓城市建设“十大工程”，软件抓城市精神，基础抓社区建设的总体要求，坚持抓基层、打基础，抓养成、促提高，抓重点、促突破，延伸领域，丰富内容，提高层次，不断提升城市的综合竞争力，为加快推进“壮县、强市、富民”，全力建设“实力廊坊、效率廊坊、和谐廊坊”营造更好的环境，构筑更高平台。

二、工作任务

（一）材料审核内容及工作要求

1．理论学习。提供市、区两级党委中心组学习与考核制度的文件，并说明其主要内容；提供2006年～2007年市、区委中心组理论学习计划，并书面说明有关精神文明方面的学习内容；提供市、区委领导带头学习、宣讲的文件规定、宣讲稿和媒体相关报道资料（提供报纸报道原件）。此项工作由市委宣传部、广阳区、安次区负责。

2．干部教育。提供对干部进行理想信念、从政道德教育的规划、计划、管理制度的文件，并书面说明贯彻落实情况；提供关于开展党风廉政和反腐败教育工作的主要文件，并书面说明其主要内容与落实情况；书面提供2006年～2007年3日以上的短期干部培训班名称及数量，并提供有关的培训教材。此项工作由市委组织部、市纪委负责。

3．国家机关依法行政。提供建立地方性法规、政府规章和行政规范性文件备案制度的有关规定；书面说明在行政复议中要求审查的或者法院通过司法建议要求修改的不合理、不合法的行政规范性文件的名称与数量。此项工作由市政府法制办负责。书面说明2006年～2007年市级纪检、监察部门接收到的有关违法行政的投诉数量以及投诉的办结率。此项工作由市纪委负责。

4．党政机关勤政高效。书面提供市、区、街道三级一门式行政服务大厅的设置情况及服务项目数量。此项工作由市政府办公室、广阳区、安次区、廊坊开发区负责。提供市政府及其工作部门规范办事程序、提高办事效率的有关文件及所采取的主要措施。此项工作由市政府办公室负责。书面提供群众申请市级党政主要领导接待程序、受理程序、处理群众所反映问题程序的有关文件规定，和2006年～2007年市级党政主要领导年平均接待群众率与群众所反映问题的办结率。此项工作由市信访局负责。书面提供市、区两级政府行政首长为民服务热线电话号码，说明处理群众所反映问题的程序，统计2006年～2007年热线电话的年均接线率与群众反映问题办结率。此项工作由市政府办公室、广阳区、安次区负责。书面提供在公务活动中以普通话和规范汉字为公务用语用字的有关文件规定。此项工作由市教育局负责。

5．电子政务建设。书面提供市政府政务网站的网址与网络主页打印件；书面说明市级主要政府工作部门是否登录市政府网站，或者建立专门的网站，并与政府网站链接；政府网站是否提供网上办事渠道（如办事表格下载、各类证件申请等）；书面说明市、区两级政府内网建设与使用效率等方面情况。此项工作由市信息产业局、广阳区、安次区负责。

6．公共安全保障。书面说明本市110报警服务系统设置、运行情况；书面提供市级政府部门制定的有关社区民警值班制度的主要文件，并说明社区民警值班制度的主要内容。此项工作由市公安局负责。

7．扫除黄赌毒和除黑打恶。提供制定禁毒宣传工作规划、措施等有关文件，并书面说明2006年～2007年禁毒的主要工作和主要成果；提供由本市上级公安机关出具的说明本市无危害一方黑恶势力的书面认定材料。此项工作由市公安局负责。

8．交通安全事故死亡率。书面提供2006年～2007年有关加强交通管理的文件规定，分别统计出近两年交通事故死亡率及其平均数（要求小于10人/万台车）。此项工作由市交警支队负责。

9．虐待、不赡养老人案件发生率。统计并提供2006年～2007年法院立案的涉老案件比例及其平均数（以本市中级人民法院统计的数据为准，要求小于1.5起/万户）。此项工作由市中级人民法院负责。

10．家庭暴力投诉率。书面提供有关制止家庭暴力的文件规定；统计并提供2006年～2007年家庭暴力投诉率及其平均数（以妇联的统计数据为准，要求小于1.5起/万户）。此项工作由市妇联负责。

11．未成年人权益保护网络。书面提供市、区、街道维护青少年合法权益专门部门的设立情况。此项工作由团市委、市妇联、市教育局、广阳区、安次区负责。书面提供劳动监察部门关于禁止企业使用童工的文件规定和查处企业使用童工现象的主要工作情况与取得成果。此项工作由市劳动和社会保障局负责。书面提供关于孤、残儿童合法权益保护和流浪儿童救助保护工作的有关文件规定，并说明在这方面的主要工作情况及成效。此项工作由市民政局、市残联负责。

12．侵犯残疾人合法权益事件（遗弃、虐待、侮辱等）投诉率。书面提供关于残疾人合法权益保护的有关文件规定；统计并提供2006年～2007年侵犯残疾人合法权益事件投诉率及其平均数（要求小于1.5起/万户）。此项工作由市残联负责。

13．法制宣传教育。书面提供关于法制教育的年度计划、年终总结等有关文件；书面提供对领导干部、司法执法人员、生产经营管理人员、青少年进行法制教育的制度及其落实情况。此项工作由市司法局负责。

14．法律援助与服务。书面提供市、区、街道三级开设的法律服务热线运行情况（至少包括法律服务热线号码及近两年的年均接线率）；书面提供截至2007年底设有人民调解委员会的社区居委会、街道办事处的数量和比例；书面统计并提供市、区两级法律援助机构的数量及2006年～2007年的经费投入情况。此项工作由市司法局负责。

15．社区居委会的民主建设与管理。书面提供推进社区居委会民主建设的有关文件，并说明推进措施和典型案例；统计并提供截至2007年底社区居委会执行直选制度的居委会数量、参与选举的居民比例（要求大于80%）；书面提供社区事务民主决策制度的主要内容和典型案例。此项工作由市民政局、市社区办、广阳区、安次区、廊坊开发区负责。

16．诚信政府建设。书面提供关于建设诚信政府的有关文件规定，并说明加强诚信建设的主要措施；此项工作由市政府信用办负责。书面统计并提供2006年～2007年政府及其工作部门签约的工程项目履约率及其平均数，履约率=（总工程项目数-政府违约的工程项目数）/总程项目数×100%。此项工作由市发改委负责。

17．信用体系建设。书面提供2006年～2007年开展的全市性诚信主题教育与实践活动的名称及主要内容；书面提供企业信用评估机制的具体内容（什么时候开始建立，由什么部门主管，采取了哪些征信措施等），并提供信用网站的网址；书面提供个人信用征信体系的建设情况及主要内容。此项工作由市政府信用办负责。

18．开展创建“百城万店无假货”示范街活动。书面提供开展创建“百城万店无假货”示范街活动的文件，并说明创建进展情况；统计并提供截至2007年底开展“百城万店无假货”示范街创建活动的商业街总数（要求2条以上）。此项工作由市委宣传部、市工商局、市商务局负责。

19．打击假冒伪劣商品。书面提供建立打击假冒伪劣、欺诈经营行为的监督、投诉和处置机制的文件；书面说明各有关部门的工作职责和分工合作情况以及本部门接受该方面监督投诉的渠道；书面统计并提供2006年～2007年投诉事件办结率的平均数。此项工作由市工商局、市质量技术监督局、市商务局、市卫生局、市食品药品监督管理局负责。提供由本市上级工商行政部门出具的说明我市无影响恶劣的制造、销售假冒伪劣商品事件、无集中性制造、销售假冒伪劣商品窝点和市场的书面认定材料。此项工作由市工商局负责。

20．打击走私贩私。书面提供建立打击走私贩私举报机制的有关文件及接受群众举报走私贩私现象的部门和群众举报渠道；书面统计并提供2006年～2007年对走私举报事件办结率的平均数，同时说明地方政府部门与海关合作情况。此项工作由廊坊海关、市公安局负责。提供由本市上级海关出具的说明我市无重大走私贩私案件，无窝藏和集中销售走私物品的窝点和市场的书面认定材料。此项工作由廊坊海关负责。书面提供由本市上级监察、纪检部门出具的说明我市无党政机关干部参与走私贩私现象发生的书面认定材料。此项工作由市纪委负责。

21．维护企业合法权益。书面出具审批、执法部门热心为企业服务，无乱摊派等增加企业负担现象，对公务人员吃、拿、卡、要等违纪行为进行坚决惩处的书面认定材料。此项工作由市纪委负责。

22．行业风气满意度。书面提供加强行风建设的有关文件规定；统计并提供2006年～2007年行业风气满意度及其平均数（要求达到85%以上）。此项工作由市纠风办负责。

23．理论宣传与研究。书面提供关于理论宣传阵地建设有关文件规定及落实情况；书面提供市、区两级理论宣传阵地、队伍的组织情况，统计并提供2006年～2007年开展的理论宣传活动次数及主要内容；提供制定企事业单位、街道办事处加强理论宣传的文件规定，说明其主要内容；书面提供2006年～2007年获得的省级以上社科奖励（课题名称、获奖时间、颁布单位），并统计数量。此项工作由市委宣传部、市社科联、市委党校、广阳区、安次区负责。

24．民族精神和爱国主义教育。书面提供制定的弘扬和培育民族精神规划、采取措施等文件规定及采取的措施；书面提供城市精神的文字表述；书面提供2006年～2007年重要纪念日、节庆日举办的教育活动，并统计教育活动的次数；书面提供市、区两级爱国主义教育基地的总数和名称；书面提供各类爱国主义教育基地为未成年人服务的主要措施，面向中小学生的减、免费开放制度。此项工作由市委宣传部负责。书面提供近两年国防教育和国家安全教育在全市范围内的开展情况及有关文件。此项工作由市国防办负责。

25．形势政策教育。书面提供关于建立形势报告会制度的文件并说明其主要内容；书面提供有关市、区、街道形势教育师资队伍与阵地建设的情况。此项工作由市委宣传部、市纪委、市委组织部、市委党校、广阳区、安次区负责。

26．道德教育。书面提供有关加强公民道德建设的长远规划和近期计划并说明其主要内容；书面提供已经制定的适用于全体市民的市民文明守则或其他市民文明规范，说明所采取的主要宣传措施。此项工作由市文明办负责。

27．市民教育。书面提供为建立学习型组织而设计的主要制度及其落实措施，此项工作由市文明办、团市委负责。书面提供开展市民终身教育的计划、教材，说明落实师资队伍的具体措施，此项工作由市直机关工委、广阳区、安次区负责。统计并提供截至2007年度末市民学校与街道办事处总数之比，此项工作由广阳区、安次区负责。提供针对外来务工经商人员的教育问题制定的有关文件，说明其中对社区、相关单位提出的要求及其落实情况，此项工作由市建设局、市工商局负责。

28．学习宣传先进典型。书面提供培育、宣传先进典型的有关规划、计划等文件资料，并说明培育、宣传典型的主要载体与活动情况；书面提供2006年～2007年被中央或省级媒体集中宣传的本市先进典型人物或集体的名字。此项工作由市委宣传部、市纪委、市委组织部、市委政法委、市总工会、团市委、市妇联负责。

29．未成年人思想道德教育工作机制。书面提供关于加强和改进未成年人思想道德建设的有关文件，此项工作由市文明办负责。书面摘录本市经济社会发展规划中关于未成年人思想道德建设方面的主要内容，此项工作由市发改委负责。书面提供市级教育主管部门关于学校推进、落实德育教育的相关文件和主要措施，此项工作由市教育局负责。书面提供为建立学校、社会、家庭三位一体的思想道德教育网络而采取的主要措施及其实施情况和典型案例，此项工作由市文明办、广阳区、安次区、廊坊开发区负责。

30．营造未成年人思想道德教育氛围。书面提供中央电视台少儿频道在本市落地和本市电台、电视台少儿节目的开办情况以及采取合法手段净化电视荧幕的有关情况，此项工作由市广播电视局负责。书面提供2006年～2007年为打击制作、传播影响未成年人身心健康的文化产品所采取的主要措施及其成效，此项工作由市委宣传部、市文化局负责。

31．校外活动与相关场所管理。书面提供有关共青团、少先队活动制度的文件，说明其主要内容；举例说明青少年志愿服务的载体、组织机构及其开展的主要活动；书面提供青少年校外活动场所建设与发展规划的有关文件，并说明规划的主要内容及其落实情况。此项工作由团市委负责。

32．人均教育经费支出。统计并提供2006年～2007年人均教育经费支出及其平均数（要求达到420元以上）。此项工作由市财政局负责。

33．高中阶段教育毛入学率。统计并提供2006年～2007年高中阶段毛入学率及其平均数（要求达到90%以上）。此项工作由市教育局负责。

34．学校管理。书面提供为保证校务公开与收费公示制度而制定的有关文件和具体办法；书面提供2006年～2007年所开展的主要教育收费专项检查活动情况；说明对违规收费现象的反映渠道、责任追究措施等资料；提供有关保障外来务工、经商人员子女入学的文件规定，并说明其主要内容及落实措施；提供为减轻学生课业负担所采取的主要措施。此项工作由市教育局负责。

35．科普设施和科普队伍。书面提供本市地域范围内的科技馆名称，并说明它们的标准、规格；书面提供全市性科普志愿者组织名称、成立时间、组织机构及开展活动的主要方式。此项工作由市科协负责。

36．科普宣传工作。书面提供本市主要新闻媒体开设的科普宣传栏目与节目，此项工作由市广播电视局、廊坊日报社负责。提供设有科普网页的市政府网站的网址以及相关网页的打印件，此项工作由市科技局负责。统计并提供2006年～2007年全市性科普教育活动次数及其平均数（要求达到每年3次以上）。此项工作由市科协负责。

37．人均科普经费支出。统计并提供2006年～2007年人均科普经费支出及其平均数（要求达到1.0元以上）。此项工作由市财政局负责。

38．每百人互联网用户数。统计并提供截至2007年度末每百人互联网用户数（要求达到8户/百人以上）。此项工作由市信息产业局负责。

39．城市电话主线普及率。统计并提供截至2007年度末城市电话主线普及率（要求达到35线/百人以上）。此项工作由网通（集团）廊坊分公司负责。

40．公共图书馆。书面说明市图书馆的等级、统计区图书馆与区之间的数量比例、说明各区图书馆的等级，并提供有关证书；统计并提供2006年～2007年每百人公共图书藏书量及其平均数（要求达到160册以上）。此项工作由市文化局、广阳区、安次区、廊坊开发区负责。

41．群众艺术馆、文化馆。书面提供市群众艺术馆的等级情况，并统计二级以上区文化馆的比例；提供有关群艺馆、文化馆建立群众文化辅导员进社区、包片辅导制度的有关文件，并说明其主要内容，举例说明实施这些制度所取得的主要成效。此项工作由市文化局负责。

42．国家档案馆。书面提供市档案馆的等级；统计并提供截至2007年度末达到省二级馆标准的区档案馆的比例；书面提供市、区档案馆公开政府信息的主要方式及制度保证。此项工作由市档案局负责。

43．人均拥有公共体育设施。统计并提供截至2007年度末人均拥有公共体育设施面积（要求达到0.15平方米以上）。此项工作由市体育局负责。

44．业余文化活动辅导员的管理与培训。书面提供全市范围内群众业余文化活动辅导员注册登记制度建立情况及其管理办法；统计有群众业余文化活动辅导员的社区居委会比例，举例说明群众业余文化活动辅导员的主要活动；提供市、区两级群艺馆、文化馆对群众业余文化活动辅导员进行培训的制度文件以及2006年～2007年的培训记录（举办了多少期培训，共培训了多少人员）。此项工作由市文化局负责。

45．业余群众文体活动团队数量。统计并提供截至2007年度末全市登记在册的群众文化活动团队总数与街道办事处总数之比（要求达到15支/街道以上）。此项工作由市文化局、市体育局负责。

46．区级大型广场文化活动次数。统计并提供2006年～2007年区级大型广场文化活动及其平均数（系列活动中包括多次区级大型广场文化活动，按照实际开展的活动计算，要求达到8次/年以上）。此项工作由市委宣传部、市文化局、广阳区、安次区、廊坊开发区负责。

47．每万人拥有社会体育指导员人数。统计并提供截至2007年度末每万人拥有社会体育指导员人数（要求达到8人/万人以上）。此项工作由市体育局负责。

48．出版物管理。书面提供由本市上级工商行政管理部门出具的证明我市无非法出版物市场及地下印制企业的书面认定材料，此项工作由市工商局负责。提供2006年～2007年市、区两级政府职能部门为取缔非法出版活动及非法出版物的所采取的主要措施及其效果，此项工作由市文化局负责。

49．文化遗产保护。书面说明负责文化遗产保护工作的部门；书面提供制定的保护文化遗产的规划、政策、法规等文件；说明落实文物工作“五纳入”规定的具体措施；统计并提供全市从事文化遗产保护工作的人员总数和经费投入总数；统计并提供全市的文化遗产总数及其保存完好率（要求达到95%以上）。此项工作由市文化局负责。

50．见义勇为。统计并提供2006年～2007年全市见义勇为基金总额及其平均数；提供2006年～2007年表彰的市级见义勇为先进个人与集体的有关文件或名单。此项工作由市委政法委负责。

51．扶贫帮困。书面提供本市接受扶贫、救灾捐赠专门机构的名称以及扶贫帮困款管理制度的有关文件；提供全市主要的社会捐赠活动名称及活动开展情况；列举市民参与扶贫帮困活动的主要渠道，统计并提供2006年～2007年市民捐赠款物总量（折合成人民币）。此项工作由市民政局、市总工会负责。

52．志愿者组织与活动。书面提供市级志愿者组织情况（包括成立时间、主管部门、组织机构、人员组成、章程等）；统计并提供截止2007年度末全市登记在册的志愿者总人数及其与全市人口之比（要求达到8%以上）；提供志愿者组织开展活动的主要形式以及活动成效。此项工作由团市委、市妇联负责。

53．社会公益活动。书面提供有关开展全市性公益活动的主要制度及其落实情况，此项工作由市文明办、市直机关工委、市总工会、团市委、市妇联、市卫生局负责。统计并提供2006年～2007年无偿献血量占临床用血量的比例及其平均数（要求达到80%以上），此项工作由市卫生局负责。

54．人均GDP。统计并提供2006年～2007年人均GDP及其平均数（要求高于全国同类城市平均水平）。此项工作由市统计局负责。

55．GDP年增长率。统计并提供2006年～2007年GDP增长率及其平均数（要求高于全国同类城市平均水平）。此项工作由市统计局负责。

56．贫困率。统计并提供2006年～2007年本市的贫困率及其平均数（要求小于3%）。此项工作由市民政局负责。

57．人均拥有道路面积。统计并提供截至2007年度末的人均拥有道路面积（要求大于10平方米）。此项工作由市建设局负责。

58．万人拥有公共汽（电）车数量。统计2006年～2007年万人拥有公交车数量及其平均数（要求大于8标台）。此项工作由市交通局负责。

59．社区卫生服务中心（站）。统计并提供截至2007年度末全市社区卫生服务中心（站）总数及每个社区卫生服务中心服务的居民数（要求每3～5万人拥有一个卫生服务中心或站）；统计并提供截至2007年度末纳入城镇医疗保险定点机构的社区卫生服务中心占总社区卫生服务中心（站）的比例（要求达到95%以上）。此项工作由市卫生局负责。

60．每5万人配备急救车数。统计并提供2006年～2007年每5万人配备急救车数量及其平均数（要求大于1.2辆）。此项工作由市卫生局负责。

61．食品卫生。统计并提供2006年～2007年重大食物中毒事故及其平均数。此项工作由市卫生局负责。

62．突发公共卫生事件应急系统。书面提供有关本市突发公共卫生事件应急指挥系统的组织结构、运转状况及其工作成效；提供关于突发公共卫生事件的信息发布网络，疫情通报和信息发布制度的主要内容；提供关于疾病预防控制中心建立情况以及疾病预防控制和应急救治体系的主要内容。此项工作由市卫生局负责。

63．计划生育率。并统计提供2006年～2007年计划生育率及其平均数（要求达到95%以上）。此项工作由市人口和计划生育委员会负责。

64．平均预期寿命。统计并提供截止2007年度末本市居民的平均预期寿命（要求达到73岁以上）。此项工作由市统计局负责。

65．人均住宅建筑面积。统计并提供截至2007年度末人均住宅建筑面积（要求达到21平方米以上）。此项工作由市房管局负责。

66．恩格尔系数。分别统计并提供2006年～2007年市区居民恩格尔系数及其平均数（要求小于38%）。此项工作由市统计局负责。

67．社会保险基金征缴率。统计并提供2006年～2007年养老保险、医疗保险、失业保险、生育保险、工伤保险征缴率和这5个征缴率的平均数（要求大于95%）。此项工作由市劳动和社会保障局负责。

68．城市登记失业人口再就业率。统计并提供2006年～2007年城市登记失业人口再就业率及其平均数（要求大于70%）。此项工作由市劳动和社会保障局负责。

69．城市最低生活保障。提供有关城市最低生活保障的文件规定；统计并提供2006年～2007年本市实际享受最低生活保障的人口占应该享受的人口的比例及其平均数；提供由本省社会保障部门出具的我市最低生活保障线高于全省平均水平的书面认定材料；统计并提供近5年来最低生活保障线的增长情况。此项工作由市民政局负责。

70．每百名老年人口拥有社会福利床位数。统计并提供截至2007年度末每百名老年人口的社会福利床位数（要求达到1.7张以上）。此项工作由市民政局负责。

71．建成区绿化覆盖率。统计并提供截至2007年度末建成区绿化覆盖率（要求达到35%以上）。此项工作由市建设局负责。

72．建成区绿地率。统计并提供截至2007年度末建成区绿地率（要求达到30%以上）。此项工作由市建设局负责。

73．人均公共绿地。统计并提供截至2007年度末人均公共绿地面积（要求达到8平方米以上）。此项工作由市建设局负责。

74．生活垃圾无害化处理率。统计并提供截至2007年度末生活垃圾无害化处理率（要求达到80%以上）。此项工作由市建设局负责。

75．城市污水处理率。统计并提供截至2007年度末城市污水处理率（要求达到60%以上）。此项工作由市建设局负责。

76．环境保护投资指数。统计并提供2006年～2007年环境保护投资指数及其平均数（要求达到2.0%以上）。此项工作由市环保局负责。

77．空气污染指数。统计并提供2006年～2007年空气污染指数及其平均数（要求达到80%以上）。此项工作由市环保局负责。

78．烟尘控制区覆盖率。统计并提供2006年～2007年烟尘控制区覆盖率及其平均数（要求达到90%以上）。此项工作由市环保局负责。

79．环境噪声达标区覆盖率。统计并提供2006年～2007年环境噪声达标区覆盖率及其平均数（要求达到70%以上）。此项工作由市环保局负责。

80．城市水域功能区水质达标率。统计并提供2006年～2007年城市水域功能区水质达标率及其平均数（要求达到100%），说明市内有无Ⅴ类劣质水（要求无Ⅴ类劣质水）。此项工作由市环保局负责。

81．党委、政府重视创建文明城市工作。提供2006年～2007年市委常委会、市政府常务会议讨论精神文明建设工作的纪要并说明时间和主题。此项工作由市委办公室、市政府办公室负责。提供市委、市政府召开精神文明大会的相关报道。此项工作由廊坊日报社负责。统计并提供2006年～2007年市委、市政府每年为群众办实事的数量，说明其主要成效。此项工作由市发改委负责。

82．创建文明城市规划。摘录我市国民经济与社会发展五年规划中关于精神文明建设的内容。此项工作由市发改委负责。书面提供有关创建文明城市长远规划、年度计划以及创建文明城市实施方案等文件，并说明其主要内容。此项工作由市文明办负责。

83．文明委指导协调作用。书面提供有关市、区、街道办事处文明委建立情况及其工作制度的文件。此项工作由市文明办、广阳区、安次区负责。书面提供市文明委指导、协调创建工作取得的实际成效和有关市文明委成员单位责任制的文件，并说明责任制的落实情况。此项工作由市文明办负责。

84．文明办机构和组织协调工作。书面提供2006年～2007年市文明委交给市文明办办理的主要工作任务及其落实情况；提供市文明办组织协调群众性精神文明创建工作所取得的主要成效。此项工作由市文明办负责。提供关于市文明办的行政编制、人员、职级情况的有关文件规定。此项工作由市编办负责。

85．创建文明城区、社区的目标、任务、措施。提供创建文明城区、社区的有关文件并说明具体的保障措施；提供创建文明城区、社区的评估表彰制度和奖励措施的有关文件。此项工作由广阳区、安次区负责。

86．区级以上（含区级）文明社区的比例。统计并提供截至2007年度末区级以上文明社区占全市社区总数的比例（要求达到70%以上）。此项工作由广阳区、安次区负责。

87．“窗口”行业、执法部门创建文明行业活动的覆盖面。书面提供开展创建文明行业的文件，统计并提供截至2007年度末全市参加文明行业创建活动的“窗口”行业和执法部门占“窗口”行业和执法部门总数的比例（要求达到100%）。此项工作由市文明办负责。

88．创建文明单位。书面提供在全市范围内开展创建文明单位活动的主要情况；提供制定的有关文明单位创建活动管理办法的文件，说明其主要内容及接受社会监督的主要渠道、措施；说明市级文明单位评选的程序。此项工作由市文明办负责。

89．以城带乡，联动发展。书面提供2006年～2007年组织开展“三下乡”活动的文件；分别统计并提供近两年组织的“三下乡”活动次数及其平均数（要求达到3次/年以上）。此项工作由市委宣传部负责。提供有关开展城乡共建活动的文件并说明其内容及开展活动的主要载体。此项工作由市文明办负责。提供2006年～2007年本市农村农民人均收入、基层民主政治建设、社会治安、文化、教育、体育、卫生等方面取得的主要成绩。此项工作由市统计局、市委农工部、市委政法委、市文化局、市教育局、市体育局、市卫生局负责。

90．创建工作宣传。书面提供本市主要新闻媒体中开设的精神文明建设专题或专栏名称和有关证明资料。此项工作由廊坊日报社、市广播电视局、市发改委负责。

91．管理制度。书面提供在精神文明创建过程中制定的有关管理制度的文件，书面说明各类市级精神文明创建先进称号考核评比程序。此项工作由市文明办负责。书面提供对市、区两级领导班子和领导干部精神文明建设的考核文件及标准。此项工作由市委组织部、广阳区、安次区负责。

92．监督制度。书面提供2006年～2007年市人大代表、政协委员提出的有关精神文明建设的提案议案的数量、主要内容和落实情况，此项工作由市人大常委会办公室、市政协办公室负责。书面提供群众了解、监督精神文明创建工作的主要渠道，统计群众所反映问题的办结率，此项工作由市直机关工委、广阳区、安次区负责。举例说明2006年～2007年市、区两级文明办处理媒体曝光的不文明事件的一般程序。此项工作由市文明办、广阳区、安次区负责。

93．投入机制。统计并提供2006年～2007年全市精神文明建设投入的增长情况；说明市、区两级精神文明建设投入的来源渠道，重点说明与执行文化经济政策有关的经费使用情况；统计并提供2006年～2007年财政预算内文明办常规活动经费及其平均数。此项工作由市财政局、广阳区、安次区负责。

94．创建文明城市先进经验作为重大典型在全国集中宣传情况。书面提供集中宣传的具体时间和相关材料。此项工作由市委宣传部负责。

95．获得国际、国家、有关部委的荣誉称号。提供所获荣誉称号的完整名称、颁发时间与颁发机构。此项工作由市直有关部门、广阳区、安次区、廊坊开发区负责。

各部门提供的审核材料要严格遵循以下要求：

1．提供的材料一般为2006年～2007年的材料（有特别规定的除外）。

2．提交的文字性材料需经过整理，整理的格式如下：首先提供结论性说明，然后附上每年度的原始依据。

3．所有材料均须由出具材料的单位加盖公章，否则一律无效。

4．统计数据为市区数据，不包括市辖县（有特殊规定的除外）。

5．涉及人口的一律以户籍人口为统计口径。

各责任部门要从本方案下发之日起，确定专人负责所承担相关资料的搜集整理工作，并于2007年4月20日前将本单位资料员名单报市创建文明城市办公室综合协调组（市国税局814房间，电话：2237740）。

（二）公共场所实地考察内容及工作要求

1．公共安全保障。有符合规定的消防设施（灭火器、烟雾探测器、烟杆/温杆、喷铃等），完好率达到100%；消防通道通畅（消防通道无被占用、堵塞等现象，逃生导向标识清晰、规范）；消防安全制度健全，有专人负责消防安全工作，有消防安全责任制度文本、消防设施检查保养等日常记录。重点部位为：地下200平方米或地上500平方米的商场、影剧院、体育场馆。此项工作由市公安局负责。

2．居住小区技防、人防、消防水平。居住小区有门卫值班，有安全巡逻等防范制度，有安全巡逻记录等；1998年以后建的商品住宅楼安装有楼宇对讲电控防盗装置，消防设施符合标准，楼道没有被占用；1998年前建的老式住宅楼安装有简易防火、防盗装置。重点部位为：新建商品楼住宅小区、老式封闭小区和不封闭小区。此项工作由市综治办、市公安局负责。

3．营造未成年人教育氛围。网吧设有明显的“未成年人不得入内”警示牌；证照齐全，亮证经营（有《文化经营许可证》、《安全合格证》、《卫生许可证》等）；无违规经营现象（严格办理身份证登记、查验手续，没有未成年人进入网吧、开通色情暴力邪教网站等现象）。重点部位为：50台电脑以下的网吧。此项工作由市文化局、市公安局、市卫生局负责。

4．校外活动与相关场所管理。青少年宫管理制度健全，并上墙公布；青少年活动内容健康，有活动计划与活动记录；环境整洁，无被侵占、挪用现象。重点部位为：市、区两级青少年宫。此项工作由中国石油天然气管道局、团市委、广阳区、安次区负责。

5．科普设施和科普队伍。社区居委会有宣传栏，且整洁美观，无破损；宣传栏里有科普宣传内容；科普宣传内容至少每季度更新一次。重点部位为：市、区级文明社区居委会和一般社区居委会。此项工作由市科协、市房管局协调各社区（小区）物业公司负责落实。

6．社区文化活动阵地。每个街道或社区居委会都有综合性多功能的室内文化活动场所，总面积每万人≥500平方米；综合性多功能的室内文化活动场所无被侵占、挪用现象。重点部位为：街道或社区居委会。此项工作由各街道办事处、各社区（小区）物业公司负责。广阳区、安次区、廊坊开发区负责督导。

7．出版物管理。书籍和音像制品无盗版现象；无宣传邪教、暴力、色情等非法出版物；无出售盗版书籍和音像制品等出版物的流动摊点。重点部位为：书店、音像制品销售店、书报亭、人流集中的商场门口、超市门口、地下通道。此项工作由市文化局负责。

8．主要大街和重点地区面貌。无违章搭建现象，无无证摊点现象，无乱张贴现象。重点部位为：商业大街、广场、火车站、长途汽车站。此项工作由市综合执法局、市建设局、市交通局、新世纪步行街管委会、廊坊开发区、廊坊火车站负责。

10．交通站点管理。无非法营运车辆和争抢客源现象；车辆停靠安全可靠（在设置或规定区域停靠，无占道、滞留等现象）；警察文明执勤，车辆、行人服从指挥。重点部位为：市中心区域公交站点、交通路口。此项工作由市建设局、市交通局、市交警支队负责。

11．车辆停放。机动车、自行车有停放场地；机动车、非机动车停放有序。重点部位为：集贸市场门口、超市门口、饭店门口。此项工作由市交警支队、市综合执法局负责。

12．公共场所道德。公共场所无乱扔杂物、随地吐痰、损坏花草树木、吵架、斗殴等不文明行为；禁烟场所无吸烟现象；影剧院、图书馆、会场等场所安静、文明，无大声喧哗、嬉闹现象，基本无手机、BP机的声音。重点部位分别为：中心广场、公园、商场、公交车、火车站、汽车站、影剧院、图书馆、会场。此项工作由市综合执法局、市建设局、市商务局、市交通局、市文化局、新世纪步行街管委会、廊坊开发区、廊坊火车站负责。

13．市民交通行为。车辆、行人各行其道；车辆、行人无乱穿马路、闯红灯现象；交通畅通，无人为造成的严重堵塞现象。重点部位为：7:30～9:00和16:30～18:30时的交通路口。此项工作由市交警支队负责。

14．公共设施维护。公用电话、邮箱、报栏、座椅、雕塑等公共设施得到精心保护，无人为弄脏、损坏现象；各类公共设施功能完好，能正常使用。重点部位为：市中心广场、公园、商业大街。此项工作由市综合执法局、市建设局、网通（集团）廊坊分公司、市邮政局、廊坊开发区、新世纪步行街管委会负责。

15．人际互助。公交车上为老、弱、病、残、孕及怀抱婴儿者主动让座。重点部位为：公交车。此项工作由市交通局负责。友善对待外来人员，耐心热情回答陌生人的问询。重点部位为：市中心居民区、城乡结合部居民区附近的路口。此项工作由市交警支队、广阳区、安次区负责。孤、老、残、弱得到志愿服务。重点部位为：市、区级文明社区居委会和一般社区居委会。此项工作由团市委、市妇联、广阳区、安次区、廊坊开发区负责。

16．无障碍设施。设有无障碍设施（有盲道、缘石坡、公厕残疾人专位等）；无障碍设施的管理、使用情况良好。重点部位为：商业大街、公厕特别是公园里的公厕。此项工作由市建设局、新世纪步行街管委会、廊坊开发区负责。

17．主干道设施。机动车道路面无被侵占、毁坏现象，路面无明显坑洼积水；人行道平整畅通，无被损坏占用现象；道板、护栏、窨井盖等设施完好。重点部位为：市区主干道。此项工作由市建设局负责。

18．道路名称与公共图形标志。道路名称等标牌设置合理，文字、注音规范；公共图形标志设置合理，准确清晰。重点部位为：主干道、火车站、汽车站。此项工作由市地名办、市交警支队、市旅游局、市建设局、市交通局、廊坊火车站负责。

19．街巷基础设施。街巷路面硬化，无明显坑洼积水；排水设施完善，无露天排水沟渠；路灯无破损，功能完好；垃圾桶、箱设置合理整洁，无散放垃圾。重点部位为：老城区街巷和新建城区街巷。此项工作由市建设局、广阳区、安次区负责。

20．公交站点布局。分布合理，方便乘客换乘；斑马线、隔离栅栏设置科学，方便乘客上下车、过马路。重点部位为：市中心区马路上的公交站点。此项工作由市建设局、市交警支队负责。

21．经营性公共场所卫生。经营性公共场所证照齐全，亮证经营（有《经营许可证》、《卫生许可证》）；从业人员持证上岗（有《健康证》）；公共用具严格消毒（有消毒设备、消毒记录等）。重点部位为：10座以下美容美发店、一次可容纳50人以下的游泳池。此项工作由市卫生局、广阳区、安次区、廊坊开发区负责。

22．食品卫生。食品卫生符合卫生部门相关的质量标准。证照齐全，亮证经营（有《经营许可证》、《卫生许可证》）；不出售过期、变质、伪劣食品。重点部位为：一次可容纳10桌以下的小型餐馆、20平方米以下的食品店、超市食品专柜。此项工作由市卫生局、广阳区、安次区、廊坊开发区负责。

23．建设工地管理。施工现场四周设置围墙、围挡，工程外侧采用密目式安全网；工地整洁，出入运输工具干净；按时施工，无噪音扰民现象；建筑工地安全生产责任制度健全，无导致伤残的安全责任事故；职工食堂、宿舍、厕所干净整洁，职工工资按时发放。重点部位为：居民区内建筑工地和一般建筑工地。此项工作由市建设局负责。

24．以城带乡，联动发展。村组织能够做到财务、事务公开，并形成制度；环境整洁，无柴草乱垛、粪土乱堆、垃圾乱倒、污水乱泼、禽畜乱放现象，河流、沟渠、水塘清澈，无恶臭。重点部位为：郊区行政村、市辖县行政村。此项工作由广阳区、安次区负责。

25．创建工作宣传。主要公共场所设有宣传创建活动和道路建设的公益性广告，数量≥广告总数的20%，广告用字规范，内容健康，无烟草广告。重点部位为：主干道、商业大街、广场、体育场馆、火车站及长途汽车站。市规划局负责城市重点部位公益广告的整体规划；市建设局负责城市出入口、时代广场、文化艺术中心、新华路、金光道、和平路、广阳道公益广告的设计制作；市体育局负责全民健身中心和市体育馆公益广告的设计制作；

市交通局、廊坊火车站分别负责汽车站、火车站公益广告的设计制作；交通、建设等相关部门要利用车体广告搞好宣传，使出租车、公交车成为传播文明的“流动使者”。社区居委会的宣传栏定期刊登精神文明创建内容。重点部位为：市、区级社区居委会和一般社区居委会。此项工作由广阳区、安次区负责。

（三）窗口行业实地考察内容及工作要求

1．燃气、供热。办公区域整洁；服务收费项目公开，收费出具统一的票据；服务承诺制度公示；有高效的投诉处理机制，有投诉处理记录。重点部位为：燃气公司营业所、供热公司营业所。此项工作由市建设局、新奥燃气公司、廊坊开发区负责。

2．自来水。办公区域整洁；服务标准公开，收费出具统一的票据；服务承诺制度公示；工作人员服务规范，态度良好；工程受理、抄表和维修快捷，有高效的投诉处理机制，有投诉处理记录。重点部位为：廊坊市供水总公司。此项工作由市建设局负责。

3．供电。办公区域整洁；制度健全，收费标准公开；服务承诺制度公示；工程受理、抄表和维修快捷，有高效的投诉处理机制，有投诉处理记录。重点部位为：供电公司及市区所属供电站。此项工作由廊坊供电公司负责。

4．公交。站牌完好，用字、注音规范。公交车要车况良好、设施齐全，路别标识清晰、准确，车内张贴乘坐规则、线路走向图、线路票价表、投诉监督电话，车身内外保持清洁。司乘人员要按规定佩带、放置服务证件，报清站名，用语规范、耐心解答乘客问询，准点发车，无违章驾驶、停靠等现象。重点部位为：公交车、公交站和公交路线。此项工作由市交通局负责。

5．出租汽车。设有出租标志和服务卡，计价器完好，车内卫生，车况良好；驾驶员要仪表整洁，用语文明，行车时系安全带、不打手机、不吸烟，不吃饮食，按标准收费，主动出具发票，无宰客现象，无违章驾驶现象，无拒载现象。重点部位为：市区出租汽车。此项工作由市交通局负责。

6．车站。车站广场无拉客、贩票行为发生；排队购票，秩序良好，售票员不擅自离岗，礼貌待客，服务快捷；设施（垃圾箱、厕所、标志牌、广播、休息处、服务台、座椅等）完备、功能良好，站容车貌整洁；在醒目位置设置咨询、投诉窗口和投诉电话。重点部位为：长途汽车站和火车站。此项工作由市交通局、廊坊火车站负责。

7．环卫。清洁工着装统一，遵章守纪讲安全；生活垃圾每天清，垃圾装运确保场地整洁；垃圾车（容器）完好整洁，无溢、跑、冒、漏、滴现象。重点部位为：主干道、街巷特别是垃圾中转站。此项工作由市环卫局负责。

8．风景园林。环境整洁、有序、优美；便民设施（垃圾箱、厕所、标志牌、座椅等）完备，功能良好；有对老年人免费开放制度；有投诉处理机制。重点部位为：市区公园。此项工作由市建设局负责。

9．物业服务。工作人员着装统一，持证上岗，挂牌服务，文明礼貌；公开收费项目、收费标准、办事制度；工作人员全天候值班，报修及时（水电小修不过夜）；保安、保洁、绿化服务到位；有高效的投诉、回访处理机制，有投诉处理记录。重点部位为：社区物业管理公司。此项工作由市房管局负责。

10．邮政．营业场所环境整洁，设施齐全；工作人员着装统一，服务规范，态度良好；公开收费项目、收费标准、办事制度；有高效的投诉处理机制，有投诉处理记录。重点部位为：邮政营业所。此项工作由市邮政局负责。

11．电信。营业场所环境整洁，设施齐全；工作人员着装统一，服务规范，态度良好；公开收费项目、收费标准、办事制度；有高效的投诉处理机制，有投诉处理记录。重点部位为：公司营业厅。此项工作由网通（集团）廊坊分公司、移动通信廊坊分公司、联通廊坊分公司负责。

12．银行。环境整洁，设施齐全；各类业务服务指示牌准确到位，柜外有客户休息场所、意见薄；设置“1米线”；工作人员坚守岗位，服务文明，快捷；有高效的投诉处理机制，有投诉处理记录。重点部位为：银行储蓄所。此项工作由中国银监会廊坊监管分局、中国人民银行廊坊中心支行、中国建设银行廊坊分行、中国工商银行廊坊分行、廊坊市商业银行、中国农业银行廊坊分行、中国农业发展银行廊坊分行、省联社廊坊办事处负责。

13．医疗。整体环境整洁，导医标识清晰，主要收费项目公开；挂号、收费、发药等服务窗口排队等候不超过15分钟；医务人员按规定着装，佩戴胸卡，衣帽整洁，准时到岗到位；医务人员文明用语，杜绝服务禁语，无收受“红包”、开“大处方”现象，无医疗责任事故发生；有高效的投诉处理机制，有投诉处理记录。重点部位为：市区医院特别是一、二级医院。此项工作由市卫生局负责。

14．宾馆。有方便残疾人、老年人、儿童等特殊群体通行和使用的无障碍设施；餐饮、娱乐等服务明码标价；消防安全设施完好；客房干净，无异味。重点部位为：市区宾馆特别是二、三星级宾馆。此项工作由市旅游局负责。

15．旅行社。导游带团要佩戴胸卡；使用普通话讲解，用语文明；服务规范，不索取小费不误导游客消费，服务承诺制度公示；有高效的投诉处理机制，有投诉处理记录。重点部位为：市区国内旅行社。此项工作由市旅游局负责。

16．商业零售。营业员文明用语，礼貌待客；消防安全设施完好；开展待业诚信建设，服务承诺制度公示；无假冒伪劣、“三无”、过期商品；有高效的投诉处理机制，有投诉处理记录。重点部位为：市区商业百货零售商店。此项工作由市商务局负责。

17．工商。营业场所环境整洁，设施齐全；工作人员着装统一，服务规范，态度良好；公开收费项目、收费标准、办事制度；有高效的投诉处理机制，有投诉处理记录。重点部位为：市区工商所。此项工作由市工商局负责。

18．税务。营业场所环境整洁，设施齐全；工作人员着装统一，服务规范，态度良好；公开收费项目、收费标准、办事制度；有高效的投诉处理机制，有投诉处理记录。重点部位为：市区税务所要。此项工作由市国税局、市地税局负责。

19．“110”。有警必接，有难必帮；反映迅速，及时到达事发地点；警容严整，用语文明。重点部位为：“110”指挥中心。此项工作由市公安局负责。

20．派出所。办公区域整洁，警容严整，用语文明；办事制度公开、程序规范；公正执法，及时办结案件；有高效的投诉处理机制，有投诉处理记录。重点部位为：市区派出所。此项工作由市公安局负责。

21．交警。警容严整，用语文明；坚守岗位，文明执勤；秉公执法、及时办结事件。重点部位为：市中心区域交警执勤站（岗）。此项工作由市交警支队负责。

（四）问卷调查内容及工作要求

1．政府部门、执法单位严格按照法律法规公正、文明执行公务，达到市民满意。此项工作由市纠风办负责。

2．群众对市委、市政府，区委、区政府，街道党工委、街道办事处工作的满意度达90%以上。此项工作由市直机关工委、安次区、广阳区负责。

3．群众对反腐倡廉工作的满意度达90%以上。此项工作由市纪委负责。

4．卖淫嫖娼、聚众赌博等社会丑恶现象得到有效控制，达到市民满意。此项工作由市公安局负责。

5．群众安全感达85%以上。此项工作由市综治办负责。

6．全民法制宣传教育的普及率达80%以上。此项工作由市司法局负责。

7．市民对政府诚信的满意度达到90%以上。此项工作由市政府信用办负责。

8．维护企业合法权益，不搞地方保护主义，达到群众满意。此项工作由市工商局负责。

9．市民对开展多种形式的时事政策等形势教育主题活动的知晓率。此项工作由市直机关工委、广阳区、安次区负责。

10．市民对“爱国守法、明礼诚信、团结友善、勤俭自强、敬业奉献”20字公民基本道德规范的知晓率达80%以上。此项工作由市直机关工委、广阳区、安次区负责。

11．市民对本市重大典型的知晓率达80%以上。此项工作由市直机关工委、广阳区、安次区负责。

12．市民在社区参加文化活动的方便程度。此项工作由广阳区、安次区负责。

13．经常参加体育锻炼的人数达到45%以上。此项工作由市体育局负责。

14．市民对见义勇为行为的赞同支持率达90%以上。此项工作由市委政法委负责。

15．市民对捐献骨髓、器官及遗体等行为的认同率达50%以上。此项工作由市卫生局负责。

16．市民对交通便捷程度的满意率达70%以上。此项工作由市交通局负责。

17．市民对创建文明城市活动的知晓率达90%以上。此项工作由市直机关工委、广阳区、安次区负责。

18．市民对创建工作的支持率达80%以上。此项工作由市直机关工委、广阳区、安次区负责。

19．居民对卫生服务中心（站）的满意率达80%以上。此项工作由市卫生局负责。

20．市民对科技、文体、法律、卫生“四进社区”活动的知晓率达80%以上。此项工作由广阳区、安次区负责。

21．市民对“全面建设小康社会、建设和谐社会、提高党的执政能力”等国家重大方针政策的知晓率。此项工作由市直机关工委、广阳区、安次区负责。

22．市民对市场管理的满意度。此项工作由市工商局负责。

三、保障措施

（一）加强组织领导。建立强有力的领导机制和高效运转的工作机制。由市委、市政府主管领导和相关部门负责同志组成廊坊市创建全国文明城市工作领导小组，在市“六城联创”指挥部的领导下，统一负责组织、指导、协调创建全国文明城市工作。建立市创建全国文明城市工作办公室，办公室下设综合协调组、城市设施组、城市管理组、社区创建组、行业创建组五个专项工作组，具体负责组织、协调、指导、督导检查各项创建工作。各级各有关部门要实行“一把手”负责制，并明确一名主管领导具体抓落实，确保各项创建目标任务的完成。

（二）严格落实责任。各级各有关部门要根据创建任务和要求，制定具体实施方案，将创建任务层层分解，责任到岗，落实到人。按照“谁牵头谁负责、谁主管谁负责”的原则，实行目标责任制，凡完不成创建目标任务的，一律取消文明单位参评资格，单位主要领导和分管领导不能评为实绩突出领导干部。

（三）营造舆论氛围。市属各新闻媒体要制定具体宣传报道方案，在黄金时段、显著位置开设创建全国文明城市专栏、专题，全方位宣传创建全国文明城市的重要意义、目标任务、测评标准，及时宣传报道我市创建全国文明城市活动的动态和成果，进一步提高市民对创建文明城市的知晓率，激励和引导广大市民积极参与到创建文明城市活动中来，努力营造良好的创建氛围，形成强有力的舆论声势。

（四）强化督导检查。市委、市政府定期召开协调会、汇报会、现场办公会，及时研究解决创建工作中的问题。市创建全国文明城市工作办公室建立每月工作例会制度，及时了解和掌握创建工作进展情况，通过巡查、抽查、暗访、下发督办卡等多种形式进行督办，对任务完成好的进行通报表扬，对工作不力的给予通报批评并责令限期整改。充分发挥人大、政协在创建文明城市中的作用，组织人大代表、政协委员进行视察，强化社会监督。

广阳区、安次区、廊坊开发区和市直各有关部门要按照市委、市政府的总体部署，制定具体工作方案，认真组织实施，抓好各项工作落实。

附：1．廊坊市创建全国文明城市工作领导小组名单及各专项工作组工作职责（略）

2．《全国文明城市测评体系》指标解释（略）

供稿： 廊坊市文明办

整理： 陈东 邵凤霞

中共廊坊市委办公室
廊坊市人民政府办公室

廊坊市“迎奥运盛会、创文明城市、建和谐廊坊”主题实践活动实施方案（摘要）

（2007年8月15日）

一、活动内容和责任分工

深入开展“迎奥运盛会、创文明城市、建和谐廊坊”主题实践活动，要在已有工作基础上，突出重点，加大力度，精心组织开展针对性、实效性强的特色活动，调动广大干部群众的参与热情，形成全民共创文明城的浓厚氛围和整体合力。

（一）开展公共道德实践活动。以社会主义核心价值体系引领社会风尚，依托市民学校、基层党校、职工培训中心等，对市民进行文明礼仪、科普知识、法律常识、心理健康知识等方面的学习培训，使广大干部群众自觉遵守社会公德、职业道德、家庭美德，弘扬社会正气，共建和谐廊坊。

1．开展“文明出行十个一”实践活动。引导广大市民在出行中树立良好形象，做到“姿容仪表整一整、见面问候笑一笑、相对行路让一让、红灯亮时等一等、公车座位让一让、老弱病残帮一帮、行人问路指一指、如厕完毕冲一冲、讲话声音压一压、产生纠纷忍一忍”，养成文明的出行习惯。

活动时间：持续开展

牵头单位：市直工委

责任单位：市教育局、市社区办、广阳区、安次区、廊坊开发区

2．开展“文明交通伴我行”实践活动。在机动车驾驶人员中开展“文明驾驶、安全行车”活动，做到不飚车、不抢道、不开车吸烟、不接打电话等。在出租车、公交车行业开展“创建文明城市、争做文明使者”活动，做到车容干净整洁，服务文明规范。开展“文明路口”创建活动，选择一些主要路口，通过设置摄像头和大屏幕，提示行人自觉遵守交通法规，创造“人人参与、人人礼让、安全畅通”的交通环境。

活动时间：持续开展

牵头单位：市公安局

责任单位：市交通局、市建设局

3．开展“文明游园、文明观演”活动。引导广大市民在市区广场、公园、旅游景点、文化活动场所、体育场馆等公共场所，自觉做到不大声喧哗、不随地吐痰、不乱扔垃圾、不拥挤起哄，遵守公共秩序，爱护公共财物，争做文明游客、文明观众。

活动时间：持续开展

牵头单位：团市委

责任单位：市园林局、市旅游局、市文化局、市体育局

4．开展“排队推动日”活动。将每月12日定为“排队推动日”，广大市民在火车站、长途汽车站、城市公交站台、交通路口以及电影院、金融、邮政、通信、医院等公共场所自觉排队，培育市民的排队意识，使自觉排队、文明礼让成为市民的自觉行动。

活动时间：持续开展

牵头单位：团市委

责任单位：广阳区、安次区、廊坊开发区

5．开展“垃圾不落地、廊坊更美丽”实践活动。动员广大市民在影院、赛场、展馆、公园（公共绿地）、广场、商场、车站、街道等公共场所，养成垃圾入箱的习惯，不乱扔纸屑、烟头、果皮、口香糖等杂物，见到乱扔垃圾行为友情提示，见到乱扔的垃圾随手入箱，使保护环境成为一种习惯。

活动时间：持续开展

牵头单位：市环卫局

责任单位：广阳区、安次区、廊坊开发区

6．开展“践行城市精神、争做文明市民”活动。发挥广大机关公务员的带头作用，积极践行“包容开放、务实诚信”的廊坊城市精神。从带头遵守社会公德、带头爱护公共环境、带头维护公共秩序、带头节水节电、带头排队礼让、带头遵守交通法规等小事做起，为广大市民做出榜样。举办市直机关公务员文明礼仪知识竞赛，集中展示公务员礼仪教育实践成果。

活动时间：持续开展，2007年10月～11月开展竞赛活动

牵头单位：市直工委

责任单位：市直各部门

7．开展“我为创建文明城市献一策”活动。以“创建文明城市、争做文明市民”为主题，举办第五个“公民道德宣传日”大型宣传咨询活动，宣传《公民道德建设实施纲要》、《廊坊市民文明公约》，普及创建文明城市知识，开展群众问卷调查，广泛征求市民建议，进一步提高市民对创建文明城市的知晓率和支持率。年内评选表彰廊坊“十大文明市民”。

活动时间：2007年9月

牵头单位：市文明办

责任单位：市直工委、团市委、市妇联、廊坊日报社、市广播电视局

（二）开展“清洁城乡、美化家园”环境整治行动。集中解决公共场所、背街里巷、铁路沿线、城中村、城乡结合部以及公共厕所、房顶阳台的脏乱问题，全民动员，综合治理，消除死角，搞好城乡环境绿化美化净化和环保工程，营造整洁、清新、优美的生活环境。

8．开展“让城市更清洁，让生活更美好”义务劳动。在市、区党政机关干部、青年志愿者、中小学生中广泛开展义务劳动，清除公共场所卫生死角，归劝随地吐痰、乱扔垃圾、公共场所吸烟等不文明行为，净化城市环境。

活动时间：持续开展

牵头单位：市爱卫办

责任单位：市综合执法局、市建设局、市环卫局、市直工委、团市委、市教育局、广阳区、安次区、廊坊开发区

9．开展“清洁小区、净化家园”环境卫生治理活动。引导广大社区居民树立讲卫生、爱清洁的意识，自觉整理好个人卫生、个人形象；在楼道、小区做到“四不、四清”，“四不”即不乱丢垃圾、不随地吐痰、不乱堆杂物、不高空抛物，“四清”即每周自觉清扫一次楼道卫生、清理一处乱贴乱画、清理一次乱倒垃圾、清理一次乱停乱放，形成物业、居民自我参与、自我管理、自我监督的环境卫生公众参与机制，提升居住区环境卫生水平。

活动时间：持续开展

牵头单位：市爱卫办

责任单位：市环卫局、市社区办、广阳区、安次区、廊坊开发区

10．开展“营造城市森林”社会公益活动。动员广大市民义务栽种一棵树、认护一片绿，积极参与绿化改造、爱绿护绿活动，广泛栽植“公德林”、“成长林”、“青年林”、“巾帼林”，巩固、提高城市绿化水平。

活动时间：2007年秋冬季、2008年春季

牵头单位：市园林局

责任单位：市社区办、市房管局、市建设局、广阳区、安次区、廊坊开发区

11．开展“关注环保、关注健康”体验活动。号召广大市民为他人着想、为后代子孙着想，自觉从少开一次汽车、少开一会儿空调、少吸一支烟、降低音响音量做起，主动提醒周围的人、周围的企业商家不非法排污、不超标排烟、不噪音扰民，用实际行动推进净化、宁静工程。

活动时间：每月开展一次

牵头单位：市环保局

责任单位：广阳区、安次区、廊坊开发区

（三）开展“满意服务在廊坊”活动。加强各执法部门、公共服务行业软硬环境建设，改善服务设施，增强服务技能，全面提高服务水平和服务质量，不断优化亲商、近商、富商和便民、利民、富民的发展软环境。

12．开展以“推广服务富士康模式、树立大品牌意识”为主题的服务竞赛活动。在全市各级各部门推广针对富士康等超大项目推行的全程一站式服务模式，简化办事程序，提高办事效率，使服务富士康模式延伸到社会服务的方方面面，培育、推出一批诚信、优质、高效的服务品牌。

活动时间：持续开展

牵头单位：市文明办

责任单位：各职能部门、服务行业

13．开展“城市服务一线通”活动。开通城市服务热线电话，整合各行业服务、监督热线，全方位接受市民的疑难解答、困难救助、信访咨询和意见建议等，解决市民现实问题，完善城市服务功能。

活动时间：持续开展

牵头单位：市政府办公室

责任单位：各执法部门、服务行业

14．开展“城市服务直通车”活动。组织服务行业、执法部门，以宣传车、执法车为依托，定期到社区、广场开展定向服务和法制宣传，当面宣传，现场服务，现场执法，实现零距离服务，切实为群众排忧解难。

活动时间：持续开展

牵头单位：市建设局

责任单位：市公安局、市司法局、市民政局、市综合执法局

15．开展“微笑服务行动”。各窗口行业依托职业道德、职业礼仪、岗位技能和外语知识等教育培训，推动培训成果转化为服务质量的提高，实现微笑服务、文明服务，促进窗口行业达到一流的服务水平。年底开展“文明服务示范窗口”、“文明服务示范标兵”的评选和风采展示活动。

活动时间：2007年8月～12月

牵头单位：市文明办

责任单位：各行业主管部门

16．开展“百城万店无假货”示范店、示范街创建活动。以明珠、京客隆、新朝阳和新华路、新世纪步行街等商品市场、商业街区为重点，推动诚信经营，热情服务，进一步深化“百城万店无假货”示范店、示范街创建活动，评选“文明诚信户”、“文明示范街（区）”，引导经营者树立诚信为本、优质服务的良好形象。

活动时间：持续开展

牵头单位：市委宣传部

责任单位：市工商局、市质量技术监督局、市物价局、市食品药品监督管理局

17．开展“五小”行业达标升级活动。引导市区各小餐馆、小副食店、小美容美发、小旅馆、小洗浴等“五小”行业自觉遵守市场经营秩序和环境卫生要求，加强基础设施改造和环境卫生清理，做到合法经营、文明经营。

活动时间：持续开展

牵头单位：市卫生局

责任单位：市工商局、市综合执法局

18．开展“温馨驿站”创建活动。在火车站、长途汽车站、旅游宾馆等窗口单位中开展“温馨站台”、“温馨候车厅”、“温馨之家”创建活动，完善服务设施和功能，改善服务态度和服务环境，使出入廊坊的各界人士真切感受廊坊的温馨气息。

活动时间：持续开展

牵头单位：市旅游局

责任单位：市交通局、市火车站、市长途汽车站

（四）开展创建文明社区活动。推动社区基础设施建设和居委会规范化建设，加强社区文化、治安、服务网络建设，营造良好的居住环境。

19．举办“和谐邻里节”活动。以社区为单位，从“敲开邻居的门”开始，以谈天说地、才艺展示、美食共享、文体活动、互相帮助等形式和主题，增加居民之间的了解和沟通，融通感情。开展和谐邻里、文明楼道评选，举办先进事迹报告会，融洽邻里关系，促进家庭和谐、邻里和谐、社区和谐。

活动时间：持续开展

牵头单位：市社区办

责任单位：广阳区、安次区、廊坊开发区

20．开展“文明家庭亲子互动”活动。动员广大青少年学生和家长相互勉励，共同践行公共道德，开展“捐献一次钱物、清理一处社区卫生、劝阻一次不文明行为、参加一次志愿者行动、创作一个文艺节目、叫响一句家庭文明宣言”互动体验活动，使青少年学生和家长在自觉参与中陶冶情操，振奋精神。评选一批“五星级文明家庭”。

活动时间：持续开展

头单位：团市委

责任单位：市社区办、市妇联、市教育局、广阳区、安次区、廊坊开发区

21．举办“社区文化节”。依托科教、文体、法律、卫生“四进社区”活动，在社区内各居民楼、单位、企业、商业门店中广泛开展“提供一条

科普知识、创作一个文艺节目、讲述一个普法故事、介绍一个卫生常识”活动，通过节假日集中展示，实现社区成员自娱自乐、自我教育。

活动时间：持续开展

牵头单位：市社区办

责任单位：市科协、市文化局、市体育局、市司法局、市卫生局、广阳区、安次区、廊坊开发区

22．开展“社区文明六个一”道德实践活动。依靠社区居委会、物业公司，引导社区居民自觉做到文明养犬、文明待客、文明装修、文明停放、文明娱乐、文明礼让，营造和谐的社区环境。

活动时间：持续开展

牵头单位：市社区办

责任单位：市房管局、广阳区、安次区、廊坊开发区

23．开展创建文明社区、和谐小区活动。按照“环境优美、管理有序、设施完备、服务完善、治安良好、文明祥和”的创建标准，动员广大社区居民参与到社区建设、管理和监督工作中来，集思广益，齐抓共管。配合“严打”专项行动，广大居民认真参与社会治安巡逻，共建群防群治网络，创造安定和谐的居住环境。年内评选表彰一批市级文明社区和“和谐小区”。

活动时间：持续开展

牵头单位：市社区办

责任单位：市公安局、广阳区、安次区、廊坊开发区

（五）开展“爱心暖廊坊”志愿服务活动。引导广大市民踊跃参与“博爱一日捐”、义务植树、无偿献血等活动，向公益事业和弱势群体提供力所能及的帮助，营造充满温情的社会氛围。

24．开展周末奉献日活动。广大志愿者和市民每月第一个周末积极参与维护交通秩序、制止不文明行为、帮扶孤残人员等各类社会公益活动。评选表彰一批“学雷锋志愿服务团队”和“学雷锋志愿服务标兵”。

活动时间：持续开展

牵头单位：团市委

责任单位：市直工委、市总工会、市民政局、市妇联、市劳动和社会保障局、市红十字会

25．开展“我自立、我快乐”弱势群体自我救助活动。结合“春蕾计划”、“助学工程”、再就业“十个一工程”等，转变救助方式，通过思想引导、技能培训、提供就学和就业机会等，帮助有一定能力的弱势群体自强自立，自我救助，形成长效救助机制。

活动时间：持续开展

牵头单位：市民政局

责任单位：市妇联、市教育局、市劳动和社会保障局

26．开展“同在一方土，牵手新市民”活动。通过“假如我到外地谋生”、“我为外来人员做点什么”等思考与体验活动，引导广大市民不歧视、不排斥外地来廊坊人员，组织有关部门主动为外地来廊坊务工人员提供劳动技能培训、务工介绍、法律维权、子女就学等项服务，让外来人员感受第二故乡的温暖，营造“同在一方热土，共建美好家园”的和谐氛围。

活动时间：持续开展

牵头单位：市公安局

责任单位：市劳动和社会保障局、市人口和计划生育委员会、市司法局、市教育局

27．开展“关爱员工、热爱企业”实践活动。结合创建“劳动关系和谐企业”活动，引导企业业主和员工之间相互尊重，相互扶持，互利双赢，不断融洽劳动关系。评选表彰一批先进企业、“关爱职工优秀业主”和“热爱企业优秀职工”。

活动时间：持续开展

牵头单位：市总工会

责任单位：市个体劳动者协会、市私营企业协会、市民营企业家协会

28．开展“社会治安流动岗”创建活动。动员广大营运客车、营运货车、出租车经营单位及从业人员和城市环卫清洁员、商业店铺从业人员参与社会治安巡逻监督，建立全方位、全天候的群防群治网络，使“三车”成为维护社会治安的义务巡逻车，“两员”成为维护社会治安的观察哨、信息员。

活动时间：持续开展

牵头单位：市公安局

责任单位：市交通局、市环卫局、市商务局

（六）开展“全民健身与奥运同行”活动。举办好全国马拉松冠军赛、市第五届运动会等迎奥运赛事，吸引广大市民群众亲身参与各项健身活动，

共同迎接、走进和支持奥运盛会。

29. 举办“迎奥运廊坊市全民健身活动”。发挥好老体协、文体辅导员、文体爱好者的作用，利用社区、广场、街头、游园等场地，广泛开展健身操、大秧歌、太极拳、羽毛球、门球等多种形式的文体活动，掀起全民健身热潮。

活动时间：持续开展

牵头单位：市体育局

责任单位：广阳区、安次区、廊坊开发区

30. 举办2008年元旦迎奥运万名市民环城长跑比赛。市民自愿报名参加环城长跑活动，对取得靠前名次、体现奥运精神的运动员给予奖励。

活动时间：2008年1月

牵头单位：市体育局

责任单位：广阳区、安次区、廊坊开发区

二、工作要求

1. 加强领导，抓好协调。开展“迎奥运盛会、创文明城市、建和谐廊坊”主题实践活动，是我市争创全国文明城市的一项重要工作。各级各部门要把这项活动作为今明两年的一件大事，作为提升公民文明素质的有效载体，摆上重要日程，积极行动起来，切实抓紧抓好。市创建全国文明城市工作领导小组负责整个活动的组织指导，市创城办负责具体协调、推动，各部门创建全国文明城市直接责任人负责抓好主题实践活动的组织实施。

2. 精心组织，狠抓落实。按照责任分工，各牵头单位要做好活动的整体谋划，8月底前拿出具体的操作方案；各责任单位要联系实际，以提升市民文明素质和城市文明程度为核心，按照操作方案下大力推动落实。各责任单位要通过市“一报两台”进行公示，使主题实践活动家喻户晓，深入人心，引导全市人民了解、支持、参与各项活动，确保每项活动都有明显成效。市创城办要协调市创建全国文明城市工作督导组对各项任务落实情况进行督导检查，同时发挥新闻媒体的监督作用，对工作不力、进展缓慢、效果不明显的单位进行通报、曝光。

3. 扎实推进，注重实效。各级各部门要统筹规划活动项目，确保取得实效。整个活动分三个阶段推进：第一阶段，全面启动。2007年8月，“迎奥运盛会、创文明城市、建和谐廊坊”主题实践活动全面推进，各重点项目逐步展开，形成行业部门协调联动、广大群众积极参与的良好态势。第二阶段，重点突破。2007年9月至2007年底，各项工作在全面推进的基础上突出重点活动，形成一定规模和声势，取得阶段性成果。第三阶段，培育精品。2008年初至2008年8月，推动全市公民文明素质和社会文明程度不断提升，窗口行业服务质量明显提高，城乡环境和公共秩序明显改善。要发扬“更快、更高、更强”的奥运精神，大力培育和弘扬一批在全国叫得响、立得住的先进典型，使“城市精神”、“廊坊品牌”、“廊坊经验”成为展示文明形象、推动全市经济社会更好更快发展的强大精神动力。

供稿：廊坊市文明办

整理：陈东 邵凤霞

中共廊坊市委办公室
廊坊市人民政府办公室

关于着力解决创建文明城市工作难点问题的实施方案（摘要）

（2007年11月30日）

一、主要任务及工作分工

对照《全国文明城市测评体系》，目前我市创建文明城市工作需尽快解决的难点问题主要有以下五个方面：

（一）提升银河南路整体形象。银河南路是南城区的一条重要迎宾线，由于历史欠账、旧城改造等原因，目前在基础设施、环境建设、市容管理等方面还存在一定差距，整体状况与市区整体形象落差较大。主要任务是：

1．集中整治。（1）全面清理、拆除市区南出入口及周边、银河南路（市区南出入口——银河大桥）两侧、南外环两侧可视范围内的私搭乱建、未经批准擅自设置、逾期设置和严重影响城市景观的大型落地式、楼顶、墙体户外广告设施。全面清理、取缔临路设置的机动车修理、清洗站点、露天烧烤摊点等各种违章占道经营现象。治理张贴、涂写小广告现象，督导沿街单位及时清除责任区范围内建筑物、构筑物和设施上的各类小广告。治理和处罚焚烧垃圾、乱泼废水、乱扔杂物等违规行为。（2）集中治理隆福市场、木材市场、兴安市场店外售货和占道经营问题，规范、更新经营门店广告牌匾，做到统一设计、规范有序。

任务要求：2007年12月份开展集中整治行动。由市综合执法局负责，集中力量解决银河南路两侧可视范围内的脏、乱、差问题；由市工商局、安次区政府负责，组织开展市场专项整治，做好木材市场搬迁筹备工作；由市交通局、市水务局配合，整治机动车修理、清洗站点。

2．完善设施。（1）对银河南路两侧人行道及人行道至沿街门店之间区域进行统一硬化，督导产权单位对实施清理、拆除后的道路两侧建筑立面进行粉刷和美化包装，规划设置车辆停放场地，施划停车线，规范车辆停放。（2）重点对银河南路与南外环路口周边环境绿化、美化进行统一规划、统一设计，在适当位置设置大型公益广告。

任务要求：由市规划局、市综合执法局负责，2007年12月上旬完成银河南路整体改造初步方案，提交市委、市政府主管领导审定。由市建设局、安次区政府负责，从2008年3月份起，协调督导相关部门按规划方案组织施工，2008年4月份完成绿化工作，2008年5月底基本完成银河南路整体改造。

3．加强监管。集中整治后要加强环境秩序日常监管。由市环卫局负责，对银河南路及两侧人行路增设保洁设施、增加保洁费用、增加清理人员、增设宣传标语，实现路面全天候保洁和垃圾箱（点）垃圾日产日清。由市综合执法局负责，将银河南路定为推行“门前十包”责任制示范区，统一制作“门前十包”责任警示牌，督导沿街门店落实好店前至路沿砖范围内卫生、秩序等，实现店前保洁。加强日常监督检查，防止临街出现私搭乱建、店外售货、乱停乱放、不规范牌匾等违规现象。由市工商局负责，保持隆福市场、木材市场、兴安市场整治后的经营秩序，督导责任主体加强市场硬化、净化、美化，实施升级改造。由安次区政府负责，组织城中村环境规范和改造，对银河南路两侧可视范围内有碍观瞻的建筑物实施遮挡或改建，全力配合解决城中村改造中的难点问题，加快改造进度。

任务要求：各责任部门要建立监督制度，组建督导员队伍，每月开展一次联查，公布群众监督举报电话，发现问题及时整改，防止集中整治后再次反弹，推动银河南路整体形象不断改观。

（二）城中村综合治理。由于责任主体不清、管理体制不顺，目前城区部分城中村、城乡结合部、铁路沿线等重点地区的环境卫生、公共设施以及流动人口管理较为薄弱，直接影响城市整体形象。主要任务是：

1．完善基础设施。协调乡（镇、街办处）、村（居委会）两级对城中村及城乡结合部主要街路增建、疏通排水设施，增设路灯、垃圾箱（点）等；对公共场所、主次街路两侧可视范围内进行绿化、硬化，建筑墙体进行粉刷、美化，拆除私搭乱建，改造有碍观瞻的建筑物，全面清理积存垃圾，清除乱贴乱画，确保达到路面无明显坑洼积水，排水设施完善，无露天排水沟渠，路灯无破损，垃圾箱设置合理、保持整洁。

任务要求：2007年12月上旬拿出具体方案，12月中旬起组织开展攻坚战役，增建方面由区、乡（镇、街办处）、村（居委会）三级联合出资，组织专业队伍进行施工；拆除、清理方面由主管部门协调、督导村（居委会）级组织实施。2008年元旦前确保各城中村面貌有明显改观。此项工作由安次区政府、广阳区政府负责分别抓好落实。

2．加强环卫管理。（1）加快建设育英路、东户屯等处计划内15座公厕和中转站建设进度，再新建一批公厕和中转站，避免垃圾乱倒。（2）凡是能纳入市环境卫生管理的村街，经协商委托市环卫局统一代管环境卫生清扫和清运，道路清扫保洁做到“六无六净”，垃圾箱站点垃圾做到日产日清，随时保持垃圾箱站点完好、整洁。（3）暂时不具备纳入市环境卫生管理条件的村街，协调乡（镇、街办处）、村（居委会）两级，建立完善村街清洁队、巡查队伍和清扫制度，做到生活垃圾日产日清。同时加强环卫管理宣传，对私搭乱建、粪土乱堆、禽畜乱放、柴草乱垛、污水乱泼现象以及摆摊占道、垃圾不入池等问题进行清理，并做出相应处罚。（4）铁路沿线卫生按辖区划分，由安次区、广阳区出资委托市环卫局，或自行组建卫生保洁队，组织开展环境卫生集中治理，坚持日常清理保洁。

任务要求：由市环卫局负责环卫基础设施建设，2008年1月底前城中村环卫设施基本达到一村一厕一站要求。由广阳区政府、安次区政府、市环卫局进行协商，2007年12月上旬确定环卫管理责任主体。委托市环卫局负责管理的，由广阳区、安次区协调好出资单位和渠道；自行管理的，2007年12月中旬落实村街保洁队伍和保洁设施，并每月组织一次环境卫生检查。

（3）加强流动人口管理。组织开展城中村流动人口房屋租赁法律法规宣传，对出租房屋、工地、旅馆、饭店、路边店、歌舞厅、洗头房等地流动人口开展集中清查统一行动，对违规的场所、单位或房主、业主进行整改和相应处罚。开展出租房屋普查登记，逐户重新填写《流动人口登记表》和《房屋租赁登记表》。暂住人口和出租房屋信息全部录入微机，实现网上查询。落实出租房主和用工业主的责任，全部签订治安责任书。

任务要求：2007年12月份对市区流动人口房屋租赁情况进行普查登记，流动人口、出租房屋登记、办证率达到98%以上。此项工作由市公安局负责落实。

（三）市场建设与管理。目前市区集贸市场布局不尽合理，排水、消防等基础设施不完善，存在安全隐患；部分市场经营管理和卫生状况不达标，严重影响市区整体形象。主要任务是：

1．完善市场功能。增建必要的市场经营设施，对市场内的供水、排水、电力、道路、消防、环卫设施进行整修，改善商户经营环境。有条件的对市场进行升级改造，全面提升市场建设和管理水平。

2．维护经营秩序。规范市场准入行为，取缔无照经营单位。按照市场的经营范围，科学合理地分行划市，所有摊位划线定位，实现固定经营或坐店经营。清理乱摆乱卖、店外加工、店外售货，取缔流动摊点。

3．加强环境治理。拆除城区市场内的私搭乱建，清除乱堆乱放和闲置弃用的经营设施，规范商业门店户外广告牌匾，清理乱摆乱放的灯箱牌匾，清除墙体和橱窗乱贴乱画；对市场内的房屋、棚厅及市场临街立面进行清洗、粉刷。督促主办单位成立专业清扫保洁队伍，购置垃圾清扫设施，及时清除责任范围内的垃圾，制止各种乱倒垃圾、乱泼污水等违章行为。

任务要求：由市工商局负责，2007年12月份组织开展清理无照经营和环境治理专项行动，完善、提升市场公共设施，并对市场升级改造进行规划，拿出具体改造方案。由市工商局负责，安次区政府、广阳区政府配合，协调督导各市场责任单位，于2008年1～4月份实施市场升级改造工程。

4．治理马路市场。整治以修车点、修鞋点、早点摊、蔬菜水果摊点等流动摊点组成的马路市场，按照主干道严禁、次干道严控、背街小巷规范、无证摊点和店外经营取缔的原则，规范摊点规模，严格卫生标准，根据群众生活的需求，选定适当路段、场所，划线定位，规定时间，允许设摊、开店经营，并按相关规定加强日常管理。

任务要求：2007年12月份对城区现有马路市场进行调查摸底，制定整改方案，选定开设市场路段。2008年1月份开展集中整治行动，所有流动摊点进入规定场所开展经营活动，并做好日常监管工作。此项工作由市综合执法局负责落实。

（四）整治市区“五小”行业。小餐饮、小副食、小旅馆、小洗浴、小理发等行业是解决就业、方便市民生活的重要途径，但无证经营、违规经营、卫生不达标现象严重，影响市容环境和经营秩序。主要任务是：

1．严把许可证关。按照《廊坊市创建国家卫生城市“五小”行业卫生标准》要求，对“五小”单位进行严格审查，不符合标准的不予发证。

2．加强环境整治。拆除“五小”行业的私搭乱建，清除店外设置的各种加工设施；规范“五小”行业门店招牌，清除墙体、门店橱窗及门窗玻璃乱贴乱画，督导业主对墙体立面、门窗护栏、防盗栏进行整修、清洗、粉刷，整治店前乱拉乱挂、店外晾晒、乱堆垃圾、乱倒污水等严重影响环境秩序现象。此项工作由市综合执法局负责。

3．加强日常监管。按有证达标、有证不达标、经整改可达标、经整改不能达标、无证等情况分门别类登记造册，按照“谁发证、谁管理”的原则和街道责任区划进行分类监管。坚持教育先行、查处在后、整治提高为主、清理取缔为辅，对经过整改达标的，补发证照；对拒不整改的“黑五小”进行联合执法，坚决予以取缔，确保“五小”行业全部做到“三证”齐全、“三防”设施完备，经营场所环境卫生整洁，经营食品符合卫生要求。

任务要求：由市卫生局负责，市工商局配合，2007年12月份对市区“五小”行业进行普查登记。2008年1月份，由市卫生局牵头，市公安局、市工商局、市综合执法局配合，组成联合执法队伍，对经整改仍不达标的“五小”经营单位坚决取缔。各部门分别建立日常巡查制度，加强对“五小”行业的监督检查，保持规范有序的经营秩序。

（五）进一步完善市区基础设施。目前市区部分区域停车场所不足，造成车辆乱停乱放，影响交通秩序和市容环境；小街小巷道路、排水、照明、消防及无障碍等基础设施不足，给群众生活带来不便；对照《全国文明城市测评体系》标准，我市青少年宫、科普场馆、市群艺馆、区级文化馆、图书馆等文化设施不足，需升级改造。主要任务是：

1．完善公共停车场设置。整合市区闲置场地，利用市政工程改造等机会，合理规划设置公共停车场所。加快市医院、长途汽车站、新华路、和平路等重点区域、重点路段公共停车场建设进度，解决乱停乱放、交通拥堵问题。对已列入规划的文化艺术广场西南角、银河路西侧（明珠大厦广阳店前、安华里小区建筑物东等）、人民公园西门、银河大桥下、京沪高铁新车站站前广场等处公共停车场抓紧落实。此项工作由市规划局负责，市公安局交警支队配合，制定规划；由市建设局抓好落实。

2．完善小街小巷基础设施。协调各街办处针对所辖区域小街小巷基础设施情况进行调查汇总，摸清底数，将近期没有建设改造任务区域内的小街小巷改造列入明年计划，根据产权归属落实改造责任单位，对街道进行硬化、亮化、绿化，建设排水、消防、无障碍等设施。此项工作由市建设局负责落实。

3．完善文化设施。对照《全国文明城市测评体系》要求，对现有文化设施进行评估，制定未达标设施升级改造方案。对尚未列入建设计划的文化场馆，抓紧制定建设方案；同时与辖区内建有场馆的单位、高校协商，采取资源共享的方法过渡解决缺项问题。此项工作由市规划局负责规划，由市文化局、广阳区政府、安次区政府负责落实。

任务要求：各项基础设施建设的具体解决方案由责任单位负责，在2007年12月底前完成并着手推动落实，力争2008年4月底取得实质性进展。

二、保障措施

1．加强领导，落实责任。推进解决创建文明城市难点问题，由市委副书记、纪委书记栗建华牵头，市委常委、宣传部长肖双胜，副市长王大虎、吕爱英负责协调各责任部门抓好落实。市创建全国文明城市工作办公室负责各项具体工作的组织、指导和督查工作。各责任部门要增强大局意识、责任意识，建立“一把手”亲自抓、主管领导具体抓的领导机制，服从全市统一调度，做到各司其职、各负其责，协同作战、合力攻坚，推动创建文明城市难点问题的解决。

2. 健全机制，加大投入。各责任部门要积极探索、建立一系列长效管理制度和办法，加强集中整治后的日常监管。广阳区、安次区和市直有关部门要多渠道筹措资金，切实加大对重点项目的投入，为解决难点问题提供资金支持。要按照“谁受益、谁投资，谁所有、谁管理”的原则，采取市场化运作方式，积极调动产权单位及社会各方面力量参与创建活动。

3. 强化督查，严格奖惩。市创城办要加强督导检查，坚持周通报、月调度，通过定期检查、随机抽查、现场办公，确保各项工作落实到位。各责任部门也要建立相应的工作制度，定期调度，抓好落实。市创建文明城市工作督导员要定期组织专项检查；市新闻单位要充分发挥舆论监督职能，对工作中存在的突出问题适时曝光，促其及时整改。年底，市文明委将组织检查验收，对工作成效显著的予以表彰奖励；对未按期完成任务的予以通报批评；对工作不力、影响全市创建工作大局的，追究相关部门和领导责任。

供稿：廊坊市文明办

整理：陈东 邵凤霞

保定市精神文明建设委员会

“热爱保定、建设保定、奉献保定”大讨论活动实施方案（摘要）

（2007年3月11日）

一、总体要求

大讨论要围绕“热爱保定、建设保定、奉献保定”主题，要密切联系建设京南近海强市名城的实际，针对公务员作风、市民素质、未成年人道德行为、外来人员素质，行业风气、社会风尚以及城市建设与管理等方存在的影响保定形象和阻碍保定发展的突出问题，联系干部群众的思想道德实际，联系保定经济社会发展的实际，围绕为什么要“热爱保定、建设保定、奉献保定”，大力宣传“热爱保定、建设保定、奉献保定”的先进人物和事迹，深入剖析和批判不符合“热爱保定、建设保定、奉献保定”要求的现象和意识，并通过广泛深入的讨论、征询，提炼出为广大干部群众普遍认同的新时期的保定精神。

二、实施步骤及责任分工

“热爱保定、建设保定、奉献保定”大讨论活动，从2007年3月开始至2007年12月结束，分三个阶段进行。

（一）宣传发动阶段（3月份）

通过宣传发动，让广大干部群众了解大讨论的目的意义，调动起广大干部群众参与大讨论活动的积极性主动性，在全市形成开展大讨论的良好社会氛围。

1. 制定印发“热爱保定、建设保定、奉献保定”大讨论活动实施方案。此项工作由市文明办负责。

2. 召开“热爱保定、建设保定、奉献保定”大讨论活动协调会。此项活动由市文明办负责。

3. 在日报、晚报、电台、电视台刊播政协委员《致于市长的一封信》及于市长、宋书记的批示，配发言论。此项活动由各新闻媒体负责。

4. 各县（市、区）、市直各部门、各单位，要采取灵活多样的形式，组织广大干部职工、社区居民、农村村民深入学习关于大讨论活动的批示和言论，深刻领会开展大讨论的目的意义，提高开展大讨论活动的积极性，此项活动由各县（市、区）文明委和市直各部门负责。

（二）组织实施阶段（4～9月份）

结合“文明保定、和谐保定”创建活动和“责任风暴”、“效能革命”，以新闻媒体刊播为主要表现形式，以个人、社区、部门等为单位广泛扎实开展大讨论。

5．各县（市、区）要组织机关干部就“热爱保定、建设保定、奉献保定”开展有深度的讨论，党员干部特别是县级干部要结合本单位、本人的思想工作实际撰写体会文章，并积极向新闻媒体投稿或接受媒体采访。此项活动由各县（市、区）和市直各部门负责。

6．各级教育主管部门要组织所属学校开展主题征文、演讲等宣传教育活动，使广大学生增强文明意识，强化道德观念，提高文明素质，同时向市直新闻媒体推荐优秀征文和演讲稿。此项活动由各级教育主管部门负责。

7．各县（市、区）和各级社区办要以创建文明社区为载体，运用多种形式扎实开展市民教育活动，教育本地居民和外来人员遵守社会公德和市民行为规范，在全市社区组织开展“帮一帮、让一让”活动，组织各家庭开展大讨论并向市新闻媒体推荐典型发言和典型事迹。此项活动由市社区办和各县（市、区）负责。

8．以县（市、区）为单位组织农村居民代表就“热爱农村、建设家园、奉献农业”等进行座谈，并向市新闻媒体推荐典型发言和典型事迹。此项活动由各县（市、区）负责。

（三）总结提炼阶段（10～12月份）

总结大讨论活动的好经验、好做法，提炼出适应“热爱保定、建设保定、奉献保定”要求的新时期保定精神，推动保定经济社会事业更好更快地发展。

9．对个人或组织在“热爱保定、建设保定、奉献保定”的大讨论中体现出的保定精神进行分析综合，提出具有代表性的表述方式。此项工作由市委宣传部、市社科联负责。

10．组织召开社会各界代表座谈会，畅谈保定精神。此项工作由市委宣传部、市社科联负责。

11．就保定精神征询专家、学者意见。此项工作由市社科联负责。

12．组织市直新闻媒体开设新时期保定精神访谈专栏、专题。此项工作由市委宣传部负责。

13．按照“根植历史、体现现代、面向未来”的原则，由市文明委确定保定精神的具体表述词语。此项工作由市文明办组织落实。

供稿：保定市文明办

保定市精神文明建设委员会

2007年精神文明建设工作意见（摘要）

（2007年3月20日）

2007年全市精神文明建设工作的指导思想是：高举邓小平理论和“三个代表”重要思想伟大旗帜，深入贯彻落实党的十六大和十六届六中全会、省第七届党代会和市委九届二次全会精神，以营造和谐社会为主题，全面贯彻落实科学发展观，瞄准一个目标（争创全国创建文明城市工作先进城市）、立足两个提高（提高公民现代文明素质、提高全市现代文明程度）、深化七项创建活动（创建文明城区、创建文明城市（县级市）、创建文明小城镇（重点是县城）、创建文明行业、创建文明单位、创建文明生态村、“十城”联创）、强化四大措施（加大领导力度、加强队伍建设、创新管理机制、加大考评力度），力求高质量完成五大任务。为实现科学发展、提速发展、和谐发展，为建设和谐保定、魅力保定、实力保定，提供强大的思想保证、智力支持和精神动力。

一、以创建全国文明城市工作为龙头，全面深入扎实地开展群众性精神文明创建活动，努力营造

文明和谐的社会环境

（一）开展创建文明城市达标活动，实施创建规划，开创文明城市建设工作新局面。2007年是落实创建全国文明城市工作任务的关键年份。也是实施“京南近海强市名城”战略的开局之年。我市创建工作要以《全国文明城市测评体系（试行）》为基本遵循，制定《保定市2006年～2008年文明城市创建规划》和《保定市2007年创建全国文明城市工作方案》，明确创建目标、任务和要求，打好宣传教育、工作推进、迎接检查三个战役，加大创建力度，狠抓创建任务落实。为我市经济和社会发展，营造廉洁高效的政务环境、公平公正的法制环境、规范守信的市场环境、健康向上的人文环境、安居乐业的生活环境、可持续发展的生态环境。为实现2008年争创全国创建文明城市工作先进城市目标夯实基础。同时，要把创建文明城市活动与“迎奥运、讲文明、树新风”活动有机结合起来，围绕解决文明礼仪、公共秩序、社会服务、城乡环境、旅游出行等方面存在的突出问题，切实提高人们的文明素质和城镇文明程度，力争在奥运会前首都周边有明显改善，并以此为机遇，提高我市城市和县城的知名度、吸引力。

（二）开展创建文明小城镇（县城）、文明城区、文明城市竞赛，整体推进保定文明程度。全方位推动城乡一体化创建，是提升我市文明城市创建的关键。在四个城区（南市区、北市区、新市区、高开区）、四个县级市、123个建制镇（含县城）中，采取同类条件、同类标准的竞赛，是推动城乡共建文明城市的重要手段，其结果是检验各级党委、政府领导精神文明建设能力、水平和工作程度的重要依据。依据《全国文明城市测评体系（县级市）》、《全国文明城区测评体系》全面启动创建工作，是精神文明建设走向规范化、制度化、法制化的重要一环。123个建制镇的标准可参照县级市标准，根据实地情况，自行制定。全市将制定相应竞赛办法，定期组织联查、观摩调度、年终总评，并进行总结表彰。力争通过创建竞赛，使达到条件的县级市进入全国文明城市行列。

（三）开展创建文明行业（单位）竞赛，提高文明行业（单位）的覆盖面，为促进保定经济发展和改善居民生活提供有力保障。以文明执法、优质服务为主题，继续推行社会服务承诺制、生产经营信誉制、行政执法公示制。进一步加强公安、税务、工商、燃气、供热、自来水、供电、公共交通、出租汽车、铁路、邮政、电信、银行、医院、宾馆、旅行社、商业零售等行业的服务规范建设，设立高效的投诉、处理机制，使文明行业（单位）创建活动覆盖面达到100%。通过“星级”窗口建设，组织“三杯”竞赛，加强各行业的职业道德建设，强化职业纪律约束，提高职业服务技能，树立良好职业形象，努力满足群众的生产生活，优化保定的发展环境。充分利用“服务热线”、“行风热线”等形式，加强对“三职一优”活动的督导。开展保定市首届职业道德十佳个人标兵、十佳先进单位的评选工作，继续开展创建文明风景旅游区的活动，加大对文明行业的满意度测评，做好2006年～2007年度文明单位评比示范工作，使全市的文明行业成为古城保定的文明窗口。

（四）开展“十城”联创，推动创建活动向纵深发展。落实文明委成员单位责任制，协调有关部门制定长远规划、年度计划和具体活动实施方案，积极着手开展国家卫生城市、环保模范城市、中国优秀旅游城市、中国综合治理先进城市、全国环境整治先进城市、全国科教兴市先进城市、普法先进城市、全国文化先进市、全国社区建设示范市、国家园林城市、全国双拥模范城市的深化和创建活动，推动创建活动按国家标准向纵深发展。

（五）开展文明生态村创建活动，推进我市社会主义新农村建设。全市创建活动继续在广度和深度上推进，年内三批创建村总数达到行政村总数的30%（1857个）。创建仍在三个层面上进行，年内规划创建村村内基础设施建设如四化、村两委办公场所、村民中心等建设上求突破；巩固提高村要在深化上求突破，要按社会主义新农村的建设标准逐步深化；一般创建村要在广泛动员群众积极参与上下功夫，在净化和绿化上求突破。继续开展“魅力乡村行”——文明生态村精品旅游参观线路推介暨当代农民风采大赛，推动创建活动提升水平、创新内容、丰实载体、达到实效。力争经过创建活动，改善农村面貌，提升村民素质，不断向生产发展、生活宽裕、乡风文明、村容整洁、管理民主的方向迈进。

（六）广泛开展“文明保定、和谐保定”创建活动。做到“五争做、五推动”：即在广大农村争做新型农民、推动创建文明生态村活动开创新局面；在城镇引导人们争做文明市民，推动创建文明城市活动形成新热潮；在各行各业引导人们争做诚实守信员工，推动创建文明城市活动迈出新步伐；在党政机关引导人们争做文明公务员，推动创建文明机关活动提高新水平；在全社会引导人们争做热心友善的好公民，推动“爱心暖保定”活动广泛开展。

二、以服务经济建设大局、构建和谐社会为基本遵循，大力改进和加强宣传工作

（一）巩固马克思主义在意识形态领域的指导地位，打牢全市人民团结奋斗的共同思想基础。用马列主义、毛泽东思想、邓小平理论、“三个代表”重要思想和科学发展观、构建和谐社会理论武装党员干部，教育全市人民，坚定社会主义理想信念，坚持建设有中国特色的社会主义方向，认真落实“建设和谐文化”的要求，增强科学发展、提速发展、和谐发展的信心。把学习贯彻“三个代表”重要思想同学习贯彻十六届六中全会精神结合起来，深入推进理论武装工作。抓好以“三个一”活动和党委中心组学习为载体的县处级以上领导干部的学习。采取宣讲辅导、理论研讨、经验交流等多种形式，深入学习宣传党的十六届六中全会精神。根据新形势要求，加强和改进讲师团工作，继续抓好构建社会主义和谐社会主题系列讲座。修订关于加强和改进党委（党组）中心组学习意见，进一步健全领导干部理论学习制度。以建设“学习型机关”、“学习型企业”、“学习型社区”、“学习型家庭”为载体，进一步推动干部群众学习的制度化和规范化。采取多种形式，组织开展党的十六届六中全会精神宣讲活动，充分发挥基层宣传队伍和阵地的作用，帮助干部群众了解科学发展观和构建社会主义和谐社会等重大战略思想。大力推进马克思主义理论研究和建设，继续组织力量对重大理论和实际问题开展深入研究，围绕宣传贯彻党的十六届五中全会精神，编发一批重点理论文章，推出一批理论宣传片，召开学术研讨会。大力宣传推广十六大以来我市在学习宣传贯彻邓小平理论和“三个代表”重要思想、树立和落实科学发展观、构建社会主义和谐社会过程中创造的新形式、新做法，不断推进理论学习，深化理论研究，改进理论宣传，增强理论武装效果。

（二）把握正确导向，为改革发展稳定营造良好舆论氛围。围绕树立和落实科学发展观，坚持团结稳定鼓劲、正面宣传为主的方针，牢牢把握正确导向，发展积极向上、团结和谐的主流舆论，引导人们倍加珍视团结、倍加维护稳定、倍加顾全大局，为落实科学发展观、构建和谐保定营造良好舆论环境。深入学习宣传十六届六中全会精神，把广大干部群众的思想统一到中央的决策部署上来。继续深化落实科学发展观、构建社会主义和谐社会的精神实质、深刻内涵重大意义的宣传，深化中央和省、市委有关重大决策部署的宣传，多角度、多方面展示我市落实科学发展观、构建社会主义和谐社会的生动实践和典型经验。认真组织好“十一五规划”、建设资源节约型、环境友好型社会、重点工程建设等方面的宣传报道，充分展现各条战线的新成就。加强和改进网上舆论宣传引导工作，掌握网上主动权。进一步加强和改进舆论监督、热点引导和典型宣传，充分发挥各类新闻媒体的积极作用，不断提高宣传质量和引导水平。

（三）把握文化需求，全面推进文化大市建设。认真落实中宣部《关于深化文化体制改革的意见》，抓好建设文化大市工作会议精神和我市建设文化大市《规划纲要》及有关政策的贯彻落实，积极学习借鉴先进地区的成功经验，稳步推进文化体制改革。争取财政对宣传文化战线的支持力度，鼓励非公有制资本进入文化产业，促进宣传文化事业与经济发展相协调，不断壮大我市文化事业、文化产业的总体实力。围绕满足人民群众日益增长的精神文化需求，发挥优势，整合资源，把历史文化、革命文化、现代文化结合起来，努力建设文化大市，打造现代文化名城名牌。继续组织开展“同心大舞台——革命歌曲大家唱”、“艺术的保定”、“地方优秀剧目展演”等有地方特色的文化活动。深入开展彩色周末活动、社区文化活动、广场文化活动、农村文化活动，进一步活跃城乡居民的文化生活。加强农村文化建设和基层文化设施建设，采取政府引导、社会支持、市场运作相结合的形式，解决投入不足、人才匮乏、无人管事、无钱办事等实际问题。继续推进红色旅游，使之成为政治工程、文化工程、经济工程。继续抓好”太行山革命老区宣传文化工程“建设。以“五个一”工程为龙头，加大对精品创作的组织、规划、指导力度，力争产生一批过硬的精品力作。加强对文化市场的管理，坚持不懈地开展扫黄打非工作，开展打击盗版音像制品行动，依法加强对新闻网站的建设和管理，确保文化市场的繁荣稳定。

三、以实施公民道德建设为载体，激发全市人民建设保定的热情

（一）抓学习，提高广大群众的思想道德和科学文化水平。按照十六大提出的“构建终身教育体系，创建学习型社会”的要求，深入开展创建学习型机关、学习型企业、学习型社区、学习型家庭活动。在社区重点搞好《公民道德建设实施纲要》的学习，和组织开展社会主义荣辱观教育实践活动，深入普及20字基本道德规范和“八荣八耻”荣辱观内容。组织开展提高居民社会公德意识的学习教育活动。有计划地建立和完善一批社会文明市民学校，不断完善志愿者队伍，充分调动社区内的一切社会力量，广泛参与所在社会的学习教育活动。在企业以岗位培训为重点，与企业生产经营实际相结合，努力提高企业职工的综合素质和职业技能，不断增强企业的科技创新能力，促进企业不断提高产品质量和经营效益；在农村开展多层次、多渠道、多形式的思想道德教育和科技文化培训。在全社会要利用重大纪念日、民族传统节目，开展主题活动，弘扬爱国主义精神和中华民族的传统美德。要形成讲社会公德做一个好市民，讲职业道德做一个好建设者，讲家庭美德做一个好成员的社会风气。

（二）抓规范，引导公民自觉改变和抵制不文明现象。着眼于解决常见的不文明现象，进一步落实《保定城乡居民“双十不”行为守则》和《机关文明办公五步曲》，组织各行业进一步完善《行业员工行为规范》，组织乡村制定完善《村民公约》。充分发挥红白理事会、妇女禁赌会、道德评议会的作用，改变生活陋习，建立科学、文明的生活习惯。广泛开展健康教育，不断提高群众的健康素质。

（三）抓教育，不断提高公民的文明素质。广泛开展弘扬伟大民族精神，全面建设小康社会，全面构建和谐社会主题教育活动。以爱国主义教育基地为依托，开展红色旅游。以知荣辱、讲文明、树新风活动为载体，牢固树立社会主义荣辱观，继续搞好志愿者活动，建立志愿者协会，形成各方面参与、上下衔接的组织体系，把各界群众更加广泛地动员起来，实践志愿者精神，进一步促进团结友善互助社会风尚的形成。坚持不懈地开展“向陋习宣战、树文明新风、建美好家园”活动，利用春节、清明节、重阳节、中秋节等传统节日，有针对性地组织开展主题活动，引导人们移风易俗、讲究美德、崇尚文明。强化诚信教育实践活动，打造“诚信保定”品牌。通过大众传媒、公益广告等渠道，把”社会管理公平公正、经济交往履约践诺、人际之间真诚相待“的主题活动在广大城乡、各行业中进一步叫响。重点抓好涉农部门、家庭装修、食品、保健、医疗卫生、商业零售等行业的服务规范。年内组织对职能部门履行职责、强化服务、承诺落实情况进行暗访和抽查。抓好企业信用奖惩体系的建立，使信用好的企业得到好处，使失信违约者付出代价。加强诚信宣传教育，树立诚信意识，培养诚信行为，努力在全市上下营造“诚信光荣、失信可耻”的浓厚氛围。

（四）抓实践，使广大市民在参与实践中提高思想道德素质。通过全市性的每月最后一周的星期六义务劳动日活动，组织社会各界人员走上街头，擦拭护栏、清运垃圾、清除“野广告”、清捡白色垃圾；通过开展学雷锋送温暖活动，组织中小学生、解放军战士到火车站、汽车站、公共汽车站亭扶老携幼；通过开展“告别不文明行为”活动，把中小学生、党政机关干部统一组织起来，制止随地吐痰、乱扔脏物、光膀子上街、损坏公共设施等现象；通过组织开展科教、文体、法律、卫生“四进社区”活动和志愿者进社区活动，开展科普宣传、社区教育、艺术指导、健身指导、法制讲座、建立健康档案、扶贫帮困、绿化养护等工作；通过社区开展“五相”活动，把居民间的相认、相知、相学、相帮、相融的人际关系发扬光大。进一步发挥青少年志愿组织的作用，积极开展壮大公务员志愿者、巾帼志愿者、夕阳红志愿者、社区志愿者队伍，组织各志愿人员帮助困难群众，参与公益活动，不断扩展活动领域。实施文明单位“爱心助学工程”，组织省、市、县文明单位开展“一帮一”助学活动和关爱弱势群体、为困难群众办实事、解难题活动。使扶危济困、见义勇为，一方有难、八方支持的精神得到弘扬，使公民基本道德规范深入人心。

四、以建立长效机制为重点，把未成年人思想

道德教育向广度和深度推进

（一）建立一套“工作机制”。构建学校、社会、家庭“三结合”教育网络。继续坚持未成年人思想道德建设专项工作联席会议制度。文明办、教育局、文化局、广电局、团委、妇联、关工委等成员单位要坚持每季一例会、半年总结、年终总评工作。要定期研究工作措施，交流工作情况，向市文明委报告工作，提出工作建议，逐步建立起以学校为龙头、社区为平台、家庭为基础的“三结合”的教育网络。

（二）组建一批“专业队伍”。开展课堂思想道德教育渗透活动。充分发挥学校作为未成年人教育的主渠道、主阵地、主课堂的作用，把加强学生思想品德教育的要求渗透在课堂教学的各个环节，建立健全学生综合素质和学校教育质量考核评价体系，把爱国主义教育、民族精神教育、中华传统美德教育、革命传统教育和民主法制教育溶入各学科教学之中；开展“五小公民”（小帮手、小伙伴、小卫士、小标兵、小主人）“四进”（进家庭、进学校、进社区、进公共场所）活动；组织“五老”（老干部、老战士、老专家、老教师、老模范）对未成年人进行思想道德教育；开展思想道德教育辅导员进社区活动，从市区各中小学聘请优秀教师进入社区，担任社区未成年人思想道德教育辅导员，解决社区教育力量不足和专业人才缺乏的问题；开展家长学校进社区活动。依托文明市民学校成立社区家长学校，对未成年人家长进行教育辅导，帮助他们转变家庭教育观念，改进家庭教育方法，提高家庭教育水平；在日报、晚报、电视台开辟家教专栏，传播家教知识；在中小学生中广泛开展文明示范标兵评选活动。引导青少年确定正确的理想信念，培养良好的道德品质，促进未成年人的全面发展，弘扬文明新风。

（三）巩固一方“教育阵地”。全市所有中小学校都要在校园内建立永久性思想道德建设宣传橱窗。宣传中小学生中涌现出的先进个人，表扬好人好事，引导未成年人健康成长。建立健全中小学生思想道德档案，印制学生思想道德表现卡，将中小学生思想品德情况与学习成绩一并入档，鼓励中小学生全面发展，健康成长。

（四）组织一系列“教育活动”。在保证安全的前提下，所有中小学校每学期要组织学生参加道德实践活动，活动以劝阻不文明行为、学雷锋做好事、维护公共设施、清理白色垃圾为主，每学年搞一次读书演讲比赛和文明伴我成长演讲比赛，组织学生开展夏令营、冬令营等活动，到爱国主义教育基地如狼牙山、阜平城南庄晋察冀革命纪念馆等地进行革命传统和民族精神教育。

（五）取缔一批“黑色网吧”。市县两级要在督导职能部门强化对网吧进行严格管理的同时，要采取三条措施对网吧进行监控：发动社会监督。市、县文明办要在新闻媒体上公布举报电话，对诱引未成年人的网吧进行举报。动员学生、老师和家长向有关部门举报充许未成年人进入的网吧，在中小学校聘请监督员，对网吧进行监督。对社会举报和社会监督的结果进行综合评选，在新闻媒体上公布评选结果，表彰健康网吧，以倡导文明办网、文明上网，使各类新闻媒体成为促进社会和谐的重要阵地。同时，有关部门按规定取缔不健康网吧，通过全方位监督制约，净化社会环境。

同时，注意关注“留守儿童”、和“流浪儿童”的成长和思想道德教育工作。

五、以群众关心的问题为重点，深入开展“诚信保定”建设

“诚信保定”建设以建设诚信政务、诚信商务、诚信市民为载体，以行业立规、单位立信、个人立德为内容，大力开展文明铸诚信、文明铸和谐活动，在全市形成诚实守信和谐乐处的社会氛围。

创新载体，丰富内容。在各级党政机关中广泛开展以诚信机关为主题、以“诚信服务、执政为民”为内容的诚信机关创建活动，加大市级机关诚信体系建设，形成社会对机关部门承诺的监督网络，促进机关公开、公平、公正地行使社会管理职能，不断提高市民对机关诚信的满意度。在各行各业广泛开展“诚信立业、文明服务”的竞赛活动，加大行业职工信用观念的宣传教育和信用制度建设，树立良好的诚信形象。在市民中广泛开展“诚实做人、诚信做事”的主题宣传教育和实践活动，积极争当诚信市民，努力塑造保定市民新形象，逐步、有序地建立起个人信用诚信体系。

突出重点，打造品牌。以对群众身体健康、生命安全关系直接的行业为重点，深入推进“共铸诚信”活动。从食品、药品等重点行业抓起，集中力量解决群众反映强烈、社会危害严重的制假售假等突出问题。选择信誉好、实力强、影响大的骨干企业，率先签署“诚信联盟”，联手打造诚信品牌。继续深入开展“百城万店无假货”、“诚信商务区”、“购物放心一条街”、“不满意就退货”、“阳光工程”、“诚信物业、文明住户”、“爱心的士”、“诚信经营车”等活动，适时召开“诚信保定”建设座谈会，总结经验，推广典型。

六、以强化措施为着力点，把精神文明建设推向健康深入发展的轨道

精神文明建设事关全市发展大局、事关全市和谐社会建设，改进措施、改进方法，是推动精神文明建设深入、持久、健康发展的关键。

（一）加大领导力度。健全领导机构、充实领导力量是做好2007年工作的前提条件。对照省文明委领导及成员单位组成，市精神文明建设委员会将做重新调整，并明确分工。坚持“党委统一领导、党政群齐抓共管、文明委组织协调、相关部门各负其责、全社会积极参与”的领导机制，确保各项领导工作有序开展。

（二）加强队伍建设。文明办系统队伍状况关系到全市精神文明建设的质量。各级各部门要不折不扣地落实市里有关文明办工作人员的规定，与此同时还要保证办公场所、办公车辆、办公设备和经费适应工作需要。队伍建设情况将作为2007年度考核的内容，市直各部门、各行业都要确立负责精神文明建设的机构和人员，确保工作扎实推进。年内在各级各部门开展“建设学习型机关，争做学习型干部”活动，切实转变工作作风，提高工作效率和水平，力戒各种形式主义。加强调研和信息工作，增强针对性和实效性，提高调研信息质量。

（三）创新管理机制。按照“三贴近”的原则，结合我市经济社会发展的实际，年内修订保定市文明行业、文明单位、“三杯竞赛”等评创标准、考核体系和管理办法。缩减难以定量定性条款，增加便于考核操作的指标，注重动态管理、规范管理和全过程管理。简化考评流程，改进和完善测评、考核方法，多看日常工作，多考察常态指标，使评创过程更加科学规范，充分发挥激励先进、鞭策后进的功能。

（四）加大考核督查力度。年内出台《保定市精神文明建设工作考评细则》，加大对各县（市、区）、市直各部门、各行业的考评力度，做好工作督促、观摩调度、联查与常规检查工作，进一步强化社会、舆论、行政和民主监督，以推动党政干部优化执法形象，提高办事效率，规范服务行为。为加大督查力度，将聘请100名“文明创建”督导员，全天候开展巡视和督查活动；组织人大、政协委员开展经常性的视察检查，发挥市各舆论媒体监督作用，努力推动文明创建的开展，为全市科学发展、和谐发展、提速发展创造更好、更优的环境。

供稿：保定市文明办

保定市精神文明建设委员会

文明行业创建动态管理办法试行（摘要）

（2007年8月21日）

第一章 总则

第一条 为深入持久地开展文明行业创建，进一步加强和规范文明行业创建工作的管理，特制定本办法。

第二条 保定市文明行业是以职业类别为划分，或以区域服务对象为主体，从事同一业务和工种的系统，在物质文明、政治文明、精神文明建设中，经济效益、社会效益、服务质量、队伍素质、管理水平、企业文化等方面成绩显著，受到社会认可、群众称赞，并经市有关主管部门严格考核，市文明委批准，由市委、市政府命名、表彰的综合性荣誉称号。

第三条 创建文明行业是文明城市创建的基础工程，是群众性精神文明建设的重要组成部分。深入开展文明行业创建，是实践“三个代表”重要思想，落实科学发展观、构建和谐社会的有效途径，是行业在社会主义市场经济条件下推进改革创新的内在需要，是实现三个文明建设协调发展的结合点，也是加强和改进思想政治工作的重要载体。

第四条 文明行业创建的指导思想和总体要求是：坚持以“三个代表”重要思想和科学发展观为指导，以“服务人民，奉献社会”为宗旨，以加强职业道德建设、提高员工素质为基础，以共铸诚信、规范服务为重点，通过广泛有效的创建活动，逐步实现从规范服务到优质服务的提升，努力形成对社会负责、为人民服务、让群众满意的行业新风。

第二章 标准

第五条 保定市文明行业应符合下列标准：

一、领导班子坚强有力。行业内各级领导班子坚持党的基本路线，认真贯彻执行党和国家的方针、政策；注重班子建设，团结协作，作风正派，在三个文明建设和构建和谐社会中起表率作用；坚持做到“一把手抓两手，一班人两手抓”，党政工团群策群力，齐抓共管；创建工作有目标、有计划、有要求、有措施，切实做到组织、制度、活动、经费四落实。

二、综合效益显著增强。全面完成行业各项经济指标和工作任务，经济效益和社会效益在全省、全国同行业中领先；有一批能够代表本行业特色和先进水平的名牌产品或服务项目；各级各类文明单位、文明窗口和示范点创建成效显著；有一批在全市和全省、全国同行业内有影响的先进典型。

三、职工素质全面提高。认真贯彻《公民道德建设实施纲要》，重视道德建设和诚信建设，员工学校做到有组织、有阵地、有计划、有活动；普遍开展职业道德、职业责任、职业纪律、职业技能的培训教育，培训教育率达100%；积极开展“学习型、创新型”组织创建活动，大力加强行业文化建设，基本形成具有行业特色和文化内涵的行业精神；有一批能代表本行业特色和水平，富有感召力的先进人物和先进集体。

四、行业管理科学有效。坚持以文明行业创建为总揽，不断深化行业内部改革，服务设施完好齐备，安全可靠；坚持上下联动，形成一抓到底的创建局面；文明行业创建考核和奖惩制度落实；投诉渠道畅通，形成有效的社会监督制度，投诉处理办结率达95%以上；有体现行业特色、展示自我形象的行业标识；行业的社会形象和信誉较好，每年都能推出一些便民利民的服务举措。

五、服务规范严谨有序。严格执行操作规程，坚持规范服务，行业内各窗口有一套严谨完善的规范体系；各基层单位，特别是直接面向群众和社会的基层所、站、店、场等“窗口”，坚持阳光操作，公开服务承诺，公开办事程序，公开办事结果，服务环境、服务质量和服务效率在全省同行业中处于领先水平，群众满意率达90%以上，百分值稳定在两年以上，服务对象的投诉率在3%以下。

六、创建活动丰富多彩。文明行业创建坚持年年有计划、季季有安排、月月有活动，各类活动做到全面教育、全员发动、广泛参与；普遍开展文明单位、文明班组（科室）、文明岗位、文明职工等基础创评活动；认真贯彻“服务人民、奉献社会”的创建宗旨，积极参与各类社会公益活动，大力加强道德实践，有稳固的志愿者队伍和道德实践基地，并坚持经常不断的道德实践活动；有计划、有组织地开展各类文体活动，形成有行业特点、地区特色的文体品牌。

第三章 创建

第六条 加强领导。文明行业创建要在各级党政组织的统一领导下，列入目标管理，形成主要领导亲自挂帅，分管领导全力以赴，其他领导积极配合，党政工团齐抓共管的局面。

第七条 制定规划。各参创行业要于每一创建年度之初，制定和完善年度创建规划并上报市文明办备案；要把创建工作纳入行业发展的总体规划之中，从长远目标着眼，近期措施入手，既要有奋斗目标，又要有年度规划；各部门、单位和基层一线窗口，要根据年度规划中的目标任务，制定切实可行的措施，认真抓好落实。

第八条 分类指导。按照以点带面、循序渐进、扎实推进的工作思路，切实抓好各级示范点的建设，注意培育、树立、宣传、推广先进典型，充分发挥其示范辐射作用，促进行业整体水平的提高。

第九条 建立机制。建立健全文明行业创建工作的投入机制、考核机制和监督机制。不断加强对创建工作的投入，逐步改善服务设施和条件。严格考核，将服务质量、创建成效与员工的绩效考核和利益分配结合起来。强化社会监督，及时妥善处理人民群众的投诉和意见，把群众满意与否作为评价创建工作成效的根本标准。

第四章 评选

第十条 凡符合本办法第二章第五条规定的标准，且行业内具有独立建制的单位达到5个以上（含5个）的行业，方可参与文明行业的申报评选。申报评选分保定市文明行业和保定市创建文明行业工作先进行业两个层次。

第十一条 文明行业评选实行达标申报制，每两年评选表彰一次。每届期满后，所有参创行业须进行新一轮的申报评选。评选工作坚持公开、公正、公平的原则。

第十二条 保定市文明行业可分别以县（市、区）行业、市行业和全系统为单位参评。由若干子行业构成的行业，可从实际情况出发，经市文明办同意后，以子行业为单位参评，但子、母行业不能同时申报同一类型的荣誉称号。

第十三条 申报评选坚持阶梯制。首次参评的行业原则上只能申报创建文明行业工作先进行业，获得创建文明行业工作先进行业称号后方能取得文明行业的申报资格。获得上一年度或本年度保定市文明行业或保定市创建文明行业工作先进行业称号后，方可申报河北省文明行业或河北省创建文明行业工作先进行业称号。

以县（市、区）行业为单位申报保定市文明行业的，须获得上一年度县（市、区）文明行业称号；以市行业为单位申报保定市文明行业的，须获得上一年度保定市创建文明行业工作先进行业称号；以全系统为单位申报保定市文明行业的，其市行业须获得上一年度保定市创建文明行业工作先进行业称号，所有县（市、区）行业均为上一年度县（市、区）文明行业（单位）。

对三个文明建设成绩特别优异的行业，经市文明委认可，可不受上述条件限制。

第十四条 在评选年度和评选期间发现行业内有下列情况之一的，不得参加本年度评选：

一、全行业严重亏损的；

二、行业领导班子成员发生严重违法乱纪行为的；

三、出现与文明行业称号极不相符的事件或重大责任事故，造成恶劣社会影响的；

四、未按市文明委的要求建立志愿者队伍，有组织地开展志愿服务和道德实践活动的。

第十五条 保定市文明行业的评选程序为：

一、自查评估。申报行业在对照标准自我评估的基础上确定申报层次。

二、申报推荐。以县（市、区）行业为单位申报的，在征得上级行业主管部门同意后，向所在县（市、区）文明办申报，各县（市、区）文明委初评通过后向市文明办推荐；以市行业为单位申报的，直接向市文明办申报；以全系统为单位申报的，先由行业主管部门组织下属县（市、区）行业向当地文明办征求意见，取得认可后报市文明办。

三、组织公示。申报行业应按照文明行业公示制的要求，在规定时间内，将保定市文明行业的标准、条件以及市文明办的地址、联系电话，在行业主管部门及基层处、所、站、店门前醒目位置张榜公示；市文明办利用新闻媒体在各行业申报结束后进行申报公示，接受社会监督和评议。

四、考核验收。市文明办组织有关部门考核验收，具体方法是：听取行业创建工作和自查情况的汇报；察看创建现场；随机抽查或暗访其基层单位创建情况；召开各种类型的座谈会，以书面调查方式进行民意测验，广泛听取社会各界意见，并将上述考核情况进行量化评分。

五、审批命名。市文明办根据考核验收综合评定情况，提交市文明委审核后，报请市委、市政府批准命名。

第十六条 申报保定市文明行业须提供以下材料：

一、评选年度创建工作规划、总结、自查报告和申报表；

二、评选年度创建工作大事记，有关本行业精神文明建设获奖情况；

三、共建工作、计划生育、志愿者活动等有关方面的证明和材料。

第五章 奖惩

第十七条 保定市文明行业由市委、市政府命名表彰并授予匾牌。保定市创建文明行业工作先进行业由市文明委命名表彰并授予匾牌。

对全系统所属子行业和所有县（市、区）行业均为保定市文明行业（单位）的行业，由市文明委择优提请市委、市政府授予保定市文明行业标兵荣誉称号。

申报保定市文明行业，经综合考核尚未达到文明行业标准，但创建工作力度较大、成效较好的行业，可授予保定市创建文明行业工作先进行业荣誉称号。

第十八条 本着精神鼓励与物质奖励相结合的原则，对获得保定市文明行业和保定市创建文明行业工作先进行业荣誉称号的行业及有功人员给予适当的物质奖励。

第十九条 对已被命名表彰的行业凡发现有严重问题的，市文明办将根据情节轻重，给予批评、限期整改；被要求限期整改的行业，三个月内就整改情况形成书面报告，报请市文明委进行复查认可，对整改不力的，给予通报批评，直至取消下一届评选资格。

第二十条 对获得保定市文明行业荣誉称号的单位，发现在评比中隐瞒事实、弄虚作假的，由市文明委撤销其荣誉称号并予以通报。被撤销保定市文明行业单位称号的，不得参加下一届评选。

第六章 管理

第二十一条 保定市文明行业创建工作实行“条上指导，块上扎口，条块结合，相互促进”的原则。保定市文明行业创建的管理指导实行分级负责，各县（市、区）文明行业创建的管理指导，分别由各县（市、区）文明办负责；以全系统和市行业为单位创建的行业，其管理指导工作，由市文明办负责。

第二十二条 保定市文明行业的参创行业要切实加强创建工作的日常管理，主要内容有：

一、建立文明行业创建工作档案管理制度。档案内容包括：行业概况、创建规划及工作总结、创建组织网络、工作制度、重大活动记录、志愿者队伍建设和开展活动情况、各类检查考核及奖惩情况、公示制实施情况报告、群众投诉及处理情况。

二、建立文明行业创建年报及创建工作重要活动报告制度。文明行业的参创单位每年应将创建工作的进展情况、各项奖惩及有关情况分别报市文明办或行业主管部门；创建工作的重要活动，行业主管部门应及时报告市文明办。

三、建立创建文明行业工作例会制度。市文明办每半年召开行业工作例会，传达上级指示、部署任务；不定期地组织各参创行业交流创建经验，研究和探索新的思路，相互学习，共同提高。各行业主管部门要本着管行业就要管创建的原则，定期召集所有基层单位和县（市、区）行业进行对口交流。

四、建立中期考评制度。在两个评选年度中，市文明办组织对参创行业进行考核检查，重点检查市文明委部署的各项工作任务贯彻落实和配合全市中心工作开展活动等情况。

第七章 附则

第二十三条 本办法由保定市精神文明建设指导委员会负责颁布实施，各县（市、区）文明委可根据本规定制定实施细则。

第二十四条 本办法由保定市精神文明建设指导委员办公室负责解释。

第二十五条 本办法自颁布之日起实施。

附：《保定市文明行业考核验收评分表（试行）》（略）

（本评分表视年度创建内容变化可做出调整）

供稿：保定市文明办

保定市精神文明建设委员会

关于深入推进全市创建全国文明城市工作的通知（摘要）

（2007年8月22日）

自2006年全市组织开展新一轮创建全国文明城市活动以来，全市上下统一行动，高度重视，取得了阶段性成果。全市人民把创建全国文明城市作为落实科学发展观、建设“和谐保定、文明保定”的重要载体，作为建设“京南近海强市名城”和提升城市竞争力的重要举措，加快了各项创建活动的开展。2006年～2008年新一轮创建进入关键时期，全省初评工作马上开始，下一步的工作任务更加艰巨。为推动创建活动深入开展，各级各部门要认真对照《全国文明城市测评体系》，进一步明确责任，细化方案，从现在开始，集中时间、集中精力、集中力量，全力以赴做好各项创建工作，争取出色完成创建全国文明城市的各项任务。为再掀创建活动新高潮，经市研究决定近期重点做好三项工作：

一、深化开展九大专项创建检查行动

在全市开展“洁、美、绿、亮、序”的百日集中整治的基础上，近期将组织九大行动：

（一）开展环境卫生专项整治行动。由市公用事业建设集团和南、北、新、高四区负责，近期组织开展城中村、城乡结合部、小街小巷、铁路沿线和城郊建制村的环境整治专项战役。由市工商局和市市场建设服务中心负责组织集贸市场的环境治理，进一步提高城市环境管理水平。

（二）开展公共秩序专项整治行动。由市综合管理执法局、市交警支队负责，集中开展沿街店铺店外售货、户外广告、车辆乱停乱放和市区交通秩序专项整治，特别是集中清理非法小广告。由市文化局负责，近期集中对市区网吧进行拉网式检查，查处违规经营行为。

（三）开展安全检查专项行动。由市公安局负责，对重点公共场所和居民小区人防、技防、消防设施进行一次安全大检查，及时发现隐患，落实整改。

（四）开展卫生检查专项行动。由卫生局负责对市区各大商场、美容美发店、小型餐馆、小食品店等经营性公共场所卫生和食品卫生进行一次大检查，规范经营秩序。

（五）开展“满意服务在窗口”专项行动。由市纠风办负责，集中抓好重点“窗口”行业的行风评议活动，开展“满意在医院”、“满意在公交”等系列活动，推行“窗口”单位服务承诺、文明用语、挂牌服务，进一步提高服务水平。

（六）开展提升公共场所公益服务品质行动。由市主管部门、区有关部门负责，进一步完善市、区级青少年活动场所、社区文化活动场所设施和相关制度，在城市出入口、主干道、主要商业大街、车站、广场等公共场所增设大型公益广告，提高公共服务水平。

（七）开展宣传教育专项行动。由市直工委和四区社区办负责，利用社区学校，积极开办市民大讲堂。以《创建文明城市知识市民读本》为基本教材，对市直各机关和“窗口”行业干部职工和社区居民进行公民道德、文明礼仪知识培训，进一步提高市民对创建文明城市的知晓率和支持率。

（八）开展文明“十个一”竞赛活动。市文明办与市电视台要继续办好“文明在我身边栏目”。市交通局组织开展好文明出行活动，市旅游局、市卫生局要积极组织好文明游园、文明餐饮等项活动。

（九）开展我为“文明服务迎奥”献一计活动。由电视台组织采访“迎奥运、讲文明、树新风”活动中出现的典型事例，征集为“文明服务、礼貌迎客、展示风采”迎奥运内容献计献策活动。

二、市领导带头参加创建全国文明城市活动

具体实施是：市四大班子领导从下半年开始，带头抓好“十个一”活动，重点抓好“十个一”督导检查：

（一）拨打一次热线服务电话。主要检查110报警电话、12345市长热线、96116城建便民电话、120急救电话、12315消费投诉电话是否24小时全天候值班。

（二）乘坐一次出租车、公交车。主要检查文明出行行动及文明线路、文明车组的竞赛情况，查看出租车和市区公交线路司乘人员是否文明驾驶，乘客是否文明乘车。

（三）联系一个城中村。主要检查村容村貌是否整洁和村务公开情况。

（四）抽查一个“窗口”行业。主要检查“窗口”单位办公区域是否整洁，是否有服务承诺制度公示，是否有投诉处理机制。

（五）走访一户普通市民。听取市民对创建文明城市的意见和建议，提高市民对文明创建的支持率。

（六）察看一个社区。主要看社区文化活动场所、社区管理、物业服务是否完善规范，居住小区人防、技防和消防工作是否落实等。

（七）暗访一家网吧。主要检查经营性网吧是否有违规经营现象。

（八）亲临主管文明生态村。主要检查文明生态村建设进度情况，群众参与、分类指导、帮建到位情况，确保分管村通过年终普查。

（九）调查一个结缘扶贫户。主要看结缘工程进展情况，帮建情况及了解被帮建户出现的新问题，推动城乡和谐共建文明城市。

（十）查看一个责任单位。了解责任单位创建全国文明城市的任务认领及完成情况，督促落实各项任务。

三、组建10个专项督导组，加大督导检查力度

下半年，组建创建全国文明城市十个专项督导检查小组，对各责任单位工作落实情况进行专项督导检查，及时发现问题，限期整改，确保各项创建任务落到实处。十个检查组要按《测评体系》及《迎检工作方案》要求，做好近期及日常检查工作。

1．公共安全保障组。

2．公共基础设施管理组。

3．交通秩序组。

4．经营性、场所卫生和食品卫生组。

5．社区和郊区建制村组。

6．“窗口”行业服务组。

7．公共秩序组。

8．市场秩序组。

9．网吧和出版物管理组。

10．创建宣传与市民教育组。

供稿：保定市文明办

保定市精神文明生态村领导小组

2007年创建文明生态村工作要点（摘要）

（2007年2月26日）

一、创建任务目标

（一）2007年的创建工作仍在三个层面上进行。一是2007年的重点创建村数量，按不低于全市总村数的7%计算，年底确保450个以上的新创建村达到省创建指导标准。二是2004年至2006年的第一、二批共1532个创建村要在深化提高上下功夫，实现农民群众的综合素质和致富能力的全面发展。同时查漏补缺，搞好公共设施管理，按照社会主义新农村的要求，提升标准。做到创建一批，巩固提高一批，发展一批。三是对未列入近期规划的一般创建村，要从力所能及的事情，如净化、绿化等花钱少的项目抓起，为全面创建奠定基础。

（二）分类推进，全面建设。2007年创建工作仍坚持因地制宜，分类分批实施的原则，总体要求是从大处着眼，按市委九届二次全体（扩大）会议上的提出的“四个一批”的要求，统筹谋划创建工作。从小处着手，一切从实际出发，从群众需要出发，不搞人为拔高，不搞一刀切，从家庭单元做起，向街道、公共场所延伸。努力实现创建文明生态村与建设社会主义新农村的有机结合，鼓励有条件的村庄进行全面自建，适情况纳入近期规划，予以帮建。

二、创建活动主要内容

（三）突出文化兴村，大力加强农村精神文明建设。

1．紧紧抓住提高农民素质和文明程度这个中心环节，大力传播社会主义先进文化，建设社会主义精神文明。要充分利用公共资源向农村覆盖的有利时机，推进农村文化阵地建设，为培育农民群众的新思想、新道德、新观念，丰富精神文化生活创造条件。

2．坚持“走出去”与“请进来”相结合，多种途径提高农民素质。进一步整合和优化农村教育培训资源，建立开放型、多元化、高效率、可持续、扩散型的农民教育培训体系。要抓住村支部书记、村主任这个重点，通过多种形式的教育培训，提高他们创建文明生态村、建设新农村的实际本领。

3．充分发挥群众组织作用，引领社会新风尚。进一步建立健全“红白理事会”、“道德评议会”、“禁赌会”等群众组织，深入开展“十星级文明户”评选活动，引导广大农民树立社会主义荣

辱观，倡导文明新风、维护社会稳定。

4．高度重视村庄建设的文化内涵。积极为农民群众提供富有乡村特色、地方特色和民族特色的民居设计方案，注意保护有文化价值的古村落和古民宅，防止大拆大建。

5．进一步丰富群众文化生活。一是利用“村民中心”，大力开展社会主义核心价值观教育，搞好和谐文化建设。二是设置户外宣传栏。宣传政策法规、发布致富信息、表彰好人好事。三是充实文体活动器材，培养文体活动人才，丰富文体活动项目。充分发挥各种文化体育设施的作用，结合节庆日、传统节日，大力开展多种形式的群众性文化体育活动。四是深入开展文化、科技、卫生三下乡活动，并使之经常化、制度化。

（四）突出生态建村，积极改善农村人居环境。

1．深入开展文明生态庭院和“五进农家”活动。广泛开展文明生态庭院和“五进农家”（生态文化进农家、整洁环境进农家、卫生厕所进农家、清洁能源进农家、绿色用品进农家）活动，使改善人居环境工作拓展到每家每户。推动农户改厨、改水、改厕、改圈，从源头上解决“五乱”问题。适时组织评比和宣传，努力营造家家参与、户户创建的氛围。

2．搞好环境净化，培养良好卫生习惯。对白色污染、村庄“五乱”问题，通过定期集中整治和日常清理维护，保持村内整洁的卫生环境。建立长效保洁机制，培养群众良好卫生习惯。

3．紧紧围绕改善人居环境这个突破口，树立生态理念。要培育生态文化，大力开展生态教育，普及生态科学知识，强化生态意识，培养生态习惯，让绿色、环保、节能理念深入人心。营造生态环境，着力抓好道路硬化、街院净化、村庄绿化。根据实际抓好沼气、太阳能等清洁能源的使用推广。

（五）围绕产业强村，努力促进农村物质文明建设。

着眼于壮大农村主导产业，加快农村经济发展。通过开发各种形式的远程教育，开展市场营销、经营管理、实用技术等培训，培育观念新、有文化、懂技术、会经营的现代化农民，激活农村生产力中最活跃的要素，开办自主产业。着眼于发展生态循环经济、培育文化旅游产业。结合当地特色产品，促进招商引资和项目开发。

积极探索创建活动与农业结构调整、特色农业、农业产业化、农产品标准化、旅游业、养殖业等内容相结合的有效途径。按照省、市委提出的“四化”（产业化、工业化、市场化、城镇化）要求，扩大农民收入增加的渠道。积极探索新的经济增长点，培育、培优、壮大本村的优势产业，逐渐提高村民的产业意识，引导创建区域经济中心。

（六）强化民主治村，促进农村政治文明建设。

1．立足于管理民主和群众当家做主，努力通过创建活动促进农村基层组织的民主管理水平。要通过创建促党建，通过党建保创建，积极推进科学管理、民主管理、依法管理，努力提高村两委班子的凝聚力、战斗力、亲合力。密切党群、干群关系，带领群众、发动群众开展创建，增强自我服务、自我教育、自我管理的本领，形成和谐的人际关系。

2．抓好村务和政务公开。各村要设立政务、村务公开栏，对村里的各项重大决策、财务收支、征用土地审批、计划生育等重大村务问题，做到及时公布。建立健全村民大会或村民代表会议制度、村民议事制度、年终总结报告制度、评议党员干部制度、财务管理公开监督制度等，完善村民监督机制，促进民主管理。

3．加强民主法制教育。通过制订和完善《村民公约》，积极开展农民普法教育和信访条例教育，增强农民的权利意识和义务意识，扭转群众只讲权利不讲义务的片面做法。要教育群众遵纪守法，做到重合同、守信用，逐步把农村治理纳入法制化轨道，提高农民自我管理能力。

（七）搞好道路硬化。按照“上下联动、量力而行”的原则，结合“村村通”工程，多方筹措资金，组织群众出工出劳，实现2007年度创建村主街道全部硬化，有条件的向次要街道和小街小巷延伸，巩固提高村村内街道全部硬化的目标，从根本上解决农村行路难问题。在硬化道路时，要设立排水沟等排水设施，搞好村民对道路养护知识的培训。

（八）搞好村庄绿化。充分利用春季和秋冬季植树时机，对规划中的绿地适时造林或绿化。组织农民群众适地造绿，在村庄周围、道路两侧、庭院内外种植乔灌花草，优化生态环境。

（九）进一步推进思想道德建设，提高农民的思想素质。按照《公民道德建设实施纲要》和“八荣八耻”荣辱观的要求，大力开展社会主义核心价值观教育，积极倡导科学、文明的思想观念。通过开展多种形式的敬老爱老、孝敬儿女、和谐邻里、崇尚科学的典范评比活动，引领健康、积极、和谐的社会风气。

（十）转移富余劳动力。对第一、二批创建村富余劳动力就业方式、就业渠道、就业技能要求等情况进行调查研究，提出2007年富余劳动力培训转移方案，积极与县（市、区）劳动部门和职业学校联系，组织进行就业培训，扩大就业渠道。

（十一）积极推进“村民中心”建设。认真落实省文明委指示精神，严格按照一个标识、一个章程、一个阵地、一套项目、一位骨干、一套机制的“六个一”要求，积极推进“村民中心”建设。不断完善和扩展服务功能，确保把村民中心建成农村的服务中心、学习中心、活动中心、政务中心。

三、创建宣传工作

（十二）政策宣传。通过各种媒体报道、动员会、墙体标语或宣传栏等形式深入宣传创建，营造氛围。

（十三）创建成果展示。组织创建村农民报告团讲述村庄的历史变化，增强群众创建信心。采用报告文学或通讯体裁，对三年来创建工作中的先进单位和个人的先进事迹进行大力宣传；对创建文明生态村过程中呈现出的文明新风做好宣传报道。

（十四）帮建成果展示。对全市三年来各帮建工作队的帮建成果，帮建队员的收获及帮建事迹以帮建队员工作日记、帮建村变化纪实、被帮建村老百姓访谈录和帮建工作综述等形式进行报道。

（十五）对“魅力乡村行”——精品线路进行展播。对各县（市、区）上报的精品线路专题片在市电视台进行展播。适时组织群众代表进行互看互学。

（十六）工作推进宣传。一是继续开展文明生态村风采大赛活动，文明生态村精品参观线路活动，推出文体活动成果。二是文化长廊优秀作品辑印，把各村文化墙精品辑印成册，相互借鉴，推动农村宣传阵地建设。三是推介优势产业，对创建村经济发展中培育的优势产业、市场、制造业、招商引资等新进展及时推广交流。四是推进区域连创，对出现的文明生态乡（镇）等区域特色创建形式，及时予以报道、宣传。

四、建立长效工作机制

（十七）完善领导协调机制。继续坚持“党委、政府统一领导，有关部门齐抓共管，创建办组织协调”的领导体制。各级党委、政府统筹谋划、亲自部署，县、乡党委、政府“一把手”靠前指挥。村党支部、村委会作为“最大的村务”来抓，巩固发展一级促一级、层层抓落实的工作格局。

（十八）完善投入保障机制。认真落实中央“三个高于”政策，扩大公共财政覆盖农村的范围，把基础设施建设投入的重点转向农村，切实保障财政新增教育、卫生、文化等专项事业费70%以上用于农村。进一步加大各级财政对创建文明生态村工作的投入力度，将每年投入数额列入同级财政预算，并保障投入资金逐年增加。把投向农村的基础设施建设资金、公共事业建设资金、公路村村通、广播电视村村通、文化信息资源共享工程、生态富民家园等专项建设资金，整合使用到重点建设村中。

（十九）完善长效管理机制。实施动态管理，督促指导广大农村随着经济社会发展不断提高创建标准、不断确立新的工作目标，与时俱进地开展创建活动，永葆创建工作生机和活力。坚持建管并重，注重累积效应，建立健全《村规民约》、《“村民中心”管理制度》、《十星级文明农户民主评议、管理办法》和各类群众自治组织《活动章程》，努力形成切合实际、易于操作、约束力强的长效管理机制，保障创建活动长期开展，创建成果不断巩固。

（二十）完善表彰激励机制。把创建工作纳入创建“五好”农村党支部、乡镇党委和基层组织先进县（市、区）的重要内容，纳入文明单位、文明村镇、文明城市评选的重要内容，作为评选创优的重要依据。要进一步规范、细化“以奖代补”政策，把奖补重点放在群众创建积极性高、经济条件较差的村，市、县两级财政对此分别制定出具体办法。坚持每年评选一批创建工作先进村和先进个人，给予表彰和物质奖励，并组织新闻媒体广泛宣传。

五、保证措施

（二十一）深入动员，激发创建热情。大力宣传创建文明生态村的重大意义，用第一、二批创建村的变化影响大家，用光明的前景吸引大家，用党员干部的行动激励大家，使创建活动成为群众的自我要求和自觉行动。

（二十二）搞好培训，提高创建能力。搞好对今年创建村的支部书记和村主任培训，市、县两级党校都要把创建文明生态村和建设社会主义新农村内容列入对各级干部培训的必修课，提高他们的创建能力。

（二十三）保证资金支持。市、县级财政要把文明生态村建设资金纳入年度财政预算，增长幅度不低于财政收入增长比例。建设、交通、农业、林业、水利、教育、卫生、文化、体育等公共事业支出的涉农资金，要重点向文明生态村建设倾斜。

（二十四）更大范围动员社会力量搞好帮建。市直、县（市、区）直部门继续同2007年创建村结成对子，签订协议，进行帮扶。组织动员有关企业和有能力的个体户积极参与文明生态村创建活动，架起企业、个体户帮建文明生态村的桥梁。

（二十五）统筹推进。把创建活动同农村的建设规划、发展规划结合起来，研究制定出符合各村实际的长期发展规划和近期建设目标，规范农户的建设行为。要把创建活动同农业结构调整结合起来，把发展生态种植、养殖作为调整农业结构的方向和发展农村经济、增加农民收入的重要途径，推动农村经济和社会的全面发展。

（二十六）开展评先活动。创建文明生态村，作为评价各级领导班子、领导干部工作实绩的重要内容，纳入领导班子和领导干部的考核目标，对完不成任务的市直帮建单位和县（市、区）年终不得评为实绩突出单位。对创建质量高，成效好的县（市、区）、乡（镇）、村和帮建单位，以市委、市政府名义进行表彰。

（二十七）以竞赛创建形式，对各项工作进行打分排队。制定创建工作考核细则，公开考评记分方法，推动创建活动向制度化、规范化、科学化方向发展。

供稿：保定市文明办

保定市精神文明生态村领导小组
关于确定2007年度帮建文明生态村工作的通知（摘要）

（2007年2月26日）

各县、市、区委和人民政府，市直各部门，市属以上企事业单位，军分区政治部，市各人民团体：

一、帮建时间。原则上要求与“驻千村、联万户、帮民富、解民忧、促和谐”活动同步进行。从2007年3月份开始，7月底结束，时间5个月。

二、帮建任务。按着全市“驻千村、联万户、帮民富、解民忧、促和谐”活动安排，要求帮建单位要完成建设一个好班子、谋划一条致富路、化解一批矛盾隐患、为民办一批实事、好事，帮助制定一个好的新农村建设规划五项共性任务。同时还要继续落实《关于开展结对帮建文明生态示范村活动的意见》（保办字[2004]78号）精神，发挥自身优势，在力所能及的基础上，对帮建村给予资金、物资、技术、信息等方面的支持和帮助，按照“五帮”（帮谋划、帮思想、帮硬件、帮增收、帮班子）的要求，重点支持和帮助创建村搞好“六项建设”，即改善生产生活条件的基础建设、增加农民收入的产业建设、提高人口素质的社会事业建设、改变村容村貌的文明新风建设、规范有序的民主法制建设、以班子为核心的村级组织建设。

三、帮建方式。继续选派帮建工作队进村驻点开展帮建活动。各单位可以采取轮换的方式，抽调2名熟悉农村工作的优秀中青年干部组成工作队，明确一名县级领导带队，每个帮建工作队要有一名工作队员驻村。在对帮建村充分调查研究的基础上，双方协商签订《保定市2007年帮建文明生态村协议书》，于3月30日前报市创建办（一式6份）。帮建协议既有共性目标即“驻千村、联万户、帮民富、解民忧、促和谐”的共性目标，又有帮建文明生态村的特定内容。抽调人员驻村帮建期间，在原单位的职级和工资待遇不变，下乡人员差旅补助按市财政局《保定市市直国家机关、事业单位工作人员差旅费开支规定》保财事字（1996）70号“……下乡下厂等人员，在基层单位工作期间，每人每天补助伙食费标准为2.5元”的规定执行，由所在单位支付。

四、督导考核。要严格落实帮建工作责任制，帮建单位每个月要向市创建办书面报告工作进展情况。每县确定一个牵头单位（帮建安排表中每县第一个帮建单位为牵头单位），负责对本县帮建工作队的督促、协调，各单位要及时沟通情况，总结经验，确保完成帮建任务。市创建办要建立工作台账，报市“驻千村、联万户、帮民富、解民忧、促和谐”办公室督导组，按照协议内容挂账督办，定期不定期对帮建工作进行明察暗访。7月份市创建办将按河北省文明生态村指导标准和帮建协议进行普查。对既完成协议、同时被帮建村又初步达到省指导标准的，视为完成任务，未能完成任务的单位与被帮建村不解除帮建关系，继续留住帮建。市委、市政府将帮建文明生态村工作纳入领导班子年度考核内容，年终进行考核评价。对工作成效突出的帮建单位和工作队员，予以表彰奖励。对工作开展不力，不能完成帮建任务的，予以通报批评，并延长帮建时间，直至完成任务。

各县（市、区）的结对帮建工作，可参照本《通知》精神自行安排部署。

供稿：保定市文明办

中共沧州市委

沧州市人民政府

关于创建文明城市、卫生城市、园林城市、环境保护模范城市和双拥模范城的实施方案（摘要）

（2007年9月10日）

为全面实现我市“十一五”规划《纲要》和市第七次党代会确定的工作目标，加快建设以人为本、全面、协调、可持续发展的新沧州，根据市委、市政府关于创建文明城市、卫生城市、环境保护模范城市、园林城市和双拥模范城（以下简称“五城同创”）的意见，制定如下实施方案：

一、指导思想和工作原则

总的指导思想是：以邓小平理论和“三个代表”重要思想为指导，深入贯彻落实科学发展观，围绕沧州更好更快发展和建设和谐沧州两大任务，以“五城同创”迎“两节”为有效载体，全面提升城市功能，做优城市结构，做大城市空间，做靓城市形象，做美城市环境，彰显城市精神，实现城市实力快速壮大，城市活力充分迸发，城市动力不断增强，城市亲和力更加突出，树立起生态、实力、宜居、和谐沿海沧州的崭新形象，全面加快建设沿海经济社会发展强市进程。

工作的基本原则是：深入发动群众，全社会广泛参与，共创共建的原则；工作在一线，推动在一线，落实在一线的原则；舆论强攻，入脑入心的原则；党员在先，领导带头、机关带头，取信于民的原则；抓重点，抓关键，攻坚克难，带动全局的原则；从实际出发，讲究策略与方法的原则；体制、机制创新的原则；阶段性与连续性相结合，着眼长远、抓紧当前的原则；建、创、管并举的原则。按照“三个三”的具体要求，加大推进力度，努力实现“一年一变样，三年大变样，五年再造一个新狮城”的目标。“三个三”，即“三个提高、三个突破、三个改造”。“三个提高”就是提高城市规划水平，提高城市经营水平，提高城市管理水平；“三个突破”就是城市建设环境要突破，城市服务业要突破，城市美化、绿化、亮化水平要突破；“三个改造”就是改造城中村，改造旧城平房区，改造沿街门面。

二、工作目标

（1）双拥模范城：2004年我市已荣膺全国双拥模范城荣誉称号，目标是蝉联全国双拥模范城。

（2）卫生城市：2010年底，跨入省级卫生城市行列。

（3）文明城市：2010年，达到省级文明城市标准。

（4）环保城市：2010年，达到省环保模范城市标准。

（5）园林城市：2012年，达到国家园林城市标准。

三、主要任务

（一）以创建省级文明城市为目标，大力提高市民素质和城市文明程度。

1．以规范政务行为和提高机关效能为重点，营造廉洁高效的政务环境。加强干部理论学习和从政道德教育，规范政务行为，实现权力公开、透明运行，群众对党政机关行政效能满意度达95%以上，群众对反腐倡廉工作的满意度达95%以上。

2．以加强公共安全保障、建设“平安沧州”为重点，营造公平正义的法制环境。深入扎实地开展法制教育和法制实践，推进司法体制改革，加强社会治安综合治理，群防群治力量发挥作用在80%以上，群众安全感达到85%以上；维护老年人、妇女、未成年人和残疾人的合法权益，推进法律援助与服务工作，加强社区居委会民主建设与管理。

3．以“诚信沧州”建设为重点，完善信用体系，营造规范守信的市场环境。加强诚信建设，搞好政务监督，邀请行业管理相对人及服务对象对政府权力运行情况进行测评，群众满意率不低于90%；完善社会信用体系建设，加强食品药品安全检查，严厉打击假冒伪劣商品，严厉打击走私贩私。

4．加强思想道德建设和文化建设，深化市民教育，营造健康向上的人文环境。深入落实《公民道德建设实施纲要》，突出抓好社会主义荣辱观教育；加强国民教育，提高人均教育支出水平；抓好科普宣传工作，以2005年市本级科普专项经费人均0.15元为基础，以后每年按0.01元的标准增加；实施文化强市战略，市图书馆达到一级馆标准，市群艺馆达到二级馆标准，社区文体设施逐步完善；积极开展群众性文化活动，加强企业文化、社区文化、校园文化和军营文化建设；发展公益事业，志愿者人数占全市人口总数的8%以上，无偿献血占临床用血量的80%以上。

5．以公共事业建设为重点，发展社会事业，营造安居乐业的生活环境。继续开展科教、文化、法律、卫生“四进社区”活动，发展医疗与公共卫生，居民对卫生服务中心（站）的满意率达80%以上；坚持计划生育国策，市区计划生育率达95%以上，城市恩格尔系数32%以下。

6．以建设森林城市为目标，加强绿化美化，营造可持续发展的生态环境。以“一园、两带、七路”（即南湖公园、运河景观带、迎宾大道景观带及迎宾大道、御河西路等七条主要街道）为重点，抓好系统绿地建设；以城市出入口和环城路为重点，抓好城市防护林带建设；以休闲绿地建设为重点，以高大乔木为主，乔灌结合，抓好市区广场、社区、庭院绿化工作。到2008年，建成区绿化覆盖率达35%以上。

7．科学设计载体，吸引群众参与，扎实开展群众性创建活动。以提升城市品位为核心，深化文明城区、文明社区创建；以转变作风为根本，深入开展创建文明机关活动；以窗口单位为重点，深入开展文明行业创建活动；以规范管理为基础，不断拓展文明单位创建领域。

（二）以创建省级卫生城市为目标，大力开展爱国卫生运动。

1．完善基层爱卫组织。在各基层单位建立健全爱卫组织，设立专兼职工作人员，确保基层创卫工作落到实处。

2．广泛开展健康教育工作。完善健康教育组织网络，进一步强化医疗机构健康教育工作，巩固提高学校健康教育成果，从提高职工劳动防护意识入手，加大行业健康教育的普及力度，发挥大众传媒优势，增进健康教育的工作力度。

3．加强环境综合整治力度，确保市区环境上档升级。一是加强环境卫生整治，重点做好干道、小街小巷、城中村、城乡结合部等部位和地段的环境卫生整治。二是加强城市基础设施整治，保持城市基础设施的完好、畅通、整洁。三是开展环境综合整治，重点做好市容市貌、建筑工地、农贸市场、无烟广告等存在问题的整治。

4．加大执法力度，实现环保工作新突破。做好环境指标监测工作，组织专业技术人员定期开展对本市大气、饮用水水质、环境噪音、烟尘、工业废水、工业固体废物、生活污水等项指标的技术监测，重点加大对“黑烟囱”等重点污染源的治理。

5．积极开展城区除四害，有效控制四害密度。制定方案，落实责任，大范围、全方位开展除四害工作。

6．大力整顿公共场所卫生、食品卫生和生活饮用水卫生。制定食品安全事件应急预案，加强监督、监测工作，确保食品生产、加工符合卫生操作规程，确保饮用水安全。无农产品滥用农药、畜产品滥用兽药及水产品滥用违禁药物问题。

7．深入开展传染病防治工作。认真贯彻国家有关法规要求，医疗机构有健全的控制院内感染、疫情登记和报告制度，基层卫生单位实行公共卫生事件网络直报制度，计划免疫实行周门诊制度。

8．强化火车站、汽车站卫生管理。

（三）以创建国家园林城市为目标，大力加强绿化美化建设。

1．2007年底前，完成沧州市绿地系统规划，依据规划，制定沧州市绿线管理办法。

2．做好城市现有绿地的管理工作。按照《河北省城市绿化条例》，制定《沧州市园林绿化行业规范》；引进竞争机制，专业绿化队伍实行竞争上岗；加大园林职工培训力度，提高技术水平；采取定期检查、奖优罚劣的管理措施，保证绿化效果。

3．实行园林绿化市场准入制度，对大型绿化工程实行招标。本着“公平、公正、公开”的原则，进一步完善对城市大型绿化工程的招投标机制，择优方案，择优队伍，并加强监督管理。

4．实施“绿化建设工程”。进一步加强城镇绿化建设工程，优化城镇绿地系统的整体布局，做到城市绿化与美化相结合，优化人居环境。做好城市干道、水系绿化，合理建设大中小型绿地和城市街头游园，不断提高建成区绿化覆盖率，确保建成区绿化覆盖率达到35%。

5．督促指导城市群众绿化工作。通过区、办事处、街道三级基层组织，把辖区内的绿化工作落到实处。根据我市居民小区、单位庭院绿化达标率较低的现状，加大督促力度，对尚有空地、没有达标的单位、庭院、居住小区，限期达标。

6．行使“绿色图案”功能，使城区新建、改建、扩建工程建设项目的附属绿化不再出现新的欠账。坚持把城市建设项目附属绿化审批列入建设工程项目审批程序，并不断总结审批与验收经验，使之进一步完善。

（四）以创建省级环境保护模范城为目标，大力改善环境质量。

1．实施“经济结构优化工程”。加快经济结构调整和产业结构升级，优先发展节能、降耗、减污的先进制造业和资源消耗少、环境影响小的产业，淘汰劣势企业。全面推进工业节能，推进节约用水，实施重点耗能单位的监测和调控，努力在节能、节水、节约各种资源等方面取得突破，在保持经济平稳快速增长的同时逐步降低单位产出的资源消耗。全面推进企业清洁生产，鼓励企业开展ISO14000环境管理体系认证和其他绿色认证创建活动。

2．实施“碧水工程”。一是围绕落实《海河流域水污染防治规划》、《渤海碧海行动计划》，加快列入计划的27个项目实施进度，2008年底前完成各县（市）、管理区污水处理厂、四个县级市垃圾处理厂的建设工作；二是完善城市生活污水截留管网建设，已建成的沧州市运东污水处理厂要保证稳定运行，保证污水处理率高于60%；三是着力改善沧浪渠、北排河、宣惠河、石碑河、廖家洼河、子牙新河、南排河等环境敏感河流水环境质量，使城市各类功能区水域水质达标率达到100%，市区内无劣V类水体；四是确保大浪淀集中饮用水源地水质稳定达标，近岸海域水质达到环境功能分区要求。

3．实施“蓝天工程”。突出推进城市规划布局、产业结构、能源结构和生态功能的调整，加大燃煤烟尘、工业粉尘、施工扬尘和机动车尾气治理力度，积极推广集中供热，取缔市区一吨以下的燃煤手烧炉、茶炉、浴炉。

4．实施“安静工程”。一是对工业噪声、建筑施工噪声和社会生活噪声实施综合防治。二是采取措施，防治交通噪声，确保交通干线两侧噪声平均值≤70dB(A)。三是积极创建安静居民小区，为居民创造安静生活条件。四是加强对扰民严重的社会生活噪声污染的执法检查。

5．实施“固废处理和综合利用工程”。一是重点规范生活垃圾处理厂建设运行，按照创模的要求，垃圾渗滤液和臭味得到有效控制和治理，完善生活垃圾收集、运输系统。二是工业固体废物和危险废物处置。做好区内各级医疗机构内医疗废物的收集、处置过程的管理和监督工作，确保100％收集，100％安全处置。建立健全工业危险废物收集、运输、处置全过程环境监督管理体系。三是建立废旧物资回收利用系统，积极鼓励和提倡废旧物资回收利用，整顿、规范个体回收废品行为，逐步实行禁产、禁销、禁用一次性发泡塑料餐具和超薄塑料袋，实施“白色污染”的综合防治。

6．实施“环境管理能力建设工程”。建立环境事故应急体系，提高对突发性环境污染事件的应急能力。加强环保执法队伍能力建设，强化执法队伍规范化和标准化建设。加快监测站标准化建设，有效整合监测技术资源，不断提高环境监测水平。

7．实施“生态文化建设工程”。深入开展“创模”宣传教育活动，强化公众环境意识，增强人民群众的责任感和参与意识，汇集更广泛的社会力量参与“创模”工作。同时，推进“绿色学校”、“绿色社区”和环境教育基地的建设，鼓励有条件的企业争创国家“环境友好企业”。

（五）以蝉联全国双拥模范城为目标，大力做好双拥工作。

1．高起点谋划双拥工作，做到“四个创新”。创新工作机制，把双拥模范城创建作为一把手工程，列入重要议事日程，及时解决重大问题，在全市形成领导高度重视、部门齐抓共管、军地协调联动、社会广泛参与的双拥工作格局。创新宣传教育，把以爱国主义为核心、以双拥为重要内容的国防教育，纳入国民教育体系和部队教育计划，列入中小学教学内容。创新工作手段，按照“围绕发展抓双拥，抓好双拥促发展”的原则，丰富内涵，提高质量，做到人无我有，人有我优。创新工作载体，推动双拥工作向新型经济组织和新型社会组织延伸，向军地基层单位延伸。

2．大力支持国防后备力量和驻沧部队建设。坚持党管武装制度，各级党委、政府要按规定定期参加“军事日”活动，走访慰问部队、定期到兵役机关现场办公，并适时召开军地联席会议和议军会，研究解决后备力量和驻沧部队军事训练、战备执勤中的各种困难和问题，支持驻军完成各项工作任务。妥善安置转业军官、退役士兵，积极安置随军家属就业、子女入托入学，妥善解决军队离退休干部、残疾军人生活中的各种困难。改善驻沧官兵文化、生活、训练设施，有效保障军事设施，形成人人关心支持国防建设、自觉维护军政军民团结的良好风尚。

3．加大优抚工作力度。政策落实，认真落实优抚对象补助标准与人民生活水平同步提高、自然增长机制，确保重点优抚对象生活不低于当地群众平均水平，有效保障军人及其家属合法权益；基础夯实，利用2年时间，对全市15所光荣院进行改建和扩建，优化服务管理，落实各项待遇；好事办实，认真贯彻国家、省和我市关于优抚工作的有关法规性文件，在政策上多倾斜，经费上重点保障，工作上抓好落实；解难及时，坚持“再穷不能穷优抚对象，再苦不能苦革命功臣”的原则，积极开展结对帮扶、“爱心献功臣”、“福彩优抚”等公益活动，及时为他们解决生活中的各种困难。

4．积极发挥部队优势，做到“四个到位”。履行职责到位，驻沧部队要热爱沧州，建设沧州，主动承担急难险重任务，支援地方重点项目建设，积极参与社会公益活动；扶贫帮困落实到位，选定扶贫项目，重点帮助1～2个村脱贫致富或援建一所希望小学；形象建设措施到位，积极参与地方精神文明建设，大力开展创建“文明城市”、“文明生态村”、“文明学校”、“文明连队”、“八一林”、“爱民林”、“小区绿化、营区美化”等创建活动，共建文明和谐新沧州；维护社会稳定到位，注意体察政情、民情、社情，及时发现和解决军政军民关系方面存在的问题，积极参与军警民联防活动，维护沧州社会和谐稳定。

四、保障措施

（一）强化领导，建立组织机构。市成立“五城同创”领导小组及办公室（办公室设在文明办），在领导小组统一领导下，分别成立创建卫生城市办公室（设在爱卫办）、创建园林城市办公室（设在建设局）、创建环保模范城市办公室（设在环保局）、创建双拥模范城办公室（设在民政局）和创建文明城市办公室（设在文明办）。各创建办公室要根据全市创建工作的总体部署，制订具体的规划、计划和实施方案，充实、配备足够的工作人员，采取有力措施，确保如期完成各项创建任务。新华区、运河区、沧县及全市各级党政组织都要把“五城同创”工作切实摆上重要工作日程，建立健全组织机构，强化领导责任，实施年度目标管理。

（二）落实责任，完善运行机制。要建立健全目标责任制和考核奖惩机制，各创建办公室要将所有创建指标逐项细化，明确责任主体，一级抓一级，层层抓落实。要把“五城同创”工作作为各县（市、区）、各部门、各单位年度工作和评先创优的重要依据，列入市委重点工作督导和领导班子年终考核内容。要加大城市基础设施建设力度，完善城市功能，加强城市管理，严肃规划，严格执法，不断提高城市综合管理水平，提升城市品位。同时，邀请人大代表和政协委员对创建工作进行专项巡察、督查，组织各界群众对创建工作进行评议，推进创建工作不断向纵深发展。

（三）协调联动，形成工作合力。全市上下要进一步树立全局观念，尽职尽责，密切协作。涉及多个部门的问题，牵头部门领导要亲自出面协调，严禁推诿扯皮；“五城同创”领导小组和各创建办公室要实行例会制度，及时通报情况，统一步调；各创建职能部门要认真履行职责，全力完成创建工作任务；各行各业和各单位要认真组织开展本系统、本单位的创建工作，做到保质保量，不拖后腿。各部门、各单位都要认真研究制定长效管理措施，使“五城同创”各项工作步入法制化、规范化、制度化轨道。

（四）全面发动，营造良好氛围。市属各新闻媒体要加大“五城同创”工作的宣传力度，充分发挥媒体的监督、引导作用，加大公益广告宣传力度和工作专题的深入报道，营造良好的舆论氛围。各级党政机关、群众团体、行业协会要积极宣传群众、组织群众，激发广大群众关心创建、参与创建的热情，扎实有效地推进各项创建工作，确保我市“五城同创”目标如期实现。

供稿：沧州市文明办

沧州市精神文明建设委员会

沧州市文明单位推荐管理责任制度（摘要）

（2007年2月27日）

为增强各级文明委、文明办和相关部门在文明单位推荐、管理过程中的责任意识，提高文明单位创建和管理水平，进一步发挥文明单位在构建和谐社会、促进沧州经济和社会更好更快发展过程中的示范带动作用，按照《沧州市文明单位管理办法》有关精神，制定我市文明单位推荐管理责任制度。

第一条　《沧州市文明单位管理办法》（以下简称《管理办法》）对文明单位推荐、检查验收及管理作出了明确规定。各县市区（含开发区、管理区。下同）文明委、文明办和各相关部门，要以高度负责的态度，认真贯彻执行《管理办法》，不断改进文明单位推荐、管理工作，进一步提高文明单位创建和管理水平。

第二条　各县市区文明委、文明办和各相关部门推荐文明单位，要按照《管理办法》和检查验收的有关规定，严格把关，严格筛选，并通过公共媒体在当地向社会进行公示，接受群众监督。由主管部门推荐的文明单位，要经过党委（党组）会议研究通过。各级纪检（监察）、综治、防范、计生、环保等部门，要按照职责认真把关，对有问题的单位取消其参评资格。

第三条　对各县市区文明委、文明办和各相关部门在推荐和管理文明单位工作中，出现以下情况的，按照本制度第四条有关规定给予相应处理：

（一）未按照《管理办法》的规定进行检查、验收，推荐的单位不符合文明单位要求的。

（二）对管辖范围内的文明单位疏于管理，造成多个文明单位出现问题，给文明单位创建和精神文明建设工作造成不良影响的。

（三）对推荐及管辖的文明单位出现的问题不能及时发现，未积极采取措施的。

（四）对文明单位推荐、管理中出现的问题，未按《管理办法》规定及时向上级文明办报告的。

（五）出现其他影响文明单位创建工作的问题的。

第四条　对出现本制度第三条规定问题的责任单位和个人，根据情节轻重给予以下相应处理：

（一）取消被推荐单位参评文明单位资格，责成责任单位向上级文明委（办）书面说明情况，作出检查。

（二）对弄虚作假、不负责任的单位主要领导和主管领导，追究相应责任。

（三）对文明单位管理不善，问题较多的县市区和相关部门，酌减本年度市级文明单位指标数和推荐省级文明单位指标数。

（四）在年度精神文明建设考核中，扣除相关项目一定分数。

第五条　本制度自印发之日起执行，由市文明办负责解释。

供稿：沧州市文明办

沧州市精神文明建设委员会

关于“文明沧州、和谐沧州”创建活动的实施办法（摘要）

（2007年3月18日）

一、活动内容和方法

（一）在农村，引导人们争做新型农民，深化拓展文明生态村创建活动

1．围绕产业强村、文化兴村、生态建村、民主治村的总要求，抓好第三批创建村的启动和一、二批创建村的巩固提高。按照不少于创建村总数6%～8%的比例，确定2007年新的创建村和创建片，使创建片数量进一步增加，创建片的规模进一步扩展，推动文明生态村创建工作成片连线开展。继续深化“文明生态走廊”创建活动，以104、106和307三条国道为依托，以路带村，以村促路，向沿线180个村延伸。组织群众深入开展硬化街道、净化庭院、种植树木等创建工作，加大“五乱”治理力度，统一规范沿路的店铺经营和牌匾悬挂，清理各种乱贴乱画和小广告。在县城、乡镇驻地及沿路显要位置设置弘扬当地人文特色、宣传经济发展的宣传牌匾，优化经济环境、生态环境和人文环境，形成村路共建的格局。

2．大力加强村民中心建设，努力培育新型农民。按照“八个一”的要求，在已建成的前二批创建村挂牌成立村民中心，完善服务功能，提高服务水平。在400个村推广新型合作医疗，提高农民健康水平。扶持40个重点乡镇建成图书共享工程基层网点，组织科技、法律、卫生等部门举办各类培训班和专家讲座，开展农村电影“文明生态村巡影”活动，丰富农民精神文化生活。大力推行殡葬改革，在100个重点村修建公共祠堂，倡导文明新风。大力推广“十星级文明户”评选、移风易俗自治组织建设和建立“村民功德录”宣传栏等活动，树立良好的村风民风，建立和谐的人际关系。

3．完善工作机制，加大宣传力度，动员全社会参与创建。继续深化协调联动机制，实行推进委和帮扶工作例会制度，通过定期调度和不定期抽查等形式，督促推进委成员部门和包村单位加大对创建工作的支持力度。制定出台《创建文明生态村奖励办法》，把创建文明生态村纳入各级党委、政府重点督查和年终考核内容。加大典型宣传力度，通过在新闻媒体开办专题栏目和举办大型图片展，组织创建文明生态村巡礼系列活动，展示创建成果，增强已建成村的辐射带动作用。组织召开创建文明

生态村现场观摩会和总结表彰会，不断总结经验，表彰先进，推动创建活动健康、扎实开展。

（二）在城市，深化市民文明教育，再掀文明城市创建新高潮

1．举办市民公益讲座。与“知沧州、爱沧州、兴沧州”活动相结合，围绕形势政策、思想道德、科学文化知识等方面内容，每月举办2～3次，市民免费听讲。

2．大力开展公民道德实践活动。把公民道德实践活动与“迎奥运、讲文明、树新风”活动有机结合起来，在全体市民中广泛开展“十个文明”活动，引导市民文明乘车、文明游园、文明观演、文明行车、文明走路、文明就餐、文明购物、文明待客、文明过节、文明养犬，增强文明意识，培养文明习惯。一是通过交警、城管执法、交通、文化、旅游等部门加强引导和约束，建立和完善各项制度，制定切实可行的硬化、量化措施，形成教育与处罚相结合的管理体制，提高教育效果；二是组织各类志愿者进行提示和劝阻；三是在新闻媒体开辟专题和专栏，在市区主要公共场所设置公益宣传牌匾，营造浓厚的舆论氛围。

3．全面抓好《沧州市2006年～2008年创建文明城市工作规划》的落实。一是抓好组织发动。组织召开全市创建文明城市动员大会，落实任务，明确责任；二是完善创建机制，建立创建文明城市总指挥部的分指挥部，定期召开会议，实施分类指导；三是加强协调督导，各指挥部建立联席会制度，充分发挥各职能部门、行业协会和社会团体的作用，及时掌握各项目标完成情况，协调解决创建工作中的问题。四是按照《创建文明城市测评体系》和《沧州市2006年～2008年创建文明城市工作规划》，各部门对创建工作进行自查自纠，发现不足及时改进，提高创建工作的针对性和效果，把创建工作纳入良性发展轨道。

4．深化文明社区创建活动。以营造宽容平和、积极向上的新型社区关系为宗旨，在组织好文化、科技、卫生志愿者服务“三进家”、文化、科技、法律、卫生“四进社区”、“平安社区”、“绿色社区”创建活动基础上，重点组织好“爱我社区”周末联宜活动，利用社区文化阵地，组织社区居民与物业管理人员互相参与，使邻里之间、居民与物业之间在文艺联欢、体育健身、恳谈交流中增进了解、化解矛盾、改善服务、加深友谊，推进“和谐社区”建设。将社区纳入文明单位评选系列，每两年表彰一次。

（三）在企业，大力加强诚信教育，深化拓展创建和谐企业活动

1．深化个体私营企业文明诚信创建经营活动。协调各有关行业和协会，开展以公德建设、诚信建设、法制建设和勤俭建设为主要内容的文明经营教育活动，制定行业文明公约和诚信经营规范，分期分批组织个体私营企业参与到创建活动中来。加强对创建企业的指导，对达标企业进行命名授牌，不断发现和培养典型，组织举办“文明诚信经营先进事迹巡回报告会”，举办消费者维权公益讲座，提高消费者维权意识。深化文明诚信经营一条街创建活动，以点带面，形成氛围，引导更多的个体私营企业参与创建活动。

2．继续深化创建文明行业“三杯”竞赛活动。加大优质服务杯、文明执法杯、便民利民杯竞赛活动力度，注重从基层单位和基本要求抓起，开展“文明窗口”、“星级窗口”创建活动，提高整体创建水平。继续组织各界群众对创建活动进行评议，引导企业以德经商、诚信立业、和谐生财。

3．完善社会信用体系建设。以经济交往履约践诺、建立和谐商务关系为目标，以涉农服务、食品供应、房产家装、商业零售等行业为重点，协调行业主管部门，制定规范，加强监督，积极推动商务诚信体系建设。建立和完善市及工商、税务、技术监督等系统的政府信用网站，健全企业信用分类监督体系。组织开展文明经营单位和个人评选活动，推荐优秀单位加入省企业诚信联盟，积极配合省新闻单位开展第二次诚信河北千里行活动，宣传诚信先进事迹，鞭挞失信行为和现象。

4．充分依靠企业职工开展文明创建活动。大力加强职工的职业道德、社会公德、家庭美德教育，充分发挥职工队伍的主体作用，在各行各业广泛开展文明职工、文明班组评选等创建活动，引导广大职工勤于学习、善于创造、甘于奉献，为“文明沧州、和谐沧州”作出贡献。

（四）在机关，引导人们争做文明公务员，深化拓展创建和谐机关活动

1．积极推动和谐机关创建活动。紧密结合行政权力公开透明运行、加强机关效能建设等活动，

开展文明和谐创建，引导机关党员干部遵纪守法，认真履职，爱岗敬业，无私奉献。从加强学习教育、制度建设和作风建设入手，进一步发扬“严、细、深、实、快”的工作作风，为人民服务，为发展出力，不断提高服务质量和工作效率，努力创建务实高效、勤政廉明的文明和谐机关。

2．开展营造优美环境活动。结合文明单位、绿色单位创建，促进机关大院绿化、美化、净化，办公场所清洁有序，工作人员衣冠整洁庄重。组织开展创建和谐机关观摩交流活动，评选表彰和谐机关、和谐科室。组织新闻单位开展和谐机关采风活动，在全市党政机关形成文明和谐、争创一流的良好氛围。

3．开展“十佳人民公仆”、“人民满意的公务员”评选活动。围绕“为人民服务，让群众满意”这一主题，把对公务员的教育引导与评选表彰工作有机结合起来，认真做好“十佳人民公仆”、“人民满意的公务员”和“人民满意的公务员集体”评选表彰工作，充分利用报刊、广播、电视等宣传媒介，大力宣传其先进事迹，促进公务员队伍建设。

（五）在全社会，引导人们争做热心好公民，开展“爱心暖沧州”活动

1．组织开展“沧州好人”、“沧州能人”宣传评选活动。在全社会大力宣传“沧州好人”事迹，展示“沧州能人”风采。人选由社会各界和广大群众广泛推荐产生，市新闻单位通过专栏、专题等形式宣传报道。通过“沧州好人”、“沧州能人”的宣传评选，提升城市形象，形成良好氛围，鼓励人们奉献、敬业、创新，为构建和谐沧州做出贡献。

2．以助学工程为龙头，加大各种形式的社会助学力度。认真组织好“西部助学工程”和省“助学工程”，继续推进“希望工程”、“福彩助学”、“金秋助学”、“春蕾计划”、“文明单位助学”各种形式的社会助学活动，吸引更多的社会各界人士参与助学活动，大力弘扬团结互助、扶危济困的道德风尚。

3．不断深化“送温暖、献爱心”活动。充分发挥工会、共青团、妇联等群众团体的作用，动员广大群众和社会各界，广泛开展对农民工、残疾人、低保户、贫困农村等困难群众、困难家庭、困难地区的群众互助和社会援助。大力支持红十字会、残疾人联合会、慈善总会的工作，推动全市慈善事业的发展。

4．加强志愿者组织建设。扩大青年志愿者、夕阳红志愿者、巾帼志愿者、社区志愿者、公务员志愿者等队伍，拓展服务领域，使更多的困难群众得到帮助。积极整合各方面志愿者力量，成立全市志愿者服务指导委员会，健全社会志愿服务体系，加强对社会慈善活动的指导。组织新闻单位开展“爱心暖沧州”寻访活动，大力讴歌沧州大地涌现出的团结友善、助人为乐的新人、新事、新风尚，形成有利于增强社会亲和力的舆论环境。

二、组织领导

（一）此项活动由各级文明委统一组织。各县（市、区）要根据本意见要求，结合本地实际，制定具体实施办法。搞好宣传发动，协调好各方面力量，推动方方面面都行动起来，确保活动既形成声势，又扎实有效。加强统筹工作，将正在开展的各种有关的单项创建活动统一纳入到活动中来，充分保护、调动、激发各方面的创建积极性。

（二）实行部门分工，做到协调联动。市文明委各成员单位和市各行业协会、市红十字会、省残疾人联合会、市慈善总会等社会慈善组织，要根据本方案的相关工作分别制定落实措施和实施细则，推动活动在各行业、各界群众中广泛开展。各部门要加强联系，互通信息，形成各项活动协调推进的强大社会合力。

（三）加强舆论引导，营造社会氛围。市各主要新闻单位，要开辟“文明沧州、和谐沧州”专栏，对活动进行跟踪采访，不间断报道各地、各部门活动的开展情况及涌现出来的先进事迹。对创建文明生态村回访，创建文明城市巡礼，诚信沧州巡礼，和谐机关、文明公务员，“爱心暖沧州”事迹专访等五个专题进行采访报道，分别制定方案，认真组织实施，形成舆论强势。

供稿：沧州市文明办

沧州市精神文明建设委员会

关于组织开展“温暖狮城志愿行动”实践活动的通知（摘要）

（2007年5月9日）

一、形式内容

1．在城市组织开展“争做义务十大员”活动。以深化“科教法律文化卫生”四进社区活动为契机，组织广大志愿者争做义务十大员：在城市社区和公共场所积极争做政治指导员，做好党的路线、方针、政策的宣传解读工作；争做科普宣传员，做好科学养生、健身、育儿等日常生活科学的宣传指导工作；争做卫生监督员，从自身做起，做好居住小区内的卫生保洁及环境卫生监督工作；争做治安联防员，协助小区安保人员做好对外来人员的查询和社区安全巡逻工作；争做文体活动辅导员，为社区内组织开展的群众性文体活动进行业务辅导；争做纠纷调解员，关心邻里生活和邻里关系，主动参与调解家庭及邻里纠纷；争做文明言行劝导员，在公共场所对不文明行为进行及时劝阻和说服教育；争做爱心助困员，对身边的贫困家庭进行力所能及的帮助；争做市场监督员，在各商场进行义务导购，对集贸市场的不文明经商行为进行义务监督；争做专业技能教练员，发挥专长，在公益活动中进行专业技能辅导。

2．在农村开展“十送暖万家”活动。以深化“文化、科技、卫生”三下乡活动为契机，动员广大志愿者心系农村，关爱贫困，开展“十送暖万家”活动：送政策，了解广大农村群众所需所盼所求，把党的富民政策送到田间地头；送法律，为农民群众进行法律讲解和咨询，提高他们用法律保护自己的意识；送科技，为农村提供常规性的农业技术，并入村进行现场指导；送健康，进行健康生活宣传，为困难群众送医送药；送欢乐，编排好农民喜爱的节目，义务进村演出，丰富广大农民群众的业余文化生活；送图书，把农民群众需要的文化、科技图书送进村，为农民科技致富提供帮助；送信息，及时为农民群众提供农业市场供求方面的信息，增强农民驾驭市场的本领；送教育，以结对帮教的形式，把新的教育方法和教育理念传送给农村家庭，使农民孩子早日成才：送关爱，以对口帮扶的形式，对农村留守老人、儿童进行长期性的扶助；送项目，把适宜农村致富的项目提供给农民，提高农村的经济实力。通过组织各界志愿者为农村提供各类服务，帮助农民增收致富，使农村贫困群众和弱势人群感受到社会的温暖。

3．在全社会开展“扶危济困对口帮扶”活动。以“沧州好人”评选活动的开展为契机，通过工会、青年团、妇联等群团组织和红十字会、残疾人联合会、慈善总会等慈善组织，加强志愿者注册登记工作。以对口帮扶的形式，由在册志愿者、各单位、各志愿者组织对社会上的残疾人、低保户、鳏寡孤独老人等弱势群体进行长期性的社会援助；同时组织市级以上文明单位的党团员广泛开展“送温暖、献爱心”活动，发动他们积极为贫困群体捐款捐物，并组成志愿服务小分队，长期、定期对特困群体进行帮扶。

二、组织要求

1．加强领导。社会志愿者服务事业，是一项崇高的社会事业。各级党委、政府要切实关心、大力支持社会志愿服务工作，将其摆上重要工作日程，纳入当地经济社会发展的总体规划，为“温暖狮城志愿行动”实践活动的开展创造有利条件。各县（市、区）要参照省、市做法，及时成立志愿服务指导委员会，明确成员单位及其职责，尽快落实工作任务。各类志愿者主管部门要加强志愿者队伍建设，团组织要指导青年志愿者进一步发挥主力军作用，人事、妇联、民政、老龄委等部门，要建立和完善公务员志愿者、巾帼志愿者、社区志愿者、夕阳红志愿者等组织指导机构，制定工作方案，组织各界群众广泛地参与到社会志愿服务活动中来。

2．拓展服务。社会志愿服务工作，涵盖内容广，服务对象比较特殊，要把开展“温暖狮城志愿行动”实践活动作为落实社会志愿服务的一个有效载体，在活动中积极拓展服务领域，围绕更好更快发展、构建“和谐沧州”两大主要任务和建设沿海经济社会发展强市的奋斗目标，扣紧“相互关爱、服务社会”这个主题，从“政府所急、群众所需和志愿者所能”的事情入手，不断扩展志愿服务的社会覆盖面，推动志愿服务在助残帮困、救灾赈灾、文教助学、科学普及等各个领域展开，延伸到社会生活的方方面面，做到哪里有需要，哪里就有志愿者。

3．创新方式。在组织开展“温暖狮城志愿行动”实践活动中，要积极引入科技手段，借助互联网开展网上招募志愿者、网络咨询服务、网上救助等，为社会志愿服务广泛开展开辟新的渠道。要探索建立激励机制，通过“功德录”、“道德银行”、“向奉献者奉献”等形式，使志愿者得到社会尊重和回报，进一步激发人们参与志愿服务的热情。要学会用民主的方式加以推进，总结和借鉴在群众性精神文明创建活动中形成的民主参与、大家协商、自我管理等好经验、好做法，并运用到社会志愿服务活动中去，吸引和动员城乡群众广泛参与，使社会志愿服务活动生活活泼，广泛深入地开展起来。

供稿：沧州市文明办

沧州市精神文明建设委员会

关于开展“文明生态走廊”创建活动深入推进“成片连线”创建文明生态村工作的意见（摘要）

（2007年7月3日）

一、进一步提高对创建“文明生态走廊”活动的认识

创建文明生态村活动，是省委、省政府落实科学发展观、构建设社会主义和谐社会、全面推进农村小康社会建设的生动实践，是具有河北特色推进社会主义新农村建设的一个重要载体和抓手。市委提出的“成片连线”创建思路是根据我市农村实际，把创建活动向广度和深度推进的有效途径。去年以来，为深化“成片连线”创建工作，市文明委提出开展创建文明生态走廊活动，是以重点抓好我市境内重要公路样板化建设和沿国道村文明生态村创建的形式，以路带村，以村促路，实现整合区域创建资源，整体推进我市“成片连线”创建文明生态村活动的重要举措，对于树立沧州文明形象，建设和谐沧州，加快推进建设沿海经济社会发展强市步伐，具有重要意义。全市各级、各部门，要进一步提高认识，增强创建活动的主动性，扎实推进创建工作。

二、明确范围，突出重点，扎实完成好各项创建任务

创建“文明生态走廊”活动要坚持“路村同创、标本兼治、分步实施、整体推进”原则，在全市公路沿线，特别是104、307、106三条国道沿线的镇、村，以及沿路经营性门店全面展开，实施村路共建，综合治理。今明两年的工作重点是开展三项治理活动。一是沿线行政村村容村貌治理。对连接公路的道路和村内街道进行修整，实现道路“硬化”；推广使用沼气，改水改厕，禽畜圈养，垃圾定点存放，消除“五乱”（垃圾乱堆、污水乱泼、柴草乱放、畜禽乱跑、乱贴乱画），实现“净化”；鼓励农户房前院内种植树木，村内道路两旁种植行道树，村庄周围种植环村林带，实现绿化；较富裕的村庄主要街道要安装路灯，实现“亮化”，使沿线村达到文明生态村“四化”要求。此项工作由各县(市、区)创建办牵头负责。二是沿路经营性门店经营秩序治理。清理公路两侧的私搭乱建和乱堆乱放的物料、垃圾，取缔马路集市和占道经营，规范沿街门店标识，对不符合要求的予以拆除或改建，提高沿路门店的档次，使其在店容店貌、环境卫生、文明服务等方面有显著改善和提高。此项工作由各县(市、区)文明办和建设局、公安局、工商局、交通局负责。三是道路畅通安全治理。重点在三条国道开展道路规范化建设，加强道路养护、绿化、提高路容整修水平，保持路面清洁和路基净化；实行国道信息化管理，达到省级样板路标准，体现沧州公路现代化管理水平。此项工作主要由市交通局和各县(市、区)交通局负责。全市各级、各相关责任部门，要认真研究，科学谋划，结合实际制定切实可行的创建方案，认真抓好落实，确保创建取得明显成效。

三、强化责任，加强领导，确保创建取得明显成效

创建“文明生态走廊”活动是以公路和沿线村镇为重点，通过区域共建、路村共建，彰显沧州形象的一项全新工作。各级各部门一定要充分认识创建“文明生态走廊”活动的重要意义，把创建工作放在全面落实科学发展观、构建和谐社会、建设沿海经济社会发展强市的高度来认识，把创建工作作为一项全局性工作，加强组织领导，发挥部门作用，集中人力、物力、财力，抓出成效。为了加强对创建活动的领导，市里成立创建文明生态走廊活动办公室，办公室设在市文明办和交通局，各县市也要成立相应组织。各级党委、政府以及交通、公安、工商、土地、建设等部门，要根据“文明生态走廊”创建活动的目标要求，根据本地实际和部门职能，认真研究，采取有效措施，全力配合，协调联动。创建“文明生态走廊”办公室要定期对沿线创建情况进行督导检查，通报创建情况，激励先进，鞭策后进，促使各项创建任务的落实。

创建“文明生态走廊”活动任务重，工作量大，各级、各部门要主动承担起创建责任，齐抓共建，通力配合，有计划、有步骤地推进各项工作，努力开创人路和谐、村路和谐的良好局面，促进全市农村三个文明建设全面协调发展。

供稿：沧州市文明办

沧州市精神文明建设委员会

关于组织开展“文明服务奥运，和谐彰显沧州”活动的通知（摘要）

（2007年8月27日）

一、内容形式

1．推荐确定窗口服务示范单位。由各县(市、区)和各有关行业主管部门根据以往文明行业创建情况，推出本地(本系统)内的文明服务奥运、和谐彰显沧州窗口示范单位(推荐分配名单附后)，窗口示范单位主要包括：各公路(高速路)收费站、高速公路服务区、国道驿站、汽车站(公交车组)、出租车公司、商场、饭店、旅游景点、旅行社、医院、书店和银行、电力、网通、联通、邮政等部门的站所网点。窗口示范单位确定后，在沧州日报、沧州晚报予以公布，接受群众监督。

2．在窗口示范单位中以“引领文明、服务奥运”为主题，广泛开展创建活动。结合文明、园林、环保、卫生、双拥“五城同创”活动的开展，以窗口示范单位为重点，加大“三杯竞赛”活动力度，普及使用文明服务用语，商贸流通行业要继续开展“百城万店无假货”活动，组织服务人员以服务外宾和残疾人所需的外语和手语为主要内容进行集中培训；公交、燃气、供水等公共服务行业要提高服务效率，加强对城市基础设施的管理力度，完善和提高城市功能；交通部门要在长途客运、公交、出租车等系统开展评选优秀服务标兵、文明汽车站等活动，适时表彰宣传一批“文明服务示范窗口”，形成文明示范、优质服务的比学赶帮超局面；旅游部门要对各大饭店进行星级复核，组织开展文明旅游景点创建活动和文明诚信旅行社评选活动，同时大力宣传我市的旅游资源，进一步开拓旅游市场，提升沧州的知名度。

3．开设专栏，组织群众评议。从9月份开始，在沧州日报、沧州晚报、沧州电台、沧州电视台等新闻媒体开设“引领文明、服务奥运”活动专栏，对各示范单位开展活动的情况进行及时追踪报道，设立公众监督举报电话，公开曝光各类不文明服务行为；年底组织群众对各窗口示范单位进行综合评议，在全市确定100个先进典型，进行大力表彰。

二、组织要求

1．各县(市、区)和各行业的主管部门要充分认识这项工作的重要意义，将其作为全面提升公民文明素质和社会文明程度，促进沿海经济社会发展强市和“和谐沧州”建设的重大举措，摆上重要日程，集中精力来抓。要统筹规划活动项目，合理安排时间进度，有序启动，逐步升温，形成高潮阶段。要结合本地(本行业)实际，研究制定具体实施方法，明确职责，加强督导与组织协调，推动活动广泛深入地开展起来，并取得实实在在的效果，为奥运会营造文明和谐的沧州“窗口”形象。

2．各县(市、区)和各行业主管部门要根据推荐分配名单，按照好中选好、优中选优的原则，认真筛选，把那些能够充分展示本地本行业文明形象的先进典型推荐上来，使其切实发挥示范带动作用。推荐申报表一式两份及1000字左右简要材料，于9月10日前报市文明办协调指导科。

电话：2160120

电子邮箱：hbsczwmb@sina.com

供稿：沧州市文明办

沧州市精神文明建设委员会

关于在全市组织开展“公民道德实践月”活动的实施方案（摘要）

（2007年9月12日）

今年是中共中央印发《公民道德建设实施纲要》六周年。9月20日是全国第五个公民道德宣传日，为深入推进公民基本道德规范的宣传教育和实践活动，再掀全市公民道德建设高潮，为创建文明城市、卫生城市、园林城市、环保模范城市、双拥模范城市，营造文明和谐、积极向上的社会氛围，促进沧州经济社会各项事业发展，市文明委决定，在全市组织开展“公民道德实践月”活动，具体实施方案如下：

一、指导思想

以科学的发展观为指导，以讲文明、促和谐为主题，通过开展主题鲜明的道德实践活动，大力倡导和践行“爱国守法、明礼诚信、团结友善、勤俭自强、敬业奉献”的基本道德规范，践行社会主义荣辱观，引导人们在社会做个好公民、在单位做个好建设者、在家庭做个好成员，为建设沿海经济社会发展强市营造良好的社会环境、人文环境和道德环境。

二、活动主题

我奉献、我快乐，我文明、我光荣。

三、活动时间

从9月20日至10月20日。

四、活动内容

坚持知行统一、教育与实践相结合的原则，在全市集中开展四大主题活动

(一)基本道德规范进机关、进学校、进公交、进商场、进医院活动。

开展公民基本道德规范和《沧州市民文明公约》五进活动，引导全市机关干部、中小学生和社会服务人员讲文明、树新风、做奉献。

基本道德规范进机关，在党政机关中开展“遵守道德规范、做合格公务员”活动，引导公务员在公务活动中，讲文明、树新风、做表率；基本道德规范进学校，在中小学生中开展“践行公民道德规范，做合格小公民”活动，增强青少年的社会责任意识和公民意识，培养良好的道德品质；基本道德规范进公交，以市内公交车和长途客运车为阵地，倡导文明服务、文明乘车，传播文明礼仪，创造帮一帮、让一让的良好环境；基本道德规范进商场，在商业服务业开展“树诚信品牌，让顾客满意放心”活动，倡导诚信经营、文明服务；基本道德规范进医院，在医院开展“向患者送温暖”活动，树立良好职业道德，纠正行业不正之风，建立新型医患关系。

责任单位：市文明办牵头，市直工委、市教育局、市建设局、市交通局、市卫生局、市贸易办负责制定方案，组织实施。

(二)志愿服务六送暖万家活动

认真贯彻全市深入农村、服务农民会议精神，充分发挥各类志愿组织在道德实践中的主力军作用，动员广大青年积极参加志愿者组织，以体力、智力、技能服务农民、奉献社会。

送政策，了解农民群众所盼、所需、所求，把党的富民政策送到田间地头；送法律，深入农村为农民群众讲解法律知识，进行法律咨询；送科技，为农村提供农业新技术，进村入户现场指导；送健康，进行健康生活宣传和义诊，为困难群众提供一定的药品；送欢乐，编排农民喜闻乐见的文艺节目，进村演出，丰富农民群众的业余文化生活；送信息，为农民提供市场供求信息。

责任单位：团市委牵头，农业局、司法局、科协、卫生局、文化局、科技局负责。

(三)开展“我奉献、我快乐，我文明、我光荣”道德实践“六个一”活动。

向市民发倡议，在全社会开展“我奉献、我快乐，我文明、我光荣”道德实践“六个一”活动，引导广大市民从我做起、从现在做起、从小事做起，模范遵守公民基本道德规范和沧州市民文明公约。

道德实践“六个一”：对社会做一次奉献；对亲人表达一次亲情；向身边需要帮助的人献一份爱心；纠正自己一个突出的不文明行为；为沧州更好更快发展、建设和谐社会提一条合理化建议；树立一种“我奉献、我快乐，我文明、我光荣”的生活理念。

责任单位：市文明办牵头、新华区文明办、运河区文明办、市级新闻媒体组织实施。

(四)开展“洁净沧州、美化狮城”活动

结合“迎奥运，讲文明，树新风”活动的开展，动员社会各界开展一次“为城市洗脸”活动，组织干部群众广泛参与爱国卫生运动，走上街头清理乱贴乱画、违法小广告，进一步优化城乡人居环境。

责任单位：市爱卫办总牵头，市直工委、市双拥办、团市委、市教育局组织实施。

五、有关要求

1．加强组织领导。开展“公民道德实践月”活动，是深入贯彻《公民道德建设实施纲要》的一项重要活动，是组织和引导广大干部群众积极践行社会公德的一项重要载体。各项活动的责任单位要充分认识开展这一活动的重要意义，加强领导，确定专人负责，精心组织好各项活动。

2．狠抓工作落实。各有关单位要根据方案要求，结合自身实际和行业特点，制定相应的工作方案，细化工作目标，明确工作职责，狠抓工作落实。要通过实实在在的活动项目和活动形式，引导干部群众积极参与，在实践中受到教育，得到提高，确保活动实效。

3．营造舆论氛围。“公民道德实践月”活动是一项群众性道德实践活动，必须通过营造浓厚的宣传舆论氛围，广泛发动群众参与。要充分利用各种宣传手段特别是电视、报纸等媒体，加强宣传教育，形成舆论强势。

供稿：沧州市文明办

沧州市精神文明建设委员会

关于开展第六届“十佳百星”宣传评选活动的实施方案（摘要）

（2007年10月12日）

一、评选范围和责任单位

“十佳百星”先进人物必须是在全市三个文明建设中成绩突出，在社会上有较高声誉，被广大群众普遍认可，在本行业中具有一定代表性的先进人物。具体评选要求是：

“十佳文明市民标兵”：在全市普通市民群众（不含科级以上干部）中产生。参评人应模范遵守《沧州市民行为道德规范》，讲文明、树新风，热心社会公益事业，在群众性精神文明创建活动中做出了突出贡献。市文明办负责推选16名候选人，《沧州日报》社负责推选4名候选人。

“十佳企业家”：在全市国有工商企业管理者和民营企业家中产生。参评人应在发展沧州经济中走在前列，文明经营，诚信经营，热心公益，为当地经济发展作出了突出贡献。市经贸委负责推选8名候选人，市工业经济促进局负责推选6名候选人，市工商联负责推选6名候选人。

“十佳农民”：在全市农民群众中评选。参评人应响应党的富民政策，靠从事种植、养殖、加工等行业勤劳致富，积极带领周围群众共同致富，移风易俗，或在创建文明生态村工作中，为农村经济发展、人居环境改善和精神文明建设等方面作出了突出贡献。市委农工委负责推选10名候选人，市创建文明生态村办公室负责推选10名候选人。

“十佳科教功臣”：在全市科技和教育工作者中产生。参评人应在科研创新、技术推广、科学普及和教书育人方面成绩显著，为科教兴国、科教兴沧作出贡献的科教工作者。市教育局负责推选10名候选人（范围包括大、中、小、幼教工作者），市科技局负责推选3名候选人，市科协负责推选3名候选人，市农业局负责推选2名候选人，市林业局负责推选2名候选人。

“十佳共产党员标兵”：在全市各行各业广大共产党员中产生。参评人应具有坚强的党性原则和全心全意为人民服务的崇高信念，廉洁奉公，无私奉献；勤奋学习，爱岗敬业，群众威信高，在工作中创造出一流的成绩，能充分发挥先锋模范作用。市委组织部负责推荐20名候选人。

“十佳政法干警”：在全市各级公安、法院、检察院、司法系统和监狱的政法工作者中产生。参评人应爱岗敬业、甘于奉献、秉公执法、热情服务，在惩治违法犯罪，维护人民群众和国家利益方面做出了突出贡献。市政法委牵头，市公安局负责推选10名候选人，市中级人民法院推选4名候选人，市人民检察院、市司法局（包括沧州监狱和沧南监狱）各负责推选3名候选人。

“十佳医务工作者”：在全市医疗卫生系统干部职工中产生。参评人应医德高尚，医术精湛，热心为患者服务，尽职尽责，作出突出贡献、赢得广大患者和人民群众的信赖；或在医疗改革、医院建设管理中成绩显著。市卫生局负责推选20名候选人。

“十佳文明执法标兵”：在全市行政执法单位的干部职工中产生。参评人应具有较高的政治业务素质，工作中坚持公正、严格、廉洁、文明的执法原则，能抵御各种不良风气的侵蚀，在文明执法、保护良好经济发展环境上作出一定贡献。市文明办牵头，市劳动和社会保障局、市人事局、市技术监督局、市国税局、市地税局、市工商局、市审计局、市文化局、市环保局、市国土局、市物价局、市药监局、市计生局、市财政局、市规划局、市水利局、市畜牧水产局、市林业局、市交通局、市卫生局、市建设局各负责推荐1名候选人。

“十佳文明服务标兵”：在全市金融、商业、供电、电信、邮政、餐饮、客运服务以及建设系统的干部职工中产生。参评人应具有较高职业技能和良好的职业道德，在服务群众和维护沧州形象等方面取得了优异成绩。市文明办牵头组织，市建设局、市交通局各负责推选2名候选人，市贸易办、市纺织总会、市供销社、市电业局、工行沧州分行、农行沧州分行、建行沧州分行、市信用联社、市商业银行、市旅游局、市邮政局、网通沧州分公司、中国移动沧州分公司、联通沧州分公司、沧运集团和市接待办各负责推选1名候选人。

“十佳青少年”：在全市广大青年和学生中产生。参评人应是拥有较高知识水平和创新能力，在各个行业、各条战线扎实工作、建功立业、实绩突出的青年，或勤奋刻苦、品学兼优，为沧州赢得荣誉的大中小学学生。团市委负责推选10名青年，市教育局负责推选8名学生，沧州军分区负责推选2名驻沧部队青年官兵。

二、步骤和要求

1．各责任部门根据本活动的指导思想和原则要求，制定各项评选的具体标准和实施方案，于8月20日前报市文明办备案。

2．各责任单位要按照实施方案要求，深入细致地组织好相应的各项评选活动。要深入宣传发动，吸引群众参与，层层进行评选，使评选活动建立在广泛的群众参与基础之上，最后确定出本行业、本系统最具代表性的先进人物，9月20日前，将活动开展情况及负责推荐的“十佳百星”先进人物候选人名单（注明排名顺序）和资料（“十佳百星推荐审批表”、1500字左右事迹材料和200字左右事迹简介）一式三份（贴好照片）报市文明办。

3．市评选领导小组根据优中选佳，兼顾行业和地方的原则，每个序列确定15名公示候选人，将在《沧州日报》上集中刊登候选人简要事迹、照片、选票，以及举报电话，向社会公示，发动群众评选。根据公示和群众评选情况及组织考查审核意见，每一项最后确定10人报评选领导小组研究审定。在评选过程中，对弄虚作假、徇私舞弊的，一经查实，即取消评选资格。

4．市属新闻单位要积极配合，大力宣传“十佳百星”评选活动的目的、意义，宣传先进人物的典型事迹，营造浓厚评选氛围，弘扬社会正气。

四、表彰奖励

1．以市委、市政府名义对“十佳百星”进行表彰，颁发荣誉证书。

2．对获得“十佳百星”荣誉称号的同志，由评选委员会协调人事部门批准后，给予记个人三等功奖励，对非党政、事业单位的获奖同志由推荐单位给予适当物质奖励。

3．新闻单位对“十佳百星”的典型事迹进行宣传报道，并将其先进事迹集印成册，作为文明市民教育的教材。

4．对各单位推荐、未获得“十佳百星”称号的候选人，由市精神文明建设委员会授予优秀奖。

四、组织领导

为了保证此项活动能够顺利的进行，设立沧州市“十佳百星”评选领导小组，领导小组组长由市委副书记石锡贵担任，副组长由市委常委、宣传部长李军和市政府副市长吕维彬担任，各相关责任单位领导为成员。市评选领导小组统一领导评选工作。各相关责任单位要从推进本行业和全社会精神文明建设的高度，认真负责地做好此项工作，确保所推荐的典型人物具有较强的代表性、较高的示范性。评选领导小组办公室设在市文明办，具体负责“十佳百星”评选活动的组织协调和检查督导工作，并随时了解掌握活动的进展和出现的各种问题，随时解决出现的问题，确保活动顺利进行。

供稿：沧州市文明办

沧州市文明办
2007年工作要点（摘要）

（2007年3月15日）

2007年是深入贯彻党的十六届六中全会精神和省、市第七次党代会精神，全面构建社会主义和谐社会，迎接党的十七大召开的重要一年，也是把沧州建设成为沿海经济社会强市的开局之年。全市精神文明建设总的指导思想是：以邓小平理论和“三个代表”重要思想为指导，全面贯彻落实科学发展观和构建社会主义和谐社会重大战略思想，大力加强以社会主义核心价值体系为根本的和谐文化建设，广泛开展群众性和谐创建和精神文明创建活动，在提高公民文明素质和社会现代文明程度上迈出新步伐，取得新成效，为建设沿海经济社会发展强市和构建“和谐沧州”提供强大的精神动力，营造良好的社会环境。

一、着眼于构建“和谐沧州”，广泛开展以弘扬和谐文化为内容的主题实践活动

（一）广泛开展“文明沧州、和谐沧州”创建活动。以此为载体，统揽各行业、各部门、各单位组织开展的各类和谐创建和精神文明创建活动。整个活动以“五争做、五推动”为主要内容，即，在农村，引导人们争做新型农民，深化拓展创建文明生态村活动；在城市，引导人们争做文明市民，深化拓展创建文明城市活动；在企业，引导人们争做守信经营者，深化拓展创建和谐企业活动；在机关，引导人们争做文明公务员，深化拓展创建文明和谐机关活动；在全社会，引导人们争做热心友善好公民，开展“爱心暖沧州”活动。围绕上述内容，一是制定具体实施办法，积极组织协调各级、各部门、行业协会和群众团体，把活动要求与业已开展的各项文明和谐创建活动有机结合起来，形成条块结合、城乡互动、群众广泛参与的工作局面。二是加强舆论引导，形成舆论强势。组织新闻单位对活动跟踪采访，实施创建文明生态村先进村回访、文明城市创建活动巡礼、诚信河北千里行、文明机关文明公务员采风、爱心暖燕赵寻访等五大系列专题采访报道活动，营造促进人与人、人与社会、人与自然和谐的良好舆论氛围。

（二）继续推动以践行社会主义荣辱观为主要内容的道德实践活动。一是举办“市民公益讲座”。围绕形势政策、思想道德、科学文化知识等方面内容，采取专题讲座和专家听众互动的形式，每月举办2～3次，市民免费听讲。二是利用重大纪念日、传统节日策划主题活动，弘扬爱国主义精神和传统美德。重点组织好文明和谐过“双节”、清明节期间文明祭祀、重阳节尊老敬老及庆祝建党86周年、建国58周年等主题活动。三是进一步建立健全志愿者组织。协调、整合各方面志愿者力量，成立全市志愿者指导委员会，推动建立与政府服务、社会服务相衔接的志愿者服务体系。四是深入开展“送温暖，献爱心”活动。大力支持红十字协会、残疾人联合会、慈善总会的工作，充分发挥各级工会、妇联、共青团等群团组织的作用，动员广大群众和社会各界开展对困难群众、困难家庭、困难地区的群众互助和社会援助活动。五是认真实施“爱心助学”工程。严格标准，规范程序，组织实施好国家“西部开发助学工程”和省“助学工程”；总结推广“春芽工程”、“文明单位助学工程”等做法，推动各种形式的社会助学活动进一步开展，使更多的贫困学子得到帮助。六是精心组织第五个“公民道德宣传日”和纪念《公民道德建设实施纲要》六周年纪念活动。通过文艺演出、专题讨论、展映展播公益广告等形式，对公民道德进行集中宣传，营造推动落实公民道德基本规范的社会环境和舆论氛围。六是以迎奥运为契机，认真实施提升中国公民旅游文明素质行动计划。在全体公民中广泛普及礼仪知识，大力倡导文明言行，引导人们懂礼貌、知礼仪、重礼节。按照《中国公民国内旅游文明行为公约》要求，加强对旅行社、导游员以及景区工作人员的文明礼仪教育，提高旅游从业人员的文明素质，劝阻游人的不文明行为。继续深化创建文明风景旅游区活动，会同有关部门，表彰一批先进典型，并做好向省推荐省级文明导游员、文明旅行社、文明风景旅游区工作。

二、着眼于建设社会主义新农村，推动创建文明生态村工作不断深化

（一）按照“成片连线”创建思路，抓好第三批创建村的启动和一二批创建村的巩固提高。按照不少于创建村总数6％～8％的比例，确定2007年新的创建村和创建片，使创建片数量进一步增加，创建片的规模进一步扩展。继续深化“文明生态走廊”创建活动，以104、106和307三条国道为依托，以路带村，以村促路，向沿线180个村延伸。组织群众深入开展硬化街道、净化庭院、种植树木等创建工作，加大“五乱”治理力度，统一规范沿路的店铺经营和牌匾悬挂，清理各种乱贴乱画和小广告。在县城、乡镇驻地及沿路显要位置设置弘扬当地人文特色、宣传经济发展的宣传牌匾，优化经济环境、生态环境和人文环境，形成村路共建的格局。

（二）大力加强村民中心建设，努力培育新型农民。按照“八个一”的要求，在已建成的前二批创建村挂牌成立村民中心，完善服务功能，提高服务水平。在400个村推广新型合作医疗，提高农民健康水平。扶持40个重点乡镇建成图书共享工程基层网点，组织科技、法律、卫生等部门举办各类培训班和专家讲座，开展农村电影“文明生态村巡影”活动，丰富农民精神文化生活。大力推行殡葬改革，在100个重点村修建公共祠堂，倡导文明新风。大力推广“十星级文明户”评选、移风易俗自治组织建设和建立“村民功德录”宣传栏等活动，树立良好的村风民风，建立和谐的人际关系。

（三）完善工作机制，加大宣传力度，动员全社会参与创建。继续深化协调联动机制，实行推进委和帮扶工作例会制度，通过定期调度和不定期抽查等形式，督促推进委成员部门和包村单位加大对创建工作的支持力度。制定出台《创建文明生态村奖励办法》，把创建文明生态村纳入各级党委、政府重点督查和年终考核内容。加大典型宣传力度，通过在新闻媒体开办专题栏目和举办大型图片展，组织创建文明生态村巡礼系列活动，展示创建成果，增强已建成村的辐射带动作用。组织召开创建文明生态村现场观摩会和总结表彰会，不断总结经验，表彰先进，推动创建活动健康、扎实开展。

三、着眼于建设宜居城市，推动创建文明城市工作形成新热潮

（一）全面抓好《沧州市2006年～2008年创建文明城市工作规划》的落实。一是抓好组织发动。组织召开全市创建文明城市动员大会，落实任务，明确责任；二是完善创建机制，建立创建文明城市总指挥部的分指挥部，定期召开会议，实施分类指导；三是加强协调督导，各指挥部建立联席会制度，充分发挥各职能部门、行业协会和社会团体的作用，及时掌握各项目标完成情况，协调解决创建工作中的问题。四是按照《创建文明城市测评体系》和《沧州市2006年～2008年创建文明城市工作规划》，各部门对创建工作进行自查自纠，发现不足及时改进，提高创建工作的针对性和效果，把创建工作纳入良性发展轨道。

（二）大力开展公民道德实践活动。把公民道德实践活动与“迎奥运、讲文明、树新风”活动有机结合起来，在全体市民中广泛开展“十个文明”活动，引导市民文明乘车、文明游园、文明观演、文明行车、文明走路、文明就餐、文明购物、文明待客、文明过节、文明养犬，增强文明意识，培养文明习惯。一是通过交警、城管执法、交通、文化、旅游等部门加强引导和约束，建立和完善各项制度，制定切实可行的硬化、量化措施，形成教育与处罚相结合的管理体制，提高教育效果；二是组织各类志愿者进行提示和劝阻；三是在新闻媒体开辟专题和专栏，在市区主要公共场所设置公益宣传牌匾，营造浓厚的舆论氛围。

（三）深化文明社区创建活动。以营造宽容平和、积极向上的新型社区关系为宗旨，在组织好文化、科技、法律、卫生“四进社区”、“平安社区”、“绿色社区”创建活动基础上，重点组织好“爱我社区”周末联宜活动，利用社区文化阵地，组织社区居民与物业管理人员互相参与，推进“和谐社区”建设。将社区纳入文明单位评选系列，每两年表彰一次。

（四）大力组织开展营造“城市森林”公益活动。一是以提高公众生态意识为宗旨，通过新闻媒体和各类公益广告，大力宣传营造城市森林的七大好处，提高广大市民积极参与植树造林、建设宜居城市的热情。二是在植树节前后，组织“营造城市森林”第八次春季战役，组织动员各界人士和市民群众广泛参与植树造林，搞好各类纪念林地的种植和维护。

(五)继续推进创建文明小城镇活动。以“四优一满意”为主要内容，着力抓好城镇环境改造、“窗口”单位服务、文化设施建设和进城农民转化等工作。以县城和大的建制镇为单位，开展创建文明小城镇竞赛活动，表彰先进，敦促落后，促进城乡环境面貌的改变。

四、着眼于加强和改进未成年人思想道德建设，进一步落实工作措施，完善长效机制

(一)逐步建立市、县(市、区)、乡(镇)、社区三级未成年人思想道德建设指导中心。组织专兼职教师和志愿者，开展未成年人保护、安全、文明礼仪、心理生理等方面的宣传教育，为未成年人健康成长打造一个良好的社会环境。年内市区选择4个社区，每个县(市、区)至少1个社区、一个乡(镇)建立起指导中心。

(二)围绕纪念香港回归10周年展开教育活动。以青少年喜闻乐见的形式，开展丰富多彩的主题教育活动，强化爱国主义和优秀民族传统教育，提高广大未成年人的民族自信心和自豪感。

(三)组织开展儿童歌谣征集工作。从3月份开始，组织全市文艺工作者、诗歌爱好者、教育工作者，创作一批时代感强、内容健康、易学易颂优秀儿童歌谣，为未成年人健康成长提供丰富的精神食粮。

五、着眼于建设“诚信沧州”，深入职业道德建设，提高公共服务水平

(一)深化个体私营企业文明诚信创建经营活动。协调各有关行业和协会，开展以公德建设、诚信建设、法制建设和勤俭建设为主要内容的文明经营教育活动，制定行业文明公约和诚信经营规范，加强对创建企业的指导，组织举办“文明诚信经营先进事迹巡回报告会”，举办消费者维权公益讲座，提高消费者维权意识。深化文明诚信经营一条街创建活动，以点带面，引导更多的个体私营企业参与创建活动。

(二)不断深化创建文明行业“三杯”竞赛活动。加大优质服务杯、文明执法杯、便民利民杯竞赛活动力度，注重从基层单位和基本要求抓起，以解决群众反映强烈的问题为重点，提高整体创建水平。继续组织各界群众对创建活动进行评议，引导企业以德经商、诚信立业、和谐生财。

(三)完善社会信用体系建设。以经济交往履约践诺、建立和谐商务关系为目标，以涉农服务、食品供应、房产家装、商业零售等行业为重点，协调行业主管部门，制定规范，加强监督，积极推动商务诚信体系建设。建立和完善市及工商、税务、技术监督等系统的政府信用网站，健全企业信用分类监督体系。组织开展文明经营单位和个人评选活动，推荐优秀单位加入省企业诚信联盟，积极配合省新闻单位开展第二次诚信河北千里行活动，宣传诚信先进事迹，鞭挞失信行为和现象。

供稿：沧州市文明办

沧州市文明办
沧州市农业局

关于开展“廉政文化进农村”活动的实施意见（摘要）

（2007年7月11日）

一、活动内容

1．利用各类宣教载体，搞好廉政文化宣传。积极引导报刊、广播、电视电台、网络等各级媒体，以开辟专题专栏的形式，将廉政文化建设的相关内容、要求、意义等传播到农村的千家万户。结合农村工作实际，在各文明生态村的创建专栏中添加有关农村廉政文化建设内容，将发生在农村社会发展和农民身边的相关典型案例，编印宣传单（册），发放到农民手中。各级、各部门要在组织文明生态村创建回访、成功经验和先进典型专题报道等工作中，将把农村廉政建设中涌现出的各类典型作为宣传的重要内容。要结合开展科技、文化、卫生“三下乡”活动，有计划地将廉政图书、报刊、资料、影视作品送到农村；引导鼓励文化职能部门和文艺工作者多创作以廉政文化建设为内容的文艺节目和文学作品，用优秀先进文化占领农村文化阵地，努力提升广大农村群众的思想境界。

2．利用村民中心，开辟廉政文化建设阵地。在各村民中心的图书室，开辟“廉政读书角”、“廉政书架”，充实廉政文化建设图书、报刊，组织村民定期阅读；充分利用村务公开栏、政务公开栏、宣传画、黑板报等现有宣传阵地，开设“廉政专栏”，大力宣传廉政建设中不同层面的正反典型事例，表彰先进，激励后进；积极推进民主治村，围绕村庄各项事务开设廉政监督台，督促村两委成员自觉加强廉政建设。

3．利用农村精神文明建设活动载体，搞好廉政文化教育。结合深化“十星级”文明农户创建，将廉政文化建设与社会公德、职业道德、家庭美德教育结合起来，把廉政文化的宣传、教育、落实情况纳入“十星级”文明农户评比内容，定期参与评选，使廉政文化建设寓于农村精神文明建设之中。抓好群众移风易俗自治组织建设，组织群众自发开展廉政监督、倡廉文艺演出、设立村民功德录等活动，力争通过这些活动的开展，营造浓厚的“崇廉倡廉”氛围，增强农村广大干部群众参与廉政文化建设的积极性，主动规范自身言行，使廉政建设做到持之以恒、常抓不懈。市文明办在今年组织有关部门参加文明生态村创建工作督导、观摩活动中，将各地农村廉政文化建设作为督导、观摩内容，总结经验，推广典型。

二、组织要求

廉政文化建设是当前全党全社会的共同任务，各级各相关部门要充分认识其重要性，将农村文化建设纳入创建工作的总体安排部署之中，制定具体的农村廉政文化建设的总体目标和计划，分解任务，落实责任，抓好落实。要积极整合力量，协调有关部门落实责任，强化监督。同时将农村开展廉政文化建设情况作为文明村镇评选的重要条件之一，对表现突出的部门和单位予以表彰和激励。市里成立“廉政文化进农村”活动领导小组（成员名单附后），负责活动的组织和协调。

供稿：沧州市文明办

中共衡水市委

衡水市人民政府

关于组织实施“新农民工程”促进社会主义新农村建设的安排意见（摘要）

（2007年3月14日）

一、目标任务

“新农民工程”以提高农民素质、培养新型农民为总体目标，综合运用宣传教育、示范引导、部门帮扶、培训培养、典型带动等多种手段，在全市农村大力培养造就具有新观念、新技能、新文化、新风尚的新型农民。一是引导农民树立创业发展的新观念。紧密结合衡水农村实际，在广大农民群众中大力破除因循守旧的意识，树立解放思想、勇于进取的精神；大力破除坐享其成、小富即安的思想，树立穷则思变、富而思进的远大理想和目标；大力破除消极从众、封闭保守的思维习惯，树立敢创敢干、敢为人先的市场经济观念等。用思想上转变促进农民群众自身的全面发展。二是帮助农民群众掌握发展经济、快速致富的新技能。提高广大农民群众的科技应用能力和自主创业能力和职业技能，帮助群众拓展更为宽广的发展空间，力争实现人人有一至二门实用技术、户户有科技明白人的目标。三是培养农民群众具备新文化。加强农村文化活动室、农民夜校、图书室、广播室、电教室、宣传栏等文化设施、阵地建设，积极为广大农民创造学习条件，营造文化氛围，向农民群众进行方针政策、法律法规、民主政治、科学技术等方面的教育，引导农民群众树立适应生产、生活实际的学习意识、文化理念，增强农民群众主动学习、自觉学习、学以致用的能力和水平，打造“学习型”、“知识型”农民，使广大农民群众在思想、行动、观念、语言等多方面跟上时代的发展。四是规范农民日常行为，形成文明和谐新风尚。下大力对农民群众进行社会公德、家庭美德教育、社会主义民主法制教育和社会主义荣辱观教育，通过制度规范、社会监督、舆论约束、典型带动等方法，帮助群众树立遵纪守法意识和良好的文明生活理念，养成健康科学的生活习惯和道德规范的行为习惯，转变群众生产生活方式，使广大农民群众能够具备和保持良好的日常行为，促进和谐农村建设。

二、方法内容

（一）开展各种形式的教育、培训活动，宣传教育群众。一是广泛开展“培养新农民、建设新农村”集中宣传教育活动。结合宣传党的十六届五中、六中全会精神、市委二次党代会精神，由市县直部门组成宣讲团，逐乡逐村，进行宣传教育，对广大农民群众进行政策法规、文明观念、和谐意识、学习观念等多方面的教育。二是组织开展百万农民大培训活动。各有关部门、各乡镇要结合农村实际，积极组织开展形式多样的农民培训活动，对广大农民群众进行一次普遍的指导和培训。市县宣传部、讲师团、党校要深化理论政策下乡，把党的政策和市委、市政府的决策及时送到农村。农业科技部门要以农业新技术、新产品推广培训为重点，开展“绿色证书”培训活动，发动专业技术人员，现场讲解、传授新技术，及时解决各种疑难问题。文化艺术部门要重点培养农村各类文艺骨干，指导农村群众文化活动的开展。卫生部门要把义诊与推广卫生保健知识相结合，加强对农民群众防病灭病知识的培训。劳动、教育等部门要围绕职业技能、基础教育，广泛开展职业技能培训和基础教育培训。各级妇联、团委等部门要围绕实际，着眼于培养农村妇女、儿童树立新观念新意识。司法、计生、工商等部门，积极开展相关法律法规的宣传教育和培训，切实提高群众的法律意识。要充分利用农村党校、农民夜校、有线广播、村民中心等阵地，集中办班、现场授课、定位讲座、统一学习、一对一帮扶等形式，切实加大农民培训力度，年内，力争对农民群众普遍培训一遍。三是本着实际、实用的原则，编辑、发放适合农村实际、适合农民阅读的读本书籍。重点向农民解读农村政策，推广实用技术，介绍发展思路，普及法律知识等，形成《衡水新农民教育读本》系列丛书，无偿向广大农民发放，力争每户一套。

（二）建设“新农村新农民”示范村，影响带动群众。结合文明生态村创建和“村民中心”建设，通过财政支持、社会资助、村民自建等方法，重点扶持建设150个新农村、新农民示范村。建设内容，一是完善提高示范村基层组织建设水平，增强农村党支部的战斗力、凝聚力，使农村党组织成为组织群众、宣传群众、发动群众，带动农村事业发展、带领群众素质提高的坚强的堡垒，使示范村两委班子成员成为具有经济发展能力、组织团结能力、市场开拓能力，懂政策、有觉悟、干事业的干部。二是配备必要的器材，健全有关制度，帮助其完善各种文化、科技、卫生、教育等基础设施，实现“五有一经常”（有互联网电脑及相关设施、有藏书1000册以上的图书室、有文化活动室和文化广场、有锣鼓器乐等器材、有不少于40套桌椅的农民夜校，能经常开展各种活动）的目标。三是大力培育农民队伍。切实加强农村义务教育和农民继续教育，消除青壮年文盲。健全农村政策宣传队伍、科技传播队伍、文化活动队伍、卫生医疗队伍，完善技术服务组织、专业经济组织、村民自治组织等，并充分发挥其职能作用。加大对农村文化中心户、科技示范户、遵纪守法户、道德文明户、卫生标兵户的引导扶持力度，数量不少于总户数的20%，实现户户有科技明白人、每十户有政策、法律明白人的目标。四是在每一个示范村，重点支持发展2～3

个特色经济项目，健全科技服务体系和信息传播体系，扶持培育相关的专业经济协会或专业市场，带动周边的群众掌握技术、发展致富。五是具有符合农村实际、科学合理的农村经济社会事业发展规划，目标明确，措施得当，操作性强。并按照规划的总体要求，不断改善村容村貌，大力发展农村经济，完善公共事业建设，形成良好的村风民风，提高示范村的居住环境、人文环境、经济发展环境，用有形的东西影响更多的群众，同时依托其阵地、人才优势，通过丰富多彩的活动吸引、带动、教育群众。六是围绕示范村总体建设规划和任务目标，结合各有关部门的职能特点，整合人力、技术、项目、资金等资源优势，规范建设责任，量化目标任务，齐抓共管，合力共建，全面推进示范村建设工作。

（三）实施部门帮扶、包点共建，服务帮助群众。一是按照部门包村、包点共建的原则，市、县直部门至少要对口帮扶一个村，并切实加大对联系村的帮扶力度，充分发挥其作用。二是充分发挥部门职能优势，进一步加大建设服务力度。农业部门以“农业科技进村服务站”建设为重点，2007年要在200个村新建农业科技进村服务站；劳动部门突出抓好“阳光技能培训基地”建设，年内新增20个职业技能培训基地，并切实抓好农村劳动力技能培训；教育部门抓好农村远程教育示范点建设，对农民群众广泛开展继续教育；工商部门继续强化农村“一会两站”建设，发挥已有作用，年内消灭空白村、空白点；卫生部门要突出抓好30个乡标准卫生院和150个村标准卫生室的示范性建设；共青团要抓好30个标准化农村青年服务中心的建设。其他有关部门也要切实抓好相关的工作。三是在全市民营企业中开展“民企系三农、培训新农民、共建新农村”活动。引导民营企业捐资帮建一批农村阵地，培养一批农村创业带头人。发动民营企业依托自身优势，建设农村劳动力技能培训和转移就业基地。设立“新农民培育发展基金”，鼓励企业、个人、社会有志之士捐资助农献爱心，为新农村建设助力加油。

（四）抓骨干，带队伍，组织发动群众。一是围绕“一村一品”兴业富民工程的实施，组织开展“一帮十、千带万”活动，发动全市1000名文化、卫生、科技、法律、理论等专业人员，每人帮教培养十名有潜力、有基础的农村群众，完成万名农村骨干人才的培养，造就一批农民科技当家人、法律明白人、“农民理论家”等。二是出台相关政策，用晋职、晋级、评先等激励约束手段，调动机关事业干部、农业科技人员、教师、医生等人员到农村任职、创业、工作，鼓励大学生到农村基层创业发展。三是继续加大农村十员队伍建设。在原有基础上，由宣传部、文明办、科技、文化、卫生、司法、环保、计生等部门，对口培养三下乡综合信息员、理论政策宣传员、科技推广员、文化辅导员、卫生服务员、法律咨询员、环境监督员、计生协理员、道德评议员、社会治安员等农村“十员”队伍，年内实现2000个农村配备“十员”队伍的目标。四是按照“民办、民管、民受益”的原则，加强农村各类协会、组织建设。充分发挥衡水市农村发展促进会的协调指导作用，通过促进会理事成员单位和市县各有关部门加大对农村文化社团、各类经济技术协作组织、农村经纪人队伍的扶持力度，完善其功能。引导帮助农村健全完善“三会”（红白理事会、道德评议会、妇女禁赌会）等村民自治组织。各级各有关部门要结合自身职能特点和行业优势，加强对农村各类协会、组织的指导培育，不断提高其服务水平。

（五）开展评选表彰活动，展示新农民风采，激发引导群众。一是举办“新农民、新风采”十佳形象代表评选活动。按照“经济富裕、生活充实、邻里和谐、文明礼仪”的基本目标，经过群众推荐、投票、公示、群众调查等程序，进行综合考评考核认定，集中推广他们的先进事迹，发挥其典型带动作用。二是组织开展十优农村协会组织、十大道德标兵、十大致富状元、十佳农村卫生员、十佳文化庭院、十佳文明和谐家庭等“六个十”评选活动，选取不同层面、不同内容的典型，带动引导群众。三是深化十星级文明家庭创建活动，组织开展争创遵纪守法户、科技示范户、文化骨干户、道德文明户、卫生标兵户“五户百星”活动，引导带动更多的群众树立健康、文明、科学的意识。四是组织开展衡水新农民风采大赛，集中展示在科技进步、勤劳致富、文明道德、市场开拓、外出务工、技能掌握等方面突出人物和能工巧匠的事迹，编发《衡水新农民风采录》图书，制作播放反映新农民的电视专题片，并组织新农民报告团进行巡回报告，通过多种形式，集中展现风采，引导更多的农民群众树立科学、文明的新观念、新思想、新意识。

供稿：衡水市文明办
整理：刘柳岐

衡水市精神文明建设委员会
关于“文明衡水、和谐衡水”创建活动的实施方案（摘要）

（2007年3月2日）

为落实省文明委关于广泛开展“文明河北、和谐河北”创建活动的部署，市文明委决定，在全市城乡、各行各业组织开展“文明衡水、和谐衡水”创建活动。现制定如下实施方案：

一、指导思想

坚持以邓小平理论和“三个代表”重要思想为指导，全面贯彻落实科学发展观和构建社会主义和谐社会重大战略思想，充分运用精神文明创建活动这一有效工作载体，引导和组织社会各界、各行各业和广大人民群众解放思想，更新观念，广泛参与以社会主义核心价值体系为根本的和谐文化建设，努力提高公民思想道德素质和城乡文明程度，推动形成人人崇尚文明和谐、追求文明和谐、促进文明和谐的良好局面，进一步夯实全市上下创新实干的共同思想基础，为实现衡水跨越发展、科学发展、和谐发展提供强大的精神动力和思想保证，营造良好的社会环境。

二、内容、方法

（一）大力实施新农民工程，引导人们争做新型农民，不断深化拓展创建文明生态村活动

1．坚持“六化”进村、“两化”出特、“三措”促动的工作思路，继续深入扎实地开展创建文明生态村活动，确保年底前完成300个村的创建任务。根据市委到2010年有40%的行政村进入创建文明生态村先进行列的要求，按照全市总村数6%的比例确定第三批创建村，安排帮建单位进行帮建。3月份以市委、市政府名义召开全市创建文明生态村工作会议，全面总结2006年的创建工作，表彰先进，部署2007年的创建工作。

2．以完善提高村民中心建设为重点和依托，大力实施“新农民工程”。对全市已建成的155个村民中心，要进一步增加设施，完善功能，加强管理，并以此为依托，组织对农民的科技文化培训，增强致富能力，提高农村经济发展水平。广泛组织开展十星级文明农户评选等群众性精神文明创建活动和丰富多彩的文体活动，不断提高农民的思想道德和科学文化素质，树立良好的道德风尚，建立和谐的人际关系，形成文明和谐的乡风、民风。

3．以改善各县市区城乡结合部、重要集市和乡镇所在地环境卫生为重点，在全市广大农村普遍开展环境卫生综合整治活动。同时，继续加大道路硬化、村庄绿化、庭院净化力度，推进人居环境进一步改善，引导群众建立科学文明健康的生产、生活方式，促进人与自然的和谐。

4．以连线成片、区域共建为重点，全力打造沿106国道文明生态示范带。实行项目化运作，采取市县支持、乡村共建的方式，打造沿106国道文明生态示范带。每个县市区确定一至两个重点线路或区域，实施重点倾斜，大力推动文明生态乡镇、文明生态村区域、文明生态带或文明生态圈建设。5月份召开全市创建文明生态示范带现场观摩会。组织新闻单位开展创建文明生态村先进村回访活动，宣传、展示创建活动对建设新农村、构建和谐衡水的作用和成果；市创建办不定期对各地一、二批创建村的巩固提高工作和第三批创建村的启动、工作开展及活动普及情况进行督查，推动创建活动持续深入开展。

（二）充分运用文明市民标兵评选这一有效载

体，引导人们争做文明市民，不断深化拓展创建文明城市活动

5．以集中整治城市环境和秩序为重点，扎实做好创建文明城市初评工作。重点开展以整治公共环境、公共秩序、公共卫生，加强文明市民教育为主要内容的“三整治一教育”活动，寓教育于管理之中，不断提高城市管理水平，提升城市文明程度。召开全市创建文明城市工作动员大会，将创建任务分解到各职能部门，明确创建目标，完善创建措施，强化部门职责。加大督促检查力度，协调有关职能部门按照《文明城市测评体系》目标要求，对文明城市创建工作情况进行自我评议，查漏补缺，改进工作，为迎接全省文明城市测评做好准备。进一步推动公益广告的创作、生产、展映、展播、展示工作，丰富城市人文内涵，为在2008年建成全省文明城市创建工作先进市打好基础。

6．以十佳文明市民标兵评选为主要载体，不断强化市民教育。组织开展第九届十佳文明市民标兵评选活动，不断扩大社会影响。精心组织第五个“公民道德宣传日”和纪念《公民道德建设实施纲要》六周年纪念活动，积极营造推动落实公民道德基本规范的社会环境和社会氛围。继续开展“学《纲要》、讲文明、树新风”主题实践活动，组织动员广大市民积极投身到改陋习、树新风、建设美好家园活动中来，促使他们在参与活动中得到教育，道德素质得到进一步提高。广泛开展“文明十个一”活动，引导广大市民文明乘车、文明游园、文明观演、文明行车、文明走路、文明就餐、文明购物、文明待客、文明过节、文明养犬，培养文明习惯。深入开展“迎奥运、讲文明、树新风”活动，着力解决文明礼仪、公共秩序、社会服务、城乡环境、旅游出行等方面存在的突出问题，组织市民志愿者义务劝阻不文明行为，加大舆论引导和依法管理力度，促进市民文明素质的不断提高。

7．深入开展创建文明社区活动。继续推行“三位一体”管理，以文明单位创建为龙头，组织动员广大干部职工、社区居民开展“三德三做”活动，加强对市民的教育和管理；开展“四进社区”活动，丰富社区文化生活；以“邻居节”、“趣味运动会”等活动为载体，为社区居民搭建交流平台，增进友谊，培养感情；围绕推广建立服务中心、社区服务站、爱心超市、家政服务银行等措施，强化完善社区服务功能，沟通社区居民之间的联系。开展“百个魅力家庭”、“好妯娌”、好婆媳”、“十大孝子贤媳”的评选，加强家庭美德建设，促进家庭成员之间和谐、邻里之间团结、居民之间友善的社区人际关系。表彰命名一批市级文明社区和文明社区建设先进个人。

8．开展营造“城市森林”大型公益活动。加大营造城市森林大型公益活动的力度，精心组织好第八次春季战役，动员党政机关、企事业单位、居民群众踊跃参与城市植树造林，引导人们树立关心生态、保护环境的公德意识，改善城市生态环境，建设宜居城市。

（三）以文明和谐创建为载体，引导各行各业树立行业新风，不断深化拓展创建文明行业活动，

9．深入开展以“两范一评”为主要内容的创建文明行业“三杯”竞赛活动。充分发挥行业主管部门在加强行业精神文明建设中的主导作用，通过抓机关这个龙头，示范、辐射、带动窗口单位精神文明建设；抓规范：进一步推广服务承诺制、行政执法公示制、生产经营信誉制；抓示范：评选星级窗口单位，提高基层窗口单位的服务意识和服务水平；深入开展“文明执法杯”、“优质服务杯”、“便民利民杯”三杯竞赛，进一步调动各行各业参与创建活动的积极性，树立行业新风。

10．继续广泛开展创建文明单位活动。坚持创建文明单位评选向企业、学校，特别是向新经济组织和新社会组织拓展，增强企业、社会组织的参与度。完成2005～2006年度市级文明单位的推荐、评选、命名和表彰工作。

11．开展创建和谐机关活动，引导人们争做文明公务员。紧密结合行政权力公开透明运行、加强机关效能建设等活动，在全市党政机关开展“争当优秀公仆、创建文明机关”活动，特别是56个执法部门和重点窗口行业，要积极开展“自查、自律、自纠”活动，实施行风建设“阳光行动”，定期开展“倾听民声”集中接待日活动，规范机关工作人员行为，不断提高服务质量和工作效率。开展营造优美环境活动，促进机关大院绿化、美化、净化，办公场所清洁有序，工作人员衣冠整洁庄重。组织创建和谐机关观摩交流活动；评选表彰和谐机关、和谐处室和文明公务员；组织新闻单位开展和谐机关、文明公务员采风活动，在全市党政机关形成文

明和谐、争创一流的浓厚氛围。

12．开展创建劳动关系和谐企业活动。在企业内部，围绕“遵守国家法律、保障职工合法权益、关爱职工需求、职工爱岗敬业、促进劳动关系和谐”的要求，开展A、AA、AAA级劳动关系和谐企业创建工作，努力实现劳资双方的和谐相处。在企业对外经济交往中，以履约践诺、建立和谐商务关系为目标，以涉农服务、食品供应、房产家装、商业零售等行业为重点，积极推动商务诚信体系建设。深化个体私营企业文明诚信经营创建活动，推动活动在私营企业、个体工商户和各类市场中广泛展开，引导各企业以德经营、诚信立业、和谐生财。扩大市企业诚信联盟；完善工商、税务、技术监督等系统的政府信用网站，健全企业信用分类监督体系；开展文明经营单位和个人评选；组织新闻单位开展诚信衡水千里行活动，宣传诚信先进事迹，鞭挞失信行为和现象。

（四）深入开展“学秀贞、知荣辱、树新风、促和谐”主题实践活动，进一步夯实文明和谐思想道德基础

13．深入开展以社会主义荣辱观为主要内容的道德实践活动。广泛开展学习林秀贞先进事迹活动。用典型引路的方法引导广大干部群众树立正确的荣辱观，培养坚定的理想信念，形成良好的道德风尚。继续利用重大纪念日、民族传统节日，策划主题活动，弘扬爱国主义精神和传统美德。

14．大力实施“育优建”工程，不断推进未成年人思想道德建设。充分发挥学校教育的主渠道作用，搞好学校德育教育。突出抓好社会主义荣辱观宣传教育，大力加强校园和谐文化建设。广泛开展“一校一周日”、“百场报告进校园”、“四老两亲家长学校”“校园精神特区”、“家长学校联系卡”等各具特色的社会道德实践活动，通过体验教育，增强教育效果。抓好专兼职德育队伍建设，特别要注意抓好班主任队伍的上岗培训，发挥其在未成年人思想道德建设中的主导作用。坚持和完善未成年人思想道德建设重点专项工作联席会议制度。在全市选树20所未成年人思想道德教育示范学校和16个未成年人思想道德教育基地，发挥其示范、教育、引导功能。认真抓好以学校为依托的家长学校建设。协调有关部门加大出版、音像、网吧、电子游戏厅市场整治力度，为未成年人健康成长创造良好的社会环境。

（五）开展“爱心暖衡水”活动，在全社会引导人们争做热心好公民

15．广泛开展社会援助活动。充分发挥工会、妇联、共青团等群团组织的作用，动员广大群众和社会各界广泛参与到“献爱心、送温暖”活动中来，开展对贫困学生、农民工、残疾人、低保户、贫困农村等困难群众、困难家庭、困难地区的群众互助和社会援助。进一步开展“助学工程”，帮助更多贫困学子完成学业。广泛开展“帮一帮、让一让”活动，促进全社会形成扶危济困、团结互助的良好社会风尚。进一步建立健全志愿者组织，扩大服务领域，整合各方面志愿者力量，推动建立与政府服务、市场服务相衔接的社会志愿服务体系。扩大青年志愿者、巾帼志愿者、夕阳红志愿者、社区志愿者、公务员志愿者等队伍，拓展服务领域，使更多的困难群众得到帮助。大力支持红十字会、残疾人联合会、慈善总会工作，推动全省慈善事业发展。建立由帮建单位、慈善组织、群众团体参加的联席会，加强对社会慈善活动的指导。组织新闻单位“爱心暖衡水”寻访活动，大力讴歌各地涌现出的团结友善、助人为乐的新人、新事、新气象，形成有利于增强社会亲和力的浓厚舆论环境。

三、组织领导

1．此项活动由各级文明委统一组织。各县市区要根据本方案的要求，结合本地实际，制定实施办法。搞好宣传发动，协调好各方力量，推动方方面面都行动起来，确保活动既形成声势，又扎实有效。加强统筹工作，将正在开展和已经开展的各种单项和谐创建活动纳入这一总的活动中来，既要保护好各方面的积极性，又要防止活动过多过滥。

2．实行部门分工，做到协调联动。市直工委、各行业主管部门及行业协会，市总工会、团市委、市妇联等群众团体，市红十字会、市残疾人联合会、市慈善总会等社会慈善组织，要就本方案安排的相关工作分别制定落实措施，推动活动在各行业、各界群众中广泛展开。各部门之间要加强联系，互通信息，把各项具体活动衔接起来，协调推进，形成合力。

3．加强舆论引导，营造舆论氛围。新闻媒体要开辟“文明衡水、和谐衡水”专栏，对活动进行跟踪采访，不间断报道各地、各部门活动的开展情

况及涌现出来的感人事迹。对创建文明生态村先进村回访、文明城市创建活动巡礼、诚信衡水千里行、和谐机关文明公务员采风、“爱心暖衡水”寻访等五个专题的采访报道分别制定方案，认真组织实施，形成舆论强势。

供稿：衡水市文明办

整理：刘柳岐

衡水市精神文明建设委员会

关于在全市组织开展“公民道德实践月”活动的实施意见（摘要）

（2007年8月26日）

一、活动时间

全市“公民道德实践月”活动从9月份开始，9月20日形成高潮，整个活动延续至今年年底。

二、活动内容

1．9月1日，在衡水市体育休闲广场举行衡水市“爱心奉献日”暨“公民道德实践月”活动启动仪式。组织全市党政机关和企事业单位干部职工、学校教职员工与大中小学生、驻衡武警部队官兵、各类志愿者集中开展送温暖、解民忧、献爱心活动。各县市区也要在9月1日开展“爱心奉献日”集中活动。此项工作由各级文明办负责。

2．9月份开始，集中开展爱心奉献“公民道德实践月”宣传活动。各级新闻媒体要开设专题专栏，集中报道活动开展情况。《衡水日报》、《衡水晚报》要在报纸显要位置刊发“爱心奉献日”的综合消息，报道社会各界的反映。在9月20日第五个“公民道德宣传日”形成舆论高潮。举办“爱心奉献在身边”公民道德建设摄影大赛。电台、电视台要播发“公民道德实践月”标语及活动情况。新闻单位要做好跟踪报道和连续报道。各地、各部门、各单位要利用橱窗、条幅、电子显示屏等宣传阵地和设施，广泛宣传《公民道德建设实施纲要》和“爱国守法、明礼诚信、团结友善、勤俭自强、敬业奉献”二十字基本道德规范，在全社会营造浓厚的社会氛围。此项工作由市委宣传部、衡水日报社、衡水市广电局等部门负责。

3．在农村，广泛开展“关爱老人、关爱留守儿童”系列活动。教育引导家庭成员孝敬父母，关爱老人，要根据农村实际，开展为老人“做一次饭，洗一次脚”等系列活动，满足他们的物质和文化生活需要。要扎实推进关爱农村留守儿童工作，广泛开展“扶贫助学、捐资育才”活动，发动社会力量为留守儿童办一批好事实事。继续深化“新农民工程”和文明生态村创建工作，努力提高农民的思想道德素质。此项工作由县市区文明办、妇联、关工委等部门负责。

4．在社区，开展社会志愿者“送温暖、献爱心”活动。青年志愿者、巾帼志愿者、学生志愿者、党员志愿者、夕阳红志愿者等各类社会志愿者组织，要深入社区通过结对帮扶、扶危济困、义诊等形式，帮助下岗职工、困难家庭、鳏寡老人等社会弱势群体，解决一些实际困难。坚持“以民为本、为民解困、为民服务”的宗旨，促进我市福利事业和社会保障事业的发展，积极筹措资金，关心贫困人群的正常生产生活。此项活动由团市委、市妇联、市教育局、市社区办、市民政局、市卫生局等部门负责。

5．在学校，组织开展第四个“中小学弘扬和培育民族精神月”活动。各级各类学校要组织开展中小学生“爱心传递、奉献社会”读书征文、演讲比赛活动和“远离网吧、健康成长”、“学雷锋精神、做道德标兵”、“小手拉大手”等教育实践活动。此项工作由市教育局、团市委等部门负责。

6．在企业，广泛开展“公司关爱职工生活，职工关心企业发展”活动。各企业要切实关心职工生活，解决他们在工作、生活等方面的困难；要改善职工生活条件、优化职工生产生活环境。职工要关心企业发展，为企业发展献计献策，爱岗敬业，文明生产，提高工作效率，积极参加企业组织的公益事业，维护企业形象，努力构建和谐的劳动关系。开展“共铸诚信，建设信用衡水”活动，对企业主、经营户加强社会主义荣辱观教育，推动社会信用体系建设。此项工作由市总工会、市国资委、市工商局等部门负责。

7．在机关，开展“争创文明诚信机关、争当人民满意公务员”活动。要认真落实市委书记景春华同志关于全心全意为人民服务，提高机关工作效率的重要指示精神，组织干部职工参加“提速、提质，为人民、促发展”机关效能建设和“诚信机关”创建活动。要深入开展向王晓勋学习活动，大力弘扬敬业奉献精神，形成“学先进、做表率、比贡献”的浓厚氛围。要采取多种方式，深入基层，了解群众需求，主动热情服务，解决群众实际困难。此项工作由市直工委、市人事局负责。

8．广泛开展文明行业、文明单位创建活动。各行业、各单位要在“公民道德实践月”活动中发挥表率作用。围绕活动主题，普遍建立爱心服务站，完善服务设施，提高服务功能；普遍建立爱心服务小分队，开展形式多样的送温暖活动；各文明窗口要开展“文明示范岗”、“诚信示范岗”创建活动。在铁路、长途汽车客运、市内公共汽车、出租汽车行业开展“文明诚信服务，做城市文明的光荣传播者”主题实践活动，在旅游宾馆开展“温馨家园”主题实践活动，使这些行业成为全社会践行公共道德的先行团队，以实际行动展示崭新的精神风貌和良好的形象。此项工作由市文明办、市城管局、市交通局、市运输集团、市旅游局等单位负责。

9．举办“敬老节”活动日。将九九重阳节作为全市的敬老节，以学习林秀贞先进事迹为主要内容，广泛开展“学秀贞、见行动”敬老爱老助老系列活动，组织广大群众，从我做起，从小事做起，力所能及的做一件孝敬父母、尊重老人的好事。此项工作由市老干局、团市委、市妇联等单位负责。

10．举办邻居节。邻居节活动要着力突出“构建和谐社区、促进邻里和睦”这个主题，通过开展“邻里恳谈会”、“互串一次门、互敬一句问候语”、发放“爱心服务卡”等多种形式，为社区居民搭建一个联络感情、沟通信息、加深了解、增进友谊的平台，成为融洽邻里关系的一个重要契机，形成和睦相处的社区氛围，带动全社会道德和文明水平的提高。此项工作由各级文明办、社区办负责。

11．组织开展“告别不文明行为”劝阻活动。以文明城市社会监督员和“文明小卫士监督员”为主体，深入公共场所对随地吐痰、乱扔纸屑垃圾、乱涂乱画、交通违章等不文明行为进行劝阻。各级公安、交管部门要组织发动交通秩序协管员，维护交通秩序，引导教育市民文明出行，文明行车。此项工作由市文明办、市教育局、团市委、市公安局等部门负责。

12．组织开展十大道德模范评选活动。各级各有关部门要大力宣传公民道德实践活动中涌现出来的先进典型，树立群众身边可亲、可敬、可信、可学的道德楷模，让广大群众学有榜样、赶有目标、见贤思齐，从先进典型的感人事迹和优秀品质中受到鼓舞、汲取力量，使先进典型的高尚情操成为社会的共同财富。此项工作由市文明办负责。

三、活动要求

1．加强领导。各地、各部门要充分认识组织开展“公民道德实践月”的重要意义，高度重视，加强领导，各尽其责，相互配合，形成公民道德建设的合力。市文明委成立衡水市“公民道德实践月”活动组委会，由市委书记、市文明委主任景春华同志任组委会名誉主任，市委常委、宣传部长、市文明委常务副主任解晓勇同志任组委会主任，市政府副市长辛书华、军分区政治部主任宋三牛任副主任，市委宣传部、市文明办等有关单位负责人为成员。市文明委将把“公民道德实践月”的实施情况作为考核县市区、市直部门精神文明建设的一项重要内容，作为文明行业、文明单位考评工作的一项重点内容。各县市区、各有关部门也要成立相应组织，认真安排，周密部署，加强协调，确保活动的深入扎实开展。

2．突出重点。一是突出社会主义荣辱观教育。“公民道德实践月”活动要紧紧围绕广泛宣传和大力践行社会主义荣辱观这一重点，努力通过系列活动的开展，促进市民文明素质的不断提升。二是突出文明城市创建。“公民道德实践月”活动要围绕提高社会文明程度和公民道德素质这一目标，深入开展“三德三做”活动，引导人们在社会做个好公民、在单位做个好职员、在家庭做个好成员，不断增强道德建设的感召力和影响力。三是突出未成年人思想道德建设。要面向未成年人开展宣传教育和服务咨询活动，从实际出发，通过结对帮扶、资源(图书资料、文体设备等)共享、赠送书籍等形式，关心、支持和参与未成年人思想道德建设。

3．注重实效。各地、各部门要从当前公民道德建设面临的实际情况出发，从基层群众的实际需求出发，结合本地、本部门工作实际，发挥各自特色，精心设计和组织开展内容鲜活，形式新颖，吸引力强的道德实践活动，使广大干部群众，特别是未成年人在自觉参与中思想感情得到熏陶，精神生活得到充实，道德境界得到升华。

供稿：衡水市文明办

整理：刘柳岐

衡水市精神文明建设委员会

关于在全市组织开展“为奉献者奉献”活动的意见（摘要）

（2007年9月28日）

全市“为奉献者奉献”活动从10月1日开始，至年底形成高潮，并长期坚持。

一、重点服务对象及内容

活动要以不同历史发展时期涌现出的为社会、为我市经济发展做出过突出贡献的各行各业先进人物和典型为服务对象，真正体现党和政府的关心、社会大家庭的温暖、奉献贡献者的高尚。内容包括以下几方面：

1．在国庆长假期间，各级党委、政府要在调查摸底的基础上，对本地先进模范人物开展“三个一”活动。即开展一次慰问、献爱心活动，进行必要的物质帮助；进行一次全面的健康体检，建立健康档案；组织一次参观游览，愉悦身心。要求以上活动形成惯例，在所有重大节日来临前，各级党委、政府要对其进行慰问，解决生活中的实际困难，随时掌握健康状况，并及时提供各种优质服务。

2．鼓励企事业单位、社会各界有识之士为先进模范人物上一份健康保险、帮助一个致富项目。倡导各单位干部职工、各协会志愿者在国庆长假期间为先进模范人物做一件有意义的事。即为他们搞一次家务劳动、买一些日常生活用品、解决一个生活中的难题、进行一次聊天、引导一次外出游玩、提供一条致富信息。并通过结对帮扶的形式长期坚持，至少做到一个月一次。

3．各地、各部门、各单位要利用橱窗、栏牌、条幅、电子显示屏等宣传阵地和设施，通过座谈会、报告会等形式，广泛宣传各行各业先进模范人物事迹，引导人们从自己做起、从点滴做起，在社会上做一个好公民、在工作中做一个好建设者、在家庭做一个好成员。

供稿：衡水市文明办

整理：刘柳岐

衡水市创建文明生态村活动领导小组

衡水市沿106国道文明生态示范带建设实施方案(摘要)

(2007年1月25日)

为打造全市文明生态村建设亮点，充分展示我市文明生态村建设新形象，更好地发挥示范影响辐射带动作用，市创建文明生态村活动领导小组决定在近年来创建文明生态村活动中工作力度大、覆盖面广、村庄建设成效比较显著的106国道沿线打造建设一批高标准文明生态村，形成沿106国道文明生态示范带。特制定本实施方案。

一、总体要求

沿106国道文明生态示范带建设，以建设社会主义新农村为目标，按照“六化”建设高标准，“两化”出特成亮点的要求，通过市县财政重点支持、市区直部门帮建、乡（镇）村共同实施，动员农民群众广泛参与，利用今冬明春农闲季节，把沿106国道的村庄全部建设成为文明生态村，并形成一批村庄规划科学、村容村貌整洁、生态环境良好、村民中心建设规范的高标准示范村，充分展示我市创建文明生态村活动的成果，更好地发挥其示范带动作用，推动全市创建文明生态村活动向广度和深度拓展。

二、重点建设范围

沿106国道文明生态示范带重点建设项目主要包括桃城区韩麻森、焦村、北苏闸、赵杜、侯店、耿村6个村，冀州市北内漳、谷曹庄、彭村、双冢、焦杨、韩村6个村，共12个文明生态村。

三、重点建设项目及支持资金安排

1．侯店村

（1）对南北两条街道、东西两条干道总计4000延米排水设施进行改造，投资10万元购置水泥板，建成封闭式排水网络。

（2）投资20万元对村内南北两条街道进行绿化，东西两条干道安装铁艺、栏杆，并对沿街旧房改造、修砌景观墙。

(3)投资5万元对侯店毛笔厂进行改造，将一楼全部改造成文化毛笔展室。

(4)投资3万元，补充购置村民中心内的文体器材。

(5)投资5万元，在村东口建一个体现毛笔文化的标志性雕塑。

以上五项共需资金43万元，其中市财政支持10万元，区财政支持20万元，不足部分由乡村自筹解决。

2．北苏闸村

(1)对村内1500米的街道进一步绿化，村口至广场街道两侧安装铁艺栏杆，树种初步确定为白腊、龙爪槐、碧桃、月季、冬青等，此项工程总需投资15万元。

(2)为提高北苏闸新农村建设的整体形象，逐步适应新形势的发展，在村南口建造一座能代表北苏整体形象并独具特点的标志性牌坊或雕塑，刻写北苏村史，预计投资10万元。

(3)为将“闸”文化发扬光大，拟在村广场东侧建设一个上下两层，建筑面积400平方米左右的村史展室，需建设资金30万元。

以上三项共需资金55万元，其中市财政支持10万元，区财政支持20万元，不足部分由乡村自筹解决。

3．赵杜村

(1)对南大街和村东东西街道约2000平方米，破旧的砖硬化路面改建为水泥路面，计划投资10万元。

(2)对沿红旗大街东侧村口两边进行绿化、美化、凸显该村产业特色，对村内东西、南北街道旧房改造、垒景观墙，约计投资15万元。

(3)对村民中心的办公设施和文体设施完善更

新，并组建架鼓队和秧歌队，预计投资7万元。

(4)对全村主干街道进一步绿化，补植树木花卉1万株，新植树木花卉1.5万株，安装铁艺栏杆2000延米，约投资7万元。

以上四项共需资金39万元，其中市财政支持10万元，区财政支持20万元，不足部分由乡村自筹解决。

4．焦村

（1）按照村民中心建设的要求，配齐电脑、电视、VCD等器材，并购置文体器材、图书等，投资10万元。

（2）在村口建立一个标志型牌坊一座，计划投资6万元。

（3）对村公园、休闲文化广场进行高标准改造，突出人文景观。在村公园建设一个突出本村文化特色的雕塑，在村广场北侧建设一个文化长廊。需投入资金20万元。

以上三项共需资金36万元，其中市财政支持5万元，区财政支持10万元，不足部分由乡村自筹解决。

5．韩麻森村

（1）为村民中心购置各种文体活动器材，计划投资5万元。

（2）扩大休闲广场利用面积，在原有广场北侧利用现有的水坑修建水上垂钓中心，计划投资21万元。

（3）村西沿肃衡路两侧南北延伸各50米，进行绿化、美化，需投资15万元。

以上三项共需投资41万元，其中市财政支持5万元，区财政支持10万元，不足部分由乡村自筹解决。

6．耿村

（1）在健身休闲广场西侧建设村民中心，上下两层，约400平方米，按照村民中心建设要求建设各室，完善各项制度、设施，计划投资30万元。

（2）胡同硬化18000平方米，需投资15万元。

（3）主干街道安装铁艺栏杆，并补种花草树木，计划投资5万元。

以上三项投资共需资金50万元，其中市财政支持10万元，区财政支持20万元，不足部分由乡村自筹解决。

7．韩庄村

（1）在村西建设320平方米的文化休闲广场，需投资7万元。

（2）扩建、装修村民中心，配齐各功能室内部设施，需投资8万元。

（3）整治村容村貌，补种主街道两侧花草树木，硬化一条街道、18条胡同，需投资20万元。

所有建设项目需投资35万元，由市财政给于10万元的资金支持，冀州市财政支持20万元，不足部分由乡村自筹解决。

8．焦杨村

（1）改造、装修村民中心房屋6间，配齐各功能室设施，需投资10万元。

（2）建设村民中心文化广场，需投资9万元。

（3）硬化175条计18000平方米胡同，需投资14万元。

（4）修建4条辅路，需投资8万元。

（5）建造街心公园，与钓鱼塘成为景色一体，需投资7万元。

所有建设项目需投资 4 8万元。由市财政给予15万元资金支持，冀州市财政支持30万元，不足部分由乡村自筹解决。

9．双冢村

（1）改造、装修村民中心房屋，配齐各功能室设施，需投资10万元。

（2）建设休闲广场，需投资4万元。

（3）硬化4条街道，需投资35万元。

（4）硬化4条胡同，需投资27万元。

所有建设项目需投资76万元，由市财政给予15万元支持资金，冀州市财政支持30万元，不足部分由乡村自筹解决。

10．彭村

（1）开通一条南北大街，硬化500米，街道两侧绿化，需投资46万元。

（2）维修东西主街道，需5万元。

所有建设项目需投资51万元，由市财政给予10万元的资金支持，冀州市财政支持20万元，不足部分由乡村自筹解决。

11．谷曹村

（1）装修改造村民中心房屋，配齐各功能室设施，需投资20万元。

（2）建设中心广场，需投资30万元。

（3）整修村西入口，需投资3万元。

（4）硬化胡同30条，需投资6万元。

所有建设项目需投资59万元，市财政给予15万元的资金支持，冀州市财政支持30万元，不足部分由乡村自筹解决。

12. 北内漳村

（1）开辟村北环路，硬化、安装路灯，需投资26万元。

（2）更换村内主街道路灯，需投资23万元。

（3）户户建设文明书架，配备100册图书，需投资8万元。

所有建设项目需投资57万元，由市财政给予5万元资金支持，冀州市财政支持10万元，不足部分由乡村自筹解决。

沿106国道文明生态示范带建设总计投资590万元，衡水市财政支持120万元，桃城区财政支持120万元，冀州市财政支持140万元，24个帮建单位支持一部分，不足部分由有关乡镇和各示范村自筹解决。

四、时间安排

沿106道文明生态示范带建设从2007年1月份全面启动，各示范村全部建设项目到2007年4月底前完成。

五、部门帮建安排

沿106国道文明生态示范带建设，作为2007年全市创建文明生态村工作的一项重点工程，时间紧迫、投资量大，单靠政府投资和乡村自筹不能完全解决所需资金缺口问题，需要组织部分经济条件较好的党政机关、企事业单位给予资金和物质的支持帮助。根据目前我市部门帮建文明生态村工作的实际，我们确定了12个市直单位、6个桃城区直单位和6个冀州市直单位集中帮建12个文明生态示范村。具体安排如下：

桃城区焦村——市建设局、桃城区国税局帮建

桃城区耿村——市水务局、桃城区水务局帮建

桃城区北苏闸村——市电力局、桃城区电力局帮建

桃城区侯店村——市发改委、桃城区交通局帮建

桃城区杜赵村——市财政局、桃城区财政局帮建

桃城区韩麻森村——市地税局、桃城区地税局帮建

冀州市韩村——衡水迎宾馆、冀州市科技局帮建

冀州市焦杨村——市国土资源局、冀州市公安局帮建

冀州市双冢村——市交通局、冀州市商务局帮建

冀州市彭村——市国税局、冀州市检察院帮建

冀州市谷曹村——市工商局、冀州市工商局帮建

冀州市北内漳村——市民政局、冀州市法院帮建

单位帮建至少要支持帮建村3万元资金或物资，务必落实到位。第三批文明生态村建设不再安排这些单位参与帮建。

六、组织实施

沿106国道文明生态示范带建设工作，在市创建文明生态村活动领导小组统一领导下进行。市创建办负责整个示范带建设的规划制定、协调调度、督促指导、检查验收。桃城区、冀州市创建文明生态村活动领导小组负责具体组织工作。

1. 桃城区、冀州市要高度重视示范带建设工作，切实加强组织领导，纳入重要工作议程，党委、政府主要领导亲自抓；按照规划要求认真组织好各示范村的建设工作，加强对各示范村的指导，帮助他们解决建设过程中遇到的困难和问题；要设立专项资金，把对各示范村的支持资金列入财政预算，在春节前落实对各示范村的资金投入；要加强示范带所有农村的文明生态村建设，把未列入示范带的村全部纳入2007年的文明生态村规划，真正把沿106国道沿线建设成为以12个高标准示范村为核心的名副其实的文明生态示范带。

2. 各帮建单位要深刻认识新的历史阶段以城带乡、以工促农、反哺农村的重大意义，把文明生态村帮建工作作为一项政治任务，列入重要议程，确定专人负责，确保完成帮建任务。

3. 各示范村要科学安排各项工程的建设，抓紧做好建设筹备工作，尽快启动建设规划，确保如期高质量地完成各项建设工作。

4. 市创建办要认真抓好各示范村建设项目的落实，定期调度，督促工作进度，检查建设质量，给予具体指导，并及时向市创建文明生态村活动领导小组汇报各示范村工作情况；要在2007年4月底

前组织对12个村的建设项目逐个验收；5月上旬，市创建文明生态村活动领导小组组织各县市区委、政府主要领导对示范带建设工作进行观摩。

供稿：衡水市文明办
整理：刘柳岐

衡水市文明办
2007年工作要点（摘要）

（2007年1月25日）

2007年是深入贯彻党的十六届六中全会、省第七次党代会和市二次党代会精神，全面构建社会主义和谐社会，迎接党的十七大召开的重要一年，也是实现衡水跨越发展的开局之年。精神文明建设面临繁重而艰巨的任务。做好今年的精神文明建设工作对于实现衡水更好更快发展和构建和谐衡水意义重大。

今年精神文明建设工作总的要求是：坚持以邓小平理论和“三个代表”重要思想为指导，全面贯彻落实科学发展观和构建社会主义和谐社会重大战略思想，充分运用精神文明创建活动这一有效工作载体，引导和组织社会各界、各行各业和广大人民群众解放思想，更新观念，广泛参与以社会主义核心价值体系为根本的和谐文化建设，努力提高公民思想道德素质和城乡文明程度，进一步夯实全市上下创新实干的共同思想基础，为实现衡水跨越发展、科学发展、和谐发展提供强大的精神动力和思想保证，营造良好的社会环境。

今年精神文明创建工作的总体布局是：坚持“2113”工作思路，即紧紧围绕实现衡水更好更快发展和构建“和谐衡水”两大任务，大力弘扬“创新实干、跨越发展”这一主旋律，贯穿加强公民道德建设这一条主线，突出三个统揽，即以创建文明生态村活动统揽农村精神文明建设；以“四城同创”活动统揽城市精神文明建设；以“知荣辱、树新风、促和谐”活动统揽公民道德建设，不断开创精神文明创建工作新局面。具体做好四个方面15项工作：

一、深化拓展文明生态村创建活动，扎实推进社会主义新农村建设

今年全市创建文明生态村工作，要以建设社会主义新农村为目标，按照产业强村、文化兴村、生态建村、民主治村的总要求，突出围绕发展农村经济搞创建，围绕建设生态环境搞创建，围绕发展先进文化搞创建，围绕推进民主政治建设搞创建，围绕激活家庭细胞搞创建，巩固提高一二批，重点建设第三批，全面铺开所有农村的创建活动，使创建活动与新农村建设有机结合，融为一体，以创建文明生态村的新成效，推进全市的新农村建设。

1．以“六化”建设为重点，全力抓好第三批文明生态村创建工作。继续坚持“六化”进村、“两化”出特、“三措”促动的工作思路，确保年底前完成300个村的创建任务。根据市委到2010年有40%的行政村进入创建文明生态村先进行列的要求，按照全市总村数6%的比例确定第三批创建村，安排帮建单位进行帮建。年初以市委、市政府名义召开全市创建文明生态村工作会议，全面总结2006年的创建工作，表彰先进，部署2007年的创建工作。市创建办不定期对各地一、二批创建村的巩固提高工作和第三批创建村的启动、工作开展及活动普及情况进行督查，推动创建活动持续深入开展。

2．以完善提高村民中心建设为重点和依托，大力实施“新农民工程”。对全市已建成的155个村民中心，要进一步增加设施，完善功能，加强管理，并以此为依托，组织对农民的科技文化培训，增强致富能力，提高农村经济发展水平。广泛组织开展十星级文明农户评选等群众性精神文明创建活动和丰富多彩的文体活动，不断提高农民的思想道德和科学文化素质。

3．以改善各县市区城乡结合部、重要集市和乡镇所在地环境卫生为重点，在全市广大农村普遍开展环境卫生综合整治活动。同时大搞植树造林活动，搞好村庄街道绿化和村周绿化，有效促进广大农村的创建工作，不断扩大创建活动的覆盖面。

4．以连线成片、区域共建为重点，全力打造沿106国道文明生态示范带。实行项目化运作，采取市县支持、乡村共建的方式，打造沿106国道文明生态示范带。每个县市区确定一至两个重点线路或区域，实施重点倾斜，大力推动文明生态乡镇、文明生态村区域、文明生态带或文明生态圈建设。5月份召开全市创建文明生态示范带现场观摩会。

二、扎实开展以创建文明城市为龙头的“四城同创”活动，努力提高市民素质和城市文明程度

以迎接全省文明城市初评为契机，加大创建文明城市活动力度，坚持“三化”并举（绿化、亮化、美化），实施“四城同创”（以创建文明城市为龙头的文明城市、卫生城市、园林城市、环保模范城市），优化六大环境（政务、法治、市场、人文、生活、生态），推行五大载体的工作思路，推动创建文明城市活动不断深入，形成新一轮创建高潮，努力提高市民素质和城市文明程度。

5．以集中整治城市环境和秩序为重点，扎实做好创建文明城市初评工作。重点开展以整治公共环境、公共秩序、公共卫生，加强文明市民教育为主要内容的“三整治一教育”活动，寓教育于管理之中，不断提高城市管理水平，提升城市文明程度。召开全市创建文明城市动员大会，将创建任务分解到各职能部门，明确创建目标，完善创建措施，强化部门职责。加大督促检查力度，协调有关职能部门按照《文明城市测评体系》目标要求，对文明城市创建工作情况进行自我评议，查漏补缺，改进工作，为迎接全省文明城市测评做好准备。进一步推动公益广告的创作、生产、展映、展播、展示工作，丰富城市人文内涵，为在2008年建成全省文明城市创建工作先进市打好基础。

6．以十佳文明市民标兵评选为主要载体，不断强化市民教育。组织开展第九届十佳文明市民标兵评选活动，不断扩大社会影响。精心组织第五个“公民道德宣传日”和纪念《公民道德建设实施纲要》六周年纪念活动，积极营造推动落实公民道德基本规范的社会环境和社会氛围。组织开展各类形式的志愿者活动，不断壮大城乡志愿者队伍，进一步促进团结友善、扶危济困社会风尚的形成。深入开展“迎奥运、讲文明、树新风”活动，着力解决文明礼仪、公共秩序、社会服务、城乡环境、旅游出行等方面存在的突出问题，组织市民志愿者义务劝阻不文明行为，加大舆论引导和依法管理力度，促进市民文明素质的不断提高。

7．深入开展以“两范一评”为主要内容的创建文明行业“三杯”竞赛活动。充分发挥行业主管部门在加强行业精神文明建设中的主导作用，通过抓机关这个龙头，示范、辐射、带动窗口单位精神文明建设；抓规范：进一步推广服务承诺制、行政执法公示制、生产经营信誉制；抓示范：评选星级窗口单位，提高基层窗口单位的服务意识和服务水平；深入开展“文明执法杯”、“优质服务杯”、“便民利民杯”三杯竞赛，进一步调动各行各业参与创建活动的积极性，树立行业新风。

8．继续广泛开展创建文明单位活动。坚持创建文明单位评选向企业、学校，特别是向新经济组织和新社会组织拓展，增强企业、社会组织的参与度。完成2005～2006年度市级文明单位的推荐、评选、命名和表彰工作。

9．深入开展创建文明社区活动。继续推行“三位一体”管理，以文明单位创建为龙头，组织动员广大干部职工、社区居民开展“三德三做”活动，加强对市民的教育和管理；开展“四进社区”活动，丰富社区文化生活；开展创建文明家庭、文明楼院评选活动，加强家庭美德建设，促进形成家庭成员之间和谐、邻里之间团结、居民之间友善的社区人际关系；表彰命名一批市级文明社区和文明社区建设先进个人。

10．开展营造“城市森林”大型公益活动。加大营造城市森林大型公益活动的力度，精心组织好第八次春季战役，动员党政机关、企事业单位、居民群众踊跃参与城市植树造林，引导人们树立关心生态、保护环境的公德意识，改善城市生态环境，建设宜居城市。

三、深入开展“学秀贞、知荣辱、树新风、促和谐”主题实践活动，进一步夯实文明和谐思想道德基础

认真贯彻落实省文明委关于开展“文明燕赵、和谐河北”创建活动的部署，把这一活动同学习林秀贞先进事迹结合起来，在全市广泛开展“学秀贞、知荣辱、树新风、促和谐”主题实践活动，以此为载体来统揽各类和谐创建活动，为构建和谐衡水营造良好的人文环境。

11．扎实开展“五创”活动，努力推动和谐社会建设。继续深入开展“创建文明生态村庄、创建劳动关系和谐企业、创建文明和谐社区、创建文明和谐家庭、创建文明和谐单位”为内容的“五创”活动，突出和谐建设这个主题，坚持从社会最基本单元抓起，最大限度地动员和吸引社会各阶层群众广泛参与，不断优化社会人际关系，形成良好的社会风尚。

12．深入开展以社会主义荣辱观为主要内容的道德实践活动。广泛开展学习林秀贞先进事迹活动。用典型引路的方法引导广大干部群众树立正确的荣辱观，培养坚定的理想信念，形成良好的道德风尚。继续利用重大纪念日、民族传统节日，策划主题活动，弘扬爱国主义精神和传统美德。进一步建立健全志愿者组织，扩大服务领域，整合各方面志愿者力量，推动建立与政府服务、市场服务相衔接的社会志愿服务体系。充分发挥工会、妇联、共青团等群团组织的作用，动员广大群众和社会各界广泛开展社会援助活动。进一步开展“助学工程”，帮助更多贫困学子完成学业，促进全社会形成扶危济困、团结互助的良好社会风尚。

13．大力实施“育优建”工程，不断推进未成年人思想道德建设。充分发挥学校教育的主渠道作用，搞好学校德育教育。突出抓好社会主义荣辱观宣传教育，大力加强校园和谐文化建设。广泛开展“一校一周日”、“百场报告进校园”、“四老两亲家长学校”“校园精神特区”、“家长学校联系卡”等各具特色的社会道德实践活动。通过体验教育，增强教育效果。抓好专兼职德育队伍建设，特别要注意抓好班主任队伍的上岗培训，发挥其在未成年人思想道德建设中的主导作用。坚持和完善未成年人思想道德建设重点专项工作联席会议制度。在全市选树20所未成年人思想道德教育示范学校和16个未成年人思想道德教育基地，发挥其示范、教育、引导功能。认真抓好以学校为依托的家长学校建设。协调有关部门加大出版、音像、网吧、电子游戏厅市场整治力度，为未成年人健康成长创造良好的社会环境。组织百佳未成年人思想道德建设标兵评选活动。

四、进一步加强工作机制和队伍建设，确保精神文明创建工作各项任务落到实处

14．要完善精神文明建设的目标责任制、考核激励机制和各项工作制度，确保精神文明建设的各项工作任务落到实处。要明确工作目标，明确责任单位，确保精神文明建设的各项工作在各地、各系统都有人抓、有人管；要把各级领导班子抓精神文明建设情况纳入政绩考核，确保他们主动抓，抓得好，见成效；要通过完善工作机制，保证精神文明建设经常、持久、深入地开展下去。

15．大力加强业务培训，建设高素质的工作队伍。要按照政治强、业务精、纪律严、作风正的要求，大力加强文明办系统队伍建设，落实好培训规划，使干部队伍具备学习、谋划、协调、抓典型、运用舆论五种工作能力，不断提高思想政治修养，提高精神文明建设工作水平。

供稿：衡水市文明办

整理：刘柳岐

衡水市文明办

衡水市开展创建文明城市活动巡礼实施方案（摘要）

（2007年5月31日）

一、具体安排

整个巡礼活动从6月份开始全面展开。

1．创建篇：创建文明城市工作各相关单位要按照《衡水市创建文明城市规划》的要求，进一步量化目标，落实责任，紧紧抓住城市环境秩序整治这个突破口，突出文明教育这个主题，以“文明衡水、和谐衡水”创建活动为载体，扎实开展各项创建工作。各市级文明单位参评单位要更加积极主动地投入到创建文明城市工作中来，教育引导广大干部职工、市民积极参加创建活动。

2．文明篇：各部门各单位要以提高市民文明素质为目的，广泛深入开展“学《纲要》、讲文明、树新风”、“文明十个一”（引导市民文明乘车、文明游园、文明观演、文明行车、文明走路、文明就餐、文明购物、文明待客、文明过节、文明养犬）等道德实践活动。根据省文明委开展“帮一帮”、“让一让”活动的倡议，在全体社区居民中广泛开展户帮户、人让人爱心服务“七个一”活动，即高扬一面旗帜（学习林秀贞）、发放一套题（道德教育读本）、互串一次门（邻里互动）、见面一句礼让词（文明问候）、共扫门前一块地（保持公共地卫生）、同心维护一片林（认领公共绿地）、评选一批文明礼让人，培育现代文明市民。

3．和谐篇：要继续深入开展“五创”活动，积极推进文明和谐社区、文明和谐校园、文明和谐单位、文明和谐家庭创建活动。不断拓展领域、广泛开展以创建“和谐城乡、和谐村庄、和谐胡同、和谐楼院、和谐科室、和谐医院、和谐商场、和谐公交、和谐路口、和谐驾驶”为主要内容的和谐创建“十个一”活动。

4．服务篇：各执法部门、窗口服务等行业要积极参加文明执法杯、优质服务杯、便民利民杯“三杯”竞赛活动和行风测评、“阳光投诉”活动，广泛开展诚信服务、文明服务、高效服务和“创建文明部门、文明科室、做人民满意的优秀公务员”、“十佳公仆”竞赛活动。

5．环境篇：要充分挖掘城市文化内涵，打造良好人文景观，强化城市管理以及营造城市森林、改善城市生态环境、建设宜居城市。实施“净化”工程，综合整治市区环境卫生，实施“美化”工程，对重点街道原有建筑进行亮化、美化。

6．发展篇：按照《测评体系》要求，不断完善道路、电力、通讯、排水、供热等公共设施，加大市区公园、休闲广场和市政广场的建设改造力度，加强环境保护。要通过文明城市创建，努力推动各生产要素向文明城市聚集，促进经济社会又好又快发展。

二、工作要求

1．本次巡礼活动通过衡水日报、衡水电台、衡水电视台、衡水晚报等新闻媒体进行全面报道。市直各新闻单位要制定详细的宣传报道方案，开辟“创建文明城市巡礼”专版、专栏，大张旗鼓地宣传创建文明城市的意义，宣传创建活动中出现的好典型、好经验、好做法。

2．各新闻单位、市直各部门各单位要齐心协力打好总体战。要各负其责，各司其职，又要相互配合、相互支持。要明确专门领导、具体工作人员，保证创建活动顺利开展。

3．创建文明城市工作各相关单位、市级文明单位各参评单位要将创建工作的计划、进展情况于每月底书面报市文明办。市文明办将加强对创建活动督促检查，并将活动情况上报市委领导，对创建工作迟缓、不力的单位将予以通报批评。

供稿：衡水市文明办

整理：刘柳岐

衡水市文明办等七部门

关于在全市开展“远离网吧、健康成长”活动的实施意见（摘要）

（2007年6月7日）

为深入实施“育、优、建”工程，切实加强未成年人思想道德建设，紧密结合贯彻《未成年人保护法》和我市未成年人思想道德建设工作实际，市文明办、市教育局、市文化局、市公安局、市工商局、市关工委、团市委决定，从6月份开始，组织全市未成年人广泛开展“远离网吧、健康成长”活动。

一、活动内容：

从6月下旬开始，各县市区、各中小学、各网吧按照市里的统一安排，广泛组织开展“远离网吧、健康成长”活动，努力形成“我不进入、劝他不进入、不让他进入”的浓厚氛围。

1．举办“远离网吧，健康成长”活动启动仪式。6月中下旬，举行青少年学生代表、网吧业主、联动单位、社会监督员等人员参加的万人签名仪式。现场活动后由市教育局组织各中小学进行签名接力。此项活动由文明办负责。

2．广泛开展“远离网吧、健康成长”校园系列宣传教育活动。各中小学校要充分利用主题班会、黑板报、校园广播等阵地，采用报告会、法制讲座、宣誓仪式等形式，引导中小学生认清危害，自觉远离网吧。同时，要组织多种形式的文体活动，把青少年吸引到健康有益的活动中来。此项工作由市教育局负责。

3．深入开展暑期青少年远离网吧社会实践活动。要组织广大城乡青少年开展“城乡手拉手”、“我为农家同学献爱心”、“我为社区建设作贡献”、“劝阻不文明行为”等活动，使广大青少年在社会活动中得到启迪受到教育。此项活动由团市委、教育局负责。

4．开展“五老”队伍进网吧活动。组织“五老”队伍对网吧进行巡查，并劝解未成年人“远离网吧”，监督、劝解网吧业主不得接纳未成年人进入网吧。此项工作由关工委负责。

5．实施未成年人成长环境优化工程。各网吧要认真执行《未成年人保护法》和《互联网上网服务营业场所管理条例》等有关法律法规，在任何情况下均不得接纳未成年人，出入网吧严格执行实名登记制度，有关职能部门要利用技术监管平台净化网络，加强对网吧经营情况的监督检查，召开网吧业主动员会、座谈会，贯彻落实《未成年人保护法》，营造未成年人健康成长的环境。此项工作由文化局、市公安局、市工商局负责。

6．发挥社会监督员队伍作用。从党政机关、老干部、老教师、文明市民、社区等社会各界人士中，聘请50名人员成立“文明城市建设社会监督员”队伍；在中小学校成立“文明小卫士监督员”队伍，对网吧的经营情况进行社会监督，及时反馈情况，表扬先进，督促后进整改。此项工作由文明办负责。

供稿：衡水市文明办

整理：刘柳岐

衡水市文明办

关于开展文明和谐社区“七个一”创建活动的通知（摘要）

（2007年6月15日）

为了推进创建文明城市活动深入开展，努力提高社区精神文明建设水平，提高社区居民的文明素质和社会文明程度，促进和谐衡水建设，根据省《关于“文明河北、和谐河北”创建活动的实施方案》和全市精神文明建设工作会议的要求，市文明办决定在全市社区中广泛开展文明和谐社区“七个一”创建活动（“七个一”即：成立一支服务小分队、打造一个志愿者百米服务圈、组建一个道德银行、建设一个图书银行、建立一个爱心超市、设立一个道德榜、举办一次邻居节）。

一、创建内容

从6月份开始，在全市社区中广泛开展文明和谐社区“七个一”创建活动。

1．成立一支服务小分队。每个社区成立一到两支“服务小分队”，人员由社区党员、驻社区单位在职干部、居民群众、团员青年和退休干部等组成，“服务小分队”由社区党组织直接管理，服务内容由本社区根据实际情况自主决定，按照相关职责组织队员开展活动。创建文明城市相关职能部门和有关单位要在自己的职责范围内成立“服务小分队”，积极进驻社区提供理论宣传、法律咨询、健康服务、计生服务、心理咨询、扶贫助困服务、纠纷调解、卫生监督、环境保护、外语培训、技能培训、义务家教等范围的服务。各社区要根据实际情况，为进驻社区的“服务小分队”设定工作岗位，提供工作平台。

2．打造一个志愿者百米服务圈。每个社区要本着方便、快捷、周到的原则，根据社区实际和居民需求，组织动员各级各类社会志愿者开展社区服务，打造志愿者百米服务圈。一是建立便民服务制度。组织职能部门、志愿者确定供电、供水、家政、查询、修理等与生活密切相关的服务内容，设定服务覆盖范围并公布于众。二是建立便民卡，印制服务网点电话。居民生活中遇到问题，只需电话联系，只要是在服务范围内，就能及时享受便民服务项目。三是组织志愿者队伍深入社区、深入居民家中，了解他们的需求，开展有针对性的服务。通过服务圈的设立，可有效解决群众日常生活中的一般性难题，为辖区的困难群众带来方便，形成全社会联动、全方位覆盖、全方面服务的社会服务网络体系。

3．组建一个道德银行。社区道德银行以诚信服务、无私奉献、爱心储蓄、道德积累、弘扬正气、鞭笞邪恶为宗旨。道德银行的业务范围包括：献爱心捐助、受助、居民生产自救、再就业、找项目、集资帮助困难户找生活来源，安置劳务从事社区商业服务、帮助社区管理等。道德银行的运作旨在整合社区道德资源，全面、广泛、集中、有效地为居民服务，为社会服务，让居民具备存好心、说好话、干好事、做好人的意识，不断提高居民的伦理道德与职业道德水准。

4．建设一个图书银行。成立社区图书银行，旨在满足市民求知的需求，提高市民的文明素质。居民将书本存入，图书银行发给“存折”性质的图书借阅卡，居民根据不同的存书量可享受不同的借阅时长待遇，鼓励人们往图书银行里存书，维持图书银行的有效运转。图书银行建设面积一般在30平方米左右，存书3000册左右，并有严格的借阅书制度，有详细的活动记录。市直有关部门要发动干部职工进行捐赠，提供必要的办公设施，开展送“书”、送“报”到社区等多种活动。社区、居委会要经常举办“读书节”、“文化节”等活动，营造浓厚的社区文化氛围。

5．建立一个爱心超市。爱心超市是为大力弘扬中华民族扶贫济困的传统美德，面向社区中的困难群体而建立的场所，专门接受社会损赠物品。社区及街道内的低保户、贫困户可以凭有关证件免费在超市里自由挑选自己所需的物品。各级各部门要关心爱心超市的建设，给予必要的支持和帮助，积极组织干部职工、全社会市民开展捐赠，提高爱心超市的服务能力和水平。社区要建立严格的分配制度，保证物得其所，物尽其用。通过这种形式，改变原来突击性、运动式的捐助模式，使社区的困难群体能够长期接受社会的救助，唤起人们奉献、友爱、互助、进步的精神。

6．设立一个道德榜。在社区明显位置建立公德“荣辱榜”，将社区中的好人好事和不文明行为公之于众，表扬先进，鞭挞落后。社区要建立专门的工作队伍，根据形势要求和社区实际，不断完善文明教育、法制教育、禁毒警示等内容。要广泛发动居民积极参与道德实践活动，教育引导居民弘扬社会公德，摒弃不文明陋习。

“促进邻里和睦”这个主题，通过开展“趣味运动会”、“互串一次门、互敬一句问候语”邻里互动等多种形式，为社区居民搭建一个联络感情、沟通信息、加深了解、增进友谊的平台，成为融洽邻里关系的一个重要契机。通过改善邻里关系，可以提高人们的团结互助意识，形成和睦相处的社区氛围，从而带动全社会道德和文明水平的提高。

供稿：衡水市文明办

整理：刘柳岐

衡水市文明办

关于对创建文明城市工作进行督查暨文明单位验收的通知（摘要）

（2007年7月10日）

一、时间

市文明办将于7月中下旬对创建文明城市相关工作进行督查，并对2005～2006年度市级文明单位市直参评单位进行验收。

二、内容

1. 创建文明城市各相关单位督查内容。

一是检查创建文明城市相关单位领导班子召开专门会议研究部署，制定下发文件，领导分工、承担科室和落实责任人等情况；

二是检查落实工作任务目标责任制情况，重点检查工作台账记录；

三是检查“文明城市测评指标”进展情况，测评标准落实情况；

四是检查创建文明城市“窗口”行业开展相关群众性精神文明创建活动情况；

五是建立专门完备的创建档案情况，包括会议记录、有关文件、议定事项、工作制度、保障措施、台账记录等相关文字资料和音像资料。

2. 市级文明单位验收内容。

严格按照文明单位的“六个标准”（即领导班子坚强团结、业务工作实绩突出、创建活动深入扎实、遵纪守法安定团结、科教文化稳步发展、环境优美环保达标）、“三个程序”（“一听二查三看”）开展验收：“听”单位主要负责人对精神文明建设的认识、方法和工作特点；“查”文字档案，看有无精神文明建设方面的纪要、计划、方案、措施和各种活动的记录以及各项制度；“看”单位文体活动场所、便民设施和措施、环境卫生和小区建设。各参评单位要注意使用现代化的手段开展档案管理和汇报（如幻灯片、多媒体、光盘等），使精神文明创建工作反映的更全面、更直观。

三、工作要求

1. 市文明办将组织专门督查组采取查阅资料、听取主要领导汇报、实地查看等形式，对创建文明城市各相关单位落实《衡水市创建文明城市规划》情况进行全面督查。市直工委要做好市级文明单位的验收准备工作。

2. 创建文明城市各相关单位要对前一阶段的工作开展情况和任务落实情况进行认真总结，查漏补缺。桃城区、衡水开发区、衡水湖管委会要按照文明城市测评体系要求，组织做好本辖区各项创建工作。

3. 创建文明城市各相关单位、市级文明单位参评单位要建立完备的创建档案，使创建工作规范化、正规化。

4. 督查活动结束后，市文明办将督查结果向市文明委领导、创建文明城市总指挥部领导进行汇报。对创建成效显著的部门将予以通报表彰，对创建不力的部门将通报批评。

供稿：衡水市文明办

整理：刘柳岐

衡水市文明办等四部门

关于在全市开展十大道德模范评选活动组织推荐全国道德模范的通知（摘要）

（2007年8月3日）

今年9月20日是我国《公民道德建设实施纲要》颁布实施六周年暨第五个“公民道德宣传日”。为充分展示广大公民践行社会主义荣辱观的精神风貌，切实发挥道德模范在公民道德建设中的示范引导作用，进一步推动全社会形成知荣辱、讲正气、树新风、促和谐的文明风尚，为党的十七大胜利召开营造良好社会氛围，中央文明办、全国总工会、共青团中央、全国妇联将在公民道德宣传日表彰全国道德模范（全国十大助人为乐模范、全国十大见义勇为模范、全国十大诚实守信模范、全国十大敬业奉献模范、全国十大孝老爱亲模范）。按照中央、省有关要求，市文明办、市总工会、团市委、市妇联决定在第五个“公民道德宣传日”(2007年9月20日)评选表彰全市十大道德模范，推荐全国道德模范。

一、评选推荐内容

按照公民基本道德规范的要求，结合我市社会生活实际，评选推荐全市道德模范分为“助人为乐模范”、“见义勇为模范”、“诚实守信模范”、“敬业奉献模范”和“孝老爱亲模范”五大类。

二、评选推荐标准

评选推荐全市道德模范的基本标准是：凡从2001年中央印发《公民道德建设实施纲要》以来，自觉践行社会主义荣辱观，模范遵守公民基本道德规范，在助人为乐、见义勇为、诚实守信、敬业奉献、孝老爱亲方面表现突出，社会形象好、群众认可度高的我市公民，可评选推荐为全市道德模范。其中，事迹特别突出，社会反响巨大，赢得群众高度赞誉，能够在引领社会文明风尚中发挥重大影响的，由市里向省推荐参评“全国十大助人为乐模范”、“全国十大见义勇为模范”、“全国十大诚实守信模范”、“全国十大敬业奉献模范”和“全国十大孝老爱亲模范”。

三、评选推荐步骤

（一）成立组织机构（略）

（二）发动群众推荐

1．8月初，市活动组委会在市主要媒体发布公告，公布评选标准和推荐办法，广泛发动群众推荐。各县市区文明办按照属地管理原则，组织和接受广大群众和单位推荐候选人。群众可以向所在县市区活动组委会推荐人选，也可直接向市活动组委会推荐人选。既可以通过网络推荐，也可以写信推荐。市活动组委会向社会公开接受群众推荐的专用电子邮箱和收信地址是：

市文明办电子邮箱：hswmb@sohu.com.cn,地址：衡水市新华东路7号，邮编：053000。

群众推荐截止日期为8月17日。

各地群众直接向市活动组委会推荐的人选，全部反馈给被推荐人所在县市区组委会筛选。市直各单位可以向市直工委推荐本行业、本系统基层涌现出来的道德先进人物（推荐截止日期为8月17日）。这些推荐人选也由市文明办反馈给被推荐人所在县市区组委会筛选。

各县市区、市直工委评选推荐名额为每类人选1名，五类人选合计不超过5名。

2．8月上旬开始，市内主要新闻媒体和各地主要新闻媒体紧密配合推荐工作，开辟专栏，对近些年来涌现的道德建设先进典型集中进行回顾宣传，充分展现各地道德建设的成效、经验和各类道德模范的风采，使道德建设先进典型的感人事迹和高尚品德深入人心。

（三）审核公示上报

各县市区活动组委会要对群众评选推荐的候选人进行审核把关，将候选人首先在本人单位或所在城乡社区公示，并征求当地相关部门意见（如防范办、计划生育、基层公安机关等，党员和公职人员还应征求组织、纪检、监察部门意见，从事经济活动人员，还应征求工商、税务部门意见），报请县市区文明委、市直工委审定后，按分类填写《推荐表》，每人附1000字左右的事迹材料，并附一寸免冠彩照5张，加盖县市区文明办、工会、团委、妇联和市直工委公章，于8月17日前上报市组委会办公室。市组委会在征求有关部门意见后，在市主要媒体公示各县市区推荐人选，接受社会监督。公示结束后由活动组委会从各县市区推荐人选中筛选出10名作为全市十大道德模范，再从中遴选出5名（每类1名）作为拟向省推荐对象。全市十大道德模范，由市文明委命名表彰，遴选出的5名于2007年8月23日前上报全省活动组委会办公室参加全国道德模范评选。

供稿：衡水市文明办

整理：刘柳岐

衡水市文明办

衡水市文明单位考评办法（摘要）

（2007年8月6日）

为了加强文明单位创建活动规范化建设，体现公平、公正、公开、透明的原则，充分调动创建文明单位的积极性，确保文明单位考评工作的权威性、严肃性，根据《衡水市文明单位管理办法》，特制定本考评办法：

一、考评量化标准

按照管理办法的要求，文明单位考评内容分为基础考核部分和特色工作部分两大类。其中基础考核部分包括领导班子、创建活动、业务工作、遵纪守法、科教文化、环境建设6项15条，共100分；特色工作部分为加分内容，包括特色活动、典型经验、工作创新等3项，共20分。考评总分共计120分。

基础考核部分：（100分）

（一）领导班子建设（15分）

1．领导班子坚持在思想上行动上与党中央保持一致，认真贯彻执行党委、政府的重大部署，党政主要领导思想认识到位，经常对精神文明建设工作进行专题研究，结合实际制定工作思路和工作措施。（8分）

2．加强作风建设，坚持民主集中制原则，领导班子团结。无违法违纪现象，群众威信高。（7分）

（二）精神文明创建活动（35分）

3．领导机构工作机构健全，专职工作人员精干高效，精神文明建设专项资金得到保障。（6分）

4．中长期规划、年度计划和阶段活动安排完善，精神文明建设制度健全，创建档案齐备。（8分）

5．文明城市创建、文明和谐社区“七个一”创建、城乡共建、志愿者服务等群众性精神文明创建活动积极参与，任务完成。（6分）

6．单位内部创建活动深入开展。文明科室、文明小区、文明窗口、文明班组、文明家庭和青年文明号等创建活动取得明显成效。（8分）

7．职业道德、社会公德、家庭美德教育经常开展，道德规范或文明公约健全完善，单位文明之风浓厚。（7分）

（三）业务工作实绩（15分）

8．全面完成党委、政府和上级主管部门下达的各项经济指标和工作任务。（8分）

9．本系统，本单位的发展规划符合实际，工作指标量化，实施措施操作性较强，管理方式方法科学。（7分）

（四）遵纪守法情况（10分）

10．遵守国家法律、法规和各项规章制度，民主法制教育制度化，无违反党纪政纪现象。（5

分）

11．社会治安综合治理各项工作达标，目标责任制落实，无重大经济和刑事案件，无计划外生育。（5分）

（五）科教文化事业（10分）

12．科教文化设施完备，活动制度健全，职业技术培训年培训率不低于30%。（5分）

13．职工权益得到维护。主动关心职工生活，每年办成几件职工普遍关心的实事好事，在解决困难职工和离退休职工生活方面有新措施。（5分）

（六）环境建设（15分）

14．深入开展爱国卫生运动，积极参与创建文明卫生城市活动。卫生制度健全，卫生设施完善，卫生责任落实。（8分）

15．单位、居民小区整洁有序，无脏乱差现象，环境绿化美化。（7分）

特色工作部分：（20分）

在文明单位创建活动中，单位获得省级以上综合荣誉加5分，市级以上综合荣誉加3分；重大典型经验在全省推广加5分，在全市推广加3分；工作创新在本地、本行业产生广泛影响加3分。加分总共不超过20分。

二、考评方法

（一）考核验收分值划分四个档次：

1．90分以上的为示范文明单位；

2．75分～90分为基本合格单位；

3．75分～60分为需要整改单位；

4．60分以下为不合格单位。

（二）考评程序：

1．考评组听取单位主要负责人关于文明单位创建活动的工作汇报。重点了解单位领导班子对文明单位创建工作的认识、采取卓有成效的工作方法，收到的创建效果，单位特色和亮点工作以及下一步的工作设想。

2．查阅文明单位创建活动档案。领导班子专题研究此项工作的会议纪要、文明单位创建规划、各种活动的记录以及各项制度。

3．实地查看单位文体活动场所、便民利民服务设施和措施、环境卫生和小区建设。查看文明窗口文明执法、优质服务的情况。

4．座谈了解。班子成员、中层干部等层面干部职工对文明单位创建工作的了解程度、立足本职岗位作出的相关贡献等。

三、考评要求

考评工作分为实地考评、部门学习观摩互评、综合评定和表彰奖励四个环节进行。

1．文明办组织人员组成考评组对参评单位进行实地考评，并对考评组成员进行集中专题培训。

2．考评组认真学习领会考评量化标准，准确掌握考评尺度，严格按照考评标准进行逐项考核，认真打分，不缺项、漏项，不打人情分、印象分。

3．考评组认真执行工作纪律，及时沟通、汇总、汇报情况，不接受参评单位宴请，不接受礼品馈赠。

4．市文明办综合考评分数和情况后，按得分多少排序。评定结果采取适当方式进行公示，征求社会意见。并经市文明委研究同意，报市委、市政府审批。

5．获得文明单位荣誉后，由市委、市政府授予牌匾和证书，同级新闻单位刊播文明单位名单。

6．文明单位门前只悬挂最高一级和最新一届文明单位牌匾，其他级别和往届文明单位及单项先进牌匾一律移入室内。

此办法自公布之日实行。

供稿：衡水市文明办

整理：刘柳岐

衡水市文明办

关于建立衡水市未成年人思想道德建设工作信息员队伍的通知（摘要）

（2007年11月6日）

为深入实施未成年人思想道德建设“育、优、建”工程，切实加强未成年人思想道德建设基地建设，及时反映各级各类学校最新校园思想道德建设动态、先进经验及广大中小学生的所想、所见、所闻，衡水市文明办、市教育局决定建立全市未成年人思想道建设工作信息员队伍。

现就具体事宜通知如下：

一、在全市每一所中小学校设立信息站，聘请热心于青少年思想道德建设工作，对未成年人教育工作充满热忱，善于及时发现校园生活中青少年思想道德工作的亮点、问题并能及时反馈的老师为信息员。

二、每个信息员每个月至少上报未成年人教育科信息一篇。

三、信息员上报信息一篇加1分，信息被市文明办采用加2分，被省文明办采用加4分，被中央文明办采用加8分，分值加入所在县文明办信息排名总分。

四、年终将根据一年上报信息篇数及采用信息篇数进行全市排名，对前五十名信息员以衡水市文明办的名义进行表彰。

五、推荐时请认真填写好《衡水市未成年人思想道建设工作信息员登记表》（附表），于11月20日前交至衡水市未成年人教育科。

供稿：衡水市文明办

整理：刘柳岐

衡水市文明办

关于开展衡水市未成年人思想道德建设工作先进集体、先进个人和“五优”评选活动的通知（摘要）

（2007年11月8日）

为了全面落实《中共中央国务院关于进一步加强和改进未成年人思想道德建设的若干意见》和市“育、优、建”工程的要求，全面总结近年来我市未成年人思想道德建设工作取得的经验和成绩，不断改进和加强全市未成年人思想道德建设工作，进一步开创我市未成年人思想道德建设工作的新局面，市文明办、市教育局决定评选衡水市未成年人思想道德建设工作先进集体、先进个人和“五优”。现将有关事宜通知如下：

一、评选条件

(一)未成年人思想道德建设工作先进集体

1．积极组织参加2007年度市文明办开展的青少年思想道德建设系列活动的单位及学校；

2．加强精神文明建设，在爱国主义教育、民族精神教育、行为规范教育、心理健康教育和社会实践等方面全面提高未成年人素质，推进未成年人素质教育方面有举措，效果显著，成绩突出的单位及学校；

3．创造性地开展工作，积极营造建设未成年人思想道德教育环境与氛围，通过学科渗透、现代信息技术应用等各种途径，促进未成年人身心全面发展，成绩显著，效果明显的单位及学校。

（二）未成年人思想道德建设工作先进个人

1．热爱未成年人思想道德建设工作，有敬业、创新和奉献精神，自觉用良好的道德行为影响、教育未成年人；

2．思想端正，认真研究、积极探索未成年人德育工作规律，教育理念先进，在提高德育实效性、研究解决学校教育教学中面临的新情况、新问题方面有新思路、新方法，创造出符合未成年人德育工作管理的规律和经验；

3．注重心理健康教育工作，教育方法能够贴近实际、贴近生活、贴近学生。能够积极认真的组织开展德育活动，有效地促进未成年人心理健康的成长。

（三）“五优”评选

1．优秀学校

（1）办学方向明确，理念先进。坚持把德育作为学校首要任务来抓，在人事安排、经费投入、制度保障等方面有切实可行的政策、措施。能够选派思想素质和业务素质好、奉献精神和责任心强有能力的优秀教师从事德育管理工作和班主任工作；

（2）重视校园文化建设、学科渗透德育研究、学生行为习惯的养成教育、德育主题实践活动的开展，积极构建生活化德育体系。全体教职员工要对德育工作的意识感强，全员德育的氛围浓厚，把德育任务切实落到每一门学科、每一位教师；

（3）主动争取社会各方面的支持，建立以学校为主导，密切联系家庭、社区的教育模式，形成学校教育的良好环境；

（4）学校校风、学风受到社会各方面的好评。教师有良好的师德，教书育人，为人师表；学生有良好的道德品质和文明行为；

（5）学校德育工作效果显著。学校德育工作方面的经验在全市具有示范性作用。

2．优秀社区

（1）重视未成年人课余生活；

（2）有专人负责社区内未成年人思想道德教育工作；

（3）配备专门供未成年人课余活动的场地、设施；

（4）有家长学校并经常开展活动；

（5）无伤害未成年人案件。

3．优秀德育教师

（1）坚持以邓小平理论和“三个代表”重要思想为指导，在中小学思想品德课的教学教育改革中成绩显著；

（2）从事教育管理工作5年以上，能够根据学生身心发展规律和教育发展规律，勇于探索与实践，积极改革，有显著的德育管理成果；

（3）全面提高学生综合素质，在降低和减少青少年学生刑事案发率方面成绩显著；

（4）在学科教学工作中，能够坚持教书育人、服务育人、管理育人、环境育人，学科德育实践方面效果显著；

（5）在加强德育科研、德育队伍培训、促进校外教育、提高师德修养和综合素质方面成绩显著。

4．优秀文明城市建设社会监督员

（1）积极参与创建文明城市的各项活动，运用多种形式反映、宣传文明行为，批评监督不良社会现象；

（2）热心社会事业，积极建言献策，当好文明城市建设的推动者；

（3）热心支持未成年人思想道德建设工作，积极参加到未成年人思想道德建设的各项活动中，充分发挥自身作用，为未成年人思想道德建设作出突出贡献。

5．优秀文明小卫士

（1）遵守《中小学生日常行为规范》和《中小学生守则》；

（2）能够按照“五爱两尊敬”（爱党、爱祖国、爱集体、爱家长、爱同学，尊敬老师、尊敬长辈）、“五不两远离”（不骂人、不说谎、不欺负同学、不随地吐痰、不随地乱扔废弃物，远离网吧、远离封建迷信）严格要求自己；

（3）积极参加学校组织的各类道德实践活动，并通过自己的言行宣传、倡导文明礼貌、助人为乐、爱护公物、保护环境、认真学习、诚实守信等良好行为品德；

（4）学习态度端正，上课专心听讲，多思好问，有良好的学习习惯，各科成绩优秀。

二、评选范围及名额

(一)评选范围：未成年人思想道德建设工作先进集体和先进个人在全市未成年人思想道德建设联席单位及全市中小学校(民办学校和职高)中产生；

“五优”：优秀学校在全市中小学校(含职高和民办学校)中产生；优秀社区在全市所有社区中产生；优秀德育教师在全市从事未成年人思想道德教育的教师及科研工作者中产生；优秀文明城市建设社会监督员及优秀文明小卫士在各县市区文明办备案名单中产生。

(二)名额：

名额分配表（见附1）。

三、评选要求

(一)各县市区文明办、教育局要认真传达《通知》精神，以评选为契机，总结经验，树立新的典型。

(二)上述先进集体和个人，对有违纪问题、学生违法犯罪和安全事故的事件实行一票否决；实行信访一票否决；对于上报到各县市区委文明办及教育局对推荐工作反映并检查有一定问题的单位，取消参评资格。

(三)推荐先进集体和个人要采取“两公开”的原则，即评选条件公开，推荐名单公开。接受社会各界的监督，坚决避免走形式、走过场，确保评选工作的公开、公平、公正。此文件通知须召开全体职工大会，面向全体职工传达。

(四)单位在申报推荐工作中，所有项目的表彰名额均不得超额上报。

(五)各单位在推荐工作中，要坚决防止一把手指名推荐。所有推荐人选必须经过民主测评和业绩考核等程序，推荐人选必须经由全体职工大会产生或通过。将评选结果在单位公示3天，并公布各县市区举报电话（文明办、教育局自设），市文明办举报电话：15832858919。推荐工作中，坚决防止暗箱操作、弄虚作假，防止单位推荐工作中的人情现象。推荐工作要体现择优的原则，减少论资排辈、职称评定等因素的影响，不得考虑申报人的年龄、职称和证书多少等情况，做到完全基于工作实绩来确定推荐对象。

供稿：衡水市文明办

整理：刘柳岐

邢台市精神文明建设委员会

关于开展“文明十个一”活动的实施方案（摘要）

（2007年3月21日）

为弘扬社会正气，倡导文明新风，进一步加强公民思想道德建设，全面提高市民文明素质，推动我市创建文明城市活动广泛深入开展，市文明委决定在全市范围内开展“文明十个一”活动。现将具体安排如下：

1．文明乘车：分期分批对公交车司乘人员进行业务培训，强化驾驶员的文明驾车、文明服务意识；按时擦洗车辆，保证车内整洁卫生；维护好乘车秩序，妥善处理乘客的各种意外和突发事件，确保乘客安全；在公交车站和公交车上广泛开展文明候车、文明乘车、爱心让座活动，使排队候车、文明礼让蔚然成风。此项工作由市城管局负责落实。

2．文明游园：为游客提供更加便捷的服务，减少其做出不文明行为的可能性；全面开展提升中国公民旅游文明素质各项活动，加强从业人员职业道德教育和服务技能培训，提高服务质量和管理水平；通过多形式多渠道广覆盖的形式加强文明旅游宣传力度；通过发布公益广告，设立文明监督岗，评选文明游客等形式，引导和教育游客提高文明意识，营造和谐的旅游氛围。此项工作由市旅游局、市城管局负责落实。

3．文明观演：在全市所有演出场所悬挂、张贴“文明观演”宣传标语；每个演出场所聘请1-2名“文明观演义务监督员”，随时纠正观演中的不文明行为，使观演秩序得到明显改善。此项工作由市文化局负责落实。

4．文明行车：通过深入开展“创建平安畅通县区工程”，进一步加强交通安全集中整治；强化民警上路率和管事率，加大道路巡查密度，强化路面控制；对交通流量大的重点路段、危险路段和事故多发路段，确保“白天见民警，晚上见警灯”，24小时有警巡逻；切实增强严管意识，对各类严重交通违法者要依法从严、从重处理，绝不能简单罚款放行，要始终保持严管高压态势，使机动车违章率符合《文明城市测评体系》的标准；主要街道交通设施要进行全面、科学的规划，健全规范增设标志、标线、信号灯、隔离护栏等交通设施；合理设置规划泊车位，强化停车秩序整治工作，使各种车辆停靠、摆放有序。此项工作由市交警支队、市城管局负责落实。

5．文明走路：以交通安全“五进”（进单位、进企业、进学校、进家庭、进农村）宣传为载体，深入开展“交通安全进万家”活动。通过发放交通安全宣传资料，组织观看交通安全展板、挂图，播放交通安全光盘等形式，广泛宣传交通安全法和交通安全常识，切实做好交通安全宣传教育工作；加大处罚力度，解决车辆、小商小贩等乱占便道现象；此加大对行人不文明行为的教育处罚力度，使广大行人能自觉做到“遵章守法、文明出行”，使“文明走路光荣，不文明走路可耻”成为社会风尚。项工作由市交警支队、市城管局、市工商局负责落实。

6．文明就餐：指导餐饮行业积极设置和推行小份菜碟，主动提醒客人理性消费，适量点餐、剩菜打包、文明饮酒；餐饮门店悬挂、张贴倡导文明用餐的标语和宣传画。此项工作由市商务局负责落实。

7．文明购物：宣传推广文明购物“行为规范”，引导市民自尊自爱，杜绝带宠物进入商场；倡导文明购物，杜绝在商场超市等公共场所抽烟、光膀子等不文明行为。此项工作由市商务局负责落实。

8．文明办公：严格规范党政机关公务人员行为规范，广泛开展公务礼仪培训，做到文明办公，规范服务；紧密结合“学习型、服务型、创新型、清廉型、和谐型”文明机关创建活动，广泛开展文明单位和文明公务员评选活动，强化服务观念，提高人员素质；紧密结合行政权力公开透明运行，广泛开展政风、行风和机关效能建设活动，改革办事制度，提高工作效率。此项工作由市直工委负责落实。

9．文明过节：进一步加大中宣部、中央文明办等五部门《关于运用传统节日弘扬民族文化的优秀传统的意见》的宣传力度，使之做到家喻户晓；重点办好“中国•邢台天河山‘七夕’爱情文化节”系列活动，深度打造这一具有邢台特色的传统文化品牌。此项工作由市委宣传部、市文明办负责落实。

10．文明养犬：严厉查处无证养犬行为，做好收容安置流浪犬工作；加强日常管理，使防疫和监管要求得到有效落实。此项工作由市公安局、市畜牧局负责落实。

为了加强对活动的组织领导，市成立“文明十个一”活动领导小组(名单附后)，下设办公室(设在市文明办)，具体负责活动的检查指导和组织协调。各级文明委要发挥协调指导作用，统筹各方开展活动，市直各相关单位要发挥自身优势，把工作做到各自联系的人群中去，精心组织，周密安排，既要形成强大声势，又要做到务求实效，把这一好事办好、实事办实。

各新闻单位要加强对开展“文明十个一”活动的宣传报道，形成浓厚的舆论氛围。要设置专题、专栏，对活动进行跟踪采访，不间断地报道各县市区、各部门活动的开展情况及涌现出来的感人事迹。

供稿：邢台市文明办

整理：弓少勇

邢台市精神文明建设委员会

关于开展“文明邢台、和谐邢台”创建活动的实施意见（摘要）

（2007年3月15日）

根据冀文明［2007］1号《关于印发〈关于“文明河北、和谐河北”创建活动的实施方案〉的通知》要求，市文明委决定，在全市城乡、各行业组织广泛开展“文明邢台、和谐邢台”创建活动。具体实施意见如下：

1．围绕提高农民素质、增强致富本领这一目标，进一步深化文明生态村创建活动。按照产业强村、文化兴村、生态建村、民主治村的总要求，总结经验，研究政策，加强指导，全面推进创建文明生态村活动向深度广度拓展，积极构建和谐乡村。（1）继续加大“三化”力度，推进人居环境进一步改善，引导农民群众树立科学文明健康的生产、生活方式，促进人与自然的和谐。（2）以提高农民素质和农村文明程度为重点，抓好培育新农民工作，大力推广“十星级”文明户、“两会一校”、“村民功德录”等活动，吸引村民广泛参与，树立良好的道德风尚，建立和谐的人际关系，形成文明和谐的乡风、民风。（3）整合以文化阵地为重点的公共服务资源，大力加强“村民中心”建设和管理，吸引村民广泛参与政策学习、科技培训、信息服务、文化活动等，增强致富能力，丰富文化生活。（4）组织力量对全市第一、二批创建村的巩固提高工作和第三批创建村的启动工作情况进行全面督导。

2．围绕构建和谐家庭这一主题，推动创建文明城市活动向深度拓展。（1）进一步改进创建文明城区（市）管理办法，在两市（沙河、南宫）三区（桥东、桥西、高开）开展文明城区竞赛活动，年底对各城区（市）进行测评，排列名次表彰先进。（2）以加强社区居民思想道德建设为核心，以提高居民文明素质和城市文明程度为着力点，在全市各社区广泛开展“十个一”进社区和“帮一帮、让一让”活动，进一步总结推广社区“十分钟服务圈”、“人性化服务”等行之有效的做法，不断开创文明社区创建新局面。（3）继续加大营造城市森林大型公益活动的工作力度，精心组织第八次春季战役，广泛动员社会力量改造城市生态环境，掀起植树造林的新高潮。（4）以“学习型家庭”、“美德在农家”、“廉洁家庭”等创建活动的评选表彰为基础，按照“和谐家庭”的六个标准，进行综合考证。以家庭为参评主体，采取家庭自评、群众评议、基层推荐、逐级报批的办法，于适当时候评选表彰市级“和谐家庭”示范户。通过创建、评比、表彰，向社会推出大批具有时代特色、倡导和谐文明的“和谐家庭”典型，激发广大家庭的创建热情，营造“人人文明、家家和谐、社会进步”的良好氛围。（5）继续深入开展“从‘七不’做起，做文明市民”活动，增强广大市民的公德意识，引导市民做到“七不”，年底评选出一批践行“七不”的好市民，并以市文明委的名义进行表彰。（6）严格程序，规范运作，出台“邢台好人”评选标准及办法，全面启动第二届“邢台好人”评选活动，筛选出十佳，以市文明委的名义命名表彰。

3．围绕诚信经营、文明服务这一目标，进一步深化拓展创建和谐企业活动。以促进社会和谐、实现经济社会全面发展进步为主题，广泛开展“共铸诚信”活动，进一步完善评选标准、办法，在全市商贸零售、医疗卫生、药品保健、邮政通讯、建筑装修、公共交通、旅游出行等行业的所有企事业单位和个体工商户中，全面启动争创“百佳诚信单位标兵”和“百佳诚信单位”评选活动，年底评选出10个“百佳诚信单位标兵”和90个“百佳诚信单位”。完善各县市区及工商、税务、技术监督等系统的政府信用网站，健全企业信用分类监督体系。

4．围绕争当文明公务员这一目标，进一步深化创建文明机关活动。按照创建文明机关（单位）活动安排意见，继续开展“学习型、服务型、创新型、廉洁型、和谐型”文明机关（单位）创建活动。组织创建文明机关观摩交流活动，评选表彰文明机关、文明处室和文明公务员。积极推进“服务在机关”活动，坚持政务公开，促进行政提速、服务提质，真正做到办实事、搞服务、促发展。组织新闻单位开展文明机关(单位）、文明公务员采风活动，展示党政机关服务基层、企业、群众的良好形象，在全市党政机关形成以文明促思想和谐、工作和谐、人际和谐、机关和谐的深厚氛围。

5．围绕“爱心暖邢台”这一活动主题，继续开展好为群众办事实、办好事的“民心工程”。（1）组织市直新闻单位开展“爱心暖邢台”寻访活动，大力讴歌各地涌现出的团结友善、助人为乐的新人、新事、新气象，形成有利于增强社会亲和力的浓厚舆论环境。（2）进一步完善以青年、巾帼、公务员等志愿者为主体的志愿者网络，进一步发动社会各界干部群众参与到志愿服务中来，不断拓展志愿者活动领域，以扶贫济困、助残助学、科学普及等为主要内容，把志愿服务引入到社会生活的方方面面。（3）引导各级文明单位积极参与“资助贫困子女上大学”、“助残帮困”、“文明生态村帮建”等社会公益活动，在弘扬社会新风、构建和谐社会等方面发挥示范带动作用。（4）继续组织好中央、省“西部开发”助学工程，做好各方面的落实工作，总结经验，进一步规范受助学生的推荐、审核，做到公开、公正、公平，真正使品学兼优、家庭贫困的学生得到资助，同时发挥这一工程的示范带动作用，引导社会各界干部群众踊跃参与助学活动，使更多家庭困难的学生得到帮助。

供稿：邢台市文明办

整理：弓少勇

邢台市精神文明建设委员会
关于开展文明城区（市）竞赛活动的实施方案（摘要）

（2007年3月16日）

为深化文明城市创建活动，提高文明城市创建活动的整体水平，实现我市到2008年进入到省级文明城市创建的先进行列，根据《邢台市创建文明城市三年规划》的相关要求，市文明委决定，在全市开展文明城区（市）竞赛活动。具体方案如下：

一、参赛范围

桥东区、桥西区、沙河市、南宫市、高开区

二、竞赛内容

1．环境卫生。（1）推广并坚持路段卫生清扫保洁责任制和“门前三包”责任制，无乱扔果皮纸屑、无乱贴标语广告、无违章搭盖等现象。（2）清洁工着装统一，生活垃圾实行袋装，定时定点及时清运，垃圾车完好整洁，无溢、跑、冒、漏、滴现象。（3）经营性公共场所证照齐全（《经营许可证》、《卫生许可证》），从业人员持《健康证》上岗，公共用具严格消毒。（4）窗口单位、居民区卫生整洁，食品卫生符合要求。（5）突发公共卫生事件应急系统健全、统一，指挥进行状况良好。

2．社区建设。（1）社区居委会有宣传栏，且整洁美观。（2）社区文化阵地健全，综合性多功能的室内文化活动场所无被侵占、挪用现象。（3）文明“十个一”进社区活动能够得到广泛开展。（4）社区服务周到，窗口便民服务措施齐全，机关服务效率高。（5）社区卫生服务中心（站）健全。

3．市民教育。（1）广泛宣传学习《公民道德建设实施纲要》，大力倡导“爱国、守法、诚信、知礼”的基本道德规范，把青少年的思想道德教育作为重中之重。（2）以提高市民素质为主要内容的道德实践活动开展经常化、规范化。（3）各种志愿者队伍及其管理机构健全、完善，并能够经常性的开展活动。（4）针对外来务工、经商人员的教育问题制度健全。

5．科技教育。（1）切实实施“科技兴市”战略，城区（市）科技水平来断提高，高新技术产业发展迅速。（2）积极开展各种形式的科普活动，大力普及科学知识，青少年科普教育基地和科研基地健全、完善。（3）九年义务教育稳步巩固提高，普及高中教育步伐加快，各种形式的职业教育、成人教育稳步发展。（4）青少年宫、青少年活动中心等校外活动场所管理制度健全，并上墙公布，青少年活动内容健康，环境整洁，无被侵占、挪用现象。

6．政府服务。（1）党政机关廉洁勤政，政府部门办事程序公开、规范、高效。（2）党政领导接待群众来访制度健全、完善，有为市服务的热线电话等联系方式。（3）办事公开制、服务承诺制、按期办结制，能够得到广泛实行。（4）各窗口行业办公区域整洁，服务收费项目公开。（5）政府诚信体系建设完善，社会对政府部门承诺的监督网络健全，政府在民事活动中遵守法律法规，严守契约。

7．法制建设。（1）法制教育年度有计划，年终有总结。（2）领导干部、司法执法人员、生产经营管理人员、青少年的学法用法有安排、有考核。（3）政府及其派出机构设有基层法律服务热线，街道、社区居委会设有人民调解委员会。（4）政府财政保障的法律援助机构健全。

8．公共设施。（1）公共场所消防设施健全、消防通道通畅、消防安全制度健全，有专人负责消防安全工作。（2）公用电话、邮箱、报栏、座椅、雕塑等公共设施能够得到精心保护，无人为弄脏、损坏等现象，各类公共设施功能完好，能经常使用。（3）城市最低生活保障能够实现应保尽保，发放及时，最低生活保障线随经济发展逐步提高。

9．交通管理。（1）交通秩序良好，主要路口、路段无不文明交通行为，做到“车不越线，人不斜穿，路无障碍，各行其道，秩序井然”。（2）经常性开展交通法规和交通安全知识宣传教育，市民交通安全意识提高明显。（3）主要道路交通标志、标线齐全、清晰。（4）机动车停放场（站）分布合理、便捷、高效，没有占道停放的情况。（5）交通事故逐年减少，万台车死亡率比上年同期有所下降。（6）整治警风，指挥交通、以眼还眼违章做到文明、规范，处理事故依法行政。（7）公共交通符合城区（市）发展需求。

10．文化建设。（1）加强文化队伍和阵地建设，城区文化活动丰富多彩。群众性文化活动有地方特色，能坚持开展，市民的业余生活情趣高雅，有一定的艺术水准。（2）文化市场管理规范、健康有序。精心构筑街景文化，主要街道、商业中心和旅游点、车站等窗口的景观文化含量高。（3）标志性建筑上档次，品位高，建筑物外形、色彩及城市雕塑、夜景工程独具风格，有艺术感。（4）设置并规范报栏布局、路牌标志、广告用字，有计划地实施拆墙透绿，增加城市美感。

四、竞赛办法

文明城区（市）竞赛采取初评和总评相结合的方法，评审活动自2007年开始，每两年评定一次。

1．初评。初评在届期第一年年底进行。由市文明办抽调市直有关部门组成检查评比组，采取随机检查、跟踪督查等形式，对竞赛的各项内容进行一次实地检查评比。对优胜区授予“创建文明城区竞赛活动流动红旗”，并在新闻媒体上给予公布，初评成绩计入总评。

2．总评。总评在届期第二年年底进行。一是由市文明办抽调专门人员分成五个评审小组，深入到参赛城区（市）进行综合评定（包括材料审核、实地察看、听取汇报三个部分）。二是市成立文明城区（市）总评专家小组评定办公室，负责对各小组上报的城区（市）成绩和初评成绩的汇总，确定优胜名单。

3．表彰。表彰分市级“文明城区（市）”和“创建活先进文明城区（市）”两个档次，每个档次各设一个名额，分别以市精神文明建设委员会的名义命名。

供稿：邢台市文明办

整理：弓少勇

邢台市精神文明建设委员会

关于在创建村中开展特色文化村建设的实施方案（摘要）

（2007年4月9日）

各县市区精神文明建设委员会、市直各相关单位：

为了进一步巩固文明生态村创建成果，推动创建活动向广度和深度拓展，提高创建村的文化品位，丰富广大村民的精神文化生活，邢台市文明委决定在全市有条件的创建村开展特色文化村建设工作。具体方案如下：

一、特色文化村的选择标准

1．有名人故里的村；

2．具有旅游优势、神话传说、历史典故、房屋住宅具有古建筑风格的村和传统乡艺、民间艺术开展较为普及的村；

3．琴棋书画专业村以及文化专业户较多的村。

二、特色文化村的建设数量和时间要求

特色文化村要在一、二批文明生态村中进行选择建设。各县市区要结合各创建村的创建特色初步确定特色文化的数量，文化底蕴深厚的县市不少于10个，其他县区不少于5个，各区不少于1个。各县市区要将初步确定的特色文化村名单于4月底前报市文明办，最终确定100个特色文化村名单。

三、特色文化村建设的具体措施

1．整合资源，加大投入力度。一是要加大各级财政的扶持力度。将文明生态村建设的资金向特色文化村建设村进行倾斜，并列支专款用于特色文化村的建设。二是要加大对特色文化村帮扶力度。要在文明生态村的帮建单位选择上多向特色文化村建设村倾斜，原则上每个不应少于2个单位帮建。帮建单位要采取“硬”帮扶的策略（即没有帮扶年限，直到建成为止），确保真帮真建。

2．从严规划，高标准建设。一是各级文化、规划、旅游、科技等部门要根据本单位的工作职能，积极参与特色文化村的规划、指导和设计工作，主动为特色文化村建设提供指导和帮助。同时各级文明办要进一步加强与上述单位的沟通与联系，及时邀请相关单位对特色文化村的建设情况提出意见，避免走弯路。二是在深入挖掘历史文化资源的同时，要注意对民俗文化的保护，尽量保持特色文化村的原建筑风貌。三是要针对不同村的不同特点，因村制宜，在一村一品、一村一景上下功夫。

3．开展丰富多彩的特色活动。要建立健全特色文化活动制度，在“活”字上下功夫，充分利用农闲和民俗节日多层面的开展各种群体性的活动，丰富创建村的精神文化生活。

四、组织领导

各县市区文明委和市直有关部门要把特色文化村建设当做当前深化文明生态村创建活动、建设新农村、构建和谐社会的一件大事来抓，切实加强对特色文化村建设的组织领导，当好特色文化村的“婆家”，共同推进我市特色文化村建设工作扎实有效地开展。各县市区也要制定相应的工作方案或实施意见于4月底前报市文明办。

供稿：邢台市文明办

整理：弓少勇

邢台市精神文明建设委员会

关于开展"迎奥运、讲文明、树新风"系列主题活动的实施方案（摘要）

（2007年5月15日）

2007年是全面做好迎接奥运会召开各项准备工作的攻坚之年，为了进一步掀起"迎奥运、讲文明、树新风"活动新高潮，全力做好服务奥运的各项工作，按照省文明委的有关部署要求，市文明委决定在全市范围内开展"迎奥运、讲文明、树新风"系列主题活动。现制定方案如下：

1．开展"迎奥运，窗口在行动"系列服务活动。以深化行业文明程度，完善各行业、单位的文明服务、诚信服务措施，提高服务质量，提高办事效率，解决各窗口行业中存在的服务不规范、不透明、不优质，管理不严格、制度不落实问题为目标，以"迎奥运、讲文明、树新风"为主题，在全市参与"三杯"竞赛的窗口部门广泛开展"迎奥运，'窗口'在行动"系列服务活动。年底从中评选10个先进单位和100名先进个人进行表彰。

2．开展"迎奥运，志愿者在行动"系列服务活动。整合全市志愿者服务队伍，紧紧围绕"迎奥运、讲文明、树新风"这一主题开展活动：一是组织全市党员干部，开展"帮困助残献爱心"系列活动。组织全市万名党员干部与下岗职工、困难家庭"一帮一、结对子"入户帮扶。二是组织出租车行业"帮困助残，争做文明使者"活动，让全市出租车司机与出行不便的残疾人建立相对固定的服务关系，上门服务；三是组织文明单位"双百扶贫"活动。协调100家文明单位与100个贫困村结成对子，帮扶共建。四是组织社区志愿者帮助敬老院的老人整理房间，打扫卫生，陪老人聊天，为老人义务理发等志愿服务活动。五是组织全市各行业志愿者力量，开展"万名市民文明出行"和"万名市民文明游园"主题实践活动。

3．开展"迎奥运，雏鹰在行动"系列活动。一是以提高未成年人思想道德素质为目标，在全市广泛开展"迎奥运，雏鹰争星"评选活动，此项活动以社区教育为平台，通过每季组织开展评选活动，激励和引导少年儿童德、智、体、美、劳全面发展。二是全面推广桥西区电厂社区"红领巾环保小卫士"的成功经验，开展"迎奥运，红领巾在行动"活动，通过在社区组建"红领巾"队伍，维护小区的环境卫生，保护生活区的绿化、美化、净化成果，督查、纠正不文明行为，促进学生自身和社区居民道德水平的共同提高。

4．开展创建文明示范区域系列活动。一是联合有关部门加大管理力度和执法力度，在全市所有公共场所，广泛开展文明示范区域创建活动，进一步引导广大市民从实际行动抓起，纠正和制止的不文明行为，培养自觉维护市容环境的文明习惯。二是以美化环境为重点，通过加强基础设施建设、加强典型示范作用、加强依法管理、加强公共参与和长效机制建设，搞好城乡环境绿化美化净化工程，为奥运会创造整洁优美的城市环境。三是开展"迎奥运环境清洁日"活动。以清除非法小广告和暴露垃圾为重点，每月30日为邢台市环境清洁日，加强环境治理，彻底清理柴草乱垛、粪土乱堆、垃圾乱倒、污水乱泼、禽畜乱跑问题，为建设优美邢台打下良好基础。

供稿：邢台市文明办

整理：弓少勇

邢台市文明办

2007年群众性精神文明创建工作要点（摘要）

（2007年2月1日）

2007年是深入贯彻党的十六届六中全会精神、迎接党的十七大胜利召开、在建设沿海经济社会发展强省中加快实现“富民、强县、兴市”目标的重要一年。群众性精神文明创建工作要以邓小平理论和“三个代表”重要思想为指导，全面贯彻落实科学发展观和构建社会主义和谐社会等重大战略思想，坚持贴近实际、贴近生活、贴近群众，着力创新内容、创新方式、创新手段，引导和组织广大人民群众广泛参与以社会主义核心价值体系为根本的和谐文化建设，深入开展和谐创建活动和精神文明创建活动，进一步提高公民文明素质和社会现代文明程度，为实现更好更快发展和构建和谐邢台提供强大精神动力和良好社会环境。

一、以社会主义荣辱观教育实践为主要内容，进一步提高公民思想道德素质

大力抓好学习践行社会主义荣辱观有奖征文、“知荣辱、明是非、辨美丑”演讲比赛、“小手牵大手、文明一起走”主题实践等系列活动，进一步深化社会主义荣辱观宣传教育效果。继续利用重大纪念日、民族传统节日，策划主题活动，弘扬爱国主义精神和传统美德。进一步建立健全志愿者组织，扩大服务领域，整合各方面志愿者力量，推动建立与政府服务、市场服务相衔接的社会志愿服务体系。进一步发挥“西部开发助学工程”等助学工程的示范作用，动员广大群众和社会各方面力量广泛开展对困难群众、困难家庭、困难地区的群众互助和社会援助活动。精心组织好第五个“公民道德宣传日”和《公民道德建设实施纲要》颁布六周年纪念活动，积极营造推动落实公民道德基本规范的社会环境和社会氛围。

二、以落实工作措施、完善长效机制为着力点，扎实推进未成年人思想道德建设

着力加强学校德育工作，建立健全符合素质教育要求的学生综合素质和学校教育质量考核评价体系，推动学校德育向家庭教育和社会教育延伸，进一步完善学校、家庭、社会“三结合”的教育网络。探索加强“留守儿童”、“流浪儿童”教育和管理办法，制定完善进城务工人员子女就地入学的具体措施，总结推广“留守儿童之家”、农村寄宿学校、委托监护人、结对帮扶等成功做法，努力解决这些特殊群体儿童的教育问题。强力推进有利于青少年健康成长的文化环保工程，把群众反映强烈的网吧、网络、网游问题作为整治工作的重点，切实加大管理力度，集中整治色情、暴力软件，努力为青少年创建良好的生活环境。认真落实中办［2006］4号文件，不断完善爱国主义教育基地和公益性文化设施对未成年人免费优惠开放的政策措施，落实未成年人校外活动场所的公益性原则，实现学校教育与校外活动的有效衔接，推动公益性活动场所更好地为广大未成年人服务。坚持完善联席会议制度，建立健全未成年人思想道德建设的工作机制、考评机制和激励机制，推动重点工作的落实。

三、以“村民中心”建设为重点，不断深化文明生态村创建活动

按照产业强村、文化兴村、生态建村、民主治村的总要求，推动创建活动向广度和深度拓展。一是大力建设“村民中心”。整合以文化阵地为重点的公共服务资源，吸引村民广泛参与科技学习、法律援助、信息服务等，增强致富能力，提高农村经济发展水平。全年要再建300个高标准的“村民中心”，使全市“村民中心”总数达到700个。二是全力抓好第三批文明生态村创建工作。巩固提高一、二批创建村的创建成果，在改善农村人居环境、加快农村经济发展、推进农村基层民主政治建设、提高农民群众文化素质等四个方面取得新突破。在此基础上，按照全市行政村6%的比例，确定第三批300个创建村，动员社会力量开展帮建工作。组织有关部门参加的文明生态村创建工作督导团，对各县市区一、二批创建村的巩固提高和第三批创建村的启动普及情况进行督导和评议，推动创建活动持续深入开展。三是开展联片创建。根据每个连片区域不少于5个行政村的连片创建基本思路，到2007年底全市初步建成300个连片创建区域，覆盖1800多个创建村，基本建成7－8个文明生态乡镇。四是打造特色文化村。围绕文明生态村创建主题，挖掘文化内涵，延展文化血脉，努力打造特色文化村，满足农民群众精神文化生活的需求。在2006年已初步建成50个特色文化村的基础上，再建成50个特色文化村。特别要注重邢台县英谈村、郭村、新河县董振堂故乡——西里村等历史文化名村的创建工作，探索强化文化内涵、提升创建水平的新路子。五是继续深化“十星级”文明农户、“两会一校”、“村民功德录”等活动，规范活动的章程制度，吸引农民群众广泛参与乡风文明建设，树立良好的社会风尚，建立和谐的人际关系。

四、以讲文明、促和谐为主题，深入开展各类精神文明创建活动

群众性精神创建活动要把促进社会和谐作为重要目标，把传播和谐文化、培育和谐人际关系作为重要任务，把和谐理念作为指导工作的重要思想方法。（1）创建文明城市要强化创建措施，提高工作水平。着眼增强公民、企事业单位和各种组织的社会责任，广泛开展和谐社区、和谐校园、和谐家庭、和谐单位等创建活动，推动形成和谐创建人人有责、和谐社会人人共享的生动局面。配合“爱我邢台、建设家园”活动，认真组织好“从‘七不’做起，做文明市民”和“文明十个一”活动，促进市民文明素质的不断提高。立足于增强人们关心生态、保护环境的公德意识，动员党政机关、企事业单位、居民群众踊跃参与营造城市森林第八次春季战役，改善城市生态环境，建设宜居城市。推行精神文明建设工作品牌战略，继续开展好“邢台好人”评选、“十分钟服务圈”、“人性化服务”等亮点工作。（2）创建文明行业要突出诚信建设，树立行业新风。广泛开展“共铸诚信”活动，突出抓好涉农服务、食品安全、医疗卫生、商业零售等行业和单位，启动争创“百佳诚信单位标兵”和“百佳诚信单位”评选活动，引导企业经营者和广大员工以德经营、诚信立业、文明生财。推广建立诚信联盟，着力解决假冒伪劣等问题，不断增强全社会的诚实守信意识。继续抓好《行风热线》这一“民心工程”，认真组织好开播10周年的各项纪念活动。（3）创建文明小城镇要建立奖惩机制，推动工作深化。以“四优一满意”为主要内容，着力抓好城镇环境改造、“窗口”单位服务、文化设施建设和进城农民向市民转化工作。在县城和大的建制镇开展创建文明小城镇竞赛活动，表彰先进、敦促落后，力争使小城镇创建出现一个新局面。（4）创建文明单位要深化创建内涵，拓宽工作领域。推动创建活动向企业、学校、特别是向新经济组织和新社会组织拓展，尤其是要探索创建活动与提高企业、社会组织的品牌效应和社会公信度挂钩的办法、措施，解决创建工作重评比、轻活动的问题，体现创建活动的广泛性和群众性。

五、切实加强精神文明建设队伍建设

（一）加大精神文明建设从业人员培训力度。围绕建设社会主义核心价值体系、开展和谐创建等专题，坚持“请进来，走出去”，分期分批开展培训，努力提高精神文明建设工作队伍统筹协调、改进创新、服务群众的能力和水平。

（二）积极开展精神文明建设信息调研工作。密切关注社会舆论、思想动态和社会心理变化，及时发现倾向性、苗头性问题，推广交流先进经验和典型做法。继续办好《邢台市精神文明建设简报》，巩固和进一步提升在全省精神建设信息上稿量的先进位次。

（三）建立精神文明建设工作奖惩机制。探索建立体现科学发展观要求的精神文明建设综合考评体系，对各县市文明办整体工作施行年度考核，进一步调动开展精神文明建设的积极性。

供稿：邢台市文明办

整理：弓少勇

邢台市精神文明建设委员会办公室

关于在元旦春节期间开展“文明和谐‘帮’与‘让’”活动的通知（摘要）

（2007年12月27日）

2008年元旦、春节将至，为贯彻落实党的十七大和省委七届三次全会关于“建设和谐文化，培育文明风尚”的有关精神，让全市人民群众过一个文明、和谐的“双节”，市文明办决定，在全市城乡组织开展“文明和谐‘帮’与‘让’”活动。现将有关事项通知如下：

一、指导思想

以邓小平理论和“三个代表”重要思想为指导，深入贯彻落实科学发展观，抓住“双节”有利时机，深入推进“帮一帮、让一让”活动的开展，大力倡导扶贫济困，礼貌礼让、团结友善的道德风尚，营造文明和谐的节日氛围。

二、活动重点

1．在城市社区和广大农村，开展群众性的互帮互助，通过“爱心超市”筹集节日用品、各类志愿者组织节日义务服务等方式，帮助贫困家庭、孤寡老人、留守儿童、残疾人等困难群众解决节日和生活急需。

2．在火车站、长途汽车客运站、公共汽车站和各类交通工具上，组织人们有序购票、排队上车，主动为老幼病残孕让座。

3．在城镇公路，交通干线和旅游景区，引导人们文明行车、文明出游、维护公共秩序、保护生态环境。

三、组织领导

1．各县市区要制定实施方案，突出重点，便于运作。

2．要通过广播、电视、报纸、网络和公益标语广为宣传，形成舆论氛围，引导群众参与。

3．要协调民政、铁路、交通、公安、旅游、志愿者组织、新闻媒体认真谋划，分解任务、明确责任、督导落实。

各县市区的活动方案于2008年1月5日前报市文明办协调科。

供稿：邢台市文明办

整理：弓少勇

邯郸市精神文明建设委员会

关于成立“邯郸市社会志愿服务指导委员会”的通知（摘要）

（2007年3月19日）

各县（市、区）文明委，市直有关单位，市社会志愿服务指导委员会成员单位：

成立社会志愿服务指导委员会，是推动邯郸市社会志愿服务全民化、社会化的一个实际步骤，是整合社会志愿服务资源，深入推进群众性精神文明创建活动的重要措施。经市委同意，成立了“邯郸市社会志愿服务指导委员会”，各县(市、区)3月底前都要成立社会志愿服务指导委员会，并按照《工作条例》的各项规定，迅速展开工作。

附：1．邯郸市社会志愿服务指导委员会人员名单(略)；

2．邯郸市各级社会志愿服务指导委员会工作条例（试行草案）。

邯郸市各级社会志愿服务指导委员会工作条例（试行草案）

第一章 总则

第一条 社会志愿服务指导委员会是整合全市社会志愿服务资源，推动社会志愿服务事业全民化、社会化的协调机构。

第二条 社会志愿服务指导委员会在邓小平理论和“三个代表”重要思想，科学发展观和构建和谐社会重要战略思想指导下展开工作。

第三条 社会志愿服务指导委员会对精神文明建设委员会负责。

第二章 委员会的设置

第四条 各县（市、区）设社会志愿服务指导委员会。

第五条 各级社会志愿服务指导委员会由主任、副主任、委员组成。指导委员会主任由同级精神文明委员会有关领导担任，副主任由指导委员会有关部门主要领导担任，委员由指导委员会组成部门的有关负责同志担任。

第三章 委员会的主要职责和工作制度

第六条 各级社会志愿服务指导委员会的主要职责是：

（一）制定社会志愿服务活动发展规划，部署阶段性社会志愿服务工作；

（二）指导各类志愿者组织的工作，协调各类志愿者组织的活动；

（三）总结推广社会志愿服务经验，宣传表彰社会志愿服务中的先进典型和个人；

（四）开展市、县（市、区）间和与国际间的社会志愿服务交流。

第七条 各级社会志愿服务指导委员会全体会议由指导委员会主任或副主任召集，不定期召开。全体会议主要是总结、部署工作，研究和决定本地社会志愿服务的重大问题。

第八条 各级社会志愿服务指导委员会闭会期间，由主任或副主任主持委员会日常工作。

第四章 委员会办公室

第九条 各级社会志愿服务指导委员会下设办公室。办公室主任由同级文明办有关负责同志担任，副主任及成员由委员会成员单位相关部门负责同志担任。

第十条 各级社会志愿服务指导委员会办公室的主要职责是：

（一）根据指导委员会的部署，制定相应措施，督导落实工作；

（二）了解和掌握各类志愿者组织活动情况，研究分析社会志愿服务出现的新情况、新问题，向指导委员会报告并提出意见和建议；

（三）负责指导委员会的文秘、会务工作；

（四）完成指导委员会主任、副主任交办的其他工作。

第十一条 根据工作需要，召开主任办公会议，研究办公室重要事宜。适时召开有关会议，通报情况，协调工作。

第十二条 下一级社会志愿服务指导委员会办公室每年向上一级社会志愿指导委员会办公室书面报告一次工作。

第五章 附则

第十三条 各县（市、区）社会志愿服务指导委员会参照本条例制定具体实施细则。

第十四条 下一级社会志愿服务指导委员会及其办公室的设置和调整情况，应及时报上一级社会志愿服务指导委员会备案。

第十五条 本条例由市社会志愿服务指导委员会负责解释。

第十六条 本条例自公布之日起试行。

供稿：邯郸市文明办

整理：陈凤娥

邯郸市精神文明建设委员会

邯郸市2007年精神文明创建工作安排意见（摘要）

（2007年3月21日）

一、夯实基础，深化拓展公民道德教育实践活动

1．深化拓展社会主义荣辱观教育活动。把树立社会主义荣辱观贯穿到思想道德建设的各个方面，大力倡导爱国、敬业、诚信、友善等道德规范，以社会主义荣辱观实践活动为载体，扎实推进社会主义荣辱观教育进机关、进单位、进农村、进社区、进学校、进家庭活动，引导人们特别是广大党员干部和青少年从自己做起、从点滴做起、从身边小事做起，说文明话、办文明事、做文明人。以“争做文明礼仪邯郸人”为主题，采取多种形式，对居民普遍进行文明礼仪知识、20字基本道德规范、市民基本行为规范、公民诚信公约等教育，培树讲文明懂礼仪的社会风气，塑造自尊自信、理性平和、积极向上的社会心态。

2．深化拓展争做文明市民活动。市民文明程度是城市文明的重要体现。要通过多种宣传手段，让公民基本道德规范、《市民文明公约》、《市民基本行为规范》、《市民诚信公约》等，进家入户，深入人心。要通过多种形式，教育引导市民开辟思想观念新境界，抓住建设区域经济中心的“牛鼻子”，进行新的思想革命，打破传统的、常规的、按部就班的思想观念和思维方式，适应不断发展的新形势、新要求，把思想创新贯穿于建设区域经济中心的全过程。不断深化文明乘车、文明走路、文明行车、文明观演、文明游园、文明购物、文明就餐、文明待客、文明养犬、文明过节等十个文明系列活动，以良好的市民素质提升城市整体形象。

3．深化拓展诚信邯郸活动。诚信是最佳的经济发展环境和投资环境，要从加强诚信教育入手，培养全市公民的信用意识，努力使“诚信邯郸”的观念深入人心。要从建设诚信政府做起，加大行政权力公开透明运行力度，让群众对工作程序更清楚，监督更方便，服务更便捷，以政府诚信带动和促进社会诚信建设。工商局、国资委、中小企业局、商务局等部门行业要把争创诚信企业作为精神文明建设的一项重要任务来抓，采取有力措施，加强诚信教育，使诚信意识入脑、入心。各行各业都要制定行业诚信自律公约，并按照自律公约规范经营行为，用诚信赢得市场、赢得客户，为打造“诚信邯郸”品牌做贡献。工商、税务、技术监督、中小企业局等行业主管部门要建立企业信用网站，完善企业信用评估和监督体系，宣传诚信先进典型，惩罚企业失信行为。

4．深化拓展“温馨邯郸”活动。动员广大干部群众和社会各界，广泛开展“见难相助帮一帮、宽容礼仪让一让、道德行为评一评、不良陋习管一管”“四个一”道德体验活动。进一步健全志愿者组织，扩大服务领域，积极协调各类志愿者，广泛开展美化邯郸、协助维护交通秩序、营造城市森林、扶贫济困、纠正不文明行为等系列实践活动，使志愿者活动更加深入人心。动员广大干部群众和社会各界，广泛开展对贫困学生、农民工、残疾人、低保户、贫困农村等的群众互助和社会援助。市和各县（市、区）都要成立社会志愿服务指导委员会，加强对红十字会、残疾人联合会、慈善总会等协调和指导，建立由帮建单位、慈善组织、群众团体参加的联席会，推动“温馨邯郸”活动健康发展。

二、丰富内涵，广泛开展群众性精神文明创建活动

1．整体推进，进一步深化文明城市创建活动。围绕提高区域中心城市地位的目标，认真落实市委、市政府关于印发《邯郸市创建文明城市实施方案》（邯字〔2006〕66号）通知和目标任务分解，各区和市直有关部门要按照“强项巩固提高、弱项上档升级”的总体要求，做好全省文明城市检查评比资料审核、随机抽查等各项准备工作。在此基础上，一是实施市容市貌整治行动。以100条街路为重点，通过建立长效管理机制，变突击治理为强化管理，出台具体治理标准，严格区分责任，把责任落实到具体单位、具体科室、具体人，努力把百条街路打造成靓丽的文明街路。二是实施创建文明窗口行动。围绕“硬件提档次，服务提品位”这一主题，以“优美环境、优良秩序、优质服务、行为文明”为标准，重点抓100个示范窗口，通过文明服务标兵、服务窗口争创活动，促进服务水平的不断提高。三是实施创建特色示范社区行动。民政、文化、体育、综治等部门要结合社区实际，突出社区特点，广泛开展服务型、文化型、平安型、学习型、和谐型等特色示范社区创建活动。同时要广泛开展“爱我社区”周末联谊活动，努力营造礼让宽容、理性平和、邻里互助、积极向上的新型社区关系。要通过组织文明城区、文明社区竞赛活动，调动各级各单位参与社区创建的积极性，推动文明社区创建活动深入扎实开展。

2．体现特色，扎实开展文明生态村创建活动。大力推进文明生态村创建活动向深度和广度拓展，把建好管好用好“村民中心”作为创建重点，为更好服务村民建好主阵地；在抓好第一批、第二批创建村巩固发展的基础上，根据河北省第七次党代会提出的2010年40%行政村跨入创建文明生态村工作先进村行列的奋斗目标，启动第三批880个村的创建工作，力争2007年全市再有6%的村跨入创建工作先进村行列；在“培育新农民、构建和谐文化、促进文明乡风”三个方面狠下功夫，通过提高农民素质，激发新农村建设的源动力。要广泛开展“五坚持（坚持规划先行、坚持硬化突破、坚持文化兴村、坚持突出特色、坚持完善机制）、五治理（治理无序发展、治理街路不畅、治理环境卫生、治理不良陋习、治理封建迷信）、五进家（生态文化进农家、整洁环境进农家、清洁能源进农家、健康生活进农家、欢乐和谐进农家）”活动，着力建设10片文明生态村集群，打造10条文明生态走廊，营造100个文明生态魅力家园，不断加快文明生态村创建步伐。

3．创新载体，大力推进文明单位创建活动。文明单位对精神文明建设具有示范作用，要着力解决文明单位创建活动中重评比、轻活动的问题，努力推动文明单位创建活动向企业、学校，特别是向新经济组织和新社会组织拓展，尤其是要探索创建活动与提高企业、社会组织的品牌效应和社会公信度挂钩的办法、措施，充分调动各单位参与创建文明单位活动的积极性。市总工会、市教育局、市民政局要广泛组织开展和谐企业、和谐校园、和谐社区创建活动，以和谐促发展。市直工委要以和谐机关创建为载体，组织开展创建文明机关观摩交流活动，通过评选文明机关、文明处室和文明公务员活动，引导广大公务员服务人民、奉献社会。

三、突出重点，切实加强未成年人思想道德建设

1．完善机制，强化责任。认真落实中央、省文明委关于加强未成年人思想建设的有关要求，把完善推进未成年人思想道德建设重点专项工作联席会制度作为一项基础工作，市和各县（市、区）都要对联席会议参加部门明确工作任务，强化工作责任，除每季召开一次联席会议定期研究部署未成年人工作之外，还要根据未成年人工作需要适时召开工作会议。要把未成年人思想道德建设工作作为文明单位、文明城区、文明乡镇、文明家庭的评选依据，把未成年人思想道德建设工作纳入文明生态村创建，把未成年子女日常表现及教育效果纳入道德评议会内容，把未成年人思想道德建设纳入文明户和文明单位创建工作，通过建立和完善考评机制、激励机制，形成全方位齐抓共管未成年人工作的良好局面。

2．严格治理，改善环境。把构建有利于未成年人健康成长的社会环境，作为加强未成年人思想道德建设的重要工作。一要把群众反映强烈的网吧、网络、网游问题作为整治工作的重点，切实加大管理力度，集中整治色情、暴力软件，努力为青少年创造良好的生活环境。二要加强公益性电子阅览中心和“绿色网吧”建设，推进网吧连锁化经营，深化“文明办网、文明上网”活动，最大程度满足青少年文明上网的需求。三是不断完善教育基地和公益性文化设施对未成年人免费优惠开放的政策措施，实现学校教育与校外活动的有效衔接，推动公益性活动场所更好地为广大未成年人服务。

3．突出重点，注重实效。在城市社区普及“四点钟课堂”，大力推广邯山区农林三社区经验，采取灵活办学的方式，充分发挥社区教育阵地和教育资源的优势，动员社区离退休老干部、老职工、老教师、大学生志愿者等，着力解决学校教育与家庭教育的衔接问题，加强城市未成年人教育和管理。在农村创建“阳光课堂”，大力推广大名县加强“留守儿童”教育经验，通过建档立案、加强联系、搞好心理辅导、定期开展教育等手段，为留守儿童健康成长提供强有力的保障，努力解决农村“留守儿童”、“流浪儿童”等特殊群体儿童的教育问题。

供稿：邯郸市文明办

整理：陈凤娥

邯郸市精神文明建设委员会

关于广泛开展“文明城乡、和谐邯郸”创建活动的实施方案（摘要）

（2007年3月21日）

一、主要内容

着眼以社会主义核心价值体系为根本的和谐文化建设，大力弘扬新时期邯郸人文精神，以“五争做五提升”为主要内容，广泛深入开展各种形式的精神文明创建活动，树文明新风，建和谐邯郸。

1．广泛开展争做新型农民活动，提升文明生态村创建水平。要强化“村民中心”建设和管理，充分发挥“村民中心”作用，吸引村民广泛参与政策学习、科技培训、信息服务、文体活动等，增强致富能力，丰富文化生活，努力造就一支有开阔视野、有文明素养、有一技之长的专业化农民队伍。大力推广“十星级”文明户、群众移风易俗自治组织建设、创建诚信农户、留守儿童教育、“村民功德录”等活动，培育农民群众的新思想、新道德、新观念，树立良好的乡风、民风。广泛开展“五坚持（坚持规划先行、坚持硬化突破、坚持文化兴村、坚持突出特色、坚持完善机制）、五治理（治理无序发展、治理街路不畅、治理环境卫生、治理不良陋习、治理封建迷信）、五进家（生态文化进农家、整洁环境进农家、清洁能源进农家、健康生活进农家、欢乐和谐进农家）”活动，着力建设10片文明生态村集群，打造10条文明生态走廊，营造100个文明生态魅力家园，不断加快文明生态村创建步伐。

2．广泛开展争做文明市民活动，提升文明城市品位。要紧紧围绕建设区域经济中心、提升区域中心城市地位总体目标，不断提高市民思想道德素质，深化拓展文明城市创建活动。大力倡导爱国、敬业、诚信、友善等道德规范，在全社会形成知荣辱、树新风、促和谐的良好风尚。以“争做文明礼仪邯郸人”为主题，对市民进行文明礼仪知识、20字基本道德规范、市民基本行为规范、公民诚信公约、社会主义荣辱观等教育，培树讲文明懂礼仪的社会风气。不断深化十个文明系列活动。文明乘车：引导乘客排队上车、主动让座。文明走路：引导全体市民增强公德意识，遵守交通法规。文明行车：教育引导驾驶人员遵章守纪。文明观演：教育引导观众遵守场馆秩序。文明游园：教育引导公民遵守《文明游园公约》。文明购物：教育引导公民理性消费，遵守合法规定。文明就餐：积极倡导浪费为耻、节俭文明消费为荣的价值观。文明待客：做到语言文明、礼貌待客，展示邯郸的良好形象。文明养犬：引导人们“文明养犬、科学养犬”。文明过节：引导人们文明过节、勤俭过节、安全过节。市妇联要以和谐家庭创建为载体，引导市民摒弃不良陋习、树立文明新风。各区和市直有关部门要认真落实市委、市政府关于印发《邯郸市创建文明城市实施方案》（邯字〔2006〕66号）通知和目标任务分解，逐条逐项抓好落实。在坚持整体推进的同时，突出抓好三项重点工作，一是实施百条街路整洁行动：通过建立长效管理机制，出台具体治理标准，严格区分责任，努力把百条街路打造成靓丽的文明街路。二是实施百个窗口创建行动：以“硬件提档次，服务提品位”为中心，以“优美环境、优良秩序、优质服务、行为文明”为标准，通过百个窗口的示范带动作用，树立良好的行业形象。三是实施百个特色社区创建行动：市民政、文化、体育、综治等部门要结合社区实际，突出社区特点，广泛开展服务型、文化型、平安型、温馨型、和谐型等特色社区创建活动。

3．广泛开展争做文明公务员活动，提升和谐机关创建效果。要以深化行政权力公开透明运行为载体，提高服务效能，树立廉洁高效政府形象。要通过多种形式多种渠道，教育引导全市公务员开辟思想观念新境界，抓住建设区域经济中心的“牛鼻子”，进行新的思想革命，适应不断发展的新形势、新要求，把思想创新贯穿于建设区域经济中心的全过程，自觉做到“十多十少”，即：多一些思考，少一些浮躁；多一些实干，少一些抱怨；多一些正气，少一些杂音；多联系群众，少研究领导；多往基层跑，少往机关跑；多琢磨公事，少琢磨私事；多读书学习，少酒场应酬；多具体落实，少会议文件；多注重实效，少繁琐形式；多实在政绩，少哗众取宠。市直工委要组织开展和谐机关创建活动，通过文明机关观摩交流，评选文明机关、文明处室和文明公务员活动，引导广大公务员服务人民、奉献社会。市教育局要组织开展和谐校园创建活动，把加强未成年人思想道德建设的有关要求，与和谐校园创建有机结合，营造有利于未成年人健康成长的良好环境。

4．广泛开展争做诚信企业活动，提升经济发展的竞争力。工商局、国资委、中小企业局、商务局等要把争创诚信企业作为精神文明建设的一项重要任务来抓，采取有力措施，加强诚信教育，使诚信意识入脑、入心。要从群众反映最强烈、社会危害最严重的问题抓起，突出解决欺诈经营、不守合同、假冒伪劣等问题，取信于民。各行各业都要制定行业诚信自律公约，并结合企业实际把自律公约具体化，按照自律公约规范经营行为，用诚信赢得市场、赢得客户，为打造“诚信邯郸”品牌作贡献。市总工会要把和谐企业创建与诚信企业创建有机结合，拓展创建内容，实化创建效果。工商、税务、技术监督等部门要建立企业信用网站，完善企业信用评估和监督体系，宣传诚信先进典型，惩罚企业失信行为。

5．广泛开展争做热心好公民活动，提升构建“温馨邯郸”的社会亲和力。动员广大干部群众和社会各界，广泛开展“见难相助帮一帮、宽容礼仪让一让、道德行为评一评、不良陋习管一管”“四个一”道德体验活动。搞好对贫困学生、农民工、残疾人、低保户、贫困农村等困难群众、困难家庭、困难地区的群众互助和社会援助。以助学工程为龙头，加大各种形式的社会助学力度。健全和扩大青年志愿者、巾帼志愿者、夕阳红志愿者、社区志愿者、公务员志愿者等组织队伍，拓展丰富服务领域和内容，使更多的困难群众得到帮助。大力支持红十字会、残疾人联合会、慈善总会工作，建立由帮建单位、慈善组织、群众团体参加的联席会，加强对社会慈善活动的指导，推动全市慈善事业发展。要组织新闻单位开展“温馨邯郸”寻访活动，大力讴歌涌现出的新人、新事、新气象，形成有利于增强社会亲和力的舆论环境。

二、组织领导

1．严格措施，完善方案。此项活动由市文明委统一组织。各县（市、区）、市直各工委和有关部门都要根据本方案要求，结合自身实际，制定具体推进措施和实施办法。要将各单项和谐创建活动纳入到“文明城乡、和谐邯郸”创建的总体部署之中，搞好宣传发动，协调好各方力量，推动方方面面都行动起来，确保活动既能形成声势，又能扎实开展。

2．分工合作，协调联动。各有关单位既要各司其职，各展所长，又要加强联系，把各项具体活动衔接起来，协调推进，形成合力。有关职能部门要切实担起责任，主动做好相关活动的组织实施工作；群团组织要发挥各自优势，组织相关对象积极参与活动；各级文明办要切实做好组织协调和督导工作，确保创建活动取得实实在在的效果。

3．加强宣传，营造氛围。市属新闻媒体都要开辟“文明城乡，和谐邯郸”专题、专栏，对活动情况进行跟踪报道，广泛宣传活动中涌现出来的先进人物和先进事迹，以先进典型引领文明新风尚。对不文明、不和谐现象要敢于曝光，让全市人民进行评判。要与省文明委组织的文明生态村先进村回访、文明城市创建活动巡礼、诚信河北千里行、和谐机关文明公务员采风、“爱心暖河北”寻访等活动有机结合，营造舆论强势。

供稿：邯郸市文明办
整理：陈凤娥

邯郸市精神文明建设委员会

关于评选2006～2007年度市级文明单位的通知（摘要）

（2007年12月27日）

一、时间安排

评选文明单位工作从2007年12月下旬开始，要通过基层单位自评，各县（市、区）和市直各工委、各对口单位互评后向市文明办推荐上报。各县（市、区）和市直各工委、各对口单位务于1月10日前，将被推荐单位按《测评细则》逐项打分情况，申报单位申报表和不少于2000字的工作总结材料（一式三份、统一A4纸）报市文明办协调处，随后市文明办将组织人员进行抽查验收。

二、主要内容

1. 文明城区、文明县城。市内三区和峰峰矿区参加文明城区评选，全市各县和武安市参加文明县城评选，其数量根据测评结果确定。各县（市、区）要积极申报，不申报者视为主动放弃。文明城区、文明县城按照廉政高效的政务环境、公平公正的法治环境、规范守信的市场环境、健康向上的人文环境、安居乐业的生活环境、可持续发展的生态环境和扎实有效的创建活动等七项标准内容进行测评和评选。今年，市文明办还结合本市实际，拟定出“文明城区、文明县城抽查验收重点内容”，目的是进一步增强评选的可操作性，从而补弱固强，为全市创建文明城市打下坚实基础。

2. 文明单位。在稳定数量的前提下，企业和新经济组织所占比例不少于推荐数量的25%，同时，为了突出文明单位动态管理的要求，打破文明单位“终身制”，这次评选原市级文明单位的淘汰率要达到10%以上。评选要按照班子建设好、思想建设好、道德建设好、法制建设好、文化建设好、环境建设好、经济建设好和创建活动好“八项标准”的内容进行测评，有关部门要综合衡量，全面考核，确保推荐上报单位的质量。

3. 文明乡镇、文明村。按照中央关于社会主义新农村“生产发展、生活宽裕、乡风文明、村容整洁和管理民主”的要求，重点推荐达到文明生态村基本标准的村和乡镇所辖村达标比例达75%以上，且乡镇领导班子创建实绩突出的乡镇。

4. 文明社区。根据《全国文明城市测评体系》要达到70%以上的社区为区以上文明社区的要求，今年市内三区和峰峰矿区在确保推荐文明社区质量的前提下，力争达到这一比例要求，为明年初的全国文明城市评选创造条件。

5. 军民共建先进单位。由邯郸军分区推荐驻邯团以上建制的部队，表彰数量不超过2004～2005年的数量（5个）。

三、评选标准和条件

为增强评选工作的科学性和可操作性，市文明办对《邯郸市文明城区、文明县城测评细则》、《邯郸市文明单位测评细则》和《邯郸市文明乡镇、文明村测评细则》进行了修订完善，同时制定了《邯郸市文明社区测评细则》，作为这次评选的标准和依据。评选还要结合文明单位五不评标准，即：领导班子主要成员存有严重违法乱纪行为的不评；发生重大责任事故和刑事案件的不评；违犯计划生育政策的不评；没有完成市委、市政府安排的文明生态村帮扶任务的不评；发生重大上访事件或造成重大负面影响的不评。

五、评选办法和程序

推荐评选主要采取单位自评、自查，条块联

评、联查，市抽查、总评的办法。由各县（市、区）和市直各工委、各对口单位逐级推荐上报，市文明办组织抽查验收，凡发现2项以上指标与申报情况不符者取消文明单位参评资格。同一系统内文明单位数量密集的行业由市主管部门统一衡量排序，择优选评。文明城区、文明县城评选由抽查情况、日常工作情况和市直有关部门排队等综合衡量确定。各单位要组织群众进行认真评议、评选、推荐，推荐评选的文明单位由各县（市、区）和市直各工委、各对口单位汇总并注明测评分数上报市文明办，经有关部门审核把关，报市文明委领导审批后，由市委市、政府命名表彰。

六、组织领导

市级文明单位评选是一项严肃的工作，各级文明委一定要高度重视，认真组织，周密实施，把评选作为补弱固强，完善提高的创建过程。通过推荐评选，认真总结经验，查找问题，制订整改措施，进一步提升群众性精神文明创建工作水平，努力开创全市精神文明建设工作新局面，为区域经济中心建设作出新的更大的贡献。

供稿：邯郸市文明办

整理：陈凤娥

邯郸市文明办等五部门

关于表彰“邯郸十大爱心人物”的决定（摘要）

（2007年1月10日）

近年来，在市委、市政府的正确领导下，全市广大干部群众以邓小平理论和“三个代表”重要思想为指导，按照全面贯彻落实科学发展观和构建和谐社会重大战略思想的要求，深入开展群众性精神文明创建活动，涌现出一大批精神文明建设和热心社会公益的爱心人物，这些典型长期坚持为他人、为弱势群体奉献爱心，乐于助人，扶贫济困，用自己的行动践行社会主义荣辱观，深得广大群众的喜爱，具有非常广泛的社会影响。他们的爱心行动倡树了社会文明风尚，促进了广大干部群众思想道德素质和科学文化素质的提高，促进了经济效益和社会效益同步增长，促进了三个文明建设协调发展。为表彰激励先进，弘扬社会文明新风，邯郸市文明办、团市委、市妇联、市广电局、市报社根据省文明办、团省委、省妇联、省广电局、河北日报报业集团《关于“河北十大爱心人物”评选活动的实施方案的通知》（冀文明通字[2006]5号）要求，经过层层推荐选拔，群众进行报纸投票，有关部门评选审定，决定对张家增同志等十名“邯郸十大爱心人物”进行表彰，以推动全市群众性精神文明创建活动的深入开展。

邯郸市文明办、团市委、市妇联、市广电局、市报社号召全市广大干部群众，进一步深入学习党的十六届六中全会和市委七届二次全会精神，全面贯彻、认真落实科学发展观和构建社会主义和谐社会的重大战略思想，积极开展向“邯郸十大爱心人物”学习活动，学习他们默默无闻、任劳任怨的思想作风；学习他们扶贫济困、乐于助人的行为准则；学习他们知荣明耻、播撒爱心的无私奉献精神。要采取不同的形式宣传他们的爱心事迹，展示他们可亲、可敬的精神风貌，引导人们从自我做起，从点滴做起，努力形成知荣辱、树新风、促和谐的文明新风尚，进一步在全社会弘扬团结友善、助人为乐、无私奉献的爱心精神，为实现我市更好更快发展和构建和谐邯郸提供强有力的思想道德支持；同时要求被表彰的爱心人物要戒骄戒躁、再创佳绩，用真情奉献爱心，用爱心感动社会，用自身的模范行动促进和谐社会建设。

附：“邯郸十大爱心人物”（名单见先进名录）

供稿：邯郸市文明办

整理：陈凤娥

邯郸市文明办

关于评选表彰精神文明建设组织协调先进单位、先进个人的通知（摘要）

（2007年4月2日）

一、组织协调先进单位评选条件

1．领导重视、建立健全有效的领导体制和工作机制，分工明确，责任到位，定期研究部署和检查指导工作，整体作用发挥的好。

2．工作扎实，措施得力，各项目标任务落实的好，圆满完成市文明委下达的各项任务。

3．与时俱进，勇于创新，在研究精神文明建设面临的新情况、解决新问题、探索新经验等方面成绩显著。创建工作有新思路、新举措、新进展。

4．思想道德和科学文化教育广泛深入，未成年人教育和诚信建设取得新成效。

二、先进个人评选条件

1．思想政治素质高。正确贯彻执行党的路线、方针、政策，具有强烈的事业心和责任感，积极投身精神文明创建工作，在干部群众中起到模范带头作用，为推进精神文明建设工作作出突出贡献。

2．严于律己，清正廉洁，公道正派，勤于奉献，团结同志，树立起精神文明建设干部的良好形象。

3．立足岗位，求真务实，奋发有为，在精神文明建设中业绩突出。

4．与时俱进，善于探索，勇于创新，在研究精神文明建设面临的新情况，解决新问题方面成绩显著。

三、表彰名额及评选范围

1．全市精神文明创建组织协调先进单位22个{各县（市、区）级文明委10个，各县（市、区）级文明办、市直各系统、单位文明办12个}、先进个人100个。

2．评选对象必须是在精神文明建设一线的人员（现职岗位二年以上）：精神文明建设工作的组织者、文明办系统的优秀基层干部、精神文明创建积极分子。

3．各县（市、区）、市直各工委根据条件均可申报1～2个组织协调先进单位，市统一择优评选；100个先进个人名额分配为：19个县（市、区）各3人；经济开发区、马头生态工业城各2人；市直各工委、建设工委、国资委各7人；政法委、教工委、农工委各3人；金融商贸口5人；市文明办4人（每个处1人）。

四、评选推荐程序

1．评选推荐工作要充分发扬民主，坚持公平、公正、公开原则，坚持群众路线，采取自下而上、逐级上报的方法。

2．评选推荐工作要严格按照推荐条件进行，对推荐的先进工作者要在本单位进行公示。

3．各类推荐表一式三份（用钢笔或炭素笔填写），并附简要事迹材料一份，文字不超过2000字（一律用A4纸打印）。

4．各单位要按通知要求严格把关，认真做好推荐工作，务必于2007年4月15日前将组织协调先进单位、先进个人推荐表及事迹材料，报文明办秘书处（地点：邯郸市文明办人民路178号，联系电话：3012362）

5．各单位推荐的组织协调先进单位、先进个人，由市文明办择优筛选，报市文明委领导审批，以市文明委文件进行表彰。

供稿：邯郸市文明办

整理：陈凤娥

邯郸市文明办

关于做好未成年人思想道德建设“回头看”工作的通知（摘要）

（2007年4月23日）

按照省文明办《关于做好未成年人思想道德建设“回头看”工作的通知》精神，为进一步巩固未成年人思想道德建设督查成果，推动各项整改措施的落实，建立完善的长效工作机制，市文明办决定从4月下旬至5月底开展未成年人思想道德建设“回头看”工作，现将有关事项通知如下：

一、总体要求

围绕贯彻落实中发〔2004〕8号和冀发〔2004〕21号文件，认真总结两年多来未成年人思想道德建设的成功经验，系统梳理去年督查工作中发现的问题，明确整改措施，狠抓工作落实，加强薄弱环节，完善长效机制。

二、主要内容

1．贯彻落实中发〔2004〕8号、冀发〔2004〕21号文件和冀办发〔2006〕21号文件的情况。包括加强学校德育工作、实施文化环保工程、为未成年人提供优秀文化产品和优质文化服务、未成年人校外活动场所的建设和管理、构建学校家庭社会“三结合”教育网络、加强和改进农村及特殊群体未成年人思想道德建设、健全完善领导体制和长效工作机制等方面的情况。

2．落实去年省文明委督查组反馈意见的情况，尤其是存在的突出问题和薄弱环节的整改情况。（1）未成年人思想道德教育发展不平衡的问题；（2）重智轻德现象不同程度的存在；（3）未成年人校外活动场所建设和管理工作薄弱；（4）县（市、区）文明办人员紧缺，工作开展有困难。

3．市联席会成员单位贯彻落实《关于落实中央文件精神、推进青少年思想道德建设督查情况汇报会议纪要》（中办白头〔2006〕17号）的情况。

4．市联席会成员单位和各县（市、区）文明办贯彻落实市文明委转发的《中央文明委关于进一步推进未成年人思想道德建设的任务分工》的通知的情况，需制定具体的落实措施。（此件于3月20日已发至各县（市、区）文明办及各联席会成员单位）。

三、工作方式和时间安排

1．各县（市、区）及各联席会成员单位开展自查。自下发通知之日起，要迅速开展未成年人思想道德建设“回头看”工作，着力查找问题，制定整改方案，并限期进行整改。

2．对“回头看”情况进行调研。5月中下旬，省文明办将组织调研组，对我市部分县（市、区）开展“回头看”情况进行抽查和调研。

3．总结汇报。5月20日前，各县（市、区）和联席会成员单位将开展“回头看”情况的书面报告报市文明办未成年人教育处，由市文明办汇总形成全市未成年人思想道德建设“回头看”工作情况报告并上报市文明委领导和省文明办。

四、工作要求

1．统一思想，高度重视。各县（市、区）和联席会成员单位要把这次“回头看”工作作为今年精神文明建设的一项重要工作，作为检验工作成果、查找工作差距、推动工作落实的重要契机，摆上重要位置，明确领导责任，切实抓好落实。

2．认真负责，严密组织。各县（市、区）和联席会成员单位要认真制定“回头看”工作方案，组织精干力量，深入实际、深入基层、深入群众，开展工作，确保“回头看”工作深入扎实、不走过场。

3．查找问题，推动工作。要以去年督查要求为重点，认真查找当前未成年人思想道德建设存在的问题，通过“回头看”工作，把情况摸透、把问题找准、把改进措施定好，把中央和省、市委确定的各项任务真正落到实处。

4．加强宣传，营造氛围。要运用报刊、广播、电视、网络等多种形式，大力宣传未成年人思想道德建设取得的成效和经验。对于违背中央和省、市委精神，长期影响未成年人思想道德建设的突出问题，也要组织媒体进行曝光。

供稿：邯郸市文明办

整理：陈凤娥

邯郸市文明办

邯郸市农业局

邯郸市“廉政文化进农村”活动实施方案（摘要）

（2007年7月31日）

按照省文明办、省农业厅联合下发的“廉政文化进农村”活动实施方案，根据市委关于加强全市廉政文化建设的研究意见以及市纪委《关于邯郸市廉政文化建设“六进”活动实施方案》的有关部署，为搞好“廉政文化进农村”活动，形成尊廉崇廉的乡俗民风，推进农村廉政文化建设，现就邯郸市组织开展“廉政文化进农村”活动，制定实施方案如下：

一、活动内容

（一）采取多种形式，搞好“廉政文化进农村”的宣传工作。要结合全市文明生态村创建活动的宣传，积极引导各类宣传媒体，运用各种宣传手段，将廉政文化建设传播到农村的千家万户。市电台、电视台、邯郸日报等新闻媒体，要加大有关农村廉政文化建设宣传的内容。各县（市、区）要充分运用电视、广播、宣传车、编印宣传册等多种形式，广泛宣传开展廉政文化建设的重要意义。在开展科技、文化、卫生“三下乡”活动中，要有计划地将廉政图书、报刊、资料、影视作品送到农村。积极鼓励文艺工作者多创作以廉政文化建设为内容的文艺作品，用优秀先进的文化占领农村文化市场，努力提升农村群众的精神境界。

（二）依托“村民中心”，搭建廉政文化建设平台。利用好在文明生态村创建中已经建设好的和正在建设的“村民中心”，设立廉政电化教育室、廉政文化活动室和廉政图书室，开辟“廉政读书角”、“廉政书架”、“廉政专栏”。农业部门要充分利用“三电合一”信息平台，在进行各类实用科技致富信息普及、推广的同时，要加大廉政建设方面的内容。在公共场所要设立廉政文化墙宣传栏，利用现有的村务公开栏、政务公开栏、宣传画、黑板报等宣传阵地，加大廉政文化的宣传力度。

（三）结合精神文明创建，深入开展丰富多彩的廉政文化建设活动。把廉政建设寓于农村精神建设之中，在组织开展争创文明乡镇、文明生态村、十星级文明户、诚信农户等活动中，要将廉政文化纳入活动内容。继续推进“干群恳谈会”制度，通过定期开展干群恳谈例会，认真倾听农民呼声，及时解决创建村在创建过程中出现的热点问题，化解矛盾，理顺情绪，努力探索一条加强农村民主政治建设的新路子。大力推进“村务公开”工作，农业部门及各农村基层服务站，要把支农惠农的各项具体政策、社会各界建设新农村建设的项目、各项资金、财政转移支付资金情况，以及涉及农民群众切身利益的重大事项都纳入公开内容，使农民群众对党和国家支农惠农政策做到心中有数。

二、工作要求

（一）加强领导。充分认识廉政文化建设是全党全社会的共同任务，各县（市、区）文明办和各级农业部门要将农村廉政文化建设纳入创建工作的总体安排部署之中，制定出具体的农村廉政文化建设的总体目标和计划，分解任务，落实责任，抓好落实。

（二）抓住重点。要抓住基层党员干部和广大群众两个重点，运用各种宣传媒体，通过多种形式，宣传开展廉政文化建设活动的重要意义，提高党员干部搞好廉政文化建设的自觉性和主动性。要精心组织开展各种丰富多彩的主题系列活动，吸引广大群众在积极参与的同时，寓教寓乐，受到教育。

（三）搞好协调。各县（市、区）文明办和各级农业部门要整合力量，协调有关部门落实责任，强化监督。同时将农村开展廉政文化建设情况作为文明村、镇评选的重要条件之一，对表现突出的部门和单位予以表彰和奖励。

供稿：邯郸市文明办

整理：陈凤娥

邯郸市文明办等四部门

关于印发《关于评选表彰全市道德模范的实施方案》的通知（摘要）

（2007年8月15日）

今年9月20日是全国《公民道德建设实施纲要》颁布实施六周年暨第五个“公民道德宣传日”。为集中展示《纲要》颁布以来公民道德建设的丰硕成果，更广泛地动员人民群众关心支持和参与道德建设，促进全市公民道德素质和社会文明程度的提高，推动形成知荣辱、讲正气、树新风、促和谐的社会风尚，市文明办、市总工会、团市委、市妇联决定在“公民道德宣传日”评选表彰全市道德模范。现将《关于评选表彰全市道德模范的实施方案》印发给你们。请认真按照《实施方案》的要求结合本单位实际，抓好落实，确保评选表彰工作顺利完成。

一、评选推荐内容

按照公民基本道德规范的要求，结合我市社会生活实际，评选推荐全国道德模范分为“助人为乐模范”、“见义勇为模范”、“诚实守信模范”、“敬业奉献模范”和“孝老爱亲模范”五大类。市组委会将在各县（市、区）、各工委推荐的基础上，评选出“全市十大道德模范”，（其中助人为乐模范2名、见义勇为模范2名、诚实守信模范2名、敬业奉献模范2名、孝老爱亲模范2名），其余入围人选授予全市道德模范提名奖。

二、评选推荐标准

评选推荐为全市道德模范的基本标准是：凡从2001年中央印发《公民道德建设实施纲要》以来，自觉践行社会主义荣辱观，模范遵守公民基本道德规范，在助人为乐、见义勇为、诚实守信、敬业奉献、孝老爱亲方面表现突出，社会形象好、群众认可度高的我市公民，可评选推荐为全市道德模范。

（一）评选推荐步骤

组委会办公室设在市文明办教育处。组委会具体负责全市群众推荐，征求意见、审核把关、上报等工作。各县（市、区）同时成立由文明办牵头，工会、共青团、妇联等群团组织参加的评选推荐活动组委会。

（二）发动群众推荐

1．各县（市、区）文明办、工会、团委、妇联按照属地管理原则，组织和接受广大群众和单位推荐候选人。群众可向所在地活动组委会推荐人选，也可直接向市活动组委会推荐人选，即可以通过网络推荐，也可以写信推荐。市组委会向社会公开接受群众推荐的专用电子邮箱和收信地址。

群众推荐截至日期为8月25日。群众直接向市组委会推荐的人选，全部反馈给被推荐人所在县（市、区）组委会筛选。各县（市、区）评选推荐名额为每类人选1名，五类人选合计不超过5名。

2．广泛宣传，加强造势。各行业、各单位要紧密配合评选推荐工作加强宣传营造氛围。①市、县主要新闻媒体要开辟专题、专栏，对我市涌现的道德建设先进典型集中进行回顾宣传，充分展现道德建设的成效和道德模范的风采。②街道（社区）、乡村和各基层单位要通过开办宣传栏（图版）、墙报等多种形式，使道德建设先进典型感人事迹和高尚品德家喻户晓、深入人心。③广泛发动群众积极参与评选推荐。各行业、各单位、要采取召开座谈会、报告会等形式，发动群众谈身边人、身边事，推选看得见、摸得着、学得到的先进人物，营造“群众评、评群众、群众学、学群众”的社会氛围，使推荐评选成为群众自我教育、自我提高的有效载体。

（三）审核公示上报

各县（市、区）活动组委会要对群众评选推荐的候选人进行审核把关，将候选人首先在本人单位或所在城乡社区公示，并分别由防范办、计划生育、基层公安机关、组织、纪检、监察、工商、税务部门审核把关，须加盖上述部门公章。按分类填写《推荐表》，每人附1000字左右的事迹材料和一寸免冠彩照1张，于8月30日前上报市文明办教育处，市组委会在征求有关部门意见后择优报市文明委审定。

（四）积极参加全市投票

9月初，全市活动组委会将会把候选人的基本情况和主要事迹在《邯郸日报》、《邯郸广播电视报》上刊登，请公众投票评选。公众可填写报纸刊登的“全市道德模范”选票寄至组委会办公室。各县（市、区）文明办、工会、团委、妇联和市文明委成员单位要组织各界群众积极参加投票并统一回收上报市文明办。

供稿：邯郸市文明办

整理：陈凤娥

河北省直机关精神文明建设委员会

关于在春节期间广泛开展“共创和谐，过文明春节”活动的通知（摘要）

（2007年1月30日）

省直各部门机关党委（文明办）：

中华民族传统节日春节即将来临。为贯彻落实党的十六届六中全会和省第七次党代会有关精神，让省直机关干部职工积极参与构建和谐社会，充分享受构建和谐社会的成果，过一个和谐文明、欢乐祥和的节日，省直文明委决定，春节期间在省直倡导开展“共创和谐，过文明春节”活动。

1．广泛开展“送温暖，献爱心”活动。省直各部门、各级文明单位要在春节前对本系统、本单位的家庭生活困难群众进行走访慰问，帮助解决家庭生活实际困难。各级群团组织和各类志愿者组织，都要通过“一帮一”结对等不同形式，为城乡贫困家庭和鳏寡孤独以及残疾人等困难群体搞好义务服务，为他们送去温暖，奉献爱心，使他们感受社会的关爱。

2．认真开展“讲诚信，优质服务”活动。省直交通、公安、卫生等与人民群众节日生活密切相关的行业，要制定节日优质服务措施，为群众提供方便快捷、热情周到的服务；各级文明单位要率先垂范，带头恪守职业道德，自觉做到诚信为本、操守为重。特别是医疗卫生、商业零售、旅游服务等单位，要坚持诚信经营，文明服务，为人民群众提供优质的节日服务。

3．积极倡导“文明健康安全”的过节风尚。各部门、各单位要通过开展多种形式的活动，深化社会主义荣辱观教育，深化精神文明创建活动，引导广大干部职工追求文明健康的生活方式。自觉做到乘坐公共交通工具礼貌礼让，扶老携幼，为老弱病残让座；在旅游场所、景区讲究卫生、爱护公物、保护环境；走亲访友破除陈规陋习，不酗酒，不赌博，不搞封建迷信，抵制腐朽文化；强化安全意识，杜绝酒后驾车等违法行为。

供稿：省直文明办

整理：郑建忠 李新亮

河北省直机关精神文明建设委员会

关于广泛开展“文明机关、和谐机关”创建活动的通知（摘要）

（2007年6月5日）

省直各部门机关党委（文明办）：

为认真落实省文明委《关于“文明河北、和谐河北”创建活动的实施方案》要求，结合省直实际，省直文明委决定，今年下半年，在省直机关广泛开展“文明机关、和谐机关”创建活动。

1．深入推进机关效能建设。围绕建立“行为规范、运转协调、公正透明、廉洁高效”的管理体制和运行机制，继续深入开展以“提速、提质、为人民、促发展”为主题的机关效能建设，通过采取民主评议、暗访质询、媒体监督等措施，着力在增强服务意识、规范机关行为、加强内部管理、提高办事效率、转变机关作风上下功夫，努力营造“为民、务实、清廉、高效”的政风，为创建“文明河北、和谐河北”营造优良的政务环境。

2．加强机关和谐文化建设。以营造和谐机关环境为目标，以知荣明耻、团结友爱、安定有序，奋发有为为主要内容，运用传媒网络、典型示范、参观交流等载体，开展形式多样、喜闻乐见的机关文化活动，倡导和谐理念，培育和谐精神，营造心齐气顺、风正劲足的浓厚氛围。

3．加强机关环境建设。结合创建文明单位和庭院式绿化单位活动，按照“三化”（绿化、净化、美化）标准，对机关大院进行集中整治。做到办公环境整洁卫生，物品摆放有序，工作人员衣冠整洁庄重，营造和谐、舒畅的工作环境。

4．在省直机关驾驶员中开展“文明行车让一让，和谐交通我带头”活动。大力提倡“不抢黄灯不超速、人行横道要礼让、公交车道不挤占、禁鸣区内不鸣笛、雨天行车防溅水、使用灯光要规范”等6种文明礼让行车风尚。通过采取有效监督措施，引导省直机关驾驶员，树立礼让意识，开文明车、行文明路、做文明人，共同维护“文明、有序、安全、畅通”的交通环境。

5．开展“扶贫济困帮一帮，真情奉献暖城乡”活动。动员省直机关广大党员干部积极参与对贫困学生、农民工、残疾人、低保户等困难群众、困难家庭、困难地区群众的社会援助活动。提倡省直部门为扶贫点至少办一件实事、干部职工本人采取“一对一”的形式为困难群众办一件实事。通过发挥示范带动作用，在社会上树立省直机关良好形象，促进全社会形成扶危济困、团结互助的良好社会风尚。

6．以“迎奥运”为有利契机，开展“讲文明、促和谐、树新风”主题实践活动。举办省直机关新世纪第三届运动会，借机大力倡导文明和谐的理念和风尚，通过广泛宣传礼仪知识，普及职业礼仪常识。组织省直涉外服务行业开展特色职业技能和优质规范服务竞赛，有效解决文明礼仪、公共秩序、社会服务等方面存在的问题，带头促进公民文明素质和社会文明程度的提高。

7．继续深入开展创建文明单位活动，充分发挥文明单位的示范带动作用。进一步拓展文明单位创建活动的深度和广度，把提高干部职工的科学素养和服务意识，建立和谐的劳动关系，树立诚信理念等纳入创建活动的重要内容，推动文明单位创建活动在党政机关、企事业单位、新经济组织中普遍展开并提高水平。

8．发挥省直群团组织优势，开展特色创建活动。通过工会系统加强以构建和谐劳动关系为主要内容的维权机制建设，共青团组织开展“青年文明号”创建，妇联组织“五好文明家庭”评选活动等，引导省直广大干部职工积极参与各具特色的文明和谐创建活动。进一步建立健全志愿者组织，整合各方面志愿者力量，拓展服务领域，努力形成人人为我、我为人人、和谐相处、共同发展的新型人际关系。

供稿：省直文明办

整理：郑建忠 李新亮

省发展和改革委员会等十六部门

关于转发国家发展改革委等17部门《关于印发节能减排全民行动实施方案的通知》的通知（摘要）

（2007年10月22日）

各设区市、扩权县发展改革委（局）、工促局、宣传部、文明办、科技局、教育局、财政局、国资委、环保局、总工会、团委、妇联、科协、机关事务管理局、军分区后勤部、武警支队后勤处，省直有关部门：

为贯彻落实全国节能减排工作电视电话会议和《国务院关于印发节能减排综合性工作方案的通知》（国发[2007]15号）精神，进一步动员全社会积极参与节能减排和应对气候变化工作，形成以政府为主导、企业为主体、全社会共同推进的节能减排工作格局，国家发展改革委员会同中宣部、教育部、科技部、全国总工会、共青团中央、全国妇联、中国科协、解放军总后勤部、全国人大常委会办公厅、全国政协办公厅、财政部、国资委、环保总局、中央文明办、国管局和中直管理局印发了《关于印发节能减排全民行动实施方案的通知》，现转发你们，请结合本地、本部门实际，认真贯彻执行。

请你们按照节能减排全民行动实施方案的具体安排和要求，组织开展节能减排的家庭社区行动、青少年行动、企业行动、学校行动、军营活动、政府机构行动、科技行动、科普行动及媒体行动，并及时总结各方面的典型经验，推广节能减排行动中的好做法，在全社会形成浓厚的节能减排氛围，促进我省节能减排工作的深入开展，为我省加快建设资源节约型和环境友好型社会作出贡献。

供稿：省发改委文明办

省教育厅等五部门

关于转发《教育部等部门关于开展“节水在我身——2007年青少年科学调查体验活动”的通知》的通知（摘要）

（2007年7月4日）

各设区市教育局、文明办、广播电视局、团委、科协：

现将《教育部等部门关于开展“节水在我身边——2007年青少年科学调查体验活动”的通知》

转发给你们，请按照通知要求，认真组织开展好此项活动。

一、各地各有关部门要充分认识此项活动的重要意义，加强对此项活动的领导，按照《通知》的相关要求，大力做好此项活动的各项工作。

二、各县级科协要认真做好本县所需本次活动《活动手册》（印刷版）的申请、分发工作。各参与活动的中小学校、科技馆、少年宫也可以通过登陆活动主题网站（http://www.scienceday.org.cn)下载《活动手册》，自行复制。

三、各中小学校、科技馆、少年宫要认真组织小学高年级、初中学生，积极参与此项活动。要按照《活动手册》中的详细说明，认真组织教师、学生做好相应的实施工作。要遵照此项活动《实施方案》规定的实施步骤，开展学习活动、调查体验活动和提交数据工作。

附件：教育部等部门关于开展“节水在我身边——2007年青少年科学调查体验活动”的通知（略）

供稿：省教育厅文明办

省民政厅等四部门

关于转发《民政部、中央文明办、新闻出版总署、国家广播电影电视总局关于印发第五期万家社区图书室援建和万家社区读书活动方案的通知》的通知（摘要）

（2007年5月23日）

一、第五期活动的指导思想与目标要求

全省第五期活动的指导思想是：以邓小平理论和“三个代表”重要思想为指导，全面贯彻落实科学发展观，以培育新型农民和提高城乡社区居民素质为宗旨，以援建农村地区和中小城市社区为侧重点，坚持政府主导，扩大社会参与，坚持城乡统筹，促进城乡互动，坚持援建图书室和搞好读书活动并重，不断提高活动质量，把万家社区图书室援建和万家社区读书活动进一步引向深入，在更大范围内解决农村基础文化设施缺乏特别是看书难的问题，为建设社会主义新农村服务，为构建城乡和谐社会服务。

全省第五期活动的目标要求是：经过一年努力，基本援建完成城镇社区图书室，为“十一五”期间实现城市社区图书室全面覆盖打下基础；援建1500～2000个农村图书室(每市150～200个)，为“十一五”期间全省1/3以上的农村社区建立图书室打下基础；受援城乡社区深入开展形式多样、内容丰富的读书活动，使更多城乡社区居民从中受益。

二、第五期活动的主要任务

(一)继续贯彻城乡统筹兼顾的方针，积极做好社区图书室援建工作。根据我省情况，加大农村社区图书室的援建力度，是援建工作的重点。重点抓社会主义新农村建设试点县，农村文化建设重点县，重点抓经济较发达、工作突出的农村、基础设施较好的农村、领导班子较强的农村开展活动，逐步把援建活动的范围扩大。按照通知要求，要做好城乡敬老院、养老院、社区星光老年之家的“霞光图书室”的援建工作，做好孤残儿童福利院的“蓝天图书室”的援建工作，体现党和政府及全社会对他们的特殊关怀。

(二)建立起便捷有效的图书室管理制度。图书室建立后，要建立图书管理制度。图书要集中存放，登记造册，统一管理，保证图书不流失。要制定切合实际的借阅办法，方便社区居民随时就近借阅，也可以直接将图书送到各家各户阅读，保证图书不闲置。要注意培养和支持图书管理志愿者队伍，使受援社区的图书管理和使用形成良性循环。

(三)继续开展社区读书活动，推动城乡协同发展。第五期读书活动要突出城市牵动农村社区，发达地区的社区帮助欠发达地区社区开展读书活动的特点。按照通知要求，在城乡之间，要积极开展图书室援建和读书活动手递手活动，组织城市居民向农村居民推荐、捐献优秀图书，鼓励离乡进城的居民为家乡援建农村图书室，促进城乡文化互动。要创新读书活动形式，开展城乡之间读书交流，推动知识、智力、文化向农村流动，支持社会主义新农村建设。

三、第五期活动的保障措施

(一)进一步加大组织领导力度。各地要高度重视，把这项活动纳入工作日程，摆上位置，同业务工作一起规划、一起部署、一起落实。要结合当地实际作出周密部署，任务要落实到人，及时解决活动中出现的困难和问题，确保活动取得实效。

(二)进一步加大工作力度。要抓紧制定第五期活动方案，方案要有组织措施和工作措施作保证。要学习和借鉴先进地方的经验和做法，不断探索合乎实际的工作方式，使援建活动和读书活动开展得更加有声有色，富有成效。

(三)进一步落实好援建活动经费。第五期活动不得向受援的城乡社区收取任何费用。援建经费原则上由市区政府承担，民政等部门可从福彩公益金、文化建设、社区建设、社区公共服务资金中解决一部分，同时积极吸纳企业和社会资金，共襄善举。农村援建活动可从农村文化建设专项资金中予以解决。

各地贯彻落实通知的有关情况及工作中的问题，望随时报省组委会办公室(省民政厅基层政权和社区建设处)。

供稿：省民政厅文明办

省建设厅等五部门

关于在建筑工地创建农民工业余学校的通知（摘要）

（2007年10月11日）

各设区市、扩权县（市）建设局、文明办、教育局、总工会、共青团：

为促进我省建筑业持续健康发展，提高生产一线农民工的整体素质和职业技能水平，规范建筑市场劳务用工管理，保证工程质量和安全生产，根据建设部、中央文明办、教育部、全国总工会、共青团中央《关于在建筑工地创建农民工业余学校的通知》（建人[2007]82号）精神，决定在我省建筑面积或工程造价达到一定规模的建筑工地创建农民工业余学校，建立农民工管理和服务平台。现就有关事项通知如下：

一、充分认识创建农民工业余学校的重要意义

创建农民工业余学校是贯彻落实党中央、国务院构建和谐社会和解决农民工问题的一项重要举措，是新形势下创新农民工职业技能培训和劳务用工管理机制、提高农民工队伍整体素质、维护农民工合法权益，促进农民工共同参与建筑业构建和谐社会的有效途径，是加快农民工队伍向产业技术工人转变、提升企业竞争力、确保工程质量和安全生产，促进建筑业又好又快发展的重要基础。各地要统一思想，明确目标，坚持以人为本、教育优先的原则，增强创建农民工业余学校的积极性和自觉性。

二、创建农民工业余学校的指导思想

以邓小平理论和“三个代表”重要思想为指导，全面落实科学发展观，认真贯彻党中央、国务院关于解决农民工问题的各项政策，把农民工学知识、学技术、学文化贯穿于工程建设的全过程，着重在提高素质、维护权益、丰富生活三个方面加强对农民工的教育和服务，打造一支有理想、讲文明、守纪律、懂技术、会操作的新型农民工队伍。通过农民工业余学校的学习，使农民工掌握安全生产操作知识，提高工程质量意识和技术水平，为创建文明工地、建精品工程、树企业形象创造有利条件，使农民工成为推进城市化进程的合格建设者和建设行业的生力军。

三、创建农民工业余学校的基本原则

(一)企业组织、项目落实，业余学校建在施工现场。农民工业余学校由施工总承包企业负责组建和管理；专业分包和劳务分包企业配合总承包企业组织本企业农民工参加学习培训；工程项目部负责具体实施农民工教学培训活动，项目负责人或项目经理作为农民工业余学校的校长，做好教学计划的具体实施工作。市区建筑面积8000平方米以上或工程造价500万元以上的工程项目，县(市)建筑面积4000平方米以上的工程项目，开工后要依托施工现场设立农民工业余学校，并报建设行政主管部门备案。建设工程开工7日内农民工业余学校须正式开课，办学时间自开工建设之日起至竣工之日结束。

(二)因地制宜、科学管理、确保实效。农民工业余学校选择农民工集中的现有场地设立，教学场地设施要安全可靠、相对固定。可以与施工现场的会议室、食堂、活动室等相结合，教学场地至少应容纳50人上课。教学设施应具备所必需的黑板、桌椅、电视机、DVD机、书报刊物等，并悬挂“××工地农民工业余学校”标识。学习应结合工地实际，根据工程进度、各工种入场时间等情况统筹安排课程，主要利用业余时间，授课方式应采取灵活多样、形象生动、为农民工喜闻乐见的形式，如技术培训一般按照工程进度(基础、主体、安装、装饰四个阶段)，分工种、分班组进行；课堂教学采取授课、录像辅导、交流等方式，现场教学结合施工技术交底、技术能手现场演示、劳动竞赛等进行实际操作训练。教学时间每周应保证1～2个课时，每课时45分钟～90分钟，并根据工程实际适时增加授课时间；每个工人每月保证参加不低于4个课时的学习培训。农民工学校的师资主要由企业负责人、项目部经理、专业技术管理人员和高技能人员担任，同时应邀请相关行政管理部门，包括劳动保障、教育、卫生、公安、城管、文化、工会等部门的负责人及大中专院校，特别是建筑类或开设了建筑类专业的职业院校、社区教育机构有关专家担任兼职教师。企业要制定农民工业余学校培训管理和实施考核的规章制度，确保培训质量和效果。农民工业余学校的创建要求做到“五个一”，即一块农民工业余学校的牌子(××项目农民工业余学校)，一个相对固定的教学场地，一套教学管理考核制度，一支相对固定的专兼职教师队伍，一套切实可行的教学计划。农民工业余学校的创建，各市在选择合适的项目试点后，要尽快以点带面，全面推进。

(三)各类培训并举，重点培训职业技能。农民工业余学校教育培训要遵循“服务工程、贴近群众、义务培训”的原则，按照工程进度和农民工实际需求确定培训内容，重点是安全知识、劳动保障法律法规、疾病防护、文明礼仪、社会公德、卫生防疫、现场急救、职业道德和操作技能等内容，不得以任何方式增加农民工经济负担。建筑类或开设建筑类专业的职业院校，社区教育培训机构应主动扶持农民工学校的教学活动。各级鉴定机构要把农民工学校作为职业技能的培训点和鉴定点，送培训上门，送鉴定上门，发挥好督导考评作用，通过培训并鉴定合格者，按规定颁发职业资格证书。

(四)以提升农民工素质为主导，培训、服务、管理并举。要通过农民工业余学校，推动基层党团组织建设和工会组织建设，开展健康向上的文体活动，丰富业余文化生活。同时，充分发挥农民工业余学校在规范企业用工、创建文明工地、改善施工现场作业环境、构建和谐项目等方面的综合效应，使管理服务延伸到施工现场，将农民工的培训、服务和管理寓为一体。各部门要加强对企业和农民工业余学校师资人员的管理，积极开展培训教学观摩、师资交流学习和优质课评选活动，确保师资水平。要求授课教师认真做到按照教学计划编写教案，讲课生动活泼，内容深入浅出。可组织评选优秀教师进行巡回示范授课。

(五)完善教学计划，保证培训质量。严格落实教学计划。各施工企业、农民工业余学校要按照要求，结合实际情况，制定科学合理、务实高效的教学培训计划，教学计划包括时间安排、授课内容、培训方式、考勤管理及师资筹备等。新进入建筑施工工地现场的农民工，必须经过不少于8个课时的上岗常规培训，培训重点包括安全生产、用工常识、维权常识等。对已持证上岗的农民工要做好分类统计，听取农民工培训意愿和建议；对无证农民工要根据本人实际操作技能和建设部职业技能岗位鉴定有关要求，安排相应的培训内容，以达到施工现场持证上岗的规定。

农民工业余学校要建立健全考勤制度，严格农民工听课考勤管理；要认真做好培训上课记录，包括授课时间、听课人员、教师和农民工反馈意见等；要建立详细完整的教学管理档案，包括农民工业余学校管理人员设置情况、管理制度、师资情况、教学计划、音像资料、培训人员花名册、考试试卷保存等。努力做到组织到位、制度到位、措施到位、教学到位、管理到位，确保我省建筑工地农民工业余学校健康持久发展。

四、加强监督检查，建立奖惩机制

(一)创建农民工业余学校要本着勤俭节约、因地制宜、实用高效的原则，争取少花钱多办事，提高资金利用率。创建农民工业余学校的费用，主要由工程总承包企业负担，可在建设工程安全生产费、企业职工教育培训费和建筑意外伤害保险费中列支。各级建设行政主管部门要积极拓宽资金渠道，争取国家农民工专项资金、国家防治艾滋病培训基金、“温暖工程”、“阳光工程”等各类社会公益性基金支持。要积极争取社会各界人力、物力的支援，争取更多志愿者加入师资和支教队伍，在保证培训教学的基础上努力降低成本，确保农民工业余学校的正常运转。

(二)要把创建农民工业余学校纳入建筑工程管理和质量安全标准化考核评价体系。凡符合创建条件的建筑工程项目，都必须建立农民工业余学校，并作为文明施工、安全生产检查、工程质量验收等重要内容。农民工业余学校创建工作要作为企业资质考核、企业升级、优质工程、安全文明工地评选的必备条件。

(三)对农民工业余学校的建立、日常教学活动、教学培训质量、学员信息反馈等进行定期检查；要加强对本地区创建农民工业余学校数量、培训方式、培训效果、参训人数、企业用工等情况的统计工作；要定期组织开展农民工对业余学校培训情况的满意度调查，将调查结果作为评价教学效果的重要依据；要注意及时总结创建农民工业余学校的典型经验。

五、切实加强对农民工业余学校创建工作的组织领导

各级建设、文明办、教育、工会、共青团等部门要加强协调，密切配合，形成工作合力，落实工作责任，加强督促检查。要积极创造条件，采取有效措施，共同做好农民工业余学校创建工作。加强舆论宣传工作，动员社会各方面关心和参与建筑工地农民工业余学校的建设发展，为农民工业余学校的创建提供组织和物质保障，营造全社会关爱农民工的良好环境。

各部门要加强对企业和农民工业余学校的指导，将农民工业余学校创建工作列入重要工作日程，认真履行部门职责，要成立相应工作领导小组，明确具体工作机构，确实把农民工业余学校的创建工作做好。省成立“河北省建筑工地创建农民工业余学校指导办公室”，挂靠在省建设厅人事教育处，联系电话0311-87904670。

供稿：省建设厅文明办

省文化厅等十四部门

关于转发文化部等十四部门《关于进一步加强网吧及网络游戏管理工作的通知》的通知（摘要）

（2007年3月14日）

各市、各放权县文化局、工商行政管理局、公安局、教育局、财政局、监察局、卫生局、法制办、新闻出版局、文明办、综治办、团委、人民银行：

现将文化部、国家工商行政管理总局、公安部、信息产业部、教育部、财政部、监察部、卫生部、中国人民银行、国务院法制办公室、新闻出版总署、中央文明办、中央综治办、共青团中央《关于进一步加强网吧及网络游戏管理工作的通知》(文市发[2007]10号)转发给你们，请认真贯彻执行，并就有关事宜通知如下：

一、将河北省网吧管理工作领导小组调整为河北省网吧及网络游戏管理工作领导小组，增加省监察厅、省卫生厅、中国人民银行石家庄中心支行、省新闻出版局、省综治办为成员单位。各级网吧管理工作领导小组可根据本地实际调整，保持原有工作体系和工作机制，加强领导和协调配合。

二、各级文化行政部门要健全网吧检查执法制度，以违规接纳未成年人为重点，严厉查处网吧违法经营行为。对2004年10月18日以来第2次接纳未成年人的网吧，依法责令停业整顿不少于15天，并处1万元以上，1.5万元以下罚款；第3次接纳未成年人的网吧，依法吊销《网络文化经营许可证》。对一次接纳3名以上(含3名)未成年人的网吧，依法责令停业整顿不少于15天，并处1.5万元罚款；对一次接纳8名以上(含8名)未成年人或在规定营业时间以外接纳未成年人的网吧，依法吊销《网络文化经营许可证》。对在规定营业时间以外锁闭门窗经营的网吧，依法责令停业整顿不少于15天，并处1.5万元罚款，情节严重的，依法吊销《网络文化经营许可证》。

三、各级文化、公安、工商等部门要将工作中发现的黑网吧及其互联网接入服务提供者名单，被吊销《网络文化经营许可证》或责令停业整顿的网吧及其互联网接入服务提供者名单，通知互联网接入服务提供者立即终止或暂停接入服务；对推诿、拖延或拒不执行的，经省级对口部门通报省通信管理局，由省通信管理局监督互联网接入服务提供者立即终止或暂停接入服务。

四、2007年，我省网吧总量不再增加，各地均不得审批新的网吧。对违反规定新批网吧的，由监察机关或任免机关依法给予处分。本通知发布之日前按照《条例》第11条规定已取得同意筹建批准文件的网吧，须在2007年6月30日前完成筹建工作，逾期不得向其颁发《网络文化经营许可证》。

五、要广泛公布12318、12315、110、12355等举报电话，建立健全24小时值班制度，认真办理群众举报，充分发动和发挥社会监督力量。各级财政要对网吧、网络游戏管理工作给予支持，保证所需市场举报奖励经费和日常管理经费。

各地各部门要严格按照《通知》精神，统一思想，提高认识，加强组织领导，密切沟通配合，以高度的政治责任感和紧迫感，切实将网吧及网络游戏的管理抓紧抓好。对本通知执行中的问题，及时向各主管部门及省网吧及网络游戏管理工作领导小组办公室(省文化厅文化市场处，电话：0311-85918052)反映和请示。网吧管理长效机制试点城市有关试点措施的后续工作，另行通知。

供稿：省文化厅文明办

省文化厅等三部门

关于在全省开展星级网吧评定工作的通知（摘要）

（2007年4月16日）

各设区市文化局、文明办、公安局：

根据《互联网上网服务营业场所管理条例》及国家有关规定，为推动我省网吧硬件设施和服务管理水平上档次、出品牌，树立良好行业形象，加强行业管理和行业自律，省文化厅、省文明办、省公安厅决定在全省范围内开展网吧星级评定工作。各级有关部门在网吧星级评定工作中要结合当地实际情况，按照《河北省星级网吧评定暂行办法》的有关规定，坚持公开、公正、公平的原则，认真做好此项工作。

此项工作由各地文化局牵头组织，在2007年7月30日前完成一、二、三、四星级网吧的评定工作，8月上旬向省级对口部门报送工作总结和星级网吧资料。各地要及时总结反馈星级网吧评定中出现的情况和问题，以便修改完善评定办法。

附：河北省星级网吧评定暂行办法

河北省星级网吧评定暂行办法

为加强行业管理，规范经营行为，充分发挥典型示范作用，推进网吧行业上档次、出品牌，不断提升行业的规范化服务水平和整体形象，引导网络文化市场健康有序发展，根据《互联网上网服务营业场所管理条例》及国家有关规定，结合我省实际，制定本办法。

一、参评的范围

河北省范围内依法设立的网吧，均可自愿参加星级的申报和评定。

二、星级的划分

用星的数量表示网吧硬件设施、守法经营记录和管理水平的等级。星级分为一、二、三、四、五星级。

三、评定机构

由各级文化局、文明办、公安局等部门成立星级网吧评定小组，星级评定小组办公室设在文化行政管理部门。

一、二、三、四星级网吧由各设区市评定小组负责评定和发放牌匾(样式自定)，五星级网吧由设区市星级网吧评定小组负责推荐，省星级网吧评定小组评定，并发放牌匾。

四、星级的有效期限

星级网吧每两年评定一次。经星级评定机构评定授牌后，星级网吧连续2年享有星级标志使用权，并享受有关激励政策。

五、评定星级的标准

(一)一星级

1．计算机台数在60台以上，且每台占地面积不少于2平方米；

2．各类证照悬挂统一、规范；

3．无固定的封闭门窗栅栏，安全通道畅通；各种标记及紧急出口标识清楚，应急照明、消防设施齐备；

4．按规定安装文化经营管理软件和公安安全管理软件；

5．有取得计算机安全员培训合格证的安全管理人员，且持证上岗；

6．有对上网消费者的身份证等有效证件进行核对、登记的措施；

7．不接纳未成年人进入和超时经营，在入口处显著位置悬挂未成年人禁入、禁止超时经营和举报电话标识；

8．不制作、下载、复制、查阅、传播互联网有害信息；

9．有健全完善的信息网络安全管理制度和安全技术措施；

10．环境宽敞明亮、整洁卫生、舒适优雅、通风设施良好；设备物品放置有序；设置有公共卫生间；

11．装修、照明良好，宣传广告张贴规范；

12．内部管理制度健全，员工素质良好，服装统一，服务文明规范；

13．遵守国家相关法律法规，无政府行政管理部门违规处罚记录。

(二)二星级

在符合一星级标准的基础上，还应达到以下条件：

1．计算机台数在100台以上，且每台占地面积不少于2平方米；

2．经营场所内安装使用冷暖设施；有卫生消毒柜；

3．经营管理人员佩证上岗，并使用普通话。

(三)三星级

在符合二星级标准的基础上，还应达到以下条件：

1．计算机台数在200台以上，且每台占地面积不少于2.5平方米，计算机设备经过防辐射处理，计算机品牌及硬件设施处于较前沿水平；

2．针对不同消费群体设置主题区域，设置包间数5个以上；

3．网吧内部环境优美、布局合理；

4．设置有卫生消毒室；

5．免费提供冷热饮用水；有固定的停车场所，专人看管。

(四)四星级

在符合三星级标准的基础上，还应达到以下条件：

1．计算机台数在300台以上，且每台占地面积不少于2.5平方米；

2．网吧文化氛围明显，主题突出。针对不同消费群体设置主题区域，设置包间数10个以上；

3．经营场所具备防噪音及隔音措施，设置有专门休息区域；

4．经营场所有引导服务。

(五)五星级

保持四星级标准一年以上的网吧，在服务水平、经营理念等方面有新的提高，可由各设区市星级网吧评定小组，向省文化厅推荐参评五星级网吧。

六、申报办法

网吧可根据自身条件，向当地县级文化行政管理部门提出申请，填写《星级网吧申报表》，经当地星级网吧评定小组初审后，按照评定小组的职责逐级进行审核和评定工作。

七、评定的数量

星级网吧的数量原则上不超过当地合法网吧数量的5%，评定小组每年对星级场所进行复查，以此作为对该场所升降星级的依据。

八、处罚

星级网吧违反国家相关法律法规，受到行政管理部门行政处罚的，当即取消其星级资格。

供稿：省文化厅文明办

中共河北省工商行政管理局党组

关于全省工商系统认真学习宣传贯彻党的十七大精神的实施方案（摘要）

（2007年10月31日）

一、方法步骤

学习宣传贯彻党的十七大精神，要坚持集中学习与个人自学相结合；讨论交流与专题辅导相结合；主题活动与创新工作相结合；理论学习与队伍建设相结合。要广泛采取集体学习、集中辅导、讨论交流、专题研讨、工商文化建设、巡回演讲、走访民企、开辟专栏、编发信息等多种形式，做到有声势、有力度、有深度，务求取得实效。学习宣传贯彻党的十七大精神，要着力抓好以下四个环节：

(一)宣传发动，统一思想

当前和今后一个时期的首要政治任务，就是学习宣传和全面贯彻落实党的十七大精神，为实现党的十七大确定的奋斗目标和工作任务而扎实努力。各级党组织要高度重视，精心组织，广泛动员。要认真地组织开展一次进一步解放思想大讨论。学习贯彻中要通过张贴标语和宣传画、建立学习制度、配发必要的学习资料和笔记本、集中收看电视新闻等形式，营造出浓厚的学习氛围，迅速掀起学习十七大精神的热潮。

(二)学习原文，领会精神

学习宣传贯彻党的十七大精神，首先要学好党的十七大报告和党章。各级党组织要认真组织党员干部原原本本地认真系统研读，专题逐项展开讨论，全面深刻领会精神实质，突出解放思想和开拓创新。要深刻理解党的十七大的主题；深刻理解我们党改革开放的伟大历史进程和宝贵经验；深刻理解高举中国特色社会主义伟大旗帜的重大意义；深刻理解科学发展观的科学内涵、精神实质和根本要求；深刻理解全面建设小康社会奋斗目标的新要求；深刻理解社会主义经济建设、政治建设、文化建设、社会建设等方面的重大部署；深刻理解以改革创新精神全面推进党的建设新的伟大工程的重大任务。各级党组书记、基层党支部书记是学习贯彻党的十七大精神的第一责任人，必须发挥好“班长”的带头作用，认真自觉地组织学习，各单位各支部每周集中学习累计不少于8小时。

(三)联系实际，创新工作

学习宣传贯彻党的十七大精神，要注重联系

党员干部的思想、机制体制、工商行政管理工作和队伍建设的实际，增强学习的针对性和实效性，坚持学以致用、用以促学，把运用党的十七大精神武装头脑、指导实践、推动工作、创新工作作为学习的出发点和落脚点，作为衡量学习成效的重要标准。要通过学习宣传贯彻党的十七大精神，更加坚定不移地高举中国特色社会主义伟大旗帜，坚持中国特色社会主义道路和中国特色社会主义理论体系不动摇；进一步增强贯彻落实科学发展观的自觉性和坚定性，按照“四个坚定不移”和贯彻落实科学发展观、构建社会主义和谐社会的目标要求，深入研究如何履行工商行政管理法定职责，坚持服务大局，促进社会和谐、发展、稳定，努力做到监管与发展、与服务、与维权、与执法的统一，把科学发展观贯彻落实到工商行政管理工作的各个方面；进一步解放思想、更新观念，明确工商行政管理部门的具体奋斗目标，以规范化、制度化和法制化建设为重点，在建立健全工商行政管理长效机制上下功夫，推动“法治、数字、和谐工商”建设全面发展，更好地担负起监管社会主义统一大市场和促进科学发展、构建和谐社会的历史重任；以抓好各级领导班子建设、党员队伍建设、各级机关建设、基层执法队伍建设、党风廉政建设为重点，落实党的建设新的伟大工程的新任务、新要求，努力建设一支政治上过硬、业务上过硬、作风上过硬的工商行政管理干部队伍，确保十七大提出的各项任务和要求的贯彻落实；努力改进工作作风，提高工作效能，提高创新能力和市场监管执法水平，加强服务性政府机关建设，更好地服务于建设沿海经济社会发展强省的目标。

(四)总结提高，完善机制

要借鉴党员先进性教育的成功经验，努力使学习宣传贯彻党的十七大精神收到实实在在的效果。要对组织领导工作进行总结，找出开展重大教育活动的成功经验，不断提高政治敏锐性和领导水平；要对教育方法、内容、步骤进行总结，找出政治教育落实的规律，不断提高科学施教的能力；要对教育成果进行总结，找出用党的十七大精神武装头脑、推动工作、创新工作的切实可行办法，不断提高贯彻执行党的方针政策、驾驭全局、科学决策、狠抓落实的能力；要对教育活动中涌现出的积极因素进行总结，大力表彰先进典型，弘扬时代精神，不断提高用典型推动工作的能力。要结合建设学习型机关，进一步提高系统信息化和办公自动化水平，完善学习教育和干部培训机制，形成人人爱学习、事事争一流的良好局面；要结合工商职能作用发挥，抓好服务型政府机关建设，全面推进网上公开运行机制，形成执法为民、依法行政、廉洁高效的良好风气；要结合叫响《河北工商精神》、唱响《河北工商之歌》活动，进一步完善工商文化、党建文化、廉政文化和谐发展的机制，形成用先进文化凝聚人心、用科学理论激励斗志、用先进典型鼓舞士气的良好形势；要进一步完善干部教育、培养、使用、管理机制，形成风清气正、人才辈出、事业兴旺的大好局面；要坚持依法科学理财理念，加强收支监管和资产监督力度，全力保障工商行政管理工作扎实、健康、有序开展，努力使工商行政管理事业在十一五期间得到又好又快发展。

二、主题活动

为促进全省工商行政管理系统党员干部学习宣传贯彻党的十七大精神，使党的十七大精神入脑、入心、践于行，结合全省工商行政管理工作，经省局党组研究，全省工商系统在认真研读报告和党章的基础上，紧紧围绕学习贯彻十七大精神，集中精力开展好以下十项活动，达到“十个增强”的目的。

(一)党组成员带头谈体会活动。请省局党组成员结合学习情况及分管工作，带头交流学习贯彻“十七大”精神体会，增强学习的示范性和针对性。

(二)理论创新专题研讨活动。围绕十七大确立的重大理论观点、重大战略思想、重大工作部署，结合工商行政管理职能，在认真研读、集中辅导、深入调研基础上，列出专题，进行重点研讨，增强学习的理论性。

(三)班子建设专题研讨活动。在省、市工商局党组中心组学习交流的基础上，组织处级以上党员干部，专题召开一次领导班子建设研讨会，研究分析当前班子建设的现状，解决突出问题，增强各级领导班子的战斗力。

(四)民营企业家报告会活动。组织一场“河北成功民营企业家报告会”，颂扬改革开放以来党支持鼓励民营经济发展政策给他们带来的变化和对十七大报告“毫不动摇地鼓励、支持、引导非公有制经济发展”精神的深刻理解，增强服务发展的自觉性。

(五)执法为民先进典型事迹报告会活动。在全系统组织开展“执法为民先进典型事迹巡回报告会”。用身边人、身边事教育和启迪人，增强服务型机关建设的紧迫性。

(六)弘扬和谐工商文化活动。在全省工商系统推出《河北工商精神》和《河北工商之歌》，并组织传唱和歌咏比赛，向社会宣传十七大精神，弘扬和谐工商文化，树立工商形象，增强工商系统的团队精神和凝聚力。

(七)“走千家民企、送十七大精神”活动。在全省工商系统组织开展“走千家民企、送十七大精神”活动，各市工商局要利用职能和管理优势，在辖区范围内，组织走访不少于100家民营企业，向非公有制企业从业人员普及宣传十七大精神和党的各项鼓励扶持政策以及市场监管法律法规，增强监管的科学性。

(八)开展以监管为重点的专题活动。以“发挥职能、提高效能、转变作风、服务发展”为主题，集中开展红盾护农、产品质量与食品安全、清理取缔无照经营、支持新农村建设及落实好三十八条政策措施、面向管理服务对象述职述廉、专门征求管理服务对象意见等项活动，不断创新工作，增强市场监管的实效性。

(九)知识竞赛活动。在全省工商系统开展以《十七大报告》和新修订的《党章》为主要内容的党的基本理论和基本知识竞赛活动，增强学习理解的广泛性。

(十)征文活动。以《河北工商》、红盾信息网、《信息动态》为载体，组织开展“学习贯彻十七大精神专题征文活动”，增强学习贯彻的深度。

以上活动，将具体分解到责任部门，形成落实方案，在深入学习宣传贯彻党的十七大精神过程中分步实施。

供稿：省工商局文明办

中共河北省新闻出版局党组

关于在全省新闻出版行业开展以“文明行业、和谐出版”为主题的社会主义精神文明创建活动的实施意见（摘要）

（2007年3月19日）

为认真贯彻落实新闻出版总署《关于加强全国新闻出版行业社会主义精神文明建设工作的意见》(以下简称《意见》)和省文明委《关于“文明河北、和谐河北”创建活动的实施方案》的要求，经局党组研究决定，在全省新闻出版行业开展以“文明行业、和谐出版”为主题的文明行业创建活动(以下简称创建活动)。

一、主要任务

(一)在全省新闻出版业从业人员中，引导干部职工争做“热心好公民”，深入开展“帮一帮、让一让”活动。要充分发挥工会、共青团、妇联等群众团体的作用，动员全省广大新闻出版从业人员，积极参加当地的创建文明城市、文明县(市、区)、文明社区等创建活动。要大力弘扬“坚韧质朴、重信尚义、宽厚包容、求实创新”的新时期河北人文精神，积极响应省文明委倡导的“帮一帮、让一让”文明体验活动。从身边做起，从自己做起。在社会生活中做好公民；在职业工作中做好职工；在家庭生活中做好成员。积极参与当地的改革发展和社会公益事业，进一步提高全省广大新闻出版从业人员的文明素养。

（二）在新闻出版行政管理部门，引导广大党员干部争做文明公务员，深入开展创建和谐机关活动。各级新闻出版行政管理部门，要以建设服务型政府为目标，以依法行政为重点，结合行政权利公开透明运行、行风评议、机关效能建设等有关要求，深入开展创建和谐机关、文明处(科)室和文明公务员等活动，促进机关工作人员自觉树立社会主义荣辱观，进一步发扬“严、细、深、实、快”的作风，不断提高服务质量和工作效率，着力解决群众关心的热点、难点问题，塑造廉洁、勤政、务实的机关形象。积极开展营造优美环境活动，促进机关办公场所绿化、美化、净化。以文明和谐、争创一流的浓厚氛围，带动全行业文明创建活动的深入开展。

（三）在新闻出版单位，引导干部职工争做“文明出版人”，深入开展“打造精品、建设名社(报、刊)”的创建活动。坚持正确的出版导向，以社会效益第一为原则目标，围绕打造精品、建设名社(报、刊)的要求，深入开展“三项学习教育”活动，提高广大干部职工的政治素质和职业道德水平，树立爱岗敬业、诚实守信、服务群众、奉献社会的新风貌。以传承中华先进文化为己任，出版社要紧密结合形势任务，认真开展“出版物质量管理年”活动，深入实施“冀版精品出版工程”，努力推出一批歌颂党和人民军队光辉历史，反映改革开放与经济社会发展成就及社会主义和谐文化的优秀出版物。报刊社要认真执行《报刊出版管理规定》，规范出版行为，加大对涉及“双重大”以及社会热点、敏感题材报刊出版物内容的审读把关力度，确保舆论导向正确，防止传播错误言论和腐朽文化，积极营造文明、和谐的社会舆论环境；有效规范新闻采编行为，防止有偿新闻、出卖版面等问题的发生。

（四）在出版物印制单位，引导从业人员争做“文明员工”，深入开展“打造强势企业”的活动。以提高出版物印刷质量为重点，围绕建设现代企业文化的要求，开展多种形式的和谐企业创建活动。教育引导广大员工不断增强守法经营、诚信经营、文明经营的思想意识，自觉把共铸诚信、打造名企的思想理念贯穿于创建活动的各个环节。以开展“出版物质量管理年”活动为契机，不断提高出版物印刷质量，切实把印制差错率降到最低限度。严格遵守《印刷业管理条例》的各项规定，自觉履行《印刷业公约》的要求，规范印制经营活动与行为，确保不印政治性非法出版物和《出版管理条例》规定的禁印出版物。

（五）在出版物发行单位，引导干部职工争做“文明发行人”，深入开展文明窗口创建活动。以诚信守法经营为原则，以为广大读者提供优质服务为重点，坚持行业自律，诚信为本，坚决反对商业贿赂行为，纠正行业不正之风。自觉履行《全国书刊发行业公约》，不批发、不销售《出版管理条例》规定的禁售出版物。坚持社会效益第一，本着对读者负责、对社会负责的态度，自觉把好出版物市场准入关，严防有害出版物流入市场，损害消费者的利益，把销售网点建成文明服务的窗口。精心组织“全民阅读日”活动，努力为全民阅读活动的开展营造良好的社会氛围。以“新农村书屋”建设为契机，积极参加“三下乡”活动，努力为人民群众特别是广大农民送去买得起、看得懂、用得上的出版物，不断为基层和农民提供丰富有益的精神文化食粮。

（六）在新闻出版执法队伍中，引导干部职工争做“文明执法者”，深入开展文明执法队伍创建活动。以贯彻落实《行政许可法》、《行政处罚法》和新闻出版“一法七条例”为重点，进一步落实依法行政责任制，加强对新闻出版行政执法人员的教育培训，规范执法行为。积极开展新闻出版(版权)普法宣传活动，解惑释疑，普及群众和著作权人的新闻出版(版权)法律法规知识。深入开展“平安工程”、“文化环保工程”和“反盗版天天行动”等活动，始终保持“扫黄打非”高压态势，严厉查处各类非法出版发行行为，有效保护知识产权，规范出版物市场秩序。

供稿：省新闻出版局文明办

河北省新闻出版局

关于转发新闻出版总署《关于报送迎接党的十七大重点音像、电子出版选题的通知》的通知（摘要）

（2007年4月10日）

省内各音像电子出版社：

现将新闻出版总署《关于报送迎接党的十七大重点音像、电子出版选题的通知》（新出音[2007]219号）文件转发给你们，请认真贯彻落实。

为迎接中国共产党第十七次全国代表大会的召开，为党的十七大召开营造健康向上、欢乐祥和的良好文化氛围，各出版单位要以高度的政治责任感按照总署文件要求精心策划和组织出版一批思想性强、主旋律突出的音像、电子出版物。请各出版单位认真填写《迎接党的十七大重点音像选题申报表》和《迎接党的十七大重点电子出版选题申报表》，并于2007年4月20日前一式两份报送局图书处。

供稿：省新闻出版局文明办

河北省新闻出版局

关于转发新闻出版总署《关于申报社会主义和谐文化重点图书选题和迎接党的十七大重点图书选题的通知》的通知（摘要）

（2007年7月2日）

省内各图书出版社：

现将新闻出版总署《关于申报社会主义和谐文化重点图书选题和迎接党的十七大重点图书选题的通知》（新出厅[2007]177号）文件转发给你们，请认真贯彻落实。

为贯彻落实十六届六中全会精神，构建社会主义和谐社会，宣传新时期社会主义建设所取得的伟大成就，为党的十七大召开营造良好的舆论氛围，各出版单位要以高度的政治责任感按照总署文件中对这两方面选题内容的要求精心组织策划一批思想性强、主旋律突出的图书选题（如有近两年已经出版的相关方面图书也可上报）。请各出版单位认真填写《社会主义和谐文化重点图书选题申报表》和《迎接党的十七大重点图书选题申报表》，并于2007年7月11日前一式两份报送局图书处。同时，报送的相关材料亦请以电子版形式发至liul—043@163.com。

供稿：省新闻出版局文明办

河北省新闻出版局等八部门
关于印发《河北省新农村书屋工程实施意见》的通知（摘要）

（2007年7月16日）

各设区市、扩权县（市）新闻出版局、文明办、发展和改革委员会、科技局、民政局、财政局、农业局、人口与计划生育委员会：

为深入贯彻新闻出版总署等八部委印发的《“农家书屋”工程实施意见》精神，切实解决广大农民群众“买书难、借书难、看书难”的问题，按照《河北省建设文化大省规划纲要(2004-2010年)》和《河北省国民经济和社会发展第十一个五年规划纲要》要求，结合我省开展的创建文明生态村活动和农村图书室建设实际，从2007年开始在全省范围内实施“新农村书屋”工程。

“新农村书屋”工程是由政府统一规划、组织实施的一项惠及广大农民群众、推动农村文化建设的重大工程。工程的建设对解决农民群众“买书难、借书难、看书难”的问题，保障农民群众基本文化权益，推进社会主义新农村和小康社会建设具有重要意义。各地有关部门要密切配合、加强领导，把“新农村书屋”工程同当地经济社会发展和新农村建设紧密结合，加大投入力度，引导和动员社会力量参与“新农村书屋”建设，确保“新农村书屋”工程取得实效。

现将《河北省“新农村书屋”工程实施意见》印发给你们，请按要求认真做好落实工作。实施过程中的重要情况，请及时与河北省“新农村书屋”工程协调小组办公室联系。

联系方法：

电话：0311-88641071　传真：0311-88641071

供稿：省新闻出版局文明办

河北省“新农村书屋”工程实施意见

为深入贯彻新闻出版总署等八部委印发的《“农家书屋”工程实施意见》精神，切实解决广大农民群众“买书难、借书难、看书难”的问题，从提高农民文化素质入手，促进新时期农村经济社会协调发展，按照《河北省建设文化大省规划纲要(2004-2010年)》和《河北省国民经济和社会发展第十一个五年规划纲要》要求，结合我省开展的创建文明生态村活动和农村图书室建设实际，从2007年开始在全省范围内实施“新农村书屋”工程。

一、指导思想

“新农村书屋”工程坚持以邓小平理论和“三个代表”重要思想为指导，以科学发展观为统领，全面贯彻党的十六大和十六届六中全会精神，加大政府对新农村文化建设的投入，充分调动社会各方面力量，推动社会主义先进文化的建设，保障农民群众最基本的文化权益，促进农村社会经济发展和社会主义和谐社会的建设。

二、主要任务和目标

“新农村书屋”工程是温家宝总理在政府工作报告中强调的国家重大文化工程之一，是由政府统一规划、组织实施的新农村文化建设的一项基础工程和民心工程。

“新农村书屋”工程的主要任务是在行政村建立农民自己管理、为农民提供各类实用出版物视听条件的公益性文化服务设施，为广大农民普及科技知识，传播先进文化，提供精神食粮，努力满足广大农村群众最基本的精神文化需求和日益增长的多层次、多方面的文化消费需要。

1．在“新农村书屋”建设上，各设区市、扩权县(市)要进行科学编制、规划选点、制定实施方案、落实本辖区资金来源和进度计划等工作，“十一五”末，在全省1/5的行政村建立“新农村书屋”，到2015年基本覆盖全省的行政村。

2．“新农村书屋”所需出版物，由相关部门参照“新农村书屋”工程协调小组办公室公布的推荐目录，结合本地实际情况，组织采购和配送。每一“新农村书屋”原则上可供借阅的实用图书不少于1000册，报刊不少于30种，电子音像制品不少于100种(张)；或实用图书在1500册以上，有部分报刊和电子音像制品。各地可根据本地区的实际情况，因地制宜，灵活掌握。具备条件的地区，可增加一定比例经政府部门认定的网络图书、网络报纸、网络期刊等出版物。严防不良出版物进入“新农村书屋”。

3．通过5至10年的建设，在全省农村逐步建立起“供书、读书、管书、用书”的长效机制，基本形成适应社会主义市场经济要求、符合社会主义精神文明建设规律的农村出版物发行服务新格局，达到阅读条件较为完备、体制机制相对完善、服务功能不断加强、出版物发行网络延伸进村、农村出版物市场初步形成的基本目标。有效解决农村出版产品和服务供给不足的问题，用健康有益的出版物占领农村出版物市场，用社会主义先进文化占领农村思想文化阵地。

三、实施措施

近年来，各部门都开展了送书下乡的活动，取得了良好的效果。与此同时，由于缺少统筹规划，也产生了有些地区重复受助，有些地区无人过问的情况。“新农村书屋”工程要坚持整合各种资源、不搞重复建设的原则，按照“政府组织建设，鼓励社会捐助，农民自主管理，创新机制发展”的思路认真组织实施。

1．政府组织建设。“新农村书屋”工程由政府紧密围绕社会主义新农村建设规划实施，与农村村民文化活动中心建设规划、农民教育培训以及各部门、各地区在农村文化建设中的类似项目和各项惠农措施有机结合，相互补充，同步推进，实现资源整合，最大限度地惠及广大农民群众。各级党政机关、社会团体和有关单位目前开展的各类送书下乡项目，纳入“新农村书屋”工程总体规划，名称不变，渠道不变，由现有承担单位继续分头组织实施。

2．鼓励社会捐助。要广泛动员社会力量参与“新农村书屋”工程建设，鼓励省内外各界采用多种形式、多种渠道进行捐助，扩大投资来源。要充分调动社会力量参与“新农村书屋”建设的积极性。在社会捐助的形式上，可以设立捐建平台，并以冠名、通报表彰等各种积极有效的措施，引导鼓励党政机关、企事业单位、各类社会组织和各界人士组织捐建“新农村书屋”，支持农民自己筹建“新农村书屋”。捐助人也可根据公布的“新农村书屋”建设规划、资助标准，自主选择捐助对象，通过指定的慈善公益组织和“新农村书屋”工程组织机构，统一安排落实。

3．农民自主管理。“新农村书屋”按照农民自主管理、自我服务的模式进行管理和运行。在个人自愿的基础上，由村民民主推荐书屋管理人员。党支部、村委会等基层组织承担筹建和监督的职责。要建立完善“新农村书屋”管理、服务等各项规章制度，并纳入村务公开范围，形成良好的竞争、激励、约束机制，通过培训、定期检查和评比，不断提高书屋管理人员的责任意识和服务管理能力，保证“新农村书屋”充分发挥应有的功能和作用。

4．创新机制发展。为保证新农村书屋的生存发展和出版物的及时更新，按照社会主义市场经济规律和农村的客观实际，政府鼓励扶持具备条件的书屋管理人员开展出版物经营活动，通过经营收入反哺“新农村书屋”，要积极探索“新农村书屋”运行、发展的长效机制和农村出版物发行网络建设的新途径，不断满足农民群众多样性、多层次的文化需求。

四、工作要求

1．“新农村书屋”工程是与广播电视村村通、全国文化信息资源共享工程、农村电影放映工程同等重要的农村文化建设重大工程。各级新闻出版和文明办、发改委、科技、民政、财政、农业、人口计生等管理部门要提高认识，加强协作，密切配合，形成合力；要切实加强领导，积极争取各级党委、政府的重视和支持，把“新农村书屋”工程纳入当地经济社会发展规划和新农村建设规划，切实为农民群众办好事、办实事。

2. 各地要按照本实施意见要求，因地制宜，制定切实可行的工作方案，将任务细化、量化，分解落实到具体单位，明确完成任务的时间、步骤和责任人。要建立相应的督办制度，确保工作任务的完成。

3. “新农村书屋”要充分利用农村村民中心等现有的各类公共设施，不搞重复建设，不增加农民负担，实现资源共享。“新农村书屋”工程资金要全部用于书屋所需出版物和相应设备的配置。对已经建立的书屋，要做好出版物的更新、充实和巩固工作。要加大打击非法出版物的工作力度，为“新农村书屋”健康发展创造良好环境。

4. 各出版发行单位要积极参与“新农村书屋”工程建设，采用结对子等多种方式帮助指导“新农村书屋”的建设和管理。各类出版单位要围绕农村阅读需求，加大服务“三农”出版物的出版比例，控制成本、降低价格，让利于广大农村读者。各发行单位要努力畅通发行渠道，主动联系、帮助、辅导“新农村书屋”建设，为“新农村书屋”提供优良的服务。

5. 建立健全“新农村书屋”工程、资金的管理办法和书屋管理等规章制度，加强对“新农村书屋”工程的监督检查。坚持财政监督、审计监督和社会监督相结合，事前监督、事中监督和事后监督相结合，日常监督和专项检查相结合。对违反有关规定的，要追究责任，严肃查处，确保“新农村书屋”工程的顺利实施。

6. “新农村书屋”建立一段时间后，对管理规范、服务较好、具有一定经营条件的，可在书屋管理人自愿的前提下，由新闻出版行政部门授予出版物经营许可证。书屋管理人在保证书屋正常运行的基础上，可开展出版物经营业务，获得的经营收入，按规定比例用于购买新的出版物，不断扩大书屋规模。

7. 各级新闻出版管理部门要对本辖区内已有的农村图书室(阅览室)情况进行调研，主要从房屋状况、出版物数量、书架配备等方面进行核查，摸清底数，形成本辖区内“新农村书屋”建设现状分析报告。现有的农村图书室(阅览室)出版物数量在1500册以上的可以直接加挂“新农村书屋”牌子；出版物数量在1000到1500册之间的，在进行新批次的“新农村书屋”建设时，优先配置资源，达到标准后加挂“新农村书屋”牌子，避免重复投资。

8. 认真搞好宣传、表彰工作。要积极发挥电视、广播、报纸、网络等新闻媒体的作用，对工程实施情况和服务“三农”的先进典型进行充分宣传报道，扩大社会影响，努力营造全社会关心、重视“新农村书屋”工程的舆论氛围，广泛宣传对“新农村书屋”工程给予大力支持、帮助的单位和个人的先进事迹。对取得显著成绩的地区、单位和个人，要给予一定的表彰和物质奖励。

五、组织领导

1. 由省新闻出版局、省文明办、省发改委、科技厅、民政厅、财政厅、农业厅、省人口计生委组成“新农村书屋”工程协调小组，主要负责审定全省“新农村书屋”工程实施方案和相关政策，组织、协调、指导“新农村书屋”工程建设。“新农村书屋”工程协调小组办公室设在省新闻出版局，主要负责制定河北省“新农村书屋”工程总体规划、实施方案、捐建管理、出版物推荐目录等事宜，会同有关部门组织全省“三农”读物出版工程，指导各地制定书屋管理制度，负责日常组织协调、监督检查和交流评比工作。

2. 各设区市：各扩权县(市)都要设立相应组织协调机构，按照全省“新农村书屋”工程实施意见，组织实施本地区“新农村书屋”工程。主要负责制定本地区“新农村书屋”工程规划、实施方案、书屋管理等规章制度，筹措安排和管理工程资金，并指导县、乡、村组织做好当地“新农村书屋”的选点、装备、验收、监督、考核以及开展读书活动等工作，落实本地区“三农”读物出版工作，组织出版物的采购、配送，对“新农村书屋”进行业务指导，培训书屋管理人员，定期进行监督检查和表彰奖励。

供稿：省新闻出版局文明办

省科学技术协会等七部门

关于开展“河北省首届青少年科学素质大赛”活动的通知（摘要）

（2007年11月1日）

各设区市科协、文明办、教育局、科技局、信息产业局、团市委、关工委：

为全面贯彻《全民科学素质行动计划纲要》，落实《未成年人科学素质行动实施方案》（全科组办发[2007]6号），推动学校科学教育，广泛开展多种形式的课内外科普教育活动，增强未成年人的创新精神和实践能力，提高未成年人科学素质。省科协、省文明办、省教育厅、省科技厅、省信息产业厅、团省委、河北省关心下一代工作委员会决定，在全省开展“河北省首届青少年科学素质大赛”活动。该活动以网络及电视媒体为传播手段，采取生动活泼、寓教于乐，集实践、体验、娱乐于一身，符合青少年特点并能使之广泛参与的活动形式，搭建一个面向广大青少年群体，全方位、多层面提升科学素质的长效宣传服务平台。

一、活动时间和主题：

活动时间：2007年11月份开始，用一年时间，采取擂台对抗，逐级循环，以点带面的形式在全省铺开，使该活动长期深入开展下去，活动范围逐年拓展。

活动主题：“落实《全民科学素质行动计划纲要》——青少年科学素质提素在行动”。

二、目标和意义：

通过开展活动，推动学校教育与社会资源的有效结合，扩展青少年接受科学教育的平台。增强青少年的创新和实践能力，在体验中求知，在快乐中成长，促进青少年综合素质的全面提升。

三、活动组织机构：

成立大赛组委会，组委会下设办公室，具体负责大赛及相关事宜。

四、大赛活动安排：

1．大赛将以周赛、月赛、季赛和年度总决赛形式贯穿全年展开。各参赛队自下而上，通过擂台对抗、逐级竞争的方式产生优胜队参加下一环节比赛。

2．大赛组委会办公室将对各市牵头单位的活动具体负责人或辅导教师进行统一培训，接受培训的人员，将负责对本市报名选手的培训和比赛。

3．比赛中的周赛、月赛、季赛环节在各市进行，比赛过程由各市负责联络当地电视媒体进行录制，并上报大赛组委会办公室。大赛组委会办公室负责石家庄市各项赛事的录制工作，并负责将各地市上报的比赛影像资料制成完整的电视节目。

4．大赛活动现场录制的影像资料将制成光盘送与参赛选手留作纪念，同时借助网络及电视媒体对各项活动进行广泛宣传。

5．大赛活动场地将以学校操场和科普场馆及专业素质训练基地为主。

6．各参赛选手可自愿参加，大赛不收取参赛选手任何费用。

五、有关要求：

各级有关部门要充分认识开展“河北省首届青少年科学素质大赛”活动的重要意义，加强领导，精心组织，周密落实。各级教育部门和科协组织要以此项活动为契机，做好社会科普资源与校园科学教育的有效衔接，要充分凝聚一线科学教师的力量，发挥科学教师在科普教育工作中的作用，提升青少年科学素质教育的水平。各级科协组织要加大各类科普资源对校园科普教育的倾斜和支持力度。

六、表彰奖励：

大赛组委会设立组织奖、竞赛奖等精神奖励和物质奖励。

七、联系方式：

河北省科学普及服务中心0311－86810179

河北省青少年科学实验基地0311－85888761

附件：河北省首届少年科学素质大赛实施方案

（略）

供稿：省科协文明办

河北省妇女联合会

关于开展廉政文化进家庭工作的方案（摘要）

（2007年4月27日）

一、开展廉政文化进家庭工作的总体思路

开展廉政文化进家庭工作的总体思路是：以邓小平理论和“三个代表”重要思想为指导，以提高家庭成员反腐倡廉的意识和能力、筑牢拒腐防变的家庭防线为目标，以文明家庭创建活动为载体，通过开展丰富多彩的家庭助廉教育实践活动，建立和完善群众支持参与反腐倡廉的有效机制，充分发挥妇女和家庭在反腐倡廉中的重要作用，切实推进廉政文化进家庭，以廉政文化建设推进和谐文化建设，以家庭的和谐发展促进社会的和谐发展。

二、开展廉政文化进家庭工作的主要任务

从2007年开始，我们将重点做好以下六件事：下发一个关于继续推进廉政文化进家庭工作的通知；向广大干部家庭发一份廉政文化进家庭倡议书；建一批廉政文化进家庭工作试点；在河北妇女网举办一次家庭助廉教育征文活动；进行一次廉政文化进家庭工作督查；宣传树立一批先进典型。

三、开展廉政文化进家庭工作的具体措施

1．制定实施方案，明确目标任务。把家庭廉政文化建设列为妇联宣传教育工作的重要内容，与“星级文明家庭创建”、“学习型家庭创建”、“和谐家庭创建”等文明家庭创建活动等有机结合起来，于4月制定下发关于开展廉政文化进家庭活动的方案，要求各级妇联高度重视，明确职责，层层制定工作方案，抓好落实。

2．积极开展家庭助廉教育主题活动。结合文明家庭创建，大力开展“廉政家庭”创建活动，弘扬“尊廉”、“倡廉”、“助廉”的家庭美德；结合妇女思想政治工作，有针对性地开展领导干部配偶廉政思想教育，鼓励她们筑牢拒腐防变的家庭防线；结合家庭助廉教育读书活动，通过发倡议、举办征文活动，进一步普及廉政文化知识，营造反腐倡廉的良好家庭氛围和社会环境。

3．努力做好廉政文化进家庭先进典型的选树和宣传工作。充分挖掘在廉政文化进家庭、家庭助廉教育工作中涌现出的先进事迹，宣传树立一批先进典型，利用主流媒体宣传好典型、好经验、好做法，在广大群众中树立廉洁理念，提倡廉洁精神，营造廉洁向上的良好氛围。

4．加大廉政文化进家庭工作的督查力度。为推动廉政文化进家庭活动深入开展，省妇联专门成立了“廉政文化进家庭”活动领导小组，组长由省妇联主席、党组书记曹素英担任，副组长由省妇联副主席马新景担任，宣传部负责活动的推动督查工作。为及时掌握各地活动开展情况，年内将对各市开展“廉政文化进家庭”进行一次督查，以推动廉政文化进家庭建设工作深入、持续、有效开展。

四、加强领导，周密部署，切实做好廉政文化进家庭的各项工作

各级妇联组织要高度重视、加强领导，将廉政文化进家庭纳入重要议事日程，作为妇联组织的一项重要政治任务抓紧、抓实、抓好。要将家庭廉政文化建设与家庭美德教育和青少年思想道德教育结合起来，要充分发挥各级妇女学校、妇女儿童活动中心、家长学校等阵地的作用，进一步开掘宣传教育资源，加大宣传教育力度，提高工作实效。

各级妇联组织要争取党委、纪检、司法、监察等有关部门的有力支持，广泛动员各方面力量，协调社会资源，配合有关部门共同推动廉政文化进家庭工作广泛深入地开展。要通过扎实有效的工作，为推动我省惩治和预防腐败体系的建设与完善，促进廉政建设作出应有的贡献。

各级妇联要增强大局意识和责任意识，明确职责、结合实际，层层制订工作方案，因地制宜开展廉政文化进家庭工作。要在党委纪律检查部门的领导和指导下，建立相应的工作机构，明确责任部门，制定开展廉政文化进家庭工作的具体意见和办法。要建立机制，强化管理，真正使家庭助廉教育工作做到有部署、有安排、有落实，把各项措施落到实处。各地妇联要认真总结开展廉政文化进家庭工作的好做法、好经验，要将开展工作的情况及时上报省妇联宣传部。

供稿：省妇联文明办

整理：何颖玉

河北省妇联等十部门

关于印发《河北省家庭教育工作“十一五”规划》的通知（摘要）

（2007年8月16日）

各市妇联、教育局、文明办、关工委、团委、民政局、卫生局、人口计生委、统计局、科协：

为深入贯彻中共中央国务院、省委省政府关于进一步加强和改进未成年人思想道德建设的指示精神，落实《河北省儿童发展规划(2001-2010年)》中提出的家庭教育工作目标，进一步指导和推进全省家庭教育工作，积极构建家庭、学校、社会“三结合”的教育网络，全面提高家长素质，促进未成年人健康成长，推进建设沿海经济社会发展强省进程，省妇联、省教育厅、省文明办、省关工委、团省委、省民政厅、省卫生厅、省计生委、省统计局、省科协共同制定并实施《河北省家庭教育工作“十一五”规划》。

现将《河北省家庭教育工作“十一五”规划》印发给你们，请各地根据本规划的总体要求，结合实际，制定并实施本地家庭教育工作“十一五”规划，确保规划的贯彻落实。

供稿：省妇联文明办

河北省家庭教育工作“十一五”规划

家庭教育是未成年人成长发展中不可或缺的重要环节，也是社会主义精神文明建设的重要内容。“十五”期间，在各级党委政府的高度重视和社会各界的大力支持下，河北省家庭教育工作“十五”计划得到全面实施，各项具体目标基本完成，工作指导体系和网络日趋完善，形成了党委领导、政府支持、妇联牵头、有关职能部门配合、社会参与的社会化、开放式工作格局，广大家长家庭教育观念日益更新，科学教子能力和水平不断提高。为巩固“十五”期间家庭教育工作成果，开创“十一五”家庭教育工作新局面，进一步提高家庭教育指导和服务水平，促进未成年人健康成长，推动社会主义和谐社会建设，制定本规划。

一、指导思想和总体目标

“十一五”时期家庭教育工作的指导思想是：坚持以邓小平理论和“三个代表”重要思想为指导，深入贯彻落实科学发展观，按照党的十六届六中全会关于构建社会主义和谐社会的总体部署，深入贯彻中共中央国务院、省委省政府关于进一步加强和改进未成年人思想道德建设的指示精神，落实《河北省儿童发展规划（2001-2010年）》中提出的家庭教育相关目标，以满足儿童和家长需求为出发点，不断创新和发展家庭教育工作。

“十一五”时期家庭教育工作的总体目标是：到2010年，继续扩大家庭教育和科学育儿知识的宣传、普及，力争向1000万名家长普及家庭教育知识，使城乡家长的整体素质和教育子女的能力得到全面提高；进一步完善家庭教育工作长效机制，推动构建学校、家庭、社会“三结合”的教育网络；推进现代家庭教育理论体系建设，提高家庭教育指导机构和指导者专业化水平；提高家长学校办学质量，大力创办乡村、社区等各类家长学校或家庭教育指导中心（站）；推进有关家庭教育法律法规的完善，使家庭教育工作走上科学化、社会化、法制化轨道，促进未成年人思想道德建设，为培养中国特色社会主义事业合格建设者和接班人打下坚实的基础。

二、具体目标

1．广泛宣传普及家庭教育和科学育儿知识，使0～18岁儿童家长家庭教育知识和科学育儿知识的知晓率达到：市区95%以上，非贫困县85%以上，贫困县70%以上。

2．大力发展多元化、多类型、满足不同群体需求的家长学校，提高办学质量，规范对家长学校的管理。中小学、幼儿园普遍建立家长学校。有条件的地方可建立广播、电视、网络等家长学校。

3．积极推进社区家庭教育指导，城市40%的社区建立社区家长学校或家庭教育指导中心；结合社会主义新农村建设，农村20%的村建立家长学校或家庭教育指导中心（站）。

4．重视和加强农村留守、流动儿童的家庭教育，引导和帮助留守、流动儿童家长增强家庭教育的责任意识，提高家庭教育的能力和水平。

5．加强家庭教育调查研究，针对当前家庭教育中的新情况、新问题，开展专题调研，形成一批有分量的调研报告，有针对性地提出对策建议。

6．加强家庭教育理论研究，确立家庭教育研究课题，促进研究成果的推广和应用。加强对现有家庭教育研究机构及社团组织的建设和管理。有条件的市、县要建立家庭教育研究机构或社团组织。

7．加强家庭教育工作队伍建设，开展家庭教育指导者能力培训。5年内培训1000名家庭教育工作骨干。

8．推进家长学校学习材料建设，各地可因地制宜编写适合本地实际的家长学校学习材料。

9．推广家庭教育工作经验，5年内创建11个河北省家庭教育工作示范县（市、区）、100所河北省示范家长学校。

10．建立健全家庭教育工作长效机制，要建立党委领导、政府支持、妇联牵头、有关部门参加的家庭教育工作机构或领导机构。

三、工作内容和主要措施

（一）加强组织领导

1．按照中共中央、国务院和省委、省政府关于加强和改进未成年人思想道德建设的若干意见的要求，各级妇联组织要积极做好家庭教育的牵头工作。

2．积极推动各级党委政府把家庭教育工作纳入精神文明建设的总体规划，纳入工作的全局和重要议事日程，充分发挥家庭教育在构建学校、家庭、社会“三结合”教育网络中的基础作用。

3．各市、县（区）要按照本规划的总体要求，结合本地区的实际，制定并实施本地家庭教育工作“十一五”规划和评估办法，确保规划的贯彻落实。

（二）建立长效机制

1．各地要建立由相关部门组成的家庭教育工作领导机构，明确责任分工，加强统筹协调，充实工作力量，落实各自责任。要有专人负责家庭教育工作。要强化协调推动机制，发挥相关部门的作用，形成家庭教育工作合力。

2．将家庭教育工作经费纳入地方财政预算，用于组织开展培训、研究、建设阵地、表彰先进等工作。

3．广泛动员社会力量，多渠道开发资金来源，为做好家庭教育工作创造更有利的条件。

（三）深化理论研究

1．开展课题研究，及时申报全国家庭教育“十一五”课题及省社科联重点课题立项，加大对重点课题的支持力度，及时开展课题研究成果的交流、研讨和评奖。

2．重视研究成果的推广与应用。办好家庭教育指导报刊和栏目。注重发挥各级家庭教育实验研究基地、研究机构及家教专业人员的作用，探索家庭教育研究成果实际应用的方法与途径。

3．加强家庭教育基础理论建设。鼓励有条件的师范院校、中小幼教师继续教育机构开展家庭教育基础理论研究。组织编写和推荐家庭教育培训资料。各地要结合当地实际，加强对编写家庭教育材料的指导和规范。

4．开展家庭教育交流。通过各种渠道宣传我省家庭教育研究成果和成功经验，学习借鉴外省、市家庭教育的先进理念和方法，争取项目支持与援助。

（四）完善服务体系

1．巩固和发展各级各类家长学校。大力发展社区、乡镇家长学校，鼓励开办网上家长学校，倡导党政机关和企事业单位开办家长学校，形成多元化的家长学校办学模式，提高办学质量。各级各类学校要建立与学生家庭的有效沟通与联系，帮助学生家长普遍提高家庭教育水平。

2．大力发展各类家庭教育指导中心（站）。要积极推进建立具有研究、培训、服务、监测、评估等多功能的家庭教育指导中心。有条件的城市社区和农村乡镇要积极建立适合广大家长需求的指导中心（站）、咨询站等，开展家庭教育指导和服务，满足广大儿童和家长的需求。

3．探索家庭教育指导和服务社会化、市场化运作新模式。鼓励非政府组织和个人投资参与创办各种家庭教育指导和服务机构，为不同类型、不同层次、不同需求的家庭提供高质量、专业化、有成效的服务。

（五）加大宣传力度

1．深化“争做合格家长、培养合格人才”双合格家庭教育宣传实践活动。面向基层、服务家庭、因地制宜、突出特色，开展丰富多彩的宣传实践活动，精心打造双合格活动品牌，使之成为推进家庭教育工作、提升家庭教育水平的有效载体，使“为国教子、以德育人”观念深入人心。

2．围绕《中华人民共和国未成年人保护法》的宣传普及，指导和帮助父母或者其他监护人学习家庭教育知识，营造良好、和睦的家庭环境，依法履行对未成年人的监护职责和抚养教育义务，并以多种方式推进《家长教育行为规范》的实施。

3．加强宣传普及阵地建设。省市级报纸、县级以上电台、电视台要开办家庭教育和家庭卫生保健知识栏目，要充分利用网络、短信、电话等载体的家庭教育知识传播功能，以多种形式扩大家庭教育指导的覆盖面。

（六）抓好队伍建设

1．发展家庭教育指导队伍。着力建设家庭教育工作专家队伍、讲师团队伍、宣传工作队伍、专职工作队伍、社区志愿者队伍，老干部、老战士、老专家、老教师、老模范等“五老”队伍，形成专兼结合、指导能力强、覆盖全社会的家庭教育工作队伍。

2．开展家庭教育指导者培训。省、市、县（区）层层组织家庭教育指导者培训，提高其业务能力和指导水平。

（七）加强监督管理

1．对有关家庭教育的法律法规进行执法监督和社会监督，向立法机关提出意见建议，推进家庭教育法制建设。

2．完善考核、评估制度。建立和完善家庭教育工作评估指标体系；规范对各级家长学校、各类家庭教育指导机构的管理，研究制定专、兼职从业人员考核管理办法。

（八）关注特殊群体

1．重视农村留守、流动儿童的家庭教育。大力开展关爱农村留守、流动儿童行动，通过多种形式和渠道，积极向留守、流动儿童家长及其监护人宣传监护人的义务和责任，普及科学的家庭教育观念、知识和方法，不断提高留守、流动儿童家长科学教养子女的技巧和能力。

2．关注单亲家庭、贫困家庭等弱势群体的家庭教育宣传普及工作，为他们提供有针对性的指导与服务。推动有关部门制定出台相关政策法规，切实从源头上解决这些特殊家庭子女的实际困难和问题。

四、监测评估

1．省妇联与省教育厅、省文明办及有关部门依据本规划制定《河北省家庭教育工作“十一五”规划评估方案》。

2．成立河北省家庭教育工作评估领导小组，负责检查评估全省家庭教育工作“十一五”规划的执行情况。各市家庭教育工作“十一五”规划执行情况，由各市的家庭教育工作机构或领导机构负责检查评估。

3．各市根据《河北省家庭教育工作“十一五”规划》和《河北省家庭教育工作“十一五”规划评估方案》要求，组织好中期和终期的自查评估。在各市自查评估的基础上，省家庭教育工作评估领导小组将对部分市的家庭教育工作进行抽查评估，形成评估报告。

4．在全面评估的基础上，总结经验，发现典型，表彰先进。终期召开河北省家庭教育工作经验交流会、研讨会及表彰会，推进家庭教育工作不断深化和创新发展。

供稿：省妇联文明办
整理：何颖玉

河北省残联等十一部门

关于开展第十七次“全国助残日”活动的通知（摘要）

（2007年4月27日）

各设区市人民政府残疾人工作协调委员会、市委宣传部、文明办、教育局、公司局、民政局、司法局、劳动和社会保障局、建设局、交通局、信息产业局、卫生局、广播电视局、法制办、信访局(办)、各军分区政治部、工会、团委、妇联、残联、石家庄机场、秦皇岛机场：

2007年5月20日是第十七次法定“全国助残日”。国务院残工委、中宣部等22个部、委(单位)下发了《关于开展第十七次“全国助残日”活动的通知》(以下简称《通知》)。《通知》要求各地、各有关部门对本次助残日要给予高度重视，采取切实行动，围绕主题，精心组织好各项活动。根据《通知》精神，结合我省实际，现就我省搞好本次“全国助残日”活动，提出以下要求：

一、主题

保障残疾人权益共建和谐社会

二、重要意义

省十届人大四次会议通过的《关于河北省国民经济和社会发展第十一个五年规划纲要的报告》明确提出，发展残疾人事业。我省共有各类残疾人495.9万，占全省总人口的7.23%。保障残疾人合法权益既是发展我省残疾人事业的客观需要，也是建设沿海经济社会发展强省的客观需要。

各级党委和政府历来十分关心、重视残疾人各项权利的法律保障与维护。自1993年《河北省实施〈中华人民共和国残疾人保障法〉办法》公布至今，在我省公布的多部法律法规中，对保障残疾人权益和发展残疾人事业作出了明确要求，为我省残疾人各项权益的保障和促进残疾人事业的全面发展提供了坚实的法律依据。

随着经济社会的全面发展，我省残疾人权益保障工作出现一些新的急需解决的问题。目前，《中华人民共和国残疾人保障法》修订工作已经启动，我省也正为修订《河北省实施〈中华人民共和国残疾人保障法〉办法》做着相关工作。作为残疾人事业发展和残疾人权益保障的重要法律，它们的修订及公布将为我省残疾人的权益保障提供更有力的法律保证。《河北省残疾人事业“十一五”发展纲要》及法制建设、无障碍建设和法律救助三个配套实施方案，为新时期保障我省残疾人权益提出了具体目标。

联合国刚刚通过的《残疾人权利公约》是进入二十一世纪以来第一个人权公约，也是首个专门保障残疾人权益的国际公约。它第一次规定缔约国应采取切实措施，以法律等形式保障残疾人事业发展，维护残疾人权益，这为我省残疾人权益保障工作带来了新的机遇和挑战。

维护和保障残疾人的合法权益，着眼于解决残疾人的实际困难和需求，是残疾人事业的出发点和落脚点。因此，各地、各有关部门要高度重视，采取切实措施，确保残疾人各项权益得到真正落实。

三、措施

1．各地要及时召开残疾人工作协调委员会会议，围绕本次全国助残日主题，结合本地实际，专题研究助残日活动方案，部署助残日活动。

2．地方各级残工委要协调民政、教育、卫生、劳动和社会保障等部门，根据河北省人民政府办公厅转发的《关于进一步加强扶助贫困残疾人工作的实施意见》和本地区的残疾人权益保障法规、扶助残疾人的优惠规定、针对残疾人的各项减免政策，组织一次专项检查活动，检查各项优惠扶助措施是否真正落实到位，残疾人是否真正受益，发现问题，及时解决。

3．各级司法行政部门要指导法律援助中心、律师事务所、法律服务所、公证处、司法所等机构积极开展优先、优质和优惠的法律咨询和法律服务等活动，为残疾人排忧解难。要协调有关部门大力做好《中华人民共和国残疾人保障法》等法律法规的宣传教育工作，将之纳入普法宣传规划，提高公民遵法守法意识。

4．各级信访部门要认真研究残疾人信访中反映的突出问题，并向政府有关领导做一次集中汇报，提出意见和建议。

5．各级公安部门要根据本地区实际，继续深入打击侵害残疾人权益的各类违法犯罪活动，切实保护残疾人的合法权益；各地要认真贯彻国办发[2004]76号文件，在解决残疾人专用机动车营运问题时，要从实际出发，区别对待，严格管理，采取妥善措施，保障以此为生的残疾人的基本生活。

6．各级公安、民政部门和共青团、残联要认真贯彻《关于开展为了明天——全国强迫诱骗未成年人流浪乞讨和强迫拐骗聋哑青少年违法犯罪整治工作的通知》(综治委预青领联字[2006]3号)精神，切实做好流浪残疾儿童的救助和预防聋哑青少年违法犯罪工作，维护残疾儿童权益。各级民政、劳动保障部门要将符合社会保障条件的残疾人纳入最低生活保障及其他各种社会保障范围，落实各种保障措施，切实保障其基本生活；要会同税务部门认真做好福利企业的税收减免政策调整完善工作。

7．各级建设、教育、交通、机场等部门单位要切实采取措施，严格执行国家有关部门颁布实施的《城市道路和建筑物无障碍设计规范》、《民用机场旅客航站区无障碍设施设备配置标准》、《特殊教育学校无障碍设计规范》等规范、标准，按照《河北省无障碍设施建设工作“十一五”实施方案》，认真做好监督检查工作，保障公共设施无障碍，方便残疾人和各种行动障碍者出行、参与公共生活。

8．各级文明办要将助残日活动作为本地区精神文明建设的一项重要内容来抓，将该项活动与创建文明城市、文明社区和文明村镇等活动结合起来，在全社会进一步倡导扶残助残的社会风尚。

9．各级广电、信息产业部门要根据《河北省无障碍设施建设工作“十一五”实施方案》的要求，积极创造条件，推进电视节目加配字幕等工作，研发推广方便盲人、聋人使用的信息无障碍产品，为聋人和盲人信息交流无障碍提供方便。

10．各地工会、共青团、妇联、少先队组织以及驻军和武警部队要发挥各自优势，通过开展青年志愿者助残、巾帼建功、手拉手红领巾助残以及军民共建、警民共建等多种形式，动员社会力量，给予贫困残疾人以扶助，切实帮助残疾人解决实际问题。

11．地方各级残工委在助残日期间，要积极协调当地党、政、军领导和有关部门负责人出席本地助残日活动，听取残疾人工作汇报，走访慰问福利企业、残疾人集中的社区、福利院、特教学校和残疾人家庭，勉励残疾人自强、自立，并切实帮助残疾人解决生活中的实际困难。

12．各地残联组织要切实承担起助残日活动的具体组织协调工作，要结合本地区第二次全国残疾人抽样调查的结果，主动将残疾人工作的情况和存在的困难向当地党委、政府及有关部门汇报，争取更大的支持；要注意调动广大残疾人的积极性，通过组织报告会、座谈会、演讲会、文艺演出等活动，开展有关法律法规的宣传，展示残疾人乐观向上、积极进取的精神风貌；要教育广大残疾人自觉遵守国家各项法律、法规，争做遵纪守法的好公民。

四、宣传

1．各地党委宣传部门要将第十七次“全国助残日”的宣传报道工作纳入年度宣传工作的总体计划，统一部署，统一安排。

2．省及各地新闻单位要结合本次助残日主题，充分发挥报刊、广播、电视和网络媒体的作用，利用多种方式，深入宣传国家保障残疾人权益的法律法规及维护残疾人合法权益的典型事例，宣传各级党、政、军领导和有关部门负责人走访慰问残疾人的动人场面，宣传在助残日期间组织的各种活动，在全社会掀起关注残疾人事业的热潮。

3．各残疾人基层组织要根据本次助残日主题，通过公益广告、公共橱窗、板报、标语、横幅等多种形式做好宣传工作，大力弘扬人道主义思想，在全社会进一步营造关心帮助残疾人的良好社会舆论环境，推进残疾人事业的全面发展。

供稿：省残联文明办

河北省精神文明建设年鉴

概况综述

SURVEY

概况综述

河 北 省

2007年，全省精神文明建设工作坚持以邓小平理论和“三个代表”重要思想为指导，全面贯彻落实科学发展观和构建社会主义和谐社会的重大战略思想，认真贯彻党的十七大和省委七届三次全会精神，以社会主义核心价值体系为根本的和谐文化建设全面展开，思想道德建设整体推进，群众性的和谐创建和精神文明创建活动扎实深入，公民文明素质和社会现代文明程度进一步提高，为推动我省更好更快发展和构建和谐河北提供了强大的精神动力，创造了良好的社会环境。

（一）大力加强思想文化建设，为建设沿海经济社会发展强省提供了有力的精神支撑

坚持用科学发展观统揽全局，奠定了建设沿海经济社会发展强省的思想基础。围绕“强化开放观念，建设沿海强省”主题教育，组织县处级以上干部认真学习党的创新理论成果、省第七次党代会精神，召开“落实科学发展观与建设沿海强省”系列研讨会，组织开展“送理论下基层”活动，举办“社科普及周”，刊发一批重点理论文章，科学发展、和谐发展的理念进一步深入人心。围绕贯彻落实党的十七大和省委七届三次全会精神，以深入贯彻科学发展观为主题，在全省党员干部中深入开展了解放思想大讨论活动，进一步推动各级、各部门发展理念、工作思路、领导方法的创新。通过在媒体开设专题专栏、组织优秀文艺作品展播展演活动、组建宣讲团宣讲、举办报告会、召开座谈会等形式，在全省掀起了学习宣传贯彻党的十七大和省委七届三次全会精神的热潮，进一步把广大干部群众的思想统一到党的十七大精神上来。

坚持用民族精神和时代精神鼓舞斗志，巩固了共谋发展、共创和谐的良好局面。举办了“新世纪、新河北、新成就”大型展览和建设沿海强省系列形势报告会，推出重点图书《走向沿海强省》，宣传了一批又好又快发展的先进典型，全面展示了河北改革发展取得的重大成就，进一步把全省干部群众凝聚到建设沿海强省上来。加快爱国主义教育基地项目建设步伐，开展纪念建军80周年系列活动和“弘扬和培育民族精神”主题教育活动，组织了全省经济形势报告会、“和谐发展、关注民生”系列报告会，推出了唐山市“帮一点”、田金芳、王晓勋、常寿祥等一批富有时代特征的重大典型，弘扬了新时代河北人文精神。

坚持扎实推进文化体制改革，进一步推动了文化事业、文化产业的发展。综合试点市和试点单位的文化体制改革取得新进展，省新华书店等一批经营性单位完成转企改革，公益性单位内部机制改革、新闻媒体“两分开”改革和文化管理体制改革都取得实质性进展。《河北省文化产业发展规划纲要》、《河北省关于加快文化产业发展的意见》和《河北省促进文化产业发展的若干政策》的编制工作全面展开。在深圳第三届文博会和北京第二届文博会上，签约金额267亿元。获得第十届全国精神文明建设“五个一工程”组织工作一等奖、2部作品获“优秀作品奖”。广播电视村村通、文化信息资源共享、农村电影放映、新农村书屋工程扎实推进。假日文化工程、彩色周末、广场文化等群众性文化活动丰富多彩。组织了“千名艺术家走进基层唱河北”、“太行情·老区行”、“高雅艺术下基层”等活动，演出10000多场，观众1000多万人次，得到了群众的广泛欢迎。

（二）积极推进公民道德建设，为河北的科学发展、和谐发展奠定了坚实的道德基础

评选表彰道德模范，公民道德建设进一步加强。组织开展了全国首届道德模范推荐申报工作，通过信件、网络、电话等多种方式，引导广大群众踊跃参与推荐和投票。全省先后推荐道德模范候选人1858人，参与全省、全国道德模范评选投票人数达300多万人。按照公开、公平、公正的原则，经过群众推荐、群众投票，并按照计票结果，省里表彰了林秀贞等10名道德模范，其中林秀贞、尚金锁被评为全国道德模范，其他8名同志被授予提名奖。省、市主要媒体对道德模范的先进思想、感人事迹，进行了深入地宣传报道，并召开了“学讲话、学模范”座谈会，进一步营造了崇敬道德模范、学习道德模范的浓厚氛围。制定了《关于帮扶生活困难道德模范实施办法》，体现了“好人有好报”的价值取向，在全社会弘扬了“为奉献者奉献”的良好风尚。

精心打造“帮一帮、让一让”爱心品牌，推动了文明河北、和谐河北活动的进一步深入。向全省发出了“帮一帮、让一让”体验活动倡议，组织了“爱心暖河北”新闻寻访活动，举办了“帮和让在我身边”征文活动，引导社会各界、广大群众积极行动起来，广泛开展对贫困学生、农村特困户、城市特困职工、农民工、残疾人、重病患者的援助、救助，群众性的互帮互助蔚然成风。筹备成立了全省社会志愿服务指导委员会，建立了河北社会志愿服务网，加强各市社会志愿服务指导机构的建设，整合了社会各方面志愿者力量，社会志愿服务体系进一步完善，志愿者队伍进一步扩大，服务领域进一步拓展。

逐步完善各项工作机制，未成年人思想道德建设工作进一步推进。组织了未成年人思想道德建设“回头看”。对照中央8号文件和省委21号文件，各市进行了全面自查，省组织了重点抽查，推动了各项工作的进一步落实。充分发挥各级联席会议制度的作用，督促落实了成立“河北省中小学班主任讲师团”、在省电台开播“乡村父母讲堂”、推广网络游戏防沉迷系统等80多项重点专项工作。深化了文化环保工程。组织高雅艺术进校园活动，1.5万未成年人观看了演出。开展了星级网吧评定工作，评出星级网吧113家，进一步规范了网吧管理；全面推行“网络游戏防沉迷系统”，为未成年人的健康成长营造了良好的网络环境。建立和培训了《成长》栏目通讯员队伍，拍摄了青少年心理健康教育系列片。广泛开展了适合未成年人的各项活动。组织“文明奥运伴我行”主题征文活动，收到参赛作品两万余件。组织参加“全国‘六一’儿童节计算机表演赛”和“中国首届‘让每个孩子成功’儿童美术赛、艺术表演赛”，全省11万多名未成年人参与了赛事活动，分别取得全国第一、第二名的好成绩，并分获优秀组织奖和摇篮荣誉奖。

充分发挥示范带动作用，“助学工程”的社会影响进一步扩大。推荐确定我省“助学工程”2007年度资助对象，新增资助贫困大学生150名、高中生100名。组织各市开办“宏志班”30个，资助贫困高中生1500名。以“牢记党恩、增长才干、奉献社会、建设强省”为主题，组织2006年度150名受助大学生集中开展了暑期教育活动，加强了对受助大学生的跟踪培养教育。推出了两名全国“助学工程”优秀毕业生典型，加强了对受助学生学有所成、回报社会先进事迹的宣传报道，进一步扩大了我省“助学工程”的社会影响。在我省“助学工程”的示范带动下，“文明单位助学”、“福彩助学”、“金秋助学”、“春蕾计划”、“爱心助学”、“圆梦行动”等各种形式的社会助学活动广泛开展，共捐助资金8000多万元，资助贫困大学生7000多名，中小学生40多万人。

（三）广泛开展群众性精神文明创建活动，城乡文明程度不断提高

以全省初评为契机，推动创建文明城市活动形成了新高潮。组织各市按照《文明城市测评体系》，修改完善了创建工作规划，充实了创建内容，搞好自查和整改，推动了创建任务的落实。开展了以评价组织领导工作为重点内容的创建文明城市初评工作，开展了创建文明城市巡礼活动，推动了创建活动的深入开展。围绕提高市民素质，广泛开展了“文明十个一”活动，市民的文明意识进一步增强。联合省绿化委对各市城市绿化工作进行了督导检查，举办了第二届“营造城市森林论坛”。组织了营造城市森林公益活动第八次春季战役，动员城市居民及驻军341万人，筹集社会资金1775万元，在市区及周边公益造林8.1万亩，植树1617万株，进一步改善了城市生态环境。广泛开展和谐社区、和谐校园、和谐家庭、和谐单位创建活动，开展“爱我社区”周末联谊活动，促进了社会和谐，营造了良好的人际关系。

以“诚信河北”为重点，推动创建文明行业活动取得了新成效。举办了“诚信河北”论坛第二届年会，组织了第二次“诚信河北千里行”新闻采访活动，评选表彰了全省首批239家“河北省诚信企业”，进一步弘扬了诚信光荣、失信可耻的社会风尚。督导建立了全省企业信用数据中心，启动了全省信用分类监管系统，积极推动企业信用档案建设，巩固扩大河北省“诚信企业联盟”，企业信用机制和体系进一步完善。在全省个体私营企业中开展了“文明诚信创建活动”，共有82万家企业参加了活动，占全省个体私营企业总数的70%，在全国文明诚信个体工商户评选中，我省共有6家企业榜上有名。继续开展文明执法杯、优质服务杯、便民利民杯“三杯”竞赛群众评议活动，向各界群众发放评议票50多万张，对全省32个参与“三杯”竞赛活动的行业进行民主评议，组织各行业根据群众意见制定整改措施，调动了各行业参与创建的积极性，有效解决了一些部门和单位服务意识差、工作效率低、政策不透明、办事不规范的问题。

以展示我省文明形象为突破口，“迎奥运、建强省、促和谐”活动进一步展开。制定了活动实施方案，围绕文明礼仪、公共秩序、社会服务、城乡环境四个方面的内容，推动迎奥运活动广泛开展起来。召开了全省“文明服务奥运、和谐彰显河北”动员大会，推出了100个“引领文明、服务奥运”示范单位，向全省发出了号召，加大了宣传引导力度，在全省营造了关心奥运、参与奥运的浓厚氛围。组织编写了《河北省迎奥运文明礼仪手册》、《河北省公民国内文明旅游手册》和《河北省公民出国（境）文明旅游手册》，开展了“迎奥运、讲文明、树新风”公益广告征集比赛，在全省公民中进一步普及了奥运和文明旅游知识。开展了“与奥运同行”志愿者宣传招募工作，全省共招募奥运志愿者2.6万多名，引导各种志愿者组织参与到奥运志愿服务活动中来，充分展示了河北人良好的文明素质。

（四）深化拓展创建文明生态村活动，促进了农村三个文明与和谐社会建设

以创建活动为载体，动员农民群众和社会力量广泛参与。筹备召开了全省深入推进创建文明生态村工作会议，总结了经验，表彰了先进，进一步激发了广大群众的创建热情。组织5025个单位与第三批村结成帮建对子，有力支持了创建村的基础设施建设。旨在传承燕赵民居文化，解决我省农村民居建筑风格千篇一律的问题，组织了燕赵农村民居设计大赛，将100套获奖作品辑印成册，免费发放全省各市、县有关部门和1962个乡镇、5万多个行政村，得到广大农民的欢迎，引起强烈的社会反响。开展了创建文明生态村调研督导工作，为推动农村创建活动进入新阶段、开创新局面谋划了新的工作思路。

强力推进农村环境建设和培育新农民工作，农民素质和农村文明程度进一步提高。按6%的比例确定了全省第三批创建村3473个，引导各创建村从“三化”建设入手，扎实开展创建工作，共投入资金11.43亿元，新硬化村内道路7601公里，植树2742万株，建设沼气池9.3万个，促进了村容村貌的明显改观。巩固提高第一、二批村创建成果，引导创建村建立环境、设施、活动三项管理制度，推动了创建活动的经常化、制度化。引导全省第一、二、三批创建村建立红白事理事会、道德评议会、禁赌会等群众自治组织，广泛开展“十星级”文明农户创建活动，有7000多个村建立了民主评星、动态管理两项机制，进一步推动了和谐的人际关系和文明的乡风民风的形成。

人居环境的改善和农村文明程度进一步提高，有力地促进了农村经济建设、民主政治建设与和谐社会建设。通过提高农民素质和优化发展环境，促进了物质文明建设，仅在第三批3732个创建村中，就有1321个村引进各类项目1913个，有1508个村搞起了生态农业，促进了农村经济发展和农民致富。通过锻炼基层干部管理、服务能力和提高农民自治能力，促进了政治文明建设，第三批创建村中有2674个村被评为“五好”党支部，占创建村总数的80%。通过各项群众性活动的开展和村容村貌的治理，促进了邻里和睦、团结互助、礼让宽容的人际关系的进一步形成，促进了农村生态环境的改善，进一步改善了人与自然的关系。

大力推进“村民中心”建设，农村公共文化服务体系进一步完善。按照“一个宗旨、八项服务”的要求，对中心标识、服务设施和服务内容进一步规范。又选择了100个功能完善、管理规范、发挥作用好、示范作用强的“村民中心”，配备文化信息资源共享工程设备和文体器材。采取有力措施，积极推进以“村民中心”为重要内容的农村公共服务体系建设，全省开展“村民中心”建设的村达到10126个，已建成并投入使用的5786个。举办了全省县级宣传文化中心、“村民中心”主任培训班，推动我省农村宣传文化阵地管理工作的科学化、规范化和经常化。依托已建起来的“村民中心”等农村文化阵地，共培训农民293万人次，提高了农民群众的科学文化素质和致富本领。

供稿：省文明办
整理：安立新

石家庄市

2007年，省会文明办认真学习贯彻党的十七大精神，按照《石家庄市2007年精神文明创建工作要点》的安排部署，认真谋划、狠抓落实、力求创新，积极有效地开展了市民素质提升工程，市民文明素质大幅提高；文明生态村创建活动，社会主义新农村建设扎实推进；文明城市创建活动，城市文明程序和品位全面提升；未成年人道德建设工作，未成年人文明素质明显提高；广泛开展道德实践活动，城市的人文环境更加文明和谐。省会精神文明建设又上了一个新台阶。

市民文明素质提升工程 党的十七大报告把“加强文化建设，明显提高全民族文明素质”作为全面建设小康社会的一项新的要求。文化建设是建设中国特色社会主义总体布局的重要组成部分。按照市委安排部署，计划用四年时间在全市实施市民文明素质提升工程。年初，制定了《石家庄市2007～2010年市民文明素质提升工程规划》。8月底召开了“全市提升市民文明素质工程启动仪式暨创建文明城市动员大会”成立了以王增明同志为组长和以孙万勇同志为主任的“石家庄市提升市民文明素质工程”领导小组及办公室。各区、各工委、各系统、各有关部门按要求制定了具体工作方案，建立了领导机构，细化了任务分解，认真抓了责任落实。全市市民文明素质提升工程工作有了良好的开端。一是编印了以“石家庄的历史、现状、未来发展”为内容的专题教材，作为10月份教育的主要内容；编制了以城市文明、道德规范、生活常识为内容的《市民文明读本》，编制了以家庭礼仪、职场礼仪、社会礼仪、生活礼仪为内容的《市民文明礼仪读本》，12月中旬发放到市民手中；编印了以讲文明、讲礼貌，图文并茂，通俗易懂的《图说文明礼仪》，明年初发放；编印了以在影剧院、体育场馆遵守剧场秩序，遵守时间、着装整齐、行为端正等为内容的《剧场文明观演礼仪常识》3万册，已全部发放到市民手中。二是扎实开展了百万市民文明素质学习培训活动。9月份以来，先后以“石家庄的历史，现状及未来发展”，“市民文明礼仪知识”和“市民卫生健康常识”为内容，组织专家、教师对全市近百万市民进行了学习培训。通过学习培训，加深了市民对石家庄的了解，增强了建设石家庄的信心，增长了职业礼仪、机关礼仪、公务礼仪、家庭礼仪等文明礼仪知识和卫生健康常识等基本知识。到年底各社区学习培训率达到50%以上，市直各单位学习培训率达到80%以上。组织市内五区、市直机关工委、市国资委、市中小企业局系统的机关干部职工、企业员工、社区居民，利用各级党校、单位活动场所、居民社区等300多个学习培训点进行了重点学习培训。各区、各工委、市直有关部门的领导亲自为干部职工、居民群众讲课，带头听课，为下一步学习培训开了个好头。市卫生局在11月份组织的“市民卫生健康常识”为内容的学习培训中，拟定教材，指定授课人，对市人大、市自来水总公司和栗康街社区等100多个学习培训点的6000余名干部职工、社区居民讲授疾病预防、文明健康理念等知识。三是继续深化道德实践活动。深化开展“五个文明”和“四个文明”道德实践活动在全市开展了以行人不乱穿马路、不闯红灯、不跨越路栏，车辆不乱停放，不抢道行驶，驾驶员不酒后驾驶等为内容的文明行车、文明走路活动；以志愿者和公交工作人员宣传劝导乘公交车文明礼让，主动为老幼病残孕乘客让座，以及“爱心玫瑰接力”行动等为内容的文明乘车活动；以在公园广场、旅游景点不损坏公物，不乱扔杂物，不踩踏草坪为内容的文明游园活动成效明显；以在影剧院、体育场馆向观众发放《文明观演手册》和宣传劝导观众观看演出时，不大声喧哗，不乱扔废弃物，不提前退场为内容的文明观演活动扎实开展。以在社区养犬、装修、娱乐、车辆停放不伤人、不扰人、不烦人、不碍人等为内容的“四个文明”实践活动深入人心。新华区以建设“魅力新华”为载体，创新道德实践活动内容；裕华区在全区大力开展“文明奉献岗”活动，为道德实践活动注入新的活力；长安区和平世家社区制作的“邻里联系卡”和裕华区阳光海天园社区印制的“邻里和谐卡”，宣传“四个文明”，倡导邻里和谐等，积极组织居民参与道德实践活动，为深化道德实践活动增添了新内涵；桥西区在全区广泛征集“社区文明公约”修订案，结合新形势、新任务，修订了“社区文明公约”，拓展了道德实践活动的空间。在此基础上还组织开展了“文明路口”和“文明排队”两项大型道德实践活动。每月的第一天的排队日。11月1日、12月1日，分别组织河北师范大学等11所院校、市直宣传文化系统“传播文明志愿服务活动”的公务员志愿者2000余人次，在市内主要道口和较大型营业场所、居民社区，开展了以有序排队、文明礼让为主要内容的“排队日”活动，制作了“我排队、我礼让、我文明”，“排队日”为标志的便民手提袋6000个和宣传画5000个，由志愿者现场发放到广大市民手中。四是强化宣传报道。按着市委宣传部、省会文明办印发的《关于市民文明素质提升工程宣传报道方案》，以提升市民文明素质为目标，以普及公共道德知识和文明礼仪知识为重点，市新闻媒体都开辟专栏、专题，定时间、定频道、定版面，协调联动，以普及文明知识为重点，辅助于言论、评论、杂谈、图片等形式，对提升市民文明素质工程进行全方位的宣传报道，推动了市民文明素质提升工程进一步深化。石家庄日报开设“市民素质大家谈”、“图说文明”、“争做文明市民，礼仪常识别忘记”、“特别关注”等专题、专版，每周或每月一期，赞美文明行为，曝光或评说不文明现象，篇幅大、容量大、参与面广。燕赵晚报开设了“市民文明常识”、“锐眼看文明”、“市民素质大家谈”和每月一期的“大周刊”专刊，采取灵活多样、图文并茂、直观简洁的形式对在市民文明素质提升工程中的典型事例、重点活动进行大篇幅、集中刊发报道，仅9至11月份在专刊、专栏中刊载的文章、杂谈、漫画等达百余篇。市电视台开设“关注文明”等节目和利用“民生关注”节目开展“文明只差一点点”专栏，评说市民身边发生的文明与不文明事，收到了很好的社会效果。市电台在早7:00开设5分钟的《文明之窗》栏目，在新闻频道的《绝对现场》，以及交通台的“文明热线”等专栏，集中时间对市民在公共场所的行为进行实地采访和调查，整理录音，按时播放，为听众提供了分辨荣耻的空间，为提升全民文明素质搭建了很好的平台。

文明生态村创建活动 建设社会主义新农村，是我国现代化进程中的重大历史任务。省会文明办以“三化”建设为重点，进一步改善人居环境。我市从农民所想所盼入手，集中力量抓好“四化”建设，着力打造“路畅、地绿、村美、精神爽”这一农民群众千百年来一直梦想的人居环境，使创建活动伊始就顺民意、得民心、受欢迎。一是抓硬化便出行。我市按照“上下联动、量力而行”的原则，因村制宜，把街巷修建成水泥、柏油、灰渣或砖石路，有效地解决了出行难的问题，方便了村民生活和农业生产。截至目前，全市完成通村路硬化3630公里，村庄街道硬化3600余公里，硬化小街巷1.5万条，有2754个村实现了全村道路硬化。二是抓绿化变环境。以建设绿色石家庄为载体，开展绿化造林大会战，大力抓好5环（环省会和四个组团）、5河（流经市域的5条主要河流）、2山（封龙山、西山）、8带（贯穿市域的4条高速、3条国道和南水北调工程）的植树造林工作，努力构建路林结合、林水相依、山清水秀的生态格局。同时，制定优惠政策，采取得力措施，在广大农村开展了春秋植树造林，在农户开展了“创建绿色庭院”等活动，使全市创建村呈现出绿树成荫、花团锦簇的喜人景象。高邑县实行了“挖坑就给树、树活就补助、林权落到户、谁有谁管护”四项激励措施抓绿化，财政出资350万元，植树140万棵，收到显著成效。三是抓净化改面貌。以“治脏”、“治乱”、“治差”为重点，在各县城主干道、重要节点和出入口等重点部位，进行了整治垃圾遍地、残垣断壁、私占乱建专项行动；在乡镇政府驻地集中开展了整治垃圾乱倒、牌匾乱挂、房屋乱建等行动；在村庄大力开展了“四清两建”活动，促进了乡村环境的规范整洁。目前，全市农村共拆除违建3.7万处，2700多个村落实了“五个一”长效保洁制度。

以多形式文明创建为载体，倡导乡风文明。按照《公民道德建设实施纲要》的要求，紧紧抓住提高农民素质，促进人的全面发展这条主线，狠抓公民素质教育，有力地促进了农村良好道德风尚的形成。一是抓载体，用有益的活动感染人。通过大力推广“三会一录一户”（红白理事会、道德评议会、禁赌会、公民道德新风录、“十星级文明户”评选）活动，大力弘扬社会主义荣辱观。藁城市岗上村24年如一日推行《村民公德录》的做法，在中央和省各大媒体进行了重点宣传；高邑县推广敬老公示制的经验，被中央、省级媒体给予了大力报道。二是抓阵地，用良好的环境改造人。通过实施以一条宣传文化街、一个文化活动场所、一个文化宣传栏、一支文化宣传队伍为主要内容的“四个一”建设，让农民文体活动有场地，休闲娱乐有去处，求知求学有场所。井陉县建成了111个集村民中心、文体广场、休闲花园为一体的农民公园；正定县出资160万元为农村配备健身器材785件。三是抓培训，用先进的文化教育人。我市通过大力组织“三下乡”、“专业技术人员进万村兴百业”、“健康生活进农村大讲座”等活动，对广大农民群众进行科技、文化、卫生等知识教育培训，促进了群众素质的不断提高。近年来，我市累计举办各类培训班2300多期，培训科技骨干5.5万人、医疗骨干近2万人，文艺骨干1.5万人。以九大服务功能为内容，扎实推进“村民中心”建设。我市把“村民中心”建设作为市委、市政府服务农民群众的重要举措，列入了必须办好的四十件实事之一，采取有效措施，有序推进，确保了各项建设任务的顺利完成。一是因地制宜，分类实施。我市将“村民中心”建设划分为集中型和相对集中型两种模式，制定出400㎡、600㎡、1000㎡以上三种面积标准，确定了新建和改建两种形式，要求各村庄根据人口多少和经济发展状况等实际情况，本着因地制宜、量力而行的原则实施，确保了建设项目的有序开展。二是明确功能，方便群众。围绕农村群众实际需求，我市进一步细化了“村民中心”提供经济、卫生、法律、科技、文体等九大服务功能，努力为群众生产生活提供全方位服务，使村民中心真正能用、实用、管用。藁城市徐村的“村民中心”专门建设了农业信息活动室，使村民能很方便地查到各种科技信息、商品价格等，为农民的生产生活带来便利。三是完善机制，规范管理。重点建立和完善了领导机制、帮扶机制、管理机制、操作机制，确保了建成的“村民中心”的正常运行，使之成为村民进行自我教育、自我管理、自我服务的新平台和各级各部门服务“三农”的阵地。鹿泉市南故城村的“村民中心”，功能齐全，制度完备，活动经常，真正成了名副其实的村民活动场所。目前，我市已建成并投入使用的“村民中心”有300个。以连线成片创建为主线，建立推动新农村建设的示范集群。以环省会文明生态圈为样板，实施了环县城文明生态圈、乡镇文明生态片、特色文明生态线递次辐射带动的新举措，推动创建工作由典型创建往全面创建转变，由零散创建朝集约创建跨越，由面上创建向深度创建迈进，不断推动创建工作向深度和广度拓展。一是大力推进“1＋4”环城式创建，着力打造圈状示范集群。2005年，我市根据石家庄城区及周边四县（市）区位相对集中、经济比较发达和群众基础较好等优势，在城区和鹿泉、藁城、正定、栾城四县（市）启动了环省会文明生态圈工程，将市区周边1000多平方公里内的339个村统一规划，统一标准，统一时限，大力推进集群创建。目前，已有近300个村基本达到了标准。环省会文明生态圈举措的实施，起到了大圈带小圈的示范效应，赵县、无极、辛集等8个县(市)，也相继开展了建设环县城文明生态圈行动，推动了创建文明生态村工作向深度和广度拓展。二是大力推进“2＋14”连线式创建，着力打造线状样板集群。我市按照“道路框架为支撑、绿化生态为基础、特色产业为依托、旅游景点相连接”的创建思路，联动建设，着力打造文明生态特色线路样板集群。在国省干道和旅游线路沿线所有村庄全部纳入创建规划的同时，重点抓了西柏坡红色旅游生态线、赵县梨区文明生态观光线等14条文明生态特色线路，取得了良好成效。三是大力推进“10＋100”组团式创建，着力打造片状辐射集群。抓好以乡镇驻地为重点的创建工作，辐射带动所辖村庄整体推进，努力打造一批文明生态示范乡镇。2007年下半年，我们选择了10个经济条件较好的乡镇推进创建工作，要求他们带动各自周边的10个村进行创建。这一措施的实施，使100个村形成了相互促进，协调联动，齐头并进的良好局面，成为了当地特色突出、代表县城形象的亮点区域，进而有效地解决了村与村之间创建力量分散、资源难以共享、区域经济特色产业难以集群发展等问题。目前，藁城市丘头镇、鹿泉市大河镇等10个文明生态示范乡镇基本建成。以“四个一点”筹措办法为途径，加大文明生态村扶持力度。按照“以村集体和农民投入为主出一点、政府财政奖补结合拿一点、有关部门专项资金重点倾斜帮一点、动员社会力量筹一点”的办法，整合资源，集中力量，保证文明生态村建设重点任务所需资金。按照“以村集体和农民投入为主出一点、政府财政奖补结合拿一点、有关部门专项资金重点倾斜帮一点、动员社会力量筹一点”的办法，整合各方面资源，保证了创建文明生态村重点建设项目所需资金。一是坚持政府主导。我市把创建专项资金纳入各级财政预算，市财政连续四年拿出600万元，各县（市）区财政配套落实资金1亿多元用于创建文明生态村工作，充分发挥了政府主导作用，激发了基层抓好创建的积极性。二是注重部门倾斜。把计划、农业、交通、建设、科教文卫等部门的公共事业支出的资金集中起来使用，并重点向文明生态村建设投入，推动了创建工作的顺利开展。目前，全市各级各部门向文明生态村投入资金已达1.3亿元。三是用好集体资产。各村把集体收入主要用于创建，同时积极运用财富积累、四荒拍卖、有偿使用集体资源、贴息贷款等多种办法，千方百计筹集创建资金，为创建工作增添了活力。正定县率先在160多个村建立起集体财富积累机制，将以往闲置、浪费和被少数人挤占的公共资源充分利用，建立起卫生保洁、治安防范、水电管理、农技服务等组织，为村民生产生活提供了全方位的服务，巩固了创建成果。目前，全市共有4248个村建起了村级财富积累机制，占到农村总数的97.7%。四是动员社会帮扶。我市鼓励企业、单位、个人开展形式多样的助建活动，支持文明生态村建设，在全社会形成了以城带乡、以工促农的良好局面。全市党政机关和企事业单位已累计落实帮扶资金物资6000多万元。今年九月份，我市在文明单位中开展了城乡共建“文明书屋”捐书活动，共捐赠各类图书100余万册。五是依靠群众力量。各创建村本着自愿量力的原则，发动群众捐款捐物，出工出力，用自己的双手建设自己的美好家园。赞皇县东高村通过自筹资金、自愿捐款、自己设计、自己购料、自己施工的“五自”办法，新建一个800平方米的“村民中心”和两个1000多平方米的村民休闲广场。以长效机制建设为根本，永葆文明生态村创建的生机活力。创建文明生态村是一项长期性、反复性、复杂性、系统性工程。为确保创建活动深入持久健康地开展下去，我市摸索建立了一套保障制度。一是落实分包责任制度。实行市领导包县、县领导包乡、乡干部包村、村干部包户四级分包责任制；实施了文明单位包村帮扶制，增强了广大干部和有关单位的责任感，促进了责任目标的落实。二是落实检查通报制度。专门成立了督导检查组，实行月检查调度、季评比通报制度，健全了定期检查、随机抽查、及时复查的“三查”工作机制，有效调动了基层单位的工作积极性。三是落实考核奖惩制度。我市把创建活动的开展情况纳入对县（市）区和市直部门领导班子和领导干部的考核目标，纳入全市乡镇综合实力排位考核内容，作为文明单位评选的重要条件，增强了各单位的责任意识。我市还坚持每年评比表彰一批先进单位和先进个人，累计对470个创建先进乡镇、先进村、帮扶共建先进单位和100名创建先进个人进行了表彰奖励。井陉县对在创建中贡献突出的8名村支部书记落实转非转干待遇，激发了广大干部的创建热情。四是落实长效管理制度。我市各创建村分别制定了“五个一”卫生保洁、绿化管护、道路建养制度和资金筹措办法、“村民中心”运行管理办法等一整套建设、管理、维护相统一的保障机制，巩固和发展了创建文明生态村成果。

文明城市创建活动 石家庄市始终把创建文明城市作为提升市民文明素质、城市文明程度和核心竞争力的一项重要工作，统筹规划强力推进。

创建文明城市工作：一是制定详细规划。市委、市政府将争创全国文明城市目标纳入了《石家庄市国民经济和社会发展第十一个五年规划》，明确了在全市整体工作格局中的重要战略地位。2006年，在市第八次党代会上，确定了建设繁荣、文明、和谐新石家庄的奋斗目标，把创建全国文明城市工作先进市作为精神文明建设的龙头工程，列入重要议事日程，经常研究部署，具体指导创建工作。制定了《2006年省会“争做文明市民、营造优美环境、创建文明城市”活动实施方案》和《石家庄市2006-2008年创建全国文明城市工作先进城市规划》，连续召开全市“争、营、创”活动动员大会、城市工作会议、创建文明城市动员大会等大型会议，统一了全市干部群众的思想认识，明确了创建文明城市的目标任务，确定了具体工作措施，在全市广泛开展了创建文明城市活动。

二是健全组织体系。市成立了市委书记、市长担任总指挥，分管市领导担任副总指挥，市委宣传部、省会文明办、市城管、建设、规划、园林、公安、工商、司法、交通、环保等相关部门的主要领导为成员的“争、营、创”指挥部及其办公室，具体负责指挥协调全市的创建工作。市内五区、市直有关部门都成立了相应的创建机构，各基层单位也明确了专门负责人员，形成了全市上下渠道通畅、协调有力、运转高效的组织体系，为创建活动的开展提供了可靠的组织保证。

三是明确任务责任。我市结合实际，制定了《石家庄市创建全国文明城市工作先进城市测评标准及责任分解》；制定了《2007-2010年市民文明素质提升工程任务分解》，细化目标任务，量化标准要求，明确完成时限。组织各区、各责任部门认领测评内容，明确具体责任，强力推进对标达标工作。各单位也将创建任务细化分解，落实到具体人员，做到了层层有任务，事事有标准，人人有责任的工作格局。

四是严格督查考核。市委、市政府主管领导坚持每半年召开一次调度会，听取各部门的工作落实情况。市创建办、文明办坚持全方位、高标准进行现场检查督导，并通过召开调度会、现场会、交流会等，具体指导各单位对照标准找差距、查问题，争取出亮点、创品牌，高标准开展创建活动。明确相关单位的一把手为第一责任人，将创建文明城市工作指标，纳入对各区、市下各部门领导班子和领导干部实绩考核内容，并将考核结果与干部管理、评先评奖和文明单位的评选挂钩。

创建文明和谐社区：1. 圆满完成第三批文明社区创建工作。一是抓督导，抓落实。2007年3月，省会文明办按照《创建文明社区实施方案》的责任分工和任务分解的具体安排，深入基层，逐个社区、逐项标准抓督导、抓检查、抓落实。同时，针对在督导检查时发现的社区内未建有健身路径、阅览室藏书量不达标、室内活动场所不对外开放、社区环境脏乱差、物业公司与业主矛盾突出、物业公司服务不到位、市民教育不经常等实际问题和重点难点问题，协调有关责任单位采取一事一议、重点调度等方式逐条解决。2月份，完成了第三批50个文明社区300万元市、区配套资金的文体器材购买与配发工作。二是抓验收，抓表彰。5月份组织了第三批文明社区检查验收组，由薛主任、沈主任带队对市内五区第三批文明社区50个参创社区进行了检查验收。7月份召开了第三批文明社区总结表彰暨第四批文明和谐社区动员会议，会议对第三批文明社区创建工作进行了总结，命名了第三批30个文明社区和30个创建文明社区先进社区，表彰了创建工作先进单位和个人。2. 第四批文明和谐社区创建工作进展顺利。一是大力开展“百万市民文明素质培训”活动。结合实施《石家庄市2007-2010年市民文明素质提升工程》，各参创社区依托市民学校，对广大居民进行社会主义荣辱观、法律法规、公共道德、文明礼仪、科普知识、卫生保健等知识的学习培训，着力培育市民的公民意识、市民意识、省会意识，进一步提高市民综合素质。省会文明办还编印60万册《石家庄市民文明素质提升工程系列读本》，免费发放到社区居民手中，有力促进了市民文明素质提升。在社区开展了“百名社区道德标兵”评选活动、“社区文化艺术节”。为了活跃居民业余文化生活，开创居民和谐相处的新局面，各社区调动社区文艺骨干，结合居民群众的典型事例，组织社区居民自编自演文艺节目，使居民群众在娱乐中受到了深刻教育。二是深入开展公共文明道德教育实践活动。各区开展了以“迎奥运、讲文明、树新风”为主题的特色活动，激发广大居民群众的参与热情。围绕我市正在开展的文明乘车、文明行车、文明走路、文明观演、文明游园为内容的“五个文明”道德实践活动，教育引导市民做到乘公交车主动让座、排队上下车，行车遵守交通法规，走路不闯红灯、不乱穿马路、不跨越路栏，观演不大声接打手机，不随意丢弃垃圾，游园不乱扔杂物、不踩踏草皮、不攀枝折花。在社区广泛开展以文明养犬、文明装修、文明娱乐、文明停放为主要内容的社区行为“四个文明”道德实践活动，引导居民规范自身行为，提高自身修养，和睦邻里关系，做到装修不扰民、养宠物不吓人、车辆停放不碍人、娱乐活动不烦人。同时，市委宣传部、省会文明办向市内五区下发了《关于在第四批创建文明和谐社区活动中加强资金配套工作的通知》，同时下发了《第四批文明和谐社区文化活动室需配备器材（参照）统计表》。截止目前，市内五区配套资金已经全部到位。

未成年人思想道德建设工作 进一步加强和改进未成年人思想道德建设，是中央从推进新世纪新阶段党和国家事业发展、实现党和国家长治久安出发作出的一项重大决策。省会文明办主要抓了以下几项工作：

一是组织系统短剧进校园活动。市委宣传部、省会文明办组织市青年评剧团创作排演了儿童情景系列短剧《为了祖国的明天》。深入到市区中小学校巡回演出25场，师生们反响强烈。

二是不断深化“五小”道德实践活动。为了使道德实践活动更加贴近学生生活，根据学生的年龄特点和实际，在开展“五小”，活动的基础上，结合全市“争做文明市民，创建优美环境”的活动，提出开展“十项道德实践活动”。特别是在农村，我们开展了“1357”活动，即：护一段街道或一个山场保护环境，学三手家务或农活感恩父母，种养五种花卉美化家园，做七件好事为他人解难。使中小学生在道德实践活动中得到锻炼和成长。

三是组织了中国首届“让每个孩子成功”美术赛、艺术表演赛的推荐工作。省会文明办、教育局在时间紧任务重的情况下，组织全市未成年人积极参与活动，经过认真严格筛选，我市有617人入围复赛，有408名选手进入省决赛，共有52人获特别金奖、126人获金奖、151人获银奖、119人获铜奖、12人获优秀奖，70位老师获得园丁奖。同时，我市有35名获奖选手代表河北省赴上海参加全国总决赛，取得1个金奖、5个银奖、11个铜奖、17个艺苗奖、1个优秀奖的好成绩，手风琴选手王雪冰获得参加全国汇报晚会演出的资格。

四是健全未成年人心理健康教育网络，培养未成年人健全的人格。为深化未成年人心理健康教育，实现心理健康教育的专业化、科学化、制度化、规范化。市委宣传部、省会文明办、市教育局于2007年4月3日召开了“石家庄市未成年人心理维护中心”揭牌仪式。标志着我市未成年人有了自己的心灵家园，也为做好家庭教育的拓展延伸和未成年人心理健康教育奠定了坚实的基础。中央文明办、教育部、中央科教所对此给予高度评价，教育部领导在讲话中指出：“由党委政府牵头成立未成年人心理维护中心，并把建立好未成年人三级心理维护网络100个基层维护站点，列为2007年石家庄市委宣传部为民办十件实事之一，这是个很值得赞赏的创举。由党委政府牵头整合社会资源，动员全社会共同关注未成年人的心理健康，共同参与未成年人心理健康培养，营造浓厚的社会氛围，这是一件功德无量的好事。”中国心理学会理事长张侃指出：石家庄市未成年人心理维护人力资源全国首屈一指，未成年人心理维护模式全国第一。今年初，我市第27中学的“班级心理委员”，桥西区的“道德实践论坛”，团市委的“网络阳光计划”等3个案例分获在中央文明办“第二届未成年人思想道德建设创新案例”评选一、二、三等奖。其中27中的“班级心理委员”在中央文明办举办的全国未成年人创建安全交流会上做了典型发言。

广泛开展道德实践活动 第一，进一步深化文明行业创建工作。一是抓培训。我们在各窗口行业和基层单位，结合市民文明素质提升工程，广泛开展礼仪教育和践行“八荣八耻”宣传教育活动。通过开展全员培训、完善岗位服务规范措施、进一步增强了行业从业人员的服务意识、提高服务技能和服务质量，优化了服务环境。二是抓活动。继续深化“万家窗口创文明、诚信服务铸品牌”活动，各行业以培育广大职工职业理想、职业道德、职业技能、职业纪律和诚实守信为活动内容，大力推进规范化服务，使广大人民群众对窗口行业优质服务的满意度不断提升，树立了行业新风。三是抓评比。按照省通知精神，继续组织文明执法杯、优质服务杯、便民利民杯“三杯”竞赛评比活动。评比活动的开展，有力的调动了各行业的创建积极性，有效的解决了一些部门和单位服务意识差、工作效率低、政策不透明、办事不规范等问题，同时为广大人民群众直接参与评议、监督行风开辟了一个渠道。四是抓环境优化。年初河北日报以《公交车“露骨广告”惹非议》为题，对我市公交车刊登不雅广告进行了报道。按有关领导的批示精神，省会文明办制定了《省会文明办关于规范净化石家庄市广告的通知》，组织召开了由市城管局、市工商局、市卫生局、市公交总公司及部分广告公司的负责同志参加的协调会，各单位昼夜行动，截止2月12日，110部车体、120部公交车厢内扶手吊环、200部车厢座位后背的不健康医疗广告进行彻底清理。为更好规范净化全市广告市场，省会文明办向各县（市）区下发了明传电报，要求各地文明办要对本广告进行认真的清理和规范。杜绝了不健康广告的滋生源头。截止目前，各县（市）区共清理整顿各类广告15991处。全市广告市场得到进一步规范。五是抓特色活动。结合“迎奥运、讲文明、树新风”活动，组织金融、邮政、信等营业性收费窗口，大力推行“一米线”制度，引导市民养成排队礼让的习惯；在出租汽车行业启动了“文明使者迎奥运、提升素质树形象”活动，以语言、仪表、车容、行车、经营“五个文明”、落实十六项服务规范为重点，通过搞好素质培训、规范行业行为、加强监督检查等六项具体措施，促进了出租车行业文明程度的提高。石家庄电业局开展了“光明行”服务品牌创建活动，严格规范用电窗口员工服务行为，推出了“班前五做到、班上五不准”工作标准。2007年，客户服务中心接听电话18.3万次，处理客户故障报修1.4万起，全部在规定时限内完成，全年客户满意率和供电服务承诺兑现率始终保持在100%。

第二，认真组织圆满完成了2007年“助学工程”工作。2007年度，共资助大学生18名、保定高中“宏志班”8名，石家庄高中“宏志班”100名。其中举办石家庄市高中“宏志班”工作是市委宣传部2007年度，为民所办10件实事之一，也是党和政府为民办实事的民心工程。为此我办高度重视。一是制度规范。市委宣传部、省会文明办、市教育局联合印发了《石家庄市2007年度高中“宏志班”招生工作的通知》。通知明确了受助学生的资助条件，资助程序、资助标准等有关要求，保证了“宏志班”招生工作顺利实施。二是广泛宣传。为了把“助学工程”这项得民心、顺民意，深受广大群众特别是贫困群众欢迎的实事，办实办好，确保能使家庭贫困、品学兼优的学生受到资助，感受到党和政府的温暖，我办将招生标准制成宣传品到各县重点中学张贴。同时，在石家庄日报新闻发布中心召开了2007年度“宏志班”招生工作新闻发布会，市新闻媒体均做了宣传报道。三是严格把关，为增进工作的透明度接受群众监督，我办采取，入户调查、媒体公开，计生、民政部门审查，部务会审定等四项措施严格把关，确保了受助学生符合资助条件，圆满完成了2007年度“助学工程”工作。

第三，大力弘扬社会新风，培育思想道德建设典型。一是组织了全国道德模范评选推荐工作。根据省文明办、省部工会、团省委、省妇联《关于我省评选推荐全国道德模范的实施方案的通知》要求，成立了以薛建廷为主任的石家庄市全国道德模范推荐活动组委会，下发了省会文明办、市总工会、团市委、市妇联《关于评选推荐全国道德模范的通知》，通知要求：各县（市）区工会、团委、妇联要通力合作，把这次活动作为思想道德建设教育实践活动的一项重要内容，作为评先的重要条件，抓实、抓好。各县（市）区接到通知后，召开了本地县乡有关部门省市级文明单位参加的动员会，石家庄日报、燕赵晚报刊发了评选活动消息，省会文明办建立了先进典型数据库。各社区村镇利用黑板报、有线电视、广播等各种宣传手段进行了深入广泛宣传，掀起了评身边模范、学身边模范的热潮。各县（市）区在宣传发动的基础上，经层层筛选，全市共推荐道德候选人47名，经宣传部部务会研究，上报了5名全国道德模范人选，其中赵渭忠入围全国道德模范候选人。二是开展了石家庄市文明公民、文明公民标兵评选活动。共评选出文明公民100余名，文明公民标兵51名，弘扬了社会新风。全面启动“‘双争共建’模范家庭”评选活动。省会文明办按照市委、市政府关于《省会“争创优美环境，争做文明市民，共建繁荣文明和谐新石家庄”活动实施方案》的要求，结合我市实际情况，制定了《关于开展创建“‘双争共建’模范家庭”活动的实施意见》，明确了“‘双争共建’模范家庭”评选活动的内容、标准、步骤和评选办法并召开专题会议进行了专门部署。各区都制定了评选“‘双争共建’模范家庭”细则，明确了任务和责任，分解、细化了评选内容、条件、标准等，社区居委会在深入开展了宣传发动工作的同时，组织社区居民对社区环境卫生进行了整治。开展各具特色的创建活动。市内五区积极开展各具特色的创建活动。长安区组织居民积极参与社区“星期六义务劳动”、清理整治小区环境卫生、清理楼道“小广告”大会战、整治墙体“乱涂乱画”会战等活动；桥东区在“‘双争共建’模范家庭”活动，做到了五个结合。与创建文明和谐社区相结合；与“八个一”活动相结合；与社区“四个文明”道德实践活动相结合；与庆祝石家庄解放60周年相结合；与市民素质提升工作相结合。桥西区在99个社区中开展了“比一比、看一看”活动，以楼组为单位，组织邻居互相看一看，比一比，那栋楼前更干净、谁家卫生更清洁卫生。新华区利用区委、区政府网站向全社会公开此次活动的目的、意义、时间，并充分利用黑板报宣传阵地广泛进行宣传，全区所有的居委会、村将辖区内所有的黑板报内容进行更换，要求每块黑板报上都必须体现“双争共建”活动内容，并及时更换。裕华区开展了“手牵手、邻帮邻”爱心互助活动，通过邻里之间互赠“邻里互助卡”，为邻居做一件好事，清扫一次楼道，引导邻里之间主动奉献爱心，增进感情；在各社区建立了“居民点平台”和“道德众议院”，把“双争共建”模范家庭评选活动过程进一步公开化、透明化，全市居民思想道德水平普遍提高。

供稿：省会文明办

整理：刘素兰

承德市

一年来，承德市精神文明建设工作紧紧围绕全面落实科学发展观、构建和谐承德、促进全市经济社会又好又快发展，组织开展了“六项和谐创建”活动、文明城市创建活动、文明生态村创建活动，扎实抓好未成年人思想道德建设、基层宣传文化阵地建设、助学工程等项工作。在提高全市人民的思想道德素质、激发全市人民建设承德的活力、培育昂扬向上的精神风貌等方面取得了显著成效，呈现出良好的发展态势。主要工作成果有以下几个方面：

一、积极开展“六项和谐创建”活动，建设和谐承德的舆论氛围初步形成

年初，根据省文明委关于在全省开展“文明河北、和谐河北”创建活动的部署，结合承德实际，提出了以和谐机关、和谐乡村、和谐企业、和谐社区、和谐校园、和谐家庭为主要内容的“六项和谐创建”活动。先后召开了全市的动员大会和调度会议，健全了“六项和谐创建”活动联席会议制度；在新闻媒体开设了由各县区委书记、市直牵头部门主要负责人参加的“六项和谐创建”活动领导访谈录；利用各类媒体广泛宣传“六项和谐创建”活动的做法和典型事例，形成了浓厚的舆论氛围。全市各级党员干部普遍利用一周左右时间进行了和谐创建活动的集中学习教育，统一了思想，提高了认识；各行业系统分别组织开展了和谐创建专题演讲会、竞赛、文艺演出和礼仪展演等活动；各部门各单位注重围绕提高服务质量、优化发展环境、解决实际问题，相继组织实施了主题实践、环境整治和建章立制等系列工程。在机关，市直各机关把“和谐机关”创建与“学讲话、转作风、办实事、促发展”结合起来，提高了办事效率和为民服务的能力，各级党员干部的思想、作风、学风、精神境界得到进一步强化；在乡村，通过抓人居环境、村风民风、文化生活，提高了农民素质和农村文明程度；在企业，市总工会、国资委及劳动和社会保障局积极解决困难企业和小企业中职工存在的实际问题，保护了职工合法权益；在社区，积极开展了“倡导文明新风，共创美好家园”为主要内容的“和谐社区”创建活动，有效促进了社区教育、社区服务、社区管理工作；在校园，通过开设“交流课堂”、“公德课堂”、“爱心课堂”、“安全课堂”、“快乐课堂”，校园管理、校园文化和校园环境方面呈现出新气象；在家庭，倡导科学健康文明的生活方式取得明显效果。平泉县在“和谐家庭”创建中，通过开展以孝为导的“百名孝顺儿女”评选活动，形成了人心向善、比贤效德的良好风尚。

二、持续推进创建文明生态村活动，农村生态文明程度得到进一步提升

今年，承德市在巩固和提高前两批520个文明生态示范村创建成果的基础上，按照“集中连片创建，打造精品线路”的原则，组织完成了第三批160个村创建工作任务。一是加强了人居环境建设。全市第三批160个创建村共硬化道路630公里，植树165万株，安装路灯2063盏，分别在平泉县广兴店村和承德县朝梁子村推广了太阳能节能路灯试点工作，近20个村通过建设太阳能路灯，改善了能源结构，促进村庄亮化。在创建村积极推广“猪、沼、菜”三位一体沼气池建设，有效提高了沼气池建设的入户率，全市第三批创建村建设沼气池5242

个。以优化居住环境为目的，加大农村环境整治力度。平泉县在创建村集中开展了“环境卫生整治净化月”活动，宽城县在创建村探索建立了“一建、三评、五治理”的环境卫生管理机制，承德县在创建村普遍推广了建设一批卫生设施、组建一支保洁队伍、划定一个责任区、构建一个环境卫生监督网络、培树一批环境卫生示范户“五个一”管理机制，同时，在101线、承赤东线沿线村庄强力打造文化长廊，促进了农村生态环境建设。二是加快了“村民中心”建设步伐。按照“一个宗旨、十项服务”的要求，加快“村民中心”建设步伐。全市在去年完成116个“村民中心”建设的基础上，今年又建设功能比较完善的“村民中心”208个，图书室150个，综合活动室50个，文体活动广场125个，配备健身路径160套，较好地满足了农民求知、求乐、求健的愿望。继续推广了“村民中心”“六组一会”工作机制做法，有效提高了服务村民生产生活的水平。组织10多名村干部参加了全省“村民中心”主任培训班，增强了利用“村民中心”开展活动的能力。兴隆县、双滦区加大投入为创建村建设文化活动广场、购买健身器材、组建文体活动队伍、规范卫生室建设，强化了“村民中心”服务功能。三是积极引导农民发展农业特色产业。按照产业强村的要求，积极引导农民发挥本地优势，因地制宜，实施“一村一品”特色产业。结合农业产业化项目，各县区指导创建村普遍建立起一个以上农民增收的重点项目，拓宽了农民增收渠道。营子区采取典型示范、辐射带动的方法培树产业建设的典型人、典型户、典型村，带动了农民致富。围场县依托山水、生态、气候等资源优势，突出“生态、自然、民俗”特色，探索出一条在旅游沿线创建村打造“农家游”品牌、发展“农家游”产业的路子，拓宽了农民增收渠道。四是不断深化农村精神文明建设。以乡风文明为目标，通过开展“学科技、讲卫生、比发展、树新风”活动，评创“信用农户”、“十星级”文明农户活动和“生态庭院”、“绿色村庄”创建活动，积极发挥农村“道德评议会”、“妇女禁赌会”、“红白理事会”等群众组织作用，进一步改善了村风民风，促进了科技、卫生、信息、文明、诚信等美德进农村进农家。围场县不断扩大“信用农户”和“十星级”文明农户评创活动的参与面，丰宁县组织开展“好婆媳”、“好邻居”、“种养示范户”、“卫生示范户”等评选活动，滦平县小营村根据群众需求，把“红白理事会”更名为“便民理事会”，方便了农民生活，得到广大村民的拥护和支持。这些做法对提高农村文明程度发挥了重要作用。五是利用多种形式组织农民的教育培训。通过建立实用技能培训基地、组织新农民职业技能提升工程、实施百个创建村“一村培训一名农技员”等形式，引导农民掌握先进的科技知识和技能，培训农民80多万人次，农业科技进村入户率达到70%以上。平泉县以“村民中心”和文化信息共享系统为平台，采取“读、训、评、建”形式对农民进行实用技术培训，滦平县、丰宁县从强化农民的科技知识、道德素养、文明习惯等方面提高农民的整体素质，隆化县采取开辟“新课堂”，铺设“快车道”，打造“铁堡垒”等手段培育新型农民，均收到了较好效果。六是积极开展连线成片创建工作。双桥区把文明生态村创建与文明城区创建、农村城市化改造、旅游区建设、大学园区建设有机结合起来，推动了创建工作向以城带乡、城乡共建方向发展。兴隆县根据区域和产业特点，围绕两条国道线，抓好连片创建，并在基础条件较好的乡镇率先开展整体创建，打造出一批文明生态乡镇。平泉县按照“以点带面、连片发展、全面启动、分步达标”的原则，全年投入600万元用于创建工作，推动了创建活动向深度发展。七是强化对创建工作的指导支持。根据全省第四次创建文明生态村工作会议部署，召开了全市帮建文明生态村工作专题会议，安排57个市直机关部门20多个民营企业结对帮扶创建村，确保每个创建村得到了一定的财力、物力支持。市县两级文明办加强了对创建文明生态村工作的指导调度，兴隆、平泉等县分别召开了创建文明生态村工作动员会议和现场观摩会议，保持了深化创建工作的强势。隆化、围场县文明办积极发挥作用，联系协调市县直帮建单位给创建村以最大支持。宽城、兴隆两县配合省督导组完成了对12个创建村的督导检查。省表彰奖励了8个创建文明生态村先进村、5个先进乡镇、8个先进个人，奖励资金42.4万元；支持创建村健身路径21套、阅报栏230套。全年省、市两级奖励支持创建村资金、物资达1132万元。

三、加大创建文明城市活动的力度，推动各项创建活动不断深入

在创建文明城市工作上，突出抓了四个方面工作。一是健全和完善了创建工作领导机制。制定了《承德市创建文明城市工作实施方案》，召开了全市创建文明城市工作动员大会。按照《测评体系》要求，将创建活动7项目标任务和119项测评内容细化分解到全市86个部门和企事业单位，形成了明确的责任体系。通过联席会议、专题调度、现场办公等形式进行了反复调度和督导，有效地推动了创建工作任务目标的落实。二是下大力实施了市民文明素质工程。充分运用各种宣传媒体和宣传形式广泛开展创建文明城市的宣传活动，提高了市民对创建文明城市工作的知晓率、支持率和参与度。利用电子屏幕、互联网、手机短信等新兴媒体适时制作编发思想教育、道德规范、文明行为等内容的信息，强化了对市民素质的教育引导。狠抓市民文明素质主题实践活动，开展了文明礼仪宣传普及活动和市民文明行为“十个一”系列主题实践活动；组织开展了“告别交通陋习，争做文明市民”活动，“文明行车、文明乘车、文明行走、从我做起”活动，“车让人、人让车、车让车”活动；开展了以“迎奥运、讲文明、树新风”为主题的宣传教育活动。在奥运会倒计时一周年期间，全市及各县区共同举行了“同心迎奥运，文明伴我行”大型主题活动启动仪式。围绕文明礼仪、公共秩序、社会服务、城乡环境等重要方面，全市普遍组织开展了文明礼仪宣传普及、优质服务、全民健身与奥运同行、奥运志愿服务、市民文明行为等主题实践活动，兴起了“迎接奥运、情系奥运、参与奥运、服务奥运”的热潮。隆化、围场、滦平等县先后组织了系列宣传教育活动。三是组织了重点整治活动。组织公安、交警、城管部门集中开展了街面秩序、市场秩序、交通秩序、治安秩序四个方面的专项整治，有效地改善了城市秩序。四是认真完成了文明城市初评迎检工作。积极协调各方面力量全力以赴做好新一轮创建文明城市初评工作，组织了由市委、市政府主要领导及各职能部门主要负责人参加的创建文明城市工作调度汇报会，组织了对城市基础设施建设、城市环境、城市绿化、社区建设等方面的实地考察。省考察组对承德市创建文明城市工作给予了高度的评价。双桥区在迎检考评中，周密安排部署，发挥了重要作用。承德市创建文明城市工作经验，先后被河北日报、河北电视台、中央文明网、河北精神文明建设网及新华网等多家媒体刊播。在开展创建文明小城镇活动上，各县区以“四优一满意”为标准，坚持以县带镇，协调发展，实现了创建文明县城和创建文明小城活动有机结合，整体推进。平泉县加大宣传、投入和专项整治力度，扎实推进文明县城建设。宽城县通过实施文明礼仪行动、文明交通行动、优质服务行动、城区整治行动，促进了文明县城建设。在开展创建文明单位活动上，加强了对省、市级文明单位的动态管理。围绕群众关注的热点问题，加大社会、群众、相关部门及社会监督员的监督力度，增强文明单位的社会影响力。组织了全市省级文明单位现场观摩会议，总结交流了全市省级文明单位创建工作的经验，提高了文明单位的创建水平。市委、市政府发出了《关于开展向省级文明单位学习，扎实推进文明单位创建活动的通知》，在全市范围内营造了向省级文明单位学习的氛围。双滦区适时组织了省、市级文明单位观摩培训班，使文明单位创建工作始终保持旺盛的生机与活力。在开展创建文明行业活动上，结合行业特点，把文明行业创建同“六项和谐创建”活动相结合，同行业文化建设相结合，同行风评议活动相结合，有效推进了各行业政务诚信、商务诚信和社会诚信建设。11月份，组织了全市各界群众对32个行政执法部门、窗口服务行业的“三杯”竞赛评议活动。营子区文明办组织相关人员深入到各窗口行业的营业大厅，进行现场随机评议，有效增强了“三杯”竞赛活动的实效性。在社会志愿者建设上，积极完善社会志愿者服务体系，建立了职能组织，拓宽了志愿服务内容，壮大了青年志愿者、巾帼志愿者、党员志愿者、夕阳红志愿者、职工志愿者、公务员志愿者、学生志愿者、社区群众志愿者队伍；组织各类志愿者开展了“同创文明，共建和谐”志愿服务活动和“饮水思源头，保护母亲河”主题实践活动，各类志愿者活动领域不断扩大。

四、坚持抓好未成年人思想道德建设工作，“三结合”教育网络进一步健全完善

从4月份起，重点对全市三年来以德治校工程、文化环保工程、阵地建设工程、体验教育工程、社会网络建设工程进行了“回头看”；结合“和谐校园创建”活动，协调相关部门对学生德育、师德建设、校园环境、校园文化、卫生安全及家长学校等项工作进行梳理，建立完善了一系列制度规范，在构建师与生、师与师、生与生、家与校之间良好的人际关系方面取得新进展，为学生健康成长创造良好环境；积极组织青少年学生参加素质体验活动。3月份，组织全市近万名青少年学生参加了全国第十六届“六一”儿童节计算机表演赛的海选，并选出3～18岁不同年龄段4名选手，代表河北赛区参加了全国计算机表演赛总决赛，组织部分青少年学生参加了“中国首届‘让每个孩子成功’美术赛、艺术表演赛”，均取得优异成绩。双桥区、双滦区在各中小学学生中开展“践行荣辱观，常怀感恩心”主题实践活动，把中华传统美德、学生文明习惯养成作为学生品德教育的重要内容，促进了青少年学生思想道德建设。

五、继续开展爱心助学工作，精神文明建设服务群众的力度不断加大

全年共完成“西部开发助学工程”10人，省“助学工程”8人，高中“宏志班”15人。为确保助学工作“公开、公正、公平”，让推荐的受助学生接受群众监督，增强工作透明度。加强对受助学生的思想道德教育，适时组织受助大学生参加暑期社会实践活动。加大对优秀受助学生的宣传力度，通过中央电视台、中央人民广播电台、河北电视台、河北日报、河北精神文明建设网等媒体，宣传报道了我市“西部开发助学工程”资助对象李雪娇的先进事迹，同时，接受了中央电视台新闻会客厅栏目的专访，在全国各地引起了强烈反响。

六、加强宣传文化阵地建设，以县区宣传文化中心为主体的公益性文化设施建设得到进一步加强

加强了对4个县级宣传文化中心、24个乡镇宣传文化站和30个村文化信息资源共享工程设备的管理，使其在不断充实设施器材、健全活动制度、组织开展活动、提高利用率的基础上得到巩固提高。为滦平、围场、宽城三个县充实配备了15万元的电教器材。目前，平泉县正在抓紧建设具有一定规模和标准的县级宣传文化中心，建成后将对全市的文化活动设施建设起到示范作用。

回顾2007年来承德市精神文明建设工作，主要有四点体会：

——坚持谋大事，始终围绕构建和谐承德的要求，加强精神文明建设工作。为推进和谐承德建设提供精神动力和智力支持是新形势下精神文明建设的主要任务。年初，市文明委着眼构建社会主义和谐社会的大背景，结合我市发展的现状和人民群众的现实需求，在全市做出了广泛开展“六项和谐创建”活动的部署。在实施过程中，坚持把着力点放在基层，从机关、乡村、企业、社区、校园、家庭等社会基础单元抓起，从倡导和谐理念、培育和谐精神，解决人与人、人与社会、人与自然方面存在的不和谐问题抓起，广泛组织群众参与，在全市形成了一定的声势，引起了全市各级各部门的关注和响应，为推进和谐承德建设创造了良好的人文环境。实践证明，加强精神文明建设，只要抓住根本、把握关键、贴近实际、不断创新，才能使精神文明创建工作始终充满生机活力，实现新的跨越。

——坚持抓重点，始终围绕促进承德又好又快发展的目标，加强精神文明建设工作。创建文明城市工作和创建文明生态村工作是改变城乡面貌、统筹城乡协调发展的基础性工作，也是近年来精神文明建设领域的重点工作。市文明委相关成员单位和各县区始终把主要精力用在抓两项工作的深化发展上，为推进承德经济社会协调发展奠定了良好的基础。在创建文明生态村工作上，按照农民群众的新需求，突出在生态、产业、文化、文明等方面下功夫，有效推动了创建活动不断向深度拓展。在创建文明城市工作上，突出提高市民的参与程度、狠抓市民文明行为、城市基础设施建设、城市文化建设、城市细节管理，使创建文明城市的经常性、基础性工作更加扎实，市民的支持率和参与度越来越高。事实表明，加强精神文明建设，只要围绕中心，服务大局，突出重点，真抓实干，精神文明创建活动才会产生较强的社会效应。

——坚持办实事，始终着眼为基层、为群众服务，加强精神文明建设工作。市文明委始终坚持尊重主体，依靠主体，站在群众的立场上谋划、部署和推进工作。把人民群众反映强烈的市民行为、交通秩序、卫生环境作为创建文明城市活动的重点，为人民群众创造了良好的工作和生活环境。把创建文明生态村工作作为改善农村生态环境、建设社会主义新农村的重要载体不断向深度推进，通过上级支持、部门帮建、本级帮扶等形式，积极为创建村寻求财力物力支持，为创建活动提供了有力的物质保障。实践证明，加强精神文明建设，只有坚持以人为本，用共同的目标追求来吸引群众、鼓舞群众和凝聚群众，把精神文明创建的过程，当做为群众办实事、让群众得实惠的过程，才能在全市上下形成创建工作人人有责的共同意志，更好地发挥广大群众的主体作用。

——坚持树典型，始终围绕宣扬典型、发挥先进典型的示范作用，加强精神文明建设。开展群众性精神文明创建活动，离不开对先进典型的学习宣传。为此，市文明委组织力量广泛宣传了被评为河北省“十大爱心人物”鲍守坤和于芳兰两位典型的事迹。通过中央和省、市各主要媒体报道了我市“西部开发助学工程”资助大学生李雪娇报效家乡的先进事迹。推荐市武警消防支队干部刘国参加“全国道德模范”评选活动，获“全国道德模范”提名奖。授予无私抚养老人的围场县教师张国富“孝老爱亲”模范；授予救人负伤的打工青年李文龙“见义勇为”模范等。在全市形成了倡导文明风尚、弘扬社会公德、学习先进典型、共促文明和谐的良好风尚。事实说明，开展群众性精神文明创建活动，激发广大人民群众参与热情，就要树立一批有时代特征、有感人魅力、有群众基础的先进典型，让群众在对典型的学习中，触动心灵，见诸行动，把学习典型的过程作为普及道德规范的过程、弘扬中华文明的过程。

供稿：承德市文明办

整理：刘金生　刘惠芙　师文岭

张家口市

2007年，张家口市精神文明建设，以“三个代表”重要思想为指导，认真贯彻党的十七大精神，坚持科学发展观，大力加强思想道德建设，深入推进群众性精神文明创建活动，促进了公民素质和城乡文明程度进一步提高，为全市经济实现又好又快发展、构建和谐张家口，提供强大精神动力，营造良好社会环境。

一、围绕社会主义新农村建设，深入推进文明生态村创建活动

2007年，按照产业强村、文化兴村、生态建村、民主治村的总要求，全市165个创建村基本完成任务，共投入创建资金9582万元。一是继续实施“三化”、“一建三改”和太阳能灶建设工程，改善农村人居环境和生活方式。紧密结合“村村通”工程，积极推进道路硬化，新硬化通村路296.2公里、村内主街道292.6公里，新装路灯2802盏，创建村基本实现了主街道硬化、亮化。大力开展村庄绿化，组织群众在村庄周围、村路两侧、村内空闲地和农户庭院，栽植各类树木65.4万株，推动了生态建设，美化了生活环境。大力推进街院净化，新建垃圾池646个、垃圾专埋点263个；建成沼气池973个、养殖小区（点）111个，完成改厕8891座，有138个村实现了自来水入户，同时发动群众积极搞好环境卫生治理，农民的居住环境和生活条件得到明显改善。深入推进太阳能灶试点示范工程，在2006年试点安装太阳能灶3000台的基础上，2007年又安装到户1万台。二是大力推进文化建设，有力促进了农村社会和谐。161个村新建或完善了文化活动室，135个村建设了图书室，152个村新建了户外健身场所。积极推进200个“村民中心”建设，重点武装了省支持建设的19个示范中心，建设完成了230个河北日报阅报栏，进一步巩固了农村宣传文化阵地，提升了农村公共服务水平。大部分村建立健全了道德评议会、红白理事会、妇女禁赌会等群众自治组织，广泛进行社会主义荣辱观教育，深入开展“十星级”文明户创评和健康向上的文体活动，广大农民学文化、学科技蔚然成风，讲科学、讲卫生的良好习惯蓬勃兴起，文明和谐的社会风尚逐步形成。三是积极推进连线连片创建，文明生态村创建向纵深发展。全市已基本完成创建任务的902个村，属于“三沿”（沿铁路、高速和国省干道，沿城镇周边，沿旅游景点）的村达810个，占到已创建村的近90%，形成了点、线、面有机结合，广度、深度协调推进的创建格局。全市已初步形成了以涿鹿县五堡镇、温泉屯乡和怀来县桑园镇等为中心的葡萄种植片区，以崇礼县黄土嘴、窑面沟、四道沟等村为中心的冰雪旅游片区，以张北县马莲滩、西梁等村为中心的生态建设片区，以尚义县二道洼等村为中心的无公害蔬菜种植片区，以康保县北关等村为中心的食用菌栽培片区，以蔚县南张庄等村为中心的民间剪纸艺术片区等20多个特色连片创建区，发挥了重要的辐射带动作用。与此同时，积极推动基础条件较好、创建村集中的区域向创建文明生态乡镇拓展，全市已基本建成万全县孔家庄镇、涿鹿县五堡镇、怀来县沙城镇、宣化区春光乡、怀安县左卫镇等一批文明生态乡镇，发挥了良好的规模示范效应。

二、以讲文明、促和谐为主题，广泛开展各种形式的精神文明创建活动

1．文明城市创建活动蓬勃开展。一是开展市民素质提升工程。广泛开展“文明十个一”、文明和谐“帮与让”、“我心目中的张家口形象”建言献策活动，引导广大市民从我做起、从现在做起、从身边小事做起，树立文明新风。开展了第五届“十佳文明市民”评选表彰活动，评选出赵秀芬等10名同志为“张家口市第五届十佳文明市民”。组织参加了全国道德模范评比活动，其中宣化县原种厂职工李文英被评为“河北省十大道德模范”见义勇为模范，并获全国道德模范提名奖。二是推进“文明诚信示范街”建设。下发了“创建文明诚信示范街”倡议书，市文明办和个私协会共同与商家签定了创建责任状，明确要求大家讲文明话、做文明事、诚信经营、优质服务。与工商、税务、质监等部门联合，对各商铺的经营活动实施跟踪监督检查，实施“准入制”，对不守法经营、不诚实守信的商户在教育无效的前提下，坚决使其退出市场。三是深入组织实施“文明示范社区”工程。全市147个社区普遍建立健全了社区居委会，积极动员社区居民治理环境卫生，建设绿地、花坛、雕塑、报栏等，使社区面貌发生了明显改观。开展了“文明和谐家园·张家口市首届市民满意住宅小区”评选活动，评出26个小区为市民满意住宅小区，各参赛单位不断改善小区软硬件建设，加强小区规范化管理，进一步营造了城市和谐、整洁、优美的人居环境，对文明城市创建起到了积极的推动作用。大力发展社区文化，深入开展“万家图书室援建和万家社区读书”活动，各街道普遍建立了市民文明学校、老年人活动室、图书室等阵地，组建了老年合唱团、秧歌队等特色文化团队，并常年开展活动。文化部门积极开展送文化进社区活动，为社区播映电影1500多场次，送文艺演出120多台次，组织“彩色周末”活动200余场。

2．文明行业创建活动不断深化。以强化“窗口”行业、执法部门的文明服务意识，提高规范服务水平为重点，积极组织行业系统制定完善职业规范，公布承诺措施，开展形式多样的争先创优活动。认真组织“三杯”竞赛，全市统一印制了4万张《创建文明行业“三杯”竞赛群众评议表》，发放到全市20个县区（管理区），由各县区文明办组织，通过社区居委会、村委会、工会、个体劳动者协会，分别发至社区居民、农村群众、企业员工以及个体工商户手中。同时，在主要公共场所设置现场评议台，请过路群众现场填写评议表6000余份，拓展了征求意见的渠道。市文明办对各县区评议结果进行认真登统、分类梳理，按照群众满意率排列了最终名次，归纳整理群众反映的具有代表性的意见50多条，及时反馈各行业主管部门，组织各行业系统根据群众反馈意见，认真制定整改措施，积极改进服务。目前，我市“窗口”行业和执法部门，参加文明行业创建的覆盖面达到了100%。

3．文明单位创建活动稳步推进。本着“巩固成果、保证质量、存优汰劣、稳定发展”的原则，组织各行各业积极开展创建文明单位活动，一些乡镇企业、民营企业和中外合资企业也踊跃参加到创建中来，使文明单位创建成为一项覆盖全市、带动精神文明建设工作全局的重要活动。为了进一步提升文明单位的社会影响，促进文明单位间的相互学习提高，市文明办组织开展了系列活动，一是开展文明单位巡礼活动。在张家口电视台开辟了“文明单位巡礼”专栏，总结宣传了一批先进典型，有效发挥了典型示范作用。二是举办了“移动杯”文明单位乒乓球大赛，全市各级文明单位组成的93个代表队、400多名选手参加了此次大赛。通过举办乒乓球赛，丰富了机关、企事业单位干部职工的业余活动，促进了文明单位之间的交流与学习。目前，我市国家级文明单位（创建文明单位工作先进单位）已达到11个，省级文明单位90个，市级文明单位999个。各级文明单位积极参与扶贫帮困、社会助学、文明生态村帮建等活动，进一步增强了活动的社会影响力。

4．广泛开展“迎奥运、讲文明、树新风”活动。一是制定下发了全市《关于开展迎奥运、建强市、促和谐宣传教育工作的实施方案》，成立了张家口市“迎奥运、讲文明、树新风”活动领导小组，明确各部门职责，形成了协调联动的工作机制。二是在市主要新闻媒体，开辟了“迎奥运、建强市、促和谐”活动专栏、专版、专刊，组织开展了涿鹿奥运展示点展示活动和“全民健身与奥运同行”群众性健身运动等六大主题宣传。三是成功举办了“传播奥运知识、弘扬三祖文化”知识竞赛、“迎奥运、展圣火、促发展”彩色周末文艺演出、“奥运百年”系列专题片电影展映，以及全民健身操舞表演赛、职工篮球赛、环城长跑赛等多项群众性文体活动。

三、繁荣文化事业，发展文化产业，加快文化大市建设步伐

1．加大力度，推进文化产业建设。一是正式下发了《张家口市建设文化大市规划纲要（2006-2010年）》和《张家口市加快文化事业和文化产业发展的若干政策》，为我市文化的发展指明了方向，标志着文化大市建设进入一个全新的推进实施阶段。二是努力挖掘文化品牌内涵，推进文化产业建设。总投资2911万元，功能定位为“反映旧石器时代人类发展序列、普及古人类学和石器时代考古学知识”的泥河湾博物馆，已开工建设。集文化旅游、寻根祭祖、生态观光、休闲度假为一体的三祖圣地文化园区已初具规模，投入1000多万元建成的黄帝殿和蚩尤祠已接待游客。投入2000多万元的市展览馆退商还文工程已完工。融资4.7亿元对宣化古城、宣化辽墓群、时恩寺等一批重点文保单位进行了保护性开发。

2．着眼和谐，广泛开展多种形式的群众文化活动。成功组织“走向辉煌”军民春节文艺联欢会、“和谐发展”元宵节大型花灯艺术展和“钻石之光”焰火晚会等大型文化节庆活动。开展“迎接党的十七大优秀文艺作品展演、展映、展播、展示”活动。启动了第三届“张垣电影广场”暨“知名企业送电影进社区进农村”活动，共放映电影5000余场，观众达280万人次。继续广泛开展彩色周末活动，共举办大型、专题演出500多场，参与演出的演职人员达8万余人次，表演节目4600多个，观众300余万人次，

3．力推精品，繁荣和发展我市文艺事业。2007年我市文艺创作势头良好，产生了一批精品力作。晋剧《窗花女》、大型歌舞剧《口里口外》、戏曲系列剧《泥河湾》以及剧本《二柱子进城》报河北省重点文艺作品规划。市广播局申报的《春到喜鹊沟》三部曲入选全国第十届精神文明建设五个一工程奖，实现了我市和全省广播剧全国五个一工程奖零的突破。相声《煮酒论友》作为河北省的唯一入选作品，获国家顶级相声大赛——中国侯马相声大赛优秀奖提名奖，并入选2007年中国相声十佳。姚建民、许宝宽摄影作品入选第23届国展。全年共创作、发表各类文学作品300余篇（首）。出版长篇小说、作品集6部。胡学文在《人民文学》、《当代》、《十月》《中国作家》、《小说月报·原创版》等杂志发表《背叛》、《逆火而行》、《淋湿的翅膀》、《装在瓦罐里的声音》、《月光的颜色》等中篇。杨杨的纪实散文《心静如水》获全国真情人生纪实散文二等奖；杨杨的报告文学《卓越的诗人风采的外交》获第八届中国作家世纪论坛一等奖；《情怀人生》获2007年第七届中国世纪大采风报告文学金奖。

四、突出重点，完善机制，抓好未成年人思想道德建设工作

继续完善“联动、减负、净化、精品创作”四个长效机制，组织开展多种形式的教育实践活动，推动了未成年人思想道德建设深入开展。一是进一步明确、细化未成年人思想道德建设的任务分工。召开未成年人思想道德建设工作联席会，研究确定了《张家口市精神文明建设委员会关于进一步推进未成年人思想道德建设的任务分工》，明确各成员单位的具体职责，形成了各部门齐抓共管的良好局面。二是积极协调相关部门，使河北少儿科教频道于今年第一季度在我市4个区、10个县正式落地，为我市未成年人开阔视野、丰富知识、接收资讯创造了有利条件。三是文化、工商、综治、公安等部门联合行动，对校园周边治安环境和网吧进行了专项整治。共查获盗版、淫秽色情等非法出版物6169件，盗版软件、粗口制品等523盘，不健康口袋书1530本。对收留未成年人上网、登录色情、迷信、赌博网站等情况进行严肃查处，并设立24小时举报监督电话，严禁在学校周边200米内设立网吧，取缔黑网吧62户，有效净化了未成年人成长的社会环境。四是联合市文联、市音协组织了“中国首届‘让每个孩子成功美术’、艺术表演赛”张家口分

赛区比赛。选拔115名选手参加了全省的决赛，获得特别金奖11名、金奖28名、银奖28名、铜奖39名、优秀奖9名。在全国总决赛中，获得银奖3名、铜奖5名、艺苗奖4名、优秀奖1名。市文明办还获得了全省组织奖。

五、严格标准，选树典型，认真组织实施西部开发助学工程

一是认真做好受助学生选拔推荐工作。严格标准，坚持公开、透明的原则，选拔并向省推荐了26名大学生，18名“宏志班”学生。在市四中开办了第四届“宏志班”，资助贫困学生48名。二是组织助学工程受助大学生赴省参加受助大学生暑期活动，使受助大学生在实践中得到教育和提升。三是选树了受助大学生优秀典型刘树华，她大学毕业后选择教师职业，服务家乡的做法，引起社会较大反响，新华社、人民日报、光明日报、燕赵都市报等中央、省媒体均对其进行了专访，刊发了《学生的“知心姐姐”刘树华》、《点亮家乡心中的明灯》等专题报道。

供稿：张家口市文明办

整理：田晓燕

秦皇岛市

2007年，秦皇岛市精神文明建设工作紧紧围绕科学发展、和谐发展、提速发展和建设实力、活力、魅力秦皇岛的工作主题，在全局中定位，在大局下行动，自我加压，主动作为，各项创建活动高潮迭起、亮点纷呈，呈现出强势推进、蓬勃发展的良好态势。

一、创建全国文明城市工作：目标更高，力度更大，创建文明城市工作取得新进展。以社会主义荣辱观教育为主题，强化公民思想道德教育。以普及“文明秦皇岛人行为规范”为基础，深化公民道德实践。以打造特色品牌为目标，加大基层创建力度。以开展“文明铸就和谐”活动为载体，营造文明、和谐的社会环境。在9月份省文明委组织的全省创建文明城市工作初评检查工作中，省检查组对我市创建工作给予高度评价，认为我市创建工作领导重视、机制健全、发动到位、落实有力，走在全省前列。

二、创建文明生态村工作：坚持不懈，强势推进，文明生态村创建工作取得新成果。第三批213个创建村如期完成创建任务，第四批创建村的启动工作有序推进，典型示范村建设工作顺利开展并取得积极成效，首批和二批600个村民中心初步建成。截至目前，全市先后有三批共882个行政村进入创建文明生态村先进行列，占全市行政村总数的40%，高出全省平均水平10个百分点，创建工作继续走在全省前列。在10月份组织的全省创建文明生态村工作督导检查中，省督导检查组给予高度评价。在全省深化创建文明生态村工作会议上，青龙县平方子乡作了典型发言，受到与会者一致好评，也得到了市委、市政府主要领导高度评价。在会上我市还作了书面交流，成为连续四年在全省创村工作会议上作典型发言和书面经验交流的仅有的两个市之一。

三、未成年人思想道德教育工作：拓展载体，创新内容，未成年人思想道德建设工作取得新突破。按照构建学校、家庭、社会三位一体教育格局的指导思想，不断创新工作思路和方法，设计独具特色、富有实效的载体，全面促进未成年人思想道德建设工作上水平、出亮点。省文明办组织对我市未成年人工作调研后，对我市未成年人工作给予了高度评价，认为我市落实了机构、落实了经费，思路很宽，工作力度很大，未成年人思想道德建设各项工作均走在了全省前列。

供稿：秦皇岛市文明办

唐山市

2007年以来，市文明办坚持以邓小平理论和“三个代表”重要思想为指导，全面贯彻落实科学发展观，以“抢抓新机遇，建设新唐山，实现新跨越”为主线，以提高公民文明素质和社会文明程度为目标，以创建全国文明城市为重点，坚持“三贴近”原则，突出抓好公民道德建设、精神文明创建和文明生态村创建活动，为建设繁荣文明和谐新唐山，提供了强有力的思想道德基础。

一、以提高公民文明素质和社会文明程度为目标，不断加强公民思想道德建设

（一）组织开展了丰富多彩的道德教育和道德实践活动。广泛开展市民道德教育，以践行社会主义荣辱观为核心，以市民学校为阵地，宣传贯彻《公民道德建设实施纲要》，普及公民基本道德规范，加强“三德”教育，组织社区开展了多种形式的公民道德教育培训。据不完全统计，全市举办各类道德讲座、培训、道德评议活动6000多期（次），涌现了铁路楼社区、文化路社区、山西南里社区等一大批道德教育先进典型。在此基础上，以第五个“公民道德宣传日”为契机，在全市组织开展了全国道德模范推荐评选活动，经过层层宣传发动和精心组织，全市20万人通过信件邮寄、网上投票等形式，参加了全国道德模范评选，我市的郑久强、常玉珍被评为河北省十大道德模范，并荣获全国道德模范提名奖，受到了胡锦涛总书记的亲切接见，推动了“知荣辱、树新风、促和谐”社会风尚的形成。与此同时，先后组织开展了“人人都来帮一点，共建文明和谐大家庭”主题实践活动，使“帮一点”精神成为“爱心唐山”的一张最亮丽的名片；组织各类志愿者开展了多种形式的志愿服务活动。其中，青年志愿者为提高农村医疗服务水平，组织全市133名医疗志愿者到乡（镇）、村卫生院开展了志愿服务工作，得到了广大群众的认可和市领导的充分肯定；组织开展了“爱心助学工程”活动，联合有关部门和社会各界举行首届“宏志班”毕业总结暨爱心助学仪式，为品学兼优、家庭贫困学生带去关爱和温暖，在全社会形成了“关注未来、奉献爱心、扶贫济困、助人为乐”的良好风尚，以及组织开展的营造城市森林、文明和谐“帮”与“让”、公益广告等系列活动，为创建全国文明城市奠定了良好基础。

（二）加强和改进未成年人思想道德建设。根据中央和省、市委关于进一步加强和改进未成年人思想道德建设的有关文件精神，围绕建立和完善学校、家庭、社会“三位一体”的未成年人思想道德建设教育网络，立足唐山实际，精心打造“社区未成年人活动站”的特色品牌。在深入调研和抓好试点工作的基础上，制定下发了《唐山市精神文明建设委员会关于加强社区未成年人活动站建设的意见》，对活动站的建设内容及标准进行规范，投入15万元，重点打造了一批有阵地、有制度、有队伍、有活动的高标准未成年人活动站示范点。截止目前，全市已建成规范社区活动站50个，为未成年人开辟了良好的社会活动空间和健康成长环境。省文明办对我市的创新经验给予充分肯定，全文转发了我市建设社区未成年人活动站的意见。我市路北区河北路街道北二社区未成年人活动站的经验被中央文明办评为未成年人思想道德建设创新案例三等奖。针对重点专项工作，建立了未成年人思想道德建设重点专项工作联席会议制度，多次召开联席会议成员单位牵头部门协调会议，根据每个阶段重点专项工作进展情况、存在问题和中央、省、市的要求，部署工作任务，调整责任分工，下发指导性文件，确保了各项专项工作任务的落实。同时，会同有关单位组织开展了“2006年～2007年度唐山市未成年人思想道德建设‘十面旗、百颗星’”评选表彰和未成年人思想道德建设“回头看”活动，组织承办了全国“六一”儿童节计算机表演赛和中国首届“让每个孩子成功”美术赛、艺术表演赛唐山赛区等赛事活动，唐山代表队在比赛中取得了较好成绩，推动了未成年人思想道德建设的深入开展。

（三）继续开展月评学雷锋“十佳”事迹活动。充分发挥典型示范带动作用，继续坚持开展了月评学雷锋“十佳”事迹活动。全年共评选出学雷锋“十佳”事迹120件，并通过市直新闻媒体对“十佳”事迹进行了广泛宣传推介。在活动中，注重根据社会经济发展变化的新情况、新特点，按照评选标准和质量要求，对全市各地各单位评选上报的“十佳”事迹进行严格筛选，确保了“十佳”事迹反映时代性、体现先进性、具有典型性，以及评选组织工作的科学性、严肃性和真实性。组织开展了2006年度文明市民标兵和优秀文明市民评选表彰活动，通过表彰先进、弘扬正气，在全市掀起了学雷锋、赶先进，人人争做文明市民的热潮。

二、以创建全国文明城市为重点，广泛开展群众性精神文明创建活动

（一）以“人人争做文明人，全民共创文明城”为主题，积极推进全国文明城市创建工作。一是强化组织领导，完善创建工作规划。市委、市政府始终高度重视创建文明城市工作，将“一把手工程”列入重要议事日程。先后组织召开7次常委会听取创建工作汇报和全市创建全国文明城市再动员大会，省委常委、市委书记赵勇同志亲自担任创建全国文明城市领导小组组长，成立了由11位市领导牵头的11个专项工作组，既分工负责，又齐抓共管，形成了强有力的领导机构。根据全国、全省创建全国文明城市的总体要求，进一步完善了创建工作规划，制定下发了《唐山市创建全国文明城市工作领导小组人员组成、分工和工作职责》、《全国文明城市测评体系及我市市直部门创建责任分解》和《唐山市创建全国文明城市工作宣传方案》等文件，全市11个创建文明城市专项工作组、20个县（市）区和100个创建责任单位按照规定要求，细化了创建工作方案，层层进行再分解、再落实。在分解指标任务的基础上，市直88家创建责任单位递交了达标责任状，形成了从市——县（市）区和市直责任部门——分管处室——直接责任人，逐级逐项公开承诺、承担责任的责任分解体系。二是强化实践，突出群众在创建全国文明城市中的主体作用。一方面，在创建工作中，注重通过多种载体，充分调动和发挥人民群众的主体作用，围绕解决群众关心的热点、难点问题和献计献策活动中收到的12416条群众意见建议，市政府确定了2007年要为群众办好20件实事的目标任务，通过新闻媒体将实事内容、进展和完成情况及时向全市人民公布，让老百姓家喻户晓，既有利于群众监督，又激发和调动了群众参与的积极性。另一方面，围绕构建“文明唐山，和谐唐山”，结合群众求知、求美、求乐、求新的实际，精心设计活动载体，先后组织开展了“百万市民学礼仪”“文明城市标准大家学”、“文明标兵在身边”、创建“文明家庭、文明楼道、文明楼院”以及“社区主题论坛”、社区情景剧创编巡演、社区文明大使评选等特色创建活动，吸引了各行各业干部群众参与创建。在全国范围内广泛开展了市树、市花、市歌和城市名片社会征集活动，面向全市开展了创建全国文明城主题口号、格言、徽标、公益广告、宣传图画社会征集活动和“百万市民学标准、找差距、提建议、作贡献”等活动，目前已有近万名各界群众参与到活动中来，为我市创建文明城市工作打下了坚实的群众基础。三是强化五项治理，主攻创建薄弱环节。针对城市管理缺位和市民存在的突出问题，重点开展了五项专项治理活动。即：重点推进环境卫生和公共场所市民不文明行为专项治理行动。以社区内部、城乡结合部、小街小巷、集贸市场等为重点部位，以清理白色垃圾、乱涂乱贴乱画为重点内容，全民动手提高卫生水平。集中治理公共场所市民不文明行为，依法加大对公共场所损坏设施、随地吐痰、乱扔杂物、非法制作销售运输封建迷信丧葬用品等行为的处罚力度，促进市民文明行为养成；大力推进交通秩序和交通环境专项整治行动。通过严格执法、交通协管、志愿服务等多种手段，依法治理行人和自行车乱穿马路、乱闯红灯，机动车和行人混行、逆行，出租车乱调头、乱变道、乱停靠、车内外容貌脏、乱、差以及机动车驾驶员酒后驾车等现象，努力为百姓出行创造优良的交通秩序和便捷的交通环境；大力推进窗口行业劣质服务专项整治行动。对全市各服务行业，全面展开明察暗访检查，从文明用语、规范服务、礼貌待客等具体小事和服务细节抓起，落实市文明委提出的语言、仪表、行为、服务、环境五个方面基本规范要求，以优质服务、优美环境、优良秩序展示唐山形象；大力推进市场环境秩序专项治理行动。大力整治市场环境卫生，根治脏水乱倒、垃圾乱扔、货物乱堆等脏乱差现象。大力倡导诚信经营行为，严厉打击制假售假、以次充好、缺斤少两等欺诈经营行为。大力整治市场秩序，严厉打击欺行霸市、强买强卖等违法违规行为，还百姓一个舒心、安心、放心的市场环境；重点开展城市生态环境专项治理行动。采取有力措施，重点解决二次扬尘和冒黑烟的问题、露天烧烤污染问题，强制推行节能减排和清洁生产。五项专项治理行动开展以来，全市70多个责任部门协调联动，真抓实干，取得了初步成效。四是加强长效机制建设，促进创建工作常态开展。结合唐山创建实际，借鉴先进城市经验，从加强管理、考核、监督等方面入手，不断完善创建工作的长效机制，逐步建立健全了一系列规章制度。研究制定了《唐山市创建全国文明城市工作制度》，对市区两级建立健全了领导责任制度、定期会议制度、督察督办制度、考评检查制度、形势分析制度、情况通报制度、意见征询制度和坚持“每周发简报、每月报进度、每季一调度、半年一联查”等多项工作制度，增强了创建活动的持久性和时效性，促进了创建活动制度化、规范化和常态化。五是强化宣传，为创建全国文明城市工作营造浓厚的舆论氛围。一方面，注重社会宣传发动，积极引导全社会关心、支持、参与创建工作。全市各级各单位充分发挥文明市民学校、道德课堂、职工学校、板报橱窗等阵地作用，利用党团活动、少先队活动等多种形式，大力加强宣传教育，使创建文明城市的基本知识和要求，深入社区，深入校园，深入车间，深入农村。全市印发入户公民文明手册、文明礼仪明白纸200多万张（册），让文明知识走进了百姓家庭。集中社会力量在高速公路、城市出入口、繁华商业区和社区，制作发布了一批塔体、候车亭、车体和电子显示屏等公益广告，宣传文明城市创建。另一方面，注重舆论宣传，把握导向，形成强势。市直各新闻媒体围绕全市创建大局，在统一开设“创文明城市、建幸福家园”专栏的基础上，结合自身特点，创造性开设了“文明在我身边”、“城市文明热线”、“文明先行，唐山快跑”、“知荣耻，树新风”等特色节目、栏目，全方位、深层次、多角度集中报道了全市各级各部门争创全国文明城的具体举措和明显成效。与此同时，中央、省级媒体分别在重要版面、黄金时段刊发了我市创建文明城市的实践经验和典型做法，为全市再掀新一轮创建热潮营造了浓厚的社会和舆论氛围。

（二）组织开展了文明单位创建评选和文明行业创优竞赛活动。经过层层推荐、征求有关部门意见等多种形式，经市委常委会讨论通过，全市共评选出450个“文明单位”，350个“文明建设先进单位”，120个“文明社区”，100个“创建文明社区工作先进社区”，150个“文明村镇”，150个“创建文明村镇工作先进村镇”，20对“军民共建先进单位”以及200名“精神文明建设先进工作者”。其中，在市级文明单位的基础上，按照省文明委要求，评选推荐145个单位为省级文明单位。评选活动中，各地各单位坚持把评选表彰与创建活动有机地结合起来，避免了重评比轻创建、重结果轻过程问题的发生。同时，按照“服务优质、管理优化、作风优良、队伍优秀、环境优美”的要求，在全市58个行业中，63个单位扎实开展了文明行业创优竞赛活动。活动中，在社会各界聘请了100名热心公益、有奉献精神的文明行业监督员，促进了文明行业创优竞赛活动的深入开展。

（三）组织开展了以诚信建设为重点的诚信创建活动。坚持把开展诚信宣传教育活动与开展各种形式的诚信创建、诚信评比有机地结合起来，全方位推进诚信建设工作。其中，重点抓了诚信企业、诚信市场的创建评比及诚信经营者的培养教育及典型选树工作。根据省文明委和省委宣传部统一部署，于8月15日至17日配合省委宣传部、省文明办组织的“诚信河北千里行”采访团，到我市采访诚信唐山建设情况，在河北日报刊发的题为《唐山靠信用评价为企业诚信“打分”》文章中，全面介绍了我市自2004年开展“诚信企业”评价认定工作以来，积极开展诚信企业创建活动，努力打造“诚信唐山”品牌，先后有713家企业申报参评，387家企业被评为“一级诚信企业”。通过宣传报道，充分展示了唐山企业不仅靠信用评价赢得经济效益，更靠制度约束赢得社会信任，提升了“诚信唐山”的品牌形象。在首批“河北省诚信企业”评选中，我市的唐山钢铁股份有限公司、开滦（集团）有限责任公司、唐山三友集团有限公司等29家企业，被省文明办、省整规办、省工商局等10个部门联合授予了“河北省诚信企业”荣誉称号。

（四）依托京津，扎实开展环京津文明小城镇群创建活动。本着依托京津、服务京津、发展提高自己的原则，从唐山实际出发，我们制定下发了《唐山市环京津文明小城镇群创建方案》，把市属

1个县城（玉田县城）、16个建制镇（分别分布于玉田县、遵化市、丰润区、丰南区、芦台区和汉沽区）列入创建范围。各有关单位积极行动，因地制宜，纷纷开展各种形式的创建活动。目前，此项工作作为一项全新工作正在扎实推进，呈现出良好的发展态势。

三、以改变农村面貌和提高农民生活质量为着力点，扎实推进文明生态村创建工作

（一）创建工作日益向广度拓展深度推进。在巩固以往创建成果的基础上，继续以“三化”建设为突破口，完成了年初确定505个全市第三批创建村的创建任务，已硬化道路1895.94公里，造林绿化463.69万株，清运垃圾3862950立方，建垃圾池3332个；建设沼气池15599个，建卫生厕所16163个；建红白理事会、道德评议会1315个，十星级文明农户235224个，建立群众文体组织806个。文明生态村创建促进了经济发展，迁西县依托景忠山、青山关古长城、潘大水库等旅游资源，发展生态旅游经济，打造了三屯营镇至山庄香椿示范园；上营乡青山口农家旅馆、兴城镇大黑汀兴海湖和小黑汀观光；以及汉儿庄乡太阳峪休闲度假村等一批生态旅游景点。初步统计，今年以来全市发展“一村一品”特色村379个，一批种植、养殖、加工、劳务、运输、旅游等专业村在创建中加快发展。通过沼气池的建设，搞起生态农业的村400个，通过改善环境引进新项目的村140个，引进项目165个。创建活动也促进了政治建设，创建村两委班子带领群众修路、绿化、发展生产、建设沼气、安装自来水等，让群众得到了实实在在的实惠，第三批创建村中“五好党支部”的村达450个，干群关系更加密切。

（二）“村民中心”建设水平不断提高。按照省、市委的要求，积极推进“村民中心”建设。年初对全市“村民中心”建设情况进行了调查摸底，制定了《关于深入推进“村民中心”建设的实施意见》，并以市委、市政府两办名义转发。确定了年底前全市所有创建村（一、二、三批）全部建成“村民中心”，使“村民中心”建设比例达到50%以上的工作目标。为实现这一目标，采取了一系列有力措施：文明办、创建办每月对各县（市）区的“村民中心”建设情况进行通报；加强督导，现场指导；对重点村的创建工作进行财政支持，投入56万元，用于文化设施建设。截至目前，全市已建成“村民中心”2796个。同时，积极探索“村民中心”的长效管理机制，推广了丰润区沙流河镇建设镇级十大服务中心，与“村民中心”服务需求有效对接和迁安市赵店子镇对“村民中心”实行星级管理的经验，引导各地不断完善“村民中心”服务功能，使“村民中心”更好地在服务村民中发挥作用。

（三）文明生态村镇帮建工作有序开展。全市农村工作会议后，120个市直和企事业帮扶单位按照市委、市政府《关于2007年文明生态村镇建设工作意见》（唐字[2007]11号）文件要求，迅速进入所分包创建村开展帮扶工作。在各单位领导的重视和带领下，工作队深入村镇调研，摸清基本现状，积极与村镇研究制定创建规划和具体措施，充分发挥职能部门优势，找准位置，从经济发展、技术指导、素质教育、技能培训、组织建设等多方面进行帮扶共建，千方百计为创建村办事实、解难题。目前，120个市直和企事业单位帮助创建村植树108万株，清理垃圾15万立方，拆除废旧建筑346处，硬化村街道路192公里，筹措到位资金2824.2万元。

（四）农民教育培训工作进一步加强。我市以“村民中心”建设为契机，建设新农民培训阵地，在完善服务职能的基础上，把搞好农民技能培训作为一项重要的服务内容，突出农民素质的提高，大力培养造就知识型、技能型、开放型农民。今年以来采取不同形式培训农民50万人次,转移农村劳动力342万人。遵化市为农民举办了文化补习班，传播新观念、新知识，参加农民达2.3万人次，其中2400多名农民经过学习获得了大中专学历。

四、以学习先进、弘扬正气为动力，不断加强各类先进典型的宣传选树工作

为选树先进典型，充分发挥其示范带动作用，11月7日，市文明办组织唐山劳动日报、燕赵都市报等多家新闻媒体，对路北区委宣传部副部长、文明办主任何学红同志在平凡工作岗位上尽职尽责，在家庭中极尽孝道，对弱势群体付出无私的爱，尤其对一个素不相识的病残家庭，30年如一日默默帮扶的先进事迹进行了集中宣传报道，并以唐山市精神文明建设委员会名义作出了《关于开展向何学红同志学习的决定》，号召全市人民要以她为榜样，见贤思齐、择善而从。通过宣传，在全市广大干部群众中引起了强烈反响，弘扬了社会正气。同时，先后培育选树了奉献农民、勇于创新的乐亭县农业技术员常寿祥；为打造全国奶业强区、带领农民增收致富的丰润区委农工委书记、副区长李贵富；实施“五大工程”使社区成为居民幸福欢乐的和谐家园，成为全国和谐社区建设典范的路南区福乐园社区等一批先进个人和先进集体。组织开展了“文明市民标兵”和“优秀文明市民”、“全国道德模范”、“感动唐山十大爱心人物”等推荐评选活动，用典型教育人、影响人、感染人，在全社会营造了崇尚先进、学习先进、争当先进的浓厚氛围，引领了文明向上的社会风尚。

供稿：唐山市文明办

整理：韩小蔷

廊坊市

2007年，廊坊市精神文明建设工作坚持以邓小平理论和“三个代表”重要思想为指导，全面落实科学发展观，认真贯彻中央和省、市委工作部署，以创建文明城市、文明行业、文明生态村为重点，深入开展社会主义荣辱观教育，大力推进思想道德建设和文化建设，为建设实力廊坊、效率廊坊、和谐廊坊提供了强大精神动力、思想保证和文化条件。

一、围绕落实科学发展观，大力加强思想文化建设，为推进廊坊更好更快发展提供了强大的精神动力

1．举办党的十七大精神理论骨干培训报告会。11月6日～7日，廊坊市举办党的十七大精神理论骨干培训暨“环渤海精英讲坛”报告会。邀请国家著名专家学者重点围绕学习党的十七大报告，《中国共产党章程（修正案）》及大会通过的决议作了精彩的辅导报告。北京大学国际发展学院国际政治系博士生导师，国务院发展研究中心、世界发展研究所特约研究员李茂春教授、中央党校原科社教研部主任、博士生导师、终身享受国务院特殊津贴专家周锡荣教授、首都师范大学青年教育艺术研究所所长、演讲中心主任、博士生导师郭海燕教授作了相关的专题报告。

2．扎实搞好市委中心组学习。结合本地本部门党员干部思想、作风、工作实际，围绕如何贯彻落实科学发展观、推动全市经济社会更好更快发展，制定了市委中心组学习党的十七大精神的详细方案。

3．组织党的十七大精神宣讲团赴各县（市、区）巡回宣讲。市委成立学习贯彻党的十七大精神理论宣讲团，利用一周时间，组织市级宣讲团赴各县（市、区）巡回宣讲，把党的十七大精神迅速贯彻落实到基层。宣讲人员由市委讲师团、市委党校骨干教师组成。各县（市、区）和有下属单位的市直部门也组织理论骨干成立宣讲团，深入乡镇和下属单位开展宣讲活动。

4．开展集中大调研活动。围绕学习讨论中的重点问题，特别是制约发展的突出问题，组织一次千人大调研活动，各级领导干部带头深入群众，深入基层，征求意见，查找问题，问计于民，取策于民，形成有分量的调研报告；组织领导干部到先进发达地区学习考察，学习先进经验，加快廊坊发展。

5．组织媒体理论宣传。一是在《廊坊日报》发了两个专版的十七大报告导读；二是利用党的十七大精神理论骨干培训班对专家辅导报告的全程录音、录像，在电台、电视台编播制作系列节目，相继播出，扩大受众面和影响力；三是对专家的辅导报告制作成光盘，分发给市直各部门和各县（市、区），要求各地各部门组织党员干部学习收看；四是在网上开辟学习党的十七大精神专栏，利用干部理论教育网、政府门户网站的“环渤海精英讲坛”园地，提供学习平台；五是及时总结各地各部门开展理论学习的好做法、好经验，在媒体推出2～3个先进典型。

二、围绕践行社会主义荣辱观，大力加强公民道德建设，为构建和谐廊坊提供了坚实的道德基础

1．组织开展“十大道德模范”评选活动，全面加强社会主义道德建设。从8月初开始，在全市组织开展了“廊坊市十大道德模范”评选活动。经群众推荐、审核公示和群众投票评选等程序，推荐评选出了市民心目中的“平民英雄”。授予申敏、王培胜、赵清、刘海鸾、孙国华、鲁小平、杨春秀、崔彤、魏江、李文娟等10名同志“廊坊市十大道德模范”荣誉称号。充分发挥道德模范的示范引领作用，把各项公民道德实践活动进一步引向深入。“廊坊市十大道德模范”崔彤用歌声唤醒植物人父亲和我市由老年人组成的安次区“夕阳红”宣传队的故事，元旦期间在中央电视台《文明中国》系列节目中播出。

2．组织开展了“敬老爱老助老，共享和谐”活动。一是开展走访慰问贫困老年人活动。走访慰问贫困老党员、孤寡老人及优抚对象困难户，发放慰问金和节日礼品。二是开展敬老爱老文体活动。编排和演出弘扬民族精神，反映社会进步和老人们喜闻乐见的文艺节目，组织文体活动下乡、进社区、养老院，举办老人节大型庆祝联欢活动。三是开展关爱老年人健康活动。组织医院专家、医护人员开展卫生志愿服务义诊活动“送医上门”，对困难老人进行免费体检。向老人介绍养生和保健的有关常识，帮助老人增强身体素质。四是开展法律援助、社保咨询服务活动。组织法律援助机构的工作人员和律师、公证员等法律服务人员及社保中心工作人员进社区、进农村，积极为老年人提供法律服务。五是开展心理、精神慰藉服务活动。组织青少年学生、志愿者开展“走进敬老院，关爱老年人”、“一助一帮扶”等活动，积极为孤寡、贫困老人献爱心、送温暖。六是组织老年人参观市区经济社会发展亮点、市直各部门社会文化事业发展成果，让他们亲身感受全市经济社会发展成就。

3．以“诚信企业”建设为切入点，深入开展“诚信廊坊”建设。年内，组织开展了《消费者权益保护法》宣传活动、“百城万店无假货示范店”创建活动。组织金融、工商、税务、技术监督等有关部门建立机关、企业、个人信用档案和信用评议、信用公示制度，开展评选“信用单位”、“信用企业”系列活动，引导鼓励优秀企业建立行业“诚信联盟”，积极探索建立覆盖社会生活各方面的社会诚信体系。

三、围绕建设社会主义新农村，不断深化和拓展创建文明生态村活动，促进了农村三个文明建设协调发展

1．扎实推进第三批村创建工作。按照“环城式、组团式、连线式”创建思路，在抓好第一、二批文明生态村巩固提高的基础上，突出抓好第三批300个重点村的创建工作。完成道路硬化628.4公里，整治硬化村内街巷357.3公里；新增植树128万株，街心花园绿化面积完成2.6万平方米；治理“五乱”村街266个，建立物业式、环卫队式、门前“三包”式等保洁组织251个，建设卫生厕所580个，垃圾池300个，建成沼气池5151个，建成沼气专业村120个；280个村确立了主导产业。第三批300个村班子全部达到“五个好”标准。开展各种形式的新农民培训培训98次，参训农民群众达到1.5万人次。

2．认真组织帮建工作。全年，通过各种渠道投资3.39亿元集中打捆使用，投入文明生态村创建。市、县两级财政筹集支持创建资金11000万元；市、县农业、水利、林业、交通、电力、教育、文化、卫生、体育等有关部门将5080万元的专项资金和项目资金倾斜创建。同时，市、县选派帮扶单位落实帮建资金1975万元，工商企业投入资金14400万元，个人主动献策出资1869万元。

3．突出加强“村民中心”建设。制定了2007年村民中心建设实施意见，在巩固提高首批110个“村民中心”的同时，重点规范、建设100个“村民中心”。2007年，全市有110个“村民中心”建设完成；全市建成“村民中心”220个。

四、围绕构建“和谐廊坊”，深入开展群众性精神文明创建活动，促进了城乡文明程度提高和经济社会全面进步

1．扎实开展创建文明城市工作。制定印发了《廊坊市2007年创建全国文明城市操作方案》、《廊坊市创建全国文明城市任务清单》、《廊坊市“迎奥运盛会、创文明城市、建和谐廊坊”主题实践活动实施方案》和《关于着力解决创建文明城市工作难点问题的实施方案》等，组织召开了创建全国文明城市暨“城市管理年”动员会、创建文明社区动员会和创建文明行业调度会等不同类型的会议，对创建文明城市工作进行了全面部署，明确了工作内容、标准和完成时限。一是按照《全国文明城市测评体系》要求，组织指导安次区、广阳区开展了创建文明城区竞赛活动；二是以实施“城市管理年”为契机，组织开展了“大拆违”、“户外广告整治”等专项行动，累计拆除违法建筑物66000平方米，拆除1446块大型户外广告和5530块门店招牌广告。全面推行“门前十包”责任制，与道路两侧临街单位签定责任书落实共管责任；三是建立和完善城市管理长效机制，在市区启动“数字化管理”新模式；四是在全市44个重点行业组织开展了创建文明行业“三杯”和“三比”竞赛活动，全面推广“全天候、全覆盖、零缺陷”的富士康服务模式；五是制定印发了《市文明委关于进一步加强文明社区创建工作的意见》，组织召开了全市创建文明社区工作动员大会和社区干部培训会议。市区54个社区办公用房面积达到300平方米标准，占全部社区的69%。全面推行《社区工作准入制度》，制定出台《社区工作人员管理办法》，初步实现了社区管理的规范化、制度化。社区“15分钟服务圈”建设在全市逐步推广。6月5日，《河北日报》头版以《让居民乐享“15分钟生活圈”——看廊坊如何深化文明城市创建工作》为题报道了廊坊市创建文明城市的典型经验做法。河北电视台在《河北新闻联播》头条以《廊坊：以服务百姓为基础创建文明城市》为题对廊坊创建工作进行报道。

2．继续组织开展营造城市森林活动。重点实施四项绿化工程：一是在全市78个社区广泛开展“营造城市森林，建设文明生态社区”活动，组织社区居民认种、认养、管护林木，签定《社区树木管护认养协议》。二是在市区三条河渠规划建设全长23公里的“六廊九坊”水系绿化景观。对市区14条主次干道、裸露地面进行增植绿化。新建提升改造部分游园，在郊区快速路两侧建设景观经济林带。三是实施主次干道沿街单位拆墙透绿和增植补绿。市区主干道和6条次干道两侧单位限期新建通透式围墙。四是广泛开展群众性义务植树活动，在城市周边、市区规划开辟出“公仆林”、“青年林”、“巾帼林”、“八一林”、“社区纪念林”、“家庭纪念林”等公益林地。2007年，全市28个社区，11万余人次参加了社区改造和义务植树工作，累计植树20000余株，新增绿化25000多平方米。

3．开展创建文明小城镇活动。一是加强小城镇的科学规划、建设和管理。60个建制镇分别聘请省级以上专门机构重新制订了城镇总体规划，实施城镇基础设施精品示范工程，初步形成了以燕郊、淑阳、霸州、胜芳、左各庄为代表的环京津城郊型、特色产业型、市场带动型、商贸旅游型等一批具有廊坊特色的小城镇发展模式。二是加强城镇环境综合治理，创建优良秩序。营造优美环境，重点整治镇村结合部、国省干道沿线、镇区进出口、主干道、商业街等公共场所，在镇区主要街道和商业门店严格落实“门前三包”责任制。组织开展了城镇流动人口、暂住人口专项治理，进一步健全社会治安综合治理群防群治体系。三是深入开展创建文明窗口活动，搞好优质服务。在基层窗口单位深入开展创建文明窗口活动，治理“冷、硬、横、拖、卡”现象，提高办事效率，提高服务质量。

4．创建文明单位活动取得新成果。组织各级文明单位积极参与文明社区、文明生态村结对帮扶和扶贫济困、助学助残等社会公益活动。“两节”期间，市文明办、市直工委、市总工会组织87个文明单位与198户特困家庭结成帮扶对子，开展了送温暖慰问活动。制定下发了《廊坊市文明单位管理办法》，加强对文明单位的日常管理，使文明单位创建活动规范化、制度化、常态化。

五、围绕服务基层、服务群众，积极组织开展形式多样的文化活动，精神文明建设工作不断拓展

1．开展“和谐廊坊·市民文化大讲堂”活动。以“迎奥运、讲文明、树新风”和树品牌、求精品为目标，聘请一批著名专家学者进行演讲。一年来，举办“和谐廊坊·市民文化大讲堂”讲座50期，约60000余人次现场参与。市电视台各频道对讲座每周进行多种录播，廊坊政府网、廊坊青年网站等网络设置专栏宣传，通过赠送录音、录像、光盘资料等活动，数百万人次通过媒体收听、收看了讲座。有效的提升了市民的文明程度和文化品位。

2．确立六大文化支柱产业。根据《廊坊市文化体制改革与文化产业发展规划纲要（2006～2010年）》，确立信息科技、会展经济、体育竞技、休闲旅游、出版包装、新闻传媒等六大文化支柱产业。谋划实施了廊坊龙河生态文化公园、河北固安温泉文化产业园、三河成功大广场等9个重点文化产业项目；占地10000平方米，总建筑面积7604平方米，总投资2000万元的市文博馆以及市青少年宫和妇女儿童活动中心、城市规划馆、广阳区科技馆等一批公益设施相继竣工并投入使用；组织举办了“5•18”、“9•26”、“廊坊之夏”彩色周末等系列文化活动，以及“温馨家园”廊坊文化艺术节、“中秋月·廊坊情”富士康工地慰问农民工演出活动等系列群众文化活动。完善了6个县（市）支中心，新建33个乡镇基层点、177个村街基层点。到2007年底，共有市级分中心1个、县级支中心10个、乡镇基层点58个、村街基层点182个，共计251个。

3. 积极组织实施“助学工程”。制定《关于做好我市2007年度“助学工程”组织实施工作的通知》，按照省规定的条件和程序，经过宣传发动、受助学生申请、初审申报、复查公示，完成省分配我市西部开发“助学工程”受助大学生1名；河北省“助学工程”受助大学生1名。在廊坊市第一中学开办了市级高中“宏志班”，完成招生名额60名，推动了社会助学活动广泛开展。

六、“迎奥运、讲文明、树新风”活动

1. 广泛开展“迎奥运盛会、创文明城市、建和谐廊坊”主题实践活动。一是开展公共道德实践活动。重点在广大市民中广泛开展“文明出行十个一”活动，养成文明的出行习惯。开展“践行城市精神、争做文明市民”实践活动，普及创建文明城市知识，提高市民对创建文明城市的知晓率和支持率。二是开展了以“推广服务富士康模式、树立大品牌意识”为主题的服务竞赛活动、“百城万店无假货”示范店、示范街创建活动和“温馨驿站”创建活动。三是组织广大市民踊跃参与“博爱一日捐”、义务植树、无偿献血、周末奉献日活动，共同营造和谐氛围。

2. 唱响“全民健身与奥运同行”主旋律。实施“三边工程”（建好群众身边的场地、抓好群众身边的组织、搞好群众身边的活动），积极推进村街、社区健身场地和活动室建设，基层体育设施和活动队伍得到快速发展。全市400万市民中体育人口比例达到44%（全国平均水平37%），每万人拥有社会体育指导员16人（国家标准是：力争到2010年每万人拥有社会体育指导员达到12人），建成全民健身路径300多条，基层体育指导站1500个，国民体质监测中心（站）12个，青少年俱乐部11个，省级体育传统项目学校已有12所。全市每年以开展“全民健身与奥运同行”活动为重点，组织各级各类群众体育健身活动2000余次，县级以上比赛300余次。

供稿：廊坊市文明办

整理：陈东

保定市

2007年，保定市文明委按照省文明委和市委、市政府的工作部署，重点抓了思想道德建设、文明生态村创建工作、社会主义荣辱观教育活动、创建文明城市、文明行业活动和未成年人思想道德教育工作和党的是十七大、省委七届三次全会精神的学习贯彻，现将有关情况综述如下：

（一）思想建设方面：

以服务经济建设大局、构建和谐社会为基本遵循，大力改进和加强宣传思想工作。

1. 巩固马克思主义在意识形态领域的指导地位，打牢全市人民团结奋斗的共同思想基础。用马列主义、毛泽东思想、邓小平理论、“三个代表”重要思想和科学发展观、构建和谐社会理论武装党员干部，教育全市人民，坚定社会主义理想信念，坚持建设有中国特色的社会主义方向，认真落实“建设和谐文化”的要求，增强科学发展、提速发展、和谐发展的信心。把学习贯彻“三个代表”重要思想同学习贯彻十六届六中全会精神结合起来，深入推进理论武装工作。抓了以“三个一”活动和党委中心组学习为载体的县处级以上领导干部的学习。采取宣讲辅导、理论研讨、经验交流等多种形式，深入学习宣传党的十六届六中全会精神。根据新形势要求，加强和改进讲师团工作，继续抓了构建社会主义和谐社会主题系列讲座。修订关于加强和改进党委（党组）中心组学习意见，进一步健全了领导干部理论学习制度。以建设“学习型机关”、“学习型企业”、“学习型社区”、“学习型家庭”为载体，进一步推动干部群众学习的制度化和规范化。采取多种形式，组织开展党的十六届六中全会精神宣讲活动，充分发挥基层宣传队伍和阵地的作用，帮助干部群众了解科学发展观和构建社会主义和谐社会等重大战略思想。大力推进马克思主义理论研究和建设，继续组织力量对重大理论和实际问题开展深入研究，围绕宣传贯彻党的十六届五中、六中全会精神，省委七届三次全会、市委九届二次全会精神，编发了一批重点理论文章，推出一批理论宣传片，召开学术研讨会。大力宣传推广树立和落实科学发展观、构建社会主义和谐社会过程中创造的新形式、新做法，不断推进理论学习，深化理论研究，改进理论宣传，增强理论武装效果。党的十七大召开后，市委、市文明委及时下发关于学习贯彻十七大精神的通知，市委宣传部、市文明办组织宣讲团到县区、基层单位进行宣讲，组织督导组对学习贯彻进行督导。

2．把握正确导向，为改革发展稳定营造良好舆论氛围。围绕树立和落实科学发展观，坚持团结稳定鼓劲、正面宣传为主的方针，牢牢把握正确导向，发展积极向上、团结和谐的主流舆论，引导人们倍加珍视团结、倍加维护稳定、倍加顾全大局，为落实科学发展观、构建和谐保定营造良好舆论环境。深入学习宣传十六届六中全会精神，把广大干部群众的思想统一到中央的决策部署上来。继续深化落实科学发展观、构建社会主义和谐社会的精神实质、深刻内涵重大意义的宣传，深化中央和省、市委有关重大决策部署的宣传，多角度、多方面展示我市落实科学发展观、构建社会主义和谐社会的生动实践和典型经验。认真组织好“十一五规划”、建设资源节约型、环境友好型社会、重点工程建设等方面的宣传报道，充分展现各条战线的新成就。加强和改进网上舆论宣传引导工作，掌握网上主动权。进一步加强和改进舆论监督、热点引导和典型宣传，充分发挥各类新闻媒体的积极作用，不断提高宣传质量和引导水平。

3．提高外宣实力，积极推动大外宣格局建设。围绕树立和维护保定良好形象，切实加强宏观管理，努力构建大外宣格局，加大对外宣传力度，进一步提高保定的知名度和影响力，为全市招商引资和经济社会发展提供有利的外部舆论环境。坚持内宣与外宣并举，充分利用各种大型经贸活动的平台，通过国内外重要媒体的宣传，积极准确的反映我市全面建设小康社会的情况。在国内外新闻媒体推出一批有关我市改革开放成就的宣传报道。提高外宣品制作质量，制作一批富有时代特征、保定特色、地方特点的外宣品，抓好重要窗口、旅游景点、星级宾馆等涉外场所的外宣品陈列工作。整理、挖掘、宣传历史文化。办好“长城在线”保定网站，进一步加强我市在网上的宣传力度。继续做好新闻发布工作，建立健全对外宣传的统筹协调机制、对外新闻发布机制，协调指导各有关部门开展对外新闻发布工作。

（二）道德建设方面

以实施公民道德建设为载体，激发全市人民建设保定的热情。进行了“四抓”：

1．抓学习，提高广大群众的思想道德和科学文化水平。按照“构建终身教育体系，创建学习型社会”的要求，深入开展了创建学习型机关、学习型企业、学习型社区、学习型家庭活动。在社区重点搞了《公民道德建设实施纲要》的学习，和组织开展社会主义荣辱观教育实践活动，深入普及20字基本道德规范和“八荣八耻”荣辱观内容。组织开展了提高居民社会公德意识的学习教育活动。有计划地建立和完善一批社会文明市民学校，不断完善志愿者队伍，充分调动社区内的一切社会力量，广泛参与所在社会的学习教育活动。在企业以岗位培训为重点，与企业生产经营实际相结合，努力提高企业职工的综合素质和职业技能，不断增强企业的科技创新能力，促进企业不断提高产品质量和经营效益；在农村开展了多层次、多渠道、多形式的思想道德教育和科技文化培训。在全社会利用重大纪念日、民族传统节日，开展主题活动，弘扬爱国主义精神和中华民族的传统美德。形成讲社会公德做一个好市民，讲职业道德做一个好建设者，讲家庭美德做一个好成员的社会风气。

2．抓规范，引导公民自觉改变和抵制不文明现象。着眼于解决常见的不文明现象，进一步落实《保定城乡居民“双十不”行为守则》和《机关文明办公五步曲》，组织各行业进一步完善《行业员工行为规范》，组织乡村制定完善《村民公约》。充分发挥红白理事会、妇女禁赌会、道德评议会的作用，改变生活陋习，建立科学、文明的生活习惯。广泛开展健康教育，不断提高群众的健康素质。

3．抓教育，不断提高公民的文明素质。广泛开展了弘扬伟大民族精神，全面建设小康社会，全面构建和谐社会主题教育活动。以爱国主义教育基地为依托，开展红色旅游。以知荣辱、讲文明、树新风活动为载体，牢固树立社会主义荣辱观，继续搞好志愿者活动，建立志愿者协会，形成各方面参与、上下衔接的组织体系，把各界群众更加广泛地动员了起来，实践志愿者精神，进一步促进团结友善互助社会风尚的形成。坚持不懈地开展“向陋习宣战、树文明新风、建美好家园”活动，利用春节、清明节、重阳节、中秋节等传统节日，有针对性地组织开展主题活动，引导人们移风易俗、讲究美德、崇尚文明。强化诚信教育实践活动，打造“诚信保定”品牌。通过大众传媒、公益广告等渠道，把“社会管理公平公正、经济交往履约践诺、人际之间真诚相待”的主题活动在广大城乡、各行业中进一步叫响。重点抓了涉农部门、家庭装修、食品、保健、医疗卫生、商业零售等行业的服务规范。组织了对职能部门履行职责、强化服务、承诺落实情况进行暗访和抽查。在全市上下营造了“诚信光荣、失信可耻”的浓厚氛围。

4．抓实践，使广大市民在参与实践中提高思想道德素质。通过全市性的每月最后一周的星期六义务劳动日活动，组织社会各界人员走上街头，擦拭护栏、清运垃圾、清除“野广告”、清捡白色垃圾；通过开展学雷锋送温暖活动，组织中小学生、解放军战士到火车站、汽车站、公共汽车站亭扶老携幼；通过开展“告别不文明行为”活动，把中小学生、党政机关干部统一组织起来，制止随地吐痰、乱扔脏物、光膀子上街、损坏公共设施等现象；通过组织开展科教、文体、法律、卫生“四进社区”活动和志愿者进社区活动，开展科普宣传、社区教育、艺术指导、健身指导、法制讲座、建立健康档案、扶贫帮困、绿化养护等工作；通过社区开展“五相”活动，把居民间的相认、相知、相学、相帮、相融的人际关系发扬光大。进一步发挥青少年志愿组织的作用，积极开展壮大公务员志愿者、巾帼志愿者、夕阳红志愿者、社区志愿者队伍，组织各志愿人员帮助困难群众，参与公益活动，不断扩展活动领域。实施文明单位“爱心助学工程”，组织省、市、县文明单位开展“一帮一”助学活动和关爱弱势群体、为困难群众办实事、解难题活动。使扶危济困、见义勇为，一方有难、八方支持的精神得到弘扬，使公民基本道德规范深入人心。

（三）文化建设方面

把握文化需求，全面推进文化大市建设。认真落实《关于深化文化体制改革的意见》，抓好建设文化大市工作会议精神和我市建设文化大市《规划纲要》及有关政策的贯彻落实，积极学习借鉴先进地区的成功经验，稳步推进文化体制改革。争取财政对宣传文化战线的支持力度，鼓励非公有制资本进入文化产业，促进宣传文化事业与经济发展相协调，不断壮大我市文化事业、文化产业的总体实力。围绕满足人民群众日益增长的精神文化需求，发挥优势，整合资源，把历史文化、革命文化、现代文化结合起来，努力建设文化大市，打造现代文化名城名牌。继续组织开展“同心大舞台——革命歌曲大家唱”、“艺术的保定”、“地方优秀剧目展演”等有地方特色的文化活动。深入开展彩色周末活动、社区文化活动、广场文化活动、农村文化活动，进一步活跃城乡居民的文化生活。加强农村文化建设和基层文化设施建设，采取政府引导、社会支持、市场运作相结合的形式，解决投入不足、人才匮乏、无人管事、无钱办事等实际问题。继续推进红色旅游，使之成为政治工程、文化工程、经济工程。继续抓好“太行山革命老区宣传文化工程”建设。以“五个一”工程为龙头，加大对精品创作的组织、规划、指导力度，力争产生一批过硬的精品力作。加强对文化市场的管理，坚持不懈地开展扫黄打非工作，开展打击盗版音像制品行动，依法加强对新闻网站的建设和管理，确保文化市场的繁荣稳定。

（四）创建活动方面

以创建全国文明城市工作为龙头，全面深入扎实地开展群众性精神文明创建活动，努力营造文明和谐的社会环境。

1．开展创建文明城市达标活动，实施创建规划，开创文明城市建设工作新局面。2007年是落实创建全国文明城市工作任务的关键年份。也是实施“京南近海强市名城”战略的开局之年。我市创建工作以《全国文明城市测评体系（试行）》为基本遵循，制定了《保定市2006-2008年文明城市创建规划》和《保定市2007年创建全国文明城市工作方案》，明确创建目标、任务和要求，打好宣传教育、工作推进、迎接检查三个战役，加大创建力度，狠抓创建任务落实。为我市经济和社会发展，营造了廉洁高效的政务环境、公平公正的法制环境、规范守信的市场环境、健康向上的人文环境、安居乐业的生活环境、可持续发展的生态环境。为实现2008年争创全国创建文明城市工作先进城市目标，把创建文明城市活动与“迎奥运、讲文明、树新风”活动有机结合起来，围绕解决文明礼仪、公共秩序、社会服务、城乡环境、旅游出行等方面存在的突出问题，切实提高人们的文明素质和城镇文明程度，力争在奥运会前首都周边有明显改善，并以此为机遇，提高我市城市和县城的知名度、吸引力。

2．开展创建文明小城镇（县城）、文明城区、文明城市竞赛，整体推进保定文明程度。全方位推动城乡一体化创建，是提升我市文明城市创建的关键。在四个城区（南市区、北市区、新市区、高开区）、四个县级市、123个建制镇（含县城）中，采取了同类条件、同类标准的竞赛，推动城乡共建文明城市，依据《全国文明城市测评体系（县级市）》、《全国文明城区测评体系》全面启动创建工作，123个建制镇的标准参照县级市标准，根据实地情况，自行制定。全市制定相应竞赛办法，定期组织联查、观摩调度、年终总评，并进行总结表彰。力争通过创建竞赛，使达到条件的县级市进入全国文明城市行列。

3．开展创建文明行业（单位）竞赛，提高文明行业（单位）的覆盖面，为促进保定经济发展和改善居民生活提供有力保障。以文明执法、优质服务为主题，继续推行了社会服务承诺制、生产经营信誉制、行政执法公示制。进一步加强公安、税务、工商、燃气、供热、自来水、供电、公共交通、出租汽车、铁路、邮政、电信、银行、医院、宾馆、旅行社、商业零售等行业的服务规范建设，设立高效的投诉、处理机制，使文明行业（单位）创建活动覆盖面达到100%。加强“星级”窗口建设，组织“三杯”竞赛，加强各行业的职业道德建设，强化职业纪律约束，提高职业服务技能，树立良好职业形象，努力满足群众的生产生活，优化保定的发展环境。充分利用“服务热线”、“行风热线”等形式，加强对“三职一优”活动的督导。开展了保定市首届道德十佳标兵、十佳先进单位的评选工作，组织召开颁奖盛典和表彰大会、在新闻媒体上进行了大力宣传。继续开展了创建文明风景旅游区的活动，加大对文明行业的满意度测评，完成了2006～2007年度文明单位评比工作，使全市的文明行业成为古城保定的文明窗口。

4．开展“十城”联创，推动创建活动向纵深发展。落实文明委成员单位责任制，协调有关部门制定长远规划、年度计划和具体活动实施方案，积极着手开展国家卫生城市、环保模范城市、中国优秀旅游城市、中国综合治理先进城市、全国环境整治先进城市、全国科教兴市先进城市、普法先进城市、全国文化先进市、全国社区建设示范市、国家园林城市、全国双拥模范城市的深化和创建活动，推动创建活动按国家标准向纵深发展。

5．继续组织了营造城市森林活动。根据省文明委《关于组织营造城市森林公益活动第八次春季战役的通知》精神，以市文明委名义印发了《关于进一步搞好营造城市森林活动的意见》和《保定市营造城市森林公益活动第八次春季及秋冬季战役实施方案》，在搞好总体协调的同时，重点抓了营造城市森林的动员发动工作。组织市直部门发表倡议书，号召各部门、各团体和全市人民行动起来，投身到营造城市森林活动之中。市直新闻媒体开辟绿化专栏和专题，及时对全市绿化进展情况及典型事例进行报道；印制了7万张内容为宣传营造城市森林“七大好处”的2006、2007年年历宣传画，下发市区内的机关、企事业单位、社区居民和部分县（市）；在市区建立了4块宣传营造城市森林好处的大型广告牌。通过以上工作为营造城市森林活动营造了良好的社会氛围，促进了第八次春季战役的开展。

（五）创建文明生态村方面

主要工作情况：

1．第三批创建村完成情况。按照省文明委2008年创建文明生态村总体要求和市委、市政府年度工作部署，根据我市实际情况，第三批创建村数量确定按7%的比例进行，共450个村，但各县（市、区）创建热情高涨，上报创建村达491个。11月下旬至12月上旬，市创建办组织市有关单位领导和各县（市、区）主管创建工作县领导，组织对所有创建村进行了检查，全部达到省文明生态村基本标准。全市累计完成道路硬化1234.37公里，新增沼气池19979个，建卫生厕所19970个，建垃圾池、点2250个，所有创建村都成立了红白理事会、道德评议会等群众组织并开始发挥作用。创建村中达到“五好”党支部的有439个，443个村“十星级”文明户评选进入正常轨道，362个村通过环境改善引进了511个建设项目，243个村通过沼气搞起了生态农业，168个村实现了村庄建设功能区化分。

2．“村民中心”建设情况。在去年建成777个村民中心的基础上，今年村民中心建设作为创建文明生态村的重要内容，纳入创建规划。根据各村经济状况、人员情况、群众需求实际情况，我们要求整体规划，明确目标，逐步完善。即先搭起架子，再逐步填充内容。有条件的村可一次性建设到位，没有条件的村根据群众需求急迫程度，分期分批逐步完善。目前491个第三批创建村都建起了规模不同的村民中心。县、乡和帮扶队利用村民中心组织农民参加政策、法律、科技等培训达24.67万人次。

3．帮建工作情况。帮建工作扎实推进，共调整下派139个市直机关、企事业单位进行帮建，继续采取协议式管理，以结果定成果的方式。据不完全统计，共投入帮建资金近600万元，实物折款达400多万元。

4．典型宣传情况。CCTV-2“金土地”栏目以我市创建文明生态村成果为主要题材，拍摄了展示我市魅力乡村的专题片“希望快车——保定站”，在该台播出4次，为该台首次，受到全国的好评；CCTV-7“聚集三农”栏目播发我市创建文明生态村内容的消息10余条；河北电视台综合频道“当家人说”栏目对全市和4个县主要领导进行了专题采访。

另外，市创建办将2005年4月至2007年8月期间，有关创建工作方面的领导讲话、文件资料、典型材料进行了认真整理，汇编成册，达30多万字，既完整记录了我市创建历程，又总结了历史经验，为后续创建起到了很好的指导作用。

（六）助学工程方面

按照中央文明办和省文明办的要求，认真落实了中央“西部开发”和省市助学精神，完成了各项有关工作。2007年，我市筛选出21名寒门优秀学子获国家和省资助。按照优中选贫、贫中选优的原则，层层把关，圆满完成该项任务。并完成省在保定一中举办的“宏志班”14名高中生选拔资助任务。资助了市本级96名宏志生，资助金额每生每年1500元。在“助学工程”的示范带动下，社会助学热情也有了一定进展，如市文明办组织了文明单位助学活动等。

（七）“迎奥运、讲文明、树新风”活动和“迎奥运、建强省、促和谐”教育工作

保定市认真贯彻“迎、讲、树”要求，紧紧围绕提高市民素质这个根本，广泛开展了“文明出行迎奥运”活动。

一是在广大机动车驾驶人员中，大力开展“文明行车”教育活动。教育广大司机谨慎驾驶、文明礼让，杜绝十大交通陋习（酒后驾车；逆向行使；急停猛拐；与行人争道抢行；违反交通信号灯指示，闯红灯；向车外仍杂物，吐痰；雨后行车不减速，将污水溅在行人身上；行经人行横道不按规定停车、减速、不避让行人；前方发生堵塞时占用逆行车道抢行通过；夜间会车时不关闭远光灯）。

二是在广大乘车人中，大力开展“文明乘车”教育活动。教育、引导乘车人争做文明乘客、文明乘车、安全乘车。杜绝八大交通陋习（乘坐二、三轮摩托车不戴安全头盔；乘车不系安全带；向车外抛洒物品；开关车门妨碍其他车辆和行人通行；在机动车道上拦乘机动车；携带易燃、易爆等危险物品乘车；车辆行使中将手、头等身体部位伸出车外；乘车时与机动车驾驶人说话分散司机注意力）。

三是在广大行人及非机动车驾驶人员中，大力开展“文明走路”教育活动。教育广大市民遵章守法、各行其道，杜绝八大交通陋习（横过道路不走人行横道；走人行横道不看信号灯；在机动车道边上行走；与机动车抢道，在车流中穿行；为抄近路践踏绿地或翻越交通隔离设施；横穿道路不看左右，急跑急停；骑自行车走机动车道；骑自行车闯红灯或越线停车）。

同时加强了中小学生文明出行的教育。一是与文明礼仪教育相结合，通过实施礼仪教育“六百工程”（即：培育百节优质课、百名礼仪教育首席教师、百名学生礼仪示范标兵（分类别）、百个示范班级、百所礼仪教育示范学校、百个礼仪教育校外实践示范基地，引导礼仪教育的实践和体验的深化），讨论制定《保定市中学生文明公约》、《保定市小学生文明公约》，通过“三治”（治言、治行、治心），引导学生在“内”升华精神境界、培养道德情操；在“外”规范行为举止、重视躬行实践，较好地践行“德之容、德之音、德之举”。二是与学校管理相结合，学校要发挥教育引导作用，实施全面长期的文明规范教育，将他律转化为自觉自律、自我规范，使文明出行形成一种风气，一种习惯。三是对各种宣传媒体资源进行有效整合，学校要充分发挥报纸、刊物、电视、广播、网络、宣传廊等在“文明出行”教育活动中的重要作用，建立宣传媒体多维一体的宣传氛围。组织学生开展多种形式的教育活动，如遵守交通法规等主题班会、讨论、组织文明监督岗，抓拍不文明行车、走路、乘车的相关照片等多种形式的宣传教育活动。

（八）加强和改进未成年人思想道德建设方面

以建立长效机制为重点，把未成年人思想道德教育向广度和深度推进。

1．建立一套“工作机制”。构建学校、社会、家庭“三结合”教育网络。继续坚持未成年人思想道德建设专项工作联席会议制度。文明办、教育局、文化局、广电局、团委、妇联、关工委等成员单位坚持每季一例会、半年总结、年终总评工作。定期研究工作措施，交流工作情况，向市文明委报告工作，提出工作建议，逐步建立起以学校为龙头、社区为平台、家庭为基础的“三结合”的教育网络。

2．组建一批“专业队伍”。开展课堂思想道德教育渗透活动。充分发挥学校作为未成年人教育的主渠道、主阵地、主课堂的作用，把加强学生思想品德教育的要求渗透在课堂教学的各个环节，建立健全了学生综合素质和学校教育质量考核评价体系，把爱国主义教育、民族精神教育、中华传统美德教育、革命传统教育和民主法制教育溶入各学科教学之中；开展“五小公民”（小帮手、小伙伴、小卫士、小标兵、小主人）“四进”（进家庭、进学校、进社区、进公共场所）活动；组织“五老”（老干部、老战士、老专家、老教师、老模范）对未成年人进行思想道德教育；开展思想道德教育辅导员进社区活动，从市区各中小学聘请优秀教师进入社区，担任社区未成年人思想道德教育辅导员，解决社区教育力量不足和专业人才缺乏的问题；开展家长学校进社区活动。依托文明市民学校成立社区家长学校，对未成年人家长进行教育辅导，帮助他们转变家庭教育观念，改进家庭教育方法，提高家庭教育水平；在日报、晚报、电视台开辟了家教专栏，传播家教知识；在中小学生中广泛开展了文明示范标兵评选活动。引导青少年确定正确的理想信念，培养良好的道德品质，促进未成年人的全面发展，弘扬文明新风。

3．巩固一方“教育阵地”。全市所有中小学校都在校园内建立永久性思想道德建设宣传橱窗。宣传中小学生中涌现出的先进个人，表扬好人好事，引导未成年人健康成长。建立健全中小学生思想道德档案，印制学生思想道德表现卡，将中小学生思想品德情况与学习成绩一并入档，鼓励中小学生全面发展，健康成长。

4．组织一系列“教育活动”。在保证安全的前提下，所有中小学校每学期都组织学生参加道德实践活动，活动以劝阻不文明行为、学雷锋做好事、维护公共设施、清理白色垃圾为主，每学年搞一次读书演讲比赛和文明伴我成长演讲比赛，组织学生开展夏令营、冬令营等活动，到爱国主义教育基地如狼牙山、阜平城南庄晋察冀革命纪念馆等地进行革命传统和民族精神教育。

5．取缔一批“黑色网吧”。市县两级在督导职能部门强化对网吧进行严格管理的同时，采取三条措施对网吧进行监控：发动社会监督。市、县文明办在新闻媒体上公布举报电话，对诱引未成年人的网吧进行举报。动员学生、老师和家长向有关部门举报允许未成年人进入的网吧，在中小学校聘请监督员，对网吧进行监督。对社会举报和社会监督的结果进行综合评选，在新闻媒体上公布评选结果，表彰健康网吧，以倡导文明办网、文明上网，使各类新闻媒体成为促进社会和谐的重要阵地。同时，有关部门按规定取缔不健康网吧，通过全方位监督制约，净化社会环境。同时，注意关注“留守儿童”和“流浪儿童”的成长和思想道德教育工作。

（九）精神文明建设体制和机制建设

以强化措施为着力点，把精神文明建设推向健康深入发展的轨道。精神文明建设事关全市发展大局、事关全市和谐社会建设，改进措施、改进方法，是推动精神文明建设深入、持久、健康发展的关键。

一是加大领导力度。对照省文明委领导及成员单位组成，市精神文明建设委员会做了重新调整，并明确分工。坚持“党委统一领导、党政群齐抓共管、文明委组织协调、相关部门各负其责、全社会积极参与”的领导机制，确保各项工作有序开展。

二是加强队伍建设。市文明委在文件中明确要求：文明办系统队伍状况关系到全市精神文明建设的质量。各级各部门要不折不扣地落实市里有关文明办工作人员的规定，与此同时还要保证办公场所、办公车辆、办公设备和经费适应工作需要。队伍建设情况将作为2007年度考核的内容，市直各部门、各行业都要确立负责精神文明建设的机构和人员，确保工作扎实推进。年内在各级各部门开展“建设学习型机关，争做学习型干部”活动，切实转变工作作风，提高工作效率和水平，力戒各种形式主义。加强调研和信息工作，增强针对性和实效性，提高调研信息质量。

三是创新管理机制。按照“三贴近”的原则，结合我市经济社会发展的实际，修订了保定市文明行业、文明单位、“三杯竞赛”等评创标准、考核体系和管理办法。缩减难以定量定性条款，增加便于考核操作的指标，注重动态管理、规范管理和全过程管理。简化考评流程，改进和完善测评、考核方法，多看日常工作，多考察常态指标，使评创过程更加科学规范，充分发挥激励先进、鞭策后进的功能。

四是加大考核督查力度。出台了《保定市精神文明建设工作考评细则》，加大对各县（市、区）、市直各部门、各行业的考评力度，做好工作督促、观摩调度、联查与常规检查工作，进一步强化社会、舆论、行政和民主监督，以推动党政干部优化执法形象，提高办事效率，规范服务行为。为加大督查力度，将聘请100名“文明创建”督导员，全天候开展巡视和督查活动；组织人大、政协委员开展经常性的视察检查，发挥市各舆论媒体监督作用，努力推动文明创建的开展，为全市科学发展、和谐发展、提速发展创造更好、更优的环境。

供稿：保定市文明办

撰稿：任继明

沧州市

2007年，我市精神文明建设以邓小平理论和“三个代表”重要思想为指导，全面贯彻落实科学发展观和构建社会主义和谐社会重大战略思想，充分运用精神文明创建活动这一有效工作载体，引导和组织社会各界、各行各业和广大人民群众，广泛参与以社会主义核心价值体系为根本的和谐文化建设，在提高公民文明素质和社会现代文明程度上迈出新的步伐，取得新的成效，为建设沿海经济社会发展强市、构建和谐沧州提供了强大精神动力和良好社会环境。

——以乡风文明建设为重点，深化文明生态村创建活动

一是依托村民中心建设，在各村民中心的宣传栏设置了“十星级文明农户”一览表、道德评议栏、好儿媳、好婆婆等专栏，组织村两委定期开展评选活动，并进行表彰宣传。目前全市已建成的110多个村民中心均从自身实际出发，分别开展了星级文明农户、好儿媳、好婆婆等评选活动，并在公开栏中设立了光荣栏，进行表彰宣传。二是以推行殡葬改革为切入点，组织各村成立红白理事会，修建乡村骨灰堂，倡导殡葬新风。任丘、青县、献县等5个县市以试点的形式在30多个村成立了红白理事会，动工修建了殡仪馆、骨灰堂。三是确定了第三批创建村。按照全市行政村6%～8%的比例确定了2007年度336个创建村名单，在此基础上，落实了2007年度创建文明生态村市领导联系点和部门帮建责任制，总结帮建经验，推动创建活动不断扩大范围，提升水平。四是以104、106和307三条国道沿线村为重点，继续深化文明生态走廊创建活动，进一步彰显沧州“成片连线”创建特色。对237个沿线村进行了逐一调查摸底，从3月份开始组织创建村群众广泛开展了治理“五乱”、种植树木、硬化街院、集中清理沿路乱涂乱画和小广告等创建工作，整修边沟17.8公里，种植树木92820余株，安装路灯100多盏，清理废品收购站7个，废弃堆积物542处。五是迎接了省创建文明生态村工作督导检查。组织30余个成员单位的负责人召开了创建文明生态村座谈会，市委副书记、市纪委书记石锡贵代表市委、市政府做了工作汇报，省督查组实地察看了任丘、青县的16个创建村，对我市的创建工作给予了充分肯定。

——以创建文明城市为龙头，全力推进迎“两节”“五城同创”活动

一是组织筹备了全市动员大会。9月10日，市委、市政府在文化艺术中心隆重召开全市“五城同创”迎“两节”动员大会，市委书记郭华、市长刘学库，市四套班子在家领导出席了会议，全市各方面干部群众代表1000多人参加会议。这次会议是继全市环境综合治理以来我市召开规格最高，规模最大的一次会议。市文明办作为会议的牵头单位，做了大量工作，先后制定了全市“五城同创”总方案，文明城市创建分方案，拟定了全市迎“两节”“五城同创”领导小组名单，协调卫生城市、园林城城市、环保城市和双拥模范城市牵头单位分别制定了创建方案，并对各牵头单位的创建方案和大会发言做了审核修改。编印了《沧州市迎“两节”“五城同创”资料汇编》，起草了石书记会议主持词和郭书记讲话初稿，完成了从会议通知到会场布置各方面的工作，使这次大会圆满顺利召开。

二是成立了全市迎“两节”“五城同创”领导小组办公室。从市委、市政府两办和“五城同创”各牵头单位抽调了人员，落实了办公场地，配备了电话、微机、传真机等基本办公设施，建立了工作制度，印制了电话记录本、协调办理通知单、督察记录、办理结果汇总表等，使办公室工作有效运转。办公室自成立以来，完成了市区环境卫生交通秩序整治调度会等一系列会议的筹备工作，对市环境卫生进行了多次巡查，编发工作简报26期，得到市有关领导的肯定。

三是积极开展督导检查。市创建办在及时协调解决市民反映问题的同时，深入市区主要街道、社区、城中村及公共场所，对创建活动进行督查。10月下旬，市创建办协调市广电局、爱卫办、执法局、公安局，拍摄了《“五城同创”督查实录》，此片在10月31日刘市长主持召开的“迎‘两节’‘五城同创’”环境卫生交通专项调度会》上播放，得到刘市长的充分肯定，刘市长对这种直面问题、求真务实的作风提出了表扬。

四是组织迎接省文明城市初评。9月5日至7日，省文明城市检查团对我市的创建活动进行初评，市文明办精心准备，召开了有关职能部门迎查调度会，起草了市委、市政府创建文明城市工作汇报，组织了省检查组在沧期间受检单位的协调调度工作，得我市创建工作实绩得到了充分反映，创建工作得到省检查组的肯定。

五是不断深化文明行业和文明单位创建活动。继续在执法、管理和服务行业开展了“三杯”竞赛活动，通过各县（市、区）印制省统一设计的群众评议卡五万张，发至城乡基层群众和服务、管理对像，同时有市新闻媒体刊发了消息和评议表，动员界群众进行评议。开展了2006～2007年度市级文明单位申报评选工作，制发了申报评选方案，召开了推荐申报协调会，目前正收集审核各县市区和相关部门的上报材料，准备检查验收。

——以践行社会主义荣辱观为内容，深化公民道德教育和实践活动

一是深入开展“市民公益讲座”。围绕“知沧州、爱沧州、兴沧州”，组织协调市直有关部门，联合举办“沧州市民公益讲座”，围绕全市经济社会发展和市民关心的问题，聘请有关领导和专家学者进行授课，市民免费听讲。到目前共举办讲座18期，参与市民3800多人（次）。对引导市民更新观念，建设经济社会发展强市起到积极作用。

二是开展“公民道德实践月”活动。制定印发了《关于开展“公民道德实践月”活动的实施方案》，于9月20日在市文化艺术中心举行了“公民道德实践月”活动启动仪式暨首批“沧州好人”表彰仪式，市四套班子主管领导及1000余名各界代表参加仪式，并在书有“我文明、我光荣、我奉献、我快乐”的大型条幅上签名。组织开展了公民道德基本规范“五进”（进机关、进学校、进公交、进商场、进医院）及“洁净沧州、美化狮城”等四项主题实践活动，为十七大召开营造了良好的社会环境。

三是组织开展“十佳百星”和“沧州好人、沧州能人”评选表彰活动。在坚持开展“十佳百星”（10个方面的100名先进模范人物）宣传评选活动的同时，为进一步提升城市形象，形成良好氛围，组织开展了“沧州好人、沧州能人”宣传评选活动。对每项评选，都认真制定方案，广泛宣传发动，通过基层单位层层推荐，在新闻媒体进行公示，对当选人物以市委、市政府名义大张旗鼓地表彰。通过对先进人物的评选表彰，在不同层面树立了群众身边的典型，在全社会营造出奉献、敬业、创新的浓厚氛围。

四是开展“营造城市森林”社会公益活动。以“万株大树绿狮城”活动为载体，集中利用3月中旬至4月中旬一个月的时间，发动各界群众15000余人，以种植公仆林、拥军林、青年林、读者林等形式，种植胸径10公分以上的乔木29598株，涉地面积200余亩。同时将营造城市森林活动与文明社区、文明家庭创建和志愿者行动等活动有效结合起来，以开展“争做植绿护绿使者”、“雏鹰护绿队”等主题活动为载体，组织离退休人员、机关干部、各界志愿者和中小学生绿化美化生活小区，就近就便承包绿地、街心花园各类树木的管理养护，增强人们参与文明城市创建的责任意识，市区新增绿化面积47.57万平方米

五是认真组织实施“助学工程”。按照公平、公开、公正原则，2007年“助学工程”进一步严格标准，规范程序，通过自愿申报、逐级审核和层层公示，全市共有21名品学兼优的贫困大学生和14名高中生得到国家和省的资助。同时，发挥各级文明单位的示范带动作用，积极开展“文明单位助学”，推动各种形式的社会助学活动开展，大力弘扬了扶危济困、团结互助的社会新风。

——以系列活动为主线，不断深化未成年人思想道德教育工作

一是完成了“十佳孝顺子女”评选工作。通过基层推荐、组织确认、群众投票、评委评选、征求有关部门、单位和市民意见等形式确定了张美玲等10名同志为沧州市首届“十佳孝顺子女”，并举办了颁奖晚会。

二是组织全市未成年人参加了“全国六一儿童节计算机表演赛”和“全国首届‘让每个孩子成功’艺术、美术大赛”沧州分赛区赛。“全国六一儿童节计算机表演赛”有3名学生参加全国决赛；“全国首届‘让每个孩子成功’艺术、美术大赛”我市选手在河北赛区的比赛中共获得6个特别金奖、16个金奖、8个银奖、6个铜奖的好成绩，在河北省各个参赛代表队中名列前茅。在上海举办的“全国首届‘让每个孩子成功’美术赛、艺术表演赛”决赛中，我市的何瑜瑜、宋欣航、贯雅君、王柯然、提璇（盲人）等17位优秀小选手勇于拼搏，不负众望，取得了1金、3银、9铜、3个艺苗奖和1个特别奖的优异成绩，展示了沧州中小学生的风采，为河北、为沧州争得了荣誉。

三是组织未成年人开展了纪念沧州解放60周年系列活动。开展了清明祭英烈活动。清明节期间，组织中小学生到爱国主义教育基地、烈士陵园等开展扫墓、植树等纪念活动。据不完全统计，仅市区就有近20000人到沧州烈士陵园参加了各种新式的祭奠活动。开展了“网上祭英烈，共铸民族魂”网上公祭活动。从清明节开始，在沧州青少年网上开展了“网上祭英烈，共铸民族魂”网上公祭活动（http://www.cz54.com）。通过网上献花、网上留言等形式，缅怀无数英烈的英雄业绩，全市有2300多人参加了公祭活动。开展了“爱国主义教育基地进校园”活动。组织专业技术人员，对我市的17个市级以上爱国主义教育基地展览内容进行录像，刻录成光盘后，发送到全市各学校。以纪念沧州解放60周年为主题，举办全市第二十届中小学艺术节艺术教育活动周和征文活动。组织指导各中小学校通过演唱、演讲、讲座、书画比赛、优秀课本剧、校园剧、家乡剧表演、童谣等形式，利用校园广播、板报、主题班、团、队会等途径，教育引导中小学生缅怀革命先烈的丰功伟绩，珍惜今天的幸福生活，立志为报效祖国、振兴沧州努力学习。组织开展了纪念沧州胜利60周年巡回宣讲活动。邀请参加过解放沧州的老干部、老战士30余人，组成纪念沧州胜利60周年巡回宣讲团，到全市各中小学进行巡回演讲，用他们亲身经历激发广大中小学生的热爱祖国、热爱家乡的真挚情感。开展了知沧州、爱沧州、兴沧州红领巾演讲比赛活动。各县市区有1000余名小学生参加了演讲比赛，58位同学参加了市决赛。

四是认真组织了未成年人思想道德建设“回头看”工作。结合本市实际制定了《沧州市未成年人思想道德建设“回头看”工作实施方案》，组成了4个督查组深入到各县市区、开发区、管理区进行实地督导检查，并将我市贯彻落实中发〔2004〕8号和冀发〔2004〕21号文件的主要情况向省文明办做了专题汇报。同时，还启动了2007年度狮城少年读书系列活动，召开了未成年人思想道德建设工作联系会，选拔确定了河北电视台“成长”栏目通讯员，促进了我市未成年教育工作的规

范化和经常化。

供稿：沧州市文明办

整理：韩长松

衡水市

2007年，衡水市文明办认真学习贯彻党的十七大精神，紧紧围绕市委、市政府工作大局，按照年初确定的“2113”工作思路，牢牢把握实现衡水跨越发展和构建和谐衡水两大任务，贯穿迎接贯彻十七大这一主线，紧紧抓住构建社会主义核心价值体系这一根本，以创建文明生态村和实施新农民工程统揽农村精神文明建设，以创建文明城市统揽城市精神文明建设，以开展“公民道德实践月”活动统揽公民道德建设，全年工作坚持整体推进，重点突破，立足创新，彰显特色，精神文明创建工作呈现出蓬勃向上的良好态势，有效提升了市民素质和城乡文明程度，为衡水的科学发展、和谐发展、跨越发展提供了强大的精神动力和思想保障，创造了良好的社会环境。

一、以开展“公民道德实践月”活动为载体，大力推进公民道德建设

为进一步推动公民道德建设，在全社会形成践行社会主义荣辱观的良好道德风尚，今年我们精心谋划，创新载体，认真组织开展了“公民道德实践月”、十大道德楷模评选活动，在全市形成了人人关心、支持和参与公民道德建设的良好局面。

1．扎实开展“公民道德实践月”活动。为进一步掀起公民道德建设新高潮，市文明委决定把每年9月份定为“公民道德建设实践月”，把9月1日定为“爱心奉献日”。9月1日在市体育休闲广场举行了衡水市“爱心奉献日”暨“公民道德实践月”启动仪式，市四套班子主要领导出席并同全市干部群众及各类志愿者1万余人，参加了以扶贫帮困、走访慰问困难职工、帮扶贫困家庭、关心孤寡老人、义务清理公共环境卫生、开展各类志愿服务为主要内容的“爱心奉献日”活动。整个活动组织严密，主题突出，舆论氛围浓厚，群众参与广泛，产生了广泛的社会影响。九月份，全市公民道德建设工作全面活跃。一是集中开展了“公民道德实践月”宣传活动，形成了道德宣传的舆论高潮。在社区以创建文明和谐社区为目标，开展了社区志愿者“送温暖、献爱心”和邻居节活动。在学校组织开展了第四个“中小学弘扬和培育民族精神月”活动，组织中小学生开展“爱心传递、奉献社会”活动和“远离网吧、健康成长”、“学雷锋精神、做道德标兵”等教育实践活动。在机关开展了“争创文明诚信机关、争当人民满意公务员”活动。组织开展了“告别不文明行为”劝阻活动，组织历届文明市民标兵、文明城市社会监督员和“文明小卫士”，深入公共场所对不文明行为进行劝阻，引导教育市民开展了“文明十个一”活动，有力倡导了文明新风。深入开展了文明行业、文明单位创建活动。各行业、各单位紧密结合自身特点，以争创文明窗口、争做服务标兵为主题，组织开展了丰富多彩的道德实践活动。

2．精心组织十大道德楷模评选活动。从8月中旬开始，以倡导孝老爱亲、诚实守信、敬业奉献、助人为乐、见义勇为为主要内容，在全市范围组织开展了十大道德楷模评选活动。通过基层单位和各界群众推荐、市评选活动组委会筛选、在新闻媒体刊登40名候选人事迹、发动各界群众评选、成立评选委员会组织评审，评选出了全市十大道德楷模和20名全市道德模范。10月12日，市委、市政府隆重召开表彰大会，对十大道德楷模和20名道德模范进行了表彰，市四套班子主要领导出席，社会各界共800余人参加大会，产生了良好的社会影响。全市各级各部门和广大干部群众把评选十大道德楷模的过程，作为向道德模范学习、不断提高自己道德意识、牢固树立社会主义荣辱观的重要实践，认真组织，积极参与，有效促进了全市的公民道德建设。

3．积极参与全国道德模范评选活动。7至9月份，按照中央文明办等四部委关于组织开展全国道德模范评选表彰活动的部署，认真组织了道德模范评选和推荐工作，印发了《关于在全市开展十大道德模范评选活动组织推荐全国道德模范的通知》，成立了十大道德模范评选推荐活动组委会。组织新闻媒体开辟专栏，对近年来涌现的道德建设先进典型集中进行回顾宣传，使道德建设先进典型的感人事迹和高尚品德深入人心。经过层层推荐和严格把关，向省评选活动组委会推荐了林秀贞、王晓勋、王小芬、田静、高金潮、侯宝明等6位同志，林秀贞被省推荐到全国评选活动组委会。我们配合中央和省主要新闻媒体制作专题片，撰写宣传稿件，开展林秀贞事迹推介。进入全国公示评选阶段后，组织干部群众参与评选，全市共16万余人参与了投票，我市林秀贞以高票当选全国助人为乐模范。9月18日下午，林秀贞在人民大会堂受到胡锦涛总书记亲切接见。9月18日晚，在中央电视台《道德的力量》全国道德模范颁奖晚会上，林秀贞作为全国助人为乐模范受到表彰和重点推介。9月20日，在全国公民道德论坛上，林秀贞以《愿乡亲们人人都幸福》为题作了精彩演讲，得到与会同志的一致赞扬，引起了强烈反响。

4．大力加强未成年人思想道德建设。加大了未成年人思想道德建设宣传力度，组织新闻媒体开设专栏专版报道未成年人教育典型经验近千余例。开展了征集“未成年人思想道德建设创新案例”活动，征集案例二百余篇，组织专家评审团评议评出了一、二、三等奖及优秀奖，并将获奖案例集印成册。组织开展了“全市青少年远离网吧、健康成长”活动。河北日报、省文明办都用大篇幅刊发了消息。组织相关部门，对市区内网吧集中进行了整治，聘请了50名退休干部作网吧义务监督员，跟踪监督未成年人进出网吧的现象，有效遏制了未成年人进入网吧的现象，受到社会、学校、家长的好评。成功组织了全市青少年“迎奥运征文”活动，征集文稿1000多篇。强化学生法制观念教育，90%以上的学校聘请了法制校外辅导员，每学期进行法制讲座；深入开展实践活动，组织开展了“警营开放日·大手拉小手”活动；组织成立了由2000多名学生组成的全市文明小卫士志愿者服务分队，开展不文明劝阻活动。建立了全市未成年人思想道德建设工作信息员队伍，及时反映最新校园思想道德建设动态，加强了未成年人思想道德基地建设。

二、以实施“新农民工程”为重点，深入推进创建文明生态村活动

以建设新环境、发展新文化、培育新农民、树立新风尚为目标，按照产业强村、文化兴村、生态建村、民主治村的总要求，以实施新农民工程为重点，深入扎实地开展了创建文明生态村活动。坚持“两条腿走路”的方针，即以“六化”建设为重点扎实开展好第三批创建工作；以提高农民素质、实施“新农民工程”为重点，全面深化创建创建文明生态村工作。

1．以六化建设为重点，扎实推进第三批创建。坚持从改善农村环境、解决农民迫切要求的问题入手，把搞好农村的道路硬化、村庄绿化、环境净化、村庄亮化与美化，发展农村文化，作为第三批创建的基本任务，按照与第一、二批村连线成片的原则，筛选确定了293个村作为重点建设村，选派了380个市县直部门实施帮建，制定出台了2007年创建工作方案，召开高规格会议进行了专题部署，第三批创建工作全面铺开，创建活动取得了显著成效。全市共投入资金1.2亿元，完成村内道路硬化660公里，植树570万株，安装路灯8400盏，新建或改建村室130多个、图书室190个、综合活动室170个，建设体育健身广场130个，建设沼气池12000个、改厕20000个，建立垃圾池点1300多个，293个村全面完成了“六化”建设任务。

2．以实施“新农民工程”为重点，不断深化第一、二批创建。全省推进创建文明生态村工作会议召开后，我们结合衡水实际，提出把提高农民素质、培育新型农民，作为深入推进创建文明生态村活动的战略举措。市委、市政府制定出台了《关于组织实施“新农民工程”、促进社会主义新农村建设的安排意见》，提出依托村民中心建设，以提高农民素质、培养新型农民为总体目标，综合运用宣传教育、示范引导、部门帮扶、培训培养、典型带动等多种手段，在全市农村大力培养造就具有新观念、新技能、新文化、新风尚的新型农民。我们在全市重点抓了200个“新农村新农民”示范村建设，示范村在基层组织建设、基层文化建设、农民队伍建设、特色经济建设、乡村环境建设等方面得到了完善和提高，农村生产生活方式得到了转变，村风民风得到明显改善，文明和谐的新风尚已经建立。

3．以建设沿106国道文明生态示范带为重点，带动创建文明生态村活动向更高层次发展。为建设一批高标准的文明生态区域，提高文明生态村创建水平，我们确定把打造文明生态区域，作为今年创建工作的一项重点，实施了项目化运作。首先是在创建文明生态村活动中工作力度大、覆盖面广、村庄建设成效比较显著的106国道沿线，打造建设一批高标准文明生态村，形成沿106国道文明生态示范带。我们按照“六化”建设高标准、农民培训成亮点的要求，通过市、县具体指导、财政重点支持、组织部门帮建、乡（镇）村共同建设，结合实施新农民工程，动员农民群众广泛参与，把沿106国道的村庄基本建成了文明生态村，形成一批村庄规划科学、村容村貌整洁、生态环境良好、村民中心建设规范、农民培训突出的高标准示范村。各县市区按照市文明委部署，重点打造了环市区文明生态圈、沿衡德路文明生态带、景县龙华镇文明生态镇、深州蜜桃区文明生态特区等文明生态村示范区域，为深入推进创建文明生态村工作树立了样板，积累了经验。

三、以提高市民素质和城市文明程度为目标，深入推进文明城市创建工作

我们抓住省文明委对创建文明城市初评的有利契机，以提高市民素质和城市文明程度为目标和重要着力点，深入开展文明市民教育，大力加强城市环境综合治理，广泛开展文明单位、文明社区、文明家庭等群众性创建活动，创建文明城市工作呈现出前所未有的良好局面。

1．认真落实《衡水市2006年～2008年创建文明城市规划》。围绕构建廉洁高效的政务环境、安全稳定的治安环境、诚实守信的市场环境、健康向上的人文环境、安居乐业的生活环境、文明礼貌的社会环境、可持续发展的生态环境，按照《衡水市2006年～2008年创建文明城市规划》和《衡水市创建文明城市目标分解及考评办法》，对52个职能部门组织了两次督查活动，召开了两次创建文明城市工作协调会，并对工作迟缓的部门、单位进行了重点督查，有效提升了各部门的重视程度，使创建活动的各项任务落到了实处。

2．开展文明和谐社区“七个一”创建活动，加强社区精神文明创建工作。以环境优美、秩序优良、服务优质、管理优化为目标，从解决社区市民关心的生产生活问题入手，在全市社区中广泛开展了文明和谐社区“七个一”创建活动。即：成立一支服务小分队、打造一个志愿者百米服务圈、组建一个道德银行、建设一个图书银行、建立一个爱心超市、设立一个道德榜、举办一次邻居节。我们广泛发动群众，组织社会各方面力量，通过组织开展多种创建活动，有效提高了社区精神文明建设水平，推动了创建文明城市工作的深入开展。

3．组织开展创建文明城市巡礼活动。为充分展示创建文明城市活动成果，推动创建工作向纵深开展，我们在市主要新闻民媒体开辟专版、专栏，刊播有关文明城市创建的报道60余篇，使创建文明城市活动更加深入人心。省新闻媒体报道了我市文明城市创建工作，市委常委、宣传部长解晓勇同志接受了河北电视台专访。

4．以“讲文明、讲卫生”为主题，在市区组织开展了环境卫生集中整治活动。组织市、区所有机关、学校、企事业单位、沿街门店的干部群众、学生等10万人，对市区大街小巷和各居民小区进行全方位的环境卫生集中清理。市四大班子成员全部参加了活动，通过全民参与进行环境卫生集中整治，优化了城市环境，增强了市民的环境意识，为城市长期整洁有序管理打下良好基础。我们还认真组织开展了第九届文明市民标兵评选活动、营造城市森林公益活动第八次战役等多年来持续进行的创建活动。

四、创新方法，以加强动态管理和考评为手段，进一步提高文明行业、文明单位的创建水平

为加强文明单位创建活动规范化建设，我们重新修订了文明单位管理办法和考评办法，变文明单位申报考核制为全员参与制，进一步增强了创建文明单位工作的责任感；实行百分制考评，进一步增强了文明单位验收工作的科学性、客观性。按照新的考评办法对2005年～2006年度市级文明单位进行了全面考评验收。组织了十个考评组，抽调各参评单位相关工作人员参与，对所有参评单位进行了全面、细致、严格的验收。把文明单位考评验收的过程变成了部门之间互相观摩学习提高的过程，有效促进了创建文明单位工作水平的提高。同时，我们把学习贯彻十七大精神作为提高文明单位创建水平的重要措施，举办了全市文明单位学习十七大精神，加强精神文明建设培训班，组织省市级文明单位负责同志就党的十七大精神、建设社会主义核心价值体系、精神文明创建活动、我市三大主体战略等内容进行了专题培训，进一步增强了文明单位创建意识，提高了创建水平。

为加强各行业文明优质规范化管理，今年继续组织开展了全市创建文明行业“三杯”竞赛活动。制定了具体方案，根据衡水实际，将省里要求的32个行业，扩展到55个部门行业。各行业积极开展自查自纠，找差距，定措施，补不足，全市形成了浓厚的争先创优氛围。

供稿:衡水市文明办

整理:刘锡宽

邢台市

2007年，我市精神文明建设工作在省文明委和市委、市政府的正确领导和指导下，以提高人们的文明素质和城乡文明程度为目标，以开展“文明邢台、和谐邢台”活动为龙头，在全市城乡广泛开展了创建文明城市、文明行业、文明生态村和“迎奥运、讲文明、树新风”等项活动，较好地完成了精神文明战线的各项工作任务，全市精神文明建设呈现出健康向上的良好发展态势。

一、以社会主义荣辱观教育实践为重点，思想道德建设取得新成效

1. *荣辱观教育实践活动扎实有效开展*。一是在市四大媒体开辟了学习“八荣八耻”的专版、专题节目，刊播系列践行“八荣八耻”的先进典型和事迹，让“八荣八耻”进农村、学校、企业。二是广泛开展“文明礼仪”教育，倡导文明新风。积极开展“说文明话、做文明人、办文明事、当文明户”等文明创建活动，教育引导广大群众告别陋习，走向文明，教育引导公职人员文明施政，提高办事效率，改进服务质量。三是广泛开展知礼向善、互助互爱教育，优化人际环境。广泛组织开展了“和睦相助，友爱向善”主题教育实践系列活动。以省、市文明单位干部职工为重点，动员全社会进行扶贫助困活动，帮下岗职工谋新职，帮失学儿童重返校园，帮困难群众科技致富，帮孤寡老人安度晚年，让每个人都感受到社会大家庭的温暖。组织开展了“和谐家庭”和“敬老之星”评选活动，大力宣传评选出的先进典型，从家庭着手，培育知礼向善、互助互爱的文明新风尚，为构建和谐邢台奠定广泛的社会基础。

2. *道德模范评选推荐活动成效显著*。全国道德模范评选推荐活动开展以来，我市各级领导高度重视，社会各界群众广泛参与，取得了良好的社会效果。活动期间，共收到社会各界群众发来的电子邮件100多个，电话300多个，信件500多封，共推荐各类模范人物30多名，经市领导小组审核后向省推荐了尚金锁、郭春辉等五名候选人。其中，柏乡镇内粮库主任尚金锁作为诚实守信模范，被省推荐到中央，光荣当选全国诚实守信模范。

3. *第五个公民道德宣传日活动多样*。9月19日，由市文明办组织，在中兴大街、新世纪广场协调市直36个部门建立宣传站，集中宣传《公民道德建设实施纲要》和《加强和改进未成年人思想道德建议若干意见》。从9月份开始，市文明办与市教育局、邢台日报社联合在《邢台日报》开设专栏，与团市委、市妇联、市教育局分别组织了“加强和改进未成年人思想道德建设之我见”，“革命传统筑我心”两个征文比赛。公民道德宣传日当天，联合妇联、团委举办了“小公民道德建设活动命名表彰暨成果展示”纪念活动，收到良好效果。

二、以和谐创建活动为龙头，各项精神文明建设创建活动取得新突破

1. *全面启动“文明邢台、和谐邢台”活动*。一是根据省文件要求，市文明办迅速制定了《关于在全市城乡广泛开展“文明邢台、和谐邢台”创建活动的实施意见》，并以市文明委的名义进行了下发。二是成立了以市委副书记、市文明委常务副主任陈会新为组长的创建工作领导小组。建立健全了创建活动联席会议制度，与全市47个行业部门签定了创建活动责任书。

2. *创建文明城市活动成效明显*。强化领导，卡死责任，创建文明城市活动扎实有效开展。在创建工作中，我们紧密结合邢台实际，提出了“一三五六”创建工作思路。即：一个目标，就是力争实现我市在2008年进入全省创建文明城市工作先进行列；三项定位，就是努力把邢台建设成为沿海强省中的新型产业基地、河北南厢西联东出的重要枢纽、冀南生态旅游名城；五句话方针，就是领导是关键、整治是重点、管理是根本、创建是基础、城改是保证；六大基本要求，就是通过开展创建达到完善配套的基础设施、优美舒适的人居环境、稳定安全的社会秩序、丰富高雅的文化生活、团结和谐的人际关系、文明开放的城市形象。按照上述工作思路，市委、市文明委先后出台了《邢台市创建文明城市三年规划》、《创建文明城市任务分解》等一系列指导性文件，对创建工作提出了明确的要求。一是成立创建文明城市工作领导小组及其办事机构。组成了由市委副书记、市文明委常务副主任陈会新为组长，市委常委、宣传部长、市文明委副主任张力红任副组长，市直有关部门领导为成员的创建工作领导小组。设立了组织领导、经济发展、舆论宣传、窗口服务、社会治安、环境整治、交通管理、城市建设、科技教育、文体卫生、社区建设等十一个工作组，制定了详细的工作目标，明确了各工作组的职责分工。二是层层分解任务。先后两次召开专门会议，按照中央文明办下发的全国文明城市测评体系的要求对各项任务进行了层层分解。每个单位都明确了具体的牵头人、责任人和承办人，测评体系涉及到的60个责任单位也都明确了相应的组织，把创建任务分解落实到科室、班组和个人。为了使各项创建任务落到实处，我们还于2007年4月对各部门文明城市测评员和工作人员进行了两期业务培训。四是建立了创建制度和机制。为了及时研究解决创建工作中出现的新情况、新问题，我们于2007年6月建立健全了创建文明城市联席会议和督导制度，确定每月对创建工作进行一次督导，并对检查情况进行通报，对在检查中工作落实不利的部门实行红、黄牌制度。从而形成了市文明委负总责、各单位齐抓共管的创建格局。

以人为本，注重实践，深入抓好文明社区创建活动。围绕文明城市创建目标，市文明委出台了《关于开展市民教育活动的实施方案》，组织开展了多种形式的思想教育和道德实践活动。充分发挥以桥东区北大街办事处为代表的文明市民学校的作用，组织力量编写《公务员道德建设读本》、《文明市民读本》、《青少年礼仪教育手册》等简明教材共30余万册，利用遍布全市社区的162所文明市民学校，对广大市民开展思想道德教育。在此基础上，以“创建文明城市、争做文明市民”为主题，组织开展多种形式的道德实践活动。首先，组织开展了“构建诚信邢台”活动。围绕人与人之间真诚相待、经济交往履约践诺、社会管理公平公正三个方面，通过开展诚信教育，制定信用规范，建立监督体系，推动“明礼诚信”这一公民基本道德规范的落实，为优化邢台发展环境创造条件。其次，组织开展了“邢台好人、牛城好市民”等项评选活动。出台了《邢台好人、牛城好市民评选办法》，每年评选一次，每次评选出10人，以市文明委名义进行表彰。第三，组织开展了“创‘三讲’文明机关，做人民满意的公务员”活动。以“四大杯”为基本载体，教育广大党员干部认真履行《国家公务员行为道德规范》，贯彻落实科学发展观，建设“文明、廉洁、务实、高效”机关和高素质公务员队伍。第四，组织开展了和谐社区创建活动。第五，以争创“和谐社区示范区”活动为载体，丰富和谐社区建设的内涵。通过社区与市直、驻市单位联合举办乒乓球比赛，定期举办社区运动会、秧歌大赛、书画展等活动，促使丰富多彩、健康向上的社区文化娱乐和健身活动遍布全市162个社区，活跃了居民的业余文化生活，营造了文明祥和的社区氛围。

“营造城市森林”公益活动扎实有效开展。2007年，全市共营造城市森林2000多亩，植树80余万棵，有近10万人参与了活动，共收到捐款70多万元。市区共新植乔灌木100余万株，草花2余万株，草坪20余万平方米，新增绿地面积700万平方米，市区人均公共绿地面积达到6.6平方米，绿地率达到28.5%，绿化覆盖率达到35.5%。一个“三季有花、四季常青”的城市绿化新格局已经初步形成

3. 创建文明行业工作全面推进。一是认真组织开展“三杯”竞赛群众评议活动。下发了市文明委《关于组织2007年全市创建文明行业“三杯”竞赛群众评议的通知》。组织发放了30000份“三杯”竞赛测评票，通过人大、政协、机关、学校以及工会、个体劳动者协会等团体组织分别发放到城镇社区居民、农村群众、企业员工、个体工商户手中，组织群众填写评议。在此基础上，坚持公开、公平、公正的原则，以群众满意不满意为标准，按群众评议结果对参评单位进行了综合排队，并将群

众提出的意见逐条反馈给各部门，限期提出整改措施。二是开展了《行风热线》创办10周年系列庆祝活动。于8月30日晚在邢台电视台演播大厅成功举办了“热线情和谐曲”《行风热线》十周年庆典晚会，晚会由中央电视台《焦点访谈》著名主持人翟树杰担任嘉宾主持，京剧名家赵葆秀、杨燕毅演出助兴。市领导陈会新、崔宝玉、张力红、郭俊苓、石玉春、苑宝运、李同义出席了晚会；8月31日在新世纪广场成功举办了《行风热线》创办十周年走出直播间大型面对面服务活动，《行风热线》46个参与部门的负责同志带队参加活动。市领导陈会新、张力红、郭俊苓、苑宝运参加了现场服务活动；8月29日在紫金公园成功举办了纪念《行风热线》开办十周年书画展；《人民日报》于10月7日在头版显要位置刊登了《邢台“行风热线”联结政府百姓》的消息，进一步扩大了《行风热线》在全国范围内的影响。

三、以“村民中心”建设为重点，创建文明文明生态村取得新成效

在创建文明生态村工作中，我们按照科学规划、因地制宜、批次实施、整体推进的总体原则和思路，使创建活动呈现出扎实推进的良好态势。截止2007年底，全市共涌现出1559个创建工作先进村，占全市农村总数的30.5%，其中首批754个，二批505个，三批300个。共建成较高水平的“村民中心”700个。在三批创建村的示范带动下，全市共有4000多个村开展了不同形式和规模的创建活动，占全市农村总数的80%以上。共利用“村民中心”培训农民2.98万人；有285个村建立健全了红白理事会、道德评议会等村民自治组织；有240个村落实了“十星级”文明农户机制；有276个村完成了村内道路硬化，共硬化道路436.62公里。共植树132.26万株；市县乡三级财政共投入资金2605.7万元，社会帮建资金360.78万元。

1. “村民中心”建设突出了全面创建。一是制定具体方案，狠抓工作落实。为加强对“村民中心”建设的组织指导，确保“村民中心”建设工作落到实处，市文明委先后出台了《关于搞好创建村“村民中心”建设的实施方案》、《关于进一步推进“村民中心”建设的意见》等文件，对“村民中心”的服务内容及设置、“村民中心”建设的基本条件、“村民中心”建设的数量及时间要求、“村民中心”建设的组织领导等做出了全面具体的安排。市里先后三次组织市、县两级对各县市区“村民中心”建设进展情况进行督导检查，先后两次组织各县市区创建办主任、200多个创建村的党支部书记、村委会主任到“村民中心”建设先进村进行观摩学习，同时还经常性地组织县与县、村与村之间的参观学习和交流活动。二是不断创新形式，完善服务内容。有效的形式，适宜的内容，是“村民中心”能够较好发挥作用的基础。在具体工作中，我们以“村民中心、服务村民”为宗旨，积极探索“村民中心”的服务形式，并根据广大农民的实际需要确定服务内容，使“村民中心”对农民的教育服务作用得到充分发挥。据统计，2006年到2007年两年间，各县市区利用“村民中心”这一阵地对农民进行各类培训达30多万人次，推广农业新技术600多项，提供各类致富信息3500多条，诊治病患者8000多例，接待群众上访400多起，解决各类纠纷600多件（次）。

2. 特色文化村工作突出了鲜明特色。我市不少农村有着深厚的历史文化积淀和底蕴。在创建活动中，我们注意深入挖掘这些村的历史文化资源，丰富创建内涵，并以特色文化村建设为载体，通过精心打造一批具有鲜明地方特点的特色文化村，提升农村思想文化建设的整体水平。首先，严格筛选，确定特色文化村。市县两级组成了由建设、文化等部门专家、学者参加的专门班子，对具有历史文化传统的重点村逐一进行摸底调查，经过综合分析和筛选，确定具有名人故里、旅游优势、神话传说、历史典故、房屋住宅具有古建筑风格的村和传统乡艺、民间艺术开展较为普及的村以及琴棋书画专业村、文化专业户较多的村等为特色文化村。按照上述标准，全市共有150个村列入特色文化村创建规划。其次，整合资源，加大帮建力度。市级财政去年以来共列支100万元用于特色文化村的建设。同时市里还给每个特色文化村安排了两个以上有一定经济实力的文明单位进行对口帮建。各县市区也都仿照市里的做法在财力和物力上对特色文化村重点倾斜。第三，从严规划，高标准建设。一是对特色文化村在创建之初就聘请文化、规划、旅游等部门参与规划、指导和设计工作，避免走弯路。二是在深入挖掘历史文化资源的同时，进一步加大对民俗文化的保护力度，尽量保持特色文化村的原有建筑风貌。三是针对创建村的不同特点，因村制宜，在一村一品、一村一景上下功夫。

四、以“助学工程”为带动，全市各种助学活动呈现新气象

一是按照省文明办要求，我市于2004年开办了高中“宏志班”。经考察、研究，确定邢台市二中为承办学校。我市高中“宏志班”共有50名学生，通过组织实施“文明单位助学工程”筹集助学经费，每名学生每年资助1500元。在2007年高考中，高中“宏志班”46名学生全部参加了高考，并取得了优异的成绩。其中，本科一批23人，本科二批16人，本科三批7人，总分600分以上18人，本科录取率达到了100%，梁英超同学以总分674分的优异成绩，名列全市理工类考生第二名。二是“文明单位助学工程”。从2004年开始，连续三年组织60家获得“市级文明单位”称号的市直单位定额定向资助本市高中“宏志班”，截止目前，已捐资15万元。三是在“助学工程”的示范带动下，我市也陆续开办了“金秋助学”等多项助学工程，共资助300多个贫困学生圆了大学梦。

五、以开展“迎、讲、树”活动为抓手，服务奥运活动手段鲜明

一是以提高从业人员素质为目标，以“迎奥运、讲文明、树新风”为主题，在全市参与“三杯”竞赛的窗口部门开展了“迎奥运，‘窗口’在行动”系列服务活动。二是整合全市志愿者服务队伍，紧紧围绕“迎奥运、讲文明、树新风”这一主题开展了“迎奥运，志愿者在行动”系列服务活动。（1）动员社会各界力量，组织开展“帮困助残献爱心”系列活动。围绕这一活动，在党员干部中组织了扶贫济困活动，全市万名党员干部与下岗职工、困难家庭“一帮一、结对子”入户帮扶。在出租车行业组织了“帮困助残，争做文明使者”活动，全市出租车司机与出行不便的残疾人建立相对固定的服务关系，上门服务。在文明单位中组织了“双百扶贫”活动，协调100家文明单位与100个贫困村结成对子，帮扶共建。（2）组织志愿者开展各具特色的志愿服务活动，组织社区志愿者帮助敬老院的老人整理房间，打扫卫生，陪老人聊天，为老人义务理发等；在全市160个社区设立了“伦理道德讲评台”。桥东区进一步深化了“人性化服务”活动，在全区开展了“阳光万家”活动，取得了很好的社会效果。（3）组织1000多名志愿者，开展了“‘文明十个一’就在你我身边”宣传教育活动，共印发各类宣传画和《文明市民手册》10万余张（册）。同时结合此项活动先后开展了“万名市民文明出行”和“万名市民文明游园”两项主题实践活动，促进了市民文明素质的提高。三是以提高未成年人思想道德素质为目标，在全市广泛开展“迎奥运，雏鹰争星”评选活动。此项活动以社区教育为平台，通过每季组织开展评选活动，激励和引导少年儿童德、智、体、美、劳全面发展。

六、以建立“学校、家庭、社会”三位一体工作机制为重点，未成年人思想道德建设进一步加强

1. 全面构建学校、家庭、社会“三结合”工作机制。一是学校教育成效明显。市委、市政府出台了《关于深化教育改革、全面推进素质教育的意见》、《关于加强和改进学校德育工作和思想政治工作的意见》、《关于青少年学生活动场所建设和管理工作的意见》和《关于进一步加强和改进未成年人思想道德建设的实施意见》等文件。各级各类学校也把德育工作摆在素质教育的首要位置，贯穿于教育教学的各个环节，进一步加大了未成年人思想道德教育的基础建设投入力度。二是家庭教育的特殊重要作用得到了体现。先后建立了1所市级家庭教育指导中心，2所社区家长学校，并在全市各中小学校均建立了家长学校，对普及开展家庭教育起到了重要作用。三是社会教育得到了蓬勃发展。针对目前青少年违法犯罪尤其是在校生违法犯罪日趋严重的形势，公安机关加大了预防，从全市公安民警中抽调了一批具有较高法律素养和相当实践经验的民警担任校外法制辅导员，充实到各中小学校，定期为学生上法制辅导课，讲授各种法律知识和自我防范知识，并通过安排劳教人员现身说法，警校共建等形式，使学生树立良好的法制观念，产生预防犯罪的免疫力，收到了较好效果。

2. 农村“留守儿童”思想道德建设工作取得新进展。一是建立健全了留守儿童档案，增强教师对留守儿童的关爱。二是为与留守儿童沟通提供方便，在学校开通亲情热线电话。三是广泛开展有助于“留守儿童”身心健康发展的各类活动，让留守儿儿童充分感受到来自集体的温暖。

3. 外出务工家庭未成年人子女入学问题得到有效解决。随着我市市场经济的发展，农村剩余劳动力流入市区打工、经商的越来越多，这些人的子女有的跟随一起生活，有的在家就地入学、平时缺乏家长照料。经初步统计，我市流动人口子女中学龄阶段儿童近7000人，这部分孩子的受教育程度直接影响着全市义务教育的普及、巩固和提高，对此我们高度重视流动人口子女的就学问题，经过各级政府和教育行政部门的共同努力，我市流动人口子女的九年义务教育普及程度已经达到了当地水平。

供稿：邢台市文明办

整理：弓少勇

邯郸市

2007年是全市精神文明创建工作实现突破创新、成效显著的一年。按照省、市文明委工作部署，紧紧围绕市委、市政府的中心工作，坚持“整体推进、重点突破、创新载体、提高水平”的工作思路，在重点工作上求突破，在创新载体上求实效，大打文明生态村、文明卫生城创建攻坚战，精神文明创建工作亮点纷呈，城乡文明程度进一步提升。全省创建文明生态村工作现场观摩会议在我市召开，会后近两万名省内外人士来我市观摩学习创建工作；营造城市森林活动成效显著，在全省城市绿化档次排名中荣获第1档第一名；省委办公厅文件对全省未成年人思想道德建设专项督查通报有14处对我市工作给予肯定；参加省组织的“扬长征精神，做红军传人”未成年人书画大赛有63幅作品获一、二、三等奖，市文明办获优秀组织奖第二名；加强未成年人教育创新案例有两个被中央文明委评为二、三等奖；第三届社区文化展演获省优秀组织奖；邯山区农林三社区被命名为全国先进文化社区；“村民中心”建设经验中央、省委领导都分别给予了批示肯定，中央八大新闻媒体对我市“村民中心”建设工作给予了全方位报道；实施四大战役深化文明城创建、开展“创文明公交、建和谐邯郸”、“文明游园伴我行”等活动经验做法在中国文明网刊发；市文明办在连续多年保持省信息工作先进单位的基础上，今年仍走在了全省前列；在广大农村为留守儿童建立“阳光课堂”、家长与学生共签互律承诺卡、创建农户诚信档案、开展农民素质教育等工作经验被中央文明办简报转发；其他工作也都呈现了积极向上的态势，为促进邯郸更好更快发展作出了积极贡献。

一、践行“八荣八耻”，深化道德实践，公民思想道德素质进一步提升

把提高公民思想道德素质作为精神文明建设的灵魂工程，切实抓好“文明铸就和谐”各项工作任务的落实，收到明显的社会效果。

1．广泛开展社会主义荣辱观教育活动。把荣辱观教育活动与“文明铸就和谐”各项工作有机结合，制定下发了宣传教育的安排意见，各基层单位充分利用公益广告、板报、墙报：电子屏幕、宣传栏、标语等形式，营造宣传教育氛围。与有关部门联合在全市开展“十大爱心人物”评选活动，推荐的张家增同志被评为全省“十大爱心人物”；举办了“知荣明耻从我做起”校园演讲比赛，组织开展了“知荣辱、爱邯郸”演讲比赛，数万名干部群众学生等受到教育；组织“知荣明耻”手机短信大赛，收到宣传“八荣八耻”的短信近万条。广平县精心挑选了上千名“八荣八耻”宣传员，上街入村进户，大力宣传。市内三区还举行了以“创建美好家园，争做文明邯郸人”为主题的万人签名活动。

2．广泛开展文明礼仪教育活动。精心组织编写了《邯郸市民文明礼仪知识手册》，并印刷3万册免费发放到机关、社区、农村和窗口单位。各县(市)区和市直各单位以“争做文明礼仪邯郸人”为主题，以提高全体市民思想道德素质为主旨，组织开展文明礼仪教育，通过提高礼仪意识、增长礼仪知识、遵守礼仪规范，营造了良好的社会风尚。广泛开展“讲礼貌用语，做文明公务员”、“规范执法行为，促进公正执法”等活动，通过加强职业道德培训，印发工作手册，规范岗位着装，规定文明用语、忌语，推进文明礼仪教育活动。举办了“文明礼仪知识竞赛”共收到有效答卷10万余份，推动了文明礼仪教育的普及与深入。

3．广泛开展志愿者活动。市及各县(市)区全部成立了志愿者组织，目前在册志愿者已达40余万人。市文明办、市城管局联合发出了“携手奏响城市文明新乐章”，致全体市民的公开信，倡导市民践行“八荣八耻”，积极参与文明城市创建活动。组织三区一县的113所中小学校近10万学生走上大街小巷、广场游园开展了以清洗街路便道、擦洗公用设施、清除小广告、捡拾垃圾和清除卫生死角为主要内容的义务劳动，对城区环境进行了一次大扫除，展现了青少年在创建活动中的精神风貌。以“扮靓邯郸、美化环境”为主题，组织万名党员干部志愿者，在市区各街道清理卫生死角、擦洗交通护栏、清除各类小广告，为美化、净化邯郸作出了积极贡献。

4．诚信邯郸建设取得新进展。以开展各类社会诚信教育为基础，立足当前，着眼长远，扎实推进社会诚信体系建设。一是政务诚信建设。把行政权力公开透明运行与政务诚信建设有机结合，精减审批事项，集中办公地点，公开办事程序，规范操作规程，市电视台专门开设权力公开透明频道，各行政机关由一把手向全市做出诚信承诺，定期公开行政权力运行事项，受到了社会各界的广泛好评。全国、全省行政权力公开透明运行现场经验交流会相继在我市召开。二是企业诚信建设。广泛开展争创“诚信企业”活动，使信用管理涵盖企业生产、经营等各个环节。切实加强以诚信为中心的企业文化建设，在企业内部层层开展诚信承诺，建立了层层负责、层层落实的诚信建设机制。市文明办与市工商局联合开展了个私企业文明诚信经营创建活动，制定了创建活动方案，完善了个私企业诚信建设机制，宣传和表彰了一批诚信建设的先进典型。三是社会诚信建设。各社区为居民建起了诚信档案，市民的社会交往、邻里关系更加和谐，20余方份诚信居民档案促进了文明社区建设进程。广泛开展争创诚信农户活动，为50余万农户建立了诚信档案，并把诚信情况与“十星级文明户”评选挂钩，诚实守信逐渐成为大多数人所认同与遵循的行为准则。

5．重要节日教育活动丰富多彩。充分利用重要节日开展有针对性的教育活动，弘扬传统道德，践行“八荣八耻”。春节开展了百万春联送农家活动，广泛宣传文明生态村创建的目的意义；清明节广泛开展文明祭祀教育，引导人们用文明的方式祭奠先烈和先人，在广泛开展禁烧活动的同时，一批焚烧容器上岗，规范了焚烧行为；五四青年节联合表彰了十佳优秀青年、十佳杰出青年；母亲节举办了时尚女性风彩大赛，表彰了十佳文明母亲；六一儿童节，市文明办、团市委、市妇联、市教育局联合表彰了14个少先队先进集体、10个少先队红旗大队、40个少先队英雄大队、42名少先队优秀志愿者辅导员、十佳辅导员、十佳少先队员等，一批批先进典型为市民树立了一个个光辉榜样。

6．营造城市森林第七次战役成效明显。以营造优美的生态环境和人居环境为目标，体现“赵都+绿网”、“文化+绿化”的城市生态建设特色，市文明委专门召开会议，对环城林带建设、城区片林、游园绿化、道路“2+2”植树模式、城郊规模林区、滨河庭院绿化等进行了安排部署。为把各项任务落到实处，市直七个部门发出了营造城市森林倡议书，市文明办编印了宣传教育提纲，连续在媒体宣传营造城市森林七大好处，并要求设置永久性公益林标志。“3•12植树节”前后，在市主城区、城区周围义务植树基地及各县(市、区)，分设20个义务植树活动现场，分期分批组织开展营造城市森林活动，参加人员达20万人以上，共栽植各类树木80余万株，形成了全党、全民参战，城乡联动的全民义务植树高潮，增强了全市人民爱绿、植绿、护绿的环保意识。

二、建好文化阵地，丰富文化生活，文化建设迈出坚实的步伐

把文化建设作为提高公民素质的重要内容，在原有场馆的基础上，各县(市)区不断加大投资建设力度，一批县(市)区依托原有活动场所，新建或改建了青少年活动中心。全市各级各类博物馆、纪念馆、科技馆、爱国主义教育基地等全部免费向未成年人开放。各宣传阵地切实加强对农村党员、干部、群众的培训教育，定期举办文化、法律、科技、卫生等各类培训，依托各类宣传文化阵地和“村民中心”全市已建起各类群众文体队伍5000余支，极大地丰富了农村的业余文化生活。举办了“第二届民间艺术文化周”，承办了2006年国际太极拳交流大会和省第六届残运会等一系列大型赛事，省文化艺术展演更是让广大市民感受了一次高水平的文化盛宴。组织开展百场电影进社区活动，共放映200余场，观众近10万人。两次组织全市大型“四进社区”活动，在为居民送去文化大餐的同时，还赠送了30余万元的文体器材。结合“宣传文化工程”和“太行山文化工程”，大力推进乡镇宣传文化站建设，有89个乡镇对宣传文化站进行了扩建改建，市出台了《关于基层宣传文化中心(站、室)设施管理使用办法》，县宣传文化中心、乡镇宣传文化站都有了专职管理人员。省560个河北日报阅报栏仅一周时间就全部安装到位，市创建办制定了省阅报栏管理使用细则，各乡、村都明确了专门管理人员，做到了每日更新报纸，让广大农民群众及时了解到中央、省的各项重大方针政策，受到了农民群众的广泛好评，河北电视台对我市阅报栏使用情况给予了报道。组织社区文化展演、开展“彩色周末”活动，极大地丰富了市民的文化生活，在全省第三届社区文化展演中荣获优秀组织奖。为深化文明生态村创建活动，省文明办及有关部门支持我市43套文化信息资源共享工程设备，总价值达130多万，在各县(市)区的积极配合下，已全部安装调试完毕，并已投入使用。筛选了一批年龄在35周岁以下、有一定文化素质、热心公益事业的农民，作为专职管理人员，并进行了岗前培训，使他们能够更好地利用这批设备，为农民群众提供更多的科技知识、致富信息和高水平的文化娱乐节目。

三、丰富创建载体，实化创建效果，创建文明城市活动取得明显成效

按照市委“双创”工作部署，以整治环境卫生、提高市民素质为重点，大力开展美化、净化、亮化，切实提高公民思想道德素质。市委领导先后20多次调度、督导文明城市创建工作，市文明办30多次召开现场协调会推进文明城市创建工作，使得创建活动更加深入扎实。在广泛征求有关部门意见的基础上，制定了文明城市创建三年规划，文明城市创建工作逐步规范。

1．组织实施市容环境卫生整治战役。制定了《邯郸市主城区市容市貌环境卫生整治战役方案》，以“优美环境、优良秩序、优质服务、行为文明”为主要目标，对主次干道、小街巷、城中村、城乡结合部、市场、商场、医院、车站、建筑工地、出入市口等十个部位，明确区分责任，加大治理力度。出市口和迎宾路建设了高标准的文化墙，营造浓厚的文化氛围；投资1800多万元，对“两路六口”的绿化改造，绿化层次不断提升；完成了五条主要道路的拓宽改造，对主要街路的两侧进行治理，基本实现了“一路一灯一景”目标；加强了对主要街路“八乱”现象的综合治理，清理占道经营、流动摊点，规范门店牌匾，设置公益广告等，市容环境明显改善。对学步桥、回车巷、步行街等部位进行重点整治，统一修建仿古屋顶飞檐、粉刷仿古廊柱，初步体现了古赵风韵。

2．组织实施创建文明交通战役。制定了《创建文明交通战役的实施方案》，把交通违法、乱停乱放、交通设施维护与更新、不文明交通行为等列入治理重点。投资200万对主城区道路交通标志、斑马线及各类停车场泊位进行重新施划；切实加大对各类违章行为、违规车辆的查处力度；按照“三个统一”(统一服装、统一标志、统一划线定位)、“两个规范”(分类停放、有序摆放)、“一个机制”(建立长效管理机制)的要求，对市区原有318处机动车临时停车场进行规范管理，并投资23余万元重新增设停车标志164块，在中华大街、人民路增设临时停车场18处，129个停车泊位，达到了标志标线清晰、齐全。制定了自行车看管人员的行为规范，并印制成卡片，发放到每一名自行车看管人员，对全市476名停车场管理人员进行教育培训，配发服装和标志牌，实行了统一着装、持证上岗；加强了商业密集区、宾馆等公共场所乱停乱放行为的治理，有效遏制了自行车、出租车随意停放的现象。

3．组织买施了创建文明服务窗口战役。制定了《创建文明服务窗口战役实施方案》，以“营造优美服务环境、实施服务行为规范、开展诚信服务承诺、实化寒明服务载体”为主要内容，以“硬件提档次，服务提品位”为主要任务，组织创建文明服务窗口战役。督导出租车行业和公交公司对司机进行了文明礼仪、历史文化、市情知识、职业道德等方面的培训，提高出租车和公交司机文明素质；组织600余名出租车司机“做文明使者、树窗口形象”系列活动启动仪式，在出租车行业开展了“雷锋号”、“爱心号”、“志愿号”等品牌创建活动；公交公司按照“六净一亮”的标准，对公交场站、候车廊亭、公交车辆进行了容貌整治，基本达到了车身净、车顶净、车厢净、车轮净、地板净、座椅净、玻璃亮的“六净一亮”标准。为配合“双创”活动开展，还开辟了“文明新风线路”、“爱心敬老线路”、“亲情优服线路”等多条特色服务线路。

4．深度推进文明社区创建活动。把创建文明社区作为创建文明城市的基础工程来抓，在永新里社区召开了全市社区卫生中心建设现场观摩会，推广了永新里社区的做法。在市内三区确定了26个精品社区示范点，加强指导力度，打造亮点社区。继续深入开展创建五星级文明家庭活动，群众参与面达到90%，上榜评选率达到85%。根据社区不同特点，对全市社区进行特色划分，结合实际开展体育型、生态型、服务型、学习型、文化型等特色社区创建，已建成50多个特色社区。建立了510多支社区文化活动队伍，居民参与意识明显增强，业余生活更加丰富多彩，邻里之间的关系更加融洽。建立了380多支、2.6万人的不同类型、不同规模的志愿者队伍，经常性的志愿服务行动，使辖区内困难家庭、空巢家庭等享受到了更加温馨的服务。建成“爱心超市”140多家，接受社会捐赠220余万元，10万名困难群众得到救助。从台区全面加强社区卫生中心建设，不仅方便了群众就医，居民医疗费用也明显下降。邯山区以建设“居民中心”为载体，规范服务内容，充实服务项目，对居民服务更加方便快捷。复兴区努力构建，“十分钟就医圈”，实现了“小病在社区、大病进医院”，建立家庭档案3万余份，覆盖6个街道办事处辖区。各具特色的创建活动，在丰富创建内涵的同时，也给居民带来了更多实惠。

5．文明行业创建再上新台阶。以“群众受益、社会满意”为着力点，丰富创建内涵，实化创建效果，行业文明程度稳步提升。从清理和规范权力入手，公开有关单位所具有的权力和权力行使的部位及责任人员，将65个部门2193项行政权力进行了全面公开。为把阳光行政工程落到实处，市委、市政府出台了八项制度和六条禁令，并在行政机关广泛开展“创优评差”活动，提高了行政效能，受到了广大企业和群众的普遍欢迎。各行业从行为规范、语言文明、服务质量、服务环境等方面入手，建立完善了职业道德规范、岗位操作规范等系列规章制度，并进一步减少办事环节、简化手续，提高了办事效率，形成了以用户为中心，以窗口为龙头的方便、快捷、优质的服务体系。各参赛行业把提高职工整体素质作为创建文明行业活动的基础性工作来抓，采取多种形式，对干部职工进行三职一优(职业道德、职业技能、职业纪律、优质服务)教育，从窗口文明服务抓起，严格落实诚信服务承诺，服务质量明显提高。全市在社区、厂矿、企业、公共场所等发放群众评议表10万余份，对各行业服务情况征求群众意见，广大群众对各行业服务质量满意度不断提升，对“三杯”竞赛的前三名九个单位进行了表彰。各行业从解决群众最关心、反映最强烈的热点、难点问题入手，制定整改措施，改善服务设施、优化服务质量、提高服务水平，推动了行业风气的进一步好转。市公交总公司开展了“创文明公交”活动，市质量技术监督局开通了家庭装修免费监测车，市城管局与沿街商户开展“城管+商户”共建活动，提高了执法效率，受到了群众广泛好评。

四、丰富创建内涵，强化创建措施，文明生态村创建加快了新农村建设步伐

以文明生态村创建促进社会主义新农村建设，突出创建特色，深挖创建内涵，凝聚创建合力，切实加大投入，强化工作落实，推动了创建活动的深入开展。

1．领导重视，大力度推进创建工作。市委、市政府，把开展“双创”活动作为打造城市品牌和实现区域协调、城乡统筹的需要，年初先后5次召开专题会议安排部署创建工作。市文明委制定了《关于在全市开展文明生态村、文明城市“双创”活动的实施方案》，把“双创”工作细化为36类120多项任务，对每项任务都明确了创建标准，区分了责任单位。两次组织召开省、市理论工作者，宣传部长、创建办主任、乡党委书记、群众代表等参加的座谈会，为正确指导创建奠定了思想理论基础。市专门拨付资金1500余万元，各县(市)区财政投入创建资金约5000余万元，用于支持创建活动，为各创建村送去了健身路径、配备了文化活动器材、帮建了农家超市。870多家省、市级文明单位开展帮扶活动，投入物资、资金上千万元。部分县还出台优惠政策，动员民营企业积极投身创建，社会筹资达8000余万元。在全市上下的共同努力下，第二批1149个村全部做出了“两图一书”，完成主街道硬化4000余公里，小街巷硬化3874公里，建设沼气池5万余个，植树2000余万株，有近2万个农户对庭院进行了综合改造，全市三分之一以上的村实现了“村在林中，院在树中，人在绿中”的目标。

2．完善机制，进一步巩固创建成果。一是建立道路管护机制。对在硬化路面乱起沟槽破坏道路，随意占用路面堆放建筑材料、打场晒粮等行为制定了处罚措施，对路两侧裸露排水沟定期清理，确保了道路完好率。二是建立树木管护制度。各创建村都建立了专门管护队伍，根据天气及季节变化，适时浇水，把爱护树木情况列入“十星级文明户”评选内容，形成了干部群众植树护绿的良好风尚。三是完善健身路径管理制度。在通过教育引导农民群众切实保护好这些公益设施的同时，由县、市体育部门为各村培训健身土教练，指导农民群众如何利用健身器材开展体育活动，受到了农民群众的广泛好评。四是严格落实图书借阅管理制度。各县对图书管理员进行了统一培训，并指导各村完善了管理制度。还与发改委合作深入到74个创建村，指导各村建立兴村兴农项目；抽调精干力量，编写了《新农民业校知识读本》，利用三天时间，对第一、二批创建的支部书记、村主任进行了集中培训，使乡村干部理论水平和组织创建的能力得到了提高。

3．创新载体，建好用好“村民中心”。着力提升农村社会管理和公共服务水平，对党建、宣传、农技推广等各类阵地进行重新整合，制定了《关于在全市农村建设“村民中心”的安排意见》，并统一标识、统一规章、统一运行机制，坚持村党支部的领导和村民自主、自愿、公益的原则，通过广泛开展科技、法律、教育、卫生、信访、文体、信息等服务，形成了“村民中心服务村民”的邯郸品牌，中央八大新闻媒体相继报道了我市“村民中心”建设情况，中宣部长刘云山、省委书记白克明、省委常委宣传部长赵勇等都给予了批示肯定。市创建办制定了村民中心的“各室管理制度”和“八项服务制度”，专门下发四个规范性通知，村民中心阵地更加健全、机制更加完善。为拓宽农民群众了解“三农”信息渠道，市创建办积极协调市信息办、广电局、农业局等部门，开通了“三电合一”三农信息平台，专门利用一套节目每天播出涉农信息，群众需要可通过电话、电脑、电视等进行点播，受到了与会代表们的广泛好评，被省委宣传部称为一项创举。截止目前，全市已有600个村建起了“村民中心”。

4．以文明生态乡镇创建促文明小城镇建设。以文明生态乡镇创建为载体，不断加大小城镇基础设施建设步伐，切实增强小城镇的综合承载功能，打造区域经济特色产业集群，文明小城镇创建迈出了坚实的步伐。一是强化龙头功能，辐射带动创建。武安磁山镇、涉县井店镇围绕“农业工业化、农村城镇化、农民工人化”的目标，通过兴办产业园区，加强基础设施建设，大力发展三产服务业等措施，进一步完善城镇综合承载功能，建设高标准的学校、幼儿园、广场、剧场、体育馆、博物馆、住宅小区等现代化服务设施，缩小了城乡差别。二是坚持整体推进，实现规模创建。永年广府镇、临漳香菜营乡，围绕打造精品旅游线路，把修路、植树、治水、卫生整治、文化推介等作为创建工作重头戏，开发历史文化资源，使历史文化与现代文明、生态文化融为一体，实现以创建促开发，以开发带发展。三是着眼资源共享，推动集约创建。曲周河南疃镇按照“尊重群众意愿、政府积极引导”的原则，制定乡镇统一的联创规划，以“并村合建”的形式，优化产业项目、村镇建设和基础设施建设布局，以园区为载体，水、电、路、通讯等基础设施共用共享，集中建设高标准的文化室、活动室、广场等设施，既提高了资源利用率又扩展了创建的规模效应。

五、构建关爱网络，创新教育载体，全方位加强未成年人思想道德建设

把加强和改进未成年人思想道德建设工作作为最大的德政工程和民心工程，创新工作思路，丰富教育载体，构建关爱网络，有效地促进了未成年人健康成长。

1．完善机制，形成齐抓共管的工作体系。为使未成年人工作走上正轨，根据省文明委要求，对市内十二个部门明确了工作任务，建立了推进未成年人思想道德建设重点专项工作联席会制度，除每季召开一次联席会议定期研究部署未成年人工作之外，还根据工作需要适时召开工作会议。各县(市)区也都成立了县(市)区、乡镇(街道)、村(社区)三级未成年人思想道德建设领导小组。市文明委把未成年人思想道德建设工作作为文明单位、文明家庭的评选依据，把未成年人思想道德建设工作纳入文明生态村创建，把未成年子女日常表现及教育效果纳入道德评议会内容，把未成年人思想道德建设纳入文明户和文明单位创建工作，形成了全方位齐抓共管未成年人工作的良好局面。现有学校思想道德教育工作队伍1.2万人，各类校外活动辅导员队伍3万余人，少儿文艺工作者队伍3000人。

2．加强督导，积极总结经验查找差距。为迎接好省未成年人思想道德建设工作督查组来邯督导检查工作，在市直30余个部门的大力配合支持下，组成了5个10人未成年人工作专项督导组，分赴19个县(市)区进行检查督导，共整理上报文件、通报、简报等文字材料300多份，对27项问题进行了较为详实和准确的说明。省督查组利用4天时间督导检查了我市市内三区、武安市、涉县等20多个未成年人活动场所，检查了30多个单位的活动记录，对我市未成年人思想道德建设工作给予了高度评价，认为我市领导高度重视、工作思路明确、教育载体丰富、队伍网络健全，省委办公厅专项督查通报有14处对我市工作经验给予肯定。

3．创新载体，为未成年人办实事好事。为进一步加强和改进我市未成年人思想道德建设，在加强农村留守儿童教育管理方面狠下功夫，以大名县为试点建起了“阳光课堂”，通过建档立案、加强联系、搞好心理辅导、定期开展教育等手段，为留守儿童健康成长提供强有力的保障，中央文明办、省文明办简报均刊发了大名县创建经验。目前，全市已建“阳光课堂”128所。在城市推广了邯山区“四点钟课堂”经验，加大了指导力度，并与各高校联合为“四点钟课堂”选派了不200余名大学生志愿者，充实教育力量，现“四点钟课堂”已发展到184所。创造性的开展特色活动，创办少年军校、创建英雄中队、开展“古诗文诵读”、“娃娃楼长”等活动都受到了社会各界的广泛好评，形成了全社会共抓未成年人思想道德建设的工作氛围。

4．丰富载体，大力弘扬长征精神。市七部门联合下发了《关于组织全市未成年人广泛开展“扬长征精神、做红军传人”主题教育实践活动的通知》，对这项活动进行了专题安排部署。全市各中小学校充分利用校园广播、文化长廊等阵地，宣传长征精神；统一举办主题团日活动，小学少先队统一举办主题队会活动，广泛开展新时期长征精神大讨论，使中小学生受到了一次深刻的爱国主义教育；全市各级“五老”报告团深入学校、社区、农村举办专场长征精神报告会，使6万余名中小学生受到教育；开展优秀电影进农村、社区、校园活动，放映爱国主义影片100余部近千场；“扬长征精神”书画大赛，收到参赛作品5000余幅，获省优秀组织奖和63个单项奖；举办了“长征颂”青少年诗歌朗诵大赛，以“艺苑童音颂长征”为主题的全市专场文艺演出，把整个活动进一步引向了高潮。

5．帮困助学，为困难家庭学生送温暖。坚持“把好事办实、实事办好”的原则，千方百计认真搞好“助学工程”的实施工作。一是举办了第三届高中“宏志班”，又有50名品学兼优的寒门初中学子迈进了“宏志班”高中的大门，在读“宏志班”学生已达150人。二是继续实施“千名贫困学子助学”工程。仅市财政、市总工会、市民政局等共筹集资金371．6万元，对197名贫困大学生进行了资助。各县(市)区及社会各界也都通过多种形式，对800余名贫困大学生进行了资助。三是实施“春蕾计划”，先后筹资近90余万元，为500多名儿童进行资助。四是办好希望工程。争取到河北省青少年发展基会救助资金23万元，救助我市贫困小学生1000余名。还争取到省明德奖学金近10万元，救助了一批贫困大学生和中小学生。

供稿： 邯郸市文明办

整理： 陈凤娥

省直工委

2007年，我们紧紧围绕工委中心工作，坚持高站位、求实效，切实抓好省直机关精神文明建设工作，务求取得新成效。

1．及时组织学习宣传贯彻党的十七大精神。十七大召开前夕，要求省直部门组织安排好十七大开幕式和胡锦涛总书记重要报告的收听收看；十七大开幕次日，及时起草印发工委《关于认真学习胡锦涛总书记在党的十七大所作重要报告精神的通知》；参与组织中央宣讲团党的十七大精神辅导报告会；参与召开全省“学习贯彻十七大精神，建设和谐文化，培育文明风尚”座谈会；参与调研起草工委《关于省直机关认真学习贯彻党的十七大精神的通知》，安排部署省直“一学四创新”活动；参与组织省直以深入贯彻落实科学发展观为主题的解放思想大讨论活动。

通过开展一系列活动，深化了省直党员干部对十七大精神的认识，提高了贯彻落实的自觉性。

2. 以做好省直机关第三届运动会宣传工作为契机，积极推动省直机关精神文明建设。成功的文体活动既是促进精神文明建设工作的有效方式，又是展示精神文明建设成果的平台。在运动会开幕前，我们就认真制定宣传方案，明确分工；坚持每赛必到，努力做好运动会期间影像资料的摄录、收集、整理、存档工作；及时撰写新闻通稿和运动会大会解说词，确保重要比赛和运动会大会赛况在两报两台的顺利报道；同时，认真审定运动会条幅、标语内容；并编辑、印发运动会快报12期，确保运动会圆满成功，进一步弘扬了“健康迎奥运、团结铸和谐”主题，为构建和谐省直机关作出了应有的贡献。

2007年以来，我们在围绕中心工作抓创建的基础上，还结合省直机关实际，开展了一系列的群众性精神文明创建活动。

1. 部署开展“文明机关、和谐机关”创建活动。结合机关效能建设，加强机关和谐文化、机关环境建设，发挥群团组织优势，开展特色创建活动。

2. 深入开展“百个厅局帮百村”活动。通过加强督导，省直的省级文明单位都与一个行政村结对，许多部门领导亲自调研确定项目，帮建新农村建设。

3. 安排开展“共创和谐，过文明春节”活动。印发通知，提出要求，具体是广泛开展“送温暖，献爱心”、“讲诚信，优质服务”活动，倡导“文明、健康、安全”的过节风尚。

4. 继续种植“公仆林”。植树节前后，组织、协调、指导省直部门在郝家营、太平河义务种植“公仆林”，为绿化、美化省城作贡献。

5. 组织开展向全国道德模范学习的活动。要求省直各部门积极参与道德模范的推荐、评选，引导各部门学讲话、学模范，推进文明河北、和谐河北建设。

6. 在机关驾驶员中启动“文明行车让一让和谐交通我带头”活动。力争通过倡导、树立6种文明礼让行车风尚，明确督导措施，展示省直机关良好形象。

7. 参与组织“新世纪·新河北·新成就”展览。党的十七大前夕，在省直文明单位中，每天700多人连续28天共组织近两万余人参观展览。通过参观展览，省直党员干部增强了建设沿海经济社会发展强省的信心。省委宣传部对省直文明办的组织工作予以充分肯定。

供稿：省直文明办

整理：郑建忠 李新亮

省发改委

2007年，省发改委在省委、省直工委和省文明办的指导下，不断探索研究业务工作与政治文明、精神文明建设的有机结合点，以文明创建为主线，以政风行风建设为重点，以干部队伍建设为保障，把精神文明建设贯穿于发展改革工作全过程，“四个文明”建设相互促进，协调发展，有力地促进了各项工作任务的完成。

认真抓好理论学习，努力提高干部队伍素质，以创建学习型机关为载体，努力拓展学习渠道，提高学习层次，丰富学习内容，巩固学习效果，使干部职工理论素养、业务素质得到明显提高。

深入抓好十七大和省委七届三次全会精神的学习贯彻。十七大开幕的当天上午，委党组及时组织召开了党组扩大会，对总书记的报告进行了初步讨论。并专门下发文件，就贯彻十七大和省委七届三次全会精神，推动我委各项工作提出了要求。学习中力求做到突出“三个重点”，坚持“三个到位”。

突出“三个重点”：一是在学习内容上，以

原原本本学好会议文件为重点。确定每周五为各支部集中学习时间，将十七大主要精神分解为六个专题。要求党员干部在集中学习原文的基础上，重点在四个“深刻领会”上下功夫。二是在学习对象上，以处以上干部为重点。强调处以上干部要认真贯彻胡锦涛总书记在讲话中强调的“三个带头”的要求，学全面一些、学深透一些，深刻领会精神实质，不断提高领导发展改革的能力和水平。23日、25日，分别组织机关党支部书记和委属各单位党委（总支）负责人、党支部书记进行了集中学习讨论。三是在学习方式上，以支部集中学习讨论为重点。将学习任务分到各支部，确定各支部书记为第一责任人，负责抓好本支部的学习、讨论、交流。

坚持“三个到位”：即领导带头到位，党组成员和各支部书记带头听报告，带头学精神，带头谈体会，带头讲党课，为广大党员起到了很好的示范表率作用；人员组织到位，各支部除组织本支部在职党员干部职工学习外，还邀请了非党员、民主党派和无党派干部职工参加学习；组织老干部支部和提前离岗支部的党员干部进行集中学习讨论；叮嘱外地出差和进修的同志，收听收看十七大要闻，从而确保了十七大精神及时传达到每一名党员干部；宣传促进到位：一是在机关内网开设了《中国共产党第十七次代表大会专题》栏目，二是加大宣传力度。每天在大屏幕循环播放宣传口号；编印了“学习贯彻党的十七大精神简报”，介绍工作情况，宣传典型，交流经验。三是积极开展各种学习活动，以实际行动学习贯彻十七大精神。直属机关团委在团组织中开展了“立足新起点，创造新业绩”学习贯彻党的十七大精神主题活动。项目中心等支部开展了“喜迎十七大、岗位作贡献、再创新业绩”主题活动，极大地调动了干部职工的工作热情。

通过学习，切实把大家的思想和行动统一到了中央和省委的的精神上来，增强了贯彻落实的自觉性和坚定性。

（二）下大力抓好综合业务培训。适时制定印发了《2007年度培训工作安排意见》，明确了我委干部培训工作的主要任务和目标要求，采取有效措施，加强对培训工作的组织领导，健全培训制度，改进培训方法和手段。围绕扩权强县改革后，如何提高全省发展改革干部队伍综合素质和业务能力这一主题，举办了两期综合业务培训班，培训系统内干部500余人。选派1名副厅级干部到中央党校学习；选派23名干部到省委党校、行政学院学习。干部队伍综合素质、依法行政意识和业务能力得到提高。

（三）继续抓好学习型机关建设。认真落实《省发改委创建学习型机关三年规划》。在不断完善机关图书馆的同时、为每个处室购买了超星网上读书卡，不断扩大广大干部职工可阅读图书的范围。同时，通过加强督导、联合考核，选树了一批学习型先进典型。经推荐，综合处被评为省直学习型处室，耿峰同志被评为省直学习型先进个人。全年组织党组理论学习中心组集中学习5次，共15天，并坚持做到“五有”。党组书记、主任沈小平同志撰写的《以科学发展观统揽发展改革全局》一文在《河北日报》上发表。处级干部培训率达到了100％。

通过督促建立共产党员先进性长效机制，加强支部党建工作，开展多种形式的教育活动，积极建设务实进取、团结合作的机关文化。

（一）积极贯彻落实中央和省委保持共产党员先进性长效机制文件。上半年，组织全委102个基层党组织对本单位建立健全保持共产党员先进性长效机制情况进行了自查。各基层党组织在总结经验的基础上，查找问题，分析原因，认真进行了整改。4月10日，省委组织部张义珍副部长一行到我委检查指导工作，在实地考察后，对我委建立共产党员长效机制情况给予了充分肯定。

（二）认真组织开展“围绕新目标、争创新业绩、献礼十七大”主题党建活动。组织各基层党组织紧紧围绕建设沿海经济社会发展强省这一宏伟目标，紧密联系发展改革工作实际，深入学习，认真思考，统一思想。11月份组织了省发改委十佳党建活动评选，通过实地考察、现场演讲、公开评比等环节，评选出我委“十佳党建”活动支部十一个，优秀党建活动支部十个。冶金矿山办党支部获得省直“十佳党建活动”奖，委投资处党支部、节能监测中心党支部分获省直“十佳党建活动”组织奖。直属机关党委获得“组织十佳党建活动”奖。

（三）下大力抓好“为民、务实、清廉”主题教育活动。组织召开了动员大会，制定了《实施方案》，部署了学习任务。在组织各支部普遍学习主题教育活动十三个规定内容的基础上，为提高学习效果，专门聘请了省委党校薛建忠教授进行了专题辅导；编印了主题教育活动简报，开展了知识竞赛，并充分利用机关内网发布学习资料，交流学习体会。由于工作突出，我委在省直组织的主题教育活动汇报调度会上作了典型发言。

（四）切实做好思想教育。一是坚持以人为本，努力化解矛盾，理顺情绪，培育和谐的机关工作氛围。今年以来，共探视慰问生病党员及家有困难党员20多人，与党员谈心300多人次。二是继续深入开展以“八荣八耻”为主要内容的社会主义荣辱观教育实践活动，倡导科学、健康、文明的机关文化。三是认真贯彻落实省政府办公厅要求，先后组织开展了“博爱一日捐”，“献爱心、送温暖”捐助活动等。

委党组十分重视丰富干部职工的文化生活，以健康向上的文体活动为载体，努力创造富有特色、积极进取的机关氛围。

（一）切实加大工会工作力度。一是组织参加了省直第三届运动会。根据省直工委安排，积极组织我委102名同志参加了广播体操、拔河、田径、羽毛球、乒乓球、保龄球、游泳七个大项、69个小项的比赛。取得了广播体操一等奖、保龄球男子团体赛第一名，并有7人获得个人单项比赛前八名的好成绩。二是积极组织2007年春节团拜会、元宵节游艺活动及形式多样、内容丰富的文体活动。三是为建设全省第一整洁优美城市，按照省市绿化委办公室的统一安排，对分配给我委的116亩山地植树25553棵工作进行了部署。

（二）积极发挥共青团作用。一是积极开展“树典型、学榜样、赶先进”主题活动，不断加强基层组织建设。二是建立健全团组织。组织一个团总支、五个团支部进行了换届。并在此基础上，组织召开了委团员代表大会，选举成立了直属机关团委第二届委员会。三是为增强团队意识，先后组织机关部分干部职工到封龙山爬山、到CS俱乐部开展野外拓展训练等活动。四是继续开展“青年文明号”创建活动。宏苑宾馆团总支被评为省直“青年文明号”。五是开展团内评先评优活动。共评出先进基层团组织三个，优秀团干部和优秀团员30多名。我委直属机关团委被评为省直优秀团委，省建投团支部被评为红旗团支部，并有三名同志获得省直优秀团干部光荣称号。

（三）进一步做好妇女工作。一是为庆祝“三八”妇女节，组织机关60多名女同志到省全民健身中心开展了健身活动。二是继续开展好“巾帼建功”、“五好文明家庭”、“双合格”等活动。省建投世纪大饭店等四个岗位被授予“省直巾帼文明示范岗”，宏苑宾馆雅间班组被授予省级“三八红旗集体”光荣称号。曹满贵一家被评为省级“五好文明家庭”。三是结合学习贯彻十七大精神，组织13名女同志到井岗山革命教育基地进行了参观学习。经过努力，委党组被评为2005～2006年度省直支持妇女工作党组织，我委妇委会被评为省直先进妇委会，薛桂芳同志被评为省级妇委会干部，并有2名同志被评为省直三八红旗手。

供稿：省发改委文明办

省科技厅

2007年，在省直工委和厅党组的领导下，省科学技术厅坚持以邓小平理论和“三个代表”重要思想为指导，认真贯彻落实科学发展观，依靠各级党组织的大力支持和配合，紧紧围绕科技工作，大力开展社会主义精神文明创建活动，以加强全厅干部职工思想政治建设、增强创新活力、提高组织凝聚力、创造力为目标，全面推进科技厅思想、组织、作风和制度建设，使全厅精神文明创建工作不断迈上新台阶。

一、加强理论引导，夯实干部职工的思想基础

一年来，在厅党组的领导下，厅机关党委认真组织和开展了一系列政治教育活动。始终把抓好党员干部的理论学习，提高党员干部的思想政治素质，作为搞好党建工作的重点来抓。按照省委、省直工委的要求，结合科技厅工作实际，有计划、有步骤地组织党员干部开展各项政治教育和作风建设教育活动，取得了较好的学习成效。

一是开展各项主题教育活动，不断把理论教育

活动引向深入。今年以来，先后组织开展了《加强机关作风建设学习教育活动》、《为民、务实、清廉主题教育活动》、《学习党的十七大精神活动安排》和《开展解放思想大讨论活动实施意见》等一系列宣传教育活动。每次开展教育活动，都是按照专题学习、提高认识、谈心交流、查找不足、制定措施等步骤，一步一步地抓好落实，确保了教育活动达到预期目的。通过开展主题教育活动，增强了党员干部特别是党员领导干部的思想作风、学风、工作作风、领导作风和生活作风建设。在创新发展理念、创新发展思路、创新发展举措、创新领导方法等方面都有新的提升。增强了真抓实干、锐意创新、知难而上的大局意识，对党的事业高度负责的意识、严格遵守党的纪律的意识；营造了风正气顺劲足的良好氛围，为实现创新型河北战略目标提供了有力的政治保证。

二是注重多样的教育形式，提高各项教育活动的针对性。根据形势任务，结合科技工作，在组织一系列教育活动中，紧紧围绕省委、省直工委和厅党组的要求，紧密结合科技工作的实际，开展了一系列即严肃认真又生动活泼的主题教育活动。比如，在四月份开展的加强机关作风建设教育活动中，从厅领导到各处室都注重深入一线调查研究，走出去，请进来，深入企业、科研院所、重点院校和相关部门，广泛征求意见和建议。在五月份开展“为民、务实、清廉”主题教育活动中，各党委、总支、支部认真召开了作风建设分析会，梳理了存在的问题，查摆了存在问题的原因，制定了改进措施，明确了努力方向。在各种教育活动中，我们还采取召开民主生活会、心得体会交流、网上展评、大会研讨等，还组织党员干部到石家庄第四监狱现场进行了警示教育，收到了良好的教育效果。

三是开展创建学习型机关活动，形成良好的学习研讨氛围。科技厅创建学习型机关活动从2005年7月开始，现已开展了两年多。今年以来，机关各处室、厅属各单位结合开展的各项教育活动，认真组织开展读书研讨活动，有的积极撰写读书心得体会文章；有的结合业务工作深入基层调研，撰写调研报告。在上半年开展的机关作风建设和“为民、务实、清廉”教育活动中，各处室、各单位共撰写心得体会和研讨文章86篇，四个处室、十二个单位的心得体会文章进行了大会发言和网上交流。在省委组织的学习省第七次党代会精神和“为民、务实、清廉”主题教育征文活动中，贾红星厅长撰写的两篇文章分别获得特等奖。《河北机关建设》杂志第10期也刊登了贾厅长《大力推动科技创新，为建设沿海经济社会发展强省提供有力支撑》的研讨文章。下一步我们要继续按《创建学习型机关规划方案》进行督导、检查落实。准备出台创建学习型机关奖励办法，对创建学习型机关活动先进处室、先进单位、先进个人分别制定出评选标准和办法，进行表彰奖励。

二、不断加强党组织建设，充分发挥基层党组织堡垒作用

近年来，省科技厅坚持把基层党建工作作为一项重点任务来抓，坚持抓党建、促科技的工作思路和工作方法。不断研究探讨加强基层党建工作的新路子、新方法；不断增强提高基层党组织能力的新招数、新举措。使我厅党建和科技工作形成了互为促进、互为提高的良好局面。

一是建立健全基层党的组织，配齐基层党组织领导班子。根据党章和有关条例，认真做好基层党组织的选举和换届工作。针对处长轮岗交流和一些单位空岗配备等情况，建立健全了基层各级党组织，配齐了基层党务工作者。今年以来，由于厅机关13个处长11人轮岗；厅属12个处级单位11名负责人进行轮岗交流。我们及时指导轮岗单位对基层组织进行了改选和增补，保持了党的基层党组织工作的连续性，实现了业务工作与党务工作双促进。下半年，对职能相近的四个党支部进行了合并和重组，使党组织在促进机关处室和相关单位之间的协作与联系方面发挥了重要作用。七月份，我们组织厅属单位支部书记和支部委员进行了为期两天的培训，对党务知识和党建理论进行了学习和座谈，取得了良好的效果。

二是建立一支有生机活力的党员队伍。在党员发展方面，坚持了“总量控制，严格标准，保证质量，成熟一个发展一个”的方针。积极吸纳讲政治、懂业务、会管理的年轻干部到党的队伍中来，今年共发展新党员4名，培养入党积极分子6名。在对党员的培养教育方面，坚持党的性质、纲领、宗旨教育，理想信念教育、共产党员的先进性教育常抓不懈，经常组织党员开展主题鲜明、积极向上的教育活动。先后组织党员到西柏坡传统教育基地等地参观学习，缅怀革命先烈，重温入党誓词。组织全体党员干部到第四监狱进行了警示教育活动，组织开展“争创先进基层党组织”、“争做优秀党员”活动，开展学习征文活动等。通过开展上述活动，营造了“颂党爱党，唱响主旋律”的良好氛围，提高了党员队伍的政治素质。在工作中采取给党员多加任务、多压担子、多出“难题”的做法，让他们在实际工作中培养锻炼。

三是建立健全目标责任制、定期考核。认真贯彻执行《关于加强和改进党支部建设的意见》和《机关党建工作责任制》，把党建工作的目标任务分解到各处室和厅属单位，明确各处室、单位的一把手为第一责任人。年度考核时，把党建工作作为领导班子实绩考核内容之一，既考核各项业务工作完成情况，也考核诸如政治学习计划的完成和民主生活会召开情况、民主集中制执行情况；领导班子团结和党员模范带头作用的发挥等党建目标完成情况。同时评选先进党支部、优秀党员、先进党务工作者，并给予奖励，调动了领导班子抓党建的自觉性和党员争做优秀党员的积极性。

三、开展丰富多彩的文体活动，活跃基层文化生活

今年以来，机关党委和机关工会组织开展了一系列活动，活跃和丰富了我厅文化生活，增进了各单位之间、同志之间的了解和友谊，促进了各项工作的完成。

一是组织了省直和我厅运动会。省直工委组织的新世纪第三届运动会于9月召开，为参加省直运动会选拔队员，科技厅于8月22日至9月27日举办了第二届运动会。在机关各处室和厅属各单位的大力支持下，圆满完成了规定的项目。省直运动会我厅共参加了羽毛球男团、女团和男女双打，乒乓球男团、男子单打、女子单打，男女拔河等项目。羽毛球比赛我厅女队进入前十六名，男子拔河进入前十六名，女子拔河取得第七名。厅第二届运动会共设有乒乓球、羽毛球、跳绳、台球、扑克牌等比赛项目。先后有210多人次参加了各个项目的角逐，赛出了风格，赛出了水平，达到了增进团结、振奋精神、鼓舞士气的目的，体现了广大干部职工良好的精神风貌和顽强拼搏的团队意识。

二是组织了爱心捐助活动。按照省直工委文件精神，组织广大干部职工参与献爱心、做奉献活动。在四月份和十一月份组织开展的“博爱一日捐”和“送温暖、献爱心”捐助活动中，全厅干部职工积极踊跃奉献爱心，全厅共捐助爱心款36645元、衣物217件，受到省红十字会和省捐助办公室的表彰。

三是组织了登山活动。根据厅领导要求，4月20日组织全厅机关人员进行了一次爬山锻炼活动，提高了全体机关人员的工作热情，缓解了工作压力，强健了体魄，提高了身体素质，增强了积极进取，不畏艰险和团队协作意识。

四是组织了团员青年军营一日活动。6月份，机关党委、机关团委组织厅系统近40名团员青年赴解放军驻石某部，开展了以“学习解放军精神，争做作风建设标兵”为主题的学习教育活动。通过参观军营内务、军事设施、观摩并参加部分科目训练、听报告等多种形式，到访团员青年与解放军官兵面对面地交流，切身体验和学习解放军的优良作风，给大家留下了深刻印象。

供稿：省科技厅文明办

撰稿：杨造成 高鹏

省建设厅

一、加强思想政治建设

坚持把学习贯彻“三个代表”重要思想、贯彻落实科学发展观摆在首要位置，推动理论武装不断向深度和广度发展。认真学习贯彻党的十七大和省委七届三次全会精神；积极开展解放思想大讨论和“为民、务实、清廉”主题教育活动。坚持以人为本，研究把握新形势下思想政治工作的特点和规律，把解决思想问题与解决实际问题相结合，进一步提高了思想政治工作的针对性和实效性。

二、大力开展文明行业创建活动

积极响应省文明委关于在全省开展“文明河北、和谐河北”创建活动的号召，结合建设系统实际，积极开展创建活动。在全省建设系统认真组织开展“迎奥运、讲文明、树新风”的活动，评出“服务奥运、引领文明”的窗口单位23个。为进一步推进创建活动的深入开展，制定出台了河北省建设系统窗口行业创建文明行业标准，印发了规划、燃气、供水、公交、住房保障与房地产管理五个行业的创建文明行业的规范、加强对市长、县长、镇长的培训力度，2007年共培训160多人，提高了主管建设工作各级行政领导的规划、建设水平，提升了城市建设品位，提高城市管理水平。积极开展“文明机关、和谐机关”创建活动。

三、大力选树先进典型

组织评选推荐全国建设系统荣模（先进工作者）及全国建设系统精神文明建设先进集体和先进个人。经过和省人事厅共同严格审查，向建设部推荐全国建设系统荣模（先进工作者）33名，全国建设系统先进集体7个，全国建设系统精神文明建设先进工作者9名，全国建设系统精神文明建设先进单位3个。认真开展省级青年文明号的复核和申报工作，经省青年文明号组委会评选，全省建设系统新推出石家庄市建筑市场中心等10个省级青年文明号。经省巾帼建功领导小组评选，全省建设系统有15个集体，20名个人被评为巾帼建功先进个人。

四、继续做好12319服务热线的推广和建设工作

对部门市进行了调研，召开了全省建设系统文明办主任座谈会，组织有关单位汇报12319热线建设的开展情况。12319热线建设覆盖面进一步扩大，截止目前，11个省辖市、24个县及县级市今已开通12319热线，接听各种咨询、求助电话11万余次。

五、积极开展“深入农村、服务农民”活动

结合创建文明生态村工作，制定了符合我省实际的《实施方案》，召开大会进行动员，对选定的11个贫困村进行调研，制定了帮扶计划，目前已在帮扶的赞皇县赵家庄村投资80多万元，建起了设施先进、功能配套的学校，同时在平山观音堂乡下盘松村投资10万元，对该村的环境进行了综合整治，完成了修路和排水沟的改造工作，村容村貌发生了较大改观。

供稿：省建设厅文明办

省交通厅

2007年，交通厅始终把精神文明建设工作摆在突出位置，以和谐行业建设和交通文化建设为重点，先后开展了一系列富有特色的活动,精神文明建设工作取得了明显的效果。农村公路建设和农村客运发展迅速，有力地推动了文明生态村建设。职工队伍素质有了新的提高，全行业的凝聚力显著增强，社会上给予了充分的肯定。

一、狠抓农村公路建设和农村客运发展，大力推进创建文明生态村建设

一是在各级党委、政府的高度重视和大力支持下，精心组织、广泛发动、多方筹资，在全省掀起了农村公路建设的新高潮。2007年，新增通油路行政村3509个，截至年底，全省农村公路总里程达到12.58万公里，全省行政村通达比例达到95%以上。二是认真落实省文明委创建文明生态村帮建活动安排，组织公路局、高管局等单位对平山县宅北乡北滚龙沟村等3个村进行了结对帮扶，共投入帮建资金35万元，修建农村公路10公里，开辟林果采摘及旅游观光环山路3公里，拓宽硬化通村路5公里。在加快农村公路建设、养护管理的同时，坚持“路修到哪里，车就通到哪里”。通过发展农村客运，密织农村客运网，让农民兄弟在家门口就能坐上“方便车”。

通过农村公路条件的改善和农村客运的发展，降低了农产品运输成本，提高了农业综合效益，便利的交通促进了农村信息的获取和视野的开阔，带动了农村经济的发展，有力推进了文明生态村的建设。

二、突出和谐行业建设和交通文化建设两个重点，广泛开展具有行业特色的群众性精神文明创建活动，精神文明建设取得丰硕成果

2007年，交通厅以创建文明行业为主线，突出和谐行业建设和交通文化建设两个重点，不断创新精神文明创建活动载体，精神文明建设取得了丰硕成果。在省文明委组织的全省窗口服务行业“优质服务杯”竞赛中，交通行业连续十一年获得第一名，被省文明委授予“全省创建文明行业竞赛活动优胜行业”称号；新增省部级精神文明建设先进集体17个、先进个人20名，新增省级青年文明号29个，使省级青年文明号数量达到151个，全行业共建成省级文明单位194个，县级以上文明单位374个。

（一）狠抓窗口建设。以“服务人民，奉献社会”为宗旨，广泛开展创建“文明服务示范窗口”活动。参加创建的范围包括公路通行费收费站、道路客运汽车站、高速公路服务区、一般公路服务站点、港口码头、长途客车、出租汽车、维修场站等，要求上述服务窗口按照“三优三化”（优美环境、优良秩序、优质服务，服务过程程序化、服务管理规范化、服务质量标准化）的总体要求，不断改善服务条件，营造功能完备、整洁美化、舒适便利的交通服务环境；着力解决态度生硬、服务粗糙等问题，倡导以人为本、精细服务，规范服务行为，提高服务质量。

（二）狠抓执法队伍建设。一是在交通执法窗口，全面深入开展创建“文明执法示范窗口”活动。参加创建的范围包括路政、运政、征稽、地方海事四个执法门类的基层执法单位及综合性的交通业务大厅等。对执法部门总的要求是规范执法、文明执法。二是按照国务院和省政府部署，认真落实推行行政执法责任制工作，在全省率先出台了《行政执法责任制手册》，成为全省2万名交通执法者的“执法清单”，同时也为每名执法人员带上了“紧箍咒”。在国务院法制办召开的全国推行行政执法责任制座谈会上进行了交流，受到与会领导的关注和好评，人民日报对此进行了专访并给予了报道。三是继规范执法车辆、执法证件之后，制定了交通行政执法工作规范，重点对执法程序、执法文书进行了规范。

（三）加强交通文化建设。一是开展了站文化课题研究，重点对汽车客运站的物质文化、精神文化、行为文化、制度文化进行研究，提出了站文化的构成要素和结构体系，提出了站的核心价值理念系统以及站的物质文明和行为规范，已通过专家审查，最终将提交人民交通出版社公开出版发行。二是在交通建设和管理中注入文化内涵，在青银高速公路建设中提出了着力打造人文青银、绿色青银、和谐青银；在高速公路运营管理中推行制度化、标准化、规范化管理，统一标志、标识和服务用语，打造阳光高速、绿色通道、文明走廊。三是开展了交通精神的提炼和专项文化探讨活动。大部分市交通局总结提炼了有特定内涵的交通精神，有的单位积极探索公路文化、执法文化，形成了路政之歌、收费员之歌、海事之歌、出租汽车文明使者之歌等一批优秀作品。四是开展了企业文化建设。邯郸运输集团积极开展以“以人为本，感动为魂”为核心内容的企业文化建设，被中国企业联合会、中国企业家协会评为全国企业文化十大优秀案例企业，被中国企业文化促进会评为全国企业文化建设先进单位；河北高客公司提出“安全、舒适、快捷、温馨”的经营理念，积极探索人性化管理，推行航空式服务；石家庄运输部门向国家工商总局申请注册了出租汽车行业的“争做文明使者”、长途客运的“亲情服务”两个知名品牌；张家口运输集团积极开展了“心心服务”品牌创建活动。五是广泛开展群众性文化体育活动，文艺演出、职工运动会、歌咏比赛、书画展览、主题演讲、知识竞赛等文体活动已成为展示行业文明建设成果，丰富交通职工精神文化生活的重要载体和途径。

供稿：省交通厅文明办

撰稿：王晓娜

省农业厅

2007年，农业厅坚持以邓小平理论和“三个代表”重要思想为指导，全面落实科学发展观，以学习贯彻党的十七大和省第七次党代会精神为主线，以开展“为民、务实、清廉”主题教育活动和解放思想大讨论活动为载体，以加强党的执政能力建设和先进性建设为重点，狠抓政治思想、道德文化和行风政风建设，有力推动了全厅各项事业持续、健康、稳步发展，精神文明建设保持了良好的发展势头。

一、坚持把理论武装作为精神文明建设的首要任务抓紧抓实抓好

一是精心计划，科学安排。年初认真制定了年度理论学习计划，结合“为民、务实、清廉”主题教育活动狠抓了《党章》、《江泽民文选》、科学发展观理论体系、六中全会精神、省第七次党代会精神和中纪委第七次全会精神的学习，及时组织全厅党员学习了胡锦涛总书记在中央纪委第七次全会上的重要讲话以及6月25日在中央党校重要讲话精神，有效增强了广大党员干部的政治意识、大局意识、宗旨意识和创新意识。二是集中力量，突出重点。党的十七大召开后，农业厅党组高度重视，及时集中力量、集中时间认真组织了会议精神的学习贯彻。组织干部职工及时收看了大会实况转播；利用厅办公楼电子屏幕、农业信息网络、板报、宣传栏等媒体平台，对十七大精神进行了集中宣传，努力使大会精神家喻户晓、人人皆知；组织了全厅“喜庆十七大，健康迎奥运”健步走比赛；制定印发了《关于认真学习贯彻党的十七人精神的安排意见》，并召开了处级以上党员干部会议进行了动员部署；购置了十七大文件汇编，发至党员人手一册，组织党员干部原原本本地认真学习十七大文件并划分10个专题开展广泛的研究讨论。通过集中学、重点学，使全厅广大干部职工很快掌握和领会了党的十七大精神，有效地统一了思想、推动了工作。三是狠抓培训，提高素质。年内先后组织了三批处级干部参加党校理论学习培训班；采取走出去请进来的方式多次邀请省内理论界的有关专家学者到厅里作专题报告，较好地提高了广大党员干部特别是党员领导干部的政治素质和理论水平。

二、坚持高标准，扎实开展解放思想大讨论活动

从11月中旬开始，全厅按照省委的统一部署和要求，认真开展了解放思想大讨论活动。一是高度重视，科学安排，责任到人。省委作出开展解放思想大讨论的部署后，农业厅党组高度重视，厅迅速成立了由厅党组书记、厅长刘大群任组长的解放思想大讨论活动领导小组，并抽调人员组成了活动办公室，厅属各单位也都成立了相应的领导组织，明确了责任。坚持领导带头，各级“一把手”负总责。每个活动阶段，厅党组书记、厅长刘大群同志都亲自提要求，亲自动员部署，亲自深入基层督导检查。为推动活动向深入开展，厅领导班子先于处级干部安排集中学习交流，9名厅领导干部带头在全厅处级干部会议上紧密联系各自思想工作实际交流了学习体会。厅属各单位领导班子“一把手”能够切实履行第一责任人的责任，做到亲自谋划、亲自组织、亲自辅导、亲自撰写学习体会，亲自深入群众中倾听意见和建议。活动期间，厅党组先后7次召开党组会，研究阶段工作安排意见，分析活动进展情况，提出具体工作要求。通过扎实有效的工作，全厅广大党员干部对开展大讨论活动重要性的认识和联系实际搞好本单位大讨论活动的自觉性得到显著提高，为大讨论活动的顺利开展奠定了坚实的组织思想基础。二是联系实际，查找问题，聚焦问题。在大讨论活动中，始终坚持把紧密联系实际、认真查找聚焦问题作为整个活动的重要环节来抓，先后通过发动干部群众开展自查自纠、召开座谈会，向各市、计划单列县（市）农业部门和省直有关部门发征求意见函、电子邮件等形式，征求到各方面意见和建议101条，经汇总梳理并交全厅上下充分讨论分析研究后，最终找出了阻碍全省农业和农业厅自身发展的五个聚焦问题。三是群策群力，有的放矢，制定措施。针对查找出的聚焦问题，厅党组审时度势，切实按照省委要求，打开解放思想这一“总阀门”，紧紧抓住整改这个关键环节，充分发动群众，群策群力，有针对性地制定了整改措施。为保证整改措施切实落到实处，党组对每项整改措施都明确了责任单位，明确了具体时限，对有关影响全省农业发展的重大问题，厅领导还先后多次召开办公会，进行专题研究。为加快我省农业发展步伐，开阔思路，增长见识，先后安排有关领导组成学习考察团队，赴山东等兄弟省份参观考察学习，有力地推动了全厅解放思想大讨论活动向深入开展。

三、坚持集中抓党建，切实加强思想作风建设

一是召开以加强领导干部作风建设为主题的处级党员领导干部专题民主生活会。积极开展对照检查和批评与自我批评，以求真务实的精神认真制定整改措施，对加强和改进领导干部作风建设起到了积极的推动作用。二是在全厅党员干部中扎实开展了“为民、务实、清廉”主题教育活动。厅成立了主题教育活动领导小组和办公室，精心制定了活动方案，结合全厅工作实际，科学安排了八项操作性很强的具体工作，并注意加强督导检查，整个活动组织严密，内容丰富，措施有力，取得了明显成效，有力推动了全厅作风的转变，在省直主题教育活动调度会上我厅作了大会书面交流。三是结合纪念建党八十六周年，对2006年度先进基层党组织、优秀党员、优秀党务工作者和党风廉政建设先进个人进行了评选表彰。四是组织对全厅不同侧面的基层党建典型单位进行了调研，筛选了典型，总结了经验。

四、大力加强政治思想工作和精神文明建设

一是充分利用厅电子屏幕和宣传栏，及时宣传党的方针政策，通报我厅机关党建等活动情况。二是努力丰富机关文化生活。年初制定下发了《关于大力开展文体活动的意见》，成功举办了春节茶话会和两次全厅范围的文艺汇演；认真做好省直第三届运动会的参赛工作，参赛各项目取得较好成绩，我厅获优秀组织奖和特别贡献奖。三是认真组织群团组织开展工作。“三八”妇女节召开了全厅妇女工作座谈会，在全厅组织开展创建“巾帼文明岗”活动，授予15个单位“巾帼文明岗”称号，10个单位被省直妇工委授予“巾帼文明岗”称号，对调动广大妇女积极性起到较好作用。厅机关党委被省直妇工委评为“支持妇女工作的党组织”，厅妇委会被评为“省直先进妇委会”，张会敏等4名同志被评为“省直三八红旗手”。“五四”青年节，组织团员青年到邢台大峡谷过主题团日活动，厅第三团支部被省直评为先进团支部。厅机关工会积极参与省直工会组织的各项活动，工会干部法律知识考试获省直优秀组织奖；工会统计年报调查工作被省直表彰为先进机关工会；参加省直职工舞台艺术文艺展演获优秀组织奖，其中由畜牧兽医局和农垦局组织参演的节目分别获得二等奖和三等奖。四是认真组织了学习型先进典型的推荐工作。省水产局、畜牧兽医局防疫监督处被评为省直建设学习型机关先进单位，省农业技术推广总站被评为省直建设学习型机关先进学习小组。五是根据省委省政府两办通知要求，认真组织全厅开展了“送温暖、献爱心”社会捐助活动，全厅干部职工踊跃参加捐助活动，共捐款102569元，“博爱一日捐”被省红十字会评为先进单位。六是大力弘扬新风正气，精神文明建设出成果。通报表彰了我厅畜牧良种工作站胡月超、辛英霞见义勇为和厅经济作物中心刘敏彦同志拾金不昧的感人事迹，为全厅广大干部职工树立了榜样。七是认真抓好机关效能建设。起草下发了今年机关效能建设意见；通报了省效能办对我厅暗访情况，提出了整改意见，推动了全厅机关效能建设；起草了加强作风建设严肃工作纪律的意见，以厅党组文件下发全厅贯彻执行。

供稿：省农业厅机关党委

撰稿：贺建平 杨勤有

省卫生厅

2007年，我省卫生系统在省委、省政府的领导下，在省文明办和省直工委的指导下，以邓小平理论和“三个代表”重要思想为指导，深入贯彻落实科学发展观，全省卫生系统精神文明建设和行风建设取得明显成效，厅直机关党的思想、组织、作风和制度建设得到进一步加强。

一、认真开展“树文明新风、创和谐单位”活动和民主评议工作，深入推进卫生系统精神文明与行风建设

年初，省卫生厅制发《关于在全省卫生系统广泛开展“树文明新风、创和谐单位”活动方案》和《河北省卫生厅民主评议工作方案》，召开了全行业会议进行动员部署，向社会公示卫生厅的行风承诺，组织各市卫生局和省直医疗卫生单位“一把手”签订了行风建设责任状，还对获得年度行风建设先进的单位进行了表彰奖励，对落后单位进行了通报批评。6月，组织全省广泛开展了年中民主评议工作，9月中旬组织有关人员对秦皇岛、张家口、廊坊、保定等24所二级以上医院进行了一次突击性暗访，而后将暗访结果在全省会议上进行通报，责成问题较多的单位限期整改，对督促全省医疗单位巩固成果、纠正不足、堵塞漏洞起到了较好的震动和警示作用。还制发《关于进一步做好“阳光热线”直播工作的意见》，建立健全了行风投诉督办制度和厅机关参加“阳光热线”直播的长效工作机制。一年中，厅领导率领有关处室负责同志先后四次参加省民主评议办与河北电台联合举办的“阳光热线”直播节目、两次“阳光论坛”直播节目。据统计，2007年通过“阳光热线”、行风热线电话等途径受理群众咨询投诉210起，解决群众反映的问题104个，满意率达100%。11月，省卫生厅委托省统计信息服务中心按一定比例随机抽取了6874名门诊患者和出院患者，对省直19个医疗单位的医德医风满意率进行了一次测评。测评结果显示，省直医疗单位医德医风综合满意率为98.89%，比上年提高了0.01个百分点，之后将测评结果通过《河北日报》进行了公示，对引导患者择优就医，促进省直医疗单位有针对性地加强医德医风建设，起到了积极作用。年底，全省卫生系统接受了社会各界和广大人民群众的民主评议，评议结果显示：全省卫生系统的总成绩为86.265分，在我省经济和社会管理部门中排名为第6名，被省委、省政府评为“全省民主评议先进单位”。

二、加强基层党组织建设，促进厅直系统党建工作长效机制的落实

制发《中共河北省卫生厅直属机关委员会2007年工作要点》，明确了厅直系统党建工作的指导思想和工作重点，提出了全面推进厅直机关党的思想、组织、作风和制度建设的各项任务。4月，制发《2007年党员教育工作要点》，对进一步加强党员经常性教育管理提出了新的要求。5月，制发《关于加强省卫生厅机关廉政文化建设的意见》，对在知识体系、价值观念、思想信仰、行为规范、文化追求等方面，组织动员厅机关开展教育和多种形式的廉政文化活动，提出了具体要求。4月下旬至6月上旬，组织厅直各单位党委、支部就贯彻落实中央、省委保持共产党员先进性长效机制文件情况进行自查，并对省人民医院和厅机关部分支部开展党员教育工作、落实党建工作责任制等情况进行了督导和抽查。6月26日，组织召开厅直系统党建工作会议，总结交流工作经验，对加强厅直系统党建工作进行了再动员、再部署。7月，制发《关于认真组织学习胡锦涛总书记在中央党校重要讲话的通知》，并举办了两期理论学习培训班，组织厅机关党员干部分批在平山县进行了集中短期培训。10月，组织参加省直国防知识竞赛活动，被省直工委评为“优秀组织奖”。年底，被省直工委评为“全省机关党务系统信息工作先进单位”。

在党建工作过程中，省卫生厅始终贯穿着“迎接十七大召开、学习贯彻十七大精神”这一主线。十七大召开前，积极协助省委举办“新世纪•新河北•新成就”展览，提供相关照片及文字材料，宣传党的十六大以来我省卫生战线取得的丰硕成果，为党的十七大胜利召开，营造良好的舆论氛围；十七大闭幕后，迅速对学习十七大文件做出安排，先后举办三期厅直系统处级干部学习培训班，最近又广泛开展解放思想大讨论活动，制定实施方案，进行动员部署，组织党员干部学习贯彻十七大精神，省委张力秘书长等领导同志在调研大讨论活动时，对省卫生厅的做法给予了充分肯定，省直工委通过简报先后两次转发我厅的做法。此外，还参加了省直工委举办的“围绕新目标，争创新业绩、献礼十七大”的主题党建活动，省卫生厅推荐的省人民医院普外一科、ICU科党支部在省直机关十佳主题党建活动评选中获得“党建活动优秀奖”，厅直机关党委获得了“组织党建活动优秀奖”。

三、广泛开展全省卫生系统文艺汇演活动，大力弘扬白求恩精神

上半年，广泛组织全省卫生系统开展以“一切为了人民健康”为主题的文艺汇演活动。活动前，制发《活动方案》，认真进行部署；活动中，精心组织策划，动员广大干部职工积极参与排练和演出。据统计，各市、县卫生局和省直医疗卫生单位在保证业务工作正常运转的情况下，有近万名干部职工参加了节目排练和演出。在此基础上，省卫生厅在河北艺术中心举行了由27个单位、630多名演员参加的全省卫生系统文艺汇演比赛和汇报演出。卫生部、我省有关部门领导和省会卫生系统2500多名干部职工一起观看了汇报演出。演出节目生动精彩、形式多样，集中了各地在汇演活动中创作的精品，热情讴歌了我省卫生事业发展取得的辉煌成就和卫生战线先进模范人物的感人事迹，生动展示了广大干部和医疗卫生人员良好的精神风貌和行业形象，受到省、厅领导的高度评价，在广大医疗卫生人员中产生强烈反响。为宣传教育的覆盖面，及时将文艺汇演的实况录像制成光盘，一方面在河北电视台科教频道进行了转播，一方面发放到各单位供干部职工传看。全省汇演活动结束后，省卫生厅将邯郸市中心医院京东大鼓《新农合赞》推荐到卫生部，参加了全国卫生系统文艺汇演，获得了“最佳节目奖”，省卫生厅获得了“全国卫生系统文艺汇演活动最佳组织奖”；还将省胸科医院舞蹈《护士佳话》推荐到省直工会，参加了省直职工舞台艺术展演，获得了“三等奖”，厅直工会获得了“省直职工舞台艺术展演优秀组织奖”。

四、加强“惠民医院”和“惠民病房（床）”管理，扎实推进“医疗惠民工程”

“医疗惠民工程”是卫生系统精神文明建设的工作重点之一。5月，制发《河北省卫生厅“惠民医院”和“惠民病房（床）”绩效考评暂行办法》，为指导和督促我省“惠民医院”、“惠民病房（床）”落实好省卫生厅出台“一免三减”等惠民措施，科学考评惠民工作成绩，提供了相关依据。7月上旬，对全省卫生系统的“惠民医院”、“惠民病房（床）”工作绩效统计报表进行了规范，组织检查组对省老年病医院和省直15所二级以上医院的“惠民工作”进行了检查督导，先后将医疗惠民先进典型通过《健康报》、《河北日报》、河北电台进行宣传。在工作中，针对有的地方对纳入城镇职工医保和新农合的“低保”人员、“五保户”在落实“一免三减”中出现的“优惠政策梗阻”问题，及时与省劳动厅等部门沟通，制发了相关文件，明确了对这些贫困患者落实“一免三减”的程序、办法，为这些享受城镇职工医保和新农合政策优惠的贫困患者享受“一免三减”的优惠政策，提供了政策依据。为树立先进典型，推广先进经验，12月27日，省卫生厅在邯郸市第一医院召开“全省卫生系统实施‘医疗惠民工程’现场经验交流会”，组织与会代表参观考察了邯郸市第一医院的医疗惠民工作，请邯郸市第一医院、中心医院、石家庄市中心医院、河北医大第四医院等10个单位在会上口头和书面交流了经验，对动员全省卫生系统进一步抓紧、抓实这项工作，发挥了积极作用。据统计，2007年全省二级以上医院共设立“惠民病床”8075张，收治城乡“低保”人员、农村“五保户”等贫困患者8.71万人次，减免医疗费用2228.63万元。

此外，2007年8月初，省卫生厅积极组织厅直系统169名干部职工参加了长达两个月的省直机关第三届运动会。先后在广播体操、拔河、田径、太极拳、羽毛球、乒乓球、游泳、保龄球等八大项、96个单项的比赛中，经过艰苦努力、顽强拼搏，省卫生厅共获得10个前八名的团体赛奖杯、21枚冠军、亚军、季军的单项赛奖牌，25份4～8名单项赛获奖证书，获奖运动员多达131人次，占运动员总数的77.5%，创我厅参加省直运动会历史最好记录。省卫生厅在省直参赛的124个厅局中夺得第三届运动会团体总分第2名，获得“优秀组织奖”和“特别贡献奖”，受到省直工委和省体育局的表彰奖励。

供稿：省卫生厅直属机关党委

撰稿：赵小远

省国税局

一、广泛进行系统干部队伍思想状况调研，加强系统思想政治工作。围绕全局工作重心，为全面了解和掌握全省广大国税干部职工的思想状态、理想信念、价值取向和精神状态等情况，我处对11个市局的部分县（市区）局、税务所（分局）进行了调研，分别在市局机关、县局机关、基层税务所召开了多个座谈会，对干部职工的责任心、上进心以及大局意识、团队意识和争先创优意识等情况进行了调查了解，并通过各市上报的干部队伍思想状况，进行了认真的调查分析，写出了调研报告，为领导当好参谋。

二、深入开展精神文明创建活动，大力加强税务文化建设。以建立社会主义核心价值体系为重点，进一步加强和改进思想政治工作；以构建和谐国税和平安国税为目标，进一步加强税务文化建设；以科学化、精细化管理为手段，全面加强基层建设；以依法行政、文明服务为内容，深入开展精神文明创建活动；以学习先进、争当模范、喜迎十七大为主题，进一步树立河北国税良好形象。在全系统深入开展精神文明创建活动，不断丰富活动载体，创新活动内容，大力加强税务文化建设，广泛培养挖掘各类先进典型。全系统有5个单位被评为“全国税务系统文明单位”，4名同志被评为“全国税务系统精神文明建设先进工作者”；7个单位被继续考核认定为“全国青年文明号”；4个单位、1名个人分别被表彰为“全国巾帼文明岗、全国巾帼建功标兵”；25个单位、39名个人分别荣获“河北省巾帼建功先进单位和先进个人”荣誉称号；10个单位被新命名、85个单位被继续考核认定为“河北省青年文明号”；100个单位被省局表彰为基层建设先进单位、202名个人被表彰为优秀税务工作者。

三、继续抓好基层规范化建设，做好基层建设先进单位的评选工作。围绕省局提出的税收管理三年规划，突出抓好基层“三化”建设。各单位认真开展基层建设达标活动，充实创建内容，完善创建机制，提高创建标准。11个市局都建设了标杆示范单位，召开现场观摩会，开展“抓两头带中间”活动，重点抓好后进单位的帮扶工作，促进基层建设整体发展。上半年，省局组织了基层建设先进单位的验收考核工作，省局处长带队、抽调教育科长交叉检查。8月初，在全省国税系统教育工作会议上，100个基层建设先进单位、202名优秀税务工作者受到了表彰奖励。对条件艰苦、交通不便、设施落后的基层单位给予扶持，精神上给予鼓励，物质上给予支持，真正为基层办一些实事、做几件好事、解决几件难事，进一步改善基层的工作和生活条件。

供稿：省国税局文明办

省广播电视局

2007年，河北省广播电视局以邓小平理论和“三个代表”重要思想为指导，贯彻落实科学发展观，在省委、省政府的正确领导下，按照党的十七大提出的任务要求，紧紧围绕以宣传为中心的各项工作，在精神文明建设方面取得了显著成效。

一、宣传工作呈现新亮点

（一）重大宣传报道质量高、影响大，形成了正面舆论强势。2007年，河北电台、电视台宣传工作的总体特点是重大活动多、主题性宣传任务重、领导要求高。两台围绕全国和全省工作大局，牢牢把握正确舆论导向，坚持团结稳定鼓劲和正面宣传为主，坚持三贴近，超前谋划，精心部署，切实增强宣传工作的针对性、时效性和吸引力、感染力，努力提高宣传引导水平和宣传实际效果，先后组织了建设沿海经济社会发展强省、和谐河北、新农村建设、纪念建党85周年和长征胜利70周年、社会主义荣辱观、学习贯彻党的十七大精神、省委七届三次全会、落实科学发展观、解放思想大讨论等一系列大型宣传战役和规模报道，圆满完成了各项宣传报道任务。

尤其是加强组织，突出主线，圆满完成了十七大宣传报道。在局、台统一协调指挥下，两台各部门紧扣主线，综合应用新闻、专题、文艺、影视剧等各种节目形态，发挥各频道定位特点，发挥各自节目优势，集中力量，精心组织，周密部署，行成了全方位的舆论强势。

此外，2007年河北电视台还成功组织了河北年度经济人物评选、奥运圣火耀神州英雄擂台赛、河北赛区CCTV模特大赛、河北省十大热心肠人物评选、大地欢歌和圆梦大学、寻找公益人、爱心传递等主题大型活动。河北电台巩固和推出了《阳光热线》、《河北新闻》、《北方快车》、《欢乐作坊》等一批独具特色、影响广泛的名牌节目。在全国省级台最早推出的热线直播类新闻节目《阳光热线》，三次荣获中国广播影视大奖并获得中国新闻名专栏，节目组被评为“全国新闻工作先进集体”；全台节目质量全面提升，全省听众占有率达62.5%，听众满意度达80%以上，居区域媒体之首。

（二）对上报道实现新突破，取得新成效。省电台、电视台充分利用中央电视台的外宣平台，积极主动地对外宣传河北、介绍河北，为河北又好又快发展营造了良好的外围舆论环境。河北电视台新闻中心加强了对上报道力量，完善了与中央台的合作策划机制，增强了上稿的针对性和适用性，提高了上稿采用率，把上稿的重点放在《新闻联播》头条、提要和单条上，全年在中央电视台共发稿603条，突出宣传了我省各领域的新举措、新突破、新成绩、新变化。河北电台2007在中央台发稿数量达到580篇，年对上报道和外宣工作双双名列全国第二，实现历史性突破。

（三）对外宣传渠道不断拓宽，节目交流日渐深入。加强对外节目交流，培育多层次、宽领域的外宣阵地，外宣渠道不断拓宽，外宣效果不断提高。河北电视台以外宣节目《中国河北》海外版为平台，继续通过美国斯科拉卫星电视网（SCOLA）和长城北美卫视（ECHOSTAR）播出各类电视节目160多部（集），时长达3000多分钟，充分体现了河北鲜明的地域文化特色和重要的区域优势，生动展示了新时期、新河北的新形象。举办了电视系列片《走进以色列》新闻发布会，应邀采访报道中以建交十五周年音乐会，成为除中央电视台之外唯一的国内电视媒体。系列片《在中国的外交官》播出后得到德国驻华大使的高度评价。成功举办了《蓝天下的河北》韩国电视展播周活动。河北电台策划实施了“外籍记者看河北”大型采访活动，邀请国际台7个语种25位记者圆满完成在河北的采访，节目向世界43个国家播出，为树立河北良好国际形象作出了贡献。

（四）强化运作，节目生产形势喜人。2007年，河北电视台十七大重点献礼剧目《洒满阳光的小院》在十七大召开期间于央视第八套节目黄金时间播出，电视剧《荀慧生》荣获第26届中国电视剧“飞天奖”，《小小的我》同时荣获全国五个一工程奖和中国人口奖一等奖，纪录片《八路军》、《魂牵梦绕二人台》获全国十佳纪录片奖。同时，还拍摄了电视剧《战争目光》、《军事特区》、《相思树》、《欢天喜地对冤家》，拍摄了纪录片《在中国的外交官》、《孙永勤》、《重生与辉煌》等片。除上述奖项外，河北电视台其它电视节目还获奖77件，其中中国新闻奖3个，中国广播影视大奖7个，中国电视金鹰奖4个。河北电台2007年度荣获国家级奖45项，其中在中国新闻奖、中国广播影视大奖两项国家级政府奖评比中有16件作品获奖，获奖数量居全国省级电台前列。

二、综合实力进一步提升

河北电视台以打造河北卫视为重点，按照定位明确、分工协作、共同提高的整体思路，各频道紧密结合自身频道定位，凸显经营理念，在精办栏目和节目、科学调整编排结构、加大形象宣传等方面，精心策划，狠抓落实，全台频道的整体竞争力不断提升。河北卫视按照“以新闻节目为龙头，以影视剧为支撑，以文艺娱乐栏目为主打，以故事类节目为辅助”的频道定位，以“快乐家+家”为频道标识，2007年5月份全新改版后收视份额大幅提升，连续4个月进入全国省级卫视前15名，成为2007年度收视率和全国排名提升最快的省级卫视之一。经济生活频道实施品牌化经营，通过强化品牌栏目经营和策划大型活动和赛事，逐步实现了常规活动品牌化、栏目活动经常化、主题活动系列化的频道节目生产运行机制，该频道凭借超过2亿元的广告年收入、良好的覆盖优势、优质的品牌节目以及较强的观众忠诚度、社会影响力，从全国1000多家省级地面频道脱颖而出，入选全国省级地面频道综合实力十强。都市频道坚持“民生”节目理念，以“营造和谐社会推进都市文明”为己任，突出民生理念在频道节目生产中的作用，以精品节目拉动频道整体收视率和社会影响力，频道的整体节目竞争力不断提升。影视剧频道凸显“影视剧”定位优势，围绕影视剧的定位特色，配合主旋律，适时推出了不同题材的影视剧系列，通过发挥影视剧的拉动作用，注重协调频道广告买断商的关系，共赢效果日渐显著。少儿科教频道推行活动多元化，加强与省有关部门的合作，通过大型活动和特别节目来提升频道的文化内涵，进一步树立了教育品性、科学品质、文化品位的频道特色。公共频道共赢机制不断优化完善，秉承“公益、公信、共舞、共赢”的运营理念，以“太阳橙”作为频道主色调，以“温暖无处不在”为频道总体定位，强化频道的公共职能，频道的收视和创收能力不断提高。农民频道打造农民“零距离”频道，围绕“三农”的频道定位，坚持服务性、公益性与娱乐性相结合，坚持品牌栏目、名记者名主持和大型活动并举，收视和创收增长潜力不断显现，入选全国强势地面频道和有影响力专业特色频道。

三、精神文明创建活动实现制度化、经常化

实际工作中，大力倡导和谐理念，弘扬新时期广电人文精神，局工会、共青团和妇委会等群团组织充分发挥桥梁和纽带作用。通过组织开展“争创文明号”、“巾帼建功”、春季职工运动会、职工书法绘画摄影展、“献爱心”捐助等丰富多彩的活动，活跃了职工生活，陶冶了情操，增强了凝聚力和向心力。局工会组织为省红十字会捐款68345元，组织“送温暖、献爱心”捐款54780元。河北电台文艺频率被授予“全国青年文明号”称号，河北电台经济频率被授予“国家广电总局青年文明号”称号，河北电视台技术中心制作部被授予“省级青年文明号”称号，河北电台少儿音乐频率、河北电视台农民频道被授予“省直青年文明号”称号。河北电台、电视台成立了以一把手为组长的创建精神文明单位领导小组，各级党组织、工会、共青团、妇委会作为创建活动的主体，常抓不懈，并制定了专门的制度和工作计划，使全台创建活动实现了经常化和制度化、规范化，并取得了实实在在的效果：充分发挥主流媒体作用，各频道经常深入到工厂、农村、学校等地，广泛开展“歌友会”、“送农资进农家”等精神文明创建活动，受到广泛欢迎和好评；突出主流媒体责任感，相继组织开展了“爱心改变命运”、“爱心格子”、“为母亲送温暖”等社会公益活动100多场，每年救助几百名失学儿童和残疾人；充分发挥主流媒体的宣传优势，积极参加开展行风评议活动，主动向社会承诺。《阳光热线》栏目两年为群众解决困难1万多个，退还不合理收费近亿元；另外，全台职工还积极参与义务植树等活动，为省会面貌三年大变样作出了积极贡献。

供稿：省广播电视局文明办

省体育局

2007年，河北省体育事业以群众体育、竞技体育、体育产业三大任务为主体，解放思想，转变作风，狠抓落实，进一步推进沿海体育强省建设。

群众体育工作广泛开展。一是构建全民健身服务体系工作全面展开。群众体育工作以构建具有河北特色的全民健身服务体系为切入点，在2个省级试点、22个市级试点和344个县（市、区）级试点的基础上，在全省范围内全面展开。二是建设“环京津健身休闲圈”整体推进。研究制定了《河北省体育局建设“环京津健身休闲圈”工作指导意见》，9月27日，在国家体育总局召开了主题为“打造环京津健身休闲圈，建设全民健身乐园”的新闻发布会。中央及北京市的30多家新闻媒体进行了宣传报道。三是与奥运同行大型群体活动精彩纷呈。组织奥运会倒计时一周年纪念活动、全民健身周等59项大型群体活动，达到了“天天有活动、月月有赛事、季季有高潮”。全力打造各市特色健身项目。成功举办了河北省第六届农民运动会和河北省第三届扩权县（市）乒乓球赛。8个市级体育局获得国家体育总局颁布的“2007年度全民健身与奥运同行活动优秀组织奖”，18个单位获得“2007年度全民健身与奥运同行活动先进单位”称号。四是北京奥运会火炬传递活动筹备工作周密细致。成立了河北省组织委员会和办事机构，制定了火炬传递活动方案。选拔出374名火炬手候选人，完成了每日火炬传递路线的编制工作。五是河北省新农村体育健身工程扎实推进。修改完善了《“十一五”河北省“百县千乡万村”新农村体育健身工程实施规划》；国家级工程995个、省级工程1400个、市级工程1100个、县级工程68个，已经完成器材招标，正在组织安装。二是国家体育总局5个“雪炭工程”和省体育局2个捐赠项目，除卢龙县体育馆正在进行开工前准备工作外，其余项目都已竣工。六是参加全国大型群众体育活动取得好成绩。参加了全国第七届残运会，获得45金、32银、31铜、868分，金牌数和团体总分双第五的历史最好成绩。参加全国第八届民运会，获得4金、5银、3铜的好成绩。参加全国第八届大运会，获得1金1银2铜。会同省妇联参加全国迎奥运妇女健身活动展示大赛，获得优秀组织奖。圆满承办了“全国亿万青少年学生阳光体育运动”展示大会。七是精心筹备河北省第一届体育大会。确定了承办城市，下发了《河北省第一届体育大会竞赛规程总则》，召开了各项目竞赛规程修订会议，各项筹备工作有条不紊，扎实推进。

竞技体育工作全面推进。2007年，我省运动员在全国最高水平赛事中获得金牌数列全国第16位，总分824.5分（列全国第13位）。一是奥运会和全运会备战工作扎实有效。积极配合国家体育总局做好奥运队员的服务工作，建立了驻京科研医疗工作站，为我省30名备战奥运会运动员提供了科研医疗服务。组织科研人员到运动管理中心提供科研服务，为部分运动管理中心添置医疗科研仪器，不断完善科研医疗室建设，为备战队员制定科研、医疗、营养方案并组织实施。坚持科学指导下的“三从一大”训练原则，加强和完善“训科医”一体化，提高了科技含量。实施备战十一运会激励政策，目标管理经费，教练员岗位津贴，优秀运动员、教练员训练补贴落实到位。对备战工作进行全面调度和部署，召开了运动管理中心主要负责人、教练员、运动员座谈会和全省优秀运动队训练工作会议。与各运动管理中心签订了十一运会目标责任书，将16枚金牌、1182分目标任务分解到各中心。加强信息情报工作，在省体科所建立信息情报室，加强了情报信息的收集、分析和利用。做好优秀运动员注册工作，在国家体育总局注册2817人。完成十一运会运动员交流54人，双重注册11人，原有备案运动员上报53人，新办理42人。二是河北省第十二届运动会获得圆满成功。共有68人4队破84项河北省纪录。三是奥运会秦皇岛赛区筹备工作取得新进展。秦皇岛是河北省唯一承办奥运会比赛项目的城市，河北省体育局对秦皇岛赛区的筹备工作给予了大力支持，按时完成了比赛场馆的配套改造。承办了“好运北京2007年阿迪达斯国际女子足球邀请赛”的4场比赛，按照奥运会模式对场地和组织运行模式进行了比较全面的测试，秦皇岛奥体中心体育场的各项设施、设备和技术环节基本过关。四是青少年业训工作有新起色。成立了省体育局青少年业余训练管理中心，专门负责全省业训工作。通过深入调研，掌握了大量基础数据，完成了《业训调研报告》等材料，出台了《河北省青少年业余训练扶持计划》。对22个项目的21204名业余运动员进行了注册。规范国家级、省级高水平后备人才基地管理，开展了业余教练员和裁判员业务培训。五是反兴奋剂工作联防联反机制初步形成。省体育局和各市体育局分别成立了反兴奋剂工作领导小组，各运动管理中心设立了反兴奋剂工作联络员，省体育局与各市体育局、各运动管理中心签订了责任书，下发了《河北省体育局关于进一步加强反兴奋剂工作的通知》。加强反兴奋剂宣传教育，严抓训练过程中的反兴奋剂工作，对运动员实行行踪报告，对部分项目的部分运动员进行抽查，加大反兴奋剂检查力度，自检数量比上年度增长20%，全省初步形成了反兴奋剂工作的联防联反机制。

体育产业发展态势良好。一是体育彩票发行取得历史性突破。全年共发行体育彩票17.23亿元，比上年度增长4.03亿元，超额完成了销售任务，国家、省、市、县共获取公益金5.88亿元，为体育事业发展提供了有力的资金支持。省体育局获得国家体育总局颁布的“2007年度全国体育彩票工作贡献奖”。二是科学谋划体育产业发展思路。为推进体育产业理论研究，组织省内大专院校对25个理论课题进行立项研究。加强体育产业机制建设，通过深入调研，科学谋划，起草了《河北省体育产业发展规划》和《河北省体育产业发展机制》。运作推广体育服务标准，与省有关部门联合转发了国家5部委《关于推进服务标准化试点工作的意见》，推动体育服务标准化实施。

供稿：省体育局文明办

整理：魏东霁

省总工会

2007年，全省各级工会组织坚持以邓小平理论和“三个代表”重要思想为指导，深入学习贯彻党的十七大精神，全面落实科学发展观，在省委的领导和全国总工会的指导下，以围绕中心、服务大局为根本，以丰富工作内容、创新工作方式为途径，坚定不移的贯彻全心全意依靠工人阶级的指导方针和，按照“组织起来、切实维权”的总要求，开展好群众性精神文明创建活动，最广泛地调动各方面的积极性，自觉为建设沿海强省和和谐河北建功立业，在推动全省精神文明建设活动中充分发挥了工人阶级的主力军作用。

一、以科学发展观统领工会工作全局，全力保障工人阶级在精神文明建设中的的主力军作用

送温暖活动取得新成效。按照“一户一策、分类帮扶”的原则，为特困家庭购买采暖炉具2000余套、烤火煤1000多吨、棉衣被8000多件，协调政府为特困职工减免取暖费670多万元，发放米、面、油等生活必需品58万公斤，冬储菜2万公斤，发放医疗补贴款110多万元。据统计，“两节”期间，全省工会系统共发放慰问款9783万元，对全省5.99万名特困职工一户不漏地进行了走访慰问。走访慰问困难企业6805家，走访慰问劳模和困难职工19.05万户、21.6万人。在全国率先实现了对困难职工帮扶救助的全覆盖。

医疗互助和医疗救助活动取得新突破。一是启动了全省工会会员重大疾病医疗互助活动。经省政府同意，全省工会会员重大疾病医疗互助活动在承德、张家口、廊坊、保定、衡水、邯郸6个设区市率先启动。截止2007年底，参加互助活动的工会会员总数已经达到52万人，缴纳的互助金突破3000万元。重大疾病医疗互助活动的开展，又为职工构筑了一条医疗保障线。二是2007年又有20家医疗机构成为工会联系的“爱心医院”，使总数达到203家，各爱心医疗机构共提供医疗救助6752人次，减免医药费197万元。三是各级工会共组织开展免费体检活动84场，为2300多名劳模和4500多名农民工进行免费体检。

就业再就业工作取得新成绩。一是通过劳务输出、专场招聘会、“民营企业招聘周”等方式，提供职介服务4.8万人次。全省工会就业服务机构中，开展劳务输出业务形成规模的达到86家，2007年输出农民工3.2万人。二是通过订单培训、争取政府阳光培训指标提供技能培训4.5万人次。经积极争取，将邯郸、张家口列为全国工会实施SYB创业培训项目的试点城市，争取全总项目启动资金20万元。在邯郸市总工会成功举办SYB创业培训班两期，培训学员56人，其中47人成功实现创业，创业成功率达到84%，全省工会SYB创业培训项目有了一个良好的开端。

全省各级工会组织以上方面的工作，体现了政府和社会对职工群众特别是困难职工的温暖和关爱，全力保障了职工的基本生活，展现了整个社会文明程度的提高，促进了社会的整体安定和谐，对我省的精神文明建设也起到了积极地促进作用。

二、大力加强职工的宣传教育工作，营造爱岗敬业、创新争先的良好风气

注重发挥舆论的引导作用。一是以全国劳模评选表彰活动为契机，与省委宣传部联合召开了“弘扬劳模精神，促进河北发展”新闻发布会。二是开办专栏，唱响时代主旋律。在河北日报、河北电视台开办了《燕赵英模风采》专栏，对我省劳动模范和先进集体进行了宣传。邀请了金牌工人许振超在石家庄等地作巡回事迹演讲等。三是围绕基层组织建设实施“基层组织建设巡礼”。四是围绕“劳动关系和谐企业”创建活动实施“走进企业看和谐”系列报道。

职工素质教育实现了新进展。一是加强了规范化建设。为了实施人才强省战略，省工会积极推动落实与省文明办等9个部门联合下发的《河北省开展“创建学习型组织、争做学习型职工”活动的实施意见》，研究制定了省“创建学习型组织、争做学习型职工”活动三年规划，形成了党委领导亲自抓，行政负责具体抓，工会协调主动抓，各方参与合力抓的工作格局。二是总结推广典型经验。通过选树典型和现场会议的推进，有效的促进了我省“创建学习型组织、争做学习型职工”活动的开展。据统计，到2007年底，我省开展“创建学习型组织、争做学习型职工”活动的企业覆盖率达到89%；培育单位、班组和职工个人先进典型274个。培养了一大批知识型技能人才，组织技能型职工共完成技术攻关项目13万多项，完成技术开发项目1185项，推广新技术2785项，涌现出创新示范岗780多个，创新带头人1000多名，产生了巨大的经济效益。

女职工建功立业成效明显。围绕促进经济发展，广泛开展了“燕赵百万女职工奔小康，争做新时代新女性”活动。全省近157万名女职工投身形式多样的建功立业竞赛活动中来，提出实施合理化建议11.3万条，创经济效益3.2亿元。评选表彰了3名“河北省五一巾帼奖”和一批先进女职工组织和个人，借助媒体大力宣传典型事迹，在广大女职工中形成了学先进、比贡献的良好氛围。深入实施女职工素质提升工程，以女职工素质达标、女职工周末（业余）学校、女职工素质教育流动课堂等行之有效的载体，帮助广大女职工转变发展观念，提高劳动技能，增强创新能力，全省10万名女职工学历上了一个档次，12万名女职工提高了一个技术等级。

三、积极推进企业文化建设，实现工会工作的创新发展

2007年，省总工会省总会同省委宣传部、省国资委等六部门联合制定下发了《河北省加强企业文化建设的实施意见》，研究制定了《河北省工会推进企业文化建设实施办法》，经过不断宣传发动、不断实践探索，取得了初步的成效。

一是各级党政高度重视企业文化建设，初步形成了党政工企齐抓共管的工作格局。11个设区市认真贯彻省六部门的文件精神，成立了相应的企业文化建设领导小组和工作机构，把推进企业文化建设作为建设沿海经济社会发展强省的重要内容摆上了重要议程，形成了共识，下发了文件，制定了规划目标，明确了任务措施。

二是各级工会以有所作为的态度，积极主动地探索了工会推进企业文化建设的路子。石家庄市总工会制定了推进企业文化建设三年发展规划，建立健全了规范运作、协调联动、定向督导等七项机制和企业要有一个展示厅、一部宣传片、一本画册或图书、一份企业报刊、一个文化活动阵地“五个一”的指标，使全市形成了“个体有特色、整体见规模”的局面。据统计，全省开展较好的规模以上企业达到8822家，覆盖率达到60.12%。

三是越来越多的企业更加重视企业文化建设，涌现出一批先进典型。全省工会在100多个企业进行了试点，各试点单位紧密结合本行业、本单位的实际开展工作，创造了许多有特色的做法。

四是取得了明显成效，赢得了各方面的一致好评。通过抓企业文化建设，扩大了工会工作的影响力，推动了企业更好更快发展，促进了职工素质的明显提高，达到了党政认可、企业欢迎、职工受益、各界称赞、多方满意的一个新境界。2007年8月，中共中央政治局委员、全国人大常委会副委员长、中华全国总工会主席王兆国同志作出重要批示：“河北省企业文化建设工作做得很好，省总工会总结的经验也很全面，应加强宣传和推广。全总要对企业文化有专门研究和推动措施，工会抓好这项工作也是加强工会软实力建设的有效而重要的内容。”中华全国总工会副主席、书记处第一书记孙春兰批示：“请传秀并常生同志认真落实兆国主席批示，宣传河北省经验，深入研究工会在企业文化建设中的作用，并推动此项工作的开展。请提出具体工作方案。”省委、省政府领导对这项工作给予了充分肯定和高度评价。书记张云川、副省长张和都作了批示。省直各部门和各设区市主要领导同志都称赞工会这项工作抓到了点子上，给予了一致好评。

四、通过组织职工文体活动，职工精神文化需求得到了有效的满足

省总工会成功举办了“燕赵职工欢歌”文艺晚会。6月29日的这台晚会的成功举行，实现了三个展示：一是充分展示了企业文化建设成果；二是充分展现了燕赵千万职工喜迎十七大的喜悦心情和在建设沿海经济社会发展强省实践中的主力军风采；三是展示了省总工会这个团队的战斗力和综合协调能力以及精神风貌。《我为党旗添光彩》文艺晚会现场演出和电视台连续播出后，社会各界给予了高度评价，在职工群众中引起了较大反响。大家普遍认为，这次活动进一步弘扬了河北“树正气、讲团结、求发展”的主旋律，充分表达了河北千万职工对中国共产党丰功伟绩的由衷赞颂，生动展示了我省政通人和的政治社会新局面和广大职工群众的时代风采、精神面貌，进一步激发了河北千万职工“当好主力军、建功十一五、和谐奔小康”的精神动力。这也带动了各设区市工会和基层单位工会开展了各具特色，形式多样的职工文体活动，丰富和活跃了职工文化生活，满足了职工的精神文化需求。

五、从自身做起，积极在机关和直属单位干部职工中开展精神文明创建活动

省总机关全体党员大力弘扬中华民族“一方有难、八方支援”的优良传统美德。在“送温暖、献爱心”——救助灾区群众和困难群众社会捐助活动中，省总干部职工共捐款1.8万元；为救助高位截瘫的姑娘郭蕊捐款1万元。各直属单位党组织也积极开展社会捐助活动，工人报社策划了“你一元，我一元，帮助特困大学生迈过大学门槛”爱心行动，产生了很大的社会影响，共收到各界人士捐款10余万元。工人报社获“河北省文明单位”称号。机关团委开展可“团徽在岗位上闪光”、“资助贫困山区儿童献爱心”、到烈士陵园扫墓、为希望小学捐款、到福利院慰问等一系列有影响的活动。有4名团员获得省直团委表彰，直属机关团委获得“省直红旗团委”称号。

供稿：省总工会文明办

撰稿：张立凯 高军

省妇联

一年来，在河北省委、全国妇联的领导下，河北省妇联紧紧围绕中心，服务大局，履行职能，开拓创新，团结动员广大妇女群众积极投身全面建设小康社会和沿海经济社会发展强省的伟大实践，围绕全省精神文明建设的总体部署，坚持把精神文明建设工作作为我会一项重要任务，取得了新的成绩。

一、拓展领域，丰富载体，妇女儿童思想道德教育彰显时代特征

一是为引导动员广大妇女为建设沿海经济社会发展强省作贡献，谋划组织好“三八”纪念活动。在评选表彰第四届河北省十大女杰的基础上，举办了河北省纪念“三八”国际劳动妇女节97周年表彰暨庆祝大会，隆重表彰了林秀贞等第四届“河北省十大女杰”等各界女性典型。省委、省人大、省政府、省政协等领导出席大会，各界女领导、女干部、女典型以及关心支持妇女工作的有关部门的同志计200余人参加了会议。表彰大会以新颖的形式和设计赢得了各界与会代表的一致好评，在社会上也引起了很好的反响。

二是认真指导各地妇联开展各种形式的三八纪念活动。拟定下发了《关于开展“三八”国际劳动妇女节97周年纪念活动的通知》，指导动员各级妇联组织以“三八”节为契机，围绕组织动员广大妇女为建设沿海经济社会发展强省作贡献这个主题，通过表彰先进、宣传典型等多种形式，大力开展符合时代特征、体现妇女特点的节日纪念活动，充分展示广大妇女奋勇拼搏、开拓进取的精神风貌和取得的成绩，有效地激励和带动了广大妇女弘扬“四自”精神、拼搏进取，踊跃投身建设沿海经济社会发展强省的伟大实践。

三是广泛开展“现代女性大讲堂”活动。为推动全省各级妇联组织引导广大妇女不断提高思想道德素质、科学文化素质和健康素质，积极践行社会主义荣辱观，落实全国妇联在全国范围内推出的“现代女性大讲堂”活动要求，组织督导各级妇联开展“现代女性大讲堂”活动。针对各地讲座活动的要求，我部积极与全国妇联及有关专家学者沟通联络，与各市妇联进行认真商议、谋划，紧密结合各市实际制定讲座方案，邀请国内知名专家、教授到各市进行讲座。在我们的积极协调下，各市结合本地需求，充分利用全国妇联现代女性大讲堂讲师团和本地的师资资源，广泛开展“现代女性大讲堂”活动，帮助广大女性了解道德修养、现代礼仪、婚姻家庭等知识。石家庄、唐山等市邀请了全国政协委员张晓梅，承德市还千方百计邀请到了北京师范大学教授于丹、中央电视台著名主持人张越等知名女性进行了专场讲座，受到了广大妇女的热烈欢迎。

四是认真做好“三八”红旗手（集体）等女性典型的评选推荐工作。下发《关于评选表彰河北省“三八”红旗手（标兵）、“三八”红旗集体的通知》，严格评选条件，明确推荐要求，认真做好河北省“三八”红旗手（标兵）、“三八”红旗集体等相关申报资料的审核和评选工作；按照全国妇联《关于评选表彰全国三八红旗手（集体）的通知》，认真筛选，严格把关，确保做好推荐工作，我省推荐了全国三八红旗手38名，全国三八红旗集体34个。

五是进一步推进家庭教育工作。制定了家庭教育工作“十一五”规划，开展了家庭教育“千百十”示范工程，选树了一批家庭教育先进典型，召开了全省经验交流会。各地通过开辟家庭教育话吧、组织母亲素质教育课堂、创办家庭教育专刊等各种形式，进一步扩大了家庭教育的覆盖面。全省“六一”庆祝活动丰富多彩，影响广泛。隆重召开了全省庆祝大会，举办了“共享阳光、共建和谐”电视晚会。“六一”期间，各级党政领导深入农村、街道走访慰问了城镇外来务工人员子女、农村留守儿童，努力为儿童解决成长中的实际困难和问题，推动了“关心儿童、儿童优先”的良好社会氛围的形成。

二、深化文明家庭创建工作，在构建“和谐河北”中发挥更大作用

一是表彰先进。自去年底河北省文明生态家庭建设工作现场经验交流会以来，各级妇联组织立足实际，发挥优势，突出“科学、文明、生态、和谐”主题，组织动员广大家庭积极开展了内容丰富、形式多样的文明家庭创建活动。为激励各级妇联组织创新工作，吸引更多家庭积极参与创建活动，推动文明家庭建设工作更深、更实、取得更大成效，我们联合省文明办表彰了河北省文明家庭创建活动优秀组织和百户“星级”文明家庭，并对事迹突出家庭的事迹在新闻媒体上进行了宣传。

二是开展家庭助廉教育活动。为落实2007年中纪委和全国妇联关于开展家庭助廉教育活动的有关要求，弘扬“尊廉”、“倡廉”、“助廉”的家庭美德，推进廉政文化进家庭，以廉政文化建设推进和谐文化建设，经与省纪委协商，制定下发了《关于开展廉政文化进家庭工作的方案》，指导各级妇联大力开展丰富多彩的家庭助廉教育实践活动，真正把这项工作做实、做好，《方案》下发后，各级妇联组织均针对本地实际、结合工作要求制定了实施方案。

三是推动美德在农家创建活动的开展。按照全国妇联“美德在农家”创建活动的工作要求，选拔确定了12个全国美德在农家活动示范点；在全国妇联开展的首次美德在农家评比表彰活动中，我会成为全国受表彰的10个省级优秀组织之一，同时另有一批先进基层组织和个人受到了表彰。另外，经评选推荐，我省20户家庭获全国绿色家庭称号。

四是组织开展好妇女健身活动。我会以全国妇联、国家体育总局举办第三届全国亿万妇女健身活动展示大赛为契机，组织动员我省广大妇女积极开展科学健身活动，弘扬奥运理念，掀起妇女健身热潮，唱响“全民健身与奥运同行”的主题。组织我省代表团参加大赛并取得较好成绩，充分展示了我省广大妇女科学、文明、健康的精神风貌。通过紧张艰苦的比赛，在参加大赛的34个代表团中，我省代表团获得总成绩第8名的较好成绩，同时获得了全国妇联和国家体育总局颁发的第三届全国妇女健身展示大赛优秀组织奖。同时联合省体育局开展了“百万妇女健身活动”典型表彰，推动全省妇女健身活动的深入开展，营造全民健身迎奥运的浓厚氛围。表彰了11个河北省“百万妇女健身活动”先进基层组织、15个河北省“百万妇女健身活动”先进活动站和100个河北省“百万妇女健身活动”巾帼文明健身队，经推荐，其中4个健身活动站、40个健身队还获得了全国妇联和国家体育总局的表彰。此外，我们还积极组织开展了“蒙牛《城市之间》全民健身活动”，以灵活的形式和轻松的环境吸引广大家庭积极参与健身活动。年内，共在石家庄、邯郸、秦皇岛、唐山、保定、张家口6个城市的36个社区开展了72场比赛，反响很好。妇女健身活动的深入开展，有效提高了广大妇女的科学健身理念，提高了妇女群众的身体素质，展现了我省妇女群众期盼奥运、参与奥运、奉献奥运的精神风貌，为北京举办第29届奥运会营造了良好的氛围。

三、大力实施妇女培训工程，提升广大妇女的综合素质

其一是确定培训项目示范县，推动培训工作取得新成效。省妇联下发了《关于对“百万妇女学习培训工程”示范县实行补贴的意见》的通知，决定设立河北省“百万妇女学习培训工程”专项经费，用于对部分“河北省农村妇女培训工作示范县”实施经费补贴。同时下发了《关于对“百万妇女学习培训工程”一类示范县进行督导评估的通知》，提出了具体的评估内容、评估方式以及评估时间和步骤。被确定的18个示范县积极谋思路、出主意、想办法，培训模式上突出灵活性，采取以会代训、一村一业培训、田间地头专项培训、大棚车电视专题讲座培训、“村企联动”培训、集中培训和分散分片相结合，请进来与走出去相结合，多渠道、多层次和互动性等多种形式，满足广大农村妇女的需求。

其二是联合省农大举办女能手大专专业证书班，对妇女骨干、女能手进行高层次培训。省妇联通过资金支持、政策优惠和制定女能手大专班管理办法等行之有效的方法，着力把工作做好做实，从而大力培养更高层次的农村科技致富女带头人。经过广泛动员，精心部署，今年全省11市14地相继成立了18个大专班函授站，共计学员1105名。

四、深化“巾帼行业特色杯”争创活动，充分其在构建和谐社会中的积极作用

按照“扩大一个行业，培养一批典型；多创一个岗，多树一面旗”的理念，采取普遍动员、个别协调以及特色载体吸引等举措，2007年省妇联先后引导旅游、商贸两个行业分别开展了“巾帼旅游杯”和“巾帼商贸杯”争创活动。使开展“巾帼行业特色杯”争创活动的行业增加到10个，参与活动的女职工超过100万。全省各行业、系统充分发挥主动性和创造性，通过组织开展特色风采展示、岗村共建、爱心助困行动，努力树立巾帼文明新形象，传播文明服务新理念，弘扬奉献精神和大局意识、责任意识，营造扶贫济困、友爱互助的社会氛围。

同时，为弘扬创业奉献精神，树立和宣传妇女典型，引导和激励广大女职工为实现建设沿海经济社会发展强省目标作出更大贡献，省妇联组织开展了评选2005～2006年度“巾帼建功”先进典型活动，并于3月6日在省妇联“庆三八招待会”上进行了命名表彰。

五、倾情弱势，真诚助困，扎扎实实为妇女儿童办实事

我省各级妇联组织高度关注贫困妇女儿童的生存和发展，努力做好扶贫助困工作。全省各地开展了妇女就业岗位和项目推介周、再就业援助月、城乡牵手岗村联建等活动，为妇女提供岗位1.8万多个，5300多名妇女实现了就业再就业。“复明12号”流动眼科手术车为1100多名贫困白内障患者实施了手术，减免费用400多万元，全省7辆“母亲健康快车”为近万名贫困妇女开展义诊和免费体检。争取香港回归扶贫资金、全国妇联捐赠以及社会各界捐助款物折合资金近2000万元，帮助贫困妇女发展致富项目，改善妇女儿童的生存发展环境，继续深入实施贫困先心病儿童救助工程，开展“燕赵工商企业爱心救助大行动”，为5000多名儿童免费查体，为645名贫困先心病儿童进行了减免费治疗。“春蕾计划”成功实现转型，创办了高中春蕾班，设立了优秀春蕾奖学金，启动了助学与就业一体的春蕾直通车。开展“恒爱行动”，动员社会爱心人士为贫困孤儿编织4700多件爱心毛衣。我们的扶贫助困活动，温暖了千万户家庭和身处困境中的妇女儿童的心，在社会上引起良好反响，中国儿童基金会和恒源祥集团专门致信省委书记，对我省开展的慈善活动给予热情赞誉。

供稿：省妇联文明办

撰稿：宋靖

创建活动

ACTION PROGRESS

创建活动

河北省
开展“帮一帮、让一让”活动

河北省文明委围绕推进“文明河北、和谐河北”创建工作，确定在全省城乡开展“帮一帮、让一让”体验活动，倡议广大群众努力践行社会主义荣辱观，自觉从身边做起，从自己做起，把“八荣八耻”的基本要求落到实处。

“帮一帮”，就是见难相助，谁有困难大家就帮一把。“让一让”，就是宽容礼让，处处尊重和方便他人，使团结友善、和睦相处、文明和谐成为一种好习惯、好风尚。一是在社会生活中，遇到老弱病残、失学儿童、困难家庭应力所能及的给予帮助，乘坐交通工具要主动为老人、孕妇、儿童让座，与他人发生纠纷时应理让三分，出行、驾车做到车让人、人让车、车让车。二是在职业活动中，面对名誉、利益时，应多为他人着想。当同事、乡亲工作、生产遇到困难时，应主动伸出援助之手。三是在家庭邻里关系中，主动承担家庭责任，当邻里有困难时应主动给予帮助，在家庭成员、邻里之间产生矛盾时，做到谦和谦让，互谅互让，不激化矛盾，不伤和气。通过开展“帮一帮、让一让”体验活动，传承中华民族传统美德，践行时代道德价值，体现每个公民对自己、对他人、对社会的良知。

在省文明委的各级各部门和广大群众积极行动起来，关心帮助他人成为社会风尚。据不完全统计，2007年仅民政、工会、共青团、妇联、红十字会、慈善总会就筹集救灾和帮扶资金11.26亿元，帮扶困难群众29万多人。

供稿：省文明办

河北省
组织开展“迎奥运、建强省、促和谐”宣传教育活动

按照中央文明办的统一安排部署，河北省委宣传部、省文明办、省外宣局联合发出通知，围绕文明礼仪、公共秩序、社会服务、城乡环境四个方面内容，在全省范围内开展了“迎奥运、建强省、促和谐”宣传教育活动，引导全省人民更加关心、支持、参与奥运，为建设经济强省，促进社会和谐提供精神动力。

一是开展“争做文明河北人”教育。组织编印了《河北省迎奥运文明礼仪手册》、《河北省公民国内文明旅游手册》和《河北省公民出国（境）文明旅游手册》，免费发放全省各窗口单位、乡镇、村，开展了“迎奥运、讲文明、树新风”公益广告征集比赛，利用新闻媒体、公益广告、市民学校、村民中心等阵地进行奥运和文明知识宣传，在全省公民中进一步普及了奥运和文明旅游知识，为奥运会营造文明和谐的人文环境。

二是开展“文明看燕赵、满意在河北”活动。在全省推出了100个“引领文明、服务奥运”示范单位，通过组织规模宣传，组织引导市政、公用、商务、金融、交通、卫生、通信等公共服务行业和火车站、汽车客运站、机场、码头、宾馆饭店、大型商场等“窗口”单位，开展英语会话专题讲座和技能培训，熟悉外宾和残疾人运动员所表达的外语和手语，为中外游客提供优质、安全、及时、周到

的服务，以过硬的素质展示文明和谐的河北“窗口”形象。

三是开展“干干净净迎奥运、文明有序促和谐”集中整治行动。以城乡结合部为重点，着力纠正随地吐痰、乱扔垃圾、乱搭乱建、乱贴乱画、乱摆乱卖等行为，集中解决公共场所、、背街小巷、公共厕所、房顶阳台和城乡结合部的脏乱问题。以京石、京唐、京秦、京承、京张、京保线等交通干线为“突破口”，集中力量整治沿途环境，提高沿线火车站、高速公路服务区的服务质量。以创建文明旅游景区、文明景点为契机，进一步完善各景区、景点“科学管理、文明经营、优质服务”制度和措施，引导游客爱护名胜古迹、保护生态环境、尊重各国风俗，为奥运会营造文明和谐的旅游环境。

供稿：省文明办

河北省
举办全省县级宣传文化中心村民中心主任培训班

为切实加强已建成的农村宣传文化阵地管理使用工作，充分发挥其在推动农村公共文化服务体系建设中作用的指示精神，按照部务会研究意见，2007年12月，河北省在石家庄市举办了全省县级宣传文化中心、村民中心主任培训班，我省在“百县千乡宣传文化工程”和“太行山革命老区宣传文化工程”中资助建设的全部33名县级宣传文化中心主任和100名“村民中心”主任参加了学习。

这次培训班，是在党的十七大和省委七届三次全会做出加强农村公共文化服务体系建设部署的新形势下，我省农村宣传文化阵地建设已经具备一定的数量规模的基础上，为推动我省农村公共文化服务体系的健全完善而采取的一项具体举措，取得了实实在在的成效。一是对已建成的宣传文化阵地进行了一次督导。通过举办这次培训班，摸清了我省农村宣传文化阵地的现状，对这些阵地的管理使用工作进行了一次督导，提高了各地对农村宣传文化阵地建设工作的重视程度，增强了他们做好管理使用工作的紧迫感。二是提高了管理人员的业务素质，增强了做好工作的荣誉感。通过这次集中培训，不仅使基层宣传文化阵地的管理人员进一步明确了县级宣传文化中心、“村民中心”的性质、用途和工作职能，搞清了宣传文化中心、“村民中心”与一般文化设施的区别，掌握了管理农村宣传文化阵地与一般文化设施的政策标准和界限，系统学习掌握了管理使用方面的知识和组织活动的基本技能，而且使他们感受到党和政府对这项工作的重视，激发了他们的工作热情，增强了做好管理使用工作的责任感和荣誉感，明确了下一步的工作方向。三是促进了各中心之间的交流与合作。通过这次观摩，使参加培训的同志学到了多方面的先进做法和经验，对他们产生了很好的激励和引导作用，为他们开展工作提供了学习的榜样，使大家学到新的知识，交流了工作经验，开阔了工作思路，为今后之间互相学习、互相交流、互相促进，更好地推动工作奠定了基础。

供稿：省文明办

石家庄市
开展城乡共建“文明书屋”捐书活动

为提升村民素质，进一步改善村民读书条件，解决新建起的“村民中心”图书室缺少图书的现状，从九月份开始，石家庄市组织全市各级文明单位对首批100个“村民中心”的图书室开展捐赠图书活动。截至目前，仅一个月时间就收到捐书100万余册，已为71个村的“村民中心”建起了“文明书屋”。这些新建起的“文明书屋”更新了农村图书室的图书内容，增加了藏书量，进一步满足了农民群众对文化知识的需求。

一、高度重视、积极参与。活动开展以来，石家庄市文明办专门制定下发了活动方案，市委农工委、市直机关工委、市国资委和各县(市)区积极组织，各级文明单位的领导也十分重视，认真研究，制定具体落实意见，广泛进行动员。全市有260多个文明单位参与了捐书活动，其中市27中、市卫生局、市公安局、市第40中学、市职业财会学校、市幼儿师范学校，市一中、无极县教育局等8个单位，捐书都超过了万册；捐书5000册以上的单位有13个，捐书3000册以上的单位有65个，捐书1000册以上的单位有142个，总价值超过了1000万元。许多市民在得知捐书消息后主动进行捐赠。市民霍喜顺同志自己出资为农村“文明书屋”购买了1000多册图书。在不到一个月的时间，全市有30余万干部职工、居民群众参与了捐书活动。

二、参与面广、图书品种多。参加这次捐书活动的既有党政机关，也有企事业单位，还有学校和市民个人，所捐的图书涉及范围较广，种类包括政治理论、农业科技、文学艺术、生活常识、科普知识、医疗保健、学生课外读物等，品种较多，具有较强的知识性、趣味性、实用性。其中许多农技图书还介绍了当前比较先进的实用技术，对生产增收具有很强的指导作用。

三、结对共建、挂牌纪念。为搞好这次城乡共建“文明书屋”活动，对捐书在1000册以上的单位，专门制作了个性化“文明书屋”牌匾，将捐书单位名称刻在牌匾上，以示褒奖，同时还请各级新闻媒体大力宣传他们的先进事迹。

四、严格管理、发挥作用。各村加强了对捐赠图书的日常管理，明确了专人负责，建立健全了借阅制度，并将图书登记造册，确保捐赠图书不流失、不损坏。市、县(市)区两级文明办也都加强了监督检查，对挪用、损坏图书的通报批评，并取消以后各种奖励优惠政策。同时，各村借助这次捐赠契机，采取各种形式组织农民群众开展读书用书活动，提高农民群众思想道德、科学文化等方面的素质。

供稿：省会文明办

整理：刘素兰

石家庄市

开展“五项活动”争做文明市民

开展百万市民学习培训活动。围绕城乡环境建设“八个一”工作和“双争共建”活动，依托市民学校、党校、团校、职工培训中心，面向广大市民开展热爱石家庄、思想道德、文明礼仪、科学文化、法律常识、心理健康知识等六项文明素质学习培训，强化普及教育，提高广大市民的公民意识、市民意识和省会意识，增强广大市民“热爱石家庄，建设石家庄”的积极性、主动性和创造性。

开展公共文明道德实践活动。开展“文明行车、文明走路”、“文明乘车、主动让座”、“文明观演”、“文明游园”等活动，教育引导市民牢固树立社会公德意识，从我做起、从现在做起，在全社会形成遵纪守法、助人为乐、爱护公物、保护环境的良好氛围。2007年11月1日，石家庄市市民“排队日”活动正式启动，并将今后每月1日都定为“排队日”，以倡导市民文明礼让，自觉排队。

开展社区“四个文明”道德实践和树木认养活动。在社区开展文明养犬（猫）、文明装修、文明娱乐、文明停车道德实践活动，引导社区居民停车不碍人、装修不扰人、娱乐不烦人、养犬（猫）不伤人。广泛发动社区居民，开展每人每年种植一棵树活动，由市园林局负责组织市民栽植“青年林”、“学子林”、“家庭和睦林”、“结婚纪念林”。开展每户家庭栽植或认养小区一棵树木和一片草坪活动，提高居民爱绿、护绿、植绿意识。

开展“小手拉大手”活动。在全市中小学开展“争做社区文明小天使和争做文明小公民”活动，教育引导中小学生向家长宣传城乡环境建设“八个一”工作和“双争共建”活动的重大意义和积极作用，带动、影响家庭成员支持、参与和融入到城乡环境建设“八个一”工作和“双争共建”活动中来。

开展“志愿者”活动。团市委组织“青年志愿者”、“巾帼志愿者”、“社区志愿者”、“民心河志愿者”、“科普志愿者”等志愿者开展维护公共秩序、保护生态环境、深化社区服务、开展文明宣传等各类社会公益活动。

供稿：省会文明办

整理：刘素兰

石家庄市
开展“传播文明志愿服务行动”

此行动以“传播文明”为主题，开展“四送”活动。一是送政策。针对群众在生产生活中关心的住房、拆迁、医疗、就业、就学等热点难点问题，组织理论工作志愿者，登门入户，面对面地向群众宣讲党的方针政策，帮助群众解疑释惑，化解心理矛盾，理顺思想情绪。二是送知识。围绕提高市民文明素质，组织各类专家志愿者宣讲团，深入农村、社区、学校，开展石家庄历史文化、革命文化、现代文化宣传，引导广大市民了解石家庄、热爱石家庄，增强对家乡的归属感和责任感。同时，开展道德规范、文明礼仪、文化艺术、科学技术、健康生活等知识宣传，引导广大市民养成文明健康的生活习惯。三是送新风。围绕文明乘车、文明行车、文明走路、文明观演、文明游园等“五个文明”道德实践活动，组织广大志愿者带头参与维护公共秩序、倡导文明新风活动，用自身的模范行为倡导文明新风。四是送欢乐。组织戏剧、歌舞、音乐、书法、绘画、摄影等方面的专家，送文化下基层，为群众传授文艺知识，开展技能培训，提供艺术表演，提升和丰富群众的文化生活。

为保证活动取得实际效果，采取个人自愿、单位推荐的方式，在市委宣传系统挑选具有一定专长、志愿无偿为市民服务的人员，组成千人志愿者队伍，建立“传播文明志愿服务行动”资料库。同时，确定100个基层点作为志愿服务对象，规定每个志愿服务者每年到基层服务不少于6次，每次不少于2小时。市委宣传部将此项工作纳入宣传文化系统年度实绩考核内容，定期对各单位到基层进行志愿服务的情况进行检查考核、效果评估，对成绩突出的单位和个人进行表彰奖励，促进了这项活动的广泛开展。

供稿：省会文明办

石家庄市
在出租车行业开展“文明使者迎奥运 提升素质树形象”活动

围绕争创一流服务、喜迎北京奥运会，河北省石家庄市文明办、市交通局、市运输管理处在全市出租车行业联合开展了“文明使者迎奥运，提升素质树形象”活动。

一是明确工作目标。紧密结合全市出租车行业实际，把中央文明委关于深入开展“迎奥运、讲文明、树新风”活动的实施方案进行量化细化，进一步增强出租汽车行业职工“我就是河北、我就是省会、我就是文明使者”意识，大力倡导行车文明、经营文明、保持清洁车容车貌，文明用语使用率达到95%以上。

二是搞好素质培训。对全市出租车行业驾驶员进行岗前培训和例会培训，系统学习省文明委编写的《文明用语使用规程》，纠正文明用语知之不多、知之不全的现象。进行英语日常用语教育，到2008年北京奥运会召开前，力争使全市85%的出租车司机能与国外乘客进行简单英语对话。对违章司机进行行业法律、法规和政策教育，使其深刻认识不文明行为的危害性，不继提高按政策规定办事的自觉性。

三是强化“五个文明”。即：强化“语言文明”，做到乘客上车说“您好”，付费说“谢谢”，下车说“再见，请带好您的随身物品”。强化“仪表文明”，做到衣着整洁、举止端庄，不留长发、长须，不在营运中吸烟。强化“车容文明”，做到车辆内外干净整洁、车内空气清新，每星期座套清洗更换一次，不向车外抛扔杂物，脚垫下无沙土。强化“经营文明”，做到按规定使用计价器、主动出具发票，不拒载、不宰客。强化“行车文明”，做到遵守交通法规，不抢道行驶、不乱停乱放、不随意调头。

四是加强监督检查。设立并公布投诉电话“83622882”，对投诉举报的违规行为及时查处，并在新闻媒体曝光。开展“月查百辆出租汽车”活动，对文明用语、车容车貌、仪容仪表、不主动出示发票、不找零等50项内容进行记分考核，对累积达到一定分值的司机进行培训教育，直至取消从业资格，全力打造“文明使者”服务品牌。

供稿：省会文明办

正定县

多渠道开展暑期中小学生系列教育活动

为使社区中小学生过一个安全、文明、健康、有意义的暑假，正定县社区以多形式、多渠道开展了暑期中小学生系列教育活动。一是举办以“增强自我保护意识，预防青少年犯罪”为主题的中小学生暑期法律知识讲座。司法局律师结合实际情况，对青少年进行以实用法律知识为主要内容的维权教育，帮助青少年区分合法与非法，掌握报警和防范侵害的基本技能，学会运用法律武器维护自身权益。

二是邀请朱河村“乡土秀才”李长江以《一个当代农民的育儿观》为主题，开展了一次生动的演讲报告会。李长江以自己的所见所闻、亲身经历为大家上了一堂生动的家庭伦理、思想道德教育课。李长江声情并茂的精彩演讲，感染了在场的每一个人。

三是与消防大队共同举，办了“手拉手”爱心活动。为贫困少年儿童捐赠衣物151件，社区少年志愿者以“奉献爱心”为主题表演了精彩的文艺节目。少年儿童听取了消防队战士讲解的常见火情的扑救、自救等消防知识，观看了消防官兵的消防演练，参观了消防设备及官兵内务。通过这次活动，使同学们进一步掌握了消防知识，提高了防火意识，也促进了社区和谐发展。此外，还组织开展了少先队员慰问老党员、老革命活动，开设了书法培训班、舞蹈班、音乐班、美术班等多种业余兴趣爱好培训班，丰富了中小学生的暑期生活。

供稿：省会文明办

整理：刘素兰

正定县

加强治安志愿者协会建设

为了加强社会治安综合治理，营造安全稳定的社区环境，正定县加强社会治安志愿者协会建设，群防群治，有力地促进了文明和谐社区建设。

一是壮大协会队伍。正定县治安志愿者协会自2003年成立以来，每年都分期分批对志愿者进行政治、业务素质培训，通过组织学法律、讲职责、举案例、教方法，使治安志愿者协会会员达到“三懂”，即懂法律、懂职责、懂方法，三熟悉，即熟悉社情民情，熟悉常住和暂住人口、熟悉社区治安重点工作，三牢记，即牢记职责任务、牢记组织纪律、牢记权利义务，从而使队伍整体素质提高。目前该志愿者协会有会员470名，15个分会，平均年龄59岁。志愿者分成200多个小组，实行分片划段责任制，在社区开展治安巡逻、守护观察活动。他们佩戴印有“治安志愿者”字样的专用帽子和袖章，巡逻在街道小区，从而形成社区居委会、治安志愿者协会、公安派出所、治安联防四位一体、全方位、多层次的群防群治局面。

二是开展形式多样协会活动。协会撰写印发了《群策群力搞防范，家家户户保平安》、《区区十元钱，户户保平安》、《见义勇为抓盗贼，群防群治结硕果》等14期25000份宣传材料，联系实际，以案说法，宣传教育广大群众提高安全防范意识，落实各项治安防范措施；组织志愿者大力开展“5个百家”活动，即进百家门、听百家言、纳百家谏、唤百家动、顶百家心，密切了志愿者与社区群众间的关系，提高了志愿者做群众工作的能力；组织志愿者大力开展了当好“五员”活动，即治安信息员、法制宣传员、治安防范员、纠纷调解员、失足帮教员，使志愿者通过自己口头宣传、带头示范，发动组织居民自觉自愿行动起来，参与文明社区、平安社区建设；大力开展评先创先活动，以更好地调动志愿者的积极性；开展抓带面活动，选树典型个人和典型社区，及时总结经验，全县推广。协会每年一个宣传主题，进行大力宣传。2003年以“管好自家门、办好自家事”为主题，2004年以“社区是我家、安全靠大家”为主题，2005年以“社区平安我平安、我为社会平安作贡献”为主题；2006年至2007年以“共建平安家园、同创和谐社区”为主题。围绕主题利用黑板报、标语、报告会、文艺演出等形式广为宣传，大造声势。围绕“共建平安家园、同创和谐社区”这一主题，他们把2007年定为宣传年，要求做到“四大”即决心要大、动作要大、声势要大，效果要大，大力宣传建立平安家庭、平安楼院、平安小区、平安社区的内容和意义，通过多样化的宣传达到五要：即向宣传要素质、向宣传要人力、向宣传要战斗力、向宣传要网络、向宣传要平安。该协会15个分会都建立了自己的文艺宣传队，用自编自演的节目广泛宣传精神文明建设、社区好人好事等，并将自编自演的77个文艺节目汇编成册。每年组织宣传队深入街道、小区以及乡镇进行巡回演出，收到了良好的社会效果，同时也使社区离退休老人、居民有了强烈的归属感和对社会公益事业的热爱。

三是不断吸收新生力量，增强协会凝聚力。协会成立以来，由于年龄和身体等原因，一批老人退出协会一线担任顾问，而协会近几年来活动、宣传工作不断深入，吸引了更多离退休老人和社区居民加入志愿者队伍，使协会会员平均年龄不断下降，素质不断提高，工作成效更加显著。五年来涌现出60余名见义勇为先进个人，先后抓获28名正在作案的违法犯罪分子，查获被盗汽车4辆、摩托车8辆、自行车9辆，总计折款50多万元，成功调解65起民事纠纷，热心帮教了20名失足青年。全县社区治安面貌明显好转，刑事案件发案率逐年下降，2006年涌现出无案小区66个，占小区总数的91.60%，不断壮大的社区志愿者不计报酬、无私奉献、不懈努力，全县社区治安秩序得到很好的维护，同时通过他们的辐射带动，使社区居民的思想观念以及社会风气也发生深刻变化，社区也更加和谐文明。

供稿：省会文明办

整理：刘素兰

行唐县

建立村民和谐互助组 推进文明生态村创建

行唐县适应农村改革的新形势和文明生态村创建需要，以龙州镇为试点，建立村民和谐互助组，开展多种形式的互助活动，使群众在互帮互助中解决了生产、生活中的实际困难，既促进了农民收入的稳步增长，又构建起新型人际关系，推动了农村和谐发展。

和谐互助组受该县龙井镇村民生产互助的启发而建立，是在村委会指导下，由群众自愿组成、自我管理的村级民间组织。组长由成员民主公推产生，具体负责本小组的村民管理，对上负责协助贯彻落实党支部和村委会决议、决定及重要部署，搜集反馈社情民意；对下负责化解矛盾纠纷，协调本组村民展开信息、技术、资金等互帮互助。和谐互助组分三大类，共有种植、养殖、企业、三产、营销、帮工、信贷、劳务、健康、家庭教育、邻里、亲友和谐互助组12种形式。为加强互助组的组织领导，成立了村民和谐互助组指导办公室，实行分包联系制度，将责任落实到乡镇、村干部，同时建立了网络示意图，镇、村、组、户、互助组组建方式，所辖户数、包(村)组干部，小组长、村民等内容脉络清晰、职责明确。在广泛征求意见的基础上，制定了《和谐互助组管理制度》、《和谐互助组组长产生及管理办法》、《和谐互助组组建原则及互助范围》、《和谐互助组组长、村民权利和义务》等制度。目前，该县龙州镇33个村组建了593个和谐互助组，全县已有156个村建立了2100个互助组，收到了促进农村经济发展、社会稳定、乡风文明的良好效果。

供稿：省会文明办

整理：刘素兰

承德市

开展“同心迎奥运，文明伴我行”系列主题活动

从2007年8月8日开始，承德市在全市范围内开展“山庄老酒”杯“同心迎奥运，文明伴我行”主题活动，主要是突出讲文明、树新风这一主题，围绕文明礼仪、公共秩序、社会服务、城乡环境等重要方面，广泛开展宣传、教育、服务和实践活动，着力解决人民群众反映强烈的社会道德建设中存在的突出问题，进一步提高全市人民的文明素质和城市文明程度，全面兴起“迎接奥运、情系奥运、参与奥运、服务奥运”的新热潮，为奥运会的成功举办、为党的十七大胜利召开营造文明和谐的社会环境。

活动中，首先举行“山庄老酒”杯“同心迎奥运，文明伴我行”主题活动启动仪式，随即开展了一系列主题活动，如开展文明礼仪宣传普及活动、组织开展职业文明礼仪、服务创优活动举行“山庄老酒”杯“全民健身与奥运同行”群众健身展演活动、举办“山庄老酒”杯文明礼仪社区文艺展演、举办“山庄老酒”杯“同心迎奥运，文明伴我行”公益广告征集比赛和征文活动、开展文明旅游主题教育实践活动、组织“山庄老酒”杯先进典型评选表彰活动、开展“文明使者”志愿服务活动。分别在今年奥运会倒计时一周年、明年奥运会倒计时100天，由市志愿者总会、市文明办负责，组织全市志愿者开展市、县区城环境卫生整治、开展“市民文明行为”系列主题实践活动等。整个活动由市委宣传部、市文明办、市委外宣局、市文化局、市体育局、承德避暑山庄企业集团有限责任公司、各县区宣传部、各县区文明办、各县区文体局联合组织实施，取得了良好效果。

供稿：承德市文明办

张家口市

开展“提高工作效率提升服务质量优化发展环境”活动

张家口市广泛开展“提高工作效率，提升服务质量，优化发展环境”活动，重点解决服务意识、办事程序、行业管理、文明执法和和谐环境建设五个方面的问题。

一是服务意识方面，在全市广泛开展了“优化发展环境，部门、科室、机关干部怎么办”大讨论，通过开辟学习专栏，组织集体讨论，引导干部职工明确服务主体，强化服务意识，树立“效率就是形象、服务就是天职”的思想观念，切实解决行业部门服务意识差，群众事难办的现象。

二是办事程序方面，以窗口服务单位为重点，全面推行了“一门受理、抄告相关、联合审批、限期办结”的关联审批模式；实行审批限时办结制和超时默认制，探索全程服务代理模式；开辟项目审批“绿色通道”，减少办事环节，解决程序繁琐、运转缓慢的问题。

三是行业管理方面，组织干部职工学习业务知识、政策法规，开展技能培训，不断提高综合素质。落实首位负责制、一次性告知制和失职追问制，在重点部门推行导办服务工作制，在行政机关设置导办服务窗口，机关人员轮流值班，提供全程引导和协助办理服务。

四是文明执法方面，加强学习培训，组织了法律法规培训活动、进一步提高执法人员的素质。组织开展了“下评上”问卷调查，统一组织力量深入基层开展群众评机关、基层评上级、企业评部门等群众性评议活动，促进有关部门改进作风，改进工作。对群众反映强烈的“不作为、乱作为”的单位和个人进行严肃查处。

五是和谐环境建设方面，组织开展以“讲文明、促和谐”为主题的群众性精神文明创建活动和以“帮一帮、让一让”为主题的社会志愿服务活动，对服务环境、文明环境、交通秩序、市场秩序、社会治安和不文明行为进行集中整治，营造文明和谐的城市环境。

供稿：张家口市文明办

整理：田晓燕

秦皇岛市

认真开展以“文明港城、和谐港城”为主题的系列活动

一、在农村，围绕培育新型农民，突出抓好发展新文化、树立新乡风、建设新环境。抓好农村文化建设，开展“百万农民进课堂”活动、文化墙建设、读书活动和各种文体活动，丰富广大农民群众的精神文化生活。加大农民培训力度，通过“支部书记进课堂、致富党员上讲台、农村妇女学科技”等活动，提高农民综合素质。组织“十星级”文明农户评比，推进群众移风易俗自治组织建设，组织开展好村民、好儿媳、好公婆评选和文明农家乐旅馆、饭店评选。在全市农村广泛开展生态文化、整洁环境、卫生厕所、清洁能源、绿色用品“五进农家”活动，改善人居环境。

二、在城市，结合迎奥运活动，着力提高市民文明素质，深化拓展创建文明城市活动。在全市广泛开展“迎奥运、讲文明、树新风”活动，组织开展“我为奥运做什么”大讨论活动，动员全市上下积极参与到迎奥运的活动中来。把提升市民文明素质作为迎奥运和争创全国文明城市的核心环节来抓，通过组织“文明就在脚下、文明就在手中、文明就在嘴边”主题活动，实施“文明十二个一”工程，引导市民文明待客、文明行车、文明乘车、文明停车、文明走路、文明游园、文明观演、文明观赛、文明祭扫、文明就餐、文明购物、文明养犬，促进市民文明素质的提高。

三、在企业，以“诚信秦皇岛”活动为依托，引导人们争做诚信经营者，深化拓展创建和谐企业活动。加大对商业失信行为的惩戒力度，坚决纠正偷逃漏税等违法行为，营造公平有序的市场经济秩序。在各行业开展“职工诚信示范岗”、“诚信民间组织”、“擦亮迎奥窗口，争做诚信使者”、“导游文明形象大使”、“诚信私营企业”、“诚信工商户”、“文明经营示范市场”、建立“诚信联盟”等诚信活动，引导行业经营者树立“以德经营、诚信立业、文明生财”的经营观念。

四、在全社会，以“帮一帮、让一让”为主题，引导人们争做热心好公民。组织“千家文明单位服务千村”送温暖活动，深化“用爱心托起明天的太阳”文明单位助学等活动。依托重大纪念日和民族传统节日举行主题教育活动，引导社会各界关注进城务工人员、城乡贫困人群、残疾人等困难群体和零就业家庭就业、大学毕业生就业、贫困家庭子女入学、就医等社会热点，推动形成良好社会风尚和人际关系。继续组织“雷锋精神伴我行”活动，通过召开“雷锋精神延续在港城”事迹报告会和集中服务日活动，推动学雷锋活动的深入开展。进一步建立健全志愿者组织，大力开展城乡志愿服务活动，并把促进人的心理和谐作为创建活动的重要内容，积极塑造自尊自信、理性平和、积极向上的社会心态。

五、在机关，以“创服务品牌、树港城形象”活动为载体，引导人们争做文明公务员，深化拓展创建和谐机关活动。围绕建设沿海经济社会发展强市的奋斗目标，在政府系统全面实施转变职能、规范审批、政务公开、依法行政、效能监督“五项工程”，创建学习型、创新型、务实型、服务型“四型机关”，大力推行“政府行政流程再造”，力争在今年内有50%以上的行政机关创立“政务服务品牌”。

六、在中小学校，以发展校园文化为切入点，引导未成年人争做文明学生，深化未成年人思想道德教育。优化校园环境，利用雕塑、标语、画廊、草坪和花木，打造校园人文景观，营建优美和谐校园。总结提炼和培育校园精神，并通过校徽、校歌、校刊、校树、校花等载体加以体现，增强学校的凝聚力和向心力。依托校园广播台、文艺活动室、网络中心、图书室等活动场所，开展丰富多彩的校园文化活动，让每一名学生都融入学校的团队活动。在此基础上，积极开展丰富多彩的社会实践活动，以“知家乡、爱家乡、建家乡”为主题，结合迎奥运和争创全国文明城市活动，组织“创建文明城市从我做起”演讲比赛和有奖征文活动、“我是迎创小主人，我为迎创作贡献”歌咏活动、“小手拉大手，共创文明城”等社会实践活动，促进未成年人思想道德素质的提高。

供稿：秦皇岛市文明办

秦皇岛市

积极实施“四绿工程”打造生态秦皇岛

秦皇岛市为落实省文明委《关于组织开展营造城市森林公益活动第八次春节战役的通知》精神，推动创建全国绿化模范城市工作，打造特色生态秦皇岛，于近期投入资金31901万元深入开展以绿化和文化为主题的“四绿工程”活动。

一是绿色城市工程。全面实施海边森林公园综合整治、海岸线绿化综合整治和植物园、环古城公园建设工程，并以新建、改造街头游园，加大、加密道路两侧行道树和空闲地绿化，居民小区和单位庭院绿化，停车场生态改造，河流生态廊道绿化建设等为主要内容，实施城市新区建绿、见缝插绿、拆违增率、改造兴绿工程。全市计划建设改造绿地面积306.7万平方米，其中新增公共绿地面积91万平方米。保证70%以上的街道、居住区和单位庭院绿地率达到省级标准。

二是绿色山村工程。由各县区政府以人工造林、飞播造林、封山育林方式实施造林绿化。确保山区的森林覆盖率达到50%以上，乡镇所在地、小集镇的绿化覆盖率达到30%以上，所在村的绿化覆盖率达到25%以上。沿山区、丘陵走向建成环状绿化带以及环内城区周围、城区间绿化隔离带、沿路、沿河两侧绿化面积2万亩，利用村庄周围、路旁、沟旁、河岸两侧及房前屋后，见缝插绿，植树15万株。

三是绿色海岸工程。重点在沿海公路两侧断带部分造林，造林面积7000亩。主要包括海滨林场实施滨海大道两侧宜林地、疏林地和部分低质林改造，全长2公里，造林绿化面积1000亩和山海关区实施造龙源大道两侧沿海防护林工程，造林1000亩等。以及实施西海滩绿地改造工程，沿海疏林地内增加黑松和四季观花植物4000株。

四是绿色通道工程。包括国家、省干道，高速公路、铁路，主要河渠两侧绿化。在京秦林带、环城绿化工程的基础上，要宜补则补，保持景观的连续性，工程计划在公路、铁路沿线栽种杨树、黑松等树种15万株。同时在品种搭配、层次、色彩上下功夫，突出秦皇岛市的绿化特色。特别是高速公路出口绿化要做到高起点、高标准、高档次，做成精品。在主次干道补“色”嵌“色”，其中插栽彩色和开花树种3万株，弥补道路沿线色彩不丰富的缺陷，建设具有一定宽度的多层次绿化美化和富有景观变化的彩色风景带。

供稿：秦皇岛市文明办

秦皇岛市
广泛开展公民道德“十二个一”教育实践活动

秦皇岛市以“同迎奥足赛，共创文明城”为主题，在全市范围内广泛组织开展包括3个方面内容、12项具体活动的公民道德“十二个一”教育实践活动，着力提高市民文明素质，打造“新港城、新奥运”品牌。

一、开展畅通行动，打造良好的交通秩序。一是文明行车。依托新闻媒体宣传交通管理法规；开展交通安全“五进”活动，深入厂企、机关、学校、农村和社区宣传交通安全知识并签订交通安全责任状；加强对司机的教育和管理，加大各种交通违法行为处罚力度。二是文明停车。科学设置安装各类交通标志，解决公交车、出租车停车占路问题；强化停车秩序整治，加大对各条街道特别是易发事故、拥堵路段的巡逻执法和对乱停乱靠行为的处罚力度。三是文明乘车。继续开展“文明乘车、爱心让座”活动，教育引导广大乘客排队候车、有序上车、尊老爱幼、文明礼让。四是文明走路。组织“我最讨厌的十大行人交通陋习”评选和不文明走路行为DV抓拍大赛，加大对行人不文明交通行为的教育处罚力度。

二、开展优雅行动，塑造良好的文化品位。一是文明待客。制作公务礼仪宣传资料，完善《秦皇岛市党政机关工作人员行为规范》并开展践行活动；印发《日常接待实用英语》手册，推行文明用语“双语化”。二是文明游园。搞好对导游员和景区工作人员的培训，指导旅游景区为游客提供更加便捷的服务。三是文明观演。在全市各经营性演出场所的显著位置悬挂、张贴“文明观演”宣传标语、《观众须知》和《文明观众行为规范》；开展争做“文明观众”活动，宣传表彰文明事例和“文明观众”典型。四是文明观赛。在各类比赛前，以传单、观赛指南等方式对观众进行宣传教育，引导观众文明观赛；组织志愿者在各类体育赛事现场宣传观赛礼仪、赛场文化，引领文明助威活动，劝阻赛场的不文明行为，禁止“国骂”；邀请体育专家举行奥运知识和观赛礼仪的“公益大讲堂”，提高广大市民的观赛水平。

三、开展新风行动，塑造良好的民俗风尚。一是文明祭扫。疏堵结合，积极推广文明祭扫方式，并通过行政手段和法律手段禁售烧纸和禁绝沿街烧纸行为，培育祭扫新风、摒弃陈规陋习。二是文明就餐。指导餐饮行业积极设置和推行小份菜碟，主动提醒客人理性消费，文明饮酒；指导餐饮门店在显著位置悬挂、张贴倡导文明用餐的标语和宣传画，提醒广大顾客节约消费、文明就餐。三是文明购物。通过各种途径宣传推广文明购物“十二种行为规范”，在购物场所增设文明购物提示语和宣传画，引导市民群众自尊自爱，杜绝带宠物进入商场、在百货区吃东西、吸烟、光膀子逛商场等不文明购物行为。四是文明养犬。组织养犬管理工作执法队，加大检查力度，严厉查处违规养犬行为，收容流浪犬；在公共场所醒目位置张贴或悬挂“禁止遛犬”警示牌，提醒警示携犬人员遵守公共道德；加强日常管理，做到监管有力、防疫及时。

供稿：秦皇岛市文明办

秦皇岛市

叫响“我参加我奉献我快乐”口号引导未成年人积极参与迎奥运活动

秦皇岛市以“同迎奥足赛，共创文明城”为主题，引导未成年人弘扬奥运精神，参与奥运建设，开展迎奥运系列活动，叫响“我参与、我奉献、我快乐”口号。

一是叫响“我参与”口号，用奥运文化感召未成年人，突出文化沁润。充分利用奥运会这个传播奥运精神和奥运文化的有利时机，利用不同文化的交流碰撞为未成年人的教育提供鲜活的教材。以“新港城、新奥运”为主题，通过举办奥林匹克宣传周、文化节等宣传活动，使未成年人能够直观、全面、深入地了解奥运精神和奥运文化；在全市中小学开展“文明小使者”等活动，教育广大青少年做知荣明耻、明礼诚信的奥运小主人；结合迎奥运、创建全国文明城市等工作，采取图文并茂的形式，编写通俗易懂的教育读本，印发至全市中小学校。利用班队会，对少年儿童进行专题教育。截至目前，全市共举办奥运宣传展览30场，文艺汇演27场，举办主题班队会近1500场，近10万名中小学生通过宣传活动提高了对奥运知识和奥运精神的认识。

二是叫响“我奉献”口号，用奥运精神激励未成年人，突出活动引导。在全市开展以“争做合格奥运小主人”为主题，组织全市未成年人广泛开展“知家乡、爱家乡、建家乡”主题教育实践活动。“知家乡”，即教育广大未成年人了解、掌握秦皇岛经济、政治、文化发展的历史，改革开放以来秦皇岛所取得的巨大成就和发生的翻天覆地的变化，以及2008年奥运会给秦皇岛带来的发展契机。“爱家乡”，即教育广大未成年人在进一步了解秦皇岛的基础上，更加热爱秦皇岛，加深对秦皇岛这座美丽城市的深厚感情，激发他们对秦皇岛承办奥足赛强烈的荣誉感和使命感。“建家乡”，即教育广大未成年人立志从现在做起，努力学习，增长才干，为建设秦皇岛和办好奥运会作贡献。全市共有8万名中小学生参加了该系列活动之“魅力秦皇岛”演讲比赛和“文明港城、和谐港城”歌咏活动，收到了良好的教育成效。

三是叫响“我快乐”口号，用奥运实践活动塑造未成年人，突出快乐实践。开展以“同迎奥足赛、共创文明城”为主题的公民道德“十二个一”教育实践活动，引导广大未成年人树立“人人都是港城形象、个个支持人文奥运”的观念。同时，全市中小学生广泛开展“文明礼仪，从我做起”、“我是文明宣传员”等活动，组建10支文明礼仪志愿服务宣传队，利用节假日深入学校、社区、企业等定期开展宣讲活动，发放文明礼仪书籍共计1万余册；举办青少年宫迎奥运青少年乒乓球比赛，展现了秦皇岛市少年儿童“更高、更快、更强”的奥运精神；全市中小学生代表在海边投放奥运漂流瓶，表达了对北京奥运会的期盼和祝福，并在城区开展清理“城市牛皮癣”志愿活动，进一步提升少年儿童对志愿服务认知水平和参与热情。通过系列实践活动，广大中小学生在校园、家庭、社会掀起了一股用实际行动“为港城争光，为奥运添彩”的热潮。

供稿：秦皇岛市文明办

秦皇岛市
以迎奥运为契机深入开展公民道德实践活动

秦皇岛市抓住奥运良好契机，以“迎奥运、讲文明、树新风”活动为载体，采取三项措施，深入开展公民道德实践活动，不断提高市民文明素质和城市文明程度。

一是开展文明礼仪教育，强化市民文明意识。开展“文明礼仪进社区、进机关、进学校和进工地”活动，在全市106个社区中利用市民学校和社区精神文明建设宣传栏宣传文明礼仪知识；结合学习贯彻社会主义荣辱观，在党政机关、执法部门中深入开展公务礼仪和外事礼仪教育；结合加强未成年人思想道德建设和大学生思想政治教育，在全市大中小学校组织“文明礼仪伴我行”主题班会、征文和演讲比赛，促使中小学生文明礼貌行为习惯的养成；对来秦皇岛市务工人员进行城市公共文明常识教育，使其成为城市文明礼仪的积极实践者。目前，全市已举办各种进社区活动650场次，10万余名市民、3.5万名机关干部、4万余名中小学生、2万名进城务工人员接受了文明礼仪教育。

二是实施文明示范活动，提高公共文明程度。在各县区、市直各单位开展“文明使者”评选活动；每月评出“感动秦皇岛的十件文明事”，每年评“十大文明秦皇岛人标兵”活动，百姓亲自评选出在日常生活中涌现出来的普通市民典型，通过典型以现身说法的形式来带动和提升市民素质；组织广场、机场、火车站、长途汽车站、旅游景点以及重要体育、文化场馆等公共场所提高管理水平，提升公共文明程度。现全市已评选出感动秦皇岛的文明事130件，有30个公共场所成为了精神文明示范区。

三是加强奥林匹克知识教育，弘扬和培育民族精神。抓住承办北京奥运会足球分组赛的机遇，通过开展秦皇岛人文精神征集实践活动，增强广大市民的民族自豪感、使命感和责任感；编印《奥林匹克知识市民读本》和《奥林匹克项目规则和礼仪》，广泛宣传普及奥林匹克精神，宣传奥运会比赛项目、竞赛规则、观赛礼仪，增强市民对奥运会知识的了解和参与意识，引导市民文明服务和文明观赛，目前已发放各种宣传资料23万份，2万余名市民成为奥运会志愿者。

供稿：秦皇岛市文明办

秦皇岛市
开展“知家乡爱家乡建家乡迎奥运争做合格小公民”活动

为了进一步加强和改进未成年人思想道德建设工作，增强未成年人了解家乡、热爱家乡、建设家乡和迎接奥运的责任感和使命感，秦皇岛市近日启动了“知家乡、爱家乡、建家乡，迎奥运争做合格小公民”主题教育活动。“知家乡”，即让全市广大未成年人了解秦皇岛的历史，特别是了解秦皇岛政治、经济、文化的发展变化和改革开放以来所取得的巨大成就；“爱家乡”，即让广大未成年人通过了解家乡，增强民族自尊心和自豪感，热爱祖国、奉献家乡；“建家乡”，即教育广大未成年人努力学习，增长才干，为祖国增光，为奥运添彩，为争创全国文明城市作贡献。

一是开展校园主题教育活动。充分利用校园广播、校园网、板报、橱窗、文化法律教育长廊等宣传阵地，大力营造“知家乡、爱家乡、建家乡，迎奥运争做合格小公民”活动的浓厚氛围；充分运用主题校（班）会、团（队）会，广泛进行爱家乡、迎奥运教育；邀请老红军、老将军、老干部走进校园，做革命传统报告，讲述英雄故事，进行国防教育，普及法律知识；邀请思想艺术家作弘扬中华民族优秀传统文化报告等。引导广大未成年人增强对祖国、对家乡、对学习、对自然、对生活的热爱，激发广大未成年人“知家乡、爱家乡、建家乡”的爱国热情。

二是组织开展主题实践活动。充分利用校外活动时间和寒暑假期间，在青少年中广泛开展以“知家乡、爱家乡、建家乡，迎奥运争做合格小公民”为主题的道德实践活动。结合重要节日、纪念日组织参观、瞻仰、祭扫活动；组织学生广泛开展以“走遍家乡山水、寻访英雄足迹”为主要内容的家乡游、夏令营、冬令营等活动，在实践活动中增进对家乡的了解，增强对家乡的热爱；组织中小学生开展好“小手拉大手，文明路上走”、“我是双创小主人”、“我为奥运添光彩”、“争做拥军小模范”、“未成年人法律、法规图片展”等实践活动。

三是组织开展“知奥运、懂礼仪”演讲比赛。从4月份开始，在全市中小学生中广泛开展以“知奥运、懂礼仪”为主题的演讲比赛。采取学校选拔推荐的形式，比赛分高中组、初中组和小学组进行，9月份进行全市决赛并进行表彰奖励。

四是开展“文明港城、和谐港城”歌咏活动。以纪念建军80周年、香港回归10周年为契机，组织全市广大未成年人在校园、课堂、公园、社区、剧场等多种公共场合，运用独唱、合唱、齐唱、重唱等形式，歌颂全市近年来涌现出的先进人物和事迹，歌颂秦皇岛改革开放以来取得巨大成就，讴歌在党的领导下取得的建设成就，表达对家乡的热爱之情和立志努力学习、建设家乡的雄心壮心。10月底进行全市汇报演出。

五是编写《我的家乡秦皇岛》教育读本。积极组织创作队伍，收集反映秦皇岛市悠久历史、革命传统，经济、社会、文化发展成就等内容的资料，结合迎奥运、创建全国文明城市等重点工作，采取图文并茂的形式，编写通俗易懂，融知识性、教育性、趣味性为一体的教育读本，印发至全市中小学校。将这一教育读本作为中小学生思想品德教育的重要内容，每周利用班队会，对青少年进行专题教育。

六是组织参观爱国主义教育基地、市知名厂矿企业、历史古迹。充分利用节假日和课余时间，组织中小学生参观全市的爱国主义教育基地、知名厂矿企业、历史古迹，通过参观，使广大未成年人学习前辈的智慧力量，体会秦皇岛市改革开放以来的发展进步，给人民生活带来的变化，激发他们树立热爱学习，立志成才，做合格接班人的远大抱负。

供稿：秦皇岛市文明办

秦皇岛市
开展“畅通行动”系列活动

为进一步搞好“迎奥运、建强省、促和谐”活动，为成功协办一届有特色、高水平的奥运会和创建全国文明城市营造健康向上的环境，秦皇岛市实施畅通行动，积极打造文明和谐交通秩序。

一是以“文明行车，礼让为先”为主题，开展文明行车教育实践活动。依托新闻媒体开辟专栏，大力宣传交通法规；制作并悬挂5000幅交通法规宣传标语，形成浓厚宣传氛围。开展交通安全“五进”活动，深入厂企、机关、学校、农村和社区宣传交通安全知识800余场次，发放明白纸5万余份，受众达80余万人次。强化责任，与各单位签订交通安全责任状，不断形成全社会齐抓共管的工作格局。加强对司机的教育和管理，加大各种交通违法行为处罚力度，逢违必纠，逢违必查，在媒体上开辟“曝光台”，对斑马线前不礼让行人、交通路口互不相让的车辆牌号予以曝光。

二是以“文明停车，方便你我”为主题，开展文明停车教育实践活动。组织警力和志愿者走上街头，宣传文明停车规范；通过各种途径表扬文明停靠和曝光违规停靠车辆牌号。科学设置安装各类交通标志。强化停车秩序整治，加大对各条街道特别是易发事故、拥堵路段乱停乱靠行为的处罚力度，严管重罚，形成强威慑力。

三是以“文明乘车、爱心让座”为主题，开展文明乘车教育实践活动。制订市民文明乘车公约，在公交车、公交站点悬挂张贴，开展乘车礼仪宣传教育，倡导人人争做“文明型”、“优雅型”乘客；开展“文明乘车推动日”活动，组织机关干部和各类志愿者成立“公交文明，你我同行”志愿者服务小分队，在公交站点引导乘客排队候车、有序上下、文明礼让；开展“爱心让座”有奖赠卡活动，对主动给老弱病残孕及抱小孩乘客让座的市民发放“爱心让座卡”一张，并根据“爱心让座卡”统计情况，给每月让座次数最多的前三名市民发放“爱心奖”。今年4月以来，全市共发出“爱心让座卡”16万余张，爱心让座成为港城一道靓丽的道德风景。

四是“小手拉大手，文明路上走”为主题，开展文明走路教育实践活动。增设人行横道及标志、信号灯等设施，切实提高市民出行的安全系数。在全市城乡广泛建立全民交通安全管理网络。深入各单位、各社区开设交通安全课，通过实例教育市民群众遵守交通规则。组织“我最讨厌的行人交通陋习”评选和不文明走路行为DV抓拍大赛，引导广大市民群众自觉反思、摒弃交通陋习。开展“鲜花敬献文明行路人”活动，组织志愿者向不闯红灯、走人行道的文明行路人敬献鲜花，营造文明走路光荣的良好社会氛围；开展“小手拉大手”活动，印发“文明交通从我做起致广大学生家长的一封公开信”，组织开展“交通安全主题班队会”、“交通法规知识竞赛”、“文明交通演讲比赛”、“我当一天小交警”、“争当文明交通小使者”等教育实践活动，把交通文明从娃娃抓起的要求落到了实处。

供稿：秦皇岛市文明办

秦皇岛市

组织开展迎奥运“优化发展环境争创文明景区争做文明游客”活动

为促进旅游经济和风景名胜区事业的全面发展，切实提高市民群众旅游文明素质，为迎办北京奥运会足球分组赛、创建全国文明城市、建设沿海经济社会发展强市创造良好的社会环境和道德风尚，近日，秦皇岛市启动了迎奥运“优化发展环境，争创文明景区、争做文明游客”活动。通过这项活动，全面提高旅游从业人员的思想观念、道德素质和服务水平，切实提升市民群众旅游文明素质，使景区（点）成为展示城市文明形象、优化发展环境、打造人文奥运品牌的重要窗口。

一是开展从业人员教育培训。对各景区（点）和旅行社从业人员实施全员奥运培训计划，开展职业道德、职业礼仪、职业技能和服务规范，以及必要的外语知识教育培训，努力构建一支训练有素、服务一流的职工队伍。集中培训时间达到3天以上，培训率保证100%。培训后进行严格考核，考核不合格者不准上岗。在此基础上，开展“文明待客标兵”和“文明服务示范岗”评选活动，引导从业人员敬业爱岗，热情服务，普遍使用文明用语，杜绝文明忌语，使服务对象满意率达到90%以上。

二是开展“文明游园”教育实践活动。在各景区（点）制作一批永久性、人性化的文明游园和社会主义荣辱观宣传牌（栏），宣传倡导文明游园，鞭挞不文明行为；教育各景区（点）、旅行社员工和导游主动参与文明游园的执勤与宣传，及时劝阻不文明行为，并积极组织成立文明游园志愿者队伍，建立“景区、员工、导游、志愿者”四位一体的管理模式。积极探索“文明游园”教育引导新方法，通过评选文明游客，向主动践行保护环境资源、尊老爱幼、拾金不昧等文明行为的游客赠送纪念品、参观券等形式，引导广大市民群众和中外游客积极参与到“文明游园”活动中来，使各种不文明游园行为得到有效遏制，使各景区（点）成为展示市民文明素质和城市文明形象的重要窗口，为打造人文奥运品牌创造良好的社会环境和道德风尚。

三是开展“万名游客评景区”活动。以“迎奥运、讲文明、树新风”为主题，以提高服务水平为重点，以让广大游客满意为目标，继续把“万名游客评景区”活动往深里做，往实里做。组织青年志愿者在各主要景区（点）出入口向游客发放选票，或通过开展网上评选，让游客根据切身感受，对景区服务、环境、秩序、管理等各方面给予综合评价，提出意见或建议。评议结果将作为评选文明景区的重要依据之一。

四是开展“创建文明景区达标竞赛”活动。以治理环境卫生、提高服务质量、整顿旅游秩序、加强硬件建设为基本内容，深入开展“创建文明景区达标竞赛”活动，集中解决市民群众普遍关心、与广大游客切身利益密切相关的突出问题，全面提升各景区（点）的文明程度，提供一流的旅游服务、打造一流的旅游环境、塑造一流的旅游形象，全面展示旅游建设的成果，不断增强城市的美誉度、影响力和吸引力，进一步优化发展环境。通过量化考核，挂牌表彰一批“文明景区”。

供稿：秦皇岛市文明办

秦皇岛市

突出四项主题广泛开展“邻里节”活动

为弘扬邻里团结、互助和睦的传统美德，融洽邻里亲情，建设安定祥和、温馨和谐的新型社区，秦皇岛市以“争做文明市民、建设和谐社区”为目标，在全市广泛开展首届“邻里节”活动，引导社区居民树立“以社区为家”、“以社区为荣”的意识。

一是开展以“相知”为主题的“邻里情”交流沟通活动和“邻里颂”争先创优活动。印发了《秦皇岛市文明邻里公约》，并组织社区居民代表在《秦皇岛文明邻里公约》上签名；在《秦皇岛晚报》开设专栏，开展了热心邻居夸一夸、身边的好邻居有奖推荐活动。以联名推荐的方式和讲述邻里间的感人故事的形式，使邻居们由相识到相知，由相疏到相助，密切邻里关系，增进邻里友谊。与此同时还将好邻居的事迹公布在报纸和文明秦皇岛在线网站上，最后经群众投票评选出“十佳好邻居”。截至目前，已有150位居民被推荐为好邻居，近18000人参与了投票评选。

二是开展以“相助”为主题的“邻里帮”文明互助活动。在全市180个社区发放“邻里亲连心卡”，邻里互赠“睦邻卡”、“邻里互助卡”或签订邻里互助合约，卡片上登记了自家所在单元每一户的电话，以方便邻居之间的联系。发动每户居民都向社区申报可为邻居免费提供的服务项目，并由社区对具有一定专长的居民进行登记造册。到目前为止，全市共发放“邻里亲连心卡”、“睦邻卡”、“邻里互助卡”等共计100万张，申报登记自愿为社区及邻居服务的家庭接近5万户。

三是开展以“和谐”为主题的“邻里乐”风采展示活动和“邻里和”睦邻友好活动。与全市开展的社区彩色周末活动相结合，举行了“邻里情，一家亲”文艺演出。全市共有25个社区自编自演了30个群众喜闻乐见的节目参加了文艺演出，丰富了群众的业余文化生活，增进了邻里之间的感情。在《秦皇岛晚报》上开辟“帮助寻找老邻居”专栏，截至目前专栏接到了近300位市民寻找老邻居的委托；开展了“邻里情，一家亲”趣味运动会。通过运动会，使社区居民、邻里之间打破自我封闭、互不关心的“坚冰”；各社区还组织市民参加公益活动，如邻里共同参与，共植一片林，关爱社区孤寡老人、留守儿童等，在社区营造了和谐温馨的浓厚氛围。

四是开展以“文明”为主题的“邻里学”礼仪学习活动。开展以社会礼仪、家庭礼仪、生活礼仪为主要内容的文明礼仪宣传教育实践，努力营造万户家庭学礼仪的良好氛围。举办“以德为邻”公德知识网络竞赛，以社会主义荣辱观教育为主题，以社区为单位学习邻里间交往礼仪，包括串门、占楼道、养宠物、习惯行为等沟通交流策略及禁忌，进而引导居民养成科学、文明、健康的生活方式。目前，全市共有6000人参加了公德知识网络竞赛答题，各社区开展邻里交往礼仪培训班200场次，取得了良好的社会反响。

供稿：秦皇岛市文明办

秦皇岛市
三措并举深入开展“迎奥运优雅行动”

为进一步营造优雅文明、遵章守纪、热情好客、讲究礼仪的迎奥运氛围，秦皇岛市以“迎奥运优雅行动”为主题，在全市广泛开展“文明待客、文明观赛、文明观演”教育实践活动，引导市民文明待客、文明观赛、文明观演，取得良好效果。

一是开展“以礼待宾客，用爱暖港城”教育实践活动。通过制订《机关文明待客公约》，印发《日常接待实用英语手册》，推行文明用语“双语化”，对全市机关干部进行文明待客礼仪培训。截至7月底，已印发各种学习资料3万册（盘），受训人数达2.7万人。面向社会各界聘请“文明待客监督员”，组织暗访组，查看文明待客素质，曝光不文明待客行为。截止目前，全市已经通报存在问题单位2家，涉及问题的单位均上报了整改措施。

二是开展“文明观赛事，理智对输赢”教育实践活动。邀请有关专家举办奥运知识和观赛礼仪“公益大讲堂”75场，切实提高广大市民的观赛水平；在各类比赛开始前，组织志愿者发放《观赛指南》，广播《文明观众公约》，并组织志愿者在赛场开展“垃圾不落地、文明在手中；口不吐国骂、文明在嘴边”宣传教育活动，引导观众文明观赛；利用电视、网络等媒体，通过公益广告、开办专栏等不同形式，开展“如何欣赏体育比赛”大讨论，搭建市民交流的平台；组织文明观赛啦啦队，使其成为引领赛场文明的中坚力量，发挥示范带动作用。目前，文明观赛啦啦队队员已超过5000人。

三是开展“摒弃观演陋习，争做文明观众”教育实践活动。印发《倡议书》20万份，向全市人民提出倡议，倡导文明观演；在各经营性演映场所悬挂大幅《观众须知》和《文明观众行为规范》，并组织志愿者协助演出场所设立“文明观演督导员”，随时纠正观演中的不文明行为。同时，录制“摒弃观演陋习，争做文明观众”公益宣传短片，在市主要媒体和各演出场所开场前播放，促使观众反省自身行为，自主规避不文明观演行为；邀请有关专家举办音乐会、歌舞剧、戏曲等观演知识讲座，并制成光盘在市电视台播放，逐步提高市民群众的观演水平。

供稿：秦皇岛市文明办

秦皇岛市

广泛开展“创服务品牌树港城形象”活动

为贯彻落实全省“文明服务奥运、和谐彰显河北”动员大会精神，秦皇岛市广泛开展“创服务品牌，树港城形象”活动，推进全市各窗口行业进一步更新理念，提高服务质量，打造服务品牌，树立城市形象，为迎接2008年北京奥运会创造优质的服务环境。

一是树立良好的服务形象迎接奥运。要求全市窗口服务单位的人员，强化服务奥运意识，大力推行人性化服务，通过抓作风，抓教育，对行为举止等进行规范和约束，树立良好的外在形象。重点抓好全市出租车行业整顿，着力提高出租车从业人员的整体素质，以“星级服务车竞赛”活动为载体，力争做到“六个一”，即仪容仪表整洁一点、车厢内外干净一点、迎来送往亲切一点、驾驶行车规矩一点、诚信经营自觉一点、好人好事多做一点，积极打造“奥运文明使者”和“奥运星级服务车”等出租车服务品牌。与此同时，在全市酒店宾馆等服务行业强化“服务奥运，奉献社会”教育，通过开展全员道德素质、奥运礼仪培训，树立良好的服务形象。7月份全市的窗口行业服务满意率抽样调查显示，交通、税务等窗口单位的满意率上升了12个百分点，出租车、酒店等服务行业的满意率上升了18个百分点。

二是打造过硬的业务技能服务奥运。在全市窗口行业开展全员大培训活动，切实提高从业人员的服务技能。在旅游、商务、金融、卫生、市政、通信等公共服务行业和边检、海关等涉外窗口单位，结合业务工作实际，广泛开展职业道德、岗位技能、外语手语、奥运知识、应急处置等教育培训，提高服务水平。为满足承办奥足赛的需要，在直接面向社会、服务公众的窗口推广使用普通话和100句英语日常用语，做到所有员工必须讲普通话，涉外业务的员工能熟练运用外语，使用文明、规范的行业用语，禁用服务忌语。到目前为止，全市参加奥运知识、外语手语等与奥运服务相关技能培训的人员已超过3万人次，培训率为84%，全市各个窗口行业的服务水平得到明显提升。今年全市还将在旅游行业投入近 9 亿元打造“奥运游”品牌，制定奥运旅游接待计划，培训奥运旅游专门人才，打造奥运旅游精品项目。

三是锤炼一流的服务质量保障奥运。在全市公用服务行业牢固树立“服务第一”意识，加强行业培训，按照行业特点和服务内容，不断强化服务意识，规范服务行为，提高服务人员的业务素质和服务质量。尤其在直接面向社会、服务奥运的窗口行业和社会服务组织，凡工作性质允许的，都逐步推广承诺制、公示制、信誉制、首问负责制等工作制度，向社会公布岗位职责、办事程序、服务规范、收费标准、工作纪律、查询办法、赔偿规定等，自觉接受群众监督。以公用事业为例，截至目前，秦皇岛市开通的“公交热线”品牌，把咨询、投诉融为一体，实行“一线接通，全面服务”，极大地方便了市民及外地游客在秦皇岛市的出行和观光。由秦皇岛市电力公司打造的“电力红马甲”品牌以“点亮自我，照亮奥运”的价值追求和“始于客户需求，终于客户满意”的服务理念为迎接2008年奥运会建立了强大的供电保障系统。

供稿：秦皇岛市文明办

秦皇岛市

大力开展“同迎奥足赛共创文明城”活动

河北省秦皇岛市以“同迎奥足赛，共创文明城”活动为主题，在全市范围内广泛组织开展群众性迎奥运实践活动，以实际行动打造“新港城、新奥运”品牌。

一是开展畅通行动，打造良好的交通秩序。狠抓文明行车。广泛宣传交通管理法规，积极开展交通安全“五进”活动，层层签订交通安全责任状，加强对司机的教育和管理，加大各种交通违法行为处罚力度。狠抓文明停车。科学设置安装各类交通标志，解决公交车、出租车停车占路问题；强化停车秩序整治，加大对各条街道特别是易发事故、拥堵路段的巡逻执法和对乱停乱靠行为的治理。狠抓文明乘车。深入开展“文明乘车、爱心让座”活动，教育引导广大乘客排队候车、有序上车、尊老爱幼、文明礼让。

二是开展优雅行动，塑造良好的文化品位。制作公务礼仪宣传资料，完善《秦皇岛市党政机关工作人员行为规范》并开展践行活动，印发《日常接待实用英语》手册，推行文明用语“双语化”，倡导文明待客。搞好对导游员和景区工作人员的培训，指导旅游景区为游客提供更加便捷的服务，倡导文明游园。在全市各经营性演出场所的显著位置悬挂、张贴“文明观演”宣传标语、《观众须知》和《文明观众行为规范》，在广大干部群众中开展争做“文明观众”活动，宣传表彰文明事例和“文明观众”典型，倡导文明观演。在各类比赛前，以传单、观赛指南等方式对观众进行宣传教育，引导观众文明观赛。组织志愿者在各类体育赛事现场宣传观赛礼仪、赛场文化，引领文明助威活动，劝阻赛场的不文明行为，禁止“国骂”。邀请体育专家举办“公益大讲堂”，提高广大市民的观赛水平。

三是开展新风行动，塑造良好的民俗风尚。坚持疏堵结合，积极推广文明祭扫方式，并通过行政手段和法律手段禁售烧纸和禁绝沿街烧纸行为，培育祭扫新风、摒弃陈规陋习。指导餐饮行业积极设置和推行小份菜碟，主动提醒客人理性消费，文明饮酒；指导餐饮门店在显著位置悬挂、张贴倡导文明用餐的标语和宣传画，提醒广大顾客节约消费、文明就餐。通过各种途径宣传推广文明购物“十二种行为规范”，在购物场所增设文明购物提示语和宣传画，引导市民群众自尊自爱，杜绝带宠物进入商场等不文明购物行为。

供稿：秦皇岛市文明办

秦皇岛市北戴河区

开展“商户党员亮身份”活动

北戴河区围绕“充分发挥党员的示范带头作用，倡导文明健康有序的经营环境”这一主题，在广大私营商户中开展“商户党员亮身份”活动，积极营造文明诚信的经营环境。一是成立临时党支部，为活动提供保障机制。通过走访商户、深入实地调查研究、召开商户党员经营者工作会，组建了保二路商户临时党支部，并选举在商户中威信高、能力强，积极参与党建活动的商户党员担任临时支部书记。临时党支部的成立为活动提供了保障机制，商户党员将在党支部的带领下守法经营、文明服务，争创旅游区文明经营的典型。二是为商户党员发放标牌，扎实开展活动。临时党支部为保二路上的私营商户党员发放了写有“党员经营户”和“八荣八耻”内容的桌牌，私营商户党员们纷纷将桌牌摆放在柜台的醒目位置上，有效地促使党员商户自觉地提高服务水平来接受群众的监督。“党员经营户”挂牌经营以来，效果显著，一是树立了党员形象，提升了顾客和群众对党员的信任度，游客们购买物品时，往往首选“党员经营户”。二是推动了市场诚信文明经营，党员商户的荣誉感和责任感进一步增强，“党员经营户”已成为个体业主的典范，向“党员经营户”看齐的风气已悄然形成，出现了个体从业人员积极向党组织靠拢的可喜变化。

供稿：秦皇岛市文明办

秦皇岛市北戴河区

实施迎奥运树新风精神文明建设“十百千”工程

为迎接2008年北京奥运会，协办好奥运会足球赛，秦皇岛市北戴河区在全区开展了迎奥运、树新风、精神文明建设“十百千”工程。“十”，即在全区旅游服务行业、部门和单位开展创建文明单位活动，每年评选出十家“文明单位标兵”。“百”，即在全区旅游服务行业干部、职工、群众中开展争做文明北戴河人活动，每年评选表彰百名“文明北戴河人标兵”。“千”，即开展“千名志愿者迎奥运、服务游客”志愿活动。

一是明确标准。区文明委下发了《关于开展精神文明建设“十百千”工程的实施意见》，对活动进行周密部署，制定了《北戴河区文明单位标准》、《文明北戴河人标兵标准》、《北戴河区志愿者任务》，形成文明委安排部署，文明办组织发动，各相关行业、部门、单位具体落实的工作格局。

二是亮明身份。广大团员青年在工作岗位上，亮明团员身份，在工作中佩戴团徽，倡树“良好道德、诚信守诺、讲礼重仪、文明和谐”四种新风，做好文明服务的“践行者”和“宣传者”。在私营商户和出租车行业中，先后成立了临时党支部，个体商户党员，出租车司机党员佩戴党员标志，亮明党员身份，自觉接受群众的监督，为其中涌现出来的先进典型悬挂了“先进个人”标牌，张贴了“优质服务车”标识。在“迎暑期、迎奥运，巾帼文明流动岗示范竞赛活动”中，为评选出的42个妇女经营岗位授予“巾帼文明流动岗”荣誉称号，使其充分发挥示范带动作用，有效提高妇女经营者的文明素质和服务效能。充分利用假期开展“红领巾护路小卫士、红领巾交通小卫士、红领巾环保小卫士”等各种红领巾小卫士教育实践活动，活动期间小卫士佩戴红领巾、袖章、戴安全小黄帽，执旗上岗。为机关干部中的先进典型摆放了“先进个人”桌牌，以展示机关干部文明礼貌、热情好客、和谐友善、奋发向上的精神风貌。全区红领巾、青年、巾帼和共产党员四支志愿者服务队统一发放了旗帜与服装，在游人和群众集中的地点，为其提供旅游、交通、医疗、卫生等方面的服务。

三是大力宣传。加大宣传力度，对精神文明建设“十百千”工程中涌现出来的先进典型和先进事迹进行大张旗鼓的宣传。在区电视台设立活动专栏，开辟《精神文明光荣榜》，大力挖掘、培树、宣传、报道创新精神文明建设工作的好典型、好做法、好人好事，积极营造创建活动的浓厚氛围。大张旗鼓地宣传在活动中涌现出来的先进个人，以区委、区政府的名义对先进个人进行了通报表彰，敲锣打鼓将喜报送到其单位，并召开小型表彰会，让先进身边的人都知先进、学先进、赶先进。

四是效果初显。北戴河区实施迎奥运、树新风、精神文明建设“十百千”工程以来，取得了较好效果，涌现出全国人大代表郭文香、全国劳动模范李集周、好的哥朱智生等一大批文明北戴河人代表。据不完全统计，活动开展以来，全区广大干部群众累计协助公安机关破获各类案件209起，救助溺水、轻生、走失、危重游人2380人次，拾到现金、手机、照相机、现金卡等贵重物品归还失主折合人民币700余万元，“迎奥运、树新风、精神文明建设‘十百千’工程”成为展示文明北戴河人良好形象的平台。

供稿：秦皇岛市文明办

秦皇岛市海港区

通过社区文化节提升市民文明程度

秦皇岛海港区以社区文化节活动为载体，号召广大居民通过参与丰富多彩的文化活动，不断提高文明程度，进一步推动全区文明和谐社区创建工作。

一、以“同绘文明在社区”为主题，以楼栋为单位开展“区徽我来画、区歌大家唱”群众性创作评比活动。利用板报、宣传栏、社区简报等形式对参评作品进行公布，以印发选票的形式发动居民踊跃参与评选。在此基础上，通过社区文体队伍以歌曲舞蹈、诗歌散文、手工制作等艺术形式进行宣传，做到家喻户晓、人人皆知，不断提升社区居民的文明程度。最后将65个社区的区徽、区歌统一收入《海港区首届社区文化节日图册》，进一步扩大该区文明和谐社区创建的影响力。

二、以“邻里同乐在社区”为主题，开展居民才艺展示活动。该区结合“文明和谐家庭”评选，充分发掘辖区内文艺人才资源，组织专业人才深入到社区，与社区各类群众性文体队伍建立起直接联系，共同创作出一批脍炙人口的文艺作品，丰富社区的文化底蕴，在以往“邻里节”活动的基础上，组织开展“百位艺术家进社区、千名居民展才艺、万户邻里一家亲”系列活动，让广大居民在书画创作、摄影展览、民间艺术、趣味运动、技能竞赛等各类具体的活动中陶冶情操、增进感情。

三、以“同享奥运在社区”为主题，开展“社区文化节”大型互动演出活动。该区紧紧抓住2008年奥运会足球分组赛的机遇，以“同享奥运在社区”为主题，由街道组织社区开展“互访、互动、互演”文艺交流活动，普及奥运知识，提高居民奥运会主人翁意识，并集中一天时间，在全区65个社区的公园、文化广场等公共场所统一举办“迎奥运、讲文明、树新风”文艺演出，在此基础上，挑选出文艺精品，组织开展“海港区社区文化节”大型文艺汇演，将“社区文化节”活动推向高潮。

供稿：秦皇岛市文明办

抚宁县

采取三项措施加强文明诚信经营

为规范守信的市场环境，加强各行业的社会信用体系建设，抚宁县以构建“诚信抚宁”为目标，促进商家的诚信经营，在全体个体私营企业中广泛开展了文明诚信经营创建活动，建立了良好的信用管理体系，保护了消费者的合法权利。

一是以人为本，加强诚实守信教育。充分利用报刊、个私经济协会简报、电视台等新闻媒体开展了“诚实守信，规范服务”为理念的职业道德宣传教育。举办了个体工商户的职业道德和法制教育培训班，全年共办班52期，参训9500余人，受训率达95%以上，共出板报77期，市场广播200余次，培训的内容有国家新公布的有关法律、法规以及职业道德、文明礼仪教育等，会员遵纪守法、照章纳税、恪守职业道德的观念和奉献社会的意识明显提高。二是广泛开展“文明诚信市场”、“文明诚信一条街”、“文明诚信经营户”、“县城百店无假货示范店”等诚信实践活动。结合“基层活动年”寓教育、服务于活动之中，采取灵活多样的方式，组织广大会员积极开展丰富多彩的活动。开展以“知荣辱、树新风、讲诚信、求发展”为主要内容的社会主义荣辱观教育活动，把社会主义荣辱观教育与文明诚信经营创建活动相结合，印发宣传材料6000余份，引导广大会员从思想上树立社会主义荣辱观，在行动中切实做到以诚为本、以信待人、合法经营；县城迎宾路和石门寨镇等商业街开展了创建“文明诚信示范街”活动，并树立了醒目的街牌；在全县1512个体工商户、156户私营企业和三条商业街开展了“文明诚信”创建活动，为241户基本符合参赛标准的门店和私营企业悬挂了“参赛单位”牌匾。三是建立健全信用管理制度，切实加强维权活动。为切实保证“文明诚信企业”创建活动的深入开展，规范文明诚信创建内容，在私营企业中制定了“文明诚信示范企业”的12项考评制度，先后建立电子档案500个，为100个单位悬挂了“八荣八耻”和参赛规则宣传牌，为县城内6户食品放心店挂牌。组织执法部门出重拳，严厉打击各种假冒伪劣产品。自活动开展以来，共受理各类投诉972件，解答消费咨询12万人次，成功调解825件，处理上级分派投诉88件、建议2件，为消费者挽回经济损失91.8万余元，消费者满意率达100%，切实维护了消费者的合法权益，在全县形成了诚信为本、诚信立业的共识。

供稿：秦皇岛市文明办

卢龙县

广泛开展“迎奥运 懂礼仪”教育活动

为培养学生良好的行为习惯和文明素养，卢龙县从4月份开始，在全县中小学开展了“情系奥运，文明礼仪伴我行”主题教育活动，取得了显著成效。

一是开展礼仪规范教育活动。各学校普遍制定了《文明礼仪行为规范》，并采取班级黑板报、红领巾广播站等灵活多样形式，让学生人人熟记《规范》要求，做到入眼、入脑、入心。有的学校还采取让学生趣背《一日常规七字童谣》、《我是文明小学生拍手歌》和《弟子规》的经典片断等形式，解读《小学生日常行为规范》和《学生文明礼仪规范》，让学生在玩、唱过程中，把行为规范扎根心中。各学校把文明礼仪教育纳入课表，开设了文明礼仪课，加强对学生不文明礼仪行为习惯和社会公德意识的培养，并严格管理强化训练，使学生成为举止文明、懂得关心他人，关心社会，有道德修养的人。实验二小还要求学生实现“三管住”。即：管住自己的口，不随地吐痰；管住自己的手，不乱扔垃圾；管住自己的脚，不践踏花草，培养学生良好的行为习惯。

二是开展“感恩母亲”和“爸爸、妈妈，我想对你说”主题活动。以母亲节为契机，结合县妇联组织开展的“温馨奉老人、和谐进万家”活动，教育局组织开展了给母亲送贺卡、为母亲做一件特别有意义的事、帮母亲做一天家务活、与母亲合作共同制做一份“心意卡”和帮母亲完成一个心愿（如绘画、手工艺品、优美的歌声等）“五个一”教育活动，引导学生孝敬母亲，回报母爱，让母亲感受儿女的爱，各学校孩子们积极参与响应，纷纷制作各种手工小制作、绘画、电脑小报等作品献给母亲，并用文章、歌曲、家务操作实践等形式传递亲情与问候，传递感激与祝福，共两万个母亲收到带着儿女亲情祝福的卡片。该县还开展了以“爸爸、妈妈，我想对你说”为主题的第二届青少年书信文化活动，近万名中小学生参加了书信文化节活动，使学生加深了与父母的情感沟通，继承和发扬了中华民族传统美德，孝敬父母，学会感恩，增强了对家庭和社会的责任感。

三是开展礼仪道德实践活动。组织各学校开展了“文明礼仪伴我行”、“文明举止我先行”、“礼仪标兵评选”、“手拉手”联谊活动等，并要求各学校将礼仪教育延伸到社会，教育学生在公共场所如何让路、如何让座、说文明话等，同时各学校根据自身实际开展各具特色活动。如实验三小组织学生制作礼仪书签、手抄报、漫画；收集“礼”的歌谣、故事、名言等，引导学生在寻寻觅觅、勾勾勒勒中进行细节思辨，让礼仪直观、形象地走入学生的心田，都取得了非常好的效果。

四是在教师中开展“人人一节拿手礼仪课”活动。要求教师树立“六个一”，即：“一幅仪表风范，一张笑脸相迎，一句好话回应，一双眼睛鼓励，一颗爱心相待，一片真心奉献”风范，使广大教师做到处处严格自律、庄重大方、热情友好、礼貌待人，为学生树立了榜样。

供稿：秦皇岛市文明办

唐山市

广泛开展“人人都来‘帮一点’共建文明和谐大家庭”主题实践活动

最近，《河北日报》连续报道的“帮一点”的爱心故事，在社会上引起强烈反响。为将这一精神发扬光大，唐山市文明办向全市发出倡议，号召全市人民广泛开展“人人都来‘帮一点’，共建文明和谐大家庭”主题实践活动。

一、深入理解把握“帮一点”精神的思想内涵，使之成为全市人民建设繁荣文明和谐新家园的有力道德支撑

“帮一点”这个故事发生在唐山，是唐山人民的光荣和骄傲。虽然这个故事的情节并不曲折，也不惊天动地，但平凡中见伟大，是唐山700多万人民富有爱心，追求文明，以实际行动共同建设繁荣文明和谐新家园的缩影。这个故事折射出中华民族扶贫济困、乐善好施的传统美德，更是“公而忘私、患难与共、百折不挠、勇往直前”抗震精神在新的历史时期的延续和发扬光大，也是唐山市精神文明建设的一曲新颂歌。“帮一点”精神，为抢抓新机遇，建设新唐山，在科学发展的道路上实现新跨越提供了有力的道德支撑。

二、广泛学习宣传“帮一点”精神，使之成为践行社会主义荣辱观、加强公民道德建设的重要内容

各地各单位要采取多种形式，依托各种宣传阵地，广泛学习宣传“帮一点”精神，并使之成为践行社会主义荣辱观、加强公民道德建设的重要内容，特别是结合唐山抗震救灾的历史，进行抗震精神的再教育活动。进一步强化全市人民知恩感恩、回报社会、奉献他人的思想意识，进一步弘扬患难与共、扶贫济困、乐善好施的慈爱情怀，使“帮一点”精神日益深入人心，真正在全社会形成人人关心他人，人人为共建美好家园作贡献的良好社会风尚。

三、全市上下积极行动起来，人人都来“帮一点”，共建文明和谐大家庭

唐山人民患难与共，也孕育了博大的爱心。“帮一点”正是唐山抗震精神在新形势下的延续和发扬光大。“帮一点”精神，是唐山人民博大胸怀的浓缩，也是这座英雄城市又一张最美的爱心名片。全市人民为拥有这张名片而骄傲，也要为之永葆魅力继续创造。全市共产党员、共青团员和广大机关干部要从现在开始，把弘扬“帮一点”精神作为落实为人民服务宗旨观的具体要求，率先垂范，为群众办好事、办实事，带动和引领社会风尚的健康发展；各级志愿者组织和广大志愿者，要把弘扬“帮一点”精神和弘扬志愿者精神有机结合起来，服务人民，奉献社会，推进志愿服务活动不断掀起新热潮；教育部门和各级团队组织要把弘扬“帮一点”精神作为加强未成年人思想道德建设的重要内容，加强教育实践，使这一精神薪火相传，发扬光大。全市人民要以文明市民标兵和优秀市民为榜样，把弘扬“帮一点”精神，作为自身净化心灵、感悟崇高、提高境界的道德追求，作为播洒爱心、共造和谐的道德实践，从我做起，从小事做起，用真诚爱心和自觉行动，为把唐山建设成为文化名城、经济强城、宜居靓城、滨海新城作贡献。

供稿：唐山市文明办

唐山市丰润区

港湾心理热线搭起未成年人教育平台

为向广大市民普及心理健康知识，进一步加强全区青少年心理健康教育，河北省唐山市丰润区开通“港湾心理帮助公益热线”。热线由十余名取得国家劳动部心理咨询师职业资格证书、具备职业心理咨询资格的志愿者组成，每晚7点至9点，针对婚姻家庭、心理障碍、情绪的抑郁、紧张焦虑、青春期生理发育、升学与就业心理辅导、自我意识和适应、异常行为心理等方面的问题，提供服务咨询，不收取任何咨询费用。同时，还制定了咨询师职业章程，明确规定对于接听来询电话讲文明用语，对来询者和来询内容严格保密，对于不符合咨询范围的患者来电，及时通知其道有关医院就诊。热线开通以来，共接到咨询求助电话1700多个，义务解答群众问题1000多条，在中小学校和幼儿园举办公益讲座40余场，听众7000多人次。同时，为全区学校老师全部建立了心理档案，到公共场所普及心理健康知识。

供稿：唐山市文明办

唐山市古冶区

开展“十项新农民培训”活动

古冶区以实施三年（2007年至2009年）新农民素质教育工程为载体，开展“十项新农民培训”活动，努力把农民培养成为有文化、懂技术、会经营的新型农民。

一是实施农村成人教育工程。充分利用成人教育学校和农广校、职校等教育阵地，对农户进行劳动力转移的引导性培训，同时，深入实施“一村一名大学生”工程，加强对农村乡土人才的培养，提高其理论水平和专业技能。

二是实施实用技术培训工程。通过举办农技知识培训班，进行现场农业技术指导，向农民传授农业实用科技知识，并充分发挥农业科技龙头企业的示范带头作用，提高农民致富本领。

三是实施农村富余劳动力转移就业培训工程。按照农民需求意向、企业缺岗、需岗情况，对农村富余劳动力进行引导性和示范性职业技能培训，并与用工单位采取委培、代培等形式，鼓励用工企业开展定向、定单培训，提高受训农民的就业率。

四是实施农村党员干部培训工程。充分发挥区乡两级党校和村党员活动室作用，开展夏、冬两季党员轮训、农村干部素质提高班等活动，并建立农村党员干部和其他与农民生产生活相关服务人员的培训制度，加强在岗培训，提高服务能力。

五是实施农村精神文明教育工程。围绕《公民道德建设实施纲要》，以创和谐家庭、和谐乡村为载体，通过群众喜闻乐见的形式宣传健康科学常识，倡导文明健康生活方式，培养以社会主义荣辱观为核心的社会主义道德。

六是实施农村民族宗教领域管理和政策法制教育工程。以土地承包法、民事诉讼法、各级关于新农村建设的部署等与农民生产生活相关的内容为重点，通过“送法进村”等活动开展普法宣传教育，使广大农民成为知法守法的新型农民。

七是实施“文化、科技、卫生”三下乡工程。通过举办文艺演出、送电影入村、开展农业知识培训、健康大课堂讲座等形式，用先进文化占领农村阵地，引导农民追求健康的生活方式。

八是实施农村妇女素质教育工程。通过开展“万村千乡市场”、“巾帼建功”、“双学双比”等活动，向农村妇女提供市场和项目信息，加强文化知识、温室大棚种植、花卉种植技术和奶牛、鸡、羊、猪等养殖方面的培训。

九是实施培养、选拔、扶持“科技示范户”工程。在乡、村选拔能开展规模化生产和具有创业能力的农民骨干，通过政策引导、信息服务、创业资金扶持和技术支持，使其具备规模化和专业化生产经营的能力，并带动其他农民致富。

十是实施新农民素质教育讲师团工程。由区委牵头，组织涉农部门成立新农民素质教育工程讲师团，并聘请专家学者举办讲座，解答农民群众关心关注的热点、难点问题，增强吸引力和感染力。

供稿：唐山市文明办

廊坊市

全面实施“绿色奥运工程”

为以崭新的面貌迎接2008年北京奥运会，河北省廊坊市全面实施绿色奥运工程。

一是构筑京津绿色屏障，把廊坊建在林中。市委、市政府根据廊坊地处京畿的独特地理位置，始终把绿化作为一项有生命的基础设施来抓，坚持不同其他城市比楼高车多，而是比草绿花红，比空气清新，比环境优越。“十五”期间，全市依托三北防护林、退耕还林、防沙治沙、世行贷款造林等重点项目大搞城乡绿化，全面改善生态环境，相继实施了“绿色屏障大会战工程”、“‘十、百、千’样板绿化工程”、廊大、廊霸等干道的“风景绿廊”工程，五年造林160万亩，使全市林地总面积达到351.2万亩，森林覆盖率达到36.5%。

二是不欠环境新账、多还旧账、减排减污。大力实施环境修复战略，对已经存在的污染问题，加快治理步伐，全力多还旧账。新上项目严格按照“要上新项目，必先落实‘增产不增污’或者‘增产减污’的总要求”，在新建项目中，把排污总量指标作为审批把关的“总闸门”和前置条件，在所有新企业建立“企业环境信誉体系”，并纳入全市信用体系统一管理，引导企业法人树立自觉保护环境的观念。

三是为环保买下“终身保险”。为了建立环保长效机制，全市投入数千万元资金，在辖区通过ISO14001环境管理体系认证。按照认证要求，市县两级367个认证主体部门，每季度开展一次监督自查，市政府每年组织两次全市范围内监督检查。为了确保环境管理体系的公正、顺畅运行，聘请第三方——中环联合认证中心外部验证与审核，每三年进行一次复审，复审不合格者取消环境保护先进单位资格。经过不懈努力，全市区环境质量逐年提升，各项指标达到或优于《国家环境保护模范城市考核指标》要求，以良好的城市环境迎接2008北京奥运会的成功举办。

供稿：廊坊市文明办

廊 坊 市

广泛开展“送温暖献爱心帮助困难群众”活动

一是广泛动员，形成氛围。市委办公室、市政府办公室下发了《关于在全市开展“送温暖、献爱心”捐助活动的通知》，制定了市本级活动实施方案。《廊坊日报》对市委、市人大、市政府、市政协及社会各界的捐助情况进行跟踪报道；廊坊电视台除在新闻节目中报道捐助活动外，还在《廊坊零距离》专栏制作专题节目，宣传捐助活动的重要意义，报道典型事迹；市民政局捐赠办公室专门以《捐助快报》的形式及时反馈活动动态；市政府信息中心在《每日要闻》信息专刊及时公布捐赠工作进展情况。截至目前，已接到捐款156.58万元、衣物4773件。另外，杉杉集团还向我市的城镇低保对象、城乡困难群众和灾贫户捐赠总价500万元的羽绒服、棉衣共15000余件。

二是领导带头，精心组织。市委、市政府、市人大、市政协等市四套班子领导带头捐款，并统筹安排，分别组织了集中捐助仪式，为全市的捐助活动树立了榜样，起到了带动作用。部分出差在外的党员干部不能参加捐助活动，就委托他人捐款，积极参加活动，表达对困难群众的一份关心。很多单位的离退休干部也加入到捐助活动行列，为困难群众献一份爱心。在本次活动中，廊坊军分区、驻廊坊各部队部署快、效果好，充分体现了部队雷厉风行的工作作风和较高的工作效率。部队首长率先垂范，慷慨解囊。据统计，本次活动驻廊坊各部队捐款达18万余元。

三是社会参与，同献爱心。各级文明单位带头捐款捐物，起到示范作用。市民政局在局机关集中举行捐助仪式，仅一个多小时的时间，就收到捐款101000元。同时，市民政局严格做好款物登记工作，把捐款直接存入财政专户，把衣物登记后入库保存。市委政法委、市体育局、市劳动和社会保障局、市统计局等单位专门召开动员会议，对捐助活动进行动员部署，走在了全市捐助活动的前列。市交通局、市教育局、市公安局等单位制订本系统的具体实施方案，捐款均在3万元以上。中国石油天然气管道局在活动中，局领导带头捐款，干部职工积极参加，共计捐款18万余元。许多干部职工除捐款外，还为困难群众捐赠衣物，达到3400余件。中国人民银行廊坊市中心支行的负责同志亲自把1万多元爱心捐款送到市民政局，表达了银行干部职工对困难群众的一份爱心。

供稿：廊坊市文明办

整理：陈东

廊 坊 市

开展“爱心五个一”主题实践活动

一是弘扬助人为乐精神，积极开展帮困助弱活动。市文明办向社会各界和广大市民发出倡议，在全市各级志愿者组织和各级文明单位开展“爱心五个一”帮困助弱活动，结对帮助一名残疾人、一名孤儿童、一名贫困学生、一名下岗职工、一户特困家庭，切实帮助他们解决生活、学习、就业等方面的问题，为弱势群体提供帮助。市教育局在全市城乡发动和组织万名少先队员进行募集课本、学习用具和节省零花钱，与农村较贫困少年儿童开展“手拉手”结对助学，同时组织市、县条件较好的中心学校与条件较差的农村中小学校实行对口支援，为他们无偿提供教学仪器、设备、教具和图书资料等，帮助改善办学条件。市明珠集团、市交通局公路管理处、市园林局等单位组织干部职工先后与500对贫困儿童签订结对救助协议。三河市组织志愿者与残疾人、下岗职工、五保户结成帮扶对子350对，为残疾人送去轮椅、拐杖等物品110余套，为优抚对象送去生活必需品、医疗药品价值2000余元。固安县在全县开展“送温暖，献爱心”救助贫困生捐助活动，全县机关和事业单位共筹集资金4932230元，广大群众也纷纷捐款，仅县内企业捐款达13.5万元。在廊坊市建立中科廊坊科技谷项目的杉杉集团，在企业发展壮大的同时不忘关心城乡特困家庭，捐赠14.16万元善款一次性拨付给市民政局。

二是弘扬尊老爱幼精神，积极开展爱老助老志愿服务活动。在市区和8个县（市）城区同时组织万名公务员志愿者、青年志愿者、巾帼志愿者、“夕阳红”志愿者、社区志愿者深入社区、敬老院，开展社区服务、清扫环境、医疗保健、生活设施维修、文化娱乐等志愿服务活动，切实帮助老年人解决生活中的实际困难。北华航天学院、廊坊师范学院组织志愿者到燕青老年公寓、安次区九州敬老院，通过陪老人聊天、表演小节目等方式，为老年人提供力所能及的志愿服务；武警学院管理系一队的志愿者以“多助一”方式与市光荣院的老年人建立长期稳定的服务关系，经常性地为老人们开展日常生活照料等各类志愿服务；康庄社区的青年志愿者组织志愿服务队为社区的孤寡老人提供医疗保健、文化娱乐、法律援助等多方面的服务。少先队组织也以中队和小队为单位，通过陪老年人聊天、为老年人唱一支歌、做一些力所能及的家务等活动帮助老年人。

三是弘扬廊坊“城市精神”，深化文明城市创建活动。以创建文明城市为载体，围绕提升市民文明素质，广泛开展文明乘车、文明游园、文明观演、文明行车、文明走路、文明就餐、文明购物、文明待客、文明过节、文明养犬“文明十个一”道德实践活动，引导广大市民从身边做起，从自己做起，积极参与“帮一帮、让一让”体验活动，践行“城市精神”，塑造“爱心城市”品牌，用实际行动促进团结友爱、助人为乐的良好社会风尚的形成。同时以“公交优先、方便并服务广大市民”为出发点，把文明交通“车让人”活动作为创建全国文明城市、建设“和谐廊坊”的突破口，在市区范围内广泛开展城市文明交通“车让人”活动，进一步加大城市交通管理力度，增强广大驾驶员和市民的交通法制意识、安全意识和文明意识，提升城市交通管理水平，为创建全国文明城市、建设“和谐廊坊”营造文明、安全、畅通、有序的道路交通环境，通过教育、引导、管理，使广大机动车驾驶人逐渐养成文明礼让的良好行车习惯。

供稿：廊坊市文明办

整理：邵凤霞

廊坊市
举办“践行城市精神，展示行业风采”大型展览

一是主题鲜明，内容丰富。展览以“创建文明行业、优化发展环境”为主题，以各行业主管部门和基层窗口单位的创建成果为主要内容，集中反映了各单位把创建工作融入全市经济社会发展之中，创新服务模式，改进服务手段，提高办事效率和服务质量方面的新举措和新成果；集中反映了各单位在建设“实力廊坊、效率廊坊、和谐廊坊”中取得的新成绩；集中反映各单位坚持以人为本，在提升员工素质，提升行业管理水平，推行规范化服务方面的新探索和新经验。二是规格高，规模大。这次展览得到市四套班子领导的高度重视，市委书记王增力、市长王爱民同志为展览题词，并带领市四套班子领导和37个行业的负责同志参观了展览。市文明办从上报的129家单位中选定了76家窗口单位，从5300张图片、图表中，筛选了800张图片，统一制作了80幅、长达120余米的展牌在时代广场展出，规模宏大。三是宣传力度大，影响面广。展览期间，市属各新闻媒体精心策划，对展览活动进行连续报道，搜狐、新浪等网站也对展览进行了深入报道，形成了集中宣传的高潮。全市100名文明创建督导员、76家窗口单位的员工代表组队参观了展览。活动开展5天来，广大的市民群众、驻廊部队官兵、高校学生、外企员工、外来务工人员及进城农民共计2万多人参观了展览。

供稿：廊坊市文明办

整理：邵凤霞

廊坊市
积极开展创建和谐企业活动

一是统一思想，营造氛围抓创建。市委、市政府把创建劳动关系和谐企业纳入了各级党委、政府及有关部门的重要议事日程，成立了市劳动关系和谐企业创建工作领导小组，出台了《廊坊市创建“劳动关系和谐企业”活动实施方案》，制定了创建活动三年规划，建立健全了工作制度，为创建活动的深入开展提供了组织和制度保障。为推进此项活动的开展，在市“一报两台”开辟了专栏，工商、税务、工会等系统通过印发资料、上网站、上橱窗等形式加强有关政策法规的宣传，先后三次召

开现场经验交流会，总结推出了一批典型。

二是立足“双赢”，分类推进搞创建。市、县各级领导小组按照市委、市政府部署，努力在“扩大参与范围、实行分类指导、健全各项制度、提高活动成效”上下功夫，推进公有制企业全部职工、80%的非公有制企业职工签订劳动合同。在工作推动上，坚持典型引路，分类指导，在改制企业，重点抓好改制过程、职工关心的安置问题和改制后的以职代会为主要形式的民主管理，维护了企业改制过程中职工的合法权益，促进了改制企业向现代企业制度的转变。在外资和外资控股企业，把维护职工的健康和民主权益作为重点，丰富完善外资控股企业民主管理的形式；在有一定规划的民营企业，坚持以职工代表大会和劳动合同、集体合同为抓手，促进企业和员工的民主交流、共同发展；在小企业数量多、农民工相对集中的乡镇（街道）或工业小区，着力推行区域性集体合同，指导农民工及时加入工会组织，并通过集体合同和劳动合同维护自身权益。

三是协调联动，形成合力推创建。各级文明办、劳动保障部门、工会组织、企业家协会把创建活动作为三方协调劳动关系的重点工作，每季度召开一次协调会议，做到了早谋划、早部署。市总工会把创建劳动关系和谐企业作为重点工作来抓；纪检部门把厂务公开、民主管理纳入了党风廉政建设和反腐败工作之中；组织部门在加强企业党组织建设和经营管理者队伍建设中，体现了推进民主管理和构建和谐劳动关系的要求。以劳动关系和谐企业创建活动为载体的“职工建功立业”、“创建学习型组织，争当知识型职工”和“我为招商引资作贡献”等活动受到各类企业的欢迎。

四是完善机制，激励约束促创建。为增强企业、职工参与创建活动的积极性，出台了奖励和制约政策，严格监督考核制度，并由市委督查室带队，定期开展全市范围的专项督导活动，推动各项工作部署落到实处。同时，对劳动关系和谐企业大张旗鼓地进行表彰奖励，并将劳动关系和谐企业创建工作纳入劳动模范、先进集体和先进个人的评选标准，对创建成效显著的企业，工商、劳动等部门给予政策倾斜。对“劳动关系和谐企业”实行动态管理，不搞终身制。建立了定期检查复核制度。对拒不参与创建或创建成效差的，取消各类评优资格。

供稿：廊坊市文明办

整理：陈东

廊坊市

“文明城乡、和谐廊坊”创建活动深入开展

一是深化拓展创建文明城市活动，引导人们争做文明市民。全面启动新一轮创建文明城市工作，广泛开展“文明十个一”活动，引导广大市民文明乘车、文明游园、文明观演、文明行车、文明走路、文明就餐、文明购物、文明待客、文明过节、文明养犬，提高市民文明素质和城市文明程度。组织开展创建文明社区活动，广泛开展“爱我社区”周末联谊活动，构建和谐社区。广泛开展营造城市森林大型公益活动，引导人们树立关心生态、保护环境的公德意识。把创建文明城市与“迎奥运、讲文明、树新风”活动有机结合起来，建立长效机制，推进城市管理常态化。

二是深化拓展创建文明生态村活动，引导人们争做新型农民。大力加强“村民中心”建设，整合各级部门的公共资源、公共产品、公共服务，建立信息、农技、法律、卫生、日用品及农资等五个配送中心，通过各县（市、区）二级配送中心、各乡镇配送服务站，将分散在各部门的整合涉农服务的公共资源、公共产品、公共服务集中整合，形成市、县、乡、村四级联动的配送服务体系。整合村街的经济资源，指导各村街整合自身拥有的资金、资产、资源，通过发展股份合作经济，经营、拍租土地，发展农家游等手段，发展壮大村街经济，不断增加集体收入，壮大集体经济实力，推进“村民中心”建设。

三是深化拓展创建文明行业活动，进一步优

化发展环境。围绕“项目质量提高年”，以提高党政机关、执法部门、服务窗口办事效率和服务质量为重点，在全市深入开展创建文明行业“三杯”竞赛活动，组织开展“行业诚信万人评”，加强对文明示范窗口单位的社会监督和新闻舆论监督，大力推进政务诚信、商务诚信、社会诚信建设。以“满意服务在窗口”为重点，在城建、公交、出租车、医疗、商业、旅游等重点窗口行业开展“争星级、创品牌”活动。按照环境整洁、设施齐全、管理规范、办事高效、诚实守信、服务优质等六个方面的标准，评选推出一批具有行业特色的优质服务品牌。

四是深入开展社会主义荣辱观教育实践活动，大力弘扬和践行廊坊“城市精神”。以社会主义荣辱观教育为核心，在各行各业大力弘扬和践行廊坊“城市精神”，在全市城乡开展“帮一帮、让一让”体验活动，动员和组织各类志愿者及社会各界广泛开展以“情满廊坊，爱心飞扬”为主题的社会公益活动，积极推动“希望工程”、“助学工程”、“春蕾行动”的实施，大力弘扬扶贫济困、助人为乐的道德风尚。在全市各级党政机关、企事业单位、学校组织开展文明礼仪教育活动。积极营造推动落实公民基本道德规范的社会氛围。

五是深入开展创建文明单位、文明村镇活动，发挥示范带动作用。制定出台《廊坊市文明单位、文明村镇管理实施细则》和《廊坊市文明单位、文明村镇测评体系》，对各级文明单位、文明村镇实行动态管理，加强动态考评，充分发挥各级文明单位在精神文明建设中的示范带动作用，为建设“实力廊坊、效率廊坊、和谐廊坊”作出新贡献。

供稿：廊坊市文明办

整理：陈东

廊坊市

开展“爱心暖廊坊”志愿服务活动

一是弘扬助人为乐精神，积极开展帮困助弱志愿服务行动。帮困助弱、团结互助是中华民族的优良传统。广大市民和社会各界要积极响应市委、市政府的号召，人人都来关心、关注和关爱弱势群体，向社会奉献一份爱心。全市各级志愿者组织和各级文明单位要积极参与“爱心五个一”志愿服务活动，结对帮助一名残疾人、一名孤残儿童、一名贫困学生、一名下岗职工、一户特困家庭，切实帮助他们解决生活、学习、就业等方面的问题，为弱势群体提供帮助。

二是弘扬尊老爱幼精神，积极开展爱老助老志愿服务活动。全市各级志愿者组织要组织志愿者深入社区、敬老院，开展社区服务、公益劳动、清扫环境等志愿服务活动，为老年人医疗保健、生活设施维修、文化娱乐等志愿服务，切实帮助老年人解决医疗卫生、用电、用水、出行等生活中的实际困难，使老年人“老有所养、老有所医、老有所教、老有所学、老有所为、老有所乐”，发挥余热服务社会，健康愉快地度过每一天，让老年人安享幸福晚年。

三是弘扬廊坊“城市精神”，积极参与“文明城乡、和谐廊坊”创建活动。让我们积极参与到创建活动中来，广泛开展“文明十个一”活动，做到文明乘车、文明游园、文明观演、文明行车、文明走路、文明就餐、文明购物、文明待客、文明过节、文明养犬，自觉实践公民道德，大力弘扬文明新风，增强文明意识，提高文明素质，用实际行动促进团结友爱、诚实守信、助人为乐的良好社会风尚的形成，让“爱心城市”成为廊坊一张亮丽的“城市名片”。

供稿：廊坊市文明办

整理：陈东

廊 坊 市

启动“营造城市森林，建设文明生态社区”活动

一、社区、单位绿化提升改造工程。在市区所有机关企事业单位深入开展争创园林单位活动，对市区各单位组织开展绿化普查，针对各单位存在的不同问题，督导各单位按要求进行增植补绿，丰富植物品种，提升绿化水平和实际效果；在全市78个社区广泛开展“营造城市森林，建设文明生态社区”活动，组织和动员社区居民、中小学生、志愿者队伍、社区单位职工积极参与各种形式的植树绿化活动，组织社区居民认种、认养、管护林木，签定《社区树木管护认养协议》。通过“营造城市森林、建设文明生态社区”活动，引导广大市民积极参与义务植树活动，人人动手共建美好家园。

二、城区专业绿化精品提升工程。重点抓好市区水系景观绿化。在八干渠、大皮营引渠、龙河三条河渠规划建设全长23公里，独具廊坊特色的“六廊九坊”水系绿化景观。实施城区出入口迎宾线绿化提升。抓好城区南出入口迎宾线、西出入口迎宾线、东出入口迎宾线的绿化提升改造，合理种植乔木、灌木，减少草坪，将三条迎宾线建成特色鲜明、色彩丰富、植物搭配科学合理的林荫路、景观路。

三、城区社会绿化改造提升工程。实施主次干道沿街单位拆墙透绿和增植补绿。和平路、解放道等5条主干道和新源道、永丰道、康宁道等6条次干道两侧单位限期拆除现有实墙1697米，新建通透式围墙；广阳道、金光道等7条道路沿街单位对门前裸露地面进行绿化改造，计划改造总面积20700.14平方米；由市房管局等单位负责对金桥小区、爱民桥附近裸露地面进行改造绿化，绿化总面积17382平方米。实施社会游园新建及提升改造。由中油管道房地产开发公司、中房房地产开发公司等单位负责，建设改造运通园、文化艺术中心人文生态园、友谊广场、北安园等游园建设。

四、公益林地建设工程。广泛开展群众性义务植树活动，由建设、园林等有关部门在城市周边、市区规划开辟出“公仆林”、“青年林”、“巾帼林”、“八一林”、“社区纪念林”、“家庭纪念林”等公益林地，由市直工委负责组织各机关单位工作人员义务种植“公务员林”；由团市委负责组织广大青年义务种植“青年林”；由市妇联负责组织各界妇女义务种植“巾帼林”；驻廊部队分别组织广大官兵种植“八一林”；各街道办事处、居民委员会组织广大居民义务种植“社区纪念林”、“家庭纪念林”等。通过组织开展营造城市森林活动，进一步提高全社会关心生态、保护环境的公德意识，动员社会各界群众积极参与全民义务植树活动，促进人与自然和谐发展，为建设“实力廊坊、效率廊坊、和谐廊坊”营造良好的生态环境。

供稿：廊坊市文明办

整理：邵凤霞

廊 坊 市

组织开展“迎奥运志愿行动月”活动

一、宣传志愿者精神。一是加强新闻报道广度和深度。从12月7日起，在廊坊日报、廊坊电视台、廊坊青年网站等媒体分别开设专栏或专题，对志愿服务展开全方位的系列宣传报道，特别是对部分社会志愿者和先进典型事迹的访谈活动。二是制作播放公益广告。电视台拍摄公益广告，内容包括志愿服务的意义、主要项目、招募对象、招募热线等。三是开展短信宣传活动。移动、联通利用短信

方式，向全市的手机用户发送志愿宣传口号和志愿服务项目、招募对象、招募热线电话等内容的短信。四是相关宣传。制作宣传广告牌、宣传橱窗，上街、进社区发放宣传材料等宣传，营造良好的社会氛围。

二、招募注册志愿者。一是开通志愿者注册服务热线。热线将提供注册咨询、爱心救助、志愿服务等，并开通志愿者电话注册功能。二是集中开展志愿者注册工作。服务月期间，集中开展志愿者集中注册活动，扩大注册志愿者的队伍，按照“注册便利化”的要求，积极探索志愿者注册新方法，不断丰富志愿者的动员方式和手段。在吸引更多群众参与志愿服务的同时，不断壮大志愿者骨干队伍，推进志愿者服务全民化进程。

三、开展志愿服务活动。一是开展扶老助残志愿服务活动。以爱心助残、扶老助困志愿服务队牵头，在市区社区内深入开展扶老助残志愿服务活动，切实为老年人、残疾人解决生活中的实际困难。二是开展环保志愿服务活动。以绿色环保志愿者服务队牵头，动员志愿者广泛参与植树护绿活动，并结合实际开展水污染治理、清除白色垃圾、促进垃圾分类收集和综合利用、卫生清洁等环境整洁志愿服务活动。动员各类志愿者积极开展环保宣传活动，增强全社会的环保意识和生态观念，促进人与自然之间的和谐。三是开展周末假日公益志愿活动。组织大中专学生志愿者、公务员志愿者、社会青年志愿者等利用节假日、周末，结合本地实际情况，围绕群众需求创造性地开展工作，不断拓展服务领域。广泛开展维护公共卫生、维持公共秩序、环境保护、公共设施维修、劝阻不文明行为、法制宣传等公益活动。确定12月7日为全市统一行动日，各地集中开展丰富多彩的便民服务活动，形成全市整体活动规模。

供稿：廊坊市文明办

整理：陈东

廊坊市

在重阳节期间开展“敬老爱老助老共享和谐”活动

一是开展集中服务咨询活动。10月18日上午，在廊坊市时代广场举办老年教育、养老政策、养老社会救助制度、社保、老年健身、老年人维权、专家义诊和保健等集中服务咨询活动。

二是开展走访慰问贫困老年人活动。走访慰问贫困老党员、孤寡老人及优抚对象困难户，发放慰问金和节日礼品，深入细致地了解老年人生活状况，解决老年人的实际困难，让老年人感受到党和政府的温暖和关怀。

三是开展敬老爱老文体活动。编排和演出弘扬民族精神,反映社会进步和老人们喜闻乐见的文艺节目，组织文体活动下乡、进社区、养老院，通过文艺晚会、联谊会、才艺展示会、茶话会等形式，举办老人节大型庆祝联欢活动，向老人们宣传健康、科学、文明的生活方式，丰富老人们的文化生活，营造欢乐祥和、宁静和谐的生活氛围。

四是开展关爱老年人健康活动。组织医院专家、医务工作者开展卫生志愿服务义诊活动，深入街道、社区、福利院、敬老院、光荣院等地“送医上门”，对困难老人进行免费体检。通过发放健康教育处方、合作医疗宣传单、开展健康咨询等形式，向老人介绍养生和保健的有关常识，帮助老人增强身体素质。

五是开展法律援助、社保咨询服务活动。组织法律援助机构的工作人员和律师、公证员等法律服务人员及社保中心工作人员进社区、进农村，积极为老年人提供诉讼代理及法律、代书、调解、办理公证等各种非诉讼代理和社保知识咨询等服务。

六是开展心理、精神慰藉服务活动。组织青少年学生、志愿者开展“走进敬老院，关爱老年人”、“一助一帮扶”等活动，积极为孤寡、贫困老人做好事、送温暖，如为老人们打扫和整理房间，帮助老人们梳理头发，清洗衣物，与老人共同做一件事情，同老人度过一次传统节日，帮助老人解决心理、精神上的困惑和生活中的难题，让老人们感受到家的温暖。

七是开展参观考察全市经济社会发展情况活动。组织老年人参观市区经济社会发展亮点、市直各部门社会文化事业发展成果，让他们亲眼目睹全市经济社会发展成就，亲身感受全市发展活力。

供稿：廊坊市文明办

整理：陈东

廊坊市

组织开展市民文化大讲堂活动

一是成立机构，规范运作。廊坊市成立了“和谐廊坊，市民文化大讲堂”领导小组，抽调精干力量、招募青年志愿者成立了讲堂工作室，分设专家组、资料组、宣传组、会务组，制定各项规章制度，不断加强工作室的自身建设，使“讲堂”活动进一步规范化、制度化。制定了全年讲座安全保卫方案，确保会场及参会市民的安全。明确专人负责市民文化大讲堂活动的宣传预告、现场录制、后期制作以及节目播发等项工作。

二是精心安排，提升品位。充分利用毗邻京津的优势，整合各方面专家队伍资源，聘请一批著名专家学者进行演讲；在选题上力求贴近群众生活实际，关注群众热点难点问题，涉及人文科学、自然科学、社会科学等领域，选取既有学术价值，又为大众关心的题目，使人们聆听到各个领域各类学者的研究成果和演说风采，通过活动构架专家学者与人民大众的沟通桥梁，提高广大市民的科学文化素质。选定的专家讲座有传统文化类：于丹（《发现你的心灵》）；家庭教育和青少年教育类：陶宏开（《素质教育与青少年正确上网》）、孙云晓（《和谐家庭与和谐成长》）；励志类：郭海燕（《全面提升自我创造美丽人生》）；国内国际问题类：阎学通（《中国崛起与和谐社会》）；身心健康类：樊富珉（《健康文明从“心”开始》）、陈冬牛（《学习健康体验快乐》）；历史人文类：孔庆东（《武侠与人文素养》）；经济生活类：韩秀云（《经济运行与百姓生活》）。

三是强势宣传，广泛参与。活动中，廊坊市始终坚持社会化、项目化、事业化发展思路，全力争取社会各界的积极参与和认可，组织廊坊电视台、廊坊电台、廊坊日报社、蓝色周末、廊坊政府网、廊坊新闻网等十多家新闻单位召开“和谐廊坊，市民文化大讲堂”媒体推介会通过媒体广泛宣传，形成声势；不断整合社会资源，做到“服务社会，市民免费参与”。为便于广大市民参与，廊坊电视台从周一到周五每天在黄金时段进行宣传预告，在市区各单位和社区张贴宣传海报预告，介绍下期讲座的基本情况，向市民公布赠票咨询热线，并在市青少年宫、明珠影剧院设立赠票点，向市民免费赠送入场券，不断扩大各类听众群体，使市民参与面更加广泛。

四是丰富内涵，打造品牌。活动以“迎奥运、讲文明、树新风”和树品牌、求精品为目标,不断摸索创新活动方式，丰富活动内容，讲座会场设立“和谐廊坊，市民文化大讲堂”主讲专家著作图书展，帮助读者进一步熟悉了解主讲专家的思想观点、知识脉络，更深层次地提高市民素质。经过长期以来在电视台各频道对讲座每周进行多种录播，在廊坊政府网、廊坊青年网站等网络专栏宣传，刻制录音、录像、光盘资料等活动，市民文化大讲堂已日益深入人心，初步形成了一个具有亲和凝聚力的文化品牌。

供稿：廊坊市文明办

整理：陈东

廊坊市安次区

开展“情系龙河、爱我安次、振兴家乡”教育实践活动

一是组织开展系列文化教育活动。通过挖掘、宣传安次历史文化和区情区策、“情系龙河”文艺汇演、组织经济社会成果展、先进典型推广和群众文体活动等，教育、引导干部群众歌颂祖国、赞美家乡，激发龙河儿女的自豪感，使人们在初步感知安次人文历史的基础上，由衷生发作为安次人的责任感和使命感。二是组织开展“全民创业、创业光荣”实践活动。大力倡导百姓创家业、干部创事业、能人创企业的“三创”精神，广泛开展“和谐企业”创建活动，激励全区广大干部群众大胆创业、放手创业、全力兴业。在职能部门，组织开展“优质服务月”等活动，强化服务职能，大力扶持创业，为创业者打造宽松的环境。三是广泛开展社会公益活动。大力弘扬助人为乐精神，通过“希望工程”、“春蕾行动”、“助学工程”、扶贫济困送温暖等社会公益活动，让广大群众共享经济社会发展成果。动员和组织企事业单位和各级文明单位，开展帮困助弱志愿服务行动，与一名残疾人、一名孤残儿童、一名贫困学生、一个贫困家庭等弱势群体结成“一帮一”帮扶对子，切实帮助他们解决实际困难。组织各类志愿者深入农村、社区、敬老院开展社区服务、公益劳动等活动，为老年人和弱势群体开展医疗保健、生活设施维修、娱乐文化生活等志愿服务。四是组织开展文明新区创建活动。突出和谐文化内涵，倡导文明新风。在机关、企事业单位，开展文明单位、文明行业、文明示范岗、“争创文明单位，争做文明公务员”等创建活动；在社区，开展群众性文体活动和“四进社区”、“爱我社区”周末联谊等活动，着力创建“平安社区”、“绿色社区”等特色社区；在农村，深入开展“三下乡”、“十星级文明户”、“除陋习、树新风、争做新型农民”评选等活动，引导全区人民崇尚文明，追求和谐，建设文明和谐现代化的新家园。

供稿：廊坊市文明办

整理：陈东

三河市

开办青少年心理健康咨询热线取得良好效果

一、热线运行情况良好，社会各界认同感与日俱增。三河市青少年心理健康咨询热线自3月15日开通以来，共接受来电、来信咨询275余次，其中学习问题89次、家庭教育问题76次、青春期问题52次（早恋问题15次，情绪问题37次）、人际关系问题36次、其他问题22次。接线时间最长42分钟，最短也在10分钟以上。打入热线的既有高中、初中学生，又有学生家长，既有一般性问题困惑，也有妨碍青少年生活、学习的心理问题。接线咨询师对每位咨询者的来电、来信都给予细致、耐心的解答，并对有情绪问题的咨询者进行无微不至的关心和疏导，努力做到使每位咨询者都能通过拨打热线解决心理难题，得到满意的服务。此外，咨询师还将每次接线的内容都一一记录在案、分类存档，并定期进行分类总结，将青少年反映较多的普遍性心理问题进行综合分析，通过《心灵港湾》报和“三河青年”网页向青少年发布应对此类问题的方式方法，以帮助更多青少年解决心理困惑。

二、宣传心理健康知识，服务青少年健康成长。继心理健康咨询热线开通后，共青团三河市委还自行编辑出版了《心灵港湾》报纸（季刊），免费面向全市中小学发放，向在校青少年宣传心理健

康知识。截至目前，已发行《心灵港湾》四期，平均每期发行量8000份。每期报纸容量约为一万余字，分为心理导航、心灵寄语、热线问答、他山之石四个板块。报纸内容由心理咨询师根据接线情况和不同时期青少年的心理需求进行编辑。例如，在第一、三、四期刊登了青少年和家长们普遍反映的学习问题和家教问题，在第二期刊登了如何应对中高考和考试期间饮食安排的内容。其中《热线问答》板块和《你自信吗》、《如何应对考前失眠》等文章深受青少年和家长的欢迎。

三、开展问卷调查，广泛征求青少年意见和建议。为了更加深入的了解在校青少年的心理健康状况，广泛征求青少年对热线和报纸的意见和建议，使热线更好地发挥作用，为青少年解决更多的心理问题，在部分中小学中组织开展了一次调查摸底活动。此次活动共发放调查问卷6000张，并已全部收回。通过分析和整理，其中34.7％的学生在学习生活中遇到问题，会选择向同学倾诉；15.8％的学生选择向父母讨教，49.5％的学生选择将问题压在心底或通过其他渠道发泄、解决。在接受调查的学生当中70.6％的学生表示正在寻求更有效的方式、方法去解决问题。以上数据表明在校青少年的心理健康问题不容乐观，而且有不少心理问题亟待解决。这次调查还显示一些青少年想拨打热线咨询，但由于没有时间、热线电话占线或不知道热线开通时段等其他问题，还没有进行及时咨询。

供稿：廊坊市文明办

整理：陈东 邵凤霞

大厂回族自治县

开展“五项活动”推动未成年人思想道德建设

一是引兴趣，开展“十个一”活动。这是根据不同年龄段青少年心理特征和成长需求精心设计的活动，主要是组织中小学生充分利用课余时间，读一本革命书籍、学唱一首革命歌曲，学讲一个英雄事迹，听一次革命故事，看一部爱国主义电影，写一篇观后感，进行一次演讲比赛，开展一次社会调查，组织一次公益活动，参加一些家庭劳动。使全县中小学生普遍接受教育和锻炼，培育青少年民族精神，激发广大学生爱祖国、爱人民、爱劳动的高尚情操。

二是重实践，开展“小手拉大手”活动。在文明生态村创建过程中，不但组织中小学生排练一些与文明生态村相关节目进村宣传演出、参加创建村环境卫生治理，还通过中小学生向家长们发放创建活动明白纸，使学生和家长之间互相提示、互相监督，通过建立这样一个互动平台，使学生在实践中得到锻炼，培养成良好的文明习惯，家长文明素质也能够不断提高，从而使创建工作和青少年思想道德建设进入良性循环。

三是抓教育，引导青少年树立正确人生观。每年结合如“清明节”及“五一”、“六一”等节日，采取“传统教育”、“成人仪式”、“演讲比赛”、“主题队会”等形式集中进行主题教育活动，帮助他们树立正确的人生观。同时，针对青少年的特点，大力开展警校共建、检校共建活动，采取送法进校、以案说法、模拟法庭等多种形式，深入贯彻落实《未成年人保护法》和《教育法》，对失足未成年人、问题未成年人给予特殊的关爱，制定具体的帮教、转化措施，采取“一帮一”、“多帮一”的形式，加强教育和引导。

四是创环境，打击各种危害青少年身心的违法犯罪行为。重点是做好整治校园周围环境；加强文化市场管理；积极开办儿童电视专题节目；推进净化校园文化环境等一系列工作，为广大青少年营造良好的学习环境。去年以来，县文化局、公安局等部门多次采取集中行动，重点对校园周边网吧、书店、音像等门店进行拉网式检查，净化文化市场，活动中共查缴各类非法出版物3000多张(本)，基本根治了违法经营活动。

五、献爱心，实施“爱心救助”行动。通过“希望工程”、“春蕾计划”、“助学工程”等形式，为特困家庭未成年子女“送温暖、献爱心”，在生活和就学上给予资助。近两年，团县委、县妇联、文教局筹集20多万元，资助了300多名贫困学生。

供稿：廊坊市文明办

整理：陈东 邵凤霞

永清县

多种形式搭建法律桥梁助青少年健康成长

一是召开了全县各中小学校联席会，在每校确定一名副校长兼任本校法制校长，成立中小学法制教育领导小组，统一规划、部署学校的法制教育工作，负责全校学生日常法律、法规的维护。同时，每学期至少组织举办两期与学生学习、生活相关的法律知识培训和案例模拟等系列活动。在法制教材选配上，《教育法》、《未成年人保护法》、《预防未成年人犯罪法》及《宪法》、《刑法》等国家基本法律成了该县中小学生选学的主要课程内容。另外，在各校不同年级确立由一名教师和两名学生代表组成的“法律监督员”，负责监督、纠正每名学生在行使法律时存在的误区。对在推进青少年法制教育工作中作出突出贡献的法制校长、法律监督员、法律顾问，在全县范围内予以表彰。这样，既能保障青少年的健康成长，又能激发法制教育工作者的工作热情。

二是借“五五”普法教育之际，该县联合司法部门深入全县各中小学校广泛开展以“青春与法同行”为主题的法律进校园活动和青少年法制宣传教育“六个一”活动（即要求青少年读一本法律书籍、写一篇学法心得、参观一次监所、旁听一个典型案件审理、看一部优秀法制电影、讲一个法制故事）。通过典型案例以案讲法、以案示法、以案明法等形式使青少年在寓教于乐中认识学法、用法、守法的重要性和迫切性，进一步营造了青少年学法、守法的良好氛围。同时，建立法制长廊、法制教育展室等青少年法制教育基地，切实发挥家庭、学校、社会“三位一体”青少年网络教育作用，利用学校、农村（社区）青少年法制学校等教育平台，开展“小手拉大手”、“带法回家”、“与父母同学法”等活动，切实增强青少年遵纪守法的意识。

全县共举办“法律进校园”知识培训班65期，培训学生近1.2万人次。另外，在每个乡镇还配备一名执法人员担任本辖区的法律顾问，定期对辖区中小学生组织进行法律知识竞答和事例分析，以此激发学生主动学习法律知识的兴趣。

供稿：廊坊市文明办

整理：陈东 邵凤霞

固安县

扎实开展创建文明行业活动

一是规范创建活动，明确创建重点。根据行业特点和群众关注的热点问题，从规范化入手，加大文明行业创建力度，制定了多项规章制度等，对考核内容进行细化、量化，建立督办制度，加强日常监督，多次组织全县参创部门负责人开展创建文明行业“三杯”竞赛互评活动，进行现场观摩学习和经验交流，达到互相交流、互相促进、互相学习的目的。同时，从贯彻落实《公民道德建设实施纲要》入手，以“满意服务在窗口”为重点，以政务诚信、商务诚信、社会诚信建设为主题，组织开展“行业诚信万人评”活动和文明窗口示范单位跟踪活动，强化了全社会的信用意识。

二是创建示范窗口，夯实创建基础。举办以创建文明行业为主要内容的报告会、演讲会、经验交流会等活动，大造声势，营造社会氛围。深度挖掘各行业不同层面的各类典型，培树一批“十佳窗口服务标兵”、“十佳文明行业创建标兵”，并利用各类宣传工具，广泛宣传他们的先进事迹。2007年，以诚信建设为载体，开展了诚信示范岗、诚信企业、诚信标兵、诚信商户、诚信好少年评选活动，并将这些先进事迹制成专题片，在黄金时间播出，收到了较好的教育效果。

三是以竞赛促创建，提高服务水平。突出行业特点，着力解决热点问题。“文明执法杯”竞赛突出反腐倡廉、文明执法，为优化经济发展环境奠定基础；“优质服务杯”竞赛突出“公开快捷”，方便群众，增加透明度，提高办事效率。各参赛单位纷纷成立领导小组、制定参赛规划，悬挂参赛标志、激发参赛热情，有力地促进了社会风气的根本好转。组织人员对参赛单位进行年中联查初评和年度检查总评，按照评比标准评出优胜单位、先进单位进行表彰，依照考核结果排出各部门名次，公开评比结果。

四是搞好民主监督，深化行业创建。发挥媒体监督和社会监督的作用，在县电视台、电台开通“市民热线”，对文明行业创建活动进行追踪报道，宣传先进、带动后进，引导创建工作健康开展。组织文明创建督导员、文明创建联络员分组深入行业，通过定期检查与不定期抽查、自查与互查、明察与暗访相结合的方式，对创建工作进行检查监督，对创建活动的典型进行大力宣传，对存在问题的单位进行曝光。结合创建文明行业活动，成立“整理软环境投诉举报处置中心”，对行业部门存在的行政不作为和行政乱作为等违法乱纪现象进行治理，全力打造“财富固安、速度固安、和谐固安”，营造亲商、近商、安商、富商的社会环境。

供稿：廊坊市文明办

整理：陈东 邵凤霞

保定市

开展“热爱保定、建设保定、奉献保定”大讨论活动

为动员全市各界积极开展创建文明城市活动，鼓舞人们干事业兴保定，保定市文明委决定利用一年的时间，在全市开展“热爱保定、建设保定、奉献保定”大讨论活动。

该活动以“三个代表”重要思想和科学发展观为指导，以提高市民文明素质和保定市文明程度为目标，高举和谐与发展两面旗帜，以“文明保定、和谐保定”创建活动为载体，结合正在开展的“责任风暴”和“效能革命”，在全市广泛深入地组织开展以“热爱保定、建设保定、奉献保定”为主题的大讨论，提炼保定精神、重塑保定形象、振奋人心、鼓舞士气、增进团结、凝聚力量，促进保定科学发展、提速发展，为建设京南近海强市名城提供强大精神动力，创造良好的社会环境。

“热爱保定、建设保定、奉献保定”大讨论活动，从2007年3月开始至2007年12月结束，分三个阶段进行。在宣传发动阶段，通过宣传发动，让广大干部群众了解大讨论的目的意义，调动起广大干部群众参与大讨论活动的积极性主动性，在全市形成开展大讨论的良好社会氛围。在组织实施阶段，结合“文明保定、和谐保定”创建活动和“责任风暴”、“效能革命”，以新闻媒体刊播为主要表现形式，以个人、社区、部门等为单位广泛扎实开展大讨论。在总结提炼阶段，总结大讨论活动的好经验、好做法，提炼出适应“热爱保定、建设保定、奉献保定”要求的新时期保定精神，推动保定经济社会事业更好更快地发展。

为使活动取得预期效果，保定市采取了三项措施：一是建立由市委宣传部、市文明办、市社区办、市教育局、市社科联、保定日报社、保定电视台、保定电台等组成的大讨论活动协调小组，根据活动需要，及时沟通协商，确保活动沿着正确方向开展。二是明确责任，狠抓落实。“热爱保定、建设保定、奉献保定”大讨论活动，由市文明委统一领导，市文明办负责具体协调工作。各县（市、区）和市直各部门要责成专门机构，具体负责组织大讨论活动，主要领导作为第一责任人，切实负起责任，分管领导要加强指导，及时解决问题，确保大讨论活动扎实有效顺利进行。市文明委将组织力量对大讨论活动进行督促检查。各县（市、区）、

各部门要及时将大讨论的开展情况向市文明委作书面汇报。三是加强宣传，营造氛围。市委宣传部要组织市直新闻媒体加大宣传力度。市直各新闻媒体都要开办“热爱保定、建设保定、奉献保定”专栏和专题，发出开展大讨论的倡议，撰写刊播关于大讨论活动的言论，针对不同人群、不同行业，邀请有关人士进行访谈。日报、晚报每周刊登有关文章不少于两篇，电台、电视台每周制作播出有关节目不少于两期。同时开办“不文明行为曝光台”专栏和专题，加大对不文明行为的舆论监督力度，每周刊播一期。市文明办在电视台举办市民文明素质教育公益广告创意大赛。市委宣传部、市社科联要有针对性地组织形式多样的学习讨论活动，各级宣传部门要通过标语、板报、公益广告等搞好社会宣传工作。

供稿：保定市文明办

保定市

认真组织开展爱心奉献活动

河北省保定市文明委以共创和谐、过文明“双节”为主题，在全市广泛开展“爱心暖保定”系列活动，实实在在地为群众办实事、办好事。一是开展志愿者献爱心活动，广泛动员各级文明单位、志愿者和社会各界，开展对贫困村、低保户、残疾人、鳏寡孤独老人、贫困学生、社会福利院等的救助慰问；组织青年志愿者、巾帼志愿者、社区志愿者、公务员志愿者等在全市城乡广泛开展尊老助残、扶贫帮困、保护环境、维持秩序、医疗保健、法律援助等活动，帮助群众解决生产和生活中的实际问题。二是搞好节日诚信服务，特别是与人民群众节日生活密切相关的公共交通、商业零售、旅游服务等行业，纷纷制定“双节”服务措施，恪守职业道德，提供方便快捷、热情周到的服务，着力解决假冒伪劣等问题。三是开展“讲述身边的好人好事”活动，组织市日报、晚报、电台、电视台开设专栏、专题，刊播广大群众身边的好人好事，组织记者开展“寻找好人”采访活动，讴歌保定大地上涌现出的见义勇为、扶贫助困、团结友善、诚实守信、文明礼让、尊老爱幼、勤俭节约的新人、新事、新风尚，唱响团结友爱的主旋律，营造出积极向上的社会风尚。

供稿：保定市文明办

沧州市

举办市民公益系列讲座

为进一步提升市民文明素质，增强城市“软实力”，建设文明、和谐、富裕的沿海强市，河北省沧州市委宣传部、沧州市文明办组织协调市直有关单位，联合举办“沧州市市民公益讲座”。讲座围绕全市经济社会发展的重大课题和市民关心的热点问题，聘请有关领导和专家学者授课。共安排了“渤海新区的发展现状及前景展望”、“构建和谐沧州，共建美好家园”、“关注健康，科学养生”、“讲文明礼仪，做合格市民”、“消费者权益保护知识与运用”、“传染病预防知识讲座”、“武术、杂技文化的由来与发展”、“未成年人自我保护知识讲座”等24讲，形成多个专题系列。讲座采取典型案例分析与法律条文讲解相结合、传播相关知识与解决工作、生活中问题相结合的方法，生动具体，针对性强，受到了干部群众的欢迎。为了扩大教育效果，每次讲座结束后，沧州市委宣传部、沧州市文明办都把讲座内容刻录成光盘，免费发放到各县、市、区和各社区农村，推动了市民文明素质的大幅度提高。

供稿：沧州市文明办

沧州市

开展“温暖狮城志愿行动”实践活动

为进一步整合社会志愿服务资源，在全社会大力倡导“奉献、友爱、互助、进步”精神，树立文明向上的社会道德风尚，沧州市在全市组织开展“温暖狮城志愿行动”实践活动。活动以“讲文明、促和谐”为指导思想，采取集中活动与经常性活动相结合的方式，通过组织各界志愿者对社会各界给予力所能及的帮助，倡导人们传承中华民族传统美德，彰显时代精神。在城市组织开展“争做义务十大员”活动。在城市社区和公共场所积极争做政治指导员，做好党的路线、方针、政策的宣传解读工作；争做科普宣传员，做好科学养生、健身、育儿等日常生活科学的宣传指导工作；争做卫生监督员，从自身做起，做好居住小区内的卫生保洁及环境卫生监督工作；争做治安联防员，协助小区安保人员做好对外来人员的查询和社区安全巡逻工作；争做文体活动辅导员，为社区内组织开展的群众性文体活动进行业务辅导；争做纠纷调解员，关心邻里生活和邻里关系，主动参与调解家庭及邻里纠纷；争做文明言行劝导员，在公共场所对不文明行为进行及时劝阻和说服教育；争做爱心助困员，对身边的贫困家庭进行力所能及的帮助；争做市场监督员，在各商场进行义务导购，对集贸市场的不文明经商行为进行义务监督；争做专业技能教练员，发挥专长，在公益活动中进行专业技能辅导。在农村开展“十送暖万家”活动。送政策，了解广大农村群众所需所盼所求，把党的富民政策送到田间地头；送法律，为农民群众进行法律讲解和咨询，提高他们用法律保护自己的意识；送科技，为农村提供常规性的农业技术，并入村进行现场指导；送健康，进行健康生活宣传，为困难群众送医送药；送欢乐，编排好农民喜爱的节目，义务进村演出，丰富广大农民群众的业余文化生活；送图书，把农民群众需要的文化、科技图书送进村，为农民科技致富提供帮助；送信息，及时为农民群众提供农业市场供求方面的信息，增强农民驾驭市场的本领；送教育，以结对帮教的形式，把新的教育方法和教育理念传送给农村家庭，使农民孩子早日成才；送关爱，以对口帮扶的形式，对农村留守老人、儿童进行长期性的扶助；送项目，把适宜农村致富的项目提供给农民，提高农村的经济实力。通过组织各界志愿者为农村提供各类服务，帮助农民增收致富，使农村贫困群众和弱势人群感受到社会的温暖。在全社会开展“扶危济困对口帮扶”活动。通过工会、青年团、妇联等群团组织和红十字会、残疾人联合会、慈善总会等慈善组织，以对口帮扶的形式，由在册志愿者、各单位、各志愿者组织对社会上的残疾人、低保户、老人等弱势群体进行长期性的社会援助；同时组织市级以上文明单位的党团员广泛开展“送温暖、献爱心”活动，发动他们积极为贫困群体捐款捐物，并组成志愿服务小分队，长期、定期对特困群体进行帮扶。

供稿：保定市文明办

沧州市

开展“营造城市森林”活动为城市添绿

按照省文明委关于开展“文明河北、和谐河北”群众性精神文明创建活动的部署，沧州市提出了“文明城市、卫生城市、环保城市、畅通城市、森林城市”五城同创的创建思路。该市根据本地地碱水咸、绿化难度大的实际，加大力度打营造城市森林的攻坚战，取得了明显成效。据不完全统计，截止到4月23日，全市新栽各类乔、灌木23万余株，为创建森林城市增添了新绿。具体做法：一是强化责任。根据创建森林城市的要求，市政府于年初下达了社会植树绿化任务，对市辖两区、市直和驻沧单位的植树绿化，规定了具体的目标任务，并规定这些任务必须于4月底前全部按质、按量完成，植树绿化任务完成情况，列入对各有关单位的年度工作考核。二是因地制宜。为了确保营造城市森林任务的完成，避免“植树不见树”的现象，市有关部门在认真调查研究的基础上，根据市区气候和土壤条件，确定白蜡、杨树、柳树、国槐、青桐等为今年栽种的主要树种，并将各类树种种植的技术要求和注意事项印发各有关单位。三是群众参与。为了提高市民群众认识程度和参与热情，市属新闻单位连续介绍了营造城市森林、创建森林城市的重要意义，并集中宣传报道了植树绿化的先进典型。市文明委组织了有市四套班子领导、机关企事业单位干部职工、驻沧部队官兵、学生和社区居民代表参加的大型群众植树活动。四是奖罚到位。4月下旬，经过对各有关单位营造城市森林工作的检查，市委、市政府对9个先进单位进行了表彰，对没有完成任务的单位点名通报批评，下达督导通知，在市属媒体给予曝光。对完不成任务的单位将移交城市管理行政执法局进行处罚并限期完成任务。

供稿：沧州市文明办

沧州市

广泛开展“迎奥运、讲文明、树新风”活动

为贯彻落实中央精神文明建设指导委员会和第29届奥林匹克运动会组织委员工作部署，沧州市在全市广泛开展了“迎奥运、讲文明、树新风”活动。活动按照建设社会主义核心价值体系和构建和谐沧州的要求，以提升市民文明素质和城市文明程度为核心，以讲文明、树新风为重点，从解决影响城市形象的突出问题入手，大力倡导崇尚文明、讲究礼仪、遵守秩序、爱护环境的社会风尚，为北京奥运会创造文明和谐的社会环境。活动内容分四方面：一是倡导文明言行，实施文明礼仪教育实践行动；二是努力改善城乡环境面貌，大力开展拆除违章建筑工作，在市区及周边范围内，基本实现无违章建筑；三是开展文明交通活动，努力创造安全畅通的交通秩序；四是以争创文明单位、文明城区和文明社区为重点，深入实施群众性精神文明创建活动；五是弘扬奥林匹克精神，开展迎奥运全民健身体育活动。各地各单位都围绕上述内容，都制订了具体实施方案，加强了组织领导，在全市上下形成了“讲文明，树新风”热潮，为奥运会的圆满、胜利召开营造了良好的人文环境。

供稿：沧州市文明办

沧州市

中小学艺术节活动精彩纷呈

为纪念沧州解放60周年，激发全市中小学生热爱家乡、热爱沧州的美好情感，发挥艺术教育的育人功能，培养中小学生健康的审美情趣和良好的艺术修养，2007年5月28日～6月1日在全市中小学开展了以“爱我沧州”为主题的第二十届中小学艺术节艺术教育活动周活动。各县(市、区)学校紧紧围绕主题开展了系列活动。通过艺术教育活动周，充分发挥艺术教育的育人功能，培养了中小学生的创新精神、实践能力和审美能力，使广大师生的思想道德素养和艺术修养得到了很大提高。

一、实施缜密，宣传得力

为确保活动顺利开展并取得良好的教育效果，

各县(市、区)教育局、市直各中学根据市教育局相关文件通知精神，制定了艺术节活动方案，细化活动的步骤、要求，既做到整体活动目标一致，又能够帮助各学校因地制宜、独具特色地开展活动。各学校成立了活动领导小组，制定出详实的活动实施方案，认真总结记录。在组织活动时从实际出发，将艺术教育展示周活动与学校其他教育活动充分结合，利用校园广播、板报橱窗、文化长廊、社会实践活动等方式营造浓厚的艺术氛围，争取达到全员参与、共同提高的效果。

二、形式多样，参与广泛

各学校在组织开展艺术节活动时，坚持在不断推出特长人才的同时，强调面向全体的原则，注重发掘学习生活中的艺术素质培养，深化第二课堂活动，健全各类兴趣小组和艺术实践活动的实施规程和制度，以提高艺术课程实施的规范性为基础，大力倡导艺术教育普及性。

本届艺术节活动形式新颖多样，为广大师生喜闻乐见。沧州市运河区文教局在艺术作品类活动中除了往届中设立的书法、绘画、篆刻、摄影，还增添了手工艺项目；文艺节目创作不仅有合唱、独唱、舞蹈、民乐合奏、西乐合奏、独奏、相声、小品，还有很多体现地方特色和校园生活的节目，如戏曲、双簧、快板、秧歌等，可谓丰富多彩，充分展现了广大师生的创造性和表现力。运河区新华小学在5月26日举办了“狮城儿童迎奥运”首届趣味体育游戏节，孩子们在老师的带领下利用课余时间，用废弃的米袋、面带、泡沫塑料自制成舞龙、舞狮，伴随锣鼓声声舞出盛世欢歌；举办“我心中的奥运”百名儿童现场作画活动，在一幅100米的长卷上，百名新华少年用瑰丽绚烂的画笔表达了对北京奥运的深情祝福。光明小学举行主题为“阳光、童年、快乐相伴”文艺汇演活动。他们采取以年级为单位、主题活动的方式，组织全体学生参加集体舞、军体拳、健美操、合唱等形式的集体性节目展演，活动分成爱驻光明、鲜艳的红领巾、我们的生活多愉快、感恩老师、放飞希望五个篇章，整场汇演节目编排错落有致，表现力、感染力强，教育意义深刻，为学生们创设了一片体验成功、展示才华的广阔舞台。南湖学校在南湖广场举办学校艺术节，营造了喜庆热烈的节日气氛，学生与家长、同伴载歌载舞，幽默的小品、欢快的舞姿、嘹亮的歌声、悠扬的乐曲，吸引了众多群众交口称赞。5月29日在沧州电视台举办了“彩色的浪花”运河区艺术教育展示晚会，受到各界好评。新华区文教局围绕解放沧州解放60周年，创建一个艺术活动角、一个文学艺术社团、一个校园文化报刊、一个或多个音、美专用教室、一个文化长廊，为校园文化建设提供了展示平台，同时，成立了宣传小组，请电视台、报社等媒体对艺术教育活动周活动进行了报道，5月31日在沧炼俱乐部举办了全区文艺汇演活动。河间市教育局在4月28日～29日，举办大型以“爱我沧州”为主题的中小学生文艺汇报演出，演出的节目阵容整齐，主题鲜明，思想性和艺术性都比往届有大幅度的提高，不仅促进了艺术教育活动的开展，也为各乡校间相互学习提供了良好的机会。市第十四中学围绕主题举办了“美在我身边”大型绘画比赛和“我是中国人，写好中国字”中学生书法大赛；市第十五中学举办了解放沧州60周年大型诗歌朗诵会；市回民中学、第十三中学、第十六中学分别举办了大型的才艺汇报演出等。

各县市学校通过本次艺术节，充分展现了青少年学生奋发努力、立志成才的精神风貌，形成了校校有活动的良好氛围，将学校课程的基本理念及课程标准形象地体现在各项丰富多彩的艺术活动中，全面展示了我市中小学艺术教育的丰硕成果。

三、收效显著，硕果累累

本次艺术节和艺术教育展示周活动，由于目的明确，发动广泛，组织严密，指导得力，取得了丰硕成果，主要有以下几个方面：

1．促进了艺术活动水平的提高。艺术节活动的开展，为广大师生提供了施展特长和才华的广阔的空间，竞争意识普遍增强，“精益求精、争创一流”已在全市中小学和师生中形成氛围。

2．各级领导高度重视，广大艺术活动辅导教师敬业精神和争创意识强。艺术节活动期间，为了组织好各类活动，多出精品，很多领导和教师牺牲了大量节假日休息时间，投身于学生活动的辅导和排练。正是由于广大艺术辅导教师的辛勤工作，才换得了艺术活动的累累硕果。

3．艺术活动引领了教育思想和教育观念的转变，促进了规范办学。通过艺术节活动，广大干部教师对艺术教育在实施素质教育中的作用有了更加明确的认识，进一步提高了全面贯彻教育方针的自觉性。各学校对开展艺术类活动的重视程度有了很大提高，逐步认识到，艺术活动不仅能活跃学校生活、发展学生特长，而且对陶冶学生的情操、强化德育工作、培养学生的荣誉感、上进心和集体主义观念有着潜移默化的作用。

供稿：沧州市文明办

衡水市
组织开展道德实践月活动推动公民道德建设

为切实加强全市公民道德建设，市文明委把每年的九月份定为“公民道德实践月”。2009年9月，组织了公民道德建设系列主题实践活动。集中开展了“公民道德实践月”宣传活动，形成了道德宣传的舆论高潮。在社区，以创建文明和谐社区为目标，开展了社区志愿者“送温暖、献爱心”活动，1200名志愿者与贫困家庭结成了帮扶对子，做好事2万多件；通过“邻里恳谈会”、“互串一次门、互敬一句问候语”等多种形式开展了邻居节活动。在学校，组织开展了第四个“中小学弘扬和培育民族精神月”活动，组织中小学生开展“爱心传递、奉献社会”活动和“远离网吧、健康成长”、“学雷锋精神、做道德标兵”等教育实践活动。在企业，广泛开展了“共铸诚信，建设信用衡水”、“公司关爱职工生活，职工关心企业发展”活动。在机关，开展了“争创文明诚信机关、争当人民满意公务员”活动。在市区，开展了“告别不文明行为”劝阻活动，组织历届文明市民标兵、文明城市社会监督员和“文明小卫士”，深入公共场所对不文明行为进行劝阻，引导教育市民开展“文明十个一”活动，有力倡导了文明新风。深入开展了文明行业、文明单位创建活动。各行业、各单位紧密结合自身特点，以争创文明窗口、争做服务标兵为主题，组织开展了丰富多彩的道德实践活动。

供稿：衡水市文明办

整理：刘锡宽

衡水市
开展“爱心奉献日”活动

为进一步掀起公民道德建设新高潮，市文明委把每年9月1日定为“爱心奉献日”，要求全市干部群众以自己的实际行动体现立党为公、执政为民的本质要求，认真实践全心全意为人民服务的宗旨，突出“服务他人、奉献社会”这一主旨，号召人人献出一点爱，提倡人人为他人、社会做一件有意义的事。9月1日在市体育休闲广场举行了衡水市“爱心奉献日”活动启动仪式，组织全市党政机关和企事业单位干部职工、学校教职员工与大中小学生、驻衡武警部队官兵、预备役官兵、各类志愿者，在市四套班子主要领导带领下，以扶贫帮困、走访慰问困难职工、帮扶贫困家庭、关心孤寡老人、义务清理公共环境卫生、开展各类志愿服务为主要内容，集中开展了送温暖、解民忧、献爱心活动。市委常委、宣传部长解晓勇到武邑县三个贫困学生家庭给予了资助。一些部门和单位还立足自身特点组织开展了很多特色活动，市工商局组织个体从业人员开展了义务修鞋、义务修理自行车、义务理发等活动；市交通局组织出租车司机开展了“全天微笑服务”、“免费为乘客出一次车”活动；桃城区岸芷庭兰社区还开展了“金钥匙”活动，组织社区志愿者一对一长期帮扶孤寡老人，通过与老人建立信任关系，老人把家里的钥匙交给志愿者。据不完全统计，9月1日爱心奉献日活动中，全市共有10000余名志愿者走上街头、深入社区开展了志愿服务活动，共走访慰问800多个贫困家庭和孤寡老人，清理卫生死角3000余处，擦洗街道护栏10000余米，义诊服务2500余人，劝阻不文明行为300多人次，发放各类宣传资料10万余份，接受各类咨询8000余人次。

供稿：衡水市文明办

整理：刘锡宽

衡水市

认真组织全国道德模范评选活动

2007年9月20日，是党中央颁布《公民道德建设实施纲要》6周年暨我国第5个“公民道德宣传日”。6年来，各地各部门认真贯彻落实中央部署和胡锦涛总书记关于树立社会主义荣辱观的重要讲话精神，采取有效措施大力加强道德建设，广大干部群众热烈拥护，积极行动，形成了公民道德建设的新高潮，涌现出一大批体现社会主义道德要求的先进人物。为充分发挥先进人物在公民道德建设中的示范引导作用，进一步推动《公民道德建设实施纲要》的各项任务落到实处，为党的十七大胜利召开营造良好社会氛围，经中央领导批准，中央文明办、全国总工会、共青团中央、全国妇联决定在第5个“公民道德宣传日”评选表彰全国道德模范。

按照中央文明办、省文明办的要求，我市认真组织了全国道德模范的推荐、群众投票评选的组织工作，并以推动公民道德建设为宗旨，在全市认真组织开展了十大道德模范评选。经过层层推荐和严格把关，我市向省推荐了林秀贞、王晓勋、张文建、田静、侯宝明、高金朝等6位同志为全国道德模范候选人。省评选活动组委会向全国推荐了10名全国道德模范候选人，我市的林秀贞同志被省推荐到全国道德模范评选组委会。9月1日，全国评选活动组委会在通过新闻媒体向社会公示了308名全国道德模范候选人的事迹简介，动员全国人民参与评选。我市认真组织了全国道德模范评选活动，发动广大干部群众认真学习宣传林秀贞先进事迹，组织群众积极参与评选。全市共有4万多人参与了平面投票，15万人参与了网络投票。全国组委会共收到有效选票2200多万张，其中平面媒体选票1700多万张，网络媒体选票500多万张。共评出53名全国道德模范：全国助人为乐模范10名、全国见义勇为模范11名、全国诚实守信模范11名、全国敬业奉献模范10名、全国孝老爱亲模范11名。有254人获得全国道德模范提名奖。我市林秀贞以高票当选全国助人为乐模范。

9月18日下午，林秀贞在人民大会堂受到胡锦涛总书记亲切接见。9月18日晚，中央文明办、全国总工会、全国妇联、共青团中央在中央电视台隆重举行了《道德的力量》全国道德模范颁奖晚会，林秀贞作为全国助人为乐模范受到表彰和重点推介。9月20日，全国第四届公民道德论坛在北京举行，我市作为四个基层先进单位之一，应邀参加了道德论坛。林秀贞作为全国道德模范代表，以《愿乡亲们人人都幸福》为题作了精彩演讲，受到了与会同志的一致好评，引起了强烈反响。

供稿：衡水市文明办

整理：刘锡宽

邢台市

“迎讲树”活动注重整体联动

为推动“迎讲树”活动深入开展，河北省邢台市文明办与团市委、妇联、文化、交通、民政、城管、网络公司等36个部门，共同开展“迎讲树”联合行动，形成整体联动效应。以完善行业服务规范，健全诚信服务措施，提高行业文明服务质量为目标，组织工商、税务、商业、司法等部门联合开展“迎奥杯优质服务月”、“燕赵杯质量千家赛”等形式的评比竞赛活动，从全市“窗口”服务单位中评选出10个先进单位和100名先进个人进行隆重表彰。组织全市社区居民开展“我为奥运添光彩”、“奥运连着你我他”等形式的义务奉献活动，进一步绿化、美化、净化社区环境。组织离退休老教师、老典型、老工人等走上街头，督查、纠正不文明行为，促进社区居民道德水平和城市整体文明程度的提高。

组织部分机关和企事业单位志愿者开展“帮困助残献爱心”活动。组织出租车行业志愿者开展“帮困助残，争做文明使者”活动。协调100家文明单位的志愿者与100个贫困村结成对子，开展帮扶共建活动。组织社会志愿者开展“文明出行”和“文明游园”主题实践活动，进一步提升全市整体文明素质，为北京奥运会的召开营造了良好的氛围。

供稿：省文明办

邢台市
在全市学生中开展“快乐学习、健康成长”活动

为全面推进素质教育，让更多的学生热爱学习、学会学习，切实增强广大青少年健康素质，促进青少年学生的全面发。邢台市研究制定了《关于在全市学生中大力开展“快乐学习、健康成长”活动的意见》，在全市学生中组织开展“快乐学习、健康成长”活动，取得了良好的社会效果。

一、大力倡导正确的人才观。转变过去把考重点中学、上重点大学作为唯一目标的认识，把培养青少年学生热爱学习、学会学习，具备健康身心作为中心任务，根据青少年与自身潜质和兴趣爱好，引导他们选择适合自己的发展道路，为他们将来成才和就业奠定良好基础。

二、减轻中小学生过重的课业负担。各学校严格执行国家规定课程计划，严格控制学生在校学习时间，严格控制学生作业总量，严格规范考试招生管理，不得以考试成绩和升学率的高低作为评价、奖励教师和学生唯一标准，切实解决中小学生课业负担过重休息时间不足等问题，确保学生的身心健康。

三、改进课堂教学方式，更新完善课堂教学内容。在课堂教学中，突出学生学习的地位，注重学生的参与、体验和感受，实行启发式和参与式教学，使学生的求知欲和好奇心在探索体会中得到满足，激发学生的学习兴趣；在抓好中高考要考的知识和能力的同时，还要抓好生活知识、社会知识及学习方法等方面内容的学习，帮助学生解决生活中的难题、建立良好的人际关系和克服学习中的障碍，使学生在学习和生活中能够保持快乐心情和良好的精神状态。

四、鼓励学生开展课外活动。鼓励学生根据自己的兴趣爱好，在平时或节假日多进行一些丰富多彩、健康向上的课外活动，如书画组、阅读欣赏与习作组、器乐组、科技探索组、体育组、舞蹈组、实用小技能学习组、社会调查研究组、考察参观组，定期组织各种形式的才艺竞赛等活动，让学生们在竞争中体验学习的快乐。

五、加大考试评价改革力度。大力改革传统考试制度和考试方法，把学生综合素质和能力的考评纳入学生评价标准，把德育工作的情况作为对学校和学校负责人考核评优的重要内容。探索多次考试、多样考试的做法，综合考虑学生的整体素质和个体差异。在高中段学校招生方面综合评价，择优录取，让有个性、有特长和全面发展的学生脱颖而出。

六、确保学生每天锻炼和休息时间。增加学生体育课时，小学一、二年级增加到4课时，小学三年级到初中增加到3课时。每天安排广播操或健身操(不少于1遍)、眼保健操(不少于2遍)；积极创造条件组织学生开展多种形式的课外教育活动和校园体育活动；不得随意削减、挤占体育课时；科学安排青少年学生的作息时间，确保小学生每天睡眠时间不少于10小时，初中生每天睡眠时间不少于9小时。

七、切实做好学校体育的保障工作。加大投人学校公用经费按一定比例专项用于学校体育工作，特别是把农村学校体育的条件保障作为学校体育经

费投入的重点，纳入农村义务教育保障新机制；加强体育教师伍建设，建立规范的体育教师队伍补充机制，保证体育教师数量能够满足国家规定的体育课时安排。全市将在三年到五年内对现有的体育教师进行一次全员轮训，对现有的小学兼职体育教师进行岗前培训、持证上岗制度。

八、全面实施体质健康评价制度。建立《学生体质健康标准》测试报告书制度，将《邢台市学生体质健康标准》测试报告书作为中小学生综合素质评价的重要内容，列入高中和高校学生档案。为充分发挥考试评价制度的重要导向作用，从明年起，全市将把体育考试成绩；按一定比例计入中考成绩总分，逐步将学生体质健康水平和体育运动的特长，作为各级各类学校录取新生的重要依据之一。

九、全力营造安全的学习生活环境。把维护学生健康和生命安全放在首位，牢固树立师生生命安全责任大于天的意识。通过宣传教育和培训，提高师生的安全意识和安全事故防范能力及逃生避险基本技能。加大投入，努力改善学校各种基础设施、器材的配备质量，确保其使用时的安全性。

为及时介绍活动的工作动态，交流经验做法，把该项活动不断推向深入，市文明办在《邢台精神文明建设》简报，市教育局在《邢台教育》分别开设了“快乐学习、健康成长”活动专栏，将涌现出的好经验、好典型进行广泛宣传，进一步促进我市广大学生德智体各方面素质得到全面发展。

供稿：邢台市文明办

整理：弓少勇

邢台市

开展践行“十个一”文明市民标兵评选活动

为弘扬社会正气，倡导文明新风，进一步加强公民思想道德建设，从今年年初开始，市文明办联合市城管局、商务局、公安局等八个部门在全市城乡共同开展了“践行‘十个一’，做文明市民”主题实践活动，通过半年多的努力，工作初见成效，为了继续深化工作，检验效果，邢台市文明委决定从今年9月份到11月份，利用这两个月的时间开展践行“十个一”文明市民标兵评选活动。

本次评选活动以文明乘车、文明行走、文明游园、文明观演、文明行车、文明就餐、文明购物、文明待客、文明过节、文明养犬十个单项活动为载体。初选名单每个单项10名共计100名，由市城管局、商务局、公安局等8个活动负责单位共同推荐（参选人应是在我市主城区有常住户口或合法居住权、连续满3年以上的暂住人员）。报市评选组委会审核，确定每个单项6人共计60名候选名单，在《邢台日报》和《牛城晚报》上将候选人事迹进公布，接受群众监督。并在报纸上印制选票，广泛发动群众投票，最终按照候选人得票多少确定每个单项2人共计20名践行“十个一”文明市民标兵，以市文明委的名义进行表彰，并给予一定的物质奖励，同时在评选结果揭晓当日，召开表彰文艺晚会，对20名文明市民标兵进行公开隆重的表彰。并组织20名文明市民标兵利用一个月的时间，深入到全市各厂矿企业、学校、社区进行巡回演讲，在各大媒体广泛宣传，掀起全市学习标兵的热潮。

为了使评选程序公开、透明、公正，专门成立了由市文明办负责的评选活动督查审核小组，并邀请2006年度“十大邢台好人”担任本次评选活动的义务监督员，负责对候选人的回访和有关事迹的审核。

供稿：邢台市文明办

整理：弓少勇

邢台市

开展“学模范、讲诚信、树新风”系列活动

全国道德模范评选推荐活动开展以来，我市各级领导高度重视，社会各界群众广泛参与，取得了良好的社会效果。活动期间，共收到社会各界群众发来的电子邮件100多个，电话300多个，信件500多封，共推荐各类模范人物30多名，经市领导小组审核后向省推荐了尚金锁、郭春辉等五名候选人。其中，柏乡镇内粮库主任尚金锁作为诚实守信模范，被省推荐到中央，成为全国道德模范候选人。为了配合这次评选活动，在全社会形成“学模范、讲诚信、树新风”的良好氛围，邢台市确定在第五个公民道德日期间广泛开展“学模范、讲诚信、树新风”系列活动。

一是将尚金锁诚实守信的模范事迹在市四大媒体上进行重点播报，同时市文明委领导相继走进电视新闻栏目，号召大家“学模范、讲诚信、树新风”。二是市文明办印发了“学模范、讲诚信、树新风”活动知识手册，组织全市各级志愿者近万人进行了发放，迅速在全市掀起了“学、讲、树”的活动热潮。三是市文明办联合团市委、总工会、市妇联开展了“投诚信邢台一票，投尚金锁一票，共同建设诚信家乡”活动，组织专人，深入到各厂矿、企业、学校、社区，以评书、小品等灵活的形式，把尚金锁诚实守信的模范事例进行广泛宣传。四是市文明办联合四大媒体在全市开展了“学习道德模范、争做文明市民”主题实践活动，专门邀请柏乡镇内粮库主任尚金锁深入到各行业单位做专题报告。同时组织广大市民认真学习308名全国道德模范候选人的先进事迹，各社区、各单位结合投票工作，纷纷发动和组织广大市民、干部职工认真学习报纸上刊登的道德模范的先进事迹。据不完全统计，全市共有120多万人参与了投票活动。五是确定今年9月份为我市的“公民道德宣传月”，并于9月10日启动了邢台市诚实守信道德楷模评选活动，采取部门推荐，群众投票的方式，到11月中旬评选出邢台市“十大诚实守信楷模”，并在媒体上大张旗鼓地进行宣传。六是以诚信经营、文明服务为目标，以促进社会和谐、实现经济社会全面发展进步为主题，在全市商贸零售、医疗卫生、药品保健、邮政通讯、建筑装修、公共交通、旅游出行等行业的所有企事业单位和个体工商户中，全面启动争创“诚信单位标兵”和“诚信单位”评选活动，到年底评选出90个“诚信单位”和10个“诚信单位标兵”，以市文明委的名义进行表彰。

供稿：邢台市文明办

整理：弓少勇

邢台市

开展“和谐邢台家庭先行”百万家庭大行动系列活动

为进一步推动和谐社会建设，最近邢台市文明办联合市妇联、市民政局等相关部门，在全市范围内开展了以“创建和谐家庭，构建和谐社会”为主题的“和谐邢台家庭先行”百万家庭大行动系列活动。

一、举办“建和谐家庭促和谐社会”演讲比赛、知识竞赛、家庭事迹报告会、尊老敬老征文活动。以“大力开展和谐家庭创建，为促进社会的和谐发展和文明进步贡献力量”为主题，举办“建和谐家庭促和谐社会”演讲比赛、知识竞赛，广泛宣传创建“和谐家庭”的重要意义、标准、内容，营造人人学和谐、家家创和谐的深厚氛围。

二、在全市喊响“家家学习，人人学习，相互学习，终身学习”的口号，掀起家庭学习热潮。一是对2005年评选的100户市级学习型家庭示范户进行宣传表彰，通过报告会、组织巡回演讲团等形式普及推广先进典型。二是深化家庭读书活动，组织各地开展“亲子携手，共建精神家园”读书与实践活动。三是围绕进一步做好加强和改进未成年人思想道德建设工作，开展家庭教育宣传实践活动，举办家长学校，开展家庭教育报告会。

三、在全市开展以“助廉，创和谐家庭”为主题的“家庭助廉教育读书活动”。大力宣传加强党风廉政建设和反腐倡廉工作的重大意义，普及家庭助廉的基本知识。

四、在全市农村广泛开展“家家学，呼唤美德进农家”、“家家议，点评农家新鲜事”、“家家做，共签治家新协议”、“家家乐，展示农家新生活”、“家家评，争当家庭好成员”等活动。引导广大农村家庭树立建设社会主义新农村的思想观念，提高家庭成员的思想文化和科技素质，引导农村妇女和家庭树立健康、科学、文明的生活方式。

五、根据“和谐家庭”创建活动的开展情况，每年年底表彰一批“和谐家庭”先进典型。通过创建、评比、表彰，向社会推出大批具有时代特色、倡导和谐文明的“和谐家庭”典型，激发广大家庭的创建热情，营造“人人文明、家家和谐、社会进步”的良好氛围。

供稿：邢台市文明办

整理：弓少勇

邢台市

举办“第三届中国·邢台天河山‘七夕’爱情文化节”系列活动

为深入贯彻落实中央宣传部、中央文明办等五部门《关于运用传统节日弘扬民族文化的优秀传统的意见》精神，深度打造邢台“七夕”文化品牌，展现“中国‘七夕’文化之乡”优势，展现山水太行、古都邢台风采，展现传统节日文化魅力，进一步挖掘和弘扬邢台历史文化，把“天河山‘七夕’爱情文化节”打造成中国的情侣节，进而推动我市旅游业发展，增强人们文化认同感，促进和谐邢台建设，邢台市文明委定于2007年8月19日（农历七月初七）——8月26日（农历七月十四），举办第三届中国·邢台天河山“七夕”爱情文化节。

一是邀请省、市有关领导、专家学者，于8月19日在天河山新落成的牛郎织女岩塑像前举行盛大的揭幕、祭祀仪式。二是在活动开展期间，结合“七夕”（中国情侣节）这一特定文化内涵，在天河山景区组织万人相亲活动。三是组织千对情侣天河山漂流活动。四是组织古今中外以爱情为主题的优秀歌曲和邢台优秀地方戏曲为主要节目的“七夕之夜·爱情金曲”大型广场演唱会。五是向全市征集以太行山特别是天河山的山水风光和我市传统爱情文化资源为题材的书画摄影作品，在活动期间进行集中展览。活动结束后，将优秀的作品分别在《邢台日报》、《牛城晚报》组发专版。六是邀请全国百家旅行社、旅游报刊来邢，到市旅游景点开展旅游产品采购、采访活动。七是围绕“织女”这一神话人物创意，邀请全国著名服装品牌企业参加，吸收我市宁晋、清河等一些纺织业发达的县市参与，活动开展期间在市区举办大型纺织品展销活动。

供稿：邢台市文明办

整理：弓少勇

邢台市桥西区

在全区中小学中启动“育心”工程

为了进一步在全区倡导“成长比成绩重要，成人比成功重要”的工作理念，培养未成年人良好的人格，桥西区多措并举，在中小学中启动“育心”工程，大力加强未成年人心理健康教育。

一是加强心理健康教育队伍建设。坚持以班主任和专、兼职心理健康教育教师为骨干，全体教师共同参与心理健康教育的工作机制，定期开展培训学习、优质课评比、经验交流会、考察观摩、案例探讨等活动，普及心理健康教育知识，提高心理健康教育工作水平，使每一位教师都能成为学生的心理辅导员和心理保健员。

二是建立校园三级监护网络。第一级是班主任、任课教师的监护。即教师将心理健康教育渗透到学校教育全过程，并给予学生全方位的监护和疏导；第二级是学校心理咨询室的监护。心理咨询室要做到“四个一”即：一个温馨环境、一位专职老师、一条服务热线、一套管理制度。负责建立与管理学生心理档案，对有心理困扰的学生进行个别和团体心理辅导；第三级是区教文体局对区域学生心理健康教育机构的监护。定期深入学校进行督导、指导，在局网站设立心理咨询专栏，提供服务，为每个孩子打造心理健康防护墙。

三是利用两个结合丰富内涵。以学生的心理健康作为育人成材的“基础工程”，以德育工作作为心理健康教育的“引领工程”，以德育的思想性和导向性来促进学生的心理健康，实现心理健康教育和道德教育相结合；以举办丰富多彩的特色活动为载体，以学科渗透为平台，从世界观、人生观和价值观的层面对学生进行生理、心理和伦理教育，健全人格，提升未成年人的心理健康水平，实现心理健康教育和生命教育相结合。

四是整合资源建设育心“立交桥”。以学校、家庭、社会三个关键环节为抓手，实施多渠道疏导，立体式关爱。首先加强学校心理健康课程的督导，确保心理健康教育或专题活动时间每班每学期不少于10课时，毕业班每学期不少于5课时，其次利用家长学校，开办家庭教育知识讲座，对未成年人进行心理健康教育的指导。此外利用报纸、电台、电视台、远程教育、网络等社会媒体专栏的咨询、交流、宣传功能。为广大师生提供全方位、多元化心理服务，保障未成年人的心理健康。

供稿：邢台市文明办

整理：弓少勇

巨鹿县

开展“知荣辱、讲文明、守礼仪、献爱心”主题宣传教育活动

一、深入学习宣传《公民道德实施纲要》，提高干部群众道德素质。以纪念《公民道德实施纲要》颁布六周年为契机，掀起学习宣传《纲要》的新一轮高潮，要求各单位、各村将“爱国守法、明礼诚信、团结友善、勤俭自强、敬业奉献”二十字道德规范粉刷上墙。在广泛宣传的基础上引导群众践行《纲要》、规范言行。深入开展以“社会公德、家庭美德、人生道德”为内容的三德教育，引导干群树立正确的道德观念。

二、认真领会“八荣八耻”的内涵，树立社会

主义荣辱观。在县电台、电视台开辟了学习“八荣八耻”的专版、专题节目，刊播系列践行“八荣八耻”的先进典型和事迹，让“八荣八耻”进农村、学校、企业。组织党员干部对照“八荣八耻”，查摆自己社会生活中是否存在是非标准模糊、美丑界限混淆、善恶观念不清情况；是否存在拜金主义、享乐主义、极端个人主义等不良倾向；是否存在见利忘义、损公肥私、掺假制假、偷税漏税、不讲信用、欺诈行骗等现象；是否存在脱离群众、背离人民、处事不公、违法乱纪、渎职失职、骄奢淫逸等现象。并按照标准，结合实际，制定整改措施。

三、广泛开展“文明礼仪”教育，倡导文明新风。积极倡导“说文明话、做文明人、办文明事、当文明户”等文明创建活动，教育引导广大群众告别陋习，走向文明，教育引导公职人员文明施政，提高办事效率，改进服务质量。要求各部门根据单位性质列出文明用语，上墙张贴。在县电台、电视台设立曝光台，对不文明的人和事进行曝光。组织开展“机关干部学礼仪”、“学生学礼仪”、“青年学礼仪”等专题教育活动。在党员干部中大力倡导以爱敬业、诚实守信、办事公道、服务热情为主要内容的职业礼仪；在学校宣传倡导唱响国歌、遵守规则、尊敬师长、关心他人、主动问好等校园礼仪；在服务行业的广大青年中，组织开展了“文明礼仪标兵”评选活动。

四、广泛开展知礼向善，互助互爱教育，优化人际环境。广泛组织开展了“和睦相助，友爱向善”主题教育实践系列活动。围绕建设和谐巨鹿营造浓厚的人文环境，在同事、朋友、乡亲、邻里、家庭成员之间大力倡导宽厚礼让，亲善友爱，互帮互助的和谐共处理念。以省、市、县级文明单位干部职工为重点，动员全社会进行扶贫助困活动，帮下岗职工谋新职，帮失学儿童重返校园，帮困难群众科技致富，帮孤寡老人安度晚年，让每个人都感受到社会大家庭的温暖。组织开展了“和谐家庭”和“敬老之星”评选活动，大力宣传评选出的先进典型，从家庭着手，培育知礼向善、互助互爱的文明新风尚，为构建和谐巨鹿奠定广泛的社会基础。

供稿：邢台市文明办

整理：弓少勇

威县

以“五争创”活动为载体扎实推进精神文明创建活动

威县在精神文明建设工作中，主动适应新形势要求，不断创新思路和方法，以“五争创”活动为载体，积极开展各项创建活动，取得了良好成效。

1. 围绕优化威县发展环境，开展争创优质高效服务单位活动。以更好地服务全县招商引资、项目建设和企业发展为目标，以“三大杯”竞赛活动涉及的38个单位为重点，以加强职业道德、遵守职业纪律、提升职业技能、搞好优质服务为内容，通过单位争创、企业评议、群众投票，年终评选出十佳优质高效服务单位，并予以表彰。以此推动威县发展环境的进一步优化。

2. 围绕激发全民创业热情，开展争创“威县创业之星”活动。以县委、县政府确定实施的“招商引资年”、“项目建设年”活动为契机，以激发干部群众创业积极性为目标，以百姓创家业、能人创企业、干部创事业为内容，以评选十佳农民创业之星、十佳企业创业之星和十佳干部创业之星为抓手，开展争创威县创业之星活动。通过争创活动，把干部群众的智慧和力量凝聚到推进威县更好更快地发展上来。

3. 围绕社会主义新农村建设，开展争创文明生态先进村镇活动。按照产业强村、文化兴村、生态建村、民主治村的总要求，巩固已有创建成果，力争年底有一批行政村进入创建先进行列。以道路硬化、庭院净化、村庄绿化为重点，改善村民居住环境。年内组织开展“十佳文明生态村居”评选活动。

4. 围绕树立和践行社会主义荣辱观，开展争创“十星级”文明户活动。利用刷写标语、广播宣传、组织文艺宣传队等多种形式，把社会主义荣辱观深入宣传落实到全县农村，努力做到家喻户晓，教育引导广大群众自觉践行社会主义荣辱观，广泛倡导文明新风，破除陈规陋习。不断强化村级“两会”组织功能，落实民主评议、动态管理两个机制，继续组织开展“十星级”文明户评选活动，从评选出的“十星级”文明户中选择有影响、有示范带动作用的典型在县电视台进行重点宣传报道。

5．围绕提高干部素质，开展争创学习型机关活动。以提高机关干部综合素质和创新能力为重点，以深学政治理论、精学本职业务、勤学修身知识为内容，通过建立完善机关学习制度，加强公务员队伍的学习培训和考核工作，组织开展各具特色的读书学习活动等措施，推进学习型机关建设，在全县党政机关中大力营造学习的风气、研究的风气、探索的风气、实践的风气。

供稿：邢台市文明办

整理：弓少勇

邯郸市

以“五争做五提升”促城乡和谐文明

河北省邯郸市着眼提高城乡社会的文明程度，以“五争做五提升”为主要内容，深化精神文明创建活动。

争做新型农民，提升文明生态村创建水平。依托“村民中心”，组织农民学习政策，进行科技培训，提供致富信息服务，开展文体活动等，提高农民综合素质。推进“十星级”文明户创建活动，建设10片文明生态村群，打造10条文明生态走廊和100个文明生态魅力家园。

争做文明市民，提升文明城市品位。重点开展文明乘车、文明走路、文明行车、文明观演(赛)、文明游园、文明购物、文明就餐、文明待客、文明养犬、文明过节等十个方面的活动。从城市居民的日常行为抓起，倡导文明礼仪，培育文明习惯，提升道德修养。

争做文明公务员，提升机关文明水平。从改进机关作风入手，加强思想建设，引导公务员努力做到“十多十少”：多一些思考，少一些浮躁；多一些实干，少一些抱怨；多一些正气，少一些杂音；多联系群众，少研究领导；多深入基层，少往机关跑；多琢磨公事，少琢磨私事；多读书学习，少酒场应酬；多具体落实，少会议文件；多注重实效，少繁琐形式；多实在政绩，少哗众取宠。

争做诚信企业，提升经济发展竞争力。以促进解决群众反映强烈的欺诈经营、不守合同、假冒伪劣等问题为着力点，完善企业信用评估和监督体系，宣传诚信先进典型，惩罚企业失信行为，督促各行各业制定诚信自律公约，树立用诚信赢得市场、赢得客户的观念。

争做热心好公民，增强社会亲和力。广泛开展见难相助帮一帮、宽容礼仪让一让、道德行为评一评、不良陋习管一管为主要内容的“四个一”道德体验活动。组织社会各界奉献爱心，积极参与对贫困学生、农民工、残疾人、低保户、贫困农村等的群众互助和社会援助，增加社会和谐因素，减少不和谐现象。

供稿：邯郸市文明办

邯郸市

采取四项措施深化“文明游园”

邯郸市把“文明游园”作为提高公民思想道德素质的一个重要载体，采取四项措施在全市广泛开展“文明游园伴我行”活动，促进公民道德素质提高。

一是开展“文明游园伴我行”大型宣传活动。为更好地约束人们文明出行、文明游园，邯郸市文明委制定颁布了《邯郸市公园、广场、绿地文明游园公约》，并制成大型宣传牌放置于公园、广场、街头游园的显著位置，同时在公园、景区内增设了大量的温馨提示宣传标志和设施。市属新闻媒体在定期刊登《文明游园公约》的同时，还开设了专题栏目，广泛宣传文明游园活动的重要意义，广泛宣传文明游园活动中涌现出来的先进典型，对不文明行为给予曝光。

二是组织文明游园签名活动。为动员更多市民参与到“文明游园伴我行”这一活动中来，邯郸市文明办协调有关部门组织200余名志愿者，多次利用周末市民游园高峰时间，分8组在全市主要公园、景点、广场、游园等地，在“赏心悦目邯郸景、文明游园伴我行”巨型横幅上，组织广大市民、游客自愿参加签名活动，引导公民做文明游客、文明市民，自觉遵守《邯郸市公园、广场、文明游园公约》。8处签名点共收集到公民签名十万以上，营造了浓厚的文明游园氛围。

三是招募文明志愿者共建文明游园新秩序。市文明委、市志愿者协会联合，向全市机关、企事业单位、民间社团组织和各中小学校，为市内四个主要公园各招募了100名志愿者，为市内百余处广场游园各招募了20名志愿者，利用周末假日业余时间，在公园、广场、游园进行文明游园宣传，劝阻和制止游客的各种不文明行为，协助管理人员维护游览秩序，对文明游园起到了较好的促进作用。

四是加大管护力度实行文明管理。市文明委对园林管理部门提出明确要求，该建的硬件要建设到位，该提示的标牌要建在醒目位置，该增加的服务人员要及时增加。同时，要求清洁人员采取跟随的方式服务，做到你扔我捡、你丢我扫，以实际行动教育和引导游客。各游园、广场、公园服务人员也积极行动起来，对餐厅、道路、休息区、卫生间定时清扫，以文明整洁的卫生环境影响游客文明游园。

供稿：邯郸市文明办

邯郸市

组织开展“温馨邯郸社区行”活动

为弘扬文明和谐的道德风尚，营造欢乐祥和的社会氛围，丰富城乡群众的文化生活，让全市人民过一个欢乐文明温馨的新春佳节，根据市委关于“和谐共建八项工程”的指示精神，按照市委宣传部“欢乐城乡、温馨邯郸”活动的总体部署，市文明办牵头组织了这次“温馨邯郸社区行”活动。这次活动主要以科教、文体、法律、卫生“四进社区”和扶贫济困送温暖活动为主要内容，为社区居民尤其是困难群体做实事、办好事、解难事，让社区居民群众过一个欢乐温馨的新春佳节。市民政局、市体育局、市司法局、市卫生局、市文联以及市烟草公司、美食林集团、邯郸人寿保险分公司等单位，向邯山部分社区捐赠了电脑、电视、图书、文体器材和生活物品，价值达13万余元，还带来了丰富的文艺节目，为居民提供了法律、科技等咨询服务，医务人员在社区进行了义诊，市书画名家还现场为居民书写春联，受到了居民群众的广泛好评。

市文明办、市民政局、市科技局、市文化局、市体育局、市司法局、市卫生局、市文联等部门还向全市发出倡议，动员社会各界广泛开展“欢乐城乡、温馨邯郸”活动。号召社会各界积极行动起来，“献一个岗位，帮一人就业，送一份温馨、解一家困难”，用实际行动，促使送温暖、献爱心、促和谐活动蔚然成风。

供稿：邯郸市文明办

邯郸市丛台区

举办首届“邯郸成语典故”少儿情景剧大赛

为了进一步弘扬古赵文化，创新和丰富未成年人思想道德建设的内容和形式，最近邯郸市丛台区委宣传部和区文教体局联合举办了首届“邯郸成语典故”少儿情景剧大赛。

少儿情景剧大赛共有8个情景剧参加了角逐，鹬蚌相争、邯郸学步、一叶障目、惊弓之鸟、罗敷采桑、漳河投巫、掩耳盗铃、黄粱美梦，一个个内容深刻、富有教益的成语被孩子们用鲜活的形式表现出来，一幕幕师生们自编、自演的情景剧竞相在舞台绽放，优美的音乐、精致的道具、绘声绘色的表演把大家带回历史的瞬间，使学生演员和观众都从中受到了教育。演出期间，掌声、喝彩声不绝于耳，现场气氛一浪高过一浪。整场比赛在笑声、掌声、欢呼声中落下了帷幕。市政协副主席王少刚向本次大赛的成功举办表示祝贺，他希望广大少年儿童，继承和发扬中华民族积淀下来的优秀民族精神和品格，学习和实践新时期社会主义道德风尚，积极参与道德实践，从一点一滴做起，从身边小事做起，做家庭里的好孩子、学校中的好学生、社会上的好少年、大自然的好朋友，成为有理想、有道德、有文化、有纪律的社会主义新人。

供稿：邯郸市文明办

整理：陈凤娥

邯郸市邯山区

搭建爱心互助平台实现邻里和谐友爱

邯郸市邯山区充分发挥社区在构建和谐社会中基础地位，积极倡导“我为人人，人人为我”的社区服务理念，组建了社区爱心互助社，社区党员领头，组织居民自我管理、自我教育、自我服务，进一步推动了邯山和谐进程。目前，该区已组办爱心互助社5个，爱心志愿者达1200余人，有70多岁老党员，也有8岁的小学生。

居民做了好事，可以“储蓄”到社区统一印制的爱心互助社“储蓄本”上，以后若需要他人帮助，可以凭“储蓄本”到爱心互助社支取等量服务。爱心储蓄以一小时服务为一计量单位，捐赠款物以50元为一计量单位，等同1小时义工服务。爱心“存储”如不支取可获得一定利息，利息可以折合成等额的博爱卡，持该卡可以在博爱超市选购任何物品。爱心互助社以社区党组织和社区党员为示范带动，广泛吸纳社区群众、社区志愿者、驻区单位等一切社会力量，接收义工、物资、图书等互助资源，由社区集中管理，实施有针对性社区服务和重点救助，如满足居民日常服务需求、为孤寡老人提供生活服务、对困难家庭提供子女上学就医等救助、对下岗失业家庭提供待岗期的补充援助等。接受服务的人员除特殊情况外（如老弱病残）也必须做出服务承诺，形成做好事得好报的激励机制，在社区营造起浓厚的互爱互助氛围。爱心互助社还针对居民多元化的实际需求，应用市场机制，依托社区一站式服务大厅、劳动就业保障站、家政便民服务网的服务优势，及时为居民提供低偿、有偿的便民服务，如家政服务、家庭陪护等服务，所得报酬记入爱心互助社统一管理，确保了爱心互助社的正常运转和互助质量。

供稿：邯郸市文明办

整理：陈凤娥

邯郸市邯山区

在小学生中开展“爱心接力卡”传递活动

为了让未成年人从小养成助人为乐、敬老爱老的良好品德，并在帮助其他人和帮助孤寡老人和残疾人中感受人间的亲情，体验奉献的乐趣，树立健康积极的人生观、培养优良的人格素养和良好的行为习惯。邯郸市邯山区积极探索，以邯钢兴华小学为试点开展以“爱心接力卡”为形式、传承传统的爱心行动活动，构筑未成年人“三位一体”的思想道德教育网络。目前，开展活动以来学生们共做了好事1万余件，得到家长、社会的好评。

“爱心接力卡”传递活动，在学校各班级成立爱心志愿小队，并负责“爱心接力卡”的发放和回收，爱心志愿者的招募，材料的收集和整理，活动的协调运作，并定期对活动开展情况进行总结，向学校提交总结报告。爱心志愿小队人员给每位“爱心志愿者”发一张“爱心接力卡”，做了好事和有益的事情后，填上自己的姓名，交给受助人，受助人再去帮助其他人，同样写上自己的姓名后，再传下去，当这张卡片写满之后交到学校再领取一张新的“爱心接力卡”。学校通过爱心志愿者发放“爱心卡”让爱心在学生间、孩子与大人间传递。这张名片大小的卡的正面写着“传递爱心，从我做起”的倡议词，反面由活动的口号和一个个框一个个箭头组成，每个框用来填写献出爱心人的姓名。为了能够及时了解活动的成效，卡上只画了7个框，并且要求这张卡的第7个传递者把它送给学校，然后再领一张继续传递。活动开展不久，“爱心卡”由学校志愿者传向社区和社会，让爱心影响家庭，辐射社会，让文明的种子生根、长叶、开花。

“爱心接力卡活动”自开展以来，历时近一年，大致经历了爱心传承、爱心传递、爱心飞扬四个阶段。随着“爱心接力”活动的深入开展，传统的“六爱塑魂、千人争做雷锋”活动、“邹鹰敬老”活动和“希望工程”手拉手工程、“写雷锋日记”等活动焕发新的生命力。“六爱塑魂、千人争做雷锋”活动中，设立了“绿色回收站”，每个学生将废弃的作业本、易拉罐等物品收集起来变卖成钱，捐给家庭困难的学生，目前，捐给贫困学生8千余元。同时开展评比活动，在各校开展用好“一分钱”评比活动，通过“两不一比”活动，不给父母要零花钱，不到周边小商贩和小店购买东西，比谁是最节约学生，评出“合理消费小明星”。通过这些活动培养了孩子们勤俭节约的好习惯、助人为乐的好品德。“雏鹰假日小队”活动中，爱心志愿小队到社区进行打扫卫生、捡拾垃圾、擦洗公益广告、爱护公物、爱护花草等实践活动，在主要道街、广场、公园捡拾白色垃圾、擦洗公益广告等各种活动，目前，爱心志愿者在社区、主要道街、广场、公园开展活动10余次，培养了未成年人的公德意识和社会责任感。“邹鹰敬老”活动中，学生们到社区、敬老院帮助孤寡、病残老人做一些力所能及的事情，爱心给孤寡老人带去了欢乐，送去了温暖。目前，辖区小学生帮助周围邻居和敬老院的孤寡、病残老人200余人。学雷锋写日记活动中，学校为每个班级配备了一个“雷锋日记”本，每个班设计了不同的封面，并且都有自己的宣言。每个学生在帮助他人、传递“爱心接力卡”之后把自己的所思、所感、所想感受记入学雷锋日记中，学生轮流写雷锋日记。目前，学生共写了600余篇雷锋日记。通过写雷锋日记，净化了学生的心灵，在日记中反思，在日记中成长，这次活动受到了学生、家长和社会的一致好评。同时还通过“希望工程”手拉手活动，使同学间思想上相互了解，情感上相互沟通，生活上相互帮助，让爱心充满整个社会，微笑遍布每个角落。

“爱心接力活动”为未成年人创造了丰富多彩的德育环境和氛围，使未成年人从原来单纯的服从社会需要和服从上级安排转变到以时代的要求和未成年人的发展要求相融合的基点上来，尊重了未成年人身心健康的发展，使德育教育成为未成年人成长过程中活的、更富于生命力的教育，成为加强和改进未成年人思想道德建设的有效载体，形成了具有特色的德育教育品牌。

供稿：邯郸市文明办
整理：陈凤娥

馆陶县

开展创“三优”星级少年活动

为切实加强未成年人思想道德建设，馆陶县积极探索新形势下做好未成年人思想道德建设的工作机制，在全县开展了创“三优”星级少年活动，取得了较好效果。

该活动旨在培养青少年的基本社会道德观念，养成良好的社会行为习惯，通过活动的有效开展，使青少年在家庭、学校、社会等不同环境中成为自我教育的主体，激励他们争先创优，不断提高。为搞好创“三优”星级少年活动，该县成立了创评活动领导小组，制定了“三优”星级少年评选标准，从家庭、社会、学校、公共场所、个人独处等五个方面，把“三优”星级少年分为爱国星、守法星、养教星、诚信星、助乐星、卫生星、团结星、健康星、环保星、自立星。评选中采取学生申报自荐，学校评议把关，领导小组审定的程序进行，评选一年两次，上半年初评，年终总评。为不断深化创评活动，该县强化措施，大力推进。一是不断加大创建评选活动的宣传力度。充分利用各种宣传工具和阵地，采取电视宣传、节日文体活动等儿童喜闻乐见的形式，广泛宣传十星“三优”少年标准，真正把青少年吸引到创建活动中来。二是开展丰富多彩的道德实践活动。组织少年儿童围绕人与自然、人与社会、人与人、人与自我的关系，对照自身和身边存在的不文明不道德、不规范的问题和不足，深入到社会实践中去，亲身体会，寻找答案，真正做到自主策划、自愿参与、自我学习、自觉行为。以“我做星级三优少年”为主题，组织开展文艺演出、读书教育、故事大赛、演讲比赛、知识竞赛、主题队会、经验交流等丰富多彩的实践活动20余次，参加活动的青少年达50000余人次。三是选树典型，营造氛围。宣传、妇联、团委、教育、广播电视等部门发挥各自优势，形成合力，挖掘、培养、树立一批争创典型，展示青少年时代风采，不断扩大活动的社会影响，营造舆论氛围。目前，全县已评选出争创典型15个，并在县电视台开设了“创三优星级少年”宣传教育专栏，对典型人物进行了专题报道。

供稿：邯郸市文明办
整理：陈凤娥

大名县

开展“民俗文化进课堂”活动

为把本地的丰富教育资源和传统文化及一些有益的游戏介绍给未成年人，让他们能够学到课本中学不到的知识，从而增长视野，开启心智，大名县结合本地实际，深入开展“民俗文化进课堂”活动，对加强未成年人思想道德建设进行了有益探索。

一是弘扬传统文化，树立远大志向。该县历史悠久，文化灿烂，还是革命老区，“冀南第一个革命策源地”大名七师遗址就创始于1945年的大名一中。整理挖掘县内历史人文资料，探寻这方热土上独具魅力的文化之根，对于加强和改进未成年人思想道德建设，启迪未成年人自我教育具有特殊作用和重要意义。该县根据区域文化底蕴深厚的特点，并从未成年人成长规律出发，推出“文化寻根”活动，以革命遗迹、名人故居为阵地，以名人事迹、民俗文化为教材，组织未成年人、初高中学生利用寒暑假、业余时间，分组走访王莽金堤遗址、大名府城遗址、烽火台遗址、丛善楼兵工厂遗址、郭隆真故居、直隶七师遗址等史迹、名人故居，挖掘历史故事和名人事迹。定期在主题班会上交流心得体会，表达感受。开展民俗文化寻根活动，采取老少结对的形式，通过长辈手把手传授技艺，未成年人重温父母儿时常玩的游戏，比如抽陀螺、跑铁环、踢毽子、跳方砖、捏面人、跳绳、对歌谣、找谚语、造房子等游戏，感受老游戏的魅力。

二是学习民间工艺，感受艺术魅力。挖掘民俗文化，让未成年人走近具有该县特点的书法、篆刻泥塑、剪纸、农民画等特色文化。各幼儿园、中小学校根据学生的喜好、教师的特长，自定民间工艺学习内容，形成“班班有民间工艺特色，人人会一样民间手工技艺”。低年级和幼儿园的孩子以模仿填图为主，初步认识民俗文化的特点；中年级学生不仅学习民间工艺制作，还搜集相关历史资料，探寻民俗文化起源，发掘其中蕴涵的丰富寓意和流传的民间故事；高年级学生则将研究性学习与手工制作相结合，意在培养探索合作精神和动手操作能力。各学校均设立民间手工艺活动室。有的设立年画轩，学生用五彩年画描绘纳福趋吉喜庆图样；有的设花剪子房，学生用一幅幅剪纸，传递朴素真挚的民族情感；有的通过设立润笔阁，发扬毛笔字这一传统文化。由于在时间和空间上有了保障，许多传统游戏又重新回到了校园。三是体验节庆文化，培育民族情感。传统节庆负载着浓重的文化色彩和丰富的内涵底蕴。该县通过丰富多彩的活动，引领学生了解传统节日所负载的文化理念，使学生在传统节庆中受到感染和熏陶。春节，开展过“中国年”活动，话起源、讲传说、写春联、画年画、包饺子、编中国结、给长辈说一句祝福话，使学生们感受到劳动人民的节日喜悦和美好憧憬；元宵节，开展猜灯谜活动，启迪智慧、陶冶情操、增加学识；清明节，通过祭扫烈士墓，开展“讲英雄故事，忆英烈遗言”活动；中秋节，开展以崇尚团圆为主题的各种活动。同时，该县注重将现代节日赋予民族精神和新的时代内涵。在三八节，开展了“当一天妈妈”活动，将孝敬父母的传统美德与体验妈妈的养育之恩结合起来；在植树节，开展“我为校园穿绿衣”活动；在六一节，开展“同在蓝天下”手拉手活动；国庆节，开展“我爱五星旗，同唱爱国歌”合唱比赛。

四是了解民风民俗，树立民族精神。民风民俗是一个民族情感和理想的载体。该县在各学校确立班级研究课题的基础上，形成“两个一”系列活动，即“一班一民族风情”、“一班一地方风俗”。学生广泛搜集资料，了解地方戏曲、地方游戏、地方方言、地方小吃、地方传说和地方名人，从中品味着“百里不同俗，千里不同风”的丰富内涵。同时，以班级为单位，以各乡镇、村地方风俗为内容，开展班级展牌展示活动，使学生对民风民俗有更直观的了解。鼓励学生动手实践，建立“学生民俗作品展览室”，让未成年人在学习与创造中传承和创新。

供稿：邯郸市文明办

整理：陈凤娥

省民政厅

精心组织“清风正气在民政”文艺汇演

为进一步弘扬廉政文化，营造风清气正的从政环境，从2007年7月9日到2008年元月7日，历时半年时间，省民政厅在全省民政系统组织开展了一场以廉政文艺节目创作演出为主要内容的社会主义精神文明宣教活动。通过挖掘和颂扬先进典型，抨击现实工作生活中的不良行为，引领干部职工积极进取、健康向上的风尚和情趣，充分展示了民政人以民为本的高尚情怀和崇高风尚。在这一过程中，各市、县民政局和省厅直属单位认真组织、精心排练，积极创作并向省厅推荐选送了一大批高质量的文艺节目，有的深入挖掘本单位先进典型的崇高精神并编排成情景剧、歌曲、戏剧，有的以传统曲艺表演形式鞭挞贪腐之害。通过分层选拔，逐级评选，《清风正气在我家》、《追悔莫及》等12个节目，在全省反腐倡廉工作会议上进行了文艺汇演，取得了圆满成功，受到了200多名与会代表的高度评价。由荣康医院职工创作表演获得一等奖的情节剧《感恩天使》，以本院受到中宣部通令表彰的伤残军人的好闺女——郝丽娟为原型，谱写了一曲普通民政工作者默默无闻、爱岗敬业的奉献之歌，代表省厅参加了省纪委的文艺调演，得到上级机关的高度评价和充分肯定。

供稿：省民政厅监察室

省民政厅

编印出版“河北民政党风廉政建设丛书”

为筑起民政干部的思想道德防线，形成健康向上的工作氛围，省纪委监察厅驻厅纪检组、监察室牵头组织，历时一年时间，先后五次编校，形成了80多万字的《河北民政党风廉政建设丛书》，即：《党员干部廉洁自律手册》、《廉政勤政警句格言文集》、《惩防体系制度建设汇编》、《反腐倡廉论文辑录》，为全省民政系统广大干部提供了一套系统性、针对性和实用性较强的以廉政为主要内容的精神文明建设教材。其中，《党员干部廉洁自律手册》，收集了1990年～2007年中央和省对党员领导干部和国家行政人员有关廉洁自律方面的条规，按照禁止类、要求类、惩戒类分类，紧贴干部思想实际，精选了141个条目，为干部廉洁从政提供了政策法律指导服务。《廉政勤政警句格言文集》，从2007年7月从全系统开始征集，从各级选报的上万条格言警句和近千篇诗歌散文中选辑而成，从不同角度体现了广大民政干部常修为政之德、常思贪欲之害、常怀律己之心和自警、自重、自省、自励的政治素养，展现了民政干部崇廉、尚廉、爱廉、敬廉的高尚情怀，形成了民政特色的廉政文化。《惩防体系制度建设汇编》，是按照中央惩防体系建设《实施纲要》和省委贯彻落实《意见》，对2005年～2007年来建立和修订的党务、政务、人事、纪检、财务共五个方面60项基础性制度，进行认真梳理，编辑而成。《反腐倡廉论文辑录》，则收录了近几年全省民政系统在反腐倡廉实践中形成的一些思考和探讨，从不同领域、不同角度、不同岗位深入研究从源头上防治腐败的有效途径和措施，对指导全系统反腐倡廉工作具有很强的启发性、引导性和规范性。

供稿：省民政厅监察室

省民政厅

成功举办“河北省第二届移交政府安置的军队离退休干部文艺汇演”

为进一步丰富广大军休干部的精神文化生活，使他们老有所为，老有所乐，2007年，在全省军休安置任务重，困难大，头绪繁杂的情况下，我们充分尊重军休干部的意愿，安排举办了第二届军休干部文艺汇演。经过近一年的组织、发动和精心筹备，我们邀请有关专业人士组成专家组，对各市报送的近百个文艺节目进行了认真审查，筛选出23个节目参加全省文艺汇演。

10月14日，我处以省民政厅的名义联合河北省军区政治部、河北电视台在河北省军区礼堂举办了“军歌嘹亮唱夕阳——河北省第二届移交政府安置的军队离休退休干部文艺汇演”。本次汇演主要以军队离退休干部的军旅生涯和移交到地方政府安置后的晚年生活为题材，集中反映了军休干部对党的深厚情感和建设有中国特色的社会主义的坚定信念，充分展示了新世纪军休干部积极向上的精神风貌，以及幸福安乐、充实祥和、多姿多彩的晚年生活。390余名军休干部参加了汇演。全体演员以饱满的热情、精湛的演技，为观众献上了一份精彩纷呈的视听大餐，热情讴歌了我们伟大的中国共产党，表达了广大军休干部对祖国、对生活的热爱之情，具有极强的艺术感染力。

此次汇演共评出单位组织奖5个，节目表演奖23个，其中：一等奖5个、二等奖8个、三等奖10个。河北日报、中国老年报、河北画报等多家媒体对演出盛况进行了报道。河北电视台对节目进行了现场录像，并于“重阳节”当日和之后播放两次，取得了非常好的社会反响。

供稿：省民政厅监察室

省交通厅

组织“文明示范窗口”创建活动

为进一步加强交通窗口服务水平，省交通厅本着“典型示范，分层推进，全员参与，争先创优”的原则，在全系统深入开展了争创“文明服务示范窗口”和“文明执法示范窗口”活动，逐步实现窗口服务标准化、交通执法规范化。

一是“文明服务示范窗口”创建。参加创建的范围包括公路通行费收费站、道路客运汽车站、高速公路服务区、一般公路服务站点、港口码头、长途客车、出租汽车、维修场站等，要求上述服务窗口按照“三优三化”（优美环境、优良秩序、优质服务，服务过程程序化、服务管理规范化、服务质量标准化）的总体要求，不断改善服务条件，营造功能完备、整洁美化、舒适便利的交通服务环境；着力解决态度生硬、服务粗糙等问题，倡导以人为本、精细服务，规范服务行为，提高服务质量。

二是“文明执法示范窗口”创建。参加创建的范围包括路政、运政、征稽、地方海事四个执法门类的基层执法单位及综合性的交通业务大厅等。对执法部门总的要求是规范执法、文明执法，认真推行行政执法责任制和“两错”责任追究制，使执法过程达到规范有序、便捷高效、公开透明、文明服务。

全系统积极响应，围绕文明窗口创建陆续开展了一富有特色的活动，取得了明显的效果。通过此项活动的开展，打造了一批在社会上叫得响的交通文明建设品牌。

供稿：省交通厅文明办

撰稿：王晓娜

河北电台

《交通新干线》栏目公益活动成果丰硕

2007年1月9日，河北电台交通频道《交通新干线》节目与河北省高速公路管理局针对雪雾天气造成的我省境内多条高速公路冰雪堵路的状况，联手推出大型公益活动——《情暖路人心》，联合各高速公路服务区，为滞留高速公路的司机师傅无偿提供盒饭、热水、方便食品等，许多司机非常感动，说“情暖路人心”温暖了他们冰雪中的期待，让焦急的心情如沐春风。2月4日，《交通新干线》节目在省博物馆东广场举行了“援助省会的哥拯救美丽天使”的爱心募捐行动，号召听众用爱心、尽自己的微薄之力帮出租车司机高建中2个月大的女儿共筹医疗费渡过难关。筹得善款15025.3元，为孩子及时治疗解决了燃眉之急。9月初，频道举办“清新城市。绿色行动”大型公益活动，倡导绿色出行方式、净化城市生态环境。以《交通新干线》节目为主打，推出了一系列倡导保护环境、体现和谐生活的主题活动，已经进行的《“绿色使者”接力行》、《“绿色出行”抢先答》、《“省会无车日”绿色健康行》、“绿色出行论坛”、“绿色出行图片展”等活动都取得了良好的社会反响。11月17至19日，《交通新干线》推出公益行动——《让文明绽放如花》。30多名志愿者踊跃报名，和交通广播的记者、主持人一起把千枝爱心玫瑰送给了文明的交通参与者以此倡导和谐交通、文明行路，鼓励爱心和美德。

供稿：河北省广播电视局文明办

河北电台

《希望的田野》节目组为井陉县支沙口小学捐建爱心图书角

2007年4月15日下午，河北电台新闻频道《希望的田野》节目组为井陉县南障城镇支沙口小学捐建爱心图书角的活动启动，在启动仪式上，首批捐赠了7个爱心书架和约2000本杂志图书，价值约2500元。石家庄市友谊大街小学小记者团75名小记者随行采访，省妇联少儿部副部长韩红红、井陉县妇联的工作人员也参加了启动仪式。当天下午两点，《希望的田野》节目组一行3人经过近两个小时的奔波，风尘仆仆的赶到地处山区的井陉县支沙口小学。两点半，在雄壮的国歌声中，捐建爱心图书角活动启动仪式正式开始。在启动仪式上，《希望的田野》节目监制赵伟代表节目组向支沙口小学捐赠了爱心书架和杂志图书，表示这次捐赠只是一个起点，以后会继续为该校提供更多更精美的读物，并倡导小学生们多读书、读好书，用知识改变命运。支沙口小学各班学生代表兴高采烈地接受了捐赠。“两免一补”实施后，农村的孩子们不再为学杂费发愁了，可他们的课外读物十分匮乏，通过省妇联少儿部牵线搭桥，节目组决定为井陉县支沙口小学建立爱心图书角并，并通过向单位同事和社会募集以及栏目组捐助完成。捐赠的读物以杂志为主，有《小爱迪生》、《我们爱科学》等科普读物的，也有《小读者》、《童话大王》等孩子们喜闻乐见的文学作品。支沙口小学校长张友东激动地说，这次捐赠是雪中送炭，为学生们了解精彩纷呈的外部世界打开了一扇门。为支沙口小学捐建爱心图书角的启动仪式新颖活泼，在《希望的田野》节目主持人和支沙口小学生们的节目互动中，拿到奖品的小学生欢欣鼓舞；在石家庄市友谊大街小学小记者团75名小记者和支沙口小学生们的互动中，互赠礼物让他们感受了彼此的友善，采访活动让他们了解了彼此的生活。在启动仪式的最后环节，农村孩子和城里孩子手拉手跳起了欢快的兔子舞，这一刻，他们的心凝聚在一起。现场捐赠以及节目互动，使石家庄市友谊大街小学和井陉县支沙口小学的领导和学生增进了了解，双方结为友好学校。

供稿：河北省广播电视局文明办

河北电台

《灯火阑珊》栏目成功组织残疾人手工艺品义卖活动

河北电台经济频率的名牌节目《灯火阑珊》，热心公益事业，以节目所长服务弱势群体。每周六有一档残疾人专栏节目《同一个星空》，专门宣传残疾人的自立自强，关注残疾事业的发展，组织各类公益活动，在广大残疾朋友当中享有很高的声誉。2007年3月17日、18日河北电台经济频率《灯火阑珊》节目成功组织了“用手编织轮椅梦”残疾人手工艺品义卖活动，两天的现场活动共募集爱心人士的善款一万五千余元，将全部捐献给需要帮助的残疾人购买轮椅。本次活动由石家庄市裕华区政府、石家庄市北国商城联合主办。“用手编织轮椅梦”残疾人手工艺品义卖活动旨在帮助残疾朋友实现拥有轮椅的梦想，两天的现场活动由《灯火阑珊》节目主持人和残疾人专栏节目《同一个星空》的特约主持人宋玉红共同主持。十余位残疾人现场制作并义卖包括编织品、手绘鞋、鼻烟壶等种类繁多、制作精美的纯手工制品。参加这次义卖活动的所有残疾朋友和现场服务的30多位志愿者都是节目的热心听众，在这次义卖活动的先期宣传过程中，很多外地的听众通过广播节目听到了义卖的消息，也都纷纷捐款支持，北京的听众赵女士特别购买了一辆轮椅，和家人一起送到了石家庄并作为志愿者参与了活动。这次义卖活动共募得款项15000余元，将解决30余位残疾人的轮椅梦，18号当天，首批10位残疾朋友在活动现场坐上了轮椅，并在志愿者的帮助下逛了北国商城。

供稿：河北省广播电视局文明办

省体育局

大力开展“全民健身与奥运同行”大型活动

2007年全省共策划组织大型群体活动59项，并于一月底举行了2007年“全民健身与奥运同行”河北省群众体育系列活动新闻发布会，涉及青少年、妇女、职工、农民、老年人五大人群。全省各地整合资源，统一协调，全省联动，形成“天天有活动、月月有赛事、季季有高潮”。从1月1日的“河北省第一届元旦长跑”活动开始，各种活动陆续展开。元旦、春节期间，全省“双节”全民健身系列活动丰富多彩。4月29日，唐山市举行了全民健身月启动仪式暨万人健步走活动。省委常委、唐山市委书记赵勇、省体育局局长聂瑞平和一万多名各行各业的群众一起参加了这次盛大的活动。4月底，省产业体联举办了太极拳培训班。5月份，秦皇岛举办了北戴河区第三届“运动之春”轮滑节系列活动，丰富了“经典、时尚、动感”的城市内涵，突出了层次高、范围广、形式新的特点。来自全国各地及台湾、香港的60多支代表队3000多名运动员参加了赛事。在2008年北京奥运倒计时400天时，衡水市举行了以“心系奥运、跨越发展”为主题的万人健步行活动，来自衡水市直部门及各区的11个代表队的12000人参加了健步行活动。5月12日石家庄市举行了“2007年安利纽崔莱健康跑暨省会全民健身月活动启动仪式”，有两万人参加了长跑活动。5月22日～25日邯郸市成功举办了农民太极拳展示大赛。5月26日石家庄市举办了第十二届国际奥委会主席杯全国百城市自行车赛——石家庄赛区比赛暨第五届石家庄市自行车比赛。与此同时，承德市的避暑山庄健身月14项活动相继开展。5月14日～6月15日，承德市举办了“环京津健身休闲圈”中国承德大众健身月活动。6月份在保定易县狼牙山，举办的“2007河北省全民健身与奥运同行系列登山活动”，有近500人参加。6月8日廊坊举办了“银隆杯”廊坊市第五届运动会，比赛共设29项。6月10日～17日，河北省第十二届运动会在唐山市举行，唐山市体育局联合市教育局、农业局、总工会等八家单位联合倡议在全市范围内开展“群众体育与省运同步，全民健身与奥运同行”的主题活动，号召全市人民积极行动起来，以实际行动“办省运、迎奥运”，展示唐山全民健身运动的风采。6月22日邢台市举办了全市万人百队健身秧歌大展示和登山比赛等群众喜闻乐见的健身活动。8月6日，秦皇岛市在山海关广场举办了以“巨龙昂首中华圆梦”为主题的迎奥运倒计时一周年大型文艺庆祝晚会，3000多名群众参加了这一活动。8月8日张家口市举办了“展示健美风姿，共圆奥运梦想”迎2008迎北京奥运会大型体育文艺展演活动。同时，张家口市的各县区在8月8日前后也开展了包括文体展演、球类、登山、健步走、长跑、抖空竹等不同形式、不同规模的群众喜闻乐见的体育健身活动，此次活动共有百余万人次参加。保定市举办了“同一个世界、同一个梦想”——世界同场健步走活动暨奥运会倒计时一周年启动仪式，来自保定25个县

（市、区）的5000余人参加了此次活动。省老年体协在8月8日在全省各设区市、华北石油管理局举行了“全民健身与奥运同行·全国亿万老年健步走向北京奥运会”活动启动仪式，掀起了老年人健身新热潮，有力地推动了老年体育的发展。11月24日，张家口崇礼滑雪节开幕，标志着群众性冬季滑雪热潮的到来。截止到12月31日，全省各市、各行业体协、各有关部门都积极组织策划了一系列有创意、有影响、有规划、群众广泛参与的大型群体活动，形成了声势，唱响了主题，提升了全民健身的效果，为我省迎接2008年北京奥运会营造了浓郁的全民健身氛围。

供稿：省体育局文明办

整理：魏东霁

省体育局

积极推动实施农民体育健身工作开展

一是制定《“十一五”河北省“百县千乡万村”新农村体育健身工程实施规划》，并进一步修改完善。农民体育健身工程已经安排，其中国家工程995个，省级工程1400个，市级工程1100个，县级工程68个，目前省市县级工程已基本完成。十一月份国家和省、县三级工程的器材招标已经完成，将陆续在全省范围内组织器材的安装。二是成功举办河北省第六届农民运动会。9月14日～18日河北省第六届农民运动会在涿州市召开，11个设区市和17个扩权县的28个代表团参加了7个大项78个单项的激烈角逐，经过五天的比赛，各代表团均取得了优异成绩。本届农运会将竞赛项目定型为健身与趣味、技能与技巧、传统与现代相结合的比赛活动，充分体现了健身与娱乐的完美结合，突出了农业、农村和农民喜闻乐见的特点。三是成功举办河北省第三届扩权县（市）乒乓球比赛。8月1日～4日，河北省第三届扩权县（市）乒乓球比赛暨河北省扩权县（市）群体干部培训班在邯郸武安隆重举行。来自全省17个扩权县的18个代表队、105名运动员、36名群体干部参加了本次大会。

供稿：省体育局文明办

整理：魏东霁

省体育局

筹备河北省第一届体育大会

为了与全国体育大会全面接轨和做好充分的筹备工作，经省政府同意原河北省首届全民健身展示大会更名为河北省首届体育大会。本次大会的意义和目的是进一步贯彻落实《全民健身计划纲要》，广泛开展群体活动，不断提高广大人民群众的身体素质和健康水平；普及和推动我省非奥运项目的开展，培养和选拔优秀体育人才，备战第四届全国体育大会。通过省第一届体育大会展示我省非奥运项目的运动水平，为建设和谐河北、建设沿海经济社会发展强省作贡献。5月11日向全省下发了《河北省第一届体育大会竞赛规程总则》。为了做好筹备工作，12月5日～7日在石家庄市召开了各项目竞赛规程修订会议，各市体育局、省级行业体协、省体总办及部分省运动项目管理中心及省老年体协参加了会议。会议主要对2007年7月5日印发的《河北省第一届体育大会各项目竞赛规程（草案）》进行了讨论，并根据所设项目在我省开展和普及程度、参加人数、项目设置等提出建设性建议和意见。

供稿：省体育局文明办

整理：魏东霁

省工商局
开展“工商之歌”评选活动

为加强工商行政管理文化建设，陶冶全省工商系统广大干部职工精神情操，省工商局在全省开展了评选“工商之歌”活动。全省11个市工商局根据工商行政管理的职能和各自的特点，分别作词、作曲，创作《工商之歌》，并由各市局组成干部职工合唱团进行大合唱。各市局还把合唱团演唱的《工商之歌》歌曲制成光盘，由省局聘请专业人员和省局机关人员组成评选组，进行评比，经过认真评选，保定市工商局创作的《工商之歌》获第一名。通过“工商之歌”创作和评选活动，给全系统广大干部职工以抒发情感的很好时机，通过写歌、唱歌等活动，极大地提升了工商人的文化品位和修养，激励了广大干部职工创业豪情和奋进精神。同时，它还把工商人文明执法、服务经济、文明创建，勇于奉献的思想和精神进行了充分的体现。大家一致认为，《工商之歌》是维护市场经济秩序、打击各类违法行为、保护消费者权益的正义之歌。《工商之歌》唱响了工商人的精神风采，唱响了工商的理想和追求，激励了斗志，鼓舞了士气，振奋了人心。“工商之歌”评选活动，对于促进了工商文化活动的开展必将起大推动作用。

供稿：省工商局文明办

省工商局
开展为消费者营造安全放心消费环境活动

消费者权益保护工作是市场监管工作的重要组成部分，也是行政执法的重要组成部分，更是体现工商服务职能的重要窗口。为保证消费者权益保护工作，努力为消费者创造良好的消费环境，省工商局采取有力措施确保消费者有一个良好的消费环境。一是不断强化消保维权工作的责任感和使命感。消保工作是一项关系到国计民生的“民心工程”，必须以对人民群众生命高度负责的态度，切实加强维权工作，只有充分发挥工商职能的作用，加强行政执法，维护健康有序的市场经营秩序，促进商品流通和服务行业的健康发展，才能刺激居民消费，促进消费增长，扩大内需，促进经济平稳发展。二是切实加强食品安全监管工作。以国家工商总局制定下发的《工商所食品安全工作责任追究办法》为依据，及时制定了《河北省工商行政管理局流通环节食品安全监管领导小组成员、职责及责任追究办法》，实行了食品监管考核制，实行年中考核、年底考核，对在检查、考核中出现问题的单位实行一票否决。同时把仪食品安全考核不仅纳入领导班子年度考核的重要内容，而且，作为选拔使用干部的重要依据。三是充分发挥了“一会两站”在消保维权工作中的作用。“一会两站”是我省工商服务农村、服务社区、服务便民的一个创举。经过全省工商系统的共同努力和地方党委、政府的大力支持，全省各乡镇均建立了消费者协会分会，每个行政村均建立了消费者投诉举报站和12315联络站，使得消保维权机构遍布全省城乡，使维护广大消费者从根本上解决了投诉难、举报难的问题，深受消费者好评。

供稿：省工商局文明办

省妇联

“春蕾计划”实现新发展

随着国家义务教育“两免一补”政策的深入实施，2007年省妇联、省少年儿童基金会积极思考和探索了“春蕾计划”转型工作，实现了三方面的延伸。一是资助对象由九年义务教育阶段女童向家庭贫困、品学兼优的高中女生延伸。省少年儿童基金会创立“卓舒高中春蕾班”，将卓达集团捐赠的200万元善款，设立为首个专门面向农村高中贫困女生的专项奖学金，用于资助15个贫困县的750名女生完成高中学业。这一转型对我省爱心助学项目具有引领意义。唐山市妇联2007年自筹资金在本市建立19个高中春蕾班。二是资助形式由“一对一”助学金向奖励性资助优秀贫困女童延伸。通过这一延伸，加强了对贫困女童“四自”精神的教育力度。“六一”期间，评选表彰了第六届百名优秀春蕾女童；爱心企业新联合集团第三年向省儿基会捐资2.5万余元，充实“新联合优秀春蕾奖学金”，奖励126名优秀春蕾女童；其余的大额个人捐款也以奖学金的方式进行发放。三是救助范围由单纯助学向帮助大龄春蕾女童接受职业教育与就业延伸。启动实施“春蕾直通车”，与石家庄燕春技校合作，探索大龄女童职业教育和就业帮扶的新思路。2007年在我省设立5个试点县，招收贫困家庭的初中毕业女童，免收学费、住宿费。学校对受助女童教授烹饪、酒店管理、计算机等专业知识，并转办城市户口，毕业颁发中专或中技学历，毕业后帮助安置就业。首期招收学员80名。11月7日，举办了开班仪式。这一项目的实施，帮助大龄女童掌握职业技能，培养致富能力，有效改变贫困女童及家庭的生活境况。至2007年5月底，省少年儿童基金会及各级妇联组织共募集“春蕾计划”助学资金和物资折合人民币4287万元，新建改建“春蕾小学”27所，创办春蕾女童班45个，救助失辍学女童25万余人次。

供稿：省妇联文明办

撰稿：何颖玉

省妇联

“恒爱行动”——爱心编织活动火热展开

“恒爱行动”在我省连续实施三年，是我省“助孤行动”的延伸与发展。因为活动组织得力、影响广泛，省领导在中国儿基会和恒源祥集团发来的赞扬信上亲笔批示，对省妇联取得的成绩表示祝贺，并提出新的希望。2007年，省妇联、省少年儿童基金会联合省内报纸、电视、网络等四家媒体单位以及省民间收藏家协会，共同启动爱心编织活动。动员社会爱心人士为贫困孤儿免费编织毛衣。在启动仪式上，全国优秀共产党员林秀贞、河北电视台主持人王颖应邀出席，发表现场感言，呼吁更多的人关心关爱孤残儿童。省民间收藏家协会现场捐赠价值2万元的书画作品。11个设区市主动承担发放任务，全省首批发放毛线4700斤。活动消息刚一公布，一些地区的毛线就被一抢而空。“恒爱行动”因为活动设计、方式新颖，受到社会公众的关注，社会各行各业的爱心人士加入到活动中来，社会名流、团体组织、企业单位纷纷施以援手，编织毛衣、捐衣、捐线、捐钱、缠线，大家各出其力，各尽其责，活动启动半个月，就收到各类捐赠价值人民币10万元，“恒爱行动”越来越深入人心，促进了我省平民慈善事业的发展。省妇联、省少年儿童基金会先后两次应邀到全国性会议上发言、介绍经验。

供稿：省妇联文明办

撰稿：何颖玉

省妇联

精心部署全省儿童保护体系与网络建设

为全面了解我省儿童权利保护状况，2007年4月，省妇联、省社科院联合开展了全省儿童保护体系与网络建设调查。这是目前我省首项全省性、针对儿童保护体系与网络的全面调查。调查分三个层次开展，第一层次调查全省政府机构、社会团体、民间机构的工作状况，以及儿童法律保护状况；第二层次调查鹿泉、定州、临城等三个样本县，在学校、社区、家庭中开展儿童保护的情况；第三层次调查各类特殊困境儿童群体的生存状况，了解他们的需求与期望。

调查结束后，撰写完成了“全省儿童保护体系与网络建设调查报告”，全面概括我省儿童保护现状、问题与措施。调查报告指出，我省基本形成了由党委、政府牵头，协调社会各界各有分工和侧重的、自上而下（的）对儿童实施保护和帮助的工作模式，全社会关心儿童、爱护儿童、帮助儿童的社会氛围有所增强；工作的主要重点人群为贫困家庭儿童、失学儿童、流动儿童等困境儿童，工作的重心是这些儿童解决上学难的问题，制定了相应的优惠政策；工作的重点主要为儿童基本生存权、教育权、人身安全权的保护，并取得明显的效果。但是，与儿童特别是特殊困境儿童全面发展的需要相比，当前的儿童保护状况仍然不容乐观，保护工作还存在着组织机构缺失、保护功能不到位、缺少制度化支持等问题。根据报告结果，省妇联向省政协提交三项涉及儿童生存、保护与发展权利的提案，推动我省儿童保护工作制度化、体系化发展。

供稿：省妇联文明办

撰稿：何颖玉

省妇联

继续深入开展“巾帼建功”活动

2007年，全省各级妇联组织坚持以党的十六届六中全会和省第七次党代会精神为指导，认真贯彻落实科学发展观，紧紧围绕建设沿海经济社会发展强省这一中心，创新载体，加大力度，扎实推进“巾帼建功”活动，在提高女职工素质，促进行业企业改革发展中取得了新的成绩。

大力表彰先进，努力营造“建功、创业、奉献”的良好氛围。为弘扬创业奉献精神，引导和激励广大女职工为建设沿海强省作出更大贡献，省“巾帼建功”活动领导小组组织开展了评选2005～2006年度“巾帼建功”先进典型活动，共表彰了全省111个“巾帼文明岗”，193名“巾帼建功”明星，79个“巾帼建功”先进单位，54名“巾帼建功”先进工作者；108个“巾帼行业特色杯”活动先进集体，193名“巾帼行业特色杯”活动先进个人。同时向全国推荐了65个集体，获全国“巾帼文明岗”称号，推荐了25名个人，获全国“巾帼建功”标兵称号。唐山华北煤炭医学院附属医院ICU科护理组被评为全国“十大巾帼文明岗标兵”。保定交通运输集团汽车总站郭娜陆地航空班、建行河北省分行营业部西大街支行分别以优秀的服务礼仪和精彩熟练的技能，在中央电视台2007“三八”电视晚会上作了精彩表演，展示了河北妇女的风采，产生了广泛良好的社会影响。

深化“巾帼行业特色杯”争创活动，引导女职工岗位建功奉献。按照“扩大一个行业，培养一批典型；多创一个岗，多树一面旗”的理念，引导旅游、商贸两个行业分别开展了“巾帼旅游杯”和“巾帼商贸杯”争创活动。使开展“巾帼行业特色杯”争创活动的行业增加到10个，参与活动的女职工超过100万。各行业、系统充分发挥主动性和创造性，通过组织开展特色风采展示、岗村共建、爱心助困行动，努力树立巾帼文明新形象，传播文明服务新理念，弘扬奉献精神和大局意识、责任意识，营造扶贫济困、友爱互助的社会氛围，收到了提升职工素质、提高服务质量、促进行业改革发展的显著成效。

扎实推进创业就业工作，为建设沿海强省作贡献。一是联合省劳动和社会保障厅组织开展了以“城乡牵手促发展、巾帼建功创新业”为主题、以“五送”（送技术、送政策、送岗位、送信息、送温暖）为主要内容的妇女就业岗位和项目推介活动，并举办了启动仪式。各市妇联积极响应，纷纷举办了“再就业援助月”、大型用工招聘洽谈会等活动。二是高标准举办了环渤海区域妇女发展论坛暨项目推介洽谈会，促成了19个重大项目在活动期间正式签约，签约金额达65.2亿多元人民币。三是加强服务和引导，成立了由省妇联、省民政厅、人事厅、劳动厅等部门参加的河北省家庭服务业协会，成立了省“福连万家”家政服务公司。评选表彰了河北省“十佳家政服务公司”和“十大进城创业巾帼明星”，为广大妇女就业创业提供了良好环境。一年来，全省各级妇联共提供了适合女性就业的1.8万多个岗位，5310多名妇女实现了就业或再就业，为全省经济发展作出了积极贡献。

供稿：省妇联文明办

撰稿：宋泽鹏

省妇联

广泛开展“现代女性大讲堂”活动

为推动全省各级妇联组织引导广大妇女不断提高思想道德素质、科学文化素质和健康素质，积极践行社会主义荣辱观，我会组织督导各级妇联开展“现代女性大讲堂”活动。针对各地讲座活动的要求，积极与全国妇联及有关专家学者沟通联络，与各市妇联进行认真商议、谋划，紧密结合各市实际制定讲座方案，邀请国内知名专家、教授到各市进行讲座。在我们的积极协调下，各市结合本地需求，充分利用全国妇联现代女性大讲堂讲师团和本地的师资资源，广泛开展“现代女性大讲堂”活动，帮助广大女性了解道德修养、现代礼仪、婚姻家庭等知识。石家庄、唐山等市邀请了全国政协委员张晓梅，承德市还千方百计邀请到了北京师范大学教授于丹、中央电视台著名主持人张越等知名女性进行了专场讲座，受到了广大妇女的热烈欢迎。

供稿：省妇联文明办

撰稿：宋靖

省妇联

组织开展妇女健身活动

以全国妇联、国家体育总局举办第三届全国亿万妇女健身活动展示大赛为契机，我会组织动员全省广大妇女积极开展科学健身活动，弘扬奥运理念，掀起妇女健身热潮，唱响“全民健身与奥运同行”的主题。

一是组织我省代表团参加大赛并取得较好成绩，充分展示了我省广大妇女科学、文明、健康的精神风貌。经申报、选拔，组建了以太极拳、健身秧歌、体育舞蹈、乒乓球4个竞赛项目和1个展示项目为主要内容的代表团。通过紧张艰苦的比赛，在参加大赛的34个代表团中，我省代表团获得总成绩第8名的较好成绩，同时获得了全国妇联和国家体育总局颁发的第三届全国妇女健身展示大赛优秀组织奖。

二是联合省体育局开展了“百万妇女健身活动”典型表彰，推动全省妇女健身活动的深入开展，营造全民健身迎奥运的浓厚氛围。表彰了11个河北省“百万妇女健身活动”先进基层组织、15个河北省“百万妇女健身活动”先进活动站和100个河北省“百万妇女健身活动”巾帼文明健身队，经推荐，其中4个健身活动站、40个健身队还获得了全国妇联和国家体育总局的表彰。

三是积极组织开展了“蒙牛‘城市之间’全民健身活动”，以灵活的形式和轻松的环境吸引广大家庭积极参与健身活动。年内，共在石家庄、邯郸、秦皇岛、唐山、保定、张家口6个城市的36个社区开展了72场比赛，反响很好。妇女健身活动的深入开展，有效提高了广大妇女的科学健身理念，提高了妇女群众的身体素质，展现了我省妇女群众期盼奥运、参与奥运、奉献奥运的精神风貌，为北京举办第29届奥运会营造了良好的氛围。

供稿：省妇联文明办

撰稿：宋靖

省妇联

圆满完成“百万妇女学习培训工程”目标

2007年是实施“百万妇女学习培训工程”项目最后的一年，为保证培训目标如期完成，省妇联设立了河北省“百万妇女学习培训工程”专项经费53万元，用于对部分“河北省农村妇女培训工作示范县”实施经费补贴、女能手大专班补贴、培训教材印制。采取多种措施，使40.3万名农村妇女接受了农业新技术、病虫害防治、家政管理、网络等知识技能培训，圆满完成了“百万妇女学习培训工程”三年内100万名妇女的培训任务。

其一是选树示范县。我会经认真谋划、反复讨论，下发了《关于对“百万妇女学习培训工程”示范县实行补贴的意见》的通知，决定设立河北省“百万妇女学习培训工程”专项经费，用于对18个“河北省农村妇女培训工作示范县”实施经费补贴。

其二是举办女能手大专班。为大力培养更高层次的农村科技致富女带头人，我会今年重点组织女能手大专班。通过广泛动员，精心部署，今年全省11市14地相继成立了18个大专班函授站，共计学员1105名。我会对每个建立女能手大专班函授站的市（县）补助工作经费1万元，并制定女能手大专班管理办法，进一步加强了对我省女能手大专专业证书班的管理，规范了设站办学行为，提高了办学水平，保证了教育教学质量。

其三是以会代训，对女能手协会会员进行示范性培训。10月17日，召开了全省“双学双比”女能手协会二届四次会员大会。整个大会分为会员大会、现场参观、产品展卖三部分内容进行。并组织与会人员参观了枣强县唐林乡正浩特种养殖场和枣强县虫业开发养殖基地等女能手创业示范点。会议结束后大会举办了会员产品展卖展洽等活动。

供稿：省妇联文明办

撰稿：张继华

先进典型

ADVANCED INDIVIDUALS AND UNITS

先进典型

先进个人

王 晓 勋

河北省衡水市安平县南王庄村出过两次名：一次是上世纪50年代，村民王玉坤等三户农民坚持团结办社，依靠集体力量实现增产增收，曾被毛泽东同志誉为“五亿农民的方向”。第二次出名是在半个世纪后，王玉坤的儿子、安平县人武部原部长、上校军官王晓勋退休后，放弃平静悠闲的生活，毅然回到南王庄村担任党支部书记。8年时间，王晓勋带领村民治乱致富，把南王庄村建成了省市闻名的“小康村”、“文明生态村”。7月5日，河北省委、省政府、省军区作出决定，号召全省军民向他学习。

踏着玻璃碎片走上村官路

走在南王庄村的大街上，人们很难看出王晓勋曾是一名“县官”：衬衫袖口高高卷起，脚蹬一双“千层底”布鞋，满口家乡话，活脱脱一个当地农民。

然而，南王庄村的乡亲们对他8年来的明显变化心里都有一本账。这个说：“瘦多啦，比刚回村时少说掉了20斤肉！”那个说：“难为他啦，8年脱了几层皮！”

王晓勋回村任职，当初连他自己都没想到。

1999年6月，51岁的王晓勋结束了34年的戎马生涯，从安平县委常委、人武部部长的岗位上退休。也就在那个夏天，南王庄小学教室的一根房柱轰然倒下，砸伤一名女学生，引起群众意见。县委、县政府在调查中发现南王庄村存在着诸多问题，一个曾经创造过辉煌的先进村逐渐落伍了。谁来带领乡亲们改变这一状况？领导在想，群众在盼。

县委常委会议上，大家不约而同地想到了王晓勋。人们清楚地记得，王晓勋在担任县委常委的14年中，带领民兵积极参加驻地建设，多次出色完成急难险重任务，特别是1996年滹沱河暴发特大洪水时，他指挥数万民兵为保护人民生命财产安全作出了突出贡献，人武部荣立集体一等功，他个人荣立二等功，是一员能啃硬骨头的虎将。况且，他又是老支书王玉坤的儿子，请他出任南王庄村的党支部书记再合适不过了。

县委领导的初次谈话打乱了王晓勋退休生活的计划。王晓勋心里一直挂念着南王庄的兴衰，一时间，回乡的念头在他的脑子里打着转儿。可是，老伴孟晓满多年重病在身，生活不能自理，他自己也患有严重的糖尿病。去还是不去？王晓勋陷入了深思。

改革开放快20年了，可是南王庄的父老乡亲们还过着穷日子，这是他最不愿意面对的现实。心头那份党员领导干部沉甸甸的责任和对故土的热爱，使王晓勋选择了“去”，他像平时受领重大任务一样，向县委立下军令状。就这样，刚退休3个月的王晓勋，把老伴孟晓满安顿在本村的姑姑家，自己则带着一箱方便面、一口锅、一张硬板床，在村部安了家。然而，就在那天晚上，熟睡的王晓勋被一阵“噼里啪啦”的声音惊醒，起来一看，村部窗户上的10多块玻璃被砸碎。王晓勋知道个别人不欢迎他，却没有退缩。第二天，王晓勋踏着玻璃碎片，在村委会架起高音喇叭，他的就职演说照常进行。这天，村委会的院子和邻街的马路上都挤满了南王庄的百姓，透过攒动的人头和百姓企盼的眼神，王晓勋找回了34年前乡亲们敲锣打鼓送他参军时那种心潮澎湃的感觉。

千难万难一身正气就不难

“凤尾好做，鸡头难当。”王晓勋掂量堂兄这番话的分量，当村官比当县官会面对更多的难心事。上任伊始，他挨家挨户走访，召开支委会、村民代表会，很快摸清了一些人乱占耕地、损公肥私等问题的症结。

困难和挑战使王晓勋认识到，要想解决问题，必须建个好支部。在新一届党支部第一次支委会上，王晓勋与班子成员约法三章：“第一，讲团结顾大局，不打横炮拉横车；第二，依法办事，有理有据；第三，廉洁从政，不贪不沾公家一分钱。”大家纷纷点头，王晓勋接着说：“同志们首先看我的，我做不好，就向我开炮；我做好了，请向我看齐！目标只有一个，就是要让党支部‘一班人’成为咱村的主心骨和顶梁柱！”

村里人说：“晓勋做的比说的还过硬。”8年来，他没拿过村里的一分钱补贴，没在村里报销过一分钱票据。王晓勋自身行得正，治懒治贪，毫不手软。他把以前村干部按月领的误工补贴改为按实际误工日期计算，规定几点开会到时候必须到齐。他还规定与公务无关的人员不能陪吃，两名村干部陪村里请来帮助整地的推土机手吃蹭饭，被他“将”得面红耳赤。村里的吃喝风渐渐被刹住了。村干部都向王晓勋看齐，一心为公，群众打心眼里服气。

王晓勋通过深入调查了解到，村里一度风气不正，少数群众上访，其主要缘由集中在3个历史遗留问题：工业占地、承包荒地不交费、抢占零散土地。这些问题错综复杂，牵扯人数较多，解决起来，无异于捅“马蜂窝”。面对村民的观望、疑虑，王晓勋对支部“一班人”说：“咱们当干部的就是要坚持公平公正，哪怕再硬的钉子也要碰。”

千难万难，一身正气就不难。一天晚上，王晓勋组织占地的20多户村民召开座谈会，晓之以理，动之以情，希望大家能主动交回当年抢占的零散地。一些人也附和着说“应该交，应该交”，但签名时，却没人带头。这时，王晓勋想到自己平日里和堂兄关系还不错，就对他说：“哥哥，你来带个头吧。”

“凭什么让我带头，我不是党员也不是干部，那么多人都占了地，为什么单单找我？”堂兄对王晓勋的求援不买账，使座谈会不欢而散。

王晓勋一着急，糖尿病加重，住进了医院。可没过两天，他又回到了村里做堂兄的工作，堂兄终于带头交回了2亩零散地。

乡亲们被感动了，大家说晓勋图的是啥呀，不愁吃，不愁穿，还不拿村里一分钱，咱凭什么跟人家过不去！不到一个月时间，全村80多亩被占用的零散地全部收回。王晓勋趁热打铁，通过各种方式做工作，又收回了300亩荒地的承包费。

群众反映最大的是工业占地问题。14年前，村里为鼓励大家发展经济，划出80多亩土地为工业小区，一亩地每年象征性地征收200元钱，但14年来，48个承包人谁也没有向村里交过钱。王晓勋和村委会主任耐心地对一个该交2万元承包费的承包户做思想工作，经再三努力无效，王晓勋斩钉截铁地说：“向法院起诉，让法律来主持公正。”

村委会的一纸起诉书把该承包人告上了法庭。很快，县法院的判决书让该承包人低下了头，及时交了欠款。这件事在承包户中引起强烈反响，不少人自知理亏，主动向村里交纳了全部承包费。拖延了14年的占地问题，王晓勋用3个月时间彻底解决了，共为村里收回资金30多万元。

历史遗留问题解决了，村里也有了一些资金。这笔钱怎么花？王晓勋决定将收回的资金全部用在解决群众的燃眉之急上：投资2.4万元，解决了40多户村民多年吃不上水的问题；投资12万元，修建了村内1950米长的道路，解决了村民行路难问题。王晓勋还多方筹集近百万元资金，建起了全县一流的村小学，解决了南王庄和邻村孩子的上学难题。曾当过全国人大代表的王兴通老人紧握着他的手说：“晓勋，你真应该早点回来啊！”

引导村民走正道关注民生筑和谐

8年的农村工作实践，让王晓勋历尽千辛万苦，换来的是南王庄村新农村建设的喜人景象——田成方，树成行，工业兴，农业产业旺，春花夏杏秋苹果，文明生态奔小康。王晓勋深情地告诫支部“一班人”：“党的农村基层干部，作为百姓的领路人，关键要在引导和教育村民走正道、建设文明富裕筑和谐上多下真功夫。”正是因为有了这样的共识，才让南王庄人再创辉煌。

南王庄的丝网产业一直是小作坊式的生产模

式。为引导村民解放思想，加快发展步伐，王晓勋带领部分村民，先后到外地参观学习，开阔视野。但企业要发展，又面临着村里发展空间不足、电力不足等难题。王晓勋从各地开办工业小区进行集约化发展的经验中得到启发，建议将村西北滹沱河故道的沙荒地开发出来，建立“丝网工业小区”。

2004年农历正月初四，王晓勋专门请回南王庄村在外地经商办企业的老板，举办了一场“能人宴”。席间，他向大家展开一张《南王庄规划效果图》，大家被他的设想所征服，纷纷回乡投资办厂。为解决电力等配套问题，王晓勋还多方协调电力部门，为全村增加变压器20多台。如今，这个2500多人口的行政村拥有大小企业230家，从业人员达1000名，实现了青壮年人人有活干，个个有工作。2006年，全村工农业总产值达2亿元，人均纯收入5860元，比8年前翻了一番。村民王志加感慨地说：“如果不是晓勋的引导、鼓励和支持，恐怕我们还捧着金饭碗喝粥呢。”

修路、种树、建广场、办学校……近年来，南王庄村人居环境明显改善。然而，王晓勋脑子却很清醒：在新农村建设中，在科学发展的道路上，南王庄人富口袋更要富脑袋。他们陆续投入100多万元用于文明生态村建设，广泛开展文化活动中心户、科技致富示范户、家庭和睦标杆户等评比活动，并聘请专家制定了新农村建设规划。南王庄的休闲广场内，老人们带着小孩玩着健身器材，兴趣盎然……眼瞅着南王庄路变平、街变净、村变靓。19位村民一合计，联名向上级写了一封感谢信：为王晓勋请功！

村民王祝平曾是出了名的“上访户”，王晓勋反复多次上门和王祝平谈心交心，终于使王祝平停下了多年上访的脚步，如今已成了全村闻名的运输专业户。前些年，村民王建立由于嗜赌，家徒四壁。王晓勋找到王建立采取双管齐下：一面耐心地对他进行法制教育；一面让他挑头编排文艺节目，组织乡村文艺演出。如今，已是村文艺演出队长的王建立不仅彻底戒了赌瘾，还整天为繁荣农村文化乐此不疲。王建立在自编自演的节目中深情地告诉人们：“是晓勋支书挽救了我们一家！”

67岁的村民王志春和妻子肢体均有残疾，王晓勋帮助他家建了个池子养金鱼，一年下来，增收好几千元。更让王志春兴奋的是，村里设立残联办公室，他被推举为专职办事员。“想不到我这个残疾人也有用了，能给大家办事了。”王志春激动不已。

以人为本，关注民生筑和谐。59岁的王晓勋干脆花了8万元在南王庄村盖了房子扎下根。他常常借用诗人艾青这句话吐露心声：“为什么我的眼里常含泪水，因为我对这土地爱得深沉。”

常寿祥

1月21日，“荣誉村民”常寿祥回到河北省乐亭县大黑坨村，村里的男女老少早已聚到村口迎接他。

常寿祥是河北省乐亭县的农业技术员，30多年来他扎根农村推广农业科技，帮助农民创造了数亿元效益，被百姓誉为“农技财神”。

撒在大黑坨村的致富种子

滦河右岸，郁郁葱葱的果林和一排排明亮的温室大棚紧紧拥抱着一个500多户人家的村庄——河北省乐亭县大黑坨村。可在上个世纪70年代初，滦河故道旁的黑土地并没有给大黑坨村人带来温饱和富足。1974年，身为制种员的共产党员常寿祥被派到这里指导良种繁育。从进村的那天起，30岁的常寿祥就暗暗发誓，要让大黑坨村的老百姓过上好日子。

种子繁育是一门科学，常寿祥每天和乡亲们一起泡在田里，仔细观察记录繁种作物的生长情况，晚上回来认真地揣摩、分析、总结，一熬就是大半夜。第二天一大早，他就用大喇叭通知村民们哪块地该锄草、浇水，哪块地该施肥、抽穗保纯。全村3500亩制种田里都留下了他的脚印。

几年下来，育种基地种子纯度很快由原来的89%提高到98%以上，他累计为全县提供高纯度的优良种子1152万公斤，也使当地群众的人均收入在

1983年达到了420元，比1978年的58元增加了6倍多！大黑坨村成了全县靠农业致富的样板村。

不知疲倦的播种机

为满足农民对现代农业科技知识的需求，常寿祥在大黑坨村办起全县第一个村级农技夜校，培养出100多名农业技术骨干，47人获得了县科委评定的技术职称，1997年大黑坨村被河北省农业厅命名为科技达标村。常寿祥被人们称为“农村技术大王”，老百姓还编成顺口溜，“农民要致富，先跟老常学技术”。

在多年的农业技术推广中，常寿祥意识到“独木难成林”。1996年，常寿祥建议把全县科技能人组织起来，成立高效农业研究会，从新品种引进、试种、推广到销售，为农民们提供一条龙服务。10多年来，引进各类名、优、特、新品种80多个，并且全部试种推广成功。同时，常寿祥还无偿地到各乡镇办培训班，向群众传授农业科技知识。

乐亭有40万亩沙荒盐碱地，一直处于“种一斗收一升”的境地。2000年到了退居二线年龄的常寿祥离开大黑坨村来到姜各庄镇，在沙碱地上开始新的尝试。在常寿祥的指导下，如今北海滨、沙坨、草坑、东荒等村已陆续发展果菜4000余亩，已有近万亩沙碱地亩均效益达到7000多元，还吸引新加坡等外商到这里投资搞大规模观光农业，一片充满希望的绿洲正在这片沙碱地上不断延伸。

据乐亭县有关部门的统计，常寿祥30多年来推广和创新农业技术达100多项。乐亭这个昔日的传统农业大县，如今成为“全国果菜十强县”及“全国农业结构调整先进县”，全县农民储蓄额居河北省前列。

成为李大钊的“同村人”是我最高的荣誉

大黑坨村是中国共产党创始人之一李大钊的家乡。常寿祥在大黑坨村一住就是27年。27年间，他休假还不到100天没有在家过一个完整的春节，家里盖房子他没有搭过一把手，孩子读书、就业没有操过一回心。可27年里，他为国家繁育良种几十亿公斤。

1984年，县里通知常寿祥参加以工转干考试，他参加的中央农广校最后一门课程毕业考试也近在眼前。可看到乡亲们因花生烂在地里而焦急无助的目光，他犹豫了。结果他这个连续三年省市优秀学员只拿到了肄业证。1985年到1990年间，县里三次决定把常寿祥调回机关任职，可村里百姓的期盼使原本有机会升官的常寿祥铁定了心留下来。

由于长期与花粉打交道，常寿祥患上了严重的花粉过敏症，因为没能及时休息和治疗，皮肤感染成疮，医生建议他调换工作，脱离过敏源，他却说“实在走不开”。长期无规律的生活，使常寿祥患上了严重的肠胃炎，但为了工作，他从未把自己的病放在心上。

常寿祥很珍惜大黑坨村授予的“荣誉村民”称号，他说：“我获得的荣誉数不胜数，但我最看重的还是这一个。在李大钊出生地工作是我无上的光荣，成为大钊的‘同村人’是我最高的荣誉，大钊精神将激励我在有生之年继续为乡亲们出力。”

常寿祥的付出得到了社会的肯定，他先后被评为高级农技师、省劳动模范、省优秀共产党员，并荣获全国“五一”劳动奖章。

田金芳

30年前，突降的天灾使她成了孤儿，是解放军把她从废墟中救出。

30年来，为回馈这份恩情，她倾情拥军，成了解放军战士们的“田妈妈”。

她叫田金芳，是河北省秦皇岛市海港区建设大街办事处秦皇小区的一位普通居民。

“乌鸦反哺，羔羊跪乳。”自解放军把她从废墟中救出的那刻起，田金芳就认定，是党和军队给了她第二次生命，怀着朴素的感恩之情，她开始了自己的拥军之旅

1976年7月28日，这一天改变了很多人的命运，田金芳也没有例外。

那天因为生病，她正在唐山医院休养。一场突如其来的大地震，摧毁了她的家，吞噬了她的父

母。当惊恐万分的她被人从废墟中扒出时，她第一眼看到的，就是解放军那双沾满了泥土和鲜血的双手。

“是解放军给了我第二次生命，我要把所有的爱，都献给亲人解放军。即使付出生命，也在所不惜！”

从那一刻起，在田金芳的心灵深处就萌生了一个愿望：一定找到救出自己的那个解放军叔叔，当面向他致谢。然而，要在茫茫人海中寻找一个只有一面之缘的人，何其难。

田金芳几经努力都没有成功。她渐渐认识到：每一名军人，都是唐山人的救命恩人；每一个子弟兵，都是自己的亲人。只有用实际行动，报答亲人解放军，才是真正的感恩。

人有善则取以益我，我有善则取以益人。从此，拥军就成了田金芳生命中重要的一部分。

震后，田金芳的生活比较清贫。虽然每月仅有政府补助的15元钱，她仍坚持每月积攒出几元钱，逢年过节买些便宜实用的毛巾、牙膏、牙刷、香皂等生活用品，送给亲人解放军。

为了把更多更好的慰问品送给亲人解放军，田金芳做起了小生意。她先后卖过塑料盆、咸菜、衣服，为了多赚些钱来拥军，她拿出所有的积蓄，投资开了饭店，为来唐山探亲的军人家属提供免费就餐……

从1976年～1982年的7年间，田金芳共为战士们洗了3000多套军服，缝补了2万余双袜子，先后用坏了6个塑料大盆，共用去绿色布料600多米，绿线300多把。这些平凡的数字，铺就了田金芳不平凡的拥军之路。

除了在物质上无偿资助官兵，她还将百余台文艺节目、上千份慰问品、近万册图书送到军营，丰富了官兵文化生活，密切了军民关系，激发了战士们献身国防、报效祖国的热情。在唐山生活期间，她的足迹几乎遍布驻唐所有部队的连以上单位，仅直接用于拥军的花费就达20余万元。

“大音希声，大象无形”，真情之爱蕴藏着可以超越生命的能量，在田金芳与绝症奋力抗争的同时，始终坚持默默为广大战士们服务，在她心中，生命早已与拥军紧紧地融合在一起了

命运似乎在考验田金芳，正当她的拥军工作开展得如火如荼时，1983年秋天，她却被诊断为乳腺癌。面对病魔，田金芳却表现得非常镇静。她对自己的家人说：“我这条命是亲人子弟兵给的，现在活的每一天都是‘赚来’的，假如自己活不长，也没什么后怕，遗憾的就是不能再给恩人解放军做些事情了。”

1994年，田金芳因胃癌做了手术。第二次大手术后，她制定了详尽的计划，她要与病魔抗争，用有限的时光多做些事。

1997年1月10日，从电视上得知张北县发生强烈地震的消息后，田金芳买来12条崭新军用棉被，带上400元钱，乘火车转汽车，风尘仆仆赶到灾区，将钱物送到当地救灾办公室。

她对工作人员说：“解放军救助老百姓，我们老百姓更要爱护解放军，请把我一个唐山地震孤儿的这份心意，送给灾区的子弟兵，别让他们冻着了。”在场的同志想不到，站在面前的竟是一个身患两种癌症的病人！

为了拥军事业，田金芳不怕耗尽最后一丝心血。她说自己这条命是子弟兵给的，为部队干点事搭上命也值！

2006年12月11日，秦皇岛市的气温达到了零下12摄氏度，滴水成冰。尽管前一晚只和衣睡了三四个小时，但为了赶到火车站为即将奔赴部队的新兵壮行演出，田金芳凌晨4时就起床准备，6时左右赶到了现场。在瑟瑟的寒风里，她指挥拥军艺术团成员，情绪饱满地演出了近40分钟。当火车载着战士们缓缓离去时，她却再也坚持不住了，脸色苍白，口鼻出血，被秦皇岛军分区的同志紧急送往医院治疗。

一旦为自己设定目标，并持之以恒地向前迈进时，生活也就掀开了崭新的一页。正是拥军事业的强大精神力量，给田金芳带来了幸福与快乐，同时也创造了生命的奇迹。

“一滴水，可以折射出太阳的光辉。”田金芳点点滴滴的行动，让战士们感到了家庭的温暖、母亲的关爱，她成了战士们的“田妈妈”。

1980年，田金芳成为了一名军人的妻子。

1994年，田金芳随军来到了秦皇岛驻军某部。按照当时的情况，他们本可以分到一套条件较好的住房，但她却说服丈夫，把好房子让给了战友，一家人住进了部队由马圈改成的临时宿舍，一住就是6年。

田金芳常说，年轻的战士们离开父母献身国防，好似欲展翅搏飞的雏鹰，既需要风雨的历练，也需要温馨的关爱。田金芳非常注重从小事入手，认真解决战士们的工作、生活和思想问题。为抚慰单亲家庭战士，她认他们当“干儿子”，给他们以母亲般的关心；她悉心解决战士的家庭矛盾，使他们在部队安心服役。战士们半开玩笑地说，田妈妈是他们的半个“编外指导员”。

在秦某旅一名战士母亲去世，又因有任务在身不能给母亲送葬，情绪十分低落。田金芳得知后嘘寒问暖，慰藉了他悲痛的心；一名干部年近30还没找上对象，一度想转业回家，是田金芳主动做红娘，多次牵线搭桥，让他喜结良缘……

战士郎庆云因修车不慎烫伤住院，她主动去医院照顾，并托人从地方药店买来最好的药品，还专门到乡下买来柴鸡，炖好鸡汤送到病床前，直至康复出院。小郎出院后，身上没留下一点儿疤痕，小伙子逢人便讲，这都是因为田妈妈照顾的好。

田金芳随军到秦皇岛的11年间，先后认了10多个单亲家庭的战士为“干儿子”，经她牵线搭桥介绍成的婚姻有20多对，被她资助过的战士不下百人。

“雄鹰展翅翱翔是因为心中向往蓝天，大江百折东流是因为胸中装着大海。”田金芳始终坚信：热爱军队，就是爱党、爱国、爱人民群众的具体行动，自己的选择不会错

田金芳的行为，感动着身边每一个官兵，感动着周围许许多多的群众。

她深深懂得，社会拥军的氛围越浓厚，我们的钢铁长城就越坚固。为此，她不断利用自己的影响，扩大拥军队伍。她常说：“单凭一个人的力量能有多大呢，让我高兴的是，现在越来越多的人加入到我的队伍中，帮助我圆拥军梦，在拥军的大路上，我感到很幸福，满身都有力量！”

群众理解她，支持她：2003年，秦皇岛市海港区秦皇小区成立时选举居委会主任，小区内共有19000名居民，田金芳作为候选人，得到了18000票。

但也有少数人对她的行为不理解。有人说，“拿自家的钱去拥军，不是傻子就是神经。”还有一些亲朋好友劝她保重身体要紧。

面对非议，田金芳说：“我的命都是解放军给的，为部队做点力所能及的事，难道不应该吗？”在她的心灵深处，拥军早已不是一项单纯的工作，而是她一生的追求！

她说，作为一名唐山地震获救的孤儿，自己是一个报恩者；作为一名普通党员，自己是一个党的事业的实践者；作为一个公民，自己是一个为国防建设添砖加瓦者。她始终坚信，热爱军队，就是爱党、爱国、爱人民群众的具体体现，自己的选择不会错！

田金芳还有一个梦：从长城的起点老龙头出发，沿长城西行，为所有在艰苦地区执勤的军人献上一份挚爱和深情。

赵旭光

赵旭光，男，31岁，共产党员，退伍军人，行唐县口头镇口头村个体司机。

2007年1月5日14:30许，赵旭光驾驶一辆满载原木的解放牌大货车，从山西返回河北路过阜平县黄土梁村，在一路随坡下行时因刹车失灵，眼看就要与停在路上的车相撞，赵旭光猛打方向盘，将车驶入逆行道，可前面却发现了更大的危险——50多米处一起五车相撞的交通事故正在处理，交警、医护人员、围观群众70余人聚集在那里。失控的汽车朝着人群冲了下来，在离人群只有30米的地方，坐在副驾驶的车主杨面糊拉赵旭光要他一起弃车逃生。赵旭光讲：“不能跳，前面那么多人！”同时，劝车上的4名同伴跳车逃生。在距人群不足20米时，赵旭光果断地向左猛打方向盘，将汽车驶下公路的崖下……

车上的4名同伴跳车后得以生还，数米外的几十条生命得以保全，可年轻的赵旭光却因他的抉择而献出了宝贵的生命。

赵旭光在生死关头把生的希望留给别人，把死的危险留给自己。他的英雄事迹和思想境界，充分

体现了中华民族舍生取义、解人危难的传统美德，充分体现了临危不惧、勇于献身的大无畏精神，充分体现了以他人为重、怀惴仁爱之心的优秀品格，是以坚韧质朴、重信尚义为内容的河北人文精神的典型，是践行社会主义荣辱观的楷模。为表彰赵旭光的英雄行为，省会文明委决定授予赵旭光同志“石家庄市文明公民标兵”称号，并奖励人民币壹万元。

供稿：省会文明办

整理：刘素兰

李文龙

李文龙，男，满族，承德市围场满族蒙古族自治县银窝沟乡北山根村村民。今年在天津五清县一工地打工。

2007年11月5日19时多，与李文龙同一工地的一小对夫妻因吵架，妻子小凤由于情绪激动，径直走到离工地不远的一个化工污水坑，跳了下去。李文龙看到小凤寻短见，一面大喊“快救人呀”，一面毫不犹豫地跳入两米多深的污水坑中救人。随后赶到的丈夫小鲍见妻子真的跳水，自己也跳了下去。在岸上赶来的同事共同努力下，先后把三个人救上岸，并很快被救护车送到天津市武清区中医院，小凤和小鲍经过两天的治疗和护理，很快都出院了。李文龙因不会水，又是最后一个上岸的，伤势最严重，入院当晚，医生发现污水已大面积侵入他的肺部，导致他肺泡破裂、肺水肿、肺不张，经抢救，虽暂时保住了生命。但因伤势严重，李文龙出现了急性呼吸窘迫综合症，他的心肌损伤、胸腔积液，并逐渐恶化为多脏器功能衰竭，而且肺、胸腔和纵膈出现感染，生命垂危。因病情严重,李文龙被送至天津医科大学总医院接受治疗。李文龙的父母都是普通的农民，生活本来就不富裕，为了救儿子，他们变卖了家里仅有的两头牛，又找亲戚朋友，筹措医疗费。在各有关部门和社会好心人的帮助下，在天津医科大学部医院的精心治疗下，李文龙病情逐渐稳定，并于2008年1月回家静养，目前正在康复中。

供稿：承德市文明办

整理：刘金生 刘惠芙 师文岭

张国富

张国富，男，满族，是河北省围场满族蒙古族自治县育太和乡双峰山幼儿园教师。

2003年10月的一天，张国富老师骑摩托车下班回家，在路过一个大桥的时侯，他猛地看见桥下有位老太太蹲在那里。张国富停下车，走过去一看。见老人头发花白，衣衫单薄、破旧，老人身边只有一个破袋子。他开口询问，老人却咿咿呀呀，无法说话。通过和老人简单地沟通，张国富发现老人又聋又哑，无法表达自己从哪里来，要到哪里去。看着老人一个人形只影单地在桥下避寒，心生恻隐的张国富做出了一个大胆的决定：将脏老太领回家。

就这样，张国富带着老人回到了家里。通过手语与老人交流，得知她从家乡迷路走失的。只是老人不识字，无法表达家在哪里。可是单凭这些信息，无论如何也无法确定老人家到底是哪里的。天气已是初冬，如果让老太太出去，肯定会冻坏的。张国富决定把老人留在家里，以后再想办法与他的家人联系。就这样，这个孤老人在他家这一住就是五年。

5年来，张国富对这位老人如同亲妈，给她看病买药、买衣服，甚至用车载着她到10公里外的乡政府所在地去理发。虽然把老人当做自己的亲人一样对待，老人也和这个家庭越处越亲近。可是，每到逢年过节，老人都会独自一个人坐在角落里发呆，显得有些落寞。从老人的眼神中，张国富看出老人想她自己的家人，与是通过围场新闻网等媒体为老太太寻亲。

辽宁省朝阳人民广播电台在一档节目中播出这

一消息后，有听众说像他走失的亲人。经过各级领导和各媒体的帮助，老太太的家人来围场把老太太回家乡。

供稿：承德市文明办

整理：刘金生 刘惠芙 师文岭

赵柱国

赵柱国，男，1936年生，中共党员，张家口市桥东区老干部局退休干部，省级劳模，2007年被评为张家口市十佳文明市民。

时隔十年之久，赵柱国老人仍然难忘晨霭中的两个镜头：通往山上的道路凹凸不平，铺满碎石子，操练的士兵总是摔跤；两个老太太爬着上山，下来的时候，坐在地上滑下来，而一些动物污物随处可见。

“一定要改变这种脏乱差的环境，让登山的人们能够沿路看到美丽的风景，呼吸到新鲜的空气。”1998年的一天，刚刚从桥东区老干部局局长岗位上退下来的赵柱国，和同事一同到鱼儿山上锻炼身体，就是那一天，他承担起了鱼儿山的义务清路工作。

起初，他只是用手捡、用脚踢滚到登山路上的碎石，用手捧上土埋住便道上的狗屎，再用木棍刮干净。可是随着爬山高度的增加，他发现沿路上这种情况太多了，仅靠这些是不够的。于是他索性从家里拿上扫帚、铁锹进行清扫、铲垫，清扫范围也在不断扩大，除交通道天天扫，上山必经之路经常扫外，羊肠小道也每月必清。

而遇到恶劣天气，赵老上山竟然比平时还要早。赵老说，下雨天，雨水把碎石子和泥土都冲到了路面上，必须及时清理，而下雪的时候，路面和台阶都太滑了，人们容易打滑，所以越是天气恶劣，越要提前上山清理。虽然在这种天气里，往往是赵老打滑的次数更多，铁锹、扫帚因为打滑甩出去的时候也更多，但是他还是坚持提早来为人们清障。

2000年，赵老因患肺癌，做了左肺下叶切除手术。可是术后两个月，他便又开始清扫山路。就这样，年复一年，日复一日，赵柱国每天在山上义务清扫2至4个小时。10年里，他用坏了十余把铁锹，磨掉了近50把扫帚，磨破了几十副手套。

2005年春天，我市开始了增绿添彩工程，要将过去上山的土路变成石头路，要给荒山披上绿衣。听到这个消息，赵老激动极了，他想一定要为这件民心工程出点力！因为修路要拉钢板，植树要运树苗，可是土路不好走，容易打滑，为了给施工队伍提供一个更好的施工环境，他把路上的大坑小坑用不同的石头填平。同时，由于施工，路上的碎石比先前还多，他还要将碎石清理掉。为了让小树坑存留更多的水分，他还用石块垒起了1000多个树坑。

路面修好了，施工队伍走了，可是赵老的工作还在继续。由于路面是按照坡度修的，所以弯道很多，而路的一面就是陡坡。赵老几次发现，有车辆和行人不小心差点滑下去，于是，他决定筑起一道防危的石埂，避免下滑。用了四个多月的时间，赵老筑起了一道1000多米的“小长城”。“小长城”底部全部是大石头，体积大约都是30×30×40立方米，上面用小碎石填充，而后又用泥土加固。整条石埂整齐而结实。这些大石头最重的上百斤，都是他一点一点的滚过来的，“运输”最远的距离要有三四百米。

十年来，不论是数九寒天，还是炎热酷暑，赵柱国每天都会湿透衣服、汗流满面。不少登山者在了解到赵老身体状况后，夺去他手中的清扫工具接着干，见他吃劲地背石条而主动一起搬运。有的年轻人今天干不完，担心赵老自己干，下山的时候反复叮嘱：“这大个儿的可给我们留着，您老可千万别自己干，明天我们继续干，要不，我们可生气了。”听了这话，赵老温暖极了。

供稿：张家口市文明办

撰稿：李伟

师进辉

师进辉，男，汉族，1961年7月出生，河北正定人，中共党员，研究生学历，高级经济师，张家口卷烟厂有限责任公司总经理、党委副书记。先后获得“张家口市拔尖人才”、“河北省优秀企业家”、“河北省五一劳动奖章获得者”等荣誉称号。2007年，当选为中共十七大代表，同年还荣获“张家口市十大人民公仆”称号。

2004年，张烟正处在“止跌回稳、稳中求进”的关键时期，他围绕国家烟草专卖局提出的“深化改革，推动重组，走向联合，共同发展”的行业中心任务，认真总结企业发展的成功经验，深刻分析企业所面临的形势，提出了“一个核心、两个基础、三个工程、四个提升”的工作思路，即以创名优品牌为中心，夯实企业管理和市场基础，实施技改、信息化建设和人才创新三大工程，实现经济效益、管理水平、竞争实力和职工生活水平的全面提升，明确了企业的发展方向。

在品牌建设工作中，通过加强品牌整合工作力度，积极将2003年在产的7个牌号23个规格整合为2个牌号9个规格，整合后的两个品牌均被列入国家局的《百牌号目录》，产品销售渗透全国半数以上省份，尤其在东北、西北、华北地区占有相当高的市场份额。依托“钻石”品牌，坚持以消费者为核心的产品设计理念，下大力进行特色工艺、特色风格的产品创新研究，并在关键技术上取得了重大突破。我国第一个拥有自主核心专利技术的超长滤嘴卷烟——钻石“国嘴120”于2004年11月研制成功，受到国家烟草专卖局的高度重视，深得业内领导、专家的好评。

“科学技术是第一生产力。”一个企业如果要想在市场经济的大潮中乘风破浪，必须有先进的技术水平作支撑。2005年，经过严密论证，积极运作，他主持实施了“十五”技改项目，并被列入河北省重点建设项目和张家口“十大立市”项目，该项目2006年12月正式投入运行；2007年8月16日启动了“十一五”技改工程。技改工程的实施将全面提升张烟公司的技术水平，为张烟公司新的经济腾飞提供技术保障。

借助现代科学的管理理念和管理手段，大力实施管理创新，进一步夯实管理的基础。2005年，深入开展了全面预算管理、6S管理、精细化管理、项目管理等重点工作，使企业的资源得到了有效整合，工作效率得到了整体提高，生产经营向良性循环的轨道发展，减少了资源的浪费，提高了资本运行效率，增强了企业的核心竞争力。同时，步步推进的创新管理，使企业各项工作逐步向标准化、规范化、精细化方向发展，打造出了具有张烟特色的管理品牌。

以“传承光辉历史，打造百年基业”为目标，全面推行企业“诚文化”建设。将“国家利益、消费者利益至上”的行业共同价值观，作为企业文化建设的根本要求，以人本管理为核心，以学习创新为动力，以和谐企业为目标，全力打造张烟“诚”文化年。确立了以“钻石”为象征，以“精造烟中精品，诚报家国天下”为企业使命，以“至诚、超越”为企业精神，以“诚信、科学、创新、进步”为企业价值观的企业文化体系，得到了国家局领导的肯定和好评，展示了良好的企业形象，有力地促进了企业管理水平的提高。

在企业快速发展的同时，始终不忘回报社会，追求经济价值与社会价值的高度统一，积极参加政府倡导的、有益于广大人民群众的重大社会公益活动。企业连续五年赞助了张家口市的元宵节焰火晚会，四次独家冠名了“钻石情·中国崇礼国际滑雪节”，受到山城人民的热烈欢迎。赞助支持了“河北城市市民文化互动”、“‘诚者之星’钻石美食文化月”、“河北省送万场电影下乡”等大型社会公益活动，受到社会各界的广泛好评。

在师进辉同志担任厂长（总经理）期间，企业五年迈出了五大步，经济效益和经济运行质量不断得到提高。张烟公司卷烟产量规模从61万箱增长到75.5万箱，其中“钻石”品牌2007年销售28.34万箱，年实现税利从2003年的11亿元到2007年的21.07亿元，实现了张烟的更好更快发展。

供稿：张家口市文明办

李家庚

“哪怕我只能再活5年，也要干出点儿成绩，对得起乡亲们的信任。”2002年9月，在李家庚当选为抚宁县英武山村村党支部书记时，他这样对自己的家人说。那时他身患癌症回村养病，医生说他的生命可能只有5年。当时英武山村人均年收入只有1400多元，是远近闻名的贫困村。乡亲们希望能有一个能人带他们走出贫困。面对着殷切的目光，李家庚忘记了病痛：“我干！”

“让老百姓都富起来，日子都好过了。庄里边干净一点儿，老百姓的心情舒畅一点儿，人的精神面貌改变一点儿，心气顺一点儿。”李家庚说自己当村支书的目的就是这个。

上任后遇到的第一个难题就是缺水。为了尽快解决村民们生产、生活用水难的问题，2003年4月，李家庚从自己家里拿出了5万元交上了配套费，引水工程开工了。那些日子里，李家庚拖着病体夜以继日地与施工队一起搞测量、运石料、铺管道……他三次累得晕倒在工地上。两个月后，这个常年缺水的小山村第一次用上了甘甜的自来水，村民们兴高采烈、奔走相告。

缺水的问题解决后，李家庚又开始张罗修路的事。此前，英武山村只有一条3.5公里崎岖不平的出山路，交通十分不便。李家庚出动自家的铲车，组织全村党员、群众铺通了英武山通往外界的“民心路”。后来，李家庚又请来专业施工队，挨家挨户地为村民修建了沼气池。

“向山场要收益，靠大山奔小康。”为了带领村民致富，李家庚用了整整一个月的时间翻山越岭，实地查看了全村所有的沟沟岔岔，最终确定了“远抓林果近抓牧，生态家园迈大步”的发展构想。他带领村民养猪、种板栗、种药材、办水厂……用实实在在的效益带动村民发展设施农业和规模养殖。如今，村里人均纯收入已增长了几倍，贫穷落后的面貌被彻底改变。

2004年8月21日，胡锦涛总书记对李家庚的先进事迹作出重要批示：“李家庚同志的事迹十分感人，他是千千万万农村基层干部的优秀代表。”

供稿：秦皇岛市文明办

曹信杰

身患癌症，他却仍然坚守在工作岗位上，曹信杰，以自己的行动诠释着一名医务工作者的职责。曹信杰1984年从河北中医学院毕业，被分配到海港医院至今已24个年头。从工作的第一天起，他就把“恪尽职守，做一名好医务工作者”作为自己的人生追求。

24年来，曹信杰在海港医院先后从事中医临床、肿瘤临床和医院管理工作。在临床工作中他珍惜一切学习和实践的机会，把中医辨证论治用于每位前来求治的患者，取得了满意的疗效。

1995年以前，市内各医院都没有肿瘤放疗设备，治疗肿瘤只能去北京、天津的大医院。为填补这项空白，方便患者就医，海港医院与北京肿瘤医院联合成立了全市首家肿瘤治疗中心。曹信杰被派往北京肿瘤医院进修学习，通过潜心钻研，系统学习和逐步掌握了先进的肿瘤治疗专业知识和放、化疗技术。

在肿瘤科，他组织开展了十几项新项目应用临床，提高了肿瘤病人的生存期和生存质量。其中，针对癌症患者放化疗后白细胞降低明显且不易复升的问题，他应用中汇川黄液进行放疗后升白治疗，解决了大部分肿瘤病人放化疗后白细胞下降不易恢复的难题，填补了市内肿瘤治疗空白，这项成果获得了2002年度河北省第三届“优秀发明奖”。在临床实践中，他结合当前基因研究的最新成果，针对肿瘤的发生机理积极探索基因治疗肿瘤项目，开展了“重组人PS3腺病毒注射液治疗癌性胸腹水”的研究，这项成果分别获2006年河北省“优秀发明奖”和秦皇岛市科研成果一等奖。2004年，作为医院龙头科室的肿瘤科，被市卫生局命名为“秦皇岛市医学特色专科”。

孜孜以求，不断进取。2000年以来，曹信杰先后完成省科研成果15项，其中获省、市科技进步奖11项，2007年又取得河北省科技成果4项，申报科研立项5项。先后曾两次获河北省优秀发明者奖并先后获得市优秀专业技术拔尖人才、市第二届优秀科技工作者以及全国县市医院优秀院长。

2003年6月他担任海港医院院长后，开始和全院干部职工谋划医院的发展。

然而，2006年9月22日，曹信杰被确诊患了口腔癌。作为肿瘤科的医生，他懂得癌症这个被世人堪称的绝症对自己意味着和面临着什么。但他没有被吓倒，手术后10多天就从北京返回了医院，继续坚持工作。

供稿：秦皇岛市文明办

杨光亚

在许多老百姓的心目中，殡仪馆是悲伤、痛苦甚至恐惧的象征。如果不是特殊情况，没有人愿意多在这里停留。然而，就在这个总是让人“敬而远之”的地方，身患残疾的已经度过了13年的光阴。他冲破世俗偏见，为一个个失去亲友的家庭送去温暖和抚慰。

1998年初，杨光亚被任命为市殡仪馆馆长。当时的市殡仪馆管理混乱，多种不良现象时有发生。在上任后的第一次大会上，杨光亚对全体职工说：“现在社会上有的人对我们有偏见。我们工作中确实存在着一些让人不齿的行为，如果大家不转变思想，不杜绝错误做法，我们就不可能得到应有的尊重……”几句“大实话”给了职工们实实在在的提醒。随后，杨光亚做的是“立规矩”，在广泛征求大家的意见后，市殡仪馆管理规章制度出台了。在不到一年的时间里，殡仪馆的各方面工作发生了可喜的变化。

服务走向规范化以后，杨光亚将工作重心转移到科技兴馆上来。针对工作中遇到的难题，杨光亚和他人一起设计了骨灰寄存管理软件和火化手续办理软件，并实现了馆内联网刷卡收费。2006年，杨光亚和别人一起设计的秦皇岛祭祀网开通，为秦皇岛的市民提供了一种“绿色”祭祀方式。

为了方便群众，杨光亚在全国率先成立了殡仪服务中心，免费上门指导群众办理丧事；还在全省率先推出了“阳光服务”，所有服务项目和收费标准全部上墙公布，由丧属自愿选择，并向社会公开承诺对特困户、百岁老人、烈士、残疾人等火化费用给予减免。每年，杨光亚都要请专家对工作人员进行形体训练，还经常带领职工到服务质量好的宾馆、银行、商场等地悄悄取经。通过训练和学习，职工的整体形象及待人接物的各种能力都有了明显提高，服务行为更加规范。

2003年“非典”期间，由于殡仪馆每天有上千的人流量，大部分职工都怕被传染，思想压力很大。“别人能退缩，我们不能。”杨光亚这样要求全体职工。他邀请专家讲授防护知识，并制定了周密的操作程序，两具“非典”遗体被安全接运和火化，没有造成二次传染。

供稿：秦皇岛市文明办

赵爱彬

在家人眼里，她是个忙忙碌碌的人；在同事眼里，她是个兢兢业业的人；在群众眼里，她是个堂堂正正的人。她就是市中级人民法院刑一庭庭长、我市首届敬业奉献道德模范赵爱彬。

赵爱彬获得过很多令人钦羡的荣誉：2005年被最高人民法院评为“全国优秀女法官”，2006年被最高人民法院评为“中国法官十杰”，被全国妇联授予“全国三八红旗手”称号……在荣誉的背后，是默默的付出。赵爱彬的女儿已经9岁了，她非常爱自己的女儿，可是，为了把全部精力放到工作上，她还是把女儿托付给了公婆。平时，她早出晚归，回到家里，还要阅卷或起草法律文书，双休日也经常加班办案。接送孩子、开家长会、陪孩子出去玩儿，几乎都由爱人和公婆“代劳”了。

她知道自己欠女儿、欠家人太多，但让赵爱彬更为感到愧疚的是九泉之下的父亲。1998年，赵爱彬的父亲得了脑萎缩，生活不能自理。2001年12月，赵爱彬的父亲病危住进了医院。为了多尽一份女儿的孝心，赵爱彬白天办案，晚上陪床。当时，父亲已不能说话，但她依然可以从中看出父亲对女儿的疼爱和眷恋。赵爱彬何尝不愿多陪陪含辛茹苦的父亲？可她知道，当时正值院里全年审判工作的“冲刺”阶段，大家都在忙，自己手里的案件办不出去，就会影响全庭乃至全院的办案进度，更无法面对案件当事人。在父亲病危住院到父亲去世的十几天时间里，赵爱彬没耽误一件案件，没耽误一次开庭。

赵爱彬上大学时学的是法律专业，又有了多年的审判经验，对审判业务可谓“轻车熟路”。可是，从事审判工作的时间越长，办的案件越多，她越是有“如履薄冰”的感觉：“我总是怕自己办的案件出问题。要保证案件不出问题，仅仅做到公正还远远不够，还必须认真对待案件的每一个细节。哪怕是一丝一毫的疏漏，都有可能造成无法挽回的严重后果。对于老百姓，或许一辈子只打一次官司。一个冤案或错案，对普通当事人来说，都是百分之百难以承受的创伤。”每年审理的上百件案件，赵爱彬都一丝不苟，甚至苛求每个案件都做到“不管输赢，双方都能认同”。16年中，赵爱彬办案1100余件，无一错案，在民庭工作时上诉案件无一被发回改判，刑事附带民事案件调解率达到50%以上，刑一庭年结案率达到100%。

供稿：秦皇岛市文明办

孙 晨

他是一名年轻的医院院长，3年前，34岁的他临危受命，离开市卫生局医政科副科长的岗位，到风雨飘摇的军工医院担起了主持全面行政工作的重担。面对一个几乎瘫痪的烂摊子，他没有牢骚，没有懈怠，让医院几乎是一年一大步地发生着变化，从年收入200万元跨越到1800万元，一个死气沉沉的医院焕发出了勃勃生机。

熟悉军工医院的市民一定还记得几年前医院的情况，作为解放军总后勤部所属的、以军工企业职工及其家属为服务对象的综合性医院，受经济体制改革和裁军的影响，多年都不曾得到上级部门的资金投入和人才引进，使得医院人员老化、设备落后，经济效益一落千丈。

2004年10月18日，孙晨走进军工医院时面对的就是这样一个烂摊子。医院工作千头万绪，百废待兴，该从何抓起，又该怎么抓？为了尽快掌握第一手材料，孙晨不仅组织医院领导班子研究出路，还深入各科室和医护人员聊天，常常忘了吃饭、忘了休息。在充分的走访、调研之后，他感到军工医院还有希望，只要定位准，思路新，加上好的管理手段，这个医院就一定能起死回生。

2005年6月，我市首家脑血管病医院在军工医院挂牌成立了，走大专科、小综合的办院之路是孙晨连续几个月调研和谋划的结晶。医院与上海市脑血管病防治研究所达成协议，引进了国内最先进的脑血管血液动力学检测仪，在我市独家成功开展了中风预警检查。为了突出专科优势和专家优势，孙晨一方面聘请知名专家坐诊，一方面多批次派出业务骨干赴京、沪的大医院进修，一年时间便基本形成了预防、治疗、康复脑血管病的高水平专家队伍。

在明确发展思路的同时，孙晨还在内抓管理、外树形象、上争取政策，下转变思想等各个环节连出举措，医院的就医环境改善了，优质低价的亲情化服务让前来医院就诊的人越来越多。2005年，医院的收入较前一年增长了两倍，这一下，所有医护人员看到了希望。果然，2006年，医院的收入再次实现历史性跨越，达到了1300万元，2007年达到了1800万元。医护人员的收入增加了，干劲足了，为患者热情服务的意识更强了。

2007年，医院被确定为市“惠民医院”，这意味着医院要压缩不少的利润，孙晨没有二话，压低药价，还利于民。利润少了，他就加强管理手段，采购物品实行招标，同时注意节支。他说，“惠民”的路会一直坚定地走下去，早在医政科时，他就经常在到基层医院督导时看到很多经济困难治不起病的患者，医者父母心，他要尽可能地让这些人群得到及时的救治。

供稿：秦皇岛市文明办

尹秀清

4年前，当一家只有300万元资产的私有企业面临着“是损失掉自己的一半资产，还是牺牲500户菜农的利益来保全自己”这两种选择的时候，这家企业的女老板选择了前者，为此她损失了150万元，但她以此换来了菜农的信赖，赢得了“诚信”这块千金难买的金子招牌。如今，这家企业已发展成享誉北方、资产过千万的调味品企业。这位以“宁可亏钱，不能亏良心”为信条的女老板就是今年已51岁的抚宁县京东调味食品厂厂长，秦皇岛首届诚实守信道德模范尹秀清。

尹秀清创办的京东调味食品厂位于抚宁县下庄管区刘庄村，她告诉记者，这11亩的厂区曾是一片荒地，1999年她在这里建了厂，并成为我市首家推行公司加农户模式、实行订单保护价收购的企业。公司主要生产各种酱菜、腐乳和酸菜。尹秀清说，最初公司是从绥中、唐山等外地进菜，后来她看到当地菜农发愁卖菜，而自己长途运输购进的蔬菜新鲜程度不佳，还不如就地取材，一举两得。于是公司与当地菜农签订购销合同，指导菜农种植大白菜、圆白菜、芥头、苤蓝等，收购时按保护价，这样当市场实际菜价波动时，菜农的利益就会得以保障。

然而，在2003年，“非典”不期而至，本地大量蔬菜运不出去，市场价格一路走低，其中圆白菜跌到了每公斤6分钱，而尹秀清的企业与菜农约定的保护价却是每公斤 3 角钱，几千吨的蔬菜算下来就会损失150多万元。面对这种意想不到的特殊状况，到底怎么办？眼看着菜快烂在地里，尹秀清开始成宿成宿地失眠。企业成立没几年，刚稳定下来，就遇到了可能损失过半家当的难题。厂里的工人对她说：“尹厂长，要真按保护价收菜，咱厂得几年能翻过身儿来呀”这时，有菜农来找她，说大家伙能体谅她的难处，遭遇“非典”是谁也想不到的事，不用按保护价给钱，只要比市场价高几分钱就行。尹秀清跟老伴儿商量咋办，老伴儿在纸上写了8个字：“诚信为本，造福于民。”她看着这8个字，心潮澎湃：“老伴儿说得没错，咱就是再难、再苦、再累，也不及菜农们风里来雨里去劳作辛苦，自己咬咬牙就挺过去了。企业的困难是一时的，有了信誉，就有了一切，咱得对得起良心。”

在各种社会公益活动中，几年来，尹秀清累计捐款已达10多万元。尹秀清对记者说，实践证明，当初的做法是对的，做企业和做人是一样的，都要讲诚信。8年来，京东调味食品厂由最早的500户订单农户发展到目前的5000来户，种植面积也由第一年的600亩发展到现在的3万亩，还解决了周边农村180名剩余劳动力的就业问题，带领一方农民走上了增收致富之路。

供稿：秦皇岛市文明办

潘大明

每装一条船，他都不厌其烦地询问货主在安排垛位上有什么要求，每次维修设备时，他都提前告诉货主避开维修高峰停船靠岸，以免产生不必要的费用，秦港集团第七港务公司生产业务部的计划员潘大明说：“宁可自己麻烦点，也尽量不让货主受损失。”

今年49岁的潘大明在七公司已经干了12个年头，1996年他刚到成立一年多的七公司工作时，正赶上煤炭运输市场疲软，煤炭市场由卖方市场向买方市场转化，然而发货人的观念却仍未转变。

此时，秦港集团七公司顺应市场变化提出“深入了解发货人，理解他们、帮助他们，转变自己的服务观念，把客户当朋友”的服务理念，潘大明与几个同事远赴山西，一个多月时间里，几个人访遍了40多家矿站，深入矿井了解矿工生产，带头到煤堆里挑捡钢筋、木头等杂质。3月的山西风沙大，还时常下雪，到最后，同去的几个人都陆续回来，只剩下潘大明一个人留在那里与货主沟通，为他们讲解市场需求形势，共同开发适应市场需要的新煤种，最终使港口与山西各矿站建立了稳固的伙伴关系，使煤炭从源头到港口监控再到装船检验，形成了港矿共同管理煤炭质量的局面。

一般来说，货主卸在港口的煤炭，港口本来可以根据自己的设备情况随意安排垛位，但是这样就有可能造成不同热量的煤搭配不当，无法适应客户的质量要求，也会给货主发货造成不便。潘大明每接一条船都会问清货主在安排垛位上有什么要求并尽量满足，这样一来，工作量就增加了不少。七公司共有87个垛位，几十种煤，每一个垛位放着哪种煤，潘大明都心知肚明。他说，想要赢得客户的尊重和信任除了为他们提供满意的服务以外，还应该做到业务精、反应快，为客户提供高质量的服务。

在与大同矿务局的合作中，为了使出口日本的“大洗末”万吨杂质含量符合国际标准，潘大明与其拟定了“质量互保协议”，对方所提要求很多，工作起来很麻烦，但是为了减少对方因出口质量不合格造成的损失，潘大明与同事们还是排除一切困难，从港口的技术操作，包括除铁、大块煤过滤等琐事上保证煤炭不出错。

多年来的诚信服务使潘大明在客户中树立了威信，许多客户都视潘大明为值得信赖的朋友，他的诚实守信也为秦港集团公司树立了良好的质理管理形象。

供稿：秦皇岛市文明办

朱智生

在北戴河有这样一位出租车司机，无论是价值不菲的相机，还是装有数十万元现金的皮包，凡是乘客丢在他车上的，他都设法以最快的速度找到失主，完璧归赵。这位善良、纯朴的出租车司机就是我市首届诚实守信道德模范、57岁的朱智生。

朱智生家住北戴河海滨镇草厂村，迄今为止从事出租车行业已有18个年头。经常有粗心的乘客将财物落在他的车上，尽管他的生活并不很富裕，但每次他都及时将财物送还失主。

2004年7月中旬的一天上午，大约10点多，在原北戴河人民医院（现市第八医院）门口，一对30多岁的外国夫妇和一位中国翻译上了朱师傅的车，要到金山宾馆旁的一家饭店就餐。3位乘客下车后，朱师傅开车往前走，车开到剑秋路时，他一回头发现车厢后部的脚垫偏了，便停车下来整理，结果在车后座左侧发现一个女士黑包，他打开一看，里面有3万余元的美金，还有金项链、护照、往返北京的机票、手机和照相机。朱师傅活儿也顾不上拉了，立即开往外国乘客刚刚下车的饭店。车快开到那家饭店时，朱师傅看到3人正站在路边不知所措，女失主急得直哭。朱师傅下车，把包递过去，外国游客瞪大了眼睛，简直不敢相信，感激得直作揖。

2006年10月25日凌晨4点左右，一位从北戴河火车站下车来我市办事的沧州小伙子将一个装有10万多元现金的背包落在朱师傅的车上，朱师傅发现后，开车追出四五百米喊住那位小伙子，问小伙子是不是忘了啥东西在车上，小伙子恍然大悟。小伙子当即抻出上千元钱要报答朱师傅，朱师傅说啥也不收，他对小伙子说：“这公家的钱，你给我几张还不得你自己补上吗？快收起来！赶紧找家银行存上，不安全。”小伙子落泪了：“谢谢大叔，你救我一命。”

面对巨款，他为何毫不动心？朱师傅用朴实的语言向记者道出了最真实的想法：“都是凡人，谁看到那么多钱摆在自己面前，眼睛不发亮那是假的，但有一点，不管多少钱，那不是我的，我不能要。人家丢钱，人家不着急呀，拿人心比自心，换位想一下，要是我的钱丢了，我会急成啥样！”

供稿：秦皇岛市文明办

王广慧

清晨6点30分，当许多人还在睡梦中时，王广慧已准时出现在岗位上，每天长达十五六个小时的工作也由此开始。

昨早8点，当记者按约定前来采访时，王广慧正在与新任的市场治安办工作人员谈话，他要求工作人员一定要敢于碰硬，“遇到不好管的情况就往我头上推！”话语铿锵有力，“实实在在做事，坦坦荡荡做人”的性格一目了然。

提起秦皇岛市海阳农副产品批发市场总经理王广慧，这个名字是与一连串闪光的荣誉连在一起的：全国劳动模范，全国五一奖章获得者，市、区、镇三级优秀共产党员，市、区、镇三级人大代表……“干什么都要干好，否则就不如不干”，荣誉的背后他有着自己坚强的个性。从1992年开始筹建并管理海阳农副产品批发市场至今，他用勤奋敬业、严格管理、敢想敢干、永无止境的工作作风，使市场一年一个台阶地向前迈进。

王广慧说：“人无信则不立”，做人如此，经商更如此，诚实守信永远是企业繁荣的法宝。为保护客户利益，早在1998年，市场就提出了凡是在市场经营的客户，货物丢失、车辆被损的事件，证据确凿的，市场都先赔付后解决。曾有围场两名卖土豆的客户，因为做生意互相妒忌，一位客户夜间把另一位客户大汽车的四个轮胎用刀子割开口子，当客户向市场举报，经调查后，在没有破案的情况下，市场执行对外的承诺，花费3900元买了4个轮胎给予赔偿，这一举动在客户中引起强烈的共鸣。客户们一传十，十传百，市场的信誉由一件小事在广大客户心中扎下了根。

对特殊的困难户、半路出了车祸的客户到市场来卖货，市场还一律给予减收直至免收管理费的照顾，让他们时刻感受到政府的关怀。2006年7月，抚宁县深河乡上不老村一位村民来市场卖茄子，本人有病，其家属开手扶拖拉机来到市场，5个小时过去了，一车菜一筐没卖出，王广慧在市场内检查工作时看到后，当即决定由市场收购其蔬菜，并让他们从村里开来特困户证明信，免去日后卖菜的管理费。

多年来，凭借王广慧的信誉，全国各地的客商都知道海阳批发市场讲诚信，当春节鲜菜紧俏时，只要王广慧打一个电话过去，山东枣庄、曹县、齐河、金乡、广东茂名、海南等地的公司会即刻发货，需要什么蔬菜发什么菜，对方从不要求先打款后发货，足见诚信的力量。

供稿：秦皇岛市文明办

邵凤云

“你买的虾皮忘拿了”“你要的菜都放好了”……在山海关南关大街的“邵云蔬菜批发部”里，接受记者采访的空当，邵凤云时不时地提醒着来买菜的顾客。

“不管买多少，我这的菜都是批发价，不差那几个钱，能给别人提供方便我心里高兴。”48岁的邵凤云是山海关南关大街“邵云蔬菜批发部”的经理，从一个小摊位起家，20年一路走来，邵凤云始终把诚实守信做生意、搞好拥军服务放在首位，还先后认下了128个“兵儿子”。

1988年，邵凤云夫妇俩开始摆蔬菜摊，摊位虽然不大，但她却树立了质优价廉、不掺杂使假、不哄抬物价的经营理念。特别是2003年，有了专营门店以后，她店里的菜价也由以前的批发兼零售全部变成了批发价销售，并且保证不让变质的菜装进顾客的菜篮子。

每年一过腊月二十三，菜价涨幅较大，对于个体户来说正是挣钱的好时候，可邵凤云却不抬价，依然按较低的价格核算，许多人说："别人都涨价你不涨可就亏了。"邵凤云却不以为然，难怪有人说她"缴税走在前头，涨价走在后头"。

20年来，邵凤云不仅每年都要带上粮油肉蛋到敬老院、特困户家里去慰问，还与战士结下了不解之缘。她告诉记者，曾经亲眼所见的一幕让她深受触动。那一次，天下着大雨，她看到许多年轻的战士站在冰冷的护城河里挖淤泥，为的是解决河水雨天外溢的问题，看着战士满是泥水的身影，邵凤云心里特别不是滋味。

通过向驻山海关的几个部队送菜，邵凤云结识了许多只身在外的年轻战士，除了低价供应蔬菜以外，她还无偿帮助这些战士。一个山东的战士转业后想自己做点生意，可是家里困难拿不出钱来，邵凤云知道后主动给了他2000元钱。另一个战士转业后在山海关开了一个小餐馆，开业之初不景气，邵凤云就免费为他提供蔬菜。2006年，一个战士要结婚，临行前却愁容满面，邵凤云一问原来是小战士家里筹办不起婚事，邵凤云二话没说把自己手头的4000元钱全给了战士，解了他的燃眉之急……这样的事有多少，邵凤云也记不清了，她说："这些孩子远离亲人来到这里，为了老百姓的安宁出力，咱们也应该尽自己的一点力为他们做点事。"

现在的邵凤云是山海关区人大代表、山海关个体劳动者协会理事、副会长，并多次获得拥军楷模、先进个人等称号。她说："文明诚信、拥军爱国对我在做人和做生意上都有很大帮助，我会用我的真情回报社会、奉献军营。"

供稿：秦皇岛市文明办

张建国

"百善孝为先，孝敬父母是每个人应该做的"，面对记者，张建国如是说。仔细思量，这句话听起来平常，可张建国做得却一点都不平凡，他用行动把"孝敬"二字诠释得淋漓尽致。

张建国今年44岁，是抚宁县粮食局机关科员。作为家中唯一的儿子，他担负起了照顾父母的重担。1997年，张建国的母亲第一次患上了脑血栓，右半个身体不能行动，张建国每天守候在母亲的病床前。经过精心地照料，母亲的身体慢慢地好转起来。1999年5月，母亲又突患大面积脑出血，昏迷不醒，生命垂危，医生多次下达了病危通知书。在很多人眼里，母亲的生还已经没有了希望。想到母亲就要离开人世，张建国有些无法接受，他无法相信母亲就这样离他而去。

张建国想尽办法，找专家、咨询医生，精心护理，连续7天7夜，守候在母亲的病床前。为母亲端屎端尿，找医生，取送化验单，他一个人跑前跑后，不知疲倦。

"也许是自己的孝心感动了上苍，母亲终于从死神那里回来了"，张建国对记者说。28天后，母亲转危为安。就在这28天内，由于长时间疲劳，且精神紧张，张建国体重轻了十多斤，原来的满头黑发变得斑白。母亲出院之后，他把母亲接到了家中悉心照顾。

不仅对自己母亲，对岳母张建国也是照顾得无微不至。张建国的岳母早年身体多病，并患有严重的精神疾病。2004年，岳父的去世更是给岳母的精神造成了沉重的打击，并因此患上了抑郁症和严重的糖尿病。为了照顾岳母，张建国把她接到了自己家中。

2005年，回到儿子家中的岳母趁家人不注意，喝了剧毒的农药，又一次住进了医院。"我岳母是个性格内向的人，有什么事都憋在心里，她不想拖累子女，加之病痛的折磨，对生活失去了信心。可我们哪能不管她啊！"张建国对记者说。经过一番的救治和悉心照顾，岳母出院并住到了自己家中。

不仅在生活上精心照顾岳母，一有空，张建国就开导她，减轻她精神上的压力。由于一家人的关心照顾，岳母的病情得到了控制，精神逐渐好转，重新树立起生活的勇气和信心。

如今，张建国一家人住进了新房子。2006年，女儿以优异的成绩被清华大学录取。一家人的生活逐渐安定平和起来。对此，张建国非常欣慰。一家人开开心心，平平安安，这是他最大的心愿。

供稿：秦皇岛市文明办

徐长霞

57岁的徐长霞成了名人，从中央到地方，从城市到乡村，这位来自河北省昌黎县的普通农民，以自己的贤德善行赢得了人们的深深敬意。面对纷至沓来的各项荣誉，老人却异常平和质朴，昨天，她在电话中对记者说："荣誉会激励我一辈子做好事，因为做好事是我一生的愿望。"

徐长霞是昌黎县安山镇后所营村的一名普通村民，10年前，毅然冲破世俗，用脆弱的肩膀扛起本不属于自己的责任。1996年，丈夫王远得了胆囊癌，发现时已经到了晚期。为给丈夫治病，徐长霞不惜举债3万多元，但丈夫还是撒手而去，撇下她和一对尚未成家的孩子。为了生活，在好心人的劝说下，徐长霞决定改嫁。但她这一走，刚刚经历了丧子之痛的老公爹就没人照顾了。善良的徐长霞觉得人活着不能光图自己舒坦，自己只要有一口气，就不能委屈着公爹。于是她毅然决定，带着老公爹改嫁。好人总与好人有缘。后所营村的王善是位朴实厚道、通情达理的农民，与妻子离婚十几年一直独身，生活并不富裕。他听了徐长霞带着老公爹改嫁的条件后，认为徐长霞既然能对一个本可以不管的老公爹如此，那她的人品也错不了，"和这样的人过日子塌实"。就这样，47岁的徐长霞带着84的老公爹、为前夫治病欠下的一屁股债和一对未立业的儿女走进了王善家的大门。

如今，在徐长霞夫妇的尽心照料下，已经94岁的老公爹身体一直很好。老人逢人便说："我前世不知积了什么德，修来这么好的儿媳妇。长霞这样的儿媳，亲生儿女都比不上啊。"

提起徐长霞，左邻右舍的大爷大妈们无不感慨："伺候老人说起来容易做起来难，做一年两年容易，做一辈子难。自己的亲爹亲妈都有伺候够的时候，可徐长霞夫妇十年如一日，从来没有走样的时候。这样的孝媳真少见，这在古代都得给立牌坊啊。"

徐长霞就是一面镜子，照着大家的德行。徐长霞所在的村，多年没发生一起因为赡养老人问题引起的家庭纠纷。安山镇30几个村的村干部在解决赡养纠纷时，也常拿徐长霞作例子，遇见难办的，就干脆叫他骑上车去看看徐长霞是怎样善待老人的。徐长霞用自己的行动演绎了中华民族古老的传统美德，她的事迹经央视和地方媒体报道后，感动了全国成千上万个家庭，也引起了国人的强烈共鸣，更为秦皇岛赢得了巨大的荣誉。

供稿：秦皇岛市文明办

李淑香

悉心照顾成为"植物人"的丈夫，10年不离不弃。提起她的事迹，亲友们常常是泪光闪烁。而不善言辞的她却只是说："这是一个妻子的责任，是我应该做的。"李淑香，海港区西港镇归提寨村一位普普通通的农村妇女，用十年如一的真情诠释着"道德"两个字的真正含义。

1997年农历腊月廿三，李淑香的丈夫杨扶明突发脑溢血，送到医院后，医生认为没有什么抢救价值。但李淑香执意要救回丈夫。经过抢救，丈夫虽然脱离了危险，却成了一个毫无知觉的"植物人"。从那天起，李淑香把生活的全部重心放到了对丈夫的照顾上。

根据医生的嘱托，每隔半小时，至少要为丈夫翻一下身。10年来，李淑香一遍又一遍地不知为丈夫翻了多少次身，而她也因此养成了穿着衣服睡觉的习惯。夏天，李淑香每天为丈夫擦洗身子，还用省吃俭用的钱买来两台风扇为丈夫降温。冬天，李淑香经常出去捡柴火，把屋里烧得暖暖和和。无论什么时候，只要听到丈夫有不舒服的哼哼声，她立刻为丈夫翻身、按摩。

在她的悉心照料下，杨扶明10年来没生过一次褥疮，没长过一次痱子。丈夫无法进食，李淑香把食物搅成糊状，然后通过导食管注入丈夫胃中，每天4次。由于导食管很细，用针管推入食物是很费力的事情。因为长期用力推针管，李淑香的右手已经骨质增生，一用劲就疼。于是她改把针管顶在胸膛上用力。据李淑香的亲友介绍，现在她的胸膛上经常顶针管的部位已经起了一层厚厚的茧子。

丈夫成为“植物人”后，家里失去了经济来源，全靠着政府和亲友们的资助生活。10年来，李淑香的饭碗里几乎是一成不变的白水煮白菜。省下来的钱，她买来牛奶、麦片、豆浆，变着法儿地为丈夫补充营养。丈夫无法自己排便，李淑香就用手为丈夫抠出大便，每次还要仔细观察大便的颜色、粘稠度，以此判断丈夫的身体有没有什么异常。

10年来，不少人劝过李淑香：“放弃吧，这就是花钱买罪受，肯定好不了了。”可李淑香总是回答：“不行，这样做在道德上说不过去，良心上不忍。我是他的妻子，就要承担照顾他的责任。”

供稿：秦皇岛市文明办

宣桂芹

59岁的宣桂芹是卢龙县潘庄镇宣家沟村一位普通的农村妇女，但是在当地，只要一提起宣桂芹这个名字，乡亲们都称赞她是个好婆婆、好妻子、好弟媳。

宣桂芹1968年与本村青年孙海祥结婚，当时公婆身体不好，大伯哥双目失明不能干活，两个小姑子年纪小，宣桂芹和丈夫毅然挑起了家庭重担。她和丈夫整天起早贪黑地忙碌着，白天一起下地干活，晚上，宣桂芹还要为一家老小缝补衣服、做鞋，料理家务。经过几年的苦干，家里的生活有了好转。1972年，婆婆不忍心把全家的重担落在宣桂芹身上，提出了分家，分家后，宣桂芹凭着自己的勤劳，小日子过得还算可以。

转眼间宣桂芹的儿子也到了结婚的年龄。由于儿子性格实在，都快30了还没有对象。1994年，别人给她儿子介绍了一个姑娘，是三四里外小徐家沟村的，有点癫痫病但不太严重。当时宣桂芹迟疑了一下，但心里一想有点病到家来就给治治吧，儿子都这么大了，早点给他成个家就省心了。

可事情远没有想得那么简单，刚结婚那段时间，儿媳妇的癫痫病三天两头地犯，智力也有问题，连洗脸梳头都不会，洗衣服、做家务、农活什么都不能干，从1994年过门直到现在，每天都是宣桂芹给洗脸梳头。为了给儿媳治病，宣桂芹多方寻医问药，后来有一次宣桂芹从一本书上看到山西有个秘方能治癫痫，后来她就写信寄钱邮了几瓶药，结果吃了到现在儿媳已经7年没再犯病。平常更是像哄孩子一样哄着儿媳，就是为了让她心情舒畅。

宣桂芹说，儿媳妇3岁没了爹，她妈带着她改嫁，5岁时妈也没了，跟着后爹，挺可怜的。到了咱家，咱不吃不穿也得给她吃穿。孙子从一出生就是宣桂芹照顾，现在已经11岁了。

2000年，婆婆公公相继去世后，宣桂芹和丈夫商量，把大伯哥接到家里，咱们吃啥他吃啥，不能让哥挨饿受冻。吃饭的时候，家里用的碗小，宣桂芹怕大伯哥不好意思，专门为他准备了一个大碗，大伯哥里外的衣服她总是洗得干干净净。

宣桂芹的爱是无私的，更是博大的。善良的她不仅对儿媳好，对儿媳的家人也照顾得很周全。2006年，儿媳妇的后爹摔伤了，住院花了1000多元，宣桂芹给掏了。出院后，宣桂芹就让儿子把亲家接到家里，3个多月里，她每天给亲家端屎端尿，喂水喂饭。后来亲家的病重了，按照习俗必须回自己家里，宣桂芹和儿子一起雇车把亲家送回去，她每天做好饭菜，送到三四里外的小徐家沟，直到去世。

2006年，宣桂芹还被卢龙县妇联评为“八好文明标兵”。2007年又被评为敬老爱亲道德模范，宣桂芹觉得：“并没做什么，都是应该的。”

供稿：秦皇岛市文明办

郑爱红

在开发区王校庄村有一个普通的农家小屋，火红的炉火，热乎乎的土炕，整洁的板柜让人感受分外温暖。在炕上有位瘫痪的老人，老人全身上下干干净净，闻不到一点异味。在屋里，一位忙里忙外、将全家收拾得有模有样的中年女子，她就是郑爱红，那位老人则是郑爱红的婆婆。8年了，郑爱红放弃自己的工作，甘当一名全职家庭主妇，全心在家照顾瘫痪的婆婆。

2002年的夏天，一场巨变打乱了郑爱红一家平静的生活。一天清早，婆婆突然患上严重的脑梗塞，又造成小脑迅速萎缩，完全瘫痪在床，而且伴随着严重的痴呆。看着一筹莫展的丈夫和小姑，郑爱红耐心地劝："别哭，不要愁，有我在呢。咱们都守着老人，一切都会好起来的。"

入夜，郑爱红辗转难眠，是全身心地照顾婆婆，还是继续工作？看着丈夫日渐憔悴的脸，想起自己下夜班后，婆婆无论多晚常为自己端上温热的饭菜。逢年过节，赶不上吃饭时，婆婆把炖好的肉和炒的菜单独给她留下一碗，婆婆像亲妈一样对待她，婆媳从没红过脸。她毅然辞去了工作，挑起了照顾婆婆的重担。

从此，一个刚刚三十出头，正值青春年华的女子，全职照顾完全不能自理的婆婆，开始围着没有知觉瘫痪在床的老人转、围着锅台转。终于，爱心创造了奇迹！婆婆的手竟然自己会动了，一步一步，一点一滴，婆婆会翻身了，会坐着了，会说话了……为了加速婆婆的康复，郑爱红自学了护理知识，在家里持续不断的按摩，并带着婆婆多方求医，婆婆的病情大为好转。

当全家看到了曙光的时候，公公又得了肝癌。郑爱红于是一边看护公公，一边守着婆婆。术后几个月，公公不幸去世。婆婆很伤心，病情又有反复。郑爱红的心也碎了，每天陪婆婆说话聊天，逗着她笑，就像亲娘俩儿一样。

有人问老人："儿媳妇好不好啊？"老人抬起脸，满脸的皱纹都开了花："好啊！"然后就"呵呵"地乐出了声来。这个家越来越像样子，郑爱红的丈夫对她充满了敬重和感激。

郑爱红孝敬婆婆的事迹在十里八村传开了，她用爱心和耐心感染了村民们，大家争相称赞这个好儿媳，都说这样的好儿媳打着灯笼也难找啊。郑爱红却说："婆婆是与我共同生活一辈子的丈夫的妈妈呀，就和我亲妈没啥区别。照顾好婆婆是我分内的事，这是我应该做的。"

供稿：秦皇岛市文明办

郭文香

见到郭文香时，她正在文香老年公寓里和几位老人聊天。老人们亲切地喊她"闺女"。老人们脚上穿着的，是她亲手织的毛线袜子。

有人说，北戴河有三件宝，"碧海、金沙、文香嫂"。从事家庭旅馆经营20多年来，郭文香先后救助了100多名轻生及离家出走者，还捐出4万余元用于社会公益事业和救助弱势群体。她被授予国家级"光彩之星"、省级"先进个体工商户""文明秦皇岛人标兵""高尚的北戴河人标兵"等荣誉称号，并当选十届全国人大代表。"郭文香"这个名字如今已成为北戴河人高尚品格的代名词。

1984年初夏，"文香旅馆"开张后的第7天，一位张家口姑娘登记后离开旅馆，直到深夜还没有回来。放心不下的郭文香一遍遍地到海滩寻找，一次次地到派出所打听，彻夜未眠。第二天一早，姑娘回来后不久就饿昏倒了。郭文香马上做了一碗热汤面，看着姑娘吃下去。姑娘流着眼泪对郭文香说出了心里话。原来她是为逃婚而出走的，想到北戴河先看看大海，再投海自尽。此时，她已经几天粒米未进了。听了姑娘的遭遇，郭文香紧紧地把她抱在怀里。姑娘在文香旅馆住了7天，郭文香每天都陪伴在姑娘身旁，不停地劝慰、开导她。几天后，家人赶来接走了姑娘。姑娘临走时，泣不成声地说：“郭妈妈，我一辈子也忘不了您！”

从那时起的20多年里，郭文香只要遇见孤苦无助的人，总是热心地把他们领回“文香旅馆”，细心地照料。对那些轻生者，只要她听到消息，总会热情地前去看望、开导和照顾，有时还掏钱为他们买车票。派出所和医院经常请她去照顾、开导轻生者。还有的人从千里之外慕名而来，求她为欲轻生的亲友们解开心结。人们把“文香旅馆”喻为“生命方舟”，称“文香旅馆”是海滨的第二个“110”。婚事受阻的护士、害怕体罚的少年、身患绝症的老人……一个个轻生者在这里重新拾起了生命的信心。为了让更多的空巢老人有个安居之所，2006年，郭文香创办了文香老年公寓。如今，公寓里已经接收了20多位老人。

郭文香说：“常常有人问我，你做这些事图什么呀？搭上那么多钱和精力，值吗？我觉得值，我就图个心安，图个让人明白人间自有真情在，图个北戴河人的好名声。”

供稿：秦皇岛市文明办

未淑云

几年前，在北戴河很少有人知道未淑云，因为她不愿意告诉别人自己默默地付出。现在，几乎没有人不知道未淑云，因为她的爱心的力量太大，感染了越来越多的人。

未淑云是北戴河区房产管理局产权科一名普通干部，属于工薪阶层的她，20多年来在国家、省、市、区的“希望工程”、扶贫济困、赈灾、社会公益事业等各种活动中无私奉献，捐出爱心款11万余元和2万余元的实物。

未淑云对教育事业有着特殊的感情。1984年，北戴河区成立了第一所幼儿园。从那时起，未淑云的爱心就和教育事业联系在了一起。20多年来，每年的“六一”儿童节，她都固定把一个月的工资拿出来捐给幼儿园。她说：“看着孩子们一天天长大，我打心眼里高兴。”

1997年，她从报纸上看到河北省平乡县一个农村孩子，由于家里贫困面临辍学的消息后，当即给孩子寄去了400元钱，并且一直资助这个孩子上学。这个孩子2006年高中毕业，考入某空军学校。开学前，他给“未妈妈”打来电话，报告喜讯：“妈妈，没有您的资助，我就没有今天。”未淑云也激动地哭了：“考上大学了，如果有困难，我会继续资助你。”

2005年初，北戴河实验小学一位学生得了重病，未淑云一下子拿出800元钱捐给这个孩子并亲自前去探望。北戴河成立教育基金会挂牌的当天，她又把500元钱送到了教育部门。

未淑云还资助过许多不知姓名的孩子，她说：“我只是个普通的工薪阶层，不能给孩子更多的帮助，但为了他们能上得起学，只要我能做到的，再困难我也会助一臂之力。”

不仅是关心教育事业，未淑云每年“两节”期间为贫困职工捐助500元；1998年，我国南方和黑龙江特大洪灾牵动着全国人民的心，未淑云买了两套崭新的行李，又捐助了500元钱；2003年抗击非典，未淑云在北戴河区第一个捐款600元；自2002年遭冰雹袭击以来，未淑云每年都捐款600元支援青龙的贫困群众……无论是报纸报道的，还是响应号召，只要是未淑云知道别人有困难，她都会伸手援助。

未淑云是蒙古族人，从小在草原长大，她常说：“我是草原的女儿，无论何时何地，我都不能给蒙古族人丢脸。”

供稿：秦皇岛市文明办

杨　拥

一个年已八旬的农村老汉，从上世纪50年代开始就在村里义务修桥补路，最近10年来，他更是自己出钱出力，修建了4座水泥桥，他就是卢龙县陈官屯乡新挪寨村村民，81岁的杨拥。

从上世纪50年代开始，杨拥就为村里义务修桥补路。闲来无事时就骑三轮车到处溜达，看到哪条路上有了石头或垃圾就及时清走，哪条路坑洼不平，他就铲土填平。

村子里有五六米宽的长长的小河，虽然不算什么大河，但村民想要过河或到邻村去，总要绕过很远的路或者趟水，出来进去很不方便。杨老汉就买来木头修起了一座木桥，木头桥使村民不用再绕远了，但木头桥不结实，河水一涨或是下雨发水时，木头桥就被水冲走了，杨老汉就又得重新买来木头搭上。

2003年，杨老汉种的酒葡萄和玉米卖了几千块钱，杨老汉高兴了，这下可以修一座结实的水泥桥了。就这样，杨老汉和村里一个叫陆景盛的老人买来材料，开始没日没夜、一锹一镐地建起了一座1.6米宽、9米长的水泥桥。看着这座能过人能过车的水泥桥为乡亲们提供了许多方便，杨老汉心里别提多高兴了。

从那时起，杨老汉靠着种地得来的收入给村里修了4座小桥，从最初的木头桥到现在结实的水泥桥，杨老汉修的路越来越“专业”。石头太重，他就垫上原木一点一点往前挪，没有水车，他就一桶一桶地挑水，几年里，他花去了7000多元的积蓄，为村子里修桥4座，补路近2公里，为村民们解决了出行难的问题。为了感谢杨老汉的热心，村民们把小桥称为“杨拥老汉桥”并立下石碑，以示后人。

做好事同样为杨老汉带来了一副好身板，虽然已经是81岁高龄，但他的身子骨还很硬朗，地里的活大部分都是自己干。2007年，杨老汉又拿出省吃俭用积攒下的钱，雇来了三轮车，拉来沙土铺垫起了2000多米长的田间路，为村民秋收提供了方便。

供稿：秦皇岛市文明办

郎晓光

“衡量一个成功企业家的标准，不仅仅是衡量他为社会创造的财富，而是财富本身给这个社会、给人们带来了什么？”固守着这样的信念，秦皇岛广顺集团董事长、总经理郎晓光一路执着前行。

1961年，郎晓光出生在青龙满族自治县一个偏远的小山村，从小家境的贫寒让他懂得了自立，更学会了坚强。从部队转业回乡后，他毅然辞掉了政府已为他安置好的工作，来到城市打拼。因为他深知，要想帮助别人，必须首先发展自己。

1998年，秦皇岛市最大的旧城改造“秦皇小区”开发建设项目正式招标，面对强手如云的竞争对手，郎晓光一次拿下12万平方米。从当时客户构成的角度考虑，郎晓光把所开发的项目定位在百姓买得起，住得上。他的良苦用心得到了回报，他所建筑的22栋楼房很快销售一空。此后，郎晓光一发不可收拾，如今他的集团已发展形成了集房地产开发、酒店餐饮、文化教育、旅游、影视传媒、物业管理、装饰装潢、电子科技等12家全资产业为一体的多元化集团，安置失业、下岗、进城务工人员780余人，年销售收入2亿多元，年实现利税2000多万元。广顺集团连续五年获得“秦皇岛市民营企业综合实力二十强”等20多项荣誉，而帮助他人，关心弱势、热爱公益、助人为乐也一直伴随着郎晓光和他企业的发展。

2003年抗击非典时，郎晓光先后捐助善款11万元。2005年3月，家乡青龙满族自治县北胡哈村出村路被国家确定为“村村通”项目，但路基部分资金必须由村里自筹。郎晓光得知后，一次捐资16万元支持家乡改善交通状况。2007年6月，他又为家乡甘沟乡烧锅店村修路捐资10万元。昌黎县刘李庄村被纳入首批“文明绿色生态村”，为了支持村里修路，郎晓光又助资10万元。为助弱势群体、帮社会青年，他先后为16名贫困学生捐资助学，捐助资金20多万元。

几年来，郎晓光先后向印度洋海啸、省残联基金会、唐山残疾艺术团、市慈善协会、光彩事业促进会、儿童少年基金会、市爱鸟协会、田金芳拥军艺术团、市公安局、私企联、市妇联及民政局组织的爱心捐款活动，参与各种光彩事业几十项，投入善款和公益金530多万元。

郎晓光说，如果把社会和谐比拟为我们的右手，助人为乐比拟成我们的左手，如果我们用右手拍拍左手，再用左手拍拍右手，那将会拍出世界上最真实、最幸福的掌声。

供稿：秦皇岛市文明办

李卫红

李卫红，曾经是一名出租车司机，侠肝义胆的他曾经协助公安部门破案数十起，抓获犯罪嫌疑人61名。这位看似普通的年轻人却有着一颗勇敢的心，他用不凡的事迹诠释“见义勇为”的真正含义。

提起李卫红，秦皇岛的出租车司机没有不知道的，他是一个有责任感和正义感的热血男儿，获得过青年文明号、优秀治安积极分子、服务明星、市见义勇为先进个人、河北省见义勇为先进个人等诸多荣誉。

这一个个荣誉，印证了他多年来付出的汗水，虽然他从不愿把这些向别人炫耀，但记录下了李卫红无怨无悔的人生追求。

李卫红1998年起租了一辆出租车开始跑出租，白天爱人开，晚上他开。从那时起，看见坏人为非作歹就想管一管的李卫红就经常路见不平、拔刀相助。

1999年春天的一天凌晨4点多，李卫红在火车站候车，突然从出站口传来了一阵激烈的争吵声，一名20岁左右的男青年因和出租车司机发生口角失去理智，猛地从身上掏出一把明晃晃的刀刺向对方，出租车司机被刺伤，男青年准备逃跑。李卫红想都没想，跳下车拦住男青年的去路。狗急跳墙的男青年挥刀向“多管闲事”的李卫红刺来，李卫红一闪身，顺手抓住男青年的手腕，想把刀夺下，搏斗中手被划了一道口子，鲜血直流，但他仍抓住那名男青年不放。民警随即赶到，将歹徒抓获。民警激动地说：“要不是你见义勇为，会给以后的追查工作带来很大困难，多亏了你啊。”

2001年3月的一天，一名形迹可疑的人在趁民警检查时逃跑，李卫红发现后，紧随其后，在那人跑出不到30米就被李卫红擒获。当民警检查这名男子随身携带物品时，发现了一支老式手枪。这名男子也交待了杀人后逃到我市的犯罪事实。

几年间，李卫红先后协助公安机关抓获61名犯罪嫌疑人。许多朋友劝他换个工作，免得被坏人盯上报复。尽管李卫红自己并不怕，但为了不连累家人，他还是转了行。

不幸的事情终于发生了，2005年5月，他的妻子突然神秘失踪，两个多月后，警方在迁安找到了他妻子的尸体。

2006年初，中央电视台《讲述》栏目讲述了李卫红的不幸遭遇，引起了中华见义勇为基金会的关注。2006年3月，中华见义勇为基金会副秘书长于少林专程来到秦皇岛对李卫红进行了慰问。后来，在市公安局公交分局的安排下，他成为一名协警员。李卫红说：“这是对我最大的帮助和鼓励，让我感到了温暖。”

在协警员的岗位上，李卫红又协助公安机关破获了多起案件。李卫红说，有时候也觉得很盲目，但是碰上了，就不由自主地上去了。他坚信“邪永远不会压正”。

供稿：秦皇岛市文明办

秦利民

寂静的夜晚，市中医院急诊科的手术室里，外科医生正在为一名刀伤患者进行缝合，突然，20多名男子手持刀棒冲进手术室，挥刀砍向患者，紧要关头，医生发出怒喝，他用正义果敢吓退了凶恶的歹徒……十几分钟后，手术室里一片狼藉，但是，患者的生命保住了。这位医生就是秦利民。

今年43岁的秦利民并没有想象中高大魁梧的身材，谦和的笑容也让人难于将他与当时的凶险联系起来。说起两年多前那十几分钟的生死考验，他出人意料的平静，然而他平静的讲述还是一下将人带回了那个不平静的夜晚——

2005年4月27日晚9点30分，值夜班的秦利民收治了一名刀伤患者。这名姓刘的患者满身血迹，秦利民检查发现他腹部有两处刀伤，头部有一处刀伤，其中左上腹部一处刀伤深达8至10厘米。在交谈中患者告诉秦利民，他是在讨要债务时与对方发生纠纷，被人用刀捅伤的。20分钟后，秦利民正在为患者缝合，一伙暴徒突然持械冲进手术室，向患者再下杀手。刘某跌到了手术床下，秦利民见情势危急，手持医疗器械，用身体挡住患者，对暴徒高喊："你们干什么？这里是医院，住手！"狭小的手术室里挤满了嚣张的暴徒，他们见秦利民挡在身前，就将手中的凶器扔向刘某。秦利民左右遮挡着刘某，无畏地和歹徒对峙着。见秦利民如此"碍事"，他们威胁到："你再阻挡就砍你了！"秦利民没有丝毫畏惧，见个别歹徒越过身边的手术室设备越来越接近患者，他急中生智，大声喝道："医院已经报警了，警察马上就到！"这句话一下震住了歹徒，看着秦利民无畏而坚定的眼神，他们惊慌逃走。

这一场生死较量不过十多分钟的时间，却让手术室一片狼藉，手术器械和玻璃碎片散落一地，斑斑血迹触目惊心，歹徒仓皇逃离时留下的一把刀具长达90厘米。秦利民急忙扶起刘某，发现他身上又中了十余刀，左手几处肌腱、血管及神经断离并伴骨折，头部有一条10厘米长的伤口，颅骨外露，胸部肋骨外露。此时刘某面色苍白，神志不清，冷汗淋漓，已处于休克状态。秦利民迅速组织骨科、手术室人员实施抢救，直至凌晨3点30分，终于让患者脱离了危险。

问秦利民当时或是事后怕了没有，他平静地说，当时没多想，事后更没有多想。作为一名医生，患者走进医院，他就要对患者负责，这是每一个正直的人都应该做的。

供稿：秦皇岛市文明办

吕妍丽

在北戴河火车站前公交车出站口正对的一条小巷子里有一家北光旅店，这是一家很普通的家庭旅馆，已经很旧的平房在周围楼房的包围下显得更加不起眼。可是，就在这家旅店里，当时年仅22岁的店主吕妍丽和持枪歹徒进行了一场殊死的较量。这位女英雄凭着智慧和勇敢使 5 名特大袭警抢枪犯罪团伙一举落网。

那是2001年8月12日傍晚，店主吕妍丽像往常一样细心地清扫旅店。这时，车站派出所的民警来到店里，向她通报了一起特大袭警抢枪案情，并将外逃的3男3女犯罪嫌疑人的体貌特征进行了描述，要求有情况立即报警。

第二天凌晨，一阵敲门声将吕妍丽惊醒，有客人来了，吕妍丽连忙起床招呼客人。母亲开门，迎进3男2女5位客人，登记的时候，吕妍丽发现这几个人的人数、性别还有体貌特征与民警通报的犯罪嫌疑人相似。吕妍丽要求出示身份证登记，可只有两人有身份证。其中一男子不耐烦地说："这么麻烦，我们不住了。"吕妍丽心想"如果真是外逃犯，他们走了不就糟了吗？"吕妍丽向母亲使眼色，热情地将他们留了下来。3个男青年住一间客房，两个女青年住一间客房。

安排完之后，吕妍丽琢磨怎么去报警。电话值班室离客房很近，打电话恐怕会惊动他们，亲自出门又没有合适的理由出门，怎么办？夜已经很深了，吕妍丽的父亲从火车站接站回来。吕妍丽灵机一动，喊道："爸，你休息吧，我去接站。"吕妍丽借机出了门，迅速跑到派出所报警。民警很快到达旅店，吕妍丽暗中指点民警5人住的房间，抓捕工作立即开始，5名犯罪嫌疑人一举被抓获。经审查，此5人正是民警通报的外逃犯罪嫌疑人。

吕妍丽说，她的大哥、二哥、舅父、姨夫都是人民警察，从小在这种环境下成长，听着亲人们的故事，正义和勇敢也在吕妍丽的心里扎下了根。说起机智报警抓逃犯的故事，当警察的亲人们都竖起了大拇指说："真行。"

供稿：秦皇岛市文明办

李增夫

"路见不平一声吼，该出手时就出手"。这句广为传唱的歌词，作为李增夫的生活写照再恰当不过了。他曾多次为失主找回丢失的财物，伸张正义，他曾果断制止小偷行窃，自己却被砸晕。不过，他始终坚信一句话：邪不压正。

李增夫今年50岁。1993年，老李一家从邢台搬到了秦皇岛，全家人靠经营小吃维济生活。平日里，老李养成了一个习惯，看到不法分子偷盗市民财物，他都会上前加以制止。他曾多次冒着危险，从不法分子手中为失主夺回丢失的财物。

2007年1月5日晚，他在燕海里市场营业时，忽见一名男子将手伸进了一个顾客放在椅背上的上衣口袋。他立刻意识到这名男子是小偷，便大喝一声："你要干什么！"该男子赶紧把手缩了回来，气急败坏地抄起一把铁椅子向李增夫头上砸来。此时，该男子的另一个同伙也抄起椅子冲了上来猛砸。老李头部严重受伤，左耳被砸烂，鲜血直流，可他全然不顾，与两名歹徒展开了殊死搏斗。两名歹徒见势仓惶逃走，李增夫却因失血过多昏了过去。附近的小吃经营者们看到这种情况，急忙找来车送李增夫到了医院。医院为老李开了绿色通道，缝了60多针，才保住了左耳。

在李增夫家中，记者见到了这位见义勇为的英雄。李增夫说："我不后悔当初那么做。现在的小偷很猖狂，太可恶了，但我们不能怕他们。有一次，他看到被偷的学生在街上大声哭泣，他的心里非常不是滋味。只要让我看到，我就不能袖手旁观。这个社会还是好人多，我就不信邪能压正。"

不仅心怀一腔正气，生活中的老李也是一个不折不扣的好人。他爱人4年前曾因脑瘤动了手术，至今身体还不是很好，一家人生活的重担都落在了老李的身上。在外面辛辛苦苦出摊养家糊口，回家来也是洗衣做饭，家务活全包。一家人的生活，全靠勤快而乐观的老李支撑着。

除此之外，老李还和街坊邻居相处得非常融洽。门外地不平不好走，他帮忙铺平，谁家有什么要帮忙的，他都是高高兴兴地当做自己家的事去办。很多市民、街坊邻居听说他负伤后，相继来看望他，送来水果，送来补品，送来鲜花，祝愿他早日康复。

老李的身体目前还处在恢复阶段。晚上，受伤的耳朵经常把他痛醒，而且医生也告诫他，冬天不要再出摊了，耳朵如果冻伤了再治就困难了。但为了维持家里开销，天气稍暖和，他还是会冒着寒冷出门做生意。

供稿：秦皇岛市文明办

李晶晶

作为海港区社区教育管理中心一名普通的音乐教师，李晶晶每天的生活和工作都充满快乐。课堂上，她为退休的大伯、大妈们上音乐课，是他们的“小老师”，课堂下，又是他们的“开心果”“贴心人”。可是，在这柔弱可爱的外表下，却蕴含着“路见不平一声吼”的勇气和力量。

2006年3月12日，同许多爱美的年轻女孩一样，李晶晶在金三角附近悠闲地逛街。走在熙熙攘攘的人流中，李晶晶浏览着路边橱窗琳琅满目的商品，忽然，有人大喊：“抢包啦……”一连串的惊呼声将李晶晶的注意力吸引到眼前，只见一女子飞快地夺走迎面一位女士挎在右臂的手包，朝自己身后逃跑。

“抓住女贼，不能让她得逞，”看见此情景的李晶晶脑海里闪出这样的念头。容不得多想，李晶晶冲上前去一把抓住了逃跑的女子。抢包的女子慌忙用尖利的指甲猛挠李晶晶的脸。谁料，更大的危险还潜伏在周围，一个五大三粗的中年男子冲过来，他一把揪住李晶晶的衣领，对她拳脚相加。

李晶晶被两个歹徒包围着，男子重拳出击，女子乱抓脸部和头发。由于双手紧抓着包，李晶晶没有任何还手之力。一阵拳打脚踢之后，鲜血从李晶晶的鼻腔里喷涌而出，耳朵里似乎也在往外渗血，嘴角、眼眶钻心地痛。“放手”，歹徒气急败坏地高喊。“放过你们，还会有更多的人受害”，李晶晶坚定地说，死死抓住那个被抢来的包。歹徒被李晶晶超强的耐力和正义凛然的话语镇住了，“你到底放不放手？”歹徒气急败坏地又重重抽了李晶晶两个耳光。“坚决不放”，李晶晶咬紧牙关大声而清晰地喊道。

这时，被抢包的张女士已从后面赶来。歹徒见势不妙，放手逃脱，被抢的包物归原主，5000多元的财物保住了。在张女士感谢的时候，李晶晶才意识到了疼痛难忍，头发被揪掉一绺，鼻子、耳朵、嘴角都出了血，脸上多处受伤，右脸部被划了6厘米的伤痕，左脸部也有3厘米的伤痕，眼眶被打得乌青，眼底充血。张女士拿出500元钱以表谢意，被李晶晶谢绝了。

围观的群众把李晶晶紧紧围在中间，素不相识的人递过矿泉水、面巾纸帮她洗净脸上、颈上的血迹，一位热心的出租车司机执意要拉她去医院包扎，可李晶晶坚持不麻烦别人，自己离开。李晶晶说：“歹徒逃跑后我才有些后怕，当时多危险啊。可是，遇见这样的事情，我心里就有一种正义的冲动，不能让坏人得逞。虽然会有危险，但是以后要是再遇到这样的事情，我还是会站出来。”

供稿：秦皇岛市文明办

包广贺

包广贺，男，53岁，中共党员，现任遵化市堡子店镇十八里村党支部书记，兼村委会主任。

2003年7月，退休后的包广贺主动放弃年薪120万元港币的香港一上市公司总经理职务回到阔别多年的家乡十八里村，当起了不要一分工资的村党支部书记。上任后，他首先清尾欠，仅用半月时间就追缴了1992年以来13年8.37万元的群众欠款，偿还了村集体欠群众的4.05万元。随后，个人出资1.4万元帮村打了2眼机井，解决了300亩耕地的灌溉难问题。又带领全村父老仅5天的功夫，翻修了713米的出村路。此时的包广贺并没有满足，他深知只有让群众富起来，才能从根上改变村子的落后面貌。他又东奔西跑与北京大兴县庞各庄镇西瓜产销联合会建立关系，带领村民搞起了西瓜种植，发展现代农业。当年就喜获丰收，每个西瓜种植农户纯收入5600元以上。

2004年，全市开始了文明生态村创建，包广贺数次跑县进镇，为十八里村争取到了文明生态村创建试点。村内十多华里的硬化、绿化、净化、建沼气池等任务，需要资金百万元，面对巨大的资金缺口，他巧用资源。先是协调了村内砖厂到薄地里取土，取得了每年14万元的承包费；接着，把村里现有的3个废坑承包给了铁选矿厂，收入了13万元的填坑费；又吸引两家投资近500万元的铁选矿厂落户，每年上缴承包费9.7万元；他们又向沙地要钱，从薄地里取沙，用尾矿沙填坑，上面再盖上一层好土，这样既卖了钱，又改良了土地，一块26亩的沙地就收入17万元。还有十几万元的资金缺口，包广贺和两委干部分别捐款2000元，他们的举动也牵动了村民和社会各界，唐山市委党校捐款3万元，镇政府机关干部捐款7850元，从十八里村出去的干部、工人、企业主捐款5万余元，村民也踊跃捐款，一天的功夫，村里收到捐款12万多。在全村党员干部群众的共同努力下，仅仅几个月时间，街道硬化实现了户户通，栽植绿化树木2000多棵，接通了有线电视，安上了路灯，一个靓丽的文明生态村展现在了人们面前。

供稿：唐山市文明办

何学红

何学红，女，49岁，中共党员，现任唐山市路北区委宣传部副部长、文明办主任。

30年前，当时在路北区团委工作的路北区委宣传部副部长、文明办主任何学红偶然了解到乔屯橡胶厂青年工人樊东升双目失明但乐观开朗顽强面对困难，便决定要帮助樊东升，而且一帮就是30年。当时由于樊东升工作出色，经常到一些地方做经验发言，她就帮助他把材料翻译成盲文，充当他的眼睛。因为残疾人有时更敏感，何学红注意把帮助放在平等和互相尊重的基础上，让他们更易接受。1998年樊东升的儿子12岁生日那天，何学红联系了省妇联、街道及孩子所在学校，共同为这个沉默内向又摔伤致骨折的不幸孩子在家里开办了一次别开生面的生日会，使孩子开始乐观开朗起来。2005年2月，樊东升患上急性肝炎情况危急，何学红立即把他送到医院并找到医院领导和主治大夫商议治疗方案以及减免治疗费用。同时积极争取各界对樊东升的支持共筹集资金6000多元，使其得以救治并痊愈出院。2006年底，樊东升的妻子董敬兰不幸患病，心率30多次，随时有生命危险。年近50岁的何学红再次寻医找药、端水喂饭、忙前忙后，腊月二十三是董敬兰安装心脏起搏器的第一天，何学红和女儿在医院陪了整整一天一宿。现在樊东升一家在更多的好心人的帮扶下越过越好。

供稿：唐山市文明办

柳宝山

柳宝山，男，46岁，民主人士（中国民主建国会），唐山市鑫鑫房地产开发有限公司董事长、总经理。

走进柳宝山的企业，看到的忙碌身影中有一大部分是下岗职工，在企业最不景气的时候，他从来没有放弃过这些“老人”。2001年3月26日，在共青团市委号召青年企业家参加“希望工程”活动中，柳宝山来到唐山市第四十中学初二（1）班学生郑坤（女、16岁）家中。小郑坤由于身患白血病，父母又双双下岗，其家中生活费每月不足400元，家庭生活非常困难，郑坤患白血病又无钱医治，父母只能眼巴巴地看着孩子在死亡线上挣扎。柳宝山看着躺在床上的郑坤，看着家徒四壁的房间，他眼中含着泪，拿出壹万元，说：“钱不多，应应急吧！”小郑坤流着泪用微弱的声音说：“叔叔，我病好了一定要好好学习，长大成才报效祖国。”同年10月团市委号召救助失学儿童“春蕾”活动中，柳宝山对失学儿童献爱心又捐助两万元。几年来他共向社会捐款捐物达60余万元，对公益事业和扶危济困共资助80余万元。

2002年柳宝山的企业正在举步为艰时，他把企业改建在了建华桥，当时小区的环境很恶劣，他就从为数不多的周转资金中抽出30万元，为建华桥小区修水泥路1200米，方便了居民出行。在城区改造中，为还居民一个优美、整洁的环境，他配合缸窑街道办事处进行拆违拆迁和环境整治工作，先后出动汽车50余台次，清除废墟达1200余吨，为建华桥居民修、改、建污水管道300米。这些善举，受到了党和政府的充分肯定。

供稿：唐山市文明办

阎翠兰

阎翠兰是华北煤炭医学院附属医院中医内科副主任医师、副教授。今年3月，阎翠兰被国家卫生部、国家中医药管理局评为万名医师支援农村工程先进个人。从2005年开始，阎翠兰因工作需要，深入到张家口张北县大囫囵镇卫生院，进行义务服务。阎翠兰多次走访群众并根据当地居民的特点和要求，利用经络理论诊治疑难杂症、怪病；用正骨手法治愈极易误诊误治的胸椎小关节紊乱症；用传统的康复手法治疗中风后肢体功能障碍，赢得了最佳治疗时机，使他们得到了最大限度的康复，为当地医院填补了康复医学空白；还利用中医特色手段救治了两例40年未愈的严重下肢溃疡，使死腿变活，保住了病人的双腿，免除了手术截肢，为患者节省了几万元的医疗费用。几年义务支农服务，医治的病患者不计其数，与当地群众结下了深厚的友谊。

供稿：唐山市文明办

高凤娥

高凤娥，女，48岁，中共党员，现任玉田县特殊教育中心校长，全国特殊教育研究会会员，省、市特殊教育研究会理事。

1993年，高凤娥离开普教岗位，任县特教中心校长。工作中，她牢记人民的重托，呕心沥血，在特教事业中作出了特殊的贡献。为了特教事业的发展，13年来她千方百计筹措资金300多万元，大大改善了办学条件；对残疾学生，她献出了比亲生父母更多更深的爱。照顾学生穿衣睡觉，为学生缝衣喂药，甚至给盲生择鱼刺，为特困生购买学习用品、新衣服，交纳伙食费。她舍小家顾大家，同胞长兄不慎触电落地住进唐山二院，她只挤出假日时间看望了一次；爱人车祸导致骨盆三处骨折，她只在医院看守了一夜。她自己患上了严重的子宫肌瘤，术后因工作紧张得不到休养而病情恶化，殷红的鲜血顺裤脚往下流仍然坚持工作。

作为特教校长，她苦练业务，很快闯过“手语关”、“教材教法关”、“电脑关”、“学历关”，自费订阅《现代特殊教育》、《中国特殊教育研究》等8种刊物，写出了20多万字的联系实际读书笔记和心得体会。她撰写的8篇论文获省市一、二等奖，《发展特教学校职业教育的新思考》论文获得“国际教育卓越成果奖”。她辅导的学生参加省、市艺术节汇演获一、二等奖，并参加全国比赛获二等奖。

供稿：唐山市文明办

张立东

7月2日下午5时左右，丰润区公安分局永济街派出所获知一名在逃抢劫犯田某出现在城西步行街。随后，副所长周秋生带领三名协勤队员与民警张立东会合后，一起来到步行街逐户搜捕。半个小时后，张立东突然发现逃犯田某正在步行街某服饰城内。为了不打草惊蛇，围捕前，张立东首先走了进去，在他亮出警官证后，田某随后转身逃跑。张立东立即上前一步，一把将田某的脖子搂住。就在这时，逃跑心切的田某极力挣脱，与张立东同时撞向了服饰城两米多高的落地玻璃门。随着一声巨响，玻璃破裂开来，将张立东的右臂划成重伤，鲜血不住地喷涌。张立东强忍剧痛，依然与田某顽强搏斗，并将其死死摁在地上，在其他人员的配合下，最终将逃犯擒拿归案。在抓捕现场、车上和路上，鲜血一路滴下。经过医生5个多小时的抢救，张立东终于脱离了危险。后据主治医师介绍，张立东当时的伤势非常严重，右肘部开放伤，肱动脉、正中神经断裂，右前臂曲肌断裂，入院时已因失血过多处于昏迷状态，如再晚一些，极可能因失血过多而导致休克死亡。

供稿：唐山市文明办

亢宝铭

亢宝铭，男，29岁，汉族，丰润区银城铺乡东马庄村村民。

亢宝铭平时以农用车拉脚为生。2006年12月26日，亢保铭和李洪歧（丰润区左家坞镇村民）去丰润区任各庄镇大麻各庄村砖厂拉土方。下午4:00左右，李洪歧的自卸车在起斗卸土时因碰到高压线而触电，李洪歧被电击晕，车里冒出了浓烟。亢宝铭扔下手中的工具，冲上前去，冒着被电击的危险，与砖厂职工张凤义把电晕的李洪歧拉出4米多远。此时，车内已燃起大火，随时都有爆炸的可能。亢宝铭全然不顾被烧伤、电击和爆炸的危险，再次奔向了起火的自卸车，钻进车箱里去救火。但是，亢宝铭刚到车里就被电击昏，失去了知觉。最后，在后来赶到的人们共同努力下，扑灭了大火，排除了爆炸危险。当大家把亢宝铭从车里救出后，才发现他的双脚、左臂、右手已经血肉模糊，血流不止。虽经医院及时抢救，但他的右手两个手指没有保住，脚趾不会弯曲，落下了终身残疾。亢宝铭的事迹感动了丰润，也感动了全国，他先后被评为“丰润区2006年度见义勇为先进个人”，近日，又被中华见义勇为基金会评为“全国见义勇为好司机”。

供稿：唐山市文明办

刘 义

刘义，男，75岁，群众，唐山市第二中学退休教师，居住在路南区永红桥街道建国里社区。

退休后，刘义看见大街上被扔掉的各种塑料、废纸等物品都有可再生利用的价值，心想如果把它卖掉，把换回来的钱自己攒下来，还可以帮助社会上需要帮助的人。从1996年起，刘义就开始了自己拾破烂的生活，刘义积攒下一分一毛，用于社会救助。刘义从2001年至今积极参加社会公益事业。

在多年的拾荒助学过程中，刘义先后于2001年4月6日捐给自己家乡迁安上屋小学1000元人民币，为学校购置教学设备，学校颁发给荣誉证书以示鼓励；2002年4月2日在回家乡探亲时，看到上屋小学的5名困难学生有困难，自己从衣兜里取出300元钱捐献给了这5名特困学生，学生们赠给刘爷爷一条红领巾留做纪念，同日又资助上屋村有困难的老年人150元，以缓解他们的生活压力。同年6月，为美化、绿化自己所居住的楼前环境，老人自己拿出退休金中的300元生活费到市场购买了月季花一百棵，植树十棵；2006年6月15日刘义了解到迁安市要建设文明生态村，刘义又出资金1000元，帮助家乡搞建设；11月23日回家乡再次出资资助上屋村五名贫困学生1000元。

如今，刘义老人正准备在2007年9月份再拿出捡破烂的2000元钱做公益事情。

供稿：唐山市文明办

刘洪生

刘洪生，男，47岁，中共党员，遵化市平安城镇平一村党支部书记。

1997年，刘洪生在村民信任的目光中，当上了平一村党支部书记。从那时起，他满脑子想的就是如何带领全村群众尽快走上致富路。一个偶然的机会，刘洪生在一本杂志上看到一条关于发展香菇种植的致富信息。可当他动员村里群众和他一起干时，根本没人相信种蘑菇能赚钱。经过反复做工作，村里十几名党员拿出全部家底凑了35万元，建起12个大棚，并从福建高薪聘请了一名技术员到村里作指导。那时，刘洪生带着十几号人吃住在大棚，没日没夜地干，每天详细记录各个生产环节的温度、湿度、光照等情况，经过三个多月的努力，菌棒顺利出菇，当年就收回了全部成本，每户净赚4万多元。

为加快发展步伐，刘洪生创办了“平安城镇食用菌合作社”，号召大伙先进帮后进，在当地党委政府支持和帮助下，向信用社申请了小额支农贷款，光他自己就为群众担保90多万元，其他党员也都纷纷为群众做担保，全村共申请到贷款560多万元，彻底解决了建大棚资金短缺的问题。为了让大伙尽快掌握食用菌种植技术，他把家里的大棚扔给妻子，只身到天津、北京等地学习，回来后就办培训班，到各家大棚亲自指导，几个月下来，村里的大棚都顺利出菇了，大伙不仅还清了贷款，还收到了很好的效益。为了在种植食用菌这条“致富路”上长期走下去，刘洪生买电脑，请人制作食用菌网页，在网上发布平一村的食用菌销售信息，拓宽市场。他还几次到北京农科院请专家来村具体指导，尝试种植白灵菇等新品种。如今，平一村的食用菌已发展到6个品种，全村建成食用菌大棚360个，成为全国北方最大的食用菌生产基地。

刘洪生一心为了乡亲，为了全村发展，他用自己无私的情怀践行着共产党人“执政为民”的誓言，2007年，他被评为“唐山市优秀市民标兵”。

供稿：唐山市文明办

卫群

11岁的卫群，是老站小学4年级的学生。

2002年，原本就患有肌肉萎缩的父亲因突发脑血栓而失去了生活自理的能力；两年前，不堪重负的母亲向父亲正式提出了离婚。面对着父母之间的抉择当时年仅9岁的小卫群做出了一个令所有人都吃惊的决定：和爸爸一起生活！从此，这个刚毅的小姑娘用瘦弱的身躯毅然独自支撑起了破碎的家，一边上学，一边照顾父亲的起居。

早晨，当别的孩子还有温暖的被窝里被父母催着起床时，小卫群早已做好了早饭，帮父亲穿好了衣服，收拾干净了屋子；放学了，其他小伙伴到家后就能吃到可口的饭菜时，小卫群还需要回到家在父亲的指导下做些简单的饭菜。扫地、洗衣服、生火、扔炉灰，晚上帮着爸爸脱衣服、起夜。为了减少起夜次数让卫群体中以睡个安稳觉，父亲从下午开始就不再饮水。晚上父亲睡觉的时候打呼噜，她就会轻轻起来帮父亲翻身，这些早已经成了卫群日常生活中再普通不过的活儿。

卫群家的厨房里总有两瓶散装的辣酱，父女俩每天的饭就是面条辣酱，米饭辣酱，每次问起她为什么总要吃辣酱，卫群总是说自己喜欢吃，卫群从来没有买过一次零食，哪怕就是一根冰棍儿，因为她要攒钱来为父亲买药。

卫群学习刻苦、认真，几乎年年考试都是全年级第一名，她想长大考取医学院来给父亲和更多的人治病；她喜欢毛绒玩具，有空的时候就抱着那只惟一的玩具兔“过家家”，因为这才是11岁的她童真的表达；她不仅喜欢画画，而且舞跳得棒，是校舞蹈队的主力队员，卫群品学兼优、心地善良，经常帮助同学补习功课，同学们都喜欢和她“玩”，她也成为了同学们信服的“大班长”。

小卫群每天的生活依然紧张万里忙碌，在好心人和卫群细心照顾下，爸爸的病情也有了好转，不仅能自己站起来慢慢行走，还能帮助女儿干些力所能及的事。

供稿：唐山市文明办

韩敬远

韩敬远，男，1956年6月出生，中共党员，中国东方集团控股有限公司（香港上市公司）董事局主席兼行政总裁、河北津西钢铁股份有限公司董事长、中国钢铁工业协会常务理事、河北省企业家协会副会长、唐山市慈善协会副会长。

1992年，韩敬远接任津西铁厂厂长后，大胆改革创新，带领公司员工，经过十六年的拼搏奋斗，使津西从一个年产14万吨生铁、利税几百万元的小铁厂发展成为集采矿、烧结、炼铁、炼钢、轧钢、发电为一体，年产钢、铁各500万吨、利税超过16亿元的大型钢铁联合企业。总资产也由建厂初期的4200万元发展到2006年的72.6亿元。2006年5月5日，世界一流、全国最大最先进的H型钢生产线成功试产，进一步增强了企业产品的核心竞争力。截止到2006年，企业累计上缴国家税金26亿元。直接安排劳动岗位8000个，吸收接纳原国有县阀门厂、链条厂、水泥厂等破产倒闭企业下岗职工重新就业近2000人。同时，津西的发展带动了县域经济中铁矿采选业、运输业和服务业的发展，为提高群众生活水平作出了重要贡献。

2004年，国内钢铁市场全面下滑。很多人建议他投资境外利润率颇丰的房地产、旅游等产业项目，都被他一一婉拒。在他的坚持和努力下，上市资金全部投资到津西的引进先进设备，调优产品结构，扩大循环经济，改善员工的生产生活条件项目上，实现了他产业报国、实业兴邦的理想和追求。

自1992年以来的20多年中，韩敬远在津西建设奖金十分紧张的情况下，累计助教济困捐款近3000万元，用“爱心行动”履行着神圣的社会职责，在当地人民群众中树起了“口碑”。几年来，韩敬远先后获得了“中国改革十大新闻人物”、“中国优秀创业企业家”、“中国诚信优秀企业家”、“中国品牌建设十大杰出功勋人物”等多项荣誉和称号，并在2007年1月9日，被授予“中华慈善事业突出贡献奖”和“中华慈善人物”光荣称号。

供稿：唐山市文明办

臧岚

臧岚，女，62岁，中共党员，路北区缸窑街道高各庄社区居民。

2002年社区居民王秀琴得了肺癌，在晚期就一直住在家里，她发病的时候，在床上来回翻滚，老伴只能拉着她的手说“忍忍吧、忍忍吧！”。臧岚得知后，就跑去帮忙照顾，因为她30年一直从事厂医工作，有丰富的临床经验，所以就做起了王秀琴的专职护士，每天两次为她输液打针，减轻她的痛苦，有时，家里做好吃的饭菜时，就拿过去。在王秀琴弥留之际，她几乎天天陪伴，用无私的爱心，伴着王秀琴走完了人生最后一段路。同时这件事也启发了她，决定在自己的有生之年，利用自己的医术为居民服务，于是就自购了一些医疗器械和急救药品，坚持为社区居民进行义诊，无论白天黑夜，随叫随到。对社区的残疾人就主动上门看病，碰到生活困难的群众就经常免费送去药品。五年来，她累计为居民义诊2000多人次，服务时间1500小时以上。2005年，在社区开展的“一帮一”活动中她主动与社区低保户居民李和平结成了帮扶对子，李和平孤身一人并身患残疾，不管是在经济上还是生活中，她总是能帮一点就帮一点。社区居民郭凤勇是残疾人，2005年在社区的帮助下结了婚，婚后健康的妻子生下一名女婴，因为郭凤勇行动不便，她就给孩子买去了衣物、奶粉，给大人买来鸡蛋等补养品，并为母女进行了体检，教给小夫妻如何护理孩子。在2006年街道开展的“助老一家亲”活动中，她又和87岁的孤老户陈素樵结为帮扶对子。现在她的帮扶对子已有10人。几年来，臧岚累计向慈善单位、困难群体捐款5000余元。

供稿：唐山市文明办

张国华

张国华，52岁，中共党员，迁西县胡子工贸有限公司董事长兼总经理。全国先进个体劳动者、迁西县个体私营协会副会长、洒河桥铁门关工作指导站站长。

上世纪八十年代初，张国华在家乡铁门关开了一家小卖部，商店门口竖起了一块“货物出门，退换都行”的告示，加之他不辞辛苦地送货上门，赢得了顾客，也赢得了信誉。1983年，他四处奔波、积极倡导，在喜峰口85名个体经营者积极响应下，占老的铁门关挂牌成立了我省第一个“无假冒商品一条街”，走在了全省乃至全国的先列。会员联合向社会发出倡议和承诺：不进假、不售假、不赚黑心钱，店店实行“信誉卡”，设立“监督台”和举报电话。关里关外的群众高兴而来，满意而去，张国华也赢得了关里关外方圆近百里乡亲们的信任和拥戴。

2006年6月,针对迁西板栗销售掺杂使假的现象,张国华以胡子工贸有限公司为依托，在当地成立了河北省第一个板栗专业合作社——喜峰口板栗合作社。该社是在家庭承包经营的基础上，由从事板栗生产加工销售的栗农依据民主自愿的原则组织起来的互助性经济组织。多年来的诚实守信使张国华赢取了栗农们广泛的信任，现在该社有社员110名，注册资金1000万元。板栗合作社制订了严格规范的章程：不管是内销还是外销，都要以诚信为企业经销根本，所生产的“胡子”板栗必须是绿色无公害的。施肥是农家肥，防虫施行生物防治，销售时严防一粒外地板栗进入。为确保“胡子”板栗的绿色品牌，坚决杜绝搀杂使假现象发生，合作社不惜成立了40多人的小分队为栗农实施科学的绿色树上树下管理。板栗合作社让入社栗农得到了实惠：每斤板栗增收5角钱，户均增收1900元。

为缅怀喜峰口长城抗战的英烈，更好地教育后人，致富后的张国华还以满腔豪情投资3000多万元建设喜峰口爱国主义教育基地，受到了当地群众的广泛称赞。

供稿：唐山市文明办

杨晓东

杨晓东，男，34岁，滦南县南堡镇廒上村渔民。

4月9日傍晚，渤海海域突然刮起了大风，海浪高达三四米。滦南县南堡镇渔民杨岐双的冀滦渔3229号渔船在行驶至曹妃甸东南方向约六海里处时，船帮漏水，船舱进水。船主杨岐双立即组织船员打开水泵排水。由于风大浪高，排水泵根本无济于事，积水越来越多，船体开始倾斜，下沉。杨岐双一边命令工人向海里抛弃所有渔具以减轻船的载重量，一边用对讲机发出了求救信号，同时派人找来柴油点火求救。22时17分左右，滦南县南堡镇廒上村渔民杨晓东驾驶的冀滦渔3758号渔船正在驶往曹妃甸港避风。听到了呼救声。杨晓东立即回话："天黑浪大，你们要紧紧抓住船上救生设备，等着我们……"杨晓东来不及多想，立即用雷达探清了杨岐双的渔船所在位置，并率领船上的6名船员快速驶向出事海域。在距出事地点还有三海里的时候，杨晓东看见前方有一束微弱的光亮。他命令船员以最快的速度向闪光处靠拢。然而，在距离出事地点还有1海里的时候，火光突然熄灭了。杨晓东与杨岐双的渔船失去了联系。此时，杨晓东只能凭借多年的出海经验，利用搜索灯进行搜索。就在渔船马上快要沉没，船上渔民已有两名落水的时候，杨晓东的渔船停在了距离遇险船尾十来米的地方。危难时刻，杨晓东决定先救起落水船员，他命令船员把船停在离落水船员六七米的距离，让工人们赶紧往下抛绳子，等落水者抓住绳子后大家再用力把他们拉上来。这样两名落水船员首先获救。船不停地左摇右摆，人站在船舷上，稍有不慎就会落水。杨晓东驾着船在风中摇晃着，他命令们船员向杨岐双等5名遇险船员扔缆绳。就这样，杨晓东一边掌舵，一边指挥抛缆绳救人。

经过半个多小时的全力营救，终于将七名遇险船员全部营救到自己的船上，遇险船只随之沉没。杨晓东见义勇为的事迹在家乡传为美谈。

供稿：唐山市文明办

常晓英

常晓英，女，1954年10月生人，中共党员，中专学历，主管护师，现为开滦医院门诊注射室护士长。

30多年来，她坚持义务照顾康复村46名震后残疾人。截瘫病人最怕得褥疮，也最容易得褥疮。康复村有十几名村民患有褥疮，常晓英用自己的钱买来远红外线烤灯和药品，免费为他们治疗。患有白内障双目失明的王秀珍老人，疮口有碗口那么大，掀开被子，一股腐烂的恶臭味直呛鼻子，老人很难为情，常晓英每天坚持为她换药，用烤灯照射，一干就是大半年。康复村的许多村民，因下肢瘫痪大小便失禁，导致泌尿系感染，需膀胱造漏及膀胱冲洗。常晓英每天坚持为他们冲洗膀胱，从不怕脏不怕累。好多村民因大小便失禁，经常拉尿裤子和被褥，常晓英就为他们清洗干净。特别是在冬天，天气寒冷，洗晒不及时，常晓英就用自己的钱买来布料和棉花，为他们多做些棉裤和被褥，以方便换洗。有老人过逝，她一定会到床前，为死者洗脸、洗手、洗脚。村长杨长禄患糖尿病10多年，由于行动不方便，有病硬"扛"着，就靠在药店买些药吃。常晓英得知后，第二天一大早就赶到地震康复村，给杨村长验尿、抽血。后来又利用双休日的时间，推着他去医院做了全面检查。三伏天，常晓英给发高烧的白荣珍输液，看到白荣珍打冷战，常晓英就关了电风扇和门窗。屋里热得赛过蒸笼，等常晓英陪白荣珍输完液，常晓英已经变成了"水人"。刘印江得了前列腺炎，输了半个月的液体，常晓英每天晚上下班后，骑着自行车到地震康复村，天天盯着3瓶液体输到夜里十一二点，然后再由爱人接她回家。

常晓英的父亲患肺癌住院几个月，她瞒着这一切，照例不误照顾康复村的病人，每天往返于康复村和父亲之间。7月份，父亲去世，她料理完后事，又来到康复村……

30多年来，常晓英热心公益事业传为美谈。

供稿：唐山市文明办

辛久兰

辛久兰，女，56岁，遵化市西三里乡邢庄子村普通村民。

董桂珍老人今年92岁，是军烈属，唯一的儿子在抗日战争中牺牲，老伴儿也在1984年去世，剩下老人独自生活，孤苦无依。村干部多次送老人去敬老院，但是她就是不肯去。从那时起，相邻的辛久兰每天都要过去看看，为大娘做些家务。随着年龄的增长，老人的身子骨越来越差，辛久兰在争得丈夫的同意后，毅然把老人接过来和自己一起生活。

把大娘接来之前，辛久兰也知道大娘有许多怪脾气，并且做好了充分的思想准备，然而，真的生活在一起的时候，好多问题还是出乎了辛久兰的预料。董大娘过去是大户人家的女儿，生活中沿袭了吃饭必须上座、洗脚时屋内不能有人等许多老规矩，如果违背了这些规矩，老人就要发脾气。对于这些，辛久兰努力适应，还要求孩子们也要顺从、迁就，不能与老人发生摩擦和纠纷。

大娘每天晚上都要去村委会看电视，后来，村里把电视卖掉了，大娘就像丢了魂。看到老人整天没精打采的样子，辛久兰硬是花掉家里仅有的700元钱买了一台17寸黑白电视机，从此家里多了一件唯一的奢侈品。有了电视，大娘高兴了，可麻烦也接踵而至。辛久兰的两个孩子正值幼年，经常为看哪个台跟老人发生摩擦。有一次，二儿子和老人发生争执，辛久兰不由分说，把孩子拉到屋外就是一巴掌。渐渐地，孩子们明白了母亲的良苦用心，也开始处处孝顺老人。

2004年夏天，老人不小心摔断了腿，辛久兰多次送老人到医院治疗。由于长期卧床，老人大便困难，辛久兰就跪在床头，用手指一点儿一点儿地往外抠。在她的悉心照料下，老人只用了三个多月就奇迹般地下地走路了，而且没落下一点毛病。如今，耄耋之年的董桂珍老人在辛久兰的照顾下，身体状况很好，仍然坚持每天遛弯，老人逢人就说："还是新社会好啊，久兰待我比亲闺女都亲！"

供稿：唐山市文明办

贾金

贾金，男，56岁，中共党员，现任乐亭县特教学校校长。十年来，贾金热爱本职、敬业爱岗。为了学校工作，多年来他没有休过一个完整的节假日。常年超常的强体力劳动和没有时间休息、治疗，使他的糖尿病日益恶化，全身浮肿，浑身无力，几次医生坚持让他住院接受治疗，他总是悄悄地将住院通知书装进口袋，第二天照样工作。几年来，他通过各种途径和助残日等活动契机，先后筹集建校资金50万元。为了使全县的残疾儿童能够接受良好的教育，全县600多个自然村少的他跑了3遍，多的跑了5遍，使全县残疾儿童入学率达到了98%以上；此外，他还通过办校办企业、商店等途径，筹措资金10多万元，减免了全部学生的学杂费、住宿费和部分学生的生活费；从上级残联部门争取名额，先后免费为16名聋哑学生解决了助听器；自己先后出资2600元为学生购买衣物和生活用品。

在贾金的带领下，学校教育教学成绩显著，2003年，学生陈丽艳等代表唐山市参加河北省残疾人奥运会，取得一金二银，并打破一、二百米省残奥会纪录。先后有18名学生走上了工作岗位，有20多名学生走向了自我创业的道路，其中学生孙杰被评为省级创业名星。

供稿：唐山市文明办

申 敏

申敏，固安县宫村镇西宫村农民。十年来，申敏夫妇先后收养6名被遗弃的残疾儿童，为抚养、救治6个孩子，夫妇二人花光了所有积蓄，还背负了许多外债，但他们用超越血缘的亲情，为孩子们营造一个幸福而完整的家。

浓雾下的马路弃婴

1998年10月31日清晨，正在读初中的申敏的女儿申大“咚”的一声将门撞开，“妈妈，村东有个小娃娃，快冻死了！”“赶快弄回家吧。”李凤月对老伴说。申敏穿衣下床，抱着被子连袜子都没顾得上穿，蹬上三轮车向村东飞奔而去，来到旭日酒家马路边，申敏抱起婴儿，孩子冻得浑身黑紫，奄奄一息……

申敏将孩子抱回家，把孩子放到热炕头，用灌满热水的输液瓶给孩子焐着……夫妇俩整整守了一天一宿，直到孩子睁开眼吃了第一口奶。

申敏对老伴说：“你怕受累吗？”“不怕！我看着，来看孩子的都不是为了孩子，都是为了自己。这孩子贵贱不送人，我们就留下他吧。”孩子起了名叫申博学。

从派出所抱回第二个孩子

1999年11月11日，李凤月与申敏听说派出所有一个先天唇腭裂没人要的婴儿。夫妻俩直奔派出所，说明来意后，派出所民警将孩子交给申敏夫妇。

夫妇俩抱着孩子匆匆往家赶，走到家门口，推了推门没开。原来，12岁的美涛听说父母又去领养弃婴，哭闹着不上学，还把门插上了。“再养一个你们还能活吗？难道你们不要自己亲生孩子了吗！”美涛喊着。申敏、李凤月百般哄劝，美涛就是不开门，最后，还是姥姥把门打开了。申敏给他起名“申博文”。

第三个唇腭裂的孩子

2002年6月5日晚11时许，申敏家电话铃声突然响起。原来一名村民在家门口发现一个唇腭裂男婴，这家人知道申敏夫妇好心肠，打来了电话。

第三个孩子取名“申博才”，因为是马年捡的，后改名“申骏杰”。

从此，申敏开始为三个孩子的手术踏上漫漫的求医之路。

“透明男孩”情动北京

在申敏收养的6个孤儿中，老四申骏涛能够存活下来可以说是万幸。骏涛的残疾很特殊。他患有先天性腹肌缺损，医学上称脐膨出，就是肚子上没有皮肤，只有一层薄薄的膜，能看见内脏，被称为“透明男孩”。

2002年7月24日，已经收养了3个孤残儿的申敏正在筹备为老三申骏杰做唇腭裂手术，宫村镇派出所的同志来到申敏家，说派出所有个弃婴，请他到派出所看一看。

在派出所，一位负责同志介绍，这个男婴被遗弃后，几经转手被人送到这里。申敏发现婴儿的内脏露在外面，情况非常危急，“赶紧送医院抢救！”职业的敏感使申敏来不及多想，抱起婴儿赶到固安县中医医院、固安县人民医院。因病例罕见，两家医院都不敢接收。

申敏与女儿抱着孩子打车直接奔北京儿童医院，接诊大夫说手术需要一万元住院押金，而且这种手术死亡率相当高。

“他来到这个世界上，就有活下去的权利！再难也得救他！”申敏说，然而，已经收养了3个孤儿，又供自家的3个孩子上学，家里光外债就有四万多，实在拿不出钱来了。全家人一筹莫展，亲朋都已借遍，再没有可借的地方。孩子不及时救治，随时都有生命危险。申敏夫妇一夜未眠，守着这随时可能消失的小生命。

2002年 8 月1日小骏涛生命垂危急需救助的消息在《北京您早》栏目中播出，同时，申敏中午到电视台门口接受社会各界现场募捐。爱心捐款箱前，不到一个小时，就捐了5.9万元。申敏激动得淌下热泪。小骏涛的救命钱终于有了着落。

骏涛住院期间，申敏就睡在医院门口，为的是保证随叫随到，还能省下钱来为孩子买些营养品。申敏风餐露宿的日子一直坚持到小骏涛出院，整整

27个日夜。

经过4年的精心护理，2006年8月，申敏带小骏涛来到北京儿童医院成功做了第二次手术。小骏涛皮肤下多了一层肌肉保护，终于告别提心吊胆的日子，像别的孩子一样了。小骏涛是幸运的，是恩重如山的父亲、母亲、社会上诸多的好心人把他从死亡线上拉了回来。

供稿：廊坊市文明办

整理：陈东 邵凤霞

王培胜

王培胜，男，1963年出生，中共党员，高中文化，现为香河县淑阳镇计生办副主任。

1986年，王培胜在廊坊眼科医院，遇到了双目失明、驼背达九十度的老人陈金城，看到老人无人照料，生活完全不能自理，王培胜主动承担起护理的责任。一年以后，陈金城的眼睛彻底失去了复明的希望，决定出院回家，王培胜跟老人来到了香河。

1988年王培胜与郭万华结婚后仍旧在香河继续照顾陈金城，就这样这个特殊的家庭开始了新的生活。婚后的王培胜夫妻一起来到了香河，住进了那两间低矮的小屋。为了生存，陈金城托人给王培胜找了份工作：到水泥厂做包装工，就是把水泥装袋，车间里烟尘四起，不仅脏，而且累，下班回家，话都不想说，但是，每当他看到陈金城依然坚持伏案写作，就会把劳累忘得一干二净。因为看不见，陈金城写字经常串行，王培胜就照着稿纸的格子刻了一块铝板，扑在纸上，让陈金城摩着格子写。

陈金城的两间小屋占用的是别人的院子，王培胜夫妻的到来，让房东增加了忧患，唯恐日后麻烦，就找出种种借口催他们搬家，无奈，三口子只好离开小屋，搬出县城，租了三间破土房，每月租金三十元；当时陈金城的月工资是六十元，租房去了一半。为了贴补生活，郭万华不得不带着身孕到街头卖服装。收摊回来，还要做饭、洗衣，或者帮陈金城誊写稿子。邻居们问她：“你们两口子到底图个啥呢？”万华说：“陈老师房无一间地无一垅，要说图，就图他能有个幸福的晚年。”

水泥厂的领导了解了王培胜之后，也向他提出疑问：“你在廊坊好歹找个工作就比这强，干嘛非到这儿受这份罪！”确实，不少人把王培胜夫妻看成了另类，对他们的行为不能理解。与此相反，廊坊市市长知道了这件事，指示残联予以关注。王培胜的事迹很快上报到省，王培胜的形象顿时出现在千家万户的电视屏幕上，特殊家庭的美誉不胫而走，妇儒皆知。1990年底王培胜被评为扶残助残先进个人，参加了河北省的表彰大会；1991年5月，王培胜作为助残先进个人，参加了全国首届自强模范及助残先进集体、个人表彰大会，受到了党和国家领导人江泽民、李鹏、乔石、李瑞环等的亲切接见，并在一起合影留念。

事情的发展引起了县委书记的极大关注，亲自登门造访，问暖嘘寒，帮王培胜夫妻和他们的小女儿把户口落入香河。1993年底，县委书记再次走访特殊家庭，撞了大锁，一打听才知道是搬了家，几经周折方才找到，谈话中得知：这个家庭已经先后搬了五次家。事后，书记亲自牵头，张罗着帮他们盖起了新房，自此，特殊家庭在香河有了落脚之地。王培胜入了党，还被安排到淑阳镇政府上班。

陈金城老人失明后始终没有停止他的写作，1995年他一口气写出了两本书：《作文三步走》和《幼儿话法》，这下可忙坏了王培胜夫妻，因为陈金城的稿子必须经过誊写，不然没法排版；两部书稿大约六万余字，他们除去忙工作、忙家务，就是忙誊写。为解决陈金城的的写字难，2000年，王培胜夫妻商量着买来一台带有语音功能的电脑，以便让陈金城自己打字。经过一番苦练，终因很难操纵，以失败告终。后来，听说清华大学自动化系的老教授茅宇航专门为盲人研究出一种打字软件，他们当即买回一个安装在电脑上，而后由小孙女王楠手把手教爷爷打字。先进的高科技手段一旦被陈金城掌握，多年积蓄在他脑子里的宝藏一下子喷涌而出，先后打出五本书稿，两部戏曲剧本和四部电视剧文学脚本，不下百万字。

王培胜的女儿王楠，在陈金城身边长大，深

受爷爷宠爱，尽管她和爷爷没有血缘关系，却比真正的祖孙还亲，爸妈给她买好吃的，她自己不吃，先得让爷爷吃；爷爷有个头疼脑热，她比爸妈都着急，一个劲儿催着爸妈去找医生或者买药；有高兴的事，她第一个先得告诉爷爷，有烦心的事，她总要说给爷爷听，有时还要在爷爷跟前掉几滴眼泪。

王培胜同志以及家人20年如一日，用一颗爱心、一腔正气、一片热肠谱写了一曲动人的颂歌，人民日报、中国青年报、河北电视台、北京电视台、天津电视台等新闻媒体先后刊播了他们的先进事迹；2006年，《廊坊日报》以《搭起幸福的“三姓之家”》为题，连续报道了他们的先进事迹。2007年1月，被廊坊市文明办授予“廊坊十大爱心人物”荣誉称号。

供稿：廊坊市文明办

整理：陈东 邵凤霞

张胜利

张胜利，现年50岁，中共党员，涞源县下北头乡白石口村支部书记兼村主任，自1997年当选为村支书，他不负众望，带领群众修路治水、封山造林、兴办农家游，大力发展村办集体经济，创出了一条共同致富的道路，使白石口村由乱到治，成为了全县的红旗村。尤其是他自己出资在白石口村创办的福利企业，不仅收养了村里的孤寡残疾人，而且还面向全县进行集中供养，并在河北省创造了村办福利社建设规模、入住人数、发展模式三个第一。2006年度张胜利同志在全国敬老爱老助老主题教育活动中荣获“中华孝亲敬老楷模提名奖”，同时荣获保定2006年“鑫和•奥林匹亚花园杯”十大孝子的光荣称号。2007年度荣获“保定市劳动模范”称号，并被评为保定市和河北省优秀共产党员。

一、发展经济脱贫致富

张胜利出生在一个贫困的山区农民家庭，父母土里刨食，养活着同父异母的弟兄两个、爷爷、奶奶以及五爷爷和远房姨姑，生活非常艰难。1985年，被贫困压得透不过气来的张胜利借钱跑起了运输，生活逐渐富裕了起来。经过不断努力，他成为了白石口村的“大款”。当时白石口村人均不足一亩耕地，而且都是瘠薄的砂石土质，多年来村民饱受贫困之苦，他是看在眼里，痛在心上。1997年张胜利上任村支书，他深知乡亲们给予自己的是信任和权利，决不能辜负了他们的期望，立志要彻底改变村里的穷困面貌。首先带领其他干部利用广阔的山场面积和丰富的铁矿资源，大力发展村办集体经济和个体矿业。经过不懈的努力，1997年几家外商逐渐来到白石口村进行投资，总投资达1000万元。与此同时还大力发展荒山造林和养殖业。依托白石山风景区大力发展旅游业，鼓励村民开办农家游和农家院。这样村民有活干了，村集体经济也得到了很大的发展，村年收入30多万元，村民人均收入2000多元。全体村民走上了共同富裕的道路。

二、致富思源养老助残

一件触目惊心的事，让他骨子里的东西得到迸发。在一个寒冷的夜晚，他闻讯来到白石口村风凉口沟一个叫石金发的哑巴家里，望着石金发僵硬而又佝偻的尸体，望着那死了好几天还张着的嘴，作为村党支部书记的他感到非常内疚。当时由于近亲结婚、因病救治不及时致残的残疾人有67人，占全村总人口的6%还多。普通家庭的经济发展了，自己的生活富裕了，身弱病残、丧失劳动能力的这些人怎么办？怎样才能让他们饿了有饭吃，病了有医看？难道就眼睁睁的看到这些人不管不问吗？这些问题一直困扰着他。最后经过与村干部的反复研究和仔细商量决定在村里建福利社，来收留村里这些无依无靠的孤残老人，使他们有自己温暖的家，过正常人的生活。1997年秋张胜利被选任村主任，在他的倡议下以集体的名义建起了13间房的福利社，收留了村里的六位孤残老人。

2001年，由于县里的运输业不景气，而福利社花销依旧，张胜利的收入一下子减少了许多，开始入不敷出，当年他欠下了2万多元的债务，张胜利承受着巨大的压力。就在这个节骨眼儿上，一个个突如其来的打击接踵而至：村里出现了不和谐声音：“办福利社是为了逃税”，“招待费太高了”等。在一次选举村主任的激烈竞争中，他落选了。为了回避矛盾，不影响村里的整体工作，他辞去了党支部书记的职务。可是，以村集体名义办起的福利社怎么办?村集体没收入，肯定养不起这些老人。张胜利不愿看到才过上不到几天好日子的孤残人再受罪，毅然决定自己承包福利社，并开始创办福利企业。

三、探索路子集中供养

福利企业在张胜利的苦心经营下，积累了一些资金，该企业供养本村的残疾人已经是绰绰有余。这时候没有读过几年书的他就想，其他村肯定也有孤寡残疾人，为何不把他们也接来一起供养，这样不仅让那些孤寡残疾人能颐养天年，还可以为党和政府分忧解难。2003年他以县人大代表的身份与县残联先后到王安镇、下北头、南马庄、东团堡乡对特困残疾人进行了走访调查，结果发现确实还有很多生活不能自理的孤寡残疾人，于是他决定面向全县进行救助。

马庄乡古道村的一家三口，母亲82岁丧失了劳动能力，两个儿子聋哑残疾；上庄乡南阳峪村的盲人夫妻俩；金家井乡孙家庄村的孙常友因小儿麻痹造成肢体残疾，现年57岁。这些残疾人听说白石口有个福利社就纷纷而至，来到这里落脚。福利社不但收留了他们，而且给了他们家一样的温暖。孙常友等逢人就说，要是没有福利社，他们不敢想能不能活到今天。南阳峪的村干部恳切地说："福利社收留了他们，不但能让他们过上好日子，还给我们村干部解决了难题，真是感谢你们呀。"他发现有些残疾人家庭的子女考上大专院校后，由于家境贫困而上不起学，于是他出钱资助了10名考上大专院校的贫困残疾人子女。

在对全县贫困残疾人救助的过程中，该福利社原有的基础设施已经不能满足广大残疾人的需求，怎么办？张胜利与县残联的研究，决定对其进行扩建。2004年下半年开始平整土地，设计建筑结构。2005年开始施工，总投资75万元，整个工程于2005年11月竣工并投入使用。全部按着残疾人生活的相关规定安装了无障碍设施，康复中心安装上了中残联配置的康复器材。到现在接受全县鳏寡孤独90多人，其中养老送终14人，在福利社常住73人。

基础设施解决了，但如何才能使福利社发展下去，让更多的残疾人看到希望，这一很严肃的问题摆在了白石口村支部书记张胜利的面前。最后经过研究决定兴建一个综合养殖场，用养殖场的利润来支持福利社的费用。这样既能让有劳动能力的残疾人就业，又能供养福利社里丧失劳动能力的残疾人。2005年11月底他开始建设起了综合养殖场，总投资88万元，养殖规模达到了年存栏1000余头的中型养殖场，现有种猪50头、肉猪150头、波尔山羊30只，预计年纯收入10万多元。白石口福利社走出了一条集中供养和就业相结合的模式。

扶残助残既体现了中华民族助人为乐、扶贫济弱的传统美德，也是构建社会主义和谐社会的时代要求。既是中华民族爱施善予的集中表现，也是践行"三个代表"的具体表现。张胜利用自己的实际行动谱写了一曲新时期一名共产党人的赞歌。

供稿：保定市文明办

国 宝 莲

国宝莲，女，35岁，雄县坤保养殖公司董事长。十几年的打拼亲手创办了"康德公司"和"坤保公司"并获得巨大成功。发展起来的国宝莲，秉承助人为乐的传统美德，热心公益事业。近十年来，积极投身"春蕾计划"、"希望工程"等助学活动。先后救助贫困女童近300人，残疾儿童30人，资助28名贫困大学生完成学业；关心支持政府工作，从抗非典到创建文明生态村，到打造京南近海强市名城，支持乡村建设20万元；帮扶乡里，带动周边群众共同发展，用高出别人几倍甚至十几倍的价格收购当地群众的农产品。几年来，共为当地捐款捐物达60多万元。她的事迹先后被国家、省、市十几家媒体报道。被评为全国"双学双比"女能手、全国科技星火带头人；河北省"双学双比"女能手，保定市"三八"红旗手。2007年，荣获"世界妇女高峰农村妇女新生活创造奖"。

供稿：保定市文明办

李春敏

李春敏，女，1940年4月生，保定第五运输公司退休职工。20多年来，她坚定全心全意为人民服务的宗旨，把帮助他人作为自己的乐趣，帮助了许多素不相识的人。1987年6月，顺平杨家台村妇女不慎摔坏了脚，她帮助安排住宿、疗伤直至痊愈回家。1988年7月，她在为儿子陪床时，捐献日常用品帮助了同室困难的唐县病友。退休后，她当上了北市区第一批共产党员志愿者，2005年4月，72岁的耿亚丽老人胳膊骨折，她自觉承担了老人的所有家务。2007年7月，她和其他志愿者一道，为社区行动不便的老人们拆了被褥，又为一对打工夫妇捐款600元，帮助他们三胞胎女儿治病求医。她被誉为老弱病残和困难群众的知心朋友。

供稿：保定市文明办

王子昌

王子昌，男，现年61岁，曾任安国市西伏落乡技术员，于今年1月退休。自1994年至今，他先后收养了15个弃婴。这些婴儿都是因有着各种疾病或生理缺陷而被亲生父母抛弃的。从收养第一个残疾弃婴至今14年的时间里，王子昌同志和老伴为了抚养这些孩子日夜操劳，竭尽家中所有，把微薄的收入奉献给了弃婴，唯一电器是用来洗小孩衣物和尿布的洗衣机，贵重的交通工具是为了送孩子去医院看病用的一辆农用三轮车。每天晚上，他和老伴一夜几回给孩子喂奶喂药。有时，女儿、儿媳、小孙女全家总动员一起来哄孩子。他缺钱，为了填补家用，抚养这些婴儿，除耕种好家里的8亩耕地外，还与老伴起早贪黑养了猪、鸡、鹅，使一个个残疾弃婴幸福成长。

供稿：保定市文明办

申祥瑞

申祥瑞，男，现年74岁，望都县退休干部，中共党员。1951年参军，1981年由部队转业，先后担任省皮肤病防治院副院长、望都县妇幼保健站站长、县老干部局副局长等职务。20多年来他凭借自幼随父学习的祖传医术加之自己多年勤奋学习、研究实践，在治疗扁桃体炎、口腔溃疡、腹泻等常见病、多发病方面的独到之处，始终如一地坚持义务为百姓和光荣院老人治病送药，共诊治病人137198人次，无偿舍药31763份，徒步义诊行程3.5万公里，深受广大群众赞扬。曾出席河北省军转干部双先会；四次荣获保定地区优秀共产党员称号；四次荣获河北省优秀共产党员称号；荣获全国卫生文明先进工作者称号；退休后两次荣获河北省离退休干部老有所为先进个人称号；共接受省市县表彰28次。

供稿：保定市文明办

张斌山

张斌山，男，68岁，中共党员，阜平县人民检察院退休干部。他心系群众，特别是困难群众、孤寡老人、老党员，多次伸出无私帮助的手。给大沙河污染事件中的一线干部群众捐赠5万元，给涞源县白石口敬老院捐赠3万元，资助多名贫困学生，多次在春节前给贫困百姓买米买面、送衣送被，出资6万元邀请国家级、省级演职人员到阜平县举办元旦专场晚会，丰富了当地群众的文化生活。近几年来，他为社会各界捐款、捐物达160多万元。多次被评为省、市级劳动模范，两次荣获省检查系统二等功。

供稿：保定市文明办

王星焱

王星焱，男，34岁，河北保定罐头厂工人。他发起“听王叔叔讲那最好听的故事”活动，先后在公园给孩子们讲故事，建立讲故事的博客、网站，申请视频网络聊天室，在广播电台开办了讲故事栏目，在孩子们心中播下了文明的种子，以实际行动促进了未成年人思想道德教育工作。同时，带动了不少保定的大学生和社会各界爱心人士加入到讲故事义工的行列。这一行为得到社会各界和媒体的关注，多家媒体对他进行了专访，引起了强烈的社会反响。

供稿：保定市文明办

郭娜

郭娜，女，26岁，中共党员，保定交通运输集团保定汽车总站郭娜陆地航空班班长。她刻苦钻研业务知识，不断创新工作，推出了“航空式标准、零距离服务”的航空式服务品牌。采取“一看、二笑、三听、四做”的服务方法，努力做到“五个对待”，即：对待老人照顾多一些、对待孩子关爱多一些、对待残疾旅客关心多一些、对待外国友人热心多一些、对待农民工方便多一些，用“微笑、耐心、热心、真诚”的服务，赢得了广大顾客的认可和称赞。曾被评为保定市劳动模范、保定市新长征突击手、保定市新型劳动者、保定市优化环境先进个人、河北省交通系统优秀女职工。

供稿：保定市文明办

贾彦舶

贾彦舶，男，17岁，共青团员，涞源县第一中学高二学生，担任校团委高二团总支书记。他在校期间，认真学习，努力工作，积极参与组织全校学生“八荣八耻”的学习。2006年10月，利用个人平日的积蓄600元钱，通过校团委，资助了三名家庭困难的学生。同年11月，向学校提出了“日节一分、心系他人”的想法，策划组织成了“一分钱基金会”，截至目前，共资助贫困学生960名，有效保证了这些学生顺利完成学业。由于品学兼优，多次被市、县评为优秀团干部和“三好学生”。

供稿：保定市文明办

蔡新华

蔡新华，女，54岁，康泽园社区居民。结婚近30年来，侍奉婆婆，相夫教子，是大家公认的好媳妇。1979年结婚后，就把婆婆当成自己的亲生母亲来对待，每次和婆婆说话总是先叫“妈”，出门时都告诉婆婆地方和时间，回到家，先打招呼。吃饭时，先给婆婆盛上，双手递给老人。1995年，婆婆患了脑血栓，丈夫身体不大好，照顾老人的担子大部分落到她一个人身上，除了每天坚持给婆婆洗脚外，经常擦身洗头。后来，老人因年纪大，病情加重，瘫痪在床，大小便失禁，近10年里，为婆婆接屎端尿，从没嫌过脏，怕过累。婆婆身体虚弱，生活上总是变着花样做，哄着婆婆多吃点，多年来，没让婆婆吃过一次剩菜。婆婆在新华的照料下，直到87岁高龄才离开人世。

供稿：保定市文明办

辛香荣

辛香荣，女，1945年生，清苑县大庄镇黎沟村民，结婚几十年，她照顾瘫痪的婆婆，在十里八乡传为佳话。1998年夏，90多岁的婆婆不慎摔倒，胯被摔坏，瘫痪在床，生活不能自理，辛香荣默默挑起侍候老人的重担，这一挑就是9年。老人瘫痪在床，大小便经常拉在衣服、被褥上，她从未嫌弃，每次都及时找来干净的衣、被给老人换上。为了缓解老人病痛，她四处请教学会了按摩，天天给婆婆捏拿双腿，她的手麻了，背酸了，腰肌劳损了，婆婆的病情在她的悉心照顾下奇迹般地好转，能坐起来了。她深知愉快的心情对老人多么重要，经常讲笑话逗老人开心。老人爱凑热闹，她就买来三轮车推着老人到外边转弯。她自编快板、数来宝等秧歌曲100多首，宣传尊老爱幼、计划生育等，在她的带动下，大家争着孝敬老人，全村尊老敬老蔚然成风。

供稿：保定市文明办

王振江

王振江，男，81岁，中共党员，保定供电局离休干部。1989年，一直跟着王振江夫妻生活的岳母由于脑血栓，失去了活动能力。从此，王振江和妻子就挑起了照顾卧床不起的岳母的重担。他和妻子坚持每天给老人洗脸，及时更换尿布、被褥，翻身、擦身，老人从没有得过痔疮。王振江还经常给老人讲笑话，使他内心感到无比高兴、快乐和欣慰。在他和妻子9年如一日尽心尽力，不怕辛苦照顾下，岳母身体状况很好，即将迎来百年大寿。从王振江身上体现了中华民族传统美德——百善孝为先，确实难能可贵。2004年以来，先后被评为供电公司优秀党员、社区星级文明家庭、新世纪社区文明个人。

供稿：保定市文明办

阴艳池

阴艳池，女，44岁，容城县东牛村人。她数年如一日无微不至地照顾生病的婆婆，用孝心谱写出一曲爱的赞歌。2002年，面对由于突发脑出血成为植物人的婆婆，她坚信婆婆一定会醒过来。经过100多个日日夜夜的执著坚守，深情呼唤，终于换来了老人的苏醒。四年多来，她始终默默守护，无论多苦多难，从来没有离开过家，为老人洗衣喂饭、端屎端尿、翻身按摩，没让老人受罪。以实际行动诠释了做人的真谛，用崇高的爱心践行着中华民族的传统美德，树立了新时代的“感动标杆”。她的事迹被多家媒体报道，成为人们学习的楷模。曾荣获容城县十佳孝顺儿女、保定市鑫和·奥林匹亚杯十大孝子、2006年度河北十大新闻人物、容城县孝亲敬老人物特别奖。

供稿：保定市文明办

马志晴

马志晴，女，36岁，中共党员，蠡县检察院反贪局副局长。在娘家是好女儿。13年来，悉心照顾瘫痪在床的老父亲，每天给父亲喂饭、擦身、按摩、换尿布，经常给父亲讲故事、拉家常，给老人以精神安慰。在婆家是好媳妇。每天天不亮就起床，洗衣、做饭，送孩子去学校，包揽全部家务，减轻公婆的负担。在单位是好干部。15年如一日，顽强工作，留下一串闪光的足迹，参与查办了100余起贪污贿赂案件，为国家挽回直接损失1000余万元，用自己的行动诠释了“执法为民”的神圣使命。曾多年荣获本院先进工作个人、优秀共产党员、市优秀侦查员、省模范检察干部、反贪侦查能手，并荣立三等功一次。

供稿：保定市文明办

刘同巧

刘同巧，女，48岁，定州市杨家庄乡辛兴村人。自23岁嫁到辛兴赵家，在努力做好五口之家的家务，兼顾16亩地的庄稼以及小卖部的生意外，25年间，几乎没有在娘家住过一个晚上，没有赶过集、上过庙会，总是在家中任劳任怨，一心一意照顾现年103岁的婆家奶奶，每天为老人做饭七八次，接屎接尿十多次，从没叫过苦、喊过累。为了让老人过得愉快，天天陪着老人，晒太阳，陪着聊天，讲新鲜事，使老人开心、愉快。用自己的实际行动，彰显了中华民族尊老、敬老、爱老的传统美德。

供稿：保定市文明办

谢春花

谢春花，女，51岁，中共党员，定兴县定兴镇二街村党支部副书记、妇联主任。她自幼被谢家抱养，在养父母百般关爱下成长，招婿立家，组成一个四姓家庭，担负着侍奉老人、培育儿女的双重重任。1978年，父亲患肺结核，后又转为胸膜炎，一年四季药不间断，经常跑几十里路给父亲买药治病，从未间断。老人病重期间，夫妇轮流侍候，喂饭喂药，毫无怨言。特别是老人在天津住院期间，她昼夜陪床，精心照料，不怕脏、不怕臭，每天为老人接屎接尿、擦身，精心侍候老人。她的孝悌之仁义影响了全村，起到了榜样的作用。2003年以来，分别荣获保定市第二届“介明杯”最佳孝顺儿女奖、全国敬老爱老助老主题教育活动“葆春杯”“孝亲敬老之星”奖、定兴镇二街村优秀共产党、优秀干部称号。

供稿：保定市文明办

张立键

张立键，男，1987年8月出生，雄县许庄村民。2005年12月24日晚，张立键一个邻居家被盗，张立键和父亲闻讯后在第一时间赶到现场，与歹徒进行了殊死搏斗。穷凶极恶的窃贼开枪打在了他的左腿上，张立键忍着伤痛，紧追不舍，窃贼又朝他开了第二枪，腹部被击中，他捂着肚子倒了下去。就在张立键倒下后，他的父亲追上窃贼，窃贼用枪口猛击他父亲的头部，父亲边与盗贼展开搏斗，边大喊抓贼。此时，窃贼一看人越来越多，投下一颗自制的炸药包，趁着慌乱逃入夜色中。倒在血泊中的张立键经紧急抢救才脱离生命危险。2006年，他先后被授予雄县“见义勇为好公民”、“保定市见义勇为好青年”、“河北省见义勇为好英雄”、“全国见义勇为先进分子”称号。

供稿：保定市文明办

李光英

李光英，男，1972年6月生人，现为南市区焦庄乡樊庄村村民。2006年11月4日中午13时，李光英在保定市高保路汽车修理厂为一辆货车补胎时，发现一名男子盗窃货车司机的手机后逃逸，李光英迅速驾车追赶1000多米，将其堵在一个墙角，窃贼见无路可逃，用匕首将李光英左肋扎伤（后经诊断为左肺损伤，心包贯通伤和左心室心肌划伤）。李光英忍着剧痛，奋力将窃贼死死揪住，在随后赶来的货车司机帮助下把窃贼制服。2006年被南市区授予“见义勇为青年”荣誉称号。

供稿：保定市文明办

马　龙

马龙，男，1989年出生，共青团员，涿州市义和庄乡苑庄村农民。2006年6月7日晚，涿州市苑庄村村民王猛在自家院中给摩托车加油时不慎起火，眨眼间院子里浓烟四起火光冲天，王猛顿时成了一个火人，在地上翻滚着喊救命。路过此处的王龙听到呼救声，毫不犹豫的奔向院子，捡起一把笤帚狠劲扑打王猛身上的火，可是火势太猛，王猛身上的火怎么也扑不灭，情急中，他发现旁边一袋米，他急中生智，举起大米朝王猛身上倒去，王猛身上的火扑灭了，可是马龙身上的衣服却全着了火，头发被烧掉了一大片，身上大面积烧伤，他咬紧牙关，忍着剧疼，跑到屋里拨打了火警“119”。这时他突然看到了王猛3岁的孩子正在屋里床上熟睡，他立即冲击过去抱起孩子冲出火海。火警车赶到时，马龙已经躺在地上奄奄一息，经抢救才脱险。经医生诊断，马龙的面部、胸部、胳膊等多处严重烧伤，面积达全身的65%。2007年，王龙被涿州市委、市政府评为“涿州市十大杰出青年卫士”。

供稿：保定市文明办

靳中泽

靳中泽，男，1974年出生，中共党员，大学毕业，徐水县安肃镇土地所副所长。2005年2月23日下午三时许，靳中泽乘公交车去漕河镇史各庄探亲，车要起动时，突然从右前方窜出一群人，为首的是一名在逃杀人犯，他拉开车门闯入车中，一手勒住座位上的一名女乘客的脖子，一手拿刀逼住她，喝令车上的其他人下车，扬言要扎死人质以数到三要挟司机立即开车。面对穷凶极恶的歹徒，靳中泽没有退缩，他临危不惧与歹徒交涉，并要拿自己与人质交换，为了稳住歹徒情绪，靳中泽一路上与歹徒巧妙周旋，斗智斗勇，他开始对歹徒晓之以理，动之以情，趁其不备，猛然间冲向歹徒，与之展开搏斗，最终制服了歹徒。2005年徐水县委、县政府授予他为“见义勇为好青年”荣誉称号。

供稿：保定市文明办

杨树高

杨树高，男，1983年2月出生，中共党员，大专毕业，容城县大河镇司法所干部。2004年9月27日晚，杨树高携女友去容城县大河镇华菱制衣有限公司观看“迎中秋职工联欢会”，观看演出期间，忽然发现距演出现场不远处有人打斗，一个年轻人手拿弹簧刀正朝另一年轻人猛力扎去。面对血腥的场面，杨树高推开劝阻的女友，奋不顾身的冲上去阻拦，为保护他人的生命安全，杨树高被穷凶极恶的歹徒刺中腹部，他手捂流血的刀口追了歹徒一百多米终于倒下。经查，他的肋骨骨折，肝脏破裂，医疗鉴定为重伤，通过抢救脱离了生命危险。2004年，杨树高被省司法厅记一等功，被保定市政法委授予“见义勇为积极分子”荣誉称号。

供稿：保定市文明办

张　华

张华，男，1971年6月出生，中共党员，涞水县永阳镇南庞村农民。2005年2月14日下午，张华去涞水县永阳镇蔺家庄走亲戚，张华停好车，抱起两岁的儿子正要下车，不远处突然传来急切的呼救声：“救命啊……救命啊……。”张华听到呼喊声放下孩子，飞快的向呼救声方向跑去，出现在他面前是一个大水坑，水中有三个孩子正在拼命地挣扎，呼救声也越来越小了。情急之中，张华顾不上脱掉外衣就跳进了冰冷的水中，他用尽了全身的力气，奋力把三个落水孩子救上了岸，自己却再也起不来，陷入了深深的昏迷之中，直到晚上11点多钟才逐渐恢复了知觉。2005年，张华被涞水政法委、县委宣传部、县团委授予“见义勇为先进个人”光荣称号。

供稿：保定市文明办

田永生

田永生，男，1967年12月出生，中共党员，易县易州镇北市村党支部书记。2006年10月25日上午，田永生正在家中和农民聊天，忽然听到有人大喊“有人抢劫了，快抓小偷”。田永生来到屋外，看到两个手拿匕首的蒙面人正逃窜到他家的院子里，田永生面对歹徒毫无惧色，一个箭步冲过去把其中一个摁倒在地，另一个歹徒见同伴被捉，转身拿匕首对着田永生就扎，田永生腾出一只手抄起一块砖头砸向歹徒，可这时被摁倒的歹徒举起匕首，向他的左腿和左侧心脏部位连刺两刀抽身就逃。鲜血一下子涌出来，可他没有放慢脚步，边追歹徒边用手机联系人来抓歹徒。他带着伤、流着血又追了歹徒1000多米，并翻过5米的高墙紧追歹徒不放，经过半个多小时的殊死搏斗，歹徒终于被擒获，而田永生却因失血过多被送进医院，经抢救脱离了生命危险。易县县委作出决定在全县开展向田永生等同志学习活动，并被保定市授予“见义勇为先进个人”和“双带型”好党员光荣称号。

供稿：保定市文明办

石国伟

石国伟系顺平县倬宇肠衣食品有限公司总经理，中共党员，现年43岁。作为公司总经理，石国伟靠着一个“勤”字和一股拼劲，确定了“内抓管理争效益、外拓市场谋发展”的经营理念和诚信经营的方针，狠抓产品质量，生意越做越活，业绩逐年上升，产品远销北京、天津、福建等地。2006年产品销售额410万元。石国伟致富后不忘回报社会，2003年捐款1万元用于抗击“非典”，2005年为石家庄村修路捐款1.5万元，2006年纳税17万元，长期资助农村贫困学生1名。深受广大群众赞扬，2005年先后获得个私协“光彩之星”称号、保定市团委“青年文明号”称号、“消费者信得过单位”荣誉称号。

供稿：保定市文明办

杨建忠

杨建忠，男，现年42岁，徐水县巨力集团董事长。在艰苦创业的20年里，杨建忠带领员工将巨力集团由一个生产吊索具的小作坊发展成今天的专业化国际制造销售集团。2006年销售额完成13亿元，实现利税1.5亿元。在企业快速发展的同时杨建忠不忘回报社会，几年来，用于捐资助教、扶贫、拥军、公益事业建设等款项达526万元。杨建忠先后当选为河北省第十届人民代表大会代表、河北省第二届杰出企业家、保定优秀民营企业家、河北省优秀民营企业家、第二届中国优秀民营企业家、第五届河北省创业企业家、保定形象大使、保定市模等称号。

供稿：保定市文明办

胡士彪

胡士彪，男，唐县林业局局长，现年49岁。1980年到县林业局工作。28年来，踏遍全县的山山水水，成为全县20个乡镇造林绿化的活地图、资料库。刚到林业局时，为便于工作，把家安在离县城100多里的林业站，一住就是11年。工作中，不断钻研林果栽培技术，先后发表论文50多篇。担任局领导后，积极谋划全县造林绿化和林业发展思路，大力实施林业工程项目。加大了“大茂山国家级森林公园”、“倒马关森林公园”的绿化力度，使全县的森林覆盖率由1980年的11%增长到现在的32.7%。所在单位先后被评为全国太行山绿化先进单位、全国绿化模范县等多项荣誉。个人连续5次荣获国家林业局颁发的技术推广一、二等奖，山区开发优秀干部、全国绿化先进工作者等荣誉。

供稿：保定市文明办

夏长黑

夏长黑，男，容城县民政局殡改执法队长，现年42岁。1988年从部队退伍后，参加民政工作，先后当过火化工、干休所服务员、社会事务股股长。担任殡改执法队队长后，面对群众对火葬的不理解和落后风俗习惯，带领队员深入每个村庄进行宣传，讲清道理，争取群众理解和支持。面对个别违反规定，执意坚持土葬的敢于坚持原则，不徇私情，不讲情面。上任以来，使全县的殡改工作稳步发展，社会火化率保持100%。2004年，市政府命名容城县为“殡改工作先进县”，执法大队被评为“殡改工作先进集体”，他本人于2003年、2006年被评为市殡改工作先进工作者，2007年被河北省授予全省民政系统先进个人，被中华总工会授予全国五一劳动奖章。

供稿：保定市文明办

白玉军

白玉军，男，阜平县城南庄邮政支局投递员，现年54岁。自1978年参加工作以来，一直担负着岔河、宋家沟两条邮路，60多个投递点的直投业务，往返一次达80多公里，且都是坑坑洼洼的土路，一半路程要靠推着自行车步行。尽管路途艰难，为确保投递不出现差错，再累也不让学生和村干部捎带，且考虑山里乡亲出门困难，主动为乡亲捎买东西，大到捎钱汇款、捎领工资，小到帮人修表、买小学生作业本，至今，记事的小本子就用了好几个。30年来，该同志已行走25万多公里路，投递邮件125万多件，代领代寄包裹6218件，代领代寄汇款38万元，死信变活50多封，平均每天延伸服务10公里，从未发生过缺少报刊、丢村甩点、捎转邮件等现象，邮件妥投率始终保持在100%。

供稿：保定市文明办

刘东升

刘东升，男，保定天威保变电气股份有限公司副总工程师兼设计处长，现年41岁。该同志自参加工作以来，从事大型变压器工艺、产品设计、新产品开发等工作。先后主持研制了国内首台世界最高电压等级的武汉特高压交流试验基础用1000kV变压器、中国第一条750kV特高压输电变压器、国内首台220kV壳式变压器、用于三峡工程的500kV特大变压器等11项填补国内或国际空白的重大新产品开发项目，新开发产品为公司新增产值18亿元，新增利润2.5亿多元，出口创汇5000多万元。多项研究项目被评为国家科技进步一、二等奖，个人先后被评为“保定市优秀科技工作者”和“保定市新世纪学术和技术带头人”。

供稿：保定市文明办

李惠生

李惠生，男，蠡县武家营村党总支书记。1952年起担任村党支部书记以来，带领群众一步步走上富裕之路，现今村集体和私营企业70多家，固定资产达2亿元，全村人均收入5000多元。富裕起来的李惠生富而思源，积极开展公益事业。个人企业里，每年至少吸收5个贫困户入股；为村里农民俱乐部、小学、老年活动室、图书室、小广场等建设捐款达300多万元；1998年东北发生特大洪灾，为受灾严重的杜尔伯特县送去108万元的药品；2003年非典期间，为小汤山医院捐款捐物10万余元。1989年，被授予全国劳动模范；2003年，荣获连续任职30年以上实绩突出的优秀农村党支部书记；2006年，被评为河北省创建文明生态村工作先进个人；2007年，被评为河北省“十大爱心人物”。

供稿：保定市文明办

王晓臣

王晓臣，男，高阳县三利集团党委书记。1986年创建三利集团，至今，三利开发了上百个花样品种，年产值数亿元，解决了2万余人的就业问题，三利集团也成为全国驰名商标。王晓臣致富不忘乡亲，每年大年三十，都要看望本村90岁以上老人，给每个老人送去过年礼品和1000元现金；十几年来，投资1000余万元，建起了三利小学、三利中学；投资数百万元，为村里修路、打井；为军烈属、困难户捐款达200万元；为周边社区新农村建设投资100万元；为山花工程出资60万元。从1997年起，三利集团党组连续荣获县、市先进党组织称号；2001年，荣获河北省先进基层党组织荣誉称号；2004年，王晓臣同志被评为河北省思想政治工作模范。

供稿：保定市文明办

杜合敬

杜合敬同志系满城县新华书店经理，中共党员，现年36岁。他自1997年担任满城县新华书店经理以来，带领全体员工奋发努力，实现了跨越式发展。十年间，全店平均年销售额达1211万元，年均实现利润76.5万元，人均购书31.11元。特别是2006年，总销售额达1433万元，实现利润89.61万元，人均购书38.31元，如今的满城新华书店已经由一个规模不大的基层小店，发展成为一个多种经营、跨行业发展、规模庞大的产业化集团。他本人荣获“新长征突击手”、河北省新华书店系统“先进工作者”，河北省新闻出版局“优秀经理”，保定市“劳动模范”，满城县“十大杰出青年标兵”，满城县个人“三等功”等荣誉称号。

供稿：保定市文明办

孙宝山

孙宝山，男，生于1954年4月，现任满城县宝山集团有限公司董事长、总经理。1995年，孙宝山接管负债800多万元的破产企业，他率先垂范，与班子成员约法三章，提出“向我看齐”，每天工作在13小时以上。在他的主持下，完成了两期铜包钢线生产线扩建，新建5000平方米的生产车间，引进磷铜加工项目，建起冶炼铜厂，相继研制出高碳钢铜包钢线、电气化铁路铜包钢线承力索等新型产品，畅销16国家，占出口量的60%以上。昔日一个破产企业现已成为总资产2亿元，成员企业8家，职工1300余人的企业集团，发展成为全国同行业规模最大的企业之一。他积极参与各项社会公益活动，捐资80多万元帮助乡亲们打井，建设新农村，受到群众广泛好评。宝山集团先后被评为“河北省先进企业”、河北省“重合同守信用”企业、他本人被评为河北省劳动模范，获国家体改委改革功勋章等多项荣誉。

供稿：保定市文明办

汤敏增

汤敏增，男，1955年10月出生，中共党员，现任保定市公安局交警支队政委。该同志参加工作31年来，工作认真负责，探索交警队伍正规化建设的新思路。制定出以“六熟知”“八必知”“六必访”“六做到”为主要内容的“塔”式网络思想政治工作法，实施“党员示范岗”、“党员责任区工程”，坚持每日三次上岗示范，每天站立文明喊话时间长达5个小时以上，平均每年指挥车辆行驶十万公里。他爱岗敬业的优秀品格得到了群众的广泛赞誉。先后被评为“全国优秀人民警察”、“中国十大杰出民警”，被授予全国公安战线“二级英模”称号，荣获全国“五一”劳动奖章，先后7次被评为河北省劳动模范，10次被评为省、市优秀党员，多次被评为河北省公安战线先进个人，河北省学雷锋十大标兵，河北十大杰出民警，1993年当选为党的十四大代表，宣传他事迹的电视剧《确有其人》获奖，并先后荣立二等功一次，多次荣立三等功。

供稿：保定市文明办

康红霞

康红霞，女，1971年生，唐县中医院护理部主任。她带领全院护士大胆创新，严格管理，使中医院的护理工作不断发展。1997年举办为期一年的护理提高班，使其院的护理工作逐步走向规范化、系统化。她率先推选整体护理。1999年为了使整体护理不走过场，真正让患者得到优质高效的护理服务，带领各病区护士长参加整体护理培训班，并走访参观了北京协和医院等各地大医院。2000年成立微笑天使护理团队。对团队护士进行发扬团队精神、实施微笑服务理念培训。2003年非典期间加班加点，任劳任怨，充分体现了团队的凝聚力。2004年成立各病区特色护理组，全体护士用精湛的技术，优质的服务，低廉的费用，整洁的环境为患者提供高质高效护理，使患者满意率达到了99%以上。

供稿：保定市文明办

吴 静

吴静，女，1973年生，保定一中语文教师。自1994年参加工作以来，她听从指挥，勇挑重担，认真充实个人的业务知识，力争工作细致、落实到位，使所教班级的语文成绩名列前茅。在担任班主任的过程中，她始终以大局为重，不顾个人得失，在孩子仅8个月大时就又挑上了班主任的担子。2004年担任宏志班班主任以来，把自己全部精力都放在了宏志班学生的身上。针对宏志班学生的自卑，压力过大，视野不够开阔等不足，放弃个人休息时间，利用周日及节假日组织各种各样的活动提高学生的综合素质。几年来，她多次被评为优秀班主任，在2004年获高考学校优胜奖，2003、2005、2006三年受到市政府嘉奖，2006年获得三等功奖励，同年被评为河北省优秀班主任。

供稿：保定市文明办

彭献平

彭献平，男，1963年2月生，现任曲阳地税局局长。1982年参加税务工作，从税25年来，尤其2000年就任曲阳县地税局党组书记、局长以来，开创了曲阳地税工作的全新局面。他率先垂范抓学习，注重学习型税务机关建设，在全市业务比武中名列前茅。税费税收任务自2000年的2000万元猛增到2006年的5200多万元，连年超额完成税收任务，6年累计入库税费收入3亿多元，先后投资250多万元改善基层的办公条件。他主动为地方政府当好“经济参谋”，帮助全县新增三资雕刻企业8家，引进注册资金一亿元。先后为80多名下岗职工免费办理了税务登记，对120多户低于起征点的个体户免征个体税收30多万元。连续三年该局被评为全县“优化雕刻业发展环境”第一名和文明执法杯竞赛活动第一名，连续2年在全县开展的民主评议行风活动中名列前茅，2006年跨入全县“免评”单位行列。他本人先后三次获市委、市政府玉兰奖，6次被评为优秀公务员，记功多次。

供稿：保定市文明办

孙小军

孙小军，男，1950年出生，现任博野县南小王乡大北河村党支部书记兼村主任。孙小军坚持把班子建设放在首位，制定了《党支部工作制度》、《“两委”干部行为规范》以及学习、会议、纪律等规定。他把抓特色打造经济发展专业村放在手上，在村内投资6万多元扩建果品批发市场，成为远近闻名的“果品之乡”。对1000多亩果园大胆实施了高接换头新技术，引进了新品种。把群众利益放在心上，先后投入120多万元硬化了道路，扩建了学校，打了深水井，新建了活动广场，得到了群众的好评。1990年被评为保定市劳动模范，1996年被评为保定市十佳公仆，1999年被评为河北省劳动模范，2000年被评为全国劳动模范。

供稿：保定市文明办

祖茂堂

祖茂堂，男，1975年从华北农业大学农学系毕业，分配到高碑店市杨漫乡担任农业技术员，三十多年来，刻苦钻研农业技术，被当地喻为袁隆平式的农民专家。2003年9月由该同志负责培育的小麦新品种“北农9549”通过国家审定，使高碑店市的小麦产量项目区20万亩，亩增产39公斤，总计增收1500万元以上。目前在北部冬麦区推广面积已达300亩，创社会效益3000万元。2004年3月，创建了“北城农民技术协会”，吸收农业生产相关单位和广大农民4300余人。2006年和2007年高碑店市小麦良种补贴项目的种子全部由协会提供。连续三年承担“小麦科技入户工程”项目，使户平均每亩增收132元。试验、示范、推广的节水小麦新品种中麦11,使农户就节水一项每亩就节省投入40多元，累计为农民增加收入达1000万元。

供稿：保定市文明办

刘增良

刘增良，男，1958年生，中共党员。2002年9月，刘增良同志调至安新县职教中心任校长，多年来，没有星期天，没有节假日，始终坚持以事业为己任，以奋斗为乐趣，在学校办学条件十分落后的情况下，团结和带领班子成员，克服重重困难，自筹资金2200多万元，将学校建成了高标准、设施先进、设备先进、全省一流的职业教育培训基地。几年来，他兢兢业业抓管理，尽心尽力育人才。废寝忘食、夜以继日地拼搏、奉献着。由于长时间超负荷的工作，造成右眼底大面积出血，由于工作繁忙，延误的最佳治疗时机，造成右眼永久失明。他被河北省人事厅选拔为“三三三工程人选”和保定市“新世纪学术和技术带头人”，2001年被教育部授予“全国优秀教师”荣誉称号，2004年被教育部、人事部授予“全国教育系统先进工作者”。

供稿：保定市文明办

张 洪 瑞

张洪瑞，男，61岁，大专学历，黄骅信誉楼百货集团有限公司董事长。多年坚持以零售业为主、向连锁经营方向发展的企业定位，逐步实施有形资产有限扩张，无形资产无限扩张，坚持信誉为本的经营理念，打造以人为本的企业文化，走出了一条独具特色的百货经营之路。为社会创造了近6000个就业机会，创造了巨大的经济效益和社会效益。回顾20多年信誉楼发展的历程，成功的一条重要的经验，就是始终不渝地贯彻“信誉为本”的理念。经过二十多年的诚信打造，信誉楼的各家店都已成为消费者的首选购物场所，其所在地也成为周边县市的购买中心，拉动了当地经济的发展。企业先后获得“河北省诚信企业”、“河北省最具市场竞争力企业”、“河北省物价信得过单位”、“沧州市明码实价示范店”，连续十年被河北省工商局命名为“重合同、守信用企业”。张洪瑞现为沧州市政协常委，同时兼任中共河北省委政研室特约研究员、河北省社会科学院特约研究员等社会职务。

一、对顾客讲诚信，让消费者信得过

人们都认为“无商不奸，无奸不商”，但信誉楼的董事长张洪瑞创业之初就反其道而行，立志做一个讲诚信的经营者，他要“为商不奸，以信誉为本，永远维护消费者和供应商的利益”。为此，经过深思熟虑，才给自己的企业定名为“信誉楼”，并且决定使这个名字名副其实。一方面，因为张董事长的性格实在，为人诚实；一方面，他认为：经营者和消费者的利益是一致的，只有切实维护消费者的利益，企业才能生存，才能发展。为此，公司采取了以下措施：一是实行诚信经营，推行“五试一退”制度。如：从1985年开始，规定自行车可试骑三天，电视机可试看半个月；收音机、录音机可试听五天；化妆品当面试用等。1986年又开出了全国第一张“信誉卡”，凡在信誉楼购买的商品凭信誉卡包退、包换、包修，这与当时一些国营、集体商业柜台上都贴着“商品售出概不退换”的标语形成鲜明的对照。由于当时缺乏经营经验，人员素质低，资金困难，经营情况并不理想，但一点都未动摇经营者恪守信誉的决心，公司上下矢志不移，坚持诚信为本。到1990年账面上还没有一分钱的利润，董事长却在全体员工会上郑重宣布：信誉楼成功了！成功标志之一就是视信誉为企业生命，创立了一块讲信誉的、被消费者认可的信誉品牌，这是企业最富有的资源，是极为宝贵的无形资产，今后将会给企业带来强大的“名店效应”。二是抗拒短期利益诱惑，视企业信誉为生命。1993年底，有位顾客向张洪瑞董事长反映，信誉楼从南方购进的一批西服加价率超出了商场规定，张董事长开始不相信，但经过调查，情况属实。这批西服是远途进货，柜组按本地市场行情加价出售，虽然不比市场价格高，但还是超出了公司的加价规定。为此，他严厉批评了两位本想为公司多赚些利润的主管，并立即责令调低价格。张董事长还力排众议硬是在当地电视台播出了一则“致歉广告”，请购买这批西服的消费者到信誉楼领取退款。致歉广告在社会上产生了极大的反响，虽然退款近万元，毫无疑问，当时柜组利益受到了损失，但是让广大消费者进一步认清了信誉楼真的讲信誉，因而更加信任支持信誉楼。随后信誉楼大张旗鼓的推出“平抑物价，商家有则”的倡议。为不让消费者花冤枉钱，公开告知消费者：“到我楼看价，去他处花钱”，清除了零售市场的暴利行为。由此信誉楼在消费者心目中树立起了“信誉的象征、价格的标尺、服务的向导、购物的指南”的形象。消费者把这里当做购物的首选场所，吸引了包括天津、沧州等地周边地区的许多购买力，消费者看中的就是信誉楼的信誉。三是为了落实诚信，信誉楼创立了独具特色的“视客为友营销法”。在信誉楼从来没有促销、打折、返券等活动，认为促销、打折、返券都是不诚信的行为，经营中最大的技巧就是“诚信”。一直要求站在顾客的立场上看问题，为顾客利益着想。而要将诚信经营变为每位员工的自觉行为，落实到每一次售货过程之中，怎样才能真正体现呢？1996年，张洪瑞董事长提出：我们不认同把顾客当成上帝的说法，因为上帝虚无缥缈，谁也没见过，我们应该把顾客当做是亲人、朋友一样去对待，当你的亲人、朋友来你这儿购物，你会欺骗他吗？一定不会。这样就使员工有了具体的参照，这就比称顾客为上帝更亲近、更具体、更容易操作。这就是“视客为友营销法”，它是在以信誉为本，切实维护消费者利益的思想基础上形成的对待顾客的一种态度和方式、方法。要求导购员诚心诚意把顾客当成亲人、朋友看待，介绍商品时既介绍优点，同时也说明缺点及注意事项。当商品有瑕疵时，即使顾客相中的没看出来，导购员也要告知；当商品要降价时，要告诉顾客次日再来可以买的更便宜。在信誉楼经常出现“指明顾客去别处购买”、“只修不卖”、“卖贱的不卖贵的”的事例。一天，农村打扮的母子俩来到箱包组，想买个装衣服的箱子。儿子看中了一种密码箱。当得知价格为210元时，母亲皱起了眉头，表现出为难的样子。导购员深知做家长的不易，于是说：“学生们一般不买这种密码箱，一则太贵，二则学校里都备有衣柜。”接着，导购员又指着另一种箱子说：“这种箱子既便宜实惠，又防潮，放在衣柜里大小适宜，很多学生都买这一种。”儿子觉得有道理，又听说很多人都用这种箱子，便同意了，母亲的眉头也舒展开了。谁都知道卖贵的利润多，卖贱的利润相对要少，信誉楼人考虑的不是怎样多赚钱，而是怎样帮助顾客买到适合的商品。随着企业的发展，对视客为友营销法进一步完善使之增加了更新鲜的内涵。要求员工努力钻研业务，掌握丰富的商品知识，做专家型的导购员，站在顾客角度想问题，为顾客提供解决问题的方案，更加赢得了广大顾客的信赖。

信誉楼初创阶段，市场经济刚刚建立，假冒、伪劣、缺斤短两、三角债、欺诈行为充斥市场，信誉楼讲诚信，成为了一种稀缺资源，信誉楼靠诚信经营掘到了“第一桶金”。随着市场秩序的规范、法律法规的健全、诚信体系的完善，诚信则只是企业经营的底线，信誉楼现在已经超越诚信底线，努力做好为相关利益者着想。信誉楼认为：重复博弈实验表明，最大的赢家就是那些从一开始就为他人着想的人。信誉楼所指的相关利益者主要包括：员工、消费者、供应商、商界同仁、各界朋友、周边住户。

二、站在员工的角度上，为员工着想，带动员工打造诚信企业

打造诚信企业，还是要靠每一位员工去实施，只有一支讲诚信的干部队伍，才能带出一批讲诚信的员工，因为员工不是看你说什么，而是看你做什么。信誉楼人一直相信这样一句话：“如果你教给下属说假话，教给他欺骗顾客和供应商，那么结果就是下属将学会欺骗你。”也就是企业的领导能不能讲诚信，对员工的引导带动作用非常大，一个企业的老板是言出必行的人，那么这个企业肯定能令行禁止。信誉楼从创建那天起就确立了“员工第一”的管理思想，为兑现这一理念，他们要求各级领导要将关心员工落实在实际工作中，以企业对员工讲诚信，带动员工对顾客讲诚信。一是凡是员工应享有的经济权益一项不少的交给员工，让员工有一种舒心的感觉。员工一入店公司就通过平等协商签订劳动合同，把员工的待遇及其他经济权益通过法律的形式固定下来，按照《劳动法》规定落实养老保险、医疗保险、工伤保险、生育保险等制度实现了员工老有所养、病有所医，伤有所赔。二是凡是员工应享有的民主权益，用制度固定下来，让员工有一种主人翁的感觉。如公司建立了职代会制度、民主对话会制度、提合理化建议制度、企务公开制度等。三是凡是员工遇到自己解决不了的困难，企业都热心帮助解决让员工有一种温暖的感觉。信誉楼建立了困难员工救助基金，每年每个商厦拨付20万元，用于解决员工家庭因天灾人祸，家庭成员患重病、大病，子女上大学遇到的困难。这些年累计发放救助资金已达10多万元。今年8月，公司通过工会一次就救助了8名家庭有困难的员工。四是凡是有利于员工身心健康的事情，企业都积极去办，让员工有一种快乐的感觉。让员工轻轻松松的工作，愉愉快快的生活是企业的理念，这些年公司千方百计为员工创造良好的生活环境，投资几百万元建立的培训中心，设有阅览室、电视室、篮球场、乒乓球室，经常组织员工开展丰富多彩的文体活动。公司每年组织员工外出旅游，开阔员工视野，陶冶员工情操，使员工们精神得到放松，生活充满快乐。“员工第一”和尊重员工的主体地位的指导思想大大激发了员工的积极性和创造性，增强了企业的凝聚力。企业先后荣获“河北省劳动关系AAA级和谐企业”、“河北省五·一劳动奖状”、“全国双评双爱先进单位”和今年沧州唯一一家“全国模范劳动关系和谐企业”。同时，我们对员工讲诚信的具体行动，讲诚信的理念也传授到了员工的心中，更加激发了员工对顾客讲诚信的自觉性，使诚信经营成为每位员工的自觉行为。

三、站在供应商的角度上，为供应商着想，建立互惠互利的合作关系

信誉楼除与顾客打交道外，最多的是与上游供应商的交往。在现实中，供应商与销售商的利益似乎是无法调和的，相互转嫁损失，相互争取更多利益。但是信誉楼认为：公司与供应商的利益是一致的，若想得到供应商的帮助，首先要想法去帮助对方。公司要求业务人员要遵循客“我利相当”原则——“我利客无利，则客不存；我利大客利小，则客不久；客我利相当，则客可久存，我可久利。”也就是体现在具体每一笔业务上，公司不要求业务人员在进货时打到最低价才拿货，因为供应商在无利可图时，是不会跟我们合作的，我们要求业务人员站在供应商的角度考虑问题，切实维护供应商的利益，给对方留出合理的利润，互惠互利才能保证长久合作。在与供应商合作过程中，坚持做到“三不”。一是不搞代销，不拖欠供应商的货款。搞商业的人都愿意做代销，既不占用自己的资金，又没有风险，但信誉楼始终坚持不搞代销不向供应商转嫁风险，用现金进货决不拖欠供应商货款，是讲诚信的主要表现。商家讲诚信，价格诚信是主要因素，而要保证价格的诚信，确保商品进价合理是先决条件，信誉楼用现金进货能拿到较低进价，这成为公司经营的最大优势。一些厂家、供应商资金紧张，被代销、延付拖欠货款压的喘不过气来，而信誉楼的现金结算才是供应商最看中的，供应商对公司的支持表现为货源充足，供货价格低，这样信誉楼的商品售价在市场上非常有竞争力，公司各店经营的商品同品牌的比天津、北京等市场要便宜30%左右，价格实惠销售好，自然拿货量就大形成了购、销环节上的良性循环。而供应商最在意的是谁给他销售的货物多谁就最受欢迎。一方面现金买货不欠货款，一方面进货量大，使信誉楼成为供应商求之不得的“黄金客户”。二是不将自己该承担的损失转嫁给供应商。信誉楼规定：信誉楼超值为顾客退换的商品决不允许退回到供应商处。因为信誉楼的退换货接待处是一个超常规的部门，一些不该解决的问题倾向消费者给予了解决，类似这种情况，损失应由信誉楼自己承担，而不应该退回到供应商处，损害供应商的利益。再就是因为存放、保管不当造成商品的缺损不能让供应商承担。不接受供应商吃请，不给供应商增添麻烦等。三是不接受供应商的回扣、赠品。现在各商家商业贿赂现象是最让人头痛的问题，而在信誉楼几百名业务人员遇到此种情况都会婉言拒绝供应商的好处：“信誉楼有规定不允许接受您的馈赠，即使我接受了，按公司的规定也要在七日内上交公司。否则，将按侵占公司财产受到严厉处罚。我们选择你们，看中的是贵公司的产品品质、价格、相关政策及市场前景，您的商品好、价格合理是对我们最大的支持。”经过这一番沟通，供应商都会理解，供应商更愿意跟信誉楼这样的企业打交道，公司的做法换回来的是供应商新商品的推荐和畅销品牌的货源充足，不缺货、不断货，从而促进销售环节上对顾客的诚信度的提升。

二十年来信誉楼严格遵守与供应商交往的规定，一方面锻炼了自己的业务人员水平，另一方面，也切切实实维护了供应商的利益。在周围各大城市的供应商那里，信誉楼是有口皆碑的“黄金客户”。因为在和信誉楼的交往中，他们切切实实感到了信誉楼是从行动上真正把他们当成了“商业伙伴”。

四、为相关利益者着想，对社会讲诚信，构建和谐关系

信誉楼要发展，必须有一个和谐的外部环境。在这方面，同样是靠诚信，与相关利益者努力构建和谐关系。一是为商界同仁着想，建立公平的市场秩序。黄骅一个县级市，超过万平米的商厦有五六座，在局外人看来竞争应该十分惨烈，作为龙头老大的信誉楼首先不贬低其他商家，不相互倾压，不搞价格战，视竞争对手为合作伙伴，信誉楼经营定位是中高档商品，与其他商家错位经营，给同行留出生存空间，多年来信誉楼注重的是维护一个地区的商业生态平衡，信誉楼所在地市场秩序井然。各商家间没有恶性竞争，没有价格战，形成了商家与商家，商家与消费者共赢的和谐局面。二是为周边住户着想，建立和谐的邻里关系。1997年，信誉楼新商厦开业，旁边是一条土路，一到雨雪天非常泥泞，住在里面的居民出入极不方便。员工出入也十分不便，带进商厦的泥土直接影响商厦的卫生。后来，信誉楼出资出力硬化了路面，得到了这些居民的好评，商厦的卫生环境也好了，像这种双赢的事情信誉楼都乐意去做。三是为社会着想，积极回报社会。我们在建店之初，就将“具有高度的责任感，以向社会负责为己任”作为企业的精神，这些年来企业得到了发展是得益于党的改革开放政策，是社会各界支持的结果，因此，坚持用企业的赢利回报社会，兑现“为社会负责为己任”的理念，公司先后出资几百万元，用于公园建设、捐资助教，救助社会弱势群体，优先安置下岗职工等，得到社会各界的好评。

信誉楼在追求成功的过程中，抵御了短期利益的诱惑，经受了各种考验，自始至终将信誉作为经营思想的第一原则，信誉楼尝到了诚信经营的甜头，使企业发展壮大了起来。而为相关利益者着想的理念，换来了员工对企业的热爱，换来了消费者的信赖，换来了供应商的帮助，换来了社会各界的支持，为信誉楼营造了更加和谐的发展环境，使信誉楼迈上了基业长青之路。

供稿:沧州市文明办

王淑敏

王淑敏是阜城县漫河乡赛马庄人，2000年从教师岗位退休，多年来，她带头救助孤寡老人，热心公益事业，成为远近闻名的构建和谐社会的带头人，去年被衡水市评为“十佳道德模范”和“杰出母亲”。

为照顾半身不遂、卧病在床的孤寡老人孔东岭，王淑敏组织二十多个村民组成了一个特殊的“护理小组”，由她出钱、顶长班，其他几个村民轮流打短，共同担起照顾老人生活的重任，直到去年，老人在92岁高龄去世，照顾了老人十几年。听说村民冯希根妻弟曹占芳因无钱治病，下肢瘫痪回老家居住后，召集了几个村民，集资为他买了药，还隔三差五送去米面等生活用品。十几年来，经过王淑敏救助的困难户和孤寡老人共有32个。

看到该村学校校舍年久失修，她拿出自己准备翻盖旧房的5000块钱，对学校进行了整体维修，还安装了体育器材，种上了花草树木。王淑芬看到农闲村民经常喝酒赌博的不良现象，组织建起了一支秧歌队，逢年过节义务为群众演出。

供稿:衡水市文明办

整理:王蕾

刘书君

刘书君是邢台县浆水镇水门村的一名乡村医生，从医25年来，不知疲倦地工作着，默默无闻地奉献着，为改善山区人民的医疗卫生事业奔走着，曾先后四次放弃了做国家干部和被邢台、保定等地高薪聘请的机会，用一片热爱，一腔真诚精心守护着乡亲的生命与健康，用自己的实际行动改变着乡村群众看病难、就医难的现状，经他救治的病人目前已超过20万人次，被称为“山区群众的贴心人”。被国家人事部、卫生部评为全国优秀乡村医生。

2007年2月6日，邢台县乡村医生刘书君作为全国唯一一名乡村医生，在北京中南海受到了国家总理温家宝的亲切接见。温总理还就《政府工作报告》向其征求了意见和建议。

供稿：邢台市文明办

整理：弓少勇

李 全

李全，男，1947年出生，1970年入党，邢台县白岸乡南就水村人，现任该村支部书记。1966年参军，在沈阳武警消防部队服役，1971年退伍回村，历任村支部副书记、民兵连长、村党支部书记，曾带领全村人改河造田50亩，解决了全村人吃饭问题。1988年，他再次当选村党支部书记后，组织村民种植板栗10万多株。但是由于南就水村地处太行深山区，没有一条顺畅的出山路，乡亲们的生活依旧非常贫困。为解决群众出行难、致富难问题，李全带领全村男女老少，从1991年起，历经15年，投资150多万元，动土石80多万方，硬是在村后悬崖峭壁上修筑了一条总长8.5公里的盘山公路，其中在海拔1000多米的山腰石崖上，奇迹般地开凿出了一条6米高、6米宽、320多米长的穿山隧道，不仅使南就水这个偏远的山村有了通往山外的便捷道路，而且方便了邢台和邯郸的交流，为村民发家致富奠定了坚实的基础。他的事迹引起了社会广泛关注，先后被中央电视台、河北电视台、辽宁电视台、本溪市电视台、邢台日报社等新闻媒体宣传报道，被誉为当代愚公。邢台县委、县政府在南就水村召开现场会，号召全县干部群众向李全学习。邢台市委发出了向李全同志学习的通知，广泛开展学先进、弘扬老区光荣革命传统的活动，并将该村作为全市党员干部教育基地。李全更是多次被评为市、县先进，2007年当选为邢台市劳动模范和邢台市优秀共产党员。

供稿：邢台市文明办

整理：弓少勇

艾书平

艾书平，男，1956年出生，中共党员，邯郸市第二中学特级教师。

他任教近三十年来，凭着对党的忠诚，对教育事业的热爱，坚守三尺讲台，爱岗敬业、无私奉献，勤耕不辍。2004年他担任“邯郸市首届高中宏志班”班主任。学生都是来自农村贫困家庭，为了使学生有更多的精力投入到学习中，他自费买来理发用具、缝纫机、粘鞋用胶为学生服务。学生有病他第一时间赶到，多次为班里三位失去母亲的特困生捐款捐物。在教学中，他坚持吃透大纲、深钻教材，夯实基础、提高能力。把教学中的重要定理公式都编成了口诀或顺口溜。多年来，他以课堂教学为突破口，积极为学生创造宽松的学习条件和语言环境，形成了自己独特的教学风格。公开发表论著论文十六部（篇），指导培养的多名青年教师都成为学校教学骨干。辅导的学生有20多人先后在省级、国家级数学竞赛中获奖。先后被评为“全国优秀教师”、“河北省德育先进工作者”、“邯郸市十大优秀园丁”荣誉称号。

供稿：邯郸市文明办

整理：陈凤娥

段荣会

段荣会，男，1946年出生，中共党员，高级政工师，邯郸市委党校干部，校外辅导员。现被聘任为邯山区关工委副主任和农林路街道邯钢社区党校名誉校长。该同志1965年入伍参军，在北京军区某部先后任文书、班、排、连、营职务，在部队时就担任山海关区18所中小学校外辅导员，被北京军区授予“学雷锋优秀辅导员”称号，在唐山地、市、军联合召开的双拥大会上被表彰为“拥政爱民模范”，1968年在北京执行任务时荣幸地见到党和国家领导人毛主席和周总理。转业到邯郸地、市委党校26年来，忠诚党的教育事业，十分关爱青少年健康成长，被全市28所中小学和大专院校聘请为校外辅导员。2007年8月12日，河北日报一版以“邯郸段荣会无私助人44载”为题，详细报道了段荣会这位爱心老人44年来无私帮助他人的事迹，在邯郸人们称他为“活雷锋”；去年3月以来，邯郸日报、邯郸晚报、燕赵晚报陆续报道了段荣会同志学习雷锋事迹；邯郸电视台、河北电视台等新闻媒体也给予了报道。该同志2006年被市委、市政府评为2001年——2005年“四五”普法宣传教育十佳模范；2006年，被评为河北省国防教育优秀工作者、邯郸市十大爱心人物；2007年，被评为河北省优秀家长学校模范教师。该同志参加工作40多年来，先后受省、市、区表彰上百次，市委组织部记功2次，并荣获中华人民共和国公安部三等功奖章6枚。

率先垂范，传承雷锋精神。他从1963年3月5日起，积极响应毛主席：“向雷锋同志学习”的伟大号召，45年坚持始终学雷锋精神，每天都自觉为社会公益事业和人民群众做好事，还结合自己思想实际写出日记上百本，主动写黑板报上千块，做到走一路红一线，住一处红一片，坚持四十多年，见义勇为、助人为乐，为创建和谐社会奉献爱心。在部队时被誉为军营内学雷锋廉洁奉公好干部标兵，在地方誉满邯郸城乡的十佳勇敢市民，精神文明的传播者、热爱公益事业的模范共产党员称号。

他在几十年工作中生活艰苦朴素，并从自己微薄工资中累计拿出了3万元用于扶贫济困和救助失学儿童。四十多年来，累计为上百万名青少年和公安、武警部队、解放军战士、厂矿、机关、企事业单位、街道、社区居民进行革命传统教育和爱国主义教育，每年都要利用寒暑假为社区青少年进行辅导，写出教案上百份，平均每年到中小学义务作报告16场，四十五年累计700多场。2006年为纪念中国工农红军胜利七十周年，他给三万多学生讲毛主席、周副主席和朱德总司令领导指挥胜利战斗的光辉历程，2007年8月1日是中国人民解放军建军80周年，他在8月9日和10日连续两天深入到邯山区利民社区党校“九号之声”和邯钢社区“十号之音”党员活动日讲中国人民解放军的光辉战斗历程，让光荣革命传统代代相传。

助人为乐，真情促和谐。1991年4月4日，他在和平街十字路口见一乡下妇女被打的头破血流，立刻上前挽救并送往医院抢救，还把打人凶手送交公安派出所处理，1998年冬天在火车站见唐山地区玉田县一探亲大婶迷路，身上所带路费被盗，这时她女儿又没来车站接她，他那天夜晚在车站照顾她休息，等到第二天早晨亲自给她买了车票，还送她到峰峰，到峰峰车站后，其女儿还未到车站来接，随后他到峰峰检察院找到战友张德全同志派车，由他亲自陪同大婶到五矿几经周折才找到其女儿家，使母女得于团圆。

2003年10月3日，他去看望一位动过手术的老干部，途中遇见一位老人患严重瘫痪，倒于地上，此时他和小杨上前扶起并送其到家，到家后老人的全家都十分感动。事后他的儿女们得知是市委党校的领导救助了他们父亲，特意制作了锦旗一面，上绣助人为乐、品德高尚八各金黄大字。充分体现了人民群众对党校干部的颂扬之情。2004年5月，在北京人民大会堂中国管理科学研究院举行的全国首届管理科学杰出研究者表彰大会上，段荣会同志被授予“杰出研究者荣誉称号”，受到了人大常委会副委员长和政协副主席等国家领导人的亲切接见，并合影留念。2006年10月，全国人大委员会原副委员长，中国红十字会长彭佩云到邯山区农林路街道邯钢社区视察红会工作，在社区居民中心亲切会见段荣会同志，对于他在奉献社会精神给予了充分肯定。2006年该同志被评为邯郸市十大爱心人物，受到表彰。2007年，被评为河北省优秀家长学校模范教师、邯郸市十大热心肠人物、河北省关心下一代先进工作者。

供稿：邯郸市文明办

整理：陈凤娥

王更庆

王更庆，男，汉族，中共党员，大专学历，高级工程师，现任河北东山冶金工业有限公司董事长、党委书记。他以德立业，在发展企业过程中坚持“以诚取誉，以信交友，倡导和谐、永续发展”的经营理念，为推动当地社会经济发展作出了积极贡献。近年来，他先后被评为全国乡镇企业家、河北省十大民营科技企业家、河北省优秀党务工作者、邯郸市劳动模范、邯郸市十大环保卫士等荣誉称号。

以德立身挑重担

1947年，王更庆出生于武安市东关街一个贫苦家庭。从小聆听父母对他的教诲：“做事先做人，无论富贵、贫穷，都要诚实守信，不能见利忘义，损坏信誉。”王更庆始终把这一教诲作为自己做人的准则。在那个贫困的年代，生活的艰辛使他没有机会接受高等教育，但懂事的他初中没毕业就开始了生活的打拼。帮助家里挖野菜、干农活，在县油棉厂干杂活，饱经生活艰辛的磨砺。1967年，他来到武安县固镇炼铁厂，当了一名炉前工。不拒绝平庸的他，积极钻研业务，勤奋对待工作，很快就成了当时全县公认的炼铁能手。

武安撤县改市后，他的家乡东关街利用当地资源优势，于1988年建起了东山炼铁厂。由于当时管理不善企业一度陷入困境，为了改变家乡面貌，具有熟练炼铁技术和拥有技术职称的他毅然离开待遇不菲的国营企业，来到东山炼铁厂工作。

“天有不测风云。”1998年，由于集体经济体制的缺陷加上国内钢铁市场疲软，企业被迫关停。700多名职工，已经9个多月未发工资。王更庆心急如焚，一个共产党员的高度责任感和强烈的责任心无时无刻不在激励着他，他下定决心，要救活这个厂子，毅然承接了3800万元的企业债务，并给街里立下军令状“企业员工一个不下岗，每年还给街里边上缴承包费80万元”。面对亲戚朋友的直面相劝，面对外人的不理解，他没有动摇。最终在1999年，克服重重困难，使企业成功改制。用他的话说：“共产党员就要甘当人梯，为群众办点实事。”

诚信为本谋发展

人无信不立,企业无信则不能久远。在企业创业之初，武安市农行就一直给予公司大力扶持。为此，王更庆同志也同样对农行十分讲究信誉，与他们建立了良好的信用关系。凡银行发放的贷款，他都积极组织资金按时还清。自1999年，农行给公司的发放的第一笔贷款以来，公司在农行没有一笔贷款不按期归还，没有一笔不良信用记录。农行连续多年评定公司为“AAA”级信用企业。在2005年度，河北省公布的第一批信用优良企业名单中，公司榜上有名。

王更庆在企业经营中坚持认为，企业是一个小的利益载体，国家则是一个大载体，在利益分配上，先国家后集体，是天经地义的。照章纳税是一个企业讲不讲社会诚信的最好说明。“东山”从企业改制8年来，无论资金多么紧张，王更庆总是积极压缩一切非生产性开支，想法设法，按时缴足国家规定的税款，先后缴纳税金39672万元。多年来，公司被邯郸市评为“纳税大户”，被武安市评为“贡献最大的企业”。

王更庆深知一个钢铁企业要具有竞争优势，必须用过硬的产品质量来赢得市场。他率先引入了国际质量管理模式，按照ISO19001质量管理体系认证标准，订立规章制度，还结合该厂实际制定了优于国标的内控标准。为做好落实，他坚持从每个生产工序入手，亲把质量关。一次，公司购进一批原煤，但经化验含硫量按国标基本合格，而按厂子制定的内控标准稍稍超标，他当即低价卖出了这批煤，然后又花高价买回了优质煤，一来一去，公司就净赔了5万元。

王更庆在企业经营中经常说：“宁可让客户后悔没来，也决不让客户来了后悔。”王更庆特别重视与客户交往的诚信。一次，永年县永洋钢厂急需采购一批生铁，但该企业因发生突然事件，资金一时周转困难，不能马上付款。王更庆了解到情况后，在资金极度紧张的情况下，毅然把这批生铁发给了这个厂家，在客户心中树立了良好的信誉。对外来客户尚且如此，在企业中，王更庆视职工为亲人，按时足额发放工资，并积极为职工办理养老保险和工伤保险，切实保障了职工的合法权益。多年来，每次企业招工，公司门前总是门庭若市，想来应聘工作的人络绎不绝。

王更庆经常说："财富来源于社会，要时刻懂得回报社会。"在企业发展壮大之后，他积极投身于武安的各项社会公益事业。

2003年，王更庆在东山冶金公司举办了全市首次"校企互助"捐资助教活动，向武安山区十所小学捐款近50万元，帮助适龄儿童接受教育。他先后还与十三名贫困学生签订了帮扶协议，资助他们全部的上学费用，直至他们完成学业。

2004年，王更庆投资240余万元，为东关街修建了一所小学，兴建了一座街心公园，还重修了街村道路，使东关街的面貌焕然一新。

2005年，为加快武安的市容市貌建设，王更庆出资600万元修建了"东山路"。

2006年，王更庆为武安市贺进镇忽雷山村上捐资15万元，用于该村山地种植经济林，帮助村民脱贫致富。

为了承担更多的社会责任，弘扬武安独特的人文历史文化，王更庆还投资7000多万元，在武安市区东建起了东山文化博艺园，并在园内建起了武安文史馆、武安近代史馆、武安地质园区、武安植物园区等，囊括了武安的人文历史，地质景观等，使外界人不出园就能认识武安，了解武安。深受参观者的好评。

2004年10月3日时任中共中央宣传部常务副部长、中央文明办主任胡振民、文化部副部长周和平来公司东山文化博艺园参观，对王更庆办好企业主动承担社会责任的"东山现象"给予了高度评价。

供稿：邯郸市文明办

整理：陈凤娥

张家增

张家增，男，汉族，1942年5月出生，中共党员，邯郸县兼庄乡东辛庄村村民。

张家增几十年如一日为老百姓修桥补路，为相逢陌路的人们提供无微不至的帮助，为部队以及光荣院奉献着自己的爱心。家境并不宽裕的他，仅靠微薄的退休金和阉猪得来的收入，做好事3000多件，累计付出10多万元。

今年65岁的张家增，有一手阉猪的手艺，由于阉猪经常要走村串寨，老张只要看到哪儿的路不好走了，便总要停下来，从老乡家里借来铁锹、土筐进行平整，一时干不了的就盘算着如何尽自己所能修复好。邯郸县兼庄与汉霸庄之间有条路，当地村民浇地时常在路上挖沟。老张看到后就买来水泥管铺在路下，使人们再不用因浇地挖沟而抱怨路难走了。老张还利用自家盖新房之际，雇车把废土拉来填平路上的坑坑洼洼。

邯郸县南堡崔村村西的一座小桥，是连接周围几个村的交通要道，由于年久失修，多次发生事故，一到农忙时节，百姓更是苦不堪言。老张与老伴商量要出资修好这座小桥。老伴说："修桥我不反对，你2月份给驻军买猪仔花了三四千元，3月份又为军属买香椿树花了一千元，现在家里只有120元钱，小三马上要结婚了，咋办？"老张说："小三不是准备买电视机吗？先把那1500元拿来，我阉猪再挣点就差不多了。"老伴一听急了："亏你想得出！小三结婚咱连一件像样的东西都没买，现在你又拿人家的钱去修桥，那不行。"老张动身去找亲家商量此事。亲家被老张感动了，他说："小三的电视机我买，你拿那钱修桥吧！"

老张每年都要到邯郸县光荣院看望烈军属，为他们送去凉席凉枕和淋浴器具。逢年过节他还买猪买羊送到县光荣院；老张看到邯郸县汉霸庄村一位双目失明的老太太吃水困难，自己掏钱为她打了一眼井；冬天到了，他为东辛庄小学送去4000斤煤；涉县洪魔肆虐，他捐去4千斤冬瓜和土豆；老乡的牲口突然病倒在路上，被老张碰到了，他骑车20里找来兽医及时医治；2003年，在抗击非典中，他为战斗在第一线的医生们，送去宣传"战胜非典"的毛巾800条；看着胡同里电线网织，既不科学又不安全，他买来两根水泥电杆栽上；张家增走街串巷阉猪，碰到路上有死猫、死狗，他便用塑料布卷起来，将他们深埋到地下。

2006年12月的一天，张家增正在走路，突然听到一个姑娘喊“救命”。原来是一位江西姑娘被几个搞传销的男子所控制。老张挺身而出，拼命将姑娘救下来，之后，又有姑娘的5名同乡被解救。

2006年，张家增被评为省、市十大爱心人物后，他创办了邯郸县爱心社，带动更多的人去奉献爱心。成员有企业家、工人、医生、木工等30余人，做好事820多件。

2000年，他自费办了三个展览馆：一是邯郸人近代生活展。他收藏了从种棉花到收割、轧花、弹花、纺花、织布等各种传统的纺织工具。二是重要文献图书馆。馆中收藏有毛泽东同志的著作、邓小平同志重要文献及党和国家领导人的著作，十一届三中全会后的重要内容，十三届四中全会后江泽民同志的三讲教育，三个代表重要思想和胡总书记两个务必、荣辱观等宣传资料。三是报纸馆。收藏有古报、名报、重要新闻。三个展览馆免费向社会开放，参观达3万人次，收到了良好的社会效果。

每逢重大纪念日，他都上街宣传。香港回归时，他制作了香港历史发展的宣传车，编制了一个“香港回归”倒计时挂历，同时还设计雕刻了一尊刻有“不忘昔日国耻，扬我中华国威”的石碑，作为纪念。在党的“十四大”、“十五大”、“十六大”和建党八十六周年，他作了八十套展板。他还制作了抗日战争胜利51周年，抗日战争胜利61周年宣传板。为宣传社会主义荣辱观，他花费8000多元制作了50套宣传板，印发了4万张宣传单，制作4800条印有“爱八荣恨八耻”的精致手帕，免费发放。他还在全市三十多所学校任德育教员，义务为学生讲课达2000多场。

供稿：邯郸市文明办

整理：陈凤娥

任雪层

任雪层，1985年5月出生，河北省体育局摔跤拳击跆拳道运动管理中心女子摔跤队运动员。

1999年在石家庄体校练习柔道时，14岁的雪层才开始接触体育，但是在2002年2月河北省组建女子摔跤队伍的时候又把雪层抽调来从事摔跤项目的训练。2005年亚洲摔跤锦标赛女子48公斤级金牌；2005年世界摔跤锦标赛女子48公斤级金牌；2006年世界摔跤锦标赛女子48公斤级银牌。任雪层，这个年轻的燕赵姑娘用一个个有分量的奖牌谱写着自己灿烂的人生。

由于任雪层曾经从事柔道训练，具有一定的运动基础，加上教练对她的严格要求以及自己的认真、刻苦训练，在2002年全国女子自由式摔跤冠军赛上，初次参加全国大赛的她便不畏强手，以初生牛犊之势，先后战胜众多国内优秀运动员勇夺51公斤级第三名。在从事摔跤项目训练还不到短短一年的时间，就在国内大赛上取得如此骄人战绩，令众多摔跤界人士刮目相看。

经过初次比赛的尝试，雪层更加坚定了自己的信心。在2003年全国女子自由式摔跤锦标赛上，又一次取得了该级别第三名的佳绩。2004年是雪层从事摔跤事业的转折点，在经过短短两年的专业训练，在2004年全国女子自由式摔跤冠军赛上任雪层战胜国内所有摔跤好手，一举摘得48公斤级金牌，从而奠定了她在该级别的国内霸主地位。

在2005年全国女子自由式摔跤锦标赛暨第十届全国运动会女子自由式摔跤比赛预赛中，她又一次战胜该级别所有对手，特别是战胜了该级别最有实力的解放军队队员，夺得第一名。所以，在人们看来，任雪层夺取第十届全国运动会女子摔跤48公斤级冠军是理所当然的事情。而且2005年5月，在湖北省武汉市举行的亚洲摔跤锦标赛上，第一次代表中国参加国际比赛的任雪层，战胜了具有世界冠军实力的日本选手，一举摘得亚洲摔跤锦标赛48公斤级金牌。充分证明了自己具有世界顶级摔跤选手的实力。

2005年世界摔跤锦标赛于9月26日～10月2日在匈牙利首都布达佩斯举行，刚满20岁的河北姑娘任雪层在女子自由式摔跤48公斤级比赛中吸取了全运会失利的经验和教训，放开了手脚，敢打敢拼，一路过关斩将，先后战胜日本、俄罗斯等国的诸多世界强手，杀到决赛。9月28日，任雪层在决赛中遭遇的是曾获得世界冠军和奥运会冠军的乌克兰选手伊·梅勒尼。面对强手，她没有畏惧，在她积极主动的进攻下，这位世界冠军显得束手无策，根本没有任何机会，善于捕捉机会的任雪层，在梅勒尼急于取胜而盲目进攻时，她利用反攻机会得分取胜，一举摘得中国队本届世锦赛的首枚金牌。这是自1997年钟秀娥获得世锦赛女摔最小级别金牌后，中国选手任雪层8年后再次证明中国女摔在小级别上的实力。任雪层由柔道改练摔跤仅仅3年的时间，但从去年的全国精英赛到冠军赛，再到今年的全运会预赛、亚锦赛她都没有输过。

任雪层自2005年11月底到国家队训练，由于2005年赛事多，训练比赛强度大，身体出现疲劳状况，身体机能恢复差。在国家队训练中腿部肌腱严重拉伤，训练受到很大影响。虽然她在国家队积极配合队医，边治疗边训练，但由于不能系统地参加训练，再加上伤病，有一段时间，雪层一度出现消极情绪。了解这一情况后，摔拳跆中心领导及教练员积极做她的思想工作，经过多次的疏通开导，雪层对训练的态度和思想都有了很大的改变，训练中克服伤病的困扰，努力的去完成训练任务。也是由于伤病原因，2006年全国锦标赛她没有参加，但是在5月份参加的日本举办的世界杯赛上，个人参与的三场比赛均获胜利，获得了团体第五名的成绩（世界杯赛计全体名次）。世界杯赛后，为了加强伤病的治疗恢复和强化和完善个人技术训练，领导们一致决定让雪层回省队训练。直到7月中旬为了备战2006年亚运会和世界锦标赛，雪层才又回到了国家队。

在2006年世界摔跤锦标赛中，第一场对尼日利亚，第二场对芬兰，第三场对白俄罗斯，第四场对波兰。四场比赛以双肩绝对优势获胜，总用时不足2分钟。所以，有的媒体称雪层为“速度女王”。她赢在速度也败在了速度。第五场比赛是对日本选手的决赛。比赛中，带伤上阵的任雪层由于使用技术动作处理不当，输了双肩，只获得第二名。21岁的任雪层站在银牌的领奖台上，很多人都在叹息，若不是一直坚持主动进攻，也许她还有机会。但，这就是她的特点——风驰电掣，干脆利落。经过参加2006年世界摔跤锦标赛，展现了任雪层的比赛风格和比赛气势。雪层在比赛中敢打敢拼，不畏强手，敢于发挥的表现，得到国家体育总局领导的认可。通过2006年～2007年的冬训，雪层努力加强薄弱环节的训练，解决技战术的衔接等方面的困难，做好伤病的治疗和预防，并继续发扬和提高积极主动、连贯的攻防意识和能力。2008年北京奥运会是个机遇，但是机遇总是降临在有准备的人身上。她心中还有梦，她惦记着2008年的北京奥运会，她惦记着自己美丽的奥运冠军梦。尽管前进的路上布满荆棘，但她相信自己的愿望一定能够实现。

供稿：省体育局文明办

整理：魏东霁

王 娟

王娟，女，1997年中国医科大学博士研究生毕业，在读期间，在国家核心刊物上发表有价值的文章20余篇，1998年破格晋升为教授，1998年、2000年国家教育部公派赴日本留学并任日本长崎大学客座教授，2001年作为省卫生厅引进人才到省医院工作，先后担任中心实验室主任、外科教研室副主任、肿瘤科主任，2002年省内率先开展放射性粒子植入手术。

科研方面以胃癌生物学行为为指导，开展系统的基础与临床研究，发表有价值的文章50余篇，1997年、1998年、1999年获河北省科技进步二等奖一项、三等奖两项、2002年获河北省卫生厅科技进步一等奖。招收研究生12名，担任省科技厅、教育厅、卫生厅课题6项。

临床方面具有普通外科坚实的基础理论和实践经验。特别突出的是具备肿瘤外科、肿瘤内科的全面知识。临床经验丰富，掌握国内外肿瘤学发展动态，熟练掌握日本胃癌手术技术、对乳癌保乳手术、肝癌左右半肝切除、结直肠癌保留植物神经、保肛手术及围手术期规范系统化疗等居国内先进水平。

日常工作中，从自身做起，以德树威，以才赢人。建立了一整套科学管理制度，采取人性化的医疗服务，“病人永远是第一位”作为服务宗旨，融入工作每一个岗位，每一个环节，形成了良好的氛围，使肿瘤科的服务和治疗水平达到先进水平，收到了较好的社会效益和经济效益。

兼任多项社会职务：河北省政协常务委员；中华医学会河北肿瘤学会常委；石家庄市肿瘤学会副主任；《中国实用外科杂志》编委；河北省女医师学会常务理事；河北省医疗事故技术鉴定专家；河北省科技成果、职称评审专家；日本长畸大学客座教授。

供稿：省妇联文明办

王焕荣

王焕荣，女，52岁，中共党员，河北省人大代表，保定市南市区杨庄乡西高庄党总支书记。先后荣获全国“三八红旗手”、“全国双学双比女能手”、“河北省百名先进人物”等荣誉称号，个人获奖35项：国家级2项、省级6项、市级15项、区级12项。

“无厂无田无事干，偷鸡摸狗耍小钱，打架斗殴闹得欢，上访告状不间断，生活处在贫困线。”1986年5月，32岁的王焕荣当选西高庄村党总支部书记面临的就是这样的一种窘况。王焕荣，认准了这样的一个理念：不是有钱才能办事，人是第一位的，钱是第二位的，法儿是人想出来的。在没有一分钱的情况下，她带头集资5000元，办起了西高庄第一个集体企业——保定联盟线材厂，该厂当年盈利10万元，她用盈利的钱买来了发电机，结束“停五送二”的用电照明历史，这更加坚定了她“办企业，求发展”的信心和决心，先后建起了益康食品厂、化工厂，龙头企业——超达体育设施有限公司，朝阳企业——超达老年护理院，标牌企业--超达酒店，环保品牌——超达净水剂厂。而2001年建起了南市区社区服务中心，引来了香港、广州全国各地的参观团……她要求每个干部必须管理一个企业，村办公室也就成了晚上碰头的地点。如今西高庄固定资产达到2亿元，村集体收入每年达到1000多万元，人均纯收入达到6000多元。

西高庄村成立了河北省第一家农民高中班，对全村40岁以下的群众进行培训；为300多户村民订阅《保定晚报》、《保定日报》，每年选送企业优秀人才到北京工商大学、河北大学等大专院校进修学习，并对在校生制定出台了《在校学生奖励办法》，对获得各种奖励的学生给予不同档次的（奖金）奖励，同时对全村老年、中年、儿童实施三个层次教育；实行村民退休制，每月发放255元退休金，每年拿出50多万元为村民和企业员工交纳养老保险……2005年，王焕荣为了解决幼儿上学难，把自己的办公室和村委会办公大楼腾出来，改建成“超达双语幼儿园”；西高庄村年轻人工作学习比赶超，老年人有乐找，先后成立了老年秧歌队、时装模特队、舞蹈队、合唱队；2005年10月，西高庄被中宣部、全国文明办评为“全国创建文明村镇工作先进单位”。

供稿：省妇联文明办

宁 洁

“板城烧锅酒”由一个具有地方特色的白酒品牌，在短短的十几年时间里，迅速成长为全国知名品牌，跻身中国白酒百强企业行列，连续多年成为省内同行业利税状元企业。2005年实现销售收入2.5亿元，利税8500万元，今年一至十月份实现销售收入2.4亿元，利税8915万元。

作为公司党委书记、副董事长、副总经理的宁洁，几十年如一日，舍“小家”，顾“大家”，以忘我的敬业精神、高尚的政治觉悟、乐于助人的高贵品质、超常的智慧和突出的领导才能，在平凡的工作岗位上，务实创新，开拓进取，为“板城烧锅酒”的快速发展起到了关键的作用。多年来，分管党务、劳资、生产、供应、保卫等多项工作。她分管产品包装设计，所设计的外包装中有两款荣获了两届联合国包装组织评选的“世界之星”包装大奖，引领了国内白酒包装的新潮流。所设计的外包装申报了八项外观专利，六项申报成功，两项正在办理之中。在日常生活和工作中，关心职工生活，乐于助人，公司内上百名员工都不同程度的受到过她的帮扶和资助，并无私捐助两名贫困学生，荣获承德市首届十大女杰的第一名。她本人曾荣获河北省优秀党务工作者、市级劳动模范、承德市十大杰出女杰、县级优秀党员、优秀党务工作者、先进工作者、“三八红旗手”、“巾帼创业”带头人等多项荣誉。所在的公司党委也多次被评为省、市、县级先进党委及优秀基层党组织。

供稿：省妇联文明办

刘玉婷

刘玉婷，女，汉族，河北唐山市人，39岁，中技毕业，现唐山冶金矿山机械厂冶金设备制造公司车工，1998年加入中国共产党。

一、爱岗敬业、无私奉献

刘玉婷同志自参加工作以来，一直遵循“干一行、爱一行、专一行”的工作作风。她2003～2005年累计完成工时29285点，平均每年完成将近五年的工作量，被职工称为“走在时间前面的人”。

近两年，刘玉婷所在的冶金设备制造公司承担了国内外多项设备的制造任务，公司生产任务十分饱满，刘玉婷所在的“小元车工段”一直满负荷甚至超负荷运转。2005年刘玉婷的儿子参加唐山市中考时期，接到了京唐港210m^{2}烧结机的生产任务，当时生产制造工期相当紧张，为了抓进度、保港口发展，他们每天都要加班到晚8点。她做通了丈夫的工作，孩子中考期间一直由丈夫负责督促孩子的复习、考试、报名，她很少陪伴。刘玉婷说的好“重点工程的产品耽误一天就要影响工厂信誉，企业的牌子不能倒，作为共产党员就要舍小家顾大家”。为了保合同、保工期、守信誉，她主动放弃了双休日、节假日，加班加点。去年5月刘玉婷的父亲因患重病住院，她竟然一无所知，每当她打电话问父母情况时，母亲总是说很好，要她不要挂念，安心工作。父亲住院1个多月出院后，她才知道这一情况，她为没有尽到孝心感到非常内疚。在刘玉婷的带动下，全班组奋力拼搏，每次都能按时甚至提前完成生产任务，保障了工厂及公司的质量、信誉和市场。刘玉婷的执著得到了丈夫、孩子和家人的理解和支持，同时，也赢得了领导和职工的尊重。

小元车在加工工件时，上活、落活非常频繁，搬上搬下，几乎全凭手工，有时一个班次累计就要搬几吨重的工件。由于多年的超负荷工作，刘玉婷同志的身体状况受到严重影响，她身体患有多种疾病，承受着健康人难以承受的痛苦。2001年、2005年刘玉婷右臂肱骨两次发炎，一动就会引起钻心的疼痛，经过打封闭、针灸、外敷、内服等多种药物的治疗，病情有所好转，医生多次建议她必须停止劳动，多多休息，绝不能用力。但她一想到车间生产任务，内心非常着急，开的假条装在口袋，忍着疼痛一次又一次回到了工作岗位。虽然刘玉婷患有多种疾病，可她好像总有一股使不完的劲头，就连许多年轻的小伙子都非常佩服。

二、刻苦钻研、勇于创新

刘玉婷同志在工作中不仅精益求精，而且善于动脑筋学知识。她利用业余时间进修了机械工程师大学的有关课程，系统学习了《机械制图》、《金属加工工艺》、《公差与配合》等专业书籍。她经常与工程技术人员一起探讨产品加工工艺，研究最佳加工方案。由于自己的勤奋努力，刻苦钻研，刘玉婷很快就成了工厂和公司的操作能手、技术骨干和革新能手。

为了适应市场、适应新技术的要求，刘玉婷潜心钻研加工技术，大胆改进传统加工工艺，创新加工手段。她参与研制的“复合型”刀具，加工效率提高了50%。在该公司为迁安联合钢铁集团研制生产的6米造球机的关键件销钉的生产加工过程中，大胆改进工艺，采用更换新型刀具的方法，一次加工成功，减少了磨床加工工序，提高工效近3倍。

刘玉婷同志非常重视产品质量，她加工的工件都是仔细经“三检”合格后方才转入下道工序，多年来从未出过质量问题。她加工的产品被质检员誉为“信得过”产品，享受免检。她所在的元车五组被厂命名为质量信得过班组，他们加工的产品被列为免检产品。厂部、公司多次召开质量进度现场观摩会，带动了公司生产任务的完成，促进了工厂发展。

在平时的工作中，刘玉婷还注重从点滴做起，节能降耗。每年她节省的各种刀具和材料费用就达几千元。

刘玉婷同志连续八年被评为厂级优秀共产党员，连续十三年被评为厂级先进生产工作者，连续十年被评为厂级劳模。1992年被授予唐山市女职工（车工）技术比武能手，1997年荣获唐山市“机械系统车工工种技术能手”称号，2001年被唐山市评为“赵国峰式好职工”，1998年、2000年、2002年连续三次被评为唐山市劳动模范，2003年荣获河北省“五一”奖章，2004年被评为唐山市十佳女职工，2004年还被中华全国总工会授予“全国五一劳动奖章”，2006年被评为第四届“河北省十大女杰”。

供稿：省妇联文明办

苏富梅

苏富梅同志从事特殊教育工作30余年。1998年8月受命于危难之时（前任校长因公殉职），任张家口市特殊教育学校校长，任全国特殊教育协会理事，兼任河北省特殊教育理事会副秘书长她以一切为了学生，为了学生的发展为宗旨，任劳任怨、不断创新，虽身患严重贫血症仍坚守岗位，把自己的全部青春和热情都挥洒在了这片贫瘠的土地上。

一、牢记党的宗旨，模范履行党员义务

认真学习党的基本理论、基本路线和基本方针，深入领会各级各类文件精神，严格按政府、教育局等上级部门的政策办事，深入贯彻“三个代表”的重要思想，积极开展“荣辱观”教育。深入实际，走进食堂、宿舍、教室，走进师生的心里，每学年坚持听课百余节，定期召开各类座谈会，征求教工的合理化建议，寻找解决问题的最佳方法，不断调整工作思路，改进工作方法。经常找师生谈心，了解他们的思想、学习、工作情况，为教工排忧解难，为学生解决实际困难。许多学生都乐意找她聊天，孩子们都亲切地称她为妈妈。

苏富梅关心贫困学生，想尽一切办法为家长减轻负担，不让一个学生辍学，五年间为学生减免各种费用3万余元，她不辞辛苦多方争取到“春雨行动”、“福彩公益金”、“两免一补”等助学金共计20万元，用来资助贫困学生读书，让家长看到了希望。

1999年以来，为改变学校整体面貌，同时也为节约资金，成立了劳动突击队，校长亲自动手，带领全校师生利用课余时间清理了锅炉煤碴、平整了操场，粉刷了教学宿舍楼，共计100多个房间，节约资金近10万元。她上任8年来，争取用于维修校舍，改造楼内厕所等工程款项达80万元，市直学校、红十字会、灿坤电器集团、钟楼集团等近20个单位伸出援助之手，共捐资达24万元，用于建立、充实学校微机室、语训室、测听室、图书室、乐队活动室、律动教室、按摩室、健身房等专业用房及仪器设备。投资近3万元购置了乐器。筹资40余万元建成电脑校园网。

二、开拓创新，争当时代先锋

苏富梅任校长以来，开设聋儿语训班，由原来的1名学生发展到现在的五个班，近60名学生；1999年创设聋初中班、盲中专班和职业初中班；2003年3月开办省内第一个孤独症儿童康复教学班。2005年4月29日高中班的学生首次参加了全国的高考工作。她充分发挥特教中心校的作用，指导全省、全市的特殊教育学校的教育教学工作。

她结合三类残疾儿童的特点，开展针对性的职业技术教育：盲生开设中医按摩职业中专班，聋生开设美容美发、美术、烹调、微机打字专业，弱智学生开设家政、烹调等课程。中医按摩职业中专班的毕业生全部被南方福建、广州等大中城市高档按摩店争相聘用，这些毕业生的按摩技术深受顾客欢迎，并逐步形成了张家口特色的“口字派”按摩技法。

三、深化教改，科研兴校

苏富梅同志既是校长，又是教学能手。她本人撰写的论文多次在省内获奖，两次获得全国奖励，并指导教师撰写论文20余篇，分别在全国、省、市获奖。承办了六届河北省特教师资培训班，为省内培训师资1000多人。并多次受省教育厅委托赴其他地市指导教学工作。2001年论文《聋童语言和语文教学探讨》在省特教年会交流并获一等奖，2003年论文《创新带来满园生机》在省特教工作会上作经验交流。2004年《按摩医德教育要坚持以人为本》在第四届盲人按摩学会会员代表大会上被评为优秀论文。主持完成了国家“九五”规划科研项目课题《贫困地区盲人职业教育模式的探索》，2000年该课题已通过全国教育科学规划领导小组专家组的验收，获全国一等奖，获河北省教学成果二等奖。主持的“十五”课题《聋生社会能力培养的教学与实践模式》获全国一等奖，主持的“十五”课题论文《培养聋教教师成为“口语（手语）+特长+网络”的复合型人才》获市二等奖。2004年主持的课题《搞好特教师资专业培训，提高特教师资全面素质》获市教育科学“十五”规划立项课题科研成果二等奖。

张家口地区的经济发展比较落后，为聋孩子提供的就业机会也很少，毕业生就业是摆在学校及家长面前最现实的难题。苏富梅校长带领教务主任、任课教师多次到北京、唐山、石家庄等地的特殊教育院校进行考察，学习先进的办学经验，不断改革我校的课程设置及办学目标，并去天津理工大学、北京联合大学、山东特殊教育学院、山西中医学院推拿专业学院等残疾人高等学府进行实地考察，1999年我校创设第一个初中班，通过校领导的多方努力，经省教育厅、市教育局批准，我校聋部由原来的小学学制升为高中学制，因聋人的视觉发达，美术这门视觉艺术学科已成为聋生报考高校的主要专业。2005年我校的学生人数创历史最高峰，达到357人。

苏富梅先后被评为“市残疾人工作先进个人”、“市科教系统优秀党员”、“市文教工会优秀校长”、“省先进教育工作者”和“张家口市优秀人民公仆”。2000年被评为全国艺术教育先进个人、市劳动模范、市“巾帼建功”明星标兵、受市人事局嘉奖，市人事局记三等功奖励。2001年被评为全国特殊教育先进工作者、省两基工作先进个人、省优秀教育工作者。被聘为市小学教师职务评审委员会委员。2002年被评为市科教系统优秀领导干部。2003年被评为市优秀残疾人工作者。2004年被评为市“共产党员十佳先锋”、省特级教师。2005年获市“共产党员十大标兵”、群众最满意的校长、市优秀共产党员、被市政府授予“有突出贡献的教育专家”称号、2005年省“三三人才”第三层次人选。2006年被评为省首批中小学骨干校长、市拔尖人才。1999年被评为省扶残助残先进单位，1999～2004连续五年被市科教工委、市教育局评为先进单位、实绩突出领导班子。2005年学校被评为群众最满意的“五星学校”。在苏富梅校长的带领下，张家口市特殊教育学校正朝着创办“全国特殊教育百家名校”、“河北省特殊教育示范校”、“张家口特殊教育中心校”的目标迈进！

供稿：省妇联文明办

杨　华

杨华，女，46岁，中共党员，大学学历，1979年参加公安工作。从警26年，历任内勤、副处长、处长和国保支队支队长等职。2006年1月调任廊坊市广阳区人民检察院检察长。

杨华同志始终认真学习马列主义、毛泽东思想、邓小平理论和“三个代表”重要思想，牢固树立科学的发展观和正确的政绩观。她忠于职守，不畏艰难，不辱使命，无私奉献。在国保部门领导岗位上，带领全市国保民警攻坚克难，屡建战功，先后成功侦破了一批严重危害国家安全和社会政治稳定的大案、要案。多次受到中央、公安部和省委、市委领导的高度评价。任广阳区院检察长以来，她着眼于基层院可持续发展，提出了“基础管理正规化，技术手段信息化，业务工作精细化，队伍建设人性化”的发展方向和目标。在基础设施建设上，到任9个月即完成了投资近3000万元、建筑面积8000平方米的办案技术综合楼工程；在业务工作上，她身先士卒，带头办案，确保了查办职务犯罪案件和法律监督等各项工作强势推进；在队伍建设上，大力实施检察文化建设，落实政治建警、科技强警发展战略，坚持从严治检与从优待警紧密结合，有效提升了广阳检察队伍的整体素质。干警队伍连续六年无违法、无违纪、无办案事故发生。该院队伍建设的做法与经验得到市委、区委领导的充分肯定。杨华同志勤奋学习，善于思考，切实将理论与实践有机结合，近年来撰写了10余篇高质量的理论研讨文章，被省公安厅刊发并向全省推介。今年撰写的两篇论文被省检察院和高检院采用，并参加了全省政法系统优秀论文评选和高检院检察官论坛的研讨活动。

供稿：省妇联文明办

张素娟

在刚刚闭幕的省第七届党代会上，由张素娟同志参与策划并主持编辑的“六届省委执政兴冀纪事”22篇大型系列报道和四篇特稿“向党和人民交一份优异答卷”系列报道，受到省委书记白克明的充分肯定，批示要求辑印成册，发给与会代表学习交流。此前，省两台及全省市级党报对该专栏刊发的26篇文章全部予以转载。这一情况在我省新闻史上均不多见。

张素娟同志1992年7月大学毕业到河北日报社工作。1997年9月被评为编辑，2002年8月被评为主任编辑。到报社工作14年来，她先在要闻部从事版面编辑两年，之后一直在政科教新闻采编中心工作，2001年7月被聘为主任助理，2003年3月被聘为中心副主任。作为省内首席媒体从事政治报道的一线记者，张素娟同志十分重视学习中央及省委的方针政策及各项重大部署，力求紧跟时代步伐，准确及时把握省委工作的脉搏，以新闻报道的形式配合好省委工作的开展。近五年来，她先后主持参与了诸多大型战役报道，均优质高效地完成了报道任务，多次受到省委领导和中宣部领导的好评。全国两会和省两会报道、省第六次党代会及历次省委全会报道、七一报道、国庆报道、年终专稿报道、迎接党的十六大大型系列报道、抗击非典报道、西柏坡巡回展报道、胡锦涛总书记来河北报道、李家庚先进事迹报道、文明生态村报道、纪念抗战60周年报道、建党85周年报道、抗震30周年报道、全省保持共产党员先进性报道等重大战役性报道，她既是组织谋划者又是具体实施者，她既当指挥员又当战斗员，圆满完成了各项报道任务。

2001年她主持采写的“纪念建党80周年系列报道”，获当年度省“五个一工程奖”；2002年，她策划并参与的“迎接党的十六大大型系列报道”，分获中国新闻一等奖一次、河北新闻一等奖一次；2003年她组织采写的非典启示录受中宣部表扬；2004年，她参与采写的“胡锦涛总书记来河北报道”获河北新闻一等奖；同年她编辑的李家庚先进事迹系列报道分获中国新闻三等奖和河北新闻一等奖；2005年，她主持采访报道的全省保持共产党员先进性教育活动的报道，有3篇被中央先进办评为优秀作品，有十篇被省先进办表彰，她编写的“石市七千万整治城市毛细血管”获全国党报三等奖；2006年她策划主持的“纪念建党85周年系列报道”，受到省委领导的高度赞扬。

由于具备了较高的理论政策水平，近年来张素娟同志一次次担任重大题材新闻的组织报道。迎接国庆55周年的本报编辑部文章《风里雨里紧跟着你》，反映2004年省委公选的《风清气正选才俊》，2003～2005年年终总结省委重大工作思路的系列述评《谱写执政兴冀新篇章》、《执政能力建设应对时代大考》、《树讲求开创执政兴冀新局面》等述评，均在省内引起很大反响，受到省委领导的好评。

结合14年编辑工作实际，她创新编辑思想，提出了编辑要“着眼一线、注重策划、全程负责”的编辑理念，受到业内好评；而以新闻的手法写重大典型报道、增强正面宣传报道的吸引力、感染力，是她总结60余个重大典型报道得出的经验。将媒体的舆论监督与政协的民主监督相结合，打造构建和谐社会中的舆论优势，是她这两年在工作中的实践和创新，受到政协组织和政协委员的好评。

鉴于张素娟同志的突出业绩，2001年以来，她两次受到省委、省政府的表彰，先后被评为全省反邪教先进个人、全省民族团结进步先进个人、全省优秀编辑、省直三八红旗手。她所在的部门被评为省三八红旗集体。

供稿：省妇联文明办

裴艳玲

裴艳玲，女，1947年8月生人，河北省肃宁县人，中共党员，国家一级演员。自幼出生于梨园世家。1956年参加工作，现任河北省京剧院院长。同时，兼任中国文联副主席、中国戏剧家协会副主席、河北省文联名誉主席、河北省戏剧家协会主席等职。曾任中国人民政治协商会议河北省第四、第五届政协委员职务，第六、七、八、九届全国政协委员。先后被授予全国五一劳动者奖章和国家级尖子演员称号，1987年当选为中国共产党第十三次全国代表大会代表，1988年被评为河北省劳动模范，1995年被评为省管优秀专家，享受国务院有特殊贡献专家津贴。是全国著名的戏曲表演艺术家，有“国宝”之誉。

裴艳玲戏路宽广，文武兼备，唱、做、念、打俱佳，京、昆、梆皆精。娇娇女儿身，擅演一身正气、侠肝义胆、嫉恶如仇、铁骨铮铮之血性男儿。自从艺以来饰演的《林冲夜奔》中的林冲，《宝莲灯》中的沉香，《钟馗》中之钟馗，《武松》中之武松，全部《陆文龙》中之陆登、王佐、陆文龙，《闹天宫》之孙悟空，《火烧连营》剧中一赶四，分别饰演黄忠、关兴、刘备、赵云，《龙凤呈祥》剧中分别扮演乔玄、张飞等，个个栩栩如生，鲜活动人，极具艺术魅力。她天资聪颖，艺术上炉火纯青，达到了极高的艺术境界，完善地继承了传统的艺术精华，又有独特的创新和发展。主演的《宝莲灯》、《哪吒闹海》、《钟馗》都被拍成彩色电影艺术片在全国放映，受到广泛赞誉。60年代曾为老一辈无产阶级革命家毛泽东、刘少奇、朱德、周恩来等党和国家领导人演出，并受到亲切接见。曾荣获文化部举办的全国戏曲观摩演出“主演特等奖”，两度荣获中国戏剧梅花奖，曾被河北省委、省政府和文化部授予优秀表演艺术家称号。1996年被中国文联评选为“跨世纪之星”称号。先后到世界20多个国家和地区讲学、访问演出，被誉为“最杰出艺术家”“世界一流女演员”，蜚声海内外。

供稿：省妇联文明办

戴秀芬

戴秀芬同志系河北小洋人生物乳业集团（以下简称小洋人集团）总经理、沧州市人大代表。

一、将企业文化建设工作放在各项工作的首位

企业文化是企业成长的动力，也是企业管理的核心内容之一。“以人为本，以德为根”是总经理戴秀芬同志一直奉行的管理理念，“以人为本”就是要“理解人，尊重人，关心人，发展人”；“以德为根”就是在企业经营的过程中要把诚信和道德放在企业经营和发展的首位。这也和公司的“凭良心做人，凭本事吃饭”的公司行为理念一脉相承。

作为公司总经理，戴秀芬同志凭借果断、大胆的决策力、领导力，从企业创建到现在，一直把企业文化建设作为一项重要的工作来抓，通过完善企业福利制度，着大力在丰富员工业余生活、提升员工综合素质方面展开工作，在企业经营管理中一直坚持“人本管理”，在企业经营的过程中一直把“培养员工，人人皆是才”作为自己的格言，注重嘉奖员工在业务素质以及思想方面的培养，并积极响应国家对私营企业的号召，积极拥护和支持中国共产党的领导，率先在公司成立工会、党支部等；自觉接受来自社会各界的监督；公司每月三期《小洋人》报纸都成为广大员工业余文化生活的一道大餐；在国内率先对员工进行系统档案管理，并以此作为对员工的各种节日（生日、结婚纪念日等）发放礼品的依据；把每年的十月作为小洋人公司的集体婚礼月，邀请各大电视台、著名主持人现场主持，给员工的婚礼带来了无限的乐趣……

二、“小洋人”带出个产业化

随着小洋人集团的不断发展，作为总经理的戴秀芬没有忘记生育养育企业的这片热土，积极响应当地政府的各种号召，投身到当地的经济建设中，并在自己利所能及的能力中，尽可能多的为当地的经济发展作出更多的贡献。

近年来，小洋人集团作为奶牛业的“龙头”，一直把带动全县奶牛养殖业的发展，当做企业发展的重要内容。为贯彻落实县委、县政府提出的“西菜东树，遍地畜牧”的农业发展总体思路，充分发挥自身优势，不断扩大企业规模，进一步完善企业与农户之间的利益联营机制，强龙头、扩基地、带农户，有效带动了全县奶牛业的健康快速发展。截止目前，集团投资近千万元用于扶持、鼓励广大奶农以及奶牛小区的建设。通过公司的努力，已经形成了“公司＋小区＋农户”的产业化发展新格局，全县奶牛养殖业摆脱了过去分散饲养、粗放管理、手式挤奶、作坊式加工的落后生产模式，步入了集约化、规模化、一体化、专业化的产业化发展轨道。到目前为止，已建成高标准的奶源基地12个，养殖小区内奶牛数量达到一万多头。随着集团三期工程的完工，公司产品系列的增多，对牛奶的需求量将进一步增加，预计到2007年，小洋人奶牛养殖小区奶牛数量将达到两万多头。将极大地促进青县奶牛养殖业的发展，带动农民治富。在集团三期工程竣工后，还将带动本地更多相关产业的大发展，解决部分人员的就业问题，进一步促进青县经济发展。

三、企业人社会人

在企业快速健康发展的同时，戴秀芬同志经常教导自己的员工要做一名有责任感的人，不仅对公司承担责任，对社会更要承担责任。人要做一个“企业人”，更要做一个“社会人”，并身体力行地为大家树立榜样。他们在几年里一直在关注那些社会的弱势群体，在最关键的时候给予他们最及时的帮助。公司自成立至今共吸收下岗职工700多人，并积极为残疾人提供特殊岗位的工作。先后出资百余万元用于为村镇修路、修机井、改善敬老院的办院条件等，曾先后救助青县本地、沧州、保定等地方数百名失学儿童重返校园，让她们的纯真童年不再有遗憾，“小洋人阿姨”的名字在很多孩子的心里是那样的可亲可敬。为此河北省妇联领导同志多次致电给公司领导表示感谢，省少儿基金会的主要领导亲自到小洋人公司赠送爱心牌匾，感谢公司在支持春蕾计划活动中做出的不懈努力；在关键时刻，小洋人公司挺身而出，勇于为社会奉献，抗洪救灾、抗击非典等，河北省民政厅特为小洋人公司颁发了抗“非典”捐赠证书……

正是在戴秀芬同志的带领下，小洋人公司形成了“真诚、务实、开拓、创新”的文化氛围，对领导忠诚相待，对同事真诚以待，对待工作勤奋、求实，对合作伙伴热情，整个公司洋溢着一种朴实、真诚、和谐、奋进的良好文化氛围。正是凭借对文化建设的重视与努力，才打造出了小洋人公司一群能干、忠诚的高素质人才，正因为如此，“小洋人”在市场竞争如此激烈的今天，销售业绩不断翻番，并引起了同行的关注……

面对公司所获取的种种荣誉，小洋人公司领导丝毫没有懈怠。“小无常势，兵无常形，企业的行走如履薄冰”，总经理戴秀芬同志经常这样教导自己的员工：“企业发展到今天很不容易，它凝聚了太多人的心血，因此我们必须像爱护自己的眼睛一样爱护我们的企业信誉，像关爱自己的孩子一样关心产品的成长；我们不是最优秀的企业，只有着‘追求卓越’的精神，不断地向更高层次冲击，我们才会离梦想更近些。”

供稿：省妇联文明办

先进单位

省发改委固定资产投资处

固定资产投资处是省发改委的一个内设处室，主要职能是监测分析全省固定资产投资状况，研究全社会固定资产投资宏观调节政策；安排管理省政府投资项目；推进投融资体制改革，确保全省固定资产投资合理稳步增长。2007年，固定资产投资处在落实省委、省政府重大决策中，练内功、强素质、抓党建，发挥党支部和党员队伍的先锋模范作用，有力地促进了各项工作开展，被评为十佳党支部。

一、加强学习，不断提高整体素质和战斗力

党支部始终把学习放在重要位置，自觉提高学习能力。一是建立和落实定期学习制度。围绕建设沿海经济社会发展强省新目标，紧密结合“为民、务实、清廉”的主题教育活动，认真组织学习党的最新理论，学习宏观调控政策和业务知识，把政治学习和业务工作紧密结合，创造性地开展工作。二是加强政治思想工作。通过召开支部扩大会、处务会等多种形式，加强思想教育，使全体党员干部向思想信念坚定、专业知识精湛、职业道德高尚的标准贴近，形成创新向上团结奋进的团队。三是改进活动内容和方式。七一期间，与国家发改委投资司党支部，一起到李大钊纪念馆进行党日活动，国家发改委副主任姜维新同志专程前往授课。

二、狠抓落实，努力实现省委省政府工作部署

一是抢抓机遇，精心组织，加强对事关奥运安全的护城河工程、三基规划等重大项目协调跑办，争得了国家支持。二是加快推进以改善民生为重点的项目建设。在改善县城供水、污水垃圾处理、重点镇基础设施、采煤沉陷区治理等事关广大人民群众切身利益的项目上，加大扶持力度，积极争取国家支持。三是维护政府形象。开展党政机关办公楼等楼堂馆所项目清理是2007年的一场硬仗。支部充分发挥战斗堡垒作用，按照中纪委等国家六部委的要求，克服时间紧、任务重、难度大等困难，在深入调查和广泛征求社会和群众意见的基础上，对发现的问题，分门别类进行整改。对群众反映强烈、影响较大、社会各方面关注的项目，依据有关法律法规，进行重点调查处理。清理工作得到中纪委刘锡荣书记的肯定和表扬。

三、开拓创新，转变工作作风，提高服务水平

一是深入调查研究，搞好投资调控。年初支部分三个小组，深入11个地市及部分重点企业就投资体制改革和进一步改善优化投资环境开展专题调研，掌握第一手资料，研究存在问题，提出进一步加强和改进工作的思路和重点。逐月、逐季进行投资形势分析，加强对钢铁、水泥、房地产等产能过剩行业和重点调控行业的跟踪、监控。建立全省固定资产投资项目信息管理系统，实现项目信息共享，增强工作的前瞻性、预见性，及时发现解决投资领域出现的新情况、新问题。二是深化投资体制改革，全面推行代建制。制定并实施了河北省固定资产投资项目核准、备案实施办法，彻底改革了以往不分投资主体、不分资金来源、不分项目性质一律实行审批的项目管理制度，确立了企业的投资主体地位。针对政府投资项目建、管、用“三同体”和超规模、超标准、超概算的“三超”现象，全面推行代建制，使政府投资项目管理规范高效，工程质量良好、工期和投资得到控制，受到省领导及社会的普遍好评。三是破除思想和体制障碍，从改善政策环境、优化政务环境、营造良好建设环境入手，不断优化投资环境，确保项目建设顺利实施。

供稿：省发改委文明办

省高速公路交通警察总队五支队

省高速交警五支队大力开展创建“六型警队”活动，内强素质、外塑形象，全面提升精神文明建设工作水平。

一、创建学习型警队，以学习教育引领精神文明建设

一是营造学习氛围。他们在全体干警中强调学习工作化、工作学习化，终身学习、团队学习，时时学习、处处学习的学习理念，营造浓厚的学习环境，引导广大干警读文明书，做文明人。每年干警的读书笔记达2万多字。二是端正学风。丰富完善学习模式，克服学习上的形式主义，提高学习效率。杜绝学习简单化，克服学习中的急躁情绪。三是丰富学习内容。不断拓宽学习领域，更新学习内容，每月集中学习不少于两次。他们不仅加强政治理论学习，还适应时代变化和工作需要，超前学习先进的交通管理、事故处理知识，增强处理复杂案件的能力，做到学以致用。

二、创建创新型警队，以创新发展促进精神文明建设

以文明创建工作为主线，做到创新服务理念，在执法过程中突出人性化服务；创新服务手段，变被动服务为主动服务；创新服务载体，开展“处处都是窗口，人人代表形象”主题实践活动。活动的开展使警民关系得到有效改善，在提高服务质量上不断提高。同时，充分发挥典型引路的作用，大力宣传支队中的先进单位和先进个人的好经验、好做法，树立标杆大队1个，学习典型10名，使广大干警学有榜样，赶有目标，借典型的力量，带动了全队各项工作的有序开展，在全体干警中形成了人心思进、见贤思齐的良好氛围。

三、创建务实型警队，以务实进取践行精神文明建设

将提高工作效率作为落实精神文明创建工作的有力抓手放在首位，落在实处。他们根据高速公路人流多、物流大的特点，严格警务公开，重视承诺践诺，全体干警高效运转，不拖拉不扯皮，扎实稳妥地把工作落到实处。注重窗口形象，规范窗口服务，规范了办公楼、检查站、业务大厅的外观标识，规范工作流程，悬挂150多条宣传标语，20多块展板，全面推行“一站式”、“零距离”服务，实现案件提质、行政提速。规范路面秩序，加大警务公开力度，事故和路面违法行为处理实现“阳光作业”。推行人性化执法，实现教育与处罚并重，在执法中取得群众的理解和支持。完善违法处理室、事故处理室等窗口的便民服务设施，积极为群众排忧解难，树立高速公路交警的良好形象。仅活动开展以来，就收到锦旗50多面，感谢信80多封，且从未发生过因干警执法不规范引发的群众上访事件，未发生一起因管理不到位引发的责任事故。

四、创建服务型警队，以服务大众巩固精神文明建设

始终坚持“保高速平安、促地方经济”的工作思路，致力于服务地方经济建设，营造良好的投资环境。他们主动与地方政府加强联系，时刻把握经济建设需要，通过调整工作思路，达到依靠地方、服务地方的目的。同时牢固树立“大公安、一盘棋”思想，做到一警多能，加强与其他警种协调沟通，形成合力，在全力维护交通安全的同时，在维护社会治安和稳定上发挥作用。几年来，高速公路治安刑事案件呈逐年减少态势，受到上级领导的高度评价。

五、创建廉洁型警队，以廉洁自律加强精神文明建设

充分发挥纪检、督察、政工部门的职能作用，将反腐工作关口前移，深化支队的党风廉政建设。对全员加大了党风廉政建设和反腐败工作的宣传教育力度，提高干警反腐败的自觉性；对重点岗位和关键环节加大督促检查力度，做到常提醒、多警示、早预防。将党风廉政责任制落到实处，对党风廉政责任制层层分解，责任到人，并将责任制的落实情况纳入领导干部和干警的目标考核，把考核结果作为奖惩和晋升的主要依据。通过开展专项检查，巩固四个方面成果，即：巩固贯彻执行“五条禁令”的成果；“两个违规”专项治理的成果；治理公路“三乱”的成果；推行警务公开、行风评议活动的成果，有效保证干警队伍清廉执法。

六、创建节约型警队，以勤俭节约深化精神文明建设

在全体干警中首先树立节约意识，采取强有力措施，建设资源节约型公安交警机关。通过开展资源节约活动，减少资源浪费，从节约一滴水、一度电做起，降低办公成本，在节约燃油方面，严格限制公车使用，外出工作、下基层能搭便车就搭便车，控制车辆用油，严格执行车辆保养和报废制度。打印机墨盒能灌装的就尽量不采购新的。最大限度实现网络办公，减少用纸。同时减少会议和文件，能合并的会议合并召开，注重实效。据不完全统计，今年较往年节约办公经费5万多元，得到了上级机关的认可，并召开了节约型警队现场会，向其他部门介绍成功经验。

供稿： 唐山市文明办

河北省京秦高速公路管理处

京秦高速公路西起津冀交界处的蓟运河，东至冀辽交界处的山海关，全长199.31公里，是一条集经济、政治、旅游于一身的形象路。京秦路特殊的地理位置赋予了京秦处更高的要求和使命，按照省厅“树交通新风、建廉政行业”和创建“文明执法示范窗口”活动的总体要求，坚持“求真务实，构建和谐”的宗旨，把“保障畅通，服务车户”作为运营管理的首要职责，研究形势，转变观念，理顺关系，调整职能，打造信息化管理与服务的平台，实现管理向服务的转变，站在构建和谐大交通的高度，进行了一些大胆的创新和尝试。

一、更新理念，改进方法，构建以服务为核心内容的和谐交通

围绕党的十六届六中全会提出的构建社会主义和谐社会和李盛霖部长多次强调交通行业要立足于做好“三个服务”的新要求，省厅提出要构建以服务为核心内容的和谐交通。为了将上述要求和省七次党代会制定的建设沿海经济社会发展强省战略落实到实际工作中去，京秦处从转变思想观念入手，在变管理为服务方面重点做了以下几项工作：

1．树立服务的理念，推行“一站式服务、一条龙办公”。为解决车户办理案件程序多、手续繁、耗时长的问题，该处投资20余万元，在秦皇岛路政大队、山海关治超站设立“一站式”服务大厅，将路产案件索赔、路政许可、高速交警、法律咨询、卸载公司业务集于一室，联合办公，使原来需要车主奔波往返各单位、部门多次才能办完的手续，在服务大厅内一次性就能办理完毕，大大缩短了办案时间，方便了车户。在此基础上又投资6万元，于12月上旬实现了路政许可网上审批，进一步提高了工作效能。

2．树立保畅的理念，全方位确保安全畅通。一是确保施工期间的安全畅通。投入5个多亿对京秦主线进行了中修罩面和病害处理。施工过程中，转变以往只抓施工、只重进度的观念，积极与交警部门、施工单位进行协调，最大限度的减少因施工造成的堵车现象，既确保了施工进度和施工质量，又实现道路的安全畅通。二是特殊时期保畅通。针对暑期、五一、十一黄金周等交通流量相对集中的特点，早安排、早动员、制定方案，完善应急机制，投入了200多万元对沿线服务设施进行更新改造，安排了6000多人次、1500多车次，并联合交警限制大车上路，确保了特殊时期的安全畅通，受到了省暑期办、假日办的好评。三是特殊天气保畅通。与交警部门、气象部门共同探讨雨雪雾天气下保障通行的可行性方案，力争早日实现高速公路的“全天候通行”。

3．树立和谐的理念，推行“六个一”和“三个少”服务。即：“一张笑脸相迎、一声问候暖心、一把椅子请坐、一杯茶水相敬、一份真诚办事、一声再见相送”；“少让来人问一次，少让来人等一会，少让来人跑一趟”。主动在全线5个服务区公开了“有困难，找路政”的服务承诺，并与沿线29个乡镇、89个行政村开展了“路村共建”活动，用真心、诚心和爱心的服务，赢得了群众的认可。

4. 树立廉政的理念，推行阳光执法。自觉接受社会监督，积极参与行风评议。一是广泛开展政务公开，在各办公地点设置公示栏，公布各种法律法规和政策规定，设置管辖区域示意图，岗位名牌及路线引导牌。设立“大队长接待日”，处理群众反映的各种问题。二是聘请行风监督员，完善投诉举报制度，制定便民联系卡，全面接收群众监督。三是加强内部监督，切实执行交通部“五不准”和省厅颁布的“六条禁令”等规定，杜绝公路“三乱”现象，投入15万元安装远程闭路实时监控系统，对治超站等敏感区域进行监控，将整个执法过程始终置于阳光之下，严格规范路政人员的执法行为，保持队伍的纯洁与活力。

二、整合资源，搭建平台，构建综合服务联合执法新机制

高速公路运营管理涉及养护、路政、收费、经营、交警等多个业务部门，是一项综合性的管理工作。为了实现信息共享、协调联动、最大限度地发挥现有通讯、收费、监控设施的作用，提高各部门快速反应能力，为社会各界提供多层次、多元化、个性化的服务，该处从以下几个方面进行了探索和尝试。

1. 整合资源，调整职能，创建了我省第一个高速公路监控信息调度指挥中心。首先调整机构，将监控中心划归路政部门统一管理。其次理顺职能，将总机电话、全处24小时值班电话、报警电话、咨询电话、投诉电话等原来分散在各个职能部门的业务全部归口到信息调度指挥中心。在此基础上，又投资650万元实现了北戴河至秦皇岛西段和北戴河连接线共计30公里路段的全程监控，还增加了智能交通事件检测系统、GPS卫星定位系统以及智能指挥沙盘等高科技设备，并将治超站视频网络监控也移到了信息中心，使原来功能单一的监控中心改造成了集路况监控、信息收集与发布、突发事件应急指挥，咨询、报警、投诉电话服务等多项功能于一身的综合信息收集决策平台。一方面使保畅能力大大增强。通过与交警、公安、气象、消防、医疗、救援以及周边高速公路管理单位建立的应急保畅体系，遇有特殊情况和突发事件，能够在第一时间向各级领导、各业务部门及公众发布信息，疏导车流，以便及时采取应对措施，确保道路畅通。另一方面使服务能力明显提升。信息中心为司乘人员提供行车指南，特别是在交通拥堵的情况下及时指引车辆选择最佳行车路线，极大地方便了群众。第三，使应急能力显著提高。在突发事件情况下，能够进行快速反应和调度。如11月29日检测到一辆大货车在主线道路发生侧翻堵住了两个车道后，信息中心迅速通知路政、交警及救援等相关部门在第一时间赶到现场进行了处理。从发现事故到处理仅用了15分钟，比原来缩短了45分钟。截止目前，信息中心共进行紧急指挥调度309次，发布路况信息872条，应答司乘人员查询72900余次。交通部公路司李华副司长等领导在视察了京秦监控指挥中心后，对先进的管理模式和快速的应急处理能力都给予了高度的肯定。

2. 联合执法，治理超限。按照上级的统一部署，与高速巡警联合启动超限、超载工作集中治理活动，同时与军检部门结合，加强沟通协作，达成共识，实现了路、警、军联合治理，形成了对超限车辆的高压态势，大大增强了执法力度。自山海关治超站正式运营以来，共投入执法人员7000余人次，查处双超车辆2980辆次，卸载货物69700吨，超限运输车辆由原来的30%降至8%，有效地遏制了超限车辆对路面造成的损害。

3. 打击黑车，联合办案。该处把打击逃费黑车，整治收费环境作为贯彻一项重点工作，积极协调高速巡警大队和秦皇岛市公安局、交通局、军分区、公交分局、交警支队等相关部门联合，成立了“打击黑车专项行动办公室”，对经常闯口逃费的非法营运车辆进行全面、有效的打击，从原来每天闯口逃费上百辆控制到了十几辆。同时还和公安刑侦部门联合破获了四起制作贩卖通行卡案件，抓获卖卡人员15人，涉案金额32余万。各收费站还与当地派出所等部门建立了收费站突发事件的安全防护体系。

三、严格管理，提升素质，塑造高速路政执法服务新形象

该处高度重视执法队伍建设，加强业务技能培训和思想作风教育，完善监督考核机制，带出了一支思想过硬、业务精湛、作风优良、纪律严明的路政执法队伍。

1. 思想教育严风纪。利用工作例会、专题座谈会、警示教育会开展宗旨教育、法制教育和职业道德教育；针对不良苗头和倾向，适时开展专项教育整顿，增强奉公守法、廉洁自律的意识，克服麻痹、侥幸的心理；通过开展“把信送给加西亚”读书座谈会，演讲比赛等形式，引导执法人员树立正确的人生观、价值观。通过持之以恒、形式多样的教育活动，不断增强执法人员严格执法、热情服务、构建和谐交通的自觉性，保持了整个队伍良好的精神风貌。

2．学好业务提素质。抓好业务学习是增强路政队伍执法能力和服务能力的关键。为每一位路政队员建立了学习培训档案，坚持季度考核和排名制度，凡连续两次考试不及格者待岗学习。还通过业务知识竞赛、法律法规培训、应用英语口语培训，全面提升执法人员知法、懂法、用法的能力，要求每一位路政队员对业务范围内的相关法规政策熟练掌握，烂熟于心。

3．开展练兵增技能。从实际工作出发，从司乘人员的需要出发，开展了独具特色的灭火救援、伤员救护、驾驶技术、更换轮胎等业务技能训练和比武活动，锻炼了队员的实际操作技能，大大提高了应对突发事件和公众服务的能力。在全省交通系统组织的练兵比武中均取得骄人的成绩。在暑期保畅、紧急抢险及全省、全处重大活动中出色地完成了各项任务，得到了各级领导和社会各界的好评。长期以来，“练内功、强素质、树形象、争荣誉”的口号在整个路政队伍中叫响，各单位之间形成了“比、学、赶、帮、超”的良好氛围。

4．强化管理树形象。一是在所有路政巡逻车上安装了GPS卫星定位系统和可视系统，时刻监督每辆路政巡查车的运行线路、方位和速度，观察案件现场处理情况。二是为确保巡逻的密度，在巡逻沿途多处设置指纹识别系统，路政人员定点“报到”。三是建立人情车登记通报制度，要求治超当班人员值班期间必须关闭手机，对人情车进行登记，定期通报，这一措施使“人情车”数量大大减少。四是推行路政执法人员定期轮岗制和末位淘汰制。每2年对路政执法人员轮岗一次，每4年轮一番；对连续两年考核排名末位或严重违纪损害路政形象的，调整出路政执法队伍。通过严格的监督机制和措施，有效地保证了执法行为的规范性、合法性、公正性。

供稿：省交通厅文明办

撰稿：臧劲松

河北省煤田地质局第四地质队

河北省煤田地质局第四地质队，是一支具有33年建队史的专业从事煤田地质勘探队伍。近年来，河北省煤田四队党委以“三个代表”重要思想和科学发展观为指导，紧紧围绕四队改革和发展这个中心工作，坚持“两手抓，两手都要硬”的方针，充分发挥精神文明建设在地勘生产经营活动中的指导和促进作用，在激烈的地勘市场竞争中走出了一条求生存、促发展，实现经营产值跨越式发展的成功之路。先后获“全国煤炭工业地质勘查先进单位”、“全省地质勘查行业先进集体”、“省级先进企业”、“省现代化地质队”、“省级文明单位”等称号。

一、健全机制，加强管理，高标准谋划精神文明创建工作

为了提高全队干部职工思想政治素质，加强精神文明建设，队党委首先成立了以队党委书记为组长、队长和党委副书记为副组长、各党支部书记和党务各部门负责同志参加的全队精神文明建设指导小组，并下设了办公室负责日常工作。形成了队党委负总责、党务部门和党支部抓落实、全队干部职工共同参与的良好工作格局。为了把精神文明建设工作落到实处，先后研究制定了《中共河北省煤田四队委员会工作细则》、《四队党委思想政治工作实施细则》、《关于全队思想政治工作、精神文明建设、企业文化建设的考核办法》等一系列规章制度。

二、强化教育，重视培养，下大力夯实干部职工思想基础

一是针对面临的新形势、新机遇和新挑战，本着继承、发展和提高凝聚力的原则，在全队范围内开展了征集企业精神和团队作风的活动，进行了企业精神和团队作风的重新整合。在反复征求有关方面意见，精心斟酌提炼的基础上，最后确立了“科技兴队，争创一流”的企业精神和“团结、诚信、敬业、奉献”的团队作风。搭建起四队精神文明建设系统框架，实现了职工意愿同企业发展的共融。二是发挥队报《北方地质报》、橱窗、读报栏及对外报道等宣传主渠道和舆论主阵地作用，制作专刊或专版，开展“学习党章、遵守党章、贯彻党章、维护党章”、“为民、务实、清廉”等主题教育活动，提高了干部职工思想道德水平，增进了全队的凝聚力。

三、丰富载体，创新内容，积极开展精神文明创建活动

通过开展文明科室、文明家庭、文明小区、先进集体、先进个人、文明号单位和青年文明号等创建活动，全队共有35户职工家庭被评为文明户；有10个基层单位被评为先进集体；有20余名职工被评为劳动模范；50余名职工被评为先进生产（工作）者；30余名职工被评为生产技术标兵；有5个部门被评为文明科室；北方大酒店、2402钻机被省直团工委评为“青年文明号”单位；四队工会女工委员会获省直“优秀女职工委员会”称号；一名职工获市“五一”奖章；队长袁东翔获市“优秀共产党员”称号；五项科研成果分别获河北省煤田地质局和张家口优秀创新成果奖；有8名同志先后获河北省煤田地质局和省直工委技术标兵和生产能手称号。

四、明确目标，注重实效，促进经济实现跨越式发展

2005年～2007年，先后完成邢台、唐山、大城、宣化、蔚县、康保、阳原、内蒙古、吉林、山西等地煤田地质勘查、煤层气开发、石油地质勘查、地热井开发等多个国家和地方项目。2007年完成钻探工作量72362.03米，完成货币工作量4600万元，与2004年同比分别增长186.69%和210.44%。职工年人均收入与2004年同比增长126.98%。实现了年年上台阶，三年大跨越的目标。

供稿：张家口市文明办

撰稿：吕树平

华北军区烈士陵园

华北军区烈士陵园是国家重点烈士纪念建筑物保护单位、省国防教育基地、省重点爱国主义教育基地、全国中小学爱国主义教育基地、全国红色旅游重点建设单位、全国爱国主义教育示范基地。2004～2005年度，被河北省委、省政府授予“文明单位”称号。2006～2007年度，先后被全国妇联授予“巾帼文明示范岗”称号，被省委、省政府授予“省环境卫生先进集体”荣誉称号，被石家庄市园林局评为“石家庄市十大园林景观”，被省文明办、市教育局等六部门评为石家庄市未成年人道德教育实践基地。

一、努力培养高素质的干部职工队伍

注重提高干部职工的政治觉悟和思想境界。一是建立了干部政治理论学习长期制度。充实丰富党员干部的政治理论修养。二是扎实开展学习贯彻党的“十七大”、“解放思想大讨论”等专项学习活动，为100多个单位来园开展政治思想教育活动提供了资源和优质服务。三是进行了“树立科学发展观”、“在烈士身边工作，学习先烈精神”等七大系列的主题教育。

不断锤炼员工的业务能力和工作水平。一是对业务人员实施多层次、前沿性的知识强化。讲解员规定了“四统一”。园艺工举办了六期先进技术培训等。二是创作较高水平讲解稿60多篇，具有一定水平的园林规划设计5件，在省内外相关业务比赛中多次获奖，共获省部级荣誉3项、一等奖4个、二等奖6个、三等奖10个。

以科学发展观指导和加强管理工作。一是进一步修订完善了单位《管理工作暂行办法》，建立了三级把关的检评、督办制度。二是结合行风建设和机关效能建设，明确了涉外服务和宣教活动的一些规范守则和章程(共100余条)。

二、扎实开展单位社会主义精神文明建设

抓行风建设，优化发展环境。重点抓了“开展文明用语，实施规范服务”等系列教育整顿活动，结合实际，制定了《工作人员文明规范用语》等，开展了“三查三看三树”活动，在售票接待、入园参观、谒陵凭吊、导游讲解等各个环节提供全程优质文明服务。两年中，对1200多位谒陵群众进行了问卷回访，满意率100%。

抓综合治理，树立窗口形象。一是园林美化。整个园区达到“春有花，夏有荫，秋有果，冬有绿”鸟语花香的生态标准。二是园区净化。成立专门清洁队，实施义务劳动，全员义务劳动156次，清理卫生死角20000平方米，出勤人数累计3000多人次。

三、充分发挥国家级爱国主义教育示范基地功能

两年中，共接待谒陵人员120多万人次，其中：省部级领导56人次，外宾110人次，烈士家属20000多人次。全年导游讲解1200多场次，做烈士事迹报告600多场次，放映教育片200多场次。一是发挥媒体作用。共在《河北日报》、《燕赵都市报》、《燕赵晚报》等发表有关报道50篇，提供宣传图片70余张，播放宣传片12次，整理编写烈士事迹、红色旅游丛书15本。二是适时集中教育。利用“清明节”、“七一”等特殊日子以及重大事件纪念日，组织开展规模宣教活动，实现了由零星教育向规模教育的转变。共开展500人以上的集中教育300多场次。三是培育共建单位。发展了驻石部队、学校等40多个单位。四是瞄准红色旅游。与400多个旅行社签定了“红色旅游协议”，接待200个旅游团，50000多人次。根据全国红色旅游景区建设的要求，制定了《华北军区烈士陵园红色旅游建设规划》，争取景区建设资金1400多万元，并多次应邀参加国家和省市举办的相关宣传活动。

供稿：省民政厅文明办

承德市高新技术产业开发区国税局

承德市高新技术产业开发区国家税务局现有干部职工124人，其中大专以上文化程度占干部总数的98%，党员占干部总数的66%。下设7个职能科室，1个稽查局，1个办税服务厅，4个分局及1个所。共管辖1856户纳税人，税收任务32000万元。

承德市高新技术产业开发区国家税务局始终坚持以邓小平理论和“三个代表”重要思想为指导，深入贯彻落实科学发展观，坚持“两手抓，两手都要硬”的方针，内强素质，外树形象，大力推进精神文明建设，带出了一支“政治过硬，业务熟练，作风优良，执法公正，服务规范”的税务干部队伍，有力地推动了全局税收整体工作的持续稳定和谐健康发展：该局连续两次被评为省级文明单位；被河北省人事厅、河北省国税局联合授予“全省国税系统先进集体”称号；2007年，该局被国家税务总局授予“全国税务系统文明单位”；区局办税服务厅被授予“国家级青年文明号”；该局先后被市政府授予依法行政先进单位、文明执法单位，全市预防职务犯罪先进单位和全市职业道德先进单位。

一、加强领导，完善机制，始终坚持精神文明建设工作的高站位

承德市开发区国税局按照新时期税收工作的总体要求，始终把精神文明建设工作放在重中之重。通过逐级明确责任，强化工作措施，整合各方面力量，在全局形成了“一把手”负总责，主要领导亲自抓，分管领导具体抓，其他领导配合抓，一级抓一级，层层抓落实的良好局面。同时，制定了《精神文明建设三年规划》，每年制定下发《精神文明建设工作安排意见》，定期召开精神文明建设工作会议，坚持把精神文明建设与税收业务工作一同部署、一同落实、一同考核，有力地保证了区局精神文明建设工作每2～3年迈上一个新台阶。

二、教育熏陶，正气引导，凝聚精神文明建设发展动力

承德市开发区国税局始终突出文明育人，着力提升全体干部的精神境界，明确价值取向，提高道德水准，为推动精神文明建设向纵深发展提供了强大的源动力。

（一）区局领导班子率先垂范，以身作则。坚持开展党组理论中心组学习，加快知识更新的速度，使班子成员对税收工作的发展态势有了正确的认识，提高了驾驭全局的能力。为了加强自我约束，局班子还坚持约法三章，提出了“树立一种意识，提倡一种精神，锻炼和提高一种能力”、“提高谋事能力、提高执行能力”等多项具体要求。

（二）提高干部思想道德水平，展现良好的精神风貌。一是不断加强干部理想信念、法律法规、社会公德、家庭美德等教育，开展社会主义荣辱观学习实践活动，组织全局党员同志赴北京参观军队和国防建设成就展、赴毛主席故乡韶山进行革命传统教育，组织“坚定不移跟党走”主题党课，以“我是一名光荣的共产党员”为主题为每一名党员过“政治生日”；组织全局干部职工参观露露股份公司和颈复康药业集团生产车间，实地了解一线工人的工作状况，进行换位思考。二是全面细致地开展思想政治工作，坚持实行包括任前、转任、转岗谈话在内的“八必谈”制度，通过扎实有效的谈心活动加以正确引导，使干部队伍在关键时刻能够经受住来自各个方面的考验。在2005年9月开展的规范机构调整过程中，因受指数的限制原有中层干部正职中只有60%的人员能够升任副科级干部，正是由于思想教育工作做得深入扎实，区局的干部对组织的安排给予了最大的理解和支持，实现了平稳过渡。

（三）倡导“拿事当事”踏实的工作作风，创造一流的工作业绩。在开发区国税局有着这样的干部誓词：与开发区国税局共同成长，我以开发区国税为骄傲，开发区国税因我而自豪。在这里，每一位开发区国税人把工作当成了一种事业，从完美的工作成果中体会到了自己工作的意义。他们坚持工作创新，多元化纳税申报、“一窗式”管理整合、网上申报纳税、“一机多票”推行试点等多项工作均从该局起步实施，积累了大量的工作经验。2007年该局制定并实施了《海关完税凭证信息审核采集管理办法》，最大程度地控制了假票抵扣问题，被市局确定为管理创新项目；建立重点税源监控、财税联合税源调查制等各项责任制度，加强了对征管工作事前、事中、事后的监督，实现了管理水平的大幅提升，该局在全市国税系统税收征管质量考核中始终名列前茅，领导班子建设、思想政治及纪检监察工作先后在市局、省局的经验交流会上作了典型发言，税收各项工作中先后有6项经验做法在系统内转发并得以推广，税收整体工作实现了持续、稳定、和谐发展。

三、创新载体，依托文化，努力营造精神文明建设和谐氛围

承德市开发区国税局坚持以人为本，把税务文化作为不断深化精神文明建设的有效载体，努力营造着向上和谐的工作氛围。

该局发起了“金点子”征集活动，通过营造张扬个性的发展空间，让干部职工的主观能动性得到了最大的释放；策划制作了《国税十周年纪念册》，全面反映了该局自国税成立以来的发展壮大的过程和取得的优异的工作业绩，激励大家珍惜在一起工作的缘分；开展“文化修身计划”系列活动，先后向每一位干部职工赠送了《今世的五百次回眸》《细节决定成败》等书籍，创办刊载干部原创文学作品的《花开四季》，打开了职工感情宣泄的出口；2006年，在四年多探索与实践的基础上，该局推出了《税务文化手册》，形成了完善的理念识别系统、行为识别系统和视觉识别系统，并采取各种途径潜移默化的对职工进行宣传和影响，坚持将这些文化内涵贯穿于每名职工的每项工作细节之中。

四、优化服务，擦亮窗口，精神文明创建活动全面开花，硕果累累

（一）以办税服务厅为重点，文明行业窗口创建活动辐射全局。在办税服务厅推出预约服务、来电来函服务等一系列特色服务，设置了“一站式”办税窗口，建立了纳税人“一户式”资料存储模式，开辟了涉税文书自选区，面向纳税人免费提供47种常用制式税务文书，启用了税收管理员申报资料投递箱……由点及面，该局下设的基层单位全部被承德市文明委评为窗口服务三星级单位。

（二）构建和谐关系，树立良好社会形象。开展“求、听、访”活动，局班子定期到地方政府汇报工作，征询意见和建议；与辖区企业共同举办“相约诚信”主题税收宣传活动，开展“税企角色互换，征纳深度体验”活动，实现了税企和谐互动；做客承德人民广播电台“百姓热线”节目，主管局长带领相关部门深入辖区企业开展“阳光服务”活动，真心实意为企业解决实际问题。

（三）积极参与社会公益活动，用爱心体现文明。干部职工人人争做文明人，争做文明事。连续7年向双桥区牛圈子沟镇水泉小学捐款10000余元，捐赠7台电风扇、2台电脑、6张电脑桌，购买部分文体用品及科普书籍，为师生打机井一口解决了吃水难问题，出资修缮校舍，改善教学环境；参加全市“送温暖”基金、“工资一日捐”专项活动捐款4810元，为本系统两患病干部捐款32500元，今年以来，组织全局干部职工先后多次向四川地震灾区捐款2.6万余元。

供稿：省国税局文明办

兴隆县兴隆镇十四顷村

2004以来，十四顷村响应省委、省政府的号召，大力开展了创建文明生态村活动。经过全村老少三年多的努力，全村4公里主街和7条小巷全部硬化，植树1.2万株，修建文体广场2000平方米，环境面貌大变样，村民文明素质和经济收入明显提高。

一、用讲好处的办法动员群众，吸引群众广泛参与创建

十四顷村位于北京至建平公路沿线，过去村内环境脏乱差，街道两侧私搭乱建十分严重。上级号召创建文明生态村，群众都认为是好事，但也存在一些不同认识。有的认为，庄稼日子庄稼过，不干不净，吃了没病，脏点、乱点没啥；有的认为创建活动好是好，可修路、种树得花多少钱，咱村本来就不富裕，等以后再说吧；有的认为就是费挺大劲干成了，也保持不了几天，趁早别干了。

针对群众这些思想问题，党支部、村委会认为，要说服群众必须用看得见、摸得着的事实说话。他们组织村两委班子成员、党员代表和村民代表60多人，到创建工作搞得好的遵化市和邻村大有村参观，用和自己村各方面条件差不多的创建先进村的巨大变化，激励大家。瞅着人家的变化，对大家震动很大。参观回来后，他们把参观村的创建成果拍成60多幅照片，贴在村委会外的墙上，让村民都来观看。他们总结了创建文明生态村九大好处：“街道平又宽，做饭不冒烟，花红草又绿，村庄像花园，村里有产业，在家挣大钱，出门不摸黑，晚上像白天，广场来娱乐，赛过活神仙”，利用大喇叭反复广播，并登在墙报上广泛宣传。他们还把上级创建文明生态村的政策、要求和需要村民干什么，印成明白纸，发到家家户户。

许多村民坐不住了，主动找到村两委问，凭什么人家干得成我们干不成？于是，村两委班子趁热打铁，提出：遵化、大有的今天就是我们的明天，我们要齐心合力学遵化、超大有。一下子把群众的干劲鼓了起来。从2004年7月起，全村上下掀起了修路、植树、建广场的创建热潮，出现了父子、夫妻共同出工，老人、孩子烧水送水支持创建的感人场面。

二、用党员干部模范带头作用引领群众，激励群众踊跃投身创建

十四顷村提出，全村43名党员就是43面旗帜，要遇到困难带头上、危难险重带头干。一是带头拆迁。2004年，在搞主街硬化时，需要拆掉道路两旁的煤棚、猪圈、厕所等，涉及全村70%的住户，十分艰巨。村党支部要求党员干部“先拆自家、再拆亲戚家、最后拆一般群众家”。一天之内，村两委班子成员首先全部拆除了自己家里的违章建筑6处，并通过做工作拆除了亲戚朋友的违章建筑23处。党员李金成家带头拆除做买卖用的一个厢房，损失了3万余元。在党员、干部带动下，仅用一个月时间，完成了全部拆除任务，群众没有一个闹意见的。二是带头出资筹资。首先是5位村干部自定了指标，每个人带头引来了8万元的项目和资金支持。其次，党员主动捐款，支持创建。党员罗晓霞一人捐水泥20吨，价值5000多元，有15名党员捐款在500元以上。群众看到干部、党员的行动，也纷纷捐款，干部群众先后捐资15万元。三是带头出义务工。所有党员干部出义务工都在70个以上，群众出工都在30个左右，全村共计出义务工2万多个。仅此一项，就为村里节省资金100万元。退休返乡的老党员刘子杰已经75岁高龄，没有出工的义务，但他从村里硬化道路那天起就一直参与劳动。党员段长武带头把自己的卡车无偿为村里使用，带动全村大小50多台汽车义务出车150多天。

三、用民主的办法组织群众，引导群众群策群

力创建

十四顷村坚持大家的事情大家说了算、大家商量着干。一是创建规划大家做。从道路硬化，改自来水，建广场、建绿化带等各项工程的规划等，都是通过村民大会讨论才实施，既减少了失误，又调动了大家的积极性。比如，在制定村绿化规划时，事先广泛征求了群众意见，随后专门召开有党小组长、村民组长、村民代表参加的绿化规划会议，根据大家的意见，制定了三个层次的绿化方案，达到了春天赏花、夏季乘凉、秋季摘果的效果。二是创建资金大家管。群众选了5人理财小组，村里买绿化苗木、买村街路灯、买广场彩砖，都由理财小组5个人一块到遵化、蓟县、平谷等周边县，货比三家，力求物美价廉。一切开支都做到提前讨论、花销有账、张榜公布、接受群众咨询。创建投入前后有100多万元，每笔账目都清清楚楚。三是创建成果大家来维护。有了成果还需要巩固住。他们组织村民出主意、想办法，在卫生管理、道路维护、树木管护、医疗保健、文体活动、十星级文明户评选等十个方面，共商32项具体规定，并写进了《村规民约》。大家定的规矩大家遵守起来就更自觉，使创建成果得到了巩固。

发动群众、大家动手，使十四顷村发生了巨大变化。他们通过搞文明生态村创建活动，悟出了一个道理，那就是：村里的工作千难万难，只要把群众发动起来就不难，就没有干不成的事。

供稿：承德市文明办

整理：刘金生 刘惠芙 师文岭

张家口市国税局

张家口市国家税务局严格执行收入纪律，加强收入调度，细化征管措施，落实收入责任，保持了国税收入稳步较快增长。2007年，全市共组织入库工商各税610261万元，占省局全年收入任务的105.31%，较上年同期增收93932万元，增长18.19%。六大税种全面实现增收。为支持当地经济的发展，全年还依法为各类企业减免退税69680万元。2007年，全市民主评议行风工作中再次获得“免评资格”。荣获河北省“文明单位”、“依法行政示范单位”、“诚信建设示范单位”、“巾帼建功先进单位”，市委、市政府“机关效能建设突出单位”、“廉政文化建设示范单位”、“两提一优”“下评上”活动执法组第一名、“文明执法杯”竞赛第一名等荣誉称号。

全系统围绕中心工作，以提高干部素质为根本，以税务文化建设为重点，以精神文明创建活动为载体，狠抓干部队伍建设，较好地提升了文明单位创建水平。

一是教育培训为抓手，全面强化队伍素质建设。

系统上下紧紧围绕“大教育”理念，努力打造“学习型”干部队伍。在政治理论学习方面，按照省局和地方党委的要求，有计划地开展了内容丰富、形式多样的政治理论学习活动。并从12月13日开始在全系统开展为期3个月的“解放思想大讨论”活动。在业务素质建设方面，除抓好岗前培训等日常学习外，还组织全员参加了上级组织的各类业务培训。在加强“服务型”和“学习型”机关创建工作中，利用多种渠道宣传和树立“服务好基层，服务好全市经济建设，服务好纳税人”的国税形象。参加了市委宣传部组织的“十五”期间成果展，在全市开展的文明单位巡礼活动中，国税局创建文明单位的做法，于2007年6月23日晚在《张家口新闻》栏目中播出。

二是以正面引导为重点，不断深化党风廉政建设。

全系统确立了“大教育、大预防、大和谐”的全新工作理念。通过推行政务公开、开展专项治理等形式，认真开展“两权监督”；通过建立廉政预警工作机制，开展领导干部述职述廉及廉政考核，完善领导干部廉政档案，落实党风廉政建设承诺制，确保党风廉政建设责任制各项工作落实到位。在元旦、春节期间，开展了思想作风纪律教育整顿；4月份开展了“反腐倡廉宣传教育月”活动；

10月份举办了全系统成立以来规模最大、级别最高、时间最长的“全市国税系统科级干部警示教育培训班”，有力地推动了党风廉政建设各项工作的开展。

三是以构建和谐国税为目标，积极推进税务文化建设。

广泛开展多种形式的以税务文化和廉政文化建设为主要内容的创建活动，带动了整体创建水平的提高。市局和桥西区局被评为“市级廉政文化建设示范单位”。在全系统开展了“学先进、找差距、比贡献、创一流”竞赛活动暨“十员、百优”评选活动；开展以“热爱生命、关爱健康、喜迎奥运”为主题的健身活动等，构建了先进的税务文化氛围。

四是以创新政治思想工作为重点，进一步加强党建工作。

在不断巩固基层建设成果的基础上，通过改进和创新思想政治工作的思路和方法，生动、形象地教育干部提高政治素质。特别是利用党建载体，在全体党员中开展了以“发挥先锋作用，严格依法行政”为主题的创建活动，努力构建保持共产党员先进性的长效机制，加强了广大党员干部的党性修养，进一步发挥模范带头作用。市局机关党委被市直机关工委评为“先进基层党组织”，市局党建活动被评为“十佳机关创建活动”。

供稿：张家口市文明办

撰稿：田利军

冀东水泥集团公司

冀东水泥集团公司是我国建材行业的大型骨干企业、国家重点支持的12家大型水泥集团之一，拥有30多家下属企业，在职员工1万人，总资产85亿元，水泥年产能2000万吨、装备制造能力5万吨。多年来，冀东水泥集团公司始终坚持物质文明和精神文明两手抓，两手硬，在企业发展壮大的过程中，牢固树立科学发展观，不断探索企业精神文明建设的新方法和新途径，扎实有效地开展文明单位创建活动，努力构建和谐文明的大型企业集团。

一、强化“三德一体”精神文明建设管理机制，扎实有效地坚持开展精神文明创建工作

冀东水泥集团公司党委认真学习贯彻、实践邓小平理论和“三个代表”重要思想，牢固树立和落实科学发展观，结合企业实际，创造性地执行党的路线、方针、政策，自觉坚持“两手抓、两手硬”的方针，始终将（职业道德、家庭美德、社会公德）“三德一体”精神文明建设管理机制落实在工厂、社会、家庭，企业树立了良好的道德风尚。第一，冀东水泥集团公司自从1985年开始，坚持开展文明职工评选活动和文明职工“三德三做”活动，企业始终坚持按照“三德一体”标准规范员工行为，不仅负责员工在企业内部职业行为，而且还要管员工在企业以外道德行为。既管八小时以内，又管八小时以外，“三德一体”的道德教育和建设使员工思想情操得到熏陶，道德境界不断升华，树立起了良好的文明风尚，文明职工率保持在99%以上。第二，在文明职工评选活动中，严格规范文明职工教育、申报、升降、奖惩程序，实施文明职工动态考核，下发了《文明职工标准》、《文明职工奖惩办法》、《文明职工行为规范》《员工职业道德规范》《员工居住社区文明公约》等，使“三德一体”成为企业长效管理机制；在文明单位创建工作中，从基础管理入手制定了《冀东水泥集团公司文明单位管理办法》。第三，将“三德一体”管理机制不断延伸。针对企业不断扩大的实际，在全集团大力开展文明单位创建活动，在新建企业积极推广文明职工升降制度，施行文明职工两级管理制度，制定了《河北省冀东水泥集团公司文明职工两级管理奖惩办法》，还特别要求新建企业将项目建设和精神文明建设同步进行、同步考核，企业将“三德一体”管理机制延伸至华北、东北、西北十几家子公司。

冀东水泥集团系统的搞精神文明建设是从文明职工活动起步的，至今已有二十几个年头，企业要求职工在社会上讲社会公德，做文明市民；在工厂讲职业道德，做文明职工；在家庭里讲家庭美德做文明成员，逐步形成了“三德一体”的文明格局。随着活动的步步深入，冀东员工在思想上也逐渐形成了“文明职工光荣，非文明职工可耻”的观念，“三德一体”管理机制成为了企业精神文明建设不可分割的重要组成部分。

二、坚持以人为本的思想，努力构建和谐企业

面对不断扩大的企业集团和严峻的市场环境，公司坚持以人为本的指导方针，努力构建一个和谐文明的企业内部环境，进一步增强企业的凝聚力和向心力，推进企业不断发展。公司党委将和谐企业建设作为党委工作的一条主线抓好落实，制定了创建和谐企业实施方案和具体实施意见，成立了领导机构，明确了创建的指导思想、基本思路、内容标准、考核评选程序。基本思路是：“突出两个重点，抓好五个结合”。“两个重点”：一是以劳动关系和谐为重点；二是以厂务公开工作规范化为重点。“五个结合”：一是把创建活动与企业文化相结合，全力打造“共创、共赢”的核心价值观，塑造“团结、创新、诚信、敬业”的团队精神；二是把创建活动与班组建设相结合，坚持每年开展班组建设达标评比活动；三是把创建活动与建立和谐的企业内部关系相结合；四是把创建活动与职业健康、安全、现场治理相结合；五是把创建活动与职工之家建设相结合。2006年冀东水泥集团公司被评为河北省AAA级劳动关系和谐企业。

三、努力创建学习型企业，培养高素质的文明职工队伍

在公司在快速发展壮大中，公司党委深刻认识到，企业的竞争归根结底是人才的竞争。大力培养造就一批能够适应时代发展要求，具有开拓创新能力的高素质的文明职工队伍，是推动企业良性发展，做强、做大企业集团战略性任务的关键。面对公司技术复合型人才短缺，技术人员创新意识不强，部分员工的团队精神不强，不能将自己融入企业，存在着严重个人主义思想现状，公司党委从“企业的生机和活力，来自每名员工创造和奉献”的理念出发，采取了提高员工整体素质的有效途径：一是为员工建立职业生涯拟定培训计划，每年分批分期分层次培训，鼓励青工学技术，掌握多项技能并在奖励待遇上扶持；二是定期开展岗位练兵，技术大比武活动，提高青年员工的技术水平，也使优秀岗位人才脱颖而出；三是加强技术人员的交叉培训力度，不断更新技术人员的知识层面，鼓励技术人员考取建造师、造价师、项目经理等资质；四是加强教育培训阵地建设，充分利用教育培训中心、职工之家、团员学习日等阵地，针对不同岗位、不同结构、不同层面职工群体的特点，组织多种形式、多层面岗位、技能培训。五是全面开展“40+4”的学习培训活动，使一线检修工人达到一专多能。六是培养员工的团队精神，组织员工学习《冀东水泥员工行为规范》，在班前会上朗诵企业训导词，让每名员工时刻都负有责任感和使命感，树立大局意识，有舍小家顾大家的思想，有团结协作的精神风貌。

从2004年5月开始，冀东水泥集团在全公司职工中开展“创建学习型组织，争做知识型职工”活动，举办各类培训班116场次，受训人数达6566人次。通过多种渠道宣传科技知识，发动职工结合岗位实际学习知识、学习理论、学习技术，提高岗位技能，调动职工学习热情，提高了员工整体素质，为打造优秀团队创造了先决条件，为冀东水泥集团公司的可持续发展提供智力支撑。

四、以企业文化建设为契机，努力提高精神文明创建水平

企业文化建设是提高企业文明程度、提高员工整体素质、提高企业综合管理水平的重要手段。几年来，冀东水泥全力打造“共创、共赢”的核心价值观，从思想层面，确立起正确的利益观，明确“创”是责任，“赢”是目标，员工与企业形成命运共同体。同时积极塑造“团结、创新、诚信、敬业”的团队精神，增强企业的凝聚力和向心力。广大员工以企业发展为己任，艰苦奋斗、顾全大局、拼搏奉献、爱企敬业。

五、内外环境优美，环保工作达标

面对新的市场形势，冀东水泥集团公司确定了“做大做强做优水泥主业、发展新型建材和化学建材，致力成为国内一流、国际知名的大型绿色建材企业集团”的发展战略。按照“依法保护环境，营造美好绿色家园，依靠科技进步，走可持续发展之路”的环境方针，公司建立了ISO14000环境管理体系。公司认真执行“遵规守法，保障健康安全；以人为本，提高综合素质；科学预防，消除事故隐患；持续改进，创建平安家园”的职业健康安全方针，通过了ISO18000职业健康安全体系认证。

六、努力做优做强做大企业集团，提高企业整体实力

近年来，冀东水泥集团加快实施企业发展战略，规模不断扩大、效益逐年提高、布局日趋合理，逐步形成了大集团格局，实现了跨行业、跨地区、跨所有制经营。在“抢抓新机遇、建设新唐山、在科学发展的道路上实现新跨越”的进程中，发扬“团结、创新、诚信、敬业”的冀东精神，践行科学发展的宗旨，努力构建和谐文明的企业集团，为唐山市建设科学发展示范区、实现经济社会又好又快发展作出新贡献。

供稿：唐山市文明办

唐山市地税局

唐山市地方税务局组建于1994年9月1日，现有干部职工2415人，大专以上学历占86%。主管全市私营以上企业2.4万户、有证个体工商户7.7万户。近年来，在市委、市政府和省地税局的正确领导下，全市地税系统始终坚持以科学发展观为统领，认真围绕发挥五个方面先锋模范作用，教育先行、多措并举，全力打造民心地税，三个文明建设取得丰硕成果。先后荣获全国五一劳动奖状、全国“四五”普法先进单位、全国创建文明行业示范点等称号。连续四届被河北省委、省政府授予“文明单位”荣誉称号。今年年初，又被市委、市政府荣记振兴唐山集体一等功。

一、认真开展科学发展观学教活动，不断丰富精神文明创建的工作内涵，争做促进地方经济全面协调可持续发展的先锋。地税部门落实科学发展观，就是要坚持以科学发展观为统领，切实把科学发展观贯穿于税收工作全过程、落实到税收工作的各个环节，使税收各项工作都能以科学发展观为指导，体现科学发展观的目标和要求，努力实现税收事业的科学发展。因此，我局将开展科学发展观学习教育活动作为工作的重中之重，健全组织、精心谋划，在较好完成各项“规定动作”的基础上，注重与税收业务工作相结合，把学教活动和精神文明创建活动的成效体现在执法聚财能力的提升上。一方面，大力组织收入，壮大地方财政实力。为有效化解钢铁行业波动给税收收入带来的风险，去年以来我局逐行业、逐税种挖掘增收因素、堵塞税收漏洞，促使税收结构逐步向着较为合理的方向发展。据统计，2006年堵漏挖潜4.5亿元。该做法得到了省、市有关领导的批示肯定，并在全省地税系统进行推广。今年上半年，全系统累计组织税费收入72.52亿元，占全省的20.28%，同比增长28.89%，居全省首位。其中，税收收入完成52.04亿元，占全省的22.2%，同比增长31.47%，提前一个月实现收入过半，为地方经济发展提供了强有力的财力保障。另一方面，落实税收优惠政策，为地方经济发展积蓄后劲。多年来，我局认真落实国家出台的一系列支持国有企业改制、高新技术产业发展、推进企业自主创新、资源综合利用以及下岗职工再就业等税收优惠政策，营造了宽严适度的政策环境，促进了经济与税收的良性互动、共同发展。2006年，我局审批减免吸纳下岗失业人员的企业和从事个体经营的下岗失业人员所得税3000多万元，有力地促进了社会和谐稳定和经济全面协调可持续发展。

二、建立健全纳税服务体系，不断提升精神文明创建的工作水平，争做全心全意为人民服务的模范。以人为本是科学发展观的核心和本质。我局按照“执法聚财寓于服务之中、思变求进谋求科学发展”的思路，不断创新服务手段，坚持为广大群众和纳税人排忧解难，全力打造“民心地税”。一是全面加强文明示范窗口建设。在继续完善首问负责制、限时办结制、过错追究制、服务承诺制、热点公示制“五项制度”以及提醒服务、预约服务、延时服务、上门服务“四项服务”的基础上，在全系统广泛推广了“五零”规范服务，即办税服务“零距离”、办税质量“零差错”、服务对象“零投诉”、办税流程“零障碍”、规定之外“零收费”，以实际行动赢得了社会各界的广泛赞誉。二是大力推行网上报税。现在的纳税人所需要的不仅仅是一支笔、一杯水、一条椅式的简单服务，而更需要的是手续简便、办事快捷的高效服务。为此，我局以信息化为依托，推广了以税银库财联网为平台的电子税费征缴体系。截至2006年年底，全市94%的“双定户”实现委托银行代收税费；90%的私营以上企业实现“网上申报、电子缴税”，今年将实现100%全覆盖，电子缴税工作走在了全国前列。多元化电子缴税方式的推广，使纳税人足不出户便可完成税款的申报和缴纳，极大地提高了多方的工作效率，实现了办税服务质的飞跃。三是深入开展扶贫济困活动。在全系统深入开展了“千、百、十”帮扶活动，即每年帮扶1000名贫困学生、使100个贫困家庭脱贫、为10个文明生态村办一件实事。截至目前，已经筹措帮扶资金近110万元，确定帮扶项目180多个，帮扶贫困对象120多户，帮扶学生1100多名，不仅提高了广大地税干部的思想觉悟和素质修养，树立了地税部门的良好形象，而且提升了老百姓幸福指数，使广大群众切实感受到了学教活动带来的变化和进步。唐山劳动日报、唐山电视台等多家新闻媒体进行了宣传报道。

三、全面加强班子队伍建设，不断夯实精神文明创建的组织基础，争做秉公执法、廉洁从政的表率。近年来，我局把班子队伍建设作为精神文明创建的着力点，坚持以人为本，构建地税文化，努力打造“政治过硬、业务熟练、作风优良”的地税干部队伍。一是打造地税文化，构建和谐地税。加强精神文明创建，必须要有科学的载体。近年来，我局不断探索和改进创建活动的新方法、新途径，把文化建设这种新型的管理模式和精神文明建设有机融合，坚持以素质文化塑造人，以制度文化规范人，以精神文化鼓舞人，以文体文化活跃人，不断发展健康向上、丰富多彩、富有时代气息和行业特色的精神文明创建活动，为推动地税事业的发展打下良好的基础。目前，系统上下气顺人和、班子团结、队伍稳定，干部队伍的凝聚力和战斗力显著增强。二是深化“学习型机关”创建活动，提升人员素质。在全系统广泛开展了“千题税收知识，全员测试、百人大赛”活动，全局上下学、练、比热情空前高涨，全员业务技能不断提高。在全省税收管理员岗位业务技能大赛中，我局一举囊括团体平均分、推荐骨干人员平均分、非骨干人员平均分和进入前50名人数四项第一名。三是狠抓机关效能和廉政建设，转变工作作风。近年来，我局从建立健全制度入手，狠抓行风、政风建设，先后出台并认真执行了以“严禁积压、挪用税款；严禁私设银行账户和小金库；严禁向纳税人借钱借物；严禁违规使用网络”为主要内容的《唐山市地税工作人员行政行为铁律》、以“管理到户、责任到人、人户对应”为主要内容的《税收管理员工作规范》、以“分环节逐级审核，定责任终身追究”为主要内容的《减（抵）免税审批管理终身责任制》，全员税收执法行为和行政行为日益规范，信访举报数量在2005年下降40%的基础上，2006年又下降了12%。

虽然我们在文明创建方面取得了一定成效，但与上级要求还有较大差距。今后我们将虚心借鉴兄弟单位的先进经验，立足地税实际，继续探索新形势下文明创建工作的新路子、新方法，为实现更好更快发展、构建和谐唐山作出新的贡献。

供稿：唐山市文明办

唐山市五十四中学

为学英雄事迹，走英雄之路，举英雄之旗，做英雄传人，唐山市五十四中学自1999年开始参加中华爱国工程联合会组织的全国英雄班创建活动。八年来已先后创建了李大钊班、白求恩中队、“二七”团支部、赵先友班四个英雄班集体，每年由学校组织评选并举行英雄班交接传递仪式。在创建活动中，该校已形成“自强不息、追求卓越”的校风。五十四中英雄班集体创建活动已经走过了八年，这八年来，学生的各种社会实践活动已经从原来的学校统一组织变成现在的同学自发组织。在唐山市的各项大型活动中总能看到五十四中志愿者的身影；在学校附近的敬老院里每个星期都能听到老人和孩子们欢快的笑声；英雄班的同学们也自然而然地成为了他们所在社区的“小小德育宣传员”。在他们的带动下，全校50多个班集体都能从实际出发，为家庭、为学校、为社会做一些力所能及的事情，受到社会广泛赞誉。

供稿：唐山市文明办

唐山供电公司

唐山供电公司在市委、市政府的正确领导下，认真贯彻十六届五中、六中全会精神，深刻领会“全市科学发展观学习教育活动暨科学发展示范区建设动员大会”会议文件精神，以企业中心工作为重点，围绕建设“一强三优”发展目标，落实“三抓一创”工作思路，深入开展文明单位创建活动，积极为唐山经济建设服务。公司售电量保持强劲增长势头，2006年，累计完成365.03亿千瓦时，同比增幅21.09%，实现了平均一天一个亿的历史性突破。截至5月底，跨年度实现安全生产长周期1350多天，创历史最长纪录。公司连续18年被河北省委、省政府命名为文明单位，连续20年被唐山市委、市政府命名为文明单位。2006年，被河北省授予“五一”劳动奖状荣誉称号。下面，就将我公司在文明单位创建工作中的一些做法与大家进行交流。

一、加强制度建设，不断完善精神文明建设工作机制

唐山供电公司是隶属于华北电网有限公司的全国特大型供电企业，唐山电网是京津唐电网的重要组成部分。公司广大干部职工以“人民电业为人民”为宗旨，以“唐山供电，诚信唐山”为服务理念，把精神文明建设摆到与物质文明同样重要的位置，深入开展文明单位创建活动，不断增强精神文明建设的针对性、实效性和吸引力、感染力，提高了广大职工参与精神文明建设的积极性和主动性。公司将精神文明建设列入领导干部的任期目标，列入领导干部年度绩效考核内容，列入党政领导班子的重要议事日程，从组织领导、工作落实、考核管理、物质保证等环节上狠抓落。公司成立精神文明建设领导小组和精神文明建设委员会，层层落实责任制，党政一把手挂帅，负责对创建活动的组织领导，为抓好安全生产、搞好经营管理、提高经济效益，促进企业和谐发展，调动职工的积极性、主动性和创造性，提供精神动力和思想保证。

一是抓精神文明建设坚持“四个”统一。即，目标任务统一；工作部署统一；检查考核统一；奖励表彰统一。二是落实“五个”保证。实行领导班子“一体化”管理。实行“一岗双责”工作责任制。建立“大政工”格局。党政工团密切配合，在两个文明建设上形成合力，保证各种机制运转灵活，工作到位。公司坚持思想教育、行政管理、经济考核三位并举，综合治理大环境。同时，公司拿出一定的资金，作为精神文明创建活动经费，设立精神文明建设专项奖励基金，用于精神文明创建的各项奖励。三是搞好八个工程。即，文明单位(处室)、文明班组、文明职工、文明社区“文明创建工程”；文明职工标兵、道德建设标兵评选为主要内容的“榜样激励工程”；科技兴企、岗位成才的“素质教育工程”；创建红旗变电站、标准化线路的“标杆示范工程”；承诺践诺、诚实守信、优质服务的“生命线工程”；加快“一强三优”现代公司建设，落实“三抓一创”工作思路的“同业对标工程”；促进员工和企业的共同发展，建设和谐企业，实践“四个服务”的“爱心活动”及“平安工程”；以“安全文化、服务文化、廉洁文化”为载体，构建并推行企业识别系统的“文化建设工程”。

公司文明委委员单位每季度对基层单位的分管内容进行一次考核，同时，组织有关人员不定期进行明察暗访，发现问题及时提出限期整改要求，将处罚意见纳入季度考核并与经济责任制挂钩。公司每半年组织进行一次文明单位检查，年终组织进行文明单位的考评、验收，并依据《唐山供电公司文明单位考核办法》评选出文明单位、先进文明单位、文明单位标兵进行表彰。公司设立精神文明建设奖励基金，用于奖励文明单位创建活动中涌现的各类先进集体和个人。

二、公司党委坚持文明建设五个基本原则，使创建文明单位的各项工作落到了实处

一是服务中心的原则。建设“一强三优”现代电网公司是唐山供电公司发展战略目标，也是精神文明建设的着力点。公司要求，精神文明建设必须服从服务于这一战略目标的实施，融入并渗透到生产经营管理的全过程，团结和动员广大职工为建设“一强三优”现代电网公司而奋斗。

二是以人为本的原则。公司要求，精神文明建设要从企业和员工的长远利益出发，通过开展员工职业生涯设计；解决员工关心的热点、难点问题和工作、生活中的实际困难等有效措施，充分体现尊重人、理解人、关心人、塑造人的要求，动员广大员工参与公司精神文明创建活动，共享精神文明建设成果，实现员工与企业共同进步、和谐发展的崭新局面。

三是重在建设的原则。精神文明建设是一项系统工程，精神文明建设的成果来自于有规划、有目标、有措施、有载体、有考核的建设管理工作中，公司通过精心策划、周密组织、分步实施、持之以恒的努力，使精神文明建设取得突破性进展。

四是与时俱进的原则。唐山供电公司充分学习和借鉴先进单位精神文明创建的有效做法，在此基础上，更加注重改进与创新，使精神文明建设进一步体现时代性，把握规律性，富于创造性。

五是注重实效的原则。精神文明建设要以提高员工素质，推进公司发展作为出发点和落脚点。在创建文明单位过程中，公司要求，精神文明建设各项工作，要努力贴近实际、贴近基层、贴近员工，力戒形式主义，要通过抓创新、抓成果、抓典型，使精神文明建设工作成效真正体现在员工队伍综合素质和企业管理水平明显提升上，体现在企业与社会的和谐发展上。使文明单位创建活动的成效，体现在大局意识、责任意识上，体现在勤政、廉政上，体现在生产成果、管理成果上，体现在和谐能力、整体合力上。

三、充分发挥党组织和党员在精神文明建设中的先锋模范作用

公司党委围绕党内生活、党员管理、保障中心工作、党务干部培训等机制，以及党支部规范化建设工作制度，积极探讨如何充分发挥精神文明建设中党组织政治核心作用以及党员先锋模范作用，并建立长效机制，党委及时总结在文明建设活动中的好做法、好经验，形成研究成果。与此同时，各级党组织围绕文明单位创建活动，从本单位工作性质来进入，根据上级党组织布置的重要任务来展开，根据季节性、突击性任务的需要来安排，深入开展文明单位创建活动。

2006年，在电网超负荷运转，人员超负荷工作，责任重、压力大的情况下，各级领导班子、广大干部职工表现出很高的思想觉悟，体现了良好的工作作风，坚守岗位，严防死守，无私奉献，忘我工作，自觉为电网安全和优质服务作贡献的好人好事层出不穷，既考验了班子又锻炼了队伍。公司认真开展窗口规范化服务达标活动，强力推进红旗变电站和标准化线路建设，取得了非常明显的效果。复兴路220千伏变电站工程被授予“网公司输变电标杆工程”。胥各庄、驿南府、车轴山220千伏变电站被授予“网公司220千伏红旗标杆变电站”称号，赵店子、金银滩、南化220千伏变电站被授予“网公司220千伏红旗变电站”称号。220千伏陡车一线、陡虹二线被授予“网公司标准化线路”称号。在此过程中，公司强化安全责任体系，各级领导严格管理，保证了安全生产和优质服务等各项工作顺利完成。

四、求实创新，不断丰富精神文明建设内涵

公司认真贯彻《公民道德建设实施纲要》以及《国家电网公司员工道德规范》，广大干部职工始终以良好的精神状态和务实的工作作风，广泛开展文明单位创建活动，安全生产稳定，电网建设步伐加快，队伍素质不断提高，精神文明建设成效显著。公司全面落实“优质、方便、规范、真诚”的服务方针和《供电服务规范》等，深入开展国家电网公司服务理念宣传教育和创建文明行业活动，自觉接受社会监督。2006年，唐山市开展窗口规范化服务达标活动，公司典型经验在全市窗口单位进行交流，公司还荣获唐山市窗口服务群众评议优胜单位。与此同时，公司开展了一系列的文明单位系列创建活动。在基层车间月评文明职工，公司季评文明十佳的基础上，每年召开年度文明建设表彰大会。为进一步激发营业窗口人员优质服务的热情，从2006年开始，在营业系统开展了月评服务明星、季评优秀班组活动。迎峰度夏期间，公司在九个社区进行了“优质服务进社区”大型系列活动，参与群众近万人，树立了供电企业良好的社会形象。

公司还以开展“爱心活动、平安工程”为载体，深入贯彻胡锦涛总书记在视察供电楼社区时的讲话精神，积极推进和谐企业建设。开展平安车间、平安处室、平安班站、平安标兵、平安先进个人等创建活动，各单位从实际出发，开展争做“爱心员工”，争创“平安班组”活动。公司工会组织向李大钊故乡小学捐赠4万多元的教学用具。公司领导带头与残疾人员“结对子”进行爱心救助活动，并组织具体帮扶，受到了唐山市文明办的表扬。公司加大精神文明建设新闻宣传工作力度，围绕迎峰度夏、创建红旗变电站、标准化线路、反窃电、电网建设等工作，搞好重点宣传和深度报道，起到了树立典型、激励上进、引领方向的良好作用。

五、发挥群团组织在精神文明建设工作中的重要作用

公司认真坚持职代会等制度，不断加强企业的民主管理，突出维护职能。对医疗互助章程进行了修改，加大了对重病、大病职工的补助。每逢重大节假日和重点施工、抢修现场，公司领导都要带着慰问品深入一线慰问职工，体现企业的关怀。工会组织编排的歌舞剧《和谐好家园》节目，参加了网公司和国网公司以和谐为主题的文艺演出，受到与会人员的一致好评和领导的高度赞扬。

公司团委以“青年文明号、青年安全生产示范岗、青年突击队”为主题，开展“真情奉献日”活动。启动捐建“爱心助成长”希望书库活动，团员青年以交纳特殊团费的形式，关心和帮助青少年弱势群体。公司团委被团市委评为捐建活动优秀单位。多次组织团员青年到地震康复村进行慰问和义务劳动。

总之，唐山供电公司紧紧围绕企业的中心工作，以人为本，和谐发展，认真开展文明单位创建活动，各项工作取得了长足的发展，得到了唐山市委、市政府和华北网公司的充分肯定，在今后的工作中，我们将认真执行唐山市关于创建文明单位的各项要求，求实创新，努力营造以人为本、催人奋进的良好企业氛围与环境建设，推动公司各项工作全面、协调、可持续发展。

供稿：唐山市文明办

唐山顺风旅行社

唐山市顺风旅行社有限公司始建于1997年，是具有独立法人资格的国有股份制企业，经过几年的发展，已成为集国内旅游、火车、航空、船票客运服务、酒店预定、景区开发、旅游车队、省际包车等为一体的综合性旅游企业。

近年来，顺风旅行社以三个代表重要思想和科学发展观为指导，始终坚持“诚信第一、宾客至上、全心全意为游客服务”的经营宗旨，秉承“以人为本，质量兴社，和谐旅游”的经营理念，不断开拓进取，以一流的服务，一流的质量全面开展诚信旅游服务，为游客营造文明、和谐的旅游环境，

为了把诚信服务落到实处，他们坚持经常性的爱岗敬业、职业道德教育，使员工牢固树立诚信服务意识；对员工进行经常性业务技术培训，提高业务人员和导游人员的诚信服务水平及服务技巧；在旅游服务中，视游客为亲人，待大龄游客为父母，千方百计为游客着想，旅游途中，旅游患病，导游人员联系医院亲自护理，深受游客赞扬；为保证游客权益不受侵害，坚持与每个团队和游客签订旅游合同，通过合同规范诚信服务，让旅游者出行放心。

奉行诚实守信，追求最佳服务，是顺风旅行社一成不变的经营作风。在激烈的市场竞争中，他们靠诚信赢得市场，靠质量赢得游客，靠最佳服务满足游客的需求，近年来从未发生过游客投诉现象，而游客的赞许和夸奖屡见不鲜，唐山顺风旅行社在社会上的认同感和知名度不断提高，与游客的亲和力不断增强，“一握顺风手，永远是朋友”已经成为企业诚信服务的铭牌和象征。

顺风旅行社通过不懈的努力，把诚信服务奉献给了无数游客，大大增加了社会效益，得到了社会和广大旅游者的认可，几年来连续获得了“河北省十佳诚信旅行社”、“河北省十强国内旅行社”、“河北省服务质量奖”、“河北省旅游安全生产单位”、“河北省百家消费者满意旅行社”、“河北省青年文明号”、“唐山市最佳旅行社”、“唐山市三星级窗口单位”等荣誉称号。

在河北省旅游发展大会的鼓舞下，在唐山市建

设科学发展示范区、建设新唐山的步伐中，唐山顺风旅行社一定能够发挥自身的优势，坚持可持续发展，在旅游服务中取得更好的成绩。

供稿：唐山市文明办

廊坊市“夕阳红”宣传队

廊坊市“夕阳红”老年宣传队，成立于1994年，平均年龄70岁，由起初的28人发展到现在1000(至2007年)多名成员的群众性团体，以其特有的热情，活跃在城区的大街小巷，宣传党的方针政策，倡导文明新风。成立11年来，自编节目680多个，志愿上街、国家法律法规428场，发放各种宣传材料6万多份。树立了精神文明的宣传使者形象，成为廊坊的品牌。

精神不老青春永驻

“夕阳红”宣传队的创始者孙玉兰原来是安次区小廊坊办事处主任。退休后，孙大妈，想：“晚年是人生的必经阶段，不应在无聊和孤僻中度过。人要有些精神寄托，要有精气神，每个人要让老年时光成为人生最壮美的乐章。”她想到了年轻时的大秧歌，便走东家串西家搞发动，拿出近千元钱购置了彩带、彩扇和录音机，成立了“夕阳红”宣传队。

服务群众奉献社会

在宣传队老人们手中，每人都有一个小册子，上面写满了他们每天做的好事。他们给小册子起了个好听的名字：“精神银行”。她们11年如一日，积极服务群众，奉献社会。

1995年，全国掀起向济南交警学习的热潮后，宣传队决定成立“交警协勤队”，这个建议得到大家的赞同，当时就有30多人报名。“夕阳老人支持交警学济南，路口协勤作贡献。头顶烈日不怕热，三九严寒心里暖，站岗值勤又宣传，忙忙碌碌过一天。”这是“夕阳红”老人们自编的小快板。在天气最冷、最热，交通高峰时，人们都会看到老人们的身影。她们每3人一班岗，每岗协勤1小时。暑去寒来，老人们始终钉在岗位上，从不因个人私事耽误协勤。70多岁的退休工人张继荣和老伴李秀云负责南门外岗，一年春节前的一天，七八级大风刮得天寒地冻，可他们照常值勤。队长几次劝他们回家，他们说：“天气虽冷，但心是热的。”郑洪芬老人的儿子办喜事，家里来了许多客人，她让老伴照顾客人，自己照常协勤。韩淑云大妈，丈夫是个“植物人”，每隔两小时就需翻一次身，韩大妈每天忙完这边忙那边，从未误过一班岗。几年来，“夕阳红”协助交警维护交通，纠正违章共5万人次，纠正自行车载人5000人次，拾钱物交失主、帮助残疾人过马路等好事568件，协助交警处理事故、疏导交通168起。

“夕阳红”在成长过程中，老人们的心灵也在不断升华。逐步成为精神文明建设的一支生力军。她们主动自备工具，承包了银河南路400多棵树的卫生管护，监管2000平方米草坪的绿化任务。党的十五大闭幕时，“夕阳红”宣传队的老人们用快板书的形式宣传十五大精神。他们还把十五大精神归纳为几个专题，以通俗易懂的快板、顺口溜形式进行宣传。在以后的十几天里，他们接连演出20多场，每场观众都超过100人。

全市开展计划生育“两清理、一整顿”活动时，“夕阳红”宣传队在南门外农贸市场演出后，引起强烈反响。当天就有人到南门外街办处举报超生户的情况。1998年，孙玉兰队长代表“夕阳红”宣传队出席了全省计划生育宣传工作会议并受到表彰。

抗击“非典”期间，老人们义务奋战在防控一线，自愿捐款4000多元，购买了160箱牛奶补品，捐赠给医护人员和派出所民警。

2006年4月，“夕阳红”暴力家庭投诉站、法律咨询站和妇女儿童维权岗挂牌成立。开通了法律服务热线1600518。短短几个月，老人们共接受了238人投诉，成功调解了12例婚姻纠纷。协助派出所维护社会治安，制止打架斗殴298起。

“夕阳红”宣传队先后获得30多项国家、省、市、区等各级政府颁发的荣誉称号。其中，中央文明委授予他们“全国学雷锋志愿者服务先进单位”称号，是全国百名先进集体中唯一获此殊荣的老年组织。省委授予她们“河北省精神文明先进单位”，并号召全省学习“老有所为、老有所学、老有所乐、服务人民、奉献社会”的“夕阳红精神”。莫道桑榆晚，为霞尚满天。“夕阳红”，一个不老的名字，它的生命之火在文明的花丛中越燃越旺！

供稿：廊坊市文明办

整理：陈东 邵凤霞

保定北市区百楼乡

北市区百楼乡位于保定市区东北部，辖13个行政村。自2004年开展文明生态村创建工作以来，百楼乡党委、政府以提高人民生活水平、改善人居环境、实现可持续发展为目标，把文明生态村建设作为全面建设小康社会的重要步骤，把经济发展与生态环境建设紧密结合，最终达到生态效益、经济效益与社会效益的统一，实现物质文明、政治文明、精神文明三个文明的协调发展，创建工作成效显著。

一、广泛宣传、深入发动，营造全民参与的良好氛围。创建之初，百楼乡迅速行动，组织全乡机关干部及各村两委成员赴南市区、新市区参观学习，开阔眼界。在统一全乡干部群众思想认识的同时，坚持把调动干部群众参与创建活动的积极性作为工作重点。从规划和方案的制定、目标和主攻项目的选定、资金的筹集和使用、施工项目的招投标、质量监督、长效管护机制的制定和落实等各个环节，全部交给群众，实行民主决策、民主监督、民主管理，从而形成了人人参与创建、户户热心管护的生动局面。

二、突出重点，统筹兼顾，确保创建活动的健康发展。为确保创建活动健康发展，百楼乡乡全体班子成员分头深入所包村，进村入户，倾听群众对创建工作的意见。通过广泛征求民意，对全乡的创建目标和创建任务进行了准确定位。制定了《百楼乡关于实施文明生态村建设的意见》和建设方案。按照因村制宜，量力而行，分步实施的原则，2004年确立了南常保、路家寺、柴楼、西百楼4个重点示范村；2005年把东百楼、东大夫庄、北张庄3个村列入创建达标村；2006年把头台、太保营、后营、杨指挥营4个村列入创建达标村，以上各村按照建设标准，全部进行了认真谋划，精心实施，从农民群众最迫切需要解决的问题入手，以道路硬化、村庄绿化、街院净化为切入点，突出重点，强化亮点，创建精品，强力推进，全部高标准完成创建任务，顺利通过了年底验收。

三、把握原则，凝心聚力，解决制约创建的难点问题。一是解决好认识问题。创建文明生态村活动，是树立科学发展观，落实“五个统筹”，推动农村全面建设小康社会的有效载体，对全面建设农村物质文明、政治文明、精神文明，促进经济与社会、农村与城市、人与自然的协调发展具有十分重要的意义。乡村有了以上认识，让群众认可是关键。为此，我们乡村两级一手抓宣传发动，一手抓实干带动。多次组织进村义务劳动，让群众真正感受到了政府为民服务的决心。同时，从最急需解决的道路改造等与群众生产生活密切相关的一系列问题入手，使群众对闯将工作有了新的认识，带动他们纷纷投入到这项活动中。二是解决好资金问题。文明生态村建设需要较大投入，资金问题是制约创建活动的瓶颈。为了解决这一难题，我们积极联系市、区创建对口帮扶部门，争取资金支持。在此基础上，我们号召各村通过盘活闲置资产、警民共建、动员辖区单位共驻共建等方式，多渠道筹措资金，从而有利保障了创建活动的深入开展。

四、加大投入，严格标准，人居环境得到了明显转变。硬化建设全乡完成主街道硬化45条，长度18.85公里；完成小街巷110条，长度11.07公里。其中水泥硬化比例为91.6%，铺砖硬化占8.4%，总投资577.565万元。净化建设以消除“五乱”，净化村容村貌为重点，全乡组织了十次声势浩大的环境卫生集中整治活动，共投入资金45万元，清理垃圾3.5万方，建垃圾存放点80个，建立了13支卫生保洁队伍，13个村全部制定了卫生公约。绿化建设以环村绿化、街道绿化、沟渠绿化和片林绿化为重点，共植树23万株，新建生态片林4个。特别是街道绿化和环村绿化，全乡共投入资金40万元，栽植乔木3.4万株，灌木9万余株，增加绿地面积20万平方米。沼气化建设通过抓点促面，示范引导，先后在西百楼、南常保、头台等5个村新建玻璃钢沼气池58个。亮化建设全乡投资6万元，新装路灯350盏，制作文化灯箱265个。文化场所建设全乡投资105万元，建休闲广场10个，休闲亭6个，总面积9800平方米，安装健身器材140件；5个村投资6万元，建有高标准文化长廊。两室建设投资41.7万元，新建两室办公用房3处，整修2处；高标准制作党建、精神文明等内容的展牌108平方米；全乡已有12个村两室建设按规定达标。

供稿：保定市文明办

沧县国税局

多年来，沧县国税局不断创新教育方式、拓宽教育渠道，亲情带队，人文管理，培养锻造了一支文明、廉洁、创新、和谐的高素质队伍。我们的做法是：

一宽一严亲情带队促和谐

“一宽一严皆是爱，宽严相济总关情。”我们倡导人性化管理和人文关怀，对同志们爱护、关心、理解、包容。我们以仁厚的胸怀和炽热的诚心去感化教育干部职工，要求班子成员做到率先垂范，亲情带队，真正成为干部群众的知心人、贴心人。

我局一名干部因家庭关系出现裂痕、思想出现偏执、情绪消极低迷，对工作和生活失去了信心，曾正式向局领导提出辞职的要求。局长朱国强了解到情况后，晓之以理，动之以情，从社会、家庭、单位、个人的各个方面，苦口婆心的劝说，和声细语的开导。大年三十，局长朱国强牺牲自己和家人团聚的欢乐时刻，带着些许礼品，专程去她的家，和她及其家人一起拉家常、叙亲情。她的母亲长年卧病在床，局长朱国强多次专程去慰问；她的父亲去世，班子成员全体驱车200多里去她的老家看望，化解她的悲痛。“精诚所至，金石为开。”她被我们的真情打动，解开了思想疙瘩，增强了生活信心，工作学习步入了正常轨道，以崭新的面貌重新回到了工作岗位，以饱满的热情、勤恳的态度投入工作中去。当年，在档案管理检查中通过了省一级档案管理的认证，为我局争得了荣誉。

对思想有疙瘩的同志，体现一种温暖和真诚，对身体患病并坚持工作的同志体现一种照顾和关爱。刘淑忠同志身患咽喉癌多年，分泌唾液少，吃饭喝水非常困难。局领导多次看望并嘱托他，以身体健康为重，工作不要劳累，尽量不要下乡入户，可以早走晚来。刘淑忠深受感动，仍然与年轻同志一样坚守岗位，其他同志对局领导的做法非常理解，非但没有攀比，反而全力以赴，主动承担他的工作。

“金无足赤，人无完人。”我们根据“用其所长物无终废，用其所短圣人难为”的思想，对干部职工重在发挥和使用其长处。对干部职工的短处不能斤斤计较、苛求挑剔，对与自己意见不一致或反对过自己的同志善意地团结，多鼓励少批评，多表扬少责备，为干部职工施展其长处提供条件，创造宽松的环境。我们每年进行2～3次民主测评、民意调查、上评下与下评上，荐选后备干部，不拘一格，将有才干、有魄力、有群众基础的干部选拔上来。自1999年以来，在历次机构改革和人事调整中，有上有下，或任或免，大家都能正确对待，干部队伍保持了思想稳定、情绪稳定、工作稳定。

宽不等于对同志的放纵和袒护。对干部管理我们从建立健全制度入手，实现了由“人管人”向“制度管人”的转变。自1999年以来，我们制定了各项制度100余项，涉及税收工作的方方面面。为狠抓落实，我们认真执行岗位目标考核，在环节和细节上要求得更细致、更严格，做到执行不打折，检查实打实、考核真较真，追究没商量。从一般同志、分局长、所长到局领导，一追到底，决不含糊。一个考核期，同一个岗位的干部考核奖励最高与最低相差1200多元。2006年，一名基层同志在考核中被追究，按照我局制度，局长与分管领导负连带责任都受到追究，给予了经济处罚。近两年来，全局共追究干部120余人次，经济处罚2万余元，对10余人进行了通报批评。严格考核，严格管理，增强了同志们的责任心。从严治队更是对同志们的一种关爱。

几届县委、县政府、县人大、县政协等主要领导同志对我局的工作成绩均给予了充分肯定和高度评价。沧州市常务副市长张宇同志到我局调研后说：“沧县国税局领导班子，是一个团结进取、凝心聚力的集体，处处体现着以人为本，亲情带队，其他单位都应该向他们学习。”

一先一后率先垂范鼓斗志

“一先一后见精神，先人后己显境界。”群众利益无小事，在领导的心中，永远有一只不平衡的天平：同志们的事永远为重，天平永远向同志们倾斜；同志们的事在先，自己的事在后。

2001年，我局一名离休老干部，与局长朱国强的岳母同一天去世，都在同一天火化。局长朱国强和爱人平时工作繁忙，孩子由岳母一手带大，他对岳母的感情非常深厚。在这个时候，他特别强调一定要先安排好老干部的丧事。在火化的当天，他没有参加岳母的遗体告别，却出现在这位老干部的遗体告别仪式上。面对此情此景，同志们倍受感动。

每年春节，最先让局领导惦念的是那些老干部，局长朱国强经常对班子成员和在职干部说：离退休干部的今天就是我们的明天，他们一生为税收工作作出很大贡献，关心他们的生活，我们责无旁贷。离休老干部刘国政同志每年初二都要摆好水果、沏好茶水等着局长朱国强，他已经摸清了局领导的习惯，这一天局长朱国强是必到的，并且这个习惯，已经坚持十五个年头了，不管是刮风下雪，从未间断过。每年的初二到初四，他骑着自行车，对居住在市区的离退休老干部以及年长的同志都要走访一遍，嘘寒问暖，拉拉家常，了解一下家庭有什么问题需要我们解决。

在工作中，时时处处都能看到领导班子成员冲在前面，率先垂范的身影。在关键时刻、紧要关头，不是指挥同志们“给我上”，而是带领大家“跟我干”。在清理运东油区“四类井”时，副局长林树明带领有关人员,在漆黑的夜晚，拿着手电筒寻井入户；为顶住说情风，他和要好的朋友撕破面皮。在清查运西蜜枣加工户时，副局长刘满仓一连数日深入第一线，挨家挨户地清查，没黑没夜的工作，而把身患癌症的妻子留给老人照顾。纪检组长李宝才在旧州分局办公楼基建过程中，从工程的设计到工程预算以及施工，他都认真负责，严格把关，不知牺牲了多少个节假日。但是，在各种名誉、各种利益面前，我们领导干部总是退到最后。在一年一度的公务员考核中，局长朱国强连续多年被评为“嘉奖”，但都把名额让给了基层同志。在奖金发放上，班子成员不多拿一分一厘，甚至一个考核期，还要比一般同志少得几百元。

桃李不言，下自成蹊。领导干部先人后己的思想境界、率先垂范的工作作风，潜移默化的教育影响着干部职工。我局干部孙联合的丈夫因患肾衰竭，在北京医院里做了换肾手术。术后的第二天，丈夫还处于排异期，随时都有生命危险。但是，作为税收会计的她深知，如果不马上回到单位，就会影响全局年终的解票解款工作。她也明明白白的知道与丈夫的这一次分离，也许就会成为永别，但当她想起领导对她的关怀，她把丈夫交给了弟弟照顾，毅然决然地登上了回沧州的列车，连夜加班加点，圆满完成了解票解款工作。为弘扬无私奉献精神，党组决定，把这一年的温暖基金发放给孙联合。如今，我局出现了“四多四少”的可喜局面：提前上班的多了，迟到的少了；自觉延长工作时间的多了，提前离岗的少了；干实事的多了，要待遇的少了；工作负责的多了，消极应付的少了。

一张一弛凝心聚力提干劲

工作中“张弛结合”，这是我们一贯注重和坚持的工作原则。

“张”则热情饱满、作风硬朗、纪律严明。我们不断提高工作效率，加快工作节奏。正如我们的干部所说：拉满弓上满弦，上岗就有兴奋点，当日事当日完，下岗带着满足感。我们坚持做到事前有计划，事中有督导，事后有检查，事事有督办，件件有回音。为严格工作纪律，班子成员带队，不定期、不定时对机关基层所有人员进行查岗，检查到岗情况、工作情况、税容风纪，跟踪问效。在关键时刻，我们这支队伍拉得出，打得赢，敢打硬仗，善打胜仗；在困难面前，团结一致、齐心协力，迎难而上、奋勇争先；在日常工作中，加班加点、任劳任怨、兢兢业业已成为我们的自觉行动，高效率、快节奏已成为我们的工作习惯。全局从领导到一般同志，实行AB岗制度，互相补位，从不误时误事。办税服务厅在部分同志脱岗参加中南大学学习期间，一人盯三个人的岗。从未因人手少而延误为纳税人办理涉税事宜。认证期间，马建华让母亲把襁褓中的孩子抱到单位宿舍里来，给孩子喂完奶，继续投入工作，当月认证发票2700余份，占发票认证总量的1/2。由于她们的高效服务，办税厅没有出现排队拥挤现象，得到了纳税人的好评。在征管系统信息采集录入、一机多票系统推行、金税工程建设中，我们打赢了一个个漂亮仗，取得了一个个胜利。

“弛”则愉悦身心、开阔视野、彰显个性。县局党组特别注重调查研究，时刻摸准群众的脉搏，了解干部的所思所想，群策群力，做出正确的决策。我们每年突出一个主题，并赋予新的内涵和内容，并围绕这个主题开展一系的活动，这些主题来源于同志们的献言献策，是集思广益的结果。多年来，我们组织郊游、踏青，到郊外进行野炊、摄影，举办篝火晚会，回归自然，放飞心灵，张扬个性，培养个人情趣；进行传统教育，到西柏坡、大寨、马本斋纪念馆、刘胡兰纪念馆等地，追思革命历史，缅怀革命先烈；进行拓展训练，把基层分局分成几个小组，分别训练,开展救险、登梯、背摔、跨越障碍等高难度项目，通过挑战极限，挖掘了潜力，增强了毅力，增进了团队协作意识，激发了团队活力，树立了自信心、信任感、责任心；组织那些勤恳工作、成绩突出、工作创新的同志分批分期进行参观学习，开阔眼界，增长知识，更新观念。这些活动调动了大家的工作积极性、创造性，为工作积蓄了热情与活力，同志们从心眼里真切地感到有劲头儿、有奔头儿、有盼头儿。

目前，沧县国税局风正、气顺、人和，干部充实、奔放。作为一名沧县国税人，从心眼里感到一种特有的骄傲和自豪；想干事、干好事已成为我局一种风气和习惯，被人们所崇尚；自由散漫、偷奸耍滑已不合节拍、格格不入。这种紧张、活泼的工作局面和氛围，深深感染、影响着每一个同志。车购税划转人员潘德奎同志是处级干部，已退居二线。到我局后，很快就融入这种氛围中，用他自己的话说：'来到国税局，我心里很敞亮，感到很充实，愿意跟大伙一块忙活，不干点儿事，心里觉着不踏实。在固定资产清理工作中，他积极要求承担具体工作，主动负责固定资产的摸底、调查、统计、录入、照片、核对，付出了大量的心血和汗水，圆满完成了这项工作任务。

一紧一松规范管理抓建设

在资金使用上，该紧的紧，该花的花，松紧有度，使有限的资金发挥最大的效用。对基层之所急，干部之所需，我们不惜资金。在经费开支上，规范管理、节约使用，在有限的资金中挤出资金，为同志们创造良好的办公环境。

局党组一贯倡导，国税局的日子大家过，要过紧日子。办公经费的安排使用，定额定量，细到一部车的里程、耗油、维修、一个单位的用电、用水、用煤。办公用品笔墨纸张等，专人管理，建立台账，严格领用购手续，从节约一张纸、一度电、一滴水开始。对物品采购，严格审批手续，在我局采购支出200元以上，采购小组必须经监督小组、有关局领导等7人以上签字，才能支出使用。特别是对大宗物品采购，做到购前有申请、购中有说明、购后有监督，严格按照我局大宗物品采购办法执行，而且，采购人员要货比三家，优中选优，做到物美价廉。这些制度自1999年以来，已在我局执行8年之久，为我局节约资金600多万元。

实事要办得好，好事要办得实。局党组始终坚持先基层后机关、先群众后领导的原则，向基层倾斜，全力当好基层和同志们的后勤部长。几年来，共投资800余万元，用于改善办公环境。安装了空调、统一配备了被褥床单；为基层所有分局（所）配齐了车辆；“五小”设施齐全，给基层提供了一个良好的工作生活环境；同时，还为基层单位配备了数码相机。目前，我局干部实现了“一人一台微机”；为改善职工住宿条件，我局建立了职工宿舍小区，修建了围栏和防护门，解除了干部职工的后顾之忧。在职工分房时，给在基层工作的同志多加分，相同条件优先考虑安排。

在经费使用上，我们紧缩开支、严格手续，在硬件建设上，我们不惜资金舍得投入。这样做，有很多有益之处：一是可以防止同志们在钱财上出问题；二是办公条件的改善，为同志们营造了温馨舒适的工作环境，使同志们安心工作、舒心工作，同时也赢得了同志们对局党组的赞誉；三是提高了机关形象。近年来，我局所有的支出和花销，手续齐全、程序规范，真正做到了公开透明、无私无弊；四是虽然平时节俭，但是，却节省出大量的资金，不仅改善了办公环境，还提高了同志们的福利待遇。使大家深刻认识到，以局为家，以事业为重，个人的成长发展与局兴共荣，同时也能得到更多的实惠。

一文一武素质提升勇创新

“健康、欢乐、祥和、温馨”是我们税务文

化建设追求的目标。自1999年开始，我们就树立了“在快乐中工作，在工作中享受快乐”的税收文化理念，不断加大税务文化建设力度，突出特色，提高品位，陶冶思想情操、丰富业余生活。

我们组织成立了诸如篮球、乒乓球、羽毛球、围棋、象棋等文体活动小组，开展书画、摄影、征文比赛，举办趣味运动会，组织演讲、演唱会，经常开展自娱自乐的联欢会，各项活动的开展浓厚了干部职工的兴趣，今年春节，我们与财政局、地税局联合开展了“和谐财税”文艺联欢会，真正体现了“财税一家亲”，不仅增进了国地税、财政三家单位之间的感情交流，加强了工作联系，而且使干部职工在参与过程中，思想感情得到熏陶，精神生活得到充实，道德境界得到升华。

几年来，我们先后编纂出版了《沧县国税文集》和画册，制作了《丹心献税徽真情谱华章》纪录片。这些书籍画册和纪录片，图文并茂、生动鲜明、全方位、多层次，从不同视角集中展现了我局取得的税收成果和工作业绩，真实再现了沧县国税人的创业历程，展现了沧县国税人勤恳的敬业精神、高尚的人格魅力、丰富的感情世界。

“素质、技能、科学、创新”是我们做好各项税收工作的基石。“基础不牢，地动山摇。”多年来，我们实施“人才战略”，从业务素质、创新能力等方面入手，通过大练兵、大比武，培养了一批业务尖兵、创新能手，造就了一批复合型人才和专业人才。

为培养业务扎实、技能熟练的业务能手，我们坚持“每日一题、每周一课、每月一测、每季一考”、周末课堂，进行岗位练兵、专题培训、专题讲座，组织知识竞赛，成立税政、征管、稽查、信息技术应用等调研小组。随着网络建设的进一步发展，我们又开设网络课堂、视频讲座、网上论坛，创新培训方式，夯实了业务基础，练就了过硬的基本功。多年来，经过不懈努力，队伍的素质显著提高，多名同志在省市局举行的业务竞赛中取得好成绩。在全省百名业务标兵中，我局干部入选人数在全市居第一位；在省局组织的税收管理员考试中，市局前20名的干部当中，我局入围人数居全市第一名。

我们把日常学习、业务测试纳入岗位目标考核，兑现奖惩；设立局长特别奖，对那些在各类比赛考试中获得优异成绩的业务尖兵，给予重奖。现在全局形成了“要我学”变为“我要学”的良好习惯和氛围，学风日益浓厚，更加激发了同志们的创新精神。于明同志利用税收征管系统数据库开发了可对基础数据导出后进行筛选、统计、汇报的软件，达到了提高工作效率的目的。张卓同志在局域网上设计制作了查询方便、操作简单的“税法查询系统”。这套系统采用了当前最流行的B/S、MVC架构，使用了最流行的JSP技术，涵盖了1950年～2007年的税务法规重要文件4273条。

一内一外清正廉洁保平安

“内外结合促廉政，标本兼治防腐蚀。”在内部，我局坚持廉政教育，警钟长鸣、防微杜渐，使干部不想贪；我们广泛开展廉政预防，勤敲廉政锤，超前防范；同时，建立健全制约机制，层层设防、级级把关，严明廉政纪律，严格责任追究，使干部不敢贪。在外部，健全监督体系，畅通监督渠道，改进监督方式，完善监督网络，合力防范，使干部不能贪。

为从源头上堵住不廉现象的发生，我们坚持廉政教育不断线，勤打预防针，常下毛毛雨，组织开展读廉政书、看廉政片、听廉政课、写廉政文、征集廉政格言等活动，为每一名干部建立廉政档案，制定干部财产报告制度、离任审计制度，同时把干部的管理从8小时之内的工作圈延伸到8小时之外的生活圈、交际圈，使干部压得住私欲、顶得住诱惑、管得住小节，把握住自己，增强了廉政建设的针对性和时效性。

“勿以恶小而为之。”我们从工作细节入手，推出一系列措施和办法。我们在系统内签订廉政责任状，一级管一级，一级抓一级，并明确各级之间的连带责任，严格追究；为加强机关内政务、事务、财务管理，我们推行阳光采购和政务公开；为规范执法行为，我们开展阳光稽查，深受纳税人的好评和欢迎；为预防职务犯罪，我们与县检察院成立预防职务犯罪指导委员会，定期邀请检察院领导上法制课，提醒干部自重、自珍、慎用权力。我们在机关和基层都建立了廉政灶，规定机关干部下乡一律在单位伙房就餐，对违反规定的人员，发现一次处罚200元，三次以上待岗学习。为解决机关同志的下乡饮食问题，不给基层增加负担，以每天10元的标准按下乡人数补贴给基层伙房。我们还开展了廉政文化进家庭活动，与干部家属签订协议书，充分发挥贤内助的作用，让她们关心和支持国税事业，协助我们看好家门、管好家人。

在我局干部心目中有一个共识：接受监督就是接受爱护，互相监督就是互相爱护。我们聘请120余名党政领导、人大代表、政协委员等为特邀监察员，实行领导监督；聘请电视台2名记者为特邀监督员，实行舆论监督；公布举报电话2部、设立举报箱7个，实行社会监督。局长朱国强每个月都有计划地到2～3个乡镇，和乡镇主要领导座谈，了解干部的思想状况、工作情况以及对干部的评价。现在乡镇领导已经成为我们的义务监督员、义务信息员、义务宣传员。

深刻的廉政教育，有效的廉政预防，严明的廉政纪律，确保了干部队伍安全稳定。近十年来，我局没有出现上访、告状现象，没有一个人受到过党纪政纪处分，更没有一名干部被纪检监察以及司法部门查处与追究，达到了领导满意、社会满意、干部满意、家属满意。

“一支独秀不是春，百花齐放春满园。”辛勤的汗水浇灌出满园春花。税收任务连年超额完成，我局工会和工会小组被全国总工会和省总工会评为模范职工小家，连续八年被省委、省政府命名为文明单位，连续十四年蝉联“文明执法杯”和“人民群众评行风”桂冠。

供稿：省国税局文明办

黄骅市爱心协会

黄骅市一群富有爱心的年轻人正是通过网络互相联络，组建了河北省第一个网络志愿者团体——黄骅市爱心协会。他们以救助贫困孩子为己任，成立三年来，使200多名贫困学生得到救助。网络，传递爱心，扶贫济困，成为一种全新的志愿者服务形式。

“网虫”们发起爱心协会

2005年1月9日，一个叫“志愿者258”的网友在网上发起了一个帖子，倡议“志愿为黄骅做点好事的年轻人奉献爱心，去帮助那些应该帮助的人”。就是这样一个帖子，触动了一群善良网友的心。网友们怀着纯朴的爱心毅然从虚拟的网络走入现实，组织了以资助贫困儿童为宗旨的“爱心协会”。他们选择了黄骅本地的“网虫之家”论坛作为活动联络站，在上面设立了只有爱心协会成员可以进入的相对保密的爱心协会虚拟会议室，把通过市团委、市妇联、市政府相关部门、各学校搜集到的贫困生资料发布到网站虚拟会议室内，再由志愿加入爱心协会的网友自愿与这些学生结成帮扶对子。三年来，有130多位来自黄骅、北京、天津、深圳、山东、海南、沧州、任丘、河间、东光、肃宁等地的网友自愿成为黄骅市爱心协会成员，救助贫困学生200多人，救助范围也从黄骅市扩展到海兴县、孟村县等周边贫困县。

一种值得推广的志愿者模式

爱心协会已经走过了三年的路程，他是在曲折中前行的，是在探索中成长的。他们在活动中发现，许多村镇、学校提供的贫困生资料并不完全准确，于是他们确定了一个“核实资料”的原则：必须深入学生家庭，必须见到学生本人。为了核实资料，爱心协会几个负责人耗费了大量的精力和财力，“阿Q”、“秋枫”、“志愿者258”、“青山锁翠”等有自家车的志愿者们开上车，自费跑遍了黄骅、海兴、孟村的各个角落。贫困生的家大多在贫困边远的村落，交通不便，他们的私家车磕磕碰碰是常有的事。三年来，黄骅市爱心协会始终不断地在进行着对贫困孩子的资料核实、落实救助、定期回访和年度续费，仅集体下乡开展行动一项，就超过了千余人次。协会成员自己主动前往看望受资助孩子的更是难以计数。他们深入每个贫困学生家庭看望学生，与学生、家长、班主任交流，对受助学生的精神起到了很大的帮助作用。黄骅市爱心协会所有的活动都是由爱心协会的成员自费进行，从不给镇村添一分钱负担。

在黄骅市爱心协会的救助活动中，所有的志愿者都不留真实姓名，受助的孩子和家长大多只知道他们的网名。开始入户调查时，他们都是几辆车一起去，发现老百姓对“穷”字非常忌讳，他们的到来会给这家人及他们的亲戚造成很大的压力。于是他们在后来就改为一次一辆车，这样乡亲们就认为是来的亲戚，减少了心理负担。为了使救助活动更加持久规范，黄骅市爱心协会还选举了社长、副社长、秘书长等职务，建立了严格的管理制度，完善了《爱心协会章程》、《爱心资金管理协议》，要求每个成员至少资助一名贫困儿童，资助时限为从资助之年到初中毕业，协助政府完成对农村孩子的九年义务制教育。资助资金由学校管理，由学校为每位贫困生建立一个账户，按需支取，爱心协会定期回访检查。更重要的是要求每个社员通过书信、电话、会面等形式给予贫困生精神上的帮扶。

为了更全面的帮助贫困学生，2005年12月24日，作为河北省首家网络志愿者团体——“黄骅市爱心协会”（原名黄骅市爱心社，注册后更名为黄骅市爱心协会）正式揭牌成立。与此同时“爱心中转站”也同时开张，专门接受社会各界的实物爱心捐助，并将其转送到贫困孩子的家中。爱心中转站建立至今，先后收到协会成员和社会各界捐献的衣物、书籍、文具等近万件。爱心中转站的成立使爱心救助的形式更加多样，救助范围也得到进一步扩大。

随着爱心协会的不断壮大，越来越多的媒体从网络上了解到爱心协会，纷纷致电要求采访、报道。在是否选择接受采访的问题上，会员们产生了争执。开始他们都很低调，后来大家一致认同，必要的宣传是可取的，它可以使更多的有爱心的人加入到这个行列中来，使更多的孩子得到救助。社会上对他们的行为也有不认同的说法，有人认为他们是想出风头，借助“爱心救助”的光环沽名钓誉。可是人们并不知道，在参加所有的救助活动中，会员们从一开始就从不提及会员所在企业的名字，甚至连会员的真实姓名也没有人知道。

孩子，让叔叔帮你重返校园

在一次核实资料的活动中，爱心协会成员一行六人来到黄骅市滕庄子西白庄村，核实一位叫巧秀的孩子，在巧秀家他们意外的发现了巧秀的双胞胎姐姐巧琳。巧琳静静地坐在土炕上，面对几位陌生的叔叔、阿姨有点不知所措，原来姐妹俩都是岭庄中学的学生，巧琳辍学在家。一位成员问她：巧琳，还想上学吗？小巧琳抬头看了看贴在墙上的奖状，默默的低下头：“不想。”孩子的语气很坚决，可眼里闪过的一丝失落和无奈却逃不过爱心协会几位成员的眼睛。巧琳成绩很优秀，可家境的贫寒决定了姐妹两个只能有一个可以上学，身有残疾的小巧琳毅然把上学的机会让给了妹妹。爱心协会的几名成员当即决定，一起救助巧琳上学。

在一次爱心协会组织的活动时，这姐妹俩手拉着手一定要找爱心协会的“青山”叔叔说说话（“青山锁翠”负责与巧琳联系），向叔叔汇报近期的学习成绩。巧琳的班主任王老师说，巧琳重新回到学校后变化很大。一开始，自己基本上不能走路，也不爱说话，现在不光可以走路了，还变成了一个开朗爱笑得孩子，学习成绩也在直线上升。她在入学后第十七天就参加了班级考试，并用自己的真情把黄骅市爱心协会对她的救助作为作文题目写在了试卷上。她在作文中写道：“现在想起来这件事真让我既高兴又激动。我现在只希望自己寒假能够尽快把初一的课补回来，也好以后跟上学习，不辜负叔叔阿姨们对我的期望……”

爱心协会，让爱心不断延伸

“做好自己的事，感染身边的人。”如今在黄骅，有越来越多的人加入到关心关爱贫困儿童的行列，大家无不希望这些孩子都能拥有一个充满爱的童年。为此，黄骅市爱心协会连续三年将受资助的贫困孩子和资助人请到一起，举行“爱心助飞梦想，共建和谐社会”大型见面会，接受革命传统教育，进行益智和自信心锻炼游戏，既使资助人更多地增加了对自己资助的贫困孩子的了解和关怀，又使这些受资助的贫困孩子享受到更多的阳光和雨露。

黄骅市爱心协会的行动也引起了各级媒体的高度关注。2006年和2007年连续两年获得沧州市“沧州骄傲”十大新闻人物（集体）的提名，2006年被评为黄骅市十大新闻人物（集体）和黄骅市精神文明建设先进集体，2007年被黄骅市委、黄骅市人民政府评为“黄骅骄傲”十大爱心人物（集体）。

供稿：沧州市文明办

撰稿：郑增强

孟村回族自治县艺蕾艺术学校

“心灵美才是真正的美。”艺术教育是启发和引导人们，尤其是未成年人认知“真善美”，辨别“假恶丑”的有效途径。审美教育在未成年人成长过程中起着举足轻重的作用。孟村艺蕾艺术学校在加强未成年人思想道德教育方面有着尝试性的经验。

古人云：“人之初，性本善。”美与丑、善与恶、思想品质的好与坏，不是天生的，是和后天的教育及环境密不可分的。尤其是不懂世事的未成年人，如何让这些未成年人从小便培养良好的思想品德，优秀的人格素质，美育至关重要。为了开展好这项关系到未成年人将来和前途的重要活动，艺蕾艺术学校在学习书法，绘画和音乐的同时，让孩子们在形式多样、丰富多彩的教育活动中不断成长。

一、以书法、绘画、音乐自身的艺术魅力让孩子们切身感受“真善美”。今年母亲节，我们开展了送给妈妈一幅字、一幅画、一首歌的祝福活动，孩子们用手中的笔用心的描绘自己心中的妈妈!一幅幅书画作品让家长十分感动，同时天真的孩子们的心中对母亲也有了更深的爱，更重要的是通过活动让孩子们懂得热爱妈妈、感谢妈妈、热爱家庭和生活。同样在父亲节、教师节等节日中开展了一系列的活动，让孩子们真正感受到一种温暖和幸福。

二、引用古今故事进行品德教育。通过讲“程门立雪”、“李苦禅学画”等故事，让孩子们知道刻苦学习，珍惜生活的重要性。关于秦桧的故事更是让这些学生受益终生：“相传宋代的大奸臣秦桧，曾是当时著名的书法家之一，在书坛有着很高的地位，由于他残害忠良岳飞，让他遭来千古骂名，正是由于他的无德甚至卑鄙，不仅让他的名声遗臭万年，就连自己的书法也永远的消失在历史中。相传宋体字便是当时秦桧字。”

这个故事在孩子们心中打下了深深的烙印!教育未成年人要做好人，做有利于人民和社会的人、立志做国家的栋梁。

三、积极参加各种有意义的活动，培养未成年人的优秀品质和素质。我们的办学口号是：知识改变命运，艺蕾成就梦想。远大的理想从小树立，作为艺蕾艺校的特色教育，参加全国性的书画大赛是我们培养学生自信心和综合素质的有效方法。

2004年～2006年连续三届“中央电视台墨彩杯全国少年儿童书画电视大赛”50多名学生参加，其中有20多人分获一、二、三等奖!尤其是2005年底，13岁的李元阳在三万多名选手中脱颖而出，登上了央视舞台，取得了电视总决赛铜奖的优异成绩。

2006年8月艺蕾艺校12岁的刘欣又在全国书画大赛中夺魁，摘取了美术类最高奖金奖，多名学生分获银奖和铜奖。2006年8月中旬，刘欣和指导老师李国胜应邀出席了在湖北谷城举办的颁奖晚会，并参加了五山万亩茶园采风。获奖令人喜悦，更让人高兴的是通过参加大赛孩子们的自信心和上进心有了很大提高，信心的提高点燃了孩子们追求五彩斑斓梦想的希望。“当画家、当书法家、当音乐家”是孩子们远大的梦想，有了远大的理想，便看到了孩子的希望和未来。近两年来艺蕾艺校有多名学生分别考入上海复旦大学艺术学院，西安美术学院、河北师大美术学院等艺术院校。艺术教育结出累累硕果，思想道德建设也大获丰收。

作为未成年思想道德建设的第二课堂，艺蕾艺术学校从点滴小事、从生活中来教育孩子“勿以善小而不为，勿以恶小而为之”。让孩子们从小树立远大的理想，让一颗颗天真、纯洁澄清的心灵健康、快乐地成长，将来成为祖国的栋梁。

供稿：沧州市文明办

衡水市第十三中学

衡水市第十三中学在加强和完善内部管理的过程中，重视学校文化的教育功能，建设具有时代精神和本校特色的学校文化，初步形成了环境文化、制度文化、精神文化、课程文化、行为文化构成的学校文化系统。

他们在建设环境文化中，把文化因素寓于教室、操场、宿舍楼、橱窗、标语、校服、广播等每个细节中，营造了信息化、数字化，具有现代文明气息的环境。

在制度文化建设中，坚持“科学、民主、精细、人文”的管理理念，制定和完善了一整套符合教育规律又切合本校实际的规章制度和工作方案，并上升到文化的层面，他们制定的安全生产三项制度在全市教育系统推广。

在精神文化建设中，他们提出了“三好”治校目标、八字方针、十种意识、十大风气，促进了全校师生形成了共同的价值观念、行为方式、精神风貌。

在课程文化建设上，注重因材施教，强调尊重特长学生，关爱弱势学生，面向全体学生，保证100%的学生都能进步。试行导师负责制培优纠偏，举办音体美特长班满足个性发展需要，开辟第二课堂丰富和拓展课堂教学等。同时为了整体优化课程设置，探索形成了必修型课程、选修型课程、研究型课程、拓展型课程。

在行为文化建设中，注重提升办学品位，在管理行为上，全面落实依法治校，加强民主管理和民主监督，推行党风廉政建设，大力实施“阳光工程”、“暖新工程”。在教学行为上，确定了打造“激情课堂”、“魅力课堂”的目标，在教科研行为上，实施了“我与十三中学一起成长”校本研训工程，在德育行为上，坚持定期举办校园文化节、田径运动会、升旗仪式、社会实践活动等，初步探索的“四自”德育模式，受到了显著成效。

在这样的文化氛围中，学校2007年高考本科上线率位次，由2005年的25名上升到第3名，广大教师想事干事，主动开展“进家庭、访家长”活动，走访达800多人次，受到群众欢迎。还涌现出了见义勇为好青年，破冰跳水勇救落水妇女的好学生张增龙。

供稿：衡水市文明办

整理：王蕾

冀州市银海化肥有限责任公司

冀州市银海化肥有限责任公司牢固树立科学发展观，解放思想，深化改革，大力发展循环经济，使改制前背负1.6亿元债务的老厂一跃成为冀州市第一纳税企业，成为衡水市最大的化肥生产企业，被省国资委树为国企改革的典范。

他们坚持深化改革、创新管理。按照“租赁、破产、重组”三步走的改革方案，建立起一系列现代企业制度，将生产经营各环节纳入微机化管理，彻底解决了生产成本高、销售价格不到位的问题。

他们坚持以投入扩大规模，以技改提高水平。谋划实施了甲醇扩产20多个项目，完成了2.5亿元的技改投入，生产规模较改制前扩大了3倍，技术装备也达到了国内一流水平。去年还与中煤集团签订了合作意向书，仅二甲醚一期投入就达10亿元。

他们还着眼长远，实施了投资5.5亿元的循环经济，全面推行“清洁生产”和节能降耗，与改制前相比，每吨合成氨煤耗下降260公斤、电耗下降310度，每年节约成本700多万元。

他们坚持以人为本，营造了“清廉、诚信、创业、和谐”的企业文化氛围。为激发职工的使命感、责任感、荣誉感，他们改善职工生产生活环境，还清了职工八百万元的集资款、缴清了多年欠缴的养老保险金，为职工办理了医疗保险、工伤保险、失业保险，对职工伙食费用补贴80%，职工工资较改制前增长了一倍多。他们深入开展了职工道德教育活动，创办了厂报、实施了“人品工程”，形成了“创新创业、实干发展”的企业精神。

供稿：衡水市文明办
整理：王蕾

枣强县张秀屯乡

枣强县张秀屯乡坚持“工业强乡、特色立乡”发展战略，精心培育输送机械加工产业，通过搭平台、借外力、建集群，提升产业竞争力，使之成为该乡经济发展的第一产业，被中国机械制造协会命名为“全国最大矿山输送机械加工基地”。目前，该乡共有专业村22个，生产加工企业130余家，从业人员5000多人，产品在国内市场覆盖达90%以上。

做大载体，搭建平台。早在上世纪60年代，张秀屯乡崔庄一带就开始生产输送机械配件，但由于企业摊点分散，技术含量低、技术人才少，这项产业一直没有发展起来，近几年，该乡认真调研、反复论证、科学谋划，投资近亿元，建立了工业园区，先后出台系列政策措施，从多方面向园区倾斜，目前进入园区建成投产的企业已达51家。

招商引智，借助外力。他们一方面完善招商奖励办法，到青岛、大连等地举办招商项目推介会，促进招商引资工作，一方面在参评著名商标、办理自营出口权、人才引进和培养、改造传统工艺等方面加大力度，为促进产品上档升级，走向世界打下良好基础。

强“头”壮“身”，打造集群。他们在扶植龙头企业不断做大做强，充分发挥其辐射带动作用的同时，创新机制，引导企业走大户联股、同业联盟、嫁接改造、整合壮大、船大出航的路子，形成了规模优势。目前，园区有年产值超千万元企业6家，超3000万的2家。同时，为拉长特色产业链条，该乡鼓励发展相关产业，目前，崔庄橡胶城、前崔钢材市场等行业市场和专门运输配货公司也发展迅速。

供稿：衡水市文明办
整理：王蕾

武强县孙庄乡

武强县孙庄乡通过建立领导组织、资金保障、激励引导、管理运行四个机制，形成了推进农村文化建设的合力，促进了农村文化的繁荣发展。目前，该乡下辖25个村成立文化团体30个，参与活动的业余爱好者和群众达到了1万多人，农民成为农村文化建设中的主角。2008年春节期间，这些文艺团体为群众演出累计达20多天，丰富了群众的节日文化生活。

孙庄乡把农村文化建设列入了党委政府整体规划，提出了建设“文化大乡”的目标，成立了政府牵头，农村文化活动骨干和一些离退休干部组成的农村文化建设管理委员会，制定了管理办法，设立了日常办事机构，定期开展文化活动。他们把农村文化建设资金列入了财政预算，同时鼓励企事业单位、社会团体和个人投资兴办“股份制”文化团体。几年来，先后吸纳投资80多万元。该项建立完善了“民办公助、以奖待补”的激励政策，乡财政每年拿出3万元作为奖励基金，调动了群众积极性，仅皇甫村农民书社就发展社员30多名，涉及三个县10多个村庄。为不断适应农民文化需求的变化，该项认真分析形势，把农民文化需求定位在“求富、求知、求乐”三方面，改革和调整了农村文化管理模式，扩大了农村文化机构职能，把过去单一开展文化娱乐活动的文化室，建成了融科技、文化、教育为一体的综合性文化活动中心。得到农民群众的积极响应。

供稿：衡水市文明办
整理：王蕾

邢台市桥东区南长街办事处

邢台市桥东区南长街办事处辖区面积3平方公里，人口6万余人。下辖18个社区。2006年以来，办事处围绕改革、发展、稳定、和谐的工作大局，大力开展“四民工程”（聚民力、联民情、解民难、赢民心），强力推行“三全”工作机制，不断开拓思路，创新活动载体，党建、精神文明建设、经济、计生等各项工作都取得了可喜成绩。两年来，办事处荣获区级以上荣誉50余项，其中包括全国百佳学习型社区、省文明单位、省先进基层党校、省“百万妇女健身活动”先进基层组织、省节水先进社区(中房社区)、省小公民道德建设实践基地、省普法先进单位等30项省级以上荣誉。工作多次被全国、省、市等各级媒体报道，仅2007年一年就被各级媒体报道300余次。我们开展的“亲邻行动在社区”活动被牛城晚报评为“2007年度十大热词”，三名社区“双十佳”模范被邢台日报评为2007年邢台“十大社区热心人物”。具体做法是：

一、聚民力，党员先锋在社区

为更好的服务群众，巩固群众利益，使群众广泛参与到社区服务中来，今年我处继续在辖区开展了“党员先锋在社区”活动。我们从各社区党支部的党员教育管理入手，严格“三会一课”制度，设立党员形象榜、党员公示栏，开展以党员家话、党员史话、党员剖白、党员新传、党员风采为主要内容的“党员先锋在社区”系列活动。各社区还结合自身实际，深入开展和谐社区建设系列活动，丰富社区服务工作内涵，制定“社区干部个人修养十条”、利用伦理道德讲评台和文艺宣传队展示社区党员的好人好事、开展党员认岗、困难居民“结队帮扶”等活动，为特困户、低保户、下岗失业人员送温暖，提供及时、有效的服务。两年来我处共走访慰问群众达2万余人次，捐赠钱物10万余元，为居民办好事、实事1000余件。老干部党支部退休老党员李朝炬荣获全国关心下一代先进个人，童长发等16人被评为市级优秀干部先进个人，还有一名基层党员当选为省党代表。“党员先锋在社区”被河北电视台新闻联播连续三天作系列报道。党员先锋在社区活动的开展，为深化社区党建工作注入了新的活力。由于实绩突出，办事处社区党支部被评为省级优秀基层党组织。

二、联民情，亲邻行动在社区

处党委以群众需求为导向，以居民满意为目标，通过形式各异、丰富多彩的系列活动在各社区广泛开展了“亲邻行动在社区”活动，把党的温暖送到群众的心坎上。一是加强沟通，建立邻里俱乐部，构筑居民相互交流的平台。我们采取组织居民举行“茶话会”“包饺子”“社区消夏联谊”“社区大食会”等活动，加强居民间的交流，增进邻里间的感情。二是成立亲邻互助站，倡导互助，搭建邻里奉献爱心平台。我们在各社区成立了“亲邻互助站”“亲邻俱乐部”“亲邻志愿队”邻里互助热线“邻里互助卡”等，现在全处已组成各类亲邻志愿者队103支，人数达3000人，参与活动达1万多人次。“亲邻行动在社区”活动的开展，使邻里得到帮助，孤老得到关心，特困居民得到资助，促进了社区和谐。“亲邻行动”被各类媒体报道50余篇，并被牛城晚报评为“2007年度十大热词”，亲邻之歌唱响牛城。“亲邻行动在社区”是一座桥、一条船，引领着人们融入文明和谐的新型社区，使社区居民“同担风雨，共享阳光”。

三、解民难，七彩连心在社区

我处把解决民生作为工作的指导思想，在辖区广泛开展了“七彩连心在社区活动”。根据不同的困难群众家庭特点，我处精心制作七彩连心卡，红橙黄绿青蓝紫七种颜色代表关爱七类弱势群体，使广大群众真正感受到党的关怀和温暖。红色关爱空巢老人、橙色关爱困难家庭、紫色关爱单亲家庭、绿色关爱失学儿童、青色关爱下岗职工、黄色关爱残疾人、蓝色关爱刑满释放人员。针对不同人群制定不同的服务措施，对老年人制作“寿星吉利香包”，消除外出时的后顾之忧，还为他们集体过生日，消除他们晚年的孤独感；对青少年开展“阳光假日牵手”、“假期驿站”等活动，利用节假日对他们进行道德品质教育；对下岗职工广泛开展职业培训、职业介绍、就业信息服务，先后安排60人实现再就业；对困难家庭，开展“亲情联谊结对子献爱心”活动；两年来我处共为1542户低保户发放水费补贴28921元，新办低保192户，全年发放低保金4543388元。今年共办理大病救助15人，合计金额159646元，报销药费22904元，亲情联谊结对子300余对；对残疾人，我处成立了残疾人帮扶志愿队，五一节来临之前残疾人帮扶志愿队带领辖区内30名残疾人到达活泉公园游园，使他们感受春天的气息，活动中当我们了解到方圆一社区残疾青年甄更亮有学电脑的愿望，却苦于找不到愿意接收他的学校后，我们积极与龙腾计算机电脑学校联系，实现了小亮的梦想。小亮求学的愿望感动了一公司领导，该公司主动为家庭贫困的小亮赠送了一台电脑。“七彩连心”活动的开展确实使人民群众得到的实惠，先后共为群众办好事、实事700余件，切实做到了办民事、解民难，得到辖区群众的热烈拥护。“七彩连心在社区”活动就像一道七色彩红搭建了党和人民群众之间的连心桥。国家计生协对我处的“七彩连心”活动开展情况进行了刊发，省计省协对此进行了经验推广。

四、赢民心，和谐建设在社区

服务辖区群众，建设和谐社区，是落实“三个代表”重要思想的具体体现，今年我处狠抓了以下几方面工作，促进辖区和谐。一是依法整治，改善居民生活环境。我处加快了城中村改造步伐，积极协助城中村改造跑各种规划手续。另外我处还积极响应上级号召，对违法建筑加大了整治力度，对“四小”企业加大了监管力度。通过加大城市改建，优化城市环境，改善了居民生活环境，使居民生活舒心。二是警民共建，维护辖区安全稳定。我处开展了平安社区创建活动，各社区成立党员义务巡逻队，便民服务队、老干部联防队等各种志愿者服务队，宣传法律知识，义务为社区巡逻，两年来先后排查出各类事故隐患483起，均得到妥善处理，维护了辖区稳定，营造了和谐平安的良好氛围，使居民生活安心。军休社区被评为“省平安家庭创建活动示范区”。“双十佳”典型，干警包瑞雪、白志峰事迹均被省级媒体报道，其中“包瑞雪工作法”在全市乃至公安部予以推广。三是成立组织，丰富居民文化生活。我处共组织乒乓球、羽毛球书法、书画、红娘等协会组织11个，秧歌、腰鼓、健身球、京剧、豫剧、歌舞等群众团队23个，红娘协会已使500余对有情人终成眷属。我们经常组织协会进行各种比赛和交流，组织文艺队开办一些自娱自乐诸如“消夏之夜”“周末广场”“梨园春”等文艺活动，另外还充分利用社区市民学校组织居民培训、学习交流，丰富居民业余文化生活，使居民生活欢心。四是“双十佳”评选，引导居民共建共筑。办事处党委借和谐社区建设之机在社区内开展以“十佳好邻里、十佳好婆媳、十佳社区党员、十佳社区小公民、十佳四有老人、十佳思想政治工作者、十佳创业明星、十佳社区志愿者、十佳社区小组长、十佳文明楼道”为主要内容的评选活动，几年来先后评出十佳模范人物近400余名。“双十佳”评选活动先后被《河北日报》、《大时代》进行了专题报道。其中一名社区“双十佳”模范被评为“全国优秀残疾人专职委员”，三名被邢台日报评为2007年邢台“十大社区热心人物”。“双十佳”评选如一朵奇葩香溢四方，它弘扬了正气，激发了居民参与社区建设的热情，使友善之情春满人间。“和谐建设在社区”活动的开展加强了社区服务和社区建设，使所辖社区服务完善、治安良好、环境优美。中央办公厅、省委组织部、省民政厅、省文明办等部门领导多次来我处参观调研，并给予高度评价。

我处通过创建的“人性化服务五种模式”(人本服务、联动服务、应需服务、细致服务、带动服务)，大力开展“四民工程”，使居民安居乐业。“五种服务”模式在桥东区进行了广泛推广。“四民工程”的开展在辖区筑造了团结互助、和睦相处的和谐社会风尚，得到广大群众的拥护，使每位居民都沐浴在温暖阳光之中，促进了精神文明和经济建设的的蓬勃快速发展。

供稿：邢台市文明办

整理：弓少勇

巨鹿县财政局

走进巨鹿县财政局，一股文明新风扑面而来：窗明几净、秩序井然的办事环境，展示着他们的精神风貌。这个团结战斗的集体，2007年在精神文明建设方面可谓硕果累累：荣获市先进基层党支部、2007年度实绩突出单位、2007年度惠民工程贡献奖、在2007年全县行风评议活动中获第一名等，财政部门在社会中树立了良好的形象。

巨鹿县财政局领导班子深深地意识到，抓好机关精神文明建设，不断改进机关工作作风，提高财政服务技能，是与改革和建设同等重要的大事，要通过不同层面搞好精神文明建设，树立财政机关的良好形象。2007年，在局党组的直接领导和倡导下，开展了“为基层服务、为群众服务、为发展经济服务”的文明创建活动；外树形象，内练真功，着重抓好思想作风建设，队伍素质培养和建功立业、技能竞赛创文明三个方面的工作，从而开创了机关精神文明建设新局面。

在思想作风建设中，按照“讲学习、讲政治、讲正气”的要求开展思想政治工作，使每一个财政工作人员树立正确的人生观、价值观，使大家在纷繁复杂的市场经济活动中，把握政治方向，选准人生坐标，为机关内部开展党风廉政建设和反腐败工作打下了良好的群众基础和思想基础，有效促进机关依法行政、依法理财，提高办事透明度，树立廉洁形象。一是“三联系一走访”活动，财政干部深入基层联系企业22家，联系群众178人次，征求意见74条，接受投诉25件，解决群众关心的问题15项，进一步密切了干群关系，受到上级领导和群众的普遍赞誉。二是深入开展“访贫思廉”教育活动，该局13名副科级以上干部为早日使贫困户走出贫困，战胜困难，他们都尽其所能给予帮扶。三是开展政策法规宣传活动。2007年下半年，该局在繁华街道宣传契税和财政违法行为处分条例等相关法律知识。使大家对契税等法律知识有所了解，从而全面提升了财政形象，创建科学便民的服务环境。四是举办了庆“三八”自行车慢骑比赛，活跃了大家的业余生活的同时也让增进了彼此之间的友谊。五是在本局大会议室举办春节联欢会，该局领导班子带头表演节目，大家在一起欢聚一堂。

在精神文明建设中，该局以“团结、务实、高效、廉洁、争先”的治局方针为统领，坚持以人为本，注重思想教育，大力抓好财政干部的政治理论和业务知识学习，提高了财政干部的政治理论素养。截止目前，全局55名45岁以下干部中，大专以上学历50人，占91%。另外，该局聘请了13名社会各界代表作为财政部门行风建设的监督员，广泛接受社会监督和评议。

灿烂的精神文明之花，结出了丰硕的财政改革和建设之果。在2007年的精神文明建设的过程中，巨鹿财政也得到了良好的发展，全年财政收入达到12099万元，同比增长18.6%。巨鹿县财政局在今后的发展历程中，精神文明建设之花将常开不败。

供稿：邢台市文明办

整理：弓少勇

邢台县东良舍村

邢台县东良舍村地处邢台市西北8公里处，全村共有450户，1780口人，村域面积5200亩，耕地3500亩，有蔬菜大棚300个，养殖专业户17家，个体私营企业2家，个体工商户2家，卫生所2个。2006年全村集体收入15.6万元，农民人均纯收入3245元。自2004年4月份省、市提出在农村广泛开展创建文明生态村活动以来，我村按照文明生态村指导标准，以改善人居环境为突破口，以提高农民素质和生活质量为根本，以“经济发展、民主健全、精神充实、环境良好”为创建目标，坚持高起点谋划、高标准实施、高质量施工，通过两年多来的辛勤劳动和不懈努力，使生态环境得到很大改善，村容村貌发生巨大变化，一举成为远近闻名的创建先进村，受到省、市表彰奖励，先后有二十多个县市、近三万人到该村参观学习。

一、充分发挥群众的主体作用，调动群众的创建积极性

东户舍村村落面积占地700余亩，一条被人戏称为垃圾河、龙须沟的金玉河贯穿村中央，形成了村内垃圾死角多、废弃旧宅基地多、柴草石头堆积多的“三多”现象，一家一户的旧茅厕更使村域内的空气质量和环境卫生，雪上加霜，面对这样的实际困难，村两委不等不靠，积极发动群众，连续召开了八次双委会、党员会和群众代表会，组织党员和群众一道学习河北省精神文明建设委员会《关于在全省农村广泛开展创建文明生态村活动的意见》，通过舆论引导和深入细致的思想工作，向群众广泛宣传创建文明生态村的意义、任务和目标，并组织双委干部、群众代表先后到唐山和该县前南峪等村进行现场观摩，使大家进一步统一了思想，开阔了视野。大家一路看一路议，认识到文明生态村是靠自己的双手干出来的，早干早主动，早干早受益。从而形成了干群齐心协力、共建美好家园的良好氛围。由于宣传、发动到位，措施得力，临街的旧茅厕、简易棚不到期限全部拆完；在五天时间内，村里不花一分钱，农户自发动用车辆850余辆次，清理垃圾15000立方，为创建文明生态村开了好头。

二、进行“三化”建设，改善居住环境

在创建过程中，东良舍村把广大群众迫切要求解决的脏乱差问题作为开展工作的切入点和突破点。首先聘请有关部门专家对村域、村庄和经济发展进行长短期规划。按照规划先后完成了村内7条街道的绿化，街道两旁栽植银杏2500株，冬青6万株；拆除圈舍300余处，清理垃圾1.5万方；新建与厕所相连的“二位一体”沼气池150个，垃圾池21处，公厕7处；全村划分10个卫生区，建章立制，专人负责，实现了街道净化；全村7条主要街道3500米全部实现硬化，并按间距50米全部安上路灯，实现了亮化。居住环境的改善，坚定了广大群众深化文明生态村创建的决心和信心。

三、推广生态农业，改善生活环境

以三个园区建设促进创建内涵提升，实现人与自然的和谐，是该村深化文明生态村创建的一个重要举措。他们在抓好村容村貌整治的基础上，对三处乱山岗和旧河道进行了开发治理，一是利用蟠龙降凡传说，投资60万元建起蟠龙公园，内有12生肖石雕，栩栩如生，24个节气画廊、儿童迷宫、长城观戏台、蟠龙岗古碑等。二是投资40万元把白马河古河道建成了人口文化园，设立了和谐文化亭，团结互助园和新型生育文化长廊，栽植了大面积的绿化草木，既起到了教育刘、胡两大姓团结和谐共处的目的，又改变了白马河风沙大、环境恶劣的状况。三是引资600万元建起了占地270亩的粮食作物标准化生产示范园，既改造了生态环境，实现了村在林中、人在绿中，又发展了现代农业，促进了农民增收。

四、完善公共设施，提高农民素质

提高农民素质是建设社会主义新农村的必然要求。在抓好硬件建设的同时，该村坚持以人为本、全面发展不断提高农民的整体素质。一是完善了各种服务设施。按照上级要求建起了功能齐全、方便群众的“村民中心”。“村民中心”内建有科技培训室、村民议事室、法律服务室等八个服务室。建成了40平方米藏书2000册以上的图书室，建起了文化大院、篮球场、晨练场。二是针对部分村民由于受信息、技术缺乏的制约，无致富门路的问题，开办了新农民培训学校。充分利用省文化资源共享工程的远程教育网络，每周聘请市农校、党校老师、村离任老干部以及乡土拔尖人才授课两个学时，结合播放卫星系统接收的节目，重点培训党的基本知识、农业科技知识、农村政策法规等内容。今年以来，1000余人次参加了业余学校学习，培养致富能人310人，科技示范户120户，全村90%的农民都掌握了2门以上致富技能。三是广泛开展精神文明创建活动，培养良好的社会风气。在群众中深入开展了争创十星级文明户、争当好媳妇、好妯娌、好公婆和好邻居活动，十星级文明农户达到80%以上；建立了村民道德评议会、红白理事会、妇女禁赌会等群众自治组织，坚持常年开展活动。该村还依托文化广场成立了秧歌队、锣鼓队、青年体育队，经常自编自演文艺节目，开展文体竞赛活动，培树了良好的村风民风。目前，争当懂技术、善经营、会管理、有文化的新型农民活动正在该村悄然兴起。

东良舍村群众靠自力更生、锲而不舍的精神改善了居住和生产环境，而良好的环境又改造影响了人。现在群众注重讲文明话、办文明事，注意礼仪交往，树立了东良舍人的良好形象。特别是生活环境的改善，吸引了市区很多人前来观光休闲、投资兴业。创建以来，已有两个5000万元项目慕名落户，其中省路桥公司搅拌站已投产见效，立新棉纺厂占地协议已经签定，筹建工作正在紧张进行之中。仅此一项，集体将增收20万元，提供就业岗位300多个。

今年，东良舍准备利用白马河沿岸2000亩荒地建立狩猎场、垂钓池和家庭小庄园，对1300亩生态林采用承包领养等办法，建立生态小园景，建立农家四合院、农家生活大排档，形成游生态景、吃农家饭、住农家院的一系列生态旅游业，把东良舍打造成邢台市近郊生态、休闲、观光胜地。

供稿：邢台市文明办

整理：霍振峰 王洁

邯郸市国税局

2004年以来，我局在文明创建活动中，坚持“以人为本”的创建理念，结合国税实际，与时俱进，不断创新，大力实施“1353”文明创建工程（即围绕“一个目标”、完善“三项机制”、开展“五个一”活动、搭建“三个平台”），创建工作取得了骄人的成绩：有4个单位被评为全国“三八红旗集体”、“青年文明号”、“巾帼文明岗”和全国税务系统先进集体。市局和7个县区连续4年被评为省、市级文明单位，15个基层单位被团省委命名为省级“青年文明号”“巾帼文明岗”，15个单位19次被省局评为基层建设先进单位。连续4年被市委、市政府评为实绩突出单位，连续6年获民主评议行风第一名，连续3年获“文明执法杯”夺杯竞赛第一名；去年，所辖县区局全部被评为市级文明单位，实现了“满堂红”。有1人获得全国“五一”劳动奖章，1人被评为全国“巾帼建功明星”，1人被总局记一等功；48人受到省级以上表彰奖励。

一、围绕“一个目标”，加强文明创建工作的统筹规划

我局始终坚持以“全力创建国家级文明单位”为目标，将提升队伍素质、树立国税形象、促进和谐国税作为文明创建的核心，加强了创建工作的统筹规划。一是围绕目标确立创建理念。围绕文明创建目标，我局提出了“三好、四和、五化”的创建理念。“三好”，即好的位次、好的环境、好的心情；“四和”，即国税与社会和谐、国税与国税之间和谐、国税与税务干部的和谐、国税干部与国税干部之间的和谐；“五化”，即工作制度化、管理科学化、决策民主化、政务公开化、一切人性化。二是制定周密细致的创建规划。坚持制定文明创建的长远规划与近期安排相结合、长远目标与阶段目标相结合，将长远目标具体化为“文明执法杯”夺杯竞赛、争创“青年文明号”、“巾帼示范岗”活动目标，每一项活动都制定了周密的活动方案，发动全员全力争创。三是加强文明创建的组织领导。我局专门成立了文明创建工作领导小组，明确局长为创建工作第一责任人，并由一名班子成员专门负责这一工作。定期专门召开局长办公会议专门研究创建工作，定期听取创建工作汇报、提出具体要求，使创建活动始终保持了有条不紊发展态势。

二、完善“三项机制”，增强文明创建工作的动力活力

实践中，我们深刻认识到只有建立科学有效的竞争机制、教育机制和用人机制，才能不断增强文明创建的动力和活力。

（一）优胜劣汰的竞争机制

竞争出效率。为调动各单位争先创优的积极性，我局将竞争机制全面引入文明创建工作中，为创建工作注入了强大的活力。年初及早下达年度文明创建规划，拟订了各级文明税务分局（所）、青年文明号的评选指标。年中对创建情况进行不定期检查调度。年末考评实行优胜劣汰，上年度的文明税务分局（所）、青年文明号为一个考核档次，成绩排在后3位的自然淘汰；其他基层单位综合考核得分在前三名的自然晋级。每年都要召开全市文明创建工作会议，总结工作，推广经验，并对新评定的文明单位进行大张旗鼓地表彰；同时，分析文明创建工作面临的新形势，进一步明确新思路、新任务和新要求。

（二）灵活有效的教育机制

干部队伍素质是提高创建水平的关键。我局注重通过机制的力量充分调动全员的学习积极性，强力推动干部素质的提高。一是思想政治工作机制。我局对思想政治工作高度重视，明确由各级一把手为思想政治工作的第一责任人，以教育处、人事处、监察室为思想政治工作的责任部门，全力配合、推动文明创建工作。任何工作开展前都以思想政治工作做铺垫，任何工作开展中都渗透着大量的思想政治工作，广泛开展谈心活动，时刻把握群众的思想动态。2004年以来，针对征管信息系统推行上线、干部竞争上岗等敏感工作，先后召开了7次专题思想工作会议，平时也是逢会必讲思想工作，使全局长期保持了团结和谐的良好局面。二是教育培训机制。我们每年都对全员业务教育培训做出认真安排，今年又研究制定了《“十一五”干部教育培训规划》，从培训的指导思想、基本原则、目标任务、培训重点和组织领导等方面做了周密的安排部署，特别是对“六员”培训的开展，从培训形式、内容、师资、考试、考核等方面做了详细规定，实现了教育培训的制度化、规范化和科学化。三年来，我局共举办征管法、NIT、计算机、税务稽查、所得税、税收管理员、公务礼仪等各类培训549多期（次），培训人员15395人（次），相当于人均培训了3遍。三是重奖重用机制。2004年组织了三次全员考试，考试成绩通报全市。2005年组织了系统业务尖子选拔考试，并首次实行重奖重用，前10名共计奖励6万元，前6名人员予以提拔重用，前50名列入市局人才资源库。2006年，又通过公开考试选调11名人员进市局机关工作，组织科级干部赴湖南大学封闭学习。今年又组织了县区局长和市局业务处长赴河南、江苏、山东三省6个地级市局学习先进管理经验。这一系列措施，充分激发了全员学习热情，形成了“学业务、增才干、当尖子、我为文明创建作贡献”的浓厚氛围。

（三）公平公正的用人机制

认真落实中央“5+1”文件精神，坚持“用能人、敢用人、用活人”的工作思路和公开、平等、竞争、择优的原则，真正把德才兼备、实绩突出、群众拥护的干部选拔到领导岗位上来。2005年，按照省局安排，先后交流、调整了10个县局一把手和处室正职、20个县区局副职，提拔了7名科级干部。2006年，在全省率先组织了副科级干部公开选拔，共确定副科级后备干部93名，任命副科级领导干部22名，基层税务分局长65名。通过干部选拔调整，激活了用人机制，明确了正确的用人导向，把一大批年富力强的年轻干部选拔到领导岗位上来，增强了各级班子的文明创建能力，省局汪康局长给予充分肯定，一些兄弟市局专程前来学习借鉴。

三、开展“五个一”活动，提升文明创建工作的文化品位

为使文明创建活动有声有色，提升文化品位，增强感染力、辐射力和影响力，我局坚持不懈地开展了“五个一”活动。

一是建好一个阵地——靠文化阵地活跃人。普遍建立了文体活动室、图书阅览室等文化阵地，在机关走廊设置了廉政格言字画。坚持在“五一”期间举办职工运动会，在“七一”前夕举行各种演讲比赛，在“十一”期间举办全系统“书法、绘画和摄影艺术展”，定期组织干部职工开展野外拓展训练，通过开展多种文体活动，陶冶了干部情操，培养了团队精神，增强了集体观念，整个干部队伍始终保持了旺盛的精力和活力。

二是开展一项活动——靠创建活动凝聚人。文明创建活动离不开一个有效的载体。几年来，我们依据形势变化和上级安排部署，积极在全市开展声势浩大的文明创建活动，既为创建活动提供了载体，又使干部队伍在创建活动中受到了教育熏陶。2004年，在全系统开展了以行政提速、服务提质和优化环境为主要内容的“双提一优”和“文明执法杯”竞赛活动，全面推行无缺位工作制度、限时办结制度、下评上制度，提高工作效率和服务质量，受到市委、市政府的隆重表彰。2005年，又扎实有效地开展了保持共产党员先进性教育活动，并作为市直单位先进代表，先后四次向市委领导、省委督导组做了工作汇报，受到了省市领导充分肯定，先后三次在我局召开了现场会。2006年，组织开展了“诚信服务”主题创建活动，大力推行文明办税“八公开”和“七项承诺”，受到社会各界的好评，并一举夺得文明执法杯第一名。

三是同唱一首歌曲——靠激昂歌声感召人。为大力弘扬求真务实、拼搏进取、敬业奉献、团结和谐“邯郸国税精神”，我局在全系统坚持开展了同唱一首歌活动，集体活动和大型会议之前共唱自行创作的《邯郸国税之歌》，用歌声鼓舞士气、激励斗志、振奋精神、凝聚力量。邯郸市政府市长赵国岭对此大加赞赏，称赞说通过歌声听到了邯郸国税人干事创业的一种声音，感受到了邯郸国税人热火朝天的干劲和激情。

四是树立一个典型——靠典型人物带动人。榜样的力量是无穷的。在文明创建过程中，我局的先进人物和先进事迹层出不穷，感人肺腑，催人奋进。为充分发挥典型人物的示范带动作用，2005年3月，我们开展了向身患绝症仍奋斗不止的爱岗敬业模范、涉县国税局优秀共产党员李爱民学习活动，省局党组也随即作出了关于向李爱民同志学习的决定；5月份，我们对推行征管信息系统过程涌现出先进单位和个人进行了隆重的表彰。今年初，我局程安邯同志因查处江苏“铁本案件”成绩突出，被国家税务总局荣记一等功，局党组随即又作出了向程安邯同志学习的决定。

五是实施一种关怀——靠人文关怀凝聚人。局党组坚持多渠道察民情、解民意，2004年开通了局长电子信箱，今年又开通“建言献策”工作信箱，多方了解群众的意见和心声，增强了决策的民主性与科学性。坚持为干部职工办好事、办实事，每年组织为在职和离退休干部进行健康体检，定期举办健康知识讲座，认真落实年休假制度，切实关心干部的身心健康。定期走访老干部和困难职工，传统节日组织老干部座谈并按时为离退休人员送生日蛋糕。规范了系统临时用工管理，为临时人员交纳养老、失业和医疗保险，解除了他们的后顾之忧。无微不至的人文关怀，进一步拉近了干群关系，系统上下始终呈现出单位关心个人、个人维护集体的和谐局面，大家互相关爱、和睦相处，队伍团结稳定、和谐向上。市委、市政府和省局主要领导曾先后7次做出批示，对我局工作给予充分肯定。

四、搭建“三个平台”，推动文明创建工作向纵深开展

我局大力加强基层建设、优化窗口服务、推行阳光办税，打造了文明创建的环境平台、服务平台、监督平台，文明创建活动不断向纵深开展。

一是加大基层投入，搭建文明创建的环境平台。加强基层建设、改善征纳环境，是搞好文明创建的基础平台。3年来，我局在经费较为紧张的情况下，千方百计压缩日常开支，共向基层增拨经费9131万元，先后有3个县局和5个税务分局、办税服务厅投入使用，基层工作环境和纳税人办税环境得到明显改善，为纳税服务的提质增效打下了坚实基础。在全省基层建设观摩检查时，我局基层建设工作受到广泛好评，省内外十几家单位前来我局观摩学习。

二是擦亮服务窗口，搭建文明创建的服务平台。为提高税收服务的质量和效率，我们全面加强了直接面对纳税人的窗口单位建设。在硬件设施上，我们对办税服务厅和税务分局（所）的网络进行改造，由64k提到2M，网速提高约16倍，节约了纳税人的办税时间；在全系统20个办税服务厅全部配置了电子触摸屏、公开柜，设置了纳税人工作台和办税流程图，规范了办税服务厅窗口设置和标识牌。在服务举措上，率先推出“三个三”服务新举措，即“三时”（限时、延时、随时）、“三办”（热情办、马上办、认真办）、“三声”（来有迎声、问有答声、走有送声）；对纳税人办理涉税事项实行“一窗式”管理、“一户式”储存和“一站式”服务，提高了办税效率，提升了服务水平。今年4月份中央电视台新闻联播节目报道了我局优化税务服务的做法。

三是实行阳光办税，搭建文明创建的监督平台。作为全省国税系统行政权力公开透明运行工作试点单位，我局边借鉴摸索、边创新工作，梳理出不同岗位的91项权力，编制了公开事项说明和流程图，建立健全了公开制度，开通了因特网和局域网两个网站，自行研制了查询软件，形成了一套行之有效的权力公开运行机制，将税收执法权和行政管理权完全置于社会监督之下，规范了执法行为，提高了办事效率，受到纳税人的欢迎。去年，总局监察局专程来邯调研并予以高度评价，中国税务报对我局的做法进行了专题报道，先后有江苏、山西等20余家兄弟单位来邯学习参观或索要资料。

供稿：省国税局文明办

邯郸市劳教所

邯郸市劳教所的前身是河北省第六劳改支队，始建于上世纪50年代，1981年改建为省属邯郸劳教所，1983年移交邯郸市管辖。占地面积1162亩。正处级单位，担负着全市劳教人员及沧州、衡水、邢台、邯郸“法轮功”劳教人员的收容教育任务。

2002年以来，该所新领导班子围绕“改造、提升、发展”的思路，以正规化建设为统领，加大投入，加强所政设施的改造建设工作，五年来连续投入2000余万元，在建成一座近1万平方米的功能较为齐全的劳教宿舍（教学）楼的基础上，对围墙进行了改造，路面进行了硬化，并且新建了心理救助中心、图书馆、电化教学、局域网等，场所的硬件设施有了很大的改观。场所秩序持续安全稳定，截止目前，已连续5年零7个月实现“无脱逃、无非正常死亡、无所内发案、无重大安全生产事故”。以“人防、物防、技防”为主要内容的场所安全长效防控机制不断加强和完善。教育挽救质量不断提高，社会效果明显，特别是对“法轮功”劳教人员的教育转化工作处在全省乃至全国前列。劳教生产习艺工作，连续16年保持安全生产的情况下，经济效益也逐年提高。生活卫生工作实现标准化，劳教人员的吃、住、学、劳、医等都标准规范，劳教人员的所内发病率低于社会标准。进一步完善生产安全长效机制，大力倡导安全生产文化建设，突出安全文化氛围，广大民警职工的安全生产意识明显增强，安全生产连续17年实现零事故。根据季节变换易发病的规律，及时举办健康知识培训班。加强巡诊，做到劳教人员有病早发现，早医治，全年劳教人员发病率低于3%。加强劳教人员伙食工作，坚持把好采购关和24小时留样制度，坚持让劳教人员吃热、吃熟、吃饱、吃卫生、吃够实物标准，杜绝了食物中毒。组织全体民警学习《劳教人民警察六条禁令》，大力开展警务督察，切实维护了劳教人民警察在执法执纪中的良好形象。适时开展警示安全教育，多年来适时组织安全警示教育，广大民警的自警、自省的意识进一步增强，民警队伍中没有出现违规违纪现象。与此同时，邯郸市劳教所还把正规化建设当做推动整体工作上水平、上台阶的根本性措施，先后3批组织20余人次到先进的兄弟所进行考察学习，开阔了视野，拓宽了思路。共完善制度近200项，使民警言行、请示报告、心理咨询及矫治、巡诊及消毒等工作更加规范。通过狠抓正规化建设，整体工作水平得到了新的提升。实现了一年一个台阶的稳步发展。在机关文明创建方面，2002年～2003年为市直文明单位，2004年～2007为市级文明单位。在综合工作方面，2003年～2007年为司法部劳教局表彰的“四无”劳教所，2003年为省局先进单位，2004年为省厅先进单位，2005年被司法部授予全国监狱劳教系统文明执法先进单位，2006年再次被司法部授予全国监狱劳教系统开展“规范执法行为，促进执法公正”先进集体。2007年初被司法部荣记集体一等功，市委、市政府为该所召开了庆功大会。2006年7月，全省劳教系统正规化建设现场会在该所召开，在全省劳教系统推广该所正规化建设的经验。

供稿：邯郸市文明办

整理：陈凤娥

磁县六合工业有限公司

近年来，磁县六合工业有限公司坚持以邓小平理论和“三个代表”重要思想为指导，认真贯彻和落实上级有关精神文明建设的文件和要求，大力实施“创建文明企业，塑造和谐矿山”发展战略，开展了以班子建设为突破口，以思想道德建设、民主管理、美化环境为主题的创建活动，狠抓物质、精神和政治三个文明建设，使六合公司成为欣欣向荣、充满生机活力的现代化企业。公司先后荣获全国精神文明建设先进单位、全国企业文化建设先进单位、全国诚信企业、河北省劳动关系和谐企业、省市文明单位、省市质量效益型企业等荣誉称号。

一、注重提高素质，强化班子建设，为创建文明企业提供了坚强领导。磁县六合公司非常重视两级领导班子建设，把班子建设作为保证企业兴旺发达和稳定发展的根本，下大力从思想、作风和组织建设入手，充分利用各种形式组织政治理论学习，努力建设“学习型”领导班子；同时针对煤矿安全工作的重要性和严肃性，认真制定了领导干部入井跟值班制度，党政领导班子带头执行，每月入井天数都居各生产部门管理人员入井天数之首，为全公司干部工作作风的进一步转变起到了表率作用；

二、注重夯实基础，强化区队班组建设，为创建文明企业提供了有力保证。首先，狠抓以“四好班子、五好家庭、六好部室、十佳职工”为内容的“四、五、六、十”精神文明创建评选活动。每年年初对创建活动进行规划设计，制定奋斗目标、具体措施和考核标准，年终进行评比表彰。经过不懈努力，全公司各基层单位均达到了文明单位创建要求标准。其次，狠抓职工思想道德建设。结合胡锦涛总书记提出的“八荣八耻”进一步强化职工“三义”、“三观”、“三德”教育，制定出台了职工文明公约、文明职工工作标准，并把思想道德建设纳入精神文明月度考核内容，月考核，月奖罚，确保了思想道德建设工作落到实处，收到实效。

三、注重科技进步，实施科技强企战略，为创建文明企业提供了物质保障。在科学管理上，推广实施ERP办公自动化系统和6S精益化管理；在技术进步上，公司先后完成重大科技攻关项目10余项，完成各类技术革新成果80多项，共创造经济效益5000多万元，矿井采掘机械化程度达到100%，全公司科技管理人员在省部级以上刊物发表论文40多篇。2007年实现安全生产无工亡事故，原煤产量84万吨，发电5439万度，洗精煤62万吨，炼焦60万吨，实现销售收入17.36亿元，利税48185万元，完成税收入库和财政上缴31769万元,开创了六合公司生产经营跨越发展的崭新局面。

四、注重制度建设，坚持民主管理，为创建文明企业提供了群众基础。我们坚持民主决策，民主管理，民主监督，定期召开职工代表大会和公司领导与职工代表恳谈会。一年来，共征集职工代表提案120件，立案96件，落实91件，征集合理化建议1520条，采纳1462条，创造经济效益2872万元；推行“企务公开，民主监督”制度，对关系全公司经营管理和改革发展的重大问题，涉及职工切身利益的重大问题，企业党风廉政建设的重大问题及时公开，增强了办事的透明度和公正性。

五、注重文化兴企，全面建设企业文化，为创建文明企业提供了不竭动力。首先，注重抓企业文化核心内容建立。我们把“诚信、拼争、开拓、奉献”的企业文化精神和生产经营紧密结合，大力实施6S精细化管理，把各岗位工作内容细化、量化、目标化，实现了管理的科学化、严细化；其次，注重抓群众性文体活动的开展。投资建设了文化广场、篮球场、健身房、职工之家和区队活动室，使群众文体活动实现了主题化、系列化。第三，加大环境建设力度。大力实施了绿化、美化、亮化工程建设，使公司绿化面积覆盖率达28%；投资兴建了音乐喷泉广场、职工花园，在公司主要干道、公园、工业广场等安装了高档美观的照明灯和各式彩灯；加强了环境卫生整治力度，使公司面貌焕然一新，树立了崭新的文明企业形象。第四，强化企业治安稳定。坚持“群策群力、标本兼治”方针，每年年初整顿一次经警巡逻队和安全消防队，很好地发挥了企业自身治安网络和职工群众治安防范作用。同时，还加强对全公司员工和家属的普法教育，使学法、懂法、守法成为每个员工的自觉行为。结合公安机关严厉打击涉企违法犯罪活动，公司治安稳定，社会安定局面得到有效维护。

供稿：邯郸市文明办

整理：陈凤娥

河北省精神文明建设年鉴

经验交流

EXPERIENCES

经验交流

河北省

扎实推进“助学工程”打造群众性精神文明创建活动名牌项目

为了弘扬助人为乐、扶贫济困的社会新风，帮助家庭贫困、品学兼优的学生继续求学，从2001年开始，在中宣部、中央文明办和教育部的支持下，省委宣传部、省文明办、省教育厅开始联合组织“助学工程”，省文明办负责具体实施。6年来，利用中央资助经费和我省的文化事业建设费，先后直接资助我省考入全国部属和省属重点院校的大学生630名，在保定一中和沧州二中集中开办5届10个高中“宏志班”，资助高中生500名。同时指导各市文明办参照省里做法开办22个高中“宏志班”，资助学生1200名。这一工程的实施，不仅使一大批贫困学生在党和政府的直接资助下得以顺利完成学业，为国家和我省建设事业培养了一批高素质人才，而且为在全社会倡导扶贫济困的良好风尚，引导人们都来关心、帮助贫困家庭学生发挥了有效的示范带动作用，受到广大群众的真诚拥护和普遍赞誉。

一、“助学工程”成效明显，已经成为我省群众性精神文明创建活动的名牌项目

“助学工程”组织实施6年来，随着资助数量的增多、内容的丰富和社会影响的不断扩大，群众对这项工程的认知度越来越高，在解决贫困群众的实际困难、树立党和政府良好形象、示范带动各类社会助学活动开展方面发挥出越来越重要的作用。

1．直接资助了一批寒门学子，成为党和政府心系困群众的“德政工程”。再苦不能苦孩子，家庭困难大人或许还可忍受，但再贫困的家庭也不愿让孩子因此失学。实施“助学工程”，首先着眼于贫困地区、困难群众，确保学习最优秀、家庭最困难的学生得到资助：从资助指标分配看，重点向张家口、承德两市倾斜，同时兼顾其他市，工程实施6年来，在受到资助的学生中，张、承两市大学生共有305名、中学生153名，分别占全省总量的48%和31%；从受助学生个人情况看，绝大部分是农村特困户、城市下岗职工子女，家庭年人均收入在500元以下的802名，占全部受助学生的71%；从城乡来看，农村贫困家庭子女有560名，占89%；城市下岗职工子女有76名，占7%。经济上的困难仅仅是一方面，很多受助生弱小的身躯里承担着常人难以想象的磨难，大部分学生家里都有长年卧病在床的病人，一部分学生是孤儿，许多学生来自单亲家庭。从这几年资助的学生情况看，家有长年卧病在床病人或父母丧失劳动能力的有687名，占61%；孤儿23名，占2%；单亲家庭212名，占19%。

2．培养了一批建设者，成为支撑国家和我省发展的“人才工程”。“助学工程”是扶贫工程，更是扶优扶强工程，既为寒门学子铺就了一条求学之路，也为国家和我省建设事业发展培养了一大批高素质的人才。“助学工程”资助的630名大学生中，全部是考取部属或省属重点院校，其中考取清华、北大、南开、复旦等名牌大学的学生就有46名，占被资助学生总数的7%；资助的高中“宏志班”学生，全部在本县中考前80名之内。在校期间，广大受助学生常怀感恩之心，十分珍惜来之不易的机会，思想上追求进步，学习上力争上游，生活上艰苦朴素，成为又红又专的社会主义事业接班人。从我们了解掌握的情况看，我省受助大学生有133人在校期间加入了中国共产党，占21%；有190人担任学生会或班级干部，占30%；504人获得各类奖学金，占80%；其中2001级受助大学生胡大勇成绩突出，大二时直接被学校保送到国外留学。已经毕业的两届300名高中“宏志班”学生全部达到大专以上录取分数线，其中考取二批本科以上的就占70%；石家庄、邯郸、邢台、张家口、唐山等市的高中“宏志班”学生今年也参加了高考，绝大多数学生都达到本科录取分数线。在有效的教育引导下，这些学生心系桑梓，投身家乡建设、改变落后面貌的愿望非常强烈，已经毕业的130名大学生，有49人考取了研究生继续深造，部分学生到西部或其他省份就业，有45名学生回到我省为家乡建设奉献才智。今年，中央文明办确定全国共宣传15名学有所成、回报社会的受助毕业生先进典型，我省承德县的李雪娇、张北县的刘树华榜上有名。

3．带动了社会助学活动的开展，成为动员社会力量扶贫济困的“示范工程”。在“助学工程”的示范带动下，关心、帮助困难家庭子女入学在我省蔚然成风，一些机关，如总工会、团委、民政等部门，众多的企业、社团组织和个人纷纷参与到捐资助学活动中来，采取各种形式对贫困学生进行资助，资助面涵盖了大、中、小学各个阶段，今年政法机关、银联部门委也加入到助学行列中来，组织见义勇为助学、银联励专助学基金。特别是一些新闻单位，如河北日报、燕赵都市报等，不仅大力宣传助学活动，讴歌颂扬助学善举，还发挥自身优势直接组织募集财物捐学支教。据不完全统计，截止到2006年底，我省开展的各类社会助学活动达到30多种，其中“文明单位助学”、“新闻单位助学”、“福彩助学”、“春蕾计划”、“爱心助学”、“金秋助学”、“圆梦行动”等主要社会助学活动已连续开展多年，共筹集资金9000多万元，资助贫困大学生12000多名，中小学生50多万人，在解决贫困家庭子女就学问题上发挥了积极的作用。

二、积极探索，围绕做好“助学工程”组织实施工作形成了一些基本经验和做法

“助学工程”是由党和政府直接安排财政资金资助贫困学生的工程，政治性、政策性、导向性非常强。这项工程成功与否，不仅决定着贫困家庭的学生命运，而且关系到党和政府的形象，影响到国家未来的建设事业，涉及到社会方方面面。为组织实施好这项工程，省文明办联合有关部门，认真贯彻中央和我省文件政策规定，结合我省实际，针对受助学生思想经历特点，抓住选拔推荐、跟踪培养、动态管理等重点环节，探索行之有效的组织实施方法，外部着眼于制度和机制建设形成规范的工作程序，内部着眼于教育成才规律促使学生成才，确保了“助学工程”的质量和成效。

1．坚持扶贫济困与培养人才相统一，严格把好对象选拔关。高质量的资助对象是“助学工程”成功与否的基础，而资助对象的条件概括起来就是8个字：家庭贫困、品学兼优，两者必须同时具备、缺一不可。为使国家的钱用到学习最优秀、家庭最困难的学生身上，我们规定了严格的资助条件和资助程序，一是受助大学生必须是被部属或省属重点高校录取，高中生必须在本县（市、区）中考排名前80名之内，且符合省级示范性普通高中录取条件；二是资助对象必须由学校、县、市层层推荐，环节不能少，而且县文明办工作人员要进村入户对学生情况进行核实，确保受助学生情况真实可靠。三是在资助对象的选拔推荐过程中，省、市、县都要逐级分别在当地媒体进行公示，接受群众监督，防止弄虚作假，迄今为止资助对象没有一个被举报的。四是着眼于“人才工程”建设，规定受助大学生毕业后必须回河北或西部地区工作五年以上，同时在资助对象选拔过程中，有意识地向我省产业发展需要迫切的专业倾斜，以培养一批养得起、用得上、留得住的人才。

2．坚持德育和智育并重，在跟踪培养上狠下功夫。“助学工程”区别于其他助学活动的根本一点，就是不简单给钱了事，而是贯穿关注受助学生的学习全过程，选对人、育成才。资助对象确定只是第一步，大量的、艰苦细致的工作是跟踪培养，出人才。为把受助学生培养好，省文明办、教育厅经常与有关学校研究沟通，请教专家，研究适合受助生的教学规律和心理教育规律。针对受助大学生起点高、分布散的特点，一是成才教育。对受助大学生实行动态管理，表现好的继续资助，表现不好的终止资助；根据受助学生的学年综合表现分等级减免学费，激励他们刻苦学习、努力成才；二是感恩教育。重点抓大学生暑期集中活动，每年确定一个主题，通过听报告、参观西柏坡、文明生态村、省博物馆等，使受助学生知荣明耻、牢记党恩，了解社会、热爱家乡，已成为深化“助学工程”重大意义、强化受助学生责任的关键环节。针对高中

“宏志班”学生学习刻苦但发展不平衡、年龄小但心理问题多的特点，坚持分门别类、因人施教，一是心理健康教育。保定一中探索了阳光教育系列模式，沧州二中开展了以自信、自立、自强、自尊为主题的励志教育，通过这些生动的方式，使受助生认识到困难并不可怕，可怕的是心灵的贫困，引导学生们走出阴影，树立健全的品格；二是抓好教学。两所学校把办好“宏志班”当做第一位的政治任务，选配最优秀的老师，提供了最好教学条件，而且针对不同地区学生初中教学不平衡、进度难统一的情况因人施教，经常单独补课，使受助生学习进步全面成长。

通过办“宏志班”，还为学校德良教育提供了宝贵财富。由于“宏志班”学生品质好、学习努力、班风好，一些家长找学校想让自己孩子到“宏志班”借读；石家庄市二十七中积极探索“宏志班”成长模式，建立了班级心理委员，在全国未成年人思想道德教育创新案例评选中，获得一等奖。

3．征集重视、部门协作，形成了协调联动的工作机制。“助学工程”涉及推荐选拔、跟踪培养、宣传引导和学费减免等诸多环节和具体问题，横向涉及多个部门和学校，纵向涉及诸多层次。能够取得今天的成效，得益于领导高度重视，利益于各级宣传部、文明办、教育局把其当做立党为公、执政为民的大事来办，表现了极高的政治觉悟和工作热情，形成了协调联动的工作机制。省委领导曾几次向全省发出倡议并带头捐资帮助贫困学生，省委有关领导不仅对做好组织工作提出明确要求，而且多次到“宏志班”学校看望老师和学生，亲自出席“助学工程”仪式、“宏志班”毕业典礼等活动，勉励学生们刻苦学习、志存高远。省文明办每年在文化事业建设费中做出专门安排，提供经费保障，认真选拔推荐受助对象，借助精神文明创建的载体给承办以鼓励；组织高中“宏志班”参加电视台等组织的活动，组织大学生暑期教育等。省教育厅在教学设施配置、师资进修、职称评选等方面给予两所学校大力支持，在党员先进性教育活动中专门请“宏志班”的学生来给省教育厅的党员做报告。每年高考后，省文明办都收集“宏志班”学生填报志愿情况，由省教育厅领导批转给招生部门，做到同等条件下优先录取；在校大学生落实学费减免、跟踪培养、动态管理等具体工作，每一步都是文明办和教育厅共同协调解决。

4．坚持直接资助与示范带动相结合，着力引导动员社会各界捐资助学。在当前情况下，国家拿钱直接资助困难学生，数量毕竟是有限的，解决的只能是一小部分人的困难。但是在千头万绪的工作中、在财力有限的情况下，党和政府专门组织力量、下这么大力气来组织“助学工程”，其根本的、深远的目的和意义，在于通过这一行动，体现党和政府对困难群众寒门学子求学问题的关心重视，对知识和人才的尊重，为更多的社会力量关心参与助学活动作示范、作动员。直接资助与示范带动两者间存在着辩证关系，资助是基础、宣传是手段、示范是目的，光资助不宣传示范没有意义，资助培养搞不好宣传也就也就无从谈起。为此，组织“助学工程”6年来，我们始终注意及时总结经验，精心策划，搞好宣传。一是及早安排。每年5月“助学工程”开始前，都邀集新闻单位有关记者商谈，通报全年工作部署及重点活动安排，同时也要求积极宣传各类社会上的助学活动；二是发布信息。按照工作进度及时向媒体提供资助政策条件和数量、“宏志班”学生高考情况、确定受助对象、大学生暑期活动等活动情况，及时公布消息，做到长流水不断线。三是突出重点。2005年突出了“宏志班”宣传，省在保定一中举办了首届高中“宏志班”毕业典礼，组织河北日报刊发了两个专版“来自“宏志班”的故事”、河北电视台《真情旋律》制作了两期电视专题片“成长的故事”、《成长》栏目制作了“培土育根花更红”；2006年侧重反映学生，组织河北电视台《成长》栏目围绕资助、学习、生活、暑期活动等全过程拍摄了六集系列片《爱心助梦想飞翔》，河北电台、燕赵都市报等也进行了连续报道；今年突出宣传毕业生，配合中央宣传我省两个优秀毕业生典型，组织省直新闻单位和各市宣传受助毕业生的事迹，进一步加大“助学工程”宣传力度。各媒体集中的、多形式、连续的宣传报道，使得每年从6月下旬到9月上旬，“助学工程”都成了社会上的热点和强音，在全社会营造了浓厚的重教支教、尊重知识、尊重人才的社会环境，弘扬了扶贫济困、助人为乐的道德新风，有效地示范带动了各种形式的社会助学活动的广泛开展。

三、拓宽思路、改进方法，把“助学工程”深

入推进下去

目前工作中存在的一些困难和薄弱环节，主要存在四个方面：一是资助指标还比较少，有的一个县分不到一个，不利于示范作用的进一步发挥；各市由于资金等限制，“宏志班”开办情况不平衡，有的市办了2个，有的市一个没有。随着影响的扩大，每年高考录取开始后，都有许多贫困生家长或亲友打电话要求资助，我们爱莫能助。二是受助大学生的动态管理落实困难。由于大学生分散在全国各地，日常联系比较困难，对他们的学习、思想、生活情况了解掌握得不够准确及时，动态管理、跟踪培养不好奏效；有的高校本位思想严重，在学费减免上给受助生设置障碍。三是高中“宏志班”生源质量不齐整。有些地方争夺生源问题比较突出，大范围限制优秀学生异地上学，导致很多家庭贫困的尖子生想来而来不了；而且由于各地初中开课不太一致，有些学生入学后赶不上教学进度。四是受助大学生回报家乡的愿望和当前就业形势之间的矛盾比较突出。调研中很多学生和家长表示，是党和政府在最困难的时候伸出了援助之手，国家花这么多钱资助培养他们，他们记党恩、有良心，毕业后报答党和政府、回报家乡的拳拳之心发自肺腑。但现实严峻的就业形势却使许多学生只能哪里能就业就往哪里去，大部分学生选择了考取研究生继续深造，既使回到家乡的一小部分学生工作单位也很差强人意，影响了他们回报家乡的积极性。

当前，解决家庭贫困学生就学问题已经成为一个普遍的社会现象，党和政府高度重视、媒体关注、群众关心。为推进这一问题的解决，国家和我省出台了很多政策，包括国家助学贷款、生源地助学贷款，学校采取了助学金、奖学金、特困补助、绿色通道等措施，今年国务院又印发了《关于建立健全普通本科高校高等职业学校中等职业学校家庭经济困难学生资助政策体系的意见》，设立了国家奖学金、励志奖学金和助学金，初步构筑了一个解决家庭贫困子女求学的保障机制。但是，相对众多的城乡低收入家庭的困难，上大学的费用还是巨大而高昂；而且助学政策多是入学之后才能争取，光是一个学费就把许多贫困生挡在门坎之外。目前仅我省，高校66万在校生中贫困生就占10万多，特困生4万多人。在严峻的形势面前，光靠国家的财力投入还远远不能解决所有学生的经济困难，这就需要在政府主导的基础上，调动社会各方面力量共同参与，特别是要充分发挥“助学工程”在引领助学活动中的示范效应，把这一品牌的效应做大，把各方面的爱心、资金动员汇集到助学活动中来，为更多的寒门学子铺就成才之路。

一是抓住根本，把直接资助的学生教育培养好。这是“助学工程”得以发挥示范作用的前提。围绕使受助学生成才这一具体目标，下一步我们将在巩固和完善好做法、好机制的基础上，针对关键和薄弱环节，突出重点，下大力抓好。一是进一步提高“宏志班”生源质量。通过教育厅向各地提出要求，通过宣传已毕业“宏志生”的优秀成绩，把经济最贫困、学习最优秀的初中毕业生推荐上来。二是强化受助大学生的感恩和回报社会教育。突出主题、精心设计，把受助学生注册为志愿者，通过暑期集中活动深化认识，学会感恩，爱党、爱国、爱家乡。三密切与所在大学的联系，掌握动态抓好管理。针对受助大学生学校分散、在校情况不便掌握的情况，今后新资助的大学生确定后，省文明办都随资助证书给学校有关部门去一封信，介绍“助学工程”、学生情况并建立固定联系；受助学生每学年末要向省文明办写信汇报思想学习情况，及时掌握成长情况；定期向受助大学生寄送我省经济社会发展情况材料，使其及时了解家乡发展变化，密切与家乡的感情。

二是延伸服务，为受助学生奉献社会搭建平台。为实现“助学工程”为国家建设培养人才的目标，也为受助学生学有所成后奉献社会、回报家乡有一个发挥作用的舞台。下一步将加强与有关部门的沟通，争得支持，把服务进一步延伸，一是省“宏志班”学生高考结束后，将填报志愿情况提供给省教育招生部门，争取优先录取；受助大学生毕业后准备考研深造的，也尽力与省教育厅联合向有关学校推荐。二是加强对受助大学生就业的指导，一方面了解搜集用人市场信息向他们提供，另一方面借助各种宣传工具将毕业生情况进行刊播，为他们回乡工作架起桥梁。三是积极向省委组织部、省人事厅等部门推荐受助生，争取在选调生录用、公务员考试中能够优先给予选用。

三是加强宣传，进一步扩大“助学工程”的示范带动效应。为进一步扩大“助学工程”这一宣传文化惠民工程的品牌效应，需要适应形势的发展改进宣传，一是宣传内容上，从宣传政策、资助数量等向宣传成效转变，重点宣传受助学生毕业后回报家乡爱岗敬业取得的成绩，在校学生知恩图报刻苦学习的事迹，以及示范带动社会助学的成效等；二是报道方式上，从目前以刊载动态消息为主向综合运用消息、通讯、访谈、讲故事等多种体裁发展，使"助学工程"更为家喻户晓，也使社会各界更直接深入地了解受助学生的学习、思想和生活情况，不仅从经济上帮助贫困学生，也从感情上关心受助学生，形成良性互动。

四是引导协作，努力实现各种助学力量的有效整合。目前社会上有很助学活动，部门的、企业的、个人的等等，名义方式都很多，为有效引导各方面助学活动，科学分配使用社会各界力量，需要对各方面力量加以引导，进行整合。一是适当时候筹备召开全省"助学工程"座谈会，深入总结工作经验，并对热心助学、成绩突出的教育部门、群众团体、企事业单位和个人进行表彰奖励；二是与教育厅协商，建立一个"助学工程"联席会议制度，定期交流通报情况，更好地做好这项工作。

河北省

创建文明城市 推动城市科学发展和谐发展

一、创建文明城市活动随着经济社会的发展不断推进

我省文明城市创建活动，随着经济社会的发展经历了起步、发展、丰富、提高四个阶段，其间活动的领域不断拓展，内容不断丰富，覆盖面不断扩大，吸引力、感染力不断增强，逐步成为群众性精神文明创建工作的龙头工程，在促进城市经济社会科学发展、和谐发展上显现出越来越重要的作用。

（一）*在改革开放初期起步*。党的十一届三中全会确定了以经济建设为中心，实现了历史性的伟大转折。人们在改善物质生活的同时，迫切要求改善人际关系和社会风气，对精神文化生活提出新的要求。党的十一届四中全会顺应了人民的意愿，提出了在建设高度社会主义物质文明的同时，要建设高度的社会主义精神文明，并把精神文明确定为社会主义现代化的重要目标。正是在这种背景下，1981年11月，保定市驻军与新城县（现高碑店市）崔中旺村在全国率先搞起了军民共建文明村活动，并很快发展到13个县的108个村。创建文明村活动这一新事物的出现，标志着群众性精神文明创建活动由此产生。借鉴这一做法，我省很快把创建活动领域拓展到各个城市，组织开展了"文明街"、"文明学校"、"文明商店"等创建活动。1982年，中央号召开展"五讲四美三热爱"活动，按照中央的要求，我省要求各市"要把思想教育放在领先位置"，在城市重点解决三个方面的问题：搞好环境卫生，解决一个"脏"字；整顿公共秩序，解决一个"乱"字；提高服务质量，解决一个"差"字。同时，明确提出了创"优美环境、优良秩序、优质服务"的要求。创建文明城市活动由此起步，并开始了一些有益的探索。

（二）*在全面推进现代化建设中发展*。党的十二大以后，我国进入了全面推进社会主义现代化建设的新时期，党中央鲜明地提出两个文明一起抓的战略方针。1985年前后，保定、唐山等市先后开展了"做文明市民、创文明单位、建文明城市"活动。1986年9月召开的党的十二届六中全会，明确了精神文明建设的指导思想、战略地位、主要任务和基本方针，并把精神文明建设纳入了社会主义现代化建设的总体布局。同年11月，省委召开了三届三次全会，制定了贯彻落实党的十二届六中全会《决议》的10条具体措施。从此，创建文明城市工作迎来了新的发展阶段。各市大体上从三个方面展开：一是以街促城，普遍开展了文明一条街综合治理活动，并命名了部分"竞赛优胜街道"。二是治理环境卫生，全省陆续开展了创建卫生城活动，有效地改善了城市环境卫生面貌。三是抓职业道德建设，全省商业、交通、卫生等16大行业都制定了统一的职业道德规范，随后开展了以职业理想、职业道德、职业纪律、职业技能和纠正不正之风为内容的"四职一纠"竞赛活动。所有这些，使创建文明城市活动迎来了新的发展阶段。

（三）在建立社会主义市场经济条件下丰富。1992年初，邓小平视察南方发表重要谈话，进一步阐明了精神文明建设在建设有中国特色社会主义事业中的重要地位。党的十四大，明确要求在建立社会主义经济体制的同时，要把精神文明建设提高到新水平。特别是党的十四届六中全会，科学分析了社会主义精神文明建设面临的形势，认真总结了经验和教训，做出了《关于加强社会主义精神文明建设若干重大问题的决议》，对跨世纪的精神文明建设作了全面部署。在此前后，创建文明城市活动由点到面，在市民教育、社区建设、环境治理等方面全面展开。1993年，我省首次在全省以地级市为单位开展竞赛活动，全面铺开了创建文明城市活动。1995年，省文明委把优美环境、优良秩序、优质服务、优化管理等四项要求，逐一量化细化，确定了具体的检查验收标准，使创建文明城市活动的内容不断丰富。1997年，创建文明城市竞赛活动由11个地级市扩展到23个县级市，同时，省直13个职能部门按照工作职责，对创建工作进行了具体指导和督促检查，有力地推动了创建活动的深入开展。1997年、2000年，石家庄、唐山、保定、廊坊市先后被中央文明委授予“全国创建文明城市工作先进市”荣誉称号。

（四）在全面建设小康社会中提高。2002年11月，党的十六大提出了全面建设小康社会的战略目标，为创建文明城市活动进一步指明了方向。2004年，中央文明委制定了《全国文明城市测评体系》（试行）。省文明办及时发出通知，要求各市以科学发展观为指导，坚持以人为本，把创建文明城市作为构建社会主义和谐社会的重要内容，对照《测评体系》，调整创建工作思路，丰富创建内容，规范创建手段，提高创建水平。各设区市以《测评体系》为镜子，总结经验，寻找差距，不断加大工作力度。通过几年的努力，全省创建文明城市活动形成了“1+3”的基本格局，即紧紧抓住提高市民素质这一根本，在优美环境、优良秩序、优质服务三个着力点上下功夫，有效地激发了城市活力，提升了城市魅力，促进了城市经济社会全面发展和科学发展。2005年，经过中央文明委测评，廊坊、唐山、秦皇岛市被中央文明委授予“全国创建文明城市工作先进市”荣誉称号。从2006年开始，我省创建文明城市活动再掀新高潮，各市都把创建文明城市工作纳入了“十一五”规划，并制定了具体的《2006～2008年创建文明城市规划》，同时，将创建任务分解落实到有关部门和责任人。

目前，全省各地都在以积极的态度，扎实的工作，深入推进创建文明城市活动，迎接2008年全国文明城市评选表彰工作的到来。

二、创建文明城市活动为城市的科学发展、和谐发展提供了宝贵经验

20多年来，创建文明城市活动在实践中不断丰富发展、完善提高，积累了宝贵的工作经验，为推动城市的科学发展、和谐发展提供了有益的借鉴。

（一）始终坚持把提高市民素质作为创建文明城市活动的根本。市民是城市的主体，市民素质的高低决定着城市的发展和城市的现代化水平。随着创建文明城市活动的广泛开展和深入推进，我们始终坚持把提升市民素质作为根本，把思想道德建设贯穿创建活动始终，使创建文明城市活动真正成为提高群众生活水平和生活质量的重要载体。一是在教育中培育市民素质。为了引导广大市民对日常生活，特别是公共交往中的行为标准形成共识，按照大家共同认可的标准来规范自己的行为，在全省各设区市组织市民广泛开展民主制定《市民文明公约》、《市民行为规范》活动，并把民主制定出的《公约》、《规范》制作成公益广告牌在公共场所和各个社区广为悬挂，印制成《市民随身卡》发到居民家庭。组织各市依托街道办事处、社区居委会普遍建立了市民学校，开办市民课堂，并组织各市编印发放《文明市民教育读本》，有针对性地加强对市民的文明素质培训，并分期分批进行考试。唐山市开办“市民课堂”、“市民文明论坛”已多年，每年培训市民100万人次以上。石家庄市连续几年，每周举办一次“燕赵讲坛”，对市民进行素质教育，现已举办150多期。秦皇岛市以迎奥运为契机，广泛开展了“以礼待宾客，用爱暖港城”活动，在党政机关、中小学校和广大市民中开展了文明礼仪知识教育培训活动，先后有20多万市民群众接受了培训。二是在参与中提高市民素质。多年来，我们根据社会发展形势，不断创新和丰富提高市民素质的载体和途径，涉及许多活动使群众乐于参与、便于参与。省文明委先后组织开展了“知荣辱、树新风、促和谐”主题道德实践活动、“帮一帮、让一让”体验活动、“五星级”家庭评选活动等。丰富多彩的活动，充分调动起广大市民参与创建的积极性，使市民的文明素质在参与中得到潜移默化的提高。各市根据本地实际，也组织开展了丰富多彩的道德实践活动，如承德市的“市民精神大讨论”、沧州市的“沧州好人、沧州能人”评选、邢台市的“牛城好市民”评选、邯郸市的“爱心奉献日”等活动，都已经开展多年，在提高市民素质方面发挥了重要作用。近几年来，通过各种形式的道德实践活动，已经使近千万的市民参与进来，极大地促进了市民文明素质的提高。仅全省志愿者协会就发展到835个，志愿者队伍就发展到近200万人。三是在规范中强化市民素质。为了使市民的文明意识得到进一步强化，各地在注重教育引导的基础上，着眼于解决常见的不文明现象，制定完善了各种形式的道德规范，着力形成监督约束机制。组织全省各城市开展了群众性的对不文明行为义务劝阻和道德评议活动。对一些不遵守公共秩序、损坏公益设施的典型事例，在报刊、广播、电视上开辟专栏，发动市民发表看法，批评不道德行为。保定市建立“道德法庭”活动，把社区居民反映强烈的不文明行为，如乱堆乱放、乱倒垃圾等，作为“道德法庭”“审判”的“案件”，以公民基本道德规范为依据，对其进行评判，营造出人人讲道德、讲文明的浓厚氛围；石家庄市组织开展的“玫瑰爱心接力”活动，通过送玫瑰花的形式，对文明出行的市民进行褒扬，在全社会形成了做文明市民的浓厚氛围。

（二）始终坚持把营造优美环境作为创建文明城市活动的基础。城市文明不文明首先看环境，良好的环境是一个城市文明程度的重要标志。创建文明城市活动中，我省始终坚持把营造优美环境作为提高市民生活质量、改善投资环境、提升城市综合竞争力的基础工作来抓。一是改善城市卫生环境，打造洁净卫生城市。多年来，各市把营造优美环境的切入点放在城市环境卫生综合治理上，城市环境面貌有了较大改观。组织各市对500多个重要公共场所，进行了集中整治，经过努力，使这些公共场所基本达到了环境优美、秩序优良、服务优质、管理优化。组织各市集中治理了占道市场、乱搭乱建、滥设摊点、不规范停车等不文明行为，清理了各类户外广告，规范了各类商店的店名、牌匾，使城市的脏、乱、差，户外广告不文明、不规范、店名带有封建、殖民文化和不健康色彩等问题得到了有效治理。承德市围绕发展旅游，大力整治城市环境，打造“天蓝、地绿、山青、水秀、气爽、路畅、城洁”的良好形象，受到了中外游客的称赞。沧州市大力开展街道两侧“拆违”工作，全面治理私搭乱建、违章摊点，取得了明显成效。唐山市从城市主干次道、居住小区、城乡结合部、国道和城市入口卫生抓起，落实街道全天卫生保洁责任制，确保了城市容貌干净、整洁。二是提升城市建设文化内涵，打造个性、魅力城市。组织各市推进了城市文化工程，建设了一批展示城市红色文化和历史文化的标志性设施，形成了新的文化景观群落，提高了城市的文化品位。秦皇岛、承德、保定等市在城市发展中开始注重突出地方特色，塑造城市品位，打造魅力名城。近几年，邯郸市在城市建设中积极融入历史文化内涵，建成了全国第一个“成语典故苑”以及罗敷园、青春园、学步桥广场等一批充满文化气息的游园，让城市精神从中得以凸现、升华，城市形象焕然一新。三是营造“城市森林”，打造绿色生态宜居城市。从1999年开始，我们组织全省11个设区市全面开展营造城市森林公益活动，提出了“育树”、“育人”两大目标，要求通过这一活动，既大幅度提高城市绿量，又提高市民保护环境的公德意识。在实施中采取政府行为和群众参与相结合的办法：一方面，由规划、园林、林业等有关部门规划、开辟出林地；另一方面，组织群众认领、认种、认养。同时，连续组织大规模的春季植树战役，开展城市规模植树活动。活动开展以来，通过“公仆林”、“青年林”、“巾帼林”、“八一林”、“家庭纪念林”等形式，组织各界群众广泛参与。据统计，几年来，全省参与营造城市“森林”公益活动的人员达到2500万人次，群众自愿捐款捐物1.8亿元，在城区和周边植树42.8万亩，城市生态环境正在发生明显改善。廊坊、秦皇岛、邯郸、保定等市“城在林中、林在城中”已具雏形。

（三）始终坚持把建立优良秩序作为创建文明城市活动的关键。良好的秩序反映了一个城市的风尚和效率，是一个城市人与人之间和谐相处的重要标志，是维系一个城市运行和发展的内在动力，是一个城市人民群众能否安居乐业的基本保障。近几年来，为了给人民群众创造一个有序的生活环境，我们在认真总结经验的基础上，不断拓展创建内容和手段，取得了明显效果。一是整治公共场所秩序。近几年，我省以社区为重点，以创建文明社区、和谐社区为目标，先后组织开展了“四进社区”、“爱我社区”周末联谊活动，促进了社区人际关系的改善，营造了良好的社区生活秩序。以城市公共场所为重点，先后组织开展了文明乘车、文明游园、文明观演、文明行车、文明走路、文明就餐、文明购物、文明待客、文明国界、文明养犬为主要内容的“文明十个一”活动，在提高市民文明素质的同时，促进了城市公共秩序的改善。二是治理交通秩序。围绕为市民提供优良的交通秩序和便利的交通环境，各市根据本地实际，积极组织开展了专项治理活动，使城市交通拥堵的状况得到较大改善。石家庄市开展了对机动车、行人、非机动车的专项治理，引导车辆和行人各行其道。秦皇岛市实施了“畅通工程”，引导党政机关、执法部门司机争做文明驾驶员，引导大中小学生争做文明交通标兵。唐山市开展了“公交车你让座了吗？”、“闯红灯者，我为你脸红”群众性大讨论。衡水市开展了“告别不文明行为”万人签名活动。通过治理，各城市交通秩序明显好转。三是整饬社会治安秩序。各市将治安状况作为重要指标，列入创建文明城市整体内容，加强社会治安综合治理，积极疏导化解各种矛盾纠纷，营造安定祥和的社会氛围。以社区为重点，组织各市普遍开展了“创治安模范市”、“基层创安”等活动，加大管理力度，构筑市区治安联防体系，治安案件大幅度下降，涌现出了一大批安全文明小区。四是营造诚实守信的市场经济秩序。以“诚信河北”为目标，组织有关部门和单位加强信用档案和信用机制建设，建立政府信用网站，组织成立了有400多家企业参加的“河北省企业诚信联盟”，通过了河北省企业《诚信宣言》，从加强诚信教育、强化信用意识、完善信用机制等方面向全社会做出承诺。以此为依托，首先在全省私营企业、个体工商户和各类市场中开展了文明诚信经营创建活动，推动了企业诚信建设向深度广度拓展。

（四）始终坚持把提供优质服务作为创建文明城市活动的重点。作为城市整个肌体的组成部分，良好的服务是体现一个城市文明程度和现代化水平的重要标志。在创建文明城市活动中，我们始终把提升城市服务水平作为创建工作的重要内容，使便民服务越来越高效，利民服务越来越用心，惠民服务经常有创新，为城市发展和进步提供了重要推动力。一是建设服务型政府，提高政府工作效率。政府是城市的管理者，同时也是为广大市民提供服务的具体实施者。为此，在创建文明城市活动中，我省把提高政府城市管理水平和工作效率作为重要内容抓在手上，在党政机关中广泛开展了“创文明机关，做人民满意公务员”活动，引导政府机关工作人员树立全心全意为人民服务的宗旨观念，努力做到“行政提速、服务提质”。各市普遍建立了审批服务大厅，方便了基层，提高了效率。邯郸市在全市各机关中推行行政权力公开透明运行机制，提高了工作效率和服务群众的水平，拉近了党政机关与群众的距离。秦皇岛市把62个市区直部门，760项服务事项统一安排在“政务中心”办公，极大地方便了群众。二是坚持服务人民，提高行业主管部门的服务水平。根据行业特点，以“三职一优”（职业道德、职业技能、职业纪律、优质服务）为主要内容，以“三杯”竞赛为基本载体（“文明执法杯”、“优质服务杯”、“便民利民杯”），分别在行政执法、社会服务、垄断性的32个行业全面展开。组织各市每年印发“群众评议卡”30～50万张，通过市、县（市、区）组织各界群众，对参赛行业“三职一优”情况进行评议，综合群众评议结果，对各行业排出名次，通报全省，并通过新闻媒介向社会公布，在各行业之间形成了比学赶超的竞赛局面，促进了行业主管部门作风的转变，增强了他们的服务意识。三是擦亮城市“窗口”，提升行业服务质量。“窗口行业”、“窗口单位”与人民群众接触面广，有着很强的辐射作用，往往体现着一个地方和行业的形象，对整个社会和行业的精神文明建设具有重要影响。近年来，围绕“窗口”单位创建，主要抓了“创文明、树形象”系列活动、确定示范单位和开展服务质量等级达标活动三项工作。“创文明、树形象”活动重点抓了出租汽车这个难点行业，引导出租汽车司机争做文明使者，中宣部、交通部、全国总工会向全国推广了石家庄市出租汽车行业开展争做文明使者活动的经验。在16个“窗口”行业择优确定了206个省级“窗口”示范单位，并通过新闻媒介向社会公开了他们的文明服务标准，组织新闻单位进行大规模的宣传报道，推广了他们的经验，使各“窗口”行业有了各自的学习榜样。确定了16个行业、68类“窗口”单位的服务质量等级评价标准，每年组织这些行业的省、市、县（市、区）主管部门对这些“窗口”单位进行等级评定，有效地把创建文明行业活动进一步落到了实处。

三、深入推进创建文明城市的对策建议

1. 要持之以恒，有组织、有目标、有计划的不断推进文明城市创建工作。一是要进一步提高认识，增强创建工作紧迫感、使命感。创建文明城市关系城市建设和发展的全局，是一项综合性很强的工作。各市委、市政府特别是党政一把手的高度重视。要深刻认识环渤海发展战略的实施，京津冀城市群的崛起，对我省城市建设和发展提供了新的机遇，切实把创建文明城市活动作为我省城镇化的一个推进器，纳入建设沿海经济社会发展强省的重要工作。二是要做好文明城市规划工作，提高创建工作的连续性、稳定性。一方面，城市规划工作要增强科学性、前瞻性，切实解决一些地方盲目规划造成城市特色危机的问题，增强城市识别感，体现城市可持续发展的要求；另一方面，要增强规划的权威性，要经地方人大通过具有法律效力，不能因领导班子的变更而变化，更不能因个别人的意见而擅自变更，确保规划切实成为指导城市发展的纲领性文件。三是要抓好落实。各级政府和有关部门要围绕规划，制定行之有效的实施方案和各项管理制度，做到领导有力，分工明确，部门协调，上下联动，确保创建工作的各项任务落到实处。

2. 要坚持以人为本，把提高市民、服务市民、依靠市民有机结合起来。一是要坚持把培育现代文明市民作为创建的“头等大事”。创新教育形式，切实加强市民思想道德教育；打造全民学习平台，建立及学校、家庭、社区于一体的学习教育体系；开展创建文明社区、文明楼院、文明家庭等各种群众喜闻乐见的活动，引导群众积极参与，在参与中提高素质。二是要坚持把群众的呼声作为创建工作的第一信号。把群众关注的热点、难点问题作为创建工作的重点，更好地体现创建工作的全面性、公平性。特别是在城乡结合部、条件差的社区要增加绿色开敞空间、改善交通条件、进驻优质教育医疗机构、完善社会治安和水、暖、气供应等，从而改善和提高低收入阶层的生活质量，提升较弱区位的价值，让更多的人民群众能够充分享有文明城市创建的成果。三是要坚持把群众路线贯穿到创建工作全过程。广泛征求群众的意见和建议，集中群众的智慧，尊重群众的创造性，将群众的满意度作为衡量创建成效的重要标准。

3. 要围绕中心，把城市建设与管理紧密融为一体，同步进行。一是创建文明城市要建管并重。各级各部门在创建文明城市过程中，要全面落实科学发展观，树立正确政绩观，克服重城建轻管理，重形象轻内涵，先城建后管理的倾向，在思想上把城建与管理放到同等重要位置认识，在决策上把城建与管理同时考虑，在规划上把城建与管理同时安排，在实施时把城建与管理同步进行，在评估时把城建与管理同等对待，在考核时把城建与管理纳入同一考核体系。二是要突出城市文化内涵。要坚持因地制宜，突出地方特色，避免千篇一律、“千城一面”。要结合城市的历史、地理、自然、交通、财力等特点，突出当地的自然和人文风貌，打造与城市建设相适应的环境建设、道德建设、文化品位及管理体系等城市内涵，使城市建设与管理融为一体。三是要推动城市三个文明协调发展。创建文明城市要从改善城市软、硬环境入手，用精神文明促进城市物质文明、政治文明建设，以物质文明、政治文明水平的提高来推进文明城市创建，从而全面推进城市“三个文明”协调发展。

4. 要形成机制，促进创建活动的科学化、规范化。要不断总结创建经验，建立健全文明城市创建的各项机制，形成科学、规范、长效管理体系，引导全社会关注文明城市创建，调动方方面面参与创建的积极性。一是建立健全文明城市创建管理机制。把文明城市创建工作纳入各市工作布局，把创建任务分解到各有关部门、市内个行政区、街道办事处、社区居委会等各个层面，把文明城市创建工作作为各职能部门的经常性工作。二是建立健全文明城市创建投入机制。把文明城市创建工作纳入地方财政预算，并予以倾斜。在发挥政府对城市基础设施投入主导作用的同时，还要调动社会方方面面积极性，按照“政府主导、社会参与、市场运作”的原则，进一步拓宽资金投入渠道，建立由国家、企业、集体、个人、海外投资等多形式、多渠道的融投资体系，形成创建文明城市财政投入与社会投入相结合的多元化投入格局。三是建立健全文明城市创建社会参与机制。各市委、市政府要充分发挥自身的协调优势，改变文明城市创建活动中单一依靠行政手段的做法，通过建立社会参与机制整合社会资源，让社会团体、民主党派、企事业单位乃至每个市民能够以多种形式参与文明城市创建活动，让社会潜力在创建文明城市活动中得到最大限度发挥。四是建立健全文明城市创建社会奖惩机制。对在创建文明城市工作中作出突出贡献的单位和个人，及时给与精神和物质奖励；对未完成创建责任目标的单位，年终精神文明绩效考核定为不合格，确保文明城市创建工作顺利进行。

5. 要以开放的眼光，努力探索跨区域合作文明共建的路子。一是努力探索与兄弟省市特别是周边省市在文明城市建设上的交流合作。探索京津冀文明城市建设协作机制，拓展京津冀区域城市文明共建活动，促进京津冀区域城市文明统筹协调发展；二要按照区域经济一体化发展的要求，联合辽、晋、蒙、鲁、豫等周边省市共同开展文明城市创建与交流工作，共同推进区域城市文明建设协调发展；三要利用省外、国外资金、技术及文明城市创建的经验，广泛开展文明城市建设全方位的合作交流，推动创建文明城市活动上水平、上档次。

河北省

抓好主题实践开展社会主义荣辱观学习宣传教育

一、我省开展荣辱观教育实践活动的总体情况

河北省委、省政府对开展社会主义荣辱观宣传教育高度重视，将其作为实践“三个代表”重要思想、落实科学发展观的重要内容，作为提高党的执政能力、推动工作落实的重要方面，作为加强精神文明建设、构建和谐河北的重大举措，认真安排，周密部署。省委主要领导同志就开展宣传教育多次作出重要指示，省纪委、省委组织部、省委统战部等部门结合各自工作职责分别提出要求，省委先教办组织了“树立社会主义荣辱观，保持共产党先进性”座谈会。省委宣传部、省文明办及时印发了《社会主义荣辱观宣传教育工作方案》，对在全省开展主题实践活动进行了调研；中央文明委《关于深入学习实践社会主义荣辱观大力加强思想道德建设的意见》印发后，立足河北省情，省文明委制定了《关于在全省组织开展“知荣辱、树新风、促和谐”主题实践活动的意见》，并联合省直有关部门就《意见》中的七项活动分别制定了专门的活动实施方案。全省各地各部门认真贯彻中央和省委要求，积极主动、迅速行动。11个市都召开市委常委会进行了专题研究，并按照省文明委《意见》要求制定了实施意见，就本市组织开展“知荣辱、树新风、促和谐”主题实践活动作出部署。省直工委专门下发通知，对省直机关的宣传教育提出要求，省直各部门分别对本部门、本系统的学习贯彻作出了具体安排，在全省范围迅速兴起了学习宣传和践行社会主义荣辱观的热潮。

开展社会主义荣辱观宣传教育实践一年多来，全省干部群众高度认同、反响良好，普遍认为教育活动正当其时，抓住了道德建设的关键，切中了社会风气的时弊，收到了好的效果。宣传教育活动中，我们始终坚持以加强思想道德建设为主题，以促进社会风气不断改善为目标，精心组织策划主题实践活动，并紧密结合我省实际，虚功实做，强调从自己做起、从身边事做起、从点滴做起，将宣传教育活动落实到“文明城市”、“文明社区”、“文明家庭”、“文明生态村”等各项群众性精神文明创建活动之中，落实到正确的舆论导向当中，落实到文艺作品的创作当中，落实到“树正气、讲团结、求发展”的主旋律当中，有效推动了公民文明素质和社会现代文明程度的提高，在全社会进一步弘扬了健康向上的社会风尚，把广大干部群众的思想进一步统一到实现河北更好更快发展、构建和谐河北、推进建设沿海经济社会发展强省的实践中来，为全省经济社会发展提供了强大的精神动力和坚实的道德基础。

二、我省开展荣辱观宣传教育活动的主要措施和成效

1. 广泛开展“知荣辱、树新风、促和谐”主题教育实践活动，引导人们将荣辱观要求转化为实

际行动。中央文明委印发《关于深入学习实践社会主义荣辱观大力加强思想道德建设的意见》后，省文明委及时印发了《关于在全省组织开展“知荣辱、树新风、促和谐”实践活动的意见》，并制定了专题活动方案，在全省组织开展了“‘我与我的祖国’社区歌咏”、“‘知荣明耻、从我做起’校园演讲”、“河北书画名家捐赠助困”、“百万网民文明上网”、“争创百佳诚信单位”、“共享和谐、敬老爱老助老”、“河北十大爱心人物评选”等系列主题实践活动，将社会主义荣辱观教育不断引向深入。其中，省文明办、省文化厅等组织的“‘我与我的祖国’社区歌咏”活动，参与演出群众14万人次，观众800多万人；省教育厅、团省委等组织的“‘知荣明耻、从我做起’校园演讲”活动，9至12月4个月期间，全省大中小学校分中小学组和大学两组，经过各市和高校初赛、决赛，做到了校校有活动、班班有歌声，最终产生了全省“‘知荣明耻、从我做起’校园演讲”校园巡视演讲团深入全省各大中小学进行演讲，使学生受到了一次深刻的荣辱观教育；省文明办、省文联等组织的“河北书画名家捐赠助困”活动，围绕践行社会主义荣辱观、构建和谐河北主题，组织我省百名书画名家，精心创作了100幅优秀书画作品，组织省内28家热心公益的企事业单位，对100幅作品进行了义购、竞购，所得150多万元善款全部捐赠给社会福利机构；“百万网民文明上网”活动，组织河北网通、河北移动、河北联通三家电信运营企业组织开展了“知荣明耻做文明网民”论坛评选、“知荣明耻”感动河北网络短信征集、短信知识问答、绿色短信串串烧等系列活动，推动了我省网络文明建设；“争创百佳诚信单位”活动，组织商贸、医疗卫生、药品生产经营、邮政通信、建筑装修、公共交通、旅游出行等行业践行社会主义荣辱观，推动社会主义道德建设进机关、进单位、进企业、进农村、进社区、进学校、进家庭；“共享和谐、敬老爱老助老”活动，以“重阳节”为契机，以青年志愿者活动为依托，以维护老年妇女合法权益为目标，将中华民族尊老敬老的传统美德与“八荣八耻”时代要求相结合，组织开展了系列敬老爱老助老主题活动，在全社会营造了关爱、帮助老年人的良好氛围。特别是省文明办、省广电局、河北日报社等组织的“河北十大爱心人物评选”活动，历时5个多月，利用平面媒体、互联网络、手机短信等多种形式，广泛动员社会各界参与，经过40多万群众投票，评选出了十位在长期热心社会公益事业、乐于助人、扶贫济困的爱心人物代表，举办了大型颁奖晚会，组织了“河北十大爱心人物”先进事迹展播，在全社会进一步弘扬了团结友善、助人为乐、无私奉献的精神。

2. 加大宣传力度，努力营造践行社会主义荣辱观的舆论氛围。省委宣传部制发社会主义荣辱观新闻宣传工作意见，对宣传报道工作提出明确要求。各级报刊、广播、电视和网站等媒体都在重要时段和重要版面，充分运用言论评论、理论文章、通讯报道、专家访谈、群众讨论等多种形式，形成了规模宣传的舆论强势。省委宣传部、省文明办制作了“八荣八耻”社会主义荣辱观宣传画，分成人版和漫画版两种，向全省机关、企事业单位、农村和学校免费赠送，广为张贴。河北日报、河北电台、河北电视台等省直各主要媒体在重点新闻节目中统一开设了“知荣辱树新风促和谐”专栏，长城在线网站推出了由8个栏目组成的宣传专题，张家口日报开辟了“身边事维系荣辱观”大家谈活动，邯郸日报推出专版，并以整版漫画形式宣传社会主义荣辱观，深受欢迎。截至目前，全省各级新闻媒体共刊播有关社会主义荣辱观的消息4万余条（篇），营造了浓厚的舆论氛围，推动了实践活动的广泛开展。同时，各地各部门充分运用公益广告、展览、橱窗、黑板报、宣传栏、显示屏、手机短信等多种手段，开展了形式多样、生动活泼的社会宣传。唐山市把社会主义荣辱观融入到抗震30周年纪念活动，用展览、橱窗等多种形式，弘扬抗震精神。石家庄市开展了“知荣辱，树新风，做文明公民”手机拍新闻大赛，抨击社会不良行为，弘扬文明新风。邯郸邱县在县文化广场开辟漫画宣传长廊，用通俗易懂的漫画宣传“八荣八耻”，深受群众欢迎。秦皇岛市开展了以社会主义荣辱观为主体的文明歌曲征集创作活动，大力开展社会主义荣辱观进机关、进企业、进学校、进车站、进社区、进家庭“六进”活动，在市区主要路口设置了一批公益广告，产生了良好的宣传效果。充分发挥电视文艺的教化功能，省委宣传部、省文明办指导河北电视台组织拍摄了20集“荣辱分界线”——践行“八荣八耻”荣辱观大型系列电视短剧，将“八荣八耻”要求贯穿到电视剧创作之中，在河北电视台播出后，产生了良好的社会效果。

3. *充分发挥先进典型的示范引导作用，促进社会主义荣辱观宣传教育活动的深入开展。*在荣辱观教育活动中，我省注重发挥榜样的示范引导作用，特别是“好人林秀贞”这一全国重大典型的推出，在社会上引起了广泛反响。按照中央的统一部署，综合运用新闻宣传、社会宣传和文艺宣传等多种手段，通过播发综合消息、刊播系列专题故事和节目、举办先进事迹座谈会、组织巡回报告团、拍摄专题片和电视剧、创作报告文学等形式，大力宣传我省枣强县南臣赞村农村妇女林秀贞三十年如一日照顾孤寡老人、军属和资助贫困学生的的典型事迹，深入挖掘林秀贞的思想内涵和时代特征，全方位、多层次、立体化地展示了林秀贞社会主义荣辱观的模范实践者的典型形象。林秀贞的先进事迹播出后，在省内外引起了热烈反响，在全省形成了学习林秀贞的热潮，引起了中央媒体的关注，先后有20多家中央媒体进行了报道，林秀贞同志被评为2006年度“感动中国十大人物”。

以林秀贞先进典型事迹为代表，各地各部门先后推出了一批具有鲜明时代特点和广泛群众基础的道德建设先进典型。石家庄市组织媒体开展了“文明典型联合采访基层行”活动，推出了藁城市岗上村、乐仁堂集团、桥东区雷锋小学等知荣辱树新风的先进典型。承德市宣传了用自己的积蓄捐资助学的离退休干部赵涟、于芳兰夫妇的先进事迹。邢台市组织开展了“寻访牛城好市民”活动，层层发动社会各界和广大市民参与评选过程，推出了50位“牛城好市民”。邯郸市推出了富而思源、扶贫济困的农民企业家李增其、好儿媳郑月荣等5位先进人物。这些典型生活在人们身边，他们的事迹就发生日程生活中，这些先进人物可亲、可近、可学，成为人们学习的目标和榜样。

4. *以社会主义荣辱观宣传教育活动为契机，推动各项重点工作的落实。*一是将“知荣明耻”道德实践活动与行业精神文明创建活动紧密结合，推动“诚信河北”建设深入开展。组织各行业进一步修订和完善了本行业、本单位的职业道德规范和服务公约，深入开展了创建文明行业竞赛活动。加强了互联网的诚信监督，全省11个市和工商、税务、技术监督、金融、劳动保障、人才、建筑等系统建立了诚信网站，社会信用信息量明显加大。推进企业信用档案和信用机制建设，建立了河北企业信用分类监管体系，成立了由400家企业参加的河北省“企业诚信联盟”。召开了全省个体私营企业文明诚信经营工作座谈会，下发了《关于在全省个体私营企业中开展文明诚信经营创建活动的意见》，推动文明诚信经营活动向私营企业、个体工商户和各类市场中延伸开展起来。二是将荣辱观教育和未成年人思想道德教育紧密结合，推动未成年人思想道德建设工作逐步深入。坚持和完善重点专项工作联席会制度，督促落实了设立德育专项经费、建成河北科技馆、启动“千万家长育英才”工程、建设青少年校外场所等100多项重点专项工作。全省创办各类家长学校2万多所，315个社区建立了少工委，新建、改建社区未成年人活动场所1000多个，进一步推动了“三结合”教育网络的形成。组织了对全省各地两年来贯彻中央8号文件、省委21号文件情况的全面督查，推动未成年人思想道德建设各项工作落实。结合纪念红军长征胜利70周年教育活动，我省以“扬长征精神、做红军传人”为主题，组织开展“长征精神永放光芒——我所经历的长征”专题报告会、“翰墨丹青写长征——全省未成年人纪念红军长征胜利70周年”书画大赛和展览等系列活动，使全省广大未成年人受到一次深刻的革命传统教育。

5. *将荣辱观教育融入各项群众性精神文明创建活动之中，实现荣辱观宣传教育活动的经常化。*一是在广大农村，结合创建文明生态村，组织开展了“抓净化、治五乱，干干净净过双节”活动，使农村普遍存在的柴草乱垛、粪土乱堆、垃圾乱倒、污水乱泼、禽畜乱跑等“五乱”现象，在“双节”期间得到了较好治理；同时，重点开展了“婚育新风进万家”、争创“十星级文明农户”和争当新型农民活动，是荣辱观的要求渗透到各项精神文明创建活动之中。二是在城市，结合创建文明城市，普遍开展了以文明行车、文明乘车、文明走路、文明游园、文明观演为主要内容的“五个文明”活动，促进了市民良好行为习惯的养成；春节期间，组织开展了“献爱心、送温暖”活动，组织各级党政机关、企事业单位特别是各级文明单位，组织干部职工深入到困难户、低保户、下岗职工家庭、民工家庭和贫困农村，帮助他们安排节日生活，解决实际问题，进一步弘扬了团结、友爱、互助的社会主义新风尚，仅省直单位和个人向受灾地区捐款924.41万元，全省建立“爱心超市”185家，累计发放物品折款300多万元。同时，我们还倡导全省在外工作人员开展了“回老家过年，陪老人过年”活动，不仅弘扬了中华民族尊老敬老的传统，而且丰富和发展了年俗文化。三是在党政机关，结合开展的行政权力公开透明运行和机关效能建设，开展了“争创文明机关”、“争当人民满意公务员”活动；以纪念建党85周年为契机，开展了“学党章、用党章”活动，引导广大党员干部在本职岗位上坚持立党为公、执政为民，当好人民公仆，在社会生活中严格要求，以身作则，率先垂范，做践行社会主义荣辱观的表率。四是积极开展各种形式的道德实践活动，推动荣辱观教育的普及和深化。利用传统节日，组织开展过文明双节、文明祭祀、敬老孝老等群众性道德实践活动，移风易俗，弘扬中华民族的传统美德；组织全省“助学工程”受助大学生，利用暑期放假时间，以“知荣明耻、牢记党恩、增长才干、建设河北”为主题集中进行了一次生动的荣辱观教育活动；成立了河北省社会志愿服务指导委员会，制定了《河北省各级社会志愿服务指导委员会工作条例》，全省各类志愿者协会发展到835个，志愿者队伍达100多万人，服务领域不断向帮助困难群众、支援贫困地区、服务公益事业等方面拓展。

6. 建立健全工作长效机制，推动教育实践活动持续开展。在荣辱观教育活动的长效机制方面，我省主要做了以下单方面工作：一是指导、协调各地各部门在制定和执行各项政策时，充分体现社会主义荣辱观的要求，倡导“八荣”行为，抵制“八耻”现象。二是指导各地进一步修订完善市民公约、乡规民约、职业道德规范、工作人员守则等具体行为准则，使“八荣八耻”的基本要求渗透到社会管理之中。三是指导、协调各地在各项群众性精神文明创建活动评选和有关部门在新闻、出版、文艺、体育、科技、体育等各项评奖中，都要把“八荣八耻”作为重要内容和评选标准，切实把“八荣八耻”荣辱观变成人们的行为准则和自觉行动。

7. 紧密联系河北实际，积极组织开展各种形式的特色创建活动。一是抓住毛泽东等老一辈无产阶级革命家“向雷锋同志学习”43周年有利时机，举办了“雷锋我们同行”电视专题文艺晚会，在省博物馆广场组织了“向奉献着奉献”大型笔会，请省内著名书画家向全省12名长期学雷锋、热心社会公益事业的先进典型奉献作品、奉献爱心，进一步倡导了关心支持公益事业、义务从事公益活动的良好风尚。二是组织了“河北省首届‘七夕情侣节’”系列活动。2006年7至9月，河北省文明办以“弘扬传统美德，建设和谐文化”为主题，组织开展了“河北省首届‘七夕情侣节’”系列活动。组织了“中国邢台天河山‘七夕’爱情文化节”开幕式，联合邢台市委市政府、中国民俗协会、中国民协节庆委、省文联、省民俗文化协会发表《天河山宣言》，开展了“七夕情侣节”标志、纪念品、饮食品种征集、宣传系列活动，弘扬了中华民族传统美德，增强了传统节日的影响力，促进了文化产业的发展，打响了“七夕”这一传统节庆品牌。三是在全省城乡广泛开展了“帮一帮、让一让”道德体验活动。2007年3月，河北省文明委在宣传推广唐山市“帮一点”精神的基础上，在全省组织开展了“帮一帮、让一让”体验活动，倡导人们：在社会生活、职业活动和家庭邻里之间，要见难相助，谁有困难就帮一把；要宽容礼让，处处尊重和方便他人。活动开展以来，全省城乡、各行各业、各界广大群众自觉从身边做起，从自己做起，主动为贫困学生、农民工、残疾人、低保户、贫困农村等困难群众、困难家庭、困难地区提供力所能及的帮助，以实际行动传承扶贫济困、宽容礼让的传统美德，推动了社会的文明、和谐、进步。四是开展了“廉政文化进农村”活动。为落实中央纪委开展廉政文化建设“六进”活动的有关部署，以农村基层党员干部和农民群众为重点，以培育健康、文明、廉洁的乡风为目标，在全省组织开展了“廉政文化进农村”活动。这项活动自今年4月组织开展以来，各市都成立了活动领导机构，制定了具体的工作办法，将“廉政文化进农村”的内容纳入文明生态村创建工作，纳入“村民中心”活动内容，纳入农村各项精神文明创建活动之中，组织开展了一系列活动，收到了一定的效果，在教育农村党员干部形成“以廉为荣、以贪为耻”的廉政风尚中发挥了重要作用。

三、开展荣辱观宣传教育活动下一步安排和建议

一年多的荣辱观宣传教育活动，已经使是非荣辱观念逐步深入到广大干部群众的思想观念之中，渗透到社会生活的方方面面。只要持之以恒、坚持不懈地抓下去，就一定能够取得更加明显的效果。为此，下一步我们将按照中央的要求和我省既定的工作部署，重点做好以下几方面工作：

一是在去年制定的实施意见的基础上，进一步加大组织协调力度，督促各地各有关部门认真抓好各项工作的落实，推动各项工作的普遍展开。二是进一步加强宣传引导，做到荣辱观宣传教育活动不断线，巩固和发展业已形成的舆论强势，使是非荣辱观念进一步深入人心，真正成为人们普遍遵守的行为准则。三是结合我省实际，进一步充实完善我省精神文明创建工作内容，突出提高人们的思想道德素质，突出践行社会主义荣辱观，使“八荣八耻”要求融入到各项精神文明创建活动之中，贯穿到创建活动全过程，组织引导群众广泛参与，自觉践行社会主义荣辱观。四是充分发挥文化的社会教育功能，将“八荣八耻”基本要求贯穿到文化艺术创作之中，推出一批形式多样、群众喜闻乐见的优秀作品，积极开展各具特色、丰富多彩的文化活动，将优秀作品和健康向上的文化活动送到基层和广大群众中去。五是结合中央文明委、奥组委组织开展的“迎奥运、讲文明、树新风”活动，指导各地特别是奥运会协办城市秦皇岛市、省会石家庄市、北京周边各市按照践行社会主义荣辱观的要求积极组织开展好这一活动，使广大公民在文明用语、礼貌待人、讲究公德、遵纪守法、维护秩序方面有明显进步。六是着眼于实现教育活动的经常化，继续协调和指导各地各有关部门修订和完善公民行为准则，将“八荣八耻”的要求渗透到社会管理之中，作为精神文明创建活动和其他评奖的重要内容和评选标准，切实把“八荣八耻”荣辱观变成人们的行为准则和自觉行动。

石家庄市

精心组织 加大力度
扎实开展创建文明城市工作

一、明确战略摆位、加强组织领导，把创建文明城市工作作为事关全局的大事来抓

石家庄市委、市政府始终把创建文明城市作为提升城市文明程度和核心竞争力的一项重要工作，统筹谋划，强力推进。

（一）制定详细规划，确立创建工作的重要战略地位。市委、市政府高度重视文明城市创建工作，将争创全国文明城市目标纳入了《石家庄市国民经济和社会发展第十一个五年规划》，明确了在全市整体工作格局中的重要战略地位。2006年，在市第八次党代会上，确定了建设繁荣、文明、和谐新石家庄的奋斗目标，把创建全国文明城市工作先进市作为精神文明建设的龙头工程，列入重要议事日程，经常研究部署，具体指导创建工作。显国书记在各种会上多次强调，我市作为省会城市，是全省第一窗口、第一形象、第一门面，市民素质是一个城市竞争力的核心要求，也是我市发展的活力所在，省会的环境代表着河北的环境、河北的形象。要学习北京“迎奥运”、上海“迎世博”的做法，着力实施市民文明素质提升工程，大力提高市民的公民意识、市民意识、省会意识，为建设繁荣、文明、和谐新石家庄提供良好的人文环境。显国书记的讲话充分体现了市委、市政府对提升市民素质、创建文明城市的高度重视。制定了《2006年省会“争做文明市民、营造优美环境、创建文明城市”活动实施方案》和《石家庄市2006～2008年创建全国文明城市工作先进城市规划》，连续召开全市“争、营、创”活动动员大会、城市工作会议、创建文明城市动员大会等大型会议，统一了全市干部群众的思想认识，明确了创建文明城市的目标任务，确定了具体工作措施，在全市广泛开展了创建文明城市活动。

（二）健全组织体系，为整体推进创建工作提供坚实保证。成立了市委书记、市长担任总指挥，分管市领导担任副总指挥，市委宣传部、省会文明办、市城管、建设、规划、园林、公安、工商、司法、交通、环保等相关部门的主要领导为成员的“争、营、创”指挥部及其办公室，具体负责指挥协调全市的创建工作。市内五区、市直有关部门都成立了相应的创建机构，各基层单位也明确了专门负责人员，形成了全市上下渠道通畅、协调有力、运转高效的组织体系，为创建活动的开展提供了可靠的组织保证。

（三）明确任务责任，确保各项工作有效落实。根据《全国文明城市测评体系》和省文明委的要求，我市结合实际，制定了《石家庄市创建全国文明城市工作先进城市测评标准及责任分解》，把37条测评指标、119项具体任务全部落实到全市88个市直部门；制定了《石家庄市2007～2010年市民文明素质提升工程任务分解》，将379条任务逐条分解到56个市直部门，细化目标任务，量化标准要求，明确完成时限。组织各区、各责任部门认领测评内容，明确具体责任，强力推进对标达标工作。各单位也将创建任务细化分解，落实到具体人员，做到了层层有任务，事事有标准，人人有责任的工作格局。

（四）严格督查考核，推进创建工作深入持久开展。为了把工作落到实处，市委、市政府主管领导坚持每半年召开一次调度会，听取各部门的工作落实情况。我市还把此项工作列入市委、市政府督查的主要内容，健全了督导考核机制，加大了督导力度。市创建办、文明办坚持全方位、高标准进行现场检查督导，并通过召开调度会、现场会、交流会等，具体指导各单位对照标准找差距、查问题，争取出亮点、创品牌，高标准开展创建活动。为确保各部门认真落实工作任务，我市明确相关单位的一把手为第一责任人，将创建文明城市工作指标，纳入对各区、市直各部门领导班子和领导干部实绩考核内容，并将考核结果与干部管理、评先评奖和文明单位的评选挂钩，激发了各级各部门创建文明城市的积极性。

二、量化目标任务、坚持对标达标，将创建任务落实到具体工作中

围绕提升城市的整体文明程度，我们坚持将创建文明城市工作同各部门职能业务相结合，把集中行动同日常工作相结合，动员干部职工广泛参与，形成了上下联动，齐抓共建的强大合力。

（一）围绕营造廉洁高效的政务环境，大力推进政府职能转变。以建设服务型政府为目标，切实加强党政机关建设，大力提高干部素质，努力为群众提供廉洁高效的政务服务。一是抓素质培训。以县处级以上领导干部为重点，不断加强对党政干部的理论学习与教育，定期定时对在职干部进行政治、经济、法制、文化、科技、廉洁自律等方面的综合知识培训。为提升年轻后备干部的综合素质，今年全市从党政机关中抽调200名处级和正科级实职干部，赴清华、北大、南开、复旦等4所高校，进行为期一年的大规模培训活动，系统学习城建、经济、金融、法律等方面的知识。制定了《干部理论教育的安排意见》，完善了理论学习考核制度，把理论学习情况纳入干部年终考核内容。二是抓服务体系。以转变政府职能、优化环境为切入点，按照“公正、便民、廉洁、高效”的要求，我市成立了“投资促进中心”、“诚信中心”、“市民服务中心”、“行政效能投诉中心”等四个中心，把为市民服务的领域拓展到投资服务、生产服务、生活服务等老百姓关心的各个领域。通过建立市民服务中心，把群众反映的热点难点问题集中收集起来，对共性问题，统筹研究办法，强力推进解决。通过建立诚信管理中心，大力倡导诚实守信，规范经营和服务行为，努力建设诚信城市。通过建立行政效能投诉中心，坚决查处那些不讲效率、不讲服务、不讲诚信等问题。三是抓“双提三效”。我市从2005年开始，在全市乡（镇）、街道办事处以上机关和具有行政管理职能的部门开展了以“提速工作过程、提高工作质量，求效能、求效率、求效果”为内容的活动，并聘任36名机关效能建设特邀监督员，听取社会各界对机关效能建设的意见和建议。今年初，又在全市党员干部中开展了“为民、务实、清廉”主题教育活动。目前已有20个市直单位开展了IS09001质量管理认证工作，实现了日常工作规范化，各项管理程序化。经过不懈努力，服务渠道进一步拓宽，软环境进一步改善，各级机关和执法部门在广大群众中的满意度逐步提高，廉洁高效的政务环境逐步形成。

（二）围绕营造公平公正的法治环境，着力

提高依法治市能力。按照依法治市的总体要求，多措并举，大力营造良好的法制环境。大力实施“五五”普法宣传，组织了一系列有关人民调解、行政调解、司法调解的宣传教育活动。对全市3.8万名司法行政干部、民调员进行了法律业务大培训，建立了305个居民法制学校和238所流动人口法制学校。全市已有84万流动人口接受了法制教育，受教育率达70%。大力开展“平安省会”创建活动，在居民社区加强了治安防范管理，构建起了横到边、纵到底，纵横交叉、立体式动态化巡防网络。在公共场所加强了“扫黄打非”力度，严厉打击制、贩黄违法犯罪活动，2006年共查处涉黄案件63起，抓获违法犯罪嫌疑人65名，端掉贩、传黄窝点19处，收缴淫秽盗版光盘63万余张，非法出版物3万余册，进一步净化了文化市场治安环境。开展了打黑除恶专项斗争，构筑社会治安的强压态势。2006年，共打掉4个黑社会性质犯罪组织、25个恶势力犯罪团伙，抓获涉案人员395名，打黑除恶专项斗争在全省综合排名列第一位。加大了公共场所秩序的管理，公安、交通、工商、文化、城管等部门密切配合，对占道经营、露天烧烤、小广告、乱穿马路、乱闯红灯等现象，进行了专项整治，公共秩序进一步优化。

（三）围绕营造规范守信的市场环境，有效完善诚信体系。围绕打造“诚信石家庄”，加强了政府诚信建设，制定了《石家庄市诚信数据库系统工程建设方案》，明确了诚信数据库建设的思路、模式、任务、步骤和目标。在市、县两级全面开展了政府关联事项信息公开、参与企业资信收集工作，组织参与企业进行了六大类200多项信息内容填报，经有关部门核实事项实施情况，建立了参与企业诚信档案552份、监管企业诚信档案1000余份、中介机构诚信档案700余份、各类人员诚信档案2000余份，对规范个人、企业、政府的行为起到了积极作用。

（四）深化思想道德建设，营造健康向上的人文环境。一是加大宣传，深入开展以“八荣八耻”为主要内容的社会主义荣辱观教育实践活动。通过在出入市口设置5个大型公益广告塔，在各新闻媒体开设了专题专栏、编发30余万册教育读本、组织演讲比赛等多种形式，对市民进行了广泛深入的宣传教育。二是分类指导，不断探索思想道德建设的新途径。在未成年人思想道德建设方面，我市投资100余万元建成了全国第一家“未成年人心理维护中心”，受到了中央文明办、教育部的高度评价。同时，以未成年人心理维护中心为依托，在100个学校建成了心理维护站点，初步形成了市、区、学校三级未成年人心理维护网络。市27中创立的“班级心理委员”，获全国未成年人思想道德建设创新案例一等奖，并在全国未成年人思想道德建设座谈会上介绍了经验。在大学生思想道德建设方面，组织市属大中专院校5万余名在校大学生，开展了感恩教育活动，大学生思想道德素质得到了明显提高。在外来务工人员思想道德建设方面，市投资100余万元建成了全国首家进城务工人员文化教育服务中心，搭建了提高外来务工人员综合素质的平台。新购置了农民工文化服务大篷车，为农民工送电影、送图书、搞咨询、办培训，受益农民工达万余人。开展了以“奉献、友爱、互动、进步”为内容的城乡社会志愿者服务活动和以公务员为主要群体的“传播文明志愿服务行动”。全市思想道德建设水平在探索与创新中不断得到提升。三是突出重点，大力实施市民素质提升工程。制定了《石家庄市2007～2010年市民文明素质提升规划》，召开了动员大会，明确了工作目标和部门责任。围绕提高广大市民的公民意识、市民意识、省会意识，编写了《市民文明常识读本》、《居民健康手册》、《市民安全常识手册》等教育培训教材，组建了市民文明素质讲师团，以市民学校和党校、团校、职工培训中心、新闻媒体等为阵地，启动了“百万市民大培训”活动。以公共场所“五个文明”和“排队礼让”为主要内容，今年上半年组织了3次千人以上的大规模道德实践活动，收到了良好的社会效果。

（五）加大城市建设力度，营造安居乐业的生活环境。按照建设繁荣、文明、和谐新石家庄的总体要求，大力加强城市基础设施建设，努力完善城市整体功能。投资40亿元，对10余条主要街道和100余条小街小巷进行续建、翻建、整修，对全市132个社区的861条院内路进行了修整。完成了104条人行道改造，改造后的便道一律铺设盲道砖，并在道路入口、广场入口、单位门口等处设置缘石坡道，还完成了116条小街巷的路灯改造，全市小街巷路灯设施照明率达到97%，进一步方便了市民出行。拆除超期广告牌4万余平方米，清理违章占道建筑6000余处，规范“三摊一车一亭”（修车摊、冷饮摊、水果摊、早餐车、书报亭）管理，提高了市容环境卫生水平。积极构筑社会保障体系，养老保险覆盖范围进一步扩大，到2006年底，全市有72.3万企业职工参保，22.7万企业离退休人员实现了养老金按时足额发放无拖欠，21.5万名企业退休人员实现了社会化管理服务。医疗保险制度改革逐步推进，全市参保职工101.8万人，覆盖率达到88.4%。在居民社区新建50个社区卫生中心，开展了“百名医师进社区活动”，医学专家进社区达7200余人次。目前，我市已为职工建起养老、医疗、失业、工伤、生育五大保险体系。加强了对经营性场所特别是“五小”门店（小餐馆、小美容理发店、小食品店、小浴池、小书刊影像制品店）的管理力度，对3594家中小餐馆进行了卫生量化分级，开展了“洁餐行动”专项治理，共检查小餐馆4412户，取缔无证餐饮单位664家，维护了市场秩序，保障了群众的合法权益，提高了居民的生活质量。

（六）提高环境质量，营造可持续发展的生态环境。我市将环境建设作为促进城市可持续发展的重大举措来抓，不断加大生态治理工作力度。一是制定整体规划。编制了《石家庄市生态市建设规划大纲》和“滹沱河区域”、“城市中心区”、民心河沿线等重点区域的城市设计方案，明确了环境建设的奋斗目标、重点任务和具体措施。二是提高城区绿化水平。重点实施市区公园广场、街心绿地、滹沱河生态整治开发、西北部水利生态防洪工程。到2006年底，全市公园绿地达到44处，街旁游园45处，人均公园绿地面积8.7平方米，城区中心区人均公园绿地面积5.1平方米，城区绿化覆盖率达到36.15%、绿地率达到32.68%。三是加大污染治理力度。2006年拆除分散燃煤采暖锅炉127台，安装更新各类除尘设施90台。新建成日处理污水达50万吨的桥东污水处理厂，全市污水处理率超过60%。实施了施工现场扬尘污染防治管理责任制。通过坚持不懈的努力，2006年，市区优良天气实现了287天。今年至9月2日已实现196天，达到全年290天目标的76.7%。

三、突出工作重点、抓好特色活动，增强创建活动的实效性

（一）迎奥运、讲文明、树新风，大力开展道德实践活动。1. 文明行业创建活动进一步深化。近年来，我市在46个系统72个行业的近万家窗口单位中，开展了“万家窗口创文明、诚信服务铸品牌”活动，各行业在干部职工中广泛开展了职业理想、职业道德、职业技能、职业纪律的教育，大力推行规范化服务，广大人民群众对窗口行业优质服务的满意度不断提升，树立了行业新风、优化了发展环境。截止目前，我市创建三星级窗口单位826家、二星级窗口单位1520家、一星级窗口单位1759家。结合“迎奥运、讲文明、树新风”活动，我市组织金融、邮政、通信等营业性收费窗口，大力推行“一米线”制度，引导市民养成排队礼让的习惯；在行政执法部门开展文明执法活动，重点解决徇私枉法、以权谋私、执法不公等问题；在出租汽车行业启动了“文明使者迎奥运、提升素质树形象”活动，继续强化“三个意识”、做到“五个文明”、落实十六项服务规范。通过搞好素质培训、规范行业行为、加强监督检查等六项具体措施，促进出租车汽车司机文明素质的不断提升。石家庄电业局开展了“光明行”服务品牌创建活动，严格规范用电窗口员工服务行为，推出了“班前五做到、班上五不准”工作标准。2006年，客户服务中心接听电话18.3万次，处理客户故障报修1.4万起，全部在规定时限内完成，全年客户满意率和供电服务承诺兑现率始终保持在100%。2. 公共场所“五个文明”道德实践活动成效显著。围绕文明乘车，在市公交公司进行了以公共服务礼仪为内容的教育培训，投资25万元更新和完善了服务新标志、语音提示系统，制作了8000余套坐垫，启动了“爱心玫瑰接力活动”。截止目前，已有70多个单位和大批志愿者参与到活动中来，为在公交车上主动让座的乘客赠送玫瑰达5万余枝，引起广大市民的强烈共鸣。围绕文明行车、文明走路，在市交管系统组织开展了以“关爱生命、平安出行”为主要内容的交通安全宣传“进社区、进单位、进学校、进农村、进家庭”活动，促进了交通秩序的进一步好转。围绕文明观演，编印《文明观演礼仪常识》15万份，在各影剧院向观众发放，通过制作宣传牌、幻灯片等，不断加大宣传力度。围绕文明游园，在旅游景点开展了“创建文明景区、争做文明游客”活动，在游客中聘请旅游行风义务监督员，形成游客与景区良性互动的良好局面。3．社区“四个文明”道德实践活动扎实有效。在市内各个社区开展以文明停放、文明娱乐、文明装修、文明养犬为内容的“四个文明”道德实践活动，召开了经验交流暨观摩会，促进了社区行为“四个文明”道德实践活动的蓬勃开展。各社区利用宣传栏、橱窗、板报、明白纸、有线电视、广播以及互联网等阵地进行了广泛宣传，营造了浓厚氛围。各区制定了加强和规范社区行为管理办法，成立了检查督导队，明确了督导员职责，并把装修、养犬、有车户全部登记造册，建立台账，签订协议书，有效地推动了“四个文明”道德实践活动的深入开展。

（二）创建文明城区竞赛活动深入扎实开展。按照省文明委的要求，石家庄市于2006年2月开展了以“六个环境，一个活动”为主要内容的创建文明城区竞赛活动，努力把每一个城区建设成管理有序、服务完善、环境优美、治安良好、关系和谐的文明城区。一是各级党委、政府高度重视。省会文明委制定了《关于在市内五区开展创建文明城区活动的意见》，召开了专题会议，对创建工作进行了重点部署。市内五区都成立了由区主要领导任组长的创建文明城区指挥部，并制定了《创建文明城区实施方案》、《创建文明城区目标责任分解》，各街道办事处也都成立了相应的组织领导机构，确保此项工作顺利开展。二是努力提升社区道德建设水平。围绕增强市民的道德观念和整体素质，以社会主义荣辱观、公民道德基本规范、文明礼仪等为主要内容，组织开展了多种形式的市民文明素质培训活动。桥西区开展的以“文明礼仪从小做起”、“走近父母、拥抱亲情”、“储蓄好习惯、快乐伴成长”等为主题的“道德实践论坛”，被中央文明办评定为全国未成年人思想道德建设创新案例二等奖。三是努力繁荣群众文化生活。加强阵地建设，市内五区全部建立了区级图书馆。市委宣传部、文明办会同各区，连续4年共筹资1200万，为200个社区建成了文化活动室，配发了各种文体器材，完善了社区文化服务设施。大力实施宣传文化惠民工程，我市开办的“燕赵讲坛”，已持续3年多时间，为市民传播先进文化，观众达40余万人次。组织开展了“彩色周末”和“高雅艺术”演出活动，两年来，共演出400余场，观众达50余万人次，丰富了群众的精神文化生活。四是大力开展文明和谐社区创建活动。自2003年8月以来，我市以“十个一”为标准，围绕社区教育、社区文化、社区环境、社区治安、社区服务、社区管理等，先后启动了4批共202个社区的创建文明社区工作，其中152个社区荣获市级文明社区称号，社区服务功能得到优化，居民生活质量得到进一步提高。

（三）加大植树力度，营造城市森林活动取得明显成效。市委对营造城市森林工作高度重视。近年来，我市一直把营造城市森林作为创建文明城市的有效途径来抓，根据省文明委要求，按照“2+2”模式，认真组织了“营造城市森林”第七、八次春季战役，进一步加大城区道路、公园广场、街旁绿地、单位庭院和居民社区种植适应型、乡土树种、较大型乔木的力度。大力实施城区周边造林工程，组织开展了营造“公仆林”、“八一林”、“青年林”等群众性义务植树活动。两年共动员省、市、区直机关干部职工，驻石部队、武警官兵及省会各界群众12余万人次，在市区栽植各种乔木40余万株，在滹沱河两岸造防护林带1万亩，植树100余万株，建设各种纪念林26个，较好地实现了“城在林中”、“林在城中”的目标。

为进一步深化文明城市创建活动，近期，我市同时召开了“创造优美环境、建设美好家园‘八个一’工作动员大会”和“全市市民文明素质提升工程启动仪式暨创建文明城市动员会”，把创建活动推向了高潮。“八个一”工程主要包括节能减排、生态建设和环境整治三个方面。其中，节能减排“三个一”是：年内关停、治理太行山区域100家大气污染企业，取缔、治理重点流域100家水污染企业，拆除、治理市区100台1吨以上燃煤锅炉；生态建设“两个一”是：规划实施环城（1+4组团）1000万平方米水系拓展工程，实施“5528（5环、5河、2山、8带）”绿化工程，用3年时间完成植树1000万株，年内完成100万株乔木进市区工程；环境整治“三个一”是：力争用2～3年时间，拆除整治全市范围内违法建筑100万平方米，年底前拆除整治市区范围内违章户外广告10万平方米，下半年清理城镇积存垃圾100万立方米。围绕提高市民素质，创建文明城市，我市提出了一年有起色、两年见成效、三年上台阶、四年大提升的工作思路，计划用四年时间实现市民学校基础设施基本完善，百万市民学习培训任务基本完成，广大市民的公民意识、市民意识、省会意识明显增强，城区主要街道路口、影剧院、公园广场等公共场所秩序和卫生状况明显改观，党政机关、窗口行业为民服务的观念进一步强化，城市发展的软环境进一步优化，市民对政府的满意度进一步提高，争创全国文明城市。

供稿：省会文明办

整理：刘素兰

石家庄市

认真组织 突出重点 全力提升创建文明生态村工作水平

一、在深入推进上做文章，全力进行成片连线集群创建

按照以城带乡、城乡协调发展的思路，我市实施了环省会文明生态圈、乡镇文明生态片、特色文明生态线递次辐射带动，圈、片、线相辅相成的创建举措，推动创建工作由典型创建向全面创建转变，由零散创建向集约创建跨越，由面上创建向深度创建迈进。

（一）大力推进“1+4”环城式创建，着力打造图状示范集群。2005年，我市根据石家庄城区及周边四县（市）区位相对集中、经济比较发达和群众基础较好等优势，在城区和鹿泉、莫城、正定、栾城四县（市）启动了环省会文明生态圈工程，将市区周边1000多平方公里内的339个村统一规划，统一标准，统一时限，大力推进集群创建。目前，已有近300个村基本达到了标准。环省会文明生态圈举措的实施，起到了大圈带小圈的示范效应，赵县、无极、辛集等8个县（市），也相继开展了建设环县城文明生态圈行动，推动了创建文明生态村工作向深度和广度拓展。

（二）大力推进“2+14”连线式创建，着力打造线状样板集群。我市按照“道路框架为支撑、绿化生态为基础、特色产业为依托、旅游景点相连接”的创建思路，联动建设，着力打造文明生态特色线路样板集群。在国省干道和旅游线路沿线所有村庄全部纳入创建规划的同时，重点抓了西柏坡红色旅游生态线、赵县梨区文明生态观光线等14条文明生态特色线路，取得了良好成效。

（三）大力推进“10+100”组团式创建，着力打造片状辐射集群。抓好以乡镇驻地为重点的创建工作，辐射带动所辖村庄整体推进，努力打造一批文明生态示范乡镇。去年下半年，我们选择了10个经济条件较好的乡镇推进创建工作，要求他们带动各自周边的10个村进行创建。这一措施的实施，使100个村形成了相互促进，协调联动，齐头并进的良好局面，成为了当地特色突出、代表县城形象的亮点区域，进而有效地解决了村与村之间创建力量分散、资源难以共享、区域经济特色产业难以集群发展等问题。目前，莫城市丘头镇、鹿泉市大河镇等10个文明生态示范乡镇基本建成。

二、在改善人居环境上下功夫，大力实施惠民工程

我市坚持从群众最盼望办、一家一户又难以办成的事抓起，尽最大的努力满足农民群众各方面利益需求，力争将创建活动办成民心工程、惠民工程。

（一）深入开展“四化”建设，实现环境惠民。我市从农民所想所盼入手集中力量抓好“四化”建设，着力打造“路畅、地绿、村美、精神爽”这一农民群众千百年来一直梦想的人居环境，使创建活动伊始就顺民意、得民心、受欢迎。一是抓硬化便出行。我市按照“上下联动、量力而行”的原则，因村制宜，把街巷修建成水泥、柏油、灰渣或砖石路，有效地解决了出行难的问题，方便了村民生活和农业生产。截至目前，全市完成通村路硬化3630公里村庄街道硬化3600余公里，硬化小街巷1.5万条，有2754个村实现了全村道路硬化。二是抓绿化变环境。以建设绿色石家庄为载体，开展绿化造林大会战，大力抓好5环（环省会和四个组团）、5河（流经市域的5条主要河流）、2山（封龙山、西山）、8带（贯穿市域的4条高速、3条国道和南水北调工程）的植树造林工作，努力构建路林结合、林水相依、山清水秀的生态格局。同时，制定优惠政策，采取得力措施，在广大农村并展了春秋植树造林，在农户开展了“创建绿色庭院”等活动，使全市创建村呈现出绿树成荫、花团锦簇的喜人景象。高邑县实行了“挖坑就给树、树活就补助、林权落到户、谁有谁管护”四项激励措施抓绿化，财政出资350万元，植树140万棵，收到显著成效。三是抓净化改面貌。以“治脏”、“治差”为重点，在各县城主干道、重要节点和出入口等重点部位，进行了整治垃圾遍地、残垣断壁、私占乱建专项行动；在乡镇政府驻地集中开展了整治垃圾乱倒、牌匾乱挂、房屋乱建等行动；在村庄大力开展了“四清两建”活动，促进了乡村环境的规范整洁。目前，全市农村共拆除违建3.7万处，2700多个村落实了“五个一”长效保洁制度。四是抓文化提品位。为改变农村文化产品和文化服务供给不足，农民文化生活匮乏的现状，引导村民追求健康向上的精神文化生活，我市在创建伊始，就积极推进农村文化建设，加快实施民间文化保护工程，培育了一批民间艺术和特色文化乡村。大力推进文化大院、文化广场、文体活动室等文化服务体系建设有效实施了广播电视“村村通”、农村电影放映和送戏下乡工程、文化信息资源共享工程，初步构建起农村公共文化体系。着力扶持农村业余文化队伍，鼓励农民兴办文化项目，组织开展丰富多彩的群众文化活动，活跃了农民文化生活。目前，全市1200个村建有文体活动场所，特色文化村、宣传示范村150个，建有秧歌队、鼓乐队、书画协会、戏迷协会等各类文体队伍3291支。

（二）扎实推进“村民中心”建设，实现服务惠民。我市把“村民中心”建设作为市委、市政府服务农民群众的重要举措，列入了必须办好的四十件实事之一，采取有效措施，有序推进，确保了各项建设任务的顺利完成。一是因地制宜，分类实施。我市将“村民中心”建设划分为集中型和相对集中型两种模式，制定出400m²、600m²、1000m²以上三种面积标准，确定了新建和改建两种形式，要求各村庄根据人口多少和经济发展状况等实际情况，本着因地制宜、量力而行的原则实施，确保了建设项目的有序开展。二是明确功能，方便群众。围绕农村群众实际需求，我市进一步细化了“村民中心”提供经济、卫生、法律、科技、文体等九大服务功能，努力为群众生产生活提供全方位服务，使村民中心真正能用、实用、管用。“村民中心”专门建设了农业信息活动室，使村民能很方便地查到各种科技信息、商品价格等，为农民的生产生活带来便利。三是完善机制，规范管理。重点建立和完善了领导机制、帮扶机制、管理机制、操作机制，确保了建成的“村民中心”的正常运行，使之成为村民进行自我教育、自我管理、自我服务的新平台和各级各部门服务“三农”的阵地。鹿泉市南故城村的“村民中心”，功能齐全，制度完备，活动经常，真正成了名副其实的村民活动场所。目前我市已建成并投入使用的“村民中心”有100个、正在建设并于年底前完成建设任务的还有200个。

（三）积极推进农村社会事业一体化发展，实现福利惠民。积极推进农村教育、医疗卫生、文化和社会保障等社会事业一体化发展步伐，逐步解决农村上学难、看病贵、保障水平低等问题。在农村教育方面，实施了中小学标准化建设工程、城镇教师支援农村教育机制等措施，对贫困家庭学生免费提供教科书并补助寄宿生活费，确保了全市初中入学率达到99%，高中段教育普及率达到85%。在农村卫生方面，建立健全了县乡村三级卫生服务网络和基层卫生人员免费培训制度，全面启动了新型农村合作医疗制度，使全市参合农民达到1万人，参合率达到87.5%目前，已累计补偿参合农民38万人次，补偿金3200万元，农民“因病致贫、因病返贫”问题得到有效缓解。在农村社会保障方面，切实健全全市灾民、就学、法律等专项社会救助体系，进一步完善农村养老保险制度、“五保户”供养制度、农村最低生活保障制度，不断扩大农村低保覆盖面，确保农村低保每人每月补差额达到25元，全市7.15万人贫困人口得到有效保障。

三、在齐抓共建上出实招，不断完善创建工作保障机制

围绕推动创建活动的深入开展，我市不断强化保障措施，努力完善长效机制，形成了上下联动、齐抓共建的强大合力。

（一）坚持多渠道筹措创建资金，积极探索全社会参与创建的投入机制。按照“以村集体和农民投入为主出一点、政府财政奖补结合拿一点、有关部门专项资金重点倾斜帮一点、动员社会力量筹一

点”的办法，整合各方面资源，保证了创建文明生态村重点建设项目所需资金。一是坚持政府主导。我市把创建专项资金纳入各级财政预算，市财政连续四年拿出600万元，各县（市）区财政配套落实资金1亿多元用于创建文明生态村工作，充分发挥了政府主导作用，激发了基层抓好创建的积极性。二是注重部门倾斜。把计划、农业、交通、建设、科教文卫等部门的公共事业支出的资金集中起来使用，并重点向文明生态村建设投入，推动了创建工作的顺利开展。目前，全市各级各部门向文明生态村投入资金已达1.3亿元。三是用好集体资产。各村把集体收入主要用于创建，同时积极运用财富积累、四荒拍卖、有偿使用集体资源、贴息贷款等多种办法，千方百计筹集创建资金，为创建工作增添了活力。正定县率先在160多个村建立起集体财富积累机制，将以往闲置、浪费和被少数人挤占的公共资源充分利用，建立起卫生保洁、治安防范、水电管理、农技服务等组织，为村民生产生活提供了全方位的服务，巩固了创建成果。目前，全市共有4248个村建起了村级财富积累机制，占到农村总数的97.7%。四是动员社会帮扶。我市鼓励企业、单位、个人开展形式多样的助建活动，支持文明生态村建设，在全社会形成了以城带乡、以工促农的良好局面。全市党政机关和企事业单位已累计落实帮扶资金物资6000多万元。今年九月份，我市在文明单位中开展了城乡共建“文明书屋”捐书活动，共捐赠各类图书100余万册。五是依靠群众力量。各创建村本着自愿量力的原则，发动群众捐款捐物，出工出力，用自己的双手建设自己的美好家园。赞皇县东高村通过自筹资金、自愿捐款、自己设计、自己购料、自己施工的“五自”办法，新建一个800平方米的“村民中心”和两个1000多平方米的村民休闲广场。

（二）坚持正确的宣传引导，充分激发农民群众的创建热情。一是发挥舆论引导作用，营造声势。市县两级在新闻媒体设立了专栏专题，大力宣传创建典型，介绍创建经验，营造了推进创建工作的浓厚氛围。各乡村也充分利用广播板报、宣传橱窗、文艺节目等形式引导群众主动参与创建。藁城市在所辖的239个村庄主街道上安装了820支调频自动接收音箱，集中对村民进行创建文明生态村活动宣传，大大激发了农民的创建热情。二是组织观摩培训活动，学习先进经验。我们采取“外学经验、内学先进”的做法，组织县、乡、村干部群众到保定、邢台、唐山等兄弟市进行了参观学习，到鹿泉等县（市）进行了现场观摩，对县、乡、村干部进行了文明生态村业务培训，提升了基层干部抓好创建工作的能力。四年来，全市各级组织参观学习3000余次，学习观摩人数达20余万人（次）。三是发挥干部示范作用带头参与创建。各级党员干部身先士卒，带头出资出劳，带头拆除自家的私搭乱建，带头清除门前垃圾，带头维护创建成果，极大地激发了群众搞创建的热情。鹿泉市南庄村村干部带头改厕，消除了群众顾虑，全村已有90%的农户改厕。

（三）坚持不断巩固提高创建成果，永葆创建文明生态村的生机活力。我市狠抓各项工作制度落实确保了创建活动深入持久开展。一是落实分包责任制度。实行市领导包县、县领导包乡、乡干部包村、村干部包户四级分包责任制；实施了文明单位包村帮扶制，增强了广大干部和有关单位的责任感，促进了责任目标的落实。二是落实检查通报制度。专门成立了督导检查组，实行月检查调度、季评比通报制度健全了定期检查、随机抽查、及时复查的“三查”工作机制，有效调动了基层单位的工作积极性。三是落实考核奖惩制度。我市把创建活动的开展情况纳入对县（市）区和市直部门领导班子和领导干部的考核目标，纳入全市乡镇综合实力排位考核内容，作为文明单位评选的重要条件，增强了各单位的责任意识。我市还坚持每年评比表彰一批先进单位和先进个人，累计对470个创建先进乡镇、先进村、帮扶共建先进单位和100名创建先进个人进行了表彰奖励。井陉县对在创建中贡献突出的8名村支部书记落实转非转干待遇，激发了广大干部的创建热情。四是落实长效管理制度。我市各创建村分别制定了“五个一”卫生保洁、绿化管护、道路建养制度和资金筹措办法、“村民中心”运行管理办法等一整套建设、管理、维护相统一的保障机制，巩固和发展了创建文明生态村成果。

四、在促进协调发展上求深化，切实提升创建工作水平

我市坚持谋划高起点、高标准，工作大力度、大手笔，不断拓展深化创建内容，促进了农村各项事业的协调发展。

(一)围绕提升农民素质,大力加强乡风文明建设。按照《公民道德建设实施纲要》的要求,紧紧抓住提高农民素质,促进人的全面发展这条主线,狠抓公民素质教育,有力地促进了农村良好道德风尚的形成。一是抓载体,用有益的活动感染人。通过大力推广“三会一录一户”(红白理事会、道德评议会、禁赌会、公民道德新风录、“十星级文明户”评选)活动,大力弘扬社会主义荣辱观。藁城市岗上村24年如一日推行《村民公德录》的做法,在中央和省各大媒体进行了重点宣传;高邑县推广敬老公示制的经验,被中央、省级媒体给予了大力报道。二是抓阵地,用良好的环境改造人。通过实施以一条宣传文化街、一个文化活动场所、一个文化宣传栏、一支文化宣传队伍为主要内容的“四个一”建设,让农民文体活动有场地,休闲娱乐有去处,求知求学有场所。井陉县建成了111个集村民中心、文体广场、休闲花园为一体的农民公园;正定县出资160万元为农村配备健身器材785件。三是抓培训,用先进的文化教育人。我市通过大力组织“三下乡”、“专业技术人员进万村兴百业”、“健康生活进农村大讲座”等活动,对广大农民群众进行科技、文化、卫生等知识教育培训,促进了群众素质的不断提高。近年来,我市累计举办各类培训班2300多期培训科技骨干5.5万人、医疗骨干近2万人,文艺骨干1.5万人。

(二)围绕促进农民增收,统筹推进农村经济发展。把农村经济发展作为创建活动的中心任务来谋划,通过大力实施三项工程,促进了农民增收。一是大力实施特色经济兴村工程。积极引导农村坚持因地制宜、因村制宜,一村一特、一村一品,形成了一大批生态型、加工型、种养型、商贸型、旅游型、观光型等特色经济村。二是大力实施生态家园富民工程。以沼气池建设为纽带,狠抓“一建三改”,大力发展高效养殖,推广无公害种植,形成了养殖、沼气、种植的循环生态产业链,全市涌现出了一批生态养殖、种植专业村。三是大力实施民营经济强县工程。坚持把发展民营经济作为壮大县域经济实力的主攻方向,通过政策推、环境促、能人带、结对帮,促进了县域经济发展和民营经济的壮大。

(三)围绕提高农村“两委”服务能力,扎实促进农村民主政治建设。我市通过创建文明生态村活动,努力为提高农村“两委”服务能力提供新载体、搭建新平台,使之成为政府联系群众的“桥梁”、干部亲近群众的“纽带”、贫困村庄发展的“助动器”。一是坚持在创建中锤炼队伍,提高农村“两委”的战斗力。各村党支部、村委会把创建工作作为“最大的村务”制定具体规划,采取有力措施,广泛动员群众参与,基层组织的凝聚力和号召力明显增强,全市涌现出了一大批为民、务实、干事的农村两委班子。四年来,市委、市政府共对260个创建先进村进行了表彰奖励。二是坚持在创建中锤炼干部,密切党群干群关系。在创建活动中,按照“抓党建促创建,搞创建促党建”的思路,加强农村干部队伍建设,引导农村干部在创建中建功上、树威信。广大农村干部真心实意地为群众办实事办好事,解决群众关注的实际问题,用自身实实在在的行动,赢得了群众的信服和支持。在去年村级“两委”换届选举中,创建村的班子成员再次当选率达到90%以上。三是坚持在创建中锤炼作风,引导良好村风的形成。广大党员、干部充分发挥先锋模范作用,做给群众看,带领群众干,率先改变旧风俗、旧习惯,使讲文明、讲卫生、讲奉献逐步成为广大农民群众的自觉行动。创建村的广大群众心气更高了,对集体更关心了,对村干部更信任了,一些“上访村”、“后进村”由乱到治、由落后变先进。

供稿:省会文明办

整理:刘素兰

石家庄市裕华区

深入基层 服务群众 大力拓展社区志愿服务

一、组织引导，群众参与，为推进社区服务的广泛开展奠定了基础

2006年9月份，区委、区政府出台了《关于开展社区服务拓展计划的意见》，专门成立了“社区服务拓展计划协调办公室”，重点提出要通过不断深化志愿服务来拓展社区服务。通过整合资源，我们努力将志愿服务渗透到涉及群众生活的就业、教育、医疗、文化、体育、休闲、娱乐等方方面面。区文明委又随即出台了《关于在全区深入开展社区志愿服务活动的意见》，提出了建设“三站两室一校”（社区志愿服务站、社区事务代办站、社区医疗服务站、文体活动室、图书阅览室、市民文明学校）和“十支志愿服务队伍”的工作目标，从组织、人员和工作措施上对志愿服务给予保证。在党员中广泛开展了党员一人一岗活动，支部办实事、党员办好事活动。在学生中开展了我为文明加一分、我为社区添光彩活动。公安系统开展了警力随着警情走活动。司法系统开展了“安全连着你我他”普法活动。社保局、就业局开展了零就业家庭、就业信息进社区活动。妇联开展的“巾帼红丝带大行动”。通过开展各种主题鲜明的志愿服务实践活动，带动和影响着越来越多的居民自愿参与文明和谐社区的创建活动。

二、健全组织网络，规范队伍建设，为推进志愿服务向纵深发展提供保证

2007年2月，我区在全市率先成立了裕华区志愿者协会，来统一组织协调整个裕华区的志愿活动。工、青、妇、各街道（镇）和有关行业依据志愿服务内容不同，相应成立有关就业、教育、医疗、文化、体育、休闲、娱乐等志愿服务总队，各社区（村）、驻区单位成立相应的志愿服务分队。截止目前，我区已成立青年团员志愿者服务队等186支，志愿者人数已达30000余人，开展志愿服务项目30余项，80%的社区建起了志愿者服务站。赠送科技、文化、法律、卫生等书籍上万本，为困难户赠送米、面、油等慰问品价值30万余元。开展义诊活动100次；安装宣传橱窗、宣传画廊、宣传专栏80个；建立爱心超市22个；法律工作站10个。各式各样、行之有效的小型社区服务活动更是不计其数，一个声势浩大、丰富多彩的志愿服务正在全区展开。

三、抓出亮点，高频率出击，做强裕华区志愿服务品牌

我区在开展常规服务活动的同时，还注意挖掘社区资源的智力优势，提升我们的服务层次，要根据不通社区的区情，确定各自的重点，创出了许多具有鲜明的特色项目。无论刮风下雨，还是风吹日晒，每天在交通高峰时刻，在裕华区的交通路口，都有身穿红马夹、头带小红帽裕华区交通志愿者的身影。现在交通志愿岗已成为我区志愿服务的一张品牌，成为我区一道靓丽的风景线。第四十中学“盲人楼”志愿服务小分队坚持为盲人楼服务十八年如一日，志愿者换了一批又一批，但服务从来没有间断过。与河北科技大学、河北医科大学等辖区内大学合作，开展了创建大学生服务站及见习基地活动，现已建成12个，进一步提升了我区社区志愿服务的水平。尖岭小区社区的“爱心一助一”和下岗职工“景泰兰”刺绣基地、富强西区社区的下岗职工编织基地、金马五社区的“青少年之家”、槐南路社区的社康慰老服务和石门社区开展的“植绿护绿小分队”等等，创出了品牌，使我区社区志愿服务呈现出丰富多彩、百花齐放的发展态势。

供稿：省会文明办

整理：刘素兰

石家庄市长安区青园街道谈阁社区居委会

以“课外驿站”为切入点 加强社区未成年人思想道德建设

一、统一思想，加强领导，搭建未成年人思想道德教育平台

我们社区有840名未成年人和70余名流动儿童，他们有三分之二的时间生活在家庭，成长在社区，家庭和社区是未成年人生活、学习、娱乐的重要场所。针对孩子们活泼好动，有参加各项活动积极性的特点，我们决定在社区建立“课外驿站”。成立了由辖区内社区党支部、学校、部分单位和有关部门、志愿者代表组成的未成年人社区德育工作协调联席会。我们定期邀请驻街道的中小学负责同志和有关人员共同研究探讨学生德育工作的方法、途径，解决一定时期内影响学生健康成长的区域性的社会问题，联手打造“互动、互促、互帮、互建”的“四互”机制，奠定了社区未成年人德育工作的组织基础。同时，为发挥好社区“课外驿站”的作用，我们在市、区、街道的大力支持下，加强了硬件建设。社区的各项为民服务功能和设施得到了进一步完善，特别是“课外驿站”活动室、图书阅览室、一站式大厅等设施更加完备，社区内硬件建设的加强，为推动社区未成年人思想道德建设和方便居民生活提供了有力保障，得到了社区居民的好评。

二、以教育为重点，以活动为载体，让未成年人在活动中受到启迪，得到提高

一是开展“争做社区小主人”活动。我们在全省率先成立了“社区少先大队”，以社区公益活动、邻里互助、五星级文明家庭、文明社区创建等活动为载体，引导未成年人广泛参与社区各项活动，增强了未成年人对社区的认同感、归属感，“社区是我家，人人关爱她”正逐渐成为孩子们的自觉行动，“护花使者”、“环境小卫士”、“助残、助老小分队”等等遍布社区各个角落。

二是开展“社区第二课堂”活动。我们积极开展了社区第二课堂活动，将深刻的教育内容融入到有趣的道德实践中去。我们的“课外驿站”，让放学后家中无人看管的孩子有一个安全的去处，作为孩子们读书、写作业的地方。为尽心做好孩子的管理和服务工作，以保证孩子们的安全，社区志愿者成了驿站的“守护人”，经常到“驿站”和孩子们交流、学习，给孩子们讲故事。他们用浅显易懂的言语，典型事迹、典型人物，引导教育孩子们，践行“八荣八耻”，学会如何做人，做一个对社会负责、对祖国人民有贡献的人。

三是开展“儿童才艺秀”活动。我们充分利用未成年人节假日休息时间，选择爱国主义、崇尚科学、环境保护、团结友爱等主题，组织中小学生在“课外驿站”开展社区“儿童才艺秀”活动，以绘画、书法、摄影等形式抒发情感，充分展示孩子们的才能，培养孩子们的创造、自主和参与意识；我们组织医科大学青年志愿者与社区少先队员创办了《谈阁社区阳光小报》，鼓励孩子们积极发稿，张贴在小区的宣传橱窗里，以此来锻炼孩子们的写作能力。

四是开展“四爱”活动。我们利用辖区内得天独厚的文化资源，开展了以“爱科学、爱文化、爱大自然、爱家乡”为主题的“四爱”活动，把图书馆、长安公园、人民广场等作为课外活动基地，组织未成年人参观、学习，用现代科学技术、民族传统文化等看得见、摸得着、感受得到的事物丰富活动内涵，让未成年人在活动中树立爱科学、爱文化、爱大自然、爱家乡的思想。通过组织的一系列的各种主题活动，使得社区未成年人在笑声中成长，在快乐中提高，社区未成年人思想道德建设工作取得了显著成效。

供稿：省会文明办

整理：刘素兰

鹿泉市大河镇南故城村

创新机制 拓展服务 扎实推进村民中心建设

一、群众出题，干部答卷，“村民中心”如何建由群众说了算

开展文明生态村创建活动伊始，我们重视对环境的整治，对村庄的规划，而忽视了服务功能设施建设，结果是村民们有了舒适的生活环境，精神上却充实不起来。在一次村民议事会上，有人提出应该建一个综合广场，让村民们有一个休闲的场所，于是我们就修建了戏楼、文体广场和街心花园；有人提出应该增设一些小摊点，方便村民们生活，我们就设置了便民超市和各类便民摊点；有人提出应该增添一些文化设施，充实村民们的精神生活，我们就修建了图书室棋牌室、组织成立了文艺协会和书画协会。看到村民们满意知足的笑容，我们感觉到我们的做法是对的，可静下心来一想，我们为什么就没有这种超前意识呢？石家庄市委、市政府要求我们建设“村民中心”，更好地服务村民，不正是对村民们心理期盼的总结和升华吗？我们村村子大，村民们到村委会办事，距离远的要走二里地，我们就按照“村民中心”建设要求，通过土地置换的办法，将办公室搬到了村中间。村里的各类生产性协会比较分散，又无固定办公场所，自我管理很不方便，我们就把他请进综合楼，与村委会合署办公。针对村民们物质生活富裕，而业余生活匮乏，我们经常性地在广场上组织一些有益的活动。村民们常说：走出家门是走出了小家，走进广场是走进了大家，“村民中心”为村民们生产生活开辟了一块新天地。

二、破解创建难题，齐心协力搞好“村民中心”建设

建立和完善“村民中心”的各项服务功能，增加各类设施，需要大量的物力和资金投入。刚开始建设“村民中心”时，共涉及到13户村民的搬迁，我们根据各户住房和经济条件，该调整的调整，该补贴的补贴，其中涉及到一户残疾人，家中房屋又破，经济条件又差，经村民议事会研究决定，由村委会出资为其修建了住房，保证了所有住户的顺利拆迁。资金投入和硬件建设是“村民中心”建设中的最大难题，我们村村大人多，民营企业发达，集体经济薄弱，我们充分调动全民参与的积极性，集体、企业、个人一起上。以集体投入为主，帮扶单位支持一点，民营企业赞助一点，村民捐献一点，靠合力解决难题。我们在“村民中心”建设中，仅捐助资金就达60余万元，其中我村长城水泥厂厂长王平文一人就捐助15万元，村民们还捐献花木30棵，捐献健身器材6件。

三、感化创建主体，提高全休村民的综合素质

建设社会主义新农村，就必须提高村民的综合素质，而“村民中心”正是培养这一素质的教育基地。一是用良好的环境熏陶村民。通过对“村民中心”的美化绿化，营造了优美的环境，为了约束村民们乱扔果皮纸屑，我们摆放了样式新颖的垃圾箱；为了引导村民们改水改厕，我们建起了水冲式公共厕所；按照“村民中心”管理规定，规范村民的日常行为，使广大村民在潜移默化中自觉养成良好的行为习惯。二是建设阵地教育村民。发展农村经济，实现农民增收，要靠村民思想观念的更新、科学文化素质的提高和劳动技能的增强。为此，我们充分利用图书室、科普栏，村民夜校和农业服务站，培养村民们的综合素质，提高致富能力，正确引导各类生产协会开展工作，增强村民们的自我服务意识。三是用鲜活的事例感染村民。我们充分利用文艺协会的小助手作用，将在促进邻里和睦、村风和谐活动中评选出的“好家庭”、“好妯娌”、“好媳妇”，编排成活灵活现的节目，利用节假日在广场上演出，用本村事教育本村人，促进了家庭内部、邻里之间、村民之间的和谐，从而形成了我村第一个群众节日“九九孝敬节”。每年农历九月初九，将村民们公开评选的典型人物以表彰大会的形式重点奖励和表扬，促进了村风和民风的转化。四是用村民组织管理村民。道德评议会通过编写新风录和树立公德碑，抵制了村民中萌生的歪风斜气；红白理事会积极管理红白事，每事必派人员，要求每家红事必须节约，白事必须从简。五是用先进的文化提高村民。为更好的满足村民们的精神需求，我们编写了村史，在“村民中心”修建了村史花园，设立了书画中心和文艺中心，开辟了科普走廊、村风民俗走廊、历史典故走廊，并经常性地举办村民书画展、舞蹈比赛，使广大村民们的文化素质有了显著提升。

供稿：省会文明办

整理：刘素兰

承德市

文明生态村创建立足山区实际 突出创建内涵

一、贴近实际定规划，始终坚持把创建的目标定在体现山区特色上

承德农村山多地少，居住分散，村庄建设布局较为零乱。在创建文明生态村活动的过程中，我们始终坚持立足山区实际，因地制宜、分类指导，不断增强创建活动的科学性和前瞻性。一是着眼村庄现状科学规划，充分体现农民意愿。针对承德山区现状，市委、市政府制定下发了《文明生态村建设规划指导原则》，强调尊重农民意愿，随山就势，不搞“一刀切”，体现实际、实用、实效。对经济条件好的村，强调高起点谋划、高标准规划、高质量建设，从民居改造、道路硬化、基础设施、产业结构配置和生态环境等方面都要求起点高、标准高。对经济条件一般或经济条件较差的村，从农民的承受能力出发搞创建，做到量力而行，不增加农民负担。在村庄主街道硬化方面，尽量铺水泥路，而在巷道硬化上则可以铺砖路、石板路；在绿化方面，要求经济条件好的村栽植风景树、观赏树，经济条件差的村就栽种经济林、速生林；在村庄环境治理上，要求条件好的创建村，健全环境卫生保洁机制、建立清洁队伍及建设配套的垃圾处理设施。经济条件一般的村，则强调通过广泛发动群众，从净化自家庭院做起，从治理“五乱”现象下手，实行门前“三包”责任制，以达到改善居住环境的目的。二是着眼生态环境科学规划，努力增强生态效果。我们坚持把改善承德生态大环境与推进文明生态村创建结合起来。一方面加大生态保护和建设力度，完善长远规划，抓好山区绿化，保护首都周边生态环境，建设绿色屏障。2004年至2006年，全市完成山上造林106万亩，封山育林60.3万亩，退耕还林86万亩。另一方面坚持山上造林与村里绿化同步进行，实施“创绿色家园，建富裕新村”工程，在村庄周围、道路两旁及农户庭院前后，大力开展植树绿化，依山、就水、借势科学安排，山、水、花、草、树合理布局，打造“村在林中、户在树中、人在绿中”的局面，实现了山上生态林、村中观赏林、院中经济林相结合。三是着眼生态资源科学规划，促进生态经济发展。我们着眼于各区域内产业资源分布情况制定规划，发挥各地资源优势，全市规划了林果产业型创建村56个、旅游产业型创建村34个、养殖产业型创建村57个、工矿产业型创建村23个、种植产业型创建村77个、小城镇型创建村5个，实现了创建工作和发展农村经济紧密结合，生态效益和经济效益共同提高。四是着眼城乡协调发展科学规划，实现连线成片创建。针对城乡联系紧密的实际，双桥区各创建村把文明生态村创建与文明城区创建、农村城市化改造、旅游区建设、大学园区建设、高速公路建设有机结合起来，推动了创建工作向连线成片、以城带乡、城乡共建方向发展。兴隆县坚持“连线成片、梯次推进、全面启动”的创建思路，根据区域和产业特点，在全县规划实施了“2658”连片创建工程：围绕两条国道线，建立6大示范区，抓好58个连片创建示范村建设，并在基础条件较好的乡镇率先开展整体创建，打造出一批文明生态乡镇。目前，全市范围内开展连片创建的乡镇达26个。

二、以农民为主体搞建设，始终坚持把创建的立足点放在发挥农民群众的自主积极性上

承德经济欠发达，农村集体积累薄弱。要从根本上改变农村的落后面貌，只有广泛发动群众、充分发挥群众的主体作用，才能推动创建活动广泛开展。一是在激发农民群众广泛参与上下功夫。根据不同时期的创建要求，我市先后召开了道路硬化现场会、连片创建现场会、“村民中心”建设现场会，通过多种形式的宣传发动、示范观摩，教育引导农村广大干部群众认清创建文明生态村活动的重大意义，激发广大农民建设美好家园的热情。先后组织1500多名乡、村干部分批到唐山、邯郸、保定等文明生态试点村观摩学习创建经验。广大农民群众从对比中切身感受到了文明生态村创建给农村环境、生产生活方式、精神面貌等方面带来的可喜变化，纷纷行动起来，自觉投身创建活动。一些村的干部和党员主动为创建工作捐资捐物，累计资金达1200万元，广大村民踊跃出义务工达到260万人次。在创建村，广大农民群众修路植树、清理垃圾、改水改厕、净化庭院已成为自觉行动。二是在发扬艰苦奋斗精神上求突破。面对资金少、基础差的实际，干部群众发扬不甘落后、不等不靠、迎难而上的精神，积极主动想办法，创造条件，有所作为。2004年以来，全市没有列入创建范围的120个村积极主动自发加入到创建行列，300多个村在无任何外援的情况下，完全依靠自己的力量开展起创建活动。兴隆县姜家庄村属于深山村，在示范村的影响下，通过发动村民垫资、向在外工作的老乡借资、请村个体大户捐资等形式筹集资金62万元，全村老少奋战两年，劈山修路，出义务工16000多个，完成15.4公里通乡水泥路硬化，解决了多年来村民出行难的问题。三是在减压解难、创造条件上见成效。针对一些村创建难度大、部分农民群众信心不足的实际，市县乡三级积极做好减压解难工作，做到“三个坚持”。坚持政策上倾斜。市、县适时出台政策，确保农业项目向创建村倾斜，财政投资向创建村倾斜，帮建力量向创建村倾斜。市每年拿出200万元对创建村进行以奖代补，每年指定一批市县级部门和企事业单位进行结对帮扶。坚持领导带头。全市各级“一把手”层层签订责任状，50多名市县级领导班子成员每年都确定一个联系村，建立县、乡、村领导和党员四级包扶责任体系，发动机关各部门和各级干部为创建工作建言献策，激发基层的创建积极性。坚持典型示范。先后建设市示范村520个，树立自主创建、积极帮建、义务奉献等单位和个人典型80个。通过典型示范激励，全县形成了干部群众齐努力、一心一意搞创建的喜人局面。创建活动开展三年多来，各级财政累计投入1.2亿元，全市700多个市、县极帮建单位共为两批创建村投入资金8600万元，市县两级选派2800多名机关干部驻村开展工作，有效地促进了创建活动开展。

三、突出重点不动摇，始终坚持把创建的着力点放在解决农民群众的切身利益问题上

在创建过程中，我们坚持以人为本，突出创建重点，深化创建内涵，着力解决农村基础设施建设、农民增收、农民素质等与农民群众相关的切身利益问题，不断改善农民生活质量，提高农民生活水平，让农民看到好处，得到实惠。一是突出抓好“五化”建设，努力改善人居环境。在道路硬化上，按照上下联动、量力而行的原则，各创建村多措并举筹集创建资金，下大力进行村街道路改造。目前，全市已有982个村完成主街道路硬化，占行政村的38%。在村庄绿化上，发动农民群众在村庄周围、道路两旁、庭院内外开展植树种草活动，建立健全了绿化种植责任制和管护保障机制，有80%的创建村达到绿化标准。在环境净化上，持续开展了“双清双建”活动，即清理村街卫生、清理庭院卫生、建设环境卫生设施、建设长效卫生管理机制，彻底治理了“五乱”现象。在村庄亮化美化上，根据农村的承受能力，有计划、有步骤、有重点地实施村内主街道亮化工程；一些基础条件较好的创建村，积极进行文化墙美化，建设文化长廊，成为山区农村一道靓丽景观。在“一建四改”上，把沼气池建设与农户改院、改橱、改厕、改圈相结合，有效提高了创建村沼气池建设的入户率。截止目前，全市创建村共完成水泥或柏油路硬化3886公里，植树580万株，种植各类花草20万平方米，安装路灯14000盏，沼气池总数达到286381户，设立固定垃圾池3500多个，绘制文化墙35万平方米。农村人居环境发生了可喜的变化。二是突出发展特色产业，夯实创建的物质基础。我们坚持突出产业谋发展，搞好发展促创建，积极发挥本地优势，引导农民因地制宜，实施“一村一品”特色产业，不断促进经济发展和农民增收致富。围绕马铃薯、果品、肉奶牛、时差菜、制种、食用菌、农产品加工、农家游等产业，大力推进农业产业化建设，让每个创建村都制定了农业产业化建设规划，确定了一个以上农民增收的重点项目，制定了培育农业产业化龙头企业的目标，有效提高了农业产业化水平。2006年全市销售额亿元以上的特色主导产业11个，农业产业化经营总量达100亿元，实现销售额70亿元，农业产业化经营率达到49%，龙头企业基地108个，农民专业合作经济组织发展到733家，社（会）员总数达到13万人，带动农户33.8万户，销售收入达到10.5亿元。围场满族蒙古族自治县依托山水、生态、气候等资源优势，突出“生态、自然、民俗”特色，打造“农家游”品牌，探索出一条在旅游沿线创建村发展“农家游”产业的路子，拓宽了农民增收渠道。目前，全县发展“农家游”产业涉及12个乡镇、农家院已发展到200多户，从业人员近2000人，年接待游客16.1万人次，年创收达2000多万元。三是突出抓好科技培训，增强农民致富能力。我们在全市创建村广泛开展了以实用农业科技知识为内容的科技大培训活动，引导农民掌握先进实用的农业科技知识和技能，提高创业致富的本领。通过建立实用技能培训基地、组织现场会、举办培训班、发放科技手册、科技光盘等形式开展科技培训活动。实施100个创建村“一村一名农技员”培训计划、“送农业科技进10万农户专项行动”和“一县一业一园”科技示范工程，全市共组织农业科技人员2300人次进村入户，建立科技示范村500多个，培训农民150余万人次，农业科技进村入户率达到70%以上，农业科技普及率和农业科技贡献率分别达到92%和48%，促进农民增收近6亿元。四是突出生态建村，打造绿色生态模式。坚持全方位、多角度地开展农村环境保护宣传，引导农民转变生产方式，培养良好生活习惯，树立生态、环保的新理念。同时，以优化居住环境为目标，扎实推进“生态庭院”创建。积极推广“猪、沼、菜”三位一体沼气池建设，建立起以县、乡镇、村和农民为基础的沼气物业体系，沼气池使用率和产气率达到90%。在生活垃圾处置方面，建立起垃圾集中收集、转运、处置设施，杜绝乱堆滥放现象，强化农村污水管理，有效保护农村饮用水安全。在畜禽养殖方面，通过划定禁养区、限养区、宜养区等区域，集中处理畜禽养殖业污染。在种植方面，引导农民发展绿色农业，建立起绿色生态水稻基地、绿色无公害蔬菜基地、绿色无公害标准化果园。在生态能源方面，针对部分创建村安装照明设施后，因后续电费难以保障而使路灯成为摆设的问题，研制开发了太阳能路灯设备，引入文明生态村，成为一项既环保又节能的“绿色”照明设施，每村每年可节约电费1万余元。目前，已有50多个创建村安装了太阳能节能路灯。一大批绿色生态模式的推广利用，实现了农村生态环境与农民生态生活的良性互动。

四、创新载体求深化，始终坚持把创建的重心放在发展农村先进文化树立文明乡风上

没有先进的文化就不可能实现社会的文明进步。针对农村活动阵地简陋、农民文化生活贫乏及农民文明程度不够高的实际，我们积极创新载体，广泛开展各种形式的创建活动，提高农民群众的整体素质。一是以“村民中心”为依托，拓展服务村民的方式。坚持把“村民中心”建设作为深化创建工作的中心环节来抓，根据农村实际，整合建立了“六个场所”（村两委办公室、综合活动室、卫生保健室、文体活动场所、图书阅览室、农家超市），建立起“六组一会”（宣传教育组、科技培训组、文体活动组、卫生保健组、商贸服务组、维权保障组、村民恳谈会），管理服务模式，为农民提供教育、科技、文体、卫生、商贸、信息、法律、信访、保障、维权等十项服务。2006年底，全市建立健全组织制度、场所设施到位、能正常开展活动的“村民中心”达到120个，参与“村民中心”活动的人数达27万人次。滦平县周台子村利用“村民中心”经常给农民传授现代经营理念，探索新型农村经营机制。去年，在土地性质不变的基础上，采取了各户以土地为资本入股到村集体，进行土地集中经营，年内对所有股东进行分红的经营方式，促进了农业生产规模化经营。平泉县依托“村民中心”，成立了“果品产业合作社”，实行组织化、标准化管理，提供产前、产中、产后服务，促进了全县果品业发展。二是以“学科技、讲卫生、比发展、树新风”为载体，保持创建活动的连续性。针对各创建村农闲季节干什么的问题，我市从2004年开始，利用三个冬春农闲季节，连续开展了以“学科学、讲卫生、比发展、树新风”为内容的实践活动，使创建村呈现出冬闲人不闲，科技、卫生、信息、文明进农家的喜人景象。三年来，已有982个村举办各种培训办2446期，接受培训的农民近50万人次，全市2557个行政村中有80%的村，建立了“道德评议会”、“妇女禁赌会”、“红白理事会”自治组织，修订完善《村规民约》，提高了村民自我教育、自我约束的能力。三是以推广道德文明“六个一”活动为内容，促进农村良好道德风尚形成。在所有创建村普遍推广了“六个一”做法，即；立一座公德碑（把为创建文明生态村作出突出贡献的人员名字刻到公德碑上），建一面道德墙（把农民群众遵守社会公德的情况透明化），创一条形象路（把党员、团员、村干部分管的路段进行命名），树一批样板户（按照村总户数5%左右的比例，通过民主评议，推荐出文明生态样板户），做一个文明人（对村民进行公民道德规范、法律知识、健康知识、农村实用技术等培训，结合“十星级”文明户评选，进行张榜公布）。四是以开展“诚信农户”评比活动为手段，推进诚信活动向农村延伸。从培养农民诚实守信观念入手，在全市创建村中开展评创“信用农户”活动，建立了村民道德和诚信档案，完善了相关考核制度，由县级信用社对农户进行等级评定，金融部门优先给信用农户发放信用贷款，为广大农户提供方便、快捷的金融服务，扶持农民发展经济。截止2006年底，全市982个创建村中70%的村被评为信用村，共评出信用农户14万户，发放信用农户贷款9150万元，创造经济效益6000多万元。五是以开展群众性文化活动为主要形式，满足农民群众的精神文化需求。各创建村围绕“村民中心”建设，不断充实完善文化活动阵地设施，70%的创建村文化设施达到了有一个宣传栏、一个阅报栏、一个图书阅览室、一个室内活动室、一套音响设备、一套乐器、一所农民学校、一个室外文体活动场地的“八个一”标准。多数创建村自发组建了秧歌队、篮球队、农民乐队和小剧团等业余文化团体，适时开展了农民运动会、农民歌手大赛、家庭才艺展示会等文体活动。注重采取多种手段培养农村文化骨干人才，提升农村文体活动水平。一些文化底蕴深厚的创建村，积极挖掘民俗文化资源，把具有浓郁地方特色、浓厚民俗文化基础的优秀传统文化进行改造，满足农民求乐、求知、求健的愿望。目前，全市新建、改建图书室882个，综合活动室500个，新建文体活动广场260个、14万平方米，配备健身路径160套，各种文体组织1000多个。丰富多彩的文化生活，提升了农民文明程度，促进了村乡民风建设。

供稿：承德市文明办

整理：刘金生 刘惠芙 师文岭

兴隆县北营房镇北营房村

搭建为民服务的平台

兴隆县北营房镇北营房村位于北营房镇政府所在地，全村四个居民组，282户，1100口人，总面积3553亩。建材业、林果业和养殖业是我们村的主导产业，现有砖厂及水泥厂两家村级企业。全村拥有苹果、板栗等各类果树6万余株，年果品产量500余吨。另外，畜牧养殖及特种养殖也已初具规模。2006年，全村人均纯收入达3000元。我村自开展文明生态村创建活动以来，村两委班子带领广大党员群众认真谋划、积极探索，使村庄面貌发生了翻天覆地的变化，尤其是2006年以来，通过加强村民中心建设，搭建了为民服务的平台，提高了农村的文明程度，提高了文明生态村创建水平。2007年，我们村被省委、省政府授予创建文明生态村工作先进单位称号。

一、加强硬件建设，搭建服务平台

2004年，全县开展了文明生态村创建活动，我村被列为首批示范村。我们首先进行路面硬化、街道亮化和村庄净化建设。共投资二十三万元硬化路面8000平方米实现了水泥路面户户通，告别了晴天一身土，雨天满脚泥的时代；投资3万余元安装路灯80盏；投资2.4万元用于村民建四位一体沼气池补贴；投资1.2万元翻建水泵房一处；投资3万元建垃圾点10处；投资2万元公共厕所一处。在加强硬件建设的同时，我们还研究制定了卫生管理长效机制，确定了大街卫生专人管理、胡同卫生党员承包、门前卫生自家三包的三级管理机制，保证了创建成果的维护和管理。同时，我们还加大投资力度对村庄进行美化、绿化。几年来村投资50余万元，在街道两旁修建花坛30余个，植树3000余株，建设绿地12000余平方米。

在改变人居环境的基础上，2006年，我们积极响应省市号召，大力开展村民中心建设。按照村民中心服务村民的原则，我村投资70余万元建设了村民中心。其中兴建党员活动室100平方米，配套桌凳40套；体育活动室80平方米，配备标准乒乓球台两套；图书室80平方米，配套科技文学、体育、医疗卫生、文学等书籍3500册；建综合活动室120平方米，配齐音响、灯光等设施，每到夜晚或农闲季节村民们在村民中心查科技资料、看致富光盘、打乒乓球、唱歌跳舞，学习娱乐，极大地丰富了村民的业余文化生活。在建好室内文化活动场所的同时，我们还考虑建设一个室外活动场所。2005年，我在省文明办的组织下到邯郸参观考察。回来后，在村民中心召开了村民议事会，我提出了把村中心位置的老村部改建成文体活动广场的想法。没想到还是有人提出了反对意见，有人认为，卖掉老村部可以挣得20万，建一个广场得花掉20万，里外里相差40万元。在这种情况下，我们村干部耐心向群众解释："筹建广场不仅能给大伙提供一个休闲娱乐的好去处，还能为北营房村的子孙后辈留下一笔精神财富，所以广场不仅要建，还要建好。"在争取全体村民的同意后，我们专门邀请承德市建设局园林处技术人员对广场进行设计、请保定唐县园林工艺工程处进行施工，当年7月24日，占地1630平方米，总投资20万元的北营房文化广场终于建设成功，也是全县第一个喷泉广场。广场共安装体育健身器材11套，建羽毛球场两个。每到夜晚村民们聚集广场，跳舞蹈的、扭大秧歌的、拉京胡的、唱京剧的内容丰富多彩，文化休闲广场真正成为了集文化、休闲娱乐为一体的综合性文体活动场所。

二、开展各种活动，真心服务群众

在村民中心建设中，我们坚持以科学发展观为指导，认真做到"村民中心、服务村民"。一是依托村民中心不断加快经济发展。结合村民中心建设，我们通过召开村民恳谈会，村两委班子和村民代表共同研究村集体经济发展规划。依托资源优势和产业现状，把林果产业化、建材企业规模化、畜牧养殖集约化、村庄城镇化作为村经济发展的重点，夯实村集体经济基础。在干部群众的共同努力下，截止今年11月底，村集体完成收入30余万元，全部投入到公用事业之中。二是全面推进村政治文明建设。我们通过村务公开、政务公开，不断加强村两委班子自身建设。在村民中心建设中，我们通过认真执行村民自治和民主管理的各项规定，尊重村民的主人翁地位，激发了村民用自己双手建设美好家园的积极性。同时，我们还制定和完善了村规民约，把村子和涉及群众利益的事物让村民自己商议、自己决策、自己执行，变要求群众干为群众自己主动干。三是广泛开展群众性文体活动。村民中心建成后，我们成立了"十星级文明户"评选领导小组，禁赌会、道德评议会、红白理事会等组织，广泛开展评选先进和后进活动，教育村民抵制陈规陋习，倡导文明新风。在文体活动方面，我们建立了花会、舞蹈、球队等娱乐组织。自2006年起，我们举办北营房村第一届农民运动会，今年第二届农运会比赛项目达十余个，参加比赛村民近200人，承德市电视台录制专题片全市播放，这些组织的成立及活动的开展丰富了群众的文化生活。

三、尊重农民意愿，实现农民增收

在村民中心建设中，我们通过定期召开村民恳谈会来了解村民意愿，实现干群思想沟通。2006年，我们在召开村民恳谈会上，部分村民提出把村北的荒山、部分土质不好的耕地充分利用起来，建一个200亩的精品果园，提高农业效益。我们通过统一思想后，村干部马上带领部分村民代表到我县有名的苹果产地车道峪村进行参观。回来后，我们开始了植树造林工程，在村干部的带领下，我们早晨5点半准时到工地、中午吃自己带的干粮，晚上8点天黑才收工。就这样，仅用21天时间就栽植优质富士苹果树11000株，成功建成了200亩的优质精品苹果园。为了解决灌溉问题，确保果树能够成活，在群众的要求下，我们村干部又马不停蹄地跑水务局，争取项目支持。通过多次汇报、请领导到现场参观指导，终于得到了40万元的项目支持，建成了一套先进的果树滴灌设施。随后，我们又专门聘请了两名果树技术管理人员，对果园进行统一管理和技术指导。3年后，预计果园可产果100万公斤，农民最低可收入200万元。我们村果园的建成，带动了相邻姚栅子村发展林果业的热情，目前，我们两村联合建设果园1000亩，可带动了3000多户农民共同致富。

总之，开展村民中心建设以来，村民们过上了一种全新的生活，农民的科技素质和道德水平有了很大的提高。下一步我们将抓好三个方面的工作，一是按照“林果立村、建材业强村、畜牧业兴村”的发展思路壮大村集体经济，促进村民增收，夯实社会主义新农村的经济基础。二是继续加大基础设施投入，巩固建设成果。三是坚持全面发展，进一步发展基层民主，健全法制推进政治文明建设，不断丰富村民业余文化生活，把村民思想道德素质提高到一个新水平。

供稿：承德市文明办

整理：刘金生 刘惠芙 师文岭

围场满族蒙古族自治县宣传文化中心

充分发挥宣传文化阵地作用

围场宣传文化中心位于县城中心地段，中心占地5784平方米，建筑面积3912平方米，工程于2005年10月竣工并投入使用。

宣传文化中心现有工作人员5名，主任由县委宣传部副部长、县文明办主任兼任，其余四人全部由县政府根据需要，从县文化、教育系统调剂安排，工资由县财政统一解决。县财政在财力十分紧张的情况下，每年划拨6万元资金保证中心的正常运转。

我县宣传文化中心内设图书室、阅览室、台球厅、乒乓球厅、舞蹈厅、计算机室、展览厅、书法教室、美术教室、英语教育、钢琴教室、音乐教室和多功能教育大厅。由省文明办统一配备了60万元的图书和音乐设备。

宣传文化中心建成后，我县按照《河北省精神文明建设委员会关于进一步加强基层宣传文化中心（站、室）管理使用工作的意见》，为了使宣传文化中心发挥最大的效益，我们广泛征求各界人士意见，坚持贴近实际、贴近群众、贴近生活的原则，把中心定位为宣传党的路线、方针和政策的宣传阵地，开展思想道德教育和科学文化、艺术知识教育的教育阵地，开展群众性文化、艺术、体育、娱乐活动的活动阵地，培养市民及学生日常文明行为规范的文明阵地。

一、充分发挥文化中心的宣传功能，为围场建设和发展提供舆论支持

我们利用省文明办“百县千乡宣传文化中心工程”资助的桌椅，装备了可容纳200余人的多功能教育大厅，坚持利用“七一”、“十一”等特殊节日，播放一些群众喜爱的又具有教育意义的影片和光盘，如《百部爱国主义教育影片》等。同时，围绕一些热点问题，如“中国入世后应如何面对全球经济一体化”问题等，邀请县、市党校的教师和教授进行专题讲座，解答疑难。今年10月十七大召开后，我们组织了200多名党员干部、职工和离退休人员，举办了《全面建设小康社会》和修改后的《中国共产党党章》专题讲座，及时宣传了党的十七大精神。中心建成两年来，组织各种学习教育活动12次，收到了良好的宣传效果。

二、充分发挥文化中心的教育功能，为提高公民的整体素质提供智力支持

我们充分发挥宣传部各科室的组织协调作用，先后利用多功能演播大厅，与各科室合作开展了“爱岗敬业”、“我为党旗增光辉”、“祖国，我为您骄傲”等主题演讲会，邀请县法院的法官开展了“法就在我身边”的系列普法宣传讲座，聘请县内知名老中医为离退休老干部讲授健康知识。同时，我们充分利用书法教育、美术教室、英语教室、钢琴教室、音乐教室和舞蹈大厅，利用双休日聘请县内的知名专业教师，面向全县中小学生进行系统培训，丰富了我县中小学生的课外活动内容，得到了广大中小学生及家长的广泛赞誉和好评。

三、充分发挥文化中心的娱乐功能，为丰富文化生活提供全方位服务

中心现有台球厅、乒乓球厅和展览厅，自2006年开始，我们已举办了3次面向社会的乒乓球比赛，尽管奖品微不足道，但职工和群众的参与热情非常高，参赛人数每次都超过50人，比赛过后，来中心练球的人络绎不绝，有些有经验的球员还主动担当了义务教练员的职能，这些人文明程度较高，每天关门之前都自觉地将室内卫生清扫一遍，活动氛围有礼、有序。台球厅光顾者多为一些年轻人，开始时较为混乱，经过我们的努力，不久，台球厅的秩序也得到了根本性的改善，无论先来后到，都按序进行。展览厅一直面向社会开放，截止目前，展览厅先后展出了“木兰围场风光摄影展”、“全县中小学教师书画展”、“全县中小学自制教具展”、“海洋生物标本展”、“全县中小学生书法作品展”、“御道口杯全国摄影展”、“尹志杰书法摄影作品展”、“隋海成书法作品展”、“镜头记录的变迁——围场县城变化展”。这些作品都出自本地作品之手，反映的是围场的景观，每次展出都在一月以上，有的超过两个月，吸引了县内大量的学生和群众前来参观。据不完全统计，每次展览活动观众都达数千人，有的超过万人，收到了很好的宣传作用。

此外，我们还根据中心周边群众晨练缺乏广场的实际，在靠近中心附近铺设了1000多平方米的室外广场，并配备了音响，解决了周边群众晨练的问题，丰富了县城群众的业余文化生活，培养了健康向上的生活情趣。

四、充分发挥文化中心传播先进文化的功能，为建设和谐文化、培育文明风尚提供精神支持

宣传文化中心作为建设文明建设的重要载体，理应是一个培养和规范人们日常文明行为的阵地。文明无小事，为此，我们要求凡是到中心活动的人，必须遵守中心的文明公约，从言谈举止，行动坐卧到个人卫生、公共卫生各个细节，都体现出文明风尚。平时我们把反对大声喧哗、乱丢垃圾、随地吐痰，说脏话、粗话等作为日常管理的重点，发现一起，管理人员就立刻忠告，久而久之，凡是到中心活动的人，都了解了中心的规矩，因而也就自觉遵守了。有位教师深有感触地说：“学生到了中心，比在学校的教室懂规矩多了，好多毛病都没有了。”我认为，这就是环境的力量，这就是文明的力量，我们就是要让来中心参加活动的人，自觉成为一个文明的使者。我想，全民文明素质的提高，就应该从这些细枝末节的点滴小事抓起。

以上是围场宣传文化中心建成以来的一点做法，由于条件有限，许多工作做得还不够扎实，我们要借这次培训的机会，虚心向兄弟县区学习，积极创造条件，抓好宣传文化中心的管理使用，努力提高全县精神文明建设的水平和质量。

供稿：承德市文明办

整理：刘金生 刘惠芙 师文岭

张家口市

发挥优势 完善机制 扎实推进文明生态村建设

创建文明生态村活动开展以来，张家口市认真贯彻省委、省政府决策部署，把创建文明生态村作为落实科学发展观，推进社会主义新农村建设的战略举措，精心组织，狠抓落实，创建活动不断深化、拓展。到2006年底，全市已有737个村率先成为创建文明生态村先进村，占全市行政村总数的17.6%，超额完成了第一、二批创建目标任务，为建设社会主义新农村奠定了坚实基础。

一、因地制宜，发挥优势，逐步形成创建特色

张家口作为一个农业大市，自然条件较差，农村基础设施严重滞后，农村经济发展较慢，农民收入水平较低。2003年，全市4176个行政村中仍有1372个村属于国家扶贫开发重点村。针对特殊的市情，我们在大力实施“千村经济振兴”工程，不断夯实文明生态村创建和新农村建设的物质基础上，按照“全面创建、重点突破、发挥优势、连片推进”的思路，积极探索欠发达地区文明生态村创建的发展路子。目前，全市已基本完成创建任务的737个村，属于“三沿”（沿铁路、高速和国省干道，沿城镇周边，沿旅游景点）的村达665个，占到第一、二批已创建村的90%以上，其中10个村以上的连线成片创建区达20多个，并基本建成了万全县孔家庄镇、涿鹿县五堡镇、怀来县沙城镇等一批各具特色的文明生态乡镇，形成了点、线、面有机结合，广度、深度协调推进的创建格局。

1. 依托国家生态环境建设工程推进连片创建。我市“三北”防护林形成早、规模大、覆盖面广，特别是自2000年京津风沙源治理暨“一退双还”工程启动以来，到2004年，全市累计完成林业建设任务832万亩、草地治理347万亩，构筑起一道防风治沙的绿色屏障，绿化基础较好。近年来，我市实施“百万头奶牛行动计划”，重点发展资源消耗少、产业效益高的集约型、循环型的奶产业，以奶牛为主导的养殖业发展迅速并初具规模。我们整合资源优势，提出了“多种形式搞硬化、林草结合提绿化、一建双改促净化”的工作思路，引导区域内的农民群众，在抓好道路硬化和兴办文化事业的同时，按照“宜林则林、宜草则草、林草牧结合”的原则，大力植树种草，进一步提高绿化水平。张北县马莲滩村，把全村规划为生态园林区、优质牧草区、生态经济区和村民生活区，实施全方位绿化，林草覆盖率达53%，形成了“村在林中、院在树中、人在绿中”的优美人居环境。针对区域内畜牧业发展较快，畜禽粪便污染突出的问题，我们把“一建双改（沼气池和改厕、改圈）”作为解决农村厕所脏和街院卫生差的治本之策，积极扶持建设规模养殖小区，发展生态循环经济，基本建成了以张北县马莲滩等村为中心的生态建设片区和以康保县板申、沽源县五道沟等村为中心的奶牛养殖小区创建片区。

2. 依托葡萄规模种植优势推进连片创建。我市葡萄栽培已有1200多年历史，目前葡萄基地面积发展到23万亩，形成了以怀来县东花园到涿鹿县保岱镇55公里长的“百里葡萄长廊”和以宣化洋河流域为中心的万亩“牛奶葡萄”栽植区，成为全国最大的集中连片基地之一。我们在怀、涿、宣葡萄产区选定105个村列入创建规划，根据示范村已基本实现主街道硬化和村庄绿化的实际情况，我们提出了“硬化成网，绿化提质、文化塑人、净化固本”的工作思路，引导示范村整合资源优势，完善基础建设，开发葡萄采摘旅游，大力发展生态农业。“硬化”重点抓区域连片，实现示范村相互连接贯通，既方便农民出行，又保证林果等特色农产品外运。“绿化”在改进树种品质和果品深加工上做文章，引导群众逐步更新树种，积极引资建设酿酒、果汁等加工企业，促进果品就地转化增值，使果农收益大幅度增加，实现了生态和经济效益的统一。同时大力实施精神文明建设“十个一”工程，使农民群众的综合素质不断提高。目前，区域内基本建成了以涿鹿县五堡、温泉屯和怀来县桑园等乡镇为中心的葡萄种植创建片区，成为全市最大的连片创建区，发挥了有力的示范和辐射带动作用。

3. 依托无公害蔬菜和食用菌产业推进连片创建。近年来，我市把发展无公害错季蔬菜作为农业结构调整的突破口，努力打造“北京菜篮子”，全市错季蔬菜发展到127万多亩。同时，利用驰名中外的“口磨”品牌，发展食用菌产业，全市食用菌栽培发展到300多万平方米，从而使无公害蔬菜和食用菌成为农民增收的新型主导产业。我们在引导农民群众大力推进“二化”建设，发展文化公益事业，改善生产生活环境的同时，积极调整农业结构，做大做强蔬菜和食用菌产业规模；延伸产业链条，把沼气池建设与养殖小区、改厕、改圈有机结合起来，大力发展循环经济。利用种菜产生的大量菜叶、次菜等做饲料，发展规模养殖业；利用畜禽粪便和食用菌废料建设沼气池，推进改厕、改圈，净化街院；利用沼渣、沼液肥田，进一步发展壮大无公害蔬菜生产，形成了“畜——沼——菜”、“菌——沼——菜”等多种循环经济发展模式，基本建成了以尚义县二道洼等村为中心的无公害蔬菜种植片区和以康保县北关等村为中心的食用菌栽培创建片区。

4. 依托旅游资源优势推进连片创建。我市历史文化悠久，风景秀丽迷人，拥有“历史文化早天下、坝上夏季爽天下、崇礼滑雪名天下、军事旅游冠天下”四大旅游品牌。我们把创建活动与发展旅游业结合起来，实施旅游基地带动战略，将文明生态村定位在基地闲散游客的集散地、特色农产品的供应地和后勤服务的保障地，依托旅游景区、景点，引导创建村群众大力发展绿色生态游、农业观光游、农家生活体验游等特色游，实现了旅游开发和文明生态村创建的良性互动。崇礼县抓住建设国家级滑雪基地的战略机遇，把全县20个创建村全部安排在5条旅游干线上，对旅游项目进行统一规划设计，引导创建村大力建设农家小院、家庭旅馆，发展农家特色旅游，打造了多条“农家文明生态旅游线”，基本建成了以窑面沟、四道沟等村为中心的冰雪旅游创建片区。

5. 依托悠久的民间艺术优势推进连片创建。我市文化底蕴深厚，蔚县剪纸艺术驰名中外。近年来，蔚县剪纸业日渐发展壮大，全县已有剪纸专业村20多个、剪纸加工厂及个体加工户200多家，产品行销40多个国家和地区。我们引导农民群众把发展剪纸产业与创建文明生态村有机结合起来，积极推进道路硬化、村庄绿化和街院净化，建设文体活动设施，大力发展文化事业，使村容村貌极大改善，文化品位进一步提升，吸引了大量客商前来投资，促进了剪纸艺术日益繁荣，剪纸产业日渐壮大，基本建成了以南张庄村为中心的剪纸艺术发展创建片区，形成了以剪纸产业推进创建工作，以创建工作提升剪纸产业的良性循环。

6. 依托坝上丰富的太阳能资源推进连片创建。我市坝上地区全年阳光总辐射146千卡/平方厘米，年实际日照时数3100小时，光照资源仅次于青藏高原和西北高原，具有发展利用太阳能的独特优势。针对坝上农村有烧牛粪、砍木柴、挖草皮生火做饭等不良生活习惯，既破坏生态，又污染环境的问题，2006年在省委宣传部和省文明办的大力支持下，我们在坝上四县实施了太阳能灶示范工程，首批在张北等县创建村试点安装太阳能灶1500多台。太阳能灶方便实用，可以与沼气互补使用，具有显著的节能环保效果，每台灶一年可为农户创造节能收益600多元，从而使节能环保的理念日益深入人心，受到了农民群众的普遍欢迎，初步形成了以张北县西梁等村为中心的节能环保示范片区，为在坝上地区大范围推广创造了条件。

二、突出文化兴村，提高农民素质，进一步增强发展动力

创建文明生态村，提高农民素质是根本。工作中，我们始终把提高农民综合素质、提升农村文明程度作为巩固提高创建成果，推进创建活动持续发展的“内力”，主要从三个方面下功夫。

1. 以科技武装人，培育新型农民。我们把搞好农民培训，作为富民强村的重要举措，在全市农村广泛开展了以提高农民科技水平和职业技能为重点的“双万人培训”工程（每年培训1万名打工能手，培训1万名科技致富能手）和以提高农民综合素质为主题的冬春百万农民大培训。对从事农业生产的农民，以“农业科技创新工程”为载体，重点围绕特色主导产业开展科学种养知识、农村实用技术及市场营销知识培训，对外出务工人员，重点开展法律知识、机械加工、城建技术及餐饮服务等方面的培训，引导农民开阔视野，使他们走出去、有活干、能赚钱。利用冬春农闲时间开展的百万农民大培训，每年举办各类培训班3000多期，对全市150万农村劳动力进行一次普遍轮训。通过培训，农民的科技意识和致富能力明显提高，目前全市已形成科技示范村137个，培训农村科技致富能手和务工能手20多万人，每年向非农产业转移剩余劳动力近10万人次，一大批观念新、懂市场、有技术、会管理、能致富的新型农民活跃在农村主战场，成为文明生态村建设的生力军。

2. 以阵地教育人，活跃群众文化。针对农民群众求知、求乐、求进步的迫切愿望，我们引导各创建村普遍建起一场（文化广场）、两室（图书室、文化活动室）、三栏（宣传栏、阅报栏、公开栏）活动阵地。同时在盘活闲置资源上做文章，借助农村中小学“调整学校布局”工程，将撤并学校闲置下来的校舍改建成文化大院，为农民群众开展精神文化活动创造了条件。崇礼县共撤并了97个教学点，大都改造成了群众文化活动阵地。2006年，我们在全市精心选定了200个村民中心，优化整合资源，集中开展建设，为农民群众开拓了新的综合活动场所。三年来，市里共出资200万元，先后为200个创建村每村配置1套健身器材；筹资60万元，统一购买图书，对省市表彰的60多个先进村的图书室进行了重点“武装”。阳原县开展了“农家书屋”建设，在20个创建村，每村建设一个“农家书屋”，统一配套1000多册图书，以此为阵地，组织“读书兴农”活动，开展农家读书竞赛，进一步丰富了农民群众的精神文化生活。同时抓好文体队伍建设，目前第一、二批60%的创建村都组建起了锣鼓队、秧歌队、健身队等文体队伍，并重点培育了一批文艺骨干。每年都要以节庆文化为依托，以农闲文化为重点，在村民当中、村组之间广泛开展丰富多彩、健康向上的表演和竞赛活动，不仅活跃了农村文化生活，而且弘扬了民间传统文化，怀安软秧歌、蔚县打树花、万全蹦鼓子、崇礼打溜子等一些传统项目焕发了青春，在传承中得到创新发展。

3. 以活动塑造人，促进社会和谐。我们在第一、二批创建村全部建立起“三会”（红白理事会、道德评议会、妇女禁赌会）群众组织，制定出台“三会章程”，统一制作牌匾，全部规范上墙，让群众耳濡目染，自我约束，养成文明生活习惯。以“三会”为载体，广泛开展十星级文明户、好夫妻、好婆媳、好妯娌等创评活动，落实各项激励机制，大张旗鼓地表彰先进，引导群众向文明户和先进村民看齐。尚义县创新“十星级文明户”创建评选内容，增加生态星，丰富了“十星”内涵，规范评选程序，由县创建办对评选出的“十星级文明户”进行统一表彰，形成了“比学赶超争十星”的浓厚氛围。下花园区响水铺村把传统美德与现代文明礼仪规范相结合，制作了以24孝图和“八荣八耻”为主要内容的百米文化墙，并组织村民定期开展好媳妇、好邻居等评选活动，进一步弘扬了社会正气和尊老爱幼、团结互助等中华民族传统美德，形成了文明和谐的村风民风。

三、建立长效机制，巩固创建成果，不断深化创建活动

工作中，我们坚持“一手抓创建、一手抓巩固提高”，建立健全各项管理制度和长效机制，促进创建活动的制度化、规范化，确保文明生态村建成一批、巩固一批，提升一批。

一是建立健全长效管理制度。实现创建成果不断巩固、持续发展，必须建立行之有效的管理机制。宏观上，市创建办在广泛调研的基础上，制定出台了全市《创建先进村考核管理办法》，将考核机制和激励机制统一起来，按照环境维护、经济发展、文化活动、成果提升4大项、20小项，设定不同分值，实行全程量化管理。微观上，组织各创建村全部建立起适合村情民情的文明生态村长效管理办法，主要包括卫生保洁制度、林木管理和道路养护制度、文化体育设施管理使用制度、“三会一户”活动章程以及村规民约等，并将所有制度规范上墙，初步形成了上下衔接、相互配套、操作性强的文明生态村管理制度。

二是加大监督检查力度。针对过去管理制度制定易、执行难的实际，我们采取日常监督和集中督导相结合，进一步强化复查机制，加强对达标村的检查考核。依据《创建先进村考核管理办法》，市创建办每年年中和年底组成督导组，按照不低于50%的比例，对已基本完成创建任务的先进村进行实地抽查；县区创建办每年对所有先进村至少组织两次集中督查，同时不定期进行明察暗访，所有检查结果记录在案，作为市县评定巩固成果先进乡镇、先进村以及评选“五好”农村党支部等的重要依据。对检查中发现的问题现场办公，及时协调解决，确保了创建活动的顺利开展。

三是严格兑现奖惩，完善激励机制。市、县（区）都将创建工作列入领导班子、领导干部实绩考核目标，作为评先创优和领导干部提拔使用的重要依据。每年以市委、市政府名义命名一批巩固成果先进乡镇和先进村，在全市创建文明生态村工作会议上隆重表彰奖励。万全县在先进村中开展“回头看”活动，组织县领导、有关乡镇和先进村干部现场观摩评价，实行相互打分，综合历次督查考核成绩，当场进行奖励，每年奖金总额达20万元，有效激发了创建村干部群众的工作热情。创建以来，我市先后有8位乡镇干部和市直包村干部被提拔重用。原市政协科长王众力，倾心尽力帮扶涿鹿县九堡村搞创建，使该村的创建工作走在全市前列，成为全省表彰的先进村。2006年，王众力被提拔到桥西区任专职常委。同时，对巩固提高工作主抓不力、反弹严重的干部予以惩戒，几年来先后有4名村党支部书记和村主任被调整出班子。目前，各先进村基本实现了道路有人养护，林木有人管护，卫生有人管理，文化活动坚持经常，形成了人人维护创建成果的良好氛围。

供稿：张家口市文明办

撰稿：白武

张家口市

以“寻学做”活动为载体 推进未成年人思想道德建设

张家口是一座具有革命历史传统的城市，周恩来、聂荣臻、贺龙等老一辈无产阶级革命家，吉鸿昌等一批爱国将领先后在这里战斗、工作和生活，创造了可歌可泣的英雄业绩，曾是晋察冀边区首府，素有“第二延安”的之称。多年来，张家口市发挥驻军多、革命遗址多、老干部多的“三多”优势，积极组织中小学生坚持开展“追寻先辈足迹，学习革命精神，争做四有新人”系列活动，全市20多所中小学师生，以春、夏、秋、冬令营的形式，开展红色之旅，先后有10000多名师生出山城，跨五台，过吕梁，渡黄河，走陕北，进延安，走出了一条培育爱国主义和民族精神的特色之路。

一、追寻革命先烈足迹，学习前辈革命精神

为了加强未成年人爱国主义和民族精神教育，传承革命精神，努力培养有理想、有道德、有文化、有纪律的社会主义新人，张家口命名了“长城中队”等100个“英雄中队”，在利用现有红色革命资源的基础上，组织中小学生走出去，奔赴革命老区，拜访当地的革命前辈，听他们讲述革命故事，亲身领悟当年浴血奋战、不畏艰难险阻的革命精神；与老乡同吃同住同劳动，进一步了解革命老区人民在党的领导下，为我国革命的胜利和社会主义现代化建设作出的贡献，从而进一步激发了同学们热爱祖国、建设家乡的责任感和使命感。从1984年起，先后举办了“长城古道行”、“求索延安精神”、“追寻吉鸿昌足迹行”、“追寻毛泽东足迹”等“寻学做”主题实践活动，二十多年来，近万名师生的足迹遍及10多个省区，200多个县市，行程万余公里，历时300多天，共参观80多个革命老区和400多个革命旧址，与300多名革命前辈和数以万计的老区群众座谈交流。在活动中，同学们坚持“边走、边读、边访、边想、边学、边做”，收到了较好效果。在活动中，中小学生宣传家乡、宣传晋察冀精神，当地革命老区的群众感慨的说“看到你们，仿佛是当年的晋察冀子弟兵又回来了。”

在走出去的同时，张家口市还坚持在重大节日或纪念日邀请革命先辈或其亲属来张参观考察，请他们讲述一些鲜为人知的革命故事和生活点滴。张家口市先后邀请杨成武将军和夫人、萧克将军、聂荣臻元帅的女儿聂力中将、丁衡高上将等100多位中国人民解放军高级将领参观革命旧址和革命遗址，并为全市中小学生做革命史、人生观、价值观、世界观教育报告，老一辈革命家生动感人的革命事迹，在青少年中产生强烈反响。仅2004年一年，就邀请张思德战友陈耀、吉鸿昌将军的女儿吉瑞芝、平津张战役参加者全国战斗英雄黄树英等10多人来张作报告，并举办了“学习张思德和弘扬延安精神”、“纪念吉鸿昌将军就义70周年”座谈会和“纪念平津张战役从这里打响”主题升国旗仪式。桥西区北新村小学于1994年10月创建了“长征大渡河十七勇士中队”，2005年学校邀请左权将军的女儿左太北和女婿沙志强为少先队员讲述了长征故事和左权将军的生平事迹，并与同学们进行座谈，使同学们深刻了解了长征对于中国革命转危为安最终取得抗日战争和解放战争胜利的重大转折意义。

二、努力丰富教育形式，精心策划主题实践活动

张家口市围绕爱国主义和民族精神教育主线，把开展主题实践活动作为帮助未成年人了解革命历史、学习革命精神的重要形式，多年来坚持以重大节日和历史事件纪念日为契机，通过认真策划，精心设计教育主题，力求贴近实际、贴近生活、贴近未成年人，突出教育的实效性和针对性，使主题实践活动有声势、有影响、有效果，从而极大地培养和锻炼了广大未成年人的意志品质。1．努力培养

肯于吃苦、不畏艰难的革命乐观主义精神。从90年代初起，张家口市发挥驻军多的优势，在全市中小学普遍开展“军营一星期”主题实践活动，每学年开学之初，学校组织同学们分批次深入军营，完全按照军营的作息时间，进行全封闭军训，与部队官兵同吃、同住、同训练。同学们踏晨露、顶烈日、冒严寒，和战士们摸爬滚打在一起，强健了体魄、严明了纪律、锤炼了意志。根据新生军训问卷调查及入学后部分学生跟踪调查统计表明，通过“军营一星期”活动的开展，培养了学生艰苦奋斗、吃苦耐劳的作风，增强了战胜困难的信心和勇气，对今后的学校生活乃至学生一生的成长都产生了重要而深远的影响。2．精心培育重于求实、独立自主的创新精神。创新是时代的品格和特征，只有富于创造力的民族才是有生命力的，青少年是民族的未来和希望，注重培养，使他们具备创新精神和品格也是开展“寻学做”活动的目标之一。2005年是京张铁路肇建百年纪念，作为中国人自主修建的第一条干线铁路，工程设计施工负责人詹天佑迎难而上、坚韧不拔的个性品质和创新精神，得到了世界的认可和国人的景仰。张家口市为此组织开展了“京张铁道行”主题活动，通过收集资料、实地考察、参观展馆等多种方式，重温当年施工的艰辛，体会“人”字型铁路设计的精妙，进一步激发了同学们发奋图强、勇于创新、自强不息的坚定信心和决心，大家纷纷表示：今天得来不易的学习条件和学习环境，更应该认真学习、勤于创新，为将来祖国的繁荣和富强打牢基础、做好准备。张家口市还积极响应党中央提出的科技创新、自主创新等号召，利用神舟五号、六号载人飞船顺利升空返航的契机，成立了“神舟号宇宙飞船中队”，开展了“国防科技巡礼”等系列活动，进一步提高了青少年学科学、爱科学的积极性。3．精心塑造团结友爱、乐于助人的团队精神。在构建和谐社会、提倡经济社会协调发展的今天，人与人、人与自然的协调尤为重要，张家口市的100个英雄中队在“寻学做”活动中，深切感受到许多革命老区的青少年至今还面临着即将失学或失学的窘境，为牢记革命老区人民为中国革命胜利作出的巨大牺牲和伟大贡献，真正把学习革命精神落实到行动中，英雄中队开展了一系列主题实践活动，用爱心帮助那些生活困难的青少年走出困境。张家口市利民小学“长城中队”联合大境门小学“多松年中队”、建国路小学“左权中队”等英雄中队向全国少先队员发起了“红领巾四大行动”活动，号召全国的少先队员关注革命老区、奉献爱心，节省出零用钱，捐建革命老区陕西佳县的东方红小学、吴起镇红星小学，捐建革命圣地延安的张思德纪念碑和位于陕西韩城黄河渡口的八路军出师抗日纪念碑。历时两年的“红领巾四大行动”主题活动得到了全国少先队员的积极响应，“两校两碑”如期建成，团中央领导对这一活动给予高度评价，称之为少先队活动史上的一个创举。部分中小学校开设“红领巾义卖市场”，号召同学们“手拉手”帮助身边一些家庭困难的同学，活动的开展对同学和家长的内心产生了巨大的触动，许多家庭条件好的同学和家长一块到一些较为贫困的同学家慰问走访，使他们懂得珍惜幸福生活的意义。家庭条件较好的同学主动把自己的书籍、玩具等拿出来进行义卖，所得钱款帮助小伙伴解决学习、生活困难，在校园形成了互帮互助、共同进步、团结友爱的良好风气。

三、积极拓宽社会影响，努力深化教育效果

为了进一步扩大教育范围，使更多的未成年人受到深刻的爱国主义情感和民族精神教育，张家口市积极搭建平台，拓展教育空间。1．发挥主流媒体作用，让更多的未成年人了解“寻学做”活动的深刻内涵。在“寻学做”活动中，组织新闻媒体及时记录下活动的过程，并运用现场报道、新闻特写、新闻专题、长篇通讯等多种报道方式，将革命老区现在依然存在并被发扬光大的革命精神和崭新风貌呈现在广大观众面前，并集中组织中小学生收听收看。对于一些如“红领巾四大行动”等影响大、效果好、能引发强烈社会反响的重大活动，邀请中央电视台、人民日报、解放军报、中国少年报、河北日报、河北电视台等中央、省媒体予以报道，有效地扩大了“寻学做”活动的影响。2．调动未成年人自我教育、自我提高的积极性，强化教育效果。为了使“寻学做”活动在学生中产生共鸣，用学生的视角看待收获，寻找差距，学校在“走出去”的时候，要求每一名营员坚持记笔记，写下每一天的收获，回校后召开汇报会、演讲会，让同学们走上讲台，谈感受、谈体会，使同学们在心灵思想的碰撞中得到提高。学校还邀请往届已经毕业走上工作岗位的同学回到母校，讲述“寻学做”活动对他们意志品质和人格培养所产生的巨大影响，以此激发更多的同学加入到活动中来。北新村小学还充分利用校园蓓蕾电视台这一平台，播出“寻学做”活动的电视片，校园小记者将在革命老区中拍摄到的活动场景，采访老革命和老区群众、营员们的感受收获的画面剪辑播出，产生了强烈反响。开办校园网站的学校，还在校园网络上，开辟讨论区，将革命精神和八荣八耻紧密结合，针对一些发生在校园的不文明行为展开讨论，有力地促进了文明校园建设。3．依托爱国主义教育基地优势，通过“学、讲、论”扩大教育面。张家口革命历史遗迹多，位于张家口六中的“晋察冀军区司令部”旧址就是一处省级爱国主义教育基地，对全市未成年人免费开放。为了利用好这一资源，培养全校师生爱祖国、爱家乡、爱学校的情操，学校培养了一大批志愿学生讲解员，并把瞻仰革命文物、参观展览作为学生入学的第一课。每个同学都十分珍视讲解的机会，认真查阅各种资料，利用课余时间，把张家口市的光荣革命史和我党我军高级将领在此工作、战斗的经历详实地介绍给前来参观的人，两年来共接待中小学生、部队官兵、机关厂矿等参观者10多万人次。在学习历史和讲解历史的过程中，同学们再次受到教育，进一步增强了民族自豪感和历史使命感。

供稿：张家口市文明办

撰稿：刘英杰

张家口市桥东区

立足服务树品牌 精心组织促和谐

2007以来，我区就新形势下志愿者队伍建设和如何发挥作用进行了积极的探索和实践，完善了志愿者管理和服务网络，成立了志愿者协会，组建了各具特色的志愿者队伍，全面推行志愿者网上登记制度；丰富了志愿者服务内容，广泛开展特色鲜明的志愿服务，推出品牌服务项目，使全区的志愿服务工作逐步走向规范化、制度化、长期化和全民化。广大志愿者在扶贫帮困、敬老助残、社区服务、环境保护等方面均发挥了积极作用，成为和谐桥东建设中的一支重要力量。2007年8月，我区被全国志愿者工作委员会指定为河北省志愿者工作试点地区；2007年12月5日，我区作为全国开展红围巾主题活动的12个城市之一举行了盛大的庆祝活动，同日，在全国志愿服务表彰会上，我区获得“全国社区志愿服务活动示范城区”称号。

一、强化领导，构建网络，为志愿服务提供强大的组织保障

一是健全组织，加强指导。成立了志愿者工作领导小组，组建了专门的调研队伍，对历年来志愿者工作开展情况进行回顾总结，并通过发放调查问卷、召开不同层面群众座谈会等方式就如何加强志愿服务和志愿者队伍建设两个课题进行了充分的社会调研，对全区志愿者工作做出了新的安排部署，全面启动了以“弘扬志愿精神，构建和谐桥东”为主题的志愿者服务活动。二是规范管理，构建网络。为了促进志愿者工作的扎实开展，由区民政局牵头，成立了桥东区志愿者协会，在五个街道办事处设立志愿者分协会，并在全区46个社区成立志愿者服务站。志愿者协会负责对全区各级志愿者组织的统一协调管理，制定并出台了《关于在全区开展志愿者服务活动的实施方案》、《志愿者协会章程》、《志愿者管理办法》等规范管理性文件，形成了一套完整的志愿者招募、管理、激励制度；志愿者分协会和服务站负责全区志愿者的注册登记和活动组织、服务时间认定及日常管理，从而构建起了上下联动、覆盖全区的志愿者服务网络。三是注册登记，全国联网。2007年6月，专门邀请全国志愿者委员会领导到我区指导志愿者注册登记工作。在全区各志愿者注册管理部门均安装了全国志愿者远程注册管理系统，对全区从事志愿者注册登记的工作人员进行了现场培训，对每一名志愿者发放全国统一的志愿者证及志愿者注册号，并通过多种方式在全区范围内就志愿者的注册登记进行广泛的发动宣传，区领导带头注册登记，全区志愿者注册工作进行的如火如荼，志愿者人数已达26000余名。四是组建队伍，服务群众。为了便于有针对性的开展志愿服务活动，由区委组织部、团区委、卫生局、文体局等10个部门牵头组建了党员志愿者服务队、青少年志愿者服务队、医疗卫生志愿者服务队、文体工作志愿者服务队等10支志愿者服务队。并紧紧围绕群众所需，精心设置服务岗位，设置了包括扶贫帮困、敬老助残、孤儿照料、爱心助学等近30个服务岗位，使真正需要帮助的居民切实享受到贴心服务。

二、打造品牌，突出特色，为志愿服务提供社会认可保障

在日常志愿服务活动开展中，我区大力实施“品牌战略”，为志愿服务项目量身打造品牌发展计划，全区5个志愿者分会及10支志愿者服务队分别结合业务特点制定了全年的志愿服务实施方案，确立了“特色志愿服务日”，推出了“品牌服务项目”，有效地促进了志愿服务活动的开展，全面打响了“助老、助少、助弱、助邻”四大品牌。

一是打响“助老”品牌

1．建立“老年人居家乐园”。各志愿者分协会以社区60岁以上的老年人为服务对象，建起居家乐园，组织志愿者为老年人解决生活难题，与空巢老人结成帮扶对子，长期照顾老人的生活；节假日组织文艺志愿者为他们带去文艺演出，丰富老年人生活，帮助和引导老人快乐地度过晚年。

2．成立“老年志愿者俱乐部”。志愿者协会积极招募辖区内兴趣爱好广泛，特别是有专业特长的离退休干部、教师注册为老年志愿者，为他们建立志愿者俱乐部，提供集中活动场所和专业指导培训，组成老年秧歌队、老年合唱团、老年宣讲团等不同的志愿服务队，开展形式多样的服务活动，使老年志愿者的作用充分发挥。

3．提供“老年人健康服务”。区卫生局组织医疗志愿者服务队定期深入到社区，为老年人免费开展医疗咨询、按摩、测量血压等服务，并为老年人建立健康档案。社区门诊还为老年人提供看病就医优惠、优先和免挂号费、免诊查费服务，缓解老年人“看病贵、看病难”问题。

二是打响“助弱”品牌

1．开展“五心献礼”活动。党员志愿者服务队在全区46个社区设立了“困难救助中心”、“医疗服务中心”、“教育培训中心”、“再就业帮扶中心”、“法律帮扶中心”五个中心服务站，志愿者根据各自时间及特长通过常驻社区、节假日走入社区、在社区公开服务热线等多种方式从困难救助、医疗服务、教育培训、再就业帮扶、法律援助5个方面为群众提供服务，受到了群众的热烈欢迎，全区参与此项活动的党员达7000多名。

2．开展“爱心一日捐”活动。各社区采取向每个居民和辖区单位发出倡议书的方法，由志愿者上门做宣传引导，倡导每个有工资收入的居民、单位员工捐出一日工资，企业单位、商家捐出一日利润，汇涓涓细流，聚爱心之河，帮助弱势群体和困难家庭。如今，“爱心一日捐”在全区已经蔚然成风，越来越多的人主动走进社区奉献爱心，争做志愿者。

3．开展“法律服务在社区”活动。法律援助志愿者服务队在各社区设立法律援助工作站，积极招募具有专业知识的法律志愿者，目前这只专业队伍正在逐步壮大，区司法局经常组织他们走进社区宣传法律知识，为困难群众提供无偿法律咨询和法律援助，切实为群众解决了不少难题，受到了群众的欢迎。

4．开展“送培训、送岗位”帮扶活动。区劳动局组织再就业志愿者服务队，经常深入社区为下岗失业人员提供就业指导、职业培训、政策咨询，并定期召开各类招聘洽谈会，提供就业岗位，同时加大对就业困难对象的援助力度，使一大批失业人员重新走上了工作岗位。

5．开展“与健康同行”助残活动。各志愿者分会及服务站经常组织多支志愿者服务队，从关心残疾人身体、生活入手，在他们中开展“温情服务”、“生活服务”、“健康服务”、“就业服务”结对帮扶等多种形式的志愿服务，抚慰他们的心灵，改善他们的生活，助他们与健康同行。

三是打响“助少”品牌

1．开展“爱心助成长”活动。志愿者协会组织老党员、老干部、老教师志愿者组成的宣讲团到中小学校进行宣讲，对中小学生进行思想教育；组织法律志愿者走进校园，举办法律知识讲座，使中小学生知法、懂法、守法，促进他们健康成长。

2．开展“爱心助学”活动。各级志愿者组织在志愿者中开展“春蕾助学”、“捐助特困学生”等经常性活动，帮助困难家庭子女上学。特别是招募一大批民营企业家加入到志愿者队伍中来，引导他们与贫困学生结成帮扶对子，对其进行长期性的帮助，切实帮助困难家庭子女完成学业。

3．开展“假日社区小义工”活动。志愿者服务站面向中小学生组成的青少年志愿者，在辖区内建立“假日社区小义工行动营”，组织志愿者利用假期时间开展“小爱心使者”、“小环保宣传员”，“小交警”、“小记者”等志愿服务活动。使青少年在责任心、社会公德意识、团队精神、意志品德等方面得到锻炼。

四是打响“助邻”品牌

1．开展“邻里照看”服务。志愿者服务站由社区干部和部分退休职工组成“邻里照看”志愿服务队对辖区内双职工家庭、独居、空巢老人进行守护和照看，检查门窗、水电、煤气关闭情况，不定期巡查留意陌生人员进出楼道等，既保证了社区安全，更融洽了邻里关系。

2．开展“日常便民志愿服务”。各志愿者分会每月开展一次“志愿服务假日行”活动，组织多支志愿服务队在节假日集中走入社区，为居民提供医疗卫生、政策咨询、家电维修、义务理发等多种便民服务，在辖区内营造了浓厚的志愿服务氛围，受到了广大居民的热烈欢迎。

3．开展“文明创建活动”。志愿者协会及分会组织开展以倡导文明为主题的“公交爱心使者”、“人人讲文明、家家树新风”、“邻里互助、共筑和谐”等系列活动，组织志愿者走上公交车、走入公共场所、走进群众家中，通过多种方式在群众中倡导奉献、友爱、互助、进步的志愿精神，营造良好的社会风气，共同构筑和谐家园。

三、着眼长远，创新机制，为志愿者服务提供长效活力保障

为使志愿者工作迈上新台阶，我区在实践中不断地进行积累总结，努力探索促进工作开展的新机制。一是建立志愿者培训制度。针对我区志愿者队伍不断壮大，志愿者人员构成复杂，志愿者素质参差不齐的现状，建立志愿者培训制度，志愿者分协会和服务队定期对注册登记的志愿者进行志愿服务理念、服务技能培训，不断提高志愿者素质，提升志愿服务水平。二是建立志愿服务项目运作机制。志愿者协会及服务队组成专门调研队伍，经常深入到群众中调研，掌握群众实际所需所想，不断开发能真正服务群众生活的志愿服务岗位，丰富志愿服务内容，认真谋划实施在群众中具有广泛影响力的品牌服务项目，赋予志愿服务活动旺盛的生命力。三是建立志愿服务激励机制。志愿者协会通过对志愿者人员构成情况的分析，依据志愿者不同的价值追求，根据其从事志愿服务时间的多少建立起多种志愿服务激励机制，包括星级志愿者评定和表彰制度，享受其他志愿者服务或享受在辖区内优惠购物、免费理发、免费洗衣等社会回馈制度。同时为了鼓励机关工作人员投身志愿服务，我区还将是否参与志愿服务作为公务员年度考核的一项重要指标，有效地激发了不同人群参与志愿服务的热情。努力营造“人人从事志愿服务，人人享有志愿服务”的良好社会氛围。

供稿：张家口市文明办

撰稿：李伟

张家口市高新区张家坊村

村民中心成为新农村建设的“助推器”

张家口市高新区沈家屯镇张家坊村，自2006年建设“村民中心”以来，按照打造服务、学习、活动和政务四大中心的要求和“因地制宜、整合资源、上下联动、齐抓共管”的原则，以“服务村民”为宗旨，整合资源，强化功能，把“村民中心”建成了一个服务老百姓的综合性平台。该村在村民中心的辐射带动下，短短几年经济快速发展，村容村貌发生了翻天覆地的变化，成为我市社会主义新农村建设的亮点村。多次荣获“市先进党建示范村”、“市文明生态示范村”、“市廉政文化示范村”、“市社会主义新农村建设先进村”、“省精神文明建设先进村”等称号。

一、完善服务功能，强化硬件建设

按照“八个一”要求，围绕教育、科技、文

体、卫生、信访、法律、信息、保障等八项服务功能，积极整合村内现有资源，因村制宜搞创建。一是整合现有设施。坚持积极创建、量力而行的原则，将村现有的党员活动室、文化活动室、村班子办公室等设施进行整合，同时将闲置地改建文体活动场地等，初步形成了“七个一＋八室”（“七个一”包括：一个健身休闲广场、一所农民培训学校、一个便民超市、一个村务公开栏、一个阅报栏、一个科普宣传栏、一个“十星级文明户”公示栏；“八室”包括：图书阅览室、文体活动室、健康服务室、信息服务室、村民恳谈室、法律服务室、社会保障室、村民议事室）的建设格局。二是捆绑使用资金。将各级帮扶与“村民中心”建设结合起来，把优惠政策、扶持资金捆绑使用，聚积有限的财力，实施重点突破，充分放大资金效应，提高资金的整合使用效益。几年来，张家坊村累计投入资金42万元进行村民中心建设，其中省帮扶5万元，我村自筹37万元，主要建设了2000平方米的室外文化广场、200平方米的会议室及村民活动室、荣誉室等，配备了桌椅、电视、投影仪等电教设施以及价值5万多元的篮球、羽毛球、锣鼓等文体器材。三是发挥主体作用。在“村民中心”建设中，张家坊村“两委”班子成员一方面深入农户了解村民所想、所需、所求，完善推进措施，一方面广泛宣传建设“村民中心”的服务宗旨、重要意义和建设模式，倡导自主、自愿、公益的建设原则，调动起广大农民用自己双手建设美好家园的热情。利用村民中心召开“干部群众恳谈会”，通过倾听老干部、老党员、老村民的合理化建议和意见，进一步融洽了党群、干群关系，最大限度地保障了群众的民主权利，群众心明眼亮心气顺，自愿捐款捐物、投工投劳，一些企业也纷纷捐资助建，形成了靠村民自己的力量建设村民中心的良好氛围。

二、整合现有资源，强化软件建设

按照“服务村民”的宗旨，在抓好基础设施的同时，张家坊村将“村民中心”的八项服务内容分解、细化，适当调整充实，使“村民中心”在建的过程中用起来、活起来。一是整合村组织服务资源。把村党支部、村委会、民兵连、治保会、妇联、共青团等组织的职能整合到“村民中心”的八项服务之中，在相应服务室开展服务活动，转变村组织的工作方式和干部作风，实现由传统管理型向服务型的过渡。村党支部书记全面负责“村民中心”的管理，并利用村民议事室定期开展党组织的各项活动，利用民主议事会等形式和村民一起共商全村发展、村务管理等事宜；民兵连、治保会利用法律服务室研究村街治安防范工作，处理村内突发的治安及安全事件；妇联、共青团利用农民培训学校开展维护妇女、青少年合法权益的宣传教育活动，使“村民中心”成为面向群众的综合服务场所。同时，村民对村委会工作的意见或有关村落发展的想法可以通过“信访接待室”反映给村干部，从而开辟了村民参政议政的渠道，有利于基层民主管理，有利于农村一事一议制度的有效执行。二是整合村民自我服务资源。将红白理事会、道德评议会、农技协会、文体协会、民调会等各种群众性团体分别安排在相应服务室开展活动，发挥那些热心公益事业的能人的作用。各村道德评议会以村民议事室为阵地，广泛开展“十星级文明户”评创活动，并通过“十星级文明户”公示栏展示农户形象，品评、监督农民文明素质；红白理事会、妇女禁赌会利用文体活动室开展移风易俗宣传教育，倡导村民养成文明、健康的生活方式；各类农技协会积极组织致富能人在农民培训学校讲课，使村民掌握更多的致富技能；秧歌队、剧团等文体组织利用健身休闲广场开展文体娱乐活动，愉悦村民身心；民调会利用村民恳谈室组织说事、恳谈、调解活动，消除干群、邻里、家庭成员之间的误解，调解纠纷，妥善处理群众信访诉求；村卫生室认真按上级要求进行整改，在提供疾病预防、妇幼保健等服务的基础上，开展计生知识宣传和生殖保健服务，办理农村合作医疗等有关事项，使“村民中心”成为村民进行自我教育、自我管理、自我服务的平台。

三、规范中心运行，协调整体推进

为建设好、管理好、使用好“村民中心”，使之切实发挥作用，严格按照上级要求，建立健全各项规章制度，并全部做到上墙，接受村民监督。对“村民中心”的总体要求、服务体系建设以及“七个一＋八室”的主要功能、运作及管理制度等做了详细、具体的规定和说明，形成了一整套保证“村民中心”正常运转、健康发展的工作机制。一是由村委会主任任“村民中心”主任，负责中心的日常管理工作。“村民中心”各服务室实行规范化管理，每个室有专（兼）职管理人员，分别由村

"两委"干部兼管或聘请有能力、热心公益事业的村民负责管理。二是"村民中心"实行统一标识、统一规章、统一运行机制的"三统一"管理制度。各服务室服务内容、规章制度上墙悬挂；建立活动档案，随时做好记录。三是根据村民实际需要确定开放服务时间，法律服务室、健康服务室、图书阅览室、文体活动室、信息服务室、村民恳谈室一般为全天开放；农民培训学校、村民议事室、社会保障室每周定期开放。四是建立"村民中心"工作联席会议制度。由村委会负责召集，"两委"同志和村民代表参加，定期研究"村民中心"建设和管理的有关事项，制定和完善相关措施，确保"村民中心"建设工作扎实推进。

四、发挥中心作用，促进全面发展

村民中心是建设新农村的有效载体。为此，该村"两委"班子坚持把群众利益放在第一位，按照新农村建设的"二十字"方针要求，充分利用村民中心凝聚和调动全村上下的积极性和主动性，促进了事业的全面发展。一是村容村貌不断改善。先后共投入400多万元，硬化村内大街小巷192条，面积7.8万多平方米。2006年投资20多万元对主街道进行绿化、美化，栽种观赏树500多株，安装路灯49盏。此外，新建了堡门一座，装修了村委会大院，极大地改善了群众的生活环境。二是和谐乡风逐步形成。组建秧歌队、健身操队，开展喜闻乐见的文体活动，进一步丰富村民的文化生活。坚持开展"特色家庭"主题活动，使村民在"学、比、赶、超"中提高了思想道德素质，全村"十星级文明户"达400多家。图书室配有各类图书千余册，全年免费开放，供村民学习。2006年被市纪检委授予"农村廉政文化书屋"称号，省纪委书记臧胜业等领导多次莅临检查指导工作。三是经济发展步伐加快。大胆实施了"东水西调"工程，在村东新打机井6眼，铺设地埋管道11300多米，把水引到村西的旱地，同时积极争取资金96万多元，在全区率先实施喷灌工程，把全村1880亩旱地全部变成了水浇地。引导农民科技种田，开辟了党员示范田，不断引进和推广优良品种，积极发展错季蔬菜，鼓励温室种植，树立温室示范户，全村日光温室260亩，4160间，蔬菜播种面积超过2000亩。规划出60亩地建成两个养殖小区，成立了蛋鸡养殖协会，树立养殖典型，现全村有养殖专业户85户，蛋鸡存栏13万多只，并完成"沈家"牌鸡蛋的商标注册，使该村成为全区最大的蛋鸡养殖专业村。进一步加快招商引资步伐，2007年，成功引进了钢材大市场项目，为村里进一步发展增强了后劲。目前，全村呈现出"经济发展、社会和谐"的良好局面。

供稿：张家口市文明办

撰稿：王建林

秦皇岛市

"人文奥运"与文明城市相互辉映

2007年以来，按照中央文明委、省文明委的要求，在市委、市政府的正确领导下，我市把开展"迎奥运、讲文明、树新风"活动作为精神文明建设的一件大事，作为一项重要的政治任务，真知责任，真懂大局，精心组织，广泛发动，全力推进。同时，按照上级关于评选"全国文明城市"的有关要求，把实施"人文奥运"工程与创建文明城市紧密结合，在全市范围内开展了"同迎奥足赛、共创文明城"活动，以迎办"奥足赛"促进文明城市创建，以文明城市创建推动"奥足赛"迎办，广大市民喜迎奥运、参与奥运、奉献奥运的氛围日渐浓厚，市民文明素质和城市文明程度明显提升。

一、精心谋划、认真部署

按照中央文明委和北京奥组委《关于广泛开展"迎、讲、树"活动的通知》要求，我市结合实际，于去年11月份制定了《秦皇岛市关于广泛开展"迎奥运、讲文明、树新风"活动大力推进人文奥运行动实施方案》，围绕培育文明风尚、加强公共秩序建设、提高社会服务水平、改善城乡面貌四个方面，明确了11项工作重点，将其作为奥运会开幕之前的工作总揽，并在领导体制、工作机制、投入机制等方面提出了具体要求。去年12月份，以市委、市政府名义印发了《秦皇岛市争创全国文明城市工作规划》，提出了“七加强，七优化”的工作要求，对创建文明城市和打造人文奥运品牌责任分工作了进一步的细化分解。从今年3月份开始，又陆续出台了《关于开展“同迎奥足赛、共创文明城”道德教育实践“十二个一”活动的实施方案》、《关于深入开展迎奥运畅通行动的实施方案》、《关于开展迎奥运文明购物、文明就餐、文明养犬教育实践活动的实施方案》、《关于开展迎奥运文明待客、文明观赛、文明观演教育实践活动的实施方案》、《关于开展迎奥运“优化发展环境、争创文明景区、争做文明游客”活动的实施方案》、《关于开展“移风易俗、文明祭扫”教育实践活动的实施方案》等一系列细化工作方案，确保了各项道德教育实践活动的有序推进。在此基础上，还制定了迎奥运倒排计划，谋划了26项重点内容，100多项系列活动。“同迎奥足赛、共创文明城——我参与、我奉献、我快乐”的口号正在全市叫响。同时，于今年5月份组织成立了秦皇岛市社会志愿者服务指导委员会，为我市打造优质的奥运志愿服务品牌提供了强有力的组织保障。

二、扎实推进、成效明显

活动开展以来，在市文明委的统一领导下，在市文明办的具体指导下，各县区、各行业顺势而为，强化教育，积极组织开展群众性道德教育实践活动，全力打造人文奥运品牌，取得明显成效。一是全民迎盼奥运的热情进一步高涨。我们通过隆重组织开展迎奥运倒计时500天、1周年等大型纪念活动，开辟奥运英语大讲堂，组织的哥的姐学英语，组织社区居民开展各种丰富多彩的迎盼奥运活动，制作“奥运知识展牌”、举办迎奥运文艺演出、印制奥运知识和奥运礼仪明白纸、悬挂迎奥运标语口号等，不断造浓迎奥运的社会氛围，进一步点燃了市民群众和社会各界喜迎奥运、参与奥运、奉献奥运的热情。成功承办全省“文明服务奥运、和谐彰显河北”动员大会，会议秩序井然，隆重而热烈，充分展示了秦皇岛人民良好的文明素质和精神风貌。省市领导以及省直、兄弟市与会同志对此给予了高度评价。二是市民文明素质进一步提升。从今年初开始，以畅通行动、优雅行动、新风行动为重点，逐一启动文明行车、文明停车、文明乘车、文明走路、文明观赛、文明观演、文明游园、文明待客、文明祭扫、文明购物、文明就餐、文明养犬公民道德教育实践“十二个一”活动，大力培育崇尚文明、讲究礼仪、遵守秩序、爱护环境的社会风尚，广大市民的文明意识明显增强。三是未成年人的生力军作用进一步显现。从今年5月份开始，组织全市未成年人深入开展了迎奥运“知家乡、爱家乡、建家乡”主题教育实践活动，通过编制《我的家乡秦皇岛》乡土教材，开展“少年小虎子”志愿服务、“走遍家乡山水、寻访英雄足迹”夏令营、“小手拉大手，文明路上走”社会实践、“知奥运、懂礼仪”演讲比赛、“文明礼仪伴我行”征文比赛等特色活动，引导未成年人了解家乡、热爱家乡、关注家乡，为家乡协办奥运赛事、创建文明城市作贡献。四是行业服务水平进一步提高。按照市委“提、创、展、促”优化发展环境有关要求，从今年7月份开始，在全市52个行业组织开展了“创服务品牌，树港城形象”“三杯”竞赛活动，通过丰富多彩的服务品牌创建活动，促进各行各业进一步增强服务意识、转变工作作风，不断提高服务质量和服务效率。在做大做强电力红马甲、晓静热线等老品牌的同时，正着力推出兴农富民、地税12366热线等一大批新品牌。五是基层创建工作进一步加强。通过连续三年组织文明城区竞赛，不断加强软硬件建设，各城区文明程度大幅度提高；通过深化文明单位、文明行业创建活动，健全和完善竞赛办法和程序，引入群众评议、互评、抽查考核和听证会等新机制，使各项创建活动的实效性明显增强；通过有序推进迎奥运“一优双争”活动，组织“万名游客评景区”、“文明游园”教育实践、“文明景区达标竞赛”，普及《中国公民国内旅游文明行为公约》和《中国公民出境旅游文明行为指南》等，切实提高市民旅游文明素质和景区服务水平，山海关景区荣膺“全国创建文明风景旅游区工作先进单位”，并顺利通过全国AAAAA级景区检查验收，南戴河国际娱乐中心也荣获了“全省创建文明风景旅游区工作先进单位”称号。六是典型示范作用进一步增强。通过组织评选“秦皇岛文明形象使者”、“感动秦皇岛十件文明事”、“十大文明秦皇岛人标兵”、“五十位道德模范”、“百名爱心妈妈”，使学习先进、崇尚文明、讲究礼仪、助人为乐成为社会新时尚。

三、与时俱进、形成声势

一是进一步营造活动氛围。在各城区重点部位增设一批永久性、高档次的大型公益广告，在新闻媒体集中刊播“同迎奥足赛、共创文明城”公益广告，形成强大的宣传声势；各新闻媒体开辟专栏，加大对正面经验的宣传与反面典型的曝光力度，激励先进抨击后进，形成强大的舆论声势。

二是进一步提高市民素质。抓住生活礼仪、社会礼仪、职业礼仪、涉外礼仪四个重点，编印《奥林匹克项目规则和礼仪》，继续开展文明礼仪教育，倡导文明待客、文明观赛，禁止“国骂”，使广大市民群众成为奥运知识、文明礼仪的积极实践者、主动倡导者和监督志愿者。持续推进公民道德教育实践“十二个一”活动，大力培育畅通的交通秩序、优雅的言谈举止、高尚的社会风气。

三是进一步开展群众性“迎、创”活动。进一步细化迎奥运倒计时活动安排，持续推进群众性“绿色奥运、科技奥运、人文奥运”宣传教育，深入开展“我为迎、创添光彩”系列活动，进一步提高市民群众的参与度，不断优化人文环境，筑牢思想道德基础。坚持月评“感动秦皇岛的十件文明事”，年评“十大文明秦皇岛人标兵”活动，由百姓参与评选各类道德模范，发挥典型示范带动作用。

四是进一步深化“同迎奥足赛、共创文明城”活动。按照“七加强，七优化”的工作要求，全面落实《全国文明城市测评体系》要求，切实把测评指标转变为工作目标，把测评方法转变为工作方法，把测评体系转变为长效机制，全力提升政务环境、法治环境、市场环境、人文环境、生活环境、生态环境建设水平。持续推进基层创建活动，做大做强“创服务品牌、树港城形象”“三杯”竞赛、迎奥运“一优双争”、文明城区竞赛等特色活动，形成工作合力，为协办奥运赛事、争创全国文明城市打牢工作基础。

供稿：秦皇岛市文明办

青龙满族自治县平方子乡

坚持以环境建设为突破口 促进经济社会全面发展

一、艰苦奋斗，大力开展道路硬化，促进相关产业开发

我乡所辖10个行政村，都是国家扶贫开发重点村。九沟十八岔，岔岔有人家；出行靠步量，运输靠驴驮，是过去我乡交通不便的真实写照。走出大山，是几辈人的期盼。创建文明生态村终于让我们有了圆梦的机会。这对自然条件较差的山区乡来说，硬化道路可谓困难重重，但办法总比困难多。我们一是结合实际，分类实施。山区地形复杂、农民居住分散，都建成高标准的水泥路，既不现实，也是一种浪费。为此，我们区别对待：对10个中心村，劈山架桥，拓展路基，铺设水泥路，实现与主公路的对接；对居住在沟沟岔岔的48个小组小片，组织群众就地取材，铺设石碴、石板路，实现与村主街道的贯通。二是党员当先，示范带动。喊破嗓子，不如做出样子。薛庄村原党支部书记周兴宝顾不上照顾病重的妻子，与村民日夜奋战在修路第一线，为节省创建资金，精打细算，在采购原料途中献出了宝贵生命。在他的感召下，群众的创建热情被充分激发出来。各村都以薛庄村为榜样，全乡形成了党群同心共建的生动局面。三是动员群众，自力更生。凡是自己动手能做的事都由村民想办法解决：沙子石料自己采，路基土方小车推，简易工具自己做，最大限度节约每一分钱，全乡76.4公里的路基路面建设、32座桥涵的基础工程全部由农民义务出工完成，节省创建资金近千万元，全乡所有村的主街道全部实现了水泥硬化，沟沟岔岔的出行路全部修通了3米多宽的砂石路。

道路通，百业兴。过去山里的产品运不出，山外的东西进不来，农民很多好东西只能烂在家里，干心疼没办法。如今，山外的客商不约而至，大山里的核桃、板栗等干鲜果品，没到成熟季节便被预订一空，苹果卖出了50元一个的大价钱。三年前全乡没有一辆运输车，如今，150多户农民搞起了商贸运输，一台车一年能挣到3万元。过去，一家一户的小本经营看客商脸色，如今，生产发展了，村民联合起来，形成了规模效益。路通了，信息灵了，农民开始对发展绿色农业、设施农业、创汇农业有了认识。我们因势利导，引导村民大力开发相关产业。周杖子村把主导产业由过去的玉米种植变为板栗种植，提出“人均板栗一千棵，十年楼房小轿车”的奋斗目标。陈家屯村改变过去禽畜一家一户散养模式，兴建6个养殖场进行集中饲养，形成了貉子繁殖、周转羊饲养、肉鸡育肥特色基地。平方子村利用荒滩地发展特种食用菌栽培，人均增收1200元。

二、千方百计，大力开展街院净化，促进循环经济发展

为彻底改变千百年来脏乱差的人居环境，我乡采取了三项举措：一是开展“三清三治”活动。针对“茅厕连猪圈、鸡鸭满院窜、柴草乱垛占”等现象，大力开展清街道庭院、治农村“五乱”，清河套边沟、治垃圾污染，清残垣断壁、治临违私建活动。全乡共拆除占道墙1200延长米，拆除违章厕所184个，清理河道17公里，清运垃圾4600吨。通过集中整治，街齐了，路净了，村容村貌焕然一新。二是集中处理垃圾污染。针对垃圾出村又围村问题，积极推行了垃圾“户集、村收、乡处理”模式，每天早晨8点前，各户将垃圾放入门前的大筐，村里保洁员逐户收集、清理，统一运送到乡垃圾场集中填埋，改变了过去“垃圾靠风刮，污水靠蒸发”状况，养成了卫生勤打扫、垃圾定点倒、粪便进沼窖的良好习惯。三是推行“一建四改”。针对农民因脏致病、因病致贫等问题，大力推进沼气池建设，推动农民改圈、改厕、改厨、改院，从源头上整治环境。组织专门力量研究出一次清淘、多年使用的沼气池，解决了清淘难、冬季不能使用等问题。通过实行资金扶持、技术指导、物资补助等措施，全乡2382户全部建成了新型沼气池。农民利用沼气烧水煮饭,改变了砍树烧柴等传统生活习惯，彻底告别了烟熏火燎。

村容整洁了，庭院干净了，农民生态意识明显增强，增收致富的愿望更加强烈。我们顺势把沼气池建设与发展循环经济结合起来，大力发展畜——沼——蔬、畜——沼——果、畜——沼——药等立体循环经济。合理施用有机肥，提高了蔬菜、畜禽产品的品质。2006年全乡猪只存栏从创建前的5600头一跃达到2.4万头，每斤比市场价高出1元多，绿色蔬菜常年供不应求，远销锦州、承德，出口日本、韩国，实现了生态效益与经济效益的双赢。

三、因地制宜，大力开展村庄绿化，促进乡村旅游兴起

环境变，观念新。走出大山的村民逐步认识到既要金山银山，更要绿水青山。我们从“九山半水半分田”的实际出发，既注重生态、又注重效益，因地制宜搞绿化。一是村内绿化由农民自主实施。乡林业站免费提供树苗，按照谁栽种、谁管理、谁受益的原则，在主街道两侧、庭院四周，组织村民栽植行道树、观赏树、经济树2.3万棵，绿化、美化了村庄。二是村外绿化由集体规模实施。村委会以地权置换的方式，在村际公路沿线50米内、村庄周围，栽植速生成材林2100余亩，建设环村林带，实行村种村管，增加集体资产。三是“三荒”绿化由市场调节实施。结合退耕还林、小流域治理，以地权出让、股份分成等方式，通过政策倾斜、资金扶助、市场运作对荒山、荒坡、荒滩实施山水林田综合治理。目前，全乡已栽植山杏3.4万亩，板栗2.3万亩，枣树800余亩，初步形成了沟塘中草药、山坡板栗缠腰、山顶松柏盖帽的立体绿化模式，全乡森林覆盖率已由创建前的35%提高到57%，不仅实现了“村在林中、房在树中、人在绿中”的目标，而且多年不见的野生动物又重新回到了山里。

山更秀，水更清，吸引了越来越多城里人的目光，催生了乡村旅游业的兴起。二道河村依托邻近国家风景名胜区祖山的优势，兴建人工湖，挖掘满族骑射项目，推出了山上板栗观光、山下垂钓漂流、村内农家休闲的“满族风情游”，引来大批游客，农民自办的农家乐饭庄也纷纷兴起。乡党委、政府及时加以引导：在资金上给予5万元扶助，在旅游开发、设计上给予指导，对从业人员进行定期培训。同时，以厨房洁净、厕所卫生，两套被褥、大桶淋浴为标准，组织开展了文明家庭旅馆评创活动，以洁净的环境和文明的服务吸引游客，促进了乡村旅游业的健康发展。目前，已有3个村开发了乡村一日游、满族风情游、果品采摘游、休闲垂钓等项目，接待游客3万多人次，户均增收近万元。在他们带领下，还有4个村正积极谋划，计划在明年接待游客。

供稿：秦皇岛市文明办

唐山市

贴近农村实际 突出唐山特色 推动廉政文化建设宽领域深层次发展

近年来，我市按照中央和省、市委的部署，充分发挥廉政文化建设在反腐倡廉、惩治腐败工作中的基础性作用，紧紧围绕社会主义新农村建设的目标要求，不断深化廉政文化的内涵，贴近农村实际，创新宣传载体，健全长效机制，全力推进廉政文化进农村，营造了人人崇廉、思廉、保廉的浓郁氛围和以廉为荣、以贪为耻的良好风尚，为“抢抓新机遇，建设新唐山”和构建文明和谐乡村提供了强大的思想保障和文化支撑。主要做法是：

一、坚持传统与现代相结合，不断丰富廉政文化内涵

廉政文化是先进文化的重要组成部分。它承载了传统文化中修身养性、品德高洁、两袖清风、出污泥而不染等为官清廉的精神追求，又注入了我们党执政为民、践行社会主义荣辱观等新时期的党性要求。因此，我们坚持传统与现代相结合，将廉政文化与先进文化建设结合起来，充分利用、有效整合全市廉政文化资源，增强廉政文化的影响力、吸引力和渗透力。

一是将廉政文化建设与唐山地域文化特色相融合。把体现唐山光荣传统的“铁肩担道义”的大钊精神、“公而忘私、患难与共、百折不挠、勇往直前”的抗震精神、“特别能战斗”的开滦精神和西铺“穷棒子”精神、沙石峪“当代愚公精神”作为农村廉政文化建设的特色内容。把素有“冀东三枝花”美誉的评剧、乐亭大鼓、皮影作为重要载体，宣传廉政文化的教育内容，赋予其廉政文化的时代内涵，使廉政文化扎根在民间艺术的沃土之中。同时，积极挖掘历史文化资源，丰富廉政文化的内容。玉田县挖掘整理历史上12个县令清廉为官的事迹，辑印成《玉田古代清官贤士谱》，遵化市依托世界文化遗产清东陵，在景区内建成清史警鉴苑，以史为鉴，启迪后人，成为独特的廉政文化宣传阵地。二是将廉政文化建设与农村人文环境相融合。注重廉政文化同农村文化环境、自然环境、生活环境的和谐统一，结合乡镇、农村的特点，依托农村现有的条件，注重朴素、实用，通俗易懂，建设廉政文化一条街、漫画墙、清风亭、廉政广场等，营造自然和谐、健康向上的文化环境。三是将廉政文化建设与现代信息技术相融合。利用网络、电子屏幕、电化教育、广播、电视、手机短信等多种现代信息技术手段，实现廉政文化宣传手段的现代化。如我市迁西县建立了“栗乡清风网”、遵化市建立了“遵化纪检监察网站”，针对农村特点，开设了书画摄影、“学唱廉政歌曲”、“廉政公益广告”等内容，受到农村党员群众的欢迎；在重要路口设立了大型电子显示屏，滚动播出廉政文化内容。充分利用电化教育网络和电视、广播，以县纪委电教中心为龙头，初步建立了市、乡、村、户四级电教网络，把廉政文化专题片逐级发放到乡、村、户。县级电视台、电台都开设了廉政文化电视专栏、电台热线，使廉政文化的声音、图像广为传播，深入人心。利用手机、电话，编写反腐倡廉短信，经常发送到农村干部手机中，使廉政文化常伴身边；设置廉政彩铃，让党员群众在打电话的同时，接受廉政文化的熏陶。

二、贴近农村实际，巩固宣传阵地，增强廉政文化的吸引力、感染力

近年来，我市结合文明生态村创建，把廉政文化建设作为农村精神文明建设的重要内容，借势推进廉政文化阵地建设，广泛开展丰富多彩的廉政文化宣传教育活动，使农村廉政文化向深层次、宽领域发展，促进了农村党风民风的好转。

一是借势推进廉政文化宣传阵地建设。从2003年起，我市就借助文明生态村建设的强势，将廉政文化建设进入农村。截至目前，全市共建立廉政文化宣传大院632个、廉政文化宣传教育一条街3400个、设立廉政文化宣传橱窗5200多个；开展廉政电影、廉政文艺下乡活动7500多场次。以党纪条规、廉洁模范、廉政典故、道德规范等为主要内容的廉政文化，使乡村干部在廉政文化的潜移默化中受到教育，提高廉洁奉公意识。二是组织开展丰富多彩的文艺活动。贴近农村实际，运用农民喜闻乐见的文艺形式，开展以宣传廉洁理念为主要内容的巡回演出、广场宣传。全市组织了廉政文化节目400多个，利用送戏下乡、赶文化大集等形式，下乡演出1300多场，发放宣传单140万张。丰南区、迁安市将廉政文化大篷车开进了各个村镇，广受农民欢迎。去年7月，结合纪念唐山抗震30周年，我市举办了反腐倡廉书法作品展暨《唐山廉政文化丛书》首发式，社会各界群众争相参观展览，提升了廉政文化建设在全社会的影响力。今年春节之际，我市举办了“正气之歌”交响音乐会巡回演出，共演出20场，2000多名农村党员干部登台演唱廉政歌曲，近2万名党员干部群众在现场观看演出。市、县两级电视台在连续一个多月的时间内持续播出演出实况录像，观众近百万人。用交响音乐的形式唱响正气歌，唐山市在全国首开先河。三是大力开展廉政文化乡村行系列活动。结合农村实际，利用农闲时节，依托“村民中心”和廉政文化广场，广泛开展廉政文化乡村行系列活动。在农村举办反腐倡廉书画巡回展；利用各县各具特色的廉政文化建设成果，组织县与县之间廉政文化成果互展。组织开展百场廉政电影下农村活动，在村镇巡回放映《生死牛玉孺》、《孔繁森》等电影。有的县还开设露天影院，有针对性的播放警示教育片、革命影片，吸引了大量村民观看、参与。四是利用村两委换届时机开展集中培训教育。抓住村两委换届之机，对农村支部书记、村主任及其他两委成员进行集中教育培训。由各镇党委书记、纪委书记及有关专家授课，授课内容包括党章、党纪条规、农村政策及法律法规等。坚持用身边事、身边人教育广大农村党员干部，强化正面典型的示范引导作用和反面典型的警醒提示作用。今年以来，全市共举办各类培训辅导班1420余场次，利用典型案例组织农村党员干部开展警示教育活动650多场次。农村党员干部受教育面达98%以上。

三、建立、完善长效机制，保持廉政文化建设的生命力

廉政文化建设是一项系统工程、长期任务。因此，我们着重在建立健全长效机制上动脑筋、做文章，以增强廉政文化的生命力。

一是将廉政文化建设列入社会主义新农村建设的总体规划。各县都把廉政文化建设作为新农村建设的重要组成部分，统一安排，统一部署。各地结合实际制定出台了《加强农村廉政文化建设的实施意见》，对廉政文化建设的工作任务、责任分工做出具体安排。市、县、乡三级都成立了廉政文化建设协调领导小组，明确了“党委统一领导，纪委组织协调，宣传、文化等相关部门密切配合，广大干部群众积极参与”的廉政文化建设工作机制。二是加强理论研究，用科学的理论指导廉政文化实践。成立了唐山廉政文化研究会，对廉政文化的发展趋势进行专题研究，探索廉政文化建设深层次问题。积极开展学术交流，邀请有关专家学者到唐山进行研讨；成立廉政文化艺术策划中心，邀请书协、美协和艺术团体的专家召开座谈会、笔会、节目创作研讨会，组织创作廉政文化书画、文艺节目精品，提升廉政文化建设水平；总结和积累廉政文化建设的成果和经验，编辑出版了集理论、歌曲、书画、图片于一体的《唐山廉政文化系列丛书》，为廉政文化建设提供了丰富资料。三是培养廉政文化志愿者队伍，调动群众参与廉政文化建设的积极性、主动性。唐海县借鉴青年志愿者行动的成功经验，成立了全国首家廉政文化建设志愿者协会，以各场镇和全县各职能部门为单位成立分会22个，以服务项目为依据下设分队78个，注册志愿者已达981人。同时协会不断完善相关的管理和活动制度，组织网络进一步健全，在全县廉政文化建设中发挥了积极的助推作用。四是探索廉政文化建设的长效运行机制。建立了财政拨款、基层单位自筹、社会各方面赞助相结合的资金投入保障机制。县（市）区委和各乡镇每年拨出专款，用于农村廉政文化建设。各行政村积极自筹经费，加大对廉政文化软硬件的投入；完善了廉政文化建设的目标管理、考核评价和激励机制，将廉政文化进农村工作纳入年度党风廉政建设目标考核范围，每年表彰一批先进集体和个人，每年开展一次廉政文化建设示范点和优秀廉政文化景观、优秀廉政文化活动评选。将考评直接延伸到乡镇、行政村，直接为市级廉政文化建设先进集体挂牌，并从中命名全市廉政文化进农村示范点。同时采取复评制度，督促廉政文化建设先进集体特别是廉政文化建设示范点不断丰富内涵，加强软硬件建设，否则通报批评并摘牌。

总之，几年来我们按照上级有关部门的工作部署和要求，在推进廉政文化进农村的工作中进行了一些探索，也取得了一定成绩。但是，面对新形势、新任务，我们也清醒地认识到，廉政文化建设还需要不断探索、创新、深化和提高。我们要进一步提高认识，学习借鉴先进经验，以更高的标准，更扎实的作风，推动我市农村廉政文化建设不断向纵深发展。

供稿：唐山市文明办

唐山市

深入开展文明生态村创建
扎实推进社会主义新农村建设

一、坚持以增加农民收入为核心，大力发展农村经济。把生产发展、增加农民收入摆在创建工作首位，从实际出发，积极调整农村经济结构，大力发展特色主导产业，积极引导农民走产业强村的路子。一是将创建与调整优化农业结构相结合。按照“一村一品”、“一乡一业”的发展方向积极发展特色农业，使全市果菜、花生、板栗、食用菌、乳业、畜禽养殖、水产养殖等龙型经济不断壮大，“一村一品”特色经济村达到1815个，占全市村总数的32%。二是将创建与发展产业化经营相结合。全市500万元以上规模农业龙头企业达到225家，农业产业化经营额达到245亿元，农业产业化经营率达到57%。全市各类农民专业合作组织发展到726个，参与产业化经营的农户达到127万户，占全市农户总数的79%；三是将创建与农业项目建设相结合。全市有73个村通过发展文化、生态等旅游产业，吸引各地游客27.8万多人，收入1.5亿，农民增收5744万元。有100多个村通过生产生活条件的改善，吸引项目125个，其中投资50万元以上项目53个。四是将创建与发展劳务经济相结合。去年，全市组织实施了“阳光培训工程”，培训农村劳动力10.1万人次，全市向非农领域转移劳动力16.3万人次。文明生态村创建活动的深入开展，有力地促进了农村经济的快速健康发展。2006年，全市第一产业增加值达到255.2亿元，比上年增长5.1%，农民人均纯收入达到5155元，比上年增长12.5%。

二、坚持以“三化”建设为重点，加强农村基础设施建设。在文明生态村镇创建活动中，我们从“三化”入手，着眼于解决农民群众最关心的实际问题，整合资源，整合力量，实施重点工程，大力推进公共基础实施向农村延伸，农村生产生活条件得到明显改善。实施村庄环境整治工程。以道路硬化、院街净化、村庄绿化为切入点，解决农村“脏、乱、差”问题。到2006年底，全市累计投入创建资金22.6亿元硬化村庄街道1.18万公里，栽植树木1794.6万株，安装路灯7.2万盏，新建养殖小区1617个，建沼气池11.9万个，新建翻建高标准村部1239个，修建广场、公园等文体活动场所1466处，创建村的“一部两室三栏”和文体设施普遍进行了修缮和更新，发展“农家店”970多家。实施“生态富民”工程。全市农村推广户用沼气池和改厕、改圈、改厨建设工作。全市户用沼气池累计达到25.5万个，农村户普及率达到17%。实施户通自来水工程。全市安装自来水的村达到3448个，受益人口为314.52万人，自来水普及率达到59.5%。实施“村村通”工程。到2006年底，全市农村实现了村村通公路、村村通客运，从根本上解决了农民出行和农产品外运问题。在实现农村广播、电视、电话“村村通”的基础上，全市加快发展了农村有线电视和农业信息网进乡（镇）入村，实现了市、县、乡、村四级联网。

三、坚持统筹城乡社会事业发展，让群众共享创建成果。坚持把统筹城乡经济发展放在工作全局，统一谋划，统一部署。加大公共财政向农村倾斜、公共服务向农村覆盖、现代文明向农村辐射的力度，统筹城乡规划、产业布局、基础设施、劳动力市场和各项社会事业发展，促进了农村教育、医疗卫生、文化和社会保障等社会事业一体化发展。在农村教育方面，在投资1.6亿元全面完成农村中小学校危旧校舍改造的基础上，去年投入8300万元，实施了中小学陈旧校舍改造计划，完成改造面积13.4万平方米，县级中学达到了城市中学水平。今年将再改造农村中小学陈旧校舍8万平方米。全市建立健全了以农村贫困家庭学生为主要对象的教育救助机制，“一免一补”工作全部到位。农村中小学通过布局调整，完善设施，形成了义务教育得到巩固、中学教育上了台阶、职业技术教育快速发展新局面。在农村卫生方面，2005年以来，投资1.37亿元对135所乡镇卫生院进行规范化建设，去年又投入5400万元对乡镇卫生院和村卫生室的基本装备和主要设备进行配置，全市县、乡、村三级医疗卫生服务网络进一步健全完善；全面普及新型农村合作医疗制度，覆盖农民447.9万人，参合率达到91.8%。在农村社会保障方面，进一步完善了农村居民最低生活保障制度，去年全市农村低保标准由每人每年800元提高到了1000元，享受农村低保的农民7.5万人，实现了应保尽保；将全市1.79万名五保人员全部纳入财政供养范围，年供养标准人均2525元，高于全市农民人均生活消费水平。投资1.42亿元实施农村敬老院改造工程，已完成整合改造52所，今年再完成33所，全部完成改造任务，使农村集中供养水平达到50%以上。积极探索建立农村社会养老保险制度，今年在迁安市率先试行了农村养老保险制度。

四、坚持以提高农民素质为目标，培养造就新型农民。坚持把提高农民素质，培育“有文化、懂技术、会经营”的高素质的新型农民作为一项根本性措施来抓。一方面，着眼生产发展，提高农民的科技素质与劳动技能。全市教育、劳动、科技（协）、供销社、妇联、涉农等有关部门结合帮扶共建，积极开展了农民职业教育、绿色证书培训、农业新技术新知识普及、农村实用人才培养等培训工作，举办各类培训班6000多期，累计培训农民近260万人次。另一方面，着眼思想文化建设，提高农民的思想道德素质。坚持依托阵地教育人、利用活动感染人、优化环境改造人，创建村普遍建立了红白理事会、道德评议会、禁赌会等群众自治组织，广泛开展“美德在农家”、“十星级文明户”评比和荣辱观教育、形势教育、政策教育、民主法制教育等活动，农民群众崇尚文明、追求进步、尊老爱幼、邻里和睦、遵纪守法、热爱集体蔚然成风。创建村普遍建立了文体活动场所，修建了休闲公园，村有秧歌队、文艺演出队等群众文体活动组织，以节庆文化、农闲文化、传统文化占领农村思想文化阵地，把思想道德教育融入农民群众喜闻乐见的文化活动中，实现农民的自我教育，自我提高，使广大农民群众的文明意识、思想道德和生活方式发生了明显变化。

五、坚持以“村民中心”为载体，推进基层民主政治建设。去年以来，市委、市政府把“村民中心”建设纳入文明生态村创建工作的重要内容，以强化教育、科技、生产、生活、流通、文体、卫生、法律等八项服务为重点，稳步推进，使“村民中心”成为农村新型管理模式。目前，全市已建立“村民中心”1063个。在“村民中心”建设中，我们结合乡镇政府职能转变，在丰润区沙流河镇探索建立与各村“村民中心”相对应的“十大服务指导中心”，对“村民中心”进行服务指导，取得了明显成效。今年，我们将在全市创建村中普遍建立“村民中心”。同时，坚持对农村基层干部进行不间断培训，不断提高农村干部素质。全市各创建村党支部、村委会充分发挥领导核心和民主管理作用，从村庄建设规划的制定、“五乱”的清理、工程的建设，到各项财务开支都经过民主讨论、民主决策，农村干部的民主意识在创建中得到提升，广大党员干部的党性观念在创建中得到锻炼，党组织的凝聚力、战斗力得到提高。

六、坚持党委领导政府主导，建立组织领导工作运行机制。开展创建活动四年来，我们把创建文明生态村镇作为解决好农业、农村、农民问题，推进新农村建设的重要载体，不断加强对创建工作的组织领导，探索建立了推进文明生态村镇建设的组织领导机制、工作运行机制和投入机制。在组织领导上，实施“一把手”工程，各级党委、政府把文明生态农创建作为一项政治任务，摆上重要议事日程，定期分析研究推进新农村建设的重大政策和措施。从市到县（市）区委都建立了文明生态村建设工作领导小组和办公室，市、县（市）区两级党委、政府都各有一名领导专门抓创建工作。领导小组办公室对创建工作进行组织、协调和督导，使创建工作形成了分工协作、齐抓共管的组织领导体制。在工作推动上，实施市、县四大班子领导每人联系一个镇（乡）、分包一个村和市、县（市）区直机关、企事业单位包村共建的帮扶工作制度，四年来每年都有600多个机关企事业单位、1800多名干部驻村帮助搞建设，形成了全社会参与创建文明生态村的良好氛围。建立了创建工作目标责任制，把创建任务列入市、县（市）区党政领导班子和市、县（市）区直部门领导干部年度考核的重要内容，实行目标管理，强化督查和考核，加大奖惩力度，务求创建取得实效。在资金投入上，结合唐山的实际，摸索出了“村集体和农民为主出一点、帮扶单位帮一点、动员社会力量筹一点、财政奖补结合拿一点”的多元化投入机制。市县两级财政做到每年的资金投入都高于上年，财政新增的教育、卫生、文化等事业费70%以上用于农村。四年来全市累计投入创建资金22.6亿元。其中，市、县、乡三级财政专项资金2.5亿元，村集体及农民出资出劳折款12.4亿元，社会帮扶7.7亿元。今年市县两级财政进一步加大对文明生态村镇建设的资金投入力度，市本级财政在去年投入1500万元的基础上，再投入3000万元用于文明生态村镇建设。

当前，我市新农村建设面临新的形势和任务。去年年底，省第七次党代会提出了建设沿海经济社会发展强省的宏伟战略，并要求唐山在建设沿海经济社会发展强省中当好“领头羊”，在打造沿海经济隆起带中发挥带头作用、在冀东城市群建设中发挥龙头作用、在建设社会主义新农村中发挥示范作用，唐山的发展正站在一个新的起点，进入了在科学发展的道路上建设新唐山的新阶段。围绕贯彻省委、省政府的新要求，我市市委八届三次全会确立了今后一个时期唐山发展的“一个主题、一大方略、两大任务、四大目标和六项战略重点”。一个主题：就是抢抓新机遇，建设新唐山。一大方略：就是依托大港、走向海洋、跨越发展。两大任务：就是实现更好更快发展，建设和谐唐山。四大目标：就是经过五至十年的努力，把唐山建设成为经济强城、文化名城、宜居靓城、滨海新城。六项战略重点：就是以建设科学发展示范区为主导，大力推进资源型城市转型；以重大产业项目集聚为主要抓手，加快曹妃甸新区建设；以打造主导产业链为着力点，不断提高经济的整体实力和核心竞争力；以建设适宜人居和创业的滨海城市为目标，把城市规划建设管理提高到一个新水平；以统筹城乡发展为基本途径，加快城乡一体化进程；以提高人民群众幸福指数为着眼点，扎实推进和谐唐山建设。在新形势下，我们将认真落实省对我市提出的“在建设社会主义新农村建设中发挥示范作用”的要求，坚持以文明生态村为抓手，大力推进产业强村、文化兴村、生态建村、民主治村，把文明生态村建设与农村经济发展、促进县域经济相结合，与农村基础设施建设、发展农村社会事业相结合，与加快农村城镇化一体化建设相结合，与精神文明建设、培训新农民相结合，拓展创建领域、巩固创建成果、提高创建水平，进一步把社会主义新农村建设引向深入。一是牢牢把握农村经济这个中心，力促农民持续增收。以打造现化农业产业链为方向，深入推进农业产业化经营，加快实施“龙企富民”工程，加快发展高产、优质、高效、生态、安全、特色农业，大力发展农村二、三产业，促进农村经济全面发展。二是加大投入力度，进一步加快农村基础设施和各项社会事业发展。继续抓好“三化”建设，着力改善农村生态环境。切实抓好农村教育、卫生、文化、社会保障等各项社会事业发展，努力提高农民生产生活质量。同时，抓好“村民中心”建设，今年将在500个村配备文化设施装备。三是统筹城乡发展，加快推进城乡一体化进程。坚持以产业化提升农业、以工业化富余农民、以城镇化改造农村的思路，推进城乡规划一体化、城乡建设一体化、城乡公共服务一体化，加快城乡一体化进程。四是努力培养造就新型农民，不断提高农民素质。适应新农村建设的新形势，广泛开展多种形式的农民教育培训，提高农民的思想道德、生产技能和劳动就业技能，为新农村建设提供保障。

供稿：唐山市文明办

唐山市路北区

巩固阵地 健全网络 创新未成年人思想道德教育工作

近年来，我区认真贯彻落实市委、市政府《关于进一步加强和改进未成年人思想道德建设的实施意见》，结合我区实际，把未成年人思想道德教育作为全区精神文明建设的重要内容，列入了区委、区政府的重要议事日程，把实施未成年人健康成长行动，加强社区未成年人活动站建设，列入了区委、区政府制定的《关于实施“六心工程”，全面推进文明城区创建的意见》之中，从提高对未成年人思想道德教育的认识入手，从有利于未成年人成长的环境抓起，不断创新未成年人思想道德教育的方法和载体，不断健全完善学校、家庭、社会“三位一体”的教育网络，在社区搭建起了未成年人思想道德教育的新平台，取得了良好的效果。我区河北路街道北二社区未成年人活动站的经验，在全国第二届未成年人思想道德教育创新案例评选活动，荣获“三等奖”，受到中央文明办和省文明办的表彰。

2007年，我区未成年人思想道德建设工作将按照市文明办的统一部署，围绕“阵地抓巩固、模式抓创新、活动抓特色、典型抓辐射、教育抓网络”的工作思路，不断延伸、拓展未成年人思想道德教育空间，充分挖掘和发挥好“三位一体”的教育网络作用，进一步开拓未成年人思想道德教育工作的新局面。我们初步的工作设想是：

一、阵地抓巩固

路北区是我市的中心城区，社区未成年人活动站建设是我区未成年人思想道德建设的一项重要内容。目前，我区124个社区中，已初步建立未成年人活动站86所。2007年，我们将进一步加强活动场地、设施、制度、活动等规范化建设，进一步巩固和发挥好阵地作用，使社区未成年人活动站真正成为孩子们丰富课外生活、强化道德教育的有利阵地和第二课堂。

二、模式抓创新

在未成年人思想道德教育工作中，我们一直把创新放在首位，通过创新活动模式，强化教育效果。如光明街道的“四表一卡”教育模式、山西南里社区的“家长教育委员会”和“少儿宣管员”等教育模式，都受到了家庭、学校、社会的好评。今年我们将在原有工作的基础上，在全区组织开展“未成年人思想道德教育模式创新大赛”活动，组织街道、社区围绕市文明办部署的工作任务，结合各自实际，探索不同的教育活动模式，努力形成“一街一品牌”、“一社区一特色”，使全区未成年人思想道德建设工作频出亮点。

三、活动抓特色

富有特色的教育活动，是吸引未成年人广泛参与并确保教育活动效果的根本保证。近年来，我区各街道社区都开展了很多特色活动，如北二社区的“三个一刻钟”活动，“社区小红花光荣榜”活动，光明街道的“绿色网络文明行”活动，大里街道建科楼社区的“老少同游凤凰城”、“听党员爷爷话童年”等活动，深受未成年人的欢迎。今年，我们在特色活动的开展上，将继续从未成年人的道德需求、心理需求、兴趣需求、学习需求等方面实际出发，因地制宜、因人制宜开展老少同乐、才艺展示、自立培养、道德养成等富有特色的教育活动，进一步增强教育效果。

四、典型抓辐射

近年来，我区在未成年人思想道德教育工作中，培养和总结了一批方方面面的先进典型。他们在推动全区工作开展中发挥了不可估量的辐射和带动作用。今年，我们将在组织开展“未成年人思想道德教育模式创新大赛”活动的基础上，召开全区未成年人思想道德教育创新经验现场观摩会，进一步总结推广典型经验，进一步扩大典型的社会覆盖面，使之真正发挥好推进未成年人思想道德建设工作的引领作用和表率作用。

五、教育抓网络

未成年人思想道德教育是全社会的一个共同任务，一项综合工程、系统工程，必须由学校、家庭、社会共同努力，构建“三位一体”的教育网络，才能使未成年人思想道德建设工作落到实处。区文明办作为全区精神文明建设的主管部门，我们的职责就是充分发挥好组织协调作用，调动和发挥社会各方面的力量。首先，要与学校联动。学校是未成年人教育的主渠道，我们要紧密与教育主管部门结合，使学校教育与社会教育相贯通，防止学校教育和社会教育“5+2=0”的现象发生。其次，要与家庭联手。家庭教育是未成年人思想道德教育的基础，家长是孩子的第一任老师。今年，我们将继续加大家庭教育的力度，在全区依托社区文明学校和未成年人活动站，定期举办“母亲课堂”，对家长进行科学家教理念、家教方法、心理素质和沟通能力的培训教育。其三，要与社会联合。建立和完善“路北区未成年人思想道德建设成员单位联席会议”制度，与各职能部门紧密配合，齐抓共管。进一步整合社会资源，利用社会力量，共同推进全区未成年人思想道德建设工作。

以上是我们还不太成熟的工作设想。我们在未成年人思想道建设工作中虽然作了一些扎实的工作，也取得了一些成效，但与上级部门的要求，与孩子们的需求还有很大距离，与兄弟县区相比，我们的工作还有不少差距。今后我们要继续努力。不妥之处欢迎领导和同志们批评指正。

供稿：唐山市文明办

唐山市财政局

与时俱进创文明 凝神聚力促发展

近年来，在市委、市政府的正确领导和市文明委的具体指导下，我局坚持以科学发展观引领财政各项工作，紧紧围绕实现更好更快发展、构建和谐唐山两大主要任务和建设科学发展示范区这一宏伟目标，按照全市文明创建工作总体规划要求，在千方百计加快财政发展的同时，扎实有效地开展文明创建工作，始终坚持以人为本，内强素质，外树形象，创新载体，优化资源配置，服务经济社会发展，各项工作取得显著成绩。现将我局创建工作的主要做法和所取得的主要成效汇报如下：

一、有目标有规划，保持文明创建工作的系统性

我局广泛、深入、系统地开展精神文明创建工作是从1997年开始的。当时，受客观因素的制约，我市经济增长趋缓，财政增收难度加大，再加上受拜金主义、享乐主义、利己主义思潮的影响，个别干部出现了严重的违纪问题，财政工作面临着巨大的压力。针对干部队伍中存在的改革创新意识淡化、服务发展意识弱化的问题，局党组进行了认真研究讨论，结合财政工作和财政队伍实际，提出在全局深入开展文明创建活动，明确以素质优良、环境整洁、秩序井然、服务优质、业务规范、制度完善、财力持续增长、财政事业不断进步为目标，确定了坚持以人为本、强化干部素质，着眼经济全局、科学依法理财，立足优质服务、塑造一流形象，建设一支政治坚定、业务精通、作风严谨、言行文明的财政队伍，推动两个文明建设同步协调发展的指导思想。并派人到兄弟地市进行专题考察学习，认真制订了《唐山市财政局文明创建五年规划》和实施方案，成立创建活动领导小组，把创建活动作为“一把手”工程来抓，建立了创建活动领导体制和责任体系。将精神文明建设工作纳入了重要议事日程，做到财政业务与创建工作两个目标一起定、两个任务一起下、两个考核一起抓、两个成果一起要。2006年，我们又结合文明创建、财政工作和队伍实际，立足创新载体、巩固和深化全国文明单位创建成果的需要，制定了第二轮文明创建三年规划，为了落实创建责任，增强各处室、各单位的创建意识，局党组与处室和局属单位签定了责任状，形成了两项工作同时规划，同时检查，同时考核，一级抓一级，层层负责的局面。保证了文明创建一步一个脚印、一年一个台阶，有条不紊、扎实有效地开展起来。

二、坚持以人为本，增强文明创建工作的针对性

干好财政工作，干部队伍的素质至关重要。基于这样的认识，在文明创建工作中，局党组始终坚持以人为本，把提高干部素质、改进工作作风、推动财政业务工作作为创建工作的出发点，狠抓提高队伍整体素质这一根本，以高站位、宽视野和新思维构建了一系列素质培育平台。

一是弘扬“树正气、讲团结、求发展”的主旋律，围绕提升机关干部队伍素质，组织开展了创建“六型”财政机关活动。着眼于创建学习型机关，建立了学习培训机制。制定总体规划，明确学习目标、时间、内容和步骤，定期组织学习邓小平理论、“三个代表”重要思想、科学发展观和财政理论知识，并采取聘请专家学者作专题辅导、局领导宣讲和党员干部互动式研讨、网上“每周一课”业务培训、定期业务考试、鼓励干部继续教育等形式，改善了干部队伍学历结构，机关干部大专以上学历达到99%。全局干部政治素质和业务能力得到明显提高。

二是落实“事事争高、处处争好”的要求，围绕科学发展示范区建设。今年又扎实开展了“我与唐山共奋进、我为唐山作贡献”主题实践活动和打造“理财到位、普惠到家”品牌工程等机关精神文明建设活动。这些特色活动的开展，使文明创建活动既有了新载体，又凸现了财政特点和亮点。如我们在全市财政系统服务窗口开展“共产党员示范岗”、“星级服务竞赛”、“评选最佳、最差公务员”等活动，将创建目标、服务对象和公务员工作实绩三者有机地结合起来，使大家在活动中自觉增强了创建意识。

三是营造真抓实干、团结和谐的浓厚氛围，用正确的人才观引导机关干部队伍建设。针对干部选拔任用工作，建立了《选拔任用科级干部的暂行规定》和《科级干部轮岗暂行办法》，凡新提拔干部，全部采取了理论考试、述职答辩、民主评议的竞聘上岗程序，全方位、多渠道落实了群众对干部选拔任用的知情权、参与权、选择权和监督权，使群众满意率达到98%以上。在关心职工，增强机关内部和谐气氛上，我们在大力开展“三德”教育活动的基础上，推行了“进百家门、管百家事、解百人忧、暖百人心”为主题的“送温暖”工程，把干部职工“生、老、病、死、难，喜、乐、哀、忧、烦，奖、惩、升、调、免”15个环节列入创建活动范畴，尤其是通过组织给党员过政治生日、给干部职工过出生生日活动，以及开展百户和睦家庭评选活动，大大增强了全局干部职工的思想道德素质。

三、转变工作作风，增强文明创建工作的时效性

财政部门担负着为政府当家理财的重任，是社会关注的焦点。多年来，我们坚持把“为民理财、民主理财、依法理财、规范理财、高效理财、廉洁理财”六项现代理财原则作为文明创建活动的重要内容来抓，着眼于下真功夫、求长实效。

一是着眼于创建创新型机关，深化财政改革，提高理财水平。为支持县域经济发展，市本级始终坚持不集中县区财力，并将具有稳定增长潜力的金融保险营业税、个人所得税、煤炭资源税下放给县区，实施了分税制和统收统支加激励财政体制。落实了财政重大事项集体决策制度，推行了预算项目管理和专家咨询体系建设，试编了2006年～2008年三年滚动预算；市本级244个预算单位实施了“零余额”账户支付；政府采购实现采购额28.3亿元，年均增长58%，节支率达11.7%；推进了项目投资评审，评审项目219项，审减金额6396万元，审减率9.7%；开展了绩效评价，试评了转移农村劳动力阳光培训、农村中小学远程教育等11类项目。

二是着眼于创建高效型、服务型机关，建立了系列效能建设制度。1998年，我局就率先在全市推行了“一起立、二让座、三倒水、四办事、五送客”的工作程式，规范了30句文明用语和20句工作忌语；在各办公室统一悬挂了“公务员行为规范及行风建设准则”两幅镜匾，统一订做了办公桌牌。为强化干部队伍的自律意识，做到权为民所用、情为民所系、利为民所谋，我们全力推行了行政权力公开透明运行，修订完善了《岗位责任制》、《服务承诺制》、《限时办结制》、《AB岗工作制》、《员工待岗制》和《财政系统六禁令》等50余项制度，健全了制约机制，规范了公务员行为，营造了高效便民的良好政务环境。

三是着眼于创建廉洁型、和谐型机关，进一步完善健全了机关廉洁理财和文明服务制度。我们在严格落实首问负责制、责任追究制、限时办结制基础上，全面推行了“阳光收费”、“阳光采购”、“阳光交易”。“阳光采购”提高了财政资金使用效益。“阳光收费”落实了各项涉农涉企收费减免政策，推行了义务教育一费制，减轻了企业和群众负担。“阳光交易”从源头上堵住了钱权交易和弄虚作假等问题的发生。取得了较好的经济效益和社会效益。为优化政务环境，我们还在收付中心、审批中心、投资评审中心、契税征收、政府采购、产权交易6个窗口推行了一站式办公、一门受理、一次性告知、一次查实下岗“四个一”办公模式，实行了窗口受理、网上运行、内部传递、快速办结。为健全内外监督制约机制，我们还建立了自上而下的服务监督检查体系，对外聘请了42名社会监督员，设置了意见箱，公布了举报电话，向300多家直接服务部门发函征求意见，主动接受社会监督，充分赢得了服务单位的理解和支持。为真正把党和政府的关怀送到困难群众心坎上，从2003年开始，我们还号召干部职工每月捐助10元钱，建立爱心济困基金，班子成员还投身“一帮一”扶贫济困活动，领导干部每人帮扶一户贫困家庭，资助学生完成学业，帮其脱贫致富。团员青年则投身于“一对一”助残活动，常年到市截瘫疗养院奉献爱心，展现了财政机关青年干部的想民、为民、爱民情怀。

四、服务经济发展，突出文明创建与经济工作的互动性

经济发展是精神文明建设的基础，几年来，我们把服务经济发展作为创建工作的落脚点，优化资源配置，创新理财机制，推进依法行政，实现财政收入高速增长，打造了加快唐山发展的支撑平台，为精神文明建设提供有力的支撑。

一是服务经济发展，为加快建设科学发展示范区加油助力。我们积极培植财源基础，全市整合财政建设性资金64亿元，争取国债资金76亿元，外国政府、国际金融组织贷款5148万美元，着力解决制约发展的瓶颈问题，促进生产力要素向沿海聚集。先后支持了京唐港、大唐热电、曹妃甸供水、填海造地、城市污水处理等一大批重点项目，完善了基础设施功能，打造了加快发展平台，实现了财政经济持续健康发展。

二是服务企业发展，培育壮大财源。近年来，落实企业发展引导资金1.1亿元，支持了62个企业技术创新；落实国有企业改制资金1.8亿元，支持1154家建立完善了现代企业制度，分离企业办学校、医院84个；落实出口退税15.5亿元，扩大了出口规模，优化了出口结构；成立政府投融资机构13个，投入资本运作资金11.6亿元，先后帮助212个企业落实担保贷款6.8亿元，新的投融资机制缓解了企业融资难的问题。

三是服务“三农”工作，积极有效落实惠农政策。几年来，落实资金40.6亿元，支持了农业基础设施、农业结构调整和农业产业化经营，取消了农业特产税，实现了农民税赋零负担，落实了农民种粮直补、选购良种和购置大型农机具补贴等一系列惠农政策，调动了农民积极性，促进了农业发展。

五、服务社会事业，突出文明创建工作的目的性

几年来，我局自觉把文明创建活动，融入到履行公共财政职能的全过程，努力优化支出结构，着眼于维护和保障广大人民群众的根本利益，有力地支持了我市各项社会事业的发展。

一是着力解决低收入群体的生活困难。全市投入社会保障资金25.5亿元，提高保障标准，扩大保障范围，推进再就业工程。城镇低保标准市区由195元提高到225元，县由130元提高到170元；建立了全市统一的农村低保制度，全面落实了五保对象供养经费，改造敬老院30所；落实最低收入家庭住房保障金，推行了困难群体医疗救助，实现了企事业单位离休干部医疗费统筹；先后开发协保员公益岗位6000多个，帮助13.2万名下岗失业人员实现了再就业。

二是着力提升公共服务功能。教育投入107亿元，大力支持义务教育，完成697所中小学危房改造和布局调整，新建了外国语高中，启动了唐山一中迁建、唐山学院和师范学院新校区建设，推进了中小学现代化远程教育信息网建设。医疗卫生投入25.6亿元，重点支持了市县两级急救中心、传染病医院和疾病控制中心建设，改造乡镇卫生院135所；全面推行了新型农村合作医疗制度。

三是着力改善人居环境。近几年，加大城乡基础设施建设投入，投入资金64亿元，新建改造城市道路58条，翻修道路128条，支持公交公司购置了288部新车，开通13条公交线路，改造旧小区94个，新增绿地488万平方米；环保投入累计达到246亿元；筹集资金14.1亿元，建设文明生态村1860

个。今年将投入55亿元，加快打造宜居靓城步伐。

近年来，我局紧紧围绕财政中心工作，深入开展文明创建活动，培育了高素质的财政干部职工队伍，转变了作风、提升了形象、提高了效能，得到了社会各界普遍好评。文明创建活动的开展，更带动了财政各项工作的齐头并进。全局有350项工作和480余人次受到国家、省、市的表彰和奖励，连续多年被市委、市政府评为市级文明单位和实绩突出单位；连续多年被市纪委和省财政厅评为纪检监察工作先进单位；连续多年被市委、市政府评为行风建设先进单位；连续三次被省委、省政府评为文明单位；2002年被人事部、财政部评为“全国财政系统先进集体”。党组织多次被河北省委、唐山市委、市直工委授予“先进基层党组织”。2005年我局被中央文明委授予全国文明单位，2006年荣获河北省五一奖状、效能建设先进单位等荣誉。

虽然我局创建工作取得一定成效，但与上级要求相比还有许多不足，与兄弟单位相比还有很大差距，我们将以这次会议为契机，向兄弟单位学习，进一步统一思想，提高认识，紧密结合财政工作实际，建立健全文明创建长效机制，落实各项规定要求，抓基础、抓细节、抓规范，努力推动各项工作再上新的台阶。

供稿：唐山市文明办

廊坊市国税局

深化文明创建内涵 提升服务执法质量

多年来，在市委、市政府的高度重视和市文明委的正确领导下，我们把精神文明创建工作融入到完成税收任务的各项工作之中，融入到廊坊创建全国文明城市工作之中，取得了一些效果。自1994年成立以来，在连年圆满完成税收任务的同时，曾连续11年获得创文明行业竞赛活动金杯，市局机关和3个县（市、区）局被省委、省政府命名为省级“文明单位”。11个县（市、区）局实现了市级“文明单位”满堂红；全系统1个县局和1个基层窗口单位被国家人事部和国家税务总局命名为“全国税务系统先进集体”。我们的做法是：

坚持围绕税收中心，服务经济社会发展。我们紧紧围绕推动廊坊更快更好发展这一主题和“全党抓经济、重点抓工业、集中精力上项目”这个中心，把“有利于推进依法治税，有利于体现税收职能，有利于优化税收环境，保证征税人和纳税人合法权益，全力构建和谐征纳关系”作为文明创建的行业追求。充分发挥税收调节职能，不断规范服务执法行为，切实转变工作作风，进一步提高了办税效率和服务质量。2006年全市国税系统完成税收任务35.46亿元，同比增长29.3%，在此基础上，认真落实各项法定税收优惠政策，为514户有出口退税业务的企业办理了退税23690万元，办理免抵调库20600万元，为113家外商投资企业减免所得税26000万元，为10家国家鼓励外商投资企业审批抵免所得税1981万元，为227户农村信用社减免企业所得税12183万元，为福利、废旧物资经营、饲料、粮食和资源综合利用企业等，办理减免税21000万元，批准技术改造国产设备投资企业抵免所得税480万元。有力地支持了全市经济的发展。我们充分发挥掌握税收信息及时、全面、准确的优势广泛开展税收政策服务宣传，在全系统建立58个纳税辅导站，引导企业适时调整经营策略，规避风险，降低成本，提高经济效益。为加快推进“壮县、强市、富民”，全力打造“实力廊坊、效率廊坊、和谐廊坊”营造了良好的税收环境。

深化文明创建内涵，提升服务质量。我们以“聚财为国，执法为民”为宗旨，积极构建“以人为本、诚信畅通、征纳平等、执法公正”的和谐征纳关系，努力探索纳税服务新机制的思路、方法和举措，完善纳税服务体系，认真落实政务公开，提高办税服务质量。通过实行申报纳税“一窗式”管理，涉税事项“一站式”服务，大力推行全程服务、首问责任制、服务承诺制、实行多元化申报等系列便民措施。建立了纳税人信誉等级评定制度，在全市评出145家诚信纳税A级企业，并推出为诚信纳税A级企业的八项服务措施，社会满意度进一步提高。

改革创新机制，实施规范管理。把完善税收执法岗责体系，作为创建文明行业的重要措施。先后制定了《廊坊市国家税务局基层规范化建设考评实施细则》、《廊坊市国家税务局行政执法责任制实施方案》、《廊坊市国家税务局行政执法过错追究责任办法》等标准规范体系和完善的考核机制。通过设置监督台、意见箱、公布举报电话、定期走访纳税人、召开座谈会、聘请行风监督员、公开服务承诺等形式，主动接受社会监督，使全系统人员依法行政意识，廉洁从税责任感普遍增强。针对纳税人反映的在推行“一机多票”中存在排队等候的现象，采取了技术设备提供支持，人员力量配备优先等有效措施，缩短了纳税人办税时间，减轻了纳税人办税工作量，提高了办税效率。

加大税收科技含量，提升服务执法质量。高科技手段的应用，为税收服务执法插上了翅膀，征管信息系统的成功运行，为纳税人提供了多元化报税的平台，网上报税、电话报税和简易报税的纳税人分别为6515户、6349户和11762户，通过高科技多元化报税的税额已达到90.8%，强化了对税收执法权的监督制约，营造了公正、公开、公平的税收环境，有力地保证了公正执法、文明服务制度的落实，推进了依法治税的进程，受到了纳税人的普遍欢迎。

多年的创建实践表明，扎实有效的创建活动，使我们做到了征税与服务同在，管理与创建同行，推进了廊坊国税各项工作的顺利开展，取得了令人满意的效果。

一是干部队伍整体素质得到进一步提升。以税务人员能力建设为核心，牢固树立“以人为本，厚德载物，和谐国税，共享文明”的税务文化理念，把提高干部职工的整体素质作为文明创建的立足点，把社会主义荣辱观教育作为文明创建的重要内容，增强依法征税、规范行政意识，积极推行税务远程教育培训系统，着重做好“六员”培训工作，干部职工适应形势发展的综合能力得到提升。全系统大专以上人员占全员93.4%，45岁以下人员100%通过了全国税务系统执法资格认证考试，98%通过了全国计算机等级证书NIT考试。

二是服务执法管理水平得到进一步提高。以规范化建设为统揽，认真落实《全国税务系统基层建设纲要》，在窗口单位推行《全国税务系统办税服务厅规范化服务标准》，做到服务执法规范、岗位道德规范、行为制约规范、纳税环境规范，基本实现了税收由执法管理型向管理与服务并重型的转变，更加注重对纳税人权利和合法权益的充分尊重和维护，在办税程序和手续上，最大限度的方便纳税人，得到社会各界和广大纳税人的理解和支持。

三是争创优质服务品牌意识进一步增强。我们坚持“围绕发展抓创建，抓好创建处发展”的理念，激发和调动广大干部职工参与创建的积极性和主动性，大力营造学先进、赶先进、当先进的浓厚氛围。涌现出以臧乃德、郑贺军等为代表的优秀税务干部群体。在争创文明行业“文明执法杯”竞赛活动的基础上，进一步树立精品意识，进一步挖掘税务文化内涵，精心策划出一批主题鲜明、突出特色的服务品牌。如被全国妇联命名为“巾帼文明岗”的广阳区国税局办税服务厅打造的“巾帼文明岗，税企连心桥”、开发区国税局办税服务厅的“全方位优化，零距离服务”等优质服务品牌。

供稿：廊坊市文明办

整理：陈东 邵凤霞

廊坊供电公司

用心营造文化氛围 倾情打造服务品牌

供电企业最完美的服务，就是让电力客户随时能够用上合格电、放心电。电由发电厂发出，经过线路传输、变电站的电压升降才输送到千家万户。供电企业的服务囊括了电能输、变、配、售的各个环节，只有每个环节都畅通无阻，才能确保千家万户享受到高品质的用电服务。在市委、市政府的正确领导下，2006年廊坊供电公司深入细致地开展了创建文明行业“三杯”竞赛活动，活动以服务文化建设为依托，以优质服务“光明行”活动为载体，加大对电网设备的投入力度，实现安全、有序供电，夯实文明行业创建工作基础；更新服务观念，转变服务意识，创新服务手段，提升服务品质，通过多项便民利民新举措，构建供电服务“内转外不转”的“大服务”体系，营造出和谐的供用电环境，为廊坊市经济的发展提供了坚强的能源保障和动力支持。

一、理顺服务机制健全服务体系

广泛动员，认真部署。公司成立了以总经理为组长的创建工作领导小组，并于7月25日召开了公司创建文明行业“三杯”竞赛活动动员大会，对公司2006年开展“三杯”竞赛活动进行全面部署。各基层单位也分别结合自己的实际工作，制定出了相应的实施方案，并层层召开动员会，明确目标、自找差距、制定措施，积极整改，从而确保了公司创建文明行业“三杯”竞赛活动的开展能够纵向到底、横向到边。

制度健全，保障有力。建立例会制度，召开文明行业创建工作月度例会，对各基层单位创建工作进展情况进行动态跟踪，召开经验交流会，让大家分享在创建活动开展过程中的先进做法和经验，召开阶段工作总结会，在总结梳理前一阶段工作的同时，有针对性地部署下一阶段创建工作的重点，确保公司文明行业创建工作环环相扣、步步深入；落实督促检查制度，文明行业创建工作开展以来，公司主管领导先后五次深入窗口一线，检查文明行业创建活动进展情况，发现问题，及时纠正，使创建工作不留死角。

梳理流程，顺畅体制。积极与优质服务标杆单位——潍坊供电公司开展了优质服务对标工作，梳理与服务有关的流程近百项，建立起集约化、精细化、扁平化、营配合一的营销管理模式，形成通畅、高效、快速反应的营销服务体系，对外承诺体系、全员服务体系、监督考核体系、客户反馈体系和快速反应体系的确立，将各项工作的开展与优质服务标准相结合，严格评比，奖惩兑现，形成了有效的服务运行机制。

二、夯实电网基础提供服务支撑

前瞻规划，构合理电网。“十一五”是廊坊经济和社会新一轮高速发展期，廊坊市委、市政府突出“全党抓经济、重点抓工业、集中精力上项目”的工作重点，以及京津冀都市圈区域的开发，无不对电力发展提出了更高的要求，为此，公司对电网结构和发展方向进行了超前规划，制定了《廊坊地区220千伏及以上电网“十一五”远景规划》和《廊坊电网“十一五”中期发展规划及2020年远景规划》，在“十一五”期间，公司将投资53亿元进行电网建设与改造，确保电网发展能够适应廊坊市经济社会快速发展的需要。

夯实基础，建坚强电网。坚强的电网结构是服务的保障，电力建设作为地方经济发展的先行官必须要适度超前，2006年公司累计完成投资6.452亿元，建成高楼和高头2座220KV变电站，新建扩建110KV变电站10座，投产220KV线路168.55公里，新增110KV线路77.028km，投产110KV线路185公里，安装负荷管理终端250台。在配网建设方面，2006年共投资8158.74万元，立项34项，其中技改工程19项，大修工程12项，基建工程3项。随着这些变电设备和线路投入运行，大大减轻了供电负担，为廊坊的经济建设提供坚强的能源后盾。

精心维护，筑健康电网。稳定的电网是服务的基础，在廊坊十个区市县、6429平方公里的大地上，纵横交错地分布着1300多公里输电线路，星罗棋布地分布着48座110KV以上的变电站，运行工人精心守护着这个庞大的电网。输电线路工在脏、险、苦、累的工作环境中，风雨无阻，风餐露宿，开展树障清理工作，清理线路走廊1300公里，共伐树木55.6万棵，大大增强了电网运行的安全性与可靠性，维护着电力大动脉的安全畅通；变电值班员则是日夜值守在寂寞枯燥的变电站内，确保着每个电力枢纽的正常运行；还有检修人员的精心修试；调度人员的科学调度。正是他们的默默耕耘和恪尽职守，才确保了电网安全稳定的运行。2006年，全年安全生产无事故，目前，安全生产长周期已经突破了1000天的最长纪录，公司电网经受住了155万KW的历史最高纪录的考验，2006年公司的售电量已达到88.47亿千瓦时，同比增长20.7%。

三、培育服务文化，引领服务行为

开展系列主题教育活动。深入开展科学发展观、社会主义荣辱观等系列主题教育活动，教育员工“辨是非、知荣辱、树新风”，并将系列主题教育活动与贯彻落实国家电网公司“优质服务电视电话会议”精神相结合，引导员工转变服务观念，更新服务意识，变被动服务为主动服务。同时组织窗口单位工作人员收听收看“治理商业贿赂，预防职务犯罪”电视电话会议以及党风廉政教育讲座，增强了员工拒腐防变、廉洁服务的能力，为公司推进优质服务工作提供了有力的思想保证。

“爱心活动、平安工程”扎实深入。开展爱心活动，积极在员工中培育“爱心理念”，播洒爱心服务。广阳供电部针对辖区孤寡老人买电难的问题，为他们建立起特殊的客户档案，定期上门服务，让他们足不出户就能解决用电问题；安次供电部通过实施1235工程，将8个村的严重超负荷变压器、30余公里残老线路进行更换，解决了长期困扰他们的用电难题。实施“平安工程”，为电网安全、企业稳定、廊坊市的经济发展作出贡献。在今年的迎峰度夏工作中，我们未雨绸缪，提前制定工作预案，落实各项措施，在平稳迎峰度夏的基础上，我们圆满完成“5•18”、“9•26”、国际反贪联席会议等一系列政治保电任务。

员工风采大赛异彩纷呈。为了进一步展示企业和员工向上的精神风貌，推进规范化服务建设，我们组织开展了“与光明同行”——廊坊供电公司员工风采大赛。公司共有39组选手参加了角逐，大赛分入围赛、预选赛、决赛三个阶段进行，分单位对外简介、工作场景再现、综合素质展示三种竞赛形式。通过开展此项比赛，促进窗口单位的对外展示水平有了很大提高。

主题征文活动内容丰富。在全体员工中开展以“展电力风采创行业品牌”为主题的征文活动，共收到稿件100余篇，文章展示了员工积极参与文明行业创建活动的不同侧面，推进文明行业创建工作向更深、更广的空间渗透。

四、启动“光明行”，创新服务举措

服务便捷化。推出“超前服务”，主动与客户建立定期信息通报制度，提供科学、合理、经济的用电方案。2006年6月8日，市政府召开紧急协调会，要求我公司在华为基地建设之前具备供电条件。当时，为华为送电的110KV变电站的站址还是一片果园，要承建这样一个站，正常情况下要一年左右的时间。当时，公司领导和基建施工人员，只感觉一个“难”字。可再难不能难用户特别是市政府的重点工程，我们更要全力以赴，工程施工人员风雨兼程，日夜奋战，使这项连破我公司电力建设史上多项纪录的特殊工程即将达标投产。对廊坊影响巨大的富士康项目对电力的需求更为巨大而紧迫，目前，我公司正在按照特事特办的预案紧锣密鼓地筹划实施，力争早一天向市政府交上一份满意的答卷。

服务特色化。实施“金点子、银镜子”工程，设立100万元奖励储备基金，鼓励客户为企业的发展谏言献策；开通银电联网，在全市28个工商银行营业点均可办理电费缴纳业务，极大地方便了客户；实施“零点工程”，将一般小型检修工程的施工，安排在午夜零点以后进行，最大限度地减少因计划停电对用电客户生产、生活的影响。

服务规范化。规范服务形象，以国家电网公司成为奥运合作伙伴为契机，推广应用“国家电网”品牌，在窗口单位推行规范、统一的视觉识别系统；推出社会责任报告，成立了供电服务监督领导小组，确定了供电服务三级监督网络，采用督导为主、暗访为辅的方式对供电服务工作进行检查；定期召开社会监督员座谈会和供电行风建设听证质询会，开展“四进一听”活动，设立了“廊坊供电公司阳光投诉站”，公开接受社会各界和用电客户的监督；向电力客户发放《廊坊供电公司供电服务“连心卡”》、《廊坊供电公司用电服务保证设备安全稳定运行跟踪意见卡》，对回收的意见卡进行汇总与分析，并针对反映出的问题积极进行整改，使我们的服务行为能够与客户的意愿合拍。

服务人性化。“95598”客户服务中心值班员坚持“微笑服务”，用声音传递真诚，用真情拉近了与客户之间的距离；窗口服务人员实行“三个一”服务，即献给客户“一杯热茶”、“一句问候”、“一张笑脸”，时刻牢记“我在客户眼中，客户在我心中”；完善便民设施，更新了触摸屏和大屏幕，在每个窗口单位配备雨伞、打气筒、老花镜、近视镜等便民设备，细微之处、点滴之间都能让客户感受到供电企业的一片真情。

服务透明化。实行阳光收费，在营业网点和互联网上公布了服务承诺、奖惩办法和和电费电价的取费标准和相关政策，增加电费收取的透明度；普及用电知识，开展“优质服务进万家”活动，开设“科学用电社会大讲堂”，引导社会各界节约用电、科学用电、安全用电；通过电视台、“95598”呼叫中心信息发布平台等媒介，及时、准确地对外发布停电信息；拓宽对外交流渠道，在原有《廊坊电力报》、公司网站的基础上，创刊了

《今日廊电》杂志，并与廊坊电视台合作开播了《电力光明行》专题电视栏目，全方位、多角度地向客户展示我们的企业，为企业发展营造出了和谐的空间。

"服务只有起点，没有终点。"一年来，廊电人在追求"零缺陷服务"的进程中，不断求索，不断突破，公司荣获了"河北省优质服务质量奖"和"全国电力客户满意服务单位"称号。在今后的工作中，我们将继续秉承"人企共进传承光明"的核心理念，用心服务，回报社会，通过不懈的努力，使电力系统成为廊坊市创建文明行业工作中的一道靓丽的风景线。

供稿：廊坊市文明办

整理：陈东 邵凤霞

廊坊市经济技术开发区地税局

以人为本彰文明 征纳和谐共发展

"修于内而彰于外。"我们开发区地税局自1995年建局以来，局党组带领这支朝气蓬勃的聚财队伍以"三个代表"重要思想为指导，突出税务特点，诠释文明主旨，紧扣公正执法、优化服务的行业宗旨，实现了物质文明、政治文明、精神文明的协调发展。

素质就是效益，素质就是形象，素质就是文明。为给纳税人提供最优的办税环境，我们注重从抓好教育入手，不断提升全员的政治、业务素质，借助"两级六考"制度，经常开展各种形式的岗位练兵活动，固强培弱，不断充实税收管理员的知识库。配合业务技能考核，将每名税务干部考试成绩与年底工作考核奖励挂钩，奖优罚劣，这一举措有效提高了税收管理员业务水平。在今年市局组织的管理员岗位大比武中，我局取得了平均分数第一名的好成绩。

法治与文明并举，服务与文明同行。在服务纳税人、服务社会方面，我们推出"阳光税务"工程，向纳税人承诺"五零标准"，为纳税人创造和谐的办税环境。

——公开办税"零隐蔽"。我们通过公告、网络、上门服务等形式对税收政策、办税程序、纳税户定额、行政处罚等内容进行最大限度的公开；利用现代科技手段推出双定户网上定额系统，根据纳税人经营场所、经营状况确定系数，输入相关数据由电脑自动生成定额，避免出现关系税、人情税。

——执法流程"零障碍"。一流的管理带来一流的执法，必然衍生一流的服务。我们通过"234"立体税源管理体系，对现有税源信息进行逐月综合量化分析、对比，掌握动态变化情况，进行跟踪辅导，有效增强了税源管理的针对性。

——征纳沟通"零距离"。工作中，我们针对不同的纳税人提供不同的服务。对新办登记纳税人开展送政策上门服务，讲清其所适用的优惠政策；对常规纳税人提供申报提醒服务，坚持每月深入企业掌握生产经营和财务核算状况等第一手资料，并及时送去最新税收政策法规。今年，我们根据纳税人需要先后组织4期辅导班，对新会计制度、个人所得税申报等内容进行免费培训、辅导，参训人员达430人次，为企业牵线搭桥40余次，直接涉及金额2700余万元。

——优质服务"零缝隙"。去年以来，我们先后开通12366办税服务热线、网上申报纳税系统和纳税服务提醒业务，简化定期定额户纳税申报程序，实现了银行代扣代缴。华北高速是开发区的重点纳税人，由于路程较远，每月申报重点税源资料需要来回跑几趟。征管科的同志就主动想办法，将所有的资料压缩打包，通过网络传递给他们，大大节约了办税成本。截至目前，全局共提供18100户次纳税提醒业务，接受1331人次业务咨询；通过网络传输电子资料2220份，免费发放《办税辅导》等宣传资料1400余份。高效、真诚的服务方式，在征纳之间架起了一座桥梁，产生了巨大的社会效益和经济效益。

——执法服务"零差错"。借助税收执法责任系统，加大对"两权监督"的考核力度。通过征管系统软件查询，实现对每一名管理员日常工作的监控，由电脑自动生成纳税辅导、催报催缴等信息，有效减少了工作失误。此外，我们还主动接受社会和群众监督，在10月份召开的行风建设听证质询会上，与40名义务监督员面对面交流，听取意见和建议，有效促进了各项工作的改进。严格的内部管理制度和外部监督制约机制，使我局的执法过错降为“零”。

文化衍生文明，文明创造文化。工作中，我们大力开展税务文化建设，坚持以良好的地税文化启迪、陶冶和塑造全局干部，使“人人是窗口、个个是形象、处处是环境”落实到了税务干部的自觉行动中。今年，我们把“知荣辱、树新风、创星争优”活动作为文明创建活动的载体，用星级标准衡量人，用星级活动激励人，用星级效应引导人。在“优秀税务干部”、“文明示范科室”、“文明示范岗”评星上榜等活动中，先后评选命名出一个文明示范科室、七个文明示范岗和五名优秀税务干部，并用门牌、桌牌、绶带予以标识。此外，我们还鼓励大家积极参加各种社会公益活动，资助贫困失学儿童，主动为他们捐钱赠物。通过各种活动的开展，在系统内营造良好的学习、工作氛围，增强了局机关的凝聚力，展示了地税干部良好的精神风貌。

“千淘万漉虽辛苦，吹尽黄沙始得金。”我们虽取得了各种殊荣，但我们清醒地认识到，“三个文明”建设只有起点，没有终点。在党的十六大精神指引下，我们将继续开创行业文明建设新局面，以新的成绩为推动地方经济发展作出新的贡献。

供稿：廊坊市文明办

整理：陈东 邵凤霞

廊坊市明珠集团

塑造企业良好形象 争做播洒文明窗口

明珠集团是全市最大的国有商业企业，全国零售百强企业，河北省百强企业，河北省政府重点支持的20家商贸流通龙头企业。在创建文明行业活动中，我们充分发挥企业的窗口示范作用，努力把企业融入社会之中，把亲情献给顾客，全方位塑造企业形象，精心打造明珠品牌，赢得了信誉、赢得了顾客、赢得了效益，2006年完成销售9.6亿元，实现利税1500万元，分别比去年同期增长17.6%和6.8%。企业先后获得全国五一劳动奖状、全国文明单位、全国商业服务业十佳企业、全国模范职工之家、全国青年文明号等30多项国家级荣誉称号。我们的具体做法是：

一、提高员工素质夯实文明基础

在创建文明行业活动中，我们始终把提高员工素质作为工作的切入点，全力打造文明工程，用员工文明提升企业文明，用企业文明影响社会文明。一是组织基础培训。坚持干什么学什么，干什么精什么的原则，着重强化对全体职工思想道德、服务规范、商务礼仪、法律法规等相关知识的培训。组织企业内部具有一定法律知识、从事相关工作的专业人员，讲解消费者权益保护法；组织企业内部长期从事财务工作、具有注册会计师资格的财务主管讲解财务知识；组织企业荣获全国荣誉称号、具有丰富经验的服务品牌讲解服务体会和服务技巧。培训内容涉及30多项，参加培训人员达2万多人次。二是组织高层次培训。先后邀请中央党校教授李梁栋、中华女子学院教授李明舜、最高人民法院戴玉忠、河北经贸大学教授杨欢进、北华航天学院教授郭铁良等中央和国家知名院校的20多位专家教授来企业讲课。同时，委托北华航天学院长期为企业举办市场营销、经济管理大专班，目前已有200多名职工参加了系统学习，并获得了学历证书。三是组织重点培训。我们把职业道德作为培训重点，先后邀请13名全国劳动模范、优秀营业员到企业传授经验，学习他们爱岗敬业的精神。先后组织开展了“落实《公民道德实施纲要》从我做起”千人签字活动和“革除陋习、树立新风、争做文明职工”千人签字活动。组织职工开展学习《纲要》有奖征文活动。在上下班通道处，精心制作大型通体墙报，将钛金制作的20字基本道德规范镶嵌在上面，使大家在潜移默化中受到教育。

二、秉承诚信立店坚持以德兴企

明珠集团坚持以德兴企，诚信立店，在职工中大力倡导爱岗敬业、奉献真诚的道德风尚，引导职工树立“卖真品、标真价、献真情”的诚信理念，践信守诺，以诚经商。一是坚持名品进名店，名店卖名品。先后引进名优特新、新潮时尚、适销对路的商品8000多个大类，3万多个系列，10万多个规格和花色品种。在品牌管理上，每月由职能管理部门对各品牌列出品牌排行榜，对含金量高的品牌厂商在政策上给予支持和鼓励，对排位靠后的品牌实行末位淘汰，使商品结构不断得到优化，名优精品始终保持在80%以上。二是强化诚信意识，构筑信誉制度。按照企业通过的ISO9001质量管理体系认证要求，不断加大商品进、销、存管理，先后建立完善了“四不进五把关”的商品进货制度，“三证齐全”的销售制度，“不经营假冒伪劣商品”的承诺制度、库存管理ABC分类制度，从源头上杜绝了假冒伪劣商品，使消费者买着放心，用着踏实。三是恪守诚信诺言，树立良好形象。遵循“少在华丽词藻上做文章，多在实惠让利上想办法”的促销理念开展促销活动，真正让利于民。为增强价格的透明度，主动请市物价局依据价格法对商品进行公证，确保商品价格与价值相符，诚信经营，为企业赢得了口碑，树立了企业良好形象。明珠搞的每次大型促销活动，顾客都摩肩接踵、拥挤不动，许多消费者都盼望明珠搞促销活动，他们说明珠的促销活动玩实的，动真的，就是便宜。

三、选树服务品牌提升服务品位

在创建文明行业活动中，我们把握工作重点、突出企业特色，不断深化服务内涵，提升服务理念，推动服务升级，向顾客提供“品牌”服务，以典型促进整体服务水平的提高。一是注重选树服务品牌。组织开展了选树服务品牌活动，提出了推荐范围、推荐要求、推荐条件、组织考察、品牌确定、动态管理的具体要求，经过自上而下的推荐评选，最后确定了8名服务品牌考察人选。为使这8名服务品牌考察人选，不仅要在企业内部站得住、叫得响，而且要墙内开花墙外香，努力争创市级、省级，乃至国家级的服务典型，对他们严格要求，教育和引导他们爱岗敬业，恪守职业道德，掌握丰富的商品知识和高超的服务技能，成为企业的形象点和闪光点。二是注重培养服务品牌。组织服务品牌去北京燕莎友谊商城、西单商场、SOGO、沃尔玛购物中心和国美电器参观学习，回来后结合实际总结提炼，写出演讲稿，在班前会上和职工学习交流，带动更多的人学习提高。在他们的影响和带动下，明珠8个经营部的600多名职工也都成了企业的“亮点”。前不久，珠宝部郎芳所在的戴梦得古王白行柜组被全国妇联和中国商业联合会命名为“全国巾帼文明岗”。三是注重推介服务品牌。总结他们的先进事迹和服务经验，在企务公开栏、各种媒体杂志上进行各种形式的宣传，扩大他们的服务影响，培树他们的服务特色，不断提升服务品位。服务品牌中郎芳是全国商业联合会授予的“全国服务明星”，王雪玲是市妇联授予的“新长征突击手”。服务品牌的服务，拉近了与顾客的距离，成为整个明珠的形象点、闪光点。

供稿：廊坊市文明办

整理：陈东 邵凤霞

霸州市

以村企共建为载体促进文明生态村创建

一、健全五项机制，确保村企共建顺利开展。一是用方案谋共建。以改善农村环境为突破口，以提高农民素质和生活质量为根本，以“经济发展、民主健全、精神充实、环境良好”为主要内容，制定了村企共建工作方案，为企业参与文明生态村创建做导航。二是靠组织推共建。成立了村企共建领导小组，按照市、乡、村“三级联动”，部门、企业、村街“三位一体”的推进方式，签订村企结对协议，开展村企互访活动。三是定制度保共建。市、乡建立“村企共建”领导包村责任制，推行目标量化考核，定期联系所包村街，解决村企共建中的问题。四是搞宣传引共建。通过媒体大力宣传村企共建的好处和典型，为村企共建营造浓厚的舆论氛围。积极为村街企业牵线搭桥，引导企业积极参与到文明生态村创建中来。五是设奖励促共建。对在村企共建中作出突出贡献的企业，由市委、市政府进行表彰并在文明单位、优秀企业等先进称号的评定中给予优先考虑。乡镇、村街通过为企业冠名、提供优质服务等方式，树立企业新形象，提高企业知名度。

二、坚持四条原则，指导企业搞创建。一是企业自愿原则。在村企共建活动中，不以牺牲企业发展为代价，使企业量力而行，自愿参与到“村企共建”中来。二是因地制宜原则。村企共建坚持因企制宜、因村制宜，依据企业的实际和自身优势，结合本村在生态村创建中的缺项、漏项制定共建措施。三是村企互利原则。在村企共建过程中，既要确保文明生态村创建质量，又要让企业在活动中受益，以此达到村企之间“融洽关系、互相促进、共同发展”的目的。四是民主公开原则，凡是企业参与村企共建的项目，必须进行民主协商、民主评议、及时公开，接受群众监督。

三、做到“四个结合”，形成创建整体合力。一是村企共建与经济发展相结合。通过村企共建，一方面村街为企业的发展创造水、电、路、讯等基础条件，另一方面企业为村街的经济发展献计出力，使企业在发展壮大的同时增加村街的集体收入和农民收入，为创建文明生态村奠定坚实的经济基础。二是村企共建与民主法制建设相结合。在村企共建活动中，村街采取多种方式，增强村民的遵纪守法意识，提高民主法制素质，从根本上维护村街的长期稳定。三是村企共建与思想文化建设相结合。村企通过共同努力，修建文化站、图书室、健身广场等文化娱乐设施，丰富村民的业余文化生活，加强村街思想文化建设。四是村企共建与建设优美环境相结合。通过村企的共同努力，使文明生态村创建村街在硬化、亮化、绿化、美化、净化上有较大改观，人居环境得到全面提升，让百姓享受到实实在在的创建成果。

四、形成两种推进方式，催生创建成果。一是农业产业化经营企业推动村街发展。范家坊村以书合养殖场为龙头，通过村企共建活动，与企业带头人协商，形成了信息共享、技术沟通、饲料的供给发放和鸡蛋集中销售等协作方式，带动分散养殖户30余户，走出了一条基地和农户互动双赢、良性循环的路子。村企共建活动开展以来，农产品基地的发展带动农户达8.6万户，促进了农民增收。二是推进村企协调发展。武将台村是远近闻名的线缆生产专业村，有160余家以生产铜轴电缆、民用电线为主导产品的私营企业。在村企共建活动中，村两委班子先后投资750多万元修建道路，增配变压器、成立电工服务队，从路、水、电、通讯等方面搞好服务。并专门申请在村里设立了邮电局、信用社。还针对私营企业遍及全村、厂房拥挤不利于扩大生产规模的问题，积极与相关部门沟通，规划了100多亩废弃地作为新的工业小区划定给有经济实力的企业用于建设新厂房。在搞好服务的同时，村里还成立了企业管理委员会，加强对企业的监管。

供稿：廊坊市文明办

整理：陈东 邵凤霞

固 安 县

抓好四个环节促进留守儿童健康成长

一是征集“代理家长”。建立“留守儿童托管关爱中心”，广泛征集社会爱心人士、志愿者作为他们的“代理家长”，结对照顾他们的生活起居，让留守儿童充分感受到亲情的温暖。以关爱农村留守儿童、流动人口子女为主题，开展“书信传亲情”活动，鼓励这些孩子通过给外出打工的父母写信问候，了解父母在外的辛苦，加强亲子间的情感沟通。

二是提升教育质量。乡镇中小学设立“留守儿童活动站”，城内社区建立“留守儿童校外辅导站”，利用双休日、节假日，组织教职员工为他们辅导文化课，邀请教育专家对他们进行理想教育，培养优良的道德品质；创办一批留守儿童和流动人口示范家长学校，定期开展留守儿童监护人培训，利用外出务工人员集中返乡之际举办留守儿童家长培训班，并发放“留守儿童家校联系卡”、开设亲情热线电话，强化家长的责任感,提高家教质量。

三是开展“留守儿童健康月”活动。活动中县食品药品监督管理局、卫生局出台《关于治理全县范围内食品销售的统一规定》，要求各中小学、社区幼儿园要对孩子们食用的食物、饮料严格把关，一经发现不符合卫生标准的销售点、过期食品，迅速举报，及时处理。建立未成年人医疗救助保障制度，对留守儿童的救医给予费用减免，发动县医院、中医院及乡镇卫生院就近为留守儿童体检，并提供免费医疗服务。

四是开展创建“平安学校”、“平安家庭”活动。以家长学校、村民中心、文化站为阵地，建设一批娱乐性、安全性较强的活动场所，最大程度地把留守儿童吸引到活动中来，使他们的生活娱乐安全而富有情趣；以开展“小公民道德建设实践周”、“城乡儿童共成长”、城镇儿童与农村留守儿童“手拉手”等活动为契机，加强城乡留守儿童的情感沟通，引导社会各界为他们的健康成长贡献力量，共同营造良好的社会环境。

供稿：廊坊市文明办

整理：陈东 邵凤霞

高碑店市

实施科技入户 培育新型农民

2007年以来，我们认真按照《全国农业科技入户示范工程实施方案》，结合我市实际情况，从提高农民素质入手，加快培育新型农民，最大限度地提高农民收入，有力地促进了社会主义新农村建设。

一、把科技入户工程贯穿整个新农村建设中

新农村建设是以发展农村生产力为核心，涵盖农村经济、政治、文化、社会的系统工程，农业科技入户工作将科技推广的目标，内容贯穿于新农村建设的方方面面，在新农村建设中发展农业科技产业，培育新型农民。

1．科技入户工程，促进生产发展。我市紧紧围绕小麦生产组织开展全方位的产前、产中、产后的综合服务，普及推广增产、增收技术，努力提升小麦的产量和质量，提高农业综合效益。

2．拓宽农民增收渠道，努力实现生活宽裕。按照农业产业化思路发展现代农业，通过农民技术协会延长产业链条，实施小麦新品种研发、试种、繁育、加工、销售一条龙服务，打造小麦优良品种基地，提高农业产品的附加值和市场竞争力，增加农民收入。

3．搞好农民素质培训，促进乡风文明。我市以中国农科院生物技术研究所、农作物科学研究所、北京银土地生物技术有限公司为依托，充分发挥农业科技培训的优势，提高农民的实用技术水平，增加现代农业技术知识，不断推进科技文明，同时对农民进行法律、法规、政策培训和其他知识的宣传工作，实现农村精神文明和物质文明的双丰收。

二、科技入户工程在发展现代农业中充分发挥主力作用

社会主义新农村建设的首要任务是推进现代农业建设，加快传统农业向现代化农业的转变，强调科学技术对社会主义新农村的产业支撑。我市紧紧抓住推进科技进步，提高现代科技成果转化率和科技进步贡献率这一关键。

1．在提高农业科技创新和转化能力上实现价值。推进农业科技创新和加快农业科技成果转化是现代农业的核心内容。我市坚持以集成创新和引进消化吸收再创新为重点，围绕大幅度提高农业生产力和农业劳动生产率，广泛应用现代农业科技成果，推广应用优质高效新品种及节水增效技术，改善传统农业生产方式，不断改革农业科技推广体系，完善推广机制，创新推广方式，推动农业科技进步，提高农业生产中的科技进步贡献率。

2．在稳定发展粮食生产上实现价值。稳定发展粮生产是保持国家粮食安全和社会稳定的战略方针，我市根据小麦提升行动的研发需要，引进专用、优质、高效小麦新品种，搞好农业综合配套技术集成与推广，应用测土配肥技术，推广应用高效低毒病虫草鼠害防治技术。认真实施涉及小麦生产的基础设施，采取一切措施，加快小麦科技示范工程建设。

3．在推动农业产业结构调整上实现价值。按照高产、优质、高效、生态、安全的要求，通过技术信息服务，把工作渗透到小麦种植的各个环节，培育小麦名优产品，通过技术促进农业产业化升级，提高产品的市场竞争力。

4．在发展农业产业化经营上实现价值。按照农业产业化发展的要求，使科技入户工程在服务于农业产业化中，充分发挥“立项、咨询、参与、服务”等优势，推进小麦种子产业化发展进程。

三、创新理念，转变思路，服务于新农村建设

一是立足提高农业生产效率和土地产出率，加大科技引进、示范、入户力度，建立各类现代农业设施示范应用基地，示范推广适用、高效的农田排灌技术，科技施肥技术、农业环保工程与技术，不断提高农业装备水平。二是积极争取政府的支持，加强与大专院校、科研单位的合作，提高引进、消化和推广入户创新能力，加快优良品种、先进技术集成配套，不断提高农业发展中的高新技术含量。三是坚持立足发挥资源优势，突出地方特色，以市场为导向，以科技进步为支撑，将触角延伸到农业生产、加工、流通等各个环节，服务于农业产业的全过程，让科技入户工作在龙头带基地、品牌兴产业、产业富农民中发挥更大作用。四是把农业和科技入户工作与宏观农业和新农村建设结合起来，用工业化思维抓农业生产，把农业标准化、品牌化、市场化作为农业和科技入户工作的总体内容组织实施。

四、科技入户工程促进农业、农民增收

2006年高碑店市小麦播种面积33.2941万亩，平均单产为375公斤/亩；20万亩科技入户项目单产为400.9公斤/亩,比非项目区增产19.3%。

全市科技示范户1000户，共种植小麦5257.2亩，平均亩产达438.1公斤，比上年增产3.8公斤，比全市平均增长16.8%，比全市前三年平均单产365.1公斤，增产21.2%。20000户辐射带动户平均单产为423.8公斤，比全市前三年平均单产增17.2%。

据测算，示范户、辐射户、全市平均亩成本分别335.5元、358.6元、385.5元，示范户、辐射户亩节本50.0元、26.9元。折合单位产量成本，示范户、辐射户、全市平均分别为0.77元/公斤、0.85元/公斤.1.03元/公斤,示范户、辐射户比全市平均分别节省了25.2%和17.5%。

实施农业科技入户工程以来，通过对10个乡镇100个村1000个科技示范户和20000个辐射户的农民进行培训和指导，示范户的小麦平均单产达到了438.1公斤，比2005年示范户平均单产增加3.8公斤，比今年全市小麦预产63.1公斤，增长16.8%。经济效益和社会效益非常显著。农业科技入户，使广大示范户和辐射户不仅懂得了小麦高产栽培技术，同时也增加了种田积极性，加上我市小麦繁种面积不断扩大，拓宽了农民增收的渠道。通过实施农业科技入户示范工程，技术指导到户、科技培训到户、物化补贴到户、信息服务到户、示范户手册到户所产生的踏板效应，使农民实现了学习接受能力、自我发展能力和辐射带动能力的三级跳，有效地提高了农村劳动者的素质和科学种田水平，为创建生产发展、生活宽裕的社会主义新农村补充了血液，增添了活力；通过实施科技入户工程，推广配合施肥、氮肥后移、一喷综防等新技术，减少了农业生产上不必要的投入，体现了建设节约型农业要求；同时，由于生产技术的改善，提高了农产品品质，提高了人们的生活水平。通过实施科技入户工程，改善了干群关系，体现了建设和谐社会的要求。现在乡镇政府正处于由管理型到政府向服务型政府转型的关键时期，技术指导员作为乡镇干部的一分子，无偿的向示范户、辐射户进行培训、指导，极大地转变了过去在农民印象中进村入户不是要钱就是催粮的形象，物化技术补贴的实施也让广大示范户感受到了党的温暖。在今年我市的农村两委换届过程中，不少村的示范户被选入了新的两委班子，这充分说明了科技入户密切了干群关系。

供稿：高碑店市文明办

易县西陵镇

以长效机制巩固文明生态村创建成果

易县西陵镇位于世界文化遗产清西陵旅游景区腹地，共有1.6万人，17个行政村，其中12个村初步达到了省市创建文明生态村指导标准。3个村今年重点创建成效初显。2005年、2006连续两年被评为保定市文明生态村创建先进乡镇。在创建过程中，我们以创建文明生态镇为目标，以产业发展、农民增收为着力点，求深求广，常抓不懈，建管并重，持续不断，取得了阶段性成果。我们的主要做法是：

一、抓重点，重点抓，致力创建文明生态强镇

建设社会主义新农村也好，创建文明生态村也好，其关键和核心在于“生产发展、生活宽裕”，在于“经济发展”。因而我们在创建活动的开展中紧紧扭住发展致富产业、促进农民增收这一重点，着力打造文明生态强镇。

没有产业支撑，文明生态村建不好；没有产业支撑，文明生态村也巩固不好。面临保护第一、开发第二的世界文化遗产清西陵，如何在创建中发展产业，通过产业促进创建，实现“经济发展、生活宽裕”的目标，一直是困扰我们西陵镇党委政府的难题。2003年，易县县委、县政府提出了建设生态文化旅游强县的奋斗目标，作为全县重点旅游乡镇，我们很快找到了答案：围绕清西陵做文章，大力发展乡村旅游。特别是全省文明生态村创建活动的开展，为旅游产业的发展提供了有力抓手。由此，我们确定了“在创建中发展乡村旅游产业，靠旅游产业促进创建”的创建思路和建设文明生态强镇的创建目标。围绕这一思路和目标，经过三年的创建实践，乡村旅游产业不断发展壮大，我们的乡村游专业村由2003年的1个发展到现在的12个村，“满家乐”专业户由2003年的不到10家发展到现在的240家，特别是我们的“乡村游满家乐”，已经成为清西陵旅游的特色和品牌。去年4月份，宋恩华副省长就乡村游发展到我县调研，对我镇的做法给予了充分肯定，随后全省乡村游现场会在我镇凤凰台村召开。2006年，全镇乡村游户共接待游客3万人次，全镇旅游收入达300万元，户均增收200多元，文明生态强镇已现出雏形。

旅游产业的迅速发展还成功破解了我们如何巩固创建成果的难题。通过发展乡村旅游，特别是天天跟游客打交道，人们的思想道德和生活习惯发生了很大变化，农民自觉、主动地管护花草树木和公共设施，吃的卫生了，穿的干净了，说话文明了，自己的院子不用说，连大街胡同也再不用村干部催，一大早就扫干净了。为什么呢？这是“门面”，邋里邋遢、脏脏兮兮游客谁上你这儿来。群众的精神面貌为之一变。西陵镇是一个多民族混居乡，满族占总人口的30%以上，受满族“八旗”文化的影响，人们习惯于提笼架鸟游手好闲，乡村游一搞起来，人们开始琢磨怎么发家致富，搞不了接待就跑出租，栽果树，种药材，为什么呢？因为这也挣钱。农家游的发展促进了民风的好转，打麻将的少了，偷偷摸摸的没了，待人接物的态度好了，文明礼让的风气形成了。所以，我们感觉，巩固创建成果最好的办法就是发挥群众的主体作用，让群众自己动起来。而让群众动起来最好的办法就是发展产业，发展是破解创建难题最好的钥匙，发展是巩固创建成果的“硬保障”！因此说，抓住了发展才是抓住了创建工作的重点和关键。

二、抓经常、经常抓，建立创建工作长效机制

创建文明生态村不是临时性工作，也不是阶段性工作，更不是某个部门的工作，而是一项事关农村全局、常抓不懈、没有终止的综合性活动。西陵镇突出抓了六项工作机制，使创建活动成为镇党委政府的日常重要工作，成为广大农民的自觉持久行动。

1．抓组织领导机制，实现领导日常重点抓、组织长期固定化。镇党委政府把创建文明生态村工作作为统揽“三农”工作全局的有力抓手，摆上重要议事日程，每次班子例会都作为重要议题去研究部署，每季度召开一次创建工作专门会议。镇成立了由党委书记任组长的创建工作领导小组，并明确一名得力副科领导专职主抓创建工作，同时成立了镇创建办，实现了挂牌办公，专人专职专责常年抓创建工作。从而为连续抓好创建工作提供了领导和组织上的持久保障。

2．抓农民自建机制，形成天天想创建、人人搞创建的氛围。最大限度地调动农民积极性，让他们用自己的双手建设美好家园，是搞好创建活动的基础。我们一是全面发动大宣讲。除平时的会议、标语、广播、培训等宣传发动手段外，镇每年组织两次分村干部和村民两个层次集中专题宣讲创建工作的意义、方针、原则。二是典型带动大参观。每年组织村干部到外地创建示范村学习取经一次，组织村民代表在镇内先进村观摩两次。三是现身说法大比拼。每年组织一次全镇文明生态村专题报告会，由示范村的干部和示范户代表现身说法，激发农民的创建热情，有的人会还没听完就摩拳擦掌想回去动手搞创建，用实际行动去追先进、比先进。通过以上制度化的活动，全镇逐步形成村村争创建、家家愿创建、人人搞创建的良好局面，为搞好创建提供了持久动力。

3．抓投入保障机制，镇财政投入制度化、村民捐款自觉化。创建文明生态村，投入是保障。在镇财政非常紧张的情况下，我们每年都列入财政预算，最少拿出7万元用于创建。一是在创建中每年拿出5万元支持重点村的创建，解决创建中遇到的困难。二是采取以奖代补的方式，每年年终再拿出2万元鼓励创建，评比验收第一名的村奖10000元，二、三名各奖5000元。三是每年举办一次“我爱我家”活动，动员村民特别是本地在外工作、经商人员自觉为本村捐款，筹集创建资金。三年来各村共筹集创建资金52万元，其中凤凰台村已捐款20多万元，仅关作为一人就已捐款10万元。

4．抓自建与帮建互动机制，充分借助外力搞创建。发挥镇党委政府的作用，最大限度地借助帮建部门的力量做好创建工作。一是参与帮建协议的签定，督促协议内容的落实。在协议的签定中坚持量体裁衣，用其所长，切实可行。二是乡创建办设一名帮扶联络员，全面协调帮扶部门和创建村的关系。三是镇主要领导加强与帮扶部门的联系，加深感情，让帮扶部门尽其所能，争得最大的支持帮助。去年帮扶我镇的5个县直部门共支持资金33万元，2个市直帮建部门支持资金20多万元，共争取帮建支持55万元。

5．抓民主监督机制，使创建工作走上法制化轨道。我们把文明生态村创建工作列入全镇十一五规划，经人代会批准后逐年实施。每年把创建文明生态村工作列入年度政府工作报告重要内容，把对创建工作的投入列入财政预决算报告内容，都在人代会上向人民做出庄严承诺，并由人大代表依法监督实施和评议得失，使创建工作走上了法制化轨道。

6．抓述职考核机制，使创建工作成为考核干部的大事要事。结合村两委干部任期目标责任制，村党支部、村委会对创建工作年初定目标，述职要结果。在村班子换届时，村主任的竞职演说都把如何开展创建工作作为硬性条件具体承诺。如果创建工作没有抓到位，村民就不答应。在去年换届时就有一名村支书和三名村主任因创建工作没抓好被选下了台，有8个村主任是因演说时突出了创建工作而高票当选。在每半年一次的村支部书记述职时，创建文明生态村工作为必述内容和重要内容。在年终对各村班子综合考核时，创建工作作为主要内容，占有最大比例，满分100分，创建占到80分。并且把创建工作作为评先评优的必备条件，如果创建工作没抓好，各方面的评优评先资格均予以取消。从而在全镇树立了“不抓创建就当不了干部、抓不好创建就当不好干部”的导向。

通过以上六项长效机制的推行和落实，全镇的创建工作领导干部有责任有压力，农民群众有愿望有动力，呈现出上上下下经常抓、方方面面抓经常的生动局面。

三、抓反复，反复抓，建立巩固提高长效机制

一是争星创优机制。对已普查村，围绕卫生保洁、绿化管护、道路养护、文明新风、产业发展等五项内容，我们制定了“五星级”文明生态村巩固提高标准，下发到各已普查验收村，并设流动红旗，每年年底再次组织普查验收。普查验收采取日常保持与现场集中打分相结合的方法，对能保持有发展并获得“五星级”的先进村颁发“流动红旗”。同时，严格规范的开展“十星级文明户”评选活动。形成村争“五星”、户争“十星”的双层争星评比活动。年终对获得“流动红旗”的“五星级”文明生态村和特别突出的“十星级文明户”给予物质和精神的奖励，形成了村比村、户比户，人人动手巩固创建、深化创建的生动局面。2006年全镇评选出五星级文明生态村5个，十星级文明户1100户。

二是市场运作机制。文明生态村创建通过普查后，为解决管护没人愿意干、有人缺钱事难办的问题，我们引入市场机制，采取市场运作的办法，较好地实现了有人管事，有钱办事。在实际工作中，我们探索出了以绿养绿、以园养园、以户养街的办法，收到很好的效果。以绿养绿就是绿化带进行小苗密植，并承包给专人管护，等苗木长到了一定规格后，采取疏苗卖苗的办法，收入归承包个人所有；以园养园就是在村街公园内栽植丝瓜、倭瓜、南瓜、葫芦等经济作物，并委派专人负责看管，每年的瓜果收入为看护人所有；以户养街就是由农家游经营户负责门前及街道的卫生和绿化管护。通过市场运作后，不但集体不再负担管护资金，而且管护人员容易找，收入稳，积极性高，责任心强，管护效果也很好。

三是递进目标责任机制。以全镇全面开展文明生态村创建为前提，根据各村不同创建内容和层次，分层制定责任目标，即一般创建村、当年重点创建村、第一批创建村、第二批创建村、第三批创建村……层层递进,层层深化,层层提高。年初分层次签订目标责任书，年底分层次要账兑现责任。我们把镇包片领导、包村干部和村“两委”干部捆绑在一起，一并考核，一并奖惩。对连续三年达不到责任目标的，支部书记就地免职，村主任按程序依法罢免；包村干部年终考核不能评为优秀；包片领导申请县组织部门予以调离。用危机机制激发镇村干部抓创建的动力，保证了所有创建村，特别是已通过普查村年年有新内容、年年有新提高。

四是成果展示交流机制。以组织开展各项活动为载体，全面展示创建成果。紧紧抓住保定市举办文明生态村风采大赛系列活动的契机，积极动员、精心组织文明生态村农民踊跃参加。除做好市里的规定项目和规定动作外，我镇又结合各村实际推出了自定项目和自选动作。一是打造了两条镇级大循环精品线路，一条是贯穿忠义村、五道河、太平峪、新畔石、凤凰台、龙里华、华北村、太和庄等村的清西陵精品线，一条是贯穿三尖峪、白水港、太宁寺、金龙庄、龙泉庄、南大地等村的云蒙山精品线。二是每年开春举办大规模的文明生态村花会巡回交流表演，富有满族特色的段龙舞出了各村的喜庆，充满民间特色的秧歌扭出了各村的欢笑，全镇人民都感受到了文明生态村创建带来的巨大变化和无限喜悦。三是每年冬闲季节举办一届全镇文明生态村农民运动会，项目包括球类、棋类、挑担推车、拔河、特技等5大项17小项。通过举办丰富多彩的活动，全方位展示了文明生态村创建成果，营造了文明生态村创建的浓厚氛围。

五是把持续提升农民素质作为深化创建、永无终止的奠基石。创建过程中农民是主体，巩固深化创建依然要靠农民本身，其根本在于农民素质的高低。因而在文明生态村创建启动后，我们把开展各种方式的农民培训、持续提升农民素质作为根本任务长期抓下去。除常规的政策、科技、法律等培训反复搞以外，我们突出了文明礼仪和致富能力的培训。我们从文明礼仪方面入手，以乡村满家乐为主要舞台，以待人接物为主要内容，从个人形象、屋院布局、语言表述、行为举止、接待步骤、服务细节等方面进行专题培训。去年镇创建办、镇农家游协会等共组织培训15期1200人次。开展我们还聘请河北农大、旅游学院等外地专家教授举办培训班3期200多人次。此外，我们还开展“文明家庭旅馆”的评选，把一客一换被褥、卫生可口饭菜、洗澡、水冲厕所等简单易行的标准上墙告知，培训操作，提高了农家宾馆的服务水平。农民形象转变了，文明程度提高了，农家院接待客人也增多了，通过接待客人把文明礼仪素质转化成了致富能力，增加了收入。另外，我们还把农村劳力就地转移作为支点，结合农家游的发展壮大，逐步把更多的农民培育转化成农家游从业者，使他们在农家游接待实践中进一步提升综合素质和致富能力。2006年农家游从业人数比2005年增加了500多人。

六是把项目建设和产业发展作为深化创建、永不谢幕的重头戏。文明生态村进一步发展的动力和支撑在于产业的逐步发展，在于农民收入的持续增加。无论哪个类型的村，我们都把新上增收项目、发展致富产业作为核心和关键。从产业发展上，围绕旅游和林果两大优势产业，扩规模、上水平、提效益。特别是在旅游业上，我们依托清西陵、云蒙山两大旅游景区，以忠义村、凤凰台、太平峪、白水港、新畔石5个村为重点，以创建文明生态村为载体，全力打造清西陵满家乐园品牌。镇政府成立了满家乐管理服务中心，对全镇满家乐经营户建立档案，统一挂牌管理，同时在网上成功开办了清西陵满家乐园网站。围绕旅游和林果药材业，在项目建设上实现了历史性突破。其中投资1.02亿元的南大地乐百年休闲园项目已开工建设；凤凰台旅游度假村项目已经签约，征地已经完成；投资300万元的金龙庄别墅度假村已竣工并开始运营；投资150万元的白水港云蒙山庄2006年改扩建工作提前完成；投资400万元的晓新村生态观光园完成了生态大棚主体框架的焊接；投资200万元的太宁寺水上休闲度假村已签约并已完成水平沟的整修；投资50万元的龙泉庄服装厂已投入生产运营；投资100万元的太平峪服装厂正在洽谈中。同时还实施了投资1000万元的小流域综合治理项目和万亩中药材西陵知母基地建设，既改善了生态环境，又增加了农民收入。全镇旅游业收入2006年达到500万元，是2003年的5倍；林果业收入2006年达到900万元，是2003年的3倍。产业的快速发展和项目建设的突破，为进一步深化提高创建提供了不竭动力。

供稿：易县文明办

沧州市

立足发展 分类创建 推动“成片连线”文明生态村创建

创建文明生态村活动开展以来，沧州市以营造新环境、发展新产业、培育新农民、建设新文化为目标，把“成片连线”作为创建工作向广度和深度推进的突破口，在全面铺开创建工作的基础上，立足发展，城乡统筹，分类创建，打造出特色产业示范区、中心村辐射创建群、城郊文明生态带、文明生态走廊等4类重点创建区域。2004年以来，共建成198个创建片，涉及131个乡镇、1159个村，占全市行政村总数的20.2%。“成片连线”创建的开展，彰显了区域特色，形成了大区域和小区域相互交融、相得益彰的格局，促进了区域和谐，有力地推动了农村经济和社会各项事业的发展，为沧州经济又好又快发展和建设沿海经济强市奠定了良好基础。

一、围绕提升农村经济实力，打造特色产业示范区

创建中，我们利用相邻村产业趋同，互补性强的特点，把发展壮大特色产业群与“成片连线”创建有机结合起来，用“经营农村”的理念指导创建，变“成片连线”创建为“成片连线”发展，有效地实现了特色产业发展与文明生态村创建的互动共赢。

1. 一体规划布局。结合“成片连线”创建，市委、市政府制定完善了特色产业发展规划，围绕优化产业结构、完善产业布局和提高产业知名度，加快特色产业集群化发展，打造特色产业示范区。各县（市、区）因地制宜，从本地经济状况、资源优势、特色产业、基础设施现状出发，突出特色、改善环境、节约用地，合理规划创建区域，科学制定区域发展规划。几年来，规划建设了金丝小枣、冬枣、鸭梨、化工、皮毛加工、电线电缆、模具制造、弯头管件等170多个特色产业示范区，其中年营业收入超5亿元的达50多个，年完成营业收入500亿元以上，占县域经济比重的35%。

2. 优化片区环境。打造特色产业品牌是发展壮大区域经济的核心，既需要扩大产业规模，提高产业影响，还需要产业区域有良好的对外形象和发展环境。创建中，各特色产业创建区内强素质，外树形象，推广ISO系列质量体系认证，实行标准化生产、品牌化经营，开展“五乱”治理，净化美化环境，强化村民教育，提升片区形象。泊头鸭梨是闻名中外的优质果品，前些年因为种植、管理不善，品质降低，市场逐渐萎缩。开展“成片连线”创建后，以洼里王、李福台等21个村的万亩标准化梨园为创建重点，建设绿色果品生产示范区。通过优化园区环境，提高农民素质，实行标准化生产，提高果品品质，成功打造了“泊洋”品牌，果品销往美国、加拿大、澳大利亚等30多个国家和地区，成为全球第二大连锁超市法国家乐福的果品供应基地，2007年一季度出口鸭梨2500多吨，比去年同期

增长两倍多。

3．村企互动创建。加快农村工业化进程，提高农民富裕化程度是创建特色产业示范区的目的。创建中，一方面充分发挥企业在经营理念、文化、教育、人力资源比较丰富的优势，帮助村庄开展创建，延长产业链条，发展二、三产业，带动周边村共同发展；一方面组织村庄为企业发展提供便利条件。通过村企互动，相互支持，促进区域经济和各项事业的协调发展。创建活动开展以来，特色产业示范区内160多家铸造、化工、建仪建材等民营企业与周边270多个村互动创建，企业为创建村提供资金扶持1450多万元，创建村为企业协调用地、治安等困难360多项，企业和农村在创建中实现了双赢。

二、立足改善人居环境，中心村辐射打造连片创建群

沧州市有5471个行政村，由于自然条件和历史原因，有相当一部分农村基础薄弱，人居环境较差，针对这一情况，按照“成片连线”创建的思路，在规划创建时，以基础条件较好且位置居中的大村为中心，精心培育，整合资源，辐射带动，联动建设，由单村创建向区域联建推进，促进区域经济社会协调发展。

1．整合资源，科学规划。市里制定了《关于做好“成片连线”创建规划工作的指导意见》，要求以县为单元，以乡镇为依托，本着合理布局，能相互利用就不再重复建设，有效整合各村现有资源的原则，以中心村为重点，合理布局，科学谋划。在创建过程中，各创建片区实施了村路相连、绿化相连、信息相连、文化教育相连的“四连”工程。公路将相邻的村连起来，沿路种植行道树，使区域内生态环境得到优化；连片村互相融合、互为依托，形成一个创建整体，村民中心、文化广场、村民夜校等公共设施相对集中使用，邻村的人们交往多了，增多了生产、经营和科技等方面信息的交流，加速了农民思想观念转变和素质提升的进程；通过整合，降低了创建成本，提高了基础设施的利用率，使有限的公共资源发挥了最大效益。

2．拓展服务，发挥优势。就单个创建村而言，服务组织不健全，服务能力和服务水平低，是当前创建中的薄弱环节。创建中，我们推行以中心村为依托，服务资源向周边村延伸，服务方式向周边村辐射的方法，以片区为单位，组建沼气服务站、治安联防队、中心卫生所、图书阅览室和农技服务协会，提高服务农民的组织化程度和水平，较好地解决了农民生产生活中的实际困难，推进了创建活动向更高层次发展。黄骅市以创建片为重点，从改善农民生活条件入手，大力推广秸杆气化新能源技术，组建农村新能源服务队，走村入户，为农户安装小型秸杆气化炉，进行技术指导，2007年该市片内农户安装炉具600多套，每台气化炉年可为农民节约费用1200余元，从中也使村庄、院落环境得到改善，受到了广大农民的欢迎。

3．组织推动，确保效果。市县乡建立健全了创建情况通报、协调调度制度，每月通报一次工作情况，每季召开一次工作调度会，确保创建稳步推进。市委组成督导组定期深入县、乡、村进行检查指导，及时通报创建工作情况。层层培育先进典型，各级媒体进行大力宣传，发挥典型作用，引导周边村开展创建。几年来，先后涌现了青县马场片、任丘梁召片、河间沙河桥片等20多个典型片和献县小屯村、青县耿官屯村等100余个省、市级典型村，以典型带动创建，周围村纷纷组织观摩学习，发挥了很好的典型示范作用。沧县每个乡镇都确定1～2个中心村带动创建，并根据创建情况随时召开现场观摩会，交流创建经验，推动了创建工作的开展，到2006年底，全县38个中心村带动400个村加入了创建行列，形成了“典型带动、全面开花”的局面。

三、着眼农村向城市转变，打造城郊文明生态带

沧州市除中心城市以外，辖4个县级城市、10个县城，城中村、城郊村312个，这些村毗邻城市（县城），位置较优越，交通较便利，基础条件相对较好，但是受规划不到位、人口流动大、农民传统习惯的影响，环境卫生较差、管理难度较大，在一定程度上，影响着城市（县城）经济的协调发展。创建中，我们抓住城郊这个重点，城乡统筹，着眼农村向城市、村镇向社区、农民向市民转变，统一规划、一体管理、同步教育，创建城郊文明生态带。

1．统一建设。市里出台了创建城郊文明生态带规划工作的指导意见，将城中（郊）村要统一纳入城市（县城）建设规划，统筹考虑城市景观、经济发展和村（居）民安置等因素，根据城市（县城）功能，统一规划生活、商贸和娱乐区域，连片建设，成片开发。三年来，全市先后投资近8700多万元对城市（县城）周边130多个村进行了改建，建设了50多个农民生活新区，建起了30多个经贸小区，修建了67个健身广场或景观花园，优化了城郊环境，提升了城市功能，发展了城郊经济。

2．同步管理。推行城市社区化管理模式，在广泛征求群众意见的基础上，把城市（县城）社区管理制度与村规民约进行有机结合，制定了城（中）郊村卫生保洁、绿化美化、公益设施管护、安全保卫等10余项管理制度。加强管理队伍建设，每个片均组建了由两委成员、党团员和专业人员组成的专业、义务相结合的管理队伍，管理工作做到了“三结合”即：专业管理和自我管理相结合、日常管理和集中管理相结合、市场化管理和义务管理相结合，实现了环境卫生、净化美化、治安联防、公益设施管理的“四同步”。

3．多元化教育。农村向城市转变，关键是农民向市民的转变。我们对城中（郊）村农民着重进行了两个方面的教育。一是针对农民千百年来形成的生活陋习，以开办文明市民教育课堂和市民教育公益讲座的形式，进行了文明礼仪、卫生保健等方面内容的教育培训。二是针对城中村农民失地后面临谋生渠道的改变，对失地农民特别是青壮年，通过办短期培训班、扩大职业高中招生等形式和手段，对农民进行市场意识、就业知识和职业技能的培训。三年来，共开办各类讲座110多期，培训城郊农民43000余人次，提高了文明素质，增强了致富本领。

四、延长创建链条，打造文明生态走廊

沧州市作为沿海开放城市，处在建设沿海经济社会发展强省战略的一线。国道沿线是展示沧州形象、扩大对处开放的“窗口”。在104、106、307国道及沿线180个村开展了创建“文明生态走廊”活动，路村共建，以路带村、以村促路，有效整合特定区域内的创建资源，使“成片连线”创建的路子进一步拓宽，水平进一步提高。

1、基础设施联建。创建中，我们大力加强了国道交通设施建设，提高了国道的整体通行能力。同时把基础设施建设向沿线村延伸，通过采取县、乡、村分级负担和争取部门扶持的方式，先后投入1550多万元，硬化村街道路165公里，整修边沟178公里，种植毛白杨、刺槐、水蜡等高大乔木192820余株，各类灌木及花草37325平方米，安装路灯400多盏，使沿线道路和各创建村向硬化、绿化、美化、亮化的“四化”标准迈进。

2、“五乱”现象联治。组织沿线村发动群众清理柴草乱垛、粪土乱堆、污水乱泼等“五乱”现象，协调工商、公安、交通等部门重点整治沿路占道经营、乱堆乱放、私搭乱建、不规范牌匾，国道沿线及农村环境得到进一步优化。几年来，国道沿线拆除违章建筑363处，清理废品收购站17个，废弃堆积物1142处，500多家商业门店更换了标识标牌。

3、创建活动联搞。一是营造文化氛围。在国道两侧及省际交界处设置了反映沧州人文风貌、特色文化产业的大型宣传牌，沿线乡镇、村根据各自特点设置了村镇名牌和反映经济建设、人文特色的小型宣传牌匾330余块，开辟了新的特色文化宣传阵地；二是开展互助活动。根据沿路村庄所处位置，在37个跨路村和重点镇村驻地组建村民中心，指导各村民中心积极完善法律、咨询、卫生等各项服务功能，为创建村群众提供服务。各村民中心和公路服务驿站开展互助活动，向过往司乘人员提供简易机械维修器具、临时休息、饮水等服务，传送沧州对外地人的关爱之情，为过路客人提供方便，展示了沧州人良好形象。

供稿：沧州市文明办

沧州市

“我推荐、我评议身边好人活动”取得阶段性成果

按照中央和省文明办的部署，沧州市以宣传评选“沧州好人”为基础，组织广大市民积极参与中央文明办组织的“我推荐、我评议身边好人”活动，在全市上下营造了“推荐好人、学习好人、争做好人”的浓厚氛围，产生了强烈的社会反响。

一、在百姓身边推荐评议“沧州好人”，广大群众看得见、学得来。从2007年4月开始，沧州市把先进典型宣传作为公民道德建设的重要抓手，开展了“沧州好人”典型宣传评选活动，取得了初步成效。中央文明办“我推荐、我评议身边好人”活动开始后，沧州市按照省文明办部署，在评选宣传“沧州好人”的基础上，组织广大市民积极参与“身边好人”推荐评议活动。一是广泛发动群众推荐。市委宣传部、市文明办行文发动各级各部门结合工作实际，积极向上级宣传部门和新闻媒体推荐身边好人。同时遵循“三贴近”原则，动员群众发现和推荐生活在身边的好人，鼓励社会各界和广大群众积极提供好人线索。各新闻媒体定期向社会公布热线电话、电子信箱、邮政地址等相关信息，为群众推荐好人线索提供方便。二是严格把关。在群众推荐后，市文明办还对每个好人线索都要进行调查核实，并请相关部门就其遵纪守法、综合治理、计划生育等20个部门和单位对待选对象进行层层把关，确保了“好人”推得准、立得住。三是认真组织评议。为了让更多的群众参与到活动中来，表达出自己的想法、行使好自己的职责，市文明办在市内主要媒体刊播好人事迹，并倡议广大市民“爱我沧州、学我好人——请您为身边好人投上神圣一票”。沧州信息港、沧州新闻网、沧州文明网等网站进行了形式多样的推荐评议活动的公益宣传。市文明办组织人员在新浪网沧州吧和所属县市网吧跟贴，宣传推荐评议身边好人活动，号召广大网民积极参与投票。沧州移动、沧州联通、沧州网通给沧州用户通发了评选投票的公益短信。市电视台制作播出了《“沧州好人”事迹专题片》，沧州报社编辑出版了“沧州好人”群英谱，宣传好人事迹，提高了活动的群众认可度，广大群众积极主动地参与到活动中来。由于发动群众广泛，张洪瑞、刘俊丽等56名身边好人荣登全国“好人榜”，上榜人数全省各市第一，全国地级市第一。为此，中央文明办在沧州市举行了“中国好人榜”首站颁奖仪式，人民日报、光明日报等30家媒体（网站）进行了报道，扩大了“沧州好人”社会影响。

二、广大群众在推荐评议好人活动中受到教育。结合推荐好人、评议好人，全市开展了身边好人大型宣传活动，除了大力宣传了已评选出18名个人和2个群体为“沧州好人”典型代表外，还宣传身边好人100多名。为了让“身边好人”走进百姓中间，沧州市在当地媒体采取联动式报道方式，对“好人”的事迹进行长时段、大篇幅宣传。各县（市、区）和行业部门先后组织召开“沧州好人”事迹报告会近120余场（次），受教育人数45万人（次）。“沧州好人”事迹生动鲜活、真实感人，发生在老百姓身边，为基层干部群众所熟知，刊登“好人”事迹的报纸，人们争相传阅；播出“好人”典型的广播电视节目，人们争相收听观看。人们对“好人”典型很看重，纷纷通过信函、电话、手机短信、电子邮件等多种方式积极推荐典型线索，并踊跃参与对“好人”典型的评议。一位老人看了“好人”典型的报道后，感动之余，为每位“好人”典型各赋诗一首。结合评议好人事迹，沧州晚报、沧州楹联学会联合开展为好人撰联活动，为每一个好人撰联，扩大了好人影响。“沧州好人”谢清洁助人为乐的典型事迹经本地媒体多次报道后，沧州市多家单位纷纷邀请谢清洁老人作报告，掀起了向谢清洁同志学习的新热潮。谢清洁退休所在单位沧州供电公司设立了“清洁爱心基金”，成立了“清洁爱心小组”。沧州供电公司、运河区还分别成立了“清洁爱心志愿者服务队”，数十名青年志愿者定期到帮扶对象家中服务帮扶对

象，并组织团员青年为帮扶对象捐款捐物，在社会上再次掀起了崇尚先进、学习先进、争做先进的热潮。据不完全统计，全市成立扶贫济困愿服务小分队800多支，为群众解决各种困难3000多个。

三、学习好人、争做好人成为广大群众自觉行动。

市文明办把“我推荐、我评议身边好人”活动，寓于“学楷模、做好人、讲奉献”为主题的道德实践活动之中，开展了三大活动：一是开展“做一个有道德的人”大讨论。各机关、企事业单位和学校通过组织观看“沧州好人”典型事迹专题片，挖掘身边好人精神实质，开展大讨论，倡导每一个人自觉遵守社会公德，在社会做一个好市民；自觉遵守职业道德，在单位做一个好职工；自觉遵守家庭美德，在家庭做一个好成员；沧州市运河区启动了构建和谐运河、争做“沧州好人”活动，做好人、干事创业蔚然成风。二是开展“好人事迹激励我”有奖征文暨演讲比赛。结合学习全国道德模范和身边好人的先进事迹，引导广大中小学生写心得、谈体会。仅一个暑假，就收集到征文970多篇。同时自下而上，层层开展不同形式的主题演讲比赛近430多场，通过演讲身边好人事迹，把“沧州好人”精神发扬光大。三是开展“学好人、找差距”主题活动。一些部门和单位通过对照“好人”事迹，查找自身差距，引导广大干部群众从自己做起，从身边的小事做起，使崇尚先进、学习先进、争当先进的社会风尚日益浓厚。“沧州好人”群体典型张华绿色家园是由已故家园创始人张华女士联合100余位身残志坚的人士组成的弱势人群互助团体。他们所住的社区成立了“爱心志愿者服务队”，带动起40多名志愿者定期到帮扶对象家中看望帮扶对象，帮助打扫卫生、清洁门窗，陪孤寡老人聊天、散步，为福利院老人和儿童理发，还为帮扶对象捐款捐物，成为居民群众学习“沧州好人”典型事迹的平台。

四、尊重好人、崇尚好人、支持好人的社会氛围正在形成。“我推荐、我评议身边好人”活动的开展，提高了沧州好人的社会影响，一些平时默默无闻的平常人，经过群众推荐、评议和宣传，成了人人羡慕、人人敬重的社会人物。尊重好人、崇尚好人、支持好人的社会氛围逐渐形成。在今年第二届“沧州好人”典型代表电视表彰晚会上，40多个省、市级文明单位、社会团体和部分个人自愿成立了沧州市先进典型后援会，初步筹资10余万，组建了570人的志愿者队伍，通过组织会员开展向先进典型献爱心活动行方式，对先进典型给予了物质、精神、资金、舆论和法律服务等多方面的合法支持和必要帮助，以此号召人们以实际行动向道德模范学习，在全社会营造“好人有好报”的道德风尚。社会各界纷纷向“沧州好人”典型代表伸出援助之手：沧州市商业银行为10个“沧州好人”代表爱心捐款2万元；运河区政府有关方面为“沧州好人”谢清洁长期下岗在家待业的儿子安置了工作；吴桥县桑园镇中学成立爱心小组，帮助“沧州好人”刘壮解决了学习和生活中的部分困难……据不完全统计，去年以来社会各界先后为“沧州好人”代表办实事50余件，捐赠款物折合人民币18万元，表达了崇尚先进、构建和谐的主流心声。

供稿：沧州市文明办

盐山县

实施“春芽工程”惠泽贫困学子

“春芽工程”是盐山县委、县政府为深入贯彻加强未成年人思想道德建设有关要求，促进特殊家庭的未成年人健康成长而实施的一项民心工程。“春芽工程”实施两年来，先后有76名高中毕业生圆梦大学殿堂，261名中小学生摆脱了辍学困境，29个因大灾大病而致困的学生家庭缓解了经济困难，受助金额共计50万元，全县无一名学生因贫困而失学，为维护社会稳定和构建和谐盐山发挥了重要作用。我们的主要做法是：

49

一、心系贫寒学子，创新救助载体

盐山县一个国家级贫困县，由于这样或那样的原因，每年都有部分学生因家庭困难而面临辍学境地。为此，县委、县政府多次开展了各种形式的救助活动。如文明单位助学、大手牵小手、结对子帮扶、爱心助学等等，这些活动虽然当时都收到了一定的效果，但都有一个共同的缺陷，就是规模较小，受助面较窄，属临时救助，没有长效性。为此，县委、县政府想民所想、急民所急，决定探索一条能收到对贫困学子长期救助的有效途径。2004年2月，电影《暖春》在盐山县公映。这部荣获金鸡、百花等九项大奖的影片，讲述的是一个孤儿小花历经坎坷找到人间真爱的故事。影片映后在全县上下引起强烈反响，如何使贫困学生不因经济困难辍学，顺利完成学业？这一问题进一步摆上了县委、县政府的议程。为此，在全县展开了“盐山的小花怎么办”大讨论，经过反复酝酿，充分征求社会各方面的意见，一个以救助因家庭特别困难面临辍学的大、中、小学生和因天灾人祸造成特别困难的学生家庭为主要内容的爱心工程——“春芽工程”在全县贫寒学子的热切企盼中应运而生。

二、筑牢“工程”基础，扩大救助影响

“春芽工程”是在县委、县政府领导下的开放性公益工程。为使活动得到社会各界的大力支持，收到实实在在的效果，我们充分运用多种有效宣传方式，筑牢活动基础，在全县努力营造人人奉献爱心的氛围。一是2004年5月份“春芽工程”正式启动后，县及时拨款3万元，在全县开展了《暖春》百村百校汇映活动，进一步扩大了《暖春》的教育效果。此片共汇映500多场，受益观众20余万人次，受到学校师生和当地群众的热烈欢迎。二是由县文明办牵头，在县电视台、电台辟办了专题栏目——“亲情港湾”，大力宣传实施“春芽工程”的重大意义，及时报道“春芽工程”进展情况，并邀请各界人士对“春芽工程”救助活动发表见解，使这一活动家喻户晓，形成了人人爱“春芽”、人人知“工程”、人人支持“春芽工程”的大好局面。三是2005年“六一”期间，为呼吁更多的人来关爱贫困家庭和失学儿童，县委、县政府举办了“爱的阳光——春芽工程”实施一周年特别文艺节目暨电影《暖情》（《暖春》姊妹剧）首映式，中央、省、市各级媒体从不同角度对救助活动给予了充分报道，“春芽工程”引起了更大范围的关注。四是今年“六一”，即春芽工程实施两周年之际，为展现“春芽工程”实施两周年的成果，我们又举办了第二届“爱的阳光”特别节目，节目编导人员先后辗转山西、北京等四省市，行程5000里，拍摄了十名受助大、中学生在校生活状况及家庭生活片段，以他们生动感人的现身说法，展示了“春芽工程”实施的重要意义和强大的生命活力。

三、严格救助程序，深化救助效果

“春芽工程”是一项公益性和义务性活动，资金来源于全县在职干部工的捐款及个体工商业户、私营企业主等社会各界人士的主动捐款。由于宣传发动到位，截止目前，全县共累积收到各界人士捐款90多万元。为使活动规范化、制度化运行，县成立了“春芽工程”救助活动管理委员会，制定了“春芽工程”《章程》，对资金的来源及管理，救助范围、程序、标准等进行了明确规范。今年5月份，根据工作的进展和需要，我们重新调查了“春芽工程”救助活动管理委员会，进一步明确了各成

员单位的职责，并拓宽了救助范围。根据《章程》规定，困难学生（家庭）要先向所在学校（村）写出书面申请，由所在学校（乡镇）出具证明报县文明办，经文明办对申请人情况进行入户调查核实后，报管委会初审，初审意见经新闻媒体公示七日后确定救助对象，最后由管委会集体审批进行救助，充分体现了公平、公正、公开的原则。今年8月25日，34名在盐山境内参加高考被二本以上院校录取的贫困大学生，每人得到“春芽工程”3000元的资助，顺利迈入大学校门。

“春芽工程”的实施，产生了良好的社会效果。一是进一步调动了全县干部职工参与公益事业的积极性。把全县干部群众关注弱势群体的自觉意识变为积极行动，在全县上下进一步弘扬起团结互助、扶危济困、无私奉献的良好社会风气。

二是增强了莘莘学子立志成才的信心。广大学子摆脱了后顾之忧，放下了思想包袱，把社会各界的关爱化为勤奋学习、增长才干的思想动力。正如受助学生迟静珍所说，我现在成绩不是最好的，但我会努力做到最好，为将来报效祖国、回报家乡打下坚实基础。

三是培养了青少年传递爱心的良好信念。学生受助的过程，也是提升思想水准的过程。受助学生感受到社会主义大家庭温暖的同时，心灵得到了进一步净化和升华，感恩之心增强。学生纷纷表示，等将来学业有成一定继续传递希望之火，延续关爱之心，给更多需要帮助的人带去光明和希望，给更多需要帮助的人以温暖和关怀。

四是促进了学生艰苦朴素、知荣明耻良好习惯的形成。受助学生身处困境愈挫愈奋的进取精神和“穷且益坚，不坠青云之志”的坚强品格为全县青少年树立了学习的榜样，不慕奢华、不事攀比、自觉抵制一切不良生活方式以在我县蔚然成风，广大青少年勤俭节约、乐于助人的良好习惯逐步形成，达到了自我教育自我提高的目的，有力促进了我县未成年人思想道德建设的深入开展。

供稿：盐山县文明办

衡水市

科学规划 建管并重 全力推进文明城市创建

衡水市位于河北省东南部，地处黑龙港流域，辖2市8县1区，118个乡镇、办事处，4994个行政村，全市总面积8815平方公里，总人口421万。市区建成区面积40平方公里，人口40万。1996年撤地建市，是河北省建市最晚的一个地级市。近年来，衡水市委、市政府认真贯彻落实省文明委关于开展创建文明城市活动的各项要求，立足衡水地级市建立较晚，各项基础设施建设相对薄弱，市民城市意识和文明素质亟待提高的实际，以“三个代表”重要思想为指导，认真贯彻落实科学发展观，以提高市民素质和城市文明程度为着力点，围绕打造“北方滨湖生态园林城”的目标，进一步拉大城市框架，完善城市功能，提高城市品位，增强城市辐射带动能力，深入扎实地开展了创建文明城市活动。在创建工作中，坚持“三高”、“两抓”、“四创”的工作思路，即高起点规划、高标准建设、高效能管理；一手抓硬件建设，一手抓软件建设；实施以创建文明城市为龙头的文明城市、卫生城市、园林城市、环保模范城市“四城同创”，采取领导部门抓组织协调，职能部门抓管理创建，社会单位和广大群众积极参与，全社会齐抓共建，文明城市建设成效显著，全市物质文明、政治文明、精神文明建设协调发展，城市面貌大为改观，市民素质和城市文明程度有了较大提高，经济和社会发展环境得到优化，一个优美、文明、和谐的新兴城市正展现在人们面前。

一、深化认识，强化领导，坚持不懈地抓好文明城市创建工作

创建文明城市，是提高城市整体文明水平的综合性工作，是群众性精神文明创建活动的重要抓手，是践行“三个代表”、贯彻落实科学发展观、构建和谐社会、统筹三个文明协调发展的重要举措。对于建市11年的衡水市来说，创建文明城市的意义尤为重大。近年来，市委、市政府站在统筹全局的高度，以创建文明城市为龙头，提出了“四城同创”的总体目标，采取了扎实有效的措施，取得了实实在在的效果。但我们也清醒地看到，我们的城市基础设施建设薄弱，市民素质亟需提高，特别是随着城市建设步伐的加快和经济社会各项事业的快速发展，广大群众对提高城市文明程度，营造良好生活环境，充分享受美好生活的愿望日益强烈。搞好文明城市创建工作，是衡水加快发展的需要，是塑造良好形象、提升城市竞争力的需要，是实现好、发展好、维护好群众利益的需要。基于以上认识，市委、市政府高度重视创建文明城市工作，把这项工作纳入城市建设和发展的总体规划，列入重要议事日程。市委书记景春华同志、市长高宏志同志多次强调，创建文明城市是提高市民素质和城市文明程度、为全市改革开放和现代化建设创造良好社会环境的有效载体，必须从城市增活力、百姓得实惠、企业增商机、党委政府树威信的全局和事关衡水长远发展的战略高度，充分认识创建文明城市的重要意义，增强紧迫感、责任感和使命感，切实把创建文明城市这一利民、安民、为民的“民心工程”牢牢抓在手上。市委、市政府每年多次召开全市创建全国文明城市工作大会，亲自动员部署，靠前指挥，落实人员编制和活动经费，加大舆论宣传和监督检查力度，实施“一把手”工程。市委、市政府分管领导亲自组织，身体力行，各有关职能部门认真落实责任目标，实行目标责任制，同基层单位签定责任状，层层卡死责任，使全市的创建工作一直保持旺盛的生机，保证了创建活动的规范、扎实开展。

为切实加强对创建工作的领导，有效地组织开展好创建活动，我市成立了市委书记景春华同志任政委、市长高宏志同志任总指挥长，市委常委、宣传部长解晓勇同志任常务副总指挥长，四大班子有关领导任副指挥长、市直58个部门一把手为成员的创建文明城市总指挥部，制定了《衡水市创建文明城市目标分解及考评办法》，把“六大创建活动”和“五项基础建设”进行目标任务分解，并纳入干部考核的考评范围。我们又按照《全国文明城市测评体系》，结合衡水实际，把创建文明城市的“六大环境、一个创建活动”细化、具体化，重新修订了《衡水市创建文明城市工作目标分解及考评办法》。目前，我市以文明城市为龙头的“四城同创”活动形成了相互促进，齐抓并进的工作格局。

二、科学规划，建管并重，不断夯实创建文明城市的基础

衡水市建市较晚，基础设施相对薄弱，城市功能有待完善。加快城市基础设施建设，提高城市管理水平，是创建文明城市的基础，也是一个亟待解决的大问题。近几年，市委、市政府运用市场经济的方法，加大了投入力度，城市建设工作呈现出前所未有的发展态势。

一是科学规划，力求突出特色。衡水没有山，不靠海，最大的优势是衡水湖这一华北唯一的国家级湿地自然保护区。衡水湖自然保护区位于衡水市区东南部，距市区5公里，总面积188平方公里，水域面积75平方公里。2003年晋升为国家级湿地和鸟类自然保护区，2004年又被水利部命名为国家级水利风景区，衡水湖蕴涵着巨大的发展潜力。如何充分挖掘这一潜力，发挥好这一独特优势，把“湖”的文章做好，把衡水湖打造成一张靓丽的名片，是我们一直思考的重要问题。近两年，经过大量调查研究以及聘请国家权威部门专家，反复分析论证，编制了《衡水市全面建设小康社会战略规划》、《衡水市城市总体发展规划》、《衡水湖自然保护区总体规划》、《绿地系统规划》等9个专项规划。在此基础上，我们明确了“借湖兴市”，建设“北方滨湖生态园林城”的城市定位，确定了“一体两翼”的发展空间布局，即以现有城区为核心，开发南部衡水湖生态旅游观光区，建设北部经济技术开发区，各个分区以绿地生态系统相连接，通过引湖入市、营造城市森林、广造园林，形成人与自然和谐发展的人居环境和自南向北的湖——绿——城——绿——城空间结构，使整个城市展现“疏密相间、城湖一体、碧水新城、水绿相依”的总体景观风貌。长远目标是，环绕衡水湖，构筑以冀州、枣强为卫星城的衡、冀、枣“金三角”大城市发展框架。到2020年，建成区面积达到110平方公里，人口达到110万。

二是坚持“三位一体”，加大建设力度。城市品位来源于城市的内涵，决定城市的形象。为此，我们确立了“基础设施建设、生态环境建设、城市文化建设三位一体同步推进”的思路。在城市建设上，围绕“拉大框架、完善功能、提升品位”三项重点，坚持绿化、亮化、美化三化并举，文明城、卫生城、园林城、环保城四城同创。坚持一手抓旧城改造，一手抓新区开发，大力加强城市基础设施建设。2006年，我们大力突出中心城市建设，总投资26.6亿元，实施5大类19项重点工程。市区外环路、永安路、裕华路建设扎实推进。滏阳水厂续建工程完成，恒兴电厂供热正在施工，天然气工程如期入市。市区两大休闲广场、外环路等重点区域的绿化美化完成。经济开发区基础设施建设积极推进，路网覆盖面积达到6平方公里。这些工程的实施，使衡水的城市功能和品位有了一个新的提高，极大地改善了广大市民的生产生活条件，树立了衡水的新形象，增强了作为中心城市的辐射带动作用。

——城市园林绿化工作有了突破性进展。完成了16条街道绿化补植、新栽，种植灌木15万余株，草坪10万余平方米，新增绿地13000余平方米。开展营造城市森林大型公益活动，在市区和市郊植树46万株，新建绿地256万平方米；公园建设完成了东滏阳公园、河东公园和怡水园建设工程，建设面积6.3公顷。

——市政道路建设全面推进。投资6亿元，完成了总长60.87公里的外环路建设工程。完成了和平桥新建工程，工程质量评定为优良，并获得全省在建市政工程质量第一名。对市区主要干道便道机动车、非机动车乱停乱放出台了专项工作方案进行了治理。对主要干道进行了路面修补、便道砖更换、路缘石调整，对自强街进行了罩面，对市区主要街道排水管道进行了清淤疏浚，市区市政设施焕然一新。

——城市公共交通事业发展迅速。今年，针对群众反映强烈的客运三轮车数量膨胀、经营混乱，存在较大交通安全隐患问题，市委、市政府出台了实施意见，决定取缔市区限定范围内的客运三轮车，市取缔办本着“无情取缔、有情操作”的原则，把坚持“以人为本”贯穿于取缔工作的全过程，劳动和社会保障、民政、残联等部门出台优惠安置政策，对退出市区客运市场的下岗失业人员、残疾人妥善安置。取缔工作现已全面顺利完成，全市5000多名客运三轮车主得到全面妥善安置。同时公交公司成倍增加了公交车辆，达到了170辆，确定行车路线18条，新设置了高标准候车亭77个，线路总长度213公里，年客运量可达1000多万人次，基本确定了城市公交的主导地位和满足市民出行要求。

——重要公用事业建设快速进行。日供水10万吨的滏阳水厂实现了正常运转，配水管网建设顺利完工；完成了中华大街、新华路等道路街巷的管网铺设和旧网改造工程；顺利完成了设计能力日供水10万吨的污水处理及回用工程的建设，铺设15公里的输水管道；日处理垃圾400吨、占地256亩的垃圾处理厂工程建设施工已完成过半，公共事业建设稳步推进。

三是强化城市管理，依法规范市民行为。加强城市管理，依法规范市民行为，维护城市的社会秩序，为广大市民提供安全、便利、舒畅的生产生活环境，是创建文明城市工作的重要内容，也是一个非常关键的环节。为实现城市管理的规范化、制度化，我市开展了环境卫生、市容市貌、道路交通安全、运输市场四项集中专项整治活动，重点整治垃圾乱倒、车辆乱行、摊点乱摆，努力实现公共秩序优良、市容市貌整洁、城市环境优美的目标，为城市长期整洁有序管理打下良好基础。

先后制定了《衡水市市容环境卫生管理暂行规定》、《衡水市市政工程设施管理暂行办法》、《衡水市城市规划管理实施细则》、《衡水市城市绿化管理暂行办法》以及城市垃圾清运管理、市场管理、交通秩序管理等多项规范性文件。同时，对城市管理的各职能部门明确了各自的职责范围、管理内容和任务目标，把城市管理的各项工作进行了详细分解，层层落实了任务目标责任制，强化了各部门的责任意识。各有关部门分别就城市规划、市场摊点、交通秩序、环境保护和单位“门前三包”等制定了相应的管理办法，落实了管理责任制，从而使城市管理的方方面面都实现了有法可依、有章可循，避免了管理上的漏洞和工作中的随意性，使城市管理工作走上健康发展轨道。市容市貌管理大见成效。2006年～2007年，共拆除乱搭建棚亭1200个，清理乱摆摊点4.1万人次，纠正违章停车2200辆次，清除市区户外广告牌匾1890块，清刷及查收街道乱贴小广告20多万张。社会治安网络进一步健全。层层建立了综治机构，并推行了综合治理领导目标责任制，形成了齐抓共管的机制。针对影响社会治安和秩序的突出问题集中开展专项整治，广泛开展创建安全文明小区、安全文明单位活动，为广大市民创造了安定、宁静、祥和的社会环境。交通秩序明显好转。针对市民交通意识差、交通秩序乱的实际，采取了多次集中整治活动，坚持开展创建“交通严管街”、“文明交通示范街”活动和“义务协管员”活动，纠正交通违章8万多人次。文化市场得到净化。对全市电子游戏机房、网吧、公共娱乐场所进行了全面治理，并落实了日常管理措施，使整治成果得到较好巩固；召开了两次全市集中销毁非法出版物、盗版音像制品现场大会，有效净化了文化市场。

三、创新理念，多措并举，不断优化城市经济和社会发展的软环境

环境是城市文明的重要标志。优化城市环境是创建文明城市工作的首要任务。今年以来，新一届市委在科学分析衡水市情的基础上，针对部分干部思想不够解放、精神不够振奋、作风不够深入等制约衡水更好更快发展的首要因素，自2007年元月伊始，在全市广泛深入地开展了以“创新实干、跨越发展”为主题的解放思想大讨论活动，之后，按照省委部署，结合我市实际，将解放思想大讨论活动进一步延续和深化为“解放思想、为民、务实、清廉”主题教育活动。通过各级各部门的共同努力，整个活动扎实开展，成效显著，全市广大党员干部的思想观念、精神状态、工作作风发生了根本变化，各级干部的领导能力明显提升，党群干群关系明显改善，在全市范围内初步形成了廉洁高效的政务环境、公平公正的法治环境、规范守信的市场环境、健康向上的人文环境、安居乐业的生活环境、可持续发展的生态环境，各项工作呈现出蓬勃开展、蓄势待发的良好势头，进一步增强了城市竞争力，提升了城市品位。

政务环境建设，始终坚持对各级领导干部进行理想信念、宗旨观念、从政道德、廉洁自律等内容的教育，做到规范化、制度化、经常化；成立并正式运行政务服务中心，采取“一个集中服务办公地点”、“一部为民服务联动热线”、“一个对外服务网站”的“三个一”相结合的工作运行模式，规范办事程序，要求做到“一门受理、统筹协调、规范审批、限时办结”；对两年来热线受理的1万多条群众意见，按程序和要求及时进行了处理，做到了件件有回音，事事有结果；建立了全市电子政务网络平台，实现了市县两级互联互通，建立了政府网站群，统一信息管理，实现了资源共享，形成了虚拟的服务型政府，增强了政府行政的透明度，提高了服务水平和办事效率。

法治环境建设，市公安局设置指挥中心，24小时受理群众求助电话，帮助群众解决各种困难和问题；完善了居民小区的安全防范制度和设施；深入持久的开展扫黄打黑专项整治；集中整治交通秩序，开展多种形式的法制宣传教育，提高了群众的依法维权的意识，法律援助计划的实施，为困难群众提供了优质的法律服务；市区各居委会完善了各项制度，强化了基层民主政治建设，保障了居民的各项权利，法制环境得到进一步净化。

市场环境建设，以建设诚信政府为龙头，以构建信用体系为支撑，以推行行业基层“窗口”规范化服务为重点，以开展各类专项集中整治为手段，下大力规范市场秩序，优化市场环境。首先，加快了各级政府诚信体系建设，开通了政府诚信网站，提供政策咨询、证件申请、办事查询、在线交流，定期对外公布政府向群众承诺的重大事项进展情况，形成了社会对政府部门承诺的监督网络，促进了政府公开、公平、公正地行使社会管理职能。其次，建立了企业信用评估机制。政府诚信网站不定期公布企业履约践诺信用资质，约束企业经济行为。第三，加强市场监管。重点打击假冒伪劣、欺诈经营行为。第四，积极开展“诚信衡水从我做起”活动和创建“百城万店无假货”示范街活动，确定了一批诚信企业示范点，加入了省企业诚信联盟。

人文环境建设，坚持把加强思想道德建设作为一条主线贯穿创建文明城市活动始终。大力弘扬和培育民族精神，加强爱国、爱家乡教育，并把弘扬民族精神和发展衡水文化结合起来，逐步形成了“艰苦创业、自强不息、开拓创新、团结奋进”的具有鲜明特色的衡水精神。我们充分发掘教育资源，利用重大节日开展集中性宣传教育，发挥爱国主义教育基地的教育功能。经常性地进行形势政策教育。深入开展了“学《纲要》、讲文明、树形象”系列活动和“育优建”工程，不断深化公民特别是未成年人思想道德建设。进一步完善文体设施，组织开展群众文体活动，丰富群众文化生活。

生活环境建设。以人为本关注民生，人民生活进一步改善。深入实施十项民心工程，认真承办十件实事好事。城市的交通、电力、通信、污水生活垃圾处理等基础设施建设有了长足发展，城市功能日臻完善，市区的人居环境大为改善，市民的生活质量显著提高。

生态环境建设，一是大力开展营造城市森林大型公益活动。按照省文明委的要求和部署，我们每年都组织开展营造城市森林春季战役，年年形成植树绿化新高潮。坚持植树与育人，规模与实效、经济效益与生态效益相统一的原则，采取政府组织、多方融资、群众认领、全民参与的办法，在公园、环城路、城区出口、新建街道、衡水湖周围，大搞城市植树造林公益活动，有效提升了城市绿化水平和景观水平。几年来，参与活动的群众达180万人次，社会捐款670多万元，种植公仆林、巾帼林、青年林等公益林4713亩。二是广泛开展争创园林绿化单位（庭院）活动。通过拆房建绿、拆墙透绿、破硬还绿、见缝插绿，街道、庭院、单位绿化连成一片，市区700多个单位成为达标单位，实现了院在林中、人在绿中的目标。目前，整个城区初步形成了沿湖沿河绿化成带、公园小区绿化成片、沿街沿路绿化成网、楼宇前后绿化成点的城市绿化格局。三是完善了城市排水、供水、供电设施，城区环境质量得到大幅改善。

四、坚持以人为本，以德筑基，通过开展形式多样的精神文明创建活动全面提高市民素质

提高市民素质和城市文明程度是创建文明城市的根本任务。近年来，我们从群众的实际需要出发，精心设计了具有衡水特色的载体，最大限度地吸引广大群众参与，使他们在参与中受到教育，得到提高。

1．以开展“文化设施建设年”活动为载体，夯实发展的基础。近年来，我们连续开展了“文化设施建设年”活动，以公益性、标志性文化设施和基层文化阵地建设作为重点，采用市场运作、改扩建并行、部门帮扶等形式，有效地破解了资金瓶颈，做到文化设施与城市建设同步规划、与经济社会发展一并推进。“衡水市文化中心”建设工程正在规划启动，预算总投资3.7亿元，占地115亩，总建筑面积5万平方米，包括新图书馆、博物馆、艺术中心、广电大厦、文化广场、大型电子显屏、大型喷水池、文化艺术长廊等场所，文化中心突出文化特色和地方特色，使之成为我市的标志性建筑，与青年公园、滏阳河交相呼应，相映成趣，将成为市区一道靓丽的风景线，进一步提升衡水城市品位。

2．以学习宣传《纲要》为载体，扎实推进公民道德实践活动。我们每年都广泛组织开展学习宣传《公民道德建设实施纲要》活动。一是把握关键，着力育人。采取多种形式宣传20字公民道德基本规范和60字社会公德、职业道德、家庭美德具体规范。二是组织开展了“公民道德实践月”活动。9月1日，在市体育休闲广场举行衡水市“爱心奉献日”暨“公民道德实践月”活动启动仪式。整个实践月活动以“知荣辱，树新风，讲诚信，献爱心，共建和谐，奉献社会，建设新衡水”为主题，在全市范围内组织开展系列宣传和实践活动，着力提升公民思想道德水平。三是抓住群众反映强烈的交通秩序、文明言行、环境卫生、服务质量等四个方面存在的突出问题进行集中治理。组织开展了以“告别不文明交通行为”为主题的交通秩序专项整治活动。重点围绕交通违章、乱停乱放、乱鸣喇叭、黑车上路、马路市场五个方面存在的突出问题，对群众进行集中性宣传教育，突出治理市区内主要街道及重点部位的交通秩序。举行了“告别不文明交通行为”万人签名仪式，组织青年志愿者、学生、文明单位职工、下岗工人上街义务执勤，市区交通秩序明显好转。四是继续深入开展“改陋习、树新风、建设美好家园”活动，不断深化公民道德建设。引导广大群众养成文明健康的生活方式，改善城乡环境卫生，增强群众的社会公德意识、卫生意识、环境保护意识。几年来，通过组织市民群众开展各类创建活动，有效提高了市民素质和城市文明程度。

3．以提高城乡文明程度为重点，广泛开展“迎奥运、讲文明、树新风”活动。一是认真开展文明风尚宣传普及活动。深入开展社会主义荣辱观宣传教育，举办了践行社会主义荣辱观演讲比赛、知识竞赛等系列活动，组织开展了未成年人“远离网吧、健康成长”系列活动，开展了丰富多彩的文明礼仪宣传教育活动，使懂礼貌、知礼仪、重礼节、讲道德在全社会蔚然成风。二是组织开展“全民健身与奥运同行”系列活动。举办了迎奥运中小学运动会、“心系奥运万人健步走”、全市迎奥运篮球比赛等活动，吸引广大人民群众积极参与体育健身，提高健康水平。三是开展奥运志愿服务活动。大力弘扬“奉献、友爱、互助、进步”的志愿精神，积极引导发动广大群众以志愿服务的形式关注、支持和参与奥运，全体市民参与奥运的意识明显增强。四是围绕创建文明城市，对城乡环境进行综合整治。按照净化、绿化、美化的要求，开展营造城市森林大型公益活动，引导广大公民积极参与绿化美化和环保实践活动。组织有关部门对影响公共安全的重大隐患等进行了集中专项整治，努力为奥运会创造安定祥和的社会环境。五是推进提升公民旅游文明素质行动计划。组织旅游、铁路、交通等部门大力宣传普及《中国公民出境旅游文明行为指南》和《中国公民国内旅游文明行为公约》，提升文明服务水平，营造和谐文明的旅游环境，使旅客在旅游中受到教育、引导和熏陶。六是认真组织“迎奥运、讲文明、树新风”公益广告征集比赛。一方面在市直媒体发出通知，在全社会范围内征集公益广告，另一方面组织电视台、报社等部门按照省通知要求进行认真创作。通过一系列活动的开展，有力地促进了迎奥运风气的形成。

4．以文明市民标兵评选活动为载体，深入开展文明市民教育。随着农村人口大量涌入，城市人口结构发生显著变化，市民整体素质滞后于城市发展的问题已日益凸现出来。因此，近几年我们始终把市民素质教育当做一件大事放到突出位置。一是以开展“文明十个一”、“帮一帮，让一让”，引导市民养成良好的行为习惯，着力提高市民素质和城市文明程度，在全社会营造出一个“讲文明、促和谐”的积极氛围，让人人都参与到共建和谐社会活动中来。二是注重把典型宣传作为重要手段，利用林秀贞、王晓勋等先进典型，大力开展传统美德教育，让广大群众受熏陶、受教育，产生共鸣，从中汲取精神力量，促进新时期衡水人文精神的培育和形成。三是开办文明市民学校，层层开展各种教育活动。市文明委制定了《衡水市文明市民公约》和《衡水市民行为规范》，编写了《衡水市民行为规范简明读本》，以此为教材，按照“横向到边、纵向到底、分类施教”和“单位实施、层层办班、广泛培训”的原则，开办文明市民学校，对广大市民普遍进行培训。市区内各大中小学校也把《文明市民公约》和《市民行为规范》纳入德育教育课内容。市政府颁布了《关于依法规范市民行为的通告》。四是以各种评选活动来吸引市民广泛参与，实现了以教促评、以评促教的目的。我市连续组织开展了九届“十佳文明市民标兵”评选活动，在环卫和园林职工中连续开展了三届“双十佳城市美容师”评选活动。各行各业组织开展了“十佳白衣天使”、“十佳文明使者”、“十大青年卫士”等系列评选活动。通过各类典型的群众评选活动，使广大市民受到了教育，提高了素质，人人争做文明市民、人人争当行业标兵的浓厚氛围逐步形成。

5．以开展文明和谐社区“七个一”创建活动为载体，扎实推进社区建设。社区是城市的“细胞”，是社会管理的平台，是城市建设的基本单元。在创建文明城市中，我们牢牢把握社区这个关键环节，广泛开展了文明和谐社区“七个一”创建活动，即：成立一支服务小分队、打造一个志愿者百米服务圈、组建一个道德银行、建设一个图书银行、建立一个爱心超市、设立一个道德榜、举办一次邻居节。通过开展文明和谐社区“七个一”创建活动，解决社区居民关心的生产生活问题，改善社区人文环境，提高居民生活质量，提高社区精神文明建设水平，努力把社区建成环境优美、秩序优良、服务优质、管理优化的文明社区。同时，我们要求各级党政机关、企事业单位教育引导职工认真开展“三德三做”活动，讲职业道德，在单位做好职工；讲家庭美德，在家庭做好成员；讲社会公德，在社会做好公民。搞好三项教育，即加强对干部职工进行职业道德、家庭美德、社会公德教育；开展好三项活动，即开展创建文明单位、评选文明职工活动，创建文明居民小区活动。通过以上活动的积极开展，调动了各部门单位和广大干部群众参与建设文明社区的积极性。目前，全市已建成国家级文明单位1个，省级文明单位90个，市级文明单位310个。

6．以开展创建文明行业夺杯竞赛活动为载体，在窗口行业积极推行规范化服务。服务行业、窗口单位的工作质量和工作作风是一个城市文明程度的重要体现，它关乎城市形象、百姓生活，关乎党和群众的联系。我们围绕“为人民服务、树行业新风”这个主题，以倡导爱岗敬业、诚实守信、文明执法、规范服务为主要内容，以群众满意、社会认可为标准，在全市45个行业组织开展了创建文明行业夺杯竞赛活动，重点抓了“两范一评”。一是抓行业行为规范。在各行业以推行规范化服务为突破口，开展了创建星级单位活动，实行服务质量等级化管理。各系统结合行业特点都推行了全程、全员、全方位优质服务，分别建立起职业道德规范、岗位操作规范、行为制约规范、服务环境规范，全市共评出三星级单位125个，二星级单位331个，一星级单位544个。二是抓先进典型示范。我们重点抓了20多个高标准示范窗口单位，在新闻媒体大张旗鼓地宣传，充分发挥其示范带动和影响辐射作用，在全市树立起了行业新形象。三是每年对45个窗口行业进行群众满意度测评。采取市民投票、行业互评、组织人大代表和政协委员考察的方式，进行综合评议。归纳出有代表性的群众意见，及时反馈给行业主管部门，责成整改；群众意见和整改措施向社会公布；根据群众满意度排出名次，隆重表彰优胜行业。通过抓“两范一评”，有效地推动了创建文明行业活动的深入开展，提高了各行业职工队伍素质、行业服务质量和管理水平。

供稿：衡水市文明办

整理：刘柳岐

衡水市

实施新农民工程 深化文明生态村创建

2004年以来，衡水市认真贯彻落实科学发展观，按照省委、省政府的决策部署，以建设社会主义新农村为目标，突出“五个围绕”搞创建，即围绕发展经济搞创建，围绕建设生态环境搞创建，围绕提高农民素质搞创建，围绕推进民主政治建设搞创建，围绕激活家庭细胞搞创建，以改善农村人居环境为突破口，以培育新农民、倡导新风尚、建设新环境、发展新文化为着力点，不断完善“六化进村、两化出特、三措促动”的工作思路，大力实施新农民工程，使创建活动与新农村建设有机结合，融为一体。我们坚持因地制宜、分类指导的原则，实施典型带动和连线成片区域创建方针，科学谋划，精心组织，广泛发动，强力推进，创建文明生态村工作取得丰硕成果，首批村498个村、二批504个村共1002个村进入了创建文明生态村工作先进行列，达到全市农村总数的20%。在重要道路沿线、环县城、特色经济区域，建成文明生态带、文明生态圈、文明生态乡镇等文明生态区域27个。三批293个村创建工作进展顺利，现在已经有230个村基本完成了六化建设任务。广大农村呈现出村容村貌整洁、文化活动活跃、村风民风文明的良好局面，群众的生产生活条件得到极大改善，生活质量得到明显提高，基层党组织的战斗力、凝聚力得到明显增强，一批生产发展、生活宽裕、乡风文明、环境整洁、管理民主的社会主义新农村在衡水大地脱颖而出，有效促进了全市农村经济社会的持续健康协调发展，促进了和谐社会建设。

一、不断深化认识，始终保持创建文明生态村活动的推动强势

2004年省委作出关于在全省农村广泛开展创建文明生态村活动的部署，衡水市委、市政府认为，创建文明生态村活动是省委立足河北农村实际作出的一项重大战略决策，是坚持以人为本、树立和落实科学发展观的具体行动，是全面建设小康社会的重大举措，是协调推动农村三个文明建设的重要途径。中央提出建设社会主义新农村和构建社会主义和谐社会的重大部署后，我们认为，创建文明生态村活动完全符合中央的要求，迅速在全市上下形成了四点共识即：创建文明生态村是构建社会主义和谐社会的重要途径，是建设社会主义新农村的重要内容和题中应有之义，是建设社会主义新农村的重要载体，是建设社会主义新农村的生动实践。今年，全省深入推进创建文明生态村工作会议召开后，我们对创建文明生态村活动与新农村建设的关系有了更加明确地认识，认为创建文明生态村活动是社会主义新农村建设的重要载体和主要抓手，是具有河北特色、符合衡水实际的建设社会主义新农村的好路子。正是基于认识的高站位，我们始终把开展创建活动纳入工作大局，摆上重要日程，建立了各级党政“一把手”抓、抓“一把手”的组织领导体系，健全了党委政府统一领导、部门协调联动的工作运行机制，始终保持了强有力的组织推动。

几年来，市委、市政府相继组织召开了11次规格高、规模大的专门会议，每次会议都是书记、市长亲自动员部署，带队观摩拉练。各级党政一把手把创建工作牢牢抓在手上，既挂帅又出征，深入一线调查研究、督查指导、现场办公。各级建立健全了抓文明生态村工作的责任制度，领导明确分工、包片蹲点，全市上下形成了“一把手”亲自抓、各级领导齐抓联动的格局，为创建活动的健康开展提供了强有力的组织保障。

二、推进“六化”进村，始终把改善农村人居环境作为创建文明生态村活动的重要着力点

坚持以人为本，改善农村人居环境，影响和改变农民的落后观念，提高农民生活质量，是开展创建文明生态村活动的重要着力点。在创建实践中，我们立足实际，把省委要求具体化、形象化，鲜明地提出了“六化进村、两化出特、三措促动”的工作思路，把改善农村的人居环境统筹起来抓，把工程建设与建立长效机制相结合，在全市扎实开展了硬化、绿化、净化、亮化、美化、文化“六化”进村活动，提出了“六化”建设的总体目标，即硬化实现户户通，亮化实现街街明，净化实现日日洁，绿化实现村村林，美化实现处处靓，文化实现人人乐；制订了《衡水市文明生态村“六化”建设标准》、《文明生态村考评办法》、《文明生态村长效管理办法》，建立了一套规范的标准体系。我们坚持严细化指导、项目化管理、工程化推进，采取三项措施，即抓资金筹集解决创建瓶颈问题，抓“一建四改”提升创建质量，抓家庭创建激活创建活动细胞，“六化”建设取得了扎实成效。四年来共完成硬化街道2900公里，硬化胡同小巷26000多条，植树2500万株，安装路灯52000盏，建设沼气池51000座、卫生厕所80000座、垃圾池点5400个。通过“六化”建设，有效解决了长期以来农村环境脏乱差的问题，大大改变了全市农村的环境面貌；解决了农村行路难等群众迫切要求解决的问题，改善了广大农民的生产生活条件；解决了农民长期形成的生活陋习和落后的思想观念，增强了农民的环境意识、生态意识、健康意识和公德意识，科学、健康、文明的生活方式正在逐步建立。

三、实施文化铸魂，始终把提高农民素质作为创建文明生态村活动的灵魂和主线

农民群众是农村经济社会发展的主体，发展现代农业，发展农村经济和农村各项社会事业，都离不开广大农民群众的积极参与，都离不开农民素质提高这一关键。大力发展农村文化，全面提高农民的思想道德素质和科学文化素质，培育有文化、懂技术、会经营的新型农民，是创建文明生态村活动的根本任务和重要内容。我们始终坚持以提高农民素质为主线，以加强农村基层文化建设为重点，用阵地教育人，增强致富本领；用文化提升人，提高思想境界；用活动带动人，促进社会和谐。精心实施了“百村万户宣传文化示范工程”，以建好“一部一场两室三栏”（村部、村民文化活动广场、卫生室、综合活动室、科普栏、宣传栏、村务公开栏）为重点，突出抓好文化阵地建设；以培训文化骨干为重点，加强文化队伍建设；以制定完善村规民约和各项规章制度为重点，加强文化活动的机制建设。充分利用“三下乡”这一有效载体，组织文化、科技、卫生、法律、理论教育等相关部门深入广大农村培训骨干、传播知识和信息。全市第一、二批创建村全部建成了宣传文化示范村，培树了近50000个文化中心户、科技示范户、遵纪守法户、道德文明户、卫生标兵户等各具特色的文化示范户。

从去年开始，我们紧紧围绕市委提出的“农业强市”主体战略，在全市实施了旨在全面提高农民思想道德和科技文化素质的“新农民工程”，以此作为深化文明生态村创建、全面推进农村经济社会发展的重要内容，作为农村精神文明建设工作的重要措施。我们紧紧围绕培养有文化、懂技术、会经营、讲文明、守法纪、能致富、具有时代精神和现代技能的新型农民目标，采取政府支持引导、市县直部门帮扶、社会各界参与的方式，按照“八项服务”的要求，集中建设了250个“村民中心”，完善了农村文化阵地和农民服务设施，大力实施有线电视和计算机网络村村通工程，部分农村配备了电脑，实现了网络连接，为农民及时掌握中央政策、了解各种致富信息、学习各类知识提供了重要的信息平台；充分利用农村的庙会等传统聚集形式，组织农业、科技、法律、卫生等有关部门的专家开展培训、咨询活动；举办农民才艺大赛、评选文化大户、科技大户、种养大户、致富能手等活动，激发农民的进取意识和学文化、学科技的热情，有效提高了农民素质和致富能力。建立健全了农民教育培训机制，不断完善农民教育网络；有针对性地开展卫生健康、涉农政策、法律知识、科技知识和农业实用技术等培训活动，吸引广大农民学科技、学文化，开展丰富多彩的文化活动，广泛组织开展“十星级”文明农户等形式多样的群众性精神文明创建活动，有效提高了农民的思想道德和科学文化素质。

四、夯实创建基础，始终把发展农村经济作为创建文明生态村活动的根本着眼点

促进农村经济发展，增加农民收入，是创建文明生态村活动的根本着眼点，也是推动创建活动向纵深开展、推进新农村建设的物质基础。我们始终坚持把促进农村经济发展作为创建活动的一项重要工作，与改善环境、提高素质等项工作一同部署、一起落实，紧紧扭住不放。一是积极适应市场经济的要求，促进农村调整产业结构。大力倡导发展绿色生态农业、旅游观光农业、特色种植业、特色养殖业等；培育农业产业化龙头企业，辐射带动订单农业的发展，推动农业产业化进程；鼓励发展区域规模产业，在很多第一、二批文明生态村中规划建设了工业区、养殖区、商贸区等功能区，既科学规划了村庄建设，又促进了农村的规模化发展。二是加大对电力、水利等事业的投入，加强农业基础设施建设，增强农业生产能力和抗灾减灾的能力。三是改善生产条件，创造良好的发展环境。着力发展农村交通、照明等事业，实施农村道路村村通工程和村内道路硬化、胡同硬化，既为农村的经济发展创造了良好的生产生活条件，又为吸引外地客商前来投资提供了良好的环境，增强了竞争力和发展潜力。三年来全市农业产业化率明显提高，经济总量稳定增长，农民收入大幅增加。枣强县依托皮毛产业，积极培育特色毛皮动物养殖业。安平县依托丝网和生猪两大产业，不断壮大产业优势，农村经济快速发展。武邑、饶阳两个贫困县根据自身特点，大力发展大棚蔬菜，实施规模生产，有效提高了农业的经济效益，增加了农民收入。农村经济的发展，农民收入的增加为创建活动的深入开展提供了坚实的物质基础。

五、注重和谐创建，始终把促进农村社会和谐作为创建文明生态村活动的重要内容

建立和谐的人际关系，塑造良好的村风民风，促进农村的和谐社会建设，是创建文明生态村活动的内在要求。我们始终把促进干群关系、人际关系、户际关系、村际关系的和谐，贯穿于创建活动的过程之中，坚持从农村社会最基本的单元抓起，用丰富多彩的活动来推动，充分发挥村民自治组织在群众自我管理、自我教育中的作用。几年来，我们以文明和谐家庭、“签定养老协议”、评选“好夫妻”、“好妯娌”、“好婆媳”、“十大孝子贤媳”为内容，开展了一系列和谐创建活动，有效促进了家庭内部和谐；以提高和睦、守法星增星率为重点，深化“十星级”文明农户创建活动，促进邻里之间、宗族之间、村民之间和谐，并在此基础上，向村与村之间的和谐拓展延伸，在农村积极开展了“填壑拉手”行动，引导农民架通“连心桥”，拆除“隔心墙”，许多村解决了过去几辈子都难以解决的矛盾和纠纷。在组织开展一系列和谐创建活动的同时，我们十分注重红白事理事会、道德评议会、禁赌会等群众自治组织在构建和谐社会中的作用，村村建立健全了“三会”组织，制定章程，落实人员，明确责任，认真开展活动，使这些组织真正发挥监督村民行为、协调矛盾纠纷、帮助解决群众实际问题的作用。

党群和谐、干群和谐，是实现农村和谐的关键环节。创建伊始，我们就把改善党群干群关系作为创建活动的重要内容，明确提出党员干部要率先垂范，要求群众做的，自己先做；群众一时不愿做的，带头去做；群众要求做的，做到实处。紧紧抓住关系群众切身利益的热点难点问题，重点进行破解，解决了农村历史上始终难以解决的行路难、增收难等诸多难题。在创建活动中，各级党员干部积极为创建村出谋划策，严格按照法律法规办事，把民主议政、村务公开落到了实处，进一步密切了党群干群关系。

六、强化班子建设，始终把提高基层组织的战斗力作为创建文明生态村活动的重要支撑

加强农村基层班子建设，是创建文明生态村活动的组织保障。我们始终坚持以加强农村基层组织建设、提高农村两委班子的战斗力、影响力和凝聚力为重点，在全市建立健全了村级组织体系、制度体系、村务运作体系，组织开展了争创“五个好”党支部活动，加强村务公开，进一步规范了基层党组织建设，增强了基层班子的战斗力，提高了农村班子的执政能力。在创建活动中，农村两委班子始终坚持把群众所需、所盼作为工作的出发点，通过村民代表大会、村民议事会、村务公开、民主评议干部等形式，让群众充分行使表决权，让群众参与创建全过程。无论是制订村庄规划还是制定村规民约，都让群众参与；“六化”建设，凡涉及群众出资出劳的，都让群众讨论，充分体现群众意愿，保证了决策的民主化、科学化。桃城区大麻森乡焦村原打算拆掉旧教学楼建新办公楼，群众代表有意见，村里就请来专家对旧楼进行检验，认定旧楼还可以用，于是村两委就决定把旧楼装修改造成了高标准村室。故城县青罕镇南王庄村是全县有名的乱村，班子是后进班子，干群关系紧张，年年上访告状不断，还发生过重大的上访事件，创建活动中，县、乡党委果断调整了班子，新班子上任后，始终坚持公开、公正、公平的原则，班子成员率先垂范，把群众的思想工作做在前，遇事同群众商量，决策让群众参与，短短一年的时间就把一个昔日破烂村建设成了文明生态示范村，得到了群众的信任和拥护，南王庄村被评为全省创建文明生态村先进单位，受到省委、省政府表彰。

创建文明生态村，农村党支部是关键。我们加大对党支部书记的培训力度，先后对全市第一批、二批创建村党支部书记进行了集中培训，并分期分批组织他们到先进地区和本县市创建工作先进村参观学习，开阔眼界，转变观念。2006年对全市4994个农村党支部书记进行了轮训，有效提高了他们的政策理论水平和民主管理、民主决策的意识，提高了他们协调推进农村三个文明建设的本领，激发了他们为群众办事的责任感和工作热情，进一步适应了新时期农村工作的需要。各创建村党支部书记在创建活动中一线指挥，身先士卒，带头捐款捐物，带头出义务工，充分发挥了先锋模范作用。桃城区邓庄乡东庄村党支部书记王文位患有严重的股骨头坏死症，但他为节省建设资金，一天就跑遍了十几个砖厂、石料厂，在他的带领下，全村所有劳力一个不少的都上了工地，原计划17万元的工程，仅用9万元就高质量地完成任务。

农村基层组织建设的加强，增强了基层党组织的战斗力和凝聚力，干部党员先锋模范作用的充分发挥，为创建工作和农村各项事业的发展提供了坚强有力的保障，群众的主体意识被激发出来，他们的主体作用和创造力得到了充分发挥，积极提建议、献良策，踊跃投工投劳，主动捐资捐物，真正用自己的双手建设美好家园，保证了创建工作任务的顺利完成。

供稿：衡水市文明办

整理：刘柳岐

衡水市

弘扬林秀贞精神 提升公民道德建设水平

自党中央、国务院颁布《公民道德建设实施纲要》六年来，衡水市委、市政府坚持把公民道德建设作为精神文明建设的中心环节，先后在全市开展了“学讲树”、“改树建”、“育优建”等一系列主题鲜明、针对性强的道德教育实践活动。今年，新一届市委把道德建设作为创造良好环境、推动全市经济社会发展的重要抓手，以创新实干、跨越发展为主题，组织开展了解放思想大讨论活动，有效地提升了全市干部群众的思想道德素质和城乡文明程度，涌现出一批像助人为乐的林秀贞、王小芬，敬业奉献的王晓勋、康洪民，见义勇为的张文建，争相捐肾救弟的故城三兄弟，带公婆改嫁的田静等享誉全国、全省的重大典型，公民道德建设取得了丰硕成果。9月18日，胡锦涛总书记在接见全国道德模范时发表了重要讲话，对公民道德建设工作提出了更高的要求，今天省委又组织召开这次座谈会，研究部署全省公民道德建设工作，这对我们衡水进一步加强公民道德建设，推动经济社会的跨越发展是一次难得的机遇。我们要认真学习胡总书记的讲话精神，努力把我市的公民道德建设提高到一个新水平。

一、认真学习贯彻胡总书记讲话精神，进一步增强公民道德建设的自觉性。

胡锦涛总书记的重要讲话发表后，衡水市委

立即召开常委扩大会议，认真学习了胡总书记的讲话精神，大家一致认为，胡锦涛总书记的讲话从事关国家发展、社会和谐、人民幸福的全局和战略高度，深刻阐述了公民道德建设的重要意义。讲话高屋建瓴、内涵深刻，是指导全国公民道德建设和精神文明建设工作的纲领性文件。市委书记景春华同志提出，全市干部群众一定要认真学习、深刻领会胡总书记的重要讲话精神，以胡总书记讲话精神统领全市公民道德建设，切实增强公民道德建设的自觉性，充分发挥道德模范的引领作用，有效提高全市人民的道德素质和城乡文明程度，促进衡水经济社会的跨越发展。9月19日上午，市委、市政府组织召开迎国庆、迎十七大市区环境综合整治活动动员大会，四套班子领导全部出席会议，并与市区10万干部群众一起参加了当天的环境卫生整治活动，景春华书记、高宏志市长深入大街小巷现场办公、解决难题，带动了整个环境整治活动。我们将用一个月的时间，集中开展以城市交通秩序、市场秩序、环境卫生整治为主要内容的市区环境综合整治活动，为迎接建国58周年和党的十七大胜利召开营造良好的环境。

二、大力弘扬林秀贞精神，在全市迅速掀起学道德模范、建设新衡水的热潮

林秀贞被评选为全国助人为乐模范，是衡水人民，也是全省人民的光荣和骄傲，更是我们进一步加强公民道德建设的宝贵资源。市委决定，在全市广泛开展“学秀贞、比贡献、比奉献、建设新衡水”主题宣传活动，通过组织先进事迹报告团巡回演讲、举办文艺晚会、在新闻媒体开设专题专栏等多种形式，大力弘扬林秀贞助人为乐、无私奉献精神，唱响道德颂歌、奉献者之歌，在此基础上评选全市“十大爱岗敬业奉献模范”，在全社会形成崇尚先进典型、学习先进典型的浓厚氛围。9月22日，市委、市人大、市政府、市政协隆重举行了“全国助人为乐模范林秀贞载誉归来欢迎仪式”，市委书记景春华在欢迎仪式上指出，林秀贞同志是中华民族传统美德的杰出传承者，是社会主义道德建设的模范引领者，是社会主义荣辱观的忠实践行者，是社会主义和谐文化的优秀建设者。她的先进事迹平凡中见伟大，朴实中显崇高，细微中有真情，凸显出鲜明的时代精神，极具心灵震撼力。要求在全市大力宣传和弘扬道德模范的先进事迹，迅速掀起学习林秀贞先进事迹的热潮，引导广大干部群众以林秀贞同志为榜样，关爱他人，助人为乐，扎扎实实地推进公民道德建设，努力在全市形成知荣辱、讲文明、树新风、促和谐的良好社会风尚。

市委、市政府把每年的9月份确定为全市“公民道德实践月”，组织广大干部群众和各类志愿者集中开展“献爱心、解民忧、送温暖”活动，扶贫帮困，走访慰问困难职工，帮扶贫困家庭，关心孤寡老人，义务清理公共环境卫生。在农村，广泛开展“关爱老人、关爱留守儿童”系列活动；在社区，开展社会志愿者爱心服务活动；在学校，组织开展中小学生“爱心传递、奉献社会”读书征文、演讲比赛和“远离网吧、健康成长”、“学雷锋精神、做道德标兵”、“小手拉大手”等教育实践活动；在企业，广泛开展“公司关爱职工生活，职工关心企业发展”和“共铸诚信”活动；在机关，开展“争创文明诚信机关、争当人民满意公务员”活动。通过一系列道德实践活动，把衡水市的公民道德建设进一步推向高潮。

三、评选、树立不同层面的道德典型，把群众性精神文明创建活动引向深入

突出时代性、群众性、多样性，发现、培树、宣传一批群众身边可亲、可学、可敬的各个社会层面的道德典型，通过各类典型的示范引导，有效引领社会风气，促进全市的公民道德建设，把各类群众性精神文明创建活动引向深入。一是以评选十佳文明市民标兵、争做文明市民活动为载体，选树一批工作在不同岗位、先进事迹各具特色的典型群体，带动广大市民道德素质和城市文明程度的提升，把创建文明城市活动引向深入。二是以新农民、新形象、新风采为主题，大力实施“新农民工程”，广泛开展十星级文明农户、文明和谐家庭、美德在农家等创建活动，大力提高农民思想道德素质，促进乡风文明，进一步夯实社会主义新农村建设的道德基础，不断深化创建文明村镇活动。三是以创建星级文明窗口为主要载体，广泛开展职业道德标兵、文明优质服务明星等评选活动，形成学习先进找不足、立足岗位作贡献的浓厚氛围，不断深化文明行业创建活动。四是以创建文明和谐社区为主要载体，广泛开展五星级文明家庭、和谐楼院、和谐邻居评选和社区志愿者服务等活动，不断深化文明社区创建活动。五是在全社会组织开展十大道德楷模评选表彰活动，通过基层单位和各界群众推荐、在衡水各新闻媒体刊登候选人的感人事迹、动员全市干部群众参与评选，9月底前市委、市政府对十大道德楷模进行隆重表彰。

供稿：衡水市文明办

整理：刘柳岐

邢台市

科学配比 合理规划 全力推进文明城市创建

2006年以来，在市委、市政府的高度重视和正确领导下，我市文明城市创建工作按照“领导是关键、政治是重点、管理是根本、创建是基础、城改是保证”的创建思路，以科学发展观统领全局，继续加大基础设施建设的投入力度，实施了路网、供水、供热、污水处理、园林绿化等一批重点工程项目，进一步完善了城市功能，提升了城市品位，改善了城市形象，增强了城市综合竞争力，为实现邢台市在2008年进入全省文明城市创建先进行列打下了良好基础。

1. 科学配比，不断完善城市功能。一是城市路网工程。完成投资3亿元，市区新建、延伸、改造主要路网工程16项。目前，钢铁路北延、钢铁路南段续建、钢铁路七里河大桥建设、梁庄路贯通续建、南出市口整治续建、胜利北路南延、达活泉斜街建设、建设西大街改造、东二环路南延共9项工程已经完工；南出市口整治续建、泉北大街西延2项工程也接近尾声；治理市区小街小巷31条，完工18条。新增道路面积106万平方米。二是河道治理工程。七里河综合整治完成5.2亿元，在“三区一县”的积极配合下，七里河清障任务已顺利完成。全省单跨最大的桥梁——钢铁路大桥已竣工通车。三是供热建设。完成投资1.12亿元，管网铺设21公里；新建小区热力站23座；发展集中供热面积201万平方米。目前，我市热电联产集中供热总面积已达到920万平方米。四是供气建设。完成投资1.06亿元，铺设管网21.5公里，燃气用户达到9万户。五是城市美化、绿化、亮化、净化工程。总投资4861万元，目前完成投资4798万。其中泉北大街绿化、城市亮化、垃圾处理厂续建、果皮箱购置更新4项工程和公厕垃圾站建设及维护工程中垃圾站建设已全部完工。森林公园按既定规划设计实施改造，新建的动物园已完成搬迁工作；历史文化公园按照建成广场式、敞开式休闲公园的思路已基本建成；紫金公园、仲毅公园等5个公园（游园）的改造也已接近尾声。深入开展了第七次“营造城市森林”战役，市区各单位积极响应，共营造城市森林1200亩，植树335734棵，有四万多人参与了活动，共收到市捐款30多万元。市区共新植乔灌木64万余株，草花1万余株，草坪9万余平方米，新增绿地面积350万平方米，市区人均公共绿地面积达到6.6平方米，绿地率达到28.5%，绿化覆盖率达到35.5%。一个“三季有花、四季常青”的城市绿化新格局已经初步形成。维修道路55000多平方米，基本实现了平整无坑槽的既定目标。总投资1.7亿元的生活垃圾处理厂，设备已安装完毕，正在进行调试，正常运行后可使市区生活垃圾80%以上实现无害化处理。

2. 合理规划，进一步加大城市管理力度。一是出台了《邢台市创建文明城市工作三年规划》，对2008年前我市争创省级创建文明城市先进城市活动进行了统一的安排部署，并于今年2月份，按照全国文明城市测评体系的要求对各项任务进行了分解。二是圆满完成新一轮城市总体规划修编。解决了多年争而未决的城市定性问题，积极合理地确定了人口规模和用地规模；明确了“北延东跨，西抑南控”，“东南工业，西北生活”的城市发展方向；“一城三区、两心四轴、五星捧月”的城市布局和城市结构，第一次明确了规划区、主城区和中心城区的概念。为城市的长远发展绘制了蓝图。

三是下大力抓专项规划和控详规的编制。启动编制了《城市道路综合效能规划》，确定了我市综合效能路网和新的环城路、环城公路和环城调整，构建一城四星之间道路网络。为解决市区少绿欠美的问题，编制了《邢台市绿地水体系统规划》，初步规划了13个市级广场、17个区级广场、6个市级公园、15个区级公园、27个居住区级公园、224个街头开敞绿地。为申报国家级历史文化名城，编制了《邢台市历史文化名城保护规划》；为了解决市区商业布点混乱的问题，编制了《商业网点及农贸市场布点规划》；为了解决中小学生入学难的问题，编制了《中小学教育设施规划》。同时，为把握城市规划建设的主动权，还狠抓了城市发展较快区段的详细规划编制，先后编制了北部新区25平方公里的分区规划和15平方公里的控详规加城市设计。完成了龙岗东片区、翟村区片、北大郭区片、南大汪区片、梁庄路片区、百泉大街、新兴大街景观规划；启动了火车站广场、新世纪广场的整治规划编制。目前，全市控制性详细规划覆盖率已达到30%以上，对整个城市建设起到了很好的指导作用。

3. 从难点入手，下大力解决城市发展瓶颈。

①理顺城区管理体制。从有利于发挥各方面积极性，有利于提高管理效能出发，针对我市城建体制方面存在突出，坚持重心下移、权责一致、顺畅高效的原则，制发了《邢台市人民政府关于理顺城区管理体制的意见》。

②实施城市“精细化”管理。印发《城市精神细化管理实施细则》，涉及园林绿化养护、环境卫生管理和户外广告设置等10个方面，每一个方面都细化了各个具体环节，明确了管理要求，规范了各项工作质量或作业标准。对市区街道、公园及游园、园林植物划分了养护管理等级。在环境卫生管理方面，要求全天候、全覆盖、网格化和动态化地实行线、条、块相结合的小单元作业模式，规定了清扫保洁、垃圾漕运和公厕清掏的作业时间、标准和采取的措施。通过开展“精细化”管理，城市秩序进一步规范，大街卫生实现了“五净一彻底”，小街小巷达到了干净整洁、无裸露垃圾的标准，清掏做到了“六净一及时”，“三清”作业率均达到97%以上。渣土管理进一步加强，对建筑垃圾产生点、运输路线实施全程监管，查处各类违法行为120余起。对中兴大街（五一桥至轮胎厂）、红星街西段进行了粉刷清洗，粉刷面积6000余平方米，清洗面积2800平方米。共拆除破旧广告牌、灯箱3400余块，更新门店牌匾1300余块，疏导商户2300余家，清刷覆盖小广告20000余平方米，治理店外洗车460家（次）、店外修车280家（次），拆除乱搭乱建30余处。

③下大力气抓好城市拆违工作。针对城市建设工作中土地、资金、拆迁三大难题我们积极研究办法，制定对策，逐项破解。通过科学动作，在省定1650亩用地指标基础上，截止目前，共批用土地14496亩，有力地保障了经济建设项目用地。为了做好市拆违工作，我们进行了认真谋划，周密部署，制定了实施方案，按照“依法行政、无情拆违、有情操作、以人为本、实事求是、积极稳妥、扎实推进”的原则。以“三区一县”和市直有关部门为责任主体，严格按照“三个一定”和“四个必须”的总体要求，全党动员、全民参与、依法实施、稳健操作、真抓实干。截止目前，全市拆除4455处建筑物共计368112.96平方米，拆除围墙1500延米，拆违拆迁工作取得了阶段性成果。

4. 从抓好人的素质出发，不断深化城市“软”环境。市民素质是城市的灵魂，决定着城市的精神风貌，决定着城市的文明程度。因而我们在创建工作中，始终坚持以人为本原则，把提高市民素质，培育时代新人作为一项战略性措施，摆在十分重要的位置上来抓。

①着力加强对市民的思想道德教育。围绕“爱我邢台，建设家园”这一主题，组织开展了一系列宣传教育活动。举行了“爱我邢台，建设家园”大型公益活动启动仪式。市领导及社会各界代表2500人参加了活动。活动中发放了《市民文明手册》举行了“爱我邢台，建设家园”万人签名、城建民心工程问卷调查等项活动。

②从增强市民公道意识入手，举办了“从‘七不’做起，做文明市民”活动和“邢台市十大好人”评选活动。

③组织了“城建民心工程”万人问卷调查活动。采取全面发放调查问卷和现场调查相结合的方法进行。选择广场、公园、居民生活小区、“城中村”、学校、工矿企业等，进行现场调查。在媒体刊登问卷，进行媒体调查，回收问卷1万多份。四是开展了“七里河征名、十八条主要街道征名、研

石山征名”及“十佳宜居小区、五大优美建筑、三大不雅建筑”评选等活动。

④“围绕和谐邢台，家庭先行——百万家庭大行动”这一文明家庭建设主题，开展家庭先进事迹报告会、家庭教育讨论会、尊老爱幼征文活动、建和谐家庭知识竞赛和演讲比赛等一系列活动。

⑤紧紧围绕整治和规范市场秩序，加强诚信教育，强化信用意识，打击假冒伪劣、欺诈经营、偷税漏税等违法行为，强化诚信监督，引导人们坚持诚信为本，操守为重，推进社会信用体系建设，广泛开展了建设“诚信邢台”活动。一是在开展诚信建设过程中，市统一印制了《公民道德建设实施纲要》展板，分发到各县市区和市直各单位，并进一步加大宣传力度。在全社会倡导诚实守信、合法经营的道德实践活动。营造道德建设的浓厚氛围。二是在市直各职能部门、各单位开展创“诚信单位”、“诚信机关”活动，各单位普遍建立了各项规章制度，并明确专人负责，“诚信”建设工作。在实施“诚信”建设过程中，各单位进一步强化了服务意识，形成了接待群众热情、工作坚持原则、依法行政、廉洁自律的浓厚氛围。三是结合“三职一优”教育，开展行业职业道德建设。今年以来经过认真评比，在全市范围内开展评比“文明服务示范窗口”、“文明服务示范岗台”和“文明服务示范标兵”活动，进一步调动了各单位参与道德建设的积极性，在全市范围内形成了创建“诚信邢台”的浓厚氛围。三是以诚信经营、文明服务为目标，以促进社会和谐、实现经济社会全面发展进步为主题，广泛开展“共铸诚信”活动，进一步完善评选标准、办法，在全市商贸零售、医疗卫生、药品保健、邮政通讯、建筑装修、公共交通、旅游出行等行业的所有企事业单位和个体工商户中，全面启动了争创“百佳诚信单位标兵”和“百佳诚信单位”评选活动。

⑥重点突出，进一步拓展社区建设内涵。首先是载体健全。进一步完善了市民学校，按照有教室、有教材、有教学计划、有教员的要求，制订和完善了规章制度及办学计划。其次是责任落实。各社区分别与沿街单位、个体工商户签订门前三包责任书，对保洁人员不仅落实了包干责任区域，还落实了门前三包的督查责任。三是开展形式多样的社区活动。利用周末结合社区各个时期的形势需要和不同年龄、层次居民的需求，组织开展了“怎么做一名合格的家长”“如何养生”等家庭美德、社会公德、职业道德学习讲座。开展了“阳光在行动”系列活动，组织各社区成立文艺队，开展有社区特色、群众喜闻乐见、健康向上的群众性文化活动，另外，组织社区志愿者帮助敬老院的老人整理房间，打扫卫生，陪老人聊天，为老人义务理发等；开展了“爱我社区，服务社区，以人为本”的人性化服务，为社区老年人生日送花、协调夫妻矛盾、召开居民恳谈会等等。在全市160个社区设立了“伦理道德讲评台”。桥东区进一步深化了“人性化服务”活动，在全区开展了“阳光万家”活动，取得了很好的社会效果。桥西区结合“十分钟服务圈”活动，进一步丰富服务内容，完善服务机制，在总结过去经验的基础上，更加具体地明确了社区服务组织、服务方式和服务内容，构建了“二四四三”社区服务新体系，使服务更有针对性，群众生活更便利、更舒适。以加强社区居民思想道德建设为核心，以提高居民文明素质和城市文明程度为着力点，在全市各社区广泛开展“十个一”进社区活动，开创了文明社区创建新局面。

供稿：邢台市文明办

整理：弓少勇

邢台市

突出重点 体现特色 不断深化文明生态村创建

创建文明生态村活动开展以来，我们认真贯彻落实省委、省政府关于开展创建活动的一系列指示要求，紧密结合本市实际，强化组织领导，科学制定规划，扎实而富有成效地开展了创建活动。特别是党中央作出建设社会主义新农村的工作部署后，我们进一步坚定了搞好创建活动的决心和信心，把创建活动纳入社会主义新农村建设的总体目标，并作为新农村建设的有效载体，本着突出重点、体现特色、注重实效的原则，把创建活动推向了一个新的发展阶段，有力地促进了全市新农村建设的顺利开展。目前全市已有1250个村进入了创建工作先进行列，占全市农村总数的25%。

一、以“村民中心”建设为重点，精心构筑设施齐全、功能完善、村民满意的服务平台

“村民中心”建设是进一步深化文明生态村创建活动的重要举措，我们以此为重点，积极探索“村民中心”建设的有效形式和办法，多措并举，扎实推进，使“村民中心”建设在创建村中迅速展开。一是制定具体方案，狠抓工作落实。为加强对“村民中心”建设的组织指导，确保“村民中心”建设工作落到实处，市文明委先后出台了《关于搞好创建村“村民中心”建设的实施方案》、《关于进一步推进“村民中心”建设的意见》等文件，对“村民中心”的服务内容及设置、“村民中心”建设的基本条件、“村民中心”建设的数量及时间要求、“村民中心”建设的组织领导等做出了全面具体的安排，并突出强调了“村民中心”建设的“四落实”，即落实场所、落实硬件设施、落实服务内容、落实管理人员。市里先后三次组织市、县两级对各县市区“村民中心”建设进展情况进行督导检查，先后两次组织各县市区创建办主任、200多个创建村的党支部书记、村委会主任到“村民中心”建设先进村进行观摩学习，同时还经常性地组织县与县、村与村之间的参观学习和交流活动。由于市县两级高度重视，措施有力，全市“村民中心”建设工作在较短时间内就取得了明显进展。到去年底，全市已初步建成较高标准的“村民中心”400个，今年又重点谋划了300个“村民中心”，使全市“村民中心”数量达到700个，占创建村总数的50%以上。二是不断创新形式，完善服务内容。有效的形式，适宜的内容，是“村民中心”能够较好发挥作用的基础。在具体工作中，我们以“村民中心、服务村民”为宗旨，积极探索“村民中心”的服务形式，并根据广大农民的实际需要确定服务内容，使“村民中心”对农民的教育服务作用得到充分发挥。在服务形式上，我们从农村实际出发，整合各种服务资源，采取“村民中心”8+2服务模式，即文体活动、科技培训、“三农”信息、健康服务、社会保障、法律服务、信访服务、村民议政“八室”，加上邮政“三农”服务站和新农民培训学校，实行“村民中心”一站式全程服务，使广大农民在这里能够享受到科技文化、政策法规、卫生保健、民主政治等方面的教育培训和“三农信息”、农用资料、生活用品、邮政通讯等多方位的良好服务。同时我们采取小课堂与大课堂相结合、小服务站与大服务站相结合的形式，充分利用“村民中心”各个教育服务阵地和场所，又不局限于这些阵地和场所，不断扩展“村民中心”的服务内涵和外延，拓宽“村民中心”服务的场所和空间，使“村民中心”真正成为农村的政务中心、培训中心、信息中心、服务中心。去年以来，各县市区利用“村民中心”这一阵地对农民进行各类培训达30多万人次，推广农业新技术400多项，提供各类致富信息1500多条，诊治病患者6000多例，接待群众上访300多起，解决各类纠纷200多件（次）。

二、以培养新型农民为根本，扎实开展各种形

式的创建活动

提高农民素质，大力培养与社会主义新农村建设相适应的一代新型农民，是创建文明生态村活动的一项重要任务。在创建活动中，我们始终坚持“以人为本”的原则，把提高广大农民的综合素质、培养一代新型农民放在重要位置来抓，以农民素质的不断提高促进创建成果的巩固和创建活动的不断深化。一是阵地教育人。我们把利用农村各种阵地对广大农民进行教育培训作为一种重要手段，收到了明显成效。首先，充分发挥“村民中心”各类服务室的作用。各创建村都选派那些思想道德水平和科技文化素质较高并有专业技术特长的人员担任“村民中心”的专兼职教员，对广大农民进行民主政治、思想道德、政策法律、农业科技、卫生保健等多方面、全方位的教育培训。其次，充分发挥各类文化场所和文体组织的作用。为适应教育农民的需要，一些县市区扩建或新建了宣传文化中心，乡、村相继建立了宣传文化站，95%以上的创建村建立了图书阅览室、文化活动广场和文化大院等文体活动场所，一些县市区还成立了农民艺术团或戏曲、书法、绘画、棋牌等文化艺术协会，通过开展丰富多彩的文体活动，使广大农民在参与中受到启迪和教育。第三，充分发挥各类农民培训基地的作用。各乡（镇）、村利用原有的农民技校、夜校、基层党校等基地，不断改善办学条件，充实师资力量，对创建村的农民进行较为系统全面的科技文化知识培训，在培养教育农民、提高农民素质方面发挥了主渠道作用。二是活动感染人。各创建村坚持开展经常性的精神文明创建活动，不断增强对农民群众的吸引力和感染力。通过组织开展“十星级”文明农户、好村民、好媳妇、好妯娌、好邻居评选等活动，使广大农民的思想道德素质得到明显提升；通过建立健全红白理事会、道德评议会、妇女禁赌会等群众自治组织，对广大农民移风易俗、树立社会新风起到了积极作用；一些创建村还通过组织举办颁发绿色证书、争当创业致富能手、评选科技能人等专项活动，培养农民良好的现代文明行为，提高农民的科技水平和致富能力。三是环境改变人。各创建村通过硬化道路、种植树木花草、修建沼气池和公厕、新建街心公园、文化活动广场等，人居环境发生了巨变，长期困扰农村的“五乱”现象得到了有效遏制，广大农民维护良好环境的自觉性大大增强，积极向上、健康文明的生活方式正在逐步养成。

三、以打造特色文化为目标，培树一批具有鲜明地方特点的创建示范村

我市不少农村有着深厚的历史文化积淀和底蕴，在创建活动中，我们注意深入挖掘这些村的历史文化资源，丰富创建内涵，增加文化品位，精心打造一批具有鲜明地方特点的特色文化村，推动创建活动的不断深化。首先，严格筛选，确定特色文化村。市县两级组成了由建设、文化等部门专家、学者参加的专门班子，对具有历史文化传统的重点村逐一进行摸底调查。在此基础上，经过综合分析和筛选，确定特色文化村的选择主要遵循以下原则：一是有名人故里的村，二是具有旅游优势、神话传说、历史典故、房屋住宅具有古建筑风格的村和传统乡艺、民间艺术开展较为普及的村，三是琴棋书画专业村以及文化专业户较多的村等。按照上述标准，全市共有150个村列入特色文化村创建规划。其次，整合资源，加大帮建力度。市级财政去年以来共列支100万元用于特色文化村的建设。同时市里还给每个特色文化村安排了两个以上有一定经济实力的文明单位进行对口帮建。各县市区也都仿照市里的做法在财力和物力上对特色文化村重点倾斜。仅去年以来市县两级财政和帮建单位就筹措资金、物资500多万元用于特色文化村建设，从而加快了建设进度。目前，全市已初步建成特色文化村67个。第三，从严规划，高标准建设。一是对特色文化村在创建之初就邀请文化、规划、旅游等部门参与规划、指导和设计工作，避免走弯路。二是在深入挖掘历史文化资源的同时，进一步加大对民俗文化的保护力度，尽量保持特色文化村的原有建筑风貌。三是针对创建村的不同特点，因村制宜，在一村一品、一村一景上下功夫。如邢台县前南峪村既是抗大旧址所在地，又是绿色生态旅游知名地，该村把二者相结合，大力建设和发展“红+绿”文化特色，使该村成为远近闻名的爱国主义、革命传统教育基地和旅游观光胜地。南宫市尚家庄村是我国著名京剧表演艺术家尚小云的故里，该村充分利用拥有历史文化名人的优势，大力弘扬民族传统艺术，大造文化特色声势，在村主要街道两旁墙壁上制作了精美京剧脸谱百余幅，并附有尚小云生平简介，在公路入村口处竖立起“尚小云故里”

屏风展牌，使该村的知名度骤然提高。第四，建立制度，开展特色活动。针对一些村建起了特色、用不上特色的现象，在各创建村制定了特色文化活动制度，充分利用农闲和民俗节日开展各种丰富多彩的特色活动，使特色文化“活”起来。隆尧县利用本县是秧歌大县的特点，每年都在秧歌特色村中举办全县文明生态村秧歌大赛，极大地丰富了创建村的精神文化生活。新河县定期组织中小学生到西李家庄村董振堂将军纪念馆进行参观学习，开展红色教育，有力地激发了广大青少年的爱国之情，促进了他们的健康成长。

四、以连线连片创建为基础，形成创建活动的整体规模效应

在创建活动中，我们把组织实施连线连片创建作为吸引和调动更多农民参与的一项重要措施，使创建区域不断扩大，形成了创建活动的整体规模效应。目前，全市已初步建成连片创建区域300多个，覆盖1500多个村庄。首先，科学制定规划，统一组织实施。各县市区在开展连线连片创建的过程中，依据不同的县情、乡情、村情，充分考虑创建村的地域特点、产业区域优势、历史沿革和生活习俗等因素，因地制宜，科学规划，合理确定创建区域，统一组织实施，推动连线连片创建有计划有步骤地全面展开。如邢台县、沙河市、临城县、内邱县西部农村地处太行山区，他们依据这些村庄具有良好自然景观的地理优势，确定了以旅游观光为主要特点的20个片、150个村的连片创建带，形成了较大规模的旅游观光创建区域。又如我们依据106、107、308国道从我市穿过的实际，要求沿途的邢台、沙河、宁晋、威县、清河、南宫等县市，充分利用交通便利、易于管理的优势，组织沿途各村以主要交通干道为轴线开展连线连片创建，形成了大小30多个创建区域，覆盖300多个村庄。其次，实施以点带面，发挥辐射作用。根据我市农村经济发展不平衡、基础条件不一的实际，我们确定了精心选点、连点成线、以点带面的连片创建工作思路。即把基础条件较好、创建成效显著的村作为样板村、示范点，充分发挥其对周边村的带动和辐射作用，形成了示范点带动、纵向成线、横向成片的连片创建格局。如宁晋县把该县创建积极性高、创建成效显著的大陆村作为示范点，带动周边几个村实施连片创建，使这几个基础条件相近的村创建工作迅速展开，并在较短时间内取得了明显成效。该县抓住这一有利时机，及时加以引导，使该镇所有的村都投入了创建活动，90%以上的村进入了创建工作先进行列，成为全县首个文明生态镇。

供稿：邢台市文明办

整理：弓少勇

邢台县

充分发挥宣传文化中心辐射带动作用

邢台县宣传文化中心是“太行山革命老区宣传文化工程”第二期工程，2003年12月8日开工建设，2005年6月12日完工，2005年7月10日投入使用。邢台县宣传文化中心总建筑面积2369.5平方米，框架结构，局部五层。宣传文化中心自投入使用以来，我们通过整合资源，制定了切实可行的规章制度，切实加强管理，规范运作；多渠道筹集资金，确保了宣传文化中心工作的正常运转；充分利用阵地，开展丰富多彩的文体活动，极大地丰富了群众的业余文化生活。现将我们的主要做法汇报如下：

一、整合资源，拓展功能，使宣传文化中心功能更加完善

邢台县宣传文化中心，设有图书室、阅览室、多功能教室、展览室、文化活动室、器材室等，室外设有宣传橱窗，并配备了图书和文体器材，具备了开展图书借阅、教育培训、文化娱乐等多种服务和活动的条件。我们还将县宣传文化中心与县文化馆、图书馆、文保所等一起规划建设，实现了宣传文化资源的整合共享，拓展充实了宣传文化中心的功能。同时将县老年书画协会会址也设在县宣传文化中心。为了使宣传文化中心更加有效地发挥其服务全县人民的作用，我们还将邢台县农民艺术团址设在县宣传文化中心内，充分利用县农民艺术团的人才资源优势和完备的音响器材、服装道具、交通运输(县农民艺术团现有职业演员34人，其中国家一级演员2人，并拥有8×8米舞台车一辆，大巴车一辆，专业演出设备齐全)等方面的优势，使县宣传文化中心成为名副其实的全县宣传文化中心，同时，县农民艺术团的入驻也可以节省其租用场地的费用，达到资源共享，相得益彰的效果。

二、建章立制、科学管理，确保宣传文化中心有效运行

随着宣传文化中心的建成并投入使用，如何管理好，使其充分发挥作用，我们决定采取了四项科学管理措施。

1．确定工作重点。宣传文化中心不同于一般的文化活动场所，有着更重要的社会职能，作用是多方面的。根据上级有关要求，依据当前形势、当地主要工作和群众需要，确定具体活动内容，做到年有计划，月有安排，确保各项活动不间断开展，真正使宣传文化中心成为干部群众求知的课堂、求艺的园地、求富的良友。

2．明确管理体制。宣传文化中心是公益性非营利文化活动场所，所有资产属于国有资产。为了明确管理体制。我县一是根据上级有关精神并结合本县实际，先后2次召开专题会议，研究解决文化中心问题，统一了认识。二是明确了管理体制。我县明文规定，县宣传文化中心由县委宣传部、文明办统一管理，县文明办主任兼任县宣传文化中心主任，县文体局主管副局长任副主任。并从县宣传部抽调2名，从县文体局抽调5名有管理经验的骨干到宣传文化中心协助工作。

3．健全规章制度。一是资金管理制度，设立专门账户，对购置设备、讲课支出、活动经费都有账目登记，实行专款专用。二是器材设备管理制度。对图书、光盘、文体器材、电教设施等所有物品建档造册，做到物有所归，物有所存，物有所管，物有所用。三是活动管理制度。规定禁止在各种培训班、讲座、报告、文艺活动中传播封建迷信、伪科学、消极思想和文化糟粕，禁止搞，电子游戏厅、网吧、营业性歌舞厅等商业经营活动。四是人员管理制度。我们对中心主任和各类工作人员的职责、责任都作出明确规定，做到各司其职、各负其责，自。觉接受有关部门和群众的监督。

4．探索投入机制。我们结合本县的实际情况，采取了两种办法：一是财政补贴。每年从县精神文明建设经费中拿出5万元作为文化中心日常工作经费。二是服务创收。我们通过林业、农业、水利、计划生育、科技、教育等部门在办培训班、开办讲座、开展文体活动、召开会议、举办各种书画展览等过程中，提供场所、器材、人员，搞好服务，收取一定的费用，以弥补文化中心日常活动经费的不足。

三、积极开展活动，充分发挥宣传文化中心的作用

我县对投入使用的宣传文化中心认真管理，使其成为宣传文化工作贴近生活、贴近实际、贴近群众的桥梁和纽带。在加强全县精神文明建设，提高群众生活质量和促进经济社会协调发展进步等方面发挥了积极作用。

1．充分运用宣传文化阵地，大力普及科学文化知识，提高了农民群众的脱贫致富本领。一是吸引科技单位和人员入驻，吸引社会上的科技单位和科技人才前来设点。通过开办大学生实习基地，为偏僻、贫困农村带来了人才和先进的科学技术。二是为农村培育大批能人。根据农村的需要，有针对性地举办农业实用技术培训班3次，其他各类科技知识讲座5场(次)，直接接受教育群众2000余人次。其中培养了有一技之长和种植、养殖能手、民营企业技术骨干。三是及时向农民传播急需的信息。先后向群众发放各种科技资料2万多份，提供市场信息500多条，引导外出创业农民300多人。

2．培养文体骨干，扶持文化队伍。多年来，县宣传文化中心采取集中培训和下乡辅导方式，为基层特别是农村培养文化骨干210多名，扶持文体队伍83支。同时建立了邢台县民间艺术协会、邢台县桥牌协会等社团组织。一批农民文体社团和农民文艺队伍的形成，从根本上改变了全县农民精神文化生活贫乏的状况，使农村的文化活动更加丰富多彩，促进了农民生活质量的进一步提高。

3．开展丰富多彩的宣传文化活动，促进群众文体活动的普及和提高。仅去年“双节”期间，开展乡艺汇演，健身活动等大小文体活动100多场次，其中集中活动12场。同时，分别在四月份和五月份举办了“邢台县国土资源杯县直职工乒乓球赛”和“邢台县第七届老年运动会”。九月份，先后举办了十六大以来邢台县发展成果大型展览、十六大以来邢台县发展成果演讲赛和十六大以来邢台县发展成果专场演出。并配合县委、县政府以及县直各部门工作，先后举办了一系列文化活动，其中有：邢台县春节晚会、邢台县三干会专场演出、世界节水日、世界环境日、世界禁毒日等多次主题文艺演出。

4. 积极开展送文化下乡活动。县宣传文化中心以邢台县农民艺术团为龙头，于3月份启动了文化下乡服务工程，广泛开展文化下乡活动。到11月份，共计下170多场。其中，邢台县农民艺术团编制歌舞、曲艺等节目80多个，深入到德龙钢厂、邢东煤矿、旭阳焦化等厂矿企业演60余场，为农村演出110多场，10余万群众观看了邢台县农民艺术团演出。此外，先后组织举办送书下乡活动2次，电影下乡50多场次。

5. 大力筹办文学艺术创作展览，成果丰硕。县宣传文化中心共征集全县文艺工作者创作的文学、书画、工艺等作品300多件，并先后举办了邢台县民间艺术作品展，“弘扬抗大精神，构建设和谐邢台”书画展、太行奇石展、纪念世界环境日图片展等一系列活动。赵会庆的剪纸作品还入选了《中国艺术编》。

县宣传文化中心通过开展丰富多彩的活动，有力地促进了全县文体活动水平的普及和提高，取得了明显成效。我县浆水镇连续举办了两届农民艺术节，全县开展文体活动村庄达到80%，参与群众10万多人次，我县文体结合式全面健身活动空前高涨，活动水平大有提高。在邢台市万人百队健身秧歌大赛中，我县代表队从二十支比赛队伍中脱颖而出获一等奖。在邢台市第十二届运动会上，我县代表团在本届运动会上共夺得金牌7枚，银牌16枚，铜牌11枚，共有34人次取得了奖牌，19人取得了名次，一人包揽了女子800米、1500米和3000米三项冠军。我县团体总分名列全市第四位，并获得大会组委会优秀组织奖。今后，我们要继续发挥县宣传文化中心的主阵地作用，为丰富全县广大群众文化生活、提高全民综合素质、推动全县精神文明建设作出积极更大贡献。

供稿：邢台市文明办

整理：弓少勇

巨鹿县国税局

严格“四抓”不断促进文明创建向纵深发展

2007年，巨鹿县国税局紧紧围绕创建省级文明单位工作，始终坚持“两手抓，两手都要硬”的方针，结合自身工作实际，健全机制，突出重点，积极推进行业精神文明建设。通过开展形式多样、扎实有效的文明创建活动，连年超额完成税收任务，连年被县委、县政府评为实绩突出单位，连续三年夺得全县“文明执法杯”竞赛第一名，并在行风评议中取得了“三连冠”，连续两届被授予“省级文明单位”荣誉称号。

一、抓机制，重投入，夯实文明创建工作基础

搞好文明创建工作必须有一套行之有效的管理机制和良好的工作氛围。一是健全组织，加强领导。组建了由“一把手”任组长，主管局长为副组长，机关各职能股室负责人为成员的精神文明建设领导小组，定期对文明创建工作进行分析研究、总结部署。二是完善机制，强化管理考核。将精神文明创建工作纳入目标责任制，并层层分解，细化落实，形成了层层有目标，人人有压力的工作格局。三是加大投入，奠定基础。设立精神文明建设专项奖金，每年的有关设施配备、活动开展、培训教育、考核评比、表彰奖励等方面的开支，列入了财务预算计划，做到专款专用。

二、抓素质，树形象，推进文明创建工作的深化

用先进的思想文化武装人。组织大家广泛深入学习“三个代表”重要思想，充分利用上党课、学习政治理论和先进典型等形式促进干部思想政治觉悟的提高。认真宣传贯彻《公民道德建设实施纲要》，开展了创建和睦家庭、树立国税形象等项活动，有力地促进了干部队伍道德修养和思想作风转变。组织干部学习有关廉政文件规定，举办勤政廉政事迹报告会，进行预防职务犯罪警示教育。

用形象建设促进文明创建工作的开展。在硬件建设方面，县局先后投资近二十万元用于基层窗口单位建设，建立完善办税服务厅功能，除设立税务登记、发票管理、纳税申报、税款征收、咨询等窗口外，还增设了税收政策电子显示屏、触摸屏、公开办税宣传栏、供纳税人使用的桌椅、沙发、笔、墨和饮水设备等，办公环境实现了净化、美化、绿化。在软件建设方面，以推行规范化管理为重点，努力把各项工作纳入科学化、制度化、规范化管理的轨道。各基层税务所建立完善了各项工作制度，管理规范，办公用品摆放整齐有序，花草点缀，处处给人以赏心悦目的感觉。同时开展“服务纳税人、满意在国税”活动。税务干部在办税过程中服务热心、辅导耐心、办税尽心，待人接物文明礼貌，展示了国税干部朝气蓬勃的形象。

用以人为本的思想强力推行干部队伍素质建设。将干部的学习培训情况与提拔、使用、奖惩挂钩，重点强化了“不培训不上岗，不培训不提拔，不培训不任职”的机制。坚持“分级培训，以考促学”的原则，县局坚持半年一考，实行“每周一课、每月一考”的岗位业务练兵活动，对学习考试成绩优秀者，不仅给予物质奖励，而且还优先破格提拔使用。坚持走开放式、外向型的培训道路，分期分批组织干部职工到湖南大学和省税务培训中心进行培训、学习。并充分利用社会教育资源，鼓励干部参加各类社会化的学历教育，以及英语、计算机等资格考试及相关培训，促进了全系统业务学习活动的深入开展。

三、抓服务，促征管，把文明创建工作落到实处

为从根本上提高服务质量，最大限度地服务纳税人，巨鹿县国税局不仅更新服务理念，而且积极探索新的管理机制和体制。一是试行新的征收方式，对“双定户”实行“税银联网，委托代征”这一征收方式，使纳税人呆在家里就可以轻松纳税，免去了排队等候之苦，节省了时间和精力，受到了普遍欢迎。不但缓解了征收厅压力，而且由于办税人员不再接触现金，有效避免了不廉洁问题的发生。二是积极解决群众关心的疑点问题，推行“电脑定税”。在全系统推行“阳光评税”工程，对每一业户都进行实地查验，准确测量出门市面积，依据行业、繁华程度系数输入微机，计算出门市定额。在此基础上，对定额和纳税结果公开，消除了纳税人的攀比、猜疑心理，真正让纳税人缴上了明白税、放心税、服气税。三是想纳税人之所想，急纳税人之所需，在基层窗口单位大力实施了首问责任、限时办结、服务承诺、政务公开、文明用语、一站式、零距离等一系列服务措施；并在为纳税人提供深层次服务上下功夫，逐步推行电子申报、电话预约、午间和节假日开票值班、为残疾人上门等一系列特色服务，最大限度地方便纳税人办税。

四、抓载体，促创建，丰富精神文明建设的内涵和外延

以先进典型为榜样，推动文明创建工作的深入开展。为了在全系统形成一个层层有典型，项项工作有榜样，以典型带动整体工作的局面，把典型选树工作，作为搞好各项工作的突破口，坚持不懈地提高干部思想道德素质和服务水平，深入开展了创建文明单位（文明税务所）、文明科室、最佳办税服务厅、青年文明号员等活动，全县国税系统涌现出了一批先进集体和个人。

以文化生活为阵地，丰富文明创建内涵。开辟了活动阵地，购置了图书和体育用具，配齐了电教音响设备。每年都举办以爱党、爱祖国、爱国税为主题的歌咏、文艺汇演活动，并积极参与市县组织的乒乓球、篮球比赛，向社会展示了国税风采，激发了大家爱岗敬业、献身国税的热情。

以服务社会为宗旨，将文明触角向社会延伸。仅2007年，就为50余位下岗职工减免税收和工本费两万余元，落实起征点政策，全县有200余户纳税人受益，免征二百多万元。与此同时，积极开展扶贫献爱心活动，2007年全局向希望工程、光彩工程、温暖工程、灾区等捐款、捐物金额就达3万多元，积极帮扶“扶贫点”，投资7000元解决了该村行路难问题，在社会上树立了较好的国税形象。

供稿：邢台市文明办

整理：弓少勇

邯郸市

在文明城市创建中突出生态环境建设

为巩固文明城市创建成果，提高创建工作水平，邯郸市围绕建设区域经济中心城市、提升区域中心城市地位这一总体目标，以建设生态城市为抓手，大力实施“生态城市规划、生态水网、营造城市森林、绿色环保”四项工程建设，城市生态环境明显改善，公民思想道德素质不断提高，城市品位进一步提升，打造了文明城市的生态创建品牌。一、生态规划工程建设。按照“建设独具魅力的国家历史文化名城、区域经贸中心、新型产业基地和生态园林城市”的总体目标，去年以来，全市共组织编制完成了85项规划（方案），包括总体规划1项、详细规划（方案）10项、专项规划（方案）74项，其中50项已通过专家评审，并向社会公示。目前“生态园林城市规划”已完成前期规划调研，已进入正式编制工作。规划按照“生态和谐、生态优美”的原则和“以人为本、生态优先，统一规划、分步实施”的推进思路，以营造“四湖叠映、五河环绕、碧水萦回”的秀美水景为总目标，年底前通过对“五河、两湖、一园”主城区段的全面整治和水林景观建设，做优做活城市水林景观，做大邯郸城区水面，改善生态环境，打造魅力邯郸。同时编制了城市公共交通专项规划，启动了城市立交桥规划和地下通道（过街天桥）规划。根据市城市交通规划，主城区内共规划18处立交桥，现已建成互通式立交桥3处。其他未建的立交桥都实行了规划控制，先预绿化，为实现生态园林城市规划做好了建设准备。二、生态水网工程建设。根据《中共邯郸市委、邯郸市人民政府关于邯郸生态水网工程建设的实施意见》要求，到2008年底，实现“引水入滏”和“引水入沁”。市政府还将出资购买水库水，充实到整个水网中去，满足广大农民的日常生产生活之用。同时，每年向主城区调水1.5至2亿立方米，改造滏阳河、沁河、支漳河、输元河、渚河“五河”，打造龙湖、南湖、北湖、西湖“四湖”，实现“四湖叠映、五河环绕、碧水萦回”的秀美水景。三、营造城市森林工程建设。把营造城市森林活动作为巩固国家园林城市创建成果的重要举措，市文明委多次召开动员会，要求打造“文化＋绿化”、“赵都＋绿网”的城市绿化个性建设特色，进一步实现”城在林中，林在城中的绿化格局。2006年以来，累计完成投资2.3亿元，新建、改造绿地，新建、扩建城市广场和街头游园，新建“2＋2”模式道路等。尤其是在道路改扩建工作中，坚持绿化优先，预留绿化用地，落实“2＋2”模式，尽最大可能保护原有树木不被破坏，近年来改造扩建主要干道十余条，两侧树木全部得到保留。在滨河、湖两侧和周边种植增加了树木行数、棵数，使建成区绿化覆盖率、绿地率和人均公共绿地面积均有了较大增长。在城市周边荒山、荒滩、城乡结合部，规划开辟林地2万亩，逐渐连片成面，向森林公园过渡发展，初步构成了城市森林生态体系。为扩大城市森林的覆盖面，市文明办、市环保局已连续四年开展创建绿色学校、绿色小区、绿色庭院、绿色家庭活动，并与各有关单位签订了责任状，目前，“四绿”覆盖率已达80％以上。为落实市委、市文明委关于认栽认养、营造城市森林的部署，市四套班子成员每人每年捐款200元，市直机关每人每年捐款60元，认栽纪念树。全市已初步形成了行政推动、政策引导、自愿参与的有组织、有计划、大规模、大范围的营造城市森林特有模式。四、绿色环保工程建设。先后颁布了《邯郸市防治机动车排气污染管理办法》、《邯郸市主城区生活饮用水源保护区污染防治管理办法》、《邯郸市城市环境噪声污染防治管理办法》、《邯郸市大气污染防治管理办法》等多项政府规章，初步建立起环境保护地方法规体系。去年确定了51个治理项目作为污染治理的重点，投资6.2亿元，全市共检查企业1487家，查处违法企业578家（次）。对84家环境违法行为进行了新闻曝光和挂牌督办，其中列入省级督办的案件1起，市级22起，县级61

起。削减烟（粉）尘2.24万吨、二氧化硫2.94万吨，化学需氧量1438吨，悬浮物738号。制定实施了《邯郸市生态环境保护规划》，规划投资5.1亿元，建设9个城镇集中供热及清洁能源项目；投资14.5亿元，新建18个生活污水集中处置厂；投资5.3亿元，新建13个垃圾处置厂；投资2000万元，新建一座医疗垃圾集中处置中心。实施“绿网”行动，提高森林覆盖率和绿化覆盖率，控制扬尘污染，目前城区园林绿地面积达35.58平方公里，建成区绿化覆盖率、绿地率、人均公共绿地三项指标分别达到43%、35%和10.9平方米，为广大居民提供了一个良好的工作和生活环境。

供稿：邯郸市文明办

整理：陈凤娥

邯郸市

实施精细化管理创新城市保洁考核机制

为进一步加大文明城市创建力度，不断提升城市清扫保洁质量标准和管理水平，加快落实推广使用新型清扫工具的步伐，把环境卫生精细化管理目标落到实处，邯郸市积极借鉴外地先进经验，结合本地实际，在街路清扫保洁方面大力推行“称土计量法”考核机制，使全市街路清扫保洁质量显著提高，实现了环境卫生检查考核由目测型向数字化、粗放型向精细化的转变，体现了考核评比观念、形式、手段、标准等方面的创新，为打造省内先进的精细化管理文明品牌奠定了基础。

邯郸市在实施精细化管理中采取的“称土计量法”就是采用一把尺子一杆秤，通过丈量单位面积，称出单位面积内的尘土等废弃物的重量，对照制定的标准，按照街路的路况、清扫的难易程度和清扫标准等，确定清扫质量和工作效果。该办法将城市街路划分为三个等级：主干道为一级街路，次干道为二级，小街巷及老城区为三级，按照清扫路面的实际情况，制定出标准，实行“称土计量法”。即：一级路面每100平方米尘土、废弃物不得超过500克；二级路面每100平方米不得超过600克；三级路面每100平方米不得超过700克。

为认真落实《邯郸市城市精细化管理实施细则》，市城管局切实加强监督检查，严格考核奖惩，按照“称土计量法”要求，不断加大街路清扫保洁监督检查和考核奖惩力度，做到了“三严格”：一是严格监督措施，做到“八到位”。即：标准到位、责任到位、时间到位、区域到位、督导到位、记录到位、反馈到位、奖惩到位。二是严格推行“称土计量法”监督检查考核制度。由市城管局监督，区市容环卫局实施，每周抽查一次，采取随机抽查、随时抽查的办法，在抽查地点用皮尺丈量出100平方米，用新型拖把将丈量出面积内的尘土、杂物等收集后进行秤量；检查内容以便道、盲道、墙根、树坑、电杆根的尘土、烟头等废弃物为主。三是严格实行捆绑边带考核奖惩制。根据“称土计量法”检查情况，每月进行评比和通报，管理单位负连带责任，直接责任人负主要责任，并兑现奖惩。处罚金额全局捆绑使用，奖励款项由罚款中支出，不足部分由市、区局支出。

由于制度健全，措施得力，充分调动了广大干部职工的积极性和创造性，增强了责任心和事业心，街路清扫保洁真正实现了路见本色，清扫保洁质量显著提高，受到了广大市民群众的高度赞誉，大家都感觉“街路干净了，城市靓丽了，心情舒畅了”。

供稿：邯郸市文明办

整理：陈凤娥

邯郸市

靠特色载体打造特色品牌深化文明城市创建

从高速公路进入邯郸，首先映入眼帘的是一座“胡服骑射”巨型雕塑，公路两边则是独具特色的“胡服骑射”灯。越往市区走，你越能深刻地感受到这座城市的文化内涵：150多座公园和广场，或古朴雅致或精巧隽永，散发着浓郁的赵文化气息……

“城市靠特色出名，没有特色就没有魅力和竞争力。”邯郸市委书记孙瑞彬介绍说，该市坚持靠特色载体打造独具特色的城市品牌，不仅深化了邯郸市文明城市创建工作，还提升了整个城市的品位和综合竞争力，促进了经济社会的全面发展。

特色载体一：古为今用，赵文化提升城市品位

文明是一个城市的灵魂。作为国家级历史文化名城，早在七千多年前，这里就诞生了新石器早期的磁山文化。战国七雄之一的赵国在此定都长达158年，辉煌的赵文化一度影响着邯郸的发展走向。

如何在深化文明城市创建活动中，让人们感受到这座城市深厚的历史文化底蕴？邯郸从挖掘历史文化资源入手，把开放、融合、进取的赵文化作为城市的文化定位，并有意识地融入现代城市建设中，让人们徜徉在邯郸，就犹如置身于一座展示赵文化的露天博物馆。

罗敷园以罗敷采桑为主题，教育人们要热爱劳动；青春园以荀子劝学典故来启迪莘莘学子；学步桥广场以“邯郸学步”警示人们不要固步自封……一批充满文化气息的游园，宛如一颗颗璀璨的明珠，镶嵌在古城的大街小巷，使古赵文化与现代文明有机、有色、有形地结合起来，形成了具有邯郸特色的“文化园林景观”，提升了城市的文化品位。

在邯郸市人民路与沁河交汇处的街头游园里，“一字千金”的典故雕塑，惟妙惟肖；以“田亩改制”、“价值连城”等典故为主景的浮雕墙，大气宏伟……以独雕、群雕、浮雕等不同手法设置的几座城市雕塑，生动地展现了邯郸丰富、深厚的历史文化内涵。在人民路赵文化一条街，彩色植物雕塑小品与文化融为一体，特别是《将相和》、《二度梅》等，既为美化环境画龙点睛，又将邯郸的文化底蕴与现代文明融为一体。

采访中，市文明办负责同志介绍说，如今，该市建成了全国第一个“成语典故苑”，并在主城区标志性地段，主要公共场所、游园、广场，都设立了历史文化名人的雕像。与此同时，还实施了公益文化广告工程，建起了400多块以体现文明创建、成语典故和人文历史为主要内容的公益文化广告，用简短、通俗、形象的语言生动地介绍了邯郸的历史和文化，成为邯郸街头独特的风景。

特色载体二：激活细胞，特色社区温馨家园

实化创建内容。该市提出了特色社区创建“五六七”标准，即五进社区：科技、文体、法律、卫生、队伍进社区；六项建设：市民学校、精神文明建设活动室、图书阅览室、大型宣传栏、家政服务站、志愿者服务队；开展七项服务：科技服务、卫生服务、信息服务、民调服务、家政服务、计生服务和文艺宣传服务。同时，将此列入对各级各单位的目标考核之中，严格奖惩，强力推进。

弘扬互助友爱新风。该市以构建社会化助困网络为着眼点，全力搭建救助弱势群体的平台。邯山区在社区创建了“爱心超市”，丛台区创建了“爱心家园”，复兴区创建了“真情速递港”，峰峰矿区创建了“爱心传递书屋”……各区还定期为捐赠者张贴光荣榜，对受助者参加公益活动、积极为社区作贡献等行为给予“爱心积分”，凭积分免费领取捐赠物品，以此营造团结互助的邻里关系，构筑和谐温馨的家园。

完善服务网络和设施。结合社区居民多方面、多层次需求，在全市建起区级综合社区服务中心4个，社区服务中心240个，社区便民利民服务网点2400多个，各类服务设施达1200多个，形成了完善的社区服务体系……

措施得力，效果明显。该市涌现了一大批开展爱心互助、优化社区服务的温馨型社区，开展法律援助、构筑群防群治体系的平安型社区，健全社区文艺队伍、长期开展“彩色周末”活动的文化型社区，构建学习网络、开展读书活动的学习型社区，完善体育设施、开展健身活动的体育型社区和提高居民环保意识、搞好绿化美化的生态型社区……

市长赵国岭介绍说，目前，全市167个社区普遍成立了法律援助中心、普法小组、市民文明学校、老年大学等；共收到捐助物品价值达200多万元，为上千个贫困家庭提供了帮助；建成图书室280个，藏书量达130万册；建成各类特色社区90余个。

特色载体三：从我做起，志愿服务情暖千家

例证：该市城区在册志愿者就达20余万人，167个社区全部成立了各类志愿者队伍，4300辆“雷锋志愿号”出租车活跃在大街小巷。

今年5月，丛台区启动了“做爱心使者、建和谐丛台”义工行动。目前报名参加者已达万余人。

据了解，该区将每月的11日定为“爱心奉献日”。届时，义工们佩戴标志走上街头，走进社区、商场等公共场所，集中开展以“爱心帮扶”和“温馨提示”为主要内容的社会志愿服务活动，如陪孤寡老人看一场演出，为老人做一顿可口的饭菜等，以此让更多的群众受到教育、得到帮助，感受到文明的力量。

义工服务，是邯郸市对志愿者服务活动的一种深化创新，也是该市为深化文明城市创建工作而进行的有效探索。“人人为我，我为人人。我们就是要通过深化各种志愿服务，打造邯郸的文明品牌，促进良好社会风尚的形成。”市委常委、宣传部长徐亚平如是说。

目前，邯郸市区有注册志愿者20余万人，167个社区全部成立了各类志愿者队伍，各级各志愿者服务队达6000余支，4300辆“雷锋志愿号”出租车活跃在大街小巷。为加强志愿者管理，更好地为群众服务，他们先后成立了市志愿者协会、市党员干部志愿者协会，建立健全了旗帜、标志、活动等系列规章制度。如今，志愿服务所倡导的奉献、友爱、互助、进步精神，已完全融入到文明城市创建活动中。

“见难相助我来帮，宽容谦和我来让，不良陋习我来管，文明示范我来做。”在邯郸街头，志愿者的身影随处可见，经常开展的服务项目就有近百个：主城区内3万名党员干部志愿者会定期开展“扮靓古城、优化环境”活动，使得城市更加靓丽洁净；200名城管、交通等志愿者会在每个周末深入各公共场所制止各类不文明行为；5000多名志愿者积极参与营造城市森林活动，已栽种“公仆林”、“诚信林”、“公德林”等万余亩……

为推动全市社会志愿服务全民化、社会化，今年，该市又成立了社会志愿者服务指导委员会，明确提出要拓宽志愿者服务领域，把志愿服务延伸到助残帮困、科学普及、社会公益等方方面面，努力打造一批家喻户晓的服务品牌。

供稿：邯郸市文明办

整理：陈凤娥

邯郸市

创新服务机制 充分发挥“村民中心”作用

一、整合公共资源，为更好服务村民搭建新平台

在“村民中心”建设过程中，我市紧紧围绕“村民中心，服务村民”这一宗旨，规范服务内容，整合服务资源，健全服务制度，创新服务载体，使“村民中心”在服务农村和农民群众中发挥了重要作用。一是明确“村民中心”的服务宗旨和服务功能。在“村民中心”建设中，我们始终坚持以服务村民为宗旨，围绕与农民群众生产生活密切相关的教育、科技、文体、卫生、信访、法律、信息及社会保障等八个方面内容，对农村现有的服务资源进行整合，积极为村民提供各种服务，使村民及时学习掌握到相关市场、技术信息，通过开展丰富多彩、健康有益的活动，把村民吸引到中心中来，进行平等交流、互相学习，为村民加强联系和沟通搭建了平台，促进了村民之间的和谐相处和良好村风民风的形成。二是因村制宜推进“村民中心”建设工作。针对农村经济条件千差万别的实际情况，我们不搞“一刀切”，只对各村提原则要求，指导各村按实际情况和需要逐步推开，能利用现有阵地的，就充实功能；能改造利用的，就不重复建设；能利用涉农项目提供帮助的，就充分利用。同时，市财政拿出近千万资金支持，帮助各村建设了1400多家高标准“农家超市”，为120多个“村民中心”配备安装了文化信息共享工程设备，建起了800多处“三室分离”的农村卫生所，丰富了“村民中心”功能。三是加强“村民中心”的制度化、规范化建设。按照“自我服务、自我管理”的原则，对村民中心建设实行了“三统一”，即：统一标识，统一管理制度、统一服务制度。对各室服务内容、器材管理、人员配备都提出了明确要求，做出了具体规定，建立了一整套确保村民中心规范运行的保障机制。截止目前，已建起了较规范的“村民中心”1100多个，为加强农村精神文明建设提供了阵地保障。

二、保障农民权益，为密切干群关系架起新桥梁

我们从转变执政理念着手，积极探索管理农村的新方式、新方法。一是抓观念转变。坚持“以抓工业的理念抓农业，管理城市的办法管理农村，服务市民的方式服务农民”，把创建过程作为服务农民群众的过程，以创建“村民中心”为依托，促进城市现代文明向农村辐射、基础设施向农村延伸、公共服务向农村覆盖，通过一块牌子撬动观念，改变“村衙门”职能，把原来村民围绕领导干部转的格局变为领导干部围绕村民、村民自治互助这种格局，变管理为服务的意识正在乡村干部中扎下根来。二是抓基层组织建设。建立健全了“一制三化”（党支部领导下的村民自治运行机制，支部工作规范化、村民自治法制化、民主监督程序化）工作机制，强化了村党支部的领导核心地位，理顺了农村“两委”关系，村民自治工作得到进一步规范，村民的民主权利得到保障，形成了“两委”班子团结、干群同心谋发展的合力。三是维护群众利益。为保障群众的知情权、参政权、议政权、监督权，在“村民中心”普遍建立健全了村务公开、“干群恳谈会”和“民主议政日”等制度，定期召开党员会议和村民代表会议，召开村务通报会，举行重大事项村务听证会，为村民实行民主决策、民主管理、民主监督提供了便利条件。不少群众都反映，来到“村民中心”，既能“没事找事”，又能“有事说事”；既能对村集体的事、村“两委”的事、村干部个人的事弄个明白，又能随时向村干部反映自己的事。村“两委”也通过“村民中心”，积极为村民办实事、解难题，赢得了信任，干群关系在服务与沟通中更加融洽。广大村民普遍称赞，“村民中心”是他们与村“两委”干部的“连心桥”。

三、创新组织形式，为弘扬文明新风提供新载体

“村民中心”服务的对象是村民，活动的主体是村民。要使“村民中心”真正发挥作用，必须激活主体，使村民真正参与。一是建立“八大员”工作队伍。在全市农村已有宣传员、计生员、民调员等的基础上，整合力量，完善制度，组建了农村精神文明建设“八大员”（宣传员、计生员、文化员、科技员、道德评议员、治安员、卫生员、信访员）工作队伍，规范了“八大员”的选聘、责任、待遇等系列制度，全市有3万余名“八大员”活跃在广大农村，为农民提供“贴身”服务，使思想政治工作深入到了农户，把三个文明建设的任务真正落到了实处。二是巩固各类群众自治队伍。群众自治组织是沟通干群关系和民主与法制的重要渠道，我们在“村民中心”为他们开辟阵地，组织队伍，修订章程，结合创建工作需要，不断赋予更新更多内容，在群众集资、修路、种树和村规民约修订等各类活动中，大事小情都由道德评议会、禁赌会、红白理事会及一些德高望重的老同志从中协调，参与方案制定，参与工程监督，参与财务管理，做到了好事有人评，坏事有人管，在调整人际关系、稳定社会秩序、淳化村风民风中发挥了重要作用。三是组建农民兴趣协会。着眼于更好地发挥农民群众在创建工作中的能动性和主体作用，帮助农民成立了蔬菜协会、鸭梨协会、沼气技术协会、戏曲协会、农民书法协会、秧歌队、吹歌队等农民兴趣协会组织，各协会以新农民业校和村民中心为阵地，对会员进行农业科技、沼气建设使用、法律法规和致富信息等方面的培训与交流，组织开展系列活动，真正形成了两委抓协会、协会带群众，群众参与村内民主管理的良性循环。四是不断深化“十星级文明户”创评活动。近年来我市不断加大对十星级文明户的评创指导力度，从群众认星、小组议星、部门包星到两委定星，都根据创建需要，进行了系列规范，并严格实施动态管理，调动了农民群众参与创建的积极性，全市“十星级文明户”参评率达85%以上，挂牌率75%以上。五是为农户建立诚信档案。在农村以各乡镇为单位，认真收集由行政部门反馈、村委会上报、村民申报或举报的农户诚信情况等，为农户建立诚信档案，连续两年无不良记录的农户认定为诚信农户，与信用社小额贷款、招工、入伍、村干部选拔直接挂钩，使诚信农户不仅享有政治荣誉更能带来经济利益。

四、促进学习交流，为提高村民素质提供大舞台

“村民中心”认真贯彻落实“以人为本”的人本思想，切实为村民着想、为村民服务，充分发挥“村民中心”各类设施的作用，联系村民、组织村民、弘扬新风、提高素质，培育了一大批有开阔视野、有文明素养、有专业技能的新农民。一是建立信息平台。在市电视台开设了“三电合一”三农信息平台。组织各涉农部门提供相关的农业技术、农产品销售、致富信息、法律知识等，由电视台制成专题节目进行播放，农民不仅能直接从电视节目中学习知识，还可就能根据需要随时点播农业经济技术信息。二是发挥新农民业校的作用。各“村民中心”的新农民业校，大多数都增加了电化教学设备，由各县涉农部门定期安排人员授课，引导农民群众学科技、学知识，向农民群众传授农业科技知识。市创建办还专门编写了《新农民知识读本》，成为了新农民业校的专业教材。三是内引外联。与中国农业大学等8所全国重点高校结成农科教联盟，通过网络技术定期向村民传播现代农业知识，帮助村民在村民中心实现了与专家、学者的直接对话，为村民接受高层次教育畅通了渠道。发挥“全国数字化城市试点”的优势，在有条件的“村民中心”接通了因特网，配备了触摸屏，建起了网络下载信息公示栏，帮助村民及时了解到相关市场、技术信息。四是业余生活充实人。各“村民中心”的文化广场大都建有文化墙，公民道德知识、成语文化典故、国家政策法规、致富科技信息、十星级文明户公示等随处可见，让人时时都能受到教育、学到知识。依托“村民中心”成立了3000余支业余宣传文化队伍活跃在我市广大农村，文化广场经常有文艺演出。五是丰富科普活动。依托“村民中心”，全市相继开展了“科技文化进农家”、“农技人员带项目下乡”、“千名专家进百村、兴百业”等活动，积极推广农业适用技术、节本增效技术等，实现农业科技与农民“零距离”服务。目前，通过上述各种方式，已培训各类人员近30万人次，培训外出打工人员70余万名。现在不少村民都反映，通过在村民中心参与各项活动，他们的眼界更宽了、信息更灵了、增收致富的本领更强了。村民纷纷夸奖，“村民中心，真是聪人耳目、增人灵气的一个好去处，一块帮人发家致富的好宝地”。

供稿：邯郸市文明办

整理：陈凤娥

邯郸市丛台区

丰富载体大力加强文明社区建设

今年以来，丛台区在创建文明城区活动中把创建文明社区活动作为重点来抓，通过明确六个目标，依托六个载体，强化六个体系，进一步拓宽创建领域，丰富创建内容，增强创建实效性，使城区文明程度得到不断提高。

以提高公民思想道德素质为目标，依托市民学校，强化社区教育。该区建立了较完善的社区教育运行机制，街道、社区居委会按照“六落实”标准加强市民文明学校、分校建设，发动街道居委干部、辖区单位人员、老党员老干部和社区有一定特长的居民群众组成教师队伍，区别居民的不同层次开展好政治教育、政策教育、法律法规教育、时事教育和道德法规教育，赋各种教育以时代特色和时代内涵，促进社区居民的整体文化素质提高。今年已开展培训300多期，培训万余人次。

以丰富群众精神生活为目标，依托一场两室三队，繁荣社区文化。充分利用相对宽阔的休闲场地，建立190余个各有特色的“激情文化广场”，集中开展“激情广场大家唱”、戏曲小舞台等健康向上和群众喜闻乐见的歌舞活动，对广大居民进行革命传统、民族美德和现代文明教育。办好并用好居民文化活动室，为大家提供图书阅览、报刊阅读、书画交流等方面的条件，使居民在加强文化修养中提高生活乐趣；办好并用好居民娱乐健身室，为大家提供棋牌、戏曲、运动等方面的条件，使居民在静与动的结合中提高生活质量。广泛建立歌咏舞蹈队、体育健身队、小学生假期活动队三支队伍，引导广大居民根据身体条件、个人爱好和个人特长，广泛参与到群众性自娱自乐活动中，使广大小学生在假期期间除自主安排活动之外享受群体活动的关爱和快乐。

以为群众提供舒适方便的生活环境为目标，依托辖区社会资源，优化社区服务。整合辖区医疗资源，完善和扩展“一刻钟就医圈”，健全社区医疗保健服务体系。全区建成10个社区卫生服务中心，30个社区卫生服务站，做到小病不出社区、大病及时救护；整合辖区少儿教托资源，对流动人口子女有计划的在班容量相对宽松的学校给予安置，针对弱势群体生活困难，号召和提倡学校和社会性托幼场所在收费上给予适当照顾，针对部分适龄儿童入学困难较大的状况，采取降低或免收学杂费的方式保障其受教育的权利；整合辖区中介实体资源，建立与市场相适应的社区服务体系，形成由社区居委会进行组织协调，以社会力量为实体的新型运行机制；对辖区内的成规模的社会实体加强资源整合和资源共享，强化对加盟进入社区服务平台的社会实体进行价格、质量、安全等方面的考核，并在社区的社区服务公示栏上公示社区服务承诺及社区服务热线电话以及各种办事程序，规定有效投诉问题必须在48小时内解决或答复。

以塑造繁荣、美丽、有序的城乡形象为目标，依托专兼职队伍，深化社区管理。突出抓好环境卫生、计划生育和平安社区创建三项工作。在社区治安上，对具备一定物力、财力的全封闭型的单一单位型生活小区坚持按照“三星级”标准，高标准严要求，对新建小区明确在交付使用的同时必须建立与基层治安防范相关的硬件设施，对58个座落老城区、无单位依靠、无财力来源的大杂院小区着重在组织、制度、责任、防范、警力强化方面下功夫，努力实现人防、防人的基本目标。全区156个重点单位全部按要求安装了110报警系统；一些沿街的商业网点和单位也安装了报警系统，仅和平派出所辖区邯北市场的沿街门市就有110家安装了110探头报警系统；南苏曹社区、河东社区、刘二庄社区安装了24小时电视监控系统，并对系统监控人员进行定期培训和考核。辖区内部单位、家属院、居委会、村共安装电视监控320多个，对预防案件发生起到了积极作用。

以巩固党的执政基础为目标，依托四级网络，加强社区党建。以楼院为单位，将社区党组织直管的党员和居住在本社区的在职党员、流动党员姓名上墙公示，并在每个党员家庭门口悬挂“共产党员”红色标牌，使社区中的党员由“隐蔽”变为“公开”，使社区党员必须时时处处以一名党员标准严格要求自己，自觉接受群众监督。开展“奉献在社区”活动，社区每名在职党员根据自己的职业特点和特长，申报“政策宣传岗、民意收集岗、教育文体岗、治安调解岗、环境卫生岗、便民服务岗、计生服务岗、扶贫慈善岗”八个岗位的一岗或多岗；每名离退休党员担任一项社会性、公益性工作，发挥他们在创建特色星级社区活动中的积极作用。

以弘扬社会良好风尚为目标，依托社区爱心家园，加强社区互济互助服务体系建立。以倡议书、宣传栏等多种形式，鼓励社区居民、辖区单位热心捐助，并在“爱心家园”张榜公布困难群众需要什么，热心居民捐助什么，通过“爱心家园”联系，使捐助者与受赠者之间直接结成帮扶对子。目前，全区共建立了20个“爱心家园”，共接到爱心捐款近4万元，服装1万件，图书1千册以及家具、家用电器、卫生用品等大量的相关物资；为了解决困难群众就医难的问题，区民政局、区卫生局积极联系市第一医院、区属各医疗机构，开展社区困难群众医疗救助活动，已帮助解决困难群众就医三千人次，深受广大困难群众的好评；成立了丛台区低保对象法律咨询中心，免费为低保对象提供法律咨询服务，为困难群众代理诉讼时积极申报申请减、缓、免诉讼费用等有关事宜。截止目前，已经为一千多低保对象提供法律援助；开展大手拉小手爱心捐助活动，号召全体机关干部，特别是党员干部，少抽一支烟，少喝一口酒，少请一次客，帮助低保家庭解决子女上学难问题，共募捐资金4万余元，取得良好的社会效应；与社区内超市签订合作协议，建立起几家低保超市，向低保对象发放“低保特价卡”，对低保对象必需的米、面、油等生活品，以低于市价销售，帮助困难家庭解决生活上的问题。

供稿：邯郸市文明办

整理：陈凤娥

省民政厅

高度重视 认真对待 深入做好双拥工作

近年来，河北省民政厅按照“着眼特点、解决重点、突破难点、整体推进”的工作思路，在全省上下深入开展双拥工作，用实际行动支持国防和驻冀部队建设。继2003年，2007年再次被全国双拥工作领导小组、民政部和总政治部命名为全国爱国拥军模范单位。

一、高度重视，始终坚持把做好双拥工作作为构建和谐社会的大事来抓。厅党组坚持把建立良好的军政军民关系作为促进社会和谐稳定的重要内容，自觉将这项工作纳入民政工作的总体规划。一是建立健全双拥组织机构。省双拥办公室设在民政厅，同时督促市、县、乡建立和完善了以党委或政府一把手为组长的2157个双拥工作领导组织，建起了20多万个基层双拥服务队。二是完善落实拥军优属政策制度。近年来，协调有关部门、争取党委、政府的支持，先后出台实施了优抚对象抚恤补助标准与人民生活水平同步提高自然增长机制、完善规范军地协调关系有关制度、给予西藏服役士兵及其家属特别优待等政策制度。指导各地普遍建立并坚持了议军会、军地联席会、现场办公会及党政领导过军事日、重大事件调处和重要信息通报等制度，使全省的双拥工作走上了法制化、制度化轨道。三是坚持重大双拥活动领导亲历亲为。每逢“八一”、元旦等重大节日，厅领导都分别带队走访慰问驻冀部队官兵。积极开展“爱心献功臣千里行”活动，在全省掀起新一轮厚待革命功臣的热潮。据统计，全省先后为优抚对象筹措解“三难”资金1.08亿元，赠送了价值300多万元药品和慰问品，先后为优抚对象新建、维修住房2.6万间，减免医疗费2628万元，直接受益优抚对象达96725人。三年来，仅厅领导协调省财政用于解“三难”的资金投入就达2000多万元。

二、认真落实各项抚恤优待安置政策，为驻军和优抚对象动真情、办实事、解难题。一是积极做好抚恤优待工作。在地方财政紧张的情况下，督促各地坚持把义务兵家庭优待金、抚恤补助配套资金、城镇退役士兵待安置期间的生活费、自谋职业金列入市、县财政预算，抚恤补助优待金按时足额发放。仅地方每年配套的补助资金就有2亿多元。二是加大解决重点优抚对象医疗难工作。建立了以社会医疗保障体系为依托，以大病救助为重点的解决重点优抚对象医疗保障体系。在全省开展了兴建优抚门诊(医院)工作，初步形成以优抚门诊为载体，以持证就诊、定点行医、医疗减免、医疗补助与住院按比例报销和大病救助相结合的优抚对象医疗保障体系，报销减免比例在20%～80%。三是积极做好退役军人安置工作，促进部队稳定。从退役士兵实际出发，切实为退役士兵谋利益，将退役士兵进入省会城市的安置政策由“双五”(婚龄满五年，户口满五年)放宽到“双二”(婚龄满两年，户口满两年)，为1800名有实际困难的退役士兵解决了难题。三年来，共妥善接收安置军队离退休干部1230名，退役士兵132609名。四是加强优抚事业单位建设与管理。每年都筹资400多万元，用于支持全省光荣院的维修改造。先后筹资300多万元，对新命名的86所省甲级光荣院，给予背投、面包车等重奖，在社会上产生了巨大的轰动效应。积极协调省财政，从2006年开始，每年列入烈士纪念建筑物保护单位维修改造资金由原来的30万元增加到570万元。千方百计争取到上亿元资金，加强厅直属4所优抚医院和3所烈士陵园的基础设施建设，极大地提高了品位。投资3000万元，完善了河北省退伍军人服务中心功能和设施，为革命功臣和广大官兵营造了一个温馨的港湾。

三、广泛深入扎实地开展拥军优属活动。坚持以创建双拥模范城(县)活动为载体，大力开展“爱心献功臣行动”，在全省已形成政府主导、各部门支持、社会参与的拥军优属工作新格局。一是深入开展走访慰问活动。2005年7月，全省为5万多名在乡抗战老战士免费进行了体检，向每人发放了不低于100元的慰问品。2006年春节期间，厅领导亲自走访驻冀部队，先后慰问优抚对象6.2万人，为驻冀部队和优抚对象赠送慰问金(品)2730万元；“八一”前，协调省财政筹资870万元，普遍对重点优抚对象进行了慰问。三年来，省里就投入慰问资金1470多万元。2008年4月25日，履新伊始的省民政厅厅长古怀璞和副厅长王保英率领有关人员分别走访了27集团军等驻省会部队，表达了对广大官兵的慰问和关心。二是全力支持部队训练演习。全省凡是有演习任务或部队机动经过的市、县、乡、村，都分别成立了拥军支前领导小组；领导亲自到演习地域慰问部队，竭力在训练安全、演习场地征用、交通通信、生活学习、损失赔偿等方面现场办公解决，在全省形成了“部队练打仗、地方练保障”的浓厚氛围。2006年，协调11个市、20余个县的党委、政府先后到驻训部队进行慰问，赠送慰问金和物品达200余万元。据统计，近年来，仅协调省领导慰问部队资金就有500多万元；各地共为部队减免粮油、水电、燃料等费用近9000万元，解决训练场地、基建用地和生产、生活用地4000多亩。三是积极开展科技拥军、智力拥军活动。在全省开展了科技拥军“双百”活动(即：帮助部队团以上单位建立100个科技图书室，举办100场科技讲座)，投入260万元，帮助驻冀团以上部队建科技图书室159个，发动社会为驻冀部队捐赠了价值175万元的科技图书96500册，举办科技讲座206场，部队接受教育的官兵达20多万人次。

供稿：省民政厅文明办

省高速公路管理局

以人为本促文明 开拓创新为发展

河北省高速公路管理局在精神文明建设中，坚持以人为本、重在建设、勇于创新的原则，秉承“为公众创造价值，为员工创造幸福，为行业创造效益，为社会创造和谐”的价值理念，建设上求发展、管理上求创新、服务上求突破、经营上求特色，广泛开展具有行业特色的精神文明创建活动，全面提升行业精神文明建设水平，打造阳光高速、和谐交通、文明走廊，唱响正气之歌、团结之歌、发展之歌。我局先后荣获“创建全国交通文明行业先进单位”、“全国交通系统先进集体”、河北省“文明单位”等荣誉称号，所属单位获得了全国“五四”红旗团支部、全国“三八”红旗集体、全国“巾帼文明示范岗”、全国诚信示范单位、省级“先进基层党组织”、省级“党建工作红旗单位”、河北省思想政治工作优秀企业等荣誉称号，创建国家级“青年文明号”2个，省级“青年文明号”通道2个，省级青年文明号19个。

一、始终坚持以人为本的原则，大力培育高速文化，拓宽精神文明建设的渠道和途径

一是建立长效机制，加强高速文化系统工程建设。制定了《关于加强高速文化建设实施规划》和《高速文化理念体系》，针对大多数职工对高速文化缺乏系统了解的实际，开展了“培育积极向上的高速文化”和“如何搞好高速文化建设”系列讲座，进行关于高速文化建设工作的培训，聘请了专业人员设计了局标，在高速精神、行业愿景、行业使命整合提炼和文化方案理念、行为、视觉识别系统文本的设计确定中，分阶段、分层次，上下结合，通过深入基层与各级干部和职工的充分沟通，召开座谈会、研讨会、问卷调查等形式，广泛征求职工意见，经过上下反复逐步形成，充分体现广大员工的意愿，让行业愿景、行业核心价值观根植在职工心中，逐步统一标志标识，统一标语口号，统一标志色，统一服装和服务用语，形成浓郁的高速文化氛围。

二是建立和谐的人际关系、构建积极向上的人文环境。我们在全局上下大力营造六种氛围：勤奋学习、刻苦钻研、努力提高自身素质，创建学习型组织的氛围；积极进取、勤于思考、忘我工作、勇于奉献的氛围；严于律己、宽于待人，团结协作、顾全大局的氛围；坚持原则、为人正直，一切为职工利益着想的氛围；勤俭朴素、艰苦奋斗，严格执行各项规章制度的氛围；大力宣传好人好事，态度鲜明地反对歪风邪气，处事公道的氛围。局班子坚持以情感人、以德服人，用人格的魅力影响职工，用自身的实际行动带动职工。各级党组织引导职工换位思考，将心比心，宽和处世，仁以待人，培养阳光心态。全局形成了团结协作、乐于助人，共同进步，积极向上的和谐人际关系。

三是加强业务学习，广泛开展岗位练兵。本着“学什么、练什么、精什么”的原则，按照“熟悉国内外本高速的发展情况和发展趋势，熟悉本高速国家的发展规划和发展重点，熟悉本高速国家的法律法规和政策规定”，开展了业务知识、操作技能、法律法规等培训，全系统共举办培训班5期，培训近千人次。把每周五下午定为学习日，组织了专家讲座、看专题录像片、专题学习。

四是强化文化熏陶，积极开展丰富多彩的文化体育活动。我局加大资金投入，大力加强党团活动室、职工阅览室、健身器材和场地等文体设施建设，通过开展专家讲座、学习交流、书法绘画比赛等各种形式的文化读书活动和群众喜闻乐见、健康有益的文化体育活动，全方位提高职工的文化素养。举行了首届职工运动会，共有10支代表队的530多名运动员参加，由局属5个管理处、公司分别承办，在为期两个多月的比赛中，进行了田径、篮球、羽毛球、乒乓球、台球、保龄球、华牌、中国象棋、跳绳、踢毽、拉力器、握力器、掰手腕等14个大项和46个小项的比赛。这些文体活动的开展，充分反映了高速公路发展突出成就，讴歌了职工良好的精神风貌，增强交通文化渗透力和影响力，满足了广大职工的精神文化需求，使广大高速人在活动开展中陶冶情操，振奋精神，提高素质，促进各项工作的全面进展。

二、始终坚持精神文明重在建设的原则，深化文明服务，把精神文明与物质文明建设统一在运营管理中

一是加强机关效能建设，创建规范高效、热情服务的文明机关。以勤政效能为核心，以提速工作过程、提高工作质量为重点，深入落实首问责任制、限时办结制、一次性告知制度和意见征询制度。以机关为基层服好务为根本，以创建学习型、进取型机关为载体，建立机关全员学习机制、工作效能考核机制、远程网络办公系统，全面改进工作作风，全力提高工作效率，培育了干部职工的主动精神和创新精神，积极营造“干事、创业、为民”的浓厚氛围，树立了良好的机关形象。

二是实施亮点工程，创建文明优质、服务高效的窗口形象。我们以打造河北第一站（京石路涿州北站）、京东第一站（京秦廊坊段香河站）塞外第一站（京张路东花园站）、党建示范站（保津路冀津主线站）作为实施亮点工程的重点，不断拓展服务范围，延伸服务内涵，把便民、利民、为民真正落到实处。在收费管理中，坚持严格收费与文明服务并重的原则，大力实施“文明服务标准示范站”工程，全面推广“制式化、统一化、标准化”管理，做到了服务过程程序化、服务管理规范化、服务质量标准化。实现了作业流程规范统一、文明服务标准统一、管理制度统一、设施配备统一、作业程序统一、内务标准统一的“六统一”管理。积极倡导文明特色服务，细化管理内容，提高服务层次，免费为司机提供开水、急救药品、路网线路图，推出了车辆礼仪疏导、车辆应急修理、突发事故处置、困难救助、便民服务五大类延伸服务。设立966122特服电话，为社会提供京石路路况、路讯、收费标准、周边环境等服务项目的咨询和投诉受理；邀请礼仪专业人员，设计了收费礼仪服务新规范，从车辆驶入、收费（发卡）、驶出三个环节增加了肢体语言和礼仪动作，增进了收费员与司乘人员的交流，拉近了服务者与被服务者之间的距离；在“五一”、“十一”黄金周和车辆高峰期，启动紧急预案，增开收费通道，实施复式收费，全力确保道路通畅，使文明收费工作精于细，便于车，利于民。

三是诚信经营，亲情服务，规范服务区星级服务。完善了《服务区管理制度》、《服务操作规程》，实行星级管理，量化考核，创建了五星级服务区2个，四星级服务区2个，三星级服务区5个。严格落实《食品卫生法》，4个服务区被授予食品卫生A级达标单位。搞好人性化、特色化服务，大堂配备了旅游地图、手机加油站、便民雨伞；餐厅实施食品卫生量化分级管理，花色品种不断更新；超市增设了河北名优特产专柜、小型图书市场；停车场设置了公用电话亭、便民饮水设施；洗手间加设了老人、儿童、残疾人专用服务设施，细致入微的人文关怀体现了文明服务处不在，服务区已经成为展示河北高速形象的亮丽窗口。

四是提高道路通行能力，创建安全畅通的行车环境。在养护管理中，强化“以人为本、以车位本、以路为本”的理念，按照交通部“以桥梁为关键、以路面为核心、以路基为重点、以绿美为形象”的指导方针，全面打造安全高速、科技高速、生态公路、和畅高速、文明高速，为公众创造优美、舒适、安全的行车环境。大力推进预防养护、建立健全应急养护快速反应机制、全面强化养护现场安全生产管理，“给我一点时间，还您安全畅通”，一幅幅人性化标志，有利地保障了高速通道的安全、快捷、和谐、畅通，提升了道路服务水平。

五是多项并举，建设文明执法、规范行政的路政执法队伍。在路政执法中，抓住制度建设、作风建设和队伍建设三条主线，进一步完善了《执法公示制度》、《内部监督工作制度》、《学习培训制度》等八项规章制度，深入落实了行政执法责任制、行政执法过错追究制、执法评议考核制和人员定期交流制“四项机制”，广泛开展了理想信念、职业道德、公正执法和文明服务“四项教育”，规范了执法行为，提高了服务质量，塑造了一支政治强、业务精、作风硬的文明执法队伍。在全省交通系统执法大比武中，高管局获得了第二名的优异成绩。通过抓服务、打品牌，提高了河北高速的信誉度和美誉度，树立了良好形象，实现了经济效益和社会效益双赢，我局连续3年被省委、省政府命名为“文明单位”、被省厅命名为“行风建设优秀单位”。

三、始终坚持正确的舆论导向，弘扬正气，把精神文明与政治文明建设紧密结合在干部职工队伍建设中

一是深化学习，全面提高党员干部队伍素质。在政治学习中，我们围绕与时俱进和创新发展两大主题，努力在武装头脑、指导实践、推动工作上下功夫，真正做到学以致用，学用相长，用有所成。1．在开展保持共产党员先进性活动中创造性实施了“三个六”工作方案，通过“六个一”、“六必谈”、争做“八型党员”、“结对子”等特色活动，把保持共产党员先进性教育活动推向深入。全局累计为群众和职工办实事、好事264件，修改完善规章制度47个，新建规章制度21个，出台了《关于加强共产党员先进性建设的实施意见》，省直六厅局在高管局召开了现场经验交流会。2．积极探索党建工作新思路，开展了合资合作企业中党建创新试点活动，在保津公司冀津主线站建立了基层党建红色教育基地，借助声光电等科技手段，使党员教育立体化、形象化、数字化。3．深入开展“立党为公、执政为民”主题教育活动。把“群众利益无小事”放在心上，落实到行动上，出台了《“立党为公、执政为民、树行业新风”十二项利民措施》，细化分解成96项延伸服务，把人性化务服务，做到老百姓心里。这三项活动的开展，增强党员干部的责任感，变任务为机遇，变上级要求为内在需求，变外力推动为内力发动，变要我学为我要学，以身教重于言教自觉维护党员形象，感召群众。

二是选树典型，开展“感动高速路”十佳人物评选活动。培养树立先进典型，是加强精神文明建设工作的重要内容和有效措施。通过树典型来弘扬正气、倡导新风，可以达到激励人、鼓舞人的和作用，能够在全行业形成一种推进高速公路事业更快更好发展的强大动力。今年，我局在全系统广泛开展了以树立先进典型，扶持行业正气为主题的“感动高速路”十佳人物评选活动。充分发挥典型示范作用，引导广大职工立足本职，奋发向上，争创一流。我们与河北交通报、河北工人报联合推出专栏，大张其鼓地宣传先进典型，培育甘于奉献、奋发有为、昂扬向上的高速精神，不但在本系统，而且在社会上引起良好反响，一个崇尚先进、学习先进、争当先进的热潮正在兴起。我们还将组成巡回讲演团，组织“十佳”人物到收费站、工区、服务区、路政队进行巡回演讲，使“十佳人物”成为激励广大职工昂扬向上、奋发有为的精神动力，在高速公路唱响干事、创业、为民的主旋律。

三是加强廉政建设，大力实施“阳光工程”。阳光操作既是一种防腐的措施，又是一种政治文明的体现。我们在廉政建设上，以“建设优质工程、培育优秀干部”为目标，严格管理、科学调度、惩防并重，大力实施“阳光工程”，全力打造“精品工程”。1．在全省首次取消商务、技术综合评分的评标办法，全部以投标报价作为中标依据，杜绝暗箱操作，进一步增强了招投标工作的公开透明。2．联合检查机关深入开展预防职务犯罪活动，与省检察院联手成立“保沧、廊涿工程建设专项预防职务犯罪领导小组”，实施工程建设“十大公开”，逐步建立起社会化预防职务犯罪网络体系，创造了良好的建设环境。3．建立了广泛的法律监督和风险防范机制。聘用社会有关部门人员作为我局监督员，实施纪检、审计部门联合办公、形成合力，对建设程序、重大资产转让、大额资金使用、工程招投标等事项进行全过程监督，防范滥用职权和以权谋私。建立法律风险防范制度，聘请法律顾问，对全局依法行政工作进行“事前法律预防、事中法律控制和事后法律补救”，为我局各项工作的快速推进提供了有力保障。

四是以行业期刊和网站为依托，搭建精神文明建设宣传平台。《河北高速》杂志和河北高速网站是我们展示形象的窗口、自我教育的园地、沟通社会的桥梁、服务公众的平台，在高速行业精神文明建设中发挥着巨大的宣传作用。《河北高速》创刊5年来，知名度不断提高，已发展成为向全国120多个兄弟单位交流发行的刊物，多次被评为省会优秀资料性出版物和省会“双十佳”出版物。2004年，我局建立了为公众提供“最全面的交通资讯、最权威的高速动态、最及时的路况信息、最焦点的时事新闻”的河北高速网，目前访问量已经突破60万次大关，月点击量平均达到5万次以上，是河北交通系统最好的门户网站之一，在全国高速公路行业网站中居于前列。杂志和网站作为打造高速文化、实施品牌战略的传播载体，以强大的宣传功能，有力地促进了创建富有活力、特色鲜明的高速行业精神文明建设工作的开展。

供稿：省交通厅文明办

撰稿：张卉源

涿州市国税局

规范管理促发展 练好内功谱新篇

近年来，涿州市国税局牢固树立与时俱进、以人为本的理念，在税收工作中贯穿规范化管理这条主线，以队伍建设和业务建设为重点，以规范“五项管理”为突破，以提高税收工作质效为目标，明确岗位职责，优化工作流程，细化工作标准，强化监督考核，逐步建立起了“岗责明晰、目标引领、过程控制、持续改进”的科学规范化建设体系，打造了基层建设的新平台，开创了基层建设的新局面，全面提升了整体工作水平。

一、坚持“三个明确”，使规范化管理不断深入

一是找准思路，明确目标。该局党组在认真总结基层规范化建设经验的基础上，通过深入一线调查研究，广泛征求意见，全面提升工作标准，明晰岗位职责，研究制定了《涿州市国税局基层建设实施方案》，确立了“亮点更亮、强项更强，服务更优”的工作目标。二是增强创新意识，明确发展方向。该局党组一班人深知，规范化管理工作进一步深化，重要的是提升全体干部的素质和对规范化管理工作的认识。为此，2006年6月，他们到唐山国税局和系统内部兄弟单位学习考察，学习在开展规范化管理和干部绩效考核方面的先进经验，开阔了视野，拓宽了思路。2006年8月，他们又专门聘请了河大教授讲解职能制与流程再造更新知识培训。通过培训，更新了规范化建设的理念，使全体干部职工对规范化管理知识的基本概念、相关知识有了更多的掌握和了解。三是搭建运行平台，明确过程控制。他们按照“凡事有人负责，凡事有章可循，凡事有据可查，凡事有人监督”的原则，对全局的各项管理制度进行规范和整理，编写了全局规范化管理手册，以此指导全局基层规范化建设有序开展。同时制作了涿州市国税局基层规范化建设网页，将全局的基础建设、岗责体系、考核奖惩、历史资料等情况，在网页上反映和记录，明确专人负责，及时更新内容，实行动态管理，充分发挥网站规范、引导、全局基层规范化建设的作用。在此基础上，他们每月召开一次规范化管理工作汇报会，每季召开一次情况通报会。以座谈研讨会的形式，对各类岗责体系的内容和流程，组织相关业务人员逐条逐项进行修改，加强了对基层规范操作要求和具体事项的指导，实现了规范化管理与实际工作的有效衔接。

二、夯实“四个基础”，确保规范化管理工作落到实处

一是加强组织领导。为确保规范化管理工作的顺利进行，涿州市国税局将规范化管理工作作为“一把手”工程，高度重视，精心部署，成立了规范化管理工作领导小组，抽调专人负责组织、协调和实施，做到了组织、机构、人员三到位。二是健全工作制度。制定了包括办公制度、工作报告制度、会议制度、督导制度等在内的各项试点工作制度，同时，开通FTP专线，加强对各单位试点工作的及时、有效地跟踪问效，保证了规范化管理各项工作的顺利开展。三是深化检查考核。为确保规范化管理工作的进度和工作质量，他们加强了对各基层单位教育培训、岗位职责、规范化制度的制定等工作的考核，并将考核结果及时通报全局。四是注重典型引导。在规范化建设过程中，他们确立了办公室和东仙坡分局作为规范化建设的样板单位，要求各基层单位认真学习、借鉴和创新。

三、抓好“五个规范”，不断拓展规范化管理的内涵

（一）完善制度，规范行政管理

一是制定岗位职责。在健全各类管理规章制度的基础上，依据保定市局下达的目标管理考核办法和基层规范化建设考评目标，机关科室和基层单位分别结合各自工作特点，进行细化、分解，制定了全局每个岗位的工作职责、工作标准、工作考核和每项工作的具体流程，装辑成册，作为开展日常工作和对全局进行规范化管理考核验收的依据。二是规范政务运行。把规范政务运行作为提高工作绩效的有效手段，建立了权力公开透明运行网页，对所有行政管理权、税收执法权的内容、标准和程序进行公开。2006年9月份，该局作为保定市权利公开透明运行试点单位召开了现场会，受到了与会者的一致好评。三是加强监督检查。成立了由机关科长组成、对局长办公会负责的督察室，采取定期和不定期检查的方法，重点突查考勤、签到、着装、卫生、车辆管理等情况，维护办公秩序，督导各项工作落实。

（二）以人为本，规范队伍建设

一是建设一流班子。局党组把加强班子自身建设作为龙头，常抓不懈，在求实和创新上下功夫，坚持理论中心组学习制度，着力提高班子驾驭全局的能力。严格执行集体领导和个人分工负责相结合的制度，讲民主，着力提高班子团结协作的能力。日常工作中班子成员坦诚相待，互相支持，大事讲原则，小事讲风格，整个班子氛围团结、和谐，工作运行有序。二是搞好教育培训。针对全局平均年龄偏大的现状，重点抓好45岁以上税务干部的培训，采取理论学习与实际操作交叉进行的形式，实行“一帮一”结对子等方法，解决了征管一线的老同志基本操作技能问题。坚持以需求为导向，安排有针对性的业务知识培训，解决了不同岗位的业务需要。开展特色性培训，推行计算机等级考试制度，采取题库出题、网上答题、微机阅卷的方法，每季一考、动态管理、分级补贴，激发了税务干部的学习热情。三是积极探索干部管理考核新机制。对干部实行动态考核，对每个岗位每个干部都制订了工作标准和岗位目标，实行目标任务动态考核。每季度开展一次工作讲评，讲评税收管理、依法治税等税收业务问题和日常的政务管理和行政事务管理。结合税收管理员制度的实施，积极推行能级管理，奖勤罚懒，分级管理，实行税收管理员三级管理激励制度，构建了动态管理结果运用机制。

（三）强化责任，规范税收管理

一是税收管理机制科学化。推行税收管理员制度，合理配置管理力量，切实明确管理责任，完善管理措施。从建立规范的税收岗责体系入手，按照分级、分类的原则，建立长期、有效、岗责明确、职责清晰的互动机制，初步实现了宏观分析、纳税评估、税务稽查三者之间有机衔接和良性互动。二是税源管理精细化。定期召开税收形势分析会和重点税源企业座谈会，点评各单位税源分析工作，建立规范税收分析档案和重点税源企业档案，规范税源分析；确定专职数据监控人员，监控征管信息系统中数据，发现异常及时向管理部门反馈和做好相关处理工作，月末讲评，规范数据监控；根据数据监控数据，分别确定、下发评估清册，由税源管理部门依据《纳税评估工作规范》进行评估，市局审核之后由税源管理部门做好后续管理或移交稽查部门，规范纳税评估；结合征管工作实际，对税收管理员各项工作进行了分解、细化，设计了《税收管理员手册》，区分了日常工作、月、季、年分阶段工作，按照分行业和类型确定、明确了巡查、巡管的具体指标，规范税收管理员日常工作；按照统一规格、统一标签、统一编号、统一内容的要求，市局和税源管理部门分别建立档案室（柜），规范档案管理。三是税政管理规范化。他们从规范文书入手，严格落实各项制度规定。在资料传递手续上，对增值税一般纳税人认定、转正、年审等重要资料，明确各环节办理时限，分清岗位责任，确保了落实效果。在审查复查内容上，对需要重点审查、复查的内容，分别设置了规范的表格，并对有关标准进行了量化，明确了要求，既严格掌握了政策，又方便了纳税人。在减免税管理上，对各种减免分别建立减免税档案，建立领取人员管理、验旧供新制度和《证明领销台账》，以加强管理，做到了“税收有减免，管理不缺位”。

（四）明晰岗责，规范税收执法

为进一步规范执法行为，他们按照确定目标、量化标准、实施控制、落实奖惩的步骤，参照上级有关规定，制定了具体的执法操作程序、步骤和标准，绘制出了从税务登记办理到注销，从纳税申报的受理到税款的入库，从稽查的到执行等一整套执法操作流程图，并明确了各阶段、各岗位的操作程序、标准和时限，以及责任区分的方式、差错处罚的幅度。使每一个单位、每一名执法人员都能够对自己职权的范围、工作的内容和标准一目了然，便于遵照执行。同时，加大执法监督考核力度，有效提高税务干部严格执法的观念。

（五）创优环境，规范纳税服务

一是规范纳税服务设施。2005年来，他们先后投资18万元对办税服务厅和税务分局的办税服务设施进行了统一规范。开通了行政权力公开透明运行网站，对38大类涉税项目的业务流程、承办部门、审批依据和条件、承诺办结时限及是否收费等全部进行了公开，做到透明、详实、规范。二是规范纳税服务平台。在办税服务厅设置了规范的窗口标识，把涉税受理、审批事项全部移至办税大厅，把以前需要纳税人在业务科室领取的各类申请文书集中在办税服务厅领取。在完善一窗式管理，积极推行多元化申报纳税的基础上，推出了网上认证等现代服务措施。三是规范纳税服务举措。大力推行个性化服务，在全局实行首问负责制，开展全员服务、全程服务，落实了延时服务、限时服务、全时服务和预约服务，对有困难的纳税人实行上门服务，对有特殊急办事项的纳税人实行绿色通道服务，为减少无意识违章和不必要的处罚，实行提醒服务。对各类服务的内容、时限和要求进行了统一规范。

四、实施规范化管理的“六点收获”

涿州市国税局在规范化管理工作中，坚持全员参与、过程控制、持续改进的理念把规范化管理与其他工作紧密结合，在创新和坚持上下功夫，拓宽思路，更新观念，及时将思路由基层基础建设向规范化管理转变，促进了体制、机制和管理上的创新。同时把规范化管理作为系统工程，在实际工作不断坚持和完善，使规范化管理成为一种习惯，使之系统化、经常化，使规范化管理的本质得以彰显。

艰难困苦，玉汝于成。通过几年持之以恒的努力，涿州市国税局收获了规范化管理的累累硕果：一是促进了干部思想观念的新转变。规范化管理深入到每名税务干部的意识中，渗透到工作的各个环节，干部职工工作主动性不断增强，人心思进，人心思上，有力地推动了各项任务的完成。二是促进了税收管理水平跃上新台阶。基本达到了政策执行统一、执法口径统一、工作流程统一、工作目标统一，进一步规范了执法行为，使提升税收征管质量、执法水平找到了最佳途径。三是促进了系统执行力的新提升。规范化管理使岗位职责更加明确、清晰，管理规定更加细化、具体，各工作流程之间、各岗位之间的衔接更加紧密，工作目标更加量化，进一步增加了评价考核的可操作性，保证了各项工作的计划性、落实的有效性，提升了系统的执行力。四是促进了收入增长模式的新变化。规范化建设试点工作开展以来，全局各项工作转移到简化程序、优化流程、规范操作、依法治税的轨道上来，促进了税收收入的稳定增长。连年超额完成税收任务，今年上半年，共完成税收任务37595万元，同比增收2340万元，占全年计划的58%。五是促进了干部综合素质的新提高。全体干部的政治业务素质都有了很大的提高，依法行政、公正执法、规范操作已成为全局干部追求的工作目标。六是促进了国税工作不断彰显新亮点。在今年省级文明单位评比中，该局获得了免评资格，继续保留省级文明单位荣誉称号；先后被省国税局授予“基层建设先进单位”、“执法责任制先进单位”；被保定市局授予“先进领导班子”、“税收工作目标管理先进单位”、“基层规范化建设先进单位”、“推行税收征管信息系统先进单位”、“执法责任制先进单位”，其中在先进领导班子、目标管理、基层规范化建设、执法责任制四项工作评比中取得了第一名；被保定市委、市政府授予“思想政治工作先进集体”；被涿州市委市政府授予“实绩突出单位、实绩突出的科级领导班子”等荣誉称号；局长张克忠同志被人事部、国家税务总局联合授予“全国税务系统先进工作者”。

供稿：省国税局文明办

省新闻出版局

建立四个机制 扎实推进新农村书屋工程建设

河北省新农村书屋工程是在总署提出建设“农家书屋”工程之后，作为我省的一项重点工程实施的。自2007年初开展工程建设试点工作以来，在全省取得了良好的效果，受到了农村广大农民群众的拥护和社会各界的广泛好评。.

一、深入调查摸底，积极搞好新农村书屋工程试点工作

近年来，省委、省政府高度重视农村文化建设，通过“文化兴农”、“宣传文化示范工程”、“创建先进文化村建设”等工作，农村图书室有了一定的基础。去年，我局根据总署的部署和要求，扎实开展新农村书屋工程试点工作，分三个批次捐建了216个新农村书屋，累计捐赠图书32万余册，总投入资金近600万元。试点工作的深入开展，为全省实施新农村书屋工程建设起到了良好的示范和推动作用。我们采取了以下措施：

1．积极谋划，深入农村一线进行调研。全国新闻出版服务新农村建设座谈会后，我省专门组成农家书屋建设课题调研组，深入到衡水、邢台和石家庄3个市、9个县、30个行政村进行调研，形成了《河北省局推进农家书屋工程调查报告》。报告分析了我省农村图书室的基本情况，提出了新农村书屋工程建设“基础在建、重点在管、关键在用”的基本思路，为开展试点工作明确了基本方向。这个报告被中国新闻出版报整版发表。

2．认真研究，切实选好试点单位。为了使试点工作取得更好的效果，我们在确定试点单位时确定4个类型：一是有相当基础的加以重点扶持，符合标准后正式规范、挂牌；二是大型乡镇、中心村，有较大的群众读者群，便于试点书屋发挥效用；三是基础相对薄弱，从图书管理员选拔培训、基础设施配置等开始，完全按总署公布的标准创建；四是偏远农村山区。这4种类型的试点，在我省具有广泛的代表性，为全面推进新农村书屋工程探索了路子。例如省局在深入调研的基础上，确定石家庄藁城市为建设试点县，集中捐建挂牌了11个新农村书屋，涌现出冈上村、系井村等一批藏书数量过万、基础设施完备的新农村书屋。

3．积极动员社会力量筹集试点资金。由于试点阶段没有财政资金支持，省局积极协调各方面力量，筹措经费和图书推动试点工作。一是将200万公益性图书补贴购得的全部图书和部分冀版精品图书用于新农村书屋工程建设。二是通过报社、电台、电视台等媒体广泛动员社会力量参与新农村书屋建设，鼓励出版社、新华书店、民营书店和机关团体等社会各界采用多种形式、多种渠道进行捐助。三是组织有条件的村自筹。动员基础条件较好的行政村，由村集体经济出资结合村民捐书的方式，进行村民自建。通过以上做法，有效推动了试点工作的开展，保证全省任务的完成。

4．精心选择捐建出版物内容。为了发挥好试点作用，让试点书屋更好地服务广大农民群众，我们组织省内出版界的专家、学者，认真研究总署《农家书屋工程推荐专刊》所推荐的书目，结合河北实际情况，把新农村书屋工程建设所需内容纳入各出版社出版规划，确定了包含500种贴近河北农村生产生活实际，农民群众看得懂、用得上的出版物，既为试点取得实效打下了基础，也为今年全面推开做了充分准备。

5．抓好典型、以点带面，扎实推动试点工作深入开展。为了开展好新农村书屋工程试点工作，我们提出了“抓好典型，以点带面，在重点突破中实现整体推进”的思路，有重点、有步骤地推动试点工作深入开展。首先，我们在充分调研的基础上，在每个市精选了3个行政村作为第一批试点重点建设，投入出版物近五万册，一次性配备到位；其次，选定石家庄市作为试点市进行重点扶持。石家庄市是全省开展农村读书室(阅读室)较早的市之一，有着良好的建设基础和文化氛围。我们按照“整合资源、齐抓共管”的原则指导石家庄市建成新农村书屋试点165个，涌现出栾城市东佐村、藁城系井村等被中央和地方多家媒体关注的书屋典型。

二、借鉴试点经验，全面部署新农村书屋工程建设

河北省是个农业大省，全省共有49824个行政村，居全国第二位，新农村书屋工程建设的任务十分艰巨。为此，我们以试点促建设，边试点，边部署，具体做了以下工作：

1．加大宣传力度，扩大社会影响。新农村书屋工程不仅仅是哪一级、哪个部门的事，必须动员全社会的力量共同参与。新农村书屋是新农村建设的新鲜事物，必须得到广大农民群众的广泛支持、参与。为此，我们一是积极宣传中央精神，把全社会的认识统一到中央精神上来，充分宣传中央对农民群众的关怀，普及新农村书屋工程建设的要求、标准和步骤，激发全社会的积极性。二是运用现代传媒，采取不同形式加以宣传，提高社会各界对新农村书屋的关注程度。我们三次制作电台、电视台专题节目，宣传书屋有关建设情况，还先后10多次配合电台、电视台做新闻专访，扩大宣传范围。组织“阳光访谈”，吸收县、乡、村政府、新农村书屋管理员、出版社、新华书店和基层新闻出版管理部门的同志参加，广泛听取大家对新农村书屋工程建设的意见，扩大社会影响，形成共识。三是宣传推广新农村书屋典型经验。2007年“两会”期间中央电视台聚焦三农节目，对我省石家庄栾城市东佐村新农村书屋建设、管理的经验给予报道；7月份，新华社、中国新闻出版报、河北日报以及河北电台、电视台等30多家媒体对我省石家庄市新农村书屋建设现场会进行了报道。各大媒体对优秀书屋的宣传推广，使全省新农村书屋工程建设学有典型、赶有目标，进一步激发了各地深入推进新农村书屋工程的积极性。

2．全面部署新农村书屋工程建设。2007年7月，我们按照新闻出版总署等八部委联合印发的《农家书屋工程实施意见》要求，结合我省开展的创建文明生态村活动和农村图书室建设实际，会同省文明办、省发改委等八个厅局联合印发了《河北省新农村书屋工程实施意见》，对全省新农村书屋工程进行了全面部署。这个部署，按照目标要求，结合我省实际，明确了实施新农村书屋工程的目标、任务、方法、步骤、标准，为全面推开新农村书屋工程建设提供了依据。在下一阶段工作中，我们要按照《意见》的要求，把各项工作进一步细化、量化，分解落实到具体单位，明确完成任务的时间、步骤和责任人，确保河北省新农村书屋工程建设的各项工作落到实处。

3．制定2008年新农村书屋工程建设详细规划。按照《河北省新农村书屋工程建设规划》的安排，我们计划把2008年的建设任务分解到各市(县)，落实到行政村。各市在充分调研的基础上，按照行政村的综合条件，科学、详细地制定出切实可行的年度建设规划，目前此项工作正在进行之中。

三、全面推开，逐步建立四个机制

随着新农村书屋工程建设的全面推开，全国将迅速兴起新农村书屋工程建设的高潮，适应这一形势的要求，要逐步建立四个机制：

1．尽快落实专项资金，建立正常的投入机制。中办发[21]号文件明确指出，要把农家书屋工程列入国家重点实施的五项重大公共文化服务工程，纳入各地经济发展规划，纳入财政预算。[21]号文件的印发，为深入开展新农村书屋工程提供了强有力的保障。书屋基础在建，建就要投资。因此，各级财政必须把新农村书屋工程列入预算。中央财政预算应尽快到位，并为各地财政投资制定具体办法。要确立经费使用、检查、评估的办法，切实做到集中使用、公开招标、严格程序、严格监管，确保将有限的资金管好用好。

2．整合社会资源，建立和规范社会捐赠机制。随着新农村书屋工程的不断深入，全社会对这项惠民工程愈发关注，社会捐赠的规模和数量势必有所增长，进一步规范社会捐赠程序就显得十分必要。为了更好地做好新农村书屋工程捐赠工作，确保受赠财物取之于民、用之于民，应做好三项工作：一是建立统一的社会捐助工作平台，各类捐赠工作由各级新农村书屋工程领导小组办公室归口协调。二是以“规范程序、依法募捐”为前提，尽量简化社会捐赠的程序设计，确保捐赠人以最低成本参与新农村书屋工程建设。三是定期向社会公布捐赠款物的使用情况，定期由监察、审计等监督部门对捐赠款物开展检查、审计工作，以捐赠的高度公开、透明取信于民，取信于捐赠单位，以期获得更广泛的支持和参与。

3．规范书屋管理，建立和完善培训机制。书屋管理是一个非常重要的环节，而书屋管理员的选用就显得十分重要。应逐步建立图书管理员由村选配、由乡检查、由县培训、由新闻出版部门树立和表扬先进典型的综合机制，明确职责、任务，努力培养一支优秀、过硬的农村图书管理员队伍。

4．建立和完善审查、评估机制。建管并重，抓好已建书屋的检查、考评工作，促进已建书屋的不断发展。要对新农村书屋的建设、管理和使用情况，制订统一的考核细则与办法，完善以省新闻出版局不定期抽审、市级新闻出版局一年一审、县级新闻出版局半年一审的审查机制，对管理不善的要及时纠正，对遇到的新问题要及时研究解决，对管理好的单位要及时宣扬。

供稿：省新闻出版局文明办

省妇联

以“恒爱行动”为爱心平台 促进社会对孤残儿童保护事业关注

河北省妇联、河北省少年儿童基金会自2005年参与“恒爱行动”以来，怀着对孤残儿童的满腔爱意，创造性的开展了丰富多彩的助孤活动，用一根根五彩绒线将我省14225名孤儿与燕赵大地千千万万个爱心父母连接在一起。更加富有意义的收获是，通过我省各级妇联全心全意的组织、推动和与各级各类媒体的有效合作，让社会公众将关注的目光，集中投向我省孤儿尚不乐观的生存、保护状态上，促使社会政策体系层面不断完善孤残儿童群体的保障机制。

一、将“恒爱行动”作为一个社会对孤儿的生存现状关注的平台，促进孤儿生存、保护状态的改善

近年来，我省各级妇联非常重视参与我省孤残儿童生存保护事业的发展，撰写了多篇有关孤儿生存状态的调查报告，并通过向政协、人大提交提案的方式，促进孤儿问题在政策层面的有效解决。同时，我们与河北日报、燕赵都市报、燕赵晚报等主流媒体合作，相继开展了“春雨润孤行动”、“给孤儿找一个温暖的家”、“捐一点钱，改变一个孩子的命运”、“党徽暖孤”等一系列活动，在使一大批孤儿获得救助同时，也使孤儿的生存问题不断受到社会各界的关注，妇联基层组织对当地孤儿的基本情况也有一个清晰的底数。

参与“恒爱行动”伊始，我们首先把这项富有创意的公益活动定位为“一个呼吁解决孤儿生存保护问题的平台”，有计划、有目的的通过媒体向社会宣传孤儿令人忧虑的生存状态，引起全社会对孤儿的权力、孤儿的社会保障予以更深层次的关注。

2006年暑期，我们组织、协调河北科技大学“心之旅”小分队到部分贫困山区，对当地孤儿的生存状态进行了详细的调查，在“恒爱行动”启动仪式上，大学生们用生动、充满深情的讲述方式催人泪下的向大家展示了孤儿的一个个生活画面，激起了与会人员和媒体的强烈共鸣；同时，我们安排专题报道小组的记者实地走访了河北省两县六村的8名孤儿，以记者真实的笔触整版展示了孤儿这一特殊群体缺少关爱、缺乏温暖的生存现状，并邀请社会各界热心人士对从政策、法规层面保护孤儿权力发出了思考、呼吁的声音。省委老领导、省关工委主任杨泽江同志在对“恒爱行动”予以高度肯定的同时，特别引用胡总书记的讲话：各级党委和政府都要把孤残儿童放在心上，健全救助制度，完善福利设施，推进特殊教育，动员社会力量为孤残儿童奉献爱心。杨老讲话中的一句“孤儿都是我们祖国的未来，人类的希望、是和谐社会的建设者，应该是我们大家的宝贝，是社会的宝贝！”被媒体竞相报道。

二、以“恒爱行动”为创新载体，组织丰富多彩的儿童慈善活动，培育、聚集儿童慈善力量

“恒爱行动”具有强烈的平民慈善、共享慈善的特点，基于这个特点和公众参与慈善的要求，我们与媒体共同策划了一系列丰富多彩的慈善活动推进“恒爱行动”的开展，如邀请著名歌唱家、知名主持人、世界冠军和他们的母亲参加仪式并为孤儿编织毛衣、邀请警界英雄、残奥冠军为孤儿织毛衣，利用名人的感召力推动活动进展、请外国人和他的妻子，台商的妈妈参与毛衣编织活动，扩大“恒爱行动”的参与的广泛性。为在青年中培育慈善力量，我们策划了颇有创意的“恒爱行动进校园”活动，发动在校大学生为孤残儿童编织毛衣，捐赠闲置冬衣。“河北师范大学几百名女大学生编织1000多条爱心围巾、到孤儿学校进行志愿活动”，“白求恩医学专科学校的女大学生边学边织了十几件爱心毛衣”，“石家庄学院的师生在短短1个小时就捐赠了3800件衣物”的校园新闻不断见诸报端。

由于有效的媒体社会动员，各种以机关妇委会、党支部、团支部、俱乐部、工会小组、机关部室、爱心车队、商场等以多种形式组成的爱心团队涌现出来，她们还自我创造了毛衣编织学习班、恒爱毛衣编织展览等形式丰富自身活动形式，省女子监狱的女性服刑人员也加入到爱心妈妈的行列中来，恒爱行动还支持她们为自己家中的儿女编织毛衣，充分彰显了“恒爱行动”的人性色彩，这些又成为一道道和谐社会建设的新的风景线被媒体传扬，在社会上引起极大反响。

三、将“恒爱行动”作为与媒体合作的一次新的尝试，积累丰富的社会动员经验

两年的“恒爱行动”都是与省级主流媒体共同主办，在活动中，主办媒体不但是报道者、传播者，同时还是爱心妈妈志愿者。河北日报的主任、记者、燕赵都市报、河北人民广播电台的记者和她们的家人、河北青年报的主编都亲身加入了爱心妈妈的行列。切身参与慈善的美好体验，进一步加深了大家推动活动的积极性，并发挥了媒体独特的策划优势。如在2006年活动开展过程中，利用自己的平台优势，结合自己的媒体特点，河北青报为“恒爱行动”开辟了专版专栏，设计了栏头，每天在头版醒目位置进行专题预报；成立由资深记者、摄影记者组成的专题报道小组对活动进行全程跟踪报道。河青报不但承担了一个毛线发放点的任务，还分别派三名记者驻扎三个毛线发放点，及时报道了第一个领毛线的爱心妈妈。此后，为了第一时间抢到新闻，专题小组的记者一直与我省妇联儿童部、儿基会每天保持紧密联系，第一个爱心妈妈来领线了，第一件爱心毛衣织成了，孤儿穿上爱心毛衣了……通过头版小专栏以及内页的专版，全省读者及时了解了我省“恒爱行动”的开展情况。

为了更好地报道除石家庄之外的其他五市的活动开展情况，在省妇联、省儿基会的协调下，河青报还派出记者，联合当地晚报，深入唐山、承德等市，实地了解当地孤儿现状，活动进展情况，并将各市的活动情况大篇幅跟进报道。河青报还组织“恒爱行动”中的各种爱心力量，开展各种鲜活的爱心活动，如组织毛衣编织班、征集毛衣编织高手等。

在2006年“恒爱行动”进行的短短3个月中，仅河北青年报就有200多篇恒爱文章见报，将我省“恒爱行动”中妇联活动开展的丰富性，群众参与的热情都以新闻报道的形式生动地展示了出来。

在领导重视、媒体关注和社会广泛参与下，我们欣喜地看到，通过我省各级妇联的组织实施和媒体的有效推动，恒爱行动在河北已经深入人心，深得民心，已不单纯是一个投入产出比高的慈善项目，它已发展成为富有河北特色的“帮一点”全民慈善理念；它是一个更加广阔的奉献平台，更加畅通的爱心渠道，更加有效快捷的公益服务形式；它更是建设和谐河北的一次重要实践。伴随着我省“恒爱行动”的开展，“爱心妈妈”、“爱心家庭”、“知心大朋友”等从关注孤残儿童的身体冷暖，到关注孤残儿童的心灵成长等新的儿童慈善方式不断产生和完善，“恒爱行动”的慈善理念在大众的参与下不断升华，与此同时，我省孤儿减免学杂费、书本费的政策、孤儿的社会最低保障政策、医疗救助等也在不断得到关注和落实。

供稿：省妇联文明办

撰稿：何颖玉

省妇联

提高农村妇女素质 造就新农村建设人才

几年来，省妇联在创建“巾帼示范村”中，大力开展“百万妇女学习培训工程”、创建女能手大专班、深化“巾帼文明生态庭院”创建、“十星”级文明家庭创建等活动，有效地促进了农村经济社会更快更好地发展，实现了农村妇女在参与新农村建设的实践中实现自身的进步与发展。2004年以来，全省共培训农村妇女91万人次，农村妇女富余劳动力培训5万余人，建成“巾帼文明生态庭院”57.94万个，十星级文明户达到200多万户。

一、强化阵地，始终把提高广大农村妇女素质作为“巾帼示范村”的主线

河北是农业大省，农村妇女劳动力1277万人，占农村劳动力总数的65％以上。随着经济社会发展，农村妇女需求多样化和农村经济发展的不平衡，对提升培训层次和培训水平提出了新的要求。2004年底省妇联在全省开展了“百万妇女学习培训工程”，制定了从2005年～2007年间三年培训100万人的计划目标，要求省、市、县、乡（街道）、村（居）妇联（妇代会）利用原有培训阵地，整合各种社会培训资源，层层建立妇女培训学校。同时鼓励村镇在盘活闲置资源上做文章，借助村民中心或党员活动中心组建成村妇女培训学校或妇女培训室。在学校建设上严格按照“四有”、“三固定”的要求进行规范。“四有”即有适用的教材教案、有学员花名册、有学员培训测评登记表、有学员实践记录；“三固定”即：固定教室、固定教师队伍（可聘请当地科技指导中心或劳动、教育、农林等方面的专家）、有固定培训时间。在培训内容上，根据各地经济发展实际和妇女群众需求，科学设置培训内容，灵活确定培训方法。两年来，省妇联共出资10.8万元，对培训示范学校进行了重点“武装”。到目前为止，全省市、县两级和约30%的乡、10%的行政村建立了妇女培训学校，为农村妇女开拓了新的培训场所，初步形成了覆盖城乡、方便妇女就近接受培训的网络和机制。

为解决培训学校的师资问题，最大限度地发挥人才的专有特长和群体优势，2005年省妇联与省农科院等部门联合组建了由百名农林畜牧等专业的专家和技术人员组成的“‘百万妇女学习培训工程’专家服务团”。为方便女能手联系，我们还印制了“专家与女能手联系卡”。各地也广泛成立专家“服务团”、“指导站”、“咨询中心”等机构，截至目前，全省共建立妇女科技指导中心201个，乡镇科技指导站建站率达到95%以上，聘请农、林、牧等方面的专家教师达4200多名，遍布全省的妇女科技指导中心、专家服务团通过采取上门服务、结对服务、网上服务、专家会诊等形式，开展“下乡服务”、“进村指导”、“牵手帮扶”等灵活多样的形式为农村妇女提供技术服务达84.3万人次。

二、开办女能手大专班，始终把培养致富女带头人作为顺利推进“巾帼示范村”的根本

火车跑得快，全凭车头带。农民要富，就得有好的带头人！“双学双比”活动开展以来，我省涌现出成千上万的女能手，我们紧紧抓住女能手观念新、致富能力强、示范性作用明显的优势，依托河北农大的教育资源优势，借鉴正规高等教育，在全省范围开办女能手大专班。它是通过大专班的高层次教育培训，逐步把他们培育成农村科技致富的“传播机”，起到了“点亮一盏灯，照亮一大片”的作用。大专班设立农业综合技术管理、畜牧兽医、农业经济管理三个专业，学制一年半。采用“政府支持、妇联运作、高校实施、女能手受益”的教育培训机制，省里对建立函授站的市（县）补助工作经费1万元，各市妇联都积极争取当地政府和协调单位的支持，给予参加学习的学员一定补贴。据统计，仅大专班的开办，省妇联共出资13万元，各级妇联争取资金达64万余元。

通过积极发动，极大地调动了妇女参学的积极性，全省出现了女能手争报参学的火热场面。迁安市函授站一个月报名人员就达61人。盐山县分到5个上学名额，却有12名女能手争相报名。还出现了开着“大奔”来丰南函授站报名的第一人，第四届全国十大农民女状元、河北省女能手协会会长、唐山兴丰饲料有限公司总经理潘立英。已经开办了一个大专班的遵化市妇联表示，今年还要再开一个班。这样两个函授班的学员就可以互相听课学习，交一个班的钱，学到了两个专业的知识。目前，全省11个市相继成立13个女能手大专班地方函授站，585名女能手正式成为河北农大的正式学员，在家门口圆了她们的大学梦。

三、优化居住环境，始终把树立健康文明的生活方式作为“巾帼示范村”建设的着力点

为改变我省广大农村传统的生产方式、落后的生活习惯和脏乱差的居住环境，积极响应省委、省政府“生态家园富民工程”和文明生态村建设的号召，从2003年6月开始，我们在全省开展了以“一建四改三化”（建沼气池、改厕、改圈、改厨、改院、绿化、净化、美化）为主要内容的“巾帼文明生态庭院”创建活动，组织广大农村妇女踊跃投身到文明生态村创建这场“伟大的革命”中去，通过宣传发动，抓试点，发展特色创建，使创建活动形式多样又生动有效。为扎实推进创建活动，我们与省农业厅联合下发了开展创建活动的实施意见，制定了活动的基本条件和目标，建立了激励机制，对达标的庭院建立档案，给予命名和挂牌。截至2006年底，我省县以上妇联共举办妇女培训班2547期，培训妇女314949人，培树示范村357个，1520个农家女示范户。

广大农村妇女通过学习新知识，树立生态、环保新理念，从自家庭院入手，因地制宜发展无公害种植业、高效养殖业，实现了生态效益和经济效益的共同提高，促进了家庭增收致富。与“环保进家庭”、创建“绿色家庭”“生态家庭”等活动相结合，组织广大农村妇女绿化、美化庭院，有效改变过去北方农村柴草乱堆、污水乱流、垃圾乱倒的脏乱差面貌，家庭的居住环境得到明显改善；农村妇女改变了祖祖辈辈围着灶台转烟熏火燎的传统家庭生活方式，减轻了家务劳动负担。人改造环境，环境也改造人。通过“巾帼文明生态庭院”的创建，实现了由昔日的满足温饱、小富即安到今天的追求生活质量的观念上的彻底革命，促进了农村落后生活习惯和生产方式向健康文明生活方式的转变。现在村里不洗碗、不洗澡、不刷牙、不叠被的人大为减少，就连拖布、洗涤灵这些过去村里很少用的物品，也成了村里的畅销品。

四、注重思想道德教育，始终把改善人际关系，树立和谐的村风民风作为“巾帼示范村”建设的重要内容

建立和谐的人际关系，塑造良好的村民村风，促进农村的和谐社会建设，是创建活动的内在要求。我们始终把促进家庭关系、户际关系、人际关系的和谐，贯穿创建活动的过程之中，坚持从农村社会最基本的单元——家庭抓起，用丰富多彩的活动来推动，充分发挥妇女在自我管理、自我教育中的作用。各级妇联组织在开展创建活动中，牢牢把握思想道德教育这个核心，在广大农村家庭中深入进行理想信念和社会主义荣辱观教育，大力宣传科学知识、科学思想，引导广大农村妇女和家庭崇尚科学，破除迷信，摒弃陋习，转变传统的不科学、不健康的生活方式，建立民主、和睦、文明的家庭。一是围绕学、乐、美、德主题，广泛开展了“家庭读书”、“家庭文化”、“家庭健身”、“家庭敬老”、“绿我家园”、“家庭新风”等多种特色活动，举办了“家庭文化艺术节”、“家庭健身比赛”、“百个魅力家庭”评选、家庭才艺展示、家庭趣味运动会、夫妻共签廉洁协议等主题鲜明、生动活泼、寓教于乐的“特色家庭”展示活动，教育、引导广大家庭树立以尊老爱幼、男女平等、夫妻和睦、勤俭持家、邻里团结为主要内容的家庭美德，促进了妇女和家庭成员思想道德素质的进一步提高；二是进一步建立健全妇女禁赌会、道德评议会、红白理事会等村民自治组织，引导妇女群众带头崇尚科学，破除封建迷信和陋习。遵化市的“妇女禁赌会”由妇女主任当会长，吸收有赌博行为家庭的妇女参加，母帮子，妻帮夫，姐妹帮兄弟，那里有赌博，哪里就有禁赌会成员的身影。通过“妇女禁赌会”的作用，赌博的发案率下降了30%。三是举办秧歌队、健身操等群众喜闻乐见又生动活泼的活动，丰富群众的精神文化生活，引导农村妇女增进交往，融洽感情。省妇联相继召开了“环保进家庭”唐山专场、“美德进农家”邯郸专场、“才艺进家庭”廊坊专场集中示范活动，并在中央电视台《神州大舞台》栏目举办了为期一个月的河北专场，展示了河北文明家庭创建成果，取得了良好的社会反响。市级举办展示活动30余场（次），县级举办近百场（次）。

供稿：省妇联文明办
撰稿：省妇联城乡部

理论成果

THEORY WORKS

理论成果

理论文章摘要

营造和谐的网络价值生态

聂辰席

网络文化正深刻改变着人们的生活方式、思维方式和思想观念。在互联网技术迅猛发展的今天，构建社会主义和谐社会，迫切需要发展先进的网络文化，营造和谐的网络价值生态。

互联网作为一种新的文化生产传播渠道，既有先进的科技属性，又有鲜明的意识形态属性。引领网络主流意识形态，就是要把社会主义核心价值体系贯穿到网络文化建设全过程。一要坚持正确的政治方向。坚持马克思主义的基本立场、观点和方法，拓展马克思主义中国化最新成果在网上学习、宣传和教育，积极组织网络评论，推进党的基本理论、路线、方针、政策在网民中普及，巩固马克思主义在网络领域的主导地位。二要坚持正确的舆论导向。坚持政治家办网的方针，做好网络新闻宣传工作。坚持团结稳定鼓劲，加大正面宣传力度。高度关注网上舆情，正确引导网络舆论，营造积极向上的主流舆论，形成网络新闻宣传强势。三要坚持正确的生产目的。网络文化的生产要本着有利于倡导科学精神、传播科学知识，有利于塑造美好心灵、弘扬社会正气，有利于提高网民素养情趣、格调品位的原则，鼓励创作体现社会主义核心价值体系的各类文艺、娱乐作品和网络出版物，让积极健康向上的网络文化产品和先进的思想观点占领这一阵地。四要坚持正确的传播原则。遵守国家有关知识产权的政策法规，努力传播体现民族精神和时代精神的网络文化产品，宣传科学真理，传承先进文化，共建网络诚信。五要坚持正确的管理方式。要加大对网络媒体特别是重点网站、主流网站采集、编辑、上传以及技术人员的教育和管理，严肃网站工作纪律，确保网络文化健康、顺利发展。

互联网也和其他科学技术一样具有两面性，关键在于网络传播的文化内容。不健康的网络文化与互联网会形成恶性循环，加速不良文化的传播。今天，网络文化的娱乐功能愈加显现出强大的生命力。很大一部分网民上网的目的是休闲娱乐、沟通交友。因此，加强网络文化内容建设就成为网络健康发展的重要方面。一是要贴近不同层次网民的精神文化需求进行创作和生产。网民的价值取向、兴趣爱好、知识水平、文化层次不尽相同，逐渐形成相对固定的网络“群落”。要把网络文化创作生产的先进性要求和广泛性要求统一起来，将音视频等多媒体技术并用，声、色、图、文、动作并茂，做到贴近实际、贴近生活、贴近网民，形式多样、雅俗共赏、各取所需。二是要把世界优秀文明成果作为创作、传播网络文化的重要源泉。各民族的优秀文化成果是全人类的共同财富，我国网络文化要走向世界，必须充分消化和吸收这些优秀成果。要精心筛选确定适合网络传播特点的古今中外优秀文化成果，采用新技术，设计新载体，对这些高品位文化信息进行数字化编辑、精品化包装、网络化传播。三是要打造具有中国气派、体现时代精神、品位高雅的网络文化品牌。主要网站要进一步把品牌栏目和频道建设好、发展好，并创造出更多深受网民喜爱的网上栏目和频道，丰富其内容，活跃其风格，不断提升网络文化品牌的吸引力、感染力和影响力。

网络文化产业为网络注入了文化的灵魂，为文化插上网络的翅膀。当今时代，网络文化产业方兴未艾、异军突起，逐渐成为新的文化支点和经济增长点，实现科学发展、和谐发展，离不开网络文化产业的繁荣发展。发展网络文化产业，当前要重点推进四个转变：一是由“舶来之品”向“民族品牌”转变。网络文化产业在传播有益文化的同时，伴之而来的是西方不良文化的入侵。趋利避害、为我所用，就要通过政策、资金、技术等方面的支持，鼓励和扶持民族网络文化产业发展，提高其规模化、专业化水平，提高国内原创网络文化产品和服务的供给能力，占领市场，争夺网民。二是由“中国制造”向“中国创造”转变。要积极鼓励、引导、扶持国内企业和网站开发弘扬民族精神、反映时代特点、科技含量高、有益于未成年人健康成长、拥有自主知识产权的网络文化产品和服务项目，形成一批具有深厚历史文化底蕴、彰显民族文化魅力、体现传统美德及价值观念、凝聚民族精神与爱国情感的民族网络文化精品，进一步开拓和占领国际市场。三是由以网络游戏为主向多种经营转变。网络文化产业涵盖当前社会文化生活的各领域。但从目前国内文化产业结构来看，网络游戏份额过重。网络文化产业应该是丰富多彩的，今后要进一步向网络视频、网络培训、网络教育以及传媒、出版、影视、娱乐、旅游、音乐、戏剧、艺术、博物馆等整个文化产业领域拓展。四是由重点发展信息产业向信息产业与文化产业融合发展转变。在推进社会信息化的进程中，要把握网络传播的特点和规律，创新网络建设思想，在推进互联网物理层面建设的同时，注重从网络文化消费引导、趣味培养、价值弘扬等方面，加强引导、管理和服务，实现网络文化产业与信息产业的统筹协调发展。

如今，网络已经覆盖我国31个省（市、区）的所有地市县和大部分乡镇，网民人数约1.37亿。加强网络文化管理，是完善社会管理的重要组成部分。同时，发挥网络文化的教育、服务和引导功能，为完善社会管理、构建和谐社会提供有力的网络文化支撑，也是需要深入研究和探索的崭新课题。首先，网络文化要增强社会服务功能。通常意义上的网络文化，主要是指满足人们精神文化需求的文化产品和文化服务。在构建和谐社会的今天，经济建设、政治建设、社会建设越来越需要文化的滋润和辅助。网络文化在社会服务领域大有可为。比如，建设诚信度高、安全性强的电子商务网站，服务经济交往；建设收集民意、政民互动的网络论坛，畅通网民利益诉求渠道；建设社会服务类组织和商业信息的资源站点，实现网上搜索，方便群众生产生活，等等。借助网络文化的力量，增强社会服务功能，就能为完善社会管理奠定坚实的群众基础和社会基础。其次，网络文化的管理必须走法制化道路。要本着依法、科学、有效的原则，综合运用法律、行政、经济、技术、思想教育、行业自律等手段，健全完善依法监管、行业自律、社会监督、规范有序的互联网信息传播秩序。要从国情出发，借鉴世界上其他国家管理互联网的先进经验和有效做法，推进网络文化管理的创新。第三，网络文化的健康发展需要强大的技术支持。要推进互联网应用与管理技术的创新，加大力度清理恶意网站，打击流氓软件，严惩网络犯罪。要强化技术保障，加强对网络防病毒技术、防火墙技术、防攻击入侵检测技术、不良信息监控过滤技术、加密与认证技术、远程监控技术等的研究和开发，有效封堵和杜绝不良信息。在重点网站、论坛上设立的“报警岗亭”和“虚拟警察”要充分发挥作用。要进一步健全完善网上接受群众举报求助、网下迅速处置的工作机制，构筑起有效的网络安全防范体系，更好地维护国家文化安全和信息安全。

作者系中共河北省委常委、宣传部长

原文出处：2007年6月5日《光明日报》

新农村文化建设的新模式

聂辰席

加强公共文化服务体系建设，是繁荣发展社会主义先进文化、构建社会主义和谐社会的必然要求，是实现好、维护好、发展好人民群众基本文化权益的主要途径。

近年来，河北省把新农村文化建设作为安民、乐民、助民、富民的重要载体，鼓励农民采用市场融资办法自办文化团体，兴办文化产业，探索以民间资本“入股”方式发展农村文化，从而形成了形式多样的“民资文化”格局，呈现出了新农村文化共建共享的良好态势。

“民资文化”产生的前提是农村经济的快速发展，农民文化需求层次的不断攀升；条件是农民市场经济意识的不断增强；保障是党委政府的引导扶持。

群众首创。改革开放以来，随着农村物质生活状况的不断改善，串门聊天看电视已经远远不能满足农民群众对文化生活的需求。于是一些文化骨干靠个人出资或“化缘”自发恢复或组建了书画社、秧歌队、舞狮队、小剧团等传统的文化组织。但仅靠“化缘”难以长久发展，个人投资与公共享有的矛盾促使一些群众文化团体尝试“凑份子”运作，90年代末期，河北已经出现了一些“份子戏”。市场推动。在从温饱型向小康型社会推进的过程中，文化市场的巨大潜力引起了社会资金的关注。农村先富裕起来的一些人，除了捐助当地一些公益活动外，开始尝试投资文化领域，经营文化产业。随着市场意识的增强，一些人也开始入股文化团体，在满足自我消费的同时，希望得到相应的投资收益。广大农民群众也逐渐树立和认同文化消费的观念，“民资文化”发展具备了相应的社会基础。2000年前后，河北在富裕地区出现了具有市场化取向的乡镇文化园区等一些文化产业集团。

政府扶持。各级政府把文化建设同经济建设放到了同等重要的位置，从文化搭台经济唱戏的思维中跳出来，逐步做到文化经济相互搭台，共同唱戏。2005年中央出台《关于进一步加强农村文化建设的意见》后，河北从经费投入、队伍建设和机制建设入手，把扶持农民自办文化作为新农村建设的重点工作之一，通过政府的推动加快了“民资文化”的发展进程。

从整体来看，河北“民资文化”主要有三种类型：

企业资助型。依托当地大型企业和企业集群兴办农村文化。这一类型多集中在城市郊区和各类开发区的周边地区。由于筹资渠道便利，此类农村的文化设施和文化活动具有规模大、设施全、层次高、效果好的特点，基本形成了文化生态园区，以武安市东山文化公园和霸州市王疙瘩村的农民公园最为典型。公园内通常设有剧场、图书室、各类球场、农民健身中心、老年活动中心等，各类文体活动常年不断，且活动内容较为丰富，村民们可以享受到与城镇居民同样的文体生活。其中，东山文化公园设有文化园等八大园区，记载了武安数千年的文明进程，是进行革命传统教育、爱国主义教育的理想场所；王疙瘩村成立了一支能够演出昆曲、河北梆子、京剧传统剧目和自编现代小戏的戏剧队伍，农闲时除了在本村演出，还到邻近村进行商业性演出。

集体投资型。依靠集体力量投资农村文化建设。这一类型主要集中在集体经济比较雄厚，年均收入在100万元以上、人均收入在5000元左右的农村，以辛集市的都大营村、新垒头村最为典型。都大营村投资60万元建设的村民文化活动中心，每天都有村民舞会和文体活动，周围十里八乡的农民都来这里参加活动，成了当地一大亮点。文体活动开展起来后，村里原来的上访、赌博、斗殴、封建迷信等不正之风几乎杜绝。文化活动还成了村“两委”与村民沟通村情、共谋发展的有效载体。

村民集资型。村民自凑资金，集资入股，自娱自乐，政府引导文化生活潮流。这一类型主要集中在经济欠发达、农民人均收入3000元左右的农村，以邯郸市邱县最为典型。近年来，邱县积极发展多种形式的“股份制”文化团体，农民以“凑份子”（入股）等形式成立了“股份戏”、“股份球”、“百家书”等民间文化团体。如：“股”出来的秧歌队——香城固村是周边有名的秧歌村，几个热心人牵头组织置办扭秧歌的道具、服装、乐器。乡村两级党组织积极引导，秧歌队以“股份戏”的形式红红火火开展起来；“凑”出来的“股份球”——西目寨村凑股买了台球案子、羽毛球拍，平整出地面，建好篮球场，以“股份球”的形式丰富了村民的文化生活；“集”出来的图书室——东锚寨村由于地位较偏，群众到县城买书、租书很不方便。村里腾出了两间大办公室，村干部带头“集书”，群众积极响应，以“百家书”的形式，化解了图书室的购书资金难题。截至目前，该县成规模、有一定活动能力的“股份制”民间文化团体有33个。其中秧歌类16个，舞狮类4个，体育类5个，戏剧团、管乐队各2个，其他类型4个，文艺团体共发展成员10000多人。这种在全国首创的农村文化产业类型——股份制文化团体，在丰富农民生活的同时，也为经济欠发达地区如何兴办文化产业、发展文化事业探索出了一条新途径。“民资文化”的发展空间“民资文化”作为新农村文化建设的新模式，是农村公共文化服务体系建设的有益补充。民间蕴含着巨大的发展热情和相应的建设资金，加之民营文化团体灵活的运作模式，使“民资文化”存在巨大发展空间。

“民资文化”遍地开花，形式各异。“民资文化”来自基层，面向基层，服务群众，在政府的积极引导下，已形成燎原之势。河北11个地级市均出现了形式各异的“民资文化”团体，涵盖了所有文化门类。在去年河北首届文化艺术展演活动中，有180个“民资文化”团体参与，丰富和活跃了群众文化生活。但由于“民资文化”团体的骨干成员大多是文化世家、文艺爱好者，缺乏现代文化经营理念，大多处于分散经营状态，尚没有进行资源的优化整合，制约了经营发展规模。

“民资文化”以“文”为核，相对集中。河北“民资文化”已形成若干聚集区。在地域上大致可分为三类，即经济较发达地区、经济欠发达但传统文化承袭良好地区、党委政府重视文化工作地区。经济较发达地区的“民资文化”地域特征明显，社会效益很好。经济欠发达地区的经济效益大多一般化，仍处于由兴趣活动小组向文化经营团体的过渡时期，或以志趣为纽带、或以传统为纽带，自我娱乐为主，兼顾经营发展，活动内容、演出内容多是传统项目或剧目，在一定程度上制约了“民资文化”发展的水平和层次。如邯郸市邱县的“青蛙漫画”早已享誉全国，但由于经营理念和“入股”资金的限制，其所蕴含的品牌价值开发还很不够。

“民资文化”面向市场，蓄势待发。经济发达地区的部分“民资文化”团体已经尝试市场化运作，出现了以利益为纽带，以市场为载体，吸收社会资本改造国有文化团体，组建文化企业，发展文化产业的苗头。如唐山市迁安洪影评剧团是迁安市农民自发组建的民营艺术团体，现有专业演出人员40余人，固定资产达500万元，每年演出200场左右，基本上可以自我滚动发展。在经济落后地区，民资“股东”既是经营者又是消费者，也出现了面向市场的苗头。一些地方的群众还注意挖掘和利用传统文化本身所蕴藏的经济价值，以民俗、民风和历史、风光旅游为切入点，组建相应的文化产业集团。从目前情况看，一些地方的群众尽管有了较强的文化经营意识，但是发展思路不广，品牌意识不强。

为了大力发展“民资文化”，应尽快出台推动“民资文化”健康发展的相关措施，在企业赞助、社会赠与、社会投资等方面，完善相关的配套政策。在文化活动场地、场所的建设用地等方面，给予相应的灵活政策。同时，针对农村文化活动人才不足、骨干断层等严重影响新农村文化建设的问题，各级地方政府应大力加强农村文化活动骨干的培训，运用机制和政策手段，鼓励文化专门人才文化支农，充实农村文化队伍。此外，要支持文化艺术工作者参与农村文化的创新研究，多生产能够反映新农村发展前景、代表新农村文化建设方向的高雅和通俗作品，提供多种机制模型、体制模型，提供更多的活动内容项目库。

作者系中共河北省委常委、宣传部长

原文出处：《党建》2007年第8期

建设先进文化 完善社会管理

聂辰席

建立健全“党委领导、政府负责、社会协同、公众参与的社会管理格局”，需要不断推进社会管理的理论和实践创新。其中，充分认识先进文化在完善社会管理工作中的地位和作用，依靠先进文化来加强社会管理、引领社会发展，是一个值得认真研究的课题。

提供正确的价值导向

在任何社会，只有形成统一的价值目标、价值标准和价值体系，才能使人们在思想和行动上最大限度地保持一致。目前，我国社会价值取向呈现多样化的趋势。因此，必须充分发挥先进文化的引领作用，为完善社会管理提供正确的价值导向。

确立以人为本的社会管理理念。社会管理主要是围绕人的需求展开的。应通过先进文化建设，增加社会管理中的人文关怀，体现以人为本的价值理念，实现社会对人的主体地位的确认、对人的权益的尊重、对人的生存状况和发展潜能的关注。只有在社会管理中坚持以人为本，才能促使人民群众增强社会责任感，最终实现人与社会的良性互动。

把社会主义核心价值体系贯穿于社会管理全过程。社会主义核心价值体系是我国社会主义制度的思想根基，也是社会管理工作的精神支撑。只有把社会主义核心价值体系贯穿于社会管理全过程，才能把握社会管理方向、凝聚社会管理合力、形成社会管理共识，走出一条中国特色社会管理之路。

营造社会管理的良好舆论氛围。充分发挥媒体的舆论导向和信息沟通作用，弘扬社会正气，通达社情民意，引导社会热点，疏导公众情绪。通过对社会管理成功经验和先进典型的宣传，加快社会管理创新；通过正面引导和正面教育，形成重视社会管理的舆论氛围；通过对突发事件、群体事件的正确引导，促进社会稳定。

构筑坚强的道德支撑

社会管理既有制度对人的管理，也有人对人的管理和人的自我管理。先进文化的道德规范作用，能够为社会管理构筑坚强的道德支撑。

建设社会诚信体系。诚信在社会运行过程中起着道德支撑作用。应以诚信为重点，加强社会公德、职业道德、家庭美德建设和社会信用体系建设，引导和规范人们的行为，培育公民诚信道德人格，为社会管理提供道德基础。

培育和谐社会心理。在市场经济条件下，一部分人容易产生心理失衡，因而促进社会成员的内心和谐十分重要。应通过以社会主义荣辱观为主题的道德建设，从精神层面上加大引导力度，使社会成员正确对待市场竞争和收入差距，善于自我调适，培育和谐人格；引导社会成员正确对待自己、他人和社会，正确对待困难、挫折和荣誉，形成自尊自爱、理性平和、自强不息、积极向上的良好心态。

广泛开展和谐创建活动。和谐单位、和谐社区、和谐家庭等创建活动，是社会管理工作吸引群众参与的重要途径。通过和谐创建活动，把和谐理念渗透到社会生活的各个领域，融入公民的思想和行为中，不断拓展社会管理覆盖面，促进全体人民和睦相处、和衷共济。

提供充足的文化产品和服务

提供文化产品和服务，是宣传文化部门在社会管理领域承担的责任和义务。应遵循先进文化的前进方向，把握文化工作在社会管理中的职能定位，用文化的方式、市场的思维做好社会文化领域的管理和服务工作。

科学引导社会公众的文化需求。群众的文化需求千差万别，必须对其进行科学引导，使其形成健康向上的文化消费习惯。应发挥文化的思想渗透和精神愉悦功能，将先进文化的优势体现到公共形态的大众文化及其产品和服务中，不断提升公共文化的时代内涵。

构建完备的公共文化服务体系。构建覆盖全社会的公共文化服务体系，是实现和保障公民基本文化权益的主要途径。应把加大投入力度与改进投入方式结合起来，把深化内部改革与加强政策引导结合起来，增强发展活力，提高服务质量，降低服务门槛，最大限度地发挥公益性文化事业的社会效益。大力实施文化共享工程，确保政府对公益性文化事业的投入逐年增长，同时鼓励社会力量参与文化公益事业。

丰富文化产品的市场供给。满足人民群众多方面、多层次、多样性的文化需求，需要大力发展繁荣文化产业。应调动社会力量，运用市场机制，鼓励和引导非公有资本进入文化产业，不断提升文化生产企业的整体实力和竞争力，促进文化市场繁荣，形成公有制为主体、多种所有制共同发展的文化产业格局。

实施有效的文化市场管理。坚持“一手抓繁荣、一手抓管理”的方针，始终把社会效益放在首位，努力实现社会效益与经济效益的统一。坚持不懈地开展“扫黄打非”工作，深入开展“文化环保工程”和“反盗版天天行动”。深入进行对网络色情及其他有害信息的治理工作，开展“文明办网、文明上网”活动，积极营造有利于青少年健康成长的网络文化环境。通过扎实有效的文化市场管理，为社会提供更多优秀的文化产品和服务。

作者系中共河北省委常委、宣传部长

原文出处：2007年8月3日《人民日报》

关于深入推进文明生态村创建活动途径方法的调查与思考

省文明办课题组

为贯彻落实全省深入推进创建文明生态村工作会议精神，把文明生态村创建活动不断引向深入，5月20日至31日，我们围绕深入推进文明生态村创建活动的途径方法这一课题，在全省开展了一次专题调研。调查采取实地查看、组织座谈等方式，先后赴4个设区市、9个县（市）、18个乡（镇）、46个行政村，实地查看了创建工作情况，组织座谈会14个，听取了部分市、县、乡、村干部群众对创建活动的意见和建议，并对其余7个设区市的调研报告进行了认真的分析和研究。现将调研情况综述如下：

一、创建文明生态村活动走出一条河北特色的建设新农村的好路子

2003年以来，省委、省政府着眼于推进我省农村全面建设小康社会，从农民群众的迫切愿望出发，在广大农村逐步展开了创建文明生态村活动。四年多来，省委、省政府提出了一系列指导原则和政策措施，各级文明委做了大量的组织协调工作，基层干部群众创造了许多鲜活的经验，使这一活动从星星之火成为燎原之势。截至目前，全省已有12294个行政村进入创建工作先进行列，占全省行政村总数25%；3473个行政村列入2007年创建规划，占全省行政村总数6%；全省近80%的行政村不同程度地开展了创建活动。在四年多的创建实践中，逐步探索了一条建设新农村的好路子，基本路径可以概括为：**一个载体、一个突破、两个提高、三个促进、四位一体**。

1. 以创建活动为载体，广泛动员农民群众和社会力量参与。河北是军民共建文明村的发源地，创建活动具有广泛的群众基础，积累了一些成功做法。文明生态村又是新形势下文明村的深化和延伸，用好、用活创建活动载体，成为推进文明生态村建设的必然选择。在创建文明生态村过程中，一方面，运用这个载体发动群众、组织群众，喊响了“用自己的双手建设美好家园”的口号，采取讲好处、树典型、民主协商、市场运作等办法，最大限度地把农民群众组织到文明生态村建设中来。在创建工作中，涌现了像徐流口村、南沟门村等艰苦奋斗搞创建的先进典型。调研中发现，凡是农民群众积极性高涨、主体作用发挥好的村，农村中蕴含的发展潜力就能充分挖掘出来，创建工作进展就快、成效就大。另一方面，运用这个载体组织动员社会

力量开展社会帮建，实行以城带乡、反哺农村。据初步统计，创建活动四年多来，动员各级党政机关、企事业单位、文明单位和各种社会力量，通过结对帮扶的形式，向第一、二、三批创建村注入了14.69亿元的资金，占全部创建投入的近1/3，这在全省历史上堪称一个壮举！

2. *以“三化”建设为突破口，着力改善农民的人居环境。*以“柴草乱垛、粪土乱堆、污水乱泼、垃圾乱倒、禽畜乱跑”为特征的落后生活环境和生活方式，在农村已经存在了千百年。上个世纪80年代，我省在组织开展创建文明村活动中，就提出改水改厕、改造连茅圈、建设沼气池，以治理农村“五乱”。在部分农村取得一定效果，为开展文明生态村建设奠定了一定的基础。但总体上没能达到预期目的，农村的脏乱差现象仍然普遍存在。其根本原因在于，农村落后的生活环境和生活方式是自然经济和与之相联系的落后生产力和低下生活水平的产物。这种经济形态不改变，温饱问题不解决，农民群众无足够的能力改善落后的生活环境，难以产生改变传统生活习惯的强烈要求和愿望。经过20多年的改革开放，农民的温饱问题基本解决，开始迈入小康社会。在这个临界点上，解决环境脏乱差，成为农民最关心、最直接、最现实的一个问题。省委、省政府抓住这一历史性机遇，首先从“三化”（道路硬化、街院净化、村庄绿化）入手，组织农民群众改善人居环境。由于顺应了群众的需要，在全省广大农民群众中引起强烈共鸣，人们踊跃参与，迅速打开了创建工作局面。四年多来，共建设村内道路5.1万多公里，改变了一大批农村“晴天一身土、雨天两脚泥”的状况；共植树1.23亿多株，一大批村基本实现了“村在林中、院在树中、人在绿中”的目标；共建设卫生厕所131万多个，建设沼气池200万多个，有效治理了农村“五乱”现象。广大农民从人居环境的改善中看到了好处，得到了实惠，打心眼里拥护文明生态村建设。在与基层群众座谈中，农民群众对几年来人居环境的变化体会最深，特别是对村内道路状况的改善无不拍手称快。邯郸一位农民动情地说：唐修塔、宋修庙，共产党领导我们修大道，修了大道修小道，农民群众拍手笑。

3. *以精神文明建设为中心环节，努力提高农民素质和农村文明程度。*任何工作都不可能包罗万象，都有自身特定的着力点。文明生态村的第一要义是“文明”，这里所说的“文明”，是改革开放以来我们党大力倡导的精神文明，通过加强农村精神文明建设，提高农民素质，提高农村文明程度。总结归纳四年多来的创建工作，主要通过三种方式来提高农民素质和农村文明程度。第一，以阵地教育人，引导农民更新思想观念，掌握科学技术，激活农村生产力中最活跃的要素。据统计，全省有1.55万个村建起了综合文化室，1.3万个村建起了室外体育健身场地，6469个村建成了具有八项服务功能的“村民中心”。利用这些文化阵地，开展培训，提供信息，组织活动,培养知识型、技能型、开放型农民。据统计，四年多来，利用村级文化阵地，共培训农民850多万人次。第二，以活动感染人，引导农民提高道德素质，改善人际关系，树立文明和谐的村风民风。一是广泛开展“十星级”文明农户创建活动，引导农民追求文明向上的道德风尚。调研中了解到，全省2万多个村普遍开展了“十星级”文明农户创建活动,并完善了民主评议和动态管理两大机制，形成了农民群众争星创星、崇尚文明的新气象。二是广泛开展群众性移风易俗自治组织建设活动，引导农民自觉规范道德行为。据统计，全省有1.83万个村建立了红白事理事会、道德评议会、禁赌会等群众自治组织，成为群众自我管理、自我教育、自我提高的有效形式。据一些村民反映，通过红白事理事会办白事，可以节约一半开销。三是广泛开展群众性文体活动，引导农民增进交往，融洽感情。调研中发现，全省各地户与户、人与人通过文体活动增强交往、消除隔阂的例子比比皆是。第三，以环境改造人，引导农民破除陈旧习俗，培养良好习惯，形成科学健康文明的生活方式。广大农民珍惜自己改造村容村貌的劳动成果，自发建立卫生清扫队伍，指定专人清运垃圾，旧的生活习惯逐步被人们摒弃，科学健康文明的生活方式逐步建立起来。据遵化市有关部门调查，去年全市农户用于卫生方面的支出，平均达到240多元，比四年前提高了一倍以上。

4. *以围绕中心、服务大局为根本着眼点，促进农村物质文明、政治文明与和谐社会建设。*文明生态村创建虽不直接抓经济建设、政治建设、社会稳定，但其根本着眼点是为全省工作大局服务，促进物质文明、政治文明与和谐社会建设。一是通过提高农民素质和优化发展环境，促进物质文明建设。一大批农村文化设施的使用，在加强政策培训、传播科技信息、提高农民素质、增强致富能力，从而激活农村生产力中最活跃要素上发挥了重要作用。调研中了解到，凡是文明生态村创建工作搞得好的村，掌握一技之长和外出打工的农民，明显高于其他村。一大批农村新的村庄建设规划的实施，为产业结构的调整创造了条件。很多村变成了旅游村、养殖村、苗木村、大棚村。易县有22个乡镇1200多户搞起了农家游，从业人员8000余人，户均增收近万元。一大批农村道路的修建，进一步改善了经济发展环境。邢台县小石头庄村靠优美的环境、良好的村风，吸引了千万元以上的项目10个。一大批农村沼气池的建成，促进了生态农业的发展。一些创建村把建沼气池与发展养殖业、种植业有机结合起来，催生了畜——沼——蔬、畜——沼——果、畜——沼——药等立体循环经济快速发展。临漳县回漳村70%的农户建有沼气池，全村瓜菜面积1000多亩，年增收20万元。二是通过锻炼基层干部管理、服务能力和提高农民自治能力，促进政治文明建设。创建活动本身就是一个民主的过程，是促进基层民主政治建设的成功实践。一方面，党支部、村委会把创建活动作为“最大的村务”来抓，干部做给群众看、带领群众干，提高了组织群众、服务群众的本领，密切了党群干群关系。临漳县一位村支部书记十分感慨地说：“创建文明生态村活动开展以来，我在群众中的威信提高了一大截。”在调研中发现，村级班子和文明生态村创建呈现良性互动关系，村里有一个好的支部班子，即使经济条件薄弱一些，创建活动也能开展起来；通过创建活动的开展，又可以进一步增强村级班子的凝聚力、战斗力。另一方面，在文明生态村建设中，各地把村庄规划的决策权、建设资金的使用权、工程质量的监督权交给群众，大家说了算，大家一起干，农民群众的民主意识、参与意识进一步增强，自我管理、自我服务的能力进一步提高。三是通过改善人际关系和人居环境，促进和谐社会建设。运用在创建活动中发展起来的群众自治组织、广泛开展的“十星级”文明农户创建活动和日益丰富的群众文化活动，引导农民明辨荣辱、崇尚文明、陶冶情操，建立邻里和睦、团结互助、礼让宽容、安定有序的人际关系；通过治理村容村貌，引导农民建立科学健康文明的生活方式，增强生态意识、环保意识，促进了绿色农业、生态农业、循环农业发展，进一步改善了人与自然的关系。

5. 以“四位一体”为目标，实现经济社会全面协调可持续发展。省委、省政府在创建活动中，提出了“经济发展、民主健全、精神充实、环境良好”的总要求，最终目的是为了实现农村的全面繁荣与发展。在一定意义上说，创建活动促进物质文明、政治文明与和谐社会建设的过程，就是按照“四句话”总要求，向“四位一体”目标迈进的过程。调研中发现，全省第一、二批创建村大部分都在朝着这个目标努力，一些起步早、进展快的创建工作先进村，初步形成了经济、政治、文化、社会建设相互促进、协调发展的良好局面，展示了社会主义新农村的美好前景。

二、创建文明生态村活动面临的新问题

随着创建活动向深度广度拓展，创建工作也面临一些新问题。深入推进创建文明生态村活动，必须认真研究并切实解决这些新问题。

一是一些地方在创建活动中存在重硬件建设轻软件建设的问题。一些村“三化”建设和文化基础设施建设力度比较大，效果也非常明显，有的村干部谈起这方面也很有成就感，但对提高农民素质、增强致富能力、树立文明乡风、开展群众文体活动重视不够，在引导群众解放思想、转变观念、移风易俗、更新知识、掌握技能等方面办法不多，个别地方婚丧事大操大办、迷信、土葬、超生等抬头的现象没有得到及时遏制。

二是巩固第一、二批村的创建成果仍有大量工作要做。一些进入创建工作先进行列的村，存在完成任务思想，由于没有建立起长效管理机制，“五乱”现象出现反弹，部分公共设施出现坏损。有的村由于用“攻坚战”的办法，在较短时间内完成了“三化”建设，硬化质量不高，排水、照明等配套设施没有跟上，污水排放、垃圾处理还没有找到一个行之有效的办法。有的村由于怕花钱，没有一个像样的村庄规划，有的虽有村庄规划，但落实不够，村民建新屋不拆旧宅，想在哪里建房就在哪建，想建多高就建多高，造成布局散乱和“空心村”现象。

三是一些地方创建资金筹集成为创建活动深入推进的最大制约因素。进入创建工作先进行列的村，卫生清扫、垃圾清运需要有人干，道路修好后需要维护，树木需要有人管护，“村民中心”需要经费确保运转，等等，但目前大部分村没有集体经济，资金没有着落，创建成果难以长期巩固。调研中了解到，一些经济实力较强的县（市），每年财政拿一些钱，用于在各创建村建立队伍、完善机制，但一些经济实力较弱的县（市），却无力解决这个问题。一些列入第三批创建规划的村，干部群众存在畏难情绪，由于它们与前两批创建村相比，班子状况、基础设施、集体积累、农民收入都相对较弱，工作量更大，需要的投入更多，仅靠帮扶单位赞助、农民自愿捐助，难以完成创建任务，资金的瓶颈制约更加突出。而目前很多涉农资金、项目，都是从“条条”上下来的，如果政府不出面协调，很难打起捆来向文明生态村集中投入，发挥涉农资金的规模效应。

四是建设农村公共服务体系任重道远。自去年以来，各地相继展开“村民中心”建设，积极搭建为农民提供公共服务的新平台，这项工作虽然收到一定的成效，但还远远不能满足农民群众的需要。真正为村民提供教育、信息、科技、文体、法律、卫生、信访、保障等八项服务，仅靠村级组织的力量难以办到，需要各级、各部门做好对口服务的延伸工作，并建立起一套经常化、制度化的工作机制。

三、深入推进创建文明生态村活动的对策建议

1. 进一步把提高农民素质和农村文明程度摆上突出位置。继续引导各地围绕以阵地教育人、以活动感染人、以环境改造人，着力解决一些地方重硬件建设轻软件建设的问题。利用建起的村级文化阵地，多为农民提供技术服务和致富信息，多开展政策法规和道德规范培训，进一步激活农村生产力中最活跃的要素。广泛开展“十星级”文明农户创建活动、群众性移风易俗自治组织建设活动和群众文化活动，引导农民提高道德素质，树立文明乡风。利用人居环境改造的成果教育农民，培养科学、文明、健康的生活方式，使他们逐步养成良好的生活习惯。

2. 进一步提高人居环境建设水平。一是引导第一、二批创建村搞好配套设施建设，解决好污水排放、垃圾处理等问题，创造更加舒适卫生的人居环境。同时，进一步健全长效管理机制，巩固创建成果，使创建活动步入常态化。二是引导第一、二批创建村落实村庄规划，集中治理“空心村”问题，使村庄结构布局更加科学合理。三是引导第三批以后的创建村着眼长远发展，按照“四个一批”的新要求，搞好村庄规划和建设，真正做到规划先行，避免盲目建设、重复建设。

3. 进一步加大财政支持和社会帮建力度。结合正在全省开展的“深入农村、服务农民”活动，进一步提高各级各部门支持“三农”、服务“三农”的积极性和主动性，推进职能延伸、工作延伸、服务延伸。大力倡导完成农村公路“村村通”又有条件的地方，将通到村口的道路延伸到村内主要街道。组织第一、二批创建村帮建单位开展“回头帮”活动，重点帮助进入创建工作先进行列的村建立健全长效机制，进一步巩固创建成果。建议各级政府加大对第三批创建村和“村民中心”建设的财政支持力度，对于硬化村内主要街道确实有困难的第三批创建村，在资金上给予一定的支持；对于已建成的“村民中心”，统一配备电脑、“三农信息平台”、“文化资源共享工程”、文体器材等基础设施。建议省政府加大对省级涉农专项资金的整合力度，优先、集中向第三批创建村投入，集中有限的财力办大事。

4. 进一步加大对创建文明生态村活动的督导力度。建议近期组织一次全省范围内的观摩活动，引导各地互相学习、借鉴创建工作经验，彰先策后、再鼓干劲，进一步激发广大干部群众搞好创建的积极性。今年第四季度，建议由省文明委牵头，省文明办和涉农部门、科教文卫及交通、民政等部门联合组成督导团，围绕第一、二批创建村的巩固提高，第三批创建村的进展情况、整个创建活动的普及面，对各市进行督导和评议，督导和评议结果在全省通报，并纳入市级领导班子年终考核，好的经验做法在全省宣传推广，发现的问题限期整改。

课题组组长：白石（省委宣传部副部长、省文明办主任）

成　　员：刘魁栋（省文明办调研处处长）
张勇（省文明办副处级调研员）

我省未成年人思想道德建设现状与建议

省文明办课题组

为深入了解两年来各地贯彻落实《中共中央国务院关于进一步加强和改进未成年人思想道德建设的若干意见》（中发[2004]8号）和《河北省委省政府贯彻落实〈中共中央国务院关于进一步加强和改进未成年人思想道德建设的若干意见〉的实施意见》（冀发[2004]21号）的工作情况和实际效果，进一步加强和改进未成年人思想道德建设工作，5月20日至31日，我们在组织各市文明办进行调研的基础上，先后到秦皇岛、唐山、保定、承德、邯郸等5个市进行了实地调研，召开了5次座谈会，听取了包括教师、文化市场管理人员、文化教育设施辅导员、“五老”人员、学生家长、学生代表总计100多人的意见，实地察看了5个县（市）、7个城区、10个社区、10所中小学校、5家文化娱乐场所、8家未成年人校外活动场所，对各地未成年人思想道德建设总体情况和基层的意见建议，有了进一步深入的了解和掌握。

通过调研，我们感到，中发[2004]8号文件和冀发[2004]21号下发后，各地、各部门强化措施、扎实工作，领导体制和工作机制不断完善，一大批作用大、影响大的实事好事初见成效，全省未成年人思想道德建设工作，呈现出扎实推进、整体提高，重点突破、亮点纷呈的良好态势。两年多来，省文明办协调全省推进未成年人思想道德建设重点专项工作联席会成员单位，先后为未成年人办了200多件实事好事，有效地推进了未成年人思想道德建设工作，在中央文明办举行的两届未成年人思想道德建设创新案例评选中，先后有10个案例获奖，在全国各省市自治区和中央国家有关部委中名列前茅。石家庄市建立的流浪少年保护中心、中小学生校外综合实践活动基地、未成年人心理维护中心，受到中央文明办的关注和充分肯定。大家普遍反映，这两年多是各级党委、政府为未成年人办实事最多的两年，是社会各界对未成年人思想道德建设关心支持最大的两年，是未成年人成长环境变化最明显的两年。同时，未成年人思想道德建设工作也还存在着许多需要深入研究和解决的问题和不足，依然是一项长期艰巨的任务。

一、学校德育工作得到进一步改进和加强，但“重智轻德”现象仍然不同程度存在，需要积极建立“育人为本、德育为先”的长效工作机制

（一）主要工作与成效：教育部门充分发挥学校教育在未成年人思想道德教育中的主渠道作用，把德育工作摆在素质教育的首要位置，着重在“完善两个体系、抓好两支队伍、推进一项教育”上下功夫，德育工作基础进一步改进和加强

推进素质教育评价体系和中小学德育保障体系。省教育厅在全省中小学全面推行了《中学生综合素质发展评价报告册》和《小学生素质综合评价手册》制度，在学生评价方面实现了“四个转变”，即：由过去单一的百分评价，转向等级、特长、评语评价相结合的评价；由只重视文化课评价，转向思想道德素质、科学文化素质、身体心理素质和劳动技能素质全面评价；由只重视知识评价，转向专项知识能力、态度习惯、兴趣特长综合评价；由只重视少数“尖子”学生，转向面向全体，最大限度地激励和促进每一名学生不断进步，进一步凸显了素质教育的要求，完善了素质教育实施体系。在建立中小学德育保障体系方面，实施了以开办一个栏目、开通一个网络、建立一个中心、办好一份刊物、争取一项经费为内容的“五个一”工程，在河北人民广播电台开办了“心海导航”心理健康教育栏目，开通了“河北德育网”，成立了“河北省德育研究中心”，创办了《河北德育信息》，争取增列了100万元省级德育专项经费。

加强班主任和德育师资队伍建设。认真落实《河北省中小学班主任管理办法》，完善班主任选聘制度。坚持选派思想品德好、业务水平高、奉献精神强的优秀教师担任班主任和德育课教师。目前，全省专职德育教师达到了37117人，兼职德育

教师达到了75882人，与去年相比，专职德育教师增加了771人，全省22745所中小学，专兼职德育教师平均达到了4人。同时，加强德育教师的师德和业务培训。采取集中培训和远程视频学习等方法，培训德育教师65619人，占全省德育教师总数的58%。为调动班主任的积极性，明确把班主任工作经历和业绩作为评聘职称的重要条件，在中小学班主任中积极开展了基本素质比赛、优秀工作案例征集评选等活动，设立了“河北省中小学德育成果奖”，今年将组织首届评选。

在中小学普遍推广了文明礼仪教育。在编写统一教材，进行师资培训并广泛试点的基础上，全省中小学普遍开设了文明礼仪课。目前，全省开设文明礼仪课的学校达到了19940所，占中小学总数的72%。走出了一条以礼仪教育为切入点，渗透德育、美育、心理素质教育，培养学生健全人格，促进学生全面发展的中小学思想道德教育新路子，被国家教育部有关专家誉为“加强和改进学校德育课教学的一个创举”，中央电视台、新华社等多家新闻媒体相继作了报道。

（二）问题与不足：由于用人机制、社会环境的影响，一些地方过重地追求“升学率”的问题还没有得到根本扭转，“育人为本、德育为先”的办学理念在一些地方和学校还没有完全树立，“重智轻德”和“重智轻体”问题依然不同程度存在

课业负担过重问题没有得到实质性改变。高考“指挥棒”仍然主导着学校领导、老师、家长和学生。虽然社会上给学生减负的呼声很高，但具体到个人，特别是家长和学生，谁也不敢少学。这种情况，初中普遍，高中更甚。据初中生课外作业量统计，现在每天为1.2小时，比年初的1.6小时减少了0.4小时，但与2006年每天1.14小时相比，学生课业负担不但没有减下来，反而有所增加。同时，由于“升学率”的压力，学校领导对减负并不坚定，“领导不想减、学校不敢减、家长不愿减、学生不能减”。至于学生参加社会实践活动，进行体育锻炼等，学校和家长并没有真正放在与文化课同等重要的位置。

班主任和德育教师地位不高、待遇低。班主任和德育教师是中小学思想道德教育的骨干，绝大多数是思想品德好、业务水平高、奉献精神强的优秀教师，他们责任很大，付出很多，但是在待遇上与其他课任老师相比，显得偏低。统计表明，目前我省小学班主任平均津贴，城市为30元、农村为18元，中学班主任平均津贴，城市为45元、农村为20元。现在与20年前相比，教师工资增长了10倍，班主任津贴增长滞后很多，这种待遇与他们的付出不相称，在一定程度上影响了他们的积极性。德育教师的职称晋升难。由于德育教育不像其他学科那样，能够用学生的考试成绩直观评价，在成绩考核上操作难度大，德育教师在职称晋升上处于劣势，同期参加工作，德育教师职称晋升落后其他课任老师，影响了德育教师的积极性。

社会氛围影响素质教育的开展。社会就业竞争强调高学历的现象，扭曲了对学校评价的“聚焦点”，家长和学生选择学校，基本上是以升学率为标准，而较少考虑全面发展的问题，这也迫使学校不得不看重升学率。而组织学生开展各种校外活动，增加社会实践、增强动手能力、培养良好行为习惯等方面，既受经费的控制，又顾虑安全问题，抑制了学校的积极性。

青少年体质下降的问题应引起高度关注。由于课业负担多、校外社会实践活动少，加之独生子女娇惯，课余时间基本上看电视打游戏，久而久之学生体质普遍下降。中小学存在“两多一少”，小胖墩多、近视眼多、体质健壮的少，中小学生站立时间稍长或活动量稍微一大，支持不住晕倒的现象屡有发生。

（三）对策建议：必须进一步牢固树立“教书育人、育人为本，德智体美、德育为先”的办学理念，充分发挥学校德育的主渠道作用，全面推进素质教育

进一步完善学校德育工作考核评价机制。要进一步落实校长是德育工作第一责任人制度，落实德育工作评估要求。深入研究探索真正把德育工作作为评价一个地区、一所学校教育教学工作重要内容的量化办法，使德育工作评估具体化、可操作。要加强对班主任工作考核机制的研究，使班主任的考核机制更加健全，考核标准更加明确。

继续加强学校德育工作队伍建设。引导广大教师学为人师、行为世范、为人师表、以德育人，努力形成“育人为本、德育为先”的导向。建议按照冀发〔2004〕21号文件要求，今明两年在适当时机，以省委、省政府名义表彰一批优秀班主任和德

育课教师。同时适当提高班主任待遇，对财政困难的地区，根据财力情况给予适当补贴。

继续把文明礼仪教育作为推进素质教育的重要内容抓实抓好。加强礼仪课教师的培养选拔工作，解决合格礼仪教师缺乏，兼职代课较多问题，使更多学校开设规范的文明礼仪教育课。研究探讨更加生动活泼的教育方法，使学生更加喜欢礼仪课，在潜移默化中养成良好行为习惯。

大力开展青少年喜闻乐见的健身活动。要坚决保证体育课时，在课间和课余大力推广踢毽子、丢沙包、跳绳等简单易搞、充满情趣的健身游戏活动，增加中小学生的活动量，促进健身强体。

二、文化环保工程得到有力推进，为未成年人提供优秀文化产品和优质文化服务的力度在不断加大，但净化社会文化环境仍然面临许多新的问题，需要进一步完善净化社会文化环境的政策措施

（一）主要工作和成效：两年来，各地按照中央和省委的部署，针对群众反映强烈的突出问题，强力推进文化环保工程，发展和繁荣少儿精神文化创作，为未成年人健康成长营造了良好社会文化环境

持续开展网吧、电子游戏厅整治工作。全省文化系统从2004年初开始，在全国率先组织开展了网吧整治专项行动，通过加大检查力度、聘请义务监督员、公布举报电话、建立长效机制等措施，加强了对网吧接纳未成年人、超时经营等违规行为的打击和整治。截至目前，共处罚违规经营场所3000多家，专门聘请了6000多名网吧义务监督员，形成了遍布全省、群防群管的网吧管理队伍。各地不间断地开展电子游戏经营场所的集中整治，大力压缩了电子游戏厅的数量，全省电子游戏厅由2004年的3244家，减少到目前的500余家。

网络净化工作效果明显。各地按照省净化网络工作领导小组制定的《河北省互联网站清理整顿专项行动实施方案》，对当地的互联网站进行了全面清理整顿，关闭违法违规互联网站1000余家，严厉打击了利用网络传播有害信息、危害未成年人身心健康的违法行为。

校园文化环境净化工作力度大。全省新闻出版系统组织开展了572次以未成年人读物为重点的专项治理行动，收缴有害卡通画册、口袋书6万多册，淫秽光盘28万多张。教育部门组织全省中小学校积极实施“校园净化”工程，广泛开展“远离不良文化”专项教育活动，引导学生自觉上交不健康的口袋书、粗口歌、音像制品等不良文化产品，自觉抵制不良文化的影响。

荧屏、声频和银幕净化工作卓有成效。各级广播电视机构，坚决贯彻落实涉案题材的电视剧、广播剧、电视电影，以及用真实再现手段表现案件的纪实电视专题节目晚23：00以后播出的规定，最大限度地减少荧屏、声频、影幕对未成年人的负面影响。同时，加大了中央电视台少儿频道和河北电视台“少儿•科教”频道的落地工作。目前，中央电视台少儿频道在11个设区市和95%的县实现了落地。河北电视台“少儿•科教”频道，去年有4个设区市未落地，今年已全部落地，县（市）落地率去年是41%，今年达到了75%。该频道与省文明办联办的“成长”栏目，受到广大未成年人及其家长的普遍好评，已成为该频道的名牌栏目。

为未成年人提供的精神文化产品和服务更加丰富。省直文化院团广泛开展了面向未成年人的演出活动。省交响乐团开展了“高雅艺术进校园—交响音乐进中小学校园”演出活动。省“心连心”艺术团编排的音乐剧《风筝》，保定戏校创作的儿童剧《百花山》，河北梆子剧院与中国儿童戏剧研究会、中国艺术家协会、国际儿童青少年戏剧协会中国中心联合推出的儿童音乐剧《我想种太阳》等优秀剧目，深受未成年人欢迎。各级新闻出版单位精心规划选题，今年少儿类图书选题达到200多种，占到各类图书选题总数的25%，出版了《摇着轮椅上北大》、《中华传世童学经典》、《好孩子应该为父母做的30件事》等一批适合未成年人阅读的精品图书和电子读物。

（二）存在问题和不足：调查中发现，净化社会文化环境工作虽然取得显著成效，但依然存在死角死面，面临许多新的情况和问题，仍是一项长期艰巨的任务

集中整治后，出现隐蔽化、分散化的趋势。集中打击力度加大后，非法网吧、不良书刊、音像制品等开始向背街小巷、城乡结合部和村镇转移，网吧接纳未成年人、超时经营的现象依然存在。

影视节目和广告低俗化给未成年人带来不良影响。一些媒体播放和刊载庸俗低俗的影视作品、娱乐节目和商业广告，对孩子潜移默化的冲击很大。

基层文化执法力量比较薄弱。据了解，全省大部分县（市）文化市场执法队伍基本只有一两个人，人员缺乏、经费紧张、装备不齐，甚至靠自收自支解决工资和经费问题，导致日常监管难以实现全方位覆盖。

（三）对策建议：抓住重点环节，保持高压态势，严格执法管理，建立长效机制，坚持不懈地推进社会文化环境整治工作

继续加大网吧管理力度。健全网吧管理的政策法规，坚持总量控制，提倡连锁经营，实行集中监控。重点整治背街小巷、城乡结合部和农村集镇的违规网吧，严管重罚接纳未成年人行为，坚决取缔“黑网吧”。

继续净化荧屏声频。广电部门要严格影视节目审查标准，治理低俗之风。播出节目和广告要首先考虑社会效果，避免对未成年人产生不良影响。

加强农村文化执法队伍建设。要充实基层农村文化市场执法力量，建立完善的经常性联合执法机制，积极有效地管理农村文化市场。

三、未成年人校外活动建设管理工作不断加强，但仍然不能满足全省广大未成年人的实际需要，需要坚持不懈地抓好建设和管理工作

（一）主要工作和成效：各地认真贯彻落实中央8号文件和中办[2006]4号文件，坚持管理、规划和建设并重，推动了全省未成年人校外活动场所建设与管理工作不断加强、不断进步

青少年宫、青少年学生活动中心、科技馆等活动场所建设有了明显进步。省财政投资1.5个亿元兴建的省科技馆已于去年3月投入使用。该馆无论是硬件建设还是软件建设，都处于全国先进行列，馆内设置的许多体现科学性、参与性、探索性的活动项目，深受广大未成年人的喜爱。青少年学生活动中心建设力度大、进展快。目前，我省共争取到国家彩票公益金资助的青少年学生活动中心建设项目122个（其中国家资助项目94个，省建项目28个），累计资金2亿多元，国家资助项目数量居全国首位。全省已有77%以上的县市（不含区）有了青少年校外活动场所。青少年宫和妇女儿童活动中心建设也迈出了可喜的步伐。邢台、廊坊、保定等市新建的青少年宫已经投入使用，其中保定市投资2000多万元重建的青少年宫在全省处于领先地位。邯郸、沧州、衡水、秦皇岛等地的青少年宫新宫建设项目已经立项。截止目前，我省共有青少年宫27家（在建5家），其中市级18家，县级9家；妇女儿童中心18家，其中省级1家，市级7家，县级10家；青少年学生活动中心122家；科技馆8家。

社区和农村未成年人校外活动场所建设有了新进展。各地在城市规划、旧城改造、新区建设中，落实配套建设青少年活动场所的政策，并与建设项目同步实施。广大农村结合文明生态村创建特别是“村民中心”建设，相继对未成年人校外活动场所进行了规划，一些创建工作先进村的未成年人活动场所已经建成，并配备了活动器材、图书、玩具等。据统计，现有未成年活动场所的社区数达1000多个，占社区总数的一半以上。第一批7300多个创建村和第二批4900个创建村中，有近1/4的村已建或在建未成年人活动场所。

爱国主义教育基地和社会公益性文化设施的管理和服务水平不断提高。全省735处爱国主义教育基地（其中省级38处、市级136处、县级561处），395处博物馆、图书馆、文化馆等社会公益性文化设施，全部对未成年人集体参观实行了免费开放。许多公益性文化设施，结合未成年人的身心特点、接受能力和实际需要，发挥各自优势，经常举办各种丰富多彩、生动活泼的普及性活动。唐山市科技馆积极拓展为未成年人服务功能，不断推出面向未成年人的寓知识性、科学性、趣味性于一体的活动项目，被中央文明办、教育部等6部门命名为“全国青少年校外活动示范基地”。爱国主义教育基地结合发展红色旅游，为当地中小学生到基地上德育课提供便利条件，发挥了德育教育“第二课堂”的作用。西柏坡纪念馆专门成立了未成年人参观接待站，为大、中、小学生编写了不同的解说词，开展了“小小解说员活动”。同时，坚持“请进来”与“走出来”相结合，组建了“西柏坡精神巡回报告团”，深入到周边学校集中宣讲100余次，深受学生们的欢迎。

（二）存在问题和不足：基层普遍反应，我省未成年人校外活动场所的自身建设和管理工作还存在许多问题和不足，难以满足全省1700多万未成年人的实际需求

活动场所数量不足、分布不均，难以满足学生就近就便参加活动的需要。据统计，全国平均7万未成年人才拥有一个青少年校外活动场所，我省平

均10万人才拥有一个未成年人校外活动场所，远低于全国水平。特别是县以下，未成年人校外活动场所，或缺失，或简陋，或经费不足影响正常活动。还有32个县（市）和部分城区没有固定的未成年人校外活动场所。多数社区活动站，经费很少，主要靠社区工作人员的热情和无私奉献维持活动。

现有场馆与学校教学未能有效衔接。一些场所存在周一至周五白天没有学生的“白日空”现象，学生一般只能在周末和节假日参加活动，场所利用率不高。

坚持公益性困难较多。由于经费困难，少数场所仅仅是开办一些收费性的特长班，基本没有公益性的活动项目。一些爱国主义教育基地和公益性文化设施，落实对未成年人集体参观免费开放后，存在一定的资金缺口，运转比较困难。

（三）对策建议：未成年人校外活动场所的建设管理工作是一项长期艰巨的任务。要按照中共中央办公厅、国务院办公厅《关于进一步加强和改进未成年人校外活动场所建设和管理工作的意见》（中办发〔2006〕4号文件）的要求，进一步加强未成年人校外活动场所的建设管理工作，更好地满足全省广大未成年人的需要

继续加大校外活动场所建设力度。各地各部门要把校外活动场所的建设和管理纳入经济和社会发展的总体规划，加大财政投入。坚持面向基层，向县（区）和社区倾斜，力争“十一五”期间，每个县（市）建立一所多功能的校外活动场所。

建立科学完善的管理机制。从坚持公益原则、落实免费开放、实现校馆衔接入手，切实加强校外活动场所的管理工作。充分发挥各级校外教育联席会议的协调作用，建立馆校联系制度，把校外活动列入学校教育教学计划，切实解决“白日空”问题。对各种公益性设施免费开放遇到的资金短缺问题，下一步再进行一次专题调研，为有关部门研究探讨财政补贴与向未成年人免费接待进行挂钩提供决策依据。

四、学校、家庭、社会“三结合”的教育网络发展势头良好，但相互衔接还有待完善，需要进一步加大工作力度

（一）主要工作和成效：两年来，各级文明委充分发挥组织协调和督促检查作用，把教育、文化、妇联、共青团、民政、关工委等职能部门统一组织起来，坚持教育安排上相互衔接、教育内容上相互贯通、教育渠道上相互补充、教育效果上统一检查，形成了步调一致、整体推进的良好局面，促进了“三结合”教育网络的建立

学校德育工作积极向家庭辐射、向社会延伸。各地教育系统确立“大教育”观念，发挥职能优势，通过鼓励教师利用课余时间和节假日到社区协助工作的形式，对社区未成年人思想道德教育在师资力量上给予支持；通过与社区联办“家长学校”、与妇联部门联办“家庭教育指导中心”、组织家访等形式，对广大家长在教育理念、教育方法等方面给予引导，进一步提高了社区未成年人教育水平，提高了广大家长教育子女的能力。截至目前，全省教育系统会同妇联组织创办的家长学校已达2万多所，其中社区家长学校近3000所。为打造社区教育平台，石家庄市建立健全了“优秀教师进社区”活动制度，受到家长、社区和广大未成年人的普遍欢迎。邯郸市推行了选拔教师志愿者担任社区主任助理制度，任期一年，在社区的工作业绩纳入教师的综合考评和职称评定。此举，既解决了社区未成年人教育工作师资力量不足的问题，又调动了教师投身社区教育工作的积极性。

共青团、妇联工作积极向社区和家庭拓展。适应社会教育社区化的新形势，共青团系统认真落实省委21号文件要求，在街道、社区广泛建立了少工委和团队组织，为在社区开展未成年人思想道德教育工作提供了组织依托。目前，全省建立少工委的社区总数已达400多个。各级妇联利用市民学校、社区活动中心等各类活动场所，广泛开办“家长学校”，组织开展家庭教育讲座和亲子互动等活动，使家庭教育的新理念深入人心，有力地推进了“和谐家庭”与“和谐社区”建设。

社区与学校、家庭的联系不断增强。各个社区充分发挥“一头连着学校、一头连着家庭”的特殊优势，一方面积极组织“五老”队伍进校园，担任中小学生思想道德教育的辅导员、优良传统教育的宣传员；另一方面，积极组织“家教新理念进家庭”活动，组织有经验的离退休教师和大学生志愿者，登门入户开展家教咨询和家教新理念宣传活动。另外，注重收集每名学生的现实表现和每个家庭对子女进行教育的情况，及时通报给家长和学校，从而使学校教育、家庭教育和社会教育融为一

体，形成了整体合力。

（二）问题与不足：据调查了解，学校、家庭、社会“三结合”教育网络只是初步建立，但在三个环节的衔接上还缺乏有效的机制，需要进一步健全和完善

是家庭教育存在误区。许多家长只关心子女的营养和学习，忽视道德情操的培养，缺乏言传身教。

社区的平台作用有待进一步发挥。很多社区事务繁杂，办公经费有限，未成年人思想道德教育很难排上日程。调研中感到，很多社区开展未成年人教育的积极性很高，社区工作者克服种种困难，想方设法开展各种活动，但一分钱难倒英雄汉，不少活动因几千元甚至几百元经费解决不了而陷入困境。

社区资源有待进一步整合。社区内的学校、幼儿园等单位的公共设施，因为安全保障、后勤管理等问题，还没有实现资源共享，需要在整合社区资源上下功夫。教师下社区缺乏连续的政策，存在着学校不愿派、教师不愿下的现象。

统筹领导的力度不够。一些基层的党委政府对社区教育重视不够，缺乏强有力的统筹领导，没有建立起“三结合”协调配合的机制。

（三）对策建议：要切实发挥好各级党委的领导作用、政府的统筹协调作用，在学校教育、家庭教育、社会教育相互衔接上下功夫，构建各负其责又密切配合的未成年人思想道德教育网络

进一步加大建设社区未成年人教育平台的工作力度。进一步明确社区在“三结合”教育网络中的功能定位，强化对社区教育工作的指导，加强社区教育队伍建设，健全社区团队组织，推广教师下社区制度，发挥各级志愿者和“五老”队伍的优势和作用。推动驻区单位公共设施向未成年人开放，大力推广一批有创新价值、适合社区开展并受未成年人喜爱的社区活动项目。

进一步抓好家庭教育。依托社区内的中小学校和活动场所，巩固和发展家长学校、家庭教育指导中心，引导广大家长掌握科学的教子方法，树立正确的育观念，为子女当好表率。

五、农村及特殊群体未成年人思想道德建设工作得到加强，但仍是最薄弱环节，需要深入探索加强和改进的有效途径和方法

（一）主要工作和成效：两年来，各地各部门按照“抓融合、抓盲区、抓帮建”的要求，结合社会主义新农村建设和文明生态村创建，不断推动了农村及特殊群体未成年人思想道德建设工作

抓融合，把未成年人思想道德建设有机融入创建文明生态村活动中。各地通过组织未成年人参加植树、打扫卫生等公益活动，当好环境卫生的小监督员、爱护树木的小宣传员，在参与中受教育，达到了实践育人的目的。广泛发动村民对乡规民约进行修订和完善，把加强未成年人思想道德建设的内容纳入乡规民约。充分发挥群众性精神文明创建载体作用，把未成年子女的教育效果作为农民道德评议的重要内容，将未成年人思想道德教育的实绩作为“十星级”文明户评选的条件。在农村基础设施建设特别是“村民中心”建设中充分考虑到农村未成年人的需要，专门开辟未成年人活动区域，购置适合他们阅读的图书和器材，开展适合未成年人特点的文化活动。

抓盲区，逐步消除农村未成年人思想道德建设的死角、死面。通过建立“留守儿童”档案和联系卡、开展定期辅导培训活动、开展课外实践活动等方式，引导各地逐步完善农村“留守儿童”健康成长的社会帮扶机制。如大名县已建立“阳光课堂”128所，关护“留守儿童”2180多人。

抓帮建，深化拓展“手拉手”活动。以进城务工就业农民工子女、农村“留守儿童”和特殊困难少年儿童为重点，通过“希望工程”、“春蕾计划”、“助学工程”等形式，在生活上给予帮助，在就学上给予资助。同时，深入开展“手拉手关爱农村‘留守儿童’行动”、“城乡手拉手”少先队夏令营等活动，让他们得到了社会各界的广泛关爱。据统计，两年多来，各级各部门和社会各界共资助农村及特殊群体未成年人8万多人，资助金额2300多万元。

（二）存在问题与不足：基层干部群众普遍认为，由于农村基础条件差，历史欠账较多，因此农村及特殊群体未成年人思想道德工作依然是最薄弱环节

农村基础条件欠账较多。我省农村特别是山区和贫困地区的中小学德育师资力量不足，活动场所很少，电视少儿频道覆盖不到位。有些贫困地区的孩子，一年看不到一部电影、读不到一本课外书。

农村特殊群体未成年人教育问题突出。农村"留守儿童"在一些劳务输出大县（市）比重很大，这些孩子缺少父母的关爱和管教，在心理情感和学业上出现问题较多。初中毕业返乡农村青少年后续教育欠缺，务工没技术，务农缺本领，很难适应社会需要。

流入地接收进城务工农民子女入学压力大。一些外来人口集中的城市，务工人员子女进城读书人数不断增长，给已经相对饱和的城市教育资源提出新的挑战。

（三）对策建议：加强农村及特殊群体未成年人思想道德工作，要从当前农村发展的实际出发，结合建设社会主义新农村和创建文明生态村，深入探索加强和改进的有效途径和方法

抓好教育资源的均衡配置。相关部门在教育资源配置上，要加大向农村倾斜的力度，在教育力量安排上，要建立健全选送城市骨干教师到乡村学校支教制度，按照"一对一"互助形式，共同备课、相互观摩、交流研讨、共同提高，进一步优化乡村学校师资队伍。要引导教育教科研工作重心由省市级示范校向薄弱校转变，由重点抓城区学校教科研向提高农村基层学校教学质量转变。要发挥示范校的传帮带和辐射作用，积极实施"远程教育工程"，逐步实现办学条件的均衡。要进一步完善农民工子女就地入学的政策保障措施，保证农民工子女及时入学。

加强农村家庭教育工作。深入开展"送家庭教育知识下乡"活动，搞好农村妇联主任和家长代表培训，帮助他们增强家教意识，提高家教水平。继续推动解决进城务工农民子女接受义务教育的工作，提高农民工子女的入学率。

加大农村未成年人活动场所的建设力度。国家彩票公益金资助建设的青少年学生校外活动中心项目要向农村倾斜。继续挖掘农村中小学校、文化活动中心、村民中心等现有场所的潜力，配备必要的设施，开辟活动阵地。

积极探索加强农村"留守儿童"和离校返乡初中毕业生教育管理的有效办法。建立农村"留守儿童"健康成长的社会帮扶机制，总结推广大名"阳光课堂"的成功做法。对返乡初中毕业生进行职业技能与社会适应性培训，引导他们成为城乡建设与发展的有用之才。

六、未成年人思想道德建设的领导体制和工作机制基本建立，但长效工作机制尚需健全，需要进一步加大健全领导体制和工作机制的力度

（一）主要工作和成效：各地各部门高度重视，把未成年人思想道德建设作为精神文明建设的重中之重，摆上了重要议事日程。"党委统一领导、党政群齐抓共管、文明委组织协调、有关部门各负其责、全社会积极参与"的领导体制和工作机制基本建立

领导高度重视。中央8号文件下发后，省委、省政府及时制定了《实施意见》（冀发[2004]21号文件），提出了20条具体措施。省委召开全省宣传思想工作会议，对加强和改进未成年人思想道德建设工作进行安排部署，提出了明确要求。为加强组织指导和督促检查，省文明委认真落实中央8号文件和省委21号文件要求，建立了河北省推进未成年人思想道德建设重点专项工作联席会议制度。2005年，省文明委专门召开了全省加强和改进未成年人思想道德建设工作座谈会。2006年，省文明委对11个设区市加强和改进未成年人思想道德建设情况进行了督查。

机构队伍逐步建立。省文明办增设了未成年人思想道德教育处，具体负责全省未成年人思想道德建设的组织指导工作。为督促各市、县建立相应机构，省文明委专门下发了通知，并且把工作机构建立情况作为一项刚性指标，纳入了全国文明城市的推荐和全省文明城市的评选，有力地推动了这项工作的落实。截至目前，9个设区市建立了专门工作机构，配备了专职工作人员。5个设区市建立了专项经费保障机制，市财政每年划拨3～50万元不等的专项工作经费。全省172个县（市、区）普遍建立了由文明办主任主抓、一名副主任或干事具体负责的未成年人思想道德建设工作机制。

形成了全社会齐抓共管的工作局面。省内各级新闻媒体广泛开辟专栏、开办专题节目，大力宣传中央和省委关于未成年人思想道德建设的战略部署，宣传各地各部门的主要做法、工作成效和创新成果，营造了全社会关心未成年人思想道德建设工作的浓厚氛围。各级宣传、教育、文化等部门，共青团、妇联、关工委等组织，以及城乡基层单位，都认真负责，积极参与，发挥优势，密切配合，形成了齐抓共管的良好局面。

（二）存在问题与不足：未成年人思想道德建设长效工作机制还未真正建立，在重视程度、考核评价机制、工作保障机制方面还存在许多问题和不足

对工作的长期艰巨性认识不足。一些地方和部门存在松劲懈怠思想和无所作为的情绪，工作时紧时松，不够深入持久。

考核评价机制不健全。对未成年人思想道德建设工作的考核，缺乏科学统一的量化标准。科学的德育评估标准和体系尚未真正建立，大多数地方对学生、教师和学校的考评主要还是看分数和升学率。

工作保障机制不健全。目前，全省还有两个市没有成立未成年人思想道德建设专门机构，人员编制和职数没有落实。由于编制所限，不少设区市的未成年人教育科（处），只有一名科（处长）；县（市、区）一级文明办多是只有一名兼职主任。普遍反映，对这项工作，工作量越来越大，但力量不足制约了工作的开展。

（三）对策建议：继续坚持并不断完善“党委统一领导、党政群齐抓共管、文明委组织协调、有关部门各负其责、全社会积极参与”的领导体制和工作机制，推动各地切实把未成年人思想道德建设工作纳入重要议事日程

建立强有力的统筹协调机制。抓好各级未成年人思想道德建设联席会机制建设，使各有关责任部门各负其责，各司其职，形成合力。

建立有效的考核评价机制。参照中央即将出台的《未成年人思想道德建设测评体系》，进一步完善学校德育工作评价制度，为日常督查考核提供基本依据，促进工作科学化、规范化、制度化。

健全工作保障机制。推动未设立未成年人思想道德建设专门机构的市抓紧设立，配备专职人员，设立专项经费，保证未成年人思想道德建设各项工作有效推进、持续发展。

课题组组长：白石（省委宣传部副部长、省文明办主任）

副组长：杨能斌（省委宣传部副巡视员、省文明办副主任）

成员：梁志中（省文明办未成年人思想道德教育处处长）

肖振军（省文明办未成年人思想道德教育处副处级调研员）

张军虎（省文明办未成年人思想道德教育处主任科员）

发展文化产业 促进文化繁荣

郑丽荣

党的十七突出强调，要兴起社会主义文化建设新高潮，推动社会主义文化大发展大繁荣。基层宣传文化部门要以发展文化经济、提高文化软实力为抓手，自觉主动地承担起传承文化、繁荣文化的历史重任，不断满足群众日益增长的精神文化需求，提高文化对经济社会发展的贡献率。

一、站在战略高度，充分认识发展文化经济的重要意义

文化经济是继农业经济、工业经济和知识经济之后，代表先进生产力发展方向的新的经济形态。它以科学发展观为指导、以人文精神为先导、以文化资源为依托、以高新技术为支撑，是文化形态与经济形态日益交融、彼此渗透、相互促进的人本经济。它主要有三种业态：一是文化产业业态，如演艺、传媒、出版、影视等；二是产业外围业态，如科技、旅游、体育等；三是文化相关业态，指文化与经济行业的共融互动状态，如工业文化、餐饮文化、服装文化等。发展文化经济，对于实现科学发展、建设民主政治、构建和谐社会具有重大意义。

1．文化经济是经济发展的助推器。经济发展需要资源和能源的支撑，而文化资源从整体上讲是一种非稀缺性资源，具有消费不被消耗反而增加的特征。文化经济作为国民经济的重要组成部分，拥有其他传统产业无可比拟的优势。特别是随着经济社会深入发展和科学技术日新月异，经济的文化含量日益提高，文化的经济功能越来越强。发展文化

经济，不仅可以直接拉动GDP的增长，也能够促进其他产业的优化升级，推动经济真正走上科学发展的轨道，提高我们的综合实力和核心竞争力。

2．文化经济是政治建设的调控器。以人为本是党的宗旨的集中体现，是党执政的核心理念。发展文化经济的过程，就是文化为民、文化育民、文化富民的过程，贯穿这一过程的主线就是以人为本。就张家口而言，广大群众在追求物质财富的同时，开始注重对精神文化生活的需求。发展文化经济，通过文化消费去占领思想阵地，可以更好地发挥文化的政治引导功能，更好地优化政治运作方式，更好地体现社情民意和人文关怀，最大限度地激发和调动社会各界和广大群众的创造活力和拼搏精神。

3．文化经济是和谐社会的润滑剂。社会和谐离不开文化和谐，文化经济是和谐文化的重要载体。面对整个社会和人自身思想的深刻变化，发展文化经济有利于和谐价值体系的树立，有利于群众文明素质的提高，有利于社会关系的协调。文化经济是体验经济、快乐经济、智慧经济。它在带给人们精神上满足和愉悦的同时，也潜移默化地把科学知识、文化理念、和谐思想传达给大家；它在创造经济财富的同时，也营造出相互关爱、注重公平、尊重差异、包容多样的文化氛围，从而引导人们注重人文关怀和心理疏导，用正确方式处理人际关系。

二、立足自身优势，进一步明确发展文化经济的思路

张家口自古就是多民族征战、融合的战略要地，是中原农耕文明与北方游牧文明接触、衍生的“三岔口”和双向交流通路。这里人文历史悠久，文化资源丰富，“东方人类从这里走来”、“中华文明从这里走来”，200万年人类发展史和5000年华夏文明史在这里积淀，酿成了独具特色、一脉相承的史前文化、始祖文化、游牧文化、古商贸文化和革命文化，留下了灿若星辰、数目众多的文物遗存、艺术精品和文化精英。这里还拥有丰富多彩的民间艺术和美丽如画的自然景观，是发展文化经济的基本要素和潜力所在。张家口作为连接京津冀和晋冀蒙两大经济圈的“东出西联枢纽”，既是北京经济发展的重要战略腹地纵深，又是沟通东北、华北和西北三大市场的“桥头堡”。这里区位优势明显，交通十分便利，目前全市高速公路通车总里程居河北省第一位，为文化经济发展带来了巨大的人流、物流、资金流和信息流。

近年来，我们把发展文化经济、建设文化大市作为发展目标和重要工作来抓，取得初步成效。但从总体上讲，全市文化经济发展还处于起步阶段，总量份额偏小，市场主体较少，结构业态单一，经营方式粗放，存在着观念障碍、体制障碍、市场障碍和经营人才障碍。立足自身实际，我们确定当前和今后一个时期文化经济工作的总体思路是：以解放思想、更新观念为先导，以体制改革为突破口，以项目建设为抓手，尽快形成一批主导产业、发展一批龙头企业、打造一批知名品牌，力争在“十一五”期间，使文化产业增加值占到全市GDP的比重提高到5%以上，初步形成产业特色鲜明、布局结构合理的文化经济发展格局。

在文化经济的第一业态——文化产业发展方面，要依托两张牌、搞好三结合、做大两集群、延伸四条链，即：叫响泥河湾文化和中华三祖文化品牌；把文化产业发展与经济又好又快发展结合起来，与满足群众精神文化需求结合起来，与发展特色旅游业结合起来；做大做强中华三祖圣地和滑雪文化旅游产业集群；延伸以草原、冰雪为主的生态旅游文化，以阳原泥河湾文化和涿鹿三祖文化为主的祖源文化，以剪纸、二人台等为主的民俗文化和以文艺精品创作、动漫生产为主的创意文化等四个产业链条。

三、把握关键环节，努力开创文化经济发展的崭新局面

发展文化经济、促进文化繁荣是一项长期的任务，需要我们持之以恒地抓紧抓好。当前，重点抓好以下三个方面。

1．政府主导，制定产业规划。没有规划的建设是对资源的最大破坏和浪费。要按照十七大关于发展文化产业的相关要求，结合贯彻落实《张家口建设文化大市规划纲要（2005～2010）》，专门研究制定文化经济（主要是文化产业）的发展规划，明确产业发展方向和项目布局。政府要建立“文化产业发展基金”，支持优势明显、前景明朗、带动作用强的文化产业项目加快发展。要进一步充实完善全市文化产业项目库，利用文博会、经贸洽谈会等平台，做好宣传推介和招商引资工作。要在现有

“五个一工程”奖和市“文艺振兴奖”的基础上，设立“文化繁荣奖”，表彰发展文化经济贡献突出的集体和个人，营造良好的社会氛围。

2．品牌经营，打造产业集群。重点推动文化与旅游的结合，全力打造两大文化产业集群和一个文化主题公园。一是涿鹿中华三祖圣地文化产业集群，加快推进总投资1.308亿元的“中华合符坛”及道路、绿化等设施建设，加大该处奥运圣火展示点（全国12个展示点之一）的宣传力度，做好与北京等周边旅游景区的衔接工作，形成海内外中华儿女寻根祭祖、旅游观光的圣地。二是崇礼滑雪旅游文化产业集群。以申办第12届全国冬运会为契机，充分挖掘“离北京最近、最理想的优质天然滑雪区域”的冰雪资源优势，在已累计投资5亿多元的基础上，谋划推进总投资60亿元的雪场改造、体育馆建设、高速公路建设、电力增容等项目，今明两年完成投资45.9亿元（其中今年完成16.7亿元）。力争通过3～5年的建设，使该景区能够独立承办综合性国际赛事、年接待能力达到100万人次。三是泥河湾文化主题公园。距今200万年历史的阳原泥河湾遗址群，是国内外专家公认的第四纪标准地层和古人类学、旧石器考古学圣地，全国25处百万年以上古人类遗址中，这里就有21处，其中小长梁遗址被镌刻在中华世纪坛的第一块青铜甬道上。要坚持高站位思考、高标准规划、高质量建设，将这一世界级人类文化宝库打造成为集旅游观光、学术研讨、考古探秘于一体的文化主题公园，让人们体验远古时代的神秘，接受科学知识的熏陶，感知大自然的无穷奥妙。明年7月底前，要完成投资2911万元的泥河湾博物馆建设项目。

3．培育人才，夯实发展后劲。小平同志强调，中国的发展关键在党、关键在人。影响文化经济发展的根本性问题之一，就是如何留住人才、吸引人才、用好人才。我们要根据文化经济发展需求，加紧编制《文化人才开发专项目录》，以宣传文化系统“四个一批”人才培养工程为载体，培养和引进一批文化创新、专业策划、网络科技、职业经纪等文化产业发展的急需人才。每年要分类举办专门培训班，文化行政人才以科学发展观与和谐文化建设为统领，重点开展以胜任本职工作为目标、以创新能力为核心的能力培训；文化经营管理人才要加强财务管理、税收政策、法律合同、权益保护、项目管理、文化经营运作、演出活动策划营销等方面的培训；专业人才要建立国家、单位、个人三方负担的继续教育投入机制，支持和鼓励专业技术人员进行知识和技能的更新和补充。改革完善人事管理和使用机制，继续推荐文化人才进入市级“优秀人才、拔尖人才库”，在提拔调动、工作经费、职称评聘、进修培训、生活津贴等方面给予照顾，营造不拘一格用人才的良好环境，为文化经济可持续发展积蓄好人力资本。

作者系中共张家口市委常委、宣传部长

原文出处：中宣部第33期地方党委宣传部长培训班论文集

供稿：张家口市文明办

廊坊构建和谐社会的探索与实践

王增力

近年来，廊坊市认真贯彻中央和省委的有关决策部署，在和谐社会建设上进行了积极的探索。特别是在党的十六届六中全会作出《中共中央关于构建社会主义和谐社会若干重大问题的决定》后，我们又按照省委的要求，在构建和谐社会上进行了进一步的思考和实践，推动了全市经济和社会事业快速协调发展。

一、加快壮大经济实力，夯实构建和谐社会的物质基础

社会要和谐，首先要发展。只有大力发展社会生产力，才能更好地解决前进中的问题，才能为和谐社会创造雄厚的物质基础。在构建和谐社会中，我们根据廊坊建市晚、整体经济实力不强的实际，明确提出构建和谐社会首先要打好物质基础，并以科学发展观为统领，牢固确立“突出快、追求好，快中求好”的发展理念，下大力壮大全市整体经济实力，突出抓了三个方面：一是把项目建设作为加快工业化、壮大经济实力的重要载体。把招商引资上项目作为构建和谐社会中各级领导的第一能力，在项目的引进上高度重视质量和增长方式，特别是注重引进符合国家产业政策的高科技、环保型项目，以实现和谐的可持续发展。二是把培育主导产业作为结构调整的主要抓手。委托德国罗兰贝格公司制定了廊坊产业发展规划，确立重点培育壮大电子信息、汽车摩托车零部件、金属制品、木材加工及家具制造、食品加工和会展旅游六大主导产业。三是大力开展全民创业。把全民创业作为推动社会和谐发展的动力，制定了全民创业及民营经济腾飞计划，在全市形成了求上进、思致富、想创业的浓厚氛围。

二、大力发展社会事业，增强对构建和谐社会的支撑力

坚持经济建设与社会事业协调发展，整体推进，是树立和落实科学发展观，构建和谐社会的重要内容。市委、市政府确定了壮大经济实力和解决社会热点问题两条主线，把发展社会事业放在突出位置，列入党委和政府的重要议事日程，纳入领导干部政绩考核的指标体系，加大投入，加快建设，大力改善人民群众生产生活条件，使发展的成果惠及广大群众。与此同时，大力加强和谐文化建设。以创建全国文明城市为统揽，连续实施全国文明城、全国环保模范城、全国园林城、全国卫生城、全国绿化城和全国科技进步示范城“六城联创”，努力打造“共创和谐、共享文明”的城市品牌。广泛开展群众性创建活动，大力推进和谐机关、和谐企业、和谐学校、和谐社区建设，全面推进全社会的和谐；深入开展社会主义荣辱观教育，认真落实《公民道德建设实施纲要》，不断加强公民思想道德建设，在全社会营造良好的道德风尚。先后荣获全国文明城市创建工作先进城市、全国双拥模范城市、中国优秀旅游城市、全国绿化模范城市、国家环保模范城市、国家园林城市等称号和中国人居环境范例奖。

三、扎实推进新农村建设，突出构建和谐社会的重点

“小城市、大农村”是廊坊的基本市情，没有农村的发展就不会有全市的和谐。建设和谐廊坊，必须统筹城乡协调发展，着力改善农村的生产生活环境，建设文明富裕的新农村。市委、市政府把社会主义新农村建设与实施“十一五”规划、全面建设小康社会、创建文明生态村有机结合起来，既注重发展，又注重改善人居环境。一是以文明生态村创建工作为载体，全面推进社会主义新农村建设。明确了“环城式、组团式、连线式”的创建思路，积极推进文明生态村建设。二是突出解决好群众最关心、最直接、最现实的问题。深入实施“民心工程”，围绕提高农民的生活质量，实施了“医、学、路、水、保、养”六项工程，让广大群众更多地从发展中得到实惠。三是突出抓好三农工作，不断提高农民收入水平。全面落实党的农村政策，切实减轻农民负担，进一步调动了广大农民参与新农村建设的积极性和主动性。

四、全力维护社会稳定，不断优化构建和谐社会的社会环境

推进和谐社会建设，就必须保持社会的平安、稳定、有序。市委、市政府始终坚持并不断强化稳定是第一责任，责任重于泰山的意识，全力维护社会政治稳定，实现了经济发展与社会稳定的良性互动，保持了社会长期和谐稳定的大好局面。一是完善组织网络和工作机制。强化维护稳定的领导体制和责任机制，不断强化守土有责和保稳定、促发展的意识，认真落实“一岗双责”，形成党委领导、部门联动、齐抓共管的工作格局。二是强化信访工作。积极探索新形势下解决人民内部矛盾的方法和途径，变上访为下访，努力把不稳定隐患和矛盾控制在当地、化解在萌芽状态。三是切实维护社会安全。坚持标本兼治，综合治理，依法严惩各类刑事犯罪，严厉打击黑恶势力和扰乱市场秩序、妨害公共安全的违法犯罪分子。

五、加强党的建设，强化构建和谐社会的组织保证构建社会主义和谐社会，关键在党

充分发挥党的领导核心作用是构建和谐社会强有力的政治保证。一是强化事业发展“关键在党、关键在人”的意识，从市委班子自身建设抓起，用市委一班人的团结带动市级班子和整个干部队伍的团结，用市级班子工作上水平带动全市工作上水平，用领导班子的和谐带动全市干部队伍和全市人民的和谐。二是坚持树立正确的用人导向和工作导向，严格按照《党政领导干部选拔任用工作条例》选任干部，注重把“想干事、真干事、会干事、干成事、不出事”的优秀干部放在重要工作岗位，激发各级干部“干事、创业、为民”的积极性。三是扎实开展保持共产党员先进性教育活动，提高了党员干部的素质和为群众服务的意识。四是大力加强党风廉政建设，形成了政治和谐、社会和谐的良好氛围。

作者系中共廊坊市委书记

原文出处： 2007年2月26日《河北精神文明网》

供稿： 廊坊市文明办

撰稿： 陈东 邵凤霞

坚持贴近实际、贴近生活、贴近群众 全面加强精神文明建设

刘焕典

近年来，在精神文明建设工作中，我们始终坚持以邓小平理论和“三个代表”重要思想为指导，牢固树立和落实科学发展观，坚持“贴近实际、贴近生活、贴近群众”的工作原则，以促进实际工作和满足群众需求为目标确定活动主题，立足群众乐于参与和便于参与，以群众参与程度和满意程度作为评价创建活动成效的重要标志。坚持以人为本，尊重人、理解人、关心人，把为人民群众谋利益作为创建工作的出发点和落脚点，把群众呼声作为第一信号，把群众需要作为第一选择，把群众满意作为第一标准，着力解决群众反映强烈的突出问题，办好作用大、影响大、效果好的实事，使群众获得切实的经济、政治和文化利益。通过组织开展符合本地实际，符合群众要求，具有邢台特点的创建活动，增强了干部群众的向心力、凝聚力，为实现邢台更好更快发展和构建和谐邢台创造了良好的人文环境。

一、坚持贴近实际，满足实际需要，进一步增强工作的实效性

贴近实际，就是要从实际出发部署工作，按照实际需要开展工作，以实际效果检验工作，使精神文明建设更加深入、扎实、持久地开展下去。

贴近实际，建立完善管理机制。经过多年的探索实践，我市各级各部门普遍健全了党委统一领导、文明委统筹协调、各部门分工负责、全社会齐抓共管的组织领导网络，完善了领导负责、目标管理、监督检查、舆论宣传等长效机制，精神文明建设步入经常化、制度化、规范化轨道。各级党政领导特别是主要负责同志在抓好经济建设的同时，自觉将精神文明建设摆上重要位置，坚持“同时抓同事抓”。市委、市政府多次以市委常委会、党政联席会、文明委全会的形式，听取专题汇报，研究制定政策措施。市委、市政府领导经常深入基层，深入群众，督查调研，查实情，解难题，明确要求各级各部门务必把精神文明建设作为大事抓紧抓好，精神文明建设做到了有坚强的组织保证，有周密的协调配合，有扎实的工作推进，有良好的舆论氛围。经过上上下下的共同努力，我市精神文明建设呈现出上下贯通，条块结合，责任分明，良性互动的新格局。

贴近实际，设计组织活动载体。在城市，结合城市管理体制改革，开展文明城市创建活动。出台了《邢台市创建文明城市工作三年规划》，对实现我市2008年进入省级创建文明城市活动先进行列进行了统一的安排部署。围绕“爱我邢台，建设家园”这一主题，组织开展了一系列宣传教育活动。举行了“爱我邢台，建设家园”大型公益活动启动仪式，市领导及社会各界代表2500人参加了活动。活动中发放了《市民文明手册》、举行了“爱我邢台，建设家园”万人签名、城建民心工程问卷调查等项活动。从增强市民公道意识入手，举办了“从‘七不’做起，做文明市民”活动。组织了“城建民心工程”万人问卷调查活动，采取全面发放调查问卷和现场调查相结合的方法进行。选择广

场、公园、居民生活小区、“城中村”、学校、工矿企业等，进行现场调查，在媒体刊登问卷，进行媒体调查，回收问卷1万多份。开展了“七里河征名、十八条主要街道征名、研石山征名”及“十佳宜居小区、五大优美建筑、三大不雅建筑”评选等活动。“围绕和谐邢台，家庭先行——百万家庭大行动”这一文明家庭建设主题，开展家庭先进事迹报告会、家庭教育讨论会、尊老爱幼征文活动、建和谐家庭知识竞赛和演讲比赛等一系列活动。在农村，围绕提高农民素质，增强农民致富本领这一目标，进一步深化了文明生态村创建活动。自2003年开始，全市共有3000多个村开展了创建活动，有1200多个村初步建成文明生态村，涌现出了一大批像邢台县前南峪村、南沟门村等一批创建先进村，先后有100多个村受到省市表彰。按照省统一部署，在所有有条件的创建村开展了“村民中心”建设，“村民中心”服务“三农”的效果进一步显现，全市目前已建成“村民中心”400多个。据不完全统计，自2006年7月份以来，各“村民中心”共开展文体活动1000多场次，提供服务信息3000多条，帮助500多户农民解决了低保问题，发放低保资金30多万元。同时，为了确保“村民中心”的正常运行，切实发挥其作用，制定了《邢台市“村民中心”管理暂行办法》，对如何加强“村民中心”的管理，充分发挥“村民中心”为村民提供教育、科技、文体、卫生、信访、法律、信息、保障八个方面的服务功能，做出了具体部署，赢得了广大创建村的欢迎。

贴近实际，服务社区发展。首先是载体健全。进一步完善了市民学校，按照有教室、有教材、有教学计划、有教员的要求，制订和完善了规章制度及办学计划。其次是责任落实。各社区分别与沿街单位、个体工商户签订门前三包责任书，对保洁人员不仅落实了包干责任区域，还落实了门前三包的督查责任。三是开展形式多样的社区活动。利用周末结合社区各个时期的形势需要和不同年龄、层次居民的需求，组织开展了“怎么做一名合格的家长”“如何养生”等家庭美德、社会公德、职业道德学习讲座。开展了“阳光在行动”系列活动，组织各社区成立文艺队，开展有社区特色、群众喜闻乐见、健康向上的群众性文化活动。另外，组织社区志愿者帮助敬老院的老人整理房间，打扫卫生，陪老人聊天，为老人义务理发等；开展了“爱我社区，服务社区，以人为本”的人性化服务，为社区老年人生日送花、协调夫妻矛盾、召开居民恳谈会等等。在全市160个社区设立了“伦理道德讲评台”。桥东区进一步深化了“人性化服务”活动，在全区开展了“阳光万家”活动，取得了很好的社会效果。桥西区结合“十分钟服务圈”活动，进一步丰富服务内容，完善服务机制，在总结过去经验的基础上，更加具体地明确了社区服务组织、服务方式和服务内容，构建了“二四四三”社区服务新体系，使服务更有针对性，群众生活更便利、更舒适。以加强社区居民思想道德建设为核心，以提高居民文明素质和城市文明程度为着力点，在全市各社区广泛开展“十个一”进社区活动，开创了文明社区创建新局面。

二、坚持贴近生活，创新工作载体，发动人民群众成为精神文明创建活动的实践主体

贴近生活，就是要让人民群众在具体、深入的精神文明建设实践活动中唱主角，激励每个人从我做起、从现在做起、从点滴做起，实现从“要我文明”到“我要文明”的转变，自觉、主动、积极地追求文明、创造文明，推动创建活动不断向广度、深度拓展。

贴近生活，开展有针对性的道德教育。《公民道德建设实施纲要》是新时期加强公民道德建设的纲领性文件。宣传《纲要》贯彻《纲要》是精神文明建设一项十分重要的任务。针对群众关注的道德建设问题，我们开展了有针对性的宣传教育。组织力量，重新修改完善了《文明市民手册》，利用市区135所文明市民学校、市民论坛和报纸、电视、广播等新闻媒体，广泛宣传基本道德知识、道德规范和必要礼仪。组织开展了“做人民满意的公务员”、“创建文明机关、争做优秀公仆”等活动，党员干部的表率作用得以充分发挥。打牢基础，坚持从青少年抓起，开展了“创建文明校园、弘扬社会新风”等活动，加强青少年思想道德教育，引导青少年从小养成良好的道德情操。与团市委、市妇联、市教育局分别组织了“加强和改进未成年人思想道德建设之我见”，“革命传统筑我心”两项征文比赛。每年的公民道德宣传日当天，市文明办都联合妇联、团委等部门举办纪念活动，收到良好效果。

贴近生活，开展有针对性的道德实践。针对经济社会生活中出现的道德失范问题，我们突出重点，分人群、分区域，有针对性地进行了道德实践活动。在市区，着眼于文明市民学校教育功能的健全、完善，重新明确了培训目标，对其管理方式、组织形式、教学模式、培训方法等进行了充实完善，使文明市学校与时俱进，充分发挥作用。在此基础上，总结推广了“五台工程”的经验，在全市各社区设立了“伦理道德讲评台”，以台为阵地，以讲评为手段，组织市民对周围发生的不道德行为进行评议，通过批评、教育、评议，转变被评议者的错误行为，进而制止各种不道德行为，解决群众关心的难点问题。在农村，一是进一步加大了“十星级”文明户的创建力度，出台了《关于进一步深化“十星级”文明户创建活动的实施意见》。全市90%以上的村（开展文明生态村创建的村全部开展了此项工作）都开展了“十星级”文明户评选活动。二是进一步深化了“两会一校”（即：道德评议会、红白理事会、新婚学校）活动，召开了全市“两会一校”工作观摩交流会，对工作先进的县、乡、村进行了表彰，截止目前全市80%的村建立了道德评议会、90%的村建立了红白理事会、70%的乡镇建立了新婚学校，“两会一校”工作初见成效。在各行业，集中精力抓好“行风热线”栏目的深化与创新。一是继续完善市级领导走进直播间制度。为更好地确保市级领导走进直播间，实现制度化播出，根据市领导所分管工作的不同和形势和需要，及早对市领导走进直播间的时间作出具体安排，保证了市领导走进直播间的经常化。从2004年起，《行风热线》在原来参与部门的基础上，又新增加了市中级人民法院、市检察院、林业局、文化局等8个职能部门，使“行风热线”参与部门由原来的28个增加到现在的36个，服务范围进一步扩大。同时为落实市委领导提出的《行风热线》直播间服务与深入基层服务相结合的指示精神，坚持每两个月走出直播间一次，深入到市区、厂矿、社区、学校、农村。二是开通了《行风热线》网站。听众可以通过互联网了解《行风热线》情况，反映问题，提出意见和建议，同时，也让外界了解《行风热线》有了一个非常快捷方便的平台和通道。三是为保证问题解决落实效果，建立健全了《行风热线》对参与部门严格的考核考评制度。节目组聘请20名热心听众，坚持每天对上线领导的业务水平、服务态度及部门重视程度进行评定打分。节目组也根据部门的上线情况每月对部门作出综合评定，有力地促进了职能部门工作作风的转变和工作效率的提高。实行回访反馈制度。为使群众反映的问题真正得到解决，《行风热线》栏目组相继开办了与之想配套的“热线回音”、“热线追踪”、“听众回访”等节目，对部门热线中接听问题的处理情况及时向听众反馈，使部门的工作态度、办事效率置于群众的公开监督中。根据反馈情况，通过回访听众，听取群众对问题处理的意见和满意程度，对部门实施二次监督，加大监督力度，从而促进了部门的作风转变，办事效率的提高。

贴近生活，开展有针对性的道德规范。一是以“知荣辱、树新风、促和谐”主题，组织开展了“‘我与我的祖国’”社区歌咏比赛、“‘知荣明耻、从我做起’校园演讲”、“燕赵书画名家捐赠助困”、“百万网民上网”、“争创百佳诚信单位”、“共享和谐、敬老爱老助老”、“河北十大爱心人物评选”等系列活动，在全市引起了巨大反响。二是由市文明办联合邢台日报、牛城晚报、邢台电台、邢台电视台四家主要媒体，分“自觉遵守交通规则”、“公交车上文明礼让”等十个专题，以暗访的形式，在市区范围内开展了“寻找牛城好市民”活动。经过两个多月的认真寻访和慎重核查，共产生50位“牛城好市民”。三是文明办联合《牛城晚报》开展了“邢台好人”评选活动。本次活动以“发扬传统美德，尊老爱幼”、“临危不惧，见义勇为”、“奉献真爱，热心助人”等八个专题，从去9月中旬至11月中旬，在全市范围内通过村委会、社区居委会等广大基层单位广泛推荐，各县市区初步把关确定了40名初选名额，整理其事迹，分期分批在《牛城晚报》上公布。通过发动广大群众填写纸质选票、参与网络投票和编发手机短信等多种形式，共收到各种有效选票15万余张，根据选票多少，依次评选出了郭春辉、穆孟杰、冯召申等十名“邢台好人”。2007年1月26日市文明办会同《牛城晚报》、邢台电视台，共同举办了2006年度十大“邢台好人”评选揭晓暨颁奖典礼。这些活动载体与时俱进，锐意创新，找准了人们生活的结合点，极大增强了精神文明建设的针对性和实效性。

三、坚持贴近群众，求实务实为民，让人民群众成为精神文明创建活动的直接受益者

贴近群众，就是要从群众需要出发，把教育群众同服务群众结合起来，把解决思想问题同解决群众关心的实际问题结合起来，多做得人心、暖人心、稳人心的工作，使精神文明建设深深扎根于群众之中，让群众在看得见、摸得着、感受得到的实际效果中得到启迪，受到教育，切实增强精神文明建设工作的亲和力。

贴近群众，帮助解决生活困难。人民群众是精神文明建设的主体。通过创建活动，吸引调动群众，使群众从中受到教育，得到实惠，根本利益得以维护。按照这一原则，我们注意围绕人民群众最现实、最关心、最直接的利益来设计载体，组织活动，把群众愿望作为第一信号，把群众的需要作为第一需要，把群众拥护不拥护、赞成不赞成、高兴不高兴、答应不答应作为第一标准，以对人民高度负责的精神为人民群众诚心诚意办实事、尽心竭力解难事，坚持不懈做好事。从2000年开始，市文明委动员社会各界力量，连续组织开展了“帮困助残献爱心”系列活动。围绕这一活动，在党员干部中组织了扶贫济困活动，全市万名党员干部与下岗职工、困难家庭“一帮一、结对子”入户帮扶。在出租车行业组织了“帮困助残，争做文明使者”活动，全市出租车司机与出行不便的残疾人建立相对固定的服务关系，上门服务。在文明单位中组织了“双百扶贫”活动，协调100家文明单位与100个贫困村结成对子，帮扶共建。积极争取中央、省“西部开发”助学工程指标，连续7年组织了中央、省“西部开发”助学工程，进一步规范受助学生的推荐、审核，做到公开、公正、公平，真正使品学兼优、家庭贫困的学生得到资助，7年来全市共有300多名品学兼优、家境贫寒的学生受益于“西部开发”助学工程。同时发挥这一工程的示范带动作用，引导社会各界干部群众踊跃参与助学活动，使更多家庭困难的学生和家庭得到帮助。并于2004年在邢台市中开办了高中“宏志班”。

贴近群众，满足精神文化需要。为了满足群众日益增长的精神文化需求，我们首先以农村特别是贫穷落后乡村为重点，积极争取中央、省专项扶助资金，兴建乡镇宣传文化站和县城宣传文化中心。几年来，在我市临城、内邱、邢台、沙河4个县市，共建县级宣传文化中心4个，乡镇宣传文化站18个。目前，绝大多数宣传文化中心站已建成并投入使用，运转情况良好。在建筑面积上，我们严格按照省文明办要求的标准，建筑面积均达到或超过了省规划的标准。在功能区划分上，设有图书室、阅览室、多功能教室、展览室、文化活动室和室外宣传橱窗，并配有相应的文体器材和设施，能够开展图书借阅、教育培训、科技推广、文化娱乐等多种服务和活动。

贴近群众，解决热点问题。在文明城市创建活动中，今年以来，针对广大市民反映强烈的城市街道、社区脏乱差、违章建筑多的焦点问题，市文明委重点采取了两项措施：一是实施城市“精细化”管理。印发《城市精细化管理实施细则》，涉及园林绿化养护、环境卫生管理和户外广告设置等10个方面，每一个方面都细化到各个具体环节，明确了管理要求，规范了各项工作质量或作业标准。对市区街道、公园及游园、园林植物划分了养护管理等级。在环境卫生管理方面，要求全天候、全覆盖、网格化和动态化地实行线、条、块相结合的小单元作业模式，规定了清扫保洁、垃圾清运和公厕清掏的作业时间、标准和采取的措施。通过开展“精细化”管理，城市秩序进一步规范，大街卫生实现了“五净一彻底”，小街小巷达到了干净整洁、无裸露垃圾的标准，清掏做到了“六净一及时”，“三清”作业率均达到97%以上。渣土管理进一步加强，对建筑垃圾产生点、运输路线实施全程监管，查处各类违法行为120余起。对中兴大街（五一桥至轮胎厂）、红星街西段进行了粉刷清洗，粉刷面积6000余平方米，清洗面积2800平方米。共拆除破旧广告牌、灯箱3400余块，更新门店牌匾1300余块，疏导商户2300余家，清刷覆盖小广告20000余平方米，治理店外洗车460家（次）、店外修车280家（次），拆除乱搭乱建30余处。二是下大力气抓好城市拆违工作。针对城市建设工作中土地、资金、拆迁三大难题，按照“依法行政、无情拆违、有情操作”的原则，以“三区一县”和市直有关部门为责任主体，严格按照“三个一定”和“四个必须”的总体要求，全党动员、全民参与、依法实施、稳健操作、真抓实干。截止目前，全市拆除4455处建筑物共计368112.96平方米，拆除围墙1500延米，拆违拆迁工作取得了阶段性成果。经过一段时间的努力，邢台市城市面貌就会发生一个大的变化。

实践证明，在群众中蕴藏着推进精神文明建设的极大热情和创造精神，提高群众对创建活动的认知度和参与度，是把精神文明建设各项工作落到实处的关键。

作者系邢台市文明办主任

原文出处： 2007年7月21日《邢台日报》

供稿： 邢台市文明办

新型经济组织精神文明建设工作的探索与思考

傅金发 张 锐

随着改革开放的深入和社会主义市场经济的发展，以非公有制经济为主体的新型经济组织的不断壮大，一方面极大地推动了社会生产力的解放和发展，另一方面又对精神文明建设工作提出了前所未有的新课题。积极探索加强新型经济组织精神文明建设工作的新途径、新方法，开展新型经济组织精神文明建设，不仅具有很强的现实意义，而且直接关系到构建和谐组织、和谐社会。如何进一步提高新型经济组织的精神文明建设工作的质量和效果，值得深入研究和思考。

一、加强新型经济组织精神文明建设工作，有其客观必然性，不仅是自身发展的需要，而且是提高企业社会价值，构建和谐组织的需要

新型经济组织是开展精神文明建设工作的一个新领域。新型经济组织的特点和现状，决定了开展这一领域的精神文明建设工作，是客观必然的，是落实科学发展观，构建和谐组织的需要。

首先，人类文明进步的规律和新型经济组织发展壮大的要求决定了抓好精神文明建设工作的客观必然性。历史告诉我们，人类迄今为止的文明，绝不仅仅是“物”的传承与进步，精神文明一直是人类为之奋斗不息的共同追求。在社会主义制度下，加强精神文明建设对于任何组织都是必要的。在中国共产党的领导下，作为社会主义市场经济重要组成部分的新型经济组织，加强精神文明建设是不容置疑的。另一方面，现代企业的竞争归根到底是人才的竞争。人的素质的高低决定了企业的兴盛与衰败。加强精神文明建设工作，不断提高人的素质，企业就能跟上时代步伐，就会在激烈的市场竞争中发展壮大。反之，不注意加强精神文明建设工作，人无高素质，单位没有好的形象，企业就缺乏竞争力，发展壮大难上加难。

其次，加强新型经济组织精神文明建设，是发展先进文化，培育社会主义“四有”新人的需要。新型经济组织员工队伍来源广泛，成分复杂、素质参差不齐，成为各种思想和文化的直接交汇点。信息技术的迅速发展，特别是因特网的普及，使各种思想文化传播更加迅速，同时也增加了鉴别和筛选信息的难度。如何在这样复杂的思想文化环境中，巩固党的地位，强化社会主义意识形态的主导地位，减少不良信息的负面影响，是我们面临的一个挑战。加强新型经济组织的精神文明建设工作，加强员工队伍的思想政治教育，引导他们树立正确的世界观、价值观和人生观，把他们培养成有理想、有道德、有文化、有纪律的社会主义“四有”新人，是加强精神文明建设的题中应有之义。

第三，加强新型经济组织精神文明建设，是密切业主和员工关系，构建和谐组织的需要。目前，新型经济组织大多以非公有制形式出现，这种所有制形式使业主与员工的关系以纯利益构成。这种关系比较脆弱，容易拉大两者内心之间的距离，造成员工危机意识、责任意识、成功意识较差，妨碍企业的正常发展。加强精神文明建设，用活动来凝聚人心、用亲情来感动员工，就可以提高员工的主观能动性，为企业发展提供强大的精神动力。我们也应看到，虽然员工和业主之间是雇主关系，但他们在人格上是平等的，这就要求业主在拥有最高决策权的同时，必须尊重员工应有的权利，按章经营，依法办事。加强新型经济组织精神文明建设，就能提高业主的经营管理水平，正确处理好业主与员工的劳资等关系，在拉近彼此之间距离，融洽两者之间关系中加快和谐组织的建设速度，为构建和谐社会创造条件。

二、加强新型经济组织精神文明建设必须坚持实事求是的原则，在不断探索中提高活动的效果和质量

重视新型经济组织领域的精神文明建设工作，根据新型经济组织的特点，坚持实事求是的原则，把提高员工素质与实现企业长远发展结合起来，不断积极探索新型经济组织加强精神文明建设工作的新模式和新路子。

一是建立起较完善的组织领导体系。新型经济组织类型多，分布广，规模不等，情况比较复杂。因而，健全组织领导体系，完善管理架构就成为新型经济组织加强精神文明建设工作的重要环节。市文明委成立了由组织、宣传、统战、工商行政管理和工商联、工青妇等部门组成的新型经济组织精神文明建设工作协调指导机构，强化对精神文明建设工作的指导和协调。我们坚持属地管理的原则，通过镇（街道）、村（居委会）、以及工业区、商业区党组织的指导协调，使新型经济组织精神文明建设工作广泛深入地开展。各新型经济组织根据实际情况，分别确定由企业（组织）副职，或党支部副书记，或工会主席，或团委书记等担任本组织精神文明建设领导小组组长，保证了精神文明建设各项工作的开展。

二是实现了方式方法的不断创新。新型经济组织的特点，决定了精神文明建设必须打破传统的工作方法和活动方式，创造性地开展工作。一是在活动方式上，一方面坚持“小型、分散、务实”的原则，做到了生产经营和精神文明建设两不误：一方面坚持灵活观摩学习、演讲比赛、文艺演出、体育比赛等活动，寓教于乐，增强了活动的吸引力。二是在活动内容中，坚持了求真务实的原则，对业主，突出了对他们合法经营、热心公益事业、处理好劳资关系等方面的宣传教育；对一般员工，突出了爱岗敬业、主思想、责任意识、团队精神等“主体精神”的宣传教育，并通过解决他们思想、工作、生活中遇到的一些难题，提高精神文明建设工作的吸引力，受到了员工们的欢迎。三是注重发挥了共青团、工会、妇联等群众组织的作用，围绕企业文化建设这一中心，通过开展丰富多彩的活动，做好员工的思想政治工作，使精神文明建设的各项工作落到了实处。

三是形成了以服务促管理的精神文明建设工作新思路。文明委作为精神文明建设工作的指导协调部门，牢固树立服务意识，充分发挥服务职能，提高了全市新型经济组织精神文明建设工作的水平。今年以来，先后在全市范围内开展了“十佳私营企业家”评选、“百城万店无假货”示范店评比、新型经济组织文明单位培训班等活动，使人们的思想和行为更加符合科学发展观的要求。积极组织开展了争创文明单位活动，新型经济组织文明单位由上届的几个上升到今年的70多个，制定了《新型经济组织文明单位考核管理暂行办法》，确保了文明单位的质量，推动了新型经济组织精神文明建设不断向纵深发展。

三、加强新型经济组织精神文明建设工作的几点思考

1．提高认识，进一步增强做好精神文明建设工作的主动性和自觉性。思想认识问题至关重要。认识不到位，工作开展不起来，也不会收到什么成效。新型经济组织加强精神文明建设工作是必然的，是企业（组织）生存发展必需的。业主们要破除“精神文明建设无用论”和急功近利的错误思想影响，克服精神文明建设工作中的形式主义、随意性、主观性、实用性的思想倾向，要从提高核心竞争力、落实科学发展观、构建和谐组织的高度来认识精神文明建设工作，在提高对精神文明建设工作认识的过程中，进一步熟悉精神文明建设工作，掌握精神文明建设工作的特点和规律，增强搞好精神文明建设工作的主动性和自觉性，使精神文明建设工作有人抓、有事干、常抓不懈，坚持经常。要通过不断加大投入力度，为精神文明建设工作的开展提供物质保障。

2．以人为本，进一步提高精神文明建设工作的生机和活力。精神文明建设的主体是人民群众，生命力在于群众的参与。新型经济组织加强精神文明建设工作必须坚持以人为本的原则，从促进人的全面发展、提高人的综合素质出发，紧紧围绕企业

（组织）生产经营这个中心，紧密结合业主、员工的工作和生活实际展开，努力把精神文明建设工作做实、做细、做活。在载体的设计上，不仅要做到形式和内容的统一，而且要积极主动地为业主、员工办好事、办实事，让人们在形式多样的精神文明创建活动中获得知识、得到帮助、得到实惠，提高人们参与活动的积极性、主动性和自觉性，提高精神文明建设工作的生机和活力。

3．求真务实，进一步增强精神文明建设工作的针对性和实效性。精神文明建设工作说到底是做人的工作，只有被人所接受，才能发挥应有的作用。加强新型经济组织的精神文明建设工作，无论在内容和方式方法上必须符合这一领域经济和社会组织的特点，符合工作对象的特点，符合时代发展的趋势。加强新型经济组织精神文明建设工作，要和业主谋求企业快速发展统一起来，不断创新方法，使精神文明建设工作为业主所理解和支持、为员工所欢迎。要把监督和保护统一起来，在尊重和维护业主在生产经营活动中决策、指挥权威的同时，监督和引导业主守法经营，保护职工的合法权益，增强精神文明建设工作的针对性和实效性。

作者单位：沧州师范专科学校泊头分校

原文出处：《精神文明建设2007年第2期》

供稿：沧州市文明办

河北省流动妇女
思想道德现状及影响因素分析

省妇联课题组

随着改革开放的深入和经济体制的转轨，我国由农村向城市流动的人口规模不断扩大。越来越多的农村妇女走出家门，被城市吸纳。进入城市的流动妇女随着生活和劳动就业环境的改变，其思想道德状况会发生哪些变化?是否能很快的融入到城市中去?她们的思想道德比流入前是提升了还是下降了?这些都应该引起理论界的高度关注。本文通过大量的调查，分析揭示了河北省流动妇女的思想道德状况，以期为该问题的解决提供理论上的帮助。

一、概念界定与调研对象概述

流动妇女一词目前主要用于中国，它特指妇女在没有改变原居住地户籍的情况下，到户籍所在地以外的地方从事务工、经商、社会服务等各种经济活动且在居住地30日以上。学习、旅游、就医、国有流动作业单位的女正式职工或因公从事其他活动的妇女除外。

本次调研在河北省11个市进行，共发放调研问卷550份，收回550份，有效问卷510份，有效率为93%，调查对象以在河北省务工的妇女为主，籍贯不限，年龄比较宽泛，从18岁至45岁以上。问卷共分三部分，第一部分主要针对流动妇女的基本情况进行调研；第二部分主要调研流动妇女的思想状况，如自身的信仰、价值、对现行制度的认同、对国内外大事的关注等问题；第三部分对流动妇女的道德状况进行调研，如诚信、行为、习惯等。调查对象以青壮年为主，大部分已婚，主要从事服务业，政治面貌以群众居多。大多数是初中文化程度每月收入在5001000元之间的较多在外流动时间5年以下的占多数，大部分以自租房为主。

二、流动妇女的思想道德现状

通过对调查情况分析，当前河北省流动妇女的思想道德状况如下:

1．好的方面:(1)拥护共产党的领导，对国家的发展充满信任。在问及“你是否相信只有共产党才能领导中国实现社会主义现代化”时，流动妇女60.6%的选择相信，20.2%的人认为可能，12.7%的人选择说不好，只有6.7%的人不相信。在问及“对国家今后发展是否充满信心”时，68%的流动妇女给予了肯定回答，21%的流动妇女感觉自己说不清楚，只有11%的人持否定态度。在问及“您认为我国实行什么制度，才能富强”时，62%的流动妇女，选择了社会主义，10%的人选择了资本主义，28%的人选择了说不清。从上面的调查情况看，流动妇女整体在重大政治问题上态度鲜明、立场坚定、方向正确，绝大多数流动妇女拥护党的领导，对改革开放以来取得的成绩给予充分肯定，对党和国家的前途态度乐观，充满信心。(2)关心国家大事，参与政治生活的态度迫切。流动妇女对国家的发展表现出了极大的关注，对参与政治生活的态度是很迫切的。在问及“对参与社会政治生活的态度”时，42.4%的流动妇女愿意积极参与，22.5%的流动妇女认为缺乏渠道，敷衍了事、漠不关心的各占17.3%和17.7%。在问及“您认为国内外大事与您是否有关时”，59%的流动妇女选择了有关系，只有21%的流动妇女认为没有20%的人自己说不清。调查显示，流动妇女关心国内外大事，愿意参与社会政治生活。(3)勤劳致富的愿望强烈，保持了优良的传统美德。流动妇女的就业形式多为雇工，工作极为艰苦，只有极少数从事经营管理和技术工作。但她们普遍诚实肯干、任劳任怨，愿意通过自己的辛勤劳动，改变自己的经济状况。在问及“您认为改变人生最好的办法是嫁一个有钱人吗？”时，回答“不是”的占41%，回答“是”的只占24%，还有35%的人回答“说不好”。即使生活水平提高了，也要勤俭节约，持这种观点的人占74%，在问及“是否有必要提倡艰苦奋斗的作风”时62%的流动妇女认为很有必要，而无所谓和感觉可笑的比例分别是29%和0.9%。由此可见，流动妇女主观上愿意通过勤劳致富改变自己的处境，客观上在工作中也是吃苦耐劳、勤俭节约的。应该说流动妇女来到城市继续保持了中国优良的传统美德和艰苦奋斗的精神。

2.存在的问题:(1)理想信念淡化。尽管大多数流动妇女对共产党的领导充满信心，但信仰问题令人堪忧，她们认为理想信仰都是太遥远的事情。调查显示，信仰共产主义与没有信仰的人近乎持平。在这个问题上，没有信仰加上信佛教和道教以及信奉个人主义的流动妇女，其数量远远超过对共产主义的信仰。在我们调查走访的对象中，当谈及信仰问题时，她们中很多人都似懂非懂，对意识形态不理解，也不感兴趣。然而，对于算命或占卦这类事情，她们却有一定的兴趣。其中41%的人承认算过命，即使没有算过，但想算的人占了24%。(2)人生价值观有待提升。在被问及“一个人的价值取决于什么”时，41%的流动妇女认为取决于生活的舒适、潇洒，23%的流动妇女认为取决于金钱的多少，而社会地位的高低与对国家贡献的大小各占17%和19%。可以说，流动妇女流动在外的最主要目的就是赚钱，这一方面是因为她们为生活所迫，为了谋生，迫不得已；另一方面就是受市场经济大潮的冲击，似乎挣钱越多，人生就越有价值，生活就越有意义，这在对一些年轻的流动妇女个案调研中，表现得比较充分。(3)对所在城市缺乏主人翁的态度和责任感。虽然大部分流动妇女，都想通过辛勤劳动改变自己的生活状况，但是，由于她们自身的小农意识，往往有一种“城市过客”的心态，缺乏主人翁意识。调查显示，尽管流动妇女生活在城市中，但并不认为自己是这个城市中的一分子。在“对自己居住的城市是否热爱”这个问题上，非常热爱的很少，占20%，不热爱和憎恨的占9%，说不上热爱不热爱的占71%。对自己所在的城市不热爱，或者元所谓，是不可能对这个城市有责任感的，当然，主人翁的意识就更无从谈起。(4)社交圈狭窄，精神生活贫乏。调查中我们发现，流动妇女的生活内容偏于枯燥，精神生活很贫乏。在问及“您的业余时间干什么?”时，40.2%的人选择看视，25.7%的人选择聊天，只有21.1%的人选择看书读报，13%的人说自己没有时间。她们的生活圈子相对封闭，很少参加社会及社区活动，精神生活相对贫乏。她们的交往是以血缘、地缘、业缘为主，经常交往自多数是同单位的打工姐妹，个别的与同乡联系。(5)文明程度没有太大改观。调研中我们发现，河北省流动妇女的诚信程度、文明行为与家乡比，没有太大的变化，有55%的人认为与家乡差不多，甚至10%的人认为不仅没有提高，相反，还有所下降，只有35%的流动妇女认为自己的诚信程度、文明行为与家乡比是提高了。

三、影响因素分析

针对此次调研所反映出的河北省流动妇女思想道德的现状，我们着重从流动妇女个人角度以及社会角度分析现阶段影响和制约流动妇女思想道德的因素。本文选择此次调查中具有代表性的几项来进行分析。

1.教育程度的影响。教育程度对流动妇女的思想道德影响有明显的差异。此次调研表明，教育程度不同，对流动妇女的信仰、价值观念、参与意识甚至文明行为都有一定影响。

统计结果显示，流动妇女教育程度的高低直接影响她们对共产主义的信仰。在对507名流动妇女的调研中，有200人信仰共产主义，其中141人是高中以上文化程度，40人是初中文化，小学文化只有19人，不识字的人根本就没有；信道教、佛教以及其他宗教的51名流动妇女中，高中文化程度的只有2人；没有任何信仰的184名流动妇女中，高中文化程度的只有7名。流动妇女中高中文化程度的人对算命、占卦之类的事情也没有太多的兴趣，经常算命的71人中，只有1人是高中以上文化程度；没有算过命，但想算命的流动妇女共有184人，只有49名高中文化的人有这样的想法；不相信命的107名流动妇女中，就有68人是高中文化程度，32人是初中文化程度，不识字的只有1人。表1显示，高中、大专以上文化程度的人，86.4%的人信仰共产主义，经常算命的只占0.6%，根本不相信算命之类的事情占42%，而小学文化程度的人，此三项的比例分别是19.7%、16.7%、6.2%。数字统计清晰再现了流动妇女的信仰与其所受教育呈正比，即教育程度越高，对共产主义信仰的人越多。

2.经济状况的影响。由于流动妇女缺乏技能，多数只能从事科技含量较低的劳动密集型工作，她们的收入水平都比较低。据调查，流动妇女中最低工资，每月只有150元，其中499元以下占24%，500～1000元的45%，1001～1500元的占23%；1501元的仅占0.8%。她们依然是低收入阶层。受经济条件制约，流动妇女的业余文化生活单调，精神生活贫乏，她们有限的收入除去房租、生活费、交通费、医药费、日常零用等必须费用后，手中的钱所剩无几，大多数流动妇女的收入除维持基本生活需要外，还要寄钱回家。这就使她们的生活质量长时间处在一个较低的水平上。

3.流动时间的影响。流动妇女中只有7%的人在流动地居住20年以上，41%的流动妇女在流动地居住是5年以下，大部分流动妇女在居住地时间不长，因而，她们对流动地的感情不深，当然，对城市的责任感也不会很强。

比较一下流动妇女在外流动时间与城市的责任感，我们发现在流动地居住时间长的我们妇女对自己居住的城市，其热爱程度要大大高于在流动地居住时间短的妇女。在居住地20年以上的流动妇女中，有88.6%的人对居住的城市非常热爱，不热爱的只占5.7%；而居住地5年以下的流动妇女，只有4.39%的人选择对居住城市非常热爱，可以看出，在流动地时间的长短与对居住城市的热爱成正比。在流动妇女与城市居民的交流与沟通问题上，在居住地20年以上的流动妇女中，85.8%的人选择基本可以与城市居民交流与沟通，并能与城市居民打成一片，与城市居民没有任何交流与沟通只占5.7%，有沟通，但很少交流的占8.6%；在居住地5年以下的208名流动妇女中，只有5.3%的人与城市居民打成一片。可以看出，在流动地时间的长短与城市居民的交流与沟通也成正比。

4.旧有观念、文化的影响。思想道德是社会化的产物，具有时代的特性。通常影响思想道德形成与发展的社会因素有社会经济地位、思想观念和文化、家庭、参照群体、他人的评价等，其中思想观念和文化的影响深远而持久。旧有的观念和文化，制约着农村妇女融入城市文明生活。过去多年的二元社会结构剥夺了农民的自由迁移权和自由择业权，使城乡之间在思想观念、生活习惯、行为方式、综合素质等方面产生了巨大的差别，导致妇女进城后，难以很民融入城市居民群体和城市文明之中。

四、结论

本次调研显示出河北省流动妇女思想道德的状况是：对共产党的领导充满信任，关心国家大事，愿意通过自己的辛勤劳动改变生活现状，但受社会文化、教育程度、经济状况的影响以及在流动地时间长短的差异，使流动妇女思想道德存在一些不容忽视的问题，不少妇女理想信仰淡化，人生价值观存在偏差，对居住的城市缺乏责任感，精神生活贫乏，甚至存在着道德危机。今后，全社会应从构建和谐社会的高度，加强对流动妇女思想道德重要性的认识；政府应从提高综合素质人手，注重对流动妇女的教育；要从关心爱护的角度，丰富流动妇女的精神文化生活；精心打造“人文城市”，增强城市吸引力，从而增强流动妇女对居住城市的责任感；要从完善政府服务职能出发，建立对流动妇女的管理服务体系。通过努力，使流动妇女能够在更加健康的社会环境中提高思想道德水平，实现自我价值的提升，为社会精神文明和物质文明建设发挥更加积极的作用。

（本课题系河北省妇联资助项目，项目名称《河北省流动妇女思想道德现状及影响因素分析，项目号:200601，课题组成员:陈秀梅、杨雨、李彦玲、宋靖、于笑洋，执笔:陈秀梅，中共河北省委党校党建教研部教授，管理学硕士，主要从事党建、公共管理研究）

原文出处：《社会科学论坛》2007年第5期下

供稿：省妇联文明办

关于深入开展群众性精神文明创建活动的思考

刘金生

一、深入开展群众性精神文明创建活动，要在解放思想、更新观念上下功夫

解放思想、更新观念是总开关，这个开关打不开，加强精神文明建设的积极性就调动不起来，推动社会主义文化大发展大繁荣，丰富人们精神文化生活的目标就难以落实，承德的经济社会就不可能实现跨跃式发展。解放思想、转变观念，主要是转变两个方面的认识。一是对精神文明价值取向的认识。精神文明对社会成员具有重要的宣传教育作用、示范引导作用和心理调节作用，精神文明建设追寻的目标和落脚点是把党和政府的政策、意志、宗旨落实到社会成员的思想行为中，注重人的精神、思想和道德品质的提高。很难想象，没有全体社会成员文化素质和思想道德素质的提高，像承德这样经济社会发展相对落后的地区能够凝聚起同心同德谋发展的力量。因此，把精神文明建设提高到新的水平，最大限度地激发全市人民的建设活力，必须进一步强化对精神文明建设地位和作用的认识。二是对精神文明建设和经济建设关系的认识。发展经济为精神文明提供坚实的物质基础，精神文明为发展经济提供精神动力和智力支持。由于承德经济社会发展相对滞后，精神文明建设工作在有些地区、有些单位摆位不正、抓得不够。特别是一些农村单纯追求物质满足，文化建设滞后，造成农民精神生活枯燥乏味，农村失去了原有的朴实、和睦，人与人之间变得冷漠、势力，不仅影响到农村的安定团结，制约新农村建设的步伐，而且与社会主义新农村建设“文明乡风”的要求格格不入，亟待改变。所以，要建设和谐文化，凝聚发展力量，必须纠正忽视和放松精神文明建设的倾向，克服“物质至上”、“精神失落”、“道德失范”的弊端，要在追求物质文明发展的同时，高度重视抓好精神文明建设工作，要进一步解放思想、更新观念，用创新的思想来认识和指导精神文明建设，调动全市人民参与群众性精神文明创建活动的积极性。当前，按照省委要求，全市正在积极开展解放思想大讨论，我们不仅要围绕实现跨越赶超、优化发展环境、破解发展难题解放思想，更要围绕建设和谐文化，培育文明风尚，推动文化大市建设解放思想，使我市的精神文明创建活动始终充满生机活力。

二、深入开展群众性精神文明创建活动，要在提高公民思想道德素质上下功夫

加强思想道德教育，培育文明社会风尚是精神文明创建活动的重要任务，是群众性精神文明创建的一项主题活动。近年来，我市着眼于增强公民的社会责任意识，深入开展了多种形式的公民道德教育实践活动，收到了较好的效果。去年，胡锦涛总书记提出的以“八荣八耻”为主要内容的社会主义荣辱观重要讲话发表后，我市按照重在实际行动、重在持之以恒、重在形成机制的要求，迅速研究部署，分机关行业、企业、农村、学校、社区五个层面展开教育活动，在全市形成了知荣辱、讲正气、促和谐的良好风尚。今年，我们围绕提高市民素质，深入开展了以社会主义核心价值体系为根本的社会公德、职业道德、家庭美德教育，开展了文明礼仪宣传普及活动和市民文明行为“十个一”系列主题实践活动，开展了“文明行车、文明乘车、文明行走、从我做起”活动，开展了“全国道德模范”评选活动，先后涌现出了“感动承德”十大人物、“爱心河北”典型人物，市武警消防支队干部刘国获“全国道德模范”提名奖。承德之所以能够成为全省11个地级市市民文明素养综合评价第一的城市，与坚持不懈地抓公民思想道德教育密不可分。因此，在新形势下，深入开展群众性精神文明创建活动，就要认真思考、积极探索公民思想道德教育的新方法，弘扬社会主义基本道德规范，积极宣传文明礼仪常识，把尊重人、理解人、关心人的意识贯彻到每个环节，努力形成团结和睦、互相帮助、尊老爱幼、礼让宽容、诚实守信、充满爱心的社会关系。就要把思想道德建设体现到群众性精神文明创建活动的各个环节，体现在经济建设、政治建设、文化建设和社会建设的各个方面，全面提高公民文明素质和社会文明程度。

三、深入开展群众性精神文明创建活动，要在坚持以人为本、发挥人民群众的主体作用上下功夫

人民群众是精神文明建设的主体，群众性精神文明创建活动要充分体现以人为本的要求，尊重主体，依靠主体，突出主体，站在群众的立场上谋划、部署和推进工作。要精心设计创建活动载体，做到以浓厚的人情味、亲和力，吸引群众、打动群众、教育群众，增强吸引力和感染力。今年初，省文明委在全省部署开展了“文明河北、和谐河北”创建活动。我市结合实际，提出了以和谐机关、和谐乡村、和谐企业、和谐校园、和谐社区、和谐家庭为内容的“六项和谐创建”活动。在实施过程中，各级各部门坚持把着力点放在基层，从社会基础单元抓起，通过召开动员大会、调度会、开设领导访谈录、组织典型单位经验交流会等形式广泛吸引群众参与，形成了人人参与和谐创建的浓厚氛围。在内容安排上突出解决机关、乡村、企业、校园、社区、家庭中人与人、人与社会、人与自然方面存在的不和谐问题，取得了较好的社会效果。在创建文明城市活动中，市委、市政府将文明城市创建工作作为提升承德形象、增强承德实力、扩大承德影响的民心工程来抓，坚定不移地实践“一切为了人民群众满意”这个创建宗旨，使城市变的更加秀美、文明、和谐，为人民群众创造了良好的工作和生活环境。实践证明，只有坚持以人为本，用共同的目标追求来吸引群众、鼓舞群众和凝聚群众，把精神文明创建的过程，当做为群众办实事、让群众得实惠的过程，才能在全市上下形成“人人是文明形象、个个有创建责任”的共同意志，更好地发挥广大群众的主体作用。

四、深入开展群众性精神文明创建活动，要在提高农村文明程度上下功夫

提高农民素质和农村文明程度是落实科学发展观、构建和谐社会的必然要求，是当前农村精神文明建设必须认真探索和解答的时代课题。在拥有247万农民的承德，没有农村的和谐发展，构建和谐承德就是一句空话。2004年以来，我市按照省的部署，以改善人居环境为突破口，在980多个村开展了创建文明生态活动，找准了推动新农村建设的重要抓手，实现了农村广大群众开展精神文明创建工作的新突破。创建活动，显著地改善了农民的人居环境，有力推动了农村精神文明建设和公共事业建设。长期以来农民的生活陋习被有效革除，新的科学健康文明的生活方式逐步建立起来，农村思想道德建设明显加强，崇尚文明、追求进步、尊老爱幼、邻里和睦、热爱公益、遵纪守法蔚然成风，有效地改善了村风民风，文化、卫生、体育等基础设施在活动中得到根本改善。随着创建工作的逐步深化，农村精神文明建设普遍得到加强，先后在农村开展了“学科技、讲卫生、比发展、树新风”活动、文明道德“六个一”活动、评选“信用农户”活动和“十星级”文明农户活动，建立健全了农村“道德评议会”、“妇女禁赌会”、“红白理事会”等群众自律组织，有效提高了农村文明程度，营造了良好的村风民风。按照“一个宗旨、十项服务”的要求，全市完成了200个“村民中心”建设，转变了基层的服务管理理念，有效提高了服务村民生产生活的质量和水平。组织开展丰富多彩的群众性文体活动，努力挖掘民俗文化资源，组建起了秧歌队、篮球队、农民乐队和小剧团等业余文化团体，600多个村建设了综合活动室、图书室、文体活动广场，较好地满足了农民求乐、求知、求健的愿望。

着力提高农村文明程度，就要以建设社会主义新农村为目标，按照党的十七大提出的建设生态文明的要求，深入开展创建文明生态村活动，把改善人居环境与养成文明习惯结合起来，与崇尚科学结合起来，与普及文明礼仪结合起来，培养良好的村风民风，养成科学文明健康的生活习俗。要持续开展政策、理论、法律、科技、文化、卫生“六下乡”活动，让党的政策、法律法规、先进文化、致富信息、文明习惯进村入户。要充分利用“村民中心”这个阵地，开展各种知识培训，用先进的文化引导农民，用文明的风气凝聚农民。要统筹城乡，整合城乡人力、物力、财力资源，开展城乡结对共建活动，积极引导城市先进科技、文化和公共服务等资源向农村延伸、覆盖、辐射，构建多层次的农村精神文明创建格局。

五、深入开展群众性精神文明创建活动，要在宣扬典型、发挥先进典型的示范效应上下功夫

先进典型具有凝聚效应、示范效应、教化效应和名牌效应，是广大人民群众学习和效法的榜样。开展群众性精神文明创建活动，离不开对先进典型的学习宣传。要坚持“三贴近”要求，从群众身边选典型，注重群众公认，依靠群众推典型，保持典型本色，拉近典型与群众的距离。今年，市委宣传部、市文明办通过中央和省、市各主要媒体报道了我市2001年“西部开发助学工程”资助大学生李雪娇报效家乡的先进事迹，在大中学校学生中产生了强烈反响。近日，省内各媒体又相继报道了围场满族蒙古族自治县教师张国富5年前在回家的路上，义无反顾地将一名聋哑老太太“捡”回家，并像亲儿子一样5年如一日照顾老人生活起居的感人事迹和在天津市武清区打工的李文龙救人负伤的感人事迹，在社会引起了强烈的反响。从这些典型人物身上，体现了中华民族的优秀品质，反映了社会发展进步的时代精神，折射出我们承德人民群众必备的基本道德水准，使我们倡导的价值观念变得生动形象，先进的思想道德变得可学可行。深入开展群众性精神文明创建活动，激发广大人民群众参与热情，就要树立一批有时代特征、有感人魅力、有不同层次、有群众基础的先进典型，让群众在对典型的学习中，触动心灵，见诸行动，把学习典型的过程作为普及道德规范的过程、弘扬真善美的过程、建设社会主义核心价值体系的过程，进而在全市形成崇尚先进、学习先进、追随先进的良好风尚，为实现承德经济社会又好又快发展提供强大的精神支撑。

六、深入开展群众性精神文明创建活动，要在不断完善创建工作机制上下功夫

一是要建立考评激励机制。根据精神文明建设的总体要求，研究制定开展群众性精神文明创建活动的考核指标体系，完善考核的办法和奖惩措施，调动广大党员干部群众参与精神文明建设的积极性。二是要建立创建活动内外互动机制。要把创建文明生态村、创建文明城市、创建文明单位、创建文明行业、机关星级评创与本地、本部门、本单位开展的物质文明建设、民主政治建设、党组织建设等评比表彰活动结合起来，形成互动机制，解决评比过多过乱的问题。三是要建立保障监督机制。建立多渠道的资金投入机制，健全和加强群众监督、组织监督和舆论监督，建立渠道畅通的信息传播网络和人民群众意见建议收集系统。四是建立常抓不懈机制。当前人民群众快速增长的精神文化需求呈现出多样性、多层次的特点，给精神文明建设的内容、风格、样式、标准提出了更高要求。而且市民素质的提高、乡村文明的提升、村容村貌的改善，是一个长期渐进的过程，必须常抓不懈、持之以恒。只有探索建立必要的工作机制，确保人员落实、任务落实、责任落实，才能推动群众性精神文明创建活动不断取得新进展。

作者系承德市文明办综合科科长

原文出处：《承德建设》2007年10期

供稿：承德市文明办

提高公民道德素质 促进社会和谐发展

刘惠芙

今年9月20日是《公民道德建设实施纲要》颁布6周年纪念日，6年来，在市委、市政府的领导下，在各级文明委的工作指导下，我市各级、各部门紧密结合实际深入扎实地开展公民道德规范的宣传教育和各项道德教育实践活动，健全长效管理机制，有力地促进了全市公民道德建设的深入开展。六年来，全市公民道德素质明显提高，社会道德风尚明显改善，城乡环境面貌明显改观，精神文明建设得到明显加强，为承德实现跨越式发展创造了有利的条件。

实施《公民道德建设实施纲要》取得显著成效

——市民道德素质明显提高。在市区，公交车乘客排队上车、为老弱病残孕让座已蔚成风气，义务献血成为广大市民的自觉行动，公共场所自觉禁烟、不随地吐痰、不乱扔废弃物已成为大多数公民的行为习惯等。2006年，河北省社会发展蓝皮书课题组分别从区域社会发展水平、市民素质等方面在11个地级市展开调查，从城市人群的乘车文明、交通文明、卫生习惯、公共场所行为、帮助他人、阅读习惯6个方面进行了定时定点的观察，对11个城市市民公共生活领域的文明素养做出总体评价，结果显示，承德市市民公共文明素养排在全省首位。

——社会道德环境明显改善。随着各项活动的深入开展和市民素质的不断提高，全市各项管理秩序明显好转。其中，社会治安秩序良好。在2005年国家和省统计局治安状况群众满意度测评中，承德市治安状况群众满意度位居全省第一，安全感位居第二，2006年游客投诉率比2001年下降60%以上。

——道德建设影响力、辐射力不断增强。全市涌现出一大批道德模范典型，其中一些典型在全省、全国产生重大影响。承钢职工鲍守坤九年义务献血54300毫升、承德附属医院于芳兰将一生积蓄捐助贫困学子，被评为2006年度河北十大爱心人物；承德公安消防支队副参谋长刘国荣获“全国公安消防部队灭火救援尖兵”、“全国特级优秀人民警察”荣誉称号，最近又被评为河北省十大道德模范、荣获全国道德模范提名奖；承德县孙文学、丰宁刘兴仕被评为全省见义勇为先进个人；滦平冯父康被评为河北省十佳少先队员；承德县上板城干部李雪娇大学毕业不留城市，回报家乡，建设家乡，成为全国先进典型，被国内外十几家媒体报道，在国内外引起反响。

六年来的公民道德建设实践，为我们提供了很多有益的经验和启示

——始终把教育放在首位。充分利用新闻媒体、网络媒体和各种宣传工具进行道德宣传；利用党团活动日，通过报告会、座谈会、讲演会及文艺演出等形式对广大群众进行灌输教育；市文明办坚持每年评选表彰学雷锋先进集体、好人好事；2006年开展“感动承德”十大人物、百名道德建设“平凡之星”等道德模范评选活动，向社会推出一大批道德建设先进典型，在全社会起到振奋人心的作用。

——始终坚持抓载体，搞活动。六年来，坚持以创建文明城市活动为龙头，牵动文明行业、文明村镇、文明单位及其他各类共建活动的深入开展。结合承德实际，选择设计一系列重大活动载体，吸引群众广泛参与。从2002年起，全市相继开展了“以德治市”、社会主义荣辱观教育、文明生态村创建、“六项和谐创建”等活动，推动全市道德建设掀起一个又一个高潮。

——坚持不懈地为群众排忧解难，办实事。立足于创造健康有序的文明环境，开展环境育人工作。在城市基础设施建设上，开展了城区改造、绿化、美化、亮化等建设工程；在社区积极推进再就业服务、社区保障服务、社区治安服务和社区文化服务体系建设；在4个县、24个乡镇建立了精神文明活动中心，在300多个文明生态村实现了村街硬化、村庄绿化、庭院净化。全市城乡人居环境有了明显改观。另外，在社会上建立了希望工程助学、西部助学、福彩助学、文明单位助学四个捐资助教渠道，资助了大批贫困学子，为公民道德建设提供了有力的保障支持。

——坚持不懈地抓机制，促提高。六年来，从公民道德建设的标准、对象、部位、岗位等多个角度制定完善了具体的道德规范，推行了长效管理机制，健全完善了农村红白理事会、道德评议会等群众自律组织；对旅游景区、主要路街和公共聚会场所、校园周边环境等重点部位实行了分工负责、协调联动工作机制；成立了道德举报中心、市民督导队、行风监督员等队伍；在新闻媒体开辟了《百姓热线》、《民声直达》、《群众之声》等舆论阵地；在组织领导方面，相继建立了有关重点工作联席会制度和重点工作跟踪督察考评制度，为道德建设开展提供了有力的保障。

公民道德建设任重道远

公民道德建设是一项长期的系统工程，构建和谐社会目标的提出又赋予其新的内容和要求，因此，各级领导要从思想上更加重视，措施更加切实有力。要在六年来道德建设工作的基础上，继续抓巩固、抓提高、抓创新、抓突破。一要着眼于面上的拓展延伸，进一步抓好协调联动。要在学校与家庭的联合、社区与单位的联合、城乡、干部群众的联合上动脑筋、想办法，促进各层面教育的有机结合与衔接，为推进社会整体和谐文明创造条件。二要继续在典型示范上下功夫。个体典型要进一步加大影响力和亲和力，群体典型、部位典型要成线成片发挥辐射作用。三要进一步发挥人民群众的道德建设主体作用。通过创新载体，改进方法、强化管理监督来引导群众积极参与。四要继续紧紧抓住领导干部这个关键，通过各级领导的作用，为广大群众提供行动示范。五要坚持不懈地健全完善管理机制，在激励落实、保障措施上下功夫。

作者系承德市文明办未成年人教育科科长

原文出处：2007年9月22日《承德日报》

供稿：承德市文明办

图书简介

《石家庄市民文明读本》

为了落实《石家庄市2007～2010年市民文明素质提升工程规划》，市委宣传部、省会文明办本着通俗易懂、贴近生活的原则，编写了《石家庄市民文明读本》一书。全书共分城市文明篇、道德规范篇、生活常识篇、政策保障篇和便民服务篇五部分。从石家庄的发展史、历史文明史和壮丽的山河等方面讲述石家庄的城市文明；从社会主义荣辱观、公民基本道德规范、精神文明创建活动等方面讲述了市民道德规范；从依法维权常识、治安消防常识、家庭急救常识、旅游常识、信访常识及中国传统节日等方面讲述了市民生活常识；从养老保险、失业保险、医疗保险、生育保险、住房公积金和老年人优待和计划生育政策等方面讲述了政策保险知识。此书对于增强市民文明意识、提高市民文明素质、塑造石家庄人新形象起到了积极的推进作用。

（本书系石家庄市民文明素质提升工程系列读本之一，主编孙万勇，河北科学技术出版社2007年12月出版）

供稿：省会文明办

《石家庄市民礼仪读本》

为了深入推进市民文明素质提升工程，市委宣传部、市文明办本着通俗易懂、贴近生活的原则，编写了《石家庄市民礼仪读本》。全书共家庭礼仪、社会礼仪、职场礼仪、涉外礼仪四部分。深入浅出的讲述了当代在家庭成员之间，在迎送客人及邀请客人等方面的礼仪；在社会出行、购物、交友、用餐及校园等方面的礼仪；在职场文明接待、善意待人、乐意助人、专心公务等方面的礼仪；在涉外交往、宴请款待、对外赠礼等方面的礼仪。

这本书集科学性、实用性、趣味性于一体，对于普及现代文明知识、礼仪知识，提高市民文明素质，起到了积极的推动作用。

（本书系石家庄市民文明素质提升工程系列读本之二，主编孙万勇，河北科学技术出版社2007年12月出版）

供稿：省会文明办

专题片简介

《做文明石家庄人》

为了进一步提升石家庄市民教育素质，石家庄市委宣传部、省会文明办、北京电视台、石家庄电视台联合录制了以公共场所文明乘车、文明行车、文明走路、文明游园、文明娱乐、文明停放、文明养犬“四个文明”为内容的五集“做文明石家庄人”专题片，本套专题片通过小品的形式，引导广大市民在社区生活中，如何处理好邻里关系，在公共场所如何遵守社会公德，提高公共文明素质，使广大观众朋友感悟怎样做更有修养，怎样做才能受人尊敬，怎样做才能更文明。

（本专题片系石家庄市民素质提升工程系列专题片之一，录制于2007年8月）

供稿：省会文明办

《美丽大讲堂》

为进一步提升石家庄市民文明素质，石家庄市委宣传部、省会文明办、北京电视台、石家庄电视台联合录制了“文明礼仪专题片”《美丽大讲堂》，从人的外貌整形到心理美容，从服饰搭配到造型化妆，从饮食健康到培养美好性情，将文明礼仪常识，通过生动活泼、寓教于乐的形式展现出来，使广大市民通过专题片来认识自己，接受自己，热爱自己，改变自己，打造真实而完美的自己。

（录制于2007年8月）

供稿：省会文明办

大 事 记

CHRONICLES

大事记

河北省

1月9日上午 省文明办、省文联、省民政厅、省国资委、省中小企业局、省工商局和省司法厅在省艺术家活动中心，召开“河北书画名家捐赠助困文企联谊会”，捐款企业义购了80幅书画作品。白石、杨能斌同志出席并讲了话。下午，在省电视台演播厅，举行了“河北书画名家捐赠助困大型电视义拍活动”，由捐款企业竞购了20幅书画作品，并将所得善款151.5万元全部捐与全省13家社会福利机构。省委常委、宣传部部长聂辰席出席了捐赠仪式。白石、杨能斌同志参加了活动。

1月11日至～13日 白石同志在唐山市就文明生态村和文明城市创建工作进行了调研。白石同志先后深入到玉田县、丰润区的丁刘村、高桥村等六个行政村和路南区、路北区、唐山市交警支队等社区单位，与基层干部群众进行座谈交流，并就深入开展文明生态村和文明城市创建工作提出了具体意见。

1月12日 秘书处有关人员到邯郸磁县对县文化中心进行督导检查。

1月22日 省委宣传部、省文明办、团省委、省妇联、省广电局、河北日报报业集团等部门在河北艺术中心举办“爱心筑和谐——河北十大爱心人物颁奖晚会”。对群众推选出得我省多年来涌现出得关爱他人、奉献社会的典型代表林秀贞、赵渭忠等“十大爱心人物”进行了表彰。省会各界群众2500人参加了颁奖晚会。省委常委、宣传部部长聂辰席，省人大常委会副主任张群生，省政协副主席刘健生出席了颁奖晚会。部领导白石、张志平、吴晓林、解永会、魏平、杨能斌、康振海也出席了晚会。

1月24日下午 白石、杨能斌同志审议了河北省新农村民居建筑设计大赛评选的优秀设计方案，并提出了修改意见。

1月25日 省推进未成年人思想道德建设重点专项工作联席会召开第十次全体会议，学习传达了全国和全省未成年人思想道德建设的有关精神，听取了省文化厅、省广电局等成员单位2006年重点专项工作落实情况的总结和2007年工作设想的汇报。白石同志就做好今年的工作提出了明确要求。

1月31日 省文明办、省林业局共同商议2007年第八次营造城市森林公益活动春季战役准备情况。白石同志出席。

1月29日上午 白石、杨能斌同志主持召开文明办处长办公会议，研究“文明河北、和谐河北”创建活动责任分工、日程安排和省文明办春节前后重点工作落实措施。

2月1日上午 省文明办召开由省内主要新闻媒体精神文明建设专题（专栏）负责人参加的座谈会，白石同志对近几年精神文明建设专题（栏）节目取得的成绩给予了充分肯定，并就今后工作提出了明确要求。杨能斌同志就进一步做好全省精神文明建设宣传工作讲了具体意见。

2月2日 省文明委印发了《省推进未成年人思想道德建设重点专项工作联席会第十次会议纪要》，会议确定了2007年各成员单位的工作计划。

2月6日下午 白石同志召集调研处，研究安排全省深入推进创建文明生态村会议典型发言的推荐工作，并就典型推荐内容的相关要求意见。当日，省文明办就典型推荐工作向各设区市下发通知进行了安排。

2月13日 省文明办、省文化厅等10部门联合联合下发了《关于组织“全国‘六一’儿童节计算机表演赛”和“中国首届‘让每个孩子成功’美术赛、艺术表演赛”河北赛区赛事活动的通知》，对相关事宜做了具体要求。

2月14日 省文明办向省委、省政府提交了《关于2006年全省创建文明生态村活动的情况报告》。

2月25日 省精神文明建设委员会、省绿化委员会下发了《关于组织营造城市森林公益活动第八次春季战役的通知》，决定在今年植树节前后，组织营造城市森林公益活动第八次春季战役。通知就着力提高有关领导和绿化、园林部门营造“城市森林”的自觉性，按照“林在城中，城在林中”模式规划城市造林，组织广大市民和社会各界踊跃参与城市公益造林，加强对本次战役的组织领导等方面做了具体要求。

2月26日 我省在河北会堂电视电话会议厅举行了“文明河北、和谐河北”创建活动启动仪式。此项活动旨在通过组织动员全省人民和社会力量广泛参与，推动形成人人崇尚文明和谐、追求文明和谐、促进文明和谐的良好局面，为建设沿海经济社会发展强省提供强大的精神动力。省委常委、宣传部长聂辰席作了重要讲话，副省长孙士彬宣读了《“文明河北，和谐河北”创建活动实施方案》；省直、市、行业、群众团体、慈善组织等有关方面代表作了发言，全体与会代表发出了在全省城乡开展“帮一帮，让一让”体验活动的倡议。白石同志主持启动仪式，杨能斌同志参加了启动仪式。

2月27日 白石、杨能斌同志组织召开省文明办处长办公会，安排省社会志愿服务指导委员会成立大会具体事宜；研究“文明河北、和谐河北”创建活动启动大会落实措施；研究全省深入推进创建文明生态村工作会议有关筹备工作。

2月28日上午 杨能斌同志召集文明办有关同志，研究了向中央文明办报送我省改革开放以来有影响、有特色的群众性精神文明创建活动大事的有关事宜，并就大事记的筛选和撰写提出明确要求。

2月28日 省委宣传部、省文明办召开“文明河北、和谐河北”创建活动新闻宣传协调会，河北日报、河北电台、河北电视台、燕赵都市报等7家省直新闻单位有关负责人参加。白石同志对下一步如何认真贯彻落实聂辰席部长讲话精神，搞好“帮一帮、让一让”体验活动的宣传报道提出了具体要求，杨能斌同志参加了协调会。

3月1日 杨能斌同志召集团省委、省妇联等群团组织有关负责同志，就组织群团组织积极参与“文明河北、和谐河北”创建活动进行了研究和安排。

3月2日 杨能斌同志召集省红十字会、慈善总会、个体私营企业协会、消协等有关单位负责同志，就如何发挥各类社会组织作用，动员广大群众积极参与开展“文明河北、和谐河北”创建活动进行了研究和安排。

3月5日 河北省社会志愿服务指导委员会成立，省委常委、宣传部部长聂辰席出席成立大会并讲话，白石同志主持会议，杨能斌同志参加。

3月5日 白石同志主持召开了全省文明办主任座谈会，与会代表围绕“文明河北、和谐河北”创建活动、创建文明生态村活动、创建文明城市等工作进行了深入地探讨交流。白石同志就贯彻落实省文明委的工作部署做好近期工作讲了具体意见，杨能斌同志参加了座谈会。

3月6日下午 杨能斌同志召集省慈善总会负责同志，就在全省组织开展“河北省届慈善家、慈善组织评选活动”有关事宜进行了研究。

3月7日 杨能斌同志召集团省委有关负责同志，就省社会志愿服务指导委员会办公室的近期工作进行了研究和安排。

3月10日 “全国‘六一’儿童节计算机表演赛”和“中国首届‘让每个孩子成功’美术赛、艺术表演赛”河北赛区组委会，举行赛事活动新闻发布会和计算机表演赛业务培训班。杨能斌同志出席开班仪式并就抓好河北赛区的赛事活动提出明确要求。

3月12日～24号 省文明委、省绿委会、省建设厅联合组织了营造城市森林大型公益活动第八次春季战役。白克明、郭庚茂、张毅、聂辰席等省领导同志先后参加了植树活动。河北日报、河北电台、河北电视台等媒体对活动开展情况做了报道。白石同志于20号参加了第二次植树活动。

3月20日 杨能斌同志召集有关处室就组织各类志愿者参与“帮一帮、让一让”体验活动和有关社会志愿服务活动进行了研究，并就开展活动提出具体意见。

3月20日 白石同志听取了河北日报、省电台、省电视台、燕赵都市报、河北工人报、河北青年报、河北农民报等七家新闻单位有关负责同志关于

"帮一帮、让一让"体验活动宣传报道的情况汇报，并对下一步的宣传报道工作提出了安排意见。杨能斌同志参加。

3月21日 省文明办、省建设厅印发了《关于对河北省新农村建筑设计大赛入围方案进行修改完善的通知》，要求对入围的100个方案进行修改完善。

3月21日 杨能斌同志主持召开省社会志愿服务指导委员会办公室主任会议,研究了今年后三个季度社会志愿服务工作指导意见和建立各志愿者队伍协调机构等事宜。白石同志出席会议并就做好下一步社会服务工作讲了具体意见。

3月26日～28日 杨能斌同志出席中央文明办在长沙召开的全国未成年人思想道德建设工作创新座谈会，我省9个未成年人思想道德建设工作创新案例受到大会表彰，案例一等奖获奖单位石家庄市第27中学作了大会发言。

3月27日 《燕赵都市报》二版刊登了题为"共建和谐社会，共享和谐社会——访省委宣传部副部长、省文明办主任白石"的专访文章。专访中白石同志就在全省广泛组织开展"文明河北、和谐河北"创建活动的目的意义、深刻内涵进行了深入阐释，并就开展"文明十个一"活动、"帮一帮、让一让"体验活动需要把握的问题作了进一步的说明，同时，他要求要继续发挥媒体影响，在全社会营造出一个"讲文明、促和谐"的良好氛围，让人人都参与到共建和谐社会活动中来，从而使人人都能共享和谐社会的成果。

4月2日 省文明办编印了《河北省第三批文明生态村创建村及帮建单位名单》，收录了全省2007年列入创建计划的3473个行政村名单和5025个帮建单位名单。

4月3日 中央文明办未成年人思想道德建设工作组组长李伟一行出席了石家庄市未成年人心理维护中心揭牌仪式，并到石家庄市9中、27中、雷锋小学、中小学生校外综合实践活动基地、少年儿童保护教育中心等地进行考察。白石同志出席揭牌仪式并陪同观察。

4月4日 张力、聂辰席同志主持召开协调会，听取了省文明办关于全省深入推进创建文明生态村工作会议准备情况的汇报，并就需要做好的工作讲了意见。白石同志汇报情况，杨能斌同志参加了协调会。

4月5日 白石同志主持研究全省深入推进文明生态村工作会议领导讲话和有关材料起草工作，杨能斌同志参加。

4月8日 聂辰席同志在《关于全国未成年人思想道德建设工作创新座谈会的情况报告》上批示：对取得成绩表示祝贺。要认真落实上级精神，搞好"回头看"，研究措施，推进未成年人思想道德建设工作创新，取得更大成效。

4月9日 白石同志与省直工委有关负责同志研究在省直单位开展"帮一帮、让一让"活动的安排意见。

4月13日 白石同志主持召开全省文明办主任会议，听取了各市创建文明生态村工作进展情况汇报，并就在全省深入推进创建文明生态村工作会议前后掀起创建活动高潮事宜进行了安排。杨能斌同志参加会议。

4月13日 由省文明办、省文化厅主办，省交响乐团承办的"高雅艺术进校园"活动启动仪式在石家庄市六中举行，该活动将陆续在中小学举办规模音乐会4～5场，小型及讲解音乐会5～6场。

4月13日～16日 白石同志召集保定、唐山两市市委办公厅、市文明办和相关县的同志，共同研究修改全省深入推进文明生态村工作会议典型发言材料。

4月16日下午 白石同志召集文明办各处处长和省农办有关负责同志，就全省深入推进创建文明生态村工作会议有关会务组织、会议材料印制、表彰先进等工作进行了研究并作出具体安排。杨能斌同志参加。

4月7日～16日 史建伟同志参加团中央组织的中国青年代表团赴韩国进行了交流访问。在韩期间，代表团出席了为纪念中韩建交15周年而举办的中韩交流年开幕式并受到温家宝总理和韩国总理韩德洙的共同接见，走访参观了韩国的政府机关、大学、优秀企业和历史文化遗迹，与韩国青少年及有关人士进行了交流。

4月21日 中国首届"让每个孩子成功"美术赛、艺术表演赛河北赛区省决赛分别在平山县西柏坡和省医科大学礼堂举行。1400多名选手参加了省决赛，200多名选手脱颖而出进入全国总决赛。

4月23日～28日 白石同志分别召集宣传处、新闻处和外宣局综合处、文明办协调处、调研处等有关处室负责同志，就制定我省“迎奥运宣传教育工作方案”进行了研究，并提出具体意见。

4月24日 省委、省政府在河北会堂召开河北省深入推进创建文明生态村工作会议。参加大会的有省委常委、省政协主席，省人大常委会主持日常工作的副主任、分管农业农村和文化工作的副主任，省政府副省长，省政协分管农业农村和文化工作的副主席；各市市委书记、市长、常委宣传部长、文明办主任、农办主任；各县（市、区）委书记或县（市、区）长；推进社会主义新农村建设先进单位、创建文明生态村工作先进单位、先进乡（镇）和先进个人代表，典型发言人员；省直有关单位主要负责人，省直有关单位处级干部共计880人。会议围绕建设沿海经济社会发展强省和社会主义新农村主题，认真分析了面临的形势和任务，总结交流创建活动经验，研究完善工作措施，并对推进社会主义新农村建设先进单位、创建文明生态村工作先进单位、先进乡（镇）和先进个人进行了表彰。大会由省长郭庚茂主持，省委书记白克明做了重要讲话。

4月28日上午 白石同志参加省委、省政府新农村工作领导小组会议，研究落实克明书记批示，共同做好治理“空心村”工作。

5月9日 中宣部、中央文明办、全国绿化委、国家林业局召开了“创绿色家园、建富裕新村”行动启动电视电话会。杨能斌同志出席会议。

5月9日 和省妇联等17部门联合下发了《关于庆祝2006年“六一”国际儿童节的通知》，对儿童成长环境、儿童荣辱观的树立等提出了具体要求。

5月15日 省文明办召集省建设厅有关同志，就组织河北省新农村民居大赛事宜进行了认真研究，设定了初步方案。杨能斌同志参加并听出具体意见。

5月15日～17日 白石同志带队到石家庄市督导检查未成年人思想道德建设工作。

5月26日～27日 中央文明办未成年人思想道德建设工作组副组长张英伟一行九社会主义荣辱观宣传教育和贯彻中办发[2006]4号文件，加强和改进未成年人校外活动场所建设和管理情况到石家庄市进行了调研，白石同志陪同调研。

5月27日 白石同志观看了石家庄市青年评剧团创排的对未成年人进行社会主义荣辱观教育的系列情景剧，并对节目的改进提出明确要求。

5月16日 省文明办召开《河北省精神文明建设年鉴》编辑工作会议，通报了2005年卷编纂工作情况，安排2006年卷组稿工作，交流了工作经验，颁发了《河北省精神文明建设年鉴》特约编辑证书。杨能斌同志出席并讲话。

5月19日 中宣部、中央文明办召开“学习实践社会主义荣辱观大力加强思想道德建设电视电话会议”，按照通知要求，省文明委有关成员单位负责同志、省直有关新闻单位负责同志参加到我省分会场参加了会议。白石同志出席会议。

6月1日 杨能斌同志出席在保定市召开的全省文化事业建设费征收表彰工作会议，与我省地税局共同研究部署了今年的文化事业建设费征收工作。

6月5日 省委宣传部、省文明办组织河北日报、燕赵都市报、河北电台、河北电视台等省直新闻单位开展创建文明城市活动巡礼，即将对11个社区市创建文明城市活动经验进行全面宣传报道。

6月6日 第十六届全国“六一”国际儿童节计算机表演赛组委会公布了全国总决赛各赛区获奖情况，我省参赛的16名选手共获得一等奖1个、二等奖3个、三等奖2个、优秀奖5个、创新奖5个，获奖总数在全国各赛区中名列第二，并获得“赛区组织奖”。

6月11日 向中央文明办报送了《河北省开展未成年人思想道德建设“回头看”工作情况报告》。

6月13日～18日 向省委、省政府领导报送了《关于“全国‘六一’国际儿童节计算机表演赛”和“中国首届‘让每个孩子成功’儿童美术赛、艺术表演赛”河北赛区赛事活动的情况报告》。

6月14日 省文明办召开各处处长会议，传达学习全国宣传部长会议精神，并就围绕全省宣传思想战线“十件大事”和“六项重点活动”总结上半年工作、谋划安排下半年活动作出安排。白石、杨能斌同志出席会议并提出具体要求。

6月19日 杨能斌同志召集省出版局、广电局、工商局有关负责同志，对“迎奥运、讲文明、树新风”公益广告202件征集作品进行了评选，并将评选出的优秀作品报送中央文明办。

6月19日 省文明办召集省社科院精神文明研究所有关负责同志对全省创建文明城市调研工作进行了认真研究。白石、杨能斌同志参加开讲了重要意见。

6月22日 省文明办、团省委、省社科联联合下发了《关于组织全省未成年人“文明奥运伴我行”主题征文活动的通知》。

6月22日 省文明委、省绿化委印发了《关于举办第二届河北省城市森林论坛的通知》，确定7月中旬在秦皇岛市举办第二届河北省城市森林论坛。

6月25日 杨能斌同志参加了中央文明办未成年人思想道德建设“回头看”工作调研组成员动员培训会议。

6月28日 省文明办、省农业厅在秦皇岛召开了“廉政文化进农村”活动工作会议。参加会议的有各市文明办主任和农业局有关负责人。参加会议人员考察秦皇岛市部分“廉政文化进农村”活动先进村后，汇报了有关落实省文明、省农业厅《关于印发〈河北省廉政文化进农村活动实施方案〉通知》（冀文明办[2007]7号）文件精神情况，并研究安排下一步“廉政文化进农村”工作。白石同志主持，省农业厅刘随印同志参加了会议。

6月29日 白石同志主持召开全省文明办主任会议，听取了各市全省深入推进创建文明生态村工作会议贯彻情况，创建文明城市活动进展情况；及“迎奥运、讲文明、树新风”活动开展情况。

7月4日晚 白石同志到河北电视台出席第二届河北省“十大热心肠人物”颁奖晚会。

7月6日 白石同志到涿州参加京石高速公路创建“畅通和谐文明走廊”共同行动启动仪式。

7月10日 省文明办与省教育厅、省广电局、团省委、省科协等部门联合转发了《教育部等部门关于开展“节水在我身边——2007年青少年科学调查体验活动”的通知》。

7月10～13日 杨能斌同志到包头市参加中央文明办组织的参加《全国文明城市测评体系》征求意见座谈会。

7月17日 杨能斌同志就我省组织实施助学工程情况接受中央人民广播电台记者采访。

7月17日—18日 省精神文明建设委员会、省绿化委员会在秦皇岛市举办第二届城市森林论坛。论坛的宗旨是进一步弘扬以人为本、生态优先的绿化理念，动员全社会力量遏制生态恶化，打造宜居城市，促进人与自然和谐。400多名与会代表围绕“城市、森林、宜居”这一主题，就城市森林与城市可持续发展、城市森林与城市综合竞争力等内容进行了交流。全国政协副主席张思卿，中国政策科学研究会会长袁木，中国国际奥委会名誉主席何振梁，全国政协人口与资源环境委员会副主任江泽慧，副省长宋恩华，省政协副主席刘德忠及北京林业大学校长、中国工程院院士尹伟伦，中国林业科学研究院首席科学家、教授彭镇华等出席开幕式。白石同志出席会议并做主题演讲。

7月20日 白石同志召集有关处室负责同志，就召开“文明服务奥运、和谐彰显河北”动员大会的有关筹备工作进行了研究。杨能斌同志参加。

7月24日 白石同志召集省有关新闻单位负责同志研究布属开展“诚信河北千里行”集中宣传报道活动工作，并就如何开展好此项活动提出了具体要求。

7月24日～28日 省委宣传部、省文明办、省教育厅联合在石家庄市组织开展了为期一周的“助学工程”2007年度受助大学生暑期教育实践活动。2006级150名受助大学生的大学生参加。活动期间，同学们听取了河北经济社会发展形势报告，参观了西柏坡纪念馆、省博物馆、鹿泉市曲寨、南故城两个文明生态村及石家庄市飞机制造厂、啤酒厂等企业，并到小壁林场进行义务植树，在这里，为强化受助学生奉献意识，还举行了受助大学生志愿者注册仪式，将150名大学生注册为中国志愿者。杨能斌同志出席活动启动仪式和总结座谈会、与同学们座谈并向大学生们提出希望。

7月25日 白石同志召集石家庄市文明办、鹿泉市、平山县、石家庄市运管处等有关部门和县市研究西柏坡文明旅游线路周边文明生态村创建和出租车行业文明服务工作，白石同志就如何搞好这两项工作讲了具体意见。

7月26日 省委宣传部、省文明办下发了《关于组织开展“诚信河北千里行”集中采访报道活动的通知》。

7月27日 中央文明办、全国总工会、共青团中央、全国妇联召开“评选表彰全国道德模范电视电话会议”，部署评选表彰工作，中宣部常务副部长、中央文明办主任吉炳轩同志出席并讲话，中央文明办专职副主任翟卫华同志主持会议。杨能斌同志在河北分会场参加会议，会后就我省如何贯彻落实会议精神讲了意见。

7月27日 杨能斌同志就我省“助学工程”实施组织情况接受的专题采访在中央人民广播电台新闻纵横栏目中播出。

7月30日上午 白石同志召集省直有关部门负责同志研究我省评选推荐全国道德模范实施方案；下午，召集省交通厅、建设厅、商务厅等单位负责人，研究安排“文明服务奥运、和谐彰显河北”动员大会有关事项。白石同志就有关工作提出了要求，杨能斌同志参加。

7月30日 省文明办、省总工会、团省委、省妇联联合印发了《关于我省评选推荐全国道德模范的实施方案》的通知。

8月1日 杨能斌同志出席省委宣传部、省出版局组织的赴驻军高炮旅的赠书仪式。

8月2日 杨能斌同志召集省建设厅、省交通厅、省商务厅、省旅游局有关负责同志，就推荐全省“引领文明、服务奥运”示范单位有关事宜提出安排意见。

8月2日 以省委宣传部名义印发了《关于推荐评选“全国道德模范”新闻宣传方案》。

8月2日～21日 省委宣传部、省文明办组织省直主要新闻媒体，先后到邯郸、石家庄、保定、廊坊、唐山、秦皇岛等6个市，开展了“诚信河北千里行”集中采访报道活动。

8月6日上午 省文明办组织省文明委有关成员单位和省直单位共35个单位负责人，在我省分会场参加全国“迎奥运、讲文明、树新风”电视电话会议。会后，受辰席部长委托，白石同志传达了省委领导关于我省做好迎接奥运工作批示意见，并就贯彻本次会议精神提出具体要求。杨能斌同志出席。

8月8日 省文明委在秦皇岛市召开全省“文明服务奥运、和谐彰显河北”动员大会。省交通厅、建设厅、商务厅、旅游局等省直有关厅局负责同志和秦皇岛市各界群众代表2000多人参加会议。省委常委、宣传部长、省文明委常务副主任聂辰席发表重要讲话。在这次会议上，省文明委向全省推出100个“引领文明、服务奥运”示范单位。白石、杨能斌同志参加。

8月16日 省文明办与省教育厅、省妇联、省关工委、团省委、省民政厅、省卫生厅、省人口计划生育委员会、省统计局、省科协等10部门联合印发了《河北省家庭教育工作“十一五”规划》。

8月16日～17日 中央文明办召开未成年人思想道德建设“回头看”调研工作汇报会，杨能斌同志出席。

8月20日～25日 杨能斌同志两次在全省县级宣传部长培训班上就精神文明创建活动的地位作用、内容原则，以及我省精神文明创建活动的做法成效、当前和今后一个时期的工作重点和县级宣传部长如何做好精神文明创建工作等内容，对参加培训班的学员进行了专题辅导。

8月21日 白石、戴长江同志召集文明办调研处、文艺处、农宣处、文事办、文化厅社文处有关同志就落实辰席部长对《关于外省市加强农村文化建设的网络调研》一文的批示进行了认真研究，并提出了工作建议。

8月21日 省文明办与省文化厅、省教育厅、团省委、省妇联、省残联等6部门联合下发了《关于组织观看现代儿童音乐剧〈我想种太阳〉的通知》。

8月22日 杨能斌同志召集省委宣传部、省文明办、教育厅有关处室及沧州二中、保定一中的负责同志共同研究审核我省2007年度“助学工程”受助大学生、高中生资助对象，并就进一步组织实施好“助学工程”工作提出意见。

8月22日 省文明办、建设厅、旅游局联合下发《关于组织全国创建文明风景旅游区工作先进单位开展自查工作的通知》，组织各市对秦皇岛山海关风景区、涞水野三坡景区进行自查。

8月23日 白石同志召集省总工会、团省委、省妇联有关负责同志，研究确定了我省向中央推荐的10名“全国道德模范”候选人。杨能斌同志参加。

8月27日 省文明委印发了《关于对全省2006—2008年创建文明城市工作进行部署的通知》，全省创建文明城市初评工作全面展开。

8月28日 白石同志召集省建设厅、交通厅等20个省直单位就全省2006年～2008年创建文明城市初评工作中省直单位对各市创建任务认领、落实情况进行打分评估工作做了安排，杨能斌同志主持会议。

8月30日 白石同志在全省创建文明城市初评考察组全体成员会议上，就如何做好初评考察工作讲了具体意见。省建设厅、文化厅、工商局、环保局、广电局各有一名厅级带队负责同志参加，杨能斌同志主持了会议。

8月31日 省文明办与省工商局、省个体劳动者协会、省私营企业协会在河北电视台联合举办了“个私企业文明诚信先进事迹演讲报告会”，杨能斌同志出席并讲话。

8月31日～9月5日 白石同志参加了中央文明办在新疆乌鲁木齐市召开的改革开放以来精神文明创建活动大事记编写座谈会。

9月3日 “全国道德模范”评选投票工作在即，为此，杨能斌同志召集省工会、团省委、省妇联有关负责同志就评选事宜进行了安排部署。

9月3日～10日 为推动全省2006年～2008年创建文明城市工作开展情况，省文明委组织5个省创建文明城市初评考察组，分别由省建设厅、文化厅、工商局、广电局、环保局的5位厅级领导带队，对石家庄等11个设区市创建文明城市工作进行考察。

9月10日～20日 我办承担了中央文明办委托的十六大以来精神文明建设的主要经验的调研课题，并上报了调研报告。

9月11日上午 白石同志召集文明办各处负责同志，传达了辰席部长关于“全国道德模范”评选的指示精神，就如何把道德模范评选过程作为推动思想道德建设，促进群众自我教育、自我提高过程有关工作进行了研究部署。杨能斌同志参加。

下午，白石同志召集省直新闻单位有关负责人，就进一步加大评选、学习道德模范的舆论引导力度，形成学习道德模范、弘扬社会新风的浓厚舆论氛围提出意见。杨能斌同志参加。

9月12日 白石同志召集文明办各处有关同志，听取了分别由省建设厅、文化厅、工商局、广电局、环保局的厅级领导带队的5个省创建文明城市初评考察组对各市两年来创建文明城市工作的考察情况。杨能斌同志参加。

9月12日～26日 白石、戴长江同志召集文明办调研处等部内有关处室以及省文化厅等省直有关单位就制定我省贯彻落实中共中央办公厅、国务院办公厅《关于加强公共文化服务体系建设的若干意见》的《方案》进行了深入研究。

9月18日～19日 中央文明委在北京举行“全国道德模范”颁奖活动。9月18日下午，胡锦涛总书记在人民大会堂亲切会见了53名全国道德模范和254名全国道德模范提名奖获得者并发表重要讲话。我省林秀贞、尚金锁2名全国道德模范、赵渭忠、李文英、常玉珍、田永生、徐长霞、王更庆、郑久强、刘国8名全国道德模范提名奖获得者参加了接见。当晚，他们参加了在中央电视台举行的全国道德模范颁奖晚会——《道德的力量》。杨能斌同志参加了颁奖活动。

9月18日～19日 全国精神文明建设信息工作研讨会在我省秦皇岛市召开。2006年度我省精神文明建设信息工作成绩突出，荣获先进单位称号，并以“不断提高信息工作水平，更好地为精神文明建设服务”为题进行了大会发言。白石同志参加会议并致词。

9月20日 第五个公民道德宣传日之际，杨能斌同志参加了由中宣部宣教局会同北京市委宣传部、中国伦理学会、在京举办的第四届中国公民道德论坛。我省全国道德模范代表林秀贞在大会上发言。

9月22日 省文明办、省电视台共同举办了少儿•科教频道《成长》栏目通讯员业务培训班，介绍了少儿频道和“成长”栏目的情况，就电视少儿节目专题片及选题的相关业务知识进行了培训。杨能斌同志出席培训班开班仪式就下一步工作讲了具体意见。

9月25日 为了深入学习落实胡锦涛总书记在会见全国道德模范时发表的重要讲话精神，省文明委召开“学讲话、学模范，推进文明河北、和谐河北建设”座谈会，我省受表彰的全国道德模范和道德模范提名奖的同志、各市文明办主任、省直有关部门负责同志参加了会议。省委书记张云川同志出席座谈会并作了重要讲话，省委常委、宣传部长聂辰席同志主持座谈会。会前，张云川、聂辰席同志会见道德模范并与他们合影留念。杨汭、白石、杨能斌同志参加会见和座谈会。

同日，省文明办召开全省文明办主任座谈会，学习传达了全国农村精神文明建设工作座谈会和全国精神文明建设信息工作研讨会议精神，并就做好下一步工作，重点是贯彻好“学讲话、学模范，推进文明河北、和谐河北建设”座谈会精神进行了安排部署。白石同志参加座谈会并讲了话，杨能斌同志主持座谈会。

同日，省推进未成年人思想道德建设重点专项工作联席会召开第十二次全体会议，听取了文化厅等10个成员单位今年第二、三季度所办实事的完成情况和第四季度的工作计划，传达了全国未成年人思想道德建设“回头看”调研情况汇报会精神。白石同志主持会议，并就做好下一步的各项工作提出了明确要求。

9月26日 白石同志召集省直新闻单位有关负责人，就进一步学讲话、学模范，加强公民道德建设，不断增强“软实力”进行研究并提出了具体要求。杨能斌同志参加。

9月28日 省文明办、省整规办等10部门共同举办了“河北省诚信企业”授牌仪式暨“诚信河北”论坛第二届年会。表彰了首批“河北省诚信企业”，并就“诚信河北”建设工作进行了交流。白石同志出席并主持了会议。

10月9日 省文明办、省人事厅、省工商局、省个体劳动者协会共同下发了《关于评选全国文明诚信个体工商户有关事项的通知》，对评选范围、条件、程序和要求等作了详细说明。

10月11日 上午白石同志主持召开全省创建文明生态村督导工作会议。省交通厅、林业厅、卫生厅、民政厅和省文明办有关处室的同志参加了会议。这次督导活动主要是为贯彻落实全省深入推进创建文明生态村工作会议精神，把文明生态村创建活动不断引向深入。按照省文明委和部务会的要求，从省直有关单位抽调人员组成5个督导组，分别由省交通厅、林业厅、卫生厅、民政厅和省文明办的一名厅级干部带队，深入全省11个设区市就文明生态村创建工作进行督导调研。白石同志介绍了这次督导的目的意义、主要任务，并提出了具体工作要求。杨能斌同志参加了会议。

下午白石同志召集全省创建文明城市初评委员会成员，对各市创建文明城市工作初评情况进行审核确定。杨能斌同志参加。

10月15日～23日 全省创建文明生态村督导工作全面展开。五个督导组先后赴全省11个设区市、23个县（市）、46个乡（镇）、141个行政村，实地查看了创建工作情况；走访基层干部群众1326人，征求了他们对创建活动的意见和建议；组织由设区市创建工作相关部门参加的座谈会21个，就当前创建工作面临的新情况、新问题和深入推进创建工作的新举措进行了深入座谈；听取了11个设区市创建工作情况汇报。杨能斌同志带队对邯郸、邢台、石家庄市的创建工作进行了督导。

10月16日 省文明办召开全省文明单位代表学习党的十七大报告座谈会，白石同志出席座谈会并就文明单位在学习十七大精神中发挥示范带头作用提出要求。

10月17日 省文明办、省人事厅、省工商局、省个体劳动者协会一起向国家人事部、国家工商总局、中央文明办、全国个体劳动者协会推荐了我省6名全国文明诚信个体工商户人选。

10月18日 省文明委发出《关于组织2007年度全省创建文明行业“三杯”竞赛群众评议活动的通知》，要求各市认真贯彻党的十七大精神，组织动员引导群众广泛参与全省创建文明行业“三杯”竞赛评议活动。

10月23日 省文明办召开处长办公会议就学习党的十七大精神做好宣传贯彻工作进行了研究。白石、杨能斌同志出席并提出具体意见。

10月24日 省文明办发出通知，就全省文明办系统学习宣传贯彻党的十七大精神做出部署。

10月26日 白石同志主持召开全省创建文明生态村督导工作情况汇报会。各督导组就当前创建工作的进展情况、存在问题和下一步推进工作的建议进行了汇报。杨能斌同志参加了会议。

10月31日 为了充分利用好网站资源，达到《成长》栏目与通讯员交流互动的最佳效果，省文明办向各市文明办下发了《关于河北电视台少儿·科教频道〈成长〉栏目网站开通的通知》，对有关事宜作了说明。

11月1日 省文明办与省科技厅、省教育厅、省信息产业厅、省科协、团省委、省关工委共同下发了《关于开展“河北省首届青少年科学素质大赛”

活动的通知》，该活动以“落实《全民科学素质行动计划纲要》——青少年科学素质提素在行动”为主题，从11月份开始，利用一年时间，采取擂台对抗、逐级循环、以点带面的形式在全省铺开，达到增强青少年的创新和实践能力，促进综合素质全面提升的目的。

11月1日～8日 白石同志先后三次分别同省文学艺术研究会、邯郸市和中央戏剧学院有关同志，就创作拍摄反映我省农村精神文明建设方面题材电视剧一事进行了研究协商并提出具体意见。杨能斌同志参加。

11月8日 杨能斌同志出席省会义务植树基地建设动员大会。

11月13日 杨能斌同志出席全省家庭教育工作经验交流会。

11月15日 为了认真贯彻落实党的十七大关于推动社会主义文化大发展大繁荣的精神，按照省委七届三次全会关于建立健全公共文化服务体系、大力发展公益性文化事业的有关部署，省委宣传部、省文明办联合下发了《河北省公共文化扶贫工程实施方案》，对实施“工程”的指导思想、资助对象、实施步骤、标准办法、工程立项与审批、工程实施等有关问题进行了详细的阐释和说明。

11月19日 杨能斌同志召集部分县（市）文明办主任，就提供反映我省农村精神文明建设方面题材电视剧有关素材、故事等事宜做出安排并提出具体要求。

11月28日 省委宣传部在廊坊召开全省宣传工作座谈会，深入学习贯彻党的十七大精神，认真开展解放思想大讨论，积极谋划明年宣传工作。白石同志出席并主持座谈会。

11月28日～29日 河北省新农村建设观摩交流会在廊坊霸州市召开，白石同志出席会议。

11月28日～30日 中央文明办在海口市召开了中国精神文明建设年鉴编辑工作会议，通报了各省2006年卷编纂情况，布置了今后年卷的相关工作。杨能斌同志出席。

12月2日～6日 省文明办在石家庄市举办了全省县级宣传文化中心、村民中心主任培训班，全省33名县级宣传文化中心主任和100名“村民中心”主任参加了培训。大家学习了党的十七大和省委七届三次全会精神，听取了有关领导和专家就我省基层宣传文化设施建设、开展群众文化活动、文化信息资源共享工程设备的管理和使用等方面内容进行专题辅导，进行了研讨交流，并实地观摩鹿泉市宣传文化中心和部分“村民中心”。培训期间，白石、杨能斌同志看望参训人员并与大家合影留念，杨能斌同志就加强宣传文化阵地的管理使用工作讲了具体意见。

12月6日～7日 白石同志到中央文明办汇报我省有关“迎奥运、讲文明、树新风”和创建文明城市活动有关情况。

12月10日 省文明办与省人事厅、省工商局、省个体劳动者协会、省私营企业协会共同下发了《关于评选表彰全省文明诚信个体工商户、私营企业的通知》，决定对近年来全省文明诚信创建活动中涌现出的文明诚信个体工商户、文明诚信个体私营企业和文明诚信市场（一条街）进行一次评比表彰，进一步激励广大个体私营企业深入贯彻落实党的十七大精神，切实加强精神文明建设，促进社会和谐。

12月17日 省文明办召开处长办公会，研究谋划2008年重点工作，白石同志主持，杨能斌同志参加。

12月18日 省社会志愿服务指导委员会和团省委发出《关于在全省开展“志愿服务节假日，奉献友爱促和谐”社会志愿服务主题活动的意见》。

12月19日 省文明办就做好《燕赵新民居》发放使用工作发出通知，对发放范围、管理使用等事项提出要求。

12月19日 省文明办印发了《关于做好“河北省公共文化扶贫工程”2007年度资助建设项目实施工作的通知》，确定了平泉、康保、威县、大名4个县为“河北省公共文化扶贫工程”2007年度县级文化中心受资助建设单位，并就有关实施工作提出了具体要求。

12月24日 省推进未成年人思想道德建设重点专项工作联席会召开第十三次全体会议，听取了文化厅、广电局等10个成员单位2007年重点专项工作落实情况的总结和2008年工作总体设想的汇报。白石同志主持会议，并就做好明年的工作提出了明确要求。

12月25日 为贯彻落实党的十七大和省委七届三次全会关于“建设和谐文化，培育文明风尚”的有关精神，让全省人民群众过好一个文明、和谐的“双节”，省文明办发出《关于在元旦春节期间开展“文明和谐‘帮’与‘让’活动的通知》，对活动的指导思想、活动重点等提出了明确要求。

12月27日 白石同志主持召开部机关处长会，就落实中央和我省有关同志精神做好元旦、春节有关工作做出安排，并就部机关解放思想大讨论活动第二阶段工作提出要求。

12月29日 白石同志出席了由省社会志愿服务指导委员会和团省委共同组织的“志愿服务节假日、奉献友爱促和谐”社会志愿者服务启动仪式，并为志愿者授旗。

12月29日 杨能斌同志出席了由省文明办、省旅游局共同组织的“2007年河北省‘曹妃甸’杯迎奥运风采导游员技能大赛”，并为优胜者颁奖。

供稿：省文明办

石家庄市

1月26日 我市召开大会表彰2006年度感动省城的十大人物，大张旗鼓地表彰先进、弘扬正气。市委书记吴显国、市长冀纯堂、副市长林智敏在市人民会堂亲切接见了2006年感动省城十大人物。吴显国同志强调我们要在全市大张旗鼓地表彰先进、宣传先进，持之以恒地鼓励先进，在全社会努力营造以先进思想为榜样的氛围，通过对他们的宣传进一步弘扬正气。

3月1日 省会文明办对在2006年度全市精神文明建设工作中做出优异成绩的县（市）区文明办予以通报表彰。要求受表彰的先进单位，再接再厉，发扬成绩，戒骄戒躁，在今后的工作中再创佳绩，为建设繁荣、文明、和谐的新石家庄作出更大贡献。

3月5日 省会精神文明建设委员会在全市公务员队伍中开展志愿服务活动。截至2007年底，各单位注册志愿者人数达到本单位、本系统人数的40%，实现《全国文明城市测评体系》关于“注册志愿者人数占城市人口总数的8%以上”的要求，并成立了相应的志愿服务组织，建立志愿服务基地，开展具有自身特色的志愿服务项目，长期开展志愿服务活动。

4月2日 石家庄市委宣传部、省会文明办、市教育局决定，依托石家庄心理咨询师培训中心，成立公益性机构石家庄市未成年人心理维护中心，免费为未成年人提供心理咨询服务。

4月12日～15日 石家庄市文明委认真落实省文明委关于组织营造城市森林公益活动第八次春季战役精神，广泛开展大规模的义务植物活动。为切实解决市区树少的现状，在春季和初夏季节重点开展了“万株乔木进社区”活动，组织动员社区居民，中小学生和各类志愿者2万余人次，全市350个社区已经栽植各种乔木61928株。

4月25日 省会文明办、石家庄市农工委为落实中央纪委和省、市纪委开展廉政文化建设“六进”活动的有关部署，搞好“廉政文化进农村”活动，形成尊廉崇廉的乡俗民风，推进农村廉政文化建设，组织开展了“廉政文化进农村”活动。

7月18日 我市召开“全市出租车行业文明使者事迹报告会，暨文艺联欢会，省委常委、市委书记吴显国等市领导出席了会议。

7月26日 石家庄市召开创建文明和谐社区总结表彰暨再动员会议，正式启动第四批创建文明和谐社区活动。根据要求，第四批50个参创社区将突出抓好全面提升社区服务功能、大力开展“百万市民文明素质培训”活动、深入开展公共文明道德教育实践活动、加强未年人思想道德建设等四个方面工作。

8月31日 全市文明素质提升工程启动仪式暨创建文明城市动员会在裕华区槐南路社区召开。会议号召全体市民积极投身到市民文明素质提升工程和文明城市创建活动中来，着力培养文明精神，倡导文明行为，弘扬文明新风，为建设繁荣、文明、和谐的新石家庄作出积极贡献。会上下发市委、市政府关于印发《石家庄市关于2007年～2010年市民文明素质提升工程规划》的通知，要求认真抓好贯彻落实。市委常委、宣传部长孙万勇、市政协副主席张光大、市政协秘书长李天印出席会议。

9月21日 为贯彻落实《石家庄市2007年～2010年市民文明素质提升工程规划》，我市扎实开展了市民文明素质学习培训活动。全市以“石家庄的历史、现状及未来发展”为内容，在长安区新谈固社区、裕华区卓达社区、企事业单位、石家庄维生药业等100多个社区和市直机关、企事业单位，由省会文明办领导、有关单位负责人和特邀教师，对5000余名干部职工进行了重点学习培训。通过专题学习培训，多数干部群众加深了对石家庄的了解，增强了建设好石家庄的信心。

8月8日～9月30日 为迎接2008年北京奥运会，贯彻落实“石家庄市2007－2010年市民文明素质提升工程规划”，进一步深化“争做文明使者”活动，省会文明办、市交通局、市运输管理处决定在全市出租汽车行业开展“文明使者迎奥运，提升素质树形象”活动，通过开展“文明使者迎奥运、提升素质树形象”活动，进一步强化“我就是河北、我就是省会、我就是文明使者”意识，真正做到语言、仪表、车容、经营、行车五个文明，实现行业整体素质的普遍提高。

8月30日 市委、市政府召开全市创建优美环境建设美好家园“八个一”动员大会。市委书记吴显国强调，全市上下戮力同心，合力攻坚，既要打好“八个一”这场歼灭战，又要准备持久战，不断提高城市管理水平，建设繁荣、文明、和谐的石家庄。市委副书记、市长冀纯堂出席会议并讲了话。市委书记王增明主持会议。市领导李宏英、刘瑞新、蒋洪江、李文起、栗进路、傅世武、马玉文、张发旺、赵长栓、李屏东等出席了会议。

9月3日～4日 省文明城市考察组对我市创建文明城市工作情况进行了考察。市委常委、副市长蒋洪江、市委常委、宣传部长孙万勇向考察组汇报了我市创建文明城市工作情况，副市长王刚陪同考察。

10月8日 为贯彻落实好《石家庄市2007年～2010年市民文明素质提升工程规划》，根据市领导指示精神，坚持以提升市民文明素质为中心，以抓好学习培训和道德实践活动为重点的原则，省会文明办制定了“关于10～12月份市民文明素质提升工程重点工作实施方案”。

10月19日 按照省文明办、团省委、省妇联、省广电局，河北日报《关于“河北十大爱心人物”评选活动的实施方案》的有关部署，“河北十大爱心人物”评选委员会根据各市推荐的人选，从中确定了20名候选人，省会文明办组织群众积极参与“河北十大爱心人物”评选活动，从10月10日开始，已在省内各大媒体和主要新闻网站对其主要事迹进行广泛宣传。

10月21日 上午全市30万人走上街头，进行集中清理环境卫生活动，他们中有机关干部、企事业单位工作人员、部队官兵、院校师生，也有很多自发走上街头的义务劳动的市民。市委、市人大常委会、市政府、市政协四大班子领导，石家庄市警备区领导等参加了此次义务劳动。参加活动的各单位还向沿途市民发放了《“八个一”和“双争共建”活动内容明白纸》、《开展“双争共建”活动致广大居民的倡议书》等进行大力宣传。

11月26日 省会文明办对各县（市）区2007年度创建文明行业“三杯”竞赛群众评议结果进行通报。按照省文明委《关于组织2007年度全省创建文明行业“三杯”竞赛群众评议活动的通知》精神和《石家庄市2007年精神文明建设工作要点》的安排，省会文明办继续在公安、司法、国税、地税、工商等系统开展了“便民利民杯”等“三杯”竞赛活动。

供稿：省会文明办

整理：刘素兰

承德市

1月15日 中共承德市委、承德市人民政府下发了《关于开展向省级文明单位学习扎实推进文明单位创建活动的通知》，号召全市各级各部门、各行业和广大干部群众要以省级文明单位为榜样，认真学习他们的创建经验，深刻认识在构建社会主义和谐社会中开展文明单位创建活动的重大意义，促进我市“三个文明”全面协调发展，为构建和谐承德，实现承德经济社会又好又快发展作出贡献。

1月15日 中共承德市委、承德市人民政府下发了《关于在全市开展“六项和谐创建”活动的意见》，决定从机关、乡村、企业、社区、校园、家庭六个层面入手，组织开展系列群众性的和谐创建活动，加大公民道德建设力度，着力解决人民群众最关心、最直接、最现实的利益问题，促进承德经济建设、政治建设、文化建设和社会建设协调发展。

1月16日 为了推动全市社会主义精神文明建设深入开展，激发广大干部群众积极投身精神文明创建活动的积极性，承德市精神文明建设委员会对张彩军等64名精神文明建设先进工作者进行了表彰，并授予2004～2005年度精神文明建设先进工作者荣誉称号。

1月17日 全市省级文明单位现场观摩会议在市白楼宾馆召开。与会人员分别对市国税局、市地税局、市财政局、市移动公司、市网通公司、市公交公司、普宁寺管理处等7个省级文明单位进行了现场观摩，市国资委、市卫生局、市自来水公司和医学院4个省级文明单位交流了创建工作经验，安排部署了2007年度文明单位创建工作。市委副书记郭群同志出席会议并做重要讲话，市委常委、宣传部长王洪斌同志主持。

2月1日 承德市精神文明建设委员会对获得“河北十大爱心人物”的鲍守坤和于芳兰两位同志授予“精神文明建设标兵”荣誉称号，并作出决定开展向“感动承德”十大人物学习。

3月3日 承德市文明办组织开展“学雷锋、树新风”活动。唐钢集团承德新新钒钛股份有限公司团委、承德市文物局、承德市地税征收分局、承德医学院、承德民族师范专科学校、承德市中心医院、双桥区潘家沟街道办事处陕西营社区居委会、丰宁县实验小学、营子区交通局、滦平县国家税务局等被评为2006年度“学雷锋、树新风”活动十佳单位；陈旭路见不平拔刀助、董卫光见义勇为抓歹徒、陈惠民拾金不昧品德高、林海燕万元巨款归失主、车国文救死扶伤感人心、八枚奖章谱写双拥曲、南营子小学兴建“绿色银行”、妇委会十年助教育春苗、供热公司八年助学献爱心、承德县政协助学济困传佳话被评为2006年度“学雷锋、树新风”活动十件好事；柳志学——乐为承德添光彩、夏福龙——修桥筑路三十年、张玉新——三年送奶温情如火、穆子平——孝敬公婆好儿媳、邓文福——隔代家长的好教师、刘显民——热衷公益人未老、高殿新——义务为民搞卫生、王贵玉——一片真情献社会、马天民——多年助残显真情、梁国胜——六年助教献爱心等被评为2006年度“学雷锋、树新风”活动十佳个人。

3月5日 我市组织实施营造城市森林公益活动第八次春季战役，发动市直5个志愿者分会的1500名志愿者到佟山公园，栽植各种树苗7000株，将其面积扩大一倍。

4月16日 承德市精神文明建设委员会下发了《关于开展“六项和谐创建”活动实施方案》，将市委、市政府下发的《关于在全市开展“六项和谐创建”活动的意见》进行细化和任务分解，从而拉开了“六项和谐创建”活动的序幕。

4月16日 承德市委、承德市人民政府制定并下发了《关于创建文明城市工作的实施方案》，方案对照《文明城市测评体系》，结合我市实际，明确了文明城市创建的责任单位，并进行了任务分解，从而为我市文明城市创建工作奠定了良好的基础。

4月20日 全市召开创建文明城市工作暨“六项和谐创建”活动动员大会。市委常委、宣传部长王洪斌同志宣读了《关于开展“六项和谐创建”活动的实施方案》，市政府副市长王克同志宣读了《关于创建文明城市工作的实施方案》，双桥区和市直机关5个单位，结合自身职能和承担的任务，做了表态发言。市委书记赵文鹤同志做重要讲话，市委副书记郭群同志主持会议。会议号召全市各县区、各部门、各单位统一思想，坚定信心，积极投身到创建活动中来，进一步增强责任感和使命感，为建设文明和谐承德而努力奋斗。

4月23日 为了迎接“五一”黄金周的到来，配合文明城市创建工作和“六项和谐创建”活动的深入开展，充分发挥志愿者“奉献、友爱、互助、进步”精神，市志愿者总会以“共献爱心、共创和谐”为主题，广泛开展了公益服务活动。活动内容包括倡导文明交通，劝阻不文明行为；到社区进行法律咨询、文艺演出以及清理环境卫生；到市内外景区、景点及城乡结合部清理卫生。

4月24日 全省深入推进创建文明生态村工作会议在石家庄召开，我市市委书记、市长、常委宣传部长、文明办主任、农办主任，各县区委书记、新农村建设先进单位、创建文明生态村先进单位、先进乡镇、先进个人代表参加会议。我市《立足山区实际，突出创建内涵，扎实有效地推进创建文明生态村工作》的经验进行了书面交流，兴隆县十四顷村做了大会交流发言。双桥区大石庙镇雹神庙村等8个先进村，营子区寿王坟镇等5个先进乡镇，隆化县张三营镇南园子村党支部书记王德有等8名先进个人受到省委、省政府表彰奖励。

4月29日 市文明办组织召开市直机关企事业单位帮建第三批文明生态村工作会议，安排部署第三批创建文明生态村示范村帮建工作。市委副书记郭群同志讲话，市委常委、宣传部长王洪斌同志主持会议。

4月 为加快“村民中心”建设步伐，省文明办第二次支持文明生态创建村健身路径17套，阅报栏230套。

5月18日～19日 由省绿化委员会、省文明办、省建设厅组成的城市绿化检查评比小组一行对我市市区的城市绿化工作进行了检查，重点视察了露露花园、旅游学院、交警家属区以及武烈河沿岸绿化，检查评比小组对我市的城市绿化工作给予了高度评价。

5月27日～29日 省未成年人思想道德建设调研组就承德市2004年以来的未成年人思想道德建设工作回头看进行调研。调研组先后听取了承德市未成年人思想道德建设工作汇报，参加了由市直各有关部门参加的座谈会。省调研组组长、省文明办未成年思想道德建设指导处处长梁志忠对承德市未成年人思想道德建设工作予高度评价。6月29日，调研组还专门到丰宁满族自治县实验小学进行了调研。

5月28日 中共承德市委宣传部、承德市文明办、承德市教育局联合下发了《关于做好我市2007年度“助学工程”组织实施工作的通知》，对今年的助学工作进行了安排部署。

6月4日 承德市文明办、承德市文化局、承德市体育局联合发出《关于进一步做好“四进社区”文艺、优秀健身项目展演活动的通知》，要求市直相关单位及各县区文化部门要进一步加强对社区文化工作的领导，大力开展以构建和谐文明社区为主题的社区群众文体活动，增强社区活力，推动和谐社区建设。

6月22日 全省文明办系统信息工作会议在承德召开，会议总结了2006年度全省信息工作情况，承德市文明办获全省文明办系统信息工作先进市，刘惠芙同志获信息工作先进个人。

7月7日 由承德市文明办、承德市直工委、团市委、承德市教育局、承德市旅游局、承德市环保局共同举办的“饮水思源头，保护母亲河”公益实践活动拉开序幕。市委副书记郭群同志出席并讲话，仪式由市委常委、宣传部长王洪斌同志主持。围绕“饮水思源头，保护母亲河”这个主题，设计了四项公益实践活动。一是组织开展“热爱母亲河、探寻茅荆坝”活动；二是组织开展“饮水思源头，奉献爱心”活动；三是组织开展“美化武烈河”活动；四是组织开展“保护母亲河”结对帮扶活动。

7月18日 全市创建文明城市工作暨“六项和谐创建”活动专题调度会议在山庄宾馆召开，市委副书记郭群同志出席会议并做重要讲话，市委常委、宣传部长王洪斌同志主持会议。会上，市公用资产管理局、市城管局、市公安局、双桥区汇报了文明城市创建工作进展情况；市直机关工委、市总工会、市教育工委、市妇联、市民政局等单位汇报了“六项和谐创建”活动的进展情况。

7月24日～27日 我市2006年度受助大学生在石家庄进行了暑期活动。

8月8日 为贯彻落实中央文明委关于广泛开展“迎奥运、讲文明、树新风”主题活动的部署和省委宣传部、省文明办、省委外宣局《关于开展“迎奥运、建强省、促和谐”宣传教育工作》的通知精神，在奥运会倒计时一周年来临之际，承德市文明办在全市广泛开展了“同心迎奥运，文明伴我行”主题活动启动仪式。活动共有十项内容：一是举行“同心迎奥运，文明伴我行”主题活动启动仪式；二是开展文明礼仪宣传普及活动；三是组织开展职业文明礼仪、服务创优活动；四是举行“全民健身与奥运同行”群众健身展演活动；五是举办文明礼仪社区文艺展演；六是举办“同心迎奥运，文明伴我行”公益广告征集比赛和征文活动；七是开展文明旅游主题教育实践活动；八是组织先进典型评选表彰活动；九是开展“文明使者”志愿服务活动；十是开展“市民文明行为”系列主题实践活动。全面兴起“迎接奥运、情系奥运、参与奥运、服务奥运”的热潮。与此同时，各县区也组织了宣传教育活动。

8月8日 为加强对全市社会志愿服务工作的组织领导，市文明委对市志愿者总会成员及办公室人员进行了相应的调整，增加了部分职能部门，扩充了志愿服务的内容和范围。

8月30日 我市的刘海龙等10名学生确定为“西部开发助学工程”大学生受助对象，计彦强等8名同学确定为省“助学工程”大学生受助对象，郝艳慧等15名同学确定为“西部开发助学工程”高中“宏志班”受助对象。同月，我市2001级助学工程受助学生李雪娇同学走进《新闻会客厅》，浅谈受助经历、感受、人生价值。中央电视台、中央人民广播电台、河北电视台、河北日报、河北精神文明建设网等新闻媒体对李雪娇回乡报效社会的事迹做了专题报道。

9月6日～9月8日 省考察组对我市创建省级文明城市工作进行了初评，考察组一行听取了市委、市政府的创建文明城市工作报告，实地考察了我市的居民小区、公共场所、景区景点、窗口单位、市政建设、城市森林等重点部位，对我市的文明城市创建工作给予了高度评价。

10月18日 由承德市文明办、承德市旅游局、河北旅游职业学院共同组织的承德市第二届“承德形象导游”大赛暨2007年承德“十佳导游”选拔赛落下帷幕。活动为20位导游员授予“承德形象导游”称号，对10位导游员授予“承德十佳导游”称号。

10月18日 省创建文明生态村工作督导组莅临我市检查指导工作。市委常委、宣传部长王洪斌同志代表市委、市政府，从体现山区特色搞创建、以农民为主体搞创建、突出重点搞创建、创新载体搞创建等四个方面对我市创建文明生态村工作进行了全面汇报，市委副书记郭群同志主持汇报会。会后，省督导组一行实地检查了宽城、兴隆两县12个村的创建工作。

12月25日 承德市精神文明建设委员会做出决定，对“捡个‘亲娘’养5年”的围场满族蒙古族自治县育太和乡双峰山幼儿园教师张国富和“舍生忘死救工友”在天津打工的围场满族蒙古族自治县银窝沟乡北山沟村青年李文龙分别授予“孝老爱亲模范”荣誉称号和“见义勇为模范”荣誉称号。号召全市各级、各部门和广大干部群众要向张国富、李文龙同志学习，学习他们默默无闻、无私奉献的高尚情操；学习他们孝老爱亲、助人为乐的的崇高美德；学习他们团结友爱，服务社会的高贵品质；学习他们临危不惧、舍己救人的献身精神。

8月～11月 由市文明办牵头，组织“六项和谐创建”活动的市文明办、市直工委、市总工会、市民政局、市教育局、市妇联等六个牵头部门和十一个县区开展了“六项和谐创建”活动领导访谈录，邀请六个牵头部门和十一个县区委书记做客电视台直播间，访谈本地、本部门“六项和谐创建”活动的开展情况。

供稿：承德市文明办

整理：刘金生刘惠芙师文岭

张家口市

1月17日 以市委、市政府名义制定下发《2007年创建文明生态村活动实施意见》，对全年文明生态村创建工作做了安排部署。

2月26日 召开“文明河北、和谐河北”创建活动启动仪式电视电话会，市有关单位的43名主管领导参加会议，市委常委、宣传部长郑丽荣出席并做重要讲话。

3月5日 召开全市文明办主任会，下发了《2007年文明办工作要点》，对全市精神文明建设工作进行了安排部署。

3月11日 起草下发了《张家口市精神文明建设委员会关于进一步推进未成年人思想道德建设任

务分工的通知》，进一步明确了各成员单位职责分工。

3月25日 举行“文明和谐家园·张家口市首届市民满意住宅小区”评选活动颁奖仪式，授予东方苑、荣辰庄园等10个小区“市民满意住宅小区综合奖”。

3月27日 组织召开了“全国‘六一’儿童节计算机表演赛”和“中国首届‘让每个孩子成功’儿童美术赛、艺术表演赛”河北赛区张家口分赛区活动协调会，对相关工作进行了安排部署。

4月6日 中国首届“让每个孩子成功”美术赛、艺术赛河北赛区张家口分赛区比赛举行，近300名选手参赛，从中选拔出90名选手赴石家庄参加省决赛。

4月9日 起草下发《张家口市精神文明建设委员会关于组织开展“文明单位巡礼”活动的通知》，在市电视台陆续对全市各级文明单位进行宣传。

4月29日～5月15日 下发《张家口市精神文明建设委员会关于举办张家口市第三届“文明杯”乒乓球大赛的通知》，组织全市各级文明单位组成的93个代表队、400多名选手参加了比赛。

5月22日 组织我市参赛选手参加了中国首届“让每个孩子成功”美术赛暨艺术表演赛，我市最终获得3个银奖、5个铜奖、4个艺苗奖和1个优秀奖。

6月3日～6月10日 接待新华社、人民日报、燕赵都市报等中央、省媒体，对我市“西部助学”工程受助大学生刘树华进行采访。

6月8日 起草下发《深入开展“廉政文化乡村行”活动实施方案》，安排部署“廉政文化乡村行”活动的有关工作。

6月13日 起草下发《市委、市政府关于表彰2005～2006年度创建文明生态村工作先进集体和先进个人的决定》。

6月15日 组织召开了26个单位主管领导参加的“我心目中的张家口形象”建言献策座谈会，就如何进一步加快我市城市建设步伐、提升市民文明素质、提高城市文明程度、深入推进文明城市创建进行了探讨。并在张家口日报刊登了“我心目中的张家口形象”建言献策座谈会代表发言摘要。

7月16日 下发《关于开展“迎奥运、建强市、促和谐”宣传教育工作的实施方案》的通知，成立了张家口市“迎奥运、讲文明、树新风”活动领导小组，安排部署相关工作。

7月24日～7月25日 组织召开了全市深化文明生态村创建工作会议，市领导曹英忠、周林、郑丽荣、卢永庆、梁润田出席了会议，会上表彰了创建文明生态村先进村、先进个人和帮扶工作先进单位，并对下步创建工作进行了安排部署。组织各县区主管书记（或主管县长）、宣传部长、文明办主任到张北、崇礼两县文明生态村先进村进行了观摩考察。

8月6日 成立我市社会志愿服务指导委员会，起草下发《张家口市社会志愿服务指导委员会成员名单的通知》、《张家口市各级社会志愿服务指导委员会工作条例的通知》。

8月20日 向市委上报《关于在全市试点、示范逐步推广太阳能灶的报告》，按照宋太平书记批示意见，组织实施文明生态村太阳能灶试点工程，陆续为农户安装太阳能灶1万台。

8月31日 举行了张家口市2007年度“西部开发助学工程”资助仪式，宣布资助大学生26名，高中“宏志班”学生66名，市委常委、宣传部长郑丽荣出席仪式并讲话。

9月4日～9月6日 组织接待了省文明城市测评考察组对我市的初评检查，市委常委、宣传部长郑丽荣汇报了我市的创建情况。

9月18日 联合市公用局在《张家口晚报》发起了“文明乘车、文明让座”倡议，开展“主动让座，关心老弱病残”活动。

9月18日 组织我市见义勇为先进分子李文英（全国道德模范候选人，获提名奖）参加全国道德模范表彰大会。

10月15日～10月18日 组织接待了省创建文明生态村督导组对我市创建文明生态村工作的督导检查，组织市委办等27个有关部门参加了创建文明生态村工作汇报会，市委常委、统战部长周林汇报了我市创建情况。

10月23日 安排部署了2007年度全市创建文明行业“三杯”竞赛群众评议活动，向县区发放《群众评议表》4万份，组织群众广泛开展评议。

11月26日～12月3日 组织对150个文明生态村创建村进行考核验收，向市委提交《关于2007年文明生态村创建情况及2008年工作建议的报告》。

12月12日 组织召开张家口市“第五届十佳文明市民”表彰会，赵秀芬、赵柱国等10名同志授予“十佳文明市民”称号，市领导郑丽荣、王淑弟、侯桂兰、项续邦出席了会议并为“十佳文明市民”颁奖。

12月26日 起草下发《关于在元旦春节期间开展“文明和谐帮与让”活动的通知》，组织全市城乡开展“文明和谐帮与让”活动。

供稿：张家口市文明办

撰稿：田晓燕

秦皇岛市

1月11日 市委、市政府在市开发区会展中心礼堂召开全市创建文明生态村第二次冬春行动暨第三批帮建工作动员大会。市委副书记、市长管瑞亭发表重要讲话，市委副书记王志欣主持会议，市委常委、宣传部长时晓峰宣读第二次冬春行动实施方案，副市长张家权宣读了关于表彰2006年度帮建工作先进单位的决定。市领导张树仁、李秦生、高国祥出席会议。四县、三区党政主要领导在会上作了表态发言。各县区委书记、县区长、主管书记、常委宣传部长、文明办主任、乡镇党委书记、前三批创建村的党支部书记代表、市直各帮建单位的负责人共1000多人参加会议。会议同时还举办了全市创建文明生态村活动图片展览。

1月17日 市文明办在电力公司会议室举行了“千家文明单位服务千村送温暖”活动启动仪式。市委宣传部副部长、市文明办主任作动员讲话，对全市各级文明单位开展结对帮扶工作进行了安排部署。市文明办副主任曹丽荣宣读了活动实施方案，启动仪式由市文明办副主任李国平主持。市国税局、市公用局等单位在启动仪式上作了表态发言。

1月19日 我市在北戴河区北戴河村村民中心多功能厅组织了以“为家乡喝彩”为主题的全市创建文明生态村文艺调演活动。市领导时晓峰、张树仁、李向东观看了演出。来自四县三区和市群艺馆的14个节目从不同角度以不同的表演方式展示了我市文明生态村创建给农村带来的喜人变化。调演共评出一等奖一名，二等奖两名，三等奖三名。

1月26日 我市在卢龙县刘田各庄镇集市举行了秦皇岛市“千家文明单位服务千村送温暖”大型服务日活动。市委常委、宣传部长时晓峰出席服务日活动并宣布活动开始，市人大副主任张树仁出席活动。服务日当天，各级文明单位共出动志愿者600余名，车辆100多台，投入资金100余万元，发放各种宣传品10余万份，农业科技书刊3万余册，春联5000幅，年画8000张，挂历1000本，提供各类咨询服务2400余人次，义诊500多人，援建图书室5个，慰问困难户600多户，发放米、面、油、棉衣、棉被等物品价值30余万元，全镇近万名群众受益。活动日上，还举行了“沃野春潮”大型文艺演出。

2月10日 市文明办在市广电中心星光乐园举办《唱响文明歌》专题文艺演出。市委常委、宣传部长时晓峰观看演出并致词。市人大副主任张树仁、副市长李秦生、市政协副主席高国祥和各县区主管副书记、常委宣传部长、文明办主任、精神文明战线先进人物代表、各级文明单位的代表共400余人观看了演出。

2007年2月中旬 从2006年10月中旬到2007年2月中旬我市利用4个月时间对全市882个创建村的党支部书记进行了培训。共举办培训班386期，培训村干部4012人次，农村创建村党支部书记培训率达到100%，参训农民达到66000余人，农村党支部书记创建文明生态村工作培训活动圆满结束。

3月2日 市文明办在热力公司大会议室举行“雷锋精神延续在港城”先进事迹报告会。市委宣传部副部长、市文明办主任鞠世闻主持报告会并讲话。任广振、沈如波、费敬霞、李金斗、田金芳、电力红马甲等6个学雷锋先进个人和先进群体的代表作了先进事迹报告。全市各界代表400余人聆听了报告。

3月5日 市文明办在港口俱乐部举行“弘扬雷锋精神，军民共创文明城”专题文艺演出，市委常委、宣传部长时晓峰、市人大副主任高国祥、市委宣传部副部长、市文明办主任鞠世闻等领导出席，市文明办副主任曹丽荣在演出前讲话。

3月18日 启动组织全市计算机、美术（艺术）类大赛活动。按照冀文明办[2007]3号文件精神，认真协调有关部门积极组织全市广大未成年人参加两项大赛活动。

3月20日 市文明办召开全市“移风易俗、文明祭扫”工作推进会，市委宣传部副部长、市文明办主任鞠世闻在会上讲话，会议出台了《移风易俗、文明祭扫工作方案》。市民政局、市公安局、市城管局、市工商局等单位的主管领导分别在会上就文明祭扫工作作了表态发言。全市各县区、行业文明办主任参加会议。

3月20日 启动组织全市计算机、美术（艺术）类大赛活动。按照冀文明办[2007]3号文件精神，认真协调有关部门积极组织全市广大未成年人参加两项大赛活动。

3月27日 我市在新世纪环岛公园举行“同迎奥足赛、共创文明城”启动仪式，庆祝北京奥运会倒计时500天。市领导王志欣讲话、市委常委、宣传部长时晓峰主持启动仪式，副市长李秦生宣读了《公民道德实践“十二个一”活动实施方案》，市领导张树仁、高国祥出席启动仪式。

3月24日 我市开展营造城市森林公益活动第八次战役，主展场设在海港区赤耳山，市领导和全市各单位的近万名志愿者参加了植树劳动。

4月1日～10日 清明节前后，我市开展了“移风易俗、文明祭扫”宣传教育活动，较好地遏制了沿街烧纸现象的扩散和蔓延。4月1日晚，市领导高国祥带队检查文明祭扫宣传劝阻情况。

4月3日 市文明办召集各责任单位和4个城市区文明办主任，对文明祭扫工作进行再调度。4月4日，部分市人大代表现场视察了文明祭扫工作开展情况，市委宣传部副部长、市文明办主任鞠世闻陪同视察。

4月5日 在市文明办五楼会议室召开未成年人思想道德教育2007年第一季度工作联席会。市委宣传部副部长、市文明办主任鞠世闻讲话，会议由市文明办副主任曹丽荣主持，市加强和改进未成年人思想道德建设工作联席会议成员单位主管领导出席了会议。

4月6日～10日 对我市省委宣传部、省文明办支持的120个河北日报阅报栏和15套健身路径器材安装工作进行检查督导。

4月12日 召开“知家乡、爱家乡、建家乡，迎奥运争创合格小公民”主题教育活动启动仪式。市委宣传部副部长、市文明办主任鞠世闻讲话，市文明办副主任曹丽荣主持会议。市教育局、市文化局、团市委、市妇联、市文联主管领导及学校代表表态发言，学生代表宣读倡议书，

4月19日 市文明办、市旅游局、市风景办联合在北戴河集发农业观光院会议室召开“全市优化发展环境，争创文明景区，争做文明游客活动”动员会。各县（区）文明办主任以及全市36个景区（景点）的相关负责人参加了会议，市委宣传部副部长、市文明办主任鞠世闻出席并讲话，市旅游局副局长王海涛宣读了活动实施方案，会议由市风景办主任姜红风主持。

4月19日 市委宣传部副部长、市文明办主任鞠世闻出席新世纪高中举行的“爱在新世纪、情系宏志生”捐款仪式。

4月20日 市文明办组织机关全体干部赴乐亭参观李大钊纪念馆和故居。

4月24日 市委书记王三堂，市委副书记、市长管瑞亭带队参加省深入推进创建文明生态村工作会议。会上，青龙满族自治县平方子乡党委书记高俊文作了题为《坚持以环境建设为突破口创造有利于经济发展的良好条件》的发言。

5月13日 市文明办、市交警支队、团市委等部门联合开展了畅通行动——“鲜花送给文明行路人”活动。活动内容包括“文明行车，礼让为先”、“文明停车，方便你我”、“大手拉小手，文明路上走”、“文明乘车，爱心让座”等。市委常委、宣传部长时晓峰和来自各个社区的青年、中小学生志愿者一起参加了畅通行动宣传。

5月 按照省统一要求，市创建办组织专门力量，围绕“深入推进文明生态村创建活动的途径方法”专题，组织开展深入推进文明生态村创建活动调研活动，并形成调研报告。

5月20日 完成“文明秦皇岛在线”改版工作，“文明秦皇岛在线”网站正式开通。

5月30日 市委宣传部副部长、市文明办主任鞠世闻带领市文明办工作人员，就贯彻落实全省深入推进创建文明生态村工作会议精神，深入青龙满族自治县平方子乡7个村进行调研，并对青龙满族

自治县创建工作进行检查督导，提出指导意见。

5月30日 市委宣传部副部长、市文明办主任鞠世闻到青龙一中看望我市首届宏志班毕业生，并送去了助学款，鼓励宏志班同学高高考出好成绩。

6月1日 市文明办、市妇联在“星光乐园”主办了“爱的阳光”——秦皇岛市庆六一百名“好母亲”表彰暨百名“爱心妈妈”牵手结队活动专场文艺演出，为全市小朋友送上一份节日礼物，副市长李秦生代表市委、市政府领导致词。

6月4日 在市文明办五楼会议室召开关于举办“迎奥运、讲文明、树新风”公益广告征集比赛协调会。市委宣传部、市广电局、市文化局、市工商局等相关部门参加了此次会议。

6月5日 由市文明委、市总工会、团市委、市妇联、市广电局发起主办的我市首届“文明形象使者”选拔大赛正式启动。

6月10日 秦皇岛奥赛办、市文明办、团市委、东北大学秦皇岛分校、新东方教育科技集团在市奥体中心联合举行了“文明观赛暨全民奥运英语大讲堂”启动仪式。市领导王志欣、时晓峰、高国祥，新东方英语学校的俞敏洪、王强、周成刚等出席了启动仪式。市委副书记王志欣在启动仪式上致辞。

6月15日 在北戴河区北戴河村村民中心召开全市深入推进创建文明生态村暨典型示范村工作会议。市人大副主任张树仁，市政协副主席高国祥出席会议，市委常委、宣传部长时晓峰同志代表市委、市政府做了重要讲话。

6月16日 由市文明办、《秦皇岛晚报》主办的我市首届“邻里节”启动仪式在热电里小区文化广场拉开序幕。市委常委、宣传部长时晓峰、市政协副主席高国祥等领导出席，时晓峰宣布活动开始。市民代表宣读了《秦皇岛文明邻里公约》。

6月19日～22日 由市委常委、宣传部长时晓峰，市政协副主席高国祥带队，各县（区）委常委、宣传部长、市县区文明办主任等人员组成拉练观摩检查组，采取听汇报、实地看、访群众、查资料等方式，对全市59个创建村进行拉练观摩检查。

6月24日 市文明办与市国资委、市商务局、市公安局和市旅游局等部门在华联商厦启动了“迎奥运、文明购物”活动启动仪式。

6月27日 我市召开创建文明生态村典型示范村工作推进会，各县（区）、各帮建企业、各市级典型示范村汇报了工作进展情况，市委宣传部副部长、市文明办主任鞠世闻通报了我市典型示范村创建的基本情况，并对下一步工作提出了具体要求。

6月28日 全省“廉政文化进农村”活动工作会议在我市召开，与会人员参观了我市新建村、小高庄村、中心庄村、北戴河村、车站村廉政文化进农村工作开展情况，对我市廉政文化进农村工作给予高度评价。

6月29日 全省文明办主任会议在我市召开。

7月5日 市文明办、市教育局、团市委联合组织开展了“融入奥运，践行文明”主题未成年人暑期社会实践活动。

7月5日 我市召开全市创服务品牌、树港城形象“三杯”竞赛动员会。

7月6日 市文明办组织机关全体干部赴抚宁英武山村举行“学习李家庚、做合格好党员”党员活动日，十七大代表、英武山村党支部书记李家庚为全体党员上了一堂生动的党课。

7月6日 全市“文明观演”活动启动仪式在人民广场举行，并演出了精彩的文艺节目。

7月15日 由市文明办发起的“文明单位志愿者倡导文明出行畅通行动”正式启动，此次活动得到了市直机关各单位的大力支持，活动定于每个月的第二个周日举行，每期活动由两家单位参与，在我市的不同路口宣传文明出行，争做文明市民。

7月18日 河北省第二届城市森林论坛在我市召开。

7月20日 市文明办召开深入推进“诚信秦皇岛”建设工作会议。会上，宣读了《关于进一步加强“诚信秦皇岛”建设的实施方案》，印发了秦皇岛市诚信示范机关、诚信示范行业（窗口）、诚信示范企业、诚信示范市场（示范街）参评标准。

7月24日 市文明办联合团市委、市社科联在全市开展“文明奥运伴我行”征文大赛，通过组织未成年人创作诗歌、小说、散文、杂文、剧本等文学作品，生动展现他们期盼奥运、参与奥运、奉献奥运的良好精神风貌，切实提高他们的文明素养和文学修养，激励他们争做社会主义事业的合格建设者和接班人。

7月25日 召开全市文明办主任座谈会，总结部署精神文明创建工作。

7月29日 市文明办组织开展迎奥运倒计时一周年奥运知识宣传暨全民参与“畅通行动”大型活动。市领导王志欣、时晓峰、张树仁、高国祥走上街头，亲自参与宣传活动，向来往的市民发放迎奥运文明交通宣传材料。

8月1日～26日 由市文明办、市公用局、金都购物广场、公交公司等多家企事业单位联合开展“文明乘车、爱心让座”活动，在金都并举行启动仪式。

8月2日 市文明办联合市旅游局、市风景办在望峪山庄景区召开“优化发展环境，争创文明景区，争做文明游客”活动推进会，进一步推进“一优双争”活动。

8月8日 在北京奥运会倒计时一周年之际，全省“文明服务奥运、和谐彰显河北”动员大会在我市举行。省委常委、宣传部长、省文明委常务副主任聂辰席，市委书记王三堂，市委副书记王志欣，市委常委、宣传部长时晓峰出席了动员大会并为示范单位授牌。

8月10日 市人大副主任刘玉萍在市委宣传部副部长、市文明办主任鞠世闻陪同下，到卢龙县石门镇王黄岭村检查指导工作，并就下一步创建工作提出了要求。

8月14日 市委副书记陈贵，市政协主席周卫东，市政协副主席、市委统战部长苏斐华和相关部门的主要领导到抚宁县英武山村就文明生态村典型示范村创建、乡村旅游开发等情况进行调研，并提出指导意见。

8月14日 市委常委、组织部长杨宏带领广顺集团负责人，先后视察了昌黎县刘李庄村、施各庄村的文明生态村典型示范村建设情况。

8月16日 市文明办在新世纪高中召开全市“用爱心托起明天的太阳”暨高中宏志班座谈会，市委宣传部副部长、市文明办主任鞠世闻出席座谈会并讲话。市教育局副局长吴野平、市文明办副主任曹丽荣出席会议。来自青龙一中和新世纪高中的三届宏志班学生参加了会议。

8月17日 我市召开全市创建文明生态村典型示范村工作第二次推进会，14个市级典型示范村及其帮建企业对第一次推进会以来的创建工作进展情况作了简要汇报，市委宣传部副部长、市文明办主任鞠世闻就进一步落实好创建工作提出“四到位”的具体要求。

8月20～21日 省“诚信河北千里行”采访团来到我市就近年来全市诚信建设情况进行了实地采访，对我市近几年来的诚信建设工作给予高度评价，并对下一步诚信建设活动提出了建议。

8月30日 市委常委、秘书长邢留逮到联系点市级文明生态村典型示范村海港区北港镇张乔庄村，就该村创建文明生态村工作情况进行调研，指出文明生态村创建要看发展、看道路、看环境、看居住。

8月31日 市文明办组织交警、交通、城管、建设、卫生、文化、旅游、物价等部门召开创城迎检初评调度会，对全市的初评迎检工作进行重点部署。

8月～9月 开展未成年人“文明奥运伴我行”主题征文活动。评出中小学特等奖各1名、一等奖各10名、二等奖各20名、三等奖各50名。

9月6日 省创建文明城市工作初评考察组抵达我市，7日上午，在秦皇岛大酒店召开“全市创建文明城市工作汇报会”，市委副书记、市长管瑞亭向省考察组作了汇报，市领导王三堂、王志欣、马誉峰、邢留逮、时晓峰、张树仁、高国祥出席会议，考察组在对我市进行全面考察后，对我市创建文明城市工作给予好评。

9月20日 市文明办与总工会、团市委、市妇联联合在市电力公司调度中心三楼会议室召开“道德模范候选人先进事迹报告会”。市委宣传部副部长、市文明办主任鞠世闻讲话，市总工会副主席朱跃勤，市妇联副主席赵丽萍出席了会议。报告会由市文明办副主任曹丽荣主持。

9月25日～29日 市文明办组成考核组，对各城区、市开发区以及市交通局等6家责任部门创建文明城区工作进行量化考核。

9月29日 市文明办召开各县区文明办主任会议，学习传达市委书记王三堂在县区调研时对创建文明生态村工作提出的指导意见。市委宣传部副部长、市文明办主任鞠世闻就如何落实王三堂同志县区调研精神提出了具体要求，并认真谋划了下一步创建工作。

10月15日～17日 省创建文明生态村工作督导组来我市进行督导检查。市委副书记王志欣代表市委、市政府向省督导组汇报了我市整体创建情况，督导组在市委常委、宣传部长时晓峰的陪同下，实地视察了抚宁和青龙两县25个村的文明生态村创建情况。省创建文明生态村工作督导组在听取汇报、实地考察后，对我市的创建工作给予高度评价。

10月19日 市文明办组织“畅游文明生态村、九九重阳敬老人”活动。组织21位院士及老领导到文明生态村进行参观。

10月23日～25日 我市对市、县（区）两级创建文明生态村典型示范村工作进行考核验收。

10月26日 市文明办组织召开座谈会推进全系统学习贯彻落实党的十七大精神。

10月 市文明办组织各有关单位、人员召开了《我的家乡秦皇岛》大纲研讨会。会上，研究确定了编审组织机构、编创时间、编创步骤等相关内容，并修改大纲。

11月8日～10日 市文明办组织市城管局、市工商局、市民政局等多部门联手进行了为期3天的禁烧劝阻巡查活动，通过活动希望全市人民能够做文明城市的保护者，树立“厚养薄葬”的新观念，用敬献鲜花、网络祭奠、植树等文明方式代替烧纸陋习。

11月6日 市委书记王三堂深入卢龙县孙田各庄村调研，强调指出，要把典型创建经验向周边推广，有关部门要给予农村更多的帮助，要抓一些大家都能学的典型，县直单位都要联系一个文明生态村，有钱的出钱，没钱的出主意，出规划，发挥各自强项，支持文明生态村建设。

11月6日～10日 市创建文明生态村领导小组组成4个考核验收组，对第三批创建文明生态村工作进行全面考核验收。全市213个三批创建村基本完成规定的各项创建任务，其中209个村一次性通过验收。

11月13日～14日 市文明办在市交通局六楼会议室分三场组织召开了“创服务品牌，树港城形象”三杯竞赛活动听证会。全市共51个参评行业在竞赛听证暨互评会上接受了各界代表的重点评议和书面评议，有关行业还接受了代表的当面质询。

11月15日 我市按照省文明办下发的《关于推荐省支持的“村民中心”的通知》总体要求和规定的支持名额，坚持标准、层层把关、反复酝酿、认真审核，最后确定2007年度报省支持的“村民中心”正式村5个。

11月16日 开始利用一周时间协助中央电视台《讲述》栏目组完成《文明中国——古长城下的誓言》拍摄制作工作，该片讲述了我市农民张鹤珊几十年如一日守护长城的感人事迹。

11月～12月 市文明办在全市范围开展未成年人思想道德建设创新案例征集活动。

12月3日～6日 省宣传文化中心主任和村民中心主任培训班在石家庄举办，我市北戴河区赤土山村党总支副书记杨洪增代表我市做了题为《发挥阵地作用，共享服务资源》的经验交流，得到与会者一致好评，省文明办对我市村民中心建设、使用、管理的做法给予充分肯定。

12月5日 市文明办在市交通局后楼二楼会议室组织召开了全市推进精神文明建设工作座谈会。市委常委、宣传部长时晓峰作了重要讲话，市人大副主任张树仁主持会议，市政协副主席高国祥宣读了《市精神文明建设委员会关于2005年以来全市精神文明建设工作获奖情况的通报》，秦皇岛军分区政治部主任丁雅军出席了会议。

12月10日～13日 我市对第三批创建文明生态村及典型示范村工作进行复查，各县区通过整改、加大投入，创建工作取得了新进展，经过复查，4个考核验收时不达标的三批创建村通过了考核验收。

12月11日 市委书记王三堂，市委常委、秘书长邢留逮在市委宣传部副部长、市文明办主任鞠世闻陪同下深入海港镇小张庄村调研，详细解了海港镇小张庄村村民中心建设进程和发展思路。

12月13日 市委书记王三堂，市委副书记陈贵，市委常委、秘书长邢留逮，副市长李洪卫等市领导深入青龙满族自治县进行调研，并就文明生态村创建活动提出了具体意见。

12月14日 市文明办、秦皇岛晚报联合在秦皇岛日报社报告厅举行“欧雅壁纸杯”秦皇岛首届邻里节颁奖典礼。10名热心助人的市民当选“十佳好邻居”，市委常委、宣传部长时晓峰出席并作了重要讲话。

12月19日 市文明办在海港区召开“百万市民进课堂”活动现场推进会，与会人员现场参观了海港区河涧里、军工里等四个社区，市委宣传部副部长、市文明办主任鞠世闻出席会议并对该活动提出要求。

12月20日晚 市文明办在广电星光乐园演播大厅举行全市首届“道德模范”颁奖晚会。徐长霞等25名杰出代表获得全市首届“道德模范”称号，廉国会等25人获得了“道德模范提名奖”。市领导王三堂、马誉峰、邢留逮、时晓峰、高国祥分别为五类道德模范颁奖。

12月12日～21日 市文明办组织各县文明办主任、部分乡镇党委书记、市有关部门负责人赴广西、四川两地就农村精神文明建设工作进行学习考察。

12月28日 市文明办组织召开“千家文明单位扶贫济困送温暖”活动启动仪式。市委常委、宣传部长时晓峰做了重要讲话，副市长李秦生主持启动仪式，市政协副主席高国祥宣读了《关于开展“千家文明单位扶贫济困送温暖”活动实施方案》。

供稿：秦皇岛市文明办

唐山市

1月12日 市文明委召开全市创建全国文明城市汇报会，市内六区和各责任单位的主要领导汇报了创建全国文明城以来的工作情况，市委常委、宣传部长郭彦洪同志出席会议并讲话。

1月26日 市文明办下发了《户外塔体公益广告宣传方案》。

2月6日 市文明办召开全市“文明市民标兵”和“优秀文明市民”表彰大会，为选树先进典型，充分发挥其示范带动作用，从2006年12月开始，在全市组织开展了文明市民标兵和优秀文明市民评选活动，经过广大群众投票评选，结合组织审定，最后评选出12名文明市民标兵和30名优秀文明市民，市委常委、宣传部长郭彦洪同志出席会议并讲话。

2月7日 市文明办下发了《广泛开展“人人都来‘帮一点’共建文明和谐大家庭”主题实践活动》，就发扬光大“帮一点”精神，向全市发出倡议，号召全市人民广泛开展“人人都来‘帮一点’，共建文明和谐大家庭”主题实践活动，进行了安排部署。

2月18日 市文明委下发了《迎奥运、讲文明，践行“十个一”道德实践活动实施方案》的通知，就做好迎奥运、讲文明，践行“十个一”道德实践活动进行了安排部署。

2月23日 市文明委下发2007年精神文明建设工作要点。

2月26日 市文明办举行“文明河北、和谐河北”创建活动启动仪式，市委、市政府高度重视，把“文明河北、和谐河北”创建活动贯穿到我市精神文明建设工作的全过程，并结合我市特色开展好“文明唐山、和谐唐山”创建活动，市委常委、宣传部长郭彦洪同志出席会议并讲话。

3月6日 市文明委下发了《关于“文明唐山、和谐唐山”创建活动的实施方案》，就组织动员全市人民和社会力量广泛参与，推动唐山形成人人崇尚文明和谐、追求文明和谐、促进文明和谐的良好局面，进行了安排部署。

3月19日 市文明办向省文明办上报唐山市近几年植树造林及营造城市森林基本情况。

3月20日 市文明委召开全市创建全国文明城市动员大会，省委常委、市委书记赵勇同志出席会议并讲话。

4月5日 市文明办下发了《关于发布公益公告暂行管理办法》，就进一步规范公益广告行为，充分发挥公益广告在社会教育、文化传播、舆论导向等社会主义精神文明建设方面的作用进行了安排部署。

4月18日 市文明委召开唐山市“建宜居亮城，做文明使者”社会各界代表座谈会，市委常委、宣传部长郭彦洪同志出席会议并讲话。

4月23日 市文明办向省文明办上报唐山市组织开展营造城市森林公益活动第八次春季战役的基本情况。

5月17日 市文明办下发了《“唐山市优秀文明市（村）民事迹报告团”巡回演讲报告的实施方案》，就组织开展唐山市优秀文明市（村）民先进事迹报告会进行了安排部署。

5月18日 市文明办和市文明生态村镇建设领导小组办公室联合下发了《关于进一步加强“村民中心”建设的意见》，就进一步加强“村民中心”

建设进行了安排部署。

5月24日 市文明办举办唐山市优秀文明市(村)民先进事迹首场报告会，13名同志做了报告，并在全市做了巡回演讲，市委常委、宣传部长郭彦洪同志出席会议并讲话。

6月5日 市文明办下发了《关于以良好的精神风貌“迎陶博盛会做文明市民建和谐唐山”的通知》，就提高市民文明素质、迎接陶博会召开进行了安排部署。

7月3日 市文明办下发了《关于开展“创建全国文明城，百万市民学标准、找差距、提建议、作贡献”活动方案》，就做好创建全国文明城工作进行了安排部署。

7月5日 市文明办下发了《创建全国文明城市工作宣传方案》，就做好创建全国文明城市进行了安排部署。

7月22日 市文明办下发了《关于落实市建设科学发展示范区办公室“十条路”之“走和谐发展之路”的实施方案》依据市建设科学发展示范区办公室关于走“十条路”的通知精神，就以“走和谐发展之路”为选题，围绕创建文明唐山、和谐唐山进行了安排部署。

8月4日 市文明办下发了《关于实施全民素质工程的意见》，就通过建立健全各类学习型组织、确定学习主题、强化组织领导等手段，全方位多角度提升全民素质，进行了安排部署。

8月10日 市文明办下发了《关于开展“道德模范宣传月”活动方案》，就做好9月20日我国《公民道德建设实施纲要》颁布实施六周年暨第五个“公民道德宣传日”进行了安排部署。

8月31日 市文明办召开创建全国文明城市工作第三次调度会议，市委副书记杨永山同志出席会议并讲话。

9月20日 市文明办召开了全市精神文明创建工作会议，市委宣传部副部长、文明办主任黄敬东同志讲话出席会议并讲话。

9月21日 市文明办举行全市“文明出行绿色交通”活动启动仪式，并发出倡议积极响应建设部开展的“中国城市公共交通周及无车日活动”，市委副书记杨永山同志出席会议并讲话。

9月26日 市文明办下发了《关于开展“以优质服务向十七大献礼，树文明形象为文明城增光”活动方案》，就组织动员全市各行各业干部职工立足本职岗位，以实际行动和崭新精神风貌庆祝十七大胜利召开，展示窗口良好形象，营造文明和谐的社会风尚，以优质服务向十七大献礼进行了安排部署。

10月11日 市文明办起草了2007年落实市政府《督查要点》所列项目的基本情况。

11月16日 市文明办下发了《唐山市2007年秋季植树活动安排》，就全力推进我市全民义务植树活动的深入开展进行了安排部署。

11月21日 市文明委下发了《关于开展向何学红同志学习的决定》。

11月22日 市文明办召开了学习何学红同志先进事迹座谈会，副市长李恩久同志出席会议并讲话。

12月6日 市文明办全体人员参加了全市宣传文化系统解放思想大讨论活动，市委常委、宣传部长郭彦洪同志出席会议并讲话。

12月18日 市文明办向省委宣传部、省文明办提出学习、宣传何学红同志先进事迹请示，建议省委宣传部、省文明办加大宣传何学红同志先进事迹的力度。

12月29日 市文明委下发2007年精神文明建设工作总结。

供稿：唐山市文明办

廊坊市

1月8日～11日 省文化厅文化信息资源共享中心宋建增同志带队来廊，为我市16个“村民中心”安装文化信息资源共享设备。

1月11日 市文明委召开全市创建文明行业经验交流会，市委常委、宣传部长肖双胜出席会议并讲话。市人大常委会副主任佟淑芸、市政协副主席刘海珠出席会议。市领导王增力、王爱民、常则民、连树臣、肖双胜和37个参创行业的主要负责同志，实地观摩市区的部分创建窗口单位。

1月11日 市文明委在市区时代广场组织举办“践行城市精神，展示行业风采”大型展览开幕式。市领导王增力、王爱民、常则民、连树臣、肖双胜、吕爱英出席开幕式，并与各参创行业的代表参观了展览。

1月11日～16日 廊坊市“践行城市精神，展示行业风采”大型展览在市区时代广场举行。

1月15～16日 市文明办农村科组织人员赴霸州市西粉营村督导检查文化科技卫生“三下乡”筹备工作情况。

1月17日 市文明办组织2006年度创建文明行业督导员评议和行业互评活动。

1月22日 市文明办决定，授予王培胜等10名同志为“廊坊十大爱心人物”称号，并给予通报表彰。

1月23日 市文明办决定，授予香河县文明办、固安县文明办、文安县文明办、安次区文明办“廊坊市2006年度精神文明建设信息工作先进单位”称号,并予以通报表彰。

1月25日 组织召开创建全国文明城市工作协调会，专题研究组建市创建全国文明城市工作办公室有关事项，市直有关部门和安次区、广阳区负责同志参加会议。市委常委、宣传部长肖双胜出席会议并讲话。

1月31日 市文明办专职副主任赵贺鹏参加市纪委监察局优化发展软环境建设工作座谈会。

2月1日～3日 组织市“一报两台”记者，深入文明行业创建重点参创行业进行集中宣传报道。先后深入到市国税局、市交通局、廊坊供电公司、市国土资源局、明珠大厦、市建设银行、安次区西小区派出所、市园林局、市地税局开发区分局、市工商银行、市工商银行开发区支行进行采访。

2月2日 市委宣传部、市文明办等部门组织开展文化科技卫生“三下乡”集中活动，向霸州市西粉营村赠送部分文体器材。市委常委、宣传部长肖双胜，市委宣传部副部长、文明办主任王建平出席捐赠仪式。

2月5日 建立市创建全国文明城市工作办公室，召开创建全国文明城市第一次工作例会，对下一步工作进行部署。市委常委、宣传部长肖双胜出席会议并讲话。

2月6日 根据省文明委《关于“文明河北、和谐河北”创建活动的实施方案》，市文明委制定下发了《关于开展“文明城乡，和谐廊坊”创建活动的实施方案》。

2月8日 召开市推进未成年人思想道德建设重点专项工作联席会第八次会议，市文明办专职副主任赵贺鹏主持会议。会议传达学习了中央文明委《关于进一步推进未成年人思想道德建设的任务分工》及省文明委《通知》精神，听取了各成员单位2006年重点专项工作落实情况的汇报，对2007年工作进行了研究部署。

2月9日 召开廊坊市银行业文明窗口表彰大会。会上，市文明办、廊坊银监分局对24个文明窗口、61名文明服务标兵进行表彰。市文明办专职副主任赵贺鹏参加会议。

2月12日 向省文明办上报我市第三批文明生态村创建及帮建单位名单。

2月26日 省文明委“文明河北、和谐河北”创建活动启动仪式结束后，我市举行了“文明城乡，和谐廊坊”创建活动启动仪式，对此项活动进行部署。市文明办专职副主任赵贺鹏主持，市委宣传部副部长、文明办主任王建平讲话。

3月7日 按照省文明委、省绿化委《关于组织营造城市森林公益活动第八次春季战役的通知》要求，市文明委、市绿化委制定下发了《关于组织开展营造城市森林第八次春季战役的实施方案》，对我市2007年营造城市森林活动进行了安排部署。

3月8日 市文明办等单位联合印发《关于组织“全国‘六一’儿童节计算机表演赛”和“中国首届‘让每个孩子成功’美术赛、艺术表演赛”河北赛区廊坊分赛区赛事活动的通知》，对此项工作进行部署。

3月10日 市文明办被市委、市政府授予“廊坊市2006年度国土绿化先进单位”荣誉称号。

3月12日 市委、市政府召开全市造林绿化表彰动员大会，对2006年度国土绿化、城区绿化先进单位和先进个人进行表彰，对全市2007年造林绿化工作进行动员部署。市文明办专职副主任赵贺鹏参加会议。

3月12日 市文明委、市绿化委在市区永兴小区举行“营造城市森林，建设文明生态社区”活动启动仪式。市委书记王增力、市长王爱民等市四套班子领导和社会各界代表150余人参加启动仪式和义务植树活动。市文明办、市绿委办、市园林局等单位联合发出《积极开展“营造城市森林，建设文明生态社区”活动倡议书》，标志着我市营造城市森林公益活动拉开序幕。

3月19日～28日 市文明办、市教育局组成考评组对各县（市、区）申报的“十佳德育示范校”进行考评验收。

3月20日～30日 按照省文明办、省工商局、省质监局、省国税局、省地税局、省工经联、省消协、省企业家协会《关于开展“河北省诚信企业评选表彰活动”的通知》要求，组织我市企业完成申报工作。

3月23日 召开市创建全国文明城市第二次工作例会，听取各专项工作组和安次区、广阳区制定具体工作方案的情况汇报，市委常委、宣传部长肖双胜出席会议并讲话。

3月26日 市委召开全市宣传思想工作会议。市委宣传部副部长兼市文明办主任王建平、市文明办专职副主任赵贺鹏参加会议。

3月26日 召开全市文明办主任会议，学习贯彻全国、全省文明办主任会议精神，总结今年工作，研究部署2007年精神文明建设工作。

4月11日 市文明委印发《关于表彰2006年度创建文明行业“三杯”竞赛活动优胜行业、文明示范窗口、文明服务标兵和先进工作者的决定》（廊文明[2007]9号）。对在2006年度创建文明行业“三杯”竞赛中取得优异成绩的国税系统等17个优胜行业、安次区公安分局西小区派出所等100个“文明示范窗口”、刘殿华等100名“文明服务标兵”和孙妍凤等30名“创建文明行业先进工作者”予以表彰。

4月11日 参与组织召开全市文明生态村创建工作调度会，听取各县（市、区）关于创建文明生态村工作和“村民中心”建设工作汇报，安排部署今年文明生态村创建工作。市人大常委会主任张素珍，市委常委、宣传部长肖双胜出席会议并讲话。

4月12日～13日 按照市文明委《关于组织营造城市森林公益活动第八次春季战役的实施方案》的工作部署，市文明办组织市绿委办、市园林局、市房管局、市社区办有关人员和廊坊日报、廊坊电视台、廊坊电台新闻媒体记者组成检查组，对我市部分社区、小区和沿街单位的绿化进展情况进行了集中督导检查。

4月13日 省文明办召开全省文明办主任会议，重点研究部署创建文明生态村工作。市文明办专职副主任赵贺鹏、市创建办副主任亢宝亮参加会议。

4月16日 市委常委、宣传部长肖双胜就创建全国文明城市工作到安次区、广阳区进行调研，先后深入市区兴安市场、隆福市场、北方农贸批发市场和小廊坊、大官庄、菜豆庄等城中村以及火车站、汽车站等公共场所，就城市基础设施建设和环境卫生情况进行督导检查。市创建全国文明城市工作办公室和市直有关部门负责同志陪同检查。

4月18日 市文明办印发《关于做好未成年人思想道德建设“回头看”工作的通知》，对此项工作进行部署。

4月19日～20日 保定市创建文明城市考察团一行8人到我市参观考察。市文明办专职副主任赵贺鹏向考察团介绍了我市创建文明城市情况并陪同参观了廊坊开发区工商银行、安次区光明西道文苑社区、安次区公安分局西小区派出所、市公路管理处等单位。

4月20日 市委、市政府召开廊坊市创建全国文明城市暨“城市管理年”动员大会。市委书记王增力作重要讲话。市长王爱民主持会议。市四套班子领导出席会议。市委常委、宣传部长肖双胜宣读了廊坊市2006年受省委、省政府表彰的省级文明单位名单和市文明委《关于表彰2006年度创建文明行业“三杯”竞赛活动优胜行业、文明示范窗口、文明服务标兵和先进工作者的决定》。副市长王大虎对城市管理年工作进行了安排部署。

4月23日～27日 对市直相关部门、各县（市、区）推荐申报的“服务新农村、展示新形象”先进典型进行综合评定。

4月24日 省委、省政府在石家庄召开全省深入推进创建文明生态村工作会议，对2006年度先进单位和先进个人进行表彰，对今年全省创建文明生态村工作进行部署。市委书记王增力、市长王爱民及市委农工部、市文明办负责同志、各县（市、区）委书记和获奖单位代表参加了会议。

4月27日 市文明办、市体育局、市社区办在广阳区6916社区举办了廊坊市2007年“全民健身与奥运同行”社区健身活动。市委宣传部副部长、市文明办主任王建平，市文明办专职副主任赵贺鹏出席活动开幕仪式。

5月8日 市文明办、市教育局下发《关于表彰“十佳德育示范学校”通报》（廊文明办[2007]3号），授予廊坊市第一中学等10所学校“廊坊市十佳德育示范学校”称号；授予三和市第一中学等13所学校“廊坊市德育工作先进单位”称号。

5月8日 印发《廊坊市精神文明建设委员会关于命名表彰全市“服务新农村、展示新形象”先进典型的决定》（廊文明[2007]11号），对市直有关部门、各县（市、区）推荐申报的全市“服务新农村、展示新形象”先进典型进行命名表彰。

5月8日～20日 按照省文明办《关于做好未成年人思想道德建设“回头看”工作的通知》（冀文明办[2007]6号）要求，市文明办组织市联席会议成员单位及各县（市、区），对我市未成年人思想道德建设工作进行认真总结，写出专题报告。

5月11日 市文明办组织重点窗口单位和亮化责任单位召开“5·18”国际商务节环境整治协调会，对市区环境治理和亮化工作进行部署。

5月16日 市委宣传部副部长、文明办主任王建平到市交通局就创建文明行业工作进行调研。

5月16日 副市长王大虎带领市直有关部门负责人，对市区“5·18”国际商务节城市亮化情况进行检查。市文明办专职副主任赵贺鹏参加检查。

5月21日 根据省委宣传部、省文明办、省教育厅《通知》要求，市委宣传部、市文明办、市教育局联合下发《关于做好我市2007年度“助学工程”组织实施工作的通知》（廊文明办[2007]4号），对此项工作进行了部署。

5月21日～22日 省文明办协调处副处长杨日明带领省创建文明城市调研组到我市就创建文明城市工作进行调研考察。市委常委、宣传部长肖双胜与省调研组进行了座谈，市委宣传部副部长、市文明主任王建平，市文明办专职副主任赵贺鹏参加调研。

5月23日 按照省文明办《关于上报构建“诚信河北”新闻线索的通知》要求，将我市近年来党政机关、执法部门、行业、社区及企业单位在诚信建设中涌现出的先进单位和典型事例整理成新闻线索报省。

5月23日～25日 省文明办调研处处长刘魁栋、副处长张勇一行来我市就创建文明生态村工作进行调研。省调研组与市直有关部门负责同志进行了座谈，并深入霸州市、文安县部分村街进行了实地调研。市委农工部部长冉伟忠。市文明办专职副主任赵贺鹏、市委农工部副部长亢宝亮陪同调研。

5月30日 省文明办召开《河北省精神文明建设年鉴》编辑工作会议，通报2006年卷编纂工作情况，安排部署2007年卷组稿工作。市文明办综合科科长陈东参加会议。

5月30日～31日 按照省委宣传部、省文明办《关于开展创建文明城市活动巡礼实施方案》要求，河北电视台、河北日报记者来我市就创建文明城市工作进行深入采访。市委宣传部副部长、市文明办主任王建平，市文明办专职副主任赵贺鹏分别向记者介绍了我市的创建情况。

5月31日 市文明办、市社科联组织我市理论社科界有关专家召开廊坊“城市精神”研讨会，对廊坊“城市精神”表述用语进行了研讨论证。

6月1日 召开《廊坊市综合地图集》编辑出版工作会议。市文明办有关同志参加了会议。

6月1日 《河北精神文明建设》第11期刊发了我市题为《廊坊市300多位民营企业家为孤儿捐款》和《香河县抓好儿童文学创作》两篇文章。

6月6日 下发《关于召开创建文明行业工作调度会的预备通知》，对各行业主管部门上报的汇报材料进行逐一审核，确定发言单位，为召开廊坊市2007年度创建文明行业工作调度会做准备。

6月11日～15日 为扎实推进我市文明行业创建工作，进一步增强各行各业的服务意识、品牌意识，制定了《廊坊市文明服务品牌创建管理办法》。

6月12日 按照中共河北省委宣传部、河北省文明办、河北省工商局、河北省广电局、河北省新闻出版局《关于举办“迎奥运、讲文明、树新风”公益广告征集比赛的通知》（冀文明办[2007]10号）要求，经过认真筛选，推荐参赛作品共18件，其中影视类作品9件，广播类作品5件，平面类作品4件。

6月15日 市文明办、市教育局联合召开全市德育示范学校现场观摩会。会议总结交流了近年来我市未成年人思想道德建设工作的经验，表彰了“廊坊市十佳德育示范学校”、“廊坊市德育工作先进单位”，实地观摩了廊坊一中的德育工作成果。各县（市、区）文明办主任、教育局长和受表彰学校代表、市直中小学负责同志参加了会议。

6月19日 制定印发了市文明委《关于进一步加强文明社区创建工作的意见的通知》（廊文明[2007]13号），对此项工作进行了安排部署。

6月19日 召开廊坊市创建劳动关系和谐企业领导小组和廊坊市工会基层组织建设领导小组联合会议。市委宣传部副部长、市文明办主任王建平参加会议。

6月20日 组织召开全市创建文明社区工作动员会议。市委副书记、纪委书记栗建华出席会议并讲话，市委常委、宣传部长肖双胜主持会议并宣读市文明委《关于进一步加强文明社区创建工作的意见》。广阳区、安次区、廊坊开发区和市直有关单位、管道局物业总公司负责同志，广阳区、安次区、廊坊开发区各街道办事处、各社区居委会负责人参加会议。

6月20日 按照《廊坊市综合地图集》编辑出版工作会议要求，向《地图集》编委会提交了部分照片资料和文字材料。

6月21日 组织召开全市“专业技术人员进万村兴百业”活动动员会，对贯彻落实全省“深入农村、服务农民”动员大会精神，深入开展“专业技术人员进万村兴百业”活动进行安排部署。市委常委、宣传部长肖双胜出席动员会并提出具体要求。市委宣传部部务会成员，各县（市、区）常委宣传部长、市开发区工委办主任参加会议。

6月21日～26日 拟定2007年文明创建督导员聘任名单，充分调动社会各界及广大市民参与文明创建的积极性，进一步延伸工作抓手。

6月22日～26日 按照省文明办《通知》要求，对我市创建文明城市工作进展情况进行了详细汇总，并上报省文明办。

6月27日 根据省文明办、团省委、省社科联《关于组织开展全省未成年人“文明奥运伴我行”主题征文活动的通知》精神，市文明办、团市委、市社科联联合下发《关于组织开展全市未成年人“文明奥运伴我行”主题征文活动的通知》，对活动进行部署。

6月28日 召开2007年度创建文明行业工作调度会，总结交流今年以来创建文明行业工作开展情况，对今后一段时期创建工作进行重点提示。市委副秘书长、办公室副主任赵清超主持会议，市委宣传部副部长、市文明办主任王建平代表市委常委、宣传部长肖双胜同志讲了重要意见。37个行业主管部门的主管领导和联络员参加了会议。

6月28日 召开创建全国文明城市工作督导组长协调会。10个创建全国文明城市督导组组长参加会议。

6月29日 召开全市创建全国文明城市责任对接工作会议。市直76个部门负责创建全国文明城市工作的直接责任人、信息联络员和市文明委新聘任的100名创建全国文明城市工作督导员参加会议。市委常委、宣传部长、市文明委副主任肖双胜同志出席会议并讲话。市委宣传部副部长、市文明办主任王建平同志宣读了市文明委《关于聘任廊坊市创建全国文明城市工作督导员的决定》。会上，印发了市文明委《关于印发〈廊坊市创建全国文明城市工作任务清单〉的通知》。创建工作直接责任人、督导员和信息联络员代表分别做了表态发言。

6月29日 以“践行社会主义荣辱观，为构建和谐廊坊提供坚实的道德基础”为题，向省文明办上报我市荣辱观教育和“助学工程”实施工作情况。

7月2日 市文明委印发《关于印发肖双胜同志在全市创建文明行业调度会上的讲话的通知》（廊文明[2007]17号）。

7月11日 召开“专业技术人员进万村兴百业”活动工作会议，对全市开展“专业技术人员进万村兴百业”活动的相关事宜进行了安排部署，并下发了《关于开展“专业技术人员进万村兴百业”活动的具体实施方案》。

7月11日～12日 中央文明办在内蒙古包头市召开《全国文明城市测评体系》征求意见座谈会。市文明办专职副主任赵贺鹏参加会议。

7月11日～12日 根据文明创建督导员分组情况和《创建全国文明城市工作任务清单》，将82个创建责任单位划分为十组，分别编入文明创建督导组。

7月12日～13日 按照省文明办《关于印发唐山市文明办〈关于建设社区未成年人活动站的实施

意见〉的通知》精神，选定我市社区未成年人活动站试点。

7月19日 组织召开创建全国文明城市第三次工作例会。会议集体观看了市创城办拍摄的安次区重点区域环境卫生状况专题片，专题研究部署市区重点区域环境卫生综合整治工作。市委常委、宣传部长肖双胜出席会议并讲话。

7月23日 市文明办下发《关于开展文明单位创建调研活动的通知》，对此项工作进行安排部署。

7月27日 按照市委领导批示精神，市文明办组织市公安局、市综合执法局、市扫黄办召开协调会，对在全市开展打击涉黄、涉赌违法犯罪行为和集中清理责任辖区范围内影响环境秩序专项行动进行部署。

7月28日～30日 协调市综合执法局和北京UAA广告公司，对创建文明城市公益广告设置位置进行现场勘察，进一步修改公益广告建设方案。

7月30日 会同市直工委、市工商局、市综合执法局、市规划局做好亮化设施检修、完善，修补缺损霓虹灯等筹备工作。

7月31日 完成《河北省精神文明建设年鉴（廊坊卷）》初稿并报省。

8月3日 全市文明生态村创建工作现场观摩调度会在霸州市信安镇召开。市领导张素珍、肖双胜、殷志刚、刘智广出席会议。会议传达了全省创建文明生态村工作会议精神，组织现场观摩和经验交流，对下一步工作进行了部署。市委宣传部副部长赵贺鹏参加会议。

8月6日 按照省文明办等单位《通知》要求，市文明办、市总工会、团市委、市妇联联合下发《关于印发〈关于我市评选推荐全国道德模范的实施方案〉的通知》，对此项活动进行部署。

8月7日 市文明委举行“迎奥运盛会、创文明城市、建和谐廊坊”主题实践活动启动仪式。市领导王增力、杨新建、栗建华、肖双胜、张国斌、王大虎、孙殿高出席启动仪式，市长王爱民作动员讲话。

8月8日 省文明委在秦皇岛召开河北省“文明服务奥运，和谐彰显河北”活动动员大会。市委宣传部副部长赵贺鹏参加会议。

8月13日～15日 省文明办组织“诚信河北千里行”采访组来我市进行专题采访。

8月15日 市文明办向市委常委会汇报塑造廊坊“城市精神”活动情况，经市委常委会审定，确定廊坊“城市精神”表述用语为：包容开放、务实诚信。

8月16日 按照省文明办通知要求，上报《廊坊市2007年创建全国文明城市操作方案》、《廊坊市2006年～2008年创建文明城市规划》、《廊坊市创建全国文明城市工作任务清单》。

8月17日 市委宣传部、市文明办召开廊坊“城市精神”研讨会，组织我市理论社科部分专家学者围绕廊坊“城市精神”内涵进行研讨。

8月24日～29日 市领导肖双胜、杨国林、王大虎、徐崇政率市直有关部门负责人赴内蒙古包头市、新疆库尔勒市考察文明城市创建及城市建设管理情况。市委宣传部副部长赵贺鹏参加考察。

8月30日 市文明办印发《廊坊市创建全国文明城市工作督导员管理办法》（廊文明办字[2007]6号）。

8月31日 省文明办在石家庄举办全省个私企业文明诚信先进事迹演讲报告会。市文明办专职副主任付云良参加。

9月5日 省创建文明城市考察组一行3人到我市就文明城市创建工作进行考察测评。

9月7日 在全市联合组织开展了“廊坊市十大道德模范”评选表彰活动，并为获奖同志举办了颁奖仪式。

9月16日 省“专业技术人员进万村兴百业”活动督查组一行三人来我市督导检查工作，听取了廊坊市《全力打造服务农民的民心工程》的工作汇报，并进行了实地考察。

9月19日～22日 深入永清县、三河市就文明单位（企业）创建工作开展了实地调研。

9月26日 督导各有关责任单位落实公益广告建设资金。

9月27日 按照责任分工，做好“9·26”环境综合整治工作。

10月7日 在全市广泛开展了以“迎奥运、讲文明、树新风”为主题征集活动，积极与央视科教频道《文明中国》进行沟通，将廊坊精神文明建设成果向全国推介。

10月16日 制定下发了《市文明委关于印发〈

关于在重阳节期间开展“敬老爱老助老，共享和谐”活动的实施方案>的通知》（廊文明[2007]20号），通过《廊坊日报》向全社会发出倡议。

10月18日 完成《河北精神文明建设》刊物组稿任务，并将文字材料和照片资料报省。

10月19日 完成《廊坊市文明社区创建管理办法》初稿，征求有关部门意见，提交市文明委领导审定。

10月24日 督导各行业主管部门，深化文明“窗口”创建活动，整理推选创建文明行业先进典型。

10月27日 组织市体育局推荐和平丽景社区、华夏经典社区、吉兴社区申报河北省城市体育先进社区。

10月29日 配合省文明生态村督导组完成在廊期间的检查督导工作。

11月5日 组织召开了廊坊市创建全国文明城市重点工作调度会，副市长王大虎作动员讲话。市委副书记、纪委书记栗建华出席会议。

11月13日 组织各县（市、区）推荐省拟支持的村民中心。向省文明办推荐了12个村民中心。

11月17日 配合中央电视台完成《讲述》节目在廊坊的采访和录制任务。

11月22日 下发《关于组织开展2007年度创建文明行业“三杯”竞赛群众评议活动的通知》，指导各县（市、区）开展“三杯”竞赛评议活动。

11月25日 下发市文明办《关于认真做好2006～2007年度廊坊市文明社区申报评选工作的通知》，组织开展市级文明社区的申报、评选工作。

11月27日 组织召开廊坊市市区社区干部培训会议，按照《全国文明城市测评体系》，对社区工作进行了专题辅导。

11月27日 深入挖掘农村精神文明建设小故事，经认真筛选后，向省文明办报送8篇。

12月2日 全面安排部署2006～2007年度市级文明单位推荐和申报工作，同时组织开展市级文明社区申报评选工作。

12月9日 组织“三杯”竞赛参赛行业开展行业互评活动。

12月15日 按照《关于着力解决创建文明城市工作难点问题的实施方案》（廊办发[2007]27号）文件要求，组织文明创建督导员对难点问题责任单位进行督导。

12月21日 组织部分2006年省支持建设的村民中心主任赴石家庄市，参加全省“县级宣传文化中心主任、村民中心主任”培训班。

12月28日 配合市文明生态村创建工作办公室，深入各县（市、区）督导检查创建文明生态村工作，实地考察2007年度新建设的“村民中心”。

供稿： 廊坊市文明办

整理： 陈东 邵凤霞

沧州市

2月26日 市文明委组织“文明河北、和谐河北”创建活动启动仪式沧州分会场会议。参加会议的有市文明委成员单位、慈善组织和行业协会的主管领导和主管科室负责人，会议由市委常委、宣传部长李军主持，市委副书记、市纪委书记石锡贵同志出席会议并讲话。会议要求各行业和部门要根据职能，积极参与我市开展的“知沧州、兴沧州、爱沧州”、“沧州好人、沧州能人”宣传评选和市民公益讲座等系列活动，真正把会议精神落实到实处。

3月14日 以“万株大树绿狮城”为主题，在市区组织开展了营造城市森林大型公益活动，5000余人参与，共植树1.3万余株，涉地面积达200余亩。

3月份 制定出台了《沧州市文明单位推荐管理责任制度》，要求各级各部门严把推荐关，强化日常监督与管理，确保文明单位质量。

6月下旬 召开全市创建文明生态村工作会议，以打造“文明生态走廊”为重点，在104、106、307三条国道沿线的180个村全面启动了第三批创建工作。组织沿线群众广泛开展了硬化道路、净化街院、绿化村庄等活动。制定了“村民中心”建设规划，要求前三批创建村整合资源，积极建设村民中心，并组建统一的服务组织，建成并投入使用的村民中心达480余个。

5月 组织成立了全市志愿者指导委员会，下发了《关于开展“温暖狮城志愿行动”活动的通知》，30多个部门组织了2000余名志愿者和员工走上街头开展宣传咨询、家电维修、兑换残币、义诊保健，并下乡帮扶困难群众。

7月 组织实施“助学工程”。经学生申报，所在中学推荐，村（居）委会证明，县委宣传部、文明办、教育局按“优中选贫，贫中选优”原则进行推进，市审核公示，中央和省有关部门批准，确定我市贾平等11名同学为“西部开发助学工程”大学生受助人选，刘雨柔等14名同学为“西部开发助学工程”“宏志班”受助人选，孙建利等10名同学为省“助学工程”受助人选。

8月 组织开展了“文明服务奥运，和谐彰显沧州”活动。以深入开展文明行业创建为重点，组织交通、电力、通信、银行、商贸、文化、旅游等14个服务行业开展了“文明服务奥运,和谐彰显沧州”活动,根据创建实践情况，在全市确定了100个“引领文明、服务奥运”窗口示范单位，引导开展创建活动。

9月20日 以第六个公民道德宣传日和首批“沧州好人”的表彰为契机，启动了“公民道德实践月”活动。组织开展了“洁净沧州、美化狮城”、“六个一”、公民道德基本规范“五进”等主题实践活动，在市内16条主街道两侧、各中小学校及大型商场超市悬挂道德建设宣传标语和挂图310余条（幅），5000多名群众捡拾白色垃圾，擦洗护栏，清理背街小巷中的非法小广告和乱贴乱画790多处，全市初步形成了宣传道德规范、遵守道德规范的良好局面。

9月10日 沧州市委、市政府召开迎“两节”“五城同创”动员大会，动员全市人民，以中国国际吴桥杂技艺术节落户沧州和举办中国沧州武术节为契机和突破口，深入开展“五城同创”（创建文明城市、卫生城市、环境保护模范城市、园林城市和双拥模范城）活动。市直部门、驻沧单位负责人和部队、武警主官、各县（市、区）书记和相关部门负责人、以及新华、运河两区的干部和各界群众代表1100多人参加了大会。市四套班子领导出席了动员大会，会议由市委副书记、市纪委书记石锡贵主持，市委书记郭华、市长刘学库做了重要讲话。

10月 在全市组织开展了第六届“十佳百星”评选活动，在沧州日报公示了273名候选人的事迹，3.7万余群众参与了投票，最后评出十佳文明市民、十佳医务工作者、十佳青少年等10个序列100名先进个人。

供稿：沧州市文明办

衡水市

1月25日 市文明办印发2007年工作要点。

1月26日 全市文明办主任会议在衡水迎宾馆召开。市文明办主任闫金亮同志讲话，市文明办副主任张利主持会议。会上，传达了全省文明办主任会议精神，全面总结了2006年精神文明创建工作，安排部署了2007年工作。各县市区文明办主任讨论了《衡水市文明办2007年工作要点》。同时，围绕会议主题，认真交流了各地去年精神文明创建工作的经验，汇报了今年精神文明创建工作的设想。

3月份 制定出台了《衡水市2007年创建文明生态村工作方案》。

3～4月 组织“全国‘六一’儿童节计算机表演赛”和“中国首届‘让每个孩子成功’美术赛、艺术表演赛”衡水赛区的选拔工作。

3月28日 市创建文明生态村活动领导小组下发关于推荐全省创建文明生态村先进单位、创建文明生态村工作先进乡（镇）和先进个人的通知，并要求各县市区要把推荐工作作为贯彻省七次党代会和市二次党代会精神、深入推进创建文明生态村活动的重要措施，高度重视，全面衡量，认真负责地做好这项工作。

4月份 制定出台市委、市政府《关于衡水市沿106国道文明生态示范带建设实施方案》。

5月10日 市委、市政府召开全市精神文明建设工作会议。各县市区委书记、常委宣传部长、主管副县市区长、文明办主任，市直、桃城区直单位主要负责人及部分干部群众共计700余参加了会议，市委、市人大、市政府、市政协主要领导出席会议。会议表彰了全市创建文明生态村工作先进村、先进乡镇、先进帮建单位，全市三下乡三扎根工作先进单位和先进个人，第九届十佳文明市民标兵、十佳文明市民，2006创建文明行业三杯竞赛优胜行业。桃城区、枣强县、冀州市、市交通局、第九届十佳文明市民标兵康洪民作大会发言。市委书记景春华、市委副书记李晓明分别讲话，对2006年工作进行了总结，全面部署了2007年精神文明建设工作。

5月31日 市文明办印发《衡水市开展创建文明城市活动巡礼实施方案》，要求各部门各单位采取多种方式努力提高市民文明素质和城市文明程度，推动文明城市创建工作，宣传表彰各部门各单位在文明城市创建中涌现出来的先进典型、先进事迹。

6月4日 市文明办召开全体会议，以“创新实干、打造亮点、争先晋位、提升形象”为主题，对今年后7个月精神文明建设工作进行了认真研究和谋划，提出工作思路与措施。

6月 市文明办、教育局、文化局、公安局、工商局、团市委、市关工委等七个部门联合印发了《关于在全市范围内开展“远离网吧、健康成长”活动的实施意见》。20号在衡水中学举行了由青少年学生代表、网吧业主、联动单位、社会监督员等人参加的万人签名起动仪式，市委常委宣传部长解晓勇出席会议并做重要讲话，人大副主任杨金锁、副市长辛书华、政协副主席刘家科出席会议。

6月14日 在全市社区中广泛开展文明和谐社区“七个一”创建活动。“七个一”即：成立一支服务小分队、打造一个志愿者百米服务圈、组建一个道德银行、建立一个爱心超市、设立一个道德榜、举办一次邻居节。

6月26日 市委常委、宣传部长解晓勇到冀州市调研106国道文明生态示范带建设。

7月13日 召开全市文明办主任会议，总结交流上半年各地精神文明创建工作，掌握全市工作进度，安排部署下半年工作，确保圆满完成年初确定的工作目标。

7～8月 组织全市文明小卫士、社会监督员对市区网吧进行监督。

7月下旬至8月上旬 对申报的市级文明单位市直参评单位，按照新修订的《衡水市文明单位考评办法》进行实地验收。

7月31日 市文明办下发通知，要求各县市区文明办认真做好省奖励创建文明生态村先进单位及先进个人经费管理使用工作。

8月 制定出台了市文明办、市总工会、共青团市委、市妇联《关于在全市开展十大道德模范评选活动组织推荐全国道德模范的通知》，市文明委《关于在全市组织开展“公民道德实践月”活动的实施意见》，组织开展了道德模范评选推荐工作。

9月1日 在市体育休闲广场举办了“爱心奉献日”暨衡水市“公民道德实践月”启动仪式，市直、桃城区直干部职工、社会各界群众和各类志愿者1万余人参加了仪式，市委、市人大、市政府、市政协、衡水军分区主要领导出席仪式。仪式结束后，在市领导带领下，广大干部群众和志愿者1万多人参加了以扶贫帮困、走访慰问困难职工、帮扶贫困家庭、关心孤寡老人、义务清理公共环境卫生、开展各类志愿服务为主要内容的“送温暖、解民忧、献爱心”活动。

9月 向省推荐了林秀贞等六名道德模范候选人，林秀贞被省推荐到全国道德模范评选组委会，被评为全国助人为乐模范。

9月6日 召开文明城市初评工作汇报会,市委、市人大、市政府、市政协四大班子领导出席汇报会，市创建文明城市总指挥部部分成员单位主管领导参加。市委书记景春华和市委常委、宣传部长解晓勇同志先后汇报了我市创建工作情况。

9月17日 举行“新农民工程”建设工作会议，会议总结了全市“新农民工程”工作，进一步动员全市各级各部门，再鼓干劲，再增措施，以新的姿态全面投入到“新农民工程”工作中来，推动全市“新农民工程”建设再上新台阶。

9月18日下午 林秀贞在人民大会堂受到胡锦涛总书记亲切接见。

9月18日晚 中央文明办、全国总工会、全国妇联、共青团中央在中央电视台隆重举行了《道德的力量》全国道德模范颁奖晚会，林秀贞受李长春、刘云山、顾秀莲、陈至立、李兆焯等党和国家领导人亲切接见。

9月19日 开展了环境卫生整治“集中活动日”，组织市区范围内所有机关、学校、企事业单位和沿街门店的干部群众、师生等近10万人，在市区进行了全方位的环境卫生集中清扫。市四套班子领导走上街头，带头动手搞卫生，全力营造整洁、优美、文明、和谐的城市环境，迎接中华人民共和国成立58周年和党的十七大的胜利召开。

9月20日 林秀贞作为第一个普通农民代表应邀参加全国第四届公民道德论坛，并作为全国道德模范以《愿乡亲们人人都幸福》为题作了精彩演讲，受到了与会同志的一致赞扬，引起了强烈反响。

9月22日 全国助人为乐模范林秀贞载誉归来，市委、市政府举行了欢迎仪式，市委书记景春华致辞欢迎。

9月27日 制定下发了《关于在全市城乡广泛开展“文明和谐过双节”活动的通知》，引导人们学习道德楷模、树文明新风、讲文明用语、文明诚信。

10月 建立衡水市未成年人思想道德建设工作信息员队伍。

10月10日 市委、市政府召开全市十大道德楷模表彰大会，隆重表彰了林秀贞、王晓勋、王小芬等全市十大道德楷模、20名道德模范，市委书记景春华做了重要讲话。市委、市人大、市政府、市政协、衡水军分区主要领导，市委常委、市政府副市长出席了会议。各县市区委书记、县市区长、常委宣传部长、文明办主任，市直各单位一把手，市直及桃城区部分干部职工、学生代表共计800人参加了的大会。

10月中旬 在省林业局巡视员带领下，省文明委文明生态村工作督导组到桃城区、冀州市的六个乡镇、14个村进行了实地检查和现场指导，18日召开汇报会，市委书记景春华代表市委、市政府作了汇报。

10月15日 组织市区范围内所有机关、学校、企事业单位和沿街门店的干部群众、师生等近10万人，在市区开展了第二次环境卫生集中整治活动。此次活动在卫生扫除的同时，重点对市区范围内及周边地区的死角死落部位进行集中清扫，为广大市民创造了一个整洁优美的生活环境。李晓明、解晓勇、徐学清、曹征平、王金刚、孙志人、丁震欧、杨金锁、纪青哲、辛书华、邹立基、李洪林、王云英、王秀清、田茂怀、赵殿轩、赵汝东等市四套班子领导走上街头，带头动手搞卫生，全力营造整洁、优美、文明、和谐的城市环境，喜迎党的十七大隆重召开。

10月25日～11月20日 组织2007年度全市创建文明行业“三杯”竞赛群众评议活动，推进各行业规范化管理，全面提高服务质量，切实解决群众关心的热点难点问题，有力地促进了行业风气的转变。

10月29日～31日 市文明办举办全市文明单位“学习十七大，加强精神文明建设”培训班，市委常委、宣传部长解晓勇出席开班仪式并讲话。

11月 在全市内开展未成年人思想道德建设工作“五优”评选活动及示范基地建设。

11月下旬 市文明委组织了5个考评组深入11个县市区，对全年创建文明生态村工作进行了全面考核。

12月 在全市范围内征集未成年人思想道德建设工作创新案例。

供稿：衡水市文明办

整理：刘锡宽 孙希浩 王蕾 刘柳岐

邢台市

1月8日 以繁荣和谐文化，建设和谐社会为主题的，由市委宣传部、市文明办、市文化局联合主办的邢台市“新春唱和谐——社会群众歌咏展演”活动拉开帷幕。

1月17日 市委常委、宣传部长张力红带领市文明办负责同志深入到任县专题调研文明生态村创建工作。张力红在调研时指出，要搞好文明生态村创建，迅速实现村富民强。

1月23日 邢台市召开宣传思想工作会议，对“迎奥运、讲文明、树新风”活动进行了重点部署。市委常委、宣传部长张力红出席会议并讲话。

2月9日 邢台市召开全市宣传思想工作会

议。会议对全国、全省宣传部长会议精神进行了传达贯彻，总结了2006年工作，对2007年的工作进行了安排部署。市委副书记陈会新，市委常委、宣传部长张力红出席会议并讲话。市人大常委会副主任李英发、市政协副主席王季冬出席会议。

2月12日 全市首家由县委、县政府资助的群众性综合文艺演出团体——邢台县农民艺术团正式揭牌成立。省委宣传部副部长吴晓林，市委常委、宣传部长张力红出席仪式。

2月27日 邢台市委宣传部公布了2007年围绕关注民生、促进民和方面为牛城百姓办好十件实事。其中："村民中心"建设、"特色文化村"建设、"邢台好人评选"、"助学工程"、"燕赵新民居"建设等五项由市文明办主持的工作列入其中。

3月2日下午 由市委宣传部、市文明办、市文化局主办的邢台市新春唱和谐——元宵节社区歌咏大会，在冶金俱乐部成功举办。市领导陈会新、柴冠景、张力红、张明杰、田咏和市直有关单位干部职工、部分社区居民代表共计千余人一同观看了节目。

3月11日 全市营造城市"森林"公益活动春季战役全面打响。

3月28日 邢台市文明委发出关于《开展文明祭祀活动的通知》，对全市清明节文明祭祀活动作出安排。

5月11日 邢台市委常委、宣传部长张力红就文明生态村创建工作到邢台县进行了专题调研。张力红强调，在搞好文明生态村创建工作的同时，要特别注意对一些民俗民化村的保护和开发。

5月17日 市委宣传部、市文明办、市教育局、市财政局等部门负责同志到二中看望了正在就读的首届高中"宏志班"同学，将5万元资助费交到他们手中，并与部分学生代表进行了座谈。

5月18日 市文明办和电台《行风热线》栏目组走出直播间，来到了邢台县小石头庄村民中心，为当地百姓提供服务。

6月6日 邢台市委常委、宣传部长张力红就文明生态村创建工作深入到任县、南和进行了专题调研。张力红强调，要保护和珍惜文化资源，全面推进文明生态村建设。

6月29日 经市文明委领导同意，邢台市志愿者服务指导委员会成立。市委副书记陈会新任名誉主任，市委常委、宣传部长张力红任主任。《邢台市各级社会志愿服务指导委员会工作条例》随之出台。

7月26日 邢台市委副书记陈会新，市委常委、宣传部长张力红在市文明办有关人员的陪同下，到《行风热线》进行了专题调研。陈会新强调，要进一步办好《行风热线》促进和谐社会建设。张力红也就有关问题讲了具体意见。

8月5日～8月30日 邢台市文明办组织市农业局、交通局等相关单位对全市第三批文明生态村创建活动进行了全面督查。

8月16日 邢台市召开文明城市测评检查协调会，全市70多家责任单位参与了会议，进一步明确了各单位的工作任务。

8月19日～25日 邢台市成功举办河北省第二届"七夕"情侣节暨第三届中国邢台天河山"七夕"爱情文化节。

8月30日 市文明办、市广电局联合举办了《行风热线》创建办十周年庆典晚会。市领导陈会新、崔宝玉、张力红、郭俊苓、石玉春、苑宝运观看了演出。中央电视台《焦点访谈》栏目主持人翟树杰参与主持了晚会。

9月4日～5日 以省环保局副局长宋春婴为组长的省创建文明城市测评组一行对邢台市创建文明城市工作进行了考察测评。张力红、郭俊苓、宛宝运及市直相关部门负责人分别参加了汇报或陪同考察。

9月23日 市文明委发出通知，要求全市社会各届广泛开展向全国道德模范尚金锁同志学习。

9月24日 市文明委举行学习全国道德模范尚金锁同志先进事迹座谈会，学习宣传尚金锁同志的先进事迹。市领导姜德果、陈会新、张力红、郭俊苓、宛宝运亲切接见了载誉归来的全国道德模范尚金锁。

10月17日～18日 以省文明办副主任杨能斌为组长的省创建文明生态村督导组，莅临我市检查指导工作。省督导组一行先后前往邢台县南沟门村、前南峪村，隆尧县周村、东关村以及柏乡县赵庄村实地检查指导。市领导陈会新、张力红陪同调研。

10月20日 市文明委发出通知，要求全市各级文明单位要广泛开展多种形式的学习宣传党的十七大活动。

12月3日 市文明委发出通知，要求认真搞好市级文明单位评选工作。

供稿：邢台市文明办

撰稿：弓少勇

邯郸市

1月22日 省市“三下乡”服务团在鸡泽县参加服务活动。省人大常委副主任张群生，市委书记孙瑞斌，市人大常委会主任董强，市委常委、宣传部长徐亚平参加活动。省市各部门带来了文化科技卫生科普读物，省“心连心”艺术团为群众献上了一台精彩的歌舞节目。张群生、孙瑞斌等巡视了“三下乡”活动现场，并深入到司马堡村，向老党员、退伍军人、贫困户送去慰问金和过节物资。据了解，28个省直部门和24个市直部门参加了此次活动，活动共捐献157万元。活动中，签约项目938万元，提供贷款资金1500万元。

2月1日 全市农村工作会议召开。会议主题是贯彻落实中央农村工作会议和全省农村工作会议精神，分析研究当前全市农业农村发展形势，安排部署2007年农业农村工作任务，扎实推进社会主义新农村建设，推动邯郸经济社会更好发展。市委书记孙瑞斌、市长赵国岭发表重要讲话，市委副书记杨慧主持会议。

2月1日 2006年度邯郸市十大新闻人物揭晓。他们是：永年县工业园区管委会主任刘守信，成安县税务局原党组书记、局长刘全福，邯郸市中心医院院长刘海潮，广平县财政局局长张银廷，邯郸市青红高速公路管理处处长沈付湘，魏县沙口集乡党委书记林双廷，邯郸纺织品采购供应站总经理岳海成，武安市农村信用联社主任殷玉润，武安市磁山镇党委书记郭全生，邯郸市建筑垃圾管理处处长蒋宁达。

2月8日 邯郸市把“文明游园”作为提高公民思想道德素质的一个重要载体，采取四项措施在全市广泛开展“文明游园伴我行”活动，促进公民道德素质提高。一是开展“文明游园伴我行”大型宣传活动，对不文明行为给予曝光。二是组织文明游园签名活动，营造了浓厚的文明游园氛围。三是招募文明志愿者共建文明游园新秩序，劝阻和制止游客的各种不文明行为，协助管理人员维护游览秩序，对文明游园起到了较好的促进作用。四是加大管护力度实行文明管理，以文明整洁的卫生环境影响游客文明游园。

2月9日 市委宣传部长会议召开。市委常委、宣传部长徐亚平要求，全市宣传思想战线要团结一心，锐意进取，以舆论形势引领全好更快发展。

3月1日 为弘扬文明和谐的道德风尚，营造欢乐祥和的社会氛围，丰富城乡群众的文化生活，让全市人民过一个欢乐文明温馨的新春佳节，根据市委关于“和谐共建八项工程”的指示精神，按照市委宣传部“欢乐城乡、温馨邯郸”活动的总体部署，市文明办牵头组织了这次“温馨邯郸社区行”活动。号召社会各界积极行动起来，“献一个岗位，帮一人就业，送一份温馨、解一家困难”，用实际行动，促使送温暖、献爱心、促和谐活动蔚然成风。

3月5日 全市推进“四大”建设表彰暨优化经济发展环境广播电视大会召开。市四套班子领导同志出席会议。市委书记孙瑞斌，市委副书记、市长赵国岭发表重要讲话。市委副书记杨慧主持会议。会议印发了《邯郸市2007年“四大”建设推进计划》的通知，市委常委、市纪委书记黄恩婵宣读了《中共邯郸市委、邯郸市人民政府关于进一步优化发展环境的决定》，市委常委、常务副市长丁英辉宣读了《中共邯郸市委、邯郸市人民政府关于表彰2006年度“四大建设”工作先进单位和先进个人的决定》。

3月7日～9日 邯郸市举办提升四省交界区域经济中心地位专题研讨班。市四套班子全体领导成员，各县（市）区委书记、县（市）区长，驻邯省部属企业负责人，垂直管理部门、市直单位主要负责同志共计150多人参加研讨班。研讨班围绕提升邯郸四省交界区域经济中心地位“怎么看”、“怎么干”进行了深入探讨。市委书记孙瑞斌作了题为《战略研究与路径选择》的总结讲话，市长赵国岭在开班式上作了动员报告，市委副书记杨慧主持大会交流。孙瑞斌强调，全市各级领导干部，要重视“建设区域中心”的战略研究，紧紧围绕“怎么看”、“怎么干”，在解决事关邯郸长远发展的战略问题上下功夫，大干苦干三到五年，努力将建设区域经济中心的宏伟蓝图变为现实。

3月20日 为弘扬文明和谐的道德风尚，营造欢乐祥和的社会氛围，丰富城乡群众的文化生活，让全市人民过一个欢乐文明温馨的新春佳节，根据市委关于“和谐共建八项工程”的指示精神，按照市委宣传部“欢乐城乡、温馨邯郸”活动的总体部署，市文明办牵头组织了这次“温馨邯郸社区行”活动。号召社会各界积极行动起来，“献一个岗位，帮一人就业，送一份温馨、解一家困难”，用实际行动，促使送温暖、献爱心、促和谐活动蔚然成风。

4月20日 邯郸市召开精神文明建设委员会第五次扩大会议。市领导孙瑞斌、杨慧、徐亚平、张金山、武解放出席。市委副书记杨慧代表市委总结去年工作，部署今年工作任务。市委常委、宣传部长徐亚平主持会议。市委书记孙瑞斌强调，加强精神文明建设，必须牢牢抓住构建社会主义核心价值体系这一根本，必须紧紧围绕建设区域经济中心这一主题，必须实化载体，谋求实效。

4月20日 邯郸市召开全市领导干部观看《居安思危》专题教育片警示教育大会，市委书记孙瑞斌强调指出，各级领导干部要始终保持忧患意识，坚定理想信念，围绕建设区域经济中心的奋斗目标，干事创业为民，狠抓当前各项工作的落实。市长赵国岭主持大会。市委、市人大市政府、市政协、市纪委领导班子成员；各县（市）区委书记、县长和纪委书记；市直党政机关、事业单位党政正职；国有大中型企业党委书记、董事长（总经理）参加了会议。

5月1日～7日 第二届中原民间艺术节暨邯郸市第三届民间文化艺术周在邯郸召开。艺术节期间，安排有文物展览、民间艺术展演、名家名票戏迷登台献艺，举办“国际标准舞全国公开赛”、“邯郸市第三届读书节”，“农民漫画展”、“第36届世界儿童画巡回展”，特邀《百家讲坛》主讲王立群教授来邯签名售书等系列活动，把文化节装扮得异彩纷呈。

5月15日 省人大常委副主任柳宝全带领省人大常委会城市规划工作调研组来邯调研。市领导孙瑞斌、董强、张有祥、冯连生陪同调研。

5月15日 为巩固文明城市创建成果，提高创建工作水平，邯郸市围绕建设区域经济中心城市、提升区域中心城市地位这一总体目标，以建设生态城市为抓手，大力实施“生态城市规划、生态水网、营造城市森林、绿色环保”四项工程建设，城市生态环境明显改善，公民思想道德素质不断提高。通过生态规划工程建设、生态水网工程建设、营造城市森林工程建设、绿色环保工程建设，城市品位进一步提升，打造了文明城市的生态创建品牌。

6月6日 市委书记孙瑞斌主持召开市委理论学习中心组扩大会议。会议传达学习了省委书记、省人大常委会主任白克明在我市调研时的重要讲话，并结合当前工作，研究邯郸市贯彻落实意见。市四套班子成员参加学习。各县（市、区）委书记、县（市、区）长及市直有关部门负责人列席。

6月6日 为了进一步弘扬古赵文化，创新和丰富未成年人思想道德建设的内容和形式，最近邯郸市丛台区委宣传部和区文教体局联合举办了首届“邯郸成语典故”少儿情景剧大赛。市政协副主席王少刚向本次大赛的成功举办表示祝贺，他希望广大少年儿童，继承和发扬中华民族积淀下来的优秀民族精神和品格，学习和实践新时期社会主义道德风尚，积极参与道德实践，从一点一滴做起，从身边小事做起，做家庭里的好孩子、学校中的好学生、社会上的好少年、大自然的好朋友，成为有理想、有道德、有文化、有纪律的社会主义新人。

6月15日 邯郸市召开会议，围绕贯彻落实全省“深入农村，服务农民”会议精神，对迅速开展“深入农村，服务农民”活动扎实推进新型农村合作医疗。教育“两免一补”、科技文化卫生“三下乡”以及支农惠农等工作进行了动员部署。市委书记孙瑞斌作了重要讲话。

6月18日 邯郸市召开学习贯彻中纪委7号文件精神，市委书记孙瑞斌出席会议并作重要讲话。市委副书记、市长赵国岭主持会议，市委副书记传达了中纪委7号文件精神和省委书记白克明的重要批示。市委常委、纪委书记黄恩婵传达了中纪委、省纪委关于学习贯彻中纪委7号文件会议精神。

7月5日 市委常委会集体学习胡锦涛总书记在中央党校的重要讲话，市委书记孙瑞斌主持并讲话。市人大主任董强、市政协主席王光龙列席会议。

7月24日～25日 全市宣传部长学习座谈会在武安召开。市委常委、宣传部长徐亚平出席会议并讲话。

8月8日 市委书记孙瑞斌主持召开贯彻落实全省市委书记、市长会议精神会议市长赵国岭传达了全省市委书记、市长会议精神，孙瑞斌就我市如何贯彻落实全省会议精神讲了重要意见。市四套班子领导出席了会议。各县（市、区）委书记、县（市、区）长，市直有关部门主要负责人参加了会议。

8月3日 邯郸市邯山区充分发挥社区在构建和谐社会中基础地位，积极倡导“我为人人，人人为我”的社区服务理念，组建了社区爱心互助社，社区党员领头，组织居民自我管理、自我教育、自我服务，进一步推动了邯山和谐进程。爱心互助社还针对居民多元化的实际需求，依托社区一站式服务大厅、劳动就业保障站、家政便民服务网的服务，所得报酬记入爱心互助社统一管理，确保了爱心互助社的正常运转和互助质量。

8月9日～10日 省委常委、宣传部长聂辰席深入我市涉县、峰峰矿区、丛台区、磁县、临漳、邯山区和永年县调研。市领导孙瑞斌、杨慧、徐亚平、王社群陪同调研。

8月23日 邯郸市举办“倾听群众心声”报告会，情最基层的群众给领导干部作报告。市委书记孙瑞斌等市委、市人大、市政府、市政协四套班子领导，个县（市、区）四套班子主要负责人，市直有关点位驻澳负责人参加报告会。省纪委常委杨劳模等应邀参加。市委常委、市纪委书记黄恩婵主持报告会。

8月26日 邓小平同志塑像揭幕仪式在涉县赤岸村将军岭举行。邓小平同志长女邓林；河北省委常委、纪委书记臧胜业，省委宣传部副部长解永会；市领导孙瑞斌、杨慧、黄恩婵、徐亚平、王社群出席揭幕仪式。

8月27日 第二届“冀港心、两地情”青少年大型交流活动的香港代表团抵达邯郸。市委副书记张毅在会见了一前任香港民政事务局局长何志平为名誉团长，香港青少年发展联谊会主席陈振彬为团长的代表团成员。市领导孙瑞斌、杨慧、王社群参加会见。

8月28日 “共成长——冀港青年林”揭碑仪式在赵苑隆重举行。冀港青少年代表共同种下了200棵象征两地青少年友谊的同心树。何志平先生代表香港青年向“冀港青年千村万户沼气池援建计划”捐款75万元。共青团河北省委书记、省青联主席王晓栋主持揭碑仪式和捐赠仪式。张毅、陈振彬和孙瑞斌分别致辞。市领导赵国岭、杨慧、王社群、武卫东出席仪式。

9月3日 在全国政务公开工作先进单位表彰暨全国政务公开示范点命名电视电话会上，邯郸市被授予全国政务公开工作先进单位，并被命名为全国政务公开工作示范点。

9月12日 中国共产党邯郸市第七届委员会第三次全体（扩大）会议召开。全会由市委常委会主持。孙瑞斌、杨慧、杨玉峰、史增海、周国江、黄恩婵、贾永信、徐亚平、丁英辉、彭学曾、王社群在主席台就座。市委委员、候补委员出席了会议。市委副书记杨慧宣布全会开幕并主持了上午的会议。市委常委、秘书长王社群就《邯郸市建设区域经济中心的战略规划》（全会审议稿）作了说明，与会人员分组审议了《邯郸市建设区域经济中心的战略规划》（全会审议稿）。会议通过了《中国共产党邯郸市第七届委员会第三次全体（扩大）会议关于邯郸市建设区域经济中心战略规划的决议（草案）》。市委书记孙瑞斌代表市委常委会作了重要讲话。

9月20日～21日 邯郸市举办了市直机关迎十七大颂党情“诚信杯”歌咏比赛。市领导孙瑞斌、杨慧、丁英辉、王社群、张文生、张家学、杨志科、黄月芳、辛宝山、陈海鱼观看了比赛。

9月26日～28日 2007中国河北（邯郸）国际建材博览会在邯郸国际会展中心隆重举行。本次博览会共有13个国家和地区的客商参加，320家企业布展，是河北省和中原地区有史以来最具规模和影响力的专业建材展会。据悉，此次建材博览会，我市共签约项目20项，总投资54.13亿元，引进资金44.41亿元。

10月10日 在近日举行的邯郸市道德模范表彰大会上，市委常委、宣传部长、市文明委副主任徐亚平强调：大力表彰道德模范就是要树立落实《公民道德建设纲要》的楷模，树立践行社会主义荣辱观的时代典范，树立得到广泛认同的精神旗帜，大力弘扬道德模范的高尚品德，激发引领干部群众共同奋斗的精神力量，不断增强广大市民的凝聚力、向心力、创造力，为区域经济中心建设奠定坚实道德基础。

10月15日 市委理论学习中心组集中收看了党的十七大开幕情况，并对胡锦涛同志所作的报告进行了认真学习和讨论。

10月23日 邯郸市召开市委常委（扩大）会议，十七大代表、市委书记孙瑞斌传达了党的十七大精神，并就学习贯彻大会精神，进一步推进解放思想和改革开放，抓好当前各项工作讲了意见。市四套班子领导出席会议。省委考察组全体成员列席会议。市直有关部门负责人列席会议。

10月25日 在邯郸大剧院隆重召开第三届环卫工人节庆祝暨表彰大会。会议表彰了“五十佳城市美容师”和26个先进集体。市领导孙瑞斌、赵国岭、杨慧、董强、王光龙、冯连生等出席大会。会前，市委书记孙瑞斌与出席会议的市领导一起接见了环卫工作先进集体和先进个人，并同他们合影留念。市长赵国岭在会上作了讲话，市委副书记杨慧主持大会。

10月31日 市委书记孙瑞斌主持召开党政联席会议，传达省委七届三次全会精神。市领导赵国岭、董强、周国江、黄恩婵、贾永信、丁英辉、彭学增、王社群、赵险峰、冯连生、武卫东、市长助理曹淑霞出席会议。市直有关部门负责人参加会议。

11月1日 全市领导干部大会召开。市委书记孙瑞斌在会上传达了党的十七大精神，市长赵国岭传达了省委七届三次全会精神。市委副书记杨慧主持会议。董强、周国江、黄恩婵、徐亚平、丁英辉、彭学增、王社群等市四套领导班子领导出席会议。曾担任过地市级、正县级职务的离退休老干部，各县（市、区）委书记、县（市、区）长，市委各部门、市直各单位主要负责人参加会议。

11月2日 党的十七大代表、市委书记孙瑞斌来到丛台区窦庄社区光大居民中间，向大家传达十七大精神，介绍自己参加大会的体会与收获，并就贯彻落实党的十七大精神，推进四省交界区域精神中心建设，实现全市经济社会又好又快发展作了精彩的宣讲。

11月16日 邯郸市文明委要求全市各级各单位把学习宣传贯彻党的十七大和省委七届三次全会精神作为首要政治任务，通过领导干部带头，层层宣讲、培训理论骨干，系统宣讲、组织宣讲团队，专题宣讲、营造浓厚氛围，广泛宣讲、紧密联系工作实际和干部群众的思想实际，坚持学以致用、用以促学，利用今冬明春，集中时间进行分层次、多形式的学习宣讲活动，务求在思想上、作风上、工作上取得明显成效。

11月27日 邯郸市召开解放思想大讨论动员大会。市委书记孙瑞斌出席大会并作重要讲话。市长赵国岭主持大会。市委副书记杨慧宣读了《中共邯郸市委关于深入开展解放思想大讨论活动实施意见》。参加会议的有市四套班子领导、市直部门副县级以上领导干部、企事业单位主要负责人、执法执纪部门科级干部，共计1000余人。大会设三级会场，全市共有10万余人收听收看了大会实况。

12月27日 为了让未成年人从小养成助人为乐、敬老爱老的良好品德，并在帮助其他人和帮助孤寡老人和残疾人中感受人间的亲情，体验奉献的乐趣，树立健康积极的人生观、培养优良的人格素养和良好的行为习惯。邯郸市邯山区积极探索，以邯钢兴华小学为试点开展以“爱心接力卡”为形式、传承传统的爱心行动活动，构筑未成年人“三位一体”的思想道德教育网络。德育教育成为未成年人成长过程中活的，更富于生命力的教育，成为加强和改进未成年人思想道德建设的有效载体，形成了具有特色的德育教育品牌。

12月27日 为进一步加大文明城市创建力度，不断提升城市清扫保洁质量标准和管理水平，加快落实推广使用新型清扫工具的步伐，把环境卫生精细化管理目标落到实处，邯郸市积极借鉴外地先进经验，结合本地实际，在街路清扫保洁方面大力推行“称土计量法”考核机制，使全市街路清扫保洁质量显著提高，实现了环境卫生检查考核由目测型向数字化、粗放型向精细化的转变，体现了考核评比观念、形式、手段、标准等方面的创新，为打造省内先进的精细化管理文明品牌奠定了基础。

供稿：邯郸市文明办

整理：陈凤娥

省国税局

2月2日　河北省巾帼建功活动领导小组发文表彰2005～2006年度河北省巾帼先进，我系统石家庄市新华区国税局办税服务厅等22个单位荣获“巾帼行业特色杯”先进集体和河北巾帼文明岗称号，石家庄市国税局办税服务厅主任赵崇文等37名个人荣获河北省“巾帼行业特色杯”先进个人和河北省巾帼建功明星称号；张家口市国税局等5个单位荣获河北省“巾帼建功”先进单位称号；承德市国税局机关妇委会主任薛君茹等2人被表彰为河北省“巾帼建功”先进工作者。

2月27日　全国妇女“巾帼建功”领导小组表彰我系统邯郸市丛台区国税局副局长高萍为全国“巾帼建功”标兵，邯郸县国税局办税服务厅、吴桥县国税局办税服务厅、涿州市国税局办税服务厅、衡水市桃城区国税局办税服务厅4个单位为全国巾帼文明岗。

3月　邯郸市国税局干部程安邯被国家税务总局记一等功。因在2004年4月总局组织的江苏“铁本税案”的查处中表现突出，邯郸市国税局干部程安邯被国家税务总局授予一等功。

5月4日　石家庄市新华区国税局办税服务厅等95个单位被河北省创建青年文明号活动组委会命名和认定为“河北省青年文明号”。

5月　邯郸市复兴区国税局局长张增被中华全国总工会等部委联合表彰为“全国五一劳动奖章获得者”，这是我系统唯一获奖者。

7月24日　我系统邯郸市国税局机关、承德市高新技术产业开发区国税局、滦南县国税局、南和县国税局、青龙满族自治县国税局5个单位，保定市国税局办公室主任李彦玲（女）、东光县国税局城区税务分局副局长叶楠、衡水市桃城区国税局第二税务分局局长陈切华、霸州市国税局胜芳税务分局科员王培4名个人分别被国家税务总局表彰为全国税务系统“文明单位”和“精神文明建设先进工作者”。

党的十七大召开前，省局组织开展“学先进、当模范、迎接十七大”活动，各单位积极行动，以多种形式学习、宣传系统内外各类先进典型，为迎接党的十七大营造浓厚氛围，为迎接奥运会提升税务部门整体形象。

12月8日　12月8日起在唐山、保定、衡水三地组织了全系统文艺汇演活动。各市局共推荐37个节目，节目形式丰富多彩，基层同志们在工作之余，自编、自演、自娱自乐、丰富多彩、喜闻乐见，活跃了文化生活，展示了国税干部的风采，优化了国税形象。

供稿：省国税局文明办

省体育局

2月28日　省体育局开展“博爱一日捐”募捐活动，系统广大干部职工积极响应，共捐款39036元，送交了河北省红十字会。

8月16日　省体育局开展了学习孟庆余同志先进事迹活动，组织了学习孟庆余同志先进事迹优秀文章评选，全系统共推荐优秀学习文章103篇，其中处级以上干部学习文章23篇。

8月22日　省体育局召开了运动对文化建设座谈会，与会人员交流了运动队文化建设（项目）进展情况和经验做法。本次会议对运动队文化建设深入开展起到了一定的推动作用。

11月29日　省体育局开展了“送温暖、献爱心”社会捐助活动，全系统共捐款37550元。

供稿：省体育局文明办

整理：魏东霁

省工商局

1月 省工商局召开了全省工商系统贯彻落实《实施纲要》暨工商廉政文化建设现场会，主要是学习贯彻党的十六届六次全会和省第七次党代会精神，进一步提高全省工商系统对贯彻落实《实施纲要》和加强工商廉政文化建设重要性的认识，总结经验，部署任务，不断开创工商廉政文化新局面。

1月25日 省局召开全省工商系统暨双先表彰会议，会议宣读了省工商局、省人事厅授予张家口市工商行政管理局等39个单位“河北省工商行政管理系统先进集体称号”，颁发了奖牌；授予石家庄市工商局交通运输市场监管分局局长尹兵辉等61名同志“河北省工商行政管理系统先进工作者”称号，颁发证书，并给予二等功奖励。

3月14日晚 省工商局举办了以“净化消费环境，共铸和谐家园”为主题的河北电视台2007年“3·15”专题晚会《共铸和谐》现场直播，晚会评选出了河北省2006年“3·15年度人物”，并对一些产品质量问题进行了现场发布。

3月17日 全国首家维修服务指挥机构——饶阳县维修咨询服务指挥中心宣告成立，省、市、县工商局及饶阳县领导参加了启动活动。

4月19日 全省维管工作暨建立农村维修服务长效机制观摩会在衡水召开。

5月19日上午 省工商局召开2007年春季“红盾护农”行动新闻发布会，省工商局副局长金洪钧发布了全省春季“红盾护农”行动成果，有力地打击了违法违章行为，维护了农资市场秩序，有效地保证了农业生产持续的稳定发展。同时公布了10起春季“红盾护农”行动典型案例。

7月11日 省工商局支持知名品牌产品座谈会在承德召开，省工商局副局长王国忠率省企业注册处、商标广告处、公平交易处等相关部门负责人到承德现场办公，听取企业的意见、要求和建议，为企业排忧解难。

7月28日 全国工商系统108名先进模范代表到我省北戴河工商干部培训中心进行为期一周的休假疗养活动，在北戴河培训中心精心组织下，在秦皇岛市局、唐山市局大力支持下，圆满地完成了休假疗养活动接待任务，受到了国家工商总局领导和全国工商系统先进模范代表的高度赞扬。

8月31日 省工商系统开展流通环节产品质量和食品安全专项整治行动，明确了整治的重点产品、重点单位、重点区域和重点行为，进一步规范了市场经营秩序，增强了人民群众消费安全感，使广大消费者合法权益得到了切实保护。

10月 全省工商系统以“欢歌喜迎十七大文艺晚会”等多种形式庆祝党的十七大胜利召开。

11月 省工商局召开治理商业贿赂专项工作新闻发布会，金洪钧副局长对今年全省工商系统治理商业贿赂情况进行了总结、通报，截止10月底全省工商系统治理商业贿赂取得阶段性成果，大要案是去年全年案件数的120%，未涉及的工程建设、产权交易、电信、电力等领域取得突破，全省工商系统共立商业贿赂案件287件，结案240件。

11月16日 省工商局组织机关及直属单位党员干部在省局视频会议室集体观看学习党的十七大专题讲座视频录像，通过学习把广大党员干部的思想统一到十七大精神上来，把学习贯彻十七大精神同促进各项业务工作有机结合起来，从而，推进工商工作的开展。

12月4日 省工商局召开解放思想大讨论动员会。党组书记、局长钱晓钟要求全体党员干部一定要站在政治和全局的高度，以对党和人民事业高度负责的精神，积极投入到这一活动中来，通过解放思想大讨论推动思想大解放，使之转化为统一思想、转变观念、推动创新、促进工作的自觉行动，促进工商事业和谐发展，努力为构建和谐河北、夺取全面建设小康社会新胜利作出新的更大贡献。

12月4日 省工商局举办2007年全省工商行政管理系统12315受理员业务知识竞赛。省工商局副局长李春浦作赛前动员，全省11个市12315工作一线的42名选手参加了比赛。

供稿：省工商局文明办

省新闻出版局

4月22日 河北省新华书店集团公司隆重举行庆祝新华书店成立七十周年暨纪念世界读书日向农村书屋捐赠图书仪式。河北省委常委、宣传部长聂辰席，省政协副主席王建中，及省委宣传部、省新闻出版局、河北出版集团领导魏平、杜金卿、甄树声等同志出席。庆祝仪式上，省新华书店集团公司向滦平县付营子乡邢家沟门村、张北县马连滩村、邢台县黄寺镇温暖河村等地的11家受捐单位颁发“新农村书屋”牌匾，并捐赠总价值22万元的图书。

4月25日 由河北教育出版社出版的《大爱无疆——林秀贞采访手记》创作出版座谈会在衡水市召开。省委宣传部、河北出版集团、省作协、衡水市有关部门领导和本书作者刘家科、本书主人公感动中国十大杰出人物之一林秀贞出席会议。会后，与会代表赴林秀贞的家乡衡水枣强县五常乡南臣赞村捐赠图书。

5月5日 由河北人民出版社出版，根据同名热播电视剧改编的《星火》新书发布会暨签名售书活动在北京西单图书大厦举行。中国社会科学院、中央电视台、《读书》杂志、河北出版集团有关领导和有关专家学者、演艺界人士出席发布会。本次签售活动的图书销售收入和作者稿酬作为专家学者、演艺界人士、出版社共同回报社会的一份厚礼无偿捐献给革命老区。

5月 花山文艺出版社的《小学生、中学生感恩故事全集》(2册)和河北少儿出版社的《童画•童话集》(5册)两种图书入选2007年新闻出版总署向全国青少年推荐的百种优秀图书目录。

6月29日 河北出版集团党委召开表彰大会，庆祝中国共产党成立86周年。会上对集团系统4个先进党组织、14个先进党支部、49名优秀共产党员、17名优优秀党务工作者，以及集团总部18名优秀共产党员进行了表彰。

7月6日 河北省晋察冀边区革命史研究丛书编纂委员会、河北人民出版社在石家庄白楼宾馆联合召开纪念抗日战争全面爆发70周年暨《晋察冀边区革命史编年》首发式座谈会。省人大副主任、丛书编委会主任赵世居，原省级老领导郭志、白石、肖风，以及有关部门负责人、史学界专家学者50余人参加了会议。

7月26日 由共青团中央宣传部、中国青年报社、中国版协青年读物工作委员会联合发起的“我最喜爱的一本书，首届百种优秀青春读物”评选揭晓，河北教育出版社的《燕赵红色之旅——青少年读本》获此奖项。

7月31日 在中国人民解放军建军80周年前夕，河北美术出版社带着最新推出的大型红色经典连环画丛书《军旗飘飘》，来到某部军营，举行捐赠仪式。捐赠仪式上，共向部队捐赠图书共计码洋2万余元。

9月 河北教育出版社的《天地父母》一书入选新闻出版总署组织专家论证的“迎接党的十七大重点图书选题和社会主义和谐文化重点图书选题目录”。

2008年初 由集团管委会副主任吴坚带队，组成“河北出版集团‘送书下乡’服务团”，参加了省委宣传部组织的“三下乡”集中活动，并向吴桥县有关单位捐赠了图书、电子音像出版物。集团各出版社、省新华书店集团公司和沧州市新华书店、吴桥县新华书店等单位组织了精干人员参加。集团各出版社、省新华书店集团向吴桥县有关单位捐赠图书、电子音像出版物价值10万余元。

供稿：省新闻出版局文明办

省妇联

1月13日 举办新联合集团2007年感恩日向省儿基会“春蕾计划”捐赠仪式，第三年向省儿基会捐赠人民币2.5万余元，充实“新联合优秀春蕾奖学金”，用于奖励126名优秀春蕾女童。

1月底 省妇联、省儿基会与河北日报社编辑部联合开展“给苦孩子捐一份爱心压岁钱”活动，通过商场劝募等活动，募捐善款17422.15元，为105名贫困儿童送去新年问候。

2月1日 省妇联、省教育厅、省关工委、省家庭教育学会下发《关于命名家庭教育工作示范县（区）和示范家长学校的决定》，联合命名11个“河北省家庭教育工作示范县（区）”和100所“河北省示范家长学校”，作为我省“十一五”期间家庭教育工作示范典型。

2月2日 河北省妇女“巾帼建功”活动领导小组对2005～2006年度河北省“巾帼建功”先进集体和先进个人进行了表彰。授予石家庄市交管局桥西区交警大队八一女子岗等111个集体河北省“巾帼文明岗”荣誉称号；授予吴青恩等193名同志河北省“巾帼建功”明星荣誉称号；授予省卫生厅等79个单位河北省“巾帼建功”先进单位称号；授予吕秀彩等54名同志河北省“巾帼建功”先进工作者荣誉称号；授予张家口市妇幼保健院等108个单位河北省“巾帼行业特色杯”活动先进集体荣誉称号，同时命名为河北省“巾帼文明岗”；授予张英欣等193名同志河北省“巾帼行业特色杯”活动先进个人荣誉称号，同时命名为河北省“巾帼建功”明星。

2月8日 经省妇联推荐，林秀贞被全国妇联授予全国第四届十大女杰提名奖荣誉称号。

2月10日 省妇联、省劳动和社会保障厅联合表彰了河北省“十佳家政服务公司”和“十大进城创业巾帼明星”。

3月6日 举办河北省纪念“三八”国际劳动妇女节97周年表彰暨庆祝大会，隆重表彰了林秀贞等第四届“河北省十大女杰”。省委常委、组织部长车俊出席会议并作重要讲话。省人大、省政府、省政协等领导出席大会。各界妇女代表和关心支持妇女工作的有关部门同志共计200余人应邀参加了会议。

3月27日 省妇联副主席、省儿基会副理事长裴世馨同志代表参与省市在“恒爱心奥运情——挑战吉尼斯十六省市接力共编爱心大毛衣”完工及捐赠仪式上发言，介绍我省“恒爱行动”组织工作。

3月～8月 省妇联、省儿基会与市艺校、市歌舞团设立第四届春蕾舞蹈班，在全省范围内招收学员，并为其减免四年学杂费、食宿费用。

省妇联、省儿基会创立“卓舒高中春蕾班”，将卓达集团捐赠的200万元善款，设立为首个专门面向农村高中贫困女生的专项奖学金，用于资助15个贫困县的750名女生完成高中学业。

4月12日 举办“首届卓舒高中春蕾班”启动仪式。

4月22日～24日 第三届全国亿万妇女健身活动在北京举办。我省代表团共组织太极拳、健身秧歌、体育舞蹈、乒乓球4个竞赛项目和1个展示项目参加比赛，总成绩在34个代表团中名列第八名，省妇联获本次大会优秀组织奖称号。

4月27日 省妇联、省儿基会与省工商联、省企业家协会共同发起“燕赵工商企业爱心救助大行动”大型慈善募捐活动，设立专项基金，接受来自企业、个人、商会及其他社会各阶层的捐款129万余元。

4月29日 下发《关于印发<关于开展廉政文化进家庭工作的方案>的通知》，就廉政文化进家庭工作做出明确部署。

5月8日 联合省文明办下发《关于表彰河北省文明家庭创建活动优秀组织奖及“星级”文明家庭（标兵户）的决定》，表彰了百户省“星级”文明家庭，授予石家庄市妇联等30个单位河北省文明家庭创建活动优秀组织奖，授予承德市妇联等6个单位河北省文明家庭创建活动组织奖。

5月24日 我省有20户家庭获得全国“绿色家庭”荣誉称号。

5月29日 省妇联与团省委、省教育厅、河北电视台联合主办以“共享阳光、共建和谐”为主题的全省庆祝“六一”电视晚会。省人大副主任白润璋、省政府副省长龙庄伟、省政协副主席刘健生来到晚会现场，与孩子们共庆“六一”。晚会节目精彩纷呈，艺术门类争奇斗艳，一次次将现场气氛推向高潮。来自20多个学校、艺术团体、活动中心、包括留守儿童、流动儿童、贫困先心病治愈儿童和春蕾女童在内的400余名儿童参加了演出。

5月31日 省委书记白克明在有关领导的陪同下冒雨来到邯郸市第一幼儿园，为孩子们带去节日礼物与祝福，和幼儿园教师亲切交谈，对幼儿园工作提出了要求。

6月1日 省妇联、团省委联合举办中国少年先锋队河北省第五次代表大会开幕式暨“六一”国际儿童节庆祝大会，省委书记白克明，省长郭庚茂及省委、省人大、省政府、省政协主要领导出席了庆祝大会。会上，省妇联主席曹素英代表群团组织致词，省委副书记张毅同志作重要讲话。省领导还为第三届“河北好儿童”、第六届“河北省十佳春蕾女童”获奖代表颁奖。

当天省妇联还组织到“救助贫困先心病爱心工程”项目医院医大一院，慰问了接受救治的先心病儿童。

6月26日～27日 举办“儿童保护体系与网络建设”石家庄项目试点培训班，试点社区联盟和天苑社区及其所在办事处的儿童保护工作者，包括警察、学校和幼儿园教师、医生、儿童家长等，共25人，参加了培训。

7月25日～27日 与卓达集团联合举办了首届“卓舒优秀高中春蕾女生夏令营”，来自全省15个贫困县的23名优秀“卓舒高中春蕾女生”代表以及15位来自项目县妇联或学校的带队人员参加了本届夏令营，孩子们度过三天意义非凡的、快乐健康的假期。

5月～8月在石家庄、邯郸、秦皇岛、张家口、唐山、保定六市开展了“蒙牛《城市之间》全国100城市全民健身展示活动”。

6月6日 联合省体育局下发《关于表彰河北省“百万妇女健身活动”先进集体的决定》，授予石家庄市桥东区妇联等11个单位河北省“百万妇女健身活动”先进基层组织荣誉称号，授予石家庄市桥东区夕阳红女子健身指导站等15个活动站河北省“百万妇女健身活动”先进活动站荣誉称号，授予石家庄市长安区双百队伍中老年健身与舞蹈队等100个健身队河北省“百万妇女健身活动”巾帼文明健身队荣誉称号。

8月16日 省妇联联合省文明办、省教育厅等九部门印发《河北省家庭教育工作“十一五”规划》，确立到“十一五”末，力争使家长的受教育率和掌握家庭教育知识率，经济发达地区达到95%以上，中等发达地区达到85%以上，贫困地区达到70%以上。

9月3日 省妇联、省教育厅、省关工委、省家庭教育学会下发《关于表彰河北省家庭教育先进典型暨“河北好家长”、“河北好儿童”的决定》，授予张家口市教育局等101个单位为“河北省家庭教育工作先进集体”称号，授予刘艳欣等103名同志“河北省家庭教育工作先进个人”称号，授予曹志霞等101名同志“河北省优秀家长学校教师”称号，授予陈海燕等96名同志“河北好家长”称号，授予马超等100名同学“河北好儿童”称号。

10月12日 省妇联、省儿基会下发《关于表彰第三届“关爱儿童贡献奖”先进集体、先进个人和第六届“优秀春蕾女童”的决定》，授予57个集体“‘河北省关爱儿童贡献奖’先进集体”称号，授予56个爱心人士“‘河北省关爱儿童贡献奖’先进个人”称号，授予100名品学兼优的女童“河北省第六届优秀春蕾女童”称号。

10月25号 召开各界妇女学习贯彻党十七大精神座谈会。

省妇联、省儿基会与石家庄燕春技校合作启动实施“春蕾直通车”，2007年在我省设立5个试点县，招收贫困家庭的初中毕业女童，免收学费、住宿费。学校对受助女童教授烹饪、酒店管理、计算机等专业知识，并转办城市户口，毕业颁发中专或中技学历，毕业后帮助安置就业。首期招收学员80名。11月7日，举办了开班仪式。

11月12日～14日 召开河北省家庭教育工作经验交流会。省关工委、省教育厅、省民政厅等部门领导出席会议。曹素英同志作了重要讲话，裴世馨同志作了工作报告。9个事迹突出的示范县（区）、单位和个人，在大会上作经验交流。

4月～11月 开展“构建儿童保护体系，建设和谐的儿童成长环境”课题调查。调查包括三个层次，第一层次调查全省政府机构、社会团体、民间机构的工作状况，以及儿童法律保护状况；第二层次调查鹿泉、定州、临城等三个样本县，在学校、社区、家庭中开展儿童保护的情况；第三层次调查各类特殊困境儿童群体的生存状况。调查最终形成“全省儿童保护体系与网络建设调查报告”，全面概括我省儿童保护现状、问题，并提出建议。

11月22日 省儿基会联合省内四家媒体单位以及省民间收藏家协会，共同启动“2007年恒爱行动——寻找百万爱心父母为孤残儿童编织毛衣”活动，编织爱心毛衣4700多件，收到省民间收藏协会、河北省环渤海湾经济技术集团股份有限公司、纤丝鸟集团和北国商场等捐赠的价值8万元物资。

到12月底 省妇联、省儿基会救助贫困先心病儿童800多例，使近三年先心病儿童救治人数达3056例。“先心病健康普查快车”行程2万公里，先后到29个贫困县（区），为10000多名儿童免费查体，查出先心病儿童863例。

供稿： 省妇联文明办

撰稿： 宋靖 何颖玉

河北省精神文明建设年鉴

APPENDIXES

先进名录

河北省2006年度推进社会主义新农村建设先进单位名单

（共20个县（市））

一、石家庄市（2个）：晋州市　栾城县
二、承德市（1个）：兴隆县
三、张家口市（2个）：涿鹿县　张北县
四、秦皇岛市（1个）：抚宁县
五、唐山市（2个）：遵化市　迁安市
六、廊坊市（2个）：霸州市　三河市
七、保定市（2个）：易县　涿州市
八、沧州市（2个）：青县　任丘市
九、衡水市（2个）：故城县　阜城县
十、邢台市（2个）：巨鹿县　邢台县
十一、邯郸市（2个）：邯郸县　武安市

河北省创建文明生态村先进单位名单

（共100个村）

一、石家庄市（11个）
辛集市王口镇王口村
藁城市丘头镇丽阳村
晋州市马于镇吕家营村
新乐市东王镇楼底村
鹿泉市大河镇北故城村
正定县正定镇西柏棠村
栾城县柳林屯乡范台村
井陉县秀林镇南秀林村
行唐县上闫庄乡上闫庄村
赵县杨户办事处东门村
平山县蛟潭庄镇拦道石村
二、承德市（8个）
双桥区大石庙镇雹神庙村
承德县两家乡大杨树林村
宽城满族自治县龙须门镇龙须门村
平泉县七沟镇白石庙村
滦平县安纯沟门乡项栅子东营村
兴隆县北营房镇北营房村
围场满族蒙古族自治县围场镇前进村
丰宁满族自治县黑山嘴镇平山村
三、张家口市（9个）
康保县哈必嘎乡哈少村
沽源县二道渠乡头道渠村
尚义县套里庄乡元卜洞村
崇礼县西湾子镇四道沟村
蔚县杨庄窠乡胡家庄村
阳原县揣骨疃镇曲长城村
赤城县白草镇白草村
怀安县怀安镇黄窑村
怀来县土木镇土木村
四、秦皇岛市（6个）
抚宁县驻操营镇庄河村
昌黎县茹荷镇前七里村
卢龙县刘家营乡桃林口村
海港区东港镇西向寨河村
青龙满族自治县平方子乡二道河村
山海关区孟姜镇回马寨村
五、唐山市（11个）
迁安市赵店子镇马古寺村
遵化市遵化镇三间房村
丰南区大新庄镇西崔坨村
丰润区沙流河镇广家店村
玉田县杨家套乡东高桥村

滦南县柏各庄镇交六村
唐海县唐海镇第一生产队
滦县滦州镇大横山营村
乐亭县乐亭镇杨铁庄村
迁西县兴城镇钓水院村
古冶区王辇庄乡大筐庄村

六、廊坊市（7个）

大城县平舒镇王裴庄村
文安县新镇镇王庄子村
固安县知子营乡马庆村
永清县韩村镇董家务村
安次区仇庄乡肖辛庄村
香河县钳屯乡张庄村
大厂回族自治县陈府乡太平庄村

七、保定市（12个）

高阳县庞口镇皇亲庄村
清苑县北店乡南店村
雄县朱各庄乡陈台村
涞水县义安镇北高洛村
涞源县杨家庄镇木吉村
定兴县固城镇久安庄村
新市区南奇乡夏庄村
曲阳县东旺乡田家庄村
安新县同口镇王岳村
容城县晾马台乡辛庄村
博野县小店镇西杜村
阜平县砂窝乡大柳树村

八、沧州市（9个）

任丘市西环路办事处宋庄村
黄骅市旧城镇狼洼村
河间市沙河桥镇官庄村
青县盘古乡小辛庄村
盐山县盐山镇小李村
东光县南霞口镇仓一村
献县韩村镇刘官庄村
沧县大官厅乡史贾村
孟村县牛进庄乡陆庄子村

九、衡水市（7个）

阜城县霞口镇小宋村
武邑县清凉店镇鲍贤兰村
饶阳县官亭乡大何庄村
故城县里老乡后里老村
武强县武强镇南立车村
深州市王家井镇杨庄村
枣强县马屯镇西张邢村

十、邢台市（10个）

邢台县豫让桥办事处三合庄村
宁晋县大陆村镇镇邱村
沙河市桥东办事处葛村
隆尧县双碑乡西良前村
任县西固城乡郭村
内丘县内丘镇北程村
清河县戈仙庄镇牛家屯村
威县赵村乡大张山村
临城县赵庄乡上贯峪村
柏乡县柏乡镇赵庄村

十一、邯郸市（10个）

魏县棘针寨乡南寺庄村
峰峰矿区新坡镇后南台村
鸡泽县吴官营乡西张六固村
邯郸县黄粱梦镇贵龙岗村
大名县万堤镇后屯村
肥乡县屯庄营乡南河马村
馆陶县馆陶镇闫沿村
磁县讲武城镇刘庄村
广平县平固店镇清漳村
成安县道东堡乡东大姑庙村

河北省创建文明生态村工作先进乡（镇）名单

（共60个）

一、石家庄市（7个）

藁城市九门乡
辛集市辛集镇
鹿泉市铜冶镇
无极县无极镇
平山县西柏坡镇
元氏县槐阳镇
赞皇县黄北坪乡

二、承德市（5个）

营子区寿王坟镇
兴隆县兴隆镇
隆化县韩麻营镇
宽城满族自治县化皮乡
围场满族蒙古族自治县四合永镇
三、张家口市（5个）
张北县张北镇
崇礼县白旗乡
蔚县南留庄镇
涿鹿县涿鹿镇
下花园区定方水乡
四、秦皇岛市（4个）
抚宁县杜庄乡
青龙满族自治县肖营子镇
卢龙县刘田各庄镇
北戴河区戴河镇
五、唐山市（7个）
迁安市大五里乡
遵化市侯家寨乡
丰南区黄各庄镇
丰润区沙流河镇
玉田县孤树镇
滦县响嘡镇
乐亭县乐亭镇
六、廊坊市（4个）
霸州市信安镇
永清县韩村镇
广阳区九州镇
三河市泃阳镇
七、保定市（7个）
涿州市高官庄镇
徐水县东史端乡
南市区五尧乡
定州市大辛庄镇
高碑店市白沟镇
蠡县曲堤乡
北市区百楼乡
八、沧州市（5个）
任丘市辛中驿镇
黄骅市羊三木乡
泊头市洼里王镇
运河区南陈屯乡
肃宁县尚村镇
九、衡水市（4个）
桃城区何庄乡
冀州市南午村镇
安平县东黄城乡
景县景州镇
十、邢台市（6个）
邢台县白岸乡宁晋县贾家口镇
沙河市綦村镇隆尧县东良乡
新河县新河镇广宗县北塘疃镇
十一、邯郸市（6个）
武安市午汲镇
涉县索堡镇
邱县新马头镇
永年县姚寨乡
临漳县习文乡
曲周县曲周镇

河北省创建文明生态村工作先进个人名单

（共100名）

一、石家庄市（11名）
宋炳虎　晋州市东里庄乡马家庄村党支部书记
袁大乱　藁城市丘头镇丽阳村党支部书记
张振国　新乐市协神乡北青同村党支部书记
仵风书　鹿泉市获鹿镇下聂庄村党支部书记
李庆发　正定县北早现乡南岗村党支部书记
檀增顺　栾城县柳林屯乡范台村党支部书记
崔拴杰　无极县东侯坊乡东丰庄村党支部书记
王国强　深泽县深泽镇城内村党支部书记
李保顺　灵寿县燕川乡东庄村党支部书记
李俊彦　高邑县高邑镇东关村党支部书记
王洪海　井陉矿区贾庄镇贾庄村党支部书记
二、承德市（8名）
赵永德　双桥区狮子沟镇上二道河子村党支部书记
崔继成　双滦区双塔山镇大三岔口村村委会主任

田　海　营子区营子镇河北村村委会主任
刘永平　承德县石灰窑乡小范杖子村党支部书记
王德有　隆化县张三营镇南园子村党支部书记
陈　发　丰宁满族自治县黑山嘴镇八间房村党支部书记
李金山　平泉县南五十家子镇后甸子村党支部书记
温志成　滦平县滦平镇岔道口村党支部书记

三、张家口市（9名）

崔占君　尚义县炕塄乡三盖脑包村党支部书记
边树利　万全县北沙城乡北辛庄村党支部书记
张有林　宣化区庞家堡镇白庙村党支部书记
陈　启　桥西区东窑子镇五墩台村党支部书记
张　兴　怀来县土木镇土木村党支部书记
王福成　宣化县赵川镇大白阳村党支部书记
任孝忠　高新区沈家屯镇张家坊村党支部书记
王富军　察北管理区石门管理处党支部书记
刘喜清　塞北管理区沙梁子管理处党支部书记

四、秦皇岛市（6名）

李晓华　抚宁县榆关镇石门村党支部书记
李玉平　卢龙县蛤泊乡高柳河村党支部书记
李　仁　青龙满族自治县土门子镇朱石岭村村委会主任
王庭锁　海港区北港镇张桥庄村党支部书记
李春兴　北戴河区戴河镇北戴河村党总支副书记
赵维岐　山海关区石河镇毛家沟村党支部书记

五、唐山市（11名）

邢宝柱　滦南县安各庄镇邢二村党支部书记
刘宝仁　玉田县杨家套乡丁官屯村党支部书记
张　千　迁安市扣庄乡寺后村党支部书记
张　友　遵化市团瓢庄乡吴家坑村党支部书记
刘维凡　丰润区沙流河镇广家店村党支部书记
王国安　丰南区大新庄镇西崔坨村党支部书记
李树江　滦县响堂镇田峪村村委会主任
张绍伟　乐亭县中卜乡马家店村党支部书记
牛长永　迁西县洒河桥镇烈马峪村党支部书记
郝秋生　开平区栗园镇郝庄村党支部书记
韩连江　汉沽管理区汉丰镇裴庄村党支部书记

六、廊坊市（7名）

周稳涛　文安县史各庄镇韩各庄村党支部书记
王子平　霸州市康仙庄乡栲栳圈村党支部书记
苗凤林　固安县知子营乡杨庄子村党支部书记
刘化运　安次区码头镇北响口村党支部书记
高学齐　香河县钳屯乡张庄村党支部书记
段燕权　三河市燕效镇四街村党支部书记
辛　岩　广阳区九州镇白家务办事处义和场村党支部书记

七、保定市（12名）

张志远　涿州市双塔办事处下念头村党支部书记
丁建交　清苑县清苑镇大福村党支部书记
崔树青　雄县朱各庄乡胡台村党支部书记
赵彦坡　唐县齐家佐乡葛公村党支部书记
陈忠六　徐水县史端乡陈庄村党支部书记
郭景增　定兴县天宫寺乡南马坊村党支部书记
南乐祺　顺平县白云乡寨坡庄村党支部书记
李新房　望都县固店镇井泉村党支部书记
霍志军　安国市明官店乡霍庄村村委会主任
齐俊峰　蠡县桑园镇小南庄村党支部书记
崔　三　满城县白龙乡白堡村党支部书记
李　洪　易县西山北乡团山村党支部书记

八、沧州市（9名）

敬芳华　青县陈嘴乡苟楼村党支部书记
王宝军　新华区小赵庄乡北赵家坟村党支部书记
张连胜　海兴县小山乡曹庄子村党支部书记
吕智慧　沧县刘家庙乡肖官屯村党支部书记
王树明　南皮县冯家口镇大树金村党支部书记
于丙池　东光县灯明寺镇东于村党支部书记
迟秉兴　南大港管理区一分区北尚庄村党支部书记
刁守旺　吴桥县安陵镇窑厂店村党支部书记
张月敏　中捷盐场党委书记兼四村新区党总支书记

九、衡水市（7名）

武石菊　桃城区大麻森乡苏善彰村党支部书记
魏延铭　冀州市徐庄乡庄子头村党支部书记
张怀明　枣强县肖张镇肖张村党支部书记
李路通　深州市大屯乡孤城村党支部书记
崔胖敦　安平县子文乡邢郭庄村党支部书记
马佩文　饶阳县饶阳镇故城村党支部书记
郭文昌　景县龙华镇中秦村党支部书记

十、邢台市（10名）

刘海军　邢台县会宁镇东良舍村党支部书记

王彦芳　宁晋县换马店镇黄退一村村委会主任

宋开军　巨鹿县苏家营乡苏营二村党支部书记

孙根坤　南宫市凤岗办事处三里庄居委会党支部书记

侯敬海　临西县临西镇林沟村党支部书记

赵庆收　平乡县油召乡下町村党支部书记

王雪志　临城县鸭鸽营乡西辛安村党支部书记

张建增　广宗县核桃园乡董里集村党支部书记

胡长江　南和县三召乡张街村党支部书记

宋志彬　新河县荆庄乡西李家庄村党支部书记

十一、邯郸市（10名）

侯二河　武安市淑村镇白沙村党支部书记

江铁旦　涉县河南店镇石岗村党支部书记

宋治国　魏县魏城镇东南温村党支部书记

钟芳苞　邯郸县三陵乡姜窑村党支部书记

李德江　大名县沙圪塔乡西司庄村党支部书记

宋福如　永年县广府镇东街村党支部书记

宋天昌　临漳县香菜营乡回漳村党支部书记

邢彦祥　邯山区马庄乡东街社区党支部书记

崔望连　邯郸经济技术开发区贾口村党支部书记

王庭璧　马头工业城王庄村党支部书记

河北新农村民居建筑设计大赛获奖名单

十佳设计方案

王　斌　李盛兴　胡振军

——邢台守敬建筑设计有限公司

薛东辉

——河北建筑设计研究院有限责任公司

秦景峰　张鹏

——河北建筑设计研究院有限责任公司

任卫敏　沈琼

——亚瑞建筑设计有限公司石家庄分公司

滕　云——保定市建筑设计院

李文盛　方　芳　臧建军

——河北保定维民建筑设计院有限责任公司

杨啸天——个人参赛

戈珍平　旷文靖　李庆红

——河北工程大学

漆　彦　孙　杰　林大岵

——北京中京易构建筑设计事务所

程长春　陈广燕　张　楠

——河北北方绿野建筑设计有限公司

优秀设计方案

陈胜华　杨炳辉　王　娜

——石家庄市第二建筑设计院

朱英雷　王智萌

——河北建筑设计研究院有限责任公司

郜文晖　代迎春　杨　浩

——河北建筑设计研究院有限责任公司

秦景峰　张　鹏

——河北建筑设计研究院有限责任公司

王　将　蔻　薇　刘亚楠

——河北建筑设计研究院有限责任公司

周　军——河北拓朴建筑设计有限公司

郭会彬　李纪伟

——河北北方绿野建筑设计有限公司

王春灵　张建玲　张瑞彬

——石家庄市万城民用建筑设计有限公司

安亚东　刘晨霞　王芸颖

——张家口市塞洋建筑设计有限公司

林大岵　侯凤武　李　军

——河北建筑工程学院建筑设计研究院

范宗江　卢毅斌

——秦皇岛市永生建设工程咨询有限公司建筑设计院

张增涛　陈福才

——秦皇岛市永生建设工程咨询有限公司建筑设计院

刘燕青　陈福才

——秦皇岛市永生建设工程咨询有限公司建筑设计院

袁东宏　赵金胜　李月英

——唐山钢铁设计研究院有限公司

马光磊　肖如刚

——唐山开滦勘察设计有限公司

赵海明 魏景慧
——河北理工学院建筑设计研究院
金铁红 冯秀艳 毛建东
——唐山八方锦绣建筑设计有限公司
崔月新 李立辉
——唐山市恒立建筑设计有限责任公司
陈合文 富 彬 陈 婧
——唐山市规划建筑设计研究院
林大兰 李燕宜 李 林
——唐山市规划建筑设计研究院
石振军——保定市建筑设计院
杨志明 张 扬——保定市建筑设计院
张景志——保定市建筑设计院
赖呼和哈达 张丽琴——保定市建筑设计院
吴 笛——保定市建筑设计院
崔秀强——保定市建筑设计院
马 倩——保定市建筑设计院
朱靖华 刘正好 王 凡
——保定市城乡建筑设计院
朱靖华 刘正好 刘力洁
——保定市城乡建筑设计院
赵 飞 马玉静 纪红军
——保定维民建筑设计院有限责任公司
高 杰 王重亮 臧建军
——保定维民建筑设计院有限责任公司
张祥智 任延敏
——邢台市建筑设计研究院
宋光育 宋光明 王迎新
——邢台市建筑设计研究院
罗 萍 刘景岩
——邢台市建筑设计研究院
郭晓蕾 陈 蓓 张庆伟
——邢台市规划设计研究院
李久君 李庆红 陈俊华
——邯郸市建筑设计有限责任公司
耿忠泽 赵莎莎 何文欣
——邯郸市亚太建筑设计研究有限公司
何文欣 耿忠泽 赵莎莎
——邯郸市亚太建筑设计研究有限公司
牛 凯 孙 勃 周万鹏
——河北建筑科技学院建筑设计研究院
漆 彦 孙 杰
——北京中京易构建筑设计事务所
纪玉静 白冰峰
——河北北华建筑设计有限公司
张 军 代迎春 周庭荣
——石家庄交大建筑设计研究有限公司
虞 灏 党晓玲 钟卫军
——河北建筑设计研究院有限责任公司
李洪泉 刘韵娜
——河北建筑设计研究院有限责任公司
郜文晖 代迎春 李 杨
——河北建筑设计研究院有限责任公司
郜文晖 杨明明 张璘璋
——河北建筑设计研究院有限责任公司
虞 灏 郝大伟 贾 亮
——河北建筑设计研究院有限责任公司
韩凌云 剧元峰 王志洁
——石家庄市建筑设计院
赵 彬 秦桂敏 赵丹风
——河北北方绿野建筑设计有限公司
王 雯 郑月兰 龚 琦
——河北北方绿野建筑设计有限公司
回建军 张建玲 张瑞彬
——石家庄市万城民用建筑设计有限公司
王丽娟 王玉涛 张建玲
——石家庄市万城民用建筑设计有限公司
安晓飞 吴蕾红
——亚瑞建筑设计有限公司石家庄分公司
刘丽敏 王 浩 郭雪强
——河北建筑科技学院建筑设计研究院
李永强
——河北建筑科技学院建筑设计研究院
胡金良 霍海鹰 王新焱
——河北建筑科技学院建筑设计研究院
王忠民 王会云
——承德市正泰建筑设计咨询有限公司
闫富江 崔中强 徐玲玲
——张家口市塞洋建筑设计有限公司
林大岵 康建坡 孟献朋
——河北建筑工程学院建筑设计研究院
崔丽英 赵洪山
——张家口市中建工建筑设计咨询有限公司
邓海波 李皖生 王 刚

——张家口市建筑设计院

李北锋 王佳乐 叶鹏飞

——张家口市中建工建筑设计咨询有限公司

方绪明 石占河 王洁茹

——张家口市方大方建筑设计有限公司（设计方案一）

方绪明 石占河 王洁茹

——张家口市方大方建筑设计有限公司（设计方案二）

韩 毅 孟繁华 杨生利

——张家口市新华建筑设计有限公司

张永明 张志生

——秦皇岛市规划设计研究院

王金凤 刘 霞 栾 贺

——秦皇岛市建筑设计院

狄志国——秦皇岛市建筑设计院

闫 雯 卢毅斌

——秦皇岛市永生建设工程咨询有限公司建筑设计院

鲍敬雷 李晶玉

——河北理工学院建筑设计研究院

李 朋 刘 辉

——河北理工学院建筑设计研究院

王艳辉 孙晓娟 王海英

——唐山市规划建筑设计研究院

张晓梅 王凤勇

——中冶地建设集团（三河）建筑设计咨询有限公司

段颖辉 李丽红

——保定天行建筑工程设计有限责任公司

宋 丹 冯建新

——保定市泓达建筑设计有限公司

刘健慧 谷 昆 王国栋——个人参赛

王淑芬 韩 军——保定市建筑设计院

郭喜云 胡 锐——保定市建筑设计院

秦 宁——保定市建筑设计院

李亚珍——保定市多维建筑设计有限公司

于彦霄 贾 冀——保定市建筑设计院

袁新华 尹秀荣 韩君芳

——沧州市建筑设计研究院

王 晶——邢台市建筑设计研究院

齐胜伟 李 静——邢台市建筑设计研究院

龚 萍 刘建军

——中煤邯郸设计工程有限责任公司

王占龙 张占江 王 松

——邯郸市建伟城市设计有限公司

李天平 苗文善

——邯郸市北华建筑设计有限公司

张慧良 巩 帆 张邵辰

——邯郸市九三学社新技术应用研究所天毫服务部

唐吉强 王腾皓

——河北建筑科技学院建筑设计研究院

邵 军 刘 明

——山东省临沂市建筑设计研究院

河北省“引领文明、服务奥运”示范单位名单

京秦高速公路管理处

京秦高速公路廊坊段管理处香河主线收费站

京秦高速公路管理处山海关收费站

京秦高速公路管理处北戴河收费站

京秦高速公路管理处秦皇岛西收费站

京沪高速公路管理处

京沪高速公路管理处吴桥主线收费站

河北冀星高速公路有限公司

河北冀星高速公路有限公司涿州北收费站

宣大高速公路管理处

石安高速公路管理处裕华路收费站

廊坊市102国道三河收费站

保津高速公路有限公司冀津收费站

华能京张高速公路有限责任公司东花园收费站

唐津高速公路有限公司丰南西收费站

京承高速公路承德南收费站

河北省高速公路禄发实业总公司涿州服务区

河北省国融高速公路发展中心玉田服务区

河北省高速公路禄发实业总公司香河服务区

河北省国融高速公路发展中心沧州服务区

河北省国融高速公路发展中心北戴河服务区

秦皇岛市交通局运输管理处

秦皇岛市龙腾长客有限公司市汽车站
秦皇岛市瑞通出租车公司爱民车队
石家庄市交通局运输管理处
石家庄出租车学雷锋车队
河北省保定客运中心
廊坊市长途汽车站
保运集团第九运输公司保运快客乘务组
张家口市汽车客运总站
承德市汽车东站
河北高速客运集团股份有限公司
秦皇岛市34路280车组
秦皇岛市34路278车组
秦皇岛市8路8－31车组
秦皇岛市33路3－62车组
石家庄市5路3606车组
石家庄市1路188车组
石家庄市107路2893车组
石家庄市6路230车组
廊坊市1路R18248车组
廊坊市2路R21036车组
廊坊市6路R22108车组
廊坊市8路R18590车组
唐山市2路1174车组
唐山市10路1586车组
唐山市26路1087车组
承德市6路612车组
承德市7路228车组
承德市8路826车组
保定市1路2559车组
保定市2路3148车组
保定市4路1441车组
张家口市1路438车组
秦皇岛渤海物流商城商场
保定时代商厦
承德蓝岛大厦
唐山百货大楼
廊坊明珠大厦
张家口帝达购物广场
邯郸阳光集团新世纪广场
沧州华北商厦
邢台银座商城
秦皇岛国际饭店
秦皇岛大酒店
秦皇岛全聚德烤鸭店
石家庄燕春花园酒店
保定会馆石家庄裕华店
石家庄国际大厦
保定市中银大厦
保定市老城根高开区店
承德阅微楼大酒店
承德新乾隆大酒店
承德宾馆
承德绮望楼酒店
承德云山饭店
唐山市鸿宴饭庄
唐山锦江国际饭店
廊坊市国际饭店
廊坊天都大酒店
张家口市宣化义圣宫裕华大酒店
张家口新华大厦大酒店
衡水市阳光大酒店
石家庄赵州桥景区
石家庄天桂山景区
石家庄西柏坡纪念馆
保定涞水野三坡景区
廊坊茗汤温泉
廊坊市中信国安第一城景区
遵化清东陵文物管理处
张北中都草原度假村
秦皇岛市山海关景区
南戴河国际娱乐中心
承德避暑山庄景区
保定市安新白洋淀景区
廊坊虹宇国际旅行社
张家口国际旅行社
秦皇岛海燕国际旅行社
承德铁道旅行社
唐山航空国际旅行有限公司
供稿：省文明办

河北省2006年度“百城万店无假货”省级示范街、示范店名单

一、示范街（3条）

唐山市北新道（华岩路至友谊路）

廊坊市新世纪步行街（建设路至银河北路）

秦皇岛市文化路示范街（交通银行至华联商场）

二、示范店（28家）

石家庄市（4家）

石家庄东方城市广场有限公司

乐仁堂医药连锁有限责任公司乐仁堂总店

中石化河北石家庄石油分公司高速口加油站

石家庄市新华书店图书大厦

承德市（3家）

华通五交化大楼有限责任公司

蓝岛大厦商贸有限公司

恒源糖业烟酒有限公司

张家口市（2家）

张家口市东方购物有限责任公司

国大电器有限公司

秦皇岛市（3家）

天洋购物广场有限公司

渤海物流控股股份有限公司华联商城商城商场

秦皇岛天洋电器有限公司

唐山市（4家）

唐山百货大楼集团有限责任公司

唐山华联商厦有限责任公司

唐山华盛超市有限公司新华道店

唐山市鸿宴饭庄

廊坊市（2家）

廊坊商业明珠大厦

廊坊保龙他商贸有限公司

保定市（3家）

河北保定时代商厦有限公司

河北保百集团购物广场有限公司

保定商场

沧州市（2家）

狮城商场有限责任公司

华北石油商业有限公司购物中心

衡水市（2家）

爱特购物中心有限责任公司

衡水百货大楼股份有限公司

邢台市（1家）

邢台新亚购物中心

邯郸市（2家）

美食林商贸集团滏东购物广场

新世纪商业广场

供稿：省发改委文明办

石家庄市文明和谐社区名单

（共30个）

1．长安区（共6个）

跃进街道办事处	和平路社区
长丰街道办事处	沿西社区
建北街道办事处	光华路社区
青园街道办事处	谈阁社区
谈固街道办事处	焦化社区
广安街道办事处	一印社区

2．桥东区（共6个）

阜康街道办事处	胜北二社区
彭后街道办事处	棉七社区
胜北街道办事处	义堂社区
胜北街道办事处	东柳路社区
胜北街道办事处	北二环东社区
建安街道办事处	棉一社区

3．桥西区（共6个）

留营乡	开泰社区
苑东街道办事处	军苑社区
维明街道办事处	电信局23号院社区
维明街道办事处	长丰苑社区
红旗街道办事处	中医学院社区
友谊街道办事处	省保险公司社区

4．新华区（共6个）

西苑街道办事处	省计委宿舍社区
赵陵铺镇	燕都金地城社区
五七路街道办事处	经贸大学社区
天苑街道办事处	市中级人民法院宿舍社区

合作路街道办事处　　省外贸粮油宿舍社区
合作路街道办事处　　和平二社区
5. 裕华区（共6个）
裕东街道办事处　　金马五社区
东苑街道办事处　　裕东一社区
裕华路街道办事处　　青园小区社区
建通街道办事处　　青南社区
裕东街道办事处　　金马二社区
裕东街道办事处　　银通一社区
供稿：省会文明办
整理：刘素兰

石家庄市创建文明和谐社区先进单位名单

（共30个）

1. 长安区（共6个）
广安街道办事处　　广合社区
河东街道办事处　　建华四社区
长丰街道办事处　　亚龙花园社区
育才街道办事处　　华药一社区
长丰街道办事处　　运河桥社区
谈固街道办事处　　白佛小区
2. 桥东区（共6个）
汇通街道办事处　　平安小区南社区
彭后街道办事处　　彭村社区
东风街道办事处　　槐北路社区
建安街道办事处　　华平社区
东华街道办事处　　东华路社区
建安街道办事处　　棉五社区
3. 桥西区（共6个）
西里街道办事处　　省科学院宿舍社区
振头街道办事处　　卓达科苑社区
苑东街道办事处　　中山西路社区
友谊街道办事处　　西里社区
维明街道办事处　　送变电社区
新石街道办事处　　新石社区
4. 新华区（共6个）
联盟街办事处道　　联强一社区
北苑街道办事处　　北苑别墅社区
赵陵铺镇　　鑫城小区社区
革新街道办事处　　革新社区
东焦街道办事处　　红军大街社区
石岗街道办事处　　柏南一社区
5. 裕华区（共6个）
槐底街道办事处　　电业二社区
东苑街道办事处　　裕东二社区
裕东街道办事处　　银通二社区
槐底街道办事处　　兴苑街社区
裕华路街道办事处　　青四社区
方村镇　　第二社区
供稿：省会文明办
整理：刘素兰

石家庄市创建文明和谐社区工作先进个人名单

（共30个）

1. 长安区（12名）
王亚萍　跃进街道和平路社区党支部书记
丁英华　跃进街道宣传委员
胡玉芳　青园街道宣传委员
徐金国　建北街道光华路社区党支部书记
苏建雄　长丰街道沿西社区党支部书记
康秀文　长丰街道亚龙花园社区党支部副书记
陆麦熟　谈固街道焦化社区党支部书记
董少卿　谈固街道宣传委员
王彦芳　广安街道广合社区党支部书记
张志其　河东街道宣传委员
王立柱　育才街道宣传委员
陈　晶　区文明办
2. 桥东区（12名）
董爱君　胜北街道义堂小区社区居委会主任
展新宽　胜北街道宣传委员
王培玲　阜康街道胜利北街第二社区党支部书记
许丽萍　彭后街道棉七社区党支部书记
于风珂　彭后街道彭村社区居委会主任

柴大囤　汇通街道宣传委员
侯新民　东风街道宣传委员
杨青叶　东华街道宣传委员
解　菁　建安街道棉五社区居委会副主任
张荣华　建安街道华平社区居委会主任
刘同合　桥东区城管局城建科长
马　林　桥东区委宣传部副部长

3. 桥西区（11名）

王来群　维明街道师范街社区党支部书记
李彩英　维明街道线务站社区党支部书记
梁　建　维明街道水产街社区党支部书记
李文晋　苑东街道党工委宣传委员
侯俊英　红旗街道党工委副书记
吕丽坤　新石街道新石一社区党支部书记
张胜联　友谊街道党工委副书记
李周拴　友谊街道谊安社区党支部书记
吕梅荣　西里街道友谊南社区党支部书记
曹　勇　留营乡宣传委员
苏　浩　振头街道卓达科苑社区居委会主任

4. 新华区（12名）

那煜秋　西苑街道省计委宿舍社区党支部书记
聂少华　赵陵铺镇燕都金地城社区党支部书记
梁仪斌　五七街道经贸大学社区党支部书记
赵文静　天苑街道市中级法院杜区党支部书记
宋朝英　合作路街道省外贸粮油宿舍社区党支部书记
路秋林　联盟街道联强一社区党支部书记
张建华　北苑街道北苑别墅社区党支部书记
李梅娟　赵陵铺镇鑫城小区社区党支部书记
米丽英　东焦街道红军大街社区党支部书记
孙向立　革新街道革新社区党支部书记
薛红云　西苑街道宣传委员
郝占伟　新华区文明办科员

5. 裕华区（12名）

魏红元　裕华路街道党工委副书记
周金凤　裕华路街道青园小区社区居委会主任
张树庆　裕东街道宣传委员
逯云霞　裕东街道金马五社区居委会主任
白麻绽　裕东街道金马二社区党支部书记
王东娜　建通街道宣传委员
姚　波　建通街道青南社区专职干部
苏金平　槐底街道宣传委员
苗润敏　东苑街道裕东一社区居委会主任
张振华　裕华区宣传部科员
李现丽　裕华区城管局科员
李彦芳　裕华区民政局科员
康　明　省会文明办干事

供稿：省会文明办
整理：刘素兰

承德市2007年度“六项和谐创建”活动先进单位名单

和谐机关（10个）

承德市劳动和社会保障局
承德市地方税务局
承德市水务局
承德市卫生局
双滦区工商行政管理局
承德县财政局
宽城满族自治县建设局
滦平县国家税务局
丰宁满族自治县农牧局
围场满族蒙古族自治县交通局

和谐乡村（10个）

承德县六沟镇
宽城满族自治县化皮溜子乡
双滦区双塔山镇白庙子村
营子区寿王坟镇罗圈沟村
滦平县张百湾镇周台子村
隆化县张三营镇南园子村
兴隆县北营房镇北营房村
围场满族蒙古族自治县四合永镇广字村
平泉县七沟镇白石庙村
丰宁满族自治县王营乡安营村

和谐企业（10个）

唐钢集团承钢公司
承德乾隆醉酒业有限公司
中国移动通信集团河北有限公司承德分公司
中国联通有限公司承德分公司
滦河电厂

承德铜兴矿业有限责任公司
承德避暑山庄集团有限公司
宽城满族自治县农村信用社
承德大银兴隆化工有限公司
中国网通（集团）有限公司丰宁满族自治县分公司

和谐校园（10个）

承德民族师范高等专科学校
承德民族师范高等专科学校附属中学
滦平县第一中学
围场满族蒙古族自治县第一中学
兴隆县第二中学
平泉县黄土梁子初级中学
承德市实验小学
丰宁满族自治县实验小学
承德市第一幼儿园
承德市第三幼儿园

和谐社区（10个）

双桥区迎水坝社区
双桥区富家沟社区
双桥区陕西营社区
双桥区万树园社区
双滦区元宝山社区
营子区兴煤社区
承德县下板城桥东社区
兴隆县东关社区
平泉县兴平社区
隆化县药王庙社区

和谐家庭（10个）

围场满族蒙古族自治县育太和乡双峰山村张国富家庭
双桥区桃李街社区尹玉琴家庭
双桥区大老虎沟社区白传桃家庭
双桥区中居宅社区郝桂荣家庭
双桥区安定里社区王玉芬家庭
承德县下板城镇乌龙矶村张福禄家庭
宽城满族自治县大石柱子乡阎杖子村刘莉家庭
滦平县计生局周兰华家庭
隆化县水务局徐艳春家庭
营子区寿王坟镇郑家庄村宋亚娟家庭

供稿：承德市文明办
撰稿：刘金生刘惠芙师文岭

承德市2007年度全市“学雷锋、树新风”活动先进单位名单

共青团承德市委员会
共青团唐钢集团承德新新钒钛股份有限公司委员会
公共交通总公司7路线
承德市国家税务局
承德市红十字会
承德市文物局团委
承德县地方税务局
承德民族师范高等专科学校
承德热力集团有限责任公司
承德石油高等专科学校计算机工程系
承德民族师专附属中学
承德市实验小学
承德供电平泉分公司杨树岭供电所
平泉家福糖酒商贸有限公司
兴隆县邮政局
承德市京承旅游公路巴克什营收费站
承德市高新技术产业开发区国税局
滦平县检察院
承德市邮政速递局
农行丰宁满族自治县支行营业部

供稿：承德市文明办
撰稿：刘金生 刘惠芙 师文岭

张家口市2005～2006年度创建文明生态村活动示范村名单

（40个）

张北县海流图乡庙东营村
张北县大囫囵乡大囫囵村
张北县馒头营乡黑麻胡村
康保县土城子镇小庄子村
康保县康保镇白龙山村
沽源县白土窑乡西一棵村

沽源县二道渠乡头道渠村
尚义县炕塄乡三盖脑包村
尚义县红土梁镇永胜地村
崇礼县西湾子镇瓦窑村
崇礼县西湾子镇四道沟村
崇礼县高家营镇乌拉哈达村
赤城县赤城镇西大村
赤城县白草镇白草村
赤城县田家窑镇郭庄子村
蔚县杨庄窠乡胡家庄村
蔚县西合营镇南场村
蔚县蔚州镇一街村
蔚县南杨庄乡南梁庄村
蔚县黄梅乡黄梅村
阳原县西城镇东关村
阳原县西城镇南关村
阳原县东堡乡李家夭村
怀安县第三堡乡狮子口村
怀安县怀安城镇北黄家夭村
万全县北沙城乡黄銮庄村
万全县洗马林镇洗马林村
涿鹿县东小庄乡辛兴堡村
涿鹿县涿鹿镇北小庄村
涿鹿县五堡镇庄科村
怀来县桑园镇李官营村
怀来县土木镇土木村
宣化县赵川镇大白阳村
宣化县贾家营镇贾家营村
桥西区东窑子镇孤石村
宣化区侯家庙乡泥河子村
下花园区定方水乡武家庄村
高新区沈家屯镇张家坊村
塞北管理区沙梁子乡沙梁子村
察北管理区石门管理处红瓦房村

张家口市2005～2006年度创建文明生态村工作先进乡镇名单

（15个）

万全县孔家庄镇
宣化县沙岭子镇
涿鹿县五堡镇
高新区沈家屯镇
怀来县沙城镇
蔚县蔚州镇
宣化区春光乡
张北县海流图乡
张北县张北镇
蔚县南留庄镇
下花园区定方水乡
崇礼县白旗乡
涿鹿县涿鹿镇
怀安县左卫镇
阳原县化稍营镇

张家口市2005～2006年度创建文明生态村帮扶工作先进单位名单

（38个）

张家口市纪律检查委员会
张家口市人民政府办公室
张家口市人大财经委
张家口市政协办公室
张家口市中级人民法院
张家口市委农工委
张家口市妇联
共青团张家口市委
张家口市交通局
张家口市财政局
张家口市水务局
张家口市民政局
张家口市房管局

张家口市国税局
张家口市地税局
张家口市发改委
张家口市国资委
张家口市安监局
张家口市人防办
张家口市中小企业局
张家口市农开办
张家口市编委办
张家口市工商局
张家口市劳动和社会保障局
张家口市体育局
张家口市环保局
张家口市教育局
张家口市卫生局
张家口市人事局
张家口日报社
张家口教育学院
河北北方学院附属第一医院
张家口市商业银行
张家口市农科院
中国人民银行张家口市中心支行
中国银行股份有限公司张家口分行
中国建设银行股份有限公司张家口分公司
中国人民财产保险股份有限公司张家口分公司

张家口市2005～2006年度创建文明生态村工作先进个人名单

（40名）

张素琴　张北县文明办副主任
乔登峰　张北县旅游局局长
温　翠　张北县二泉井乡宣传委员
吕品圆　康保县哈必嘎乡党委书记
卢有智　康保县康保镇白龙山村党支部书记
常　云　沽源县文明办专职副主任
惠忠庆　沽源县小厂镇光明村党支部书记
杨东琛　尚义县文明办副主任
闫成武　尚义县炕塄乡乡长
朱阅平　崇礼县文明生态村创建办公室科员
于有斌　崇礼县西湾子镇党委书记
张运富　赤城县文明办副主任
李志强　赤城县赤城镇党委书记
刘　宇　赤城县大海坨乡副乡长
韩　炳　蔚县西合营镇党委书记
白万贵　蔚县南留庄镇郭堡村党支部书记
王贞库　蔚县蔚州镇仰庄村党支部书记
李富春　蔚县杨庄窠乡党委书记
李双春　阳原县文明办专职副主任
刘　武　阳原县东关村党支部书记
周永成　阳原县辛堡乡党委书记
张润海　怀安县文明办副主任
莘乃斌　怀安县渡口堡乡党委副书记
杨秀琴　万全县文明办副主任
袁宝璋　万全县宣平堡乡党委副书记
董少浦　涿鹿县文明办副主任
张大中　涿鹿县涿鹿镇党委书记
李庆义　涿鹿县东小庄乡下太府村党支部书记
谢海军　怀来县文明办副主任
王俊英　怀来县东花园镇党委书记
高富军　怀来县官厅镇人大主席
兰春辉　宣化县文明办科员
王桂品　宣化县塔儿村乡王家夭村党支部书记、村委会主任
张廷瑞　宣化县东望山乡周顶屯村党支部书记、村委会主任
王海峰　桥西区委宣传部副部长
谷宝贵　宣化区春光乡观后村党支部书记、村委会主任
冯志强　下花园区花园乡党委副书记
王振金　高新区姚家房镇姚家房村党支部书记
周广文　察北管理区白塔管理处党总支书记
张　宇　塞北管理区宣传部副部长、文明办主任

供稿： 张家口市文明办
撰稿： 田晓燕

张家口市2007年度创建文明行业活动优胜行业名单

文明执法杯：
第一名：国税、地税
第二名：工商
第三名：土地管理
便民利民杯：
第一名：电力
第二名：中国银行
第三名：建设银行
优质服务杯：
第一名：交通
第二名：旅游
第三名：卫生
供稿：张家口市文明办
撰稿：田晓燕

张家口市第五届“十佳文明市民”名单

赵秀芬（女）　桥东区工业路办事处菜园街社区文艺宣传队队长
赵柱国　桥东区老干部局退休干部
施玉娥（女）　桥东区红旗楼办事处工南社区副主任
张秀兰（女）　桥东区花园街办事处商务街社区服务站副站长
程英海　高新区南站街道办事处新车站社区党总支副书记
安凤一（女）　宣化区清远楼饭庄总经理
李明喜　市长城房地产开发有限公司职工
马英英（女）　桥西区大境门办事处西山底社区居民
秦全利　下花园区街道办事处西苑社区居民
鲁玉春（女）　下花园区街道办事处市场街社区居民
供稿：张家口市文明办
撰稿：田晓燕

秦皇岛市首届“道德模范”获奖名单

敬业奉献道德模范
杨光亚　孙　晨　李家庚　赵爱彬　曹信杰
诚实守信道德模范
尹秀清　朱智生　潘大明　王广慧　邵凤云
孝老爱亲道德模范
徐长霞　张建国　宣桂芹　郑爱红　李淑香
助人为乐道德模范
未淑云　杨拥　郭文香　郎晓光　田金芳
见义勇为道德模范
秦利民　李卫红　李晶晶　吕妍丽　李增夫
供稿：秦皇岛市文明办

秦皇岛市首届“道德模范提名奖”获奖名单

敬业奉献道德模范提名奖
廉国会　韩雪冬　李建秋　任庆宪　侯英兰
诚实守信道德模范提名奖
张晓明　王玉柱　赵万田　夏学华
孝老爱亲道德模范提名奖
温翠香　池瑞淑　李丽芹　谢瑞敏　金春梅
助人为乐道德模范提名奖
母桂民　任广振　李景田　刘宝庆　沈汝波　祝秀敏
见义勇为道德模范提名奖
王体彦　王淑云　沈　伟　张振红　陈　然
供稿：秦皇岛市文明办

唐山市2006～2007年度市级文明单位名单

市直党（工）委（94个）

中共唐山市委办公厅
唐山市人大办公厅
唐山市政府办公厅
唐山市政协办公厅
中共唐山市纪律检查委员会（监察局）
中共唐山市委组织部
中共唐山市委宣传部
中共唐山市委农村工作委员会
中共唐山市委政法委
中共唐山市委统战部
中共唐山市委市直机关工委
中共唐山市委研究室
中共唐山市委党校
唐山市防范办
唐山市信访局
唐山市总工会
共青团唐山市委
唐山市妇女联合会
唐山市科协
唐山市人民检察院
唐山市发改委
唐山市财政局
唐山市工商局
唐山市审计局
唐山市交通局
唐山市人事局
唐山市国税局
唐山市地税局
唐山市建设局
唐山市水务局
唐山市民政局
唐山市农业局
唐山市国家安全局
唐山市科技局
唐山市档案局（唐山市档案馆）
唐山市教育局
唐山市国土资源局
唐山市政府研究室
唐山市编办
唐山市人防办
唐山市人民政府驻京联络处
唐山市畜牧水产局
唐山市司法局
唐山市住房保障和房产管理局
唐山市质量技术监督管理局
唐山市食品药品监督管理局
唐山市物价局
唐山市林业局
唐山市统计局（唐山市国家统计调查队）
唐山海关
唐山市外事侨务办公室
唐山市劳动和社会保障局
唐山市供销社
唐山市工业促进局
唐山市气象局
唐山市地震局
河北省出入境检验检疫局京唐港办事处
唐山宾馆
唐山饭店
唐山市国土资源局高新技术产业园区分局
唐山市抗震纪念馆
唐山市特种设备检验研究所
唐山市农机监理所
唐山市人才交流中心
唐山市燃气总公司
唐山市公安局交警支队
唐山市财政局财会培训中心
唐山市图书馆
唐山市渤海影剧院
唐山市新华电影院
唐山市自来水公司
唐山市市政工程环境卫生管理处
唐山市城市管理监察大队
唐山市排水有限责任公司
唐山市综合福利院
唐山市殡葬管理处
唐山市截瘫疗养院
唐山市纤维检验所

唐山市经贸学校
唐山市地税稽查局
唐山市住房保障和房产管理局钓鱼台房管所
河北省工商局经济检查总队唐山市支队
唐山市建筑节能墙材革新办公室
唐山市工商局新华道集贸市场管理处
唐山市动物检疫站
唐山市住房保障和房产管理局房屋产权监理处
唐山市住房保障和房产管理局机场路房管所
唐山市审计局高新技术开发区分局
唐山市建筑工程中等专业学校
唐山市社会保险事业局
唐山市公共交通总公司
唐山市市政建设总公司
唐山市公安局钢城分局
唐山市检验检疫局

军分区（2个）

迁安市人民武装部
中国人民解放军93651部队

国资委（41个）

唐山市人民政府国有资产监督管理委员会
大唐国际陡河发电厂
中冶京唐建设有限公司
唐山百货大楼集团有限责任公司
开滦集团精煤股份范各庄矿业分公司
唐山钢铁股份有限公司
唐山供电公司
河北大唐唐山热电有限责任公司
中国网通（集团）有限公司唐山市分公司
中国移动通信集团河北有限公司唐山分公司
中国联通有限公司唐山分公司
唐山华盛超市有限公司
河北省地勘局第二地质大队
河北省地勘局第五地质大队
国网新源控股有限公司潘家口蓄能电厂
中国建材建设有限公司
唐山三友集团有限公司
河北大唐国际王滩发电有限责任公司
开滦集团钱家营矿业公司
中央储备粮唐山直属库
唐山陶瓷集团有限公司
唐山市邮政局
唐山冶金矿山机械厂
唐山汇达资产经营有限责任公司
唐山市达峰盐场
唐山高压电瓷有限公司
煤炭科学研究总院唐山研究院
唐山华联商厦（集团）有限公司
唐山工程建设有限公司
唐山市水泵厂
开滦集团救护大队
开滦集团唐山矿业分公司
开滦集团东欢坨矿业分公司
开滦集团林南仓矿业分公司
开滦集团蔚州矿业有限责任公司崔家寨矿
唐山开滦铁拓重型机械制造有限责任公司
河北能源职业技术学院
开滦集团煤炭销售分公司
开滦集团铁路运输分公司
开滦集团港口储运分公司
唐山齿轮集团有限公司

教育党委（16个）

唐山市第一中学
唐山市第二中学
唐山学院
唐山市开滦第一中学
唐山市第八中学
唐山市第四幼儿园
唐山市第十中学
唐山市职业技术学院
唐山师范学院
唐山市工业职业技术学院
唐山师范学院初等教育学院
唐山市开滦第二中学
河北理工大学
华北煤炭医学院
唐山市第十一中学
唐山市盲聋哑学校

卫生党委（10个）

唐山市工人医院
唐山市妇幼保健院
唐山市人民医院
唐山市第二医院
唐山市中医医院

唐山市中心血站
唐山市协和医院
唐山市疾病预防控制中心
唐山市传染病医院
唐山市卫生监督所
交通党委（8个）
唐山市运输管理处
唐山市公路管理处
唐山市交通局养路费稽征处
唐山市交通局行政管理处
承唐高速公路唐山管理处
唐山市唐港高速公路管理处
唐山市交通局公路建设总公司
唐山市交通局公路管理站
水务党委（13个）
唐山市滦河下游灌溉管理处
唐山海港开发区供水工程管理处
唐山市陡河河道管理处
唐山市节约用水办公室
唐山市水利规划设计研究院
唐山市水利物资供应站
唐山市引滦工程管理局迁西渠道管理处
唐山市引滦工程邱庄水库枢纽管理处
唐山市引滦工程姚庄电站
唐山市引滦工程南观电站
水利部海委引滦工程管理局
唐秦水文水资源勘测局
唐山市陡河水库管理处
金融单位（15个）
中国银行业监督管理委员会唐山银监分局
中国银行唐山分行
中国银行唐山北新道支行
中国建设银行唐山分行
中国建设银行唐山分行营业部
中国建设银行唐山新华道支行
中国建设银行唐山丰润支行
中国工商银行股份有限公司唐山分行票据中心
中国农业银行唐山分行
中国农业银行唐山广场支行
中国农业银行唐山市建设南路支行
中国人民银行唐山中心支行
交通银行唐山分行
交通银行唐山丰润支行
中国人寿保险股份有限公司唐山分公司
其他驻唐单位（4个）
河北省滦河河务管理局
河北省公安厅高速交警总队五支队
中国石油冀东油田公司
河北省公安厅高速交警总队唐山大队
遵化市（19个）
遵化市国家税务局
遵化市地方税务局
遵化市第一中学
遵化市水务局
遵化市人民法院
唐山市工商行政管理局遵化市分局
遵化市人事和劳动社会保障局
遵化市财政局
遵化市教育局
中国网通(集团)有限公司遵化市分公司
遵化市气象局
遵化市人民医院
遵化市质量技术监督局
遵化市人民检察院
遵化市清东陵文物管理处
遵化市国际饭店
遵化市电力公司
中国工商银行遵化分行
中国移动公司遵化市分公司
迁安市（15个）
迁安市电力局
唐山市工商行政管理局迁安市分局
迁安市国家税务局
迁安市总工会
迁安市气象局
迁安市科技局
迁安市广播电视局
迁安市公安局
迁安市交通局
迁安市地方税务局
迁安市水务局
迁安市计划生育局
迁安市环卫公司
迁安市国土资源局

迁安市东安超商

迁西县（15个）

河北津西钢铁股份有限公司
唐山市工商行政管理局迁西县分局
迁西县林业局
迁西县电力局
迁西县建设管理局
迁西县国土资源局
迁西县财政局
迁西县农村信用合作联社
迁西县旅游局
中国人民银行迁西县支行
唐山唐承铁路运输有限责任公司
迁西县地方税务局
迁西县国家税务局
迁西县卫生局
迁西县人民政府移民迁建办公室

玉田县（17个）

玉田县国家税务局
玉田县地方税务局
玉田县财政局
玉田县电力局
玉田国家粮食储备库
玉田县农村信用合作社联合社
玉田县工商行政管理局
玉田县人民法院
玉田县人民检察院
玉田县行政审批中心
玉田县畜牧水产局
中国网通(集团)有限公司玉田分公司
玉田县建设局
玉田县公安局交通警察大队
玉田县国土资源局
玉田县实验小学
玉田县林南仓中学

滦南县（16个）

滦南县地方税务局
滦南县电力公司
滦南县国家税务局
唐山市工商行政管理局滦南县分局
滦南县财政局
滦南县民政局
滦南县人口和计划生育局
滦南县水务局
滦南县交通局
滦南县建设局
滦南县第一中学
滦南县人民检察院
滦南县公安局城关派出所
唐山中红普林食品有限公司
滦南县发展改革局
滦南县气象局

滦县（15个）

蓝贝酒业集团有限公司
滦县国家税务局
滦县疾病预防控制中心
滦县公安局交通警察大队
滦县公安局
滦县农业局
共青团滦县委员会
滦县交通局
唐山市冀东物贸集团有限责任公司
滦县行政服务中心
滦县工商行政管理局
滦县地方税务局
滦县人事劳动和社会保障局
滦县电力局
滦县热力公司

乐亭县（19个）

乐亭县李大钊纪念馆
乐亭县人民法院
乐亭县人民检察院
乐亭县公安局
乐亭县冀东果菜批发市场管委会
乐亭县电力公司
乐亭县交通局
乐亭县审计局
乐亭县文化体育局
乐亭县建设局
乐亭县教育局
乐亭县民政局
乐亭县财政局
乐亭县国家税务局
乐亭县地方税务局

唐山市工商行政管理局乐亭县分局
乐亭县人口和计划生育局
乐亭县旅游局
中国网通（集团）有限公司乐亭分公司

唐海县（11个）

唐海县地方税务局
唐海县国家税务局
唐海县交通局
唐海县电力局
唐海县建设规划局
中国网通（集团）有限公司唐海县分公司
唐海县水务局
唐海县财政局
唐海县国土资源局
唐海县市场建设服务中心
唐海县第一中学

路北区（17个）

路北区城乡建设管理局
路北区地方税务局
路北区国家税务局
唐山市工商行政管理局路北区分局
路北区教育局
路北区财政局
路北区河北路街道
路北区缸窑街道办事处
路北区大里街道办事处
路北区文化路街道办事处
唐山市第一幼儿园
路北区疾病预防控制中心
路北区公安分局
路北区民政局
路北区检察院
路北区光明街道办事处
唐山市龙悦酒业饮品有限公司

路南区（16个）

路南区地方税务局
路南区国家税务局
唐山市国土资源局路南区分局
唐山市工商局路南分局
路南区城建局
路南区小山办事处
路南区财政局
唐山市公安局路南区分局
路南区商务局
路南区质量技术监督局
路南区友谊福寿公寓
路南区常记功臣幸福院
唐山市路南区友谊中学
唐山市路南区燕京小学
唐山市冀东汽车销售有限公司
唐山市路南金匙实业有限公司

丰润区（17个）

丰润区国家税务局
丰润区地方税务局
唐山市工商行政管理局丰润区分局
丰润区电力局
中国网通(集团)有限公司丰润分公司
唐山市丰润区车轴山中学
丰润区财政局
丰润区房管局
丰润区人事劳动和社会保障局
丰润区教育局
丰润区水务局
丰润区民政局
丰润区人民医院
唐山市公安局丰润区分局
丰润区粮食局
丰润区评剧团
丰润区农业畜牧局

古冶区（14个）

古冶区国家税务局
古冶区地方税务局
唐山市工商行政管理局古冶区分局
唐山市第十六中学
古冶区财政局
唐山市农业银行古冶支行
古冶区林西街道办事处
网通唐山市通信分公司古冶营业部
古冶区农村信用合作社联合社
古冶区城建局
古冶区利丰水泥有限公司
唐山市质量技术监督局古冶分局
唐山市公安局古冶分局
唐山市移动通信公司古冶分公司

开平区（11个）
开平区地税局
开平区国税局
开平区农村信用合作联社
中国人民财产保险股份有限公司唐山市开平支公司
开平区发改局
开平区环保分局
开平区审计局
中国农业银行唐山市开平支行
开平区工商分局
开平小学
开平区环境卫生管理处
丰南区（14个）
唐山国丰钢铁有限公司
丰南区财政局
丰南区国家税务局
丰南区地方税务局
丰南区交通局
丰南区电力局
丰南区人民法院
丰南区人事劳动和社会保障局
丰南区第一中学
丰南区农业畜牧水产局
唐山市国土资源局丰南区分局
丰南区审计局
丰南区职教中心
丰南区工商行政管理局
海港开发区（4个）
河北唐山海港经济开发区管理委员会
京唐港股份有限公司
海港开发区地方税务局
唐山海港高级中学
高新开发区（5个）
唐山松下产业机器有限公司
高新技术开发区地方税务局
高新技术开发区国家税务局
高新技术开发区财政局
高新技术开发区人事劳动和社会保障局
南堡开发区（6个）
南堡开发区国家税务局
南堡开发区地方税务局
唐山市国土资源局南堡开发区分局
唐山市公安南堡经济开发区分局
南堡开发区财政局
河北省冀东监狱
曹妃甸工业区（1个）
唐山市曹妃甸工业区地方税务局
芦台经济技术开发区（4个）
芦台经济开发区地方税务局
唐山市工商局芦台经济开发区分局
芦台经济开发区国家税务局
芦台经济开发区国土资源局
汉沽管理区（4个）
汉沽管理区交通局
汉沽管理区地方税务局
汉沽管理区国家税务局
汉沽管理区水电局
供稿：唐山市文明办

唐山市2006～2007年度市级文明建设先进单位名单

市直党（工）委（33个）
中共唐山市委党史研究室
唐山市社科联
中共唐山市委台湾事务办公室
唐山市残疾人联合会
唐山市文联
唐山市中级人民法院
唐山市城管局
唐山市卫生局
唐山市民宗局
唐山市商务局
唐山市公安局
唐山市城乡规划局
唐山市安全生产监督管理局
唐山市就业服务局
唐山市体育局
唐山市环保局
唐山市烟草公司

唐山市热力总公司
唐山市工程建设造价管理站
唐山市建筑工程施工安全监督站
唐山市艺术学校
唐山市新华书店
唐山市医疗保险基金管理中心
唐山市皮影剧团
唐山市园林绿化管理局
唐山市产品质量监督检验所
唐山市私营个体经济协会
唐山市社会保险事业局
唐山市文化市场稽查队
唐山市博物馆
唐山市冀东烈士陵园
唐山市公安局刑警支队
唐山市公安局开滦分局

军分区（6个）

唐海县人民武装部
河北陆军预备役炮兵第72师士兵队
武警唐山市支队
唐山市公安消防支队
中国人民解放军第二五五医院
中国人民解放军66366部队81分队

国资委（13个）

中国电信集团北方电信有限公司唐山市分公司
唐山市阳光粮油资产经营管理有限公司
开滦精煤股份吕家坨矿业分公司
开滦集团赵各庄矿业公司
开滦酒店旅游集团
开滦集团医疗集团
开滦集团新型建材分公司
开滦集团设备管理中心
开滦集团离退休职工管理中心
开滦集团信息与控制中心
开滦集团蔚州矿业有限责任公司南留庄矿
唐山中润煤化工有限公司
河北省冀东水泥集团公司

教育党委（6个）

唐山市职业教育中心
唐山师范学院滦州分校
河北科技大学唐山分院
唐山市财经学校
唐山市广播电视大学
唐山师范学院玉田分校

卫生党委（10个）

唐山市第五医院
唐山市第四医院
唐山市第十医院

唐山市第三医院（6个）

唐山市铁路丰润医院
唐山市第八医院
唐山市卫生干部进修学校
唐山市健康教育所
唐山市第九医院
唐山市红十字会

交通党委（6个）

唐山市交通开发总公司
唐山市公路技工学校
唐山市公路工程质量监督处
唐山交通建设工程监理咨询有限公司
唐山市交通局物质处
唐山市地方道路管理处

金融单位（15个）

中国银行唐山建设路支行
中国银行唐山丰南支行
中国建设银行唐山复兴路支行
中国建设银行唐山开滦支行
中国建设银行唐山冶金支行
中国建设银行唐山卫国路支行
中国工商银行股份有限公司唐山分行唐山凤凰支行
中国工商银行股份有限公司唐山分行乐亭支行
中国工商银行股份有限公司唐山分行迁安支行
中国工商银行股份有限公司唐山分行唐海支行
中国农业银行胜利路支行
交通银行唐山银河支行
交通银行唐山丰南支行
中信银行股份有限公司唐山分行
中国平安人寿保险股份有限公司唐山中心支公司

遵化市（13个）

遵化市审计局
遵化市广播电视局
遵化市文化体育局

遵化市老干部局
遵化市矿山总公司
遵化市总工会
遵化市公安局
遵化市建设局
遵化市工业经济促进局
遵化市城管执法局
遵化市农业畜牧水产局
遵化市路南街道
遵化市路北街道
迁安市（19个）
迁安市民政局
人民保险公司迁安分公司
迁安市城区街道办事处
迁安市法院
迁安市检察院
中国网通(集团)有限公司迁安分公司
迁安市光彩幼儿园
迁安市行政服务中心
迁安市农业畜牧水产局
中国移动公司迁安市分公司
迁安市职教中心
迁安市市直机关幼儿园
迁安市工商局城关分局
迁安市地方税务局马兰庄分局
迁安正元包装集团有限公司
迁安永固油井水泥有限公司
迁安市规划局
迁安市妇幼保健院
迁安市九江线材有限公司
迁西县（13个）
迁西县人事劳动和社会保障局
迁西县科学技术局
迁西县人民检察院
迁西县水务局
迁西县洒河桥中心卫生院
迁西县总工会
迁西县职业技术教育中心（6个）
迁西县人口和计划生育局
迁西县民政局
迁西县邮政局
迁西县人民法院
迁西县公安局
中国农业发展银行迁西县支行
玉田县（14个）
玉田县卫生局
玉田县第一幼儿园
玉田县气象局
中国银行唐山分行玉田县支行
玉田县邮政局
玉田县水务局
玉田县招商局
玉田县第二中学
农业银行玉田县支行
玉田县特教中心
玉田县技术监督局
高速交警总队玉田大队
唐山晶源裕丰电子股份有限公司
河北海贺胜利印刷机械集团有限公司
滦南县（9个）
滦南县审计局
滦南县总工会
滦南县环保局
中国网通（集团）有限公司滦南县分公司
唐山腾飞五金工具制造有限公司
滦南县教育局
滦南县技术监督局
农业银行滦南支行
滦南县银泰商厦责任公司
滦县（17个）
滦县环境保护局
滦县发展改革局
中共滦县县委办公室
滦县物价局
滦县人民法院
滦县台商工业园区管理委员会
滦县广播电视局
滦县卫生职业中等专业学校
滦县建设局环卫管理站
滦县水务局
滦县妇女联合会
滦县司法局
中共滦县县委党校
滦县人民政府机关事务管理局

滦县人民政府办公室
滦县人民医院
滦县劳动就业管理局

乐亭县（21个）

中国移动公司乐亭县分公司
乐亭县社会保险局
乐亭县水务局
乐亭县气象局
乐亭县城市管理局
中国农业银行唐山分行乐亭县支行
中国建设银行唐山分行乐亭县支行
乐亭县畜牧兽医局
乐亭县环保局
乐亭县工业经济促进局
乐亭县卫生局
乐亭县医院
乐亭县广播电视局
河北欧意金土果业有限公司
乐亭县供销合作社
乐亭县发展改革局
乐亭县司法局
乐亭县林业局
乐亭县安全生产监督管理局
乐亭县商务局
乐亭县统计局

唐海县（11个）

唐海县人口和计划生育局
唐山市工商行政管理局唐海县分局
唐海县委农村工作委员会
唐海县支援重点建设办公室
唐海县民政局
唐海县职业技术教育中心
唐海县人民检察院
唐海县文化广播电视新闻出版局
唐海县质量技术监督局
河北移动通信唐海分公司
唐海县气象局

路北区（19个）

路北区卫生局
路北区审计局
唐山市环境保护局路北区分局
路北区乔屯街道办事处
路北区机场路街道办事处
路北区妇女联合会
路北区综合执法大队
路北区文化体育局
路北区行政服务中心

路北区光明实验小学（9个）

唐山市东方建筑安装工程有限公司
唐山市工商行政管理局路北分局机场路工商所
路北区工业经济促进局
唐山市国土资源局路北区分局
唐山市海格雷骨质瓷有限公司
路北区龙东街道办事处
路北区荣华道小学
路北区人事劳动和社会保障局
唐山天元嘉华投资有限公司

路南区（17个）

路南区教育局
路南区民政局
路南区人事劳动和社会保障局
路南区文北办事处
路南区检察院
路南区法院
路南区规划分局
路南区疾病预防控制中心
路南区刑警大队
路南区市政设施管理处
唐山市小山运输市场
唐山市第二十六中学
唐山市化学厂有限公司
唐山市化工机械有限公司
唐山隆义实业有限公司
唐山市第二幼儿园
友谊中学开十分校

丰润区（19个）

丰润区妇联
丰润区信用联社
丰润区卫生局
丰润区物价局
丰润区交通局
丰润区气象局
丰润区林业局
丰润区人口和计划生育局

唐山市百货大楼集团北方购物广场
丰润区文化体育局
丰润区广播电视局
河北广电网络公司丰润分公司
丰润区商务局
丰润区机关事务管理局
丰润区东实验小学
丰润区第二人民医院妇幼保健院
丰润建筑安装股份有限公司
唐山市金桥中学
丰润区唐新装饰设计有限公司

古冶区（15个）

唐山市光学仪器有限公司
古冶区农林畜牧水产局
唐山市供电公司古冶分公司
唐山市国土资源局古冶分局
工商银行股份有限公司古冶支行
古冶区房管局
古冶区教育局
古冶区检察院
古冶区人民法院
唐山市邮政局古冶分局
古冶区交通局
古冶区商务局
古冶区唐家庄街道办事处
古冶区医院
河北三鑫实业集团有限公司

开平区（11个）

开平区财政局
开平区人民检察院
开平区质量技术监督分局
开平区总工会
开平区机关党工委
唐山市第四十九中学
开平区国土资源分局
唐山市新苑物业有限公司
郑庄子派出所
唐山三金明盛实业发展有限公司
唐山天汇制衣有限公司

丰南区（18个）

唐山惠达集团有限公司
丰南区信访局
丰南区广播电视局
丰南区环境保护局
丰南区水务局
丰南区建设局
丰南区教育局
丰南区胥各庄街道办事处
丰南区人口和计划生育局
丰南区农广校
丰南区技术监督局
丰南区经济开发区
丰南区农村信用合作联社
丰南区科技局
丰南区公安交警大队
高速交警总队五支队丰南大队
丰南区政府招待处
丰南区新华书店

海港开发区（4个）

海港开发区国家税务局
唐山市工商局局海港开发区分局
唐山边防检查站
唐山佳华煤化工有限公司

高新开发区（3个）

高新技术开发区城市管理综合执法大队
唐山高新技术产业园区街道办事处
唐山东方房地产集团有限公司

南堡开发区（3个）

南堡开发区第一幼儿园
南堡开发区经济发展局
南堡开发区建设局

曹妃甸工业区（4个）

唐山市曹妃甸工业区管委会
唐山市曹妃甸实业开发有限责任公司
唐山市公安局曹妃甸分局
唐山市公安交警支队第十一交通警察大队

芦台开发区（4个）

唐山市芦台经济开发区农业总公司
唐山市质量技术监督局芦台经济开发区分局

芦台经济开发区水电工程公司（1个）

芦台经济开发区交通局

汉沽管理区（3个）

汉沽管理区第一中学
唐山市公安局汉沽分局

唐山市汉沽管理区灌排管理站

供稿：唐山市文明办

唐山市2006～2007年度军民共建先进单位名单

唐山市路北区人民武装部——唐山市路北区城建局

唐山市丰润区人民武装部——唐山市丰润区供水公司

中国人民解放军66366部队——玉田县光荣院

唐山市边防支队浪窝口边防派出所——乐亭县姜各庄镇黄湾村

中国人民解放军66035部队——乐亭县民政局

河北陆军预备役炮兵第72师高炮团——滦南县姚王庄镇李营村

河北陆军预备役炮兵第72师——滦县小马庄镇胡里庄村

河北陆军预备役炮兵第72师214团——路北城市管理综合执法大队

中国人民解放军66008部队64分队——联通唐山分公司

武警水电第一支队——唐山市开滦第一中学

中国人民解放军93514部队——遵化市第二中学

唐山边防检查站——京唐港股份有限公司

武警唐山市支队一大队——路南区女织寨乡老谢庄村委会

武警唐山市支队二大队四中队——开平区陡电街道办事处

唐山市公安消防支队特勤大队二中队——唐山市友谊中学

中国人民解放军第二五五医院——唐山市截瘫疗养院

中国人民解放军93651部队72分队——唐山师范学院中文系

中国人民解放军93651部队——唐山学院

武警唐山医院——路南区友谊里福乐园社区

供稿：唐山市文明办

唐山市2006～2007年度文明村镇名单

遵化市（13个）

遵化市侯家寨乡

遵化市遵化镇

遵化市团瓢庄乡

遵化市西三里乡

遵化市平安城镇平一村

遵化市苏家洼镇北十里铺村

遵化市兴旺寨乡化石峪村

遵化市东新庄镇东新庄村

遵化市遵化镇三间房村

遵化市西留村乡黄庄子村

遵化市建明镇闫屯村

遵化市堡子店镇温家庄村

遵化市新店子镇乔庄子村

迁安市（19个）

迁安市杨店子镇

迁安市沙河驿镇

迁安市马兰庄镇

迁安市杨各庄镇徐流口村

迁安市沙河驿镇唐庄子村

迁安市大崔庄镇石梯子沟村

迁安市赵店子镇康官营村

迁安市闫家店乡六股道村

迁安市马兰庄镇李家沟村

迁安市迁安镇烟台吴庄村

迁安市杨各庄镇东新庄村

迁安市扣庄乡寺后村

迁安市木厂口镇老爷庙村

迁安市太平庄乡田庄村

迁安市野鸡坨镇小杨官营村

迁安市大五里乡山叶口村

迁安市蔡园镇蔡园村

迁安市彭店子乡八家寨村

迁安市夏官营镇黄官营村

迁西县（8个）
迁西县东荒峪镇青杨树村
迁西县白庙子乡
迁西县白庙子乡黑洼村
迁西县汉儿庄乡杨家峪村
迁西县金厂峪镇
迁西县三屯营镇
迁西县洒河桥镇
迁西县兴城镇西庄村
玉田县（13个）
玉田县大安镇华祥村
玉田县孤树镇前后枣曾屯村
玉田县孤树镇兰泉村
玉田县鸦鸿桥镇桥联三村
玉田县玉田镇周庄村
玉田县林南仓镇丁张官屯村
玉田县杨家板桥镇宋庄村
玉田县石臼窝镇杨倪八村
玉田县窝洛沽镇孙老庄子
玉田县彩亭桥镇四元村
玉田县唐自头镇小陵村
玉田县杨家套乡丁刘村
玉田县林头屯乡西果各庄村
滦南县（12个）
滦南县南堡镇
滦南县姚王庄镇李营村
滦南县扒齿港镇后榆子林村
滦南县方各庄镇
滦南县柏各庄镇
滦南县奔城镇
滦南县交六村
滦南县张官寨村
滦南县崔三庄村
滦南县白坨村
滦南县安西村
滦南县西小营村
滦县（7个）
滦县雷庄镇
滦县响堂镇
滦县响堂镇杜峪村
滦县滦州镇大横山营村
滦县榛子镇朱官营村
滦县王店子镇韩新庄村
滦县古马镇大门庄村
乐亭县（10个）
乐亭县城
乐亭县姜各庄镇
乐亭县毛庄镇
乐亭县汀流河镇
乐亭县王滩镇
乐亭县马头营镇
乐亭县古河乡
乐亭镇赵蔡庄村
乐亭县姜各庄镇东南庄村
乐亭县马头营镇张庄子村
唐海县（5个）
唐海县八农场
唐海县四农场
唐海县一农场
唐海县七农场滨海村
唐海县第五农场第七生产队
路南区（4个）
路南区女织寨乡
路南区女织寨乡南刘屯村
路南区西越河村
路南区老谢庄村
路北区（6个）
路北区果园乡
路北区刘火新庄村
路北区张各庄村
路北区娘娘庙村
路北区河沿庄村
路北区曹家家口村
古冶区（4个）
古冶区范各庄乡
古冶区范各庄乡小殷各庄村
古冶区习家套乡张庄村
古冶区王辇庄乡前金庄村
开平区（5个）
开平镇半壁店村
开平镇前屈庄村
越河镇税西村
栗园镇尤各庄村
郑庄子镇三益庄村

丰润区（13个）
丰润区丰润镇
丰润区沙流河镇
丰润区新军屯镇
丰润区刘家营乡
丰润区沙流河镇沙流河村
丰润区沙流河镇广家店村
丰润区银城铺乡东马庄村
丰润区韩城镇西刘各庄村
丰润区韩城镇于林庄村
丰润区新军屯镇梁庄子村
丰润区刘家营乡城坎村
丰润区欢喜庄乡八户村
丰润区丰润镇西黄各庄村
丰南区（15个）
丰南区丰南镇
丰南区黄各庄镇
丰南区丰南镇小岔河村
丰南区东田庄乡大吴庄村
丰南区丰南镇小王庄村
丰南区钱营镇北阳庄村
丰南区西葛镇西尖坨村
丰南区稻地镇大公庄村
丰南区唐坊镇双港村
丰南区大新庄镇安子村
丰南区小集镇洼里村
丰南区南孙庄乡无名泊村
丰南区柳树酄镇西河二村
丰南区大齐各庄镇小王庄村
丰南区黄各庄镇东老治村
南堡（1个）
南堡经济开发区滨海镇东南街村
芦台开发区（2个）
芦台开发区海北镇北双村
芦台经济开发区海北镇小海北村
汉沽管理区（2个）
汉沽管理区汉丰镇马庄村
汉沽管理区第五生产队
供稿：唐山市文明办

唐山市2006～2007年度文明建设先进村镇名单

遵化市（14个）
遵化市建明镇
遵化市小厂乡
遵化市崔家庄乡
遵化市西留村乡
遵化市团瓢庄乡吴家坑村
遵化市侯家寨乡罗文峪村
遵化市铁厂镇陈庄子村
遵化市汤泉乡东沟村
遵化市西下营乡兰村
遵化市刘备寨乡城子村
遵化市马兰峪镇魏进河村
遵化市石门北六盘营村
遵化市西三里乡张各庄村
遵化市东旧寨镇梁屯村
迁安市（19个）
迁安市建昌营镇
迁安市大五里乡
迁安市赵店子镇
迁安市杨各庄镇大贤庄村
迁安市沙河驿镇红庙子村
迁安市赵店子镇沟南庄村
迁安市马兰庄镇新水子村
迁安市迁安镇大魏庄村
迁安市太平庄乡尚庄村
迁安市闫家店乡洗甲河村
迁安市木厂口镇红石峪村
迁安市杨店子镇殷官营村
迁安市大五里乡王家湾子村
迁安市蔡园镇新庄子村
迁安市夏官营镇夏官营村
迁安市野鸡坨镇宋庄村
迁安市五重安乡茶井沟村
迁安市上庄乡上庄村
迁安市建昌营镇温庄村
迁西县（8个）
迁西县兴城镇南庄村
迁西县新集镇
迁西县尹庄乡磨石庵村

迁西县太平寨镇韩家河村
迁西县上营乡东爱庄子村
迁西县三屯营镇南团汀村
迁西县金厂峪镇凿子岭村
迁西县东莲花院乡马家沟村
玉田县（14个）
玉田县大安镇
玉田县玉田镇邦道庄
玉田县杨家套乡曹马殿村
玉田县散水头镇光明庄
玉田县林西镇林西新街村
玉田县孤树镇孤树村
玉田县大安镇丁程庄
玉田县陈家铺乡五汇村
玉田县林头屯乡三乐村
玉田县郭家屯乡东大泉村
玉田县郭家桥乡吕高庄
玉田县虹桥镇珠芦庄
玉田县潮洛窝乡慧龙寨村
玉田县亮甲店镇亮甲店村
滦南县（10个）
滦南县宋道口镇
滦南县司各庄镇
滦南县张仙庄村
滦南县闫庄户村
滦南县邢一村
滦南县西北街村
滦南县北套村
滦南县大陈庄村
滦南县果园村
滦南县廒上渔业村
滦县（8个）
滦县杨柳庄镇北高家庄村
滦县滦州镇
滦县滦州镇贾官营村
滦县油榨镇北杨庄子村
滦县九百户镇大河湾村
滦县榛子镇
滦县茨榆坨镇芦苇庄村
滦县小马庄镇沙埠村
乐亭县（8个）
乐亭县闫各庄镇
乐亭县中堡镇
乐亭县胡家坨镇
乐亭县汤家河镇
乐亭县新寨镇
乐亭县大相各庄乡
乐亭县王滩镇王滩村
乐亭县乐亭镇高安庄村
唐海县（4个）
唐海县九农场城子生产队
唐海县第三农场第一生产队
唐海县十里海养殖场
唐海县八里滩养殖场
路南区（3个）
路南区东礼尚庄村
路南区郑家庄村
路南区太平庄村
路北区（4个）
路北区周官屯村
路北区许各寨村
路北区杨家口村
路北区大官庄村
古冶区（3个）
古冶区卑家店乡王店子村
古冶区大庄坨乡雷庄村
古冶区范各庄乡大寨村
开平区（5个）
开平镇二街村
越河镇东越河村
栗园镇茅草营村
双桥镇双桥村
洼里镇古楼庄村
丰润区（18个）
丰润区韩城镇
丰润区七树庄镇
丰润区王官营镇
丰润区石各庄镇
丰润区银城铺乡
丰润区小张各庄镇
丰润区岔河镇
丰润区丰润镇小屯村
丰润区丰润镇疙瘩坨村
丰润区沙流河镇皇亲庄村

丰润区白官屯镇大黑马甸村
丰润区王官营镇九间房村
丰润区李钊庄镇于仙庄村
丰润区火石营镇霍庄村
丰润区银城铺乡板桥村
丰润区刘家营乡小营村
丰润区石各庄镇邵家街村
丰润区左家坞镇才庄村
丰南区（12个）
丰南区小集镇
丰南区钱营镇
丰南区大齐各庄镇
丰南区丰南镇东王家河村
丰南区西葛镇西葛村
丰南区小集镇古庄子村
丰南区大新庄镇西八户村
丰南区王兰庄镇李报庄村
丰南区稻地镇胡庄村
丰南区黄各庄镇东黄各庄村
丰南区丰南镇翟一村
丰南区黑沿子镇黑东村
南堡（2个）
南堡经济开发区滨海镇申立村
南堡经济开发区滨海镇西北街村
供稿：唐山市文明办

唐山市2006～2007年度 文明社区名单

路南区（15个）
路南区友谊街道燕京里社区
路南区友谊街道定福里社区
路南区友谊南里社区
路南区学院南路街道双新东里社区
路南区学院南路街道双新二社区
路南区广场街道卫国楼社区
路南区广场街道新华里社区
路南区小山街道花园里社区
路南区南厂西里社区
路南区永红桥街道建国里社区
路南区永红桥街道石庄社区
路南区文北街道文北西楼社区
路南区文北街道爱国里社区
路南区南北街社区
路南区钱营街道钱营第三社区
路北区（28个）
路北区乔屯街道草场街社区
路北区乔屯街道乔屯楼社区
路北区钓鱼台街道钓鱼台南楼第一社区
路北区钓鱼台街道钓鱼台南楼第二社区
路北区钓鱼台街道钓鱼台北楼第二社区
路北区龙东街道龙泉南楼第二社区
路北区龙东街道龙泉北楼第二社区
路北区龙东街道龙泉南楼第一社区
路北区机场路街道祥富里社区
路北区机场路街道甲区社区
路北区机场路街道供电楼社区
路北区机场路街道机北楼社区
路北区缸窑街道三益楼社区
路北区缸窑街道前后村社区
路北区光明街道友谊西社区
路北区光明街道光明西里甲区社区
路北区河北路街道河北里第二社区
路北区河北路街道永庆里社区
路北区文化路街道健康楼社区
路北区文化路街道机场路南楼社区
路北区文化路街道山西南里社区
路北区文化路街道华岩东里社区
路北区大里街道丽景琴园社区
路北区大里街道昌乐社区
路北区大里街道建科楼社区
路北区大里街道天元社区
路北区大里街道铁路楼社区
路北区大里街道幸福花园社区
开平区（4个）
开平街道东新苑社区
开平街道普光南里社区
税务庄街道税东社区
马家沟街道新工村社区
丰南区（6个）
丰南区胥各庄街道新华社区

丰南区胥各庄街道新兴社区
丰南区胥各庄街道东兴社区
丰南区丰南镇三街社区
丰南区丰南镇四街社区
丰南区黄各庄镇惠达社区
古冶区（12个）
古冶区林西街道新林楼社区
古冶区林西街道机北社区
古冶区林西街道东南楼二社区
古冶区古冶街道供电楼社区
古冶区古冶街道铁路社区
古冶区赵各庄街道融园社区
古冶区赵各庄街道东工房社区
古冶区赵各庄街道三友矿山社区
古冶区唐家庄街道永安楼社区
古冶区唐家庄街道京华西里社区
古冶区南范街道七七楼社区
古冶区南范街道广场社区
丰润区（13个）
丰润区燕山路街道欣园社区
丰润区燕山路街道新城社区
丰润区燕山路街道光华社区
丰润区燕山路街道团结社区
丰润区太平路街道冀新社区
丰润区太平路街道万隆社区
丰润区太平路街道园东社区
丰润区太平路街道纺织一社区
丰润区浭阳街道林苑社区
丰润区浭阳街道王庄子社区
丰润区浭阳街道西大街社区
丰润区浭阳街道南关社区
丰润区浭阳街道北关社区
遵化市（5个）
遵化市路北街道文茂社区
遵化市路北街道海南社区
遵化市路北街道文礼社区
遵化市路南街道河东一社区
遵化市路南街道东环社区
迁安市（4个）
迁安市城区街道兴安社区
迁安市城区街道常青社区
迁安市城区街道花园街社区
迁安市城区街道燕春社区
迁西县（2个）
迁西县栗山街道庄里社区
迁西县栗山街道水源里社区
滦南县（2个）
滦南县奔城街道千禧和平社区
滦南县奔城街道团结社区
滦县（2个）
滦县团结里社区
滦县城区街道办事处晨光里社区
玉田县（3个）
玉田县城区街道昌盛社区
玉田县城区街道繁荣路社区
玉田县城区街道府后社区
乐亭县（3个）
乐亭县乐安街道富强社区
乐亭县乐安街道新光社区
乐亭县乐安街道茂源社区
唐海县（2个）
唐海县十一农场社区
唐海县交化街社区
海港开发区（1个）
海港开发区祥盛社区
汉沽管理区（3个）
汉沽管理区振兴街道社区
汉沽管理区汉丰街道办事处创业里社区
汉沽管理区振兴街道办事处广盛里社区
芦台开发区（1个）
芦台开发区芦台农场河东社区
高新技术开发区（1个）
高新技术开发区吉庆里社区
开滦、唐钢集团（6个）
开滦集团有限责任公司钱家营社区
开滦集团有限责任公司荆各庄社区
开滦集团有限责任公司范各庄社区
开滦集团有限责任公司直属社区
开滦集团唐山社区服务中心社区
唐钢股份河茵社区

供稿：唐山市文明办

唐山市2006～2007年度文明建设先进社区名单

路南区（12个）

路南区永乐园社区
路南区友谊街道友谊里社区
路南区学院南路街道立新西里社区
路南区国防楼社区
路南区南新东里社区
路南区广场街道二五五医院社区
路南区小山隆义里社区
路南区双桥里社区
路南区永红桥街道车站街社区
路南区建国楼社区
路南区文北街道大洪桥社区
路南区文北街道马家屯社区

路北区（35个）

路北区乔屯街道西山楼社区
路北区乔屯街道西北井二社区
路北区乔屯街道西北新社区
路北区乔屯街道凤凰道社区
路北区钓鱼台街道凤祥园社区
路北区钓鱼台街道部西里社区
路北区钓鱼台街道部东里社区
路北区钓鱼台街道燕山社区
路北区龙东街道龙泉北楼第一社区
路北区龙东街道龙泉南楼第三社区
路北区龙东街道龙泉北楼第三社区
路北区机场路街道红星楼一社区
路北区机场路街道红星楼二社区
路北区机场路街道和平里社区
路北区机场路街道祥和里一社区
路北区机场路街道鹤祥园社区
路北区东新村街道启新老工房第一社区
路北区东新村街道东工房第二社区
路北区缸窑街道高各庄社区
路北区缸窑街道明华楼社区
路北区缸窑街道秦华楼社区
路北区缸窑街道荣华楼社区
路北区光明街道光明西里丙区社区
路北区光明街道友谊东社区
路北区光明街道光明西里乙区社区
路北区光明街道光明南里第一社区
路北区光明街道德源里第三社区
路北区河北路街道河南里第二社区
路北区河北路街道河南里第三社区
路北区文化路街道华岩联合社区
路北区文化路街道山西北里社区
路北区文化路街道曙光楼社区
路北区文化路街道富强楼社区
路北区大里街道祥云西里社区
路北区大里街道东大里社区

开平区（4个）

开平街道西新苑社区
马家沟街道新区社区
马家沟街道葡萄园社区
税务庄街道唐钢社区

丰南区（3个）

丰南区胥各庄街道物资村社区
丰南区胥各庄街道建设楼社区
丰南区丰南镇七街社区

古冶区（12个）

古冶区林西街道南工房一社区
古冶区林西街道二工房社区
古冶区林西街道西小楼一社区
古冶区林西街道南工房二社区
古冶区古冶街道西新楼二社区
古冶区古冶街道西耐社区
古冶区赵各庄街道新工房社区
古冶区赵各庄街道南工房社区
古冶区唐家庄街道东工房社区
古冶区唐家庄街道矾土社区
古冶区唐家庄街道京山社区
古冶区吕家坨街道七七工房社区

丰润区（10个）

丰润区燕山路街道福园社区
丰润区燕山路街道燕山一社区
丰润区燕山路街道燕山二社区
丰润区燕山路街道燕山三社区
丰润区太平路街道园北社区
丰润区太平路街道纺织二社区
丰润区太平路街道园林社区
丰润区浭阳街道富泰社区
丰润区浭阳街道富康社区

丰润区浭阳街道富丽社区

遵化市（5个）

遵化市路北街道海金社区

遵化市路北街道通华社区

遵化市路南街道南关社区

遵化市路南街道民主社区

遵化市路南街道建功北社区

迁安市（4个）

迁安市城区街道青杨社区

迁安市城区街道丰乐社区

迁安市城区街道永顺社区

迁安市城区街道燕阳社区

迁西县（2个）

迁西县栗乡街道国兴里社区

迁西县栗乡街道秀峰里社区

滦南县（1个）

滦南县罗城社区

滦县（2个）

滦县城区街道办事处朝阳里社区

滦县城区街道办永安里社区

玉田县（3个）

玉田县城区街道玉兴楼社区

玉田县城区街道彭西社区

玉田县城区街道阜金社区

乐亭县（3个）

乐亭县乐安社区

乐亭县乐安街道中心社区

乐亭县乐安街道东南社区

南堡（1个）

南堡经济开发区希望路街道三友社区

供稿：唐山市文明办

唐山市2006～2007年度精神文明建设先进工作者名单

遵化市（8人）

洪樱方　遵化市文明办股级干部

崔树林　遵化市地税局副局长

黎　新　遵化市文化体育局副局长

尹立华　遵化市国税局纪检组长

张国荣　遵化市公安局政治处主任

刘素敏　遵化市小厂乡宣传委员

柳凤刚　遵化市广播电视局报社社长

史志文　遵化市第一实验小学校长

迁安市（8人）

浑　广　迁安市文明办副主任

杨小军　迁安市文明办综合科副科长

张连荣　迁安市教育局党委书记

王小莉　迁安市环卫公司经理

杜建英　迁安市市委党校教师

黄玉东　迁安市木厂口镇党委书记

彭学军　迁安市野鸡坨镇党委宣传委员

张　千　迁安市扣庄乡寺后村党支部书记

滦县（8人）

郑子海　滦县公安局副政委

葛　宏　响嘡镇党委书记

牛　良　滦县发展改革局局长

张国源　滦县响嘡镇杜峪村村支书兼村长

王久福　滦县滦州镇人民政府党委书记

黄利民　滦县卫生职业中等专业学校校长、书记

高汉兴　滦县人事劳动和社会保障局党组书记、局长

朱金武　茨榆坨镇大石佛村支部书记

滦南县（8人）

贾爱红　滦南县文明办科员

毕艳红　滦南县地税局政工科长

贾惠卿　滦南县电力局办公室主任

王会刚　滦南县国营林场场长

王玉春　滦南县安各庄镇党委书记

高树新　滦南县青坨镇党委书记

韩进勇　滦南县机关事务管理局局长

王桂林　滦南县建设局局长

玉田县（8人）

张海松　玉田县文明办指导科科长

刘得利　玉田县玉田镇书记

李鸿祥　玉田县窝洛沽镇书记

王振军　玉田县建设局局长

裴志钧　玉田县工业促进局局长

潘　杰　玉田县广播局副局长

蒲志亭　玉田县地方税务局副局长

张祖慧　玉田县国家税务局副局长

迁西县（6人）

张建军　迁西县金厂峪镇书记

杨　兆　迁西县文明办科员

郝志军　迁西县旧城乡书记

王玉利　迁西县电力局局长

张朝阳　迁西县尹庄乡书记

王友金　迁西县东荒峪镇青场树村书记

乐亭县（8人）

李　强　乐亭县乐亭镇党委书记

王学兵　乐亭县姜各庄镇书记

裴建忠　乐亭县毛庄镇镇长

张永超　乐亭县汀流河镇书记

吴振亭　乐亭县文明办副主任

曾庆学　乐亭县庞各庄乡乡长

田爱华　乐亭县电力公司副经理

高金民　乐亭县党校办公室副主任

唐海县（8人）

孙文菊　唐海县文明办副主任

韩武庭　唐海县七农场党委副书记

李文武　唐海县十农场党委副书记

董文成　唐海县唐海镇组织委员

候树军　唐海县六农场场长、党委副书记

赵芝宁　唐海县交通局办公室主任

郑丽媛　唐海职教中心教师

王宗泽　唐海县文化广播电视新闻出版局新闻部主任

路南区（8人）

董秀丽　公安分局党委副书记、副政委

赵瑞成　教育局党委副书记

蒋坎信　市场建设服务中心党委副书记

宋双臣　综合执法大队党总支副书记、副大队长

赵玉华　小山街道党工委宣传部长

刘艳梅　友谊街道党工委宣传部长

岳翠芳　学院南路街道党工委宣传部长

陈　健　文明办副主任

路北区（8人）

金增产　路北区直机关党工委书记

谷士祥　路北区财政局局长

刘建中　路北区工商分局局长

孙继喜　路北区城建局党委书记

孙志顺　路北果园乡党委书记

于建华　路北缸窑街道党工委书记

于广钊　路北河北路街道党工委书记

刘晓静　路北区文明办副主任

丰润区（8人）

史林友　丰润区委常委、宣传部长

魏建成　丰润区车轴山中学校长

王焕金　丰润区物价局局长

董学忠　丰润区沙流河镇书记

马志贵　丰润区委宣传部常务副部长、文明办主任

阚德才　丰润区建筑工程安全监督站党支部书记

杨建忠　丰润区国税局人事教育科科长

赵小林　丰润区文明办综合指导科科长

丰南区（8人）

夏春秋　丰南区胥各庄街道办事处党委书记

刘祚合　丰南区文明办副主任

卢双云　丰南区妇联会主席

王树林　丰南区稻地镇党委书记

董友福　丰南区综合执法局局长

张维远　丰南区爱卫办主任

许立民　丰南区地税局副局长

王会义　丰南区文明办督导科科长

古冶区（7人）

夏裕萍　古冶区委常委、宣传部长

陈宝贵　市工商局古冶区分局局长

贺永斌　市公安局古冶区分局党委副书记、副政委

金卫君　古冶城建局局长

郝广友　古冶教育局副局长、唐山市十六中学校长

张玉春　古冶范各庄乡南范各庄村党支部书记

刘恩辉　唐家庄街道京华西里社区党支部书记

开平区（8人）

姚建华　开平区总工会常务副主席

杨金山　开平区防范办主任

刘　东　开平区文明办主任

李大民　开平区公安分局副政委、党委副书记

钱[illegible]升　开平区税务庄街道党工委副书记

李雅亭　开平区双桥镇党委副书记

张宝芹　开平区开平镇党委宣传委员

孙　宏　开平区开平街道党工委宣传委员

海港（3人）

蔡念勇　海港开发区地税局局长

马志刚　京唐港股份有限公司党群工作部部长

郝健颖　海港开发区工商局办公室主任

芦台（3人）

董志军　芦台开发区宣传部副部长、文明办主任

李瑞林　芦台经济开发区农业总公司总经理

于全江　芦台开发区小海北村书记

南堡（3人）

董瑞生　南堡经济开发区滨海镇人大副主席

卢晓敏　南堡经济开发区市政公司第一副经理

孙淑静　南堡开发区海燕幼儿园园长

汉沽（3人）

陈　彤　汉沽管理区振兴街道办事处副书记

李秀峰　汉沽管理区农业总公司副书记

高克军　汉沽管理区宣传部副部长

高新（3人）

刘文生　高新技术开发区地税局局长

薛秀丽　高新技术开发区街道办事处综合办主任

张善堂　高新区产业园区办公室科员

市直党（工）委（11人）

高贵洲　唐山市中级人民法院机关党委专职副书记

张晓光　唐山市市直机关文明办主任

冯国义　唐山市经贸学校党委副书记

李华军　唐山市财政局机关党委专职副书记

刘渤海　唐山市人防办机关党总支专职副书记

马连国　唐山市人民检察院机关党委专职副书记

董立东　唐山市药监所党支部副书记

王海峰　唐山市民政局党委办公室副主任

范春萍　唐山市人民广播电台一级播音员

王永康　唐山市公安局公交分局政委

潘淑锦　粮食局经贸办公室科员

卫生党委（6人）

白力丰　市卫生党委综合办公室主任

李仲林　唐山工人医院党委副书记

高振芬　市妇幼保健院党委副书记

赵秀凤　市传染病医院党总支书记

董桂兰　市人民医院人事科长

马云皓　市中心血站党办室科员

交通党委（6人）

孙惠忠　唐山市交通局交通运输管理处处长

刘文成　唐山市交通局养路费稽征处处长

郑子勇　唐山市交通局公路管理站站长

鲁学军　唐山市交通工程建设总公司总经理

李洪林　承唐高速公路唐山管理处处长

张海东　唐山市交通建设工程监理咨询公司经理

教育党委（6人）

朱全友　唐山师范学院滦州分校党委书记、校长

岳凤桐　河北科技大学唐山分院院长、党总支副书记

李光生　唐山师院玉田分校副校长

王洪忠　唐山市财经学校校长

王振全　唐山市广播电视大学校长

胡振明　唐山市职教中心校长助理

国资委（10人）

韩忠林　唐山市人民政府国有资产监督管理委员宣教处处长

王太安　中冶京唐建设有限公司党委工作部长

王　冰　唐山供电公司政工处副处长

王　勇　开滦精煤范各庄矿业分公司党建部副部长

解仁义　唐山百货大楼集团有限公司董事长

张书海　河北大唐国际唐山热电有限公司书记

赵寿强　唐山钢铁股份有限公司宣传部宣传科长

梁广和　中国网通（集团）有限公司唐山分公司书记

李国青　大唐国际陡河发电厂党委副书记

于冬梅　河北省冀东水泥集团公司文明办干事

水务党委（5人）

孙义杰　唐山市陡河水库管理处

石云云　唐山市节水办副主任

董瑞军　唐山市水务局滦下管理处工会副主席

李纪颖　水利部海委引滦工程管理局党务科长

陈俊利　河北省滦河河务管理局机关专职副书记

金融系统（6人）

曹柏林 唐山银监分局副科长
李建刚 中国银行唐山分行党委书记、行长
郭宝贤 人民银行唐山市中心支行宣传部副部长
刘顺利 中国建设银行唐山分行党委书记、行长
张伯英 中国建设银行股份有限公司迁安支行行长
王友顺 中国工商银行唐山分行宣传部部长

驻唐部队（5人）

潘友忠 唐山市路南区人民武装部部长
杨 盛 河北陆军预备役炮兵第72师政治部秘群处干事
张祚勇 中国人民解放军93651部队政治部副主任
赵建勇 中国人民解放军第二五五医院政委
齐超群 武警唐山市支队组织科科长

相关单位（20人）

王德明 中共唐山市委组织部干部综合处处长
李爱军 中共唐山市委办公厅干部处副处长
崔敬民 中共唐山市纪委监察局机关党委专职副书记
李 利 中共唐山市委农工委创建处处长
刘云生 中共唐山市委政法委政治部主任
安志兵 唐山市人大常委会办公厅老干部处长
王 斌 唐山市政协机关党委副书记
王 琳 唐山劳动日报社城经部副主任
王雪漫 唐山劳动日报社要闻部主任
王连英 唐山电视台业务副台长、新闻频道总监
葛昌秋 唐山广电局记协秘书长
李福林 唐山市国税局教育处处长
孙 杰 唐山市地税局教育处科员
徐忠岭 唐山市公安局交通警察支队政委
孙宪章 中共唐山市委宣传部办公室主任
郝立轩 中共唐山市委宣传部文艺处处长
王立军 中共唐山市委宣传部研究室副主任科员
郝晓维 中共唐山市委宣传部综合事业处主任科员
吴艳梅 唐山市文明办教育处处长
武 毅 唐山市文明办指导处副处长

供稿：唐山市文明办

廊坊市2006～2007年度文明单位名单

（共768个）

三河市

三河汇福粮油集团有限公司
三河市财政局
廊坊市农电管理局三河供电局
三河市第一中学
三河市地方税务局
中央储备粮三河直属库
三河市气象局
三河市卫生防疫站
三河市工商行政管理局
三河市民政局
三河市人事劳动和社会保障局
三河市建设局
三河市人口和计划生育局
三河市质量技术监督局
三河发电有限责任公司
三河市农业局
三河市环境保护局
三河市审计局
三河市科技局
三河市粮食局
三河市水务局
三河市农业机械管理局
三河市教育局
三河市北城街道办事处
三河市燕郊开发区西城街道办事处
三河市财政局燕郊契税征收管理所
三河市住房保障和房产管理局
廊坊市养路费征稽处三河征稽站
廊坊市三河收费站
三河市广播电视局
三河市安全生产监督管理局
三河市司法局

三河市人民检察院
三河市公安局
三河市总工会
三河市供电局燕郊支局
三河市燕郊开发区实验小学
三河市第十中学
三河市第八中学
三河市第六小学
三河市统计局
中国网通（集团）有限公司三河市分公司
中共三河市委党校
三河市新华书店
三河市城市管理综合执法局
三河市杨庄镇范港村
三河市合作医疗管理中心
三河市卫生局
三河市工商行政管理局泃阳分局
三河市环境卫生管理局
三河市交通局公路管理站
三河市地税燕郊一分局
三河市地税黄土庄分局
三河市地税皇庄分局
三河市地税李旗庄分局
三河市国家税务局
三河市国税燕郊分局
三河市市委老干部局
三河市人民法院
三河市京东中美医院
三河市机动车驾驶员培训学校
三河市灵山水泥有限公司
三河市燕郊京华高尔夫俱乐部有限公司
三河燕达实业集团有限公司
中国人寿保险股份有限公司三河支公司
三河市皇庄镇第一村
三河市交通局运输管理站
三河市泃阳镇
三河市黄土庄镇
三河市高楼镇
三河市段甲岭镇
三河市李旗庄镇
三河市齐心庄镇
三河市泃阳镇东关村
三河市泃阳镇小曹庄村
三河市燕郊镇南巷口村
三河市燕郊镇四街
三河市燕郊镇大石各庄村
三河市齐心庄镇大康庄村
三河市齐心庄镇天兴庄村
三河市黄土庄镇胡桥村
三河市段甲岭镇大赵庄村
三河市高楼镇白家庄
三河市高楼镇高辛庄村
三河市杨庄镇大曹庄
三河市食品药品监督管理局

大厂回族自治县

中共大厂回族自治县委机关
大厂回族自治县人民政府机关
大厂回族自治县公安局交通警察大队
大厂回族自治县地方税务局
大厂回族自治县职业技术教育中心
大厂回族自治县国家税务局
大厂回族自治县财政局
大厂回族自治县质量技术监督局
大厂回族自治县新华书店
大厂回族自治县交通局
廊坊市养路费征稽处大厂回族自治县征稽站
大厂回族自治县交通局运输管理站
大厂回族自治县供电局
大厂回族自治县农业局
大厂回族自治县人民武装部
大厂回民中学
大厂回族自治县人民检察院
大厂回族自治县人民法院
中国农业银行大厂回族自治县支行
大厂回族自治县物价监督检查所
大厂回族自治县建设局
大厂回族自治县工商行政管理局
大厂回族自治县国土资源局
中国网通(集团)有限公司大厂回族自治县分公司
大厂回族自治县夏垫镇
大厂回族自治县大厂镇
大厂回族自治县气象局
大厂回族自治县交通局公路管理站

大厂回族自治县教育局
河北移动通信有限责任公司大厂分公司
大厂回族自治县广播电视局
大厂回族自治县城市管理综合执法局
大厂回族自治县第二回民中学
大厂回族自治县住房保障和房产管理局
大厂回族自治县人事劳动和社会保障局
大厂回族自治县民政局
大厂回族自治县高级实验中学
大厂回族自治县城关第一小学
大厂回族自治县祁各庄镇
大厂回族自治县公安局
大厂回族自治县发展改革局
大厂回族自治县福华公司
大厂回族自治县大厂镇大厂三村

香河县

香河县国土资源局
香河县财政局
香河县地方税务局
香河县国家税务局
香河县交通局
香河县经济技术开发区管理委员会
香河家具城管委会
香河县公安局
香河县人民检察院
香河县人民法院
香河县司法局
香河县监察局
香河县审计局
香河县淑阳镇
香河县安平镇
香河县渠口镇
香河县钳屯乡
香河县钱旺乡
香河县蒋辛屯镇
香河县刘宋镇刘宋村
香河县安平镇贾庄村
香河县供电局
中国人民银行香河县支行
中国工商银行香河支行
中国网通（集团）有限公司香河县分公司
香河中冶长城重型机械制造有限公司
香河县人事劳动和社会保障局
香河县工商行政管理局
香河县邮政局
香河县环境保护局
香河县广播电视局
香河县建设局
香河县教育局
香河县人口和计划生育局
香河县质量技术监督局
香河县工业经济运行局
香河县民政局
香河县总工会
香河县人民医院
香河县中医院
香河县妇幼保健所
中共香河县委党校
香河县教师进修学校
香河县职业技术教育中心
香河县第一中学
香河县第二中学
香河县第四中学
香河县城内第一小学
香河县财政集中支付中心
香河县地方税务局城区税务分局
香河县地方税务局开发区分局
高速交警香河大队
香河县公安局交通警察大队
香河县公安局渠口派出所
香河县交通局公路管理站
香河县热力公司
香河县气象局
香河县看守所

广阳区

中共广阳区委机关
广阳区人大常委会机关
广阳区人民政府机关
广阳区政协机关
广阳区交通局
广阳区交通局公路管理站
广阳区水务局
广阳区人民检察院
广阳区粮食局

河北省地堪局测绘院
河北省地球物理勘查院
广阳区人口和计划生育局
广阳区地方税务局第一税务分局
廊坊市工商行政管理局广阳分局曙光工商分局
廊坊市公安局广阳分局北门外派出所
廊坊市阳光机动车驾驶员培训学校
广阳区建设局
廊坊市第十小学
广阳区地方税务局
广阳区交通局运输管理站
广阳区地方税务局第四税务分局
中国人民武装警察部队廊坊市支队
廊坊市工商行政管理局广阳区分局
廊坊市公安局广阳分局小廊坊派出所
廊坊市城郊农村信用合作社建设路信用社
廊坊市朝阳特价商城有限公司
中国石油天然气管道工程有限公司
广阳区解放道街道办事处
中国建筑科学研究院建筑机械化研究分院
河北东方机械厂
廊坊市第六中学
北华航天工业学院
廊坊市城郊农村信用合作联合社
广阳区地方税务局第二税务分局
广阳区国家税务局第二税务分局
广阳区新开路街道办事处
廊坊华联商厦有限责任公司
广阳区审计局
广阳区人民法院
廊坊市第六小学
广阳区财政局
广阳区地方税务局第五税务分局
广阳区供销社
广阳区教育局
广阳区国家税务局
中国人民解放军第四二一零工厂
廊坊市第十一小学
华北石油管理局第一综合服务处
中国石油集团测井有限公司华北事业部廊坊测井项目部
广阳区万庄镇
廊坊市城郊南尖塔农村信用合作社
广阳区地方税务局第三税务分局
廊坊市公安局广阳分局北旺派出所
廊坊市城郊北旺农村信用合作社
广阳区九州镇财政所
廊坊市益民粮油购销有限责任公司
广阳区九州镇奶字房村
广阳区九州镇

安次区

廊坊师范学院
中共安次区委机关
安次区人民政府机关
廊坊市工商行政管理局安次分局
安次区人民检察院
安次区水务局
安次区教育局
安次区财政局
安次区审计局
廊坊市公安局安次分局
安次区人民法院
安次区发展计划局
安次区建设局
安次区国家税务局
中共安次区委招待所
安次区地方税务局
安次区人口和计划生育局
安次区交通局
安次区支油办
安次区统计局
安次区交通局安通驾校
安次区交通局运输公司
安次区交通局运输管理站
廊坊市实验小学
安次区光明西道街道办事处
安次区卫生防疫站
安次区交通局汽车综合性能检测站
廊坊市第五小学
廊坊市国家税务局安次分局城区税务分局
廊坊市第一小学
廊坊市元辰超市有限公司
安次区北史家务乡
安次区北史家务乡北史家务村

安次区杨税务乡
安次区交通局公路管理站
安次区交通局路政执法大队
安次区公安局落垡镇派出所
廊坊市友谊体育用品有限公司
廊坊市万森工艺品有限公司
安次区仇庄乡大王务信用社
廊坊市第四中学
廊坊市第十二中学
安次区公安局调河头乡派出所
廊坊市国家税务局安次分局葛渔城税务分局
安次区公安局东沽港镇派出所

固安县

固安县固安镇
固安县牛驼镇
固安县马庄镇
固安县供电局
固安县人民检察院
固安县国家税务局
固安县第一中学
固安县人口和计划生育局
固安县中医院
固安县水务局
固安县人民法院
固安县文化体育局
固安县交通局
固安县财政局
固安县财政支付中心
固安县农业机械管理局
中国农业银行固安县支行
中国工商银行固安支行
中国农业发展银行固安县支行
固安县审计局
固安县广播电视局
固安县住房保障和房产管理局
固安县地方税务局
固安县国土资源局
中国网通（集团）有限公司固安分公司
固安县民政局
固安县公安局
固安县工商行政管理局
固安县林业局
固安县食品药品监督管理局
固安县教育局
固安县气象局
明珠集团固安分公司
固安县光荣院
固安县城内小学
固安县职业中学
固安县机关幼儿园
固安县公主府中学
固安县106国道固安收费站
固安县交通局运输管理站
固安县交通局公路管理站
固安县交通警察大队
固安县辛立村治安检查站
固安县国家税务局稽查局
固安县国家税务局柳泉税务所
固安县地方税务局稽查局
固安县供电局马庄供电所
固安县工商行政管理局城区分局
固安县金海橡塑制品有限公司
固安县礼让店乡沙河口村
固安县知子营乡东湖庄村
固安县建设局
固安县安全生产监督管理局
固安县国家税务局城区税务分局
固安县国家税务局牛驼税务分局
固安县国家税务局彭村税务分局
固安县地方税务局征收分局
固安县地方税务局第一税务分局
固安县地方税务局第二税务分局
固安县地方税务局彭村税务分局
固安县地方税务局牛驼税务分局
固安县永丰新型建材有限公司
固安县廊坊绿园农资有限公司
固安县彭村中学
固安县宫村镇
固安县固安镇北街村
固安县牛驼镇门铁营村
固安县宫村镇东徐二村

永清县

中共永清县委机关
永清县人民政府机关

永清县人民检察院
永清县公安局
永清县财政局
永清县供电局
永清县国家税务局
永清县地方税务局
永清县交通局
永清县司法局
永清县教育局
永清县邮政局
永清县水务局
永清县人口和计划生育局
永清县国土资源局
永清县环境保护局
永清县审计局
永清县广播电视局
永清县人事劳动和社会保障局
永清县工商行政管理局
永清县第二中学
永清县第一中学
永清县公安交通警察大队
永清县交通局运输管理站
永清县民政局
永清县农村信用合作联社
永清工业园区
永清县韩村镇
中国人民银行永清县支行
永清县气象局
永清县交通局公路管理站
河北大田化工有限公司
永清县农机监理站
永清县第一小学
永清县新华书店
永清县龙虎庄乡瓦屋辛庄村
永清县天成化工有限公司
永清县韩村镇董家务村
廊坊市交通局里澜城收费站

霸州市

中央储备粮霸州直属库
霸州市人民检察院
霸州市公安局
廊坊市农电管理局霸州供电局
霸州市水务局
霸州市气象局
霸州市环境保护局
霸州市城市管理综合执法局
霸州市国家税务局
霸州市国税局胜芳国税分局
霸州市国税局煎茶铺税务所
霸州市国税局城区税务分局
霸州市国税局堂二里税务分局
霸州市交通局运输管理站
中国建设银行霸州市支行
霸州市农村信用合作联社
霸州市质量技术监督局
廊坊养路费征稽处胜芳征稽站
霸州市地方税务局
霸州市地税局稽查局
霸州市地税局胜芳分局
霸州市地税局堂二里税务所
霸州市地税局信安税务所
廊坊市第四医院
霸州市第一中学
霸州市商业总公司
霸州市胜芳镇
霸州市霸州镇
霸州市信安镇
霸州市东段乡
霸州市王庄子乡任庄子村
霸州市胜芳镇红星街
霸州市东杨庄乡下坊村
霸州市杨芬港镇小庙村
霸州市信安镇团结街
霸州市堂二里镇堂五街
霸州市辛章办事处北柳村
霸州市国土资源局
霸州市财政局
霸州市建设局
霸州市审计局
霸州市交通局公路管理站
霸州市经济技术开发区管理委员会
霸州市胜芳财政分局
霸州市胜芳建设分局
廊坊养路费征稽处霸州征稽站

霸州市国土资源局胜芳分局
霸州市第四中学
霸州市第四小学
中国网通（集团）有限公司霸州市分公司
霸州市东杨庄乡
霸州市城区办事处
霸州市公安局交警大队
霸州市人口和计划生育局
中国工商银行胜芳支行
华洋线缆集团有限公司
河北胜宝制管有限公司
京华金属制品有限公司
前进钢铁集团有限公司
胜兴房地产开发有限公司
霸州市新利钢铁有限公司
霸州市金弘建筑有限公司
霸州市金拜克自行车有限公司
霸州市石油化工机械厂
霸州市德山钢木家俱有限公司
霸州市弘利硬木雕刻厂
霸州市北方汽配有限公司
长安塑胶有限公司
邦壮电子材料有限公司
河北省高速公路公安交通警察总队一支队霸州大队
霸州市人民法院

文安县

文安县供电公司
文安县地方税务局
文安县国家税务局
文安县交通局
文安县农村信用合作联社
文安县工商行政管理局
文安县环保局
文安县广播电视局
中共文安县委党校
文安县总工会
文安县教育局
文安县邮政局
文安县民政局
文安县食品药品监督管理局
文安县国土资源局
文安县财政局
文安县文化体育局
文安县人口和计划生育局
文安县气象局
文安县人民法院
文安县支油支铁办公室
中国农业发展银行文安县支行
文安县综合职业技术教育中心
文安县教师进修学校
中国网通（集团）有限公司文安分公司
中国网通（集团）有限公司文安分公司新镇营业部
文安县粮食局
文安县供电局史各庄供电所
文安县供电局文安镇供电所
文安县供电局大柳河供电所
文安县供电局腾飞线路器材厂
文安县人民检察院
文安县地税局新镇地税所
文安县地税局城区地税所
文安县地税局史各庄地税所
文安县国家税务局新镇税务分局
文安县国家税务局城区税务分局
文安县国家税务局苏桥税务所
文安县交通局运输管理站
文安县交通局公路管理站
文安县医院
文安县建筑工程公司
文安县公安交警大队
文安县公安局史各庄派出所
文安县公安局新镇派出所
文安县左各庄镇
文安县新镇镇
文安县赵各庄镇
文安县大围河乡
文安县史各庄镇
文安县大柳河镇
文安县国营黄甫农场
文安县国营小务农场
文安县新镇镇芦阜庄村
文安县文安镇西关村
文安县左各庄镇东新村

文安县左各庄镇福新村
文安县赵各庄镇赵各庄村
文安县史各庄镇韩各庄村
文安县大围河乡安里村
文安县兴隆宫镇小郭庄村
文安县苏桥镇民主村
文安县司法局
文安县公安局左各庄派出所
文安县兴隆宫卫生院
文安县新镇中心卫生院
中国工商银行文安支行
文安县审计局
文安县第四中学
文安县水务局打井队
静王线文安收费站
文安县新钢钢铁有限公司

大城县

大城县城区办事处
中共大城县委机关
大城县国家税务局
大城县地方税务局
大城县交通局
大城县财政局
大城县气象局
大城县法院
大城县地方税务局办税服务厅
大城县地方税务局旺村税务所
大城县民政局
大城县交通局公路管理站
中国农业发展银行大城县支行
大城县医院
河北华美化工建材集团有限公司
大城县公安局
大城县第四小学
大城县交通局运输管理站
大城县国家税务局留各庄税务分局
大城县国家税务局平舒税务分局
大城县质量技术监督局
大城县公安局交通警察大队
中国农业银行大城县支行
大城县环境保护局
中国网通（集团）有限公司大城分公司
大城县人民检察院
大城县中医院
大城县邮政局
大城县人事劳动和社会保障局
大城县林业局
中国工商银行大城县支行
大城县人民政府机关
大城县物价局
廊坊市全振汽车配件有限公司
大城县供电局臧屯供电所
大城县供电局王文供电所
大城县武警中队
大城县人口和计划生育局
大城县审计局
大城县教育局
大城县第一中学
大城县第二中学
大城县职教中心
大城县交通局征稽站
廊泊线大城收费站
大城县平舒镇
大城县大广安乡
大城县旺村镇祖寺村
大城县新华书店

廊坊开发区

廊坊市公安局开发区分局
廊坊经济技术开发区地方税务局
廊坊经济技术开发区国家税务局
廊坊市工商行政管理局开发区分局
廊坊经济技术开发区人民法院
廊坊经济技术开发区公用事业管理局
中国农业银行廊坊开发区支行
中国工商银行廊坊开发区支行
中国建设银行廊坊开发区支行
北京东方研修学院航空旅游分院
廊坊经济技术开发区建设工程质量监督站
廊坊经济技术开发区供水中心
廊坊经济技术开发区热力供应中心
新奥集团股份有限公司
廊坊市公安局东方大学城分局
廊坊经济技术开发区医院
廊坊开发区检察院

廊坊经济技术开发区商业银行
中国联通有限公司廊坊分公司
廊坊经济技术开发区盛源化工公司

市直

廊坊市交通局公路管理处
廊坊市交通局
廊坊市第一中学
廊坊市新世纪步行街管理委员会
廊坊市国家税务局
廊坊市交通局路桥通行费管理处（含静王线收费站）
廊坊市妇幼保健中心
廊坊市地震局
廊坊供电公司
廊坊市明珠商业企业集团有限公司
廊坊市地方税务局
廊坊市卫生局
廊坊市交通局运输管理处
廊坊日报社
廊坊市卫生学校
廊坊市气象局
廊坊市邮政局
廊坊市财政局
廊坊市科学技术局(含生产力促进中心)
廊坊市电子信息工程学校
廊坊市教育局
廊坊市商务局
廊坊市农林科学院
廊坊市公安局交通警察支队
廊坊市民政局
中国移动通信集团河北有限公司廊坊分公司
廊坊市公安局
廊坊市环境保护局
廊坊市中心血站
廊坊市审计局
中共廊坊市委党校
廊坊市图书馆
廊坊市博物馆
中国网通（集团）有限公司廊坊分公司
廊坊市工商行政管理局
廊坊市物价局
廊坊市公安局巡警防暴支队
廊坊市国有资产监督管理委员会
廊坊市中医医院
廊坊市城市管理综合执法局
廊坊市广播电视局
中国电信集团公司廊坊市分公司
廊坊市人事局
廊坊市人民医院
廊坊市国土资源局
廊坊市农业局
中共廊坊市委机关
廊坊市人大常委会机关
廊坊市人民政府机关
廊坊市政协机关
中国农业发展银行廊坊分行
廊坊市林业局
廊坊市药品检验所
廊坊市畜牧水产局
廊坊市出入境检验检疫局
廊坊市烟草专卖局
廊坊市住房公积金管理中心
廊坊市土地开发整理服务中心
廊坊市文化局
廊坊市万隆珠宝有限公司
廊坊市第八高级中学
廊坊市统计局
中国银行廊坊分行
廊坊市建设局时代广场管理处
亚新科美联（廊坊）制动系统有限公司
廊坊市民族宗教事务管理局
廊坊市建设局城区环路桥收费处
廊坊市林美商厦
廊坊市总工会
廊坊市水务局
廊坊市交通局公路工程管理处（含：第一公路工程处、第二公路工程处、工程定额管理处、通达公路有限公司、材料供应处、工程质量监督处、工程有限公司、地方道路处）
廊坊市交通局养路费征稽处
廊坊市商业银行
廊坊市城乡规划局
廊坊市质量技术监督局
中国农业银行廊坊分行

廊坊市交通局职工教育培训中心
中国石油天然气管道局中学第三附属小学
廊坊市人民检察院
廊坊市体育局
中国农业银行安次区支行
河北省廊坊市中级人民法院
中国人民银行廊坊市中心支行
中国建设银行廊坊分行
廊坊市公安局刑事警察支队
廊坊市第七中学
廊坊市国土资源局市区分局
廊坊市特殊教育学校
廊坊市人民防空办公室
廊坊市人口和计划生育委员会
廊坊市第二中学
廊坊市地产交易中心
廊坊职业技术学院
廊坊市交通局勘察设计院
廊坊市水文水资源勘查局
廊坊市安全生产监督管理局
中国人保财险廊坊分公司
中国人寿保险廊坊分公司
廊坊市直属机关第二幼儿园
中太建设集团股份有限公司
廊坊市国土资源局广阳区分局
河北消费广场广告有限公司
廊坊市戎兴军粮供应有限公司
廊雪面粉有限责任公司
安邦粮油有限公司
中国工商银行股份有限公司廊坊分行
中国工商银行股份有限公司廊坊光明道支行
廊坊市住房保障和房产管理局
中国建设银行廊坊金光道支行
廊坊市文学艺术界联合会
廊坊市农电管理局
廊坊市食品药品监督管理局
廊坊市中小企业局
廊坊市旅游局
廊坊市发展和改革委员会
廊坊市养路费征稽处安次征稽站
廊坊市阳光建设工程质量检测公司
廊坊市粮食局
廊坊市财政干部培训中心天都大酒店
廊坊市园林绿化管理局
廊坊市司法局
廊坊市国家安全局
廊坊市第一实验小学
中国农业银行广阳道支行
廊坊市直属机关第一幼儿园
河北广电信息网络集团股份有限公司廊坊分公司
廊坊市档案局
廊坊市热力总公司
廊坊市城市建筑安装工程二公司
廊坊市广播电视大学
廊坊市群众艺术馆
廊坊市第6916仪器厂
中国石油天然气集团中心医院

文明社区

广阳区金桥社区
广阳区康庄社区
廊坊开发区憩园社区
广阳区6916社区
广阳区和平丽景社区
广阳区吉兴社区
广阳区城市旺点社区
安次区文苑社区
安次区南苑社区
广阳区康乐社区
安次区钰海社区
安次区永兴社区
广阳区曙光道社区
广阳区永丰道社区
广阳区馨境界社区
广阳区域泰社区
三河市紫竹园社区
三河市阳光社区
霸州市朝阳社区
霸州市朝阳隆泰社区
大厂回族自治县供电公寓
香河县永兴社区
永清县鑫琳居委会
固安县新中街社区
文安县政通道社区

大城县东环路居委会
供稿：廊坊市文明办
整理：陈东 邵凤霞

衡水市2005～2006年度文明单位（文明村）名单

（370个）

一、文明单位（327个）

市委办公室
市人大机关
市政府办公室
市纪委
市委组织部
市委宣传部
市委统战部
市委政法委
市委农工委
市委市直机关工委
市妇联
市委老干部局
衡水日报社
市民政局
市发改委
市政府政务服务中心
市规划局
市房地产管理局
市住房公积金管理中心
市水务局
市农业局
市农科所
河北省子牙河河务管理处
河北省地勘局第三水文工程地质大队
市科技局
市卫生局
市工商局
市物价局
市粮食局
市烟草专卖局
市统计局
市质量技术监督局
衡水运输集团有限公司
中国联通有限公司衡水分公司
中国移动通信集团河北有限公司衡水分公司
邯钢集团衡水薄板有限责任公司
中国农业银行衡水分行
中国农业发展银行衡水分行
中国工商银行股份有限公司衡水市路北支行
中国农业银行衡水市胜利支行
衡水市城市信用社股份有限公司中华大街营业部
衡水市城市信用社股份有限公司站前街营业部
衡水市城市信用社股份有限公司自强街营业部
衡水市城市信用社股份有限公司新华路营业部
衡水市城市信用社股份有限公司育才街营业部
哈励逊国际和平医院
市医疗保险基金管理中心
市妇幼保健院
衡水卫生学校
衡水职业技术学院
衡水科技学校
衡水高级技工学校
市第十三中学
市就业服务局
市农机技术推广站
市救助管理站
衡水和平国储粮库有限责任公司
市环境卫生管理处
衡水运输集团有限公司衡水汽车站
市交通局公路管理处
衡德高速公路管理处
市农机管理总站
市经济适用住房发展中心
市建筑装饰工程公司
市图书馆
桃城区国家税务局
桃城区民政局
市第五人民医院
桃城区光荣院
桃城区农村信用合作社联社
桃城区教育局

衡水市第六中学
衡水市滏阳小学
桃城区电力局邓庄供电所
桃城区电力局麻森供电所
桃城区水务局
桃城区人民法院
桃城区人民检察院
市工商局桃城分局
市公安局桃城分局人民路派出所
市公安局桃城分局新华路派出所
中国农业银行衡水市和平支行
衡水市燕杰文化武术学校
桃城盐业专营有限公司
桃城区妇幼保健院
桃城区公路管理站
衡水市英才学校
衡水中铁建工程橡胶有限责任公司
衡水金鼎建筑（集团）有限责任公司
衡水橡胶股份有限公司
衡水市职教中心
衡水市新苑小学
衡水市育才小学
衡水市第五中学初中部
桃城区国税局第二税务分局
桃城区机关事业单位社会保险所
衡水东方计算机中等专业学校
市公安局桃城分局彭杜派出所
衡水市康复街小学
桃城区大麻森中心卫生院
冀州市工商行政管理局
冀州市国家税务局
冀州市交通局
冀州市质量技术监督局
冀州市政府招待处
冀州市民政局
冀州市公安局
冀州市职教中心
中国移动通信集团河北有限公司冀州分公司
中国农业银行冀州市支行
冀州市公安交通警察大队
冀州市物价局
冀州市人事劳动和社会保障局
中国人民银行冀州支行
冀州市卫生局
冀州市医院
中国银行股份有限公司冀州支行
冀州市农村信用合作联社
冀州市审计局
冀州市委党校
冀州市食品药品监督管理局
冀州市粮食局
冀州市气象局
冀州市人口和计划生育局
冀州市司法局
冀州市国土资源局
冀州市林业局
冀州市交通局公路管理站
冀州市委老干局
中国移动通信集团河北有限公司枣强分公司
枣强县卫生局
枣强县工商局
中国人寿保险股份有限公司枣强支公司
枣强县国土资源局
枣强县嘉会镇卫生院
枣强县公路管理站
枣强县建设局
枣强中学
枣强县人民法院
枣强县人民检察院
枣强县气象局
枣强县人口和计划生育局
枣强县烟草专卖局（卷烟营销部）
枣强县民政局
枣强县光荣院
枣强县妇幼保健院
枣强县公路养路费征收站
枣强县交通局运输管理站
枣强县人事劳动和社会保障局
枣强县人民医院
枣强县工商局城区分局
枣强县审计局
枣强县水务局
武邑县邮政局
武邑县第二中学

武邑县人口和计划生育局
武邑县财政局
武邑县气象局
武邑县质量技术监督局
武邑县建设局
武邑县教育文化体育局
中国建设银行股份有限公司武邑支行
武邑县国家税务局
中国农业发展银行武邑县支行
中国网通（集团）有限公司武邑县分公司
武邑县人民检察院
武邑县国土资源局
武邑县水务局
武邑县广播电视局
中国移动通信集团河北有限公司武邑分公司
武邑县地方税务局城区分局
武邑县职业技术教育中心
武邑县电力局审坡供电所
武邑县教师进修学校
武邑县公路管理站
武邑县卫生局
武邑县公安交通警察大队
武邑县地方税务局稽查局
深州市国家税务局
深州市广播电视局
深州市邮政局
河北省高速公路公安交通警察总队四支队深州大队
深州市建设局
河北省307线深州收费站
深州市人民法院
深州市人民检察院
深州市卫生局
深州市财政局
深州市职业技术教育中心
中国农业银行深州市支行
中国人民银行深州支行
深州市粮食局
河北瑞丰内燃机缸体有限公司
河北省亚泰电化有限公司
深州市晨光精肉制品厂
深州市人口和计划生育局
中国石油化工股份有限公司河北深州石油分公司
深州市水务局
深州市交通局公路管理站
深州市新华书店
深州市质量技术监督局
深州市交通局运输管理站
深州市农村信用合作联社
深州市公路养路费征收站
中国工商银行股份有限公司深州支行
深州市王家井镇政府机关
武强县国家税务局
武强县国税局武强镇税务分局
中国建设银行股份有限公司武强县支行
武强县财政局
武强县年画博物馆
武强县交通局公路管理站
武强县教育文化体育局
武强县农村信用合作联社
衡水立车企业集团有限公司
河北润旺达洁具制造有限公司
中国农业银行武强县支行
中国农业发展银行武强县支行
武强县残疾人联合会
武强县电力局11万供电所
武强县质量技术监督局
武强县扶贫工作办公室
武强县政协机关
武强县国土资源局
武强县公路养路费征收站
中国人民银行武强县支行
饶阳县城乡建设局
饶阳县民政局
饶阳县国土资源局
饶阳县水务局
饶阳县气象局
饶阳县财政局
饶阳县地方税务局
饶阳县国家税务局
饶阳县人民检察院
饶阳县交通局运输管理站
饶阳县公路养路费征收站

饶阳县公路管理站
饶阳县裕彤省级粮食储备库有限责任公司
河北喜奥保健食品有限责任公司
饶阳中学
饶阳县广播电视局
饶阳县粮食局
饶阳县卫生局
中国农业银行饶阳县支行
安平县交通局
安平县邮政局
安平县人口和计划生育局
安平县地方税务局
安平县气象局
安平县工商行政管理局
安平县政协机关
安平县新华书店
安平县国家粮食储备库有限责任公司
安平县第二中学
安平县政府招待所
安平县交通局公路管理站
中国网通（集团）有限公司安平县分公司
安平县财政局
安平县电力局
中国农业银行安平县支行
安平县烈士陵园
中国工商银行股份有限公司安平支行
安平县光明中学
故城县邮政局
故城县人民检察院
故城县审计局
中国移动通信集团河北有限公司故城县分公司
故城县交通局公路管理站
河北省邢德线故城收费站
故城县气象局
故城县工商行政管理局
漳卫南运河故城河务局
故城县郑口第一小学
故城县郑口第二小学
故城县人大常委会机关
故城县农村信用合作联社
故城县广播电视局
故城县国家税务局
故城县人口和计划生育局
中国农业发展银行故城县支行
中国农业银行故城县支行
景县交通局
景县财政局
景县人民检察院
景县公安局
河北省高速公路公安交通警察总队四支队景县大队
景县人事劳动和社会保障局
景县农村信用合作联社
中国网通（集团）有限公司景县分公司
景县农业局
景县交通局公路管理站
中国人寿保险股份有限公司景县支公司
景县环境保护局
景县人口和计划生育局
景县卫生局
中国人民财产保险股份有限公司景县支公司
景县中学
景县审计局
河北景化化工有限公司
景县人民法院
中国移动通信集团河北有限公司景县分公司
中国农业发展银行景县支行
中国农业银行景县支行
中国工商银行股份有限公司景县支行
景县邮政局
中国联通有限公司景县分公司
景县气象局
阜城县地方税务局
阜城县交通局
阜城县邮政局
阜城县人口和计划生育局
中国农业银行阜城县支行
阜城县农牧局
阜城县计划局
阜城县公安局
阜城县水务局
中国农业发展银行阜城县支行
阜城县交通局运输管理站
阜城县气象局

阜城县烟草局（卷烟营销部）
阜城县财政局
中国网通（集团）有限公司阜城县分公司
阜城县国税局阜城镇税务分局
阜城县第一小学
衡水经济开发区工会
衡水经济开发区城市管理局

二、文明村（43个）

冀州市南午村镇吴吕村
冀州市南午村镇东北角村
冀州市南午村镇周家庄村
冀州市南午村镇军寨村
冀州市漳淮乡肖庄村
冀州市门庄乡东堤北村
冀州市码头李镇东羡村
冀州市小寨乡谢庄村
冀州市小寨乡孙杜村
冀州市徐庄乡庄子头村
冀州市冀州镇新庄村
冀州市西王镇桥北店村
冀州市魏屯镇陆村
枣强县大营镇时槐村
枣强县马屯镇东张邢村
枣强县肖张镇肖张村
枣强县嘉会镇赵嘉会村
武强县街关镇北谷庄村
武强县街关镇李村
武强县街关镇贾庄村
武强县周窝镇董庄村
武强县豆村乡西岔河村
武强县武强镇东中旺村
武强县武强镇浪子头村
武强县北代乡后寨村
武强县孙庄乡古坛村
武强县孙庄乡东唐旺村
阜城县古城镇杜南村
阜城县古城镇前王村
阜城县建桥乡八股张村
阜城县建桥乡东高村
阜城县蒋坊乡张屯村
阜城县蒋坊乡北郭村
阜城县王集乡南张村
阜城县码头镇魏圈村
阜城县码头镇井庄村
阜城县漫河乡西韩村
阜城县漫河乡倪庄村
阜城县阜城镇三里铺村
阜城县霞口镇刘老仁村
阜城县霞口镇大皇村
阜城县崔庙镇陈集村
阜城县崔庙镇丁庄村

供稿：衡水市文明办
整理：刘柳岐

衡水市十大道德楷模名单

林秀贞	女	枣强县王常乡南臣赞村农民
王晓勋	男	安平县南王庄镇南王庄村党支部书记
王小芬	女	安平县城关镇兴贤村农民
田　静	女	市粮食局粮油储备库职工
张永增	男	衡水老白干集团董事长、党委书记
张长在	男	市公安局交警支队副支队长
韩成君	男	衡水中学教师
孔宪群	女	枣强县法院城关法庭庭长
赵书龙	男	武邑县供销社加油站站长
石东荷	女	冀州市医院急诊科主任

供稿：衡水市文明办
整理：刘柳岐

衡水市道德模范名单

（20名）

王淑敏	女	阜城县退休教师
侯宝明	男	市委机关事务管理局职工
刘学良	男	饶阳县文明办副主任
张文建	男	市环境卫生管理处职工
张建军	男	衡水市第六中学校长

傅情情　女　深圳市长江中学学生
康洪民　男　市烟草专卖局审计科科长
王兰坤　男　武强县交通局科员
魏淑华　女　冀州市民政局光荣院职工
国保军　男　武邑县武邑镇崔庄村农民
孙明生　男　桃城区财政局科员
张凤兰　女　阜城县古城镇小学教师
杨玉梅　女　故城县纪委审理室副主任
苏建奎　男　桃城区盛邦出租车公司司机
高金潮　男　阜城县高楼电机潜水泵修理部经理
张桂茹　女　景县星火商店经理
冯　明　女　河北昭远钢结构有限公司总经理
王铁僧　男　饶阳县卫生局离休干部
刘　敏　女　武强县缤纷天地影楼经理
刘占虎　男　饶阳县广电局科员

供稿：衡水市文明办
整理：刘柳岐

衡水市第九届“十佳文明市民标兵”名单

康洪民　男　43岁　市烟草专卖局审计科科长
陈切华　男　37岁　桃城区国税局干部
田　静　女　36岁　衡水粮油储备库职工
王　辉　男　34岁　市规划局用地科科长
李淑铭　女　40岁　市药品检验所职工
李新贞　男　42岁　桃城区地方税务局科长
刘金涛　男　35岁　市园林管理处办公室主任
张会恒　男　42岁　衡水经济技术开发区地税局局长
刘宝华　男　46岁　市政府政务中心房管局窗口负责人
张连峰　男　37岁　衡水九州啤酒公司总经理

供稿：衡水市文明办
整理：刘柳岐

衡水市第九届“十佳文明市民”名单

田文红　女　38岁　人民路派出所副指导员
吴永清　男　29岁　市政府政务中心工商局窗口干部
刘师伟　女　28岁　岸芷庭蓝社区居委会主任
王建旭　男　39岁　衡水高新技术开发区经济发展局局长
韩二岭　男　70岁　京剧团退休职工
张秀燕　女　31岁　市第五人民医院神经外科护士长
丁志成　男　50岁　市审计局科长
张春生　男　70岁　滏阳社区居委会居民
王广才　男　32岁　市农业科学研究所职工
霍纪东　男　30岁　市环保局干部

供稿：衡水市文明办
整理：刘柳岐

衡水市2006年创建文明生态村工作先进村名单

（120个）

一、桃城区（12个）

邓庄乡速流村
彭杜乡赵杜村
大麻森乡大麻森村
大麻森乡赵伍营村
大麻森乡苏善彰村
大麻森乡北王庄村
河东办小西野营村
河沿镇郭埝村
赵圈镇李店村
赵圈镇冯家村
何庄乡南漳桥村
何庄乡张里马村

二、冀州市（12个）

徐庄乡庄子头村
徐庄乡野庄头村
冀州镇漳下村
码头李镇南仓村
门庄乡王海村
小寨乡谢庄村
北漳淮乡肖庄村
南午村镇西孟村
南午村镇纸房头村
魏屯镇齐官屯村
官道李镇范庄村
周村镇西安店村

三、枣强县（12个）

大营镇王儒林村
新屯乡南宫庄村
新屯乡刘庄村
恩察镇齐杨兴村
嘉会镇赵嘉会村
王均乡大王均村
唐林乡李进伯村
王常乡南臣赞村
马屯镇沈村
肖张镇肖张村
枣强镇丁庄村
枣强镇前王庄村

四、武邑县（12个）

武邑镇前丁庄村
武邑镇后丁庄村
龙店乡黄口村
龙店乡牛村
武邑新区苏义村
清凉店镇中豆屯村
紫塔乡前律寨村
审坡镇杨寨村
桥头镇北青林村
韩庄镇李吕音村
赵桥镇周张庄村
圈头乡朱洼村

五、深州市（12个）

深州镇南官庄村
王家井镇杨庄村
太古庄乡刘家沙洼村
穆村乡东八弓村
榆科镇北榆林村
辰时镇西开府村
大冯营乡贾庄村
魏家桥镇曹庄村
双井开发区大贾村
大屯乡孤城村
兵曹乡婆娑营村
护驾池镇莲花池村

六、武强县（6个）

街关镇贾庄村
武强镇浪子头村
武强镇东中旺村
周窝乡董庄村
孙庄乡任庄村
街关镇李村

七、饶阳县（7个）

里满乡大城北村
五公镇南马村
王同岳乡杨池村
饶阳镇故城村
留楚乡西九吉村
大官厅乡大何庄村
大尹村镇东风庄村

八、安平县（8个）

安平镇北关村
南王庄镇中角村
马店镇许庄村
大何庄乡郎仁村
程油子乡前刘兴村
东黄城乡堤沃村
大子文乡邢郭庄村
大子文乡南郝村

九、故城县（12个）

郑口镇齐庄村
青罕镇白庙村
青罕镇石西村
夏庄镇大曹庄村
里老乡后里老村
三郎乡北镇村
西半屯镇付庄村
建国镇水坡村

军屯镇贾庄村
辛庄乡东辛庄村
坊庄乡齐梧茂村
坊庄乡吴令寺村

十、景县（15个）

龙华镇西德厢村
龙华镇邓堡定村
龙华镇前秦村
龙华镇前马堡定村
龙华镇姜园村
广川镇宋庄村
广川镇郑村
广川镇小枫林村
王千寺镇东梁村
杜桥镇前杜桥村
景州镇徐庄村
景州镇薛洼村
北留智镇靳庄村
留智庙镇陈庄村
温城乡孙温城村

十一、阜城县（12个）

城关镇三里铺村
霞口镇小宋村
码头镇后常村
建桥乡八股张村
王集乡韩董村
建桥乡东高村
漫河乡西韩村
崔庙镇大息村
码头镇大龙村
古城镇崔枣村
古城镇前王村
大白乡史集村

供稿：衡水市文明办
整理：刘柳岐

衡水市2006年创建文明生态村工作先进乡镇名单

（20个）

桃城区麻森乡
桃城区何庄乡
冀州市徐庄乡
冀州市魏屯镇
枣强县新屯乡
枣强县马屯镇
武邑县武邑镇
武邑县龙店乡
深州市穆村乡
深州市王家井镇
武强县武强镇
饶阳县饶阳镇
安平县大子文乡
安平县安平镇
故城县青罕镇
故城县坊庄乡
景县龙华镇
景县广川镇
阜城县建桥乡
阜城县码头镇

供稿：衡水市文明办
整理：刘柳岐

衡水市2006年创建文明生态村工作先进帮建单位名单

（50个）

市水务局
市房管局
市交通局
衡丰发电公司
市财政局
市国税局

桃城区电业局
桃城区交通局
桃城区财政局
桃城区地税局
冀州市广电局
冀州市交通局
冀州市建设局
冀州市财政局
冀州市地税局
枣强县交通局
枣强县林业局
枣强县电业局
枣强县地税局
武邑县交通局
武邑县扶贫办
武邑县财政局
武邑县邮政局
深州市交通局
深州市建设局
深州市民政局
深州市医院
武强县财政局
武强县公安局
武强县烟草局
武强县检察院
饶阳县民政局
饶阳县财政局
饶阳县交通局
饶阳县水务局
安平县药监局
安平县教育文化体育局
安平县交通局
安平县房管局
故城县电业局
故城市审计局
故城县民政局
故城县环保局
景县电业局
景县交通局
景县国土资源局
景县广电局
景县县医院
阜城县民政局
阜城县交通局
供稿：衡水市文明办
整理：刘柳岐

衡水市2006年度全市文化科技卫生“三下乡”工作先进集体和先进个人名单

一、先进集体（60个）

市委宣传部
市三下乡工作办公室
市畜牧水产局
市工商局
市地税局
市交通局
市人口计生委
市科协
市农业开发扶贫办公室
市社科联
市文联
市妇联
团市委
衡水日报社
哈励逊国际和平医院
衡水职业技术学院
移动衡水分公司
市信息产业局
市科技情报研究所
市群艺馆
市书画院
市妇幼保健院
衡水电视台
市种子站
市农机管理总站
市林果技术站
市动物防疫站
市农业科学研究所

河北人民长城律师事务所
联通衡水分公司集团客户部
桃城区委宣传部
市第五人民医院
桃城区文化体育旅游局
冀州市委宣传部
冀州市科协
冀州市司法局
枣强县卫生局
枣强县教育文化体育局
武邑县委宣传部
武邑县林业局
武邑县科协
深州市工商局
深州市医院
深州市广电局
武强县委宣传部
武强县科协
移动武强分公司
饶阳县司法局
饶阳县畜牧兽医局
安平县农牧局
安平县卫生局
安平县政务中心
故城县委宣传部
故城县农业局
景县县委宣传部
景县文化馆
景县人民医院
阜城县委宣传部
阜城县人民医院
阜城县农牧局

二、先进个人（93名）

市直(51名)

杜悦峰　张秋根　常立奎　赵国志　张银虎
代俊明　薛建民　张永进　刘会英　霍建英
王志红　马广永　张　琳　门兰新　刘卫宁
李科江　方建华　杨志军　马瑞山　安俊龙
杜香荣　陈恒顺　管茂盛　周襄民　刘宝端
满　刚　张长勇　苑会芳　黄书林　贾丽华
周海荣　刘　芳　韩　卫　刘金桥　张海章
范亚士　崔林松　刘凤霄　吕双州　孔德峰
李　红　张亚平　田凤江　徐书俊　江福渤
吉幸双　史志刚　李志伟　于翠娥　宋　辉
王益民

桃城区(4名)

郭彦珍　张洪岩　张立勇　赵林洪

冀州市(4名)

李　琳　张少华　王建政　张继明

枣强县(4名)

王世清　董秀杰　孙长恒　张西仓

武邑县(4名)

杨长海　吕秀珑　李俊学　路军德

深州市(4名)

赵洪涛　代小青　刘双纵　王景刚

武强县(4名)

贾建辉　刘金章　贾克峰　高国库

饶阳县(3名)

张建民　李剑龙　赵春年

安平县(4名)

张占魁　李新愿　李彦平　何永建

故城县(3名)

庞俊芳　李沂霞　张玉峰

景县(4名)

张胜宏　王长春　姜连荣　杨　浩

阜城县(4名)

何彦路　康德胜　张志强　韩凤顺

供稿：衡水市文明办

整理：刘柳岐

邢台市2006～2007年度市级文明单位名单

（共921个）

桥西区（共45个）

文明单位（42个）

桥西区国家税务局
桥西区教文体局
桥西区张家营社区居委会
桥西区安全生产监督管理局
桥西区水务局

桥西区物价局
邢台市质量技术监督局桥西分局
桥西区卫生局
桥西区民政局
邢台市房地产开发总公司
邢台市国土资源局桥西分局
桥西区人民检察院
邢台市工商局桥西分局
桥西区人民法院
桥西区农业局
滨河房地产开发股份有限公司
桥西区达活泉街道办事处
桥西区地方税务局
桥西区百虎社区居委会
邢台市金华实验小学
邢台市凰家房地产开发公司
桥西区人口和计划生育局
桥西区韩演庄社区居委会
邢台市公安局桥西分局
桥西区财政局
桥西区中兴西社区居委会
桥西区邢钢社区居委会
邢台新兴物业管理有限责任公司
桥西区钢铁路办事处
桥西区金牛社区居委会
邢台市公安局桥西分局李村派出所
桥西区纪委监察局
桥西区冶金社区居委会
桥西区建设局
桥西区葛泉社区居委会
桥西区张宽办事处
桥西区人事劳动和社会保障局
邢台市环保局桥西分局
桥西区显德旺社区居委会
桥西区残疾人联合会
桥西区商务局
桥西区悟思社区居委会
文明村镇（3个）
桥西区南大郭乡
桥西区北小郭村
桥西区贾村

桥东区（共44个）

文明单位（44个）
桥东区委办公室
桥东区政府办公室
桥东区委宣传部
桥东区审计局
桥东区残疾人联合会
桥东区水务局
桥东区农业局
桥东区民政局
桥东区教文体局
桥东区财政局
桥东区人口和计划生育局
桥东区西大街街道办事处
桥东区西门里街道办事处
桥东区北大街街道办事处
桥东区南长街街道办事处
桥东区东郭村乡
桥东区国家税务局
桥东区地方税务局
邢台市工商行政管理局桥东分局
邢台市公安局桥东分局
邢台市质量技术监督局桥东分局
邢台市国土资源局桥东分局
邢台市逸夫小学
邢台市东关逸夫小学
中国邮政储蓄银行有限责任公司邢台市分行营业部
桥东区实验学校
邢台市南园路小学
邢台市回民幼儿园
邢台市马市街小学
桥东区顺德西社区居委会
桥东区红星东社区居委会
桥东区新兴南社区居委会
桥东区南瓦窑社区居委会
桥东区申家庄社区居委会
桥东区牛市新街社区居委会
桥东区中北社区居委会
桥东区军休社区居委会
桥东区黄园社区居委会
桥东区西牛角社区居委会
邢台市文庙实业公司

邢台邢州大酒店有限公司
邢台市新天利工贸有限公司
邢台华业通信设备有限公司
邢台华龙人造板机械有限公司

邢台县（共44个）

文明单位（36个）

邢台县司法局
邢台县新华书店
德龙钢铁有限公司
邢台县就业服务局
邢台县人事劳动和社会保障局
邢台县质量技术监督局
河北中煤旭阳焦化有限公司
邢台县环境保护局
邢台县公安交通警察大队
邢台县安全生产监督管理局
邢台县物价局
邢台县广播电视局
邢台县商务局
邢台县食品药品监督管理局
邢台县浆水供销社
河北兴盛机械有限公司
邢台县浆水中学
河北云山化工股份有限公司
邢台县审计局
邢台县供电公司
邢台县地方税务局
河北金后盾塑胶有限公司
邢台县社会保险事业管理所
邢台县财政局
邢台县供销合作联合社
邢台县人口和计划生育局
邢台县国土资源局
邢台县国家税务局
邢台县公路养路费稽征站
邢台县公路管理站
邢台县交通运输市场管理所
邢台县会宁中学
邢台县公产房产管理处
邢台县交通局
邢台县教育局
邢台县路罗中心卫生院

文明村镇（8个）

邢台县宋家庄镇
邢台县将军墓镇
邢台县西黄村镇
邢台县浆水镇
邢台县坡子峪村
邢台县前南峪村
邢台县三合庄村
邢台县小石头庄村

柏乡县（共34个）

文明单位（32个）

河北柏乡国家粮食储备集团有限公司
柏乡县供电公司
柏乡县财政局
柏乡县公安交通警察大队
柏乡县交通局
柏乡县国家税务局
柏乡县地方税务局
中国网通（集团）有限公司柏乡分公司
中国人民银行柏乡支行
柏乡县民政局
柏乡县人事劳动和社会保障局
柏乡县广播电视局
柏乡县粮食局
中国农业银行柏乡支行
柏乡县运输管理站
柏乡县公安局
柏乡县人民检察院
柏乡县公路养路费稽征站
柏乡县邮政局
柏乡县统计局
柏乡县工商行政管理局
柏乡县国土资源局
柏乡县气象局
柏乡县人民法院
柏乡县公路管理站
柏乡县隆发粮食贸易有限公司
柏乡县职业技术教育中心
柏乡县人口和计划生育局
中国移动通信集团河北有限公司柏乡分公司
柏乡县食品药品监督管理局
柏乡县柏乡中学

柏乡县供销合作联合社
文明村镇（2个）
柏乡县内步乡
柏乡县王家庄乡

任县（共35个）

文明单位（33个）
任县财政局
任县公路管理站
任县供电公司
任县地方税务局
任县国家税务局
任县交通局
任县运输管理站
任县公路养路费稽征站
任县国土资源局
河北大华宇机械制造有限公司
河北龙泉剑钉业集团有限公司
任县人事劳动和社会保障局
中国移动通信集团河北有限公司任县分公司
任县邮政局
中国农业银行任县支行
任县食品药品监督管理局
中国人寿保险股份有限公司任县支公司
任县工商行政管理局
任县审计局
任县农村信用合作联社
任县民政局
任县人民检察院
任县公安局
任县教文体局
任县司法局
任县农业局
任县物价局
任县气象局
任县人民法院
任县人口和计划生育局
任县水务局
中国人民银行任县支行
任县甄庄明德小学
文明村镇（2个）
任县永福庄乡
任县西固城乡

隆尧县（共41个）

文明单位（35个）
隆尧县国家税务局
隆尧县工商局
隆尧县气象局
河北远大阀门集团有限公司
中国银行隆尧支行
中国建设银行隆尧支行
隆尧县财政局
隆尧县供销合作社
隆尧县食品药品监督管理局
隆尧县交通局
河北滏澧纺织有限公司
中国网通（集团）有限公司隆尧分公司
隆尧县供电公司
隆尧县公路管理站
隆尧县粮食局
隆尧县运输管理站
隆尧县地方税务局
隆尧县物价局
隆尧县公路养路费稽征站
隆尧县矿业总公司
中国移动通信集团河北有限公司隆尧分公司
隆尧县农业开发办公室
隆尧县滏阳中学
河北奎山水泥集团有限公司
河北唐尧电力有限公司
隆尧县教育局
隆尧第一中学
隆尧县广播电视局
隆尧县人事劳动和社会保障局
隆尧县医院
隆尧县人民法院
隆尧县新华书店
隆尧县职业技术教育中心
隆尧县东方食品城管委会
中国人民银行隆尧支行
文明村镇（6个）
隆尧县东良乡
隆尧县双碑乡
隆尧县牛桥乡
隆尧县周村

隆尧县西良前村
隆尧县丘一村

内丘县（共34个）

文明单位（33个）
内丘县财政局
内丘县供电公司
中国网通（集团）有限公司内丘分公司
内丘县国土资源局
内丘县交通局
内丘县国家税务局
内丘县邮政局
内丘县地方税务局
内丘县烟草专卖局
内丘县人民检察院
内丘县人民法院
内丘县公安局
内丘县气象局
中国农业银行内丘支行
内丘县工商局
中国人民银行内丘支行
中国建设银行内丘支行
内丘县计生局
内丘县医院
内丘县中医院
内丘县运输管理站
内丘县公路管理站
内丘县公路养路费稽征站
中国移动通信集团河北有限公司内丘分公司
内丘县公安交通警察大队
内丘县教文体局
内丘县水务局
内丘县中学
内丘县第二中学
内丘县科技局
邢台恒源化工集团有限公司
内丘县富岗果品有限公司
内丘县财产保险有限公司
文明村镇（1个）
内丘县西石河村

临城县（共35个）

文明单位（29个）
临城县交通局
临城县供电公司
临城县地方税务局
临城县财政局
临城县广播电视局
临城中学
临城县人民医院
临城县国家税务局
临城县邮政局
临城县卫生局
临城县教文体局
临城县民政局
临城县环境保护局
临城县政协办公室
临城县工商局
临城县公路养路费稽征站
临城县总工会
临城县审计局
临城县人口和计划生育局
临城县人事劳动和社会保障局
临城县公路管理站
临城县人民检察院
临城县运输管理站
临城县公安交通警察大队
临城县扶贫办
中国联通有限公司邢台分公司临城县营业厅
中国网通（集团）有限公司临城分公司
临城县发展改革局
临城县建设局
文明村镇（6个）
临城县临城镇
临城县赵庄乡
临城县石城乡
临城县鸭鸽营乡
临城县南沟村
临城县围场村

沙河市（共42个）

文明单位（36个）
沙河市委市政府机关事务管理局
沙河市委党校
沙河市人民武装部
沙河市交通局
沙河市供电公司

沙河市财政局
沙河市煤炭安全生产监督管理局
沙河市人事劳动和社会保障局
沙河市地方税务局
沙河市国家税务局
沙河市教育局
沙河市工业促进局
沙河市建设局
中国网通（集团）有限公司沙河分公司
沙河市审计局
沙河市工商行政管理局
沙河市民政局
沙河市林业局
沙河市广播电视局
沙河市委办公室
沙河市人大办公室
沙河市政府办公室
沙河市政协办公室
沙河市第一中学
沙河市第二高级中学
沙河市农村信用合作联社
沙河市物价局
沙河市质量技术监督局
中国移动通信集团河北有限公司沙河分公司
沙河市公路管理站
沙河市公路养路费稽征站
沙河市运输管理站
河北海生实业集团有限公司
邢台金丰钢铁集团有限公司
沙河市长城玻璃有限公司
河北龙星化工有限公司
河北燕王建材有限公司
文明村镇（6个）
沙河市栾卸村
沙河市显德汪村
沙河市全呼村
沙河市兴固村
沙河市葛村
沙河市南高村
南和县（共29个）
文明单位（27）
南和县财政局
南和县供电公司
南和县交通局
南和县国家税务局
南和县地方税务局
中国人民银行南和支行
南和县民政局
南和县教文体局
南和县工商局
南和县环保局
南和县人口和计划生育局
中国农业银行南和支行
南和县建设局
南和县食品药品监督管理局
南和县医院
南和县疾控中心
南和县公安交通警察大队
南和县审计局
南和县新华书店
南和县人民法院
南和县人民检察院
南和县国土资源局
南和县冀阳中学
南和县运输管理站
南和县公路养路费稽征站
南和县公路管理站
南和县农村信用联社
文明村镇（2个）
南和县和阳镇
南和县南内村
宁晋县（共46个）
文明单位（38）
宁晋县国家税务局
宁晋县交通局
宁晋县建设局
宁晋县民政局
宁晋县财政局
宁晋县供电公司
宁晋县地方税务局
宁晋县农村信用联社
宁晋县邮政局
宁晋县殡葬管理所
宁晋县工商局

宁晋县质量技术监督局
宁晋县审计局
宁晋县国土资源局
宁晋县公路管理站
宁晋县新华书店
晶龙实业集团有限公司
宁晋县人口和计划生育局
宁晋县车辆管理所
宁晋县发展改革局
河北宁纺集团有限责任公司
邢台水文局艾辛庄水文站
宁晋县农业局
宁晋县运输管理站
晶澳太阳能有限公司
宁晋县卫生局
宁晋县职教中心
中国人民银行宁晋支行
宁晋县工商局县直分局
宁晋县公路养路费稽征站
宁晋县教师进修学校
中国网通（集团）有限公司宁晋分公司
宁晋县中西医结合医院
中国移动通信集团河北有限公司宁晋分公司
河北省子牙河河务管理处艾辛庄闸所
宁晋县人民检察院
中国银行宁晋支行
宁晋县气象局
文明村镇（8个）
宁晋县贾家口镇
宁晋县大陆村镇
宁晋县河渠镇
宁晋县小河庄村
宁晋县刘路村
宁晋县中曹村
宁晋县幸福村
宁晋县邸亮庄村

巨鹿县（共40个）

文明单位（40个）
巨鹿县人民检察院
巨鹿县人民法院
巨鹿县国土资源局
巨鹿县交通局
巨鹿县公路管理站
巨鹿县公路养路费稽征站
巨鹿县运输管理站
巨鹿县财政局
巨鹿县国家税务局
巨鹿县地方税务局
巨鹿县工商局
巨鹿县人事劳动和社会保障局
巨鹿县农业局
巨鹿县水务局
巨鹿县建设局
巨鹿县城乡规划局
巨鹿县环境保护局
巨鹿县广播电视局
巨鹿县教育局
巨鹿中学
巨鹿县医院
巨鹿县妇幼保健院
巨鹿县供电公司
巨鹿县烟草专卖局
中国人民银行巨鹿支行
中国建设银行巨鹿支行
中国工商银行巨鹿支行
中国农业银行巨鹿支行
巨鹿县农村信用合作联社
中国移动通信集团河北有限公司巨鹿分公司
中国网通集团有限公司巨鹿分公司
中国人民财产保险股份有限公司巨鹿分公司
巨鹿县新华书店
巨鹿县公安交通警察大队
巨鹿县看守所
河北方正钢板集团
河北燕南食品集团有限公司
河北三昌纺织有限公司
河北科达橡胶制品有限公司
巨鹿县第二中学

平乡县（共24个）

文明单位（24个）
平乡县财政局
平乡县科学技术局
平乡县交通局
中国农业银行平乡支行

平乡县地方税务局
平乡县国土资源局
平乡县民政局
平乡县人民检察院
平乡县人民法院
平乡县公安交通警察大队
平乡县运输管理站
平乡县公路管理站
平乡县供电公司
中国网通（集团）有限公司平乡分公司
平乡县邮政局
中国移动通信集团河北有限公司平乡分公司
河北丰维机械制造有限公司
河北强久集团有限公司
河北恒弛集团
河北协美橡胶制品有限公司
平乡县第一中学
平乡县特教学校
平乡益众职业技术中专学校
平乡县残疾人联合会

新河县（**共25个**）

文明单位（25个）

新河县财政局
新河县教文体局
新河县卫生局
新河县交通局
中国人民银行新河支行
新河县国家税务局
新河县质量技术监督局
新河县地方税务局
新河县人民法院
新河县工商行政管理局
新河县供电公司
河北鑫合生物化工有限公司
中国移动通信集团河北有限公司新河分公司
新河县农村信用合作联社
新河县粮食局
新河县邮政局
新河县气象局
新河县公路管理站
新河县运输管理站
新河县公路养路费稽征站
中国网通（集团）有限公司新河分公司
邢台平安糖业有限公司
新河县人民医院
新河县中医院
中国农业银行新河支行

广宗县（**共27个**）

文明单位（25个）

广宗县财政局
广宗县地方税务局
广宗县交通局
广宗县运输管理站
广宗县人口和计划生育局
广宗县质量技术监督局
中国农业银行广宗支行
广宗县民政局
广宗县水务局
广宗县供电公司
广宗县地税局征收分局
广宗县人民检察院
广宗县公路养路费稽征站
广宗县审计局
中国人民银行广宗支行
广宗县发改局
广宗县气象局
广宗县国家税务局
广宗县人民法院
广宗县公路管理站
广宗县公安交通警察大队
广宗县邮政局
广宗县教育局
广宗县食品药品监督管理局
广宗县核桃园中学

文明村镇（2个）

广宗县北塘疃乡
广宗县董里集村

南宫市（**共50个**）

文明单位（44个）

南宫市财政局
南宫市供电公司
中国网通（集团）有限公司南宫分公司
南宫市交通局
南宫市国家税务局

南宫市地方税务局
南宫市房产局
南宫市公安交通警察大队
南宫市第二职业中学
南宫市质量技术监督局
南宫市人口和计划生育局
南宫市工商局
南宫市民政局
南宫市人事劳动和社会保障局
南宫市教育局
南宫市建设局
南宫市物价局
南宫市广播局
南宫市公安局
南宫市物资总公司
南宫市水务局
南宫市商务局
南宫市人民检察院
南宫市妇幼院
南宫市邮政局
中国移动通信集团河北有限公司南宫分公司
南宫市国土资源局
南宫市农业局
南宫冀南烈士陵园
南宫市医院
南宫市委党校
南宫市气象局
中国人民财产保险股份有限公司南宫分公司
南宫市供销社
中国银行南宫支行
南宫市林业局
河北省高速交警三支队南宫大队
南宫市公路管理站
南宫市运输管理站
南宫市公路养路费稽征站
南宫市计生医院
南宫市第四中学
南宫市丰翼中学
南宫市耀华中学
文明村镇（6个）
南宫市段芦头镇
南宫市凤岗办事处
南宫市明化镇
南宫市南便乡
南宫市大屯乡
南宫市三里庄村

威县（共38个）

文明单位（31个）
威县财政局
威县交通局
威县供电公司
中国人民银行威县支行
威县纪委监察局
威县国家税务局
威县地方税务局
威县文体局
威县质量技术监督局
威县食品药品监督管理局
威县公安交通警察大队
威县人民法院
威县人民检察院
威县气象局
威县人民医院
威县运输管理站
威县公路管理站
威县公路养路费稽征站
中国移动通信集团河北有限公司威县分公司
威县人民政府集中支付中心
威县新华书店
威县人口和计划生育局
威县工商局
威县农村信用合作联社
威县教育局
威县职教中心
威县商务局
威县环境保护局
威县华联超市
威县第什营供电所
威县洺州供电所
文明村镇（7个）
威县常庄乡
威县洺州镇
威县七级镇
威县赵村乡

威县郭安陵村
威县经镇村
威县朱庄村
临西县（共35个）
文明单位（29个）
中国网通（集团）有限公司临西分公司
临西县人口和计划生育局
临西县建设局
临西县城市管理局
临西县人民检察局
临西县国土资源局
临西县环境保护局
中国人民银行临西支行
临西县第一中学
临西县气象局
临西县公路养路费稽征站
临西县运管站
临西县地方税务局
水利部海委漳卫南运河邢台衡水河务局
水利部海委漳卫南运河临西河务局
临西县交通局
临西县工商行政管理局
临西县职业技术教育中心
临西县国家税务局
中国移动通信集团河北有限公司临西分公司
临西县供电公司
临西县人民医院
临西县邮政局
临西县公安交通警察大队
临西县财政局
临西县第二人民医院
临西县广播电视局
临西县文体局
临西县第二中学
文明村镇（6个）
临西县临西镇
临西县下堡寺镇
临西县老官寨镇
临西县河西镇
临西县林沟村
临西县东留善固村
清河县（共41个）
文明单位（40个）
清河县地方税务局
清河县财政局
清河县供电公司
清河县信用联社
清河县交通局
清河县运输管理站
清河县公路养路费稽征站
清河县城管局
清河县公路管理站
清河县国土资源局
清河县建设局
清河县规划局
清河县审计局
清河县国税局
清河县广电局
清河县环保局
清河县环卫处
清河县公安交通警察大队
清河县人民检察院
清河县人事劳动和社会保障局
清河县民政局
清河县气象局
清河县人口和计划生育局
清河县第一中学
清河县中学
清河县中医院
清河县教育局
清河县人民法院
清河县公安局
清河县农业局畜牧办
河北世龙集团公司
清河县进修学校
中国网通（集团）有限公司清河分公司
清河国际羊绒科技园区管委会
清河县住房保障和房产管委会
清河县机关事务管理局
中国农业银行清河支行
中国银行清河支行
清河县食品药品监督管理局
清河县农业园区
文明村镇（1个）

清河县戈仙庄镇

大曹庄管理区（共6个）

（文明单位6个）

大曹庄管理区委宣传部
大曹庄管理区财政局
大曹庄管理区国家税务局
邢台市地税局大曹庄管理区分局
大曹庄管理区奶牛发展中心
河北大禹水工机械有限公司

开发区（共5个）

（文明单位4个）

开发区北园区工委
开发区计生卫生局
邢台市地税局开发区分局
开发区工商局

文明村镇（1个）

开发区康庄铺村

市直单位（共170个）

邢台市财政局
邢台市交通局
邢台市教育局
邢台市广电局
邢台市纪委
邢台市房管局
邢台市规划局
邢台市委办公室
邢台市委组织部
邢台市委宣传部
邢台市发改委
邢台市审计局
邢台市政府办公室
邢台市机构编制委员会办公室
邢台学院
邢台市行政服务中心
邢台市环保局
邢台市水务局
邢台市体育局
邢台市物价局
邢台市林业局
邢台市建设局
邢台市人民检察院
邢台市安监局
邢台市商务局
邢台市人事局
邢台市政协办公室
邢台市人大办公室
邢台市煤气热力总公司
邢台市委政法委
邢台市委统战部
邢台市中级人民法院
邢台市司法局
邢台市计生协
邢台市国土资源局
邢台市委老干部局
邢台市国资委
邢台市城管局
邢台日报社
邢台市委市直工委
邢台市委研究室
邢台市妇联
邢台市水文局
邢台市委农工委
邢台市民宗局
邢台市住房公积金管理中心
邢台市劳动和社会保障局
邢台医学高等专科学校
邢台市卫生局
邢台宾馆
邢台市工业学校
邢台市供销社
邢台市委党校
邢台技师学院
邢台市民政局
邢台市统计局
邢台市扶贫办
邢台市计生委
邢台市人民医院
邢台市科技局
邢台市粮食局
邢台市热力公司
共青团邢台市委
邢台市总工会
邢台市人防办
邢台市第三医院

邢台市中心血站
邢台市电大
邢台市公路管理处
邢台市运输管理处
邢台市公路养路费征稽处
邢台市地方道路管理处
邢台市高速公路管理处
邢台市路桥通行费管理处
邢台市公路工程质量监督站
邢台市出租车管理处
邢台市路桥建设总公司
邢台市公路勘测设计处
邢台市高开区公路管理站
邢台市公路工程管理处
邢台市交通审计处
邢台运输集团有限责任公司
邢台市公路工程监理所
邢台市交通经济开发中心
邢台市市直公路管理站
邢台市公路管理处道路开发中心
邢峰公路沙河大桥收费站
邢德公路巨鹿收费站
邢和公路南石门收费站
邢清公路平乡收费站
祁南公路南宫收费站
邢台市市直养路费征收管理站
邢台市市直养路费稽查大队
邢临公路临西收费站
邢临高速公路邢台收费站
邢临高速公路平乡收费站
107国道内丘收费站
邢台市道桥建设工程处
邢台市公路经营开发总公司
邢台市市直养路费稽查二大队
邢台市交通局机关服务中心
邢台市盐业专营有限公司
邢台方圆纺织印染集团
邢台市公安交警支队
邢台市公安交警一大队
邢台市公安交警四大队
邢台市商业银行
邢台市供水总公司
邢台市旅游局
邢台市军休一所
邢台市军休二所
邢台市社会福利院
邢台市募委办
邢台市救助管理站
邢台市殡葬管理处
邢台市物资总会幼儿园
邢台人民广播电台
邢台电视台
邢台市政维护处
邢台市郭守敬纪念馆
邢台市公交公司
邢台市城管支队
邢台市环卫处
邢台市经贸学校
邢台军分区
邢台市老年大学
河北蓝鸟家具有限责任公司
邢台电缆有限责任公司
邢台市文化局
邢台市群艺馆
邢台市电影公司
邢台市房地产交易处
邢台市房屋产权处
邢台市房产三公司
邢台市房屋安全鉴定处
邢台市住宅集团公司
邢台市博大房屋公司
邢台市经济房中心
邢台市房产经营有限公司
邢台市顺泰集团
邢台市建设集团
邢台市建工集团
邢台市市政建设集团
邢台市建设工程质量监督站
邢台市建设工程造价站
邢台市建设工程管理处
邢台市新世纪广场管理处
邢台市招标管理办公室
邢台市小黄河围寨河管理处
邢台市建设档案馆

邢台市建设工程交易中心
邢台市建筑节能办公室
邢台市建村产品质量监测站
邢台市墙体材料革新办公室
邢台市散装水泥办公室
邢台市第一中学
邢台市第二中学
邢台市第三中学
邢台市第六中学
邢台市第十中学
邢台市第十二中学
邢台市第十五中学
邢台市第二十一中学
邢台市第二十四中学
邢台市第二十五中学
邢台市第二十八中学
邢台市第三十一中学
邢台市特殊教育学校
邢台市第一幼儿园
邢台市第四幼儿园

省部属单位（31个）

邢台市国税局
邢台市地税局
邢台市质量技术监督局
邢台市工商局
邢台市食品药品监督管理局
中国移动通信集团河北有限公司邢台分公司
邢台供电公司
河北地勘局地质第十一大队
邢台市气象局
邢台市邮政局
中国网通（集团）有限公司邢台分公司
中国人民银行邢台分行
河北省康复医院
河北省民政医院
邢台市检验检疫局
邢台职业技术学院
中国工商银行邢台分行
中国建设银行邢台分行
邢台市地税稽查局
邢台市特种设备监督检验所
邢台市国税局车购办
邢台市地税征收局
中钢集团邢机公司
中国联通有限公司邢台分公司
河北广电信息网络公司邢台分公司
河北兴泰发电有限责任公司
河北煤田地质局物测地质队
中国冶勘一局五二0队
河北省高速公路交通警察总队三支队邢台大队
邢台钢铁有限责任公司
中国银行邢台分行

供稿：邢台市文明办
撰稿：弓少勇

邯郸市十大道德模范名单

助人为乐模范：
张家增　邯郸县兼庄乡东辛庄村村民
艾书平　邯郸市第二中学特级教师
见义勇为模范：
陆　伟　武警邯郸市消防支队二中队一班班长
户伟杰　邯山区三堤小学校长
诚实守信模范：
王更庆　河北东山冶金工业有限公司董事长
赵德勤　磁县六和工业有限公司党委书记、董事长
敬业奉献模范：
宋福如　永年县广府镇东街村党支部书记、河北省硅谷化工有限公司董事长
贾凤鸣　从台区四季青社区党总支书记
孝老爱亲模范：
李国琴　肥乡县南街村村民
宋凤华　临漳县纪律检查委员会信访室主任

助人为乐提名奖：
李本玺　峰峰矿区公安交警大队退休干警
见义勇为提名奖：
聂秉志　魏县北皋镇营西村农民
诚实守信提名奖：
李婉秋　大名县利博餐饮有限公司董事长

敬业奉献提名奖：

乔保珍　峰峰矿区环卫处清扫班班长

孝老爱亲提名奖：

唐　辰　邯郸县尚壁镇唐屯村村民

供稿：邯郸市文明办

整理：陈凤娥

邯郸十大爱心人物名单

张家增　男　64岁　邯郸县兼庄乡东辛庄村村民

王华生　男　56岁　馆陶县魏僧寨镇文艺宣传队长

孟献德　男　48岁　河北金广源集团有限公司董事长

段荣会　男　60岁　邯郸市委党校干部

马国强　男　34岁　河北凯发面业集团有限公司董事长

李成文　男　45岁　武安市民政局局长

张树荣　男　67岁　成安县长巷乡马长巷村村民

陈金生　男　60岁　峰峰矿区退休教师

袁　布　男　56岁　魏县东代固乡前罗庄村党支部书记

谭秀玲　女　59岁　邯郸市妇幼保健院新生儿科主任

供稿：邯郸市文明办

整理：陈凤娥

省总工会 “十大杰出农民工”名单

（10名）

孟庆江　沧州沧县水泥制品厂党支部副书记、工会主席

王金庆　衡水河北欧亚特种胶管有限公司生产部部长

许彦西　邢台建工集团有限公司六分公司水暖电安装队队长

张云秀　秦皇岛市煤气总公司工程实业公司项目经理

赵志成　唐山建龙实业有限公司保卫处处长

李桂英　廊坊新钢钢铁有限公司化验检测中心主任

张五兵　邯郸新兴铸管股份有限公司修建部起重班班长

王艳铭　保定建工集团有限公司助理工程师

刘军才　石家庄河北金秋建筑工程有限责任公司水暖工

孙来胜　张家口市第一建筑工程有限公司瓦工

供稿：省总工会文明办

省总工会 “关爱农民工十佳企业”名单

（10个）

河北永洋钢铁有限公司（邯郸）

沧州惠邦机电产品制造有限责任公司（沧州）

华龙日清食品有限公司（邢台）

河北金源化工股份有限公司（石家庄）

保定华月胶带有限公司（保定）

秦皇岛浅野水泥有限公司（秦皇岛）

唐山贝氏体钢铁（集团）有限公司（唐山）

河北梅花味精集团有限公司（廊坊）

涿州市天马建工集团有限公司（保定）

承德锤峰工具有限公司（承德）

供稿：省总工会文明办

第四届“河北省十大女杰”名单

（排名不分先后）

王　娟　河北省人民医院肿瘤科主任医师

王焕荣　保定市南市区西高庄村党总支书记

宁　洁　承德乾隆醉酒业有限责任公司党委书

记、副董事长、副总经理
刘玉婷　唐山冶金矿山机械厂冶金设备公司职工
苏富梅　张家口市特殊教育学校校长
杨　华　廊坊市广阳区人民检察院检察长
张素娟　河北日报政科教新闻采编中心主任编辑
林秀贞　枣强县王常乡南臣赞村农民
裴艳玲　河北省京剧院国家一级演员
戴秀芬　河北小洋人生物乳业有限公司总经理
供稿：省妇联文明办
撰稿：宋靖

第四届“河北省十大女杰”提名奖名单

（排名不分先后）
王艳春　平泉县榆树林子镇党委书记
张玉珍　宽城满族自治县化皮乡任杖子村党支部书记、村主任
张淑芬　河北易水砚有限公司董事长
陈秀敏　河北省农科院旱作农业研究所副所长
武洪涛　邯郸市公安局光明桥派出所所长
赵丽平　邯郸市第二十五中学副校长
焦桂芬　廊坊职业技术学院植物科学系高级讲师
韩书琴　固安县光荣院院长
董玲珍　衡水市桃城区中华大街街道党工委书记
蔡英敏　河北红房子家居广场有限公司董事长
供稿：省妇联文明办
撰稿：宋靖

河北省“十佳巾帼文明岗”名单

中国电子科技集团公司第54所“嫦娥一号”工程课题组
石家庄市公交公司服务热线
承德市疾病预防控制中心
唐山钢铁股份公司第一钢轧厂精炼作业区精炼组
廊坊市环卫局清扫管理处
保定汽车总站郭娜陆地航空班
沧州市中心医院
沧州市吴桥县国税局办税服务厅
河北衡水中学
邯郸市橄榄绿青年志愿者服务团
供稿：省妇联文明办
撰稿：宋靖

河北省“十大巾帼建功标兵”名单

闫玉巧　中国电子科技集团公司第54所研究所遥控专业部高级工程师
成新轩　河北大学教授、欧州研究所所长、博士导师
石林丛　河北华能京张高速公路有限公司人力资源部经理
倪俊卿　河北省畜牧良种工作站站长
张桂霞　石家庄蓝天集团公司总经理
杨茯苓　张家口市建设档案馆馆长
杨兴莲　秦皇岛市北戴河区供销合作社主任
居艳梅　衡水市故城县医院妇产二科主任
张玉霞　邢台市桥东区国税局办税厅副主任
刘慧芳　邢台市新河县农村信用合作联社理事长
供稿：省妇联文明办
撰稿：宋靖

2006年度河北省“星级”文明家庭标兵户名单

刘凤群　兰春喜一家　石家庄市槐安西路23号4栋2单元101号

李淑艳　丁　贵一家　围场县围场镇前进村

王玉婷　李家庚一家　抚宁县石门寨镇英武山村

刘振香　何振陆一家　乐亭县姜各庄镇杨坨子村

郭万华　王培胜一家　香河县淑阳镇西南街家属区

曹秀芬　江书平一家　河北农大东校区院内

林国华　孙风华一家　海兴县文化馆

孙秀荣　高金潮一家　阜城县阜城镇高楼村

刘俊英　马会峰一家　隆尧县物资局家属楼

马风华　田尚宏一家　邯郸市雪驰路雪驰家庭院二号楼

供稿：省妇联文明办

撰稿：宋靖

组织机构

河北省精神文明建设委员会

主　　任：白克明　省委书记

常务副主任：张群生　省委常委、宣传部长(2月前)

赵　勇　省委常委、宣传部长（2月～11月）

聂辰席　省委常委、宣传部长（11月后）

副 主 任：孙士彬　省政府副省长

任宗清　省军区副政委

办公室主任：白　石　省委宣传部副部长

副 主 任：王国发　省委副秘书长（兼）

张绍廉　省政府副秘书长（兼）

杨能斌　省委宣传部副巡视员

下设四个处：秘书处、调研处、协调处、未成年人思想道德建设教育处

供稿：省文明办

省会精神文明建设委员会

主　　任：吴显国　省委常委、市委书记

第一副主任：冀纯堂　市委副书记、市长

常务副主任：孙万勇　市委常委、宣传部长

副 主 任：白　石　省委宣传部副部长、省文明办主任

顾维敏　省直机关工委副书记

王　刚　市政府副市长

刘保和　武警河北总队政治部副主任

郭四平　石家庄警备区政治部主任

办公室主　任：薛建廷

办公室副主任：沈学启

下设三个处（室）：综合处、城市处、农村处

供稿：省会文明办

整理：刘素兰

承德市精神文明建设委员会

主　　任：赵文鹤　市委书记
第一副主任：郭　群　市委副书记
副 主 任：袁　福　市委常委、市政府常务副市长
王洪斌　市委常委、宣传部长
郑建国　市委常委、军分区司令员
于素伟　市政府副市长
毛建海　市委宣传部常务副部长、文明办主任
办公室主　任：毛建海（兼，2004.8～2006.5）
董　宇（2006.5～今）
办公室副主任：李志强（1999.5～今）
冉　君（2004.12～今）
供稿：承德市文明办
整理：刘金生　刘惠芙　师文岭

张家口市精神文明建设委员会

主　　任：宋太平　市委书记
副 主 任：高六喜　市委副书记、军分区政委
郑丽荣　市委常委、宣传部长
侯桂兰　副市长
办公室主任：逯存云
专职副主任：张　文
副 主 任：闫　海
下设三个科室：秘书科、未成科、协调科
供稿：张家口市文明办
整理：田晓燕

秦皇岛市精神文明建设委员会

主　　任：王三堂　市委书记
第一副主任：菅瑞亭　市委副书记、市长
常务副主任：王志欣　市委副书记
副 主 任：马誉峰　市委常委、市政府常务副市长
邢留速　市委常委、市委秘书长
时晓峰　市委常委、宣传部长
李秦生　市政府副市长
张树仁　市人大副主任
高国祥　市政协副主席
丁雅军　军分区政治部主任
办公室主任：鞠世闻
供稿：秦皇岛市文明办

唐山市精神文明建设委员会

主　　任：赵　勇　市委常委、市委书记
常务副主任：张耀华　市委副书记、市长
副 主 任：杨永山　市委副书记
郭彦洪　市委常委、宣传部长
李恩久　市政府副市长
李寿平　市政府副市长
郝增旗　军分区副政委
办公室主　任：黄敬东
办公室副主任：尹翠琳
袁凤遥
下设三个科室：综合处、指导处、教育处
供稿：唐山市文明办

廊坊市精神文明建设委员会

主　　任：王增力　市委书记
第一副主任：王爱民　市委副书记、市政府市长
副 主 任：寇德松　市委常委、市政府常务副市长
肖双胜　市委常委、宣传部长
王大虎　市政府副市长

吕爱英 市政府副市长
杨久明 廊坊军分区副政委
张学明 中国石油天然气管道局党委副书记
刘增江 中国石油天然然气管道局党委副委书记、纪委书记兼工会主席

办公室主 任：王建平
办公室副主任：杨海英
赵清超
李 东
专职副主 任：赵贺鹏
办公室下设4个科室：综合科、城市科、农村科、未成年人思想道德教育科
供稿：廊坊市文明办
整理：陈东

保定市精神文明建设委员会

主 任：宋长瑞 市委书记
常务副主任：司存喜 市委常委、宣传部长
副 主 任：贾体新 市政府副市长
李海涛 军分区副政委

办公室主任：暂缺（2007年文明办工作由市委宣传部副部长代管）
下设调研处、协调处、未成年处

沧州市精神文明建设委员会

主 任：石锡贵 市委副书记、市纪委书记
副 主 任：李 军 市委常委、宣传部长
吕维彬 市政府副市长
办公室主任：李建华
专职副主任：付国庆
下设三个科：综合科、协调指导科、未成年人教育科
供稿：沧州市文明办

衡水市精神文明建设委员会

主 任：张增良 市委副书记（2004年1月～3月）
李晓明 市委副书记（2004年4月～12月）
副主任：徐学清 市委常委、宣传部长
辛书华 市政府副市长
宋三牛 衡水军分区政治部主任
办公室主任：闫金亮
副 主 任：张 利
下设三个科：综合科、城乡科、未成年人教育科
供稿：衡水市文明办

邢台市精神文明建设委员会

主 任：董经纬 市委书记
第一副主任：姜德果 市委副书记、市长
常务副主任：陈会新 市委副书记
副 主 任：王 宇 市委常委、农工委书记
张力红 市委常委、宣传部长
李英发 市人大副主任
李英民 市政府副市长
郭俊苓 市政府副市长
苑宝运 市政协副主席
李同义 邢台军分区政治部主任
办公室主 任：刘焕典（2002年9月——）
办公室副主任：姜玉辰（2004年1月——）
供稿：邢台市文明办
撰稿：弓少勇

邯郸市精神文明建设委员会

主　　任：孙瑞斌　市委书记
第一副主任：赵国岭　市委副书记、市政府市长
常务副主任：杨　慧　市委副书记
副 主 任：杨玉峰　市委常委、军分区政委
徐亚平　市委常委、宣传部长
张金山　市人大常委会副主任
辛宝山　市政府副市长
冯连生　市政府副市长
武解放　市政协副主席
办公室主任：郭秋堂
专职副主任：甄永义
下设四个处：秘书处、协调处、调研处、未成年人教育处
供稿：邯郸市文明办
整理：陈凤娥

省国税局精神文明建设委员会

组　　长：汪　康　局党组书记、局长
副 组 长：耿金跃　局党组成员、纪检组长
史育红　局党组成员、副局长
办公室主任：杜该来　局教育处处长
梁晓东　局机关党委副书记
供稿：省国税局文明办

省体育局精神文明建设委员会

主　　任：聂瑞平　局党组书记、局长
副 主 任：李爱民　局党组副书记、副局长
张建新　局党组成员、副局长
杨静之　副局长
董得良　局党组成员、副局长
李成章　省体育局党组成员、纪检组长、监察专员、省体育局直属机关党委书记
办公室主任：李成章（兼）
副 主 任：田建功
耿晓棣
袁大海
庞　毅
方　明
办公室挂靠在机关党委
供稿：省体育局文明办
整理：魏东霁

省工商行政管理局精神文明建设委员会

主　　任：钱晓钟　省工商局党组书记、局长
副 主 任：张力红　省工商局党组副书记、副局长
办公室主　任：尹保国
办公室副主任：樊远红
刘英民
苑荣记
供稿：省工商局文明办